제16판

# 앳킨슨과 힐가드의 심리학 원론

ATKINSON & HILGARD'S INTRODUCTION TO PSYCHOLOGY, 16TH EDITION

Susan Nolen-Hoeksema · Barbara L. Fredrickson · Geoffrey R. Loftus · Christel Lutz 지음

정영숙 · 신현정 · 정봉교 · 이광오 · 양윤 · 고재홍 · 이재식 · 심은정 옮김

Andover • Melbourne • Mexico City • Stamford, CT • Toronto • Hong Kong • New Delhi • Seoul • Singapore • Tokyo

***Atkinson & Hilgard's Introduction to Psychology,* 16th Edition**

**Susan Nolen-Hoeksema**
**Barbara L. Fredrickson**
**Geoffrey R. Loftus**
**Christel Lutz**



Original edition © 2014 CL EMEA, a part of Cengage Learning.
*Atkinson & Hilgard's Introduction to Psychology, 16th Edition* by Susan Nolen-Hoeksema, Barbara L. Fredrickson, Geoffrey R. Loftus, Christel Lutz
ISBN: 9781408044100

This edition is translated by license from CL EMEA, a part of Cengage Learning, for sale in Korea only.



ISBN-13: 978-89-98521-59-2

**Cengage Learning Korea Ltd.**
14F YTN Newsquare 76 Sangamsan-ro
Mapo-gu Seoul 03926 Korea
Tel: (82) 2 330 7000
Fax: (82) 2 330 7001

Cengage Learning is a leading provider of customized learning solutions with office locations around the globe, including Singapore, the United Kingdom, Australia, Mexico, Brazil, and Japan.
Locate your local office at: **www.cengage.com**

Cengage Learning products are represented in Canada by Nelson Education, Ltd.

To learn more about Cengage Learning Solutions,
visit **www.cengageasia.com**

Printed in Korea
Print Number: 02 Print Year: 2021

# 역자 서문

『앳킨슨과 힐가드의 심리학 원론(Atkinson & Hilgard's Introduction to Psychology)』15판을 번역한 지 5년이 흘렀다. 130여 년의 역사를 가지고 있는 현대 심리학의 관점에서 볼 때 5년은 그렇게 긴 시간이 아닐 수도 있지만, 심리학의 엄청난 발전 속도를 감안하면 우리나라에서 심리학에 입문하는 학생들을 위한 개정판의 번역 작업도 미룰 수가 없다.

직접 집필하는 방법을 택할 수도 있겠지만, 심리학과 같이 가공할 속도로 발전해 가는 학문의 개론서를 집필한다는 것은 여러 학자가 모든 것을 접고 전력투구해도 불가능에 가까운 작업일 수 있다. 60여 년에 걸쳐 열여섯 차례나 개정된 이 책은 전 세계적으로 심리학 개론서의 표준이 되어 왔으며, 역자들은 이 책을 번역할 수 있는 영예로 직접 집필하지 못한 아쉬움과 미안함을 대신하고자 한다.

16판 번역에는 역자진의 변화가 있었다. 이화여자대학교의 양윤 교수, 영남대학교의 정봉교 교수와 이광오 교수, 부산대학교의 신현정 교수와 정영숙 교수는 이번 번역에도 함께했다. 한편 부산대학교의 이재식 교수와 심은정 교수, 경남대학교의 고재홍 교수가 새로이 참여하게 되었다.

역자 모두 저자들이 전달하려는 내용과 의도를 철저하게 반영하면서도 우리글답게 표현하고자 노력했다. 그렇다 하더라도 그 표현이 역자들의 능력을 넘어설 수 없기에 다소 어색하거나 잘못된 부분이 눈에 띌 수도 있을 것이다. 독자들의 많은 피드백을 기대한다.

마지막으로 이 책을 출판해 준 박학사의 구본하 사장님과 편집진에게도 감사드린다.

2016년 8월

역자 일동

# 저자 서문

## 서론

『앳킨슨과 힐가드의 심리학 원론』 16판에는 2009년 15판 출판 이후 여러 가지 진전된 내용이 포함되어 있다. 첫째, 저자의 구성이 다양해졌으며, 북아메리카 대륙 이외의 지역에서 활약하는 저자를 포함함으로써 신선한 국제적 조망을 책에 도입하게 되었다. 기존의 저자인 수전 놀렌-혹세마, 바바라 프레드릭슨, 제프리 로프터스 외에 크리스텔 루츠(위트레흐트대학교)가 집필에 참여하게 되었는데, 루츠는 유럽에서 연구된 새로운 내용을 추가하여 심리학도들이 세계 어디에서 공부하건 진정한 범세계적인 개론서를 접할 수 있도록 하는 데 일조했다.

## 접근 방식

1953년에 출판된 초판 『앳킨슨과 힐가드의 심리학 원론』 내용, 양식, 접근 방식에 친숙한 독자들에게 이번 16판은 개론서로서 이 책이 지닌 풍요로운 역사를 한 단계 더 발전시키는 발판이 될 것이다. 유럽과 북아메리카 대륙 모두에서 오래전부터 명성을 떨쳐 온 이 책의 집필에 공동저자로 유럽 학자가 참여함으로써 이 책은 국제적 지평을 넓히게 되었다. 우리의 목표는 오랫동안 북아메리카 지역의 독자층에게 제공해 온 그 매력을 희석시키지 않으면서도 북아메리카 지역 이외에서 이 책을 사용하는 많은 교수와 학생들에게 앳킨슨과 힐가드 흐름의 정통성과 접근성을 증대시키는 것이다.

이전에 출판된 것과 마찬가지로 16판에서도 계속해서 고전적인 기념비적 연구를 섭렵함과 동시에 첨단 연구도 다룬다. 심리학의 토대가 되는 고전적 연구는 학생들이 심리학을 이해하고 평가하는 데 중요하다. 우리는 심리학의 여러 분야와 일상생활에 미치는 영향을 강조하면서 이러한 연구를 다룰 것이다. 또한 현대 심리학에서 수행되고 있는 엄청난 양의 혁신적 연구도 다룬다. 16판에서는 인지신경과학의 발달 그리고 두뇌와 행동에 관한 연구, 감각과 지각에 관한 기초 연구의 응용, 정서, 지능, 성격의 유전적 이론과 진화론적 이론, 긍정심리학, 문화에 관한 사회심리학적 조망 등에 관한 '새로운 흐름'이 포함된, 심리학에서 가장 전도양양한 새로운 연구를 다룬다. 이런 노력의 결과로 이 책은 심리학 분야 최고의 고전적 연구와 최고의 최신 연구를 결합한 종합적이면서도 흥미진진한 개론서가 될 것이다.

## 새로운 내용

각 장(章)은 그 주제의 전문가들에 의한 비판적 개관을 바탕으로 신중하게 개편되었다. 그럼으로써 각 장의 내용을 철저하게 최신 내용으로 개편했으며, 북아메리카 대륙과 유럽 그리고 그 외 지역에서 진행되고 있는 주목할 만한 연구 동향을 신중하게 융합한 내용이 포함되었다. DSM-IV-TR에서 DSM-5로 개정된 변화가 그 예이다.

15판에 비해서 350개 이상의 새로운 참고문헌이 추가되었는데, 여기에는 가장 최근의 연구와 각 주제 영역에 부합하는 연구를 더욱 광범위하게 다룬 연구가 포함되었다. 심리학 강의는 끊임없이 진화하고 있는데, 16판은 학부 심리학 입문 과목에서 요구하는 것들을 모두 다루도록 세심한 주의를 기울였다.

특정한 주제에 관한 다양한 조망을 제시하는 찬반 논쟁을 16판에서도 유지했으며, 각 장의 마지막 부분에서 찾아볼 수 있다. 대부분은 기존 저자들이 개편하거나 오늘날 뜨거운 논쟁을 벌이는 주제를 반영하는 새로운 논쟁으로 대치했다. 16판 전반에 걸쳐 자신의 연구를 주도하는 조망을 우리와 공유하도록 허락해 준 전 세계의 명망 있는 수많은 연구자들에게 감사의 말을 전한다.

첨단 연구에도 정서 습관이 유전자 발현을 어떻게 바꾸는지, 체화된 사회인지와 같은 새로운 주제가 포함되었으며, 최근 연구 영역이 어떻게 진화되었는지 알 수 있는 최신 자료를 보완했다.

이전 판에 있던 학생 친화적 학습 자료는 그대로 유지하고, 16판의 새로운 내용에 맞도록 최신 자료를 보완했다. 각 장은 학습 목표로 시작하고, 중간 요약과 비판적 사고를 위한 물음을 제시함으로써 독자들이 자신의 학습 내용을 스스로 소화해 낼 수 있도록 했다.

## 평론자에 대한 감사의 글

출판사와 저자들은 16판을 구성하는 데 심층적 개관 피드백을 제공해 준 아래의 교수들에게 깊이 감사드린다.

Mohammad Adnan Alghorani(United Arab Emirates University, 아랍에미리트)
Kimmo Alho(University of Helsinki, 핀란드)
Reem AL-Sabah(Kuwait University, 쿠웨이트)
Y. Gavriel Ansara(University of Surrey, 영국)
Josephine Arasa(United States International University, 케냐)
Dr. Chris Barnes(University of Derby, 영국)
Avi Besser(Sapir Academic College, 이스라엘)
Sinead Bracken(Athlone Institute of Technology, 영국)
Chris Chandler(London Metropolitan University, 영국)
Maurizio Codispoti(University of Bologna, 이탈리아)
Ihsan Dag(Hacettepe University, 터키)
Gareth Davies(University of the Highlands and Islands, 영국)
Boele de raad(University of Groningen, 네덜란드)
Susanne Ehrlich(London Metropolitan University, 영국)
Ian Fairholm(University of Bath, 영국)
Alexandra Freund(University of Zurich, 스위스)
Kerry Greer(Mary Immaculate College, 아일랜드)
Aldis Gudmundsdottir(Hamrahlid College, 아이슬란드)
Ran Hassin(The Hebrew University, 이스라엘)
Kenneth Holmqvist(Lund University, 스웨덴)
Merima Homarac(United World College, 모스타르)
Odilo Huber(University of Fribourg, 스위스)
Dr. Daniel Kahn(Bar Ilan University, 이스라엘)
Peter Karlsson(Halmstad University, 스웨덴)
Shaul Kimhi(Tel Hai College, 이스라엘)
Jurek Kirakowski(University College Cork, 영국)
Svein Larsen(University of Bergen, 노르웨이)
Lilac Lev Ari(Ruppin Academic Center, 이스라엘)
Elaine Luti(John Cabot University, 이탈리아)
Dr. Anne Manyande(University of West London, 영국)
Jennifer Meehan(Livepool John Moores University, 영국)
Maggie Moremi(University of Limpopo, 남아프리카공화국)
Julita Naviaitiene(Vilnius Pedagogical University, 리투아니아)
Dr. Lisa Oakley(Manchester Metropolitan University, 영국)
Brigid O'Hea(Tralee Institute of Technology, 아일랜드)
Gert-Jan Pepping(University of Groningen, 네덜란드)
Oliver Robinson(University of Greenwich, 영국)
Dr. R Sanders(York St John University, 영국)
Brian Schiff(The American University of Paris, 프랑스)
Mark Sergeant(Nottingham Trent University, 영국)
Roma Simulioniene(Klaipeda University, 리투아니아)
Benjamin Spicher(Zentrum für Testentwicklung, 스위스)
Lievens Stefaan(University Ghent, 벨기에)
John Stins(VU University, 네덜란드)
Sabrina Tahboub-Schulte(American University of Sharjah, 아랍에미리트)
Ros Thomas(Webster University, 스위스)
Mladenka Tkalcic(University of Rijeka, 크로아티아)
Joseph Tzelgov(Ben Gurion University, 이스라엘)
Catherine Ward(University of Capetown, 남아프리카공화국)

Wim Waterink(Open University of the Netherlands, 네덜란드)
Klaas Wijma(Linköping University, 스웨덴)
Ilene Winckler(Touro College Berlin, 독일)

또한 개관 피드백으로 이 책의 이전 판들에 공헌했던 다음의 교수들에게도 감사드린다.

James Ackil(Western Illinois University), Cynthia Allen(Westchester Community College), Eileen Astor-Stetson(Bloomsburg University), Gordon D. Atlas(Alfred University), Raymond R. Baird(University of Texas, San Antonio), Jeff Baker(The University of Texas Medical Branch), Ted A. Barker(Okaloosa-Walton Community College), N. Jay Bean(Vassar College), A. G. Beese(University of Leeds), Charles Behling(University of Michigan), John B. Best(Eastern Illinois University), Randolph Blake(Vanderbilt University), Terry Blumenthal(Wake Forest University), Richard W. Bowen(Loyola University), Thomas Brothen(University of Minnesota), James P. Buchanan(University of Scranton), James F. Calhoun(University of Georgia), Rose Capdevila(University College Northampton), Charles S. Carver(University of Miami), Avshalom Caspi(University of Wisconsin), Janice Chapman(Bossier Parrish Community College), Paul Chara(Loras College), Stephen Clark(Vassar College), Stanley Coren(University of British Columbia), Daniel Cervone(University of Illinois at Chicago), Edward Deci(University of Rochester), G. William Domhoff(University of California, Santa Cruz), Richard Eglfaer(Sam Houston State University), Gilles Einstein(Furman University), Judith Erickson(University of Minnesota), G. William Farthing(University of Maine), Mary Ann Fischer(Indiana University Northwest), William Rick Fry(Youngstown State University), Karl Gegenfurtner (Justin-Liebig-Universitat), Richard Gist(Johnson County Community College), W. B. Perry Goodwin(Santa Clara University), Carla Grayson(University of Michigan), Bill Graziano(Texas A&M University), Paul Greene(Iona College), Sandra Grossmann(Clackamas Community College), Charla Hall(Southeastern Oklahoma State University), David T. Hall(Baton Rouge Community College), Andrew Hill(University of Leeds), Elizabeth Hillstrom(Wheaton College), Stefan Hofmann(Boston University), David Holmes(University of Kansas), William L. Hoover(Suffolk County Community College), Ralph Hupka(California State University), Addie Johnson(Utrecht University), Fred A. Johnson(University of the District of Columbia), Wesley P. Jordan(St. Mary's College of Maryland), Grace Kannady(Kansas City Kansas Community College), Richard A. Kasschau(University of Houston), Richard Keefe(Scottsdale Community College), Charles Ksir(University of Wyoming), Cantey Land(Vassar College), Joan Lauer(Indiana University/Purdue University), David Leiser(Bengurion University of the Negev), Elissa M. Lewis(Southwest Missouri State University), Marc A. Lindberg(Marshall University), Emma Lou Linn(St. Edwards University), Richard Lippa (California State University, Fullerton), Daniel Lord(University of Alaska, Anchorage), Joseph Lowman(University of North Carolina), James V. Lupo(Creighton University), Traci Mann(University of California, Los Angeles), Michael Martin(University of Kansas), Douglas Matheson(University of the Pacific), Fred Maxwell (Southwest Missouri State University), Mary Benson McMullen(Indiana University), Steven E. Meier(University of Idaho), Chandra Mehrotra(College of Saint Scholastica), Sheryll Mennicke(University of Minnesota), Mitchell M. Metzger(Penn State University-Shenango), Thomas Miller(University of Minnesota), Thomas Miller(University of Oklahoma), Jannay Morrow(Vassar College), Dean Murakami(American River College), Gregory L. Murphy(University of Illinois at Urbana-Champaign), Frank Muscarella(Barry University), David Neufeldt(Hutchinson Community College), Gayle Norbury(University of Wisconsin-Milwaukee), Michael O'Hara(University of Iowa), Paul V. Olczak(SUNY, Geneseo), Carrol Perrino (Morgan State University), Jacqueline B. Persons(Oakland, California), David Pitlenger(Marietta College), Shane Pitts(Birmingham-Southern College), Steve Platt(Northern Michigan University), Mark Plonsky(University of Wisconsin-Stevens Point), Tom Posey(Murray State University), Janet Proctor(Purdue University), David Raskin(University of Utah), Erin Rasmussen(College of Charleston), Cheryl A. Rickabaugh(University of Redlands), Steven Robbins(Haverford College), Tim Robinson(Gustavus Adolphus College), Irvin Rock(University of California, Berkeley), Brian H. Ross(University of Illinois at Urbana-Champaign), Jack Rossman(Macalister College), Alex Rothman(University of Minnesota), Gene Sackett(University of Washington), D. Kim Sawrey(University of North Carolina, Wilmington), Harold Schiffman(Duke University), J. Anthony Shelton(Liverpool John Moores University), Robert Smith(George Mason University), Steven Smith(Texas A&M University), C. R. Snyder(University of Kansas), Joan Stanton(Wheaton College), Tim Strauman(University of Wisconsin, Madison), Elaine K. Thompson(Georgian Court College), Francine Tougas(University of Ottawa), Lynne S. Trench(Birmingham-Southern College), Stuart Valins(SUNY, Stonybrook), Frank Vattano(Colorado State University), Ann L. Weber(University of North Carolina at Asheville), Paul J. Wellman(Texas A&M University), Carsh Wilturner(Green River College), Lance Workman(University of Glamorgan).

## 감사의 글

고 수전 놀렌-혹세마는 프랭크 카일과 에드워드 왓킨스의 헌신적인 지원에 감사를 표했다.

바바라 프레드릭슨은 16판을 준비하는 데 도움을 준 박사과정 학생 엘리스 라이스와 17장의 첨단 연구를 쓴 C. 다릴 캐머런에게 고마움을 전한다. 또한 멘토인 닐 러츠키, 로라 카스텐슨, 로버트 레벤슨, 그리고 지적 성장에 무한한 영향을 준 스탠퍼드대학교 심리학과 교수들과 1989~1992년 정서 연구를 위한 NIMH 박사 후 프로그램을 운영한 교수들에게도 감사드린다.

제프리 로프터스는 감각과정(4장), 지각(5장), 기억(8장)에 관한 장(章)을 재집필하는 데 중요한 기여를 한 줄리 안 세갱과 세라 와일러의 공로에 감사드린다.

크리스텔 루츠는 즐거운 마음으로 강의할 수 있게 해준 위트레흐트대학교 학생들 그리고 영감을 준 스승과 동료, 친구인 빌럼 알베르트 바헤나르, 니코 프레이다, 사울 스테른베르흐, 자크 나크미아스, 파울 로진, 제프레이 홀드스테인, 로니아 야쿠바우스카, 요켈린 발란티네, 율리 흐로스 라우이스, 예세 스네데커르, 율리아 피스허르에게 감사를 전한다.

# 저자 소개

**수전 놀렌-혹세마**(Susan Nolen-Hoeksema)는 예일대학교 심리학 교수로 재직하다 2013년 1월 갑작스레 세상을 떠났다. 예일대학교에서 심리학으로 학사학위를 받고 펜실베이니아대학교에서 임상심리학으로 박사학위를 받았다. 놀렌-혹세마의 연구는 남성에 비해 상대적으로 높은 여성의 우울 비율 그리고 반추가 우울증에 미치는 영향에 초점을 두었다. 그리고 동료 전문가의 리뷰가 포함된, 유명 저널에 게재한 논문을 비롯해 연구 저서와 교재, 일반 대중을 위한 책 등 12권의 책을 저술했다. 놀렌-혹세마는 우수 교수상을 세 번 수상했으며, 미국심리학회(APA)에서 유능한 젊은 심리학자에게 수여하는 David Shakow Early Career Award, APA 여성위원회가 수여하는 리더십상, 국립정신건강연구소(NIMH)에서 수여하는 연구상 등 여러 수상 경력을 가지고 있다.

**바버라 프레드릭슨**(Barbara L. Fredrickson)은 채플힐 소재 노스캐롤라이나대학교 케넌 특훈교수(Kenan Distinguished Professor)이며, 심리학과와 케넌-플래글러 경영대학원 교수를 겸직하고 있다. 칼턴대학에서 심리학으로 학사학위를, 스탠퍼드대학교에서 박사학위를 받았다. 프레드릭슨의 연구는 특히 긍정적 정서 및 긍정적 정서가 건강과 안녕에 미치는 효과에 초점을 두고 있다. 그리고 동료 전문가 리뷰가 포함된, 유명 저널에 게재한 수많은 논문을 통해 자신의 연구 결과를 동료 심리학자, 학생들과 공유해 왔으며, 저서『긍정성(Positivity)』(2009)과『사랑 2.0(Love 2.0)』(2013)을 펴내어 일반 독자들과도 공유하고 있다. 프레드릭슨은 미국심리학회가 수여하는 긍정심리학의 템플턴상, 실험사회심리학회가 수여하는 우수 심리학자상 등 많은 수상을 통해 연구와 교수 능력을 인정받았다.

**제프리 로프터스**(Geoffrey R. Loftus)는 브라운대학교에서 학사학위를, 스탠퍼드대학교에서 박사학위를 받았으며, 1973년부터 시애틀 소재 워싱턴대학교의 교수, MIT의 객원교수를 역임했다. 저널「Memory & Cognition」의 편집장,「Cognitive Psychology」의 부편집장 및 그 외 많은 저널의 편집위원으로 활동했으며, 다수의 책을 펴내고 논문을 발표했다. 로프터스의 연구 관심사는 인간의 지각과 기억을 비롯해 수학, 통계학, 과학적 방법론, 도시 디자인, 비디오게임 등 광범위하다. 또한 로프터스는 250여 건의 민사 · 형사 재판에서 전문가로 증언을 했다.

**크리스텔 루츠**(Christel Lutz)는 네덜란드 위트레흐트대학교의 심리학 전임강사이다. 위트레흐트대학교에서 물리학으로 석사학위를, 펜실베이니아대학교에서 실험인지심리학으로 박사학위를 받았으며, 펜실베이니아대학교에서는 지각심리학과 인지심리학을 강의하기도 했다. 위트레흐트대학교 사회과학대학의 선임연구원인 루츠는 실험심리학과 인간 동기심리학 강의를 개설했으며, 현재의 연구는 학습과 동기, 대학생의 지적 발달에 초점을 두고 있다.

# 차례

## 6 의식 204

## 7 학습과 조건형성 236

## 8 기억 272

## 9 언어와 사고 322

## 10 동기 366

## 11 정서 404

## 12 지능 442

## 13 성격 466

## 14 스트레스, 건강 및 대처 506

## 15 정신장애 534

## 16 정신건강 문제의 치료 578

## 17 사회적 영향 600

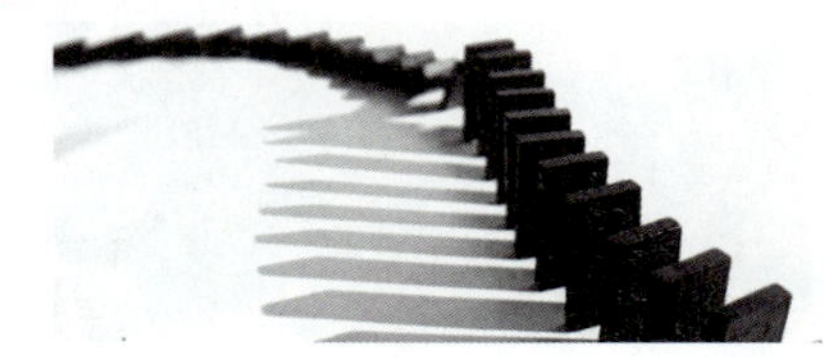

## 18 사회인지 648

# 첨/단/연/구

# 찬|반|논|쟁

# 1 심리학이란 무엇인가

**학습 목표**

이 장을 읽고 나면 다음의 것들을 할 수 있어야 한다.

- ▶ 과학적 심리학의 범주를 이해할 수 있다.
- ▶ 심리학 내 주제들에 관한 역사적 관점의 차이를 이해할 수 있다.
- ▶ 현대 심리학의 다섯 가지 주요 관점을 알 수 있다.
- ▶ 현대 심리학의 일곱 가지 주요 하위 영역에 익숙해질 수 있다.
- ▶ 심리학에서 네 가지의 최첨단 학제 간 접근을 알 수 있다.
- ▶ 심리학을 정의할 수 있다.

- ▶ 심리학 연구들의 예시를 들 수 있다.
- ▶ 심리학의 역사를 만드는 다섯 가지 다른 관점에 대한 예시를 들 수 있다.
- ▶ 심리학자가 새로운 지식을 발견하기 위해 과학적 방법을 어떻게 사용하는지 설명할 수 있다.
- ▶ 심리학 연구를 윤리적으로 구성하기 위한 지침에 관한 법칙을 설명할 수 있다.

## 이 장의 개요



독서는 교육과 출세로 나아가는 문이다. 아이들이 책을 읽도록 하는 데는 무엇이 가장 좋은 방법인가? 전국적 체인망을 가진 한 피자 레스토랑은 자기들이 그 답을 알고 있다고 믿었다. 독서에 대해 보상을 사용하라! 교사들은 매월 독서 목표를 세우고—읽은 책의 권수나 쪽수로—아이들이 그 목표를 달성하면 피자 쿠폰을 준다. 아이들은 피자 쿠폰을 지역의 체인점에 가져가면 피자를 공짜로 먹을 수 있다. 아이들이 독서를 더 많이 하므로 부모와 교사들은 이 프로그램이 효과적이라고 말한다. 이 프로그램에 의해 거의 20년 동안 미국의 아이들은 독서를 하고 피자를 얻었다.

그런데 이 프로그램은 심리학적으로 정당할까? 관련된 연구들이 무슨 말을 하는지 살펴보자. 당신은 이미 학습 이론의 기본적 주장 중의 하나에 대해 알고 있을지 모르겠다. 어떤 행동을 한 이후에 보상이 따르면 그 행동은 강력해진다. 7장에서는 보상의 강한 영향력을 **효과의 법칙** law of effect이라고 부른다는 것을 알게 될 것이다. 독서를 하고 피자를 보상으로 받으면 아이들은 더 많이 읽을 것이다. 굉장한 일 같아 보이지 않는가?

다른 결과를 고려해 보자—아이들은 독서에 대해 어떻게 생각하는가? 그리고 피자 프로그램이 끝난 후에도 아이들은 독서를 계속하는가? 수십 개의 심리학 실험이 행해졌고, 그중의 많은 수가 교실에서 실시되었다. 이제는 고전이 된 한 실험(Greene et al., 1976)에서 심리학자들은 교사들로 하여금 새로운 수학 게임을 아이들에게 소개하도록 하고, 그 후 2주 동안은 아이들이 게임을 어떻게 하는지 지켜보기만 했다. 3주째에 어떤 교실의 아이들에게는 수학 게임을 하는 것에 대해 보상을 주고, 다른 교실의 아이들에게는 그렇게 하지 않았다. 기대했던 바와 같이 보상은 아이들이 수학 게임을 하는 시간을 증가시켰다. 그렇다면 보상이 중지된 지 몇 주 뒤에는 무슨 일이 발생할까? 보상을 받았던 아이들은 갑작스럽게 수학 게임에 흥미를 잃었으며, 거의 수학 게임을 하지 않았다. 반대로 보상을 전혀 받지 않았던 아이들은 여전히 수학 게임을 계속했다.

이 실험은 보상이 어떤 때는 역작용을 일으켜 독서나 수학과 같은 활동에서 아이들의 내재적 관심을 저해한다는 것을 보여 준다. 사람들은 자신의 행동이 외적인 어떤 상황적인 요인(공짜 피자)에 의해 일어난다는 것을 알 때, 내적인 어떤 개인적인 요인(활동 그 자체의 즐거움)을 평가절하한다. 그래서 왜 독서를 하는지에 대해 아이들에게 물었을 때, 그들은 피자 때문이라고 말할 것이다. 피자를 받지 못하게 되면 독서할 이유도 없어진다. 아이들이 독서를 즐기고 있었더라도 보상이 그 즐거움을 압도했을 것이다. 보상의 해로운 영향을 **과잉정당화 효과** over justification effect라고 하는데, 이는 자신의 행동을 설명할 때 현저한 상황 요인은 강조하고 개인적 원인은 무시하는 것이다.

**외적 요인(공짜 피자)을 위해 아이들이 독서를 하게 하는 것은 내적 요인(아이들의 관심)이 독서에 미치는 영향을 감소시킬 수 있다. 이러한 과잉정당화 효과는 바람직한 행동에 대한 보상이 실패하는 이유를 설명해 준다.**

당신은 학점이 학습에 대한 보상이라고 생각할지 모르겠다. 학점도 독서에 대한 피자처럼 역작용을 일으킬까? 정확하게 그렇지는 않다. 중요한 차이점의 하나는, 당신이 받는 학점은 당신이 얼마나 열심히 하느냐에 달려 있다는 것이다. 연구에 의하면 수행에 비례하는 보상은 흥미를 손상하지 않는다. 오히려 흥미를 증가시킬 수도 있다. 왜냐하면 이 경우의 보상은 당신이 어떤 활동을 아주 잘했다는 것을 알려 주기 때문이다(Tang & Hall, 1995). 학점에 대한 집착은 때때로 당신이 배우고 있는 것에 대한 순수한 흥미를 잠식한다. 그러므로 어떤 과목을 수강하는 데는 다음과 같은 두 가지 이유가 공존하고 있음을 자신에게 상기시키는 것이 유익하다. 학점을 획득하는 것이 하나, 그 과목을 즐기는 것이 또 하나이다. 둘 다이지 둘 중 하나가 아니다.

다행스럽게도 많은 학생들은 심리학이 재미있다고 생각한다. 우리 저자들 또한 그렇게 생각한다. 그리고 우리는 당신에게 이러한 재미를 이 책 전체에 걸쳐 전달하고자 최선을 다했다. 심리학이 재미있는 이유는 우리 생활의 모든 면과 관련 있는 질문을 던지기 때문이다. 부모가 당신을 양육한 방식이 당신의 자녀 양육 방식에 영향을 끼치는가? 물질사용장애(substance use disorder)를 치료하는 최선의 방법은 무엇인가? 남자도 여자처럼 아이를 잘 돌볼 수 있는가? 최면에 걸리면 외상적인 경험을 더 잘 회상할 수 있는가? 핵발전소를 어떻게 설계해야 인간의 실수를 최소화할 수 있는가? 계속적인 스트레스는 면역체계에 어떤 결과를 가져오는가? 우울증을 치료하는 데는 심리치료가 좋은가, 약물치료가 좋은가? 심리학자들은 이러한 질문에 답하기 위해 연구하고 있다.

심리학은 또한 법률이나 공공정책을 통해 우리의 생활에 영향을 끼치고 있다. 심리학의 이론 및 연구는 차별, 체벌, 재판, 포르노그래피, 성행동, 개인적 책임 등을 다루는 법률에 영향을 주어 왔다. 예를 들면 거짓말 탐지기 검사는 미국 법정에서 증거로 채택되지 못하는데, 그 검사 결과가 수용할 수 없을 정도로 부정확하다는 것을 심리학 연구가 밝혀냈기 때문이다.

심리학은 인생의 많은 측면에 영향을 끼치기 때문에, 심리학을 전공으로 할 생각이 없는 사람들조차도 이 역동적인 분야에 대해 어느 정도 알아 둘 필요가 있다. 심리학 개론 강의는 사람들이 왜 그렇게 생각하고, 느끼고, 행동하는지를 더 잘 이해할 수 있게 해 줄 뿐만 아니라, 당신 자신의 태도와 반응에 대해서도 통찰력을 갖게 한다.

이 과목은 심리학의 이름으로 행해지는 많은 주장에 대해 평가하는 것을 도와준다. 모든 사람들이 다음과 같은 신문 헤드라인을 보았을 것이다.

- 심리치료의 새로운 유형이 잠재 기억의 회복을 용이하게 한다.
- 뇌파의 자기조절에 의한 긴장 조절
- 정신적 텔레파시 증거 발견
- 잠시 멍하니 있으면 기억력을 증진할 수 있다.
- 행복하고 건강하다고 느끼고 싶다면 누워 있는 시간을 줄이세요.
- 달콤한 음료는 시험의 수행을 높일 수 있다.
- 초월 명상은 예측력을 확장시킨다.
- 근심은 정신적인 비용을 수반한다.

이런 주장을 믿어야 할지, 말아야 할지 어떻게 결정할 수 있을까? 심리학적 주장의 **타당도** validity를 평가하기 위해 두 가지를 알아야 한다. 첫째, 이미 확정된 심리학적 사실이 무엇인지 알 필요가 있다. 새로운 사실이 기존의 사실과 호환 가능하지 않다면 주의하는 것이 좋다. 둘째, 새 주장을 지지하는 논의가 표준화된 과학적 증거를 가지고 있는지 결정하기 위한 지식을 갖추고 있을 필요가 있다. 만약에 가지고 있지 않다면 당연히 의심할 이유가 되는 것이다. 이 책은 두 가지 필요를 충족시키기 위한 것이다. 첫째, 이 책은 심리학적 지식의 현재 상태를 개관한다. 이 책은 심리학의 가장 중요한 발견을 제시할 것이며, 당신은 무엇이 확정된 사실인지 알게 될 것이다. 둘째, 이 책은 연구의 실체, 즉 심리학자들이 어떤 가설을 지지하거나 거부하는 강한 증거를 찾기 위해 연구 프로그램을 어떻게 설계하는지에 대해서 검토할 것이며, 당신은 새로운 주장을 뒷받침하는 데 필요한 증거의 유형을 알게 될 것이다.

이 장은 심리학에서 연구되는 문제의 종류를 고찰하는 것으로 시작할 것이다. 그리고 심리학의 역사적 기원을 간략하게 훑어본 후, 문제를 조사하기 위해 심리학자들이 택한 관점에 대해 토론할 것이다. 이어서 심리학적 연구 방법에 대해 기술할 텐데, 여기에는 연구자가 따라야 할 윤리적 가이드라인도 포함될 것이다.

## 심리학의 범위

**심리학** psychology은 행동(behavior)과 정신과정(mental process)의 과학적 연구라고 정의할 수 있다. 아래에 제시하는 짧은 예에서 알 수 있는 것처럼, 굉장히 다양한 문제들이 이 정의를 만족시키고 있다(모든 문제는 이 책의 여러 부분에서 더 상세하게 논의할 것이다).

### 뇌 손상과 얼굴 재인

뇌에 손상이 있으면 행동에 이상한 일이 발생하는데 이것은 전혀 놀라운 일이 아니다. 놀라운 것은 특정 부위의 손상이 그 사람의 행동을 특정하게 변화시킨다는 것이다. 예를 들면 오른쪽 뇌의 특정 부위에 손상을 입은 결과로 친숙한 얼굴을 인식할 수 없게 되는 경우가 발생한다. 그러나 얼굴 이외의 다른 사물은 정상적으로 알아본다. 이름하여 **안면실인증** prosopagnosia이다. 신경학자인 올리버 색스(Sacks, 1985)는 그의 책 『아내를 모자로 착각한 남자』에서 유명한 예를 들었다. 또 다른 사례에서는 어떤 안면실인증 환자가 누군가가 자신을 쳐다보고 있다고 웨이터에게 불평했는데, 알고 보니 그것은 거울에 비친 자기의 모습이었다. 이러한 사례들은 정상적인 뇌가 어떻게 작동하는지에 관해 많은 것을 알려 준다. 이는 심리적 기능 중 어떤 것, 예를 들면 얼굴 재인은 뇌의 특정 부위에 국지화되어 있음을 보여 준다.

### 특성귀인

인파로 붐비는 백화점에서 자선을 구하는 한 사람이 어떤 여성에게 접근하여 기부를 요청하고 있다고 상상해 보자. 그 여성은 50달러를 기부했다. 당신은 이 여성이 인정 많은 사람이라고 생각하는가, 아니면 많은 사람들이 지켜보고 있었기 때문에 할 수 없이 기부한 것이라고 생각하는가? 이러한 상황을 연구하기 위해 실험이 고안되었는데, 상황적 압력이 크기 때문에 거의 모든 사람들

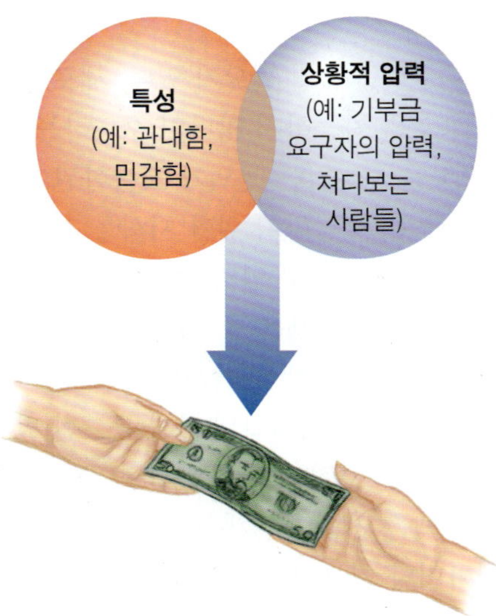


**그림 1.1 특성귀인.** 어떤 사람의 자선 행동이 그의 특성에 의한 것인지, 상황에 의한 것인지를 결정하는 데 있어서 우리는 특성이 중요한 요인이라고 믿는 편향성을 보인다. 이것이 기본적 귀인오류이다.

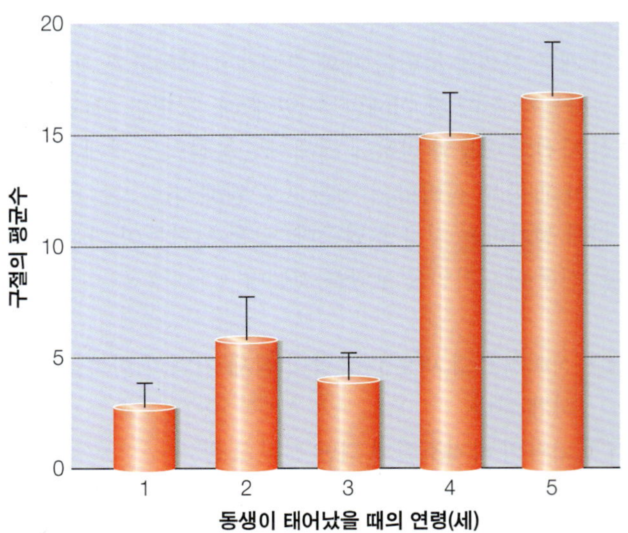


**그림 1.2 아동기 기억상실증의 경계.** 참여자들로 하여금 동생이 출생했을 당시의 기억을 자유롭게 회상하도록 하고, 그들이 언급한 구절의 평균수(동생이 태어났을 당시 참가자의 연령 함수)로 나타냈다.

이 비슷하게 행동함에도 불구하고 대다수의 사람들이 이 여성을 인정 많은 사람으로 평가한다는 것을 보여 주었다. 다른 사람의 행동을 설명할 때, 사람들은 성격 특성의 인과적 효과를 과대평가하고 상황 요인의 인과적 효과를 과소평가하는 경향이 있다. 이러한 실수를 사회심리학자들은 **기본적 귀인오류** fundamental attribution error (그림 1.1 참조)라고 부른다. 기본적 귀인오류를 과잉정당화 효과(독서에 대한 보상으로 공짜 피자를 얻는 프로그램을 이야기할 때 언급했다)와 비교하면 타인을 평가하는 것과 자신을 평가하는 것 사이에 중요한 차이가 있음을 알게 된다. 자신의 행동을 이해하고자 할 때 우리는 상황적 원인을 과대평가한다.

## 아동기 기억상실증

대다수의 성인은 어린 시절의 사건을 회상할 수 있지만 어느 시점을 넘어서지는 못한다. 거의 대부분의 사람들은 생애 초기 3년간의 사건을 회상할 수 없는데, 이를 **아동기 기억상실증** childhood amnesia이라고 부른다. 동생의 출생과 같은 중요한 사건에 대해 생각해 보자. 동생이 태어난 것이 세 살이 지난 후라면 당신은 아마 그 기억을 가지고 있을 것이다. 그러나 세 살이 되기 전에 동생이 태어났다면 당신은 전혀 또는 거의 그 일을 기억하지 못할 것이다(그림 1.2 참조). 생애의 첫 3년 동안에 우리는 상당히 풍부한 경험을 하기 때문에 아동기 기억상실증은 매우 놀라운 현상이다. 우리는 무력한 신생아로 태어나서 기어 다니고 옹알이를 하는 젖먹이로, 더 나아가 걸어 다니고 말할 수 있는 아이로 성장하는 것이다. 그러나 이러한 획기적 사건들이 우리의 기억에는 거의 흔적을 남기지 않는다.

## 비만

영국 성인의 대략 1/4, 미국 성인의 1/3 이상이 **비만** obese

**심리학자들은 어떤 요인이 과식하게 만드는지에 관심이 있다. 그들이 연구한 원인 중에는 유전적인 요인도 있고 환경적인 요인도 있다. 특정 자극이 있는 상황에서 과식하는 경향이 나타날 수 있는데 이는 환경적인 요인의 예이다.**

이다. 그들의 체중은 신체 구조와 키에 적절한 수준에서 30% 이상을 초과하고 있다.

이는 네덜란드 성인 인구의 10%, 일본 성인 인구의 3%라는 낮은 수치와 비교된다. 비만은 위험하다. 비만은 당뇨병, 고혈압, 심장병, 심지어 일부 암에 걸릴 확률을 증가시킨다. 심리학자들은 어떤 요인이 과식하게 만드는지에 관심을 가지고 있다. 하나의 요인은 과거의 식량 결핍이다. 쥐들의 먹이를 박탈했다가 원래의 체중으로 회복될 만큼의 먹이를 주고, 그 후 원하는 만큼 먹을 수 있게 하면 이 쥐들은 먹이 박탈을 경험하지 않은 쥐들에 비해 더 많이 먹는다.

## 대중매체의 폭력성이 아동의 공격성에 미치는 영향

TV 폭력물 시청이 아동을 더 공격적으로 만드는가에 대한 논란이 오랫동안 지속되었다. 많은 의견은 TV 폭력물 시청이 아동의 행동에 영향을 준다고 믿고 있지만, 어떤 사람들은 폭력물의 시청이 **카타르시스 효과**cathartic effect가 있다고 주장한다. 폭력물은 아동이 폭력을 대리로 표현하게 함으로써 **공격성**aggression을 감소시키거나 완전히 제거할 수도 있다. 그러나 연구는 카타르시스 효과를 지지하지 않는다. 7~11세의 남녀 430명을 대상으로 한 최신 관점의 연구에서는 높은 폭력성을 띤 미디어에 노출될 때 남녀 아동 모두 신체적으로 폭력적일 가능성이 분명히 증가한다는 것을 밝혔다(그림 1.3 참조).

심리학적 연구는 폭력적인 TV 프로그램이 아동에게 나쁜 영향을 미친다는 증거를 내놓았다.

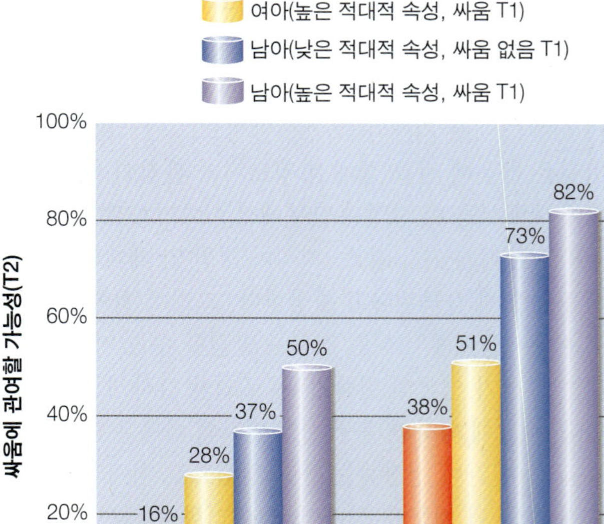


**그림 1.3 아동기의 TV 폭력물 시청과 성인기 공격성의 관계.** 고전적인 연구의 결과로, 9세 남녀의 TV 폭력물 시청 선호 정도(T1)와 그들이 19세가 되었을 때 동료들이 평정한 폭력 행동(T2)이 서로 연관이 있다는 사실을 보여 준다.

### 중간 요약

- 심리학은 인간 생활의 많은 측면을 다루며 법과 공공정책에 영향을 미친다.
- 심리학에 대한 새로운 주장을 평가하기 위해 (1) 어떠한 심리학적 사실이 이미 확인되어 있는지, (2) 과학적 증거의 기준에 대해 알 필요가 있다.
- 심리학은 행동과 정신과정을 과학적으로 연구한다.
- 심리학의 범위는 매우 넓어서 얼굴 재인, 사회적 판단, 기억, 비만, 폭력 등을 포함한다.

### 비판적 사고를 위한 물음

1. 5쪽에 있는 신문기사의 심리학 관련 헤드라인을 다시 한 번 읽어 보라. 그리고 신문이나 인터넷에서 심리학적 문제를 다룬 기사를 찾아보라. 거기에 실린 기사가 주장하는 것

을 믿을 수 있는가? 그 이유는 무엇인가?

2. 언제 그러한 기사를 믿어야 하는지 어떻게 알 수 있는가? 당신이 읽은 심리학적 주장을 사실로 받아들이기 위해 알아야 할 것은 무엇인가?

## 심리학의 역사적 기원

심리학의 뿌리는 고대 그리스의 위대한 철학자들로 거슬러 올라갈 수 있다. 그들 중 가장 유명한 소크라테스, 플라톤, 아리스토텔레스는 정신 생활에 관한 근본적인 질문을 던졌다. 의식이란 무엇인가? 사람들은 본래 합리적인가, 비합리적인가? 자유선택이라는 것이 실제로 존재하는가? 이러한 질문 및 유사한 많은 질문은 수천 년 전에 그러했던 것처럼 지금도 중요하다. 그 문제들은 마음과 정신과정의 문제를 다루며, 심리학의 인지주의적 관점을 구성하는 주요 요소이다.

**그리스의 철학자 소크라테스는 인간의 삶에 대해 근본적인 질문을 던졌다. 그러한 질문 중 많은 것은 당시와 마찬가지로 지금도 매우 중요하다.**

다른 심리학적 질문은 신체와 인간 행동의 문제를 다루며, 그것들 역시 긴 역사를 지니고 있다. 의학의 아버지라고 불리는 히포크라테스는 소크라테스와 같은 시기를 살았다. 그는 살아 있는 유기체와 그 부분들의 기능에 관한 연구인 **생리학**physiology에 깊은 관심을 가지고 있었다. 그는 뇌가 신체의 여러 기관을 어떻게 통제하는지에 대해 중요한 관찰을 했다. 이러한 관찰은 심리학에서 생물학적 관점의 기원이 된다.

### 선천 · 후천 논쟁

인간 심리에 관한 최초의 논쟁 가운데 하나인 선천 · 후천 논쟁은 오늘날에도 여전히 존재한다. **선천 · 후천 논쟁**nature-nurture debate의 핵심에는 인간의 능력이 생득적인가, 아니면 경험에 의해 습득되는가라는 질문이 있다. **선천 견해**nature view는 인간이 생득적인 지식과 현실 이해력을 가지고 세상에 태어난다고 주장한다. 초기의 철학자들은 이러한 지식과 이해가 주도면밀한 추론 및 내성에 의해 확인 가능하다고 믿었다. 17세기에 데카르트는 어떤 관념[예를 들면 신(神), 자기(自己), 기하학적 공리, 완전, 무한 등]이 생득적이라고 논증함으로써 선천 견해를 지지했다. 또한 데카르트는 인간의 신체를 하나의 기계로 개념화한 것으로 유명한데, 그에 따르면 인간의 신체는 다른 기계와 똑같은 방식으로 연구될 수 있다. 이것은 마음에 관한 현대적 정보처리 관점의 뿌리인데, 이에 대해서는 이 장의 후반부에서 이야기하겠다.

**후천 견해**nurture view는 지식이 경험 및 세계와의 상호작용을 통해 습득된다고 주장한다. 그리스 철학자 중 일부 이론가들에게서 이런 견해를 발견할 수 있지만, 이 견해는 17세기 영국의 철학자 존 로크와 강하게 연결되어 있다. 로크에 의하면 출생 시에 인간의 마음은 **백지**tabula rasa, 즉 인간이 성장하는 동안 경험으로 지식과 이해를 '기록하게' 될 깨끗한 칠판이다. 이러한 견해는 **연합주의 심리학**associationist psychology을 탄생시켰다. 연합주의자들은 생득적인 관념이나 능력이 있음을 부정한다. 대신에 그들은 마음이란 감각을 통해 들어온 관념, 그리고 유사 및 대비와 같은 원칙에 의해 연합된 관념으로 가득 차 있다고 주장한다. 기억 및 학습에 관한 오늘날의 연구는 초기의 연합 이론과 관련성을 가지고 있다.

고전적인 선천 · 후천 논쟁은 최근 수십 년 동안 매우 미묘하게 바뀌었다. 인간의 사고와 행동이 주로 생물학적인 것인가, 경험적인 것인가를 논하는 사람들이 여전히 있기는 하지만 대부분의 심리학자들은 통합적인 입장을 취한다. 그들은 생물학적인 과정(유전 또는 뇌 속에서 일어나는 과정)이 사고, 감정, 행동에 영향을 끼친다는 것을 인정하지만 경험 또한 큰 역할을 한다고 말한다. 그러므로 오늘날의 의문은 인간의 심리를 형성하는 것이 선천적이냐 후천적이냐에 있는 것이 아니라, 두 가지가 어떻게 결합하여 그 일을 해내느냐에 있는 것이다. 선천 · 후천 문제는 이어지는 장의 여러 부분에서 등장할 것이다.

## 과학적 심리학의 대두

철학자들과 과학자들은 여러 세기에 걸쳐 정신과 신체의 기능에 지속적인 관심을 보였지만, 과학적 심리학은 빌헬름 분트(Wilhelm Wundt)가 1879년에 독일의 라이프치히대학교에 최초의 심리학 실험실을 설립한 19세기 후반에 시작된 것으로 인정되고 있다. 분트의 실험실 설립의 원동력은 마음과 행동이 행성 또는 화학물질이나 신체기관처럼 과학적 분석의 대상이 될 수 있다는 믿음에 있었다. 분트의 연구는 주로 감각, 특히 시각에 관한 것이었지만 그와 동료들은 **주의** attention, 정서, 기억에 대해서도 연구했다.

분트는 내성법에 의지하여 정신과정을 연구했다. **내성법** introspection이란 자기 자신의 지각, 사고, 감정의 정체를 관찰하고 기록하는 것을 말한다. 내성법의 예로는 어떤 물체가 얼마나 무겁다고 지각하는지, 불빛이 얼마나 밝게 보이는지에 관한 사람들의 보고와 같은 것을 들 수 있다. 내성법은 철학에서 물려받은 것인데 분트는 거기에 새로운 차원을 덧붙였다. 그것은 순수한 자기관찰만으로는 충분하지 않아서 실험에 의해 보강되어야 했다. 분트의 실험은 자극의 물리적 차원(예: 강도)을 체계적으로 변화시켰으며, 내성법을 사용하여 이러한 물리적 변화가 사람들의 자극에 대한 의식 경험을 어떻게 변화시켰는지를 알고자 했다.

내성법에 의존하는 것은 아주 빠른 심적 사건에 대해서는 효과적이지 않음이 드러났다. 집중적 훈련을 거친 후에도 사람들은 단순한 감각 경험에 대해서조차 서로 다른 내성을 보고했으며, 이러한 차이로부터 이끌어 낼 수 있는 결론이 거의 없었다. 그 결과 내성법은 현대 인지적 관점의 중심에 서지 못했다. 그리고 앞으로 알게 되겠지만, 내성법에 대한 일부 심리학자들의 반발은 새로운 다른 관점의 발전에 큰 역할을 했다.

**빌헬름 분트는 라이프치히대학교에 세계 최초로 심리학 실험실을 설립했다.**

## 구성주의와 기능주의

19세기에 화학과 물리학은 복합물(분자)을 그 요소(원자)로 분석함으로써 커다란 진전을 이루었다. 이러한 성공은 서로 결합하여 더 복합적인 경험을 만들어 내는 심적 요소를 찾도록 심리학자들을 고무시켰다. 화학자들이 물을 수소와 산소로 분석했던 것처럼, 심리학자들은 레모네이드의 맛(지각)을 달콤함, 씁쓸함, 차가움(감각) 등과 같은 요소로 분석할 수 있었다. 미국에서 이러한 접근의 대표적 주자는 코넬대학교의 티치너(E. B. Titchener)로, 그는 분트에게 사사했다. 티치너는 심리학의 이러한 학파를 기술하기 위해 **구성주의** structuralism—정신구조의 분석—라는 용어를 도입했다.

그러나 심리학자들 중에는 구성주의의 순수한 분석적인 측면에 반대하는 사람들도 있었다. 하버드대학교의 저명한 심리학자 윌리엄 제임스(William James)는 의식의 요소를 분석하는 것이 의식의 유동적이고 사적인 성질을 이해하는 것보다 덜 중요하다고 느꼈다. 그의 접근법에는 기능주의functionalism라는 이름이 붙었는데, 이는 유기체가 환경에 적응하고 환경 속에서 제대로 기능하기 위해서는 마음이 어떤 일을 해야 하는가에 대해 연구하는 것이었다.

적응에 관한 19세기 심리학자들의 관심은 찰스 다윈의 진화론 출간에서 시작되었다. 어떤 사람들은 의식이 개인의 활동을 유도하는 데 기여하기 때문에 진화해 온 것이라고 주장했다. 유기체가 환경에 어떻게 적응하는지 알기 위해 기능주의자들은 심리학이 실제의 행동을 관찰해야만 한다고 말했다. 그러나 구성주의자와 기능주의자 모두 아직은 심리학을 의식 경험의 과학으로 간주하고 있다.

## 행동주의

구성주의와 기능주의는 20세기의 심리학이 발달하는 초기에 중요한 역할을 수행했다. 각 관점은 심리학의 영역에 체계적인 접근법을 제공했기 때문에 경쟁적인 심리학파로 간주되었다. 그러나 1920년대에 이르러 이 두 학파는 3개의 새로운 학파, 즉 행동주의, 형태심리학, 정신분석학에 의해 대체되었다.

그중에서 행동주의behaviorism는 북아메리카의 과학적 심리학에 가장 큰 영향을 미쳤다. 그 설립자인 왓슨(John B. Watson)은 의식 경험이 심리학의 대상이라는 주장에 반발했다. 왓슨은 동물과 인간의 행동을 연구할 때 의식에 대해서 아무런 언급도 하지 않았다. 그는 동물심리학과 아동심리학은 그 자체가 과학으로 성립할 수 있을 뿐만 아니라, 성인을 대상으로 하는 심리학이 따라야 할 하나의 모범을 제공한다고 단언했다.

심리학이 과학이 되기 위해서는 심리학적 데이터가 다른 과학들의 데이터처럼 공개적 검토가 가능해야만 한다고 왓슨은 믿었다. 행동은 공개적인 것이고 의식은 사적인 것이다. 과학은 공개적인 사실만을 다루어야 한다. 당시 내성법에 대한 심리학자들의 참을성이 한계에 도달했기 때문에 새로운 행동주의는 빠르게 인기를 얻었고, 미국의 많은 젊은 심리학자들은 스스로를 '행동주의자'로 부르게 되었다[러시아의 생리학자 이반 파블로프(Ivan Pavlov)의 조건반응에 관한 연구는 행동 연구의 중요한 부분으로 간주되었으나, 행동주의의 광범위한 영향력은 왓슨에게서 말미암은 것이다].

왓슨과 스키너(B. F. Skinner)를 비롯한 행동주의 추종자들은 거의 모든 행동이 조건형성의 결과물이며, 환경은 특정 습관을 강화함으로써 행동을 만들어 낸다고 주장했다. 예를 들면 아이의 울음을 그치게 하기 위해 과자를 주는 것은 우는 습관을 강화(보상)하는 것이다. 조건반응은 가장 작은 단위의 행동으로 간주되며, 이것으로부터 더욱 복잡한 행동이 만들어진다. 특별한 훈련이나 교육에 의해 형성된 모든 종류의 복잡한 행동 패턴은 조건반응을 서로 엮어서 자아낸 직물과 같은 것으로 간주되었다.

행동주의자들은 심리학적 현상을 자극과 반응이란 용어를 사용하여 논의하고자 했으며, 자극-반응(S-R) 심리학이란 용어를 탄생시켰다. 여기서 주목할 것은 S-R 심리학 그 자체가 이론도 아니고 관점도 아니며, 그냥 심리학적 정보를 전달하는 데 사용되는 일련의 용어라는 것이다. 이러한 용어는 지금도 심리학에서 종종 사용되고 있다.

## 형태심리학(게슈탈트 심리학)

1912년경 행동주의가 미국에서 인기를 얻기 시작하던 무렵, 독일에서는 게슈탈트 심리학(또는 형태심리학)이 나타나고 있었다. 게슈탈트Gestalt는 독일어로 '형태' 또는 '윤곽'을 의미하는데, 막스 베르트하이머(Max Wertheimer)와 동료인 쿠르트 코프카(Kurt Koffka), 볼프강 쾰러(Wolfgang Köhler) 등의 방법을 가리키는 데 사용된다. 이들 모두는 나중에 미국으로 이주했다.

형태심리학자들의 일차적 관심사는 지각이었으며, 그들은 지각 경험이 자극의 패턴과 경험의 체제화에 의존한다고 생각했다. 우리가 실제로 보는 것은 자극과 자극의 배경뿐만 아니라 자극의 전체적 패턴과 관련되어 있다(5장 참조). 전체는 부분의 합이 아닌데, 이는 전체가 부분들 사이의 관계에 의존하기 때문이다. 예를 들면 그림 1.4에서 우리가 보는 것은 하나의 커다란 삼각형(즉 하나의 형태 또는 게슈탈트)이지 3개의 각이 아니다.

운동 지각, 크기 판단, 조명에 따른 표면색 변화 등과 같은 지각의 문제가 형태심리학자들의 주요 관심사였다. 그러한 경향은 학습, 기억, 문제해결 등에 대해서도 지각 중심적인 해석을 시도하게 만들었으며, 이는 현대 인지심리학 연구의 초석을 놓는 데 도움이 되었다.

형태심리학자들은 또한 현대 사회심리학의 창시자들—쿠르트 레빈(Kurt Lewin), 솔로몬 애쉬(Solomon

**윌리엄 제임스, 존 B. 왓슨, 지그문트 프로이트, 이 세 사람은 심리학의 초창기 역사에서 중심적인 인물이다. 제임스는 기능주의를 발전시키고 왓슨은 행동주의를 주창했으며, 프로이트는 정신분석의 이론과 방법을 창시했다.**

**그림 1.4 게슈탈트 도형.** 정삼각형을 이루는 3개의 각을 볼 때 우리는 하나의 커다란 삼각형을 인지하는 것이지, 3개의 작은 각을 보는 것이 아니다.

Asch), 프리츠 하이더(Fritz Heider)는 게슈탈트 원리를 확대하여 대인관계 현상을 이해하는 데 사용했다—에게도 영향을 미쳤다(Jones, 1998). 예를 들면 애쉬(1946)는 사람들이 보는 것은 독립된 부분이 아니라 전체라는 게슈탈트 원리를 사물 지각과 같은 단순한 사례에서 대인 지각과 같은 훨씬 복잡한 사례로 확대해서 적용했다(Taylor, 1998). 또한 그들은 주어지는 자극에 의미와 구조를 부여하는 과정을 자동적이고 비자각적인 것으로 보았는데, 이러한 게슈탈트적 관점은 오늘날에도 사회인지와 관련된 연구에 영향을 주고 있다(18장 참조; Moskowitz et al., 1999).

## 정신분석학

**정신분석학** psychoanalysis은 20세기 초반에 지그문트 프로이트(Sigmund Freud)에 의해 창시된 성격 이론이자 정신치료법이다.

프로이트 이론의 중심에는 **무의식** unconscious—우리가 자각하지 못하는 사고, 태도, 충동, 소망, 동기, 정서—이라는 개념이 있다. 프로이트에 의하면 용납 불가능한(금지된 또는 처벌되는) 소망은 우리의 의식적 자각에서 추방되어 무의식의 한 부분이 되는데, 이는 거기에서도 계속해서 우리의 사고, 감정, 활동에 영향을 준다. 무의식적인 사고는 꿈, 발화 실수, 매너리즘(기행증) 등에 표현된다. 프로이트는 환자를 치료하는 동안 **자유연상법** free association을 사용했는데, 이는 무의식적 소망을 자각하는 하나의 방법으로서 마음에 떠오르는 것을 무엇이든 말하도록 환자에게 지시하는 것이었다. 꿈의 분석도 같은 목적으로 사용되었다.

프로이트의 고전적 이론에서 무의식적 소망의 이면에 있는 동기는 항상 성 또는 공격과 관계가 있었다. 이런 이유로 프로이트의 이론은 처음 나왔을 때 널리 수용되지 못했다. 현대의 심리학자들이 프로이트의 이론을 전

폭적으로 수용하는 것은 아니지만 사람들의 사고, 목표, 동기가 때때로 의식적 자각 밖에서 작동할 수 있다는 데에는 동의하고 있다.

## 20세기 중반의 심리학

형태심리학과 정신분석학의 중대한 기여에도 불구하고 제2차 세계대전 이전까지는 행동주의가 심리학을 지배했는데, 특히 미국에서 그러했다. 전쟁이 끝난 후 심리학에 대한 관심이 높아졌다. 정교한 도구와 전자 장비가 실험실에 도입되고 광범위한 문제를 조사하면서 초기의 이론적 접근이 지나치게 제한적이라는 것이 밝혀졌다.

이러한 견해는 1950년대 컴퓨터의 발전으로 힘을 얻게 되었다. 컴퓨터는 과제—체스를 두거나 수학의 정리를 증명하는 등의 일—를 수행할 수 있었는데, 예전에 이러한 것들은 인간만이 할 수 있는 일이었다. 컴퓨터는 심리과정을 이론화하는 데 필요한 강력한 도구를 심리학자들에게 제공했다. 1950년대에 출판된 일련의 논문에서 허버트 사이먼(Herbert Simon, 노벨상 수상)과 동료들은 심리적인 현상이 어떻게 컴퓨터를 사용하여 모사될 수 있는가를 기술했다. 많은 심리학적 이슈가 **정보처리 모형** information-processing model을 사용하여 재조명되었다. 이 모형은 인간을 정보처리자로 간주하며, 행동주의보다 더욱 역동적인 접근법을 심리학에 제공했다. 또한 정보처리적 접근은 형태심리학과 정신분석학의 개념을 더욱 명확하게 표현할 수 있게 해 주었다. 마음의 본성에 대한 초기의 개념은 이제 구체적인 용어로 표현되고 실제의 데이터를 가지고 평가할 수 있게 되었다. 예를 들어 인간 기억의 작동을 컴퓨터가 정보를 저장하고 인출하는 방식과 유사한 것으로 생각할 수 있다. 컴퓨터가 임시 저장고 속에 있는 정보를 내부의 메모리칩(RAM)으로 옮기고, 그것을 다시 훨씬 더 영구적인 저장고인 하드디스크로 옮기는 것처럼, 우리의 작업기억은 장기기억으로 가는 정류장의 역할을 할 수 있다(Atkinson & Shiffrin, 1971a; Raaijmakers & Shiffrin, 1992).

1950년대 심리학에 중대한 영향을 끼친 또 다른 사건은 현대 언어학의 발전이다. 언어학자들은 어떤 언어를 듣고 말하는 데 필요한 정신 구조물에 관한 이론화를 시작했다. 이 분야의 개척자는 놈 촘스키(Noam Chomsky)로서, 1957년에 출간된 그의 책 『통사구조(Syntactic Structures)』는 언어를 심리적으로 분석하는 데 최초로 성공했으며, 심리언어학이라는 분야의 등장을 자극했다.

동시에 신경심리학에서도 중대한 진전이 이루어졌다. 뇌와 신경계통에 대한 여러 발견은 신경적 사건과 정신과정 사이에 분명한 관련성이 있음을 보여 주었다. 지난 수십 년간 생의학 기술의 진보는 이 관련성에 대한 연구를 급속하게 진전시켰다. 1981년에 로저 스페리(Roger Sperry)는 뇌의 특정 부위와 사고 및 행동 과정의 연관성을 밝힌 공로로 노벨상을 받았다. 2장에서 이에 대해 살펴볼 것이다.

정보처리 모형, 심리언어학, 신경심리학의 발전은 심리학의 '인지 혁명'을 일으켰으며, 이는 거의 전 영역에서 사고의 전환을 낳았다. 인지심리학은 심적 과정과 구조의 과학적 분석을 주요 관심사로 하고 있으나 사고와 지식만을 다루는 것은 아니다. 당신은 이 책에서 인지심리학적 접근법이 지각, 동기, 정서, 임상심리, 성격, 사회심리 등을 포함하는 아주 많은 영역에 적용되고 있음을 알게 될 것이다. 인지 혁명으로부터 약 20년이 지난 후 다른 종류의 혁명이 발생하는데, 이는 정서과학이라고 불리는, 정서의 과학적 연구에 대한 재조명이다.

요약하면, 20세기 동안에 심리학의 초점은 원위치로 돌아왔다. 심리학자들은 과학적 탐구에 부적합하다는 이유로 의식 경험을 거부하고 관찰 가능한 외적 행동의 연구로 전향했다가 다시 한 번 마음의 내면을 이론화하는 일에 착수했다. 그러나 이번에는 새롭고 더 강력한 도구를 가지고 그 일을 한다는 것이 다르다.

### 중간 요약

- 심리학의 뿌리는 기원전 4, 5세기로 거슬러 올라갈 수 있다. 인간 심리에 대한 최초의 논쟁은 인간의 능력이 타고나는 것인가, 경험에 의해 습득되는 것인가라는 물음을 중심으로 전개되었다(선천 · 후천 논쟁).
- 과학적 심리학은 19세기 후반에 마음과 행동이 과학적 분석의 대상이 될 수 있다는 생각과 함께 탄생했다. 최초의 심리학 실험실은 1879년 빌헬름 분트에 의해 라이프치히 대학교에 설립되었다.
- 20세기 심리학의 초기 '학파'에는 구성주의, 기능주의, 행동주의, 형태심리학, 정신분석학이 있다.
- 20세기 심리학의 후반기 발달에는 정보처리 이론, 심리언어학, 신경심리학이 포함되는데 이는 심리학에서 인지 혁명의 기초가 된다.

> **비판적 사고를 위한 물음**
>
> 1. 과거의 여러 심리학적 접근은 인간 본성에 관해 어떠한 기본적 가정을 했는가?
> 2. 이러한 가정 중에서 서로 호환 가능한 것은 무엇이며, 또 호환 불가능한 것은 무엇인가?

## 현대 심리학의 관점

심리학적 관점psychological perspective이란 무엇인가? 기본적으로 그것은 하나의 접근법, 즉 심리학의 여러 문제를 바라보는 방식을 말한다. 심리학의 어떠한 문제에 대해서도 여러 관점에서 접근이 가능하다. 실제로 이는 한 사람이 취하는 어떤 활동에 대해서도 진실이다. 당신이 누군가에게 모욕을 당하고 나서 그 사람의 얼굴을 주먹으로 때렸다고 가정해 보자. 생물학적 관점에서는 이 행위를 특정 뇌 영역과 관련된 것으로, 그리고 팔 근육을 활성화하는 신경충격으로 기술할 수 있다. 행동주의적 관점에서는 신체 내부의 어떤 것도 언급하지 않으면서 그 행위를 기술할 수 있다. 모욕은 하나의 자극이고 당신은 주먹질로 거기에 반응한 것이며, 주먹질은 과거에 보상에 의해 학습된 반응이다. 인지주의적 관점에서는 그 행동을 산출하는 데 관여한 정신과정에 초점을 맞추며, 목표와 계획이라는 용어를 사용하여 주먹질을 설명할 것이다. 당신의 목표는 자신의 명예를 방어하는 것이고, 공격적인 행동은 그 목표를 달성하기 위한 계획의 한 부분이다. 정신분석적 관점에서는 당신의 행위가 무의식적 공격 본능의 한 표현이라고 기술될 것이다. 또한 주관주의적 관점에서는 공격적 행동이 어떤 사람의 발언을 개인적 모욕으로 해석함으로써 생긴 반응으로 기술될 것이다.

하나의 심리학적 행위를 기술하기 위해 많은 방법이 가능하겠지만 이 다섯 가지 관점은 현대 심리학의 주요 접근법을 대표한다(그림 1.5 참조). 이 다섯 관점은 책 전체에 걸쳐서 다룰 것이므로 여기서는 각각의 요점만 간략하게 살펴보겠다. 명심할 점은 이 접근법들이 상호 배타적인 것은 아니라는 사실이다. 그것들은 동일하고 복잡한 현상의 서로 다른 측면에 초점을 맞추고 있다고 할 수 있다. 사실을 말하자면, 많은 심리학적 문제를 이해하기 위해서는 다양한 관점을 포괄하는 절충적 접근eclectic approach이 필요하다.

**그림 1.5 심리학의 여러 관점.** 심리적 현상의 분석은 여러 관점에서 가능하다. 각 관점은 사람들이 왜 그렇게 행동하는지에 대해서 조금씩 다른 설명을 내놓는데, 그렇게 함으로써 인간의 전체적인 이해에 기여한다. 그리스 문자 프사이($\Psi$)는 심리학(psychology)을 가리키는 약자로 종종 사용된다.

### 생물학적 관점

인간의 뇌에는 100억 개 이상의 신경세포와 거의 무한수에 가까운 신경세포 간 연결이 존재한다. 뇌는 우주에서 가장 복잡한 구조물일 것이다. 원칙적으로 모든 심리적 사건은 뇌 및 신경계의 활동과 관련된다고 말할 수 있다. 인간 행동에의 생물학적 관점biological perspective은 외적 행동을 신체 내부에서 일어나는 전기적 활동 및 화학적 활동과 연관시키려고 한다. 생물학적 관점을 취하는 연구는 행동과 정신과정의 근저에 있는 신경생물학적인 과정을 발견하고자 한다. 예를 들면, 우울증에 대한 생물학적 접근은 이 질병을 신경전달물질의 수준이 비정상적으로 변화한 것으로 이해하고자 한다. 신경전달물질이란 뇌에서 생산되어 신경세포 간의 전달을 가능하게 해 주는 화학물질을 말한다.

앞서 나왔던 문제 하나를 가지고 이 관점을 살펴보자. 뇌 손상 환자의 얼굴 재인에 관한 연구는 뇌의 특정 부위가 얼굴 재인에 전문화되어 있음을 보여 준다. 인간의 뇌는 좌반구와 우반구로 나뉘는데, 얼굴 재인에 할당된 부위는 대개 우반구에 위치한다. 인간의 뇌는 상당히 반구 전문화가 되어 있다. 대다수의 오른손잡이는 좌반구가 언어 이해를 전문으로 하고, 우반구가 공간관계의 해석

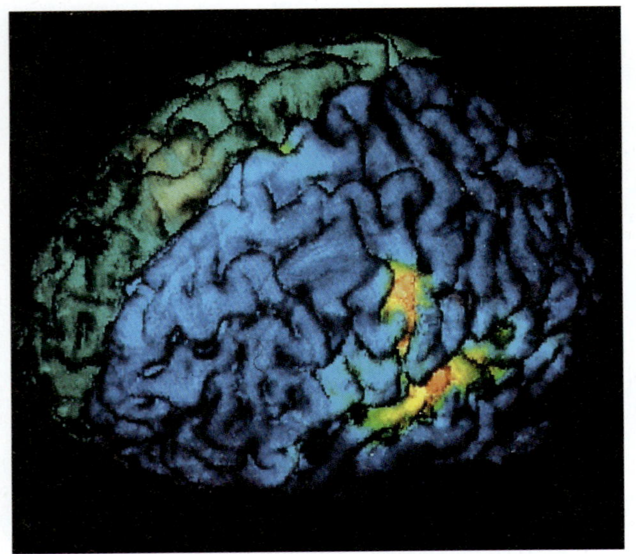

연구자들은 심리적 작업을 하는 동안의 뇌 사진을 찍음으로써 뇌 부위 중 어디가 어떤 심리적 현상의 근저에 있는지를 알 수 있다. 위 사진은 말소리를 듣는 중의 뇌 활동을 삼차원으로 보여 주는데, fMRI(기능적 자기공명 영상)를 이용하여 촬영된 것이다. 빨강은 활동이 가장 왕성한 부분을, 노랑은 중간 크기의 활동을 나타낸다. 사진에서 뇌 활동은 베르니케 영역에 집중되어 있다. 이것은 인간 심리에 대한 생물학적 접근법의 좋은 예이다.

공격적인 아동이 고집을 부려 다른 아동이 장난감을 양보하면 공격 행동이 보상을 받게 되어 아동은 앞으로 더욱 공격적으로 행동할 것이다. 이것은 행동주의적 관점의 한 예이다.

을 전문으로 한다.

생물학적 관점은 기억 연구에도 도움이 된다. 이는 특정 뇌 구조의 중요성을 강조하는데, 예를 들어 해마는 기억을 고착화하는 데 관여한다. 아동기 기억상실증은 미성숙한 해마 때문에 생길 수 있는데, 해마는 생후 1~2년이 지나야 완전히 발달한다.

## 행동주의적 관점

심리학의 역사에 관한 개관에서 언급했듯이 **행동주의적 관점** behavioral perspective은 관찰 가능한 자극과 반응에 주목하며, 거의 모든 행동을 조건형성과 강화의 산물로 간주한다. 예를 들면 사회생활에 대한 행동주의적 분석은, 어떤 사람들과 상호작용하는지(사회적 자극), 그들에 대해서 어떻게 반응하는지(보상, 처벌, 또는 중립), 그들이 다시 어떻게 반응하는지(보상, 처벌, 또는 중립), 그리고 그 반응들이 상호작용을 유지시키는지 혹은 중지시키는지에 주목한다.

이 접근법을 예를 통해 더 알아보자. 비만의 경우를 살펴보면, 비만인 사람 중에는 특정한 자극(TV 시청)이 있을 때에만 과식(특정한 반응)을 하는 사람들이 있는데, 이 자극의 회피를 학습하는 것이 많은 체중 조절 프로그램의 한 부분을 구성한다. 공격성의 경우, 아이가 공격 반응을 더 잘 나타내게 되는 것은 다른 아이를 때리는 공격 반응이 보상을 받을 때(상대 아이가 도망갈 때)이지, 그 반응이 처벌을 받을 때(상대 아이가 대항할 때)가 아니다.

역사적으로 엄격한 행동주의적 접근은 개인의 정신과정을 전혀 고려하지 않으며, 심지어 현대의 행동주의자들도 자극과 반응 사이에 개재하는 정신과정에 대해 언급하지 않는 것이 보통이다. 그러나 엄격한 행동주의자가 아닌 심리학자들은 사람들이 자신의 의식 경험에 대해 말한 것(언어적 자기보고)을 기록하며, 그 자료에 근거하여 정신활동을 추론한다. 비록 지금은 자신을 엄격한 행동주의자로 규정하는 사람이 매우 적지만, 현대 심리학의 많은 부분은 초기 행동주의자들의 작업에서 발전해 나온 것이다.

## 인지주의적 관점

현대의 인지주의적 관점은 부분적으로는 심리학의 인지적 뿌리로의 회귀이며, 부분적으로는 추론, 계획, 결정, 의사소통과 같은 복잡한 인간 활동을 무시했던 행동주의의 편협함에 대한 반발이기도 하다. 19세기의 인지주의와 같은 점은 현대의 **인지주의적 관점** cognitive perspective도 지각, 기억, 추론, 결정, 문제해결과 같은 정신과정에

**아동기에 일어난 사건은 잘 회상되지 않는 것이 보통이다. 이 소년은 아마도 동생의 출생과 관련된 사건을 회상하지 못할 것이다. 인지주의적 관점은 기억을 체제화하는 데 있어서 언어의 중요성을 강조한다.**

관심을 두고 있다는 것이다. 그러나 19세기의 인지주의와 다른 점은 현대의 인지주의적 접근은 내성법에 의지하지 않는다는 것이다. 대신에 다음과 같은 가정을 한다. (1) 정신과정의 연구에 의해서만 우리는 인간이 하는 일을 완전히 이해할 수 있다. (2) 우리는 정신과정을 객관적인 방법으로 연구할 수 있는데, 그것은 (행동주의자들이 했던 것처럼) 특정 행동에 주목하지만 그 근저에 어떤 정신과정이 있는지를 해석하는 것이다. 이러한 해석을 하는 데 인지심리학자들은 종종 마음과 컴퓨터의 비유를 이용하곤 한다. 입력 정보는 여러 가지 방식으로 처리된다. 그것은 선택되고, 비교되고, 이미 기억 속에 있는 정보와 결합되고, 변형되고, 재배열된다고 한다.

이 장의 앞부분에서 이야기했던 아동기 기억상실증이란 현상을 검토해 보자. 우리가 생애의 첫 몇 년간을 자세히 기억하지 못하는 것은 우리의 경험을 기억 속에 정리하는 방식이 성장하면서 크게 달라졌기 때문일 수도 있다. 그러한 변화는 언어 능력이 급성장하는 세 살쯤에 특히 두드러지는데, 이 시기에 언어는 기억을 정리하는 새로운 방법을 제공한다.

## 정신분석적 관점

지그문트 프로이트는 미국에서 행동주의가 발전하던 바로 그 시기에 유럽에서 인간 행동의 정신분석적 개념화를 추진했다. 어떤 면에서 정신분석학은 19세기적 방식으로 인지와 생리를 혼합한 것이다. 프로이트는 의식, 지각, 기억과 같은 인지 개념을 생물학적 본능과 결합하여 인간 행동에 관한 대담한 새로운 이론을 만들었다.

**정신분석적 관점** psychoanalytic perspective의 기본 가정은 행동이 무의식적 과정에서 비롯된다는 것이다. 무의식적 과정은 사람이 자각하지는 못하지만 그럼에도 불구하고 행동에 영향을 주는 신념, 공포, 욕망을 가리킨다. 프로이트는 어린 시절에 부모와 사회에 의해 금지되거나 처벌되는 다수의 충동이 생득적 본능이라고 믿었다. 우리는 이러한 충동을 가지고 태어나기 때문에 그것들이 행사하는 집요한 영향은 적절한 방식으로 다루어져야 한다. 충동을 금지하면 그것들은 자각의 영역에서 무의식의 영역으로 이동할 뿐 사라지지 않는다. 충동은 정서적인 문제나 정신질환의 증상으로 나타나거나 예술적 또는 문학적 활동과 같은 사회적으로 용인된 행동으로 나타난다. 예를 들어 당신이 아버지에게 분노를 느끼고 있지만 그것을 표현할 수 없다면 분노는 무의식적이 될 것이며, 그것은 꿈속에서 아버지가 처참한 사고로 큰 부상을 입는 형태로 표현될 것이다.

프로이트는 인간도 동물과 똑같은 원초적 본능(주로 식욕, 성, 공격성)을 가지고 있으며, 이러한 충동을 제한하려고 하는 사회와 끊임없는 갈등을 일으킨다고 믿었다. 정신분석적 관점은 이 장의 앞에서 언급했던 문제들을 새로운 방식으로 바라볼 것을 제안한다. 예를 들어 프로이트는 공격 행동이 생득적 본능에서 나온다고 주장했다. 이 주장은 인간의 심리를 연구하는 학자들로부터 그

**정신분석적 치료 세팅은 프로이트 시절과 많은 부분 크게 다르지 않다. 환자는 사전에 예약한 시간에 진료실로 와서 긴 의자에 누워 있고 분석가는 긴 의자 뒤에 앉아서 진행한다.**

다지 인정받지 못하고 있지만, 동물의 공격성을 연구하는 심리학자 및 생물학자들의 견해와는 일치한다.

## 주관주의적 관점

**주관주의적 관점** subjectivist perspective은 인간 행동이 객관적 세계에 의해서가 아니라 지각된 세계에 의해 결정된다고 주장한다. 인지주의적 접근과 마찬가지로 주관주의적 관점도 게슈탈트 전통에서 유래했으며, 행동주의의 편협함에 대해 반발했다. 비록 인지심리학과 연합되어 있지만, 주관주의는 성격 및 사회심리학에 아주 깊이 침투되어 있다. 이 관점이 주장하는 바에 의하면, 인간의 사회행동을 이해하기 위해서는 개인들이 상황을 어떻게 정의하는지를 파악해야 하는데, 그것은 문화, 개인의 성장 배경, 현재의 동기 상태에 따라 달라진다. 이 관점은 문화적 차이와 개인적 차이를 인정하며, 동기와 정서의 효과에 대해서도 개방적이다.

어떤 의미에서 사람들이 자신의 주관적 현실을 능동적으로 구성한다는 생각은 내성적 방법을 필요로 할 것 같다. 그러나 주관주의자들은 주관적 자기보고에만 의지하지 않는데, 사람들은 주관적 현실을 자신이 만들었다는 것을 모르기 때문이다. 이러한 **순진한 사실주의** naïve realism는 사람들이 구성한 주관적 현실이 객관적 세계의 충실한 재현이라고 생각하는 경향을 가리킨다. 그래서 주관주의적 접근은 판단과 행동의 체계적 관찰도 실시한다. 주관주의적 관점이 잘 나타나 있는 초기의 한 고전적 연구는 사람들이 값비싼 동전은 그 크기를 과대평가한다는 사실을, 그리고 값싼 동전에 비해서 훨씬 더 크게 평가한다는 사실을 발견했다. 그리고 이러한 경향은 가난한 아이들에게서 더 두드러졌다(Bruner & Goodman, 1947; 일반적으로 동전은 1940년대에 훨씬 값어치가 있었다).

특성귀인의 문제에 대해 다시 한 번 생각해 보자. 사람들이 타인의 행위를 어떻게 이해하는가에 대한 연구—앞에 나왔던 50달러 기부의 예—는 상황이 그 속에 있는 사람들에 의해 어떻게 정의되는가에 대한 주관주의적 강조에서 비롯된 것이다(Heider, 1958). 사람들이 타인의 행동을 타인의 성격 특성에 귀인하는 한결같은 경향에 대해서, 현대적 연구는 서구 문화가 오랫동안 개인의 능동성을 강조해 왔기 때문에 서구인들이 상황의 영향을 보지 못하게 된 것이라고 설명한다(Nisbett et al., 2001; 18장 참조). 마찬가지로 폭력적 미디어와 공격성의 연관에 대한 주관주의적 견해에 의하면 폭력적 미디어의 습관적 소비는 공격적 도식과 스크립트를 주입하고 강화하며, 그것은 나중에 대인 접촉을 정의하는 데 사용된다(Anderson & Bushman, 2001).

**동전을 기부하는 이 여성은 너그러운 사람인가? 서구인들은 '그렇다'고 대답하는 경향이 강한데, 이는 여성의 행동을 특성에 귀인하는 것이다. 사람들이 그들의 사회적 세계를 어떻게 지각하고 해석하는가를 강조하는 것이 주관주의적 관점의 특징이다.**

## 심리학적 관점과 생물학적 관점의 관계

행동주의적 관점, 인지주의적 관점, 정신분석적 관점, 주관주의적 관점은 모두 순전히 심리적인 개념(지각, 무의식, 귀인 등)에 의지하고 있다. 이 관점들이 때때로 동일한 현상에 대해 서로 다른 설명을 내놓지만 그 설명은 항상 심리적이다. 하지만 생물학적 관점은 다르다. 심리적 개념을 사용하면서 생리학이나 생물학에서 빌려온 개념(신경전달물질, 호르몬 등)도 사용한다.

생물학적 관점이 심리학적 관점과 직접 접촉하는 하나의 방식이 있다. 생물학에 경도된 연구자들은 심리학의 개념과 원리를 생물학의 개념과 원리를 이용하여 설명하려고 한다. 예를 들면 연구자들은 얼굴을 인지하는 보통의 능력을 특정 뇌 영역에 있는 뉴런과 그것들 간의 상호 연결로 설명하려고 시도할 수 있다. 그러한 시도를 **환원주의** reductionism라 부르는 것은 그들이 심리학적 개념을 생물학적 개념으로 환원하려고 하기 때문이다. 이 책에서는 성공적인 환원주의의 예를 소개할 것이다. 한때 심리학적 수준에서만 이해 가능했던 것들이 이제는 생물학적 수준에서 적어도 부분적으로는 이해 가능한 상황이 된 것이다.

만약 환원주의가 성공적이라면, 도대체 심리학적 설명을 위해 수고할 필요가 있겠는가? 심리학은 그저 생물학자들이 모든 것을 밝혀낼 때까지만 할 일이 있는 것인가? 그 대답은 분명하게 '아니다'이다.

첫 번째로 심리학적 발견, 개념, 원리는 생물학 연구자들의 작업을 안내한다. 뇌세포가 수십억 개에 이르고 뇌세포 사이의 연결이 무수히 많기 때문에, 생물학 연구자들이 어떤 뇌세포를 연구할 것인지를 자의적으로 결정해서는 의미 있는 발견을 기대하기 어렵다. 오히려 그들의 노력을 특정 뇌세포 집단에 집중하게 해 주는 어떤 안내자를 찾아야 한다. 심리학적 발견은 그 안내자의 역할을 한다. 예를 들면 심리학적 연구는 말소리를 구별하는 능력과 공간적 위치를 구별하는 능력이 서로 다른 원리를 따른다는 것을 알려 준다. 따라서 생물심리학자들은 이 두 종류 변별 능력의 신경학적 근거를 뇌의 서로 다른 부위에서 찾는 것이 좋다(단어 변별에 대해서는 좌반구, 공간위치 변별에 대해서는 우반구). 또 다른 예로, 만약 심리학적 연구가 어떤 운동 기술의 학습이 느리지만 소거시키기 어렵다는 것을 알려 주었다면, 생물심리학자들은 비교적 느리지만 뉴런 간의 연결을 영속적으로 변화시키는 뇌 과정에 주의를 집중해야 할 것이다(Churchland & Sejnowski, 1988).

두 번째로 인간의 생물학적 메커니즘은 과거 상황 및 현재 환경과 협응하여 작동한다. 예컨대 비만은 (1) 체중을 증가시키는 유전적 성향(생물학적 요인), (2) 나쁜 식사 습관(심리학적 요인), (3) 날씬함을 추구하는 문화적 압력에 대한 반발(사회문화적 요인) 등의 결과이다. 생물학자들은 첫 번째 요인을 이해하고자 하지만, 인간의 식사 습관에 영향을 주는 과거의 경험과 현재의 환경을 탐구하고 설명하는 일은 여전히 심리학자들의 몫이다.

하지만 환원주의를 향한 달리기는 계속 빨라지고 있다. 심리학의 많은 주제에 대해 우리는 이제 심리학적 설명도 가지고 있고, 그것과 관련되는 심리학적 개념이 뇌 속에서 어떻게 구현되고 실행되는지에 관한 지식도 가지고 있다(예: 뇌의 어떤 부위가 관여하고 있는지, 그것들이 서로 어떻게 연결되어 있는지). 이런 유형의 생물학적 지식은 완전한 환원주의가 아니겠지만 여전히 매우 중요하다. 기억 연구자들은 오랫동안 작업기억과 장기기억을 구분해 왔는데(둘 다 심리학적 개념이다), 이제 그들은 이 두 종류의 기억이 실제로 뇌 속에 다르게 부호화되어 있음을 알고 있다. 그런 이유로, 이 책에서 다룰 많은 주제에 대해 심리학적 수준에서 알려진 것뿐만 아니라 생물학적 수준에서 알려진 것들도 개관할 것이다.

사실 이 책 그리고 심리학 일반의 중심 주제는 심리학적 현상의 이해가 심리학적 수준과 생물학적 수준 모두에서 가능하다는 것이다. 생물학적 분석은 우리에게 심리학적 개념이 어떻게 뇌에 실현되어 있는지를 보여 준다. 그러므로 두 수준의 분석이 모두 필요하다(사회적 상호작용을 다루는 어떤 주제에 대한 생물학적 분석은 이제 막 시작되었을 뿐이지만 말이다).

### ⚜ 개념 설명

### 심리학의 다섯 관점

| | |
|---|---|
| 생물학적 관점 | 행동과 정신과정의 근저에 있는 신경생물학적 과정의 이해를 지향함 |
| 행동주의적 관점 | 조건형성과 강화에 의해 관찰 가능한 행동의 이해를 지향함 |
| 인지주의적 관점 | 지각, 기억, 추론, 결정, 문제해결 등의 정신과정 및 행동과의 관련성을 이해하고자 함 |
| 정신분석적 관점 | 성적 충동과 공격 충동에서 기인하는 무의식적 동기에 의해 행동을 이해하고자 함 |
| 주관주의적 관점 | 사람들이 능동적으로 구성하는 주관적 현실에 의해 행동과 정신과정을 이해하고자 함 |

## 심리학의 주요 하위 영역

지금까지 우리는 심리학의 주제와 관점을 살펴봄으로써 심리학을 이해하려고 했다. 이해를 더욱 높이기 위해 많은 심리학자들이 무슨 일들을 하는지, 그리고 21세기에 떠오르는 분야는 무엇인지 살펴보자(첨단 연구 참조).

심리학 분야의 학위를 가지고 있는 사람들의 절반 정도는 대학에서 일한다. 가르치는 일 이외에 그들은 연구를 하고 카운슬링을 한다. 어떤 사람들은 학교, 병원, 연구소, 정부 기관, 기업 등에서 일한다. 또 어떤 사람들은 개업을 하여 돈을 받고 심리학적 서비스를 제공한다. 그렇다면 심리학에 어떤 하위 영역이 있는지 살펴보자.

### 생물심리학

생물심리학자 biological psychologist(생리심리학자라고도 함)는 생물학적 과정과 행동의 관계를 탐구한다.

### 인지심리학

인지심리학자 cognitive psychologist는 사람의 문제해결, 기억, 언어, 사고 등과 같은 내적 정신과정을 연구한다.

### 발달심리학

발달심리학자 developmental psychologist는 인간의 발달에 대해, 그리고 출생에서 노후에 이르기까지 행동을 형성하는 요인에 대해 관심을 가지고 있다. 그들은 언어와 같은 특유의 능력도 연구하는데, 예를 들면 아동이 어떻게 언어를 습득하는지, 언어가 왜 유아기와 같은 인생의 특정 시기에 발달하는지를 연구한다.

### 사회심리학 및 성격심리학

이 두 영역은 중복된다. 사회심리학자 social psychologist는 사람들이 자신이 속한 사회를 어떻게 지각하고 해석하는지, 그리고 그들의 신념, 정서, 행동이 실제의 또는 가상적인 타인에 의해서 어떻게 영향을 받는지를 연구한다. 그들은 또한 집단의 행동에도 관심을 갖고 있으며, 사람들 사이 또는 사람들 가운데 존재하는 관계에 관심을 갖고 있다. 성격심리학자 personality psychologist는 세상과 상호작용하는 개인의 스타일, 그리고 그 스타일을 규정하는 사고, 정서, 행동을 연구한다. 따라서 그들은 개인차에 흥미를 나타내며, 또한 모든 심리학적 과정을 종합하여 한 인간 전체에 통합된 설명을 제시하려고 한다.

### 임상심리학 및 상담심리학

임상심리학자 clinical psychologist는 심리학자 중 그 수가 가장 많다. 그들은 정신질환, 약물중독, 결혼 및 가족 갈등과 같은 정서와 행동의 장애를 진단하고 치료하는 일에 심리학적 원리를 응용한다. 상담심리학자 counseling psychologist는 임상심리학자와 같은 일을 하지만 주로 덜 심각한 문제를 다룬다. 그들은 고등학생이나 대학생을 대상으로 일을 하는 경우가 많다.

### 학교심리학 및 교육심리학

정서적으로 심각한 문제가 저학년에서부터 나타나기 때문에 많은 초등학교가 심리학자를 고용하는데, 이들은 아동 발달, 교육, 임상심리 분야에서 훈련을 받은 사람들이다. 이러한 학교심리학자 school psychologist는 학생들의 학습장애와 정서장애를 다룬다. 반면에 교육심리학자 educational psychologist는 학습과 교수의 전문가이다. 그들은 중·고등학교에서 일하기도 하지만 종종 대학의 교육학부에서 일하기도 하는데, 교수 방법의 연구 및 교사의 훈련이 그들의 일이다.

### 조직심리학 및 공학심리학

조직심리학자 organizational psychologist[산업심리학자(industrial psychologist)라고도 함]는 기업을 위해 일한다. 그들은 특정 업무에 가장 적합한 사람을 선발하는 일을 담당하거나 협동과 팀워크를 촉진하기 위해 구조를 개선하는 일을 담당한다. 공학심리학자 engineering psychologist[인간요인 공학자(human factor engineer)라고도 함]는 인간과 기계의 관계를 향상하고자 한다. 예를 들어 그들은 인간-기계 상호작용을 향상하기 위해 계기판과 제어기가 가장 효율적으로 배치된 기계를 설계하며, 이는 수행, 안전, 편리를 향상한다.

#### 중간 요약

- 심리학 연구는 몇 가지 관점에서 실시될 수 있다. 현대의 다섯 가지 관점은 생물학적 관점, 행동주의적 관점, 인지주의적 관점, 정신분석적 관점, 주관주의적 관점이다.
- 생물학적 관점은 그 원리를 생물학에서 취했다는 점에서 다른 관점들과 다르다. 생물학적으로 연구하는 학자들은 종종 심리학적 원리를 생물학적 원리로 설명하려고 하는데 이것을 환원주의라고 한다.
- 심리학의 하위 영역에는 생물심리학, 실험심리학, 발달심리학, 사회심리학 및 성격심리학, 임상심리학 및 상담심리학, 학교심리학 및 교육심리학, 조직심리학 및 공학심리학이 있다.
- 새로운 영역에는 인지신경과학(뿐만 아니라 감정신경과학, 사회인지신경과학), 진화심리학, 문화심리학, 긍정심리학이 있는데, 이것들은 전통적인 하위 영역이나 학문을 아우른다.

### 비판적 사고를 위한 물음

1. '개인의 성적 지향을 결정하는 인자는 무엇인가?'라는 물음에 대해 생각해 보자. 이 장에서 소개한 여러 관점은 어떻게 이 물음에 접근하는가?

2. 21세기 심리학의 접근법 중 다수(첨단 연구에서 설명)는 다양한 관점을 통합하거나 이전부터 존재하는 틈을 메우는 것이다. 어떤 다른 새로운 진전이 21세기 심리학의 지평에 떠오르겠는가? 다시 말해서 관점을 통합하고 틈을 메우는 기회가 더 있을 것으로 예측하는가?

## 첨/단/연/구

### 21세기 심리학

*Barbara L. Fredrickson,* 노스캐롤라이나대학교(채플힐 캠퍼스)

심리학자들은 점점 더 많은 하위 영역을 넘나들고, 때로는 심리학을 벗어나서 다른 학문의 연구자들과 협력하기도 한다. 이러한 교차영역적/다학제적 접근은 21세기의 벽두부터 상당한 힘을 얻고 있으며, 앞으로 20~30년 동안 대단히 중요해질 것이다. 특히 관심을 끄는 것은 인지신경과학, 진화심리학, 문화심리학, 행동후성유전학(behavioral epigenetics)이다. 이러한 각 접근에 대해 해당 영역에서 행해지고 있는 연구의 예와 함께 간략하게 설명할 것이다.

#### 인지신경과학

인지신경과학의 초점은 인지과정에 있으며 신경과학의 방법과 발견을 많이 사용한다(신경과학은 뇌와 신경계통을 연구하는 생물학의 한 분야이다). 한마디로 **인지신경과학** cognitive neuroscience은 정신활동이 뇌에서 어떻게 실행되는지를 알고자 한다. 인지심리학은 특정한 인지 능력에 대해—예를 들면 얼굴 재인에 대해—가설을 제공하고, 인지신경과학은 그 기능들이 뇌에서 어떻게 실행되는지에 관한 견해를 제공하는 것이 요점이다.

인지신경과학의 특별한 점은 인지 과제를 수행 중인 정상인의 뇌를 신기술을 사용하여 관찰한다는 것이다(뇌 손상자를 대상으로 하는 것이 아니다). 뇌 영상화 기술은 활동 중인 뇌의 사진을 찍을 수 있는데, 이 사진은 특정 과제를 수행하는 동안 뇌의 어느 부분에서 신경활동이 가장 활발했는지를 알려 준다. 한 예로, 사람들이 장기간 또는 단기간에 어떻게 정보를 저장하는지에 대한 연구를 살펴보자. 사람들에게 몇 초 동안만 기억하라고 지시한 경우, 뇌 영상은 뇌의 앞부분에서 신경활동이 증가하는 것을 보여 준다. 하지만 오랫동안 기억해야 한다고 지시한 경우에는 전혀 다른 부분에서, 즉 뇌의 중앙 부위에서 신경활동이 증가한다. 이로써 정보의 장기저장과 단기저장에는 뇌의 서로 다른 부분이 사용되는 것으로 보인다(Squire & Wixted, 2011).

심리학과 신경과학의 연결이 인지심리학에만 국한되는 것은 아니다. 심리학자들은 정서 현상이 뇌에서 어떻게 실행되는지를 탐구하기 위해 **감정신경과학** affective neuroscience을 발족했으며(Lindquist et al., 2012), 고정관념, 태도, 대인 지각, 자기지각이 뇌에서 어떻게 실행되는지를 탐구하기 위해 **사회신경과학** social neuroscience을 발족했다(Singer, 2012).

#### 진화심리학

진화심리학은 심리학적 기제의 생물학적 기원을 밝히고자 한다. 이 접근에는 심리학과 생물학 이외에 인류학과 정신의학이 포함된다. 진화심리학의 요점은 생물학적 기제(예: 굳은살이 박이는 능력)와 마찬가지로 심리학적 기제도 수백만 년에 걸쳐 자연선택의 과정을 통해 진화해 왔다는 것이다. 따라서 **진화심리학** evolutionary psychology은 심리학적 기제가 유전적이라고 주장하며, 그것들은 과거에 우리 조상의 생존과 번식의 기회를 제고시켰던 것이라고 주장한다. 단맛에 대한 선호를 예로 들어 보자. 그것은 심리학적 기제의 하나이며 유전적인 것이다. 우리가 이러한 선호를 가지고 있는 것은 그것이 우리 조상의 생존율을 향상했기 때문이다. 단맛이 나는 과일은 칼로리가 높고, 그것을 먹은 사람의 유전자는 후세에 전해질 확률이 크다(Rozin et al., 2009).

진화적인 관점은 심리학적 문제를 연구하는 데 여러 방식으로 영향을 줄 수 있다(Ploeger, 2008). 어떤 문제들은 그것이 생존이나 번식과 관련되어 있기 때문에 특히 중요하다. 거기에는 어떻게 배우자를 선택하는가 하는 문제, 특정한 정서 상태에 있을 때 어떻게 생각하고 행동하게 되는가 하는 문제가 포함된다(Buss, 2009). 진화적인 관점은 익숙한 문제에 대해서도 새로운 통찰을 제공할 수 있다. 비만과 관련하여 우리는 영양 결핍의 경험이 과식을 초래한다는 것을 지적했다. 진화심리학은 이 현상을 이렇게 해석한다. 인류 역사에서 사람들은 비교적 최근까지 식량 부족으로 영양 결핍을 겪었다. 식량 부족에 대한 적응적 기제는 먹을 것이 있을 때 많이 먹어 두는 것이다. 따라서 진화는 영양 결핍 후에 과식하는 성향을 가진 사람을 선호해 왔다고 할 수 있다.

### 문화심리학

서양의 과학적 심리학은 종종 모든 문화권의 사람들이 동일한 심리적 과정을 가지고 있다고 믿는다. 이러한 가정은 문화심리학의 선도자들에게 점점 더 도전을 받고 있다. 문화심리학은 심리학자, 인류학자, 사회학자 등의 사회과학자들이 벌이는 학제적 운동이다. 문화심리학cultural psychology의 관심은 문화가 개인의 심적 표상과 심리과정, 그리고 그들의 심리적 · 신경적 과정에 어떻게 영향을 미치는가 하는 데 있다.

한 예를 살펴보자. 서양(북아메리카, 서유럽, 북유럽)에서는 사람들이 자신을 독립적이고 자율적인 주체로, 그리고 고유한 능력과 특성을 가진 주체로 생각한다. 반대로 동양(인도, 중국, 일본)에서는 인간의 개별성보다는 상호 관계를 더 강조한다(Markus & Kitayama, 2010). 동양인은 서양인보다 사회적 상황에 더 주의를 기울인다. 이러한 차이로 인해 동양인이 타인의 행동을 설명하는 방식은 서양인과 다르다. 동양인은 사람들의 행동을 설명할 때 그 사람의 특성을 사용하지 않고 그 행동이 일어난 상황을 사용한다(Varnum et al., 2010). 이것은 이 장의 첫 부분에서 언급했던 특성귀인에 대해 시사하는 바가 크다. 행동을 설명하는 동양과 서양의 차이는 교육적으로 시사하는 바가 있다. 개인주의보다 집단주의를 강조하기 때문에 동양인 학생들은 미국인 학생들보다 함께 모여 공부하는 것을 좋아한다. 이러한 집단 학습은 유용한 기술로, 아마도 그것은 동양인 학생들이 미국의 학생들보다 수학 성적이 더 좋은 이유 중 하나일 것이다. 게다가 미국에서는 학생들이 수학에 어려움을 겪을 때 교사와 학생이 모두 그 어려움을 학생 개인의 능력 탓으로 돌리는 경향이 있다. 그러나 일본 학교에서는 교사와 학생이 모두 나쁜 성적에 대한 설명으로서 상황(교실 맥락에서 학생과 교사의 상호작용)에 주목하는 경향이 강하다.

### 행동후성유전학

진화심리학은 인간의 많은 특성과 행동이 환경에 적응하기 위해 수천 년 동안 점진적으로 형성되어 과거 인류의 조상을 통해 물려받은 것이라고 가정하지만, 행동후성유전학자들은 우리 고유의 특성과 행동이 환경과 경험을 통해 인생 전반에 걸쳐 받아들여지고 변화할 수 있게 하는 생물학적 구조에 관심을 둔다. 이 관점의 중심 생각은 인간의 특성과 행동을 조정하는 신경 구조와 유전 표현형(phenotype)이 DNA 같은 곳에 특정적으로 고정되어 있지 않다고 보는 것이다. 대신에 그들은 다수의 가소성(plasticity)이라는 특징을 설명하는데, 이는 우리의 생물학적 구조 특성이 우리 경험의 반응으로 인해 바뀔 수 있다는 의미이다. 신경 가소성 neuroplasticity은 어떻게 경험이 뇌 구조의 변화를 일으킬 수 있는지를 반영하며, 발현 가소성 phenotypic plasticity은 어떻게 경험이 우리의 몸과 뇌를 통해 세포 수준에서 유전자 발현의 변화를 만드는지를 설명한다.

행동후성유전적 접근의 한 예는 인간 기억에 관한 연구에서 비롯되었다. 몇 십 년 동안 심리학자들은 단기기억과 장기기억을 구분했는데, 전자는 몇 분의 단위로만 작동하는 것이고 후자는 며칠, 몇 주, 혹은 몇 년에 걸친 단위이다. 최근 연구는 단기에서 장기로 이동하는 정보의 변화가 뇌에서 시냅스 증가를 만드는 유전자 발현의 변화를 포함한다고 밝혔다(Bailey & Kandel, 2004). 두 번째 예는 스트레스에 관한 생물학 연구에서 비롯되었다. 몇 십 년 동안 우리는 스트레스를 코르티솔과 다른 생화학물질을 방출하는 기제로 알고 있었다. 행동후성유전 연구의 새 관점은 이런 생화학물질들이 인간의 면역계에서의 유전자 발현을 이끈다고 제안하며, 이를 통해 왜 그렇게 많은 질병, 만성적 건강 상태가 스트레스로 인한 악화에서부터 오는지를 설명할 수 있다(Cole, 2009). 행동후성유전 연구로부터 온 거대한 메시지는 인간의 성장과 변화가 이를 도와주는 세포와 시냅스적 변화에 기반을 두고 있다고 제안한다.

## 심리학의 연구 방법

지금까지 심리학자들의 연구 주제 및 관점에 대해 살펴보았다. 이제는 연구 방법에 대해 살펴보자. 일반적으로 연구는 두 단계, (1) 과학적 가설의 생성, (2) 가설의 검증으로 이루어진다.

### 가설의 생성

어떤 연구든 첫 단계는 연구 주제에 대한 가설hypothesis—검증할 수 있는 주장—을 생성하는 것이다. 아동기 기억상실증을 예로 들면, 사람들이 사건이 일어났던 원래 장소에 돌아가면 아동기에 대한 더 많은 기억을 회상해 낼 것이라는 가설을 만들 수 있다. 연구자들은 어떤 방법으로 그러한 가설에 도달할까? 그 답은 한 가지가 아니다. 자연적 상황을 면밀하게 관찰하면 좀 더 쉽게 가설을 만들어 낼 수 있다. 예를 들면 고향에 돌아갔을 때 초등학생 시절을 더 많이 회상할 수 있음에 주의를 기울여 그것을 바탕으로 어떤 가설을 생성할 수 있다. 또한 연구 주제에 관한 책이나 논문 등 관련된 과학적 문헌에 친숙해지면 도움이 될 수 있다.

그러나 과학적 가설의 가장 중요한 출발점은 종종 과학적 이론theory이다. 이것은 어떤 현상에 대한 상호 관련적인 명제들의 집합이다. 예를 들면 성적 동기의 한 이론은 동성애 또는 이성애에 유전적 성향이 있다고 주장한다. 이 이론은 검증 가능한 가설을 생성하는데, 일란성 쌍둥이—동일한 유전자를 가지고 있다—는 이란성 쌍둥이에 비해서 서로 간에 동일한 성적 지향성을 나타내는 경우가 더 많다는 것이다. 이에 대립하는 이론은 성적 지향성의 원인으로 아동기의 경험을 강조하는데, 역시 검증 가능한 상호 경쟁적인 가설을 생성한다. 앞으로 이 책에 나오겠지만, 서로 경쟁하는 이론에서 도출된 가설의 검증은 과학적 지식을 진보시키는 강력한 방법 중의 하나이다.

**과학적** scientific이란 용어가 의미하는 바는 데이터를 수집하는 데 사용되는 연구 방법의 (1) 공정성(특정한 가설을 선호하지 않는다), (2) 신뢰성(다른 전문가가 관찰을 반복하더라도 동일한 결과를 얻는다)이다. 여기서 다룰 방법은 이러한 두 가지 특성을 다 가지고 있다. 비록 어떤 것은 특정한 관점에 더 잘 맞지만 방법과 관점은 서로 독립적이다.

### 개념 설명

**실험 연구의 주요 용어**

| | |
|---|---|
| 가설 | 원인과 결과에 대한 주장으로 검증의 대상이 됨 |
| 실험 | 원인과 결과에 대한 가설을 정밀하게 검사하는 것 |
| 변수 | 서로 다른 여러 가지 값을 가질 수 있으며 측정할 수 있는 어떤 것 |
| 독립변수 | 실험자에 의해 정밀하게 통제되는 가설의 '원인'으로서 참가자의 과제와 무관한 변수 |
| 종속변수 | 독립변수의 값에 따라 그 값이 달라지는 가설의 '결과'를 나타내는 변수 |
| 실험집단 | 가설의 원인이 제공되는 집단 |
| 통제집단 | 가설의 원인이 제공되지 않는 집단 |
| 무선할당 | 참가자를 실험집단과 통제집단으로 나누는 방법으로 참가자가 어느 쪽에 배정되는 확률은 항상 동일해야 함 |
| 측정 | 한 변수의 여러 값에 숫자를 할당하는 체계 |
| 통계 | 샘플 데이터에 기초한 일반화 또는 추론의 신뢰도를 결정하는 수학적 기술 |

## 실험

가장 강력한 과학적 방법은 실험이다. **실험** experiment은 원인과 결과에 관한 가설을 검증하는 강력한 수단이다. 연구자는 실험실에서 면밀하게 조건을 통제하고 변수들 사이의 인과관계를 찾기 위해 측정을 실시한다. **변수** variable란 여러 가지 값을 취할 수 있는 어떤 것이다(개념 설명 참조). 예를 들어 어떤 실험자가 수면의 양이 기억에 변화를 가져오는지 알고자 한다고 하자(아동기 경험의 회상은 수면이 부족하면 감소하는가?). 만약 기억 수행이 수면 시간의 길이에 따라서 체계적으로 변한다는 것을 보여 준다면, 두 변수 사이의 정연한 인과관계가 발견되었다고 할 수 있다.

변수에 대한 정교한 통제는 실험을 다른 과학적 관찰과 다르게 한다. 예를 들어 좋은 성적에 대해 돈을 주면 학생의 수학 성적이 올라간다는 가설이 있다고 하자. 실험자는 참가자들을 다음 세 조건 중 하나에 무선으로 배정한다. 좋은 성적을 내면 한 집단에는 10달러를, 다른 집단에는 5달러를 주기로 하고, 또 다른 집단에게는 돈에 대해 아무런 말도 하지 않았다. 그런 다음 실험자는 세 집단의 성적을 측정하고 비교하는데, 그럼으로써 돈의 액수(가정된 원인)가 성적(가정된 효과)을 향상했는지 알 수 있다.

이 실험에서 돈의 액수는 독립변수이다. 참가자들이 하는 일과 독립적인 변수이기 때문이다. **독립변수** independent variable는 실험자의 완전한 통제하에 있으며, 실험자는 그것을 만들어 내고 변화시킨다. 가정적 원인에 해당하는 것이 독립변수이다. 가정적 효과는 **종속변수** dependent variable이다. 독립변수의 값에 의존하는 것으로 가정되기 때문이다. 앞의 실험에서 종속변수는 수학 문제의 성적이다. 실험자는 독립변수를 조작하고 종속변수를 관찰한다. 종속변수는 거의 언제나 참가자의 행동을 측정한 값이다. 'A는 B의 함수이다'라는 표현은 한 변수가 다른 변수에 의존함을 나타낸다. 돈을 받는 집단은 **실험집단** experimental group이라 하며, 가정적 원인이 제공되는 집단이다. 돈을 받지 않는 집단은 **통제집단** control group이라 하는데, 가정적 원인이 제공되지 않는 집단이다. 일반적으로 통제집단은 실험집단과의 비교를 위한 기준선 역할을 한다.

앞서 기술한 실험의 중요한 특징 중 하나는 참가자들을 집단 또는 조건에 무선적으로 배정한다는 것이다. **무**

선할당random assignment은 각 참가자가 어느 집단에 배정되느냐가 동일한 확률임을 나타낸다. 무선할당이 없으면 실험자는 독립변수 이외의 다른 변인이 결과에 영향을 미치지 않았다는 확신을 가질 수 없다. 예컨대 실험자는 참가자들이 자기가 속할 집단을 선택하게 해서는 안 된다. 대부분의 참가자들은 고액 집단에 속하기를 바라겠지만, 압력에 민감한 사람들은 오히려 무보수의 편안한 집단에 속하기를 원할 수도 있다. 그렇게 되면 집단이 서로 다른 성격의 사람들을 대표하기 때문에, 돈의 액수가 아니라 성격의 차이로 한 집단의 성적이 다른 집단보다 좋게 나올 수 있다. 또는 실험자가 보상 집단을 먼저 실험하고 무보상 집단을 나중에 실험한다고 가정해 보자. 이것은 잠재적인 많은 문제를 발생시킨다. 아마 성적은 시간(아침, 점심, 저녁)의 함수가 될 수도 있다. 또는 저녁 무렵에 실험에 참가한 사람들은 다음 날 있을 기말고사 때문에 더 안절부절못할 수도 있다. 통제되지 않은 이러한 변수 이외에 실험자가 모르는 많은 다른 변수들이 실험의 결과를 어떤 방향으로 편향시킬 수 있다. 그러한 문제들이 참가자를 무선으로 할당함으로써 해결될 수 있는 것이다. 무선할당을 통해서만 우리는 성격, 참가 시간, 실험 시기 등의 가외 변수가 각 조건에 골고루 포함되었으며, 따라서 결과에 편향적 영향을 주지 않았다는 것을 확신할 수 있다. 무선할당은 실험의 가장 중요한 요소이다.

실험이라는 방법은 실험실 밖에서도 사용 가능하다. 비만 연구를 예로 들면, 다양한 체중 조절법의 효과는 분리된, 그러나 유사한 집단에 이 방법들을 실시함으로써 연구할 수 있다. 실험이란 논리의 문제이지 장소의 문제가 아니다. 그러나 대부분의 실험은 실험실에서 행해지는데, 주된 이유는 실험실 환경에서 행동의 정확한 측정과 변수의 보다 완전한 통제가 가능하기 때문이다. 여기서 다시 무선할당은 중요한 문제가 된다. 비만 병원 두 이 서로 다른 방법을 사용하여 서로 다른 결과를 얻었을 때, 우리는 방법의 차이가 원인이라고 자신 있게 결론을 내리기 어렵다. 왜냐하면 두 병원의 환자들은 서로 다른 유형의 사람들일 수도 있고, 병원 직원들의 문화적 배경이나 기대 또한 서로 다를 수 있기 때문이다.

지금까지 이야기한 실험들은 하나의 독립변수가 하나의 종속변수에 미치는 효과를 조사하는 것이다. 연구에 단 하나의 독립변수만 사용하는 것은 연구 문제에 따라서 너무 제한점이 많을 수도 있다. 심리학 연구에서는 다중변수 실험multivariate experiment—여러 개의 독립변수를 동시에 조작하는 실험—이 일반적이다. 수학 문제 풀기에 서로 다른 액수의 돈을 제공하는 가상적 실험에서 실험자는 문제 난이도도 변화시킬 수 있다. 그러면 이제 거기에는 6개의 참가자 집단이 있게 된다. 각 집단은 세 가지의 보상 액수 중 하나와 두 가지의 문제 난이도(쉬운 문제 vs 어려운 문제) 중 하나의 결합을 대표한다.

## 측정

실험을 사용하는 심리학자들은 크기나 양에 대한 언급을 자주 하지 않을 수 없다. 때때로 변수는 수면 박탈 시간이나 약의 용량 같은 물리적 방법에 의해서 측정된다. 또 다른 경우에는 어떤 순서를 나타내는 방식으로 척도화된다. 공격 감정을 평가할 때 심리치료자는 **전혀**, **드물게**, **때때로**, **자주**, **항상**에 이르는 5점 척도를 사용한다. 정확한 전달이란 목적을 달성하기 위해 실험은 어떤 형태의 측정measurement, 즉 변수에 숫자를 배정하는 체계를 필요로 한다.

실험에서는 보통 한 사람이 아니라 많은 참가자들에 대해 측정을 실시한다. 따라서 결과는 숫자의 집합인 데이터이며, 요약하거나 해석될 수 있다. 이 일을 위해 실험자는 통계학statistics을 사용할 필요가 있는데, 통계학은 개별 대상으로 구성된 전집에서 데이터를 추출하고, 그 데이터로부터 전집에 관한 수학적 추론을 하는 것이다. 통계학은 실험 연구뿐만 아니라 다른 방법에서도 중요한 역할을 한다. 가장 흔한 통계치는 평균mean으로, 점수들의 합계를 개체의 수로 나눈 것이다. 하나의 실험집단과 하나의 통제집단이 있는 연구에서는 비교해야 할 평균이 2개이다. 실험집단 참여자의 점수 평균과 통제집단 참여자의 점수 평균이 그것이다. 실험자는 이 두 평균의 차이에 관심이 있다. 평균의 차이가 크다면 그것을 그대로 받아들일 수 있다. 그러나 그 차이가 작다면 어떻게 할 것인가? 측정에 오류가 있을 수 있다면 어떻게 할 것인가? 1~2개의 극단치가 그 차이를 가져왔다면 어떻게 할 것인가? 통계학자들은 이러한 문제를 해결하기 위해 어떤 차이의 유의미도를 결정하는 검사를 개발했다. 심리학자가 두 집단 간의 차이가 통계적으로 유의미statistically significant하다고 말할 때, 그것은 데이터에 대해 통계적 검증을 실시했으며, 그 결과로 차이가 우연한 것이거나 1~2개의 극단치에 의한 것이 아니라는 확신을 갖게 되었음을 의미한다.

## 상관

모든 문제가 실험법에 의해 연구될 수 있는 것은 아니다. 연구자들이 어떤 참가자를 어떤 조건에 배정할 것인지를 통제할 수 없는 상황이 많이 있다. 예를 들어 거식증(anorexia) 환자들이 정상 체중인 사람들보다 맛의 변화에 더 민감하다는 가설을 검증한다고 해 보자. 우리는 정상 체중자들을 선택하고 그들 중에 과반수가 거식증 환자이기를 기대할 수는 없다. 대신에 이미 정상 체중이거나 거식증인 사람들을 선택하여 그들의 미각이 다른지를 조사한다. 일반적으로 말해서 상관법을 사용하여 우리가 통제할 수 없는 변수가 다른 변수들과 연관이 있는지, 즉 상관이 있는지를 결정한다.

위의 예에서 체중 변수는 단 2개의 값, 즉 거식증과 정상 체중이다. 그러나 한 변수가 더 많은 값을 갖게 하고, 한 변수의 값들이 다른 변수의 값들과 관련되어 있는 정도를 조사하는 것이 보통이다. 이를 위해서 상관계수라는 기술 통계치가 사용된다. **상관계수** correlation coefficient는 2개의 변수가 관련되어 있는 정도의 추정치이다. $r$이라는 기호를 사용하며, $-1.00$에서 $+1.00$ 사이의 숫자로 표현한다(정적인 관계이면 $+1.00$, 부적인 관계이면 $-1.00$). 비록 드물지만 숫자 1.00은 완벽한 관련성을 나타낸다. 숫자 0은 전혀 관련성이 없음을 나타낸다. $r$이 0에서 1로 커짐에 따라 관련성의 강도도 커진다.

상관은 +이거나 −일 수 있다. 부호는 두 변수가 **정적 상관관계** positive correlation를 가지는지(즉 두 변수의 값이 함께 증가하거나 감소하는지) 또는 **부적 상관관계** negative correlation를 가지는지(즉 한 변수의 값이 증가하면 다른 변수의 값이 감소하는지)를 가리킨다. 예를 들어 강의 결석 횟수와 최종 성적의 상관은 −0.40이 될 수 있다(결석을 많이 할수록 성적이 더 낮다). 반면에 강의 출석 횟수와 성적 사이의 상관은 +0.40이 될 수 있다. 관련성의 크기는 똑같지만, 부호는 우리의 관심이 결석에 있는지 출석에 있는지를 보여 준다.

상관계수를 더 잘 이해하기 위해 그림 1.6에 제시된 가상적 연구를 살펴보자. 이 연구는 얼굴 재인에 문제가 있는 뇌 손상자(안면실인증)를 대상으로 한다. 목적은 얼굴 재인의 장애 정도 또는 오류가 손상된 뇌조직의 양에 따라 증가하는지를 조사하는 것이다. 그림 1.6a의 각 점은 얼굴 재인 검사에서 각 환자가 범한 오류의 비율이다. 예를 들어 10%의 뇌 손상이 있는 사람은 얼굴 **재인 검사** recognition test에서 15%의 오류율을 나타내는데, 55%의 뇌 손상이 있는 사람은 75%의 오류율을 나타낸다. 얼굴 재인의 오류가 뇌 손상의 정도에 따라 항상 증가한다면 그래프의 점들은 왼쪽에서 오른쪽으로 가면서 위로 올라갈 것이다. 그래프에서 점들이 모두 대각선 위에 있게 되면 상관은 $r=1.0$, 즉 완벽한 상관을 이룰 것이다. 그러나 1~2개의 점이 선을 약간 벗어나 있다면 상관은 0.90이 될 것이다. 이렇게 큰 상관계수는 뇌 손상의 정도와 얼굴 재인의 오류 사이에 아주 강한 관련성이 있음을 가리킨다. 그림 1.6a에서 상관계수는 양수인데, 이는 뇌 손상이 크면 오류도 많기 때문이다.

만약 얼굴 재인 검사의 오류에 주목하지 않고 정반응에 주목한다면 그림 1.6b처럼 될 것이다. 이제 상관계수는 −0.90으로 음수인데, 이는 뇌 손상이 클수록 정반응이 적기 때문이다. 그림 1.6b의 대각선은 그림 1.6a의 대각선과 반대 방향이다.

마지막으로 그림 1.6c를 살펴보자. 이 그림은 얼굴 재인의 오류를 환자 키의 함수로 나타낸 것이다. 물론 키와 얼굴 재인 사이의 관련성은 기대할 수 없고, 그래프도 관련성이 없음을 보여 준다. 점들은 왼쪽에서 오른쪽으로 가면서 일관성 있게 증가하지도 감소하지도 않으며, 그저 수평선을 중심으로 오르락내리락할 뿐이다. 상관계수는 0이다.

심리학 연구에서 상관계수 0.60 이상은 대단히 큰 것이다. 0.20과 0.60 사이의 상관계수는 실제적으로 그리고 이론적으로 가치가 있으며, 예측하는 데 유용하게 사용된다. 0과 0.20 사이의 상관계수는 신중하게 판단해야 하고, 예측하는 데는 거의 소용이 없다.

## 검사

상관법은 보통 적성, 성취, 또는 다른 심리적 특성의 측정(앞서 이야기한 얼굴 재인 검사 등)에 사용된다. **검사** test는 어떤 특성(뇌 손상, 계산 능력, 손잡이, 또는 공격성)에서 서로 다른 사람들이 균일한 상황에 처하도록 한다. 검사 점수의 차이는 다른 변인의 차이와 상관을 가질 수 있다. 예를 들면 계산 능력의 검사에서 얻은 점수는 대학의 수학 강의에서 얻게 될 학점과 상관이 있을 수 있다. 상관계수가 크면 검사 점수는 새로운 학생들 중 누가 고급 강좌에 배정되어야 할지를 결정하는 데 사용할 수 있다.

a) 정적 상관

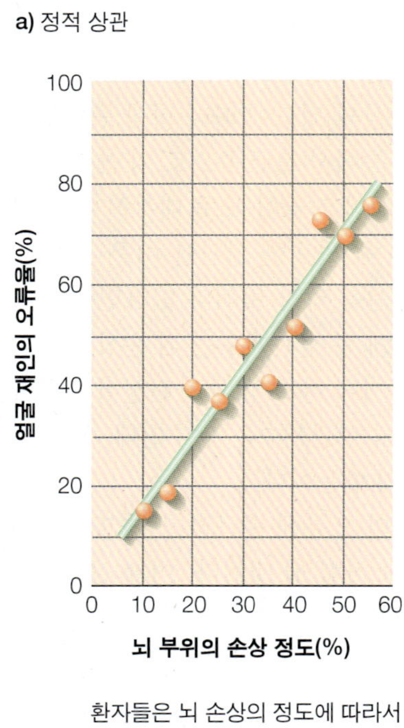


환자들은 뇌 손상의 정도에 따라서 수평축에 순차적으로 배열된다. 손상이 가장 큰 환자(55%)는 오른쪽 끝에 위치하며, 손상이 가장 작은 환자(10%)는 왼쪽 끝에 위치한다. 그래프상의 각 점은 얼굴 재인 검사에서 각 환자가 얻은 점수이다. 여기서 상관은 0.90이다.

b) 부적 상관

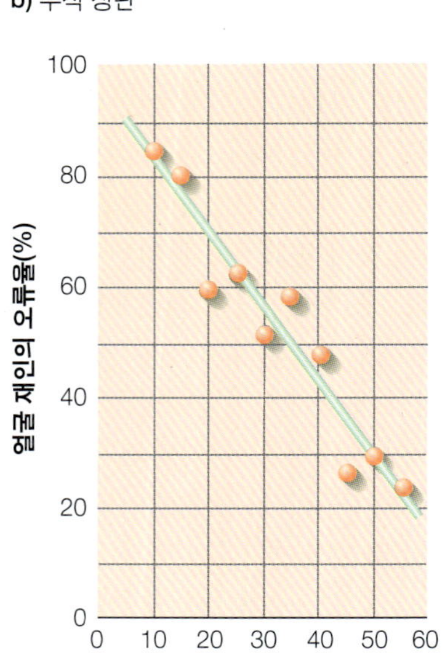


동일한 데이터를 그래프로 그린 것이지만, 여기서는 정답의 비율에 초점을 맞추었다. 상관은 −0.90이다.

c) 제로 상관

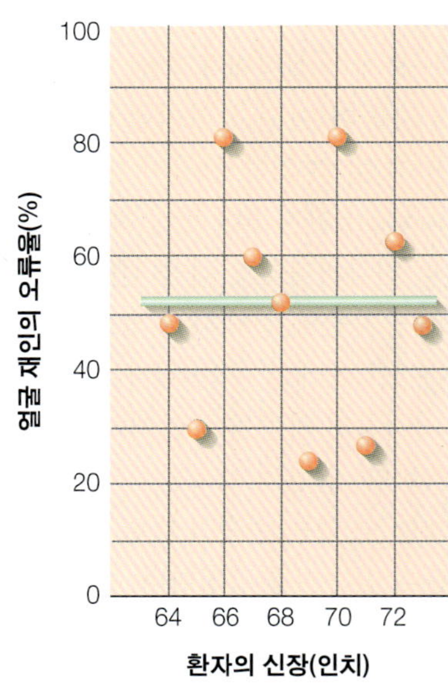


얼굴 재인 검사에서 신장을 함수로 하여 환자의 수행을 나타낸 것이다. 상관은 0이다.

**그림 1.6 상관을 보여 주는 산포도.** 이 가상적인 데이터는 10명의 환자에 대한 것으로, 이들은 얼굴 재인에 관여하는 것으로 알려진 뇌 부위가 손상되었다.

## 상관과 인과관계

실험 연구와 상관 연구 사이에는 중대한 차이가 있다. 전형적인 실험 연구에서는 하나의 변수(독립변수)를 체계적으로 조작하여 그것이 다른 변수(종속변수)에 미치는 영향을 알 수 있다. 하지만 이와 같은 원인–결과의 관계를 상관 연구에서는 추론할 수 없다.

예를 들어 연구들은 아동이 TV 폭력물을 많이 시청할수록 더 공격적임을 보여 준다. TV 폭력물을 많이 시청하면 공격적이 되는 것일까, 아니면 공격적인 아동일수록 TV 폭력물을 더 많이 시청하는 것일까? 만약 우리가 가지고 있는 것이 상관계수가 전부라면 무엇이 원인이고 결과인지 말할 수 없다. 그러나 이 장의 앞부분에서 언급한 것처럼, TV 폭력물의 시청과 공격 행동 사이에는 인과관계가 있음을 다른 연구들이 보여 주고 있다. 실험자들은 독립변수를 조작하고 실험 참가자들을 여러 조건에 무선으로 배정했다.

두 변수 사이에 상관이 있지만 어느 한쪽이 다른 쪽의 원인이 아닌 경우도 있을 수 있다. 예를 들면 흡연이 암을 유발한다는 것을 면밀한 의학 실험이 밝혀내기 여러 해 전에 이미 흡연과 폐암의 상관이 알려져 있었다. 즉 담배를 피우는 사람들이 암에 더 많이 걸린다는 것은 이미 알려져 있었다. 그러나—담배 회사들이 재빨리 지적했듯이—이러한 상관은 제3의 원인이 존재할 가능성을 부정하지 못했다. 예를 들어 스모그가 많은 도심에 사는 사람들이 공기가 깨끗한 교외에 사는 사람들보다 담배를 더 많이 피운다면 높은 발암률의 원인은 흡연이 아닌 대기오염에 있을 가능성도 있는 것이다.

요약하면, 2개의 변수가 상관될 때 한 변수에서의 차이가 다른 변수에서 차이의 원인일 가능성이 있다. 실제로 상관은 인과관계의 전제 조건이다. 그러나 추가 실험을 하지 않고는 그러한 결론이 정당화될 수 없다. 상관관계가 반드시 인과관계는 아니기 때문이다.

## 관찰

### 직접 관찰

연구의 초기 단계에서 설명에 다가가는 가장 효율적인 방법은 **직접 관찰**direct observation—연구 중인 현상을 자연 상태에서 관찰하는 것—이다. 동물이나 인간의 행동을 세심하게 관찰하는 것은 대다수 심리학 연구의 출발점이다. 예를 들어 영장류를 그 자연 서식지에서 관찰하면 그들의 사회 조직에 대해 많은 것을 알 수 있고, 이후 실험실 연구에 도움이 될 것이다. 갓난아이를 비디오 촬영하면 출생 직후의 세세한 활동 및 그들이 반응하는 자극의 종류를 알 수 있다. 그러나 자연발생적 행동을 관찰하는 관찰자들은 그들의 편견이 보고에 영향을 주지 않도록 사건을 정확하게 관찰하고 기록하는 훈련을 받아야 한다.

연구 문제가 부분적으로 생물학적인 것이라면 관찰법도 실험실에서 사용될 수 있다. 예를 들어 윌리엄 매스터스와 버지니아 존슨(Masters & Johnson, 1966)은 인간의 성행동을 생리적 측면에서 관찰한 고전적 연구에서, 실험실에서 성적 반응을 직접 관찰하는 방법을 개발했다. 데이터에는 (1) 행동의 관찰, (2) 생리적 변화의 기록, (3) 참가자들에게 성적 자극을 주기 이전, 도중, 이후 그들의 감각에 관한 질의응답이 포함되었다. 비록 인간의 성행동에는 생물학적 차원 이외에도 많은 차원이 있음을 연구자들도 인정했지만, 성적 반응의 해부학적이고 생리학적인 측면에 대한 관찰은 인간 성행동의 본질을 이해하는 데뿐만 아니라 성적 문제를 해결하는 데에도 크게 기여했다.

**현장 연구는 실험 연구가 할 수 있는 것보다 사회행동에 대해서 더 많은 것을 알려 줄 수 있다. 셜리 스트럼 교수는 케냐에서 한 무리의 비비를 20년 이상이나 지속적으로 관찰해 왔다. 동물을 하나하나 파악하고 행동과 사회적 상호작용을 매일 기록한다. 스트럼 교수의 데이터는 비비의 정신 능력과 비비 사회에서 우정의 역할에 관해 귀중한 정보를 제공한다.**

### 설문조사법

직접 관찰로 연구하기 어려운 문제는 설문지 및 인터뷰를 통한 간접 관찰로 연구할 수 있다. **설문조사법**survey method의 사용자는 사람들이 규칙적인 운동과 같은 특정한 행동을 하는지를 직접적으로 관찰하지 않는다. 그들은 사람들에게 특정한 행동을 하는지, 안 하는지를 단지 물어볼 뿐이다. 그러나 설문조사는 직접 관찰보다 편견에 더 많이 노출된다. 특별히 유의할 것은 **사회적 호감 효과**social desirability effect로서, 이것은 사람들이 자신을 더 좋게 보이고자 할 때 발생한다(예: 사람들은 실제보다 더 많이 운동을 한다고 말하고 싶어 한다). 그렇지만 설문조사는 중요한 결과를 많이 산출해 왔다. 예를 들어 매스터스와 존슨의 연구 이전에 인간의 성행동에 관한 지식의 대부분은 앨프리드 킨제이(Alfred Kinsey)와 동료들이 20년 앞서 실시한 광범위한 설문조사에서 나온 것이다. 수천 건의 인터뷰에서 얻은 정보가 분석되었고, 그 결과 2개의 개척적인 업적이 나왔다. 『남성의 성행동』(Kinsey, Pomeroy, & Martin, 1948)과 『여성의 성행동』(Kinsey, Pomeroy, Martin, & Gebhard, 1953)이 그것이다.

설문조사는 사람들의 정치적 견해, 제품의 선호도, 건

**설문조사자는 개인에게, 여기서는 아버지와 딸에게 그들의 태도와 행동에 대해 질문한다. 설문조사 결과가 타당성을 가지려면 응답자들이 그들이 속한 전집을 잘 대표해야 한다.**

강보험의 수요 등을 조사하는 데 사용되어 왔다. 갤럽 여론조사(Gallup poll)와 미국 인구통계(U.S. census)가 아마 가장 유명한 설문조사일 것이다. 적절한 설문조사를 위해서는 사전에 면밀하게 검토된 설문지를 대상자들에게 제공해야 하는데, 대상자들은 그들이 속한 전체를 확실히 대표하는 사람들로 선정되어야 한다.

### 사례사

또 하나의 간접 관찰은 **사례사**case history를 얻는 것으로서, 사례는 개인 특정적인 생애의 일부이다. 이것은 사람들에게 자신의 과거 경험을 회상할 것을 요구한다. 예를 들어 연구의 관심이 성인 우울증의 아동기 선행 요인에 있다면 연구자는 생애 초기의 사건에 대한 질문으로 연구를 시작할 수 있다. 이러한 사례사는 과학적인 목적을 위해 작성된 전기이며, 개인차를 연구하는 심리학자들에게 중요한 데이터이다.

사례사의 큰 제한점은 개개인의 기억과 과거 사건의 재구성에 의존한다는 것인데, 그것들은 불완전하거니와 종종 왜곡될 수도 있다. 그래서 다른 종류의 데이터를 사용하여 사례사에서 얻은 정보를 확인하는 것이 보통이다. 예를 들어 사망 증명서와 같은 공식 기록이 특정 날짜를 확인하기 위해 사용될 수도 있고, 친척들에게 해당 사건의 회상을 부탁할 수도 있다. 그러나 그 제한점 때문에 사례사는 이론이나 가설을 검증하는 데 사용되기보다는 가설을 만드는 데 사용된다. 이렇게 만들어진 가설은 그 후 엄밀한 방법에 의해 검증되거나 많은 참가자들의 자료와 비교될 것이다. 과학자가 사례사를 이용하는 방식은 치료자나 의사가 어떤 환자의 진단과 치료를 위해 사례사를 사용하는 방식과 동일하다.

## 문헌 개관

심리학 연구에서 사용되는 방법 중 마지막으로 설명할 것은 문헌 개관이다. **문헌 개관**literature review은 어떤 주제에 관한 기존의 연구들을 학술적으로 요약한 것이다. 심리학은 굉장히 빠르게 발전하는 분야이므로, 신속한 문헌 개관은 어떤 가설이나 이론에 대해 축적된 과학적 증거 중에 나타나 있는 어떤 패턴을 평가하는 데 불가결한 도구이다.

문헌 개관에는 두 가지 형태가 있다. 하나는 **서술적 개관**narrative review으로, 연구자는 이전에 행해진 연구들을 언어적으로 기술하고, 가용한 심리학적 증거의 강점에 대해 논의한다. 심리학 고급 강좌를 수강하는 대학생들은 기말 과제로 특정한 주제의 서술적 개관을 작성한다. 또 하나의 개관은 점점 더 인기를 얻고 있는 **메타분석**meta-analysis이라는 것으로, 연구자는 통계적 방법을 이용하여 기존의 연구들을 결합하거나 기존의 연구들에 관한 어떤 결론을 이끌어 낸다. 개개의 실험에서 참가자들은 사례로 취급되며, 각 사례는 고유한 데이터를 제공하고 이 데이터는 통계적으로 요약된다. 메타분석에서는 개개의 연구가 하나의 사례로 취급되고, 각 연구는 고유한 요약 데이터를 제공하며, 이 데이터는 더욱 높은(메타) 수준에서 요약된다. 상상이 될지 모르겠지만, 메타분석은 서술적 개관보다 더 체계적이고 공평하다는 장점을 가지고 있다. 이 책에서도 가끔 메타분석의 결과를 인용하여 어떤 심리학 이론이나 가설에 대한 증거로 제시하곤 할 것이다.

## 심리학 연구의 윤리

심리학자들은 살아 있는 존재를 연구하기 때문에 연구수행 중에 발생할 수 있는 윤리적 문제에 신경을 써야 한다. 미국심리학회(American Psychological Association, APA) 및 캐나다와 영국, 다른 여러 국가의 심리학회는 인간 및 동물 피험자의 취급과 관련한 가이드라인을 발간했다. 미국의 예를 들자면 연방법으로 공공 연구기금을 받는 연구소들이 내부에 감찰위원회를 설치할 것을 요구하고 있는바, 이 위원회는 계획된 연구가 참가자들을 적절하게 다루는지를 점검한다.

### 인간을 대상으로 한 연구

실험 참가자에 대한 윤리적 대우의 첫 번째 원리는 **최소 위험성**minimal risk이다. 대부분의 경우, 연구 중 발생할 수 있는 위험은 일상생활의 위험과 크게 다르지 않아야 한다. 참가자를 신체적 위해나 부상에 노출시켜서는 안 된다는 것은 분명하지만, 심리적 스트레스의 경우 어느 정도까지 허용할지에 대한 것도 항상 분명하지는 않다. 일상생활에서도 사람들은 때에 따라 무례하거나 거짓말을 하거나 남을 화나게 하지만, 연구자가 연구 목적을 위해 그러한 방법으로 참가자들을 대하는 것이 윤리적으로 용납되는 것은 어떤 상황에서일까? 이러한 문제를 사안별로 검토하는 것이 감찰위원회이다.

두 번째 원리는 **사전 동의** informed consent이다. 참가자들은 그들의 협력 의사에 영향을 줄 수 있는 연구의 모든 측면에 대해서 사전에 설명을 들어야 하며, 그 후에 자발적으로 연구에 참여하고 원하면 언제라도 불이익을 받지 않고 실험을 중지하는 것이 허용되어야 한다. 최소 위험성 원리와 마찬가지로 사전 동의도 실시하기가 항상 쉬운 것은 아니다. 특히 사전 동의는 연구의 상식적인 요구 조건과 충돌할 수도 있다. 예를 들어 피험자는 연구가 검토 중인 가설에 대해 모르고 있어야 한다는 요구 조건과 충돌할 수 있다. 만약 연구자가 친숙한 단어의 목록을 외우는 참가자를 생소한 단어의 목록을 외우는 참가자와 비교하는 계획을 가지고 있다면, 사전에 참가자들에게 앞으로 단어 목록을 외워야 할 것이라고만 말해도 윤리적인 문제가 발생하지 않는다. 참가자들은 자신이 외워야 하는 목록이 서로 간에 어떻게 다른지 알 필요가 없다. 또한 참가자들이 전혀 예상하지 않았던 깜짝 퀴즈에 답하라는 요구를 받더라도 윤리적인 문제가 발생하지 않는다. 그러나 만약 연구자가 원하는 것이 화가 났거나 당혹스러운 기분의 참가자와 보통 상태의 참가자를 비교하는 것이라면 어떻게 될까? 분명한 것은, 사전에 참가자들에게 그들을 무례하게 다루어서 화나게 하거나 실험실 장비의 일부를 손상시켰다고 믿게 하여 당혹스럽게 할 것이라고 알려 준다면 연구자는 타당한 결과를 얻지 못한다는 것이다. 따라서 그러한 경우에는 사후에 가능한 한 빨리 참가자들에게 해명해 주어야 한다고 가이드라인에 규정되어 있다. **해명** debriefing 중에는 실험 절차에 대해 알려 주지 않은 이유 또는 그들을 속인 이유가 설명되어야 하며, 그들이 전과 동일한 자존심을 가지고, 그리고 연구에 대해 좋은 인식을 가지고 실험실을 떠날 수 있도록 모든 감정적 앙금을 해소시켜야 한다. 감찰위원회는 해명 절차가 과제에 적절한 것인지 확인할 필요가 있다.

윤리적 연구의 제3의 원리는 **사생활권** right to privacy이다. 연구 중에 취득한 개인의 신상 정보는 극비로 취급해야 하며, 당사자의 동의 없이 다른 사람에게 제공할 수 없다. 많이 쓰는 방법은 참가자를 확인할 수 있는 이름이나 정보를 연구에서 수집한 정보와 분리하는 것이다. 그러면 데이터는 부호나 사례 번호로만 확인된다. 실험자를 제외한 누구도 어떤 참가자가 어떻게 반응했는지 알 수가 없다. 또 다른 방법은 통합한 데이터(예: 동일 집단 또는 동일 조건의 참가자를 평균한 데이터)만을 보고하는 것이다. 이렇게 함으로써 역시 개별 참가자들의 사생활권을 보호할 수 있다.

이러한 윤리적 조건이 모두 만족된다고 하더라도 연구자는 연구의 비용(경제적 비용이 아니라 인간적 비용)을 잠재적 혜택과 비교해야 한다. 참가자를 속이거나 당혹스럽게 하는 실험을 반드시 해야 할 필요가 있는가? 연구자와 심사위원회가 그런 연구가 가치 있는—실용적으로 또는 이론적으로—정보를 발견할 수 있다고 상당히 확신할 수 있을 때에만 연구를 실시할 수 있다.

## 동물 연구

윤리 기준을 지켜야 하는 또 다른 분야는 동물을 사용하는 연구이다. 약 7%의 심리학 연구에서 동물이 사용되며, 그중 95%가 쥐와 새이다. 심리학자들이 동물을 사용하는 이유는 두 가지이다. 첫 번째는 동물의 행동 그 자체가 관심의 대상인 경우이다. 두 번째는 동물 시스템이 인간 시스템의 모델을 제공할 수 있는 경우로서, 인간으로부터 얻는 것이 불가능하거나 비윤리적인 지식을 동물 연구에서 얻을 수 있다. 실제로 동물 연구는 **불안** anxiety, 스트레스, 공격성, 알츠하이머병과 같은 심리적 문제를 이해하고 치료하는 데 큰 역할을 해 왔다(Carroll & Overmier, 2001). 동물을 사용하는 연구가 윤리적이냐 아니냐에 대한 논쟁이 계속되고 있지만, 미국에서 대다수의 심리학자(80%)와 심리학 전공 학생(72%)은 동물의 사용을 지지하고 있다(Plous, 1996a, 1996b). 하지만 광범위한 지지 속에서도 동물에게 고통이나 피해를 주는 일부 연구에 대한 우려의 목소리가 있다. 이러한 우려를 해소하기 위해 미국 연방정부 및 미국심리학회의 지침은 모두 동물에게 가해지는 고통과 피해가 그 연구에서 얻는 지식에 의해 충분히 정당화될 수 있어야 한다고 요구한다. 미국심리학회의 지침 또한 연구자에게 동물을 학대하지 않고 고통과 피해를 최소화해야 할 도덕적 의무가 있음을 강조하고 있다. 실험실 동물의 생존 환경과 관리에 관한 구체적인 규칙은 이러한 도덕적 의무가 어떻게 이행되어야 하는가를 규정하고 있다.

이러한 구체적인 지침과는 별도로 연구 윤리의 중요한 원칙은 심리학 연구에 참여하는 사람과 동물이 연구의 완전한 파트너로 간주되어야 한다는 것이다. 이 책에서 소개하는 연구 중 일부는 앞에서 말한 윤리 지침이 제정되기 이전에 행해진 것으로서, 오늘날이라면 대부분의 감찰위원회가 허용하지 않았을 것이다.

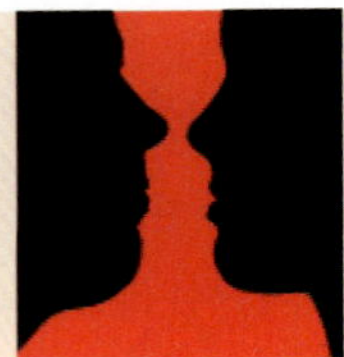

# 찬|반|논|쟁

# 우리는 본래 이기적인가?

## 우리는 본래 이기적이다.

*George C. Williams,* 뉴욕주립대학교(스토니브룩 캠퍼스)

그렇다. 우리는 특별한 생물학적 의미에서 이기적인데, 그 의미는 인생, 윤리, 또는 그와 관련된 주제를 논의할 때 염두에 두어야 하는 중요한 것이다(Williams, 1996: 3장, 9장). 그 방식은 우리의 유전자가 요구하는 특별한 것이다. 유전자는 극도로 이기적인데, 그렇지 않았다면 살아남지 못했을 것이다. 많은 세대를 통한 전달에 가장 적합한 유전자만이 전해져 내려올 수 있다. 유전자는 자신을 더 왕성하게 전파하는 신체를 만들 필요가 있었고, 그 유전자는 다른 어떤 경쟁자보다 우수했다. 개개인은 성인이 될 때까지 살아남아야 하고, 또 번식에 필요한 자원(먹이, 둥지, 짝 등)을 성공적으로 쟁취해야 이러한 유전자 게임에서 이길 수 있다.

이러한 의미에서 우리는 필연적으로 이기적이지만, 그렇다고 해서 이기적이지 않기를 기대해서는 안 된다고 말하는 것은 아니다. 개체는 다른 개체가 자원을 획득하거나 손실 또는 위험을 피하는 것을 도울 수도 있고 종종 돕기도 한다. 그러한 행동을 생물학적으로 이해하기 위해서는, 외면상으로 자비롭게 보이는 행동이 일어나는 상황을 잘 관찰할 필요가 있다.

도움 주기의 가장 좋은 예는 부모가 자식에게 하는 행동이다. 이에 대한 분명한 설명은, 부모가 자식을 돕지 않으면 그들의 유전자를 성공적으로 전달할 수 없다는 것이다. 포유류의 어미는 자식을 보살피고, 어미새는 새끼에게 먹이를 물어다 주고, 식물은 씨앗 속에 최적의 영양소를 축적한다. 그러나 이러한 종류의 희생은 일반적으로 어른 동물이 어린 동물에게 도움을 주는 것과는 다르다. 거기에는 항상 부모가 자기 새끼를 구별하고 도움 주기를 자기 새끼에게만 국한하는 메커니즘이 작동하고 있다.

만약 모든 번식이 유성생식이고 배우자가 서로 가까운 관계가 아니라면 새끼는 각 부모의 유전자를 반씩 소유한다. 부모의 관점에서 보면 새끼는 유전자를 전달하는 데 있어서 자기 자신의 절반 정도의 중요성만 가진다.

이러한 유전자의 부분적 동일성은 자식뿐만 아니라 모든 친척에게도 해당된다. 자식뿐만 아니라 친척 일반에 대해서도 도움을 주는 것은 사람의 유전적 이기심에서 나오는 것이다. 그러한 행동은 친족 선택(kin selection)에서 나온 것인데, 친족 선택은 혈연관계의 정도와 확률을 적응적으로 이용하게 한다. 혈연적 연결의 단서 cues가 존재하는 한, 사람은 친척을 타인보다 선호하며, 먼 친척보다 가까운 친척(부모, 자식, 형제)을 더 선호한다.

스스로 알을 품고 새끼를 양육한다면, 자신의 둥지에 암컷이 알을 낳도록 하는 수컷이 진화적으로 더 유리하다. 그러나 암컷이 바람을 피운다면 어떻게 될까? 수컷은 암컷이 다른 수컷과 교미하지 않았고, 그래서 알이 모두 자기 것임을 확신할 수 있을까? 암컷이 짝 이외의 수컷과 교미하는 것은, 동의에 의한 일이건 아니건 많은 종에서 일어난다. 그러한 종의 수컷은 암컷의 행동을 예의 감시하며, 다른 수컷을 자신의 영역에서 몰아내는 데 열심이다. 당연히 예상할 수 있는 일이지만, 알 중의 평균 10%가 경쟁자에 의해 수정되는 종의 수컷은 암컷이 전혀 바람을 피우지 않는 다른 종들에 비해서 새끼에게 덜 성실하다.

친족 선택은 비이기적으로 보이는 행동을 일으킨다. 혈연관계가 없는 개체들이 즉시적 또는 전망적 상호 이득을 위해 서로 돕는 호혜도 그렇다. 다른 개체의 친족 선택적 또는 이타적, 협동적 본능을 이기적으로 이용하거나 조작하는 것도 그렇다. 암컷 새의 경우도 수컷과 마찬가지로 새끼가 자기 자식인지 확신할 수 없다. 왜냐하면 탁란(Sayler, 1992), 즉 주인이 외출한 둥지에 알을 낳는 일이 많은 종에서 일어나기 때문이다. 암컷은 다른 암컷의 부모 본능을 이용하여 유전적인 이득을 얻는 것이다.

이러한 속임수와 조작이 가장 발달한 종이 바로 인간인데, 여기에는 언어 능력이 활용된다. 셰익스피어에 의하면 헨리 5세는 자신의 군대를 '우리 형제들'이라고 불렀다. 여성주의 지도자들은 '자매애'를 부르짖는다. 다른 사람의 정서를 이용하고 조작하는 것은 가치 있는 이유를 위해서일 수도 있고 그렇지 않을 수도 있다.

George C. Williams

# 찬|반|논|쟁

## 우리는 본래 이기적인가?

### 우리는 본래 이기적이지 않다.

*Frans B. M. de Waal,* 에모리대학교

> "인간은 아주 이기적이라고 여겨져 왔지만 인간의 본성에는 분명히 몇 가지 원리가 있다. 그것들은 인간으로 하여금 다른 사람의 행운에 관심을 갖게 하고, 다른 사람의 행복이 자신에게 꼭 필요한 것으로 생각하게끔 한다. 비록 그가 남의 행복을 볼 수 있는 기쁨 이외에 그것으로부터 아무것도 얻는 것이 없다 할지라도 말이다."
>
> — 애덤 스미스(1759)

레니 스커트닉이 비행기 사고의 희생자를 구하기 위해 워싱턴디시의 얼어붙은 포토맥 강에 뛰어들었을 때, 또는 네덜란드 시민이 제2차 세계대전 동안 유대인에게 피난처를 제공했을 때, 그들은 생판 모르는 타인을 위해 자신의 생명에 대한 위협을 감수했다. 마찬가지로 시카고의 브룩필드 동물원에 사는 저지대 고릴라 빈티 후아는 자신의 우리로 떨어져 기절한 한 소년을 구조했다. 그것은 누구도 가르쳐 주지 않은 행동이었다. 이러한 예는 우리 인간에게 도움이 되기 때문에 깊은 인상을 받는다. 감정이입과 도덕성의 진화에 관한 연구에서 나는 한 동물이 다른 동물을 보호하거나 다른 동물의 고통에 반응한다는 증거를 아주 많이 발견했기 때문에 생존이 투쟁하는 힘뿐만이 아니라 때로는 협동과 친절에도 의존한다고 확신하게 되었다(de Waal, 1996). 예를 들면 침팬지 사회에서는 공격을 당한 희생자에게 다른 침팬지가 접근하여 어깨를 부드럽게 감싸 주는 일이 흔하다.

이렇게 서로 보살피는 경향이 있음에도 불구하고 생물학자들이 인간이나 동물을 완전히 이기주의자로 묘사하는 경우가 다반사이다. 그 이유는 이론적인 것이다—모든 행동은 행위자 자신의 이익을 위해서 진화한다는 것이다. 유전자가 그 주인을 이롭게 하지 않는다면 그 유전자 또한 자연선택의 과정에서 불리한 위치에 놓이게 된다는 생각은 논리적으로 타당하다. 그러나 동물의 행동이 그 자신을 위해서 진화했기 때문에 동물을 이기적이라고 말하는 것이 과연 옳은가?

어떤 행동이 수백만 년의 진화를 거쳐 나타나게 된 과정은, 지금 여기에 살고 있는 어떤 동물이 왜 그렇게 행동하는가를 고찰할 때 아무런 도움이 안 된다. 동물들은 오직 행동의 직접적인 결과만을 볼 수 있으며, 그것 또한 항상 그들에게 분명한 것은 아니다. 우리는 거미가 파리를 잡기 위해 그물을 만든다고 생각하지만 그것은 기능적인 수준에서만 옳은 이야기이다. 거미가 자신의 그물이 무엇에 쓰이는 것인지를 알고 있다는 증거는 없다. 다시 말하면, 행동의 목표는 그 근저에 있는 동기에 대해서 아무것도 말해 주지 않는다.

최근 들어 '이기심'이라는 개념이 그 일상적 의미를 벗고 심리학 이외의 영역에서도 사용되고 있다. 이제 그 용어는 자기기여와 비슷한 말로 간주되지만, 이기심에 포함된 의미는 자기에게 기여하려는 의도, 즉 어떤 특정한 행동으로 얻는 이득에 관한 지식이다. 담쟁이덩굴은 나무를 휘감고 올라감으로써 그 자신의 이익에 기여하지만, 식물은 본래 의도와 지식이 없기 때문에 수사학적인 의미에서가 아니라면 이기적이라고 할 수 없다. 똑같은 이유로 유전자는 이기적일 수 없다.

찰스 다윈은 적응을 개체의 목표와 혼동하지 않았으며, 이타적인 동기를 인정했다. 이러한 점에서 그는 도덕 철학자이며 경제학의 아버지인 애덤 스미스로부터 영감을 받았다. 스미스는 경제를 이끄는 원리로 자기이익을 강조한 사람으로 알려져 있지만, 또한 인간 능력으로서의 공감에 대해 저술했다는 사실은 자기기여적 행동과 이기적 동기 사이의 구분에 관해 많은 것을 드러낸다.

이러한 소질의 기원은 전혀 신비로운 것이 아니다. 협동하면서 살아가는 모든 종은 집단에 대한 충성심과 타 개체를 돕는 경향을 보인다. 이러한 경향은 밀접한 사회생활 속에서 진화해 온 것으로, 그 성향이 동료와 친척에게 혜택을 주었고 그들은 호의에 보답할 수 있었다. 그러므로 도움을 주고자 하는 충동은 그것을 가지고 있는 개체에게 전혀 생존적인 가치가 없는 것은 아니다. 그러나 이 충동은 진화에 기여한 결과로부터 분리되었으며, 그 결과 수익자가 외부자여서 전혀 대가를 기대할 수 없을 때에도 이 충동이 표현된다.

모든 행동이 이기적이라고 하는 것은 지구상의 모든 생명이 태양에너지의 변형이라고 말하는 것과 같다. 두 주장 모두에 일반적인 의미가 없는 것은 아니지만 우리 주위에서 관찰하는 다양성을 설명하는 데에는 별로 도움이 되지 않는다. 어떤 동물들은 무자비한 경쟁을 거쳐 생존하는 한편, 다른 동물들은 상호 부조를 통해 생존한다. 각각에 관여되어 있는 심리적 경향의 차이를 구별하지 않는 관점이 진화생물학자에게는 유용할지 모르겠다. 그러나 심리학에는 그와 같은 관점이 차지할 자리가 없다.

**침팬지는 서로를 '위로하는' 동물로 알려져 있다. 그들의 행동은 행위자가 분명하게 얻을 수 있는 이득이 보이지 않음에도 이루어지는 동정의 한 형태로 보인다. 이러한 '위로'는 아직까지 다른 동물에서 보고되지 않았다.**

### 중간 요약

- 심리학 연구의 수행은 가설의 생성 및 과학적 방법에 의한 가설의 검증으로 구성된다. 심리학 실험을 이해하는 데 필수적인 핵심 개념으로는 독립변수와 종속변수, 실험집단과 통제집단, 무선할당, 측정과 통계 등이 있다.
- 실험이 가능하지 않을 때에는 자연적으로 발생하는 하나의 변수가 다른 변수와 연합되어 있는지를 알기 위해 상관법을 사용할 수 있다. 두 변수의 연합 정도는 상관계수 $r$로 측정된다. $r$은 양수(최대 +1.00)이거나 음수(최소 -1.00)인데, 한 변수의 값이 증가할 때 다른 변수의 값이 증가하면 양수(+)가 되고 감소하면 음수(-)가 된다.
- 연구를 수행하는 또 다른 방법은 관찰법으로, 여기에는 직접 관찰, 간접적 설문조사, 사례사 등이 사용된다.
- 문헌 개관에는 서술적 개관과 통계적 메타분석이 있다.
- 인간 참가자의 윤리적 처치에 관한 기본적인 원칙은 최소 위험성, 사전 동의, 사생활권이다. 동물에게 고통이나 피해를 주는 절차의 정당성은 연구로부터 얻게 되는 지식에 의해 판단되어야 한다.

### 비판적 사고를 위한 물음

1. 그림 1.3은 고전적인 한 연구의 결과인데, 9세 소년의 TV 폭력물 시청 선호도가 19세 때의 공격 행동과 관련이 있음을 보여 준다. 이 연구는 TV 폭력물의 시청이 소년들을 더 공격적으로 만든다는 것을 왜 보여 주지 못하는가? 그러한 주장을 하기 위해서는 어떤 증거가 필요한가?
2. 섭식장애의 증상과 외모에 대한 집착 사이에 0.50의 상관을 발견한 연구자가 있다고 하자. 연구자는 어떤 결론을 내릴 수 있는가? 둘 사이의 관련성을 무엇으로 설명할 수 있는가? 원인과 결과에 대해 어떤 가설을 생성할 수 있는가? 당신은 그 가설을 어떻게 검증할 수 있는가?

## 전체 요약

1. 심리학은 행동과 정신과정을 과학적으로 연구한다.
2. 심리학의 역사는 기원전 4~5세기까지 거슬러 올라갈 수 있다. 그리스의 철학자 소크라테스, 플라톤, 아리스토텔레스는 마음에 관한 근본적 질문을 제시했으며, 의학의 아버지인 히포크라테스는 뇌가 다른 기관들을 어떻게 제어하는지에 대해 중요한 많은 관찰을 했다. 인간의 심리에 관한 최초의 논쟁 중 하나는 인간의 능력이 생득적인가(선천 견해), 경험을 통해 습득되는가(후천 견해)에 주목했다.
3. 과학적 심리학은 19세기 후반에 마음과 행동이 과학적 분석의 대상이 될 수 있다는 신념에 의해서 태어났다. 최초의 심리학 실험실은 빌헬름 분트에 의해 1879년에 라이프치히대학교에 설립되었다.
4. 20세기 초기의 심리학 학파 중에는 구성주의(정신 구조의 분석), 기능주의(유기체가 환경에 적응하고 환경 속에서 제대로 기능하기 위해서는 마음이 어떻게 작동해야 하는가를 분석), 행동주의(의식에 대한 언급 없이 행동을 연구), 형태심리학(자극에 의해 형성된 패턴과 경험의 체제화에 초점을 맞춤), 정신분석학(성격의 발달과 동기에서 무의식적 과정의 역할을 강조)이 있다.
5. 20세기 후반에 일어난 심리학의 발전에는 정보처리 이론, 심리언어학, 신경심리학 등이 포함된다.
6. 심리학의 연구는 여러 가지 관점에서 가능하다. 생물학적 관점은 인간의 활동을 신체의 내부, 특히 뇌와 신경계에서 일어나는 사건과 관련시킨다. 행동주의적 관점은 관찰 가능하고 측정 가능한 외적 활동만을 고려한다. 인지주의적 관점은 정신과정, 예

를 들면 지각, 회상, 추론, 결정, 문제해결 등에 관심을 두며, 이러한 과정과 행동의 관계에 관심을 둔다. 정신분석적 접근은 성적 충동 및 공격 충동에서 비롯되는 무의식적 동기를 강조한다. 주관주의적 관점은 사람들이 사회적 세계를 구축하고 해석하는 방법에 주목하는데, 그 방법은 문화, 개인사, 현재의 동기 상태에 따라 변하는 것이다. 대부분의 연구 문제는 하나 이상의 관점으로 분석할 수 있다.

7 생물학적 관점은 주요 원리를 생물학에서 가져왔다는 점에서 다른 관점과 구별된다. 생물학적 관점을 취하는 연구자들은 심리학적 원리를 생물학적 원리를 사용하여 설명하고자 하는 경우가 많은데, 이를 환원주의라 한다. 행동적 현상은 생물학적 수준과 심리학적 수준 모두에서 점점 더 많이 이해되고 있다.

8 심리학의 주요 하위 영역에는 생물심리학, 실험심리학, 발달심리학, 사회심리학 및 성격심리학, 임상심리학 및 상담심리학, 학교심리학 및 교육심리학, 산업심리학 및 공학심리학이 있다. 21세기의 심리학에서 각광을 받을 새로운 영역은 전통적인 학문 및 세부 전공을 망라한다. 여기에는 인지신경과학(감정인지신경과학, 사회인지신경과학 등), 진화심리학, 문화심리학, 행동후성유전학 등이 포함된다.

9 심리학 연구는 가설의 생성 및 과학적 방법에 의한 가설의 검증으로 이루어진다. 가능하다면 실험법이 가장 선호되는데, 실험법에서는 연구변수 이외에 모든 변수의 통제를 시도하며, 그렇게 함으로써 원인-결과에 관한 가설을 검증할 수 있기 때문이다. 독립변수는 실험자가 조작하는 변수이고, 종속변수는 독립변수의 변화에 의해 영향을 받는지를 조사하기 위한 변수이다. 단순한 실험설계에서는 실험자가 하나의 독립변수를 조작하고 그것이 종속변수에 미치는 영향을 관찰한다. 실험설계의 기본 요소 중 하나는 참가자를 실험집단과 통제집단에 무선으로 배정하는 것이다.

10 많은 실험에서 독립변수는 현재하거나 부재하는 어떤 것이다. 가장 단순한 실험설계는 하나의 실험집단(가설의 원인이 주어진 참가자 집단)과 하나의 통제집단(가설의 원인이 주어지지 않은 집단)이 있다. 만약 독립변수의 조작이 실험집단과 통제집단 사이에 통계적으로 유의미한 종속변수의 차이를 가져온다면, 우리는 실험 조건이 신뢰로운 결과를 산출했다는 것, 그리고 그 차이는 우연적인 요소나 1~2개의 극단 사례에 의한 것이 아님을 알게 된다.

11 실험이 가능하지 않은 상황에서는 상관법이 사용될 수 있다. 이 방법은 자연적으로 나타나는 차이가 다른 차이와 연결되어 있는지 아닌지를 조사한다. 두 변수 사이의 상관 정도는 상관계수에 의해 측정되는데, 이 수치는 −1.00과 +1.00 사이의 값을 취한다. 상관의 전적인 부재는 0으로, 완벽한 상관은 1로 표현한다. 0에서 1로 증가함에 따라 상관도 증가한다. 상관계수는 양수이거나 음수인데, 두 변수가 함께 증가하거나 감소하면 양수(+)가 되고, 한 변수가 증가하는 데 다른 변수는 감소하면 음수(−)가 된다.

12 또 다른 연구법인 관찰법에서는 연구자가 관심 있는 현상을 주의 깊게 관찰한다. 연구자는 행동을 관찰하고 정확하게 기록하는 법을 배워야 한다. 직접 관찰하기가 어려운 현상은 설문(질문지나 면담) 또는 사례사의 재구성에 의해 간접적으로 관찰할 수 있다.

13 인간 참가자를 다루는 데 기본적 윤리 원칙은 최소 위험성, 사전 동의, 사생활권이다. 동물에게 가해지는 고통이나 피해는 그 정당성 여부를 연구에서 얻게 되는 지식을 염두에 두고 철저하게 평가해야 한다.

## ✳ 핵심 개념

가설
검사
게슈탈트
공학심리학자
과잉정당화 효과
과학적
교육심리학자
구성주의
긍정심리학
기능주의
기본적 귀인오류
내성법
다중변수 실험
단서
독립변수
메타분석
무선할당
무의식
문헌 개관
문화심리학
발달심리학자
발현 가소성
변수
부적 상관성
불안
비만
사례사
사생활권
사전 동의
사회심리학자
사회인지신경과학
사회적 호감 효과
상관계수
상담심리학자
생리학
생물심리학자
생물학적 관점
서술적 개관
선천 견해
선천-후천 논쟁
설문조사법
성격심리학자
순진한 사실주의
신경 가소성
실험
실험심리학자
실험집단
심리학
심리학적 관점
아동기 기억상실증
안면실인증
연합주의 심리학
이론
인지신경과학
인지주의적 관점
임상심리학자
자유연상법
절충적 접근
정보처리 모형
정서신경과학
정신분석적 관점
정신분석학
정적 상관성
조직심리학자
종속변수
주관주의적 관점
주의
직접 관찰
진화심리학
최소 위험성
측정
카타르시스 효과
타당도
통계
통계적 유의미성
통제집단
평균
프사이($\psi$)
학교심리학자
해명
행동주의
행동주의적 관점
환원주의
효과의 법칙
후천 견해

# 2 심리학의 생물학적 기초

**학습 목표**

이 장을 읽고 나면 다음의 것들을 할 수 있어야 한다.

- ▶ 인간 뇌의 체제화와 생리학을 이해할 수 있다.
- ▶ 뇌를 연구하는 데 사용된 방법을 학습할 수 있다.
- ▶ 진화론적 논쟁을 고려할 수 있다.
- ▶ 뇌의 생물학적 기초를 설명할 수 있다.
- ▶ 인간 뇌의 핵심 영역과 그 기능을 이해할 수 있다.
- ▶ 행동의 유전에 관한 핵심 원리를 이해할 수 있다.

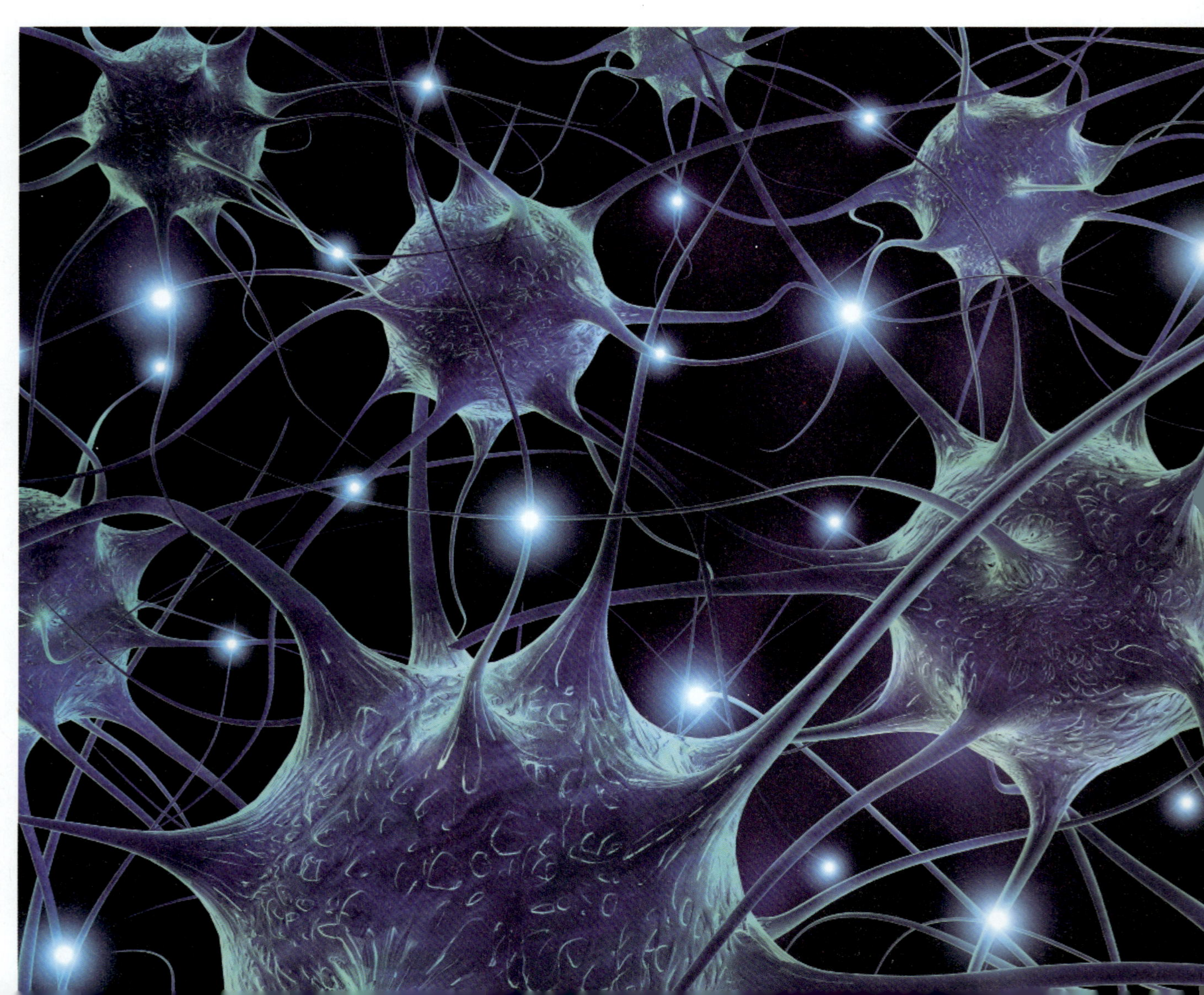

## 이 장의 개요



당신이 어느 날 아침에 깨어나서 다른 모든 지각 경험이 미약해질 정도로 후각이 강력해진 것을 발견하게 되는 것을 상상해 보라. 당신은 곧 모든 친구와 친척을 체향만으로 구분할 수 있고, 친숙한 가게와 거리 모퉁이의 냄새로 고향 가는 길을 찾을 수 있다. 당신은 흥분에 사로잡힐 것이다. 그리고 주변의 모든 사물과 사람의 냄새를 알고 싶은 열망과 동시에 그것을 만져 보려는 욕망으로 몸이 떨림을 느낄 것이다. 비록 당신의 욕망이 성적인 것이 아님을 자각한다고 할지라도, 당신은 다른 사람과 함께 있을 때 그 유혹에 대해 저항할 것이다. 그런 식으로 행동하는 것은 부적절하게 여겨지기 때문이다.

이것은『아내를 모자로 착각한 남자(The Man Who Mistook His Wife for a Hat)』라는 유명한 책 중 '피부 밑의 개(The Dog Beneath the Skin)'라는 이야기에서 올리버 색스(Oliver Sacks)가 자세히 썼듯이 스티븐 D.라는 이름을 가진 젊은 의학도의 실제 경험담이다. 올리버 색스는 신경학자로서 인간의 뇌를 공부하는 사람에게 깊은 인상을 준 여러 사례사에 대한 저술을 남겼다. 우리가 들은 바로는 스티븐은 코카인, PCP, 암페타민 상용자이다. 어느 날 밤 그는 매우 생생한 꿈을 꾸었는데, 그 자신은 한 마리 개였고 세상은 가슴을 뛰게 하는 냄새로 풍부했다. 그는 깨어나서 자신의 후각이 실제로 놀랍게 변화되었다는 것을 발견한다. 스티븐은 상이한 감정을 느낀다. 모든 것을 냄새 맡고 만져 보려는 그의 갈망은 오랫동안 망각되었던 장소로 돌아가려는 욕망과 같은 울적한 느낌을 동반한다. 그의 생각도 바뀐 것처럼 보인다. 그는 모든 경험의 즉시성을 깊게 즐기며, 이전보다 경험을 반성하고 추상적으로 생각하는 것이 더 어렵다는 것을 발견한다. 3주 후에 스티븐의 증상은 사라지고, 그에게 안도감과 후회를 동반하면서 모든 것이 정상으로 돌아온다.

후각은 냄새 감각에 사용되는 용어이다. 후각과민증(hyperosmia, 냄새를 맡는 능력의 증가)과 동시에 후각상실증(anosmia, 냄새를 맡는 능력의 상실)은 뇌 손상이나 감염의 결과 또는 어떤 약물의 사용에 의해 초래될 수 있다. 후각의 변화는 그 환자의 정서 경험에 놀랄 만한 영향을 미친다. 이것은 어떻게 설명될 수 있는가? 후각 정보는 다양한 경로를 통해 뇌의 몇몇 영역에 전달된다. 그중 하나의 경로는 냄새의 지각과 변별에 관여하는 영역들을 포함한다. 다른 경로는 행동의 정서와 동기 측면에 관여하는 영역들을 포함한다. 이 후자의 경로는 다른 감각체계와 **후각체계** olfactory system를 분리한다. 어떤 냄새가 동반하는 정서적 경험은 시각 혹은 청각 경험으로 초래되는 정서보다 더 직접적이다.

우리는 인간 행동의 많은 측면을 생물학적 특성을 살펴봄으로써 이해할 수 있음을 보게 될 것이다. 예를 들면 어떤 뇌 손상의 결과를 연구하는 것은 뇌가 우리의 경험과 행동을 표상하는 방식을 알려 준다. 유사하게 치료용 약물 혹은 기분 전환용 약물의 효과는 신경전달물질이 신경계의 화학적 메시지로서 하는 역할을 설명해 준다. 이 장에서는 신경계의 기본 단위, 조직, 진화사를 살펴본다.

## 심리학의 생물학적 기초 연구

이 장의 도입부는 우리의 지각, 경험 및 행동이 신경계의 활성화에 기초를 두고 있으며, 신경계의 기능을 이해하는 것은 심리학 연구에서 중요하다는 사실을 설명해 준다. 이런 생각은 마치 인간을 어떤 생물학적 기계로 환원시키는 것과 같이 기계론적으로 들릴지라도, 당신이 그런 반응을 하는 첫 번째 사람은 아니다. 프랑스 철학자인 르네 데카르트(René Descartes, 1596~1650)는 모든 동물과 인간의 행동은 외적 자극에 대한 기계적 반응—액체로 채워진 관과 연결용 톱니바퀴 장치로 이루어진 복잡한 체계의 반응—이라고 제안했다. 그러나 데카르트는 인간 영혼의 존재를 부정하는 것이 교회를 공격하는 신학적 의미를 갖고 있어서 자신의 이론을 거부하도록 만든다는 사실을 잘 자각하고 있었다. 그는 신중하게 인간 영혼이 작용할 여지를 남겨 두었는데, 그래서 여러 가능한 반응 중 특정 반응을 선택하는 것이 바로 영혼이라고 제안했다. 영혼이 우리에게 융통성을 제공한 결과, 우리는 동일한 자극에 대해 상이한 반응을 할 수 있다. 데카르트의 심신 이원론은 정신(혹은 영혼)이 신체와 분리되어 존재하지만 서로 영향력을 행사할 수 있다고 제안한다.

이 장에서는 생물학적 기초에 관해 우리가 현재 이해하고 있는 것을 소개할 것이다. 그것은 관과 톱니바퀴 장치의 체계에 관한 이야기가 아니라 신경계에 관한 이야기일 것이다. 이 신체적 체계는 서로 생화학적으로 소통하는 생물 세포(뉴런)로 구성된다. 당신이 자신을 신경계를 통해 생각하기란 매우 어려울 것이다. 당신의 독특한 인간 경험(사랑, 공포, 당황)이 그렇게 무미건조한 것으로 환원되는 것은 불가능해 보인다. 그러나 당신은 그것이 매우 고무적이라는 점도 알 것이다. 인간 경험이 경이로운 것이라면, 우리가 그런 경험을 갖는 것을 가능하게 만들어 주는 생물학적 체계는 꽤 복잡하고 매력적이어야만 한다. 우리의 뇌는 우리가 아는 단 하나의 가장 복잡한 대상일 것이다.

행동의 생물학적 기초에 관한 연구는 진화 문제를 다루어야 한다. 진화생물학에서 중요한 개념은 에른스트 마이어(Ernst Mayr)에 의해 소개된 전적응(pre-adaptation)의 개념이다. 한 가지 예는 음성체계의 진화이다—입, 치아, 혀는 처음에는 음식을 먹기 위해 진화된 것이 분명할지라도 소리를 내는(그리고 나중에는 언어적 발성을 하는) 새로운 기능을 획득했다. 마이어의 생각은 진화적으로 '새로운 것들'은 기존의 체계가 흡수되는 과정의 결과인데, 이것이 어떤 새로운 기능의 발달을 허용한다는 것을 의미한다(Mayr, 1960). 유사한 기제가 종종 인간의 특수한 능력 발달을 설명하기 위해 제안된다. 두 가지 아주 흥미로운 예는 도덕적 혐오(moral disgust)의 발달과 사회적 배척(social exclusion)에 대한 우리의 반응 발달이다.

폴 로진(Paul Rozin)은 스스로를 '혐오 박사'라고 언급하기를 좋아한 미국 심리학자인데, 그는 도덕적 혐오가 독성이 있는 음식물을 섭취하는 것으로부터 우리를 보호하기 위해 진화된 혐오체계(distaste and disgust system)의 존재로 인해 발달했다고 제안한다(Rozin et al., 2000). '혐오 표정(disgust face)'은 다윈에 의해 일찍이 언급되었는데, 음식물이 입으로 들어오는 것을 막거나 혹은 내뱉는 것을 돕기 위한 반응으로 입 크게 벌리기, 혀 늘리기, 코 찡그리기, 입 가장자리 떨어뜨리기 등으로 기술되었다. 혐오에 동반되는 생리적 상태인 구토는 이와 연관된 타액 증가 반응과 유사한 기능을 한다. 우리는 혐오 반응이 우측 전전두피질 영역 및 기저핵의 활성화와 연관된다는 것은 알고 있다. 로진은 혐오가 신체에 가해지는 위해를 피하기 위한 반응으로서 진화적 생활을 시작했지만, 마침내 영혼에 가해지는 위해를 피하기 위한 기제로 진화했다고 제안한다. 도덕적 범죄(예: 성범죄 혹은 전쟁의 잔혹 행위)는 기본적 혐오 반응과 유사한 정서 반응을 일으킨다. 정확하게 어떤 행동이 도덕적으로 혐오스럽게 여겨지는가는 문화에 따라 정도의 차이가 있어서, 무엇이 도덕적으로 잘못된 것이고 혐오스러운가를 학습하는 것이 개인의 사회화의 일부이다.

전적응 모형 내에서 이해될 수 있는 또 다른 인간 반응은 사회적으로 배척을 받는 데 대한 우리의 반응이다. 인간의 경우 사회집단의 일부가 되는 것은 그 연결이 안전을 제공하기 때문에 극히 중요하다. 사회적 배척은 개인의 건강에 위협이 되는 것으로 보인다(Uchino et al., 1996). 연구에 따르면 사람들은 정서적 고통에 대해 무관심해지거나 겉보기에 무감각해짐으로써 정서적 배척에 대해 반응한다(DeWall & Baumeister, 2006). 어떤 사회적 상호작용체계의 진화가 진화적으로 오래된 어떤 체계, 즉 신체적 고통에 대해 반응하는 체계를 포함시켰다는 것을 알아차리면 이것을 이해할 수 있을 것이다. 고통스러운 자극에 대한 건강한 반응은 때때로 방어적으로 **통증역치** pain threshold를 증가시키는 것인데, 이것은 통증민감성이 감소한다는 것을 의미한다. 전적응 모형에 의하면 신체적 고통에 대해 반응하는 생리적 체계는 사회적 고통에 반응하는 기능을 융합하면서 진화했다. 이것은 사회적 배척이 사람이 신체적 고통에 반응하는 방식에 영향을 주어야만 한다고 예언한다. 이 예언은 드월과 바우마이스터에 의해 실험적으로 검증되었다(DeWall & Baumeister, 2006). 실험자는 피험자의 반수에게 외로운 미래에 대한 전망으로 위협을 한 반면에, 통제집단은 의미 있고 지속적인 관계를 가질 것이라는 말을 들었다. 피험자는 실험자가 성격검사 결과를 기초로 그 예언을 했다고 믿었다. 사실상 피험자는 두 조건 중 하나에 무선적으로 배정되었다. 연구자는 '미래에 외로운' 조건에 놓인 피험자의 신체적 **통증역치**가 더 높아야 한다고 가정했고, 정확하게 그런 결과를 발견했다. 그 조건의 피험자는 통제집단의 피험자보다 더 높은 신체적 **통증 내성** pain tolerance(통증을 견디는 능력)을 보였다. 이 결과는 추방된 사람에 의해 보고된 정서적 무감각이 신체적 통증과 정서적 통증에 관여하는 공통의 생리적 체계에 의해 발생하는 방어 반응의 일부일 수 있음을 시사한다. 이런 설명은 뇌의 어떤 영역이 신체적 고통과 동시에 사회적 배척과 관련된 고통에 의해 활성화된다는 것을 보여 주는 연구에 의해 더욱 지지되었다(Eisenberger et al., 2003).

우리는 인간의 어떤 행동(도덕적으로 불쾌한 행동과 사회적 배척에 대한 반응)이 신경계의 진화사를 고려하는 모형 내에서 연구되고 이해될 수 있다는 것을 보았다. 이 시점에서 어떤 기본적인 용어를 소개하는 것이 중요하다(그림 2.1 참조). **신경계** nervous system라는 용어는 모든 신경조직을 의미한다. 이 체계는 중추신경계와 말초신경계로 나누어진다. **중추신경계** central nervous system(CNS)는 **뇌** brain(두개골 내에 존재하는 신경계의 일부)와 **척수** spinal cord를 포함한다. **말초신경계** peripheral nervous system(PNS)는 나머지 신체 부위에 있는 잔여 신경조직을 포함한다. **구심성 신경** afferent nerves은 신체로부터 CNS에 신호를 전달하는 반면에 **원심성 신경** efferent nerves은 CNS로부터 신체에 신호를 전달한다.

PNS는 의식적 감각 기능과 수의적 운동 기능을 위해 감각수용기, 근육 및 신체의 표면에서 이리저리 신경신호를 전달하는 **체성체계** somatic system와 심장박동 같은 자율적 및 불수의적 기능을 위해 내장기관과 분비선을 연결하는 **자율체계** autonomic system로 구성된다. 체성체계의 감각신경(sensory nerves)은 피부, 근육 및 관절로부터 오는 외적 자극에 관한 정보를 중추신경계에 전달한다. 그럼으로써 우리는 통증, 압력, 온도의 변화를 자각한다. 체성체계의 운동신경(motor nerves)은 중추신경계로부터 근육까지 신경충동을 전달하여 행동을 개시하도록 한다. 우리가 수의적 운동에 사용하거나 자세와 균형을 잡는 것과 같은 불수의적 적응에 사용하는 모든 근육

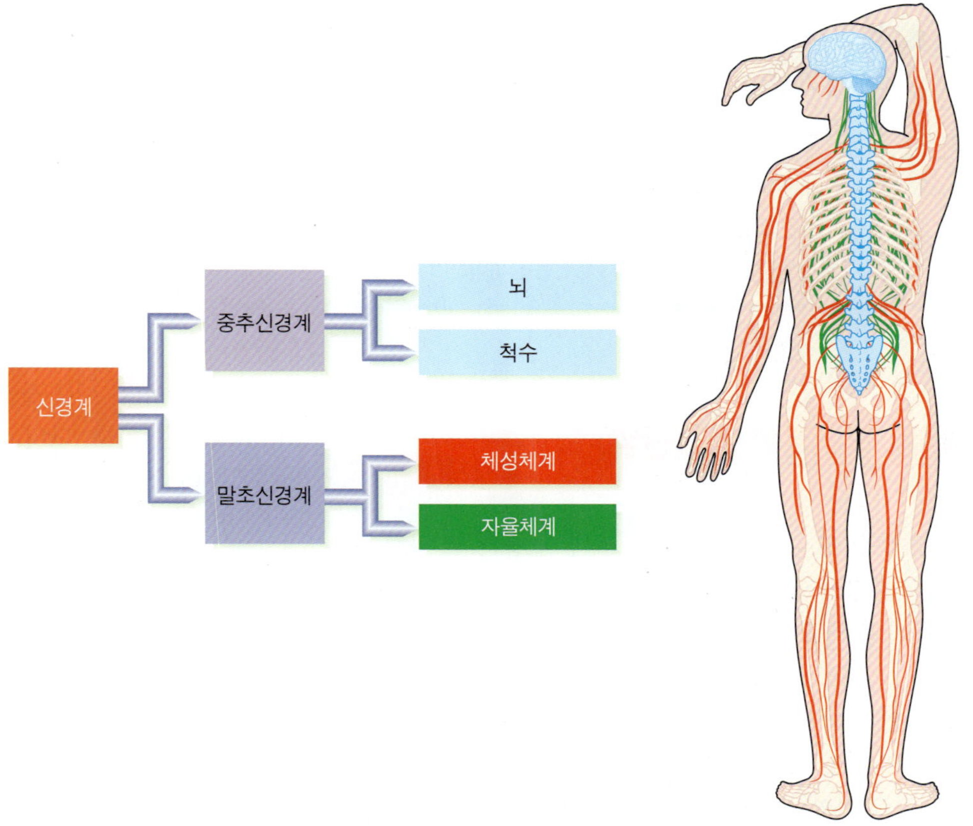


**그림 2.1 신경계의 조직화.** 인간 신경계의 도식에서 중추신경계(뇌와 척수)는 청색으로 나타내고, 말초신경계의 체성체계는 적색 그리고 자율체계는 녹색으로 나타냈다.

은 이 신경에 의해 통제된다. 자율신경계의 신경은 내장 기관과 이리저리 연결되어 있어서 호흡, 심장박동, 소화와 같은 과정을 통제한다.

이 장에서는 신경계의 특수한 부분(특히 뇌와 자율신경계)과 동시에 내분비기관(호르몬 분비를 담당하는 분비선체계)을 살펴봄으로써 신경계를 상세하게 연구할 것이다. 이 장의 마지막 절에서는 진화생물학과 인간 행동 연구의 적절성을 살펴본다. 우리는 신경계의 기본적 구성 단위인 뉴런과 그것의 전달체계를 다루면서 시작할 것이다.

### 중간 요약

- 인간의 어떤 기능(도덕적 혐오와 사회적 배척에 대한 우리의 반응)은 기존의 체계(이 경우에 신체적 혐오와 신체적 고통)를 흡수하는 전적응 과정을 통해 발달했을 것이다.
- 신경계는 중추신경계와 말초신경계로 나누어진다. 중추신경계는 뇌와 척수를 포함하고, 말초신경계는 체성체계와 자율체계를 포함한다.

### 비판적 사고를 위한 물음

1. 기존의 기능을 전적응함으로써 발달한 것 같은 인간의 다른 기능을 생각할 수 있는가?
2. 대부분의 현대 심리학자들은 신경계가 기능하는 방식을 연구하는 것이 중요하다고 주장할 것이다. 당신은 그들이 왜 그렇게 말한다고 생각하는가? 당신은 동의하는가?

## 뉴런, 신경계의 형성 단위

신경계의 기본 단위는 **뉴런** neuron인데, 이것은 다른 뉴런, 내분비선 및 근육에 신경충동 또는 정보를 전달하는 전문화된 세포이다. 모든 뉴런은 공통적인 특징을 갖고 있다(그림 2.2 참조). 세포체(cell body 또는 soma)로부터 뻗어 나온 다수의 짧은 가지는 **수상돌기** dendrite('나무'를 의미하는 그리스어 *dendron*에서 유래됨)라고 불리는데, 이는 인접한 뉴런으로부터 신경충동을 받아들인다. **축색** axon은 세포체로부터 뻗어 나온 가느다란 관으로, 다른 뉴런(또는 근육과 내분비선)에 신호를 전달한다. 축색은 끝부분에서 시냅스 종말(synaptic terminal) 혹은 **종말단추** terminal button라고 불리는 작은 돌기 부위에 도달하는 다수의 가느다란 가지로 나누어진다.

종말단추는 실제로 인접한 뉴런과 직접 접촉하지 않는다. 종말단추와 수신 뉴런의 세포체 또는 수상돌기 사이에는 약간의 공간이 있다. 이 연결부를 **시냅스** synapse라고 하며, 그 공간 자체는 **시냅스 공간** synapse gap이라고 불린다. 신경충동은 축색을 따라 내려와서 종말단추에 도달하면, 시냅스 공간으로 퍼져 나가서 다음 뉴런을 자극하는 화학물질인 **신경전달물질** neurotransmitter을 분비시킨다. 여러 뉴런으로부터 뻗어 나온 축색은 단일 뉴런의 수상돌기와 세포체에 대해 시냅스를 형성한다. 이런 방식으로 시냅스후(수신하는) 뉴런은 다수의 시냅스전 뉴런에서 오는 정보를 통합한다.

모든 뉴런이 이런 일반적인 특징을 갖는다고 할지라도 크기와 모양은 아주 많이 다르다(그림 2.3 참조). 척수에 있는 하나의 뉴런이 척추의 끝에서 엄지발가락 근육까지 도달하는 1m 길이의 축색을 가질 수 있지만, 뇌에 있는 어떤 뉴런은 단지 수천분의 1cm 거리만 도달한다.

뉴런은 일반적 기능에 따라 세 가지 범주로 분류된다. **감각 뉴런** sensory neuron은 수용기로부터 받은 충동을 중추신경계에 전달한다. **수용기** receptor는 신체적 혹은 화학적 변화를 탐지하여 이런 사건들을 충동으로 바꿔 주는 감각기관, 근육, 피부 및 관절에 있는 전문화된 세포이다. **운동 뉴런** motor neuron은 뇌 혹은 척수에서 외부로 나오는 신호를 근육과 분비선까지 전달한다. **중간 뉴런** interneuron은 감각(구심성) 뉴런과 운동(원심성) 뉴런을 연결하며, 중추신경계와 눈에서만 발견된다.

**신경** nerve은 수백 또는 수천의 뉴런으로부터 연장된 축색의 다발이다. 예를 들면 시신경은 눈으로부터 뇌까지 신호를 전달한다. 단일 신경은 감각 뉴런과 운동 뉴런 양자로부터 오는 축색을 포함할 수 있다. 뉴런의 세포체는 일반적으로 신경계의 도처에서 모여서 집단을 이룬다. 뇌와 척수에서 뉴런의 세포체 집단을 **핵** nucleus(복수형은 nuclei)이라고 부른다. 뇌와 척수 외에서 발견되는 뉴런의 세포체 집단은 **신경절** ganglion(복수형은 ganglia)이라고 불린다.

신경계는 뉴런과 더불어 **교세포** glial cell라고 불리는 다수의 비신경세포를 갖고 있는데, 이는 뉴런 사이에 산재해 있다. 교세포는 뉴런보다 숫자상으로 많고 뇌 부피의 반 이상을 차지한다. 교세포는 오랫동안 뉴런을 지지하는 체계를 제공한다고 여겨졌다. 교(glia)라는 이름은 '접

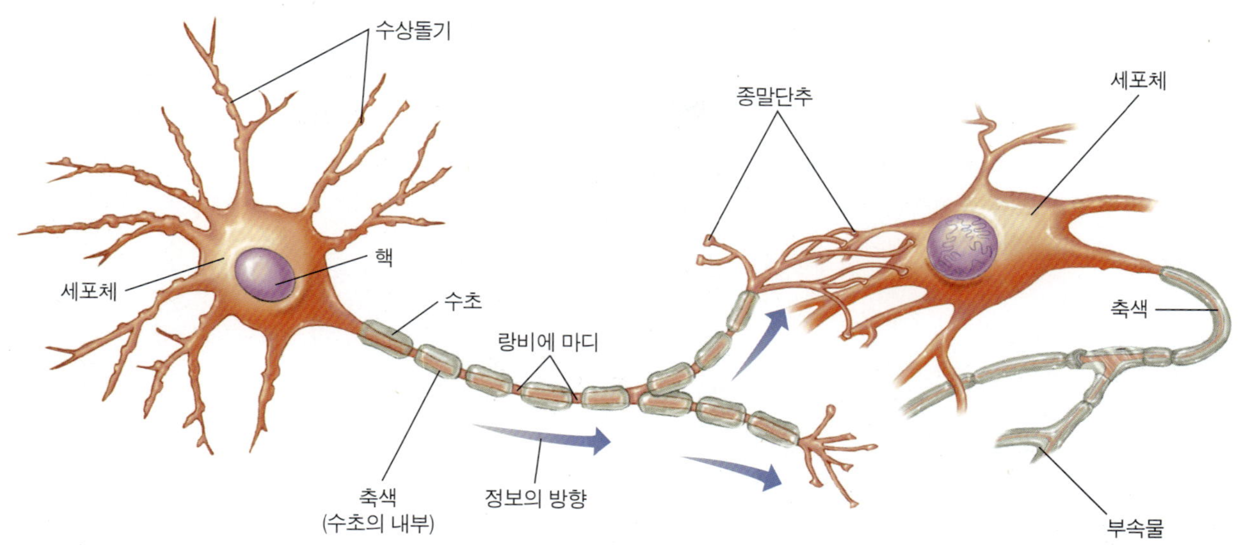


**그림 2.2 세포체에서 뉴런과 시냅스의 도해.** 화살표는 신경충동의 방향을 나타낸다. 어떤 축색은 가지를 치는데 그 가지는 분지라고 불린다. 많은 뉴런의 축색은 신경충동의 속도를 증가시켜 주는 절연된 수초로 둘러싸여 있다. 많은 상이한 축색은 각기 반복적으로 가지를 쳐서 단일 뉴런의 수상돌기와 세포체에서 시냅스를 형성한다. 축색의 각 분지는 신경전달물질을 담고 있는 종말단추에 도달한다. 신경전달물질이 방출되면 신경충동을 시냅스를 건너서 수신 세포의 수상돌기 혹은 세포체로 전달한다.

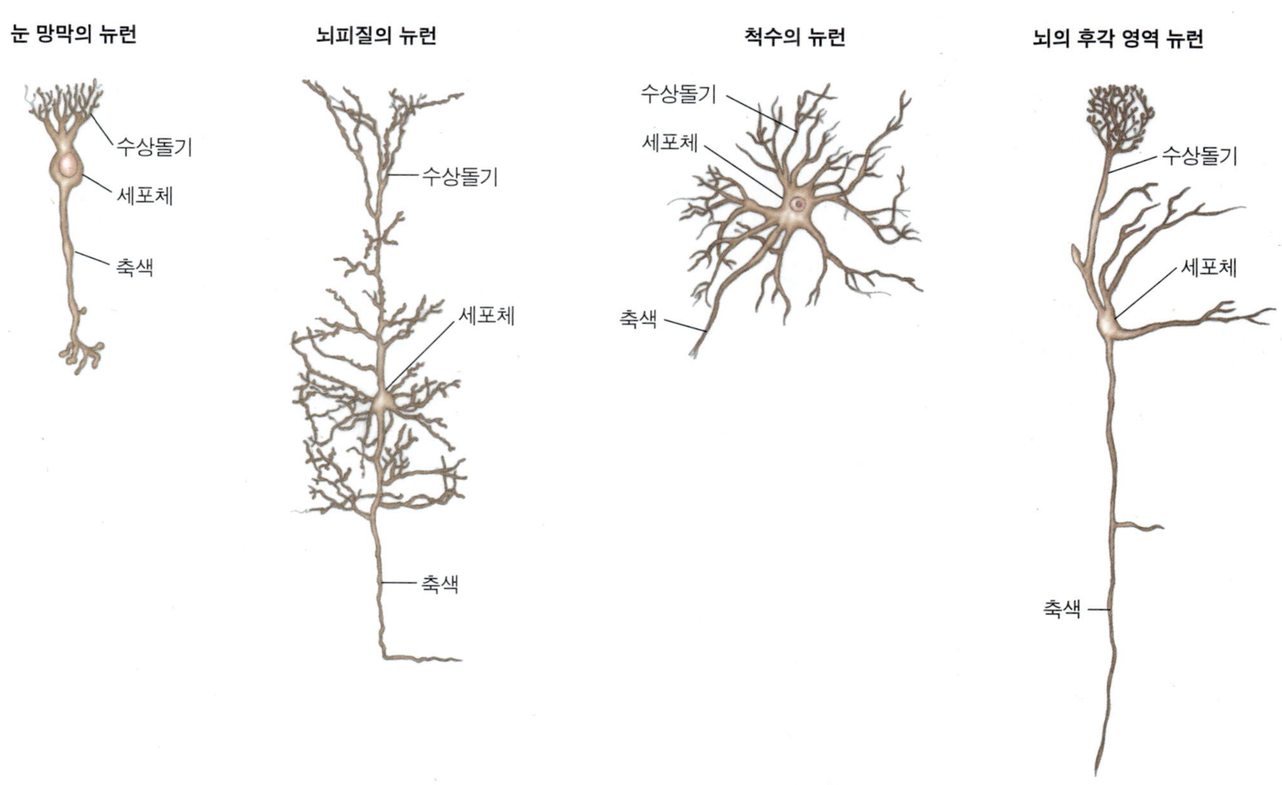


**그림 2.3 뉴런의 모양과 상대적 크기.** 척수 뉴런의 축색(그림에서는 전체가 다 보이지 않음)은 길이가 약 1m일 수도 있다.

착제(glue)'를 의미하는 그리스어에서 유래되었는데, 그 기능 중 하나를 시사한다—뉴런을 어떤 위치에 고정한다. 교세포는 뉴런 사이를 절연시킨다. 게다가 교세포는 뉴런에 영양분을 제공하고, 노폐물을 모으거나 죽은 뉴런과 이물질을 흡수함으로써 뇌에서 '청소를 하는' 것처럼 보이는데, 이로 인해 뉴런의 신호 전달 기능이 유지된다(Haydon, 2001). 최근의 증거에 따르면 교세포는 지지적 기능 이상의 기능을 갖고 있다. 예를 들면 교세포는 태아 발달 동안 필수적이며 새로운 뉴런이 이동해 가는 길을 제공한다(Allen & Barres, 2009). 교세포는 신경신호의 전달에 능동적으로 관여하는 것처럼 보인다(Gourine et al., 2010).

## 활동전위

이제까지 설명하지 않은 한 가지 중요한 용어는 **신경충동**(neural impulse)이다. 정보는 뉴런을 통해서 **활동전위** action potential—세포체로부터 축색의 종말까지 전해지는 전기화학적 충동—라고 불리는 신경충동의 형태로 전달된다. 활동전위는 **이온** ion이라고 알려진, 전하를 띤 분자들이 뉴런의 안팎으로 드나드는 운동의 결과이다. 활동전위의 발생을 이해하기 위한 열쇠는 뉴런이 정상 상태일 때 어떤 이온이 매우 선택적으로 세포의 안팎으로 드나들 수 있게 한다는 것을 아는 데 있다. 즉 뉴런의 세포막은 반투과적(semi-permeable)인데, 이것은 어떤 이온은 세포막을 쉽게 통과하고 다른 이온은 세포막에 있는 특수한 통로가 열린 경우를 제외하고는 통과가 허용되지 않는다는 것을 의미한다. **이온통로** ion channel라고 불리는 이 통로들은 세포막에 작은 구멍을 만들어 주는 도넛 모양의 단백질 분자이다(그림 2.4 참조). 이 단백질은 소듐($Na^+$), 포타슘($K^+$), 염소($Cl^-$) 같은 이온이 뉴런의 안팎으로 이동하는 것을 조절한다($Na^+$는 **나트륨**, $K^+$는 **칼륨**이란 용어를 사용하는 데 익숙할 것이다). 각 이온통로는 개방되면 한 유형의 이온만을 통과하도록 허용하기 때문에 선택적이다. $Na^+$ 통로의 중요성은 치과 수술 중에 구강 부위를 마취하기 위해 사용하는 노보카인(novocaine)과 같은 국소마취제의 효과에 의해 알 수 있다. 노보카인은 $Na^+$ 통로가 개방되는 것을 방지하여 감각 신호가 뇌에 도달하는 것을 방해한다(Catterall, 2000).

어떤 뉴런이 활동전위를 발생시키지 않고 있을 때 안정적(resting)이라고 한다. 안정 상태일 때 세포막은 $Na^+$ 이온을 투과시키지 않으므로 이 이온은 뉴런 밖에서 높은 농도를 유지한다. 대조적으로 안정 세포막은 $K^+$ 이온을 투과시키므로 이 이온의 세포 내 농도가 높다. **이온펌프** ion pump라고 불리는 별개의 단백질 구조가 세포의 안팎으로 이온을 퍼내거나 퍼넣어서 세포막 내외의 불균등한 이온 분포를 유지하는 것을 보조한다. 예를 들면 이온펌프는 $Na^+$ 이온이 세포 안으로 스며들 때마다 밖으로 내보내고, $K^+$ 이온이 뉴런 밖으로 새어 나갈 때마다 안쪽으로 되돌려 놓는다. 안정 뉴런은 이런 방식으로 $Na^+$의 농도를 세포 밖에서는 높게, 세포 내에서는 낮게 유지한다. 이온통로와 펌프의 전체 효과는 안정 뉴런의 세포막을 전기적으로 **분극화** polarize하는데, 뉴런의 내부를 외부에 비해 음극으로 만든다. 안정 상태 뉴런의 전위는 **안정전위** resting potential라고 불린다. 대부분의 뉴런에서 안정전위는 약 −70mV(밀리볼트)이다. 뉴런의 안정전위는 배터리의 충전 상태와 유사한데, 둘 다 에너지 저장을 위해 전기화학적 기울기(electrochemical gradient)를 이용한다. 뉴런의 에너지는 활동전위를 일으키는 데 사용할 수 있다. 어떻게 이런 일이 일어날까?

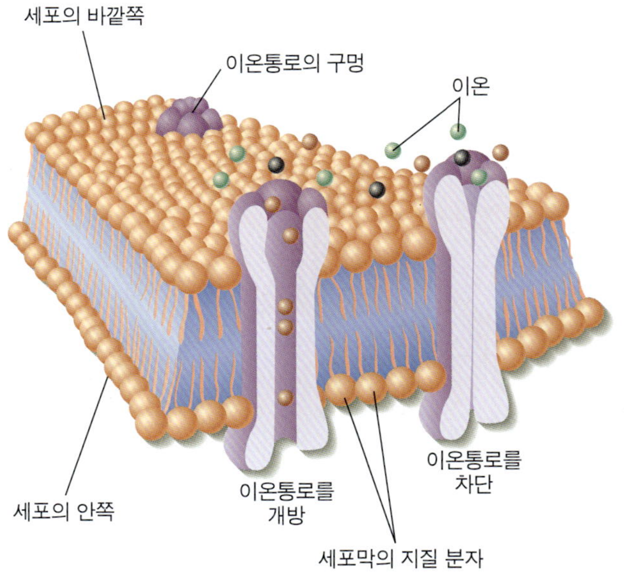


**그림 2.4 이온통로.** 나트륨($Na^+$), 칼륨($K^+$), 염소($Cl^-$)와 같은 이온이 이온통로라고 불리는 도넛 모양의 단백질 분자를 통해 세포막을 통과한다.

어떤 뉴런이 다른 뉴런으로부터 자극을 받으면 세포막 안팎의 전위가 변화한다. 이런 자극은 시냅스전 뉴런에 의해 방출되는 신경전달물질의 작용으로 발생하고 시냅스후 뉴런이 수용한다. 전위의 변화가 작으면 특별한 일이 발생하지 않는다. 예를 들어 전위가 약 −60mV까지 올라가면 뉴런의 이온펌프는 곧 −70mV의 안정 상태로 복귀시킬 것이다. 그러나 전위 변화가 충분히 크면 상이한 유형의 사건이 발생한다. 대부분의 뉴런에서 −55mV가 **흥분역치** excitation threshold인데, 전위가 이 값 이상으

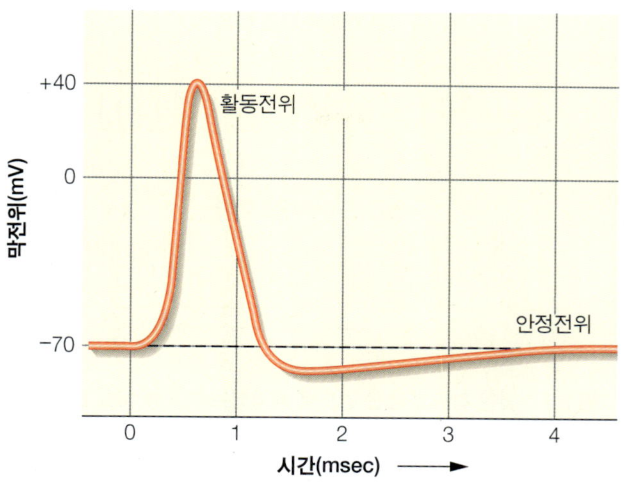


**그림 2.5 활동전위.**

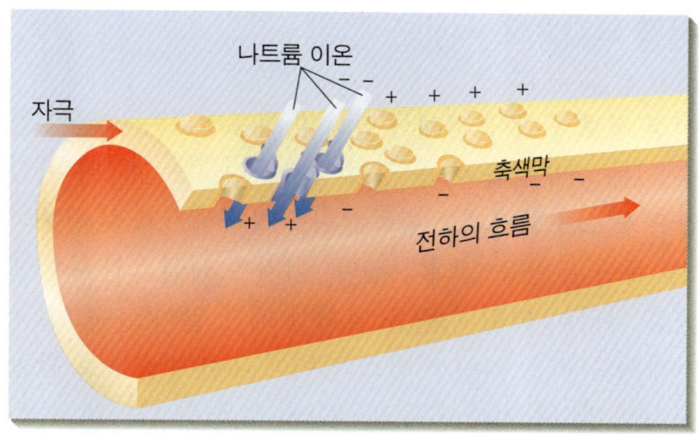


a) 활동전위가 발생하는 동안 뉴런막에 있는 나트륨 통로의 문이 열리고 나트륨 이온이 축색 안으로 들어가서 양전하를 축적한다.

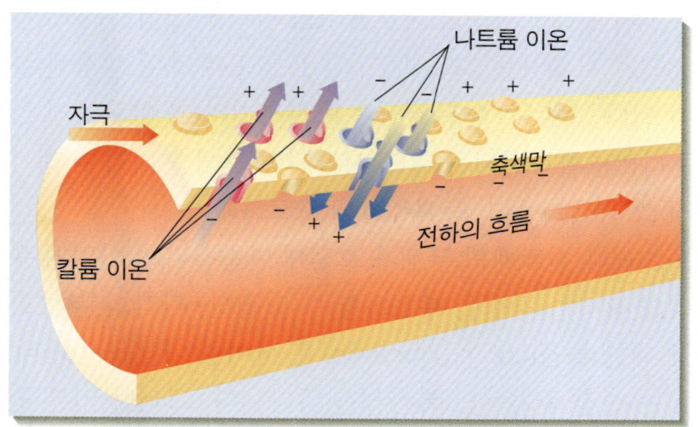


b) 활동전위가 축색의 한 지점에서 발생한 후 나트륨 통로의 문이 그 지점에서 닫히고 축색의 다음 지점에서 열린다. 나트륨 통로의 문이 닫힐 때 칼륨 통로의 문이 열리고 칼륨이 축색 밖으로 흘러 나가면서 양전하를 이동한다.

**그림 2.6 축색을 통한 활동전위의 전파.**

로 올라가면 세포막이 일시적으로 불안정해지고 잇따라 활동전위가 발생한다. 달리 말하면, 외부 자극에 의해 초래되는 초기의 감분극 depolarization이 역치 이상으로 전위를 증가시킨다. 이것은 일시적으로 막전위의 역전(감분극이라 불림)을 일으키는 단계형의 사건을 초래한다. 첫째로, 축색에 위치하는 전압 의존적인 $Na^+$ 통로가 갑자기 열려서 $Na^+$ 이온이 막을 통과하여 세포 안으로 들어갈 수 있다. 양전하를 띤 $Na^+$ 이온은 반대의 전하가 서로 당기고 세포 안이 음전하 상태이기 때문에 세포 안으로 흘러 들어간다. 이제는 축색에서 그 영역의 내부가 외부에 비해 상대적으로 양극이 되는데 약 +40mV까지 올라간다. 다음으로 다른 양이온(특히 $K^+$)이 밀려 나가고, 이온펌프는 막전위의 전기적 균형을 원래의 상태로 복귀시킨다. 이러한 모든 과정은 단지 몇 밀리초(millisecond, msec) 이내에 발생하고, 이에 따라 발생하는 전위의 스파이크를 활동전위라고 한다(그림 2.5 참조).

활동전위는 축색을 따라 하행하여 종말단추 방향으로 전달된다. 이것은 이웃하는 $Na^+$ 통로가 감분극을 감지하고 열려서 인접 영역의 축색을 감분극시키기 때문에 일어난다. 이 과정은 축색을 따라 아래로 내려가면서 반복적으로 발생한다(그림 2.6 참조). 활동전위가 한 방향으로 진행하고 역행하지 않는 이유는 불응기 refractory period 때문인데, 활동전위가 스파이크를 발생시킨 후에 세포막은 약 1msec(1/1,000초) 내에는 다시 스파이크를 발생시킬 수 없다.

축색을 따라 하행하는 활동전위의 속도는 초속 1m에서 120m까지 변동할 수 있다. 그 속도는 축색이 수초 myelin sheath로 덮여 있는가에 따라 영향을 받는다. 수초는 축색을 둘러싸고 있는 전문화된 교세포로 이루어졌고 그 사이에는 작은 공백이 있다(그림 2.2 참조). 이 작은 공백은 프랑스 해부학자의 이름을 따서 랑비에 마디 node of Ranvier라고 한다. 수초에 의한 전기적 절연은 신경충동이 한 랑비에 마디에서 다음 마디로 도약하는 도약전도 saltatory conduction를 가능하게 해 준다. 이것은 축색을 따라 전파되는 활동전위의 속도를 매우 증가시킨다(saltatory는 '도약하는' 것을 의미하는 라틴어 *saltare*에서 유래했다). 수초화는 특히 활동전위의 신속한 전달이 중요한 경우(예: 골격근을 자극하는 축색을 따라 전달되는 경우)에 두드러진다. 16~30세 사이에 그 증후가 처음 출현하는 장애인 다발성 경화증(multiple sclerosis)에서는 면역체계가 신체의 수초를 공격하여 파괴하는데, 이는 심각한 운동신경 기능장애를 초래한다.

## 신경 부호화와 시냅스 전달

신경 정보 전달에 의해서 발화된 활동전위는 뉴런이 할 수 있는 전부임을 아는 것이 중요하다. 뉴런은 한 번의 짧은 펄스를 나타내는 활동전위를 발생시키고 몇 천분의 1초 동안 무반응 상태가 된다. 이것은 시냅스전 뉴런에 의한 자극이 역치 수준을 넘어설 때만 일어날 수 있다. 따라서 뉴런은 어떤 시냅스 입력에 대한 반응으로 활동전위를 발사하거나 혹은 발사하지 않을 수 있는데, 뉴런이 활동전위를 발사하면 전위의 크기는 항상 동일하다. 이것은 **실무율** all-or-none law이라고 불린다. 뉴런의 활동전위에 대해서는 소프트웨어의 지시를 실행하는 데 컴퓨터가 사용하는 2진 신호(0과 1)를 유추하여 생각해 볼 수 있다. 뉴런은 활동전위를 발사하거나(1) 발사하지 않는다(0). 활동전위는 일단 시작되면 축색을 따라 내려가서 그 축색의 여러 축색종말에 도달한다.

그러나 신경계의 부호가 그렇게 단순하다면 어떻게 우리의 복잡한 경험을 부호화할 수 있을까? 각각의 '부호화에 대한 물음(coding question)'은 상이한 대답을 얻는데, 이는 신경계 자체의 복잡성을 나타낸다. 그러나 기본 원리가 존재한다. 예를 들면 어떤 소리를 듣고 그것의 강도가 증가하는 것을 안다고 상상해 보자. 강도의 변화는 단일 뉴런의 반응 수준에서 부호화된다. 뉴런이 활동전위만을 발화시킬 수 있다고 할지라도 그 발화의 주파수는 변할 수 있다. 달리 말하면, 단일 뉴런은 특정 소리에 대해 초당 200회의 활동전위를 나타내며 반응하다가 그 소리의 강도가 증가하면 반응률을 초당 800회의 활동전위까지 증가시킬 것이다. 이런 유형의 주파수 부호화가 그림 2.7에 묘사되어 있다.

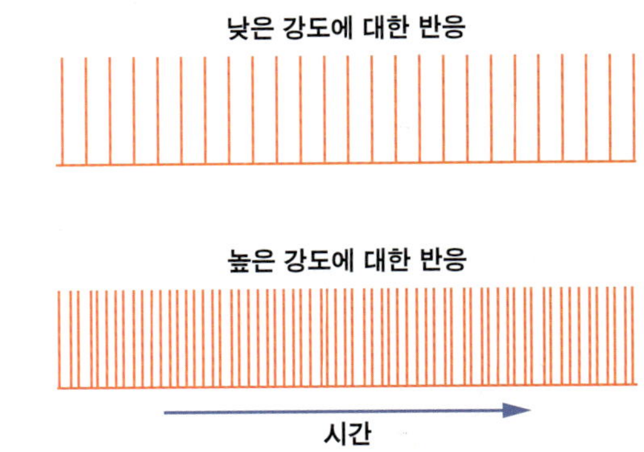


**그림 2.7 낮은 강도와 높은 강도로 제시되는 자극에 대한 단일 뉴런의 반응.** 각각의 '스파이크'는 그 자극에 대한 반응으로 발생하는 활동전위를 나타낸다. 대부분의 뉴런에서 최대 반응률은 초당 약 1,000회의 활동전위이다.

신경계가 자극의 강도 증가와 같은 단순한 것을 반영할 수 있는 다른 방법은 다수의 뉴런 집단을 반응에 포함하는 것이다. 집단 부호화(population coding)는 개별 뉴런의 반응에서 종종 동기화(혹은 그로 인한 동기화의 결핍)가 의미도 담고 있기 때문에 강력하다. 부호화의 물음을 다루는 것은 신경계의 진정한 힘이 개별 뉴런 간 연결의 복잡성에 있다는 것을 알려 준다.

앞서 언급했듯이 뉴런은 시냅스에서 직접적으로 연결되지 않고 그 신호는 작은 공간을 넘어가야만 한다(그림 2.8 참조). 활동전위는 축색을 따라 아래로 이동하고 종말단추에 도달했을 때 종말에 있는 시냅스 소낭(synaptic vesicle)을 자극한다. 시냅스 소낭은 신경전달물질을 담고 있는 작은 구형의 구조이다. 그것은 자극을 받으면 시냅스에 신경전달물질을 방출한다. 신경전달물질은 시냅스전 뉴런으로부터 확산되어 시냅스 공간을 건너서 시냅스후 뉴런의 수상돌기 막에 자리 잡고 있는 단백질인 수용기(recepter)와 결합한다.

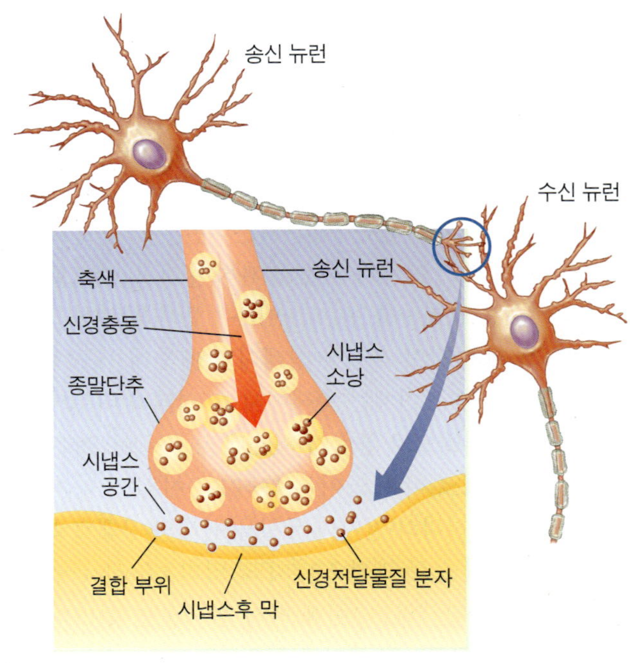


**그림 2.8 시냅스 공간에 신경전달물질 방출.** 신경전달물질은 시냅스 소낭에 의해 시냅스전 막으로 이동하고, 시냅스 소낭은 그 막과 융합되어 내용물을 시냅스 공간에 방출한다. 신경전달물질은 시냅스 공간에 확산되어 시냅스후 막에 있는 수용기 분자와 결합한다.

신경전달물질과 수용기 부위는 조각 그림 맞추기 또는 열쇠와 자물쇠의 조각처럼 잘 들어맞는다. **자물쇠와**

**열쇠 작용** lock-and-key action은 수신 뉴런에서 이온통로의 투과성을 변화시킨다. 이 변화의 효과는 흥분적이거나 억제적일 수 있다. **흥분적** excitatory 효과는 양전하를 띤 이온($Na^+$)을 시냅스후 뉴런에 들어가도록 만들어서 감분극을 초래한다(세포막의 안쪽이 이전보다 양전하를 띠게 된다). 이것은 시냅스후 뉴런이 흥분역치에 도달할 가능성을 높이고, 활동전위를 발생시킬 가능성도 높여 준다. 수신 뉴런에서 이온통로의 투과성 변화는 **억제적** inhibitory일 수도 있다. 이 경우에 양전하를 띤 이온($K^+$)이 뉴런 외부로 나가거나 음전하를 띤 이온($Cl^-$)이 뉴런 내부에 들어온다. 시냅스후 뉴런은 **과분극** hyper-polarized(안쪽이 이전보다 더 음전하를 띰)된다. 결과적으로 그 뉴런은 흥분역치에 도달할 가능성이 낮아지고 활동전위를 발생시킬 가능성도 낮아진다.

우리 신경계에서 가장 중요한 일부 신경전달물질을 다음에서 설명한다. 어떤 신경전달물질의 효과는 항상 흥분적인 반면에 다른 것들은 항상 억제적이다. 그러나 신경전달물질은 그곳에 있는 수용기 분자에 따라 흥분적이거나 억제적일 수 있다.

뉴런은 많은 시냅스전 뉴런으로부터 입력을 받을 수 있다. 이 입력 중 일부는 흥분적이고 일부는 억제적일 것이다. 어느 순간 세포막의 어떤 위치에서 흥분적 효과가 억제적 효과보다 더 커서 역치에 도달하면 감분극이 발생하고 뉴런은 활동전위를 발생시킨다. 달리 말하면 시냅스후 뉴런은 시냅스전 뉴런에서 받아들인 입력을 통합한다.

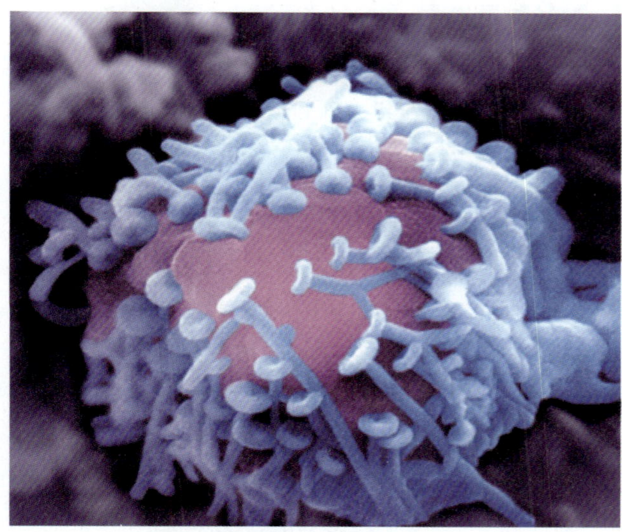

**시냅스로 조밀하게 둘러싸인 뉴런의 전자현미경 사진.**

일단 신경전달물질이 방출되어 시냅스 공간에 확산되면 그 작용은 정확한 통제를 유지하기 위해 매우 신속해야만 한다. 어떤 신경전달물질에서는 방출했던 시냅스 종말에 의해 그 신경전달물질을 다시 흡수하는 **재흡수** reuptake로 시냅스가 거의 즉시 청소된다. 재흡수는 신경전달물질의 작용을 중단하고 축색종말이 더 많은 물질을 생산하는 노력을 줄여 준다. 다른 신경전달물질의 효과는 시냅스 공간에서 그 신경전달물질을 화학적으로 분해하여 비활성화시키는 효소의 작용인 **분해** degradation에 의해서도 종결된다.

### 중간 요약

- 신경계의 기본 단위는 뉴런이다.
- 뉴런은 수상돌기라고 불리는 가지에서 화학적 신호를 받아들이고, 축색이라고 불리는 관 모양의 연장 구조를 따라 전기화학적 신호를 전달한다.
- 화학적 신경전달물질은 시냅스에서 방출되고 두 뉴런 간의 정보를 전달한다. 신경전달물질은 수용기 단백질과 결합하여 작용을 한다.
- 뉴런이 흥분역치 이상으로 감분극하면 실무율 방식으로 활동전위를 발생시킨다. 활동전위는 축색을 따라 이동하고 종말단추에서 신경전달물질을 방출시킨다.

### 비판적 사고를 위한 물음

1. 뇌에 있는 세포의 1/10만이 뉴런이다(나머지는 교세포이다). 이것은 사고를 할 때 뇌의 10%만을 사용한다는 것을 의미하는가? 이 사실은 다른 의미가 있는가?
2. 치과 의사가 사용하는 것과 같은 국소마취제는 주사를 맞은 부위 근처에 있는 뉴런의 $Na^+$ 통로를 차단함으로써 작용을 한다. 물론 치과 의사와 의사들은 일반적으로 통증을 느끼는 부위 근처에 국소마취제를 주사한다. 당신은 그런 약물이 뇌에 주입되면 어떤 작용을 할 것이라고 생각하는가? 그것은 통증을 차단하는가, 혹은 다른 효과가 나타날 수 있는가?

## 신경전달물질

100개 이상의 상이한 신경전달물질이 확인되었고 추가로 더 발견될 것이 확실하다(Kandel et al., 2000). 일부

신경전달물질은 한 가지 유형 이상의 수용기와 결합할 수 있고 상이한 유형의 수용기에 따라 상이한 효과를 초래한다. 어떤 신경전달물질은 두 가지 유형의 수용기 분자에 관여하기 때문에 어떤 부위에서는 흥분적이고 다른 부위에서는 억제적이다. 이 장에서 신경계의 신경전달물질에 대한 모든 것을 논의할 수는 없다. 대신에 행동에 영향을 주는 몇 가지에 초점을 맞출 것이다.

## 아세틸콜린

아세틸콜린(acetylcholine)은 신경계 전반에 걸쳐 많은 시냅스에 존재한다. 그것은 보통 흥분적이나 수용 뉴런의 세포막에 있는 수용기 분자의 유형에 따라 억제적일 수도 있다. 아세틸콜린은 특히 새로운 기억 형성에 핵심적인 해마(hippocampus)라고 불리는 전뇌 영역에 많이 분포되어 있다(Eichenbaum, 2000). 이 신경전달물질은 노인에게 기억 및 다른 인지적 기능의 손상을 초래하는 심각한 장애인 알츠하이머병에 두드러진 역할을 한다. 아세틸콜린을 생산하는 전뇌의 뉴런이 알츠하이머 환자의 경우 퇴화된다. 아세틸콜린이 적게 생산될수록 기억 상실이 더 심각하다.

아세틸콜린은 또한 운동 뉴런 축색과 골격근 섬유 간의 모든 시냅스에서도 방출되어 근육을 수축시킨다. 아세틸콜린에 영향을 주는 약물은 근육 마비를 초래할 수 있다. 예를 들면 부적절하게 포장된 통조림 식품의 박테리아에서 생기는 보툴리눔 독소(botulinum toxin)는 아세틸콜린의 방출을 차단하고, 호흡에 사용되는 근육을 마비시킴으로써 죽음을 초래할 수도 있다. 전쟁에 이용하려고 개발된 어떤 신경가스와 여러 살충제는 일단 그 뉴런이 흥분되면 아세틸콜린을 분해하는 효소를 파괴함으로써 마비를 초래한다. 분해 과정이 실패하면 신경계에서 아세틸콜린이 통제할 수 없을 정도로 증가하고, 정상적인 시냅스 전달이 불가능하다.

## 노르에피네프린

노르에피네프린(norepinephrine) 또는 노르아드레날린(noradrenaline)은 주로 뇌간에 있는 뉴런에 의해 생산되고 경계 상태와 각성을 초래한다. 뇌에서 노르에피네프린을 증가시키거나 감소시키는 약물은 사람의 기분 수준 증가 또는 감소와 관련이 있다. **코카인**(cocaine)과 **암페타민**(amphetamines)은 노르에피네프린의 재흡수를 느리게 함으로써 그 작용을 지속시킨다. 이런 지연 효과 때문에 수신 뉴런은 오랜 시간 동안 활성화된 채로 있고, 이것은 그 약물의 흥분적인 심리적 효과를 일으킨다. 대조적으로 **리튬**(lithium)은 노르에피네프린의 재흡수를 가속시키므로 사람의 기분을 우울하게 만든다.

## 도파민

도파민(dopamine)은 화학적으로 노르에피네프린과 매우 유사하다. 이것은 동기와 정서적 쾌감의 조절에 관여한다. 최근 중독 연구자는 도파민이 보상의 **유인적 현저성**(incentive salience)을 조절하는 것—달리 말하면 우리가 어떤 것을 얼마나 원하는가(10장 참조)—과 관련이 있다는 것을 보여 주었다(Schultz, 2002). 뇌의 어떤 영역에서 과다한 도파민은 조현병을 발병시킬 수 있고, 어떤 영역에서 지나치게 부족한 도파민은 파킨슨병에 걸리게 할 수 있다. **클로르프로마진**(chlorpromazine) 혹은 **클로자핀**(clozapine)과 같이 조현병을 치료하는 약물은 도파민 수용기를 차단한다. 이와 반대로 파킨슨병 치료에 처방하는 L-도파는 뇌에서 도파민을 증가시킨다.

## 세로토닌

세로토닌 serotonin은 노르에피네프린처럼 기분 조절에 중

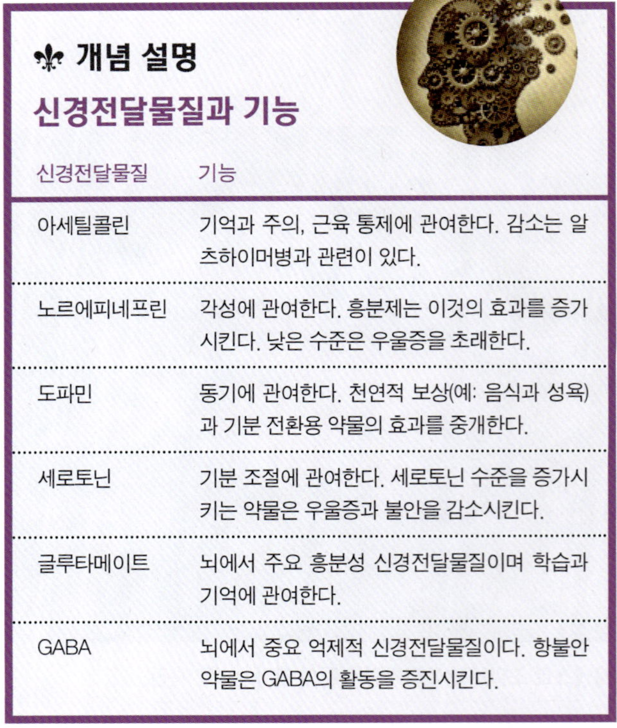

**개념 설명**

**신경전달물질과 기능**

| 신경전달물질 | 기능 |
|---|---|
| 아세틸콜린 | 기억과 주의, 근육 통제에 관여한다. 감소는 알츠하이머병과 관련이 있다. |
| 노르에피네프린 | 각성에 관여한다. 흥분제는 이것의 효과를 증가시킨다. 낮은 수준은 우울증을 초래한다. |
| 도파민 | 동기에 관여한다. 천연적 보상(예: 음식과 성욕)과 기분 전환용 약물의 효과를 중개한다. |
| 세로토닌 | 기분 조절에 관여한다. 세로토닌 수준을 증가시키는 약물은 우울증과 불안을 감소시킨다. |
| 글루타메이트 | 뇌에서 주요 흥분성 신경전달물질이며 학습과 기억에 관여한다. |
| GABA | 뇌에서 중요 억제적 신경전달물질이다. 항불안 약물은 GABA의 활동을 증진시킨다. |

요한 역할을 한다. 예를 들면 낮은 수준의 세로토닌은 우울감과 관련이 있다. 세로토닌 재흡수 억제제는 뉴런에서 재흡수를 차단함으로써 뇌에서 세로토닌 수준을 증가시키는 항우울제이다. 우울증에 일반적으로 처방되는 약물인 프로작(Prozac), 졸로프트(Zoloft), 팍실(Paxil)은 세로토닌 재흡수 억제제이다. 세로토닌은 수면과 식욕 조절에 중요하기 때문에 섭식장애인 폭식증을 치료하는 데 사용된다. 흥미롭게도 환각제인 리세르그산디에틸아마이드(lysergic acid diethylamide, LSD)는 뇌에서 세로토닌 수용기와 결합하여 효과를 나타낸다.

### 글루타메이트

흥분성 신경전달물질인 글루타메이트(glutamate)는 아미노산이며, 다른 어떤 전달물질보다 중추신경계의 뉴런에 더 많이 존재한다. 글루타메이트는 방출되면 근처에 있는 뉴런을 감분극시키기 때문에 흥분성이다. 글루타메이트는 세 가지 이상의 하위 유형이 존재하는데, 특히 그중 하나인 NMDA 수용기는 학습과 기억에 영향을 미치는 것으로 여겨졌다(Madden, 2002). 그것은 자신을 탐지하는 데 이용되는 화학물질(N-methyl-D-aspartate)에 의해 명명되었다. 글루타메이트 신경전달의 방해는 조현병과 관련이 있다.

### GABA

또 다른 주요한 아미노산 신경전달물질은 감마아미노낙산(gamma-aminobutyric acid, GABA)이다. 이 물질은 주요한 억제성 전달물질인데, 사실상 뇌의 대부분 시냅스는 GABA를 이용한다. GABA 수용기를 차단하는 약물인 피크로톡신(picrotoxin)은 GABA의 억제적 영향이 없으면 뇌가 근육 운동을 통제할 수 없기 때문에 경련을 일으킨다. 벤조디아제핀(benzodiazepines) 계열 항불안제의 진정 효과는 GABA의 억제적 작용의 결과이다.

**중간 요약**

- 가장 중요한 신경전달물질은 아세틸콜린, 노르에피네프린, 도파민, 세로토닌, 글루타메이트, GABA를 포함한다.
- 신경전달물질은 결합하는 시냅스후 수용기의 유형에 따라 뉴런에 대해 흥분적 혹은 억제적 효과를 미친다.

**비판적 사고를 위한 물음**

1. 뇌에는 몇 가지 상이한 신경전달물질체계가 있다. 한두 가지가 아니라 다수의 신경화학물질이 존재한다는 사실의 두 가지 장점과 단점을 알아보라.
2. 알츠하이머병은 신경전달물질의 주입에 의해 치료될 수 없다. 왜 그런가?

## 뇌의 체제화

뇌의 체제화를 이해하는 한 가지 방식은 기능에 의해서이다. 캐나다 연구자인 폴 맥린(MacLean, 1973)은 인간의 뇌를 각각 진화적 변화로 인해 발달한 세 가지 동심의 층으로 생각할 수 있다고 제안했다. (1) 가장 원시적 행동을 조절하는 **중심핵** central core, (2) 정서를 조절하는 **변연계** limbic system, (3) 고등한 지적 과정을 조절하는 **대뇌피질** cerebral cortex이 그것이다.

뇌의 구조를 기술하는 좀 더 공통적인 접근은 위치를 기초로 하여 뇌를 세 가지 영역으로 나눈다(그림 2.9와 그림 2.10 참조). (1) **후뇌** hindbrain는 척수와 인접한 뇌의 후방에 있는 모든 구조들을 포함한다. (2) **중뇌** midbrain는 뇌의 중앙에 있다. (3) **전뇌** forebrain는 뇌의 전방에 위치한 구조들을 포함한다.

### 후뇌

후뇌는 척수의 상단에 있으며 기본적인 생명 기능에 결정적이다.

#### 연수

두개골로 들어가는 척수의 바로 위에 조금 확장된 부위가 **연수** medulla이며, 호흡과 직립 자세의 유지를 돕는 몇 가지 반사를 통제하는 가느다란 구조이다.

#### 뇌교

연수 위에 **뇌교** pons가 있는데, 이 구조는 주의 집중과 수면의 타이밍을 조절하는 데 중요하다. 여기서 척수에서 상행하는 주요 신경로가 교차하여 뇌의 우측이 신체의 좌

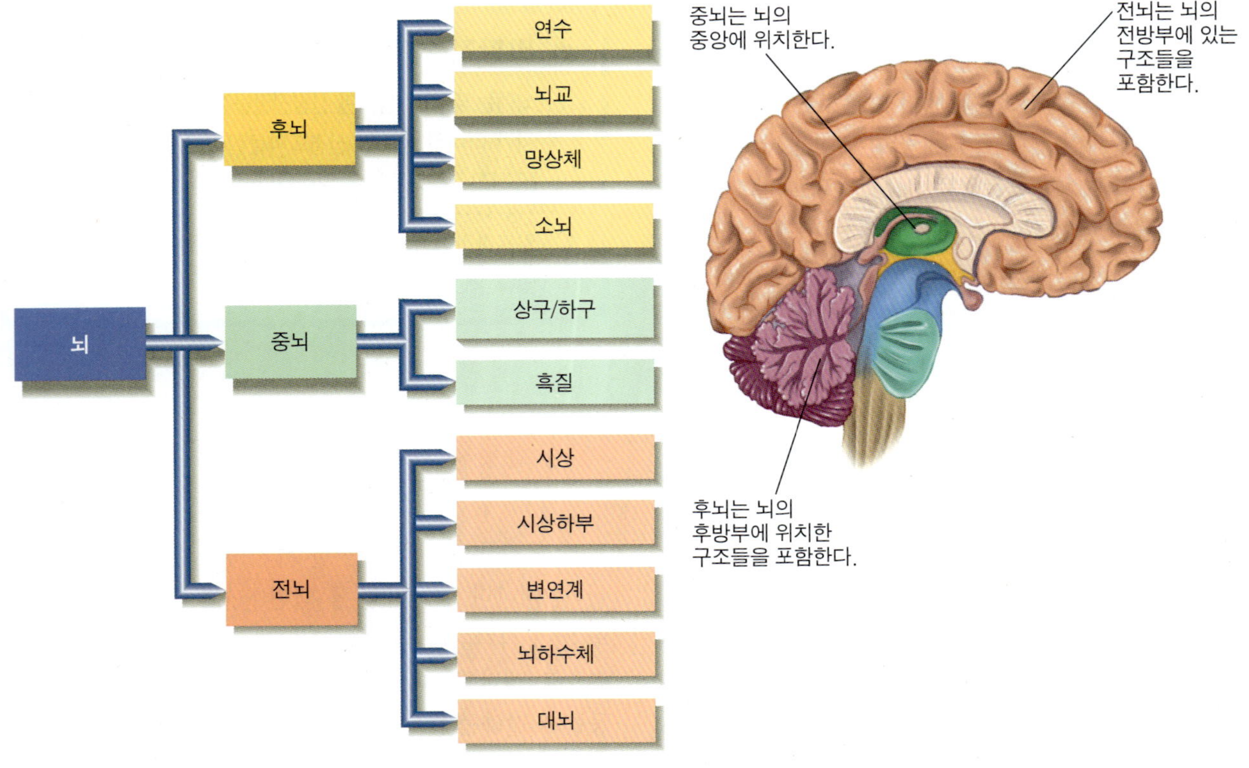


**그림 2.9 뇌의 체제화.**

측과 연결되고, 뇌의 좌측이 신체의 우측과 연결된다.

## 망상체

하위 뇌간에서 전뇌의 시상까지 연장되고, 다른 중심핵의 구조를 거쳐 가는 신경회로의 망을 **망상체** reticular formation라고 부른다. 이 뉴런의 망은 각성을 통제하는 작용을 한다. 어떤 전압의 전류가 고양이 또는 개의 망상체에 심은 전극을 통해서 흐르면 그 동물은 잠이 들고, 좀 더 신속하게 변하는 파형을 가진 전류에 의한 자극은 잠자는 동물을 깨운다. 또한 망상체는 우리가 특정 자극에 주의를 집중하는 능력에 역할을 한다. 모든 감각수용기는 망상체로 모여드는 신경섬유를 가지고 있는데 그것은 필터와 같이 작용한다. 망상체는 어떤 감각 정보를 차단하고 어떤 감각 정보를 대뇌피질(즉 의식적 자각)까지 보낼 것인가를 결정한다.

## 소뇌

연수의 조금 위에 위치한 뇌간의 후방에 부착된 주름진 구조를 **소뇌** cerebellum라고 부르는데, 이 구조는 일차적으로 운동의 조정 및 타이밍과 관련이 있다. 구체적 운동은 더 고등한 수준에서 시작되나 그 운동의 조정은 소뇌에 달려 있다. 소뇌의 손상은 급작스럽고 조정되지 않은 운동을 초래한다. 소뇌는 운동 조정과 더불어 새로운 운동 반응의 학습에 중요하다(Boyden et al., 2004).

# 중뇌

인간의 중뇌는 상대적으로 작다. 중뇌는 뇌교의 바로 위에 있으며, 전뇌에 의해 둘러싸여 있다.

## 상구와 하구

중뇌는 2개의 작은 구조인 **상구** superior colliculus와 **하구** inferior colliculus를 포함하는데, 이 구조들은 감각 정보를 뇌로 연결해 주고 운동 통제(안구 운동을 포함)를 하는 데 중요하다.

## 흑질

중뇌의 다른 중요한 구조는 **흑질** substantia nigra인데, 도파민 경로(보상 경로라고도 불림)에서 결정적인 부분이

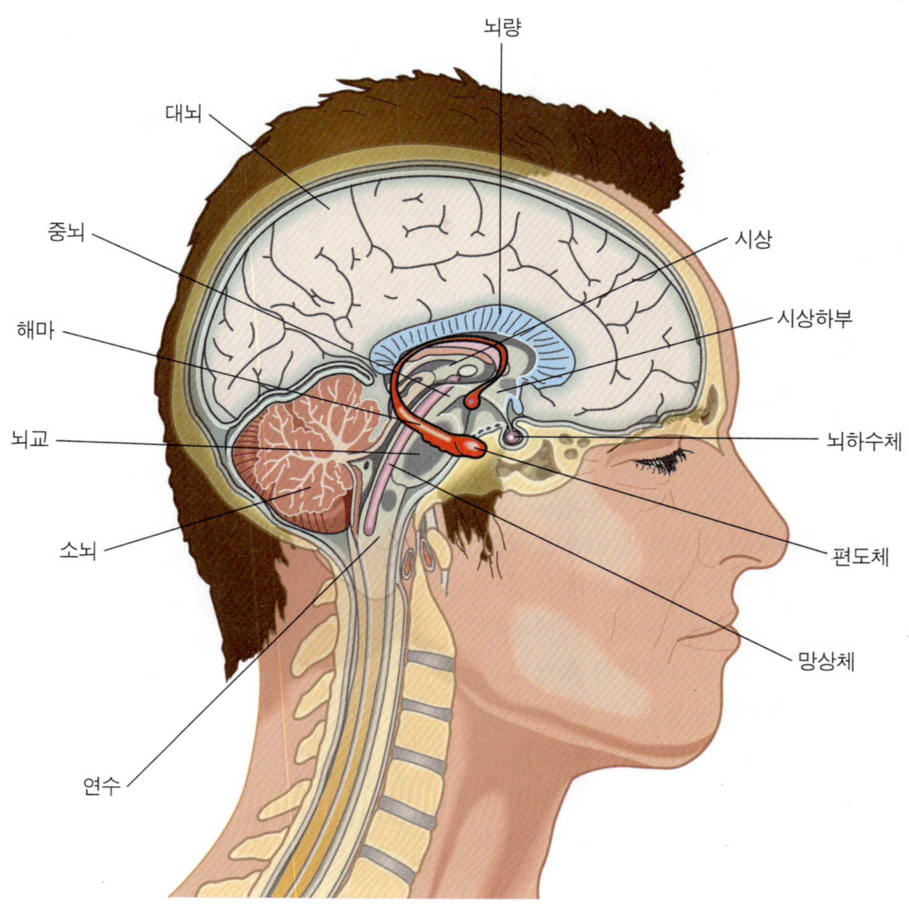


**그림 2.10 인간 뇌의 주요 구조.**

다. 파킨슨병에서 퇴화되는 것이 바로 흑질이다.

## 전뇌

인간의 전뇌는 상대적으로 크고, 중뇌와 일부 후뇌를 덮고 있다(그림 2.10 참조). 전뇌에서 가장 큰 부위는 대뇌인데, 다른 동물보다 인간이 가장 잘 발달되어 있다. 뇌의 외층은 대뇌피질(cerebral cortex 혹은 cortex)이라고 불리는데, '나무껍질'을 의미하는 라틴어에서 유래했다. 뒤에서는 이 구조가 심리적 기능을 위한 뇌의 가장 중요한 영역이라는 것을 알게 될 것이다. 전뇌의 다른 구조(시상, 시상하부, 변연계를 포함하는 영역)는 대뇌의 아래에 있으며, 이를 피질하(subcortical) 구조라고 한다.

### 시상

대뇌반구의 내부에서 중뇌의 상부에 위치한 2개의 달걀형 신경세포핵 집단이 **시상** thalamus이다. 이 구조는 감각수용기로부터 들어오는 시각과 청각 같은 정보를 대뇌에 전해 주는 감각 중계소의 기능을 한다.

### 시상하부

**시상하부** hypothalamus는 시상의 바로 아래에 위치한 매우 작은 구조이다. 시상하부에 있는 중추는 먹기, 마시기, 성행동을 조절한다. 시상하부는 자율신경계에 영향을 행사함으로써 항상성을 유지하는 데 관여한다. **항상성** homeostasis은 정상적인 체온, 심장박동, 혈압과 같은 건강한 유기체의 특징이 되는 기능 수준을 의미한다. 유기체가 스트레스를 받고 있을 때는 항상성이 무너지고, 이 불균형을 교정하기 위해 여러 과정이 작동한다. 예를 들어 너무 더우면 땀을 흘리고, 너무 추우면 몸을 떤다. 이 두 과정은 정상 체온을 회복시키는 경향으로 보이며, 시상하부에 의해 통제된다. 또한 시상하부는 정서의 감각과 스트레스를 유발하는 상황에 대한 반응에 중요한 역할을 한다. 시상하부에 있는 어떤 영역에 대한 약한 전기 자극은 쾌감을 발생시키고, 인접한 영역에 대한 자극은 불쾌감을 발생시킨다.

## 뇌하수체

**뇌하수체** pituitary gland는 내분비선(endocrine system)이라 불리는 선체계 중 가장 중요한 부위이다. 시상하부는 바로 밑에 연결된 뇌하수체에 영향을 미침으로써 내분비체계를 통제하고 호르몬을 생산한다.

## 변연계

뇌의 중심핵 주변에서 시상하부와 밀접하게 연관된 것이 **변연계** limbic system인데, 이것은 중심핵에 의해 조절되는 어떤 본능적 행동에 대해 추가적인 통제를 실행하는 것처럼 보이는 구조이다. 어류와 양서류같이 초보적인 변연계만을 가진 동물은 정형적인 행동을 통해 먹기, 공격하기, 도망가기, 교미하기와 같은 활동을 수행한다. 포유류에서 변연계는 이런 본능적인 패턴 중 일부를 억제하고 유기체로 하여금 환경의 변화에 대해 좀 더 유연하고 양호하게 적응할 수 있도록 허용해 준다.

변연계의 일부인 **해마** hippocampus는 기억에 전문적 역할을 한다. 이 역할은 1950년대에 뇌전증을 치료하기 위해 외과적 수술로 그 구조를 제거한 사람에서 발견되었다. 환자는 그 수술에서 회복되자마자 오랜 친구를 쉽게 알아보고, 초기의 경험을 쉽게 회상하고, 읽기를 할 수 있고, 어린 시절에 학습한 기술을 쉽게 수행했다. 그러나 수술을 받기 전해에 발생한 사건은 거의 회상할 수 없었고, 수술 후에 발생한 사건도 기억할 수 없었다. 예를 들면 그날 몇 시간 동안 함께 있었던 낯선 사람을 나중에 알아보지 못했다.

변연계는 또한 정서 행동과도 관련이 있다. 아몬드형의 피질하부 구조인 **편도체** amygdala는 정서 기억, 특히 공포 반응을 포함하는 정서 기억의 형성(7장, 공포 조건 형성 참조)에 결정적이다. 1930년대와 같은 초기에 연구자는 편도체가 손상된 원숭이가 공포의 두드러진 감소를 나타낸다고 보고했다(Klüver & Bucy, 1937). 편도체가 손상된 사람은 공포의 **얼굴 표정** facial expression을 인식할 수 없거나 새로운 공포 반응을 학습할 수 없다(Bechara et al., 1995). 편도체 그 자체는 기억 부위가 아니지만 뇌의 나머지 부위와의 광범위한 연결을 통해 기억의 강도를 조절하므로, 어떤 사건이 정서적으로 적절할수록 그 사건이 발생하는 동안 편도체를 더 활동적으로 만들고 잇따른 기억을 더 강하게 한다(Paré et al., 2002). 더 최근에 편도체는 사회행동에 역할을 하는 것으로 보였는데, 편도체의 크기는 개체의 사회망 크기 및 복잡성과 관련이 있다(Bickart et al., 2011).

## 대뇌피질

각각의 감각체계는 대뇌피질의 특수 영역에 정보를 전달한다. 운동 반응 혹은 신체 부위의 운동은 피질의 특수한 영역에 의해 통제된다. 감각피질이나 운동피질이 아닌 피질의 나머지 부분은 연합피질(association cortex)로 이루어진다. 이 영역은 인간 피질의 대부분에 해당하며 기억, 사고 및 언어와 관계가 있다. 보존 처리된 뇌의 피질은 대체로 신경의 세포체와 비수초화된 섬유로 이루어지기 때문에 회색으로 보이며, 그래서 회백질(gray matter)이라고 한다(그림 2.11 참조). 더 내부로 가면 대뇌는 대체로 수초화된 축색으로 이루어져서 백색으로 나타나므로 백질(white matter)이라고 한다.

피질은 뇌의 좌측과 우측이 **뇌량** corpus callosum으로 연결된 2개의 **반구** hemisphere로 구성된다. 반구는 기본적으로 대칭적이고, 그 사이에는 깊숙한 구분선, 즉 **대뇌종렬** longitudinal fissure이 있는데 이를 좌반구와 우반구로 부른다. 각각의 반구는 4개의 **엽** lobe—전두엽, 두

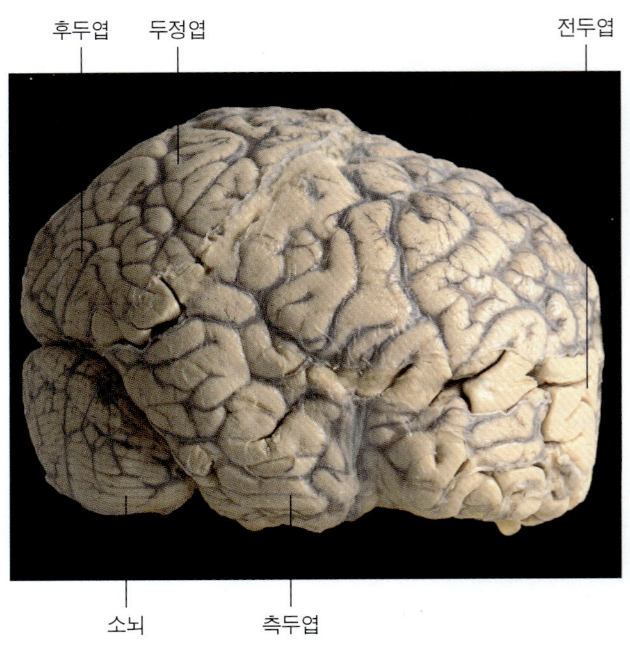


**그림 2.11 인간 뇌의 사진.**

정엽, 후두엽, 측두엽—으로 나누어진다. 이것들은 다양한 기능을 수행하는 대뇌피질의 넓은 영역이다. **전두엽** frontal lobe은 머리의 정수리 근처에서부터 옆면으로 귀까지 이르는 깊게 파인 고랑인 **중심렬** central fissure에 의해 **두정엽** parietal lobe과 구분된다. 두정엽과 **후두엽** occipital lobe 사이의 구분은 덜 분명하다. 편의상 두정엽은 중심구 뒤 뇌의 정수리 부분에 있고, 후두엽은 뇌의 후방에 있다고 말할 수 있다. 뇌의 측면에 있는 깊게 갈라진 틈인 **외측렬** lateral fissure은 **측두엽** temporal lobe을 구분하도록 해 준다(그림 2.12A 참조).

중심렬 바로 앞에 있는 **일차운동영역** primary motor area은 신체의 수의적 운동을 통제한다. 운동피질이 손상되면 운동이 장애를 겪는다. 캐나다 신경외과의 와일더 펜필드(Wilder Penfield)의 이름은 전기적 자극을 이용하여 뇌를 '지도화하는' 방법과 관련이 있다. 1940년대에 펜필드는 뇌전증을 치료하기 위해 수술을 하던 중 환자의 피질을 자극했다(Penfield & Jasper, 1954). 그는 운동피질의 특수 영역을 자극하고 신체의 어떤 부위가 움직이는가를 관찰했다. 운동신체지도는 신체의 어떤 부위가 피질의 상대적으로 큰 영역(예: 손)과 관련이 있다는 것을 보여 준다. 우리의 손은 매우 정교한 운동을 할 수 있다. 다리와 같은 다른 신체 부위는 훨씬 덜 정교하게 통제하는 운동을 하고, 그래서 비교적 작은 면적의 피질이 거기에 할당된다. 신체는 운동피질에서 대략 거꾸로 선 모습으로 표현된다. 예를 들면 발끝의 운동은 머리의 꼭대기 근처 부위에 의해 통제되나, 혀와 입의 운동은 운동영역의 바닥 근처 부위에 의해 통제된다. 신체 우측의 운동은 좌반구의 운동피질에 의해 지배되고, 우반구는 좌측의 운동을 지배한다.

두정엽에서 중심렬에 의해 운동영역과 분리되어 있으며, 감각 경험에 관여하는 영역을 **일차체감각영역** primary somatosensory area이라고 한다. 이 영역이 전기적으로 자극될 때 반대쪽 신체의 어느 곳에 감각 경험을 일으킨다. 뜨거움, 차가움, 촉감, 통증 및 신체 운동감각이 여기서 표상된다. 일반적으로 어떤 신체 부위와 연합된 체감각영역의 크기는 그 신체 부위의 민감성 및 사용 정도와 관계가 있다. 이것은 4장에서 다룰 체감각지도를 통해 알 수 있다. 이와 같은 표상은 다른 동물에서도 볼 수 있다. 예를 들면 네 발을 가진 포유류 중에서 개는 앞발을 표상하는 피질조직을 소량만 갖고 있는 반면에, 너구리는—자신의 환경을 탐색하고 조작하는 데 앞발을 집중적으로 사용함으로써—각각의 발가락을 위한 영역을 포함하여 앞발을 통제하는 커다란 피질 영역이 있다. 대부분의 환경을 예민한 수염으로 탐색하는 쥐는 각각의 수염에 대응하는 분리된 피질 영역을 갖고 있다.

피질 후두엽의 뒷부분에는 **일차시각영역** primary visual

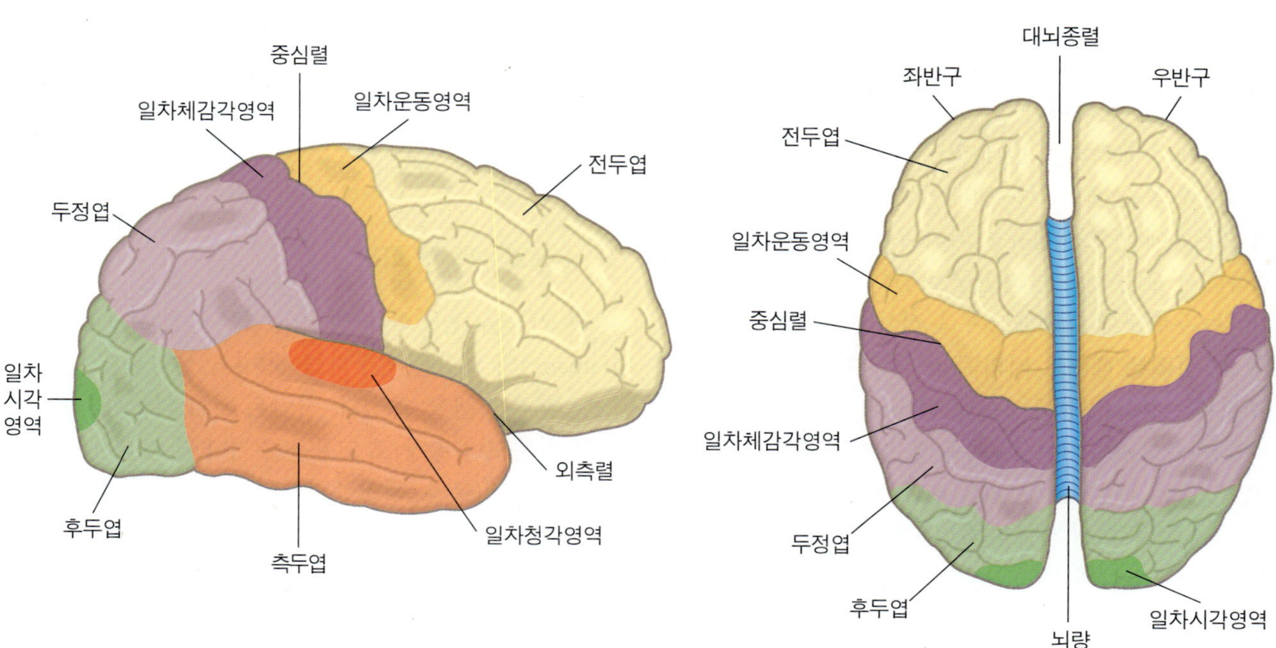


**그림 2.12A 대뇌피질(외측 조망)**

**그림 2.12B 대뇌피질(상측 조망)**

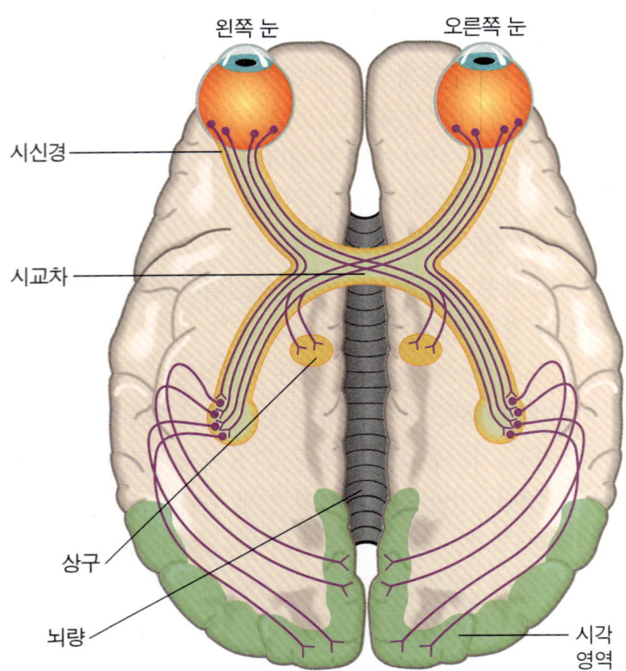


**그림 2.13 시각 경로.** 망막의 안쪽 또는 코 쪽의 반으로부터 오는 신경섬유는 시교차에 이르러 뇌의 반대쪽으로 넘어간다. 망막의 바깥쪽 또는 측면의 반으로부터 오는 신경섬유는 뇌의 같은 쪽으로 간다. 그래서 망막의 오른쪽에 도달하는 자극은 우반구로 전달되고, 망막의 왼쪽에 도달하는 자극은 좌반구에 전달된다. 또한 눈으로부터 오는 입력의 일부는 안구 운동 통제를 위해 상구로 직접 간다.

area이 있다. 그림 2.13은 두 눈으로부터 시각피질visual cortex에 도달하는 시신경섬유와 신경로를 보여 준다. 오른쪽 눈으로부터 진행하는 시신경섬유의 일부는 우반구로 가는 반면에, 나머지는 시교차optic chiasm라고 불리는 교차점에서 교차하여 반대 반구로 넘어가는데, 동일한 배열이 왼쪽 눈에도 적용된다. 구체적으로 말하면 두 눈의 오른쪽에서 오는 섬유는 뇌의 우반구로 가고, 두 눈의 왼쪽에서 오는 섬유는 좌반구로 간다. 결과적으로 좌측 시야는 우반구에 표상하고 우측 시야는 좌반구에 표상한다. 이 사실은 때때로 뇌의 종양 혹은 다른 기형의 위치를 정확히 찾아내는 데 도움이 된다.

각 반구의 측면에 있는 측두엽 표면에 위치한 일차청각영역primary auditory area은 복잡한 청각 신호—인간의 말소리처럼 소리의 시간적 패턴—를 분석하는 데 관여한다. 양쪽 귀에 대한 입력은 피질의 양측에 있는 청각영역에 표상되어 있으나 반대쪽에 대한 연결이 더 강하다. 오른쪽 귀는 우측과 좌측의 일차청각영역 모두에 정보를 보내지만 좌측 뇌의 청각영역에 더 많은 정보를 보낸다. 유사하게 왼쪽 귀는 우측에 더 많은 정보를 보낸다.

앞서 언급했듯이 감각 또는 운동 과정에 직접 관여하지 않는 대뇌피질의 영역은 연합영역association area이다. 전두연합영역(frontal association areas) 혹은 전전두피질(prefrontal cortex)은 운동영역의 앞에 있는 전두엽 일부분이다. 이 영역은 기억, 사고, 계획 및 의사결정에 관여한다(Miller & Cohen, 2001). 전전두피질은 사고 과정을 점검하고 조작화하며 어떤 행동을 선택하는 반면에 다른 행동을 억제하므로 뇌의 '집행부'로 설명되었다. 뇌의 이 영역이 손상된 사람은 목표 지향적 행동 계획하기와 주의 집중하기에 어려움을 보인다. 게다가 자신의 행동에 따른 사회적 · 도덕적 결과에 대한 이해의 감소를 보일 수 있다(Koenigs et al., 2007).

후방연합영역(posterior association areas)은 일차감각영역 근처에 있고 특정 감각에 기여하는 하위 영역으로 구성된 것 같다. 예를 들면 측두엽의 아랫부분은 시지각과 관계가 있다. 이 영역의 손상은 상이한 형태를 재인하고 변별하는 능력의 결손을 초래한다. 비록 이 영역의 손상 환자는 형태를 '볼 수 있고' 그 윤곽을 추적할 수 있지만 그 형태가 무엇인지 알 수 없으며 다른 형태와 구분할 수도 없다(Gallant et al., 2000).

## 뇌 지도화

연구자들은 상이한 뇌 구조의 기능을 알아내기 위해 다양한 방법에 의존했다. 여기서 시술되는 대부분의 정교한 방법은 최근 몇 십 년 사이에 현실화되었고, 환자에게 고통이나 손상을 주지 않고 살아 있는 인간 뇌의 세부적 영상을 얻을 수 있다.

### 뇌 손상과 선택적 파괴

뇌의 기능을 연구하는 방법 중 하나는 뇌 손상(brain damage)의 영향을 연구하는 것이다. 불행하게도 뇌 손상은 흔히 발생할 수 있다. 사람은 뇌의 외상성 상해(예: 자동차 사고나 총상)로 고통을 겪거나 혹은 뇌에 손상을 남기는 조건(종양, 뇌전증, 혈관의 또는 퇴행성 질병)으로 고통을 당할 수 있다. 결손을 확인하려는 신경심리학 검사의 결과는 뇌의 사후 부검과 더불어 뇌 구조와 기능 간의 관계에 대한 많은 정보를 제공했다.

연구자는 뇌를 파괴할 수 있다. 즉 기능적 결과를 연구하려는 목적으로 국소화된 손상을 일으킨다. 대다수의 손상은 동물에게 이루어졌다. 연구자는 외과적으로 뇌조직을 제거하거나 다른 방법(전기, 열, 화학물질로)을 이용하여 손상할 수 있다.

## 뇌 자극

연구자는 뇌조직을 파괴하는 대신에 어떤 뇌 영역을 자극할 수도 있다. 역시 자극 결과를 연구하기 위한 목적이다. 자극은 뇌에 가는 관을 심고 화학물질(예: 신경전달물질)을 주입함으로써 화학적으로 이루어질 수 있다. 전기 자극은 뇌의 어떤 영역을 자극하기 위해 전극을 삽입하거나 심어서 이루어진다.

경두개 자기 자극(transcranial magnetic stimulation, TMS)이라 불리는 새로운 기법은 그 피험자의 머리 위에 달려 있는 자기 코일에 의해 발생하는 자기장을 사용한다. 이 방법을 통해 연구자는 두개골의 표면 근처에 있는 특수 뇌 영역의 활성화를 증가시키거나 감소시킬 수 있다. 이 방법의 큰 장점은 고통이 없거나 비침습적이라는 것이다.

## 전기 기록

뇌 기능을 연구하기 위한 세 번째 일반적인 방법은 뇌를 '청취하는' 것이다. 즉 뇌가 활동적일 동안 뉴런의 활동을 관찰하고 기록하는 것이다. 이것은 뇌전도(electroencephalograms, EEGs)를 이용하여 이루어질 수 있다. 전극을 두피에 접착하고 대단위 뉴런의 전기적 활동이 증폭되고, 기록되고, 가시화된다. EEG 신호는 전기 활동이 자극 혹은 운동 반응과 같은 특수 사건에 대한 반응으로 기록되면 소위 **사건 관련 전위** event-related potentials (ERPs)를 연구하기 위해 사용할 수도 있다.

뉴런의 전기 활동에 대한 더 세부적인 연구는 연구자가 미세 전극으로 조사를 함으로써 개별 뉴런의 활동을 연구하는 단일세포 기록(single-cell recordings)에 의해 제공된다. 이 방법으로 세포의 활동을 일으키는 자극 혹은 행동을 발견할 수 있다.

## 구조 뇌 영상법

현대의 신경 영상 기법은 살아 있는 뇌의 영상을 만들어 준다. 먼저 설명할 두 가지는 CT(혹은 CAT)와 MRI 스캔인데, 이것들은 공통적으로 전체 뇌의 구조 영상을 제공해 주고, 종양이나 다른 유형의 구조적 기형을 스캔하는 데 사용될 수 있다.

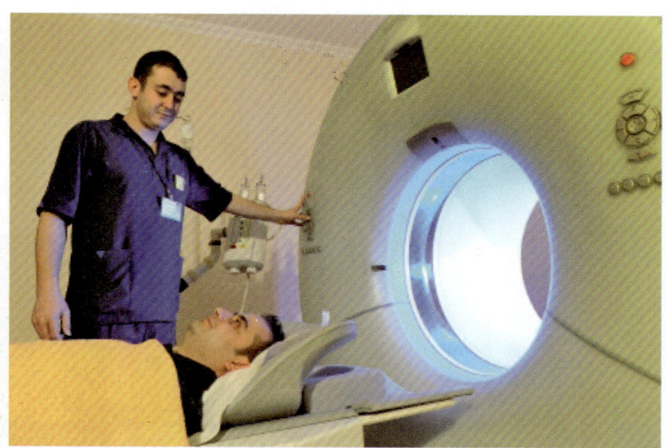

**자기공명 영상(MRI) 기법은 비용이 더 많이 들기는 하나 더 정확한 전체 뇌의 스캔을 얻을 수 있다.**

**컴퓨터 단층촬영법** computerized axial tomography(CT 혹은 CAT)은 상이한 각도에서 찍은 다중의 컴퓨터로 고도화된 X선 사진을 사용하여 뇌를 스캔한다. CT는 MRI에 비해 비용이 적게 든다.

**자기공명 영상** magnetic resonance imaging(MRI) 기법은 비용이 더 많이 들지만 전체 뇌에 대한 더욱 정확한 스캔을 제공한다. MRI는 뇌조직의 분자에서 일시적 반응을 초래하는 자기 펄스를 발생시키고, 이로 인해 스캐너에 의해 측정되는 에너지의 방출을 초래한다. 이 신호는 고해상도의 뇌 영상으로 전환한다.

## 기능 뇌 영상법

여기서 살펴볼 두 가지 최근 기법은 PET와 fMRI인데, 연구 피험자가 특수 과제를 수행하는 동안 연구자가 피험자의 국소화된 뇌 활동을 연구하는 것을 가능하게 해 주는 뇌의 기능적 영상을 얻을 수 있다. 이런 방법의 발전은 신경심리학 분야에서 크게 진보했는데, 이는 우리가 심적 활동과 뇌의 활동을 직접 관련지을 수 있음을 의미하기 때문이다.

**양전자 방출 단층촬영기** positron emission tomography (PET) 스캔은 글루코스와 혼합된 방사능 추적자를 이용하여 뇌 활동을 측정한다. 활동적인 뇌조직이 더 많은 글루코스를 필요로 하고, 따라서 활동적인 뇌 영역에서 더 많은 방사성 활동을 일으키기 때문에 뇌 활동을 측정할 수 있다.

**기능 자기공명 영상법** functional magnetic resonance im-

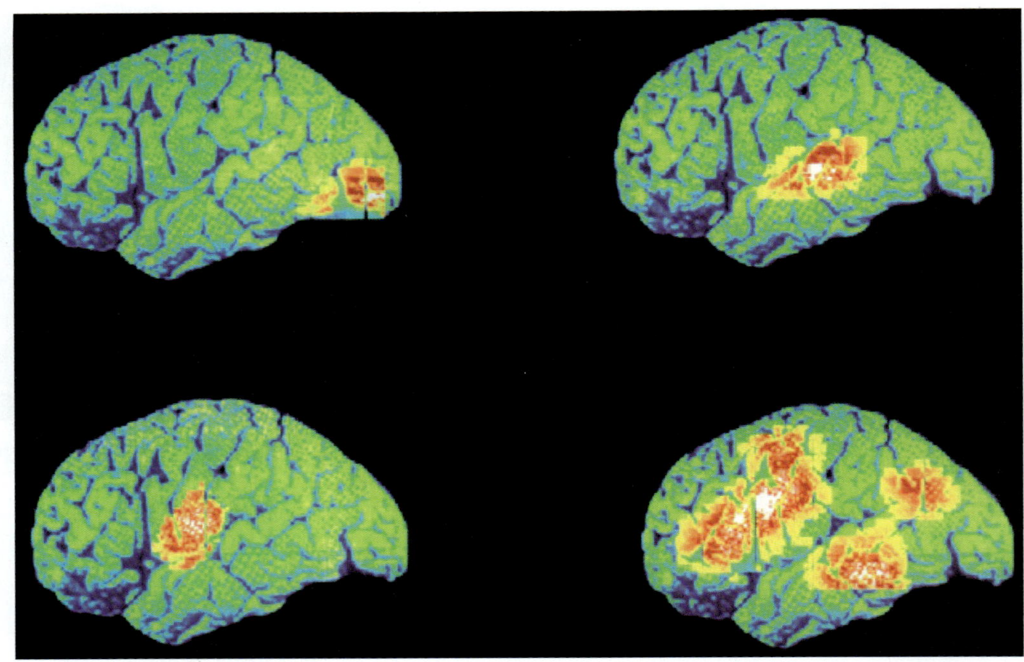

**상이한 뇌 영역이 상이한 양식의 단어 처리에 관여한다는 것을 보여 주는 인간 뇌의 PET 스캔.**

aging(fMRI)은 산소를 포함한 혈액이 활동적인 뇌 영역으로 흐른다는 사실에 의존한다. 이런 과정으로 인한 자기 변화는 MRI 스캐너에 의해 기록된다. 그 결과로 나타나는 활동적 뇌의 영상은 PET에 의해 만들어진 영상보다 더 정확한데, 뇌 활동의 변화를 좀 더 작은 시간대로 측정할 수 있기 때문이다.

## 뇌의 비대칭성

얼핏 보면 뇌의 두 반구는 거울상처럼 보인다. 그러나 부검 중에 측정된 좌반구는 대체로 우반구보다 크다. 또한 우반구는 산재한 개별적인 뇌 영역들을 연결하는 긴 신경섬유를 많이 갖고 있는 반면에, 좌반구는 제한된 영역 내에서 다수의 상호 연결을 하는 짧은 신경섬유를 많이 갖고 있다(Hellige, 1993).

### 언어

언어를 위한 뇌 기제에 대한 많은 정보는 뇌 손상 환자들의 관찰로부터 얻는다. 그 손상은 종양, 머리를 침투하는 부상, 또는 혈관의 파열로 인한 것일 수 있다. 실어증 aphasia이란 용어는 뇌 손상에 의해 일어나는 언어 결손을 일컫는 데 사용된다. 일찍이 1861년 프랑스 의사 폴 브로카(Paul Broca)는 말하는 능력의 상실로 고통을 겪다가 사망한 환자의 뇌를 검사했다. 그는 좌반구 전두엽의 외측렬 바로 위에 있는 영역의 손상을 발견했다(그림 2.14 참조). 브로카 영역Broca's area으로 알려져 있는 이 영역은 말소리의 산출에 관여한다. 브로카 영역이 손상된 사람은 **표현성 실어증**(expressive aphasia)을 경험하며, 단어를 정확하게 발음하는 데 어려움을 겪고, 느리면서 힘들게 말한다. 그들의 말은 의미는 있지만 몇 개의 핵심 단어만을 포함한다. 명사는 일반적으로 단수형으로 표현하고 형용사, 부사, 관사, 접속사를 자주 생략한다. 그러나 구두 혹은 필기된 언어를 이해하는 데는 문제가 없다. 우반구에서 이와 대응되는 영역에 대한 파괴는 언어장애를 초래하지 않는다. 말소리를 이해하고, 단어를 쓰고, 필기된 단어를 이해하는 데 관여하는 영역도 보통 좌반구에 위치해 있다. 좌반구를 손상시키는 뇌졸중은 우반구에 국한된 뇌졸중보다 언어장애를 발생시킬 가능성이 높다. 모든 사람이 좌반구에 언어중추를 갖고 있는 것은 아니며, 일부 왼손잡이는 우반구에 언어중추를 갖고 있다.

1874년 독일의 연구자 카를 베르니케(Carl Wernicke)는 피질의 다른 영역—이 영역 또한 좌반구에 있지만 측두엽에 위치한다—손상이 **수용성 실어증**(receptive aphasia)이라고 불리는 언어장애와 관련이 있다고 보고했다. 베르니케 영역Wernicke's area(그림 2.15 참조)이라고 알려진 이 위치가 손상된 사람들은 단어를 이해할 수 없는데, 즉 단어를 들을 수는 있지만 그 의미를 알지 못한다. 또한 이들은 어려움 없이 적절한 발음으로 단어의 어절을

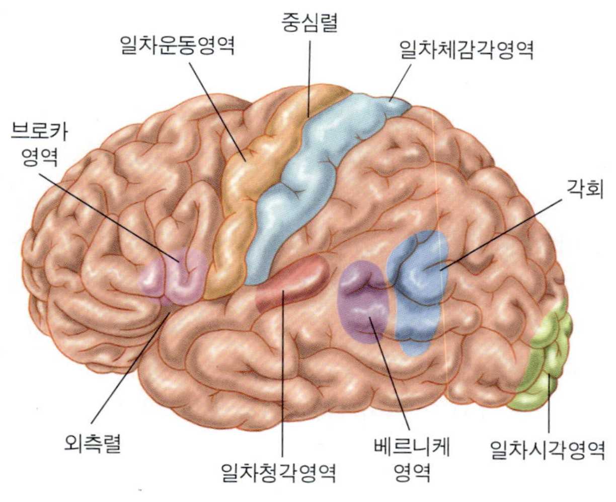


**그림 2.14 좌반구 피질의 기능 전문화.** 피질의 주요 부위는 운동을 일으키고 감각 입력을 분석하는 데 관여한다. 운동영역, 체감각영역, 시각영역, 청각영역, 후각영역을 포함하는 이 영역은 뇌의 양 반구에 존재한다. 어떤 다른 기능은 한 반구에만 위치한다. 예를 들면 브로카 영역과 베르니케 영역은 언어의 산출과 이해에 관여하고, 각회는 단어의 시각적 형태와 청각적 형태를 대응시키는 것을 돕는데, 이런 기능은 인간 뇌의 좌반구에만 존재한다.

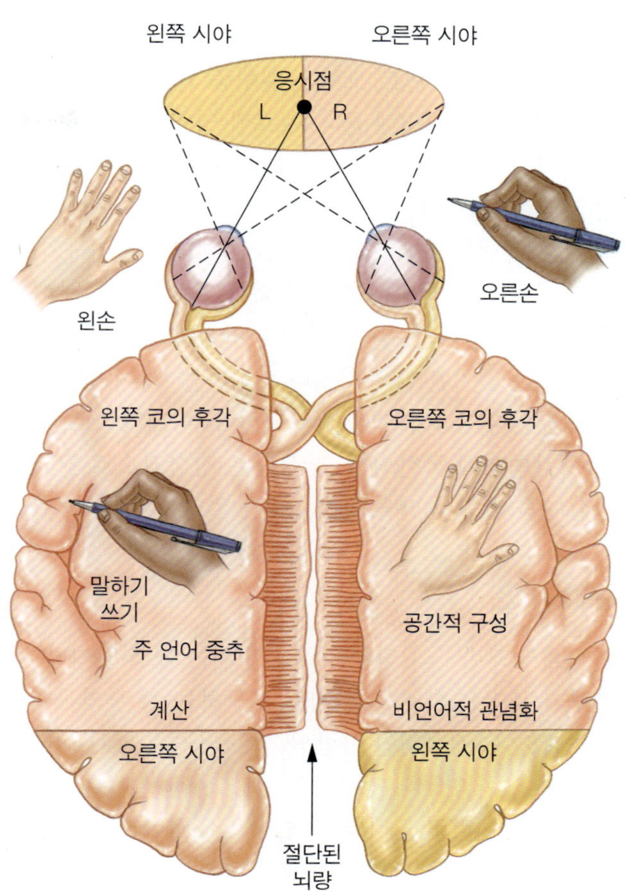


**그림 2.15 두 대뇌반구에 대한 감각 입력.** 눈을 정면으로 똑바로 고정하면 응시점의 좌측에 있는 자극은 우반구에 투사되고, 우측에 있는 자극은 좌반구에 투사된다. 좌반구는 오른손의 운동을 통제하고, 우반구는 왼손을 통제한다. 청각은 그 입력이 대체로 교차되나 일부 소리 표상은 들어온 쪽의 귀와 같은 쪽의 반구로 간다. 좌반구는 쓰기와 말하기, 언어 및 수학적 계산을 통제한다. 우반구는 단지 단순한 언어만을 이해할 수 있고, 주요 능력은 공간적 구성과 형태의 이해에 관여하는 것 같다.

발성할 수 있으나 어법에 오류를 범하고, 이들의 말은 의미가 없는 경향을 보인다. 베르니케는 결손을 분석하여 뇌가 언어의 산출과 이해에 어떤 기능을 하는지 설명하는 모형을 개발했다. 그의 모형은 100년 이상 되었지만 일반적 특징은 지금까지 정확한 것처럼 보인다. 노먼 게슈빈트(Norman Geschwind)는 이 아이디어에 기초하여 **베르니케-게슈빈트 모형**(Wernicke-Geschwind model)으로 알려진 이론을 개발했다(Geschwind, 1979). 이 모형에 의하면 브로카 영역은 조음 부호를 저장하는데, 이는 단어를 발음하는 데 필요한 근육 운동의 순서를 규정해 준다. 이 부호가 운동영역에 전달될 때 입술, 혀 및 후두의 근육을 적절한 순서로 활성화하고 단어를 말로 산출한다. 대조적으로 베르니케 영역은 청각 부호와 단어의 의미가 저장되는 곳이다. 어떤 단어가 말로 표현되기 위해 그것의 청각적 부호는 베르니케 영역에서 활성화되어야만 하고, 상응되는 조음 부호를 활성화하는 곳인 브로카 영역에 전달되어야만 한다. 그다음으로 조음 부호는 단어를 말로 산출하는 근육을 활성화하기 위해 운동영역에 전달된다.

누군가 말한 단어를 이해하기 위해 그것은 청각영역에서 베르니케 영역으로 전달되어야만 한다. 거기서 단어의 형태가 청각적 부호와 대응되고, 이어서 그 단어의 의미를 활성화한다. 필기 단어가 제시될 때 처음에는 시각영역에 등록되고, 그다음으로 **각회**(angular gyrus; 그림 2.14 참조)에 전달되며, 그곳에서 단어의 시각적 형태와 베르니케 영역에 있는 청각 부호가 연합되는데, 일단 단어의 청각 부호가 발견되면 그 의미도 찾게 된다. 그래서 단어의 의미는 베르니케 영역에 있는 음향 부호에 따라 저장된다. 브로카 영역은 조음 부호를 저장하고, 각회는 필기 단어의 형태와 청각 부호를 대응시킨다. 그러나 이 영역 중 어떤 것도 단어의 의미에 관한 정보를 저장하지 않는다. 단어의 의미는 음향 부호가 베르니케 영역에 의해 활성화될 때만 인출된다.

베르니케-게슈빈트 모형은 실어증 환자가 보이는 많은 언어 결손을 설명해 준다. 브로카 영역에 국한된 손상은 언어 산출을 방해하나 구어 혹은 문어의 이해에는 영향을 미치지 않는다. 베르니케 영역의 손상은 언어 이해의 모든 측면을 파괴하지만, 브로카 영역이 온전하기 때문에 비록 표현된 말이 의미가 없다고 할지라도 단어를 적절히 발음한다. 또한 이 모형은 각회가 손상된 사람이 읽을 수는 없지만 말을 하거나 이해하는 데 어려움을 보이지 않는다는 것을 정확히 예측한다. 마지막으로, 손상이 청각영역에 국한되면 그 사람은 정상적으로 읽거나 말할 수는 있으나 말을 이해할 수는 없다.

## 분할 뇌 연구

언어에서 좌반구의 역할이 알려진 지는 꽤 되었지만, 각 반구가 무엇을 할 수 있는가를 연구하는 것은 최근에야 가능해졌다. 정상적인 사람의 경우 뇌는 통합된 전체로 기능한다. 한 반구의 정보가 뇌량(corpus callosum; 그림 2.15 참조)이라고 불리는, 양 반구를 연결하는 역할을 하는 넓은 신경섬유의 띠를 통해서 다른 반구로 전달되기 때문이다. 이 연결 교량은 어떤 유형의 뇌전증에서는 문제가 되는데, 왜냐하면 한 반구에서 시작한 발작이 반대쪽으로 넘어가서 그 반구에 있는 뉴런을 광범위하게 발작시키기 때문이다. 그런 대발작을 예방하려는 시도로 신경외과의는 심한 뇌전증을 보이는 환자의 뇌량을 외과수술을 통해 절단했다. 이 분할 뇌 환자는 좌반구와 우반구의 기능에 대한 중요한 통찰을 제공했다.

뇌량이 절단되었을 때 어떤 일이 일어나는가를 이해하기 위해 그림 2.15를 살펴보자. 우리는 운동신경이 뇌를 떠날 때 교차되기 때문에 좌반구가 우측 신체를 통제하고, 우반구는 좌측 신체를 통제한다는 것을 알고 있다. 우리는 또한 언어를 발생시키는 영역(브로카 영역)이 좌반구에 있다는 것도 알고 있다. 눈이 정면을 향해 고정되어 있을 때 응시점의 좌측에 있는 영상은 두 눈을 통해 뇌의 우측으로 가고, 응시점의 우측에 있는 영상은 뇌의 좌측으로 간다. 그러므로 각 반구는 '자신의' 손이 정상적으로 기능을 하는 시야의 반을 볼 수 있는데, 예를 들어 좌반구는 우측 시야에 있는 오른손을 본다. 정상 뇌에서는 한 반구에 들어오는 자극이 신속하게 다른 반구에 소통되고, 뇌는 하나의 단위로 기능한다. 이제부터 뇌에 대한 이런 세 가지 사실을 놓고, 뇌량이 절단되어—분할 뇌가 되어—두 반구가 서로 소통할 수 없는 경우를 살펴보자.

이 분야에서 선구적인 연구를 수행한 로저 스페리(Roger Sperry)는 1981년에 노벨상을 받았다. 스페리의 검사 상황 중 하나에서 분할 뇌 수술을 받은 사람은 손을 가린 스크린 앞에 앉아 있었다(그림 2.16a 참조). 그의 시선은 스크린의 중심에 있는 한 점에 고정된다. 단어 *nut*가 스크린의 좌측에 1/10초 동안 번쩍하고 나타난다. 이 시각 신호가 좌측 신체를 통제하는 우측 뇌로 간다는 것을 상기하라. 그 사람은 자신의 좌측 손을 갖고 시야로부터 숨겨진 대상 사이에서 *nut*를 쉽게 끄집어낼 수 있다. 그러나 그는 스크린에 무엇이 비춰졌는가를 실험자에게 말할 수 없었는데, 왜냐하면 언어가 좌반구에 의해 통제되지만 *nut*의 시각상은 좌반구에 전달되지 않았기 때문이다. 그는 질문을 받으면 자신의 왼손이 무엇을 하고 있는지를 알지 못하는 것 같았다. 왼손으로부터 오는 감각적 입력이 우반구로 가기 때문에 좌반구는 왼손이 느끼는 것 혹은 하고 있는 것에 관한 정보를 받지 못한다. 모든 정보는 *nut*라는 단어의 원래 시각적 입력을 받았던 우반구에 피드백된다.

이 실험에서는 단어를 스크린에 1/10초보다 짧게 비춰야만 한다. 더 오래 지속되면 사람의 안구가 움직이고 단어가 좌반구에도 투사된다. 사람이 안구를 자유롭게 움직일 수 있을 때는 정보가 양측 반구로 전달되는데, 이것은 뇌량의 절단으로 인해 초래된 결손이 일상적 활동에서 쉽게 드러나지 않는 한 가지 이유이다.

추가 실험은 분할 뇌 환자가 좌반구에서 무엇이 진행되고 있는가를 말로써만 의사소통할 수 있다는 것을 입증했다. 그림 2.16b는 다른 검사 상황을 보여 준다. 이 상황에서 *hatband*라는 단어를 스크린에 비추면 *hat*은 우반구로, *band*는 좌반구로 전달되었다. 그는 본 단어가 무엇인가에 대해 질문을 받았을 때 *band*라고 응답했다. 어떤 종류의 *band*를 보았느냐고 질문을 받았을 때는 여러 가지 추측—'rubber band', 'rock band', 'band of robbers' 등—만을 했고, 단지 우연적으로만 *hatband*라고 말했다. 다른 합성 단어(예: *keycase*와 *suitcase*)를 이용한 검사도 유사한 결과를 보여 주었다. 우반구가 지각한 것은 의식적인 인식을 하도록 좌반구에 전달되지 않았다. 뇌량이 절단되면 각 반구는 다른 반구의 경험을 알아차리지 못하는 것 같다.

분할 뇌 환자는 눈을 가리고 친숙한 대상(빗, 칫솔, 또는 열쇠 주머니)을 왼손에 놓으면 그것이 무엇인지를 아는 것처럼 보이고, 적절한 몸짓으로 그것을 사용하는 시

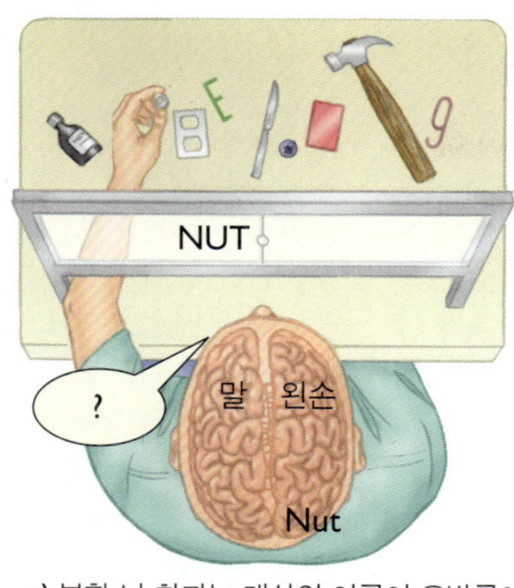


a) 분할 뇌 환자는 대상의 이름이 우반구에 비춰졌을 때 왼손으로 만져 그 대상을 정확하게 집지만, 그 대상의 이름을 말할 수 없고 자신이 무엇을 했는지를 설명할 수 없다.

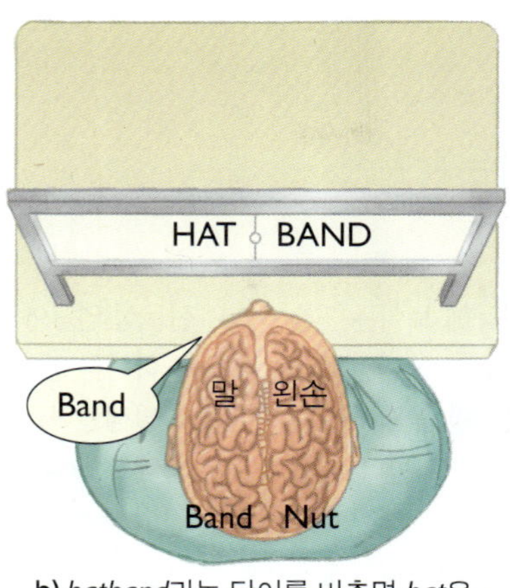


b) *hatband*라는 단어를 비추면 *hat*은 우반구로 전해지고 *band*는 좌반구로 전해진다. 분할 뇌 환자는 *band*라는 단어를 보았다고 반응하지만 어떤 종류의 *band*인지는 알지 못한다.

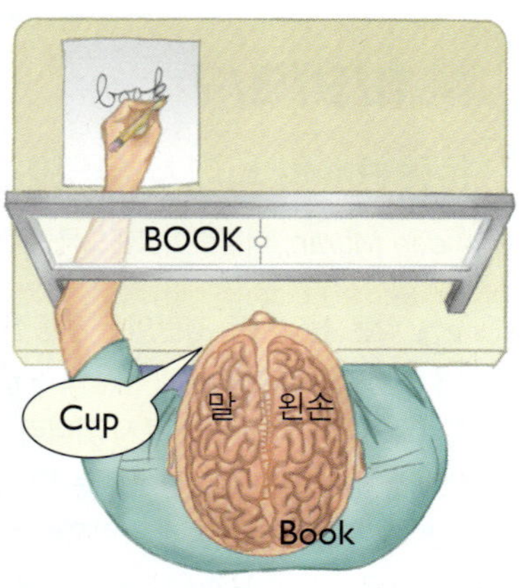


c) 처음에는 일상 대상(*book*과 *cup*)의 목록이 양 반구에 제시된다. 다음으로 목록 중 한 단어(*book*)가 우반구에 투사된다. 단어를 쓰라는 지시를 받으면 왼손은 *book*이라고 쓰기 시작하지만, 질문을 받으면 자신의 왼손이 무엇을 썼는가를 알지 못하고 *cup*이라고 추측한다.

**그림 2.16 두 대뇌반구의 능력 검사.**

범을 보일 수 있다. 그러나 이렇게 아는 것을 말로는 표현할 수 없다. 그들이 그 대상을 조작하는 동안에 무엇을 하고 있는지 질문을 받으면, 그 대상으로부터 좌반구(언어 반구)로 가는 감각 입력이 차단되어 있는 한 알지 못한다. 그러나 그 환자의 오른손이 우연히 그 대상에 접촉하거나 또는 그 대상이 어떤 특징적인 소리(열쇠 주머니가 딸랑거리는 소리)를 내면 언어를 다루는 반구가 즉시 정확한 대답을 한다. 비록 우반구는 말소리를 산출하지는 못하지만 어떤 언어적 능력은 갖추고 있다. 처음에 들었던 예에서 우반구는 *nut*라는 단어의 의미를 재인했고, 그 단어를 필기할 수도 있게 한다. 그림 2.16c에 예시된 실험에서 분할 뇌 환자는 우선 컵, 칼, 유리잔과 같은 일상적인 대상의 목록을 보았다. 이 목록은 단어가 양 반구에 모두 투사될 수 있을 만큼 오랫동안 제시된다. 다음으로 그 목록을 치우고 그 단어 중 하나(예: *book*)가 스크린의 좌측에 매우 짧게 제시되어 우반구로 간다. 환자들은 본 것을 쓰도록 요청받았을 때 왼손이 *book*이라고 쓰기 시작했다. 왼손으로 무엇을 썼냐는 질문을 받으면 그들은 원래의 목록에 있던 단어 중 어떤 것을 알지 못하고 추측했다. 그들은 자신이 어떤 것을 쓰고 있다는 것을 아는데, 왜냐하면 신체를 통해 쓰기 운동을 느낄 수 있기 때문이다. 그러나 단어를 보고 쓰는 우반구와 언어를 통제하는 좌반구 사이의 소통이 없기 때문에 쓰고 있는 것을 말할 수는 없다(Sperry, 1968, 1970; Gazzaniga, 1985; Hellige, 1990).

## 반구 전문화

분할 뇌 환자에 대한 연구는 두 반구가 상이한 기능을 한다는 것을 보여 준다. 좌반구는 언어를 표현하는 능력을 지배한다. 그것은 복잡한 논리적 활동을 수행할 수 있고 수학적 계산에 능숙하다. 우반구는 매우 단순한 언어만을 이해할 수 있다. 예를 들면 그것은 너트, 빗과 같은 대상을 선택함으로써 단순 명사에 반응할 수 있으나 좀 더 추상적인 언어 형태는 이해할 수 없다. 우반구는 '윙크하라', '인사하라', '머리를 흔들어라', '미소를 지어라'와 같은 단순한 명령을 받는 경우에도 좀처럼 반응을 하지 않는다.

그러나 우반구는 잘 발달된 공간 및 패턴 감각을 갖고 있다. 우반구는 기하학적 도형 및 투시도(perspective drawing)를 그리는 데 좌반구보다 우월하다. 우반구는 좌반구보다 복잡한 디자인에 맞춰서 색채 블록을 더 효율적으로 조립할 수 있다. 분할 뇌 환자는 도안에 있는 디자인에 맞추어 블록을 조립하는 데 오른손을 사용하도록 요청받으면 많은 실수를 한다. 때때로 그들은 오른손의 실수를 자동적으로 수정하려는 왼손을 막는 데 곤란을 느낀다.

정상인을 대상으로 하는 연구는 두 반구가 상이한 전

## 첨/단/연/구

### 운동선수의 뇌에서 무엇이 일어나는가?

*Aidan Moran*, 더블린아일랜드국립대학교

우리는 선망이든 경탄이든 운동선수—불가능해 보이는 기술을 일관성 있고 정확하게 보여 줄 수 있는 골프 챔피언 로리 매킬로이나 테니스 스타 로저 페더러 같은 사람—의 숨 막히는 솜씨에 경이를 표한다. 이런 솜씨는 몇 가지 의문을 갖게 한다. 예를 들면, 전문 골퍼는 어떻게 그린으로부터 180m 넘게 떨어진 위치로부터 홀에서 수십 cm 내에 있는 목표를 향해 공을 정확하게 칠 수 있는가? 테니스 선수는 어떻게 정확한 시각적 추적의 가능성을 넘어서는 속도(시속 240km 이상)로 서브된 공을 승점을 기록할 수 있도록 되받아 칠 수 있는가?

인지 연구자들은 이런 마음의 신비에 매료되어서 새로운 학제간 연구 분야—'전문성'의 연구 혹은 스포츠나 음악과 같은 특수한 인간 성취의 영역에서 지속적이고 노력을 쏟는 훈련의 결과로 인한 전문성과 기술의 성장—를 발달시켰다. 이 분야 내에서 스포츠의 전문 지식은 신경과학(예: Yarrow et al., 2009), 스포츠 심리학(예: Williams & Ford, 2008), 대중과학(예: Syed, 2010)에서 인기 있는 주제가 되었다. 그 이유를 이해하기 위해 이 분야의 세 가지 주요한 발달을 살펴보자.

첫째로, 전문 지식에 관한 연구는 예외적인 연습의 효과를 보여 준다. 실제로 어려운 과제와 같은 것은 없는 것—단지 연습하지 않는 과제만 있는 것—처럼 보인다(Moran, 2012). 그러나 어떤 유형의 연습이 최선의 효과를 보이는가? 에릭슨 등(Ericsson et al., 1993)에 의한 종단적 연구에 따르면 전문 지식을 발달시키는 비결은 '의도적'—학습자가 전문 강사의 지도하에 의도적이고 외곬으로 자신의 기술을 향상하기 위해 노력하는—연습이다. 이런 유형의 연습이 내포하는 운치를 제공하기 위해 이 용어를 명명한 앤더스 에릭슨이 그것을 어떻게 설명했는지 살펴보자. "대부분의 사람은 연습을 할 때 자신이 노력 없이 할 수 있는 것에 초점을 둔다. 전문적 연습은 다르다. 그것은 자신이 잘할 수 없는—전연 할 수조차 없는—것을 하려는, 상당히 특수하고 지속적인 노력을 포함한다."(Syed, 2010, pp. 73-74에서 인용)

전문성 연구에서 두 번째 돌파구는 지식—혹은 기대—이 사람들로 하여금 인간의 정보처리 한계를 피하는 것을 돕는다는 발견에서 발생한다. 실험(예: Müller et al., 2010)은 대중적 지혜와는 반대로 크리켓이나 테니스같이 빠른 공에 반응하는 운동선수는 공이 빠른 속도로 자신에게 다가올 때 실제로 '공을 보지 않는다는' 것을 보여 준다. 그러나 그들은 그렇게 할 때조차도 자극을 인식하는 것과 거기에 반응하는 것 사이에 약 200msec의 시간 지연이 있다면 공을 되돌려줄 수 없을 것이다. 이 시간 지연은 신경충동이 눈으로부터 뇌까지 가는 데 약 100msec, 그리고 운동 메시지가 뇌로부터 근육까지 되돌아가는 데 약 100msec가 소요되기 때문에 발생한다. 이상해 보일지 몰라도 전문 크리켓 타자와 테니스 선수는 인간 정보처리에서 이런 신경계에 기반을 둔 지연을 극복하려고 노력한다. 전문 지식 연구자에 의하면 수많은 시간의 의도적 연습은 전문 크리켓 타자로 하여금 자신을 향한 빠른 공의 투구, 궤적 및 목적지의 유형을 예상하기 위해 상대의 신체 자세, 관절 운동으로부터 초기 신호(선행 단서)를 사용하는 것을 가능하게 해 준다.

이 분야의 세 번째 중요한 발전은 운동 전문성의 바탕이 되는 신경과학적 기제의 연구에 관한 것이다. 일련의 연구(쿡의 개관 참조, 출판 중)는 조준 스포츠(예: 소총 사격)의 전문 선수가 사격을 하기 직전에 유의한 심박의 감소를 나타낸다는 것을 보여 준다. 그러나 사격을 준비할 때 그 선수의 마음에서 무엇이 발생하는지는 아직도 분명하지 않다. 이 분야에서 또 다른 일련의 연구는 전문가와 초보 운동선수의 뇌 신경망 차이에 관한 신경 영상법 연구를 통해 나타난다. 예를 들면 왕 등(Wang et al., 2013)은 세계적인 운동선수의 뇌가 덜 유능한 상대자의 뇌보다 주의 및 운동 영역에서 더 많이 활성화된다는 것을 보여 주었다. 끝으로 흥미로운 진보는 운동선수가 실제로 수행하기 전에 상상으로 자신의 기술을 '보거나 느낄' 때(운동심상으로 알려진 과정; Moran et al., 2012 참조) 사용되는 뇌 영역을 이해하는 데서 이루어지고 있다.

문 기능을 갖고 있음을 확인해 주는 경향이 있다. 예를 들면 언어적 정보(단어 또는 무의미 철자)는 우반구보다 좌반구(즉 오른쪽 시야)에 짧게 제시된 경우에 더 빠르고 정확하게 확인될 수 있다. 반면에 얼굴, 정서를 나타내는 얼굴 표정, 선의 기울기, 혹은 점의 위치 확인은 우반구에서 더 빨리 발생한다(Hellige, 1990). 또한 뇌파(EEG)를 이용한 연구는 언어 과제를 수행할 때는 좌반구의 전기적 활동이 증가함을, 공간 과제를 수행할 때는 우반구의 전기적 활동이 증가함을 보여 준다(Kosslyn, 1988; Springer & Deutsch, 1989).

이런 논의는 두 반구가 독립적으로 작용한다는 것을 의미하지는 않는다. 그 반대가 사실이다. 양 반구는 전문화에서는 다르지만 자신의 활동을 계속적으로 통합한다. 각 반구의 전문적인 기여보다 더 중요하고 상이한 심적 기능을 가능하게 하는 것은 바로 이 상호작용이다. 한 연구자는 다음과 같이 기술했다.

이 차이는 모든 인지적 활동에 대한 각 반구의 대조적인 기여에서 볼 수 있다. 어떤 사람이 이야기를 읽을 때, 우반구는 시각적 정보를 해독하고, 통합된 이야기 구조를 유지하고, 유머와 정서적 내용을 이해하고, 과거의 연합으로부터 의미를 유도하고, 비유를 이해하는 데 특수한 역할을 한다. 동시에 좌반구는 통사 이해하기, 단어를 음운적 표상으로 전환하기, 단어 개념과 통사 사이의 복잡한 관계로부터 의미 추출하기에서 특수한 역할을 한다. 그러나 한 반구만이 관여하거나, 한 반구만이 기여하는 활동은 없다. (Levy, 1985, p. 44)

## 자율신경계

앞에서 말초신경계는 두 부분의 신경계로 이루어졌다고 언급했다. **체성신경계**(somatic system)는 골격근은 통제하고 피부, 근육 및 다양한 감각수용기로부터 정보를 받는다. **자율신경계**(autonomic system)는 뇌와 척수의 밖에 있는 신경계이다. 이는 분비선과 심장, 혈관, 위와 장의 내층을 포함하는 평활근(smooth muscle)을 통제한다. (이 근육은 현미경에서 보이는 모양 때문에 평활근이라고 불린다. 반면에 골격근은 줄무늬 모양이다.) 자율신경계(ANS)가 통제하는 소화나 혈액순환 같은 많은 활동은 자율적으로 또는 자동적으로 조절되고, 사람이 수면을 취하거나 혹은 무의식적일 때에도 계속된다는 데에서 이런 이름이 붙었다. 자율신경계의 활동은 신경계, 특히 **시상하부**에 의해 통제된다.

자율신경계는 교감신경계, 부교감신경계와 같이 두 부분으로 나누어지는데, 이 둘의 작용은 종종 길항적(호혜적)이다. **교감신경계** sympathetic nervous system는 일반적으로 강한 각성을 보일 때 활동적이고, **부교감신경계** parasympathetic nervous system는 휴식과 관련이 있다. 전형적으로 교감신경계는 신체가 어떤 반응('투쟁 또는 도피'로 불리는 반응)을 하도록 준비시키는 '위기(emergency)' 중에 활성화될 것이다. 부교감신경계는 그런 반응을 한 후에 신체를 회복시킬 것이다. 그림 2.17은 다양한 신체기관에 대한 두 체계의 대조적인 효과를 보여 준다. 이 두 체계 사이의 균형은 정상(항상성의)—극단적인 흥분과 영양분을 취하는 평온 사이의 어느 곳—신체 상태를 유지한다.

### 중간 요약

- 신경계는 중추신경계(뇌와 척수)와 말초신경계(뇌와 척수를 다른 신체 부위와 연결하는 신경)로 나누어진다. 말초신경계는 체성신경계(감각수용기, 근육 및 신체 표면 간의 정보를 전달)와 자율신경계(내장기관 및 분비선과 연결)로 구분된다.
- 인간 뇌는 기능적으로 세 구조, 즉 중심핵, 변연계, 대뇌피질로 구분된다.
- 해부학적으로 뇌를 후뇌, 중뇌, 전뇌로 나눈다.
- 뇌량(두 대뇌반구를 연결하는 신경섬유의 띠)을 절단하는 것은 두 반구의 중요한 기능 차이를 초래한다. 좌반구는 언어와 수학적 능력에 능숙하다. 우반구는 일부 언어를 이해할 수 있으나 말로 의사소통을 할 수 없고, 고도로 발달된 공간 및 형태 감각을 갖고 있다.
- 자율신경계는 교감신경계와 부교감신경계로 이루어진다. 교감신경계는 흥분했을 때 활성화되고, 부교감신경계는 조용히 있을 때 활성화된다.

### 비판적 사고를 위한 물음

1. 뇌가 대칭적인(좌반구와 우반구가 비슷하게 보인다는 것을 의미) 이유는 무엇인가? 당신은 좌 · 우반구의 운동피질, 좌 · 우반구의 해마, 좌 · 우반구의 소뇌 등을 갖고 있다. 각 경우에 좌반구는 우반구의 거울상이다(예: 왼쪽 눈이 오른쪽 눈의 거울상인 것과 마찬가지이다). 뇌가 이런 방식으로 대칭적인 이유는 무엇이라고 생각하는가?
2. 뇌량이 절단된 분할 뇌 환자의 경우, 뇌의 좌반구와 우반구가 수술 후에 독립적으로 작용하는 것처럼 보인다. 예를 들면 한쪽 반구에 제시된 단어를 다른 쪽 반구가 그것이 무엇인지 알지 못한 채 읽거나 반응할 수 있다. 그런 사람은 각각 다른 것을 알 수 있는 두 마음을 갖고 있는가, 아니면 한 마음을 갖고 있는가?

## 내분비체계

우리는 신경계가 근육과 내분비선을 직접 활성화함으로써 신속히 변하는 신체 활동을 통제한다고 생각할 수 있다. 내분비선은 땀, 젖, 호르몬과 같은 특수한 물질을 분비하는, 신체 전반에 위치한 기관이다. **내분비체계** endo-

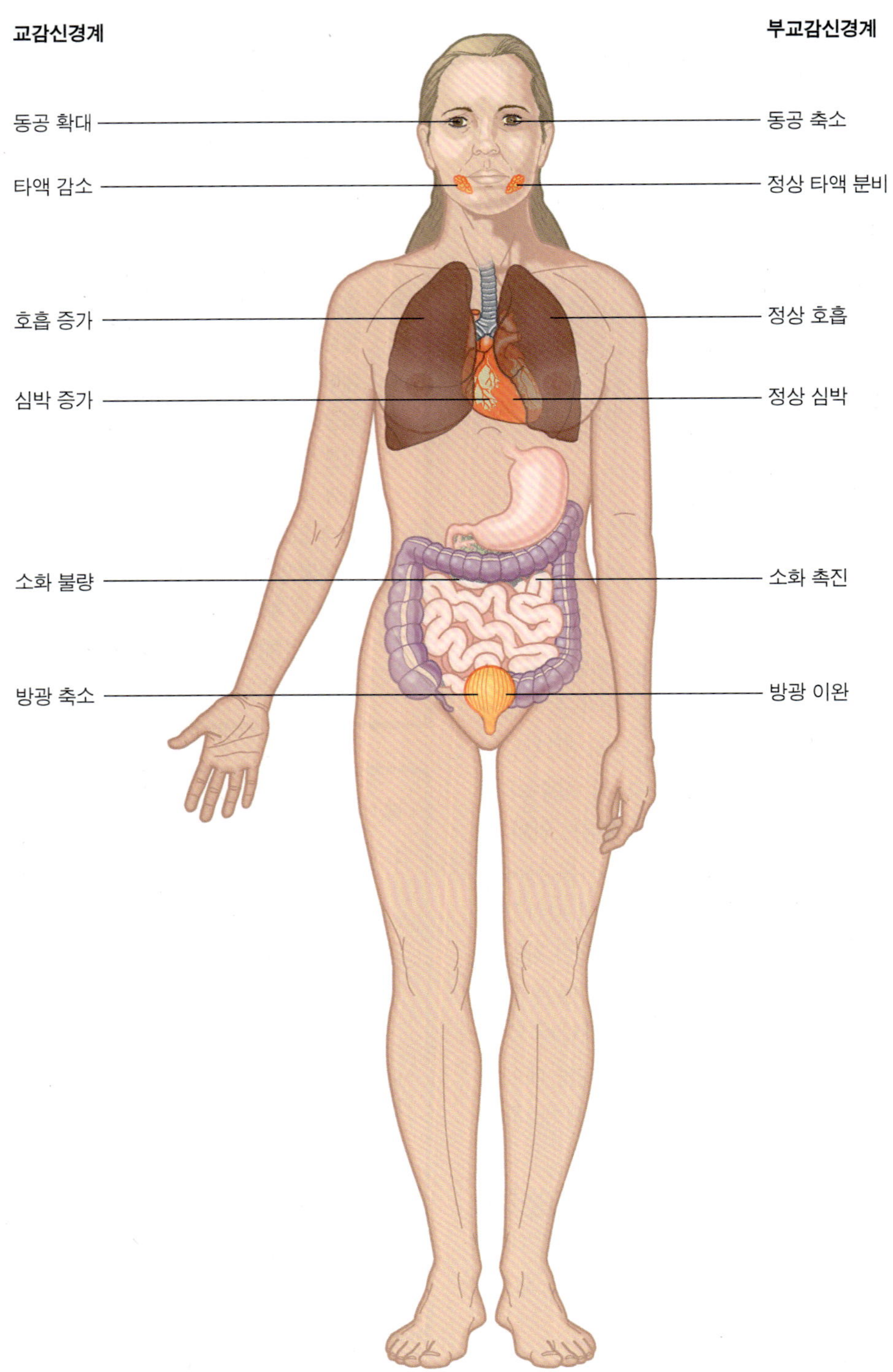


그림 2.17 **자율신경계.** 교감신경계는 능동적 반응을 위해 신체를 활성화하고, 부교감신경계는 신체를 회복시켜 신체 자원을 보존한다.

crine system는 신체 세포 집단의 활동성에 간접적으로 영향을 미침으로써 아주 느리게 작용한다. 그것은 내분비선에 의해 혈류에 분비되어 신체의 다른 부분에 전달되며, 그 정보를 인식하는 세포는 특수한 영향을 미치는 화학물질인 **호르몬**hormone에 의해서 그런 작용을 한다 (그림 2.18 참조). 호르몬은 상이한 유형의 세포에 대해 다양한 방식으로 작용한다. 각 표적 세포는 자신에게 작용하는 호르몬 분자를 인식하는 수용기를 갖춘다. 수용기는 혈류의 호르몬 분자를 수용하여 세포로 유입시킨다. 어떤 내분비선은 신경계에 의해 활성화되고, 또 어떤

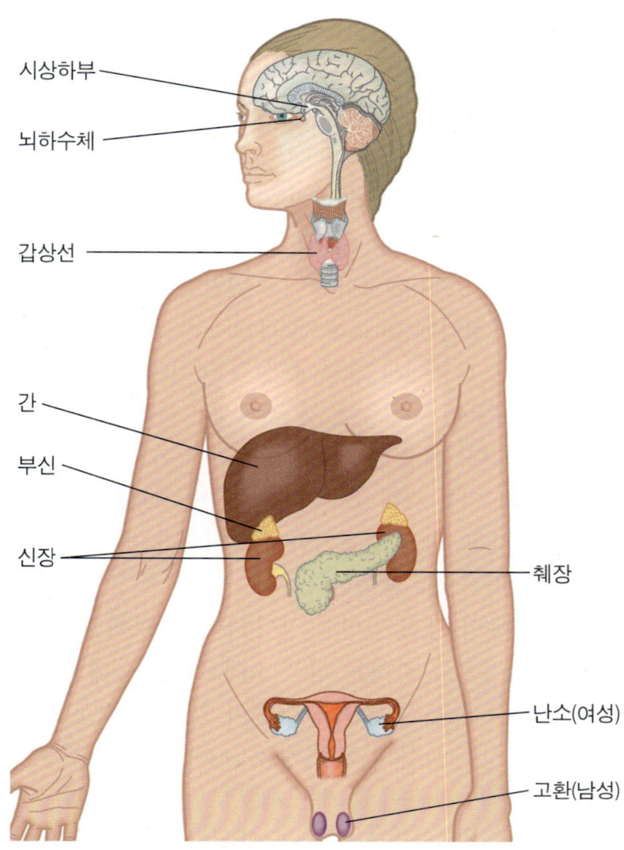


**그림 2.18 주요 내분비선과 시상하부.**

내분비선은 신체의 내적 화학 상태 변화에 의해 활성화한다.

주요한 내분비선 중 하나는 뇌하수체(pituitary)이다. 이 분비선은 부분적으로 뇌의 연장 구조이며, 시상하부 바로 아래에 있다(그림 2.10 참조). 뇌하수체는 '우두머리선(master gland)'이라고 불리는데, 이는 대부분의 상이한 호르몬을 생산하여 다른 내분비선의 활동을 통제하기 때문이다. 뇌하수체 호르몬의 하나인 성장호르몬은 신체의 성장을 조절하는 데 결정적인 역할을 한다. 왜소증(dwarfism)은 성장호르몬이 부족한 경우에 초래되고, 거인증(gigantism)은 너무 많은 경우에 발생한다. 뇌하수체에 의해 방출되는 다른 호르몬은 갑상선, 성선, 부신피질과 같은 다른 내분비선에 작용한다. 많은 동물들에서 구애, 교미 및 생식 행동은 신경계 활동과 성선에 대한 뇌하수체의 영향 간의 복잡한 상호작용에서 비롯된다.

뇌하수체와 시상하부의 관계는 복잡한 상호작용을 보여 준다. 시상하부에 있는 어떤 뉴런은 스트레스(공포, 불안, 통증, 정서적 사건 등)에 대한 반응으로, 관처럼 생긴 구조를 통해서 뇌하수체에 운반되는 부신피질자극호르몬 방출 인자(corticotropin-releasing factor, CRF)를 분비한다. CRF는 뇌하수체를 자극하여 신체의 주요 스트레스 호르몬인 부신피질자극호르몬(adrenocorticotropic hormone, ACTH)을 방출시킨다. 이에 따라 ACTH는 혈류에 의해서 부신 또는 다른 기관으로 운송되어 30여 개의 호르몬을 방출시키는데, 그것들 각각은 위기 상황에서 신체의 적응을 위한 역할을 한다. 예를 들면 세포에서 글루코스의 요구가 위기 상태에 증가하고, 스트레스를 받을 때 방출되는 부신호르몬인 코르티솔은 신체에 저장된 지방을 글루코스로 전환시키는 것을 촉진한다. 흥미롭게도 코르티솔은 인지적 기능에도 영향을 미친다. 코르티솔은 낮은 수준일 때 기억을 향상하지만, 높은 수준일 때는 기억장애와 뉴런의 죽음을 초래한다.

부신은 사람의 기분, 에너지 수준 및 스트레스를 해결하는 능력에 중요한 역할을 한다. 부신의 중심핵은 에피네프린과 노르에피네프린(또는 아드레날린과 노르아드레날린으로 알려짐)을 분비한다. 에피네프린은 위기에 대해 유기체를 준비시킨다. 이는 자율신경계의 교감신경계와 연합하여 평활근과 땀샘에 영향을 미친다. 또한 위와 장의 혈관을 수축시키고 심장박동을 빠르게 만든다. 노르에피네프린도 유기체가 위기에 반응하도록 준비시킨다. 이는 뇌하수체를 자극하여 부신선의 피질에 작용하는 호르몬을 방출시키고, 그다음으로 간을 자극하여 신속한 행동을 하는 데 필요한 에너지를 신체에 공급하기 위해 혈당 수준이 증가한다.

내분비체계의 호르몬과 뉴런의 신경전달물질은 유사한 기능을 수행하는데, 둘 다 세포 간의 정보를 전달한다. 신경전달물질은 인접한 뉴런 간 정보를 전달하고 그 효과는 고도로 국소화된다. 그러나 호르몬은 신체의 먼 곳까지 전파될 수 있고, 상이한 유형의 세포에 대해 다양한 방식으로 작용한다. 이런 차이에도 불구하고 이 화학적 전령 중 일부는 두 가지 기능을 한다. 예를 들어 에피네프린과 노르에피네프린이 뉴런에 의해 분비될 때는 신경전달물질로 작용하고, 부신선에 의해 분비될 때는 호르몬으로 작용한다.

### 중간 요약

- 내분비선은 다양한 유형의 세포에 대해 다양한 방식으로 작용하는 호르몬을 신체를 순환하는 혈류에 분비한다.
- 뇌하수체는 다른 내분비선의 분비 활동을 통제한다.

**비판적 사고를 위한 물음**

1. 호르몬은 혈류에 방출되면 신체의 모든 세포에 도달할 수 있다. 그다음으로 호르몬은 어떤 신체조직에 어떻게 선택적 작용을 하는가? 뇌의 시냅스 전달에 대해서도 동일한 유추를 할 수 있는가?

2. 겨울 동안 난방장치는 집 안 공기를 데워 주고, 자동 온도 조절장치는 내부 공기 온도가 설정한 수준에 도달할 때를 탐지한다. 이런 원리는 혈류의 호르몬 수준을 유지하기 위해 내분비체계에서 어떻게 사용되는가? 어떤 우두머리선이 내분비체계의 '자동 조절장치'로 기능하는가?

## 진화, 유전자 및 행동

심리학의 생물학적 기초를 완전히 이해하기 위해 진화와 유전의 영향에 대해 알 필요가 있다. 생물 유기체는 수백만 년을 진화해 왔고, 환경 요인은 신경계의 조직과 기능을 형성하는 데 중요한 역할을 했다. 진화적 변화를 설명하기 위해 찰스 다윈(Charles Darwin)이 기술한 **자연선택** natural selection은 행동과 뇌를 형성하는 데 필수적인 역할을 했다. 다윈의 자연선택 원리는 유전 가능한 특질의 변이가 유기체의 생존에 크게 기여할수록 후손에게 잘 전달된다고 설명한다. **행동유전학** behavior genetics 분야는 행동 특징의 유전을 연구하기 위해 유전학과 심리학의 방법을 결합한다(Plomin et al., 1994). 우리는 많은 신체적 특질—키, 골격 구조, 머리털과 눈의 색깔 등—이 유전된다는 것을 알고 있다. 행동유전학자들은 심적 능력, 기질 및 정서적 안정성을 포함하는 심리적 특질이 부모로부터 자식에게 유전되는 정도에 관심을 갖는다(Bouchard, 1984, 1995). 런던정신의학연구소 로버트 플로민(Robert Plomin)의 주도하에 연구자들은 지능에 기여하는 염색체 표지를 확인했다(Fisher et al., 1999). 그러나 그런 발견은 결정적이지 않다. 이 절에서 보듯이 환경 조건은 특정 유전 요인이 성숙에 따라 사람에게서 표현하는 방식과 많은 관계가 있다.

### 행동의 진화

행동 연구는 무릎 반사를 유발하는 척수 운동 뉴런의 흥분 같은 행동의 근접 원인뿐만 아니라 궁극 원인도 포함한다. 행동의 궁극 원인은 진화적 맥락에서 행동을 설명한다. **근접 원인** proximate causes은 행동이 발생하는 방법을 설명하는 반면에, **궁극 원인** ultimate causes은 행동이 시초에 존재한 이유(즉 그것이 자연선택에 의해 진화된 이유)의 이해를 돕는다. 예를 들어 수컷의 공격성을 살펴보자. 인간과 또 다른 포유류에서 일반적으로 수컷은 암컷보다 공격적인데(Buss & Shackelford, 1997), 특히 동성 간의 상호작용에서 그렇다. 성적 생식이 계절적으로 조절되는 포유류에서 수컷 간 공격성은 특히 번식기 동안 두드러진다. 예를 들면 붉은사슴과 코끼리, 바다표범의 수컷은 교미를 위해 소수의 암컷 집단(하렘)을 통제하려고 시도하고, 암컷과 교미하려고 시도하는 다른 수컷에 대해 공격적으로 행동한다.

공격 행동의 근접 원인은 상당히 잘 이해되었다. 예를 들면 혈류를 순환하는 성선 스테로이드인 테스토스테론의 수준은 공격 행동과 상관이 있고, 피질 하부의 뇌 구조 손상은 동물의 공격 행동을 감소시키거나 증가시킬 수 있다. 최근의 증거는 세로토닌이 공격 행동에 중요하다고 지적하며(Nelson & Chiavegatto, 2001), 최소한 설치류의 후각단서는 수컷의 공격성을 중개한다(Stowers et al., 2002). 더구나 사회적 맥락은 공격 행동의 성질과 형태를 강력히 조절한다. 붉은사슴, 코끼리, 바다표범의 수컷은 번식기 동안 자신에게 접근하는 다른 수컷을 공격하지만 성적으로 수용적인 암컷을 공격하지는 않는다.

그렇다면 공격 행동과 배후의 신경 및 호르몬 체계는 도대체 왜 존재하는가? 공격 행동의 궁극 원인은 무엇인가? 진화 또는 기능적 관점에서 번식기 수컷의 공격 행동은 **적응적** adaptive이다. 그것은 생식의 성공을 제공하고, 생식의 성공은 공격 행동을 통제하는 유전자의 지속성을 촉진한다. 붉은사슴 중 공격적인 수컷은 수용적인 암컷을 확보하고 교미를 할 가능성이 더 높으며, 이로 인해 다음 세대에 공격성을 나타내는 유전자를 가진 수컷의 비율을 증가시킨다. 공격적이지 않은 붉은사슴 수컷은 교미 대상을 확보할 가능성이 낮고, 그 유전자는 개체군에서 미미하게 표현될 것이다. 이는 수컷의 공격성이 윤리적 또는 도덕적 견해에서 '선하다'는 것을 의미하지는 않는다. 오히려 그 행동은 진화적인 맥락에서 적응적이다.

공격적 행동은 교미 기회를 위한 경쟁 장면에서 유발되기 때문에 성적으로 선택되었다고 일컬어진다. 자연선택의 특수한 경우인 **성적 선택** sexual selection은 높은 번식력을 가진 성에서 생식의 성공을 촉진하는 특질을 산출한다. 암컷 사슴의 번식력은 임신과 양육에 의해 제한되지만, 수컷의 번식력은 가용한 암컷에 의해서만 제한된다. 어떤 조류의 경우 수컷의 번식력이 암컷의 번식력보다 낮은데, 수컷이 알을 부화하기 위해 둥지에서 알을 품고 있는 동안 암컷은 교미를 하기 위해 다른 수컷을 찾기 때문이다. 이런 경우에 암컷 새는 수컷 새보다 공격성을 더 많이 보인다. 어떤 경우든 교미 대상을 확보하는 장점을 제공하는 특질은 높은 번식력을 위해 그 성에서 선택된다. 이 특질은 공격성과 같은 행동 성향에만 국한되는 것이 아니라 신체 크기, 색깔과 같은 신체적 특질을 포함한다.

## 염색체와 유전자

자연선택은 기본적 유전 단위를 형성하는 디옥시리보핵산(deoxyribonucleic acid, DNA) 분자의 일부인 **유전자** genes에 의해 작용한다. 우리가 부모로부터 물려받아서 후손에게 전해 주는 유전자는 체세포의 핵에 존재하는 구조인 **염색체** chromosomes에 의해 전달된다. 대부분의 체세포는 46개의 염색체를 갖고 있다. 수태 시에 인간은 아버지의 정자로부터 23개의 염색체를, 어머니의 난자로부터 23개의 염색체를 받는다. 46개의 염색체는 23개의 쌍을 이루는데, 이것은 세포가 분열할 때마다 복제된다(그림 2.19 참조). 그림 2.20에서 보듯이 DNA 분자는 꼬인 사다리 또는 두 가닥의 나선형 구조(double-stranded helix)처럼 보인다.

각 유전자는 세포가 특수한 기능을 하도록(보통 특정 단백질을 생산하도록) 지시하는 지령을 담고 있다. 비록 신체의 모든 세포가 동일한 유전자를 갖고 있을지라도 각 세포는 전문화되는데, 왜냐하면 어떤 세포의 유전자의 5~10%만이 활동적이기 때문이다. 각 세포는 수정란으로부터 발달하는 과정에서 어떤 일부 유전자를 가동시

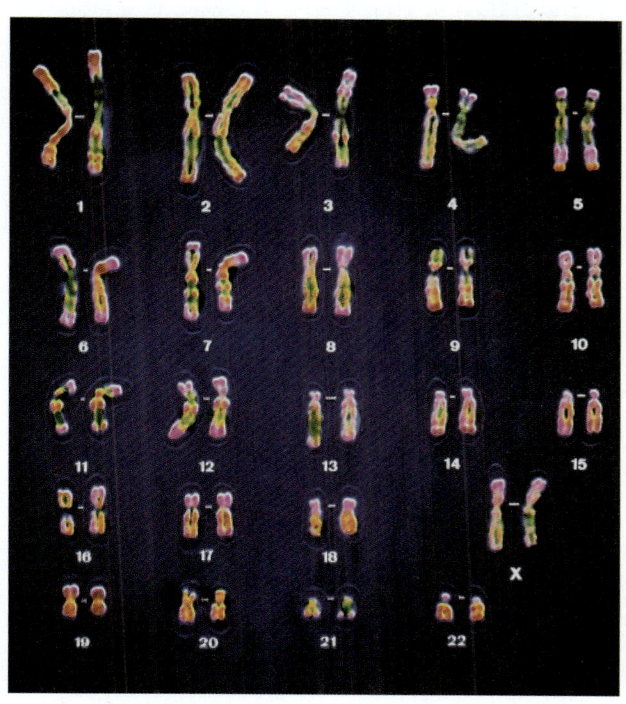


**그림 2.19 염색체.** 확대된 사진은 정상적인 인간 여성의 46개 염색체를 보여 준다. 인간 남성의 경우 첫째 쌍부터 22번째 쌍까지는 여성과 동일하지만 23번째 쌍은 XX가 아니라 XY이다.

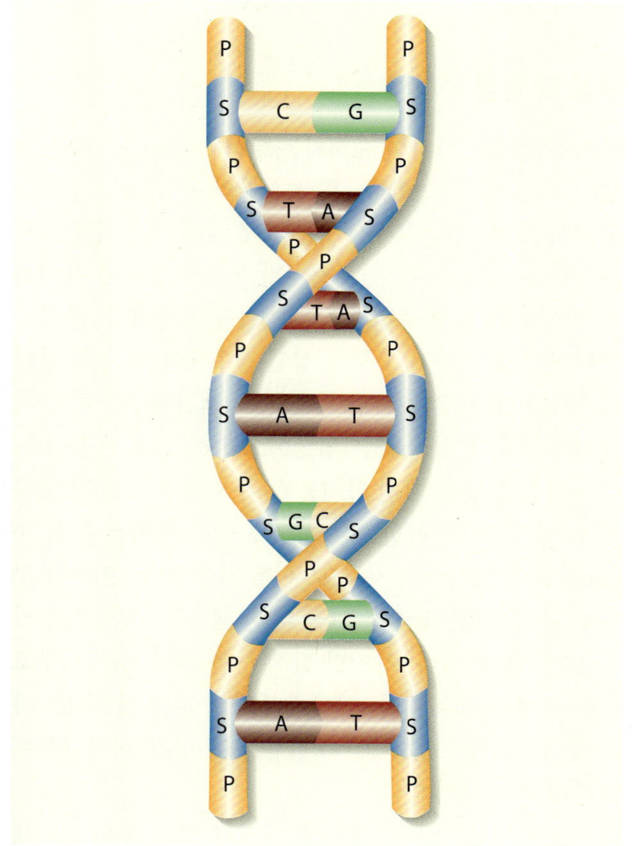


**그림 2.20 DNA 분자의 구조.** 분자의 가닥은 교차하는 당(S)과 인산염(P)으로 구성되고, 꼬인 사다리의 가로대는 네 가지 염기(A, G, T, C)로 구성된다. 나선형의 이중적 성질과 염기 쌍에서의 제한은 DNA의 자기복제를 가능하게 한다. 세포분열의 과정에서 DNA 분자의 두 가닥이 분리되어 염기 쌍도 분리되고, 각 염기 쌍의 하나는 각각의 가닥에 부착된 채로 있다. 한 가닥에 부착되어 있는 A는 T를 이끌고, 이런 과정이 반복된다. 이런 과정을 통해서 2개의 동일한 DNA 분자는 이전에 존재했던 것처럼 존재한다.

키고 나머지 것들은 모두 정지시킨다. 예를 들어 '신경 유전자(nerve genes)'가 활동적이면 그 세포는 뉴런으로 발달하는데, 왜냐하면 그 유전자가 신경 기능을 수행할 수 있게 해 주는 생산물을 만들도록 세포에 지령을 내리기 때문이다(그것은 '근육 유전자' 같은 무관한 유전자가 활동을 정지하지 않으면 불가능하다).

유전자도 염색체처럼 쌍으로 존재한다. 각 쌍 중 한 유전자는 정자 염색체로부터 오고 나머지 유전자는 난자 염색체로부터 온다. 그래서 아이는 부모의 유전자로부터 반씩을 받는다. 인간 염색체에 있는 유전자의 총수는 약 1,000개 이상일 것이다. 유전자의 수가 매우 많아서 두 사람이, 형제조차도 정확히 동일한 유전자의 조합을 상속받을 가능성은 극히 낮다. 유일한 예외는 일란성 쌍둥이인데, 이들은 동일한 수정란으로부터 발달했기 때문에 정확하게 동일한 유전자를 갖고 있다.

## 우성 및 열성 유전자

유전자 쌍에서 각각의 유전자는 **우성**(dominant) 혹은 **열성**(recessive)일 수 있다. 유전자 쌍의 두 유전자가 모두 우성이면 사람은 이 우성 유전자에 의해 지정되는 형태의 특질이 출현한다. 한 유전자가 우성이고 다른 유전자가 열성이면 우성 유전자만이 특질을 결정한다. 부모로부터 받은 유전자가 모두 열성일 경우에만 그 열성 형태의 특질이 표현된다. 예를 들면 눈의 색깔을 결정하는 유전자의 경우에 청색 눈은 열성이고 갈색 눈은 우성이다. 그래서 청색 눈을 가진 아이는 두 부모가 모두 청색 눈을 가진 경우, 부모 중 한쪽은 청색 눈이고 한쪽은 갈색 눈(청색 눈의 열성 유전자를 보유)을 가진 경우, 또는 부모 모두 갈색 눈을 가진 경우(둘 다 청색 눈의 열성 유전자를 보유)일 수 있다. 하지만 갈색 눈을 가진 아이는 부모 모두 청색 눈이 아니다. 열성 유전자에 의해 전달되는 다른 특질에는 탈모증, 피부 백변증, 혈우병, 덩굴옻나무에 대한 취약성 등이 있다.

대부분의 인간 특질이 단일 유전자 쌍의 작용에 의해 결정되는 것은 아니지만, 단일 유전자도 상당히 중요하다는 몇 가지 놀랄 만한 예외가 있다. 심리학적 관점에서 특히 관심을 끄는 것은 페닐케톤뇨증(phenylketonuria, PKU)과 헌팅턴병(Huntington's disease, HD) 같은 질병인데, 이 두 질병은 모두 신경계의 퇴화를 포함하고 행동 및 인지의 문제와 관련이 있다. 유전학자들은 두 장애를 초래하는 유전자를 확인했다.

PKU는 부모로부터 유전된 열성 유전자의 작용에 기인한다. 이 증상을 가진 유아는 페닐알라닌(phenylalanine, 우유 · 달걀 · 치즈와 같이 단백질이 풍부한 음식에서 발견되는 아미노산)을 소화시킬 수 없는데, 그것이 체내에 축적되어 신경계에 독 작용을 하고, 따라서 회복 불가능한 뇌 손상이 일어난다. PKU를 가진 아이는 심각한 정신 지체를 보이고 보통 30세가 되기 전에 사망한다. PKU 장애가 출생 시에 발견되어 즉시 페닐알라닌 수준을 통제하는 식이요법을 받는다면 양호한 건강과 지능을 갖고 생존할 가능성이 상당히 높다. PKU 유전자를 찾기 전까지는 출생 후 최소한 3주가 되어야 비로소 장애를 진단할 수 있었다.

단일 우성 유전자는 헌팅턴병을 발병시킨다. 이 질병의 장기 과정은 어떤 뇌 영역의 퇴화인데 10~15년에 걸쳐 점진적으로 황폐화된다. 헌팅턴병을 가진 사람은 말을 하는 능력과 자신의 운동을 통제하는 능력을 점차적으로 상실하고, 기억과 정신 능력도 심한 퇴화를 보인다. 이 질병은 보통 30~40대가 되었을 때 발생하고, 그 이전에는 질병의 증거가 없다.

현재는 헌팅턴병 유전자가 분리되어서 유전학자는 사람이 그 병에 걸릴 위험성을 검사할 수 있고, 그 유전자를 갖고 있는지를 알아볼 수 있다. 아직 헌팅턴병의 치료법은 없지만 그 유전자에 의해 생산되는 단백질이 확인되었으므로 이 질병을 치료하는 데 단서가 된다.

## 성 연관 유전자

정상적인 여성은 23번째 염색체 쌍에 X 염색체라고 불리는 2개의 유사한 염색체를 갖고 있다. 정상적인 남성의 경우에는 23번째 염색체 쌍에 하나는 X 염색체, 또 하나는 조금 달리 보이는 Y 염색체를 갖고 있다(그림 2.19 참조). 그래서 정상적인 여성의 염색체 쌍은 XX이고, 정상적인 남성의 염색체 쌍은 XY이다.

2개의 X 염색체를 갖고 있는 여성은 X 염색체로부터 전달되는 열성 특질로부터 보호를 받는다. 하지만 X 염색체와 Y 염색체를 갖고 있는 남성은 그 염색체 중 하나에 의해 전달되는 유전자가 다른 염색체의 우성 유전자에 의해 상쇄되지 않기 때문에 더욱 많은 열성 특질을 보인다. 23번째 염색체 쌍과 관련된, 유전적으로 결정된 특징과 장애는 **성 연관 특질** sex-linked traits이라고 일컫는다. 예를 들면 색맹은 열성 성 연관 특질이다. 남성은 어머니로부터 받은 X 염색체가 색맹 유전자를 보유하고 있으면 색맹이 된다. 하지만 여성은 색맹이 될 가능성이 낮은데, 왜냐하면 색맹인 여성은 아버지가 색맹이고 어머니는 색맹 또는 색맹 열성 유전자를 가진 경우이기 때문이다.

## 행동의 유전적 연구

단일 유전자가 어떤 특질을 결정하기도 하지만 여러 유전자가 대부분의 인간 특질을 결정하기 위해 결합되므로 인간 특질은 **다중 유전적** polygenic이다. 지능, 신장, 정서와 같은 특질은 분명한 범주로 구분되지 않고 계속적인 변동을 보인다. 대부분의 사람은 둔하지도 명석하지도 않다. 지능은 광범위하게 분포하고 대부분의 사람은 중간에 위치한다. 때때로 특수한 유전적 결손이 정신지체를 초래할 수도 있으나, 대부분의 경우에는 다수의 유전자가 어떤 사람의 지적 잠재력을 결정하는 능력 차이의 배후 요인에 영향을 미친다. 물론 짧게나마 논의하겠지만 이런 유전적 잠재력의 출현은 환경적 조건에 달려 있다(Plomin et al., 1994).

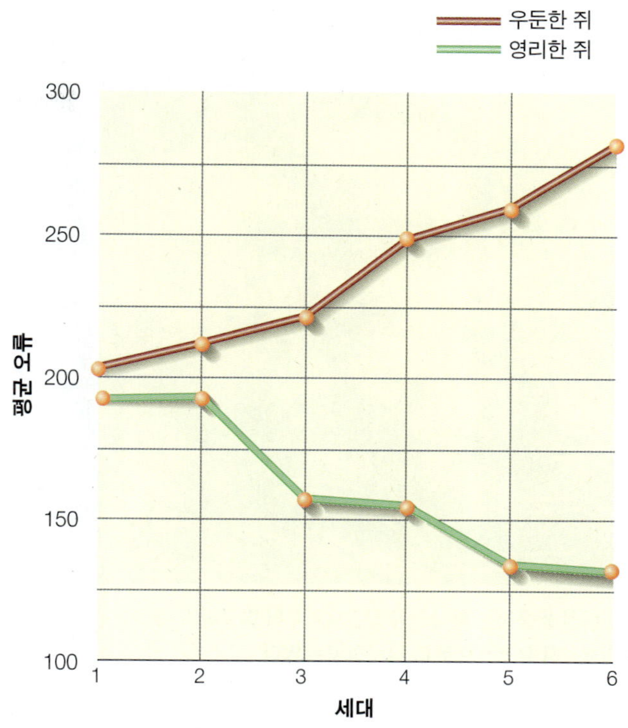


**그림 2.21 쥐의 미로 학습 유전.** 미로 학습 능력에 의해 선택적으로 교배된 '영리한(녹색 선)' 쥐와 '우둔한(붉은색 선)' 쥐의 평균 오류 점수.

### 선택적 교배

동물의 경우 특별한 특질의 유전을 연구하는 방법은 **선택적 교배** selective breeding이다. 선택적 교배는 어떤 행동 혹은 신체 특질이 낮거나 높은 동물들을 서로 교배시키는 것이다. 예를 들면 쥐를 대상으로 한 학습 능력의 유전에 관한 초기 연구에서는 미로를 주행하는 학습을 잘하지 못하는 암컷과 수컷을 교배시키고, 학습을 잘하는 암컷과 수컷을 교배시켰다. 그리고 이런 교배 방식으로 출생한 쥐들을 가지고 동일한 미로에서 검사했다. 이렇게 몇 회의 세대가 경과한 후에 '영리한' 혈통과 '우둔한' 혈통의 쥐들이 출생했다(그림 2.21 참조). 그러나 그런 번식이 반드시 더 높은 혹은 더 낮은 지능을 가진 동물만을 출생시키는 것은 아니었다. 예를 들면 공포가 낮은 동물은 그 장치를 탐색할 가능성이 더 높기 때문에 미로에서 더 나은 수행을 할 것으로 기대되었다.

선택적 교배는 다수 행동 특질의 유전성을 증명하는 데 사용되었다. 개는 흥분하기 쉽거나 활발하지 않도록 번식되었고, 닭은 공격적이고 성적으로 능동적이 되도록 번식되었으며, 초파리는 불빛에 더 끌리거나 그렇지 않도록, 그리고 생쥐는 알코올에 더 끌리거나 그렇지 않도록 번식되었다. 어떤 특질이 유전에 의해 영향을 받으면, 선택적 교배를 통해 그것을 변화시키는 것이 가능해야 한다. 하지만 선택적 교배가 어떤 특질을 변화시키지 않는다면 그 특질이 주로 환경적 요인에 의존한다고 가정해야 한다(Plomin, 1989).

### 쌍둥이 연구

인간을 대상으로 하는 선택적 교배 실험은 비윤리적인 행위이기 때문에 우리는 친척 관계가 있는 사람 사이의 행동 유사성을 관찰해야만 한다. 어떤 특질은 종종 혈통을 통해 전해진다. 그러나 가족 구성원은 유전적으로 연결되었을 뿐만 아니라 동일한 환경을 공유하고 있다. 음악적 재능이 '혈통으로 이어졌더라도' 우리는 유전된 특질이나 음악에 대한 부모의 강조 중 어느 것이 일차적인 중요성을 갖는지를 알 수 없다. 알코올 중독자 아버지를 둔 아들은 그렇지 않은 사람보다 알코올 중독으로 발달할 가능성이 더 높다. 유전 경향성 또는 환경 조건 중 어느 것이 중요한 역할을 하는가? 이런 종류의 물음에 답하기 위해 심리학자는 쌍둥이, 특히 입양되어 각기 다른 환경에서 양육된 쌍둥이를 대상으로 연구했다.

일란성 쌍둥이는 하나의 수정란으로부터 발달하므

**일란성 쌍둥이는 하나의 수정란으로부터 발달하기 때문에 일란성이라고 부른다. 이란성 쌍둥이는 상이한 수정란에서 발달하고, 그래서 일반적인 형제보다 유전적으로 더 유사하지는 않다.**

로 동일한 유전자를 공유하고 있다—이들은 하나의 수정란으로부터 출생했기 때문에 **일란성** monozygotic이라고 불린다. 이란성 쌍둥이는 상이한 난자로부터 발달했기 때문에 유전적으로 보통의 형제보다 더 유사하지는 않다. 이들은 2개의 수정란으로부터 출생했기 때문에 **이란성** dizygotic이라고 불린다. 일란성 쌍둥이와 이란성 쌍둥이를 비교한 연구는 환경과 유전의 영향을 구별하는 것을 도와준다. 일란성 쌍둥이는 출생 시에 헤어져서 다른 가정에서 양육되었을 때조차 이란성 쌍둥이보다 지능이 더 유사하다(13장 참조). 또한 일란성 쌍둥이는 이란성 쌍둥이보다 어떤 성격 특질과 조현병에 대한 취약성도 더 유사하다(15장 참조). 최근 연구는 MRI로 측정한 뇌의 회백질량이 이란성 쌍둥이보다 일란성 쌍둥이의 경우 더 상관이 높았고, 따라서 그것이 지능과 상관이 있다는 것을 보여 주었다(Thompson et al., 2001). 즉 우수한 사람은 뇌에 더 많은 회백질을 갖고 있고, 회백질의 양은 유전적 요인과 강한 관계가 있는 것처럼 보인다(Plomin & Kosslyn, 2001).

입양아 연구로부터 얻은 놀라운 발견은 사람이 나이를 먹어 감에 따라 유전적 영향이 더 강해진다는 것을 시사한다. 어린아이의 심리적 특질은 생물학적 부모 혹은 입양 부모의 특질과 특별히 유사하지는 않다. 그들이 더 나이 들면 일반적 인지 능력과 언어 능력 같은 특질이 입양 부모와 더 유사해지고 생물학적 부모와는 덜 유사해질 것이라고 기대할 수 있을 것이다. 하지만 이런 기대와는 반대로, 입양아는 16세가 되면 그 특질이 입양 부모보다는 생물학적인 부모와 더 유사해지는데(Plomin et al., 1997), 이는 유전적 영향의 새로운 역할을 시사한다.

## 행동의 분자유전학

최근 연구자는 일부 성격의 측면 같은 어떤 인간 특질이 특정 신경전달물질 수용기에 영향을 미치는 특수한 유전자의 영향을 받는다고 제안했다(Zuckerman, 1995). 이런 종류의 연구 중 대부분은 어떤 심리적 특질을 지닌 가족 구성원을 찾아서 그 특질이 부족한 가족 구성원과 비교했다. 연구자는 분자유전학의 기법을 이용하여 연구대상이 되는 특질의 존재와 관련이 있는 유전자 또는 염색체의 부분을 찾으려고 시도했다. 예를 들면 '새로움 추구'로 언급되는 특질의 조합(즉 성격 척도의 점수로 측정된 충동적이고, 탐색적이며, 성미가 급한 경향성)은 도파민 D4 수용기를 통제하는 유전자와 관련이 있었다(Benjamin et al., 1996).

때때로 이런 유형의 분석은 매우 특수한 행동 특질에 적용되었다. 앞서 언급했듯이 알코올 중독자의 아들은 무선적으로 선택된 사람보다 알코올 중독이 될 가능성이 더 높다. 그들은 술을 마실 때 다른 사람들보다 더 많은 엔도르핀(보상과 관련된 천연 아편성 신경전달물질)을 방출하는 경향을 보이는데(Gianoulakis et al., 1996),

이것은 알코올 중독의 생물학적 성향일 가능성을 시사한다.

그러나 이 분석은 때로 오류일 수도 있으므로 주의 깊게 살펴보아야 한다. 예를 들면 D2 도파민 수용기의 유전자가 심한 알코올 중독자에게만 발생했고, 그래서 알코올 중독의 유전적 기초라고 주장된 적이 있었다. 그러나 이 유전자에 대한 최근 연구는 그것이 다른 유형의 쾌를 추구하는 사람들에게서도 많이 나타나고 약물 남용, 비만, 강박적 도박이나 다른 형태의 '무절제한 행동'과 연결될 수도 있음을 보여 주었다(Blum et al., 1996). 이 유전자의 역할과 행동 간의 관계에 대한 이해는 그 유전자가 발견된 이래 최근 몇 년간 분명히 변화했고, 추가 증거가 나타나면 다시 변화할 것이다. 이 연구는 어떤 행동의 유전적 기초가 확인되었다고 결론을 내리기 전에 추가 증거를 기다릴 필요가 있음을 보여 준다. 여러 사례에서 처음에는 분명히 유전적 설명처럼 보였던 것이 나중에는 거짓임이 밝혀졌다.

## 유전자 작용에 대한 환경적 영향

어떤 사람이 가지고 태어난 유전적 잠재력은 접촉하는 환경에 의해 많은 영향을 받는다. 한 가지 예가 당뇨병이다. 당뇨병이 발병하는 경향성은, 비록 정확한 전달 방법이 알려져 있지 않더라도 유전적이다. 당뇨병 환자의 췌장은 탄수화물을 소화시켜서 신체에 에너지를 공급하기에 충분할 정도의 인슐린을 생산하지 못한다. 과학자는 유전자가 인슐린 생산을 결정한다고 가정한다. 그러나 당뇨병의 유전적 잠재력을 가진 사람이 항상 당뇨병에 걸리는 것은 아니다. 일란성 쌍둥이 중 한 명이 당뇨병에 걸린다면, 다른 한 명이 당뇨병에 걸리는 비율은 전체 사례의 반 정도이다. 당뇨병에 관여하는 모든 환경 요인이 알려져 있지는 않지만, 상당히 잘 알려진 요인은 비만이다. 과체중인 사람은 날씬한 사람보다 탄수화물을 대사하는 데 더 많은 인슐린을 필요로 한다. 결과적으로 당뇨병 유전자를 갖고 있는 사람은 과체중일 경우에 당뇨병에 걸릴 가능성이 더 높다.

조현병은 유사한 상황을 보여 준다. 15장에서 보게 될 텐데, 실제적인 증거는 이 장애가 유전적 요소를 갖고 있다고 시사한다. 일란성 쌍둥이 중 한 명이 조현병이면 다른 한 명도 정신장애의 증후를 보일 가능성이 매우 높다. 그러나 쌍둥이가 둘 다 완전한 조현병 환자가 되는가는 다수의 환경적 요인에 달려 있다. 유전자는 어떤 사람이 조현병에 걸릴 소인을 제공하기도 하지만 성장 환경은 실제적인 결과를 만든다.

### 중간 요약

- 염색체와 유전자는 유전 정보를 저장하고 있는 DNA 분자의 일부로 개인의 유전적 잠재력을 전달한다.
- 행동은 유전과 환경의 상호작용에 의존한다. 어떤 사람의 유전자는 잠재력의 한계를 설정하지만, 이 잠재력을 발현하는 것은 그 사람의 성장 환경에 달려 있다.

### 비판적 사고를 위한 물음

1. 매년 알코올 중독 또는 약물 남용 장애, 조현병, 성적 지향, 충동성, 혹은 어떤 복합적인 심리적 특질에 대한 새로운 유전자가 발견되는 것 같다. 그러나 후속 연구를 통해 종종 유전자가 어떤 사람들의 경우에는 그 특질과 관련이 있지만 모든 사람이 그렇지는 않다는 것이 증명된다. 그리고 때로 그 유전자는 원래 연관이 있던 특질과 더불어 다른 행동 특질과 관련이 있다는 것이 증명된다. 당신은 유전자가 이런 식으로 심리적 특질에 영향을 줄 수 있는 이유를 생각해 낼 수 있는가? 달리 말하면, 왜 유전자의 존재와 특정 심리적 특질의 강도는 완전한 일대일 대응이 되지 않는가?
2. 유전자는 뇌와 행동에 중요한 영향을 미친다. 그러나 유전자는 모든 것에 관여하는가? 당신은 유전적으로 프로그래밍되지 않은 행동의 예를 생각할 수 있는가? 이 행동은 어떻게 세대에 걸쳐 전수되는가?

# 찬|반|논|쟁

# 국소화하기 혹은 국소화하지 않기 – 그게 문제입니다

## 국소화하기

*Annick Ledebt*, 암스테르담자유대학교

상이한 심리적 및 운동 기능이 뇌에서 발생한다는 생각은 현재에는 잘 확립되었고 더 이상 의문의 여지가 없다. 사실상 18세기와 19세기에 발생한 열띤 논쟁은 감정, 성격 및 정신 능력이 물질적인 신체와 비물질적인 영혼에 존재하는가를 중심으로 한다.

19세기에 골상학 운동(프란츠 요제프 갈에 기초를 둠)은 성격 특질(예: '소유감'과 '자만심')과 지적 능력(예: '사실의 기억'과 '모방 능력')이 뇌 표면의 상이한 영역에 국소화되었다는 생각을 전파했다. 이 영역은 두개골에서 돌출되어 있어서 두개골 표면의 검사가 어떤 능력이 잘 발달되었는가를 평가할 수 있도록 해 준다고 여겨졌다. 오늘날 골상학은 사이비 과학으로 생각되지만, 그 당시에는 정서와 같은 심리적 기능이 뇌에 있는 것이지 심장에 있지 않다는 주장으로 주의를 돌리게 했다. 골상학은 두개골이란 가시적인 구조로 뇌를 이해했지만, 뇌의 내부를 살피는 것은 뇌의 기능에 관한 다른 관점을 제공했다.

19세기 후반에 폴 브로카와 카를 베르니케에 의한, 다양한 뇌 손상 환자의 증세에 대한 주의 깊은 관찰은 뇌에서 기능의 국소화를 새롭게 조명했다. 브로카에 의해 기술된 환자는 'tan' 이외의 어떤 단어도 말로 표현하지 못하는 언어 결손(실어증)에 걸렸다. 놀랍게도 그의 언어 이해 능력은 정상인 것 같았다. 브로카는 사후 부검을 통해 좌측 하전두엽이 손상된 것을 발견했고, 그래서 언어 산출이 그곳에 국소화될 것이라고 추측했다. 베르니케는 특수한 언어 이해의 문제를 보이지만 말로 표현할 수는 있는 어떤 환자에 대해 기술했다. 이 환자는 후상측두회가 손상되었다. 두 유형의 실어증에 대한 다른 설명이 곧 제시되어 이 중대한 발견을 확인해 주었다. 언어 이해와 언어 산출 사이의 연결을 설명하기 위해 베르니케는 자신이 찾아낸 측두 영역과 브로카 전두 영역 사이에 직접 연결이 존재할 것으로 예상했다.

뇌에서 특수한 기능과 특수한 영역을 연결지으려는 시도는 아직 뇌의 해부학이 이끌고 있으나, PET, 뇌자도(MEG), fMRI 및 연관 확산 텐서 MRI 뇌신경섬유지도와 같은 다양한 뇌 영상 기법을 이용한 온라인 뇌 기능에 대한 지식을 고려하는 것도 증가하고 있다. 이 기법은 뇌 손상이 있는 혹은 뇌 손상이 없는 살아 있는 사람의 뇌 활동의 복잡성을 평가할 수 있게 해 준다. 특수한 기능에 대한 특수한 뇌 영역의 관여를 증명하는 것은 뇌 손상 환자에 대한 설명에 의존할 뿐만 아니라 현재에는 뇌 손상이 없는 사람이 특정 과제를 수행하고 있을 때의 뇌 활동에도 기초를 둔다.

언어의 측면에 관해서는 현재 측두엽과 전두엽에서 언어 이해와 표현의 국소화와 더불어 좌반구의 다른 부위(예: 하두정엽)가 언어에 관여한다는 증거가 있다. 이 상이한 뇌 영역은 베르니케 영역과 브로카 영역 간의 직접 경로와 이 두 영역을 하두정엽과 연결하는 간접 경로의 신경망 내에서 서로 연결되어 있다(Catani et al., 2005). 현대의 언어 연결주의 설명은 초기의 두 피질영역의 발견을 국소화된 중추보다는 분산된 뉴런의 집단을 포함하는 병렬 분산처리를 하는 더 복잡한 신경망과 통합했다. 이 연결주의 설명의 주요한 생각은 브로카와 베르니케 영역 내에서 부분 전문화된 피질 영역이 신경섬유 다발의 하위 집합에 의해 연결된다는 것이다. 그러므로 우리는 브로카와 베르니케 같은 선도 신경학자들에 의해 제안된 언어의 국소화가 포기되지 않았고, 오히려 다수의 병렬적 연결에 의해 연관된 좀 더 정교한 국소화 영역의 모형으로 전환되었다고 주장할 수 있다.

어떤 기능의 상이한 측면에 기여하는 뉴런의 중요한 노드는 더 희미한 경계를 갖고, 그래서 이전에 생각했던 것보다 더 유동적(즉 뇌조직의 가소성)으로 보이는 영역의 뇌에서 집단을 이루는 것 같다. 언어와 같은 기능의 상이한 측면은 복잡한 신경망에서 분산될 수 있으나 어떤 신경망을 구성하는 상이한 노드는 뇌의 특수한 위치에 우선적으로 자리 잡고 있는 것 같다. 그러므로 신경망의 상이한 위치에서 발생한 손상은 과거의 국소화 생각을 지지하는 다른 문제를 초래한다. 언어 기능의 경우에 명명(적절한 단어를 사용하여 색깔 혹은 다른 측면으로 어떤 대상을 확인하는 능력), 반복(단어나 문장을 반복하는 능력), 듣기 이해(발화된 언어를 이해하는 능력)와 같은 상이한 기본적 능력의 하나가 뇌 손상에 의해, 다른 능력에서는 기능의 상실이 없이도 장애를 겪을 수 있을 것이다. 이런 특수한 장애는 언어신경망의 특수한 위치에 영향을 주는 집중적 손상과 관련이 있고, 그것은 이 특수한 능력의 국소화가 전적으로 없는 언어신경망에 대한 반대 주장을 하는 것이다.

언어의 신경심리학으로부터 나온 이 예는 기능의 국소화에 대한 탐색이 뇌의 복잡한 연결성에 관한 최근의 발견을 고려하고, 특수한 피질(피질하부) 위치가 어떤 과정에 전문화되었다고 고려하는 것이 적절함을 인정해야 한다는 점을 설명하는 데 기여한다. 그럼에도 불구하고 어떤 신경망 요소의 전문화는 영구하게 고정되어 있지는 않고 그 신경망의 기능이 계속적으로 학습(Friederici et al., 2011)과 뇌 손상의 영향을 받고 있다.

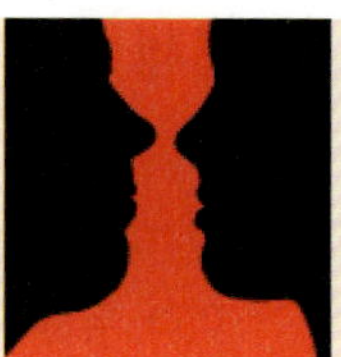

찬|반|논|쟁

# 국소화하기 혹은 국소화하지 않기—그게 문제입니다

## 국소화하지 않기

*John Stins*, 암스테르담자유대학교

PET나 fMRI 같은 뇌 영상 기법은 살아 있는 인간 뇌의 기능을 알아보는 극적인 창을 제공한다. 환경 조건을 체계적으로 조작하고 그 결과로 인한 뇌 활동을 기록함으로써 뇌의 '지도'를 그리는 것이 원칙적으로 가능해야만 한다. 이 지도 내의 각 지역 혹은 부분은 언어, 추리, 얼굴 재인 등과 같은 특수한 기능에 기여한다. 뇌 영역이 전문화된 심리적 기능을 수행한다는 생각은 뇌 손상 연구에서 기원한다. 피니어스 게이지, 브로카의 환자 Tan과 H같이 유명한 사례 연구는 뇌의 전문화된 국소화 성질에 대한 강력한 증거를 제공한다. 이 이론은 기능적 전문화로 알려졌고 큰 직관적 호소력을 갖고 있는데, 결국 신체의 상이한 부위(예: 손, 신장, 눈)는 아주 상이한 기능을 수행한다는 것이다. 왜 뇌는 해부학적으로 이와 같이 조직화되지 않아야만 하는가?

다수의 연구자는 기능적 전문화의 생각에 의문을 갖고, 대신 뇌의 전형적인 특징은 고도의 연결성이라는 점을 강조하기 시작했다. 어떤 추정에 의하면 인간 뇌는 믿기 어려울 정도인 $10^{15}$개의 연결로 구성된다. 뇌 연결성에 관한 연구는 때때로 공간적으로 분리되어 있는 뇌의 다양한 부위 사이의 고도로 유동적이고 진행 중인 상호작용을 그 출발점으로 한다. 우리의 사고, 감정 및 의식적 경험을 발생시키는 것은 정확히 이 분리된 영역들 간의 신경적 상호작용 패턴이라는 것을 인정하기 시작한다. 이 견해는 건강한 신경인지적 기능 그리고 정신과적 · 신경학적 증후에 관한 새로운 관점을 가져왔다.

뇌의 연결성에 관한 연구는 신속하게 증대되는 연구 분야이고, 여기서 심리학자, 신경과학자, 수학자가 팀을 이루어 뇌의 내부에서 총체적 정보 전달이 어떻게 우리의 사고, 감정 및 행동을 일으키는가를 연구한다. 그러나 이런 새로운 접근은 대가를 치르는데, 뇌의 연결성에 대한 조작적 측정을 찾는 것이 결코 분명하지 않다는 것이다. 유행하는 접근법은 문제를 단순화하고, 소위 '엣지(edge)'를 경유하여 서로 연결된 커다란 노드의 집합으로 뇌의 모형을 만드는 것인데, 이로 인해 고도로 상호 연결된 정보 경로의 망을 이룬다. 뇌(회백질)를 특징짓는 해부적 (하드웨어에 내장된) 연결성은 원거리 노드 사이의 신속한 정보 교환을 일으킬 수 있다. 어떤 과제를 하는 동안에 그 연결망에서 둘 혹은 그 이상의 노드가 상관된 행동을 나타낼 때 우리는 기능적 연결성에 관해 말한다. 그래프 이론이라고 불리는 수학의 한 분야는 전반적 연결성, '허브'(다른 노드와 많은 연결을 이루고, 그래서 전반적 신경망의 기능에서 필수적인 노드)의 존재 같은 신경망의 다양한 속성 그리고 하위 집합의 노드가 고도의 연결성을 갖는 클러스터나 모듈을 형성하는가를 특징짓는 데 사용된다. 기능적 연결성은 정적이 아니라는 것을 주목하라. 그것은 과제의 요구나 환경적 상황에 의해 변할 수 있고, 학습 혹은 병리의 결과로 변할 수 있다.

이런 접근법의 힘에 대한 예로서 반덴휴벨 등(van den Heuvel et al., 2009)은 19명의 안정 상태의 전체 뇌 fMRI 활동을 측정했다. 각 뇌는 9,500개의 소위 복셀(노드)과 그것들의 상호작용(엣지)으로 구성된 신경망으로 모형화된다. 이 신경망의 효율성은 나중에 측정된 IQ를 강력하게 예측한다. 달리 말하면 지적 수행은 다중의 뇌 영역이 얼마나 효율적으로 정보를 전달하거나 통합하는가와 관련이 있다. 더 주목할 것은 이 연합이 뇌가 활동을 하지 않는 때, 즉 특정 과제를 하지 않을 때 관찰된다는 것이다.

다른 예로 신경망 이론은 의식의 상태를 양화하는 데 매우 성공적이었다. 진과 충(Jin & Chung, 2012)의 개관은 마취나 혼수 혹은 식물인간 상태 같은 의식의 장애를 초래하는 뇌 손상에 기인한 의식의 변화를 연구한 일단의 연구에 대해 설명했다. 그 발견 중 하나는 의식의 장애가 전반적 연결성에서 총체적 감소 그리고 선택된 뇌 영역 사이의 단절에 의해 특징지어진다는 것이었다. 그 개관은 연결성 분석이 의식의 신경적 기제를 해결하는 데 도움을 준다는 것을 보여준다.

연결성 분석은 정신과적 증후에서 총체적인 뇌 조직화를 연구하는 데 사용되었다. 알렉산더-블로흐 등(Alexander-Bloch et al., 2010)은 아동기에 발병한 조현병(COS)을 가진 아동 집단에서 연결성을 연구했다. 그 분석은 COS에서 뇌 신경망이 국소적 정보 전달을 위해 효과적이지 않은 반면에 총체적 정보 전달은 우수해 보인다는 것을 밝혔다. 이 발견은 조현병에서 마음의 단편화는 매우 실제적 현상이고 전반적으로 뇌 신경망이 구성된 방식을 반영한다는 아주 흥미로운 가능성을 제기한다.

기능적 뇌 연결성에 관한 연구는 배후의 신경 구조에 대해 어떤 가정을 하지 않는다. 비록 뇌가 각각 전문화된 기능을 하는 다수의 기능적 모듈로 구성되리라는 것이 부정되지는 않을지라도 뇌가 유동적이고 계속적인 유동 상태에 있다는 것을 인정한다. 연구자는 다양한 뇌 부위가 어떻게 집단을 이루고 협동하는가에 초점을 둠으로써 인지과학을 주도한 기능적 전문화의 생각을 넘어가기를 희망하고, 흥미로운 새로운 접근법을 이용하여 뇌가 어떻게 과제를 수행하는가에 관한 일부 오랜 수수께끼를 해결하기를 바란다.

## 전체 요약

1 신경계의 기본 단위는 뉴런이라고 불리는 전문화된 유형의 세포이다. 뉴런의 세포체로부터 뻗어 나온 짧고 작은 가지는 수상돌기라고 불리며, 가느다란 관처럼 뻗어 나온 것은 축색이라고 한다. 수상돌기와 세포체에 대한 자극은 축색의 종말 부위로 전달되는 신경충동을 일으킨다. 감각 뉴런은 감각기관으로부터 뇌와 척수에 신호를 전달하고, 운동 뉴런은 뇌와 척수로부터 근육과 분비선에 신호를 전달한다. 신경은 수백 혹은 수천의 뉴런으로부터 뻗어 나온 축색의 다발이다.

2 자극은 수상돌기로부터 축색의 종말로 전달되는 신경충동으로 뉴런을 따라 이동한다. 전달되는 충동 또는 활동전위는 세포막 안팎의 전압 차이가 뉴런을 따라 계속적인 지점에서 변화되는 전기화학적 과정인 감분극에 의해 발생한다.

3 활동전위는 일단 시작되면 축색을 따라 내려가서 축색의 종말 부위에 있는 종말단추라는 작은 융기부에 도달한다. 이 종말단추는 신경전달물질이라는 화학물질을 방출하고, 이것은 한 뉴런과 인접 뉴런 간의 신호를 전달하는 데 관여한다. 신경전달물질은 두 뉴런의 접합부 사이에 있는 작은 공간인 시냅스를 넘어 확산되고 수용하는 뉴런의 세포막에 있는 수용기와 결합한다. 어떤 신경전달물질은 흥분 효과를 나타내고, 또 어떤 신경전달물질은 억제 효과를 나타낸다. 수용하는 뉴런에 대한 흥분 효과가 억제 효과보다 상대적으로 크면 감분극이 발생하고, 뉴런은 실무율적인 충동을 발화한다.

4 많은 상이한 유형의 신경전달물질과 수용기의 상호작용, 그것은 어떤 범위의 심리적 현상을 설명해 준다. 가장 중요한 신경전달물질은 아세틸콜린, 노르에피네프린, 도파민, 세로토닌, 감마아미노낙산(GABA), 글루타메이트 등이다.

5 신경계는 중추신경계(뇌와 척수)와 말초신경계(뇌와 척수를 다른 신체 부위와 연결하는 신경)로 나누어진다. 말초신경계는 체성신경계(감각수용기, 근육, 신체 표면 간에 정보를 전달)와 자율신경계(내장과 분비선을 연결)로 구분된다.

6 인간의 뇌는 세 가지 기능적 구분, 즉 중심핵, 변연계, 대뇌로 구성된다. 중심핵은 호흡과 자세 유지 반사에 관여하는 연수, 운동 조정에 관여하는 소뇌, 들어오는 감각 정보의 중계소인 시상, 정서와 항상성 유지에 중요한 시상하부를 포함한다. 몇몇 중심핵 구조를 통해 교차하는 망상체는 유기체의 각성과 의식 상태를 통제한다.

7 변연계는 섭식, 공격, 도망, 교미와 같이 시상하부에 의해 조절되는 일부 본능적 행동을 통제한다. 이것은 정서와 기억에도 중요한 역할을 한다.

8 대뇌는 2개의 대뇌반구로 나누어진다. 이 반구의 주름진 표면인 대뇌피질은 사고, 학습, 의사결정과 같은 고등 정신과정에 결정적인 역할을 한다. 대뇌피질의 어떤 영역은 특정 감각의 입력 또는 특정 운동의 통제와 연합되어 있다. 대뇌피질의 나머지 영역은 기억, 사고 및 언어에 관여하는 연합영역이다.

9 환자에게 부당한 고통 또는 손상을 가하지 않고 뇌의 세부적인 영상을 얻을 수 있는 기법이 개발되었다. 이는 컴퓨터 단층촬영법(CAT), 자기공명 영상법(MRI), 양전자 방출 단층촬영법(PET)을 포함한다.

10 뇌량(두 대뇌반구를 연결하는 신경섬유의 띠)이 절단되면 두 반구의 기능에 유의한 차이가 관찰된다. 좌반구는 언어와 수학 능력이 능숙하다. 반면 우반구는 일부 언어를 이해하나 말로써 의사소통할 수는 없다. 대신에 우반구는 잘 발달된 공간 및 형태 감각을 갖고 있다.

11 실어증이란 용어는 뇌 손상에 기인하는 언어적 결손을 나타내는 데 사용된다. 브로카 영역이 손상된 사람들은 단어를 정확하게 발음하는 데 어려움을 보이며, 느리고 힘들게 말을 한다. 베르니케 영역이 손상된 사람들은 단어를 청취할 수 있으나 그 의미는 알지 못한다.

12 자율신경계는 교감신경계와 부교감신경계로 나누어지며, 평활근과 분비선의 활동을 통제하기 때문에 정서 반응에 특히 중요하다. 교감신경계는 흥분할 때 활동적이고, 부교감신경계는 휴식하는 동안 우세하다.

13 내분비선은 신체를 순환하는 혈류에 호르몬을 방출하고 상이한 유형의 세포에 상이한 방식으로 작용한다. 뇌하수체는 다른 내분비선의 분비 활동을 통제하기 때문에 '우두머리선'이라고 불린다. 부신선은 기분, 에너지 수준, 스트레스에 대처하는 능력을 결정하는 데 중요하다.

14 염색체와 유전자에 의해 전달되는 사람의 유전 잠재력은 심리 및 신체 특징에 영향을 준다. 유전자는 DNA 분자의 단편으로 유전 정보를 저장한다. 일부 유전자는 우성이고 일부 유전자는 열성이며, 일부 유전자는 성유전자이다. 대부분의 인간 특질은

다중 유전적인데, 즉 단일 유전자 쌍보다는 많은 유전자가 함께 작용함으로써 결정된다.

15 선택적 교배(어떤 특질이 높거나 낮은 동물을 교배시키는 것)는 유전의 영향을 연구하는 한 가지 방법이다. 환경과 유전의 영향을 분류하는 다른 수단은 쌍둥이 연구인데, 일란성 쌍둥이(동일한 유전을 공유)의 특징과 이란성 쌍둥이(보통의 형제 이상으로 유전적 유사성을 보이지 않음)의 특징을 비교한다. 행동은 유전과 환경의 상호작용에 좌우된다. 사람의 유전자는 잠재력의 한계를 정하지만 그 잠재력이 발현되는 것은 성장 환경에 달려 있다.

## ✳ 핵심 개념

감각 뉴런
감분극화
과분극화
교감신경계
교세포
구심성 뉴런
궁극 원인
근접 원인
기능적 자기공명 영상법 (fMRI)
내분비체계
뇌
뇌교
뇌량
뇌자도(MEG)
뇌하수체
뉴런
다중 유전적
대뇌종렬
대뇌피질
도약전도
두정엽
랑비에 마디
말초신경계
망상체
반구
베르니케 영역
변연계
부교감신경계
분극화
불응기
브로카 영역
사건 관련 전위(ERP)
상구와 하구
선택적 교배
성 연관 특질
성적 선택
세로토닌
소뇌
수상돌기
수용기
수초
시각피질
시교차
시냅스
시냅스 공간
시상
시상하부
신경
신경계
신경전달물질
신경절
실무율
실어증
안정전위
양전자 단층 촬영법(PET)
억제성
얼굴 표정
연수
연합영역
염색체
엽
외측렬
운동 뉴런
유전자
원심성 뉴런
이란성
이온
이온통로
이온펌프
일란성
일차시각영역
일차운동영역
일차청각영역
일차체감각영역
자물쇠와 열쇠 작용
자연선택
자율체계
재흡수
저하
적응적
전뇌
전두엽
종말단추
중간 뉴런
중뇌
중심렬
중심핵
중추신경계
척수
체성체계
축색
측두엽
컴퓨터 단층촬영(CAT, CT)
통증내성
통증역치
편도체
항상성
해마
핵
행동유전학
호르몬
활동전위
후각체계
후뇌
후두엽
흑질
흥분성
흥분역치
PCP

# 3 심리 발달

**학습 목표**

이 장을 읽고 나면 다음의 것들을 할 수 있어야 한다.

- ▶ 인간 발달을 규정하는 데 유전과 환경이 어떻게 상호작용하는지를 이해할 수 있다. 성숙 개념을 규정하고 성숙이 어떻게 이 상호작용과 관련되는지를 신체 발달을 사용하여 보여 줄 수 있다.
- ▶ 심리학자들이 의미하는 발달 단계와 결정적 시기, 민감기와 관련된 개념을 알 수 있다.
- ▶ 신생아의 능력과 이 능력을 측정하는 데 사용되는 절차를 서술할 수 있다.
- ▶ 피아제의 인지 발달 단계와 각 단계를 규정하는 주요 내용을 알 수 있다. 피아제 이론의 일부 문제와 최근의 마음 이론을 포함한 대안적 관점도 알 수 있다.

▶ 콜버그의 도덕판단과 그 세 수준에 관해 설명할 수 있다.

▶ 성격 발달과 동물 애착에 관한 연구를 포함한 생의 초기 사회행동의 특징, 인간 영아의 애착 유형을 범주화하는 모형, 탁아가 미치는 영향에 관한 연구를 이해할 수 있다.

▶ 사춘기의 생리적 발달 측면과 이 기간에 보이는 신체 이미지, 기분 등을 포함한 다양한 차원에서의 심리적 효과를 알 수 있다.

## 이 장의 개요



미국 소도시에 있는 한 초등학교의 새 학기가 시작되는 날, 부모 초청의 밤에 생긴 일이다. 초등학교 1학년 담임을 맡은 볼랜드 선생님은 학급 학생들의 부모에게 1년 동안 부모가 해야 할 여러 가지 활동에 관해 간략하게 알려 준다. 부모들은 교실 주위를 다니면서 아이들의 작품을 감상하며 서로를 알게 된다. 몇몇 부모는 볼랜드 선생님에게 다가가 자기소개를 하고 선생님에게 고마움을 표시한다. 한 아이의 아버지인 필립이 선생님에게 다가와 선생님이 제안한 목표에 대해 몇 가지 질문을 던지기 시작한다. "아이들이 언제 읽기를 배우나요? 올해 안에 덧셈과 뺄셈을 제대로 할 수 있나요? 우리 아들은 1년이 지나면 짧은 글짓기를 할 수 있을까요?" 볼랜드 선생님은 초등학교 1학년은 글을 읽고 쓰며, 셈을 할 수 있는 기초 능력을 함양하는 시기라고 설명해 준다. 그리고 아이들마다 발달 속도가 다르기 때문에, 올해 안에 그렇게 되는 아이도 있을 것이고 그렇지 않은 아이도 있을 것이라고 대답한다. 그런데 학부형 필립은 이 대답에 수긍하지 않고, 자기 아들이 지능검사에서 '우수한' 아이로 판명되었기 때문에 올해 말까지는 모든 목표를 달성할 것으로 기대한다고 말한다.

필립의 질문에서 풀려난 볼랜드 선생님은 심호흡을 하고 자기 책상을 말끔히 정돈하기 시작한다. 그때 샘이라는 학부형이 선생님에게 다가간다. 그 역시 선생님을 열심히 쳐다보더니 또 다른 질문 공세를 가한다. 샘은 유아용 지능검사에서 '우수한' 아이로 판명된 자기 아들에 관한 이야기를 시작한다. 그런데 샘의 관심은 필립의 관심과 아주 다르다. "나는 우리 아이가 정상적인 아이가 되길 바랍니다. 아이가 이제 7살이니 힘든 것은 좀 더 나중에 해야 할 것입니다. 나는 우리 아이가 학교생활을 재미있고 즐겁게 하길 바랍니다. 우리 아이는 영리한 아이라고 하니 선생님이 지나치게 밀어붙이시지 않았으면 합니다."

부모는 자기 아이에 관해 아주 다른 기대를 할 수 있다. 특히 첫아이의 경우, 이러한 기대는 종종 자신의 아동기 체험이나 대중매체 또는 친구들로부터 들은 이야기에서 비롯된다. 아이들은 발달 속도의 개인차가 크다.

이 장에서는 '정상' 발달 과정을 언급할 테지만 아이에 따라, 가정과 문화에 따라 차이가 있다는 것을 기억해야 한다.

모든 포유류 중에서 인간은 자급자족하기까지 가장 긴 성숙 기간과 학습 기간을 필요로 한다. 일반적으로 유기체의 신경계가 복잡할수록 성숙하는 데 시간이 더 오래 걸린다. 여우원숭이는 태어나자마자 스스로 움직일 수 있고, 곧 혼자 힘으로 살 수 있다. 어린 원숭이는 몇 달 동안 어미에게 의존하고, 침팬지는 몇 년간을 의존한다. 인간과 가장 비슷한 침팬지조차도 같은 연령의 인간보다 훨씬 앞서 어른 원숭이로 기능하게 된다.

발달심리학자들은 인간 기능의 다양한 측면이 시간에 걸쳐 어떻게, 그리고 왜 발달하는지에 관심을 갖는다. 이들은 키와 몸무게의 변화 및 운동 기술의 습득과 같은 신체 발달, 사고 과정, 기억, 언어 능력과 같은 인지 발달, 그리고 자기개념과 대인관계의 변화 같은 성격과 사회성 발달에 초점을 맞춘다. 특정 심리적 능력과 기능의 발달은 뒤에서 자세히 언급될 것이다. 이 장에서는 전 생애에 걸친 심리적 발달에 관한 일반적인 개관을 하면서 두 가지 핵심 질문을 던지게 될 것이다. (1) 발달 과정을 결정하는 데 아동의 생물학적 요인과 환경에 있는 사건이 어떻게 상호작용하는가? (2) 발달은 점진적이고 연속적인 변화 과정인가, 아니면 질적으로 구분되는 일련의 급격한 단계인가?

## 유전 대 환경

인간 발달 과정에서 유전(천성)과 환경(양육) 중 어느 것이 더 중요한가는 몇 세기 동안 논쟁을 벌여 온 주제이다. 17세기 영국의 철학자 존 로크(John Locke)는 당시 만연했던, 어린아이는 어른의 축소판이라는 생각을 거부했다. 당시 만연했던 생각은 아이가 세상에 태어날 때 이미 많은 능력과 지식을 갖고 태어나며 성장하기만 하면 그러한 특성이 출현한다는 것이었다. 이런 입장과 달리 로크는 신생아의 정신이 **백지 상태**라고 생각했다. 이 백지판에 아이가 경험하는 것들, 즉 보는 것, 듣는 것, 맛보는 것, 냄새 맡는 것, 느끼는 것이 그대로 기록된다. 로크에 따르면 모든 지식은 우리의 감각을 통해 생겨난다. 지식은 전적으로 경험에 의해 제공되는 것으로, 선험적 지식은 없다.

찰스 다윈의 진화론(1859)은 인간 발달의 생물학적 기초를 강조하는데, 많은 연구자들로 하여금 유전의 역할을 중요하게 여기도록 만들었다. 다윈은 유기체가 환경과 조건에 적응한 후 자신의 유전자를 후속 세대에 전달할 수 있는 자연도태 과정을 통해 특정 능력이 유전자 코드로 전달됨을 주장했다. 이는 발달 과정에서 나타나는 많은 능력이 학습의 순수한 산물이기보다는 생물학에 기초하고 있음을 시사한다.

그런데 20세기 행동주의가 생겨나면서 환경론자의 입장이 다시 주도권을 쥐게 되었다. 존 왓슨, 스키너와 같은 행동주의자들은 인간의 천성이 완전히 변화될 수 있다고 주장했다. 즉 초기의 훈육은 아이의 유전적 속성에 관계없이 어떤 종류의 어른으로도 바꿀 수 있다는 것이다. 왓슨(Watson, 1930, p. 104)은 이런 주장을 아주 극단적으로 표현했다.

> 나에게 건강한 아이 12명과 이 아이들을 양육할 수 있는 공간을 주고 어느 아이든 임의로 지정하기만 하면, 아이의 재능, 취향, 성향, 능력, 적성, 조상의 인종에 관계없이 그 아이를 의사, 법률가, 예술가, 상인, 심지어 거지나 도둑에 이르기까지 어떤 유형의 사람으로도 만들 수 있다고 나는 장담한다.

오늘날 대부분의 심리학자들은 유전과 환경 둘 다가 중요한 역할을 할 뿐만 아니라, 이 둘은 지속적으로 상호작용하여 발달을 이끈다는 데 동의한다. 신생아는 뇌에 1,000억 개 정도의 뉴런을 갖고 있지만 이 뉴런 간의 연결은 그리 많지 않다. 뉴런 간의 연결은 출생 직후 급속하게 발달하여 생후 3년이 지나면 뇌의 무게는 출생 때의 3배가 된다(DiPietro, 2001). 뇌 발달은 주로 유전 요인과 생애 초기 아이가 환경으로부터 받는 자극이나 결핍, 두 요인 모두에 의해 영향을 받는다.

신생아는 환경으로부터 특정 정보를 입력할 수 있는 역량을 갖고 태어나서 아주 일찍 또는 아주 빨리 특정 기술이나 개념을 학습할 수 있는 것으로 보인다. 언어 습득이 좋은 예이다(Chomsky, 1986). 종종 부모는 아이에게

"이것은 공이야. 공이라고 한번 말해 볼래?"라고 특정 단어를 가르치려고 한다. 반면에 부모는 자녀에게 문법적으로 정확한 문장을 가르치는 데 많은 시간을 들이지 않는다. 그런데 아이가 문장을 말하기 시작하면 아이의 문장에는 일부 문법 규칙이 반영되어 나타난다. 분명한 것은 아이가 부모로부터 들었던 문장을 그대로 단순 모방하지는 않는다는 것이다. 예를 들어 이 책의 저자 중 한 사람의 아들이 말한 첫 번째 문장은 'I do it myself(내가 할 거야)'였는데, 부모는 아이에게 이런 식으로 말한 적이 결코 없다는 것이다. 아이는 단지 일상 언어를 접할 뿐인데 이를 통해 언어의 복잡한 구조를 학습할 능력을 갖추고 있는 것이다.

선천적인 생물학적 시간표에 의해 결정되는 발달조차도 환경적 사건에 의해 영향을 받는다. 수정되는 순간, 수정된 난소의 유전적 구조에 의해 엄청나게 많은 개인적 특성이 이미 결정된다. 유전자는 우리를 물고기도 침팬지도 아닌 사람으로 발달하게 하는 프로그램을 제공한다. 또한 성별, 피부색, 머리색 그리고 전체 신체 크기 등을 결정한다. 이렇게 유전적으로 결정된 특성은 **성숙** maturation—선천적으로 결정되어 외부 사건과 비교적 무관한 성장 순서 및 변화—과정을 통해 드러난다. 태아는 정해진 계획에 따라 발달하고, 몸을 돌리거나 발로 차는 행동 역시 성장 단계에 따라 일정한 순서를 따른다. 그러나 자궁의 환경이 어떤 식으로든 심각할 정도로 비정상이 되면 성숙 과정이 혼란스러워진다. 예를 들어 산모가 임신 3개월경(유전적으로 프로그래밍된 계획에 따라 태아의 기초 기관이 발달하는 시기)에 풍진에 걸리면, 감염 시기에 태아의 어떤 기관이 결정적인 발달 시기에 있었느냐에 따라 시각장애, 청각장애, 또는 뇌 손상 아이로 태어날 수 있다. 태아의 정상적인 성숙에 영향을 줄 수 있는 다른 요인은 산모의 영양실조, 흡연, 알코올과 약물 사용 등이다.

출생 후 운동 발달 역시 유전적으로 프로그래밍된 성숙과 환경의 영향 간 상호작용을 보여 준다. 실제로 모든 아이들은 동일한 순서로 운동 행동을 하게 된다. 즉 뒤집기, 혼자 앉기, 가구 잡고 일어서기, 기기, 걷기의 순이다(그림 3.1 참조). 그러나 이러한 운동이 진행되는 속도는 다르다. 발달심리학자들은 이러한 차이를 야기하는 학습과 경험의 중요성을 오랫동안 거론해 왔다. 초기의 연구에서는 아니라고 했지만(Dennis & Dennis, 1940; Gesell & Thompson, 1929; McGraw, 1935/1975), 이후의 연구에서는 연습이나 별도의 자극이 어느 정도까지는

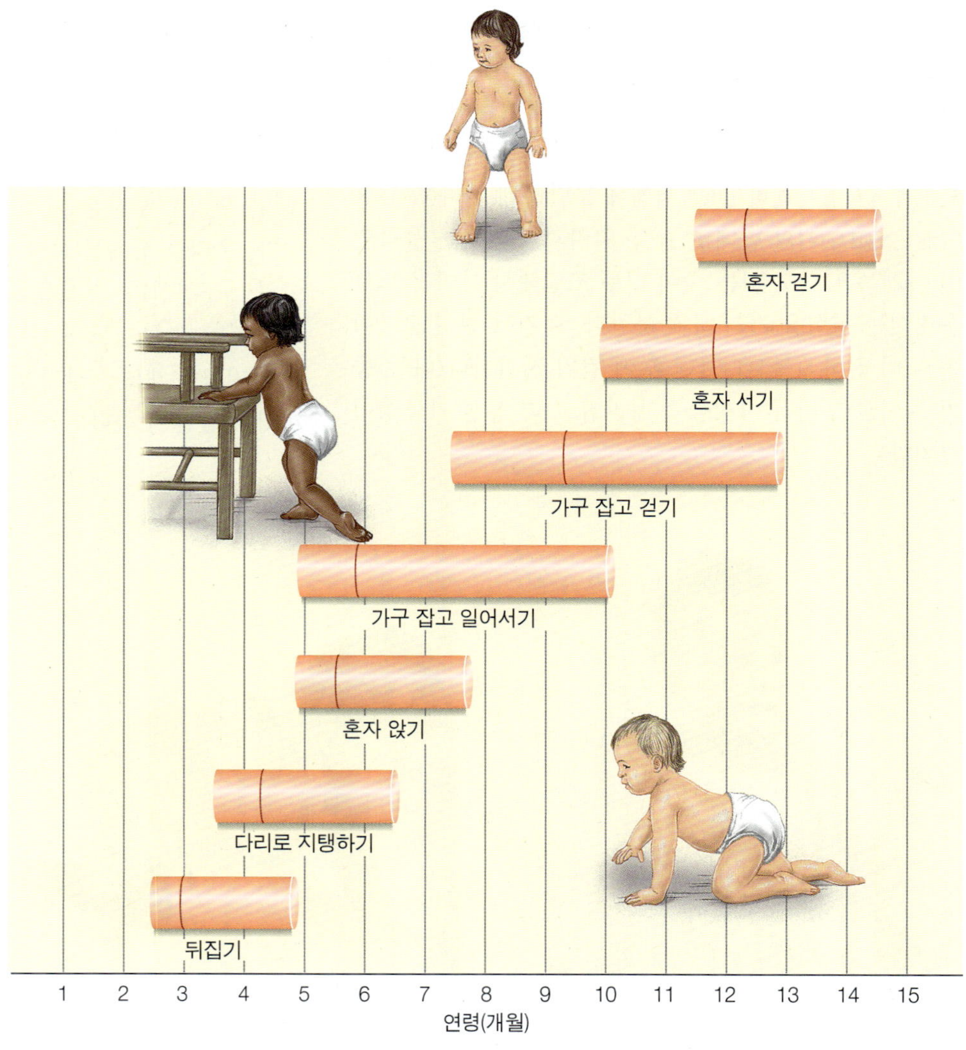


**그림 3.1 운동 발달.** 막대는 대부분의 영아들에게서 표시된 행동이 발달하는 연령 범위를 나타낸다.

숲이 아주 우거진 곳에 사는 파라과이의 아체 아이들은 서구에 사는 아이들보다 거의 1년 후에 발달 단계에 도달한다.

운동 행동의 출현을 가속화할 수 있음을 보여 준다. 예를 들어 신생아는 걷기 반사를 보인다. 신생아를 똑바로 세우고 발을 건드리면 신생아의 다리는 걷는 동작과 비슷한 움직임을 보인다. 케냐의 농촌 지역에 사는 킵시기스 사람들처럼 일부 문화권에서는 부모가 유아에게 앉고, 서고, 걷는 것을 열심히 가르치는 경우 미국 아이들보다 3~5주 앞서 이러한 발달 지점에 도달하게 된다(Cole & Cole, 2001). 이와 반대로, 동부 파라과이에 사는 유목민인 아체족은 살고 있는 숲이 너무 조밀해서 아이 스스로 움직이는 경험을 거의 하지 못한다. 여기서 길러진 아이들은 미국 아이들보다 1년 후에 걷기 시작한다(아동 중기에 이르면 미국 아이들을 따라잡고 더 앞설 가능성이 크지만).

언어 발달은 유전적으로 결정된 특성과 경험 간의 상호작용을 보여 주는 또 다른 예이다. 정상적인 발달 과정에서 모든 유아는 말하는 것을 배우는데, 이것은 신경 발달이 어느 수준에 도달하고 난 이후라야 가능하다. 거의 예외 없이 생후 1년이 지나서야 유아는 문장을 말할 수 있다. 그러나 사람들이 이야기를 많이 해 주고, 말다운 소리를 내는 것에 강화를 주는 환경에서 자란 유아는 그런 관심을 받지 못한 유아보다 더 일찍 말한다. 예를 들어 유럽 중류 가정의 아이들은 대략 생후 1년 무렵이면 말하기 시작한다. 과테말라의 외진 마을 산마르코스에 사는 아이들은 어른들과 언어적 상호작용이 거의 없고, 2살 이상이 되어야 첫 단어를 말한다(Kagan, 1979). 여기서 환경은 아동이 언어 기술을 습득하는 속도에는 영향을 주지만 최종 발달 수준에 영향을 주는 것은 아님을 기억해야 한다.

## 발달 단계

발달 단계를 설명할 때, 몇몇 심리학자는 불연속적이고 질적으로 구분되는 **발달 단계**stage of development를 제안한다. 우리 대부분은 이 개념을 비공식적으로 사용하고 있다. 우리는 생애를 보통 유아기, 아동기, 청소년기, 성인기로 구분한다. 부모들은 자신의 청소년기가 '반항 단계'였다고 말할지도 모른다. 그러나 발달심리학자들은 보다 정교한 개념을 갖고 있다. 단계 개념에는 어느 한 단계의 행동들이 하나의 주도적 주제 또는 응집성을 지닌

실제로 모든 아동들은 동일한 순서로 운동 행동 과정을 거치지만 그 속도는 서로 다르다.

일련의 특성을 중심으로 조직화되고, 어느 한 단계에서의 행동은 더 앞선 단계나 더 나중의 단계와 질적으로 다르며, 그리고 모든 아동들은 동일한 순서로 동일한 단계를 거친다는 것이 포함되어 있다. 환경 요인은 발달을 가속화하거나 늦출 수 있지만 단계의 순서를 바꿀 수는 없다. 어떤 아이라도 앞 단계를 거치지 않고 다음 단계로 나아갈 수는 없다. 이 장의 후반부에서 보게 되겠지만, 발달이 질적으로 구분되는 단계의 고정된 순서를 따라 진행된다는 데 동의하지 않는 발달심리학자들도 있다.

단계 개념과 밀접하게 연결된 개념으로 인간 발달에서의 **결정적 시기** critical period—발달이 정상적으로 진행되기 위해 개인의 삶에서 특정한 경험이 있어야 할 결정적인 시기—가 있다. 태아의 일부 신체 발달에서 결정적 시기가 확인되었다. 예를 들어 임신 후 6~7주는 정상적인 성기관이 발달하는 결정적 시기이다. 원시적인 성기관의 남성 성기와 여성 성기로의 발달은 XX 또는 XY의 성염색체 배열에 관계없이 남성 호르몬에 의해 좌우된다. 염색체가 어느 쪽이든 남성 호르몬이 없으면 여성 성기가 발달된다는 뜻이다. 남성 호르몬이 나중에 투입되더라도 이미 일어난 변화를 바꿀 수는 없다.

심리적 발달에서는 결정적 시기가 그렇게 잘 확립되어 있지는 않다. 아마도 **민감기** sensitive period—특정 유형의 발달에 최적의 기간—가 있다는 것이 보다 정확한 말일 것이다. 어떤 행동이 이 민감기에 잘 확립되지 않으면 그 행동은 충분히 발달되지 않을 수 있다. 예를 들어 생후 1년은 친밀한 대인 애착을 형성하는 민감기로 보인다(Rutter et al., 1990). 취학 전기는 특히 지적 발달과 언어 획득에 중요한 시기이다(DeHart et al., 2000). 6~7세 이전에 언어를 충분히 접해 보지 않은 아동은 전혀 언어를 획득하지 못할 수도 있다(Goldin-Meadow, 1982). 이런 민감기 동안 아동이 접한 경험은 그 후에는 변경하기 힘든 방식으로 미래 발달 과정을 형성할 수 있다.

### 중간 요약

- 발달심리학에서 핵심적인 두 가지 질문은 다음과 같다. (1) 발달 과정을 결정하는 데 생물학적 요인(선천성)과 환경 경험(후천성)은 어떻게 상호작용하는가? (2) 발달을 변화의 연속적 과정으로 보는 것이 좋은가, 아니면 질적으로 다른 일련의 단계로 보는 것이 좋은가?
- 일부 발달심리학자들은 발달이 순차적인 단계로 일어난다고 본다. 이 관점에서는 (1) 한 시기에서의 행동이 주된 주제나 응집성을 지닌 일련의 특성을 중심으로 구성되고, (2) 한 단계에서의 행동이 그 이전 단계나 그 이후 단계와 질적으로 다르며, (3) 모든 아동들은 동일한 순서로 동일한 단계를 거친다고 본다.
- 개인의 유전적 특성은 성숙 과정을 통해 표현되는데, 유전적으로 결정된 성장 순서, 또는 비교적 환경의 영향을 거의 받지 않는 신체의 변화 등이 그 예이다.
- 결정적 시기 또는 민감기는 정상적인 심리 발달이 일어나기 위해 특정 경험이 있어야만 하는 시기이다.

### 비판적 사고를 위한 물음

1. 일부 부모들이 자기 아이가 같은 또래의 다른 아이들보다 기초적인 기술을 더 빨리 발달시키는 것에 그렇게 많은 관심을 갖는 이유를 무엇이라고 생각하는가? 이것이 아이의 발달에 어떤 영향을 미친다고 생각하는가?
2. 일부 이론가들은 유아와 돌보는 사람 간의 애착 발달에 민감기가 있다고 주장한다. 만약 민감기가 존재한다면 그런 민감기가 갖는 함의는 무엇일까?

## 신생아의 능력

19세기 말 심리학자 윌리엄 제임스(William James)는 신생아는 세상을 '윙윙거리는 엄청난 혼돈'으로 경험한다고 제안했는데, 이런 생각은 1960년대까지도 만연했다. 이제 우리는 신생아가 모든 감각 기능을 지닌 채 세상에 태어나고, 새로운 환경을 학습할 준비가 잘되어 있음을 알고 있다.

영아는 자신이 무엇을 하고 있는지, 무엇을 생각하고 있는지 설명하거나 말할 수 없기 때문에, 발달심리학자들은 영아의 능력을 연구하기 위한 독창적인 절차를 고안해야만 했다. 기본 방법은 유아의 환경을 바꾸고 그에 대한 반응을 관찰하는 것이다. 예를 들어 연구자는 어떤 음조나 불빛을 제시하고 영아의 심장박동률에 변화가 있는지, 고개를 돌리는지, 또는 젖꼭지를 보다 세게 빠는지 등을 살핀다. 이것은 영아가 그 변화를 감지했는지를 시사하는 것이 될 것이다. 연구자들은 종종 변별이나 관심의 측정치로 영아의 응시 행동을 사용한다. 예를 들어 연구자는 영아에게 2개의 서로 다른 자극을 동시에 제시하고, 영아가 어느 쪽을 더 오래 응시하는가를 살필 수 있다. 어느 한쪽을 오래 응시하면, 그것은 영아가 두 자극을 구분할 수 있고, 어느 하나를 다른 것보다 더 선호한다는 것을 알려 주는 셈이 된다. 연구자가 사용하는 또 다른 방법은 기대-위반 패러다임인데, 이 방법은 기대되거나 기대되지 않는 사건을 영아에게 제시하는 것이다(예: 물체가 표면에 정지하거나, 물체가 공중에 떠 있는 것). 영아는 기대하지 않은 결과를 더 오래 응시할 것이다(연구자가 영아에게 서프라이즈를 제공하는 것으로 간주). 이 방법은 세상이 작동하는 측면을 이해하는 것이 성인의 방식과 연계되어 있는지를 밝히는 데 사용될 수 있다. 여기서는 영아의 시각에 관한 연구로부터 시작하여 영아의 능력에 관한 연구 결과를 소개한다.

## 시각

신생아는 시력이 낮고, 초점을 전환할 수 있는 능력이 제한되어 있으며, 심한 근시이다. 컴퓨터로 합성한 그림 3.2(왼쪽)는 엄마의 얼굴이 영아에게 어떻게 보일 수 있는지를 보여 준다. 생후 7~8개월까지 영아의 시력은 성인의 시력에 가까워진다(Keil, 출판 중). 신생아는 사물을 적극적으로 살피는 데 많은 시간을 쏟는다. 세상을 체계화된 방식으로 훑고, 자신이 볼 수 있는 전체 범위인 시야visual field에서 어떤 대상이나 변화를 감지했을 때는 멈춘다. 이들은 특히 사물의 모서리처럼 큰 대조가 있는 부분에 끌린다. 사물 전체를 살피지 않고 모서리가 가장 많은 부분을 계속 응시한다. 또한 평범한 것보다는 복잡한 형태를, 직선보다는 곡선이 있는 형태를 더 선호한다.

신생아에게 얼굴 선호facial preference—선천적으로 얼굴을 좋아하는 것—가 있음을 보여 주는 증거가 있다. 신생아는 일그러진 얼굴이나 텅 빈 얼굴보다는 정상적인 얼굴을 더 좋아하며, 공포에 질린 얼굴보다 행복한 얼굴을 더 선호하기도 한다(Farroni et al., 2007). 신생아의 뇌는 얼굴에 주의를 기울이고 얼굴에서 정보를 얻을 수 있도록 준비되어 있는 것 같다(Johnson & Morton, 1991). 또한 나이 든 아동과 어른만큼 정확하게 얼굴을 인식하지는 못하지만, 아주 일찍부터 얼굴에 관한 엄청난 학습이 일어나고 있다. 예를 들어 신생아는 일그러진 얼굴보다는 정상적인 얼굴을 좋아하지만(그림 3.3 참조), 눈

**그림 3.2 시력.** 신생아는 시력이 낮기 때문에 가까이에서 본다고 할지라도 엄마의 얼굴을 선명하게(오른쪽) 보지 못하고 모호하게(왼쪽) 본다.

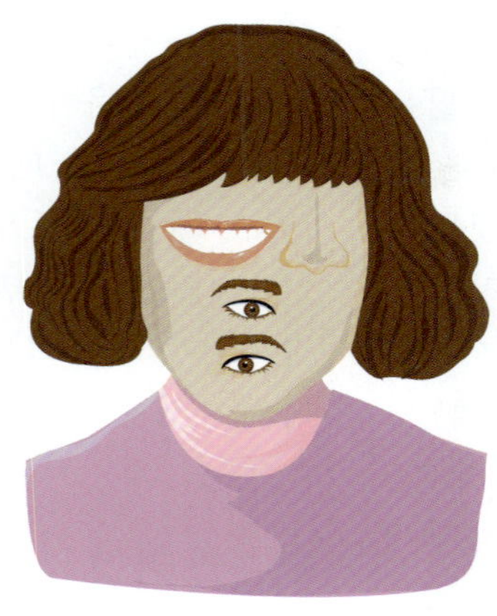

**그림 3.3 정상 얼굴과 일그러진 얼굴.** 3개월 정도의 영아는 일그러진 얼굴보다 정상적인 얼굴을 더 선호한다. 이런 선호는 태어날 때부터 있는 것 같다.

이 서로 떨어져 토끼처럼 보이는 아주 왜곡된 얼굴도 정상적인 얼굴만큼 응시했다. 반면에 3개월 된 영아는 왜곡된 얼굴보다는 정상적인 얼굴을 분명히 더 선호했다(Bhatt et al., 2005). 그리고 신생아는 같은 문화권의 얼굴이나 같은 인종의 얼굴에 대한 선호를 보이지는 않았으나, 생후 3개월 된 영아는 주변에서 자주 보는 인종의 얼굴을 더 선호했다(Bar-Haim et al., 2006; Kelly et al., 2009). 신생아는 얼굴의 기본적 특징을 지각하고 자주 보는 얼굴에 대해 매우 빠르게 학습할 수 있도록 준비되어 있는 것 같다.

## 청각

26~28주 된 태아는 날카로운 소리에 움직인다. 신생아는 소리 나는 쪽으로 고개를 돌린다. 흥미로운 점은 영아의 고개 돌리기 반응은 생후 6주 무렵에 사라졌다가, 눈으로 소리 나는 쪽을 찾게 되는 시기인 3~4개월이 되어서야 다시 생겨난다는 것이다. 고개 돌리기 반응이 일시적으로 사라지는 것은 아마도 대뇌피질하 영역에서 통제되는 반사 반응이 소리 나는 쪽으로 움직이는 자발적 시도로 성숙한다는 것을 의미한다. 4개월까지 영아는 어둠 속에서도 소리 나는 쪽으로 향하는데, 이는 영아가 어떤 사물에는 어떤 소리가 있는지를 학습하는 데 도움을 준다(Keil, 출판 중).

영아는 특히 사람의 말소리를 빨리 학습하는 것 같은데, 이런 학습은 엄마의 뱃속에서 시작될 수 있다. 신생아는 낯선 이보다 엄마의 목소리를 더 선호하며, 심지어 엄마의 목소리라 하더라도 엄마가 들려주지 않았던 낯선 이야기보다 임신 마지막 주에 크게 소리 내어 읽어 주었던 이야기를 더 선호한다(DeCasper et al., 1994). 또한 신생아는 말소리가 아닌 소리보다는 말을 더 선호한다(Vouloumanos & Werker, 2007). 아마도 영아는 자궁 안에서 나지막한 엄마의 목소리를 지각했을 것이다. 또한 영아는 엄마가 사용하는 언어의 고유한 특성을 알게 되었을 것이다. 프랑스인 엄마의 아이는 불어를 사용하는 여성과 러시아어를 사용하는 여성을 구분할 수 있지만, 불어도 사용하지 않고 러시아어도 사용하지 않은 엄마의 아이는 불어와 러시아를 구분하기 어려울 것이다(Mehler et al., 1988). 영아가 구분하는 것은 어떤 언어의 특정한 리듬인 것 같다. 영아는 네덜란드어와 영어처럼 언어의 리듬이 비슷한 언어는 구분하기 어렵겠지만, 일본어와 폴란드어처럼 리듬이 다른 두 언어는 쉽게 구분할 수 있을 것이다(Ramus, 2002).

여러 문화권에서 성인은 어린 영아에게는 더 나이 든 아동이나 성인에게 말하는 방식과는 아주 다른 방식으로 말하는데, 높은 음조를 사용하여 독특하게 말하면서(예: 어린아이에게 'hello'를 말할 때에는 아주 높은 음조로 시작하여 점차 음조를 낮추면서 길게 'hellllloooo'라고 말한다) 음소 사이에 쉬는 시간이 길다. 이런 언어 스타일을 흔히 아기 말투 또는 어미 말투라고 하는데, 이는 아이가 원하고 필요로 하는 것과 잘 부합되는 것 같다. 생후 첫 한 달 동안 영아는 정상적인 말투보다 어미 말투를 더 선호하는데, 낯선 이가 말하는 경우에도 그렇다. 어미 말투는 영아가 단어 간 경계를 파악하는 데 도움을 준다(Cooper et al., 1997; Fernald, 1985; Thiessen et al., 2005). 6개월밖에 안 된 영아도 자기를 인정하는 목소리와 그렇지 않은 목소리의 억양을 구분할 수 있으며, 인정하지 않는 억양보다 인정하는 억양에 대해 미소를 더 많이 보이는데, 이런 반응은 언어가 다른 경우에도 그렇다(Fernald, 1993). 따라서 영아는 주변의 언어에서 중요한 의미를 추출할 수 있으며, 특히 자신을 향해 가장 자주 사용되는 말에 관심을 보이는 것 같다.

## 미각과 후각

영아는 출생 직후부터 미각을 구분할 수 있다. 영아는 짜고 쓰고 시고 덤덤한 액체보다는 단 액체를 더 좋아한다. 단 액체에 대한 특징적인 반응으로 가벼운 미소를 닮은 이완된 표정을 짓는데, 때때로 입술을 핥기도 한다. 신 액체를 맛보면 입을 오므리고 코를 찡그린다. 쓴 것을 맛보면 입꼬리를 내리면서 혀를 내밀어 싫다는 표정을 짓는다.

신생아는 냄새도 구분할 줄 안다. 신생아는 달콤한 향기 쪽으로 고개를 돌리고 심장박동률과 호흡이 느려지는데, 이는 흥미로움을 나타내는 지표이다. 암모니아 냄새나 썩은 달걀 냄새 같은 불쾌한 냄새는 고개를 다른 쪽으로 돌리게 만들고 심장박동률과 호흡이 높아지는데, 이는 불편감을 나타내는 지표이다. 영아는 아주 미세한 냄새의 차이도 구분할 수 있다. 젖을 먹인 지 며칠이 안 되어, 영아는 일관성 있게 다른 산모의 젖이 묻은 패드보다는 엄마의 젖이 묻은 패드 쪽으로 고개를 돌린다(Russell, 1976). 모유를 먹는 유아만이 엄마만의 냄새를 감지하는

영아는 혐오스러운 표정과 같은 보편적인 얼굴 표정을 사용하여 아주 어린 나이에도 특정 맛에 대한 선호를 보여 준다.

이러한 능력을 보여 준다(Cernoch & Porter, 1985). 한편 우유를 먹는 유아는 자기가 먹는 조제된 우유 냄새와 젖 냄새를 제시했을 때 젖 냄새를 더 좋아했다(Porter et al., 1992). 선천적으로 영아는 젖 냄새를 좋아하는 것으로 보인다. 대체적으로 냄새를 구분하는 능력은 분명한 적응적 가치가 있다. 그것은 영아로 하여금 유해 물질을 피하게 하여 생존 가능성을 높이게 된다.

## 학습과 기억

영아는 학습할 수도 없고 기억할 수도 없다고 생각한 적이 있었다. 그러나 이것은 사실이 아니다. 몇 개의 고전적 연구로부터 생의 초기 영아가 학습하고 기억할 수 있다는 증거가 나오고 있다. 한 연구에서는 태어난 지 몇 시간밖에 되지 않는 영아가 버저 소리와 다른 소리에 따라 고개를 좌우로 돌리는 것을 학습했다. 영아는 어떤 소리가 있을 경우에는 오른쪽으로 고개를 돌리면 맛있는 액체를 맛보았고, 버저가 울릴 경우에는 고개를 왼쪽으로 돌리면 맛있는 액체를 맛보았다. 몇 번의 시행 후 영아는 소리가 있을 때에는 오른쪽으로, 버저가 울릴 때에는 왼쪽으로 정확하게 고개를 돌렸다. 그다음 실험자는 절차를 역으로 바꾸었다. 즉 버저가 울릴 경우에는 오른쪽으로, 소리가 있을 때에는 왼쪽으로 고개를 돌려야 맛있는 것을 맛볼 수 있었다. 영아들은 이 새로운 과제도 곧 익혔다(Siqueland & Lipsitt, 1966).

3개월이 되면 영아는 기억을 잘한다. 영아의 한쪽 다리를 요람 위에 있는 모빌과 연결되도록 리본으로 묶은 경우, 3개월 된 영아는 모빌을 움직이려면 어느 쪽 다리나 팔을 움직여야 하는지를 재빨리 파악했다. 8주 후에 이 영아들을 같은 상황에 두었을 때에도 어느 쪽 다리 또는 팔을 움직여야 하는지를 기억했다(Rovee-Collier, 1999; 그림 3.4 참조).

보다 놀라운 사실은 영아가 출생 전 엄마의 자궁 안에서 경험한 감각을 기억한다는 것이다. 앞서 신생아가 사람의 목소리와 다른 소리를 구분한다고 언급했다. 또한 영아는 다른 소리보다 사람의 목소리를 더 좋아한다. 출생 후 며칠이 지나면, 영아는 녹음된 말이나 음악 소리를 듣기 위해 인공 젖꼭지를 빨도록 학습시킬 수 있다. 이들은 다른 소리나 악기 소리보다는 사람의 말소리를 듣기 위해 더 열심히 빤다(Butterfield & Siperstein, 1972). 또한 남자의 목소리보다는 여자의 목소리와 심장박동 소

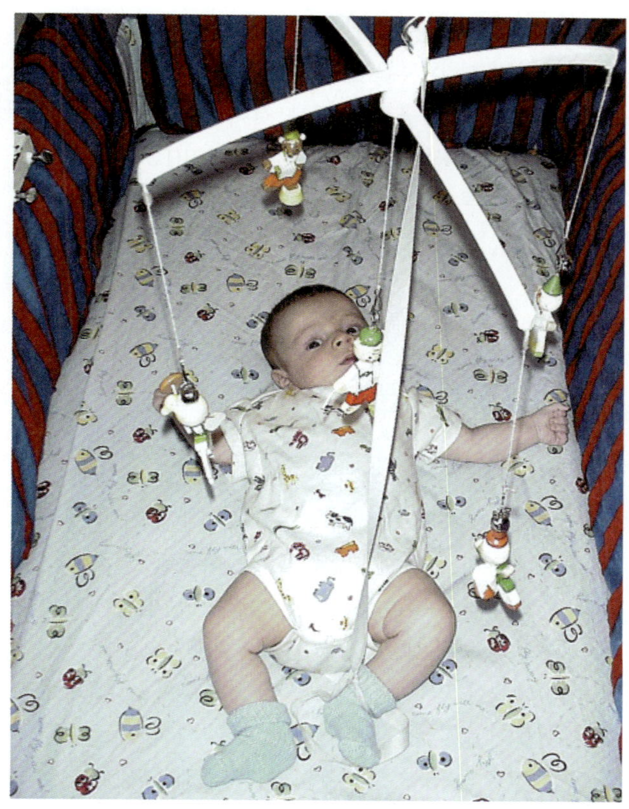

**그림 3.4 영아 기억 연구.** 한 연구에서 3개월 된 영아는 자기 다리에 부착된 리본을 잡아당겨 모빌을 움직이게 하는 것을 쉽게 학습했다. 이 영아는 8일 후 동일한 상황에서 검사했을 때 이 행동을 기억했다.

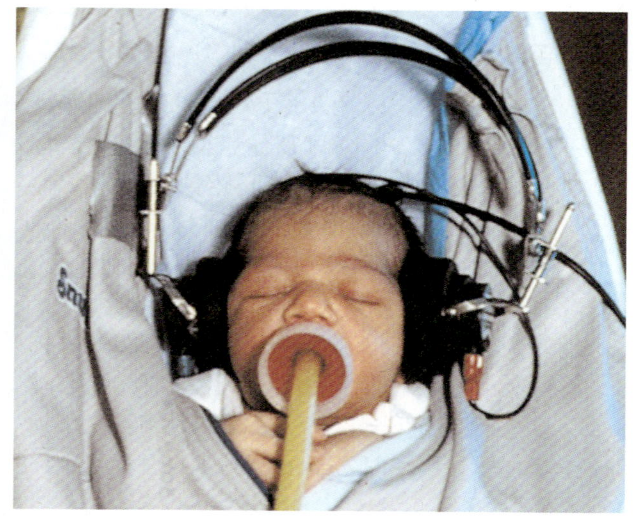

**그림 3.5 소리에 대한 선호.** 이어폰을 통해 선호하는 소리가 나올 때 신생아는 인공 젖꼭지를 더 세게 빪으로써 특정 소리(엄마 목소리)에 대한 선호가 있음을 보여 준다.

리를 더 좋아하고, 다른 여자의 목소리보다는 엄마의 목소리를 더 좋아한다. 그러나 다른 남자의 목소리보다 아빠의 목소리를 더 좋아하지는 않았다(Brazelton, 1978; DeCasper & Fifer, 1980; DeCasper & Prescott, 1984; 그림 3.5 참조).

이런 선호는 태내에서 경험한 소리에서도 나타난다. 예를 들어 엄마의 목소리는 자궁 안에서도 들을 수 있는데, 이는 신생아가 다른 소리보다 엄마의 목소리를 더 좋아하는 것을 설명할 수 있을 것으로 보인다(Richards et al., 1992). 가장 놀라운 사실은 태아가 실제로 사람이 말하는 것 중의 일부를 변별한다는 것을 입증하는 증거가 있다는 것이다. 특별한 한 실험에서 임산부는 임신 마지막 6주 동안 매일 어린이 동화에서 발췌한 내용을 큰 소리로 읽었다. 예를 들어 일부 임산부들은 닥터 수스의 책 『모자 속의 고양이(The Cat in the Hat)』 앞부분 28개 단락을 읽었다. 다른 임산부들은 같은 책의 마지막 28개 단락을 읽었는데, 주된 명사가 바뀌어 이 후반부 이야기는 '모자 속의 고양이'가 아니라 '안개 속의 개'에 관한 이야기가 되었다. 아이가 태어날 때까지 임산부들은 총 3시간 동안 선택된 이야기 중 하나를 읽었다.

영아가 태어난 지 2~3일 후에 영아에게 빠는 속도를 기록할 수 있도록 고안된 특수 젖꼭지를 빨게 했다(그림 3.5에 있는 장치와 같음). 특수 젖꼭지 빨기를 통해 영아는 다음과 같은 녹음된 소리를 들을 수 있었다—엄마의 목소리로 녹음된, 엄마의 자궁 안에서 들었던 이야기, 또는 엄마의 목소리로 녹음된, 이전에 듣지 못했던 이야기, 또는 다른 여자의 목소리로 녹음된, 엄마의 자궁 안에서 들었던 이야기, 또는 다른 여자의 목소리로 녹음된, 이전에 듣지 못했던 이야기. 이전 실험에서처럼 이 영아들은 낯선 여자의 목소리보다는 엄마의 목소리를 더 좋아하여 빠는 속도가 증가했다. 그런데 더 놀라운 사실은 이 영아들이 엄마 뱃속에서 들어 보지 못했던 이야기보다는 들어 본 이야기를 더 선호했다는 것인데, 이 결과는 이야기를 낯선 여자가 읽은 경우에도 나타났다(DeCasper & Spence, 1986).

요약하면, 여기서 언급한 연구들은 아이가 세상에 '백지 상태'로 태어난다고 보는 관점뿐만 아니라 신생아가 '윙윙거리는 엄청난 혼돈'으로 세상을 경험하는 것으로 보는 관점에도 도전을 던진다. 영아는 지각과 학습을 잘할 수 있는 준비가 된 채로 세상에 태어나는 것이 분명하다.

### 중간 요약

- 초기 이론가들은 모든 감각 선호와 능력이 학습되어야만 한다고 믿었다. 그러나 지난 몇 십 년간에 걸친 연구 결과는 영아가 선천적인 감각 시스템과 세상을 배울 수 있도록 준비된 채 태어난다는 것을 분명하게 보여 준다.
- 신생아는 시력이 낮은데, 2살 정도가 되어야 성인만큼 잘 볼 수 있다.
- 일부 이론가들은 영아가 얼굴에 대한 선호를 갖고 태어난다고 생각했다. 연구 결과는 영아가 얼굴 그 자체에 매료되는 것이 아니라 곡선, 높은 대조, 대비, 움직임, 복잡성과 같은, 얼굴이 지닌 자극 속성에 매료된다는 것을 시사한다.
- 신생아도 소리에 주목할 수 있고, 언어를 배우는 데 도움이 되는 인간 말소리의 속성에 이미 조율되어 있는 지각적 기제를 갖고 태어나는 것 같다.
- 영아는 출생 직후부터 서로 다른 미각과 냄새를 구분할 수 있다. 영아는 사람의 젖 냄새와 맛을 좋아하는 것으로 보인다.
- 영아는 태어나는 순간부터 학습할 수 있고, 3개월까지는 잘 기억할 수 있음을 보여 준다.

### 비판적 사고를 위한 물음

1. 영아의 기억에 관한 증거를 통해, 성인이 자신의 생후 첫 해에 벌어진 사건을 기억할 수 있다고 말하는 것에 대해 어떻게 생각하는가?
2. 영아의 환경이 지나치게 자극적일 수 있을까? 지나치게 자극을 주는 환경은 어떤 효과를 일으킬까?

## 아동기의 인지 발달

아동기에 가장 괄목할 만한 발달 중의 하나는 인지 발달이라는, 사고하고 추론하는 능력의 성장이다. 지적 변화를 서술하는 방식은 스위스 심리학자 장 피아제(Jean Piaget, 1896~1980)로부터 지대한 영향을 받았다. 피아제 이전에는 아동의 인지 발달에 관한 심리학적 생각이 두 가지 관점, 즉 발달의 '유전' 요인을 강조하는 생물학적 성숙과 '환경'을 강조하는 환경 학습론 관점이 주도해 왔다. 이와 달리 피아제는 아동의 자연스러운 성숙 능력과 환경의 상호작용에 초점을 두었다. 이 장에서는 피아제의 인지 발달 이론을 소개한 후 이 이론에 대한 비판과 보다 최근의 연구를 살펴볼 것이다. 또한 인지 발달에 관한 러시아 심리학자 레프 비고츠키(Lev Vygotsky)의 이론을 거론할 텐데, 이 이론은 원래 1930년대에 발간된 것으로 최근에 이르러 새로운 흥미를 끌고 있는 이론이다.

### 피아제의 단계 이론

부분적으로는 자신의 아이들에 대한 관찰을 토대로 피아제는 아이의 자연스러운 성숙 능력과 환경 간의 상호작용 관계에 흥미를 갖게 되었다. 그는 아동을 생물학적 발달이나 외적 자극을 수동적으로 수용하는 개체가 아니라 이런 과정에 능동적으로 참여하는 개체로 보았다. 그는 아동을 환경에 있는 사물과 사건을 대상으로 실험하고, 무엇이 일어날지 살피는 '호기심 많은 과학자'로 간주했다. ('곰 인형의 귀를 빨면 기분이 어떨까?' '접시를 식탁에서 떨어뜨리면 어떻게 될까?') 이런 유형의 실험을 통해 아동은 **도식** schemas—물리적 세계와 사회적 세계가 작동하는 방식—을 구성한다. 새로운 대상이나 사건을 접하면 아동은 그것에 동화(assimilate)하려고 한다—기존의 도식으로 그것을 이해하는 것이다. 피아제는 새로운 경험이 기존의 도식과 맞지 않으면 아동이 훌륭한 과학자처럼 **조절** accommodation—어떤 도식을 새로운 정보에 맞도록 수정하는 것—할 것으로 보았는데, 이로써 아동의 세상에 대한 이론이 확대되어 간다(Piaget & Inhelder, 1969). 예를 들어 한 소년이 소방관에 대해 갖고 있는 도식이 부피가 큰 소방복을 입은 남자 어른이라면, 여성이 소방관이 될 수 있다는 것을 믿으려 하지 않을 것이다. 이 소년은 여성은 '옷을 잘 차려입어야' 한다고 주장할 수 있다. 그러나 여성 소방관을 많이 보게 되면 이 소년은 소방관에 대한 자신의 도식을 조절할 것이고, 여성도 소방관이 될 수 있다는 사실을 수용할 것이다.

심리학 전공 대학원생으로서 피아제의 첫 번째 직업은 지능검사(12장 참조)를 개발한 알프레드 비네(Alfred Binet) 밑에서 지능검사를 실시하는 것이었다. 이 일을 하던 중 그는 아동들의 실수 유형과 그 이유에 대해 궁금해하기 시작했다. 아동의 추론과 성인의 추론에 어떤 차이가 있는가? 그는 자기 아이들이 노는 것을 유심히 관찰한 후, 아이들에게 간단한 과학 문제와 도덕 문제를 제시하

### 개념 설명
## 피아제의 인지 발달 단계

나이는 평균적 나이를 말한다. 아동들은 지능, 문화적 배경, 사회경제 요인에 따라 상당히 다를 수 있다. 그러나 진행 순서는 모든 아동들이 동일하다고 가정한다. 피아제는 각 단계를 보다 자세하게 서술했다. 여기서는 각 단계의 일반적 특징만 언급했다.

| 단계 | 특징 |
|---|---|
| 1. 감각운동기 (생후~2세) | • 자신과 대상을 구분한다.<br>• 자신을 행위의 주체로 인식하고 의도적으로 행동하기 시작한다. 예를 들어 모빌을 움직이려고 줄을 잡아당기거나 딸랑이 소리를 듣기 위해 딸랑이를 흔든다. |
| 2. 전조작기 (2~7세) | • 언어를 사용하는 것을 배우고, 심상과 단어로 대상을 표상한다.<br>• 사고는 여전히 자기중심적이므로 타인의 관점을 이해하기 어렵다.<br>• 대상을 하나의 속성에 따라 분류한다. 예를 들어 모양에 관계없이 모든 빨간 블록을 함께 모으거나 색깔에 관계없이 모든 네모 블록을 함께 모은다. |
| 3. 구체적 조작기 (7~11세) | • 대상과 사건에 대해 논리적으로 생각할 수 있다.<br>• 보존 개념 성취: 수의 보존(6세), 양의 보존(7세), 무게의 보존(9세)<br>• 여러 가지 속성에 따라 대상을 분류하고, 크기와 같은 단일 차원에 따라 서열화할 수 있다. |
| 4. 형식 조작기 (11세 이후) | • 추상적 명제에 관해 논리적으로 생각할 수 있고, 가설을 체계적으로 검증할 수 있다.<br>• 가상 문제, 미래, 이념적 문제에 관심을 갖는다. |

고, 아이들이 왜 그런 대답을 하는지 그 이유를 설명하도록 했다. 피아제는 관찰을 통해 아동이 사고하고 추론하는 능력은 일련의 질적으로 다른 단계로 진행된다는 것을 확신하게 되었다. 그는 인지 발달을 크게 네 가지 주요 단계로 나누었는데, 각 단계에는 여러 하위 단계가 있다. 주요 네 단계는 감각운동 단계, 전조작 단계, 구체적 조작 단계, 형식 조작 단계이다(개념 설명 참조).

### 감각운동 단계

피아제는 영아가 자신의 행위와 그 행위의 결과 간의 관계를 발견하는 데 분주한 시기인 생후 첫 2년간을 감각운동 단계sensorimotor stage라고 불렀다. 예를 들어 영아는 어떤 대상을 붙잡기 위해 얼마나 멀리 팔을 펼쳐야 하는지, 테이블의 모서리로 접시를 밀어 넘어뜨리면 어떤 일이 벌어지는지를 탐색한다. 이런 식으로 영아는 외부 세계와 분리된 자기개념을 발달시키기 시작한다.

아동 자신이 외부 세계와 분리된 것을 이해하는 데 가장 중요한 측면은, 세상이 물체들로 구성되어 있는데 이 물체들은 눈에 보이지 않더라도 계속 존재한다는 것을 이해하는 것이다. 이 개념은 대상영속성object permanence이다. 장난감을 천으로 덮으면 8개월 된 영아는 손을 뻗어 보지만 곧 그것을 멈추고 장난감에 흥미를 보이지 않는다. 이들은 놀라지도 않고 당황하지도 않으며 장난감을 찾으려는 시도를 하지 않는데, 이는 마치 그 장난감이 존재하지 않는 것처럼 행동하는 것이다(그림 3.6 참조). 이와 달리 10개월 된 영아는 천 밑에 숨겨 두거나 스크린 뒤에 있는 장난감을 적극적으로 찾는다. 10개월 된 영아는 대상영속성 개념을 획득하게 되어 보이지 않을 때에도 대상이 존재한다는 사실을 아는 것 같다. 그러나 이 월령에도 탐색에 한계가 있다. 특정 장소에 숨겨진 장난감을 여러 번 찾아본 영아는 어른이 그 장난감을 다른 장소로 옮기는 것을 본 경우에도 계속 이전의 장소에서 장난감을 찾는다. 1살 무렵이 되어서야 비로소 아이는 이전 시행에서 일어난 것과 관계없이 마지막으로 보았던 장소에서 장난감을 찾는다.

### 전조작 단계

대략 1세 반부터 2세까지 아동은 상징을 사용하기 시작한다. 단어가 사물이나 사물의 집단을 의미하고, 하나의 대상은 여러 가지 용도로 사용될 수 있다. 3세 아동은 나무 막대기를 말로 취급하여 그것을 타고 이리저리 방을 돌아다니기도 하고, 자동차로 사용하기도 한다. 인형

그림 3.6 **대상영속성.** 장난감을 스크린으로 가렸을 때 영아는 그것이 존재하지 않는 것처럼 행동한다. 이런 관찰을 통해 피아제는 영아가 아직 대상영속성 개념을 습득하지 않았다고 결론지었다.

이 아빠가 되었다가 다른 때에는 아기가 되기도 한다. 3~4세 아동은 상징적 용어로 생각할 수 있긴 하지만, 이들이 사용하는 단어와 심상은 아직 논리적으로 체제화되어 있지 않다. 전조작 단계preoperational stage 동안 아동은 특정한 규칙이나 조작operation을 아직 이해하지 못한다. 조작이란 논리적 방식으로 분리하고, 결합하고, 정보를 변형하는 정신과정이다. 예를 들어 길고 좁은 잔의 물을 짧고 넓은 잔에 부으면 성인은 마음에서 그 변형의 역을 생각할 수 있기에 물의 양이 변하지 않았음을 안다. 즉 넓은 잔에 있는 물을 좁은 잔에 쏟아붓는 것을 상상하여 원상태로 되돌릴 수 있다. 전조작 단계의 아동은 가역성과 다른 정신 조작에 대한 이해가 없거나 빈약하다. 따라서 피아제에 따르면 전조작기 아동은 보존conservation 개념—물질의 양이 그 형태가 달라지더라도 동일하다는 이해—를 아직 습득하지 않은 상태이다. 아동은 긴 잔에서 넓은 잔으로 물을 붓는 경우에 그 물의 양이 보존된다는 것(동일하게 있다는 것)을 이해하지 못한다(그림 3.7 참조).

피아제는 전조작적 사고가 시각적 인상에 의해 압도된다고 생각했다. 덜 분명하지만 보다 핵심적인 특성인 양이나 무게보다 찰흙 모양의 변화는 아동에게 더 큰 영향을 준다. 시각적 인상에 대한 이러한 신뢰는 수의 보존 실험에서도 잘 나타난다. 두 줄의 장기알을 일대일 대응으로 제시하면 어린 아동들은 정확하게 그 두 줄의 장기알이 같다고 말한다(그림 3.8 참조). 그런데 그중 한 줄의 장기알을 서로 가깝게 모아 놓으면, 5세 아동은 장기알이 없어지지 않았음에도 불구하고 손대지 않은 줄의 장기알이 더 많다고 말한다. 장기알이 길어 보이는 시각적 인상

그림 3.7 **양의 보존.** 4세 아동은 2개의 짧고 넓은 유리잔에 똑같은 양의 물이 있다고 인정했다. 그런데 한쪽 유리잔의 물을 좁고 긴 유리잔에 부으면 그것이 더 많다고 말한다. 이 아동은 더 나이가 들어야 모양이 다른 2개의 잔에 동일한 양의 물이 들어 있다고 말할 것이다.

**그림 3.8 수의 보존.** 각각 10개로 이루어진 두 줄의 장기알을 똑같이 펼쳐 놓았을 때, 대부분의 아동들은 개수가 똑같다고 말한다. 그런데 그중 한 줄을 더 넓게 펼치면 6~7세 이하의 아동은 원래 있는 줄의 장기알이 더 적다고 말한다.

이 일대일 대응 관계에서 나타난 수의 성질을 압도해 버린다. 그러나 7세 아동은 사물의 수가 이전과 동일하다면 그것은 같아야만 한다고 생각한다. 이 나이에는 수의 동질성이 시각적 인상보다 더 중요해진다.

피아제에 의하면, 전조작기 아동의 핵심적인 또 다른 특징은 **자기중심성** egocentrism이다. 전조작기 아동은 자신과 다른 관점을 인식하지 못한다. 이들은 자기 아닌 다른 모든 사람들도 자신과 동일한 방식으로 환경을 지각한다고 믿는다(Piaget, 1950a). 이것을 입증하기 위해 피아제는 '세 산 문제'를 만들었다. 아동에게 높이가 다른 3개의 산이 배치되어 있는 테이블 주위를 걸어 보게 한다. 그다음 아동을 테이블의 어느 한쪽에 서게 하고, 테이블의 나머지 편에 위치를 달리한 인형을 놓는다(따라서 세 산에 대해 아동과는 다른 조망을 갖게 됨). 그리고 아동에게 인형이 보는 것을 나타내는 사진을 선택하게 한다. 6~7세 이하의 아동은 대부분 세 산을 보는 자신의 조망을 나타내는 사진을 선택한다(Piaget & Inhelder, 1948/1956).

피아제는 자기중심성이 전조작기 사고의 경직성을 말해 준다고 생각했다. 어린 아동은 자신과 다른 입장의 요지를 파악하지 못하기 때문에 자신의 도식을 수정하여 환경의 변화를 고려하지 못한다. 이는 이들이 조작을 전환할 수 없고, 양을 보존할 수 없는 이유이다.

## 조작 단계

7~12세 사이에 아동은 다양한 보존 개념을 습득하고 다른 논리적 조작을 수행하기 시작한다. 이들은 길이나 무게와 같은 차원을 근거로 대상을 순서대로 나열할 수 있다. 또한 이들은 일련의 행위에 대한 정신적 표상을 할 수 있다. 5세 아동은 친구의 집에 가는 길을 찾을 수는 있지만 당신에게 그곳을 가르쳐 줄 수 없고, 가는 길을 연필과 종이로 그려 줄 수도 없다. 그들은 어떤 장소에서 돌아야 한다는 것을 알고 있기 때문에 스스로 길을 찾아갈 수는 있지만 그 길에 대한 전체 그림을 갖고 있지는 않은 것이다. 반면에 8세 아동은 그 길에 대한 지도를 쉽게 그릴 수 있다. 피아제는 이 시기를, 아동이 추상적인 용어를 사용하지만, 직접적으로 감각 접근이 가능한 구체적 대상에 대해서만 그렇게 하는 **구체적 조작 단계** concrete operational stage라고 부른다.

11~12세 무렵이 되어서야 아동은 성인의 사고방식에 도달한다. **형식적 조작 단계** formal operational stage에 개인은 순전히 상징적 용어로 추론할 수 있다. 형식적 조작 사고를 검증하는 한 검사에서 아동은 진자가 움직이는 속도(진동의 주기)를 결정하는 요인을 찾아내고자 했다. 고리에 달려 있는 긴 줄과 줄 끝에 매달 수 있는 여러 개의 추가 제공된 상황에서 아동은 줄의 길이를 다양하게 할 수 있고, 매다는 추의 무게도 바꿀 수 있으며, 그 추를 놓는 위치도 바꿀 수 있다. 구체적 조작 단계에 있는 아동은 주어진 변인의 일부를 바꾸면서 시도하지만 아직 체계적인 방식으로 하지는 못했다. 그러나 보통의 청소년은 일련의 가설을 설정하고 그것을 체계적으로 검증했다. 이들은 어느 한 변인(추의 무게)이 진자의 속도에 영향을 주는지 추론하고, 나머지 모든 변인을 일정하게 고정하고 한 변인만을 바꾸었을 때 그 영향이 나타나는지 확인한다. 이 변인이 진자의 속도에 영향을 주지 않는 것

으로 보이면 그 변인을 배제하고 다른 변인으로 시도해 본다. 모든 변인을 고려하는 것은—각 가설에 대한 결과를 모두 살피고, 이런 결과를 확증하거나 부정하고—형식적 조작 사고의 핵심이다.

## 피아제 이론에 대한 비판

피아제 이론은 아동의 인지 발달에 관한 생각을 획기적으로 바꾸어 놓은 중대한 지적 작업이었다. 그런데 영아와 취학 전 아동의 지적 기능을 검증하는 새롭고 보다 정교화된 방법들은 피아제가 이런 아동의 능력을 과소평가했음을 밝혔다. 단계 이론을 검증하기 위해 고안된 많은 과제는 실제로 주의집중, 기억, 구체적인 실제 지식 같은 여러 가지 기술을 필요로 한다. 아동은 검증하고자 하는 능력을 갖고 있지만, 그 능력 이외에 요구되는 다른 기술 중의 하나가 부족하여 그 과제를 수행하지 못했을 수 있다.

대상영속성을 예로 살펴보자. 앞서 보았듯이 8개월 이전의 영아는 자신이 보는 가운데 장난감을 숨기거나 가리면 장난감이 존재하지 않는 것처럼 행동하고 그 장난감을 찾으려 하지 않는다. 그런데 이 과제에서 성공하려면 아동은 대상물이 여전히 존재한다는 사실을 이해해야 할 뿐만 아니라 대상물이 숨겨진 장소를 기억해야 하고, 그 장난감을 찾는 신체적 행위를 보여 주어야만 한다. 피아제는 생의 초기 인지 발달이 감각운동 활동에 달려 있다고 생각했기 때문에, 영아가 대상이 여전히 존재한다는 사실을 이해는 했지만 탐색 행동을 통해 이러한 지식을 보여 주지 못했을지도 모를 가능성을 고려하지 않았다.

이 가능성을 검증하기 위한 한 연구에서는 유아에게 숨겨진 대상을 능동적으로 찾도록 요구하지 않았다. 그림 3.9에서 보는 바와 같이 실험장치는 테이블 위에서 회전하는 스크린이었다. 처음에 스크린은 테이블 위에 평평하게 놓여 있었다. 영아가 보는 동안 그 스크린은 천천히 조금씩 영아에게서 먼 쪽으로 움직여 180° 각도로 이동한 후 다시 테이블에 닿았다. 그다음 스크린은 반대 방향인 영아를 향해 다시 움직였다.

처음에 회전하는 스크린을 보았을 때 영아들은 거의 1분 동안 그것을 보았다. 그러나 이 시행이 반복되면서 이들은 흥미를 잃고 다른 쪽으로 고개를 돌렸다. 이 시점에 밝게 칠한 상자가 스크린이 지나가는 길 중간의 테이블 위에 나타났는데, 이 상자는 그 스크린이 정상 방향으로 움직일 때 숨겨졌다(영아는 실제로 상자를 보는 것이 아니라 상자의 실루엣을 보았다). 그림 3.9에서 보는 바와 같이, 그 후 영아는 가능한 사건 또는 불가능한 사건 중 하나를 보았다. 한 집단의 영아들은 스크린이 출발하여 상자에 부딪히는 지점까지만 가는 것을 보았다. 이 지점에서 스크린은 멈추었다가 다시 출발점으로 되돌아왔다. 다른 한 집단의 아동들은 스크린이 계속 움직여 마치 그 길에 상자가 없는 것처럼 180° 각도로 끝까지 움직이는 것을 보았다. 연구자들은 영아가 스크린이 상자를 가리더라도 여전히 상자가 그 길에 있다고 생각한다면, 스크린이 상자 속을 뚫고 지나가는 것처럼 보이는 불가능한 사건이 발생할 때 놀랄 것이라고 추론했다. 그러면 영

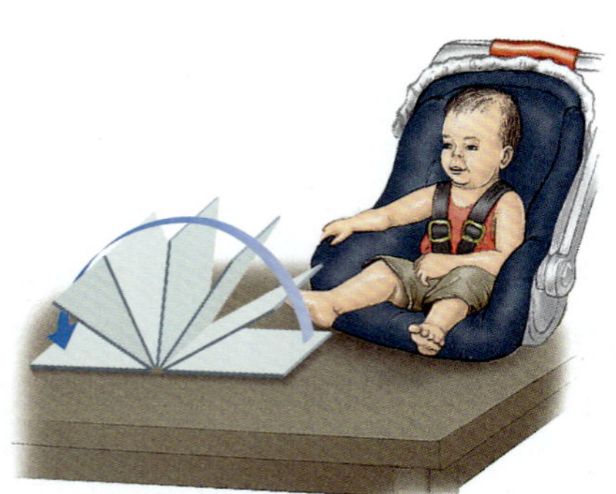

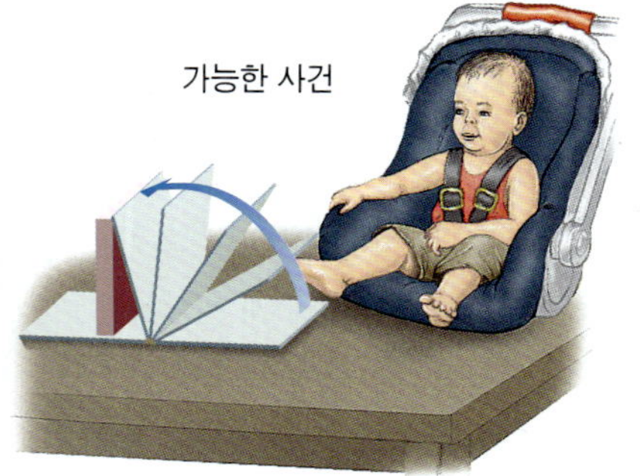


**a)** 습관화 사건
영아가 주목하지 않을 때까지 회전하는 스크린을 보여 준다.

**b)** 검사 사건

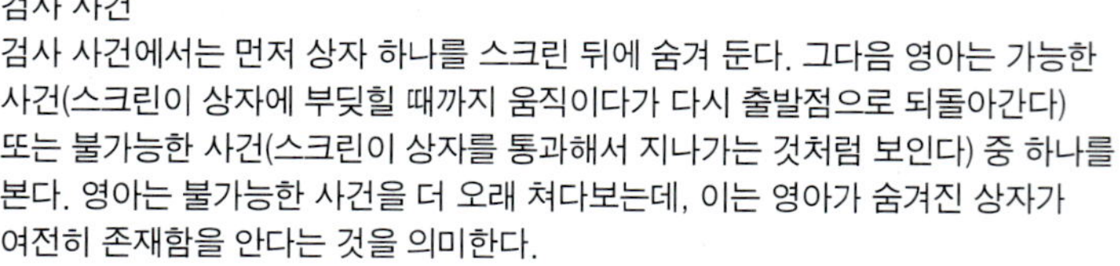
검사 사건에서는 먼저 상자 하나를 스크린 뒤에 숨겨 둔다. 그다음 영아는 가능한 사건(스크린이 상자에 부딪힐 때까지 움직이다가 다시 출발점으로 되돌아간다) 또는 불가능한 사건(스크린이 상자를 통과해서 지나가는 것처럼 보인다) 중 하나를 본다. 영아는 불가능한 사건을 더 오래 쳐다보는데, 이는 영아가 숨겨진 상자가 여전히 존재함을 안다는 것을 의미한다.

그림 3.9 **대상영속성 검증.**

아는 스크린이 상자에 부딪혀 원래 출발점으로 되돌아가는 경우보다 스크린을 더 오래 쳐다볼 것이다. 정확하게 이런 현상이 일어났다. 반복적으로 봄으로써 흥미를 잃어버린 사건과 불가능한 사건이 지각적으로 동일했음에도 불구하고, 영아는 이전에 본 적이 없는 물리적으로 가능한 사건—스크린이 반쯤 움직이다가 역방향으로 되돌아가는 경우보다 불가능한 스크린—에 더 흥미를 보였다(Baillargeon et al., 1985).

이 실험에 참여한 영아들은 4개월 반밖에 되지 않기에, 피아제가 예견한 시기보다 더 빠른 4~5개월에 이미 대상영속성을 보였던 것이다. 반복 검증을 통해 3개월 반 된 어린 영아의 일부에게서도 대상영속성을 발견했다(Baillargeon, 1987; Baillargeon & DeVos, 1991).

또한 피아제의 보존 과제를 사용한 보다 최근의 실험에서는 아동의 지적 능력이 그가 생각했던 것보다 더 일찍 발달한다는 증거를 제시했다. 수 보존에 관한 한 실험에서 두 세트의 장난감 병정을 일대일 대응으로 줄지어 제시한다(그림 3.8처럼). 그다음 실험자는 다음과 같이 말했다. "이 줄은 네 부하들이고, 이 줄은 내 부하들이야. 어느 쪽이 더 많니? 내 부하가 많니, 네 부하가 많니? 아니면 둘 다 똑같니?" 아동들이 이 질문에 대해 정확하게 똑같다고 대답한 다음, 실험자는 어느 한쪽의 장난감 병정들을 넓게 펼친 후 다시 질문을 반복했다. 피아제와 몇몇 학자가 이전에 보고한 것처럼, 5세 아동은 펼쳐진 쪽이 더 많다고 말하면서 보존을 이해하지 못했다. 그러나 그다음 연구자는 두 번째 조건을 도입했다. 장난감 병정들을 개별로 서술하지 않고 다음과 같이 말했다. "이쪽은 내 군대이고, 저쪽은 네 군대야. 내 군대와 네 군대 중 어느 쪽이 더 많니? 아니면 두 쪽이 같니?" 군대라는 단어로 바꾸는 단순한 변화로 대부분의 아동들은 보존을 이해할 수 있었는데, 한쪽 군대를 펼쳐 놓아도 아동들은 두 '군대'의 규모가 같다고 판단했다. 개별이 아니라 집합체로 해석하도록 도와주면 아동의 동질성에 대한 판단은 관련 없는 지각적 변형에 영향을 덜 받는 것 같다(Markman, 1979).

다른 연구는 구체적 조작 사고 발달에 영향을 줄 수 있는 더 많은 요인을 밝혀냈다. 예를 들어 학교에 다니는 것은 피아제식 과제 숙달을 촉진하는 것 같다(Artman & Cahan, 1993). 이 결과와 다른 증거들은 구체적 조작 추론이 아동 중기에 나타나는 보편적인 발달 단계가 아니라 문화적 배경, 정규교육, 질문과 지시문에 사용되는 구체적인 어휘의 산물일 가능성을 시사한다.

## 피아제 이론에 대한 대안

일반적으로 발달심리학자들은 앞에서 제시한 발견들이 피아제가 아동의 능력을 과소평가했다는 것을 입증한다는 데 동의한다. 그리고 그의 이론은 많은 영역에서 도전을 받고 있다. 그러나 피아제 이론에 대한 최선의 대안에 대한 합의는 없다. 일부 심리학자들은 정보처리 접근을 선호하고, 다른 학자들은 지식 습득과 사회문화적 접근을 선호한다.

### 정보처리 접근

우리는 피아제의 입장에 도전하는 많은 실험이 인지 발달을 몇 개의 분리된 정보처리 기술 information-processing skill—환경으로부터 정보를 수집하고 분석하는 구체적 기술—의 습득으로 보는 연구자들에 의해 비롯된 것임을 앞서 보았다. 정보처리 입장에 있는 연구자들은 표준 피아제식 과제가 이런 기술과 그 과제로 알아낼 수 있다고 생각되는 기술을 분리시키지 못했다고 생각한다. 그런데 이 연구자들 간에 정확하게 피아제 이론의 어떤 측면에 도전을 던져야 하는지에 관해서는 일치하지 않는다. 예를 들어 발달이 질적으로 서로 다른 단계인지, 아니면 연속적인 변화 과정인지와 같은 중요 문제에 서로 다른 의견을 피력하고 있다. 어떤 연구자들은 단계의 모든 개념이 폐기되어야 한다고 생각한다(Klahr, 1982). 이들의 입장에서는 분리된 기술들이 일련의 분리된 단계로 발달하는 것이 아니라 부드럽게 연속적으로 발달한다. 그러나 다른 정보처리 이론가들은 정보처리 기술에서의 점진적 변화가 실제로 불연속적이고 단계적 사고의 발달을 이끈다고 생각한다(Case & Okamoto, 1996). 이 이론가들은 신피아제 학파로 불린다. 신피아제 학파의 일부 연구자들은 진정한 단계가 있지만, 그것은 매우 좁은 지식의 영역 안에만 있다고 제안한다. 예를 들어 아동의 언어 기술, 수리적 이해, 사회적 추론 등이 단계와 같은 양상으로 발달할 수 있지만, 각 영역은 비교적 다른 영역과는 독립적으로 나름의 속도에 따라 진행한다는 것이다(Mandler, 1983).

### 지식획득 접근

일부 발달심리학자들은 유아기 이후 아동과 성인은 본질적으로 동일한 인지 과정과 능력을 지니고 있고, 이 둘 간의 일차적 차이는 성인이 보다 확장된 지식을 갖는 것으로 본다. 여기서 지식knowledge이란 사실을 양적으로 더 많이 아는 것이 아니라, 특정 영역에서 사실을 구성하는 방식에 대해 더 깊이 이해하는 것이다. 지식획득 접근의 한 예는 시글러(Siegler, 1996)의 인지 발달의 중복파 이론인데, 이 이론은 어느 한 시점에 아동이 문제해결을 위해 다중 방식을 사용하지만, 나이가 들고 경험이 많아지면서 일부 책략은 더 자주 사용하게 되고 어떤 책략은 덜 사용하게 된다는 것이다.

사실과 사실을 체제화하는 것 간의 구분은 10세 체스 전문가 집단과 체스 아마추어 대학생 집단이 벌인 토너먼트 경기에 관한 연구에서 나타났다. 무선 숫자 목록을 기억하고 회상하게 했을 때, 대학생들이 10세 아동들보다 훨씬 잘했다. 그러나 장기판 위에 놓인 말의 실제 배열을 기억하는 능력을 검증했을 때, 10세 체스 전문가들이 18세 체스 아마추어 대학생들보다 더 잘했다(Chi, 1978). 두 집단의 이러한 차이는 인지 발달의 단계 차이나 상이한 정보처리 능력의 차이가 아니라 영역 한정적 지식의 차이인 것이다. 이들은 10세이지만 체스의 기저 구조를 보다 심층적으로 파악하고 있기 때문에, 분리된 정보 조각들을 보다 의미 있는 단위로 묶음으로써, 그리고 받아들이기 어려운 배치는 배제함으로써 기억에서 그 배열을 체제화하고 재구성할 수 있었다.

나이가 많아짐에 따라 인지 발달에서의 질적인 변화보다는 세상에 대한 지식 축적이 피아제의 보존 과제를 해결하는 능력이 증가되는 이유가 될 수 있다. 예를 들어 양이나 수가 '더 많은 찰흙' 또는 '더 많은 과자'를 규정짓는 결정적 속성이라는 것을 모르는 아동은 외형만 바뀌어도 양이 바뀌었다고 판단하기 십상이다. 하지만 더 나이 든 아동은 '더'라는 핵심 결정 속성을 학습했을지도 모른다. 이 가설이 옳다면, 한 영역에서 보존에 실패한 아동이라도 그 영역을 이해하느냐에 따라 다른 영역에서는 보존을 습득할 수 있다. 예를 들어 한 연구에서 유치원 아동들은 의사나 과학자가 수행했던 일련의 '조작'에 관해 들었다. 일부 조작은 한 동물을 다른 동물처럼 보이도록 바꾸었고, 다른 조작은 한 동물을 식물처럼 보이도록 바꾸었다(그림 3.10 참조). 아동들은 다음과 같은 말을 들었다.

> 의사들이 말의(말 사진을 보여 준다) 몸 전체에 검은 줄무늬와 흰 줄무늬를 넣었다. 그리고 말의 갈기를 자르고 꼬리를 땋았다. 그리고 말처럼 울지 못하도록 훈련시켰고, 건초 대신 야생풀을 먹도록 훈련시켰다. 또한 아프리카 들판에 살도록 훈련시켰다. 이렇게 하여 그 말은 바로 이렇게 보였다(얼룩말 그림을 보여 준다). 자, 그러면 이제 이 동물은 말일까, 얼룩말일까? (Keil, 1989, p. 307)

한 종류의 동물을 다른 종류의 동물로 변형시키는 이야기를 들었을 때, 대부분의 아동들은 보존 개념을 보이지 않았다. 약 65%가 원래 말이 실제로 얼룩말로 바뀌었다고 동의했다. 그러나 한 동물을 식물로 변형했을 때에는 약 25%의 아동만이 호저가 선인장으로 바뀌었다는 데 동의했다(Keil, 1989). 이런 연구는 전조작기 아동이 일부 영역에서는 보이지 않지만 사물의 본질적인 정의 속성은 변하지 않는다는 것을 학습했기 때문에 시각적 외형의 극적인 변화를 무시할 수 있다는 것을 입증해 준다.

**나이 어린 체스 전문가에 관한 연구는 체스에 관한 지식이 많은 것이 적절한 위치 이동에 관해 보다 효율적으로 처리하게 하여, 나이는 많지만 덜 전문가인 어른을 이기게 만든다는 것을 시사한다.**

## 사회문화적 접근

피아제는 아동이 환경과 상호작용한다는 점을 강조했지만, 그의 마음에 있는 환경은 즉각적인 물리적 환경이었다. 사회적이고 문화적인 맥락은 피아제 이론에서는 실제로 아무런 역할이 없다. 그런데 아동들이 배워야만 하는 많은 것은 자신이 속해 있는 문화가 현실을 보는 방식, 사회에서 기대하는 사람들의 역할과 성차, 자신의 고유 문화에서 사회관계를 지배하는 규칙과 규범이다. 이런 영역에서는 보편적으로 타당한 사실이나 현실을 보는 정확한 입장이 없다. 발달에서 사회문화적 접근socio-cultural approach을 취하는 사람들에 따르면 아동은 '참'

**그림 3.10 보존에 대한 초기 검증.** 아동들은 의사와 과학자가 한 동물을 다른 동물처럼(말을 얼룩말로) 보이도록 만들거나, 동물을 식물처럼(선인장으로) 보이도록 만들었다는 이야기를 들었다. 그 동물이 실제로 새로운 동물이 되었다거나, 또는 새로운 식물이 되었다고 말하는 아동은 보존 개념이 없음을 보여 주는 것이다. 반면, 달리 보이는 동물이 여전히 원래의 동물이라고 말하는 아동은 보존 개념이 있음을 나타낸다.

지식을 찾는 물리 과학자가 아니라, 그 문화의 눈을 통해 사회적 현실을 보는 방식을 학습함으로써 토착민이 되어 가려는 한 문화의 신참으로 본다(Rogoff, 2000).

문화는 여러 가지 방식으로 아동의 발달에 영향을 줄 수 있다(Keil, 출판 중).

- 특정한 활동을 할 수 있는 기회를 부여함으로써 영향을 준다. 아동은 관찰을 통해, 직접 경험으로, 아니면 적어도 활동에 관한 이야기를 들음으로써 학습할 수 있다. 사막에서는 물이 귀하기 때문에, 칼라하리 사막에 사는 쿵족 아동은 한쪽 컵에서 다른 컵으로 물을 붓는 식의 양 보존을 습득하지는 못할 것이다. 반면에 시애틀이나 파리에 사는 아동은 사막에서 샘의 근원을 찾는 방법을 배우지는 않을 것이다.
- 특정 활동의 빈도를 결정함으로써 영향을 준다. 예를 들어 발리 문화에서는 전통 춤이 중요하다. 따라서 발리에서 성장한 아동은 유능한 댄서가 된다. 그러나 노르웨이 아동은 스키나 스케이트 전문가가 된다.
- 상이한 활동을 연결하는 방식에 의해 영향을 준다. 예를 들어 도자기를 만드는 것이 중요한 문화에서는 아동이 점토로 모양을 만드는 것이 부모와의 상호작용, 그리고 시장에 그것을 파는 것과 연계되어 있을 가능성이 크다. 도자기를 만드는 것이 중요하지 않은 문화에서는 아동이 점토로 모양을 만드는 것을 유아원에서의 놀이로 볼 것이다.
- 활동에서 아동의 역할을 통제함으로써 영향을 준다. 많은 문화권에서 고기는 슈퍼마켓에서 사는 것이지, 아동(그리고 아동의 부모)이 고기를 제공하는 동물을 잡는 덫을 놓고, 죽이고, 고기를 준비하는 데 아무 역할도 하지 않는다. 하지만 어떤 문화에서는 일찍부터 아동이 가족의 식량을 마련하기 위해 사냥하고, 죽이고, 고기로 만드는 법을 배운다.

이러한 관점의 인지 발달은 러시아 학자 레프 비고츠키(Vygotsky, 1934/1986)의 연구에서 그 기원을 찾을 수 있다. 비고츠키는 일차적으로 세상에 관해 더 많이 이해하고 새로운 기술을 개발하도록 도와주는 지식을 가진 선도자에게 지도받는 도제식 전달을 통해 세상을 더 잘 이해하게 되고 전문가로 나아간다고 생각했다. 그는 또한 인지 발달의 두 수준을 구분했다. 아동의 실제 발달 단계와 아동의 잠재적 발달 수준이 그것이다. 전자는 아동의 실제 문제해결 능력에서 드러나고, 후자는 성인이나 자기보다 더 잘 아는 또래가 지도하여 아동에게 진전이 있는 과제에서 확인된다. 비고츠키에 따르면 어떤 아동의 인지 발달 수준을 온전하게 이해하여 적절한 교육을 하기 위해서는 그 아동의 잠재적 발달 수준과 실제 발달 수준을 둘 다 알아야 한다.

언어는 인간이 사회적 의미를 교환하는 일차적 수단이기 때문에 비고츠키는 언어 발달을 인지 발달의 핵심으로 보았다. 실제로 그는 언어 획득을 아동 발달의 가장 중요한 측면으로 간주했다(Blanck, 1990). 언어는 새로운 기술과 지식을 발달시키는 데 중요한 역할을 한다. 성인과 또래가 아동을 도와 새로운 과제를 숙달시킬 때, 그들 간의 대화는 아동의 사고의 일부가 된다. 그다음 아동은 자신이 새로운 기술을 수행할 때 자신의 행동을 안내하기 위해 자신의 언어를 사용한다. 피아제가 자기중심적 언어라고 부르는 것을 비고츠키는 인지 발달의 핵심적 요소로 간주했다. 아동은 자신을 안내하고 방향을 제공하기 위해 자신에게 말한다. 이런 유형의 자기지시를 사적(private) 언어라고 한다. 이전에 어른으로부터 들은 어떤 과제(예: 구두 신기)를 어떻게 실행하는지에 대해 스스로에게 지시하는 아동에게서 이런 과정을 관찰할 수 있다(Berk, 1997).

## 마음 이론

성인으로서 우리는 다른 사람들의 마음—생각하고, 기대와 신념을 갖고 있고, 나름의 가정을 갖고 있다는 것 등—을 알고 있다는 것을 반영하는 방식으로 행동하고 생각한다. 타인에 대한 많은 행동은 타인이 무엇을 생각하고 있는지에 대한 이해에 바탕을 두고 있다. 예를 들어 오후 2시에 커피를 마시려고 친구와 만나기로 했는데 지금 하고 있는 모임이 2시 반이 되어서야 끝날 것 같다. 우리는 그 친구가 2시에 커피숍에서 만나리라 기대하고 있다는 것을 알기에, 모임을 하는 도중에 잠깐 시간을 내서 전화를 하여 조금 늦겠다고 말한다. 또한 종종 어떤 상황에 관해 우리 자신이 무엇을 생각하는지 평가해 보거나 신념에 잘못된 것이 있는지 의문을 제기하면서 자신의 사고 과정을 살펴본다. 이런 식의 사고에 대한 사고를 **초인지** metacognition라고 한다.

인간은 아주 일찍부터 타인이 마음을 갖고 있다는 것을 이해할 수 있다. 6개월에서 9개월까지 일반적으로 영아는 타인의 눈이 어디를 응시하는지 따라감으로써 물체와 사건에 대해 타인과 경험을 공유할 수 있다(Bakeman & Adamson, 1984; Scaife & Bruner, 1975). 예를 들어 엄마가 방 저쪽에 있는 장난감을 보거나 가리키며 "저기에 있는 장난감을 보자."라고 말하면 영아는 장난감을 향한 엄마의 응시나 손가락 가리키기를 따라갈 것이다. 이를 **공동 주의** joint attention라고 부른다(Bruner, 1975). 이 능력은 사회적 소통과 언어 발달에 결정적이다. 공동 주의의 발달은 뇌의 특정 영역 발달, 그리고 조금 전에 언급된 바와 같이 다른 사람들이 영아와 함께 물체나 사건 또는 사람에 대한 참조를 자주 경험한 것, 이 두 가지로 인해 생겨나는 것 같다(Mundy & Jarrold, 2010).

공동 주의의 발달이라는 기초로부터 아동은 바람, 지각, 신념, 지식, 사고, 의도, 감정과 같은 기본 마음 상태에 관한 지식을 발달시킨다. 이런 지식을 흔히 **마음 이론** theory of mind이라고 부른다. 아동의 마음 이론에 대한 정교화는 생애 초기 몇 년에 걸쳐 점진적으로 발달한다. 다음은 마음 이론에 관한 전형적인 연구로 기본적인 발달적 사실을 보여 준다(Flavell, 1999).

실험자는 5세 아동에게 사탕 그림이 그려진 사탕 상자를 보여 주고, 그 안에 무엇이 있다고 생각하는지 묻는다. 아동은 '사탕'이라고 대답한다. 그다음 아동은 상자 안을 들여다보고는 그 상자 안에 사탕이 아니라 크레용이 있다는 것을 알고는 놀란다. 이때 실험자는 아동에게 아직 이 상자를 들여다보지 않은 다른 아동이 이 상자 안에 무엇이 있으리라고 생각할지를 묻는다. 그 아동은 '사탕'이라고 대답하고, 이렇게 속인 것에 재미있어 한다. 이제 실험자는 3세 아동에게 같은 절차를 실시한다. 원래 예상되는 대답은 '사탕'이었는데 놀랍게도 아동의 대답은 '크레용'이었다. 더욱 놀라운 것은, 더 심화된 질문에서 3세 아동은 원래 자기는 그 상자에 크레용이 있다고 생각했고, 심지어 거기에 있었다는 말을 듣기까지 했다고 주장한다.

이 결과에 대한 기본적인 해석은, 취학 전 아동은 타인이 자신과 다른 마음과 생각이 있다는 마음 이론을 아직 갖고 있지 않고, 그래서 사람들이 자신과 다른 신념을 지니고 있거나 실제와 다른 신념을 갖고 있다는 것을 이해하지 못한다는 것이다.

아동의 마음 이론은 어떻게 발달하는가? 바르치와 웰만(Bartsch & Wellman, 1995)은 세 단계의 발달 순서가 있다고 주장한다. 첫째, 2세 무렵 아동은 단순한 바람, 정서, 지각적 경험에 대한 초보적인 개념을 갖고 있다. 아동은 사람들이 원하는 것이 있고, 공포스러워할 수 있으며, 사물을 보고 느낄 수 있음을 이해한다. 그러나 사람들이 외부의 사물과 자신의 내적 바람이나 신념을 정신적으로 표상할 수 있음을 이해하지 못한다. 둘째, 3세 무렵 아동은 바람뿐만 아니라 신념과 생각에 관해 언급하기 시작한다. 그리고 신념이 사실일 수도 있고 틀릴 수도 있다는 것과 사람마다 신념이 다를 수 있음을 이해하는 것 같다. 그러나 여전히 자신의 행위와 타인의 행위를 신념보다는 바람에 근거하여 설명한다. 마지막으로, 4세 무렵 아동은 사람들의 생각과 신념이 행동에 영향을 주고 사람들은 실제와 다른 신념을 가질 수 있다는 것을 이해하기 시작한다. 5세가 되면 대부분의 아동은 틀린 신념 과제를 해결할 수 있다(Callaghan et al., 2005).

한편 타인의 마음을 이해하는 기초 능력이 2세 이전에도 있다는 주장이 있다(Tomasello, Carpenter, & Liszkowski, 2007). 좋은 예는 1세 영아가 어른의 주의를 끌기 위해 가리키기 행동(pointing)을 사용하는 것이다. 이런 행동은 영아가 어른의 마음이 자신과는 다르며, 가리키기 행동을 통해 어른의 주의를 자신이 흥미를 느끼는 대상으로 유도할 수 있음을 알고 있다는 것을 시사한다. 가리키기 행동이 어른의 마음(주의)을 의도적으로 이끌어 내는 데 사용된다는 것을 보여 주는 실험이 있는데, 이는 영아가 인형과 같은 물건을 가리키는 것을 어른이 무시하는 실험으로, 어른의 이런 행동이 영아를 불쾌하게 하여 어른의 주의를 끌려는 시도를 계속 반복하게 만든다(Liszkowski et al., 2004). 앞서 언급된 응시 패러다임을 사용한 다른 연구에서도 영아가 타인이 틀린 신념을 가질 수 있음을 일부 이해하는 것을 보여 준다(Onishi & Baillargeon, 2005; Luo, 2011). 아마도 초기 마음 이론 연구는 영아가 알고 있는 것을 입증하기 위해 너무 복잡한 과제를 요구함으로써 어린 아동의 역량을 과소평가했을지 모른다.

마음 이론에 관한 연구 중 가장 흥미로운 응용 분야의 하나는 DSM-5에 규정된 **자폐 스펙트럼 장애** autism spectrum disorder 연구이다. 자폐 스펙트럼 장애는 아동이 타인에게 반응을 보이지 않고 타인과의 의사소통에 중대한 문제가 있는 심각한 장애이다. 사이먼 배런-코언(Baron-Cohen & Wheelwright, 2004)은 자폐 스펙트럼 장애를 가진 아동의 경우 기본적인 마음 이론이 부족하고, 마음 이론의 부족이 타인의 감정, 바람, 신념을 이해하는 능력을 손상한다고 제안했다. 그 결과, 자폐아에게는 사람도 사물처럼 되어 버릴 수 있다. 이 때문에 자폐아는 타인에게 관심을 보이지 않고 자신의 내적 세계로 물러나게 된다. 자폐 스펙트럼 장애를 갖고 있었지만 생애 동안 많은 것을 달성했던 작가 템플 그랜딘은 다음과 같이 서술했다.

**어른의 관심을 끌기 위해 아동이 가리키기를 한다는 것을 보여 주는 연구가 있는데, 아동은 어른의 마음이 자신과 다르게 작동함을 알고 있을 것이다.**

> 대부분의 사람들에게 자연스럽게 일어나는 사회적 상호작용이 자폐증을 가진 사람들에게는 엄청나게 힘겨운 일이다. 어렸을 적에 나는 나를 이끌 본능이 없는 동물처럼 살았다. 나는 언제나 시행착오를 거쳐서 배워야만 했다. 나는 언제나 최선의 방식으로 행동하려고 애썼으나 결코 맞지 않았다. 나는 모든 사회적 상호작용에 관해 생각해야만 했다. 다른 학생이 비틀스를 보고 기절했을 때, 나는 그 반응을 일종의 흥미로운 사회적 현상이라고 불렀다. 나는 토착민의 방식을 이해하려고 애쓰는 과학자와 같았다. 나는 참여하고 싶었지만 그 방식을 몰랐다. (Grandin, 1995, p. 132)

## 도덕판단의 발달

아동의 사고 발달에 관한 연구와 아울러 피아제는 아동의 **도덕판단**moral judgment, 아동의 도덕적 규칙과 사회적 관습에 대한 이해가 어떻게 발달하는지에 관심을 두었다. 그는 아동의 전반적인 인지 발달 수준이 도덕판단을 결정한다고 생각했다. 그는 상이한 연령의 아동들이 규칙 있는 게임을 하는 것을 관찰하여, 아동이 규칙을 이해하는 것이 일련의 네 단계를 거쳐 발달한다고 제안했다(Piaget, 1932/1965). 첫 번째 단계는 전조작기 초기에 나타난다. 이 단계의 아동은 '병행 놀이'를 하는데, 이는 아동이 각자 나름의 사적인 고유한 규칙을 따르는 것이다. 예를 들어 어떤 아동은 다양한 색깔의 공깃돌을 크기가 큰 몇 개의 무더기로 분류하고, 그다음 작은 돌을 모을지는 모른다. 이 '규칙'은 아동의 놀이에 어떤 규칙성을 부여하지만 수시로 바뀌고, 협동이나 경쟁 같은 집합적 목적이 없다.

5세 무렵 아동은 규칙을 따르려는 의무감이 발달하는데, 규칙을 하느님이나 부모와 같이 권위를 가진 자에 의해 주어진 절대적 도덕 명령으로 간주한다. 규칙은 영원하고 신성한 것이며 바꿀 수 없는 것이다. 글자 자체에 복종하는 것이 그것을 바꾸기 위해 제공되는 어떠한 인간적 이유보다 중요하다. 예를 들어 이 단계의 아동은 마블 게임에서 출발선의 위치를 함께 놀고 싶어 하는 어린 아동에게 맞추어 바꿀 수 있지 않겠냐는 제안을 거부한다.

이 단계의 아동은 행위를 판단할 때 의도보다는 그 행위의 결과에 의해 판단한다. 피아제는 아동들에게 짝으로 구성된 여러 개의 이야기를 들려주었다. 한 이야기에서 어떤 소년은 엄마가 집에 없을 때 잼을 훔쳐 먹으려다가 컵 하나를 깼고, 다른 소년은 아무런 잘못 없이 우연히 여러 개의 컵을 깼다. 피아제는 누가 더 나쁜 아이인지 물었다. 전조작기 아동은 행위에 깔려 있는 의도나 동기에 상관없이 컵을 많이 깬 사람이 더 나쁘다고 판단했다.

피아제의 도덕발달 세 번째 단계에서는 아동이 일부 규칙이 사회적 관습—모든 사람들이 동의하면 임의적으로 바뀔 수 있는 협동적 동의—이라는 것을 인식하기 시작한다. 아동의 도덕 실재주의도 감소한다. 도덕판단을 할 때, 이 단계의 아동은 개인의 의도와 같은 주관적 고려에 비중을 두고, **처벌**punishment을 불가피한 신의 징계가 아니라 인간의 선택으로 본다.

형식적 조작기의 시작은 도덕 규칙에 대한 아동의 네 번째이자 마지막 단계와 일치한다. 청소년은 자신이 접해 보지 못한 상황까지도 다룰 수 있는 규칙을 생성하는 데 흥미를 보인다. 이 단계는 도덕추론의 이념적 방식으로 특징짓는데, 단순히 개인적이고 대인관계적인 상황이 아니라 보다 넓은 사회적 이슈를 다루게 만든다.

미국 심리학자 로렌스 콜버그는 피아제의 도덕추론 연구를 청소년기와 성인기까지 확장했다(Kohlberg, 1969, 1966). 그는 연구 참여자들에게 도덕적 딜레마를 제시함으로써 도덕판단의 발달에서 보편적 단계를 찾고자 했다. 한 이야기에서는 약을 살 돈이 부족한 남편이 죽어가는 아내에게 필요한 약을 약제사에게 싼 값으로 달라고 부탁한다. 그러나 약제사가 거절하자 그 남편은 약을 훔치기로 작정한다. 참여자들에게 그 남편의 행위의 옳고 그름에 대해 응답하도록 요청한다.

콜버그는 이런 식의 여러 딜레마에 대한 대답을 분석하여 도덕판단의 여섯 발달 단계를 구성했는데, 각 단계는 세 수준, 즉 **전인습적**preconventional 단계, **인습적**conventional 단계, **후인습적**postconventional 단계로 이루어진다(개념 설명 참조). 대답은 그 행위의 옳고 그름이 아니라 그 결정을 하게 된 이유에 근거하여 채점되었다. 예를 들어 '아내가 죽어 가는 것을 내버려 두면 곤란에 빠질 것이다'라는 이유로 남편이 약을 훔쳐야 한다고 동의하거나, '약을 훔치면 붙잡혀 감옥에 가게 될 것이다'라는 이유로 남편이 약을 훔치지 말아야 한다는 대답은 둘 다 수준 I 또는 전인습적 수준으로 채점된다. 두 경우 모두 예상되는 처벌을 근거로 남편의 행위의 옳고 그름이 평가된다.

콜버그는 모든 아동들이 10세 무렵까지는 수준 I에 있다고 보았다. 이 시기부터 다른 사람의 의견을 고려하여 행위를 평가하기 시작하는데, 이는 인습적 수준을 규정하는 특성이다. 대부분의 청소년은 13세까지 수준 II에서 추론할 수 있다. 피아제와 마찬가지로 콜버그는 형식 조작기에 도달한 사람만이 수준 III에 해당되는 후인습적 도덕성에 필요한 추상적 사고를 할 수 있다고 주장했는데, 이 수준은 보다 고차원적인 윤리적 원리의 관점에서 행위의 정당성이 평가된다. 가장 높은 단계인 6단계는 추상적인 윤리 원칙을 구성하고 자기비난을 피하기 위해 그 원칙을 고수하는 능력이 요구된다.

콜버그는 '명확한 원칙에 근거한' 단계 6 유형의 사고를 보이는 비율이 연구에 참여한 성인의 10% 미만이라고 보고했다. 앞서 소개된 아내를 구하려는 남편 이야기에 대해 16세 청소년이 보인 반응이 그 예이다. '사회 법칙에 의하면 (그 남편은) 잘못되었다. 그러나 하느님의

### 개념 설명
## 도덕추론의 단계

콜버그는 나이가 들면서 도덕판단이 다음의 단계를 따라 발달한다고 생각했다.

| | |
|---|---|
| 수준 I | 전인습적 도덕성 |
| 단계 1 | 처벌 지양(처벌을 피하기 위해 규칙을 준수) |
| 단계 2 | 보상 지향(보상을 얻고 혜택을 돌려받기 위해 동조) |
| 수준 II | 인습적 도덕성 |
| 단계 3 | 착한 소년 · 소녀 지향(타인의 비난을 피하기 위해 동조) |
| 단계 4 | 권위 지향(권위 있는 기관의 제재를 피하고 개인의 의무를 수행하지 않은 것에 대한 죄책감을 피하기 위해 법과 사회 규칙을 준수) |
| 수준 III | 후인습적 도덕성 |
| 단계 5 | 사회계약 지향(공공복지에 핵심적인 것으로 공인된 원칙에 따라 이끌린 행위; 또래로부터 존중을 받고 자기 존중을 유지시키는 원칙) |
| 단계 6 | 윤리적 원칙 지향(일반적으로 정의, 인간 존엄, 평등을 가치롭게 여기는 자율적 윤리 원칙에 따라 이루어진 행위; 자기비난을 피하기 위해 지키는 원칙) |

자연법에 의하면 약제사가 나쁘고 남편이 옳다. 사람의 생명이 이익보다 더 우선적이다. 누가 죽느냐에 상관없이, 죽어 가는 사람이 생판 모르는 사람일지라도 그는 죽어 가는 사람을 구할 의무가 있다.'(Kohlberg, 1969, p. 244) 콜버그는 죽기 전에 자신의 이론에서 단계 6을 삭제했다. 때때로 수준 III은 단순하게 높은 단계의 원칙적 추론으로 칭해지기도 한다.

콜버그는 미국, 멕시코, 타이완, 터키를 포함한 여러 문화권의 아동을 통해 이러한 단계 순서에 대한 증거를 제시했다(Colby et al., 1983; Nisan & Kohlberg, 1982). 반면에 사람들은 상황에 따라 서로 다른 규칙을 사용하고, 그 단계는 계기적 순서로 나타나지 않는다는 증거도 있다(Kurtines & Greif, 1974). 또한 이 이론은 '남성 중심적' 이론이라는 비판도 받고 있는데, 도덕에서 관계의 통합과 연속에 대한 배려 및 관심에 기초한 '여성적' 스타일의 추론보다는 정의와 의로움에 기초한 '남성적' 스타일의 추상적 추론을 더 강조하기 때문이다(Gilligan, 1982).

또한 피아제의 연구와 콜버그의 연구 모두 지나치게 언어 능력에 의존함으로써 어린 아동의 도덕추론 역량을 과소평가했다는 비판을 받고 있다. 최근에는 영아도 타인의 행위가 착한지 나쁜지 판단할 수 있고(즉 도덕판단 가능) 나쁜 행위자보다 착한 행위자를 더 좋아한다는 결과를 보여 주는 연구가 제시되고 있다. 예를 들어 일련의 실험에서 6개월 된 영아와 10개월 된 영아에게 공을 언덕 위로 올리도록 돕는 도우미 물체와 그 공을 언덕 아래로 밀어 내리는 방해꾼 물체가 있는 장면을 보여 주었다. 그다음 영아들에게 도우미 물체와 방해꾼 물체가 담긴 접시를 제시하고 둘 중 하나를 선택하게 했다. 6개월 영아와 10개월 영아 모두 압도적으로 방해꾼 물체보다 도우미 물체를 선택했다(Hamlin et al., 2007).

다른 연구에서는 영아가 타인의 고통에 불편해하고 그 고통을 제공한 주체에게 화를 내는 것을 보여 주었으며, 걸음마기 아동은 보상에 대한 기대가 없을 때에도 타인을 도울 수 있음을 보여 준다(Wynn, 2008 참조). 이런 증거들은 인간이 진화론적으로 이타적으로 처신할 준비가 되어 있으며, 친족이 아니거나 나중에 보답을 받을 수 없는 사람들에게조차 이타적일 수 있음을 주장하도록 이끄는 근거가 된다.

### 중간 요약

- 피아제의 이론은 인지 발달의 단계를 설명한다. 이 단계는 감각운동 단계(대상영속성이 가장 중요한 발견임), 전조작 단계(상징을 사용하기 시작), 구체적 조작 단계(보존 개념이 발달)를 거쳐 형식적 조작 단계(문제해결 시 가설을 체계적으로 검증)로 나아간다.
- 새로운 검증 방법을 통해 피아제 이론이 아동의 능력을 과소평가했음이 확인되었고, 여러 가지 대안적 접근이 제기되었다.
- 정보처리 접근은 인지 발달을 주의집중, 기억과 같은 처리 과정의 점진적 발달로 본다.
- 다른 이론가들은 영역 한정적인 지식의 증가를 강조한다.
- 비고츠키를 포함한 여러 학자들은 사회적이고 문화적인 맥락의 영향에 초점을 둔다.
- 아동의 인지 발달에 관한 가장 최근의 연구는 아동의 마음 이론이나 타인이 자신의 것과 다르고 실제와 다른 신념과 기대를 지니고 있음을 이해하는 데 초점을 둔다.
- 피아제는 도덕 규칙과 도덕판단에 관한 아동의 이해가 인지 능력에 따라 발달한다고 주장했다. 콜버그는 피아제의 연구를 청소년기와 성인기까지 확장했다. 그는 도덕판단의 세

수준, 즉 전인습적, 인습적, 후인습적 단계를 제안했다.

➔ 보다 최근의 연구에서는 영아도 도덕 판단을 하며 타인에 대해 이타적임을 보여 준다.

### 비판적 사고를 위한 물음

1. 피아제의 이론은 인지 발달을 가속화하기 위해 고안된 초등학생용 학업 프로그램의 성공 가능성에 관해 무엇을 시사하는가? 새로운 인지 발달 이론은 이 프로그램에 관해 무엇을 시사하는가?

2. 젊은이들의 약물 사용을 감소시키고 활발한 성적 욕구를 낮추는 캠페인에는 도덕추론의 어느 수준이 포함된 것으로 생각되는가? 보다 높은 도덕 수준에 호소하는 캠페인 주제를 생각할 수 있는가?

## 성격과 사회성 발달

아내 크리스틴은 아들 마이크를 낳아 집으로 돌아오자마자, 마이크가 첫째인 매기의 아기 때와는 다르다는 것을 알아차렸다. 매기는 아주 순한 아이여서 장모님과 처제들은 매기가 아주 빨리 규칙적인 수면과 수유를 하게 된 것과 변화에도 아주 쉽게 적응하는 것을 보고 놀랐다. 매기는 아무 데서나 잠을 잘 잤고, 친척들이 모이는 큰 명절에 이 사람 저 사람의 손에 넘겨지는 것도 전혀 불편해하지 않았다. 물론 실제로 마이크를 다루기가 힘든 것은 아니었다. 그러나 규칙적으로 되는 데 많은 시간이 걸렸고 인내도 많이 필요했다. 마이크는 처음 목욕하는 것부터 거른 완두콩을 처음 맛보는 것까지 새로운 경험을 할 때마다 약하긴 하지만 분명하게 저항을 보였다. 그러나 아내는 마이크를 달래고, 애쓰고, 시간을 더 주면 결국에는 새로운 것에 적응한다는 사실을 곧 알아차렸다(DeHart et al., 2000, p. 213).

크리스틴처럼 많은 부모들은 둘째 아이가 첫째 아이와 아주 다른 성격을 갖고 있다는 데 종종 놀랄 때가 있다. 생후 첫 주부터 영아는 활동 수준, 환경의 변화에 대한 반응, 과민성의 개인차를 보인다. 어떤 아이는 많이 우는가 하면, 어떤 아이는 별로 울지 않는다. 어떤 아이는 조용하게 기저귀를 갈고 목욕을 하는가 하면, 어떤 아이는 발로 차고 몸부림친다. 어떤 아이는 모든 소리에 예민하고, 어떤 아이는 아주 큰 소리가 아니면 알아듣지 못한다. 영아는 안아 주는 것에 대한 반응도 다르다. 어떤 아이는 안아 주는 것을 좋아하고 안아 주는 사람에게 더 찰싹 달라붙지만, 어떤 아이는 뻣뻣해지고 고함을 지른다(Rothbart & Bates, 1998). **기질** temperament은 이러한 기분과 관련된 성격 특성을 가리키는 말이다.

### 기질

기질의 차이가 생의 초기에서부터 나타난다는 사실은 모든 영아의 행동이 환경에 의해 조성된다는 전통적 입장에 도전을 던진다. 예를 들어 까다로운 영아의 부모는 영아의 문제가 자기 탓이라고 책망하는 경향이 있다. 그러나 신생아를 대상으로 한 연구는 여러 가지 기질의 차이가 선천적으로 타고나는 것이고, 부모와 영아 간의 관계는 상호 교호적, 달리 말하면 영아의 행동에 따라 부모의 반응도 달라진다는 것을 보여 준다. 쉽게 달랠 수 있고, 안아 주면 달라붙고, 울음을 멈추는 영아는 부모로 하여금 자신이 잘하고 있다는 유능감과 뿌듯함을 높여 준다. 영아를 달래려는 부모의 노력에도 불구하고 계속 울고 뻣뻣한 영아는 부모로 하여금 자신이 제대로 하지 못한다는 느낌과 거부당한다는 느낌을 갖게 만든다. 부모가 제공하는 자극에 영아가 반응할수록(안아 주면 안기고 조용해지며, 이야기하거나 함께 놀면 흥미를 느끼면서 깨어 있는 것) 부모와 아이는 사랑의 연대를 형성하기가 더 쉽다.

기질에 대한 개척자적인 연구는 1950년대에 140명의 중·상류층 영아를 대상으로 시작되었다. 처음 자료는 부모와의 면접을 통해 수집되었고, 나중에 교사와의 면담과 아동에게 실시된 검사 점수가 보완되었다. 아홉 가지 특질상에서 점수를 얻었는데, 나중에 이 점수는 크게 세 가지 기질을 분류하는 데 사용되었다. 즐겁게 놀고, 규칙적으로 잠을 자고 먹으며, 새로운 상황에 쉽게 적응하는 영아는 **순한 기질** easy temperament로 분류되었다(표집의 약 40%). 안절부절못하며, 잠자고 먹는 것이 불규칙하고, 새로운 상황에 강렬하게 부정적으로 반응하는 영아는 **까다로운 기질** difficult temperament로 분류되었다(표집의 약 10%). 비교적 반응이 없고, 새로운 상황에서 약간의 위축을 보이며, 새로운 상황에 적응하는 데 순한 영아보다 시간이 더 필요한 영아는 **더딘 기질** slow to warm up temperament로 분류되었다(표집의 약 15%). 나머지

35%는 아홉 가지 척도의 어느 차원상에서도 높거나 낮은 점수를 얻지 않았다(Thomas et al., 1963).

원표집 중에서 133명을 성인기까지 추적하여 또다시 기질과 심리적 적응을 측정했다. 그 결과, 기질의 연속성에 대한 혼합된 증거가 나타났다. 그러나 생애 첫 5년 간에 걸친 기질 점수에서는 높은 상관을 나타냈다. '까다로운' 기질의 아동은 '순한' 아동보다 나중에 학교 문제가 더 많이 나타났다. 성인기에 측정한 기질과 적응 측정치도 3세, 4세, 5세에 얻은 아동기 기질 측정치와 유의한 상관을 보였다. 그 외 모든 상관은 낮았으며(약 0.3), 각 변인을 구분하여 살펴본 결과, 측정된 아홉 가지 특질 대부분이 시간에 걸친 연속성이 거의 없거나 전혀 없었다 (Chess & Thomas, 1984; Thomas & Chess, 1986, 1977).

기질의 안정성에 관한 이 초기 연구는 몇 가지 방법론적 문제로 비판을 받았다. 그것은 영아의 기질을 주로 부모의 보고에 의존했는데, 부모는 관찰자라기보다 자기 아이를 긍정적으로 또는 부정적으로 평가하여 편파적 판단을 할 가능성이 있다. 부모의 보고와 영아에 대한 직접 관찰 두 가지를 모두 사용한 후속 연구에서는 생의 초기에 보이는 기질적 특성의 안정성이 낮다는 것을 보여 준다. 즉 생후 2개월 때의 기질이 5세 때의 기질과 그렇게 유사하지는 않았다. 그러나 적어도 걸음마 시기에 측정된 아동의 기질은 나중의 정서적 특성과 행동적 특성을 예측한다(Rothbart & Bates, 1998). 한 연구에서는 79명의 아동을 생후 21개월에 지나치게 억제되거나 전혀 억제되지 않은 아동으로 분류했다. 13세가 되었을 때, 21개월에 억제된 아동으로 분류되었던 아동들은 비행 행동과 공격 행동 같은 행동의 외재화 문제 검사에서 점수가 낮았다(Schwartz et al., 1996). 다른 연구에서는 기질의 한 측면인 낯선 사건에 접근하거나 회피하는 경향성이 시간이 지나도 어느 정도 안정성을 보였다(Kagan & Snidman, 1991). 기질은 어느 정도 유전에 의해 영향을 받는다는 증거가 있다. 몇몇 연구는 이란성 쌍둥이보다 일란성 쌍둥이 간에 기질적 유사성이 높음을 보여 준다(Rothbart & Bates, 1998). 이란성 쌍둥이보다 일란성 쌍둥이 간에 기질적 유사성이 더 높다는 것은 유전자가 기질에 중요한 역할을 한다는 것을 암시하는데, 일란성 쌍둥이는 동일한 유전자를 공유하는 반면에 이란성 쌍둥이는 형제와 마찬가지로 동일한 유전자를 갖고 있지 않기 때문이다.

신경질적인 아동.

연구자들은 기질의 연속성 또는 불연속성이 아동의 유전자형(유전적으로 물려받은 특성)과 환경 간 상호작용의 함수임을 강조한다. 특히 이들은 건강한 발달의 핵심이 아동의 기질과 가정환경 간의 조화로운 일치라고 생각한다. 까다로운 아이를 둔 부모가 행복하고 안정된 가정생활을 제공하면 아이의 부정적이고 까다로운 행동은 나이가 들면서 감소한다(Belsky et al., 1991). 토머스와 체스는 칼이란 아이의 사례를 예로 들었는데, 칼은 생후 초기부터 5세까지 아주 까다로운 기질을 드러낸 아이였다. 칼의 아빠는 아들의 '원기 왕성한' 기질을 기쁘게 보았고, 새로운 상황에 대해 아들이 부정적인 반응을 하도록 허용했다. 칼은 잘 자라서 점차 '순한' 사람이 되었다. 23세에는 분명하게 '순한' 기질 집단에 속하게 되었다. 그럼에도 불구하고 종종 생활환경이 바뀌면 잠깐씩 칼의 본래 기질이 나타났다. 예를 들어 아동기에 피아노를 배우기 시작했을 때 그는 강렬한 부적 반응을 보였고, 그 후 천천히 적응하여 결국에는 열심히 몰두했다. 대학에 입학했을 때에도 유사한 양상을 보였다(Thomas & Chess, 1986).

아동의 기질을 형성하는 데 있어서 유전자와 환경의 상호작용에 대한 강력한 증거는 생후 일찍부터 따로 길러진 쌍둥이 연구에서 나온다(Plomin, 1994). 따로 길러진 일란성 쌍둥이는 기질의 측면으로 간주되는 억제 경향성과 부적 정서 표현에 어느 정도 유사성을 보였다. 그러나 따로 길러진 일란성 쌍둥이의 유사성은 함께 길러진 일란성 쌍둥이에 비해 유사성이 낮았다. 이는 환경이 중요하다는 것을 암시한다.

## 초기의 사회행동

신생아는 태어난 지 얼마 되지 않아 성인의 전반적인 얼굴 표현을 모방할 수 있는데, 이는 신생아가 사회적 상호작용을 할 수 있도록 준비되어 태어난다는 것을 의미한다(Meltzoff & Decety, 2003). 5개월까지 보통의 영아는 엄마나 아빠의 얼굴을 보고 미소 짓는다. 부모는 이것을 좋아하면서 미소가 오래 유지되도록 한다. 실제로 이렇게 일찍부터 미소를 짓는 영아의 능력은 이것이 부모-아이 연대를 강화하기 때문에 진화되어 왔을 것이다(Goldstein, 1987). 부모는 아이의 이런 미소를 아이가 자신을 알아보고 사랑한다는 것으로 해석하는데, 이는 부모로 하여금 보다 다정하고 홍미로운 반응을 하도록 만든다. 따라서 서로를 강화하는 하나의 사회적 상호작용 시스템이 형성 및 유지된다.

**영아의 미소 짓는 능력은 돌보는 사람과의 사회적 상호작용을 강화하는 역할을 할 수 있다.**

세상의 모든 영아는 비슷한 나이에 미소 짓기 시작하는데, 이는 미소가 시작되는 데 성숙이 중요하다는 것을 암시한다. 시각장애를 갖고 태어난 아동도 정상적으로 볼 수 있는 아동과 비슷한 나이에 미소를 짓는데, 이는 미소 짓기가 선천적 반응임을 나타낸다(Eibl-Eibesfeldt, 1970).

3~4개월 무렵이 되면 영아는 친숙한 집안 식구들의 얼굴을 보거나 목소리를 들으면 더 많이 웃고 더 좋아함으로써 친한 사람들을 알아보고 선호한다는 것을 드러낸다. 그러나 낯선 사람에게는 선호를 보이지 않는다. 7~8개월 무렵 많은 영아들은 낯선 사람이 다가오는 것을 경계하고 불편을 드러내며, 낯선 상황에 있거나 낯선 사람과 함께 있으면 심하게 저항하기 시작한다. 부모는 이전에는 유모의 관심을 기분 좋게 받아들이고 사람을 좋아하던 영아가 부모가 나가려고 준비하면 달랠 수 없을 정도로 울고 부모가 떠난 후에도 한참 동안 계속 우는 것에 무척 당황해한다(그림 3.11 참조). 모든 영아들이 다 이러한 낯가림을 나타내는 것은 아니지만, 8~12개월 사이에 낯가림을 보이는 영아의 수가 급격하게 증가한다. 부모와 분리되는 것에 대한 불편은 14~18개월 사이에 최고조를 이루고, 그 후 점진적으로 감소한다. 3세가 되면 대부분의 아동은 부모가 없어도 다른 아동이나 성인과 편안하게 상호작용을 할 만큼 충분히 안정된다.

위의 두 가지 공포가 나타나고 사라지는 것은 양육 조건에 의해 거의 영향을 받지 않는 것으로 보인다. 미국에서 태어나 전적으로 가정에서 길러진 아동이나 보육센터에 다니는 아동 모두에게서 전반적으로 동일한 양상이 관찰되었다. 케이건과 동료들(Kagan et al., 1978)이 수행한 연구에서 엄마가 방을 떠날 때 우는 아동의 비율은 문화에 따라 다르지만, 연령과 관련되어 시작하고 감소하는 양상은 아주 유사하다는 것을 보여 주었다.

이런 체계적 시기를 어떻게 설명할 수 있을까? 두 가지 요인이 시작과 감소에 중요한 것 같다. 하나는 기억 용량의 발달이다. 생후 6~12개월 사이에 영아는 점차 과거의 사건을 보다 잘 기억할 수 있고, 과거와 현재를 비교하는 능력도 발달한다. 이것은 영아로 하여금 낯설거나 예측 불가능한 사건을 탐지하고 때때로 두려움을 느끼게 만들 수 있다. 낯가림의 출현은 낯설거나 기대하지 않은 다양한 자극에 대한 공포의 출현과 같은 것이다. 4개월 된 영아에게는 재미있으면서 이상하게 보이는 마스크나 도깨비 상자가 8개월 된 영아에게는 두렵고 불편한 물건이 되기도 한다. 낯선 사람과 물건이 대체로 해를 입히지

**그림 3.11 엄마와의 분리에 대한 아동의 스트레스.** 엄마가 방을 떠날 때 우는 아동의 비율은 문화마다 다르지만, 이러한 스트레스가 시작되고 감소되는 연령적 양상은 문화에 걸쳐 비슷하다.

않는다는 것을 알게 되면서 이런 공포는 점진적으로 감소한다.

또한 기억 발달은 아동이 자신을 돌보는 이가 가까이 있지 않을 때 불편해하는 **격리 불안**separation anxiety과도 관련되는 것으로 보인다. 만약 영아가 1분 전에 부모가 있었다는 것을 기억할 수 없고, 그것과 지금 부모가 없다는 것을 비교할 수 없다면, 영아는 부모를 '그리워할' 수도 없다. 부모가 방을 떠나면 영아는 무엇인가 잘못되었다는 것을 아는데, 이로 인해 심리적 불편이 초래된다. 과거에 분리된 사례를 기억하는 것이 증가할수록 아동은 사라진 부모가 돌아오리라는 것을 더 잘 예측할 수 있고, 그래서 불안이 감소하게 된다. 1978년 케이건, 키어슬리와 젤라조는 이 현상을 언급했다. 연구자들이 알아낸 사실은, 엄마가 방을 떠날 때 우는 아동의 비율은 문화에 따라 다르지만(이들은 아프리카 부시멘, 과테말라 인디언, 이스라엘 키부츠, 과테말라 안티구아족을 연구했음), 격리 불안이 시작되고 감소되는 연령은 전 문화에 걸쳐 비슷하다는 것이었다.

두 번째 요인은 돌보는 이로부터 독립하는 **자율성**autonomy의 증진이다. 1세 아동은 여전히 성인의 보살핌에 의존한다. 그러나 2~3세 아동은 스스로 장난감 선반에 갈 수 있다. 또한 자신의 요구와 감정을 전달하기 위해 언어를 사용할 수도 있다. 전반적으로 돌보는 사람에 대한 의존이 감소하고, 특히 친숙한 돌보는 사람에 대한 의존이 감소하면서 부모가 있는지가 아동에게 덜 중요해진다.

## 애착

**애착**attachment은 영아가 특정 사람들과 가까이 있으려 하고, 그들이 있으면 더 안정감을 느끼는 경향을 지칭하는 말이다. 심리학자들은 처음에는 엄마에 대한 애착이 발달하는 것이 영아의 가장 기본적인 욕구 중의 하나인 먹을 것의 원천이기 때문이라고 이론화했다. 그러나 이와 맞지 않는 사실이 있다. 예를 들어 오리 새끼와 병아리는 태어난 후 스스로 먹이를 먹지만, 여전히 어미를 따라다니고 어미와 함께 많은 시간을 보낸다. 어미가 있음으로써 오는 평안함은 어미가 새끼를 먹여 주는 기능에서 비롯되는 것이 아니다. 원숭이를 대상으로 한 잘 알려진 일련의 실험에서도 어미와 새끼의 애착에는 먹여 주는 것 이상이 존재함을 보여 주었다(Harlow & Harlow, 1969).

어린 원숭이는 출생 직후 곧장 어미와 분리되어 나무

**그림 3.12 인공 어미에 대한 원숭이의 반응.** 철사 어미가 우유를 제공하더라도 어린 원숭이는 천으로 된 어미와 더 많은 시간을 보낸다. 천으로 된 어미는 낯선 물체를 탐색할 수 있는 안전 기지가 된다.

와 철사로 만들어진 2개의 인공 어미가 있는 우리 속에서 길러졌다. 한 어미의 몸은 철사로 되어 있었다. 다른 어미는 기포 고무와 벨벳 천으로 되어 있었는데, 이는 매달리기 좋도록 만들어진 것이었다(그림 3.12 참조). 어느 한쪽의 인공 어미 가슴에 우유병을 매달아 우유를 제공할 수 있는 장치를 만들었다.

실험은 어린 원숭이가 먹이를 제공하는 인공 어미에게 항상 달라붙는지를 알아보는 것이었다. 결과는 분명했다. 어느 어미가 우유를 제공하느냐에 관계없이 어린 원숭이는 천으로 만든 어미에게 내내 달라붙어 있었다. 전적으로 수동적이지만 부드럽게 접촉하는 이 어미가 안정감의 원천이었던 것이다. 예를 들어 낯선 상황에 놓여 분명한 공포를 보인 어린 원숭이는 천으로 된 어미와 접촉할 수 있으면 그 공포가 감소되었다. 어린 원숭이는 한 손이나 한 발로 천으로 된 어미를 붙들고, 그렇지 않으면 다가가기 힘든 공포의 물체를 기꺼이 탐색했다.

안기기 좋은 인공 어미와의 접촉이 '어미로서의 돌봄'의 중요한 측면이기는 하지만, 이것은 만족스러운 발달의 충분조건이 아니다. 생후 첫 6개월 동안 다른 원숭이들과 격리되어 인공 어미와 함께 길러진 어린 원숭이는 어른 원숭이가 되면서 이상한 행동을 보였다. 이들은 다른 원숭이들과 정상적인 상호작용을 거의 하지 못했고 (불안하여 웅크리고 있거나 비정상적인 공격 행동을 보임), 부적절한 성행동을 보였다. 생후 초기에 사회적 박탈을 경험했던 암컷 원숭이가 교미에 성공했을 경우(상당한 노력 후에) 형편없는 어미가 되었고, 첫 새끼를 방임하거나 학대하는 경향을 보였다—나중에 낳은 새끼들에게는 보다 나은 어미가 되었다. 그런데 이 원숭이들은 모든 사회적 접촉이 박탈되었다는 것에 주목해야 한다. 인공 어미로 길러진 원숭이들이 생후 첫 6개월 동안 또래 원숭이들과 상호작용을 할 수 있도록 해 주면 성인 원숭이로 잘 적응했다.

원숭이에 관한 연구를 인간 발달에 일반화하는 데에는 여러 가지 주의가 필요하지만, 인간 영아가 자신을 돌보는 주된 사람에게 보이는 애착도 같은 기능을 한다는 증거가 있다. 인간 영아의 애착에 관한 대부분의 연구는 1950년대와 1960년대에 심리학자 존 볼비로부터 시작되었다. 볼비는 탁아소와 병원에 있어 엄마와 분리된 영아 및 어린 아동들의 행동을 관찰하면서 애착에 관심을 갖게 되었다. 그는 연구를 통해 생의 초기에 한 사람 또는 몇 사람과 안정된 애착을 형성하지 못한 아동은 성인기에 친밀한 인간관계를 형성하기 어렵다고 확신하게 되었다(Bowlby, 1973).

볼비의 동료 중 한 사람인 메리 에인스워스는 우간다, 미국의 아동과 엄마를 집중적으로 관찰하여 12~18개월 사이 유아의 애착 안정성을 측정하는 실험실 절차를 개발했다(Ainsworth et al., 1978). **낯선 상황** strange situation으로 불리는 이 절차는 아이를 주로 돌보는 이가 방을 떠나고 다시 돌아올 때 아이의 반응을 관찰하는 일련의 에피소드로 구성된다(표 3.1 참조). 일방향 거울을 통해 이러한 전체 과정에서 유아의 행동을 관찰하는데 유아의 활동 수준과 놀이에 대한 몰입, 울음과 다른 불편의 징후, 엄마와의 근접성과 엄마의 주목을 얻으려는 시도, 낯선 이와의 근접성과 기꺼이 상호작용하려는 정도 등을 기록한다. 이러한 행동을 토대로 유아는 다음의 세 가지 집단 중 하나로 분류된다.

**안정 애착** securely attachment. 엄마가 떠나는 것(에피소드 3과 5)에 당황해하느냐에 관계없이, 안정된 애착으로 분류된 유아는 엄마가 돌아왔을 때 엄마와의 상호작용을 추구한다. 일부 유아는 멀리서 장난감을 갖고 계속 놀면서 단지 엄마가 돌아온 것 자체를 좋아한다. 또 어떤

**표 3.1 낯선 상황 절차의 에피소드**

1. 엄마와 아이가 방으로 들어온다. 엄마는 아이를 장난감이 놓여 있는 마루에 내려놓고 방의 맞은편 끝에 가서 앉는다.
2. 낯선 여자가 방으로 들어온다. 잠시 조용히 앉아 있다가 엄마와 이야기를 나눈다. 그런 다음 장난감을 갖고 노는 아이와 어울리려는 시도를 한다.
3. 엄마는 눈에 띄지 않게 방을 나간다. 아이가 당황해하지 않으면 낯선 여자는 조용히 자리로 돌아와 앉아 있는다. 아이가 당황해하면 낯선 여자는 아이를 달랜다.
4. 엄마가 돌아와 놀고 있는 아이와 어울린다. 그 사이 낯선 여자는 방을 빠져나간다.
5. 엄마가 다시 방을 떠난다. 이 경우 아이는 방에 혼자 있게 된다.
6. 낯선 여자가 다시 돌아온다. 아이가 당황해하면 낯선 여자는 아이를 달랜다.
7. 엄마가 다시 돌아온다. 낯선 여자는 방을 빠져나간다.

유아는 엄마와 신체적 접촉을 하려 한다. 여전히 전 회기 동안 내내 완전히 엄마에게만 몰두하여 엄마가 떠날 때 강한 불편을 보이는 유아도 있다. 미국 유아의 대다수가 이 범주에 속한다.

**불안정 애착: 회피형** insecurely attachment: avoidant. 이 분류에 속하는 유아는 엄마와 다시 만났을 때 엄마와의 상호작용을 회피한다. 어떤 유아는 엄마를 완전히 무시한다. 상호작용을 시도하기도 하고 회피하기도 하는 복합적인 유아도 있다. 회피적인 유아는 엄마가 방에 있을 때 엄마에게 별로 관심을 보이지 않고, 엄마가 떠날 때에도 별로 불편해하지 않는다. 유아가 불편을 느끼더라도 엄마나 낯선 여자 모두가 쉽게 달랠 수 있다.

**불안정 애착: 양가형** insecurely attachment: ambivalent. 엄마와 다시 만났을 때 엄마에게 저항을 보이면 이 범주로 분류된다. 이들은 동시적으로 신체적 접촉을 추구하기도 하고 거부하기도 한다. 예를 들어 이들은 안아 주면 울다가 내려놓으면 화난 듯 소리를 지를 수도 있다. 어떤 유아는 아주 수동적인데, 엄마가 돌아오면 엄마를 보고 울지만 엄마에게 기어 오지 않고, 엄마가 다가오면 저항을 보인다.

일부 유아는 위의 세 범주 중 어디에도 속하지 않는 것으로 보이기 때문에, 보다 최근의 연구에서는 네 번째 범주인 **혼란된** disorganized 애착을 포함하고 있다(Main & Solomon, 1986). 이 범주에 속하는 유아는 종종 모순적인 행동을 보인다. 예를 들어 이들은 엄마를 쳐다보지 않으면서 엄마에게 다가가고, 엄마에게 다가가서는 회피해 버리며, 안정되었다가도 갑작스레 울음을 터뜨린다. 어떤 유아는 혼란스럽고, 정서가 없거나 우울해 보이기도 한다. 학대를 받거나 부모가 정신장애를 갖고 있는 유아는 이 범주에 속할 가능성이 높다.

## 양육 방식

영아의 애착 차이를 설명하려고 할 때, 연구자들은 주로 일차 양육자(대체로 엄마)의 행동에 관심을 둔다. 발견된 주된 사실은 아동의 욕구에 대한 양육자의 **민감한 반응성** sensitive responsiveness이 안정 애착을 초래한다는 것이다. 안정 애착을 보이는 아이의 엄마는 일반적으로 아이가 울면 신속하게 반응하고, 아이를 안을 때 사랑스럽게 안는다. 또한 이들은 아이의 욕구에 자신의 반응을 맞춘다(Clarke-Stewart, 1973). 예를 들어 수유를 할 때 이들은 아이가 보이는 신호로써 언제 젖을 먹이고 언제 끝낼지를 파악하고, 아이가 좋아하는 것에 관심을 갖는다. 이와 반대로, 불안정 애착을 보이는 아이의 엄마는 아이가 보내는 신호를 따르지 않고 엄마 자신의 욕구나 기분에 따라 반응한다. 예를 들어 이들은 주목받으려는 아이의 울음에 대해, 자신이 아이를 안고 싶을 때에는 반응하지만 그렇지 않을 때에는 울음을 무시해 버린다(Stayton, 1973).

모든 발달심리학자들이 양육자의 반응성이 영아의 애착 행동의 주된 원인이라고 생각하는 것은 아니다. 영아가 지닌 선천적 기질에 주목하는 연구자들도 있다(Campos et al., 1983; Kagan, 1984). 아마도 일부 아이들을 '순하게' 만드는 기질은 '까다로운' 기질의 아이들보다 훨씬 더 안정된 애착이 되게 만든다. 앞서 보았듯이 아이에 대한 부모의 반응은 종종 그 자체가 아이의 행동에 따른 것이다. 예를 들어 까다로운 아이의 엄마는 아이와 함께 지내는 시간이 적은 경향이 있다(Green et al., 1983). 애착 양상은 아이의 기질과 부모의 반응성 간의 상호작용을 반영한다.

이에 대해 애착 이론가들은 '민감한 반응성' 가설을 지지하는 증거를 지적한다. 예를 들어 생후 첫해에는 아이의 울음에 대한 엄마의 반응이 바뀌는 것보다 아이의 울음이 더 많이 바뀐다. 더욱이 아이의 울음이 그 울음에 대한 엄마의 후속 반응을 예측하는 것보다는, 3개월에 걸친 엄마의 반응이 그다음 3개월에 걸친 아이의 울음을 훨

애착 유형은 영아의 기질과 부모의 반응성을 반영한다.

씬 더 잘 예측한다. 요약하면, 아이가 엄마의 반응에 영향을 미치기보다는 엄마가 아이의 울음에 더 많은 영향을 미치는 것 같다(Bell & Ainsworth, 1972). 일반적으로 안정 또는 불안정 애착을 형성하는 데 엄마의 행동이 가장 중요한 요인인 듯하다(Isabella & Belsky, 1991).

이러한 논쟁을 해결해 줄 다른 연구가 있다. 애착 분류는 엄마가 떠날 때 아이가 보이는 고통에 근거한 것이 아니라, 엄마가 돌아올 때 아이가 어떻게 반응하느냐에 근거한 것임을 상기해 보자. 그런데 영아의 기질은 전자를 예측하는 것이지 후자를 예측하는 것이 아니다(Frodi & Thompson, 1985; Vaughn et al., 1989). 순한 기질의 아이는 전형적으로 엄마가 떠날 때 힘들어 하지 않는다. 엄마가 돌아오면 반갑게 맞이하거나(안정 애착을 보이는 것임) 불안정 애착의 회피형을 보인다. 까다로운 아이는 엄마가 떠날 때 심적인 고통을 보인다. 그리고 엄마가 돌아오면 이들은 엄마를 찾고 매달리려고 하거나(안정 애착을 보이는 것임) 불안정 애착의 양가형을 보이기도 한다(Belsky & Rovine, 1987). 양육자가 떠나고 돌아오는 것에 대한 아동의 전반적인 반응은 아동에 대한 양육자의 반응성과 아동의 기질, 둘 다에 의해 결정된다.

## 후기 발달

생활사에서 가족의 경험에 큰 변화가 없다면 유아기의 애착 분류는 몇 년 후에 재측정했을 때에도 여전히 안정적이다(Main & Cassidy, 1988; Thompson et al., 1982). 스트레스를 주는 삶의 경험은 아동에 대한 부모의 반응에 영향을 주기 십상이고, 부모의 반응은 또다시 아동의 안정감에 영향을 주게 된다.

또한 초기 애착 유형은 아동이 새로운 경험을 대처하는 방식과도 연관되는 것 같다. 한 연구에서 2세 아동들에게 도구 사용이 필요한 일련의 문제를 제시했다. 일부 문제는 아동의 역량 안에 있는 것이었고, 다른 문제들은 꽤 어려웠다. 12개월 때 안정 애착으로 평가된 아동들은 열의를 갖고 지속적으로 그 문제에 접근했다. 어려운 문제에 직면했을 때 이들은 거의 울지 않고 화내지도 않았다. 오히려 어른의 도움을 구했다. 그러나 12개월 때 불안정 애착으로 평가되었던 아동들은 아주 다르게 행동했다. 이들은 쉽게 좌절감을 느끼고, 화내고, 도움을 구하지도 않았으며, 어른의 지시를 무시하거나 거부하는 경향을 보이고, 문제 푸는 것을 쉽게 포기했다(Matas et al., 1978).

이 연구 및 이와 유사한 연구들은 생후 12개월까지 안정되게 애착된 아동은 새로운 경험에 잘 대처할 수 있는 준비가 되어 있다는 것을 암시한다. 그런데 아동의 초기 애착 질이 직접적으로 나중의 문제해결 능력에 영향을 주는지는 확신하기 어렵다. 영아기에 아동의 욕구에 반응적인 부모는 아마도 초기 아동기 동안에도 계속해서 효율적인 양육—자율성과 새로운 경험에 대처하는 노력—을 권장하지만, 도움이 필요할 때에는 도움을 줄 수 있도록 준비된 양육을 했을 것이다. 그러므로 아동의 역량은 2년 전에 있었던 관계를 반영하기보다는 현재의 부모-아동 관계 상태를 반영할 가능성이 크다. 앞서 보았듯이 낯선 상황에서 행동에 영향을 주는 아동의 기질이 취학 전 아동의 역량에도 영향을 줄 것이다.

## 애착 분류에서의 문화적 차이

에인스워스는 우간다에서 일부 연구를 수행했지만, 그녀의 연구 대부분은 미국 중류층의 아동을 대상으로 이루어졌다. 후속 연구는 낯선 상황에서 아동이 보이는 반응을 토대로 분류된 전통적인 애착 유형의 비율이 문화에 따라 매우 다양함을 보여 준다(표 3.2 참조). 예를 들어 대부분의 독일 아동은 회피 애착이나 불안 애착 중 하나

**표 3.2**

낯선 상황으로 측정한 애착 유형 비율은 문화에 따라 매우 다르다. 일부 영아는 애착 유형을 분류하기가 어렵고 D유형 애착(혼란 애착)도 있기 때문에 세 가지 유형의 합이 100이 되지는 않는다.

| | 회피형 | 안정형 | 불안형 |
|---|---|---|---|
| 스웨덴 | 21.57% | 74.51% | 3.92% |
| 이스라엘 | 8.43% | 56.63% | 33.73% |
| 영국 | 22.22% | 75.00% | 2.78% |
| 일본 | 0.00% | 68.33% | 31.67% |
| 독일 | 48.90% | 32.65% | 12.24% |
| 네덜란드 | 34.15% | 5.85% | 0.00% |
| 미국 | 21.70% | 66.04% | 12.26% |

로 분류되었다. 미국, 네덜란드, 스웨덴, 영국 아동과 비교했을 때 일본과 이스라엘 아동은 불안 애착 비율이 훨씬 높은 것으로 나타났다(Thompson, 1998).

이러한 문화적 차이는 낯선 상황 과제가 여러 문화에서 엄마와 아동의 관계 질을 나타내는 지표로 부적절하기 때문일 수 있다(Keil, 출판 중). 예를 들어 대부분의 일본 아동은 어린 시절부터 엄마와 떨어지지 않는다. 따라서 낯선 상황에서 만들어진 강제적인 분리가 아동에게 큰 두려움을 주어 '불안정: 불안' 애착으로 분류되었을 수 있다. 반대로 일부 독일 아동은 어려서부터 엄마와의 독립을 권장받았을 것이다. 따라서 낯선 상황에서 아동은 실제로 독립성을 보여 주었는데, 이러한 아동의 반응은 '불안정: 회피' 애착으로 분류되었을 수 있다. 이런 결과는, 낯선 상황에서 나온 결과가 아동의 문화적 맥락 안에서 이해되어야 하며, 어떤 문화가 다른 문화권보다 아동을 더 안정 애착으로 기른다는 결론을 내려서는 안 된다는 것을 말해 준다.

## 자기개념

18개월 된 아이에게 알아차리지 못하게 이마에 붉은 얼룩을 묻힌 다음 거울 앞에 세우면 아이는 얼룩을 지우기 위해 자기 이마에 손을 올릴 것이다(Gallup, 1998). 거울 검사로 불리는 이 검사는 어린 아동이 거울 속에 있는 이미지가 자신이며, 그 모습이 늘 보이는 자기와 다른 모습이라는 것을 인식한다는 것을 알려 준다. 18개월 이전에

나이가 들면서 아동의 자기개념이 발달한다.

거울 검사를 하면 아이는 자신의 이마에 손을 갖다 대지 않고 거울 속에 있는 '다른 아이'의 이마에 손을 대려고 할 것이다.

아동의 **자기개념** self-concepts은 나이가 들면서 서서히 발달하며, 자신의 여러 가지 상이한 측면을 포함한다(Harter, 1998; Neisser, 1988). 여기에는 공간 속에서의 자기 신체에 대한 인식과 시간 속에서의 자기인식이 포함된다(어제나 오늘이나 나는 나이다). 아동은 타인과 상호작용하면서 사회적 주체로서의 자기와 타인과의 관계 속에서 자신의 역할을 포함하여 보다 넓은 사회적·문화적 맥락 속에서의 자신에 대한 인식을 발달시킨다. 마음 이론에서 살펴보았듯이 아동은 다른 사람들이 접근할 수 없는 사적인 실체로 자신을 인식하기도 한다.

## 자기존중감

아동의 자기에 관해 가장 널리 연구되는 측면은 **자기존중감** self-esteem인데, 이는 자신에 관한 가치 지향적 판단이다(Harter, 1998). 일반적으로 아동의 자기존중감은 학령 전기부터 청소년기에 이르기까지 몇 가지 변화 양상을 보인다. 학령 전 아동은 때때로 우스울 정도로 자신에 관해 지나치게 긍정적인 입장을 취하는 경향이 있다. 3세 아동은 자신이 동네에서 가장 용감하고 빠르며 똑똑하다고 뽐낼 수 있다. 이러한 극단적 자기낙관론은 어린 아동에게는 적응적일 수 있는데, 실패가 잦을 때 아동에게 끈기를 갖고 지속할 수 있는 자신감을 제공한다.

학령 초기 아동도 자신을 긍정적으로 보는 경향이 있지만, 학령 전기 아동만큼 비현실적으로 긍정적이지는 않다. 학령 초기 아동은 자신을 타인과 비교하기도 하지

**청소년기에는 자기개념 형성에 또래가 점차 더 중요해진다.**

만, 더 어렸을 때의 자기와 현재의 자기를 더 자주 비교하면서 키가 더 커졌고, 힘이 더 세어졌고, 몸이 더 커졌다고 말한다(Ruble & Frey, 1991). 이들은 어떤 과제에서 실패하면 실망할 수 있지만(Lewis et al., 1992), 그 실패가 반드시 전반적인 자기인식에 지속적으로 부정적 영향을 주지는 않는다.

학령 중기(대략 8~12세) 아동은 자신과 자신이 지닌 기술을 타인과 많이 비교하게 되는데, 이런 사회비교가 아동의 자기존중감에 영향을 주기 시작한다(Frey & Ruble, 1990). 예를 들어 축구 팀에 소속된 한 아동이 자신은 팀에 있는 다른 친구들만큼 공을 멀리 차지 못하거나 빨리 달릴 수 없다는 것을 알아차리고, 자신은 친구들만큼 훌륭한 선수가 아니라고 결론 내릴 수 있다. 아동의 자기존중감은 종종 영역 한정적이다. 예를 들어 자기는 운동을 잘 못하지만 산수는 잘한다고 말하는 아이가 있다. 학령 중기 아동은 서로 다른 영역에서의 자기 능력을 구분할 수 있으며, 그 능력에 대해 특질적 귀인을 하기 시작한다. 예를 들어 결코 운동을 잘할 수 없다고 생각하는 아이의 경우에도 수학은 계속 잘하려고 노력할 수 있다.

끝으로, 청소년기와 초기 성인기에는 사회비교가 자기존중감의 핵심이 된다. 젊은이들은 자신이 타인과 비교하여 어떤지, 그리고 타인이 자신을 어떻게 생각할지에 관해 매우 관심이 많다. 이러한 사회비교와 평가는 자신을 얼마나 긍정적으로 생각하는지에 지대한 영향을 미친다(이런 평가에 얼마나 취약한가는 개인에 따라 차이가 있다). 젊은이들은 자신에 대한 인식이 점점 복잡해지며, 지속적인 특질과 성향적 관점에서 자신을 생각하는 것이 증가한다. 많은 사회에서 젊은이들은 자기 스스로의 평가와 재능 및 능력에 대한 타인의 평가를 근거로 인생 선택을 시작해야만 한다.

## 중간 요약

- 미소와 같은 일부 초기의 사회행동은 시각장애 영아를 포함하여 모든 영아들에게서 거의 같은 시기에 나타나는 선천적 반응이다. 낯선 이에 대한 경계와 주 양육자와의 격리에 대한 고통을 포함한 후기의 사회행동 출현은 아동의 인지 발달 기술에 좌우되는 것으로 보인다.
- 특정 사람과 가까이 있으려 하고 그들이 있을 때 더 안정감을 느끼는 것을 애착이라고 한다. 애착은 주 양육자가 방을 떠나고 다시 돌아올 때 아동을 관찰하는 일련의 에피소드로 구성된 '낯선 상황'이라는 절차로 측정할 수 있다.
- 안정 애착을 보이는 영아는 떠났다가 돌아온 양육자와 상호작용을 하려고 한다.
- 불안정 애착(회피형): 회피적인 영아는 떠났다가 돌아온 양육자를 회피한다.
- 불안정 애착(양가형): 양가적인 영아는 떠났다가 돌아온 양육자에게 저항을 보인다.
- 혼란된 영아는 떠났다가 돌아온 양육자에게 모순된(때로는 회피적, 때로는 접근적) 행동을 보인다.
- 영아의 필요에 대해 양육자가 보이는 민감한 반응성은 안정 애착에 큰 영향을 준다. 영아의 기질도 중요하다.
- 다양한 애착 유형으로 분류되는 아동의 비율은 문화에 따라 다르다. 이런 차이는 낯선 상황 패러다임이 문화에 따라 애착을 재는 적절한 검사 상황이 아닐 수 있음을 알려 준다.
- 아동의 자기개념은 시간이 지나면서 발달하는데, 전반적으로 긍정적인 자기인식에서 보다 복잡하고 영역 한정적인 자기인식으로 발달한다.

## 비판적 사고를 위한 물음

1. 일부 심리학자들은 아동기의 애착 양상이 성인의 낭만적 관계에 영향을 줄 수 있다고 제안한다. 이 장에서 논의했던 애착 양상은 성인기의 낭만적 관계에서 어떤 형태가 될까? 당신은 자신의 성인기 '애착 양상'을 아동기의 애착 양상이나 아동기의 환경 특성과 연계시킬 수 있는가?
2. 당신의 부모는 당신의 영아기 기질이 순한 기질, 까다로운 기질, 더딘 기질 중 어디에 속한다고 규정짓는가? 당신의 현재 성격의 어떤 측면이 주로 당신의 선천적인 기질을 반영하는 것 같은가? 그리고 어떤 측면이 유전과 환경 간 상호작용의 혼합을 반영하는 것 같은가?

# 청소년 발달

**청소년기** adolescence는 아동기에서 성인기로 전환하는 시기이다. 이 시기는 대략 12세부터 10대 말까지 해당되며 신체적 성숙이 거의 완성되는 시기이다. 이 기간 동안 젊은이들은 성적으로 성숙해지고 가족과 분리된 개인으로서의 정체감을 형성한다.

## 생물학적 발달

아동에서 성적 재생산을 할 수 있는 생물학적으로 성숙한 성인으로 바뀌는 성적 성숙 시기인 **사춘기** puberty는 3~4년에 걸쳐 일어난다. 사춘기는 아주 급속한 신체적 성숙(소위 **청소년 성장 급등** adolescent growth spurt)과 더불어 시작하며, 그 후에는 재생산 기관과 이차 성징(여자의 경우 가슴의 발달, 남자의 경우 수염의 성장, 그리고 체모의 출현)의 발달이 점진적으로 나타난다.

사춘기가 시작되는 연령과 그 진전 속도는 개인마다 아주 다르다. 11세 전에 **초경** menarche이 시작되는 소녀가 있는가 하면, 17세에야 시작하는 소녀도 있지만, 평균 초경 연령은 약 12세이다. 남자아이는 보통 여자아이보다 평균 2년 정도 늦게 신체 급성장과 성숙을 경험한다. 사춘기 시기의 다양성은 중학교 1~2학년 교실에서 두드러지게 나타난다. 어떤 소녀는 가슴과 엉덩이가 충분히 발달하여 성숙한 여성처럼 보이는가 하면, 어떤 소녀는 여전히 어린 여자아이의 키와 모습이다. 소년의 경우에도, 어떤 아이들은 어른 같아 보이는가 하면, 여전히 9~10세같이 보이는 남자아이도 있다(10장 참조).

청소년기에 뇌는 급격한 발달과 변화를 거친다. 청소년 초기에는 감정, 보상 및 동기와 관련된 뇌 영역이 정서적이고 사회적인 자극, 보상에 대해 더 민감하게 반응한다(Ernst et al., 2006; Guyer et al., 2008). 사춘기의 호르몬 변화와 함께 이 변화는 아동이나 성인에 비해 청소년이 일상에서 감정 상태의 변덕이 심하고, 보다 극적인 정서 경험을 추구하며(긍정 감정과 부정 감정 둘 다), 정서적 자극에 대한 강한 편향이 있음을 설명하는 데 도움이 된다(Larson & Richards, 1994; Quevedo et al., 2009; Silk et al., 2009).

뇌의 감정 영역과 인지 통제 영역 발달 시기의 괴리로 인해 청소년기는 '연료만 있고 브레이크는 없는' 시기 또는 '운전을 못하는 사람이 자동차를 운전하는' 시기로 불리기도 한다(Dahl, 2004; Steinberg, 2008). 청소년은 주로 정서적이고 사회적인 환경에 관심을 갖고 있으며, 민감하게 반응하고, 보상을 주는 자극에 매우 민감한 반면에 자신의 감정, 바람, 행동에 대한 통제는 잘 발달되어 있지 않다. 이런 특성으로 인해 청소년은 아동과 성인보다 모험 지향 행동을 더 많이 하게 된다(Steinberg, 2008). 실제로 사고, 폭력, 자살, 위험한 성행동 및 건강 훼손 행동 비율이 모두 청소년기에 극적으로 증가한다(Ozer et al., 2002).

## 청소년기의 사회관계

청소년기에는 또래가 매우 중요해진다. 청소년은 또래와 많은 시간을 함께 보내고 친구가 많아지는데, 이런 맥락에서 긍정적 감정 경험이 고양된다. 반면에 부모와 보내는 시간이 줄어들고 부모와 있을 때 부정적 경험이 많아진다(Larson & Richards, 1991). 또래는 청소년의 행동에 지대한 영향을 준다. 예를 들어 운전 모의 게임에서 청소년은 같은 방에 동년배가 없을 때보다 동년배가 있을 때 위험 지향 행동이 더 증가하는데, 이런 현상은 아동이나 성인에 비해 청소년에게서 가장 두드러진다(Gardner & Steinberg, 2008).

부모들은 종종 청소년 자녀와의 관계에서 겪는 많은 고통과 스트레스를 보고하는데, 상식을 지지해 주는 연구가 있다(Steinberg & Morris, 2001). 부모와 자녀 간의 사소한 언쟁과 말다툼이 청소년기에 증가하는데, 부모와 청소년 자녀가 서로 얼마나 가깝다고 느끼느냐에 따라 그 정도가 줄어든다(Larson & Richards, 1991). 전형적으로 청소년은 자신의 개인적 정체감을 드러내고자 부모로부터 멀어지는데, 많은 부모들은 이러한 철회로 인해 속상해한다(Silverberg & Steinberg, 1990). 그러나 대부분의 가정에서는 청소년 초기에 갈등이 증가되는 시기가 지나면 덜 변덕스럽고 보다 평등한 새로운 부모-청소년 자녀 관계가 형성된다. 권위가 있는 부모—따뜻하고 지지적이면서도 규칙과 실행에 관해서는 확고하고 분명한—의 자녀는 청소년기에 걸쳐 문제가 적다(Steinberg & Morris, 2001). 반대로 권위주의적인 부모—융통성 없는 엄격한 규칙을 적용하고 자녀를 따뜻하게 대하지 않는—나 지나치게 허용적인 부모의 청소년 자녀는 정서적 문제와 행동 문제를 더 많이 보이는 경향이 있다(Baumrind, 1980).

## 첨/단/연/구

### 청소년과 인터넷

*Susan Nolen-Hoeksema*, 예일대학교

인터넷은 여러 나라에서 청소년의 삶에 꼭 필요한 것이다. 영국과 미국 10대 청소년의 85~98%가 인터넷을 사용하며, 하루의 절반 이상을 웹사이트를 찾고 이메일을 주고받으며 자신의 웹사이트를 만든다(Lenhart et al., 2005). 10대가 인터넷에서 가장 많이 사용하는 기능은 친구와의 교류이다(Gross, 2004). 10대는 과거에 전화로 개인적 정보와 흥밋거리를 공유했던 것처럼 이제는 이메일, PDA, 휴대전화 메시지, SNS 등을 통해 친구들과 의사소통을 한다. 인터넷이 오늘날 젊은이들에게 널리 사용되면서 연구자들은 청소년의 인터넷 사용이 청소년의 발달과 웰빙에 좋은지 나쁜지를 연구하기 시작했다.

부모들이 가진 가장 큰 두려움 중의 하나는 인터넷 서핑을 하는 10대가 온라인상에서 성적 희생자가 되지 않을까 하는 것이다. 성적 유혹이나 성희롱이 10대에게 드문 경험은 아니다. 1,500명 이상의 미국 청소년을 대상으로 수행된 한 연구에서는 지난 1년간 인터넷상에서 4명 중 1명이 적어도 한 번 이상 원치 않는 성적 유혹이나 희롱을 경험한 적이 있는 것으로 나타났다(Mitchell et al., 2007). 이런 경험이 있는 청소년은 그렇지 않은 청소년에 비해 더 우울하고 불안하며, 더 두려움을 느끼는 것으로 나타났다. 일부 청소년은 희생 위험성이 높은 위험 행동을 실행했다. 뉴질랜드 청소년에 대한 한 연구에서는 청소년의 1/3이 인터넷에 개인 정보를 공개했으며, 이 중 1/4은 인터넷에서 만난 사람을 실제로 직접 만난 것으로 나타났다(Berson & Berson, 2005).

또 다른 관심은 문제가 있는 일부 10대가 부적응적 행동을 촉진하기 위해 인터넷을 사용하는 것에 관한 것이다. 예를 들어 한 연구에서는 자해하는 사람들에 관한 400개 이상의 인터넷 모임을 찾았는데, 이는 절단하거나 태우거나 기타 방법으로 자해하는 사람들이 모여 있는 모임이다(Whitlock et al., 2006). 이 웹사이트를 방문하는 대부분이 10대 소녀이다. 이 웹사이트는 이런 소녀들에게 그들의 행동과 감정을 지지하는 타인과 이야기할 수 있는 기회를 제공했다. 자해하는 소녀들은 우울하며 고립되어 있고 부모와 친구에게 자해를 숨기지만, 누군가에게 말하고 싶어 죽을 지경이다. 이런 모임은 사회적 지지를 제공하며 전문적 도움을 찾도록 격려해 준다. 그러나 이런 모임은 자해를 정당화하고, 자해를 일반적이고 받아들일 만한 것으로 만들어 오히려 자해를 강화할 수도 있다. 일부 모임은 자해하는 법과 그것을 타인에게 숨기는 법을 제공하기도 한다. 섭식장애가 있는 사람들의 모임에서도 비슷한 문제가 제기되었는데, 이 모임에서는 섭식장애 행동을 정상적인 것으로 간주하며, 많이 먹고 마시는 법 또는 굶는 법을 가르쳐 준다.

10대의 인터넷 사용은 장점도 많다. 연구자들은 한 집단의 흑인 10대들 집에 인터넷을 설치해 주고, 인터넷을 사용한 10대들이 16개월 동안 지속적으로 학업 성적이 올랐음을 보여 주었다(Jackson et al., 2007). 연구자들은 인터넷 사용이 젊은이들에게 읽는 기술을 증진할 기회를 주고 배우려는 동기를 강화했다고 생각했다. 인터넷 프로그램은 인터넷이 아니면 정보에 접근하기 힘든 사람들에게 건강 증진법도 제공한다. Hipteens라 불리는 체중 감량 프로그램에는 음식물 섭취 정도를 평가하여 체중 변화에 대한 계획을 세우고, 음식을 먹게 만드는 단서를 파악하며, 개인 상담가와의 상담을 통해 이루어지는 운동이 포함되어 있다(Williamson et al., 2007). 이 프로그램에 참여한 한 청소년은 이 프로그램에 참여하지 않은 통제집단의 청소년에 비해 처음 6개월 동안 체중이 엄청나게 줄었다. 그러나 6개월 후 웹 프로그램 사용이 줄어들면서 체중이 도로 회복되는 경향을 보였다.

따라서 인터넷은 10대의 삶에 위험물이 될 수도 있고 긍정적 변화를 위한 힘이 될 수도 있는 것 같다. 청소년의 인터넷 사용을 부모가 적절하게 관리한다면 좋은 측면은 증진하고 폐해는 막는 중요한 역할을 할 수 있을 것이다.

---

정신분석학자 에릭 에릭슨(Erik Erikson)은 청소년이 당면한 주요 과제가 정체감을 발달시키는 것, 즉 '내가 누구인가?'와 '내가 어디로 가고 있는가?'와 같은 질문에 대한 해답을 찾는 것이라 생각했다. 에릭슨은 자기확인의 이런 적극적 과정을 지칭하기 위해 **정체감 위기** identity crisis라는 용어를 만들었지만, 그는 그것이 건강한 심리적 발달의 통합적 부분이라고 생각했다. 이와 유사하게, 대부분의 발달심리학자들은 청소년기가 젊은이들이 다양한 행동, 관심, 이념을 탐색하는 역할 실험의 시기여야 한다고 생각한다. 통합된 자기개념을 형성하기 위한 시도로서 다양한 신념, 역할, 행동 방식이 시도되고, 수정되고, 폐기처분된다.

청소년은 이러한 가치와 평가를 하나의 일관된 모습으로 통합하려고 노력한다. 부모, 교사, 또래가 일관성 있는 가치를 부여하면 정체감 탐색은 보다 쉬워진다. 성인 모델이 거의 없고, 사회적 역할이 제한되어 있는 단순한 사회에서는 정체감을 형성하기가 비교적 쉽다. 하지만 오늘날과 같은 복잡한 사회에서는 많은 청소년들에게 정

대부분의 가정에서 10대 청소년 자녀와 부모 간의 갈등은 일시적이다.

체감 형성이 어려운 과제이다. 우리 사회의 청소년들에게는 인생에서 어떻게 행동해야 하고 무엇을 해야 하는지에 관해 거의 무한한 가능성이 제시되어 있다. 따라서 자신의 정체감을 발달시켜 가는 방식이 청소년들 간에 엄청난 차이가 있다. 더욱이 어떤 특정 개인의 정체감은 삶의 영역에 따라(예: 성적 영역, 직업 영역, 이념 등) 상이한 발달 단계에 있을 수 있다.

이상적으로는 정체감 위기가 20대 초반이나 중반까지 해결되어야 한다. 그래야 인생의 다른 과제로 옮겨 갈 수 있다. 그 과정이 성공적일 때 정체감을 획득했다고 말한다—통합된 성 정체감, 직업 방향의 설정, 이념적 세계관 확립 등. 정체감 위기가 해결될 때까지는 일관성 있는 자기감이나 삶의 주요 영역에서 자기가치를 평가할 수 있는 일련의 내적 기준을 갖고 있지 않다. 에릭슨은 이러한 결과를 **정체감 혼미**identity confusion라고 일컬었다.

보다 최근의 연구는 에릭슨의 정체감 발달 단계보다는 인지 이론의 관점을 토대로 한 자기개념의 발달에 관심을 둔다. 청소년은 인지적으로 성숙해 감에 따라 자신을 보다 추상적으로 개념화하게 된다. 청소년은 개인의 신념과 기준을 고려하여 자신을 바라보며, 사회비교에 의해 자신을 보는 것이 줄어든다(Harter, 1998). 청소년의 자기개념은 상황에 따라 달라지는데, 또래와 있을 때보다는 부모와 있을 때 자신을 더 다르게 인식한다(Harter, 1998). 종종 이들은 실제로 자신이 보는 것과 다른 행동을 하는데, 특히 동급생 사이나 낭만적 관계에서 그렇다.

초기 청소년기에는 자기존중감이 다소 불안정하지만 후기 청소년기에는 보다 안정된다(Harter, 1998). 미국의 흑인 청소년은 백인 청소년보다 자기존중감이 높은 경향이 있고(Gray-Little & Hafdahl, 2000), 남성은 여성보다 자기존중감이 더 높다(Kling et al., 1999). 그런데 성과 대부분의 인종 집단에서 높은 자기존중감이 부모의 인정, 또래의 지지, 적응, 학업에서의 성취와 연결되어 있다는 것은 전혀 놀라운 일이 아니다(DuBois et al., 1998).

청소년기와 초기 성인기 동안 소수 민족의 많은 젊은이들은 인종 정체감과 씨름하는데, 이 씨름의 해결은 다양한 형태로 나타날 수 있다(Phinney & Alipuria, 1990; Sellers et al., 1998). 일부 젊은이들은 자신의 문화를 거부하고 주 문화에 동화한다. 일부는 주 문화 속에 살지만 이방인이라고 느낀다. 그리고 일부는 주 문화와 자신의 문화 간에 균형을 찾으려고 애쓰는데, 때때로 이것을 문화 병존이라 칭한다.

### 중간 요약

- 사춘기는 청소년의 신체 이미지, 자기존중감, 기분, 관계에 지대한 영향을 주지만 대부분의 청소년은 큰 동요 없이 이 시기를 거친다.
- 에릭슨의 이론에 따르면 자아정체감을 형성하는 것은 청소년기의 주된 과제이다.

### 비판적 사고를 위한 물음

1. 당신의 종교, 성, 직업, 정치적 정체감이 시간이 지나면서 어떻게 그리고 언제 발달되었는지 확인할 수 있는가?
2. 소수 인종 젊은이들의 인종 정체감 발달에 영향을 주는 경험은 무엇인가? 예를 들어 문화 병존에 대한 정체감을 발달시키는 경험은 무엇인가? 그리고 주 문화를 거부하게 만드는 경험은 무엇인가?

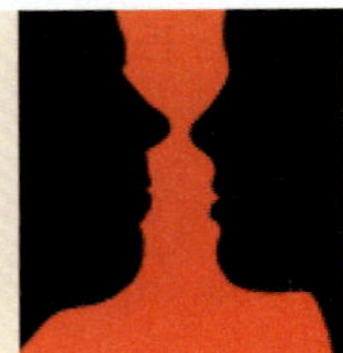

# 찬|반|논|쟁

## 부모는 아동 발달에 어떤 역할을 하는가?

### 부모는 자녀의 성격이나 지능에 지속적인 영향을 미치지 않는다.

*Judith Rich Harris*

당신의 부모는 당신이 어렸을 때 아주 잘 보살펴 주었다. 그들은 많은 것을 가르쳐 주었다. 어릴 때 기억을 돌이켜 보면 부모는 매우 훌륭하게 그 역할을 해냈다. 그럼에도 불구하고 부모는 당신의 성격이나 지능, 또는 행동하는 방식에 지속적인 영향을 주지는 않았을 것이다.

믿기 어려운 사실인가? 잠시 당신의 선입견을 제쳐 두고 다음의 증거를 생각해 보자. 예를 들어 생물학적 연계가 있는 쌍과 생물학적 연계가 없는 쌍 또는 동일한 환경에서 양육되거나 다른 환경에서 양육된 쌍을 비교함으로써 유전자의 영향과 가정환경의 영향을 분리시킨 연구를 생각해 보자(Plomin et al., 2012). 이런 연구 결과는 유사한 유전자가 사람을 유사하게 만들지만, 공유된 가정환경은 사람을 유사하게 만들지 않는다는 것을 보여 준다. 만약 생물학적으로 연관이 없으면서 동일한 가정에서 성장한 두 사람이라면, 동일한 전집에서 무작위로 뽑힌 두 사람에 비해 성격이나 지능이 더 유사하지는 않다. 함께 길러진 형제나 자매간에 보이는 유사성은 모두 그들이 지닌 공통적인 유전자 탓이다. 어느 한 가정의 입양아는 다른 가정에서 길러진 입양아만큼 서로 닮지 않는다. 평균적으로 볼 때, 명랑한 부모가 기른 입양아는 불평 많은 부모가 기른 입양아보다 더 나은 것이 없고, 책을 좋아하는 부모가 기른 입양아가 오페라를 좋아하는 부모가 기른 입양아보다 더 영리한 것도 아니다(Harris, 1995, 2009).

이런 결과는 일반적인 아동 발달 관점에 들어맞지 않는데, 이 결과를 지지하는 여러 가지 자료가 쌓이고 있다. 예를 들어 평균적으로 보면, 부모의 관심을 얻기 위해 형제들과 경쟁해야만 하는 형제가 있는 아동의 성격이 외동아의 성격과 다르지는 않다(Falbo, 2012). 오늘날 부모들이 아들과 딸을 비슷하게 대하려고 열심히 애쓰고 있지만 소년과 소녀 간의 행동 차이는 감소하지 않는다(Serbin et al., 1993). 집에서 한국어나 스페인어를 사용하더라도 또래와 영어로 말하는 아동은 결국 영어를 사용하는 사람이 된다. 아동이 집 밖에서 배운 언어는 부모가 가르친 언어보다 우선권을 갖게 되는데, 이 경우 아동은 부모와 달리 외부에서 배운 언어를 유창하게 말한다(Harris, 2006).

그런데 문제가 있는 부모 밑에서 자란 아동은 문제를 일으키고, 사랑을 받은 아동은 학대받은 아동보다 더 낫다는 증거에 관해서는 어떻게 생각하는가? 이 증거의 문제점은 유전과 환경의 영향을 분리하거나 원인과 결과를 구분할 수 없는 연구로부터 나온 것이라는 점이다. 자녀의 문제는 문제 있는 부모가 제공한 열악한 환경 때문인가, 아니면 그 부모로부터 물려받는 성격 특성 때문인가? 따뜻한 포옹이 밝은 성격으로 발달하게 만드는 것인가, 아니면 아이의 밝은 성격이 부모로 하여금 껴안도록 만드는 것인가? 보다 개선된 기법을 사용한 연구로 판단해 보면 그 문제는 적어도 부분적으로는 유전에 의한 것이고, 아동의 성격이 포옹을 유발한 것으로 보인다(Reiss, 2005).

일부 발달심리학자들은 부모가 아동에게 중요한 영향을 미치지만 그 영향을 측정하기가 어렵다는 주장으로 그들을 당혹케 만드는 사실에 대한 설명을 피하려 한다. 이 어려움은 특정 양육 방식의 결과가 아동의 유전자 구성에 따라 달라진다는 사실에 기인한 것으로 본다(Collins et al., 2000). 다른 사람에 비해 유전적으로 더 취약한 사람이 있다는 것은 분명하지만(Caspi et al., 2011), 이런 사실이 앞서 언급했던 연구에서 나타난 부정적 결과를 설명해 주지는 못한다(Harris, 2006). 이는 함께 양육된 일란성 쌍둥이가 종종 성격이 다르며 정신건강 문제에 차이가 있다는 것도 설명하지 못한다. 동일한 유전자를 지닌 일란성 쌍둥이는 부모의 양육에 비슷하게 반응해야 한다. 그러나 같은 집에서 길러진 쌍(부모가 똑같이 다루었을 것임)이 출생 직후 분리되어 양육된 쌍과 다르지 않았다(Bouchard & McGue, 2003).

아동이 집에서 행동하는 방식에 부모가 영향을 준다는 데에는 논란의 여지가 없다. 그런데 이것은 또 다른 논란의 근원이 된다. 아동이 집에서 행동하는 방식은 교실이나 운동장에서 어떻게 행동하느냐를 예측하는 좋은 지표가 아니라는 것이다. 사회적 맥락이 달라지면 다르게 행동한다는 것을 발견할 때, 일반적으로 연구자들은 부모와 함께 있을 때 행동하는 방식이 그 이외의 다른 곳에서 행동하는 방식보다 더 중요하고 지속적이라고 가정한다. 그러나 집에서는 한국어나 스페인어를 말하고 바깥에서는 영어를 말하는 아동은 성인기에 영어를 일차 언어로 사용한다. 집에서 다쳐 울면 동정심을 받던 남자아이도 운동장에서 다치면 울지 않는 것을 배우고, 성인이 되면 거의 울지 않는다. 집에서 오빠나 언니에게 꼼짝 못하던 아이라고 해서 또래에게도 꼼짝 못하라는 법은 없다(Abramovitch et al., 1986). 아동은 집에서 행동하는 방식과 집 밖에서 행동하는 방식을 별도로 배우고, 집 밖에서 하던 행동이 성인기까지 이어진다. 이것은 그럴 듯한데, 성인기에는 부모의 집에서 지내지 않기 때문이다.

아동이 서둘러 성장하고 성인 세계를 무력하게 모방하여 자신의 세계를 본다는 개념은 성인 중심적인 사고이다. 아동의 목표는 자신의 어머니나 아버지처럼 되지 않는 것인데, 이것이 성공한 아동이다. 아동은 집 밖의 세상에서 잘 어울리는 법을 배워야만 하고, 그 규칙은 다르다.

Judith Rich Harris

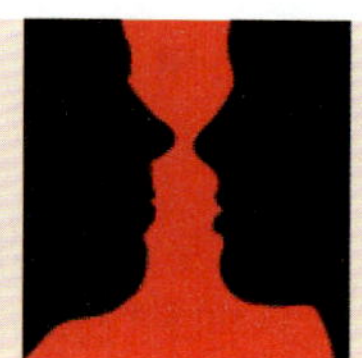

찬|반|논|쟁

# 부모는 아동 발달에 어떤 역할을 하는가?

## 부모는 자녀의 발달에 도구가 된다.

*Jerome Kagan,* 하버드대학교

한 아동이 사회에 최대한으로 적응하는 데 필요한 기술, 가치, 사회행동의 발달에는 여러 가지 독립적인 힘의 조화가 필요하다. 이런 것들 중 가장 중요한 것은 다음과 같다. (1) 아동이 유전적으로 물려받은 기질적 편향. (2) 아동이 속한 사회계층, 인종, 가족의 종교 등으로 이런 요인은 나중에 정체감의 기초가 된다. (3) 형제나 또래와의 사회적 관계. (4) 아동기와 청소년기를 보낸 역사적 시기와 문화. (5) 부모의 행동과 성격 등.

부모가 아동에게 미치는 영향에는 두 가지 형태가 있다. 첫째는 부모와 아동 간의 직접적인 상호작용으로, 여기에는 부모가 자녀에게 상이나 벌을 주는 행동, 아동을 칭찬하는 기술, 그리고 아동 자신이 사랑받고 있다고 여길 수 있는 부모의 애정 표현 행동 또는 거절이나 적대감으로 해석되는 부모의 무관심과 거부의 행동 표현 등이 포함된다. 대화하고 책을 읽어 주는 부모의 자녀는 어휘가 가장 잘 발달하고, 지능 점수가 높고, 학업 성적도 좋다(Raikes et al., 2006). 자녀에게 이유를 설명하면서 복종을 요구하는 부모의 자녀는 보다 건전한 아동이 된다(Kagan, 1998). 미국의 10개 도시에서 가정에서만 길러진 아동과 매주 다양한 보육을 받는 보육센터에 다닌 아동 1,000명 이상을 대상으로 수행된 한 연구에서는 가족의 힘이 나타났다. 가족은 나이 든 아동의 성격과 인지 기술에 가장 중요한 영향을 미쳤다(NICHD Early Childcare Research Network, 2004). 심지어 전쟁 때문에 고아원에서 양육되거나 집이 없어진 아동도 4세 전에 따뜻하고 지지적인 가정에 입양되는 경우, 초기의 결핍 때문에 발달하지 못한 지적 기술과 사회적 기술을 회복할 수 있었다(Rathbun et al., 1958).

문화와 역사적 시기에 따라 동일한 행동에 대한 해석이 달라진다. 17세기 뉴잉글랜드에서 자란 거의 모든 청교도 부모의 자녀들은 엄하게 벌을 받았지만, 그들은 이것을 부모가 자신이 더 훌륭한 사람이 되기를 바라기 때문이라고 해석했다. 따라서 현재 뉴잉글랜드에서 엄한 처벌로 일어날 만한 부정적 결과가 17세기에는 발생하지 않았다. 몇 세기 전 중국 부모들은 더 매력적인 미래의 신부로 만들기 위해 어린 딸의 발을 묶곤 했다. 이런 행위는 매우 고통스러웠고 걷는 데 상당히 힘들었지만, 대부분의 소녀들은 자신을 위한 것으로 믿었기 때문에 고통을 받아들였다. 하지만 오늘날에는 같은 식의 해석이 나타나지 않는다. 중요한 원리는, 발달에 결정적인 것은 실제 행동이 아니라 부모의 행동을 아동이 어떻게 해석하느냐 하는 것이다.

또한 부모의 성격과 행동도 자녀에게 영향을 미치는데, 부모의 이러한 성격이나 행동이 반드시 아동과 직접적으로 상호작용할 필요는 없다. 아동은 종종 자신에 관해 부정확한 결론을 내리는데, 그것은 자신이 어머니와 아버지의 생물학적 자식이므로 부모에게 속하는 일부 자질을 지니고 있다고 가정하기 때문이다. 이렇게 정서적 요소가 실린 신념을 동일시라 부르는데, 동일시는 가족에 대한 자부심과 충성심의 근거가 되기도 하고, 알코올 중독, 범죄, 실직 등 부모의 바람직하지 못한 자질에 대한 수치심의 근거가 되기도 한다. 만약 부모를 따뜻하고, 공평하며, 재능이 많다고 지각하면, 아동은 자기 역시 이러한 좋은 자질을 지니고 있다고 생각하기 십상이고, 그 결과 실제보다 더 많은 자신감을 느낄 것이다. 이와 반대로 부모를 거부적이고, 부당하게 벌을 주며, 재능이 없다고 지각하는 아동은 자신도 이런 바람직하지 못한 일부 자질을 갖고 있다고 가정하기 때문에 수치심을 느끼게 된다(Kagan, 1998).

6~7세까지 아동은 자기 가족이 속한 사회계층을 알기 시작한다. 풍요로운 중산층 아동은 경제적으로 하위 계층에 속한 아동에 비해 행위 주체감이 크며, 더 많은 혜택을 받고 있다고 생각하게 된다. 후자는 상대적으로 결핍된 물질적 혜택을 심리적 역능감의 부족으로 인식하기 쉽다. 이런 신념은 인생이 힘들고 자기 자녀가 살아가면서 심각한 장애물에 직면할 것이라는 부모의 행위와 의사소통에 의해 대체로 지지된다. 그 결과, 북아메리카와 유럽에서 아동이 성장하는 사회계층은 지능 점수, 학업 성적, 범죄 가능성, 미래의 직업, 다양한 질병을 가장 잘 예측하는 지표이다(Werner & Smith, 1982; Johnson et al., 1990).

대중매체에 의해 널리 보급된 신경과학과 유전학의 획기적인 진전은 많은 미국인과 유럽인에게 유전자가 청소년의 지적 능력과 정서적 능력의 중요한 원인이 된다고 설득시키고 있다. 그런데 이런 주장은 과장된 것이다. 가족은 많은 심리적 특성의 차이를 야기하는 데 중요한 원인이 되는데, 특히 가치, 학구적 재능, 권위에 대한 태도에는 지금까지 유전자가 밝혀 준 것보다 더 큰 영향을 준다. 오늘날 유전적 결정론의 인기가 많은 것은 아동의 바람직하지 못한 행동이 가정 탓이라는 점을 없애 주기 때문이다.

고대든 현대든 대부분의 사회는 가족이 아동에게 중요한 영향을 미친다는 것을 믿는다. 그러나 그것을 측정하기란 어렵다. 부모가 아동에게 거의 영향을 주지 않는다는 주장은 안개 낀 아침에 나무를 볼 수 없기 때문에 나무가 없어졌다고 주장하는 것과 마찬가지이다.

Jerome Kagan

## 전체 요약

1. 일부 발달심리학자들은 발달이 일정한 순서를 지닌 단계로 진행된다고 생각한다. (a) 특정 단계의 행동은 주도적인 주제나 응집성 있는 일련의 특성을 중심으로 조직화되고, (b) 한 단계의 행동은 그 이전의 단계나 그 이후의 단계와 질적으로 다르며, (c) 모든 아동들은 동일한 순서로 동일한 단계를 거친다는 것이다. 결정적 시기 또는 민감기란 정상적인 심리적 발달이 일어나기 위해 특정 경험이 있어야만 하는 발달적 시기를 말한다.

2. 초기 이론가들은 모든 감각적 선호와 능력이 학습되는 것이라고 믿었으나, 지난 몇 십 년간에 걸친 연구는 영아도 본래 감각 시스템을 갖고 세상에 관해 학습할 준비가 된 상태로 태어난다는 것을 보여 주었다.

3. 신생아는 시력이 낮지만 생후 2년이 되면 성인만큼 잘 볼 수 있다. 일부 이론가들은 영아가 얼굴에 대한 선호를 갖고 태어난다고 생각했는데, 연구 결과 영아는 얼굴 자체가 아니라 얼굴이 지닌 곡선, 강한 대조, 모서리, 운동, 복잡성과 같은 자극 특성을 좋아하는 것으로 나타났다. 신생아조차도 소리에 주의를 기울인다. 신생아는 언어를 습득하는 데 도움이 되는 사람의 말이 지닌 속성에 이미 조율된 지각 기제를 갖고 태어나는 것으로 보인다. 영아는 출생 직후 즉시 맛과 냄새를 구분할 수 있다. 이들은 젖의 맛과 냄새를 좋아하는 것 같다. 영아는 태어나는 순간부터 학습할 수 있고 3개월 정도가 되면 기억력이 좋아짐을 보여 준다.

4. 피아제 이론은 인지 발달의 단계를 언급했다. 이 단계는 감각운동 단계(대상영속성이 발견되는 시기)에서 시작하여 전조작 단계(상징이 사용되기 시작하는 시기), 구체적 조작 단계(보존 개념이 발달하는 시기)를 거쳐 형식적 조작 단계(문제해결 시 가설을 체계적으로 검증하는 시기)로 나아간다. 새로운 검증 방법을 통해 피아제 이론은 아동의 능력을 과소평가한 것으로 밝혀졌고, 몇 가지 대안적인 접근이 제안되었다.

5. 정보처리 접근은 인지 발달을 주의나 기억과 같은 과정의 점진적 발달을 반영하는 것으로 본다. 다른 이론가들은 영역 한정적 지식의 증가를 중요시한다. 그리고 비고츠키를 포함한 다른 연구자들은 사회적 · 문화적 맥락의 영향에 관심을 둔다. 아동의 인지 발달에 관한 가장 최근 연구의 대부분은 아동의 마음 이론 또는 다른 사람들이 자신과 다를 수 있고, 현실과 다를 수 있는 신념과 기대를 갖고 있다는 것을 이해하는 데 초점을 둔다.

6. 피아제는 아동의 도덕적 규칙과 판단에 대한 이해가 인지 능력에 따라 발달한다고 생각했다. 콜버그는 피아제의 작업을 청소년기와 성인기까지 확장했다. 콜버그는 도덕판단의 세 단계, 즉 전인습적, 인습적, 후인습적 단계를 제안했다.

7. 영아가 특정 사람과 가까이 있으려 하고, 그 사람이 있을 때 더 안정감을 느끼는 경향성을 애착이라고 부른다. 애착은 일차적 양육자가 방을 떠나고 다시 돌아올 때 아동의 반응을 관찰하는 일련의 에피소드로 구성된 '낯선 상황'이라는 절차로 측정한다. 안정 애착을 보이는 영아는 떠났다가 돌아온 양육자와 상호작용을 하려 한다. 불안정 애착: 회피형 영아는 떠났다가 돌아온 양육자를 피한다. 불안정 애착: 양가형 영아는 돌아온 양육자에게 저항을 보인다. 혼란된 영아는 양육자가 돌아왔을 때 모순된 행동(때로는 회피하고 때로는 접근함)을 보인다.

8. 영아의 필요에 대해 돌보는 이가 보이는 민감한 반응성은 안정 애착에 큰 영향을 준다. 영아의 기질도 중요하다. 다양한 애착 유형으로 분류되는 아동의 비율은 문화에 따라 다르다. 이런 차이는 낯선 상황 패러다임이 문화에 따라 애착을 측정하는 적절한 검사 상황이 아닐 수 있음을 알려 준다.

9. 사춘기는 청소년의 신체 이미지, 자기존중감, 기분, 관계에 지대한 영향을 미치지만 대부분의 청소년은 큰 동요 없이 이 시기를 거친다.

10. 에릭슨의 이론에 따르면 개인의 정체감을 형성하는 것은 청소년기의 주요 과제이다. 정체감 위기는 청소년기에 능동적으로 자기 확인을 하려는 특성을 설명하는 에릭슨의 용어이다. 정체감 혼미는 정체감 위기가 제대로 해결되지 못한 결과인데, 청소년이 일관성 있는 자기감을 갖지 못하거나 삶의 주요 영역에서 자기가치를 평가할 수 있는 일련의 내적 기준을 갖지 못하는 것이다.

## ✳ 핵심 개념

감각운동 단계
격리 불안
결정적 시기
공동 주의
구체적 조작 단계
기질
까다로운 기질
낯선 상황
대상영속성
더딘 기질
도덕판단
도덕 발달의 인습 수준
도덕 발달의 전인습 수준
도덕 발달의 후인습 수준
도식
동화
마음 이론
민감기
민감한 반응성
발달 단계
보존 개념
불안정 애착:양가형
불안정 애착:회피형
사춘기
사회문화적 접근
성숙
순한 기질
안정 애착
애착
얼굴 선호
자기개념
자기존중감
자기중심성
자율성
자폐 스펙트럼 장애
전조작 단계
정보처리 기술
정체감 위기
정체감 혼미
조작
조절
지식
처벌
청소년
청소년 성장 급등
초경
초인지
형식적 조작 단계
혼란된 애착

# 4 감각 과정

**학습 목표**

이 장을 읽고 나면 다음의 것들을 할 수 있어야 한다.

- ▶ 감각이 심리적 수준과 생리적 수준에서 어떻게 경험되는지 설명할 수 있다.
- ▶ 여러 감각 양상에서 초역치 자극의 민감도, 강도, 크기 등이 하는 역할을 서술할 수 있다.
- ▶ 신호는 배경 소음과 함께 주어짐을 이해하며, 존재하는 신호를 놓칠 수도 있고 존재하지 않는 신호를 감지할 수도 있다는 것을 이해할 수 있다.
- ▶ 신호 변환이 무엇인지, 그것이 다섯 감각에서 하는 역할이 무엇인지 이해할 수 있다.

▶ 시각의 신호 변환이 청각의 신호 변환과 얼마나 비슷하고 다른지 이해할 수 있다.

▶ 시각체계의 여러 측면이 색채시의 두 가지 이론에 어떻게 기여하는지, 그리고 시력에는 어떻게 기여하는지 설명할 수 있다.

## 이 장의 개요



아무도 없는 교회당에 밤늦게 홀로 앉아 있는 자신을 상상해 본다. 그 장면은 깊은 고요가 특징이겠지만, 실제로는 외부 세계로부터 당신을 향해 엄청나게 많은 정보가 쏟아진다. 제단으로부터 오는 빛, 물론 약하겠지만 당신의 눈으로 들어간다. 마을에서 나는 여러 가지 소리 또한 당신의 귀로 들어간다. 그리고 당신이 앉아 있는 교회당 의자의 감촉, 당신의 코로 들어오는 향내, 아직도 입안에 맴돌고 있는 방금 전에 마신 와인의 맛이 있을 것이다.

그러나 이것은 당신이 알고 있는 환경 정보일 뿐이다. 당신이 자각하지 못하는 더 많은 정보가 있다. 뒤쪽 언덕에 있는 단파 발신기, 도시 저편에 있는 방송국, 지나가는 사람의 휴대전화는 모두 전자기파를 방출하고, 그것들이 당신을 포위하고 있지만 당신의 의식에 들어오지는 못한다. 길 저쪽에서 애완견 주인이 휘슬을 불고, 그 휘슬은 개가 들을 수 있는(그리고 근처의 박쥐도 들을 수 있는) 고주파음을 발생시키지만 당신에게는 들리지 않는다. 마찬가지로 수많은 입자가 공기 중에 있고 당신의 입속에도 있으며, 당신의 피부에 미세한 압력을 가하고 있지만 당신은 그러한 정보를 의식하지 못한다.

아주 조용한 환경에서도 외부 세계는 끊임없이 엄청난 정보를 우리에게 제공한다. 우리는 세계와 적절한 상호작용을 하기 위해 이런 정보 중 적어도 일부분을 수용하고 해석할 필요가 있다. 이를 위해서는 두 가지를 고려해야 한다. 첫째, 환경 정보의 어떤 측면이 우리의 감각에 접수되고 어떤 측면이 접수되지 않는가? 예를 들면, 왜 우리는 녹색의 전자기파는 보는데 X선이나 라디오파와 같은 전자기파는 보지 못하는가? 둘째, 감각기관은 정보를 효과적으로 획득하기 위해 어떻게 작동하는가?

첫 번째 질문은 아주 흥미롭기는 하지만 이 책의 범위를 크게 벗어나는데, 진화적 관점에서 이해될 수 있다. 캐나다의 심리학자이자 언어학자인 스티븐 핑커(Steven Pinker)의 고전적 저술『마음은 어떻게 작동하는가(How the Mind Works)』(1997)는 진화적 관점에 대한 훌륭한 소개서이다. 우리는 왜 특정 범위의 전자기파만을 볼 수 있는지에 대한 답은 다음과 같다. 이 세상에서 생존하기 위해서는 사물들에 대해서—그것이 무엇인지 어디에 있는지—알 필요가 있고, 그래서 우리는 이 목표를 달성하는 데 가장 적합한 전자기파 스펙트럼을 사용하도록 진화했다. 어떤 형태의 전자기파(예: X선이나 감마선 같은 단파)로는 사물을 볼 수가 없다. 왜냐하면 그런 전자기파는 사물에 반사되어 우리 눈에 들어오지 않고 사물을 통과하여 지나가 버리기 때문이다. 또 다른 형태의 전자기파(라디오파 등의 장파)는 사물에 반사되어 우리 눈에 들어오지만 선명한 상을 만들지 못하기 때문에 실제적으로는 쓸모가 없다.

우리의 감각은 입력체계이며, 주변 세계에 관한 데이터를 제공한다. 이런 정보는 우리가 생존하고 행동하는 세계의 특징을 이해하는 데 가장 직접적인 수단이다(앞으로 알게 되겠지만 유일한 수단은 아니다). 이 장에서는 감각의 주요 속성에 대해 이야기할 것이다. 우리가 제시하는 연구 중 어떤 것은 심리적 현상을 취급하고, 또 다른 것은 그런 현상의 생물학적 바탕을 설명할 것이다. 심리학의 어떤 분야에서도 생물학적 접근과 심리학적 접근이 이처럼 효과적으로 협동하지는 못한다.

두 접근 모두 감각과 지각을 구분한다. 심리학적 수준에서 **감각**sensation이란 자극과 관련된 기본적인 경험, 가공되지 않은 경험이다(예: 당신의 눈은 하나의 커다란 붉은 사물을 파악한다). **지각**perception은 이러한 순박한 감각 경험을 통합하고 의미 있게 해석한다(그것은 소방차이다). 생물학적 수준에서 감각 과정은 감각기관과 거기서 나가는 신경경로를 포함하며, 자극 정보를 획득하는 초기 과정에 관한 것이다. 지각적 과정은 더 높은 수준의 피질을 포함하며, 의미와 더 많은 관련이 있다. 이 장은 감각에 관한 것이며, 5장은 지각에 관한 것이다.

감각과 지각의 구분은 어느 정도는 임의적인 것이다. 자극의 처리에서 초기에 일어나는 심리학적 또는 생물학적 사건은 자극의 해석에 때때로 영향을 끼친다. 게다가 신경계의 입장에서 보면 감각기관에 의한 자극 정보의 수용과 뇌가 의미를 해석하기 위해 감각 정보를 사용하는 것 사이에 뚜렷한 경계가 없다. 실제로 뇌의 가장 중요한 특징 중 하나는 올라오는 감각 정보를 받아들이는 것 이외에 아주 높은 수준으로부터 감각처리의 가장 초기 단계로 끊임없이 메시지를 내보내기도 한다는 것이다. 이러한 **역행투사**back projection는 실제로 감각 입력이 처리되는 방법을 수정한다(Damasio, 1994; Zeki, 1993).

이 장은 서로 다른 감각으로 구성되어 있다. 시각, 청각, 후각, 미각, 촉각인데, 촉각에는 압각, 온각, 통각이 포함된다. 일상생활에서는 하나의 활동에 여러 가지 감각이 관여하는 것이 보통이다. 우리는 복숭아를 깨물 때 그것을 보고 감촉을 느끼고 맛을 보고 냄새를 맡으며, 씹을 때에는 그 소리를 듣는다. 또한 많은 감각적 판단은 다수의 감각이 사용될 때 더 정확하다. 예를 들면 어떤 소리가 나는 방향을 판단할 때 귀만 사용하는 것보다 눈도 함께 사용하는 것이 더 정확하다(Spence & Driver, 1994). 그러나 분석적 서술을 목적으로 하기 때문에 한 번에 하나의 감각만을 다룰 것이다. 아울러 개별적 감각 또는 감각 양상에 관한 공부에 앞서서 모든 감각의 공통적인 속성에 대해 설명할 것이다.

## 감각 양상의 특징

어느 감각체계든 환경으로부터 어떤 형식의 정보를 접수하고 그것을 다시 뇌 속에서 어떤 형식의 신경표상으로 변환한다. 어떤 감각 양상에서 작용하는 메커니즘은 적어도 2개의 과정을 포함한다. (1) 데이터 획득—대부분의 경우는 환경으로부터, 그러나 또한 기억으로부터, (2) 변환, 즉 그런 정보가 신경표상으로 전환된다. 그러므로 어떤 감각체계의 작동을 이해하기 위해서는 두 단계가 필요하다. 첫째, 어떤 형식의 환경 정보에 대해 어떤 차원이 중요한지를 이해한다. 둘째, 그 차원이 어떻게 감각기관에 의해서 신경표상으로 변환되는지 이해한다. 어떠한 형식의 정보든 그에 대응하는 차원은 크게 '강도'와 '나머지 모든 것'으로 나누어진다.

### 역치 민감도

강도에 주목하는 것은 매우 중요하다. 비록 정보의 형태나 유형이 다르더라도 강도는 모든 형태의 정보에 공통이기 때문이다. 빛을 예로 들면, 강도는 1초 동안 입력되는 광자의 수에 해당한다. 반면에 소리의 강도는 음압파의 진폭에 해당한다.

직관적으로, 강한 자극은 감각기관에 더 강하게 영향을 준다. 밝은 빛은 희미한 빛보다 시각체계에 더 큰 영향을 주며, 큰 소리는 작은 소리보다 청각체계 auditory system에 더 큰 영향을 준다. 이러한 직관적 관찰은 중요하지만 놀랄 만한 것은 아니다. 이것은 사과는 아래를 향해 떨어진다는 상식적 관찰과 유사하다. 그리고 뉴턴이 떨어지는 사과를 보고 중력에 관해 상세하고 수량화된 이론을 발전시킨 것과 마찬가지로, 감각심리학자들도 물리적 자극 강도와 그에 따른 감각 크기의 관계를 상세히 기술하고 수량화하고자 오랫동안 노력했다.

## 절대역치: 최소 강도를 찾아서

어떤 감각 양상의 민감도를 평가하는 기본적인 방법은 역치, 즉 자극이 존재한다는 것을 아는 데 필요한 최소한의 자극 강도인 절대역치 absolute threshold를 측정하는 것이다. 예를 들면 어둠 속에서 분별할 수 있는 가장 약한 불빛의 강도가 그것이다. 우리의 감각 양상은 사물이나 사건의 출현이나 변화에 극히 민감하다. 표 4.1은 5개의 감각에 대해 탐지 가능한 최소 자극이 대략 어느 정도 크기인지를 보여 준다. 이 최소치에 대해 가장 중요한 것은, 최소치가 얼마나 작은가 하는 것과 감각 양상이 얼마나 예민한가 하는 것이다.

절대역치는 정신물리적 절차 psychophysical procedure를 사용하여 결정된다. 정신물리적 절차는 자극의 물리적 크기(예: 빛의 물리적 강도)와 자극이 발생시키는 심리적 반응(그 빛이 얼마나 밝게 보이는가)의 관계를 측정하는 실험 방법이다. 대부분의 정신물리적 절차에서 실험자는 먼저 역치 부근(전혀 보이지 않는 정도에서 겨우 보이는 정도까지)의 강도를 가진 자극들을 선택한다. 일련의 시행 trial을 통해 자극들은 한 번에 하나씩 무선적으로 제시되며, 참가자들에게는 자극이 보이면 '예'라고 대답하고

### 표 4.1 최소 자극

여러 가지 감각에서 최소 자극의 크기.

| 감각 | 최소 자극 |
|---|---|
| 시각 | 한밤에 48.28km 전방에 있는 촛불 1개 |
| 청각 | 6.10m 떨어진 곳의 시계 소리 |
| 미각 | 7.57L의 물에 용해한 티스푼 1개분의 설탕 |
| 후각 | 6개의 방에 퍼진 한 방울의 향수 |
| 촉각 | 뺨에서 1cm 떨어진 곳에서 나는 파리의 날갯짓 |

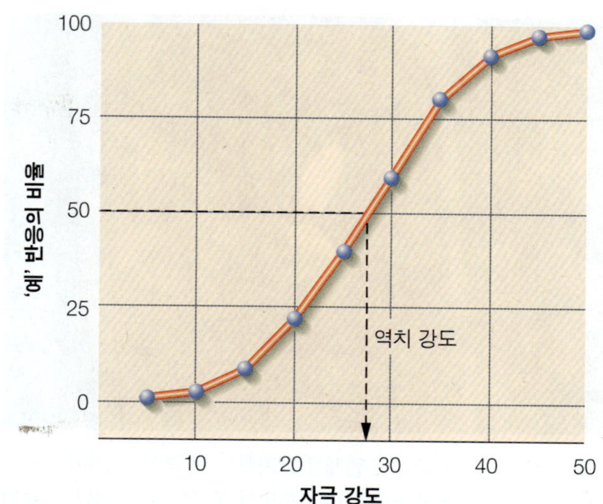


그림 4.1 **탐지 실험에서 얻은 정신물리함수.** 수직축은 참가자가 "예, 자극이 있습니다."라고 반응한 횟수의 비율이다. 수평축은 자극 강도의 크기이다. 이러한 그래프는 어떠한 자극 차원에 대해서도 얻을 수 있다.

보이지 않으면 '아니요'라고 대답하도록 지시한다. 자극들은 여러 번 제시되며 '예' 반응의 비율이 자극 강도별로 결정된다.

그림 4.1은 이러한 실험에서 얻은 결과이다. 그래프는 정신물리함수(psychophysical function)라 불리며, 참가자의 수행을 자극 강도에 따른 함수로 보여 준다. 여기서 '예' 반응의 비율은 자극 강도(그림에서는 가상적 단위가 사용됨)가 증가함에 따라 서서히 증가한다. 참가자의 수행을 이러한 그래프로 나타낼 때, 심리학자들은 대개 탐지 정확률이 50%인 자극 강도를 절대역치로 정의한다. 그림 4.1에서 정확률이 50%일 때 자극 강도는 약 28단위이므로, 정의에 따르면 28단위가 절대역치이다.

역치를 이렇게 정의하는 것은 언뜻 애매하게 보이거나 비과학적으로 보일 수 있다. 왜 하필 50%인가? 왜 75%나 28%는 안 되는가? 어떤 수치든 임의적으로 보인다. 이 물음에는 2개의 대답이 있다.

첫 번째는 일반적 사실인데, 어떤 실험에서 역치를 정하는 것은 그저 일상적으로 해야 하는 첫 번째 작업일 뿐이라는 것이다. 예를 들어 암순응 dark adaptation에 관심이 있다고 하자. 즉 관찰자가 어둠 속에서 보낸 시간이 관찰자의 민감도에 어떻게 영향을 주는지 알고 싶다고 하자. 우리는 역치가 시간에 따라 어떻게 변하는지 그림을 그릴 것이다(이 장의 뒷부분에서 실제로 해 볼 것이다). 우리가 알고 싶은 것은, 역치를 우리의 관심사(어둠

**우리의 감각 양상은 대상의 존재를 탐지하는 데 극히 민감하다. 멀리 떨어진 창문에 켜 놓은 촛불 하나의 희미한 불빛도 볼 수 있다. 구름이 끼지 않은 밤에는 촛불 하나의 불빛을 50km 떨어진 곳에서도 볼 수 있다.**

속에서 보낸 시간)와 연결해 주는 함수의 특정한 모양, 그리고 수학적 형식이다. 이 함수는 일반적으로 우리가 선택하는 특정한 값(28%, 50%, 75% 등)에 의해 영향을 받지 않는다. 간단히 말해서 역치의 크기는 임의적이며, 이러한 임의성은 최종적 결론의 질적 또는 양적 성격에 영향을 끼치지 않는다.

두 번째 답은, 만약 우리가 현재 연구 중인 정보 차원의 물리적 특성에 대해 충분히 알고 있고, 우리가 연구하는 감각체계의 해부학적 특성에 대해 충분히 알고 있다면, 그 감각체계가 어떻게 작동하는지에 대해 더 구체적인 지식을 산출하는 실험을 수행할 수 있다. 다시 말해서 우리는 물리학, 생물학, 심리학의 통합에 근거하여 여러 결론에 도달할 수 있다. 이러한 종류의 실험 중에서 고전적이고 아주 정밀한 예는 미국 컬럼비아대학교의 헥트 등(Hecht et al., 1942)에 의해 보고된 것이다. 이들은 시각의 절대역치를 결정하고자 했는데, 그 과정에서 인간의 시각이 물리학적으로 허용될 수 있는 최대한도만큼 예민하다는 것을 보여 주었다. 물리학과 졸업생이라면 누구나 알고 있듯이 **광자** photon는 빛 에너지의 가장 작은 단위이다. 헥트와 동료들은 겨우 100개의 광자를 포함하는 빛을 사람들이 탐지할 수 있음을 보여 주었는데, 이 사실은 그 자체로 매우 인상적이다. 보통 매 초마다 수십억 개의 광자가 우리 눈에 들어온다는 사실을 상기해 보라. 더욱 인상적인 것은 100개의 광자 중에서 겨우 7개만이 눈 안에 있는 분자들 중에서 빛을 신경충격으로 변환시키는 특정한 분자들과 접촉한다는 것이다(나머지 광자는 모두 눈의 다른 부분에 의해서 흡수된다). 그러므로 눈의 수용 단위(1개의 분자)는 1개의 광자에 반응한다. '인간의 시각은 물리학적으로 허용될 수 있는 최대한도만큼 민감하다'는 말의 의미가 바로 이것이다.

## 차이역치: 강도 변화의 탐지

절대역치는 자극이 0과 구별되기 위해 강도가 0에서 어느 정도 증가되어야 하는가를 측정한다. 임의로 정의된 어떤 수준의 **표준자극** standard으로부터 자극 강도가 얼마나 증가되어야 비로소 새로운 다른 수준의 자극으로 판단되는가? 이것이 변화탐지의 측정이다. 전형적인 변화탐지 연구에서는 관찰자들에게 한 쌍의 자극이 제시된다. 그중 하나는 표준자극으로서 다른 자극을 비교하기 위한 것이다. 나머지 하나는 비교자극이다. 한 쌍의 자극이 제시될 때마다 관찰자는 비교자극에 대해서 '더 크다' 또는 '더 작다'라고 반응해야 한다. 측정되고 있는 것은 **차이역치** difference threshold 또는 **최소가지차이** just noticeable difference(jnd)로, 2개의 자극을 구별하는 데 필요한 자극 강도의 최소 차이를 말한다.

빛의 밝기 변화에 대한 시각체계의 민감성을 측정한다고 생각해 보자. 전형적 결과는 그림 4.2에 나와 있다. 이 실험에서 표준자극(50W 전구)이 비교자극(47~53W 범위)과 수십 번에 걸쳐 나란히 제시되었다. 그림에는 비교자극이 표준자극보다 더 밝다고 판단된 횟수의 비율이 나와 있다. jnd를 결정하기 위해 두 점을 고려했는데, 하나는 '더 밝다' 비율이 75%인 지점이고 다른 하나는 25%인 지점이었다. 심리학자들은 이 두 점 사이 거리의 절반이 최소가지차이라는 데 동의한다. 이 경우에 추정된 jnd는 (51−49)/2=1W이다. 변화에 대한 민감도가 높다는 것은 자극 간의 미세한 차이를 놓치지 않는다는 것을 의미하는데, 그렇다면 jnd의 추정치가 작을 것이다. 민감도가 그다지 높지 않다면 jnd는 클 것이다.

자극 강도와 민감도 사이의 관계는 150년 전 2명의 독일 과학자, 생리학자인 에른스트 하인리히 베버(Ernst Heinrich Weber)와 물리학자인 구스타프 페히너(Gustav Fechner)에 의해 연구되었다. 베버와 페히너의 선구적 발견은 표준자극의 값이 클수록 감각체계가 강도 변화에 덜 민감해진다는 것이다. 다양한 환경에서 그 관계는 다음과 같이 기술할 수 있다. **변화를 감지하기 위해서 증가되어야 하는 자극 강도는 표준자극의 강도에 비례한다.** 예를 들어 방 안에 25개의 촛불이 켜져 있는 상태에서 당신

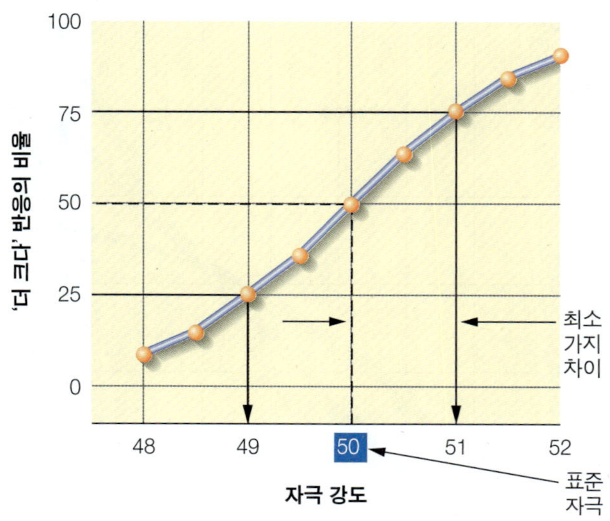


**그림 4.2 변화탐지에 관한 실험 결과.** 수직축은 참가자가 "예, 표준자극보다 더 큽니다."라고 반응한 횟수의 비율이다. 수평축은 자극의 물리적 크기이다. 이 예에서는 표준자극이 자극 범위의 한가운데에 있다. 이러한 그래프는 개인이 차이를 감지할 수 있는 모든 자극 차원에서 얻을 수 있다.

이 촛불 2개의 증가를 감지할 수 있다면(8% 증가), 100개의 촛불이 켜져 있는 방 안에서는 변화를 감지하기 위해 8개(8%×100=8)의 촛불을 추가해야 한다. 이러한 비례관계는 베버-페히너의 법칙으로 알려져 있으며, 비율상수(위의 예에서는 8%)를 **베버비** Weber fraction라고 부른다. 표 4.2는 여러 감각질의 전형적인 jnd를 보여 준다.

표 4.2가 보여 주는 것은, 다른 무엇보다도 우리가 일반적으로 빛과 소리의 변화에 더 민감하고, 맛과 냄새의 변화에 덜 민감하다는 것이다. 이러한 값들은 변화를 신뢰롭게 감지하기 위해 자극이 어떤 수준으로부터 얼마나 변화되어야 하는가를 알려 준다. 예를 들면 무대의 조명수준을 미묘하게, 그러나 감지 가능하게 변화시키기 위해 극장 매니저는 빛의 수준을 10% 증가시켜야 한다. 이런 정도의 변화는 100W 전구에 대해 10W의 증가를 의미하지만, 10,000W의 무대조명에 대해서는 1,000W의 증가를 의미한다. 마찬가지로, 어떤 청량음료 제조회사가 경쟁사보다 더 단맛의 음료수를 생산하고자 한다면 단맛의 베버비를 이용할 수 있을 것이다. 이것이 정신물리적 절차에 관한 마지막 요점이다. 정신물리적 절차는 종종 현실 세계에 직접적으로, 그리고 용이하게 응용될 수 있다. 예를 들어 트윙키—미국의 인기 있는 스낵 과자—에는 스테아릴젖산나트륨, 폴리소베이트60, 황산칼슘

### 표 4.2 여러 자극질의 최소가지차이

(탐지가 가능하기 위해 필요한 변화의 비율)

| 자극질 | 최소가지차이(jnd) |
|---|---|
| 빛의 강도 | 8% |
| 소리의 크기 | 5% |
| 소리의 높이 | 1% |
| 향기의 농도 | 15% |
| 소금의 농도 | 20% |
| 무게 | 2% |
| 전기 충격 | 1% |

과 같은 첨가물이 포함되어 있다. 이런 화학물질은 맛이 좋지 않다. 그러나 제조회사가 화학첨가물의 강도를 절대적 미각 역치 이하로 떨어뜨리면 과자 맛을 저하하지 않고 보존제로 첨가할 수 있다.

## 초역치감각

시각 및 다른 감각 양상의 역치를 아는 것은 감각기관이 어떻게 설계되어 있는지를 이해하는 데 중요하다. 예를 들어 눈 안에 있는 감광색소의 분자가 단 1개의 광자에 대해 반응한다는 사실은 감광색소가 작용하는 방식을 이해하는 데 중요한 단서가 된다. 그러나 우리 일상생활 대부분의 시각적 활동은 **초역치 조건** suprathreshold condition, 즉 자극 강도가 역치보다 큰 조건에서 일어난다. 19세기의 베버와 페히너 이래로 과학자들은 초역치자극의 강도와 감각 크기의 관계를, 다양한 강도의 자극을 인간에게 제시하고 그에 대한 반응 크기를 측정함으로써 연구해 왔다.

다음과 같은 실험에 참가하는 자신을 상상해 보라. 약간 어두운 방에서 당신은 화면을 바라보고 있다. 시행마다 하나의 작은 광점이 화면에 나타난다. 광점의 강도는 시행마다 다르다. 당신이 할 일은 광점의 강도에 따라서 숫자를 배정하는 것이다. 매우 약한 광점에 대해서는 1을 배정하고 아주 강한 광점에 대해서는 100을 배정할 수 있다. 그림 4.3은 이런 실험의 전형적인 결과를 보여 준다.

20세기 중반에 미국 심리학자 스티븐스(S. S. Stevens)

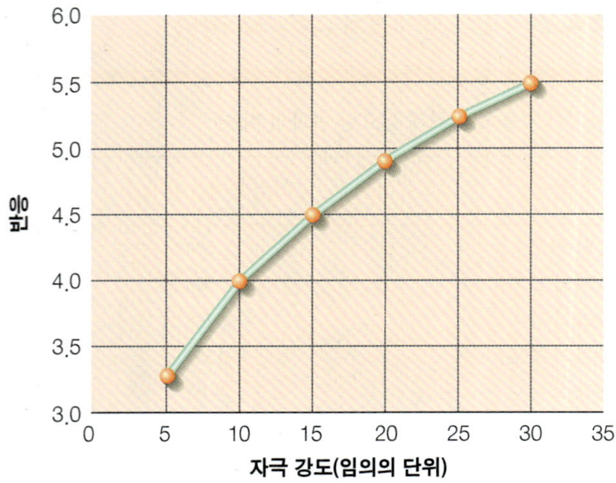


**그림 4.3 크기 추정 실험에서 얻은 정신물리적 데이터.** 수직축은 관찰자가 평가한 크기이다. 수평축은 물리적 자극의 크기이다. 이러한 그래프는 인간에게 지각 가능한 모든 자극에 대해서 얻을 수 있다.

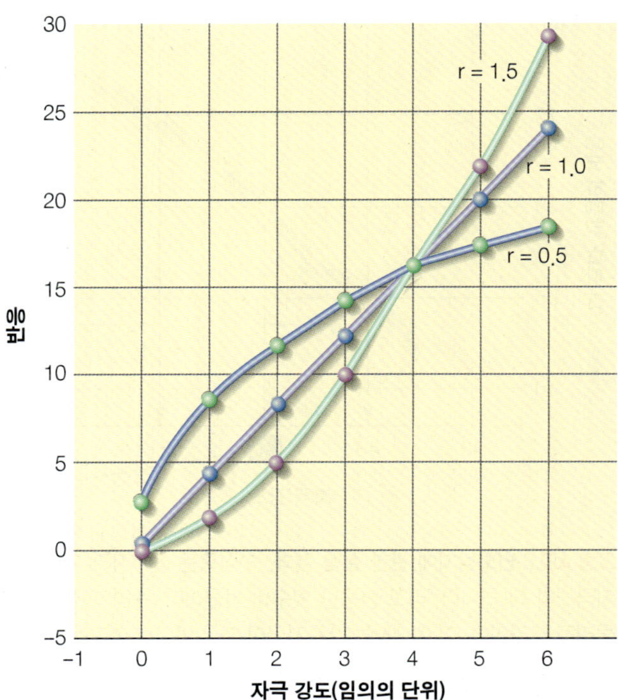


**그림 4.4 크기 추정 실험에서 얻은 정신물리적 데이터.** 곡선은 각기 다른 감각 양상에 대한 것이며 서로 다른 지수를 가진다. 1.0보다 작은 지수는 급히 상승하다가 곧 둔해지는 곡선을 만들고, 1.0보다 큰 지수는 처음에는 둔하지만 곧 급상승하는 곡선을 만든다. 지수가 1.0일 때에는 직선이 된다.

는 이러한 유형의 실험을 이용하여 초역치감각을 철저하게 조사했다. 그는 자신의 데이터를 해석하기 위해 그의 이름으로 명명된 하나의 법칙을 찾아냈다. 거기에는 두 가지 가정이 필요했다. 하나는 베버-페히너 법칙의 정당성에 관한 가정으로서, 어떤 표준자극에 대한 jnd는 그 표준자극의 일정 비율이라는 것이다. 두 번째 가정은 심리적 강도는 jnd를 단위로 사용하여 적절하게 측정할 수 있다는 것이다(거리를 미터로 적절하게 측정하고, 무게를 그램으로 적절하게 측정하는 것처럼 말이다). 이것이 의미하는 바는, 예를 들면 4jnd와 7jnd의 차이 3jnd는 관찰자에게는 10jnd와 13jnd의 차이(즉 3jnd)와 동일하다는 것이다. 수학적 과정은 생략하고 바로 요점으로 들어가자. 이러한 가정에 근거한 스티븐스의 법칙은 심리적 크기(Ψ)는 자극 크기(Φ)의 **파워함수** power function라는 것이다. 즉 Ψ와 Φ의 관계는 (기본적으로) $\Psi = \Phi^r$이며, 여기서 r은 **지수** exponent—각 감각 양상의 함수를 결정하는 고유 수치—이다. 그림 4.3에 있는 함수는 지수가 0.5인 파워함수이다(즉 Ψ는 Φ의 제곱근에 해당한다).

스티븐스를 비롯한 많은 사람들이 수천 번의 실험을 실시했으며, 물리적 강도와 심리적 강도의 관계가 파워함수라는 주장이 지지되었다. 파워함수는 지수 r이 1.0보다 큰지 작은지에 따라 상당히 달라진다. 그림 4.4의 파워함수 중 지수가 1.0보다 작은 곡선은 소리 크기에 대한 것인데, 물리적 강도가 점점 더 많이 증가해도 심리적 강도는 점점 더 적게 증가하는 것을 보여 준다. 반대로 전기 충격에 대한 파워함수는 지수가 1.0보다 큰데, 물리적 강도의 증가 수준보다 감각 강도의 증가 수준이 점점 더 커지는 것을 알 수 있다. 지수가 왜 감각 양상에 따라 다른 것인지는 모른다. 그러나 빛의 강도처럼 상대적으로 편안한 감각 양상에서 지수는 1보다 작은 경향이 있으며, 전기 충격처럼 고통스러운 감각 양상에서는 지수가 1보다 큰 경향이 있다. 이러한 경향은 아마도 적응과 관계가 있을 것이다. 빛의 강도와 같이 비교적 '무해한' 감각 양상에서는 물리적 강도와 심리적 반응 사이의 관계에 의해 전달되는 정보가 즉각적으로 사용될 수도 있고 그렇지 않을 수도 있다. 예를 들어 가까운 곳을 지나가는 기차의 커다란 경적 소리는, 기차가 멀리 있음을 말해 주는 아주 약한 크기의 경적에 비해서 조심할 필요가 더 많다는 것을 나타낸다. 그러나 고통과 같은 양상은 즉각적 대응의 필요성을 나타낸다. 당신의 손이 빨갛게 달아오른 석탄불과 접촉한다면, 큰 고통을 유발하는 자극에 대해 매우 빨리 반응하지 않으면 안 된다. 그렇지 않으면 생명을 잃거나 큰 부상을 당할 수 있다.

## 신호탐지 이론

언뜻 보면 감각체계가 하는 일은 아주 단순해 보인다. 만약 중요한 무엇이 어딘가에 있다면, 예를 들어 폐에 악성 종양이 있다면 악성 종양으로부터 오는 감각 정보를 이용하여 악성 종양의 존재를 파악하는 것이다. 그렇게 해서 관찰자는 가능한 치료법을 생각하는 등의 적절한 행동을 취할 수 있다.

그러나 실제로 인생은 그렇게 단순하지 않다. 모든 통신 엔지니어들이 잘 알고 있듯이 어떤 종류의 정보건 **신호** signal와 **소음** noise으로 구성되어 있기 때문이다. '소음'이란 용어를 우리가 일상생활에서 쓰는 불쾌한 청각적 신호를 가리키는 단어와 혼동해서는 안 된다("라디오에서 엄청나게 크고 불쾌한 소음이 들린다."라고 말할 때의 소음을 가리키는 것이 아니다). 과학의 세계에서 '신호'는 정보의 중요한 부분을 가리키고, '소음'은 정보의 중요하지 않은, 관심의 대상이 되지 않는 부분을 가리킨다. 아래의 시각 양상에서 한 예를 보여 줄 텐데, 소음은 어떤 종류의 정보에도 포함되어 있다. 중요한 것은, 어떠한 감각 양상에서든 탐지기의 임무는 신호를 차폐하거나 방해하는 소음으로부터 신호를 구분해 내는 것이다.

이러한 문제가 실생활에서도 일어남을 보기 위해 미국에서 일어난 의료사고 소송 하나를 살펴보자. 1990년대 후반에 있었던 의료사고 소송이다. 방사선과 의사인 A씨는 일상적 건강진단 과정에서 환자 P씨의 흉부 사진을 조사했다. 불행하게도 P씨의 가슴에는 작지만 암으로 보이는 종양이 있었는데 A씨는 그것을 발견하지 못했고, 3년 후에 크게 자라 버린 종양 때문에 P씨는 사망했다. P씨의 가족은 A씨를 상대로 소송을 제기했다. 그들은 X선 사진에 종양이 나타나 있었으며, A씨는 그것을 찾아낼 수 있었다고 주장했다. 재판 과정에서 P씨의 가족은 또 다른 방사선과 의사인 B씨를 전문가 증인으로 채택했다. 증언을 준비하기 위해 B씨는 먼저 P씨의 사망 직전 사진을 보았는데 그 사진에는 크고 흉측한 종양이 뚜렷이 나타나 있었다. 이어서 B씨는 최초 촬영 사진(A씨가 보았던 사진)을 보았으며, A씨가 당시에 간과했던 작은 종양을 금방 찾아냈다. B씨의 결론은 이랬다. B씨가 처음 사진에서 종양을 찾아냈듯이 A씨도 동일한 사진에서 그것을 발견할 수 있었을 텐데, A씨가 그것을 발견하지 못한 것은 태만에서 비롯된 것이다.

이 소송은 감각과 지각의 측면에서 몇 가지 흥미로운 쟁점을 가지고 있다. 하나는 '사후 시력은 1.0(hindsight is 20/20)'이라고 부르는 것으로 다른 장에서 언급할 것이다. 이 장에서는 **감각** sensation과 **편향** bias의 구분에 초점을 맞출 것이다. 이 구분을 이해하기 위해 X선 사진이 정상인지, 아니면 종양이 있는지를 결정해야 하는 방사선과 의사의 과제를 생각해 보자. 좀 어려운 과학적인 용어를 사용하면 이 과제는 소음 속에 묻혀 있는 신호를 탐지하는 것이다. 이러한 개념이 그림 4.5에 설명되어 있다. 3개의 사진이 있는데 각각의 배경은 동일하며 무선적인 시각적 소음으로 구성되어 있다. 당신의 과제는 작고 검은 다이아몬드 모양의 얼룩이 있는지를 판단하는 것이다. 이 과제는 X선 사진에서 종양을 발견해야 하는 방사선과 의사의 과제와 흡사하다.

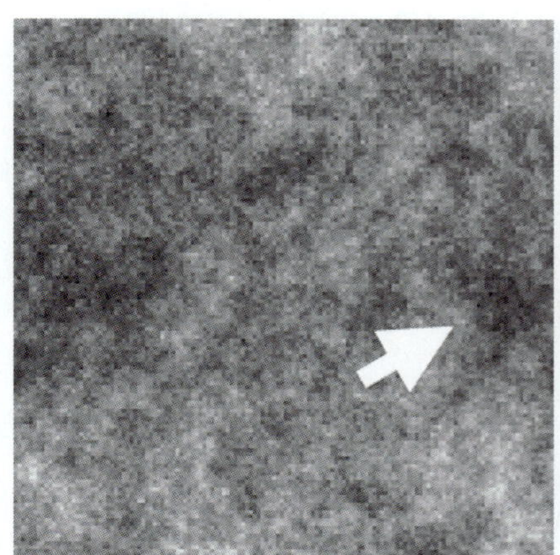
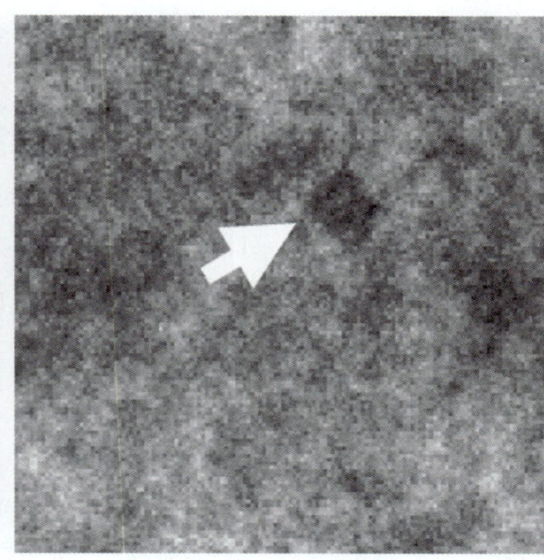
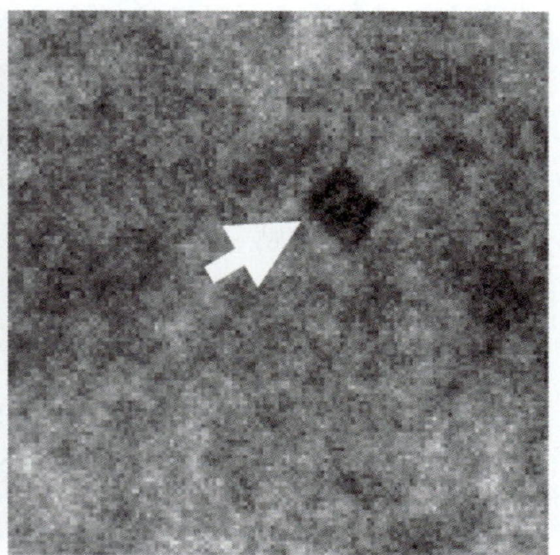

**그림 4.5 소음 속에 묻혀 있는 신호.** 각 사진의 배경은 무선적 소음으로 구성되어 있다. 왼쪽 사진에서는 화살표가 가리키는 작은 얼룩이 신호처럼 보이지만 실제로는 신호가 없다. 가운데 사진에서는 화살표가 가리키는 것이 신호이지만 강도가 약하다. 오른쪽 사진에서는 신호가 강하고 뚜렷하다.

우선 그림 4.5의 왼쪽 사진을 살펴보자. 거기에는 소음만 있다(사진을 일부러 그렇게 만들었다). 신호가 있다고 할 수 있을까? 작은 다이아몬드 모양이 있다는 충분한 증거는 없지만, 화살표가 가리키는 오른쪽에 신호처럼 보이는 소음의 집합이 있다. 아마 당신은 그것을 신호로 판단하는 잘못을 범할 수 있고, 아니면 정확하게 그것이 소음일 뿐이라고 판단할 수도 있다. 가운데 사진에서는 화살표가 가리키는 곳에 약한 신호가 있다. 이 경우에 당신은 올바른 결정을 할 수도 있고, 그것을 여전히 소음으로 감지하여 잘못 판단할 수도 있다. 마지막으로 오른쪽 사진에는 강한 신호가 나타나 있으며, 당신은 틀림없이 그것을 신호로 판단할 것이다.

## 적중과 오경보

이제 당신에게 그림 4.5에 있는 것과 같은 자극이 하나씩 제시된다고 하자. 어떤 것은 왼쪽 사진처럼 소음만이 있고, 다른 것은 오른쪽 사진처럼 소음과 신호가 모두 있다. 당신의 과제는 신호가 들어 있는 사진에 대해서는 '예'라고 반응하고, 소음만 있는 사진에 대해서는 '아니요'라고 반응하는 것이다. 이 과제를 완벽하게 수행하는 것은 가능하지 않다. 이유를 알고 싶다면 그림 4.5의 왼쪽 사진을 보라. 그것을 살펴보고, 거기에 신호가 있다고, 즉 화살표가 가리키는 작고 검은 얼룩이 당신이 찾아야 하는 그 얼룩이라고 판단할 수 있다. 따라서 당신은 '예'라고 반응할 수도 있겠지만 그것은 틀린 반응이다. 당신은 오경보를 행한 것이다. 적중(hit)은 신호가 있을 때 '예'라고 올바르게 반응한 경우이고, **오경보** false alarm는 소음만 있음에도 '예'라고 잘못 반응한 경우이다.

이러한 신호탐지 실험에서 소음만 제시된 시행 중 '예'라고 잘못 반응한 시행의 비율, 즉 오경보율(false-alarm rate)을 계산할 수 있다. 우리는 또한 소음+신호가 제시된 시행 중 올바르게 '예'라고 반응한 시행의 비율, 즉 **적중률** hit rate을 계산할 수 있다.

이제 우리는 어떠한 감각기관의 민감도도 조사할 수 있는 강력한 도구를 갖게 되었다. 신호가 없는 경우에도 관찰자들은 어떤 확률로, 즉 오경보율의 확률로 '예'라고 반응한다. 따라서 우리는 적중률이 오경보율을 넘어설 때에만 관찰자가 신호를 탐지한다고 추론할 수 있다. 적중률이 오경보율을 크게 초과할 때에는 민감도가 높다고 추론한다. 적중률이 오경보율보다 그다지 크지 않을 때에는 민감도가 낮다고 추론한다. 적중률이 오경보율과 동일하다면 민감도가 0이라고 추론한다.

## 민감도와 편향

이제 관찰자가 자신의 오경보율을 자유로이 선택할 수 있다고 해 보자. 그리고 두 사람의 관찰자, 샬럿과 린다가 있다고 하자. 두 사람이 신호를 탐지하는 능력은 똑같지만 한 가지 중요한 차이점이 있다. 샬럿은 '꼼꼼한' 관찰자로서 신호 출현을 결정하기 위해 상당히 많은 증거를 필요로 한다. 샬럿은 거의 '예'라는 반응을 하지 않는데, 그것은 그녀의 오경보율이 매우 낮지만 적중률 또한 매우 낮다는 것을 의미한다. 반면에 린다는 '관대한' 관찰자로서 약간의 증거만으로도 신호가 출현했다고 반응한다. 린다는 '예'라는 반응을 주저 없이 하며, 따라서 오경보율이 높고 적중률도 높다.

신호탐지 분석의 가장 유용한 특징은 **편향** bias($\beta$라고 쓰며 '베타'라고 읽는다)과 **민감도** sensitivity($d'$이라고 쓰며 '디프라임'이라고 읽는다)를 구분하는 것이다. 샬럿과 린다는 동등한 민감도를 가지고 있을지 모르지만 상당히 다른 편향을 가지고 있다.

의료사고 소송의 문제로 다시 돌아가자. 두 사람의 관찰자, A씨와 B씨가 있다. 원고는 A씨의 민감도(종양을 찾아내는 능력)가 B씨에 비해 나쁘며, 따라서 A씨의 과실이 인정된다고 주장한다. 그러나 우리는 최초의 촬영 사진을 보고 A씨는 종양을 찾지 못했으나 B씨는 찾았다는 사실로부터 그와 같은 결론을 이끌어 낼 수는 없다는 것을 알고 있다. 단순히 B씨의 "예, 종양이 있습니다."라고 반응하는 편향이 A씨의 그것보다 더 컸을 가능성이 있다. 이러한 설명은 실제로 상당한 일리가 있다. 심리학자들은 신호탐지 상황에서 편향에 영향을 미치는 요인의 하나가 **기대** expectation임을 발견했다. 신호가 출현할 것이라는 관찰자의 기대가 클수록 관찰자의 '예' 반응 편향 또한 커진다. 다시 말해 B씨에게는 종양 출현을 기대할 충분한 이유가 있었으나 A씨에게는 그럴 이유가 없었다.

# 감각부호화

감각체계는 해결해야 할 2개의 근본적 문제를 가지고 있다. 하나는, 빛을 예로 들어 말하면 주어지는 물리적 정보를 초기 신경표상으로 변환하는 것이고, 또 하나는 물리적 정보의 여러 측면(강도, 색채 등)을 그에 상응하는 신경표상으로 부호화하는 것이다. 여기서는 이러한 문제들을 **감각부호화** sensory coding라고 부를 것이다.

첫 번째 문제는 수용기라고 불리는 감각기관에 있는 전문화된 세포에 의해 처리된다. 예를 들어 앞에서도 잠시 언급한 시각수용기는 눈 안에 있는 얇은 조직층에 배치되어 있다. 시각수용기는 빛에 반응하는 화학물질을 포함하고 있으며, 이것이 일련의 단계를 가동시켜서 신경충격을 만들어 낸다. 청각수용기는 가느다란 유모세포인데, 귓속 깊은 곳에 자리 잡고 있다. 공기의 진동이 이 세포들을 흔들어서 신경충격을 만들어 낸다. 다른 감각 양상에서도 유사한 일이 일어난다.

수용기는 특별한 종류의 신경세포이다(2장 참조). 수용기세포가 활동을 하면 전기신호가 만들어지고 다음 세포로 전달된다. 이 신호는 먼 거리를 여행하여 대뇌피질의 관련 영역에 도달한다. 감각 양상에 따라서 도달하는 피질 영역이 서로 다르다. 뇌의 어딘가에서 이러한 전기신호가 의식적 감각 경험을 만들어 낸다. 그리고 이러한 의식적 감각 경험이 정신물리 실험에서 반응의 기초가 된다. 그러므로 우리가 피부 접촉을 경험할 때 그 경험은 뇌에서 일어나는 것이지 피부에서 일어나는 것이 아니다. 이에 대한 하나의 예를 캐나다의 신경과학자인 와일더 펜필드의 연구에서 볼 수 있다. 펜필드 박사는 환자가 의식이 있는 상태에서 뇌 수술을 하는 동안 전극을 사용하여 환자 뇌의 두정엽에 있는 일차 체성감각피질을 전기적으로 자극해 보았다. 환자는 자기 몸의 어떤 부분이 따갑게 느껴진다고 보고했다(Penfield & Rasmussen, 1950). 펜필드 박사가 전극을 피질 위에서 이리저리 움직이자 따가운 느낌도 그에 따라서 몸 위를 이동했다. 이것을 이용하여 펜필드 박사는 몸의 여러 곳에서 오는 감각 입력이 감각피질 위에 어떻게 분포되어 있는지 그림으로 그릴 수 있었다. 이런 감각 표상의 지도를 호문쿨루스(homunculus)라고 부르는데, 이는 라틴어로 '작은 사람'이라는 뜻이다. 어떤 신체 부위에서 올라오는 정보를 처리하는 체감각피질 영역의 크기는 그 부위에 있는 감각뉴런의 양에 비례한다. 따라서 입술이나 손가락 등 민감한 신체 부위에서 오는 입력은 호문쿨루스의 더 넓은 영역을 차지한다.

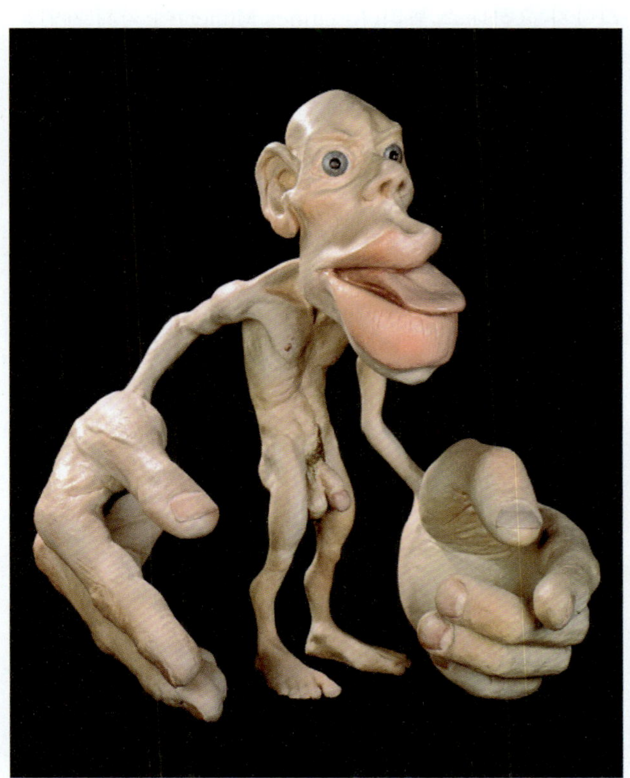

**호문쿨루스는 대뇌피질에서 신체 각 부분이 차지하는 면적을 고려하여 재구성한 신체 모형이다.**

정상적 상황에서는 피부 감각 경험을 중개하는 뇌 속의 전기적 신호는 피부에 있는 촉각수용기에서 발생된 전기적 신호에서 비롯된다. 펜필드 박사가 건드린 피질은 수용기로부터 오는 신호를 접수하고 경험으로 변환하는 영역이었음이 분명하다. 마찬가지로 쓴맛 경험은 혀가 아니라 뇌에서 일어나지만, 이런 미각 경험을 일으키는 뇌의 신경신호는 혀에 위치한 미각수용기의 전기적 신호에 기인한다. 이처럼 감각수용기는 외부 사건을 의식 경험과 연결하는 데 중요한 역할을 한다. 의식적 지각의 수많은 측면은 수용기 속에서 일어나는 특정한 신경 활동에 의해 야기된다.

### 강도와 질의 부호화

우리의 감각체계는 외부 세계의 사물과 사건에 관한 정보를 수집하기 위해 진화한 것이다. 밝고 붉은 빛이 깜박거리는 것을 감지하기 위해 우리에게 필요한 정보는 무엇인가? 물론 강도(밝다), 질(붉다), 지속 시간(짧다), 위치, 시작 시간 등을 모두 아는 것이 도움이 될 것이다. 우리의 감각체계는 이런 속성에 대한 정보를 모두 제공하지만, 대부분의 연구는 강도와 질에 초점을 맞추고 있다.

밝고 붉은 색종이를 볼 때 우리는 빨강이라는 질을 강한 수준에서 경험한다. 약하고 높은 소리를 들을 때는 음고(音高, 소리 높이)라는 질을 약한 수준에서 경험한다. 수용기와 그 신경경로는 강도와 질을 모두 부호화해야 한다. 수용기는 어떻게 그 일을 하는가? 부호화 과정을 연구하는 사람들에게는 어떤 자극에 의해 어떤 신경세포가 활성화되는지 아는 방법이 필요하다. 보통 사용되는 방법은, 피험 동물(단일세포의 활동을 기록하는 경우에는 고양이나 원숭이가 사용된다)에게 여러 자극을 제시하면서 수용기 및 그 신경경로에 있는 각 세포의 전기적 활동을 기록하는 것이다. 이런 방법에 의해서 특정 뉴런이 자극의 어떤 속성에 반응하는가를 알 수 있다.

그림 4.6은 시각 자극에 대한 신경세포(뉴런)의 반응을 기록하는 전형적인 실험의 예이지만, 다른 감각을 연구할 때에도 유사한 절차가 사용된다. 실험에 앞서서 동물(이 경우에는 원숭이)에게 외과 수술을 실시하여 가느다란 철사를 시각피질의 특정 영역에 삽입한다. 가느다란 이 철사는 미세전극(microelectrode)인데, 끝 부분을 제외하고는 절연이 되어 있으며 신경세포로부터 전기적 활동을 기록하는 데 사용된다. 고통을 유발하지는 않으며, 원숭이는 이리저리 자유롭게 움직이고 정상적으로 생활할 수 있다. 실험 중에는 원숭이를 장치에 앉게 하고, 미세전극은 기록 및 증폭 장치에 연결된다. 그리고 원숭이에게 여러 가지 시각 자극이 제시된다. 각 자극에 대해서 실험자는 어떤 미세전극이 지속적 출력을 나타내는지를 관찰함으로써 어떤 뉴런이 반응했는지를 알 수 있다. 이것은 분산적 부호화 또는 공간적 부호화의 예로, 특정 자극은 뇌 속의 어떤 영역 또는 특정 뉴런을 활성화한다. 대부분의 뉴런은 일련의 신경충격을 발생시키며, 신경충격은 오실로스코프 위에 수직 스파이크로 표시된다. 신호가 없는 경우(즉 소음만 있는 상황)에도 많은 세포는 느린 비율로 반응한다. 민감한 신호가 제시되면 뉴런은 더 빨리 반응한다. 이것은 신호탐지 상황에 대응되는 신경적 상황이라고 할 수 있다.

단일세포 기록의 도움으로 연구자들은 감각체계가 강도와 질을 부호화하는 방법에 대해 많은 것을 알게 되었다. 자극 강도를 부호화하는 주요 수단은 단위 시간당 신경충격의 횟수, 즉 신경충격의 비율이다. 촉각을 예로 들어 살펴보자. 누군가가 당신의 팔을 만지면 일련의 전기신호가 신경섬유에서 발생한다. 압력이 증가하면 충격은 같은 크기로 남아 있더라도 단위 시간당 횟수는 증가한다(그림 4.7 참조). 이것은 다른 감각 양상에 대해서도 똑같다. 일반적으로 자극 강도가 클수록 신경점화율이 증가하고, 신경점화율이 증가할수록 지각된 자극의 크기도 더 크다.

자극 강도를 부호화하는 다른 방법은 **시간적 패턴** temporal pattern, 즉 신경충격 사이의 간격을 사용하는 것이다. 강도가 낮을 때는 신경충격 사이의 시간 간격이 길고, 일정하지도 않다. 그러나 강도가 높을 때는 충격 사이의 시간 간격이 비교적 일정하다(그림 4.7 참조). 또 하나의 대안은 활성화된 뉴런의 수를 이용한 부호화이다. 자극이 강할수록 더 많은 뉴런이 활성화된다.

자극의 질을 부호화하는 것은 더 복잡하다. 질의 부호화의 배경에 있는 주요 아이디어는 1825년에 독일의 생리학자 요하네스 뮐러(Johannes Müller)에 의해 제안되었다. 뮐러는 뇌가 서로 다른 감각 양상으로부터 오는 정보(빛이나 소리)를 구별하는 것은 서로 다른 감각신경이 관여하기 때문이라고 주장했다(어떤 신경은 시각 경험을 가져오고, 어떤 신경은 청각 경험을 가져오며, 또 어떤 신경은 또 다른 경험을 가져온다). 뮐러의 특수신경에너지(specific nerve energy) 가설은 서로 다른 수용기에서 출발한 신경회로가 피질의 서로 다른 영역에 도달

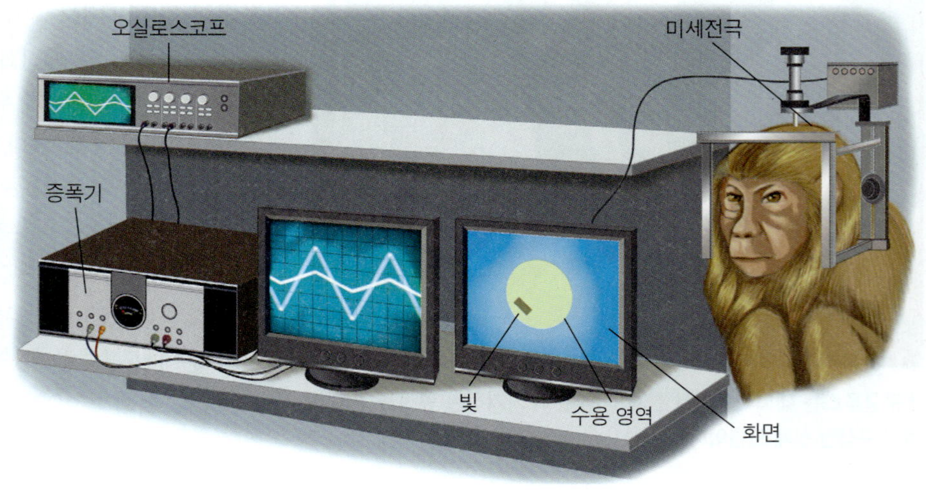


**그림 4.6 단일세포 기록장치.** 마취된 원숭이의 머리가 장치 안에 고정되어 있다. 자극은 보통 깜박이는 불빛이거나 이동하는 막대로 화면에 투영된다. 원숭이의 시각체계에 이식된 미세전극이 하나의 신경세포로부터 활동을 잡아 내며, 이 활동이 증폭되어 오실로스코프에 표시된다.

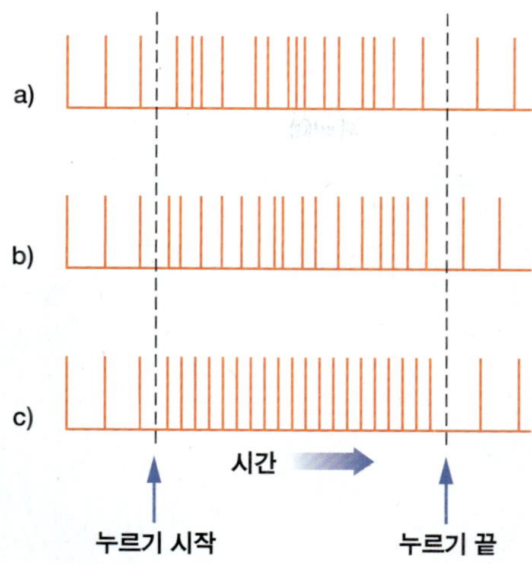


**그림 4.7 강도의 부호화.** 피부에서 오는 신경섬유의 반응. (a) 약한 압력, (b) 중간 크기 압력, (c) 강한 압력. 자극 강도를 증가시키면 신경섬유의 점화에서 비율과 규칙성이 증가한다.

한다는 발견에 의해서 지지되었다(예: 시각 신호는 후두엽의 시각피질에 도달하고, 귀에서 오는 신호는 측두엽의 청각피질에 도달한다). 오늘날 일반적으로 인정되고 있는 바에 따르면, 뇌가 감각 양상의 질적 차이를 구별할 수 있는 것은 각 감각 양상에 특수한 신경회로가 있기 때문이다.

그러나 하나의 감각 내에서 여러 질은 어떻게 서로 구별되는가? 어떻게 우리는 빨강과 초록을 구별하고 단맛과 신맛을 구별하는가? 여기서도 부호화는 특수한 뉴런의 관여에 의해 이루어지는 것 같다. 우리가 단맛과 신맛을 구별할 수 있는 것은 각 맛을 담당하는 특수한 신경섬유가 있기 때문이다. 단맛의 신경섬유는 단맛에만 반응하고 신맛의 신경섬유는 신맛에만 반응하며, 짠맛 섬유와 쓴맛 섬유 또한 그런 식이다.

특수성이 부호화 원리 중에서 유일한 것은 아니다. 감각체계는 신경활동의 패턴을 이용하여 감각질을 부호화할 수 있다. 단맛에 최대로 반응하는 신경섬유는 다른 맛에 대해서도 어느 정도 반응할 수 있다. 이것은 분산적 부호화의 또 다른 예로서, 하나의 신경섬유는 단맛에 최대로 반응하지만 쓴맛에는 그보다 작게, 짠맛에는 더욱 작게 반응할 수 있다. 아마도 단맛 자극은 굉장히 많은 섬유의 활동을 일으킬 것이다. 이러한 섬유 활동의 패턴이 단맛에 상응하는 부호일 수 있다. 또 다른 패턴은 쓴맛에 상응하는 부호가 될 것이다. 각 감각에 대해 구체적으로 설명할 때 나오겠지만, 특수성과 패턴화는 둘 다 자극질을 부호화하는 데 사용된다.

## 중간 요약

- 감각은 전통적으로 4개가 있다. 시각, 청각, 후각, 미각이 그것이다. 여기에 압력, 온도, 고통을 느끼는 촉각이 추가되고, 마지막으로 신체 감각이 추가된다.
- 감각은 단순한 자극과 연합된 심리적 경험이며, 의미적인 어떤 것과는 아직 연합되어 있지 않다.
- 모든 감각에 있어서 두 종류의 역치 민감도를 정의할 수 있다. 절대역치(감각기관에 의해 탐지 가능한 최소량의 자극 에너지)와 차이역치(감각기관에 의해 구분 가능한 두 자극 사이의 최소 차이)가 그것이다.
- 정신물리함수 psychophysical function는 역치 이상의 자극에 대해서 자극 강도와 감각 강도의 관계를 기술한다.
- 감각은 소음 속에 묻혀 있는 신호를 탐지하는 과정으로 볼 수 있다. 경우에 따라서는 소음밖에 없는데도 신호가 탐지될 수 있다. 이것이 오경보이다. 제시된 신호를 올바르게 탐지하는 것은 적중이다. 적중과 오경보의 차이는 자극이 감각기관에 미치는 영향의 크기를 가리키는 측정치로 간주할 수 있다. 신호탐지 이론의 사용은 자극을 탐지하는 과정을 2개의 숫자로 분리한다. 하나는 자극에 대한 민감도를 나타내고, 또 하나는 '신호 출현'에 대한 반응 편향을 나타낸다.
- 감각 양상은 자극으로 주어진 물리적 에너지를 신경충격으로 재부호화하거나 변환해야 한다. 이러한 부호화의 특성은 감각 양상마다 다르지만 여러 질적 특징과 함께 자극 강도를 부호화한다.

## 비판적 사고를 위한 물음

1. 공항에 새로운 항공사가 취항함으로써 야기된 소음 환경의 변화를 설명하기 위해 당신은 소리의 최소가지차이(jnd)를 어떻게 이용하겠는가? 당신의 측정법을 시민단체에 어떻게 설명할 수 있겠는가?

2. 본문에서 방사선과 의사 A씨와 B씨에 대해 설명했다. A씨는 X선 사진의 종양을 발견하지 못한 일로 고소되었고, B씨는 재판의 참고 증인으로서 종양이 분명히 보인다고 주장했다. B씨는 A씨가 종양을 탐지하는 데 자기만큼 능숙하지 못하다고 결론을 내렸다. B씨의 결론에서 무엇이 문제인지를 기술하고 2개의 실험을 설계하라. 하나는 B씨의 종양 탐지가 A씨보다 우월한가를 알아보는 실험이고, 또 하나는 일반적인 방사선과 의사들이 A씨가 처음에 발견하지 못한 종양을 찾아내는 것이 얼마나 쉬운지(또는 어려운지)를 알아보는 실험이다.

# 시각

인간에게는 (1) 시각, (2) 청각, (3) 후각, (4) 미각, (5) 촉각(또는 피부 감각), (6) 신체 감각(예: 자신의 머리가 몸통으로부터 어떤 위치에 있는지를 감지하는 것)이 있다고 일반적으로 인정된다. 신체 감각은 강도와 질이 항상 의식되지는 않기 때문에 시각이나 청각처럼 많이 연구된 감각보다 덜 다루게 될 것이다.

시각, 청각, 후각만이 먼 거리에 있는 정보를 수집할 수 있는데, 인간의 경우 이 중에서 시각이 가장 섬세하다. 이 절에서는 시각이 반응하는 자극 에너지가 무엇인지, 그리고 시각체계, 특히 수용기가 어떻게 변환 과정을 수행하는지, 시각 양상이 강도와 질에 관한 정보를 어떻게 처리하는지에 대해 이야기할 것이다.

## 빛과 시각

각 감각은 특정한 형태의 물리적 에너지에 반응하는데, 시각의 경우 물리적 자극이 빛이다. 빛은 일종의 전자기 에너지로서 태양이나 우주의 다른 곳에서 방사되며 지구상에 항상 충만하다. 전자기 에너지에는 빛뿐만 아니라 우주선, X선, 자외선, 적외선, 라디오파, TV 전파도 포함된다. 파(波)로서 전달되는 전자기 에너지는 파장(파의 한 꼭대기에서 다음 꼭대기까지의 거리)이 아주 짧은 우주선(1조분의 4cm)부터 아주 긴 라디오파(6~8km)까지 굉장히 범위가 넓다. 우리의 눈은 그 연속 중에서 극히 일부분에만 반응한다. 인간의 눈이 반응할 수 있는 전자기 에너지(빛)는 그 파장이 대략 400~700nm(나노미터는 10억분의 1m) 정도로, 전체 전자기 에너지 중의 극히 일부분에 해당한다.

## 시각체계

인간의 시각체계는 눈, 뇌의 여러 부분, 그리고 눈과 뇌 사이의 경로로 구성된다. 그림 2.13에 있는 시각경로 그림을 잠시 들여다보자(2장 참조). 시각체계가 아주 단순하게 그려져 있는데, 우리가 앞을 바라보고 있다고 가정할 때, 세상의 오른쪽 반은 뇌의 왼쪽에서 처리되고 왼쪽 반은 오른쪽 뇌에서 처리된다는 사실에 주목하라.

시각에서의 첫 단계는 물론 눈이다. 눈은 2개의 체계를 가지고 있는데, 하나는 망막에 상(image, 像)을 형성하고 또 하나는 그 상을 전기적 신호로 변환한다. 두 체계의 중요한 부분을 그림 4.8에서 볼 수 있다.

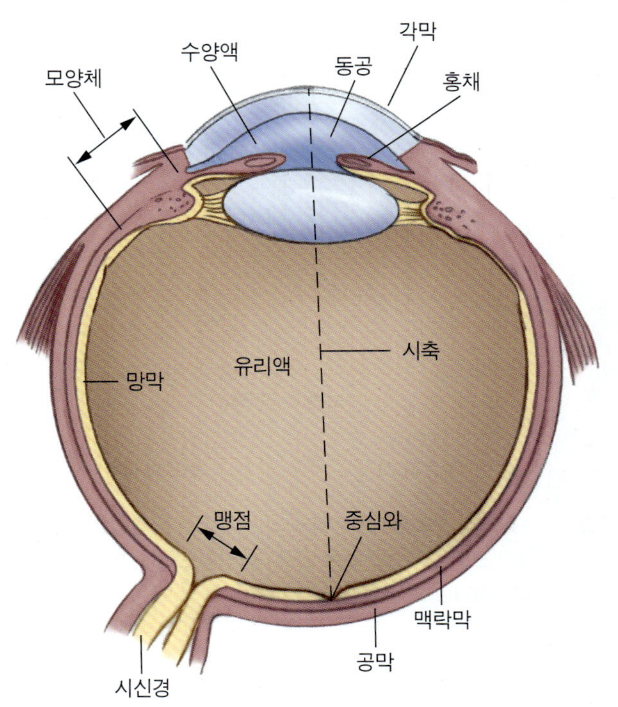


**그림 4.8 오른쪽 눈의 조감도.** 빛이 눈으로 들어와서 망막에 도달하려면 각막, 수양액, 렌즈, 유리액을 지나야 한다. 눈에 들어오는 빛의 양은 동공에 의해 조절된다. 동공은 눈의 앞에 보이는 작은 구멍이며 홍채로 구성되어 있다. 홍채는 반지 모양의 근육으로 수축하거나 이완할 수 있고, 그렇게 하여 동공의 크기를 조절한다. 홍채 색깔이 바로 개인의 눈 색깔(푸른 눈, 갈색 눈 등)이다.

눈은 종종 카메라에 비유된다. 이러한 비유는 시각체계의 여러 부분에 대한 오해를 초래하지만 상을 형성하는 체계에 대해서는 적합하다. 상을 형성하는 체계는 대상에서 반사된 빛을 수합하여 **망막** retina 위에 그 대상의 상을 만든다. 망막은 안구 뒤에 있는, 얇은 막처럼 생긴 조직이다(그림 4.9 참조). 상을 형성하는 체계는 각막, 동공, 렌즈로 되어 있다. 이런 것들이 없더라도 빛을 볼 수는 있겠지만 패턴을 볼 수는 없다. 각막은 투명하고 눈의 앞쪽에 있다. 빛은 여기로부터 들어오며, 이것에 의해 굴절되어 상이 형성되기 시작한다. 렌즈(수정체)는 빛을 망막에 수합하는 과정을 완성시킨다(그림 4.9 참조). 멀리 떨어진 대상에 초점을 맞추기 위해 렌즈는 모양을 바꾼다. 가까이 있는 대상의 경우에는 두꺼워지고, 멀리 있는 대상의 경우에는 얇아진다. 근시인 사람은 렌즈가 멀

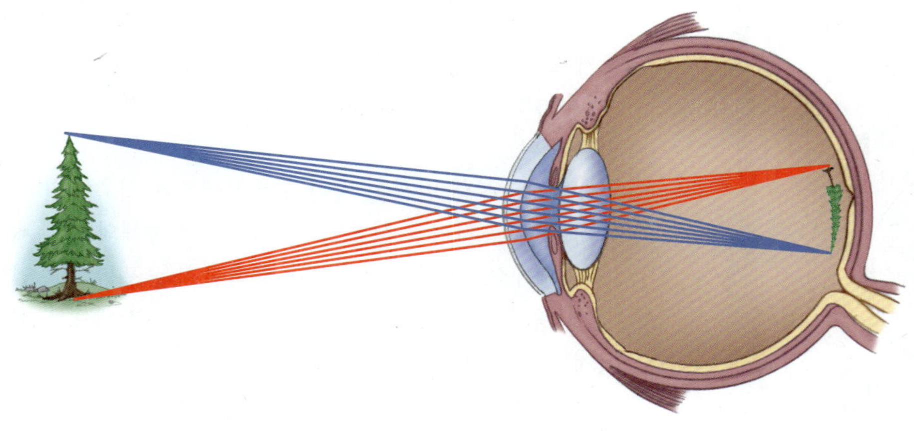

**그림 4.9 눈에서의 상 형성.** 대상으로부터 오는 빛의 일부가 눈으로 들어오고 망막에 상을 형성한다. 각막과 렌즈는 망원경의 렌즈와 마찬가지로 빛을 굴절시킨다. 광학적 이유로 인해 망막의 상은 상하가 역전되어 있다.

리 떨어진 대상에 초점을 맞출 수 있을 만큼 얇아지지 않는다. 한편 원시인 사람은 렌즈가 가까이 있는 대상에 초점을 맞출 수 있을 만큼 두꺼워지지 않는다. 정상적 시각을 가진 사람들도 나이를 먹으면(40세가 넘어 가면) 렌즈가 그 모양을 바꾸어서 초점을 맞추는 능력을 많이 잃어버린다. 이러한 광학적 결점은 안경이나 콘택트렌즈로 교정할 수 있다.

**동공** pupil은 상을 형성하는 체계의 세 번째 요소로, 빛의 수준에 반응하여 그 지름이 바뀌는 동그란 구멍이다. 어두운 곳에서는 커지고 밝은 곳에서는 작아지는데, 빛의 수준에 관계없이 상의 질을 일정하게 유지하기 위해 필요한 양의 빛을 확보하는 데 도움을 준다.

이상과 같은 요소들이 망막에 상을 만들어 내고, 망막에서 변환이 일어난다. 변환체계의 중심은 수용기이다. 두 종류의 수용기가 있는데, 그림 4.10에서 보듯이 그 특이한 모양 때문에 간상체와 원추체로 불린다. 이것들은 서로 다른 목적을 위해 전문화되어 있다. 먼저 **간상체** rod는 밤을 위한 수용기세포로 낮은 강도의 빛에서 작동하고 낮은 해상도의 흑백으로 이루어진 감각을 가져온다. 또한 **원추체** cone는 낮을 위한 수용기세포로 강한 강도의 빛에 반응하고 고해상도의 색채가 있는 감각을 가져온다. 망막은 뉴런들의 네트워크이며, 아울러 지지세포와 혈관이 포함된다.

우리는 대상을 자세히 보려고 할 때 눈을 이리저리 움직여서 대상이 **중심와** fovea에 투사되도록 하는데, 중심와는 망막의 중심부에 있는 작은 영역이다. 이렇게 하는 이유는 망막에서의 수용기 분포와 관련이 있다. 중심와에는 수용기가 풍부하게 밀집되어 있다. 중심와의 바깥, 즉 망막의 주변부에는 수용기가 적다. 수용기가 밀집되어 있다는 것은 고해상도를 의미하는데,

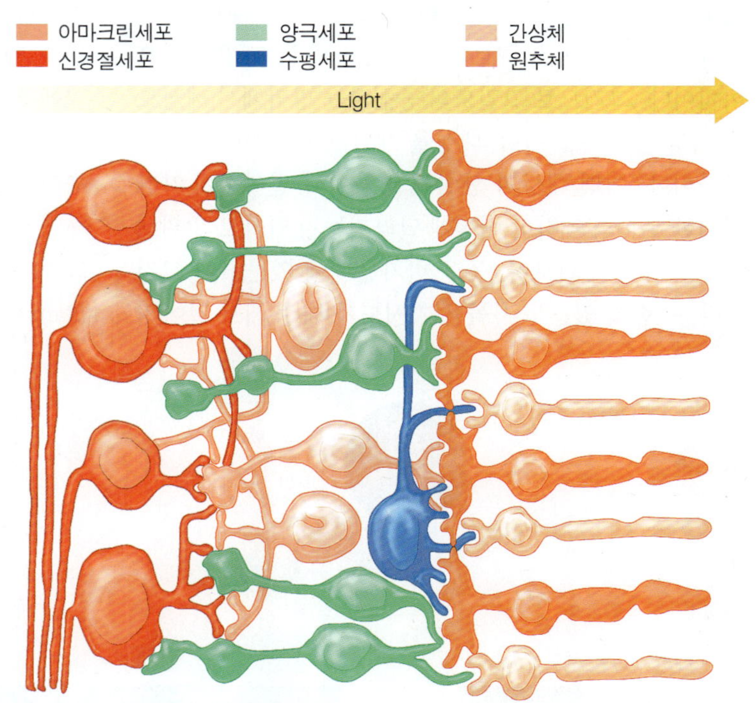


**그림 4.10 망막의 도식적 그림.** 전자현미경에 의한 조사를 바탕으로 그린 망막의 모양이다. 양극세포는 하나 이상의 세포로부터 신호를 받고 그 신호를 신경절세포에 전달하며, 신경절세포의 축색은 시신경을 구성한다. 여러 유형의 양극세포와 신경절세포가 있음에 주목하라. 망막에는 측면(또는 외측) 연결이 있다. 수평세포는 수용기에 가까운 수준에서 외측 연결을 하고 있다. 아마크린세포는 신경절세포에 가까운 수준에서 외측 연결을 하고 있다.

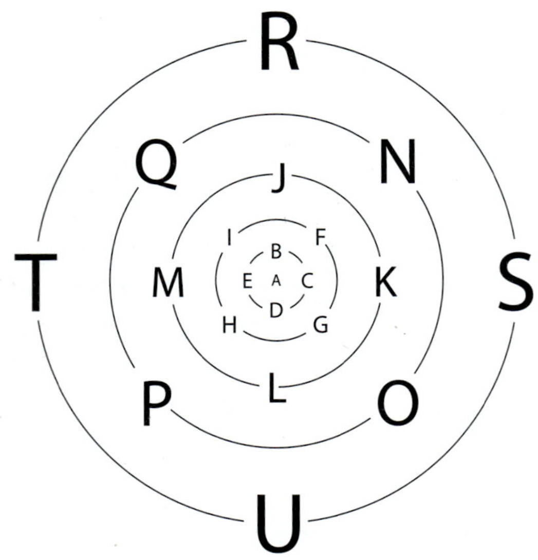


**그림 4.11 시력은 주변부에서 감소한다.** 중앙에 있는 A를 바라보고 있을 때 주변에 있는 다른 문자들의 읽기 쉬운 정도가 서로 비슷해지도록 문자의 크기를 조절했다.

비유하자면 똑같은 크기의 화면이 더 많은 화소 수(예: 1600×1200)로 설정되었을 때가 더 적은 화소 수(예: 640×480)로 설정되었을 때보다 해상도가 더 높은 것과 같은 이치이다. 그러므로 고밀도의 중심와는 망막에서 해상도가 가장 높은 부분이며, 대상을 세밀하게 보기에 최적한 부분이다. 어떤 대상의 상이 중심와에서 멀어짐에 따라 세세한 부분의 지각이 어떻게 달라지는지 알아보기 위해 그림 4.11을 살펴보자. 눈을 한가운데에 있는 A에 고정하라. 주변에 있는 문자들은 가시도가 대충 서로 같아지도록 그 크기를 조정해 놓은 것이다. 동일한 정도의 가시도에 도달하기 위해 바깥 원주에 있는 문자들은 가운데에 있는 문자들보다 10배는 커야 한다는 사실에 주목하기 바란다.

대상으로부터 반사된 빛이 수용기세포와 접촉하면 수용기는 빛을 전기적 신호로 변환한다. 간상체와 원추체는 감광색소, 즉 빛을 흡수하는 화학물질을 포함하고 있다. 감광색소가 빛을 흡수하면 신경충격의 발생으로 이어지는 과정이 시작된다. 이러한 **변환** transduction 과정이 끝나면 전기적 신호는 중간의 연결 뉴런을 거쳐서 뇌로 들어간다. 간상체와 원추체의 반응은 처음에 양극세포로 전달되고, 거기서 다시 신경절세포(ganglion cell)라고 불리는 뉴런으로 전달된다(그림 4.10 참조). 신경절세포의 길다란 축색은 시신경을 이루면서 눈 밖으로 나와 뇌를 향해 올라간다.

시신경과 시각피질 사이에는 외측슬상체(LGN)라 불리는 구조가 있고, 시각 정보는 모두 이곳을 통과해야 시각피질에 도달할 수 있다. 여기가 바로 시각 정보가 신경부호화에 의해 조직화되는 곳이다. LGN은 분산적 부호화를 통해 시각 신호를 투사하거나 분리하는 것을 돕는다. LGN의 계층화는 망막 대응적이며 그것은 시각피질에 의해 복사된다. 시신경이 눈에서 나가는 곳에는 수용기가 없으므로 그곳에 자극의 상이 맺히면 우리는 볼 수가 없다(그림 4.12 참조). 우리는 시야에 있는 이 구멍—맹점(blind spot)이라 부른다—을 의식하지 못하는데, 그 이유는 뇌가 자동적으로 그 구멍을 메우기 때문이다(Ramachandran & Gregory, 1991).

**그림 4.12 맹점을 찾아보라.** (a) 오른쪽 눈을 감고 오른쪽 위에 있는 십자를 응시하라. 책은 눈으로부터 30cm 앞에 두고 천천히 앞뒤로 이동시켜 보라. 왼쪽의 푸른 동그라미가 맹점에 투사되면 사라져서 보이지 않게 된다. (b) 이제 책을 그대로 두고 오른쪽 눈은 여전히 감은 채로 오른쪽 아래에 있는 십자를 응시하라. 흰 공백이 맹점에 투사될 때 푸른 선이 연결된 것처럼 보인다. 이 현상은 왜 우리가 평상시에 맹점을 자각하지 못하는지를 알려 준다. 시각체계는 우리가 민감하지 못한 시야의 부분을 메워 주는 것이다. 그리하여 그 부분들이 전체 시야의 자연스러운 한 부분처럼 보이게 한다.

## 빛의 감지

### 민감도

빛에 대한 민감도는 간상체와 원추체에 의해서 결정된다. 간상체와 원추체는 서로 다른 점이 세 가지 있는데, 그것은 밝기, 즉 빛의 강도의 지각과 관련된 수많은 현상을 설명한다. 첫 번째 차이는 간상체와 원추체가 서로 다른 수준의 빛에 의해 활성화된다는 것이다. 대낮에 또는 밝은 실내에서는 원추체만이 활동적이고, 간상체는 의미 있는 어떠한 신경신호도 발생시키지 않는다. 반달이 떠 있는 밤이나 어두운 실내에서는 간상체만 활동한다.

두 번째 차이는 간상체와 원추체가 서로 다른 과제를 부여받고 있다는 것인데, 이는 간상체와 원추체가 신경절세포와 연결되어 있는 방식에 잘 나타나 있다. 그림 4.13의 왼쪽 부분은 서로 인접한 3개의 원추체가 각각 서로 다른 신경절세포에 연결되어 있음을 보여 준다. 그리고 각 신경절세포는 바로 옆에 있는 다른 신경절세포들과 서로의 활동을 억제하는 방식으로 연결되어 있다. 신경절세포는 또한 긴 축색에 의해서 뇌의 시각 영역과 연결되어 있다. 축색은 모두 함께 시신경을 구성한다. 그림 오른편은 인접하는 3개의 간상체를 보여 주는데, 하나의 간상체는 3개의 신경절세포와 연결되어 있다. 그러나 이곳의 신경절세포들 사이에는 서로 간의 신경적 활동을 억제하는 연결이 없다.

회로의 이런 차이를 이해하기 위해 한 줄기의 스포트라이트가 원추체나 간상체에 제시되었다고 생각해 보자. 그것이 원추체에 주어졌을 때는 그 원추체와 연결된 단 하나의 신경절세포만이 반응한다. 그러나 한 줄기의 빛이 간상체에 주어졌을 때는 신경절세포 3개의 활동이 증가한다. 이러한 결합 방식은 신호가 어떻게든 뇌에 도달하게 해 주지만, 빛의 정확한 위치가 어디인지를 확신하지 못하게 만든다. 원추체와 연합된 신경절세포들 사이의 연결은 밝은 조명 아래에서 형태 지각을 향상한다. 반면에 여러 개의 간상체가 하나의 신경절세포로 수렴하면 낮은 조명 아래에서 빛에 대한 민감도가 향상된다. 실제 사례를 가지고 말하자면, 독서처럼 고해상도를 요하는 작업은 조명이 밝은 곳에서만 할 수 있는데, 그래야 원추체가 활동하기 때문이다.

세 번째 차이는 원추체와 간상체가 망막의 서로 다른 곳에 집중해 있다는 것이다. 중심와에는 원추체는 많지만 간상체가 없다. 반면에 주변부에는 간상체가 풍부하고 원추체는 매우 적다. 그림 4.11은 주변부에 원추체의 수가 적기 때문에 발생하는 결과를 보여 준다. 밤에 별을 볼 때는 간상체의 분포를 충분히 고려하는 것이 좋다. 흐린 별을 가능한 한 뚜렷하게 보기 위해서는 그 별의 약간 옆을 바라보아야 한다. 이렇게 함으로써 별에서 온 빛이 많은 수의 간상체를 활성화할 수 있다.

### 암순응

밝은 거리에서 어두운 영화관으로 들어섰다고 상상해 보

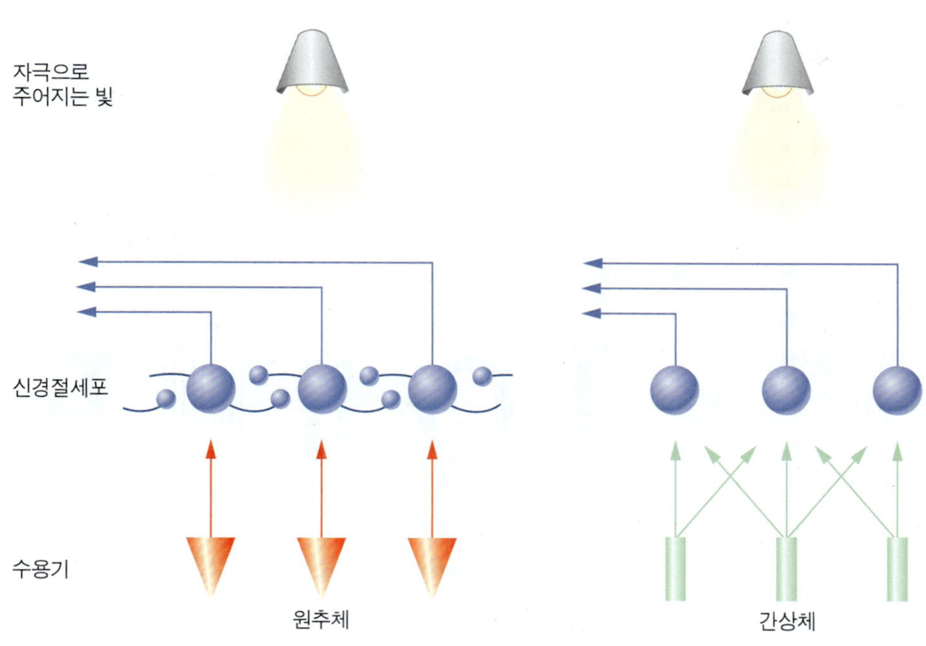


**그림 4.13 원추체와 간상체가 신경절세포와 연결되는 방식.** 이 그림은 한 줄기의 스포트라이트가 원추체와 간상체에 주어지는 상황을 보여 준다. 간결한 설명을 위해 수용기와 신경절세포 사이에 있는 여러 유형의 세포는 생략했다. 화살표는 신경점화를 증가시키는 신호를 나타낸다. 동그라미가 붙은 선은 신경점화를 감소시키는 신호를 나타낸다. 신경절세포에서 나가는 긴 화살표는 축색돌기이며, 이는 시신경을 구성한다.

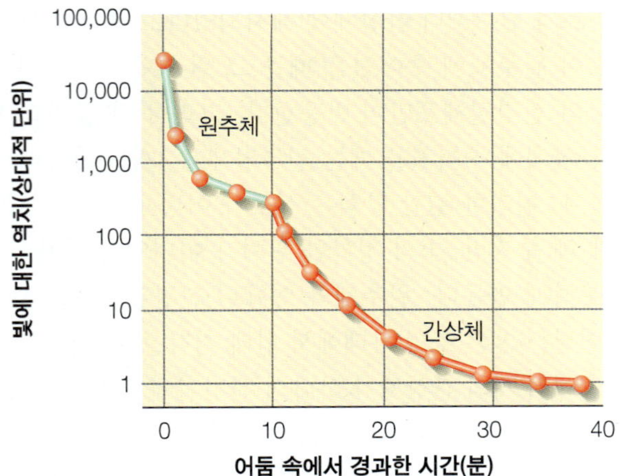


**그림 4.14 암순응의 시간 경과.** 관찰자는 망막이 순응될 때까지 밝은 빛을 바라본다. 그런 다음 어둠 속에 놓이면 빛에 대해 점차 민감하게 되며 절대역치가 감소한다. 이것을 명순응(light adaptation)이라 한다. 그래프는 적응 상태의 빛이 사라지고 난 후 여러 시점에서 측정한 역치를 보여 준다. 녹색 선은 색깔에 대한 역치를 나타낸다. 붉은색 선은 파장에 관계없이 희게 보이는 빛에 대한 것이다. 곡선의 불연속적인 부분이 약 10분 경과 후에 나타남에 주목하라. 이것을 간상체-원추체 단절(rod-cone break)이라 부른다. 수많은 검사 결과 곡선의 첫 번째 부분은 원추체에 의한 것이고 두 번째 부분은 간상체에 의한 것임이 밝혀졌다.

자. 처음에는 스크린으로부터 반사되는 빛 이외에 아무것도 보지 못할 것이다. 2~3분이 지나면 좌석을 찾아낼 만큼 잘 보게 된다. 그리고 결국에는 어둠 속에서도 얼굴을 재인할 수 있다. 어둠 속에서 사물을 보는 능력이 이렇게 변화하는 것을 **암순응** dark adaptation이라 한다. 어둠 속에 있는 동안 우리의 동공이 커진다. 그러나 더욱 중요한 것은 수용기 내의 광화학적 변화가 수용기의 빛에 대한 민감도를 증가시킨다는 것이다.

그림 4.14에는 **암순응 곡선** dark-adaptation curve이 제시되어 있는데, 이는 어둠 속에서 시간이 흘러감에 따라 절대역치가 어떻게 감소하는가를 보여 준다. 이 곡선은 사실 2개의 곡선으로 되어 있다. 위에 있는 곡선은 원추체의 순응을 반영하는데 그 순응이 상당히 빠르게 일어난다. 원추체는 5분 정도면 완전하게 순응한다. 원추체가 순응하는 동안 간상체도 순응하지만 훨씬 느리다. 결국에는 간상체의 순응이 이미 완료된 원추체의 순응을 따라잡지만, 간상체는 원추체에 비해 25분 정도 추가적 순응이 필요하다. 암순응 곡선의 두 번째 곡선은 그 때문에 생기는 것이다.

## 패턴의 감지

**시력** visual acuity은 사물의 세세한 부분을 분간하는 눈의 능력을 말한다. 시력을 측정하는 여러 방법 중에서는 안과에서 사용하는 차트가 친숙하다. 이 차트는 1862년 네덜란드 안과 의사 헤르만 스넬렌(Herman Snellen)에 의해 고안되었다. **스넬렌 시력** Snellen acuity은 안경을 쓸 필요가 없는 정상적인 사람과 비교하여 측정한 시력이다. 20/20의 시력은 20피트 거리에서 정상적인 사람이 읽을 수 있는 문자를 읽을 수 있는 상태를 말한다. 20/100의 시력은 정상적인 사람이 100피트 거리에서도 읽을 수 있는 문자를 20피트 거리에서야 읽을 수 있는 경우를 가리킨다. 이 경우의 시력은 정상보다 낮은 것이다.

스넬렌 차트는 시력을 측정하는 가장 좋은 방법은 아니다. 첫째, 문자를 모르는 사람들에게는 소용이 없다. 둘째, 20피트 거리의 시력만을 대상으로 할 뿐 독서와 같이 아주 가까운 거리에서의 시력을 측정하지 않는다. 셋째, **공간시력** spatial acuity(형태의 차이를 보는 능력)과 **대비시력** contrast acuity(밝기의 차이를 보는 능력)을 구분하지 않는다. 그림 4.15는 시력검사에 사용되는 전형적 패턴을 보여 주는데, 화살표는 탐지되어야 하는 중요한 부분을 가리킨다. 그 부분이 흑에서 백으로 밝기가 변하는 지역임에 주목하라(Coren et al., 1999).

패턴을 볼 때 감각 경험은 시각 뉴런이 명암에 관한 정보를 수용하는 방법에 의해 결정된다. 시각 패턴의 가장 원초적인 요소는 모서리, 즉 윤곽선으로서 이것은 밝기가 어두워지는 곳 또는 밝기가 밝아지는 곳을 말한다. 모서리 탐지에 미치는 가장 빠른 영향 중 하나는 망막의 신경절세포가 상호작용하는 방식 때문에 발생한다(그림 4.13 참조). 이러한 상호작용의 영향은 그림 4.16에 있는 헤르만 격자(Hermann grid)라는 패턴을 이용하여 관찰

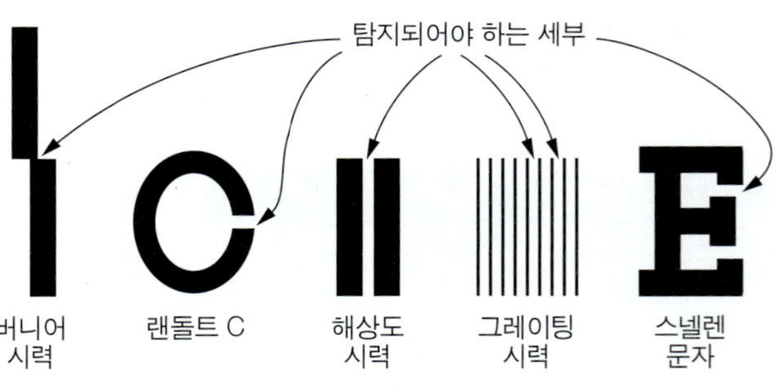


**그림 4.15 시력검사에 사용되는 패턴.** 화살표가 가리키는 부분이 변별되어야 한다.

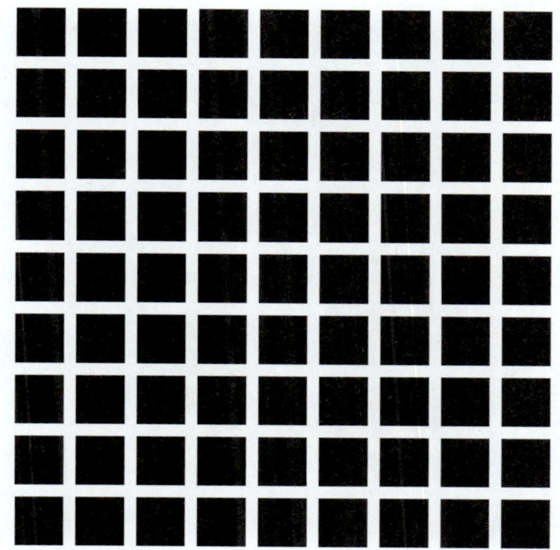

그림 4.16 **헤르만 격자.** 흰 선의 교차점에 나타나는 회색 얼룩은 착각이다. 우리의 눈과 뇌는 그것을 보지만 종이 위에는 그것이 존재하지 않는다. 회색 얼룩이 실제로는 없다는 것을 확인하려면 눈을 다른 교차점으로 이동해 보라. 당신의 시선이 머물러 있는 바로 그 교차점에는 회색 얼룩이 나타나지 않는다는 것에 주목하라. 회색 얼룩은 시야의 주변부에 있는 교차점에서만 나타난다.

할 수 있다. 흰 선이 교차하는 지점에서 회색 얼룩을 볼 수 있을 것이다. 그런데 이상한 것 중의 하나는 당신의 시선이 머물러 있는 바로 그 교차점에는 회색 얼룩이 나타나지 않는다는 것이다. 회색 얼룩은 다른 교차점에서만 나타난다.

이 착시는 이웃하는 신경절세포들 사이의 연결이 서로의 활동을 억압하기 때문에 생기는 결과이다. 교차점의 한가운데에 위치하는 신경절세포의 경우 이웃하는 4개(위, 아래, 좌, 우)의 신경절세포로부터 신경점화를 감소시키는 신호를 받는다. 이런 현상을 외측 억제(lateral inhibition)라고 한다. 반면에 교차점 이외의 흰 선에 위치한 신경절세포는 신경점화를 감소시키는 신호를 위아래 또는 좌우에 있는 2개의 세포로부터만 받는다. 교차점이 흰 선보다 더 어두워보이는 것은 교차점에 위치한 신경절세포들이 점화를 감소시키는 신호를 더 많이 받기 때문이다.

그렇다면 회색 얼룩은 왜 우리의 시선이 고정된 교차점에서는 보이지 않고 다른 교차점에서만 보이는가? 감소 신호의 전달 범위가 중심와에서는 좁고 주변부에서는 크기 때문이다. 이러한 배치는 중심와에서의 시력을 주변부보다 좋게 만든다.

## 색채의 감지

모든 가시광선(실제로는 감마선에서 라디오파에 이르기까지의 모든 전자기파도)은 파장을 제외하고는 서로 동일하다. 우리의 시각체계는 파장을 가지고 놀라운 일을 한다. 파장을 색으로 바꾸는 것이다. 서로 다른 파장은 서로 다른 색이 된다. 짧은 파장(450~500nm)은 파랑으로, 중간 파장(500~570nm)은 초록으로, 긴 파장(650~780nm)은 빨강으로 보인다(그림 4.17 참조). 색채 지각에 대한 설명에서 파장만을 고려해도 되는 경우는 대상이 빛을 발하는 물체, 즉 태양이나 전구일 때이다. 그러나 대부분의 경우 색채 감각은 빛을 반사하는 물체를 대상으로 한다. 이러한 경우 색채 지각은 일부는 대상이 반사하는 파장에 의해서, 그리고 일부는 배경의 색채 맥락에 의해서 결정된다. 대상 주변에 있는 다양한 여러 색깔은, 대상으로부터 눈에 들어오는 파장이 대상의 색깔을 충실하게 기술해 주지 않더라도 관찰자가 대상의 올바른 색

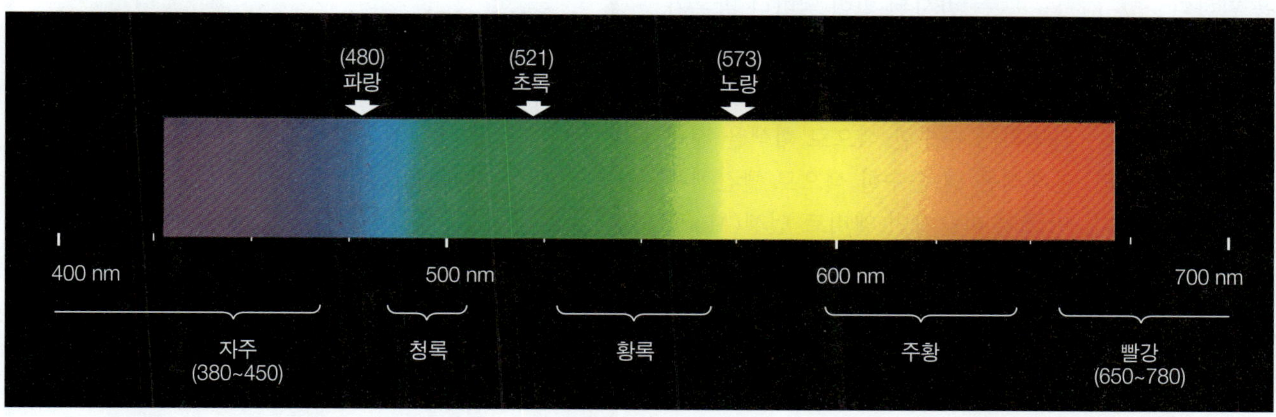


그림 4.17 **태양광 스펙트럼.** 숫자는 각 색의 파장을 나노미터(nm)로 표시한 것이다.

**프리즘은 빛을 여러 파장으로 분해한다. 짧은 파장은 파랑으로, 중간 파장은 초록으로, 긴 파장은 빨강으로 보인다.**

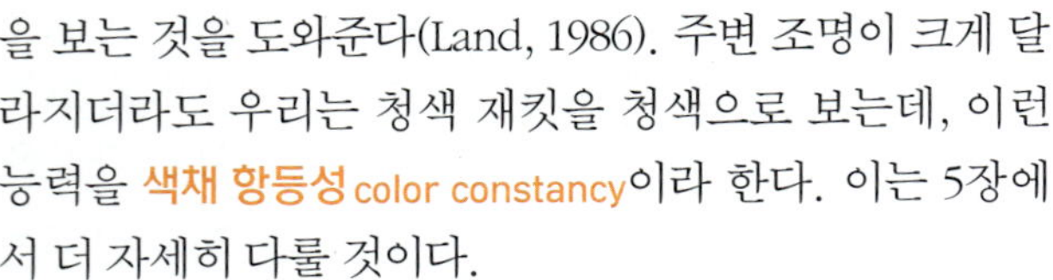

을 보는 것을 도와준다(Land, 1986). 주변 조명이 크게 달라지더라도 우리는 청색 재킷을 청색으로 보는데, 이런 능력을 **색채 항등성** color constancy이라 한다. 이는 5장에서 더 자세히 다룰 것이다.

## 색채 현시

색채 지각을 주관적 경험이라고 말하는 것은, 빛의 파장 분석에 기초하여 뇌가 구성한 것이 색이기 때문이다. 그러나 색채 지각은 객관적이기도 한데, 서로 다른 두 사람이 똑같은 색채수용기(원추체)를 사용하여 똑같은 방식으로 '색'을 구성하기 때문이다. 전형적 관찰자의 다양한 색채 경험을 지칭하기 위한 가장 일반적인 방법은 그것을 색상, 명도, 채도의 삼차원에 표현하는 것이다. **색상** hue은 빨강, 초록 등과 같은 색명에 의해 기술되는 질을 말한다. **명도** brightness는 반사된 빛이 얼마나 밝은가를 말하는데, 가장 밝은 색은 흰색이고 가장 어두운 색은 검은색이다. **채도** saturation는 색의 순수성을 말한다. 예를 들어 진홍색은 완벽하게 순수한 색으로 회색을 전혀 포함하지 않지만, 분홍색은 덜 순수한 색으로 빨간색과 흰색의 혼합이다. 미국의 미술가인 앨버트 먼셀(Albert Munsell)은 색깔에 10개의 색상 이름과 2개의 숫자, 그중 하나는 명도를, 또 하나는 채도를 나타내는 숫자를 할당하여 색채를 기술하는 방법을 제안했다. **먼셀 체계** Munsell system에서 색은 색입체(color solid)에 의해 표현된다(그림 4.18 참조). (개념 설명에 빛과 소리의 주요 특징

**그림 4.18 색입체.** 색의 세 차원은 더블콘 모양으로 나타낼 수 있다. 색상은 원주상의 점으로 표시하며, 채도는 지름 위의 점으로, 명도는 수직축의 점으로 표시한다. 색입체에서 떼어 낸 수직 슬라이스 한 장은 명도와 채도의 차이에 따라 한 색상이 어떻게 달라 보이는지를 보여 준다.

이 요약되어 있다.)

색을 기술하는 수단이 주어졌으니 이제는 우리가 얼마나 많은 색을 볼 수 있는지 물을 수 있겠다. 400~700nm

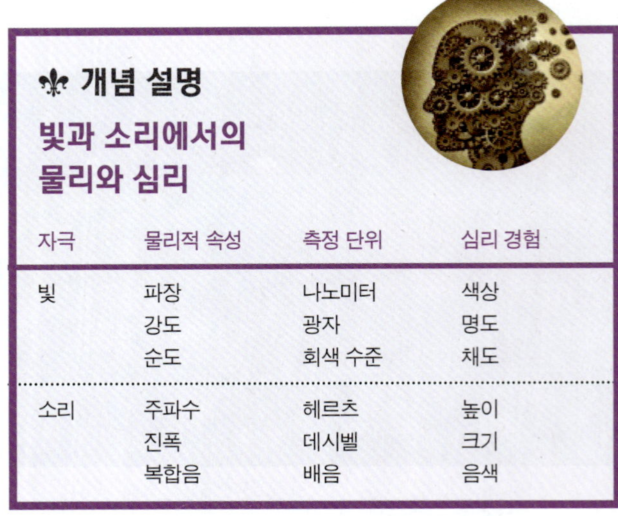

**개념 설명**

**빛과 소리에서의 물리와 심리**

| 자극 | 물리적 속성 | 측정 단위 | 심리 경험 |
|---|---|---|---|
| 빛 | 파장 | 나노미터 | 색상 |
| | 강도 | 광자 | 명도 |
| | 순도 | 회색 수준 | 채도 |
| 소리 | 주파수 | 헤르츠 | 높이 |
| | 진폭 | 데시벨 | 크기 |
| | 복합음 | 배음 | 음색 |

의 범위 안에서 우리는 150개의 색상을 구분할 수 있는데, 이것은 우리가 150개의 파장을 구별할 수 있음을 가리킨다. 평균적으로 우리는 2nm의 차이가 있는 두 파장을 구별할 수 있다. 그러나 150개의 색상은 각각 수많은 명도와 채도를 가질 수 있기 때문에 우리가 변별할 수 있는 색의 수는 700만 개 이상으로 추정된다. 미국국립표준사무국의 발표에 따르면 이 중 약 7,500개의 색에 이름이 부여되어 있다. 이 숫자는 색이 우리 생활에서 얼마나 중요한지를 말해 준다(Coren et al., 1999).

## 색채 혼합

우리가 구별할 수 있는 색상은 모두 3개의 기본색을 혼합하여 만들어 낼 수 있다. 이 사실은 오래전에 **색채 대응 실험** color-matching experiment에 의해 밝혀졌는데, 그것은 물리적으로 서로 다른 2개의 빛을 동일한 색으로 보는 관찰자의 경향을 측정하는 것이다. 우리가 여러 가지 색깔의 빛을 망막의 동일한 영역에 투사한다고 가정하자. 이러한 색채 혼합의 결과로 새로운 색이 생긴다. 예를 들면 580nm의 순수한 노랑은 노랗게 보일 것이다. 그러나 650nm의 빛(빨강), 500nm의 빛(초록), 450nm의 빛(파랑)을 혼합하여 순수한 노랑과 똑같은 색으로 보이는 빛을 만들어 낼 수 있다. 이러한 색채 대응은 어떤 순수 가시광선에 대해서도 수행될 수 있다. 그렇게 찾아낸 한 쌍의 동등한 빛—서로 다른 물리적 구성을 가졌지만 똑같은 색으로 보이는 빛—을 **메타머** metamer라고 한다.

메타머는 시각체계가 작동하는 방식에 대한 중요한 단서를 제공한다. 시각체계가 메타머를 만드는 방식은 시각체계가 어떻게 정보를 상실하는가 하는 것도 보여 준다. 앞의 예에서 자극이 혼합 광선인가 순수 광선인가에 관한 정보는 그 두 가지가 똑같은 노란색으로 지각될 때 더 이상 필요 없어져 버린다. 정보를 상실하는 것이 나쁜 일 같아 보이지만 사실은 그렇지 않다. 이 장의 앞에서 말했듯이 우리는 매 순간 외부 세계로부터의 엄청난 양의 정보에 압도당하고 있다. 우리가 환경 속에서 생존하고 번영하는 데 이 모든 정보가 필요한 것도 아니고, 대부분의 정보는 사실 필요하지 않다. 상당한 양의 정보를 버리지 않으면 우리는 끊임없이 정보 과부하에 시달리게 된다. 메타머를 만드는 것은 바로 정보 제거 과정이다. 정확히 3개의 원색이 임의의 어떤 색과 동일한 색(즉 메타머)을 만들기 위해 필요하다는 사실은 시각체계의 구성을 이해하는 데 중요한 정보를 제공한다.

## 삼원색 대응 법칙의 시사점

색채 혼합의 기저에 있는 원리의 한 가지 시사점은 그것이 실용적으로 중요하다는 것이다. TV나 사진에서 색채 재현은 대다수의 색을 삼원색의 혼합으로 만들어 낼 수 있다는 사실에 근거한다. 돋보기를 가지고 들여다보면 TV 화면은 세 가지 색깔(파랑, 초록, 빨강)의 작은 점들로 구성되어 있다. 가산혼합은 점들이 서로 너무 가까워서 그것들의 망막상이 겹치기 때문에 발생한다(그림 4.19에서 색채 혼합의 방법 참조).

두 번째 시사점은 색채 결함의 이해와 관계된다. 대부분의 사람들은 많은 색을 세 원색의 혼합과 대응시킬 수 있지만, 어떤 사람들은 두 원색의 혼합과 대응시킬 수 있을 뿐이다. 이러한 사람들은 **이원색시** dichromats라고 하는 색채 결함을 가진 것이다. 이들은 정상 시각을 가진 사람들[삼원색시(trichromats)]이 구분하는 색채 중 어떤 것들을 구분하지 못한다. 그러나 이원색시도 색을 볼 수는 있다. 서로 다른 파장을 구분하지 못하는 단색시(monochromats)는 색을 보지 못한다. 이들은 진짜 색맹이며 흑백만을 본다(색맹검사에서는 그림 4.20과 같은 도판을 이용하는데, 이는 색채 혼합 절차를 이용하는 것보다 간단하다). 대부분의 색채 결함은 유전이다. 2장에서 언급한 것처럼 색맹은 여성(0.03%)보다 남성(2%)에서 더 빈번한데, 그 이유는 색맹 유전자가 열성으로서 X 염색체에 위치하기 때문이다(Nathans, 1987).

## 색채시 이론

2개의 이론이 제안되었다. 하나는 1807년 영국의 물리학자 토머스 영(Thomas Young)이, 과학자들이 원추체에 대해 알기 훨씬 이전에 제안했다. 50년이 지난 후 독일의 물리학자이자 의사인 헤르만 폰헬름홀츠(Hermann von Helmholtz)가 영의 이론을 발전시켰다. 영-헬름홀츠 이론 또는 **삼원색 이론** trichromatic theory에 따르면 우리가 변별할 수 있는 색은 많지만 색채수용기는 세 종류밖에 없다. 이 수용기들이 원추체라는 것을 우리는 이제 알고 있다. 각 유형의 원추체는 넓은 범위의 파장에 반응하지만, 민감하게 반응하는 파장의 영역은 상당히 좁다. 그림 4.21에서처럼 단파장 원추체는 짧은 파장(파랑)에 가장 민감하고, 중파장 원추체는 중간 파장(초록, 노랑)에 가장 민감하며, 장파장 원추체는 긴 파장(빨강)에 가장 민감하다. 이 세 가지 원추체의 협동 작업이 색채 감각을 결정한다. 즉 특정 파장의 빛은 세 가지 수용기를 서로

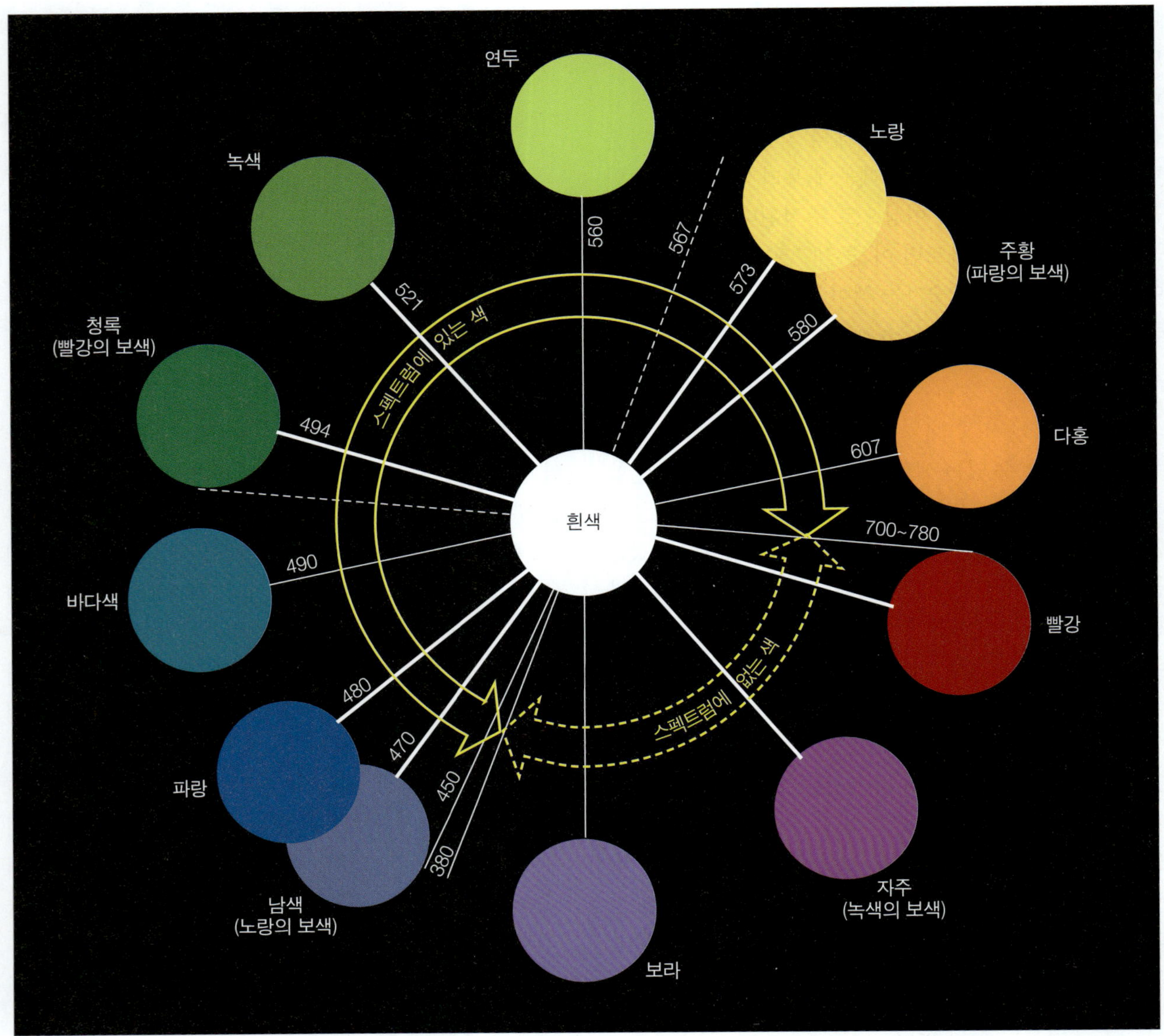


**그림 4.19 색환.** 색채 혼합을 보여 주는 단순한 방법은 색환(color circle)을 이용하는 것이다. 스펙트럼색(파장에 대응하는 색)은 원주상의 점으로 표현된다. 스펙트럼의 두 끝은 서로 만나지 않는다. 그 둘 사이의 공간은 스펙트럼색이 아닌 빨강과 자주가 차지하며, 그 두 색은 장파장과 단파장의 혼합에 의해 만들어진다. 원의 안쪽은 빛의 혼합을 나타낸다. 중심 가까이에 있는 빛은 채도가 낮다(더 희다). 한가운데는 흰색이다. 임의의 두 빛의 혼합은 두 점을 연결하는 직선상에 표현된다. 그 선이 원의 중심을 지나면 그 빛은 적절한 비율로 혼합된 경우 희게 보일 것이다. 그러한 한 쌍의 색을 보색(complementary color)이라 한다.

다른 정도로 자극하며, 세 가지 수용기 활동의 특정 비율이 특정한 색채 감각을 이끌어 낸다. 삼원색 이론의 주장에 의하면 색이라는 질(퀄리아)은 각 색에 대응하는 고유한 수용기에 의해서가 아니라 세 가지 수용기의 활동 패턴에 의해서 부호화된다.

삼원색 이론은 색채시에 관한 사실—특히 중요한 것은 색채 대응 실험의 결과—을 설명한다. 첫째, 우리가 서로 다른 파장을 변별할 수 있는 것은 서로 다른 파장이 세 수용기에서 서로 다른 반응을 일으키기 때문이다. 둘째, 삼원색의 법칙은 삼원색 이론에서 직접 도출된다. 우리가 서로 다른 세 파장을 혼합하여 어떤 색과 대응시킬 수 있는 것은, 그것들이 서로 다른 수용기를 활성화하고, 수용기의 활동이 그 색의 지각을 가져오기 때문이다. 셋째, 삼원색 이론은 여러 유형의 색채시 결함을 특정 유형의 수용기 결손으로 설명할 수 있다. 이원색시는 한 종류의 수용기가 없는 사람이고, 단색시는 두 종류의 수용기가 없는 사람이다. 이렇게 잘 알려진 사실을 설명하는 것 외에, 삼원색 이론은 생물학자들로 하여금 오늘날에는 이

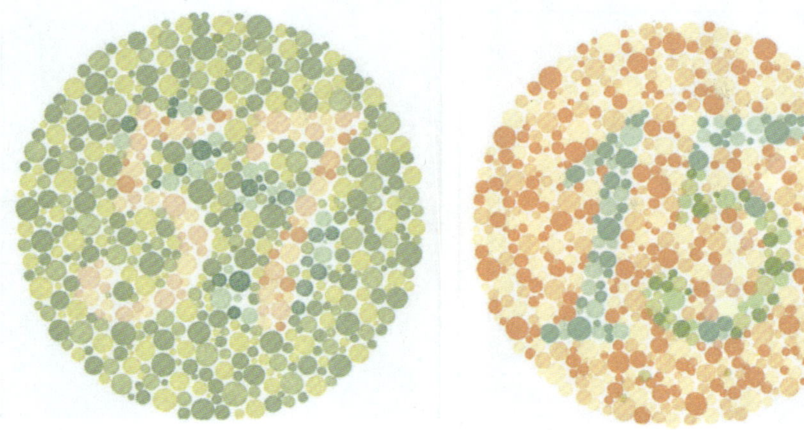

**그림 4.20 이시하라 색맹검사.** 색맹검사에 사용되는 2개의 도판. 왼쪽 도판의 경우, 적록 색맹 유형에 속하는 사람들 중 일부에게는 숫자 5만 보이고 어떤 사람들에게는 7만 보인다. 또 어떤 사람들은 숫자를 전혀 보지 못한다. 오른쪽 도판의 경우, 정상 색채시를 보유한 사람들에게는 숫자 15가 보이지만 적록 색맹인 사람들에게는 아무것도 보이지 않는다.

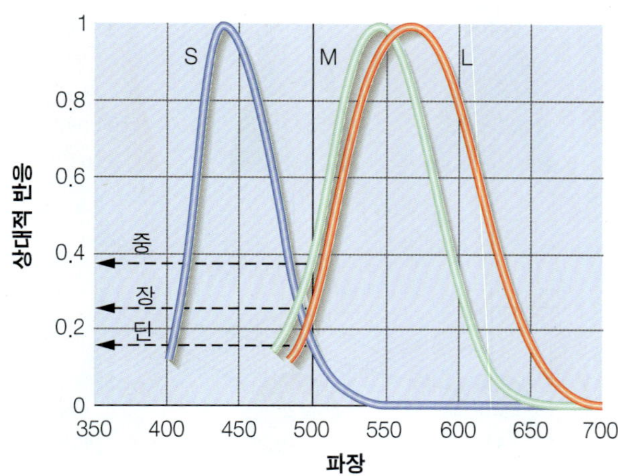


**그림 4.21 삼원색 이론.** 삼원색 이론에 의해 제안된 단파장, 중파장, 장파장 수용기의 반응 곡선. 이 곡선들은 어떤 파장의 빛에 대한 각 수용기의 상대적 반응을 알 수 있게 해 준다. 여기 있는 예에서, 500nm의 빛에 대한 각 수용기의 반응은 X축의 500nm 지점에서 위로 직선을 긋고, 그 선이 각 곡선과 만나는 점의 Y축 값을 읽으면 된다.

미 잘 알려진 세 종류의 원추체를 찾아내도록 만들었다.

이러한 성공에도 불구하고 삼원색 이론은 색채 지각의 몇 가지 잘 알려진 사실을 설명할 수 없다. 1878년에 독일 생리학자 에발트 헤링(Ewald Hering)은 모든 색이 빨강, 초록, 노랑, 파랑의 감각 중 하나 또는 2개에 의해 구성된다는 것을 관찰했다. 헤링은 어떤 색도 '붉은 초록'이나 '노란 파랑'으로 지각될 수 없음에 주목했다. 오히려 빨강과 초록의 혼합은 노란색으로 보이고, 노랑과 파랑의 혼합은 흰색으로 보인다. 이러한 관찰은 빨강과 초록이 반대 짝이고 노랑과 파랑도 반대 짝임을 시사하며, 반대 짝인 색깔들은 동시에 지각될 수 없음을 시사한다. 반대 짝의 개념에 대한 또 다른 지지는 관찰자가 먼저 어떤 색채를 응시하고, 이어서 무채색 표면을 바라보는 연구에서 나왔다. 관찰자들은 무채색 표면 위에 어떤 색깔이 보인다고 보고했는데, 그것은 먼저 응시한 색의 보색이다(그림 4.22 참조).

이러한 현상학적 관찰은 헤링으로 하여금 삼원색 이론의 한 대안, 즉 대립색채 이론을 주창하게 만들었다. 헤링은 시각체계가 두 종류의 색채 감각 단위를 가지고 있다고 믿었다. 하나는 빨강 또는 초록에 반응하며, 다른 하나는 파랑 또는 노랑에 반응한다. 각 단위는 2개의 대립색채에 대해 반대 방향으로 반응한다. 예를 들어 빨강-초록 단위는 빨강이 제시될 때 반응률이 증가하고 초록이 제시될 때 반응률이 감소한다. 하나의 단위는 동시에 두 가지 방식으로 반응할 수 없기 때문에 2개의 대립색채가 동시에 제시되면 흰색이 지각된다(그림 4.22 참조). **대립색채 이론** opponent-color theory은 색채에 관한 헤링의 관찰과 우리의 색상 지각을 설명할 수 있다. 한 유형의 대립 단위만이 균형에서 벗어날 때 우리는 하나의 색상(빨강, 초록, 노랑, 파랑 중 하나)을 지각하고, 두 유형의 단위가 균형에서 벗어날 때 색상의 혼합을 지각한다. 어떤 색도 '붉은 초록' 또는 '노란 파랑'으로 지각될 수 없는데, 그 이유는 하나의 단위가 동시에 두 가지 방식으로 반응할 수 없기 때문이다. 또한 이 이론은 먼저 어떤 색을 응시하고 이어서 무채색 표면을 바라보는 사람이 보색을 보게 되는 이유를 설명한다. 예를 들어 빨간색을 계속 바라보면 해당 단위의 빨강 요소가 피곤해지고, 그 결과 초록 요소가 강해지기 때문이다.

삼원색 이론과 대립색채 이론은 각각 어떤 사실은 설명하지만 다른 사실은 설명하지 못한다. 수십 년간 두 이

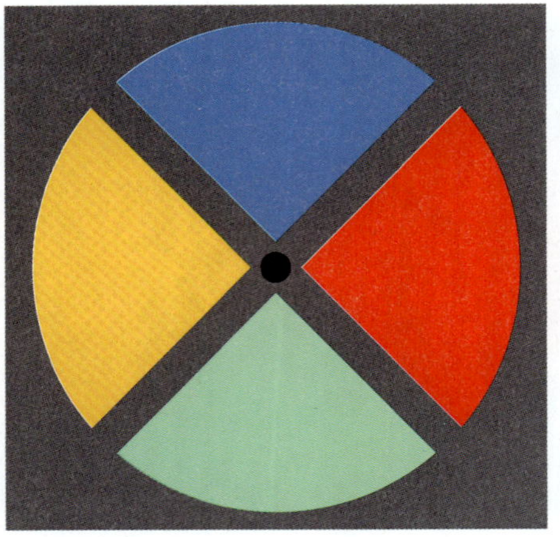

**그림 4.22 보색 잔상.** 왼쪽 패널의 중앙에 있는 작은 점을 1분 동안 계속 응시하라. 그리고 시선을 오른쪽 패널의 점으로 이동하라. 당신은 희미한 상을 보게 될 텐데, 그것은 원래의 색과 보색 관계에 있는 색들로 이루어져 있다. 파랑, 빨강, 초록, 노랑이 노랑, 초록, 빨강, 파랑으로 대체된다.

론은 경쟁적인 것으로 여겨져 왔으나 결국 연구자들은 두 단계 이론을 제안했다. 이 이론에 따르면 삼원색 이론이 발견한 세 유형의 수용기는 시각체계의 더 높은 수준에 위치한 대립색채 단위에 연결되어 있다(Hurvich & Jameson, 1974). 두 단계 이론에 의하면 시각체계에는 대립색채 단위로서 기능하며 망막 이후의 시각 정보에 작용하는 뉴런이 존재한다. 실제로 그런 세포가 시상에서 발견되었다. 시상은 망막과 시각피질 사이에 있는 신경 경로상의 한 정거장이다(DeValois & Jacobs, 1984). 이 세포는 평소에 일정한 활성 상태로 있는데, 특정 파장이 주어지면 활동률을 증가시키고, 또 다른 파장이 주어지면 활동률을 감소시킨다. 시각체계의 더 높은 수준에 있는 어떤 세포는 망막이 청색광에 의해 자극되면 아주 빨리 흥분하고, 망막이 황색광에 노출될 때는 매우 천천히 반응한다. 그러한 세포는 파랑-노랑 대립색채 단위의 생물학적 기반처럼 보인다. 삼원색 이론과 대립색채 이론이 서로 어떤 관계인지를 보여 주는 신경회로 도식을 그림 4.23에 제시했다.

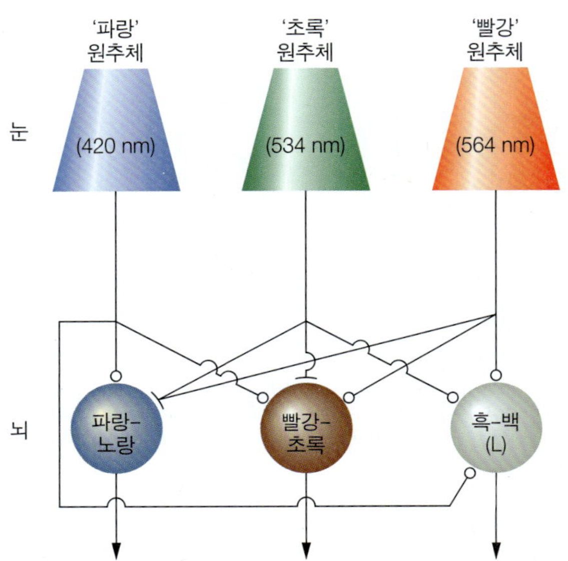


**그림 4.23 삼원색 이론과 대립색채 이론의 연결.** 이 그림은 세 유형의 수용기가 연결되어 후기 단계에 대립 과정 신경반응을 산출하는 것을 보여 준다. 원추체의 숫자는 최대 민감도의 파장을 가리킨다. 화살표가 붙은 선은 활동을 증가시키는 연결이다. 동그라미가 붙은 선은 활동을 감소시키는 연결이다. 이것은 전체 시스템의 일부일 뿐이다. 또 다른 대립 과정의 단위들은 이와 반대 방향의 증가 연결 및 감소 연결을 보인다.

색채시에 대한 이러한 연구는 심리학적 접근과 생물학적 접근의 협동이 성공한 하나의 좋은 사례이다. 삼원색 이론은 세 종류의 색채수용기가 있을 것임을 암시했고, 그에 따라 생물학적 연구는 세 종류의 원추체를 망막에서 찾아냈다. 한편 대립색채 이론은 시각체계에 또 다른 종류의 세포가 있을 것임을 암시했고, 그 이후 생물학적 연구가 시상에서 대립색채 세포를 찾아냈다. 두 이론의 성공적 통합은 삼원색 세포가 대립색채 세포로 연결된다는 의견을 내놓았고, 이 또한 생물학적 연구에 의해 사실로 확인되었다. 심리학적 수준에서의 뛰어난 작업이 생물학적 발견을 안내한 것이다. 당연한 일이지만, 많은 과학자들은 색채시 분석에서 성공적이었던 이러한 협동이 다른 감각 시스템의 분석에도 모범이 될 것이라고 생각한다.

## 감각과 지각: 미리 보기

이 장에서는 가공되지 않은 감각 입력—시각의 경우에는 가시광선—과 그 감각 입력이 신경 패턴으로 변환되는 방식에 초점을 맞추었다. 다음 장에서는 지각에 초점을 맞출 것이다. 어떻게 감각 입력이 세상의 구조에 대한 지식으로 변환되는지를 공부할 것이다. 지금은 감각과 지각을 연결하는 최근의 몇몇 연구를 간략하게 설명하겠다.

이 연구들은 평범한 질문으로 시작한다. 관찰자와 사물 사이의 거리는 관찰자가 사물을 지각하는 능력에 영향을 미치는가? 당신이 트라팔가 광장의 한구석에 서서 지나가는 사람들을 바라보고 있다고 하자. 어떤 사람이 아주 멀리서 당신 쪽으로 걸어오면 당신은 그 사람이 누구인지 조금씩 알 수 있을 것이다. 어느 정도로 거리가 좁혀지면 당신은 그 사람이 여자임을 알 수 있다. 그 다음에는 얼굴이 길다는 것도 알 수 있다. 그다음에는 입술이 상당히 두껍다는 것을 알 수 있다. 그 여자가 점점 더 가까이 올수록 그녀의 외모에 대해 당신은 더 많은 것을 알 수 있다.

**그림 4.24 거리 효과.** 13m 거리(위 패널)와 52m 거리(아래 패널)에서 본 앤 해서웨이의 얼굴. 왼쪽 패널은 망막상의 크기를 조정한 것이고, 오른쪽 패널은 공간빈도 필터링을 한 것이다. 왼쪽 패널을 50cm 전방에 놓고 보면 실제 상황과 비슷해진다.

정확하게 어떻게 이런 일이 가능한지를 알 수 있을 만큼 시각체계의 작동에 대해 많은 것이 알려져 있다. 우선 눈에서의 광학 작용과 시각체계의 나머지 부분에서의 신경 작용으로 인해 약간 초점이 맞지 않는 이미지 표상이 형성된다(이것은 인간의 시각체계에만 해당되는 이야기가 아니라 모든 광학장치에 해당된다). 어떤 물체가, 예를 들어 당신이 바라보고 있는 사람이 당신에게서 멀리 떨어져 있을수록 당신의 망막에 맺힌 그 사람의 이미지가 작을 것이며, 초점이 맞지 않아 잘 보이지 않는 세부 특징이 더 많을 것이다. 최근의 연구(Loftus & Harley, 2005)는 이러한 일반적 이해를 정량화했으며, 구체적으로는, 특정한 거리에서 어떤 사물—이 연구에서는 얼굴—을 보는 것은 시각체계의 관점에서는 사물을 일정한 양만큼 블러링(blurring, 이미지가 흐리게 보이도록 만들어서 윤곽선이 뚜렷이 드러나지 않도록 하는 영상 처리 기법 중 하나. 속칭 뽀샤시 효과)하는 것과 동일하다는 것을 보여 주었다. 또한 이 연구는 어느 정도의 블러링이 얼마의 거리에 해당하는지를 정확하게 파악하는 것을 가능하게 해 주었다. 그림 4.24는 하나의 예를 보여 준다. 여배우 앤 해서웨이의 사진인데, 축소된 사진(왼쪽)과 블러링된 사진(오른쪽)을 13m 떨어진 거리에서 보았을 때 (위쪽), 52m 떨어진 거리에서 보았을 때(아래쪽) 어떻게 보이는지, 정보의 손실이 어느 정도인지를 보여 준다. 이 연구는 시각체계가 기본적 정보를 습득하고 처리하는 방식에 대해 이미 알고 있는 것(감각에 대해 알려진 것)을 가지고 어떤 변인(예: 거리)이 지각에 미치는 영향을 분명하고 통찰적인 방식으로 보여 주는 하나의 예를 제공한다. 다음 장에서 보겠지만, 이러한 지식은 실용적 상황에서 유용할 뿐만 아니라(예: 형사재판의 판사에게 어떤 목격자가 특정한 거리에서 범죄자를 얼마나 잘 볼 수 있는지를 알려 준다) 다른 지각적 현상을 조사하는 데 필요한 과학적 도구를 제공한다.

### 중간 요약

- 시각을 위한 자극은 빛이며, 이 빛의 파장은 400~700nm의 전자기파이다.
- 시각을 위한 변환 시스템은 망막에 있는 시각수용기로 구성되어 있다. 망막은 안구의 뒤쪽에 위치한다. 시각수용기는 간상체와 원추체, 두 가지이고 넓게 분포되어 있다. 원추체는 세 종류가 있으며, 민감하게 반응하는 파장이 서로 다르다.

- 서로 다른 파장의 빛은 서로 다른 색채 감각을 이끌어 낸다. 색채시는 삼원색 이론에 의해 이해될 수 있는데, 이 이론은 색채의 지각이 세 종류 원추체의 활동에 의해 이루어진다고 주장한다. 간상체는 색채에 민감하지 않고 미세한 특징에도 민감하지 않다. 그러나 간상체는 아주 약한 빛도 찾아낼 수 있으며 조명이 낮은 곳에서 사물을 보는 데 사용된다.
- 시력은 미세한 부분을 분간할 수 있는 능력을 가리킨다. 원추체는 망막의 좁은 영역에 집중되어 있어서 고도의 시력을 가지고 있으나 간상체는 높은 시력을 가지고 있지 않다.
- 네 종류의 기본적 색채 감각이 있는데, 빨강, 노랑, 초록, 파랑이 그것이다. 대립색채 이론은 빨강-초록 과정과 노랑-파랑 과정이 별개로 존재하며, 각각의 과정은 2개의 대립색채에 대해 다른 방식으로 반응한다고 주장한다. 삼원색 이론과 대립색채 이론은 성공적으로 결합되었는데, 두 이론은 시각체계의 서로 다른 위치에서 작용하는 것으로 간주되고 있다.

### 비판적 사고를 위한 물음

1. 눈을 사진기와 비교해 보라. 눈의 어떤 부분이 사진기의 어떤 부분에 대응하는가?
2. 야간비행을 준비하는 조종사들은 비행하기 전에 약 한 시간 동안 빨간 안경을 쓴다. 그 이유는 무엇이라고 생각하는가?
3. 진화적 관점에서 어떤 동물의 눈이 왜 간상체만을 가지고 있으며, 또 어떤 동물의 눈은 왜 원추체만을 가지고 있는지, 그리고 인간을 포함한 동물들은 왜 원추체와 간상체를 모두 가지고 있는지 생각해 보라.

## 청각

청각은 시각과 함께 우리가 환경으로부터 정보를 수집하는 주요한 수단이다. 대부분의 사람들에게 청각은 커뮤니케이션의 주요 통로이며 음악의 전달 수단이다. 청각이 발생하는 것은 음압의 작은 변화가 귓속에 있는 막을 진동시키기 때문이다.

시각에 대해 공부했을 때처럼 먼저 청각이 반응하는 물리적 자극의 속성에 대해 살펴본다. 이어서 청각체계에 대한 설명에 들어가는데, 수용기가 어떻게 변환 과정을 수행하는지에 주목한다. 마지막으로 청각체계가 소리의 강도와 질을 어떻게 부호화하는지를 살펴볼 것이다.

### 음파

소리는, 바람이 나뭇가지를 스쳐 지나갈 때처럼 대상의 운동 또는 진동에서 시작된다. 어떤 것이 움직이면 그 앞에 있는 공기 분자가 밀려 나간다. 이 분자들은 다시 다른 분자들을 밀어 내고 그다음에는 원래 위치로 되돌아간다. 이런 방식으로 압력 변화의 파(음파)는 공기 중을 진행해 나간다. 개개의 공기 분자는 멀리 움직이지 않는다. 이런 파는 연못에 돌을 던졌을 때 생기는 물결과 흡사한 것이다.

음파(sound wave)는 시간에 따른 공기압의 변화로 묘사할 수 있다. 어떤 소리의 시간 대비 압력의 특성을 그래프로 그린 것이 그림 4.25이다. 이 그래프는 사인파를 보여 주는데, 삼각함수를 배운 사람들은 사인파에 익숙할 것이다. 사인파 모양을 가진 소리는 순음이다. 순음의 중요한 차원에는 **주파수** frequency가 있는데, 이것은 분자들이 앞뒤로 움직이는 주기를 가리키며 초당 반복되는 횟수(**헤르츠** hertz)로 표현된다. 또한 주파수는 우리가 지각하는 **음고** pitch를 결정한다. 고주파음은 고주파수의 사인파(그림 4.25에 있는 5,000Hz의 사인파처럼) 형태를 취한다. 저주파음은 저주파수의 음파(그림 4.25와 같은 사인파로서 500사이클/초와 같은 것)이다. 사인파는 청각의 분석에 중요한데, 프랑스의 수학자 푸리에에 의해

굉음에 장기간 노출되면 청각이 손상된다. 공항에서 일하는 사람은 귀마개가 필요하다.

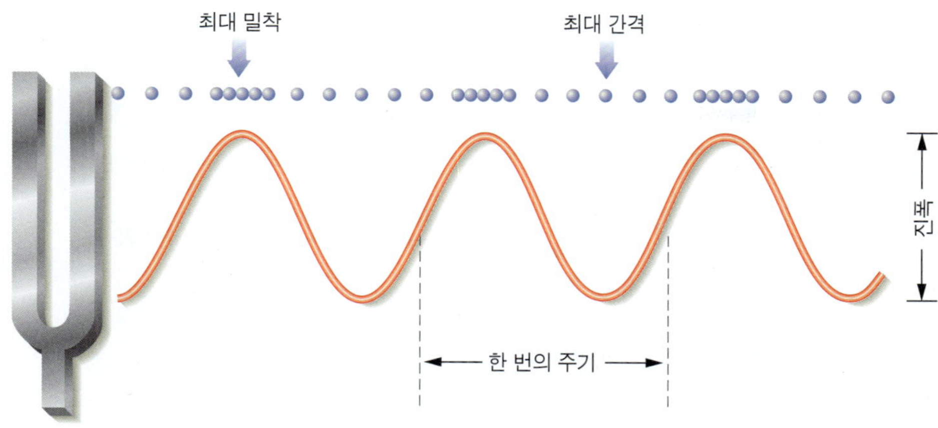


**그림 4.25 순음.** 소리굽쇠는 진동하면서 순음을 만들어 낸다. 순음은 연속적인 공기압의 파로 이루어지며, 사인파의 형태이다. 파의 진폭은 파의 강도에 해당하고, 1초당 나타나는 파의 개수를 주파수라 한다. 푸리에 분석(Fourier analysis)을 이용하면 어떤 음파도 주파수와 강도가 서로 다른 사인파들의 합으로 분해할 수 있다.

증명된 것처럼 어떠한 복합음도 순음으로 분해될 수 있으며 서로 다른 주파수를 가진 일련의 사인파의 가중합계로 표현될 수 있다.

순음의 두 번째 차원은 **진폭** amplitude으로, 시간 대비 압력의 그래프에서 꼭대기와 밑바닥 사이의 압력차가 그것이다(그림 4.25 참조). 진폭은 우리가 듣는 **소리 크기** loudness를 결정한다. 진폭은 보통 데시벨 척도(decibel scale)로 표현하는데 이는 크기의 로그 척도이다. 10dB의 증가는 진폭이 소리역치의 10배만큼 증가했다는 것을 의미한다. 20dB은 100배의 증가에 해당하며, 30dB은 1,000배의 증가에 해당한다. 예를 들면 조용한 도서관에서 작은 속삭임은 약 30dB이고, 시끄러운 식당에서는 70dB, 록 콘서트는 120dB, 이륙하는 제트기는 140dB이다. 100dB 이상의 소리에 지속적으로 노출되면 영구적인 청각 손상을 입을 수 있다.

소리의 마지막 측면은 **음색** timbre으로, 이는 소리의 복잡성에 대한 감각을 가리킨다. 지금까지는 순음에 대해서 이야기했지만 일상생활에서 듣는 소리는 그렇게 단순하지 않다(소리굽쇠와 전자악기에서 나는 소리는 예외이다). 음향장치, 자동차, 인간이나 다른 동물들이 내는 소리, 폭포수 등은 모두 복잡한 패턴의 음압을 그 특징으로 한다. 예를 들면 음색의 차이 때문에 바이올린의 중간 C와 트럼본의 중간 C가 다르게 들리는 것이다.

**악기는 복잡한 패턴의 음압을 산출하는데 그것을 소리의 음색이라고 한다.**

## 청각체계

청각체계(auditory system)는 귀, 뇌의 여러 부분, 그리고 다양한 신경경로로 구성된다. 먼저 눈에 띄는 것은 귀인데, 머리의 양쪽에 붙어 있는 귓바퀴뿐만 아니라 두개골 속에 들어 있는 청각기관 전체가 포함한다(그림 4.26 참조).

눈과 마찬가지로 귀에도 2개의 시스템이 있다. 하나는 소리를 증폭하여 수용기에 전달하고, 또 하나는 소리를 받아서 그것을 신경신호로 변환한다. 전달 시스템은 외이와 중이로 구성되며, **외이** outer ear는 귓바퀴와 이도, **중이** middle ear는 고막 그리고 추골, 침골, 등골이라는 세 뼈가 연결된 것이다. 변환 시스템은 내이의 일부인 와우각(chochlea)에 들어 있는데, 와우각에는 청각수용기가 있다.

그림 4.27은 전달 시스템을 자세히 보여 준다. 외이는 소리의 수집을 돕고, 그것을 이도를 통해 **고막** eardrum에 집중시킨다. 고막은 중이의 가장 바깥이며, **이도** auditory canal를 통해 들어온 음파에 의해 진동하게 된다. 중이가 하는 일은 고막의 진동을 공기가 들어찬 공간을 통해서 또 다른 막인 **난원창** oval window에 전달하는 것이다. 난원창은 내이와 수용기로 가는 문이다. **추골** malleus, **침**

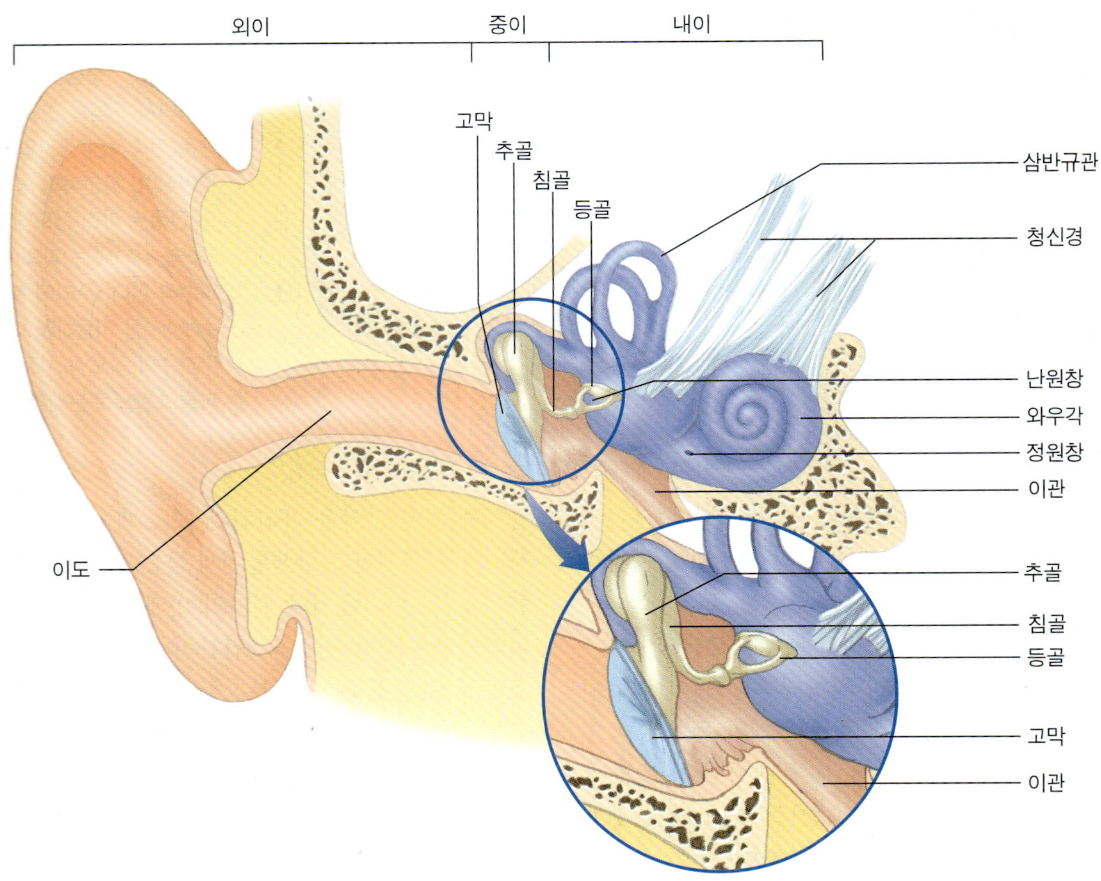


**그림 4.26 귀의 단면도.** 이 그림은 귀의 전체적인 구조를 보여 준다. 내이에는 와우각이 있으며, 와우각에는 청각수용기와 전정기관이 들어 있는데, 전정기관은 우리 몸의 균형과 신체 운동을 위한 감각기관이다.

골 incus, 등골 stapes, 이 3개의 작은 뼈(청소골)로 이루어진 기계역학적 교량이 전달을 완성한다. 고막의 진동은 첫 번째 뼈를 움직이고, 그것은 다시 두 번째 뼈를 움직이고, 그것은 다시 세 번째 뼈를 움직여서 결국 난원창의 진동을 유발한다. 이러한 기계역학적 배열은 음파를 전달할 뿐만 아니라 증폭하기도 한다.

이제 변환 시스템을 살펴보자. 와우관 cochlea duct은 뼈로 만들어진, 코일처럼 생긴 튜브이다. 이것은 막들에 의해 몇 개의 부분으로 나누어져 있다. 막 중의 하나인 기저막 basilar membrane은 그 위에 청각수용기를 가지고 있다(그림 4.27 참조). 이 수용기를 유모세포 hair cell라고 하는데, 그 이유는 이 세포들이 머리카락처럼 생긴 구조물을 가지고 있기 때문이다. 유모세포는 귓속의 용액 중에 잠겨 있다. 난원창에 전달된 압력은 와우각 내부의 용액에 압력 변화를 가져오고, 그것은 다시 기저막을 진동시키며, 그 결과로 유모세포의 굴절과 전기적 신호가 일어난다. 이러한 복합적 과정을 통해서 음파는 결국 전기적 신호로 변환된다. 유모세포와 연결된 뉴런은 길다란 축색돌기를 가지고 있고, 이 축색돌기들은 청신경의 일부를 구성한다. 이 청각 뉴런의 대부분은 하나의 유모세포와 연결된다. 청신경에는 대략 31,000개의 청각 뉴런이 있는데, 시신경의 100만 개에 비하면 상당히 적은 수이다(Yost & Nielson, 1985). 각 귀로부터 출발하는 청각 경로는 뇌의 양쪽으로 들어가며, 여러 개의 핵과 시냅스를 연결한 후 측두엽에 있는 청각피질에 도달한다.

## 소리의 강도

우리의 시각은 특정 파장의 빛에 더 민감한데, 이와 유사한 현상이 청각에도 나타난다. 우리는 중간 부근의 주파수에 민감하며, 가청주파수 범위의 양쪽 끝에 있는 소리에는 민감하지 않다. 그림 4.28은 주파수의 함수로서 소리 크기의 절대역치를 보여 준다. 많은 사람들은 청각에

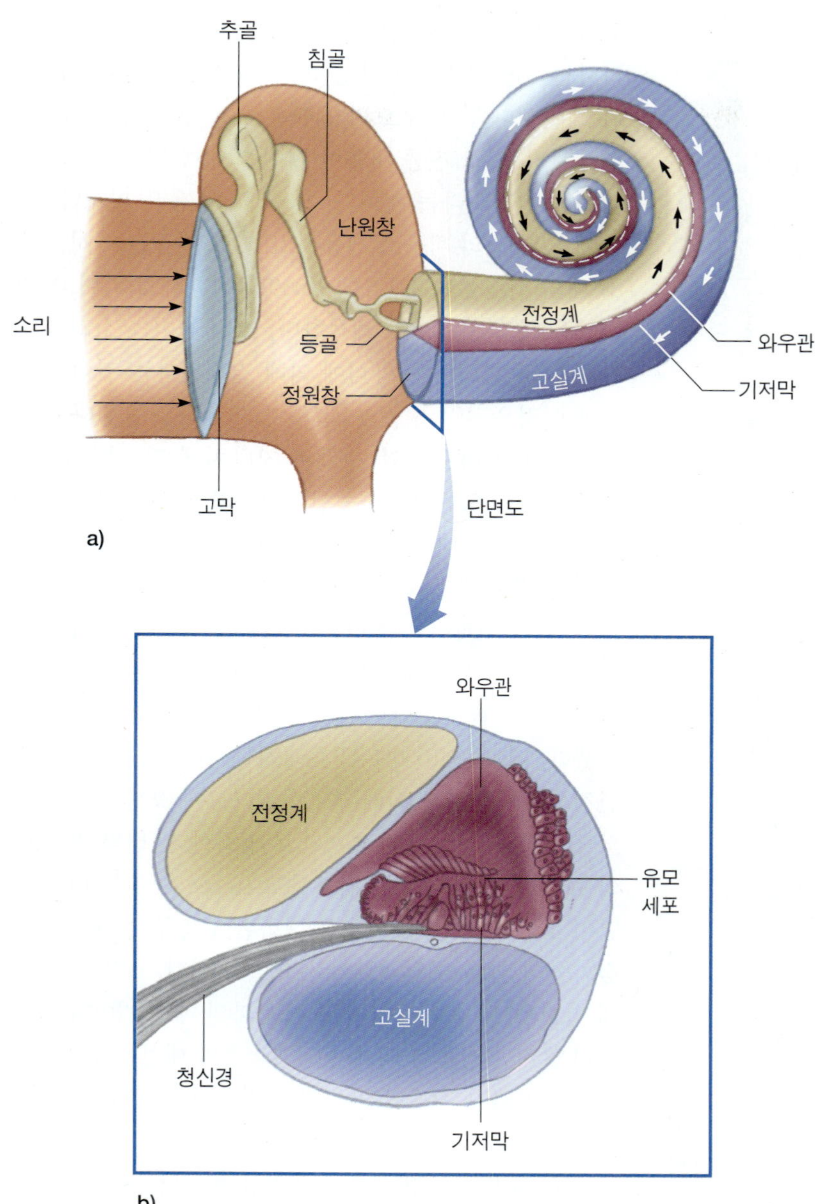


**그림 4.27 중이와 내이.** (a) 와우각 내부에 있는 용액의 운동이 기저막을 변형시키고 청각 수용기로서 작동하는 유모세포를 자극한다. (b) 와우각의 단면도로 기저막과 유모세포를 보여 준다.

어떤 결함을 가지고 있으며, 그 결과로 이 그림에 있는 것보다 높은 역치를 보이게 된다. 기본적으로 두 종류의 청각장애가 있다. 하나는 전도장애로 중이에서의 불량한 전도에 기인하는데, 거의 모든 주파수대에서 높은 역치를 나타낸다. 또 하나는 감각신경적 장애로 역치의 상승이 균일하지 않은데, 고주파에 대한 역치의 상승이 특히 크다. 이러한 장애는 내이 손상의 결과로서 때때로 유모세포의 손상을 포함한다. 유모세포는 한 번 손상되면 재생되지 않는다. 감각신경적 장애는 노년에 많이 발생하기 때문에, 노인이 고주파음을 듣는 데 어려움이 있는 이유를 잘 설명한다. 그러나 이런 장애는 노인에게만 국한되는 것은 아니고, 지나치게 큰 소리에 노출된 젊은이들에게서도 흔히 나타날 수 있다. 록 가수, 공항 근무자, 압축드릴 기술자에게 영구적 청각장애가 발생하는 경우가 드물지 않다. 예를 들면 1960년대의 록 그룹 더후의 기타리스트 피트 타운센드는 심각한 감각신경적 장애를 앓고 있는데, 이는 커다란 록 음악 소리에 지속적으로 노출된 결과이다. 그는 이후 많은 젊은이들에게 이런 위험성에 대해 경고하고 있다.

우리가 지각하는 소리 크기가 양쪽 귀에서 똑같을 것이라고 생각하겠지만 실제로는 미묘한 차이가 있다. 예를 들면 오른쪽에서 들어오는 소리는 오른쪽 귀에 더 강하게 들릴 것이다. 머리가 '소리 차양'의 역할을 하여 반대쪽 귀에 도달하는 소리의 크기를 약하게 한다. 이러한 차이가 듣기 능력을 방해하지는 않지만, 우리는 그것을 활용하여 소리가 어느 방향에서 오는지를 알 수 있다. 우리는 '어떤 소리가 오른쪽 귀에서 더 강하게 들리면 그 소리는 오른쪽에서 오는 것임에 틀림없다'고 추론하는 것 같다. 마찬가지로 오른쪽에서 나는 소리는 오른쪽 귀에 먼저 도달한다(왼쪽에서 나는 소리의 경우는 그 반대이다). 우리는 이러한 시간차를 이용하여 소리의 방향을 알아낸다(어떤 소리가 내 오른쪽 귀에 먼저 도착한다면 그것은 오른쪽 방향에서 오는 것이 틀림없을 것이다).

## 소리의 높이

소리의 주요한 심리적 질의 하나는 소리의 높이, 즉 **음고 pitch**인데, 이는 소리의 주파수에 대한 감각이다. 주

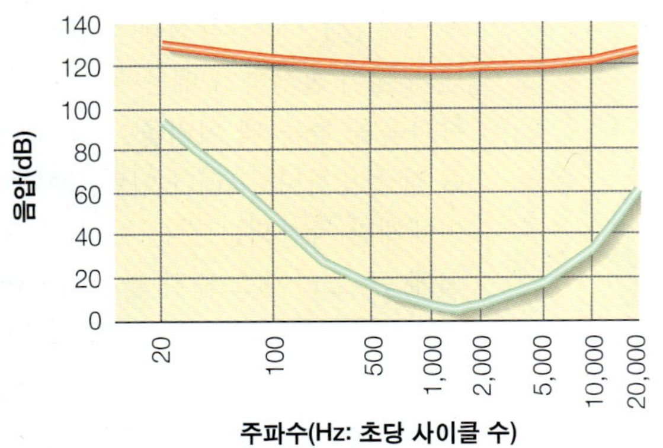


**그림 4.28 청각의 절대역치.** 아래에 있는 곡선은 서로 다른 주파수의 절대강도 역치를 보여 준다. 민감도는 1,000Hz 부근에서 가장 크다. 위에 있는 곡선은 통증의 역치를 나타낸다.

파수의 증가는 음고의 증가를 가져온다. 청소년기에는 주파수가 20Hz에서 20,000Hz 범위의 순음을 탐지할 수 있으며, 최소가지차이는 100Hz에서는 1Hz 미만이고 10,000Hz에서는 100Hz로 증가한다.

빛과 마찬가지로 소리의 경우에도 우리가 순수한 감각 자극을 듣게 될 기회는 거의 없다. 시각체계에서 우리가 통상 보게 되는 것은 파장들의 혼합이지 순수한 자극—단일 파장으로 구성된 빛—이 아님을 상기하라(예외가 하나 있는데, 레이저가 발산하는 빛은 단일 파장이다). 청각체계의 경우에도 이와 유사하다. 우리가 순음을 듣게 되는 일은 거의 없고 순음들의 혼합을 듣는 것이 보통이다. 그러나 여기서부터 빛과 소리는 다른 특징을 보이기 시작한다. 파장이 서로 다른 빛을 혼합하면 완전히 새로운 색이 나타나지만, 순음을 혼합하는 경우에는 그 각각의 구성음을 따로 들을 수 있다. 특히 그 구성음들의 주파수가 상당히 떨어져 있는 경우에는 더욱 그렇다. 주파수가 서로 아주 근접해 있을 때 감각은 더욱 복잡한 성격을 띠지만, 그래도 하나의 순음처럼 들리는 일은 없다.

색채시에서는 세 가지 원색의 혼합이 단일한 색채 감각을 일으킨다는 사실이 세 종류의 수용기세포를 찾게 만들었다. 청각에는 이에 비견할 만한 현상이 없는데, 특정 주파수에 특화된 몇 가지 유형의 수용기가 있는 것이 아니라 주파수 수용기는 서로 어떤 연속성을 형성하고 있는 것 같다.

## 음고 지각의 이론

색채시의 경우와 마찬가지로 귀가 주파수를 높이로 부호화하는 방식에 대한 설명으로 2개의 이론이 제안되었다. 하나는 1886년에 영국의 물리학자 러더포드(Rutherford)가 제안했다. 러더포드의 제안은 음파가 기저막 전체를 진동시키고, 그 진동 비율이 시신경 내 신경섬유의 점화 비율을 결정한다는 것이다. 1,000Hz의 음은 기저막을 1초에 1,000번의 비율로 진동시키고, 그 진동은 다시 시신경 내의 신경섬유가 1초에 1,000번 점화하게 하며, 뇌가 그것을 특정한 음고로 해석한다. 소리 높이는 소리가 시간에 따라 변화하는 방식에 의해 결정된다는 것이기 때문에 이것은 **시간 이론** temporal theory이라고 불린다.

하지만 러더포드의 가설은 지나치게 단순화되었음이 곧 판명되었는데, 이는 신경섬유의 최대 점화율이 초당 1,000회를 넘지 못한다는 사실이 여러 실험에 의해 알려졌기 때문이다. 러더포드의 가설이 옳다면 주파수가 1,000Hz를 초과하는 소리는 그 높이를 우리가 지각할 수 없겠지만, 그것은 물론 사실이 아니다. 위버(Weaver)는 1949년에 러더포드의 가설을 구원하는 하나의 방법을 제안했다. 위버는 1,000Hz를 초과하는 주파수는 서로 다른 신경섬유의 집단에 의해 부호화된다고 주장했다. 여기서 각 집단은 약간씩 다른 페이스로 점화한다. 만약 한 집단의 뉴런이 초당 1,000번 점화하고 1msec 후에 두 번째 집단이 초당 1,000회의 비율로 점화한다면 두 집단의 초당 점화율의 합은 초당 2,000회가 될 것이다. 시간 이론의 새 버전은, 비록 개개의 세포는 음파의 매 주기마다 반응하지 않지만 청신경 내에서 신경충격의 패턴은 자극음의 파형을 따라간다는 발견에 의해 지지되었다(Rose et al., 1967).

매우 영리한 주장이기는 했지만 이 가설도 충분하지 못하다. 신경섬유가 파형을 따라가는 능력은 4,000Hz 부근에서 한계에 달한다. 그렇지만 우리는 그보다 더 높은 주파수의 소리에 대해서도 높이를 구별할 수 있다. 소리의 높이라는 질을 부호화하는 다른 수단이 적어도 고주파에 대해서는 틀림없이 있을 것이다. 음고의 지각에 관한 두 번째 이론은 그런 물음과 함께 등장했다. 그것은 1683년까지 거슬러 올라가는데, 프랑스의 해부학자 조제프 기샤르 뒤베르네(Joseph Guichard Duverney)는 주파수가 공명에 의해 기계적으로 높이로 부호화된다고 제안했다. **공명** resonance은 특정 주파수의 소리가 수학적으로 대응되는 거리에 걸쳐서 반향되는 정도를 가리킨다(Green & Wier, 1984). 이 주장을 이해하기 위해 공명의 예를 하나 살펴보자. 소리굽쇠를 피아노의 곁에서 두드리면 소리굽쇠와 같은 주파수로 조율된 피아노 줄이 진동하기 시작한다. 귀도 똑같은 방식으로 작동한다고 생각할 수 있다. 귓속에 어떤 구조물이 있고, 그 구조물은 마치 줄로 구성된 악기와 같은데, 각각의 부분이 서로 다른 주파수에 조율되어 있어서 어떤 주파수가 귀에 들어오면 그 구조물의 대응하는 부분이 진동한다고 말이다. 이러한 생각이 크게 틀리지 않다는 것이 증명되었고, 그 구조물에 해당하는 것이 바로 기저막임이 밝혀졌다.

1800년대에 헤르만 폰헬름홀츠(색채시 이론에도 나왔었다)는 이 이론을 더욱 발전시켜 장소 이론을 제안했다. **장소 이론** place theory은 기저막의 서로 다른 위치가 서로 다른 음고의 감각을 산출한다고 주장한다. 기저막에 서로 다른 위치가 수없이 많다는 사실은 음고를 위해 서로 다른 많은 수용기가 존재한다는 주장과 일치한다. 장소 이론은 우리가 기저막으로 듣는다고 말하는 것은 아니다. 막의 어느 부분이 진동을 가장 많이 하는가 하는 것은 어느 신경섬유가 활성화되는가를 결정하며, 그것이 우리가 듣는 소리의 높이를 결정한다. 이것은 어떤 신경이 관여하느냐에 따라 질을 부호화하는 감각 양상의 예이다.

기저막이 어떻게 동작하는가에 대해서는 1940년대까지 잘 알려지지 않았다. 헝가리 출신의 생물물리학자 게오르그 폰베케시(Georg von Békésy)는 기니피그와 인간 시체의 와우각에 뚫은 구멍을 통해서 그 운동을 처음으로 측정했다. 폰베케시의 발견은 장소 이론의 수정을 요구했다. 기저막은 많은 현으로 이루어진 피아노처럼 동작하는 것이 아니고, 마치 한쪽 끝을 잡고 흔든 침대 시트처럼 움직인다. 구체적으로 말하면, 폰베케시는 막 전체가 대부분의 주파수에 대해 반응하지만 주파수에 따라서 최대 운동을 나타내는 부위가 다름을 밝혀냈다. 고주파는 기저막의 시작 부분을 진동시킨다. 즉 주파수가 증가함에 따라 진동 패턴이 난원창 쪽으로 이동한다(von Békésy, 1960). 이 연구를 포함한 여러 연구로 폰베케시는 1961년에 노벨상을 받았다.

시간 이론과 마찬가지로 장소 이론도 음고 지각의 많은 현상을 설명하지만 전부를 설명할 수 있는 것은 아니다. 장소 이론의 난점 중 하나는 저주파음과 관련되어 있다. 50Hz 이하의 주파수에 대해서는 막의 모든 부분이 똑같이 진동한다. 이 말은 모든 수용기가 똑같이 활성화

## 첨/단/연/구

### 착각은 뇌의 어느 곳에 있는가?

*Scott Murray*, 워싱턴대학교

맥락은 사물의 크기를 지각하는 데 극적인 영향을 끼친다. 예를 들면 오른쪽 그림에서 2개의 구면체는 물리적 크기가 정확하게 같다. 페이지상에서 동일한 면적을 차지한다(확인해 보기 바란다). 따라서 망막에서도 동일한 크기의 공간을 차지한다. 그러나 뒤에 있는 구면체가 앞에 있는 구면체보다 더 크게 지각된다. 5장에서 자세히 살펴보겠지만, 삼차원 공간 세계를 해석하기 위해 진화해 온 시각체계에 있어서 착각은 완벽한 의미를 가지고 있다. 그림에 나타난 깊이 단서는 두 구면체의 지각된 거리에 차이를 만들어 내며, 시각체계는 지각된 거리를 고려하여 물체의 크기를 추정한다. 두 구면체의 착시는 망막에서의 동일한 입력이 그림 속의 삼차원 정보에 따라서 어떻게 서로 다른 지각으로 변환되는지를 잘 보여 준다.

중요한 물음은 그림 속의 복도가 제공하는 삼차원 정보가 시각체계의 어느 곳에서 구면체의 감각표상에 영향을 미치는가 하는 것이다. 아마도 삼차원 정보는 상당히 복잡하기 때문에, 삼차원 정보 처리와 대상 재인을 전담하는 후기 단계에 일어날 가능성이 있다. 또는 훨씬 빠를 수도 있다. 삼차원 정보는 구면체의 이미지가

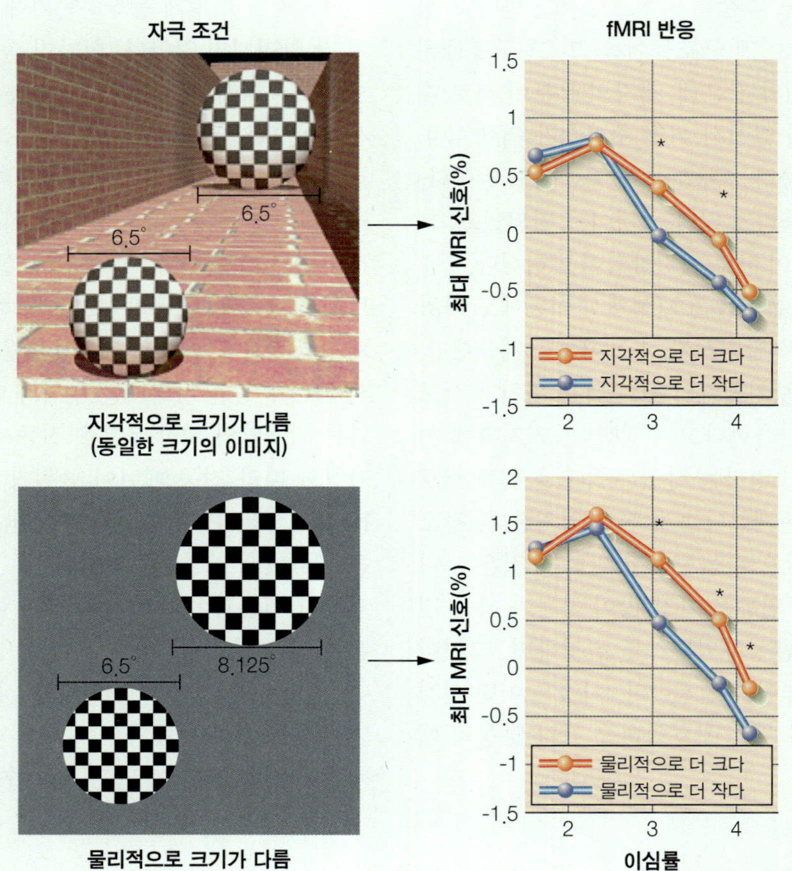


뇌에 들어오자마자 바로 지각을 변화시키는 데 사용될 수도 있다. 사실 '착각을 취소할 없다'는 강력한 느낌이 드는 것은 구면체의 표상이 시각체계의 매우 이른 시기에 변화되었음을 시사한다.

어느 쪽이 맞는지 조사하기 위해 우리는 fMRI라고 하는 뇌 영상법을 이용하여 앞의 구면체와 뒤의 구면체에 의해 활성화되는 피질의 크기를 측정했다. 초기 시각체계는 망막 부위에 대응하는 방식으로 구성되어 있다. 망막의 인접한 부분들은 시각피질의 인접한 위치에 투사된다. 그 결과는 시각 공간의 '지도'이다—어떤 물체의 망막상은 피질의 인접한 영역들을 활성화한다. fMRI를 사용하여 우리는 지도의 크기가 앞의 구면체를 볼 때와 뒤의 구면체를 볼 때 서로 같은지 다른지를 조사했다.

일차시각피질(V1)은 눈에서 오는 정보를 수용하는 첫 번째 영역인데, 일차시각피질에서 앞의 구면체와 뒤의 구면체의 지도 크기가 달랐다. 앞의 구면체는 뒤의 구면체보다 피질의 더 좁은 영역을 활성화했다. 이 사실은 두 번째 그림에서 알 수 있다. 두 번째 그림의 위쪽에서는, 작게 지각되는 앞의 구면체에 비해 크게 지각되는 뒤의 구면체에 대한 지도가 더 큼을 볼 수 있다. 그림의 아랫부분은 물리적으로 서로 다른 크기의 두 원을 사용했을 때의 결과이다. 물리적으로 서로 다른 크기에 대한 결과와 지각적으로 서로 다른 크기에 대한 결과가 거의 유사하다는 점에 주목하기 바란다.

시각체계는 왜 그렇게 일찍 지도를 바꾸는가? 크기는 대상을 재인하는 데 중요한 단서이기 때문이다. 예를 들면 대상의 크기는 골프공, 야구공, 배구공을 빨리 변별하는 것을 도와준다. 그러나 재인체계가 대상의 크기를 이용하기 위해서는 삼차원 정보의 고려가 필수적이다. 예를 들면 눈 바로 앞의 골프공은 저 멀리 있는 배구공보다 훨씬 큰 망막상을 만들어 낸다. fMRI 연구는 거리 정보가 매우 일찍 고려된다는 것을 보여 주는데, 그것은 아마도 대상의 크기를 정확하게 추정하는 것을 도와주기 위함일 것이다.

우리의 연구는 다른 그룹들에 의해 계속되었으며 새로운 발견이 많이 나타났다. 예를 들면 신델과 아놀드(Schindel & Arnold, 2010)는 인간의 방향 변별이 대상 크기의 가현적 증가에 따라 향상된다는 것을 보여 주었다. 이것은 물체의 망막상이 동일하더라도 근접 물체보다 원격 물체에서 세부를 더 잘 볼 수 있음을 시사한다. 더욱이 슈워즈코프 등(Schwarzkopf et al., 2011)은 V1의 크기—개인차가 큰데 그 이유는 알려지지 않았다—와 크기 착시의 양 사이의 놀라운 관련성을 보여 주었다. V1이 작은 사람은 크기 착시를 더 많이 나타내는데, 이것은 크기 지각에서 V1의 역할을 지지하는 또 다른 발견이다.

우리의 연구는 이런 최근의 발견과 함께 앞에서 본 공의 예에서처럼 착시가 왜 그렇게 강력한지를 설명하는 것을 도와준다. 두 구면체의 지각된 크기의 차이는 실재하는 차이처럼 보인다. 시각체계의 매우 이른 단계에서 지도에 차이가 나타난 것은, 적어도 우리의 뇌에서는 지각상의 차이가 실재적인 것임을 의미한다.

된다는 것이고, 이는 다시 말해 50Hz 이하의 주파수를 변별할 수 없다는 것을 의미한다. 실제로 우리는 20Hz 정도의 주파수까지 변별이 가능하다. 전체적으로 장소 이론은 저주파의 지각을 설명하는 데 어려움이 있고, 시간 이론은 고주파의 지각을 설명하는 데 어려움이 있다. 이러한 상황은 소리 높이가 장소 패턴과 시간 패턴, 두 가지에 의존한다는 생각, 그래서 시간 이론으로는 저주파의 지각을, 장소 이론으로는 고주파의 지각을 설명하자는 생각으로 이어졌다. 그러나 어느 메커니즘이 언제 작동하고 언제 휴식하는지에 대해서는 분명하지 않다. 실제로는 1,000~5,000Hz 사이의 주파수가 두 가지 메커니즘 모두에 의해서 다루어질 가능성이 있다(Coren et al., 1999).

### 중간 요약

- 청각을 위한 자극은 기압 변화의 파(음파)이다.
- 음파는 외이와 중이에 의해 변환되며, 기저막을 진동시키고, 이는 유모세포를 굴절시켜 신경충격을 만들어 낸다.
- 소리 크기는 음파의 크기, 즉 음파의 최저압과 최고압의 차이에 의해 결정된다.
- 음고는 소리의 가장 두드러진 특징으로, 음파의 주파수에 의해 결정된다. 음고 지각의 두 이론은 시간 이론과 장소 이론이다. 이 이론들은 서로 배타적이지 않다. 시간 이론은 저주파의 지각을 잘 설명하고, 장소 이론은 고주파의 지각을 잘 설명한다.

### 비판적 사고를 위한 물음

1. 눈과 귀의 관계를 고찰해 보라. 두 기관은 다양한 기능을 수행하는 다양한 요소로 구성되어 있다. 수행하는 기능의 측면에서 눈의 요소와 귀의 요소는 어떠한 대응을 보이는가?
2. 노년기에 저주파나 중주파보다 고주파를 듣기 어려운 이유는 무엇이라고 생각하는가?

## 다른 감각

시각과 청각 이외의 감각은 고차적 감각으로 불리는 두 감각에 비해서 패턴화와 조직화에 부족함이 있다. 그러나 이러한 감각은 생존을 위해서 중요하다. 예를 들면 후각은 감각 중에서 가장 원시적이고 가장 중요한 것 중의 하나인데, 그 이유는 후각이 다른 감각보다 뇌로 가는 직접 경로를 더 많이 가지고 있기 때문이다. 후각수용기는 비강 속에 있는데, 시냅스를 경유하지 않고 뇌와 연결되어 있다. 또한 시각 및 청각 수용기와 달리 냄새를 위한 수용기는 환경에 직접적으로 노출되어 있다—비강 속에 아무런 보호막 없이 존재한다(반면에 시각수용기는 각막의 뒤에 있고, 청각수용기는 외이와 중이에 의해 보호된다). **후각** olfaction은 분명히 중요한 감각 양상이기 때문에 다른 감각보다 먼저 살펴보자.

### 후각

냄새는 인간의 생존을 돕는다. 음식의 부패와 가스의 누출을 알아차리는 데 냄새가 필요하다. 냄새 감각의 저하는 식욕을 감소시킨다. 냄새는 다른 많은 동물들의 생존에 더욱 필수적이다. 놀랄 것도 없는 것이 인간보다 다른 종에서 후각을 담당하는 피질 영역이 훨씬 크다. 물고기의 경우 후각피질이 대뇌반구의 대부분을 차지하며, 개는 약 33%, 인간의 경우는 겨우 5%를 차지한다. 이런 차이는 냄새에 대한 민감성의 차이와 관련된다. 개의 뛰어난 후각 능력 때문에 전 세계의 사법당국은 밀수품 검색을 위해 개를 훈련시킨다. 특별히 훈련된 경찰견은 숨겨진 폭발물을 찾아낼 수 있다.

후각은 다른 종에서 잘 발달되어 있어서 커뮤니케이션의 수단으로 종종 이용된다. 곤충을 비롯한 많은 동물이 **페로몬** pheromone을 분비한다. 페로몬은 공기 중을 떠돌

개미는 냄새를 이용하여 죽은 동료를 내다 버린다.

**개는 인간보다 냄새에 더 민감하다. 그런 이유로 개는 세계무역센터의 잔해 속에서 탐색 및 구조 작업을 하거나 폭발물 탐지를 하는 데 이용되었다.**

다 다른 개체의 코로 들어가는 화학물질이다. 예를 들면 암컷 나방이 분비하는 페로몬은 대단히 강해 몇 km 떨어진 곳의 수컷을 유인할 수 있다. 우리가 알고 있는 바에 의하면 수컷 나방은 페로몬에 반응하는 것이지 암컷의 모습에 반응하는 것이 아니다. 왜냐하면 수컷은 시야가 차단된 그물망 속의 암컷에게는 유인되지만, 냄새가 빠지지 못하도록 밀폐된 유리병 속의 암컷에게는 몰려들지 않기 때문이다. (파트리크 쥐스킨트의 흥미로운 소설 『향수』는 체취가 전혀 없이 태어났지만 그 때문에 세상의 모든 냄새에 극도로 민감한 한 남자의 이야기이다. 다른 사람들에게 그는 초감각적 능력을 가진 사람으로 보이는데, 그는 지금 이 자리에 없는 어떤 사람이 곧 도착할 것을 냄새를 통해 감지하는 능력을 가지고 있다.)

곤충은 냄새를 이용하여 사랑뿐만 아니라 죽음을 신호하기도 한다. 개미가 죽은 후에 분해되는 시체에서 형성된 화학물질은 다른 개미들을 자극하여 그 시체를 집 밖의 쓰레기 더미로 나르게 만든다. 살아 있는 개미에게 시체 분해 물질을 발라 두면 다른 개미들은 그 개미를 쓰레기 더미로 옮긴다. 그 개미가 집으로 돌아온다면 다시 쓰레기 더미로 옮겨질 것이다. 이 때이른 장례식은 죽음의 냄새가 다할 때까지 계속된다(Wilson, 1963).

인간에게도 이러한 원시적 소통 시스템의 흔적이 있을까? 실험에 의하면 우리는 냄새를 이용하여 자신과 남을 구분하며, 남자와 여자를 구분한다. 한 연구에서 사람들에게 24시간 동안 샤워도 하지 않고 탈취제도 쓰지 못하게 한 후 속옷을 수거했다. 그리고 이 속옷 3개를 사람들에게 주고 냄새를 맡게 했다. 그중 하나는 자신의 것이고 나머지 둘은 타인의 것이었는데, 남자의 것 하나, 여자의 것 하나였다. 냄새만 가지고 사람들은 자기 속옷을 정확하게 찾아냈으며, 나머지 속옷이 남자의 것인지 여자의 것인지 구분할 수 있었다(Russell, 1976; Schleidt et al., 1981). 다른 연구에 의하면 우리는 냄새를 이용하여 미묘한 사항을 전달한다고 한다. 함께 살거나 일하는 여성들은 냄새를 사용하여 월경주기를 서로 전달하며, 시간이 지남에 따라 월경주기가 같아진다(McClintock, 1971; Preti et al., 1986; Russell et al., 1980; Weller & Weller, 1993). 그러나 기억할 점은 이것이 행동이 아니라 생리적 기능에 미치는 영향이라는 사실이다. 월경의 규칙성은 건강한 생식 기능 및 임신과 관련되어 있지만, 그것이 인간 행동에 직접적 영향을 주는 것은 아니다. 많은 연구자들은 페로몬의 행동적 효과가 인간의 경우에는 간접적이라고 믿는데, 그 이유는 사회적 요인과 학습 요인이 동물보다는 인간에게 더 많은 영향을 주기 때문이다(Coren et al., 1999).

### 후각체계

어떤 물질로부터 분리되어 공기 중을 부유하는 분자가 냄새의 자극이다. 이 분자가 어떤 물체를 떠나서 공기 중을 여행하여 우리의 코로 들어온다(그림 4.29 참조). 또한 분자는 반드시 지방에 용해될 수 있어야 한다. 후각수용기는 지방성 물질로 덮여 있기 때문이다.

후각체계는 코안의 수용기, 뇌의 여러 부분, 그리고 그 중간의 신경경로로 이루어져 있다. 후각수용기는 비강의 높은 곳에 위치한다. 이 수용기의 섬모가 공기 중의 분자와 접촉하면 전기적 신호가 발생한다. 이것이 변환 과정이다. 전기적 신호는 신경섬유를 거쳐서 **후구** olfactory bulb, 즉 전두엽의 바로 아래에 있는 뇌 영역으로 간다. 후구는 다시 측두엽의 안쪽에 있는 **후각피질** olfactory cortex과 연결된다. (재미있는 것은 후구가 장기기억의 형성에 관여하는 피질 부위와 직접 연결되어 있다는 것이다. 그러한 연결은 특정한 냄새가 오래된 기억의 인출에 강력한 도움을 줄 수 있다는 프루스트의 생각을 지지하는 것 같다.)

### 강도와 질의 감지

냄새의 강도에 대한 민감도는 물질에 의존한다. 절대역치는 공기의 500억분의 1 정도로 낮을 수 있다. 그러

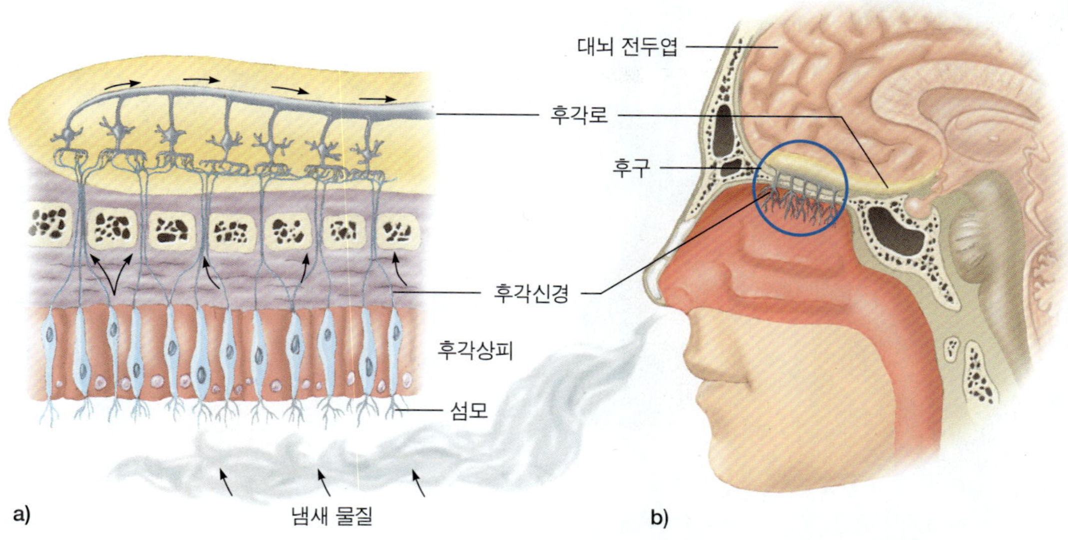


**그림 4.29 후각수용기.** (a) 많은 지지세포 속에 둘러싸여 있는 수용기세포. (b) 비강에서 후각수용기의 위치.

나 인간은 다른 종에 비해 훨씬 둔감하다. 예를 들어 개는 인간보다 100배 낮은 농도의 물질을 탐지할 수 있다(Marshall et al., 1981). 인간의 민감도가 낮은 이유는 후각수용기가 덜 민감하기 때문이 아니다. 문제는 숫자인데, 인간의 후각수용기 개수는 다른 동물의 약 100분의 1이다. 인간이 약 1,000만 개의 수용기를 가지고 있는 데 비해서 개는 10억 개의 수용기를 가지고 있다.

인간은 다른 동물보다 후각에 덜 의존하지만, 냄새가 가진 많은 다른 질을 감지할 수 있다. 추정치는 일정하지 않지만 건강한 사람은 1만~4만 가지의 냄새를 구별할 수 있는데, 일반적으로 여자가 남자보다 우수하다(Cain, 1988). 전문적인 향수 조제사나 위스키 블렌더는 훨씬 더 잘할 수 있는데 아마도 10만 가지의 냄새를 구별할 수 있을 것이다(Dobb, 1989). 우리는 후각 시스템이 어떻게 냄새의 질을 부호화하는지에 대해 생물학적 수준에서 어느 정도 알고 있다. 그 상황은 세 종류의 수용기만 있으면 가능한 색채의 부호화와는 아주 다르다고 생각된다. 냄새의 경우 수많은 유형의 수용기—약 1,000가지로 추산해도 과하지 않다—가 관여하는 것 같다(Buck & Axel, 1991). 수용기는 하나의 특정한 냄새가 아니라 다른 많은 냄새에 반응한다(Matthews, 1972). 그러므로 질은 부분적으로는 신경활동의 패턴에 의해서, 수용기가 풍부한 이 감각 양상에서 부호화된다.

## 미각

미각 경험은 다른 감각이 제공하는 많은 경험을 필요로 한다. 그래서 우리는 어떤 음식이 맛있다고 말하지만, 심한 감기로 냄새 맡는 능력이 저하되면 음식은 맛이 없어지고 심지어 적포도주와 식초를 구별하기도 어렵게 된다. 그럼에도 불구하고 미각은 당당한 하나의 감각이다. 심한 감기에 걸렸어도 우리는 짠 음식과 싱거운 음식을 구별할 수 있다.

지금부터 우리가 특정한 물질의 맛을 지칭할 때 그 물질만이 그것의 맛을 결정하는 유일한 요소가 아니라는 것을 명심하기 바란다. 우리의 유전적 바탕과 경험 또한 맛에 영향을 준다. 예를 들면 사람들은 카페인과 사카린의 쓴맛에 대해 서로 다른 민감도를 가지고 있으며, 그러한 차이는 유전적으로 정해지는 것 같다(Bartoshuk, 1979). 경험의 역할은 인도 카르나타카 지방에 사는 사람들에게서 잘 나타나는데, 그들은 신맛이 나는 음식을 좋아하고 구연산과 키니네(토닉워터의 쓴맛이 남)를 아주 맛있어 한다. 하지만 서양인은 대부분 그 반대이다. 이러한 차이는 경험의 문제인데, 서구에서 성장한 인도인은 구연산과 키니네를 불쾌한 맛으로 경험하기 때문이다(Moskowitz et al., 1975).

### 미각체계

미각 자극이 되는 물질은 침에 녹을 수 있어야 한다. 미

**사람들은 맛에 대한 감수성이 서로 다르다. 어떤 사람들은 이 사진의 홍차 감별사처럼 특정한 물질의 미묘한 맛 차이를 변별할 수 있다.**

각체계는 혀, 목, 입천장에 위치한 **미각수용기** taste receptor 이외에 뇌의 여러 부분과 연결된 신경회로를 포함한다. 지금부터 혀에 있는 수용기에 초점을 맞추겠다. 이 수용기들은 묶음을 이루고 있으며 그것을 미뢰(taste bud)라고 부르는데, 미뢰는 혀 위에 있거나 입 주위에 있다. 미뢰의 끝에는 짧은 머리카락 모양의 구조물이 있는데 그것들은 밖으로 돌출되어 있어 입속의 용액과 접촉하게 된다. 그 접촉은 전기적 신호를 발생시키는 변환 과정의 시작이며, 전기적 신호는 뇌로 올라간다.

## 강도와 질의 감지

여러 가지 미각 자극에 대한 민감도는 혀 위의 위치에 따라 다르다. 혀의 거의 모든 위치(한가운데는 제외)에서 자극의 탐지가 가능하지만 위치에 따라서 가장 잘 탐지되는 맛의 종류가 다르다. 짠맛이나 단맛은 혀끝, 신맛은

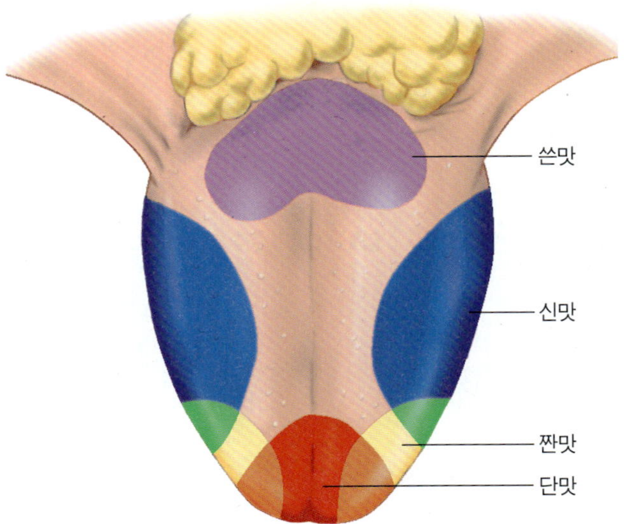


**그림 4.30 미각 영역.** 어떤 물질이건 혀의 모든 부분–혀의 가운데 부분은 제외–에서 탐지될 수 있지만 영역에 따라서 가장 민감하게 느끼는 맛이 다르다. 이 그림에서 '단맛'이라고 표시되어 있는 혀의 부분은 단맛에 매우 민감하다.

혀의 가장자리, 쓴맛은 연구개(입천장의 안쪽)가 가장 민감하다(그림 4.30). 혀의 중앙은 맛에 둔감하다(쓴 약을 올려놓기에 좋은 위치이다). 맛에 대한 절대역치는 일반적으로 매우 낮지만 강도의 최소가지차이(jnd)는 비교적 높다(베버 상수는 약 0.2이다). 그러므로 음식의 양념 맛을 증가시키고 싶다면 적어도 20%는 증가시켜야 그 차이를 알 수 있다.

최근의 연구에 의하면 그림 4.30에 있는 '혓바닥 지도'는 지나치게 간략화된 것으로, 특정 영역으로 가는 신경이 절단되면 모든 감각이 상실될 것이라고 시사한다. 그러나 이것은 사실이 아니다. 미각신경은 서로 억제하기 때문이다. 하나의 신경을 손상하면 다른 신경을 억제하고 있는 그것의 능력도 함께 없어진다. 특정 영역으로 가는 신경을 절단하면 억제 효과 또한 감소하게 되고, 그 결과 일상적인 맛의 경험에 미묘한 변화가 생긴다(Bartoshuk, 1993).

맛을 기술하는 데 공인된 어휘가 있다. 어떤 맛도 4개의 기본 미각질(달다, 시다, 짜다, 쓰다) 중 하나에 의해서 또는 그 조합에 의해서 기술될 수 있다(McBurney, 1978). 이 네 가지 맛은 자당(단맛), 염화수소산(신맛), 염화나트륨(짠맛), 키니네(쓴맛)에 가장 잘 나타난다. 사람들에게 4개의 기본 맛을 사용하여 여러 물질의 맛을 기술하도록 요구하면 아주 잘한다. 그들이 원하는 다른 질을 추

가로 사용하도록 해도 그들은 4개의 기본 맛을 고수한다(Goldstein, 1989).

미각체계는 맛을 두 가지 방식으로 부호화한다. 하나는 활성화되는 고유한 신경섬유가 무엇이냐에 의해서, 그리고 또 하나는 신경섬유의 활성화 패턴에 의해서이다. 네 가지 맛에 대응하는 네 종류의 신경섬유가 존재한다. 모든 신경섬유가 4개의 기본 맛 모두에 대해서 어느 정도는 반응하지만, 그 맛 중 어느 하나에 대해서만 가장 잘 반응하는 것이 일반적이다. 그래서 뇌에 짠맛을 신호하는 짠맛 섬유가 있다는 식으로 말하더라도 틀린 것은 아니다. 맛에 대한 주관적 경험과 그것의 신경적 부호화 사이에는 놀랄 만한 일치가 있다. 그럼에도 불구하고 우리의 미각 경험은 수용기 활동뿐만 아니라 음식에 관한 기대에 의해서도 영향을 받는다. 예를 들면 플라스만 등(Plassmann et al., 2008)은 연구 참가자들에게 가격 표시는 다르지만 실제로는 동일한 와인을 마시게 했다. 어떤 사람에게는 10달러 표시를 한 와인을 주고 다른 사람에게는 90달러 표시를 한 와인을 주었다. 참가자들은 비싼 와인이 더 맛있다고 지각했다. 이러한 결과가 편향 효과일 것이라고 생각할 수도 있겠지만, 전기생리학적 측정의 결과 쾌감과 관련된 뇌 영역이 더 비싼 표시의 와인에 의해서 더 많이 활성화되었으며, 미각 경험의 향상은 바로 그 때문이라는 것이 드러났다. 유사한 결과가 후각의 영역에서는 레이첼 허츠(Herz, 2003)에 의해 보고되었다. 그녀는 향수에 무작위로 인공 또는 천연 표시를 했다. 참가자들은 천연 표시가 된 향수가 더 냄새가 좋다고 평가했다. 그 향수가 실제로 천연이냐 인공이냐 하는 것은 아무런 관계가 없었다. 이러한 사례들은 비록 수용기 활동이 감각 경험을 가져오는 지배적 정보를 제공하지만 인지적 요인 또한 기여할 수 있음을 보여 준다. 다음 장에서 배우겠지만, 세상에 대한 우리의 의식적 경험은 감각활성화의 패턴과 기대 사이의 상호작용을 포함하는 복잡한 과정의 결과물이다.

## 압각과 온각

전통적으로 촉각은 하나의 감각으로 여겨졌다. 오늘날의 견해는 촉각이 세 가지의 분명한 피부 감각으로 나누어지며, 각각은 압력, 온도, 고통에 반응한다는 것이다. 이 절에서는 압각과 온각을 다루고 다음 절에서는 통각을 다룬다.

### 압각

압각 자극은 피부에 가해지는 물리적 압력이다. 우리는 몸 전체에 가해지는 지속적 압력(예: 공기 압력)은 자각하지 못하지만 피부 표면에 가해지는 압력 차이는 변별할 수 있다. 신체의 특정 부분은 다른 부분보다 압력 강도를 더 잘 감지할 수 있다. 입술, 코, 뺨은 매우 민감하고 엄지발가락은 매우 둔감하다. 이는 각 부위에 있는 수용기의 수와 밀접한 관계가 있다. 민감한 부위는 5mg 정도의 작은 힘도 탐지할 수 있다. 그러나 다른 감각체계와 마찬가지로 압각체계도 커다란 순응 효과를 보인다. 친구의 손을 4~5분 정도 잡고 있으면 나중에는 압력에 대해 둔감해지고 압력을 느끼지 못하게 될 것이다.

우리가 능동적 접촉을 이용하여 환경을 탐색할 때 운동 감각은 우리의 경험에 영향을 준다. 능동적 접촉만으로도 우리는 익숙한 사물을 쉽게 인지할 수 있는데, 예를 들어 주머니나 지갑에 들어 있는 동전이나 열쇠 등의 작은 물건을 재인할 수 있다(Klatzky et al., 1985).

### 온각

온각 자극은 우리 피부의 온도이며, 수용기는 피부의 바로 아래에 있는 뉴런이다. 변환 단계에서 냉각수용기는 피부 온도에 저하가 있을 때 신경신호를 발생시키고, 온각수용기는 피부 온도에 상승이 있을 때 신경신호를 발생시킨다(Duclauz & Kenshalo, 1980; Hensel, 1973). 그러므로 온도의 여러 질은 활성화되는 특정의 수용기에 의해 일차적으로 부호화되는 것이다. 그러나 신경반응의 이러한 특정성에는 한계가 있다. 냉각수용기는 낮은 온도뿐만 아니라 아주 높은(45℃ 이상) 온도에도 반응한다. 결과적으로 매우 뜨거운 자극은 냉각수용기와 온각수용기를 모두 활성화한다. 갑자기 아주 뜨거운 목욕탕에 발을 집어넣을 때 경험하는 것이 바로 그러한 것이다.

체온을 유지하는 것은 생존에 필수적이기 때문에 우리는 피부 온도의 작은 변화도 탐지할 수 있어야 한다. 피부 온도가 정상적일 때 우리는 0.4℃의 상승과 0.15℃의 저하를 탐지할 수 있다(Kenshalo et al., 1961). 한편, 우리의 온도 감각은 상당한 온도 변화에도 완전하게 적응하기 때문에 2~3분이 지나면 어떤 자극도 차갑거나 뜨겁게 느껴지지 않는다. 이러한 순응은 목욕탕 온도에 대한 사람들의 견해 차이를 설명한다. 목욕탕에 이미 오랫동안 들어가 있었던 사람과 이제 막 목욕탕에 발을 담그려는 사람은 경험하는 온도가 서로 다르다.

**수영장에 오래 들어가 있으면 우리의 온도 감각이 물의 온도에 적응한다. 그러나 처음 물에 발을 담글 때는 물이 더 차갑게 느껴진다.**

## 통각

우리의 감각 중에서 고통만큼 우리의 주의를 잡아끄는 것도 없다. 우리는 때때로 다른 감각에 대해 지루한 느낌을 가지지만 고통을 무시하기는 어렵다. 그것이 가져다주는 불쾌함에도 불구하고 고통의 감각이 없다면 우리는 위험에 처하게 될 것이다. 또한 아이들은 뜨거운 스토브에 손을 대지 않거나 자신의 혀를 깨물지 않는 것을 학습할 수 없을 것이다. 실제로 어떤 사람들은 유전적 장애를 가지고 태어나는데, 그들은 고통을 느끼지 못하며 대개는 일찍 죽는다. 사망의 주된 이유는 부상으로 인한 조직 퇴화인데, 만약 그들이 통증을 느낄 수 있었다면 그 부상을 피할 수 있었을 것이다.

### 통각체계

조직 손상을 일으킬 만큼 강한 자극은 무엇이나 통각 자극이다. 그것은 압력, 온도, 전기 충격, 또는 자극성 화학물질일 수 있다. 이러한 자극은 피하의 화학물질 분비를 유발하고, 그것은 다시 높은 역치를 가진 수용기를 자극한다(변환 단계). 이 수용기는 전문화된 자유신경종말을 가진 뉴런이며, 연구자들에 의해 여러 유형이 발견되었다(Brown & Deffenbacher, 1979). 고통의 질에 대한 차이는 부상을 입으면서 즉시 느끼는 고통인 **위상성 통증** phasic pain과, 부상이 있고 난 후에 경험하는 고통인 **긴장성 통증** tonic pain을 구분하는 것이 아마도 가장 중요하겠다. 위상성 통증은 전형적으로 날카롭고 즉각적인(강도가 급히 올라갔다고 급히 떨어지는) 고통이며 지속 시간이 짧은 반면, 긴장성 통증은 전형적으로 둔하고 오래 지속되는 고통이다. 발목을 삐면 찢어지는 듯한 파상적인 통증(위상성 통증)을 즉각적으로 느끼지만 잠시 후에는 부상 부위의 팽창으로 인한 지속적인 통증을 경험하기 시작한다. 이 두 가지의 고통은 서로 다른 신경경로에 의해서 일어나며, 이 경로는 피질의 서로 다른 부위에 도달한다(Melzack, 1990).

### 통각의 비자극적 결정 요인

통각의 강도와 질은 다른 어떤 감각보다 더 많이 직접적 자극 이외의 요인, 예를 들어 문화, 기대, 과거 경험 등의 영향을 받는다. 문화의 놀라운 영향은 비서구 사회에서 행해지는 의식에서 볼 수 있는데, 서구인에게는 참기 힘든 것처럼 보이는 고통이 가해진다. 하나의 인상적인 예는 '갈고리 그네 타기' 의식으로, 이는 인도의 여러 지역에서 행해진다.

> 이 의식은 고대의 관습에서 유래한 것인데, 한 사회 집단의 어떤 구성원이 신의 권능을 재현하기 위해 선택된다. 선택된 사람(또는 사제)의 역할은 한 해의 특정 기간 동안 이웃하는 여러 마을의 아이들과 곡식을 축복하는 것이다. 이 의식에서 놀라운 일은, 강철 갈고리 2개를 사제의 등판 양쪽에 피부와 근육 아래로 깊숙이 찔러 넣는 것이다. 그리고 2개의 갈고리는 특별히 제작된 카트의 꼭대기에 밧줄로 연결된다(그림 4.31 참조). 그리고 카트를 동네에서 동네로 끌고 다닌다. 그동안에 사제는 계속 밧줄에 매달려 있는 것이 보통이다. 그러나 각 마을에서의 의식의 클라이맥스에 다다르면 그는 등에 박힌 갈고리에 매달린 채 그네처럼 스스로를 흔들면서 아이들과 곡식을 축복한다. 놀랍게도 사제가 고통을 느낀다는 증거는 없다. 오히려 그는 '고양된 상태'에 있는 것 같아 보인다. 나중에 갈고리를 제거하면 재를 바르는 것 외에

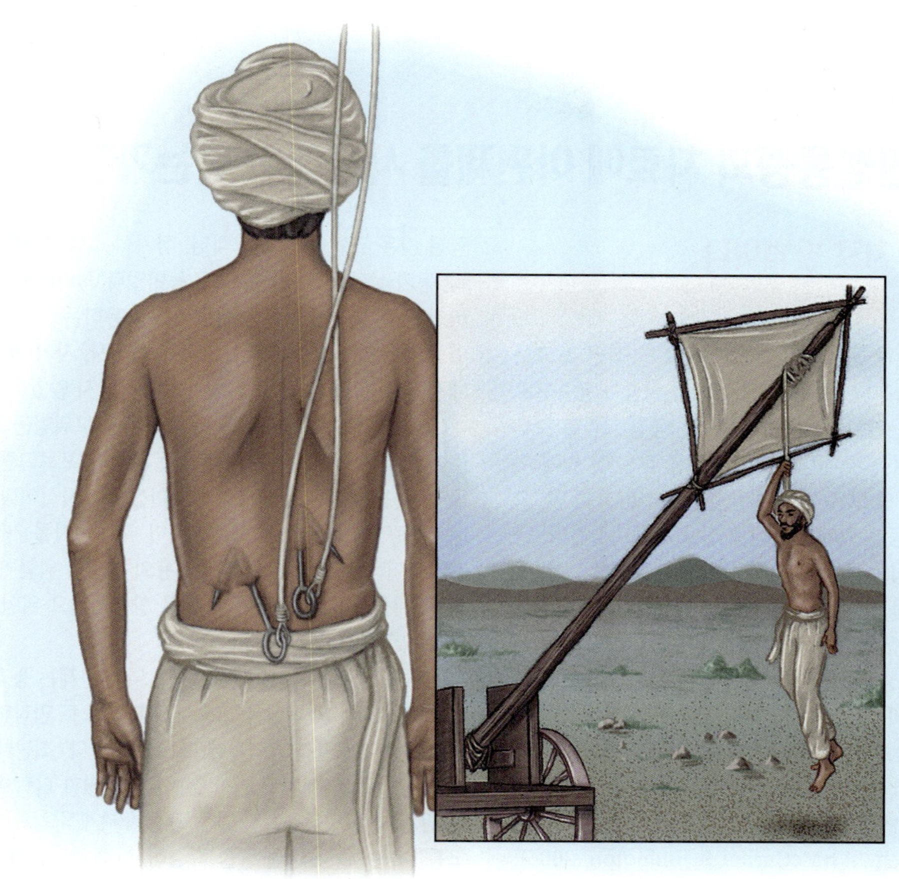

**그림 4.31 문화와 통증.** 인도의 '갈고리 그네 타기' 의식에서는 2개의 강철 갈고리를 사제의 등에 삽입한다. 오른쪽: 사제가 밧줄에 매달려 있고 카트는 동네에서 동네로 이동한다. 그는 마을의 아이들과 곡식을 축복하면서 자신의 등에 꼽힌 갈고리에 매달린 채 그네처럼 몸을 흔든다.

> 아무런 의학적 처치 없이도 상처가 빨리 회복된다. 2주가 지난 뒤에는 그의 등에 아주 희미한 자국이 남을 뿐이다. (Melzack, 1973)

분명히 고통은 감각수용기의 문제일 뿐만 아니라 마음의 문제이기도 하다.

방금 설명한 현상은 **통로제어 이론** gate control theory of pain을 탄생시켰다(Melzack & Wall, 1982, 1988). 이 이론에 따르면, 고통을 감지하기 위해서는 피부의 통각수용기가 활동하는 상태에 있을 뿐만 아니라 척수의 '신경통로(neural gate)'가 열린 상태에 있어서 통각수용기로부터 온 신호가 뇌로 가도록 해야 한다(이 통로는 척수의 어떤 섬유가 활성화되면 닫힌다). 신경통로는 피질에서 내려오는 신호에 의해 닫힐 수 있기 때문에, 지각된 통증의 강도는 갈고리 그네 타기 의식에서처럼 개인의 심적 상태에 의해 약화될 수 있다. 신경통로란 정확하게 무엇인가? 거기에는 **수도주변회백질** periaqueductal gray(PAG)이라 불리는 중뇌의 부위가 관여한다. PAG의 뉴런은 통각수용기의 신호를 전달하는 세포를 억제하는 세포와 연결되어 있어서 PAG의 뉴런이 활동하면 통로가 닫힌다. 반대로 PAG의 뉴런이 활동하지 않으면 통로가 열린다.

흥미로운 것은, PAG가 모르핀과 같은 강력한 통증 제거제가 신경적 처리에 영향을 주는 주요 장소라는 것이다. 모르핀은 PAG 속의 신경활동을 증가시키고, 이는 신경통로를 닫는 결과를 가져오는 것으로 알려져 있는데, 모르핀의 이러한 진통 효과는 통로제어 이론에 잘 들어맞는다. 또한 우리의 몸은 엔도르핀으로 불리는 화학물질을 생산하는데 이것은 모르핀처럼 고통을 경감시킨다. 이 화학물질도 PAG에 작용하여 신경통로를 닫음으로써 효과를 내는 것으로 알려져 있다.

통로제어 이론과 잘 부합하는 또 다른 놀라운 현상이 있다. 하나는 '자극에 의해 산출되는 진통'인데, PAG에의 자극이 진통제처럼 작용한다. PAG 자극만을 진통 방법으로 사용하여 쥐의 복부 수술도 행할 수 있는데, 이때

## 찬|반|논|쟁

# 만성통증의 치료에 아편제를 사용해야 하는가?

## 아편제는 적절한 치료 방법이다.

*Robert N. Jamison*, 하버드의과대학

통증은 세계적으로 심각한 문제이다. 의학연구소의 최근 보고서(2011)에 따르면, 미국인의 약 3분의 1, 즉 1억 명 이상이 통증으로 심각한 영향을 받고 있다. 만성통증은 당뇨병, 암, 심장 질환을 모두 합한 것보다 더 많이 발병하며, 사람들이 주치의를 찾는 첫 번째 이유이다. 만성통증은 생활의 모든 면에 영향을 줄 수 있다. 수면, 고용, 사회생활, 일상적 활동을 방해하며 삶의 질을 황폐화시킨다. 만성통증(3개월 이상 지속되는 통증)을 가진 사람들은 정서적 고통, 성생활 문제, 의욕 상실 등을 자주 보고한다. 병원 응급실 방문의 25%와 연간 결근일의 25%가 만성통증으로 인한 것이다. 그리고 직접 및 간접 비용을 고려하면 만성통증은 다른 어떤 질환보다도 더 큰 경제적 부담을 가져온다. 그 비용은 연간 6,300억 달러에 이르는 것으로 추산된다(의학연구소, 2011). 만성통증은 치료 효과가 없거나 치료를 받을 수 없는 수백만 명의 심신을 소모시키는 심각한 문제이다.

통증 처치 방법의 발달에도 불구하고 아편제는 여전히 통증을 치료하는 데 가장 강력한 약물이다(McCarber & Billington, 2006). 대부분의 의사와 보건 전문가는 아편제 사용을 지지하지 않는데, 이는 효용성, 부작용, 내성, 장애, 중독에 대한 걱정 때문이다. 장기간 아편제를 복용하면 심리적으로 의존적이 된다는 주장이 계속되고 있다. 어떤 의사들은 아편제 진통약을 상습적으로 처방하는 것이 의존성이나 인지적 손상을 가져올 것이며, 결국은 헤로인 같은 불법 약물에 손을 대도록 만들 것이라고 걱정한다. 그러나 아편제를 처방받은 수많은 사람들에게 이런 걱정은 근거가 없다. 연구자와 의사들은 만성통증 환자에게서 남용이나 중독의 발생이 상대적으로 적다고 보고한다. 그들은 심신 기능의 증강과 삶의 질 향상이 남용의 위험성을 능가한다고 주장한다. 연구자들은 또한 만성통증의 아편제 치료가 환자의 재활 비용을 감소시킬 수 있다고 주장한다. 아편제의 치료 목적 이외 사용은 미국에서 큰 문제가 되고 있다(약물 입수가 쉬워진 것도 부분적인 이유이다). 때문에 명백한 통증을 가진 사람들에 대해서도 아편제 처방을 강력하게 제한하는 경향이 있는데 이에 대한 우려의 목소리가 나오고 있다. 인간의 수명 연장에 따라 통증과 같은 수많은 신체적 증상이 증가한다. 그러나 남용이나 중독에 대한 두려움 때문에 만성통증에 대해서도 약물 처치를 제한하는 경향이 많다. 심지어 이미 전이가 나타난 암과 같은 질병에 대해서도 아편제의 사용이 제한되고 있다.

대다수의 사람들은 아편제를 오용하지 않지만, 의사가 위험성을 평가하고 약물 관련 일탈 행동을 감독하는 것을 돕는 절차(타당화된 자기보고식 설문지, 향상된 독극물 스크리닝, 아편제 동의서의 정식 도입, 동기 상담 등)가 점점 더 많이 도입되고 있으며, 이는 아편제 오용의 위험을 줄이고 환자를 더 순응적으로 만드는 것으로 나타났다(Butler et al., 2007). 나는 최근에 동료들과 함께 만성통증 환자의 아편제 오용을 감소시키는 많은 방략의 효과를 검증했다. 여기에 포함된 것은 위험 평가 스크리닝, 정기적 소변검사를 통한 세심한 감독, 동기 상담을 포함하는 교육 등이었다(Jamison et al., 2010). 우리의 연구 결과에 따르면 아편제를 복용하는 요통 환자에서 통증과 일상 행동의 개선이 나타났으며 소변검사, 자기 평가, 의사 평가 등에서 약물 관련 일탈 행동이 거의 나타나지 않았다. 더욱 중요한 것은, 과거 행동이나 가족력에서 약물 남용 고위험군으로 분류된 환자들이 의사 지시에 순응하는 것을 돕는 중재 프로그램에 참가한 후 약물 오용 관련 행동이 현저하게 낮아졌다는 사실이다. 이것이 시사하는 바는 약물 오용 방지 프로그램이 위험 인자를 가진 집단군에서도 효과적이라는 것이다. 아편제 오용의 잠재적 위험이 있을 때 세심한 감독, 지원, 지도는 안전성을 더욱 향상시키고 위험/이득 비율을 높일 수 있다(Savage et al., 2008).

아편제의 장기 복용과 관련된 또 다른 문제는 통각과민증(hyperalgesia)이다. 이 증상은 고통에 대해 극도로 민감하다. 설치류에서 보고되었지만 인간의 경우에도 증거가 있다. 최근에 만성통증 환자를 대상으로 한 대규모 임상 실험은 6개월간 다량의 아편제를 복용한 환자와 전혀 복용하지 않은 환자를 체계적으로 비교했다. 환자의 고통, 기분, 활동 간섭 등을 측정하고, 촉감 · 압감 · 열감 · 냉감 등 민감성 검사도 실시했다. 실험 결과, 다량의 아편제를 복용한 환자에서도 아편제로 인한 통각과민이 관찰되지 않았다. 오히려 아편제 위험성 인식, 불안, '파국화(catastrophizing)' 등이 아편제의 복용 여부와 관계없이 통각과민을 더 잘 설명했다(Edwards et al., 2011).

오직 쾌락을 위해 아편제를 원하는 사람들의 손에 아편제가 흘러 들어가는 것을 막기 위해, 악용이나 오용을 방지하는 배합 아편제를 개발하여 만성통증을 치료하는 것도 미래에는 충분히 가능하다. 요통, 두통, 관절염, 또는 암이나 만성질환의 치료와 관련된 통증으로 고생하는 사람들을 돕기 위해 적절한 투약 방식을 사용하는 다양한 치료법이 발견될 것이다. 그때까지는 통증 치료에 사용되는 아편제에 대한 편견을 불식하기 위한 교육이 더 많이 필요하다. 암 환자가 아니지만 통증 치료를 위해 아편제를 요구하는 사람들을 약물 남용자라고 비난해서는 안 된다. 아편제는 책임성 있고 현명하게 사용하면 통증을 경감하는 것을 돕는다. 우리의 목표는 매일 심각한 고통 속에 살고 있는 수백만의 삶의 질을 향상하는 것이다. 세계보건기구는 통증으로 고생하는 많은 사람들에게 약물 문제—그들의 고통을 가장 많이 덜어 줄 약물에 접근할 수 없다는 문제—가 있다고 선언했다. 통증의 과소 치료는 불필요한 비극을 지속시킬 뿐이다. 책임성 있게 사용된다면 아편제는 소모적 만성통증을 경험하는 수많은 사람들에게 적절한 치료법이 될 수 있다.

Robert N. Jamison

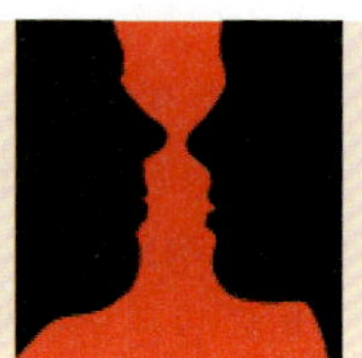

찬|반|논|쟁

# 만성통증의 치료에 아편제를 사용해야 하는가?

## 왜 아편제는 만성통증을 앓고 있는 사람에게 최소 한도로 사용되어야 하는가?

*Dennis C. Turk*, 워싱턴대학교 의과대학

아마도 통증에 대한 치료로서 아편제의 사용에 대한 최초의 언급은 기원전 4세기 이집트의 「에베르스 파피루스(Ebers Papyrus)」일 텐데, 이시스(Isis) 여신이 라(Ra) 신에게 두통 치료제로 아편제를 권하고 있다. 그 이래로 급성통증(예: 수술에 따르는 통증)의 치료에 아편이 사용되었는데 그 효과에 대해서는 거의 의문의 여지가 없었다. 그러나 아편제의 장기적 사용에 대해서는, 심지어는 암과 관련된 통증에 대해서조차도 훨씬 더 많은 논쟁이 전개되면서 사용 찬성과 사용 반대의 입장이 대립했다. 1960년대와 1970년대에는 두 가지 경향이 아편제의 의학적 사용에 도전했다.

행동과학자인 윌버트 포디스(Fordyce, 1976)는 어떤 사람이 얼마나 큰 통증을 경험하는가 하는 것은 당사자가 말로 표현하거나 행동으로 나타내기 전에는 아무도 알 수 없다고 주장했다(세상에는 아직 통증 측정기가 없다). 이러한 '통증 행동'(통증, 비탄, 괴로움 등을 신음하거나 몸을 비틀거나 얼굴을 찡그려 외적으로 표현하는 것)은 관찰 가능하며, 따라서 가족이나 의사를 포함하여 타인이 적절히 대응할 수 있다. 포디스는 또한 아편제 투여가 통증 행동의 부적 강화물로 작용할 수 있다고 주장했다. 즉 환자에게 보통의 처방에 따라 '필요한 만큼' 아편제를 투여하면 약물에 의한 통증 경감 및 기분 고양의 효과를 얻기 위해 통증 행동이 증가한다는 것이다. 포디스는 약물 처방을 계속 실시하면 약물 효과가 감소할 것이라고 주장했다.

터크와 오키후지(Turk & Okifuji, 1997)는 환자들이 우울 상태에 있고, 통증이 그들의 생활에 큰 장애가 된다는 불평을 하고, 많은 통증 행동을 나타내면, 실제적인 신체적 병리 또는 통증의 심각성 보고에 차이가 없더라도 의사들이 만성통증에 아편제를 더 쉽게 처방한다는 것을 보여 주었다. 즉 아편제는 통증이나 객관적 신체 질환이 아니라 정서적 고통에 대해 처방되고 있는 것이다. 아편제의 강화적 속성은 환자의 불만이나 심지어는 고통 경험을 지속시킬 수 있다.

만성통증에 아편제를 사용하는 것에 대한 도전에서 두 번째의 발전은 약물 남용에 반대한 1970년대의 사회적 운동(Just say no)이다. 불행하게도 약물의 부적절한 사용을 줄이기 위한 캠페인은 임상 영역에까지 확장되었다. 그래서 아편의 적절한 사용조차도 오용과 남용에 대한 우려에 의해 영향을 받았다.

중독, 내성, 부작용에 대한 공포가 현저해졌는데 여기에는 근거가 있다(Ballantyne & LaForge, 2007). 예를 들면 최근의 데이터는 아편제 처방이 헤로인과 코카인을 합한 것보다 더 많은 과다 복용 사망을 가져왔음을 보여 준다(Paulozzi et al., 2011). 2010년 통계에 의하면 12세 이상 미국인 중 4.8%가 아편제를 비의료적인 목적으로 사용했다(SAMHSA, 2010).

중독은 종종 신체적 의존성과 혼동된다. 중독은 일종의 행동 패턴으로, 약물 사용에 과다한 집착을 보이며 약물을 확보하려 하고, 신체적 · 심리적 · 사회적 손해에도 불구하고 지속하는 경향을 특징으로 한다. 신체적 의존성은 약물의 효과에 신체가 내성을 나타내기 때문에 약물을 지속적으로 사용하게 된 결과로서 생기는 것이다. 즉 아편제에만 해당되는 이야기는 아니다. 신체적 의존성은 약물의 약리학적 속성의 하나이며, 약물의 갑작스러운 중지 또는 대항 약물의 투여에 뒤따르는 금단 증상의 출현을 그 특징으로 한다. 어떤 일탈적 심리 상태나 행동을 가리키는 것은 아니다. 아편제의 사용과 관련한 하나의 우려는, 장기간 사용하게 되면 환자가 동일한 수준의 통증 경감을 위해 필요한 용량이 급증한다는 것이다. 때때로 내성에 의한 투여 용량 증가의 필요성은 병의 악화에 따른 통증의 심각성과 구분하기가 어렵다.

주로 동물을 이용한 많은 연구는 아편제의 지속적 사용이 말초신경을 민감하게 하여 통증 지각의 역치를 저하한다고, 즉 통각과민증을 일으킨다고 보고했다(Angst & Clark, 2006; Chang et al., 2007). 역설적이지만, 아편제의 지속적 사용은 통증의 역치를 저하하기 때문에 동일한 진통 효과를 얻기 위해 더 많은 양의 약물을 투여해야 한다.

1980년대 중반부터 심리학자 로널드 멜작(Melzack, 1990), 그리고 의사 러셀 포트노이와 캐슬린 폴리(Portenoy & Foley, 1986)는 아편제의 의학적 사용조차 불법화하려는 극단적 운동에 의문을 제기했다. 그들은 만약 아편제 사용이 만성통증 환자의 증상을 개선한다면 장기적 사용은 합리적인 치료이며, 통증 환자를 적절하고 흔한 아편제로 치료하지 않는 것은 비윤리적이라고 주장했다. 영향력 있는 이 연구자들은 아편제를 만성통증 환자에게 처방하는 데 큰 영향을 주었다. 그 결과 아편제는 미국에서 처방되는 약물 중 가장 흔한 것이 되었다. 미국 성인의 3% 이상이 암과 무관한 만성통증에 장기적인 아편제 치료를 받고 있다(Dunn et al., 2010). 미국 인구는 전 세계 인구의 4.6%에 지나지 않지만 전 세계 아편제 소비량의 80%를 소비하고 있다(McLellan & Turner, 2010). 많은 연구가 만성통증의 치료에 아편을 장기적으로 사용하는 것이 효과적인지를 평가했다. 연구 결과는 40% 미만의 환자에서 대략 30% 정도의 통증 감소가 있음을 보고했다(Kalso et al., 2004; Furlan et al., 2006; Chou et al., 2009). 통증이 경감되는 경우라고 하더라도 아편제 사용으로 인해 신체적 기능의 개선과 정서적 고통의 경감이 나타난다는 증거는 거의 발견되지 않았다. 더욱이 어떤 연구는 아편제 중단 후에 오히려 신체적 기능이 개선되고 통증이 경감되었다고 보고했다(Flor et al., 1992).

'장기적' 아편제 사용이란 용어는 자제되어야 한다. 왜냐하면 아편제에 의한 만성통증의 치료 연구에서 지금까지 보고된 연구 중 이중 블라인드되어 있고 무선화된 통제 시행을 포함한 연구들의 연구 기간이 5주 이하였기 때문이다(Chou et al., 2003). 더욱이 이러한 연구에 사용된 표집의 크기가 작았으며, 중도 탈락의 비율도 평균 30%에 이를 정도로 높다(Noble et al., 2008).

비록 많은 연구가 만성통증의 치료를 위한 장기적 아편제 사용에 대해 특별한 문제가 발생하지 않으며 통증이 상당히 경감된다는 보고를 하고 있지만, 일부 연구는 남용에 따르는 독특한 문제와 감내하기 어려운 부작용을 보고했다. 심지어 통증이 감소할 때도 신체적 기능의 상당한 개선을 보고한 연구는 하나도 없다. 더욱이 어떤 연구는 통증의 심각성과 신체적 기능이 아편제 투여의 중지 후에 개선되었음을 보고했다.

마지막으로, 많은 연구가 장기적 아편제 사용에 특별히 심각한 문제가 동반되지 않고 통증의 심각성이 유의미하게 경감되었다고 보고했지만, 일부 연구는 오용의 문제와 심각한 부작용(예: 만성적 변비, 성 호르몬의 고갈, 신경 중독 등)의 문제를 보고했다. 아편제 오용을 감별하기 위한 소변검사의 결과는, 아편제를 처방받은 환자 중 45%가 의사의 처방대로 약물을 복용하지 않았으며 아편제와 함께 불법 약물을 복용했음을 보여 주었다(Wasan et al., 2007). 또 다른 문제는 처방된 아편제의 비의료적 사용(신체적 통증의 치료가 아니라 기분 고양을 위한 복용)의 급속한 증가와 아편제의 용이한 입수에 따른 오용으로 인한 사망이다(SAMHSA, 2004).

많은 연구 결과는 아편제의 장기적 사용에 대한 심각한 우려를 제기한다. (1) 보고된 효과가 그다지 크지 않으며, 아편제의 장기적 투여에 의한 통증의 완치가 없다. (2) 환자의 신체적 · 심리적 기능에 개선이 있음을 보여 주는 연구가 거의 없다. (3) 심각한 부작용이 있다. (4) 약물의 오용, 남용, 유용과 관련하여 심각한 문제가 있음이 보고되었다. (5) 만성통증을 전문으로 하는 통증 클리닉에서의 치료 효과를 보면 통증의 감소는 아편제 사용의 감소와 밀접한 관계가 있다. 핵심적 문제는 만성통증 환자가 아편제 치료를 받아야 하느냐 아니냐가 아니다. 문제는 아편제의 장기적 투여에도 불구하고 특별한 문제를 경험하지 않으며, 통증이 경감되고 신체적 · 심리적 기능이 향상되는 환자의 특성이 무엇인가 하는 것이다. 현재로서는 아편제의 장기적 투여에도 불구하고 심각한 부작용을 나타내지 않으며 좋은 결과를 보이는 환자들도 있지만, 아직은 암과 무관한 만성통증 환자들에게 장기간에 걸쳐서 아편제의 사용을 권장하는 것이 성급한 일인 것 같다.

Dennis C. Turk

줘는 통증을 느끼는 것 같지 않다(Reynolds, 1969). 이 현상과 간접적으로 관계가 있는 친숙한 예가 있다. 상처 부위를 문지르면 통증이 약화되는데, 아마도 압력 자극이 신경통로를 닫아 주기 때문일 것이다. 자극 산출 진통과 관련된 또 하나의 현상은 침술에 의한 고통의 경감이다. 침술은 중국에서 발달한 치료법으로 가느다란 바늘을 피부의 특정한 점에 삽입한다. 이 바늘을 가볍게 돌리면 고통이 완전히 제거된다는 보고가 있는데, 이 방법을 사용하면 마취하지 않은 환자에게 큰 수술을 실시하는 것도 가능하다(그림 4.32 참조). 아마도 바늘이 신경섬유를 자극하고 그것이 통각 통로를 닫게 만드는지도 모른다.

심리학적 수준에서 우리는 약물, 문화적 신념, 다양한 민간 의료법이 통증을 극적으로 경감한다는 증거를 가지고 있다. 그러나 이 모든 요인들은 단 하나의 생물학적 과정에서 유래하는 것이다. 여기서 다시 생물학적 수준의 연구가 심리학적 수준의 발견과 결합되는 사례를 보게 된다.

통각에 관한 생물학적 연구와 심리학적 연구의 협동은 감각에 대한 두 접근 방식의 성공적 상호작용의 전형적인 예이다. 이 장의 처음에서 언급했듯이 아마도 심리학의 어떤 영역에서도 생물학적 접근과 심리학적 접근이 이렇게 잘 협동하지 못할 것이다. 우리는 수용기에서 일어나는 신경적 사건이 심리학적 수준의 현상을 설명

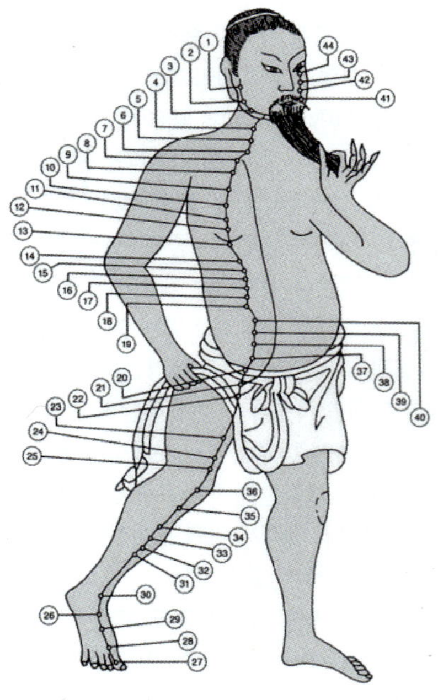

**그림 4.32 경락도.** 숫자는 바늘을 삽입하여 돌리거나, 전기를 통하게 하거나, 열을 가할 장소를 가리킨다. 많은 경우에 인상적인 진통 효과를 얻을 수 있다.

할 수 있음을 계속 보아 왔다. 시각을 설명할 때 우리는 민감도와 변별력의 차이—이것은 심리적 현상이다—가 서로 다른 종류의 수용기(원추체와 간상체)가 신경절세포에 연결되는 방식의 직접적 결과로서 이해될 수 있음을 보여 주었다. 또한 시각과 관련하여 색채시의 심리학적 이론이 어떻게 생물학적 수준의 발견을 이끌었는지를 지적했다(예: 세 종류의 원추체 발견). 청각의 경우에는 음고 지각의 장소 이론은 원래 심리학적 이론인데 이것이 기저막의 생리에 대한 연구를 유도했다. 만약에 누군가가 심리학적 연구와 생물학적 연구를 결합하는 데 대한 정당화를 요구한다면 감각의 연구가 그것을 제공할 것이다.

### 중간 요약

- 후각 자극은 어떤 물질로부터 나온 분자이며, 그것은 공기 중을 통과하여 비강의 위쪽에 위치한 후각수용기를 활성화한다.
- 미각 자극은 침에 녹을 수 있는 물질이다. 많은 수용기가 혀 위에 묶음(미뢰)을 이루어 나타난다.
- 피부 감각의 두 가지는 압각과 온각이다. 압력에 대한 민감도는 입술, 코, 뺨에서 최고이고 엄지발가락에서 최저이다. 우리는 온도에 매우 민감하여 섭씨 1도 이하의 변화를 탐지할 수 있다. 우리는 서로 다른 온도를 주로 온각수용기가 활성화되는가, 냉각수용기가 활성화되는가에 의해서 부호화한다.
- 조직의 파괴를 가져올 수 있을 만큼 강한 모든 자극은 통각 자극이 된다. 위상성 통증은 짧고 그 강도가 급히 상승했다가 급히 하강한다. 긴장성 통증은 오래 지속되며 꾸준한 강도를 유지하는 것이 특징이다. 고통에 대한 민감도는 유해 자극 이외에 다른 요인, 예를 들어 기대와 문화적 신념에 의해 크게 영향을 받는다.

### 비판적 사고를 위한 물음

1. 어떤 사람들은 2개의 감각체계가 융합하는 경험을 한다고 한다. 공감각이라고 불리는 현상인데, 이러한 일들은 실제로 향정신성 약물의 영향이나 유전적인 이유에 의해서 일어나곤 한다. 예를 들면 어떤 사람들은 음악의 '색깔'을 볼 수 있다거나, 또는 냄새와 연관된 '음악'을 들을 수 있다고 한다. 이런 경험의 이유가 무엇인지 감각부호화에 대해 배운 것에 기초하여 생각해 보라.

2. 고통의 감각이 없다면 우리의 인생은 어떻게 변할까? 냄새를 맡는 감각이 없다면 또 어떨까? 어느 쪽이 더 나쁜 것일까? 그리고 그 이유는 무엇인가?

## 전체 요약

1. 심리적 수준에서 감각은 단순 자극과 연합된 경험이다. 생물학적 수준에서 감각 과정은 감각기관과 신경경로를 포함하며, 자극 정보를 획득하는 초기 단계와 관련된다. 감각에는 시각, 청각, 후각, 미각, 피부 감각이 있다. 피부 감각에는 압각, 온각, 통각이 포함된다. 그리고 마지막으로 신체 감각이 있다.

2. 모든 감각을 기술하는 데 사용될 수 있는 속성의 하나는 민감도이다. 자극 강도에 대한 민감도는 절대역치로 측정하는데, 이는 감지할 수 있는 최소량의 자극을 말한다. 강도 변화에 대한 민감도는 차이역치 또는 최소가지차이(jnd)로 측정되며, 이는 두 자극의 차이로 감지 가능한 최소 차이를 말한다. 감지하는 데 필요한 차이는 자극 강도에 따라 증가하며, 대략 자극 강도에 비례한다(베버-페히너 법칙).

3. 또 다른 속성으로 중요한 것은 역치 이상의 자극 조건에서 자극 강도와 감각 크기 사이의 관계이다. 이 관계는 스티븐스의 파워 법칙이 잘 표현하고 있는데, 지각된 자극의 크기는 자극의 물리적 크기의 파워함수라는 것이다. 파워함수의 지수는 감각 양상에 따라 다르다. 예를 들면 소리 크기의 경우 지수가 1.0보다 작은데, 곡선이 처음에는 급격하게 상승하다가 나중에는 완만하게 상승한다. 다른 경우인 통증은 지수가 1.0보다 큰데, 곡선이 처음에는 완만하게 상승하다가 나중에는 급격하게 상승한다.

4. 감각은 소음 속에 묻힌 신호를 탐지하는 과정으로 볼 수 있다. 어떤 경우에는 소음만 있는데도 신호가 탐지되는데, 이를 오경보라 부른다. 신호를 올바르게 탐지하는 것을 적중이라 한다. 신호탐지 이론의 사용은 신호를 탐지하는 과정을 2개의 숫자로 분석하는 것을 허용한다. 하나는 신호에 대한 관찰자의 민감성을 나타내고, 다른 하나는 '신호 출현'이라고 반응하는 관찰자의 편향을 나타낸다. 신호탐지 이론은 심리학의 기본적 도구로서 유용할 뿐만 아니라 중요한 실용적 응용 분야를 가지고 있다. 예를 들면 소음이 많은 X선 사진에서 이상한 부분을 찾아내야 하는

방사선과 의사의 수행을 평가하는 데 사용될 수 있다.

5 모든 감각 양상은 물리적 에너지를 신경신호로 재부호화 또는 변환해야 한다. 이 변환 과정은 수용기에 의해서 수행된다. 수용기와 신경경로는 일차적으로 신경신호의 비율과 그 패턴을 사용하여 자극의 강도를 표현한다. 자극의 질은 변환에 관여하는 특정 신경섬유와 그 활동 패턴에 의해서 표현된다.

6 시각 자극은 빛이며, 그것은 400nm에서 700nm 범위의 전자기파이다. 눈에는 상을 형성하는 시스템(각막, 동공, 렌즈 등)과 그 상을 전기적 신호로 변환하는 시스템이 있다. 변환 시스템은 망막 속에 있으며, 망막에는 두 종류의 시각수용기인 원추체와 간상체가 있다.

7 원추체는 높은 강도의 빛에서 활동하며, 색채 감각을 유발하고, 망막 중심부(즉 중심와)에 주로 분포한다. 간상체는 낮은 강도의 빛에서 활동하며, 무채색 감각을 유발하고, 주로 망막 주변부에서 발견된다. 빛의 강도에 대한 민감성은 원추체와 간상체가 가진 특성에 의해 결정된다. 특히 중요한 것은 간상체가 원추체에 비해서 많은 수의 신경절세포와 연결되어 있다는 것이다. 연결에서의 이러한 차이 때문에 시각적 민감성은 간상체를 사용할 때 더 좋지만, 시력은 원추체를 사용할 때 더 좋다.

8 빛의 파장이 서로 다르면 감지되는 색채도 서로 다르다. 파장이 상당히 다른 3개의 빛을 적절히 혼합하면 어떤 색깔의 빛도 만들어 낼 수 있다. 이러한 사실이 삼원색 이론의 발전을 이끌었는데, 이 이론은 색의 지각이 세 가지 수용기의 활동에 근거하며, 각 유형의 수용기가 가장 민감하게 반응하는 파장은 스펙트럼상의 서로 다른 영역에 있다고 주장한다.

9 색채 감각은 기본적으로 빨강, 노랑, 초록, 파랑, 네 가지이다. 이것들의 혼합이 우리의 색채 감각을 만들어 낸다. '붉은 초록'이나 '노란 파랑' 같은 감각은 존재하지 않는다. 이것은 대립색채 이론에 의해 설명될 수 있는데, 그 주장에 따르면 색채 감각에는 빨강-초록 대립 과정과 노랑-파랑 대립 과정이 있으며 각각은 2개의 대립색채에 대해 반대 방향으로 반응한다. 삼원색 이론과 대립색채 이론은 성공적으로 결합할 수 있는데, 이는 두 이론이 시각체계의 서로 다른 영역에서 작동한다는 제안을 통해서이다.

10 청각 자극은 음압 변화의 파(음파)이다. 귀에는 외이(귓바퀴와 이도), 중이(고막과 일련의 소골), 내이가 있다. 내이에는 와우각이 있다. 와우각은 코일처럼 생긴 튜브로 안에 기저막이 들어 있다. 기저막 위에는 소리의 수용기인 유모세포가 있다. 외이와 중이를 통해 전달된 음파는 기저막을 진동시키고 그것은 유모세포의 굴절을 가져오며, 그 결과 신경신호가 산출된다.

11 음고는 소리의 가장 현저한 질인데 음파의 주파수가 증가하면 높아진다. 동시에 발생한 두 소리의 높이를 우리가 들을 수 있다는 사실은 서로 다른 주파수에 반응하는 수용기의 존재를 시사한다. 음고 지각의 시간 이론에 따르면 소리 높이는 청각체계의 신경반응의 시간적 패턴에 의존하고, 신경반응은 음파의 시간적 패턴에 의해 결정된다. 장소 이론에 따르면 각 주파수는 기저막의 특정한 부위를 다른 부위보다 더 자극하며, 어느 부위의 운동이 최대였는가가 우리에게 들리는 소리 높이를 결정한다. 두 이론 모두 우세한 영역을 확보하고 있는데, 시간 이론은 저주파수의 지각을, 장소 이론은 고주파수의 지각을 잘 설명할 수 있다.

12 후각은 인간보다 동물에게 훨씬 중요하다. 많은 동물들이 특별한 냄새(페로몬)를 의사소통에 이용하며 인간도 그런 체계의 흔적을 보유하고 있다. 냄새 자극은 어떤 물질에서 떨어져 나온 분자이다. 이런 분자는 공기 중을 여행하여 비강의 높은 곳에 위치한 후각수용기를 자극한다. 많은 종류의 수용기가 있는데(약 1,000종류), 정상 성인은 1만~4만 가지 정도의 냄새를 분간할 수 있으며 여성이 남성보다 더 우수하다.

13 미각은 주어진 물질뿐만 아니라 유전적 구성과 경험의 영향을 받는다. 미각 자극은 타액에 용해될 수 있는 물질이다. 수용기의 많은 수가 묶음(미뢰)를 이루어 혀 위에 나타난다. 민감도는 혀의 위치에 따라 다르다. 어떤 맛도 4개의 기본 맛–단맛, 신맛, 짠맛, 쓴맛–의 조합으로 기술할 수 있다. 미각의 여러 가지 질은 한편으로는 특정 신경섬유에 의해(신경섬유마다 가장 잘 반응하는 기본 맛이 다르다), 다른 한편으로는 신경섬유의 활성화 패턴에 의해 부호화된다.

14 피부 감각에는 압각과 온각이 있다. 압력에 대한 민감도는 입술, 코, 뺨에서 최고이고 엄지발가락에서 최저이다. 우리는 온도에 매우 민감하여 1℃ 미만의 변화도 탐지할 수 있다. 우리는 서로 다른 온도를 주로 온각수용기가 활성화되는가, 냉각수용기가 활성화되는가에 의해 부호화한다.

15 조직 파괴를 가져올 수 있을 만큼 강한 모든 자극은 통각 자극이다. 통증에는 두 가지 종류가 있으며 이는 서로 다른 신경경로에 의해 발생한다. 위상성 통증은 지속 시간이 짧고 그 강도가 급히 상승했다가 급히 하강한다. 반면에 긴장성 통증은 오래 지속되고 꾸준한 강도를 유지하는 것이 특징이다. 고통에 대한 민감도는 유해 자극 이외에 다른 요인, 예를 들어 기대와 문화적 신념에 의해 크게 영향을 받는다. 이러한 요인은 척수와 중뇌에 있는 신경통로를 열거나 닫음으로써 영향력을 행사한다. 통증은 통각수용기가 활성화되어 있고 신경통로가 열려 있어야 느낄 수 있다.

## ✳ 핵심 개념

간상체
감각
감각부호화
고막
공간시력
공명
광자
기대
기저막
긴장성 통증
난원창
대립색채 이론
대비시력
동공
등골
망막
먼셀 체계
메타머
명도
미각수용기
민감도
베버비
변환
삼원색 이론
색상

색채 대응 실험
색채 항등성
소리 크기
소음
수도주변회백질
스넬렌 시력
시간 이론
시간적 패턴
시력
시행
신호
암순응
암순응 곡선
역행투사
오경보
와우각
외이
원추체
위상성 통증
유모세포
음고
음색
이도
이원색시
장소 이론

적중률
절대역치
정신물리적 절차
주파수
중심와
중이
지각
지수
진폭
차이역치
채도
청각체계
초역치 조건
최소가지차이
추골
침골
통로제어 이론
파워함수
페로몬
편향
표준자극
헤르츠
후각
후각피질
후구

# 5 지각

**학습 목표**

이 장을 읽고 나면 다음의 것들을 할 수 있어야 한다.

- ▶ 지각에서 선택적 주의의 역할, 이득, 비용 등을 서술할 수 있다.
- ▶ 대상 분리, 거리 지각, 운동 지각의 원리를 이해할 수 있다.
- ▶ 대상 특징들이 어떻게 조합되는지 그리고 전주의적 과정 및 주의 과정의 개입을 설명할 수 있다.
- ▶ 상향 처리와 하향 처리의 차이를 이해할 수 있다.
- ▶ 추상화가 중요한 이유를 설명할 수 있다.
- ▶ 지각체계가 어떻게 항등성을 성취하는지, 그것이 어떻게 착각을 일으키는지 설명할 수 있다.
- ▶ 주의, 재인, 위치 파악 등의 신경적 바탕을 간략하게 서술할 수 있다.

## 이 장의 개요



몇 해 전의 어느 따뜻한 일요일, 두 젊은이—알렉스와 켄이라고 하자—가 하루 일정의 사냥에 나섰다. 그들은 아무도 없는 산림 도로를 걸으며 사냥에 관해 많은 대화를 나누었다. 그들은 주로 곰에 대해 이야기했다. 알렉스는 한 주 전에 곰을 한 마리 본 적이 있어서 두 사람은 이 위험한 동물에 대해 걱정을 했다. 그들은 자신들의 사냥총이 강력하다는 것을 알고 있었으며, 곰이 강력한 동물이라는 것 또한 알고 있었다. 두 사냥꾼은 계속 경계를 늦추지 않았다.

그들이 산림 도로를 내려와서 집으로 향한 시각은 거의 자정 무렵이었다. 달도 떠 있지 않았다. 두 사람은 그날의 사냥으로 피곤했다. 그들이 커브를 돌았을 때 갑자기 낮게 으르렁거리는 소리가 들렸다. 그들은 그 소리가 50m 전방의 도로 한가운데에서 천천히, 그러나 불길하게 꿈틀대는 검고 커다란 어떤 동물이 내는 소리라고 지각했다. 겁에 질린 그들은 총을 겨누고 발사했다. 으르렁거리는 소리와 꿈틀거림이 갑작스럽게 멈추었다. 잠시 후 분명한 인간의 비명 소리가 밤하늘을 가로질렀다. 곰을 죽였다는 안도감은 혼동과 절망으로 뒤바뀌었고, 그들이 쏜 게 곰이 아니라는 사실이 드러났다. 그것은 두 사람이 잠을 자고 있던 텐트였다. 한 사람은 총알에 맞아 이미 죽었고, 다른 사람은 그의 옆에 무릎을 꿇고 앉아서

어떻게 노란 텐트를 갈색 곰으로 오인할 수 있을까?

공포에 질린 비명을 지르고 있었다.

이 끔찍한 사건 직후에 실시된 조사에서 켄의 총알은 텐트를 관통하고 알렉스의 총알이 사람을 죽였음이 드러났다. 그에 따라 알렉스는 과실치사 혐의로 기소되었다. 이 살인의 비극은 법정에서도 알렉스의 비탄으로 재현되었다. 그러나 알렉스와 켄이 확신하는 한 가지 사실이 있었다. 그들이 그날 밤 지각한 것은 곰이지 텐트가 아니었다는 것이다. "그것이 곰이 아니라는 사실을 알았다면 우리는 쏘지 않았을 것입니다." 검사는 이러한 주장이 가소롭고 무가치한 거짓말이라며 기각했다. 증거물로 총알 구멍이 선명한 텐트가 법정에 제출되었으며, 검사는 배심원들에게 물었다. "어떻게 피고인들이 이 사각형의 노란색 텐트를 갈색 곰으로 오인할 수 있겠습니까?"

정말로 어떻게 그럴 수 있을까? 액면 그대로 보자면 검사의 질문은 합당한 듯하다. 게다가 법정에 놓인 커다란 노란 텐트는 전혀 곰처럼 생기지 않았다. 그러나 반세기에 걸친 지각 연구—이 경우에는 시지각의 연구—는 그 상황에서 켄과 알렉스가 텐트를 곰으로 지각한 것이 결코 불합리한 일이 아니라고 설명한다. 이 장에서는 그 이유를 소상히 밝힐 텐데, 4장에서 공부한 원시적 감각이 어떻게 우리의 행동에 직접적 책임이 있는 지각으로 바뀌는지를 보여 주고자 한다.

이상의 예를 가지고 우리가 의미하는 바를 당신이 느낄 수 있도록 먼저 2개의 예를 보여 주겠다. 그림 5.1의 왼쪽 부분을 보라. 무엇인지 알아볼 수 있는가? 다른 사람들과 다르지 않다면(그리고 이 그림을 전에 본 적이 없다면) 당신의 대답은 '아니요'일 것이다. 이제는 오른쪽 부분을 보라. 무엇이라고 적혀 있는가? 이번에도 역시, 당신이 정상이라면, 그리고 이 예를 전에 본 적이 없다면 당신의 대답은 'I LOVE PARIS IN THE SPRINGTIME'일 것이다. 두 예에서 당신은 기본적이고 객관적인 자극에 대해, 즉 눈으로 들어와서 망막에 도달한 빛에 대해 **지각**perception을 한 것이다. 당신이 지각한 것은 무의미한 흑백 얼룩과 아무렇지도 않은 문장이다. 그러나 두 예는 원시자료와 그것의 지각 사이에 흥미롭고 체계적인 불연속이 있음을 보여 준다. 오른쪽 문장은 정말로 당신이 생각하는 그런 것을 말하는 것일까? 다시 한 번 보기 바란다. 이번에는 천천히 단어 하나하나를 보라. 당신은 이제 그 문장이 'I LOVE PARIS IN *THE THE* SPRINGTIME'임을 알아챘을 것이다. 그림 5.1의 왼쪽에 있는 그림은 어떤가? 200쪽에 있는 그림 5.38을 보고 나서 다시 이 그림을 보라. 이제 왼쪽 그림은 더 이상 무의미하지 않다. 그리고 다른 사람들과 다르지 않다면 이제 당신은 그것이 무의미한 그림이었다는 사실을 믿기 어려울 것이다. 눈으로 들어오는 자극은 이전과 같다. 그러나 지각은 완전히 다르다. 흑백 얼룩은 이제 하나의 의미 있는 대상으로 조직화되어 있다.

위의 예가 보여 주는 것은 우리의 눈으로 들어오는 정보는 조각이고 부분이지만 우리가 지각하는 세계는 그렇지 않다는 것이다. 우리는 인간과 대상으로 이루어진 세계, 우리에게 온전한 대상을 우아하게 보여 주는 세계를 지각한다. 파편화된 감각을 무질서하게 우리에게 들이대는 그런 세계를 지각하는 것이 아니다. 비일상적 상황에서는, 예를 들면 그림을 그리고 있을 때는 자극의 세세한 부분이나 특징에 주목할 수 있다. 그러나 대부분의 경우에 우리는 사물을 전체로 경험한다. 우리는 삼차원 사물을 보고, 단어나 음악을 듣고, 생선 튀김이나 감자칩의 맛을 보고 냄새를 맡고, 팔에 닿은 손을 느낀다.

## 지각은 무엇을 위한 것인가

살아 있는 모든 생물은 환경이 그들에게 끊임없이 부과하는 일련의 문제를 풀어야 한다. 문제의 복잡성과 해답의 세련성은 유기체의 본성과 복잡성에 의존한다. 예를 들어 당신이 수선화라면 풀어야 하는 문제는 단순하다. 당신은 뿌리를 어느 쪽으로 뻗어야 하는지를 토양 구조를 고려하여 결정하고, 그 과정에서 토양의 질, 습기, 영양소의 분포 등을 파악한다. 거기에다 하나 더, 태양의 위치를 고려하여 어느 쪽을 향할 것인지를 결정한다.

그것이 수선화에게는 전부일 것이다. 하지만 인간은 훨씬 더 복잡하다. 지각과 관련하여 수선화와 인간의 차이는 이것이다. 첫째, 인간은 이동이 가능하다. 우리 대부분은 환경 속에서 자기가 갈 길을 찾아내야 하며, 그 과정에서 가능한 경로는 무엇이고 장애물은 어떻게 피할지를 결정해야 한다. 둘째, 인간은 대상을 조작한다. 우리는 자동차 핸들을 조작하고, 펜으로 이름을 쓰며, 홈플레이

I
LOVE
PARIS IN THE
THE SPRINGTIME

**그림 5.1 원시자료와 그것에 근거한 지각.** 왼쪽: 의미 있는 어떤 대상이 보이는가? (도움이 필요하면 그림 5.38을 보라) 오른쪽: 이 문장은 무엇을 말하는가?

트를 향해 야구공을 던진다. 셋째, 인간은 말, 글, 상형문자 등의 **상징** symbol을 사용한다. 넷째, 인간은 갑작스러운 사태에 대비하기 위해 복잡한 계획을 세우고 실천할 수 있다. 어두운 골목에 칼을 들고 서 있는 검은 그림자를 보았다고 하자. 아마도 우리는 여러 가능한 상황을 평가할 것이며 재빨리 길거리를 건너 군중 속에서 안전을 찾으려고 할 수 있다.

## 입력되는 감각 정보의 처리와 이용

우리는 어떻게 이렇게 하는 것일까? 하나의 가능성은 환경으로부터의 정보—더 자세히 말하자면 망막의 이차원 표상—가 정상적 삶을 영위하기 위해 실제로 필요한 것의 전부라는 것이다. 미국 심리학자 깁슨(J. J. Gibson)은 **생태학적 광학 이론** theory of ecological optics을 제안했는데, 바로 이 점을 말하고 있다. 깁슨에 의하면 세상으로부터 주어지는 엄청나게 많은 광학적 정보—거리에 따른 표면결의 변화, 대상을 지나쳐 갈 때 나타나는 이미지의 변화 등—만 가지고도 우리에게 주어진 시각과 관련된 문제를 모두 푸는 데 충분하다.

독창적이고 정교하기는 하지만 깁슨의 이론은 다른 과학자들에 의해 불충분한 것으로 간주되어 왔다. 다른 과학자들은 인간에게는 계속적으로 갱신되는 이미지, 즉 환경 모형이 필요하다고 주장하는데, **환경 모형** model of environment이란 세계에 대한 표상으로 우리의 뇌 속에 있으며, 우리가 의식적으로 지각하고, 결정하고, 행동하기 위해 필요한 것이다. 그런 모형을 형성하고 유지하기 위해서는 2개의 구성요소가 필요하다. 하나는 환경에 관한 원시정보를 획득하는 수단이다. 4장에서 감각기관이 이 작업을 어떻게 수행하는지 공부했다. 그러나 모형을 만들기 위해서는 원시자료의 획득만으로 불충분하다. 집을 짓는 데 목재만으로 충분하지 않은 것과 같은 이치이다. 이 모든 원시정보를 조직하여 어떤 종류의 응집적 구조를 만드는 수단이 필요하다.

그러한 조직화는 단순하지 않다. 가장 먼저 다대일 문제(many-to-one problem)를 해결해야 한다. 시각과 관련한 다대일 문제는 환경 속 사물의 많은 모양이 모두 망막에 동일한 표상을 생성하는 경우의 수학적 문제로 환원될 수 있다. 이 장의 뒤에서는 이에 대해 상당히 많은 것을 설명할 것이다. 우선은 하나의 예로 멀리 떨어진 곳에 있는 소나무를 바라본다고 생각해 보자. 100m 떨어진 곳에 있는 2m 높이의 소나무가 만드는 망막상과 200m 거리의 4m 높이 소나무가 만드는 망막상은 크기가 동일하다(이 외에도 동일한 크기의 망막상을 산출하는 거리와 높이의 조합은 무수히 많을 것이다). 다대일의 문제는 하나의 망막상을 근거로 하여 무수히 가능한 거리-크기 조합 중 어떤 것이 그 망막상을 만드는지를 결정하는 것이다. 시각체계는 이 문제를 풀기 위해 다른 정보를 사용한다. 그것은 이미 머릿속에 들어 있는 정보(예: 이 나무는 크리스마스트리이며 일반적으로 그 높이는 4m가 아니라 2m이다)와 추가적 시각 단서(예: 나무 옆에 서 있는 사람의 키가 나무 높이와 비슷하다), 두 가지이다.

좀 더 일반적으로 말하자면, 감각 데이터로부터 그 감

각 데이터를 산출한 환경 상태에 대해 추론하기 위해서는 세상이 어떻게 구성되어 있는지에 대한 **가정**(assumption)—일반적으로 새는 말 위를 날아가고, 가스레인지는 냉장고 가까이에 있으며, 하나의 장면은 하나의 광원에 의해 조명된다는 등의 가정—이 필요하다. 지각은 그러한 가정을 이용하여 입력 정보를 통합하고 세계에 대한 하나의 모형을 만들며, 우리는 그 모형에 근거하여 결정을 하고 행동을 한다. 보통은 이 과정이 아주 효율적으로 작동한다. 예를 들어 환경 속의 노란 텐트는 우리 마음속에 노란 텐트의 모형(즉 하나의 지각)을 만든다. 때때로 제대로 작동하지 못할 수도 있는데, 환경 속의 노란 텐트가 우리 마음속에 곰의 지각을 만들고, 그에 따라 우리는 총을 쏜다. 일반적으로 말하자면 각각의 감각 양상(보기, 듣기 등)은 환경으로부터 원시정보를 획득하는 하나의 감각기관을 가지고 있으며, 원시정보를 조직화된 지각체로 변형시키는 하나의 중심체계를 뇌 속에 가지고 있다.

## 지각의 다섯 가지 기능

지각은 아주 복잡하여 분류가 어느 정도 임의적일 수밖에 없다. 체계적 서술을 위해 지각의 문제를 5개의 범주로 나누는 것이 유용하다. 첫째, **주의** 과정을 통해 어떤 입력 정보를 더 처리하고 어떤 입력 정보를 버려야 하는지에 관한 결정을 내려야 한다(칵테일파티에 참석했는데, 문득 왼편에서 내 아내/남편에 관한 대화가 들리고 오른편에서 주식 투자 요령에 대한 대화가 들리는 경우, 어느 쪽 대화를 들어야 할까?). 둘째, 지각체계는 대상이 어디에 위치하는가를 결정할 수 있어야만 한다(위험한 대상이 나의 왼쪽 바로 손이 닿을 만한 곳에 있는가, 아니면 수백 미터 떨어진 저 앞에 있는가?). 셋째, 지각체계는 무엇이 거기에 있는지 결정할 수 있어야 한다(내가 보는 이것이 텐트인가, 곰인가?). 넷째, 지각체계는 재인된 대상의 결정적 특징을 **추상화**할 수 있어야 한다(울퉁불퉁하고 쭈글쭈글한 저 소파는 완벽한 사각형은 아니지만 사각형으로 지각되고 서술된다). 이런 추상화 능력은 다섯 번째 지각적 주제와 연관이 있다. 즉 **지각적 항등성** perceptional constancy이다. 지각체계는 대상의 본질적 특징을 일정하게 파악해야 한다. 바라보는 각도에 따라서 문은 사다리꼴로 보일 수 있지만 문의 본질적 특징인 사각형 모양을 놓쳐서는 안 된다.

이후의 5개 절에서는 이러한 다섯 가지 문제를 다룰 것이다. 주의, 위치 파악, 재인, 추상화, 항등성이 그것이다. 그리고 이런 지각 과정에 관련된 생물학적 요인 중 일부를 설명할 것이다. 이 장 전체에 걸쳐 시지각에 우선적으로 초점을 맞출 텐데, 시지각이 가장 많이 연구된 영역이기 때문이다. 그러나 명심할 것은 위치 파악, 재인, 항등성의 목표는 모든 감각 영역에 해당된다는 것이다. 예를 들어 재인의 경우, 우리는 청각을 사용하여 모차르트의 소나타를 재인하고, 후각을 사용하여 맥도널드의 감자튀김을 재인하고, 촉각을 사용하여 바지 주머니의 동전을 재인하고, 신체 감각을 사용하여 어두운 방에 자신이 똑바로 서 있음을 재인한다.

### 중간 요약

- 지각 연구는 유기체가 (1) 자신이 살고 있는 세계에 관한 응집적 표상 또는 모형을 구축하고, (2) 일상의 문제, 예를 들어 이동하기, 손으로 잡기, 계획하기 등의 해결에 그 표상을 사용하기 위해 원시감각 정보를 어떻게 처리하고 조직화하는가 하는 물음에 답하고자 한다.
- 지각체계의 다섯 가지 주요 기능은 (1) 환경의 어느 부분에 주의를 기울일 것인지 결정하기, (2) 대상이 어디에 있는지 결정하기, 즉 위치 파악, (3) 대상이 무엇인지 결정하기, 즉 재인, (4) 대상의 중요한 정보 추상화하기, (5) 망막상이 변해도 대상 모양을 일정하게 파악하기 등이다. 또 하나의 연구 영역은 지각 능력의 발달에 관한 것이다.

## 주의

4장의 시작 부분에서 매 순간 우리의 감각기관은 환경으로부터 오는 엄청난 정보에 의해 '융단폭격'을 당하고 있다는 사실을 강조했다. 책을 읽는 것을 잠시 멈추고 당신에게 오는 다양한 자극에 주의를 기울여 보라. 당신의 시야에는 이 페이지 이외의 것들도 존재한다. 어쩌면 왼쪽 구두가 발에 꽉 끼는 것을 느끼고 있을지도 모르겠다. 귀에는 무슨 소리가 들리는가? 공기 중에는 무슨 냄새가 떠돌고 있지 않은가?

동시에 인간 '피폭자'는 늘 어떤 과제를 수행하고 있다. 그 과제는 커피 한잔을 마시는 단순한 것에서부터 뇌 수술을 집도하는 아주 복잡한 것까지, 그리고 그 중간에는 이 책을 이해하려고 하는 것도 포함될 것이다. 그 과제가 무엇이건 간에, 입력 정보의 흐름 속에서 아주 적은 부분만이 현 과제와 관련된다. 대부분은 관련이 없다. 이런 사정은 감각체계와 뇌가 입력 정보를 여과하는 어떤 수단을 가져야 한다는 것을 시사한다. 그래서 현재 진행 중인 과제와 관련된 정보는 접수하고 관계없는 정보는 여과해 버려야 한다. 그러한 여과 과정이 존재하지 않으면 무관한 정보가 유관한 정보를 압도할 것이고, 우리는 아무것도 할 수 없게 될 것이다.

환경 속의 많은 정보 중 일부분에만 선택적으로 주의하는 능력이 이 절의 주제이다. 아주 단순해 보이는 이런 능력은 3개의 다른 과정으로 구성되어 있으며, 과학자들은 뇌 속에서도 해부학적으로 구분되어 있다고 생각한다(예: Fan et al., 2002). 하나는 우리를 경계 상태에 있게 한다. 예를 들면 항공 관제사는 그의 책임하에 있는 다양한 항공기를 인식하기 위해 항상 경계 상태에 있어야 한다. 만약 이 체계에 문제가 생기면 주의 실수로 이어지고, 그 결과는 참혹한 재앙이 될 것이다. 두 번째 체계는 처리 자원을 과제 관련 정보에 투입하는 작업을 맡는다(예: 말하는 것을 알아듣기 위해 특정 목소리에 집중하기). 세 번째는 때때로 실행체계라고도 불리는데, 어떤 정보에 계속 주의할 것인지 다른 정보로 주의를 이동할 것인지를 결정한다(예: 이 사람은 지금 엽록체에 대해 이야기하고 있어. 나는 엽록체에는 관심이 없어!). 중요한 점은 주의가 단일한 과정이 아니라 다수의 상호작용적 과정을 포함한다는 것이다. 아래에서 이런 과정에 대해 더 자세하게 공부할 것이다.

## 선택적 주의

우리는 어떻게 우리의 주의를 관심 대상으로 향하게 하는가? 가장 단순한 방법은 감각수용기를 물리적으로 재배치하는 것이다. 시각의 경우에는 눈을 움직여서 대상이 중심와에 오도록 하는 것이다. 중심와는 망막의 가장 민감한 부위로서 시각적 세부를 처리한다(4장 참조).

### 안구 운동

시각적 주의를 연구하는 학자들은 그림이나 장면을 바라보는 관찰자를 관찰한다. 사람들의 눈을 자세히 보면 눈이 정지해 있지 않다. 눈이 대상을 훑어볼 때, 안구 운동은 고정과 도약의 형식으로 이루어진다. **안구 고정** eye fixation은 눈이 움직이지 않고 정지해 있는 짧은 동안이며, 도약 안구 운동과 구별된다. **도약 안구 운동** saccade은 한 장소에서 다른 장소로 눈이 빠르게 점프하는 것이다. 고정은 약 300msec(약 1/3초) 지속되고, 도약 안구 운동은 대단히 빠르다(약 20msec). 환경으로부터 시각 정보를 획득하는 것은 바로 이 고정 기간이며, 도약 안구 운동 중에 시각은 원천적으로 억제된다.

사람들의 안구 고정 패턴을 관찰함으로써 시각적 주의의 순차에 대해 상당한 통찰을 얻을 수 있다. 안구 운동을 기록하는 많은 기술이 있으나 결국 모든 장치가 하는 일은 시각 장면 위에 안구 고정의 순차를 중복시킨 비디오를 생성하는 것이다. 그림 5.2를 참조하라. 일반적으로 눈이 고정되는 위치는 무작위적이 아니라 가장 많은 정보가 포함된 영역에 집중된다. 여기서 '정보'는 어떤 장면을 다른 유사한 장면과 가장 잘 구분해 주는 영역이라고 할 수 있다. 예를 들어 그림 5.2에서 보듯이 얼굴을 보는 사람은 눈, 코, 입—하나의 얼굴을 다른 얼굴과 가장 효과적으로 구별해 주는 특징—에 고정을 많이 한다. 로프터스와 맥워스(Loftus & Mackworth, 1978)는 고정과 그림 정보의 관계를 보여 주기 위해 어떤 배경 맥락 속에 특이하거나 특이하지 않은 대상이 들어 있는 사진을 제시했다. 예를 들면 한 관찰자에게는 농장에 트랙터가 있는 사진을 보여 주고, 다른 관찰자에게는 똑같은 농장 사진인데 트랙터 대신 낙지가 있는 사진을 보여 주었다. 안구 고정은 평범한 대상(트랙터)보다는 특이한 대상(낙지)에 더 빨리 더 자주 주어졌다. (비교를 위해 2명의 다른 관찰자는 다른 그림을 보게 했다. 하나는 물속에 낙지

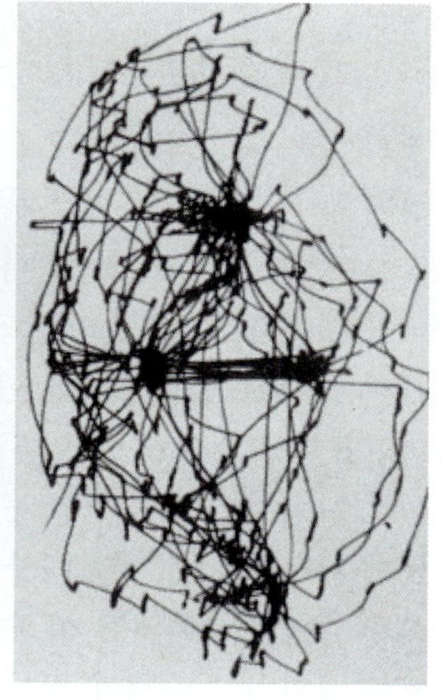

**그림 5.2 사진을 볼 때의 안구 운동.** 오른쪽 그림은 소녀의 사진을 보는 동안 눈의 움직임을 기록한 안구 운동의 패턴이다.

가 있는 그림이고, 또 하나는 물속에 트랙터가 있는 그림이었다. 여기서는 트랙터가 특이한 대상이고 낙지는 평범한 대상이다.)

### 흉기 초점

안구 운동 연구가 유용한 분야는 **흉기 초점** weapon focus인데, 흉기 초점은 범죄 현장 속의 흉기에 주의를 집중하는 것이다. 무장 범죄의 희생자들은 흉기에 대해 상당히 정확하게 설명할 수 있지만 그 장면의 다른 부분, 예를 들어 범인의 외모에 대해서는 거의 잘 모르는 일이 흔하다. 이것은 주의가 흉기에 우선적으로 집중됨을 시사한다. 실험실 연구도 이런 일화적 관찰을 재확인했다(Steblay, 1992 참조). 로프터스와 동료들(Loftus et al., 1987)은 슬라이드를 관찰자에게 보여 주면서 안구 운동을 기록했다. 슬라이드 중에는 어떤 사람이 평범한 대상(수표책)을 손에 들고 있는 사진과 위협적 물건(칼)을 손에 들고 있는 사진이 있었다. 대상이 평범하지 않고 위협적일 때 더 많은 안구 고정이 일어났다. 때문에 관찰자들은 위협적 물건이 나오는 슬라이드의 다른 부분, 예를 들어 칼을 들고 있는 사람의 얼굴은 나중에 정확하게 재인하지 못했다.

주의해야 할 것은 실험실 연구가 가끔 실제 상황에서 흉기가 주의를 끄는 힘을 과소평가한다는 것이다. 실제 상황에서나 실험실 상황에서나 흉기는 특이하며, 그래서 주의를 끌 것으로 기대된다. 그러나 실제 상황에서 흉기는 희생자의 당면 과제, 즉 생존과 관련되는 결정적 환경 정보라는 특징을 추가로 가지고 있다.

### 안구 운동 없는 지향적 주의

우리는 눈을 움직이지 않고 주의를 어떤 시각 자극에 향하게 할 수 있다. 한 실험에서 이것을 보여 주었는데, 관찰자는 어떤 대상이 언제 나타나는지를 탐지해야 했다. 매 시행마다 관찰자는 빈 스크린을 응시하고 이어서 순간적 단서(cue)를 보는데, 단서는 방향을 가리키는 작은 화살표로서 왼쪽 또는 오른쪽을 신호했다. 이어서 하나의 대상이 단서가 가리킨 곳에 제시되거나 또는 반대 위치에 제시된다. 단서와 대상 사이의 시간 간격은 매우 짧아서 관찰자는 안구를 이동할 수 없는데, 그럼에도 불구하고 관찰자는 단서가 지시한 위치에 나타난 대상을 더 빨리 탐지했다. 관찰자는 안구를 지시된 쪽으로 향하게 할 수는 없었지만 그 위치에 주의를 향하게 하는 것은 가능했다(Posner & Raichle, 1994).

**칵테일파티에 참가하는 동안 주위에서 많은 대화를 듣지만 우리가 주의하지 않은 것은 거의 기억되지 않는다. 이것을 선택적 청취라 한다.**

### 청각적 주의

주의는 중다양상적(multimodal)이다. 주의는 하나의 양상 내에서 이동할 수도 있고(하나의 시각 자극에서 다른 시각 자극으로 주의를 이동하는 경우), 서로 다른 양상으로 이동할 수도 있다(예: 운전하면서 도로에 주의하다가 휴대전화의 말소리로 주의를 이동하는 경우). 주의에 대한 최초의 연구 중 다수는 청각적 주의에 대한 것이었다(예: Cherry, 1953). 체리의 연구가 염두에 둔 실제 상황은 사람들로 붐비는 파티장이다. 많은 소리가 우리 귀로 들어온다. 우리는 원하는 메시지만 선택해서 들을 수 있는 순전히 심리적인 수단을 보유하고 있다. 여기에 사용되는 단서는 말하는 사람의 입술 움직임, 목소리의 특색(높이와 억양) 등이다. 이런 단서가 없는 경우에도 의미에 근거하여 두 메시지 중 하나를—약간 어려움이 있기는 하지만—선택할 수 있다.

## 주의, 지각, 그리고 기억

주의와 기억의 관계에는 일반적 규칙이 있다(약간의 예외에 대해서는 8장에서 서술할 것이다). 주의를 기울이지 않은 정보는 의식적으로 자각하기 어려우며 회상도 잘되지 않는다는 것이다. 청각 영역에서 **따라 말하기** shadowing라 불리는 절차가 주의와 기억의 관계를 연구하기 위해 사용되었다. 청취자는 스테레오 이어폰을 착용하며, 완전히 다른 2개의 메시지가 청취자의 각 귀에 재생된다. 청취자에게는 한쪽 메시지만 들리는 그대로 따라 말하도록 지시한다. 2~3분 후에 메시지가 종료되고, 청취자에게 따라 말하지 않았던 메시지에 대해 질문한다. 정확한 대답이 가능한 것은 대개 목소리의 물리적 특징—목소리의 높고 낮음, 목소리의 성별—에 대한 질문이다. 청취자는 메시지 내용에 대해서는 거의 아무것도 대답하지 못한다. 심지어 메시지의 언어가 영어에서 프랑스어로 그리고 다시 영어로 바뀌었는데도 그것을 알아채지 못한다(Moray, 1969). 로프터스(Loftus, 1972)는 시각에서도 유사한 발견을 했다. 그는 두 장의 사진을 나란히 보여 주고 그중 한 장만 보라고 지시했다(그리고 관찰자가 지시를 따르는지 확인하기 위해 안구 운동을 감시했다). 그 결과, 주의한 사진에 대해서는 회상이 상당히 좋았으나 주의하지 않은 사진에 대해서는 회상이 0에 가까웠다.

주의하지 않은 청각적 메시지를 거의 보고하지 못한다는 사실은 연구자들로 하여금 주의되지 않은 자극은 완전히 여과되어 버린다는 생각을 갖게 했다(Broadbent, 1958). 그러나 우리의 지각체계는 주의하지 않은 자극도 어느 정도 처리할 수 있다는 것을 보여 주는 상당히 많은 증거가 있다. 비록 그러한 자극이 의식되는 일은 매우 드물지만 말이다. 예를 들어 자기 이름이 주의하지 않은 대화 속에서 작은 소리로 언급될 때 우리는 그것을 들을 수 있다. 만약에 주의하지 않은 메시지 전부가 지각체계의 하위 수준에서 소실된다면 이러한 일은 일어날 수가 없다. 그러므로 주의 결여가 메시지를 완전히 차단하는 것은 아니다. 그것은 약화될 뿐이다. 마치 라디오의 볼륨을 낮추어만 놓았지 완전히 끄지는 않은 상태처럼 말이다(Treisman, 1969).

## 선택적 주의의 비용과 이득

앞에서 설명했듯이 선택적 주의 때문에 치러야 하는 대가 중 하나는 잠재적 중요성이 있는 다른 자극을 지각하지 못하는 것이다. 사이먼스와 채브리스(Simons & Chabris, 1999)는 4~5명의 학생이 서로 농구공을 패스하도록 하고 그것을 녹화한 필름을 연구 참가자들에게 보여 주었다. 참가자들의 과제는 패스의 횟수를 세는 것이었다. 필름 속에서는 어떤 사람이 고릴라 복장으로 등장하여 화면의 정중앙을 가로질러 걸어가는 장면이 있었다. 참가자들은 오로지 농구공에만 집중했기 때문에 아무도 고릴라를 알아채지 못했다. 이것은 **부주의맹** inattentional blindness이라 하며 **변화맹** change blindness과 밀접한 관계가 있다. 변화맹은 상당히 큰 규모의 장면 변화를 알아채지 못하는 현상이다. 사이먼스와 레빈(Simons & Levin, 1998)이 뉴욕 주의 코넬대학교에서 실시한 연구는 재미있는 하나의 사례를 보여 준다. 그들의 실험에서 한 학생이 지나가는 행인을 붙들고 어떤 건물로 가는 길을 묻는다. 행인이 대답을 하고 있는 동안 불투명한 문짝을 든 두 사람이 학생과 행인 사이를 지나간다. 잠시 동안이지만 행인은 학생을 볼 수가 없다. 바로 그동안에 길을 물은 학생과 문짝을 들고 가던 사람 중 하나가 자리를 바꾼다. 행인의 절반 정도는 자기에게 길을 물은 학생이 바뀐 것을 알아채지 못했다. 말하는 사람의 얼굴을 주목하도록 지시하면 이런 변화맹 효과를 상당히 줄일 수 있었다.

사람들이 정보 집합 사이에서 주의를 자유롭게 이동할 수 있다는 사실은 백내장 수술을 하는 의사들이 최근에 유용하게 이용하고 있다. 백내장은 안구의 수정체가 혼탁해져서 빛을 통과시키지 못하게 되는 장애이다. 전형적 수술 절차는 혼탁해진 수정체를 제거하고 투명한 인공 수정체를 끼우는 것이다. 그러나 사물과의 거리에 따라서 두께를 자유자재로 조절 가능한 원래의 수정체와 달리 인공 수정체는 딱딱하다. 그 결과 인공 수정체를 이식받은 사람들은 1m 정도 거리의 사물은 선명하게 볼 수 있지만, 좀 더 가까운 사물을 보거나 책을 읽기 위해서는 특별한 안경을 써야 한다. 새로운 인공 수정체가 개발되었는데, 그것은 여러 개의 동심원 링으로 구성되어 있고 링들은 초점거리가 서로 다르다. 그 결과 2개의 상이 동시에 망막에 투사된다. 한 쪽 망막상에서는 가까운 물체는 초점이 맞아서 선명하나 먼 물체는 흐릿하다. 다른 망막상에서는 반대로 먼 물체는 초점이 맞아서 선명하나 가까운 물체는 흐릿하다. 이런 수정체를 이식받은 환자는 둘 중 하나의 상에 선택적으로 주의할 수 있으며, 주의하지 않은 상은 자각하지 못한다. 결국 하나의 고정된 수정체로 먼 물체와 가까운 물체를 둘 다 선명하게 지각할 수 있다.

### 중간 요약

- 선택적 주의는 추가적 처리를 위해 어떤 자극은 선택하고 나머지 자극은 제거하는 과정이다. 시각에서 주의의 방향

을 정하는 일차적 수단은 안구 운동이다. 안구 고정은 어떤 장면에서 정보량이 많은 부분, 예를 들면 특이한 부분에 집중하는 것이다.

- 선택적 주의는 청각에도 존재한다. 우리는 보통 소리가 들려오는 방향, 그리고 화자의 음성 특징 등의 단서를 선택에 사용한다.
- 대부분의 경우 우리는 주의한 것만 기억할 수 있다. 선택적 주의 능력은 재인의 초기 단계에 발생하는 과정에 의해서뿐만 아니라 메시지의 의미를 이해하고 난 후에 일어나는 과정에 의해서도 영향을 받는다.
- 환경의 많은 부분에 주의하지 않기 때문에(즉, 무시하기 때문에) 우리는 그 부분들을 기억하지 못한다. 그러나 선택적 주의 덕분에 필요한 정보처리의 양이 뇌가 감당할 수 있는 수준까지 줄어든다.

### 비판적 사고를 위한 물음

1. 주의의 방향이 어디인지는 시선이 어디를 향하느냐로 판단할 수 있다는 주장은 상당히 타당해 보인다. 그러나 시각적 주의는 시선을 고정한 상태에서도 한 장소에서 다른 장소로 이동할 수 있다는 가설을 만들어 보라. 당신은 어떻게 이 가설을 검증하겠는가?
2. 일상적 상황에서 선택적 주의는 어떻게 지각을 돕는가? 아무도 선택적 주의 능력이 없는 도시에서 자동차를 운전한다면 어떤 상황이 나타나겠는가? 어떤 유형의 사고가 더 자주 발생하겠는가? 어떤 유형의 사고가 덜 발생할 것 같은가?

## 위치 파악

이 장의 앞에서 사람들이 풀어야 하는 다양한 문제를 서술했다. 어떤 문제는 정보의 위치 파악과 관계가 있었다. 그런 것들 중 가장 중요한 것이 두 가지 있다. (1) 산만한 환경 속에서 자기의 길을 찾아가기(침대에서 부엌의 싱크대까지 어떤 것에도 부딪히지 않고 가려면 무엇이 필요한가 생각해 보기 바란다), (2) 대상을 손으로 잡기(펜을 손으로 잡기 위해 손가락을 자연스럽게 이동하려면 먼저 펜이 어디에 있는지를 알아야만 한다).

대상들이 환경 속 어디에 있는지를 알기 위해서는 먼저 대상을 배경과 구분하고, 또한 대상들을 서로 구별해야 한다. 그런 후에야 지각체계는 삼차원 세계 속에서 대상의 위치를 결정할 수 있다. 거기에는 대상과 관찰자 사이의 거리 및 대상들의 운동 패턴이 포함된다. 이 절에서는 그런 지각 능력을 하나씩 살펴보자.

### 대상의 분리

망막에 투사된 이미지는 다양한 밝기와 색채의 모자이크이다. 지각체계는 그 모자이크를 체제화하여 배경으로부터 돌출한 서로 분리된 대상들의 집합을 만든다. 게슈탈트 심리학자들은 이런 체제화에 큰 관심이 있었다(게슈탈트 심리학은 20세기 초 독일에서 시작되었음을 1장에서 설명했다). 게슈탈트 심리학자들은 대상 전체 혹은 형태를 지각하는 것의 중요성을 강조했으며, 우리가 대상을 체제화하는 방식을 설명하기 위해 여러 원리를 제안했다.

#### 전경과 배경

지각적 체제화의 가장 기본적인 방식은 2~3개의 영역으로 나누어진 자극에 대해 어떤 부분은 전경으로 보고 나머지는 배경으로 보는 것이다. 전경(figure)으로 보이는 영역은 관심 대상을 포함하고 있으며, 그것은 배경(ground)보다 입체적으로 보이고 배경의 앞에 있는 것처럼 보인다. 그림 5.3a는 전경-배경 체제화가 모호할 수 있음을 보여 준다. 이 패턴에서는 아마도 한 쌍의 옆얼굴이 마주 보고 있는 것을 보거나 장식용 화병을 보게 될 것이다. 화병은 검은 배경에 희게 나타나는 반면, 얼굴은 흰 배경에 검게 나타난다. 이제 그림 5.3b를 보면 2개의 체제화가 번갈아 의식 속으로 들어올 것이다. 전경과 배경으로의 체제화는 당신의 마음속에 있는 것이지 자극 속에 있는 것이 아님을 보여 준다. 얼굴과 화병이 결코 동시에 나타나지 않음에 주목하라. 우리는 두 가지가 가능하다는 것을 알고 있으나 동시에 2개를 볼 수는 없다. 일반적으로 크기가 작은 영역일수록 전경으로 보이기 쉽다. 그림 5.3a, b, c에서 그것을 알 수 있다. 흰 영역이 작을 때는 화병을 보기가 용이하고 검은 영역이 작을 때는 얼굴을 보기가 용이하다(Weisstein & Wong, 1986). 이러한 전경-배경 원리는 단순한 자극에만 국한되지 않는다. 그림 5.4에서 볼 수 있는 것처럼 그 원리는 아주 복잡한 자극에도 적용될 수 있다.

한 가지 강조하고 싶은 것은, 전경-배경 관계가 가장

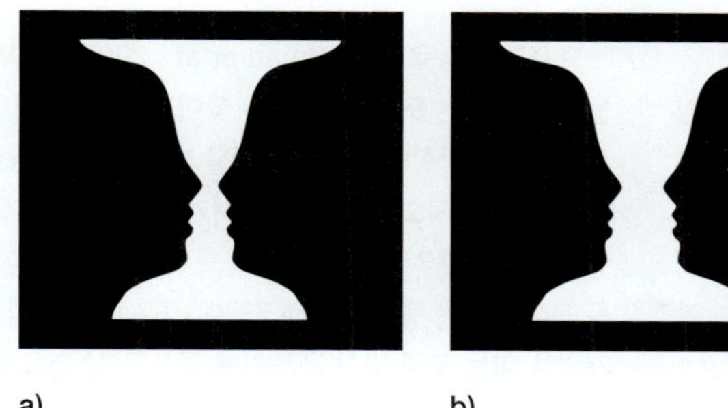
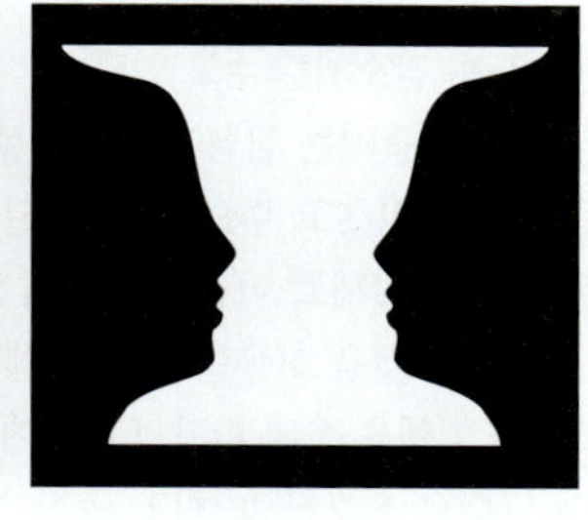


**그림 5.3 역전 가능한 전경과 배경.** 세 그림에서 흰 화병 하나와 한 쌍의 얼굴을 볼 수 있다. 두 가지 체제화가 모두 가능함을 알고 있더라도 동시에 두 가지를 모두 보는 것은 불가능하다. (a) 흰 영역이 좁을 때 화병을 보기가 좀 더 쉽다. (c) 검은 영역이 좁을 때 얼굴을 보기가 좀 더 쉽다.

## 첨/단/연/구

### 가상현실을 통한 주의 분산은 심각한 통증을 경감시킨다

*Hunter Hoffman,* 워싱턴대학교

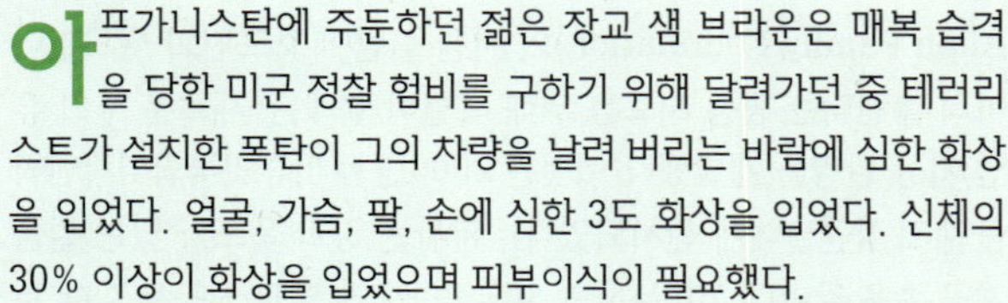
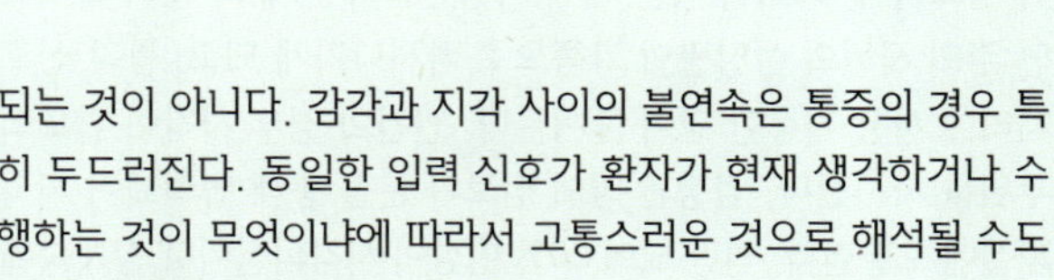

아프가니스탄에 주둔하던 젊은 장교 샘 브라운은 매복 습격을 당한 미군 정찰 험비를 구하기 위해 달려가던 중 테러리스트가 설치한 폭탄이 그의 차량을 날려 버리는 바람에 심한 화상을 입었다. 얼굴, 가슴, 팔, 손에 심한 3도 화상을 입었다. 신체의 30% 이상이 화상을 입었으며 피부이식이 필요했다.

샘이 침상에 움직이지 못하고 누워 있는 동안 아편제와 케타민 진통제가 그의 통증을 경감해 주었지만 환부 접촉이 필요한 치료에서는 효과가 아주 미미했다. 상처를 소독하는 동안 샘은 다른 대부분의 환자들처럼 극도의 통증을 계속 느꼈으며, 약물 사용으로 인한 여러 가지 불쾌한 부작용을 경험했다. 또한 마약성 진통제에 대한 의존성도 우려되었다. 대응책의 하나로 의사는 비약물적 통증 분산 기술인 가상현실(virtual reality, VR) 스노월드(SnowWorld)를 추천했다. 스노월드는 전투 중 화상으로 인한 극심한 고통의 경감을 돕기 위해 개발되었다(Maani et al., 2011; 샘 브라운에 대한 자세한 기사는 「GQ」 2012년 2월 호 또는 http://gqm.ag/xqNcyy에서 볼 수 있다).

1996년에 워싱턴대학교 인간 인터페이스 기술 실험실의 인지심리학자 헌터 호프먼(Hunter Hoffman)과 시애틀 하버뷰병원 화상센터의 데이비드 패터슨(David Patterson)은 새로운 심리학적 통증 조절 테크닉—가상현실 환경에서 주의 조절에 근거한 테크닉—을 창시했으며, 그것을 통상적 약물 처치에 대한 보조물로 사용하고자 했다.

주의를 다른 곳에 집중하는 것은 화상 통증에 특히 유용한데, 이는 통증 지각이 강력한 심리적 요소를 가지고 있기 때문이다. 4장에서 설명한 것처럼 통증은 다른 감각과 마찬가지로 고유한 입력 신호를 가지는데, 이 경우에는 피부의 통각수용기로부터 오는 일련의 신경충격이다. 그러나 이 장에서 다루겠지만 지각은 감각 입력을 해석한 것이다. 지각은 결코 감각 입력에 의해서만 결정되는 것이 아니다. 감각과 지각 사이의 불연속은 통증의 경우 특히 두드러진다. 동일한 입력 신호가 환자가 현재 생각하거나 수행하는 것이 무엇이냐에 따라서 고통스러운 것으로 해석될 수도 있고 그렇지 않을 수도 있다.

어떤 사람이 가상현실 진통제를 경험할 때 뇌에서 무슨 일이 일어나는지 탐색하기 위해 연구자들은 독특한 VR 고글을 고안했다. 과학자가 뇌 활동을 측정하는 동안 피험자는 스노월드 속으로 들어가는 착각을 일으켰다. fMRI 스캐너가 뇌 활동의 **변화**를 측정하기 전에 호프먼과 동료들(Hoffman et al., 2004)은 의료용 소형 핫플레이트를 건강한 자원자의 발에 부착했다. 핫플레이트는 30초간은 통증을 주고 이어서 30초간은 통증을 주지 않았다. 이러한 시행을 6회에 걸쳐 반복했다. 참가자들은 핫플레이트가 뜨거울 때 상당한 통증을 느꼈다고 보고했으며, 그들의 뇌는 통증 지각과 관련된 뇌 영역 다섯 군데에서 활동이 증가함을 보여 주었다. 흥미로운 사실은, 이 참가자들이 스노월드에 들어가 있을 때 뜨거운 핫플레이트에 대한 통증이 크게 감소했으며, 통증 관련 뇌 활동도 다섯 영역 모두에서 50~97%까지 떨어졌다는 것이다. 다시 말해 fMRI 뇌 영상은 VR이 통증을 감소시킨다는 객관적 증거를 제공하고, 아울러 VR이 통증을 감소시키는 방식에 대한 최초 단서도 제공했다(Hoffman, 2004 참조). 추후 실시된 fMRI 촬영 연구에서는 VR만으로도 모르핀 투여만큼 통증 경감이 나타났으며, 두 방법의 결합이 통증을 경감하거나 통증 관련 뇌 활동을 감소시키는 데 가장 효과적임이 드러났다.

이런 결과는 통증의 **통로제어 이론**에 의해 해석이 가능하다. 여기서 아이디어는 주의 분산과 같은 고차 사고 과정이 피질로부터 척수로 가는 피드백 신호를 출발시키고, 이 피드백 신호는 입력되는 통각 신호를 약화한다. 다시 말해 입력되는 통각 신호를 환자가 **해석하는** 방식에 영향을 줄 뿐만 아니라, 주의 분산은 실제로 입력 신호의 강도를 감소시킬 수도 있다.

화상 환자는 상처 치료 중에는 침상에서 일어설 수 없으며, 일반적으로 어떤 종류의 흥미롭고 주의를 끄는 환경과 상호작용할 수 없다. VR은 환자가 실제로 어딘가에 가지 않고 상상 가능한 어떤 세계로 들어가는 것을 허용한다. 병원에 설치된 VR 컴퓨터가 특별히 고안된 헬멧을 통해 환자의 눈앞에 있는 2개의 작은 LCD 스크린에 비디오 신호를 보낸다. 동작 감지기(motion sensor)는 환자의 머리 위치를 모니터링하여 이 정보를 컴퓨터로 보낸다. 환자가 머리를 이리저리 움직이면(예: 위를 보면) 그에 맞추어 인공 환경을 업데이트한다(이 경우에는 강의 이미지를 하늘의 이미지로 바꾼다). 환자의 활동에 반응하여 감각 입력을 실시간으로 변화시키는 것은 컴퓨터가 창조한 환경에 실제로 자신이 살고 있는 것 같은 착각을 환자에게 제공한다. 이론적으로 VR에서의 지각은 실제 세계에서의 지각을 완벽하게 모방할 수 있다[과학소설 작가인 닐 스티븐슨은 소설『스노 크래시(Snow Crash)』에서 이것을 스펙터클하게 묘사했다].

입력된 통각 신호가 통증으로 지각되기 위해서는 의식적 주의가 필요하다. 그러나 다른 세계(가상현실의 세계)로 끌려 들어가면 주의 자원의 상당량이 그쪽으로 빠져나가게 되고, 통각 신호 처리에 사용 가능한 양이 줄어든다. 인간의 경우 시각이 압도적 우위를 차지한다. 엄청난 양의 정보가 눈을 통해 입력되어 시각피질에 도달한다. 인간 뇌의 20% 이상이 시각피질이다. VR 속에서 눈은 이제 실제 세계를 보지 않는다. 눈이 보는 것을 헬멧이 결정한다. VR 속에서 환자는 삼차원 계곡을 누비며 눈덩이를 발사할 목표물을 탐색한다. 환자의 눈은 자신의 화상 부위가 아니라 VR 헬멧을 통해 제시되는 가상 세계의 사물을 탐색한다. 그 결과, 통증에 집중되던 주의의 스포트라이트는 이제 가상 세계로 유인된다. VR 치료를 받는 환자들에게는 통증—상처의 치료와 소독으로 인한 찌르는 듯한 통증—이 그저 약간의 불쾌함을 일으킬 뿐이며, 가상 세계를 탐색하는 주요 목표로부터 그들을 분산시키지 못한다(Wender et al., 2009).

하나의 실험적 사례 연구(Hoffman et al., 2000)에서는 심한 화상을 입은 두 환자가 VR 환경에 들어갔다. 거기에는 카운터, 창문으로 내다보이는 약간 구름 낀 하늘, 캐비닛, 문이 전부 갖추어진 가상 부엌이 있었다. 환자는 여러 가지 활동—주전자, 접시, 토스터, 식물, 프라이팬 등을 잡는 일—을 하기 위해 그들의 사이버핸드를 가상 대상에 접촉시키고 삼차원 마우스의 버튼을 클릭했다. 환자는 발버둥치는 가상 거미를 잡거나 입체적이고 무게감이 있으며 맛이 느껴지는 초콜릿을 먹을 수도 있었다. 이는 호프먼이 개발한 혼합 현실 피드백 테크닉에 의해 만들어진 것이다.

이 VR 치료는 두 환자를 대상으로 아주 많은 가능성을 보여 주었다. 환자 1의 경우는 닌텐도를 즐기는 동안에 피부이식한 자리에서 5개의 스테이플을 제거했으며, VR 상황에 있는 동안에는 6개의 스테이플을 제거했다. 그는 닌텐도 조건보다 VR 조건에서 통증의 극적 감소를 보고했다. 두 번째 환자의 경우는 화상이 더 심했음에도 불구하고 동일한 패턴을 보여 주었다.

호프먼과 동료들(Hoffman et al., 2000a)은 VR이 화상 통증을 경감한다는 또 다른 증거를 찾아냈다. 12명의 심각한 화상 환자들이 VR 상황에서 물리치료를 받는 동안 상당한 통증 감소를 보고했다. 환자의 주의를 분산시키는 효과 이외에, VR은 필수적인, 그러나 매우 고통스러운 스트레칭 동작을 수행하도록 환자를 동기화하는 행동강화 테크닉에 사용될 수 있다. 예를 들어 VR 게임을 하는 도중 가상 제트기에 넣을 가상 연료를 얻기 위해, 치료 중인 손을 열 번만 쥐었다 폈다 하면 된다. 갤바스턴 소재 슈라이너스아동병원에서 현재 진행 중인 연구의 예비 결과에 따르면 VR은 심각한 화상을 입은 아동들이 운동 피부 스트레칭을 하는 동안 통증을 감소시켰다. VR은 20분 물리치료 회기 동안 환자의 통증을 감소시켰다. 10일간 계속 통증을 감소시켰으며 진통 효과의 저하도 없었다. 많은 환자들은 VR이 사용될 때 상처 처치와 물리치료 시간이 즐거웠다고 보고했다. 또한 앞서 제시한, 샘 브라운이 참가한 군대 내 연구도 통증이 심한 환자(예: 추가적 통증 제어가 매우 필요한 환자)에게 VR이 매우 효과적이라는 것을 발견했다.

미국국립보건원(National Institutes of Health), 스칸디나비안 디자인(Scandinavian Design), 폴 앨런 가족 재단(Paul Allen Family Foundation)의 지원을 받아 호프먼과 월드빌더 아리 홀랜더는 통증 치료를 위해 특별히 설계된, 새로운 주의 유인 가상 환경을 개발했다(이것은 2006년 쿠퍼휴잇국립디자인박물관 트리엔날레에 전시되었다). 환자는 강과 폭포가 있는 얼음 계곡 속을 날아다니며 눈사람, 이글루, 펭귄, 맘모스 등을 향해 눈덩이를 발사한다(동영상 효과, 사운드 효과, 그리고 폴 사이먼이 작곡한 배경 음악이 함께 주어진다). 통증을 경감하는 기술의 진보는 심리학적 발전과 어깨를 나란히 하여 나아가고 있다. 호프먼과 제프 마귤라(Jeff Magula), 에릭 세이벨(Eric Seibel)은 최근에 전자 대신에 광자를 사용하는 광섬유 VR 헬멧을 완성했다. 그래서 이제 화상 환자는 물탱크 속에 앉아서도 VR을 할 수 있게 되었다(Hoffman et al., 2008). 그들은 또한 최근에 헬멧을 착용할 수 없는 환자를 위해 관절이 있는 로봇 팔이 장착된 헬멧 없는 VR 고글을 개발했다(Maani et al., 2011).

새로 설립된 한 회사(http://www.kickstarter.com/projects/1523379957/oculus-rift-step-into-the-game)는 비디오 게이머를 위해 광폭 VR 고글을 개발할 것이라고 최근에 발표했는데, 가격은 현 시세의 1/35이다. VR 통증 분산 기술은 앞으로 훨씬 저렴하게 사용될 수 있을 것이다.

호프먼과 동료들은 가상현실이 화상 치료보다도 훨씬 더 수요가 많은 심리적 통증 조절 기술을 제공할 수 있다는 낙관적 신념을 가지고 있다(예: 전투에 의한 신체 외상, 암 치료, 응급실 'ERVR', 치통, 무릎 수술 후의 물리치료 등). 그들의 프로젝트는 심리학의 연구와 의학의 실제 문제 사이에서 학제적 협력이 증가하고 있음을 잘 보여 준다. 이 연구에 대한 더 자세한 사항은 http://www.vrpain.com에서 볼 수 있다.

**그림 5.4 사라지는 볼테르의 흉상이 있는 노예 시장.** 역전 가능 도형이 살바도르 달리(Salvador Dali, 1940)의 작품 중앙에 있다. 아치 안에 서 있는 두 수녀는 볼테르의 흉상으로 역전될 수 있다.

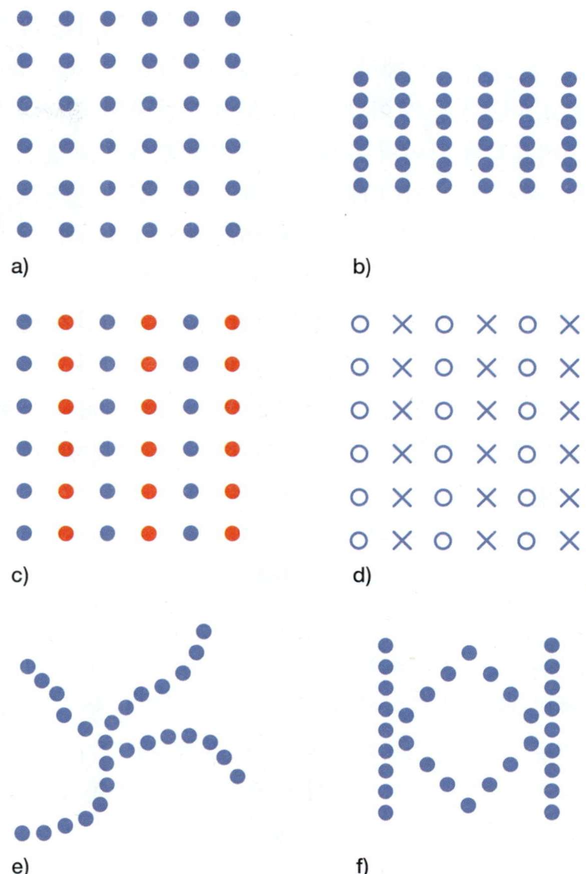


**그림 5.5 집단화의 게슈탈트 결정인자.** (a) 같은 간격의 점들은 행, 열, 대각선으로 보일 수 있다. (b) 근접에 의해 세로줄로 집단화. (c) 색채 유사성에 의해 세로줄로 집단화. (d) 모양 유사성에 의해 세로줄로 집단화. (e) 좋은 연속에 의한 집단화. (f) 폐쇄 또는 보간에 의한 집단화.

두드러진 영역은 시각이지만 우리는 다른 감각에서도 전경-배경 관계를 지각할 수 있다는 것이다. 예를 들면 우리는 새의 울음소리를 야외의 잡음을 배경으로 하여 들을 수 있고, 바이올린이 연주하는 멜로디를 오케스트라의 하모니 속에서 분리하여 들을 수 있다.

## 대상의 집단화

우리는 배경의 앞에 있는 하나의 대상뿐만 아니라 특정하게 집단화되어 있는 대상들도 볼 수 있다. 단순한 점들의 패턴도 우리가 그것을 볼 때 집단을 구성한다. 그림 5.5a에서 점들의 행렬을 보라. 이 점들은 위와 아래로 동일한 간격을 이루고 있어서 가로로 또는 세로로, 심지어는 대각선으로 체제화되어 있는 것처럼 보일 수 있다. 그러므로 이것은 모호한 패턴으로서 그림 5.3과 그림 5.4에 예시된 것과 유사한 원리를 따르고 있다. 한 번에 단 하나의 체제화만을 볼 수 있으며, 적당한 시간 간격을 두고 하나의 체제화는 다른 체제화로 저절로 교체된다.

게슈탈트 심리학자들은 이런 점들의 패턴을 집단화하는 다수의 결정인자를 제안했다. 예를 들어 점들 사이의 수직 거리가 감소되면(그림 5.5b) 열이 잘 보이게 된다. 이는 근접에 의한 집단화(grouping by proximity)이다. 만약 점들 사이의 거리를 바꾸는 대신에 요소들의 색채나 모양을 변화시키면 유사성을 이용하여 점들을 체제화할 수 있을 것이다(그림 5.5c와 그림 5.5d). 만약에 점들을 이동하여 2개의 서로 교차하는 곡선을 만들면 우리는 좋은 연속으로 집단화를 하는 것이다(그림 5.5e). 만약 어떤 공간을 점선으로 둘러싼다면 우리는 폐쇄에 의한 집단화를 보게 될 것이다(그림 5.5f). 마지막 그림에서는 2개의 수직선 사이에 위치한 하나의 다이아몬드를 볼 수 있다. 물론 그 패턴은 2개의 익숙한 문자가 서로 포개진 것(M 위에 W)일 수도 있고 서로 마주 보는 것(보통의 K와 거울에 비친 K)일 수도 있다. 이것은 게슈탈트 집단화를 결정하는 요인의 강력한 속성을 보여 준다. 이러한 결정인자들이 주어진 패턴 안에서 가능한 한 가장 안정되고 일관성 있고 단순한 형태를 만들어 낸다.

시각적 집단화에 대한 현대의 연구는 게슈탈트 결정인자가 지각에 강한 영향력을 행사함을 보여 주었다. 예를 들면 일련의 연구에서 시각적 표적이 근접에 근거한 시각적 집단의 한 부분인 경우, 그것은 집단 밖에 홀로 위치한 동일한 자극보다 탐지하기가 어려웠다(Banks & Prinzmetal, 1976; Prinzmetal, 1981). 또 다른 연구에서 색채와 모양이 비표적(non-target)과 다른 표적은 그렇지 않은 표적에 비해서 탐지하기가 더 쉬웠다(Treisman, 1986). 비표적들 사이의 유사성도 중요한 효과를 나타낸다. 비표적들 사이의 유사성이 증가하면 표적을 발견하기가 쉬운데, 표적이 배경과 구별되는 하나의 전경으로 돌출하기 때문이다(Duncan & Humphreys, 1989). 마지막으로 게슈탈트 결정인자와 연합된 신뢰할 만한 착각이 있다. 사람들은 지각적 집단 내의 요소 간 거리가 서로 다른 집단에 속하는 요소 간 거리보다 더 가깝다고 판단한다(Coren & Girgus, 1980; Enns & Girgus, 1985). 이런 결과는 모두 시각적 집단화가 시각적 경험의 체제화에서 커다란 역할을 한다는 것을 보여 준다.

지각적 집단화가 주로 시지각을 대상으로 연구되었지만 동일한 결정인자들은 청각에도 나타난다. 이를 잘 보여 주는 것이 음악 지각의 연구이다. 시간적 근접은 분명히 청각에도 작용한다. 예를 들면 네 번의 북소리에서 두 번째와 세 번째 사이에 지연이 있으면 그것은 두 쌍의 북소리로 들린다. 마찬가지로 시간적으로 서로 가까운 음표들의 집합은 집단화된다(예: 베토벤의 교향곡 5번 〈운명〉의 도입부 '따-다-다-단' 등이 그것이다). 음고가 서로 비슷한 음들도 집단화된다. 음악에는 대위법이 사용되는 경우가 많은데, 이는 2개의 멜로디가 동시에 연주된다. 감상자는 두 멜로디 사이에서 주의를 자유롭게 이동할 수 있으며, 주의한 멜로디는 전경이 되고 주의하지 않은 멜로디는 배경이 된다. 이것이 가능한 것은 두 멜로디의 옥타브가 서로 달라서인데, 한 멜로디 내의 음표들은 음고가 서로 가깝지만 서로 다른 멜로디 간의 음표들은 음고가 가깝지 않기 때문이다. 유사성과 폐쇄 또한 순음이나 복합음을 듣는 데 중요하다(Bregman, 1990).

## 거리 지각

어떤 대상이 어디에 있는지 알기 위해 우리는 그것의 거리 또는 깊이를 알아야 한다. 대상의 깊이를 지각하는 데는 노력이 필요 없을 것 같지만 실제로 그것은 놀랄 만한 성취이다. 왜냐하면 우리는 깊이 차원을 직접 다룰 수가 없기 때문인데, 그래서 앞에서 배운 다대일 문제가 발생한다. 망막은 이차원 표면이며 거기에 삼차원 세계가 투사된다. 망막은 높이와 넓이는 직접 반영할 수 있지만 깊이 정보는 다룰 수 없다. 따라서 깊이는 **깊이 단서** depth cue라고 총칭되는 미묘한 정보에 근거하여 재구성되어야 한다. 깊이 단서는 논리적으로 또는 수학적으로 어떤 대상의 깊이에 관한 정보를 제공하는 여러 가지 시각 정보를 말한다.

### 양안단서

인간과 동물은 왜 1개가 아니라 2개의 눈을 가지고 있을까? 두 가지 이유가 있다. 물고기와 같은 동물들은 머리의 양쪽에 눈을 하나씩 가지고 있으며, 그것은 동물이 머리나 몸을 움직이지 않고 세상의 더 많은 부분을 보는 것을 도와준다. 인간을 포함한 다른 동물들은 머리의 앞쪽에 2개의 눈이 같은 방향을 향해 있다. 인간은 어떤 한 시점에서 물고기가 보는 것보다 좁은 세상을 보지만 두 눈을 사용하여 깊이를 지각한다. (한쪽 눈을 가리고 자동차의 조수석에 앉아 보라. 자동차가 정지와 주행을 반복하는 동안 매우 이상한 경험을 하게 되는데, 앞에 있는 자동차나 다른 대상들이 얼마나 가까운 곳에 있는지에 대한 감각이 평상시에 비해 훨씬 떨어지기 때문이다.)

두 눈이 협동하여 거리를 추론하는 능력은 두 눈이 서로 떨어져 있어서 각 눈이 동일한 장면을 약간 다르게 보기 때문이다. 이것을 확인하는 좋은 방법이 있다. 오른손 검지를 얼굴 가까이에 세우고, 먼저 왼쪽 눈으로 그것을 보고 이어서 오른쪽 눈으로 그것을 본다. **양안부등** binocular disparity은 각 눈에 보이는 장면의 차이를 가리킨다. 양안부등은 가까운 곳의 대상에 대해서 크고, 대상의 거리가 멀어지면 작아진다. 3~4m를 넘어서면 각 눈에 보이는 것의 차이가 아주 작아서 양안부등은 깊이 단서로서의 효력을 상실한다. 그러나 대상을 잡는다든지 장애물을 피해 간다든지 하는 대부분의 일상 과제에서 양안부등은 깊이의 강력한 단서이다.

양안시를 사용하는 인간과 다른 동물들에서 뇌의 시각 영역은 양안부등을 이용하여 다양한 공간상의 위치를 대상에 부여한다. 그것은 대상의 2개 이미지가 서로 얼마나 다른가에 따라서 결정된다. 당신의 얼굴 가까이에 세운 손가락의 두 이미지에 대한 경우처럼 두 이미지의 차이가 크면 뇌는 그 대상이 아주 가까이에 있다고 결론을 내린다.

일상적인 세계에서 깊이를 볼 수 있도록 도와주는 역할 이외에 양안부등은 실제로는 깊이가 없을 때에도 깊이를 보게끔 우리의 눈을 속인다. 하나의 방법은 입체경이라 불리는 도구를 사용하는 것이다. 입체경은 양 눈에 약간씩 서로 다른 사진을 보여 준다. 빅토리아 시대에 중

**그림 5.6 그림 속의 단안 거리 단서.** 화가는 이차원 표면 위에 깊이를 그려 넣기 위해 단안 거리 단서의 일부 또는 전부를 조합하여 사용한다. 단안 거리 단서는 모두 자연 풍경 사진 속에 나타나며, 또한 우리 눈의 망막상에도 나타난다.

산 가정의 거실을 당당히 차지했던 이 장치는 마치 오늘날의 와이드 스크린 TV와 같다. 그러나 입체경은 호기심을 자극하는 단순한 골동품이 아니다. 입체경에 사용되는 것과 똑같은 양안부등의 원리가 오늘날 색깔 필터 또는 편광 필터가 달린 안경을 쓰고 보는 삼차원 특수효과 영화에 사용되고 있다. 이런 안경은 한 이미지가 한쪽 눈에, 그리고 약간 다른 이미지가 다른 쪽 눈에 들어가게 해 준다.

## 단안단서

위에서 설명한 것처럼 양안단서의 사용은 비교적 가까이에 있는 대상에 국한된다. 그럼 멀리 떨어져 있는 대상—구름, 시가지 전경, 산맥—은 어떻게 할 것인가? 여기에 양안단서는 효과가 없으며, 단안단서라 불리는 다른 단서가 사용되어야 하는데, 시각체계의 과제가 분명하게 드러나지는 않는다. 궁극적으로는 시각체계가 어떤 결론에 도달하기 위해 환경 속의 가용한 정보를 이용해야 하는데, 이는 마치 살인자가 누구인지를 알아내기 위해 탐정이 가용한 증거를 수집해야 하는 것과 흡사하다. 그림 5.6은 5개의 단안단서를 예시하고 있다. 여기에 1개를 추가하여 6개의 단안단서를 아래에서 설명했다.

1. **상대적 크기** relative size. 한 이미지 속에 크기가 다르지만 모양이 비슷한 다수의 대상이 있으면 관찰자는 크기가 더 작은 대상이 더 멀리 떨어져 있다고 해석한다.
2. **중첩** interposition. 어떤 대상이 다른 대상을 시야에서 가리고 있으면 관찰자는 가리고 있는 대상이 더 가까이에 있는 것으로 해석한다.
3. **상대적 높이** relative height. 모양이 비슷한 대상 중에서 지평선에 가까이 있는 것이 더 멀리 떨어져 있다고 지각한다.
4. **조망** perspective. 장면 속의 평행선이 이미지에서 한

점으로 수렴하면 그것들은 먼 곳에서 소실되는 것으로 지각된다.

5. 음영과 그림자 shading and shadow. 음영과 그림자의 형태는 대상의 깊이에 관한 정보를 제공한다. 그림자는 장면 속의 어떤 표면이 직사광선을 받지 못할 때 생긴다. 그 그림자가 빛을 차단한 동일한 대상의 일부분에 생기면 그것은 자기 그림자(attached shadow) 또는 단순히 음영이라 부른다. 만약에 그림자가 그림자를 던지는 대상에 속하지 않는 다른 표면에 떨어지면 그것은 투사 그림자(cast shadow)라 부른다. 두 종류의 그림자는 깊이 지각의 중요한 단서로 대상의 모양, 대상 간의 거리, 광원의 위치에 관한 정보를 준다(Coren et al., 1999).
6. 운동 motion. 당신이 빨리 움직이고 있을 때—고속 열차에 타고 있을 때—가까이에 있는 대상은 반대 방향으로 빠르게 움직이는 반면, 멀리에 있는 대상은 천천히 움직인다는 사실에 주목한 적이 있는가? 극도로 멀리 떨어져 있는 대상, 예를 들어 달은 전혀 움직이지 않는 것처럼 보인다. 대상이 움직이는 속도의 차이는 그것과 우리 사이의 거리에 대한 단서를 제공하며, 운동시차(motion parallax)라고 불린다.

## 운동 지각

앞의 단안단서 중 마지막 단서인 운동은 위치 파악을 포함하는 다음의 주요 주제로 우리를 안내한다. 우리가 환경 속에서 효과적으로 이동하기 위해서는 정지된 대상의 위치뿐만 아니라 운동 중인 대상의 경로에 대해서도 알아야 한다. 예를 들면, 우리는 한 블록 떨어진 곳에서 이쪽을 향해 달려오는 자동차가, 우리가 횡단보도를 건너기 전에는 횡단보도에 도달하지 않을 것임을 알 필요가 있다. 즉 우리는 운동을 지각할 수 있어야 한다.

### 가현운동

무엇이 우리로 하여금 운동을 지각하게 하는가? 가장 단순한 대답은 어떤 물체의 이미지가 우리의 망막에서 이동할 때 그 물체가 운동한다고 지각한다는 것이다. 그러나 이 대답은 상당히 단순하다는 것을 알 수 있는데, 망막에서 움직임이 없을 때도 우리는 운동을 지각할 수 있기 때문이다. 이 현상은 그림 5.7에 나타나 있는데 1912년에 베르트하이머(Wertheimer)에 의해 발견되었다. 가현운동 stroboscopic motion은 어둠 속에서 플래시 불빛을 어떤 곳에 한 번 비추었다 끄고, 아주 잠시 후에 이번에는 약간 옆에다가 불빛을 비추었다 끔으로써 아주 간단하게 만들어 낼 수 있다. 불빛은 한 장소에서 다른 장소로 이동한 것처럼 지각되며 실제의 운동과 구별되지 않는다.

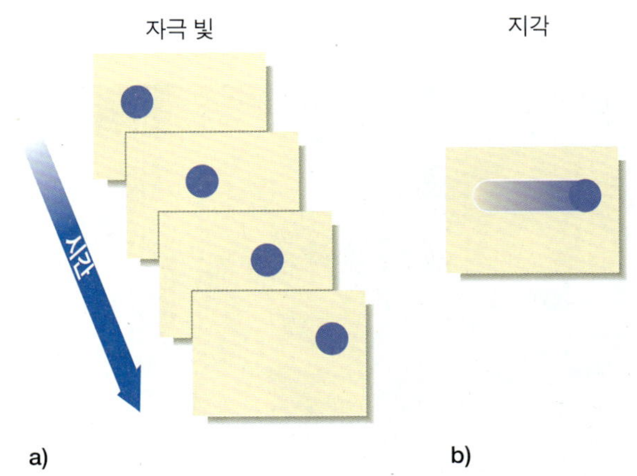


그림 5.7 **가현운동.** (a)에 보이는 일련의 정지 프레임을 적절한 시간 간격을 두고 제시하면 (b)와 같은 지각체가 생긴다. 정지 사진의 연속적 제시가 지속적 운동의 착시를 유발하는데, 이것이 영화, 비디오, TV에 나타나는 운동의 근거이다.

베르트하이머의 가현운동을 학술적 성과로만 간주해서는 안 된다. 이 현상은 오늘날 엄청나게 많은 시각 디스플레이 기술에 대해 결정적 중요성을 가진다. 최고의 예는 우리가 영화에서 지각하는 운동인 가현운동이다. 영화는 대부분의 사람들이 알고 있는 것처럼 정지 사진(프레임이라고 함)의 연속이며, 각 사진은 앞의 사진과 약간 다르다. 프레임이 연속적으로 화면에 제시되는 동안 앞 프레임과 뒤 프레임의 차이는 운동으로 보이게 된다. 예를 들면 제임스 본드 영화에 출연한 대니얼 크레이그의 손의 위치는 프레임 간에 약간씩 차이가 있는데 이 차이가 운동—가현운동이 분명하지만 정상적인 그리고 연속적인 운동과 똑같이 지각되는 운동—으로 지각된다.

### 실제운동

물론 우리의 시각체계는 실제운동—공간상의 모든 중간점이 연속적인 운동—에도 민감하다. 그러나 일상 조건에서 그러한 운동을 분석하는 것은 매우 복잡하다. 망막상의 운동은 정지해 있는 대상에 대해 우리의 눈이 움직인 결과일 수도 있다(우리가 책을 읽고 있을 때 그런 일이 일어난다). 또한 망막상이 정지해 있지만 어떤 대상은 운동하는 것으로 보인다(우리의 눈이 날아가는 새를 따라갈 때). 그리고 망막상이 움직이고 있지만 어떤 대상은 정지해 있는 것으로 보여야 한다(우리의 눈이 나는 새를 추적하는 동안 배경은 망막 위를 이동한다).

따라서 우리의 운동 분석은 아주 상대적이다. 우리는 배경이 균일한 색이고 운동하는 대상만이 보일 때에 비해서(절대적 운동), 배경이 구조화되어 있을 때 대상의 운동을 훨씬 더 잘 탐지할 수 있다(**상대적 운동** relative motion). 상대적 운동의 어떤 패턴은 삼차원 대상의 모양과 정체를 파악하는 강력한 단서가 될 수 있다. 예를 들면 그림 5.8의 운동 자극에서는 단지 12개의 점만이 상대적으로 움직이고 있지만 관찰자는 그것을 어떤 사람의 활동으로 쉽게 알아볼 수 있다(Johansson et al., 1980). 이런 자극을 이용한 다른 연구에서 관찰자는 자신의 친구를 알아볼 수 있었으며, 발목에 부착된 전구만을 본 후에 그 모델이 남자였는지 여자였는지를 분간할 수 있었다(Cutting, 1986).

상대적 운동의 연구에서 또 하나의 중요한 현상은 **선택적 순응** selective adaptation이다. 이것은 운동을 지속적으로 관찰할 때 나타나는 운동에 대한 민감성의 상실이다. 순응은 상대적이라서 우리가 보고 있는 운동이나 그와 유사한 운동에 대해서는 민감성이 저하되지만, 방향과 속도가 매우 다른 자극에 대해서는 그렇지 않다. 만약에 우리가 위로 올라가는 가로줄들을 보고 있으면 상향운동에 대한 민감성은 떨어지지만 하향운동을 지각하는 능력은 영향을 받지 않는다(Sekuler, 1975). 다른 종류의 순응과 마찬가지로 우리는 보통 민감성의 저하를 자각하지는 못하지만 순응에 의한 잔효(殘效, 잔여 효과, after-effect)는 자각할 수 있다. 만약 폭포수를 2~3분간 바라보고 나서 그 옆의 언덕을 보면 언덕이 위로 올라가는 것처럼 보일 것이다. 대부분의 운동이 잔효를 산출하는데, 이는 원래의 운동 방향과 항상 반대 방향이다.

뇌는 어떻게 실제운동을 지각하는가? 실제운동의 어떤 측면은 시각피질의 특정 세포에 의해서 부호화된다. 이런 세포는 어떤 운동에는 반응하고 어떤 운동에는 반응하지 않으며, 특정 방향과 특정 속도의 운동에 최대로 반응한다. 그런 세포의 실재를 지지하는 최고의 증거는 동물을 사용한 연구에서 얻을 수 있는데, 실험자는 동물에게 여러 가지 패턴의 운동을 제시하면서 시각피질세포의 활동을 기록한다. 그러한 단일세포 기록에 의한 연구는 특정 방향의 운동을 담당하는 피질세포를 찾아냈다. 심지어는 관찰자의 얼굴을 향해 날아오는 물체를 탐지하는 세포도 있는데, 이것은 생존을 위해 확실히 도움이 되는 능력이다(Regan et al., 1979).

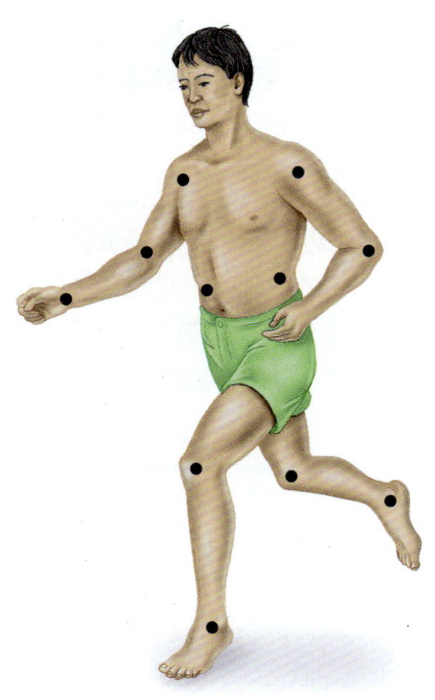

a) 인간의 운동 패턴을 연구하기 위해 사용된 디스플레이의 한 예이다. 전구가 부착된 부위가 표시되어 있다.

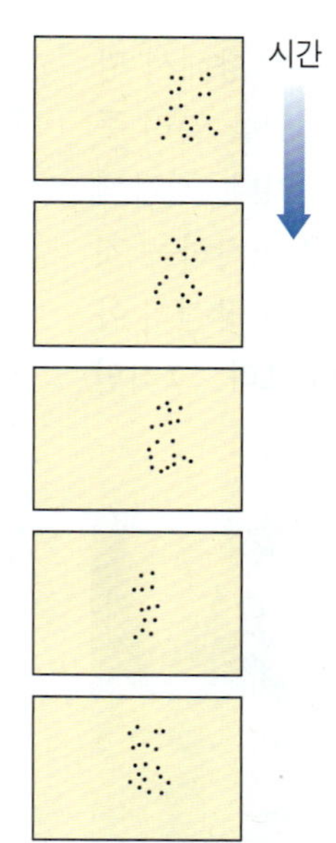


b) 춤추는 한 쌍의 커플에 의해 만들어진 운동 패턴의 순차적 제시.

**그림 5.8 인간 운동의 패턴.**

이런 특화된 운동세포는 선택적 순응과 운동 잔효에 대한 하나의 설명을 제공한다. 예를 들면 상향운동에 대한 선택적 순응이 일어나는 이유는 상방향의 운동에 특화되어 있는 피질세포가 피로해졌기 때문일 것이다. 하방향의 운동을 담당하는 세포는 여전히 잘 기능하고 있기 때문에 처리를 주도하게 되고, 그 결과 하방향의 잔효가 나타난다.

그러나 실제운동의 신경적 기초에는 특정 세포의 활성화 이외에 더 많은 것이 있다. 우리는 밤하늘에 움직이는 반짝이는 물체(예: 야간비행 중인 비행기)를 추적할 때 운동을 볼 수 있다. 우리의 눈이 대상을 따라가기 때문에 망막에서 그 대상

**홈스-베이츠(Holmes-Bates) 입체경. 올리버 웬들 홈스가 1861년에 발명하고 조지프 베이츠가 제작한 것으로 생생한 깊이 지각을 체험할 수 있다.**

의 이미지는 거의 움직이지 않는데도 우리는 부드러운, 지속적인 운동을 지각하는 것이다. 왜일까? 우리 눈이 어떻게 움직이고 있는가에 관한 정보가 전뇌의 운동영역에서 시각피질로 보내져서 우리가 보는 운동에 영향을 주기 때문이다. 요컨대 운동체계는 시각체계를 향해서 망막에 일정한 운동이 없는 것이 자신의 책임임을 알려 주고, 시각체계는 이러한 부족을 교정하는 것이다. 시각체계는 이 두 가지 정보원을 결합하여 운동을 지각하는 것이다. 당신도 이것을 체험해 볼 수 있다. 먼저 당신의 아래 눈꺼풀을 눌러서 안구가 움직이도록 해 보라. 그러면

**축구 선수들은 공을 잡고 태클을 피하기 위해 운동을 정확하게 지각할 수 있어야 한다.**

외부 세계가 망막을 가로질러 움직이기 때문에 실제로 세계가 움직이는 것처럼 느껴진다. 그것은 운동영역으로부터 주어지는 신호가 없기 때문이다. 따라서 뇌가 할 수 있는 유일한 해석은 세계가 실제로 움직인다는 것이다.

### 중간 요약

- 대상의 위치를 파악하기 위해 우리는 먼저 대상들을 분리하고 그것들을 집단으로 체제화해야 한다.
- 위치 파악에는 상하와 좌우 차원에서 대상의 위치를 결정하는 것이 포함된다. 이것은 비교적 쉬운데, 거기에 필요한 정보가 우리의 망막에 존재하기 때문이다. 대상의 위치 파악을 위해서는 대상과 우리 사이의 거리를 알아야 한다. 이러한 유형의 지각을 깊이 지각이라 하는데, 망막의 이미지에 깊이 지각을 위한 직접적인 정보가 없기 때문에 쉬운 일이 아니다. 우리는 다양한 깊이 단서를 사용하며, 그것은 양안단서와 단안단서로 구분된다.
- 대상의 위치 파악을 위해서는 대상이 움직이는 방향을 알아야 한다. 대상의 운동은 실제운동과 가현운동이 있다.

### 비판적 사고를 위한 물음

1. 당신이 갑자기 운동을 지각할 수 없게 되면 당신의 시각 경험은 도대체 어떠한 것이 될지 상상해 보라. 다시 말해 대상들의 움직임이 영화가 아니라 슬라이드쇼처럼 보인다고 생각하라는 것이다. 운동 지각은 응집적인 세상을 경험하는 데 어떻게 기여하는 것일까? 운동 지각이 없다면 세상은 어떤 방식으로 비응집적이 되는 것일까?
2. 거리 지각의 단서를 가장 중요한 것부터 가장 덜 중요한 것까지 순위를 매겨 보라. 당신의 대답에서 중요한 부분은 어떤 단서가 다른 단서보다 왜 중요한지에 대한 것이다. 물론 여기에는 중요하다는 것에 대한 당신의 정의가 필요할 것이다.

## 재인

지각체계는 어떤 사물이 어디에 있는지 알아야 할 뿐만 아니라 그것들이 무엇인지도 알아야 한다. 이 과정을 재인이라고 한다. 고양이가 우리 앞을 지나쳐 갈 때, 그것이 스컹크도 아니고 훌라후프도 아니고 고양이라는 것을

재인할 수 있어야 한다. 마찬가지로 우리 앞에 있는 평범한 텐트를 위험한 곰이라고 재인해서는 안 된다. (그러나 진화적 관점에서 보자면 텐트를 곰이라고 지각하는 것이 곰을 텐트라고 지각하는 것보다 훨씬 유리할 것이다. 우리의 시각체계는 진화 과정에서 사물을 위험한 것으로 지각하는 편향을 갖게 된 것 같다. 어떤 사물이 실제로 위험하지 않은 경우에도 말이다.)

사물을 재인하는 데는 몇 가지 부수적 문제의 해결이 필요하다. 첫째, 우리는 환경으로부터 기본적 또는 **원시특징** primitive feature을 획득하고, 그것들을 적절히 조합해야 한다. 예를 들면 빨강, 초록, 하나의 원, 하나의 사각형이 있다는 정보를 획득했다면 빨간 것은 원이고 초록은 사각형이며 그 반대가 아니라는 것을 알아야 한다. 둘째, 우리는 그 대상이 무엇인지를 알아야 한다. 위의 예에서는 그것이 사각형이라는 것을 우선 알아야 한다. 더 복잡한 과제는 우리가 보고 있는 선과 각과 형태의 조합이 인간의 얼굴임을 아는 것이며, 그보다 더 복잡한 과제는 그 얼굴이 특정한 인간의 것이라는 것, 예를 들어 엘리자베스 여왕의 얼굴임을 아는 것이다.

아래에서는 재인의 여러 기능에 대해 공부할 것이다. 우선은 전역에서 국지로의 처리(global-to-local processing), 즉 어떤 장면이 그 장면 속에 포함된 개별 사물의 지각을 도와주는 방식에 대해 이야기할 것이다. 그다음에는 **결합 문제** binding problem로 넘어갈 것이다. 결합 문제는 색채, 모양 등과 같은 원시요소에 상응하는 뇌의 여러 부분의 활동이 어떻게 결합되어 하나의 응집적 대상 지각이 되는가 하는 것이다. 다음에는 대상이 무엇인지를 실제로 어떻게 재인하는지에 대해 이야기할 것이다.

**재인의 초기 단계에 지각체계는 망막상의 정보를 이용하여 대상을 기술하는데 그 기술은 선이나 모서리와 같은 원시요소로 이루어진다. 후기 단계에 지각체계는 이러한 기술을 시각 기억 속에 저장되어 있는 많은 종류의 대상, 예를 들어 '개'에 대한 기술과 비교한다.**

## 전역에서 국지로의 처리

그림 5.9의 왼쪽 그림을 보라. 무슨 그림인가? 식빵 덩어리 같기도 하고 우편함 같기도 하다. 시각체계는 두 가능성 중 어느 쪽을 선택할까? 이런 문제를 해결하기 위해 지각체계가 사용하는 가장 강력한 도구는, 어떤 물체가 놓여 있는 맥락을 이용하여 그 물체가 무엇인지 추론하는 것이다. 즉 지각체계는 전역처리(global processing) —장면 전체를 이해하기—를 먼저 하고 이어서 국지처리(local processing)—전체 장면에 대한 지식을 이용하여 개개의 사물을 인식하는 데 사용하기—를 한다. 만약에 지각체계가 그 장면을 길거리라고 판단하면 그 물체는 우편함으로 해석될 것이고, 지각체계가 그 장면을 부엌이라고 판단하면 그 물체는 식빵 덩어리로 해석될 것이다(그림 5.9의 가운데 그림과 오른쪽 그림 참조).

이런 과정의 논리는 톰 사노키(Sanocki, 1993)가 명쾌하게 설명했다. 사노키는 사물들이 방향, 크기, 모양, 색채 등에서 무한한 값을 가질 수 있음에 주목하고 다음과 같이 지적했다. "만약 물체를 파악하는 동안 지각체계가 무수한 대안을 모두 고려해야 한다면 수많은 자극 특징과 수많은 특징-물체 대응으로 인해 조합의 수는 폭발적이 될 것이다."(p. 878) 사노키에 의하면 이런 불가능한 정보처리 부담을 줄이는 방법은 초기의 (전역)정보를 이용하여 후기의 정보 해석을 제한하는 것이다.

많은 연구가 실제로 이런 과정의 실재를 보여 주었다. 예를 들면 신즈와 올리바(Schyns & Oliva, 1994)는 자연

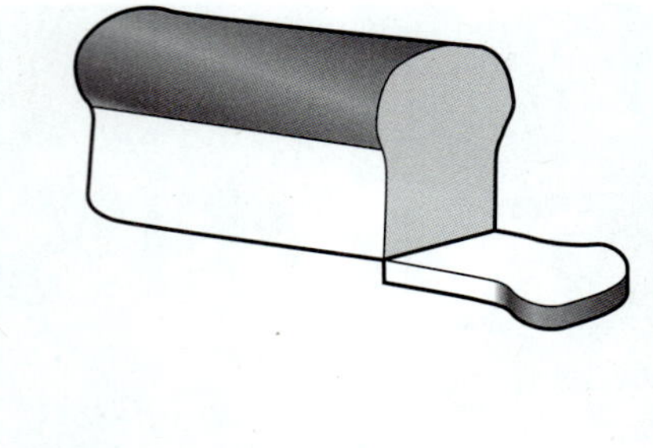

**그림 5.9 왼쪽 그림은 우편함일까, 식빵 덩어리일까?** 맥락에 따라서 다르게 해석될 수 있다.

적 장면들의 합성 사진을 만들었다. 합성 사진은 서로 무관한 2개의 사진, 예를 들면 스카이라인 사진과 길거리 사진을 겹친 것이었다. 그중 한쪽 사진(스카이라인 사진)은 전역정보만 가졌으며, 다른 사진(길거리 장면)은 국지정보만 포함했다. 이 합성 사진을 아주 짧게(대략 10msec 동안) 또는 좀 더 길게(대략 100msec 동안) 보여주고 관찰자들에게 본 것을 모두 보고하도록 요구했다. 관찰자들은 짧은 제시의 경우에는 오직 전역정보(스카이라인)만을 보고했으며, 긴 제시의 경우에는 오직 국지정보(길거리)만을 보고했다. 이 결과는 시각체계가 전역정보를 먼저 획득하고 이어서 국지정보를 획득한다는 증거이다.

## 결합 문제: 전주의적 과정과 주의 과정

주의는 수많은 입력 정보 중에서 무엇을 처리하여 의식적으로 지각할 것인가를 선택하는 과정이다. 주의는 또한 입력 자극의 여러 특징을 결합하는 역할을 하는 것으로 생각된다. 이것의 좋은 예가 **착각결합** illusory conjunction이다. 어떤 관찰자에게 아주 빨리(약 1/20초 동안) 그림 5.10에 있는 것 같은 자극—작고 붉은 원, 큰 녹색 네모, 중간 크기의 푸른 삼각형—을 제시하고 무엇을 보았는지 물었다고 하자. 관찰자는 3개의 형태와 3개의 색깔에 대해 보고할 수 있다. 그러나 어떤 색깔이 어떤 형태와 같이 있었는지에 대해 때때로 틀리게 말하기도 한다. 관찰자는 네모가 녹색이 아니라 빨강이었다고 말하기도 하는데, 이것은 색깔(빨강)과 형태(네모)를 결합한 지각이 '착각적'일 수 있음을 의미한다. [사람들은 글을 읽을 때 이와 유사한 현상을 가끔 경험한다. 어떤 줄에 있는 단어의 일부분(예: delivery의 liver)을 다른 줄에 있는 다른 단어의 일부분(예: cesspool의 pool)과 결합하여 새로운 단어(Liverpool)를 본 것처럼 착각한다. 모양과 위치의 원시특징을 잘못 결합한 것이다.]

**그림 5.10 착각결합.** 자극이 순간적으로 제시되면 관찰자는 가끔 모양과 색채를 잘못 결합한다.

### 특징통합 이론

착각결합은 외부 세계의 정보들이 각기 독립적 차원—예를 들면 모양, 색채 등이 따로따로 부호화된다—에서 전주의적으로 부호화되고, 그다음의 주의적 처리 과정에서 통합됨을 시사한다. 이러한 생각이 **특징통합 이론** feature-integration theory의 핵심이며, 지금 프린스턴대학교에 있는 앤 트리스먼(Treisman, 1986, 1992)에 의해 주창되었다. 특징통합 이론의 개략적 아이디어는, 우선 처음의 전주의적 단계에서 원시특징(primitive feature), 즉 모양과 색채 같은 것이 지각되고, 그다음에 주의적 단계에서 초점주의를 사용하여 그 특징들을 적절하게 '풀칠'하여 하나의 통합체를 만든다. 착각결합이 일어나는 것은 자극 제시 시간이 원시요소들을 수집하기에는 충분하지만, 더 긴 시간이 필요한 통합 단계를 위해서는 충분하지 않을 때이다.

그림 5.11 **시각탐색 과제.** 초록색 L을 찾아라. 이것은 왼쪽 그림에서는 쉬운 과제로 표적이 마치 튀어나오는 것 같다. 그러나 오른쪽 그림에서는 이 과제가 어려운데, 각 자극이 초점주의를 요구하기 때문이다.

원시특징과 통합특징을 구분하는 표준적 실험 절차는 **시각탐색 과제** visual search task인데, 관찰자는 어떤 혼잡한 배경 속에 표적 대상이 있었는지 없었는지를 판단해야 한다. 전형적 시각탐색 과제(그림 5.11 참조)에서 관찰자의 과제는 초록색 L을 발견하는 것이다. 그림 5.11의 왼쪽 그림에서는 이 과제가 매우 쉽다. 초록색 L이 붉은색 T나 L의 집단 속에서 마치 튀어나오는 것 같다. 그러나 배경이 붉은색 L과 초록색 T의 집단으로 되어 있는 오른쪽 그림에서는 이 과제가 상당히 어렵다. 특징통합 이론에 의하면 그 이유는 색채가 원시특징이기 때문이다. 왼쪽 그림에서는 색채 정보를 단번에 훑어볼 수 있다. 붉은색의 것은 초록색의 것과 지각적으로 분리되며, 단 하나의 초록색 대상(표적인 초록색 L)의 존재가 두드러진다. 반대로 오른쪽 그림에서는 색채 특징에만 의존해서는 표적과 배경을 분간해 낼 수 없다. 색채와 모양을 결합하면서 문자 하나하나에 주의를 기울여야만 그 문자가 표적인지 아닌지를 결정할 수 있다.

### 특징통합 이론의 문제점

지난 약 20년간 특징통합 이론은 굉장한 지지를 받아 왔다. 그러나 최근에 와서 이론적 간결성과 생물학적 정합성이라는 두 가지 관점으로부터 공격을 당하고 있다. 주요한 문제점은 과학자들이 시각탐색이나 그와 유사한 절차를 사용하여, 사실이라고 믿기에는 지나치게 많은 원시요소를 찾아냈다는 것이다. 특징통합 이론의 문제점을 명쾌하게 지적한 것은 디롤로와 동료들(Di Lollo et al., 2001)이다. 그들은 대안으로서 **역동적 통제 이론** dynamic control theory를 내놓았는데, 그 핵심적 전제는 '아주 적은 수의 시각적 원시요소에 아주 일찍 반응하는 하드웨어적 시스템 대신에, 다양한 시점에서 다양한 과제를 수행하기 위해 신속하게 재구성되는 요소들을 가진 융통성이 뛰어난 시스템이다. 그것은 마치 컴퓨터 속의 연결 패턴이 프로그램 제어하에 수많은 게이트를 열고 닫고 함으로써 역동적으로 재배열되는 것에 비유할 수 있다.' 기본적으로 이 시스템은 다양한 과제를 위해서 스스로를 재배열한다. 각각의 과제를 위한 많은 하위 시스템이 존재하는 그런 시스템과 대립된다.

## 대상의 파악

주의적 처리와 전주의적 처리는 어떤 시각 특징들이 하나의 대상에 속하는지 아닌지를 결정하는 문제에 관여한다. 또 다른 문제는 그렇게 해서 얻은 정보를 이용하여 그 대상이 실제로 무엇인지를 결정하는 것이다. 여기서 모양이 결정적 역할을 한다. 예를 들어 우리는 컵을 재인할 수 있다. 그것이 작건 크건(크기의 차이), 갈색이건 흰색이건(색의 차이), 매끄럽건 우둘투둘하건(결의 차이), 또는 똑바로 서 있건 기울어져 있건(방향의 차이) 말이다. 컵을 재인하는 능력은 모양의 차이에 의해 큰 영향을 받는다. 만약 컵의 일부분이 가려져 있으면 우리는 그것을 재인하지 못할 수 있다. 그러나 우리는 대상의 모양만 나타내는 단순한 선화를 보면서도, 대상의 여러 속성을 있는 그대로 모두 나타내는 컬러 사진을 볼 때만큼 정확하게 대상을 재인할 수 있다(Biederman & Ju, 1988).

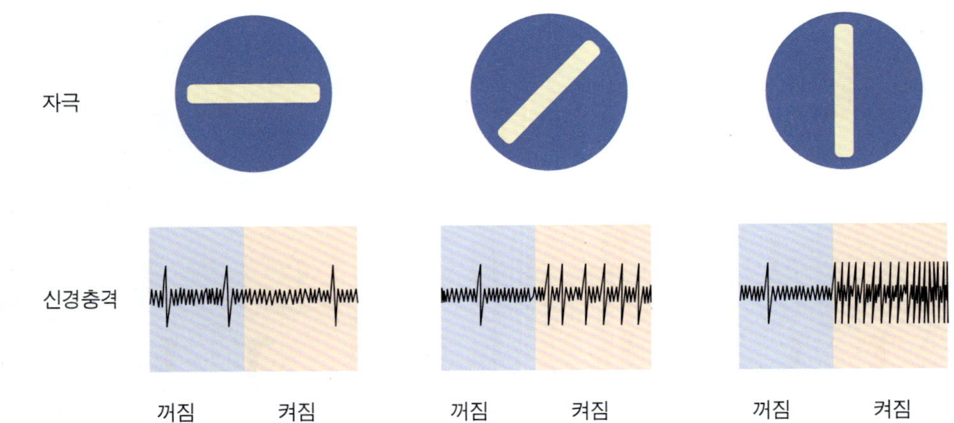


**그림 5.12 단순세포의 반응.** 이 그림은 빛 막대에 대한 단순피질세포의 반응을 보여 준다. 자극은 위에, 반응은 아래에 제시되어 있다. 아래 그림에서 스파이크 하나는 신경충격 하나에 해당한다. 자극이 없을 때는 간헐적 신경충격만이 기록된다. 자극 제시에 대해 세포는 반응을 할 수도 있고 안 할 수도 있는데, 그것은 빛 막대의 방향과 위치가 어떠한가에 의해 결정된다. 수평 방향의 막대는 이 세포의 반응에 아무런 변화를 주지 못하지만 45° 방향의 막대는 약간의 변화를 이끌어 내고, 수직 막대는 아주 큰 변화를 이끌어 낸다.

여기서도 시각 과정은 초기 단계와 후기 단계로 나누어진다. 초기 단계에는 시각체계가 망막상의 정보, 특히 강도의 차이를 이용하여 사물을 선, 모서리, 각 등과 같은 원시요소들의 집합으로 기술한다. 시각체계는 대상의 기술에 이러한 요소들을 사용한다. 후기 단계에서 시각체계는 이러한 기술을 시각 기억 속에 저장되어 있는 다양한 대상에 대한 기술과 비교하여 그중 가장 일치하는 것을 선택한다. 어떤 대상이 문자 B임을 재인하는 것은 그 대상의 모양이 다른 어떤 문자들보다도 B와 더 잘 일치하기 때문이다.

## 대뇌피질에 있는 특징탐지기

대상 지각의 원시특징에 관해 지금까지 알려진 많은 사실이 다른 종(고양이나 원숭이 등)을 대상으로 한 생물학적 연구에서 나왔으며, 시각피질 속 세포 하나하나의 활동을 기록하는 방식이 사용되었다. 이런 연구는 특정 피질 뉴런과 연합된 망막 부위에 여러 자극을 제시했을 때 그 뉴런이 어떻게 반응하는지를 조사한다. 그런 망막 영역을 수용야(receptive field)라고 한다.

이러한 단일세포 연구의 선구자는 허블과 비셀(Hubel & Wiesel, 1968)이며 그들의 연구는 1981년에 노벨상을 받았다. 허블과 비셀은 세 종류의 세포를 시각피질에서 발견했다. 그것들이 반응하는 특징은 서로 달랐다. **단순세포** simple cell는 특정 방향의 직선 모양 자극(가느다란 막대 모양의 자극 또는 흑백이 인접한 곳에 생기는 모서리)이 수용야의 특정 위치에 제시되었을 때 반응한다. 그림 5.12는 단순세포가 수직 막대 및 기울어진 막대에 어떻게 반응하는지를 보여 준다. 수직 막대에 대해서 가장 크게 반응하고 수직에서 기운 방향이 커짐에 따라 반응이 줄어든다. 다른 단순세포는 다른 기울기와 위치를 담당한다. **복합세포** complex cell도 특정 방향의 막대나 모서리에 반응하지만 자극이 수용야 내의 특정 위치에 정지해 있어야 할 필요는 없다. 복합세포는 자극이 수용야를 가로질러 움직일 때 계속 반응한다. **초복합세포** hyper-complex cell는 자극이 특정한 방향일 것을 요구할 뿐만 아니라 특정한 길이일 것도 요구한다. 만약에 어떤 자극이 최적보다 길다면 반응은 감소하고 완전히 정지할 것이다. 허블과 비셀의 최초 보고 이후 연구자들은 막대와 모서리 이외의 특징에 반응하는 세포를 찾아냈다. 예를 들면 일정한 길이를 가진 구석이나 각에 반응하는 초복합세포도 있다(DeValois & DeValois, 1980; Shapley & Lennie, 1985).

이러한 모든 세포를 특징탐지기라 지칭한다. 이러한 탐지기들이 반응하는 모서리, 막대, 구석, 각 등은 여러 형태를 다루는 데 사용될 수 있기 때문에 특징탐지기는 형태 지각의 기본 요소로 간주될 수 있다. 나중에 설명하겠지만, 이런 주장은 책상이나 호랑이 같은 복잡한 형태보다는 문자와 같은 단순한 모양에 대해 잘 들어맞는다.

## 특징 사이의 관계

형태의 특징보다는 형태의 기술이 더 중요하다. 특징 사이의 관계가 명시되어야 하기 때문이다. 특징 사이의 관계가 중요한 이유는 그림 5.13에서 볼 수 있는데, 직각이라는 특징과 사선이라는 특징이 일정하게 결합되어야만 삼각형이 만들어질 수 있다. 마찬가지로 하나의 Y 형태와 하나의 육각 형태가 특정한 방식으로 연결되어야 하나의 육면체 도형이 만들어진다. 게슈탈트 심리학자들은 특징들 간의 이러한 관계를 강조하여 '전체는 부분의 합과 같지 않다'고 주장했다.

전체가 특별한 이유 중 하나는 그것이 구성요소를 조사하는 것만으로는 이해될 수 없는 새로운 지각 특징을 만들어 내기 때문이다. 그림 5.13은 4개의 창발적 특징 emergent feature을 보여 주는데, 이는 다른 여러 특징의 전체적 배치 때문에 존재할 수 있는 것이다. 창발적 특징은 많은 기본적 특징의 특정한 공간 관계에 기인하지만, 표적탐지나 시각탐색과 같은 지각 과제에서는 마치 아주 단순한 하나의 특징처럼 작용한다(Enns & Resnick, 1990; Enns & Prinzmetal, 1984; He & Nakayama, 1992). 이러한 결과는 시각체계가 형태를 매우 정교하게 분석하지만 분석 결과는 나중에야 의식 가능하다는 것을 말해 준다.

| 요소 | | 요소 | | 전체 | 창발 |
|---|---|---|---|---|---|
| 특징 A | + | 특징 B | = | 대상 | 속성 |
| | | | | | 폐쇄 |
| | | | | | 수평면 |
| | | | | | 입체 |
| | | | | | 볼록함 |

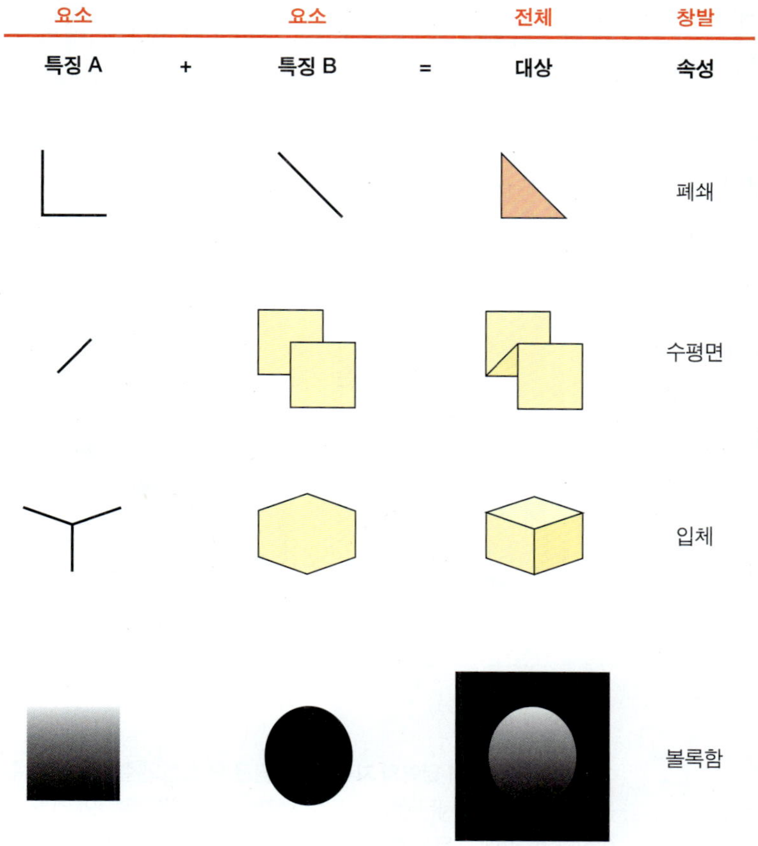

**그림 5.13 특징 사이의 관계.** 선, 각, 모양 등의 단순한 이차원 특징들이 결합될 때, 그 결과로 생기는 패턴은 구성 특징들 사이의 공간 관계에 극도로 의존한다. 뿐만 아니라 새로운 특징이 만들어진다. 이러한 창발적 특징은 비록 복잡한 공간 관계에 근거하고 있지만 지각적 현실성을 가진다.

## 재인의 후기 단계: 네트워크 모형

대상의 형태가 어떻게 기술되는지에 대해 공부했으니 이제 그 기술을 기억 속에 저장되어 있는 형태의 기술과 대조하는 과정, 그리고 최선의 일치를 발견하고 그 대상이 무엇인지를 결정하는 과정에 대해 알아보자.

### 단순 네트워크

대조 단계에 대한 많은 연구는 단순한 패턴, 특히 필기되거나 인쇄된 문자 또는 단어를 사용했다. 그림 5.14는 우리가 문자 형태를 어떻게 기술하여 저장하고 있는지에 대한 하나의 제안이다. 기본적 생각은 문자가 특징에 의해 기술된다는 것, 그리고 어떤 특징이 어떤 문자에 속하는지에 관한 지식은 연결 네트워크 속에 들어 있다는 것이다. 이러한 제안을 연결주의 모형 connectionist model이라 한다. 이런 모형이 설득력을 가지는 이유는, 서로 연결된 뉴런의 배열로 이루어진 뇌 속에 어떻게 네트워크가 실현되어 있는지를 생각하기가 쉽기 때문이다. 연결주의는 생물학적 모형과 심리학적 모형 사이의 가교를 제공한다.

그림 5.14에 제시된 네트워크의 아래 수준에는 상향 사선, 하향 사선, 수직선, 우향 곡선 등의 특징이 있다. 위 수준에는 문자가 있다. 우리는 이러한 특징 및 문자를 네트워크(network) 안의 노드(node)라고 부른다. 특징 노드와 문자 노드 사이의 연결은 어떤 특징이 어떤 문자의 한 부분임을 의미한다. 화살표가 붙은 선은 흥분성 연결 excitatory connection이다. 이런 연결에서는 특징이 활성화되면 그 활성화가 문자로 전파된다(전기적 신호가 뉴런의 네트워크에 전파되어 나가는 것과 유사한 방식으로 말이다).

이 네트워크가 어떻게 문자를 인지하는지를 이해하기 위해 문자 K가 제시되었을 때 무슨 일이 생기는지 살펴보자. 그것은 상향 사선, 하향 사선, 수직선에 각각 대응하

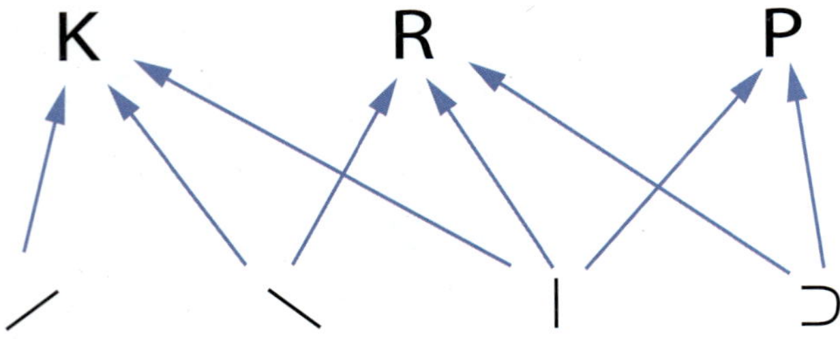


그림 5.14 **단순 네트워크.** 네트워크의 아래 수준에는 특징이 있고 위 수준에는 문자가 있다. 특징과 문자 사이의 연결은 어떤 특징이 어떤 문자의 일부분임을 의미한다. 여기 있는 연결은 흥분성이기 때문에 하나의 특징이 활성화되면 그 활성화는 문자로 전파된다.

는 특징을 활성화한다. 이 3개의 특징은 모두 K 노드를 활성화하며, 그중 2개(하향 사선과 수직선)는 R 노드를 활성화하고 그중 하나(수직선)는 P 노드를 활성화한다. K 노드에 대해서만 모든 특징이 활성화되므로 결국에는 K가 최선의 일치로 선택된다.

이 모형은 지나치게 단순하여 재인의 많은 면을 설명할 수 없다. 예를 들어 이번에는 문자 R이 제시되었다고 하자. 그것은 하향 사선, 수직선, 우향 곡선을 활성화한다. 이제 R 노드와 P 노드 모두 각각의 특징이 전부 활성화되는데, 이 모형은 어느 쪽이 더 일치하는지 결정할 방법이 없다. 이 모형이 알아야 할 것은, 하향 사선의 존재는 제시된 문자가 P가 아님을 가리킨다는 사실이다. 이러한 종류의 부정적 지식은 그림 5.15에 있는 **확장 네트워크** augmented network에 반영되어 있다. 여기에는 원래의 네트워크에 있는 것 이외에, 특징과 그 특징을 가지지 않는 문자 사이의 **억제성 연결** inhibitory connection—끝이 동그란 선으로 표시되어 있다—이 추가되었다. 어떤 특징이 어떤 문자와 억제성 연결로 이어져 있는 경우, 특징을 활성화하면 문자의 활성화가 감소된다. R이 그림 5.15의 네트워크에 제시되면 하향 사선이 P 노드를 억제하고,

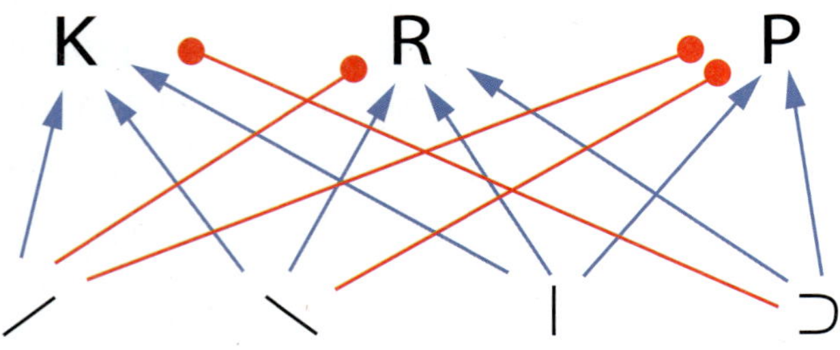


그림 5.15 **확장 네트워크.** 이 네트워크에는 흥분성 연결 이외에 특징과 그 특징을 가지지 않은 문자 사이에 억제성 연결이 있다.

그 결과 P 노드의 전체 활성화 수준이 떨어지게 된다. 이제 R 노드의 활성화 수준이 가장 높고, 결국 그것이 최선의 일치로 선택될 것이다.

## 피드백이 있는 네트워크

우리가 방금 검토한 모형의 기저에 있는 아이디어—하나의 문자는 그것이 가지고 있는 특징뿐만 아니라 그것이 가지고 있지 않은 특징에 의해서도 기술되어야 한다는 것—는 잘 알려진 그리고 흥미로운 하나의 발견을 잘 설명하지 못한다. 그 발견은, 문자는 단어의 일부로 제시될 때가 단독으로 제시될 때보다 지각하기 더 쉽다는 것이다. 예를 들면 그림 5.16과 같이 관찰자에게 1개의 문자 K 또는 단어 WORK를 순간적으로 보여 주고 문자 K 또는 D가 그 속에 있었는지를 물어보면, 문자 하나만 제시했을 때보다 단어를 제시했을 때 더 정확한 대답을 한다.

이런 결과를 설명하기 위해서는 특징-문자 연결로 이루어진 네트워크를 약간 바꾸어야 한다. 우선 네트워크에 단어 수준을 하나 추가해야 하며, 아울러 단어에서 문자로 가는 흥분성 연결과 억제성 연결도 그림 5.17처럼

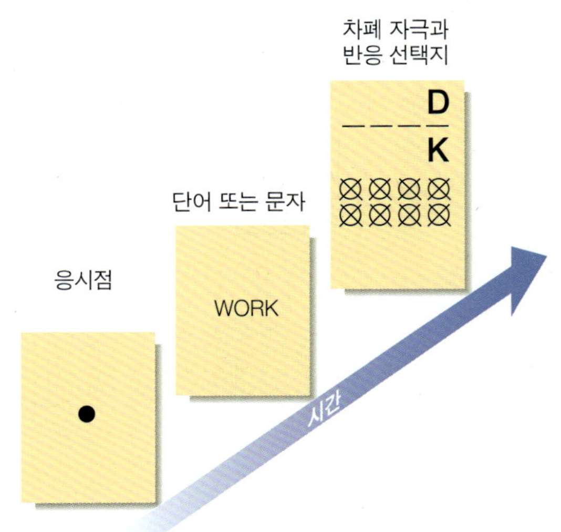


그림 5.16 **문자와 단어의 지각.** 이 그림은 한 실험의 절차를 보여 주는데, 단독으로 제시된 문자와 단어 맥락 속에 제시된 문자의 지각 용이성을 비교한다. 우선 참가자는 응시점을 바라보며, 이어서 단어 또는 문자가 아주 짧은 시간 동안 제시된다. 그런 뒤 실험자는 문자들이 있던 곳에 시각 차폐(visual mask)를 제시하고 그와 함께 2개의 반응 선택지를 제시한다. 과제는 2개의 대안 중 어느 것이 앞서 제시된 자극 중에 있었는지를 판단하는 것이다.

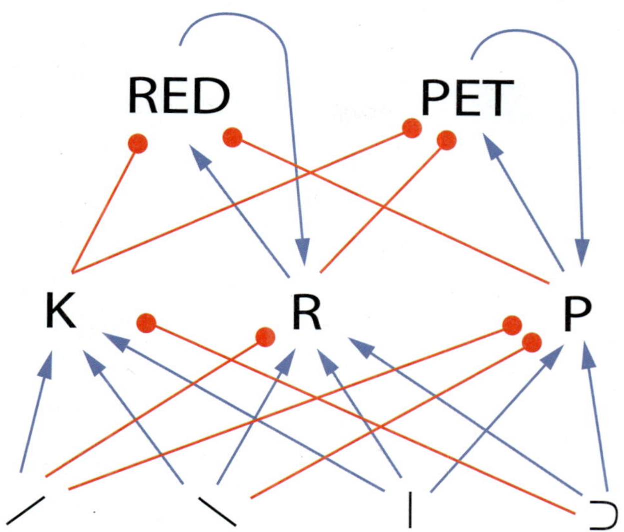


**그림 5.17 하향 활성화가 있는 네트워크.** 이 네트워크에서는 문자와 단어 사이에(물론 특징과 문자 사이에도) 흥분성 연결과 억제성 연결이 있다. 흥분성 연결 중 일부는 단어에서 문자로 내려가는 것이다.

추가해야 한다. 이러한 **하향 피드백 연결** top-down feedback connection—높은 수준에서 낮은 수준으로 가는 연결—은 문자가 단어 속에 나타날 때가 단독으로 나타날 때보다 더 지각하기 쉬운 이유를 설명한다. 예를 들어 R이 단독으로 제시되면 수직선 특징, 하향 사선 특징, 우향 곡선 특징이 활성화되고, 이 활성화는 R 노드로 전파된다. 문자가 아주 짧은 시간 동안 제시되었기 때문에 모든 특징이 충분히 활성화되지는 못할 것이고, R 노드의 최종적 활성화는 재인이 가능할 만큼 충분하지 않을 수 있다. 반면에 R이 단어 RED의 일부로 제시될 때는 R의 특징으로부터 R 노드로 가는 활성화뿐만 아니라 E의 특징과 D의 특징으로부터 각각의 문자 노드로 가는 활성화가 있다. 이렇게 부분적으로 활성화된 문자들이 이번에는 RED 노드를 부분적으로 활성화할 것이고, 그것은 다시 하향 연결을 통해 그것을 구성하는 문자로 활성화를 피드백할 것이다.

결론은 R이 단어 속에 제시될 때 R 노드는 추가적 활성화(즉 단어로부터 오는 활성화)를 받게 되며, 이것이 바로 단어 속의 문자가 단독으로 제시된 문자보다 재인하기 쉬운 이유라는 것이다. 문자와 단어에 관한 많은 발견이 연결주의 모형과 일치한다는 것은 잘 알려져 있다(McClelland & Rumelhart, 1981). 이런 모형은 필기 문서를 읽거나 말소리를 재인하는 기계에 사용되어 성공을 거두고 있다(Coren et al., 1999).

## 자연물의 재인과 하향 처리

우리는 문자와 단어의 재인에 대해 이제 상당히 많은 것을 알게 되었다. 그렇다면 좀 더 자연적인 대상(동물, 식물, 인간, 가구, 의류)에 대해서는 어떠한가? 이 절에서는 그러한 대상이 어떻게 재인되는지 살펴볼 것이다.

### 자연물의 특징

자연물의 형태적 특징은 직선이나 곡선보다 복잡하며 단순한 기하학적 형태에 더 가깝다. 이런 특징은 서로 결합하여 어떤 재인 가능한 대상의 모양을 형성할 수 있다(마치 직선이나 곡선이 결합하여 어떤 문자를 형성하는 것처럼 말이다). 대상특징은 비교적 원시적인 특징, 예를 들면 직선이나 곡선과 같은 특징에 의해서 구성되거나 결정될 수 있는 것이어야 한다. 앞에서 지적한 것처럼 원시특징은 재인의 초기 단계에 시스템이 가용할 수 있는 유일한 정보이기 때문이다.

성분재인(recognition-by-component, RBC)은 어빙 비더먼에 의해 제안된 **대상 재인** object recognition 이론이다. 인기가 높지만 논란도 많다. 이 이론에 의하면 대상특징에는 원호, 원통, 원뿔, 블럭, 쐐기 등과 같은 수많은 기하학적 형태가 포함된다(그림 5.18a 참조). 이러한 특징을 **지온** geon('geometric ion'의 준말)이라 하며 비더먼(Biederman, 1987)에 의해 제안되었다. 모두 36개의 지온이 있으며 일부가 그림 5.18a에 제시되어 있다. 지온은 몇 개의 공간 관계에 따라 조합되며, 그것만으로 인간이 재인할 수 있는 모든 대상 형태를 충분히 기술할 수 있다. 이 점을 음미해 보기 위해 그림 5.18b와 같이 2개의 지온을 조합하여 하나의 대상을 만들어 보라. 2개의 지온을 결합하여 만들 수 있는 대상의 수는 36×36=1,296이다. 마찬가지로 3개의 지온으로 조합 가능한 대상의 수는 36×36×36=46,656이다. 2~3개의 지온만 있으면 5만 개의 대상을 만들 수 있는데, 우리는 4개 또는 그 이상의 지온도 조합할 수 있다. 또한 그림 5.18a에 있는 지온은 원시특징만 가지고도 구분이 가능하다. 예를 들어 그림 5.18a의 지온 2(육면체)가 지온 3(원통)과 다른 점은, 육면체에는 직선 모서리가 있지만 원통에는 곡선 모서리가 있다는 것이다. 직선 모서리와 원통 모서리는 원시특징이다.

지온이 특징이라는 증거는 관찰자에게 대상을 순간적으로 제시하고 그것을 재인하게 하는 실험에서 나온다.

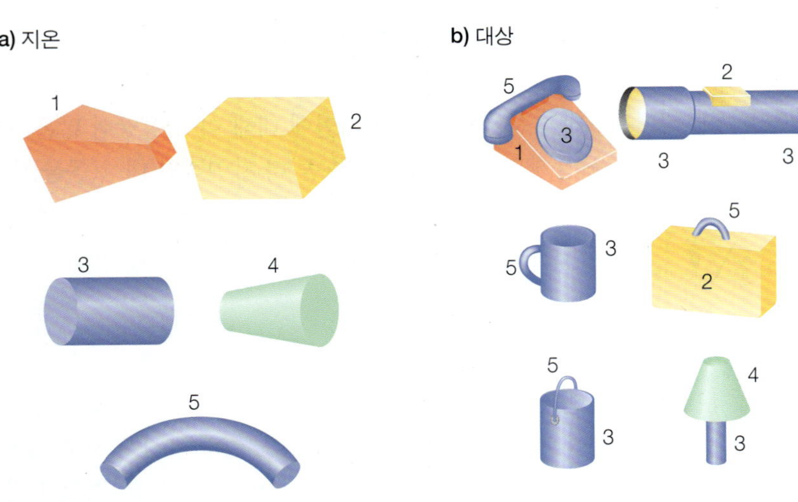


사각뿔, 육면체, 원통, 원뿔, 원호는 복잡한 대상을 구성하는 특징이다.

특징(지온)이 조합되면 자연물이 된다. 원호(지온 5)가 원통(지온 3)의 옆에 연결되면 컵이 되고, 위에 연결되면 양동이가 된다.

**그림 5.18 자연물의 특징(지온) 집합.**

일반적으로 대상 재인은 지온이 얼마나 쉽게 지각될 수 있는가에 의해 영향을 받는다. 한 연구에서는 대상의 모양을 일부 삭제했는데, 삭제에 의해 지온의 복구가 불가능한 경우(그림 5.19의 오른쪽 열)와 그렇지 않은 경우(그림 5.19의 중간 열)를 비교했다. 대상 재인은 지온을 방해하지 않았을 때 더 좋았다.

대상의 기술은 그 특징만이 아니고 특징들 사이의 관계도 포함하는 것이 보통이다. 이것은 그림 5.18b에서도 분명하다. 원호가 원통의 옆에 연결되면 컵이 된다. 원호가 원통의 위에 연결되면 양동이가 된다. 일단 대상의 모양에 대한 기술이 완료되면 그것을 기억 속의 지온 기술과 비교하여 어느 것이 최선의 일치인지를 찾게 된다. 이러한 대조 과정은 앞에서 문자와 단어에 대해 설명한 과정과 비슷하다(Hummel & Biederman, 1992).

**그림 5.19 대상 재인과 지온의 복구.** 대상 재인 실험에 사용된 그림으로 왼쪽 열은 손상되지 않은 원래의 대상이다. 중간 열은 대상의 여러 부분이 삭제되었으나 지온의 복구가 가능하다. 오른쪽 열은 지온의 복구가 가능하지 않도록 여러 부분을 삭제한 대상이다. 오른쪽 열의 그림보다 중간 열의 그림에 대한 재인이 좋았다.

## 맥락의 중요성

지각에서 중요한 구분 중 하나로 앞에서 언급했던 것이 상향 과정과 하향 과정의 구분이다. **상향 과정** bottom-up process은 입력—원시적 감각 데이터—에 의해 구동되는 반면, **하향 과정** top-down process은 개인의 지식, 경험, 주의, 기대 등에 의해 구동된다. 대상의 형태를 지온에 의해서만 재인하는 것은 상향 과정이다. 관찰자는 원시특징에서부터 시작하여 입력의 지온 구성을 결정하고, 그것을 기억 속에 저장된 형태 기술과 비교한다. 반면에 어떤 대상이 밤중에 침대 곁에 있다는 사실에 의존하여 램프를 재인하는 경우는 하향 과정을 포함한다. 모양에 관한 입력 이외에 다른 정보가 사용된다. 지금까지 이 장에서 다루어 온 과정의 대부분은 상향적이지만 하향 과정 또한 대상 지각에서 주요한 역할을 한다.

하향 과정은 기대라는 형식으로 작용하는데, 맥락이 대상과 사람의 지각에 미치는 강력한 효과의 근저에 그것이 있다. 당신이 화학 실험실의 동료인 사라를 매주 화요일 오후 3시에 본다면, 그녀가 실험실에 들어올 때 당신은 거의 그녀를 바라볼 필요조차 없을 것이다. 당신의 사전 지식이 강력한 기대를 이끌어 낼 것이며, 재인을 위해 당신에게 필요한 입력은 아주 적을 것이다. 그러나 사라가 크리스마스 휴가에 갑자기 당신의 동네에 나타난다면 당신은 그녀를 알아보는 데 어려움이 있을 것이다. 그녀는 맥락에서 벗어나 있는 것이다. 당신의 기대는 어긋나고 당신은 그녀를 재인하기 위해 강도 높은 상향 처리에 의존해야 한다. 이 예가 분명히 말하는 것처럼, 맥락이 적절할 때(즉 맥락이 입력될 대상을 예측할 때)는 지각을 촉진한다. 맥락이 부적절하면 지각은 방해를 받는다.

물체 지각에서 맥락의 역할에 대한 실험적 증거는 **의미점화**(semantic priming) 연구에서 나왔다. 표적 자극(예: DOCTOR)을 제시하기에 앞서서 점화 자극이 제시되는데, 점화 자극은 표적 자극과 의미적 관계가 있거나(예: NURSE) 없었다(예: CHAIR). 연구 결과는, 자극으로 그림을 사용하건 단어를 사용하건 관계없이 의미적 관계가 있는 점화 자극이 먼저 제시될 때 표적 자극의 파악이 더 빠르고 기억도 더 정확했다(예: Palmer, 1975; Reinitz et al., 1989).

맥락 효과는 자극 대상이 모호하거나 둘 이상의 방식으로 지각될 수 있을 때 특히 인상적이다. 그림 5.20의 모호한 그림은 늙은 여자 또는 젊은 여자의 옆얼굴로 지각될 수 있다. 당신이 그림의 젊은 여자와 닮은 얼굴을 먼저 보고 있었다면(다시 말해 젊은 여성이 맥락이었다면) 당신은 그 그림 속의 얼굴을 젊은 여자로 보게 될 것이다. 이러한 시간적 맥락 효과는 그림 5.21의 그림에도 나타난다. 만화를 보는 방식으로 그림을 왼쪽에서 오른쪽으로, 위에서 아래 방향으로 보라. 중간 부분의 그림은 모호하다. 방금 말한 방식대로 그림을 보았다면 중간의 그림은 남자 얼굴로 보였을 것이다. 만약 반대 순서로 그림을 보았다면 중간의 모호한 그림은 젊은 여성으로 보였을 것이다.

맥락 효과와 하향 처리는 문자와 단어에 대해서도 일어나며, 독서의 중요한 부분이다. 우리가 책을 읽을 때 안구를 고정하는 위치와 시간은 내용에 대해 우리가 아는 정도, 즉 우리가 가동할 수 있는 하향 처리의 양에 의해 크게 영향을 받는다. 내용이 친숙하지 않은 경우에는 하향 처리가 매우 적다. 그러한 경우에 우리의 눈은 a, of, the 등의 기능어를 제외한 모든 단어에 한 번씩 고정된다. 내용이 친숙한 경우에는 그것과 관련되는 사전 지식을 불러올 수 있으며, 우리 눈의 고정 시간은 더 짧아지고 고정과 고정 간의 간격은 더 넓어진다(Just & Carpenter, 1980; Rayner, 1978).

**그림 5.20 모호한 자극.** 젊은 여자 또는 늙은 여자로 보이는 모호한 그림. 대부분의 사람들은 먼저 늙은 여자를 본다. 젊은 여자는 고개를 오른쪽으로 돌리고 있다. 그녀의 턱은 늙은 여자의 코, 목걸이는 늙은 여자의 입이다.

하향 처리는 입력이 부족하거나 열악한 경우에는 맥락 없이도 일어난다. 친구의 아파트에서 어두운 부엌에 들어갔다가 구석에서 작고 검은 대상을 보았다고 하자. 당신은 아마 그것이 친구의 고양이일 것이라고 생각하지만 지각 입력이 너무 부족하여 확신이 서지 않는다. 그래서 당신은 고양이의 어떤 특징, 예를 들어 꼬리를 생각해 내고 대상의 특정 부분을 주목하여 보게 된다(Kosslyn & Koenig, 1992). 이것이 하향 처리인데, 이는 특정한 지식—고양이는 꼬리를 가지고 있다—을 사용하여 기대를 생성하고, 그 기대는 시각 입력과 결합된다. 이런 상황은 일상생활에서 흔하다. 그러나 때때로 입력이 너무 열악하면 우리의 기대가 벗어날 수 있다. 그래서 부엌에서 고양이라고 생각했던 것이 사실은 친구의 핸드백임을 알게 되는 일도 드물지 않은 것이다.

하향 처리가 유용한 이유 중 하나는 어떤 물체가 어떤 상황에서 나타나는지를 제한해 주기 때문이다. 예를 들면 부엌 안의 식빵 덩어리를 우편함으로 오해하지 않는다. 우리는 식빵은 부엌에 있을 수 있지만 우편함은 그럴 수 없다는 것을 알고 있기 때문이다. 마찬가지로 우리는

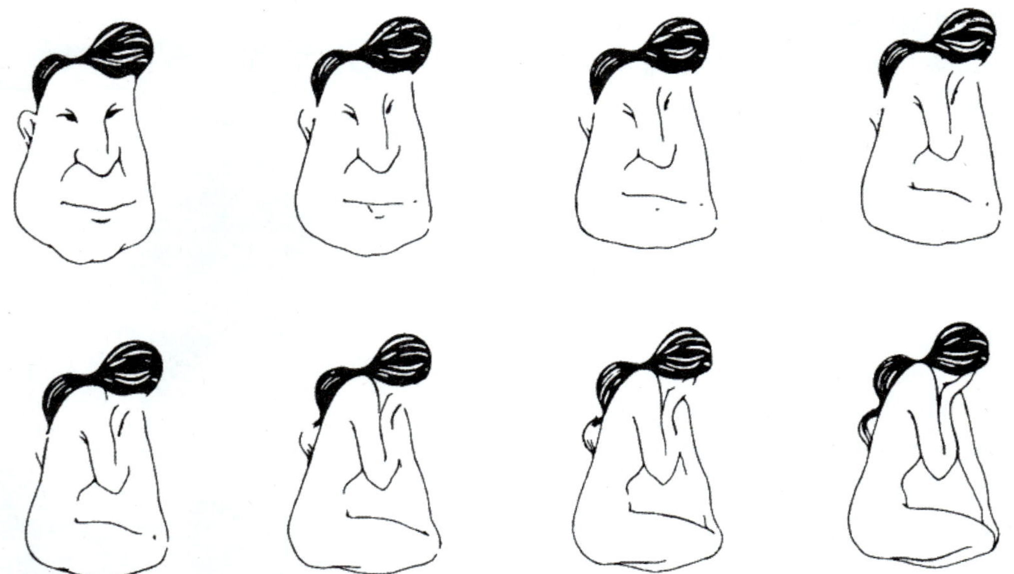

**그림 5.21 시간적 맥락 효과.** 무엇을 보게 되느냐는 그림을 보는 순서에 의해 결정된다. 왼쪽 위에서부터 시작하면 중간의 그림은 남자 얼굴로 보일 것이다. 다시 말해 처음에 지각한 것이 지속된다.

사람들이 말하는 소리를 들을 때 그들의 입술을 볼 수 있으면 말소리를 더 정확하게 알아듣는다. 왜냐하면 우리는 특정한 입술 모양이 특정한 말소리와 연결된다는 것을 이미 알고 있기 때문이다(예: Sams et al., 1991). 그러나 바로 이런 과정이 때때로 착각을 가져오고, 우리는 지각이 기대에 의해 왜곡될 수 있음을 알게 된다. 하나의 흥미로운 예는 **맥거크 효과 McGurk effect**인데, 이는 청각 정보와 시각 정보가 충돌할 때 일어난다(McGurk & MacDonald, 1976). 실험은 이렇다. 참가자는 어떤 사람이 말하고 있는 것을 녹화한 비디오클립을 보고 있다. 그런데 말하는 사람의 입술 모양은 'ga-ga'이고 들리는 말소리는 'ba-ba'이다. 2개의 정보가 갈등하고 있다. 왜냐하면 입술을 일단 다물지 않고서는 'ba-ba'라고 발음할 수 없다는 것을 이미 알고 있는데, 화면 속 인물의 입술 모양은 'ga-ga'를 발음하고 있기 때문이다. 'ga-ga'를 발음할 때는 입술이 전혀 닫히지 않는다. 이렇게 갈등적인 두 정보의 통합은 놀랍게도 'da-da'라는 지각을 가져온다. 즉 관찰자는 시각 정보와 청각 정보를 통합하여 기대와는 완전히 다른 착각적 결과를 산출한다.

하향 처리로 인한 지각적 왜곡은 때로 비극으로 이어진다. 1996년에 뉴욕 경찰은 아마두 디알로라는 아프리카인을 집 앞까지 추적했다. 경찰이 신분증을 요구하는 것으로 생각하고 디알로가 주머니에서 지갑을 꺼내는 순간 경찰관들이 일제 총격을 가하여 그는 즉사했다. 경찰관들은 그가 총을 빼려 했다고 생각했다. 이러한 비극적 사건이 계기가 되어 심리학자들은 오지각을 연구하기 위한 비디오게임 방식의 실험을 개발했다. 실험 참가자들은 화면에 나타난 사람이 총을 뽑으면 그를 쏘아야 하지만 무해한 물체를 휘두른다면 쏘아서는 안 되었다. 연구 결과는 스테레오타입이 과제 수행에 강한 영향을 준다는 것을 거듭 보여 주었다. 실험 참가자들은 화면 속의 인물이 무해한 물체를 휘두르는 경우, 그가 백인일 때보다 유색인일 때 발포하는 경향이 더 많았다(예: Correll et al., 2002; Dasgupta et al., 2000). 이런 모의실험은 잠재적 편견에 빠지지 않도록 경찰관을 훈련하는 데 효과가 있었다.

## 사회적 자극의 특별한 처리: 얼굴 재인

디알로 사건이 보여 주듯이 사회적 요인은 지각에 영향을 끼칠 수 있다. 실제로 연구들이 보여 주는 것은 사람들이 사회적으로 민감한 자극을 처리하는 특별한 지각 과정을 가지고 있다는 것이다. 이것이 가장 잘 들어맞는 경우가 얼굴 재인이다. 가족을 알아보는 것, 친구와 적을 구분하는 것은 사회적으로 최고의 중요성을 지닌다. 그런데 얼굴들은 서로 비슷하다. 다른 종류의 대상, 예를 들면 집 같은 것은 특징의 수와 위치가 매우 다른 반면에

(예: 집에는 문과 창이 여러 곳에 있을 수 있다) 얼굴은 모두 동일한 패턴으로 2개의 눈과 1개의 코, 1개의 입을 가지고 있다.

얼굴의 사회적 중요성, 그리고 얼굴들이 서로 비슷하기 때문에 생기는 재인의 어려움은 오로지 얼굴만을 위한 특별한 재인 과정을 발달시킨 것 같다. 얼굴 처리의 특별함을 보여 주는 세 종류의 증거가 있다. 첫 번째로 **안면실인증** prosopagnosia은 뇌 손상자에게서 나타나는 증상으로, 다른 대상을 인지하는 능력은 잘 보존되어 있지만 얼굴을 인지하는 능력만 손상되어 있다. 두 번째는 **도치 효과** inversion effect로, 아래의 사진처럼 거꾸로 된 사진 속의 인물을 인지하기가 매우 어려운 현상을 가리킨다. 다른 사물의 경우에는 이런 어려움이 비교적 크지 않다(Yin, 1969, 1970). 마지막으로, 사물 재인과 얼굴 재인은 서로 다른 발달 과정을 나타낸다. 아동의 사물 재인 능력은 나이와 함께 꾸준히 발달한다. 그러나 얼굴 재인 능력은 사춘기 초기에 일시적으로 저하한다. 사물과 얼굴의 이러한 차이를 설명하는 지배적 이론은, 사물은 그 구성 성분을 바탕으로 재인되지만 얼굴은 부분들이 형성하는 전체적 패턴(또는 형태)을 바탕으로 재인된다고 주장한다(예: Farah et al., 1995). 이러한 설명에 따르면, 안면실인증은 부분을 지각하는 능력은 남아 있으나 전체 형태를 보는 능력이 손상된 경우이고(예: Sergent, 1984), 도치된 얼굴 사진은 부분보다는 전체적 패턴의 처리를 방해하는 경우이다(Rock, 1988).

미국 대통령 버락 오바마.

## 재인의 실패

대상 재인은 자동적이고 너무도 쉬운 일이라서 우리는 그것을 당연한 것으로 여기지만 그 과정은 때때로 붕괴될 수 있다. 보통 사람들의 경우에 단순한 상황(예: 착각 결합) 또는 더 복잡한 상황(예: 텐트를 곰으로 오인하는 일)에서 재인이 오류를 일으킬 수 있다. 사고 또는 뇌졸중으로 인한 뇌 손상자의 경우, 상습적으로 재인에 실패한다. 재인의 붕괴 또는 장애를 **실인증** agnosia이라 한다.

특별히 흥미를 끄는 실인증으로 **연합실인증** associative agnosia이라는 것이 있다. 이 증상을 가진 환자들은 측두엽에 손상이 있는데, 시각적으로 제시된 사물에 대해서만 재인에 어려움이 있다. 예를 들어 환자에게 사진으로 빗을 보여 주면 그것이 무엇인지 말하지 못하지만, 그것을 손으로 만져 보게 하면 빗이라고 말할 수 있다. 이러한 장애가 다음의 사례 보고에 잘 나타나 있다.

> 처음 3주간 병원에서 환자는 시각적으로 제시된 일상 사물을 알아보지 못했다. 식판 위에 있는 것이 무엇인지 맛을 보기 전에는 알지 못했다. 그는 사물을 만져 봄으로써 인식할 수 있었다. 청진기를 보여 주었을 때 그는 '끝에 둥근 것이 달린 길다란 줄'이라고 묘사하면서 시계가 아니냐고 반문했다. 그는 병따개를 보면서 '열쇠인 것 같다'고 말했다. 라이터를 보여 주니 '모르겠다'고 대답했다. 칫솔을 보여 주었을 때도 '자신이 없다'고 말했다. 빗에 대해서도 그는 '모르겠다'고 말했다. 파이프에 대해서는 '가정용품 같은데 잘 모르겠다'고 했다. 열쇠에 대해서는 '잘 모르겠다, 아마도 줄이나 어떤 도구인 것 같다'고 했다. (Reubens & Benson, 1971)

연합실인증은 대상 재인의 어떤 면에 이상이 생긴 것일까? 연합실인증 환자들은 재인 이외의 다른 시각적 과제(대상을 그림으로 그리거나 2개의 그림이 같은지 판단하기)는 잘하기 때문에, 문제점은 재인의 후기 단계, 즉 입력 대상을 저장되어 있는 대상의 기술과 비교하는 단계에 있을 가능성이 크다. 하나의 가능성은 저장되어 있는 대상 기술이 상실되었거나 잘못된 경우이다(Damasio, 1985).

연합실인증 환자는 어떤 범주는 재인하지만 다른 범주는 재인하지 못한다. 이러한 범주 의존적 장애는 상당히 흥미로운데, 그 이유는 정상적인 재인의 작동 방식에 대해 새로운 것을 알려 주기 때문이다. 가장 빈번한 유형은 얼굴을 재인하는 능력의 손상, 즉 안면실인증이다. 이런 장애는 전형적으로 우반구 선조외 시각피질이 손상된 결과이지만(때로는 좌반구의 동일한 영역이 손상되어 발생하기도 한다) 선천적으로 안면실인증인 경우도 보고되어 있다. 다음의 사례 보고는 이런 장애를 잘 보여준다.

> 그는 의사를 알아보지 못했다. "당신의 흰 가운을 보니 당신은 의사군요. 그러나 나는 당신이 누구인지는 모르겠습니다. 당신의 목소리를 들으면 알 것입니다." 그는 자신의 아내도 알아보지 못했다. 그는 처칠, 히틀러, 마릴린 먼로의 사진도 알아보지 못했다. 그런 사진을 보여 주면 그는 연역 추론적 방식으로 행동했는데, 대답을 하는 데 도움이 될 만한 특징을 사진에서 찾으려고 했다. (Pallis, 1955)

범주적 손상의 두 번째 유형은 단어를 재인하는 능력의 손상, 즉 순수실독증(pure alexia)으로, 이는 좌측 후두엽의 손상에 의해 발생한다. 이러한 장애를 가진 환자는 사물이나 얼굴을 알아보는 데에는 전혀 어려움이 없다. 심지어 개개의 문자를 알아볼 수도 있다. 그러나 시각적으로 제시된 단어는 재인하지 못한다. 단어를 보여 주면 문자를 하나씩 읽으려고 한다. 아주 쉬운 단어를 재인하는 데 10초 이상 걸릴 수 있다. 재인에 필요한 시간은 단어 속에 포함된 문자의 수에 따라 증가한다(Bub et al., 1989).

범주 의존적 손상의 또 다른 유형은 동물이나 식물과 같은 살아 있는 생물을 재인하는 능력의 손상이다. 아주 드물기는 하지만 가정용 도구와 같은 무생물을 재인하지 못하는 환자도 있다(Warrington & Shallice, 1984).

범주 의존적 손상에 대한 설명 중 어떤 것은 정상적 재인에 대해 시사하는 바가 있다. 가설의 하나는 정상적 재인 시스템이 여러 부류의 대상을 중심으로 조직화되어 있으며—얼굴을 위한 하위 시스템, 단어를 위한 하위 시스템, 동물을 위한 하위 시스템 등—이 하위 시스템은 뇌의 서로 다른 곳에 위치해 있다는 것이다. 특정 부위에 뇌 손상이 있는 환자는 어떤 시스템의 장애를 나타내지만 다른 시스템의 장애는 없다. 예를 들면 우반구 특정 부위의 손상은 얼굴 재인을 위한 하위 시스템만 파괴하고 다른 하위 시스템에는 영향을 주지 않을 수 있다(Damasio, 1990; Farah, 1990).

### 중간 요약

- 대상 재인은 대상의 다양한 특징(모양이나 색깔 등)을 정확하게 결합하는 과정이 있어야 하며 이 과정은 주의를 필요로 한다.
- 어떤 사물을 재인하는 데는 먼저 장면의 전역적 특징을 파악하는 것이 도움이 된다. 예를 들어 당신이 보고 있는 것이 부엌이라는 것을 재빨리 파악한다면, 모호하게 보이는 어떤 사물이 우편함이 아니고 식빵임을 재인하는 데 도움이 된다.
- 어떤 사물을 재인하는 것은 모양이나 색깔 등 여러 특징의 결합을 필요로 한다. 특징은 전주의 과정을 통해 획득되며, 특징을 결합하는 데는 주의가 필요하다.
- 시각피질에는 여러 종류의 세포가 있고 이러한 세포는 여러 종류의 자극 특징에 민감하다. 어떤 것은 방향에 민감하고 어떤 것은 시각장 내에서의 위치에 민감하다.
- 시각 자극의 재인은 연결주의 모형 또는 연결주의 네트워크에 의해 모방될 수 있다.
- 상향적 재인 과정은 입력에 의해서만 구동되는 반면, 하향적 재인 과정은 지식이나 기대에 의해 구동된다. 자연 대상물의 모양 특징은 선보다 더 복잡하다. 그것들은 간단한 기하학적 형태를 취하는데 원통, 원뿔, 블록, 쐐기가 그 예이다. 이러한 형태를 지온이라 한다.
- 얼굴 재인은 특별하다. 중요한 여러 측면에서 다른 대상의 재인과 다르다.

### 비판적 사고를 위한 물음

1. 이 장의 시작 부분에서 곰으로 오인된 텐트에 대해 이야기했다. 왜 그러한 오인이 생기는 것인가? 그러한 오인을 회피하기 위해 사냥꾼은 어떻게 해야 하는가?
2. 자연 대상물(예: 독수리)의 재인과 인공 대상물(예: 교통 신호)의 재인 사이에 근본적인 차이가 있다고 생각하는가? 그렇게 생각하는 이유도 함께 제시하라.

## 추상화

대상의 물리적 기술(physical description)은 그 대상을 완벽하게 재생하는 데 필요한 모든 정보의 목록을 말한다. 실험실에서 연구되는 많은 자극(빛, 사각형, 문자 등)은 상당히 단순하고 그 물리적 기술도 단순하다. 그러나 실생활의 자연 대상물 대부분은 그 물리적 기술이 엄청나게 복잡하다. 케이트 블란쳇의 사진을 보라. 거기에 있는 시각적 세목은 그 수가 거의 무한하다. 가까이 들여다보면 작은 주근깨와 조그만 요철이 눈에 들어온다. 머리카락 하나하나도 잘 보인다. 그림자 또한 미묘하며 엄청나게 복잡하다. 그녀의 얼굴을 완전하게 기술하는 데는 굉장히 긴 시간이 걸릴 것이다. 실제로 그 일을 할 수 있는 유일한 방법은 얼굴의 비트맵을 작성하는 것이며, 그렇게 하더라도 기술의 완전성은 비트맵의 해상도에 의해 제한을 받게 될 것이다.

**오스트레일리아 출신의 여배우 케이트 블란쳇.**

## 정확에서 추상으로

그러나 실제 생활에서는 이러한 제한점이 문제를 일으키지 않는 것이 보통이다. 당신에게 주어진 문제를 해결하기 위해 그렇게 많은 세목이 필요하지 않기 때문이다. 케이트 블란쳇의 사진을 예로 들면, (1) 그녀의 얼굴을 재인하고, (2) 그녀의 표정에서 그녀가 어떤 기분 상태인지 읽어 내기 위해서는 그 작업에 필요한 만큼만 세부적 정보를 가지면 된다. (만화가는 이것을 아주 잘 알고 있다. 펜을 몇 번만 움직여서 어떤 사람의 모습과 표정을 아주 명확하게 그려 낼 수 있다.) 이런 상황은 물론 얼굴에만 국한되는 것이 아니다. 당신이 머리핀을 보건 연필깎이를 보건 안락의자를 보건 무한히 많은 세부 사항을 모두 알 필요는 없다. 당신에게 주어진 과제를 수행하는 데 필요한 만큼만 대상에 대해 지각하면 된다.

## 추상화의 이점: 필요한 저장고와 처리 속도

그림 5.22의 두 그림을 보라. 둘 다 컴퓨터의 그림 그리기 프로그램을 사용하여 만들었다. 왼쪽의 얼굴은 프리핸드로 그렸다. 오른쪽은 왼쪽 그림을 프로그램의 원 그리기와 선 그리기 도구를 이용하여 그렸다. 왼쪽 그림이 비교적 많은 세부 묘사를 포함하고 있지만 둘 다 똑같은 인상(약간 당혹스러워하는 표정)을 담고 있다.

이 2개의 얼굴 그림을 파일로 저장하면 원래의 프리핸드로 그린 것은 30,720바이트가 필요하지만 '추상화된' 얼굴은 902바이트만 필요하다. 무려 97%가 절약된다. 분명한 것은, 대상 그 자체의 실제 표상이 아니라 추상화abstraction된 대상을 지각하고 기억 속에 저장하는 것이 여러 가지 면에서 더 효율적이라는 것이다. 앞에서 보았던 것처럼 대상 재인은 '그림 그리기 프로그램'을 사용하여 대상을 구성하는 과정으로 생각할 수 있다. 이 경우 원시요소에 해당하는 것은 지온이다.

실생활의 대상 지각이 이런 방식으로 도식화된다는 것을 보여 주는 하나의 예를 살펴보자. 카마이클과 동료들(Carmichael et al., 1932)은 그림 5.23에 있는 것같이 모호한 자극(가운데 열의 '자극 그림')을 명칭(label)과 함께 제시했다. 명칭은 관찰자들에게 그들이 보고 있는 것이 무엇인지를 말해 주는 데 사용되었다. 예를 들어 가운데 열 맨 위의 자극을 보여 주면서 어떤 관찰자들에게는 그들이 보고 있는 것이 '창문의 커튼'이라고 말해 주었으며,

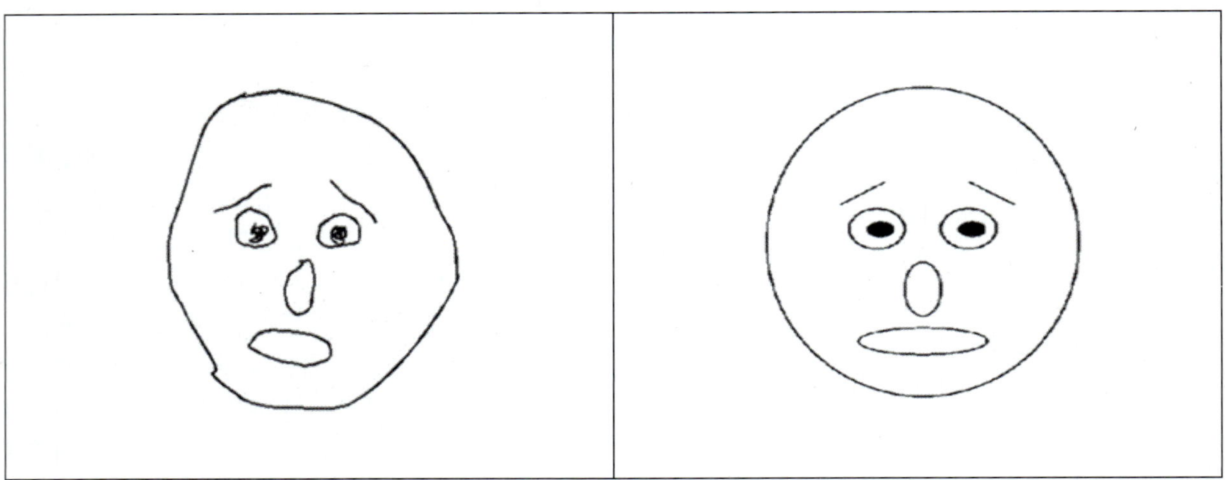

**그림 5.22 추상화의 과정.** 똑같이 슬픈 표정의 두 얼굴. 왼쪽은 프리핸드로 그린 것이고, 오른쪽은 타원과 직선 같은 추상화 도구로 그린 것이다. 왼쪽은 오른쪽보다 상당히 많은 디스크 공간을 필요로 하는데, 이것은 추상화가 시각 처리 장치(생물학적 시각체계도 그중 하나임)가 가져야 하는 덕목 중 하나임을 예시한다.

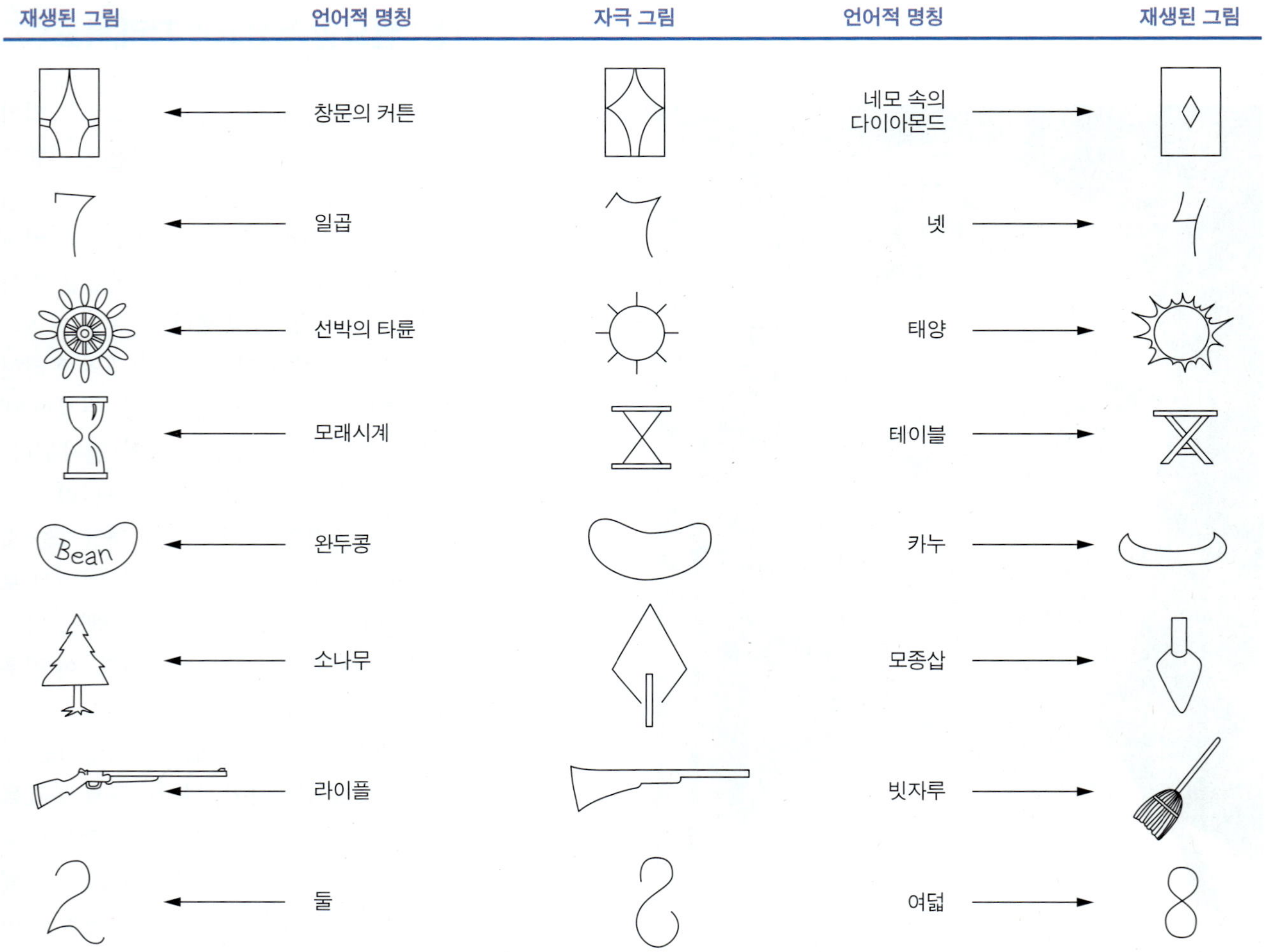

| 재생된 그림 | 언어적 명칭 | 자극 그림 | 언어적 명칭 | 재생된 그림 |
|---|---|---|---|---|
| | ← 창문의 커튼 | | 네모 속의 다이아몬드 → | |
| | ← 일곱 | | 넷 → | |
| | ← 선박의 타륜 | | 태양 → | |
| | ← 모래시계 | | 테이블 → | |
| Bean | ← 완두콩 | | 카누 → | |
| | ← 소나무 | | 모종삽 → | |
| | ← 라이플 | | 빗자루 → | |
| | ← 둘 | | 여덟 → | |

**그림 5.23 언어적 명칭과 추상화.** 카마이클과 동료들(Carmichael et al., 1932)은 사람들에게 가운데 열에 있는 모호한 자극을 보여 주었다. 관찰자들은 그림과 함께 둘째 열 또는 넷째 열에 있는 언어적 명칭을 받았다. 관찰자들이 나중에 재생한 그림은 그들에게 주어진 언어적 명칭과 일치했다. 이 실험은 사람들이 실제로 본 것을 기억하는 것이 아니라, 실제로 본 것에서 추출된 기본적 정보를 기억한다는 것을 말해 준다.

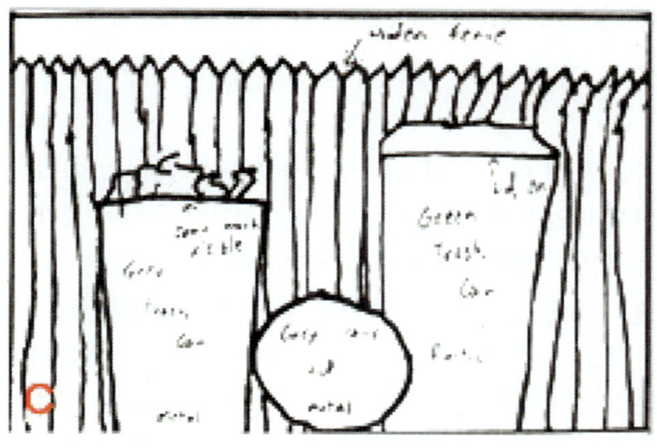

그림 5.24 **경계 확장과 추상화.** 사람들은 사진에 실제로 나타난 것보다 훨씬 큰 장면을 보았다고 회상하는 경향이 있다. 예를 들어 A와 같은 근접 사진을 보여 준 후 기억하여 재생하게 하면 그 그림(C)은 확장된 경계를 포함한다. 똑같은 광경을 광폭 사진(B)으로 본 사람들도 확장된 경계를 가진 그림(D)을 그린다.

또 다른 사람들에게는 그들이 보고 있는 것이 '사각형 속에 있는 다이아몬드'라고 말해 주었다. 나중에 관찰자들에게 본 것을 재생하라고 요구했다. 그림 5.23의 왼쪽 열과 오른쪽 열에 재생의 예가 나와 있다. 여기서 알 수 있듯이 사람들이 지각하고 기억에 저장한 것은 그들이 보고 있다고 생각한 것에 아주 잘 대응했다.

추상화에 관한 다른 예는 인트라웁과 리처드슨(Intraub & Richardson, 1989)이 보고했다. 여기서는 관찰자에게 그림 5.24의 상단에 있는 것과 같은 그림이 제시된다. 나중에 관찰자가 그 그림들을 다시 그릴 때 그림 5.24의 하단에 있는 것처럼 경계를 확장한다는 것이 주요한 발견으로 보고되었다. 여기서도 결론은 역시 사람들이 본 것을 있는 그대로 지각하고, 저장하고, 회상하는 것이 아니라, 중요한 정보(여기서는 대상 그 자체뿐만 아니라 맥락도 함께)를 추출하여 사용한다는 것이다.

추상화의 개념은 4장에서 나왔던 색채 메타머(color metamer)를 생각나게 한다. 메타머는 동일한 색채 지각을 유발하지만 물리적으로는 서로 다른 자극(예: 순수한 노란색과 빨강-초록 혼합색은 동일한 색으로 지각된다)을 말한다. 이 경우에 시각체계는 자극들의 물리적 차이에 관한 정보를 버린다. 추상화도 거의 같은 일을 한다. 자극의 정확한 물리적 기술(비트맵)에 관한 정보는 없어지고 결정적 정보만 남는다.

### 중간 요약

- 추상화는 감각기관이 접수한 원시감각 정보(예: 직선, 곡선 등의 패턴)를 기억 속에 저장된 추상적 범주(예: 문자, 단어)로 변환하는 과정이다.
- 추상화된 정보는 작은 공간을 차지하며, 그래서 원시정보를 신속하게 다룰 수 있다. 하나의 비유를 들자면 얼굴을 비트맵으로 변환한 이미지가 아니라, 타원이나 직선과 같이 미리 만들어진 구조를 사용하여 추상화한 이미지이다.

### 비판적 사고를 위한 물음

1. 시각 예술가는 어떤 식으로 색채 항등성과 형태 항등성의 영향을 받는가? 당신은 지각 항등성이 예술가의 작업을 더 어렵게 만들 수 있다고 생각하지 않는가?
2. 4장에서 메타머에 대해 공부했다. 메타머와 추상화 과정의 관련성을 이해할 수 있는가? 그것은 무엇인가?

지각 항등성은 사물이 얼마나 멀리 떨어져 있는지를 알려 준다.

## 지각 항등성

극장에 갔을 때 때때로 짜증이 나는 일이지만, 가운데 좌석이 모두 사람들로 차 있어서 가장자리의 외진 곳에 앉을 수밖에 없는 상황이 있다. 그러나 영화가 시작되면 좌석 위치에 대해서는 잊어버리고 영화의 줄거리, 등장인물, 특수효과에 몰입하게 된다. 영화의 시각적 측면이 모두 완전히 정상적으로 보인다—그러나 실제로는 그렇지 않다. 중앙에서 멀리 떨어진 자리에 앉아 있기 때문에 그 각도에서는 망막에 비치는 스크린이 직사각형이 아니다. 그것은 사다리꼴 모양이며 스크린 속 이미지도 그에 따라 왜곡된다. 그럼에도 불구하고 그것이 관객을 괴롭히지는 않는다. 우리는 모든 것을 정상적으로 본다. 어떻게 이러한 일이 가능할까? 이 절에서는 지각체계의 정말로 탁월한 능력에 대해 공부할 것이다. 그것은 **항등성** constancy의 유지이다.

### 항등성의 개념

항등성을 이해하기 위해서는 먼저 대상의 고유한 물리적 특징과 우리의 지각체계에 주어지는 그 대상에 관한 정보 사이에 어떤 관계가 있고 어떤 차이가 있는지 이해해야 한다. 예를 들면 영화의 스크린은 직사각형이다. 그것이 스크린의 물리적 특징이다. 그러나 우리의 망막에 맺힌 스크린의 이미지는 직사각형일 수도 있고 사다리꼴일 수도 있다. 그것은 우리가 스크린을 바라보는 각도에 따라 다르다. 밝은 곳에 앉아 있는 검은 고양이는 어두운 곳에 앉아 있는 흰 고양이보다 객관적으로 더 밝다(즉 더 많은 빛을 반사한다). 그러나 어떤 조명 조건에서도 우리는 검은 고양이는 실제로 검고 흰 고양이는 실제로 희다는 지각을 유지한다. 먼 곳에 있는 코끼리의 망막상은 가까운 곳에 있는 다람쥐의 망막상보다 작지만, 그 거리야 어찌 되었건 우리는 코끼리가 다람쥐보다 크다는 지각을 유지한다. 일반적으로 우리가 지각하는 것은 대상이 실제로 어떻게 생겼는가에 대한 것이다. 지각은 환경으로부터 오는 '객관적인' 물리적 정보에만 의존하지 않는다.

항등성은 완전한 것은 아니지만 시각 경험의 현저한 측면이다. 그렇지 않다면 특정한 상황의 변덕에 의해서 코끼리는 생쥐보다 때때로 작을 것이고, 검은 고양이는 흰 고양이보다 때때로 더 흴 것이다. 우리가 또는 대상이 이동할 때마다 대상의 모양과 색깔이 변화한다면, 우리가 재인의 초기 단계에서 구성하는 대상 기술도 변화할 것이고, 재인은 불가능한 과제가 될 것이다.

### 색채 항등성과 밝기 항등성

내가 지금 2개의 숫자를 생각하고 있는데 그것을 곱한 값이 36이라 말하고, 그 2개의 숫자를 맞혀 보라고 요구했다고 하자. 당신은 대답을 하기에는 정보가 충분하지 않다고 반응할 것이다. 내가 생각하고 있는 숫자 2개는 2와 18일 수도 있고, 6과 6일 수도 있다. 그런 짝은 무한하다.

이런 과제는 불가능해 보이지만, 지각체계가 밝기 항등성과 색채 항등성을 유지하기 위해 하는 일 또한 실제적인 의미에서 동일하다. 당신이 어떤 대상, 예를 들어 빨간 종이 한 장을 보고 있고 그 색의 이름을 말하라는 요구를 받았다고 하자. 색채 항등성이 가리키는 것은, 당신이 방 안의 백열등 아래에서 그것을 보고 있건 정오의 태양 아래에서 그것을 보고 있건 그 종이가 빨간색이라고 보고한다는 것이다.

**아델슨 체커보드.**

빨간 종이의 색이 빨강이라고 지각하는 것은 **가용 파장**available wavelength, 즉 종이에서 반사되어 우리의 눈에 도달하는 빛의 파장에 의한 것이라고 추론할 수 있다. 그러면 이제 그 빛이 어디에서 오는지를 물리학적으로 살펴보자. 첫째, 종이는 어떤 광원으로부터 오는 **광원 파장**source wavelength에 의해 조명되며, 그것은 실내에서는 백열등이고 실외에서는 태양일 것이다. 둘째, 빨간 종이 그 자체는 **반사율 특성**reflectance characteristic을 가지고 있는데, 그것은 특정 파장을 다른 파장보다 더 많이 반사하는 정도를 결정한다(그것은 빨강에 해당하는 파장은 대부분 반사하고, 다른 색에 해당하는 파장은 아주 조금만 반사할 것이다). 이제 매우 실제적인 수학적 의미에서 우리의 눈에 도달하는 가용 파장은 광원 파장과 반사율 특성의 곱셈이다. 이것을 알면 색채 항등성을 정의할 수 있게 되는데, 색채 항등성은 시각체계가 반사율 특성(대상의 고유한 속성의 하나)을 광원 파장에 관계없이 지각하는 능력이다. 이런 의미에서 시각체계는 1개의 곱(가용 파장)을 가지고 여러 요인 중의 하나, 즉 반사율 특성을 알아내야 한다. 백열전구와 태양은 서로 매우 다른 광원 파장을 제공하며—빨간 종이의 반사율 특성은 변화하지 않기 때문에—매우 다른 가용 파장이 눈에 도달한다. 그럼에도 불구하고 시각체계는 가용 파장으로부터 광원 파장을 분리하여 두 경우 모두에 정확한 반사율 특성을 찾아낸다. 이러한 성취는 당신이 내가 처음 생각한 숫자(광원 파장에 상응한다)가 12이고, 다른 숫자(이것이 반사율 특성이다)가 36/12=3임을 알아내는 것과 유사하다.

밝기 항등성은 색채 항등성과 유사하다. 그것은 광원의 강도가 극적으로 변화하더라도(그래서 대상으로부터 반사되는 빛의 양이 변화하더라도) 특정 대상의 지각된 밝기가 거의 변화하지 않는 것을 가리킨다. 검은 벨벳 셔츠는 태양광 아래에서도 그늘 속에서도 똑같이 검게 보인다. 비록 태양광 아래에서 그것이 반사하는 빛의 양이 수천 배 많겠지만 그런 사실은 밝기 지각에 영향을 미치지 않는다. 이런 사실의 극적인 예를 위 그림의 왼쪽 체커보드가 보여 준다. 놀랍게도 A와 B라고 표시된 사각형은 똑같은 밝기의 회색이다. 우리는 오른쪽 체커보드에서처럼 2개의 회색 막대기를 사용하여 2개의 사각형을 연결하는 방법으로 그것이 사실임을 확인할 수 있다. 시각체계는 눈에 들어오는 물리적 데이터에만 반응하는 것이 아니라, 사각형의 회색 수준에 대한 자신의 추론에도 반응한다. 시각체계는 사각형 B에 떨어진 그림자에 대한 교정을 하는데, 그 결과로 보드의 다른 흰 부분과 똑같은 흰색의 사각형이 지각된다.

시각체계는 어떻게 이러한 마술을 부리는가? 이에 대한 단서는 항등성이 실패하는 상황을 조사함으로써 얻을 수 있다. 검은 셔츠를 검은 스크린 뒤에 놓고 스크린에 뚫린 작은 구멍을 통해서 그 셔츠를 본다고 생각해 보라. 당신이 구멍을 통해서 보는 것은 스크린 때문에 셔츠로부터 반사된 실제의 빛이며, 그것은 주변 사물과 독립적이다. 이제 그 셔츠에 조명을 비추면 셔츠가 희게 보인다. 구멍을 통해서 여러분의 눈에 도달하는 빛이 스크린 그 자체에서 오는 빛보다 더 강렬하기 때문이다.

이런 실험은 우리가 작은 구멍을 통하지 않고 자연 상황 속의 대상을 지각할 때는 다른 많은 대상이 함께 보인다는 사실을 부각한다. 색채 항등성과 밝기 항등성은 여러 대상으로부터 반사된 빛의 강도 사이의 관계에 의존한다. 우리의 지각체계는 대상의 색채 일반에 대한 과거 지식을 이용하여 광원 조명(광원 강도와 광원 파장)의 효과를 수정할 수 있으며, 그래서 우리가 보는 대상의 밝

그림 5.25 **형태 항등성.** 열려 있는 문의 망막상은 상당히 다르지만, 우리는 문의 모양이 항상 사각형이라고 지각한다.

기와 색채가 결정될 수 있다(Gilchrist, 1988; Land, 1977; Maloney & Wandell, 1986).

## 형태 항등성

우리는 이미 형태 항등성의 예를 하나 제시했다. 극장 한 구석에 자리 잡고 앉아도 영화를 보는 데 큰 지장이 없는 것이 그 예이다. 다른 한 예가 그림 5.25에 있다. 문이 우리를 향해 열리면 그것의 망막상은 여러 변화를 거치게 된다. 문의 직사각형 모양은 사다리꼴 모양의 이미지를 만들어 내며, 그것은 우리 앞쪽은 넓고 경첩 쪽은 좁은 모양이다. 그리고 사다리꼴 모양은 점차 얇아져서 결국은 망막에 투사된 상은 수직 막대기 모양이 될 것이다. 그럼에도 불구하고 우리는 문이 열릴 때 문의 모양이 변화하지 않는다고 지각한다. 망막상이 변화해도 지각된 문의 모양은 일정한 것이 형태 항등성의 예이다.

## 크기 항등성

지각 항등성 중에서 가장 많이 연구된 것은 크기 항등성이다. 대상의 지각된 크기는 그것이 얼마나 먼 곳에 위치하건 일정하다. 어떤 대상이 우리에게서 멀어져 갈 때 그것의 크기가 작아진다고 지각하지 않는다. 10원짜리 동전을 30cm 전방에 들고 보다가 팔을 쭉 뻗어 보라. 그것이 작아져 보이는가? 그렇지 않을 것이다. 그러나 그림 5.26에 나타나 있듯이 60cm 전방에 있는 10원짜리 동전의 망막상은 30cm 앞에 있는 10원짜리 동전의 망막상에 비해 그 크기가 절반가량이다.

### 깊이 단서에 대한 의존

10원짜리 동전의 예는 우리가 대상의 크기를 지각할 때 망막상의 크기 이외에 어떤 것을 고려한다는 것을 가리킨다. 그 어떤 것은 대상의 지각된 거리이다. 1881년에 스위스의 안과학자 엠메르트(Emmert)는 크기 판단이 거리에 의존한다는 것을 보여 주었다. 엠메르트는 정교한 방법을 사용했는데, 거기에는 잔상 크기를 판단하는 것이 포함된다.

관찰자는 먼저 어떤 이미지의 중앙을 약 1분 정도 응시한다(그림 5.27에 있는 예를 참조하라). 이어서 관찰자는 흰 스크린으로 시선을 옮기는데, 그러면 방금 전에 본 것의 잔상을 보게 된다. 관찰자의 과제는 잔상의 크기를 판단하는 것이다. 독립변인은 스크린이 얼마나 멀리 있는가이다. 잔상의 망막상 크기는 스크린의 거리에 관계없이 일정하기 때문에 잔상의 크기 판단에서 나타나는

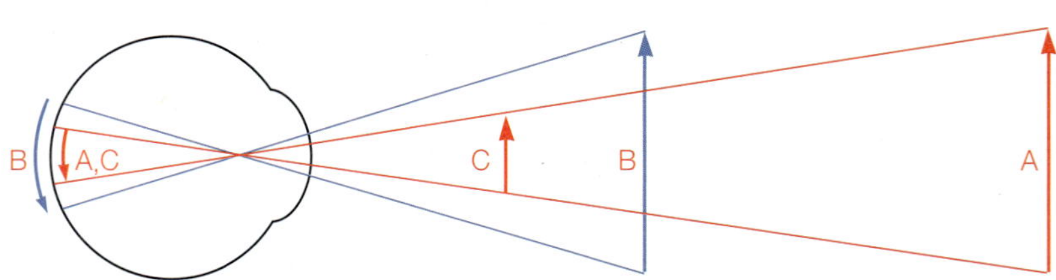


그림 5.26 **망막상의 크기.** 이 그림은 대상의 실제 크기와 그 망막상의 크기가 어떠한 기하학적 관계를 가지는지를 보여 준다. 화살표 A와 B는 동일한 크기의 대상을 나타내지만, A는 B보다 눈에서 2배나 멀리 떨어져 있다. 그 결과 A의 망막상은 B의 망막상의 절반 크기가 된다. 화살표 C는 A보다 크기가 작지만, 눈에 더 가까이 있기 때문에 두 대상의 망막상 크기는 동일하다.

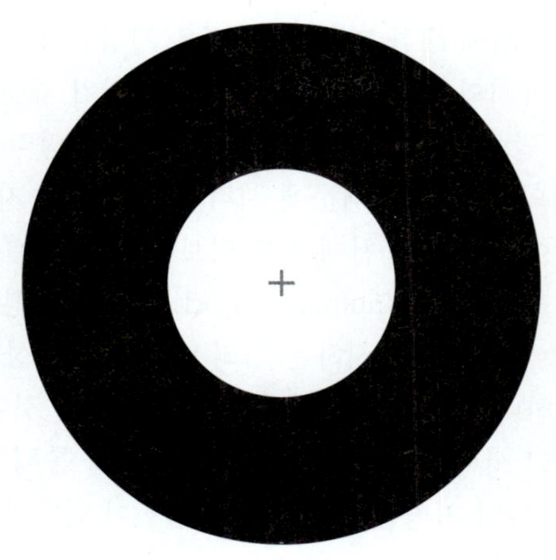

**그림 5.27 엠메르트의 실험.** 이 그림을 적절한 조명 아래에서 책을 읽는 거리만큼 떨어뜨려 놓은 후, 중앙에 있는 십자 표시를 1분 정도 응시하고 멀리 있는 벽을 바라보라. 2개 원의 잔상을 보게 될 텐데, 그것은 원래 자극보다 더 커 보일 것이다. 이번에는 눈 바로 앞에 흰 종이 한 장을 놓고 바라보라. 그러면 잔상은 원래 자극보다 더 작아 보인다. 잔상이 사라지면 눈을 깜박여 보라. 그러면 잔상이 다시 나타난다.

차이는 지각된 거리에 연유하는 것임에 틀림없다. 스크린이 멀리 떨어져 있으면 잔상이 커 보이고, 스크린이 가까이 있으면 잔상이 작아 보인다. 엠메르트의 실험은 아주 쉬워서 누구나 해 볼 수 있다.

위 실험을 근거로 하여 엠메르트는 대상의 지각된 크기는 대상의 망막상의 크기와 대상의 지각된 거리, 두 가지에 비례하여 증가한다고 제안했다. 이 제안은 '크기-거리 불변 원리'로 불린다. 그것은 크기 항등성을 다음과 같이 설명한다. 대상의 거리가 멀어지면 대상의 망막상 크기가 작아진다. 그러나 만약 거리 단서가 있으면 지각된 거리가 증가한다. 따라서 지각된 크기는 거의 일정하게 유지된다. 어떤 사람이 당신으로부터 멀어지면 그의 망막상은 작아지지만 지각된 거리는 커진다. 이 2개의 변화가 서로를 상쇄하여 크기 지각이 일정하게 유지될 수 있다.

## 착각

디즈니랜드 유령의 집에 들어가는 것을 상상해 보라. 처음 계단을 조심조심 내려가다가 벽에서 당신을 내려다보는 가면 같은 얼굴들을 보게 될 것이다. 그 얼굴들을 지나쳐 가다 보면 가면들이 방향을 바꾸어 여전히 당신을 쳐다보고 있다. 납득하기 어려운 상황이라 당신은 매우 놀랄 것이다. 그리고 아마도 가면들 아래에 작은 모터가 달려 있어서 당신에게 반응하는 것이라고 추측할 수도 있다.

그러나 실제로 가면들은 고정되어 있고 당신의 지각 속에서만 움직인다. 불을 켜고 가면을 조사해 본다면 이상한 점을 금방 발견할 것이다. 당신은 가면의 밖이 아니라 안을 보고 있었던 것이다. 그러나 유령의 집처럼 관찰 조건이 나쁜 상황에서는 그것을 알아채지 못한다. 시각체계는 평상시처럼 가면의 밖을 보고 있다고 가정한다. 일단 그렇게 가정하면 상황의 기하학적 특성 때문에 가면의 얼굴이 당신을 따라 회전하는 것으로 지각하게 된다. (스스로 해 볼 수 있는 쉬운 방법이 있다. 가면을 하나 구하라. 덮어쓰는 것이 아니라 얼굴 앞에 붙이는 유형이 좋다. 친구에게 가면을 들고 방을 가로질러 가라고 부탁한다. 단, 가면의 안쪽이 당신을 향하도록 해야 한다. 만약 당신이 한쪽 눈을 감으면 가면은 쑥 들어간 것이 아니라 툭 튀어나온 것처럼 지각된다. 일단 이러한 지각 경험을 하게 되면 당신이 이동함에 따라 가면이 회전하는 것처럼 보일 것이다.)

회전하는 것처럼 보이는 가면은 착각의 한 예이다. **착각** illusion은 물리적 실체와 체계적으로 다른 어떤 것을 지각하는 것이다. 가면 착각이 일어나는 이유는, 다른 많은 착각의 경우처럼 시각체계가 항등성—이 경우에는 가면의 안이 아니라 밖을 보고 있다는 가정—을 유지하려고 하기 때문이다.

### 항등성과 착각

우리는 여러 가지 항등성이 중요한 목적을 가지고 있음을 지적했다. 항등성은 우리의 감각기관에 도달하는 정보가 광원 파장, 광원 강도의 차이, 광원까지의 거리, 바라보는 각도의 차이 때문에 극적으로 변화하더라도 우리 주위에 있는 세계의 본질적 특징을 지각하게 해 준다. 그러나 좋건 싫건 이 항등성이 많은 착시의 원인이 된다.

### 달의 착시

'크기-거리 원리'는 수많은 크기 착시를 이해하는 데 필수적이다. 하나의 예가 달의 착시이다. 지평선 부근의 달은 중천에 있는 달보다 약 50% 정도 더 크게 보이지만 오히려 망막상은 중천에 있을 때가 약간 더 크다. 왜냐하면 중천의 달이 지평선의 달보다 더 가깝기 때문이다(마찬가지로 비행기는 처음에 지평선 위에 나타날 때보다 우

**달은 중천에 있을 때보다 지평선 근처에 있을 때 더 커 보인다. 그러나 두 위치에서 달의 망막상은 똑같은 크기이다.**

리의 머리 바로 위에 있을 때 더 가깝게 보인다).

달의 착시에 대한 하나의 설명은 다음과 같다(Reed, 1984; Loftus, 1985 참조). 비행기와 같은 날아다니는 물체가 지평선 쪽에서부터 당신을 향해 접근한다고 생각해 보자. 앞에서 방금 언급했듯이, 이 상황을 기하학적으로 묘사하면 비행기가 지평선에서 중천으로 이동하는 동안에 비행기의 망막상이 점점 커진다. 비행기는 상대적으로 지표에 가깝기 때문에 망막상이 커지는 정도는 아주 극적이다. 그러나 크기 항등성이 망막상의 이러한 변화를 보정하여 비행기가 비상하는 내내 동일한 물리적 크기로 보이도록 만든다.

비행기와 달 사이에는 아무런 질적 차이가 없다. 달의 망막상도 달이 지평선에서 중천으로 올라가는 동안 점점 커진다(놀랍지 않은가!). 달과 비행기의 차이는 양적인 것이다. 달은 우리에게 익숙한 비행기처럼 지표에 가까운 대상이 아니라 너무나 멀리 떨어져 있어서 시각상의 변화가 아주 미미하다. 그러나 우리의 시각체계는 여전히 항등성을 고집한다. 달이 중천에 접근하는 동안에 시각체계는 그 망막상이 상당히 커져야 한다고 믿는다. 마치 비행기가 그런 것처럼 말이다. 시각체계는 달의 망막상이 기대와 달리 커지지 않은 것은 달의 물리적 크기가 작아졌기 때문이라고 설명한다. 이것이 바로 달의 착시이다.

달의 착시에 대한 또 다른 설명은 지평선까지의 거리가 중천까지의 거리보다 더 크게 지각되기 때문이라는 것이다. 달이 지평선에서 중천에 오기까지 망막상의 크기는 거의 일정하기 때문에 시각체계는 멀리 지평선에 있는 달이 가까운 중천에 있는 달보다 크다고 결론을 내리지 않을 수 없다(Kaufman & Rock, 1989). 지평선의 달이 멀리에 있다고 지시하는 거리 단서의 효용성을 감소시키는 하나의 방법은 달을 거꾸로 바로 보는 것이다. 달을 등지고 서서 허리를 굽히고 다리 사이를 통해 달을 보면 된다. 만약 지평선의 달이 찍힌 사진이 있다면 그것을 거꾸로 보면 된다(Coren, 1992).

## 에임스의 방

또 하나의 크기 착시는 에임스의 방(Ames room)—발명자인 애들버트 에임스(Adelbert Ames)의 이름을 땄다—에서 만들어진다. 그림 5.28은 작은 구멍을 통해서 그 방을 바라보는 관찰자에게 방이 어떻게 보이는지를 보여준다. 오른쪽 구석의 소년은 왼쪽 구석의 소녀보다 훨씬 커 보인다. 그러나 실제로는 소녀가 더 크다. 이 경우는 크기 항등성이 깨졌다. 왜일까? 그 이유는 방의 설계에 있다. 작은 구멍을 통해서 보면 그 방은 보통의 사각형으로 보이지만 실제로는 방의 왼쪽 구석이 오른쪽 구석에 비해 거의 2배나 들어가 있다(그림 5.29 참조). 그림 5.29

**그림 5.28 에임스의 방.** 에임스의 방은 작은 구멍을 통해서 보는 사람에게 이와 같이 보인다. 소년과 소녀의 크기는 왼쪽 구석에 서느냐 오른쪽 구석에 서느냐에 따라서 달라진다. 이 방은 우리의 지각을 혼란스럽게 하기 위해 설계된 것이다. 지각된 방의 모양 때문에 소년과 소녀의 키는 불가능하다는 생각이 들 정도로 차이가 나 보인다.

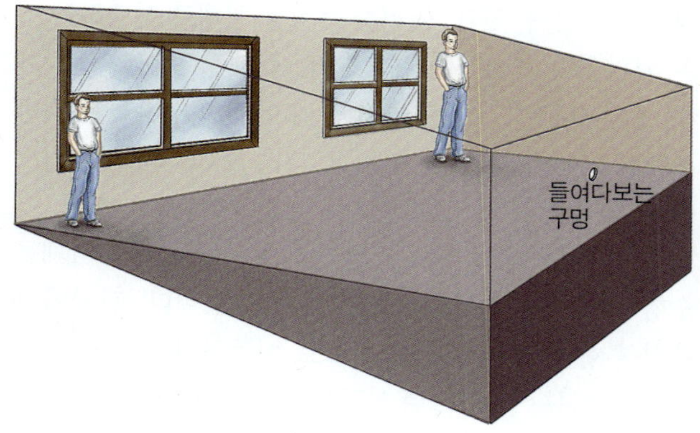


**그림 5.29 에임스의 방(실제 모양).** 이 그림은 에임스의 방의 실제 모양을 보여 준다. 왼쪽 소년은 오른쪽 소년보다 관찰용 구멍에서 2배 정도 멀리 떨어져 있다. 그러나 구멍을 통해서 방을 볼 때는 그러한 차이를 알 수 없다.

에서 왼쪽 소년은 오른쪽 소년보다 훨씬 멀리 떨어져 있고, 따라서 망막상이 작다. 우리는 이러한 거리 차이를 수정하지 않는다. 왜냐하면 방 안의 직선들이 그 방이 정상임을 믿게 하며 두 소년이 똑같은 거리에 있음을 가정하게 하기 때문이다. 더 멀리 있지 않지만 망막상이 작은 소년에 대해 시각체계가 할 수 있는 유일한 해석은 그 소년이 더 작다고 하는 것이다. 결국 방이 정상이라는 우리의 가설은 '크기-거리 불변성 원리'의 적용을 방해하고, 따라서 크기 항등성이 깨지는 것이다.

그림 5.28의 에임스의 방 효과는 영화감독 피터 잭슨이 〈반지의 제왕〉 3부작에서 아주 유용하게 사용했다. 이 작품에는 여러 종류의 존재(예: 호빗, 드워프, 엘프, 인간)가 나오는데, 이들은 톨킨의 원작에 따라서 서로 다른 크기로 보여야 했다(예: 호빗은 인간의 절반 정도 크기이다). 이러한 영화 효과 중 일부는 컴퓨터그래픽으로 실현되었지만 대부분의 경우는 착시가 이용되었다. 예를 들면 인간인 아라곤이 호빗인 프로도와 나란히 걷는 장면이 나온다. 그러나 이것을 촬영할 때는 아라곤을 연기하는 비고 모텐슨이 카메라에 가까운 앞쪽에 있었고, 프로도를 연기하는 엘리야 우드는 뒤쪽, 카메라로부터 모텐슨에 비해 2배 정도 떨어진 곳에 있었다.

## 다른 감각 양상에서의 항등성

지금까지 살펴본 항등성의 모든 예는 시각적이었지만 항등성은 다른 감각에서도 일어난다. 예를 들면 음악의 경우에 모든 음표의 주파수를 2배로 증가시키더라도 우리는 똑같은 곡조를 듣게 된다. 어떤 감각 양상이건 항등성은 자극 특징 사이의 관계—크기 항등성의 경우에는 망막상의 크기와 거리의 관계, 밝기 항등성의 경우에는 인접하는 두 영역 사이의 빛의 강도 관계—에 의존한다.

### 중간 요약

- 지각체계의 또 하나의 주요 기능은 지각 항등성을 달성하는 것이다. 다양한 환경적 요인 때문에 감각기관이 접수하는 자극이 크게 변화함에도 불구하고 대상의 외관을 일정하게 지각하는 경향을 항등성이라 한다.
- 색채 항등성은 눈에 들어오는 색채 정보가 (주위의 조명이 가진 색채 특성 때문에) 변화하더라도 자극의 실제 색채를 지각하는 것이고, 밝기 항등성은 눈에 입력되는 밝기 정보가 (주위의 조명 수준 때문에) 변화하더라도 자극의 실제 밝기를 지각하는 것이다.
- 크기 항등성은 물체까지의 거리 때문에 망막상의 크기가 변화할 때도 자극의 실제 크기를 지각하는 것이다.
- 항등성은 그 속성상 지각이 자극의 물리적 성질과 체계적으로 다르다는 의미에서 '착각'이다. 많은 착시가 다양한 항등성에 의해 설명될 수 있는 것은 논리적 귀결인 동시에 경험적 진실이기도 하다.
- 항등성은 모든 감각 양상에서 발생한다.
- 여러 종류의 지각적 착각은 항등성을 유지하고자 하는 지각체계의 경향 때문에 발생한다.
- 시각적 항등성이 가장 두드러지긴 하지만 항등성은 모든 감각 양상에 존재한다.

### 비판적 사고를 위한 물음

1. 달은 평평한 단조로운 평면 위로 떠오를 때 더 클까, 아니면 도시의 스카이라인 위로 떠오를 때 더 클까? 자신이 도시로 접근하는 보트 위에 있다고 상상해 보라. '달의 착시'가 큰 것은 당신이 도시에 가까이 있을 때인가, 아니면 멀리 있을 때인가?
2. 시각 예술가의 작업은 색채 항등성과 형태 항등성에 의해 어떻게 영향을 받는가? 지각 항등성이 없을 때보다 있을 때 예술가의 작업이 더 어렵다면 그 이유는 무엇이라고 생각하는가?

## 뇌에서 일어나는 분업

지난 10년 동안 지각의 근저에 있는 신경 과정에 대해 많은 것이 발견되었다. 그런 지식 중 어떤 것은 이미 소개했다. 이 절에서는 조금 더 설명하겠다. 먼저 주의의 신경과학적 기반에 대해 이야기하고, 이어서 시각피질, 즉 입력되는 시각 정보가 도착하는 중요한 중간역에 대해 다룰 것이다.

### 주의의 신경과학적 기반

최근에 주의, 그중에서도 시각적 주의의 이해에서 커다란 진전이 이루어졌다. 우리에게 흥미로운 연구들은 2개의 물음을 제기한다. (1) 뇌의 어떤 구조가 주의 대상을 선택하는 심리적 활동을 매개하는가? (2) 그에 따른 신경적 처리는 주의된 자극과 주의되지 않은 자극에 대해 어떻게 다른가? 이러한 물음을 하나씩 생각해 보자.

#### 3개의 뇌 시스템

앞에서 이야기했듯이 서로 다른, 그렇지만 상호작용하는 3개의 주의체계가 있다는 증거가 있다. 하나는 우리를 경계 상태에 있게 한다. 많은 뇌 영상 연구는 사람들에게 어떤 과제에 주의를 유지하도록 했을 때 우반구 두정엽과 전두엽의 활동이 증가함을 보여 주었다. 이 영역들은 노르에피네프린이라는 신경전달물질과 연관이 있으며, 노르에피네프린은 각성과 관계가 있다(Coull et al., 1996). 나머지 2개의 뇌 시스템은 선택적 주의에 관여하는 것 같다. 그중 첫 번째는 자극에 주의를 돌리게 하는 일을 한다. 이 시스템은 대상의 지각적 특징, 예를 들어 공간적 위치, 모양, 색깔을 표상하며 이러한 특징에 의거하여 여러 대상 중 하나를 선택하는 일을 담당한다. 이것을 **후방체계** posterior system라고 부르는데, 관여하는 뇌 구조(두정엽, 측두엽, 그리고 피질하부 구조의 일부)가 대부분 뇌의 뒤쪽에 위치해 있기 때문이다(그러나 최근의 연구는 주의 정향에 있어서 전두엽의 역할을 지적한다). 두 번째 시스템은 언제 어떻게 이러한 특징을 사용할 것인가를 조절하기 위한 것으로, **전방체계** anterior system라고 부르는데, 관여하는 뇌 구조(전두엽과 피질하부 구조)가 뇌의 앞쪽에 위치해 있기 때문이다. 요컨대 우리는 위치, 모양, 색깔 등에 초점을 맞추어 주의 대상을 선택할 수 있다. 이러한 특징을 실제로 선택하는 일은 뇌의 후방에서 일어나지만 선택 과정은 뇌의 전방에서 제어된다. 이러한 기능 때문에 어떤 연구자들은 전방체계를 선택적 주의의 '최고 경영자', 즉 CEO라 부르기도 한다.

후방체계에 관한 중요한 발견의 일부는 선택적 과제를 수행하는 동안에 찍은 PET에서 나온 것이다. 관찰자가 주의를 한 장소에서 다른 장소로 이동하라는 지시를 받았을 때 혈류—그러므로 신경활동—의 최대 증가는 좌우 반구의 두정엽에서 나타난다(Corbetta et al., 1993). 또한 이 부위에 손상이 있는 환자들은 한 위치에서 다른 위치로 주의를 이동하는 데 커다란 어려움을 보였다(Posner, 1988). 그러므로 정상적 뇌가 선택 과제를 수행할 때 활성화하는 영역이, 선택 과제를 수행하지 못하는 환자의 뇌 손상 부위와 똑같다는 것이 밝혀졌다. 유인원을 대상으로 한 단일세포 기록 연구에서도 주의가 한 장소에서 다른 장소로 이동할 때 동일한 뇌 영역의 세포가 활성화되었다(Wurtz et al., 1980). 종합하면, 이런 발견들은 뇌의 두정엽의 활동이 여러 공간 위치에 주의하는 일을 매개한다는 것을 보여 준다. 한편 대상의 모양과 색깔에 주의할 때는 측두엽이 관여한다는 증거가 있다(Moran & Desimone, 1985).

#### 주의 대상의 신경적 처리

주의 대상이 일단 선택되면 신경적 처리에는 어떤 변화가 일어날까? 색칠한 기하학적 대상이 한 무더기 제시되고 관찰자에게 빨간 것에만 주의를 기울이다가 삼각형이 나타났을 때 신호를 하도록 요구한 실험을 살펴보자. 전방체계는 후방체계를 지시하여 색채에 주목하도록 할 텐데, 각 자극의 신경적 처리에서 그 밖에 어떤 것이 변화할까? 관찰자가 색채에 선택적 주의를 하지 않을 때에 비해 색채 처리에 관여하는 시각피질 영역은 더욱 활성화될 것이다. 더욱 일반적으로 말하자면, 주의하고 있는 특성(색채, 모양, 결, 운동 등)과 관련된 뇌 영역은 활동이 증가할 것이다(Posner & Dehaene, 1994). 또한 주의하지 않은 속성과 관련된 뇌 영역은 활동이 억제된다는 증거도 있다(La Berge, 1995; Posner & Raichle, 1994).

PET 연구는 주의된 특징의 증폭을 지지하는 최고의 증거들을 내놓았다. 한 실험(Corbetta et al., 1991)에서는 관찰자들이 여러 가지 색채와 모양의 대상이 움직이는 것을 보는 동안 그들의 뇌를 촬영했다. 한 조건에서는

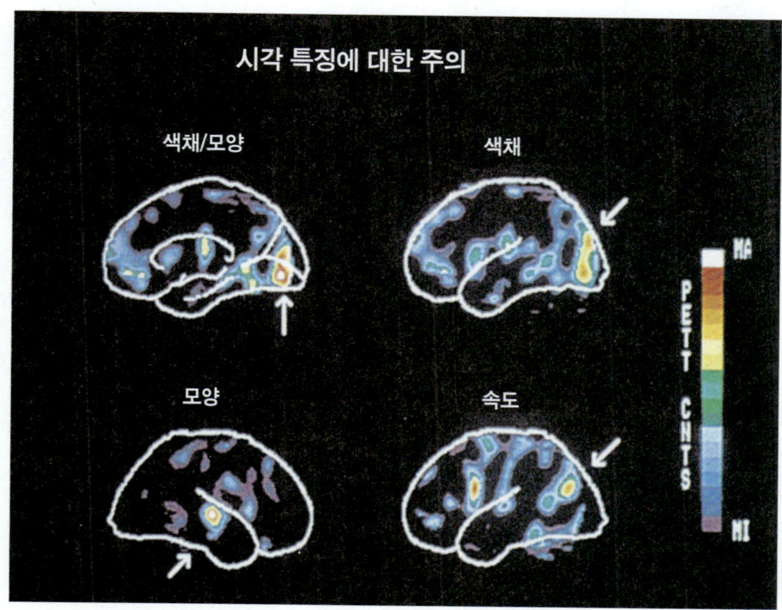


**그림 5.30 PET 영상이 피질 활동의 차이를 보여 준다.** 오른쪽 위에 있는 영상은 참가자들이 색채 변화에 주의하고 있는 조건에서 찍은 것이고, 하단에 있는 영상은 모양 변화 또는 속도 변화에 주의하고 있는 조건에서 찍은 것이다.

운동의 변화를 탐지하라고 지시했고, 다른 조건에서는 색깔이나 모양의 변화를 탐지하라고 지시했다. 처음 조건에서는 운동이, 나중 조건에서는 색채 또는 모양이 주의해야 할 속성이었다. 그림 5.30을 보면 두 조건에서 물리적 자극이 동일했지만, 처음 조건에서는 운동 처리에 관여하는 것으로 알려진 피질 영역이 더 많이 활성화된 반면, 나중 조건에서는 색채 또는 모양 처리에 관여하는 영역이 더 많이 활성화되었다. 주의는 관련되는 것들을 심리적으로 또한 생리적으로 증폭한다.

## 시각피질

일반적 수준에서 말하자면 시각피질(visual cortex)은 시각과 관련된 뇌 영역이며, 분업 원리에 따라서 작동한다. 시각피질의 여러 영역은 서로 다른 지각적 기능을 수행하기 위해 전문화되어 있다(Kosslyn & Koenig, 1992; Zeki, 1993). 이곳에 있는 1억 개 이상의 뉴런이 시각 입력에 반응한다. 우리가 그것들에 대해, 그리고 그 기능에 대해 알고 있는 모든 것은 두세 가지 기술로 얻은 것이다. 동물을 사용한 연구는 거의 전부가 단일세포 신경활동을 (미세 전극을 사용하여) 기록한다. 그런 연구를 수행하기 위한 최근의 기술은 앞서 언급했던 허블과 비셀의 선구적 연구에서 많은 것을 가져왔다.

인간을 사용한 연구에서 우리가 아는 것의 대부분은 '자연 실험'—즉 특정 영역과 시각적 행동의 관계를 보여 주는 뇌 손상 및 질병의 사례—에서 나온 것이다. 이 분야의 연구자 중에는 신경학자(뇌를 전공으로 하는 의사)와 신경심리학자(뇌 손상 환자의 치료와 연구를 전문으로 하는 심리학자)가 있다. 신경심리학 분야의 훌륭한 개론서는 올리버 색스(Sacks, 1985)의 『아내를 모자로 착각한 남자』이다. 1장에서도 이 책을 소개했다.

오늘날 인간의 뇌와 관련한 가장 극적인 발견은 수술하지 않고 뇌의 사진을 찍는 기술에 의해 이루어졌다. 이 분야를 뇌 영상화(brain imaging)라고 부르며, 사상관련전위(event-related potential, ERP), 양전자 방출 단층촬영(positron emission tomography, PET), 기능적 자기공명 영상(functional magnetic resonance imaging, fMRI) 등과 같은 기술이 포함된다.

시각적 처리를 위해 가장 중요한 뇌 영역은 일차시각피질, 즉 V1이다. 그것은 뇌의 뒤쪽, 즉 후방에 있으며, 그림 5.31에 제시했다. V1은 눈에서 신호를 내보내는 뉴런이 대뇌피질과 처음으로 연결되는 위치이다. 시각적으로 중요한 다른 모든 피질 영역(30군데 이상이 발견되었다)

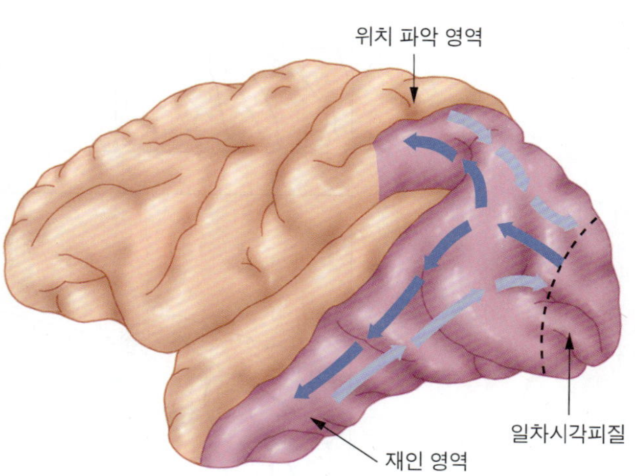


**그림 5.31 2개의 피질 시각체계.** 뇌의 뒤쪽에서 위쪽으로 가는 화살표는 위치파악체계를 나타낸다. 뒤쪽에서 아래쪽으로 가는 화살표는 재인체계를 나타낸다.

은 V1을 통해 눈과 연결된다.

여기에만 국한된 이야기는 아니지만, V1의 기능은 현대의 측정 기술이나 영상화 기술이 발전하기 훨씬 이전에 발견되었다. 그것은 의사가 전쟁이나 사고로 국소적 두뇌 손상을 입은 환자를 검진할 때 분명하게 드러났다. 그림 5.32에서 보듯이 V1의 특정 부위에 생긴 조직 손상은 시야의 특정 부위 시각장애[전문 용어로 암점(scotoma)]와 관련된다. 이런 시각장애가 눈이나 시신경의 손상 때문이 아님에 주목하기 바란다. 예를 들어 손상이 V1의 가장 뒤쪽에 가해지면 시야의 한가운데(중심와)에 암점이 생긴다. 시야 주변부의 암점은 V1의 앞쪽 부분 손상에 기인한다. 그것은 마치 시야가 후두 피질에 펼쳐져 있는 것처럼 보인다. 그 중심은 후두 피질의 맨 뒤에 해당한다.

손상 시야 상실

a) 절반 시야 손상

b) 국소적 손상

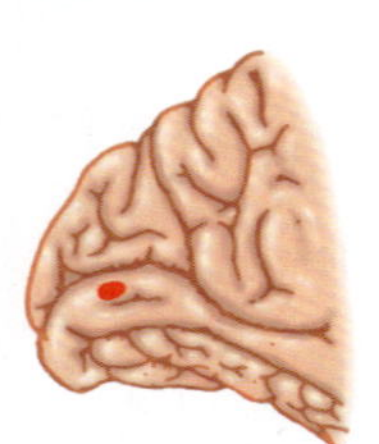

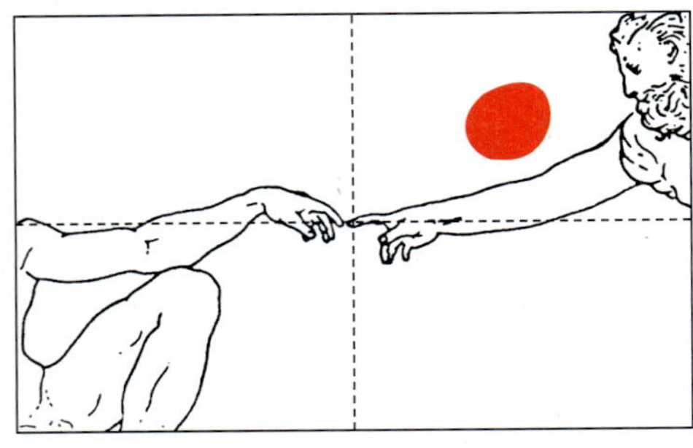

c) 1/4 시야 손상

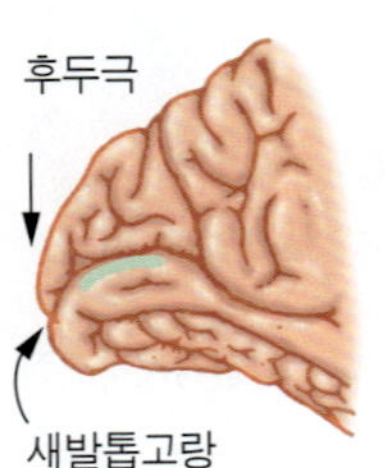


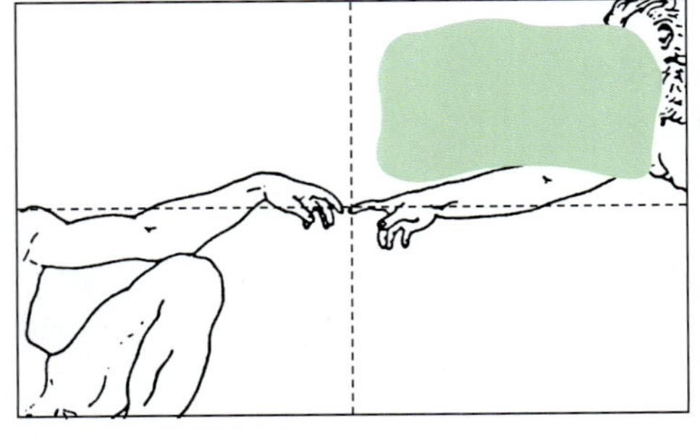

그림 5.32 **일차시각피질의 손상이 가져온 결과.** 여기 있는 시야 지도는 상하와 좌우가 역전되어 있다.

일차시각피질의 뉴런은 시각적 이미지의 여러 특징, 예를 들어 밝기, 색채, 방향, 운동에 민감하다. 그러나 이런 뉴런의 가장 중요한 특징 중 하나는 그것들이 이미지의 아주 작은 부분만 분석한다는 것이다. 이미지의 중심와 부분에서 뉴런 하나가 분석하는 부분의 크기는, 팔이 닿을 정도의 거리에 대상이 있을 때 1mm보다도 더 작다. 이 뉴런은 또한 아주 좁은 범위에 있는 다른 뉴런과만 의사소통한다. 이러한 배치의 이점은 시야 전체가 동시에 그리고 아주 세밀하게 분석될 수 있다는 것이다. 그러나 이런 방식에서 누락되는 것은 인접하지 않은 정보를 조화하는 능력(즉 나무만이 아니라 숲도 보는 능력)이다.

그런 과제를 수행하기 위해서는 피질 뉴런이 V1으로부터 받은 정보를 뇌의 다른 영역으로 보내야 한다. 이런 영역은 각각 특별한 과제, 예를 들어 색채, 운동, 모양, 위치를 분석하는 과제를 수행한다. 대단히 전문화되어 있는 이 영역들은 또한 V1과 끊임없이 접촉하며, 그래서 영역 간의 신경적 상호 전달은 명령이 아니라 대화로 간주된다(Damasio, 1990; Zeki, 1993). 뇌에 의한 시각적 분석에서 가장 중요한 노동 분업 중 하나는 위치 파악과 재인 사이에 존재한다.

## 재인체계와 위치파악체계

연구 결과는 재인과 위치 파악이 시각피질의 서로 다른 영역에서 수행됨을 보여 준다. 대상의 재인은 일차시각피질과 대뇌피질 아래쪽을 포함하는 시각체계의 한 부문에 의존한다. 반면에 그림 5.31에 있는 것처럼, 대상의 위치 파악은 일차시각피질과 대뇌 위쪽에 있는 피질을 포함하는 시각체계의 한 부문에 의존한다. 영장류를 사용한 연구는 동물의 시각체계에서 재인 부문이 손상된 경우, 대상의 공간 관계(예: 어떤 대상이 어떤 대상의 앞에 있는지)에 대한 지각을 필요로 하는 과제는 여전히 잘 수행하지만, 실제 대상의 변별을 요구하는 과제(예: 정육면체를 원통과 구별하는 과제)는 잘 수행하지 못한다는 것을 보여 준다. 만약 위치 파악 부문이 손상되면 그 동물은 정육면체를 원통과 변별하는 것은 가

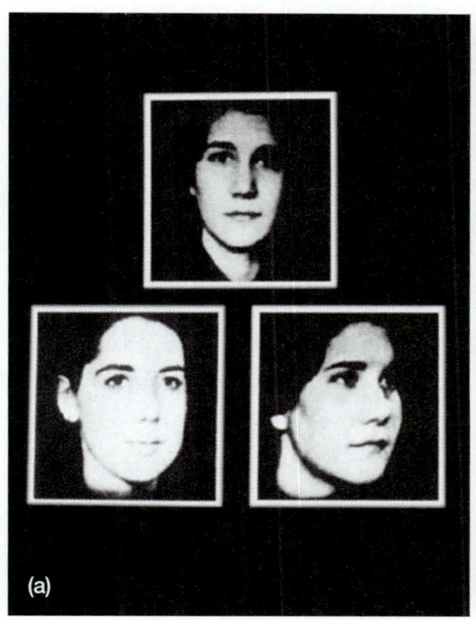


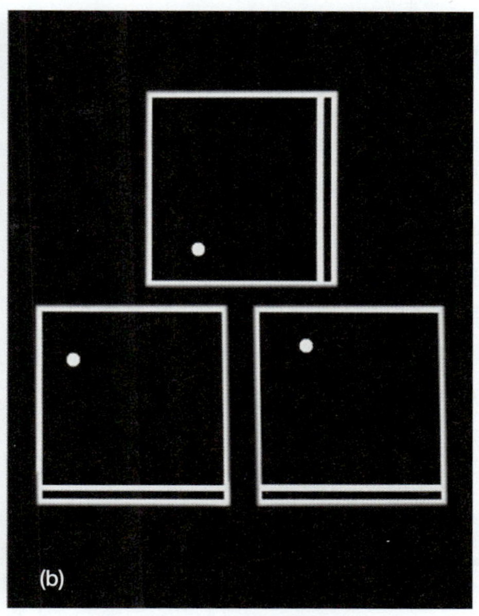


그림 5.33 **재인 과제와 위치 파악 과제.** 얼굴 대조 과제에 사용된 자극의 예(왼쪽)와 점-위치 대조 과제에 사용된 자극의 예(오른쪽).

능하지만, 대상들이 공간상에서 어떤 위치 관계에 있는지는 파악하지 못한다(Mishkin et al., 1983). 유사한 결과가 두정엽 손상으로 고통받는 사람들에게서도 보고되었다(예: Phan et al., 2000).

더욱 최근의 연구는 뇌 영상화 기술을 사용하여 인간의 뇌에서 상호 독립적인 재인체계와 위치파악체계의 존재를 확인했다. 널리 사용되는 기술은 PET이다(2장에서 언급했다). 방사능 추적 물질이 혈액 내에 주입된 관찰자는 PET 스캐너에 들어가서 여러 가지 과제를 수행한다. 스캐너는 뇌의 여러 영역에서 방사능 증가를 측정하는데, 방사능 증가는 혈류가 그 영역에 집중하고 있음을 가리킨다. 최대 혈류 증가를 나타내는 영역이 그 과제의 수행을 매개하는 영역이다.

그런 연구 중 하나에서 관찰자는 2개의 과제를 수행했는데, 하나는 얼굴 재인 과제로서 대상 재인을 위한 뇌 영역에 의존하는 것이고, 또 하나는 심적 회전 과제로서 위치 파악을 필요로 하는 과제였다. 얼굴 재인 과제에서 관찰자는 시행마다 하나의 표적 얼굴과 그 아래에 제시된 2개의 검사 얼굴을 보았다. 검사 얼굴 중 하나는 표적 얼굴과 동일한 인물이지만 방향과 조명에 변화가 있었고, 다른 하나의 검사 얼굴은 전혀 다른 사람의 얼굴이었다. 그림 5.33a에서 보듯이 관찰자의 과제는 검사 얼굴 중 무엇이 표적 얼굴과 동일 인물의 것인지 판단하는 것이었다. 관찰자가 이 과제를 수행하는 동안 피질의 재인 부문(이 부문은 아래쪽 대뇌피질에 있음)에서는 혈류 증가가 관찰되었으나 위치 파악 부문(이 부문은 위쪽 대뇌피질에 있음)에서는 혈류 증가가 나타나지 않았다.

심적 회전 과제는 매우 다른 결과를 산출했다. 이 과제에서 관찰자는 시행마다 하나의 점과 2개의 직선으로 구성된 표적 자극을 보았다. 그리고 표적 자극 밑에는 2개의 검사 자극이 있었다. 그림 5.33b와 같이 하나의 검사 자극은 표적과 동일했다. 다만 특정 방향으로 회전한 것만 달랐다. 또 다른 검사 자극은 점과 직선의 형태 구성이 달랐다. 이 과제를 수행하는 동안 피질의 위치 파악 부문에서 혈류 증가가 나타났으나 재인 부문에서는 그렇지 않았다. 그러므로 재인과 위치 파악은 완전히 다른 영역에 의해 수행된다고 할 수 있다(Grady et al., 1992; Haxby et al., 1990).

시각피질에서 노동 분업은 위치 파악과 재인의 분리로 끝나지 않는다. 위치 파악에 사용되는 여러 가지 정보(안구 운동, 운동 분석, 깊이 지각 등)는 피질의 위치 파악 부문 여러 하위 영역에 의해 처리된다. 마찬가지로 재인에 사용되는 여러 정보(모양, 색깔, 결)는 그것들의 분석을 전문으로 하는 특별한 하위 영역을 가지고 있다(Livingstone & Hubel, 1988; Zeki, 1993). 결론은, 시각피질에는 수많은 '처리 모듈'이 있으며 각 모듈은 특정한 과제에 전문화되어 있다는 것이다. 다른 감각 양상(그리고 다른 심리적 기능)의 신경과학적 기반에 대해 많이 알면 알수록 이러한 모듈적인, 노동 분업적인 접근이 더 많은 설득력을 가질 것이다.

### 중간 요약

- 3개의 뇌 시스템이 주의 대상을 선택하는 심리적 활동을 매개한다. 첫째는 각성과 관련이 있다. 둘째의 후방체계는 위치, 모양, 색깔에 근거하여 대상을 선택한다. 셋째의 전방체계는 관찰자의 목표에 맞추어 선택 과정을 조절하는 책임을 맡는다.
- 시각피질은 노동 분업의 원리에 따라 작동한다. 위치 파악은 윗부분의 피질에 의해, 재인은 아랫부분의 피질에 의해 수행된다. 재인 과정은 다시 세부적으로 나누어져서 색채, 형태, 결 등의 모듈로 구성된다.
- 재인과 위치 파악은 시각피질의 서로 다른 영역에 의해 수행된다.

### 비판적 사고를 위한 물음

1. 뇌가 작업을 전문 영역에 할당함으로써 많은 문제를 해결하는 이유는 무엇이라고 생각하는가? 이러한 방법으로 얻게 되는 이득은 무엇인가? 이러한 노동 분업에 의해 발생하는 문제는 무엇인가?
2. 어떤 사람들은 생물학적 관점에서 지각과 행동을 연구하는 일의 가치에 대해 회의적이다. 시각과 시각에 의해 유도되는 행동에 대해 배운 것을 토대로 하여, 그러한 회의에 대항하는 논의를 어떻게 전개할 수 있는가?

# 지각 발달

지각에 대한 오래된 질문 중 하나는 우리의 지각 능력이 학습된 것인가, 선천적인 것인가 하는 것이다. 현대의 심리학자들은 이것이 더 이상 양자택일의 문제가 아니라고 믿고 있다. 유전과 학습이 지각에 영향을 준다는 사실을 누구도 부정하지 않는다. 따라서 목표는 양자의 공헌을 정확히 기술하고 그 사이의 상호작용을 밝히는 것이다. 오늘날의 연구자들에게 '우리는 지각하는 것을 학습해야 하는가?'라는 질문은 좀 더 구체적인 다음 질문으로 대체되어야 하는 것이다. (1) 유아는 어떤 변별 능력을 가지고 있으며, 이 능력은 정상 양육 환경에서 나이를 먹음에 따라 어떻게 변화하는가? (2) 동물이 학습하는 것을 제한하면(**통제된 자극** controlled stimulation 부여 상황) 나중의 변별 능력에는 어떤 변화가 생기는가? (3) 통제적 조건에서의 양육은 지각-운동 협응에 어떤 영향을 미치는가?

## 유아의 변별 능력

아마도 인간의 지각 능력 중 어느 것이 생득적인가를 아는 가장 직접적인 방법은 유아가 가진 능력을 살펴보는 것일 테다. 당신은 이런 연구가 갓난아이만을 고려해야 한다고 생각할 것이다. 선천적 능력은 생애 첫날부터 나타나기 때문이다. 하지만 그것은 너무나 단순한 생각이다. 타고난 능력 중 어떤 것, 예를 들어 형태 지각 능력은 좀 더 기본적인 능력, 예를 들어 세세한 부분을 파악하는 능력이 발달하고 나서야 비로소 나타날 수 있다. 다른 선천적 능력은 어떤 종류의 환경적 입력을 상당한 기간 동안 받아야 성숙해진다. 그러므로 선천적 능력에 대한 연구는 생의 첫 순간부터 아동기의 처음 몇 년까지 지각적 발달을 추적해 가야 한다.

### 유아 연구 방법

유아가 지각하는 것이 무엇인지 알기 어려운 것은, 유아가 말하지도 못하고 지시를 따르지도 못하며 상당히 제한된 행동만 할 수 있기 때문이다. 유아의 지각을 연구하기 위해서는 유아의 변별 능력을 보여 주는 어떤 형태의 행동을 찾아낼 필요가 있다. 그림 5.34에서 보듯이 그런 행동 중 하나는 어떤 대상을 다른 대상보다 더 많이 바라보는 경향성이다. 심리학자들은 이 행동을 **선호적 주시법** preferential looking method이라고 부르는 기법에서 이용하고 있다(Teller, 1979). 2개의 자극이 나란히 유아에게 제시된다. 실험자는 유아가 보지 못하는 곳에 자리 잡고 자극 뒤의 칸막이를 통해 유아의 눈동자를 보고 유아가 각 자극을 보는 시간을 측정한다(TV 카메라를 사용하

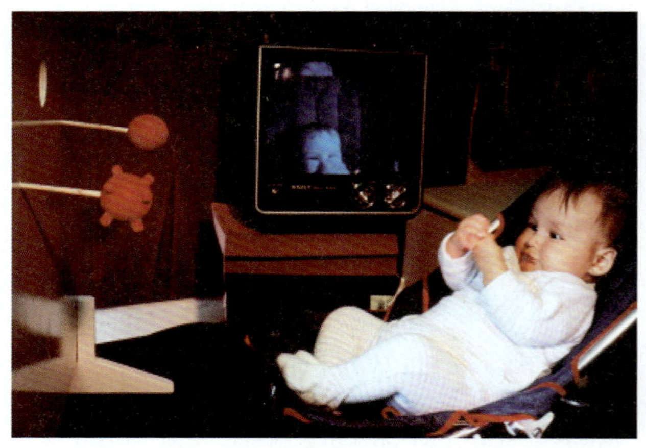

그림 5.34 **유아의 시각적 선호를 검사한다.**

여 아동의 응시 패턴을 녹화하는 것이 일반적이다). 실험 중에 자극 위치는 무선적으로 교체된다. 만약 유아가 어느 한 자극을 다른 자극보다 더 많이 바라보면 실험자는 유아가 그 둘을 구분할 수 있다고(그 둘을 변별할 수 있다고) 결론을 내린다.

또 다른 기법은 **습관화법**habituation method이다(Frantz, 1966; Horowitz, 1974). 이것은 유아가 새로운 대상은 바로 쳐다보지만 동일한 대상은 금방 지루해한다(즉 습관화된다)는 사실을 이용한다. 어떤 대상이 잠시 동안 제시되고 이어서 새로운 대상으로 교체되었다고 하자. 두 번째 대상이 먼저 것과 동일하거나 극히 유사한 것으로 지각된다면 유아는 그것을 바라보는 데 거의 시간을 사용하지 않을 것이다. 반대로 두 번째 대상이 처음 대상과 상당히 다른 것으로 지각되면 유아는 그것을 바라보면서 많은 시간을 보낼 것이다. 이러한 방법으로 실험자는 2개의 물리적 자극이 유아에게 동일하게 보이는지 아닌지를 알 수 있다.

이 기법을 사용하여 심리학자들은 유아의 다양한 지각 능력을 조사했다. 그 능력 중 어떤 것은 형태 지각을 위해 필요한 것이고 재인 과제에서 사용된다. 다른 것, 특히 깊이 지각은 위치 파악 과제와 연관되어 있다. 또 다른 것은 지각된 대상의 외양을 일정하게 유지하는 과제와 연관되어 있다.

## 형태 지각

대상을 지각하기 위해서는 먼저 대상의 한 부분을 다른 부분과 구별할 수 있어야 하는데 이것이 시력이라고 불리는 능력이다. 시력은 어떤 패턴 내부의 명암 대비(어두운 부분과 밝은 부분의 밝기 차이)와 패턴의 공간 빈도(일정 범위 내에서 어떤 패턴이 반복되는 횟수)를 둘 다 변화시켜서 측정하는 것이 보통이다. 일정한 수준의 명암 대비를 가진 공간 빈도 중에는 너무 세밀하기 때문에(공간 빈도가 너무 높기 때문에) 시각체계가 분간할 수 없는 경우가 항상 있다. 반대로 지나치게 넓은 범위에 걸쳐서 변화하기 때문에 지각될 수 없는 공간 빈도도 있다.

유아의 시력을 연구하는 데 사용되는 전형적 방법은 선호적 주시이다. 한쪽에는 줄무늬 패턴이 있고 다른 쪽에는 균일한 회색 면이 있다. 처음에는 줄무늬의 간격이 상당히 넓다. 그래서 유아는 균일 화면보다 그 패턴을 보는 것을 좋아한다. 이어서 연구자는 줄무늬의 간격을 좁게 하는데, 유아가 더 이상 선호적 주시를 하지 않을 때까지 줄여 나간다. 아마도 그 시점에 유아는 더 이상 줄무늬와 그 배경을 분간하지 못하는 것 같다. 왜냐하면 이제 줄무늬 패턴은 더 이상 분간될 수 없고 균일한 화면처럼 보이기 때문이다. 생후 1개월 유아는 어떤 패턴을 볼 수 있으나 시력이 매우 낮다. 시력은 생후 6개월간에 걸쳐서 급격히 상승하며 그 후에는 완만하게 상승한다. 1~2세가 되어야 성인의 시력에 도달할 수 있다(Courage & Adams, 1990a, 1990b; Teller & Movshon, 1986).

이런 연구는 유아의 지각 세계에 대해 무엇을 말해 주는가? 생후 1개월 유아는 비교적 큰 대상을 구별할 수 있으나 세밀한 부분을 구분하지는 못한다. 그들의 시각은 대상의 일반적 특징, 예를 들어 얼굴의 특징을 지각하기에는 충분하다(얼굴은 흑백의 줄무늬처럼 생긴 어떤 것을 만들어 낼 것이다). 그림 5.35는 시력 실험의 결과를 이용하여 약 20cm 떨어진 곳에 있는 여자의 사진이 생후 1개월, 2개월, 3개월의 유아에게 어떻게 보이는지를 시뮬레이션한 것이다. 생후 1개월에는 시력이 아주 나빠

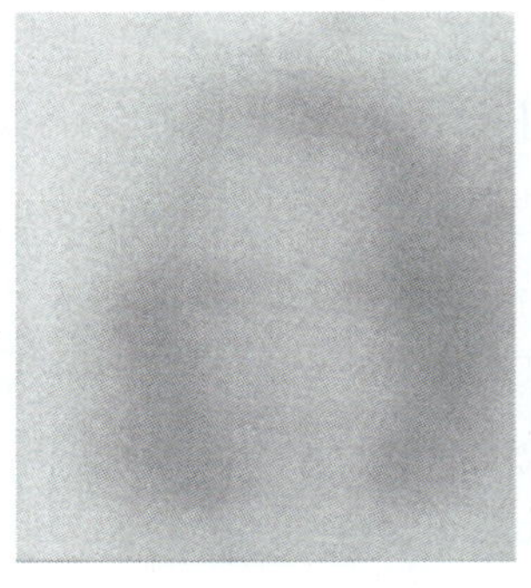
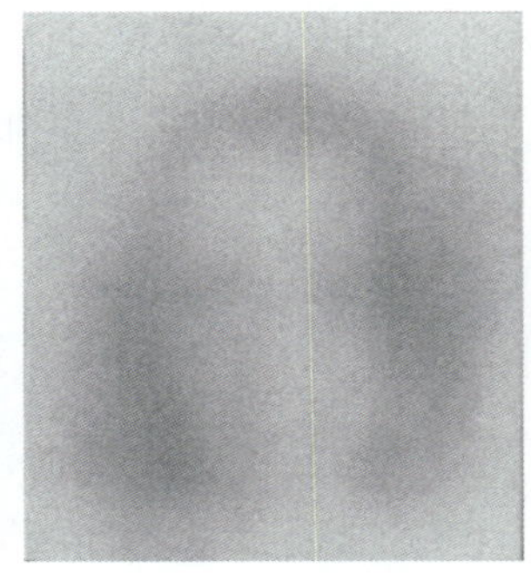

그림 5.35 **시력과 대비 민감도.** 약 20cm 떨어진 곳에 있는 여자의 사진이 생후 1개월, 2개월, 3개월의 유아에게 어떻게 보이는지를 시뮬레이션한 것이다. 이 시뮬레이션은 먼저 유아의 대비 민감도를 결정하고, 이어서 대비 민감도 함수를 사진에 적용하여 얻은 것이다.

서 얼굴 표정을 지각하기가 어렵다(실제로 갓난아이들은 얼굴의 바깥 윤곽선을 많이 본다). 생후 3개월에는 시력이 향상되어 얼굴 표정을 해독할 수 있는 단계까지 간다. 생후 3개월 된 유아가 생후 1개월 된 유아보다 훨씬 더 사회적 반응성이 높은 이유가 여기에 있다.

어두운 모서리를 밝은 모서리와 변별하는 능력은 형태를 보기 위해 필수적이지만 대상 재인의 다른 측면에 대해서는 어떨까? 대상의 모양 특징에 대한 민감성은 생애의 아주 초기에 나타난다. 삼각형을 제시하면 생후 3일 된 유아도 안구 운동을 모서리와 꼭지점에 집중한다. 그림의 여기저기를 되는대로 바라보지 않는다(Salapatek, 1975). 또한 유아는 어떤 모양을 다른 모양보다 더 선호한다. 3장에서 살펴보았듯이 유아는 인간의 얼굴을 닮은 형태를 더 많이 바라보는데, 이런 경향은 윗부분이 복잡하게 생긴 물체에 더 많이 주의하는 경향과 관계가 있다(Macchi et al., 2004). 생후 3개월 된 유아는 엄마의 얼굴에 관한 어떤 것을 재인할 수 있다. 심지어 사진에 대해서도 그런데, 유아는 낯선 여성의 사진보다는 엄마 사진을 선호한다(Barrera & Maurer, 1981a).

## 깊이 지각

깊이의 지각은 생후 3개월에 나타나지만 6개월이 되기까지는 완전히 발달하지 않는다. 4개월경에 유아는 2개의 대상 중 좀 더 가까운 것을 향해 팔을 뻗치는데, 양안부등이 가깝고 먼 것을 신호해 준다(Granrud, 1986). 한두 달 후에 유아는 상대적 크기, 조망, 음영 단서와 같은 단안단서를 이용하여 더 가까이에 있는 것으로 보이는 대상을 향해 손을 내민다(Coren et al., 1999).

단안단서의 발달에 대한 또 다른 단서는 '시각 절벽'을 이용한 연구에서 나왔다(그림 5.36 참조). 시각 절벽에는 유리판 중앙에 한 장의 길다란 보드가 놓여 있다. 보드의 한쪽은 패턴이 있는 표면이 유리와 밀착되어 있고, 다른 쪽은 유리판 아래 1m 정도 공간이 있다(그림 5.36에서 겉으로 보이는 깊이는 결밀도의 급격한 변화에 의해 생성된다). 기어갈 수 있는 유아(6~7개월)를 보드 위에 올려놓는다. 한쪽 눈은 가리개를 하여 양안부등을 이용하지 못하게 한다. 엄마가 얕은 쪽에서 부르거나 손짓을 하면 유아는 주저 없이 기어서 엄마에게 가지만, 엄마가 깊은 쪽에 서서 부르면 유아는 절벽을 건너가려고 하지 않는다. 이것을 통해, 길 수 있는 나이의 유아에게 깊이 지각이 상당히 잘 발달되어 있다는 것을 알 수 있다.

**그림 5.36 시각 절벽.** 시각 절벽은 인간의 유아와 동물의 새끼가 깊이를 지각할 수 있다는 것을 보여 주는 장치이다. 시각 절벽은 2개의 표면으로 구성되며, 두 표면 모두 동일한 체크 무늬이고 위에는 두꺼운 유리판을 깔았다. 한쪽 표면은 유리판과 밀착되어 있고 다른 표면은 유리판의 1m 정도 아래에 있다. 얕은 쪽과 깊은 쪽의 중간에 올려놓았을 때 고양이 새끼는 깊은 쪽으로 가려고 하지 않고 얕은 쪽으로 옮겨 간다.

## 항등성 지각

형태 지각 및 깊이 지각과 마찬가지로 지각적 항등성, 특히 형태 항등성과 크기 항등성은 생애의 처음 한두 달 동안에 발달하기 시작한다(Kellman, 1984). 습관화법을 이용하여 크기 항등성을 조사한 실험에 대해 살펴보자. 생후 4개월 된 유아에게 먼저 곰인형을 잠시 동안 보여 주고 이어서 두 번째 곰인형을 보여 준다. 두 번째 곰인형은 (1) 처음 것과 같은 크기이지만 다른 거리에 제시하여 망막상의 크기가 다르거나, (2) 처음 것과 크기가 다른 것이었다. 만약 유아가 크기 항등성을 성취했다면 곰인형 1을 처음에 보았던 곰인형과 동일한 것으로 지각할 것이며, 따라서 곰인형 2(처음의 곰인형보다 더 크다)를 보는 데 소비한 시간보다 곰인형 1을 보는 데 소비한 시간이 더 짧을 것이다. 결과는 바로 그렇게 나왔다(Granrud, 1986).

## 통제된 자극 부여

이제 특정한 경험이 지각 능력에 어떻게 영향을 미치는지에 의문을 가질 때가 되었다. 이 의문에 답하기 위해 연구자는 어린 유기체의 지각적 경험을 체계적으로 변화시키고, 그 경험이 이후의 지각 수행에 미치는 영향을 관찰한다.

### 자극의 부재

자극 통제에 관한 초기 실험은 시각적 자극이 전혀 없는 상태에서 자란 동물에게 어떤 영향이 나타나는지를 알아보고자 했다. 실험자들은 생후 여러 달 동안, 동물이 시각적 검사를 받을 만큼 성숙해질 때까지 암흑 속에서 길렀다. 이런 실험의 이면에 있는 생각은, 만약 동물이 지각하는 것을 학습해야 한다면 처음으로 빛에 노출되었을 때 지각할 수 없을 것이라는 것이다. 결과는 기대했던 그대로 나왔다. 태어나서 16개월 동안 암흑 속에서 생활한 침팬지는 빛을 탐지할 수는 있었으나 패턴을 구분하지 못했다(Riesen, 1947). 그러나 이후의 연구는 암흑 속에서의 장기간 사육이 학습을 방해하는 것 이상의 일을 한다는 것을 보여 주었다. 그것은 시각체계의 여러 부위에 있는 뉴런을 퇴화시킬 수 있다. 일정 정도의 빛이 시각체계를 유지하는 데 필수적이라는 사실이 밝혀졌다. 빛이 전혀 없다면 망막과 시각피질의 신경세포는 위축되기 시작한다(Binns & Salt, 1997; Movshon & van Sluyters, 1981).

이런 발견은 지각 발달에서 학습의 역할에 관해 많은 것을 말해 주지는 않지만 나름의 중요성이 있다. 그것들은 동물이 출생 후에 시각 자극을 빼겨 버리면 그 기간이 길수록 결손이 더욱 심각하다는 것을 보여 준다. 반면에 다 자란 고양이는 상당히 오랜 기간 한쪽 눈에 안대를 하여 사육해도 그 눈의 시력이 상실되지 않는다. 이런 관찰은 타고난 시각 능력의 발달을 위한 결정적 시기(critical period)가 있다는 생각으로 이어졌다(결정적 시기는 발달상의 한 단계로서 그 시기에 유기체는 어떤 능력을 가장 잘 습득할 수 있다). 결정적 시기에 적절한 자극이 결여되면 시각체계가 영구적으로 손상될 수 있다(Cynader et al., 1980).

### 제한적 자극 부여

연구자들은 이제 동물에게서 자극을 장기간 박탈하는 실험을 하지 않는다. 대신에 그들은 동물의 양 눈에 자극을 주되 특정 종류의 자극만을 주는 상황에서 동물을 사육한 영향을 연구한다. 그들은 새끼 고양이를 가로 줄무늬만 있는 환경 또는 세로 줄무늬만 있는 환경에서 사육했다. 그 결과, 새끼 고양이는 자신이 경험하지 않은 방향(가로 또는 세로)의 줄무늬를 지각하지 못하게 되었다. 또한 단일세포 기록 연구에 의하면 가로 줄무늬 환경에서 자란 고양이의 경우 시각피질의 많은 세포가 가로 자극에 반응하지만 어떠한 세포도 세로 자극에는 반응하지 않았다. 세로 줄무늬 환경에서 자란 고양이의 경우에는 그 반대의 결과가 나왔다(Blake, 1981; Movshon & van Sluyters, 1981). 이러한 시각장애는 시각피질에 있는 세포의 퇴화에 기인하는 것으로 생각된다.

말할 것도 없이 연구자들이 인간의 시각 자극을 결핍시키지는 않지만, 때때로 그런 일이 자연적으로 또는 의료 처치의 결과로 발생한다. 예를 들면 안과 수술 후에 수술을 받은 눈은 안대를 씌워 둔다. 만약 환자가 생후 1년 이내의 유아라면 안대를 붙인 눈의 시력이 저하된다(Awaya et al., 1973). 인간의 시각체계 발달 초기에도 분명히 동물의 경우와 유사하게 결정적 시기가 있다. 만약 이 시기에 자극이 제한된다면 시각체계는 정상적으로 발달하지 않을 것이다. 인간의 경우에는 결정적 시기가 동물의 경우보다 훨씬 길다. 길게 잡으면 8년까지 갈 수 있지만 최대 감수성은 생후 2년 이내에 나타난다(Aslin & Banks, 1978).

이런 사실 중 어떤 것도 우리가 지각하는 것을 학습해야 한다고 말하지는 않는다. 그것이 가리키는 바는 적절한 자극의 부여가 타고난 지각 능력의 유지와 발달에 필수적이라는 것이다. 그러나 학습은 지각에 영향을 준다. 그러한 영향의 증거를 보고자 하면 일상적 대상을 재인하는 우리의 능력을 고찰할 필요가 있다. 우리가 익숙한 대상을 익숙하지 않은 대상(개 vs 두더지)보다 더 쉽게 재인할 수 있다는 사실은 확실히 학습에 기인한다. 우리가 두더지는 많고 개는 드문 환경에서 자랐다면 개보다 두더지를 더 쉽게 재인할 것이다.

### 능동적 지각

지각을 운동 반응과 협응해야 하는 상황에서는 학습이 커다란 역할을 한다. 그 증거는 관찰자들이 정상적 자극을 받지만 그 자극에 대해 정상적 반응을 하는 것을 금지한 연구에서 나왔다. 그러한 조건하에서는 지각-운동 협응이 발달하지 않는다.

고전적인 한 연구에서는 어둠 속에서 양육된 두 마리의 새끼 고양이가 그림 5.37의 '새끼 고양이 회전목마'에서 최초의 시각적 경험을 했다. '능동적' 새끼 고양이가 걸으면 목마 속의 '수동적' 새끼 고양이가 이동되었다. 두 고양이는 거의 동일한 시각 자극을 받았지만 능동적 새끼 고양이만이 그러한 시각 자극을 스스로의 운동에 의해

# 찬|반|논|쟁

# 지각 발달은 선천적 과정인가, 사회적 과정인가?

## 지각 발달은 본유적인 과정이다.

*Elizabeth S. Spelke,* 매사추세츠공과대학교

인간은 다른 사람에게서 배우는 놀라운 능력을 가지고 있다. 이 능력은 한 살짜리 아이에게서도 분명히 나타난다. 그들은 새로운 단어를 몇 번만 듣고도 그 의미를 습득하며, 새로운 대상을 다른 사람이 사용하는 것을 보고서 그 기능을 발견할 수 있다. 신속하고 광범한 학습이 초기 아동기에 일어나며, 그것은 인간의 지식 중 많은 것이 사물과 대상을 접하면서 형성된 것임을 시사한다. 그러나 사물과 인간을 지각하는 우리의 이런 능력은 학습의 결과인가? 아니면 지각은 인간에게 고유한 성장 과정에 연유하며, 지각 대상과의 접촉과는 독립적으로 발달하는 것인가?

지난 2000년 동안 이 문제를 고찰한 사상가들 다수는 인간이 지각하는 것을 배우며, 발달 과정은 무의미하고 비조직적인 감각에서 유의미하고 조직적인 지각으로 나아간다는 견해를 선호했다. 그럼에도 불구하고 유아 연구는 이 견해에 반대되는 증거를 내놓았다. 예를 들면 이제 우리는 신생아가 깊이를 지각한다는 것, 그리고 사물의 실제 크기와 모양을 파악하기 위해 어른처럼 깊이 정보를 이용한다는 것을 알고 있다. 신생아도 말소리의 흐름을 어른이 사용하는 것과 똑같은 종류의 소리 패턴으로 분석하고, 인간의 언어가 가지고 있는 음성 대비에 특히 초점을 맞춘다. 신생아는 인간의 얼굴을 다른 패턴과 구분하며 얼굴을 더 선호한다. 또한 신생아는 어른이 한 대상을 다른 대상으로부터 구분할 때 사용하는 대상 특징 중 많은 것에 대해 민감하며, 어른이 하는 것과 똑같은 방식으로 특징 정보들을 결합하는 것처럼 보인다.

신생아 시기 이후에 지각은 어떻게 변화하는가? 발달과 더불어 유아는 깊이, 대상, 얼굴을 점점 더 정확하게 지각한다. 또한 다른 언어에 필요한 말소리 대비보다 그 자신의 언어에 필요한 말소리 대비에 집중하게 된다(흥미롭게도 이러한 집중은 모국어의 대비에 대한 민감성의 증가가 아니라 외국어의 대비에 대한 민감성의 감소 때문에 나타나는 것 같다). 마지막으로 유아는 환경에 관한 새로운 정보원, 예컨대 깊이 지각을 위한 양안시 정보, 대상 경계선을 위한 형태 정보, 대상과 사상의 위치를 파악하기 위한 참조틀에 민감하게 된다. 이런 발달은 유아의 지각적 경험에 대단한 정확성과 풍부성을 가져다주지만, 그것이 아동의 세계를 무의미한 감각의 흐름에서 의미 충만한 구조화된 환경으로 변화시키지는 않는다.

인간 유아의 연구에서 얻은 발견은 다른 동물의 지각 발달 연구로부터 또 다른 지지를 받고 있다. 깁슨과 워크(Gibson & Walk)의 선구적 연구 이래로 우리는 깊이 지각이 모든 동물에서 시각적 경험 없이 발달한다는 것을 알게 되었다. 깊이를 지각하는 선천적 능력은 갓 태어난 염소가 절벽에서 떨어지는 것을 피하게 한다. 그것은 또한 어둠 속에서 양육된 쥐와 고양이가 접근해 오는 표면에 부딪히는 것을 피하게 한다. 더욱 최근의 연구는 갓 태어난 병아리가 물체의 경계선을 인간의 성인만큼 지각하며, 숨겨진 대상이 계속 존재함을 표상한다는 것을 밝혔다. 성장 중인 동물의 뇌에 대한 연구에 의하면, 유전자 및 고유한 구조를 가진 신경활동은 정상적 지각체계의 발달에 결정적이지만 지각 대상(외부 사물 또는 사건)과의 접촉은 아주 작은 역할을 한다. 인간 유아의 경우와 마찬가지로, 정상적 시각 경험은 새끼 동물의 지각체계를 풍부하고 세련되게 하며, 비정상적 시각 경험은 지각체계의 정상적 기능을 크게 저해한다. 그러나 다른 동물들은 인간 유아처럼 지각 세계를 무질서한 감각의 흐름에서 구조적인 시각 패턴으로 변화시키는 데 시각적 경험을 필요로 하지 않는다.

결국 지각은 출생 시에 상당한 구조를 보여 주며, 발달 중에는 연속성을 보여 준다. 이런 연속성은 인간의 유아가 왜 그렇게 다른 사람으로부터 배우는 데 능숙한지를 설명하는 데 도움이 된다. 한 유아가 어른이 병마개를 비틀어 열면서 "자! 열어 보자."라고 말하는 것을 본다고 생각해 보라. 병과 뚜껑을 서로 별개의 이동 가능하고 조작 가능한 대상으로 지각할 수 없다면 유아는 어른의 행동을 이해할 수 없을 것이다. '열다'라는 단어를 다른 단어와 구별해 주는 말소리를 지각할 수 없다면 유아는 발화에 대한 학습을 시작할 수 없을 것이다. 그리고 유아가 어른을 자신과 마찬가지로 하나의 능동적 주체로서 지각할 수 없다면, 어른의 말소리를 듣는 것이 유아가 무엇을 하고 배울 수 있는지에 대해 아무것도 알려 주지 못할 것이다. 그러므로 유아의 천재적 학습 능력은 그것과 똑같이 천재적인 비학습적 지각 능력에 결정적으로 의존한다.

찬|반|논|쟁

# 지각 발달은 선천적 과정인가, 사회적 과정인가?

## 지각 발달은 활동 의존적 과정이다.

*Mark Johnson*, 런던대학교

발달심리학자 중 다수는 선천성과 후천성 둘 다가 지각의 정상적 발달을 위해 필수적이라는 데 지금은 동의하고 있다. 그러나 아직도 어느 쪽이 얼마나 더 중요한 요인이냐에 대해 논쟁이 끊이지 않는다. 이 문제에 관한 관점은 철학적 사변 그 이상의 것이다. 어떤 관점을 취하느냐는 수행 중인 연구 프로그램의 성격을 결정한다. 1980년대 이래로 발달심리학에서 주요 탐구는 생득적 특수 핵심 지식이라고 명명할 수 있는 지각적 기능과 인지적 기능을 찾아내고 규명하는 일에 집중되어 왔다(Spelke & Kinzler, 2007). 핵심 지식이란 시각적 경험에 관여하는 학습 메커니즘과 대립되는 것이다. 내가 주장하고자 하는 바는 이런 방식의 사고가, 지각 발달에서 가장 흥미 있는 현상은 습득된 과정과 본래적 과정 사이의 상호작용을 포함한다는 사실, 그리고 뇌 적응이라고 하는 공통 메커니즘이 이 두 과정의 근저에 있다는 사실을 반영하지 못한다는 것이다. 내가 제안하고자 하는 바는 지각 발달을 여러 수준에서의 복잡 미묘한 상호작용을 포함하는 활동 의존적인 과정으로 규정하는 것이 더 좋다는 것, 그리고 아동은 뇌 발달을 위해 필요한 경험을 능동적으로 추구한다는 것이다.

내 주장을 펼치기 전에 설치류의 시각피질 태내 발달을 다룬 최근의 신경생물학적 연구를 살펴보자. 이러한 실험에서 조사된 뉴런은 양안시에 관련된 것이다. 실험이 보여 주는 것은, 이러한 뉴런의 출생 전 조율이 시각피질, 외측슬상체(LGN), 그리고 눈으로 가는 주요 입력에 의해 내적으로 생성된 전기 활동에 대한 반응을 통해 일어난다는 것이다(Katz & Shatz, 1996). 다시 말해 시각피질 뉴런의 반응 속성은 눈과 뇌의 다른 곳에 있는 세포에 의해 만들어진 일종의 가상 환경 속에서 조성된다는 것이다. '선천적'이란 용어를 확장하여 이러한 발달을 가리키는 데 사용할 수 있겠지만, 우리는 또한 이런 과정을 피질세포가 LGN과 눈에 있는 사촌들로부터 학습하는 과정이라고 기술할 수 있다. 또한 출생 후에도 바로 그 피질 뉴런이 동일한 방식으로 조율을 계속한다. 물론 이제 피질 뉴런에 들어가는 입력은 유아의 외부 세계 구조를 반영한다. 우리가 발달을 상세하게 조사한다면 선천적 지식이 학습과 근본적으로 다르다는 주장을 하기는 더욱 어려울 것이다.

지각 발달에서 활동 의존적 과정이 하는 역할의 또 다른 예는 얼굴을 탐지하고 재인하는 능력에서 볼 수 있다. 인간의 피질에 얼굴 처리를 전문으로 하는 영역이 있기 때문에 어떤 학자들은 이 능력이 선천적이라고 주장한다(Johnson, 2005). 신생아가 얼굴을 더 많이 보는 성향은 아주 원시적인 반사 시스템에 근거하는데, 이 시스템은 아주 단순한 자극, 예를 들어 눈과 입 주위에 있는 3개의 두드러진 그림자에 의해 작동된다. 이런 단순한 편향성은 신생아가 생애의 첫 몇 주 동안 다른 대상이나 패턴보다 얼굴을 더 많이 보는 것을 충분히 설명해 준다. 그 결과 피질의 시각 재인 경로에서 발달 중인 회로는 얼굴과 관련된 정보를 더 많이 받게 되고, 그리하여 이런 특별한 유형의 시각 자극에 대한 경험에 의해 영향을 받기 쉽다. 이제는 이 과정을 새로운 뇌 영상법을 사용하여 조사할 수 있다. 그런 연구에 의하면 유아의 뇌는 어른의 뇌에 비해 피질에서 덜 전문화된, 그리고 덜 국소화된 얼굴 처리를 보여 준다. 유아는 한 살은 지나야 얼굴 처리에서 어른과 같은 뇌 기능 전문화의 패턴을 보여 준다. 그때쯤이 되면 유아는 얼굴에 약 1,000시간 정도 노출된 상태이다.

또 다른 예는 시각 표적에 대한 유아의 안구 운동 연구에서 볼 수 있다. 신생아는 어떤 원시적이고 반사적인 안구 운동을 할 수 있지만 첫 1년의 아주 후반부에 이르러서야, 어른에게 나타나는 복잡하고 정확한 도약 안구 운동을 할 수 있다. 이에 대한 하나의 견해는, 신생아에게 나타나는 매우 제한된 능력은, 어른의 안구 운동에 필수적인 시각 정보와 운동 정보의 복잡한 통합을 달성하기 위해 유아가 새로운 뇌회로를 연습시키고 발달시키는 것을 돕는 데 충분한 정도라는 것이다. 그리고 유아는 연습을 한다. 생후 4개월에 유아는 이미 300만 번의 안구 운동을 연습했다. 유아는 자신의 향후 발달에 능동적으로 기여한다는 사실을 다시 한 번 보여 준다.

이런 고찰은, 생후 4개월 이상의 아이들을 대상으로 한 실험에 기초하여 선천적 지각 능력을 긍정하는 많은 주장에 대해 회의하는 마음이 들게 한다. 실제로 동일한 실험을 더 어린 아이들에게 실시했을 때 상당히 다른 결과를 얻었는데, 이것은 생후 첫 몇 주와 몇 달에 걸쳐서 지각 능력에 극적인 변화가 있음을 시사하는 것이다(Haith, 1998).

유아는 유전자와 환경 둘 중의 어느 하나에 의해 형성되는 것이 아니다. 지각 발달은 활동 의존적 과정이며, 그 과정에서 유아는 앞으로의 발달을 위해 필요한 경험을 생성하는 능동적 역할을 한다.

Mark Johnson

그림 5.37 **자기산출 운동의 중요성.** 새끼 고양이 두 마리는 거의 동일한 시각 자극을 받는다. 그러나 '능동적 고양이'만이 그 자극을 스스로의 운동에 의해 산출한다.

그림 5.38 **의미를 가진 대상은 우리의 지각을 도와준다.** 이 그림을 본 다음 이 장의 앞에 있는 그림 5.1의 왼쪽 그림을 다시 보라. 이제 무엇이 보이는가?

생성했다. 그리고 능동적 새끼 고양이만이 감각-운동 협응을 성공적으로 학습했다. 예를 들면 고양이를 손으로 잡아 올려서 어떤 대상 쪽으로 이동시키면 능동적 고양이만이 앞발을 뻗쳐서 충돌을 회피하는 것을 학습했다.

유사한 결과를 인간에게서도 얻었다. 어떤 실험에서 사람들은 대상의 방향을 왜곡시키는 프리즘 안경을 착용한다. 안경 착용 직후에 그들은 일시적으로 멀리 있는 대상을 손으로 잡는 데 어려움이 있으며 가끔 여러 가지 물건에 부딪힌다. 이리저리 이동하며 운동 과제를 시도하면 그들은 자신의 동작을 대상의 보이는 위치가 아니라 실제 위치에 협응하는 것을 학습한다. 반면에 휠체어에 태워서 밀고 다닌 사람들은 그 안경에 적응하지 못한다. 확실히 자기산출 운동은 프리즘 순응에 필수적이다 (Held, 1965).

요약하면, 이상의 증거는 우리가 상당한 지각 능력을 가지고 태어난다는 것을 가리킨다. 그런 능력 중 일부는 자연스러운 발달을 위해 환경으로부터의 정상적 입력을 수년에 걸쳐 요구한다. 그러나 학습이 지각에 미치는 영향도 확실히 있는데, 그것은 지각이 운동과 협응해야 할 때 특히 현저하다.

이 장은 4장처럼 생물학적 접근과 심리학적 접근의 상호작용 예를 많이 포함하고 있다. 이 장 전체에 걸쳐 특정한 심리적 기능이 특정 세포 또는 뇌 영역에 의해 구현되고 있는 사례와 조우했다. 우리는 전문화된 세포가 운동을 지각하는 데 사용되고, 뇌의 특정 영역이 위치, 모양, 색깔 등의 시각적 특징을 등록하는 데 사용되는 것을 공부했다. 또 다른 뇌의 영역은 이런 특징 중 어느 것이 행동이나 동작을 조절하는 데 사용될 것인지를 결정하는 데 관여한다. 이러한 예는 생물학적 발견이 심리 과정의 연구에서 얼마나 중요한 것인지를 잘 보여 준다.

## 중간 요약

- 지각 발달의 연구는 지각적 능력이 어느 정도 타고난 것이고, 어느 정도 경험에 의해 학습된 것인지를 밝히고자 한다.
- 선천적인 능력을 결정하기 위해 연구자들은 선호적 주시법과 습관화법 등의 방법을 사용하여 유아의 변별 능력을 조사한다. 지각적 항등성은 생후 6개월에 발달하기 시작한다.
- 어둠 속에서 양육된 동물은 영구적인 시각장애를 갖게 되고, 한쪽 눈에 안대를 대고 자란 동물은 그 눈에 시각장애가 나타나는데, 이는 생애 초기에 결정적 시기가 있음을 시사한다. 결정적 시기에 정상적 자극이 주어지지 않으면 선천적 지각 능력의 손상이 초래된다.

## 비판적 사고를 위한 물음

1. 일반적으로 유아는 부모가 생각하는 것보다 세계를 상당히 잘 지각할 수 있다고 생각하는가? 이 질문에 대답하기 위한 검사를 어떻게 만들 수 있는가?

## 전체 요약

1. 지각 연구는 (a) 유기체가 자신이 살고 있는 세상에 대한 정합적 표상이나 모델을 형성하고, (b) 그러한 표상을 이용하여 이동하고, 붙잡고, 계획하는 등 일상에서 발생하는 문제를 해결하기 위해, 자신에게 입력되는 감각 정보를 어떻게 처리하고 조직화하는지를 대상으로 한다.

2. 지각 시스템의 주요 기능 다섯 가지는 다음과 같다. (a) 환경의 어느 부분에 주의할지를 결정하기, (b) 위치 파악하기, 즉 사물이 어디에 있는지 파악하기, (c) 재인하기, 즉 사물이 무엇인지 결정하기, (d) 사물의 중요한 정보 추상화하기, (e) 사물의 망막상이 계속 변화하더라도 사물의 보이는 모습을 일정하게 유지하기. 또 다른 연구 영역은 우리의 지각 시스템이 어떻게 발달하는지에 대한 것이다.

3. 선택적 주의는 추가적 처리를 위해 어떤 정보는 선택하고 다른 정보는 무시하는 과정을 말한다. 시각에서 주의 방향을 조정하는 주요 수단은 안구 운동이다. 대부분의 안구 고정은 장면의 부분 중 정보적 가치가 더 높은 곳에 주어진다. 선택적 주의는 청각에서도 일어난다. 어떤 소리가 나는 방향이나 말소리 특징 등의 단서를 이용하여 선택적으로 듣기를 할 수 있다. 선택적으로 주의하는 능력은 재인의 초기 단계에서 일어나는 과정뿐만 아니라 메시지의 의미가 전부 파악된 이후에만 일어나는 과정에 의해서도 영향을 받는다.

4. 대상의 위치를 파악하기 위해서는 먼저 대상을 서로 분리한 다음 그것들을 집단화해야 한다. 이 과정은 처음에 형태심리학자들에 의해 연구되었다. 형태심리학자들은 체제화의 원리를 제안했다. 그중 하나는 자극을 배경과 전경에 해당하는 부분으로 체제화한다. 다른 원리는 사물들을 서로 묶을 때 사용하는 근거에 관한 것으로 근접, 폐쇄, 유사, 좋은 연속 등이 있다.

5. 대상의 위치 파악을 위해서는 관찰자와 대상 사이의 거리를 알아야 한다. 깊이 지각이라고 불리는 이런 형태의 지각은 깊이 단서에 의존한다. 단안 깊이 단서에는 상대적 크기, 중첩, 상대적 높이, 선원근, 음영, 운동시차 등이 있다. 양안 깊이 단서에는 양안부등이 있는데, 이것은 두 눈의 망막에 맺힌 이미지가 서로 약간 다른 것을 말한다.

6. 대상의 위치 파악을 위해서는 대상이 움직이는 방향을 알아야 한다. 운동 지각은 대상이 망막에서 이동하지 않아도 일어날 수 있다. 그런 현상의 한 예는 가현운동으로, 이는 정지 이미지를 연속적으로 빠르게 제시하면 운동하는 것처럼 보이는 것을 말한다. 또 다른 예는 유도운동으로, 커다란 대상의 운동 때문에 정지한 작은 대상이 마치 운동하는 것처럼 보이는 현상이다. 실제 운동의 지각은 시각체계의 특정 세포에 의해 이루어진다. 그것은 단일세포 기록과 선택적 순응의 실험에 의해 지지되었다.

7. 대상을 재인하기 위해서는 대상과 연관된 여러 특징(예: 모양, 색채 등)을 올바르게 결합할 필요가 있다. 이러한 결합 과정에는 주의가 필요하다. 정확한 결합이 실패하면 착각결합–서로 다른 대상의 특징이 잘못 연결되는 것–이 발생한다.

8. 대상의 재인은 대상에 범주를 부여하는 것이며 이는 대상의 모양에 근거하여 이루어진다. 재인의 초기 단계에 시각체계는 망막 정보를 사용하여 대상을 기술하는데, 그것은 직선과 각도 같은 특징으로 구성된다. 그런 특징을 탐지하는 뉴런(특징탐지기)이 시각피질에서 발견되었다. 재인의 후기 단계에 시각체계는 대상의 기술을 기억 속에 저장된 기술과 대조하여 최선의 일치를 찾아낸다.

9. 대조 과정은 연결주의 모형 또는 네트워크로 설명할 수 있다. 네트워크의 가장 아래는 특징 수준이고, 그다음은 문자 수준이다. 특징과 문자 사이의 흥분성 연결은 어떤 특징이 어떤 문자의 한 부분임을 의미하는 반면, 억제성 연결은 어떤 특징이 어떤 문자의 한 부분이 아님을 의미한다. 자극으로 문자가 제시되면 그것은 네트워크의 여러 특징을 활성화하고, 활성화된 특징은 흥분 또는 억제를 문자 수준으로 전달한다. 가장 많은 활성화를 받는 문자가 입력과 가장 일치하는 것이다. 네트워크를 확장하여 단어 수준을 포함하도록 할 수 있으며, 그렇게 함으로써 문자가 단독으로 제시되었을 때보다 단어의 일부로 제시되었을 때 인지하기 쉬운 이유를 설명할 수 있다.

10. 자연 대상물의 모양 특징은 직선보다 더 복잡하며 원통, 원뿔, 블록, 쐐기와 같은 간단한 기하학적 형태와 유사하다. 그런 형태가 일정한 수만큼 있으면 그것들을 조합하여 인간이 재인할 수

있는 모든 대상의 모양을 기술할 수 있다.

11 연구 결과는 얼굴 지각에는 물체 지각과는 다른 과정이 포함된다는 것을 보여 준다. 물체 지각은 특징의 처리에 의존하고, 얼굴 지각은 전체적 형태의 처리에 의존한다.

12 상향적 재인 과정은 입력에 의해서만 구동되는 반면, 하향적 재인 과정은 지식이나 기대에 의해서 구동된다. 지각에서 맥락 효과는 하향 과정에 근거한다. 맥락은 지각적 기대를 만들어 내며, 지각적 기대가 만족되면 재인을 위해 필요한 입력이 평소보다 더 적어진다.

13 지각체계의 또 다른 주요 기능은 지각적 항등성을 달성하는 것이다. 감각기관이 받아들이는 자극의 큰 변화에도 불구하고 사물의 외관을 동일하게 유지하는 것이 그것이다. 밝기 항등성은 어떤 물체가 빛을 얼마만큼 반사하는가에 관계없이 물체가 똑같은 밝기로 보이는 사실을 가리킨다. 색채 항등성은 어떤 물체를 조명하는 광원의 차이에도 불구하고 물체가 거의 동일한 색채로 보이는 사실을 가리킨다. 이 두 경우에 항등성은 물체와 배경 요소 사이의 관계에 의존한다.

14 크기 항등성은 물체가 얼마나 멀리 떨어져 있건 간에 그 크기가 상당히 일정하게 유지되는 것을 말한다. 물체의 지각된 크기는 물체의 망막상 크기와 물체의 지각된 거리, 두 가지에 따라서 증가한다. 이는 크기-거리 불변 원리를 따르는 것이다. 그러므로 물체가 지각자에게서 멀어지는 동안 망막상의 크기는 줄지만 지각된 거리는 증가한다. 이 두 변화는 서로를 상쇄하며 그 결과로 항등성을 가져온다. 이 원리는 많은 종류의 지각적 착각을 설명하는 데 사용될 수 있다.

15 서로 분리된 2개의 뇌 시스템이 주의할 물체를 선택하는 심리적 활동을 주도한다. 후방체계에서는 위치, 모양, 색깔을 바탕으로 물체가 선택된다. 전방체계는 관찰자의 목표에 따라서 이 과정을 이끌어 가는 책임이 있다. PET 연구는 일단 어떤 물체가 선택되면 현재 주의하고 있는 속성과 연관이 있는 뇌의 후방 영역에서 활동이 증가함을 보여 주었다.

16 시각피질은 노동 분업의 원리에 따라 작동한다. 위치 파악과 재인은 뇌의 서로 다른 영역에 의해 수행된다. 위치 파악은 두정엽 부근에서, 재인은 측두엽 부근에서 이루어진다. 재인 과정은 다시 서로 다른 모듈로 나누어진다. 예를 들면 색채 모듈, 모양 모듈, 질감 모듈 등이 있다.

17 지각 발달의 연구는 지각적 능력이 어느 정도까지 타고난 것이고, 어느 정도가 경험에 의해 학습된 것인지를 밝히고자 한다. 선천적 능력을 결정하기 위해 연구자들은 선호적 주시법과 습관화법 등의 방법을 사용하여 유아의 변별 능력을 조사한다. 재인에 필수적인 시력은 생애의 처음 6개월 동안 급속히 상승하고 이후 완만하게 상승한다. 깊이 지각은 생후 3개월에 나타나기 시작하지만 6개월이 경과해야 완전해진다. 지각 항등성은 생후 6개월에 발달하기 시작한다.

18 암흑 속에서 사육된 동물은 영구적 시각장애를 갖게 되고 한쪽 눈에 안대를 대고 자란 동물은 그 눈에 시각장애가 나타나는데, 이는 생애 초기에 결정적 시기가 있음을 시사한다. 결정적 시기에 정상적 자극이 주어지지 않으면 선천적 지각 능력에 손상이 초래된다. 다 자란 고양이는 상당히 오랜 기간 동안 한쪽 눈에 안대를 붙이고 사육해도 그 눈의 시력이 상실되지 않는다. 이러한 결과는, 생애 초기에 결정적 시기가 있으며 그 시기에 정상적 자극의 박탈은 선천적 지각 능력의 장애를 가져온다는 것을 시사한다. 만약 생애 초기에 특정 유형의 자극이 주어지지 않는다면 인간과 동물 모두 그러한 유형의 자극에 둔감해진다. 이러한 영향 역시 학습과 아무런 관계가 없다. 그러나 지각-운동 협응은 학습해야 한다. 인간과 동물 모두 정상적 협응을 발달시키기 위해서는 자기산출 운동이 필요하다.

## ✳ 핵심 개념

가용 파장
가현운동
결합 문제
광원 파장
깊이 단서
단순세포
대상 재인
도약 안구 운동
도치 효과
따라 말하기
맥거크 효과
변화맹
복합세포
부주의맹
상대적 높이
상대적 운동
상대적 크기
상징
상향 과정
생태학적 광학 이론
선택적 순응
선호적 주시법
습관화법
시각탐색 과제
실인증
안구 고정
안면실인증
양안부등
억제성 연결
역동적 통제 이론
연결주의 모형
연합실인증
운동
원시특징
음영과 그림자
전방체계
조망
중첩
지각
지각적 항등성
지온
착각
착각결합
창발적 특징
추상화
통제된 자극
특징통합 이론
하향 과정
하향 피드백 연결
항등성
확장 네트워크
환경 모형
후방체계
흥기 초점
흥분성 연결

# 6 의식

**학습 목표**

이 장을 읽고 나면 다음의 것들을 할 수 있어야 한다.

- ▶ 정보 모니터링과 행위 통제 기능의 관점에서 의식을 정의할 수 있다.
- ▶ 전의식 기억과 무의식이라는 용어의 의미를 이해할 수 있다.
- ▶ 수면계획, 수면단계, REM과 비REM, 수면장애에 대해 상세하게 논의할 수 있다.
- ▶ 꿈을 꾸는 목적에 대한 프로이트의 관점을 설명할 수 있다.
- ▶ 명상을 정의하고 명상훈련의 결과에 대해 설명할 수 있다.
- ▶ 향정신성 약물이 무엇인지 이해할 수 있다. 약물 사용 장애의 특징을 파악하고, 알코올 사용과 남용에서의 문화, 성별 및 연령 차이에 대한 연구를 이해할 수 있다.

베로니카는 어느 식당에서 친구인 지나와 마주 앉아, 지나가 어젯밤 참석했던 파티에 관해 얘기하는 것을 듣고 있었다. 베로니카는 잠시 동안은 지나가 말하는 것에 관심을 보였지만 서로 잘 아는 얘기를 지나가 계속하자 흥미를 잃고 시계를 내려다보기도 하면서 딴생각을 하기 시작했다. 그때 갑자기 지나가 "베로니카, 너 지금 내 말 안 듣고 있지!" 하고 날카롭게 소리 질렀다. 사실 베로니카는 지나가 말하는 것을 한마디도 듣지 않고 있었으며, 시계를 보는 동안 10분이 훌쩍 지났다는 것을 알고서는 깜짝 놀랐다.

이런 경험은 누구에게나 있는 일이다. 성인들을 무선표집하여 조사한 한 연구에 따르면 80% 이상의 사람들이 대화 중에 딴생각을 하느라 상대방이 말하는 내용을 놓쳐 버린 경험이 있다고 한다(Ross, 1997). 마찬가지로 '자신이 무언가를 했는지 아니면 그것에 관한 생각만 했는지 모르겠다'(75%), '너무나 생생해서 지금 경험하는 듯이 과거를 기억한다'(60%), '어떤 사건을 기억한 것인지 꿈을 꾼 것인지 모르겠다'(55%), '차를 몰고 가면서 지나 온 지역을 기억하지 못한다'(48%)라고 사람들은 응답했다.

이러한 경험을 **변성의식 상태** altered states of consciousness라 한다. 대부분의 심리학자들은 정신 기능의 일상적인 패턴으로부터 그 변화를 경험하는 사람에게 다르게 여겨지는 상태로 변화가 일어난다면 그것이 변성의식 상태라고 정의한다. 이 정의는 정확한 것은 아닐지라도 의식 상태가 개인적이어서 매우 주관적임을 반영하고 있다. 변성의식 상태는 생생한 백일몽에 의한 주의산만에서부터 약물 복용으로 인한 정신적 혼란과 지각적 왜곡에 이르기까지 다양하게 나타난다. 이 장에서는 누구나 경험하는 것(수면과 꿈)뿐만 아니라 특수한 상황(명상, 최면, 또는 약물 복용)에서 발생하는 변성의식 상태에 대해 두루 살펴볼 것이다.

## 의식의 측면

이 책에서 지각, 기억, 언어, 문제해결과 기타 주제에 관해 알아보면서 의식적 경험의 본질과 의식의 기능에 관한 논의가 제시되었다. 의식이란 무엇인가? 데카르트 같은 철학자는 의식을 정의하기 위해 마음의 주관적인 경험에 초점을 두었다("나는 생각한다. 고로 존재한다."). 초창기 심리학자들은 심리학을 '마음과 의식에 관한 학문'으로 정의했다. 19세기 독일에서 빌헬름 분트는 의식을 연구하기 위해 통제된 실험을 통한 내성법을 사용했다.

1장에서 지적했듯이 연구 방법으로서의 내성법과 연구 주제로서의 의식은 1900년대 행동주의의 등장으로 사라지게 되었다. 존 왓슨과 그의 추종자들은 심리학이 과학이 되기 위해서는 심리학의 연구 자료가 보다 객관적이고 측정 가능해야 된다고 믿었다. 행동은 공적으로 관찰될 수 있어야 하고, 여러 가지 반응은 객관적으로 측정되어야 한다. 이와는 반대로 개인의 사적인 경험은 내성

**무엇인가에 집중하고 있을 때 우리는 배경 자극을 자각하지 못한다. 이렇게 집중해야 할 자극을 선택하는 능력은 우리가 정보에 과부하되는 것을 피할 수 있게 해 준다.**

법을 통해 나타낼 수는 있지만 다른 사람에 의해 직접 관찰되거나 객관적으로 측정될 수는 없다. 만약 심리학이 겉으로 드러난 외현적 행동을 다루어야 한다면 개인에게서만 관찰 가능한 사적인 사건보다는 공적인 사건을 다루어야 할 것이다.

그러나 행동주의는 그것이 갖는 기본적 입장만큼의 급격한 변화를 요구한 것은 아니었다. 행동주의자 스스로도 연구에 필요하다고 판단될 때는 연구에서 사적인 사건도 다루었다. 그들은 실험 참가자의 경험을 연구할 때 내성법을 대체하는 방법으로 언어 반응법을 수용했다. 참여자가 말한 것은 주관적인 경험이 무엇이든 상관없이 객관적으로 측정 가능했던 것이다. 그럼에도 불구하고 많은 심리학자들은 사람들의 말이 전부가 아니라고 생각한다. 예를 들어 사람들이 밝은 빛을 응시한 후 색에 대한 일련의 잔상을 경험했다고 말하지만 아마도 잔상이 아니라 실제로 연이은 색들을 보았을 것이라고 믿는다. 행동주의자들이 언어적 반응을 통해 많은 현상을 다룰 수도 있었지만, 관찰 가능한 행동에 대한 이들의 집착 때문에 흥미로운 심리학적 문제들(꿈, 명상, 최면 등)을 무시하는 원인이 되었다. 이러한 문제들이 포함하고 있는 주관적인 측면이 그들에게는 적절치 않은 연구 주제로 여겨졌기 때문이다.

1960년대에 들어와서 심리학자들은 의식의 다양한 측면을 무시하기에는 그것이 인간의 행동이나 마음의 연구에서 반드시 고려되어야 하는 중요한 것임을 인식하게 되었다. 그렇다고 심리학을 의식에 대한 연구라고 배타적으로 다시 정의해야 한다는 것은 아니고 의식을 무시해서는 안 된다는 것을 의미할 뿐이다. 관찰할 수 있는 행동에 대한 연구로 국한하는 것은 심리학을 지나치게 제한하는 것이다. 우리가 의식의 본질에 관해 이론화할 수 있고 그 이론이 행동에 관해 검증 가능한 예언을 이끈다면, 그런 이론화는 마음이 어떻게 작용하는가를 이해하는 데 가치 있는 기여를 할 수 있을 것이다.

## 의식

많은 교과서에서는 **의식consciousness**을 환경 속에서의 사건과 같은 외적 자극이나 신체 감각, 기억, 또는 사고와 같은 내적 자극에 대한 개인의 현재 인식이라고 정의하고 있다. 우리는 내적 · 외적 환경을 감시할 때뿐만 아니라 우리 자신이나 우리의 환경을 통제하려고 할 때도 의식한다. 요컨대 의식은 (1) 기억, 사고, 지각적 경험을 인식하기 위해 우리 자신이나 환경을 모니터링하는 것, (2) 행동과 사고를 시작하고 종결짓기 위해 우리 자신과 환경을 통제하는 것을 포함한다(Kihlstrom, 2007).

## 모니터링

우리를 둘러싸고 있는 환경에서 무슨 일이 발생하고 있는지 아는 것은 생존과 번성을 위해 매우 중요하다. 우리의 감각체계(청각, 시각, 촉각, 미각)는 우리의 환경뿐만 아니라 우리의 신체 안에서 어떤 일이 일어나고 있는지를 인식할 수 있도록 해 준다. 그러나 감각기관으로 유입되는 모든 자극에 주의를 기울이고자 할 때는 정보의 과부하를 경험하게 된다. 이 때문에 우리의 의식은 어떤 자극에는 주의를 기울이지만 다른 자극은 무시한다. 우리 주의를 끄는 것 중의 하나는 변화이다. 예컨대 지금 당신이 이 문단에 집중하고 있다면 아마도 많은 배경 자극을 알아채지 못할 것이다. 그러나 전등이 어두워진다거나, 타는 냄새가 난다거나, 에어컨의 소음이 갑자기 멈춘다거나 하는 어떤 변화가 일어나면 그러한 자극을 곧바로 알아차릴 수도 있다. 주의는 또한 우리의 생존에 중요한 사건이나 조건에 대해 우선권을 준다. 배가 고플 때면 공부에 집중하기가 어렵고, 갑자기 통증을 느끼면 어떤 조치를 취해서 고통이 사라질 때까지 다른 생각을 의식 밖으로 밀어낸다.

## 통제

의식은 현재의 행동을 감시하는 것뿐만 아니라 행동을 계획하고 개시하며 안내함으로써 행동의 방향을 결정하고 통제하는 역할을 한다. 그 계획이 단순하거나 쉽게 끝나는 것(예: 점심을 먹기 위해 친구를 만나는 것 등)이든 아니면 복잡하고 오래 걸리는 행동(예: 취업 준비를 하는 것 등)이든, 행위는 주위의 사건들과 조화를 이루도록 안내되거나 조정되어야 한다. 계획 단계에서는 아직 일어나지 않은 사건이 미래의 가능성으로 의식에 표상될 수 있다. 여러 가지 대안적 시나리오를 마음속으로 그려 보고, 그중에서 적절한 행위를 선택하여 개시하게 된다.

모든 행위가 의식적인 결정에 의해 수행되는 것도 아니고, 모든 문제에 대한 해결이 의식 수준에서 이루어지는 것도 아니다. 현대 심리학에서 일반적으로 받아들여지는 생각 중 하나는 정신적 사건이 의식적 과정과 무의식적 과정 모두를 포함하며, 많은 결정과 행위가 전적으로 의식의 범위 밖에서 수행되기도 한다는 것이다. 잘 학습된 신체 운동을 보면 이것이 더 분명해진다. 타자는 거의 8/100초 만에 공을 성공적으로 쳐 낼 수 있는데, 이 시간은 공을 치는 데 필요한 행동들의 연쇄적 단계를 의식하기에는 너무 짧은 시간이다. 복잡한 문제를 다루고 있을 때도 이 문제에 관해 생각하고 있었다는 것을 인식하지 않고도 해결책이 갑자기 나타나기도 한다. 일단 해결책을 찾았을 때는 그 해결책이 어떻게 얻어졌는지에 대해 내성적으로 설명할 수도 없다. 의사결정과 문제해결은 종종 무의식적 수준에서 일어난다.

## 전의식 기억

우리는 주어진 시간에 우리 주변에서 진행되는 모든 것에 대해 주의를 기울일 수도 없고 과거 사건에 대한 지식과 기억 모두를 생각하며 살 수도 없다. 어떤 주어진 순간에는 단지 몇 개의 자극에만 주의를 기울일 수 있을 뿐이다. 우리는 언제나 자극을 무시하고, 선택하고, 거부하기 때문에 의식의 내용이 끊임없이 변한다. 그럼에도 불구하고 주의의 초점이 되지 못한 사물이나 사건조차도 우리의 의식에 일부 영향을 미칠 수 있다. 예컨대 당신은 벽시계가 시간을 알리는 타종 소리를 인식하지 못할 수 있지만, 종소리를 몇 번 듣고 난 후 이것을 알아차리고, 지금까지 듣지 못했다고 생각했던 타종 횟수를 거슬러 셀 수 있다. 이러한 주변적 주의(또는 비의식적 모니터링)의 또 다른 예는 줄을 서서 기다리고 있을 때 일어난다(Farthing, 1992). 순서를 기다리면서 다른 사람들의 목소리나 일반 소음은 무시하고 친구와 대화를 나누고 있을 때라도 다른 사람들의 대화 속에서 당신의 이름이 들린다면 바로 주의를 그쪽으로 돌리게 된다. 다른 사람들의 대화를 모니터링하지 않고 있었더라면 남들 사이에서 당신의 이름이 오르내리는 것을 전혀 알아차리지 못했을 것임이 분명하다. 당신은 특별한 신호가 당신의 주의를 끌 때까지 다른 사람의 대화 내용을 의식적으로는 인식하지 못한다. 많은 연구는 우리가 의식적 지각 없이도 자극을 등록하고 평가한다고 지적한다(Bargh, 2007). 이런 자극은 의식 밑의 수준에서 우리에게 영향을 주거나 혹은 인식의 비의식적 수준에서 작용한다고 일컬어진다.

지금 이 순간에도 의식의 부분이 되지 않는 많은 기억과 사고도 필요하다면 의식 속으로 들어올 수 있다. 지금 이 순간 당신은 지난여름 휴가를 의식하고 있지 않더라도, 인출하고 싶으면 언제든 그 기억은 접근 가능하고 의식의 부분이 될 수 있다. **전의식 기억** preconscious memory은 의식으로 접근할 수 있는 기억을 언급할 때 사용되는 용어이다. 이런 기억에는 개인적 사건에 대한 특정 기억뿐만 아니라 단어의 의미, 어떤 도시의 도로 배치, 특정 나라의 위치에 관한 지식 등과 같이 살아오면서 축적된 정보가 포함된다. 또한 이런 기억에는 자동차를 운전하는 절차라든가, 신발 끈을 매는 순서와 같은 학습된 기술에 대한 지식도 포함된다. 이런 절차는 일단 숙달되면 일반적으로 의식적 인식 밖에서 작동하지만, 주의를 기울이게 된다면 언제든 절차에 포함된 단계를 기술할 수 있다.

## 무의식

초창기 의식 이론의 하나로서 여러 해 동안 상당한 비판

의존하기는 하지만 의식적으로는 접근하지 못하는 많은 심적 과정을 무의식 속에 포함한다(Bargh, 2007). 예컨대 지각이 이루어지는 동안 관찰자는 환경 속에 있는 2개의 대상을 인식할 수 있으나, 어느 하나가 다른 하나보다 더 가까운지 혹은 더 큰지를 거의 즉각적으로 결정하는 심적 계산에 대해서는 인식하지 못한다(5장 참조). 비록 우리는 이러한 심적 과정의 결과물에 대해서는 의식적으로 알 수 있지만—대상의 크기와 거리를 안다—심적 과정의 작용에 대해서는 의식적 접근을 할 수 없다.

우리가 학업 과제를 잘 수행하겠다거나 다른 사람들과 협력해서 일하겠다는 것과 같이 의식적으로 선택했다고 생각하는 복잡한 목표도 환경으로부터 주어지는 미묘한 단서에 의해 영향을 받을 수 있다. 어느 한 실험에서 실험 참가자들은 10×10의 낱자 행렬표에서 단어를 탐색하는 일종의 퍼즐 과제를 수행했다(Bargh et al., 2001). 이때 실험 참가자들은 행렬표에 제시된 모든 단어가 중성 단어(카펫, 강, 샴푸 등)인 조건 혹은 단어의 반이 높은 수행 목표를 나타내는 조건(승리, 완수, 성공 등)에 각각 무선적으로 할당되었다. 그런 다음 실험 참가자들은 탐색 단어가 모두 중성 단어(이 단어들은 벌레, 색채, 혹은 음식 종류에서 선택되었다)로 구성된 조건에서 세 번의 단어 탐색 퍼즐 과제를 수행했다. 그 결과, 처음에 높은 성취 단어 조건에서 퍼즐 과제를 수행한 실험 참가자들은 중성 단어 조건에서 퍼즐 과제를 수행한 실험 참가자들에 비해 이후의 퍼즐 과제에서 더 우수한 수행을 보였다.

또 다른 연구에서는 실험 참가자들이 뒤섞여 제시된 낱자들을 이용하여 단어를 만들어 내는 '심리 언어 과제'를 먼저 수행했다. 이때 실험 참가자들의 반은 중성적 의미를 지닌 단어의 낱자들이 뒤섞인 조건에 그리고 나머지 반은 협조의 의미를 지닌 단어(예: 도움, 협조, 공정

의 대상이 되어 왔던 것은 지그문트 프로이트의 정신분석 이론이다. 프로이트와 그의 추종자들은 마음의 한 부분으로 **무의식** unconscious이라는 것이 있는데, 이 무의식의 내용에는 의식으로 접근할 수 없는 어떤 기억, 충동, 욕망이 포함되어 있다고 보았다. 프로이트는 정서적으로 고통스러운 기억과 욕망이 억압된다고 믿었다. 즉 이런 내용은 무의식 속으로 들어가 우리가 그것을 인식하지 못하더라도 행동에 지속적으로 영향을 준다는 것이다. 억압된 생각과 충동은 의식으로 들어올 수는 없지만 꿈, 비이성적 행동, 매너리즘, 말실수 등과 같은 간접적이거나 가장된 방식으로 영향을 줄 수 있다. **프로이트식 실언** Freudian slip라는 용어는 숨겨진 충동을 드러낸 것으로 여겨지는 비의도적 발언을 지칭할 때 종종 사용된다. "나는 당신이 나아져서 기쁘다(I'm glad you're better)."라고 말한다는 것이 "나는 당신이 나아져서 슬프다(I'm sad you're better)."라고 말하는 경우가 그런 실수의 예이다.

대부분의 심리학자들은 내성법으로도 접근 불가능한 기억과 정신적 과정이 있고, 이에 따라 무의식의 개념으로 그것들을 기술할 수 있다는 생각을 받아들인다. 그러나 많은 심리학자들은 프로이트가 무의식의 정서적 측면만을 지나치게 강조하고 다른 측면은 충분히 고려하지 않았다고 주장한다. 그들은 우리가 일상생활에서 항상

등)의 낱자들이 뒤섞여 제시된 조건에 각각 무선적으로 할당되었다. 그다음 모든 실험 참가자들은 100마리의 물고기가 들어 있는 호수에서 낚시꾼 역할을 하는 게임을 수행했다. 실험 참가자들은 몇 회에 걸쳐 게임을 수행했는데 게임마다 호수에서 15마리의 물고기를 항상 가져왔다. 실험 참가자들에게는 호수에 최소한 70마리의 물고기가 반드시 있어야 하는데 그러기 위해서는 자신이 갖고 있는 물고기를 호수에 집어넣어 보충하거나 아니면 다른 낚시꾼이 그것을 보충해야만 한다고 알려 주었다. 그 결과 '심리 언어 과제'에서 협조 단어로 점화된 실험 참가자들은 물고기를 호수에 다시 돌려보냄으로써 다른 조건의 실험 참가자들보다 협조적인 모습을 보이는 것이 관찰되었다.

'성취 연구'나 '협조 연구' 모두에서 실험 참가자들이 처음에 수행했던 과제와 성취 행동 혹은 협조 행동 사이에 어떤 관련성이 있다는 것을 전혀 인식하지 못했다는 점을 주목하는 것이 중요하다. 그보다는 관련성이 없어 보이는 과제에서 제시된 성취 혹은 협조 목표에 대한 단순한 단서가 이러한 목표들을 점화하고, 이것이 이후의 과제에서 실험 참가자들의 행동에 영향을 미쳤던 것이다.

## 자동성과 해리

의식의 중요한 기능 중 하나는 우리의 행동을 통제하는 것이다. 그러나 앞에서도 살펴보았듯이 어떤 활동은 너무 자주 실행하여 습관화되거나 자동화된다. 자동차 운전을 처음 배울 때는 고도의 집중이 필요하다. 처음에는 여러 가지 행동(기어를 넣고, 클러치를 풀고, 엑셀을 밟고, 핸들을 돌리고 등)을 협응하는 데 집중해야 하고 다른 것에 거의 신경 쓸 수가 없다. 그러나 일단 이러한 동작들이 자동화되고 나면 운전 조작에 빨리 주의를 돌려야 하는 위험스러운 상황이 아니라면, 운전 중이라는 의식 없이도 대화하거나 주변 경치를 감상할 수 있게 된다. 처음에는 의식적인 주의가 필요했던 이러한 반응의 습관화를 **자동성** automaticity이라 한다.

자동차를 운전한다든가 자전거를 타는 것과 같은 기술은 일단 숙달되면 더 이상 주의를 필요로 하지 않는다. 이런 기술이 자동화되고 나면 어렵지 않게 다른 일들에 의식적 주의를 기울일 수 있게 된다. 이 자동화 과정은 가끔 부정적인 결과를 초래할 수도 있다. 예컨대 운전자가 지나온 경로상의 이정표를 기억할 수 없는 것은 바로 이런 부정적 결과의 한 예라 할 수 있다. 어떤 행동이 자동화될수록 의식적 통제가 덜 요구된다. 또 다른 예로, 숙련된 피아니스트는 익숙한 곡을 연주하면서 다른 사람과 대화를 나눌 수도 있다. 피아니스트는 연주와 대화를 동시에 하면서도 연주에는 별로 주의를 기울이지 않지만, 만약 실수로 건반을 잘못 눌렀다는 것을 알아챘다면 그런 실수에 주의를 기울이고 일시적으로 대화를 중단한다. 당신도 의식적 통제가 요구되지 않는, 또 다른 종류의 잘 학습된 자동적 활동의 사례를 생각해 낼 수 있을 것이다. 이를 해석하는 한 가지 방법은 통제가 여전히 이루어지고 있지만(만약 원한다면 자동화된 과정이라도 여기에 주의를 기울일 수 있다) 의식으로부터 자동화된 과정이 해리되었다고 생각하는 것이다. 프랑스의 정신과 의사 피에르 자네(Janet, 1889)는 의식과 인식으로부터의 **해리** dissociation라는 개념을 처음으로 제안했는데, 이 개념은 어떤 조건하에서는 일부 사고와 행위가 서로 분리될 수 있음을 시사하는 것이다.

스트레스 상황에 직면했을 때 우리는 효과적으로 기능하기 위해 그것을 일시적으로 생각하지 않을 수도 있고, 너무 따분할 때는 공상이나 백일몽에 빠질 수도 있을 것이다. 이러한 것들은 의식의 한 부분으로부터 다른 부분을 분리하는 경미한 수준의 해리에 해당되는 예이다. 이보다 좀 더 극단적인 수준의 해리는 **해리성 정체장애** dissociative identity disorder 또는 매우 드물게 나타나는 심리장애 중 하나인 다중성격장애를 보이는 사람들에게서 볼 수 있다.

### 중간 요약

- 특정 시점에서 보이는 개인의 지각, 사고, 감정은 그 사람의 의식을 구성한다.
- 정신 기능이 변화되거나 평소 개인이 경험하는 상태로부터 일탈될 때를 변성의식 상태라고 말한다. 수면이나 꿈과 같은 것은 모든 사람들이 경험하는 변성의식 상태이고, 명상이나 최면 또는 약물 복용과 같은 특별한 상황에서 변성의식 상태가 될 수 있다.
- 의식은 (1) 자신과 주변 환경을 감시함으로써 신체 내부에서나 주변에서 일어나는 사건을 알게 해 주고, (2) 행동을 통제함으로써 외부 세계에서 일어나는 사건과 협응할 수 있게 해 준다. 특정 시점에서 의식에 영향을 미치는 모든 사건이 각성의 중심부에 있는 것은 아니다. 의식적으로는 접근 가능하지만 지금 당장은 의식의 한 부분이 아닌

개별 사건에 대한 기억과 축적된 지식을 전의식 기억이라 한다. 행동에 영향을 미치는 사건은 우리가 그것을 인식하지 못한다 하더라도 전의식적으로 우리에게 영향을 미칠 수 있다.

- 정신분석학 이론에 따르면 정서적으로 어떤 아픈 기억이나 충동은 억압되기 때문에(즉 무의식으로 전환되기 때문에) 의식적으로 접근할 수 없다. 무의식적 생각이나 충동은 꿈이나 불합리한 행동, 말실수와 같은 것을 통해 간접적 방식으로만 우리의 행동에 영향을 미칠 수 있다.
- 자동성이란 자동차 운전과 같이 처음에는 의식적 주의가 요구되었던 반응이 습관화된 것을 말한다.

### 비판적 사고를 위한 물음

1. 많은 아마추어 피아니스트는 별다른 주의를 기울이지 않고 자동적으로 악곡을 연주할 수 있을 때까지 악곡을 반복적으로 연주함으로써 그것을 기억한다. 그럼에도 불구하고 이들은 간혹 실제 연주회에서는 악곡의 일부를 잊어버릴 수도 있다. 이와 대조적으로 일부 전문적인 피아니스트는 일부러 피아노를 떠나 음악을 기억함으로써 '손가락이 아닌 마음'이 악보를 알게 한다. 이것은 자동화 과정과 의식 기능 통제에 관해 무엇을 말해 주는가?

2. 프로이트는 개인의 어떤 욕망이나 생각이 의식된다면 불안을 야기하기 때문에 그것이 무의식에 남아 있다고 주장했다. 이 외에 어떤 이유 때문에 특정 욕망이나 생각이 의식적 인식의 밖에 머무는 것일까?

## 수면과 꿈

지금부터 의식과 반대되는 것처럼 보이는 수면에 대해 살펴볼 것이다. 수면은 각성과 공통점이 없어 보여도 이 두 상태 사이에는 유사성이 있다. 꿈속에서의 사고 유형과 깨어 있을 때의 사고 유형이 여러 가지 측면에서 서로 상이할 수 있어도, 꿈은 우리가 잠을 자면서도 사고하고 있다는 것을 나타낸다. 우리가 꿈을 기억할 수 있다는 사실로부터 알 수 있는 것처럼 우리는 수면 동안에 기억을 형성한다. 수면은 완전히 무활동적인 상태가 아니다—어떤 사람은 수면 동안에도 걸어 다닌다. 잠자는 동안 환경에 대해 완전히 둔감한 것도 아니다—아기의 울음소리를 듣고 엄마는 금방 깨어난다. 또한 수면은 전적으로 무계획적인 것도 아니다—어떤 사람은 특정 시간에 맞추어 깨어나고자 마음먹고 그렇게 할 수 있다. 이 절에서는 수면과 꿈의 몇 가지 측면을 살펴본다.

### 수면 단계

어떤 사람은 수면에서 쉽게 깨어날 수 있지만 다른 사람들은 그러기가 쉽지 않다. 1930년대에 시작된 연구(Loomis, Harvey, & Hobart, 1937)는 수면의 깊이를 측정하고 꿈이 나타날 때를 확인할 수 있는 민감한 기법을 개발했다. 이러한 연구에서는 수면 동안 자발적 뇌 활동과 관련 있는 두피의 전기적인 변화뿐만 아니라 꿈 동안 일어나는 안구 운동까지도 측정할 수 있는 장비를 사용했다. 뇌의 전기적 변화를 도표로 기록하거나 뇌의 전기적 파형을 기록한 것을 **뇌전도**(electroencephalogram) 또는 EEG라고 한다(그림 6.1과 그림 6.2 참조). EEG는 전극 밑의 대뇌피질 표면에 있는 수천 개의 뉴런이 보이는 전위

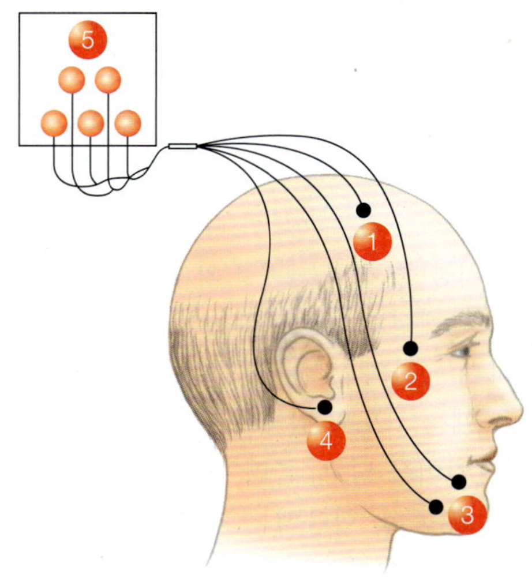


1 두피에 부착된 전극은 뇌파의 패턴을 기록한다.

2 눈 근처에 부착된 전극은 안구 운동을 기록한다.

3 턱에 부착된 전극은 근육에서 일어나는 긴장도와 전기적 활동을 기록한다.

4 귀밑에 부탁된 전극은 증폭기를 거쳐 회로를 구성하기 위한 중성 전극이다.

5 증폭기는 여러 가지 패턴으로 그래프를 그려 낸다.

**그림 6.1 수면 동안의 전기생리적 기록을 위한 전극의 배열.** 이 그림은 전형적인 수면 실험에서 사람의 머리와 얼굴에 전극을 부착하는 방식을 보여 준다.

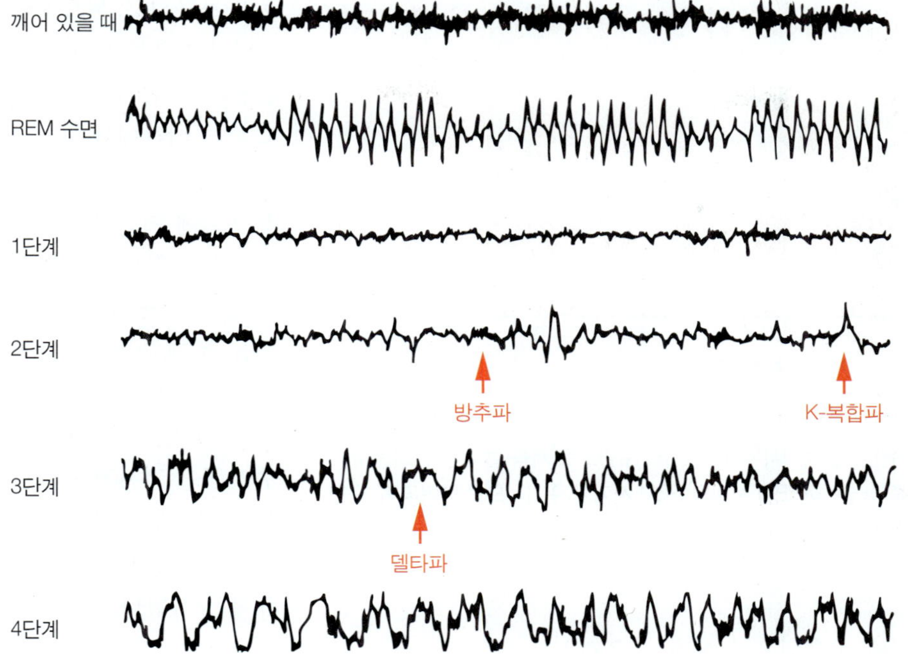


**그림 6.2 수면 동안의 전기생리적 활동.** 이 그림은 깨어 있을 동안과 여러 수면 단계 동안의 EEG를 기록한 것이다. 깨어 있는 단계(눈을 감은 채 이완된 상태)에서는 알파파(8~12Hz)가 관찰된다. 1단계 수면은 기본적으로 깨어 있는 상태에서 더 깊은 수면 단계로 들어가는 단계이다. 수면방추파(12~16Hz의 짧은 파형)와 K-복합파(뇌파의 패턴에서 급격하게 상승한 후 하강하는 부분)가 나타나면 2단계 수면이 된다. 델타파(1~2Hz)가 나타나면 3단계와 4단계 수면이 되는데, 이 두 단계는 델타파의 양만 다르다. 즉 3단계에서는 20~50%가 델타파인 데 비해 4단계에서는 델타파가 50%를 넘는다.

에서의 빠른 변화를 측정한 것이다. 이것은 피질 활동을 대충 측정한 것이기는 하지만 수면 연구에 매우 유용한 것으로 입증되었다.

뇌파의 패턴을 분석해 보면 수면에는 5단계가 있음을 알 수 있다. 4단계까지는 수면의 깊이가 각기 다르고 5단계의 수면은 빠른 안구 운동(또는 REM) 수면이라 불린다. 눈을 감고 쉬고 있을 때는 8~12Hz까지의 규칙적인 뇌파를 특징적으로 보여 주는데, 이를 알파파라고 한다. 1단계 수면으로 들어가면 뇌파는 약간 불규칙적인 모습으로 바뀌고 진폭도 줄어든다. 2단계 수면에 들어가면 방추 모양의 파형(12~16Hz의 짧고 리드미컬한 반응)과 간혹 EEG가 급속하게 솟아올랐다가 떨어지는 이른바 K-복합파라 부르는 뇌파의 출현이 특징적으로 나타난다. 3단계와 4단계의 깊은 수면에 들어가면 1~2Hz의 느린 파형이 나타나는 것이 특징인데, 이러한 느린 파형을 델타파라고 부른다. 일반적으로 3단계와 4단계의 수면 동안에는 잠자는 사람을 깨우기 어렵다. 그러나 이들은 자기 이름과 같은 친밀한 사람의 이름이나 아기의 울음소리와 같은 개인적 자극에 의해서는 쉽게 깨어날 수 있다. 단순히 시끄러운 소리와 같이 자신과 상관없는 방해는 무시될 수 있다.

## 수면 단계의 연속

1시간 정도 잠을 자고 나면 또 다른 변화가 일어난다. EEG는 매우 활동적이 되지만(심지어 깨어 있을 때보다 더 활동적일 수도 있다) 여전히 깨어나지 않고 잠자는 상태를 보인다. 눈 가까이 부착해 놓은 전극에서는 빠른 안구 운동이 매우 현저하게 나타나기 때문에 눈꺼풀 밑의 안구가 움직이는 것을 쉽게 관찰할 수 있다. 이 단계의 수면을 **REM 수면** REM sleep이라 부르고, 이 단계 앞에 있는 4단계까지의 수면을 **비REM 수면** non-REM(또는 NREM) sleep이라 한다.

이러한 다양한 수면 단계는 밤 동안 교대로 나타난다. 수면은 NREM 단계로부터 시작하여 몇 번의 수면 주기—각 주기마다 REM과 NREM을 보인다—가 나타난다. 그림 6.3은 하룻밤 동안 젊은 성인이 보여 주는 전형적인 수면의 모습이다. 그림에서 볼 수 있는 것처럼 각성 단계에서부터 깊은 수면(4단계)으로 매우 빠르게 진행된다. 수면에 들어간 후 70분쯤 지나면 3단계 수면으로 잠깐 돌아왔다가 곧바로 첫 번째 REM을 보인다. 깊은 수면 단계(3단계와 4단계)는 수면이 시작되는 처음 부분에서 나타나는 반면, 대부분의 REM은 수면의 뒷부분에서 나타난다는 것에 주목하라. 이것이 전형적인 수면 패턴이다. 깊은 단계의 수면은 수면의 후반부에 이르러 REM 수면이 현저하게 많아지면서 사라진다. 8시간의 수면 과정 동안 4~5번 정도의 분명한 REM 시기가 있다. 아침이 되면서 가끔 잠깐 깨어 있을 수 있다.

수면 주기의 패턴은 나이에 따라 달라진다. 예컨대 신

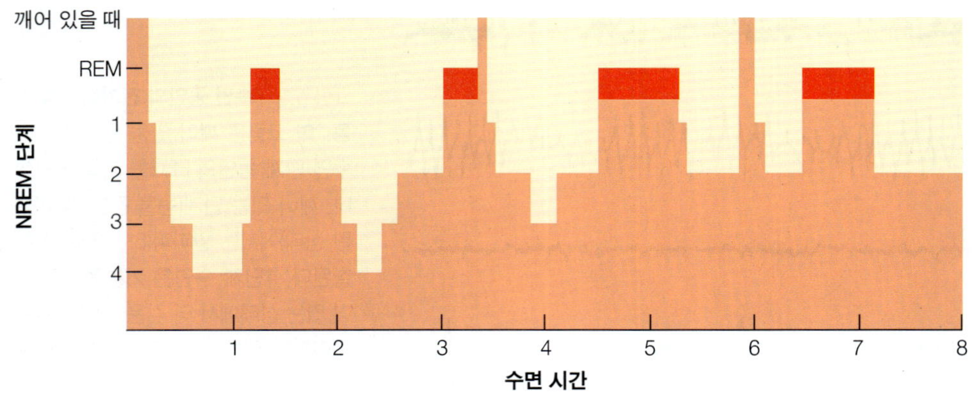


**그림 6.3** **수면 단계의 연속.** 이 그래프는 전형적인 야간 수면 동안 일어나는 수면 단계의 순서와 시간을 예로 든 것이다. 사람들은 수면의 첫 몇 시간 동안 1단계에서부터 4단계의 수면으로 계속 들어간다. 그런 후 3단계를 거쳐 REM 수면으로 돌아간다. 그 후부터는 비REM 시기와 REM 시기가 주기적으로 반복되며, 수면 시작 후 3시간 반과 6시간 후에는 잠깐 동안 깨어나기도 한다.

생아는 총 수면 시간 중 반 정도를 REM 수면으로 보낸다. 5세에 이르면 총 수면 시간 가운데 REM 수면이 20~25% 정도로 줄어든 후 노인이 될 때까지 그대로 유지된다. 노인이 되면 REM 비율이 18% 또는 그 이하를 유지한다. 노인은 3, 4단계의 깊은 수면을 적게 경험하며(어떤 경우는 이 단계의 수면이 아예 없어지기도 한다) 밤 동안에 보다 자주 그리고 보다 오랫동안 깨어 있다. 사람들은 나이가 들어 감에 따라 자연스럽게 불면증이 생기는 것 같다(Liu & Ancoli-Israel, 2006).

## REM과 NREM의 비교

NREM 수면 동안에는 안구 운동이 없어지고, 심박률과 호흡률이 현저하게 감소하며, 근육이 이완되고, 뇌의 대사율이 각성 상태에 비해 25~30% 정도 감소한다. 이와 대조적으로 REM 수면 동안에는 빠른 안구 운동이 10~20초 동안 폭발적으로 일어나며 심박률이 증가하고 뇌의 대사율이 각성 시기에 비해 더욱 증가하게 된다. 더구나 REM 수면 동안 우리의 근육은 거의 완전하게 마비된다. 단지 심장, 횡경막, 눈 근육, 평활근(내장과 혈관 근육 같은)과 같은 근육만이 최소한으로 활동한다. 요약하면 NREM 수면은 매우 이완된 상태의 신체화가 특징인 반면, REM 수면은 뇌는 활성화되어 있지만 몸은 실제로 마비되어 있는 것이 특징이라고 할 수 있다.

생리학적 증거에 의하면 REM 수면에서는 뇌가 감각이나 운동 통로와 단절되어 있다는 것을 시사한다. 신체의 여러 부위로부터 올라온 감각 자극이 뇌로 진입하는 통로가 차단되고, 뇌로부터 내려가는 운동 통로도 차단된다. 그럼에도 불구하고 뇌는 뇌간에서 시작되는 큰 뉴런의 전기적 방출에 의해 여전히 자발적으로 활동한다. 이 뉴런은 안구 운동과 신체 운동을 통제하는 뇌의 여러 부위로 뻗어 있다(Stoerig, 2007). 아울러 REM 수면 동안 정서적 기억을 처리하는 데 관여하는 뇌 영역에서의 활동이 유의하게 증가한다(Maquet, 2000).

REM 수면 동안 수면자를 깨워서 물어보면 약 80%가 꿈을 꾸었다고 말하지만, NREM 수면 동안 깨운 수면자는 50%만이 꿈을 꾸었다고 보고한다(Stoerig, 2007). REM 수면에서 깬 사람들은 정서적이고 비논리적인 특징을 가진, 시각적으로 생생한 꿈을 보고할 뿐만 아니라 시각피질도 매우 활동적인데, 이것은 꿈이 시각적임을 다시 한 번 보여 주는 것이다. 이러한 특성은 우리가 전형적으로 꿈이라는 것에 대해 알고 있는 것이다. 깨어나기 전에 오랜 시간 REM을 보인 사람들은 보다 길고 정교한 꿈을 보고한다. 이와 달리 NREM 꿈은 REM 꿈만큼 시각적이거나 정서적이지 않고, 각성 시 일어났던 직접적 경험과 밀접하게 관련되어 있다. 어떤 꿈을 꾸었는지 그리고 얼마나 자주 꿈을 꾸었는지에 대한 것과 관련지어 언급했듯이 REM 시기와 NREM 시기의 정신활동은 서로 다르다.

## 수면 이론

왜 어떤 사람은 어떤 시간에 깨어 있는데 다른 사람은 잠들어 있을까? 수면 연구의 대표자인 데일 에드가와 윌리엄 디멘트(Edgar & Dement, 1992)는 **수면과 각성에 관한 대립 과정 모형** opponent-process model of sleep and wakefulness을 제안했다. 이 모형에 따르면 뇌는 수면에 빠지게 하거나 각성을 유지하는 경향성을 지배하는 두 가지 대립 과정을 갖고 있다고 한다. 두 가지 대립 과정은 항상적 수면추동 과정과 시간 의존적 각성 과정이다.

**항상적 수면추동 과정** homeostatic sleep drive process은 낮 동안의 각성을 안정적으로 유지하기 위해 필요한 수면량을 확보하려는 생리학적 과정이다. 이 과정은 밤 동안에 활발하게 이루어질 뿐만 아니라 낮 동안에도 이루어진다. 하루 종일 수면 욕구는 계속적으로 생긴다. 만약 지난밤에 잠을 적게 잤다면 낮 동안 졸리는 경향성이 현저하게 증가할 것이다.

**시간 의존적 각성 과정** clock-dependent alerting process은 매일 특정한 시간이 되면 잠에서 깨도록 하는 뇌 속의 과정을 말한다. 이것은 소위 생물학적 시계에 의해 통제되는데, 뇌의 중추에는 2개의 정밀한 신경 구조가 있다. 이 시계는 각성의 리듬을 포함해서 일련의 심리적·생리적 변화를 통제하는데, 이러한 리듬은 거의 24시간마다 나타나기 때문에 24시간 **주기 리듬** circadian rhythm이라 부른다(이 용어는 '돌아서'라는 뜻의 라틴어 *circa*와 '하루'라는 뜻의 *dies* 에서 유래한 것이다). 생물학적 시계는 빛에의 노출에 의해 영향을 받는다. 즉 낮 동안의 밝은 빛은 수면을 유도하는 호르몬인 **멜라토닌** melatonin이란 물질의 분비를 멈추게 한다.

두 대립 과정, 즉 항상적 수면추동 과정과 시간 의존적 각성 과정은 수면과 각성의 일일 주기를 이루기 위해 상호작용한다. 어떤 주어진 시간에 잠들거나 깨어 있거나 하는 것은 이 두 과정의 상대적 강도에 의존한다. 낮 동안에는 시간 의존적 각성 과정이 수면추동을 이기지만 밤에는 수면 욕구가 보다 강해짐으로써 각성이 감소하게 된다. 늦은 밤이 되면 생물학적 시계는 무활동성을 보여 수면에 들게 된다.

## 수면장애

젊은 성인은 하루에 평균 9시간 정도 잠을 자야 하지만 대부분의 사람들은 대략 7.5시간 혹은 그 이하로 잠을 잔다(National Sleep Foundation, 2009). 이와 유사하게 대부분의 중년은 하루에 7~8시간의 수면이 필요하지만 대부분은 수면 시간이 7시간도 되지 않는다. 수면 박탈의 영향은 누적되는데, 24시간 주기 동안 충분하게 수면을 취하지 않으면 '수면 부채(sleep debt)'의 증가를 경험하게 된다(Wolfson, 2001). 수면 박탈의 결과로 나타나는 것은 낮에 졸리는 것만이 아니다. 다음과 같은 통계치를 고려해 보자.

- 하룻밤 수면 시간이 6시간이 안 되는 사람은 최소한 7~8시간 자는 사람들에 비해 사망률이 70% 더 높다(Ikehara et al., 2009; Kryger et al., 1994).
- 밤마다 혹은 이틀 밤 연속해서 5시간만 잠을 잔 사람은 수학 문제나 창조적 사고 과제를 수행하는 데 눈에 띄게 저조함을 보인다. 따라서 밤샘하는 것은 시험을 잘 칠 수 있는 능력을 심각하게 해친다(Wolfson, 2010). 이와 달리 수면은 기억 형성에 중요하기 때문에 잠자기 전(충분하게 잘 수 있을 만큼 일찍)에 공부하는 것은 정보의 파지를 향상할 수 있다.
- 운전자의 반 이상이 지난 1년 동안 운전하면서 졸아본 적이 있고, 28%는 잠에 빠진 적이 있다고 보고했다. 중상자를 야기한 교통사고의 거의 28%는 졸음운전에 의해 발생한다(National Sleep Foundation, 2009).
- 체르노빌 원자력 발전소와 스리마일 섬 원자력 발전소의 사고는 이른 아침에 발생했는데, 이때 야간 근무 작업자들은 피곤한 상태여서 제어 패널의 경고 신호를 알아채지 못했다(Mitler & Miller, 1995).

수면 연구자들은 정상적으로 취하는 8시간의 수면 외에 2시간 더 수면을 취하면 각성이 유의하게 증가한다는 사실도 보여 주었다. 대부분의 사람들은 8시간의 수면으로도 충분히 잘 일할 수 있지만 그렇다고 최상의 수준으로 일하는 것은 아니다. 더구나 수면을 충분히 취하지 못하는 경우는 부족한 수면 시간을 보충할 수 있는 여유도 충분하지 않을 때가 많을 것이다. 한 시간 정도의 부족한 수면으로도 부주의, 실수, 질병, 사고를 일으킬 가능성이 증가한다(Wolfson & Armitage, 2008). 10시간 정도의 야간 수면을 취하지 못했다 하더라도 충분한 휴식을 취할

**수면 부족은 학생의 학업 성과를 저조하게 만드는 가장 흔한 원인이다.**

## 표 6.1 야간 숙면을 위한 조언

수면 문제를 어떻게 피할 수 있는가에 대해 많은 연구자들과 임상가들 간에 상당한 의견 일치를 이루고 있다. 다음은 숙면을 위한 권장 사항으로, 어떤 것은 실제 연구에 바탕을 둔 것이고 또 어떤 것은 이 분야 최고 전문가들의 견해를 따른 것이다.

**규칙적인 수면 계획** 규칙적으로 잠자리에 들고 일어날 수 있도록 계획을 세워라. 매일 아침 정해진 시간에 일어날 수 있도록 알람시계를 맞추어라. 아무리 적게 잤더라도 그 시간에 깨어나야 한다. 낮잠은 일관적으로 자라. 매일 오후에 낮잠을 자거나 아예 자지 않거나 양자택일하라. 어쩌다 낮잠을 자면 밤에 잘 자지 못한다. 주말에 늦게 일어나는 것은 수면 주기를 깨뜨린다.

**알코올과 카페인** 잠자리에 들기 전 독한 술을 마시면 숙면에 들어갈 수 있지만 수면 주기를 깨뜨려 새벽 일찍 잠에서 깨어나게 될 것이다. 잠자리에 들기 몇 시간 전부터 콜라나 커피와 같이 카페인이 든 음료를 섭취하지 말라. 카페인은 카페인에 영향 받지 않는다고 주장하는 사람들에게도 흥분제로 작용하기는 마찬가지이다. 카페인은 한 번 섭취한 후 혈액에서 그 양이 반으로 줄어드는 데 4~5시간 걸린다. 만약 잠들기 전에 무언가를 마셔야 한다면 우유를 마셔라. 잠자기 전에 따뜻한 우유 한 잔을 마시면 숙면을 취할 수 있다는 옛말은 충분히 과학적 근거가 있는 말이다.

**잠자기 전 음식 섭취** 잠자기 전에 많이 먹지 말라. 소화기관이 몇 시간 동안 계속 일해야 하기 때문이다. 만약 잠자기 전에 무언가 먹어야 한다면 가벼운 스낵을 먹어라.

**운동** 규칙적으로 운동을 하면 숙면을 취하는 데 도움이 되지만 잠자기 전에 과도한 운동은 하지 말라.

**수면제 복용** 수면제 복용에 주의하라. 모든 종류의 수면제는 수면 주기를 깨뜨리며 장기 사용은 불면증을 야기한다. 시험 전날조차도 수면제 사용은 피하라. 하룻밤 수면을 잘못 취하는 것은 그 이튿날의 작업에 큰 영향을 미치지 않지만 수면제에 의한 이후의 영향은 지속적으로 남을 수 있다.

**이완** 잠자기 전에는 스트레스가 심한 생각을 삼가고 자신을 이완시켜 줄 수 있는 활동을 하라. 매일 밤 잠자기 전에는 똑같은 규칙적인 활동을 하라. 예컨대 온수에 목욕을 한다거나 잠깐 동안 부드러운 음악을 들어라. 실내 온도가 쾌적한지 확인하고 밤 동안 그 온도가 유지되게 하라.

**이 모든 것이 실패할 때** 잠이 오지 않는다 하더라도 중간에 일어나지 말라. 잠자리에서 그대로 이완하라. 그러나 그래도 잘되지 않고 긴장되면 잠깐 일어나 불안을 낮출 수 있는 무엇인가를 해 보라. 그러나 팔굽혀펴기와 같은 운동 형태의 활동을 하는 것은 좋지 않다.

수 있는 8~9시간의 수면만으로도 과도한 수면 부채를 피할 수 있다. 밤에 숙면을 취할 수 있는 몇 가지 방법을 표 6.1에 정리했다.

어떤 사람들은 충분히 수면을 취하고자 노력할 때조차도 수면에 심각한 어려움을 겪는다. 충분한 수면을 취하지 못함으로써 일상적 기능에 만성적인 손상이 있을 경우 이 사람은 **수면장애** sleep disorder로 진단될 수 있다. 다음 절에서는 흔하게 나타나는 수면장애의 유형에 대해 살펴볼 것이다.

### 불면증

**불면증** insomnia이란 수면을 시작하거나 수면을 유지하는 데의 만성적 어려움, 혹은 활력이나 각성을 재충전하지 못하는 수면을 취하는 것을 말한다. 불면증을 갖고 있는지의 여부는 대부분 주관적인 문제이다. 수면 연구실에서 연구해 보면 불면증을 호소하는 많은 사람들이 거의 완벽할 정도의 정상적 수면을 보이기도 하는 반면, 불면증을 호소하지 않는 사람들이 오히려 눈에 띄는 수면장애를 보이기도 한다(Carney, Berry, & Geyer, 2004). 이는 불면증이 실재하는 것이 아님을 의미하는 것은 아니다. 단지 수면 부족에 관한 사람들의 주관적 보고와 객관적 측정치가 항상 상관이 있음을 의미하는 것이 아님을 시사한다.

50%에 이르는 많은 성인들이 생애의 어느 시점에, 특히 스트레스를 경험할 때는 더 자주 불면증을 겪었다고 보고했다(Wolfson, 2001; Zhang & Wing, 2006).

### 발작수면과 무호흡증

비교적 희귀하기는 하지만 심각한 수면장애는 발작수면과 무호흡증이다. DSM-5는 수면-각성장애를 새롭게 정의하여 발작수면(지금은 뇌단백질 중 하나인 히포크레틴의 결핍과 관련 있는 것으로 알려졌다)을 다른 유형의 과다수면장애(hypersomnolence disorder)와 구분한다. **발작수면** narcolepsy을 가진 사람은 불가항력적이고 반복적으로 나타나는 졸림의 공격에 시달리고, 편지를 쓰거나 자동차를 운전하거나 대화를 하는 동안에도 금방 수면에 빠지고 만다. 교수가 강의를 하는 도중 학생이 수면에 빠지는 것은 정상적인 일이겠지만, 교수가 강의 도

중 수면에 빠진다면 이것은 발작수면이다. 이러한 발작수면은 하루에도 여러 번 발생할 수 있으며 단 몇 초부터 30분 동안 지속될 수도 있다. 발작수면 환자는 낮 동안의 수면 발작 때문에 직업을 유지하기가 어려우며 운전하는 것도 매우 위험할 수 있다. 발작수면은 청소년기에 자주 발병하지만 매우 드문 수면장애이다.

**저명한 수면 연구자 윌리엄 디멘트의 실험에서 발작수면 개가 갑자기 수면에 빠진 모습. 1,000명 중 1명 정도가 심신을 약화하는 이러한 수면장애로 고생하고 있다.**

본질적으로 발작수면은 REM 수면이 낮 시간 동안 일어나는 것이다. 발작수면 동안 환자는 매우 빠르게 REM 상태에 들어가는데, 이것이 너무 신속하게 진행되기 때문에 자리에 눕기도 전에 근육 통제를 상실하게 된다. 더구나 많은 환자들은 발작수면 동안 현실이 REM 꿈으로 대치되는 것과 같은 환각을 경험한다고 한다. 발작수면은 가계로 이어져 내려오는데, 특수한 유전자나 유전자 조합이 이 질병에 취약하게 한다(Carney et al., 2004).

**무호흡증 apnea**은 잠자는 동안 호흡이 멈추는 것을 말한다. DSM-5에서는 폐쇄성 수면 무호흡-저호흡증과 중추성 수면 무호흡을 포함한 무호흡증의 몇 가지 상이한 유형을 확인했다. 무호흡증이 일어나는 데는 두 가지 이유가 있다. 첫째는 뇌가 횡경막과 호흡 근육에 신호를 보내지 못해 호흡이 멈추는 경우이다. 둘째는 입천장 위에 있는 근육이 너무 이완되어 기도를 부분적으로 폐쇄함으로써 호흡 근육이 공기를 끌어들이지 못하게 되어 기도가 완전히 막히기 때문이다. 무호흡증이 발생하는 동안에 혈중 산소 수준이 급감하는데, 이 때문에 신체는 응급 호르몬을 분비한다. 이러한 반응 때문에 수면자는 다시 숨을 쉬기 위해 스스로 잠에서 깨게 된다.

대부분의 사람들은 매일 저녁 몇 번의 무호흡증을 경험하지만 심각한 수면 문제를 가진 사람들은 매일 밤 수백 번의 무호흡 증상을 보이기도 한다. 이럴 때마다 수면자는 호흡을 하기 위해 깨어나지만 이러한 깨어남이 너무 짧기 때문에 잘 인식하지 못한다. 무호흡증으로 고통받는 사람들은 매일 밤 12시간 이상 잠을 잠을 자지만 그 이튿날까지도 너무 졸려서 제대로 기능할 수 없고 대화 도중에 수면에 빠질 수도 있다(Vandeputte & de Weerd, 2003). 수면 무호흡증은 노인들에게서 흔하다. 수면제 복용은 각성을 힘들게 하여 무호흡증의 기간을 연장하므로(뇌에 산소 결핍이 일어나는 동안) 치명적일 수 있다는 것이 밝혀졌다.

## 꿈

**꿈을 꾸는 것 dreaming**은 하나의 변성의식 상태인데, 꿈에 나타나는 영상 스토리는 기억, 현재의 걱정이나 관심, 정서, 환상, 이미지로 구성된다. 비록 많은 사람들이 아침에 일어나 그날 밤에 꾸었던 꿈을 회상하지는 못하지만 REM 수면 연구의 증거에 의하면, 꿈을 회상하지 못하는 사람들도 꿈을 회상하는 사람들과 마찬가지로 자주 꿈을 꾼다. 깨어났을 때 무슨 일이 일어났는지가 꿈을 회상할 수 있는지를 결정하는 중요한 요인으로 보인다. 만약 꿈을 꾸고 난 직후 어떤 간섭이 있다면 꿈에 대한 기억이 응고되지 않는다. 다시 말해 꿈은 기억 속에 저장될 수 없다(Cohen & Wolfe, 1973).

또 다른 연구자들은 꿈을 회상하겠다는 개인적 동기와 꿈에 대한 흥미가 꿈의 회상 능력에 대한 좋은 예언치가 된다고 주장한다(Schredl, 2007 참조). 만약 잠에서 깨어나자마자 어떤 꿈을 꾸었는지 회상하려고 노력한다면 꿈의 내용을 회상할 수 있다는 것이다. 그렇게 하지 않으면 꿈은 금새 사라지고 만다. 우리는 꿈을 꾸었다는 것 자체는 알 수도 있지만 어떤 꿈을 꾸었는지는 기억할 수 없다.

어떤 꿈은 거의 순간적으로 끝나 버리는 것으로 보인다. 알람시계가 울릴 때 우리는 화재가 발생하고 소방차가 요란한 사이렌 소리를 울리며 도착하는 장면 등의 복잡한 기억을 갖고 잠에서 깨어난다. 알람시계가 여전히 울리고 있기 때문에 우리는 시계 소리가 꿈을 만들어 낸 것이라고 생각한다. 그러나 연구는 알람시계 소리나 그 밖의 다른 소리는 이전 기억이나 꿈에서 보았던 완전한 장면을 다시 복원시킬 뿐이라고 시사한다. 깨어 있을 때도 우리는 이러한 경험을 할 수 있다. 예를 들어 우리는 하나의 단서로도 풍부한 기억을 이끌어 낼 수 있다.

어떤 사람들은 꿈에 나타나는 사건이 너무 정상적이어서(대부분의 꿈은 괴기하거나 비논리적인 특성이 있다) 꿈을 꾸고 있는 동안에도 자신이 깨어 있거나 의식이 있는 것처럼 느끼는 **자각몽** lucid dream을 꾸기도 한다. 자각몽을 꾸는 사람은 꿈속에서 자신이 꿈꾸고 있는지 깨어 있는지를 알아보기 위해 다양한 '실험'을 하는 것 같다고 보고한다. 또한 이들은 꿈을 꾸고 있는 동안의 '허위 각성(false awakening)'을 보고하기도 한다. 예컨대 자각몽을 꾼 어떤 사람은 꿈을 꾸고 있는 동안 꿈속에서 일어나는 사건을 자신이 통제하고 있다는 것을 보여 주기 위해 콜택시를 부르려고 했다는 것을 깨달았다. 운전사에게 차비를 지불하기 위해 잔돈을 꺼내려고 주머니에 손이 넣었을 때 그는 깨어났다고 생각했다. 그리고 그는 곧 동전 몇 개가 자신의 침대에 흩어져 있는 것을 발견했다. 이때쯤 되어 그는 확실히 깨어났고, 자신이 다른 자세로 누워 있음을 알았다. 물론 침대에 동전이 흩어져 있지 않았음은 두말할 나위도 없었다(Brown, 1936). 그러나 비교적 소수의 사람만이 가끔 규칙적으로 자각몽을 꾼다는 점을 주목하라(LaBerge, 2007).

내용이 끔찍한 꿈을 흔히 **악몽**이라고 한다. 어쩌다 꾸는 악몽은 흔한 일인데, 사람들의 85%가 지난 1년 동안 악몽을 꾸었다고 보고했다(Levin & Nielsen, 2007). 8~25%의 사람들은 매달 악몽을 꾼다고 보고했는데, 이 수치는 여러 문화에 걸쳐 유사한 수준으로 보고된다. 여러 문화에 걸쳐 2~6% 정도의 사람들이 매주 악몽을 꾼다고 보고했는데, 이러한 빈도의 악몽은 정신건강 문제를 일으킬 수도 있다(Levin & Nielsen, 2007).

**우리는 좋은 꿈을 꾸고 싶어 하지만 꿈의 내용을 마음대로 조정하기는 어려운 일이다.**

## 꿈의 이론

꿈의 기능에 관한 가장 초기 이론의 하나는 지그문트 프로이트가 제기했는데, 그는 '꿈은 마음의 무의식적 활동을 알 수 있게 하는 왕도(王道)'의 역할을 한다고 제안했다. 그는 꿈이란 소망 충족의 가장된 시도라고 믿었다. 이것은 꿈이란 받아들여질 수 없어 무의식 속에 억압해 버린(예: 이성의 부모에 대해 갖는 성적 갈망 등) 소망, 욕구, 또는 생각을 드러낸 것을 의미한다. 이러한 소망과 생각은 꿈의 잠재적 내용이다. 프로이트는 꿈의 잠재적 내용이 표출적 내용(꿈의 실제적 이야기를 이루는 특징과 사건)으로 어떻게 전환되는지 설명하기 위해 검열이라는 은유를 사용했다. 실제로 프로이트는 이런 검열이 수면자로 하여금 억압된 충동을 상징적으로 표현하게 해 줌으로써, 만약 위장되지 않은 형태로 의식에서 그대로 떠올릴 경우 경험할 수 있는 죄의식과 불안을 회피할 수 있도록 하여 수면자를 보호한다고 언급했다.

프로이트에 따르면 잠재적 내용을 표출적 내용으로 전환하는 것이 '꿈 작업(dream work)'인데, 꿈 작업의 기능은 의식으로 접근 가능할 수 있게 무의식 속의 내용을 암호화하고 위장하는 것이다. 그러나 때로 꿈 작업이 실패하여 이로 인해 야기된 불안이 꿈꾸는 사람을 깨우게 된다. 꿈의 본질은 의식적으로 받아들이기에는 너무 고통스럽고 죄의식이 느껴질 수 있는 소망이나 욕구에 대한 충족을 표현하는 것이다(Freud, 1933).

이후의 연구는 프로이트 이론의 몇 가지 측면에 도전하게 되었다. 꿈에 관한 수십 편의 논문을 개관한 후 피셔와 그린버그(Fisher & Greenberg, 1977, 1996)는 꿈의 내용이 심리적 의미를 갖는다는 증거는 많지만, 프로이트가 제안한 바와 같이 잠재적 내용과 표출적 내용을 선명하게 구분할 수 있는 믿을 만한 증거는 없다고 했다. 대부분의 심리학자들은 꿈이 정서적 내용에 초점을 두고 있다는 프로이트의 일반적 결론에는 동의하지만, '꿈 작업'이란 개념과 꿈은 소망 충족을 나타내는 것이라는 관점에 대해서는 의문을 제기하고 있다.

프로이트 시대 이후 다양한 이론이 등장하여 수면과 꿈의 역할을 설명하는 데 진전을 이루었다. 예컨대 에번스(Evans, 1984)는 수면, 특히 REM 수면을 뇌가 외적 세계로부터 해방되어 낮 동안 받아들인 정보를 선별하여 기억 속으로 통합하는데 이러한 '현실로부터 단절된' 시간을 사용하는 시기라고 보았다(Crick & Mitchinson, 1983 참조). 우리는 REM 수면 동안 일어나는 정보처리를 의식적으로는 알지 못한다. 그러나 뇌는 꿈을 꾸는 동안에 잠깐 동안 '현실과 연결된' 상태로 되돌아오고, 의식적 마음은 꿈을 꾸면서 발생하는 정보 내용의 부분적 변경과 재조직화를 살펴본다. 뇌는 외부 세계로부터 주어지는 정보를 해석할 때와 거의 같은 방식으로 꿈속의 정보를 해석하기는 하지만, 차이가 있다면 뇌가 꿈을 꿀 때는 꿈의 특징인 일종의 유사 사건(pseudo-event)이 일어나도록 한다는 것이다. 에번스에 의하면 꿈은 REM 수면 동안 검색되고 저장된 방대한 정보의 작은 일부분에 지나지 않는다. 그리고 그것은 우리의 의식적 마음이 잠깐 흘끗 본 것이고, 우리가 깬 다음 기억할 수 있는 것이다.

꿈을 분석해 보면 꿈의 정서적 내용은 매우 다양하다(Businck & Kuiken, 1996; Kuiken & Sikora, 1993). 여기에는 악몽, 공포감을 주는 꿈, 자신을 행복하게 해 주는 중요한 타인들에 관한 사교적 꿈, 심한 슬픔을 주는 사랑하는 사람의 상실에 관한 꿈, 혹은 혼란과 기이함을 야기하는 기괴한 꿈 등이 포함될 수 있다. 꿈의 내용이 개인의 갈등을 반영할 수도 있지만 꿈이 이 갈등을 해결하는 데 반드시 기능하는 것은 아니다(Levin & Nielsen, 2007). 꿈에는 그날 있었던 일의 조각이 나타날 수 있지만 모든 기억이 포함되는 것은 아니다(Nielsen & Stenstrom, 2005). 그보다는 어머니를 닮은 낯선 사람을 꿈속에서 보는 것과 같이 낮에 일어났던 일의 파편이 포함될 뿐이다. 더구나 꿈속에는 긍정적 감정보다 부정적 감정이 더 많다. 한마디로 꿈은 전날 활동의 단순한 연장이라고 볼 수 없다.

### 중간 요약

- 뇌파의 패턴에서 수면은 네 단계(깊이)가 있고, 여기에 더해 빠른 안구 운동(rapid eye movement, REM)으로 특징지어지는 다섯 번째의 단계가 추가된다. 이 단계들은 밤 수면 동안 번갈아 나타난다. 꿈은 이전의 네 단계 수면(NREM)보다 REM 수면 동안 더 자주 나타난다.
- 수면의 대립 과정 모형에서는 2개의 대립 과정, 즉 항상적 수면추동 과정과 시간 의존적 각성 과정이 수면에 들거나 아니면 각성 상태에 있고자 하는 경향을 서로 상호작용하여 결정한다. 어떤 주어진 시간에 수면에 들거나 각성 상태에 있게 하는 것은 이 두 과정에 의해 발휘된 상대적 힘에 따라 달라진다.
- 수면장애에는 수면 결핍, 불면증, 발작수면, 무호흡증을 포함하여 여러 가지 유형이 있다.
- 프로이트는 꿈에 심리적 원인이 있다고 생각했고, 표현적 내용과 잠재적 내용을 구분했으며, 꿈이 위장된 소망이라고 제안했다.
- 다른 꿈 이론들은 꿈을 수면 중 뇌 활동에 의해 이루어지는 정보처리가 반영된 것으로 본다.

### 비판적 사고를 위한 물음

1. 실제로 일어나기 전까지는 기대하지 않았던 사건에 대해 사람들이 꿈을 꾼 것으로 보이는 사례를 꿈 이론가들은 어떻게 설명할 것인가?
2. 꿈을 기억하는 경향성과 관련될 수 있는 성격 특성은 무엇이라고 생각하는가?

## 명상

**명상** meditation이란 호흡의 통제나 조절, 주의폭의 엄격한 제한, 외적 자극의 제거, 요가 자세 취하기, 어떤 사건이나 상징에 대한 심상 형성 등과 같이 특정한 의식(儀式)과 수련을 수행함으로써 변성의식 상태에 이르는 것을 말한다. 명상을 하면 기분이 좋아지고, 정신적 · 신체적으로 이완감을 느끼는 가벼운 수준으로 변성된 주관적 심리 상태가 된다. 본격적인 명상 수행을 하고 나면 어떤 사람들은 자기인식(self-awareness)이 사라지는 반면, 어떤 것이라고 정확하게 말할 수는 없지만 보다 넓은 의식으로 들어가는 느낌을 경험한다. 이와 같은 명상 기법에 의해 의식의 변화가 초래된다는 믿음은 고대로까지 거슬러 올라가고 모든 주요 종교에서도 찾아볼 수 있는데, 예를 들어 불교, 힌두교, 회교, 유대교, 기독교에는 명상 상태 유도 의식을 기술한 문헌이 있다.

**명상 의식에는 호흡 조절, 주의의 범위 한정하기, 외부 자극 제거하기, 어떤 사건이나 상징에 대한 심상 만들기 등의 과정이 있다. 명상의 전통적인 형태는 요가 수행을 따른다.**

전통적 형태의 명상은 힌두교 사상에 바탕을 둔 요가나 중국 또는 일본 불교에서 파생된 선(禪)의 수행 방식을 따른다. 일반적인 두 가지 명상 기법이 있는데, 하나는 통찰 명상(opening-up meditation)으로 이 기법에서 수행자는 새로운 경험을 받아들이기 위해 마음을 깨끗하게 닦아 나간다. 또 다른 기법은 집중 명상(concentrative meditation)이다. 이 기법은 특정 대상, 단어, 또는 생각에 적극적으로 주의를 기울임으로써 수행을 통한 이득을 얻고자 한다. 다음은 전형적인 통찰 명상에 대해 기술한 것이다.

> 통찰 명상은 처음부터 아무것도 하지 않고, 아무런 생각도 하지 않고, 자기 스스로 애쓰지 않고, 완전히 이완하고, 자신의 마음과 몸에 집착을 두지 않고, … (중략) … 마음에 두고 있는 계속 변하는 생각이나 느낌의 흐름으로부터 한 발짝 벗어나 이 흐름의 갑작스러운 변화를 주의 깊게 살펴본다. 이 흐름 속으로 빨려 들어가는 것을 거부한다. 대신 다음과 같은 은유로 바꾼다. 당신의 생각, 느낌, 소망이 무리 지어 창공을 날아가는 새 떼라고 생각하고 그것을 바라보라. 그 새들이 자유롭게 날아가도록 그냥 내버려 두고 계속 바라만 보라. 새 떼가 당신을 꾀어 구름 속으로 날아가도록 해서는 안 된다. (Chauduri, 1965, pp. 30–31)

다음은 집중 명상에 해당하는 내용이다.

> 집중 명상의 몇 가지 방법 중 이 방법의 목적은 주의집중을 배우는 것이다. 당신의 목표는 푸른색 병에 주의를 집중하는 것이다. 주의를 집중한다는 것은 이 병의 상이한 여러 부분을 분석하는 것을 의미하지 않는다. 다른 사물과는 연결 짓지 않고 오직 그 자체로 존재하는 병만을 바라보도록 노력할 뿐이다. 그 밖의 모든 생각, 느낌, 소리, 또는 신체 감각은 모두 배제하라. (Deikman, 1963, p. 330)

집중 명상을 몇 회 하고 나면 사람들은 흔히 다음과 같은 효과를 보고한다. 그 병에 대해 보다 각성되고, 보다 강력한 지각이 이루어진다. 시간이 짧아진 듯한 느낌이 드는 데 특히 회고할 때 더욱 그렇다. 마치 병이 시야를 가득 채우고 있는 것 같기도 하고 아닌 것 같기도 느껴지는 갈등적 지각을 경험한다. 외부 자극의 영향력이 감소

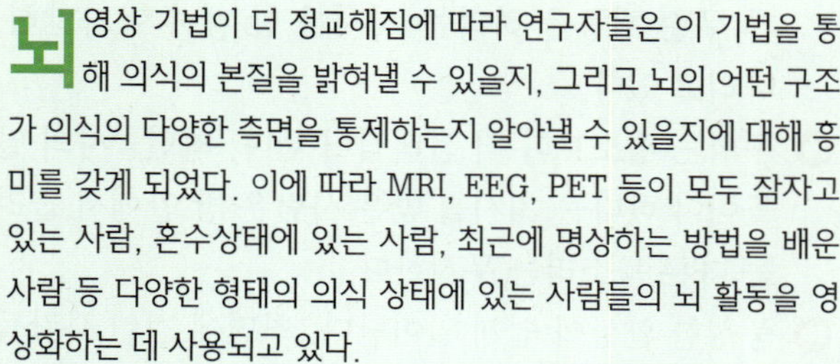

## 첨/단/연/구

### 의식은 어떤 모습인가?

*Susan Nolen-Hoeksema,* 예일대학교

뇌 영상 기법이 더 정교해짐에 따라 연구자들은 이 기법을 통해 의식의 본질을 밝혀낼 수 있을지, 그리고 뇌의 어떤 구조가 의식의 다양한 측면을 통제하는지 알아낼 수 있을지에 대해 흥미를 갖게 되었다. 이에 따라 MRI, EEG, PET 등이 모두 잠자고 있는 사람, 혼수상태에 있는 사람, 최근에 명상하는 방법을 배운 사람 등 다양한 형태의 의식 상태에 있는 사람들의 뇌 활동을 영상화하는 데 사용되고 있다.

예를 들어 한 연구에서 완전한 식물인간 상태인 16명의 뇌 손상 환자들에게 오른손으로 주먹을 쥔 다음 손을 다시 풀거나 두 발의 발가락을 모두 오므린 후 다시 펴는 것을 상상하도록 지시했다(Cruse et al., 2011). 환자들의 EEG를 분석한 결과, 16명 중 3명에게서 상상하도록 지시받은 행동과 일치하는 뇌의 운동영역에서 뇌 활동이 관찰되었다. 이러한 결과는 이 3명의 환자가 상상하도록 지시받은 과제를 실제 행동으로 반응하지 못하는 경우에도 그랬다. 이와 유사하게, fMRI를 사용한 연구도 완전한 식물인간 상태인 사람들 중 대략 17%에서 어떤 운동 행동에 관여하도록 지시한 것과 일치하는 뇌 활동이 관찰된다는 것을 발견했다(Monti et al., 2010; Owen et al., 2006). 이러한 결과는 뇌 손상을 입은 사람들이 실제로 의식에 결여가 있는지를 좀 더 정확하게 진단하는 데 뇌 영상 기법이 사용될 수 있다는 가능성을 제기한다.

다른 연구자들은 일반 사람들과 변성의식 상태에 도달한 전문가 사이에 뇌 구조와 뇌 기능의 차이가 있는지 관심을 갖고 있다. 구체적으로 이 연구자들은 장기적인 명상 수련이 뇌 기능에 미치는 효과를 이해하기 위해 뇌 영상 기법을 사용해 왔다(Lutz et al., 2007 참조). 이 연구의 참가자는 숙련된 불교 명상가(1만 시간 이상의 명상 수련자)와 명상 수련 초심자들이었다. 한 연구(Brefczynski et al., 2004)에서 참가자들은 개별 대상(스크린상에 제시된 하나의 흰색 점)에 하나씩 그리고 동요 없이 마음을 집중하는 집중 명상(focused attention meditation)을 수행했다. MRI 분석 결과, 전문가와 초심자 모두 명상 단계 동안은 휴식 단계에 비해 주의와 관련된 뇌 영역의 활성화가 더 증가되었음이 관찰되었다. 그러나 명상 동안 초심자에 비해 전문가의 경우에는 주의와 관련된 뇌 영역의 활성화가 더 컸다. 이와 대조적으로 초심자들은 전문가보다 오류 탐지와 관련된 뇌 영역의 활성화가 더 컸는데, 아마도 초심자는 집중을 유지하기가 더 어렵고 그래서 흰색 점으로부터 주의가 더 자주 벗어났기 때문일 것이다.

다른 연구에서 이 연구자들은 불교 수행자와 초심자들로 하여금 자비와 연민의 무조건적인 감정을 자아내는 명상을 수행하도록 했다. 뇌 영상 자료의 분석 결과, 이러한 상태 동안 전문가와 초심자 모두 긍정적인 정서, 운동 계획과 관련된 뇌 영역의 활성화가 증가되었으며 전문가는 초심자보다 이 영역의 활성화가 더 컸다. 연구자들은 이러한 자료가 타인을 향한 자비의 의식 상태가 정서적 처리와 함께 이러한 감정에 따라 행위하려는 경향 모두를 포함한다는 것을 시사한다고 해석했다.

이러한 연구는 명상과 같이 어떤 의식 상태를 수련하는 것이 어떻게 뇌 기능을 실제로 변화시킬 수 있을지에 관한 흥미로운 물음을 제기한다. 또한 어떤 정신활동을 훈련함으로써 뇌에서 새롭거나 변형된 활동이 생성되도록 하는 데 도움을 주어 뇌 손상이나 뇌에 결함이 있는 사람을 위한 치료가 될 수 있다는 희망을 제기한다. 그러나 이러한 연구가 의식의 본질에 관해 말해 주는 것이 있는가? 의식을 이해하는 데 한 가지 장애물은 마음속에서 무엇이 일어나고 일어나지 않는지 결정하는 데 아직은 개인의 자기보고에 의존할 수밖에 없다는 것이다. 따라서 정교한 뇌 영상 기법은 의식과 관련된 뇌 활동의 모습을 보여 주기는 하지만 의식 자체를 직접 보여 주지는 못한다.

되는 것 같다(외부 자극에 의해 덜 교란되고 외부 자극을 의식 속에 담아 넣는 양이 줄어든다). 명상 상태에서는 기분이 좋고 뭔가 이롭다는 인상을 받는다.

8주 동안 명상 수련을 받은 사람들을 대상으로 수행한 실험 연구에 의하면 명상 수련을 받은 사람들은 (대기자로 구성된 통제집단에 비해서) 불안과 기타 부정적 정서가 감소하고, 긍정적인 정서와 관련된 뇌 영역의 활동이 증가하며, 면역체계의 기능이 향상되었다(Davidson et al., 2003). 명상 수련은 스트레스 관련 장애를 가진 사람들을 위한 개입 방법으로 점차 많이 사용되고 있다(14장 참조). 어떤 연구자들은 명상의 이익이 주로 신체의 이완으로부터 오는 것이라고 주장한다. 다른 연구자들은 명상 수행을 통한 심리적 유익함이 반복적으로 떠오르는 괴로운 생각을 신경 쓰지 않고 제쳐 두는 것을 학습하는 데 있다고 주장한다(Holzel et al., 2011).

### 중간 요약

➔ 명상은 요가, 선과 같은 계획적인 의례나 수련을 통해 의식

을 바꾸려는 노력을 말한다.

➔ 명상의 결과, 수행자가 극단적으로 이완되고 외부 세계로부터 벗어나는 듯한 약간은 신비한 느낌을 갖게 된다.

**비판적 사고를 위한 물음**

1. 매일 명상을 실천하는 사람들은 명상 수행의 결과로 일상생활 동안 겪는 스트레스에 더 침착하고 더 잘 대처할 수 있다는 반응을 보인다고 말한다. 만약 이것이 사실이라면 이러한 명상의 효과를 가져온 것은 무엇인가?

2. 명상이 신체 건강을 증진할 수 있다는 몇 가지 증거가 있다. 만약 그렇다면 이러한 효과를 일으키게 하는 기제는 무엇인가?

## 최면

이 장에서 논의했던 변성의식 상태 가운데 **최면** hypnosis 만큼 의문이 많이 제기된 것도 없다. 한때는 최면을 신비주의와 관련해 논의한 적도 있었지만 지금은 엄격한 과학적 연구의 주제로 삼고 있다(Kihlstrom, 2007). 다른 심리학 연구 분야와 같이 최면의 연구에도 불확실한 것이 많지만 오늘날에 와서는 많은 과학적 사실이 밝혀졌다. 이 절에서는 이렇게 논쟁거리였던 최면이란 현상에 관해 밝혀진 내용을 탐색해 볼 것이다.

### 최면 유도

최면에서는 자발적이고 협조적인 사람(대부분의 상황에서 최면에 잘 들어갈 수 있는 사람만)이 최면술사에게 자신의 행동 통제를 맡기고 약간의 왜곡된 현실을 받아들인다. 최면술사는 이러한 조건을 유도하기 위해 여러 가지 방법을 사용한다. 예컨대 점차적으로 이완시키면서 어떤 조그마한 목표물(예: 벽 위의 못)에 초점을 모은다. 최면술사는 이 사람에게 졸리게 된다고 암시한다. 왜냐하면 수면과 같이 최면은 일상적 환경의 요구에 응할 수 없는 이완된 상태이기 때문이다. 수면이라고 말한 것은 단지 하나의 은유에 불과하다. 그 사람에게는 실제로 수면에 빠지는 것은 아니고 계속 최면술사의 암시를 들을 수 있을 것이라고 말해 준다. 다음은 최면 상태에서 나타나는 특징적 변화이다.

- 계획적인 행동이 멈춰진다. 깊은 수준의 최면에 걸린 사람은 자발적으로 행동을 일으키지 않고 최면술사가 무슨 행동을 하라는 지시를 할 때까지 가만히 기다리고 있다.
- 주의는 평소보다 더 선택적이 된다. 최면술사의 말만 들어야 한다는 지시를 받은 사람은 방 안에서 들려오는 다른 목소리는 무시한다.
- 풍성한 환상이 쉽게 일어난다. 최면에 걸린 사람들은 시간과 공간상 멀리 떨어져 있는 장소에서 일어난 경험을 스스로 즐길 수 있다.
- 현실 검증이 줄어들고 현실 왜곡은 쉽게 받아들인다. 이들은 환상적 경험(예: 어떤 사람이 옆 의자에 앉아 있는 것으로 믿고 그 사람과 이야기를 나눈다)을 받아들이고 그것이 실제인지 알아보려 하지 않는다.
- 피암시성이 증가한다. 어떤 사람이 완전한 최면에 걸리기 위해서는 암시를 받아들이지 않으면 안 되지만 과연 최면하에서 암시성이 증가하는지는 논쟁거리이다. 좀 더 면밀한 연구의 결과에 따르면 예상한 것만큼은 못되지만 최면 유도 후 피암시성이 증가된다고 한다(Wegner, 2002).
- 최면 후 기억상실이 흔히 나타난다. 지금까지의 일을 기억하지 못할 것이라는 암시를 받으면, 최면에 잘 반응하는 사람은 최면 동안 일어났던 일을 전부 또는 거의 대부분 잊어버린다. 앞서 제공되었던 복구 신호를 제시해 주면 기억이 되살아난다.

그림 6.4에서 보듯이 모든 사람이 최면에 똑같이 반응하는 것은 아니다. 인구의 대략 5~10% 정도는 기술이 좋은 최면술사에 의해서도 최면에 걸리지 않는다. 나머지는 최면에 대한 감수성의 정도에 따라 차이를 보인다. 그러나 일단 한 번 최면에 걸린 사람은 다음에도 최면에 걸리기 쉽다(Kihlstrom, 2007).

### 최면 암시

최면에 걸린 사람에게 암시를 주면 행동과 경험에 다양한 변화가 일어난다. 운동 통제가 영향을 받을 수도 있고, 새롭게 형성된 기억이 망각될 수도 있고, 옛날 기억

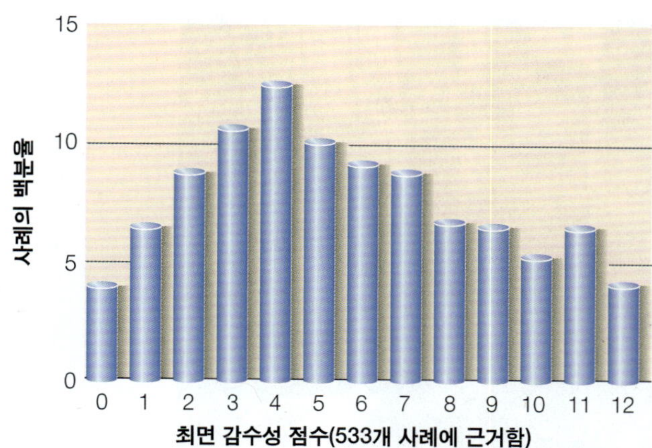


**그림 6.4** **피최면성에서의 개인차.** 참여자들에게 최면을 건 후 12개의 상이한 최면 암시를 주었다. 각 암시에 대한 참여자의 반응 유무에 따라 0점 혹은 1점을 부여한 후 이를 합산했다. 따라서 사람들의 점수는 0점(12개의 암시에 모두 반응이 없을 때)에서 12점(모든 암시에 반응했을 때)의 범위이다. 대부분의 사람들은 중간 범위의 점수를 보인다.

이 새롭게 경험될 수도 있으며, 현재의 지각은 급속하게 바뀌게 된다.

## 운동의 통제

최면에 걸린 사람은 암시에 따라 불수의적인 운동 반응을 보인다. 예컨대 한 사람이 두 팔을 앞으로 나란히 뻗쳐 두 손의 표면을 서로 마주 보게 하고, 최면술사가 두 손이 서로 끌어당긴다는 암시를 주면 두 손은 조금씩 움직이기 시작하는데, 마치 어떤 외부의 힘에 의해 두 손이 움직여지는 것처럼 느끼게 된다. 직접적 지시는 운동을 억제할 수도 있다. 만약 최면에 대한 감수성이 높은 사람에게 팔이 굳어 뻣뻣하다(예: 쇠막대나 부목을 댄 팔과 같다)는 암시를 준 다음 팔을 굽혀 보라고 하면 팔을 잘 굽히지 못하거나 혹은 팔을 굽히기 위해 평소보다 더 많은 노력을 해야 한다.

**최면 후 반응** posthypnotic response은 최면에서 깨어난 사람이 최면술사가 미리 마련해 둔 신호에 따라 운동 반응을 보이는 것을 말한다. 지시받은 암시를 잊어버렸다 하더라도 그 행동을 수행해야 한다는 강박감을 느낀다. 이 사람은 이런 행동을 수행하려는 욕망이 충동적이라는 것을 알면서도 이 행동을 합리적인 것으로 정당화하려고 애쓴다. 예컨대 최면술사가 (미리 준비된 신호로) 안경을 벗었을 때, 한 젊은이는 자기가 왜 창문을 열었는지에 대해 그럴듯한 설명을 하기 위해 그 방이 답답하다고 말했다.

## 최면 후 기억상실

최면술사의 암시에 들어가면, 최면술사에게 신호를 받아 회상할 수 있을 때까지는 최면 중에 일어난 사건을 망각할 수 있다. 이것을 **최면 후 기억상실** posthypnotic amnesia이라 한다. 그림 6.5에서 볼 수 있듯이 최면 후 기억상실에 빠질 수 있는 취약성에는 개인차가 심하다. 이 연구에서 회상해야 할 항목의 수는 최면 동안 참여자가 수행했던 열 가지 활동이다. 극소수의 참여자는 전혀 망각하지 않았거나 단지 한두 항목만 망각했지만 대부분의 참여자는 4~5개 정도의 항목을 망각했으며, 상당한 수의 참여자는 10개 항목 모두를 망각했다. 최면 후 기억상실에 관한 다른 많은 연구에서도 이와 유사한 결과를 보여 주었다. 참여자들 대부분은 높은 수준의 회상을 보이는데 아마도 이것이 평균적인 최면 반응자가 나타내는 수준으로 보인다. 이 연구에서 10개 항목 모두를 망각한 참여자는 '최면의 명인(hypnotic virtuosos)'이라고 기술되었다.

두 집단 간의 회상 차이는 기억 능력의 차이와는 관련

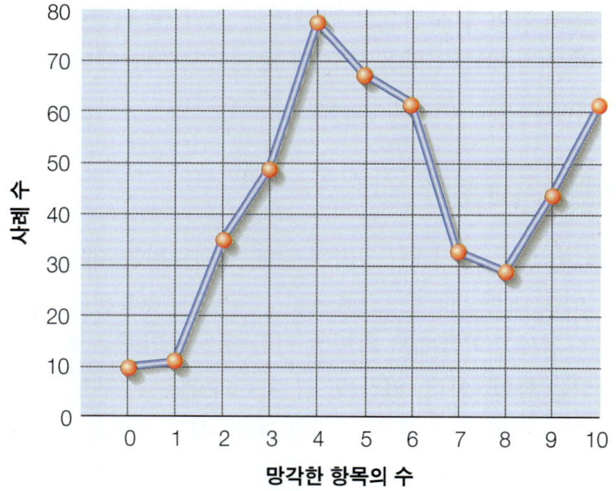


**그림 6.5** **최면 후 기억상실증의 분포.** 최면에 걸려 있는 동안 각자 열 가지 동작을 수행하게 하고, 최면 후 이 동작들을 기억하도록 지시했다. 최면 동안 일어났던 일에 대해 질문을 받았을 때 이들이 회상하는 데 실패한 동작의 수는 사람마다 달랐다. 즉 개인이 보인 망각의 수준은 0점부터 10점까지 다양하게 나타났다. 이 실험에는 모두 491명이 참여했는데, 이 그래프는 망각한 항목의 수에 따른 사람들의 사례 수를 보여 준다. 최면 후 기억상실은 양봉 분포를 이루는데, 즉 4개와 10개 항목을 망각한 사람의 수가 가장 많았다.

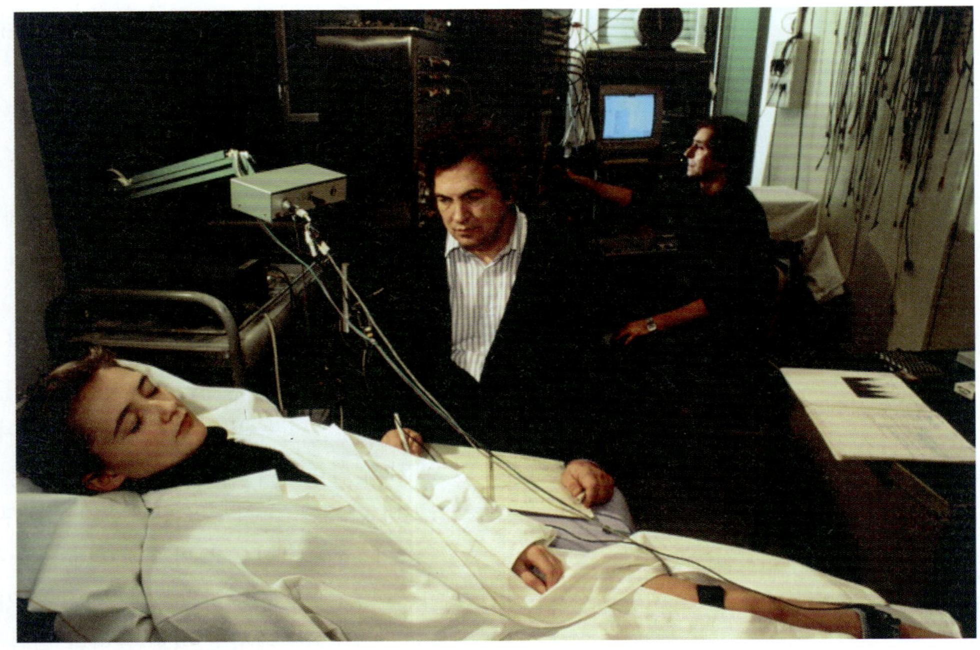

최면은 많은 생리적 · 심리적 장애를 치료하는 데 사용된다.

이 없는 것 같다. 즉 최면술사가 미리 준비한 신호에 의해 기억상실이 취소되면 심한 기억상실 참여자도 기억상실이 없던 사람만큼 많은 항목을 기억해 낸다. 몇몇 연구자들은 기억으로부터 특정 항목을 인출해 낼 수 있는 개인의 능력이 일시적으로 방해받는 것일 뿐 최면이 실제 기억 저장에는 영향을 미치지 않는다고 제안했다(Kihlstrom, 2007).

## 치료로서의 최면

최면은 많은 생리적 · 심리적 장애를 치료하는 데 사용된다(이에 대한 개관은 Lynn et al., 2000; Pinnell & Covino, 2000 참조). 의학에서 최면은 의학이나 치의학 치료와 관련되는 불안, 천식, 위장병, 암 치료와 관련된 구토, 그리고 일반적인 통증 관리에 사용된다. 심리장애를 치료할 때 최면은 중독을 극복시키는 데 유용하게 사용되어 왔다. 최면 사용에 가장 논쟁이 되는 것은 정서적 문제의 치료에 대한 것이다. 최면의 치료적 사용을 지지하는 사람들은 최면이 심리적 문제의 이면에 있는 억압된 기억을 드러내는 데 도움을 준다고 주장하지만, 몇몇 연구자들은 심리치료에서의 최면 사용에 신중할 것을 요구한다(Kihlstrom, 2007 참조). 이들은 최면이란 치료자가 환자의 마음속에 일어나지 않았던 끔찍하고 잘못된 경험에 대한 기억을 심어 주는 것에 불과하다고 주장한다. 8장에서 이러한 반대 주장을 뒷받침하는 좀 더 본질적인 증거에 대해 논의할 것이다.

### 중간 요약

- 최면은 최면술사와 최면술사의 지시에 주의를 집중하는 반응 상태이다.
- 대부분의 사람들은 최면에 걸릴 감수성을 어느 정도 갖고 있기는 하지만 어떤 사람은 다른 사람보다 더 쉽게 최면에 걸릴 수 있다.
- 최면의 특징적 반응에는 운동 조절 능력이 높아지거나 낮아지는 것, 최면 후 기억상실을 통한 기억 왜곡, 긍정적 환각과 부정적 환각이 포함된다.
- 통증의 감소는 최면으로 얻는 이점 중 하나이다.

### 비판적 사고를 위한 물음

1. 당신은 좋은 최면 반응자라고 생각하는가, 그렇지 않다고 생각하는가? 왜 그렇게 생각하는가?
2. 만약 최면이 암시성이 높은 사람들의 마음속에 잘못된 관념을 심어 놓은 것에 불과하다면 최면 현상이란 바른 것이 아님을 의미하지 않을까?

## 향정신성 약물

명상과 최면 외에 약물도 사람의 의식 상태를 바꿀 수 있다. 오랜 옛날부터 사람들은 흥분과 이완을 위해, 수면 촉발이나 수면 저지를 위해, 일상적인 지각을 높이기 위해, 또는 환각을 일으키기 위해 각종 약물을 사용해 왔다. 약물(drug)이란 말은 유기체의 기능을 화학적으로 바꾸는 어떤 물질(음식물과는 다른)을 언급하는 데 사용된다. **향정신성 약물** psychoactive drug은 행동, 의식, 기분에 영향을 미치는 약물을 말한다. 이런 약물에는 헤로인이나 마리화나와 같이 불법적으로 암거래되는 뒷골목의 약물뿐만 아니라 신경안정제나 흥분제와 같은 합법적인 약물도 포함된다. 알코올, 니코틴, 카페인과 같이 아주 친숙하게 널리 사용되는 약물도 이러한 약물의 범주에 포함된다.

어떤 특정 약물이 합법적이냐 불법적이냐 하는 것은 그 약물의 위험성과는 관련이 없다. 예컨대 카페인(커피)은 거의 모든 문화에서 전적으로 받아들여지고 있으며 사용에 대한 규제도 없다. 니코틴(담배)은 대개의 문화에서 최소한의 규제를 받고 있다. 알코올은 보다 많은 규제를 받지만 합법적이다. 마리화나는 어떤 나라에서는 합법이고 어떤 나라에서는 불법이다. 이런 많은 약물 가운데서 니코틴이 가장 해롭다. 왜냐하면 매년 수십만 명이 니코틴의 유해성으로 사망하기 때문이다. 만약 담배가 이전부터 사용된 것이 아니고 어떤 사람이 지금 우리 사회에 담배라는 것을 처음으로 들여오고자 한다면 우리는 니코틴의 합법성 여부를 신중하게 따져 볼지도 모를 일이다.

표 6.2에는 가장 빈번하게 사용되거나 남용되는 향정신성 약물의 목록과 분류를 제시했다. 카페인과 니코틴도 이 표에 포함되어 있다. 비록 이 두 약물은 흥분제로서 건강에 부정적인 영향을 미칠 수 있지만 사람의 의식 상태를 심각하게 변화시키는 것은 아니기 때문에 여기서는 논의하지 않을 것이다.

성인이 사용하는 약물의 대부분은 시험 삼아 해 보는 데에서 연유한다. 전형적으로 청년들은 알코올과 마리화나를 호기심에 사용해 보기도 하고 때로는 헤로인과 코카인 같은 것도 접해 보지만 나이가 들면서 만성적·장기적으로 사용하지는 않는다. 그러나 이런 약물은 대뇌에 강력한 강화 효과를 미치기 때문에 시험 삼아 접해 본 사람도 금방 약물을 더 갈망하게 되며, 약물 복용을 멈추면 더욱 어려운 지경에 이르게 된다. 더구나 어떤 사람에게는 이 약물에 심리적·생리적으로 의존하게 될 취약성을 높이므로 시험 삼아 한두 번 접하는 것조차도 매우 위험할 수 있다.

**표 6.2 흔히 사용되거나 남용되는 향정신성 약물**

각 약물 분류별로 소수의 예를 들었다. 일반명(예: 사일로사이빈) 또는 상표명(예: 알프라졸람은 자낙스, 세코바르비탈은 세코날) 중에서 더 친숙한 용어를 사용했다.

| 억제제(진정제) | 흥분제 |
|---|---|
| 알코올(에탄올) | 암페타민 |
| 바르비투르 | 벤제드린 |
| 넴뷰탈 | 덱세드린 |
| 세코날 | 메세드린 |
| 신경안정제 | 코카인 |
| 밀타운 | 니코틴 |
| 자낙스 | 카페인 |
| 발륨 | 환각제 |
| 흡입제 | LSD |
| 페인트시너(신나) | 메스칼린 |
| 접착제(본드) | 사일로사이빈 |
| 아편제(마약제) | PCP(펜사이클리딘) |
| 아편과 그 파생물 | 대마초 |
| 코데인 | 마리화나 |
| 헤로인 | 하시시 |
| 모르핀 | |
| 메타돈 | |

표 6.2에 실린 약물은 특수한 생화학적 방식으로 뇌에 작용하여 행동과 의식에 영향을 미치는 것으로 여겨진다. 이러한 약물을 반복 사용하면 언제든지 거기에 의존하게 된다. DSM-5에서는 DSM-IV와 달리 약물 남용과 의존성을 따로 분리하지 않았다. 그보다는 약물 남용 장애에 대한 준거를 제공하고 이와 함께 중독, 금단, 약물/의약품 유발 장애, 필요할 경우 상세불명 약물 유도 장애 등에 대한 기준도 제공하고 있다. **약물 의존성** drug dependence은 세 가지 중요한 특징이 있다. (1) 내성(tolerance)—계속 사용하면 동일한 효과를 얻기 위해 보다 많은 용량의 약물을 취해야 한다. (2) 금단(withdrawal)—약물의 사용을 멈추면 불쾌한 생리적·심리적 반응을 경험한다. (3) 강박적 사용—의도했던 것보다 많은 양의 약물을 취

하고, 약물 사용을 통제하려고 애쓰지만 실패하여 그 약물을 얻기 위해 많은 시간을 소비하게 된다.

내성의 증가와 **금단 증후** withdrawal symptom의 심각성 정도는 약물의 종류에 따라 차이가 난다. 예컨대 아편(opiates)의 내성은 매우 신속하게 이루어지며, 과다 사용자의 경우 비사용자라면 치사량에 이를 수 있는 투여량에도 내성을 보일 수 있다. 이와 대조적으로 마리화나 흡연자는 이런 높은 내성이 거의 생기지 않는다. 알코올, 아편제, 항우울제의 장기간 또는 과다 사용자에게는 금단 증후가 흔히 나타난다. 그러나 흥분제 사용자에게서도 금단 증후가 흔하지만 크게 두드러지지는 않으며, **환각제** hallucinogen 반복 사용자에게서는 금단 증후가 일어나지 않는다(Brick, 2008).

내성과 금단 현상이 약물 의존성의 일차적 특징이기는 하지만 진단에 꼭 필요한 것은 아니다. 마리화나 사용자에게서 볼 수 있는 것처럼 내성이나 금단 증후 없이도 강박적으로 약물을 사용하려는 사람은 약물 의존성이 있다고 간주할 수 있다.

DSM-5 이전에 언급된 **약물 남용** drug misuse이란 말은 그 약물을 계속 사용하여 심각한 결과를 낳기도 하지만 그 약물에 의존적이 되지는 않는다는 것을 의미한다(다시 말해 약물에 대한 내성, 금단 또는 강박적 갈망과 같은 증후를 보이지 않는다). 예컨대 알코올에 지나치게 빠져 있는 사람이 (의존성의 징후 없이도) 반복적인 사고, 직장 결근, 결혼 생활의 문제 등을 보인다면 이 사람은 알코올을 남용한다고 할 수 있다.

이 절에서는 몇 가지 유형의 향정신성 약물을 살펴보고, 이것이 약물 사용자에게 어떠한 영향을 미치는지 알아볼 것이다.

## 억제제

**억제제** depressant는 중추신경계를 억압하는 약물이다. 억제제에는 신경안정제, 바르비투르(수면제), 흡입제(휘발성 용매나 에어로졸), 에틸알코올이 포함된다. 물론 이 가운데 가장 흔히 사용되고 남용되는 것이 알코올이기 때문에 알코올에 초점을 두어 설명할 것이다.

### 알코올과 그 영향

대부분의 사회에서 사람들은 어떤 형태로든 알코올을 섭취한다. 알코올은 호밀, 밀, 옥수수와 같은 곡물이나 포도, 사과, 자두와 같은 과일, 감자와 같은 채소 등 다양한 물질의 발효로 얻을 수 있다. 위스키나 럼처럼 증류 과정에 따라 발효 음료의 알코올 함유량이 높은 것도 얻을 수 있다.

음용에 사용되는 알코올을 에탄올이라 부르는데, 이것은 비교적 작은 분자로 되어 있어 신체 내부로 쉽고 빠르게 흡수될 수 있다. 에탄올을 마시면 위와 작은창자로 들어간다. 이곳에는 작은 혈관이 밀집되어 있어서 에탄올 분자가 혈액 속으로 쉽게 들어갈 수 있다. 일단 에탄올 분자가 혈관 속으로 들어가면 몸 전체로 퍼져 모든 기관 속에 쉽게 들어갈 수 있다. 알코올이 몸 전체에 고루 퍼지기는 하지만 그 영향은 뇌에서 가장 두드러지고 즉각적으로 나타난다. 그 이유는 매 순간 심장이 내보낸 혈액의 상당 부분이 뇌로 들어가고 뇌 속의 지방 조직이 알코올을 잘 흡수하기 때문이다.

(음주 측정기를 사용하여) 숨을 내쉴 때 호흡에 포함된 알코올양을 측정하는 것이 혈중 알코올의 양을 측정하는 믿을 만한 지표가 된다. 따라서 혈중 알코올 농도(blood alcohol concentration, BAC)와 행동 사이의 관계성을 파악하는 것은 비교적 쉬운 일이다. 혈액 중 0.03~0.05%의 알코올 농도라면(100mL의 혈액 중 30~50mg의 알코올이란 뜻) 알코올은 가벼운 현기증, 이완감, 억제의 풀림 등을 야기한다. 보통 때는 말할 수 없는 것을 말할 수 있게 되고, 보다 사교적이 되거나 대범해진다. 자신감이 증가하지만 운동 반응은 더욱 느려지게 된다. 이 모든 것을 종합해 보면 음주 후 차를 운전하는 것은 위험한 일이다.

BAC가 0.10%에 이르면 감각과 운동 기능에 현저한 손상이 일어난다. 말이 불명료해지고 운동 협응이 어려워진다. 어떤 사람들은 쉽게 화를 내고 싸움을 잘 걸며, 또

**알코올은 가장 많이 사용되는 억제제이다.**

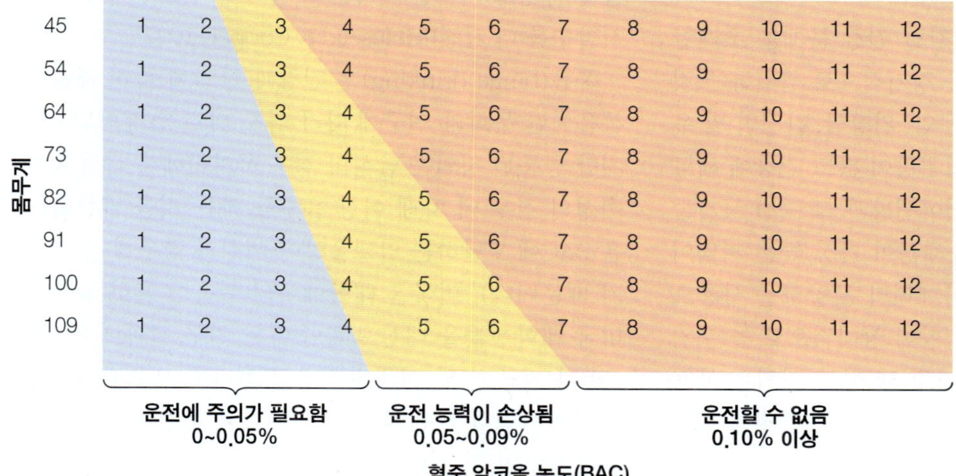


**그림 6.6 혈중 알코올 농도(BAC)와 음주량.** 2시간마다 알코올 섭취에 따른 혈중 알코올 농도의 추정치. 예컨대 몸무게가 82kg인 사람이 2시간 동안 맥주 4병을 마셨다면 혈중 알코올 농도는 0.05~0.09%이고 운전 능력이 심각하게 손상된다.

어떤 사람들은 침울해지기도 한다. 0.20%에 이르면 음주자는 매우 무력해지고, 0.40%에 이르면 죽음을 초래할 수도 있다.

얼마나 마시면 어느 정도의 BAC에 도달하는가? BAC와 알코올 섭취 간의 관계성은 그렇게 단순하지 않다. 음주자의 성, 체중, 술 마시는 속도에 따라 달라진다. 나이, 신진대사, 음주 경험도 요인이 된다. 알코올 섭취가 BAC에 미치는 영향은 다양하지만 평균적인 영향을 그림 6.6에 제시했다. 맥주나 포도주는 양주에 비해 취하는 정도가 덜하다. 맥주 한 병, 포도주잔으로 포도주 한 잔, 양주잔으로 위스키 한 잔은 거의 유사한 정도의 알코올 함량이고 비슷한 음주 효과를 보인다.

## 알코올 사용

많은 젊은이들은 음주를 사회생활을 영위하는 데 빠뜨릴 수 없는 것이라고 본다. 음주는 주흥을 북돋고 억제감을 해방시켜 주며 일반적으로 즐거움을 더해 준다. 그럼에도 불구하고 사회적 음주는 작업 시간을 허비하게 하고, 숙취로 이튿날의 업무를 망치게 되며, 술에 취한 상태에서는 남과 잦은 말다툼을 하게 되고, 사고를 일으키는 등의 문제를 야기할 수 있다. 음주로 인한 가장 큰 문제는 사고이다. 자동차 사고, 익사, 화상, 중독, 낙상 등 음주와 관련된 비고의적 손상으로 인해 매년 전 세계적으로 대략 60만 명이 사망하고 있다(WHO, 2005). 더욱이 살인자와 그 희생자의 절반 이상이 살인 사건 당시 알코올에 취한 상태였던 것으로 여겨지며, 자살하는 사람들은 종종 음주 상태에서 자살을 시도한다. 알코올 소비량은 나라와 문화마다 크게 다르다(그림 6.7 참조). 전 세계적으로 남성의 46%와 여성의 73%는 알코올 섭취를 자제하는데, 이러한 사람들은 대부분 북아프리카로부터 동부 지중해 위쪽, 중남아시아, 동남아시아를 거쳐 인도네시아의 섬에 이르는 벨트에 집중되어 있다(WHO,

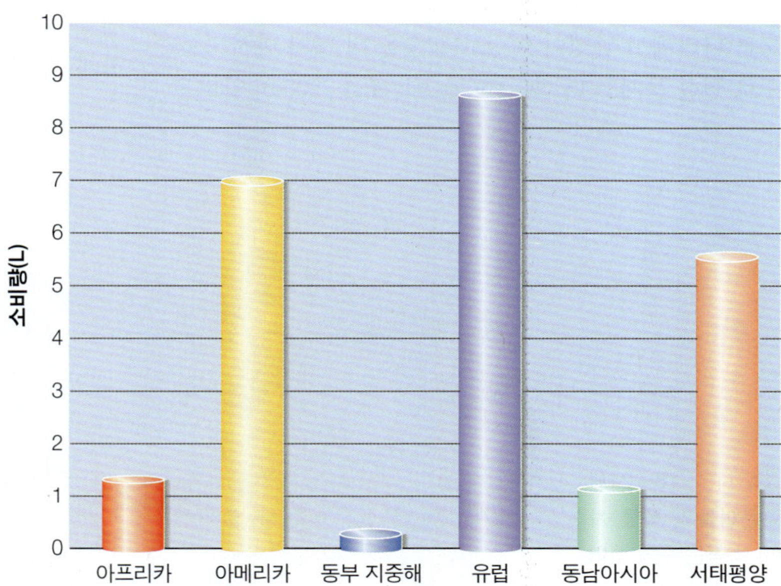


**그림 6.7 세계 여러 지역에서의 순수 알코올 소비량.** 문화마다 알코올 소비량이 매우 다르다(동남아시아는 인도와 이웃 국가들, 서태평양은 호주, 중국, 일본, 태평양 연안 국가들이 포함된 자료이다).

2010). 유럽을 포함하는 이외의 지역에서는 20% 이하의 사람들이 알코올 섭취를 자제한다.

폭음이나 장기적 음주는 심각한 건강 문제를 초래할 수 있다. 과도한 양의 알코올을 정기적으로 섭취하는 것은 고혈압, 뇌졸중, 구강암, 후두암, 위장암, 간경변 및 우울증 등과 관련된다. 알코올 섭취량이 많고 건강에 해로운 음주 문화를 갖고 있는 러시아연방과 그 주변 국가들은 건강 문제에서 알코올의 유해성이 가장 높은 지역이다(Rehm et al., 2009). 라틴아메리카도 알코올 사용으로 인해 건강에 대한 부정적 영향이 상대적으로 높은 지역이다. 알코올로 인한 해를 가장 덜 받는 지역은 아프리카, 동부 지중해, 아시아 남부 등으로 이슬람교를 믿는 사람이 많은 지역이 특히 그렇다.

알코올은 음주자에게 영향을 주지만 임산부가 음주를 하면 태아도 알코올에 노출되어 많은 부정적 영향이 발생한다. 음주를 심하게 하는 임산부는 반복적으로 유산하거나 저체중의 신생아를 출산할 확률이 2배 정도 더 높다. **태아 알코올 증후군** fetal alcohol syndrome은 임신 중 임산부의 음주로 야기되는데 신생아의 정신지체, 얼굴과 입에 복합 기형이 생기는 것이 특징이다. 이러한 증후를 일으키는 알코올의 양은 명확하지 않지만 주당 몇 온스 정도의 소량만 마셔도 유해한 결과가 초래될 수 있는 것으로 여겨진다(Streissguth et al., 1999).

## 알코올 장애에서의 성별과 연령 차이

모든 나라에서 남성이 여성보다 술을 더 많이 마시고 음주로 인한 문제도 더 많다(Wilsnack et al., 2009). 알코올 사용에서의 성차는 전통적인 성 역할(다시 말해 남자는 술을 마셔도 되지만 여자는 그러지 말아야 한다)을 중요시할수록 더 커진다(Huselid & Cooper, 1992).

폭음(binge drinking)은 건강과 안전에 특히 해롭다. 폭음이란 문화와 연구에 따라 다소 다르게 정의되고 있지만 공통된 정의는 남성의 경우 한자리에서 다섯 차례, 여성의 경우 네 차례 이상 음주를 하는 것을 말한다(높은 BAC에 도달하는 알코올양이 여성의 경우에 좀 더 적기 때문이다). 미국은 대학에서의 폭음이 흔한 일이다. 미국 대학생들을 대상으로 수행된 연구 결과에 따르면 45%가 지난 한 달 이내에 폭음을 했다고 보고했는데, 이 수치는 대학에 다니지 않는 18~22세 젊은이의 폭음 비율이 39%인 것과 비교된다(SAMHSA, 2005; Wechsler & Nelson, 2008). 공부 시간 상실, 수업 지각, 상해, 무절제한 성관계, 경찰과의 마찰 등이 폭음을 하는 대학생들이 보고한 문제 중 일부이다. 전 세계적으로 젊은이들의 폭음과 술에 취할 때까지 음주하는 경향이 더 증가하는 것으로 보인다(WHO, 2005). 그림 6.8은 여러 나라 18~24세 젊은이들의 폭음 패턴을 보여 준다.

나이가 많은 사람들은 젊은 사람들에 비해 알코올 남용이나 의존성이 적은데 여기에는 몇 가지 이유가 있다. 첫째, 나이가 들어 감에 따라 간이 알코올을 대사하는 데 시간이 오래 걸리고, 신체 수분 비율이 낮기 때문에 알코올의 흡수가 증가된다. 따라서 나이 든 사람들은 술에 더 잘 취하고, 알코올에 대한 부정적 경험을 더 심하고 빠르게 느낄 수 있다. 둘째, 나이가 들어 감에 따라 술을 과도하게 마시는 것과 같은 행동의 선택에 좀 더 신중해질 수

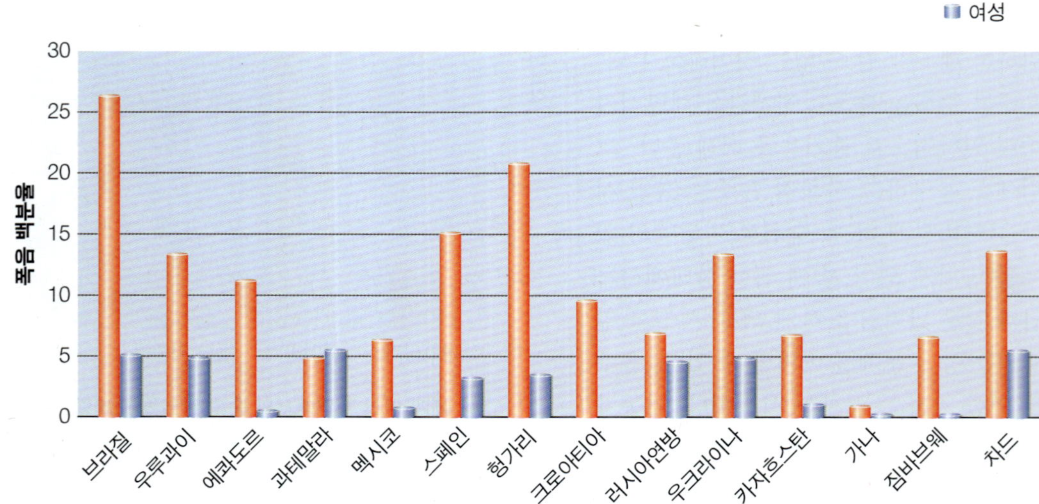


**그림 6.8 18~24세 젊은이들의 폭음 차이.** 폭음은 주당 적어도 한 번에 한 장소에서 표준량의 5배 이상을 마시는 음주를 말한다.

있다. 셋째, 나이 든 사람들은 젊은 사람들에 비해 알코올 사용이나 남용에 대해 보다 강한 금지를 받았으며, 알코올 중독을 큰 오점으로 여기는 사회에서 살아왔고, 그것이 젊은이들보다 음주를 줄이는 쪽으로 가게 한 것 같다. 마지막으로, 여러 해에 걸쳐 과다하게 알코올을 섭취한 사람들은 노인이 되기 전에 알코올 관련 질병으로 죽게 된다.

## 불법 약물

불법 약물 illicit drug은 심리적 영향이 크고, 많은 국가에서 법적으로 제한되고 금지된 약물이다. 헤로인과 같은 아편제, 코카인과 같은 흥분제, 환각제, 대마초 등이 그 예이다. 유엔은 불법 약물 사용자가 전 세계적으로 1억 8,500만 명이 넘는다고 보고하는데, 가장 많이 사용되는 불법 약물은 대마초이다(그림 6.9 참조; WHO, 2008). 이용되는 모든 약물의 절반 이상이 대마초이고, 매년 세계 인구의 2.5%가 대마초를 소비하고 있다.

### 대마초

대마초 cannabis는 기분 고양, 인지 기능과 운동 기능의 손상, 때로는 환각을 발생시키는 향정신성 물질이다. 대마초는 향정신성 효과 때문에 고대 시절부터 줄곧 재배되어 왔다. 대마의 말린 잎과 꽃은 마리화나 marijuana를 만드는 데 이용되고, 이 식물의 진을 응고시킨 것을 하시시 hashish라 한다. 마리화나와 하시시는 통상적으로 흡연하지만 차나 음식에 혼합해서 입으로도 섭취한다. 이 두 물질의 활성 성분은 THC(tetrahydrocannabinol)이다. 이 물질을 소량(5~10mg) 구강으로 섭취하면 미약한 반응이 일어나지만, 대량(30~70mg)으로 섭취하면 환각제 복용 효과와 유사하게 심각하고 장시간에 걸쳐 지속되는 반응이 일어난다. 알코올처럼 이 반응도 두 단계에 걸쳐 일어난다. 즉 처음에는 자극되어 도취감이 일어나고 이어서 진정감과 수면이 뒤따른다.

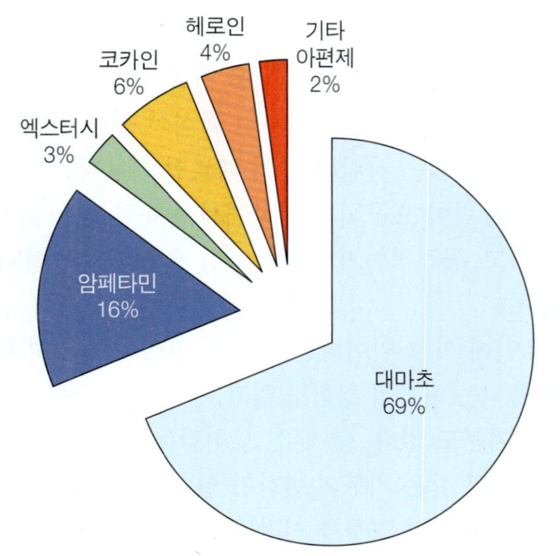


**그림 6.9 불법 약물 사용자들이 보고한 약물의 비율.** 가장 많이 사용되는 불법 약물은 대마초이다.

마리화나를 흡연하면 다량의 혈액이 공급되는 허파로부터 THC가 빠르게 흡수된다. 허파에서 나온 혈액은 직접 심장으로 가고, 이것은 바로 뇌로 가서 몇 분 이내에 고양감이 절정에 이르게 된다. 그러나 THC는 간, 신장, 이자, 고환과 같은 장기에도 축적될 수 있다. 신체에 도달하는 THC의 양은 사용자가 어떻게 흡연하는가에 따라 달라진다. 권련으로 마리화나를 흡연하면 10~20%의 THC가 전이되지만, 파이프로 흡연하면 40~50%의 THC가 전이된다. 물파이프, 트랩(방취)은 THC를 전달하는 매우 효과적인 수단이다. 일단 THC가 뇌에 들어가면 이는 특히 해마에 많이 분포되어 있는 대마 수용기와 결합하게 된다. 해마는 새로운 기억의 합성에 관여하기 때문에 마리화나가 새로운 기억의 합성을 억제한다는 것은 놀랄 일이 아니다(Pope et al., 2001).

정기적으로 마리화나를 흡연하는 사람은 전반적 도취감과 행복감, 장소나 시간에 대한 방향감 상실, 사회적 지각의 변화와 같은 다양한 감각과 지각의 변화를 보고한다. 마리화나를 경험한 사람이 모두 유쾌해지는 것은 아니다. 정기적인 사용자 가운데 16% 정도는 흔한 경험으로 불안, 공포, 혼미감을 보고하며, 1/3 정도는 급성 공황환각과 신체 이미지의 불쾌한 왜곡감을 경험한다. 마리화나를 정기적으로(거의 매일) 사용하는 사람들은 신체적으로나 정신적으로 무기력감을 보이며, 약 1/3 정도는 미약한 형태의 우울증, 불안증과 과민증을 보인다(Ruiz et al., 2007). 마리화나 흡연은 담배 흡연보다 발암물질의 함량이 더 높다고 한다(그러나 마리화나 사용자는 담배 흡연자보다 흡연을 적게 하기 때문에 실제 발암물질의 흡수량이 더 적다).

마리화나를 사용하면 복잡한 과제의 수행이 방해받는다. 운동 협응은 소량에서 중간 정도의 흡입량으로도 심각하게 손상되고, 자동차의 브레이크를 밟는 반응 시간과 휘어진 도로 주행 같은 것에 부정적인 영향을 받는다. 이러한 발견은 마리화나 복용 후의 운전이 대단히 위험하다는 것을 의미한다. 마리화나 복용과 자동차 사고 건수를 관련짓기는 어려운 일이다. 왜냐하면 알코올과 달리 THC는 혈액, 지방 조직, 신체기관에서 급속하게 감소하기 때문이다. 마리화나를 과량으로 흡입하고 2시간 이내에 혈액 분석을 해 보면, 비록 제삼자가 보기에는 명백하게 잘못된 행동처럼 보이더라도 THC 흡입자는 아무런 변화도 없는 것처럼 행동한다. 마리화나의 효과는 주관적인 도취감이나 수면감이 사라진 이후에도 오랫동안 지속된다. 항공기 조종사를 대상으로 모의 비행·착륙 과제를 사용한 실험에서 9mg의 THC가 함유된 마리화나를 흡연하고도 24시간 이후까지 과제 수행 능력이 유의하게 손상된다고 것이 관찰되었다. 그러나 이 조종사들은 자신의 자각 능력이나 수행에서 THC의 후유증이 있다는 것을 전혀 알지 못했다고 보고했다(Yesavage et al., 1985). 이러한 연구 결과는 대중의 안전에 영향을 미치는 직업의 종사자가 마리화나를 사용하면 위험할 수 있다는 경각심을 불러일으켰다.

마리화나는 기억에 두 가지 명백한 영향을 미친다. 첫째, 마리화나는 단기기억을 보다 쉽게 손상한다. 마리화나의 영향하에 있는 사람은 대화의 흐름을 놓칠 수도 있고, 순간적인 착란 때문에 말하는 도중 이전에 했던 말을 잊어버릴 수도 있다. 둘째, 단기기억에서 장기기억으로 새로운 정보를 전이하는 것을 방해하기 때문에 마리화나는 학습을 방해한다. 이러한 발견은 마리화나의 영향하에 공부하는 것은 바람직하지 않다는 사실을 시사한다. 학습한 자료를 그 후에 제대로 회상해 내지 못하기 때문이다.

## 아편제

아편(opium)과 아편 유도체를 묶어 **아편제 opiates**라 부르는데, 이 물질은 중추신경계를 억압해 물리적 자극을 약화하거나 자극에 대한 반응성을 감소시킨다. [이 약물들을 공통적으로 마약(narcotic)이라 부르지만 정확한 이름은 아편제이다. 마약이란 말은 정확하게 정의된 것이 아니고 다양한 불법 약물을 지칭할 때 쓰이는 말이다.] 아편제는 통증을 억제하기 위해 의료 장면에서 주로 사용되지만, 기분을 바꿀 수도 있고 불안을 낮출 수도 있기 때문에 불법적으로 널리 사용되었다. 아편은 양귀비 즙을 공기 중에 건조시킨 것으로 모르핀(morphine)과 코데인(codeine) 같은 일련의 화학적 물질을 함유하고 있다. 통증 완화와 기침 중지를 위해 사용하는 코데인은 그 효과가 비교적 미약하다(최소한의 낮은 용량에서는). 이에 비해 모르핀과 이것의 유도체인 헤로인은 보다 강력하다. 불법적인 아편제로서 주로 사용되는 것은 헤로인인데, 그 이유는 모르핀보다 쉽게 숨길 수 있고 밀반입이 가능하기 때문이다.

모든 아편계 약물은 뇌 속에 있는 아편 수용기라고 알려진 것과 동일한 분자와 결합한다. 약물 간의 차이는 얼마나 빨리 아편 수용기에 도달하는지, 그리고 약물이 활성화되는 데 얼마나 시간이 걸리는지에 달려 있다. 즉 약의 효능에서의 차이이다. 아편제가 신체 내에 들어가는 비율은 이 약물이 얼마나 많이 흡수되는가에 따라 달라진다. 만약 아편제를 피우거나 주사하면 약물은 몇 분 안에 뇌 속에서 최고 수준까지 이르게 된다. 이러한 흡수가 빠르게 나타날수록 과량에 의해 사망할 위험률이 더 높아진다. 약물을 코로 흡입했을 때는 코의 점막을 지나 혈관에 이르러야 하기 때문에 보다 서서히 흡수된다.

### 헤로인의 사용

**헤로인 heroin**은 주사, 흡연, 또는 흡입이 가능한 일종의 아편제이다. 처음에 이 약물은 안녕감을 유발한다. 헤로인 상습 사용자들은 정맥 주사 후 1~2분 내에 특별한 스릴감 또는 격렬한 행복감이 일어난다고 말한다. 이때 나타나는 감각은 매우 유쾌하여 오르가슴과 유사하다고 묘사하기도 한다. 헤로인을 흡입한 젊은이들은 골치 아픈 문젯거리는 모두 다 잊어버리게 된다고 보고한다. 그다음에는 '고정되고(fixed)' 만족된(gratified) 기분만 느낄 뿐 배고픔, 고통, 성적 욕망을 느끼지 못한다. 마치 편안한 자세로 TV를 시청하거나 책을 읽을 때 정신이 들었다가 졸렸다가를 반복하는 것처럼 의식이 몽롱해진다. 알코올에 취해 있는 사람과 달리 헤로인 사용자는 민첩성과 지적 능력이 요구되는 검사에서 능숙한 반응을 보여줄 수 있고, 공격적이거나 폭력적인 행동을 거의 하지 않는다.

헤로인에 의해 일어나는 의식의 변화는 뚜렷하지 않다. 흥분되는 시각적 경험도 없고 어떤 낯선 곳에 왔다는 생소한 기분도 없다. 그 대신 도취감(euphoria)이나 불안감 감소와 같은 기분의 변화가 일어나는데, 바로 이러한 기분의 변화가 약물을 시작하는 이유가 된다. 그러나 헤로인은 중독성이 매우 강하다. 잠깐 동안만 사용한다 하더라도 신체적 의존성이 생긴다. 냄새를 맡거나 흡입

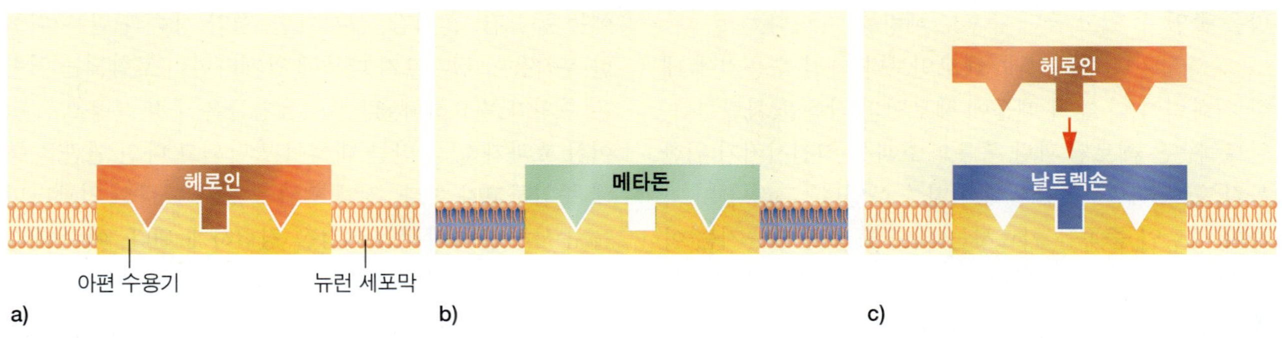


**그림 6.10 약물 남용에 대한 약물 처치.** 메타돈과 날트렉손은 헤로인이 결합하는 것과 동일한 뉴런 수용기와 결합하여 헤로인의 효과를 차단한다.

하면 금방 내성이 생기는데, 이 방법으로는 이 약물이 줄 수 있는 효과를 얻지 못한다. 이 약물이 주는 원래의 고양된 기분 상태를 다시 느끼기 위해 피부나 정맥에 직접 주사하는 것으로 진행될 수 있다. 일단 혈관에 주사하기 시작하면 고양된 기분을 즐기기 위해 더 많은 양의 주사가 필요하다. 헤로인의 섭취 중지로부터 오는 신체적 불편감은 강렬하다(오한이 들고, 땀이 나고, 배가 아프고, 구토를 하고, 두통이 온다). 이러한 신체적 고통과 불편감을 피하기 위해 헤로인을 계속 복용하려는 부가적 동기가 생기게 된다.

헤로인이 주는 위험성은 많다. 헤로인 상습 복용자의 사망 나이는 평균 40세이다(Hser et al., 1993). 뇌 속의 호흡 중추 위축에 의한 질식 때문에 사망하는 경우가 많다. 과다 복용에 의해 언제든지 사망할 수 있다. 뒷골목에서 밀거래되는 헤로인은 농축의 정도가 많이 다를 수 있고, 사용자는 새로 구입한 약이 얼마나 강한지 알 수 없기 때문이다.

헤로인 사용으로 유발되는 또 다른 위험성은 HIV(에이즈 바이러스), C형 간염, 그 밖에 소독하지 않은 주사기로 인한 감염성 질병과 관련이 있다. 헤로인을 주사하기 위해 다른 사람과 같은 주삿바늘을 사용하는 것은 HIV에 감염될 수 있는 가장 위험성 높은 행동 중 하나이다. HIV에 감염된 사람의 혈액이 남아 있는 주삿바늘이나 주사기로 이어서 주사를 맞는 사람의 혈관 속에 바로 주입되기 때문이다. 헤로인 사용에서 주삿바늘이나 주사기를 공유하는 것은 HIV가 전파되는 일차적 통로가 된다.

## 아편 수용기

1970년대 연구자들은 아편제가 뇌 속에 있는 특정 수용기에 작용한다는 사실을 발견하고 아편 의존성을 이해하는 데 큰 진전을 이루었다. 신경전달물질이 두 뉴런 사이의 시냅스 연접을 지나 신경수용기와 결합하면 다음 뉴런의 활동전압을 유발하게 한다(2장 참조). 아편 분자의 형태는 신경전달물질 가운데 엔도르핀과 유사하다. 엔도르핀은 아편 수용기와 결합하여 쾌감을 일으킬 뿐만 아니라 불쾌감을 낮춘다. 헤로인과 모르핀은 비어 있는 아편 수용기와 결합해서 통증을 완화한다(그림 6.10 참조). 헤로인을 반복해서 사용하면 엔도르핀 생산이 적어지는데, 신체는 통증을 낮추기 위해 비어 있는 아편 수용기를 채워야 하기 때문에 더 많은 헤로인을 필요로 한다. 헤로인 복용을 중단하면 많은 헤로인 수용기가 비어 있는 상태로 있기 때문에 상습 복용자는 고통스러운 금단 증후를 경험하게 된다. 즉 헤로인은 신체가 스스로 만들어 내는 자연적 아편제(엔도르핀)를 대신하게 되는 것이다(Ruiz et al., 2007).

이러한 발견에 기초하여 아편 수용기와 결합되었을 때 효과를 다르게 나타낼 수 있는 약물이 개발되었다. 이러한 약물에는 효능제와 길항제, 두 가지 기본적 유형이 있다. **효능제** agonist는 아편 수용기와 결합하여 쾌감을 일으키기 때문에 아편에 대한 갈망을 낮추고, 아편제보다는 심리적·생리적으로 손상을 덜 일으킨다. **길항제** antagonist도 아편 수용기와 결합하기는 하지만 이것을 활성화하지 않는다. 길항제는 이 수용기들을 '차단'함으로써 아편이 이 수용기에 접근할 수 없도록 한다. 하지만 길항제는 쾌감을 일으키지 못하기 때문에 갈망감을 낮추지 못한다(그림 6.10 참조).

**메타돈** methadone은 헤로인 의존 환자를 치료하는 데 가장 잘 알려진 효능제이다. 메타돈 자체가 중독성이 있기는 하지만 헤로인보다는 심리적·신체적 손상이 적다. 이 약물을 구강으로 소량 섭취하면 헤로인에 대한 갈망을 줄일 수 있고 금단 증후도 예방할 수 있다. **날트렉손** naltrexone은 길항제인데, 헤로인보다 아편 수용기에 대한 친화력이 더 높기 때문에 헤로인의 작용을 차단한다. 날트렉손은 헤로인 과량 복용의 효과를 역전시키기 위한 목적으로 병원의 응급실에서 자주 쓰인다. 그러나 이 약물이 헤로인 중독을 치료하는 데도 도움이 되는지는 아직 밝혀지지 않았다. 흥미로운 것은 날트렉손이 알코올에 대한 갈망감도 감소시킬 수 있다는 것이다. 알코올은 엔도르핀의 분비를 야기하지만 날트렉손이 아편 수용기를 차단하여 알코올이 주는 쾌감 효과를 감소시키기 때문에 알코올에 대한 갈망도 줄일 수 있는 것이다.

## 흥분제

억제제, 아편제와 대조적으로 **흥분제** stimulant는 각성과 일반적인 흥분을 증가시키는 약물이다. 흥분제는 시냅스에서 모노아민(monoamine)성 신경전달물질(노르에피네프린, 에피네프린, 도파민, 세로토닌)의 분비량을 증가시킨다. 이 효과는 모노아민을 분비했던 어떤 뉴런이 흥분했을 때 보여 주는 것과 흡사하다. 그 결과, 생리적으로는 심장박동과 혈압을 상승시키고 정신적으로는 높은 각성을 야기한다.

### 암페타민

**암페타민** amphetamine은 강력한 흥분제이다. 암페타민은 메테드린(Methedrine), 덱세드린(Dexedrine), 또는 벤제드린(Benzedrine)이란 상표명으로 팔리며, '스피드(speed)', '어퍼(uppers)', 또는 '비니(bennies)'라는 이름으로 뒷거래된다. 이 약물을 섭취함으로써 오는 즉각적인 효과는 각성 증가나 피로감과 단조로움 감소 등이다. 인내심이 요구되는 힘든 활동도 암페타민을 섭취한 후에는 한결 쉬워진다. 다른 흥분제처럼 이 약은 감정을 바꾸고 자신감을 상승시키기 때문에 계속 찾게 된다. 사람들은 각성을 유지하기 위해서도 종종 이 약물을 사용한다.

피로를 극복하기 위해 짧은 기간 동안만 소량의 약물을 복용하는 경우(예: 야간에 차를 모는 경우)는 비교적 안전하다. 그러나 암페타민의 자극적 효과가 없어지고 나면 우울해지고, 안절부절못하고, 피로감을 느끼고, 더 많은 양을 복용하고 싶은 유혹에 빠지게 된다. 이 약물에 대한 내성은 빨리 발달되기 때문에 복용자는 원하는 효과를 얻기 위해 복용량을 더 늘려야 한다. 대량 복용 시에는 동요감, 혼미감, 심계항진, 혈압 상승과 같은 위험한 부작용이 뒤따르기 때문에 암페타민이 포함되는 처방은 주의가 필요하다. 많은 사용자들은 구강 복용으로 더 이상 효과가 없을 만큼 내성이 발달되고 나면 혈관을 통해 주입하고자 한다. 정맥 혈관을 통해 다량의 암페타민을 주사하면 즉각적인 쾌감을 경험하게 된다. 이런 쾌감이 있고 난 후에는 안절부절못하고 불편해지는 기분이 뒤따르는데, 이러한 불편감은 추가적인 주사에 의해서만 극복될 수 있다. 이러한 쾌-불쾌의 주기가 며칠간에 걸쳐 하루에도 몇 차례씩 반복되다가 깊은 수면에 빠지게 되고, 그 후에는 무기력과 우울이 엄습해 오는 시기가 뒤따른다. 암페타민 남용자는 알코올이나 헤로인을 대신 사용함으로써 이러한 불쾌감 상태로부터 벗어나려 할 수도 있다.

장기간 암페타민을 사용한 사람에게는 신체적 · 정신적 건강에 심각한 저하가 수반된다. 이 약물 사용자는 급성 조현병(15장 참조) 환자들이 보이는 증상과 구분되지 않는 심한 피해망상(사람들이 자기를 박해한다거나 따돌린다는 잘못된 믿음)과 시각적 · 청각적 환각 증상을 보인다. 망상은 정당한 이유가 없는 폭력을 야기한다. 예컨대 1950년대 초 일본에서 암페타민이 유행처럼 널리 복용되었을 때(이때는 암페타민이 의사의 처방 없이 팔렸으며, 졸음을 쫓고 정신을 맑게 하는 약이라고 광고되었다), 두 달 동안에 걸쳐 일어난 살인 사건의 50%가 암페타민 남용과 관련이 있었다고 한다(Hemmi, 1969).

### 코카인

다른 흥분제와 마찬가지로 **코카인** cocaine 또는 '코크(coke)'는 코코아의 마른 잎에서 얻은 물질로, 이 약물을 복용하면 활력감과 자기확신감이 증가하고 자신이 기지가 있다고 느끼기도 하며 과도하게 각성된다. 20세기 초반에는 코카인이 널리 사용되었고 쉽사리 구할 수 있었다. 사실 코카인은 코카콜라의 제조에 포함되는 성분 중 하나였다. 이후에 코카인의 사용이 점차 줄어들었고 지금은 많은 나라에서 불법 약물이지만 1980년대와 1990년대까지만 해도 많이 사용되었다.

코카인은 흡입될 수도 있고 용액으로 만들어 직접 혈관에 주사할 수도 있다. 이 약물은 '크랙(crack)'이라 불리는 가연성 화합물로 바뀔 수도 있는데, 사람들은 이것을 흡연한다. 코카인의 효과에 관한 초기 연구의 하나는 프로이트(Freud, 1885)에 의해 이루어졌다. 프로이트 자신

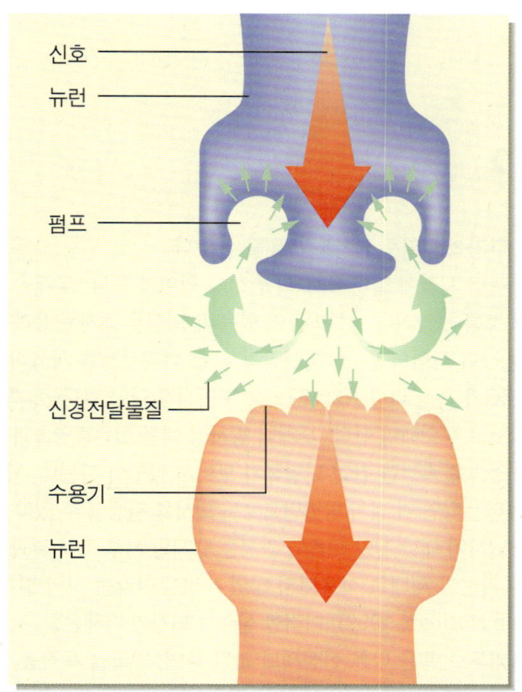


a) 신경충격은 신호를 시냅스를 거쳐 수용 뉴런으로 전달하는 신경전달물질을 방출하게 만든다. 신경전달물질의 일부는 원래 뉴런으로 재흡수되고 (재흡수 과정), 나머지는 화학적으로 불활성되도록 파괴된다(분해 과정). 이 과정은 2장에서 설명했다.

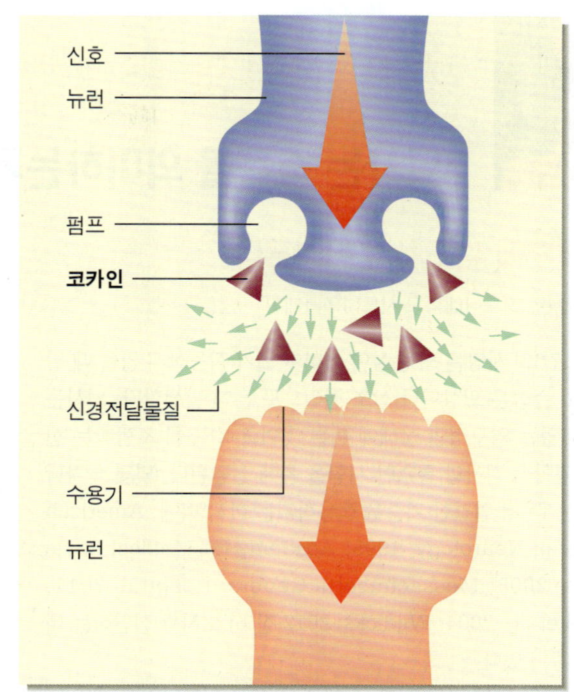


b) 코카인은 기분 조절에 관여하는 세 가지 신경전달물질(도파민, 세로토닌, 노르에피네프린)의 재흡수를 차단한다.

**그림 6.11 코카인의 분자 효과.**

이 코카인을 사용했었다는 것에 비추어 보면 프로이트야 말로 이 약물의 효과를 극찬하고 사용을 권장했던 최초의 인물이라고 할 수 있을 것이다. 그러나 자신의 친구를 치료하기 위해 이 약을 사용한 후 불행한 결과가 초래되었을 때 코카인에 대한 그의 생각이 바뀌게 되었다. 그의 친구는 이 약에 심한 의존성을 갖게 되었고 점점 더 많은 투여량을 요구했으며 심신이 극도로 허약해져 사망에 이르렀다.

사람들이 이전에 생각한 것과는 달리, 그리고 프로이트가 금방 알아차린 것과 같이 코카인은 중독성이 강한 약물이다. 사실 '크랙'이 등장하면서부터 이 약에 대한 중독과 위험성이 더 증가했다. 비록 아편제처럼 극적이지는 않더라도 코카인의 반복적 사용으로 인해 내성과 금단 증상이 발생한다. 이 약물의 복용으로 높은 수준의 행복감을 경험하지만 이후 안절부절못하는 불안감이 생기면서 우울감을 수반하는 고통이 따른다. 코카인의 영향으로 느끼는 행복감만큼 그 영향이 사라졌을 때 경험하는 불편감도 상당하다. 이를 줄이는 방법은 더 많은 양의 코카인을 사용하는 것밖에 없다(그림 6.11 참조).

코카인을 다량으로 사용하는 사람은 암페타민 과다 사용자와 유사한 비정상적 증후를 경험한다. 흔히 나타나는 시각적 환각은 빛의 번쩍임이나 움직임이다. 드물기는 해도 코카인 복용자를 좀 더 불안하게 만드는 증상은 벌레(코카인 벌레)가 자신의 피부 밑으로 기어 다닌다고 느끼는 것이다. 이때의 환각은 매우 강렬하기 때문에 코카인 사용자는 '벌레'를 죽이기 위해 칼을 사용하기도 한다. 이런 환각을 경험하는 이유는 코카인이 감각뉴런으로 하여금 자발적으로 흥분하도록 하기 때문이다.

### 중간 요약

- 향정신성 약물은 의식과 기분을 바꾸기 위해 오랫동안 사용되어 왔다.
- 이런 약물 가운데 어떤 것이라도 반복해서 사용하면 문제가 된다. 이전에는 이러한 문제를 '약물 의존성'과 '약물 남용'으로 구분했다. 그러나 DSM-5는 DSM-IV와 달리 약물 의존성과 약물 남용에 대한 진단을 따로 두지 않고 약물

# 찬|반|논|쟁

# 뇌사는 죽음을 의미하는가?

## 뇌사 이후에 세포사가 뒤따른다.

*Israel Berger*, 시드니대학교 시드니의과대학

뇌(혹은 뇌간)의 사망은 뇌 손상이 심하여 뇌가 작동하지 않을 때 발생한다. 뇌 손상은 외상이나 산소 결핍으로 흔히 발생한다. 뇌사는 돌이킬 수 없는 영구적인 상태에 이른 것이고 EEG를 포함하는 신체적 · 신경학적 검사와 특수한 시험을 통해 진단된다. 몇몇 국가나 병원에서는 좀 더 엄격한 기준을 적용하기는 하지만(예: American Academy of Neurology, 1995; Academy for Medical Royal Colleges, 2008; Massachusetts General Hospital, 2011; Puswella et al., 2004; Wijdicks, 2012 참조) 뇌사를 진단하는 데 분명한 기준이 있다.

첫째, 환자는 약물 과다 투여, 저체온증, 혹은 저혈당증 등에 의한 가역적 무의식 상태가 아니고 의식 상태로 다시 회복될 수 없다는 것을 확인해야 한다. 대부분의 경우 두 명의 의사가 서로 다른 시점에서 신경학적 평가를 하는 것이 일반적이다(그러나 현재의 이러한 절차는 한 가지 문제를 갖고 있는데, 예를 들어 한 번의 검사만으로도 충분히 뇌사를 결정할 수 있는 경우에도 두 번째 검사까지 수행해야 한다면 시간 경과 등으로 인해 장기기증에는 부정적 영향을 미칠 수 있을 것이다. Lustbader et al., 2011). 전형적인 뇌사의 기준은 다음과 같다.

고통스러운 자극에 대해서도 자발적 반응이나 반응 자체가 없어야 한다(척수반사도 뇌사 진단에 사용되어야 한다). 발작이나 비자발적 움직임이 없어야 한다. 빛에 대한 동공반사와 같은 뇌신경 반사, 각막반사, 흡인(suction)에 대해 입을 악물거나 기침하는 것, 안진반응(caloric response, 귀의 이도 자극에 대한 반응으로 눈이 움직이는 것) 등이 없어야 한다. 100%의 산소로 인공호흡을 하거나 마스크를 통해 100%의 산소를 공급해도 호흡이 없어야 한다. 혈중 가스를 지속적으로 평가하고 환자의 호흡 노력이 있는지 관찰해야 한다.

추가적인 확증 검사도 사용될 수 있다.

여러 시점에 걸쳐 EEG의 변화가 없어야 한다. 두개골 내부의 동맥 흐름이 없거나 심장박동이 있을 때 뇌혈류 검사를 통해 측정한 정점 값이 작아야 한다. 체성감각 유발 전위검사를 사용하여 측정한 EEG가 특정 파장(N20/P22)을 보이지 않아야 한다. 두개내압이 유지되고 상승해야 한다. 두개내 방사성 핵종 혈관조영술과 대조 혈관조영술로 측정한 결과 뇌혈류가 보이지 않아야 하는데, 뇌가 기능하지 않는다면 이 검사 방법만으로도 뇌사를 결정할 수 있다.

뇌사에 대한 진단 오류가 있기는 했지만 사후 조사 결과 뇌사에 대한 기준이 제대로 적용되지 않았기 때문이라는 것이 밝혀졌다(예: van Norman, 1999). 이러한 실수는 뇌사가 저체온증, 저혈당증, 바르비투르 혹은 다른 진정제의 과다 투여, 알코올 독작용, 혹은 외상 등에 의해 발생할 수 있는 깊은 혼수상태와 같은 것이라는 일반적 믿음을 이끌게 했다. 혼수상태는 뇌가 스스로를 치유하는 동안에 나타나는 일종의 보호적 단계이고 어느 시점에서는 의식의 몇 가지 형태가 회복될 수도 있다. 전두엽이 없이 출생하는 선천적 결함인 무뇌증과 같은 상태에서도 뇌의 일부가 살아 있다면 대부분의 경우 아동은 자발적으로 호흡할 수 있다. 그러나 뇌사의 경우 세포가 사망하여 치유되지 못하기 때문에 자발적 호흡이 불가능하다.

뇌사자가 인공호흡기에 의존하고 있을 경우 산소가 심장 근육에 영향을 미쳐 어느 시간 동안 숨을 쉴 수 있다. 그러나 신체의 다른 부위에 있는 세포는 사망하기 시작하여(세포사) 심혈관계, 내분비계, 면역체계, 호흡계의 변화를 가져와 체내에 독성이 쌓여 결국 신체의 사망(신체사 혹은 전신사)에 이른다(Bugge, 2009; 세포사의 기제에 대해서는 Cobb et al., 1996 참조). 심장사나 전신사는 대부분의 경우 뇌사 이후 몇 시간 혹은 며칠 이내에 발생하지만 경우에 따라서는 더 늦게 나타날 수도 있다(Jennet et al., 1981). 뇌사는 죽음을 나타내는 것이고, 뇌사를 확인하기 위한 믿을 만한 기준이 개발되어 있다.

# 찬|반|논|쟁

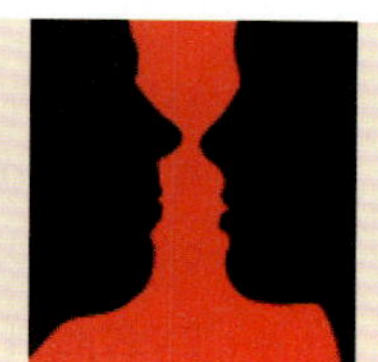

# 뇌사는 죽음을 의미하는가?

## 죽음이 실제로 무엇인지 이해하고 정의하기

*Matthew Georgiades,* 시드니대학교 시드니의과대학

죽음은 생명의 중단이기 때문에 죽음을 개념화하기 위해서는 생명에 대한 분명한 이해가 포함되어야 한다. 살아 있는 세포는 생존에 필요한 영양분과 분자를 얻어 합성할 수 있다. 이러한 영양분과 분자는 생리적 기능을 수행하고 항상성을 유지하며 생명을 유지하기 위해 에너지를 ATP의 형태로 공급하고, 세분 분열을 통해 생명을 복제하는 것 등에 필요한 단백질과 고분자를 합성하는 데 사용된다.

우리는 생명이 중단되면 죽음이 발생한다고 알고 있지만 삶과 죽음의 경계를 분명하게 설명하기란 어려운 일이다. 심폐소생술, 세동제거, 기계호흡 등과 같은 생명 유지 치료가 개발되기 이전에는 세 가지의 독립적인 생체 기능(혈액순환, 호흡 및 뇌 기능) 중 하나만 중단되어도 이것이 다른 두 가지 기능의 중단을 가져오고 이러한 기능 중단은 사망을 의미하는 것이었기 때문에 사망의 개념이 비교적 단순했다(Bernat, 2013). 좀 더 최근에는 사망을 판정하기 위한 뇌사 기준이 제안되었는데, 이것은 뇌간 기능의 돌이킬 수 없는 중단만으로도 사망을 판정하는 데 충분하다고 주장한다(American Medical Association, 1981; Americal Academy of Neurology, 1995; Wijdicks, 2003 참조; 사망 판정 기준에 대한 논의는 Academy for Medical Royal Colleges, 2008 참조).

뇌간 주요 부위의 기능이 없을 경우 호흡, 혈액순환, 체온 조절 및 기타 생체 과정이 나타나지 않기 때문에 뇌사에 대한 기준은 사망을 선언하는 데 타당한 것으로 보인다. 이러한 관점에서 본다면 뇌간 기능의 결함은 생명 유지에 필요한 정상적 항상성 유지, 호흡, 혈액순환의 중지를 가져오기 때문에 뇌간 기능의 결함이 곧 사망을 가져온다고 할 수 있다. 그러나 최근의 맥락 안에서 그리고 생명 유지 치료를 고려해 보면 사망은 즉각적으로 나타나지 않는, 그리고 그보다는 점진적이고 생리적인 과정으로 나타나는 유의한 전신 요소(systemic component)를 포함하고 있는 것이 분명하다.

더구나 많은 사람들은 뇌사가 유기체의 사망을 전반적으로 결정하기에는 충분하지 않다고 주장한다. 이러한 주장은 척수도 유기체의 기능을 통합하는 역할을 한다는 지식에 기초하여 형성된 것이기 때문에, 뇌를 중심으로 하는 사망 개념의 타당성에 의문을 제기하는 것이다(Shewmon, 2004). 이러한 주장을 뒷받침하는 증거는, 뇌사로 진단되기는 했으나 순환이나 장기의 기능이 수개월 이상 유지된 환자들의 사례로부터 나왔다(Bernat, 2013; 이러한 논쟁에 대한 더 자세한 내용은 Shewmon, 1998; Shewmon, 2004; Miller, 2009 참조). 호흡과 순환이 중지되면 신체 세포는 기능과 생존에 반드시 필요한 산소와 다른 물질을 얻을 수 없게 된다. 산소가 없으면 산화성 인산화 과정이 지속될 수 없고, 그 결과 ATP 형태로 저장된 에너지가 감소하게 된다. 이렇게 되면 세포의 기능에 필요한 많은 효소와 단백질은 그 효과를 발휘할 수 있을 만큼의 충분한 에너지원을 갖지 못한다. 세포막의 양쪽에서 농도를 정교하게 유지하기 위해 ATP에 의존하는 펌프의 기능이 멈춘다. 세포 환경을 정교하게 통제하지 못하면 이후에는 민감한 단백질의 기능이 방해받고, 세포 안에 염분이 축적됨에 따라 수분이 부종을 발생시키고 결국 세포가 파열하게 된다. 세포가 사망함에 따라 장기의 기능이 멈추고 전신사(systemic death)로 이어진다(세포사에 대한 더 자세한 내용은 추천된 병리학 혹은 생리학 교과서를 참조하기 바란다. Kumar et al., 2009; Silverthorn, 2012).

유기체 전반에 걸쳐 조절과 생명 유지를 수행하는 데 뇌의 기능이 본질적이라는 것은 분명하다. 그러나 생명 유지 치료의 도움으로 뇌사와는 상관없이 생명이 연장될 수 있다. 전신사는 유기체 안에서 발생하는 세포의 점진적 · 생리적 사망이고 이것은 결국 전반적 사망으로 이어진다. 우리가 여기서 강조하고 싶은 것은 누가 사망했다고 말하는 것은 법적으로, 경제적으로(생명 유지 치료는 비용이 많이 든다), 의학적으로(다른 사람의 삶을 위해 사망자의 장기를 기증할 수 있기 때문에), 도덕적으로, 윤리적으로 유의한 시사점이 있어야 한다는 것이다.

사용 장애에 대한 준거를 제시했다. 그리고 이와 함께 중독, 금단, 약물/의약품 유발 장애, 필요할 경우 상세불명 약물 유도 장애 등에 대한 기준도 함께 제공하고 있다.

- 마리화나와 하시시 같은 대마초는 고양감, 인지와 운동 손상, 그리고 어떤 사람에게는 환각을 일으킨다.
- 알코올, 신경안정제, 흡입제와 같은 억제제는 중추신경계를 진정시킨다. 가장 많이 사용되는 억제제는 알코올이다.
- 헤로인과 모르핀 같은 아편제는 통증을 억제하고 도취감을 일으킨 후 졸린 상태에 빠뜨린다. 심한 아편제 중독은 호흡 곤란, 무의식, 혼수상태에 이르게 한다.
- 암페타민과 코카인 같은 흥분제는 쾌감과 보상감을 담당하는 뇌 부위를 활성화하여 도취감, 활력감, 자존감을 유발한다. 흥분제의 금단은 우울, 안절부절못함, 위험스러운 생리적 증후를 일으킬 수 있다.

### 비판적 사고를 위한 물음

1. 어떤 향정신성 약물(마리화나, 코카인)의 사용은 법률로 금지하고 어떤 약물(알코올, 담배)은 금지하지 않는 것은 그 약물의 실제적 위험성과는 잘 부합되지 않는다. 만약 당신이 현재의 과학적 지식에 바탕을 두고 완전히 원점으로 되돌아가 이 나라의 약물 정책을 새롭게 수립한다면 가장 금지해야 할 약물로 무엇을 정했으면 좋겠는가? 그리고 무엇이 가장 걱정거리가 적은 약물이라고 생각하는가?

2. 고대 동양의학에서는 가느다란 침을 피부의 여러 상이한 '침 자리(acupuncture point)'에 삽입하여 엔도르핀을 생산하는 뇌 부위를 자극하는 침술을 시행해 왔다. 침술이 헤로인 의존을 극복하는 데 어떻게 도움을 줄 수 있는지 설명해 보라.

## 전체 요약

1. 어떤 주어진 순간 한 사람의 지각, 사고, 느낌은 그의 의식을 구성한다. 변성의식 상태란 정신적 기능이 보통 경험하는 일상적 상태와 달라지거나 벗어난 것처럼 보일 때를 말한다. 수면이나 꿈과 같은 변성의식 상태는 모든 사람이 다 경험하는 것이지만 명상, 최면, 또는 약물 사용과 같이 특수한 경우에 경험되는 것도 있다.

2. 의식의 기능은 (a) 우리 자신이나 환경을 감시함으로써 신체 내부나 주변에서 무엇이 일어나는가를 알게 하고, (b) 우리의 활동을 통제함으로써 주변 세계의 사건과 협응할 수 있도록 해 주는 것이다. 의식에 영향을 미치는 모든 사건이 주어진 순간에 인식의 중심을 이루는 것은 아니다. 접근할 수는 있지만 지금 이 순간 의식의 부분이 되지 않는 개인적 사건과 축적된 지식에 대한 기억을 전의식 기억이라 부른다. 우리 행동에 영향을 미치는 사건은 비록 우리가 그것을 인식하지는 못하지만 의식 밑에서는 우리에게 영향을 미친다.

3. 정신분석 이론에 따르면 정서적으로 고통스러운 기억이나 충동은 억압되어 무의식의 형태로 바뀌어 버렸기 때문에 의식으로 직접 나타나지 않는다. 무의식적 생각과 충동은 불합리한 행동이나 말실수 등과 같은 간접적 방법을 통해 의식에 도달하여 우리의 행동에 영향을 미친다.

4. 자동성이란 개념은 자동차 운전처럼 처음에는 의식적으로 주의가 요구되는 반응이 습관화된 것을 말한다.

5. 변성의식 상태의 하나인 수면은 진행 과정이나 깊이에서 주기가 분명하게 나타나기 때문에 흥미를 끈다. 수면의 주기는 EEG를 통해 연구되어 왔다. 뇌파의 패턴에서 수면은 네 단계(깊이)가 있고, 여기에 더해 빠른 안구 운동(REM)으로 특징지어지는 다섯 번째의 단계가 추가된다. 이러한 단계는 밤 수면 동안 번갈아 나타난다. 꿈은 이전의 네 단계 수면(NREM)보다 REM 수면 동안 더 자주 나타난다.

6. 수면의 대립 과정 모형에서는 2개의 대립 과정, 즉 항상적 수면 추동 과정과 시간 의존적 각성 과정이 수면에 들거나 각성 상태에 있고자 하는 경향을 서로 상호작용하여 결정한다. 어떤 주어진 시간에 수면에 들거나 각성 상태에 있게 하는 것은 이 두 과정에 의해 발휘된 상대적 힘에 따라 달라진다. 수면장애에는 수면 결핍, 불면증, 발작수면, 무호흡증을 포함하여 여러 가지 유형이 있다.

7. 프로이트는 꿈에는 심리적 원인이 있다고 생각했고, 표현적 내용과 잠재적 내용을 구분했으며, 꿈은 위장된 소망이라고 제안했다. 다른 꿈 이론들은 꿈을 수면 중 뇌 활동에 의해 이루어지는 정보처리가 반영된 것으로 본다. 최근 어떤 이론가들은 꿈이란 개인의 개념, 관심, 정서적 편견을 반영하는 인지 과정이라고 결론지었다.

8. 명상은 요가나 선과 같은 계획적인 의례나 수련을 통해 의식을 바꾸려는 노력을 말한다. 명상의 결과, 수행자는 극단적으로 이

완되고 외부 세계로부터 벗어난 듯한 약간은 신비한 느낌을 갖게 된다.

9 최면은 최면술사와 최면술사의 지시에 주의를 집중하는 반응 상태이다. 대부분의 사람들은 최면에 걸릴 감수성을 어느 정도 갖고 있기는 하지만 어떤 사람은 다른 사람보다 더 쉽게 최면에 걸릴 수 있다. 최면의 특징적 반응에는 운동 조절 능력이 높아지거나 낮아지는 것, 최면 후 기억상실을 통한 기억 왜곡, 긍정적 환각과 부정적 환각이 포함된다. 통증의 감소는 최면으로 얻는 이점 중 하나이다.

10 향정신성 약물은 오래전부터 의식과 기분을 바꾸기 위해 사용되어 왔다. 여기에는 알코올, 신경안정제, 흡입제 같은 억제제, 마리화나와 하시시 같은 대마초, 헤로인과 모르핀 같은 아편제, 암페타민과 코카인 같은 흥분제가 있다.

## ✻ 핵심 개념

금단 징후
긍정적 환각
길항제
꿈
날트렉손
대마초
마리화나
메타돈
멜라토닌
명상
무의식
무호흡증
발작수면
변성의식 상태
부정적 환각
불면증
불법 약물
비REM(NREM) 수면
수면과 각성의 대립 과정 모형
수면장애
시간 의존적 각성 과정
아편제
암페타민
약물 남용(DSM-5 이전)
약물 의존성(DSM-5 이전)
억제제
의식
일일주기 리듬
자각몽
자동성
전의식 기억
최면
최면 후 기억상실
최면 후 반응
코카인
태아 알코올 증후군
프로이트식 실수
하시시
항상적 수면추동
해리성 정체장애
향정신성 약물
헤로인
환각
효능제
흥분제
REM 수면

# 7 학습과 조건형성

**학습 목표**

이 장을 읽고 나면 다음의 것들을 할 수 있어야 한다.

- ▶ 동물과 인간 학습 연구의 역사를 파악할 수 있다.
- ▶ 상이한 유형의 조건형성과 그것을 연구하는 방법을 알 수 있다.
- ▶ 학습 과정에 바탕이 되는 두뇌의 생리적 토대를 이해할 수 있다.
- ▶ 학습과 상호작용하는 인지와 동기의 주제를 이해할 수 있다.
- ▶ 고전적 조건형성, 도구적 조건형성, 관찰학습 등과 같은 상이한 유형의 학습을 구별할 수 있다.

- ▶ 각 학습 유형의 예를 제시할 수 있다.
- ▶ 학습 과정을 연구하는 데 사용하는 경험과학적 패러다임을 설명할 수 있다.
- ▶ 인지와 동기가 학습에 영향을 미치는 상황을 구별할 수 있다.

**이 장의 개요**



만일 여러분이 공황발작(panic attack)을 경험한 적이 있다면 그것이 무시무시한 경험이라는 사실을 알고 있을 것이다. 심장이 쿵쾅거리고, 숨이 탁 막혀 기절할 것처럼 느끼며, 무엇인가 무시무시한 일이 일어날 것이라고 믿게 된다. 공황발작은 환경에서 발생하는 실재적이거나 지각된 위협에 대한 과잉 반응으로 생각할 수 있다(15장 참조). 증상은 자율신경계의 교감신경이 흥분한 결과이다(2장에서 다룬 '투쟁 또는 도피' 반응을 회상해 보라). 공황발작은 결코 이례적인 것이 아니며, 특히 스트레스를 받는 동안에 자주 발생한다. 40%에 이르는 젊은이들이 심심치 않게 공황발작을 일으킨다(15장 참조).

훨씬 적은 수의 사람들만이 공황장애(panic disorder)를 겪는다. 이 경우에는 발작이 빈번하게 일어나며 발작에 대한 강력한 두려움이 일상생활을 방해한다. 연구들은 공황장애에 대한 가장 효과적인 치료 방식이 **인지행동치료** cognitive behavior therapy라는 사실을 보여 주었다(16장 참조). 이 치료법에는 부적응적인 인지와 신념을 변화시키는 절차가 수반된다. 인지행동치료는 **행동치료** behavior therapy에 뿌리를 두고 있는데, 이것은 학습과 조건형성의 원리에 토대를 둔 치료법을 지칭하는 광의적 용어이다. 이러한 형태의 치료법이 효과적이라는 사실이 시사하는 바는 공황장애에 수반된 몇몇 행동이 학습된(learned) 반응이며, 이는 치료를 통해 해소될 수 있다는 것이다.

학습과 조건형성이 이 장(章)의 주제이다. 학습을 체계적으로 분석함으로써 어떻게 경험이 행동을 변화시키는지에 대한 통찰을 제공하게 될 것이다. **학습** learning은 경험의 결과로 출현하는 행동에서의 비교적 영속적인 변화로 정의된다. 성숙이나 일시적 조건(예: 피로나 약물로 유도된 상태)에 의한 행동 변화는 포함되지 않는다.

그렇다고 해서 학습의 모든 사례가 동일한 것은 아니다. 두 가지 기본 유형의 학습, 즉 비연합학습과 연합학습이 존재한다. **비연합학습** non-associative learning은 단일 자극에 대한 학습을 수반하며 습관화와 민감화가 포함된다. **습관화** habituation는 무해한 자극에 대한 행동반응의 감소라는 특징을 가진 비연합학습 유형이다. 예컨대 경적 소리를 처음 들을 때는 깜짝 놀랄 수 있다. 그렇지만 짧은 시간에 반복해서 들리면 각 소리에 놀라는 정도가 점진적으로 감소하게 된다. 반면에 **민감화**sensitization는 강력한 자극에 대한 행동반응이 증가하는 비연합학습 유형이다. 전형적으로 민감화는 해롭거나 무서운 자극이 유기체에게 주어질 때 일어난다. 예컨대 커다란 경적 소리 직전에 어두운 골목길로 접어든다면 그 경적 소리에 대한 놀람 반응이 상당히 증가하게 된다. 습관화와 민감화는 모두 몇 분에서 몇 시간만 지속될 정도로 비교적 짧은 기간 동안 일어나는 현상이다. 이러한 유형의 학습이 매우 단순한 것이기는 하지만, 유기체가 세상에서 무엇에 주의를 기울일 것인지를 조율하는 데 예외적이라고 할 만큼 중요하다. 실제로 비연합학습이 단세포 동물에서 인간에 이르기까지 모든 동물에게 가능하다는 사실은 이 유형의 학습이 중요하다는 증거가 된다. '학습과 두뇌' 절에서는 비연합학습을 다시 다룰 것이다.

**연합학습**associative learning은 사건들 사이의 관계 학습을 수반하기 때문에 비연합학습보다 훨씬 복잡하다. 여기에는 고전적 조건형성과 도구적 조건형성이 포함된다. 두 가지 조건형성은 모두 연합의 형성, 즉 특정 사건들이 함께 발생한다는 사실의 학습을 수반한다. 이 장에서는 이러한 두 형태의 학습을 자세하게 논의한다. 고전적 조건형성에서 유기체는 한 사건이 다른 사건에 뒤따른다는 것을 학습한다. 예컨대 유아는 엄마의 젖가슴에 우유 맛이 뒤따른다는 사실을 학습한다. 도구적 조건형성에서 유기체는 자신의 반응에 특정한 결과가 뒤따르게 된다는 사실을 학습한다. 예컨대 어린 아동은 동생을 때림으로써 부모의 꾸중이 뒤따른다는 사실을 학습한다.

이 장에서는 보다 복잡한 형태의 학습, 즉 관찰학습도 다룬다. 인간이 나타내는 다른 형태의 복합학습에서는 기억과 인지의 역할이 결정적으로 중요한데 이는 8장과 9장의 주제이다. 사회학습은 13장에서 보다 상세하게 다룬다. 또한 2장에서 소개했던 개념을 참조하면서 학습의 신경적 토대도 다룰 것이다. 마지막으로 학습에서 동기의 중요성을 간략하게 논의한다. 동기라는 주제는 10장에서 더욱 자세하게 살펴볼 것이다.

## 학습에 대한 조망

1장에서 심리학의 가장 중요한 세 가지 조망이 행동주의, 인지주의, 생물학적 조망이라고 논의했던 사실을 떠올리기 바란다. 심리학의 어느 영역 못지않게 학습 연구는 이러한 세 가지 조망을 모두 수반해 왔다.

학습, 특히 조건형성에 관한 대부분의 초기 연구는 행동주의 조망에서 이루어졌다. 특히 북아메리카에서는 행동 연구에 대한 이러한 접근이 지난 20세기 초반 심리학 분야를 휘몰아쳤다. 행동주의의 가장 중요한 대변인은 존 왓슨이었다. 왓슨이 1913년에 '행동주의자가 바라보는 심리학'이라는 제목으로 발표한 짧은 논문은 소위 '행동주의 선언'으로 간주된다. 왓슨의 주장은 윌리엄 제임스, 에드워드 티치너, 빌헬름 분트 등 심리학 창시자들의 글에 대한 반작용으로 제기된 것이었다. 윌리엄 제임스는 의식, 정서 등과 같은 주제에 관심이 있었던 반면, 티치너는 심적 구조 연구에 전념했다. 빌헬름 분트는 1장에서 보았던 것처럼 심리학 연구를 위한 실험실을 창설한 최초의 심리학자이다. 분트의 연구 방법은 내성법이었다. 왓슨의 견해에서 볼 때 심리학 연구 방법은 지나치게 주관적인 것이었다. 또한 심리학 연구의 주제가 의식이 아니라 행동이어야만 한다고도 주장했다. 왓슨은 러시아 생리학자인 이반 파블로프가 수행한 동물 연구에서 영감을 받았다. 그는 그러한 실험이야말로 심리학자들에게 객관적이고 반복 가능한 과학적 연구 방법을 제공해 준다고 확신했다.

초기 행동주의자들의 초점은 외부 자극과 관찰 가능한 반응에 있었으며, 이것은 심성 요인보다는 외부 요인에 근거해서 행동을 더 잘 이해할 수 있다는 행동주의자들의 금언에 따른 것이다. 학습에 대한 행동주의 접근은 다른 핵심 가정도 상정했다. 하나는 고전적 조건형성이든 도구적 조건형성이든 단순 연합이 모든 학습의 초석이라는 가정이다. 미로 달리기를 학습하는 쥐든 산수를 숙달하는 아동이든 누가 무엇을 학습하든 관계없이 그렇다는 것이었다(Skinner, 1971, 1938). 언어 획득과 같이 복잡한 것도 많은 연합을 학습하는 문제라고 주장했다(Staats,

1968). 이러한 견해는 행동주의자들로 하여금 인간 이외의 유기체, 특히 쥐와 비둘기의 행동이 단순한 실험실 상황에서 어떻게 보상과 처벌의 영향을 받는지에 초점을 맞추게 만들었다.

이러한 연구에서 찾은 발견과 현상은 계속해서 우리가 연합학습에 대해 알고 있는 많은 것들의 토대를 이루고 있다. 그러나 앞으로 보게 되겠지만, 행동주의자들의 가정은 후속 연구로 인해 수정될 수밖에 없었다. 복합학습은 제쳐 두고라도 조건형성을 이해하기 위해서는 유기체가 자극과 반응 사이의 관계에 대해 무엇을 알고 있는지를 고려해야만 하는 것으로 판명되었다. 그 유기체가 쥐나 비둘기인 경우라도 말이다. 이러한 사실이 인지주의 조망을 초래했다. 나아가서 오늘날 어떤 단일 법칙도 모든 상황과 모든 유기체의 학습에 바탕을 둔 것으로 보이지 않는다. 특히 상이한 학습 기제가 상이한 동물 종에 관여하는 것으로 보이며, 이 사실은 생물학적 조망을 불러일으켰다.

이 장에서 기술하는 발견이 심리학에서 '인지 혁명', 즉 제롬 브루너 등이 기치를 든 1950년대 지성 운동의 발판이 되었으며, 이들은 행동주의에 구속되기를 거부했던 것이다(Bruner, 1997). 이들은 심적 표상이 심리학에서 중요한 주제일 뿐만 아니라 과학적 방법을 사용하여 연구할 수 있으며, 또한 그렇게 해야만 한다고 믿었다. 1장에서 기술한 바와 같이 이 운동은 지난 20세기 후반부에 컴퓨터가 발달함으로써 강력해졌다. 컴퓨터의 발달은 연구자들(예: 노벨상 수상자인 허버트 사이먼)로 하여금 인지 과정을 시뮬레이션할 수 있게 해 주었으며, 인간은 그저 외부 사건에 반응하도록 조건형성되는 존재가 아니라 정보처리자라는 견해를 초래하게 만들었다.

행동주의자들이 수행한 연구를 공부하는 것은 여전히 매우 가치 있는 일이다. 이 장에서 보게 되겠지만, 이들의 실험 패러다임과 발견은 인간 행동에 대해서 그 이래로 수행한 많은 연구의 초석이 되었다.

### 중간 요약

- 학습은 경험의 결과인 행동의 비교적 영속적인 변화이다.
- 학습에는 네 가지 기본 유형이 있다. (1) 습관화와 민감화, (2) 고전적 조건형성, (3) 도구적 조건형성, (4) 복합학습이 그것이다.

### 비판적 사고를 위한 물음

1. 학습의 편재성(遍在性)은 어느 행동이 생득적인지를 묻는다. 실제로 모든 행동이 학습된다고 주장할 수도 있다. 당신은 이 견해에 동의하는가? 왜 그렇게 생각하는가?
2. 여러 가지 패러다임이 학습 실험의 설계와 해석에 영향을 미쳤다. 예컨대 행동주의자들은 경험에 따라 일어나는 행동의 관찰 가능한 변화에 초점을 맞추고, 인지주의자들은 학습 행동을 초래하는 심성 표상의 구조를 연구한다. 이렇게 서로 다른 접근이 중요한 이유는 무엇인가? 생물심리학의 출현은 학습 연구에 어떤 영향을 주었는가?

## 고전적 조건형성

소화에 관한 연구로 이미 노벨상을 수상한 러시아 생리학자 이반 파블로프는 20세기 초엽에 중요한 발견을 했다. 그는 연구를 위해서 먹이에 대한 반응으로 개가 분비하는 침의 양을 측정하고 있었다. 어느 개라도 입속에 먹이를 넣어 주면 침을 흘린다. 그런데 파블로프는 실험실 개들이 단지 밥그릇을 보기만 해도 침을 흘리기 시작한다는 사실에 주목했다. 개들이 밥그릇을 먹이의 맛과 연합하는 것을 학습했을지도 모른다는 생각이 떠올랐으며, 개들이 먹이를 불빛이나 소리와 같은 다른 자극과도 연합할 수 있는지 알아보기로 했다. 이 의문을 연구하기 위해 파블로프가 설계한 뛰어난 실험은 가장 기본적인 학습 과정의 하나인 고전적 조건형성('파블로프식 조건형성'이라고도 부름)을 이해하는 데 크게 기여했다. **고전적 조건형성**classical conditioning은 과거에 중성적이었던 자

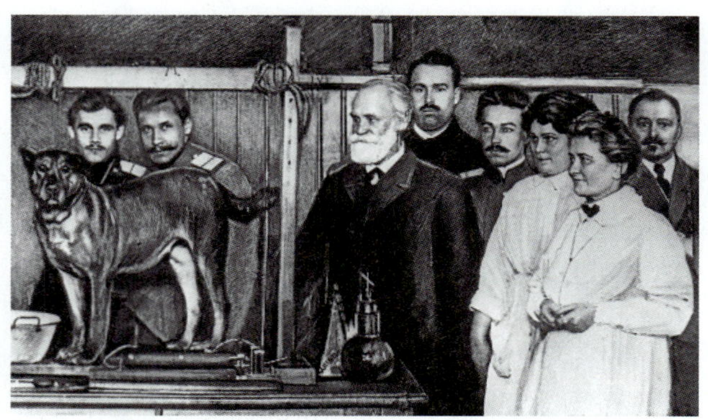

파블로프와 연구원들.

극이 다른 자극과 반복적으로 짝지어짐으로써 그 자극과 연합을 이루게 되는 학습 과정이다. 원래 밥그릇은 중성자극이었다. 즉 침 분비 반응을 유발하지 않았다. 그러나 먹이 자체는 개의 입에 들어갈 때 침 분비를 유발한다. 먹이와 밥그릇이 반복적으로 함께(짝지어져서) 주어진 후에는 밥그릇을 보여 주는 것만으로도 침 분비 반응을 일으킬 수 있다. 개는 두 사건(밥그릇이 보이는 것과 입안에 들어 있는 먹이의 맛)이 연합되어 있다는 사실을 학습한 것이다.

이 절에서는 파블로프의 초기 발견을 통해 고전적 조건형성의 용어를 소개할 것이다. 해가 갈수록 많은 심리학자들은 파블로프 실험의 흥미진진한 변형을 고안해 왔다. 몇 가지 중요한 최근의 발견에 대해서도 논의할 것이다.

## 파블로프의 실험

파블로프의 기본 실험에서는 우선 연구자가 개의 침샘에 관을 꽂아서 흘리는 침의 양을 측정한다. 그런 다음에 고깃가루가 자동적으로 공급되는 접시 앞에 개를 놓는다. 개는 배가 고픈 상태이고, 고깃가루를 제공할 때 분비한 침의 양을 기록한다. 이 침 분비는 **무조건반응** unconditioned response(UR), 즉 먹이의 맛이 유발하는 비학습 반응이다. 동일한 이유로 먹이 자체는 **무조건자극** unconditioned stimulus(US), 즉 사전 조건형성 없이 자동적으로 반응을 유발하는 자극이다. 또한 연구자는 개 앞에 있는 창에 불빛을 켤 수도 있다. 이 사건은 침 분비를 초래하지 않기 때문에 **중성자극** neutral stimulus(NS)이라고 부른다. 물론 중성자극이 개에게 다른 반응을 불러일으킬 수도 있다(예: 꼬리 흔들기, 껑충 뛰기, 짖기 등). 그다음에 연구자는 먹이의 제시와 불빛을 반복적으로 짝짓는다. 우선 불빛이 들어오고 고깃가루를 전달한 다음에 불빛을 끈다. 이것을 실험의 조건형성 단계라 부른다. 불빛 후에 고깃가루가 뒤따르는 몇 차례의 시행 후에 개는 불빛에 대한 반응으로 침을 흘리게 된다. 고깃가루를 제공하지 않아도 말이다. 이 사실은 개가 두 사건(불빛과 먹이)이 연합되어 있다는 사실을 학습했다는 것을 알려 준다. 불빛이 **조건자극** conditioned stimulus(CS)이 되어 **조건반응** conditioned response(CR)을 초래하게 된 것이다. 그림 7.1은 파블로프의 조건형성 실험의 여러 단계를 도식화한 것이다. 파블로프는 이 실험의 변형에서 불빛 대신에

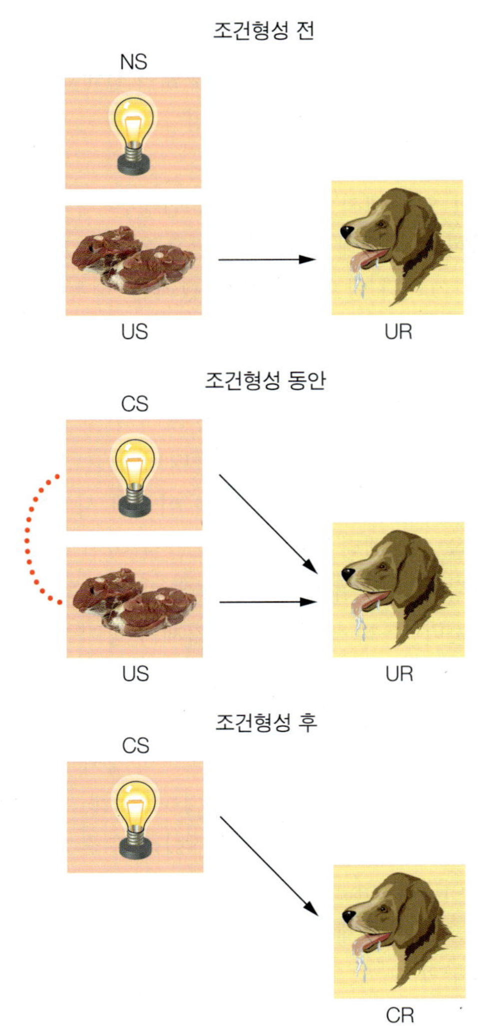


**그림 7.1 고전적 조건형성의 도식.** 조건형성에 앞서 무조건자극(US)은 무조건반응(UR)을 초래한다. 이것은 학습할 필요가 없다. 중성자극(NS)은 반응을 초래하지 않는다. 조건형성을 진행하는 과정에서 무조건자극(US)과 조건자극(CS)이 짝지어지며, 둘 간의 연합을 학습한다. 조건형성이 이루어진 후에 조건자극(CS)은 조건반응(CR)을 초래한다. 이 예에서는 UR과 CR이 모두 침 흘리기이다.

소리(또는 다른 자극)를 사용했으며, 각 경우에 유사한 결과를 발견했다.

고전적 조건형성 실험에서 연구자는 전형적으로 반사에 해당하는 특정한 무조건반응을 이용하는데, 앞의 기본 실험에서는 침 흘리기였다. 그러한 반응은 연구 대상인 동물이나 인간의 생득적인 행동 레퍼토리에 들어 있는 것이다(예: 눈에 바람을 훅 불어 넣을 때의 눈 깜빡임 또는 무릎을 두드릴 때의 무릎반사).

파블로프의 실험에서 조건반응은 흔히 무조건반응을 닮았다. 두 경우 모두 침 흘리기였다. 그러나 많은 경우

에 이것보다는 다소 복잡하다. 앞의 예에서 불빛에 대한 반응인 침 흘리기(CR)가 예기적인 것이라고 생각해 볼 수 있다는 데 주목하라. 즉 개가 불빛에 대한 반응으로 침을 흘리는 것은 불빛이 먹이에 **선행한다**는 사실을 학습했기 때문이다. 조건반응의 이러한 예기적 본질은 어째서 다른 경우에는 조건반응이 무조건반응과 전혀 다른 형태를 취하는지를 설명해 준다. 고전적 조건형성은 이러한 방식으로 특정한 약물을 반복적으로 사용할 때 사람들이 나타내는 복잡한 반응을 설명하는 데 도움을 줄 수 있다.

## 약물 내성

**약물 내성** drug tolerance이란 약물을 반복적으로 사용할 때 효과가 감소하는 현상을 말한다. 다시 말해 처음에 적은 분량의 약물로 초래한 것과 동일한 효과를 내기 위해서는 더 많은 분량이 필요하게 된다. 연구들은 고전적 조건형성이 약물 내성에 영향을 미친다는 사실을 밝혀 왔다. 약물 내성은 약물중독에서 중요하기 때문에 이러한 통찰은 결코 무시할 수 없을 만큼 중요하다.

습관적으로 커피를 마시는 사람은 카페인에 어느 정도 내성을 갖게 된다. 반복적으로 커피를 마심으로써 카페인의 효과(혈압 상승)가 약화된다. 처음에는 커피가 혈압을 높이는 효과를 나타내지만 커피 마시는 습관이 형성된 후에는 그러한 효과가 나타나지 않는다. 한편 이 사람에게 정맥을 통해 카페인을 주사하면 원래의 카페인 효과가 되살아난다(Corti et al., 2002). 약물 내성은 일상적인 상황에서 그 약물을 받아들일 때 더 크다. 이 효과를 '약물 내성의 상황 특수성'이라 부르며, 이는 고전적 조건형성으로 설명할 수 있다.

약물 복용은 신체의 **보상반응**을 촉발한다. 2장에서 논의했던 **항상성**을 떠올려 보라. 카페인(무조건자극, US)이 몸에 들어와서 혈압이 높아질 때(무조건반응, UR), 신체는 혈압을 정상 수준으로 떨어뜨림으로써 항상성을 유지하려고 반응하게 된다. 습관적으로 커피 한 잔을 마실 때, 습관적인 카페인 주입(조건자극, CS)과 관련된 단서, 예컨대 커피 냄새 등은 이러한 보상반응(조건반응, CR)을 유발한다. 고전적 조건형성은 어떻게 신체가 반복적인 카페인 주입(US)과 연합된 상황단서(CS)에 반응하는 방법을 학습하는지를 설명해 준다. 고전적 조건형성은 내성의 발달을 이러한 방식으로 설명한다. 즉 신체의 보상반응(CR)은 약물의 내성에 영향을 주는 것이 명확하다. 또 다른 예가 알코올에 대한 내성이다. 습관적으로 맥주를 마시는 사람을 생각해 보자. 이 사람은 다른 술 종류에서 동일한 양의 알코올을 섭취할 때보다 맥주(일상적인 음주 상황)에 들어 있는 알코올에 더 큰 내성을 보이게 될 것이라는 사실이 밝혀졌다(Remington et al., 1997).

따라서 습관적인 약물 사용자가 이례적인 상황에서 약물을 복용할 때(예: 카페인이나 알코올을 이례적인 음료수를 통해 섭취할 때), 조건 보상반응이 촉발되지 않기 때문에 약물의 대한 내성이 줄어들게 된다. 이러한 분석은 마약류(헤로인이나 코카인 등)의 '과다 복용'에 의한 대부분의 사망이 실질적인 과다 복용에 의한 것이 아니라는 혼란스러운 결과를 설명해 준다(Siegel, 2001). 사망한 습관적 약물 사용자의 대부분은 일상적인 용량 이상을 주입한 것이 아니라 이례적인 상황(예: 신체의 다른 부위에 주사하거나 이례적인 장소에서 주사)에서 주입한 것이다. 이례적인 상황이 생명을 지켜 주는 보상반응을 박탈함으로써 약물에 대한 내성을 감소시켜 치명적이게 만드는 것이다.

## 획득

고전적 조건형성을 통한 학습의 몇 가지 중요한 측면을 소개하기 위해 파블로프 실험으로 되돌아가자. CS(불빛)에 뒤이어 US(먹이)가 뒤따르도록 짝지어 제시하는 것을 강화 시행이라고 부른다. 그림 7.2의 왼쪽 그림에서 CR(침 흘리기)의 강도가 증가하는 것에서 보는 바와 같이 CS와 US의 반복적인 짝짓기는 둘 간의 연합을 강화한다. 이것이 실험의 **획득** acquisition 단계이며, 그림은 학습곡선(learning curve)을 나타낸다. CR 강도의 변화는 초기 조건형성 시행에서 가장 크며, 그 후에는 CR에 거의 변화가 없다.

## 소거

만일 CS에 뒤따르던 US를 생략하면 그림 7.2의 가운데 그림이 예시하는 것처럼 CR이 점차적으로 감소한다. 그림에서 보는 바와 같이, 만일 불빛에 먹이가 뒤따르지 않는다면 10회 정도의 시행 후에는 불빛에 대한 반응으로 침 흘리기가 나타나지 않는다. **소거** extinction는 CS가 더 이상 US를 예측하지 않는다는 사실을 학습하는 것을 나타낸다.

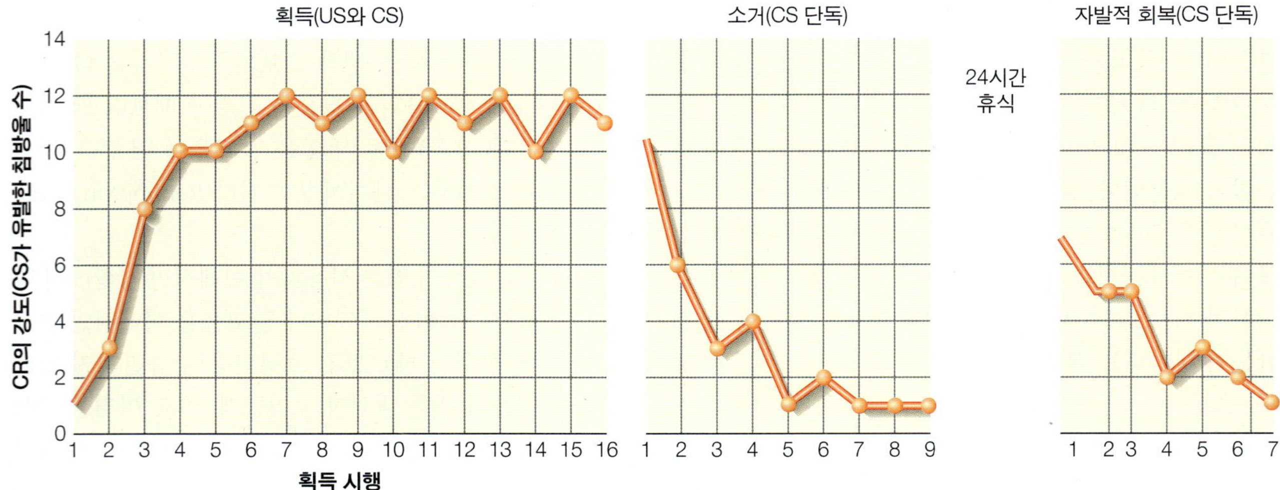


**그림 7.2 조건반응의 획득과 소거.** 왼쪽 곡선은 실험의 획득 단계를 나타낸다. 수직축은 CS에 대한 반응으로 흘린 침방울의 수(US가 출현하기 전의 침방울 수)이며, 수평축은 시행 수를 나타낸다. 16회의 획득 시행 후에 실험자는 소거를 시작했는데 결과가 가운데 그림에 나타나 있다. 오른쪽 그림은 24시간의 휴식 기간 후 반응의 자발적 회복을 보여 준다.

## 자발적 회복

개가 일정한 시간 동안 휴식을 취한 후 다시 불빛만을 제시하면 (사라졌던) 침 흘리기 반응이 다시 출현한다. 그림 7.2의 오른쪽 그림을 보라. 이것을 **자발적 회복** spontaneous recovery이라고 부른다. 즉 강화 시행이 필요하지 않으며, CS가 다시 CR을 유발한다. 보는 바와 같이 회복된 CR은 획득 단계에서 나타났던 CR보다 약하다. CS만을 반복적으로 제시함에 따라 CR은 다시 사라지게 된다. 자발적 회복은 처음에 학습했던 CS와 US 간의 연합이 소거 중에 단순히 사라진 것이 아니라는 사실을 반영한다. 오히려 소거는 새로운 연합(CS와 US 없음 간에)의 형성을 수반하는 것으로 보인다. CR이 자발적으로 회복된다는 사실은, 비록 반응 자체는 완벽하게 사라졌다고 하더라도 불빛이 먹이를 예측했었다는 사실을 개가 기억하고 있다는 것을 의미한다.

애초에 획득 단계에서와 마찬가지로 CS와 US를 반복적으로 짝지어 원래의 연합을 강화하면 소거도 제거할 수 있다. 재학습 곡선은 그림 7.2의 왼쪽 그림에 제시한 학습 곡선보다 가파르게 상승한다(연합의 재학습은 처음 학습보다 빠르다). 이 사실이 시사하는 바는 비록 CR이 사라졌다고 하더라도 CS와 US 간의 연합을 망각한 것은 아니라는 점이다. 습관적으로 커피를 마시는 사람의 예를 다시 생각해 보자. 커피 냄새(CS)는 혈압을 떨어뜨리는 보상반응(CR)을 야기한다. 만일 이 사람이 카페인이 없는 커피로 바꾼다면 이 보상반응은 결국 사라지게 될 텐데, 이는 US(카페인)가 없는 상황에서 CS를 제시하는 것이 된다. 그렇지만 다시 카페인이 들어 있는 커피로 바꾸면 신체가 예전의 연합을 신속하게 재학습할 것이다.

## 자극 일반화

파블로프는 특정한 소리에 조건반응을 나타내도록 훈련받은 개들이 음조가 조금 높거나 낮은 다른 소리에도 동일한 반응을 보인다는 사실에 주목했다. 이것을 **자극 일반화** stimulus generalization라고 부른다. 즉 새로운 자극이 원래의 조건자극(CS)과 유사할수록 동일한 반응을 일으킬 가능성이 더 크다. 한 사람이 중앙 '다' 음을 내는 소리굽쇠 소리에 대해 약한 정서반응을 나타내도록 조건형성되었다고 가정해 보자. 이러한 정서반응은 피부전도반응(GSR)으로 측정하는데, GSR은 정서적 스트레스 상태에서 발생하는 피부 전기 활동의 변화를 나타낸다. 이 사람은 더 이상의 조건형성 없이도 보다 높거나 낮은 소리에 대한 반응으로 GSR의 변화를 나타내게 된다(그림 7.3 참조).

자극 일반화는 친숙한 자극과 유사한 새로운 자극에 반응하는 인간이나 동물의 능력을 부분적으로 설명해 주는데, 이 능력은 명백하게 적응적인 것이다. 유기체가 바로 동일한 자극에 자주 노출될 가능성은 별로 없지만, 유사한 자극이 유사한 사건을 예측할 가능성은 높다.

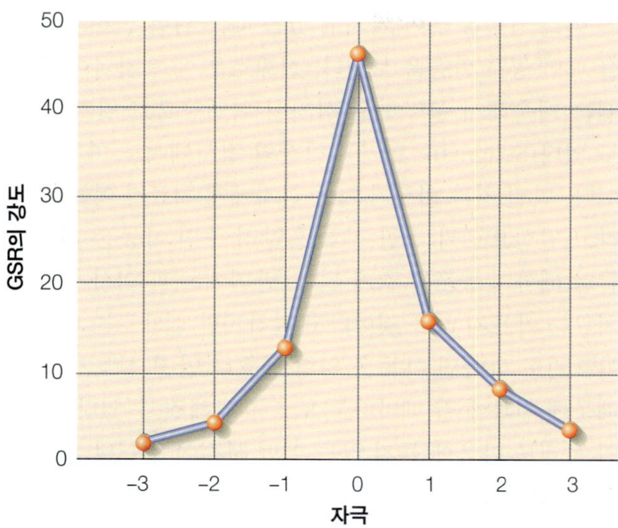


**그림 7.3 일반화 기울기.** 자극 0은 애초에 GSR이 조건형성된 소리를 나타낸다. 자극 +1, +2, +3은 점차적으로 고음 소리를 나타낸다. 자극 -1, -2, -3은 저음 소리를 나타낸다. 검사 소리와 훈련 소리 사이의 차이가 증가할수록 일반화의 정도가 감소하는 데 주목하라.

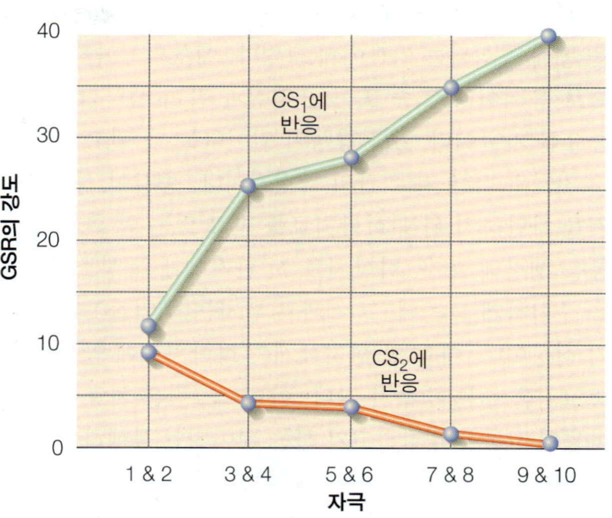


**그림 7.4 조건 변별.** 변별자극은 명백하게 차이 나는 음고의 두 소리($CS_1$ = 700Hz, $CS_2$ = 3,500Hz)였다. 왼손 집게손가락에 가해지는 전기 충격인 무조건자극은 $CS_1$을 제시하는 시행에서만 주어졌다. GSR로 측정한 조건반응의 강도는 $CS_1$ 뒤에는 점차적으로 증가하고 $CS_2$ 뒤에는 제거되었다.

## 자극 변별

일반화와 상보적인 과정이 변별이다. 일반화는 유사성에 대한 반작용이고, **자극 변별** stimulus discrimination은 차이에 대한 반작용이다. 조건 변별은 그림 7.4에서 보는 것처럼 차별화 조건형성을 통해 이루어진다. 하나의 소리 대신에 여기서는 2개의 소리가 있다. 저음 소리인 $CS_1$에는 항상 집게손가락에 약한 전기 충격이 뒤따르고, 고음 소리인 $CS_2$는 그렇지 않다. 처음에 참가자들은 두 소리 모두에 GSR을 보인다. 그러나 조건형성이 이루어지는 과정에서 $CS_1$에 대한 조건반응의 강도는 점차적으로 증가하는 반면, $CS_2$에 대한 반응 강도는 감소한다. 이러한 차별적 강화 과정을 통해 참가자들은 두 소리를 변별하도록 조건형성된다. $CS_2$의 제시가 반응의 억압(GSR의 저하)을 초래한다는 사실에 주목할 필요가 있다. $CS_2$의 제시는 전기 충격이 뒤따르지 않는다는 정보를 포함하고 있기 때문이다. 지금까지 논의한 대부분의 조건형성 사례는 **흥분성 조건형성** excitatory conditioning 사례였으며, CS가 특정한 반응의 확률이나 강도를 증가시켰다. 하지만 차별적 강화는 고전적 조건형성의 또 다른 가능한 영향이 행동반응의 확률이나 강도의 감소일 수 있다는 사실을 알려 준다. 이것이 **억제성 조건형성** inhibitory conditioning이다.

일반화와 변별은 일상생활에서 빈번하게 일어난다. 자기네 애완견의 모습을 장난치기와 연합하는 것을 학습한 아동은 모든 개에게 우선 접근한다. 궁극적으로는 변별을 통해 아동은 자기네 애완견과 닮은 개에게서만 장난치기를 기대할 수 있게 된다. 위협적인 개의 모습은 개에게 다가가는 아동의 반응을 억제한다.

## 이차 조건형성

일단 개를 불빛에 대한 반응으로 침을 흘리도록 조건형성을 시켰다면, 또 다른 자극(예: 소리)을 애초에 조건자극이었던 불빛과 반복적으로 짝지음으로써 그 소리에 대한 반응으로 침을 흘리도록 조건형성을 시킬 수 있다. 이것을 **이차 조건형성** second-order conditioning이라 한다. 다시 말해서 일단 불빛이 조건자극의 역할을 담당하면 무조건자극의 힘을 획득하게 된다. 만일 그 개를 소리($CS_2$)에 불빛($CS_1$)이 뒤따르는 상황에 노출시키면 그 소리도 결국에는 조건반응을 유발하게 된다. 먹이와 직접 짝지어진 적이 없는데도 말이다. 이러한 조건형성에서는 불빛과 먹이 간의 연합을 강화하는 시행도 있어야만 한다. 그렇게 하지 않으면 애초에 조건형성된 연합이 사라지기 때문이다.

이차 조건형성의 존재는 고전적 조건형성의 범위를 크

게 확장한다. 특히 대부분의 조건반응이 이차 조건형성을 통해 형성되는 인간에게 그렇다. 애초의 US는 일반적으로 음식이나 통증 또는 구역질과 같이 생물학적으로 중요한 자극이다. 조건형성이 일어나는 데 필요한 것은 그 자극과 다른 자극 간의 짝짓기이다. 종양이 성장하는 것을 차단하기 위해 화학치료를 받고 있는 암 환자의 고통을 생각해 보자. 화학치료 시 환자에게 독성물질(US)을 주사하게 되는데, 그 결과로 환자는 구역질(UR)을 하기 십상이다. 아동 암 환자에게는 화학치료에 앞서 아이스크림을 주는 경우가 많다. 아이스크림은 치료에 따르는 아동의 고통을 경감하고자 하는 것이지만 불행하게도 그 고통과 연합된다. 아이스크림이 CS의 역할을 담당하여 구역질을 유발하게 되는 것이다(Bernstein, 1978, 1999). 만일 아이스크림을 먹은 후에 특정한 장난감과 같은 다른 자극을 반복적으로 아동에게 제시하면 장난감 자체에 대한 반응으로 불쾌한 감정을 경험하기 시작할 수 있다. 장난감은 치료나 구역질과 직접적으로 짝지어진 적이 없기 때문에 이것은 이차 조건형성의 결과이다.

### 조건형성과 공포

고전적 조건형성은 공포와 같은 정서반응에서도 역할을 한다. 실험장치 속의 쥐가 규칙적으로 전기 충격에 노출된다고 가정해 보자. 전기 충격이 주어지기 직전에 소리가 들린다. 소리(CS)와 전기 충격(US)을 반복적으로 짝지은 후에는 소리 자체가 꼼짝 안 하기나 웅크리기 등과 같이 공포를 나타내는 반응을 초래하게 된다. 이에 더하여 쥐의 혈압도 상승한다. 쥐를 이전에는 중성적이었던 자극에 노출시킴으로써 조건형성을 시킨 것이다. 사람도 공포 자극에 조건형성을 시킬 수 있다(Jacobs & Nadel, 1985; Watson & Rayner, 1920). 실제로 공포 조건형성은 외상 후 스트레스 장애와 공황장애 같은 여러 가지 불안장애의 근원으로 보인다(Bouton et al., 2001).

지금까지 조건자극이 특정한 무조건자극의 출현을 예측하기 때문에 조건반응을 초래한다는 사실을 계속해서 보았다. 예측 가능성도 정서반응에서 중요하다. 만일 특정한 CS가 통증이 뒤따른다는 사실을 신뢰롭게 예측한다면, 그 CS의 **부재**는 통증이 뒤따르지 않기 때문에 안심할 수 있다는 사실을 예측하게 된다. CS는 '위험' 신호가 되었으며 이것의 부재는 '안전' 신호가 된다. 이러한 신호가 오류를 보이면 유기체에 부과되는 정서적 부담은 통렬한 것이 될 수 있다. 전기 충격이 다가온다는 신뢰로운 예측 자극을 쥐가 가지고 있을 때는 위험 신호가 존재할 때만 공포 반응을 보인다. 신뢰로운 예측 자극이 없을 때는 계속해서 불안하고 심지어 위궤양으로 발전할 수도 있다(Seligman, 1975). 인간의 정서에서도 마찬가지이다. 만일 치과 의사가 아동 환자에게 치료가 아플 것이라고 말함으로써 위험 신호를 알려 주면 아동은 치료가 끝날 때까지 공포를 겪게 된다. 반면에 치과 의사가 항상 치료는 아프지 않을 것이라고 말하지만 실제로는 때때로 아프기도 하다면 아동은 위험 신호나 안전 신호가 없기 때문에 치과에 갈 때마다 극도로 불안해질 수 있다. 어른인 우리도 마음에 들지 않는 어떤 사건이 일어날 가능성이 있지만 그 사건을 예측하게 해 주는 경고 신호가 없는 상황에서 불안을 경험해 왔다. 정의상 불쾌한 사건은 불쾌한 것이지만, 예측 불가능한 불쾌한 사건은 정말로 참기 어려운 것이다(14장 참조).

## 인지적 요인

파블로프를 비롯한 여러 연구자는 CS와 US가 **시간적으로 근접** temporally contiguous하는 것, 즉 CS와 US가 시간상 근접해서 출현하는 것이 조건형성의 충분조건이라고 생각했다. 파블로프는 자극 간의 관계에 대한 유기체의 인지적 이해에 관해 어떤 주장도 하지 않으려고 신중을 기했다. 그러한 내적 사건은 관찰 가능한 것이 아니라고 간주했다. 그러나 앞의 논의를 보면 조건형성은 CS가 US를 예측할 때 일어나는 것으로 보인다. 이러한 경우에 US가 CS에 **수반적(유관적)** contingent이라고 일컫는다(CS가 나타나지 않을 때보다 나타날 때 US가 출현할 가능성이 더 높다). 실제로 일단의 연구자들은 고전적 조건형성에서 결정적 요인은 유기체가 알고 있는 것이라고 주장했다(Bolles, 1972; Tolman, 1932). 이러한 인지적 견해에서는 고전적 조건형성이 유기체에게 두 자극 간의 관계에 관한 새로운 지식을 제공하는 것이다. 즉 CS가 주어질 때 유기체는 US의 예측을 학습한 것이다(Rescorla, 1968).

중요하면서도 정교하게 설계된 일련의 실험에서 레스콜라(Rescorla, 1968)는 근접성과 수반성을 대비했다. 그는 CS가 US의 신뢰로운 예측자여야만 한다는 사실을 보여 줄 수 있었다. 단순한 시간 근접성은 조건형성이 일어나기에 충분하지 않다. 이러한 실험 절차를 레스콜라 실험이라고 부른다. 두 집단 A와 B의 쥐들이 있다. 소리와 전기 충격이 시간적으로 근접한 짝의 수는 두 집단이 동일했다. 따라서 만일 **시간 근접성**이 조건형성을 결정짓는다면 두 집단의 쥐들은 동일한 정도의 조건형성을 보여 주어야만 했다. 그런데 두 집단 간의 차이는 소리에 대한 전기 충격의 수반성이었다. 집단 A에서는 모든 전기 충격에 소리가 선행한 반면, 집단 B에서는 소리의 존재와 부재에서 전기 충격의 출현 가능성이 동일했다. 따라서 집단 A에서는 소리가 전기 충격을 잘 예측했던 반면에 집단 B에서는 아무런 예측력이 없었다. 만일 **수반성**이 조건형성을 결정한다면 집단 A만이 조건형성을 나타낼 것이라고 예상할 수 있다. 바로 이것이 레스콜라가 얻은 결과이다. 즉 집단 A의 쥐들만이 조건 공포 반응을 나타냈다. 실험의 다른 집단에서도 조건형성의 강도는 US의 출현을 신호해 주는 CS의 예측력과 직접적으로 관련되었다. 후속 실험은 CS와 US 간의 예측적 관계가 CS와 US 간의 시간 근접성이나 둘을 짝짓는 빈도보다 중요하다는 결론을 지지했다(Rescorla, 1972).

## 생물학적 제약

초기 행동주의자들은 학습 법칙이 모든 동물 종에서 동일하다고 가정했다. 이에 덧붙여서 고전적 조건형성에서는 모든 CS를 모든 US와 연합할 수 있다고 가정했다.

이러한 입장은 초기 행동주의자들로 하여금 선천성·후천성 논쟁에서 **후천성**을 굳건하게 받아들이도록 만들었다. 즉 유기체가 학습하는 것은 전적으로 환경과의 경험에 달려 있다는 것이다. 그러나 다른 연구자들은 학습 과정에서의 생물학적 기능을 강조해 왔다. 즉 생물학적 기능이 유기체로 하여금 적응하고 생존하게 만든다는 것이다. 초기 동물행동학자들(예: 노벨상 수상자인 콘라트 로렌츠를 비롯한 니콜라스 틴베르헌, 카를 폰 프리슈 등)은 인간과 동물의 행동에서 강력한 **생물학적 소인**을 밝혔다(Tinbergen, 1951).

동물행동학자는 행동주의자와 마찬가지로 동물의 행동에 관심을 갖지만 학습보다는 진화와 유전학을 강조한다. 그리고 자연환경에서 동물의 행동을 연구한다. 학습에 대한 이러한 조망은 유기체가 학습할 필요가 있는 것은 진화사에 달려 있다는 사실, 즉 동물은 상당한 정도로 특정한 대상을 특정한 방식으로 학습하도록 사전에 프로그래밍되어 있다는 사실에 주의를 기울이게 만들었다.

**학습한 맛혐오** learned taste aversion의 예를 살펴보자. 많은 사람들은 특정한 음식을 먹은 후에 탈이 나서 그 음식을 다시는 먹고 싶지 않게 되었던 경험을 가지고 있다. 가브와 스턴커드(Garb & Stunkard, 1974)는 1/3 이상의 사람들이 적어도 한 번 이상 이러한 경험을 했다는 사실을 확인했다. 전형적으로 새로운 음식을 먹고 몇 시간 내에 탈이 났다(구역질이 나고 토한다). 얼핏 보면 학습한 맛혐오가 고전적 조건형성의 전형적인 사례인 것처럼 보인다. 즉 음식의 맛이 복통과 연합되었던 것이다. 그러나 면밀하게 살펴보면 이 조건형성은 고전적 조건형성의 법칙과 전혀 일치하지 않는다. 첫째, 대부분의 맛혐오는 단 한 차례 음식과의 나쁜 경험 후에 일어난다. 반복적인 짝짓기가 필요하지 않다. 둘째, CS–US 시간 간격이 일반적으로 매우 길다. 복통(US)은 음식(CS)을 먹은 지 몇 시간 후에 발생한다. 진화적 조망에서 볼 때, 한 번의 경험으로 특정한 음식의 회피를 학습하는 유기체의 능력, 즉 해로울 가능성이 있는 음식을 회피하는 것이 적응적이라는 사실을 쉽게 찾아볼 수 있다. 학습한 맛혐오가 존재한다는 사실이 보여 주는 것은 유기체가 학습할 수 있는 것에서 매우 선택적이라는 점이다. 특정한 연합은 매우 용이하게 학습하는 반면에 다른 연합은 결코 학습하지 않을 수도 있다.

가르시아와 쾰링(Garcia & Koelling, 1966)은 학습에서 생물학적 소인의 중요성을 드러내는 일련의 실험을 수행했다. 이러한 실험의 하나가 표 7.1에 나와 있다. 실험의 첫 번째 단계에서 실험집단의 쥐들은 새로운 향료가 든 물이 있는 튜브를 핥아 먹을 수 있게 한다. 쥐가 튜브를 핥을 때마다 클릭 소리와 불빛도 함께 제시한다. 쥐는 불빛과 클릭 소리뿐만 아니라 용액의 맛이라는 세 가지 자극을 경험한다. 실험의 두 번째 단계에서 실험집단의 쥐를 약물에 중독시켜 복통을 느끼게 만든다. 어떤 자극—맛 또는 불빛과 클릭 소리—이 복통과 연합될까? 이 물음의 답을 찾기 위해 실험의 세 번째 단계에서 실험집단의 쥐에게 다시 튜브를 제시한다. 때로는 튜브의 용액이 전과 동일한 향이지만 불빛이나 클릭 소리가 없으며, 다른 경우에는 향이 없지만 불빛과 클릭 소리를 제시한다. 이때 실험집단의 쥐는 향료 맛이 나는 용액을 회피하지만 불빛+클릭 소리가 제시될 때는 회피하지 않는다. 따라서 쥐는 맛만을 복통과 연합했던 것이다. 표 7.1 아랫부분에 제시된 통제조건의 결과로 인해 이러한 결과는 맛이 불빛+클릭 소리보다 강력한 CS이기 때문이라고 할 수 없다. 통제조건의 쥐는 두 번째 단계에서 약물에 중독되는 대신에 전기 충격을 받는다. 마지막 단계에서 쥐는 불빛+클릭 소리가 제시될 때만 용액을 회피하며, 향료

### 표 7.1 생물학적 제약과 맛혐오에 대한 실험

맛이 전기 충격보다는 복통에 대한 좋은 신호인 반면, 불빛+소리는 복통보다는 전기 충격에 대한 좋은 신호라는 사실을 보여 주는 실험설계.

| 조건 | 조건자극 | 무조건자극 | 결과 |
|---|---|---|---|
| 약물 | 맛, 불빛+소리 | 염화리튬 | 맛 → 물 마시기 억압<br>불빛+소리 → 억압 없음 |
| 전기 충격 | 맛, 불빛+소리 | 전기 충격 | 맛 → 억압 없음<br>불빛+소리 → 물 마시기 억압 |

맛만을 경험할 때는 회피하지 않는다(Garcia & Koelling, 1966).

따라서 맛은 전기 충격보다는 복통에 대한 우수한 신호이며, 불빛+클릭 소리는 복통보다는 전기 충격에 대한 우수한 신호이다. 어째서 연합에 이러한 선택성이 존재하는 것인가? 이 결과는 등가적으로 강력한 자극이 서로 대치될 수 있다는 초기 행동주의자들의 생각에 들어맞지 않는다. 맛과 불빛+클릭 소리는 모두 효과적인 CS일 수 있기 때문에, 그리고 복통과 전기 충격은 모두 효과적인 US일 수 있기 때문에 어느 CS와 어느 US이든 모두 연합될 수 있어야만 했다. 반면에 연합의 선택성은 동물행동학적 조망 그리고 환경에 대한 동물의 진화적 적응의 강조와 완벽하게 맞아떨어진다. 쥐는 자연 서식 상황에서 먹이를 선택하는 데 맛에 의존한다. 따라서 맛과 복통 사이의 연합은 촉진하지만 불빛과 복통은 그렇지 않도록 맛과 내장 반응 사이에 유전적으로 결정된 관계가 있을 수 있다. 더구나 쥐의 자연환경에서 추위나 상처와 같은 외적 요인에 의해 초래되는 통증은 필연적으로 외적 자극에 의한 것이다. 따라서 외적 자극과 '외적 통증' 사이의 생득적 관계가 있을 수 있으며, 이러한 관계가 불빛과 전기 충격 사이의 연합은 촉진하지만 맛과 전기 충격 사이의 연합은 촉진하지 않을 수 있다.

만일 쥐가 먹이 선택의 자연적 수단과 맞아떨어지기 때문에 맛과 복통의 연합을 학습한다면, 먹이 선택에서 또 다른 수단을 사용하는 동물 종은 맛과 복통의 연합을 학습하는 데 애를 먹을 수 있다. 실제로도 그러한 일이 일어난다. 새는 자연 상태에서 맛보다는 모양에 근거하여 먹이를 선택하며, 불빛을 복통에 연합하는 것은 쉽게 학습하지만 맛을 복통에 연합하는 것은 그렇지 못하다(Wilcoxin et al., 1971). 이것은 예컨대 복통의 원인과 같이 동일한 것을 서로 다른 수단을 통해 학습하는 상이한 동물 종의 완벽한 사례인 것이다. 요컨대 무엇이 무엇에 조건형성되는지를 알고자 한다면 CS와 US를 분리해서 생각해서는 안 된다. 오히려 두 자극의 조합에 초점을 맞추어야 하며, 그 조합이 생득적 관계를 얼마나 반영하는지를 고려해야 한다. 이러한 결론은 학습 법칙이 모든 동물 종과 상황에서 동일하다는 가정과 상당히 어긋난다. 실제로 최근 몇몇 심리학자들은 연구하는 행동의 진화사를 고려하는 행동 시스템 접근 방법을 사용하여 고전적 조건형성을 탐구하고 있다(Fanselow, 1994; Domjan, 2005). 사람의 경우에 생태적으로 적절한 자극을 사용한 조건형성의 한 가지 사례는 음식의 맛(CS)이 충분한 칼로리(포만감, US)와 연합된다는 결과이다. 이렇게 조건형성된 선호도는 실험 참가자의 배고픔 정도에 달려 있다(Domjan, 2005 참조).

#### 중간 요약

- 고전적 조건형성에서 무조건자극(US)을 일관성 있게 선행하는 조건자극(CS)은 US에 대한 신호로 작용하며, 흔히 무조건반응(UR)을 닮은 조건반응(CR)을 유발한다.
- 고전적 조건형성이 일어나려면 CS가 US의 신뢰로운 예측자여야 한다. 즉 CS가 제시되지 않았을 때보다 제시되었을 때 US가 출현할 확률이 높아야 한다.
- 고전적 조건형성 실험에서 자극들이 연합될 가능성은 생물학적 특성과 진화의 제약을 받는다.

#### 비판적 사고를 위한 물음

1. 일반적으로 고전적 조건형성에서 CS와 UR 사이보다는 CS와 US 사이의 연합이 조건형성의 요체라고 생각한다. 이러한 가능성을 구분 짓는 실험을 생각해 볼 수 있겠는가?
2. 사람의 몇몇 불안장애는 고전적 조건형성에 따른 것일 수 있다. 예컨대 공황장애 환자는 흔히 과거에 경험했던 상황에서 공황발작을 경험한다. 나아가 공황발작은 맥박의 증가와 같이 공황을 생각나게 만드는 신체 감각이 일어날 때 갑자기 나타날 수 있다. 당신은 공황발작의 출현을 고전적 조건형성의 용어로 기술할 수 있는가? 무엇이 CS, US, CR, UR인가?

## 도구적 조건형성

고전적 조건형성에서는 조건반응이 침 흘리기와 같이 동물의 생득적 레퍼토리의 한 부분인 반응이다. 그렇다면 개는 구른다거나 죽은 척하는 것과 같은 새로운 묘기를 어떻게 학습하는가? 만일 개에게 이러한 묘기를 부리도록 훈련시켜 본 적이 있다면, 개가 묘기를 부릴 때마다 보상이 수반된다는 사실을 알고 있을 것이다. 처음에는 원하는 행동에 근접한 행동에 대해 보상을 주지만 결국에는 개가 완벽한 묘기를 부릴 때만 보상을 준다. **도구적 조건형성** instrumental conditioning에서는 특정한 행동이 환경에 조작을 가함으로써 그 행동을 학습하게 된다. 개는 묘기를 부리는 것이 먹이를 초래한다는 것을 학습한다. 즉 행동이 환경에서의 특정한 변화를 초래하는 데 있어서 도구적(instrumental)이다. 만일 개가 먹이를 목표로 한다면 도구적 조건형성[조작적 조건형성(operant conditioning)이라고도 부름]은 특정한 행동(반응이라고 부르며, 위의 경우에는 구르기)이 특정한 목표로 이끌어 감을 학습하는 것이 된다(Rescorla, 1987). 고전적 조건형성은 사건 간 관계의 학습을 수반하는 반면, 도구적 조건형성은 반응과 그 결과 간 관계의 학습을 수반한다.

이 절에서는 도구적 조건형성에 관한 우리의 이해에 크게 기여한 미국 심리학자 스키너의 결과를 개관한다. 1950년대까지 스키너는 미국에서 행동주의를 선도했다. 또한 보다 최근의 발견과 통찰도 논의할 것이다.

도구적 조건형성 연구가 스키너로부터 시작된 것은 아니다. 손다이크는 20세기가 시작될 무렵에 일련의 중요한 실험을 수행했다(Thorndike, 1898). 그는 찰스 다윈의 저서에서 영감을 얻었는데, 이 저서들은 지적이고 통찰력 있는 것처럼 보이는 행동을 나타내는 동물들에 대한 많은 일화를 담고 있었다. 그렇지만 손다이크는 동물의 지능을 연구하기 위해서는 통제된 실험을 수행해야 한다고 생각했다. 실험을 통해 손다이크는 동물이 인간과는 다르게 어떤 **통찰** insight, 즉 문제해결로 이끌어 가는 상황에 대한 이해를 통해 학습하는 것이 아니라 시행착오적으로 학습한다고 결론 내렸다. 전형적인 실험에서는 배고픈 고양이를 간단한 걸쇠로 문이 닫혀 있는 우리에 집어넣고 우리 바로 바깥에 생선 토막을 놓는다. 고양이는 우선 창살 사이로 앞다리를 뻗어 먹이를 잡으려고 시도한다. 이것이 실패하면 우리 속을 돌아다니면서 다양한 행동을 한다. 어느 시점에는 고양이가 우연히 걸쇠를 건드려 밖으로 나와서는 생선 토막을 먹는다. 그러면 다시 고양이를 우리에 집어넣고 새로운 생선 토막을 밖에 놓는다. 고양이는 거의 같은 유형의 행동을 거쳐서 다시 우연히 걸쇠를 건드리게 된다. 이 절차를 계속해서 반복한다. 시행이 반복됨에 따라 고양이는 많은 부적절한 행동을 제거하고, 결국에는 우리에 집어넣자마자 밖으로 빠져나오게 된다. 고양이는 먹이를 얻기 위해 걸쇠를 여는 방법을 학습한 것이다.

스키너는 도구적 조건형성 연구의 선구자이다.

마치 고양이가 지능적으로 행동하는 것처럼 보일 수도 있지만, 손다이크는 여기서 작동하는 '지능'이 없다고 주장했다. 고양이가 문제의 해결책에 대해 어떤 통찰을 가지고 있는 것처럼 보이는 순간이 전혀 없다. 오히려 고양이의 수행은 시행이 거듭됨에 따라서 점진적으로 증진된다. 고양이는 **시행착오 학습** trial-and-error learning에 몰두하고 있는 것처럼 보이며, 이러한 행동에 보상이 즉각적으로 뒤따를 때 그 행동의 학습이 강력해진다. 손다이크는 이러한 강화를 **효과의 법칙** law of effect이라고 칭했다. 그는 도구적 학습에서 효과의 법칙이 일련의 무작위적 반응 중에서 긍정적 결과가 뒤따르는 반응만을 선택하는 것이라고 주장했다.

### 스키너의 실험

도구적 조건형성을 연구하는 스키너의 방법은 손다이크의 방법보다 간단하다. 한 번에 하나의 반응만을 연구했다. 스키너의 실험에서는 배고픈 동물(일반적으로 쥐나 비둘기)을 그림 7.5와 유사한 상자에 집어넣는데, 이 상자는 조작반응 공간(operant chamber)이라고 부른다[스키너 상자(Skinner box)라고도 부름]. 이 상자 안에는 벽

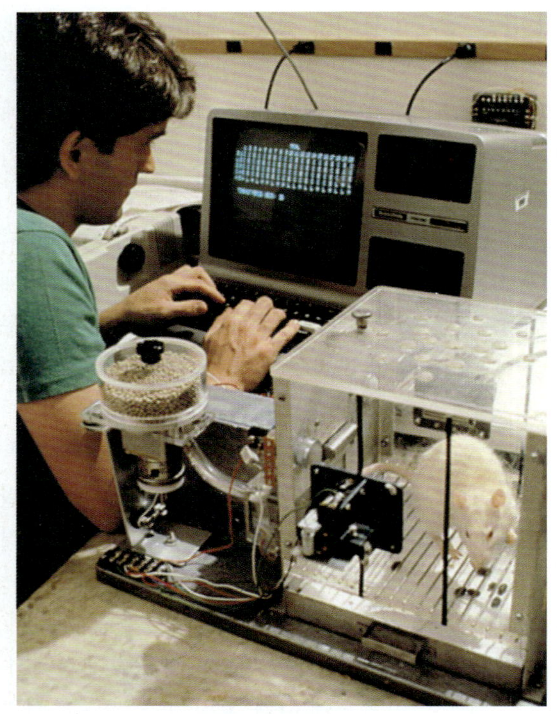

**그림 7.5 도구적 조건형성 실험장치.** 이 사진은 먹이를 공급하는 먹이통이 설치된 조작반응 공간(흔히 '스키너 상자'라고 부름)을 보여 준다. 실험을 제어하고 쥐의 반응을 기록하기 위해 컴퓨터를 사용한다.

에 튀어나온 지렛대와 그 아래에 먹이 접시만 있다. 지렛대 위의 작은 전구에는 실험자의 의도에 따라 불빛이 들어올 수 있다. 상자에 홀로 남은 쥐는 이리저리 다니면서 탐색한다. 때때로 지렛대를 조사하고 누른다. 쥐가 처음에 지렛대를 누르는 비율이 **기저선 수준**(baseline level)이다.

## 획득과 소거

기저선 수준을 확정한 후에 실험자는 상자 밖에 설치된 먹이통을 작동시킨다. 이제 쥐가 지렛대를 누를 때마다 작은 먹이 알갱이가 접시에 떨어진다. 쥐는 먹이를 먹고는 곧 지렛대를 다시 누른다. 먹이가 지렛대 누르기를 강화하며 누르기 비율이 극적으로 증가한다. 만일 먹이통 연결을 끊어서 지렛대 누르기가 먹이를 제공하지 않으면 누르기 비율이 감소한다. 강화받지 못하는 도구적 반응은 고전적 조건형성 반응과 마찬가지로 소거된다.

도구적 조건형성은 행동 뒤에 강화물(흔히 먹이나 물과 같은 것)이 뒤따름으로써 반응의 가능성을 증가시킨다. 스키너 상자에서 지렛대는 항상 존재하는 것이기 때문에 쥐는 자신의 의사대로 지렛대에 반응할 수 있다. 따라서 유기체의 반응 비율은 도구적 조건형성의 유용한 측정치가 된다. 즉 주어진 시간에 반응이 보다 빈번하게 일어날수록 학습이 많이 일어난 것이다.

## 강화 대 처벌

도구적 조건형성에서 행동에 뒤따르는 환경사건은 그 행동 확률의 증가나 감소를 초래한다. **강화** reinforcement는 자극의 제공이 행동의 확률을 증가시키는 과정을 지칭한다. 강화는 만족자극을 제공하거나(**정적 강화** positive reinforcement) 혐오자극을 제거함으로써(**부적 강화** negative reinforcement) 이루어질 수 있다. 다시 말해 행동과 강화 간에는 **정적 수반성**이나 **부적 수반성**이 존재할 수 있다. 정적 수반성은 무엇인가 주어지는 것을 의미한다. 예컨대 지렛대 누르기에 먹이가 뒤따른다. 부적 수반성은 무엇인가 제거된다는 것을 의미한다. 예컨대 지렛대 누르기는 전기 충격을 종료시키거나 차단한다. **처벌**(punishment)은 강화의 반대이다. 행동의 확률을 감소시키며, 혐오자극의 제공(**정적 처벌** positive punishment 또는 단순히 '처벌')이나 만족자극의 제거(**부적 처벌** negative punishment 또는 '생략 훈련')로 구성된다. 여기서도 행동과 처벌 사이에 정적 유관성(예: 지렛대 누르기에 전기 충격이 뒤따른다)이나 부적 유관성(예: 막대 누르기가 먹이 공급을 중지시키거나 차단한다)이 존재할 수 있다는 사실에 주목하기 바란다(개념 설명 참조).

쥐와 비둘기가 선호하는 실험동물이었지만 도구적 조건형성은 인간을 포함한 많은 동물 종에 적용된다. 실제로 도구적 조건형성은 자녀 양육에 대해 많은 것을 알려준다. 특히 시사적인 예는 다음과 같은 경우이다. 어린아이가 부모의 관심을 끌지 못했을 때 잠자리에서 투정을 부렸다. 어쩔 수 없이 부모는 아이의 투정에 반응을 보이게 되고, 부모의 관심이 아이의 행동을 강화했을 가능성이 있다. 그러한 투정을 제거하기 위해 부모에게 아무리 고통스럽더라도 정상적인 취침 인사를 나눈 후에는 아이의 투정을 무시하라고 제안했다. 만일 강화물(관심)이 유보된다면 행동이 소거될 것이며, 실제로 연구 결과도 그렇다. 아이가 잠자리에서 보채면서 보냈던 45분이라는 시간이 단 7일 만에 완전히 사라져 버렸다(Williams, 1959). 이것은 생략 훈련의 예이다. 아이가 원하는 것(부모의 관심)을 유보함으로써 처벌에 유관한 반응(잠자리 투정)을 감소시켰던 것이다.

### ⚜ 개념 설명
### 강화와 처벌의 유형

| 유형 | 정의 | 영향 | 예 |
|---|---|---|---|
| 정적 강화 | 반응에 쾌 또는 만족자극이 뒤따른다. | 반응 가능성의 증가 | 공부를 하고 시험에서 좋은 점수를 받으면 시험 전에 공부할 가능성이 증가한다. |
| 부적 강화 | 반응으로 불쾌 또는 혐오자극이 제거된다. | 반응 가능성의 증가 | 기숙사 방에서 나가니 수다스러운 룸메이트에게서 벗어나게 되면 방 밖에서 보내는 시간이 증가한다. |
| 정적 처벌 (처벌) | 반응에 불쾌 또는 혐오자극이 뒤따른다. | 반응 가능성의 감소 | 교수가 수업 중에 질문을 던진 당신을 당황하게 만든다면 질문을 던질 가능성이 감소한다. |
| 부적 처벌 (생략 훈련) | 반응으로 쾌 또는 만족자극이 제거된다. | 반응 가능성의 감소 | 당신이 TV를 볼 때마다 배우자가 애정 표현을 그만둔다면 TV 앞에서 보내는 시간이 줄어든다. |

## 행동조성

도구적 조건형성을 사용하여 개에게 대문 우편함에서 우편물을 가져오게 하는 묘기를 가르치려고 한다고 가정해 보자. 개가 자연스럽게 그 행동을 할 때까지 기다려서 강화한다면 영원히 기다려야 할지도 모른다. 원하는 행동이 정말로 새로운 것일 때는 동물 행동의 자연적 변형을 이용하여 조건형성시켜야만 한다. 개가 우편물을 가져오게 훈련하려면 대문에 접근할 때마다 먹이 강화물을 주어서 우편물에 점점 더 가까이 다가가게 하고 결국에는 우편물을 입에 물도록 만들어야 한다. 행동조성shaping이라고 부르는 이 기법은 실험자가 원하는 방향으로 변형된 반응만을 강화하는 것이다. 행동조성을 통해 동물이 묘기를 정교화하도록 훈련할 수 있다. 두 심리학자는 수많은 종의 동물이 TV 쇼와 광고, 박람회 등에 출연하도록 훈련했다(Breland & Breland, 1966). 한 유명한 쇼에서는 〈프리실라, 까다로운 돼지〉라는 프로그램을 내보냈다. 프리실라는 TV를 켜고, 식탁에서 아침 식사를 하고, 더러워진 옷을 집어 빨래 바구니에 넣고, 마루를 청소하고, 좋아하는 음식을 선택하고, '예'와 '아니요'를 나타내는 불빛을 켬으로써 청중의 질문에 답하는 방식으로 퀴즈 프로그램에도 참가했다. 이 녀석은 유별나게 똑똑한 돼지가 아니었다. 실제로 돼지는 너무 빨리 성장하기 때문에 새로운 '프리실라'를 3~5개월마다 훈련해야만 했다. 재주는 돼지가 아닌 실험자에게 있었다. 실험자는 도구적 조건형성을 사용하여 돼지의 행동을 조성함으로써 원하는 결과를 만들어 냈다. 행동조성은 비둘기로 하여금 바다에서 실종된 사람을 찾아내도록 훈련하는 데 사용되고 (그림 7.6 참조), 돌고래가 해저 장치를 끄집어 올리도록 훈련했다.

브릴랜드 부부의 작업은 모든 행동을 조성할 수 있는 것은 아니라는 사실도 보여 주었다. 예컨대 너구리에게 먹이 보상을 위해 돼지 저금통에 동전을 집어넣도록 훈련하는 데 상당한 어려움을 겪었다. 너구리는 저금통에 동전을 집어넣고 먹이 강화물을 얻는 대신에 끊임없이 동전 2개를 비비고, 저금통에 집어넣었다가는 다시 꺼내어 계속해서 비비기만 했다. 물론 이 행동은 너구리가 자연적인 먹이를 얻기 위해 정상적으로 나타내는 행동과 닮았다. 먹이와 연합되어 있는 사물을 열심히 가지고 노는 너구리의 행동 소양이 새로운 반응의 조성을 어렵게 만들었던 것이다. 동물이 생물학적으로 선천적인 행동에 몰두하는 현상을 **향본능 표류**(instinctive drift)라고 부른다. 이 현상은 도구적 조건형성이 고전적 조건형성과 마찬가지로 생물학적 제약을 받으면서 작동한다는 사실을 나타낸다.

## 조건강화물

지금까지 논의한 대부분의 강화물은 기본 추동을 만족시키기 때문에 **일차 강화물**(primary reinforcer)이라고 부른다. 만일 도구적 조건형성이 일차 강화물과 함께만 일어난다면 그렇게 자주 일어나지 않을 것이다. 일차 강화물은 별로 일반적이지 않기 때문이다. 그러나 거의 모든 자극은 **이차 강화물**(secondary reinforcer) 또는 조건강화물conditioned reinforcer이 될 수 있다. 조건강화물은 일차 강화물과 일관성 있게 짝지어졌던 자극이다. 조건강

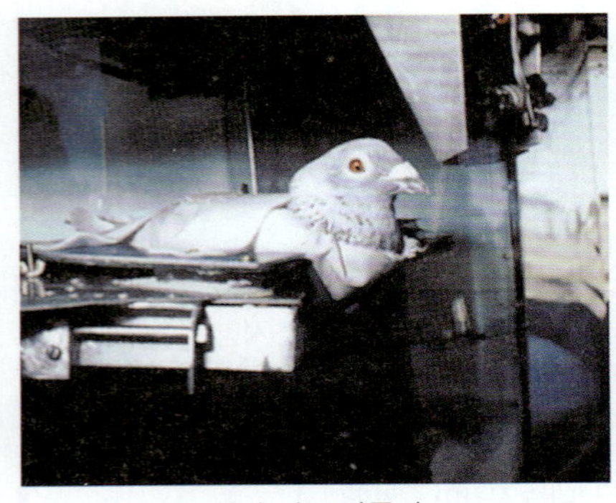
앉아 있는 비둘기

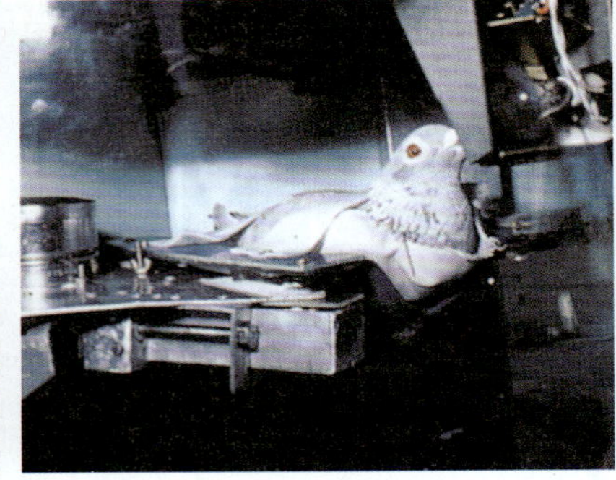
원판을 쪼는 비둘기

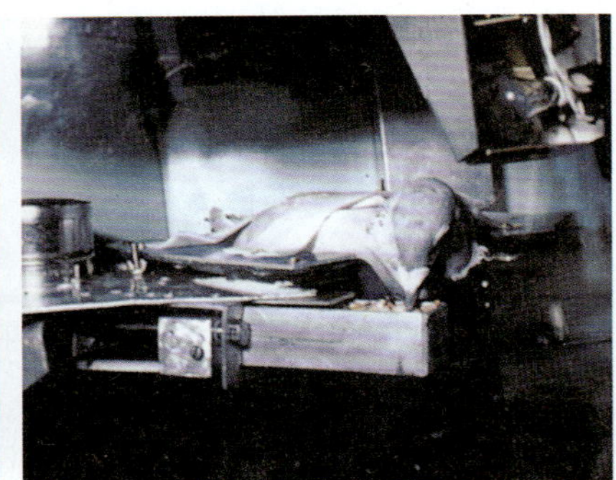
보상을 받는 비둘기

**그림 7.6 비둘기의 탐색과 구난.** 미국의 해안경비대는 바다에서 조난된 사람을 찾아내는 데 비둘기를 사용해 왔다. 비둘기가 국제적으로 합의된 구명 재킷의 색인 주황색을 찾아내도록 훈련하는 데 행동조성 방법을 사용한다. 세 마리의 비둘기가 헬리콥터 바닥에 부착된 플렉시글라스 방에 묶여 있다. 이 방은 세 칸으로 나누어져서 각 비둘기가 서로 다른 방향을 바라보고 있다. 비둘기가 주황색 물체를 발견하면 조종사에게 신호해 주는 버튼을 쫀다. 그러면 조종사는 반응한 비둘기가 지시하는 방향으로 향하게 된다. 비둘기는 먼 바다에 있는 물체를 찾아내는 능력이 사람보다 뛰어나다. 비둘기는 눈의 피로로 고통을 느끼지 않으면서 오랫동안 수면 위를 주시할 수 있으며, 뛰어난 색채 시각을 가지고 있고, 60~80°에 이르는 영역에 초점을 맞출 수 있는 반면, 사람은 2~3° 영역에만 초점을 맞출 수 있다.

화물은 도구적 조건형성의 일반성을 크게 증가시킨다. 전형적인 도구적 조건형성 실험을 약간만 변형하면 조건강화가 작동하는 방식을 예시할 수 있다. 스키너 상자에서 쥐가 지렛대를 누를 때 소리가 잠시 들리고는 곧이어서 먹이의 공급이 뒤따른다(먹이는 일차 강화물이고 소리는 조건강화물이 된다). 이러한 방식으로 쥐를 조건형성시킨 후에 실험자는 소거 과정을 시작함으로써 쥐가 지렛대를 누를 때 소리도 먹이도 주지 않는다. 시간이 경과함에 따라서 쥐는 지렛대 누르기를 중지한다. 그러면 소리는 다시 연결하지만 먹이통은 연결하지 않는다. 지렛대 누르기가 소리를 초래한다는 사실을 쥐가 발견하면 누르기 비율이 현저하게 증가하여 먹이가 주어지지 않음에도 불구하고 소거를 극복하게 된다. 소리는 고전적 조건형성을 통해 자체적으로 강화하는 자질을 획득한 것이다. 소리가 먹이와 신뢰롭게 짝지어졌기 때문에 먹이를 신호하게 되었던 것이다. 이차 강화물은 인간 행동에도 작동한다. 우리의 삶은 조건강화물로 가득 차 있다. 가장 널리 사용되는 것은 돈과 칭찬이다. 단순한 칭찬은 일차 강화물이 뒤따르지 않아도 많은 행위를 유지시킬 수 있다. 돈은 많은 일차 강화물과 너무나도 자주 짝지어졌기 때문에 강력한 강화물이 되었을 것이다. 몇 가지만을 들어 보더라도 우리는 돈으로 음식, 음료수, 안락함 등을 살 수 있다. 최근 연구를 보면 돈과 음식이라는 두 가지 강화물이 어떻게 얽혀 있는지를 명확하게 알 수 있다. 브리어스 등(Briers et al., 2006)은 배고픔이 자선 행동에 부정적인 영향을 미친다는 사실을 보여 주었다. 배고픈 실험 참가자들은 그렇지 않은 참가자들에 비해서 기부하는 돈의 액수가 적었다. 그 역도 마찬가지이다. 로또에 당첨되었다는 상상을 하도록 요청함으로써 실험자가 돈에 대한 참가자들의 갈망을 증가시켰을 때 과자를 먹는 양이 증가했다. 실험 참가자의 행동을 유도함에 있어서 음식과 돈 간의 이러한 대칭적 관계는 인간에게 돈이 일차 강화물이 되었을 수도 있다는 사실을 시사한다.

**많은 사람에게는 칭찬이 효과적인 강화물이다.**

## 일반화와 변별

여기서도 고전적 조건형성에서 참인 것이 도구적 조건형성에서도 참이다. 즉 유기체는 학습한 것을 일반화하며, 일반화는 변별 훈련으로 제어할 수 있다. 만일 어린아이가 자기 집 강아지를 다독거려 부모에게 강화를 받는다면, 곧 다른 강아지에게도 다독거리는 반응을 일반화하게 된다. 이러한 일반화 행동은 위험할 수 있기 때문에 (이웃집은 무시무시한 경비견을 키우고 있을 수 있다) 부모는 아이에게 변별 훈련을 시켜서 자기 집 강아지는 다독거리지만 이웃집 개에게는 그렇게 하지 않음으로써 강화를 받도록 할 수 있다.

변별 훈련은 반응해야 하는 경우와 반응을 억압해야 하는 경우를 명백하게 구분해 주는 변별자극(또는 일련의 자극)이 있는 한 효과적이다. 위의 어린아이는 부모가 친근함을 신호하는 개의 특성(예: 꼬리 흔들기)을 지적해 주면 어느 개를 다독거려야 하는지를 쉽게 학습하게 된다. 일반적으로 변별자극의 존재는 반응 뒤에 강화가 뒤따른다는 사실을 예측하고 그 부재는 반응 후에 강화가 뒤따르지 않는다는 사실을 예측하는 한 유용하다(그 역도 마찬가지이다). 고전적 조건형성과 마찬가지로 자극의 예측력은 조건형성에 결정적인 것으로 보인다.

## 강화계획

실제 삶에서는 모든 행동이 강화되지 않는다. 예컨대 열심히 일하는 것에 때로는 칭찬이 뒤따르지만 많은 경우에는 알지 못하고 넘어가기 십상이다. 만일 도구적 조건형성이 계속적인 강화와 함께만 일어난다면 우리의 삶에서 제한된 역할만을 할 것이다. 그렇지만 일단 행동이 형성되면 간헐적으로만 강화되더라고 유지될 수 있다. 이러한 **부분강화**(partial reinforcement) 현상은 먹이를 위해 원판 쪼기를 학습하는 비둘기를 가지고 실험실에서 예증할 수 있다. 일단 이러한 도구적 반응이 확립되면 비둘기는 가끔씩만 강화를 받는다고 하더라도 높은 비율로 쪼기를 계속한다. 어떤 경우에는 평균적으로 5분마다 먹이로 강화를 받는(1시간에 12번) 비둘기가 시간당 6,000번 원판을 쪼기도 한다. 먹이 하나를 얻기 위해 무려 500번씩이나 쪼는 셈이다.

이에 덧붙여서 부분강화로 반응이 유지된 후의 소거는 연속강화에 의해 반응이 유지된 후의 소거보다 훨씬 느리게 진행된다. 5분마다 강화받은 비둘기의 쪼기 반응 소거는 하루가 걸리는 반면, 연속적으로 강화받은 비둘기는 몇 분 이내에 소거된다. 이 현상을 **부분강화 효과**(partial reinforcement effect)라고 부른다. 이것은 직관적으로 이해가 되는데, 반응을 유지하는 동안에 강화가 부분적이어서 소거와 유지 사이의 차이가 적기 때문이다.

강화가 부분적으로만 일어날 때는 그 강화가 어떻게 계획된 것인지를 정확하게 알 필요가 있다. 예컨대 매 세 번째 반응인가? 매 5초가 지난 후인가? 강화계획이 반응 패턴을 결정한다는 사실이 밝혀졌다. 네 가지 기본 강화계획이 있다(개념 설명 참조).

어떤 계획은 **비율계획** ratio schedule이라고 부른다. 유기체가 나타내는 반응의 수에 의존하기 때문이다. 이 계획은 도급제로 일하는 공장 노동자의 경우와 유사하다. 비율은 고정되거나 변동적일 수 있다. **고정비율계획** fixed ratio schedule(FR 계획이라고 함)에서는 내놓아야 하는 반응의 수가 특정한 값으로 고정된다. 만일 그 수가 5라면 (FR 5) 강화를 받는 데 5회의 반응이 요구된다. 또 50이라면(FR 50) 50회의 반응이 요구되는 식이다. 일반적으로 비율이 높을수록 유기체가 반응하는 비율도 높아진다. 특히 처음에는 비교적 낮은 비율(예: FR 5)로 훈련받은 후 점차적으로 높은 비율로 계속해서 이동하여 예컨대 FR 100까지 이동했을 때 그렇다. 이것은 마치 공장 노동자가 처음에는 5벌의 옷을 박음질할 때마다 5달러를 벌었지만 세상이 어려워져서 이제는 5달러를 벌기 위해 100벌을 박음질해야만 하는 것과 같다. 그러나 아마도 FR 계획하의 행동에서 가장 독특한 측면은 강화가 주어진 뒤 바

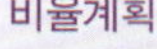 **개념 설명**

### 강화계획

| | 비율계획 | 간격계획 |
|---|---|---|
| 고정계획 | 고정비율(FR): 고정된 반응 횟수 후에 강화를 준다. | 고정간격(FI): 마지막 강화 후에 일정한 시간이 경과해야만 강화를 준다. |
| 변동계획 | 변동비율(VR): 특정한 반응 횟수 후에 강화를 주지만 그 횟수가 예측할 수 없게 변한다. | 변동간격(VI): 마지막 강화 후에 특정한 시간이 경과해야만 강화를 주지만 그 간격이 예측할 수 없게 변한다. |

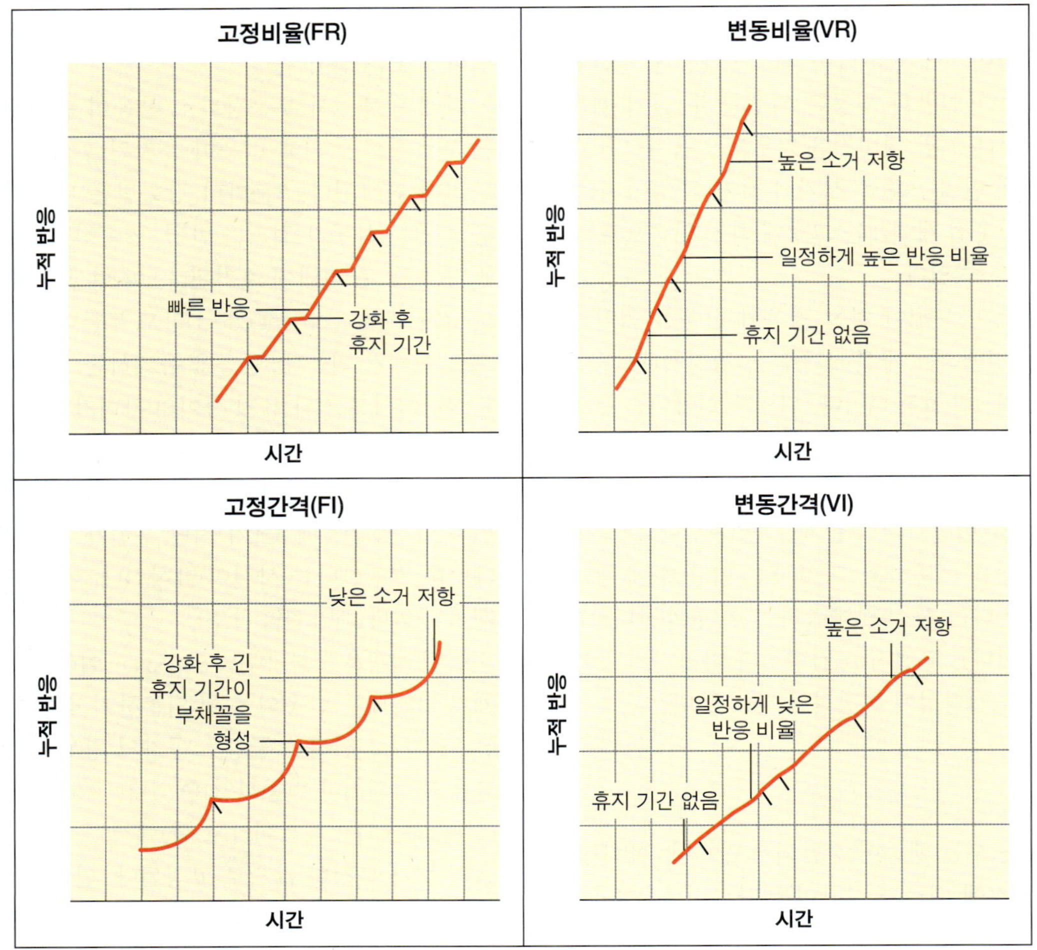


**그림 7.7 네 가지 기본 강화계획에서 전형적인 반응 패턴.** 각 선분은 시간의 함수로서 동물의 누가 반응 횟수를 도작한 것이다. 따라서 선분의 기울기는 동물의 반응 비율을 나타낸다. 각 선분에 대각으로 그은 짧은 표지는 강화가 주어진 시점을 나타낸다. 위의 두 선분은 비율계획이다. FR 계획의 선분에서 휴지 기간을 나타내는 수평선 구역에 주목하기 바란다(누가 반응 횟수가 증가하지 않는 것을 나타낸다). 아래 두 선분은 간격계획이다. FI 계획의 선분에서도 수평선 구역은 휴지 기간을 나타낸다.

로 휴지 기간이 있다는 것이겠다(그림 7.7 참조). 공장 노동자의 경우 보상을 받을 만큼 이제 막 일을 마치고 난 후 곧바로 새로운 작업을 시작하기가 쉽지 않다.

**변동비율계획** variable ratio schedule(VR 계획)에서 유기체는 여전히 특정한 횟수의 반응을 행한 다음 강화를 받지만 그 횟수가 예측할 수 없게 변한다. VR 5 계획에서 강화에 필요한 반응의 수가 때로는 1회, 때로는 10회일 수 있으며, 평균적으로는 5회가 된다. FR 계획에서 일어나는 행동과는 달리, 유기체가 VR 계획에서 반응할 때는 휴지 기간이 없다(그림 7.7 참조). 아마도 유기체가 언제 강화를 받을지 탐지할 수 있는 방법이 없기 때문일 것이다. 일상생활에서 VR 계획의 좋은 예는 슬롯머신의 작동

**슬롯머신을 즐기는 사람들은 변동비율계획에 따라 보상받는 것으로 강화된다. 그러한 계획은 매우 높은 반응 비율을 생성할 수 있다.**

방법이다. 강화(보상)에 필요한 반응의 횟수(게임 횟수)가 계속 변하며, 게임을 하는 사람은 언제 강화가 일어날지 예측할 방법이 없다. 강화계획 중에서 VR 계획이 가장 높은 비율의 반응을 생성할 수 있다. 슬롯머신을 즐기고 있는 사람은 VR 계획에 따라서 강화를 받는다. 바로 이 자질이 게임의 '중독성'에 영향을 미친다.

다른 강화계획은 **간격계획** interval schedule이라고 부른다. 이러한 계획에서는 강화가 특정 시간이 경과한 후에만(그리고 유기체가 반응을 한 후에만) 가용하기 때문이다. 여기서도 계획은 고정되거나 변동될 수 있다. **고정간격계획** fixed interval schedule(FI 계획)에서 유기체는 마지막 강화 후에 특정한 시간이 경과하고 나타낸 최초의 반응에 대해 강화를 받는다. 예컨대 FI 2분 계획에서 강화는 마지막으로 강화받은 반응 후 2분이 경과한 다음에만 가용하다. 2분의 간격 도중에 나타낸 반응은 아무 효과가 없다. FI 계획에서 반응의 독특한 측면은 강화 직후에 발생하는 휴지 기간이다(그림 7.7 참조). 이러한 강화 후 휴지는 FR 계획에서의 휴지보다도 더 길 수 있다. FI 계획에서 반응의 또 다른 독특한 측면은 간격이 끝나 감에 따라서 반응 비율이 증가하여 흔히 부채꼴이라는 패턴을 만들어 내는 것이다(그림 7.7 참조). 일상생활에서 FI 계획의 좋은 예는 우편배달이다. 우편배달은 하루에 한 번씩 오거나(FI 24시간) 어떤 지역에서는 하루에 두 번씩 온다(FI 12시간). 우편물이 배달된 직후에는 다시 확인하지 않지만, 우편배달 간격이 끝나 갈 무렵이 되면 다시 확인하기 시작한다.

**변동간격계획** variable interval schedule(VI 계획)에서도 강화가 여전히 특정 시간이 경과하는 데 의존하지만 그 간격은 예측할 수 없게 변한다. 예컨대 VI 10분 계획에서 결정적 간격이 때로는 2분이고 때로는 20분일 수 있지만 평균적으로 10분에 한 번꼴이 된다. FI 계획에서 반응 비율의 변화와는 달리, VI 1분 계획일 때는 유기체가 일정하게 높은 비율로 반응하는 경향이 있다(그림 7.7 참조). 일상생활에서 VI 계획의 예로, 통화 중 신호음을 들은 후 전화번호를 다시 누르는 것을 생각해 보자. 강화(전화가 걸리는 것)를 얻기 위해서는 마지막으로 통화를 시도한 후 어느 정도 시간을 기다려야 하지만 그 간격은 예측할 수 없다.

## 혐오 조건형성

전기 충격이나 고통스러운 소음과 같은 부정적 혐오 사건도 도구적 조건형성에서 흔히 사용된다. 처벌 훈련에서는 반응에 혐오자극 또는 사건이 뒤따르는데, 혐오자극은 나중에 반응이 약화되거나 억압되는 결과를 초래한다. 처벌은 바람직하지 않은 반응 후에 일관성 있고 즉각적으로 주어지며, 대안 반응이 보상을 받는다면 바람직하지 않은 반응을 효과적으로 제거할 수 있다. 미로에서 먹이에 도달하기 위해 두 통로 중 가까운 통로를 선택하도록 학습한 쥐가 가까운 통로를 선택할 때 전기 충격을 받으면 곧바로 먼 통로를 택하게 된다. 처벌이 생성한 잠정적 억압이 쥐로 하여금 먼 통로를 택하는 것을 학습할 기회를 제공한다. 이 경우에 처벌은 정보적이기 때문에 행동의 방향을 바꾸는 효과적인 수단이 되며, 이 사실이 처벌의 효과적 사용의 핵심이 되는 것으로 보인다.

인간의 행동을 교정하기 위해 처벌 훈련을 적용하는 것이 항상 성공적이었던 것은 아니다. 예컨대 자동차 운전 상황에서 '과속하면 교통사고로 사망할 수도 있다!'는 사고 가능성을 위협이나 미래의 처벌로 사용함으로써 안전 행동을 증가시키려는 시도에서 종종 사용한다. 문제는 여전히 살아 있는 모든 운전자들이 과속하고도 죽지 않은 경험이 있다는 점이다. 그렇기 때문에 위협을 '만일 과속하면 벌금을 물어야 한다!'로 바꾸지 않는 한 과속은 조건형성으로 통제하기 정말로 어렵다. 하지만 이 경우에도 과속한 많은 운전자들이 경찰에 잡히지도 않고 벌금도 내지 않는다.

따라서 처벌이 원하지 않는 반응을 억압할 수 있다고 하더라도 몇 가지 단점을 가지고 있다. 첫째, 처벌 효과는 보상만큼 정보적이지 못하다. 보상은 근본적으로 '네가 한 것을 반복하라'고 알려 준다. 처벌은 '그만두라'고 말하지만 대안을 제시해 주지 못한다. 따라서 유기체는 처벌받은 반응을 더욱더 바람직하지 않은 반응으로 대치할 수도 있다. 둘째, 처벌의 부산물이 불행한 것일 수 있다. 처벌은 고전적 조건형성을 통해 처벌하는 사람(부모님, 선생님, 또는 고용주)과 상황(집, 학교, 또는 사무실)을 싫어하거나 무서워하게 만들기 십상이다. 마지막으로 극단적이거나 고통스러운 처벌은 처음의 바람직하지 않은 행동보다도 심각한 공격 행동을 유발할 수 있다.

## 회피와 도피 행동

때때로 처벌 훈련이 바람직하지 않은 행동을 억제하도록 작동할 수 있다는 사실을 보았다. 그렇지만 혐오 사건은 새로운 반응을 학습하는 데에도 사용할 수 있다. 유

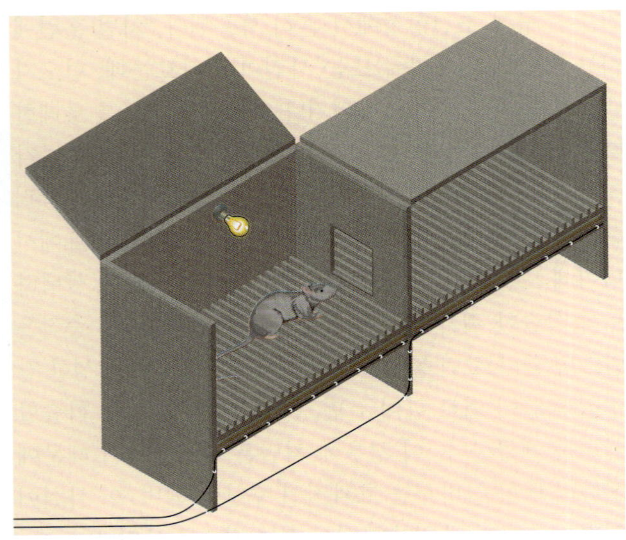

그림 7.8 **왕복 상자.** 왕복 상자는 동물의 회피학습과 도피학습을 연구하는 데 사용한다.

기체는 진행 중인 혐오 사건을 종료시키는 반응을 학습할 수 있다(예: 방에 고통스러운 큰 소음이 있다면 그 방을 나갈 수 있다). 이것을 **회피학습** escape learning이라고 부른다. 흔히 회피학습에는 **도피학습** avoidance learning이 뒤따른다. 즉 유기체는 혐오 사건이 시작되는 것 자체를 차단하는 반응을 학습하는 것이다(예: 특정한 방이 과거에 커다란 소음과 연합되어 있다면, 소음이 없어도 그 방에서 도피한다). 동물의 회피학습과 도피학습을 연구하기 위해 심리학자들은 **왕복 상자**(shuttle box)라는 장치를 사용해 왔다(그림 7.8 참조). 왕복 상자는 칸막이로 분리된 2개의 방으로 구성된다. 각 시행 시 동물이 한 방에 들어 있다. 어느 시점에 경고 불빛이 반짝이고는 5초 후에 방바닥에 전류가 흐른다. 동물이 전기 충격을 피하려면 칸막이를 뛰어넘어 다른 방으로 가야 한다. 처음에 쥐는 전기 충격이 시작된 후에라야 칸막이를 뛰어넘는다. 이것은 회피학습이다. 연습을 통해 쥐는 경고음을 듣고 뛰어넘는 것을 학습함으로써 전기 충격을 완전히 도피한다. 이것은 도피학습이다. 회피학습과 도피학습이라는 두 단계에 대한 분석은 공포증(특정한 대상이나 상황에 대한 공포)이 극단적으로 소거되기 어렵다는 사실을 설명할 수 있다.

첫 번째 단계에는 고전적 조건형성이 수반된다. 경고 불빛(CS)과 전기 충격(US)의 반복적인 짝짓기를 통해 동물은 불빛이 전기 충격을 예측한다는 사실을 학습하고 불빛에 대한 반응으로 공포 조건반응(CR)을 나타낸다.

도피학습은 한 가지 수수께끼를 제시하는 것처럼 보인다. 만일 무조건자극이 부재한 상태에서 조건자극이 제시되면 조건반응이 사라진다는 사실을 우리는 알고 있다. 그리고 이것이 바로 지금의 경우에 해당하는 것으로 보인다. 일단 동물이 제때에 도피함으로써 전기 충격을 사전에 피하는 방법을 학습했다면 CS 다음에 US(전기 충격)가 뒤따르지 않는다. 그렇다면 어째서 조건반응이 사라지지 않는 것인가? 무엇이 동물로 하여금 칸막이를 뛰어넘도록 강화하는 것인가? 전기 충격의 부재라고 말할 수 있겠지만 이것은 '사건 없음'이다. 어떻게 '사건 없음'이 강화물로 작용할 수 있는 것인가? 이 수수께끼의 한 가지 해결책은 분석의 두 번째 단계가 도구적 조건형성을 수반하는 것이다. 동물은 이미 칸막이를 뛰어넘는 것이 혐오 사건, 즉 조건 공포 자체를 제거한다는 것을 학습했다(그림 7.9 참조). 따라서 사건 없음으로 보인 것이 실제로는 공포이며, 도피 행동은 이러한 공포를 감소시키기 때문에 강화되는 것이다(Mowrer, 1947; Rescorla & Solomon, 1967).

이제 낙방과 같은 과거 경험으로 인해 특정 공포, 예컨대 시험(또는 검사) 불안을 발전시킨 사람을 생각해 보자. 조건반응(공포)은 예컨대 자명종이 울려도 계속 잔다거나, 추가 시험 날짜를 요청하여 시험 보는 것을 피함으로써 감소될 수 있다. 혐오자극(조건 공포 반응)의 성공적인 감소는 도피 행동을 강화하며, 미래에 그 행동을

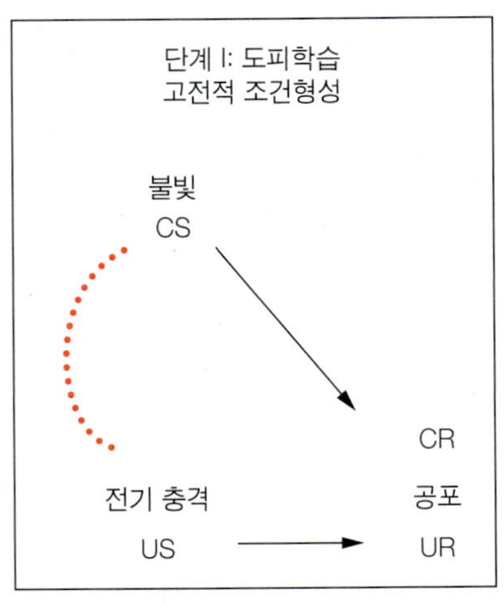


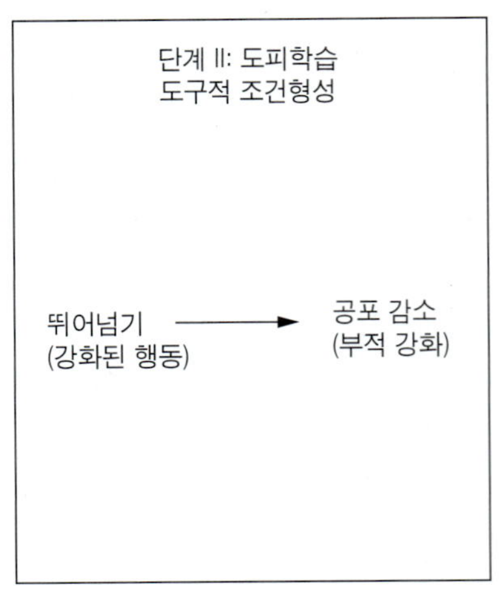


그림 7.9 **회피학습과 도피학습의 두 단계 분석.**

강하게 만들게 된다. 비록 일시적인 안도감을 유발할 수 있다고 하더라도 이러한 도피 행동의 결말은 궁극적으로 폐해적인 것이 명백하다. 그렇다면 시험 불안이 진정한 문제일 때 어떻게 해야 할까? 우리의 분석을 보면 시험에 더 이상 직면하지 않는 한 이러한 반응이 사라지지 않는다는 사실이 명확하다. 시험 불안에 시달리는 학생들에게는 자신의 공포 반응이 과거 사건에 대한 학습된 반응이고, 시험에서의 성공을 반복적으로 경험함으로써 해소될 수 있으며, 그렇게 해야만 한다는 사실을 설득시켜야만 한다. 불안장애와 공포증에 대한 자세한 설명은 15장을 참조하라.

## 인지적 요인

인지적 요인은 고전적 조건형성에서와 마찬가지로 도구적 조건형성에서 중요한 역할을 한다. 뒤에서 보게 되겠지만, 도구적 조건형성 상황에 처한 유기체를 반응과 강화물 간의 관계에 대한 새로운 지식을 획득하는 것으로 간주하는 것이 유용하다. 고전적 조건형성에서와 마찬가지로, 우리는 어떤 요인이 도구적 조건형성에서 중요한지를 알고자 한다. 여기서도 한 가지 선택지는 시간 근접성이다. 즉 도구적 반응은 강화가 즉각적으로 뒤따를 때마다 조건형성된다는 것이다(Skinner, 1948). 예측 가능성과 밀접하게 관련된 보다 인지적인 선택지는 **통제**(control)이다. 즉 도구적 반응은 유기체가 강화를 반응에 의해 통제되는 것으로 해석할 때에만 조건형성된다고 보는 것이다.

마이어와 셀리그먼(Maier & Seligman, 1976)이 수행한 몇 가지 중요한 실험은 통제 견해를 지지하는 증거를 제공한다. 이들의 기본 실험에는 두 단계가 들어 있다. 첫 번째 단계에서 어떤 개들은 전기 충격을 받는지 여부가 자신의 행동에 달려 있는(제어되는) 것을 학습하는 반면, 다른 개들은 전기 충격을 제어할 수 없다는 것을 학습한다. 개들을 쌍으로 검증한다고 생각해 보라. 한 쌍의 개가 모두 움직이지 못하도록 족쇄에 묶여 있으며 때때로 전기 충격을 받는다. 그중 한 마리인 '제어' 개는 코로 옆에 있는 판을 밀어서 전기 충격을 제거할 수 있다. 나머지 '멍에' 개는 전기 충격에 대해 아무런 제어도 가할 수 없다. 제어 개가 전기 충격을 받을 때마다 멍에 개도 전기 충격을 받으며, 제어 개가 전기 충격을 끌 때마다 멍에 개의 전기 충격도 끝이 난다. 따라서 제어 개와 멍에 개는 모두 동일한 횟수의 전기 충격을 받는다.

첫 번째 단계에서 개가 무엇을 학습했는지를 알기 위해 두 번째 단계가 필요하다. 두 번째 단계에서 실험자는 두 마리의 개를 왕복 상자에 집어넣는다. 각 시행에서 우선 소리가 들리는데, 현재 개가 들어 있는 방에 전기 충격이 올 것임을 알려 주는 것이다. 개가 전기 충격을 피하려면 경고음이 들릴 때 칸막이를 뛰어넘어 다른 방으로 넘어가는 것을 학습해야만 한다. 제어 개는 이 반응을 신속하게 학습한다. 이것은 이미 앞에서 쥐의 도피학습에서 보았던 결과이다. 그렇지만 멍에 개는 이야기가 다르다. 처음에 멍에 개는 칸막이를 뛰어넘는 행동을 보이지 않으며, 시행이 진행됨에 따라서 행동이 점점 수동적으로 되어 결국에는 완전히 무기력 상태에 빠지고 만다. 왜 그럴까? 첫 번째 단계에서 멍에 개는 전기 충격이 자신의 제어하에 있지 않다는 사실을 학습했으며, 이러한 제어 불능이라는 신념이 두 번째 단계에서 조건형성을 불가능하게 만들었기 때문이다. 다시 말해 실험의 첫 번째 단계에서 멍에 개는 무기력하다는 사실을 학습했으며, 이러한 '발견'이 나중에 전기 충격을 피할 수 있는 상황에서조차 회피하는 것을 학습하지 못하게 만든 것이다. **학습된 무기력**learned helplessness 현상은 중요한 함의를 갖는다. 이 현상은 유기체가 강화를 제어 가능한 것으로 지각할 때에만 도구적 조건형성이 일어난다는 생각을 지지한다(Seligman, 1975). (학습된 무기력, 제어, 스트레스에 관한 상세한 설명은 15장을 참조하라.)

이 결과는 수반성(유관성)에 따라서 논의할 수도 있다. 도구적 조건형성은 유기체가 반응과 강화 간의 수반성을 지각할 때에만 일어난다고 말할 수 있다. 연구의 첫 번째 단계에서 관련된 수반성은 판 밀기와 전기 충격의 부재 사이에 존재한다. 이 수반성을 지각하는 것은 판을 밀지 않을 때보다 밀었을 때 전기 충격을 회피할 가능성이 크다는 것을 결정하는 것에 해당한다. 첫 번째 단계에서 이러한 수반성을 지각하지 못한 개는 두 번째 단계에서 아무런 수반성도 찾지 않는 것으로 보인다. 이러한 수반성 접근은 도구적 조건형성 연구의 결과가 고전적 조건형성에서 예측 가능성의 중요성에 관한 결과와 일치한다는 사실을 명확하게 보여 준다. 즉 CS가 US를 예측한다는 사실을 아는 것은 유기체가 두 자극 사이의 수반성을 탐지했다는 사실을 보여 주는 것으로 해석할 수 있다. 고전적 조건형성과 도구적 조건형성 모두에서 유기체가 학습하는 것은 두 사건 사이의 수반성이다. 고전적 조건형성에서 행동은 특정한 자극에 수반적이고, 도구적 조건형성에서 행동은 특정한 예기적 반응에 수반적이다.

수반성을 학습하는 능력은 매우 일찍 발달한다. 3개월 유아의 연구에서 각 유아는 베개를 베고 요람에 누워 있었다(Watson, 1967). 각 베개 밑에는 유아가 머리를 돌릴 때마다 접속되는 스위치가 있었다. 제어 유아의 경우에는 머리를 돌려서 스위치가 접속될 때마다 요람 반대쪽에 있는 모빌이 작동했다. 이 유아들에게는 머리 돌리기와 모빌 작동 사이에 수반성이 있었다. 즉 모빌은 머리를 움직이지 않을 때보다 움직일 때 작동할 가능성이 컸다. 유아들은 머리 돌리기를 신속하게 학습하여 모빌의 움직임에 신이 난다는 듯이 반응했다(미소를 지으면서 소리를 냈다). 그러나 실험집단 유아의 경우에는 상황이 아주 달랐다. 이들에게도 모빌은 제어 유아의 경우만큼 작동했지만 모빌의 작동 여부가 실험집단 유아의 제어하에 있지 않았다. 즉 머리 움직임과 모빌 작동 사이에 수반성이 없었다. 이 유아들은 머리를 자주 돌리는 것을 학습하지 않았으며, 잠시 후에는 움직이는 모빌을 즐긴다는 신호도 보이지 않았다. 모빌은 그 작동을 제어할 수 있을 때 강화적 특성을 얻었으며, 제어할 수 없을 때 그 특성을 상실했다. 흥미로운 사실은 사람들이 때때로 '통제 착각'이라는 것 때문에 어려움을 겪는다는 것이다. 사람들은 우연 사건의 결과를 제어했다고 믿는다. 랭어(Langer, 1975)는 게임에서의 승리는 자신의 실력 때문인 반면에 패배는 우연 사건으로 생각하는 노름꾼들에 대해 기술했다. 도박 중독자들에게는 이러한 인지적 착각이 그 중독에 영향을 미쳤을 가능성이 높다(Thompson, 1999).

## 생물학적 제약

고전적 조건형성에서와 마찬가지로 생물학적 특성은 도구적 조건형성을 통해 학습할 수 있는 것에 제약을 가한다. '행동조성' 절에서 논의했던 향본능 표류가 한 가지 예이다. 두 실험 상황, 즉 비둘기가 먹이로 강화하는 반응을 획득하는 보상학습 상황, 전기 충격의 종료로 강화하는 반응을 획득하는 회피학습 상황에 있는 비둘기를 생각해 보자. 보상의 경우에 만일 반응이 날개를 퍼덕이는 것이 아니라 원판을 부리로 쪼는 것이면 비둘기는 훨씬 빨리 학습한다. 회피의 경우에는 그 반대 상황이 벌어진다. 반응이 쪼기가 아니라 날개 퍼덕이기일 때 빨리 학습한다(Bolles, 1970). 이러한 사실은 동일한 학습 법칙이 모든 상황에 적용된다는 가정과 상충하지만 동물행동학적 조망에서는 이해가 된다. 보상의 경우는 먹기가 수반되며, 쪼기(날개 퍼덕이기가 아니라)는 비둘기의 자연스러운 먹기 행동의 부분이다. 쪼기와 먹기 사이에 유전적으로 결정된 연계는 이해할 수 있다. 마찬가지로 회피의 경우는 위험 상황이 수반되며, 위험에 대한 비둘기의 자연스러운 반응에는 날개 퍼덕이기(쪼기가 아니라)가 포함된다. 새들은 방어 반응의 레퍼토리가 작은 것으로 알려져 있으며, 요구되는 반응이 자연스러운 행동의 하나일 때에만 신속하게 회피를 학습한다.

인간의 경우에도 학습에 대한 생물학적 제약의 증거를, 예컨대 공포증의 사례에서 밝혀 왔다. 진화의 역사는 인간이 손쉽게 학습하는 공포에서 자명하게 드러난다(Öhman & Mineka, 2001). 뱀이나 높은 곳에 대한 공포와 같은 몇몇 공포증은 다른 대상에 대한 공포증보다 더 잘 발생하며, 이 사실은 우리 조상에게 위협이 되었던 사건과 상황을 반영하는 것이다.

### 중간 요약

- 도구적 조건형성에서 동물은 자기 행동이 결과를 초래한다는 사실을 학습한다. 예컨대 쥐는 지렛대를 눌러 먹이 강화물의 획득을 학습한다. 반응 비율은 반응 강도의 유용한 측정치이다. 도구적 조건형성에서 반응 비율과 패턴은 강화계획에 의해 결정된다.
- 강화물은 반응 확률을 증가시키는 반면, 처벌자는 반응 확률을 감소시킨다. 강화물과 처벌자는 특정한 행동과 정적 또는 부적 수반성(유관성)을 갖도록 배열할 수 있다.

### 비판적 사고를 위한 물음

1. 침대를 정리하지 않는 8세 아이를 돌보고 있다고 가정하라. 이 아이는 실제로 어떻게 해야 하는지를 모르는 것처럼 보인다. 이 아이에게 침대 정리하는 것을 가르치기 위해 어떻게 도구적 조건형성 기법을 사용하면 되겠는가?

2. 때때로 사람들은 단추가 떨어지는 것과 같은 중성 사물에 공포를 느끼는데, 그 이유를 모를 수 있다. 이 현상을 이 장에서 소개된 원리로 어떻게 설명할 수 있겠는가?

## 학습과 인지

다음은 왓슨의 유명한 말이다. "나에게 건강한 아이 12명과 이 아이들을 양육할 수 있는 공간을 제공해 주고 어느 아이든 임의로 지정하기만 하면, 아이의 재능, 취향, 성향, 능력, 적성, 조상의 인종에 관계없이 그 아이를 의사, 법률가, 예술가, 상인, 심지어 거지나 도둑에 이르기까지 어떤 유형의 사람으로든 만들 수 있다고 나는 장담한다."(1930, p. 104) 초기 행동주의의 입장은 다음과 같이 요약할 수 있다. 인간 행동을 예측하려면—심지어 제어하려면—사람이 반응을 보이는 상황만 알면 된다. 그리고 학습 기제를 연구하려면 단순한 동물을 연구하는 것으로 충분하다. 학습은 경험(자극-반응 관계 그리고 반응 결과의 경험)에서만 유래한다고 가정하기 때문에 '고등 정신과정'을 연구하거나 가정할 이유가 없다.

우리는 행동 연구에 대한 경험주의적 접근이 심리학 역사에 엄청난 영향을 끼쳤으며, 특히 미국에서 그랬다는 사실을 보았다. 한편 행동주의자들이 수행한 많은 실험이 20세기 후반부에는 인지의 중요성을 밝혀 왔다는 사실도 보았다. 모든 자극-반응 관계가 똑같이 용이하게 학습되는 것이 아니라는 사실을 보여 준 레스콜라의 실험(수반성이 중요하다), 유기체가 강화물에 대한 제어력을 지각하지 못하면 그 강화물은 힘을 잃을 수 있다는 사실을 보여 주는 셀리그먼의 실험을 회상해 보라. 이러한 결과는 유기체가 견지하는 인지(cognition)의 중요성을 강조하고 있다.

그런데 행동주의의 기본 입장이 실제로 도전받지 않았던 적은 없었다. 이미 1930년대에 미국 심리학자 에드워드 톨먼은 단순한 동물에서 **잠재학습** latent learning을 보여 주는 결과를 제시했다. 그는 동물이 학습을 했음에도 행동은 그 학습에 상응하는 방식으로 변하지 않음을 보여 줄 수 있었다(Tolman & Honzik, 1930). 전형적인 연구에서는 쥐가 복잡한 미로를 학습했다. 한 집단의 쥐들은 미로에서 길을 정확하게 찾았을 때 먹이로 보상을 받았다. 이 쥐들은 여러 날에 걸쳐서 미로를 헤쳐 나오는 데 점진적인 증진을 보였다. 두 번째 집단은 처음에 보상을 받지 못했으며, 그 결과 미로에서 증진을 보이지 않았다. 그러나 나중에 두 번째 집단에 보상이 도입되었을 때 이들의 성과는 거의 즉각적으로 첫 번째 집단의 성과에 육박했다. 이 사실은 두 번째 집단의 쥐들이 미로에 대한 '잠재적 지식'을 가지고 있었으며, 일단 먹이가 보상으로 도입되자 행동으로 표출됨을 보여 주는 것이었다. 톨먼은 복잡 미로를 달리는 쥐가 좌회전과 우회전 반응의 연속을 학습하는 것이 아니라 **인지도** cognitive map, 즉 미로의 배열에 관한 심적 표상을 발달시킨다고 결론 내렸다(Tolman, 1932). 그리고 보다 중요한 것은 동물이 강화를 받지 않을 때도 이러한 학습이 일어난다는 것이다.

## 관찰학습

사람도 행동에 즉각적인 강화가 주어지지 않아도 많은 것을 학습한다. 강의 시간에 발표하는 것을 당신이 어떻게 학습했는지 생각해 보자. 발표를 준비할 때 아마도 다른 사람들이 어떻게 강의하는지를 고려했을 것이며, 발표를 구조화하는 방법에 대한 조언을 구하기 위해 어떤 책을 찾아보았을지도 모른다. 많은 가능한 행동을 무작위로 시도해 보며 좋은 성적으로 보상받는 것만을 반복하는 단순 조건형성을 통해 성공적인 발표를 하는 방법을 학습하지 않은 것이 명백하다. 오히려 모방과 **관찰학습** observational learning을 통해 학습했다. 즉 당신이 관찰한 성공적이었던 타인의 행동을 흉내 낸 것이다.

관찰학습에 관한 중요한 연구를 수행한 연구자는 앨버트 밴듀라이다. 처음에 밴듀라는 관찰학습이 조작적 조건형성의 원리를 통해 이루어진다는 점을 강조했다(Bandura & Walters, 1963). 즉 모델이 우리 행동의 결과를 알려 준다는 것이다. 모델은 흔히 우리가 행동을 관찰하는 실제 인물이지만 추상적인 것일 수도 있다(예: 책에서 찾아낸 지시). 많은 경우에 강화는 **대리적** vicarious인 것이다. 즉, 모방자는 모델이 강화받은 것처럼 자신도 강화받을 것이라고 기대한다.

밴듀라의 초기 연구 중 하나는 어린 아동들이 보여 준 공격 행동의 관찰학습에 관한 것, 즉 '보보 인형 연구'였다(Bandura et al., 1961). 보보 인형은 밑동이 무거워서 밀어 넘어뜨리더라도 곧바로 원래 상태로 되돌아오는, 공기를 불어 넣은 장난감이다(우리말로는 오뚝이 인형). 한 집단의 아동에게 보보 인형을 향해 공격적으로 행동하는 성인 모델을 보여 주었다(그림 7.10 참조). 다른 집단의 아동에게는 공격적이지 않게 행동하는 성인 모델을 보여 주었다. 나중에 아동들을 다양한 많은 인형을 가지고 놀 수 있는 방으로 데리고 갔다. 첫 번째 집단의 아동들이 두 번째 집단보다 보보 인형에 대해 더욱 공격적인 행동을 나타냈다. 뒤이어서 밴듀라는 아동들을 TV에 등

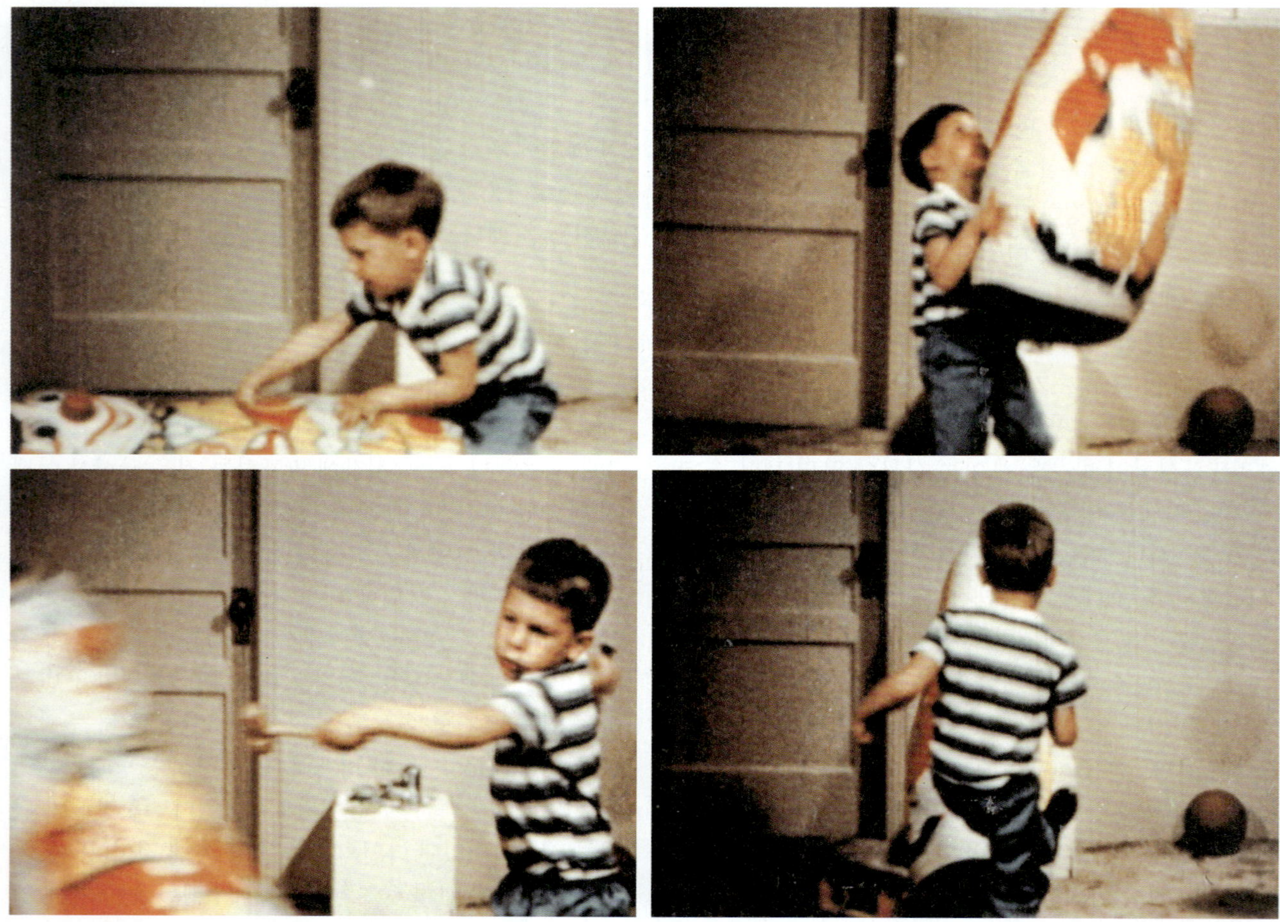

그림 7.10 **밴듀라의 '보보 인형 연구'.** 밴듀라는 모델이 보보 인형을 향해 공격적으로 행동하는 것을 관찰한 후 아동이 그와 유사하게 행동하는 것을 학습한다는 사실을 보여 주었다.

장하는 모델이 나타내는 공격 행동에 노출시키더라도 그 결과가 유사하다는 사실을 보여 주었다(Bandura et al., 1963). 이러한 이유로 밴듀라의 연구는 아동의 공격 경향성에 대한 대중매체의 폭력 영향에 관한 토론에서 자주 인용된다. 짧은 기간을 다루는 실험실 연구(예: Anderson et al., 2003a 참조)뿐만 아니라 일생을 다루는 종단 연구(Huesman et al., 2003)도 폭력적인 대중매체 프로그램에 노출된 후 공격 성향이 증가하는 현상을 보고했다. 보다 최근에는 비디오게임의 폭력성에 초점을 맞춘 연구가 유사한 결과를 보여 주었다(Anderson, 2004).

밴듀라는 후기 연구에서 관찰학습이 일어나는 데 필요한 인지 능력을 강조했다(Bandura, 1977, 2001). 학습자는 (1) 모델의 행동에 주의를 기울이고 그 결과를 관찰할 수 있으며, (2) 관찰한 것을 기억하고, (3) 그 행동을 재생할 수 있어야 하며, (4) 그런 행동을 하려는 동기가 있어야 한다. 다시 말해 관찰학습에는 상상하고 예측할 수 있는 능력이 수반된다. 사고와 의도가 필수적이다. 최근의 증거들은 거울 뉴런이 관찰학습에서 일익을 담당한다는 사실을 시사한다. 거울 뉴런은 다른 사람이 어떤 행동을 수행하는 것을 관찰할 때 활동하지만, 그 행동을 특정한 목표를 가지고 수행하거나 의미 있는 맥락에서 수행할 때 더욱 활동적이다(Catteano & Rozzolatti, 2009). 즉 거울 뉴런은 다른 사람의 행위와 의도를 이해하는 데 관여한다.

밴듀라 연구의 대부분은 사람의 사회학습에서 인지의 중요성에 초점을 맞춘다. 그의 견해에 따르면 사람은 자기 경험의 주체자이지 수용자가 아니다(Bandura, 2001). 사회학습에 관한 그의 이론은 13장에서 자세하게 설명할 것이다. 지금은 밴듀라의 '주체자 조망'이 인지가 행위를 동기화하며 **자기효능감** self-efficacy(자신의 유능성에 대한 개인적 신념)이 복잡한 사회학습에 필수적이라는 사실에 주목하게 만든다고 말하는 것으로 충분하겠다. 만일 당신이 수업 시간에 훌륭한 발표를 할 능력이 없다고 믿고 있다면, 그 발표에 관해 내리는 결정의 효과를 계획하고 예상하려는 동기가 없을 가능성이 크다.

## 사전 신념

앞에서 살펴보았듯이 인간과 동물은 모두 자극 간의 관계를 학습하는 데 매우 민감하다. 자극 또는 사건 간의 관계가 완벽하게 예측 가능하지 않을 때, 사람들은 자극 간의 개관적인 관계의 정도를 추정할 수 있다(Wasserman, 1990). 이 사실은 참가자들이 어떤 사전 신념을 가지고 있지 않은 새로운 자극을 사용한 실험 과제를 통해 밝혀져 왔다. 그러나 참가자들이 사전 신념을 가지고 있는 자극을 사용하여 유사한 실험을 수행할 때는 상황이 흥미로운 방식으로 변하게 된다. 즉 이러한 연구는 사전 신념이 학습 내용에 제약을 가할 수 있다는 사실을 보여 준다. 이 사실도 학습에는 입력 간의 연합을 형성하는 과정 이상의 것이 수반된다는 사실을 보여 주는 것이다.

이러한 연구에서는, 예컨대 그림과 단어같이 상이한 자극 쌍이 매 시행 제시되며, 참가자의 과제는 쌍을 이룬 자극 사이의 관계를 학습하는 것이다. 예를 들어 참가자들은 특정 그림이 특정 단어와 함께 출현할 가능성이 크다는 것을 탐지할 수 있다. 사전 신념의 역할에 대한 몇몇 현저한 증거는 자극 사이에 객관적으로는 아무 관계가 없는데도 참가자들이 그러한 관계를 '학습'하는 사례에서 나타난다. 참가자들이 보고한 관계는 아마도 실험

### 첨/단/연/구

### 노래하는 생쥐는 인간 구술언어의 진화에 관한 통찰을 제공하는가?

*Julia Fischer,* 독일영장류센터

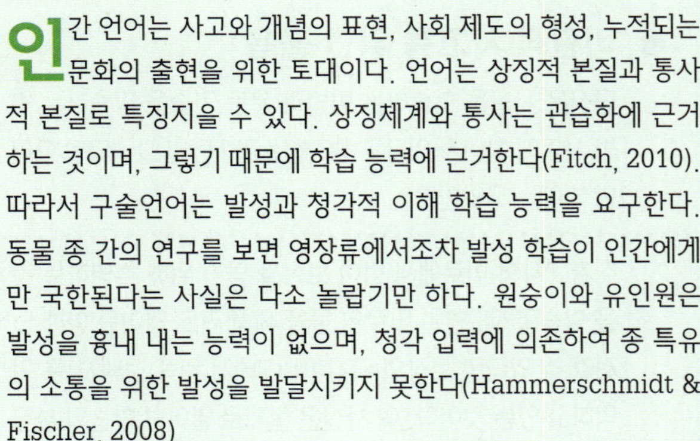

인간 언어는 사고와 개념의 표현, 사회 제도의 형성, 누적되는 문화의 출현을 위한 토대이다. 언어는 상징적 본질과 통사적 본질로 특징지을 수 있다. 상징체계와 통사는 관습화에 근거하는 것이며, 그렇기 때문에 학습 능력에 근거한다(Fitch, 2010). 따라서 구술언어는 발성과 청각적 이해 학습 능력을 요구한다. 동물 종 간의 연구를 보면 영장류에서조차 발성 학습이 인간에게만 국한된다는 사실은 다소 놀랍기만 하다. 원숭이와 유인원은 발성을 흉내 내는 능력이 없으며, 청각 입력에 의존하여 종 특유의 소통을 위한 발성을 발달시키지 못한다(Hammerschmidt & Fischer, 2008).

인간만이 자신의 발성을 자의적으로 제어할 수 있는 유일한 영장류이기 때문에 어떤 유전자가 말을 할 수 있게 해 주는 두뇌의 재조직화에 관여하느냐는 물음이 제기되었다. 한 가지 후보로 떠오른 유전자는 FOXP2이다. 흥미롭게도 FOXP2 유전자의 진화에 관한 분석은 인간이 침팬지와 분리된 후에 고정적으로 나타나게 된 두 가지 아미노산 대체물을 확인해 냈다(Enard et al., 2002). 오늘날에는 생쥐 모델에서 발성에 미치는 FOXP2의 대립형질 변이의 효과를 밝힌 많은 연구가 존재한다(개관은 Fischer & Hammerschmidt, 2012; Graham & Fisher, 2012 참조). 생쥐 새끼는 형제와 격리되었을 때 외로움을 나타내는 초음파 소리를 방출하는 반면, 어른 암수 생쥐는 침입자와 직면하거나 교미 상황에서 '노래'라고 명명한 긴 발성을 한다. 제대로 기능하지 못하는 2개의 FOXP2 대립형질을 가지고 있는 생쥐는 심각한 발달장애를 나타내며 생후 3주경에 사망한다. 놀라울 것도 없이 이 쥐는 소리도 거의 방출하지 않는다. 보다 흥미를 끄는 물음은 인간과 같은 FOXP2 유전자를 가지고 있는 생쥐가 기능상의 이점을 경험하고 보다 정교한 소리를 낼 수 있는지 여부이다. 그렇지만 이들이 내는 소리는 구조적인 측면에서 야생의 생쥐와 비교할 때 지극히 미묘한 차이만을 나타냈다. 보다 중요한 사실은 인간의 FOXP2 유전자를 보유한 생쥐가 두뇌에서 도파민 수준의 감소와 선조체에서 시냅스 가소성의 증가를 나타냈다는 점인데, 이것은 인간의 FOXP2 대립형질이 운동 학습에 관여하는 기저신경절에 영향을 미친다는 사실을 나타내는 것이다. 따라서 FOXP2 단백질이 일반적인 운동 계획 세우기와 운동 학습에서 어떤 역할을 담당할 수 있다. 또한 FOXP2는 많은 유전자의 기능에 영향을 미치는 전사 요인이며, 폐와 심장을 비롯한 많은 기관의 발달에 관여하고 있다(Graham & Fisher, 2012).

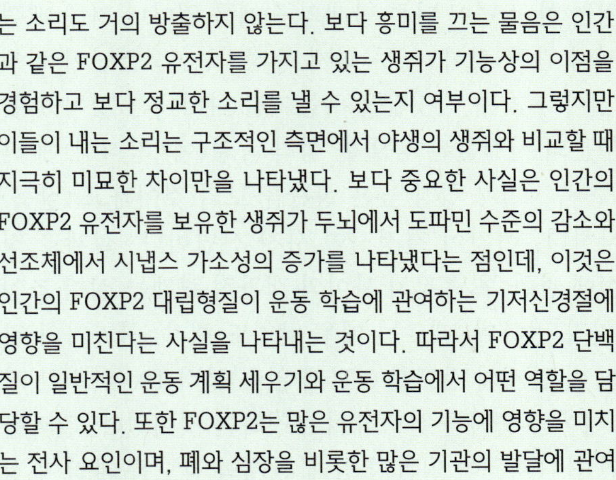

최근 연구는 발성 학습의 진화를 연구하는 데 생쥐가 적합한 모델인지에 관한 물음을 제기했다. 영장류의 사촌이라고 할 수 있는 생쥐는 동료에게 노래를 학습할 필요가 없다. 예컨대 귀머거리 생쥐는 정상적인 형제와 소리 구조나 발성 빈도에서 아무런 차이를 보이지 않는다(Hammerschmidt et al., 2012). 이러한 제약에도 불구하고 생쥐 모델은 사회행동, 특히 자폐 스펙트럼 장애의 유전 토대 연구에 매우 유익한 것으로 밝혀졌다. 자폐 스펙트럼 장애에 해당하는 생쥐 모델은 사회 맥락에서 소리를 거의 내지 않는다. 따라서 발성 학습의 진화에 대한 공헌도는 한계가 있을지라도, 사회행동의 유전적 바탕에 관해서는 중요한 통찰을 제공해 줄 수도 있다(Fischer & Hammerschmidt, 2012).

에 참가하기 전부터 믿고 있었던 것이겠다. 예컨대 큰 눈은 의심성과 연합되어 있으며, 큰 입은 다른 사람의 보호를 받으려는 욕구와 연합되어 있다는 것이다. 이렇게 존재하지는 않지만 그럴듯해 보이는 관계를 사이비 연합(spurious association)이라고 부른다(Chapman & Chapman, 1969). 사람들이 사건 간에 실제로 존재하지도 않는 연합, 심지어는 인과관계까지도 탐지하기 십상이라는 사실은 진화적 조망으로도 설명할 수 있다. 통계 분석 결과를 보면, 두 사건이 실제로 연합되어 있을 확률이 낮은 상황에서도 때로는 그 관계가 존재한다고 가정하는 것이 도움을 줄 수 있다는 사실을 알 수 있다(Foster & Kokko, 2009). 미신 행동이 적응적일 수 있는 것이다! 몇몇 연구자들은 이러한 통찰이 인간의 종교 행동 진화를 설명하는 단초를 제공한다고까지 주장한다(Hood, 2009).

학습할 객관적 연합이 존재하지 않는 경우조차 사전 신념은 참가자들이 실제로 학습하는 데 영향을 미친다. 이 사실은 위에서 기술한 것과 유사한 연구에서도 나타났다(Jennings et al., 1982). 일련의 시행 각각에서 참가자들에게 전혀 다른 두 가지 상황에서 얻은 개인의 정직성에 관한 두 가지 측정치를 제시했다. 예컨대 한 측정치는 한 소년이 다른 학생의 숙제를 얼마나 자주 베꼈는지에 관한 것이고, 두 번째 측정치는 그 소년이 집에서 얼마나 자주 거짓말을 하는지를 나타내는 것이었다. 대부분의 사람들은 동일한 성격 특질(예: 정직성)에 관한 두 측정치가 항상 높은 상관을 보일 것이라고 (잘못) 생각한다. 이것이 결정적인 사전 신념이다. 실제로 정직성에 관한 두 측정치 사이의 객관적 관계는 실험 조건에 따라 변하며, 때로는 매우 낮기도 했다. 참가자의 과제는 이 관계의 강도를 0(관계 없음)부터 100(완벽한 관계) 사이의 숫자를 선택하여 추정하는 것이었다. 결과를 보면 참가자들이 일관성 있게 관계의 강도를 과잉 추정한다는 사실을 알 수 있다. 정직한 사람은 항상 정직하다는 사전 신념이 실제보다 더 많은 관계를 보도록 만들어 간 것이다.

이러한 연구 결과는 소위 지각에서의 하향처리(top-down processing)를 생각나게 하는데(5장 참조), 하향처리에서는 지각자가 보게 될 것이라는 자신의 기대를 실제 입력과 결합하여 최종 지각체를 만들어 낸다. 학습의 하향처리에서는 학습자가 연합 관계에 대한 사전 신념을 그러한 관계에 대한 객관적 입력과 결합하여 그 관계의 강도에 대한 최종 추정치를 만들어 낸다.

인간의 학습에서 사전 신념의 중요성은 학습에 대한 인지적 접근을 강조하고 있다. 이러한 연구는 학습에 대한 동물행동학적 접근과도 연계되어 있다. 쥐와 비둘기가 진화가 마련해 준 연합만을 학습하도록 제약되어 있는 것과 마찬가지로, 사람도 사전 신념이 마련해 준 연합을 학습하도록 제약되어 있는 것으로 보인다. 어떤 형태이든 사전 제약이 없다면, 고려해야 할 잠재적 연합이 너무 많아서 연합학습이 불가능하지는 않더라도 혼란스러워질 것이다.

### 중간 요약

- 인지적 조망에 따르면 학습의 요체는 세상의 측면을 마음에 표상하는 유기체의 능력과 세상 자체가 아니라 심적 표상을 조작하는 능력이다.
- 모방과 관찰을 통한 학습은 대리 강화의 결과로 일어난다. 모델의 행동을 관찰함으로써 모방자는 모델과 마찬가지로 강화받을 것이라고 기대한다.
- 완벽하게 예측적이지 않은 자극 사이의 관계를 학습할 때, 사람들은 사전 신념을 동원하기 십상이다.

### 비판적 사고를 위한 물음

1. 당신은 사실을 학습하는 방법과 운동 기술을 학습하는 방법 사이에 차이가 있다고 생각하는가? 만일 그렇다면 그러한 차이는 무엇인가?
2. 쥐가 T자형 미로에서 먹이 보상을 얻기 위해 수영하는 것을 학습할 때, 만일 미로의 물을 빼 버려도 먹이를 향해 달려갈 수 있다면 보상의 위치(예: T에서 왼쪽 선택지)를 기억하고 있는 것이다. 이 사실은 실제로 일어난 학습의 본질에 대해 무엇을 알려 주는가?

## 학습과 두뇌

학습에 관한 연구가 행동주의에서 인지적 접근으로 전환된 것은 두뇌에 관한 생각에 의해서도 촉진되었다. 캐나다 심리학자 도널드 헵은 학습과 두뇌에 관한 초기 이론에 상당히 기여했다. 그의 아이디어는 행동신경과학 분야에서 영향력이 컸다.

초기 행동주의자들은 심적 과정보다는 관찰 가능한 사

건의 연구에 초점을 맞추었다는 사실을 보았다. 헵은 인간을 생물학적 유기체이며 진화의 산물로 간주했다. 그는 심적 과정을 신경계와 두뇌를 수반하는 과정으로 간주해야 하며, 학습은 신경활동의 변화를 수반하는 과정이라고 생각했다. 이에 덧붙여서 이러한 과정을 설득력 있는 방식으로 설명할 수 있다고 생각했다. 이러한 생각은 그 당시 막강한 행동주의에서 크게 벗어나는 것이었다. 헵은 관찰에 근거한 추론을 통해 학습과 두뇌에 관한 아이디어를 구축했다(Hebb, 1966).

학습 연구에서 헵의 일차적 공헌은 학습의 토대가 되는 신경 변화에 관한 그의 생각과 관련되어 있다. 그는 만일 뉴런 A로부터의 입력이 뉴런 B의 활동 비율을 반복적으로 증가시키면 뉴런 A와 B 간의 연계가 강력해질 것이라는 가설을 세웠다(Hebb, 1958). 다시 말해 동일한 반응의 반복은 뉴런 간의 시냅스에서 영구적인 변화를 초래한다는 것이다. 이 아이디어를 **헵의 학습 규칙**Hebbian learning rule이라고 부른다. 헵이 활동할 당시에 이러한 생각은 단지 이론적인 추측일 뿐이었다. 뒤에서 보겠지만, 오늘날 신경 변화에 바탕을 둔 생화학 지식은 헵의 아이디어를 확증해 왔다.

이 절에서는 **신경 가소성**neural plasticity, 즉 경험에 대한 반응으로 신경계가 변화할 수 있는 능력을 논의한다. 이 아이디어를 이해하려면 2장에서 다룬 신경 연결의 기본 구조, 뉴런 간에 정보를 전달하는 방법을 회상해 볼 필요가 있다. 신경 정보는 전달하는 뉴런의 축색을 통해 다른 뉴런으로 전달된다. 축색은 시냅스 공간으로 분리되어 있기 때문에 전달 뉴런의 축색은 신경전달물질을 분비하는데, 이 물질이 시냅스 공간으로 확산되면서 수용 뉴런을 자극한다. 학습과 관련된 핵심 아이디어는 (1) 시냅스에서의 변화가 학습의 신경적 토대이며, (2) 이러한 변화의 영향은 시냅스를 보다(또는 덜) 효율적으로 만든다는 것이다.

## 습관화와 민감화

복잡한 심리 현상의 신경과학 기반을 이해하려면 단순한 형태의 학습과 기억을 들여다보는 것이 최선이다. 가장 초보적인 형태의 학습이 비연합학습이다. 습관화와 민감화는 이러한 학습 유형의 예이다. 습관화에서는 친숙하지 않은 소리에 주의를 기울이는 것과 같은 행동반응이 그 자극을 연속적으로 제시함으로써 감소한다. 민감화에서는 행동반응이 큰 소음과 같이 강력한 자극을 제시하는 동안 증가한다. 두 경우 모두에서 행동상의 학습된 변화가 몇 시간에서 며칠 동안 지속될 수 있다.

노벨상 수상자인 에릭 캔들이 이끄는 연구 팀은 이러한 학습 과정을 신경 수준에서 연구하기 위해 매우 단순한 신경계를 가지고 있는 유기체인 바다 괄태충 아플리시아를 선택했다(Kandel et al., 1991). 이 동물은 단순하고 들여다보기 쉬운 신경계를 가지고 있기 때문에 비연합학습을 연구하는 최선의 실험 모형으로 알려져 있다. 아플리시아의 학습은 아가미 움츠리기 반사를 측정하는 것으로 연구했으며, 이 반사는 아가미나 주변 조직을 부드럽게 자극함으로써 유발할 수 있다. 아가미 움츠리기 반사는 연약한 아가미가 손상되지 않도록 보호하는 방어 반응이다.

아가미를 물 분사기로 가볍게 자극하면 움츠러든다. 그러나 반복적으로 자극하면 움츠리기 반응이 점차적으로 약해진다. 연구자들은 이러한 습관화 학습에서 아가미 감각신경세포가 움츠리기를 제어하는 운동신경세포에 분비하는 신경전달물질의 양이 감소한다는 사실을 보여 주었다(그림 7.11 참조).

아가미 움츠리기 반사는 민감화도 나타낸다. 만일 꼬리나 머리에 전기 충격과 같은 강한 자극을 가하면 아가미를 가볍게 건드리기만 해도 상당한 움츠리기 반응을 나타낸다. 습관화와 마찬가지로 민감화 학습도 아가미를 제어하는 감각신경세포와 운동신경세포 사이의 시냅스 전달에 변화를 초래한다. 이 경우에 강한 자극은 감각신경세포가 분비하는 신경전달물질의 양을 증가시키게 된다. 이 증가는 아가미 감각신경세포에 세로토닌을 분비하는 간뉴런(interneuron)의 활성화에 달려 있다. 이러한 결과는 초보적 학습이 신경 수준에서 시냅스 변화에 의해 매개된다는 비교적 직접적인 증거를 제공한다.

## 고전적 조건형성

연합학습에서는 어떤가? 방금 기술한 것과 같은 시냅스 변화가 고전적 조건형성도 매개하는가? 실제로 연구자들은 아플리시아의 고전적 조건형성에 대한 신경 모형을 제안했는데, 이것은 민감화 모형과 상당히 유사한 것이다(Hawkins & Kandel, 1984). 인간을 포함하여 포유류의 고전적 조건형성에 관한 신경과학 기제를 이해하는 데 믿기 어려울 만한 진보를 이루었다. 두 실험 모형, 즉

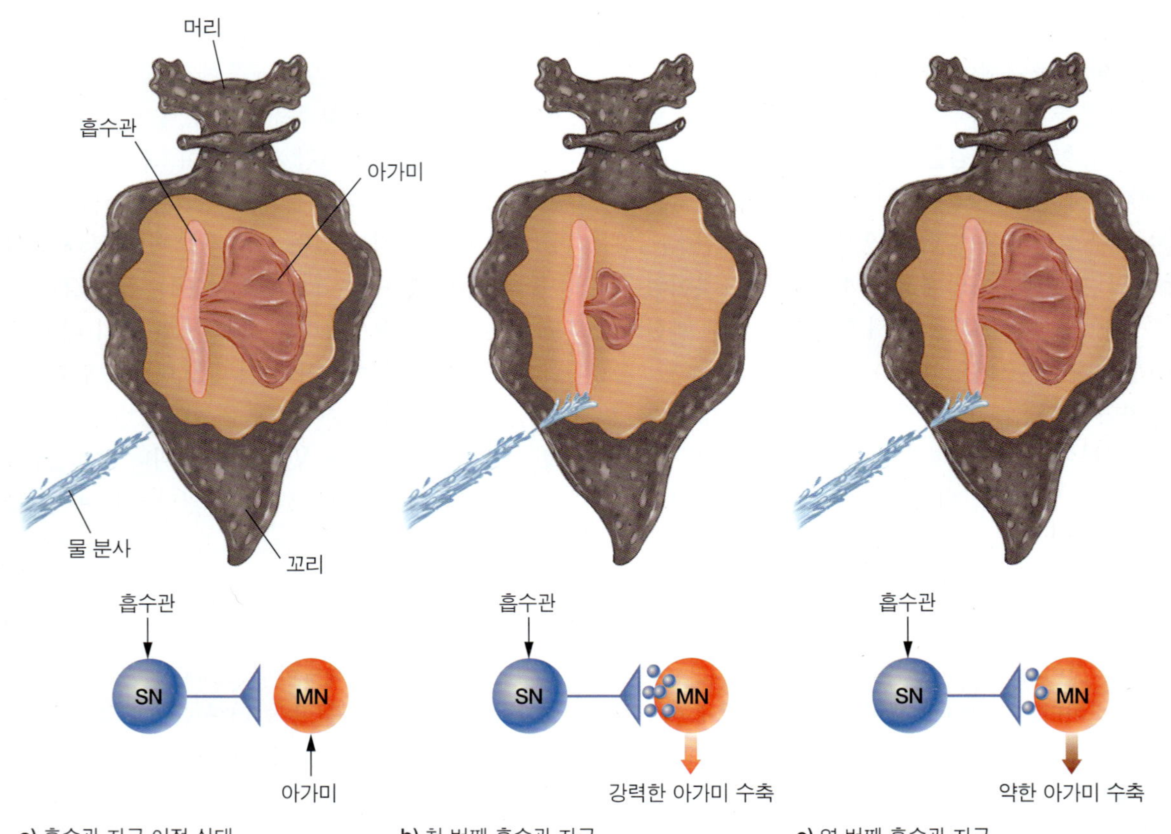


**그림 7.11 아플리시아의 습관화.** (a) 흡수관을 자극하기 전에는 아가미가 확장되어 있다. (b) 습관화 훈련에서 흡수관에 처음으로 물을 분사하면 아가미가 급격하게 움츠러든다. 운동신경세포(MN)에 흥분성 시냅스 관계를 형성하는 흡수관 감각신경세포(SN)가 포함된 단순한 회로가 아가미 움츠리기를 매개한다. (c) 10회에 걸친 자극 후에 아가미 움츠리기의 강도가 약화되었다. 아가미 움츠리기 반응이 습관화된 것이다. 습관화는 SN-MN 시냅스에서 신경전달물질 분비가 감소함으로써 이루어진다.

눈 깜빡임 조건형성과 공포 조건형성이 상당한 성과를 보이면서 사용되어 왔다.

## 눈 깜빡임 조건형성

공기 분사(US)와 같은 자극이 눈을 향하면 반사적 깜빡임을 유발한다. 만일 소리와 같은 CS가 분사에 선행하면 이러한 눈 깜빡임 반응을 조건형성시킬 수 있다. 훈련을 시키면 공기 분사가 없을 때에도 CS가 눈 깜빡임 CR을 유발할 수 있다.

리처드 톰슨과 동료들이 수행한 토끼 연구는 이러한 형태의 고전적 조건형성에 관여하는 신경회로를 밝혔다(Thompson & Krupa, 1994). 시냅스 가소성의 핵심 영역은 소뇌에 자리 잡고 있는 것으로 보인다. 소뇌가 제거된 동물은 조건 눈 깜빡임을 학습하거나 기억할 수 없다(물론 정상적인 눈 깜빡임 UR은 나타낸다). 흥미로운 사실은 눈 깜빡임 조건형성이 소뇌 시냅스의 변화와 연합되어 있다는 점이다. 이러한 변화를 **장기억압** long-term depression(LTD)이라고 부르며, 소뇌피질에서 시냅스 전달의 장기적 감소와 연합되어 있다. 이러한 변화는 CS에 대한 정보를 소뇌피질 신경세포에 전달하는 통로에서 일어난다. 소뇌피질에서 CS 전달의 감소는 행동 CR을 초래한다. 왜냐하면 정상적으로는 소뇌피질이 눈 깜빡임 조건형성 회로의 CR 생성 영역을 억제하기 때문이다.

## 공포 조건형성

이 장의 앞에서 보았던 것처럼 뱀을 두려워하는 것과 같은 정서반응은 쉽게 조건형성된다(Öhman & Mineka, 2001). 쥐를 대상으로 수행한 실험실 연구는 이러한 유형의 학습에 관한 두뇌 기제에 대해 중요한 통찰을 제공해왔다. 쥐는 전기 충격과 같은 혐오자극과 짝지어졌던 장소나 단서를 무서워하도록 조건형성된다. 흔히 공포는 얼어붙는 행동, 즉 설치류가 무서울 때 나타내는 꼼짝 안하는 행동을 측정함으로써 평가한다. 눈 깜빡임 조건형성 패러다임에서와 마찬가지로 공포 경험을 학습하고 기억하는 데는 특정한 두뇌 영역이 필수적이다. 이 경우에는 편도체이며, 측두엽 밑 깊숙한 곳에 위치하면서 공포를 포함한 정서에서 중요한 역할을 담당하는 변연계 구조이다(2장 참조). 편도체는 시상과 피질 영역으로부터 감각 정보를 받아들여 연합하며, 그렇게 연합된 정보를 시상하부, 중뇌, 연수가 매개하는 공포 반응으로 전환한다(그림 7.12 참조). 편도체가 손상된 동물은 공포를 학습하거나 회상할 수 없다(Maren, 2001). 게다가 편도체의 신경세포는 새로운 공포 학습에서 많은 변화를 보인다. 예컨대 편도체 신경세포는 혐오 US와 연합되었던 CS에 대한 반응으로 활동이 증가한다. 편도체에서의 학습은 **장기활동증폭** long-term potentiation(LTP)에 의해서 매개되는 것으로 보이는데, LTP란 CS 정보를 편도체로 보내는 회로에서 시냅스 전달의 지속적 증가를 말한다(Rogan & LeDoux, 1996).

따라서 눈 깜빡임 조건형성과 공포 조건형성의 경우 특정 두뇌 영역에서 일어나는 시냅스 전달의 변화가 연합학습에 수반되는 행동 변화의 원인이다.

다른 연구는 포유류에서 일어나는 사건이 인간에게도 적용된다는 사실을 보여 준다(Bechara et al., 1995). 이 연구에는 편도체가 파괴되는 희귀한 질병(우르바흐-비테병)을 앓고 있던 S.M.이라는 환자가 포함되었다. S.M.을 중성 시각자극(CS)에 커다란 나팔 소리(US)가 일관성 있게 뒤따르는 공포 조건형성 상황에 노출시켰다. 반복 시행에도 불구하고, S.M.은 공포 조건형성의 증거를 보이지 않았다. 그러나 조건자극과 무조건자극 사이의 관계를 포함하여 공포 조건형성과 연합된 사건을 회상하는 데는 아무런 문제가 없었다. 반면에 정상적인 편도체를 가지고 있으나 사실 학습에 관여하는 두뇌 구조의 손상으로 고통 받는 또 다른 환자는 정상적인 공포 조건형성을 보였지만 조건형성과 연합된 사건을 회상할 수 없었다. 두 환자는 상반된 문제를 가지고 있었으며, 편도체가 공포 학습에는 관여하지만 학습 일반에 관여하지는 않는다는 사실을 보여 준다.

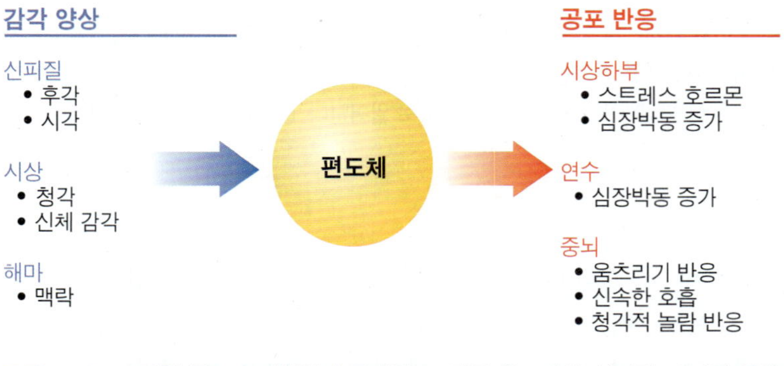

감각 양상

신피질
- 후각
- 시각

시상
- 청각
- 신체 감각

해마
- 맥락

편도체

공포 반응

시상하부
- 스트레스 호르몬
- 심장박동 증가

연수
- 심장박동 증가

중뇌
- 움츠리기 반응
- 신속한 호흡
- 청각적 놀람 반응

**그림 7.12 고전적 공포 조건형성의 신경회로.** 편도체는 시상, 신피질, 해마를 포함한 많은 감각 영역으로부터 감각 정보를 받아들인다. 편도체는 공포 조건형성이 이루어지는 동안 이 정보를 연합한 후, 다양한 공포 반응을 매개하는 중뇌와 시상하부, 연수와 같은 두뇌 영역에 투사함으로써 공포 CR을 생성한다.

## 학습의 신경학적 토대

앞서 살펴보았듯이 학습은 괄태충과 포유류 모두에서 시냅스 전달의 변화를 초래한다. 무엇이 시냅스 전달에서 이러한 변화를 야기하는지에 대해서는 구체적으로 제시하지 않았다. 여러 가지 가능성이 있다. 하나는 전달 뉴런이 분비하는 신경전달물질을 증가시키거나 감소시키는 것이다. 아마도 아플리시아의 민감화와 습관화에서 보았던 것처럼 신경전달물질을 분비하는 축색종말의 수가 증가하거나 감소하기 때문일 것이다. 또한 전달되는 신경전달물질이 증가하지는 않지만 시냅스후 수용 뉴런의 수가 증가할 수 있다. 또 다른 가능성으로 시냅스의 크기가 변하거나 전혀 새로운 시냅스가 형성될 수도 있다. 이러한 모든 변화는 **시냅스 가소성** synaptic plasticity, 즉 학습과 기억에 관여하는 시냅스의 구조와 생리적 기제가 변화하는 예이다. 실제로 학습에는 새로운 뉴런의 성장이 수반될 수 있다(Gould et al., 1999; van Praag et al., 1999).

기억의 세포 기반에서 결정적 진보는 어떤 조건에서는 여러 두뇌 영역의 시냅스가 시냅스 전달에서 장기적 증가를 나타낼 수 있다는 발견이었다(Berger, 1984; Bliss & Lømo, 1973). 예컨대 해마에서 시냅스의 신속한 전기 자극은 시냅스 반응의 강도를 고양하는데 이 현상은 며칠, 심지어 몇 주 동안 계속되기도 한다(그림 7.13 참조). 장기활동증폭은 특수 유형의 신경전달물질 수용기, 즉 NMDA 수용기를 필요로 한다(Malinow et al., 1994; Zalutsky & Nicoll, 1990). NMDA 수용기는 세포막이 열리려면 두 가지 조건이 만족되어야 한다는 점에서 다른 수용기와 다르다. 첫째, 시냅스전 글루타메이트가 NMDA 수용기와 결합되어야 한다. 둘째, 수용기의 세포막이 강력

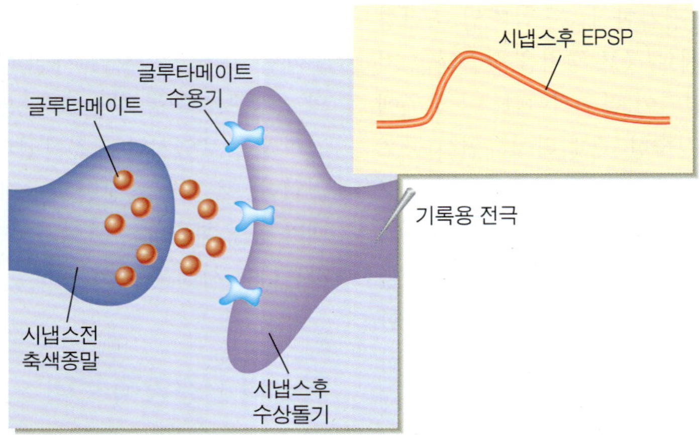


**a)** 고빈도 자극 이전

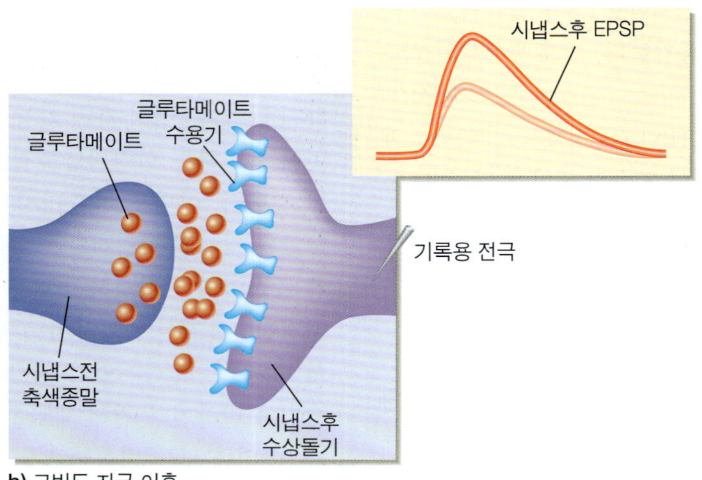


**b)** 고빈도 자극 이후

EPSP 강도 (mV)
6
0
0
90
180
고빈도 자극 (HFS)
시간(분)

**c)** EPSP 강도

**그림 7.13 해마에서의 장기활동증폭.** (a) 고빈도 자극(HFS)에 앞서 시냅스전 글루타메이트의 방출은 시냅스후 글루타메이트 수용기가 흥분성 시냅스후 전위(EPSP)를 갖도록 활성화한다. (b) 시냅스전 신경세포에 고빈도 자극을 가한 다음에는 시냅스후 EPSP의 강도가 크게 증가한다. 이러한 증가는 시냅스전 신경전달물질 방출의 증가 그리고 시냅스후 글루타메이트 수용기의 수 증가로 일어난다. (c) HFS 이전과 이후의 EPSP 강도를 예시하는 그래프. 장기활동증폭은 EPSP 강도의 지속적인 증가로 나타낸다.

하게 탈분극화되어야 한다. 일단 열리면 NMDA 수용기는 엄청나게 많은 칼슘 이온이 신경세포 속으로 밀려 들어오도록 허용한다. 이러한 이온의 유입이 세포막에서의 장기적 변화를 초래하는 것으로 보이는데, 처음 신호가 나중에 다시 출현할 때 그 신호에 보다 반응적이게 만든다(그림 7.13 참조).

흥미로운 사실은 NMDA 수용기의 활성화가 약한 입력(CS)과 강한 입력(US)이 단일 신경세포로 수렴하는 고전적 조건형성 중에 일어날 수 있다는 점이다. 이 경우에 CS 정보를 전달하는 시냅스에서 LTP가 유발된다. 왜냐하면 조건형성이 CS와 US가 수렴하는 신경세포에서 시냅스전 활동(CS가 주어진 동안)과 시냅스후 탈분극화

(US가 주어진 동안)를 모두 초래하기 때문이다(Maren & Fanselow, 1996).

2개의 다른 신호가 시냅스를 강화하는 기제는 분리된 사건들이 기억에서 연합되는 방식에 대한 가능성 있는 설명을 제공한다. 예컨대 어떤 사람의 이름을 학습하는 것은 그 사람의 외모와 이름 사이의 연합을 요구한다. LTP는 시냅스를 강화하기 때문에 그 사람의 모습이 그 사람의 이름을 회상하도록 촉진한다. 고전적 공포 조건형성에서는 상대적으로 중성 CS와 혐오 US 사이에 연합이 형성된다. 따라서 NMDA 기제는 어떻게 사건들이 기억에서 연합되는지를 설명하는 흥미진진한 이론, 즉 오늘날의 연구가 적극적으로 추구하고 있는 이론을 제공해 준다(Maren, 1999).

## 학습이 신경 구조에 미치는 영향

런던의 택시 운전사들은 뛰어난 공간기억으로 유명하다. 런던의 모든 택시 운전사들은 대중운송기관(Public Carriage Office)에서 시행하는 시험에 합격해야만 한다. 이들은 합격하기 위해 여러 해에 걸쳐서 소위 '지식(The Knowledge)', 즉 25,000개의 거리와 수천 개의 명소가 들어찬 런던의 상세한 배치를 획득한다. 이 사실은 경험에 기반한 두뇌 가소성을 연구하기 위한 최적의 후보자들을 제공해 준다. 매과이어와 동료들은 자기공명영상 기법(MRI)을 사용하여 런던의 택시 운전사들을 연령이 동일한 통제집단과 비교했는데, 해마 뒷부분의 회백질이 크고 해마 앞부분의 회백질은 상대적으로 작다는 사실을 밝혀냈다(Maguire et al., 2000; Maguire et al., 2003). 이 결과가 흥미를 끄는 이유는 건강한 성인의 해마가 새로운 공간 지식을 획득함에 따라 구조적으로 변할 수 있다는 사실을 시사하기 때문이다. 다른 연구 결과도 유사한 '환경 주도적 가소성', 즉 특정한 요구에 대한 반응으로 인간의 신경계가 구조적 변화를 나타내는 능력을 보여 준다. 예컨대 드라긴스키 등(Draginski et al., 2004)은 저글링 훈련을 받은 참가자들의 두뇌에서 구조적 변화가 나타나는 것을 보여 주었다. 음악가들도 운동영역과 청각영역에서 회백질의 증가를 나타내는데, 그 증가량은 연습 시간 및 강도와 연합되어 있다(Gaser & Schlaugh, 2003). 매과이어와 동료들은 런던의 택시 운전사들을 복잡한 런던에서 하루 종일 버스를 모는 버스 운전사 통제집단과 직접 비교했다(Maguire et al., 2006). 두 집단은 많은 차원에서 유사했지만(운전 경력, 스트레스 수준, 연령, 좌우 손잡이, 교육 수준, 지능지수 등) 한 가지 중요한 면에서 차이가 있었다. 택시 운전사들은 도시의 배열에 관한 뛰어난 기억에 의존하여 런던을 자유롭게 돌아다니지만, 버스 운전사들은 일정한 노선만을 왕복한다. 처음의 MRI 결과가 반복 검증되었다. 즉 택시 운전사들은 버스 운전사들보다 해마 뒷부분의 회백질이 크고 앞부분이 작다(Maguire et al., 2006). 통제집단을 신중하게 선택했기 때문에 이 결과는 회백질 크기의 차이가 공간기억에 부과되는 특정 요구의 결과라는 가설을 더욱 지지해 준다. 이 연구는 또한 런던의 택시 운전사들이 '지식'을 획득하기 위해 치러야 할 대가가 있을 수 있다는 사실을 보여 준다는 점에서 흥미를 끈다. 두 집단의 기능적 차이를 검사했더니 새로운 시공간 정보를 획득하는 능력은 버스 운전사들보다 택시 운전사들이 열등하다는 사실이 발견되었다. 실제로 택시 운전사들의 능력은 같은 연령대의 건강한 남성에게서 기대할 수 있는 것보다도 열등했다. 이것은 일종의 인지 상보성이며, 택시 운전사에게서 나타나는 해마 앞부분의 회백질이 감소한 결과일 수 있다.

### 중간 요약

- 습관화는 시냅스 전달의 감소에 의해, 그리고 민감화는 증가에 의해 매개된다. 시냅스의 퇴화와 성장은 각각 이러한 유형의 학습에도 관여한다.
- 포유류 두뇌의 시냅스는 학습하는 동안 정보를 저장하는 것에 관여한다. 장기활동증폭과 같이 시냅스 전달의 증가는 이러한 학습 과정의 한 부분이 된다.

### 비판적 사고를 위한 물음

1. 장기활동증폭을 유도하려면 시냅스전 활동과 시냅스후 탈분극화가 동시에 일어나야 한다. 그러나 고전적 조건형성은 자극의 동시 발생 이상의 것을 요구한다는 사실을 보았다. CS는 US를 예측해야만 한다. 이 사실은 LTP를 고전적 조건형성의 모형으로 받아들이려는 당신의 의도에 어떤 영향을 미치는가?
2. 학습의 세포학적 기제는 광범위한 동물 종에서 유사한 것으로 보인다. 예컨대 괄태충과 쥐의 학습은 시냅스 전달에서의 변화에 의해 매개된다. 이러한 학습 기제가 그처럼 유사한 이유는 무엇인가?

## 학습과 동기

학습에 관한 이 장(章)을 마무리하는 시점에 당신은 바로 이 순간 몰두하고 있는 학습의 유형, 즉 공부하기에 대해 거의 아무것도 읽은 것이 없다는 사실에 놀랄지도 모르겠다. 이 장은 기본적인 학습 과정에 초점을 맞추었다. 그렇지만 심리학은 복합학습에 수반된 과정에 대해서도 알려 줄 것이 많다. 대부분의 복합학습은 뒤의 몇 개 장에서 다룰 것이다. 인간의 복합학습은 8장과 9장에서 설명하는데, 각각 기억과 인지를 다룬다. 특정 행동의 이유에 관한 물음은 동기에 관한 10장에서 설명할 것이다. 이 절에서는 동기 분야의 개념을 인간의 복합학습 연구와 연계하는 몇몇 관련된 이론을 간략하게 개관한다.

### 각성

앞서 학습의 신경 토대에 관한 도널드 헵의 연구에 대해 살펴보았다. 그는 동기의 각성 이론도 제안했다. 헵 연구의 이 측면은 학습에 대한 행동주의적 접근과 생리학적 접근 간의 간극을 메우는 도구로 사용될 수 있다. **각성** arousal은 생리적 차원과 심리적 차원을 모두 가지고 있다. 생리적으로 각성이란 용어는 유기체의 경계 수준을 지칭한다. 심리적으로는 상이한 수준의 각성에 수반되는 평정감부터 불안에 이르는 긴장을 지칭한다. 헵의 견해에 따르면 각성은 중요한 동기 개념이다(Hebb, 1955). 그는 유기체가 스스로 몰두하고 있는 행동에 적합한 각성 수준을 유지하려는 동기를 가지고 있다고 제안했다. 헵의 통찰은 수행을 각성과 관련짓는 **여키스-도슨 법칙** Yerkes-Dodson law(Yerkes & Dodson, 1908)에 근거한 것이다. 이 법칙에 따르면 중간 수준의 생리적 각성 상태에서 대부분의 과제를 가장 잘 수행한다. 매우 복잡한 과제는 상당한 각성을 수반하기 때문에 사람들로 하여금 평정을 추구하게 만든다. 반면에 매우 단순한 과제는 낮은 각성 수준으로 지겨워질 수 있다. 헵에 따르면 지겨운 사람은 각성을 증가시키기 위해 다른 활동이나 새로운 자극을 추구하게 된다. 헵 이래로 다른 연구자들도 인간의 **탐색 행동** exploratory behavior(새로운 것을 찾아 학습하려는 욕구)이 자극을 원하는 결과라고 주장해 왔는데, 이것은 각성 이론으로 설명할 수 있다(Berlyne, 1966).

### 유인자극과 목표

동기 연구의 역사는 학습 연구의 역사에서 보았던 것을 그대로 반영하고 있다. 초기 이론가들은 **유인자극** incentive에 초점을 맞추었다. 즉 행동은 기대되는 보상에 의해서 동기화된다는 것이다. 예컨대 배고픈 동물은 먹는 것에 끌린다. 경험하고 있는 배고픔을 감소시킬 것이기 때문이다(Hull, 1943). 헵(Hebb, 1966)과 톨먼(Tolman, 1951), 그리고 그 당시의 다른 연구자들은 많은 인간 행동이 즉시 보상의 기대에 의해서 동기화될 수 없다는 사실을 지적했다. 다시 공부의 예를 생각해 보자. 당신이 이 책을 공부하는 동기는 부분적으로 수업을 잘 따라가고 학위를 받는 것일 수 있다. 졸업하려는 욕구는 현재 당신의 행동을 동기화하는 장기 목표이며, 이것은 복잡한 **목표 지향 행동**의 한 예이다. 현재 행동의 장기 효과를 예상하는 우리의 능력에서 인지가 역할을 한다는 사실은 명약관화하다.

인간의 많은 복합 행동은 심리적 요구에서 유래하는 것이라고 말할 수 있으며, 우리의 지적 측면과 정서적 측면, 예컨대 사회적 소속감, 자기존중감의 욕구 등과 관련되어 있다. 인간 정서의 연구(11장의 주제)는 동기 연구와 밀접하게 연계되어 있다.

### 내재적 동기와 학습

동기에 대한 인지적 접근에서는 자신의 행위에 관한 개인적 이해와 해석을 강조한다. 우리가 어떤 행동을 하는 이유는 무엇이라고 생각하는가? 다시 말해 자신의 동기를 무엇에 귀인시키는가? 지금 이 장을 공부하는 이유가 무엇인지 자문해 보라. 내용이 흥미진진하며 그 내용을 이해하는 것이 유능감과 자부심을 제공하기 때문인가? 만일 그렇다면 당신은 그러한 감정에 의해서 **내재적으로 동기화** intrinsically motivated되어 있는 것이다. 아니면 시험을 잘 보고 높은 학점을 따기 위해 필요하다고 생각하기 때문에 공부하고 있을 수 있다. 만일 이 경우라면 당신은 예상하고 있는 외적 보상에 의해서 **외재적으로 동기화** extrinsically motivated되어 있는 것이다.

내재적으로 동기화된 사람들이 과제에 더 매달리며, 복합 개념에 관한 기억이 우수하고, 복잡한 내용을 인지적으로 더욱 창의적인 방식으로 처리한다는 사실이 연구를 통해 밝혀졌다(Deci et al., 1999). 이 사실이 시사하

내재적으로 동기화될 때 학습이 더 즐겁고 효과적이다.

는 바는 내재적으로 동기화되어 있을 때 공부가 더 재미있을 뿐만 아니라 효과적이라는 것이다. 몇몇 연구자들에 따르면 동기를 내재적 원인에 귀인하는 것은 자신의 행위를 스스로 통제하고 자기 스스로 결정한다는 느낌을 유발한다(Deci & Ryan, 1985). 외적 보상이 중요할 때 자기결정감이 떨어지게 된다. 과제에 매달리는 정도가 떨어지며(특히 어려운 과제에서 그렇다) 보다 쉽게 낙담하게 된다. 이러한 아이디어는 밴듀라가 피력한 생각과 밀접하게 관련되어 있다. 앞에서 밴듀라가 자기효능감의 중요성을 강조한 사실을 살펴보았다.

외적 보상이 내재적 동기를 손상할 수 있다는 사실을 보여 주는 실험 증거가 있다. 한 가지 사례는 레퍼와 그린(Lepper & Green, 1975)이 수행한 아동 연구이다. 한 집단의 아동은 보상을 기대하지 않으면서 수수께끼를 풀고 있었다. 다른 집단의 아동은 수수께끼를 풀면 특정 장난감을 가지고 놀 수 있게 해 준다는 이야기를 들었다. 나중에 두 집단에게 자발적으로 수수께끼를 가지고 놀 수 있는 기회가 주어졌다(어느 집단도 보상을 기대하지 않았다). 처음에 보상을 기대하지 않았던 아동들이 더 많이 자발적으로 수수께끼를 가지고 놀았다. 이러한 유형의 연구는 여러 차례 반복되었으며, 애초에 내재적으로 동기화되어 있던 과제를 수행하는 것에 대해 외재적 보상이 해로운 효과를 초래한다는 사실을 확증했다(Deci et al., 1999). 보상이 도입되면 놀이가 일거리로 변하는 것으로 보인다. 과제에 몰두하는 것을 그 과제와 연합된 내재적 만족보다는 예상되는 외재적 보상에 귀인시키는 것이다. 이를 **과잉정당화 효과** overjustification effect라고 부른다. 즉 외적 보상이 과제의 수행을 정당화해 버리는 것이다. 이것은 내재적 동기를 떨어뜨리는 상황에 대한 인지적 해석이다.

당신이 이 심리학 교과서를 공부하도록 내재적으로 동기화되어 있다고 가정해 보자. 물론 우리는 그렇기를 희망한다. 연구들은 일단 열심히 공부하는 것이 외적 보상, 즉 좋은 학점을 보장한다는 사실을 당신이 깨닫는 순간 내재적 동기가 손상된다는 것을 보여 준다. 이것은 정말로 불행한 일이다. 앞에서 보았던 것처럼 동기 연구자들은 자기결정감과 자기효능감의 중요성을 지적한다. 이것이 의미하는 바는 당신이 공부하는 것 이외에 자신의 내재적 동기를 보호하고자 노력해야 한다는 것이다. 시간을 내서 어떤 내용이 당신의 흥미를 끌고 있는지 적극적으로 자문해 보라. 그 내용은 당신이 자문한 것과 어떻게 관련되며, 당신의 흥미를 끄는 다른 주제들과는 어떻게 관련되는가? 그리고 성적이 단순히 외적 보상만은 아니라는 사실도 깨달아라. 성적은 당신의 성취 수준에 관한 정보도 제공해 준다. 좋은 성적은 당신이 무엇인가를 숙달했다는 사실을 알려 주며, 나쁜 성적은 당신의 준비가 어딘가 모자랐다는 것을 알려 준다. 특히 적절한 피드백이 있을 때 그렇다. 성적의 의미를 이러한 방식으로 재해석하는 것은(외적 보상이 아니라 정보의 원천으로) 자신의 통제감을 증가시키는 한 가지 적극적인 방법이다.

### 중간 요약

- 인간에게 있어 복합학습은 자기결정감과 성취에 대한 심리적 요구에서 유래하는 목표 지향적 행동으로 간주할 수 있다.
- 내재적으로 동기화된 사람은 외재적으로 동기화된 사람보다 과제에 더 몰두한다.
- 외적 보상은 내재적 동기에 해로울 수 있다.

### 비판적 사고를 위한 물음

1. 여키스-도슨 법칙을 사용하여 평소에 발표를 잘하는 학생이 보다 많은 청중 앞에서 더 우수한 발표를 할 가능성이 높은 이유를 설명해 보라.
2. 만일 당신이 공부를 열심히 한다면 좋은 성적 이외에 어떤 다른 외적 보상을 받을 것이라고 예상하는가? 그리고 당신은 이러한 보상이 내재적 동기를 약화하지 않도록 어떻게 해석할 수 있겠는가?

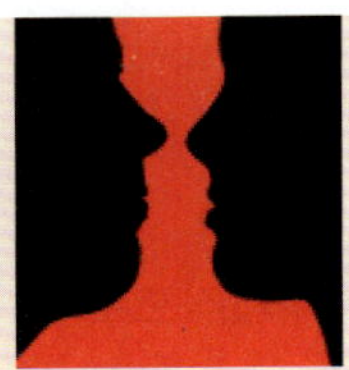

# 찬|반|논|쟁

# 사회학습의 토대는 무엇인가?

## 사회학습은 연합학습으로 설명할 수 없다.

*Juan Carlos Gómez,* 세인트앤드루대학교 심리학대학원

사회학습은 수많은 인지 기제와 동기 기제에 의존하는 복잡한 사건으로, 연합학습은 단지 제한된 역할만을 수행한다. 나는 이 주장을 **시선 따라가기**(gaze following), 즉 주의를 기울일 대상을 확인하기 위해 다른 사람들과 동일한 방향으로 응시하는 반응의 사례를 가지고 예증하고자 한다. 시선 따라가기는 생후 첫해에 발달하는 핵심적인 사회적 인지 기술이지만 연합학습을 통해 발달하는 것은 아니다. 이 사실은 코큼과 무어(Corkum & Moore, 1998)가 생후 8~9개월 된 유아를 대상으로 수행한 실험에서 극적으로 입증되었다. 이 유아들은 아직 스스로 시선을 따라가는 것을 학습하지 못했다. 연구자들은 유아에게 선택적 강화를 가지고 시선 따라가기 반응을 가르치고자 시도했다. 한 집단의 유아는 어른과 동일한 방향을 쳐다볼 때 항상 강화를 받았다. 그러나 두 번째 집단은 어른의 시선과 반대 방향을 쳐다볼 때만 강화를 받았다. 만일 시선 따라가기가 단순 연합을 통해 학습되는 것이라면 두 번째 집단은 어른과 반대되는 방향을 쳐다보는 것을 학습해야 했다. 하지만 이들은 이렇게 상반되고 부자연스러운 수반성을 결코 학습할 수 없었던 반면, 정상적인 시선 따라가기 집단의 유아는 어른의 시야를 따라가는 것을 쉽게 학습했다. 더욱 놀라운 사실은 상반된 수반성 집단의 유아들이 일치된 방향으로 시선을 따라가는 것에 한 번도 보상을 받은 적이 없었음에도 불구하고, 정상적인 방향으로 시선을 따라가는 것을 자발적으로 학습했다는 점이다. 시선의 방향은 단지 임의적인 자극이 아니다. 시선을 생래적으로 결정짓는 무엇인가가 있는 것으로 보이며, 이것이 무엇을 어떻게 학습할지를 결정하는 것으로 보인다.

유아의 시선 따라가기를 연합학습으로 설명할 수 있다는 최근의 주장(예: Paulus, 2011)은 학습 과정에 관한 결과를 혼란스럽게 만든다. 시선 따라가기가 실제로 행위자와 대상 간의 '연합(관계)'을 부호화하도록 이끌어 갈 수 있지만 기저 과정은 연합학습이 아니다. 예컨대 폴러스는 생후 14개월 유아에게 두 대상 중 하나(대상 1)를 주시하고 있는 사람을 보여 주었다. 나중에 두 대상의 중간을 주시하고 있는 동일인을 보게 되었을 때, 그 유아는 앞서 주의를 기울였던 대상 1을 더 많이 쳐다보았다. 반면에 다른 사람이 없는 상황에서 두 대상을 보여 주었을 때는 앞서 무시했던 대상 2에 더 많은 주의를 기울였다. 폴러스는 유아가 '사람'과 '대상 1'이라는 두 자극 간에 연합을 형성했기에 '사람'을 보는 것이 자동적으로 '대상 1'에 대한 주의를 점화하는 것이라고 결론 내렸다.

그러나 시선 따라가기의 핵심, 즉 어떻게 유아의 주의가 행위자의 시선에 근거하여 특정 대상으로 넘어가게 되는지의 문제가 남아 있으며, 그저 당연한 것으로 받아들이고 있을 뿐이다. 둘 사이에 아무런 물리적 연결이 없음에도 말이다. 만일 시선의 물리적 연결선이 둘을 연합하는 것이 아니라면 어째서 유아는 다른 사람의 시선을 특정 대상과 연결하는 것일까? 코큼과 무어(Corkum & Moore, 1998)의 초기 실험이 예증한 바와 같이 이것은 학습된 연합이 아니다. 이에 덧붙여서 폴러스 실험의 다른 조건에서는 행위자가 어떤 행위도 하지 않은 채 대상 1을 네 차례 응시한 다음에 손으로 잡는 행위를 시작했을 때, 유아는 그 행위자가 대상 1에 대해 행위를 나타낼 것이라고 예상하지 않았다. 반면에 행위자가 대상 1을 단순히 응시하는 것이 아니라 잡는 것을 단지 한 번만 보았던 유아는 행위자가 다시 대상 1을 잡을 것이라고 예상했다. 단순 연합 모형은 응시가 형성한 행위자와 대상 1 사이의 연합 점화가 행위 시행에서 작동하지 않는 이유를 설명하지 못한다. 만일 행위자의 존재가 자동적으로 대상 1에 대한 연합 주의를 점화시킨다면 유아는 우선적으로 이 대상의 응시를 선호해야 한다. 이러한 결과는 유아가 행위자와 대상 사이의 **의도적 관계**를 부호화한다고 제안하는 모형이 더 잘 설명해 준다(예: Gómez, 2008). 행위자가 응시하고 있는 대상에 어떤 행위도 하지 않았기 때문에 유아는 행위자가 그 대상에 어떤 행위를 나타내려고 하지 않는다는 사실을 학습한 것이다.

사회학습은 단순 연합학습에 의해서 일어나는 것이 아니라는 사실은 자폐 아동에게 시선 따라가기와 같은 기본적인 사회적 기술을 가르치기 어려운 이유도 설명해 준다. 자폐 아동은 상당한 연합학습 능력을 가지고 있다. 자폐 아동에게 제대로 옷을 입는 것이나 자해 행동처럼 바람직하지 않은 습관을 제거하는 것과 같은 적응 행동을 가르치는 데 연합학습을 사용한다. 한 실험에서는 자폐 아동이 특정 장난감을 만지고 있을 때 스피커를 통해 새롭게 들려주는 단어의 의미를 쉽게 학습했다. 반면에 정상 아동은 이러한 방법을 가지고는 그 단어의 의미를 획득하지 못했으며, 단어의 의미를 학습하기 위해서는 시선 따라가기를 통해 말하고 있는 대상을 응시하는 사람이 존재하는 사회적 맥락이 필요했다(Baron-Cohen et al., 1997). 자폐 아동은 순수하게 연합학습에만 몰두하는 것으로 보이며, 이 사실이 불충분하거나 부적응적인 학습으로 이끌어 가는 것으로 보인다. 예컨대 자폐 아동은 한 대상을 다루고 있는 동안에 누군가가 우연히 말한 단어를 그 대상의 의미로 잘못 학습하기도 한다. 자폐 아동은 단순하고 직접적인 물리적 수반성을 탐지하는 데는 유능하지만, 불완전하고 맥락 의존적인 사회적 상호작용의 수반성에 대처하는 데는 어려움을 겪는다. 그렇기 때문에 단순 연합학습을 넘어서는 특정한 사회인지적 적응이 필요한 것이다. 자폐증의 사례는 사회학습과 인지의 복잡성을 설명하는 데 연합학습의 한계를 극명하게 예증해 준다.

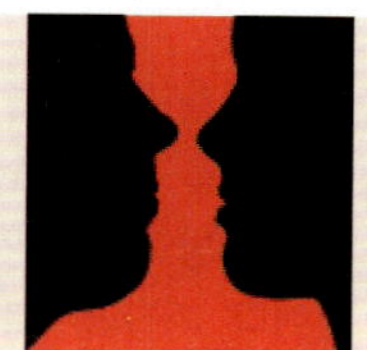

# 찬|반|논|쟁

# 사회학습의 토대는 무엇인가?

## 사회적이든 아니든 행동을 결정하는 것은 본능이 아니라 학습이다.

*Phil Reed*, 스완지대학교

20세기 초에 행동은 학습으로 가장 잘 설명할 수 있다고 믿는 연구자들(예: 존 왓슨과 같은 행동주의 심리학자)과 행동은 생래적 본능으로 가장 잘 설명할 수 있다고 믿는 연구자들(예: 맥두걸과 같은 '본능 심리학자') 간에 뜨거운 논쟁이 있었다. 이 논쟁은 심리학에서 위대한 이론들을 이해하는 데 여전히 핵심적이다. 논쟁이 절정에 달했던 시점에 홀트(Holt, 1931, p. 4)는 '본능심리학'에 대해 다음과 같은 유명한 언급을 했다. "인간은 본능에 따라서 행동하도록 만들어져 있다고 말한다. … 만일 엄지를 이리저리 비튼다면 이것은 '엄지 비틀기' 본능이다. 엄지를 비틀지 않는다면 '엄지 안 비틀기' 본능이다. 따라서 모든 것은 마법, 즉 단어 마법으로 설명된다." 이 진술은 오늘날에도 사회학습을 본능이나 생득적 추동과 같은 개념에 의존하여 설명하려는 견해의 단점을 설명하는 데 적절하다.

홀트는 본능 주장을 모순적이라고 평가절하하면서 다음과 같은 세 가지 문제점을 지적했다. 첫째, 제안하는 설명의 순환적인 본질이다. 이 설명은 관찰한 행동에 관한 이론이나 되는 것처럼 그 행동을 그저 재기술하는 것이다. 어째서 엄지를 비트는가? '엄지 비틀기' 본능이 있기 때문이다. '엄지 비틀기' 본능을 가지고 있는 것을 어떻게 아는가? 엄지를 비틀기 때문이다. 이러한 주장은 인지심리학에 대한 많은 비난의 핵심을 이루어 왔다. 둘째, 설명해야 할 현상에 대한 순진한 견해일 뿐이다. 일련의 복잡한 행동을 단일 실체로 특징지을 수 있으며 소수의 구성체를 참조하여 설명할 수 있다고 가정하는 것이다. 만일 '엄지 비틀기'를 '사회학습'으로 대치한다면, '사회학습'이라고 부르는 실체가 존재하고 소수의 본능을 참조하여 설명할 수 있다고 가정하는 것은 지나치게 단순한 것으로 보인다. 마지막으로 본능 이론은 어디서 어떻게 그러한 본능이 출현하는지에 관한 설명을 제공하지 않는다.

토마셀로(Tomasello, 1999)는 사회학습이 다른 동물 종에서는 나타나지 않는 지식의 누가적 집적을 가능하게 해 줌으로써 인간의 문화적 진화의 토대를 이룬다고 제안한다. 다른 동물 종은 점진적인 문화 학습이 일어나게 해 주는 사회학습에 관여하지 못하며, 각 세대는 지식을 새롭게 획득해야만 한다고 주장한다(Kummer & Goodall, 1985). 그는 인간에서 고도로 발달한 몇몇 생득적 기제가 상호주의집중, 언어 학습, 문화 학습 등과 같은 중요한 과정이 진행되도록 도와준다고 제안한다(Tomasello, 2003). 이 기제는 '상호작용적 본능'이라고 불려 왔으며(Lee et al., 2009), 이러한 이름 붙이기는 이 형태의 이론화의 본질을 나타내고 있다. 즉 1920년대 '본능심리학'의 부활이며, 마치 학습 이론의 경험적 결과에서 한 세기에 걸친 진보가 일어나지도 않았던 것처럼 보인다.

사회학습은 두 가지 주요 형태를 취하는 것으로 간주된다(Whiten & Ham, 1992). '비모방적 사회학습'은 타인의 존재가 지식의 획득을 촉진하지만 반드시 관찰한 행동의 세부 사항일 필요는 없을 때 일어난다. 반면에 '진정한 모방'에서는 관찰자가 모델의 행위를 곧이곧대로 모방하는 것을 학습한다. 학습 이론은 여러 동물 종에 걸쳐서 두 가지 형태의 학습에 대한 설명을 제공한다. 즉 비모방적 사회학습은 고전적 조건형성으로 설명하며(Mineka & Cook, 1988), 진정한 모방은 변별 조작적 학습(특정한 행위가 특정한 결과를 초래하는 것에 관한 학습)(Miller & Dollard, 1941)으로 설명한다. 두 형태의 학습은 동물에서도 일어나며 문화 전달과 관련되어 있다는 사실을 보여 줄 수 있다. 이러한 설명이 가능하고 이를 지지하는 증거가 있다는 사실이 시사하는 바는 인간에게만 특수한 사회학습 본능을 주장할 필요가 없다는 것이다.

동물에서도 비모방적 사회학습의 많은 사례가 존재하며, 이 사실은 고전적 조건형성을 적용할 수 있다는 것을 예증한다(Olsson & Phelps, 2007 참조). 한 가지 기념비적인 사례는 쥐가 먹이 선호를 학습하는 방법, 그리고 이러한 학습이 동일 개체군에 확산되는 방식과 관련된다는 것이다. 갈레프(Galef, 1996)는 쥐들이 있는 곳에 새로운 다른 쥐를 들여보내면서 새로운 먹이(전형적으로 쥐는 새로운 먹이를 회피한다)도 함께 주었더니, 새로운 쥐가 없으면서 먹이만 주었던 쥐들보다 그 먹이를 더 잘 먹는다는 사실을 발견했다. 마찬가지로 미네카와 쿡(Mineka & Cook, 1988)은 실험실에서 양육한 원숭이에게 뱀에 대한 공포를 나타내는 야생 원숭이를 보여 주었을 때 뱀에 대한 공포를 학습한다는 사실을 증명했다. 이러한 사례들은 고전적 조건형성을 통해 자극과 결과 간의 관계를 학습하는 관찰자로 설명할 수 있다. 중요한 사실은, 이러한 형태의 학습이 '문화 훈련'에서의 변화를 초래하는데 이것은 진정한 모방에 근거한 것도 아니고 인간에게만 국한된 것도 아니라는 점이다.

행동에 관한 관찰자의 시각 표상을 자기 행동의 운동 감각에 대응시키는 데 필요한 '모델 간 대응'이 상당한 인지적 부하를 갖기 때문에 진정한 모방은 인간에게만 독특한 것이라고 주장해 왔다(Tomasello, 1996). 그러나 헤이스와 도슨(Heyes & Dawson, 1990)은 먹이를 얻기 위해 막대를 왼쪽이나 오른쪽으로 밀고 있는 시범 쥐의 맞은편에 관찰 쥐를 데려다 놓고 관찰시키고 나중에 막대 앞에 데려다 놓았을 때, 관찰 쥐가 시범 쥐와 동일한 방향으로 막대를 민다는 사실을 보여 주었다. 막대에 노출시키기에 앞서 관찰 쥐를 180° 이동시켰기 때문에, 관찰 쥐는 자신의 시야에서 움직이는 막대의 방향이 아니라 시범 쥐가 나타내는 것과 동일한 방향으로 막대 미는 것을 학습했음에 틀림없다. 즉 관찰 쥐는 시범 쥐의 특정한 행위를 학습했던 것이다. 미첼 등(Mitchell et al., 1999)은 관찰 쥐가 밀었던 막대 쪽에 남아 있는 냄새를 탐지한 것일 수 있다는 결과를 얻었으며, 이 결과는 관찰 쥐가 시범 쥐에 대한 시각 표상을 부호화하는 것이 아님을 시사하는 것이었다. 그렇다고 해서 진정한 모방이 일어날 수 없음을 의미하는 것이 아니라, 대체로 비시각적인 동물 종의 경우에는 모방이 시각 기제를 통해 일어나지 않을 수도 있음을 의미하는 것이다. 마찬가지로 리드 등(Reed et al., 1996)은 모방이 고립시켜 양육한 쥐에게는 나타나지 않고 사회 관계 속에서 양육한 쥐에게만 일어난다는 사실을 지적하면서, 사회 환경에서 모방을 학습할 필요가 있다고 제안한다(Baer et al., 1967 참조).

요약건대 학습 이론은 '모방 본능'이 공허한 설명 개념이고, 사회학습은 많은 동물 종에서 도구적으로 조건형성된 모방적 형태뿐만 아니라 고전적으로 조건형성된 비모방적 형태로도 일어나며, 두 가지 형태의 사회학습 모두가 문화 전달을 초래할 수 있다는 풍부한 증거가 존재한다고 주장한다.

## 전체 요약

1 학습은 연습의 결과로 비교적 영속적인 행동상의 변화로 정의할 수 있다. 학습에는 네 가지 기본 유형이 있다. (a) 습관화로, 유기체는 친숙하고 중요하지 않은 자극을 무시하는 것을 학습한다. (b) 고전적 조건형성으로, 유기체는 한 자극이 다른 자극에 뒤따른다는 것을 학습한다. (c) 도구적 조건형성으로, 유기체는 특정 반응이 특정 결과를 초래한다는 것을 학습한다. (d) 복합 학습으로, 학습에 연합 형성 이상의 것이 수반된다.

2 학습에 대한 초기 연구는 행동주의 관점에서 이루어졌다. 흔히 행동은 내적 원인보다는 외적 요인으로 잘 이해될 수 있으며, 단순 연합이 모든 학습의 초석이고, 학습 법칙은 모든 동물 종과 상황에서 동일하다고 가정한다. 이러한 가정은 후속 연구에 비추어 수정되어 왔다. 학습에 대한 오늘날의 분석에는 행동주의 원리뿐만 아니라 인지 요인과 생물학적 제약도 포함된다.

3 파블로프의 실험에서 조건자극(CS)이 일관성 있게 무조건자극(US)에 선행하면 CS가 US에 대한 신호로 작용하여 무조건반응(UR)을 닮기 십상인 조건반응(CR)을 유발하게 된다. CS와 유사한 자극도 어느 정도는 CR을 유발하지만 변별 훈련을 통해 그러한 일반화를 제어할 수 있다. 이러한 현상은 편형동물부터 인간에 이르기까지 다양한 유기체에서 일어난다.

4 인지 요인도 조건형성에서 역할을 한다. 고전적 조건형성이 일어나려면 CS가 US의 신뢰로운 예측자여야 한다. 즉 CS가 없을 때보다 제시되었을 때 US가 출현할 확률이 커야만 한다.

5 동물행동학자들에 따르면 동물이 학습하는 것은 유전적으로 결정된 '행동 청사진'에 의해 제약을 받는다. 고전적 조건형성에서 이러한 제약의 증거는 맛혐오 연구에서 나온다. 쥐는 복통을 용액의 맛과 연합하는 것을 쉽게 학습하지만, 복통을 불빛과 연합하는 것을 학습할 수는 없다. 반대로 새는 불빛과 복통을 연합하는 것을 학습하지만, 맛과 복통을 연합할 수는 없다.

6 도구적 조건형성은 반응이 무조건자극에 의해서 유발되기보다는 환경에 조작을 가하는 상황을 다룬다. 초기의 체계적 연구는 손다이크가 수행했으며, 그는 동물이 시행착오 행동을 하고 강화가 뒤따르는 행동은 어느 것이나 강화된다는 사실을 보여 주었다. 이것이 효과의 법칙이다.

7 스키너의 실험에서는 전형적으로 쥐나 비둘기가 강화를 얻기 위해 막대를 누르는 것과 같은 단순한 반응을 수행하는 것을 학습한다. 반응 비율은 반응 강도의 유용한 측정치이다. 행동조성은 원하는 반응이 새로운 것일 때 사용하는 훈련 기법이다. 여기에는 실험자가 원하는 방향으로 변형된 반응에만 강화를 주는 것이 수반된다.

8 여러 가지 현상이 도구적 조건형성의 일반성을 증가시킨다. 하나는 조건강화로, 강화물과 연합된 자극이 자체적으로 강화적 특성을 획득하는 것이다. 다른 관련 현상은 일반화와 변별이다. 유기체는 반응을 유사한 상황에 일반화한다. 그러나 이러한 일반화는 변별자극의 통제하에 놓일 수 있다. 마지막으로 강화계획이 있다. 일단 행동이 만들어지면 부분적으로만 강화되어 유지될 수 있다. 정확하게 언제 강화가 오는지는 계획에 의해 결정된다. 강화계획의 기본 유형은 고정비율계획, 변동비율계획, 고정간격계획, 변동간격계획이다.

9 혐오 조건형성에는 세 가지 유형이 있다. 처벌에서는 반응에 혐오 사건이 뒤따르며 그 반응이 억압되는 결과를 초래한다. 회피에서는 유기체가 진행 중인 혐오 사건을 종료시키기 위해 반응하는 것을 학습한다. 도피에서는 유기체가 혐오 사건이 출현하는 것 자체를 방지하기 위해 반응하는 것을 학습한다.

10 인지 요인은 도구적 조건형성에서 역할을 한다. 도구적 조건형성이 일어나려면 유기체는 강화가 적어도 부분적이나마 통제 하에 있다고 믿어야 한다. 즉 반응과 강화 사이의 수반성을 지각해야 한다. 생물학적 제약도 도구적 조건형성에서 한 요인이 된다. 어떤 강화물이 어떤 반응과 연합될 수 있는지에 대한 제약이 있다. 비둘기의 경우, 강화물이 먹이인 경우 요구되는 반응이 날개 퍼덕이기가 아니라 원판 쪼기일 때 학습이 빠르게 이루어진다. 그러나 강화가 전기 충격의 종료인 경우에는 반응이 원판 쪼기가 아니라 날개 퍼덕이기일 때 빠르게 학습한다.

11 인지적 조망에 따르면 학습의 요체는 세상의 측면을 마음에 표상하고 세상 자체가 아니라 심적 표상에 조작을 가하는 능력이다. 복합학습에서 심적 표상은 연합 이상의 것을 나타내며, 심적 조작이 전략을 구성할 수 있다. 동물의 복합학습 연구는 쥐가 원인과 같은 추상 개념을 획득할 뿐만 아니라 환경에 대한 인지도를 발달시킬 수 있다는 사실을 보여 준다.

12 모방과 관찰을 통한 학습은 대리 강화의 결과로 나타난다. 즉 모델의 행동을 관찰함으로써 모방자는 모델과 마찬가지로 강화받을 것이라고 기대한다. 인간은 관찰학습을 통해 복잡한 많은 사회행동을 학습한다.

13 완벽하게 예측적이지 않은 자극 사이의 관계를 학습할 때 사람들은 흔히 사전 신념을 동원한다. 사전 신념은 객관적으로 존재하지 않는 관계를 탐지하게 만든다(사이비 연합). 관계가 객관적으로 존재할 때는 그 관계에 대한 사전 신념이 그 예측력을 과잉 추정하게 만들며, 객관적 관계가 사전 신념과 갈등을 일으킬 때는 학습자가 사전 신념을 더 선호한다. 이 효과는 학습에서의 하향처리를 예증한다.

14 비연합학습의 신경 기제는 무척추동물인 괄태충을 대상으로 연구되었다. 습관화는 시냅스 전달의 감소가 매개하며, 민감화는 전달의 증가가 매개한다. 시냅스의 퇴화와 성장은 각각 두 유형의 학습에도 관여한다.

15 포유류의 두뇌에서 시냅스는 정보 저장을 담당한다. 특히 소뇌는 운동 조건형성에서 중요하며, 편도체는 정서 조건형성에 필수적이다. 장기활동증폭이라고 부르는 시냅스 전달의 증가가 이러한 학습 과정에 관여한다.

16 내재적으로 동기화된 사람은 외재적 보상으로 동기화된 사람보다 과제에 더 몰입한다. 실험 결과는 외재적 보상을 첨가하는 것이 행동의 과잉정당화를 초래할 수 있다는 사실을 보여 준다. 즉 자신이 과제에 몰두하는 것을 외재적 보상에 귀인하게 된다. 이러한 귀인은 수행뿐만 아니라 내재적 동기에도 악영향을 미친다. 통제감과 자기결정감을 지각할 때 복잡한 과제를 가장 잘 수행하게 된다.

## ✻ 핵심 개념

각성
간격계획
강화
고전적 조건형성
고정간격계획
고정비율계획
과잉정당화 효과
관찰학습
내재적 동기
도구적 조건형성
도피학습
무조건반응
무조건자극
민감화
반응 일반화
변동간격계획
변동비율계획
부적 강화
부적 처벌
비연합학습
비율계획
소거
수반성
습관화
시간 근접성
시행착오 학습
신경 가소성
약물 내성
억제성 조건형성
여키스-도슨 법칙
연합학습
외재적 동기
유인자극
이차 조건형성
인지도
인지행동치료
자극 변별
자기효능감
자발적 회복
잠재학습
장기억제
장기활동증폭
정적 강화
정적 처벌
조건강화물
조건반응
조건자극
중성자극
처벌
탐색 행동
통찰
학습
학습 곡선
학습된 맛혐오
학습된 무기력
행동조성
행동치료
헵의 학습 규칙
회피학습
획득
효과의 법칙
흥분성 조건형성

# 8 기억

**학습 목표**

이 장을 읽고 나면 다음의 것들을 할 수 있어야 한다.

- ▶ 기억의 세 단계 각각에서의 실패가 어떻게 망각으로 이끌어 가는지를 기술할 수 있다.
- ▶ 감각기억, 작업기억, 장기기억 간의 구분을 이해할 수 있다.
- ▶ 구성기억과 재구성기억 과정의 사례를 제시할 수 있다.
- ▶ 외현기억과 암묵기억의 차이를 설명할 수 있다.

## 이 장의 개요



1986년 12월 로널드 코튼은 제니퍼 톰슨이라는 여대생을 잔인하게 강간했다는 혐의로 재판을 받았다. 증언대에서 톰슨은 자기 아파트 침실의 어둠 속에서 일어났던 불행한 사건 당시에 강간범의 얼굴을 의도적으로 확인했다고 증언했다. 15년 후 「뉴욕 타임스」에 기고한 칼럼에서 그녀는 다음과 같이 썼다. "나는 그의 머리 윤곽을 보았으며 흉터와 문신, 그를 알아보는 데 도움이 될 모든 것을 보았다." 그녀는 침입자의 외모에 대한 강력한 기억의 확신에 근거하여 자신 있게 코튼을 강간범으로 지목했다. 강력한 알리바이에도 불구하고 코튼은 톰슨의 확인으로 인해 유죄 판결을 받아 종신형에다 54년이 추가된 중형을 선고받았다.

겉으로 보기에는 배심원들이 코튼에게 유죄 판결을 내린 것이 정당한 듯했다. 알리바이가 있든 없든 톰슨의 확인은 매우 설득력이 있었다. 그녀는 침입자의 외모에 대한 선명한 기억을 기술했으며, 결국에는 경찰 사진첩에서 코튼을 집어내고, 대질에서도 그를 선택했으며, 그녀의 법정 증언은 배심원들로 하여금 그녀가 정확하게 범인을 지목했다고 믿는 데 아무런 의심도 갖지 않게 만들었다. 그녀는 나중에 다음과 같이 썼다. "나는 이 사람이 범인인 것을 알았다. 나는 철저하게 확신했다. 만일 사형선고가 가능하다면 그 사람이 죽기를 바랐다. 나는 형장의 스위치를 올리고 싶었다."

몇 년이 지난 후 로널드 코튼은 교도소 감방에서 계속

자신의 무죄를 주장하면서 판결에 불복하고 항소했다. 결국 보비 풀이라는 또 다른 수감자가 감방 동료에게 코튼이 유죄 판결을 받았던 강간을 자신이 저질렀다고 자랑한 것으로 밝혀졌다. 사전 조치로 제니퍼 톰슨에게 보비 풀 사진을 보여 주고 코튼이 아니라 이 사람이 범인일 가능성에 대해 물었다. 그녀는 자신의 견해를 고수하면서 "나는 이 사람(보비 풀)을 생전에 본 적도 없어요. 그 사람이 누군지 모릅니다."라고 자신에 차서 부르짖었다.

그러나 제니퍼 톰슨은 로널드 코튼을 지목한 것과 보비 풀을 강간한 사람이 아니라고 부정한 것 모두에서 오류를 범했다. 코튼은 11년을 형무소에서 복역한 후 DNA 대조라는 새로운 과학 기법으로 면죄부를 얻었던 것이다. 게다가 그 증거는 보비 풀이 실제로 강간범이라는 사실을 확인해 주었다. 제니퍼 톰슨은 결국 자신의 엉터리 기억을 시인했지만 그 사실에 심하게 충격을 받고, 누군가의 기억에만 근거하여 피고에게 유죄 판결을 내릴 때 정말로 조심해야 한다는 강력한 주창자가 되었다.

배리 셰크, 피터 뉴펠드, 짐 드위어는 자신들의 기념비적 저서인『사실상 무죄(Actual Innocence)』에서 무죄 프로젝트를 기술했는데, 이것은 잘못 기소된 사람이 무죄임을 입증하는 수단으로 DNA 증거를 사용하는 데 초점을 맞춘 프로그램이다. 저자들은 로널드 코튼을 비롯하여 유사한 곤경에 처한 10여 명의 사례를 기술하면서 다음과 같이 썼다. "DNA 무죄 입증 연구에서 무죄 프로젝트에 따르면 잘못 유죄 판결을 받은 사람들의 84%가 적어도 부분적으로는 목격자나 피해자의 엉터리 증언에 의한 것이었다." 그리고 이들은 계속해서 다음과 같이 지적했다. "이러한 결과가 극적이기는 하지만, 그 결과는 단지 한 세기에 걸친 사회과학 연구와 법원의 실태 조사를 확인한 것뿐이다." 이 장에서 우리가 관심을 두는 것은 대부분 이러한 연구이다. 기억은 일반적으로 어느 정도는 정확하다. 만일 그렇지 않다면 살아가면서 상당한 어려움을 겪게 된다. 그러나 기억은 우리가 생각하는 것보다 훨씬 부정확하며, 때때로 부정확한 기억의 결과는 극적인 결과를 초래한다.

잠시만 생각해 보더라도 기억이야말로 우리가 인간으로 살아가는 능력이라는 측면에서 가장 중요한 심리적 능력이라는 사실을 확신할 수 있다. 우리는 무엇을 할 것인지에 대한 모든 의사결정을 여하튼 기억에 근거하여 수행한다. 대부분의 사람들이 당연한 것으로 받아들이는 감각 입력이 박탈된 사람조차도 – 헬렌 켈러와 같은 시각 · 청각 장애인조차도 – 당당하게 충만한 삶을 영위할 수 있다. 반면에 알츠하이머병으로 황폐해진 사람에게서 볼 수 있듯이, 정상적인 감각 입력이 있음에도 불구하고 기억상실은 엄청난 장애물이 된다.

따라서 기억은 심리학과 생물과학 모두에서 상당한 연구의 초점이 되고 있다. 이 장에서는 그러한 연구의 작은 부분만을 다룬다. 하지만 기억에 대한 과학 연구를 이해하기 위해서는 연구자들이 연구 분야를 다룰 수 있는 단위로 분할하는 방식을 이해할 필요가 있다.

## 중요한 세 가지 구분

오늘날 심리학자들은 기억에 관해 세 가지 중요한 구분을 하고 있다. 첫째는 기억의 세 단계, 즉 부호화, 저장, 인출에 관한 것이다. 둘째는 정보를 상이한 기간 동안 저장하는 상이한 기억을 다룬다. 세 번째는 서로 다른 유형의 정보를 저장하는 데 사용하는 상이한 기억에 관한 것이다(예: 한 시스템은 사실을 저장하고, 다른 시스템은 기술을 저장한다). 이 각각에서 구분하는 개체들(예: 작업기억과 장기기억)을 부분적으로 두뇌의 상이한 구조가 매개한다는 증거가 있다.

### 기억의 세 단계

당신이 어떤 학생을 소개받고 그녀의 이름을 이정희라고 들었다고 가정해 보자. 그날 오후 다시 그녀를 만나서 "이정희 씨지요. 오늘 아침에 만났었죠."라고 말한다. 그녀의 이름을 확실하게 기억해 낸 것이다. 그렇다면 도대체 어떻게 기억해 낸 것인가?

이러한 기억 성취는 세 단계로 분할할 수 있다(그림 8.1 참조). 첫째, 소개받을 때 그녀의 이름을 어떻게든 기억에 집어넣었다. 이것은 **부호화 단계** encoding stage이며, 환경 정보를 의미 있는 단위로 변환하여 저장하는 시점이다. 그녀의 이름에 대응하는 물리적 입력(음파)을 기억이 받아들이는 유형의 부호 또는 표상으로 변형하여

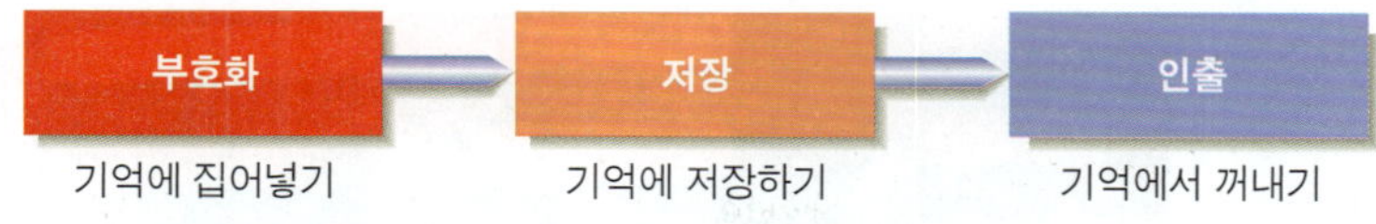


**그림 8.1 기억의 세 단계.** 기억 이론은 망각을 세 단계 중 하나 이상 단계에서의 실패 때문이라고 간주한다.

그 표상을 기억에 '위치시킨' 것이다. 마찬가지로 그녀의 얼굴에 대응하는 빛 패턴이라는 또 다른 물리적 입력도 변형하여 기억에 저장한 후 두 표상을 연결한 것이다. 둘째, 두 번째 만날 때까지 그녀의 이름과 얼굴에 대응하는 정보를 파지 또는 저장했다. 이것은 **저장 단계** storage stage이며, 저장한 정보를 시간이 경과해도 유지하는 단계이다. 셋째, 그녀 얼굴의 표상에 근거하여, 오후에 그녀를 아침에 만났던 사람으로 재인했으며, 이러한 재인에 근거하여 저장소에서 그녀의 이름을 재생했다. 이 모든 것이 **인출 단계** retrieval stage이며, 앞서 부호화하고 저장했던 정보를 기억에서 끄집어내는 단계이다.

기억은 이러한 세 단계 어디에서든 실패할 수 있다. 두 번째 만났을 때 그녀의 이름을 회상하지 못했다면 부호화 실패(애초에 그녀의 얼굴을 제대로 저장하지 못했다), 저장 실패(도중에 그녀의 이름을 망각했다), 또는 인출 실패(하나를 가지고 다른 하나를 불러내는 방식으로 그녀의 이름을 얼굴에 연결하지 못했다)를 반영한 것일 수 있다. 오늘날 기억에 대한 많은 연구는 기억의 세 단계 각각에서 일어나는 심적 조작을 규명하고, 어떻게 이러한 조작이 잘못되어 기억 실패를 초래하는지를 설명하고자 시도하고 있다.

최근 연구는 기억의 각기 다른 단계를 두뇌의 상이한 구조가 매개한다는 사실을 시사한다. 가장 강력한 증거는 두뇌 영상 연구에서 나온다. 실험은 두 부분으로 진행된다. 부호화에 초점을 맞추는 첫 번째 부분에서는 참가자들이 일련의 언어 항목, 예컨대 범주와 일상적이지 않은 사례로 구성된 쌍(가구–식기대)을 학습한다. 인출에 초점을 맞추는 두 번째 부분에서는 참가자들이 범주 이름을 단서로 줄 때 항목을 재인하거나 회상해 내야 한다. 두 부분 모두에서 두뇌 활동은 참가자들이 과제를 수행하는 동안 양전자 단층촬영법(PET)을 사용하여 측정한다. 가장 현저한 발견은 부호화 단계에서 가장 활동적인 두뇌 영역은 좌측 반구인 반면, 인출 단계에서는 우측 반구라는 사실이다(Shallice et al., 1994; Tulving et al., 1994).

**기억에는 세 단계가 있다. 첫 번째 단계인 부호화는 사실을 기억에 위치시키는 것이다. 이 단계는 공부할 때 일어난다. 두 번째 단계는 저장으로, 사실이 기억에 파지되는 기간이다. 세 번째 단계인 인출은 사실을 저장으로부터 되살릴 때(예: 시험을 칠 때) 일어난다.**

## 세 가지 기억저장소

기억의 세 단계가 모든 상황에서 동일한 방식으로 작동하는 것은 아니다. 기억 과정은 정보를 (1) 1초 이내로 저장, (2) 초 단위로 저장, (3) 몇 분에서 몇 십 년에 이르는 오랜 기간 동안 저장할 것을 요구하는 상황에 따라 다르다.

### 앳킨슨–시프린 이론

서로 다른 시간 간격에 대응되는 상이한 기억을 구분하는 토대는 1968년 리처드 앳킨슨과 리처드 시프린이 공식화했다. 앳킨슨–시프린 이론(Atkinson-Shiffrin theory)의 기본 논지는 다음과 같다.

1. 환경으로부터 들어오는 정보는 우선 **감각저장소** sensory store로 들어가는데 이 저장소는 세 가지 주요 특징을 가지고 있다(Massaro & Loftus, 1996 참조). 첫째, 용량이 크다. 즉 감각저장소는 환경으로부터 감각기관이 포착한 모든 정보를 저장한다. 둘째, 감각저장소는 일시적이다. 즉, 감각저장소의 정보는 0.5초 미만(시각저장소)에서부터 몇 초(청각저장소)에 이르는 시간 동안에 소멸된다. 셋째, 감각저장소의 정보 중에서 주의를 기울인 작은 부분만이(5장 참조)

기억 시스템의 다음 주요 성분인 **단기기억** short-term memory으로 전이된다.

2. 방금 언급한 것처럼 단기기억이 정보의 다음 저장고이다. 단기기억은 다음과 같은 특징을 가지고 있다. 첫째, 단기저장소는 대체로 의식(consciousness)과 동일시할 수 있다. 즉 단기기억 정보는 의식하고 있는 정보이다. 둘째, 단기기억 정보는 쉽게 접속할 수 있다. 결정을 내리거나 초 단위로 과제를 수행하는 근거로 사용할 수 있다. 셋째, 단기기억 정보는 내버려 두면 대략 20초 정도의 시간에 걸쳐 소멸(망각)된다. 넷째, **되뇌기** rehearsal, 즉 정보를 계속해서 반복하면 소멸을 막을 수 있다(Sperling, 1967 참조). 다섯째, 앞서 정의한 바와 같이 되뇌기하거나 **정교화** elaboration라고 알려진 다른 형태의 처리 과정(예: 적절한 시각 심상으로 변형하는 것)을 거친 정보는 단기기억으로부터 세 번째 정보 저장소인 **장기저장소** long-term store로 전이된다.

3. 장기저장소는 그 이름이 함축하는 바와 같이 일반적으로 가용한 모든 정보를 유지하는 대규모 저장소이다. 장기저장소는 다음과 같은 특징을 가지고 있다. 첫째, 방금 언급했듯이 정보가 단기저장소로부터 다양한 유형의 정교화 과정을 통해 장기저장소로 들어온다. 둘째, 지금까지 알려진 바에 따르면 장기저장소의 크기는 무한하다. 셋째, 인출 과정을 통해 장기저장소로부터 정보가 단기기억으로 되돌아 나오게 되고, 단기기억에서 주어진 과제를 수행하기 위해 그 정보를 조작하고 사용할 수 있다.

## 상이한 유형의 정보에 대한 상이한 기억

대략 30여 년 전까지는 일반적으로 심리학자들이 모든 유형의 기억에 동일한 기억 시스템을 사용한다고 가정했다. 예컨대 할머니 장례식에 대한 기억과 자전거를 타는 데 필요한 기술 모두를 저장하는 데 동일한 장기기억을 사용한다고 가정했다. 최근 증거는 이러한 가정이 잘못된 것임을 보여 준다. 특히 사실을 저장하는 것(예: 어제 점심 식사를 같이 한 사람)과 기술을 파지하는 것(예: 자전거 타는 법)에 상이한 장기기억을 사용하는 것으로 보인다. 늘 그렇듯이 이러한 차이에 대한 증거에는 심리학적 발견과 생물학적 발견이 모두 포함된다. 이에 대해서는 이 장의 뒷부분에서 다룬다.

**영국의 가수이자 작곡가이며 다양한 악기를 연주하는 크리스 마틴의 공연 장면. 최근 증거는 사실을 파지하는 데 사용하는 장기기억과 피아노를 연주하는 능력 같은 기술을 저장하는 장기기억이 다르다는 것을 보여 준다.**

우리가 가장 잘 이해하고 있는 유형의 기억 상황인 **외현기억** explicit memory은 사건을 특정한 시간과 장소에서 일어난 것으로 의식적으로 끄집어낼 수 있는 기억이다. 반면에 **암묵기억** implicit memory은 다양한 유형의 정보, 예컨대 축구공을 차는 것과 같은 물리적 과제를 수행하는 데 필요한 정보를 무의식적으로 끄집어내는 기억이다.

### 중간 요약

- 기억에는 세 단계가 있다 – 부호화, 저장, 인출. 이러한 구분에 대한 생물학적 증거가 증가하고 있다. 최근 장기기억의 두뇌 영상 연구는 부호화할 때 활동하는 대부분의 두뇌 영역이 좌반구에 있고, 인출할 때 활동하는 대부분의 영역이 우반구에 있다는 사실을 보여 준다.
- 시간 특성에서 차이를 보이는 세 가지 유형의 기억이 있다. 감각기억은 몇 백 밀리초 동안만 지속되며, 단기저장소(오늘날에는 작업기억이라고 부름)는 몇 십 초 동안 작동하며, 장기저장소는 몇 분에서 몇 년에 걸친 시간 동안 작동한다.
- 외현기억은 의식적이며, 암묵기억은 무의식적이다.

### 비판적 사고를 위한 물음

1. 친구가 "내 기억은 형편없어!"라고 불평한다고 가정해 보자. 이 절에서 기억에 관해 방금 학습한 것에 비추어 볼 때, 당신은 어떤 질문을 던지겠는가?

## 감각기억

감각기관을 통해 환경으로부터 획득한 정보는 우선 **감각기억**sensory memory이라고 부르는 초단기기억에 들어간다. 우리는 이미 감각기억에 대해 간략하게 살펴보았다. 즉 상당한 양의 정보를 저장하고, 감각기관에 들어온 감각 정보를 꽤나 충실하게 표상하며, 초단기적이다. 어둠 속에서 번개가 칠 때 순간적으로 세상을 보게 되는 극적인 경험을 할 때, 영상기억이라고 부르는 시감각기억을 경험하는 것이다.

아마도 모든 감각 양상에 대응되는 감각기억이 존재하겠지만, 감각과 지각에서와 마찬가지로 가장 집중적으로 연구한 감각기억은 시각에 대응하는 것(영상기억)과 청각에 대응하는 것(반향기억)이다. 이제 우리는 논의를 단순하게 만들기 위해 연구를 가장 많이 수행한 감각기억인 영상기억에 초점을 맞추기로 한다.

### 스펄링의 실험: 부분보고 실험

1960년에 조지 스펄링은 자신의 하버드대학교 박사학위 논문에 근거한 기념비적 논문을 발표했다. 스펄링은 사람들에게 많은 양의 정보를 짧은 시간 동안 제시하면—예컨대 한 줄에 4개씩 세 줄로 제시한 12개의 숫자—전형적으로 4~5개의 숫자를 보고할 수 있다는 관찰로부터 시작했다. **파악폭**span of apprehension이라고 알려진, 이렇게 즉각적으로 회상 가능한 항목의 수는 거의 한 세기 전부터 알려져 왔으며, 그러한 정보 배열에서 사람이 획득할 수 있는 최대 정보량을 나타내는 것이라고 가정했다. 그러나 사람들은 상황이 그렇게 단순한 것만은 아니라는 사실을 지적하는 두 가지 직관을 가지고 있었다. 첫째는 보고할 수 있는 것보다 더 많은 것을 보았지만 곧 망각했다는 것이다. 사람들은 '4~5개의 숫자를 적었을 때 나머지를 기억해 낼 수가 없다'고 불평했다. 두 번째 직관은 자극 배열의 심상이 그 배열을 제시한 시간보다 더 오래 지속되는 것으로 보인다는 것이었다. 두 가지 직관은 쉽게 시범 보일 수 있다. 칠흑같이 어두운 장롱 속에 책을 가지고 들어가서 아무 쪽이나 펼친 후 카메라 플래시를 터뜨려 보라(사진은 신경 쓰지 말고 플래시만 터뜨린다). 책의 많은 글을 볼 수 있지만 많은 것을 보고할 수는 없다는 사실을 알게 될 것이다. 또한 플래시는 몇 밀리초만 계속되지만 책의 심상은 0.5초(500msec)가량 지속될 것이다.

스펄링은 이러한 직관을 그림 8.2에 예시한 **부분보고 절차**partial-report procedure라는 독창적 실험 절차를 사용하여 검증했다. 이 절차에서는 문자 배열을 짧은 시간 동안(대략 1/20초) 제시했다. 배열에 포함되는 문자의 수가 변했으며, 문자는 행으로 배열되었다(그림 8.2의 왼쪽 그림). 두 가지 보고 조건이 있었다. 표준적인 **전체보고**(whole-report) 조건에서는 참가자가 가능한 한 많은 문자를 보고하기만 하면 된다. 새로운 **부분보고**(partial-report) 조건에서는 참가자가 무선적으로 선택하는 하나의

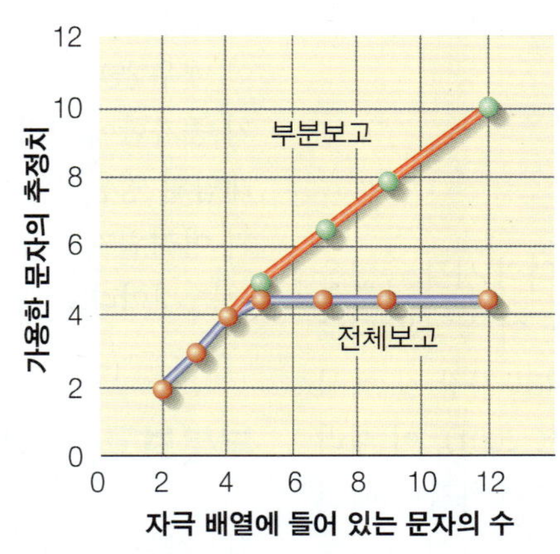


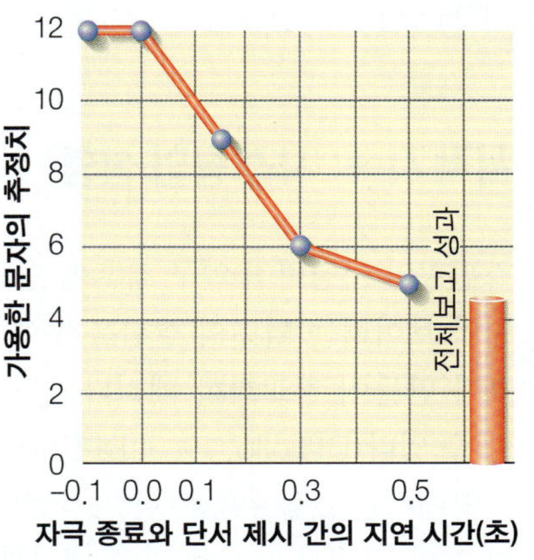


**그림 8.2 부분보고 실험.** 왼쪽 그림은 줄당 네 문자가 있는 자극 배열을 보여 준다. 고음, 중간 음, 저음(단서)은 참가자에게 어느 줄을 보고할지를 신호해 준다. 가운데 그림과 오른쪽 그림은 이 실험의 데이터를 보여 준다. 가운데 그림은 배열에서 문자의 수가 증가함에 따라서 전체보고 성과는 4.5개에 머물지만 부분보고 성과는 계속해서 증가한다는 사실을 보여 줌으로써 용량이 큰 감각기억의 존재를 증명하고 있다. 오른쪽 그림은 배열의 종료와 단서 음 사이가 지연됨에 따라 부분보고 성과가 감소한다는 사실을 보여 줌으로써 감각기억의 신속한 소멸을 보여 준다. 가장 오른쪽의 막대는 전체보고 성과(대략 4.5개의 문자)를 나타낸다.

문자열만을 보고해야 한다. 배열 제시 직후에 제공하는 청각 단서는 참가자에게 어느 줄을 보고해야 할 것인지를 알려 주었다. 즉 고음은 윗줄, 중간 음은 중간 줄, 저음은 아랫줄을 나타냈다. 부분보고 조건에서 스펄링은 참가자에게 얼마나 많은 문자가 가용했는지를 추정하기 위해 지시한 줄에서 보고할 수 있었던 문자의 평균 수에 줄의 수를 곱했다. 예컨대 참가자가 지시한 줄에서 세 문자를 보고할 수 있었다면, (참가자는 배열이 사라질 때까지 어느 줄을 보고해야 할지를 알지 못했기 때문에) 세 줄 각각에서 세 문자가 가용했으며 모두 3×3=9개 문자가 가용했다고 추론할 수 있다. 그림 8.2의 가운데 그림은 이 실험의 결과를 보여 준다. 전체보고 조건에서는 배열에서 문자의 수가 증가하더라도 보고하는 문자의 수는 4.5개 정도에 머물렀다. 이것은 기존 결과를 반복하는 것이다. 그러나 부분보고 조건에서는 제시하는 문자의 수가 증가함에 따라서 보고하는 문자의 수가 계속해서 증가했으며, 이 결과는 참가자들의 직관이 참이라는 사실을 보여 주었다. 전통적인 전체보고 조건에서 보고할 수 있는 것보다 더 많은 문자가 가용했던 것이다.

두 번째 실험에서 스펄링은 부분보고 절차를 사용하면서 배열 문자의 수를 일정하게 유지했지만(위의 예에서는 12개) 문자 배열의 종료와 보고할 줄을 알려 주는 청각 단서 사이의 지연 시간을 변화시켰다. 그림 8.2의 오른쪽 그림에서 볼 수 있는 것처럼 그 결과는 극적이었다. 단서 지연 시간이 증가함에 따라 가용한 문자의 추정치는 지연 시간이 대략 300msec가 될 때까지 계속해서 떨어졌다. 이 결과는 영상기억이 대략 1/3초에 걸쳐서 소멸된다는 사실을 함축한다.

## 시각 지속: 시간 통합 실험

스펄링의 기념비적 연구 직후에 영상기억의 시각 측면을 시범 보이려는 일련의 실험을 수행했다. 이 실험은 디로요가 만들어 정교화한 패러다임을 가지고 가장 잘 예시할 수 있다(Di Lollo, 1980; Di Lollo et al., 2001). 이 패러다임에서는 그림 8.3a처럼 가상적인 5×5 정사각형 배열의 25칸 중에서 24칸에 점을 제시하며, 참가자의 과제는 빠진 점의 위치를 보고하는 것이다. 배열이 짧은 시간 동안만 제시되더라도 빠진 점의 위치를 쉽게 보고할 수 있다. 그런데 이 실험의 핵심은 24개의 점을 12개씩 두 프레임으로 나누어 시간적으로 분리하여 제시한다는 것이다. 그림 8.3b는 이 실험의 결과를 보여 준다. 두 프레임 사이의 시간이 짧을 때는 빠진 점의 위치를 보고할 확률이 매우 높다. 그러나 프레임 간 시간 간격이 150msec까지 증가함에 따라 성과가 급격하게 떨어진다. 첫 번째 프레임의 영상기억이 시간이 경과하면서 소멸함에 따라 보기 어려워져서 두 번째 프레임의 심상과 쉽게 통합될 수 없는 것이라고 해석했다.

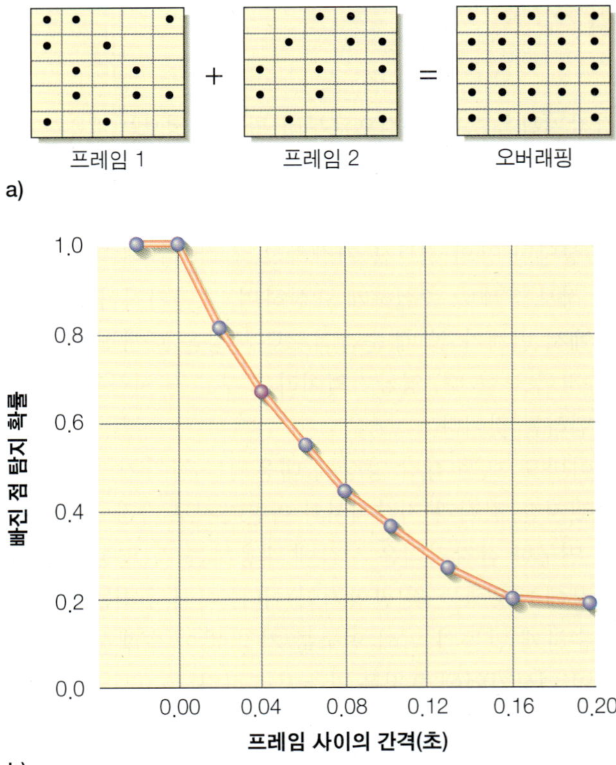


**그림 8.3** **시간 통합 과제.** (a) 자극 배열. 프레임당 12개의 점이 들어 있는 두 프레임. 2개를 중복시키면 5×5 배열에서 한 칸에 점이 빠져 있게 된다. (b) 이 실험의 데이터를 도작한 것이다. 두 프레임 사이의 시간 간격이 증가함에 따라 성과가 감소한다. 이 결과는 두 프레임을 시각적으로 통합하는 데 필요한 시각 지속이 신속하게 감소한다는 사실을 보여 준다.

## 부분보고, 시각 지속 및 통합 이론

처음에는 부분보고 패러다임과 시간 통합 패러다임이 동일한 것을 측정한다고 생각했다. 그렇지만 곧이어서 영상기억의 두 측면, 즉 정보를 추출할 수 있게 해 주는 측면과 무엇을 볼 수 있느냐는 측면이 어느 정도 상이한 특성을 가지고 있다는 사실이 명확해졌으며(Coltheart,

1980), 이는 두 과제가 단지 동일한 것에 대한 두 가지 측정이 아니라는 사실을 의미했다. 부시와 로프터스(Busey & Loftus, 1994)는 한편으로는 감각과 지각에 관한 연구와 다른 한편으로는 기억에 관한 연구를 통합할 뿐만 아니라 두 패러다임도 통합하려는 이론을 제안했다. 이 이론의 수학적 내용은 개론서의 범위를 넘어서는 것이지만 기본 생각은 다음과 같다.

1. 짧게 제시한 시각자극(예: 문자 배열이나 점 배열, 또는 번개가 칠 때 순간적으로 보이는 세상)은 신경계의 **감각반응** sensory response을 촉발한다. 이 반응은 그림 8.4에서 보는 바와 같이 증가하다가 감소하는 신경활동의 강도로 개념화할 수 있다. 즉 자극이 출현하자 반응 강도가 증가하고, 자극이 종료된 후에도 짧은 시간 동안 계속해서 증가한 다음 소멸한다.
2. 자극으로부터 획득하는 정보의 양(예: 스펄링 실험에서 반응의 토대로 사용할 수 있는 정보량)은 감각반응 함수가 그리는 영역과 관련된다.
3. 자극의 가시성은 참가자가 자극으로부터 정보를 획득하는 비율과 관련된다.

가시성을 정보 획득 비율과 동일시하는 마지막 주장은 처음 볼 때만큼 그렇게 이상한 것이 아니다. 자동차를 운전하면서 백일몽을 꾸다가 갑자기 지나온 장면에 대해 전혀 의식할 수 없었던 경험을 해 본 적이 있는가? 이것은 지나쳐 온 장면에 대한 의식적 자각, 즉 가시성이 그 장면에서 정보를 획득하는 정도에 달려 있다고 말하는 것과 같다. 정보 획득이 없으면 보이지도 않는다.

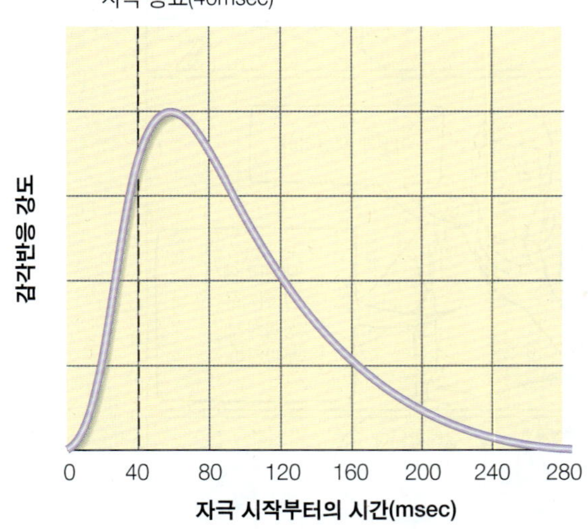


**그림 8.4 감각반응 강도.** 40msec 동안 제시한 자극이 생성하는 감각반응 함수. 가상적인 신경반응의 강도를 자극이 출현할 때부터 시간의 함수로 도작한 것이다. 곡선의 영역이 자극에서 획득하는 정보를 결정하며, 주어진 시점에서 곡선의 높이는 그 자극이 얼마나 가시적인지를 결정한다.

### 중간 요약

- 감각기억은 매우 큰 용량을 가지고 있지만 순식간에 소멸한다. 주의를 기울인 감각기억 정보는 다음 기억인 작업기억으로 전이된다.
- 시각 지속은 몇 백 밀리초 동안 지속되고 의식적이며, 시각 표상을 유지하는 정보이다.
- 감각반응 함수는 감각기억과 시각 지속을 통합하는 개념이다.

### 비판적 사고를 위한 물음

1. 어떤 측면에서 스펄링의 부분보고 실험을 수업 시간에 공부한 내용에 대한 교수의 시험에 유추할 수 있겠는가? 어떤 측면에서 실험과 시험 과정은 차이를 보이는가?
2. 부분보고 실험이나 시간 통합 실험이 의식의 내용을 보다 자세하게 측정한다고 생각하는가? 왜 그렇게 생각하는지 설명해 보라.

## 작업기억

앞에서 언급한 것처럼 감각기억은 신속하게 소멸하는 상당한 양의 정보를 담고 있다. 주의를 기울인 정보만이 감각기억에서부터 다음 기억저장소로 전이된다. 앳킨슨과 시프린은 이 기억저장소를 단기기억이라고 불렀다. 실험은 감각저장소와 장기기억 모두와 분리된 단기기억 시스템이 존재한다는 사실을 입증했다(예: Brown, 1958; Peterson & Peterson, 1959). 이 절에서는 우선 정보를 단기기억에 부호화하고 저장하며, 단기기억으로부터 인출하는 방법에 관한 고전적인 결과에 대해 논의한다. 그런 다음 주어진 과제와 관련된 정보에 대해 심적 계산을 수행함으로써 그 과제를 효과적으로 해낼 수 있게 만들어 주는 '작업장'으로서의 단기기억에 관한 오늘날의 견해를 살펴본다. 이러한 견해를 취하는 이론가들은 단순한 저장고로서가 아니라 사고에서의 역할을 강조하기 위해 단기기억보다는 **작업기억** working memory이라는 용어를 사용한다.

## 부호화

정보를 작업기억에 부호화하려면 주의를 기울여야 한다. 주의는 선택적이기 때문에(5장 참조) 작업기억은 선택한 것만을 포함한다. 이 말은 경험한 많은 것들이 작업기억에 들어가지도 못하기 때문에 나중에 인출할 수도 없다는 사실을 의미한다. 실제로 많은 '기억 문제'는 주의 결핍의 문제이다. 예컨대 당신이 식료품을 샀는데 나중에 누군가가 점원의 눈 색깔을 물었을 때 답하지 못할 수 있다. 그 이유는 기억이 실패했기 때문이 아니라 애초에 점원의 눈 색깔에 주의를 기울이지 않았기 때문이다. 이 현상은 아래의 만화에 잘 나타나 있다.

## 음운 부호화

정보를 기억에 부호화할 때는 특정 부호 또는 표상으로 들어온다. 예컨대 전화번호를 들여다보고 그 번호를 누를 때까지 기억할 때 그 숫자를 어떤 형식으로 표상하는가? 그 표상은 시각적, 즉 숫자의 심적 사진인가? 음운적, 즉 숫자의 발음인가? 연구는 작업기억에 정보를 부호화할 때 두 가지 가능성을 모두 사용할 수 있다는 사실을 보여 준다. 물론 되뇌기를 통해 정보를 활성화 상태로 유지하고자 시도할 때, 즉 항목을 계속해서 반복할 때는 음운 부호를 선호한다. 되뇌기는 정보를 숫자나 문자 또는 단어와 같은 언어 항목으로 구성할 때 특히 보편적인 전략이다. 따라서 전화번호를 기억하고자 시도할 때는 숫자를 발음으로 부호화하고 번호를 누를 때까지 그 발음을 되뇌기할 가능성이 크다.

음운 부호에 대한 증거를 제공하는 고전적 실험에서 연구자는 참가자에게 여섯 자음의 목록(예: RLBKSJ)을 짧은 시간 동안 보여 주었다. 문자 제시를 마치면 참가자들은 모든 문자를 순서대로 적어야 했다. 전체 절차는 1, 2초만 걸렸지만 때때로 참가자들은 실수를 범했다. 실수를 범한 문자는 정답 문자와 발음이 유사한 경향이 있었다. 위의 목록에 대해 참가자는 B를 발음상 유사한 T로 대치하여 RLTKSJ라고 적을 수 있다(Conrad, 1964). 이 결과는 참가자들이 각 문자를 음운적으로 부호화하며(예: B를 '비이'로), 때때로 그 부호의 일부분을 상실하여('~이' 부분만 남았다) 부호의 남아 있는 부분과 일치하는 문자(티이)로 반응한다는 가설을 지지한다. 이 가설은 항목들이 음향적으로 독특할 때보다(RLTKSJ) 유사할 때(예: TBCGVE) 순서대로 회상하기가 더 어려운 이유도 설명해 준다.

## 시각 부호화

필요하다면 언어 항목을 시각 형태로 유지할 수도 있다. 실험 결과는 우리가 언어 자료에 대해 시각 부호를 사용할 수 있지만 그 부호가 신속하게 사라진다는 사실을 보여 준다. 비언어 항목(예: 기술하기 어려워서 음운적으로 되뇌기하기 어려운 그림)을 저장해야 할 때는 시각 부호가 중요해진다. 예컨대 자동차 트렁크에 여러 개의 가방을 알맞게 집어넣는 과제를 상상해 보라. 효과적인 전략은 각 가방의 표상을 부호화한 다음에 모두 들어갈 수 있는지를 결정하기 위해 그 위치를 머리에 그려 보는 것이다. 사람들은 이러한 심상을 형성하는 능력에 상당한 차이를 보인다. 우리 모두는 작업기억에 어느 정도의 시각 심상을 유지할 수 있지만, 일부 사람들은 거의 사진과 같이 선명한 심상을 유지할 수 있다. 이러한 능력은 주로 아동에게서 나타나는데, 이들은 사진을 잠시 들여다보고 나서 사진을 치운 후에도 여전히 심상을 경험한다. 이들은 심상을 몇 분 동안도 유지할 수 있으며, 질문을 던지면 고양이 꼬리의 줄무늬 수와 같이 풍부한 세부 사항을 보고한다(그림 8.5 참조). 이 아동들은 사진 심상에서 세부 사항을 직접적으로 읽어 내는 것처럼 보인다(Haber, 1969). 그러나 사진 심상은 극히 드물다. 아동을 대상으로 수행한 몇몇 연구는 5%만이 예리한 세부 사항을 보유한 지속적인 시각 심상을 보고한다는 사실을 보여 준다.

또한 진정한 사진 심상을 보유하는 기준을 보다 엄격하게 만들면—예컨대 심상 속의 책 페이지를 위에서 아래로 읽어 내려가는 것만큼 쉽게 아래에서 위로 읽어 갈 수 있는 능력—심지어 아동에게서조차 사진 심상의 빈도가 극소화된다(Haber, 1979). 따라서 작업기억에서 시각 부호는 사진에 못 미치는 어떤 것이다. 이 사실은 눈의 망막이 체제화되어 있는 방식(4장)을 다시 생각해 보면 충분히 이해할 수 있다. 해상도가 높은 중심와는 장면의 중심 영역만을 상세하게 지각할 수 있게 해 준다. 주변 시야는 급격하게 해상도가 떨어진다. 따라서 눈이 고정되어 있는 동안 지각한 장면처럼 두뇌가 사진을 찍을 수 있다손 치더라도, 중심 부분은 선명하고 초점이 맞추어져 있지만 주변으로 가면서 점차 희미해지는 사진이 될 수밖에 없다.

**그림 8.5 사진 심상의 검사.** 이 고양이 사진을 30초 동안 들여다본 참가자는 여러 가지를 보게 된다. 그리고 사진을 치웠을 때 사진에 대해 회상할 수 있는 것(예: 고양이 배의 흰색이나 꼬리의 줄무늬 수 등)이 바로 사진 심상일 수 있다.

## 작업기억에 대한 오늘날의 개념화

음운 부호와 시각 부호가 모두 존재한다는 사실은 연구자들로 하여금 작업기억이 여러 가지 차별적인 작업장 또는 버퍼로 구성된다고 주장하게 만들었다. **음운고리** phonological loop라고 부르는 한 시스템은 음운적으로 부호화한 정보를 저장하고 그 정보를 조작하기 위한 것이다. 이 시스템의 정보를 신속하게 망각할 수 있지만 되뇌기 과정을 통해 무한히 유지할 수도 있다. 두 번째 시스템은 **시공간 잡기장** visual-spatial sketchpad이라고 부르며, 시각 정보나 공간 정보를 유지하고 그 정보에 조작을 가한다(Baddeley, 1986). 예컨대 오른쪽에 제시한 심적 회전 자극을 보자. 왼쪽에 제시한 각 사물이 오른쪽의 각 사물과 대응되는지, 다시 말해 두 사물이 동일한 것인지 아니면 거울상인지를 판단해 보라. 대부분의 사람들은 우선 한 사물의 심상을 만든 다음에 마음속에서 회전하여 비교 대상과 동일한 공간 방향을 가지고 있는지 알아보는 방법을 사용한다. 이 과제는 작업기억의 많은 속성을 예시해 준다. 첫째, 시각 정보는 단기적으로 저장만 되어 있는 것이 아니다. 실제 과제를 수행하기 위해 그 정보에 적극적으로 처치를 가한다. 둘째, 시각 정보는 단기간 동안만 저장되며, 사람들이 어떤 과제를 수행하자마자 다른 정보로 대치된다. 마지막으로 정보가 작업기억에 존재하는 동안 그 정보를 자각한다는 점에 주목하라. 나중에 논의할 테지만, 작업기억의 내용은 우리가 현재 의식하는 것의 대부분을 차지하고 있다(혹자는 작업기억을 의식과 동일한 것으로 간주하기도 한다)(Baddeley & Andrade, 2000 참조).

전화번호를 찾은 후 번호를 누를 때까지 기억할 때, 당신은 그 숫자를 시각적으로 기억하는가, 아니면 음운적으로나 의미적으로 기억하는가?

심적 회전 자극.

다양한 유형의 증거는 음운고리와 시공간 잡기장을 상이한 두뇌 구조가 매개한다는 사실을 나타낸다. 예컨대 워링턴과 섈리스(Warrington & Shallice, 1969)는 두뇌 손상을 입은 후 제시하는 연속적인 숫자를 단지 2~3개만 따라 말할 수 있는 환자를 보고했다(정상인은 대략 7개 숫자를 보고할 수 있다). 그런데 이 환자는 앞서 기술한 심적 회전과 같은 시공간 작업기억 과제에서는 정상적인 수행을 보였다. 이 결과가 시사하는 바는 두뇌 손상 환자가 시공간 잡기장이 아니라 음운고리의 손상으로 고통 받는다는 것이다. 두뇌 영상 실험은 분리된 작업기억 성분을 더욱 지지해 준다. 한 실험에서는 실험 참가자들이 시행마다 문자의 연속을 보는데 연속하는 문자와 위치가 변했다(그림 8.6 참조). 몇몇 시행에서 참가자들은 문자를 확인하는 것에만 주의를 기울여야 했다. 즉 주어진 과제는 제시하는 각 문자가 문자의 연속에서 거꾸로 세어서 세 번째 문자와 동일한지를 결정하는 것이었다. 다른 시행에서는 참가자들이 문자의 위치에만 주의를 기울여야 했다. 즉 각 문자의 위치가 문자의 연속에서 거꾸로 세어서 세 번째 문자의 위치와 동일한지를 결정하는 것이었다(그림 8.6 참조). 따라서 실제 자극은 모든 경우에서 동일했다. 변화된 것은 참가자들이 언어 정보(문자 자체)를 저장하는 것인지, 공간 정보(문자의 위치)를 저장하는 것인지였다. 언어 정보는 음운 버퍼에 저장되고 공간 정보는 시공간 버퍼에 저장되어 있다고 가정했다.

문자 확인 시행과 위치 확인 시행 모두에서 두뇌 활동을 PET로 측정했다. 결과는 두 버퍼가 서로 다른 반구에 들어 있다는 사실을 보여 준다. 참가자가 언어 정보를 저

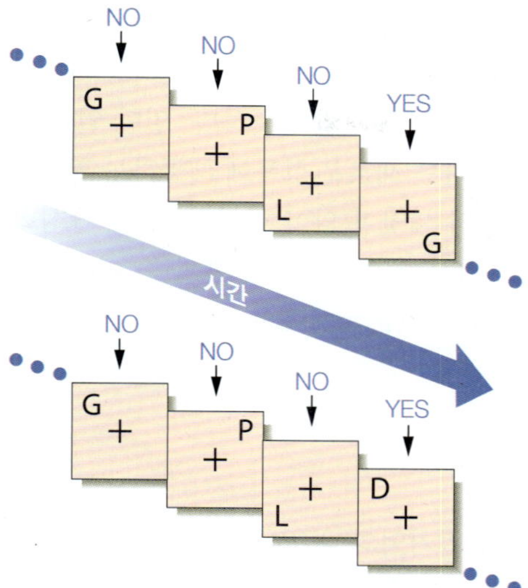


**그림 8.6 음운 버퍼와 시각 버퍼에 대한 실험.** 참가자는 각 항목이 문자의 연속에서 거꾸로 세 번째 문자와 동일한지를 결정해야 했다. 그림의 윗부분은 참가자가 문자 자체에만 주의를 기울여야 할 때 일어나는 전형적인 사건의 연속을 보여 준다. 그림의 아랫부분은 참가자가 문자의 위치에만 주의를 기울여야 할 때 사건의 연속을 보여 준다.

장해야 하는 시행에서는(음운 버퍼) 대부분의 두뇌 활동이 좌반구에서 일어났다. 공간 정보를 저장해야 하는 시행에서는(시공간 버퍼) 대부분의 두뇌 활동이 우반구에서 일어났다. 두 버퍼는 서로 다른 시스템으로 보인다(Smith et al., 1996). 2장에서 살펴보았듯이 대뇌반구의 전문화 경향성을 고려할 때 이 결과는 그렇게 놀라운 것이 아니다.

음운고리와 시공간 잡기장은 서로 어떻게 상호작용하는가? 배들리와 히치(Baddeley & Hitch, 1974)는 두 시스템이 모두 **집행기**(executive)라고 부르는 집행 시스템의 통제를 받는다고 제안했다. 집행기는 두 시스템에 어떤 정보를 부호화할 것인지(즉 주의를 관장한다), 그리고 그 정보에 어떤 조작을 가할 것인지를 결정하는 방식으로 두 시스템을 제어한다. 두 시스템은 집행기의 제어하에 놓여 있기 때문에 때때로 '하인 시스템'이라고 부른다. 마지막으로 최근에 배들리(Baddeley, 2000)는 작업기억에 **일화 버퍼**(episodic buffer)라고 부르는 부가적 성분을 제안할 필요가 있다는 사실을 인정했다. 이 하위 시스템의 중요 기능은 기억의 여러 측면을 결합하거나 연합하는 것이다. 예컨대 음운고리는 한 사람의 이름을 저장하고 시공간 잡기장은 그 사람의 얼굴을 저장하는데, 일화 버퍼는 이름과 얼굴이 하나가 되도록 둘을 연합한다는 것이다.

## 저장

작업기억에서 가장 뚜렷한 사실은 그 용량이 상당히 제한되어 있다는 것이겠다. 평균적으로 한계는 일곱 항목에 둘을 더하거나 빼는 양이다(7±2). 어떤 사람은 다섯 항목만을 저장하고, 어떤 사람은 9개까지 저장할 수 있다. 사람들의 기억 능력이 상당한 차이를 보인다는 사실이 명확한데, 모든 사람에게 해당하는 이렇게 확실한 숫자를 제시하는 것이 이상해 보일 수도 있다. 그렇지만 그러한 기억 능력의 차이는 일차적으로 장기기억에 의한 것이다. 작업기억의 경우에는 대부분의 정상 어른이 7±2의 용량을 갖고 있다. 이러한 항상성은 실험심리학이 출발할 당시부터 알려져 왔다. 1885년 기억의 실험 연구를 시작한 헤르만 에빙하우스는 자신의 한계가 일곱 항목임을 보여 주는 결과를 보고했다. 70여 년이 지난 후 조지 밀러(Miller, 1956)는 이 결과의 항상성에 직면하여 이 숫자를 '마법의 수 7'이라고 명명했으며, 오늘날 이 한계는 동서양 문화 모두에 적용되는 것으로 알려져 있다(Yu et al., 1985).

심리학자들은 사람들에게 무관한 항목(숫자, 문자, 또는 단어)의 연속을 제시하고 그 항목을 순서대로 회상하도록 요구함으로써 이 숫자를 결정했다. 빠르게 제시하기 때문에 그 항목을 장기기억에 저장된 정보와 관련시킬 겨를이 없다. 따라서 회상한 항목의 수는 작업기억의 저장 용량만을 반영한다. 처음 시행에서는 참가자들이 소수의 항목(예: 3~4개의 숫자)을 회상하면 되는데 이 과제는 쉽게 해낼 수 있다. 시행이 진행되면서 실험자가 참가자의 **기억폭** memory span, 즉 완벽한 순서로 회상할 수 있는 항목의 최대 수(거의 항상 5~9 사이의 값)를 확인할 수 있을 때까지 숫자의 수를 점차 증가시킨다. 이 과제는 간단하며 당신도 스스로 쉽게 해 볼 수 있다. 다음에 사람 이름의 목록(예: 회사나 대학의 인명록 등)을 접할 기회가 있을 때, 그 목록을 한 번 읽은 후 얼마나 많은 이름을 순서대로 회상할 수 있는지 알아보라. 아마도 5~9 사이일 것이다.

## 청크 만들기

앞서 언급한 것처럼 기억폭 절차는 항목을 기억하기 위해 장기기억 정보와 연결짓지 못하게 만든다. 그러한 연결이 가능할 때는 기억폭 과제의 성과가 급격하게 변한다. 이 변화를 예시하기 위해 문자열 SRUOYYLERECNIS

를 제시한다고 가정해 보자. 기억폭은 7±2이기 때문에 전체 14개 문자 연속을 모두 반복해 내기란 거의 불가능하다. 그러나 이 문자열을 거꾸로 읽으면 SINCERELY YOURS가 된다는 사실을 알아차리면 과제가 무척 수월해진다. 이 지식을 사용하여 작업기억에 저장해야 할 항목의 수를 14개에서 2개(두 단어)로 줄여 버린 것이다. 그렇다면 이러한 철자법 지식은 어디에서 오는 것인가? 단어에 대한 지식이 저장되어 있는 장기기억에서 온다. 장기기억을 사용하여 소위 **청크 만들기** chunking, 즉 새로운 자료를 크고 의미 있는 단위로 재부호화하여 그 단위를 작업기억에 저장하는 작업을 수행할 수 있다. 그러한 단위를 청크라고 부르며, 작업기억의 용량은 7±2 청크로 표현하는 것이 가장 적절하다(Miller, 1956). 청크 만들기는 숫자를 가지고도 해낼 수 있다. 숫자열 139219452002는 우리의 용량을 초과하지만 1392-1945-2002는 용량 내에 있는데, 한국사 지식이 있다면 그럴 수 있다. 문자와 숫자의 연속을 장기기억에서 찾을 수 있는 단위로 재집단화함으로써 작업기억의 용량을 늘릴 수 있다는 것이 보편 원리이다(Bower & Springston, 1970).

## 망각

우리는 일곱 항목을 잠시 유지할 수 있지만 대부분의 경우에 곧 망각하고 만다. 망각은 항목이 시간 경과에 따라서 '소멸'하거나 새로운 항목으로 대치되기 때문에 일어난다.

작업기억의 정보는 단지 시간이 경과함에 따라서 소멸할 수 있다. 항목의 표상을 초 단위로 희미해지는 흔적이라고 생각해 볼 수 있다. 이 가설에 대한 최선의 증거 중의 하나는 발음하는 데 시간이 오래 걸리는 단어일수록 작업기억이 파지하는 단어의 수가 적다는 것이다. 예컨대 '소', '칼'과 같은 짧은 단어보다 '해바라기', '나이테'와 같은 긴 단어의 기억폭이 작다(발음 시간의 차이를 알 수 있도록 스스로 소리 내어 읽어 보기 바란다). 단어를 읽는 시간이 오래 걸릴수록 기억 흔적이 회상되기도 전에 희미해질 가능성이 크기 때문에 그러한 일이 일어나는 것으로 보인다(Baddeley et al., 1975).

작업기억에서 망각의 또 다른 주요 원인은 기존 항목을 새 항목이 대치하는 것이다. 대치라는 용어는 작업기억이 고정된 용량을 가지고 있다는 생각과 잘 들어맞는다. 작업기억에 들어 있다는 말은 활성화 상태에 있다는 것에 대응한다. 보다 많은 항목을 활성화 상태로 유지하려고 시도할수록 다른 항목에 제공할 활성화가 줄어들게 된다. 아마도 대략 일곱 항목 정도가 회상 가능한 활성화 수준으로 동시에 유지되는 듯하다. 일단 일곱 항목이 활성화되어 있다면 새로운 항목에 제공하는 활성화는 기존 항목으로부터 빼앗아 와야 한다. 따라서 활성화를 빼앗긴 항목은 회상에 필요한 활성화 수준 이하로 떨어지게 되는 것이다(Anderson, 1983).

## 인출

계속해서 작업기억의 내용이 의식에서 활성화된 것이라고 생각하자. 직관적으로는 이러한 정보에의 접속이 즉각적이다. 그 내용을 탐색할 필요가 없다. 그저 그곳에 있는 것이다. 그렇다면 인출이 의식에 들어 있는 항목의 수에 의존해서는 안 된다. 그런데 이 경우에는 직관이 잘못된 것이다.

연구는 작업기억에 보다 많은 항목이 있을수록 인출이 느려진다는 사실을 보여 주었다. 이러한 대부분의 증거는 스턴버그(Sternberg, 1966)가 소개한 유형의 실험에서 나온다. 각 시행에서 참가자에게 일련의 숫자를 기억 목록으로 보여 주며, 참가자는 작업기억에 그것을 잠시 저장하고 있어야 한다. 기억 목록에는 1개부터 6개까지의 숫자가 들어 있기 때문에 이것은 쉬운 과제이다. 기억 목록을 제거하고 탐사 숫자를 제시한다. 참가자는 탐사 숫자가 기억 목록에 있는 것인지를 판단해야 한다. 예컨대 기억 목록이 3 6 1이고 탐사 숫자가 6이라면 참가자는 '그렇다' 버튼을 눌러 반응해야 한다. 동일한 기억 목록에 탐사 숫자가 2라면 '아니다' 버튼을 눌러야 한다. 참가자가 이 과제에서 실수하는 경우는 드물다. 그렇지만 여기서 관심사는 결정 시간, 즉 탐사 숫자의 출현부터 참가자가 버튼을 누를 때까지 경과한 시간이다. 그림 8.7은 이러한 실험의 데이터를 보여 주는데, 결정 시간이 기억 목록의 길이에 따라 증가한다는 사실이 나타나 있다. 이러한 결정 시간에서 주목할 사항은 그 관계가 직선적이라는 것이다. 다시 말해 작업기억에 항목을 하나 첨가할 때마다 인출 과정에 고정된 시간만큼(대략 40msec 또는 1/25초씩) 추가된다. 항목이 문자, 단어, 청각음, 또는 사람 얼굴 사진일 때도 동일한 결과가 나타난다(Sternberg, 1975).

이 결과에 대한 가장 직접적인 해석은 인출이 작업기억의 항목을 한 번에 하나씩 검색하는 탐색을 요구한

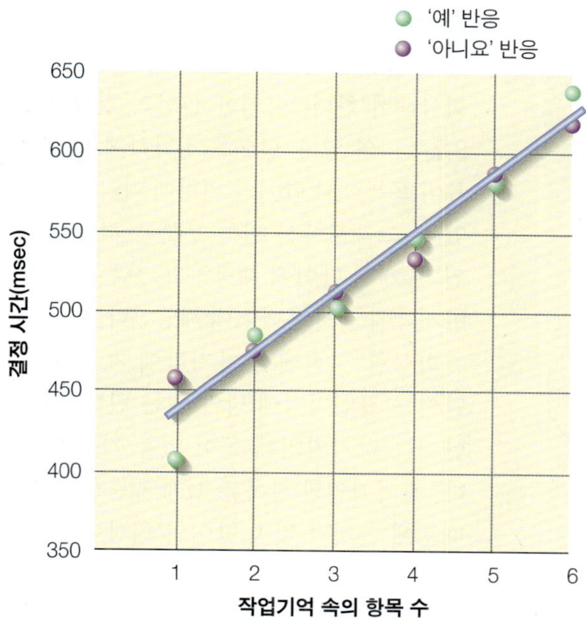


**그림 8.7 탐색 과정으로서의 인출.** 결정 시간은 작업기억 항목의 수에 직접적으로 비례해서 증가한다. 초록색 동그라미는 '예' 반응을, 보라색 동그라미는 '아니요' 반응을 나타낸다. 두 유형의 결정 시간 모두 직선 위에 놓여 있다. 결정 시간이 매우 빠르기 때문에 밀리초 단위의 정확도를 제공하는 도구를 가지고 측정해야 한다.

다는 것이다. 이 탐색이 항목당 40msec의 비율로 진행되는데, 너무 빨라서 사람이 자각할 수 없다(Sternberg, 1966). 하지만 작업기억을 활성화 상태로 생각하면 결과를 다른 방식으로 해석할 수 있다. 작업기억에서 항목의 인출은 결정적 수준에 도달한 항목의 활성화에 달려 있을 수 있다. 즉 탐사자극이 결정적 활성화 수준 이상일 때는 작업기억에 있는 것이라고 결정하는데, 작업기억에 보다 많은 항목이 있을수록 각 항목의 활성화 수준이 낮아지게 된다(Monsell, 1979). 이러한 **활성화 모형**activation model은 작업기억 인출의 많은 측면을 정확하게 예언하는 것으로 밝혀졌다(McElree & Dosher, 1989).

## 작업기억과 사고

작업기억은 사고에서 중요한 역할을 담당한다. 어떤 문제를 의식적으로 해결하고자 시도할 때, 장기기억에서 끄집어낸 문제와 관련된 정보뿐만 아니라 그 문제 자체를 저장하는 데 작업기억을 사용한다. 35 곱하기 8을 암산해 보라. 주어진 숫자(35와 8), 요구되는 연산(곱하기)의 본질, 그리고 8×5=40과 8×3=24와 같은 구구단 지식을 저장하는 데 작업기억이 필요하다. 암산과 동시에 어떤 단어나 숫자도 기억하고 있어야 한다면 암산 성과가 현저하게 떨어진다는 사실이 놀랍지 않다. 전화번호 745-1739를 기억하고 있으면서 방금 기술한 암산을 해보라(Baddeley & Hitch, 1974). 심적 계산에서 작업기억의 역할로 인해 연구자들은 흔히 작업기억을, 마음이 계산을 하고 중간 결과를 나중에 사용하기 위해 기록해 두는 일종의 흑판으로 개념화한다(Baddeley, 1986).

다른 연구를 보면 산술 계산뿐만 아니라 광범위한 영역의 복잡한 문제를 해결하는 데도 작업기억을 사용한다는 사실을 알 수 있다. 그러한 문제의 사례가 기하 유추이며, 때때로 지능검사에서 사용하기도 한다(예: Ravens, 1965). 기하 유추의 한 사례를 그림 8.8에 제시했다. 문제해결에서 작업기억의 역할에 대해 직관을 갖도록 이 문제를 풀어 보라. 당신은 아마도 (1) 한 줄에 있는 도형 사이의 유사성과 차이점, (2) 이러한 유사성과 차이점을 설명하고 정답을 선택하기 위해 사용하는 규칙을 저장하는 데 작업기억이 필요하다는 사실에 주목하게 될 것이다. 작업기억이 클수록 이러한 문제를 더 잘 해결한다(작업기억의 용량이 사람들 사이에 별 차이가 없음에도 불구하고 그렇다). 또한 사람들이 그림 8.8과 같은 문제를 해결하는 방식을 시뮬레이션하는 컴퓨터 프로그램을 작성할 때, 프로그램이 문제를 얼마나 잘 해결하느냐에서 가장 중요한 결정인자 중의 하나는 프로그래머가 제공하는 작업기억의 크기이다. 복잡한 많은 문제의 어려움이 부분적으로 작업기억에 주어지는 부하량이라는 것은 의심의 여지가 없어 보인다(Carpenter et al., 1990).

작업기억은 대화를 나누거나 글을 읽는 것과 같은 언어 처리에서도 결정적이다. 이해하기 위해 글을 읽을 때, 새로운 문장을 앞부분에서 나왔던 내용과 의식적으로 관련시켜야만 하는 경우가 많다. 새 문장을 앞선 문장과 관련시키는 작업은 작업기억에서 일어나는 것으로 보인다. 왜냐하면 작업기억 용량이 큰 사람은 독서 이해 검사에서 더 높은 점수를 얻기 때문이다(Daneman & Carpenter, 1980; Just & Carpenter, 1992).

## 작업기억에서 장기기억으로의 전이

지금까지 살펴본 것처럼 작업기억은 두 가지 중요한 기능을 담당한다. 단기간 필요한 정보를 저장하며 심적 계산의 작업 공간으로 사용된다. 또 다른 가능한 기능은 장

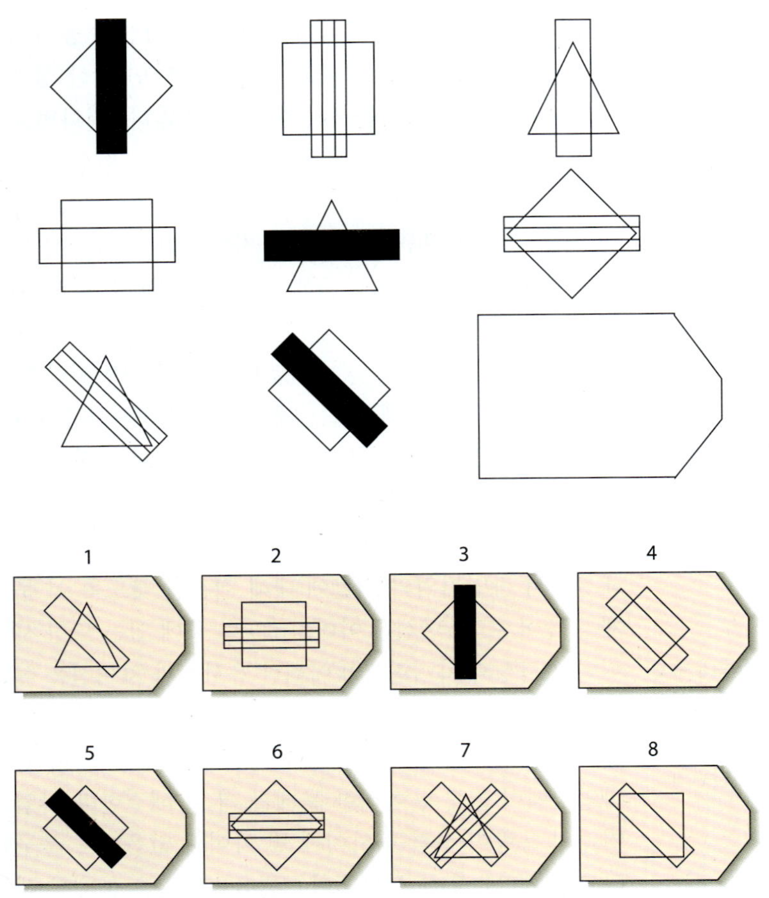


**그림 8.8 기하 유추의 예.** 과제는 우하의 칸이 비어 있는 위쪽의 도형 행렬을 조사한 후, 아래쪽에 있는 8개 선택지 중에서 어느 것이 빈칸에 해당하는지를 결정하는 것이다. 이 문제를 해결하려면 각 줄을 들여다보고 도형이 변하는 규칙을 결정한 후 각 열에 대해서도 동일한 과정을 거쳐야 한다.

기기억을 향한 중간역으로서의 기능이다. 즉 정보를 부호화하거나 장기기억으로 전이하는 동안 작업기억에 머무르는 것이다(Atkinson & Shiffrin, 1971a, 1971b; Raaijmakers & Shiffrin, 1992). 전이를 구현하는 데는 여러 가지 상이한 방법이 있지만, 상당한 연구의 주제가 되었던 한 가지 방법이 되뇌기, 즉 작업기억에서 정보를 의식적으로 반복하는 것이다. 되뇌기는 항목을 작업기억에 유지할 뿐만 아니라 장기기억으로 전이되도록 만든다. '유지 되뇌기'라는 용어는 정보를 작업기억에 유지시키려는 적극적 노력을 지칭하는 데 사용되며, '정교화 되뇌기'는 정보를 장기기억에 부호화하려는 노력을 말한다.

작업기억의 중간역 기능에 대한 최선의 증거는 자유회상에 관한 실험에서 나온다. 자유회상 실험에서 참가자는 우선 한 번에 하나씩 제시하는 무관한 단어들의 목록(예: 40개 단어의 목록)을 본다. 모든 단어를 제시한 후 참가자는 즉각적으로 제시 순서에 관계없이('자유'가 가리키는 의미가 바로 이것이다) 단어를 회상해야 한다. 이러한 실험의 결과가 그림 8.9에 나와 있다. 단어를 정확하게 회상할 확률이 목록에서 단어의 위치에 따라 도작되어 있다. 그래프에서 왼쪽 부분은 처음에 제시된 몇 개의 단어에 해당하고, 오른쪽 부분은 마지막에 제시된 단어에 해당한다.

회상할 시점에서 마지막에 제시한 몇몇 단어는 작업기억에 남아 있는 반면, 나머지 단어는 장기기억에 들어 있을 가능성이 있다. 작업기억의 항목은 쉽게 인출할 수 있기 때문에 마지막 몇몇 단어의 회상이 높을 것이라고 예상할 수 있다. 그림 8.9는 실제로 그렇다는 것을 보여 준다. 이것을 **최신효과**(recency effect)라고 부른다. 한편 처음에 제시된 몇몇 단어의 회상도 꽤 좋았다. 이것을 **초두효과**(primacy effect)라고 부른다. 이곳이 바로 되뇌기가 작동하는 시점이다. 처음 몇몇 단어를 제시할 때 작업기억에 들어가 되뇌기를 한다. 작업기억에 들어 있는 것이 별로 없기 때문에 자주 되뇌기하여 장기기억으로 전이될 가능성이 크다. 보다 많은 항목을 제시함에 따라 작업기억은 곧 꽉 차게 되어 되뇌기하고 장기기억으로 전이할 기회가 줄어든다. 따라서 처음에 제시한 몇몇 단어만이 가외적 전이 기회를 갖게 되며, 이는 나중에 장기기억으로부터 잘 회상할 수 있는 이유이다.

이러한 설명에 대한 고전적 증거는 1971년 미국 심리학자 듀이 런더스가 제공했다. 런더스는 참가자들에게 학습하고 있는 단어를 되뇌기하도록 요구한 자유회상 실험을 수행했다. 즉 목록을 제시하는 동안 단어를 큰 소리로 따라 읽게 했다. 한 시점에서 목록의 어느 단어를 따라 읽을 것인가는 참가자의 몫이었다. 런더스는 따라 읽은 것을 녹음하여 각 목록에 포함된 각 단어에 대해 (1) 되뇌기 횟수, (2) 회상 확률을 계산했다. 놀라울 것도 없이 참가자들은 목록 초기에 제시한 단어를 더 많이 되뇌기했으며, 앞서 지적한 바와 같이 회상도 잘했다. 그렇지만 보다 중요한 사실은 되뇌기 횟수가 초두효과를 설명하기에 충분했다는 것이다. 예컨대 목록 초기에 있으면서도 되뇌기 횟수가 비교적 적었던 단어를 생각해 보자. 이러한 단어는 목록 중간에 있으면서도 되뇌기를 많이

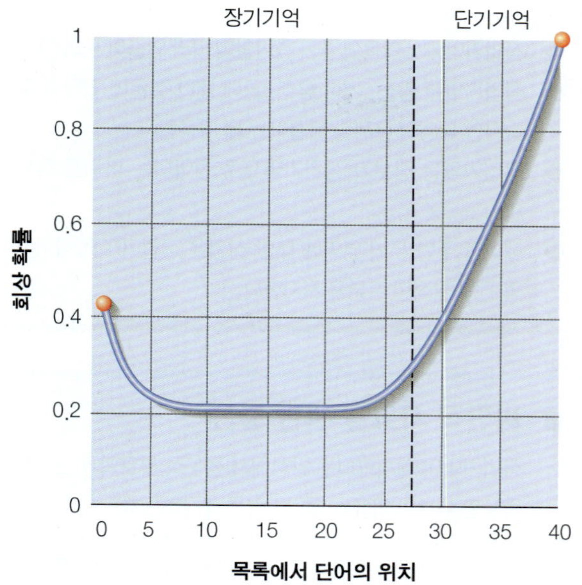


**그림 8.9 자유회상 실험의 결과.** 회상 확률은 목록에서 항목의 위치에 따라 달라진다. 마지막 5개 정도의 회상 확률이 가장 높고, 처음 몇몇 항목의 확률이 그다음으로 높으며, 중간 위치 항목의 확률이 가장 낮다. 마지막 항목의 회상은 작업기억에 의존하는 반면, 나머지 항목의 회상은 장기기억에 의존한다.

했던 단어보다 더 잘 회상하지 못했다. 반대로 목록 중간에 있으면서 어떤 이유에서건 여러 차례 되뇌기했던 단어는 목록 초기에 있으면서 동일한 횟수만큼 되뇌기했던 단어 못지않게 잘 회상했다. 따라서 초두효과는 특정 단어에 부과한 되뇌기 횟수가 매개하는 것이다(런더스는 다른 여러 가지 고전적인 자유회상 효과도 발견했다).

요컨대 작업기억은 음운적이거나 시각적 형식으로 대략 7±2 청크를 저장할 수 있는 시스템이다. 소멸이나 대치로 인해 작업기억에서 정보를 상실하며, 한 시점에서 활성화되어 있는 항목의 전체 수에 민감한 처리 과정을 통해 인출한다. 마지막으로 작업기억은 문제해결에 필요한 정보를 저장하고 처리하는 데 사용하며, 그렇기 때문에 사고에서 결정적이다.

## 작업기억과 장기기억 간의 뇌 활동 분업

작업기억과 장기기억이 다소 상이한 두뇌 구조를 통해 구현된다는 것은 알려진 사실이다. 특히 신피질 아래 중앙 가까이 위치한 구조인 해마는 장기기억에는 결정적이지만 작업기억에서는 그렇지 않다. 많은 관련 증거는 원숭이와 또 다른 동물 종을 대상으로 수행한 실험에서 나온다. 몇몇 실험에서 우선 한 집단의 해마와 그 주변 피질을 손상하고, 두 번째 집단은 전혀 다른 영역, 즉 피질 앞부분을 손상한다. 그런 다음 두 집단 모두 지연 반응 과제를 수행했다. 각 시행에서 우선 한 자극(예: 정사각형)을 제시하고, 일정한 시간이 지난 후 두 번째 자극(예: 정삼각형)을 제시한다. 원숭이는 두 번째 자극이 첫 번째 것과 다를 때에만 반응해야 한다. 원숭이가 이 과제를 얼마나 잘 수행하느냐는 두뇌 손상의 유형 그리고 두 자극 사이의 지연 시간에 달려 있다.

지연이 길 때는(15초 이상) 해마가 손상된 동물의 성과가 열등한 반면, 피질 앞부분이 손상된 동물은 비교적 정상적인 성과를 보인다. 자극 사이의 긴 지연은 첫 번째 자극을 저장하기 위한 장기기억을 요구하기 때문에, 이러한 결과는 해마가 장기기억에 결정적이라는 생각과 잘 들어맞는다. 두 자극 사이의 지연이 짧을 때는(단지 몇 초) 반대 결과가 나타난다. 이제 피질 앞부분이 손상된 동물의 성과가 열등하며, 해마가 손상된 동물은 비교적 정상적인 성과를 보인다. 자극 사이의 짧은 지연은 첫 번째 자극을 저장하는 데 작업기억을 요구하기 때문에 이 결과는 전두엽 영역이 작업기억에 관여한다는 사실을 보여 준다. 따라서 대뇌의 서로 다른 영역이 작업기억과 장기기억에 관여하는 것이다(Goldman-Rakic, 1987; Zola-Morgan & Squire, 1985).

인간의 경우에는 이러한 구분에 대해 어떤 증거가 있는가? 우연히 특정 두뇌 영역이 손상된 환자들이 '자연

"빨리 하고 시험 볼 수 없나요? 내 단기기억이 장기기억보다 우수하거든요."

**단기기억.**

실험'을 제공한다. 특히 해마와 주변 피질이 손상된 몇몇 환자는 심각한 기억상실을 보인다. 해마는 측두엽 중앙에 위치하기 때문에 이러한 환자들을 내측두엽 기억상실증 환자라고 부른다. 이들은 정보를 오랫동안 기억하는 데는 심각한 어려움을 겪지만 그 정보를 몇 초 동안 기억하는 데는 아무런 어려움이 없다. 내측두엽 기억상실증 환자는 진찰실에 들어갈 때 의사를 알아보지 못할 수 있지만—몇 년 동안 매일같이 그 의사를 보았는데도 말이다—다시 소개할 때는 의사의 이름을 반복하는 데 아무런 문제가 없다(Milner et al., 1968). 이 환자는 장기기억이 심하게 손상된 반면 정상적인 작업기억을 가지고 있는 것이다.

반면에 다른 환자는 상반된 문제를 보여 준다. 세 단어의 연속조차 정확하게 반복할 수 없지만 단어에 대한 장기기억을 검사해 보면 비교적 정상이다. 이러한 환자는 작업기억이 손상되었지만 장기기억은 온전하다. 그리고 이들은 내측두엽이 손상되지 않았다(Shallice, 1988). 따라서 다른 포유류와 마찬가지로 인간의 경우에도 작업기억과 장기기억을 서로 다른 두뇌 구조가 매개하고 있다.

두뇌 영상 기법을 사용한 최근 연구는 이마 바로 뒤에 있는 **전전두엽** prefrontal lobe에 있는 신경세포가 전화를 걸기 위해 번호를 기억하는 것과 같이 단기적으로 사용하는 정보를 파지한다는 사실을 보여 주었다. 이 신경세포는 컴퓨터의 RAM 칩과 같이 작용하는 것으로 보인다. RAM은 현재 사용하는 데이터를 잠정적으로 파지하며 필요할 때 다른 데이터로 신속하게 이동한다. 이러한 세포는 두뇌의 다른 영역으로부터 정보를 받아들여서 특정 과제를 위해 필요한 기간 동안 파지할 수 있는 능력도 가지고 있다(Goldman-Rakic, Goleman, 1995에서 인용).

### 중간 요약

- 작업기억 정보는 음운적으로 부호화하는 경향이 있지만, 시각 부호도 사용할 수 있다.
- 작업기억은 '청각 부분'인 음운고리와 '시각 부분'인 시공간 잡기장으로 분할되어 있는 것으로 개념화한다.
- 청각 저장 능력은 7±2 청크로 제한된다. 작업기억의 정보 용량은 각 청크의 정보량을 증가시킴으로써, 예컨대 문자를 단어와 같이 의미 있는 단위로 청크 만들기를 함으로써 증가할 수 있다.
- 작업기억에서 항목의 수가 증가함에 따라 인출이 느려진다.
- 작업기억은 암산, 기하 유추, 글에 대한 질문에 답하기 등 다양한 유형의 문제를 해결하는 데 사용된다.
- 작업기억은 정보가 장기기억으로 전이되는 버퍼로 작용한다.
- 해마와 주변 두뇌 영역에 대한 실험은 작업기억과 장기기억 간의 질적인 구분을 지지한다.

### 비판적 사고를 위한 물음

1. 작업기억이 체제화되는 방식에서 음운적 부호화가 그토록 중요한 부분인 이유는 무엇이라고 생각하는가?
2. 작업기억 용량의 증가는 SAT와 같은, 이해에 대한 표준화 검사의 성과에 어떤 영향을 미치는가? 기저의 이해 과정이 영향을 받는 방식을 설명해 보라.

## 장기기억

정보를 몇 분(예: 대화에서 앞에 나왔던 주제를 기억하는 것) 정도의 짧은 기간이나 평생(예: 어른의 아동기 기억)에 이르기까지 파지해야 할 때 **장기기억** long-term memory이 관여한다. 장기기억 실험에서 심리학자들은 일반적으로 몇 분, 몇 시간, 또는 몇 주에 걸친 망각을 연구했으며 소수의 연구만이 몇 년이나 수십 년의 기억을 다루었다. 몇 년이라는 기간을 사용하는 실험은 흔히 실험실 자료의 회상보다는 개인적 경험의 회상(자서전적 기억이라고 부름)을 다루었다. 이제부터는 두 유형의 자료를 모두 사용한 연구를 함께 제시할 텐데, 이러한 연구는 동일한 원리를 반영하는 것으로 보이기 때문이다.

장기기억에 대한 논의도 기억의 세 단계(부호화, 저장, 인출)를 구분할 테지만 여기에는 두 가지 까다로운 문제가 있다. 첫째, 작업기억 상황과 달리 장기기억에서는 부호화와 인출 사이에 중요한 상호작용이 발생한다. 이러한 상호작용이라는 측면에서 부호화를 논의할 때 인출의 몇몇 측면을 다룰 것이며, 부호화와 인출 사이의 상호작용에 대한 별도의 논의를 제시할 것이다. 다른 어려운 문제는 장기기억에서의 망각이 저장한 정보의 상실 때문인지, 인출 실패 때문인지를 알기 어렵다는 것이다. 이 문제에 대처하기 위해, 인출을 먼저 다루어서 무엇이 저장한 정보의 상실에 대한 좋은 증거가 되는지 명백한 생각을 가질 수 있을 때까지 저장에 대한 논의는 유보하겠다.

## 부호화

### 의미 부호화

언어 자료의 경우, 주도적인 장기기억 표상은 음운적인 것도 아니고 시각적인 것도 아니다. 오히려 그 표상은 항목의 의미에 달려 있다. 항목을 의미에 따라서 부호화하는 것은 항목이 분리된 단어일 때에도 일어나지만 문장일 때 더욱 현저하게 일어난다. 문장을 듣고 몇 분이 지난 후에 회상하거나 재인할 수 있는 것은 대부분 문장의 의미이다. '저자는 위원회에 장문의 편지를 보냈다.'라는 문장을 들었다고 가정해 보자. 증거를 보면 2분 후에 바로 그 문장을 들었는지, 아니면 동일한 의미를 담고 있는 다른 문장, 예컨대 '위원회는 저자로부터 장문의 편지를 받았다.'를 들었는지를 판단하는 데 우연 수준 이상의 성과를 보이지 못한다는 사실을 알 수 있다(Sachs, 1967).

의미 부호화는 일상의 기억 상황에서 압도적으로 이루어진다. 사람들은 복잡한 사회적 또는 정치적 상황을 보고할 때, 많은 세부 사항(누가 누구에게 무엇을 말했는지, 언제 무엇을 말했는지, 다른 누가 그곳에 있었는지 등)은 잘 기억하지 못하지만 기본 정황은 정확하게 기술할 수 있다. 예컨대 1970년대 초의 워터게이트 사건 때 최고위 정부 증인(존 딘)은 특정 상황에서 나눈 대화에 대해 많은 오류를 범한 것으로 나타났지만, 그의 전반적인 증언은 일어났던 사건을 정확하게 기술한 것으로 판단되었다(Neisser, 1982).

의미가 장기기억에서 언어 자료를 표상하는 주도적 방법이기는 하지만 때때로 다른 측면도 부호화한다. 예컨대 우리는 시를 외우고 한 단어 한 단어를 암송할 수 있다. 이러한 경우에 우리는 시의 의미뿐만 아니라 정확한 어순도 부호화한 것이다. 또한 장기기억에서 음운 부호도 사용할 수 있다. 전화를 받았는데 상대방이 "여보세요."라고 말하면 그 목소리의 주인공을 알아차리는 경우가 많다. 이와 같은 경우에 그 사람의 목소리를 장기기억에 부호화했음에 틀림없다. 시각적 인상, 맛, 냄새도 장기기억에 부호화된다. 전반적으로 장기기억은 언어 자료에 대한 선호하는 부호(즉 의미 부호)를 가지고 있기는 하지만 다른 부호도 사용할 수 있다.

### 의미적 연결 첨가하기

기억할 필요가 있는 항목은 의미를 가지고 있지만 항목 사이의 연결은 그렇지 않기 십상이다. 그러한 경우에 항목 사이에 실제적이거나 인위적인 연계를 만들어 냄으로써 기억을 증진할 수 있다. 예컨대 악보 읽기를 학습하는 사람은 오선지가 EGBDF를 나타낸다는 사실을 기억해 내야 한다. 상징 자체는 의미를 가지고 있다 하더라도(건반에서 음표를 나타낸다) 그 순서는 임의적일 수 있다. 많은 학습자들이 하는 일은 상징을 'Every Good Boy Does Fine'과 같은 문장으로 변환하는 것이다. 각 단어의 첫 번째 문자가 각 상징을 나타내며, 문장에서 단어 사이의 관계가 상징 사이의 의미 있는 연결을 제공해 준다. 이러한 연계가 기억을 도와주는 것은 단어 사이에서 인출 통로를 제공하기 때문이다. 예컨대 일단 'Good'이란 단어가 인출되면, 회상해야 할 다음 단어인 'Boy'를 향한 통로 또는 연결이 있게 된다.

연결을 첨가하는 최선의 방법 중 하나는 부호화하는 과정에서 자료의 의미를 정교화하는 것이다. 보다 깊게 또는 정교하게 의미를 부호화할수록 기억이 좋아진다(Craik & Tulving, 1975). 따라서 교과서에서 제시하는 요점을 기억해야 한다면 단어 자체가 아니라 의미에 초점을 맞출 때 더 잘 회상할 수 있을 것이다. 그리고 보다 깊고 철저하게 의미를 확장할수록 더 잘 회상할 수 있다.

브래드쇼와 앤더슨(Bradshaw & Anderson, 1982)의 실험은 몇 가지 사실을 예시한다. 참가자들은 '삶의 결정적인 시점에 모차르트는 뮌헨에서 파리로 여행을 했다.'와 같이 유명인사에 대한 사실을 읽고 나중에 회상해야 했다. 몇몇 사실은 '모차르트는 틀어진 연애 사건에서 벗어나려고 뮌헨을 떠나고 싶어 했다.'와 같이 원인이나 결과에 따라 정교화했다. 다른 사실은 그 자체로만 제시했다. 나중에 참가자들은 단지 사실에 대한(정교화가 아닌) 의미를 검사받았다. 참가자들은 사실만 제시했을 때보다 정교화했던 사실을 더 많이 회상했다. 아마도 기억 표상에 대한 원인(또는 결과)을 첨가함으로써 다음과 같은 방식으로 표적 사실에 대한 원인에서 인출 통로를 만드는 것으로 보인다.

- 모차르트는 뮌헨에서 파리로 여행했다.
- 모차르트는 뮌헨에서 발생한 연애 사건에서 벗어나려고 했다.

회상할 때 참가자들은 표적 사실을 직접적으로 인출하거나, 원인으로부터의 통로를 따라서 간접적으로 인출할 수 있었다. 표적 사실을 망각했다고 하더라도 원인을 인출하면 그 사실을 추론할 수 있는 것이다.

이러한 결과는 이해와 기억 사이의 밀접한 연결을 확증해 준다. 자료를 보다 잘 이해할수록 부분들 사이의 연결을 더 많이 볼 수 있다. 이러한 연결이 인출 연계로 작용할 수 있기 때문에 보다 잘 이해할수록 더 잘 기억하게 되는 것이다.

## 인출단서

장기기억에서 망각하는 많은 경우는 정보 자체를 상실하여 정보에 접속하지 못하기 때문이다. 나쁜 기억은 저장 실패가 아니라 인출 실패를 반영하기 십상이다. (이것은 망각이 소멸이나 대치의 결과이며, 인출이 비교적 오류 없이 일어나는 작업기억과 다른 점이라는 사실에 주목하기 바란다.) 장기기억에서 한 항목을 인출하려는 시도는 대규모 도서관에서 책 한 권을 찾으려고 하는 것과 같다. 책을 찾는 데 실패한다고 해서 그 책이 도서관에 없다는 사실을 의미하지는 않는다. 엉뚱한 곳을 찾고 있거나, 아니면 책이 잘못 분류되었을 수도 있다.

### 인출 실패의 증거

일상 경험은 인출 실패에 대한 상당한 증거를 제공해 준다. 누구나 어느 시점에서 사실이나 경험을 회상하지 못하다가 나중에 머리에 떠오르는 경우가 있다. 시험을 볼 때는 특정한 이름을 회상할 수 없다가 시험이 끝난 후에야 기억나는 경우가 얼마나 많은가! 또 다른 예가 '설단' 현상인데, 이는 특정 단어나 이름을 감질나게도 온전하게 회상하지 못하는 것이다(Brown & McNeill, 1966). 마침내 정답을 인출할 때까지 기억 탐색이 (비슷하기는 하지만 정답이 아닌 단어를 끄집어내서 폐기하는) 고문과 같은 느낌을 받을 수 있다.

인출 실패의 뚜렷한 예는 심리치료를 받는 사람이 과거에 망각했던 기억을 인출할 때 일어난다. 이러한 인출에 대한 탄탄한 증거를 가지고 있지는 못하지만, 이 예는 망각된 것처럼 보이는 기억이 상실된 것이 아니라 단지 끄집어내기 어렵다는 사실을 시사한다.

인출 실패가 망각을 야기한다는 보다 강력한 증거로

**장기기억의 정보를 망각한다는 것이 정보 자체의 상실을 의미하지는 않는다. 무엇인가가 그 정보를 생각나게 할 때 그 정보를 인출할 수도 있다. 바로 이것이 가족사진 앨범을 보관하는 한 가지 이유이다.**

다음 실험을 생각해 보자. 참가자들에게 긴 단어 목록을 기억하도록 요구했다. 어떤 단어는 개, 고양이, 말과 같이 동물 이름이었고, 어떤 단어는 사과, 오렌지, 배와 같은 과일 이름이었으며, 또 어떤 단어는 가구 이름과 같은 식이었다(표 8.1 참조). 회상할 때 참가자들을 두 집단으로 나누었다. 한 집단에게는 '동물', '과일' 등과 같은 인출단서를 제공하고 통제집단인 다른 집단에게는 단서를 주지 않았다. 인출단서를 받은 집단은 통제집단보다 더 많은 단어를 회상했다. 두 집단이 모두 인출단서를 받은 후속 검사에서는 동일한 수의 단어를 회상했다. 두 집단 사이에서 처음의 회상 차이는 바로 인출 실패에 따른 것임에 틀림없다.

요컨대 인출단서를 더 많이 가용할수록 기억이 우수해진다. 이 원리는 일반적으로 **회상검사** recall test보다 재인검사(recognition test)에서 성과가 좋은 이유를 설명해 준다. 재인검사에서는 특정한 항목을 전에 본 적이 있는지를 묻는다(예: 이정희 씨는 수요일에 당신이 만났던 사람 중의 한 명입니까?). 검사 항목 자체가 그 항목의 기억에 대한 훌륭한 인출단서가 된다. 반면에 회상검사에서는 최소한의 인출단서를 사용하여 기억하고 있는 항목을 끄집어내야 한다(예: 파티에서 만났던 여자의 이름을 떠올려 보세요.). 재인검사에서의 인출단서가 일반적으로 회상검사보다 유용하기 때문에 회상검사(예: 논술형 시험)보다 재인검사(예: 선다형 시험)의 성과가 우수하다(Tulving, 1974).

### 표 8.1 인출 실패 연구의 예

인출단서를 주지 않은 참가자들은 단서를 준 참가자들에 비해 기억한 목록으로부터 보다 적은 수의 단어를 회상했다. 이 결과는 장기기억 인출 단계에서의 문제가 몇몇 기억 실패 때문이라는 사실을 보여 준다.

| 기억해야 하는 목록 | | |
|---|---|---|
| 개 | 목화 | 기름 |
| 고양이 | 양모 | 가스 |
| 말 | 비단 | 석탄 |
| 사과 | 파랑 | 의사 |
| 오렌지 | 빨강 | 변호사 |
| 배 | 초록 | 교사 |
| 바나나 | 노랑 | 치과 의사 |
| 의자 | 과도 | 축구 |
| 탁자 | 숟가락 | 야구 |
| 침대 | 포크 | 농구 |
| 소파 | 프라이팬 | 테니스 |
| 칼 | 망치 | 셔츠 |
| 총 | 톱 | 양말 |
| 장총 | 못 | 바지 |
| 폭탄 | 드라이버 | 구두 |

| 인출단서 | | |
|---|---|---|
| 동물 | 옷감 | 연료 |
| 과일 | 색깔 | 전문 직업 |
| 가구 | 주방용품 | 스포츠 |
| 무기 | 연장 | 의류 |

## 간섭

인출을 방해하는 요인 중에서 가장 중요한 것이 간섭이다. 만일 서로 다른 항목을 동일한 단서와 연합한다면, 항목 하나(표적 항목)를 인출하려고 그 단서를 사용하고자 할 때 다른 항목도 활성화되어 표적 항목의 인출을 방해하게 된다. 예컨대 친구가 이사를 가서 그의 새 전화번호를 알게 되면 옛 번호를 인출하기 어려워진다. 그 이유는 무엇인가? 옛 번호를 인출하기 위해 '친구의 전화번호'라는 단서를 사용하지만, 이 단서가 새 번호를 활성화하기 때문에 옛 번호를 끄집어내는 것을 방해하는 것이다(이것을 역행간섭이라고 부른다). 또는 당신이 주차장에서 1년 동안 예약해서 사용하던 주차 위치가 바뀌었다고 가정해 보자. 처음에는 새로운 주차 위치를 기억에서 인출하는 데 어려움을 겪을 것이다. 그 이유는 무엇인가? 새로운 주차 위치를 '나의 주차 장소'라는 단서와 연합하려고 시도하지만 그 단서가 옛날 위치를 인출하기 때문에 새로운 위치 학습을 방해하는 것이다(순행간섭). 두 경우 모두 특정한 표적 항목을 활성화하는 인출단서('친구의 전화번호' 또는 '내 주차 장소')의 힘이 그 단서와 연합된 다른 항목의 수가 증가함에 따라 약해진다. 한 단서와 보다 많은 항목이 연합될수록 점점 더 과부화가 발생하여 인출단서로서 덜 효과적이게 된다.

간섭은 다양한 수준에서 작동할 수 있다. 한 실험에서 참가자는 우선 다양한 사실을 전문 직업과 연합하는 것을 학습했다. 예컨대 다음과 같은 연합을 학습했다.

은행가

1. 군중에게 연설해 달라는 요청을 받았다.
2. 병을 깨뜨렸다.
3. 여행을 연기하지 않았다.

변호사

1. 옷 솔기가 뜯어졌다는 사실을 알았다.
2. 낡은 창고에 페인트를 칠했다.

직업 이름인 '은행가'와 '변호사'가 인출단서였다. 은행가는 세 가지 사실과 연합되었고, 변호사는 두 가지 사실과 연합되었기 때문에, 연합된 사실을 인출하는 데 은행가가 변호사보다 덜 효과적이었다(은행가가 더 과부화 단서였다). 나중에 참가자에게 재인검사를 실시했을 때, 변호사에 대해 학습했던 사실보다 은행가에 대해 학습했던 사실을 재인하는 데 시간이 더 오래 걸렸다. 그렇다면 이 연구에서는 간섭이 인출 속도를 늦춘 것이다. 많은 다른 실험은 표적 항목이 약하거나 간섭이 강할 때 간섭이 완벽한 인출 실패를 초래할 수 있다는 사실을 보여 준다(Anderson, 1983). 실제로 오래전부터 장기기억의 망각이 시간 경과에 따라 증가하는 일차적 원인은 바로 간섭이라고 간주해 왔다. 적절한 인출단서는 시간이 경과함에 따라 점점 더 과부화되는 것이다(그림 8.10 참조).

## 인출 모형

간섭 효과를 설명하기 위해 연구자들은 다양한 인출 모형을 개발했다. 단기기억에서의 인출과 마찬가지로 몇몇 장기기억 인출 모형은 탐색 과정에 근거하는 반면 다른

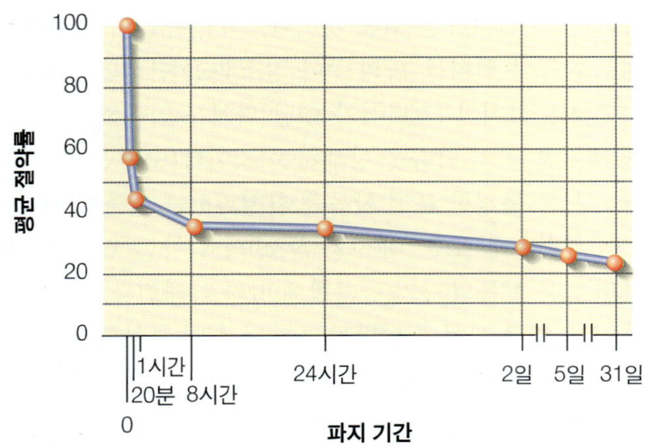


**그림 8.10 시간 함수로서의 망각.** 망각 곡선은 시간 함수로서 회상의 감소를 나타낸다. 이 그래프는 최초의 망각 곡선 중 하나이다.

모형들은 활성화 과정에 근거하고 있다.

은행가-변호사 실험에서 간섭 효과는 장기기억의 인출을 탐색 과정으로 간주할 수 있다는 생각과 잘 들어맞는다(예: Raaijmakers & Shiffrin, 1981). 예컨대 '은행가가 병을 깨뜨렸다.'라는 문장을 어떻게 재인하는지 생각해 보자(그림 8.11 참조). '은행가'라는 단어가 기억 표상에 접속하는데, 이 용어는 장기기억에서 적절하게 제한된 영역을 탐색하도록 만든다. 그곳에서 '병을 깨뜨렸다'가 은행가에 대해 학습한 사실이었다는 것을 확증하기 위해 세 가지 통로를 탐색할 필요가 있다. 반면에 검사 문장이 '변호사는 낡은 창고에 페인트를 칠했다.'라면 두 가지 통로만을 탐색하면 된다. 탐색 시간은 고려해야 할 통로의 수와 함께 증가하기 때문에 '변호사' 문장보다 '은행가' 문장에서 인출이 느려진다.

인출 과정을 생각하는 대안적 방법은 활성화에 근거한다. 예컨대 '은행가가 병을 깨뜨렸다.'를 재인하려고 할 때 참가자는 '은행가'에 대한 표상을 활성화하며, 그 활성화는 '은행가'에서 뻗어 나가는 세 가지 통로를 따라 동시에 확산된다(그림 8.11 참조). 충분한 활성화가 '병을 깨뜨렸다'에 도달하게 되면 그 문장을 재인할 수 있다. 간섭이 일어나는 이유는 '은행가' 표상으로부터의 활성화를 통로에 분할해야 하기 때문이다. 은행가와 연합된 사실이 많을수록 각 통로에 할당하는 활성화가 약해지고, 특정 사실에 도달하는 활성화가 충분해질 때까지 시간이 오래 걸린다. 인출을 활성화 확산으로 생각하는 것도 간섭이 인출을 느리게 만드는 이유를 설명할 수 있다(Anderson, 1983).

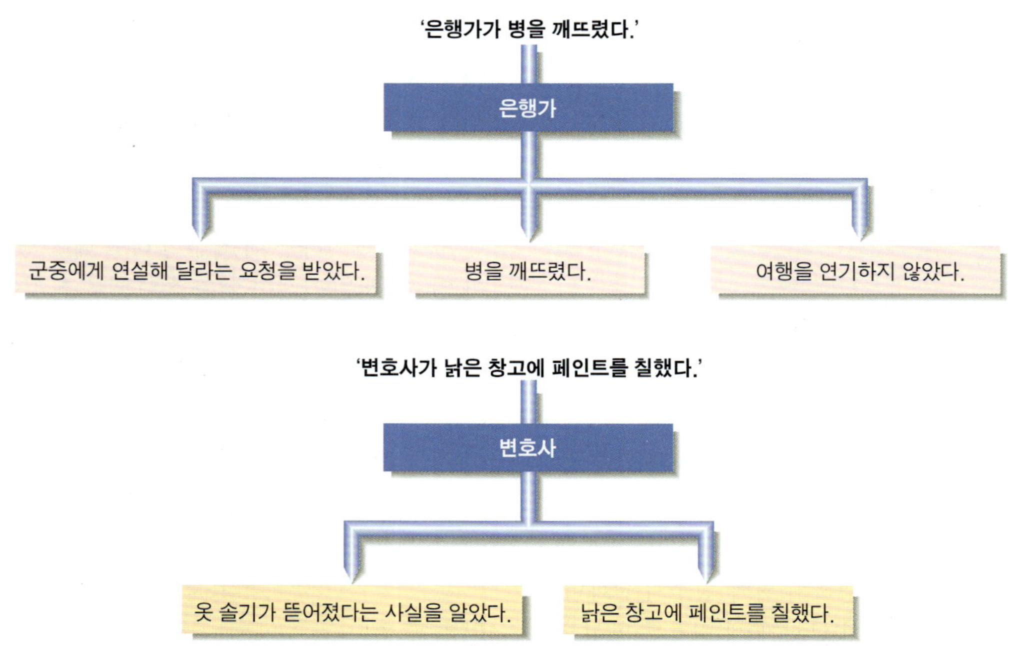


**그림 8.11 탐색 과정 대 활성화 과정으로서의 인출.** '은행가가 병을 깨뜨렸다.'라는 문장이 제시될 때, '은행가'라는 단어가 장기기억에서 은행가 표상에 접속하게 된다. 그 표상에는 탐색해야 할 세 가지 통로가 있다. '변호사가 낡은 창고에 페인트를 칠했다.'라는 문장이 제시될 때는 '변호사'라는 단어가 변호사 표상에 접속하는데, 거기에서는 2개의 통로를 탐색해야 한다. 대안적으로 '은행가'라는 단어가 은행가 표상을 활성화하고, 그 활성화가 세 통로를 따라서 동시에 확산된다고 볼 수 있다('변호사' 예에서도 마찬가지이다).

## 망각: 저장된 정보의 상실

어떤 망각은 인출 실패에 의한다는 사실이 모든 망각이 그렇다는 사실을 함축하는 것은 아니다. 학습한 모든 것이 기억에 남아 있으면서 적절한 인출단서를 기다리고 있을 가능성은 거의 없어 보인다. 몇몇 정보는 상실되는 것이 거의 확실하다(Loftus & Loftus, 1980).

정보 상실에 대한 몇몇 증거는 심각한 우울 증상을 완화하기 위해 전기 충격 요법을 받는 사람에게서 나타난다(두뇌에 가하는 약한 전기 자극은 순간적으로 간질과 같은 발작을 일으키고 의식을 잃게 만든다. 16장 참조). 이러한 경우에 전기 자극 직전의 몇 달 사이에 일어났던 사건에 대한 기억은 상실하지만 그 이전의 사건은 그대로 남아 있다(Squire & Fox, 1980). 이러한 기억상실은 인출 실패에 의한 것일 가능성이 거의 없다. 왜냐하면 만일 전기 자극이 인출을 와해했다면 모든 기억이 영향을 받아야지 최근 기억만 영향을 받아서는 안 되기 때문이다. 보다 가능성 있는 생각은 전기 자극이 몇 달에 걸쳐 새로운 기억을 응고화하는 저장 과정을 와해하며, 응고화되지 않은 정보가 상실된다는 것이다.

장기기억의 저장에 대한 많은 연구는 생물학 수준에서 수행된다. 연구자들은 응고화의 신경해부학적 토대를 결정하는 데 상당한 진보를 이루었다. 관여하는 결정적 두뇌 구조는 해마와 그 주변 피질인 것으로 보인다(여기에는 해마와 신피질 사이의 정보 교환에 관여하는 피질이 포함된다). 응고화에서 해마의 역할은 두뇌의 별도 영역에 저장된 특정 기억의 여러 측면을 함께 연계하는 교차참조 시스템의 역할로 보인다(Squire, 1992). 사람의 경우에 대체로 총체적 기억상실은 해마뿐만 아니라 주변 피질이 손상될 때만 일어나지만, 해마만 손상되어도 심각한 기억 와해를 초래할 수 있다. 이 사실은 특정 환자의 기억 문제를 분석하는 것에서 출발했으며(관상동맥 측관 수술의 합병증으로 인한 기억 문제), 사망 후에 두뇌의 자세한 검시로 종료한 연구가 보여 주었다(Zola-Morgan et al., 1989).

원숭이를 이용한 연구는 해마의 기능이 비교적 새로운 기억을 응고화하는 것이라는 사실에 대해 최선의 증거를 제공해 준다. 실험집단 원숭이들이 100쌍의 사물을 변별하는 것을 학습했다. 각 쌍에서 한 사물 밑에만 먹이가 있고, 원숭이는 그 사물을 선택했을 때만 먹이를 얻었다. 모든 사물이 달랐기 때문에 원숭이는 본질적으로 100개의 문제를 학습했다. 20개의 문제는 연구자가 원숭이의 해마를 제거하기 16주 전에 학습했다. 계속해서 각각의 20개 문제를 해마 제거 수술 12주 전, 8주 전, 4주 전, 2주 전에 학습했다. 제거 수술 2주가 지난 후에 연구자는 원숭이의 기억을 검사했다. 결정적 결과는 실험집단 원숭이가 수술 8주, 12주, 16주 전에 학습한 변별은 정상적인 통제집단 원숭이 못지않게 잘 기억해 내지만, 수술 2주 전과 4주 전에 학습한 변별은 통제집단보다 열등했다는 것이다. 또한 실험집단 원숭이는 수술 2주 전과 4주 전에 학습한 변별을 그보다 전에 학습한 변별보다 잘 기억하지 못했다. 이러한 결과는 해마가 기억을 여러 주에 걸쳐서 처리할 필요가 있다는 사실을 시사한다. 왜냐하면 바로 그 기간이 해마의 제거에 의해 기억이 손상된 기간이기 때문이다. 영구적 장기기억 저장은 피질, 특히 감각 정보를 해석하는 피질 영역에 위치하는 것이 거의 확실하다(Squire, 1992; Zola-Morgan & Squire, 1990).

## 부호화와 인출 간의 상호작용

부호화 단계를 기술하면서 정교화와 같이 부호화 과정에서 수행하는 조작이 인출을 용이하게 만든다는 사실을 언급했다. 다른 두 부호화 요인도 성공적인 인출 기회를 증가시킨다. (1) 부호화할 때 정보를 체제화하는 것, (2) 정보를 부호화하는 맥락이 인출하는 맥락과 유사하도록 만드는 것이 그것이다.

### 체제화

부호화하는 자료를 체제화할수록 쉽게 인출할 수 있다. 다양한 전문가(의사, 변호사, 기자 등)를 만나는 회의에 참석했다고 가정해 보자. 나중에 그들의 이름을 회상하려고 할 때, 만일 처음에 정보를 전문 영역에 따라 체제화한다면 더 잘 회상할 수 있다. 그렇게 해 놓으면 나중에 "내가 만난 의사가 누구지? 변호사는 누구였지?" 등과 같이 자문할 수 있다. 정보를 범주로 부호화하고 범주 단위로 인출하면 이름이나 단어 목록을 훨씬 쉽게 회상할 수 있다(예: Bower et al., 1969).

### 맥락

특정 사실이나 일화를 부호화할 때와 동일한 맥락에서 그것을 더 쉽게 인출할 수 있다(Estes, 1972). 예컨대 초등학교 1학년과 2학년 때 같은 반 친구들의 이름을 인출하는 능력은 바로 그 초등학교 복도를 지나갈 때 증진될 수 있다. 마찬가지로 친한 친구와 감정이 대립했던 순간(예: 식당에서 친구와 벌인 말다툼)을 인출하는 능력은 그 사건이 일어났던 장소로 되돌아갔을 때 더 커지게 된다. 이 사실은 우리가 한때 살았던 장소를 찾아갔을 때 때때로 홍수와 같이 밀려오는 기억에 휩싸이는 이유를 설명해 준다. 사건을 부호화한 맥락은 가장 강력한 인출 단서 중의 하나이다(그림 8.12 참조).

맥락이 항상 개인 외적인 것은 아니다. 정보를 부호화할 때 우리 내부에서 일어나는 사건, 즉 내적 상태도 포함할 수 있다. 예컨대 마리화나를 복용하고 단어 목록을 학습한 사람들은 멀쩡한 상태에서보다 동일하게 약물로 유도된 상황에서 검사받을 때 더 많은 단어를 회상했으며, 멀쩡한 상태에서 학습한 사람들은 약물로 유도된 상황에서보다 멀쩡한 상태에서 더 많은 단어를 회상했다(Eich, 1980). 이러한 사례를 상태 의존 학습이라고 부르는데, 기억이 학습할 때의 내적 상태에 부분적으로 의존하기 때문이다. 변화된 심적 상태가 촉발하는 감정은 바로 그 감정 상태일 때 정보를 인출하는 단서로 작동하는 것으로 보인다. 이러한 현상에 대한 증거는 논란거리이지만, 인출할 때의 내적 상태가 부호화할 때의 내적 상태와 일치할 때 기억이 증진된다는 사실을 시사하고 있다(Eich, 1980).

## 망각에서의 정서 요인

지금까지는 기억을 정서와는 완전히 분리된 것처럼 취급했다. 하지만 때때로 정서 내용 때문에 자료를 기억하거나 망각하지 않는가? 이 물음에 대한 수많은 연구가 수행

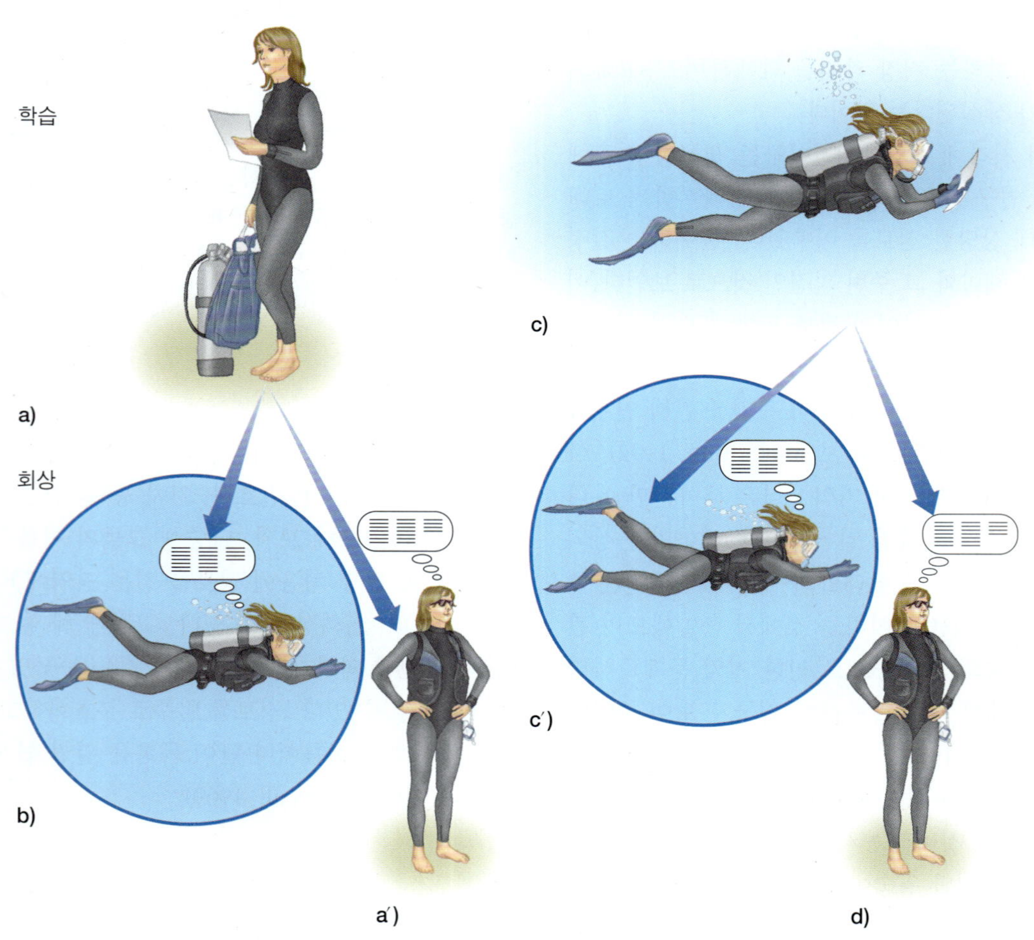


**그림 8.12 인출에 대한 환경 맥락의 영향.** 맥락이 인출에 영향을 미치는 방식을 증명하려는 실험에서 한 집단의 잠수부들은 뭍에서 단어 목록을 학습했고(그림 a), 다른 집단은 5m 물속에서 학습했다(그림 c). 나중에 각 집단을 둘로 나누어, 학습했던 동일한 환경에서 단어를 회상하거나(그림 a′과 c′) 다른 환경에서 회상했다(그림 b와 d).

되었다. 연구 결과는 정서가 다섯 가지 독특한 방식, 즉 되뇌기, 섬광기억, 불안을 통한 인출간섭, 맥락효과, 억압을 통해 장기기억에 영향을 미칠 수 있다는 사실을 시사한다.

## 되뇌기

가장 단순한 생각은 사람들이 중성 상황보다는 정적이든 부적이든 정서가 개입된 상황에 대해 더 많이 생각하는 경향이 있다는 것이다. 밋밋한 기억보다는 흥미진진한 기억을 더 많이 되뇌기하고 체제화한다. 예컨대 이런저런 영화를 어디에서 관람했는지는 망각하기 십상이지만, 극장에 있을 때 화재가 났다면 그 사건이 얼마 동안 생각에 자리 잡고 있을 것이다. 그 상황을 혼자서 생각할 뿐만 아니라 친구들에게도 반복해서 설명함으로써 되뇌기하고 체제화하게 된다. 되뇌기와 체제화가 장기기억에서의 인출을 증진한다는 사실을 알고 있기 때문에, 많은 연구자들이 비정서적 상황보다는 정서적 상황에 대한 기억이 우수하다는 사실을 발견한 것은 놀라운 일이 아니다(Neisser, 1982; Rapaport, 1942).

## 섬광기억

정서가 기억에 영향을 미치는 두 번째 방식은 **섬광기억 flashbulb memory**을 통한 것이다. 섬광기억은 정서적으로 충만한 중요한 사건을 학습했던 상황에 대한, 명료하면서도 비교적 영속적인 기록이다. 많은 사람들은 2005년 7월 7일 런던에서 발생한 폭탄 투척 사건에 관해 알게 되었을 때 정확하게 어디에 있었는지, 그리고 누가 그 사건을 자신에게 이야기해 주었는지 등을 기억한다. 또한 많은 사람들은 2001년 9월 11일 미국 국방성과 세계무역센터 공격에 대한 섬광기억을 가지고 있을 것이다. 출판된 보고서에 따르면 한 세기 전의 미국인들은 링컨 대통령 암살 사건에 대한 섬광기억을 가지고 있었다. 콜그로브(Colegrove, 1899)가 179명을 인터뷰했는데 127명이 링컨 암살 소식을 들었을 때 어디에서 무엇을 하고 있었는지 완벽한 세부 사항을 기술할 수 있었다.

콜그로브의 연구와 같은 초기 섬광기억 연구의 문제점은 그 기억이 정확한지를 평가할 수 있는 방법이 없다는 것이다. 예컨대 한 사람이 1960년 칠레에서 발생했던 강력한 지진에 대한 상세한 기억을 기술하면서, 집이 격렬하게 흔들리는 통에 아침 일찍 일어나서 보니 할아버지의 시계가 오전 6시 정각에 멈춰 있었다고 회상했다. 몇

**많은 사람들은 뉴욕 맨해튼의 쌍둥이 빌딩 붕괴라는 놀라운 뉴스를 들었을 때 어디에서 무엇을 하고 있었는지를 정확하게 기억할 수 있다고 생각한다.**

년 후 그 사람은 지진이 실제로는 오후에 접어들 무렵 발생했다는 사실을 알게 되었다. 지진은 실제적인 것이었지만 아침에 일어났다는 생생한 섬광기억은 사실이 아니었던 것이다. 뒤에 가서 우리는 생생하지만 부정확한 기억으로 이끌어 가는 재구성 과정에 대해 논의할 것이다. 여기서는 섬광기억을 실제로 일어났던 사건의 기록에 비추어 신중하게 연구해 보면, 다른 종류의 기억과 마찬가지로 소멸과 간섭의 영향을 받는다는 사실을 명심하고 넘어가자(예: Curci et al., 2001; Neisser & Harsch, 1993; Schmolck et al., 2000; Sierra & Berrios, 2000).

## 불안을 통한 인출간섭

부적 정서가 인출을 방해하는 경우도 있는데, 이는 정서가 기억에 영향을 미치는 세 번째 방식이다. 많은 학생들이 때때로 겪는 경험이 이 과정을 예시해 준다.

> 당신은 시험을 치고 있는데 별로 자신이 없다. 문제를 풀기는커녕 문제를 제대로 이해할 수도 없다. 공황 상태의 징조가 나타난다. 두 번째 문제는 별로 어려운 것이 아닌데도 처음 문제가 촉발한 불안이 이 문제에도 확산된다. 세 번째 문제를 들여다볼 때는 당신의 전화번호와 같이 일상적인 것을 묻는 문제라 하더라도 어려움을 겪게 된다. 당신은 완전한 공황 상태에 빠진 것이다.

여기서는 기억에 무슨 일이 일어난 것일까? 첫 번째 문

제를 풀지 못한 것이 불안을 야기한 것이다. 불안은 '나는 낙제할 거야!'나 '사람들은 내가 바보라고 생각하겠지.'와 같은 불필요한 생각을 수반하기 십상이다. 이러한 생각이 의식을 채우고 질문과 관련된 정보를 인출하려는 시도를 간섭하게 되는데, 기억이 실패하는 이유가 바로 이것일 수 있다. 이 견해에 따르면 불안이 직접적으로 기억 실패를 야기하는 것은 아니다. 오히려 가외적인 불필요한 생각을 야기하거나 그 생각과 연합되는 것이며, 그러한 생각이 인출을 간섭하여 기억 실패를 초래한다(Holmes, 1974).

## 맥락효과

정서는 맥락효과를 통해 기억에 영향을 미칠 수도 있다. 앞에서 언급한 바와 같이 인출할 때의 맥락이 기억을 부호화할 때의 맥락과 맞아떨어질 때 기억이 가장 우수하다. 학습할 때의 정서 상태가 맥락의 한 부분이기 때문에, 만일 학습하고 있는 자료가 우리를 슬프게 만든다면 다시 슬픈 상태에 있을 때 그 자료를 가장 잘 인출할 수 있다. 실험자들은 이러한 정서-맥락효과를 증명해 왔다. 참가자들은 일주일 동안 일기를 쓰는 데 동의하여, 일어났던 모든 정서 사건을 기록하고 그것이 유쾌한 것인지 불쾌한 것인지를 적었다. 일기를 제출하고 일주일이 지난 후 다시 실험실에 온 참가자들에게 최면을 걸었다. 절반의 참가자들은 유쾌한 기분에 놓이게 만들고 나머지 절반은 불쾌한 기분에 놓이게 만들었다. 모든 참가자들에게 일기에 적었던 사건을 회상하라고 요구했다. 유쾌한 참가자의 경우에는 회상한 대부분의 사건이 경험할 당시 유쾌하다고 평가한 것이었으며, 불쾌한 참가자의 경우에는 회상한 대부분의 사건이 불쾌하다고 평가한 것이었다. 예상한 바와 같이 인출할 때의 주도적 정서가 부호화할 때의 정서와 일치할 때 회상이 가장 우수했다(Bower, 1981).

## 억압

지금까지 정서가 기억에 영향을 미치는 모든 방식은 이미 논의한 원리, 즉 되뇌기, 간섭, 맥락효과에 의존하는 것이었다. 정서와 기억에 대한 또 다른 견해인 프로이트의 무의식 이론은 새로운 원리를 제안했다. 프로이트는 아동기의 몇몇 정서 경험이 너무나 외상적인 것이어서 세월이 지난 후에 그 경험을 의식에 떠올리는 것이 그 사람을 완전히 불안에 휩싸이게 만들어 버린다고 제안했다. 그러한 외상 경험은 억압, 즉 무의식에 저장되며, 그 경험과 연합된 정서를 제거할 때에만 인출될 수 있다고 주장했다. 따라서 억압은 궁극적 인출 실패를 나타낸다. 즉 표적 기억에의 접속이 적극적으로 차단된다. 적극적 차단이라는 이러한 개념은 억압 가설을 앞에서 논의한 망각에 대한 생각과 질적으로 다른 생각으로 만들어 버린다. (프로이트의 이론에 대한 설명은 13장을 참조하라.)

억압은 현저한 현상이기 때문에 실험실에서도 연구하려고 시도하지만 실험 연구를 수행하기 어렵다는 사실이 입증되었다. 실험실에서 진정한 억압을 유도하려면 실험자는 참가자에게 극단적인 외상 사건을 경험하도록 만들어야 하지만 이것은 명백히 비윤리적이다. 수행한 연구는 참가자들을 경미하게 흥분시키는 경험에 노출시켰으며, 그 결과는 혼란스러운 것이었다(Baddeley, 1990; Erdelyi, 1985).

요컨대 장기기억은 정보를 며칠, 몇 년, 또는 몇 십 년 동안 저장할 수 있는 시스템이며, 다른 부호도 가능하기는 하지만 전형적으로는 의미에 근거한 부호로 정보를 저장한다. 정보의 인출은 이 시스템으로부터 간섭받기 쉽다. '저장된 정보의 상실'로 보이는 많은 경우가 실제로는 인출 실패이다. 이 시스템의 저장에는 응고화가 필요한데 이것은 해마가 매개하는 과정이다. 장기기억의 많은 측면이 정서의 영향을 받는다. 이러한 영향은 선택적 되뇌기, 인출간섭, 맥락효과를 반영하는 것일 수도 있으며, 섬광기억과 억압이라는 두 가지 특수 기제를 반영하는 것일 수도 있다.

### 중간 요약

- 장기기억의 정보는 일반적으로 의미에 따라 부호화한다.
- 장기기억 망각의 많은 사례는 인출 실패에 따른 것이다(정보가 그곳에 있지만 찾을 수 없다).
- 장기기억의 몇몇 망각은 저장된 정보의 상실에 따른 것이며, 특히 새로운 기억을 응고화하는 과정이 와해될 때 나타난다. 응고화의 생물학적 영역에는 해마와 주변 피질이 포함된다. 최근 연구는 응고화가 완료되려면 몇 주가 걸린다는 사실을 시사한다.
- 장기기억에서의 인출 실패는 항목을 부호화할 때 체제화하고, 인출할 때의 맥락이 부호화할 때의 맥락과 유사한 경우에 일어날 가능성이 적어진다.
- 인출 과정은 정서 요인에 의해서도 와해될 수 있다.

### 비판적 사고를 위한 물음

1. 정서가 외현적 장기기억에 영향을 미치는 방식에 대한 다양한 제안을 보았다. 몇몇 제안은 정서가 기억을 도와준다는 사실을 함축하는 반면, 다른 제안은 정서가 기억에 해를 끼친다고 제안한다. 이렇게 명백해 보이는 차이를 어떻게 조화시키겠는가?

## 암묵기억

지금까지는 사람들이 개인적 사실을 기억하는 상황에 주로 관심을 기울여 왔다. 이러한 경우에 기억은 의식적으로 과거를 기억해 내는 문제이며, 외현적으로 표현할 수 있다고 말할 수 있다. 그러나 다른 유형의 기억이 있는 것으로 보이는데, 이는 흔히 운동 기술에서 발현되며, 어떤 지각적, 운동적, 또는 인지적 과제의 수행이 증진되는데 그러한 증진을 초래하는 경험을 의식적으로 회상해 낼 수 없는 경우이다. 예컨대 연습을 통해 외국어 단어를 재인하는 능력을 계속해서 증진할 수 있지만, 단어를 재인하면서 그 기술을 시범 보이려는 시점에 그러한 증진을 초래한 학습을 의식적으로 돌이켜 볼 수는 없다. 그러한 경우에 기억은 암묵적으로 표현된 것이다(Schacter, 1989).

구두끈을 매는 것과 같은 운동 기술의 기억은 암묵기억에 해당한다.

### 기억상실증 환자의 기억

암묵기억에 대해 알려져 있는 많은 사실은 **기억상실증**amnesia, 즉 기억의 부분적 상실로 고통 받는 사람들로부터 나온다. 기억상실증은 매우 다양한 원인이 초래하는데, 여기에는 사고에 의한 두뇌 손상, 뇌졸중, 뇌염, 알코올 중독, 전기 충격 요법, 외과 수술(예: 간질을 없애기 위한 해마의 제거) 등이 포함된다. 기억상실증은 순행적이거나 역행적일 수 있다. 가장 흔하게 나타나는 증상인 진행성 기억상실증은 일상적인 사건을 기억하지 못하며, 따라서 새로운 사실적 정보를 획득하지 못하는 심각한 장애이다. 역행성 기억상실증은 장애나 질병에 앞서 일어난 사건을 기억해 내지 못하는 증상이다. 이러한 역행성 기억상실증의 정도는 환자에 따라 상당한 차이를 보인다. 환자가 진행성 기억상실증만을 나타내거나, 역행성 기억상실증만을 나타내거나, 아니면 둘 모두를 나타낼 수도 있다. 진행성이든 역행성이든 기억상실과는 관계없이, 전형적인 기억상실증 환자는 비교적 정상인 것처럼 보인다. 정상적인 어휘와 일반적인 세상 지식을 가지고 있으며(적어도 기억상실증이 발병하기 전의 것들은 그렇다), 일반적으로 지능의 저하를 보이지 않는다. 집중적으로 연구한 환자 중에 N.A.가 있는데, 이 사람은 코를 통해 두뇌로 들어간 모형 펜싱 칼에 의해 두뇌가 손상되었다. 사고가 일어난 후 그는 조금만 방해를 받기만 해도 자신의 사고 흐름을 좇아가지 못함으로써 정상적인 대화에 참여할 수 없었다. N.A.는 사고 발생 2년 전까지를 기억해 내지 못하는 역행성 기억상실증뿐만 아니라 진행성 기억상실증으로도 고통을 받았다. H.M.으로 알려진 또 다른 환자는 동일한 잡지를 끊임없이 다시 읽고, 수십 년에 걸쳐서 자신을 치료하고 있는 의사를 끊임없이 다시 소개받아야 했다.

2008년 12월 사망한 후에 헨리 구스타프 몰라이이손으로 밝혀진 H.M.은 기억의 작동을 집중적으로 연구하는 대상이 되었던 가장 유명한 두뇌 손상 환자이다(Milner,

1970; Squire, 1992). H.M.은 27세 때 심한 간질 때문에 두뇌 양측의 측두엽과 변연계의 일부분을 제거하는 외과 수술을 받았다. 그는 수술 이전에 일어났던 사건을 기억할 수는 있었지만 새로운 기억을 형성할 수는 없었다.

H.M.은 주의 초점을 맞추고 있는 한 새로운 정보를 파지할 수 있었지만, 주의를 다른 데로 돌리자마자 정보를 망각하고는 나중에 그것을 회상할 수 없었다. 예컨대 그는 584라는 숫자를 다음과 같은 기억술을 사용하여 15분 동안 마음에 유지할 수 있었다. "5, 8, 4를 합하면 17이 된다. 17에서 8을 빼면 9가 남는다. 9를 둘로 나누면 5와 4가 되고 그리하여 584가 된다."(Milner, 1970에서 인용) 그러나 몇 분 후에 주의를 다른 곳으로 돌리면 그 숫자나 기억하려는 방법을 더 이상 기억할 수 없었다.

## 운동 기술과 점화

기억상실증의 뚜렷한 측면은 모든 유형의 기억이 와해되는 것이 아니라는 점이다. 기억상실증 환자는 일반적으로 자신의 삶에 대한 옛날 사실을 기억해 내지 못하거나 새로운 사실을 학습하지 못하기는 하지만, 지각 기술과 운동 기술을 기억해 내고 학습하는 데는 별 어려움이 없다. 운동 기술과는 별도로 사실을 위한 상이한 기억이 있는 것으로 보인다. 보편적으로 표현하면 외현기억과 암묵기억(각각 사실과 기술을 부호화하는 기억)은 상이한 시스템으로 보인다.

기억상실증에서 유지되는 기술에는 구두끈을 매거나 자전거를 타는 등의 운동 기술, 정상적인 읽기나 거울에 투사된(따라서 역전된) 단어를 읽는 것과 같은 지각 기술이 포함된다. 거울상으로 좌우가 역전된 단어를 읽는 기술을 살펴보자. 이 과제를 잘 수행하려면 연습이 필요하다(이 책을 거울 앞에 두고 읽어 보라). 기억상실증 환자는 연습을 통해 정상인과 동일한 비율로 성과를 증진하지만 이러한 연습을 받았다는 사실을 기억하지 못한다(Cohen & Squire, 1980). 운동 기술에 대해서 정상적인 기억을 보이지만, 그러한 기술을 발달시킨 학습 경험에 대해서는 거의 아무런 기억이 없다.

한 자극에 대한 사전 노출이 그 자극의 후속 처리를 촉진하거나 점화할 때 유사한 패턴이 출현한다. 이러한 패턴은 표 8.2에서 개관한 실험에서 예시된다. 실험의 단계 1에서 기억상실증 환자와 정상 참가자에게 단어 목록을 제시했다. 단계 2에서 목록에 있던 단어와 있지 않았던 단어의 어간이 제시되고, 참가자들은 그것을 완성하고자

**표 8.2 기억상실증 환자의 암묵기억을 연구하는 실험 절차**

| 단계 1 | 사례 |
|---|---|
| 단어 목록을 제시한다. | MOTEL |
| **단계 2** | |
| 목록 단어와 비목록 단어의 어간을 제시하여 단어 완성 검사를 실시한다.<br>점화=완성된 목록 단어의 수—완성된 비목록 단어의 수 | MOT<br>BLA |
| **단계 3** | |
| 원래의 목록 단어와 새로운 단어를 제시하고 재인시킨다. | MOTEL<br>STAND |

시도했다(표 8.2 참조). 정상 참가자들은 예상한 대로 목록에 있는 단어의 어간을 그렇지 않은 어간보다 더 잘 완성했다. 자극의 사전 노출에 의한 촉진에 기초한 이러한 차이를 점화라고 하는데, 단계 1에서 제시한 단어가 단계 2에서 제시한 어간 완성 문제의 성과를 촉진 또는 점화했기 때문이다. 중요한 사실은 기억상실증 환자도 단계 2에서 목록에 들어 있는 단어의 경우 그렇지 않은 단어보다 더 많이 어간을 완성했다는 것이다. 실제로 기억상실증 환자의 점화 정도는 정상 참가자들과 거의 동일했다. 이러한 결과는 기억이 점화와 같이 암묵적으로 발현될 때는 기억상실증 환자도 정상적으로 수행한다는 사실을 나타내는 것이다.

실험의 단계 3에서 원래의 단어를 몇몇 새로운 단어와 함께 제시했으며, 참가자들은 어느 단어가 목록에 나왔던 것인지를 재인해야 했다. 이때 기억상실증 환자는 정상인보다 훨씬 적은 수의 단어를 재인해 냈다. 따라서 재인과 같이 기억을 외현적으로 검사할 때는 기억상실증 환자의 성과가 정상인보다 훨씬 열등했다.

위의 연구를 변형한 연구가 흥미를 끄는데, 그 결과는 이러한 결론을 더욱 강화해 준다. 단계 2에서 참가자들에게 앞서 제시한 단어를 생각하면 어간 완성 검사에서 더 좋은 성과를 보일 것이라고 알려 준다. 이러한 지시는 어간 완성 검사를 외현기억 과제로 만들어 버린다(의식적 기억해 내기를 강조하기 때문이다). 이때 기억상실증

환자는 정상 참가자보다 눈에 띄게 적은 점화 효과를 보인다(Graf & Mandler, 1984).

## 아동기 기억상실

인간의 기억에서 가장 뚜렷한 측면 중의 하나는 모든 사람들이 특정 유형의 기억상실로 고통 받는다는 사실이다. 즉 거의 모든 사람들은 생의 첫해에 일어났던 사건을 회상할 수 없다. 이 시기가 가장 풍부한 경험을 하는 시기임에도 그렇다. 이렇게 호기심을 끄는 현상은 프로이트(Freud, 1905)가 처음으로 논의했으며, 그는 이것을 아동기 기억상실이라고 불렀다.

프로이트는 자신의 환자가 일반적으로 3~5세 사이의 사건을 회상할 수 없다는 사실을 관찰함으로써 이 현상을 발견했다. 얼핏 여기서 이상한 점을 아무것도 알아차릴 수 없을지도 모르겠다. 사건 기억은 시간이 경과함에 따라 감소하며, 어른의 경우에 아동기 이래 상당한 시간이 흘렀기 때문이다. 그렇지만 아동기 기억상실을 정상적인 망각으로 환원할 수는 없다. 대부분의 30세 어른은 고등학교 시절을 상당히 회상할 수 있지만, 3세 때의 일을 기억할 수 있는 18세 청소년은 거의 없다. 하지만 그 시간 간격은 두 경우가 거의 동일하게 15년이다.

몇몇 연구에서 사람들에게 아동기 기억을 회상하고 그 시기를 말하도록 요구했다. 대부분의 경우 회상해 내는 기억은 3세 이후에 일어났던 사건이며, 소수의 사람들만이 만 1세 이전의 기억을 보고한다. 그러나 이러한 보고에서 문제점은 '기억해 낸' 사건이 실제로 일어난 일인지 확신할 수 없다는 것이다(일어났다고 생각하는 것을 재구성했을 수 있다). 이 문제는 동생의 출산과 같이 참가자들에게 일어났다고 알려진 아동기 사건에 대한 20개의 질문을 던진 실험을 통해 해결되었다. 그 사건의 세부 사항은 다른 사람이 확증해 줄 수 있는 것이었다. 각 참가자에게 던진 질문은 어머니가 병원에 입원했을 때 일어났던 사건(예: 하루 중 언제 어머니가 집을 출발했습니까?), 어머니가 입원해 있을 때의 사건(예: "어머니를 병문안하러 갔었습니까?), 어머니와 동생이 집으로 돌아왔을 때의 사건(예: 어머니와 동생이 집에 온 것은 하루 중 언제입니까?) 등에 관한 것이었다. 참가자들은 대학생이었으며, 동생이 태어날 당시의 연령은 1세에서 17세까지 다양했다. 그 결과가 그림 8.13에 나와 있다. 답을 한 질문의 수를 동생이 태어났을 때 참가자 연령의 함수로 도작했다. 만일 참가자가 3세 이전에 동생이 태어났다면 그러한 사실을 회상할 수 없었다. 그 이후에 태어났다면 회상은 사건 당시 연령의 함수로 증가했다. 이 결과는 처음 3세까지 거의 완전한 기억상실을 시사한다. 그러나 최근 연구는 보다 많은 단서가 주어지고 그 단서들이 더 세부적이라면 회상이 증진될 수도 있다는 사실을 시사한다(Fivush & Hamond, 1991). 많은 증거는 여전히 생해 첫 몇 년간의 기억에 대한 보고를 의심의 눈으로 바라보아야 한다는 사실을 지적하고 있다.

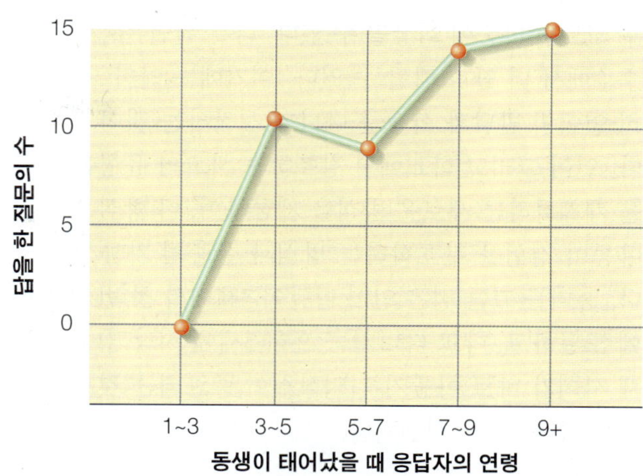


**그림 8.13 초기 아동기 기억의 회상.** 아동기 기억상실에 관한 실험에서 대학생들에게 동생 출생을 둘러싼 사건에 대한 20가지 질문을 던졌다. 답을 한 질문의 수 평균을 동생이 태어났을 때 참가자 나이의 함수로 도작했다. 만일 4세 이전에 동생이 태어났다면 어느 누구도 그 사건에 대한 것을 회상할 수 없다. 그 이후에 태어났을 때는 연령에 따라 회상이 증가했다.

아동기 기억상실을 초래하는 것은 무엇인가? 보편적으로 용인되고 있는 설명은 어린 아동이 경험을 부호화하는 방식과 어른이 기억을 체제화하는 방식 사이에 존재하는 엄청난 차이로 인해 아동기 기억상실이 일어난다고 보는 것이다. 어른은 기억을 범주와 스키마에 따라서 구조화하는 반면('그녀는 그런 사람이야.', '그렇고 그런 상황이지.'), 어린 아동은 경험을 정교화하거나 관련된 사건에 연결하지 않은 채 부호화한다. 일단 아동이 사건 사이의 연합을 형성하고 사건을 범주화하기 시작하면 초기 경험을 상실하게 된다(Schachtel, 1982).

초기 아동기 기억에서 어른의 기억 형태로 전환해 주는 것은 무엇인가? 한 가지 요인은 생물학적 발달이다. 기억을 응고화하는 데 관여하는 것으로 알려진 해마는 대체로 생후 1, 2년이 지나야 성숙하게 된다. 따라서 생애 첫 두 해 동안에 발생하는 사건은 충분하게 응고화될 수 없으며 나중에 회상될 수 없다. 다른 원인은 심리학적 수준에서 더 잘 이해될 수 있다. 여기에는 인지 요인, 특히 언어의 발달과 학교를 다니기 시작하는 것이 포함된다. 언어 그리고 학교에서 강조하는 사고의 유형은 경험을 체제화하는 새로운 방식을 제공하며, 이 방식은 어린 아동이 경험을 부호화하는 방식과 상충될 가능성이 있다. 흥미를 끄는 점은 언어 발달이 3세에서 첫 번째 정점에 도달하고, 학교 다니기는 흔히 5세에 시작되며, 3~5세 사이가 바로 아동기 기억상실이 종료되는 것으로 보이는 시점이라는 사실이다.

### 개념적 암묵기억

기술과 단어에 덧붙여서 개념도 암묵적으로 저장되고 무의식적으로 활성화될 수 있다는 사실을 시사하는 상당한 증거가 존재한다. 만일 어떤 사람에게 한 단어(예: 두리안)를 제시한 뒤 머리에 떠오르는 단어를 적어 보게 하고 나중에 열대과일의 이름을 말해 보도록 요청한다면, 앞에서 그 단어가 제시되었다는 것을 의식적으로 기억해 내지 못하는 경우조차도 두리안이라는 단어가 답에 포함될 가능성이 매우 높다(예: Blaxton, 1989). 개념적 암묵기억이라는 생각은 오늘날 대부분의 편견 이론에서 중요한 역할을 담당하고 있다. 기본 생각은 좋은 의도를 가지고 있는 사람도 대중매체와 같은 사회적 경험에 근거하여 특정 사회집단에 대해서 부정적인 개념적 암묵 정보를 가지고 있을 수 있다는 것이다. 암묵기억이 자동적으로 활성화되는 상황에서 이러한 정보가 편견 행동으로 이끌어 갈 수 있다. 예컨대 참가자들이 단어 쌍을 가능한 한 빨리 읽고 다음 단어 쌍을 받기 위해 버튼을 누르는 간단한 실험을 생각해 보자. 흑인에 대해 긍정적 태도를 가지고 있다고 주장하는 백인 대학생들조차도 '흑인-총명' 쌍보다는 '흑인-나태' 쌍에 보다 신속하게 반응할 가능성이 크다(예: Kawakami & Dovidio, 2001).

## 기억 시스템의 다양성

다양한 두뇌 손상 환자에 대한 연구에 근거하여 연구자들은 외현기억과 암묵기억이 모두 다양한 형태를 취한다고 제안했다. 그러한 한 가지 제안이 개념 설명에 제시되어 있다. 기본적인 구분은 외현기억과 암묵기억이다. (외현기억은 과거사를 의식적으로 기억해 내는 것이며, 암묵기억은 훈련받았다는 사실을 의식적으로 기억해 낼 수 없으면서도 운동 기술의 성과가 증진된다는 사실을 회상해 보라.) 암묵기억은 다시 거울 속의 역전된 단어를 읽는 것과 같은 지각-운동 기술과 단어 어간 완성에서 일어나는 것과 같은 점화로 구분된다. 운동 기술과 점화에 서로 다른 기억저장소가 관여한다고 가정하는 이유는, 운동 기술은 학습할 수 있지만 점화는 정상인보다 적게 나타내는 두뇌 손상 환자들(알츠하이머병 초기 단계의 환자들)이 있기 때문이다. 반면에 다른 두뇌 손상 환자들(헌팅턴병 환자들)은 정상적인 점화를 보여 주지만 새로운 운동 기술을 습득하는 데 어려움을 겪는다(Schacter, 1989).

**개념 설명**

**제안된 기억저장소의 분류**

스콰이어 등(Squire et al., 1990)은 여러 가지 상이한 기억 시스템을 제안한다. 기본 구분은 외현기억과 암묵기억이다(연구자들은 이것을 각각 서술기억과 비서술기억이라고 부른다).

| 외현(서술)기억 | 암묵(비서술)기억 |
|---|---|
| 일화기억<br>의미기억 | 기술<br>점화<br>조건형성<br>비연합적 기억 |

개념 설명에서는 또한 일화기억과 의미기억이라고 부르는 두 유형의 외현기억도 구분하고 있다. 일화적 사실은 개인적 일화를 말하고 의미적 사실은 보편적 진실을 말한다. 예컨대 고등학교 졸업식에 대한 기억은 일화적 사실이며, 어제 저녁 식사에서 먹은 음식에 관한 기억도 마찬가지이다. 각 경우에 일화는 개인의 측면에서 부호화되며, 흔히 특정한 시간과 공간이라는 맥락에서 이루어진다. 반면에 '총각'이라는 단어가 혼인하지 않은 젊은 남자를 의미하며, 9월에는 30일이 있다는 것과 같은 의미적 사실은 개인과 관련되기보다는 다른 지식과 관련하여 부호화되며, 시간과 공간의 부호화를 수반하지 않는다(Tulving, 1985). 일화기억과 의미기억의 구분은 기억상실증 환자가 개인적 일화를 기억하는 데는 심각한 어려움을 겪지만 일반 지식에서는 비교적 정상적으로 보인다는 사실과 잘 들어맞는다.

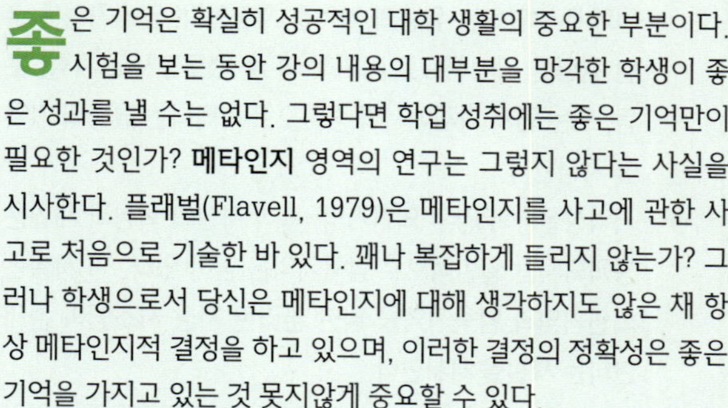

## 첨/단/연/구

### 학업 성과를 증진하기 위해 메타인지를 어떻게 사용할 것인가?

*Phil Higham*, 사우샘프턴대학교

좋은 기억은 확실히 성공적인 대학 생활의 중요한 부분이다. 시험을 보는 동안 강의 내용의 대부분을 망각한 학생이 좋은 성과를 낼 수는 없다. 그렇다면 학업 성취에는 좋은 기억만이 필요한 것인가? **메타인지** 영역의 연구는 그렇지 않다는 사실을 시사한다. 플래벌(Flavell, 1979)은 메타인지를 사고에 관한 사고로 처음으로 기술한 바 있다. 꽤나 복잡하게 들리지 않는가? 그러나 학생으로서 당신은 메타인지에 대해 생각하지도 않은 채 항상 메타인지적 결정을 하고 있으며, 이러한 결정의 정확성은 좋은 기억을 가지고 있는 것 못지않게 중요할 수 있다.

예를 들기 위해 당신이 다가오는 시험에 대비해서 강의 재료를 복습하고 있다고 가정해 보자. 한 주제를 얼마만큼 공부한 후, 그 주제를 충분히 숙지했기에 다음 주제의 복습을 시작하겠다고 결정한다. 그 결정, 즉 당신의 학습 상태가 다음 주제로 넘어가기에 충분하다는 평가가 바로 메타인지 결정이다(예: van Loon et al., 출판 중). 메타인지는 당신 자신의 학습 상태에 관해 아는 것, 보다 공식적인 표현을 빌리면 **기억 모니터링**을 수반한다.

학생은 어떻게 메타인지를 사용하여 자신의 학업 성취를 증진할까? 그렇게 하는 다양한 방법이 있지만 여기서는 세 가지 가용한 선택지에 초점을 맞춘다. 첫째는 답하기 선택지이다(예: Higham, 2007). 문제를 받았지만 답을 확신할 수 없어, 답하는 것을 일단 유보함으로써 오답을 내놓지 않는 것이다. 예컨대 한 시험에서 3개의 논술 문제 중 두 문제에 답을 해야 할 수 있다. 학생은 두 문제에 대해 정확한 답을 적을 수 있으며 답을 알고 있는 문제가 어느 것인지를 알고 있는(이것이 메타인지이다) 한 좋은 점수를 받을 수 있다. 마찬가지로 객관식 시험에서 막연한 추측이 초래하는 점수 부풀리기 문제를 조정하기 위해 어떤 교수들은 오답을 감점하는 방식을 취하기도 한다(즉 틀린 답은 감점을 하지만 답을 생략한 경우에는 감점을 하지 않는다). 어느 문제에 답을 하고 어느 문제에 대한 답을 생략할 것이지 결정하는 것도 메타인지를 수반한다(예: Higham & Arnold, 2007). 즉 학생은 자신의 기억을 스스로 정확하게 평가하고, 그에 따라서 답을 선택할 것인지 생략할 것인지를 결정해야 한다.

메타인지를 수반하며 학생이 대학의 학업 성취를 조절하는 데 사용할 수 있는 또 다른 선택지는 답의 **세부 단위 크기**grain size를 수반한다. 예컨대 한 학생이 독일 라이프치히에 최초의 심리학 실험실을 창설한 빌헬름 분트에 관한 논술 문제에 답을 적고 있다고 가정해 보자. 그런데 학생은 분트가 실험실을 창설한 정확한 연도(1879년)를 기억해 내지 못하고 있다. 1875년이라고 잘못 생각하고 있는데 자신이 없다. 이러한 기억 실패를 우회하고자 정확한 단위의 답 대신에 두루뭉술한 단위의 답을 제시하면서, 1875년이라고 적는 대신 1870년대에 실험실을 창설했다고 적을 수 있다. 이 결정이 현명한 까닭은 틀린 정확 단위의 답은 벌점을 받는 반면, 정확한 두루뭉술한 답은 벌점을 받지 않을 가능성이 높기 때문이다. 답하기 선택지와 마찬가지로 세부 단위 크기 선택지를 성공적으로 사용하기 위해서는 자신의 기억을 정확하게 모니터링할 수 있어야만 한다.

학생에게 가용한 세 번째 선택지는 복수 선택지이다(예: Higham, 출판 중; Luna et al., 2011; Luna & Martin-Luengo, 2012). 이 선택지는 답이 얼마나 세부적이어야 하는지를 수반한다는 점에서 세부 단위 크기 선택지와 유사하다. 그러나 위의 사례(1년 단위와 10년 단위)에서와 같이 단일 답의 정량적 범위를 조절하는 대신에, 문제에 대한 여러 가지 답의 수를 조정하는 데 메타인지를 사용하게 된다. 예컨대 어떤 선택형 시험은 학생에게 둘 이상의 답을 선택할 수 있도록 허용하며, 만일 학생이 선택한 답이 정답에 포함되면 부분 점수를 부여한다. 마찬가지로 학생은 논술 문제에 대해 정답을 포함하도록 여러 가지 대안을 적을 수도 있다.

세 가지 선택지를 사용하여 좋은 학업 성취를 유지할 수 있지만 사용에는 신중을 기해야 한다. 많은 문제에 답을 유보하거나, 황당할 만큼 두루뭉술한 답을 내놓거나, 너무 많은 수의 답을 선택하는 것은 모두 답안지를 무의미한 것으로 만들어 형편없는 성적을 초래할 가능성이 있다(Goldsmith & Koriat, 2008). 그렇지만 신중하게 사용하고 정확한 기억 모니터링에 근거한다면 이러한 선택지는 학생의 성공이 단순한 기억해 내기 이상이라는 사실을 보여 준다.

## 정상인의 암묵기억

정상인을 이용한 연구도 외현기억과 암묵기억이라는 분리된 시스템을 제안하고 있다. 이러한 두 유형의 기억을 두뇌가 구현하는 방식에 근본적인 차이가 있는 것으로 보인다. 결정적 증거는 두뇌 영상 실험(PET)에서 나온다. 한 실험(Squire et al., 1992)에서는 참가자들이 우선 15개 단어의 목록을 학습한 후 세 가지 다른 조건에 할당되었다. 암묵기억 조건의 과제는 단어 어간 완성이었다. 절반의 어간은 처음에 학습했던 15개 단어에서 나온 것이고 나머지 절반은 새로운 것이었다. 참가자들에게는 머리에 떠오르는 첫 번째 단어로 어간을 완성하도록 요구했다. 관심의 대상인 두 번째 조건은 외현기억을 수반한다. 여기서도 단어 어간이 제시되지만 그 어간을 사용하여 처음 목록의 단어를 회상하도록 요구했다. 세 번째 조건은 통제조건이었다. 단어 어간이 제시되고 참가자들에게 머리에 떠오르는 첫 번째 단어로 완성하도록 지시를 주었지만, 어느 어간도 처음에 학습했던 단어에서 나온 것이 아니었다. 따라서 통제조건은 기억을 요구하지 않는다. 참가자들이 과제를 수행하는 동안 두뇌 영상을 기록했다.

우선 외현기억 과제를 수행할 때 두뇌가 무슨 일을 하는지 살펴보자. 이 장의 첫 번째 절에 제시한 자료로부터 우리는 (1) 해마가 관여하며(이 구조가 장기기억 형성에 결정적이라는 사실을 기억하라), (2) 대부분의 두뇌 활동은 우반구에서 일어날 것이라고(과제가 인출을 강조하며, 장기기억 인출에는 주로 우반구 처리를 수반하기 때문이다) 예상할 수 있다. 실제로 얻은 결과도 그렇다. 보다 세부적으로는 외현기억 조건에서 두뇌 활동을 통제조건과 비교했을 때 우반구에서 해마와 전두엽 영역의 활동이 증가했다.

이제 암묵기억 조건을 보자. 통제조건과 비교할 때 활성화가 증가하는 것이 아니라 감소한다. 점화는 정상보다 적은 신경활동에 의해 일어난다. 이것은 마치 신경이라는 바퀴에 윤활유를 칠하는 것과 같다. 암묵기억은 외현기억과는 정반대되는 신경 결과를 나타내며, 이 사실은 두 유형의 기억 사이에 존재하는 생물학적 차이를 증명하는 것이다.

이 증거는 또다시 생물학 연구와 심리학 연구 사이의 상호 연계를 보여 준다. 실제로 이 장에서 우리는 심리 현상을 설명하는 데 생물학적 증거의 역할을 보여 주는 예들을 보았다. 많은 경우에 심리학 증거를 우선 얻은 다음에 뒤이어서 생물학 연구를 촉발하는 데 사용한다. 예컨대 단기기억과 장기기억 사이의 인지적 구분은 대략 한 세기 전에 출판된 논문에서 다루었지만, 상당히 최근에 들어서야 생물학 지향적인 연구자들이 이러한 핵심적 구분의 신경 기반을 증명할 수 있었다. 생물학 연구는 다시 기억에 대한 다른 분야의 연구에 도움을 주고 있다. 이제 우리는 외현 장기기억의 저장에 대한 생물학적 토대, 단기기억에서 시각 버퍼와 언어 버퍼의 저장에 대해 많은 것을 알게 되었다. 그러한 지식은 그 자체로서도 유용할 뿐만 아니라 뇌졸중과 알츠하이머병 같은 노화 질병이 초래하는 기억 파괴에 대처하는 데 도움이 된다.

### 중간 요약

- 외현기억은 과거사를 의식적으로 끄집어내는 회상이나 재인에서 발현하는 유형의 기억을 지칭한다. 암묵기억은 훈련 경험을 의식적으로 기억해 낼 수 없으면서도 지각, 운동, 또는 인지 과제에서의 증진으로 나타나는 유형의 기억을 지칭한다.
- 기억상실증의 경우 외현기억, 특히 사실의 회상과 재인은 붕괴되지만 일반적으로 암묵기억은 남아 있다. 이 사실은 외현기억과 암묵기억을 위한 분리된 저장 시스템이 존재한다는 사실을 시사한다.
- 정상인을 대상으로 수행한 연구도 외현기억과 암묵기억이라는 분리된 시스템이 존재한다는 사실을 시사한다. 두뇌 영상 연구는 외현기억이 특정 영역에서 신경활동의 증가를 수반하는 반면, 암묵기억은 특정 영역에서 신경활동의 감소를 수반한다는 사실을 보여 준다.

### 비판적 사고를 위한 물음

1. 외현 장기기억에 대해 공부한 것에 근거할 때, 사실의 회상을 강조하는 시험에 대비하여 공부한다면 어떻게 해야 하겠는가?
2. 아동기 기억상실은 해마의 발달과 관련된다는 사실을 지적했다. 어떤 심리적 요인이 아동기 기억상실에 영향을 미치겠는가? (3세 전후에 극적으로 변하는 것들을 생각해 보라.)

## 구성기억

지금까지 기억 과정에 대한 설명은 장기저장소의 정보를 만들어 내고 유지하며 사용하는 것에 대한 좋은 은유가 비디오테이프를 만들고 유지하며 사용하는 것이라는 인상을 남겼다. 다음과 같은 대응 관계를 생각해 보자.

1. 정보가 비디오카메라를 이용하여 비디오테이프에 녹화하고 저장하는 것과 동일한 방식으로 감각, 지각, 주의를 통해 정보를 획득하고 기억에 저장한다.
2. 비디오테이프가 점차적으로 희미해지는 것과 동일한

방식으로 정보가 장기저장소에서 망각된다.

3. 홈비디오에서는 특정 장면을 찾기 어려운데, 특히 비디오에 많은 장면이 들어 있고 그 장면을 찾아보고 나서 시간이 많이 지났을 때 그런 것과 마찬가지로, 장기저장소에서 정보를 인출하기가 쉽지 않다.

이렇게 외현적인 유사성에도 불구하고, 기억을 이해하기 위해 비디오테이프를 일차적 은유로 사용하는 것은 심각한 잘못을 범하는 것이 된다. 왜냐하면 기억의 작동 방식과 비디오테이프의 작동 방식 사이에는 매우 중요하면서도 근본적인 차이점이 있기 때문이다. 비디오테이프와 달리 기억은 **구성 과정**constructive process이자 **재구성 과정**reconstructive process이다. 사건에 대한 기억은 그 기억을 만든 객관적 실체로부터 체계적으로 멀어질 수 있는데, 기억을 형성하는 시점뿐만 아니라(구성 과정을 통해) 시간이 경과한 후에도(재구성 과정을 통해) 일어난다. 이러한 결정적 차이는 흥미진진하면서 직관과 상반된 기억의 몇몇 측면을 초래한다. 예컨대 제니퍼 톰슨이 자신을 강간한 남자를 잘못 확인한 이상하면서도 비극적인 기억에 이 현상이 깔려 있는 것이 확실하다. 다음 절에서는 우선 기억의 재구성 본질을 멋지게 예시하는 개인 일화를 제시한 후, 지각에서부터 장기기억 인출에 걸쳐 있는 기억의 재구성 본질을 추적해 갈 것이다. 마지막으로 법체계에 대한 재구성기억의 관련성을 간략하게 논의할 것이다.

## 피아제의 아동기 기억

유명한 스위스 발달심리학자 장 피아제는 한때 다음과 같이 선명한 아동기 기억을 기술한 바 있다.

> 나의 첫 번째 기억은, 만일 이것이 참이라면 두 번째 해에 일어난 것이다. 지금도 그 장면을 아주 선명하게 볼 수 있는데, 나는 이것을 15세가 될 때까지도 믿고 있었다. 나는 파리 샹젤리제 거리에서 유모가 밀고 가는 유모차에 앉아 있었는데 한 남자가 나를 유괴하려고 했다. 나는 안전띠를 단단하게 매고 있었고, 유모는 용감하게 나와 유괴범 사이를 떨어뜨려 놓으려고 애썼다. 유모는 상처가 많이 났으며, 지금도 희미하나마 그녀의 얼굴에 난 상처를 볼 수 있다. 그때 군중이 모여들었고, 짧은 망토에 흰 경찰봉을 찬 순경이 나타나자 그 남자는 줄행랑을 쳤다. 나는 여전히 전체 장면을 볼 수 있으며 지하철역 근처의 위치도 확인할 수 있다.

정말로 선명한 기억이다! 그렇다면 어째서 피아제는 '15세가 될 때까지만' 그것을 믿고 있었을까? 그 이후에 무슨 일이 일어났을까?

> 내가 대략 15세가 되었을 때 부모님은 내 유모였던 사람으로부터 편지를 받았는데, 그녀가 구세군에 입대했다고 적혀 있었다. 그녀는 과거의 잘못을 고백했으며, 특히 [어린 피아제를 유괴범으로부터 보호한 것에 대한] 보상으로 받았던 시계를 되돌려주려고 했다. 그녀는 모든 이야기를 꾸며 냈고 상처도 꾸민 것이었다. 따라서 나는 어렸을 때 이야기에 대한 설명을 들었던 것이 확실하며, 부모님이 믿고 있었던 그 이야기가 시각기억의 형태로 과거에 투사되었던 것이다.

피아제는 그 기억이 아무리 선명하다 할지라도 엉터리였을 뿐만 아니라 철저하게 가공된 것이라는 사실을 발견했다. 이러한 일화의 함의는 상당히 크다. 적어도 확실하게 참이라고 믿는 어떤 것이 허구일 가능성이 있다. 뒤에서 논의하겠지만 이러한 함의는 처음에 볼 때처럼 그렇게 혼란스러운 것이 아니다. 왜냐하면 (1) 이렇게 극적인 엉터리 기억을 만들어 내려면 특수 상황이 필요하며, (2) 그러한 기억이 만들어진다 하더라도 일반적으로는 그렇게 심각한 현실적 결과를 초래하지 않기 때문이다. 그렇지만 제니퍼 톰슨의 경우와 같이 어떤 엉터리 기억은 때때로 재앙과 같은 결과를 초래하기도 한다.

어떻게 그러한 기억이 만들어지는 것인가? 그 답은 일련의 구성 과정으로부터 만들어진다는 것인데, 그 과정은 기억해야 할 사건을 처음 부호화할 때 일어나는 과정과, 사건 기억이 이미 형성된 후에 일어나는 과정으로 나눌 수 있다.

## 기억 부호화에서의 구성 과정

**기억 부호화**encoding란 사건에 대한 장기기억 표상을 형성할 때 일어나는 과정을 말한다. 장기 표상을 형성한다는 측면에서 볼 때 부호화는 두 단계를 갖는다. 즉 처음의 지각(정보를 단기기억으로 전이하는 것), 그리고 단기저장소에서 장기저장소로 정보를 전이하는 데 관여하는 모든 과정이다. 엉터리 기억의 구성은 두 단계 모두에서 일어날 수 있다.

## 구성 지각

5장에서는 지각하는 것이 반드시 객관적으로 존재하는 것에 대응하지는 않게 되는 체계적 방식을 논의했다. 많은 경우에 지각은 객관적인 감각 데이터의 '상향' 처리뿐만 아니라 과거사, 지식, 기대에 의한 '하향적' 영향이 결정한다. 이것이 나중의 기억에 주는 의미는 무엇인가? 지각한 것은 초기 기억의 토대를 형성한다. 따라서 처음에 지각한 것이 객관적 세계와 체계적으로 차이를 보인다면, 일어난 사건에 대한 지각자의 처음 기억도–그리고 나중의 기억도–마찬가지로 왜곡된다.

이러한 구성 지각을 예시하기 위해 우선 또 다른 개인 일화를 보자. 이 일화는 저자 중 한 사람의 것이다. 1973년에 GL은 친구를 방문했는데, 그 친구는 한 면이 대략 15cm이고 투명한 정육면체인 '뮤직박스'를 보여 주었다. 그 박스는 스테레오 시스템에 연결되어 있었으며, 음악이 연주되면 박스 안에 있는 여러 색깔의 불빛이 다양한 순서대로 반짝였다. 불빛이 특정하게 조합될 때 투명한 박스 속에서 특정 이미지를 선명하게 볼 수 있었다. 예컨대 한 면에는 베트콩 군인이, 다른 면에는 밥 딜런의 사진이, 그리고 세 번째 면에는 비틀스의 사진이 있었다. 이러한 이미지의 연속에 매료된 GL과 친구는 박스가 어떻게 만들어진 것인지 궁금해졌다. 그들은 뉴스 잡지에 실린 그림을 따다가 박스의 투명한 안쪽에 부착하여, 불빛이 특정하게 결합될 때만 볼 수 있게 한 것이라고 생각했다. 결국 그들은 박스를 분해하여 조사해 보았다. 놀랍게도 거기에는 아무것도 없었으며 투명한 면에 무선적으로 뿌려진 페인트뿐이었다. 그들이 지각한 선명한 이미지는 그곳에 없었다. 오히려 이미지는 무선성에서 구성되었던 것이다. 그리고 GL과 친구가 자신들의 지각이 착각이었다는 사실을 발견했음에도 불구하고, GL은 아직까지도 자신의 지각 시스템이 예술적으로 구성했던 뮤직박스 이미지에 대한 선명한 기억을 가지고 있다.

심리학 실험실에서 구성 지각을 시범 보일 수 있는 좋은 예는 **지각간섭** perceptual interference이라고 알려진 현상에서 찾아볼 수 있는데, 이 현상은 1964년 처음으로 제롬 브루너와 메리 포터가 「사이언스」에 게재한 논문에 기술되었다. 이들은 참가자들에게 보통 사물(예: 로켓)의 사진을 보여 주고 그 사물의 이름을 말하도록 요구했다. 실험의 핵심은 사물이 처음에는 초점이 맞지 않은 채로 시작하는데, 전혀 초점이 맞지 않아서 재인하기가 거의 불가능한 상태에서 시작하여 점차적으로 초점을 맞추어 갔다. 실험에는 두 가지 주요 조건이 있었다. 전혀 초점이 맞지 않는(very-out-of-focus, VOF) 조건에서는 말 그대로 전혀 초점이 맞지 않은 상태에서 시작했으며, 대충 초점이 맞지 않는(moderately-out-of-focus, MOF) 조건에서는 애매하게 초점이 맞지 않은 상태에서 시작했다. 지각간섭이란 관찰자가 사물을 재인하려면 MOF 조건보다 VOF 조건에서 초점을 더 많이 맞추어야 한다는 것이다.

그 이유는 무엇인가? 브루너와 포터가 제안한 가설은 이렇다. 초점이 맞지 않은 사물을 볼 때는 관찰자가 그 사물에 대한 가설을 생성한다는 것이었다(예: 관찰자는 처음에 초점이 맞지 않은 로켓이 연필일 것이라는 가설을 세울 수 있다). 일단 가설을 생성하면 그 가설이 관찰자의 지각을 주도했다. 사물의 초점이 점차 맞추어짐에 따라 관찰자는 계속해서 잘못된 지각을 유지하려고 했다. 엉터리 기대를 생성하지 않은 관찰자가 사물을 정확하게 지각할 수 있는 초점 수준을 넘어설 때까지 그랬다. VOF 조건의 관찰자는 MOF 조건의 관찰자보다 엉터리 가설을 형성할 기회가 더 많았기 때문에, VOF 조건의 관찰자가 정확하게 재인하는 데는 더 높은 수준의 초점이 필요했던 것이다.

## 추론 생성

이미 지적한 바와 같이 지각은 사건의 지속적인 기억을 형성하는 데 충분하지 않다. 그 사건에 해당하는 정보를 단기저장소에서 장기저장소로 전이하려면 다른 과정이 일어나야만 한다. 구성 과정은 여기서도 **추론** inference의 형태로 나타날 수 있다.

언어 자료에 대한 기억을 사용하여 예시해 보자. 한 문장과 같이 단순한 것을 읽을 때도 우리는 그 문장에서 추론을 하여 장기기억에 문장과 함께 저장하기 십상이다. 이러한 경향성은 글을 읽을 때 특히 강력한데, 왜냐하면 서로 다른 문장을 연결짓는 데 그러한 추론이 필요한 경우가 많기 때문이다. 한 실험에서 참가자에게 제시한 다음 이야기를 생각해 보자.

1. 프로보는 프랑스의 아름다운 왕국이다.

2. 코르만은 프로보의 왕위 계승자였다.
3. 그는 기다리는 데 지쳤다.
4. 그는 청산가리가 해결해 줄 것이라고 생각했다.

이 이야기를 읽을 때 참가자는 특정 시점에서 추론을 한다. 문장 3에서 코르만이 왕이 되기를 원했다고 추론하며, 그러한 추론이 문장 3을 앞 문장과 연결해 준다. 그렇지만 이것은 필요한 추론이 아니다(코르만은 왕이 자신을 받아들일 때까지 기다릴 수도 있었다). 문장 4에서 참가자는 코르만이 왕을 독살하기로 결정했다고 추론함으로써 이 문장을 앞 문장들과 연결할 수 있다. 여기서도 추론이 반드시 필요한 것은 아니다(왕 이외에 독살할 다른 사람이 있을 수 있으며, 청산가리도 다른 용도가 있을 수 있다). 정확하게 어느 문장이 제시되었는지에 대한 기억을 나중에 검증할 때, 참가자들은 읽은 문장과 방금 기술한 추론을 구분하는 데 어려움을 겪는다. 실제로 제시되었던 것을 우리가 첨가한 것과 분리하기란 쉬운 일이 아니다(Seifert et al., 1985).

## 사건 후 기억 재구성

앞에서 우리는 비디오테이프를 기억의 은유로 생각하지 않도록 경고했다. 보다 좋은 은유는 우리가 지금 작업하고 있는 복잡한 과제의 성분을 담고 있는 파일 폴더(물리적인 카드 폴더이든 컴퓨터 폴더이든 관계없이)이다. 예컨대 집필하고 있는 소설에 관한 자료를 담고 있는 폴더에 저자가 노트한 내용, 현재 쓰고 있는 장이나 절, 사진 등이 포함되어 있다. 폴더를 열 때마다 작업 진도에 따라서 어떤 형태로든 폴더의 내용이 변하게 된다. 우리의 기억도 마찬가지이다. 마음속에서 어떤 기억에 접속할 때마다 기억이 변한다. 기억을 형성할 때와 마찬가지로, 추론을 하고 그 추론 결과를 기억의 한 부분으로 저장한다. 알고 있거나 학습한 다른 사실에 비추어 볼 때 이해가 되지 않는 정보는 버리기도 한다. 다른 사람이 제안하는 새로운 정보를 첨가하기도 한다. 이러한 모든 유형의 처리는 **사건 후 기억 재구성** post-event memory reconstruction 범주에 포함된다.

### 내적으로 생성한 추론

사람들이 추론을 하여 기억에 저장하는 방법은 다양하다. 해니건과 라이니츠(Hannigan & Reinitz, 2001)가 보고한 최근 사례는 시각기억에서의 추론을 기술하고 있다. 실험에서 참가자는 슈퍼마켓에서 물건을 사는 것과 같은 일상 행위를 보여 주는 연속적인 슬라이드를 보았다. 그 속에는 비교적 예외적인 상황을 나타내는 장면이 있었다(예: 바닥에 오렌지가 널려 있는 것). 나중에 참가자들은 그러한 상황의 원인이 되는 장면(예: 한 여자가 쌓아 놓은 더미 아랫부분에서 오렌지 하나를 빼내는 장면)을 보았다고 자신 있게 주장했다. 물론 실제로는 그러한 장면이 없었다. 이 결과가 강력하게 시사하는 것은, 이러한 상황에서 관찰자는 일어났었음에 틀림없는 사건에 대해 추론을 하며, 그러한 추론 결과를 사건 기억에 포함한다는 사실이다.

추론은 **스키마** schema에 근거하여 만들어 낼 수도 있다. 스키마란 사람, 사물, 사건, 또는 상황의 유목에 대한 심적 표상이다. **고정관념** stereotype도 일종의 스키마인데, 왜냐하면 사람 유목(예: 이탈리아 사람, 여성, 운동선수 등)을 표상하고 있기 때문이다. 특정 상황에서 행동하는 방식에 관한 지식을 기술하는 데 스키마를 사용할 수도 있다.

예컨대 대부분의 어른들은 식당에서 식사하는 법에 대한 스키마를 가지고 있다(식당에 들어간다, 테이블을 찾는다, 웨이터가 메뉴를 준다, 음식을 주문한다 등). 스키마에 따라서 지각하고 생각함으로써 상당한 양의 정보를 신속하고도 경제적으로 처리할 수 있게 된다. 새로 접하는 사람, 사물, 사건의 모든 세부 사항을 지각하고 기억하는 대신에, 기억에 이미 들어 있는 어느 스키마에 해당하는지를 확인하고 가장 변별적인 특징만을 부호화하고 기억하면 된다. 그러나 이러한 '인지 경제성'은 만일 사용한 스키마가 적절한 것이 아닐 때 사물이나 사건을 왜곡할 수 있다는 대가를 치러야 한다.

바틀릿(Bartlett, 1932)은 기억에 대한 스키마 효과를 체계적으로 연구한 최초의 심리학자일 것이다. 그는 사람들이 상대방을 고정관념에 맞출 때 일어나는 것과 같은 기억 왜곡이 이야기를 스키마에 맞추려고 할 때도 일어날 수 있다고 제안했다. 연구 결과는 바틀릿의 생각을 확증했다. 예컨대 식당에 가는 특정 인물에 대한 짧은 이야기를 읽은 후에 사람들은 그 인물이 음식을 먹고 돈을 지불한 것을 회상할 가능성이 크다. 물론 그러한 행위가 이야기에서 언급되지 않았는데도 말이다(Bower et al., 1979).

스키마가 기억을 주도하는 상황은 이 장의 앞부분에서 논의한 단순한 상황과 상당한 차이가 있는 것으로 보인다. 예컨대 무관한 단어의 목록을 기억하는 것을 생각해 보자. 여기서 기억 과정은 상당히 상향적이다. 기억 과정이 새로운 무엇인가를 구성하기보다는 입력을 그대로 유지하도록 작동한다. 그러나 이렇게 단순한 상황에서도 심상을 사용하여 입력에 의미를 첨가하는 것과 같은 구성적 측면이 존재한다. 마찬가지로 스키마에 근거한 행위에 대한 이야기를 읽을 때, 나중에 그것을 정확하게 회상하기 위해서는 세부 사항을 유지해야만 한다. 기억의 두 측면, 즉 입력을 유지하고 새로운 것을 구성하는 것은 항상 공존한다. 물론 이것들의 상대적 강조는 상황에 따라 달라진다.

앞서 언급한 것처럼 한 가지 중요한 스키마 유형은 **사회적 고정관념 social stereotype**이며, 이것은 전체 사람 집단의 성격 특질이나 신체 속성에 관한 것이다. 예컨대 전형적인 독일 사람(지적이고, 꼼꼼하며, 신중하다)이나 전형적인 이탈리아 사람(예술적이고, 자유분방하며, 재미를 추구한다)의 고정관념을 가지고 있을 수 있다. 이러한 기술이 그 유목에 속한 많은 사람에게 적용되는 경우는 거의 없기 때문에 사회적 상호작용을 엉뚱한 방향으로 이끌어 가기 십상이다. 그렇지만 여기서 우리의 관심사는 사회적 상호작용에 대한 고정관념의 영향이 아니라(이 주제의 자세한 내용은 18장을 참조하라) 기억에 대한 영향이다.

사람들은 한 사람에 대한 정보를 받을 때 때때로 그 사람을 고정관념에 따라 처리하며(예: 그는 전형적인 이탈리아 사람이다) 주어진 정보를 고정관념에 들어 있는 정보와 결합한다. 따라서 그 사람에 대한 기억을 부분적으로 고정관념이 주도하여 구성한다. 고정관념이 그 사람과 맞아떨어지지 않는다면 회상은 심각하게 왜곡될 수 있다. 영국의 한 심리학자는 그러한 왜곡에 대해 직접적으로 설명하고 있다.

> 10월 23일에 시작하는 한 주 동안 나는 대학에서 상당히 눈에 띄도록 스칸디나비아 사람의 외모를 갖춘 남학생을 만났다. 금발에 푸른 눈동자, 강건한 골격 등 그 학생의 바이킹다운 외모에 나는 강한 인상을 받았던 것으로 기억하고 있다. 나는 그 당시 내가 담당하고 있던 스칸디나비아 통신과 관련하여 그 남학생의 외모를 여러 차례 회상하곤 했으며, 그를 '완벽한 바이킹'으로 생각하여 모험 여행을 위해 북극해를 가로질러 가는 해적선의 키를 잡고 있는 모습을 머리에 그려 보곤 했다. 11월 23일 그 학생을 다시 만났을 때 나는 알아보지 못했으며, 그는 자신을 다시 소개해야만 했다. 내가 그 학생의 모습을 망각한 것이 아니라 그의 외모가 내 기억 속에서 심각하게 왜곡되었던 것이다. 그는 내가 회상한 것과 전혀 달랐다. 머리는 검은색에 눈은 별로 파랗지도 않았고 골격도 그다지 근육질이 아니며 안경을 끼고 있었다(늘 그랬던 것처럼 말이다). (Hunter, 1974, pp. 265-266)

**'전형적인 럭비 선수'에 대한 고정관념은 사진 속의 선수들에 대한 정보의 부호화를 간섭할 수 있다. 이들은 고정관념에 포함된 것과는 전혀 다른 특징을 가지고 있을 수 있다.**

스칸디나비아 사람에 대한 이 심리학자의 고정관념이 실제로 그 학생의 외모에 대해 부호화했던 정보를 압도하여 엄청난 구성기억을 초래한 것으로 보인다. 구성기억은 그 학생을 전혀 닮지 않았기 때문에 재인의 토대로도 사용될 수 없었던 것이다.

## 외부에서 제공한 암시

사건 후 재구성은 다른 사람이 제공한 정보 때문에 일어나기도 한다. 엘리자베스 로프터스와 존 파머(Loftus & Palmer, 1974)가 보고한 고전 실험은 이 과정을 예시한다. 실험에서 한 집단의 참가자들에게 자동차 사고 영화를 보여 주었다(한 대가 다른 차를 들이받는 장면). 영화를 보여 준 후에 참가자들에게 방금 보았던 사고에 대한 일련의 질문을 던졌다. 참가자들을 질문 하나에 들어 있는 단어 하나를 제외하고는 동일한 두 집단으로 나누어졌다. '접촉 사고' 집단에게는 "접촉 사고를 일으킨 차가 얼마나 빠르게 주행하고 있었습니까?"라고 물었다. '충돌 사고' 집단에게는 "충돌 사고를 일으킨 차가 얼마나 빠르

**교통사고에서 일어난 사건을 기억해 낼 때, 사람들은 보다 상세한 기억을 구성하기 위해 일반 지식(예: 교통법이나 교통신호의 의미에 관한 지식)을 사용한다.**

게 주행하고 있었습니까?"라고 물었다. 이 외에는 두 집단이 동일했다.

이 실험에서 얻은 첫 번째 결과는 '충돌 사고' 집단이 '접촉 사고' 집단보다 속도를 빠르게 추정했다는 것이다(대략 10.5마일 대 8마일). 이 결과가 흥미를 끄는 이유는 내놓는 답에 미치는 유도 질문의 효과를 보여 주기 때문이다. 그렇지만 사건 후 재구성이라는 논제와 직접 관련된 결과는 절차의 다음 부분에 있었다. 모든 참가자는 대략 일주일 후에 실험실에 다시 와서 교통사고에 대한 추가적 질문을 받았다. 한 가지 질문은 "깨진 유리를 보았습니까?"였다. 실제로 깨진 유리는 없었기 때문에 이 질문의 정답은 '아니요'였다. 그러나 충돌 사고라는 표현으로 속도에 대해 질문을 받았던 참가자들은 접촉 사고라는 표현을 사용하여 질문을 받았던 참가자들에 비해 깨진 유리가 있었다고 잘못 답할 가능성이 훨씬 높았다.

이 결과는 충돌 사고라는 표현이 **사건 후 정보** post-event information를 만들어 낸 것으로 해석할 수 있다. 그 단어를 들을 때 참가자들은 두 대의 차가 정면충돌하는 끔찍한 사건과 일치하도록 교통사고에 대한 기억을 재구성했다. 기억 속에 깨진 유리를 통합하는 것도 그러한 재구성의 한 가지 결과였다. 이렇게 해서 존재하지 않았던 깨진 유리가 일주일 후에 참가자의 기억 속에 남아 있게 된 것이다.

암시 정보의 효과는 얼마나 강력한 것일까? 로프터스와 파머의 연구는 지난 25년 동안 결과를 반복해 온 수많은 다른 연구와 함께, 그 사건의 세부 사항이라는 측면에서 실제 사건을 부정확하게 기억하도록 상황을 재구성하는 것이 얼마나 용이한지를 보여 준다. 전적으로 허구인 사건에 대한 기억을 만들어 낼 수 있을까? 직관과 상식에 근거할 때 가능성이 거의 없어 보이지만, 이 측면에서는 직관과 상식이 틀린 것이다.

우선 앞에서 피아제가 기술했던 것과 유사한 엉터리 기억의 일화가 많이 있다. 보다 극적인 것으로는 외계인이 유괴하여 실험 대상으로 사용했다는 것과 같이 불가능하다고 여겨지는 사건을 경험했다고 주장하는 사람들이 있다. 이 사람들이 실제로 그러한 경험을 했다고 믿는 한 전체 사건에 대한 엉터리 기억의 명백한 증거를 제공하고 있다. 하지만 이러한 일화 보고의 해석에는 문제점이 있다. 첫째, 가능성이 거의 없다고는 하더라도 그 사건이 실제로 일어났을 가능성을 완전히 배제할 수는 없다. 둘째, 더 심각한 문제는 증언이 믿을 만한지를 알 수 없다는 것이다. 유명해지려고 몸부림치는 몇몇 사람들이 세간의 주의를 끌기 위해 그러한 이야기를 치밀하게 꾸미는 것이라고 주장할 수 있다.

보다 설득력 있는 과학 증거는 완전히 허구인 사건이 통제조건에서도 만들어질 수 있다는 사실을 보여 준 최근의 실험 연구이다. 예컨대 하이만 등(Hyman et al., 1995)은 대학생들에게 그들이 어렸을 때(대략 5세경에) 일어났다고 알려 주는 비교적 예외적이며 완전히 허구인 사건(예: 결혼 피로연에 참석하여 실수로 신부 부모님에게 음료수를 쏟았던 사건)을 기억하는지를 물었다. 처음에는 어느 누구도 그 사건을 기억해 내지 못했다. 그러나 그 '사건'에 대한 두 번의 인터뷰 후에는 상당한 비율의 학생들(20~25%)이 그 사건의 부분이나 전모를 아주 상세하게 기억한다고 보고했다. 실제로 많은 학생들은 그들에게 제시하지도 않았던 세부 사항을 '기억해 내기' 시작했다(물론 이것은 객관적 사실과 일치하는 것이 아니었다). 예컨대 한 참가자는 처음에 결혼식에 대해 아무것도 회상하지 못했지만, 두 번째 인터뷰에서는 "야외 결혼식이었는데 이리저리 뛰어놀다가 음료수 병과 같은 것을 쓰러뜨려서 엉망진창을 만들었고, 그래서 물론 혼이 났었던 것 같아요."라고 진술했다. 다른 연구(예: Loftus & Pickrell, 1995; Loftus et al., 1996)도 유사한 결과를 보고했으며, 또 다른 연구(Garry et al., 1996)는 사람들에게 과거 사건에 대한 허구적 발생을 상상해 보라고만 해도 그러한 기억을 유도할 수 있다는 사실을 보고했다.

이러한 연구에서 참가자들은 실험자가 제공하는 사건 후 정보를 사용하여 결코 일어나지 않았던 사건의 기억을 만들어 내는 것으로 보인다. 나아가 이러한 사건을 자발적으로 상상하는 과정이 부가적인 세부 사항을 수반하는 부가적인 자가 발생적 사건 후 정보를 초래하며, 이 정보도 기억에 포함한다.

이 실험의 모든 참가자들이 엉터리 사건을 기억해 내는 것은 아니다. 일반적으로 엉터리 기억을 만들어 내는 사람의 비율은 대략 25%이다. 하이만 등(Hyman et al., 1995)은 엉터리 기억 생성과 관련된 성격 특질을 보고했다. 첫째, 해리 경험 척도의 점수로, 이 척도는 사람이 기억과 주의집중에 실패하거나 자각과 사고, 기억을 통합하는 데 실패하는 정도를 측정한다. 둘째는 창의적 상상 척도의 점수로, 이 척도 점수는 최면에 걸릴 가능성의 측정치이며, 심상의 선명도에 대한 자기보고식 측정치로도 간주할 수 있다.

## 구성기억과 법체계

여러 곳에서의 논의와 사례가 시사하는 바와 같이 구성기억 constructive memory은 법체계에서 특히 중요하다. 재판에서는 일어난 사건에 대한 목격자 기억에 의존하여 이기거나 지는 경우가 많으며, 피고가 금고형에서 사형에 이르는 처벌을 받기도 하고 그렇지 않기도 한 경우가 많다. 엉터리 기억이 초래한 극적인 결과의 사례는 자신을 강간한 사람에 대한 제니퍼 톰슨의 엉터리 기억으로 인해 로널드 코튼이 감옥살이를 한 세월이다. 이것은 결코 예외적인 사건이 아니며, 불행하게도 엉터리 기억으로 인해 정의가 잘못 집행된 유명한 사건의 하나일 뿐이고 이 외에도 알려지지 않은 사건이 수없이 많다. 이 절에서는 법체계에서 기억의 중요성을 살펴본다.

### 확신도와 정확도

실험실에서 기억을 연구하는 심리학자는 행복하게도 참가자의 기억이 옳은 것인지를 알고 있다. 목격자가 기억해 내려는 사건을 만들어 낸 과학자는 참가자의 반응을 객관적 사실과 비교할 수 있는 위치에 있다. 그렇지만 실세계, 특히 판결에 결정적인 목격자 기억의 경우에는 일어난 사건에 대한 객관적 기록이 없기 때문에(유명한 로드니 킹의 경우와 같이 비디오에 찍힌 범죄와 같은 소수의 사례를 제외하고는) 어느 누구도 증인이 정확한지를 객관적으로 판단할 능력을 가지고 있지 않다. 따라서 증언이 정확한지를 나타내는 주요 지표는 자신의 기억이 정확하다는 목격자의 확신도뿐이다. "저 사람이 나를 강간했다고 100% 확신한다."고 말하는 목격자는 "저 사람이 나를 강간했다고 75% 확신한다."고 말하는 목격자에 비해 더 정확할 가능성이 높다고 판단한다. 법체계에서 결정적 물음은 '목격자 기억의 지표로서 목격자의 확신도가 얼마나 타당한 것인가?'이다. 상식에 따르면 매우 타당한 것이다. 과학적 증거도 이것을 뒷받침하는가?

과학 실험실과 정상적인 일상생활 모두에서 높은 확신도는 높은 정확도를 예언하는 경우가 많다고 하더라도, 심리학자들은 상식과 달리 이러한 정상적인 예측력이 사라져 버리는 상황을 밝혀 왔다. 그러한 상황에는 (1) 애초에 형편없는 부호화를 초래하는 사건(시간이 너무 짧았다거나, 조명이 약했다거나, 적절한 주의를 기울이지 못했다거나, 아니면 다른 많은 요인으로 인한), (2) 어떤 형태의 사건 후 재구성(예: 추론이나 다른 사람이 암시하는 정보), (3) 재구성된 기억을 되뇌기하려는 동기와 기회 등이 포함된다(요약과 특정한 실험은 Busey et al., 2000; Deffenbacher, 1980; Penrod & Cutler, 1995; Wells et al., 1981을 참조하라).

예컨대 데펜바커(Deffenbacher, 1980)는 기억에 대한 확신도와 그 기억의 정확도 사이의 관계를 측정한 45개의 실험을 분석했다. 대략 절반의 실험에서 직관이 이끌어 가는 것과 같이 확신도와 정확도 사이에 정적 관계가 있었다. 즉 높은 확신도가 높은 정확도와 연합되었다. 그러나 나머지 절반의 실험에서는 확신도와 정확도 사이에 그러한 관계가 없었다(심지어 몇몇 경우에는 부적 관계가 있었다).

얻은 결과의 정확도가 확신도와 정적으로 관련되는지는 기억 구성을 둘러싸고 있는 전반적 상황에 달려 있었다. 호의적 상황(예: 좋은 조명, 스트레스 없음, 사건 후 정보 없음)은 확신도와 정확도 사이에 예상한 정적 관계를 초래했다. 그러나 호의적이지 않은 상황에서는 확신도와 정확도 사이에 아무런 관계가 없거나 부적 관계가 초래되었다.

라이페(Leippe, 1980)는 그 이유를 멋지게 요약했다. 부호화 상황이 열악할 때는 초기 기억에 빠진 부분이 많다. 예컨대 자동차 사고가 일어날 뻔한(즉 다른 차가 내 차를 거의 추돌할 뻔한) 경험을 한다고 가정해 보자. 상황이 순간적이고 스트레스로 인해 그 사람은 많은 세부 사항, 예컨대 상대방 차의 모델이나 색깔, 또는 그 차에 동승객이 있었는지 등을 기억해 내지 못한다. 이것들이 기억에서 빈 틈새가 된다. 그러나 그 사건은 뚜렷한 것이었기 때문에 마음속에서 자꾸 되뇌기하게 된다. 되뇌기하는 과정에서 기억 틈새를 채워 넣게 된다. 그러한 채우기는 무선적이며, 기대에 따르거나 사건 후 정보에 의한 것일 수 있다. 채우기는 많은 것에 의해 일어날 수 있는데 어느 것도 정확할 가능성은 없다. 따라서 기억은 전반적으로 부정확한 것이 되어 버린다. 그런데 이렇게 부정확한 기억의 되뇌기가 강력한 기억으로 이끌어 가서는 높은 확신도를 갖게 되는 것이다.

이러한 연구에서 중요한 현실적 결론이 도출된다. 즉 목격자가 기억에서 상당한 확신도를 나타낼 때(예: 피고를 기억하고 있는 범인으로 지목하는 것), 배심원은 그렇게 확신하는 기억으로 이끌어 간 사건이 무엇인지를 알 필요가 있다. 만일 처음 기억을 형성할 때의 상황이 좋았으며 사건 후 기억 재구성을 일으키게 만드는 요인이 없다면 배심원은 높은 확신도를 기억 정확도의 증거로 받아들일 수 있다. 반면에 처음 기억을 형성할 때의 상황이 열악하고 사건 후 기억 재구성을 일으킬 명백한 요인이 있다면 배심원은 목격자의 높은 확신도를 기억 정확도의 지표로 받아들이는 데 조심해야 한다.

법체계가 결국에는 이러한 연구 결과를 고려하기 시작했다는 사실은 주목할 만한 일이다. 2001년 4월, 미국 뉴저지 주는 범인 확인을 위한 새로운 일반 가이드라인을 채택했는데, 이것은 주로 우리가 방금 기술한 유형의 연구에 근거한 것이다. 뉴저지 주 검찰총장인 제임스 파머는 가이드라인에 첨부한 메모에서 목격자에게 엉터리 확신감을 제공할 수 있는 확인 절차를 경계하는 것이 중요하다고 언급하면서, 계속해서 "연구들은 목격자가 범인의 확인에서 보여 주는 확신도 수준은 배심원들이 그 확인을 정확하고 신뢰할 만한 것으로 받아들일 것인지에 대한 일차 결정 요인이라는 사실을 확립했다."고 진술했다.

매우 확신적인 증언은 배심원에게 설득적이지만 철저하게 잘못된 것일 수도 있다.

## 암시 정보와 아동 기억

어린 아동은 암시 정보에 대한 피암시성이 큰 것으로 보이며, 특히 인터뷰할 때 그런 듯하다. 세시와 브루크(Ceci & Bruck, 1993)는 이러한 유형의 피암시성을 보여 주는 다양한 연구를 기술했다. 흔히 아동은 범죄에 대해 인터뷰를 받는데, 면담자가 의도적이든 아니든 인터뷰를 진행하는 동안 상당한 양의 암시 정보를 제공하기 때문에 이 문제가 특히 심각한 것이다.

이러한 유형의 확증적 인터뷰 기법이 초래하는 결과를 예시하는 실험 중에서 최근 보고된 사례는 다음과 같이 진행되었다. 첫째, 훈련받은 사회복지사에게 아동이 관여된 특정 사건에 대한 기록을 제공한다. 이 기록에는 사건 도중에 일어났던 실제 행위와 일어나지 않은 거짓 행위가 모두 담겨 있다. 그 후 사회복지사에게 사건에 대한 인터뷰를 아동에게 하도록 요구했다. 특히 유도 질문을 하지 않도록 요청했다.

이 절차에서 여러 결과가 도출되었다. 첫째, 인터뷰를 받은 아동은 결국에 가서 거짓 행위를 상당한 확신감을 가지고 회상했는데, 이 사실은 면담자가 일어났던 사건에 대한 자신의 선입견을 아동에게 '주입'했음을 보여 주는 것이다. 둘째, 다른 전문가들은 아동이 회상한 것 중에서 무엇이 실제 행위이고 무엇이 거짓으로 주입된 것인지를 구분할 수 없었다.

따라서 이 예에서 볼 때, 인터뷰 자체는 아무리 전문 면담자가 편중되지 않도록 애쓴다고 하더라도 면담자의 기존 편향을 아동에게 전달하고, 일어난 사건에 대한 아동의 기억을 실제로 변화시킨다는 사실이 명백했다. 즉 다른 전문가들이 아동의 기억에서 무엇이 실제 경험에 근거한 것이며 무엇이 사건 후 암시 정보에 근거한 것인지를 구분할 수 없을 만큼 그 기억을 변화시킨 것이다.

## 강요된 자백

경찰이나 다른 수사관들이 사용하는 심문 기법은 피의자가 저지르지 않았다는 사실을 객관적으로 증명할 수 있는 범죄에 대해서조차 새빨간 거짓 기억(그리고 거짓 자백)을 만들어 낼 수 있었다는 사실을 많은 연구가 증명하고 있다. 카신(Kassin, 1997), 레오(Leo, 1996), 오프시(Ofshe, 1992) 등은 이러한 논제에 대한 상세한 보고와 요약을 제공한다. 이들은 거짓 기억이 여러 기법을 통해서 결백한 사람들의 마음속에 만들어질 수 있다는 사실을 증명했다. 이 기법에는 피의자에게 (1) 범죄를 입증하는 명백한 증거(예: 지문)가 있다고 말하는 것, (2) 만취 상태였다거나 아니면 충격을 받아서 범죄를 기억할 수 없는 것이라고 말하는 것, (3) 엄청난 범죄는 억압되며, 만일 애를 쓰면 억압된 기억을 '회복'시킬 수 있다고 말하는 것, (4) 중다성격장애를 겪고 있으며, 범죄는 다른 성격이 우세할 때 저지른 것이라고 말하는 것 등이 포함된다. 그러나 이런 기법에만 국한되는 것은 물론 아니다.

리처드 오프시(Ofshe, 1992)는 그러한 거짓 기억에 대한 극적이며 반박할 수 없는 사례를 보여 준다. 「뉴요커」에 시리즈로 연재되어 유명했던 한 사례에서 미국 워싱턴 주 서스턴 카운티 경찰서의 고위 간부였던 폴 잉그램은 자신의 두 딸로부터 고발당했는데, 죄목은 몇 년에 걸쳐 일련의 악마 의식을 통해 딸들을 강간하고 폭행했다는 것이었다. 잉그램은 처음에 결백을 주장했지만 경찰의 끈덕진 심문 끝에 범죄를 시인하기 시작했으며, 점차적으로 세부 내용에 대한 선명한 기억을 갖기 시작했다. 검찰 당국은 잉그램의 사례에 대한 자문을 얻기 위해 캘리포니아 버클리대학교의 사회학 교수이며 악마 의식과 관련된 문제의 전문가인 오프시를 초빙했다. 오프시는 조사 과정에서 다음과 같이 결론 내렸다. (1) 잉그램을 기소하는 증거라고 가정한 악마 의식 행위에 대한 증거가 전혀 없고, (2) 잉그램의 많은 기억이 아무리 상세하여 그가 범인이라는 타당성을 확신할 수 있다고 해도 논리적으로 참일 수 없으며, 오히려 경찰관과 수사 당국의 심문 과정에서 제공한 강력한 암시가 만들어 낸 것이 거의 확실하다는 것이었다. 오프시는 자신의 거짓 기억 가설을 증명하기 위해, 다른 모든 관계자들이 일어나지 않았다고 동의한 특정 사건에 근거하여 잉그램을 기소하는 실험을 수행했다(이 가공 사건은 그의 아들과 딸이 서로 성관계를 가졌으며, 그 현장을 목격했다고 잉그램이 강력하게 주장하는 것이었다). 처음에 잉그램은 그 사건을 기억할 수 없다고 말했다. 그렇지만 그러한 사건이 일어났을 가능성에 대해 계속해서 생각하는 것이 신뢰할 만한 권위자(오프시 본인)의 비난과 결합됨으로써 잉그램은 그러한 가공 사건을 기억해 낼 뿐만 아니라 그 사건이 어떻게 일어난 것인지에 대해 아주 상세한 내용까지도 생성하기 시작했다. 결국 잉그램은 그 기억이 실제로 일어난 것이라고 주장하게 되었다. 모든 관계자들(오프시, 경찰, 다른 모든 수사관들)이 그 사건은 사실이 아니라 실험의 한 부분이었다고 설득하려고 아무리 애를 써도 잉그램은 그 사건이 실제로 일어났던 것이라고 줄기차고도 확고하게 믿었다. 그렇지만 세찬 심문을 중지한 끝에 결국 잉그램은 자신이 처음에 형성했던 기억을 의심하고 철회하기 시작했다.

잉그램의 사례는 심문이 초래한 가장 널리 알려지고 극적인 거짓 기억이기는 하지만 결코 예외적인 것이 아니다. 카신(Kassin, 1997, p. 227)은 다음과 같이 언급함으로써 잉그램의 사례에 대한 기술을 뒷받침하고 있다.

> 강요하여 내면화한 자백을 수반한 주목할 만한 다른 사례도 있다[여기서 카신이 의미하는 것은 피고가 참이라고 정말로 믿은 거짓 기억에 근거한 자백이다]. 이름과 장소, 날짜는 변할 수 있지만 그 자백은 모두 다음과 같은 두 가지 요소를 공통으로 가지고 있다. (a) '취약한' 혐의자, 즉 젊음, 대인관계의 신뢰, 순진함, 피암시성, 모자라는 지능, 스트레스, 피로, 술이나 약물의 남용 등으로 인해 취약하기 짝이 없는 기억을 가지고 있는 혐의자라는 점, (b) 시달리고 있는 혐의자로 하여금 자신의 유죄를 인정하도록 만들기 위해 조작된 거짓말 탐지기나 조사 결과(예: 혈흔, 정액, 머리카락, 지문 등), 공범이 자백한 것처럼 꾸민 진술, 또는 연출된 목격자의 지목 등과 같은 거짓 증거의 제시가 존재한다.

## 제니퍼 톰슨의 기억

이 절은 제니퍼 톰슨의 사례를 되짚어 보는 것으로 마무리하겠다. 제니퍼가 로널드 코튼을 잘못 지목하고 실제 강간범을 알아보지 못한 이유는 무엇인가? 이 물음에 대한 답을 확실하게 알 수는 없지만, 재구성기억에 대해 알려진 바에 근거할 때 몇 가지 증거에 입각한 추측을 해 볼 수 있다.

우선 사건을 둘러싼 상황이 제니퍼의 입장에서 볼 때 강간범의 외모를 기억하기에 전혀 적절한 상황이 아니었다. 어둡고 공포에 휩싸여 있었으며, 그 당시 그녀의 주의는 강간범의 외모보다는 가장 중요한 일, 즉 강간을 피하여 도망가는 일에 집중되었을 가능성이 크다. 따라서 원래의 기억이 형편없었을 가능성이 있다.

그렇다면 어째서 제니퍼 톰슨은 코튼을 처음부터 범인으로 지목했던 것인가? 이것은 명확하지 않다. 그렇지만 다른 증거에 근거할 때, 경찰은 그가 범인이라고 믿고 있었으며, 처음에 그녀가 가능성 있는 혐의자 사진 속에서 그를 지목할 때 이 사실을 암시했을 수 있다. 일단 이렇게 그를 지목한 후에 그녀는 실제 인물 중에서 그를 다시 지목했다. 그러나 그녀는 이미 코튼의 사진을 보았으며, 나머지 5명은 전혀 친숙하지 않은 사람이었던 것이다. 따라서 그녀가 여러 사람 중에서 코튼을 지목한 것은 놀라운 일이 아니다. 여기서 중요한 점은 처음에 그녀가 코튼의 사진을 선택했고, 실제 인물 중에서 코튼을 지목했다는 사실이 사건 후 정보에 대한 풍부한 원천을 제공했다는 것이다. 즉 제니퍼 톰슨으로 하여금 사건에 대한 기억을 재구성하여 강간범에 대해 흐릿하던 기억을 코튼에 대한 명료한 기억으로 변환시켰던 것이다. 이러한 재구성은 세 가지 중요한 결과를 초래했다. 첫째, 그녀가 재판정에서 확신에 찬 확인을 할 수 있는 토대를 만들어 줌으로써 코튼을 기소하도록 만든 근거가 되었다. 둘째, 실제로 현장에 있었던 인물로 보비 풀을 정확하게 재인하는 것을 막아 버렸다. 마지막으로, 그녀가 처음부터 강간범을 잘 기억하고 있었다고 회상해 내도록 만든 토대가 되었다. 그녀가 이 과정을 어떻게 기술했는지에 주목하라. "나는 그의 머리 스타일을 보았으며, 상처 자국, 문신, 그를 확인하는 데 도움이 될 만한 모든 것을 보았지요." 그런데 정말 그랬을까? 만일 그랬다면 어째서 엉뚱한 사람을 지목했단 말인가? 아마도 그 답은 이런 것이겠다. 확인 절차 과정에서 그의 사진을 보았던 결과로 로널드 코튼에 대한 선명한 기억을 구성한 후, 그의 이미지를 형성한 과정에 대한 부수적 기억을 구성했던 것이다.

## 기억 오류와 정상 기억

앞 절에서 예시한 바와 같이 기억은 흔히 정확하지 않기 십상이다. 최근에 심리학자와 신경과학자들은 **기억 착각 memory illusion**을 초래하는 다양한 기제를 밝히려는 시도를 시작했다. 기억 착각은 사람들이 결코 일어나지 않았던 사건을 확신에 차서 기억해 낼 때 일어난다. 기억 착각에 관한 연구가 빠르게 인기를 얻고 있는 이유는, 실생활에서 확실하게 적용될 뿐만 아니라(예: 목격자 증언을 수반한 법적 문제) 정상적인 기억 과정에 대한 이해에도 도움을 주기 때문이다. 세부적인 많은 기억 착각을 확인해 왔다. 사건 후 정보를 기억에 통합한다든가 추론 정보를 경험했던 사건으로 잘못 기억해 내는 것과 같은 몇몇 현상은 이미 소개했다. 한 가지 집중적으로 연구한 기억 착각은 DRM 효과이다(이 약자는 James Deese, Henry Roediger, Kathleen McDermott를 지칭하는 것이며, 이 연구자들은 이 착각을 집중적으로 연구했다). 실험 참가자들에게 단어 목록을 읽고 즉각적으로 그 단어들을 회상하도록 요구한다. 여기서 중요한 처치는 각 목록의 단어가 특정 중심 주제어(예: 의자)와 밀접하게 관련된 연합어라는 점이며, 그 주제어는 목록에 포함되어 있지 않다. 놀라운 결과는 참가자들이 실제로 목록에 제시한 단어보다 제시한 적이 없는 주제어를 기억해 낼 가능성이 더 크다는 것이다(Roediger & McDermott, 1995). 또 다른 널리 알려진 기억 착각은 기억 교접 오류이다. 여기서는 실험 참가자들에게 기억해 내야 할 항목(예: SOMEPLACE, ANYWHERE와 같은 단어)을 제시한 다음에 앞에서 학습한 항목들의 부분으로 구성된 새로운 항목(예: SOMEWHERE)이 포함된 재인검사를 실시한다. 참가자들은 이러한 새로운 항목이 앞에서 제시되었다고 주장하는 매우 강력한 경향성을 나타낸다(예: Reinitz & Hannigan, 2004).

각각의 기억 착각이 독특한 것이기는 하지만, 모든 착각은 기억에서 정보의 출처(source)를 정확하게 기억해 내는 데 실패한 것으로 간주할 수 있다. 마샤 존슨과 동료들(Mitchell & Johnson, 2000; Johnson et al., 1993)은 **출처 모니터링 source monitoring**이라고 부르는 중요한 기억 과정이 기억 정보를 그 출처로 귀인시키는 과정을 수반한다고 제안했다. 예컨대 새로운 영화가 볼 만하다는 이야기를 들었던 것을 기억해 낸다면, 누가 그 이야기를 했는지 기억해 내는 것은 이야기한 사람과 영화에 대한 기호가 동일한지를 결정하는 데 도움을 줄 수 있다. 출처 모니터링 과정은 가능성이 가장 큰 출처를 추론 방식으로 확인해 낸다. 만일 영화에 대한 이야기를 아주 최근에 들었다는 사실을 알고 있다면 최근에 접한 출처만을 고려할 것이다. 출처 모니터링은 추론에 근거하기 때문에 때때로 오류가 발생하여 정보 출처에 대한 부정확한 기억으로 이끌어 가기도 한다. 이는 수많은 기억 착각을 설명해 줄 수 있다. 예컨대 사건 후 정보의 출처를 사건 자체에 잘못 귀인시킴으로써, 확신하지만 잘못된 기억으로 이끌어 갈 수 있다. 마찬가지로 DRM 실험에서 다양한 연합어를 제시하는 것은 주제어가 머리에 떠오르도록 만들 수 있다. 그 경우에 참가자들은 주제어에 대한 최근 기억의 출처를 자신이 들었던 출처로 잘못 귀인할 수 있다. 기억 교접 오류의 경우에도 참가자들은 단어의 부분을 동일한 출처 단어에서 나온 것으로 잘못 기억해 낼 수 있다. 따라서 기억 착각은 정보의 기억이 출처 기억과 분리되어 있다는 사실을 입증하며, 기억 정확도에서 출처 모니터링의 중요성을 보여 준다. 출처 기억 능력은 인지적 노화에 따라서 감소하는 것으로 알려졌다. 예컨대 섁터 등(Schacter et al., 1991)의 실험에서는 2명의 상이한 실험자가 젊은 실험 참가자들과 노인 실험 참가자들에게 단어를 큰 소리로 읽어 주었다. 두 연령 집단의 참가자들은 재인검사에서 제시한 단어와 새로운 단어를 거의 같은 수준에서 구분해 낼 수 있었다. 그러나 젊은 집단이 그 단어의 출처(즉 어느 실험자가 그 단어를 읽어 주었는지)를 보다 정확하게 기억해 낼 수 있었다. 따라서 노인은 기억 착각에 취약할 가능성이 더 크다. 이것은 노인을 힘들게 만들 수 있다. 예컨대 어떤 노인은 약을 방금 먹었는지 아니면 약을 먹어야겠다고 생각했는지를 구분하기 어렵다고 불만을 털어놓는다. 이 경우에 약의 복용에 대한 최근 기억을 가지고 있기는 하지만, 그 출처가 내적인 생각이었는지 아니면 실제 행동이었는지를 기억해 내는 데 어려움을 겪는 것이다.

### 중간 요약

- 실험 증거와 일화 증거는 모두 기억이 비디오테이프와 달리 기대와 지식에 근거하여 구성되고 재구성된다는 사실을 지적한다. 이러한 의미에서 어떤 사건에 대한 기억은 그 사건의 객관적 사실로부터 체계적으로 멀어지기 십상이다.
- 기억 재구성은 다양한 유형의 지각 오류를 통해 기억을 처음에 형성할 때 일어날 수 있다.
- 보다 흔하게는 기억 재구성이 다양한 유형의 사건 후 정보에 근거하여 형성된 후 다양한 시점에서 일어난다.
- 기억 재구성은 철저하게 틀린 것임에도 불구하고 지극히 사실인 것처럼 보이며, 상당한 확신감을 가지고 설명할 수 있는 기억의 토대를 형성한다.
- 착시에 수반되는 지각 오류(5장 참조)와 마찬가지로 기억 오류는 정상적인 기억의 정상적이면서도 유용한 특성일 수도 있다. 만일 기억이 완벽하고 정확하다면 그 기억은 우리의 정보처리 시스템을 압도해 버릴 것이다.

### 비판적 사고를 위한 물음

1. 제이슨과 그의 아내 케이트가 결혼 10주년이 되는 날 자신들의 결혼식에 대해 이야기하고 있다고 가정해 보자. 제이슨은 장모가 실수로 음식 테이블에 넘어져서 샴페인을 엎질렀던 일을 신이 나서 이야기하고 있다. 케이트는 정색을 하며 그 황당한 실수를 저지른 사람은 시어머니라고 주장한다. 구성기억과 재구성기억에 대해 알고 있는 것을 사용하여 이러한 의견 불일치로 이끌어 간 사건의 연속을 구성해 보라.
2. 일반적으로 기억의 정확도는 시간이 경과함에 따라 감소한다. 이러한 일이 일어나는 두 가지 이유를 기술하라. (힌트: 한 가지 이유는 앞 절에서 학습했고 또 한 가지 이유는 이 절에서 학습했다.)

## 기억 증진

작업기억과 장기기억의 토대를 다루었기에 이제 어떻게 하면 기억을 증진할 수 있는지에 대한 물음을 다룰 준비가 되었다. 여기서는 우선적으로 외현기억에 초점을 맞춘다. 우선 작업기억폭을 증가시키는 방법을 다룰 것이다. 그런 다음에 장기기억을 증진하는 다양한 방법을 살펴볼 것이다. 이러한 방법은 부호화와 인출의 효율성을 증진한다.

### 청크 만들기와 기억폭

대부분의 사람들은 작업기억의 용량이 7±2 청크 이상으로 증가할 수 없다. 그러나 청크 크기를 확장함으로써 기억폭의 항목 수를 늘릴 수 있다. 이 사실은 이미 앞에서 보았다. 149-2177-619-96의 숫자 연속이 있을 때, 이것을 3개의 청크(1492, 1776, 1996)로 재부호화하여 작업기억에 저장하면 12개 숫자 모두를 회상할 수 있다. 이 예에서는 숫자들을 친숙한 연도로 재부호화하는 것이 잘 작동하지만 대부분의 숫자 열에서는 작동하지 않는다. 왜냐하면 중요 연도를 충분할 정도로 많이 기억하고 있지 않기 때문이다. 그렇지만 만일 어떤 숫자 열에서든지 작동하는 재부호화 시스템을 개발할 수 있다면 숫자에 대한 작업기억폭이 극적으로 증가할 수 있다.

심리학자들은 그러한 보편 목적 재부호화 시스템을 발견하여 사용함으로써 기억폭을 7개에서 거의 80개의 무선 숫자로까지 증가시킨 사람을 연구했다(그림 8.14 참조). S.F.라고 알려진 이 사람은 대학생으로 보통의 기억력과 지능을 가지고 있었다. 1년 반 동안 그는 매주 3~5시간가량 기억폭 과제를 수행했다. 우수한 장거리 육상 선수였던 S.F.는 이러한 집중적인 연습을 통해 네 자리 숫자 열을 달리기 기록으로 재부호화하는 전략을 개발했다. 예컨대 S.F.는 3492를 '3분 49초 2—1마일 세계 신기록'으로 재부호화했는데, 이 기록이 그에게는 하나의 청크였던 것이다. S.F.는 많은 달리기 기록에 친숙했기 때문에(다시 말해 그것들을 장기기억에 저장해 두었기 때문에), 대부분의 네 자리 숫자를 쉽게 청크로 재부호화할 수 있었다. 그렇게 할 수 없을 때(예: 1771과 같이 10단위 숫자가 너무 커서 달리기 기록이 될 수 없는 경우)는 네 자리 숫자를 친숙한 연도 아니면 알고 있는 어떤 사람이나 사물의 연령으로 재부호화하고자 시도했다.

이러한 재부호화 시스템을 사용함으로써 S.F.는 자신의 기억폭을 7개에서 28개로 증가시킬 수 있었다(S.F.의 7개 청크 각각이 4개의 숫자를 가지고 있었기 때문이다). 그런 다음에 달리기 기록을 위계적으로 체제화함으로써 기억폭을 거의 80개 숫자까지 확장했다. 따라서 S.F.의 작업기억에서 하나의 청크는 3개의 달리기 기록을 가리키고 있었다. 회상할 때 S.F.는 이 청크로부터 첫 번째 기록으로 가서 4개의 숫자를 찾아내고, 두 번째 기록으로 가서 다음 4개의 숫자를 찾아내는 방식을 취했다. 따라서 한 청크는 12개 숫자에 해당했다. 이러한 방식으로 S.F.는 괄목할 만한 기억폭을 달성했던 것이다. 기억 용량의 확장은 청크 크기의 증가에 의한 것이지(항목을 장기기억에 들어 있는 정보와 관련시킴으로써), 작업기억이 유지하는 청크 수의 증가에 의한 것이 아니었다. 과제가 숫자에서 문자로 변경되었을 때, 그의 기억폭은 7, 즉 7개 문자로 되돌아왔다(Ericsson et al., 1980).

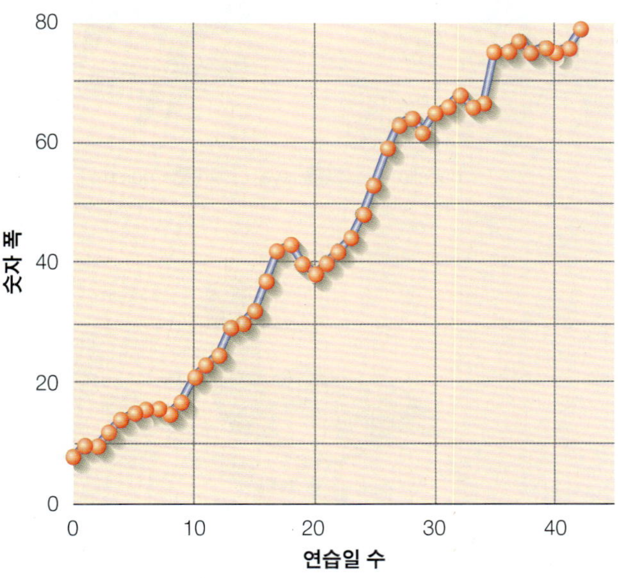


그림 8.14 **S.F.가 회상한 숫자의 수.** S.F.는 청크 만들기와 위계적 체제화를 사용하는 재부호화 시스템을 만들어 냄으로써 숫자 기억폭을 엄청나게 증가시켰다. 전체 연습 시간은 대략 215시간이었다.

작업기억에 대한 이 연구는 상당히 최근에 수행한 것이다. 장기기억의 확장에 대한 관심사는 오랜 역사를 가지고 있으며 이 절 나머지 부분의 관심사이다. 우선 재료를 인출하기 쉽도록 부호화하는 방법을 살펴본 뒤 인출 행위 자체를 증진할 수 있는 방법을 고찰할 것이다.

## 심상과 부호화

우리는 앞에서 무관련 항목을 부호화할 때 그것들 사이에 의미 있는 연계를 첨가하면 그러한 연계가 나중에 인출을 촉진함으로써 회상을 증진할 수 있다는 사실을 논의했다. 심상은 무관련 항목의 쌍을 연계하는 데 특히 유용하다는 사실이 밝혀졌으며, 그러한 이유로 심상은 많은 **기억술 시스템**mnemonic system 또는 기억 보조 시스템에서 중요한 요인이 된다.

잘 알려진 기억술 시스템 중 하나는 **장소법**method of loci(*loci*는 '장소'라는 의미의 라틴어)이다. 이 방법은 무관련 단어와 같이 임의적 항목을 순서적으로 인출할 때 특히 잘 작동한다. 첫 번째 단계는 기억에다 장소의 순서, 예컨대 당신의 집 안을 천천히 걸어 다니면서 만나게 되는 장소의 순서를 집어넣는 것이다. 대문을 통해 현관으로 들어서고, 거실에 있는 책장 옆을 지나서 TV를 거쳐 창가의 커튼에 다다르는 것 등이다. 이렇게 마음속에서 쉽게 돌아다닐 수 있게 되면 마음속 장소의 수만큼 무관한 단어를 기억할 준비가 된 것이다. 첫 번째 단어를 첫 번째 장소와 관련짓고, 두 번째 단어를 두 번째 장소와 관련짓는 방식으로 심상을 형성해 나간다. 만일 단

**그림 8.15 기억술 시스템.** 장소법은 항목(여기서는 쇼핑 리스트에 들어 있는 항목)을 순서적인 장소와 연합함으로써 기억을 돕는다.

## 표 8.3 핵단어법

스페인어 단어를 영어 단어에 연계하는 데 사용한 핵단어의 예. 예컨대 스페인어 단어 muleta를 발음할 때, 영어 단어 'mule'과 유사하게 발음되는 부분이 있다. 따라서 'mule'이 핵단어로 사용되어 목발(crutch) 위에 서 있는 mule의 심상을 형성함으로써 영어 단어와 연계될 수 있다.

| 스페인어 단어 | 핵단어 | 영어 단어(우리말 단어) |
|---|---|---|
| caballo | (eye) | horse(말) |
| charco | (charcoal) | puddle(물웅덩이) |
| muleta | (mule) | crutch(목발) |
| clavo | (claw) | nail(손톱) |
| lagartija | (log) | lizard(도마뱀) |
| payaso | (pie) | clown(광대) |
| hiio | (eel) | thread(실) |
| tenaza | (tennis) | pliers(집게) |
| jabon | (bone) | soap(비누) |
| carpa | (carp) | tent(텐트) |
| pato | (pot) | duck(오리) |

어가 쇼핑 리스트에 들어 있는 항목, 예컨대 빵, 달걀, 맥주, 우유, 베이컨 등이라면, 빵 한 조각이 대문에 붙어 있고, 달걀이 현관 전선에 매달려 있고, 맥주 한 캔이 책장에 놓여 있고, TV에서 우유 광고가 나오고, 베이컨 무늬 커튼 등의 심상을 만들 수 있다(그림 8.15 참조). 일단 이러한 방식으로 항목을 기억했다면 다시 마음속에서 걸어 다님으로써 항목을 순서대로 회상해 내기가 쉽다. 각 장소는 심상을 인출하고, 각 심상은 단어를 인출하게 된다. 이 방법은 잘 작동하며, 전문적으로 기억술을 시범 보이는 사람들이 선호하는 방법이다.

심상은 외국어 단어를 학습할 때 사용하는 핵단어법에서도 이용된다(표 8.3 참조). 스페인어 단어 caballo가 말(horse)을 의미한다는 사실을 학습해야 한다고 가정해 보자. 핵단어법에는 두 단계가 포함된다. 첫 번째 단계는 외국어 단어에서 영어 단어와 발음이 비슷한 부분을 찾는 것이다. caballo는 대체로 'cob-eye-yo(카바이요)'와 같이 발음되기 때문에 eye가 핵단어로 사용될 수 있다. 다음 단계는 핵단어와 영어의 대응물을 연계하는 심상, 예컨대 말의 뒷발에 채인 커다란 눈을 형성하는 것이다(그림 8.16 참조). 이러면 스페인어 단어와 영어 단어 사이에 의미 있는 연계가 형성된 것이다. caballo의 의미를 회상하기 위해서는 우선 핵단어 eye를 인출하고, 그

**그림 8.16 외국어 학습.** 심상은 스페인어 단어를 대응되는 영어 단어와 연합하는 데 사용할 수 있다. 여기서는 'horse'와 'duck'에 해당하는 스페인어 단어를 학습하는 데 사용할 수 있는 심상을 예시했다.

핵단어를 '말'과 연계하는 심상을 인출하면 된다. 핵단어법은 복잡하게 보이기도 하지만, 연구를 보면 외국어 어휘를 학습하는 데 매우 효과적이라는 사실을 알 수 있다(Atkinson, 1975; Pressley et al., 1982).

## 정교화와 부호화

우리는 앞에서 항목을 보다 정교화할수록 나중에 보다 잘 회상하거나 재인할 수 있다는 사실을 보았다. 이 현상은 항목들 사이에 보다 많은 연계를 형성할수록 인출 가능성이 더 많아지기 때문에 일어난다. 이 결과의 현실적 함의는 명백하다. 즉 특정 사실을 기억해 내고자 한다면 그 의미를 확장하라. 가령 보건복지부 당국이 확산을 차단하려고 애쓰는 전염병에 대한 신문기사를 읽고 있다고 가정해 보자. 그 의미를 확장하려면 전염병의 원인과 결과에 대한 질문을 스스로 던져 볼 수 있다. 이 전염병은 사람이 옮기는 것인가, 동물이 옮기는 것인가? 물을 통해 전염되는 것인가? 전염병을 막기 위해 당국은 외지인이 그곳을 방문하지 못하도록 하겠는가? 이 전염병은 얼마나 오래 계속될 것인가? 사건의 원인과 결과에 대한 질문이 특히 효과적인 이유는 각 질문이 사건에 대한 의미 있는 연계 또는 인출 통로를 형성하기 때문이다.

## 맥락과 인출

맥락은 강력한 인출단서이기 때문에 학습이 일어났던 맥락을 회복시킴으로써 기억을 증진할 수 있다. 만일 심리학 강의를 항상 특정 강의실에서 진행한다면 다른 강의실보다는 바로 그 강의실에 있을 때 강의 내용을 더 잘 회상할 수 있다. 왜냐하면 강의실이라는 맥락이 강의 내용을 인출하는 단서로 작용하기 때문이다. 하지만 무엇인가를 기억해 내야 할 때, 그것을 학습했던 맥락으로 되돌아갈 수 없는 경우가 훨씬 많다. 고등학교 친구들의 이름을 기억해 내는 데 어려움이 있다고 해서 회상하기 위해 다시 고등학교로 되돌아갈 수는 없다. 그러나 마음속에서 맥락을 재생성하고자 시도해 볼 수 있다. 오랫동안 망각했던 이름을 인출하기 위해 당신이 고등학교 시절 참여했던 다른 수업이나 동아리, 아니면 다른 활동을 생각하고는 찾고자 하는 이름을 그 생각이 떠올리게 해 주는지를 알아볼 수 있다. 실제 실험에서 실험 참가자들이 이러한 기법을 사용할 때, 망각했다고 확신하던 고등학교 친구들의 이름을 회상해 낼 수 있는 경우가 허다하다(Williams & Hollan, 1981).

## 체제화

우리는 부호화할 때의 체제화가 나중의 인출을 증진한다는 사실을 알고 있다. 이 원리는 상당한 현실적 용도를 갖는다. 만일 정보를 체제화한다면 엄청난 양의 정보를 저장하고 인출할 수 있는 것이다.

몇몇 실험은 많은 무관련 항목을 학습하는 데 사용할 수 있는 체제화 기법을 연구했다. 한 연구에서 참가자들은 그림 8.17에 예시된 바와 같이 무관련 단어의 목록에서 단어를 하나의 이야기로 체제화함으로써 기억했다. 12개 목록(총 120개 단어)에 대한 검사를 실시했을 때 참가자들은 90% 이상의 단어를 회상했다. 체제화 전략을 사용하지 않았던 통제집단 참가자들은 단지 10%만을 기억했다. 실험집단 참가자의 성과는 놀랄 만한 기억 성과로 보이지만, 체제화 전략으로 무장한 사람이라면 누구나 해낼 수 있는 것이다.

이 시점에서 당신은 심리학자들이 무관련 항목의 목록을 체제화하는 창의적인 기법을 고안해 냈다고 인정할 수도 있다. 그러나 당신이 기억해야 하는 것은 무관련 항목의 목록이 아니라, 들었던 이야기나 수강한 강의 내용 또는 이 장의 본문과 같은 글이다. 이러한 자료는 이미 체제화된 것이며, 앞서 언급한 기법은 제한적 가치만을 가지고 있음을 의미하는 것이 아닌가? 그렇기도 하고 그렇지 않기도 하다. 이 장은 무관련 문장 목록 이상의 것

A LUMBERJACK DARTed out of a forest, SKATEd around a HEDGE past a COLONY of DUCKs. He tripped on some FURNITURE, tearing his STOCKING while hastening toward the PILLOW where his MISTRESS lay.

A VEGETABLE can be a useful INSTRUMENT for a COLLEGE student. A carrot can be a NAIL for your FENCE or BASIN. But a MERCHANT of the QUEEN would SCALE that fence and feed the carrot to a GOAT.

One night at DINNER I had the NERVE to bring my TEACHER. There had been a FLOOD that day, and the rain BARREL was sure to RATTLE. There was, however, a VESSEL in the HARBOR carrying this ARTIST to my CASTLE.

**그림 8.17 단어를 이야기로 체제화하기.** 무관련 단어 10개의 목록을 이야기로 만든 세 가지 예. 대문자 항목이 목록에 들어 있는 단어이다.

이기는 하지만, 어느 정도 길이의 자료는 항상 체제화의 문제를 가지고 있다는 것이 여기서의 핵심 포인트이다. 나중에 당신은 정교화한 의미가 학습을 도와준다는 사실을 회상할 수 있겠지만, 이 사실은 예컨대 단기기억에서의 음운 부호화에 대해 아무것도 떠오르게 해 주지 못할 수 있다. 두 주제는 긴밀하게 관련되지 않아 보이지만 둘 사이에 관계가 있기는 하다. 즉 둘 모두가 부호화 현상을 다루고 있다. 그 관계를 보는 최선의 방법은 이 장에서 절의 제목과 하위 절의 제목에 주목하는 것이다. 그 제목들은 이 장의 자료가 체제화되어 있는 방식을 보여 주기 때문이다.

효과적인 학습 방법은 이러한 체제화를 염두에 두는 것이다. 예컨대 그림 8.18에 나와 있는 것과 같은 위계 도식을 훑어봄으로써 이 장의 체제화를 파악하려고 시도할 수 있다. 이 장에 대한 정보를 인출해야 할 때마다 이 위계를 사용하여 기억 탐색을 해 나갈 수 있다. 그렇지만 각 장에 대한 당신 자신의 위계를 만드는 것이 더욱 도움이 된다. 자료를 기억할 필요가 있는 사람이 스스로 체제화를 형성할 때 기억에 가장 도움이 되는 것으로 보인다.

## 인출 연습하기

인출을 증진하는 또 다른 방법은 연습하는 것이다. 즉 무엇을 학습하려는 것인지에 대해 자문해 보는 것이다. 대략 30분이면 읽어 볼 수 있는 과제물을 2시간 동안 공부할 수 있다고 가정해 보자. 과제물을 네 차례에 걸쳐 반복해서 읽어 보는 것은 일반적으로 한 번 읽고 스스로 자문해 보는 것보다 덜 효과적이다. 자문해 보면 처음에 인출하기 어려웠던 요점을 명백하게 해 주는 부분만을 다시 읽을 수 있으며, 그 요점을 정교화함으로써 상호 간에 연계하고 과제물의 나머지 부분과도 연계할 수 있다. 인출의 시도는 공부 시간을 효과적으로 사용하는 방법이다. 이 사실은 이미 오래전에 실제로 강의에서 학습하는 것과 유사한 자료를 사용한 실험에서 입증되었다(그림 8.19 참조).

인출을 연습하는 것과 유사한 절차가 암묵기억 상황에서도 유용할 수 있다. 심적 훈련이라고 부르는 이 절차는 실제로 신체 부위를 움직이지 않으면서 지각-운동 기술을 되뇌기하는 것을 상상해 보는 것이다. 예컨대 팔을 움직이지 않은 채 테니스공을 향해 라켓을 휘두르는 장면을 머릿속에 그려 보고는 잘못된 부분이 있을 때 마음속

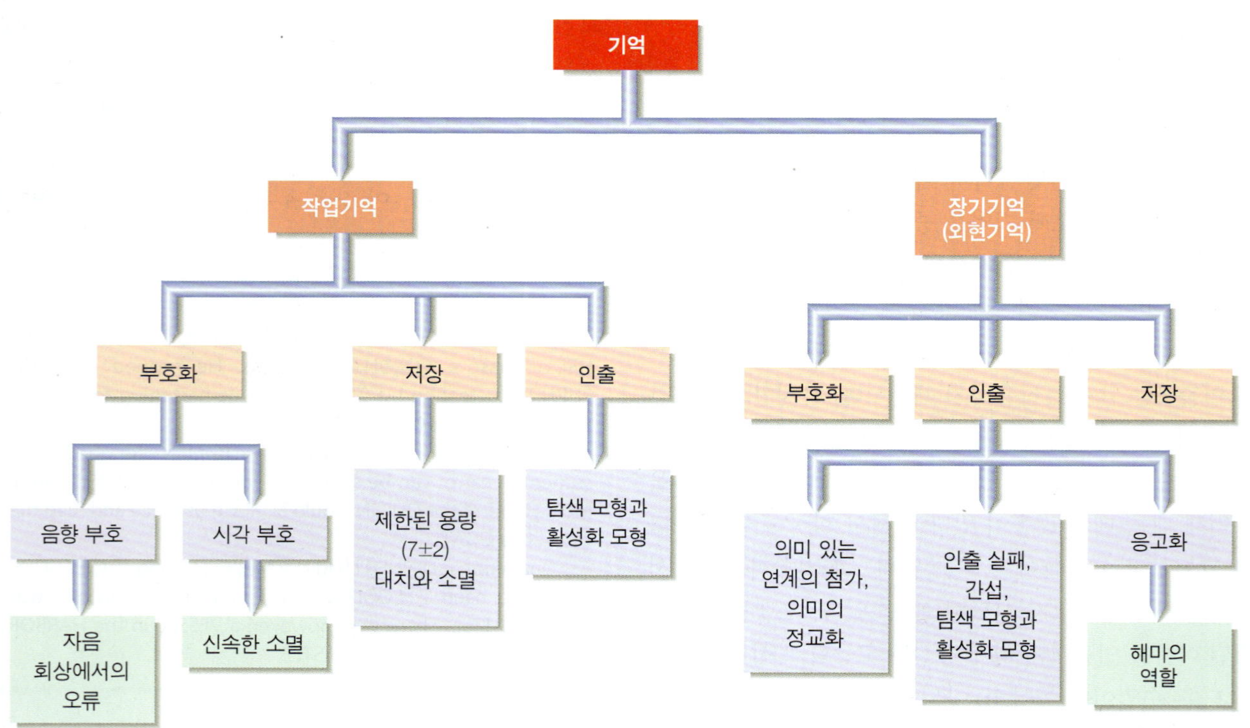


**그림 8.18 위계 나무 도식.** 교과서 각 장의 위계 도식을 만드는 것은 각 장의 정보를 인출하는 데 도움을 줄 수 있다. 이 나무 도식은 이 장의 체제화를 나타낸 것이다.

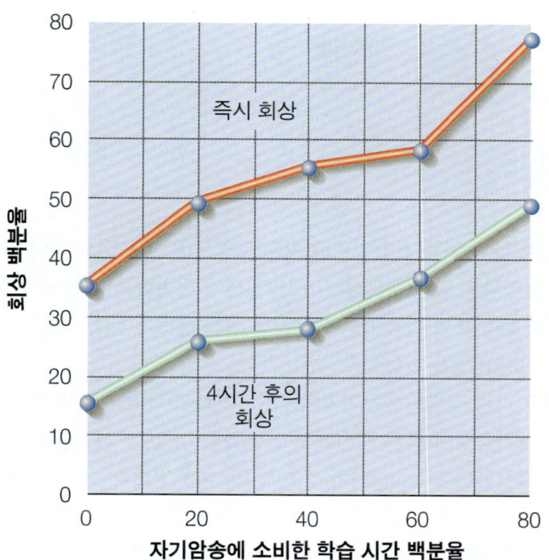


**그림 8.19** **인출 연습하기.** 공부 시간의 대부분을 조용히 학습하는 데 쓰기보다는 인출하는 데 사용할 때 회상이 증진될 수 있다. 그림은 학습을 마친 후 즉각적으로 또는 4시간 후에 주어진 검사 결과를 보여 준다.

에서 수정할 수 있다. 이러한 심적 훈련은 기술을 증진할 수 있으며, 특히 심적 훈련이 실제 신체적 훈련 중간에 삽입될 때 그렇다(Swets & Bjork, 1990).

## 중간 요약

- 작업기억의 용량을 증가시킬 수는 없지만, 재부호화 기법을 사용하여 청크 크기를 확장함으로써 기억폭을 증가시킬 수 있다.
- 부호화와 인출을 증진하는 한 가지 방법은 심상을 사용하는 것인데, 심상은 장소법, 핵단어법과 같은 기억술 시스템에 바탕이 되는 기본 원리이다.
- 부호화를 증진하는(따라서 후속 인출도 증진하는) 또 다른 방법은 부호화할 때 항목의 의미를 정교화하고 자료를 체제화하는 것이다(위계적 체제화가 좋은 것으로 보인다).

## 비판적 사고를 위한 물음

1. 배우가 매우 긴 대사를 기억해야 한다고 가정해 보자. 그러한 기억을 위해 어떻게 하는 것이 최선인가?
2. 맥락과 인출에 대해 알고 있는 것에 근거할 때, 통계학 시험을 위해 공부하는 최선의 방법은 무엇인가?

# 찬|반|논|쟁
# 억압 기억은 타당한 것인가?

## 회복된 기억인가, 거짓 기억인가?

*Kathy Pezdek*, 클레어몬트대학

최근에 아동기 경험에 대한 어른 기억의 신뢰성에 관한 많은 결정적 물음을 제기해 왔다. 이 주장의 핵심에는 일어나지 않았던 사건에 대한 기억을 비교적 쉽게 심어 줄 수 있다는 견해가 자리 잡고 있다. 우선 성적 학대에 대한 거짓 기억이 확실히 있었으며, 몇몇 치료 기법은 다른 것에 비해서 거짓 기억을 배양할 가능성이 더 크다는 사실을 인정할 수 있다. 또한 상당히 피암시성이 강하여 무엇이든 쉽게 믿어버리도록 만들 수 있는 사람들이 있는 것도 확실하다. 그러나 회복된 기억에 대해 피암시성 설명을 내세우는 사람들의 주장은 기억 암시성의 극단적인 강력한 구성을 가정하고 있다. 기억의 암시성에 대한 인지심리학 연구는 이 현상을 설명할 만큼 충분하게 강력한 암시성 구성체의 존재를 지지하고 있는 것이 아니다.

인지심리학자들은 기억의 암시성을 어떻게 연구하고 있는가? 이 책에서는 로프터스 등(Loftus et al., 1985)의 실험을 인용하고 있는데, 이 실험에서 참가자들은 접촉 사고보다는 충돌 사고라는 단어를 포함한 사전 질문을 받았을 때 교통사고 장면에서 깨진 유리창을 보았다고 생각할 가능성이 더 컸다(실제로 깨진 유리창은 없었다). 이 결과는 사실이지만, 중요하지 않은 사건의 중요하지 않은 세부 사항을 수반하고 있다. 그렇기 때문에 이러한 패러다임을 사용한 수많은 연구에 걸쳐서 깨진 유리창에 대한 질문에 '그렇다'고 답한 비율의 차이는 예컨대 통제집단(접촉 사고) 대 유도 조건(충돌 사고) 사이에 전형적으로 20%와 30%에 불과한 것이다. 이러한 암시성 효과가 실제적인 것이라 하더라도 그렇게 크지도 않고 확고한 것도 아니다.

어떤 증거가 일어나지도 않았던 사건에 대한 기억을 심어 줄 수 있다는 결론을 지지하고 있는가? 이 측면에서 가장 빈번하게 인용되는 연구는 로프터스와 피크렐(Loftus & Pickrell, 1995)의 '쇼핑몰에서의 실종' 연구이다. 이 연구자들은 24명의 자원자로 하여금 자녀나 동생에게 어렸을 때 쇼핑몰에서 실종되었었다는 사실을 암시하도록 만들었다. 24명 중에서 6명이 거짓 사건에 대한 완벽하거나 부분적인 기억을 보고했다. 하지만 이 결과가 치료자로 하여금 근친상간에 대한 거짓 기억을 심게 만드는 상황으로 일반화할 수 있다고 기대하기는 어렵다. 쇼핑하다가 실종되는 사건은 그렇게 주목할 만한 기억 주입이 아니다. 아이들은 실종되는 위험에 대해 자주 경고받고, 실종되었을 때의 공포를 가지고 있으며, 실종된 아이에 대한 고전적 동화를 듣고(예: 〈헨젤과 그레텔〉, 〈피노키오〉 등), 실제로도 단지 공포의 몇 분 동안이라도 실종되기도 한다. 따라서 대부분의 아동은 실종되는 것에 대한 기존 스크립트를 가지고 있으며, 로프터스의 연구에서 실종되었다는 암시에 의해 그 스크립트에 접속했을 가능성이 있다. 반면에 대부분의 아동이 근친상간적 성적 접촉에 대한 기존 스크립트를 가지고 있을 가능성은 거의 없다.

최근 나는 대학원생들과 함께 거짓 기억 이식에 관한 로프터스의 결과가 가능성이 적은 사건에도 일반화될 수 있는지를 검증하는 연구를 수행했다(Pezdek, Finger, & Hodge, 1997). 이 연구에서는 20명의 자원자가 한 가지 실제 사건과 두 가지 거짓 사건을 동생이나 친척에게 읽어 주었다. 그럴듯한 거짓 사건은 쇼핑하는 동안에 실종되었던 친척에 관한 것이었으며, 그럴듯하지 않은 거짓 사건은 항문 관장을 받았던 친척에 관한 것이었다. 각 사건을 읽어 준 후 참가자들에게 그 사건을 기억하고 있는지 물었다. 단지 세 가지 거짓 사건만이 기억할 수 있다고 보고되었으며, 모두가 쇼핑몰에서 실종되었던 그럴듯한 사건이었다. 어느 누구도 그럴듯하지 않은 거짓 사건을 믿지 않았다. 부모와 자식 사이의 성관계나 항문 관장과 같이 그럴듯하지 않은 사건이 암시적으로 기억에 심어질 가능성은 없다. 왜냐하면 아동이 그러한 사건에 대한 기존 스크립트를 가지고 있지 않기 때문이다.

보다 광의적인 수준에서, 비록 '거짓 기억 논쟁'이 아동기 성적 학대에 대해 보고된 기억을 다루는 경우가 많다고 하더라도, 이것은 단지 기억 회복이 보고된 많은 심인성 기억상실증의 하나일 뿐이라는 사실을 고려하는 것도 중요한 일이다. 전투나 다른 포악한 사건이 심인성 기억상실을 초래할 수 있다는 사실은 잘 알려져 있다(개관은 Arrigo & Pezdek, 1997을 참조하라). 성적 학대에 대한 억압 기억의 존재를 의심하는 사람은 다른 유형의 외상에 관한 심인성 기억상실증을 설명할 필요가 있다.

결론적으로 인지심리학 연구는 아동기 성적 학대와 같이 그럴듯하지 않은 거짓 사건이 기억에 쉽게 심어진다는 주장에 대한 지지 증거를 거의 내놓지 못하고 있다. 피암시성이 매우 높은 소수의 사람들에게 있어서 괴상망측한 거짓 기억을 암시적으로 심어 주는 데 사용할 수 있는 기법이 있다고 하더라도 이것이 광범위한 현상이라는 증거는 없으며, 이러한 견해를 내세우는 것은 현상을 오도하는 것일 뿐만 아니라 훌륭한 과학도 아니다.

Kathy Pezdek

찬|반|논|쟁

# 억압 기억은 타당한 것인가?

## 억압된 기억: 위험한 신념?

*Elizabeth F. Loftus,* 워싱턴대학교

과학이 변화를 초래하는 세상에는 사이비 과학 신념이 자생한다. 미국 위스콘신 주 애플턴에 사는 44세의 간호 보조사인 나디안 쿨에게 심각한 문제를 초래한 것이 바로 이렇게 무절제하고 터무니없으며 위험한 신념이었다. 1986년 후반에 나디안은 자신이 경험한 외상 사건에 대처하도록 도와줄 수 있는 치료를 찾고 있었다. 치료 중에 정신과 의사는 학대와 관련된 숨겨진 기억을 파헤치기 위해 최면술과 다른 방법을 사용했다. 그 과정에서 환자는 자신이 악마 의식에 참여하고, 어린아이를 먹고, 강간을 당하고, 동물과 성행위를 했으며, 8세 때 자신의 친구가 살해되는 것을 목격하도록 강요되었던 억압된 기억을 가지고 있다는 사실을 실토하기 시작했다. 그녀는 120개도 넘는 분리된 성격, 즉 아이, 어른, 천사, 심지어는 오리의 성격까지도 가지고 있다고 믿게 되었는데, 그 이유는 아동기에 그렇게 흉측한 성적 학대와 신체 학대를 경험했다는 말을 들었기 때문이었다. 정신과 의사는 나디안에게 최면술과 다른 암시 기법뿐만 아니라 악령막이 의식까지 실시했는데, 한 번은 5시간이나 지속하고 나디안의 몸에서 사탄을 몰아내기 위해 성수를 뿌리고 고함을 지르기도 했다. 거짓 기억이 심어졌다는 사실을 깨닫게 되자 나디안은 그 엉터리 치료를 고발했다. 그녀의 사례는 1997년 초 재판 도중에 240만 달러의 보상을 받는 조건으로 합의가 이루어졌다(나디안의 사례와 같은 다양한 사례 그리고 이러한 유형의 경험을 한 후 그 사람들과 가족들에게 일어난 사건에 관한 분석을 보려면 McHugh et al., 2004를 참조하라).

대부분이 여성인 수많은 사람들이 극단적인 잔인성을 치료받는 도중에 스스로 억압하고 있었다고 주장하는 기억을 만들어 냈으며, 나중에 그 기억을 철회했다. 그러한 학대 기억이 실제가 아니라는 사실을 어떻게 알 수 있는가? 한 가지 단서는 여성들이 때때로 심리적으로나 생물학적으로 불가능한 기억을 만들어 낸다는 데 있다. 예컨대 생후 3개월 때 일어난 학대에 대한 기억이나 신체적으로 처녀임이 확실한데도 옷걸이로 아이를 낙태시키도록 강요당했던 사실에 대한 상세한 기억 등이다.

어떻게 사람들은 이토록 정교하고 확신에 찬 거짓 기억을 만들어 낼 수 있는 것인가? 1970년대 초 나는 '거짓 정보 효과'에 관한 연구를 시작했다. 사람들이 사건을 목격하고 나중에 그 사건을 잘못된 방향으로 유도하는 새로운 정보를 접하게 되면 기억이 왜곡되기 십상이다. 거짓 정보는 그 영향을 탐지해 낼 수 없기 때문에 마치 트로이 목마와 같이 우리에게 침입하는 것이다. 우리는 약간의 암시만으로도, 예컨대 자동차 사고의 목격자들로 하여금 실제로는 양보 신호가 있었음에도 자동차가 정지 신호를 통과하는 것을 보았다고 믿도록 만드는 것이 비교적 용이하다는 사실을 보여 주었다. 30년에 걸친 거짓 정보 효과에 관한 연구의 개관을 보려면 로프터스(Loftus, 2005)를 참조하라. 후속 연구를 보면 암시 정보가 최근 경험의 세부 내용을 변화시킬 뿐만 아니라 철저하게 거짓인 신념과 기억을 심어 줄 수 있다는 사실을 알 수 있다. 사람들은 어렸을 때 자신이 쇼핑몰에서 꽤나 오랫동안 실종되었다가 한 노인에 의해 구조되었으며, 결혼식에서 사고가 났었고, 익사 직전에 구조대원에게 구조되었으며, 동물의 공격으로 부상을 당했었다고 설득되었다. 몇몇 연구에서는 암시적 인터뷰를 받은 사람들 중에서 적어도 절반 이상이 전체적으로 또는 부분적으로 거짓 아동기 기억을 만들어 냈다. (이러한 많은 연구에 대한 개관 그리고 거짓 기억의 과학에 대한 종합적 개관은 Brainerd & Reyna, 2005를 참조하라.) 최면술, 암시적 꿈의 해석, 유도된 상상—몇몇 심리치료사가 사용하는 기법이다—등은 모두 사람들에게 암시 자료를 제공하고 그것을 받아들이며 '풍부한 거짓 기억'을 만들어 내는 데 성공적인 방법으로 알려져 왔다. 여기서 내가 의도하는 것은 수많은 지각 세부 사항을 수반한 거짓 기억이 확신을 가지고 정서와 함께 표출된다는 것이다.

물론 참가자들에게 거짓 아동기 기억을 심어 줄 수 있다고 해서 암시나 상상 또는 꿈 해석 이후에 발생한 기억이 필연적으로 거짓이라는 사실을 함축하는 것은 결코 아니다. 정말로 학대받고 나중에 그 경험이 생각난 수많은 사람들의 경험을 부정하는 것도 결코 아니다. 이러한 일은 일어난다. 하지만 우리는 하버드대학교의 리처드 맥널리의 말을 명심할 필요가 있다. 그는 저서『외상 기억하기(Remembering Trauma)』에서 다음과 같이 썼다. "마음이 외상의 기억을 억압하거나 해리시킴으로써 자각되지 못하도록 한다는 생각은 설득력 있는 경험적 지지 증거도 없는 정신신경과적 전설일 뿐이다."(McNally, 2003, pp. 111-112).

슬픈 사실은 나디안 쿨과 같은 환자들이 경험하는 문제에 영향을 미쳤던 정신건강 전문가들은 자신이 틀렸다는 사실을 절대 인정하지 않는다는 것이다(Tavris & Aronson, 2007). 확증적인 증거 없이는 아무리 경험이 많은 평가자라 하더라도 진정한 기억과 암시적으로 심어진 기억을 구별해 내는 데 사용할 수 있는 것이 아무것도 없다는 사실을 그들은 깨달아야 하며, 우리도 명심할 필요가 있다. 10년 이상 우리 사회에 만연한 억압된 기억에 관한 논쟁과의 관련성은 접어 놓더라도, 오늘날의 연구는 우리의 기억이 변형되는 중요한 방식을 밝히고 있으며, 때때로 기억과 상상을 분리하는, 설득력 없는 분리막에 대해 많은 사실을 밝혀 주고 있다.

Elizabeth F. Loftus

## 전체 요약

1. 기억에는 세 단계가 있다-부호화, 저장, 인출. 부호화는 정보를 기억이 받아들일 수 있는 부호 또는 표상으로 변형하는 것을, 저장은 부호화한 정보의 파지를, 인출은 정보가 기억에서 되살아나는 과정을 말한다. 세 단계는 자료를 몇 초간 저장하도록 요구하는 상황(작업기억)과 오랫동안 저장하도록 요구하는 상황(장기기억)에서 다르게 작동한다. 또한 사실을 저장하는 것(외현기억의 부분)과 운동 기술을 저장하는 것(암묵기억의 부분)에는 서로 다른 장기기억 시스템이 관여하는 것으로 보인다.

2. 이러한 구분에 대한 생물학적 증거가 점증하고 있다. 최근 장기기억에 대한 두뇌 영상 연구는 부호화할 때 활성화되는 대부분의 영역은 좌반구에 있으며, 인출할 때 활성화되는 대부분의 영역은 우반구에 있다는 사실을 보여 주고 있다. 동물 연구와 두뇌 손상이 있는 환자를 대상으로 수행한 연구에서 얻은 증거는 서로 다른 두뇌 영역이 작업기억과 장기기억을 매개한다는 사실을 보여 준다. 특히 인간과 포유류 모두에서 해마 시스템의 손상은 장기기억 과제의 수행을 떨어뜨리는 반면 작업기억 과제에는 영향을 미치지 않는다.

3. 시간 특성에서 차이를 보이는 세 가지 유형의 기억이 있다. 감각기억은 수백 밀리초 동안 지속하고, 단기기억(오늘날에는 작업기억이라고 부름)은 초 단위로 작동하며, 장기기억은 몇 분에서 몇 십 년에 이르는 시간 동안 작동한다.

4. 감각기억은 상당히 큰 용량을 가지고 있지만 짧은 시간에 소멸한다. 감각기억에서 주의를 기울인 정보는 다음 기억인 작업기억으로 전이된다.

5. 작업기억의 정보는 음운적으로 부호화되는 경향이 있지만 시각 부호도 사용할 수 있다. 작업기억에 대한 가장 현저한 사실은 저장 용량이 7±2 항목 또는 청크로 제한된다는 사실이다. 기억할 수 있는 청크의 수는 제한되어 있지만, 장기기억의 정보를 사용하여 들어오는 자료를 보다 큰 의미 있는 단위로 재부호화함으로써 청크의 크기를 늘릴 수 있다. 작업기억으로부터 정보가 상실되거나 망각될 수 있다. 망각의 한 가지 원인은 정보가 시간 경과와 함께 소멸되는 것이며, 또 하나는 새로운 항목이 기존 항목을 대치하는 것이다.

6. 작업기억의 항목 수가 늘어남에 따라 인출이 느려진다. 몇몇 연구자들은 이 결과를 인출에 계열적 과정이 수반된다는 사실을 나타내는 것으로 받아들였으며, 다른 연구자들은 이 결과를 활성화 과정에 따라서 해석했다.

7. 작업기억은 암산, 기하 유추, 글에 대한 질문에 답하기 등 다양한 유형의 문제를 해결하는 데 사용된다. 그러나 작업기억은 비교적 단순한 문장을 이해하는 데는 관여하지 않는 것으로 보인다. 작업기억은 영구기억으로 가는 중간역의 기능도 담당하는데, 정보가 장기기억으로 부호화되는 동안에 작업기억에 머물러 있게 된다.

8. 장기기억의 정보는 일반적으로 의미에 따라서 부호화된다. 만일 기억해야 할 항목들이 의미는 있지만 항목 사이에 연계가 없다면, 인출 통로를 제공하는 의미 있는 연계를 첨가함으로써 기억을 증진할 수 있다. 자료의 의미를 보다 정교화할수록 그 자료에 대한 기억이 우수해진다.

9. 장기기억에서 망각의 많은 사례는 인출 실패에 따른 것이다(정보가 그곳에 있지만 찾을 수 없다). 인출 실패는 동일한 인출단서와 연합된 항목으로 인한 간섭이 있을 때 일어날 가능성이 더 크다. 그러한 간섭 효과는 장기기억의 인출이 순서적인 탐색 과정이나 활성화 확산 과정을 통해 이루어질 수 있다는 사실을 시사한다.

10. 장기기억의 몇몇 망각은 저장된 정보의 상실에 의해 일어난다. 특히 새로운 기억을 응고화하는 과정이 와해될 때 그렇다. 응고화가 일어나는 생물학적 장소에는 해마와 주변 피질이 포함된다. 최근 연구는 응고화가 완전히 이루어지기 위해서는 몇 주의 시간이 필요하다는 사실을 시사한다.

11. 장기기억에서 항목을 부호화할 때 체제화가 이루어지거나, 인출할 때의 맥락이 부호화할 때의 맥락과 유사할 때 인출 실패가 일어날 가능성이 적다. 인출 과정은 정서적 요인에 의해서도 와해될 수 있다. 몇몇 경우에는 불안한 생각이 표적 기억의 인출을 방해한다. 다른 경우에는 표적 기억이 적극적으로 차단(억압)될 수도 있다. 또 다른 경우에는 섬광기억에서와 같이 정서가 기억을 증진할 수도 있다.

12. 외현기억은 회상과 재인에서 발현되는 유형의 기억을 지칭하는데, 과거사를 의식적으로 끄집어내는 것이다. 암묵기억은 몇몇 지각, 운동, 또는 인지 과제에서의 수행 증진으로 발현되는 유형의 기억을 나타내는데, 여기서는 기억 증진을 초래한 경험에 대한 의식적 회상이 없다. 기억상실증에서 외현기억은-특히 사실의 회상과 재인-와해되는 반면에, 암묵기억은 일반적으로 남아 있다. 이 사실은 외현기억과 암묵기억에 대한 분리된 저장 시스템이 존재할 수 있음을 시사한다.

13 정상인을 대상으로 수행한 연구도 외현기억과 암묵기억의 분리 시스템을 제안한다. 대부분의 연구는 점화라고 부르는 암묵기억 측정치에 의존하고 있다(예: 단어 목록에 대한 사전 노출이 나중에 그 단어의 어간을 완성하는 것을 촉진하는 정도). 몇몇 연구는 외현기억에 영향을 미치는 독립변인(예: 부호화할 때 정교화의 정도)이 점화에 아무런 효과가 없다는 사실을 보여 주며, 다른 연구들은 암묵기억에 영향을 미치는 변인이 외현기억에 아무런 효과가 없다는 사실을 보여 준다. 정상인을 대상으로 수행한 두뇌 영상 연구는 외현기억에는 특정 영역에서 신경활동의 증가가 수반되는 반면, 암묵기억에는 다른 영역에서 신경활동의 증가가 수반된다는 사실을 보여 준다.

14 기억은 비디오테이프와 달리 기대와 지식에 근거하여 구성 및 재구성된다. 기억은 객관적 실제와 체계적으로 멀어진다. 이러한 유형의 재구성은 기억이 처음에 구성될 때 또는 구성된 후 다양한 시간에 걸쳐서 일어날 수 있다. 이러한 유형의 재구성은 체계적으로 잘못된 것임에도 불구하고 매우 사실적으로 보이는 기억의 토대를 이루며, 상당한 확신도를 가지고 기술할 수도 있다.

15 작업기억의 용량을 증가시킬 수는 없다고 하더라도 재부호화 전략을 사용하여 청크 크기를 늘림으로써 기억폭을 증가시킬 수 있다. 사실에 대한 장기기억은 부호화와 인출 단계에서 증진할 수 있다. 부호화와 인출을 증진하는 한 가지 방법은 심상을 사용하는 것인데, 심상은 장소법, 핵단어법과 같은 기억술 시스템에 바탕이 되는 기본 원리이다.

16 부호화를 증진하는(그리고 후속하는 인출도 증진하는) 또 다른 방법은 부호화할 때 항목의 의미를 정교화하고 자료를 체제화하는 것이다. 인출을 증진하는 최선의 방법은 인출할 때 부호화 맥락을 회복시키고자 시도하는 것, 학습할 때 정보 인출을 연습하는 것이다.

## ✳ 핵심 개념

감각기억
감각반응
감각저장소
고정관념
구성 과정
구성기억
기억상실증
기억술 시스템
기억 착각
기억폭
단기기억
되뇌기
부분보고 절차
부호화

부호화 단계
사건 후 기억 재구성
사건 후 정보
사회적 고정관념
섬광기억
스키마
시공간 잡기장
암묵기억
외현기억
음운고리
인출 단계
작업기억
장기기억
장기저장소

장소법
재구성 과정
저장 단계
전전두엽
전체보고 수행
정교화
지각간섭
청크 만들기
추론
출처 모니터링
파악폭
활성화 모형
회상검사

# 9 언어와 사고

**학습 목표**

이 장을 읽고 나면 다음의 것들을 할 수 있어야 한다.

- ▶ 언어의 특성과 구조를 이해할 수 있다.
- ▶ 언어 이해와 생성, 발달을 이해할 수 있다.
- ▶ 사고의 기본 단위, 추리와 문제해결의 상이한 형태를 확인할 수 있다.
- ▶ 언어와 사고의 신경 기반에 관해 올바르게 이해할 수 있다.
- ▶ 언어의 기본 특성을 정의할 수 있다.
- ▶ 특정한 언어장애와 그 원인의 사례를 제시할 수 있다.

▶ 연역추리와 귀납추리를 정의하고, 추리에서 알려진 편향을 확인할 수 있다.

▶ 문제해결에서 사전 지식과 자동성의 역할을 설명할 수 있다.

## 이 장의 개요



인간이라는 동물 종이 달성한 최대의 업적은 복잡한 사고를 해내고 사고한 결과를 의사소통하며 그 사고에 근거하여 행동할 수 있는 능력에서 나온다. 정보를 처리하고 논리적으로 사고하며 문제를 해결하는 능력은 인간을 다른 동물과 구분하게 해 준다고 말할 수 있다. 그것은 인간으로 하여금 세상을 발견하고 우리 삶을 변화시키는 기술을 발전시킬 수 있게 만들어 준다. 우리는 삶의 거의 모든 측면을 변화시켜 왔다. 음식을 먹는 방식에서부터 여행하는 방식에 이르기까지, 대규모 지역사회에서 함께 살아가는 방식에서부터 다른 사람들과 소통하는 방식에 이르기까지 말이다. 인간이 서로 협력하고 다른 동물 종은 결코 해낼 수 없는 방식으로 이러한 변화를 가져올 수 있게 된 것은 바로 언어를 사용하기 때문이다.

이 장은 사고를 의사소통하는 수단인 언어에 대한 논의에서 시작한다. 그리고 언어의 발달 또는 획득을 다룬다. 이 장의 나머지 절에서는 추리, 결정, 문제해결 등, 인간 사고에서의 주요 주제를 살펴보고 심상과 자동성의 역할에 대해서도 논의한다.

## 언어와 소통

언어는 사고를 소통하는 일차적 수단이다. 나아가 언어는 보편적이다. 모든 인간 사회는 언어를 가지고 있으며, 정상 지능을 지닌 모든 사람은 모국어를 획득하여 힘들이지 않고 사용한다. 때때로 언어의 자연성으로 인해 언어 사용에는 특별한 설명이 아무것도 요구되지 않는다고 잘못 생각하게 만들기도 한다. 이것처럼 잘못된 생각도 없다. 어떤 사람은 읽을 수 있지만 어떤 사람은 그렇지 못하다. 어떤 사람은 산수를 할 줄 알지만 어떤 사람은 그렇지 못하다. 어떤 사람은 장기를 둘 줄 알지만 어떤 사람은 그렇지 못하다. 그러나 거의 모든 사람이 엄청나게 복잡한 언어 시스템을 숙달하고 사용할 수 있다. 반면에 아무리 정교한 컴퓨터라고 하더라도 말소리를 해석하거나, 글을 이해하거나, 생산적인 방식으로 말을 하는 데 심각한 문제점을 노출한다. 대부분의 정상 아동은 이러한 언어 과제를 힘들이지 않고 해낸다. 그 이유가 무엇인지는 인간 심리학에서 근본적인 수수께끼 중의 하나이다.

### 언어의 특성

언어 사용에는 두 가지 측면, 즉 산출과 이해가 있다. **언어 산출** production of language에서는 사고에서 출발하여 그 사고를 문장으로 변환하고, 그 문장을 표현하는 말소리로 끝이 난다. **언어 이해** comprehension of language에서는 말소리를 듣는 것에서 출발하여 말소리에 단어 형태로 의미를 부여하고, 단어들을 결합하여 문장을 구성한 다음에 그 문장으로부터 의미를 추출한다. 언어 사용은 그림 9.1에서 보는 바와 같이 다양한 수준 사이의 이동을 수반하는 것으로 보인다. 가장 높은 수준에 문장과 구를 포함하는 문장 단위가 있다. 다음 수준은 단어 그리고 의미를 담고 있는 단어의 부분(예: 접두사나 접미사)이다. 가장 낮은 수준에는 말소리가 포함된다. 이웃한 수준은 밀접하게 관련되어 있다. 한 문장의 구는 단어와 접두사, 접미사로 만들어지며, 이것들은 다시 말소리로 구성된다. 따라서 **언어** language는 단어와 문장 단위를 통해 사고를 말소리와 관련짓는 다수준 시스템이다(Chomsky, 1965).

언어에서 일차적으로 중요한 특성은 언어가 **상징적**이라는 사실이다. 단어는 임의적인 방식으로 대상을 표상

**그림 9.1 언어의 수준.** 가장 높은 수준에 문장과 구를 포함하는 문장 단위가 있다. 다음 수준은 의미를 담고 있는 단어 그리고 단어의 부분이다. 가장 낮은 수준에는 말소리가 포함된다.

한다. '책'이라는 단어는 책과 같이 보이거나 느끼거나 맛볼 수 있는 것이 아니다. 단지 그것을 표상할 뿐이다. 언어의 상징적 본질은 매우 강력한 특성이다. 이 특성이 사람들로 하여금 대상, 행위, 사건, 감정, 심지어는 아이디어를 참조하고 소통하도록 해 준다. 우리는 책상 위에 놓여 있는 책과 마찬가지로 아직 존재하지도 않는 책에 관해서도 용이하게 말할 수 있다. 언어의 두 번째 특성은 **구조화**되어 있다는 것이다. 상징을 조합할 수 있는 방법을 규정하는 **문법**이라고 부르는 규칙이 있다. 앞으로 보게 되겠지만 이러한 규칙은 모든 언어 수준에 존재한다. 언어의 세 번째 특성은 **생산성**이다. 규칙은 한 수준에서의 단위들을 다음 수준에서 엄청난 수의 단위로 결합할 수 있게 해 준다. 이 특성은 무한한 수의 메시지를 생산해낼 수 있게 해 준다. 이 특성도 모든 수준에 적용된다. 말소리를 살펴보자. 모든 언어는 제한된 수의 말소리만을 가지고 있다. 영어는 대략 40개의 말소리를 가지고 있다. 그러나 이 소리들을 결합하는 규칙은 수많은 단어를 생성하고 이해할 수 있게 해 준다. 성인에게 있어서 7만 개의 어휘는 이례적인 수치가 아니다(Bloom, 2000 참조). 마찬가지로 단어를 결합하는 규칙은 무한한 수의 문장을 생성하고 이해할 수 있게 해 준다. 따라서 언어의 기본 특성은 상징적이고, 여러 수준에서 구조화되어 있으며, 생산적이라는 것이다. 인간의 모든 언어는 이러한 특성을 갖추고 있다.

### 언어 구조

이제 언어의 각 수준에 포함된 단위와 처리 과정을 살펴보자. 우리는 일반적으로 언어를 이해하는 사람, 즉 듣는

사람의 측면을 다룰 텐데, 때때로 언어 산출자, 즉 말하는 사람의 측면을 다루기도 할 것이다.

## 말소리

만일 누군가가 당신에게 말을 할 때 오직 소리에만 주의를 기울일 수 있다면 무엇을 듣게 될까? 그 사람의 말소리를 연속적인 음의 흐름이 아니라 음소 phoneme, 즉 분절적 말소리 범주의 연속으로 지각할 것이다. 음소는 말소리로 재인할 수 있는 가장 짧은 분절음이다. 음소 범주는 말소리의 연속적인 흐름을 친숙한 음소의 연속으로 전환하는 필터로 작동한다. 예컨대 boy에서 첫 번째 문자에 해당하는 소리는 /b/로 표현하는 음소이다. 음소는 자모에 대응되기도 하지만, 자모가 아니라 말소리라는 사실에 주목하기 바란다. 영어에서는 모든 말소리를 대략 40개의 음소로 분할한다(표 9.1 참조). 전 세계적으로 인간의 언어에서 200개가량의 상이한 음소가 확인되었지만, 인간의 언어는 대부분 60개 미만의 음소를 가지고 있다(Ladefoged, 2005). 음성 알파벳을 이루는 소리도 상당한 차이를 보인다. 예컨대 독일과 네덜란드 사람들은 영어에서는 결코 들을 수 없는 특정한 후두음을 사용한다.

모든 언어는 상이한 음소 집합을 가지고 있다는 사실이 외국어 단어의 발음을 학습하는 데 어려움을 겪게 되는 한 가지 이유이다. 다른 언어는 우리말에는 없는 음소를 사용하기도 한다. 발음하는 것은 접어 두고라도 그러한 새로운 음소를 듣게 되는 데도 시간이 걸린다. 예컨대 힌디어에서는 2개의 서로 다른 /p/ 음이 2개의 상이한 음소에 해당하기 때문에, 힌디어 사용자는 우리가 알아채지 못하는 차이를 포착할 수 있다. 또 다른 언어는 영어에서 2개의 음소로 취급하는 두 음을 구분하지 않을 수 있다. 일본어에서는 r과 l에 해당하는 2개의 음(/r/, /l/)을 동일한 음소로 지각한다. 그래서 rice와 lice 같은 단어를 혼동하게 된다.

각 언어의 음운 규칙 phonological rule은 어느 음소가 어느 음소에 뒤따를 수 있는지를 규정하고 있다. 음소들이 올바른 방식으로 결합할 때 그 결합을 단어로 지각하게 된다. 예컨대 영어에서는 한 단어가 시작하는 시점에 /b/가 /p/를 뒤따를 수 없다(pbet를 발음해 보라). 이러한 규칙의 영향은 말소리를 들을 때 나타난다. 우리는 모국어의 음소 순서 규칙을 따르는 음소의 연속을 그렇지 않을 때보다 더 정확하게 지각한다. 이 규칙의 효과는 말하는 사람의 입장을 취할 때 특히 현저하게 나타난다. 예컨대 전에 한 번도 들어 보지 못한 무의미 영어 단어의 복수형을 발음하는 데 별 어려움이 없다. zuk와 zug를 보자. 단순 규칙에 따라서 zuk의 복수는 음소 /s/를 첨가하여 만든다. 하지만 영어에서 단어 말미의 g에 /s/가 뒤따라올 수 없기 때문에 zug의 복수를 만들려면 다른 규칙, 즉 음소 /z/를 첨가한다는 규칙을 사용해야 한다. 복수를 만들 때 이러한 차이를 자각하지 못할 수도 있지만 아무튼 복수를 만들어 내는 데 어려움이 없다. 우리는 규칙을 의식적으로 자각하지는 않지만 음소 결합 규칙을 '알고 있는' 것처럼 보인다.

**표 9.1 영어 발음을 위한 음표 알파벳**

| 자음 | | | | | | 모음 | | | |
|---|---|---|---|---|---|---|---|---|---|
| p | pill | t | till | k | kill | i | beet | I | bit |
| b | bill | d | dill | g | gill | e | bait | ɛ | bet |
| m | mill | n | nil | ŋ | ring | u | boot | U | foot |
| f | feel | s | seal | h | heal | o | boat | ɔ | bore |
| v | veal | z | zeal | l | leaf | æ | bat | a | pot/bar |
| θ | thigh | ʧ | chill | r | reef | ʌ | butt | aw | bout |
| ð | thy | ʤ | Jill | j | you | aj | bite | | |
| ʃ | shill | ʍ | which | w | witch | ɔj | boy | | |
| ʒ | azure | | | | | | | | |

## 단어 단위

말소리를 들을 때 전형적으로 지각하는 것은 음소가 아니라 단어이다. 단어는 음소와 달리 의미를 갖는다. 그러나 의미를 가지고 있는 유일한 최소 단위는 아니다. 접두사나 접미사도 의미를 가지고 있다. 접두사나 접미사가 단어에 첨가되어 상이한 의미를 가진 보다 복잡한 단어를 형성할 수 있다. 예컨대 접두사 un과 접미사 ly가 time에 첨가되어 untimely가 된다. 의미를 담고 있는 가장 작은 언어 단위를 지칭하는 데 **형태소** morpheme라는 용어를 사용한다. **형태소 규칙** morphological rule은 형태소들이 결합하여 단어를 형성하는 방식을 진술한다.

대부분의 형태소는 자체가 단어이다. 대부분의 단어는 '집(house)'이나 '달리다(run)'와 같이 특정 내용을 지칭한다. 그러나 소수의 단어는 일차적으로 문장을 문법적인 것으로 만드는 기능을 담당한다. 그러한 문법적 단어, 즉 **문법 형태소** grammatical morpheme에는 일반적으로 관사와 전치사라고 부르는 것들이 포함된다. 몇몇 접두사와 접미사도 일차적으로 문법적 역할을 담당한다. 이러한 문법적 형태소에는 접미사 ing와 ed가 포함된다.

문법 형태소는 내용어와는 다르게 처리될 수 있다. 한 가지 증거는 내용어의 사용보다는 문법 형태소의 사용이 더 많이 파괴되는 두뇌 손상에서 나온다(Zurif, 1995). 그리고 나중에 보게 되겠지만, 문법 형태소는 내용어와는 다른 방식으로 획득한다.

물론 언어의 기능은 의미를 전달하는 것이다. **의미론** semantics은 단어와 문장의 의미를 다루는 분야이다. 예컨대 많은 단어는 사전적 의미뿐만 아니라 내포적 유형(문화적이거나 정서적인 유형)의 의미도 수반한다. 어떤 단어는 둘 이상 개념의 이름이 되기 때문에 다의적이다. 예컨대 사과는 먹는 과일이자, 잘못의 용서를 구하는 것일 수 있다. 때때로 우리는 '그는 사과에 관심이 있다.'와 같은 문장을 들을 때처럼 단어의 다의성을 자각할 수도 있다. 그러나 대부분의 경우에는 예컨대 '그는 과일 중에서 사과에 관심이 있다.'에서와 같이 문장 맥락이 단어의 의미를 확실하게 만들어 주기 때문에 다의성을 의식적으로 경험하지는 않는다. 하지만 이러한 경우에도 아주 짧은 순간 동안은 무의식적으로 다의어의 모든 의미를 고려한다는 증거가 있다. 한 실험에서 참가자에게 '그는 과일 중에서 사과에 관심이 있다.'와 같은 문장을 제시하면서, 사과라는 단어가 나온 직후에 제시하는 검사 단어를 가능한 한 빨리 큰 소리로 읽도록 요구했다. 참가자들은 검사 단어가 사과의 두 가지 의미 어느 것과도 관련되지 않았을 때보다(예: 안경) 어느 의미이든 관련된 단어일 때(예: 빨강 또는 용서) 읽는 속도가 더 빨랐다. 이 결과는 사과의 두 의미 모두가 문장 이해 과정에서 활성화되며, 어느 의미이든 관련 단어를 점화할 수 있다는 사실을 시사한다(Swinney, 1979; Tanenhaus et al., 1979).

## 문장 단위

일반적으로 우리는 힘들이지 않고 단어들을 **문장 단위** sentence unit로 결합하는데, 여기에는 문장과 구절이 포함된다. 여기서도 규칙이 작동한다. 한 언어의 **통사** syntax(즉 **통사 규칙**)는 단어들을 결합하여 구절과 문장으로 만들 수 있는 방식을 주도한다. 이 단위의 중요한 특징 하나는 이것이 사고나 명제의 부분에 해당할 수 있다는 것이다. 이러한 대응으로 인해 듣는 사람은 문장으로부터 명제를 추출해 낼 수 있다.

이러한 대응을 이해하려면 우선 **명제** proposition를 주부와 술부로 분할할 수 있다는 사실을 인식해야 한다. '비둘기는 날개가 있다.'라는 명제에서 '비둘기는'이 주부이고 '날개가 있다'가 술부이다. '참새가 잠을 잔다.'라는 명제에서 '참새가'가 주부이고 '잠을 잔다'가 술부이다. 어느 문장이든 구로 쪼갤 수 있기 때문에 각 구는 명제의 주부나 술부와 대응되거나 아니면 전체 명제에 대응된다. 예컨대 직관적으로 단순 문장 '철수는 보험을 판매한다.'를 '철수는'과 '보험을 판매한다'라는 2개의 구로 나눌 수 있다. 첫 번째 구는 중심이 명사에 있기 때문에 **명사구** noun phrase라고 부르며, 기저 명제의 주어를 규정한다. **동사구** verb phrase인 두 번째 구는 명제의 술어를 제공한다. 보다 복잡한 예로 '신중한 학자가 책을 읽는다.'라는 문장을 보자. 이 문장은 2개의 구, 즉 '신중한 학자가'라는 명사구와 '책을 읽는다'라는 동사구로 나누어질 수 있다. 명사구는 '학자가 신중하다'라는 완전한 명제를 표현하며, 동사구는 다른 명제, '학자가 책을 읽는다' 부분(술부)을 표현한다(그림 9.2 참조). 문장 단위는 명제 단위와 밀접하게 대응되며, 명제 단위는 언어와 사고 사이의 연계를 제공한다.

문장을 들을 때 사람들은 우선 명사구와 동사구 등으로 분할한 다음에 그 구로부터 명제를 추출하는 것으로 보인다. 문장을 구로 분할하고 구를 단위로 처리한다는 상당한 양의 증거가 있는데, 몇몇 증거는 기억 실험에서 나온 것이다. 한 실험에서 참가자는 '불쌍한 소녀가 따뜻

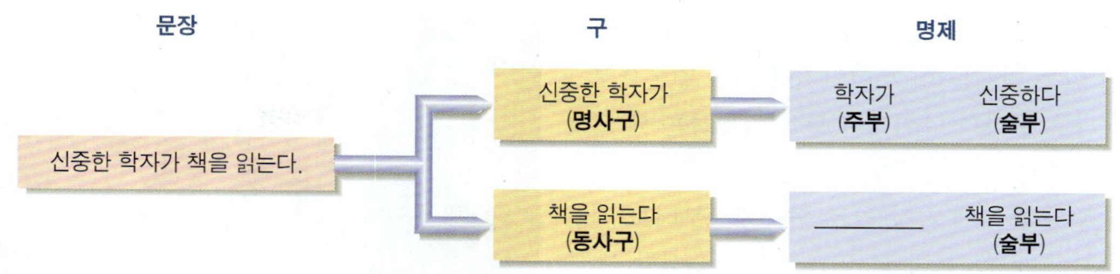


**그림 9.2 구와 명제.** 복합 문장에서 명제를 추출해 내는 첫 번째 단계는 문장을 구로 분할하는 것이다. 이러한 분할은 '어느 문장이든지 명사구와 동사구로 분할할 수 있다'와 같은 규칙에 근거한다.

한 코트를 훔쳤다.'와 같은 문장을 들었다. 각 문장 직후에 문장에 들어 있던 한 단어를 탐사 자극으로 제시하고 그다음 단어를 말하도록 요구했다. 참가자들은 탐사 단어와 반응 단어가 다른 구에 들어 있을 때보다('소녀가'와 '따뜻한') 동일한 구에 들어 있을 때('불쌍한'과 '소녀가') 더 빠르게 반응했다. 각 구는 기억에서 하나의 단위로 작용한다. 탐사 단어와 반응 단어가 동일한 구에서 나온 것일 때는 단지 하나의 단위만을 인출하면 된다(Wilkes & Kennedy, 1969).

문장을 명사구와 동사구로 분석한 후 구를 명사, 형용사, 동사 등과 같이 보다 작은 단위로 쪼개는 작업을 통사 분석이라고 부른다. 통사 분석은 일차적으로 문장의 부분들을 구조화함으로써 무엇이 무엇과 관련되는 것인지를 알게 해 준다. 예컨대 '노란 새가 빨간 뱀을 먹었다.'라는 문장에서 통사는 뱀이 아니라 새가 먹는 행위를 했고, 노란 것은 새이지 뱀이 아니며, 빨간 것은 뱀이지 새가 아니라는 사실을 알려 준다. 또한 '그 사람이 소유한 개는 게으르다.'와 같은 예에서 통사는 그 사람을 소유자로 그리고 개를 게으른 대상으로 확인할 수 있게 해 준다. 문장의 동사구와 명사구를 확인하고 그것들이 어떻게 연관되었는지를 확인하는 것은 무엇이 무엇이며 누가 누구에게 무엇을 했는지를 확인하는 것이다.

문장을 이해하는 과정에서 사람들은 일반적으로 그러한 통사 분석을 힘들이지도 않고 무의식적으로 해낸다. 그러나 때로는 통사 분석을 엉뚱하게 진행하여 그 과정을 자각하게 되기도 한다. '그 말은 헛간을 지나 달리다가 넘어진 소를 발견했다.'라는 문장을 보자. 많은 사람들은 이 문장을 이해하는 데 다소 어려움을 겪는다. 그 이유는 무엇일까? 처음 읽을 때 사람들은 '그 말은'이 명사구이고 '헛간을 지나 달리다'가 동사구일 것이라고 가정하는데, 그렇게 되면 문장의 나머지 부분을 처리할 수 없게 된다. 정확하게 이해되는 문장으로 만들기 위해서는 '헛간을 지나 달리다가 넘어진 소를 발견했다' 전체가 동사구가 되도록 재분할을 시도해야 한다(Garrett, 1990; Garrod & Pickering, 1999). 이러한 문장을 **오인 문장**(garden path sentence)이라고 부른다.

## 이해와 산출에서의 맥락효과

그림 9.3은 언어에 대한 수준 기반 설명을 수정한 것이다. 이것은 문장의 산출이 이해의 반대 과정이라는 사실을 시사한다.

문장을 이해하기 위해 사람들은 음소를 듣고 그 음소를 사용하여 형태소와 문장의 구를 구성하며, 마지막으로 문장 단위로부터 명제를 추출한다. 아래에서부터 위로, 즉 상향식으로 작업해 간다. 문장을 산출하기 위해 사람들은 반대 방향으로 진행한다. 명제적 사고에서 출발하여 이것을 문장의 구와 형태소로 변환한 다음에 이것들을 음소로 변환한다.

비록 이러한 분석이 문장 이해와 산출에서 일어나는 몇몇 사건을 기술하기는 하지만, 언어 처리가 일어나는 맥락을 고려하지 않기 때문에 과잉단순화한 것이다. 맥락은 듣는 것을 예측 가능하게 만들어 주기 십상이다. 단

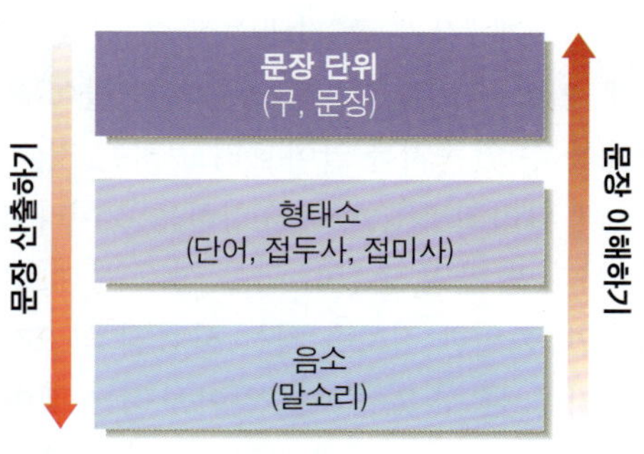


**그림 9.3 문장 이해와 산출의 수준.**

지 몇 개의 단어를 이해한 후 전체 문장이 의미하는 것(문장에 들어 있는 명제들)이 무엇일지에 대한 결론으로 뛰어 넘어간 다음 문장의 나머지 부분을 이해하는 데 그 명제들에 대한 추측을 사용한다. 그러한 경우에 이해는 가장 낮은 수준과 동시에 가장 높은 수준에서부터도 진행되는 것이다(Adams & Collins, 1979). 실제로 맥락(예: 이야기하고 있는 주제)이 없다면 언어 이해가 거의 불가능한 경우가 있다. 예를 들어 다음 문단을 읽어 보라.

> 절차는 실제로 아주 간단하다. 우선 대상을 여러 묶음으로 배열한다. 물론 해야 할 일이 얼마나 많으냐에 따라서 하나의 묶음으로도 충분할 수 있다. 만일 시설이 없어서 다른 곳으로 가야 한다면 그것은 다음 단계가 된다. 시설이 있다면 이제 준비가 다 된 것이다. 한꺼번에 너무 많이 하지 않는 것이 중요하다. 즉 한 번에 너무 많이 하는 것보다는 조금씩 하는 것이 낫다. 단기적으로는 이것이 중요해 보이지 않을 수도 있지만, 문제가 쉽게 발생할 수도 있다. 실수는 값비싼 대가를 치를 수 있다. 처음에는 전체 과정이 복잡해 보일 수 있다. 그렇지만 조만간에 이것도 삶의 또 다른 측면이 될 것이다. (Bransford & Johnson, 1973에서 인용)

문단을 읽으면서 당신은 무엇에 대해 말하고 있는지 이해하는 데 어려움을 겪었을 것이다. 그러나 '세탁기로 빨래하기'라는 맥락이 주어지면 빨래하기에 대한 배경 지식을 사용하여 쉽게 글을 따라갈 수 있다. 다시 한 번 읽어 보라. 두 번째 읽기에서는 '빨래하기' 행위에 대한 스키마를 사용하게 된다.

맥락의 또 다른 현저한 부분은 의사소통하고 있는 사람이다. 문장을 이해하는 데는 음소, 형태소, 구를 이해하는 것으로는 충분하지 않다. 특정한 문장을 말하는 사람의 의도도 이해해야 한다. 예컨대 식사 자리에서 어떤 사람이 당신에게 "감자 좀 건네주실 수 있겠어요?"라고 물었을 때, 일반적으로 당신이 그 감자를 들어 올려 자신에게 전달할 수 있는지를 알아보려고 하는 것이 아니라, 감자를 건네 달라고 정중하게 요청하는 것이라고 가정하게 된다. 하지만 만일 당신이 팔을 삼각 붕대로 감고 있는 상태라면, 동일한 질문을 하는 사람의 의도가 당신이 실제로 감자를 들 수 있는지를 알아보려는 것이라고 가정할 수 있다. 사람들은 이해 과정의 한 부분으로 말하는 사람의 의도를 결정한다는 풍부한 증거가 있다(Bosco et al., 2004 참조).

**언어 산출은 맥락에 달려 있다. 특정한 식당이나 상점이 어디에 있는지를 이웃에게 알려 줄 때와 관광객에게 알려 줄 때 상이한 표현을 하게 된다.**

언어 산출에서도 유사한 효과가 나타난다. 만일 누군가가 "이순신 장군 동상이 어디에 있습니까?"라고 묻는다면, 당신은 물리적 맥락과 질문자에 대한 당신의 가정에 근거하여 다른 답을 할 것이다. 만일 부산에서 질문을 받았다면 "서울에 있습니다."라고 답할 것이다. 만일 서울 변두리에서 질문을 받았다면 "시내에 있습니다."라고 답할 것이다. 서울 시청 앞에서 질문을 받았다면 "저 위 광화문 네거리에 있습니다."라고 답할 것이다. 언어 이해와 마찬가지로 언어 산출에서도 이야기가 맥락에 적합한 것인지를 결정해야 한다.

## 언어의 신경 기반

언어에 결정적인 두 영역이 좌반구 피질에 위치한다고 2장에서 설명했던 것을 떠올려 보라. 브로카 영역은 전두엽 뒤쪽에 자리 잡고 있으며, 베르니케 영역은 측두엽에 위치한다. 이 영역의 손상, 또는 두 영역 사이에 위치하는 영역의 손상은 특정 유형의 실어증(언어의 와해)을 유발한다(Dronkers et al., 2000). 따라서 실어증 환자는 언어의 신경 기반에 관해 많은 것을 알려 줄 수 있다.

**브로카 실어증** Broca's aphasia 환자(브로카 영역이 손상된 환자)의 언어 와해는 다음 인터뷰에 예시되어 있는데, 여기서 E는 면담자(또는 실험자)이고 P는 환자이다.

E: 해안 경비대에 근무했었나요?
P: 아니, 어, 예, 예… 배가… 매사추… 세츠… 해안 경비대… 몇 년 동안. [손을 두 번 들어서 손가락으로 '19'를 표현했다.]
E: 네. 해안 경비대에 19년간 근무했군요.
P: 어… 이런… 맞아… 맞아요.
E: 병원에 입원해 있는 이유를 알고 있나요?
P: [마비된 손을 가리키면서] 팔이 좋지 않아서. [입을 가리키며] 말을… 말할 수가 없어… 이야기를, 보다시피.

(Gardner, 1975, p. 61)

환자가 실험자의 질문을 이해하는 것은 확실하지만 말이 매우 어눌하다(중지하고 머뭇거린다). 이것은 **베르니케 실어증** Wernicke's aphasia(베르니케 영역이 손상된 환자)의 유창한 말과 대비된다.

어이쿠, 땀을 흘리고 있네요. 알다시피 방해를 받으면, 나는 한 번씩 무서운 긴장하거든요. 타리포이를 말할 수가 없고, 한 달 전에는 어느 정도 잘 해냈고요. 나는 상당히 강요하지만, 그 반대로, 내가 무슨 말 하는지 아시죠? 나는 돌아다녀야 하고, 둘러보아야 하고, 트레빈과 온갖 종류의 일들을 말입니다. (Gardner, 1975, p. 68)

올바른 단어를 찾아 사용하는 데 명백한 어려움을 볼 수 있으며, 때로는 단어를 만들어(예: 타리포이, 트레빈) 사용하기도 한다.

이러한 결과를 요약하는 한 가지 방법은 브로카 실어증이 언어 이해가 아니라 생성의 장애인 반면, 베르니케 실어증은 언어 생성이 아니라 이해의 장애라는 것이다. 이것은 2장에서 논의했던 고전적인 게슈빈트 모형인데, 이 모형은 브로카 영역을 말하기 계획을 전담하는 영역으로, 베르니케 영역을 음운(말소리)을 전담하는 영역으로 강조하고 있다. 이 모형에서는 단어의 의미가 브로카 영역이나 베르니케 영역이 아니라 다른 영역에 저장되어 있다. 전도성 실어증이라는 특정 유형의 실어증은 이 모형과 잘 들어맞는다. 이 실어증 환자는 통사 능력과 개념 능력 검사 모두에서 비교적 정상인 것처럼 보이지만, 들려준 문장을 반복해 보도록 요구하면 심각한 문제점을 노출한다. 호기심을 끄는 이러한 장애에 대한 신경학적 설명은, 이해와 산출의 기본 측면을 매개하는 두뇌 구조는 온전하지만 두 구조 사이의 신경 연계가 손상되었다는 것이다. 이 환자는 베르니케 영역이 온전하기 때문에 들려준 것을 이해할 수 있으며, 브로카 영역이 온전하기 때문에 유창하게 말할 수 있지만, 두 영역 사이의 연계가 손상되었기 때문에 이해한 것을 말중추로 전달할 수 없는 것이다(Geschwind, 1972).

실어증 환자를 대상으로 수행한 다른 연구의 결과는 게슈빈트 모형과 일치하지 않는다. 한 연구에서 브로카 실어증 환자들은 문장을 듣고 여러 그림 집합 중에서 그 문장이 기술하는 그림을 선택함으로써 그 문장을 이해했음으로 보여 주어야 했다. '호랑이가 쫓아가고 있는 사자는 뚱뚱하다.'라는 문장에서 뚱뚱한 동물은 호랑이가 아니라 사자라는 사실을 결정하기 위해 통사에 의존해야 한다. 브로카 실어증 환자는 이것을 해낼 수 없었다. 이들은 뚱뚱한 사자 그림 못지않게 뚱뚱한 호랑이 그림을 선택할 가능성이 높았다. '소년이 잡고 있는 자전거는 망가졌다.'와 같이 많은 통사 분석을 요구하지 않는 문장에 대해서는 브로카 실어증 환자도 정상인 못지않게 잘 해냈다(Caramazza & Zurif, 1976). 이러한 연구를 보면 브로카 실어증이 언어 표현에만 국한된 것이 아니라 언어 이해의 문제도 포함할 수 있다는 사실을 명확하게 알 수 있다.

실어증 환자 연구를 통해 언어의 신경 기반에 관해 알아내는 데에는 확실한 제약이 있다. 이 유형의 연구는 특정 두뇌 영역의 손상이 특정 실어증을 초래한다고 가정한다. 이러한 아이디어는 지나치게 단순한 것일 수 있다. 실제로 특정 언어 기능을 매개하는 특정 두뇌 영역은 사람마다 다를 수 있다. 이러한 개인차에 관한 최선의 증거는 치료 불가능한 간질 환자의 수술을 준비하는 신경외과 의사들의 결과에서 나온다. 신경외과 의사는 특정한 두뇌 조직을 제거해야 하지만, 우선 그 조직이 언어와 같은 중요한 기능을 매개하지 않는다는 사실을 확신할 수 있어야만 한다. 따라서 수술에 앞서 환자가 깨어 있을 때, 신경외과 의사는 문제의 영역에 약한 전기 자극을 주고 사물의 이름을 대는 환자의 능력에 미치는 영향을 관찰한다. 만일 전기 자극이 환자의 이름 대기 능력을 와해한다면 수술 중에 이 영역을 건드리지 말아야 한다. 한 환자의 이름 대기 능력은 두뇌 앞부분 영역을 전기적으로 자극할 때 와해되고 두뇌 뒷부분을 자극할 때는 그렇지 않을 수 있는 반면, 다른 환자는 다른 패턴을 보일 수 있다(Ojemann, 1983). 만일 사람에 따라서 서로 다른 두뇌 영역이 언어를 매개한다면, 실어증과 연합된 영역도 사람마다 다를 수 있는 것이다.

언어의 신경 기반을 탐색하기 위해 fMRI와 같은 두뇌 영상 기법을 사용한 연구 등도 개인차를 밝히고 있다. 예컨대 킴 등(Kim et al., 1997)은 외국어를 획득하는 연령이 브로카 영역에서 그 언어의 표상이 모국어의 표상과 중첩되는지를 결정한다는 사실을 보여 주었다.

언어 사용에 관한 최근 모형은 상이한 많은 단계의 존재를 상정하고 있지만, 각 단계에 관여하는 세부 신경회로는 여전히 밝혀내야 할 과제로 남아 있다(Sahin et al., 2009 참조). 예컨대 언어 생성은 개념적 준비, 어휘 인출, 음운 인출, 음성 처리, 자기감시, 조음 등을 수반한다(Indefrey & Levelt, 2004). 각 처리 과정은 특정 두뇌 영역에 의존하기 때문에 특정 영역의 손상은 특정 처리 단계에서의 문제점뿐만 아니라 후속 처리 과정에서의 와해도 초래하게 된다. 이러한 모형은 앞에서 보았던 현상, 즉 두뇌 손상이 때로는 일차적으로 언어 생성에서 문제를 초래하는 반면, 다른 경우에는 언어 이해에 일차적인 영향을 미치는 현상을 설명할 수 있을지 모른다.

### 중간 요약

- 언어는 세 가지 다른 수준으로 구조화되어 있다. (1) 문장 단위, (2) 의미를 담고 있는 단어와 단어 부분, (3) 말소리가 그것이다.
- 언어의 세 수준은 상호 연계되어 있다.
- 문장 단위는 단어(그리고 단어의 부분)로 만들어지며, 단어는 말소리로 구성된다.
- 음소는 말소리 범주이다. 모든 언어는 자체적인 음소 집합 – 언어마다 각기 다른 집합을 갖는다 – 그리고 음소를 결합하여 단어를 구성하는 규칙을 가지고 있다.
- 형태소는 의미를 담고 있는 언어의 최소 단위이다. 대부분의 형태소는 단어이지만, 단어에 부착되는 접두사와 접미사 등도 형태소이다.
- 통사 규칙은 단어를 구로 그리고 구를 문장으로 결합하는 데 사용된다.
- 언어를 매개하는 두뇌 영역은 좌반구에 있으며 브로카 영역과 베르니케 영역이 포함된다.

### 비판적 사고를 위한 물음

1. 이제 언어의 단위와 수준(예: 음소, 단어, 의미, 통사)에 대해 알았으니 그 개념을 외국어 학습에 적용해 보라. 어느 성분이 학습하기에 가장 쉽고, 어느 성분이 가장 어렵다고 생각하는가? 그 이유는 무엇인가?
2. 앞에서 보았던 것처럼 배경 지식 또는 맥락 지식은 언어를 이해하는 데 확실히 중요하다. 그러한 지식을 매개하는 두뇌의 특정 영역이 있다고 생각하는가? 그 이유는 무엇인가?

## 언어 발달

지금까지의 논의는 언어를 이해하는 것이 복잡한 과제라는 사실을 명확하게 보여 준다. 그럼에도 불구하고 거의 모든 아이들은 5세경이 되면 완벽한 문장을 이해하고 생성해 낸다. 어떻게 언어를 획득하는 것인가? 이 절에서는 우선 언어의 각 수준에서 획득하는 것이 무엇인지를 논의한 다음 그것을 획득하는 방식, 특히 학습과 생득적 요인이 담당하는 역할을 다룰 것이다.

### 이정표

언어의 세 수준 모두에서 발달이 일어난다. 음소 수준에서 출발하여 단어와 형태소 수준으로 진행한 다음 문장 단위 수준 또는 통사로 옮겨 간다. 여기서는 연령적 조망법을 채택하여 언어 이해와 산출 모두에서의 아동 발달을 추적한다.

#### 음소 그리고 음소의 결합

어른은 모국어의 서로 다른 음소에 해당하는 말소리를 변별하는 데는 유능하지만, 동일한 음소에 해당하는 서로 다른 말소리를 변별하는 데는 어려움을 겪는다. 놀랍게도 아이들은 어느 언어에서든 상이한 음소에 해당하는 상이한 말소리를 변별할 수 있는 상태로 태어난다. 생후 첫해에 걸쳐 변하는 것은 유아가 어느 음소가 자신의 모국어와 관련되는지를 학습하며, 모국어에서 동일한 음소에 해당하는 소리를 변별하는 능력을 상실하는 것이다.

본질적으로 유아는 모국어를 이해하고 산출하는 데 쓸모가 없는 것들을 구분하는 능력을 상실한다. 이렇게 놀랄 만한 사실은 가짜 젖꼭지를 빨고 있는 유아에게 소리 쌍을 연속해서 들려주는 실험을 통해 확인되었다. 유아는 친숙한 자극보다는 새로운 자극에 대한 반응으로 더 많이 빨기 때문에, 유아의 빠는 비율을 사용하여 연속하는 소리를 동일하게 지각하는지 아니면 다르게 지각하는지를 알아낼 수 있다. 생후 6개월 된 유아의 경우에는 연속음이 어느 언어에서든지 서로 다른 음소에 해당할 때만 빠는 비율이 증가했지만, 만 1세 유아의 경우에는 연속음이 모국어에서 서로 다른 음소에 해당될 때만 빠는 비율이 증가했다. 따라서 생후 6개월 된 일본 유아는 /l/과 /r/을 구분할 수 있지만 첫해의 끝 무렵에는 이러한 능력을 상실한다(Eimas, 1985).

각 발달 단계에서 아동은 말하기보다 이해를 더 잘한다. 즉 언어에 대한 수동적 지식이 적극적 지식을 능가한다. 예컨대 유아는 모국어에서 상이한 음을 **구별**할 수 있지만, 그 음을 신뢰롭게 **생성**할 수는 없다. 생후 6개월이 되면 음소를 닮은 소리를 생성하는 **옹알이**를 시작하는데, '바바바바'와 같이 동일한 자음-모음 조합을 반복하기 십상이다.

아동이 음소를 결합하여 단어를 만드는 방법을 학습하는 데는 여러 해가 걸린다. 아동이 처음으로 말하기 시작할 때는 때때로 'lumber'를 'dlumber'와 같이 '불가능한' 단어로 발음하기도 한다. 영어에서 단어가 시작할 때는 /l/이 /d/ 다음에 올 수 없다는 사실을 아직 모르는 것이다. 그러나 4세경이 되면 음소 결합에 관해 알아야 할 필요가 있는 것을 대부분 학습한다.

## 단어와 개념

생후 1년경에 아동은 말을 하기 시작한다. 옹알이는 계속해서 아동의 환경에서 듣게 되는 언어의 단어와 더욱 유사해진다. 더욱 중요한 사실은 유아가 개념을 지칭하는 단어를 사용하게 된다는 것이다. 만 1세 아동은 많은 대상에 대한 개념을 가지고 있으며(여기에는 식구, 애완동물, 음식, 장난감, 신체 부위 등이 포함된다), 말하기 시작할 때 이러한 개념을 어른이 사용하는 단어와 짝짓는다. 최초의 어휘는 모든 아동이 거의 동일하다. 1~2세 아동은 주로 사람(엄마, 아빠, 아가), 동물(멍멍이, 야옹이, 오리), 교통수단(차, 트럭, 배), 장난감(공, 블록, 책), 음식(주스, 우유, 과자), 신체 부위(눈, 코, 입), 가정용품(모자, 양말, 숟가락) 등에 대해 말한다.

이 단어들은 어린 아동의 개념을 명명하는 것이기는 하지만 모든 개념을 명명하는 것은 결코 아니다. 따라서 의사를 전달하려는 개념과 자신이 구사하는 단어 사이에 괴리가 있기 십상이다. 이러한 괴리를 메우기 위해 12~30개월 사이의 아동들은 자신의 단어를 **과잉확장** overextension한다. 즉 자신의 단어를 이웃 개념에까지 적용한다. 예컨대 2세 아동은 '멍멍이'라는 단어를 개뿐만 아니라 고양이와 소에게도 사용할 수 있다. 아동은 단어의 의미를 확실하게 알고 있다. 다양한 동물 그림을 보여 주고 '멍멍이'를 찾아보라고 하면 정확하게 선택한다. 과잉확장은 대략 2세 반경에 사라지기 시작하는데, 아마도 아동의 어휘가 급격하게 증가하기 시작하면서 많은 괴리를 제거하기 때문일 것이다.

그 이후에 아동의 어휘는 거의 폭발적으로 발달한다. 18개월에서 2세 사이에 전형적으로 어휘 폭발기(vocabulary spurt)가 나타난다. 전형적인 2세 아동은 매일 여러 개의 새로운 단어를 학습한다. 이러한 일이 일어나는 한 가지 방법은 **신속 대응** fast mapping이라고 부르는 과정을 통해서이다. 이 과정에서 단어는 단 한 번의 노출을 통해 기저 개념과 대응된다(Markman et al., 2003). 모르는 단어를 듣게 되면 아동은 아직 이름을 붙이지 않은 개념 중의 하나와 대응된다고 가정한다.

## 원시 문장에서 복합 문장으로

18~30개월 사이에 구와 문장 단위 또는 통사의 획득이 시작된다. 아동은 단일 단어를 "저기 소."(이때 기저 명제는 "저기에 소가 있다."), "언니 자전거."("저것은 언니의 자전거이다."), 또는 "수건 침대."("수건이 침대 위에 있다.")와 같이 두 단어 표현으로 결합하기 시작한다. 이러한 두 단어 말에는 전보의 특성이 있다. 아동은 문법 단어(영어의 경우 관사, 조동사 등)와 문법 형태소(예: 접미사)를 탈락시키고, 가장 중요한 내용을 담고 있는 단어만 집어넣는다. 이렇게 단순화함에도 불구하고 사물의 위치를 확인하고 사건과 행위를 기술하는 것과 같이 말하는 사람의 기본 의도 대부분을 표현한다.

아동은 두 단어 말에서부터 명제를 보다 정확하게 표현하는 복합 문장으로 신속하게 발달한다. 따라서 "아빠 모자."는 "아빠가 모자를 쓴다."가 되고 결국에는 "아빠가 모자를 쓰고 계신다."가 된다. 동사구의 이러한 확장이 아동의 말에서 일어나는 최초의 복잡한 구조로 나타난다. 다음 단계는 '그리고'나 '그러니까'와 같은 접속어를 사용하여 복합 문장을 구성하며("너는 인형 가지고 놀고, 그리고 나는 블록을 가지고 논다."), 과거 시제와 같은 문법 형태소를 사용하는 것이다. 언어 발달의 순서는 놀라울 정도로 모든 아동이 유사하다. 3세가 되면 대부분의 아동은 복수와 과거시제를 사용하게 된다. 아동이 가령 **과잉규칙화**(overregulate)하는 것을 볼 때, 자기 언어의 문법 규칙을 계속해서 학습한다는 사실을 볼 수 있다. 과잉규칙화란 새롭게 발견한 문법 규칙을 불규칙 사례에 일반화하는 것을 의미한다. 예컨대 영어에서 3세 아동은 갑자기 "I breaked the cup."이라고 말함으로써 동사 'break'를 규칙 동사처럼 취급하여 동사 말미에 ed를 붙여서 과거시제를 만들어 낸다. 뒤에서 언어 학습이 일어나는 현상을 다룰 때 이러한 과잉규칙화에 대해 설명할 것이다.

아동은 언어 학습에서 대부분의 이정표를 생애의 첫 5년 사이에 달성한다. 그러나 언어 학습이 5년 만에 종지부를 찍는 것은 아니다. 대부분의 아동은 학교에서 언어의 형식 규칙을 학습하게 된다. 동일한 시기에 대부분의 아동은 **메타언어적 자각**(metalinguistic awareness)을 발달시킨다. 즉 언어의 본질에 대해 생각할 수 있는 능력을 발달시킨다. 예컨대 6~8세 사이에 아동은 하나의 진술이 문자적 의미와는 상반되는 함축 의미를 가질 수 있다는 사실을 학습함으로써 반어법을 이해하기 시작한다("나는 정말로 딸기 아이스크림을 싫어한다니까!") (Creusere, 1999).

**생후 18~30개월 사이의 아동은 단어를 구와 문장으로 결합하는 방법을 학습한다.**

## 언어 획득

아동은 어떻게 언어를 획득하는가? 학습이 역할을 하는 것은 명백하다. 그렇기 때문에 영어를 사용하는 가정에서 자란 아동은 영어를 배우고, 불어를 사용하는 가정에서 자란 아동은 불어를 배운다. 생득적 요인도 역할을 한다. 그렇기 때문에 모든 아동은 언어를 학습하지만 어떤 애완동물도 언어를 학습하지 못한다(Gleitman, 1986).

### 학습 과정

스키너와 같은 행동주의자들은 아동이 7장에서 기술한 학습 과정, 즉 조건형성, 강화, 모방을 통해 언어를 학습한다고 믿었다. 그리고 이러한 과정이 어떤 역할을 담당할 가능성이 있다고 하더라도 언어 발달의 많은 측면을 설명할 수 없다는 사실이 즉각적으로 명백해진다.

조건형성과 강화를 생각해 보자. 어른은 아동이 문법적인 문장을 산출할 때 보상을 주고 실수를 저지를 때 야단을 칠 수 있다. 이렇게 작동하려면 부모는 아동의 말 세부 사항에 일일이 반응해야만 한다. 그러나 브라운 등(Brown et al., 1969)은 아동의 말을 이해할 수 있는 한 어떻게 말하느냐에 대해서는 부모가 주의를 기울이지 않는다는 사실을 확인했다. 또한 아동을 교정하려는 시도는 (그리고 조건형성을 적용하려는 시도는) 헛수고가 되기 십상이다. 다음 예를 보자(McNeill, 1966, p. 49).

아동: Nobody don't like me.
어머니: 아니야, 'Nobody likes me'라고 말해야지.
아동: Nobody don't like me.
어머니: 아니라니까. 잘 들어 봐. 'Nobody likes me'라고 말해 봐.
아동: 아이 참! Nobody don't likes me.

모방이 단어의 학습에서는 어떤 역할을 하겠지만(부모가 전화기를 가리키면서 '전화'라고 말하면 아동은 그 말을 따라서 해 보려고 한다), 아동이 문장을 산출하고 이해하는 방법을 학습하는 일차적 수단일 수는 없다. 어린 아동은 어른이 말하는 것을 들어 본 적이 없는 '우유 모두 없다.'와 같은 문장을 줄기차게 말한다. 언어 발달에서 두 단어 단계에 있는 아동이 긴 문장을 흉내 내려고 할 때조차도(예: "그 사람들이 올 거야.") 자신에게 일반적인 전보식 말을 한다("사람 온다.").

모방과 조건형성의 문제는 특정한 말 표현에만 초점을 맞춘다는 데 있다. 반면에 아동은 규칙과 같이 무엇인가 보편적인 것을 학습하기 십상이다. 아동은 언어 규칙에 대한 가설을 형성하여 검증하고, 작동하면 유지하는 것으로 보인다. 이것이 앞에서 보았던 과잉일반화 현상을 설명하는 방식인 것이다. 형태소 ed를 생각해 보자. 영어의 보편 규칙에서 ed는 현재형 동사에 첨가하여 과거시제를 나타낸다(예: cook–cooked). 그러나 많은 보편 동사는 불규칙 동사이며 이 규칙을 따르지 않는다(예: go–went, break–broke).

대부분의 불규칙 동사는 아동이 처음부터 사용하는 개념을 나타낸다. 따라서 아동은 어린 시점에 몇몇 불규칙 동사의 과거시제를 정확하게 사용한다(아마도 모방을 통해 학습했을 것이다). 그런 다음 몇몇 규칙 동사의 과거시제를 학습하고는 '현재형에다 ed를 첨가하여 과거시제를 만든다'는 가설을 발견한다. 이러한 가설이 불규칙 동사를 포함한 많은 동사의 끝에 ed를 첨가하도록 만든다. 따라서 "Annie goed home."이나 "Jackie breaked the cup."과 같이 말하게 되는데, 이것은 전에 들어 본 적이 없는 말이다. 결국에는 어떤 동사는 불규칙 동사라는 사실을 학습하여 ed 사용을 과잉일반화하는 것을 멈추게 된다(Pinker, 1994).

아동은 어떻게 이러한 가설을 생성하는 것인가? 모든 아동이 가설 형성의 안내역으로 사용하는 몇 가지 작동 원리가 있다. 하나는 단어 말미에 주의를 기울이는 것이다. 다른 원리는 의미 변화를 나타내는 접두사와 접미사를 들여다보는 것이다. 이러한 두 원리로 무장한 아동은 단어 말미에 있는 ed가 과거시제를 나타낸다는 가설에 직면할 가능성이 크다. 왜냐하면 ed는 의미 변화와 연합된 단어 말미이기 때문이다. 세 번째 작동 원리는 예외를 인정하지 않는 것이다. 이 원리는 ed가 과거시제라는 가설을 불규칙 동사에 일반화하는 이유를 설명해 준다. 몇몇 원리가 표 9.2에 나와 있으며, 이는 슬로빈(Slobin, 1985)이 연구한 40개 언어 모두에 적용되는 것으로 보인다.

### 표 9.2 어린 아동이 사용하는 작동 원리

많은 나라의 아동들은 말을 하고 이해하는 방법을 학습할 때 다음과 같은 원리를 따르는 것으로 보인다.

1. 단어 형식에서 체계적 변화를 찾아본다.
2. 의미 변화를 명확하게 나타내는 문법 표지를 찾아본다.
3. 예외를 피한다.
4. 단어 말미에 주목한다.
5. 어순, 접두사, 접미사에 주목한다.
6. 구성 성분(즉 문장 단위)의 중단이나 재배열을 피한다.

## 생득적 요인

촘스키(Chomsky, 1959)는 인간 언어 발달의 복잡성을 설명하기 위해 스키너의 행동주의 이론을 비판하는 이론을 개발했다. 촘스키는 인간이 언어를 학습하기 위한 생득적 능력을 가지고 있다고 주장했다. 그에 따르면 인간의 두뇌는 태어날 때부터 **언어획득장치**(language acquisition device, LAD)를 장착하고 있으며, 이 장치가 언어 학습을 촉진한다.

모든 아동은 자신의 문화와 언어에 관계없이 동일한 순서대로 언어 발달 과정을 거친다는 사실은 이 견해와 일치한다. 만 1세경에 몇 개의 분리된 단어를 말하며, 2세경에 두 단어 문장과 세 단어 문장을 말한다. 3세경에 문장이 보다 문법적으로 되며, 4세경에는 아동의 말소리가 어른의 말소리와 한결 유사해진다. 문화마다 아동이 어른으로부터 학습할 수 있는 기회가 현저하게 다르기 때문에—어떤 문화에서는 부모가 아동에게 끊임없이 말해 주지만, 다른 문화에서는 부모가 아동을 언어적으로 무시하는 경향이 있다—발달 순서가 문화에 걸쳐서 일관적이라는 사실은 언어를 학습하도록 생물학적으로 준비되어 있다는 사실을 의미한다. 최근 연구를 보면 입양되기 전에는 영어를 알지 못했던 해외 입양아에게도 영어 획득에서 동일한 이정표가 나타난다(Snedeker et al., 2007). 이 입양아들이 영어를 배우기 시작하는 시기는 2.5~5.5세로 상당히 나이가 들었다는 사실은 이러한 이정표가 진정 언어 학습을 반영하는 것이지, 생애 초기의 일반적인 인지 발달을 반영하는 것이 아니라는 사실을 시사한다.

실제로 언어에 대한 생득적 지식은 매우 풍부하기 때문에 아동은 주변에 선생의 역할을 해 주는 언어 사용자가 없는 경우조차도 언어 획득의 정상적인 과정을 거칠 수 있는 것이다. 일단의 연구자들은 정상 부모에게서 태어난 6명의 청각장애 아동을 연구했는데, 부모가 아동에게 수화를 가르치지 않겠다고 결정한 사례였다. 아동들은 독순법과 발성에 대한 교육을 받기 전에 가정 신호(home sign)라고 부르는 몸짓 시스템을 사용하기 시작했다. 처음에 이들의 가정 신호는 단순한 유형의 팬터마임이었지만, 결국에는 언어의 특성을 갖추게 되었다. 예컨대 개별 신호 그리고 신호들의 결합이 형태소 수준과 통사 수준 모두에서 체제화되었다. 또한 이 청각장애 아동들(본질적으로 자신만의 언어를 만들어 낸 아동들)은 정상 아동과 동일한 발달 단계를 거쳤다. 처음에 청각장애 아동들은 한 번에 하나의 신호를 표현했으며, 나중에 자신의 몸짓 신호를 두 개념 '문장'과 세 개념 '문장'으로 결합했다. 이렇듯 놀라운 결과는 생득적 지식의 풍부함과 상세함을 입증하는 것이다(Feldman et al., 1978).

**연구 결과를 보면 통사 학습에 결정적 시기가 있다는 사실을 알 수 있다. 청각장애인은 어린 시기에 미국 수화인 ASL을 배울수록 보다 효과적으로 그 시스템을 사용할 수 있다.**

언어 학습에는 그 언어를 획득해야만 하는 결정적 시기가 있다는 사실을 보여 주는 결과도 생득론 견해와 일치한다. 이 사실은 특히 새로운 언어의 발음 시스템을 획득하는 과정, 즉 새로운 음소 그리고 그 음소들을 결합하는 규칙을 학습하는 과정을 보면 특히 명확해진다. 앞에서 생후 1년 이내의 유아가 언어에 관계없이 음소를 변별할 수 있지만 첫해가 끝날 무렵에는 그 능력을 상실한다는 사실을 언급했다. 따라서 생애 첫해는 모국어 음소를 받아들이는 결정적 시기이다. 이 사실은 다음에 논의할 외국어 학습에도 적용된다.

언어 획득에 결정적 시기가 존재한다는 간접적 증거는 철저하게 고립되었던 아동의 사례에서 볼 수 있다. 아동기에 사회적으로 고립된 유명한 사례는 지니의 경우인데, 이 소녀의 아버지는 정신질환이 있었고 어머니는 시각장애인인 데다 지독하게 의존적인 사람이었다. 태어나서부터 11세 때 아동 복지 기관이 발견할 때까지 지니는 집의 고립된 방에서 유아용 변기에 묶여 있었다. 지니는 발견될 때까지 다른 사람과 아무런 접촉이 없었으며, 언어 능력을 거의 보이지 않았다. 지니에게 말을 가르치려는 노력은 제한된 결과를 보였다. 단어를 배울 수는 있었지만, 어린 아동에게 자연스럽게 나타나는 문법 규칙을 숙달하지 못했다. 검사 결과는 지니가 매우 지능이 높다는 사실을 보여 주었지만 언어 능력은 초등학교 3학년생 수준을 넘어서지 못했다(Curtiss, 1977; Rymer, 1992a, 1992b).

다른 연구는 통사 학습에도 결정적 시기가 있다는 사실을 보여 준다. 증거는 미국 수화(ASL)를 할 줄 아는 청각장애인들이 보여 준다. ASL은 완벽한 언어이며, 팬터마임 시스템이 아니다. 관심을 끄는 연구에는 ASL을 30년 이상 사용해 왔지만 그 언어를 학습한 연령이 모두 다른 청각장애 성인들이 참가했다. 모든 참가자들이 정상 부모에게서 태어났지만, 몇몇은 태어날 때부터 ASL을 경험했으며, 다른 몇몇은 농아학교에 입학한 4~6세 사이에 처음으로 ASL을 학습했고, 또 몇몇은 12세가 될 때까지 ASL을 경험하지 못했다(부모가 구어가 아닌 수화를 가르치는 데 주저했기 때문이다). 만일 통사를 학습하는 데 결정적 시기가 있다면, 학습한 지 30년이 지난 후에도 초기 학습자가 후기 학습자에 비해서 통사의 몇몇 측면을 더 잘 숙달하고 있어야만 한다. 이것이 바로 연구자들이 찾아낸 결과이다. 여러 형태소로 구성된 단어를—예컨대 untimely는 음소 un, time, ly로 구성되어 있다—이해하고 산출하는 측면에서 볼 때, 이른 시기의 ASL 학습자들은 학교에 입학할 때 ASL을 학습한 사람들보다 우수했으며, 12세 이후에 ASL을 학습한 사람들이 가장 저조했다(Meier, 1991; Newport, 1990).

언어 획득에 관한 최근 이론은 학습뿐만 아니라 생물학적 요인 모두가 언어 발달에서 역할을 한다고 진술한다. 이러한 이론은 촘스키가 주장하는 것처럼 인간은 언어를 획득하도록 사전에 설계되어 있다고 가정하는 대신에 언어 처리에 필요한 신경회로가 특정 경험으로 인해서 점진적으로 출현한다고 가정한다(MacWhinney, 1998). 필요한 학습 경험은 언어를 통한 소통을 수반하는 사회적 상호작용이다. 다시 말해 언어에의 단순 노출은 그 언어를 획득하는 데 충분하지 않다. 지지해 주는 환경도 필요한 것이다.

## 외국어 획득

오늘날 많은 사람들이 늦은 시기에 외국어를 학습한다. 실제로 이 교과서를 읽는 많은 학생들의 모국어는 영어가 아니다. 우리는 외국어 학습에 대해 무엇을 알고 있는가? ASL 학습에서와 마찬가지로 외국어 획득에서 연령의 중요한 효과를 알고 있다. 성인은 언어의 규칙(예: 규칙 동사의 변화 규칙)을 배울 수 있기 때문에 처음에는 신속하게 학습하지만 결국에는 문제에 직면하게 된다. 음소 변별을 생각해 보자. 사람들은 생애 첫해의 끝 무렵에 모국어의 음을 변별하는 것을 학습한다. 따라서 삶의 후기에 외국어의 음체계를 획득하기가 어렵다. 어린 아동은 외국어를 몇 년간 학습하면 성인에 비해 그 외국어를 모국어 악센트 없이 말할 가능성이 크며, 소음이 있는 조건에서 들을 때 그 외국어를 더 잘 이해할 수 있다(Lenneberg, 1967; Snow, 1987). 반면에 성인이 외국어를 학습할 때는 그 외국어를 얼마나 오랫동안 사용했느냐에 관계없이 절대 버리지 못하는 악센트를 유지하는 것이 일반적이다. 그러나 어른이 되어서 언어를 획득하는 문제는 음소 학습과 발음에 국한되는 것이 아니다.

존슨과 뉴포트(Johnson & Newport, 1989)는 검사를 시행하기 적어도 5년 전에 미국으로 이주하여 (대학의 학생이나 교수로서) 영어 사용권의 일원이 된 중국인과 한국인을 대상으로 연구했다. 이들에게 주어진 영어 문장이 문법적인지를 판단하도록 요구했다. 연구자들이 발견한 것은 이주할 때의 연령이 높을수록 이 과제의 수행이 떨어진다는 결과였다. 미국으로 이주할 당시의 연령이 3~7세 사이였던 실험 참가자들은 모국어 사용자 못지않게 잘했다. 그러나 이주할 당시의 연령이 높을수록 점수가 낮아졌다.

외국어 학습자의 숙련도가 학습할 때의 연령에만 좌우되는 것은 아니다. 새로운 문화에 사회적으로, 심리적으로 더 잘 통합될수록 새로운 문화의 언어 학습도 잘 이루어진다(Schumann, 1978). 놀랄 것도 없이 동기와 외국어 학습 간에는 정적 상관이 존재한다(Masgoret & Gardner, 2003).

## 다른 동물 종도 인간 언어를 학습할 수 있는가

몇몇 전문가들은 언어를 학습하는 생득적 능력이 인간에게만 독특한 것이라고 믿고 있다(Chomsky, 1972; Pinker, 1994). 이들은 다른 동물 종들도 소통 시스템을 가지고 있다는 사실을 인정하지만 인간 언어와는 질적으로 다르다고 주장한다. 침팬지의 소통 시스템을 살펴보자. 침팬지의 발성과 몸짓의 수는 제한되어 있으며, 생산성도 인간 언어에 비해 형편없이 낮다. 인간 언어의 경우에는 비교적 적은 수의 음소를 결합하여 수많은 단어를 만들어 내며, 다시 단어를 결합하여 무한한 문장을 만들어 낼 수 있다. 다른 차이는 인간 언어가 여러 수준에서 구조화되어 있는 반면에 침팬지의 소통은 그렇지 않다는 점이다. 특히 인간 언어에서는 의미를 가지고 있는 단어나 형태소의 수준과 의미가 없는 말소리 수준 사이에 명확한 구분이 있다. 침팬지의 소통에서는 그러한 구조적 이원성의 실마리를 찾아볼 수 없다. 모든 상징이 의미를 가지고 있다. 또 다른 차이는 침팬지가 사람들이 하는 것처럼 상징의 순서를 바꾸어서 전달하는 메시지의 의미를 바꾸지 못한다는 점이다. 예컨대 인간 언어에서는 '조나가 고래를 먹었다'는 '고래가 조나를 먹었다'와 전혀 다른 의미를 나타낸다. 침팬지의 소통에는 이에 비견할 만한 차이에 대한 증거가 없다.

침팬지의 소통이 인간 언어에 비해 열등하다는 사실이 침팬지는 보다 생산적인 시스템을 가질 능력이 없다는 사실을 입증하는 것은 아니다. 침팬지의 시스템은 침팬지들의 필요성에 적합한 것일 수 있다. 침팬지가 우리와 같은 생득적 능력을 가지고 있는지를 알아보기 위해서는 인간 언어를 학습할 수 있는지를 알아보아야 한다. 침팬지에게 언어를 가르친 가장 잘 알려진 연구에서 가드너와 가드너(Gardner & Gardner, 1972) 부부는 워슈라는 이름의 암컷 침팬지에게 미국 수화에서 따온 신호를 가르쳤다. 수화를 사용한 이유는 침팬지가 인간의 말소리를 표현할 수 있는 발성기관을 가지고 있지 않기 때문이었다. 워슈가 대략 1세가 되었을 때부터 훈련을 시작하여 5세가 될 때까지 계속했다. 이 시기에 워슈의 보호자는 수화를 통해서만 소통을 했다. 우선 행동조성 절차를 통해 신호를 가르쳤다. 신호를 닮은 몸짓을 할 때까지 기다렸다가 강화를 주었다. 나중에는 워슈가 관찰하고 모방함으로써 신호를 학습했다. 4세가 되었을 때 워슈는 130개의 신호를 산출할 수 있었으며, 그 이상의 신호를 이해할 수 있었다. 또한 신호를 어떤 상황에서 다른 상황으로 일반화할 수도 있었다. 예컨대 처음에 '더 많이'라는 신호를 '더 많이 긁다'와 연계하여 학습했는데, 나중에 '더 많이 우유'를 나타내는 신호에 일반화했다.

다른 동물들도 단어 학습 능력을 보여 준다. 특히 수 년 전에는 한 마리의 개가 상당한 관심을 불러일으켰다.

**왼쪽 침팬지는 일종의 수화를 학습했으며, 오른쪽 침팬지는 키보드를 사용하여 소통하도록 훈련받았다.**

독일산 콜리 종인 리코는 유아에서 볼 수 있는 신속 대응 과정, 즉 단 한 번의 노출만으로 새로운 단어를 학습하는 과정을 사용하여 단어를 학습할 수 있다는 사실을 보여 주었다(Kaminski et al., 2004). 연구자들은 TV 프로그램에 등장한 리코를 보고 그 개의 주인과 접촉했다. 경탄스럽게도 리코는 200개 이상의 사물 이름을 알고 있었다. 주인은 연구자들이 리코의 신속한 단어 학습이 사람에게서나 볼 수 있는 추론 과정에 의존한 것인지 검증하도록 허락해 주었다. 만일 당신이 처음 듣는 이름(예: 워그)을 가진 사물을 선택하도록 요청받았으며, 책상 위에는 9개의 친숙한 사물과 1개의 친숙하지 않은 사물이 놓여 있다면, 그 친숙하지 않은 사물이 워그임에 틀림없다고 추론하고는 그것을 집어 들 것이다. 비록 수행이 완벽하지는 않았지만 리코가 해낸 것이 바로 이것이었다. 리코는 열 번의 시행에서 일곱 번에 걸쳐 친숙하지 않은 사물을 물어 왔던 것이다.

우리는 앞에서 유인원이 제한된 어휘를 학습할 수 있으며, 신호 이면에 있는 개념이 우리의 것과 등가적이라는 사실을 보았다. 이러한 연구는 유인원이 인간 언어를 학습할 수 있다는 견해를 지지하는가? 유인원이 통사를 학습하고 사람들이 단어를 결합하여 문장을 만드는 것과 동일한 방식으로 신호를 결합할 수 있는가? 예컨대 우리는 '사람', '동물', '해친다'는 단어를 '사람이 동물을 해친다.'라는 문장으로 결합할 수 있을 뿐만 아니라, 동일한 단어를 상이한 순서로 결합하여 '동물이 사람을 해친다.'라는 전혀 다른 의미의 문장을 만들어 낼 수 있다. 그린필드와 새비지-럼바우(Greenfield & Savage-Rumbaugh, 1990)의 연구는 이것이 가능하다는 사실을 보여 주는 것으로 보인다. 이들은 보노보(피그미 침팬지)를 대상으로 연구했는데, 이들의 행동은 널리 연구된 일반 침팬지의 행동보다 더 인간의 행동과 유사하다. 칸지라는 이름의 7세 된 보노보는 단어를 나타내는 상징을 조작함으로써 소통했다. 칸지는 보다 자연스러운 방식으로 상징 조작법을 학습했다. 예컨대 보호자가 상징을 가리키면서 영어 단어를 말하는 것을 들으면서 학습했다. 보다 중요한 점은 몇 년간 언어 훈련을 받은 후 칸지가 의미의 변화를 소통하기 위해 단어 순서를 변화시키는 능력을 보였다는 사실이다. 만일 칸지가 이복 여동생인 뮬리카를 물려고 할 때는 'Bite Mulika(뮬리카를 문다)'라고 신호했지만, 여동생이 자기를 물 때는 'Mulika bite(뮬리카가 문다)'라고 신호했던 것이다. 따라서 칸지는 대략 2세 아동에 해당하는 통사 지식을 가지고 있었던 것으로 보인다.

이 결과는 놀랄 만한 것이기는 하지만 조심스럽게 해석할 필요가 있다. 한 가지는 칸지가 지금까지 통사 능력을 보여 준 몇 안 되는 유인원 중의 한 마리이기 때문에 그 결과가 얼마나 보편성을 갖는지를 의심해 볼 수 있다. 또 한 가지는 비록 칸지가 2세 아동의 언어 능력을 가지고 있기는 하지만 그 수준까지 이르는 데 사람보다 훨씬 긴 시간이 소요되었다. 촘스키(Chomsky, 1991)는 유인원이 인간에 비견할 만한 언어 능력을 발달시킬 가능성에 대해 회의적인 주요인을 다음과 같이 표현했다. "만일 어떤 동물이든 언어와 같이 생물학적으로 도움을 주는 능력을 가지고 있으면서도 지금까지 사용하지 않은 것이라면, 날아다니도록 가르칠 수 있는 사람들이 살고 있는 섬을 발견하는 것만큼이나 진화상의 기적이 될 것이다."

### 중간 요약

- 유아는 음소를 학습하도록 미리 프로그래밍되어 있는 것으로 보이지만, 음소를 조합하는 규칙을 학습하는 데는 여러 해가 걸린다.
- 아동이 말하기 시작할 때 우선 자신의 환경에서 친숙한 개념을 명명하는 단어를 학습한다. 그런 다음 문장으로 나아간다. 한 단어 문장으로 시작하여 두 단어 전보식 말로 진행한 후 명사구와 동사구를 정교화하게 된다.
- 아동은 부분적으로 가설을 검증함으로써(주로 무의식적으로) 언어를 학습한다. 이 가설은 소수의 작동 원리가 주도하는 경향이 있는데, 이러한 원리는 아동으로 하여금 단어 말미와 같이 말의 결정적 특성에 주의를 기울이게 만든다.
- 생득적 요인도 언어 획득에서 중요한 역할을 한다. 이 주장을 지지하는 수많은 결과가 있다. 하나는 모든 문화의 모든 아동들이 모국어를 획득하는 과정에서 동일한 단계를 거치는 것으로 보인다는 점이다. 또 하나는 다른 생득적 행동과 마찬가지로 몇몇 언어 능력을 결정적 시기에 학습한다는 점이다. 이 사실은 성인이 되어서 언어를 학습하는 것이 상대적으로 어려운 이유를 부분적으로 설명해 준다.

### 비판적 사고를 위한 물음

1. 단어 의미를 학습하는 데 결정적 시기가 있다고 생각하는가? 어떤 유형의 증거가 당신의 답을 지지하며, 어떤 유형의 증거가 그 답을 반박하는가?

2. 만일 대부분의 연구자들이 유인원에게 인간 언어를 가르쳤던 방식으로 부모가 아이에게 언어를 명시적으로 가르친다면 어떤 일이 일어날 것이라고 생각하는가? 언어 획득 과정을 촉진하겠는가, 지연하겠는가, 아니면 아무런 변화도 초래하지 않겠는가?

## 개념과 범주화: 사고의 기본 단위

사고는 '마음의 언어'로 개념화할 수 있다. 실제로 둘 이상의 언어가 있을 수 있다. 한 사고 양식은 '마음속에서 듣는' 문장들의 연속에 해당한다. 이것은 명제나 주장을 표현하기 때문에 **명제적 사고** propositional thought라고 부른다. 다른 사고 양식, 즉 **심상적 사고** imaginal thought는 심상, 특히 마음속에서 볼 수 있는 시각 심상에 해당한다. 어른의 사고에 대한 연구는 이러한 두 가지 사고 양식을 강조해 왔으며, 그중에서도 특히 명제적 양식에 초점을 맞추었다.

명제는 사실적 주장을 표현하는 진술이라고 생각할 수 있다. '어머니는 성실한 일꾼이다.'는 한 명제이다. '고양이는 동물이다.'도 명제이다. 이러한 사고가 특정 방식으로 조합된 개념－어머니, 성실한 일꾼, 고양이, 동물－으로 구성된다는 사실은 쉽게 알 수 있다. 그러나 명제적 사고를 이해하려면 우선 그것을 구성하는 개념을 이해할 필요가 있다.

### 개념의 기능

**개념** concept은 전체 유목을 나타낸다. 특정 유목과 연합된 특성들의 집합이다. 예컨대 '고양이' 개념은 다리가 4개이고 수염이 달려 있다는 특성을 포함한다. 개념은 몇 가지 중요한 기능을 담당하고 있다. 하나는 세상을 다룰 수 있는 단위로 분할하는 것이다(인지 경제성). 세상은 수많은 상이한 사물로 가득 차 있기 때문에 만일 각각을 개별적인 것으로 취급한다면 곧 다양성에 압도되고 말 것이다. 만일 접하는 모든 대상을 각기 다른 이름으로 지칭한다면 우리의 어휘는 어마어마하게 거대해져서 소통 자체가 불가능해지게 된다(우리가 변별할 수 있는 700만 개의 색깔 각각에 대한 이름을 가지고 있다면 어떻게 될 것인지 생각해 보라). 다행스럽게도 우리는 각 사물을 독특한 것으로 취급하지 않는다. 오히려 개념의 한 사례로 처리한다. 상이한 많은 사물을 '고양이' 개념의 사례로 처리하고, 다른 많은 사물을 '의자' 개념의 사례로 처리하는 식이다. 서로 다른 대상을 동일한 개념의 구성원으로 취급함으로써 마음에 표상해야 하는 세상의 복잡성을 감소시키는 것이다.

**범주화** categorization는 대상을 개념에 할당하는 과정이다. 한 사물을 범주화할 때, 우리는 그 사물이 개념과 연합된 특성을 많이 가지고 있는 것처럼 취급한다. 여기에는 직접적으로 지각할 수 없는 특성도 포함된다. 개념의 두 번째 중요 기능은 쉽게 지각될 수 없는 정보를 예측할 수 있게 해 준다는 것이다(이것을 예측력이라고 부른다). 예컨대 '사과' 개념은 둥글고 특정 색깔이며 나무에 열린다는 것과 같이 쉽게 지각할 수 있는 특성뿐만 아니라 씨가 있고 먹을 수 있다는, 지각하기 어려운 특성과도 연합된다. 이렇게 볼 수 있는 특성을 사용하여(빨강고 둥글며 나무에 달려 있다) 어떤 사물을 '사과'로 범주화하고는 그 사물이 보기 어려운 특성(씨가 있고 먹을 수 있다)도 가지고 있다고 추론한다. 개념은 직접적으로 지각하는 정보를 넘어설 수 있게 해 준다(Anderson, 1991; Bruner, 1957).

우리는 '먹기'와 같은 행위 개념도 가지고 있으며, '늙다'와 같은 상태 개념, '진리'나 '정의'와 같은 추상 개념, 심지어는 숫자 2의 개념도 가지고 있다. 각 사례에서 우리는 그 개념의 모든 구성원들에게 공통적인 특성에 대해 무엇인가를 알고 있는 것이다. 이렇게 널리 사용되는 개념은 일반적으로 한 단어의 이름과 연합된다. 그럼으로써 빈번하게 일어나는 경험을 신속하게 소통할 수 있게 해 준다. 또한 특수한 목표를 위해 즉석에서 개념을 만들 수도 있다. 만일 야외로 나갈 계획을 세우고 있다면 '캠핑 여행할 때 가지고 갈 물건' 개념을 생성할 수 있다. 그러한 개념은 비교적 자주 사용되지 않으며 긴 이름을 가지고 있기는 하지만 인지 경제성과 예측력을 제공해 준다(Barsalou, 1985).

## 원형

개념과 연합된 특성은 두 가지 집합으로 나뉘는 것으로 보인다. 한 특성 집합은 개념의 **원형** prototype을 구성한다. 원형이란 개념의 가장 대표적인 사례를 기술하는 특성들의 집합이다. 예컨대 '할머니' 개념에 대한 당신의 원형은 60대 여자이며, 머리가 희고, 손자들과 지내기를 좋아한다는 특성을 포함하고 있을 수 있다. 원형은 개념을 생각할 때 일반적으로 머리에 떠오르는 것이다. 그렇지만 원형의 특성이 전형적인 할머니에게는 사실이라고 하더라도 모든 사례에서 참은 아니다(30대 후반의 여자로서 10대에 자식을 낳았고, 그 자식도 10대에 자식을 낳은 경우를 생각해 보라). 이러한 사실은 개념이 원형 이외에 또 다른 무엇인가를 가지고 있어야만 한다는 것을 의미한다. 이렇게 부가적인 것은 개념의 구성원이 되기 위해 매우 중요한 특성으로 구성된 **핵** core이다. '할머니' 개념의 핵에는 부모 한 사람의 어머니라는 특성이 포함될 텐데, 이 특성은 개념의 구성원이 되는 데 필수적인 것이다(Armstrong et al., 1983).

또 다른 예로 '새' 개념을 생각해 보자. 당신의 원형에는 날아다니며 짹짹거린다는 특성이 포함될 가능성이 크다. 이 특성은 참새나 제비와 같이 대표적인 '새'의 사례에는 잘 들어맞지만 타조나 펭귄과 같은 사례에서는 그렇지 않다. 아마도 당신의 핵은 새이기 위한 생물학적 토대를 규정하고 있을 것이다. 특정 유전자를 가지고 있거나, 아니면 적어도 부모가 새여야 한다.

위의 두 가지 예, 즉 '할머니'와 '새' 개념에서 원형의 특성은 뚜렷하기는 하지만 개념 구성원 여부에 대한 완벽한 지표가 아닌 반면에, 핵의 특성은 구성원 여부에 보다 중추적인 것이 된다는 사실에 주목하기 바란다. 그런데 '할머니' 같은 개념과 '새' 같은 개념 사이에는 중요한 차이점이 있다. '할머니'의 핵은 정의이며, 쉽게 적용할 수 있다. 부모 한 사람의 어머니인 사람은 '할머니'일 수밖에 없으며, 누가 이러한 정의 특성을 가지고 있는지를 비교적 쉽게 판단할 수 있다. 이와 같은 개념은 정의가 잘되어 있다고 말한다. 사람이나 사물을 잘 정의된 범주로 범주화하려면 핵 또는 정의 특성을 가지고 있는지를 결정하면 된다. 반면에 '새'의 핵은 정의하기가 거의 불가능하며—예컨대 우리는 단지 어떤 유전인자가 관여되어 있을 것이라는 사실만 알고 있다—핵의 특성을 볼 수 없다. 조그만 동물을 보았을 때 그 동물의 유전자를 조사하거나 조상에 대해 물어볼 수는 없다. 할 수 있는 일이란 단지 날아다니고 짹짹거리는 등의 특정 특성을 확인하고, 그 정보를 사용하여 그것이 새인지를 결정하는 것이다. '새'와 같은 개념은 모호하다고 말한다. 한 사물이 모호 개념의 사례인지를 결정하는 데에는 개념 원형과의 유사성을 결정하는 일이 수반되기 십상이다(Smith, 1995). 대부분의 자연 개념은 모호한 것으로 보인다. 진정한 정의가 결여되어 있으며 범주화는 원형에 크게 의존한다.

모호 개념의 몇몇 사례는 다른 사례들보다 더 많은 원형 특성을 가지고 있다. 예컨대 새 중에서 참새는 날아다니는 특성이 있지만 타조는 그렇지 않다. 한 사례가 보다 많은 원형 특성을 가지고 있을수록 더욱 전형적인 사례로 간주한다. '새'의 경우에 대부분의 사람들은 참새가 닭보다 전형적이며, 닭이 타조보다 전형적이라고 평가한다. '사과'의 경우에는 녹색 사과보다는 빨간 사과가 전형적이라고 평가한다. 사례의 전형성은 그 사례의 범주화에 결정적인 영향을 미친다. 사람들에게 그림 속의 동물이 '새'인지를 물으면 참새는 즉각적으로 그렇다고 답하는 반면, 닭은 더 오랜 판단 시간이 걸린다. 어린 아동에게 동일한 질문을 하면 참새는 정확하게 범주화하는 반면에 닭은 새가 아니라고 답하는 경우가 많다. 전형성은 개념의 이름을 접할 때 생각하는 것도 결정한다. '창밖에 새가 있다.'라는 문장을 들었을 때 우리는 독수리보다

**'날아다닌다'와 '짹짹거린다'가 새를 규정하는가? 아마도 당신의 '새' 원형은 이러한 특성을 포함할 것이다. 그러나 이 특성은 타조와 같은 다른 유형의 새에게는 적용되지 않는다.**

는 참새를 생각할 가능성이 훨씬 크며, 마음에 떠오르는 것이 문장을 이해하는 데 영향을 미치는 것이 확실하다 (Rosch, 1978).

## 원형 형성의 보편성

원형은 주로 문화가 결정하는가, 아니면 보편적인가? '할머니'와 같은 몇몇 개념에서는 문화가 원형에 일차적 영향을 미치는 것이 확실하다. 그러나 대부분의 자연 개념에서는 원형이 놀라울 정도로 보편적이다.

'빨강'이라는 색깔 개념을 생각해 보자. 이것은 모호 개념이며(일반인들은 이것의 정의 특성을 알지 못한다), 명확한 원형을 가지고 있는 개념이다. 사람들은 어느 색상이 전형적인 빨강이고 어느 것이 그렇지 않은 빨강인지에 대해서 일치한다. 서로 다른 문화권의 사람들도 마찬가지이다. 놀라운 사실은 이러한 의견 일치가 '빨강'을 지칭하는 단어가 없는 언어를 사용하는 문화권에서도 나타난다는 것이다. 이러한 언어 사용자들에게 빨강 색상의 배열에서 가장 좋은 사례를 선택하도록 요구하면 우리와 동일한 색상을 선택한다. 그들이 빨강이라고 부르는 색상의 영역이 우리와 다르다고 하더라도 전형적인 빨강이라는 생각은 우리와 동일한 것이다(Berlin & Kay, 1969).

다른 연구는 '검정'과 '하양'이라는 색채 단어만을 가진 언어를 사용하는 뉴기니의 다니족이 많은 색채 단어를 가지고 있는 영어 사용자들과 동일한 방식으로 색채를 지각한다는 사실을 보여 준다. 다니족에게 일련의 빨간색 조각을 기억하도록 제시했다. 색 조각은 '빨강'의 전형성에서 차이를 보이는 것이었다. 나중에 이들에게 색 조각을 제시하고 어느 것을 앞에서 보았는지 판단하도록 했다. 이들은 '빨강'에 대한 단어를 가지고 있지 않음에도 불구하고 전형적인 빨강을 그렇지 않은 빨강보다 더 잘 재인했다. 미국의 참가자들을 대상으로 이에 상응하는 과제를 수행했을 때 얻는 결과가 바로 이것이다(Rosch, 1974). 따라서 색채 원형은 보편적인 것으로 보인다.

보다 최근의 실험은 몇몇 동물 개념의 원형도 보편적

**다니족에게는 빨강을 지칭하는 단어가 없지만 그들은 다양한 빨간색을 지각할 수 있다.**

이라는 사실을 시사한다. 실험에서는 미국 대학생들과 마야 이트사족 참가자들을 비교했다(마야 이트사족은 서양의 영향을 거의 받지 않은 과테말라 열대우림에 사는 종족이다). 미국 참가자는 미시간 주 서남부에 거주하는 대학생들이었는데, 이 지역에도 우연히 과테말라 열대우림에 서식하는 많은 포유류가 서식하고 있었다. 두 집단 모두에게 동물 종의 이름을 제시했다. 우선 이들에게 함께 묶을 수 있는 동물들끼리 소집합으로 묶도록 요구한 다음, 다시 소집합들을 관련된 것들끼리 상위 집단으로 묶는 방식을 취해서 최종적으로 모든 동물 종이 '포유류'에 해당하는 하나의 집단이 되게 묶도록 요구했다. 이러한 집단화는 원형의 유사성에 의해 결정되었다. 즉 처음에 묶을 때는 참가자들이 매우 유사하게 보이는 종만을 함께 묶었다. 이렇게 계속해서 집단화함에 따라 각 참가자는 일종의 나무 도식을 만들게 되었으며, 맨 아래쪽에는 최초에 묶은 집단들이 위치하고 맨 위에 '포유류'가 위치했다. 이 나무 도식은 동물의 분류를 반영하는 것이다.

마야 이트사족이 만든 나무 도식은 미국 대학생들이 만든 것과 아주 유사했다. 실제로 이트사족과 미국 대학생들의 평균적인 나무 도식 사이의 상관계수는 대략 +.60이었다. 또한 이트사족과 미국 대학생들의 분류는 실제 생물학 분류와 높은 상관을 보였다. 모든 사람들은 쉽게 관찰할 수 있는 특성에 근거하여(전반적 모양, 색깔이나 텁수룩한 꼬리와 같이 눈에 띄는 특성 또는 독특한 동작 패턴 등) 동물의 원형을 형성하는 것으로 보인다. 이러한 특성은 동물 종의 진화사를 나타내는 지표이며, 과학적 분류도 여기에 기초한다(Lopez et al., 1997).

동물 개념의 내용이 문화마다 차이를 보이는 사례도 생각해 볼 수 있다. 만일 어떤 문화에서는 타조가 많고 참새가 많지 않다면 그 문화는 '새'에 대해 상이한 원형을 가지고 있을 수 있다. 하지만 원형이 형성되는 원리, 즉 개념 사례에서 빈번하게 관찰하는 특성에 초점을 맞춘다는 원리는 보편적이다.

## 개념 위계

우리는 개념의 특성을 알 뿐만 아니라 개념이 서로 어떻게 관련되는지도 알고 있다. 예컨대 '사과'는 보다 큰 개념인 '과일'의 구성원(또는 부분집합)이며, '참새'는 '새'의 부분집합이고, '새'는 다시 '동물'의 부분집합이다. 이러한 두 유형의 지식(개념의 특성과 개념 사이의 관계)이 그림 9.4에 위계적으로 나타나 있다. 그림 9.4가 명확하게 보여 주듯이 한 사물은 여러 수준으로 표현할 수 있다. 동일한 사물이 '골든딜리셔스', '사과', '과일'이 될 수 있다. 그러나 위계에서 한 수준이 **기본 수준** basic level, 즉 범주화에서 선호하는 수준이 된다. 다시 말해 사물을 처음에 범주화하는 수준이다. 그림 9.4의 위계에서 '사과'와 '배'를 포함하는 수준이 기본 수준이다. 이러한 주장의 증거는 사람들에게 그림 속의 사물에 처음 떠오르는 이름을 붙이도록 요구하는 연구에서 나온다. 사람들은 골든딜리셔스 사과 그림을 보고 '골든딜리셔스'나 '과일'보다는 그냥 '사과'라고 부를 가능성이 매우 크다. 기본 수준 개념은 다른 측면에서도 특수하다. 예컨대 아동이 처음으로 학습하는 개념이며, 보다 빈번하게 사용되고, 짧은 이름을 가지고 있다(Mervis & Rosch, 1981).

우리는 세상을 우선 기본 수준 개념으로 분할하는 것으로 보인다. 기본 수준을 만드는 것은 무엇인가? 그 답은 기본 수준이 가장 차별적인 특성을 가지고 있다는 사실에 달려 있다. 그림 9.4에서 '사과'는 차별적인, 즉 다른 종류의 과일은 공유하지 않는(예: 빨갛고 둥근 것은 '바나나'의 특성이 아니다) 여러 가지 특성을 가지고 있다. 반면에 '골든딜리셔스 사과'는 차별적 특성이 거의 없다. 대부분의 특성을 '매킨토시 사과'와 공유한다. 그리고 그림 9.4에서 가장 높은 수준인 '과일'은 특성 자체를 별로 가지고 있지 않다. 따라서 우리는 세상을 정보 수준이 가장 높은 개념으로 범주화하는 것이다(Murphy & Brownell, 1985).

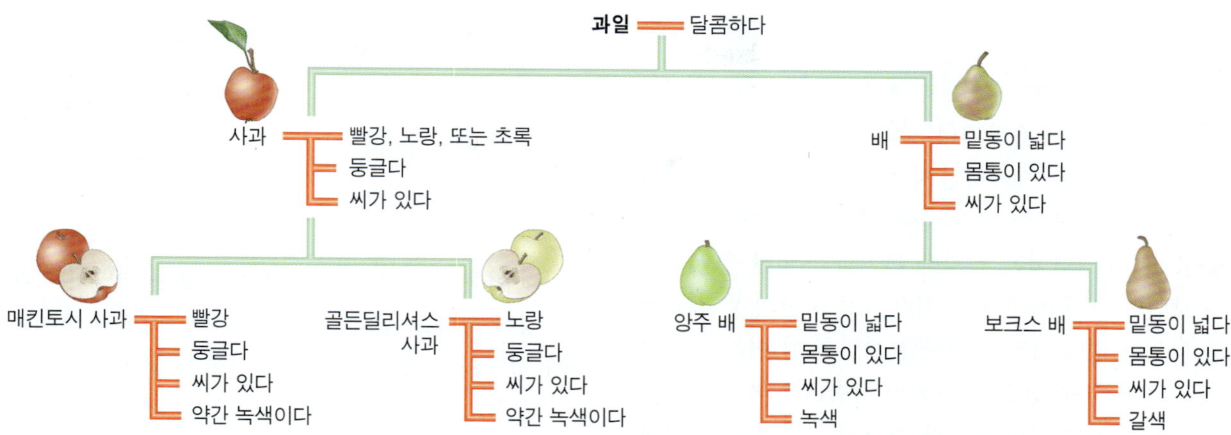


**그림 9.4 개념 위계.** 진한 글씨로 쓰인 '과일'은 개념을 나타낸다. 보통 글씨의 단어는 그 개념의 특성을 나타낸다. 녹색 선은 개념 사이의 관계를 보여 주며, 붉은색 선은 개념과 특성을 연결한다.

## 여러 가지 범주화 과정

우리는 끊임없이 범주화 결정을 하고 있다. 사물을 재인할 때마다, 문제점을 진단할 때마다 범주화한다(예: 이것은 접촉 불량이다). 세상을 범주화하는 데 어떻게 개념을 사용하는가? 그 답은 개념이 잘 정의된 것인지 아니면 모호한 것인지에 달려 있다.

'할머니'와 같이 잘 정의된 개념에서는 원형과 얼마나 유사한지를 결정할 수 있다(그분은 60대이고 머리가 희기 때문에 할머니처럼 보인다). 그러나 정확하게 범주화하려면 그 사람이 개념의 정의 특성을 가지고 있는지를 결정할 수 있다(그분은 부모님의 어머니인가?). 후자는 규칙을 적용하는 것에 해당한다. '만일 부모님의 어머니라면 할머니이다.' 잘 정의된 개념의 규칙 기반 범주화를 다룬 많은 연구가 수행되었으며, 이런 연구는 규칙 속에 보다 많은 특성이 들어 있을수록 범주화 과정이 느려지고 오류를 많이 범하게 된다는 사실을 보여 주었다(Bourne, 1966). 아마도 한 번에 하나의 특성을 처리하기 때문으로 보인다.

'새'와 '의자' 같은 모호 개념에서는 규칙 기반 범주화를 사용하기에 충분한 정의 특성을 알지 못하기 때문에 유사성에 의존하기 십상이다. 이미 언급한 바와 같이 우리가 할 수 있는 일은 사물과 원형 사이의 유사성을 결정하는 것이다(이 사물은 의자라고 부를 만큼 내 의자 원형과 충분히 유사한가?). 사람들이 이러한 방식으로 사물을 범주화한다는 증거는 다음과 같은 세 단계를 수반한 실험에서 나온다(Smith, 1995).

1. 우선 연구자는 개념 원형과 그 개념의 다양한 사례의 특성을 결정한다. (연구자는 한 집단의 참가자들에게 전형적인 의자의 특성 그리고 그림으로 제시하는 다양한 의자의 특성을 적도록 요구한다.)
2. 그다음에 각 사례(그림으로 제시한 의자)와 원형 사이의 유사성을 공유하는 특성에 근거하여 결정한다. 이것이 각 사례에 대한 원형과의 유사성 점수가 된다.
3. 마지막으로 연구자는 원형과의 유사성 점수가 참가자들이 그 사례를 정확하게 범주화하는 속도 및 정확도와 높은 상관을 나타낸다는 사실을 보여 준다.

사물을 범주화하는 데 사용할 수 있는 또 다른 유형의 유사성 계산법이 있다. 이것은 의자 예를 가지고 예시할 수 있다. 장기기억에 의자의 특정 본보기를 저장하고 있기 때문에 주어진 사물이 기억에 저장된 의자 본보기와 유사한지를 결정할 수 있다. 만일 그렇다면 그 사물이 의자라고 말할 수 있다. 따라서 유사성에 근거한 범주화에는 두 가지 방법이 있다—원형과의 유사성, 저장된 본보기와의 유사성.

## 개념 획득

우리는 알고 있는 수많은 개념을 어떻게 획득하는가? '시간'과 '공간' 같은 몇몇 개념은 생득적일 수도 있다. 다른 것들은 학습해야만 한다.

## 원형과 핵의 학습

한 개념을 여러 가지 방식으로 학습할 수 있다. 개념에 대해 명시적으로 교육받거나 경험을 통해 학습할 수 있다. 어떤 방식으로 학습하는지는 무엇을 학습하느냐에 달려 있다. 명시적 교육은 개념의 핵을 학습하는 방식일 가능성이 크며, 경험은 원형을 획득하는 일반적인 방식으로 보인다. 아동에게 '도둑'이란 다른 사람의 물건을 돌려줄 의사가 없이 가져가는 사람(개념의 핵)이라고 명시적으로 말해 줄 수 있으며, 아동의 경험은 도둑이 무능하고 단정치 못하며 위험한 사람(개념의 원형)이라고 기대하도록 만들 수 있다.

아동은 핵이 원형보다 개념의 구성원 여부에 대한 우수한 표지라는 사실도 학습해야 하는데, 이것을 학습하는 데는 어느 정도의 시간이 걸린다. 한 연구에서 5~10세의 아동에게 항목에 대한 설명을 제시하고, 그 항목이 특정한 잘 정의된 개념에 속하는지를 결정하도록 요구했다. 이 연구는 '도둑'의 개념을 가지고 예시할 수 있다. '도둑'에 대한 설명은 원형과 잘 들어맞지만 핵에는 들어맞지 않는 것이었다.

> 부모님이 필요 없으니 가져가도 된다고 말했기 때문에 너희 집에 들어와서 TV 세트를 가져가는, 주머니에 총을 감춘 냄새 나고 지저분한 늙은이.

다른 설명은 핵과는 잘 들어맞지만 원형에는 들어맞지 않는 것이었다.

> 너를 안아 주기도 했지만, 허락도 없이 욕실의 변기를 떼어 내어 가져가면서 되돌려줄 의사가 없는 매우 친근하고 재미있는 여자.

어린 아동은 원형 설명이 핵 설명보다 개념의 사례일 가능성이 크다고 생각하기 십상이다. 10세가 되어서야 개념 결정의 최종 중재자가 원형에서 핵으로 명백하게 이동한다(Keil & Batterman, 1984).

**부모는 아이에게 사물에 이름을 붙이고 범주화하는 것을 가르칠 수 있다. 나중에 아이는 다른 사물을 보게 될 때, 그것이 기억에 저장된 본보기와 동일한 범주에 들어 있는 것인지를 결정해야 한다.**

## 경험을 통한 학습

경험을 통해 개념을 학습하는 방법에는 적어도 두 가지가 있다. 가장 단순한 방법은 **본보기 전략**(exemplar strategy)이라고 부르는 것인데, 아동이 '가구' 개념을 학습하는 것을 가지고 예시할 수 있다. 아동은 탁자와 같이 이미 알고 있는 사례 또는 본보기를 접하면 그 사례의 표상을 저장한다. 나중에 책상과 같이 새로운 항목이 '가구'의 사례인지를 결정해야 될 때, 탁자를 포함한 '가구'의 저장된 본보기와 새로운 사물의 유사성을 결정한다. 이 전략은 아동이 광범위하게 사용하는 것으로 보이며, 전형적인 사례의 경우에는 잘 작동하지만 전형적이지 않은 사례에서는 잘 작동하지 않는다. 아동이 학습하는 첫 번째 본보기는 전형적인 경향이 있기 때문에, 새로운 사례가 전형적인 사례와 유사할수록 정확하게 유목화할 가능성이 크다. 따라서 만일 어린 아동이 '가구' 개념을 가장 전형적인 사례(예: 탁자와 의자)로만 구성한다면 책상과 소파같이 학습한 사례와 유사해 보이는 사례는 정확하게 유목화할 테지만, 램프와 책장같이 학습한 사례와 유사해 보이지 않는 사례는 제대로 유목화할 수 없게 된다(Mervis & Pani, 1981). 본보기 전략은 어른도 새로운 개념을 획득할 때 자주 사용한다는 상당한 증거가 보여 주는 것처럼, 개념을 획득하는 전략의 하나로 계속해서 남아 있다(Estes, 1994; Nosofsky & Johansen, 2000).

그러나 나이가 들어 감에 따라서 다른 전략, 즉 **가설 검증 전략**을 사용하기 시작한다. 개념의 알려진 사례들을 조사하여 그 사례들에 비교적 공통적인 특성(예: '가구'의 많은 사례는 생활 공간에 놓여 있다)을 탐색하며, 그러한 공통 특성이 개념을 특징짓는 것이라는 가설을 세운다. 그런 다음에 새로운 사물이 그러한 결정적 특성을 가지고 있는지 분석하여, 새로운 사물을 정확하게 범주화하도록 만들어 주면 그 가설을 유지하고 그렇지 못하면 그 가설을 버리게 된다. 따라서 이 전략은 추상화, 즉 단일 사례가 아니라 일련의 사례를 특징짓는 특성에 초점을 맞추며, 핵 특성을 찾아내도록 조율된다. 핵 특성이 바로 모든 사례에 공통적인 것이기 때문이다(Bruner et al., 1956). 그런데 사람들이 찾아내려는 특성은 그 사물 자체에 대해 가지고 있는 특정 지식이 편향시키기도 한다. 만일 아동이 가구는 항상 평평한 표면을 가지고 있다고 생각한다면, 이러한 사전 지식이 생성하는 가설을 지나치게 제한적으로 만들 수 있다.

## 개념과 범주화의 신경 기반

두뇌는 동물 개념과 인공물 개념을 서로 다른 영역에 저장하는 것으로 보인다. 5장에서 지각을 논의할 때 이것에 대한 증거를 언급한 바 있다. 5장에서 동물 그림을 재인하는 능력은 손상되었지만 연장과 같은 인공물의 그림을 재인하는 데는 비교적 정상적인 환자들이 있는 반면, 반대되는 장애 패턴을 보이는 환자들도 있다는 사실을 지적했다. 그렇게 범주 특정 장애를 가지고 있는 수많은 환자들을 기술해 왔다(Martin & Caramazza, 2003 참조). 연구를 보면 그림을 가지고 얻은 결과가 단어에도 적용된다는 사실을 알 수 있다. 그림에 이름을 붙이는 데 장애가 있는 환자는 그림에 대응하는 단어의 의미에 대해 아무것도 말할 수 없다. 예컨대 기린 그림에 이름을 붙일 수 없는 환자는 '기린'이라는 단어를 제시할 때도 기린에 대해 아무것도 말할 수 없다. 장애가 단어와 그림 모두에 나타난다는 것은 그 장애가 개념과 관련되어 있다는 사실을 나타낸다. 즉 환자는 '기린' 개념의 일부분을 상실한 것이다(McCarthy & Warrington, 1990). 동물 개념과 인공물 개념이 두뇌의 상이한 영역에 저장된다는 생각에 대한 대안이 있다. 동물 개념은 기능 특성(무엇에 쓰는 것인가?)보다는 지각 특성(어떻게 생겼는가?)을 더 많이 가지고 있는 반면, 인공물 개념은 지각 특성보다는 기능 특성을 더 많이 가지고 있다. 두뇌 손상이 기능 영역보다는 지각 영역에서 더 많이 발생했을 때는 환자가 인공물 개념보다는 동물 개념에서 더 많은 장애를 보일 것이라고 기대할 수 있다. 반면에 두뇌 손상이 지각 영역보다는 기능 영역이나 운동 영역에서 더 많이 발생했을 때는 반대 패턴을 기대할 수 있다(Farah & McClelland, 1991). 환자 데이터에 기반해서 생성한 이러한 가설은 정상인 집단의 기능적 두뇌 영상을 사용하여 검증할 수 있다. 실제로 도구의 이름이나 동물의 이름을 말하는 동안에 두뇌의 특정 영역이 활동한다(Martin & Chao, 2001). 환자 데이터에서 얻은 지식을 정상인의 기능적 두뇌 영상 데이터와 결합한 20년에 걸친 연구를 진행한 끝에 복잡한 그림이 출현하고 있다. 지각 영역과 운동 영역을 포함하여 두뇌의 상이한 영역들이 두뇌에서 범주 지식의 체제화를 위해 협응하며 동시에 그 체제화에 제약을 가하는 것으로 나타나고 있다(Mahon & Caramazza, 2009).

다른 연구들은 범주화 과정에 초점을 맞추어 왔다. 한 계열의 연구는 하나의 사물과 그 사물 개념 원형 사이의 유사성을 결정하는 것과, 그 사물과 기억에 저장된 개념 본보기 사이의 유사성을 결정하는 것에는 서로 다른 두뇌 영역이 관여한다는 사실을 시사한다. 이러한 연구의 배경이 되는 논리는 다음과 같다. 본보기 과정은 장기기억으로부터 항목을 인출하는 과정을 수반한다. 8장에서 보았듯이 그러한 인출은 내측두엽에 들어 있는 두뇌 구조에 의존한다. 따라서 이 영역이 손상된 환자는 본보기 과정을 사용하여 사물을 효과적으로 범주화할 수 없게 되지만 원형을 사용하는 것은 비교적 정상적이다. 연구자들이 찾아낸 것이 바로 이것이다.

한 연구는 내측두엽이 손상된 환자와 정상인을 두 가지 상이한 과제에서 검증했다. 한 과제는 점 패턴을 두 범주로 분류하는 학습이었으며(그림 9.5 참조), 다른 과제는 그림을 두 화가의 작품으로 분류하는 학습이었다. 결과는 그림 작품 과제만이 명시적 본보기의 인출에 의존한다는 사실을 보여 주었다. 환자들은 점 패턴 개념을 정상인과 마찬가지로 쉽게 학습했지만, 그림 작품 개념을 학습하는 데는 훨씬 열등했다(Kolodny, 1994). 따라서 본보기의 사용은 장기기억을 매개하는 두뇌 구조에 의존하는 반면, 원형의 사용은 다른 구조에 의존하는 것이 틀림없다. 다른 연구는 새로운 정보를 장기기억에 집어넣을 수 없는 환자(새로운 본보기를 학습할 수 없는 환자)에 초점을 맞추었으나, 이 환자도 점 패턴 과제에서 정상적인 수행을 보였다. 원형 기반 범주화는 장기기억을 매개하는 구조에 의존하지 않는 것이 확실하다(Squire & Knowlton, 1995).

앞의 논의는 원형에 근거한 범주화와 저장된 본보기에 근거한 범주화 사이에 신경학적 차이가 있다는 사실을 보여 준다. 규칙에 근거한 범주화는 어떤가? 최근 연구는 규칙 사용에 유사성 과정과는 다른 신경회로가 수반된다는 사실을 보여 준다. 두 집단의 참가자들에게 금성에

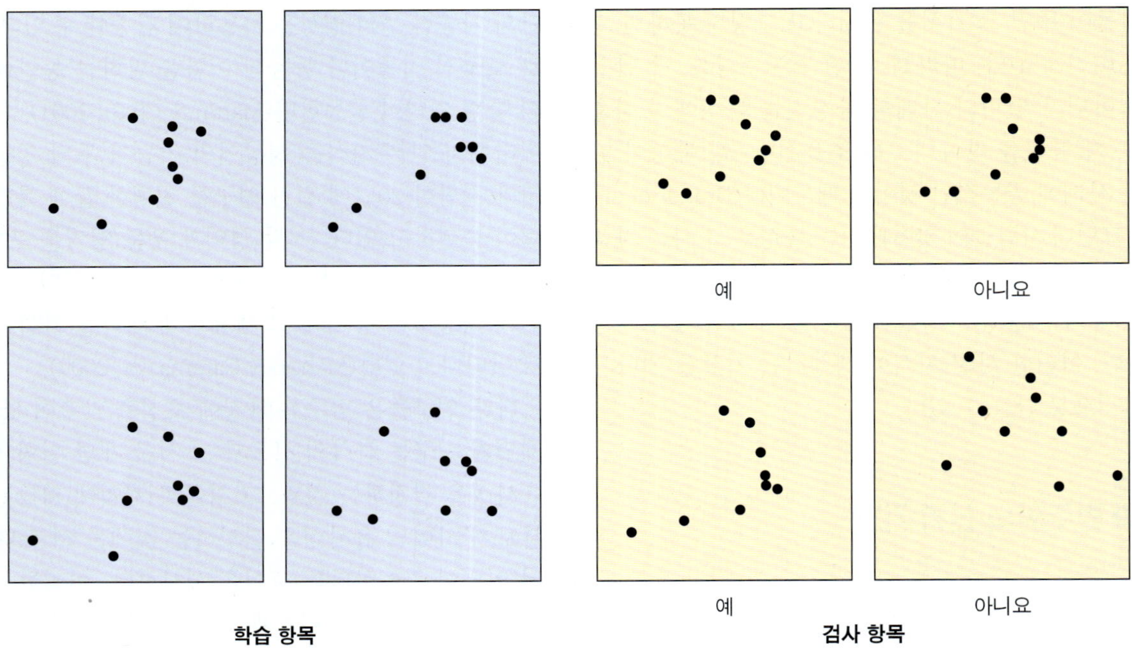


**그림 9.5 기억상실증 환자의 범주화를 연구하는 데 사용하는 점 패턴의 예.** 참가자들은 학습 항목이 모두 한 범주에 속한다는 것을 학습하고는 각 검사 항목이 그 범주에 속하는지를 결정해야 한다. 그 범주에 속한 검사 항목('예'라고 적혀 있는 항목)은 학습 항목과 정확하게 일치하지 않는다. 오히려 범주에 속한 검사 항목은 '예' 반응을 내놓을 만큼 학습 항목의 원형과 충분히 유사하다. 대체로 학습 항목의 평균 점 위치에 해당한다.

서 온 것인지, 목성에서 온 것인지에 따라서 상상의 동물들을 두 범주로 범주화하는 것을 학습시켰다. 한 집단은 복잡한 규칙에 근거하여 동물을 범주화하는 것을 학습했다. 즉 '만일 동물이 안테나형 귀, 말려 있는 꼬리, 발굽이 있는 발을 가지고 있으면 금성에서 온 것이며, 그렇지 않으면 목성에서 온 것이다.' 두 번째 집단은 오직 기억에 근거하여 동물을 범주화하는 것을 학습했다. (동물을 처음 볼 때는 추측을 해야 했지만, 피드백을 통해 후속 시행에서는 그 범주를 기억해 낼 수 있다.) 그런 다음에 두 집단에 새로운 동물들을 범주화하도록 제시하면서 두뇌 활동의 영상을 찍어 보았다. 규칙 집단은 계속해서 규칙에 따라 범주화했지만, 기억 집단은 새로운 동물과 매우 유사한 저장된 본보기를 인출한 다음 그 본보기와 연합된 범주를 선택하는 방식으로 범주화해야 했다.

기억 집단에서 활성화된 대부분의 두뇌 영역은 뒤통수 부분의 시각피질이었다. 이 결과는 참가자들이 시각적 본보기의 인출에 의존한다는 생각과 잘 들어맞는다. 규칙 집단의 참가자들도 뒤통수 영역의 활성화를 보여 주었지만 몇몇 전두엽 영역에서도 활성화를 나타냈다. 이 영역들은 규칙 기반 과제를 수행하는 데 어려움을 보이는 환자가 손상된 경우가 많다. 따라서 규칙에 근거한 범주화는 유사성에 근거한 범주화와는 다른 신경회로에 근거한다(Patalano et al., 2002).

이 연구는 또한 한 현상에 대한 생물학적 접근과 심리학적 접근 사이 상호 영향의 또 다른 예를 제공하고 있다. 예컨대 본보기 사용 대 규칙 사용과 같이 심리학적 수준에서 상이한 것으로 간주되어 왔던 범주화 과정은 서로 다른 두뇌 기제를 수반하는 것으로 나타나고 있다. 이 예는 앞선 장들에서 여러 차례 접했던 패턴을 반복하고 있다. 처음에 심리학 수준에서 이루어진 구분이 나중에 생물학 수준에서도 적용된다.

### 중간 요약

- 사고는 명제적 양식과 심상적 양식 모두에서 일어난다. 명제의 핵심 성분은 개념으로, 하나의 유목과 연합된 특성들의 집합이다.
- 개념은 원형(최선의 사례를 기술하는 특성)과 핵(개념의 구성원이기 위해 가장 중요한 특성)을 모두 포함한다. 핵 특성은 '할머니'와 같이 잘 정의된 개념을 처리하는 데 중요한 역할을 하는 반면, 원형 특성은 '새'와 같은 모호 개념에서 우세하다.

➔ 아동은 흔히 본보기 전략을 사용하여 새로운 개념을 학습한다. 새로운 항목이 한 개념의 알려진 본보기와 충분히 유사하면 그 개념의 사례로 범주화한다. 아동은 성장함에 따라서 개념을 학습하는 전략으로 가설 검증도 사용한다.

➔ 상이한 신경 영역이 상이한 유형의 개념을 매개한다. 예컨대 두뇌의 지각 영역은 인공물보다는 동물을 표상하는 데 더 많이 관여하는 반면, 두뇌의 기능 영역과 운동 영역은 동물보다는 인공물을 표상하는 데 더 많은 역할을 한다. 상이한 범주화 과정에도 상이한 신경 영역이 관여한다.

### 비판적 사고를 위한 물음

1. 원형이 보편적인 것처럼 보이는, 즉 문화의 영향을 거의 받지 않는 것처럼 보이는 몇몇 사례를 논의했다. 원형이 문화의 영향을 크게 받는 사례를 생각해 볼 수 있겠는가? 생각해 냈다면 몇 가지 예를 들어 보라.

2. 한 가지 중요한 발견은, 어떤 신경장애 환자들이 동물 개념은 손상되었지만 인공물 개념은 그렇지 않은 반면, 다른 환자들은 반대되는 패턴을 보인다는 것이다. 동물 개념과 인공물 개념에 포함된 지각 특성과 기능 특성의 수에서의 차이를 제외하고, 위와 같은 중요한 발견에 대한 또 다른 설명을 생각해 볼 수 있겠는가?

## 추리와 의사결정

명제를 가지고 사고할 때 우리의 사고 흐름은 체제화되어 있는 것이다. 여기서 우리의 관심을 끄는 유형의 체제화는 추리를 시도할 때 발현된다. 그러한 경우에 사고의 흐름은 논증의 형식을 취하기 십상인데, 하나의 명제는 우리가 내리고자 하는 하나의 결론에 해당한다. 나머지 명제는 그러한 결론에 대한 주장이나 전제에 대한 추리가 된다.

### 연역추리

#### 논리 규칙

논리학자들에 따르면 가장 강력한 논증은 **연역 타당도**deductive validity를 보여 주는 것인데, 이는 전제가 참이라면 논증의 결론이 거짓일 가능성이 없음을 의미하는 것이다(Skyrms, 1986). 다음의 예를 보자.

**a.** 만일 비가 온다면 나는 우산을 가져간다.
**b.** 비가 온다.
**c.** 따라서 나는 우산을 가져간다.

이것은 **삼단논법**syllogism의 한 예이며, 2개의 전제와 하나의 결론을 담고 있다. 결론이 참인지는 연역 논리의 규칙에 따라서 2개의 전제로부터 논리적으로 도출한다. 이 경우에 관련된 규칙은 다음과 같은 것이다.

만일 'p이면 q이다'라는 명제와 다른 명제 p를 가지고 있으면 명제 q를 추론할 수 있다.

어떻게 하면 일반 사람들의 추리가 논리학자의 추리를 따라갈 수 있을까? 사람들에게 하나의 논증이 연역적으로 타당한 것인지를 결정하도록 요구하면 위와 같이 단순한 논증의 평가에서는 꽤나 정확성을 보인다. 어떻게 그러한 판단을 하는 것인가? 몇몇 연역추리 이론은 사람들이 직관적 논리학자와 같이 행동하며, 논증의 결론이 전제로부터 뒤따른다는 사실을 증명할 때 논리적 규칙을 사용한다고 가정한다. 구체적으로, 규칙에서 '만일 p이면 q이다' 부분을 가지고 첫 번째 전제(만일 비가 온다면 나는 우산을 가져간다)를 확인한다. 규칙의 p 부분을 가지고 두 번째 전제를 확인한 다음 q 부분(나는 우산을 가져간다)을 추론한다는 것이다. 아마도 성인은 이 규칙을 알고 있으며(무의식적으로), 앞의 논증이 타당하다고 결정하는 데 이 규칙을 사용하는 것으로 보인다.

논증을 복잡하게 만들면 규칙 준수가 보다 의식적인 것이 된다. 아마도 다음의 논증을 평가할 때 위의 규칙을 두 번 적용하게 될 것이다.

**a.** 만일 비가 온다면 나는 우산을 가져간다.
**b.** 만일 내가 우산을 가져가면 잃어버릴 것이다.
**c.** 비가 온다.
**d.** 따라서 나는 우산을 잃어버릴 것이다.

규칙을 명제 a와 c에 적용함으로써 '나는 우산을 가져간다'를 추론할 수 있게 되고, 다시 규칙을 명제 b와 추론한 명제에 적용함으로써 이 논증의 결론인 '나는 우산을 잃어버릴 것이다'를 추론하게 된다.

사람들이 이러한 규칙을 사용한다는 가장 좋은 증거의

하나는 논증이 요구하는 규칙의 수가 논증의 난이도에 대한 훌륭한 예측자라는 것이다. 보다 많은 규칙이 필요할수록 실수를 저지를 가능성이 크고 정확한 결정에 도달하는 데 시간이 더 걸린다(Rips, 1983, 1994). 이에 덧붙여서 사람들은 특별한 조건에서 실수를 저지를 가능성이 확실히 크다. 예컨대 대다수 사람들은 연역 논리의 규칙과는 달리, 결론이 그럴듯해 보이면 논리적으로 부당한 결론을 타당한 것으로 판단한다. 이러한 결과는 삼단논법 추리에서 **신념 편향**belief bias이라고 불렸다. 예컨대 다음의 두 삼단논법을 보자(Evans et al., 1983에서 인용).

1. **a.** 어떤 중독물질도 값이 싸지 않다.
   **b.** 어떤 담배는 값이 싸다.
   **c.** 따라서 어떤 중독물질은 담배이다.

2. **a.** 어떤 중독물질도 값이 싸지 않다.
   **b.** 어떤 담배는 값이 싸다.
   **c.** 따라서 어떤 담배는 중독적이지 않다.

첫 번째 삼단논법은 **부당**하다. 두 전제로부터 결론을 도출할 수 없다. 그렇지만 결론의 그럴싸함으로 인해 92%의 참가자들이 타당한 것으로 받아들였다. 두 번째 삼단논법은 **타당**하지만 46%의 참가자들만이 참으로 받아들였다.

이제 추리에 대한 내용의 다른 효과를 살펴보자.

## 내용 효과

논리 규칙이 연역추리의 모든 측면을 설명해 주지는 못한다. 그러한 규칙은 명제의 논리 형식(logical form)에 의해서만 촉발되는데, 연역 논증을 평가하는 우리의 능력은 흔히 명제의 내용에도 영향을 받는다. 이 사실은 다음과 같은 웨이슨의 선택 과제 실험을 가지고 예시할 수 있다(Wason, 1968).

참가자들에게 4장의 카드를 제시한다. 한 유형의 문제에서는 카드 한 면에 문자가, 다른 면에 숫자가 적혀 있다(그림 9.6a 참조). 참가자들은 다음 주장이 옳은지를 결정하기 위해 뒤집어 보아야 하는 카드를 결정해야 한다. '한 면에 모음이 있으면 다른 면에는 짝수가 있다.' 정답은 E 카드와 7 카드를 뒤집어 보는 것이다. ('7' 카드가 결정적이라는 사실은 뒷면에 모음이 있을 때 위의 주장이 부정된다는 사실에 주목해 보면 알 수 있다.) 대부분의 참가자들은 'E' 카드를 정확하게 선택하지만 '7' 카드도 선택한 참가자는 10%도 안 되었다.

그러나 또 다른 유형의 문제에서는 성과가 극적으로 증진된다(그림 9.6b 참조). 여기서 참가자들이 평가해야 하는 주장은 '맥주를 마시려면 19세가 넘어야 한다.'였다. 각 카드 한 면에는 연령이, 다른 면에는 마시고 있는 음료수가 적혀 있다. 이 유형의 문제는 논리적으로 앞의

**a)** 가설: 한 면에 모음이 있으면 다른 면에는 짝수가 있다.

**b)** 가설: 맥주를 마시려면 19세가 넘어야 한다.

**그림 9.6 연역추리에서의 내용 효과.** (a) 참가자들이 추상적 가설을 검증하기 위해 어떤 두 카드를 뒤집어 보아야 하는지를 결정하는 문제의 예. (b) 참가자들이 일상생활과 관련된 가설을 검증하기 위해 어떤 카드를 뒤집어 보아야 하는지를 결정하는 문제의 예.

유형과 등가적임에도 불구하고('맥주'는 'E'에 대응하고 '16'은 '7'에 대응한다) 대부분의 참가자들은 정확한 선택을 하여 '맥주' 카드와 '16' 카드를 뒤집어 본다(Griggs & Cox, 1982). 명제 내용이 추리에 영향을 미친 것이다.

이러한 결과는 사람들이 연역 문제를 해결할 때 항상 논리 규칙을 사용하지는 않는다는 사실을 함축한다. 오히려 사람들은 때때로 덜 추상적이며 일상의 문제에 보다 적절한 규칙, 즉 **화용 규칙** pragmatic rule을 사용한다. 한 예가 허용 규칙이며, '만일 특정한 행위를 하려면 선행 조건이 만족되어야 한다.'는 진술이다. 대부분의 사람들은 이 규칙을 알고 있으며, 그림 9.6b에 나와 있는 음주 문제가 주어졌을 때 그 규칙을 사용한다. 즉 문제를 허용 측면에서 생각한다. 이 규칙은 일단 활성화되면 사람들로 하여금 적절한 선행 조건을 충족하는 데 실패했는지(19세가 되지 않았다)를 들여다보게 만들어서 '16' 카드를 선택하게 만든다. 반면에 허용 규칙은 그림 9.6a의 숫자-문자 문제에서는 촉발되지 않기 때문에 '7' 카드를 선택할 근거가 없게 된다. 따라서 화용 규칙이 활성화될 것인지에는 문제의 내용이 영향을 미치며, 이것은 다시 추리 정확성에 영향을 미친다(Cheng et al., 1986).

참가자들은 규칙을 적용하는 것 이외에도 때때로 상황의 구체적 표상, 즉 **심성 모형** mental model을 설정함으로써 음주 문제를 해결할 수 있다. 예를 들면 등에는 숫자가 적혀 있고 손에는 음료수가 적혀 있는 두 사람을 상상할 수 있다. 그리고 심성 모형을 조사하여, 예컨대 등에는 '16'이 적혀 있는데 손에는 '맥주'가 적혀 있을 때 무슨 일이 일어나는지를 보게 된다. 이 생각에 따르면 사람들은 문제의 내용이 시사하는 심성 모형에 따라서 추론하는 것이다(Johnson-Laird, 1989).

방금 기술한 두 절차, 즉 화용 규칙을 적용하는 것과 심성 모형을 구성하는 것에는 한 가지 공통적인 점이 있다. 이 절차는 문제 내용의 영향을 받지 않는 논리 규칙의 적용과 달리 문제 내용의 영향을 받는다. 사람들은 내용에 민감하기 때문에 문제를 해결할 때 논리학자처럼 행동할 수 없게 되는 것이다.

## 귀납추리

### 논리 규칙

논리학자들은 연역적으로 타당하지 않은 경우에도 논증이 우수한 것일 수 있다는 사실을 언급해 왔다. 그러한 논증은 **귀납적으로 강력한** inductively strong 것이며, 전제가 참이면 결론이 거짓일 가능성이 낮다는 것을 의미한다(Skyrms, 1986). 귀납적으로 강력한 논증의 한 예는 다음과 같다.

**a.** 철수는 대학에서 회계학을 전공했다.
**b.** 철수는 지금 회계법인에서 근무한다.
**c.** 따라서 철수는 회계사이다.

이 논증은 연역적으로 타당하지 않다(철수는 회계학 강의가 지겨워서 야간 경비원 일을 했을 수 있다). 귀납적 강도는 확률의 문제이지 확실성의 문제가 아니며, 논리학자에 따르면 귀납 논리는 확률 이론에 근거해야 한다.

사람들은 항상 귀납적 논증을 만들고 평가한다. 그렇게 하는 과정에서 사람들이 논리학자나 수학자처럼 확률 이론의 규칙에 근거하는가? 한 가지 관련된 확률 규칙은 **기저율 규칙** base-rate rule이며, 이는 한 유목의 구성원일 확률(예: 철수가 회계사 유목의 구성원일 확률)은 그 유목의 구성원이 많을수록(즉 유목의 기저율이 높을수록) 더 커진다는 규칙이다. 철수가 회계사라는 앞의 논증은 그가 회원의 90%가 회계사인 클럽에 가입해 있다는 전제를 첨가함으로써 더욱 강력해질 수 있다.

관련된 또 다른 확률 규칙은 **교접 규칙** conjunction rule이다. 한 명제의 확률은 그 명제와 다른 명제가 결합된 확률보다 작을 수 없다. 예컨대 '철수는 회계사이다.'의 확률은 '철수가 회계사이며 매년 7,000만 원 이상을 벌어들인다.'의 확률보다 작을 수 없다. 기저율 규칙과 교접 규칙은 **귀납추리** inductive reasoning의 합리적 안내역으로 논리학이 보증하는 규칙이며, 이러한 규칙을 명시적인 것으로 만들면 대부분의 사람들은 그 규칙을 따른다. 그렇지만 일상생활의 무모하기 짝이 없는 추리에서는 자주 그 규칙을 위반하게 된다. 이에 대해 살펴보자.

### 발견법

**발견법(어림법, 추단법)** heuristic이란 상대적으로 적용하기 용이하고 정답을 내놓는 경우가 많지만 항상 그런 것은 아닌 간편 절차를 말한다. 흔히 사람들은 일상생활에서 발견법을 사용하는데, 발견법은 유용한 경우가 많기 때문이다. 그러나 다음의 논의에서 볼 수 있는 것처럼 항상 신뢰할 만한 것은 아니다.

트버스키와 카너먼(Tversky & Kahneman, 1973, 1983;

Kahneman & Tversky, 1996)은 일련의 창의적인 실험을 통해 사람들이 귀납 판단을 할 때 확률 이론의 기본 규칙을 위배한다는 사실을 보여 주었다. 기저율 규칙의 위배가 특히 많이 나타났다. 한 실험에서는 심리학자들이 한 집단의 참가자들에게 30명의 엔지니어와 70명의 변호사로 구성된 100명을 인터뷰하고 이들의 성격을 기술했다고 알려 주었다. 그런 다음 참가자들에게 몇 개의 성격 기술문을 제시하고 그 사람이 엔지니어일 확률을 판단해 보도록 요구했다. 어떤 기술문은 전형적인 엔지니어를 나타냈으며(예: 철수는 정치 문제에 관심이 없고, 여가시간 대부분을 집 수리에 쓴다), 어떤 진술문은 중성적인 것이었다(예: 영수는 유능하고 장래가 촉망되는 사람이다). 놀랄 것도 없이 참가자들은 전형적인 기술문이 엔지니어의 것일 가능성이 크다고 판단했다.

다른 집단의 참가자들에게도 동일한 지시문과 기술문을 주었지만, 단 100명이 70명의 엔지니어와 30명의 변호사로 구성되었다고 말해 주었다(첫 번째 집단과 반대가 되도록 한 것이다). 따라서 엔지니어의 기저율이 두 집단 사이에 크게 달랐다. 이러한 차이는 거의 아무런 효과도 초래하지 않았다. 두 번째 집단의 참가자들은 첫 번째 집단의 참가자들과 본질적으로 동일한 평가를 했다. 예컨대 두 집단의 참가자들은 중성적 기술문이 엔지니어의 것일 가능성이 50 : 50이라고 평가했다(합리적인 판단은 중성적 기술문이 보다 높은 기저율의 직업 종사자일 가능성이 더 높다고 평가하는 것이다). 참가자들은 기저율에 대한 정보를 철저하게 무시했던 것이다(Tversky & Kahneman, 1973).

사람들은 교접 규칙에도 유념하지 않는다. 한 연구에서 참가자들에게 다음과 같은 기술문을 주었다.

> 미스 김은 31세이고, 미혼이며, 외향적이고, 매우 총명하다. 대학에서 그녀는 철학을 전공했으며 … 남녀평등 문제에 상당한 관심을 가지고 있었다.
>
> 그 후 참가자들은 다음 두 진술의 확률을 추정했다.

1. 미스 김은 은행 출납원이다.
2. 미스 김은 은행 출납원이며 여성운동에 적극적이다.

진술 2는 진술 1과 '미스 김은 여성운동에 적극적이다.' 명제의 교집합이다. 대부분의 참가자들은 진술 2가 진술 1보다 더 가능성이 높다고 평가했는데, 이것은 교접 규칙을 명백하게 위반하는 것이다. 모든 여성운동가 은행 출납원은 은행 출납원이지만, 어떤 여성 출납원은 여성운동가가 아니며 미스 김은 그 사람들 중의 한 명일 수 있기 때문에 이것은 명백히 오류이다(Tversky & Kahneman, 1983).

이 연구의 참가자들은 미스 김이 그냥 은행 출납원보다는 여성운동가 은행 출납원과 더 유사하게 보인다는 사실에 근거하여 판단한 것이다. 확률을 추정하도록 요구했음에도 불구하고 참가자들은 특정 사례(미스 김)와 '은행 출납원' 개념 또는 '여성운동가 은행 출납원' 개념 원형 간의 유사성을 추정했다. 유사성 추정을 확률 추정의 발견법으로 사용한 것이다. 사람들이 **유사성 발견법** similarity heuristic을 사용하는 이유는 유사성이 흔히 확률과 관련되면서도 계산하기 용이하기 때문이다. 유사성 발견법의 사용은 사람들이 기저율을 무시하는 이유도 설명해 준다. 앞에서 제시한 엔지니어-변호사 연구에서 참가자들은 기술문이 '엔지니어'와 '변호사'의 원형과 얼마나 유사한지만을 고려했을 가능성이 있다. '엔지니어'와 '변호사' 원형과 똑같이 잘 들어맞는 기술문이 주어질 때는 엔지니어와 변호사일 가능성이 등가적이라고 판단했다. 유사성 발견법에 의존함으로써 전문가조차도 오류를 범하게 된다.

유사성에 따른 추리는 다른 일상 추리 상황에서도 나타난다. 예컨대 한 범주의 몇몇 구성원이 특정 속성을 가지고 있다는 사실을 알고 있으며, 다른 구성원도 그 속성을 가지고 있는지를 판단해야 하는 상황을 들 수 있다. 한 연구에서 참가자들은 다음 두 진술 중에서 어느 것이 더 강력한지를 판단했다.

1. a. 모든 제비는 참깨뼈를 가지고 있다.
   b. 따라서 모든 참새는 참깨뼈를 가지고 있다.

2. a. 모든 제비는 참깨뼈를 가지고 있다.
   b. 따라서 모든 타조는 참깨뼈를 가지고 있다.

놀랄 것도 없이 참가자들은 첫 번째 진술이 더 강력하다고 판단했다. 아마도 제비는 타조보다 참새와 더 유사하기 때문일 것이다. 알려져 있는 많은 특성을 공유하는 대상이 알려져 있지 않은 특성도 공유할 가능성이 크다는 생각은 타당한 것이기에 유사성 사용은 합리적으로 보인다. 그러나 또 다른 진술 쌍에 대한 참가자들의 판단을 보면 합리성의 방벽은 무너지고 만다.

1. a. 모든 제비는 참깨뼈를 가지고 있다.
   b. 따라서 모든 타조는 참깨뼈를 가지고 있다(위의

진술과 동일한 것이다).

2. a. 모든 제비는 참깨뼈를 가지고 있다.
   b. 따라서 모든 새는 참깨뼈를 가지고 있다.

참가자들은 두 번째 진술이 보다 강력하다고 판단했다. 아마도 제비가 타조보다는 새의 원형과 더 유사하기 때문일 것이다. 그렇지만 이 판단은 오류이다. 동일한 증거(즉 제비가 참깨뼈를 가지고 있다는 증거)에 근거하여 모든 타조보다 모든 새가 어떤 특성을 가지고 있을 가능성이 더 클 수는 없다. 타조도 새이기 때문이다. 여기서도 유사성 기반 직관이 사람들을 혼란에 빠뜨리는 것이다(Osherson et al., 1990).

유사성이 유일하게 강력한 발견법은 아니다. 다른 발견법은 **인과성 발견법** causality heuristic이다. 사람들은 한 상황의 확률을 그 상황에 들어 있는 사건들 사이에 존재하는 인과 연계의 강도에 근거하여 추정한다. 다음 예에서 사람들은 두 번째 진술이 첫 번째 진술보다 더 가능성이 크다고 판단한다.

1. 2010년 중에 캘리포니아에 엄청난 홍수가 일어나서 1,000명 이상이 익사하게 될 것이다.
2. 2010년 중에 캘리포니아에 지진이 일어나서 1,000명 이상이 익사하게 될 엄청난 홍수를 초래할 것이다.

진술 2가 진술 1보다 확률이 더 높다고 판단하는 것도 교접 규칙의 또 다른 위배이다(따라서 또 다른 오류이다). 여기서 오류가 일어나는 까닭은 진술 2에서 홍수가 또 다른 사건, 즉 지진과 강력한 인과 연계를 형성하고 있는 반면에, 진술 1에서는 홍수만이 언급되어 아무런 인과 연계가 없기 때문이다.

확률과 빈도를 추정하는 데는 다른 발견법도 사용된다. 예컨대 카너먼과 트버스키(Kahneman & Tversky, 1973)는 참가자들이 영어에서 r로 시작하는 단어(예: rose)가 세 번째 위치에 r이 있는 단어(예: care)보다 많다고 추정했음을 보여 주었다(후자가 3배 이상 많기 때문에 틀린 것이다). 이러한 오류는 우리가 첫 번째 문자에 근거하여 단어를 인출하는 용이성에서 비롯된다. 이 경우에는 **가용성 발견법** availability heuristic의 사용이 잘못된 결론으로 이끌어 가는 것이다.

우리를 혼란에 빠뜨릴 수 있는 또 다른 발견법은 **대표성 발견법** representativeness heuristic, 즉 각 사례가 범주를 대표하는 정도에 근거한 발견법이다. 사람들은 흔히 단일 사례로부터 외삽법의 방식으로 추론하는데, 그러한 외삽법이 보장받지 못하는 경우에도 사용한다. 이러한 두 가지 발견법은 사람들이 홍수나 살인에 의한 사망자 수를 과대 추정하는 반면(이러한 사건은 매스컴에서 크게 다루며 쉽게 기억해 낼 수 있다), 특정 질병에 의한 사망자 수는 과소 추정하는 이유를 설명해 준다(Slovic et al., 1982). 이러한 발견법이 초래하는 편향은 **확증 편향** confirmation bias이라는, 인간 추리의 또 다른 측면과 혼재한다. 우리는 사전 신념과 상충하는 증거보다는 일치하는 증거를 더 신뢰한다. 예컨대 우리가 위험한 사회에 살고 있으며 살인이 빈번한 사건이라고 믿고 있다면, 살인에 관한 뉴스에 주목하고 기억해 냄으로써 우리 자신의 신념을 확증할 가능성이 더 커진다. 길로비치(Gilovich, 1983)는 어떻게 강박적인 노름꾼이 끊임없는 패배에 직면할 때조차 자신이 승리했던 게임에 대한 신념에 집착하게 되는지를 기술했다. 확증 편향은 노름꾼이 어떻게 자신의 승리와 패배를 되새겨 볼 것인지를 결정해 버린다. 즉 승리는 '이기는 게임'의 확증으로 간주하여 액면 그대로 받아들이는 반면, 실패에 대해서는 절감하거나 발뺌을 하는 것이다.

따라서 발견법에 의존하는 것은 흔히 기저율과 교접 규칙을 포함한 기본적인 합리적 규칙을 무시하게 만든다. 그러나 우리의 합리성 수준에 대해 너무 비관적일 필요는 없다. 첫째, 유사성과 인과성 발견법은 많은 경우에 올바른 판단으로 이끌어 간다. 그리고 적절한 상황에서는 특정 문제에 대한 특정 논리 규칙의 적합성을 평가하여 적절하게 사용할 수 있다(Gigerenzer, 1996; Nisbett et al., 1983). 예컨대 이 논의를 읽고 생각할 때, 당신은 주어진 문제에 대한 기저율 규칙과 교접 규칙의 적절성을 볼 수 있었을 것이다.

## 틀 만들기 효과

추리와 의사결정에서 마지막 편향도 주목받을 가치가 있다. 70%의 성공률이 있는 약물과 30%의 실패율이 있는 약물 중에서 하나를 선택하는 과제를 수행한다고 상상해 보라. 두 경우에 제공된 정보는 실제로 동일함에도 불구하고(70%의 성공률은 30%의 실패율을 의미한다) 대부분의 사람들은 첫 번째 선택지를 선택한다(Tversky & Kahneman, 1981). 이것을 **틀 만들기 효과** framing effect라고 부르는데, 선택하는 응답이 선택지를 기술하는 방식(틀을 만드는 방식)에 달려 있기 때문이다. 실험 참가자들이 실패율에 주의를 집중할 때는 약물을 더 위험하게 지각하는 것으로 보인다. 의사결정을 보다 상세하게 연구한 끝에 연구자들은 사람들이 특정한 방식으로 위험을 회피한다고 결론 내렸다. 즉 잠재적 이득을 평가하고 있을 때는 위험을 기피하지만, 잠재적 손실을 제거하고자 시도할 때는 위험을 추구할 가능성이 훨씬 높아진다(Tversky & Kahneman, 1991). 고전적인 사례에서 참가자들은 질병에 대처하는 한 가지 프로그램을 실시하는 결정에 직면했는데, 프로그램을 실시하지 않으면 질병으로 600명이 사망한다(Kahneman & Tversky, 1984). 한 조건에서는 진술을 '이득(구할 수 있는 사람의 수)'을 강조하는 방식으로 표현했다.

- 프로그램 A를 채택하면 200명을 구할 수 있다.
- 프로그램 B를 채택하면 600명 모두를 구할 확률이 1/3이고 1명도 구하지 못할 확률이 2/3이다.

두 번째 조건에서는 손실(사망할 사람의 수)을 강조하는 방식으로 진술을 표현했다.

- 프로그램 C를 채택하면 400명이 죽는다.
- 프로그램 D를 채택하면 아무도 죽지 않을 확률이 1/3이고 600명 모두가 죽을 확률이 2/3이다.

프로그램 A와 B는 실제로 프로그램 C와 D와 동일하며 단지 틀 만들기만 다르다는 사실에 주목하라. 첫 번째 조건에서 대부분의 실험 참가자는 '위험한 도박'인 B보다 '확실한 것'인 A를 선택했다. 두 번째 조건에서는 대부분의 참가자가 확실한 손실인 C보다 위험한 도박인 D를 선호했다. 사람들의 위험 회피는 일상생활에서 많은 결정에 영향을 미칠 가능성이 높다.

## 추리의 신경 기반

우리는 많은 심리학자들이 연역추리와 귀납추리에 대한 논리학자들의 구분을 받아들인다고 언급했지만 모든 심리학자가 그런 것은 아니다. 심성 모형이 연역추리에 바탕을 둔다고 믿는 연구자들은 귀납추리에도 심성 모형을 사용하기 때문에 연역추리와 귀납추리 사이에 아무런 질적 차이가 없다고 주장한다(예: Johnson-Laird, 1997 참조). 추리에 두 가지 유형이 있는지 아니면 하나뿐인지의 물음은 근원적인 논제이며, 최근에는 신경 수준에서 연구해 왔다. 예컨대 연구자들은 참가자들이 연역추리나 귀납추리 과제를 수행하는 동안 PET를 사용하여 뇌의 영상을 찍었다(Osherson et al., 1998). 두 과제 모두에서 참가자들은 다음과 같은 진술을 평가했다.

1. a. 어느 요리사도 체스를 두지 않는다.
   b. 체스를 두는 몇몇 사람은 오페라를 청취한다.
   c. 따라서 몇몇 오페라 청취자는 요리사가 아니다.

2. a. 어떤 컴퓨터 프로그래머는 피아노를 친다.
   b. 피아노를 치는 사람은 어느 누구도 축구 경기를 관람하지 않는다.
   c. 따라서 어떤 컴퓨터 프로그래머들은 축구 경기를 관람한다.

연역추리 과제에서는 참가자들에게 타당한 논증(전제가 참이면 결론이 참일 수밖에 없는 논증)과 타당하지 않은 논증(전제가 참이라도 결론이 거짓일 수 있는 논증)을 구분하도록 요구했다. 우선 참가자들은 타당-비타당 구분에 대한 훈련을 받았다. 이 경우에는 1이 타당한 것이고 2가 타당하지 않은 것이다. 연구자들은 참가자들이 자신의 추리 능력을 모두 투입한다는 사실을 확신하고자 했기 때문에 과제를 매우 어렵게 만들었다. 귀납 과제에서는 참가자들에게 전제가 참이라고 할 때 결론이 거짓보다는 참일 가능성이 더 큰지를 물었다. 논증 1에서는 그렇다고 답해야 한다. 왜냐하면 논증이 연역적으로 타당하기 때문이다. 논증 2에서는 답이 추리 능력에 달려 있다. 그렇지만 중요한 것은 두 경우 모두에서 참가자들이 '참일 가능성'에 따라서 추리한다는 점이다. 즉 확률에 대해 추리하는 것이다(그 확률을 어떻게 계산하든 간에 말이다).

연역추리를 하는 동안에는 활성화되었지만 귀납추리를 하는 동안에는 그렇지 않은 두뇌 영역이 많았으며, 그 반대 패턴을 보이는 두뇌 영역도 많이 있었다. 이 결과는 연역추리와 귀납추리를 상이한 기제가 매개한다는 가설과 일치하는 것이다. 보다 구체적으로는, 연역적으로 추리할 때만 우반구의 많은 영역이 활성화되었는데 몇몇 영역은 두뇌 뒷부분에 위치했다. 이러한 활성화는 참가자들이 어려운 연역 문제에 답하기 위해 공간 표상(벤다이어그램과 같은)을 사용한다는 사실을 반영하는 것일 수 있다. 반면에 귀납적으로 추리할 때의 주요 두뇌 활성화는 좌반구에서 일어났으며, 추정 문제(예: 캘리포니아

## 첨/단/연/구

### 언어의 본질에 대한 진화론적 연구

*Gareth Davies*, 하이랜즈앤드아일랜즈대학교

촘스키는 언어를 매우 복잡한 현상이라고 제대로 간주했다. 그는 계속해서 보편 문법 규칙을 견지하는 언어획득장치(LAD)가 존재하지 않고는 그토록 복잡한 과정을 수반하는 기술의 획득을 적절하게 설명할 수 없다고 기술했다. 그는 언어는 너무나 복잡하기에 만일 그러한 장치가 존재하지 않는다면 스키너가 제안하는 단순 학습 과정을 사용해서는 학습할 수 없다고 주장했다. 밴듀라의 사회학습 이론은 아동이 선천성(LAD)과 후천성(조작적 조건형성) 모두의 조합으로 언어를 학습한다고 제안했다. 사회학습 이론은 선천성과 후천성을 모두 받아들이고 둘은 언어 발달에서 경쟁적이기보다는 병행적 영향력을 행사하는 것이라고 제안했다. 그렇지만 이것도 여전히 어느 정도는 단순한 접근이다. 진화 개념에서 언어를 설명하는 것이 부가적이고 희망적인 통찰을 제공하는 것으로 보인다.

채터와 크리스티안센(Chater & Christiansen, 2012)은 보편 문법이 '언어 기관'에 해당하는데, 이것은 진화적 개념으로 부적절하다고 주장한다. 보편 문법은 추상적 기능을 가지고 있는 기관이기 때문이라는 것이다. 이들은 계속해서 언어는 문화 산물이지만 생물학적 요인과 인지 요인이 언어 발달에 제약자로 작동하기 때문에 이 요인들도 중요하다고 상정하고 있다. 두뇌가 언어를 받아들이도록 진화한 것이라기보다는 '언어가 두뇌에 맞추어 진화한다'고 제안한다(Chater & Christiansen, 2012, p. 4).

최근 연구의 증거는 언어 진화의 자극제로서 도구 사용의 역할을 고려한 스틸과 동료들(Steel et al., 2012)의 연구와 함께 언어 획득에 대한 진화적 차원에 근거한 조망을 제안해 왔다. 이들은 언어가 손동작(예: 도구 사용)과 밀접하게 관련되어 있을 것이라고 제안한다. 이들은 거울 뉴런의 역할을 검증한 신경생리학 연구의 증거를 내세운다. 이아코보니(Iacoboni, 2009) 그리고 풀버뮐러와 파디가(Pulvermüller & Fadiga, 2010)는 한 사람이 다른 사람을 흉내 낼 때(예: 도구 사용이나 다른 손동작을 따라 하는 것) 동일한 뉴런이 작동하며 말소리 이해에서도 또 다른 역할을 수행한다는 사실을 밝혀냈다.

다른 연구 흐름은 지역사회가 언어 진화의 중요한 자극제라고 제안한다. 콜린스(Collins, 2012)는 언어가 우리의 물리적 세상 그리고 그 세상과의 상호작용의 결과이기 때문에 언어는 상징의 집합체 이상의 것이라고 제안한다. 즉 언어는 세상 이해의 집합체이며, 세상 이해는 그 세상과의 사회적 상호작용에 달려 있다는 것이다(Collins, 2012). 세상 이해는 도구 사용 및 도구 사용에 대한 소통도 포함한다.

유아가 언어를 학습하는 방식을 밝히는 최근 연구는 언어 획득의 사회적 측면이 결정적으로 필요하다는 사실을 보여 주었다. 버겔슨과 스윙글리(Bergelson & Swingley, 2012)는 유아가 생애 초기부터 몇몇 보통명사의 의미를 알고 있음을 보여 줄 수 있다는 사실을 밝혀냈다. 이들은 유아가 청각 자극과 쌍을 이룬 보통명사를 표상하는 이미지에 눈의 초점을 더 많이 맞춘다는 사실을 알아냈다. 여기에는 신체 부분과 음식이 포함된다. 예컨대 부모는 "사과 좀 봐."라고 말할 수 있다. 이들은 보통명사의 시각상과 그 명사의 언어 표상이 상호 간에 영향을 미친다고 결론 내렸다. 버겔슨과 스윙글리(Bergelson & Swingley, 2012)는 아동이 생애 초기부터 언어를 학습하기 시작한다는 사실이 매우 빠르게 진행하는 언어 획득을 설명해 준다는 결론에 도달하게 되었다. 이토록 신속하고 집중적인 언어 획득은 촘스키가 보편 문법이라고 부르는 것을 설명해 준다.

언어 진화는 도구 사용과 사회적 상호작용의 결과로 보인다. 최근의 생각은 두뇌가 언어를 받아들이도록 진화한 것이라기보다는 언어가 두뇌에 자리 잡을 수 있도록 진화한 것이라는 사실을 시사하고 있다(Swingly, 2012).

---

에는 낙타가 몇 마리나 있겠는가?)에 관여하는 것으로 알려진 전두엽 영역에서 일어났다. 추정은 조잡하나마 확률의 추정을 수반하기 십상인 것이다(예: 보통의 도시에 동물원이 있을 가능성은 얼마나 되는가?).

최근 연구는 위험한 의사결정에서 안와전두피질의 역할에 초점을 맞추었다. 안와전두피질은 전두엽의 아래쪽 부분(눈 바로 아랫부분)으로 구성되어 있다. 안와전두피질이 손상된 환자는 일반적으로 기억, 운동 반응, 문제해결, 또는 언어에 문제를 가지고 있지 않다. 그러나 손상되지 않은 참가자와 비교할 때, 이들은 자기 행위의 결과를 상이한 근거에 따라서 평가하는 것으로 보인다. 단기적으로 만족시키고자 하는 욕구에 이끌리는 반면 장기적 효과는 무시하는 것처럼 말이다. 몇몇 연구자들은 안와전두피질이 결정의 옳고 그름을 알려 주는 정서적 육감 반응에 관여한다고 주장해 왔다(Damasio et al., 1994). 이 주장에 대한 증거는 참가자들이 다음과 같은 두 가지 선택지 중 하나를 선택할 수 있는 카드 게임을 하는 연구에서 나온다. 즉 참가자는 단기적으로는 상당한 이득을 초래하지만 장기적으로는 손실을 초래하는 카드 묶음에서 카드를 뽑거나, 단기적으로는 약간의 이득을 초래하지만 장기적으로는 손실이 없는 카드 묶음에서 카드를 뽑을 수 있다. 처음에는 참가자들이 어느 카드 묶음이 장기적으로 이득인지를 모르기 때문에 즉각적으로 큰 이득을 초래하는 카드 묶음을 선택한다. 어느 정도 시간이 지난 후에 정상인 참가자는 '위험한' 카드 묶음에서 카드를 뽑을 때마다 피부전도반응(GSR)의 증가라는 생리적 반응을 보이는데, 이것은 마치 육감이 위험한 짓을 하고 있다고 알려 주는 것처럼 보인다. 이 참가자들은 즉시 다른 카드 묶음으로 전환한다. 안와전두피질이 손상된 환자는 위험한 카드 묶음에 대해 GSR 반응을 보이지 않으며, 안전한 카드 묶음으로의 전환도 보이지 않는다(Bechara et al., 1997). 실제로 최근 연구를 보면 건강한 참가자의 전두피질이 관여한다는 사실을 알 수 있다. 즉 전두피질의 활성화는 이러한 카드 게임에서 보다 우수한 성과와 상관을 나타낸다(Lawrence et al., 2009).

### 중간 요약

- 추리에서 몇몇 논증은 연역적으로 타당하며, 전제가 참일 때 결론이 거짓일 수 없다는 것을 의미한다. 그러한 논증을 평가할 때 사람들은 때로는 논리 규칙을 사용하며, 때로는 발견법, 즉 명제의 논리 형식이 아니라 내용에 따라 작동하는 구먹구구식 규칙을 사용하기도 한다.
- 다른 논증은 귀납적으로 강력한데, 전제가 참일 때 결론이 거짓일 가능성이 거의 없다는 것을 의미한다. 그러한 논증을 평가할 때 사람들은 흔히 확률 이론의 원리를 무시하고 유사성과 인과성 발견법에 의존한다.
- 추리의 신경 기반에 대한 연구는 연역추리와 귀납추리 사이의 구분을 지지한다. 동일한 논증을 제시하고 그 논증의 연역적 타당도를 평가할 때, 그리고 귀납적 강도를 평가할 때 서로 다른 두뇌 영역이 활성화된다.

### 비판적 사고를 위한 물음

1. 귀납추리라는 측면에서 볼 때 어떤 유형의 훈련을 시키면 실생활 추리 상황에서 사람들이 기저율 규칙과 교접 규칙을 보다 많이 사용하게 되겠는가?
2. 형식적 절차(논리 규칙, 확률 규칙)에 의한 추리와 발견법에 의한 추리 사이에 신경적 구분이 있는지를 알아보는 데 어떻게 두뇌 영상 실험을 사용할 수 있겠는가?

## 행위 속의 사고: 문제해결

많은 사람들에게 있어서 문제를 해결하는 과정이 사고 자체를 집약적으로 나타내 준다. 문제를 해결할 때 사람들은 목표를 달성하려고 애쓰지만, 그 목표를 직접 달성할 수 있는 마땅한 수단을 가지고 있지 못하다. 목표를 하위 목표로 분할해야 하며, 그 하위 목표를 다시 달성할 수 있는 수단을 가지고 있는 수준에 도달할 때까지 더 작은 하위 목표로 분할해야 한다(Anderson, 1990).

이 사실은 간단한 문제를 가지고 예시할 수 있다. 익숙하지 않은 캐비닛 자물쇠의 번호 조합을 알아낼 필요가 있다고 가정해 보자. 알고 있는 것은 단지 네 번호의 조합이 있으며, 정확한 번호를 지날 때마다 클릭 소리가 난다는 것뿐이다. 최종 목표는 번호 조합을 알아내는 것이다. 대부분의 사람들은 4개의 번호를 아무렇게나 조합하기보다는 최종 목표를 4개의 하위 목표로 분할하는데, 각 하위 목표는 조합에 들어 있는 4개의 번호를 찾아내는 것에 해당한다. 첫 번째 하위 목표는 첫 번째 번호를 찾아내는 것이며, 이것을 달성하는 절차를 알고 있다. 즉 클릭 소리를 들을 때까지 서서히 다이얼을 돌려 보는 것이다. 두 번째 하위 목표는 두 번째 번호를 찾는 것이며, 여기에도 동일한 절차를 사용할 수 있다. 나머지 하위 목표도 이렇게 달성할 수 있다. 이 예에서 문제는 잘 정의되어 있다. 즉 초기 상태와 목표 상태가 명확하게 정의되어 있다. 그러나 실세계의 많은 문제는 정의가 어려운 것이다. 예컨대 '이번 주말에는 조금 휴식을 취할 필요가 있다'고 생각한다고 해 보자. 목표 상태가 다소 모호하며, 특정 계획을 탐색하는 데 별 도움이 되지 않는다. 정의곤란 문제를 해결하는 한 가지 분별 있는 전략은 우선 그 문제를 잘 정의된 것으로 만드는 것이다.

사람들이 문제해결에 사용하는 전략이 문제해결 연구의 주요 과제이다. 또 다른 과제는 사람들이 문제를 마음에 표상하는 방식에 관한 것인데, 이것도 문제해결의 용이성에 영향을 미치기 때문이다. 다음의 논의는 두 논제 모두를 다룬다.

### 문제해결 전략

목표를 분할하는 전략에 대해 알고 있는 것 대부분은 뉴웰과 사이몬(Newell & Simon, 1972)의 연구에서 유래한다. 전형적으로 연구자들은 참가자들에게 어려운 문제를 해결하려고 시도하는 과정에서 큰 소리로 말을 하면서 생각하도록 요구한다. 그런 다음에 참가자의 언어 반응을 분석하여 기저 전략에 대한 단서를 찾는다. 특히 연구자들은 문제를 해결하는 컴퓨터 프로그램을 작성하는 안내역으로 그 언어 반응을 사용한다. 출력을 사람들의 성과, 예컨대 이동 순서와 비교하여 대응되는지를 알아볼 수 있다. 만일 대응된다면 컴퓨터 프로그램은 문제해결 전략에 대한 이론을 제안하는 것이 된다. 이러한 방식으로 수많은 범용 전략을 확인했다.

한 가지 전략은 문제 상황에서 현재 상태와 목표 상태, 즉 해결책을 찾은 상태 사이의 차이를 감소시키는 것이다. 이 전략을 **차이 감소법** difference-reduction method이라고 부른다. 다시 자물쇠의 번호 조합 문제를 생각해 보자. 우선 현재 상태는 번호에 대한 지식이 없는 상태이며, 목표 상태는 4개의 번호 모두에 대한 지식은 포함한다. 따라서 두 상태 사이의 차이를 감소시키는 하위 목표를 설정하며, 첫 번째 번호를 확인하는 것이 이 하위 목표를 달성하는 것이다. 이제 현재 상태에는 첫 번째 번호의 지식이 들어 있다. 하지만 여전히 현재 상태와 목표 상태 사이에는 차이가 있다. 두 번째 번호를 확인함으로써 이 차이를 감소시킬 수 있으며, 계속해서 세 번째와 네 번째 번호에서의 차이를 감소시킨다. 차이 감소의 배경이 되는 핵심 생각은 달성했을 때 목표에 가까워지는 상태로 이끌어 가는 하위 목표를 설정한다는 것이다.

유사하지만 조금 더 복잡한 전략은 **수단-목표 분석** means-ends analysis이다. 현재 상태와 목표 상태를 비교하여 둘 사이의 가장 중요한 차이를 찾아낸 후 그 차이를 제거하는 것이 일차 하위 목표가 된다. 그런 다음 이 하위 목표를 달성할 수 있는 수단이나 절차를 찾는다. 만일 그러한 절차를 찾기는 했지만 현재 상태의 어떤 것이 그 절차를 적용하지 못하도록 만든다는 사실을 발견한다면, 그러한 장애물을 제거하는 새로운 하위 목표를 도입한다. 많은 상식적인 문제해결 상황은 이 전략을 수반한다. 다음은 한 사례이다.

> 아들을 유치원에 데려다주려고 한다. 나의 현재 상태와 원하는 상태 사이에 [가장 중요한] 차이는 무엇인가? 한 가지는 거리이다. 어느 절차가 이 거리를 바꾸어 주는가? 자동차이다. 내 자동차는 고장 났다. 수리하는 데 필요한 것은 무엇인가? 새 배터리이다. 새 배터리는 어디서 구할 수 있는가? 자동차 수리 공장이다. (Newell & Simon, 1972; Anderson, 1990, p. 232에서 인용)

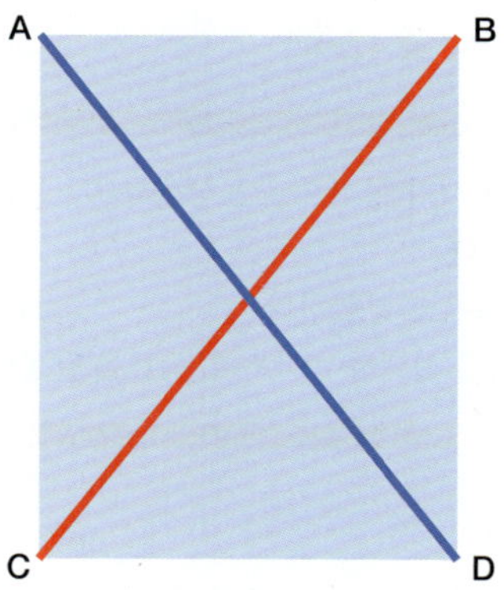

**그림 9.7 예시적 기하 문제.** ABCD가 직사각형이라고 할 때, 선분 AD와 BC의 길이가 동일하다는 것을 증명하라.

수단-목표 분석이 차이 감소법보다 정교한 이유는 현재 상태와 목표 상태 사이의 유사성이 잠정적으로 감소하는 방향으로도 행위를 취할 수 있게 해 주기 때문이다. 방금 제시한 예에서 자동차 수리 공장은 유치원과 반대 방향에 있을 수도 있다. 수리 공장에 가는 것은 잠정적으로 목표까지의 거리를 증가시키지만, 그래도 이 단계가 문제를 해결하는 데 필수적이다.

또 다른 전략은 목표로부터의 **역행 작업** working backward으로, 그림 9.7에 예시된 것과 같은 수학 문제를 해결하는 데 특히 유용한 전략이다. 여기서 문제는 다음과 같다. 'ABCD가 직사각형이라고 할 때 AD와 BC의 길이가 동일하다는 것을 증명하라.' 역행 작업에서는 다음과 같이 진행할 수 있다.

> AD와 BC의 길이가 같다는 것을 어떻게 증명할 수 있을까? 삼각형 ACD와 BDC가 합동인 것을 증명할 수 있다면 이것을 증명할 수 있다. 두 변과 사잇각이 동일하다는 것을 증명할 수 있다면 삼각형 ACD와 BDC가 합동인 것을 증명할 수 있다. (Anderson, 1990, p. 238)

목표로부터 하위 목표를 추리하고(두 삼각형이 합동인 것을 증명하는 것), 그 하위 목표로부터 다른 하위 목표를 추리하는(두 변과 사잇각이 동일하다는 것을 증명하는 것) 식으로 진행하여 최종적으로 달성할 수 있는 수단을 가지고 있는 하위 목표에 도달한다.

지금까지 다룬 세 가지 전략, 즉 차이 감소, 수단-목표

**표 9.3 문제해결 단계**

1. 문제를 명제나 시각 형식으로 표상한다.
2. 목표를 결정한다.
3. 목표를 하위 목표로 분할한다.
4. 문제해결 전략을 선택하여 각 하위 목표를 달성하도록 적용한다.

분석, 역행 작업은 아주 보편적인 것이며 거의 모든 문제에 적용할 수 있다. 흔히 약한 방법이라고 부르는 이 전략들은 특정 지식에 의존하지 않으며 심지어는 생득적인 것으로 보인다. 특히 사람들은 특정 영역에 대해 처음 학습하고 있으며 내용이 친숙하지 않은 문제를 다룰 때 이러한 약한 방법에 의존하는 것으로 보인다. 그 영역에서 전문성을 획득하면 보다 강력한 영역 특수적 절차(그리고 표상)를 발달시키게 되며, 이 절차는 약한 방법을 주도한다(Anderson, 1987). 약한 방법에 의한 문제해결 단계는 표 9.3에 제시했다.

## 문제 표상

문제를 해결하는 능력은 그 문제를 분할하는 전략뿐만이 아니라 표상하는 방식에도 의존한다. 때로는 명제 표상이 최선이지만, 때로는 시각 표상이나 심상이 보다 효과적이다. 다음 문제를 생각해 보자.

> 어느 날 아침, 바로 해가 뜰 시각에 스님 한 분이 산을 오르기 시작했다. 폭이 한두 뼘밖에 안 되는 오솔길은 구불구불 정상에 있는 암자까지 이어져 있다. 스님은 보행 속도를 달리하면서 산을 오르다가 도중에 쉬기 위해 여러 번 멈추었다. 스님은 해가 서산에 지기 직전에 암자에 도착했다. 암자에 며칠간 머무른 후, 스님은 다시 동일한 길을 이용하여 해가 뜰 시각에 하산하면서 오를 때와 마찬가지로 보행 속도를 달리하여 도중에 여러 번 쉬기도 했다. 물론 평균 하산 속도는 평균 등산 속도보다 빨랐다. 스님이 하루의 동일한 시각에 오솔길에서 정확하게 동일한 위치에 있었다는 사실을 증명해 보라. (Adams, 1974, p. 4)

이 문제를 풀고자 할 때 많은 사람들은 명제 표상으로 시작한다. 심지어는 많은 등식을 적어 보려고 시도하기도 한다. 이 문제는 시각적으로 표상할 때 훨씬 쉽게 해결할 수 있다. 필요한 것은 스님의 등산길을 하산길과 중복하여 시각화하는 것뿐이다. 한 스님은 산 아래에서 출발하고, 다른 스님은 산꼭대기에서 출발한다고 상상하라. 보행 속도에 관계없이 두 사람은 오솔길의 어느 지점에서인가 만나게 된다. 따라서 오솔길에는 그 스님이 등산길과 하산길 모두에서 동일한 시점에 위치하게 되는 지점이 있을 수밖에 없다. (문제는 그 지점이 어디인지를 묻는 것이 아니라는 사실에 주목하라.)

몇몇 문제는 명제를 조작하거나 심상을 조작해서도 모두 쉽게 해결할 수 있다. 다음의 간단한 문제를 보자. '철수는 영수보다 빠르지만, 민수보다는 느리다. 누가 가장 느린가?' 명제를 가지고 해결하기 위해 문제의 첫 부분을 '영수'가 주부이고 '철수보다 느리다'가 술부인 명제로 표상하고, 두 번째 부분을 '철수'가 주부이고 '민수보다 느리다'가 술부인 명제로 표상할 수 있다. 그런 다음에 영수가 민수보다 느리다고 연역할 수 있고, 그렇게 함으로써 영수가 가장 느리다고 결론 내리게 된다. 이 문제를 심상을 이용해서 해결하려면 세 사람의 속도를 다음과 같이 동일 선 위에 점으로 표현할 수 있다.

그러면 심상으로부터 답을 직접 읽어 낼 수 있다. 어떤 사람은 이러한 문제를 명제로 표상하는 것을 선호하고, 또 어떤 사람은 시각적으로 표상하는 경향이 있다(Johnson-Laird, 1985).

문제 표상에는 명제 대 심상 논제 이외에도 무엇을 표상하느냐에 관한 물음이 있다. 사람들은 표상에 중요한 것을 포함하지 못하거나 문제의 중요한 부분이 아닌 것을 포함함으로써 어려움을 겪는 경우가 많다. 우리는 흔히 정의 곤란 문제를 잘 정의된 문제로 전환한다는 사실을 회상하라. 그렇게 하는 과정에서 잘못된 가정을 하게 되면 **마음 갖춤새** mental set가 문제해결에 장애를 초래할 수 있다. 이 사실은 실험을 통해 예시할 수 있다. 한 집단의 참가자에게 그림 9.8에 나와 있는 재료만을 사용하여 문에 촛불을 붙이는 문제를 주었다. 해결책은 문에다 상자를 붙이고 그 상자를 촛대로 사용하는 것이었다. 대부분의 참가자들은 문제해결에 어려움을 겪었는데, 아마도 상자를 용기로만 표상하고 촛대로 표상하지 않았기 때문일 것이다. 이러한 어려움을 흔히 **기능적 고착** functional

그림 9.8 **촛불 문제의 재료.** 그림의 재료가 주어졌을 때, 당신은 촛불을 어떻게 문에 붙여 놓을 수 있겠는가? 답은 이 장 끝부분에 나와 있다.

fixedness이라고 부른다. 다른 집단의 참가자들에게도 동일한 문제를 주었는데 상자의 내용물은 없애 버렸다. 이들은 문제해결에 더 성공적이었는데, 아마도 상자의 용기 특성을 표상에 포함하지 않고 지지대 특성을 포함했을 가능성이 크기 때문일 것이다. 문제를 유용한 방식으로 표상하면 절반은 해결한 것이다.

지금까지 문제를 **재구조화**restructuring하는 것의 중요성을 보았다. 즉 문제의 해결은 그 문제를 마음에 특정 방식으로 표상한 결과이기 십상이다. 일단 정확한 마음 갖춤새에 도달하기만 하면(상자를 지지대로 사용할 수 있다) 해결은 코앞에 있는 것이다.

다른 방식으로 사고함으로써 문제를 해결하는 또 다른 방법은 적절한 유추를 찾아내는 것이다. 만일 두 문제가 동일한 기저 구조를 공유하고 있다면, 한 문제를 해결하는 것은 곧 유추에 의존하여 다른 문제도 해결할 수 있다는 것을 의미한다. 기크와 홀리오크(Gick & Holyoak, 1983)는 고전적 실험에서 참가자들이 복잡한 '방사 문제'를 이러한 방식으로 해결할 수 있다는 사실을 보여 주었다. 이 문제에서는 레이저 광선을 사용하여 몸속의 종양을 태워 버려야 한다. 문제는 레이저 광선이 너무도 강력하여 중간에 있는 건강한 조직도 파괴한다는 것이다. 만일 참가자들이 (지뢰로 둘러싸여 있는) 성을 소집단을 구성한 군인들이 여러 방향에서 기습적으로 동시에 공격한 이야기를 미리 듣고 거기서 유추를 발견할 수 있다면 해결책(약한 레이저 광선을 여러 방향에서 주사함으로써)을 찾아낼 수 있다. 또한 이들은 참가자들이 두 문제의 기저 구조를 비교하도록 만드는 것이 용이하지 않다는 사실도 발견했다. 우리가 거기서 유추를 간과하기 십상인 이유는 문제의 기저 구조보다는 피상적 자질에 초점을 맞추는 경향이 있기 때문이다.

## 심상적 사고

어떤 사고는 시각적으로 해내는 것으로 보인다. 과거의 지각이나 그 부분을 인출하여 실제 지각체를 조작하는 것과 같은 방식으로 조작하는 경우가 많다. 이 사실을 이해하기 위해 다음의 세 물음에 답을 해 보자. 대문자 N은 90° 회전하면 어떤 문자가 되는가? 당신 집의 거실에는 창문이 몇 개 있는가? 첫 번째 물음에 답할 때, 대부분의 사람들은 우선 대문자 N의 심상을 형성하고 나서 마음속에서 90° 회전한 다음 '들여다본다'고 답한다. 그리고 두 번째 물음에 답할 때는 거실을 떠올리고 나서 창문을 세기 위해 심상을 주사한다고 보고한다(Kosslyn, 1983; Shepard & Cooper, 1982).

증거는 심상이 지각에서 사용하는 것과 동일한 표상과 처리 과정을 수반한다는 사실을 시사한다. 그렇기 때문에 심상적 사고는 아날로그식 표상에 의존한다고 말한다. 아날로그식 표상은 상징 표상에 의존하는 명제적 사고와 대조를 이룬다('거실'이라는 단어를 생각해 보라. 이 단어는 실제 거실과 어떤 점도 닮지 않았다). 집중적으로 연구해 온 조작 중의 하나는 **심적 회전**mental rotation이다. 한 고전적 실험에서 참가자는 각 시행에서 대문자 R을 보았다. 문자는 정상적이거나 역으로(거울상) 제시되었으며, 정상적인 수직 방향이거나 다양한 각도만큼 회전되어 제시되었다(그림 9.9 참조). 참가자는 문자가 정상 모습인지, 거울상인지를 판단했다. 문자를 수직 방향에서 더 많이 회전할수록 판단 시간이 늘어났다(그림 9.10 참조). 이 결과는 참가자들이 마음속에서 문자의 심상이 수직 방향으로 될 때까지 회전한 다음에 정상인지, 거울상인지를 판단했다는 사실을 시사한다.

심상과 지각에서 유사한 또 다른 조작은 사물 또는 사물 배열을 주사하는 조작이다. 심상 주사에 관한 실험에서 참가자들은 우선 일곱 군데의 핵심적 위치를 포함하고 있는 가상적 섬의 지도를 학습했다(그림 9.11 참조).

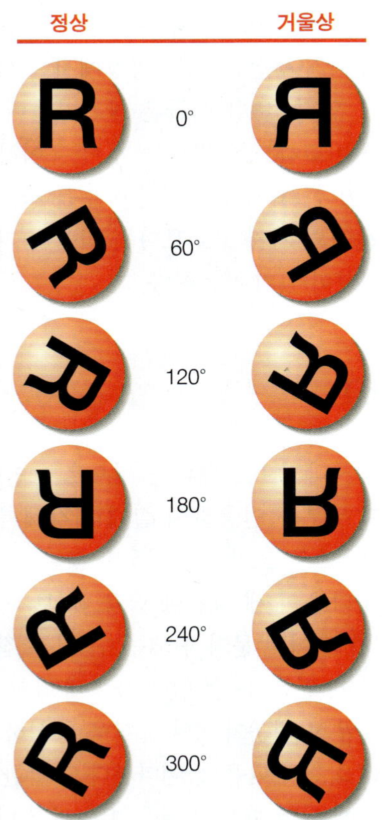


**그림 9.9 심적 회전 연구.** 심적 회전 연구에서 참가자에게 제시한 문자의 예. 각 문자 제시에 대해 참가자는 정상 모습인지, 거울상인지를 판단했다. 숫자는 수직 방향에서 회전된 각도를 나타낸다.

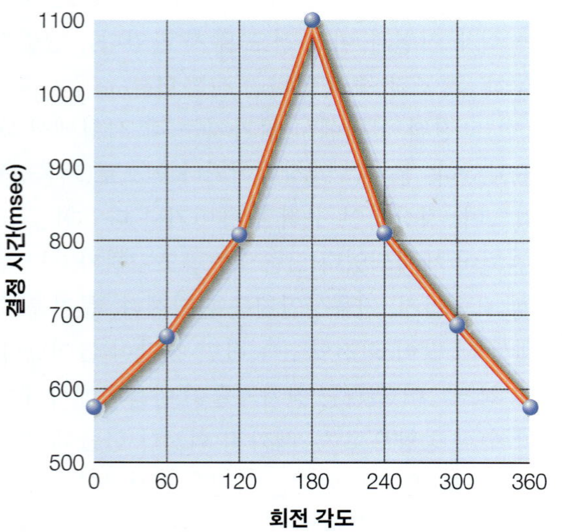


**그림 9.10 심적 회전 연구에서의 판단 시간.** 문자가 정상 모습인지, 거울상인지를 판단하는 데 걸리는 시간은 180° 회전되어 문자가 상하로 역전되었을 때 가장 컸다.

지도를 치운 후 참가자에게 그 지도의 심상을 형성하고 특정 위치(예: 섬 남쪽에 있는 나무)에 초점을 맞추도록 요구했다. 그런 다음 실험자는 다른 위치(예: 섬 북쪽 극단의 나무)를 말해 주었다. 참가자는 초점을 맞춘 위치에서 출발하여 실험자가 말한 위치를 찾을 때까지 심상을 주사하고, 그곳에 도착하면 버튼을 눌렀다. 초점 위치와 말해 준 위치 사이의 거리가 멀수록 반응하는 데 시간이 많이 걸렸다. 실제로 사람들이 심상을 주사하는 데 걸리는 시간은 심상에서의 거리에 따라 일정하게 증가했으며, 이 결과는 사람들이 실제 사물을 주사하는 것과 동일한 방식으로 심상을 주사한다는 사실을 시사한다(Kosslyn et al., 1978).

## 심상의 신경 기반

아마도 심상이 지각과 유사하다는 가장 설득력 있는 증거는 둘이 모두 동일한 두뇌 구조에 의해 매개된다는 사실을 증명하는 것이겠다. 최근에 상당한 양의 증거가 누적되었다.

몇몇 증거는 두뇌 손상 환자의 연구에서 나오며, 이 증거는 환자가 시지각에서 가지고 있는 문제점에는 전형적으로 시각 심상의 문제점도 수반된다는 사실을 보여 준다(Farah et al., 1988). 특히 뚜렷한 예는 우반구의 두정엽이 손상되어 좌측 시야에서 **시각 무시** visual neglect가 발생한 환자이다. 시각장애인은 아니지만 이 환자는 좌측 시야에 제시된 모든 것을 무시해 버린다. 예컨대 한 남자 환자는 얼굴 좌측의 수염을 면도하지 않는다. 이탈리아 신경학자인 비시아(Bisiach & Luzzatti, 1978)는 이러한 시각 무시가 심상까지 확장된다는 사실을 발견했다. 그는 밀라노가 고향인 시각 무시 환자들에게 친숙한 광장에서 성당을 마주하고 서서 보이는 장면을 심상으로 그려 보도록 요구했다. 환자들은 오른쪽에 있는 대부분의 사물은 보고했지만 왼쪽에 있는 것은 거의 보고하지 못했다. 반대로 성당 앞에 서서 광장을 내다보는 조망에서의 장면을 머리에 그려 보도록 요청했을 때는 앞서 보고했던 사물들을 무시했다(이 사물들은 이제 심상의 왼쪽에 있게 되었다). 이 환자들은 지각에서 보였던 시각 무시를 심상에서도 나타냈는데, 이 결과는 손상된 두뇌 구조가 정상적으로 지각뿐만 아니라 심상도 매개한다는 사실을 시사하는 것이다.

몇몇 연구는 정상인의 경우 지각에 관여하는 두뇌 구조가 심상에도 관여한다는 사실을 증명하는 데 두뇌 영

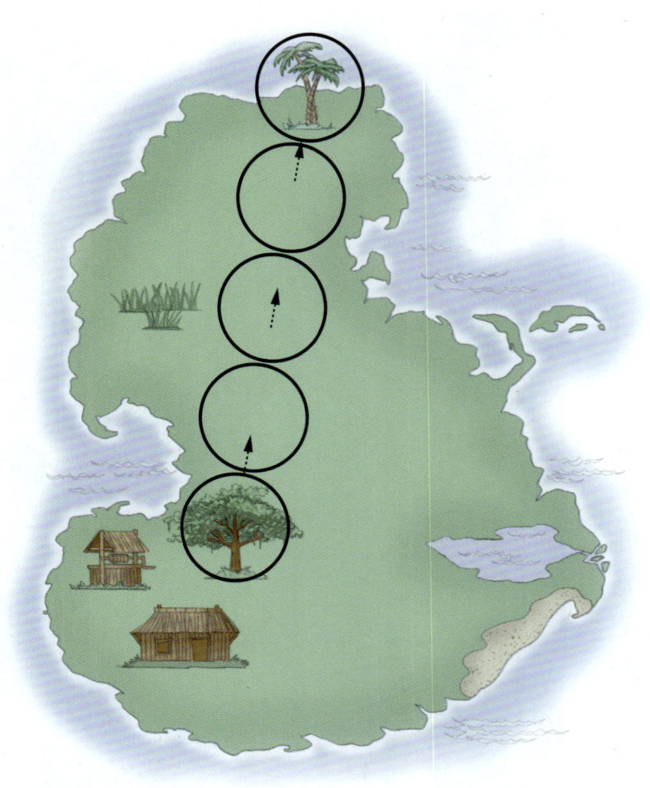

**그림 9.11 심상 주사.** 참가자는 섬의 심상을 남쪽에서 북쪽으로 주사하면서 불러준 위치를 찾는다. 결과를 보면 심상이 실제 지도와 유사하며, 주사해야 할 거리가 멀수록 주사하는 데 걸리는 시간이 오래 걸리는 것으로 보인다.

상 기법을 사용했다. 한 실험에서 참가자들은 심적 산술 과제(50에서 시작하여 3씩 빼 나가는 숫자를 말하라)와 시각 심상 과제(당신 집 현관에서 출발하여 교대로 우회전과 좌회전을 하면서 가는 길을 머리에 그려 보라)를 모두 수행했다. 참가자가 각 과제를 수행하는 동안 피질의 여러 영역에서 혈류의 양을 측정했다. 참가자가 심적 산술 과제를 수행할 때보다 심상 과제를 수행할 때 시각피질에 더 많은 혈류가 집중되었다. 또한 심상 과제 중의 혈류 패턴은 지각 과제에서 정상적으로 관찰되는 패턴과 유사했다(Roland & Friberg, 1985).

코슬린과 동료들(Kosslyn et al., 1993)이 수행한 PET 실험은 지각과 심상에 관여하는 두뇌 구조를 명확하게 비교하고 있다. 참가자가 두 가지 상이한 과제, 즉 지각 과제와 심상 과제를 수행하는 동안 두뇌 영상을 찍었다. 지각 과제에서는 우선 배경 격자판 위에 블록 대문자를 제시한 다음 격자판 한 지점에 X를 제시했다. 참가자의 과제는 X가 대문자의 한 부분에 위치하는지를 가능한 한 빨리 판단하는 것이었다(그림 9.12 참조). 심상 과제에서도 배경 격자판을 제시했지만 블록 대문자는 제시하지 않았다. 격자판 밑에 소문자가 있었으며, 참가자는 사전에 그 소문자에 대응되는 대문자 심상을 생성하여 격자판 위에 투사하도록 지시받았다. 그 후 격자판 한 지점에 X를 제시하고, 참가자에게 그 X가 대문자 심상의 한 부분에 위치하는지를 판단하도록 요구했다. 놀라울 것도 없이 지각 과제는 시각피질의 신경활동을 증가시켰으며, 심상 과제도 마찬가지였다. 실제로 심상 과제는 시각 정보를 처음으로 받아들이는 피질 영역에 들어 있는 두뇌 구조에서 신경활동을 증가시켰던 것이다.

심상은 피질 처리의 초기 단계에서부터 지각과 유사하며, 심상과 지각은 동일한 신경 기제가 매개한다고 결론 내릴 수 있다. 두뇌의 시각 영역을 동원하여 특정 문제를 아날로그식으로 표상함으로써 그 문제를 해결할 수 있는 것이 확실하다. 여기서도 생물학 연구가 심리학 수준에서 처음으로 제안한 가설을 지지하는 증거를 제공하고 있다.

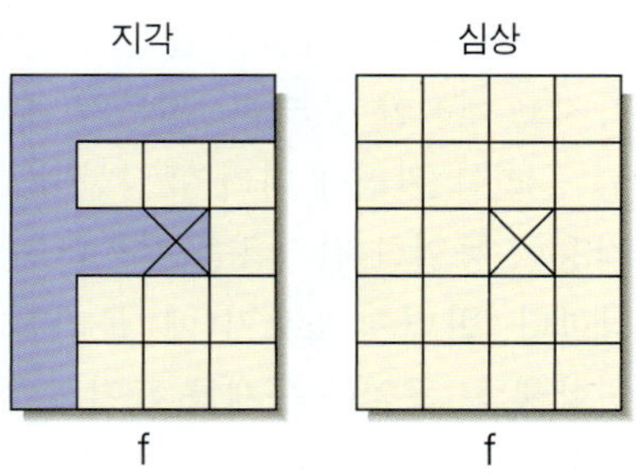


**그림 9.12 심상과 지각.** 심상이 시지각과 동일한 두뇌 구조를 사용하는지를 결정하기 위해 사용하는 과제. 지각 과제에서 참가자는 X가 블록 문자(여기서는 F) 속에 위치하는지를 판단해야 한다. 심상 과제에서는 참가자가 블록 문자의 심상을 생성한 후에 X가 블록 문자 심상 속에 위치하는지를 판단한다. 격자 밑에 블록 문자의 소문자를 제시함으로써 참가자는 어느 문자의 심상을 형성해야 하는지 알고 있다(지각 과제에서도 조건을 동일하게 만들기 위해 소문자가 제시된다).

## 전문가 대 초보자

특정 영역에서의 경험 정도는 문제를 표상하는 방식에 영향을 미친다. 여러 영역(예: 물리학, 지리학, 또는 체스 등)에서 전문가는 초보자와는 질적으로 다른 방식으로 문제를 해결한다. 이러한 차이는 전문가와 초보자가 사용하는 표상과 전략의 차이에 의한 것이다. 전문가는 주어진 문제에 적용할 수 있는 보다 많은 세부적인 표상을 기억에 저장하고 있다. 예컨대 전문 체스 기사는 20개 이상의 말이 배열되어 있는 것을 5초간 들여다보고는 완벽하게 재생해 낼 수 있다. 이 상황에서 초보자는 일반적으로 7±2개만을 재생할 수 있다(8장 참조). 이러한 발견은 더흐로트(de Groot, 1965, 1966)가 최초로 찾아냈으며, 그는 체스 전문 기사가 초보자보다 더 좋은 행마를 선택하게 만드는 것이 무엇인지를 밝히고자 했다. 그가 발견한 것은 체스 기사들이 다른 영역에서는 특별히 더 지능적이지 않다는 사실이었다. 그렇지만 체스 말의 표상은 우수하며, 그 표상이 개별 말의 위치를 더 잘 기억해 낼 수 있게 해 준다. 이들은 여러 해에 걸친 연습을 통해 가능한 많은 말의 배열에 대한 표상을 발달시켜서 복잡한 배열을 소수의 청크로 부호화할 수 있게 된 것이다. 나아가 이러한 표상은 고급 체스 경기에 기저하는 것일 테다. 명인은 5만 개 이상의 배열을 저장했으며, 각 경우가 발생할 때 어떻게 해야 하는지를 학습해 왔다. 명인 체스 기사는 본질적으로 가능한 행마를 볼 수 있고 초보자가 하는 행마 방식을 생각할 필요가 없는 것이다(Chase & Simon, 1973; Simon & Gilmartin, 1973).

**전문가는 초보자와는 질적으로 다른 방식으로 문제를 해결한다. 체스 명인과 같은 전문가들은 보다 많은 특정한 표상을 기억에 저장하고 있어서 주어진 문제에 적용할 수 있다.**

전문가는 새로운 문제에 직면할 때에도 초보자와는 다른 방식으로 표상한다. 이 사실은 물리학에서의 문제해결 문제를 가지고 예시할 수 있다. 전문가(예: 물리학 교수)는 문제를 물리학 원리에 따라 표상한다. 예컨대 '이것은 모든 작용이 동일한 반작용을 갖는다는 문제의 하나'라고 표상한다. 반면에 초보자(예: 물리학 강의를 처음 수강하는 학생)는 동일한 문제를 표면적 특성으로 표상하는 경향이 있다. 예컨대 '이것은 경사판 문제의 하나'라고 표상한다(Chi & Feltovich, 1981).

문제의 피상적 특성에 초점을 맞추는 경향성은 초보자가 유추를 사용하여 문제를 해결할 때도 나타난다. 특정 영역에 대해 아는 것이 별로 없으면서 그 영역의 문제를 해결해야 할 때, 흔히 과거에 접했던 피상적으로 유사한 문제를 유추로 사용하려고 생각하기 십상이다. 이 현상에 대한 한 예시적 연구(Ross, 1984)에서 참가자들은 컴퓨터로 글을 편집하는 새로운 방법을 학습해야 했다. 학습 단계에서 참가자들은 처음의 글 편집 방식과의 피상적 유사성을 생각해 내서 새로운 편집 방법을 사용하는 방식을 알아내는 데 사용하곤 했다. 예컨대 참가자들은 글에 단어를 삽입하는 두 가지 상이한 방법을 학습했는데, 한 방법은 쇼핑 리스트를 가지고 예시했고 다른 방법은 식당 메뉴를 가지고 예시했다. 나중에 또 다른 쇼핑 리스트나 식당 메뉴에 단어를 삽입하게 되었다. 참가자들은 유사한 글을 가지고 학습했던 방법을 사용할 가능성이 훨씬 컸다(쇼핑 리스트를 주었을 때는 처음에 쇼핑 리스트를 가지고 예시했던 방법을 사용하여 단어를 삽입하는 경향이 있었다). 학습 초기에는 문제해결 행동을 문제 사이의 피상적 유사성이 주도한다. 주어진 영역에서 훈련을 받았던 적이 있을 때에만 문제의 구조적 자질에 초점을 맞추고 유추를 효과적으로 사용할 수 있는 것이다(Novick, 1988).

전문가와 초보자는 채택하는 전략에서도 차이를 보

인다. 물리학 문제해결 연구에서 전문가들은 일반적으로 등식을 생성하기에 앞서 문제에 접근하는 계획을 세우려고 시도하는 반면에, 초보자들은 전형적으로 전반적 계획을 염두에 두지 않고 등식을 작성하는 것으로 시작한다(Larkin et al., 1980). 또 다른 차이는, 전문가는 문제에서 주어진 정보로부터 해결책으로 나아가도록 추리하는 경향이 있는 반면, 초보자는 반대 방향으로 작업하는 경향이 있다(역행 작업 전략)는 것이다. 추리 방향에서의 이러한 차이는 의사들이 문제를 해결하는 방식에 관한 연구에서도 나타났다. 전문의는 순행 방향, 즉 징후로부터 가능한 질병으로 추리해 나가는 경향이 있는 반면, 신출내기 의사일수록 역행 방향, 즉 가능한 질병에서부터 징후로 추리해 나가는 경향이 있다(Patel & Groen, 1986).

지금까지 논의한 전문성의 특성, 즉 표상의 다양성, 원리에 근거한 표상, 행동에 앞선 계획, 순행 작업은 앞에서 논의한 문제해결의 약한 방법을 주도하게 되는 영역 특수적 절차를 만들어 준다.

## 자동성

경험을 함에 따라 또 다른 장점, 즉 **자동성** automaticity이 출현하게 된다. 자동 처리는 마치 자동항법장치가 작동하는 것처럼 의식적 통제 없이 나타날 수 있다. 자전거 타기나 자동차 운전을 처음 배울 때를 돌이켜 생각해 보라. 모든 주의를 집중해야만 했다. 연습을 함에 따라 주변의 교통 흐름에 주의를 기울이는 것이 점차 용이해졌다. 이제 자전거 타기나 운전 자체를 힘들이지 않고 수행하는 것처럼 보인다.

대부분의 사고 과정도 경험에 따라서 자동화된다. 글 읽기는 대부분의 사람들이 특별히 주의를 기울이지 않은 채 수행하는 것이다. 단어를 보고 자동적으로 읽는데, 글 읽기를 처음 배울 때와는 완전 딴판이다. **스트룹 효과** Stroop effect(1935년에 이 현상을 처음 소개한 연구자의 이름을 딴 용어이다)는 읽기 과정의 자동성을 예증한다. 스트룹은 참가자들에게 비단어(예: snwg)와 실제 단어(예: blue)를 제시하고, 그 단어의 색깔을 말하도록 요구했다. 단어를 읽도록 요구한 것이 아니라는 사실에 주목하라. 아무튼 스트룹은 참가자들이 단어를 자동적으로 읽는다는 사실을 보여 줄 수 있었다. 한 조건에서는 색깔 단어가 일치하지 않는 색깔로 적혀 있었다(그림 9.13 참조). 예컨대 blue(파랑)라는 단어가 빨간색으로 적혀 있었다. 이렇게 함으로써 다른 조건(비단어 목록 또는 색깔 단어를 동일한 색깔로 적어 놓은 목록)과 비교할 때 단어를 적은 색깔을 말하는 반응이 유의하게 느려졌다. 이렇게 색깔 말하기 과제가 자동적인 읽기 과정을 간섭하는 것은 의식적으로 주의를 기울이지 않은 채 읽기를 수행하는 것이라는 사실을 보여 준다(Stroop, 1935).

**그림 9.13 스트룹 효과의 한 예.**

### 복잡한 결정을 위한 무의식적 사고

2004년에 데익스터르하위스는 무의식이 의식적으로 이루어진 결정보다 우수한 결정을 내릴 수 있다는 사실을 보여 주는 결과를 발표했다(Dijksterhuis, 2004). 한 실험에서는 참가자들에게 여러 아파트에 관한 기술을 제시하고(어떤 아파트는 다른 것보다 더 바람직한 것이었다) 최선의 선택지를 선택하도록 요구했다. 한 참가자 집단은 즉각적으로 선택해야 했으며, 다른 참가자 집단에게는 몇 분 정도의 시간을 주어 정보에 대해 생각할 수 있게 했고('의식적 사고' 조건), 세 번째 집단에게는 결정하기에 앞서 몇 분 동안 방해 과제로 혼란을 주었다('무의식적 사고' 조건). 마지막 조건의 참가자들이 최선의 결정을 했다. 후속 연구에서 연구자들은 참가자들이 자신의 결정에 얼마나 만족하는지를 알아보고자 했다. 집으로 가져갈 포스터를 선택하고 몇 주가 지난 후에 그 선택에 관해 인터뷰를 실시했다(Dijksterhuis & van Olden, 2006). '무의식적 사고' 조건의 참가자들이 다른 조건의 참가자들보다 더 만족했다.

이러한 발견은 직관과 모순되는 것으로 보인다. 선택지를 신중하게 고려해 보는 것이 현명하지 않겠는가? 언제 심사숙고하여 결정하는 것이 도움이 되고, 언제 도움이 되지 않는 것인가? 데익스터르하위스와 동료들의 최근 연구(Dijksterhuis et al., 2006)는 중요한 실마리를 제공해 준다. 위에서 기술한 것과 유사한 실험에서는 한 가지 중요한 변인, 즉 논의할 주제가 복잡한 것인지, 단순한 것인지를 첨가했다. 이 연구에서 참가자들은 자동차

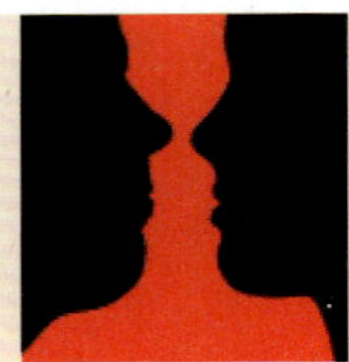

# 찬|반|논|쟁
# 상이한 언어를 사용하는 사람들은 서로 다르게 사고하는가?

## 마음에서 언어의 역할

*Stephen C. Levinson and Asifa Majid,* 막스플랑크심리언어학연구소(네이메헌)

아마존에 고립되어 생활하고 있는 부족인 피라하족으로 태어났다고 상상해 보라. 색깔명도 없고, 삼촌이나 사촌을 나타내는 단어도 없고, 숫자를 나타내는 단어도 없고, 미래에 대해 말하거나 내포의 방법을 사용하여 복잡한 문장을 만드는 간단한 방법도 없는 언어를 사용하게 될 것이다(Everett, 2005). 만일 그렇다면 당신의 사고가 갖는 특성은 무엇이겠는가? 아니면 낙하산을 타고 그 부족 마을에 내려가서 그들의 언어를 배운다고 가정해 보라. 당신이 살고 있는 세상을 그들에게 쉽게 설명할 수 있을 것이라고 생각하는가?

이런 식으로 의자에 파묻혀 마음속으로만 수행하는 사고 실험은 사피어, 워프, 캐롤 등과 같은 언어학자, 일반인, 그리고 심리학자들의 호기심을 불러일으키곤 했다. 그런데 1960년대에 인지과학 운동이 발흥함에 따라 갑자기 시들해지고 말았다. 왜냐하면 인간의 인지가 고정된 처리 기계이며, 그 구조와 내용은 전적으로 유전자에 내재된 것이라고 간주했기 때문이다. 따라서 피라하족은 실제로 '분홍색', '사촌', '17', '내년', 심지어는 '알고리즘', '심포니'와 같은 개념을 가지고 있으며, 단지 그것들을 나타내는 단어를 가지고 있지 않은 것이라는 생각이 뒤따랐다(Fodor, 1975). 보편적 사고의 언어, 즉 '심성어(mentalese)'가 존재하며, 상이한 언어들이란 단지 입력-출력 시스템이라는 것이다(Pinker, 1994). 오늘날 이러한 견해는 여러 가지 이유로 쇠퇴하고 있는데, 한 가지 이유는 경험을 통한 학습을 강조하는 대안적 계산 은유(병행 분산처리, 신경망)의 출현이고, 다른 이유는 신경인지의 출현과 신경유전학의 시작이다. 이 둘은 모두 개인차의 중요성을 밝히고 있다.

인지에서 언어의 역할에 관한 관심사가 부활하고 있는 또 다른 이유는 경험적인 것이다. 예컨대 피라하족은 '17'을 생각할 수 없는 것으로 나타났다. 실제로 이들은 기본적인 수 개념을 가지고 있지 않다(Gordon, 2004). 이들의 색채 변별에 관한 실험을 수행하지는 않았지만, 다른 문화에서는 색채명의 유형과 색채 개념 간의 체계적 관계가 나타난다. 예컨대 'blue(파랑)' 대 'green(초록)'을 구분하는 영어와 같은 언어를 사용하는 사람들은 파랑과 초록 간의 실제 거리(jnd, 최소가지차이)를 과장하는 반면에, 파랑과 초록을 모두 포함하는 단일 색채명만을 가지고 있는 언어(예: 타루후마라어)를 사용하는 사람들은 그렇지 않다(Kay & Kempton, 1984; Davidoff et al., 1999). 최근에 케이와 동료들은 이 효과가 언어를 처리하는 두뇌 좌반구로 정보를 투사하는 오른쪽 시야에 의한 것이며(Gilbert et al., 2006), 영아가 색채명을 학습함에 따라 색채에 대한 범주적 지각을 좌반구로 전환한다는 사실(Franklin et al., 2008a, 2008b)을 보여 주었다. 모국어도 우리의 청각을 변화시켜서 아동 초기에 모국어에 들어 있지 않은 음소를 지각하지 못하게 된다는 사실은 그리 놀라운 것이 아니다(Kuhl, 2000). 따라서 언어는 우리를 둘러싸고 있는 세상의 지각을 변화시키는 것이다.

공간과 시간같이 추상적인 영역에서는 어떤가? 특정 언어로 시간에 대해 말하는 방식은 그 시간에 대해 사고하는 방식을 변화시키는 것으로 나타났다. 중국어에서는 수직적 공간 은유를 사용하기 때문에 앞선 사건은 '위'에 있고 나중 사건은 '밑'에 있는 반면에, 영어에서는 미래를 '앞에', 과거를 '뒤에' 있는 것으로 생각한다. 중국어 사용자들은 사전에 수직적 공간 점화 자극을 보았을 때 시간에 관한 물음에 신속하게 반응하지만, 영어 사용자들은 그렇지 않다(Boroditsky, 2001). 이 사실이 시사하는 바는 시간과 같은 추상적 영역에 대해 사고하기 위해 구체적인 공간 영역에서 사용하는 언어 표현을 도입하며, 그렇기 때문에 상이한 공간 표현이 시간적 사고에 차이를 초래한다는 것이다.

공간 표현 자체도 언어에 따라서 극단적인 차이를 보인다. 어떤 언어에는 (예: '칼이 포크 왼쪽에 있다'에서처럼) '왼쪽'과 '오른쪽'을 나타내는 어휘가 없다. 대신에 테이블 위에 있는 물건에도 '북쪽'과 '남쪽' 같은 표현을 사용한다(Majid et al., 2004). 10여 개의 언어와 문화에 걸친 체계적 실험은 이러한 차이가 상당히 강력하다는 사실을 보여 준다(Levinson, 2003). 남쪽/북쪽 어휘 또는 왼쪽/오른쪽 어휘를 사용하는 사람들은 자신의 언어가 사용하는 공간 전략과 일치하는 방식으로 기억하고 추리한다. 심지어 언어를 요구하지 않는 과제의 경우에도 그렇다. 흥미를 끄는 물음은 어느 시스템이 더 자연스러운가 하는 것이다. 유인원과 언어를 습득하기 이전의 유아를 대상으로 수행한 실험이 시사하는 바는 남쪽/북쪽 어휘가 핵심이며, 왼쪽/오른쪽을 강조하는 것은 문화와 언어에서 유래하는 것이라는 사실이다(Haun et al., 2006). 따라서 다음번에 식탁에서 소금을 건네줄 때는 만일 다른 문화권에서 태어났더라면 전달해 주는 방향에 대해 어떻게 생각할까를 생각해 보기 바란다.

우리의 감각, 그리고 마찬가지로 보다 추상적인 사고도 생득적으로는 정확한 정보와 추론을 전달하도록 설정되어 있지만, 유아기에 우리 문화의 언어와 범주를 신속하게 흡수하여 우리 문화가 환경에 대한 오랜 적응을 통해 유용한 것으로 찾아낸 변별과 추론을 하는 것이다. 심리학이 개인차의 중요성을 인식하는 시대에 접어듦에 따라 우리는 언어와 문화가 인지에 영향을 미치는 많은 방식을(그리고 의심할 바 없이 그러한 효과에 대한 제약도) 찾아낼 것이라고 확신할 수 있다.

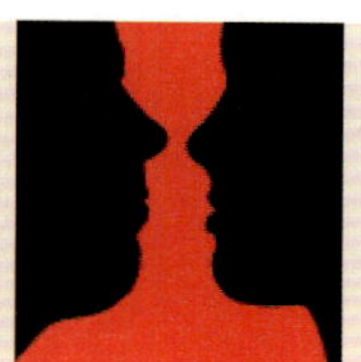

찬|반|논|쟁

# 상이한 언어를 사용하는 사람들은 서로 다르게 사고하는가?

## 언어는 어떻게 사고와 관련되는가?

*Anna Papafragou,* 델라웨어대학교

언어는 어떻게 사고와 관련되는가? 상이한 언어를 사용하는 사람들은 서로 다르게 사고하는가? 한 이론에 따르면 언어는 경험을 표상하고 이해하는 개념과 기제를 제공함으로써, 우리가 사고하는 방식을 극단적으로 조성해 간다. 벤저민 워프(Whorf, 1956)의 주장과 연합된 이러한 강력한 견해는 확실히 잘못된 것이다. 첫째, 사람들은 자신의 언어가 직접적으로 부호화하지 않는 많은 개념을 보유하고 있다. 예컨대 아마존 토착 인종인 문두루쿠족은 비록 이들의 언어에 기하도형에 대한 다양한 용어가 없음에도 정사각형과 삼각형을 재인할 수 있다(Dehaene et al., 2006). 마찬가지로 수를 나타내는 단어가 없는 언어를 사용하는 브라질의 피라하족도 큰 집합을 수반하는 산술계산을 수행할 수 있다(이 정보를 기억에 파지하는 데는 어려움이 있지만 말이다)(Frank et al., 2008). 둘째, 상이한 언어들이 경험의 영역을 분할하는 방식에는 광의적 의미에서 유사성이 존재하기 십상이다. 예컨대 여러 언어에 걸쳐서 색채 어휘를 나타내는 중요한 특성은 보편적인 지각적 제약이 만들어 내는 것으로 보인다(Regier et al., 2007). 또한 많은 언어는 기본 맛(예: 단맛, 쓴맛, 짠맛, 신맛)에 상이한 단어로 이름 붙이는 것으로 보인다(Majid & Levinson, 2008). 언어 간 변이에 제약이 존재한다는 사실이 시사하는 바는 모든 인간이 공유하는 인지적 편향이 언어범주를 만들어 낸다는 것이다.

워프의 약한 견해는 언어가 비록 사고를 전적으로 결정하지는 않는다고 하더라도, 어떤 범주의 현저성은 촉진하고 다른 범주의 현저성은 약화함으로써 사람들의 습관적인 사고 패턴에 영향을 미친다고 주장한다. 일련의 연구는 영어 사용자와 일본어 사용자가 어떻게 대상과 물질을 개념적으로 구분하는지를 밝히기 위해 설계되었다. 영어는 가산명사(예: 피라미드)와 물질명사(예: 코르크)를 구분하지만 일본어는 그렇지 않다(모든 명사를 물질명사처럼 사용한다). 원천적으로 대상이나 물질로 간주할 수 있는 새로운 단순 사례(예: 코르크 피라미드)에 대한 이름을 가르쳐 주면 영어 사용자들은 압도적으로 그 이름이 대상(피라미드)을 지칭하는 것으로 받아들이지만, 일본어 사용자들은 대상이나 물질(코르크)로 이해하는 정도가 우연 수준에 머물렀다(Imai & Genter, 1997). 이러한 결과는 가산명사와 물질명사의 언어적 구분이 (적어도 확정적이지 않은 사례에서) 대상/물질에 관한 사람들의 개념적 구분에 영향을 미친다는 증거라고 해석되었다.

또 다른 일련의 연구는 멕시코의 트셀탈 마야어 사용자들에 초점을 맞추었는데, 이들의 언어에는 환경에서 방향을 제시하고 사물의 위치를 파악하기 위한 '왼쪽/오른쪽'이라는 단어가 없다. 트셀탈어 사용자들은 '컵이 나의 왼쪽에 있다'와 같은 표현을 할 수 없다. 대신에 공간을 부호화하기 위해 절대적 좌표(예: '북쪽'이나 '남쪽')를 사용한다. 일련의 실험에서 트셀탈어 사용자들은 신체 중심의 공간 개념(왼쪽/오른쪽)보다는 절대적 좌표에 따라 공간 장면을 기억해 내는 것으로 나타났다. 반면에 영어와 마찬가지로 왼쪽/오른쪽 어휘를 보유하고 있는 네덜란드어 사용자들은 상반된 선호도를 나타냈다(Levinson, 2003).

이러한 결과에 대한 정확한 해석은 상당한 논쟁거리이다. 첫째, 앞에서 소개한 것과 같은 연구는 언어 행동과 인지적 선호도가 공변하는 것이지, 다양한 언어 집단에 걸쳐서 언어가 인지의 차이를 초래하는 것이 아니라는 사실을 보여 준다. 이에 덧붙여서 알려진 몇몇 인지적 차이는 참가자들에게 주어진 과제에 대한 지시가 모호한 것이었기 때문일 수 있다. 일본어 사용자와 영어 사용자에게 새로운 사례를 일종의 대상이나 물질로 범주화하려는 정도를 7점 척도에서 평정하도록 요청하면 그 평정 결과가 일치했다(Li et al., 2005). 마찬가지로 트셀탈어 사용자들에게 공간 과제를 해결하는 방법에 관한 암묵적 단서를 제공하면 왼쪽/오른쪽 추리를 사용할 수 있었다. 실제로 몇몇 과제에서는 절대적 좌표보다는 왼쪽/오른쪽 개념을 사용할 때 더 정확했다. 이 결과는 트셀탈어가 공간을 부호화하는 방식에 근거하여 예상할 수 있는 것과 상반되는 것이다(Li et al., 2005). 이러한 데이터가 보여 주는 것은 인간의 인지적 기제를 언어가 고정하기보다는 융통적이라는 점이다.

다른 연구는 언어 간 차이가 반드시 인지적 차이를 초래하지 않는다는 사실을 확증했다. 예컨대 지붕 위로 날아가고 있는 비행기와 같이 운동 사건의 기억과 범주화는 언어가 운동을 부호화하는 방식과는 독립적인 것으로 보인다(Papafragou et al., 2002). 마찬가지로 항아리, 병, 컵과 같은 용기의 유사성 판단은 그러한 용기를 표현하는 어휘가 언어마다 다름에도 불구하고 상이한 언어 사용자 간에 동일한 방향으로 수렴한다(Malt et al., 1999). 안구 운동 추적법을 사용한 최근 연구에서는 영어 사용자와 그리스어 사용자가 사건을 언어로 기술하고자 준비하고 있을 때는 그 사건의 상이한 부분에 초점을 맞춘다는 사실을 발견했다. 그러나 나중에 실시하는 기억 과제를 위해 그 사건을 기억하고자 준비할 때는 두 언어의 사용자들이 주의를 기울이는 방식이 동일한 패턴을 나타냈다. 아마도 언어와는 독립적인 사건 지각 과정에 의존했기 때문일 것이다(Papafragou et al., 2008).

이러한 연구는 언어를 경험을 부호화하는 부가적 경로로 간주할 수 있다는 사실을 시사한다. 언어는 지각 과정과 인지 과정을 지원하는 처리를 영구적으로 재구성하기보다 경험을 부호화하고 체제화하며 추적하는 선택적으로 동원하는 시스템을 제공한다. 언어 기능과 인지 기능 간의 정확한 상호작용은 앞으로도 철저한 실험적 접근과 이론 형성의 주제가 될 것이다.

촛불 문제의 답.

를 선택하고 있었다. '단순' 조건에서는 각 자동차를 네 가지 속성으로 특징짓는 반면에, '복잡' 조건에서는 열두 가지 속성으로 특징지었다. 연구자들은 의식적 사고가 정확하기 때문에 단순 과제에서는 정확한 선택으로 이끌어 가는 반면에, 의식적 사고는 (제한된 용량의) 단기 기억의 사용을 요구하기 때문에 복잡한 과제에서는 열등한 결정으로 이끌어 갈 것이라고 추리했다. 실제로 결과도 그랬다. 단순 조건에서는 의식적 사고자들이 무의식적 사고자들보다 정확한 선택을 더 많이 했다. 그렇지만 복잡 조건에서는 무의식적 사고자들의 수행이 더 우수했다.

한 걸음 더 나아가 무의식적 사고도 적극적인 과정인 것으로 보인다. 첫째, 무의식적 사고 조건의 참가자들은 즉시 조건의 참가자들보다 수행이 우수했다(Dijksterhuis, 2004; Dijksterhuis & van Olden, 2006). 둘째, 무의식적 사고는 목표 의존적이다. 즉 뒤이은 의사결정에 대해 알려 주지 않은 참가자들은 무의식적 사고에 몰입하지 않는 것으로 보인다(Bos et al., 2008). 셋째, 무의식적 사고는 정보에 관한 상이한 표상을 초래한다(Dijksterhuis, 2004; Bos et al., 2008). 이 표상이 복잡한 결정에서 중요한 많은 요인의 가중치를 높게 만들어 주는 것으로 보인다.

이 장 전반에 걸쳐서 사람들이 흔히 추리와 문제해결에서 간편법을 사용한다는 사실을 보았다. 어떤 문제해결 전략이나 추리 발견법을 사용할 것인지는 부분적으로 주어진 문제에 대한 경험에 달려 있다. 어떤 문제는 규칙 그리고 의식적이고 노력을 기울이는 사고에 의존하여 해결한다. 또 어떤 문제는 보다 자동적으로 해결한다. 몇몇 이론가들은 인간 추리에 관한 이중 과정 이론을 주장하며, '자동적' 처리 과정을 규칙 기반 과정과 대비하여 직관적(intuitive)이라고 불러 왔다(Kahneman, 2003). 사회심리학자들은 특히 어떻게 우리가 타인에 관한 직관적 지식을 갖게 되는 것인지를 이해하는 데 관심을 기울인다. 17장에서 오늘날에도 여전히 사회심리학자들이 사회적 지각에서 자동성을 연구하기 위해 다양한 유형의 스트룹 과제를 사용하고 있다는 사실을 보게 될 것이다.

## 중간 요약

- 문제해결은 목표를 보다 쉽게 달성할 수 있는 하위 목표로의 분할을 필요로 한다.
- 목표를 하위 목표로 분할하는 전략에는 현재 상태와 목표 상태 사이의 차이를 감소시키는 것, 수단-목표 분석(현재 상태와 목표 상태 사이에서 가장 중요한 차이를 제거하는 것), 역행 작업이 포함된다.
- 어떤 문제는 시각 표상을 사용하여 더 쉽게 해결할 수 있으며, 다른 문제는 명제 표상을 사용하여 더 쉽게 해결할 수 있다. 많은 문제는 시각 표상이나 명제 표상 어느 것으로도 똑같이 잘 해결된다.
- 시각 심상으로 발현되는 사고는 지각에 들어 있는 시각적 세부 사항을 포함하며, 심상에 가하는 심적 조작(예: 주사와 회전)은 지각에서 수행되는 조작과 유사하다.
- 심상과 지각은 모두 두뇌의 동일한 구조에 의해 매개된다는 점에서 유사하다. 두뇌 영상 실험은 심상 과제에 관여하는 특정 두뇌 영역이 지각 과제에 관여하는 영역과 동일하다는 사실을 보여 준다.
- 문제해결 전문가는 네 가지 점에서 초보자와 차이가 있다. 문제에 적용할 수 있는 보다 많은 표상을 가지고 있으며, 새로운 문제를 피상적 특성보다는 원리에 따라서 표상하고, 행동하기에 앞서 계획을 세우며, 역행적이기보다는 순행적으로 추리하는 경향이 있다.
- 주의를 요구하지 않는 사고 과정은 자동적으로 그리고 의식적 통제 없이 일어난다.

### 비판적 사고를 위한 물음

1. 당신이 전문성을 획득한 활동(학문 영역, 게임, 스포츠, 취미 등)을 생각해 보라. 당신의 성과를 증진하기 위해 거쳐 온 변화를 어떻게 특징짓겠는가? 그러한 변화는 이 장에서 기술한 내용과 어떻게 대응되는가?
2. 이 절에서는 시각 심상을 논의했다. 유추하건대 청각 심상에 대한 증거를 어떻게 찾아볼 수 있겠는가?
3. 의과 대학생들에게 새로운 전문 기술을 가르치는 것과 같이 사람들에게 전문적 기술을 가르치는 데 문제해결에서 전문성에 관한 연구 결과가 어떻게 사용될 수 있겠는가?

## 전체 요약

1. 사고를 전달하는 일차 수단인 언어는 세 수준으로 체제화되어 있다. 가장 높은 수준이 사고나 명제와 관련시킬 수 있는 구를 포함한 문장 단위이다. 다음 수준이 의미를 담고 있는 단어와 단어의 부분이다. 가장 낮은 수준에는 말소리가 포함된다. 문장의 구는 단어(그리고 단어의 부분)로 구성되지만 단어 자체는 말소리로 구성된다.

2. 음소는 말소리 범주이다. 모든 언어는 자체적인 음소 집합 그리고 음소를 단어로 결합하는 규칙을 가지고 있다. 형태소는 의미를 담고 있는 가장 작은 단위이다. 대부분의 형태소는 단어이며, 그 외에 단어에 첨가하는 접두사나 접미사가 있다. 언어는 단어를 구로, 구를 문장으로 결합하는 통사 규칙도 가지고 있다. 문장을 이해하려면 음소, 형태소, 구를 분석할 뿐만 아니라 맥락을 사용하고 말하는 사람의 의도를 이해할 필요가 있다. 언어를 관장하는 두뇌 영역은 좌반구에 위치하며, 브로카 영역(전두엽)과 베르니케 영역(측두엽)을 포함한다.

3. 언어 발달은 세 가지 상이한 수준에서 일어난다. 유아는 음소를 학습하도록 사전 프로그래밍되어 있는 상태로 세상에 태어나는데, 음소를 결합하는 규칙을 학습하는 데는 몇 년이 걸린다. 아동은 말을 시작할 때 친숙한 개념에 이름을 붙이는 단어를 학습한다. 문장 산출을 학습할 때는 한 단어 말로 시작하여 두 단어 전보식 말로 진행한 다음 명사구와 동사구를 정교화한다.

4. 아동은 부분적으로는 가설을 검증함으로써 언어를 학습한다. 아동의 가설은 소수의 작동 원리가 주도하는 것으로 보이는데, 이 원리는 단어 말미와 같이 말의 결정적 특성에 주의를 기울이게 하는 것이다. 생득적 요인도 언어 획득에서 역할을 한다.

5. 모든 아동이 언어를 획득하는 과정에서 동일한 단계를 거친다는 사실에 비추어 볼 때, 언어에 대한 생득적 지식은 매우 풍부하고 상세한 것으로 보인다. 다른 생득적 행동과 마찬가지로 몇몇 언어 능력은 결정적 시기에만 학습된다. 언어를 학습하는 생득적 능력이 인간 종에만 독특한 것인지는 논쟁거리이다. 많은 연구는 침팬지와 고릴라가 우리의 단어와 등가적인 신호를 학습할 수 있지만, 이들은 인간이 단어를 결합하는 것과 같이 체계적(또는 통사적) 방식으로 그 신호를 결합하는 데 어려움을 겪는다고 제안했다.

6. 사고는 여러 가지 양식으로 나타나는데 여기에는 명제 양식과 심상 양식이 포함된다. 명제의 기본 성분은 개념으로, 유목과 연합된 특성들의 집합이다. 개념은 서로 다른 많은 사물을 동일한 개념의 사례로 부호화할 수 있게 해 주며, 쉽게 지각할 수 없는 정보도 예측할 수 있게 해 준다는 점에서 인지 경제성을 제공한다.

7. 개념은 원형(최선의 사례를 기술하는 특성)과 핵(개념의 구성원이 되는 데 필수적인 특성)을 모두 포함한다. 핵 특성은 '할머니'와 같이 잘 정의된 개념에서 일차적 역할을 한다. 원형 특성은 '새'와 같은 모호 개념에서 주도적이다. 대부분의 자연 개념은 모호 개념이다. 개념은 때때로 위계적으로 체제화된다. 이러한 경우에 위계의 한 수준이 범주화의 기본 수준 또는 선호 수준이 된다.

8. 아동은 흔히 본보기 전략에 따라 개념을 학습한다. 이 기법에서는 새로운 항목이 한 개념의 알려진 본보기와 충분히 유사하면 그 개념의 사례로 범주화한다. 아동은 성장함에 따라 개념을 학습하는 또 다른 전략으로 가설 검증을 사용한다. 상이한 범주화 과정은 상이한 두뇌 기제를 수반하는 것으로 알려져 있다.

9 추리는 명제를 논증으로 체제화하는 것이다. 어떤 논증은 연역적으로 타당하다. 전제가 참이면 논증의 결론이 거짓일 수 없다. 연역적 논증을 평가할 때, 사람들은 때때로 논리 규칙을 사용하여 결론이 전제로부터 도출되는 것인지를 증명하고자 한다. 그러나 많은 경우에는 논리 형식이 아니라 명제의 내용에 작동하는 발견법, 즉 주먹구구식 규칙을 사용한다.

10 어떤 논증은 귀납적으로 강력하다. 전제가 참이면 결론이 거짓일 가능성이 거의 없다. 이러한 논증을 생성하고 평가할 때, 사람들은 흔히 확률 이론의 원리를 무시하고 유사성이나 인과성에 초점을 맞추는 발견법에 의존한다.

11 모든 사고가 명제로 표현되는 것은 아니다. 어떤 사고는 시각 심상으로 발현된다. 그러한 심상은 지각에서 나타나는 시각 세부 사항을 포함하고 있다. 심상에 적용하는 심적 조작(예: 주사와 회전)은 지각에 적용하는 조작과 유사하다. 심상은 두뇌의 동일한 영역이 매개한다는 점에서 지각과 유사한 것으로 보인다. 지각에서 시각 무시의 문제를 초래하는 두뇌 손상은 심상에서도 이에 상응하는 문제를 야기한다. 두뇌 영상 기법을 사용한 실험은 심상 과제에 관여하는 특정 두뇌 영역이 지각 과제에 관여하는 영역과 동일하다는 사실을 보여 준다.

12 문제해결은 목표를 달성하기 용이한 하위 목표로의 분할을 필요로 한다. 이렇게 하는 전략에는 현재 상태와 목표 상태 사이의 차이를 감소시키는 것, 수단-목표 분석(현재 상태와 목표 상태 사이의 가장 중요한 차이를 제거하는 것), 역행 작업 등이 포함된다. 어떤 문제는 명제 표상을 사용하여 쉽게 해결할 수 있다. 다른 문제는 시각 표상이 최선이 된다.

13 문제해결 전문가는 네 가지 기본 방식에서 초보자와 차이를 보인다. 문제에 적용할 수 있는 보다 많은 표상을 가지고 있으며, 새로운 문제를 피상적 특성이 아니라 해결 원리에 따라 표상하고, 행동하기에 앞서 계획을 세우며, 역행적이기보다는 순행적으로 추리하는 경향이 있다.

## ✻ 핵심 개념

가용성 발견법
개념
과잉확장
교접 규칙
귀납적 강도
귀납추리
기능적 고착
기본 수준
기저율 법칙
대표성 발견법
동사구
마음 갖춤새
명사구
명제
명제적 사고
문법적 형태소
문장 단위
발견법
범주화
베르니케 실어증
브로카 실어증
삼단논법
수단-목표 분석
스트룹 효과
시각 무시
신념 편향
신속 대응
심상적 사고
심성 모형
심적 회전
언어
언어 산출
언어 이해
연역적 타당도
역행 작업
원형
유사성 발견법
음소
음운 규칙
의미론
인과성 발견법
자동성
재구조화
차이 감소법
통사
틀 만들기 효과
핵
형태소
형태소 규칙
화용 규칙
확증 편향

# 10 동기

**학습 목표**

이 장을 읽고 나면 다음의 것들을 할 수 있어야 한다.

- ▶ 추동과 항상성이 동기에 영향을 주는 방식을 이해할 수 있다.
- ▶ 약물중독과 관련된 유인동기를 논의할 수 있다.
- ▶ 배고픔, 섭식 및 섭식장애의 다양한 원인을 학습할 수 있다.
- ▶ 성별과 성욕이 형성되는 방식에 대한 지식을 습득할 수 있다.
- ▶ 동기를 정의할 수 있다.
- ▶ 추동과 동기의 유인 이론을 비교할 수 있다.

▶ '좋아하기' 대 '원하기'의 생물학적 기초를 확인할 수 있다.

▶ 내부 조절 쾌지각의 예를 들 수 있다.

▶ 유전이 비만에 영향을 주는 다중 경로를 기술할 수 있다.

▶ 대상화 이론과 이것이 섭식장애를 설명하는 방식을 기술할 수 있다.

▶ 성적 지향의 원인에 대한 상이한 이해를 논의할 수 있다.

## 이 장의 개요



당신은 중요한 취업 면접에 제시간에 도착하기 위해 서두르고 있다. 당신은 오늘 아침 늦게 일어나서 아침을 걸렀다. 지금 당신은 배가 고프다. 당신이 가는 길에 있는 모든 광고는 음식 광고인 것처럼 보인다—달걀, 샌드위치, 달고 시원한 주스. 당신의 위는 꼬르륵 소리를 내고, 당신은 그것을 무시하려고 애쓰지만 거의 헛수고이다. 당신은 1km를 갈 때마다 더 시장해진다. 당신은 피자 광고판을 쳐다보다가 앞차와 거의 추돌할 번했다. 요약하면 당신은 배고픔이라고 알려진 동기 상태에 사로잡혀 있다.

**동기** motivation는 행동을 활성화하고 행동의 방향성을 제공하는 조건이다. 그것은 주관적으로 경험되는 의식적 욕망—음식, 음료, 성에 대한 욕망—이다. 우리 대부분은 자신의 욕망에 따라 행동할 것인지, 또는 그렇게 하지 않을 것인지를 선택할 수 있다. 우리는 바라는 것을 스스로 억제할 수 있고, 하고 싶지 않은 것이라도 할 수 있다. 아마도 우리는 의도적으로 행동하기를 거부하는 욕망에 관해 생각하지 않도록 선택할 수 있다. 그러나 동기를 직접 통제하는 것은 상당히 어렵다—아마도 불가능할 수 있다. 배가 고플 때 음식을 거부하기가 어렵다. 덥거나 목이 마를 때 시원한 바람 또는 시원한 음료를 원하는 것을 거부할 수가 없다. 의식적 선택은 동기 상태의 원인이라기보다는 결과인 것처럼 보인다. 그렇다면 합리적 선택이 아닌 그 무엇이 동기를 통제하는가?

동기의 원인은 뇌와 신체 내부의 생리적 사건에서부터 우리의 문화와 주변 다른 사람들과의 사회적 상호작용까지 포함한다. 이 장에서는 갈증, 배고픔, 성욕과 같은 기본적 동기의 통제를 논의할 것이다. 대체로 이런 동기는 우리의 생물학적 유산으로부터 발생하고, 동기와 보상이 어떻게 행동에 방향성을 제공하는가에 대한 일반적 원리를 밝혀 준다.

배고픔, 갈증, 성욕과 같은 기본적 동기에 대해 심리학자는 전통적으로 두 유형의 동기 이론을 구별한다. 그 차이는 동기가 어느 곳에서 발생하는가, 무엇이 동기를 일으키는가, 동기가 어떻게 행동을 통제하는가에 대한 것이다. 한편 **추동 이론** drive theory은 동기에서 내적 요인의 역할을 강조한다. 배고픔 또는 갈증과 관련이 있는 어떤 내적 추동은 기본적인 생리적 욕구를 반영한다고 말한다. 성욕과 공격성 같은 동기에서는 추동 요인이 절대적인 생리적 욕구와는 관련이 낮은 것처럼 보인다. 뭐라고 해도, 우리가 음식을 먹거나 물을 마실 필요를 느끼는 것과 동일한 방식으로 타인을 호전적으로 공격할 필요가 있겠는가? 그래도 공격성과 성욕은, 호르몬 상태와 같은 내적 요인이 중요한 것처럼 보이고, 원래부터 우리 선조가 기본적인 욕구를 충족하기 위해 진화했다는 의미에서 추동의 측면을 갖고 있다.

다른 한편으로 동기의 **유인 이론** incentive theory이 있는데 이것은 외적 사건 혹은 욕망의 대상을 강조한다. 음식, 음료, 성적 파트너, 공격의 표적, 타인과의 관계, 자부심, 돈, 성공의 보상은 모두 유인이다. 유인은 동기의 대상이다. 어쨌든 동기는 진공 상태에서 작용하지 않는다. 즉 우리는 필요가 있을 때 그 어떤 것을 원한다. 그 어떤 것의 성질은 한 방향 또는 다른 방향으로 우리를 끌어당긴다. 목표는 맛있는 음식, 마실 물, 상호작용을 위한 파트너, 침입자 격퇴, 또는 경쟁적인 자원의 소유일 수 있다. 또한 많은 유인은 보상으로 역할을 한다. 그것들은 쾌를 일으키고 그것들을 초래하는 행동을 강화한다.

어떤 유인은 사전 학습과는 독립적인 보상으로 작용할 수 있다는 의미에서 **일차 강화물** primary reinforcer이다. 예를 들면 단맛 또는 성적 감각은 처음 경험될 때도 쾌감을 준다. 다른 유인은 부분적으로는 다른 사건과의 관계에 대한 학습을 통해 보상으로 지위를 획득했다는 의미에서 **이차 강화물** secondary reinforcer이다. 예를 들면 돈 혹은 좋은 성적은 그것이 나타내는 성공과 지위에 대한 우리의 문화적 경험에 기초하여 효과적인 유인일 수 있다. 동물에게는 먹이와 짝지어진 조건자극이 효과적인 보상으로 기능한다. 모든 경우에 학습은 이차 강화물의 형성에 결정적이다. 학습은 비록 덜 중요하더라도 어떤 일차 강화물의 효과성을 조절하는 데에도 일부 역할을 한다. 예를 들면 당신은 태어났을 때 배가 고팠을 수 있다. 그러나 당신은 현재 선호하는 음식에 관한 어떤 생각을 갖고 태어나지는 않았을 것이다. 동기의 유인 이론은 특히 동기를 통제하기 위한 학습과 경험의 관계에 초점을 둔다.

추동과 유인 이론은 동기의 통제에 대해 상이한 관점을 제공한다. 그러나 이론적 관점의 차이는 주로 그것들의 입장에 있고, 실제로 그 둘 사이의 갈등은 없다. 거의 모든 종류의 동기에 두 유형의 과정이 존재한다는 것은 널리 인정되었다(Toates, 2011). 그러나 한 유형의 통제에 초점을 두고 다른 것으로 관심을 돌리기 전에 그것을 철저히 이해하는 것이 더 쉽다. 이런 이유로 첫째 절에서 추동 과정을 고려하고, 둘째 절에서 유인 과정에 관심을 둘 것이다. 셋째 절에서는 섭식과 섭식장애를 논의할 때 추동 및 유인 요인이 실제 생활에서 함께 작용하고 종종 상호작용하기 때문에 두 관점을 통합할 것이다(그림 10.1 참조). 이 장의 서두에서 들었던 예를 다시 살펴보자. 추동 요인(배고픔)은 유인(음식 광고)의 동기적 효과를 증가시킨다. 사실상 음식의 맛은 대부분의 사람들에게 배가 고플 때는 더 즐겁고, 충분히 먹었을 때는 덜 즐겁다(Cabanac, 2010). 당신은 저녁 만찬을 즐기기 위해

**동기의 원인은 갈증과 같은 생리적 사건부터 우수해지려는 욕망을 일으키는 것과 같은 사회적 포부와 문화적 영향까지의 범위이다.**

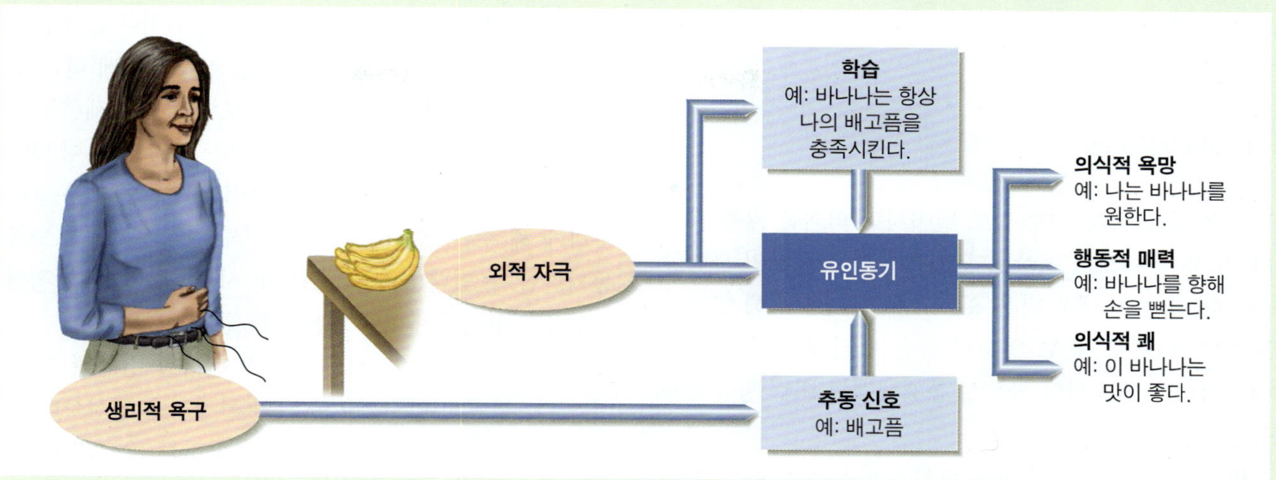


**그림 10.1 기본 동기의 모형.** 음식을 보는 것과 같은 외적 자극은 과거의 보상가에 대한 기억과 비교된다. 동시에 배고픔과 포만의 생리적 신호는 그 순간의 잠재적 가치를 조절한다. 이런 두 유형의 정보는 외적 자극에 대한 최종의 유인동기를 일으키기 위해 통합되는데, 그것은 행동과 의식적 경험에서 나타난다.

점심을 걸러 본 적이 있는가? 또는 저녁 식사 때 입맛을 망친다고 군것질에 대해 꾸지람을 들은 적이 있는가? 반대로 유인 요인은 추동 상태를 일깨운다. 제과점 또는 식당에서 풍겨 오는 냄새를 맡으면서 걷다가 갑자기 배가 고프다는 것을 깨달은 적이 있는가? 추동과 유인 요인을 고려하는 것만으로는 동기에 관한 이야기가 불완전한 채로 남게 된다. 사회와 문화 요인이 역할을 한다. 섭식과 섭식장애에 대한 논의에서 이에 대해 소개하고, 마지막 절에서 갈증 혹은 배고픔보다 훨씬 더 복잡한 사회적 동기인 성욕을 통해 다시 한 번 다룬다.

## 추동과 항상성

우리의 생명은 어떤 것을 동일하게 유지하는 것에 의존한다. 예를 들어 당신은 뇌 온도가 몇 도 정도 변화하면 곧 의식을 상실할 것이다. 또한 신체에서 수분의 비율이 몇 % 정도 올라가거나 내려가면 뇌와 신체가 제 기능을 하지 못해 죽음의 위험에 처하게 된다. 인간과 동물은 생리적인 양극단 사이에서 팽팽한 균형을 이루는 줄다리기를 하고 있다. 우리는 내적 환경이 섬세하고 정교하게 조정된 기계처럼 균형을 이루지 못하면 잘 살아갈 수 없다. 우리는 대부분의 기계와 달리 이런 균형을 스스로 유지하도록 설계되었다. 우리의 내적 상태는 외부 세상이 변할 때조차도 비교적 안정된다.

많은 기본적 동기는 내적 균형을 유지하는 것을 도우려고 한다. 우리는 내적 세계를 좁은 생리적 생존의 한계 내에서 유지하기 위해 일정한 내적 상태인 **항상성**homeostasis(*homeo*는 '동등한', *stasis*는 '정적인' 또는 '일정한'이라는 의미)을 유지하기 위한 능동적 통제 과정을 갖고 있다. 항상성 통제 과정은 일정한 상태(즉 항상성)를 유지하기 위해 어떤 체계가 능동적으로 기능하게 한다.

항상성 통제 과정은 심리적, 생리적, 또는 기계적일 수 있다. 친숙한 예는 중앙 냉난방 시스템을 가동시키는 서모스탯(자동 온도조절 장치)이다. 서모스탯은 온도 항상성을 유지하도록 설계되었다. 서모스탯을 특정 온도에 설정해 놓으면 그 온도는 목표치 또는 설정점이 된다. **설정점**set point은 항상성 체계가 유지하려고 노력하는 값이다. 겨울에 실온이 설정한 값 아래로 떨어지면 서모스탯이 작동한다. 목표 온도와 실제 온도 사이의 불일치는 난방기를 가동시킨다. 여름에 실온이 서모스탯의 설정 온도 이상으로 상승하면 서모스탯이 에어컨을 가동시킨다. 난방기와 에어컨 겸용인 서모스탯은 계절이 변할 때조차도 안정된 실온을 유지시킨다. 많은 생리적 과정은 서모스탯처럼 기능을 하는데, 항상성을 유지할 수 있도록 동기를 활성화한다.

## 체온과 항상성

당신은 뇌 온도가 10℃ 정도 떨어지면 의식을 잃을 것이다. 또한 뇌 온도가 정상보다 10℃ 이상 상승하면 사망할 것이다. 당신이 매우 더운 혹은 추운 날씨에 처해 있더라도 뇌는 대체로 몇 ℃ 정도의 좁은 범위에서 보호된다. 생리적이고 심리적인 항상성 통제체계는 이런 항등성을 유지시킨다.

땀 흘리기와 몸 떨기 같은 생리적 반응은 뇌 온도가 일정한 상태로 유지되는 일부의 이유이다. 이런 생리적 반응은 수분 증발을 통해 체온을 낮추고 근육 활동을 통해 체온을 높인다. 또한 불편할 정도로 더위를 느끼기 시작하면 심리적 반응도 역할을 한다. 당신은 옷을 벗고 싶어하거나, 시원한 음료를 마시려 하거나, 그늘을 찾으려 할 것이다. 그러나 무엇이 이런 생리적 · 심리적 반응을 점화하는가?

당신이 뜨거운 태양 아래에 있을 때는 몸이 더워질 것이다. 반대로 너무 오랫동안 추운 곳에 노출되어 있으면 체온이 떨어질 것이다. 그러나 당신의 뇌 안에서만 체온의 변화가 실제적으로 탐지된다. 뇌의 몇몇 부위에 있는 뉴런은 특히 뇌의 아랫부분에 있는 시상하부의 시색전 영역(preoptic area) 내에 있는 뉴런이 실질적인 신경 서모스탯이다(Satinoff, 2005). 그것은 자신의 온도가 변함에 따라 상이하게 작동하기 시작한다. 그 뉴런은 당신의 신체 내에서 서모스탯이고 항상성의 설정점으로서 역할을 한다. 그 뉴런의 온도가 정상 수준에서 벗어나면 신진대사가 변화하고, 따라서 그 뉴런의 활동성 또는 발화 형태를 변화시킨다. 이는 땀 흘리기 또는 몸 떨기와 같은 생리적 반응을 촉발하고, 체온을 교정하는 것을 돕는다. 게다가 너무 덥거나 춥게 느끼도록 하여 체온 조절의 행동적 해결 방식으로 그늘을 찾거나 코트를 입고 싶게 만든다.

매우 더울 때의 찬바람은 기분 좋게 느껴진다. 또한 매우 추울 때 따뜻한 물로 목욕하는 것은 즐겁게 느껴진다. 그러나 당신 자신의 내부 온도가 변화할 때는 이런 외적 사건에 대한 지각도 변화한다. 당신이 덥거나 춥다고 느끼는 상황에 있을 때 전체 신체가 1~2℃ 정도의 온도를 변화시켰다고 할지라도, 당신이 느끼는 만큼 변화를 일으키는 뇌 온도의 변화는 작다. 시상하부에 있는 비교적 소수 뉴런의 온도를 변화시킴으로써 뇌가 덥거나 춥다고 느끼게 만들 수 있다. 예를 들면 시상하부를 차게 하는 것(고통이 없이 시상하부에 외과적으로 이식된 미세한 관을 통해 찬 액체를 주입하는 것)만으로도—쥐의 체온이 낮아지지 않았다고 할지라도—쥐로 하여금 자신의 피부를 따뜻하게 해 주는 열 전구를 켜기 위해 지렛대를 누르도록 동기화할 수 있다(Satinoff, 2005). 시상하부 뉴런은 정상적인 설정점에서 벗어난 체온 변화를 감지한다.

우리 대부분은 설정점의 일시적 변화를 경험해 본 적이 있다. 질병은 일시적으로 뇌의 설정점을 정상보다 몇 ℃ 높일 수 있다. 이때 설정점이 '추구하는' 온도가 더 높아지고 열이 난다. 체온을 상승시키는 생리적 반응이 활성화된다. 당신은 몸을 떨고, 체온은 정상보다 상승하기 시작한다. 그러나 당신은 체온의 상승에도 불구하고 시상하부 뉴런이 상승시킨 설정점에 도달할 때까지—따뜻한 방에 있을지라도—춥다고 느낀다.

## 항상성 과정으로서의 갈증

갈증을 충족하는 것은 중요한 항상성 과정이다. 갈증 thirst은 생존에 필수적인 물에 대한 욕구의 심리적 표현이다. 무엇이 이 과정을 통제하는가?

물을 마시지 않거나 혹은 심한 운동을 한 후에 신체는 땀 흘리기, 호흡 또는 소변을 통해 물이 점차적으로 감소됨에 따라 두 종류의 저장된 물을 고갈시키기 시작한다. 첫 번째 유형의 저장은 세포 내에 함유된 물로 이루어진다. 이 물은 세포의 구조와 내용을 이루는 단백질, 지방, 탄수화물 분자와 혼합되어 있다. 두 번째 유형의 저장은 세포 밖에 존재하는 물로 이루어진다. 이 물은 혈액과 다른 체액에 함유되고, 세포외 저장(extracellular reservoir)으로 불린다.

세포외 갈증 extracellular thirst은 오랫동안 물을 마시지 않거나 심하게 운동을 하여 신체가 탈수된 경우에 초래된다. 물은 신장을 통해 소변의 형태로 체외로 배설되고, 피부에 있는 땀샘에 의해 분비되고, 혹은 폐를 통해 호흡으로 배출되어 증발되며, 각각의 경우에 배출되는 물은 대부분 혈액으로부터 직접 공급된다. 이런 상실로 인해 세포외액에 남아 있는 물의 용량이 감소하고, 잇따른 혈액 용량의 저하는 혈압을 감소시킨다. 우리는 혈압의 이런 작은 변화를 감지하지 못하지만 신장, 심장 및 주요 혈관 내에 있는 혈압수용기는 그 변화를 탐지하고 감각 뉴런을 활성화하여 뇌로 신호를 전달한다. 시상하부의 뉴런은 잇따라 뇌하수체에 신경충동을 전달하여 항이뇨 호르몬(antidiuretic hormone, ADH)을 혈류에 방출시킨다. ADH는 신장이 혈액으로부터 여과한 물을 보유하게 한다. 신장은 그 물을 소변으로 배출하기보다는 혈액으로 되돌려준다. 이것은 당신이 몇 시간 동안 물을 마시지 않을 때 발생한다. 예를 들면 때때로(하룻밤을 자고 나서 깨어났을 때) 소변의 색깔이 매우 짙어진 것을 알아챌 수 있을 것이다. 게다가 뇌는 호르몬인 레닌(renin)을 방출하도록 신장에 신경신호를 보낸다. 레닌은 혈액에 있는 어떤 물질과 화학적으로 상호작용하여 또 다른 호르몬인 안지오텐신(angiotensin)을 생산하는데, 이것은 뇌의 심층부에 있는 뉴런을 활성화하여 물을 마시려는 욕망이 발현한다.

당신은 이런 전체 사건의 연쇄가 탈수에 의해 초래되는 혈압의 하강에 의해 일어난다는 것을 기억해 낼 수 있을 것이다. 혈압을 급격히 떨어뜨리는 다른 사건도 갈증을 일으킬 수 있다. 예를 들면 전장에서 부상을 당한 군인 또는 부상을 당해 출혈이 많은 사람은 심한 갈증을 느낀다. 이런 갈증의 원인은 위와 동일하게 레닌과 안지오텐신을 생산하는 연쇄 과정을 일으켜서 갈증의 경험을 초래하는 혈압수용기의 활성화이다(Fitzsimons, 1990).

**세포내 갈증** intracellular thirst은 삼투압—물이 풍부한 곳에서 부족한 곳으로 이동하는 경향성—에 의해 야기된다. 물이 풍부한가 또는 부족한가를 결정하는 것은 기본적으로 소듐(나트륨), 염소 및 포타슘(칼륨)과 같은 '염분' 이온의 농도이다. 신체가 수분을 상실할 때 그 농도는 혈류에서 상승하기 시작한다. 필수적으로 혈액에는 염분이 높아진다. 혈액 내의 높은 염분 농도는 비교적 농도가 낮은 세포체(뉴런을 포함하여) 내부로부터 혈액으로 물을 이동한다. 종이 수건을 갖고 물을 빨아들이는 것과 같은 과정으로, 물은 뉴런 및 다른 세포에서 외부로 나간다. 시상하부 내의 뉴런은 혈액의 높은 염분 농도가 세포로부터 물을 유출하여 세포가 탈수됨으로써 활성화된다. 그것의 활성화는 '삼투압성' 혹은 세포내 갈증을 초래하여 물을 마시려는 욕망을 발생시킨다. 물을 마시는 것은 혈액에 물을 보충하여 염분의 농도를 낮추는데, 이는 뉴런 및 다른 세포 내로 수분을 복귀시킨다. 이런 과정은 사람이 수분을 상실하지 않더라도 짠 음식을 먹은 후에 갈증을 느끼는 이유이다.

**대부분의 술집 주인은 짠 음식이 삼투압성 또는 세포내 갈증을 일으켜서 손님이 술을 더 많이 마시게 된다는 것을 안다.**

### 중간 요약

- 동기 상태는 행동을 지시하고 활성화한다. 그것은 두 근원으로부터 발생하는데, 내적 추동 요인과 외적 유인 요인이 그것이다.
- 추동 요인은 항상성–일정한 내적 상태의 보존–을 촉진하는 경향이 있다.
- 항상성은 (1) 이상적인 내적 상태에 대한 설정점 또는 목표치, (2) 실제 내적 상태를 측정한 감각 신호, (3) 설정점과 감각 신호 간의 비교, (4) 실제 내적 상태를 설정점 목표로 근접시키려는 반응을 포함한다.
- 체온 조절은 항상성의 한 예이다. 조절되는 변인은 혈액의 온도이고, 이것에 대한 감지기는 시상하부를 포함하여 신체의 여러 부위에 있다. 적응은 자동적인 생리적 반응(예: 몸 떨기) 혹은 수의적인 행동반응(예: 스웨터 입기)이다.
- 갈증은 세포외액과 세포내액 같은 두 가지 조절 변인에 의해 작용하는 다른 항상성 동기이다. 세포외액의 상실은 혈압 강하에 반응하는 주요 혈관과 신체기관에 있는 뉴런인 혈압감지기에 의해 탐지된다. 세포내액의 상실은 탈수에 대해 반응하는 시상하부의 뉴런인 삼투압감지기에 의해 탐지된다.

### 비판적 사고를 위한 물음

1. 항상성 과정은 무의식적인 자동적 반응(예: 몸 떨기)과 의식적 행동(예: 담요 덮기)을 일으킬 수 있다. 각각의 동기 유형을 비교하거나 대조해 보라. 당신은 다른 반응 유형이 없는 어떤 반응 유형을 상상할 수 있는가?

2. 지금까지 두 내적 요인(세포외 갈증과 세포내 갈증)이 물 마시기를 동기화하는 과정을 논의했다. 어떤 다른 요인이 물 마시기를 동기화할 수 있는가? 당신은 사회와 문화 요인이 물 마시기를 동기화할 수 있는 것이 어느 정도라고 생각하는가?

## 유인동기와 보상

동기는 일반적으로 쾌락을 발생시키거나 불쾌한 상태를 경감하는 특정 유인(음식, 음료, 성 등)을 향해 행동을 하도록 지시한다. 달리 말하면 **유인동기** incentive motivation (혹은 어떤 것을 원하기)는 전형적으로 감정(혹은 동일한 어떤 것을 좋아하기)과 연합되어 있다. 정확히 말해서 **감정** affect이란 용어는 의식적으로 경험하는 전 범위의 쾌와 불쾌를 의미한다. 그래도 우리는 동기와 보상을 이야기하는 데 있어서 일반적으로 감정 연속체에서 쾌락을 나타내는 절반의 부분을 강조하는데, 이것은 좋아하기에 대응하는 부분이다. 우리 삶의 경험에서 감정의 주도성으로 인해 일부 연구자는 쾌가 기본적인 심리적 역할을 하도록 진화되어 왔다고 제안했다(Cabanac, 2010). 감정의 역할은 우리가 하고 있는 각 행위의 가치를 나타내는 심리적인 '통용 화폐 가치'를 정의함으로써 행동을 조성하는 것이다. 쾌락은 우리 선조의 생존 능력 또는 그들 후손의 생존 능력을 증가시키는 자극과 연합하는 경향이 있다. 이것은 맛있는 음식, 기분을 돋우는 음료, 성적 생식을 포함한다. 고통스럽거나 좌절을 주는 결과는 우리의 생존을 위협하는 사건(신체 손상, 질병, 또는 자원의 상실)과 연합된다. 달리 말하면 어떤 행위의 보상적 혹은 감정적 결과는 일반적으로 그 행위를 반복할 만한 가치가 있는가를 나타낸다.

그러나 미래의 행동을 이끌기 위해 순간의 유쾌와 불쾌는 학습되고 기억되며 적절한 대상과 사건에서 그 원인을 찾을 필요가 있는데, 이는 그 대상과 사건이 예상되는 감정과 연결된다는 것을 의미하는 **유인적 현저성** incentive salience을 불어넣는 것으로 우리의 주의를 사로잡고 행동 추구를 조정한다. 그러나 밀접하게 연결된 유인동기와 유쾌한 보상이 세상에 대한 우리의 의식적 경험 안에 있다고 하더라도 이는 '원하기'와 '좋아하기'가 동일하다는 것을 의미하지는 않는다(Berridge, 2007). 실제로 그것들은 특수한 환경 아래에서 분리될 수 있다. 한 가지 분명한 구분은 원하기와 좋아하기의 시기에 관한 것이다. **원하기** wanting는 맛있는 식사를 생각할 때 경험하는 갈망처럼 쾌락을 예상하는 것이다. 반면 **좋아하기** liking는 음식을 먹기 시작한 순간에 경험하는 쾌락이다. 과거에 어떤 것을 좋아했던 것은 보통 장차 그것을 원하게 되는 데 영향을 미친다. 이것은 음식을 조금 맛보는 것이 식욕을 왕성하게 만드는 것처럼 짧은 시간 내에 발생한다. 그런 과정을 통해 감정적 보상(좋아하기)은 유인동기(원하기)를 끓어오르게 할 수 있다.

처음에 과학자는 '좋아하기'와 '원하기'의 생물학적 기초를 정확하게 설명하기가 어려웠다. 실제로 초기 연구에서 두 개념(원하기와 좋아하기)은 단순히 보상이라는 개념으로 혼용되었다. 1950년대 초에 연구자들은 뇌의 특정 영역에 대한 자극이, 동물이나 사람이 그 뇌 영역에 대한 반복 자극을 열렬히 추구한다는 사실을 증거로 하여, 강력한 보상으로 역할을 한다는 것을 발견했다(Olds, 1956). 이것은 뇌 자극이 쾌락적이고(좋아하는) 욕망하는(원하는) 보상 자체라는 증거로 채택되었다. 표적 뇌 영역은 여러 사람에 의해 '쾌락중추(pleasure centers)'라는 별명이 붙기도 했다. 그리고 도파민(그림 10.2 참조)이 소위 쾌락중추에 결정적인 것처럼 보이므로 수십 년 동안 과학자들은 도파민과 유쾌한 감정을 연결지었다.

**뇌의 도파민 체계** brain's dopamine system(그림 10.2 참조)의 뉴런은 뇌간의 윗부분인 복측 피개영역(ventral tegmental area, VTA)에 위치하고, 그 축색을 측핵을 통해 전전두피질까지 상행으로 보낸다. 그 이름이 의미하듯이 이 뉴런은 자신의 정보를 전달하기 위해 신경전달물질인 도파민을 사용한다. 뇌의 도파민 체계는 맛있는 음식이나 음료, 혹은 원하는 성적 파트너와 같은 많은 종류의 천연 보상이나 일차 강화물에 의해 활성화된다. 동일한 뉴런은 인간과 동물이 보상이라고 여기는 코카인, 암페타민, 헤로인과 같은 많은 약물에 의해서도 활성화된다.

아직도 연구자들이 '좋아하기'와 '원하기'를 구분할 수 있는 유일한 방법은 각각에 대한 분리된 측정치를 사용

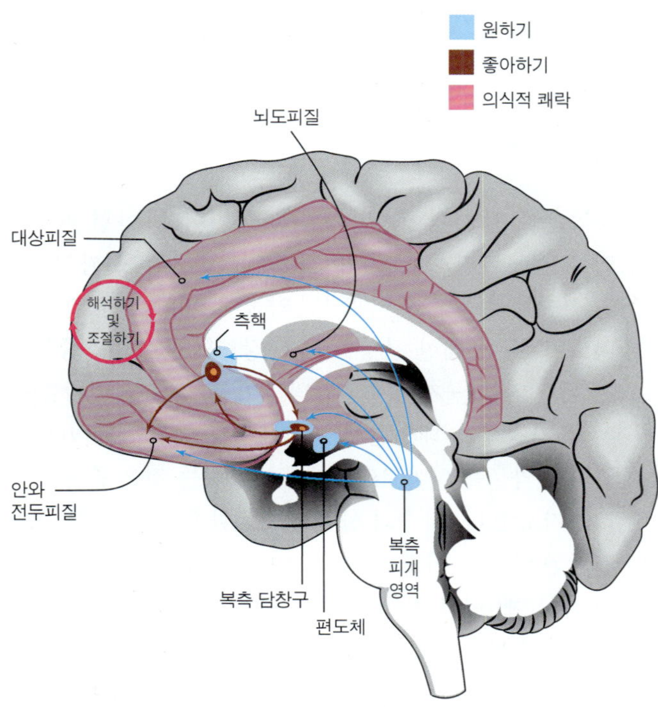


**그림 10.2 유인동기에 의해 활성화되는 도파민 경로.** 뇌의 도파민 체계(청색)는 '원하기' 경험의 바탕이 된다. 이것은 뇌간 근처인 복측 피개영역(VTA)에서 시작하여 편도체와 측핵을 경유하여 전전두피질까지 상행한다. 뇌의 쾌락적 부위(적색)는 '좋아하기' 경험의 바탕이 된다. 이 작은 부위는 측핵의 내측 껍질, 복측 담창구에 있는데, 전뇌 기저부에 있는 편도체 근처에 위치한다.

하는 것이다. 반복된 경험을 추구하는 것은 '원하기'의 개념과 더 밀접하게 부합한다. 과학자는 어떻게 '좋아하기'가 '원하기'와 구별되도록 표지를 붙일 수 있는가? 좋아하기(또는 유쾌한 정서)는 먹는 동안에 경험되는 것이지 그것을 예상하는 동안에 경험되는 것이 아니라는 점을 상기하라. 얼굴과 신체 운동은 종종 쾌락의 경험을 나타낸다. 맛있는 음식을 먹는 경우를 살펴보자. 우리 인간은 일반적으로 누군가(유아의 경우에도)가 어떤 음식의 맛을 좋아할 때를 알아낼 수 있다. 우리는 어떤 음식의 맛이 좋을 때 미소를 짓고 입술을 핥는다. 이와 마찬가지로 어떤 음식의 맛이 나쁠 때는 입을 벌린 채 눈살을 찌푸리고 윗입술이 치켜 올라간다. 인간이 아닌 영장류와 쥐를 포함하는 많은 다른 포유류는 맛있는 음식과 맛없는 음식에 대해 일부 같은 얼굴 표정을 공유한다(Steiner et al., 2001).

보상적인 뇌 자극이 정말로 쾌락을 유도한다면 그때 그것은 쾌락의 표현과 동시에 추구를 증가시켜야만 한다. 연구자들은 '원하기'와 '좋아하기'를 분리하는 새로운 측정법을 갖추고 이런 제안을 검증했다. 그들은 동물이 포만감을 느껴서 표정을 통해 음식에 대한 입맛을 잃어버렸다는 점을 보여 준다는 사실에도 불구하고, 뇌의 도파민 체계를 전기적으로 자극하는 것이 음식과 같은 보상을 찾도록 동기화한다는 것을 발견했다(Berridge & Valenstein, 1991). 다른 연구에서 연구자는 뇌의 도파민 농도를 높게 만드는 유전적 돌연변이를 가진 생쥐 혈통을 연구했다. 일반적인 생쥐와 비교하여 이 돌연변이 생쥐는 많이 먹거나 마실 뿐만 아니라 달콤한 시리얼로 보상이 제공될 때 더 빨리 학습했는데, 이것은 생쥐가 시리얼에 대해 더 높은 유인가(원하기)를 보인다는 점을 시사한다. 생쥐가 시리얼을 먹을 때의 얼굴 표정을 관찰한 경우 돌연변이 생쥐와 일반 생쥐는 차이가 없었는데 같은 정도로 좋아했다(Pecina et al., 2003). 동일한 형태의 결과가

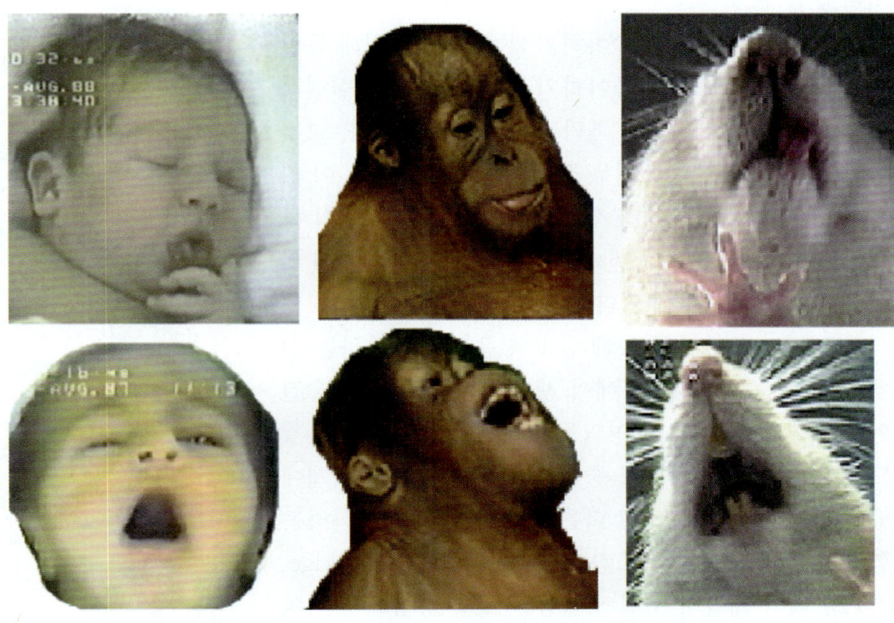

**인간과 동물의 '좋아하기' 표현. 이 사진은 인간의 유아, 영장류, 쥐가 단맛과 쓴맛에 대해 나타내는 정서반응을 보여 준다. '좋아하기'의 표현은 단맛에 대해 혀를 내미는 것을 포함한다(위쪽 사진). '싫어하기'의 표현은 입을 딱 벌리는 것을 포함한다(아래쪽 사진).**

암페타민과 같은 약물이 뇌의 도파민 체계에 주입되었을 때 발견되었다(Wyvell & Berridge, 2000). 이 두 실험은 '좋아하기'가 없는 '원하기'를 입증했다.

반대 효과('원하기'가 없는 '좋아하기')도 입증되었다. 연구자는 마취된 쥐에게 어떤 화학적 신경독을 주사했는데, 그것은 뇌의 도파민 체계에 있는 뉴런을 선택적으로 손상하지만 다른 뉴런은 건강하고 제 기능을 하도록 남겨 둔다. 쥐는 일단 이 수술로부터 회복되면 음식, 물, 또는 다른 어떤 보상에 관심을 보이지 않는다. 쥐는 관을 통한 음식 공급이 없으면 아사를 할 정도로 굶주린다. 따라서 '원하기'가 도파민 뉴런과 함께 파괴된 것이다. 그러나 '좋아하기'에서는 그렇지 않았다. 단맛 또는 쓴맛을 쥐의 입에 주입하면 쥐는 정상적인 쥐와 마찬가지의 얼굴 표정과 신체 표현을 보여 준다(Berridge & Robinson, 1998).

그래서 실험실 쥐의 쾌와 불쾌에 대한 얼굴 표정을 주의 깊게 관찰하는 것은 원하기와 좋아하기 사이의 밀접한 연결을 분리할 수 있는 비결이라는 것이 입증되었다. 우리는 이런 새로운 연구로부터 뇌의 도파민 체계가 다양한 자연적 · 인위적 유인의 '원하기'를 설명해 준다고 결론지을 수 있다. 그 활동은 쾌락 혹은 좋아하기의 감각을 발생시킨다기보다, 개체에게 어떤 사건이 쾌감 혹은 불쾌감을 발생시키는 것과는 무관하게 도파민 주입을 초래하는 사건을 반복하기를 원하는 경향을 갖게 하는 것처럼 보인다.

연구자는 '원하기'를 '좋아하기'와 구분하기 위해 동일한 측정에 의존하면서 '좋아하기'의 바탕이 되는 실질적인 뇌의 쾌락중추인 뇌의 쾌락적 부위를 확인했다. 그것은 원래 믿었던 것보다 매우 작았음이 판명되었다. 이 쾌락적 부위의 하나는 내측 껍질이라고 불리는 측핵의 하위 영역에 존재한다. 두 번째는 전뇌의 기저부 근처에 위치하는 복측 담창구에 있다(그림 10.2 참조). 쥐는 이 영역이 전기적으로 자극될 때 단맛의 음식을 좋아하는 신호의 증폭을 보인다. 뇌에서 생산되는 천연 아편물질인 엔케팔린을 갖고 이 영역을 화학적으로 자극하는 것도 쥐의 단맛 좋아하기를 증가시킨다. 뇌의 아편체계에 있어서 이런 측면 그리고 다른 측면은 쾌감을 강화하는 화학적 연쇄 작용을 일으킨다(Kringelbach & Berridge, 2012). 뇌의 쾌락적 부위의 활동은 정상 상황에서 뇌의 도파민 체계와 함께 나타남으로써 우리는 이전에 기분을 좋게 만들어 주었던 것을 원한다. 그러나 어떤 상황에서는 원하기와 좋아하기가 어긋난다. 중독이 그런 사례의 하나이다.

## 약물중독

중독은 어떤 사람에게는 강력한 동기이다. 아편제(헤로인 혹은 모르핀), 정신 홍분제(암페타민 혹은 코카인), 또는 시중에서 유통되는 합성된 약물 및 기타 약물(알코올, 니코틴) 등에 대한 갈망은 매우 강력할 수 있다. 중독자는 이런 약물을 지나치게 갈망하여 그 약물을 얻기 위해 직업, 가정생활, 대인관계, 자유조차도 희생할 것이다.

어떤 약물을 한 번 또는 가끔 투약하는 것은 중독을 초래하지 않는다. 다수의 사람은 최소한 한 번 정도는 위에 언급된 약물을 시도해 보았으나 중독되지 않았다. 규칙적 사용(예: 저녁 식사 시에 종종 와인을 마시는 것)도 중독이라고 할 수는 없다. 중독 addiction은 강박적이고 파괴적인 투약 행동이 나타났을 경우에만 발생하는데, 이때 흔히 강박적으로 약물을 갈망한다. 반복적 투약은 그 약물의 유인적 현저성을 확연히 변경한다—병리적인 '원하기'를 발생시킨다. 무엇이 어떤 약물을 시험해 보는 것, 사교적 또는 기분 전환용으로 사용하는 것을 중독으로 전환하는가?

어떤 약물은 특히 중독을 발생시키는 능력이 강력하다. 중독이 발생하는 데 세 가지 요인이 모두 존재할 필요가 없다고 할지라도 그것들은 향정신성 약물을 다른 유인보다 더 중독적으로 만드는 데 함께 작용한다. 첫째 요인은 대부분 중독성 약물이 갖고 있는 뇌의 보상체계를 과도하게 홍분시키는 능력이다. 중독성 약물은 뇌의 뉴런에 직접 작용하기 때문에 선천적 보상에 의해 발생하는 도파민 체계의 활동을 훨씬 능가하는 수준의 활동을 초래한다. 도취감을 주는 약물은 쾌락(좋아하기)과 유인(원하기)체계를 모두 활성화하는데, 아마도 아편성 및 도파민성 신경체계를 모두 활성화하기 때문일 것이다. 그런 강한 쾌감의 기억을 일단 경험하면 그것을 다시 반복하여 얻으려는 강한 유혹이 된다.

그러나 쾌락 자체의 기억은 최소한도 다른 추가적 요인 없이 다수의 사람에게 중독을 일으키기에는 충분하지 않을 것이다. 두 번째 요인은 반복적으로 투여하면 불쾌한 금단 증후를 발생시키는 중독성 약물의 능력이다. 어떤 약물을 반복적으로 투여하면 그것이 활성화하는 쾌락체계는 정상적인 균형 상태를 회복하려는 노력으로 인해 점차 활성화에 대해 저항한다. 이는 부분적으로는 동일

## 첨/단/연/구

### 환경과 관련된 인간의 욕구와 도시 설계

*Dr Majken Bieniok*, 베를린 훔볼트대학교

세계화 과정에 기인한 생활 조건의 영구적 변화와 인구 변화는 새로운 도시 개발 원리와 개념을 필요로 하게 만든다. 그러나 도시 개발 계획은 보통 경제 엘리트의 관심과 이론적 모델에 의해 특징지어진다. 그러므로 그것은 종종 실거주자의 현실적 욕구를 무시하고, 부정적인 사회적 · 개인적 결과를 초래한다. 그런 결과를 회피하기 위해서는 계획을 도시 거주자의 소망과 욕구에 맞추어야 한다. 어떤 욕구가 표현되어야만 하는가?

몇몇 학자는 인간 욕구를 정의했다. 그들 모두 특수 맥락이 그것의 타당성을 결정한다는 것을 보여 주었다. 카플란과 카플란(Kaplan & Kaplan, 1982)은 (환경으로부터 의미를 갖고 시야를 확장하기 위해, 즉 관련성을 찾기 위해) 기본적이고 동시적인 정보 욕구의 이론을 제공했다. 더 최근의 환경 관련 이론(Bieniok, 2012)은 다음의 욕구와 관련이 있다.

#### 신체 지향적 욕구

- 신체 욕구(공기, 빛, 물, 영양, 배설, 성)
- 운동과 기동성
- 휴식과 갱생
- 안전과 보호
- 신체 및 정신 건강

#### 사회 지향적 욕구

- 사회적 연결, 관계 및 동반자 관계
- 대양한 접촉과 의사소통
- 사랑, 돌봄, 수용
- 사생활과 친밀
- 쾌락과 정서 표현

#### 자기 지향적 욕구

- 의미, 합리성, 질서, 미학
- 자기충족과 창의성
- 자기수용, 정체성, 높은 자기존중
- 지식, 학습 경험, 신기성 추구
- 자율성 및 자기결정
- 사회적 · 환경적 주위 상황의 통제와 형성

막스네프(Max-Neef, 1992)는 어떤 신체적 · 사회적 환경 조건이 필수적 인간 요구의 만족 요인 혹은 위반 요인으로 기능하는가에 주목했다. 그것은 몇 가지 욕구에 즉시 영향을 준다면 통합적 만족 요인 혹은 위반 요인으로 기능할 수 있다. 지필 설문지를 사용하여 18~80세($M$=30, $SD$=13.83) 피험자 69명(여성 48명, 남성 21명)의 필수적인 환경 관련 인간 욕구를 만족시키기 위한 전형적인 대도시 특징의 잠재력을 확인했다(Bieniok, 2012). 첫째, 반응자에 의해 인간 욕구와 관련하여 비교적 중립적인 것으로 고려된 일군의 대도시 특징이 확인되었다(예: 개척자 기능, 국제적 교환, 유행의 선도자, 서비스의 중심, 매력적인 카리스마, 현대적 사회 기반 시설, 많은 공공시설의 소재, 소비의 중심, 주요 국제기관의 소재, 무질서하게 뻗어 나간 고도의 도시 외곽 지역, 특징적 거리). 널리 이용되는 도시계획 개념을 살펴보면 이런 대도시 특징은 항상 도시계획가의 일상적 작업에서 확장에 의해 증가한다.

그러나 자유로운 개인적 발전 기회, 친절하고 개방된 사람, 다양한 여가 시설, 어떤 가능한 소망을 만족시키는 기회와 같은 일부 대도시 특징은 환경 관련 인간 욕구를 만족시키는 높은 잠재력을 제공하는 반면에, 범죄나 테러 행위의 표적, 심리적 · 신체적 스트레스, 높은 실업과 같은 다른 특징은 욕구 만족의 잠재적 위반 요인으로 추적된다. 이런 대도시 특징은 인간의 웰빙에 주요 영향을 미치는 것으로 밝혀졌다. 그러므로 도시계획 전문가는 이런 결정적 특징을 명심하는 것이 바람직하다.

프랜시스 쿠오의 연구 집단은 공간의 긍정적 영향을 다루면서 도시 녹색 지대의 상이한 효과를 발견했다.

- 공포, 공격성, 폭력, 범죄의 감소(2001a, 2001b)
- 안전감과 정신적 회복의 증가(1998a, 2001c)
- 상이한 집단의 상호작용 증가(1997)
- 아동의 놀이 창의성과 사회적 상호작용의 증가(1998b)

네덜란드 연구 집단(Maas et al., 2009)은 각자 녹색 공간과 건강의 매개자로서 어떤 지역에 의해 가능해지고 있는 사회적 접촉을 논의한다. 그들의 연구는 고독과 사회적 지지의 결핍을 위험 요인으로 확인할 수 있었다. 동일한 맥락에서 카르마노브와 하멜(Karmanov & Hamel, 2008)은 암스테르담의 동부 항만 구역과 같이 잘 계획되고 매력적인 도시 환경이 회복적 영향을 가질 수 있다는 증거를 발견했다. 일부 학자(Sampson & Gifford, 2010)는 피난민 스트레스 완화의 맥락에서 이웃의 위치가 가진 치료적 특징의 증거를 발견했다.

이런 결과는 본질적인 환경 관련 인간 욕구를 만족시키는 데 기초를 둔 이웃 구조화의 과정, 도시계획 및 녹색 생활환경의 창조를 향상하기 위한 새로운 틀을 제공한다.

한 도취감을 발생시키기 위해 더 많은 양의 약물을 필요로 하는 **내성**tolerance의 원인이다. 게다가 뇌는 그 약물에 반복적으로 노출된 후 그 약물의 효과와 정반대되는 효과를 나타내는 과정을 활성화한다. 이런 과정에서 약물이 투여되었을 때는 뇌가 균형 상태를 유지할 수 있으나 그 자체는 매우 불쾌하게 경험한다. 중독자가 약물 사용을 중지하면, 저항하는 쾌락체계의 활동성 부족과 불쾌한 약물 대립 과정의 활성화는 약물의 사용 중지에 대한 강한 혐오적 반응인 **금단 증후**withdrawal symptom를 발생시킬 수 있다. 이 혐오적 상태는 최소한도 금단 증후가 지속되는 동안(일반적으로 몇 주간) 중독자에게 다시 약물을 복용하려고 하는 또 다른 동기가 출현한다.

마지막으로, 중독성 약물은 금단 증후가 사라진 후조차도 약물에 대한 갈망을 초래하도록 뇌의 유인체계에 영구적인 변화를 발생시킨다. 뇌의 도파민 체계를 활성화하는 코카인, 헤로인, 암페타민 같은 약물의 반복적 사용은 도파민 뉴런을 지나치게 활동하도록 또는 과민하게 만든다. **신경적 민감화**neural sensitization는 영속적일 수 있는데, 이는 도파민 뉴런이 약물 및 약물과 관련된 자극에 의해 더 많이 활성화된다는 것을 의미한다. 뇌의 도파민 체계는 쾌락(좋아하기)보다는 유인동기(원하기)를 중개하는 것처럼 보이기 때문에, 중독자에게서 그것의 활성화는 약물의 경험이 더 이상 긍정적이지 않을 때조차도 약물에 대한 과장된 갈망을 초래할 것이다(Robinson & Berridge, 2003). 신경적 민감화는 금단 증후보다 더 오래 지속된다. 이것은 중독에서 회복된 사람이 해독 프로그램을 완수한 후에도 약물 사용의 재발 위험성을 보이는 이유이다.

이런 요인의 조합은 다른 많은 유인보다 향정신성 약물이 더 중독을 일으킬 수 있는 이유를 밝혀 준다. 이 약물은 뇌에 있는 쾌락과 유인체계를 어쩔 수 없는 수준까지 직접 활성화하고, 회복된 중독자가 다시 약물을 복용하도록 하는 금단 증후를 발생시키며, 약물에 대한 갈망을 초래하는 뇌의 도파민 체계를 영구적으로 과잉 활성화한다. 이런 조건의 결합은 저항하기가 어렵다.

사람은 약물 외에 다른 것(도박, 음식, 쇼핑, 일, 인터넷)에도 병리적으로 의존할 수 있다(Chou et al., 2005). 그런 활동을 하는 것은 약물중독과 동일한 신경적 속성을 공유하지 않더라도 강박적이고 온통 마음을 빼앗기게 될 때 종종 행동중독이라고 불린다.

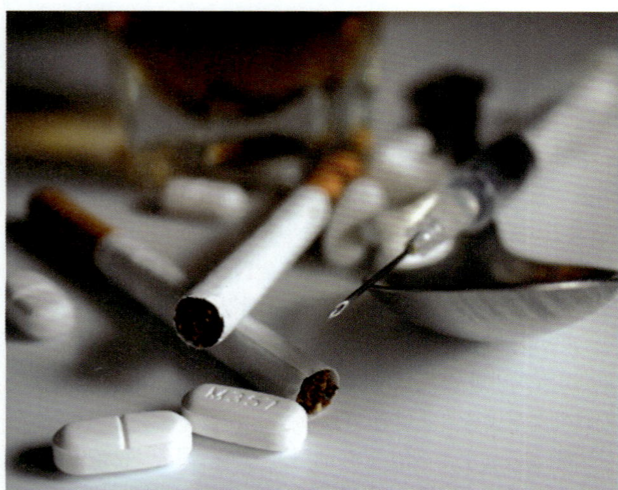

**중독성 약물은 뇌의 도파민 체계를 영속적으로 변화시켜 약물에 대한 지나친 갈망을 일으킨다. 이것이 약물중독에서 회복된 사람이 약물 없이 살기를 선택한 후에도 약물 사용과 관련된 대상과 사건이 계속적으로 강한 유인 현저성을 갖고 갈망을 일으키도록 하는 이유이다.**

### 중간 요약

- 유인동기(어떤 것을 원하기)는 전형적으로 유쾌한 정서(동일한 것을 좋아하기)와 연합된다. 비록 어떤 유인–배가 고플 때 달콤한 음식 같은 것–은 그 자체만으로도 강한 동기 요인이라고 할지라도 대부분의 유인은 학습을 통해 형성된다.
- 뇌의 도파민 체계는 유인동기, 즉 '원하기' 경험의 배후가 되는 것 같다. 약물이나 전기 자극에 의한 이 뉴런의 인위적 활성화는 선천적 · 인위적 유인 모두에 대해 동기의 증가를 초래한다.
- 뇌의 쾌락적 부위는 쾌락 혹은 '좋아하기'의 감정을 조직한다. 이것은 측핵과 복측 담창구 내의 작은 영역을 포함하는데, 엔케팔린과 다른 천연 아편물질에 대해 반응적이다.
- 약물중독은 강박적이고 파괴적인 약물 투여 행동이다. 향정신성 약물에 대한 중독은 약물 내성, 금단 증후 및 신경적 민감화 때문에 극복하기 어렵다.

### 비판적 사고를 위한 물음

1. 연구는 원하기와 좋아하기가 분리될 수 있는 심리적 체계임을 시사한다. 자신의 삶에서 좋아하기가 없는 원하기를 경험했던 때(아마도 음식과 관련이 있을 것이다)를 생각해 보라. 무엇이 그 두 가지를 분리했는가?
2. 많은 중독성 약물은 뇌의 도파민 체계의 뉴런을 지나치게 활동적으로 혹은 민감하게 만듦으로써 그 체계를 변화시

킨다. 이 변화를 역전하는 방법으로 알려진 것이 없기 때문에, 회복 중인 중독자의 뇌도 영구적으로 변화되었다고 결론짓는 것이 합리적이다. 이것을 알면 회복 중인 중독자는 어떻게 재발을 피할 수 있을까? 당신은 재발을 방지하기 위한 효과적인 치료 프로그램을 어떻게 설계할 것인가?

## 배고픔, 섭식 및 섭식장애

배고픔의 통제는 갈증처럼 동일한 항상성 개념을 많이 포함하나 섭식은 물 마시기보다 훨씬 더 복잡하다. 우리는 갈증을 느끼면 일반적으로 물만을 필요로 하고, 갈증은 물을 공급해 줄 수 있는 어떤 것으로 향하도록 지시한다. 그러나 먹을거리는 매우 다양하다. 우리는 건강하기 위해 다수의 상이한 먹을거리(단백질, 탄수화물, 지방, 미네랄)를 먹을 필요가 있다. 우리는 그것이 적절히 균형 있게 함유된 음식을 선택할 필요가 있다. 우리의 뇌는 진화를 통해 필요로 하는 음식을 선택하는 (그리고 독을 섭취하는 것을 피하는) 방법을 획득했다. 이 중 일부는 우리가 선천적으로 보유하고 있는 기본적인 맛 선호를 포함한다. 다른 방법은 특정 음식에 대한 선호 및 다른 음식에 대한 혐오를 학습하는 기제를 포함한다.

맛은 음식 선호에서 가장 중요한 요인이다. 맛은 미각과 후각 요소를 포함하나 미각이 인간의 진화에서 더 중요하게 취급되어 왔다. 인간은 특정 미각에 대한 좋아함과 싫어함을 갖도록 '프로그래밍되어' 태어난다. 유아도 입맛을 다시거나 쾌락을 나타내는 얼굴 표정을 통해 단맛에 대해 반응을 한다(Steiner, 1979). 그들은 쓴맛에 대해 얼굴을 돌리거나 혐오스러운 얼굴 표정을 나타내는 반응을 한다. 음식 제조업자는 우리의 선천적인 '단맛 선호'를 이용하여 많은 사람이 과식을 하도록 만드는 달콤한 음식을 공급한다.

왜 우리는 달콤한 음식과 음료에 끌리는가? 진화심리학자는 우리의 선조가 미지의 식물 중에서 먹을 것을 찾을 때 특정 음식 또는 딸기가 당분이 풍부하면 소화가 가능한 탄수화물이라는 것을 알려 주는 것같이 단맛이 우수한 '지표'이기 때문이라고 제안했다. 과거에는 칼로리가 풍부하지 않았기 때문에 단맛이 나는 음식을 먹는 것은 열량을 얻는 좋은 방법이었다. 이와 유사한 표찰 설명이 쓴맛에 대한 우리의 혐오에 대해 제안되었다. 천연적으로 어떤 식물에 있는 쓴 화합물은 인간에게 독이 될 수 있다. 달리 말하면 쓴맛은 보통 천연적인 독물에 대한 지표이다. 쓴맛이 나는 식물을 피해 온 선조는 그런 독물을 피하는 데 더 성공적일 수 있었다(Rozin et al., 2009).

**'단맛'은 우리의 선조에게 특정 음식이 당분이 풍부하고 칼로리가 많다는 것을 전해 주었기 때문에, 진화심리학자는 구운 과자와 같은 단 음식이 우리에게 매력이 있다고 주장한다. 물론 당분은 오늘날보다 선조의 시대에 드물었다.**

음식 선호를 발달시키는 두 번째 방법은 일단의 학습과 사회학습 기제를 통해서이다. 이 중 하나는 특정 맛을 가진 음식을 소화한 결과에 기초를 둔 선호이다. 어떤 음식에서 영양분을 얻어 본 경험적 결과는 본질적으로 일종의 고전적 조건형성 과정을 통해 그 맛에 대한 점진적인 선호를 유발한다(Booth, 1991). 다른 형태의 맛-결과의 짝짓기에 대한 경험도 알코올이나 커피와 같이 애초에는 즐겁지 않았던 맛에 대한 선호를 발달시키는 기초가 될 수 있다. 달리 말하면 알코올 혹은 카페인을 함유한 커피의 긍정적인 심리적·신체적 효과는, 우리가 애초에는 그 맛을 좋아하지 않았을지라도 그 음식에 대한 선호를 초래할 수 있을 것이다. 동일한 과정이 특정 음식에 대한 강한 혐오를 일으키도록 반대 방향으로 작용할 수 있다. 당신이 어떤 맛있는 음식이나 음료를 처음으로 먹은 지 얼마 후 구토나 복통을 겪었다면 다음에 그 음식을 다시 먹을 만큼 맛있지는 않다고 여길 것이다. 그 음식은 변하지 않았지만 당신이 새로 연합한 기억이 그 음식을 불쾌한 것으로 경험하도록 했기 때문에 당신이 변화한 것이다. 이 과정을 **조건화된 혐오** conditioned aversion 라고 부른다.

## 항상성과 유인의 상호작용

우리가 선택한 특정 음식이 무엇이든 간에 에너지 항상성을 유지하기 위해 먹어야만 한다는 것은 분명하다. 체세포는 수행하는 과제에 필요한 에너지를 생산하기 위해 영양분을 소모한다. 신체 운동은 활기찬 운동으로 인해 근육세포에 부과되는 신진대사 욕구를 충족하기 위해 추가 영양분을 소모하게 한다. 근육세포는 추가 영양분을 소모하기 위해 체지방 또는 다른 형태의 '저장 에너지'로 비축된 칼로리에 의존한다. 당신이 이 책을 읽고 있을 때 뇌의 뉴런은 전기 충동을 발사하거나 신경전달물질을 합성하고 방출하기 때문에 발생하는 신진대사 욕구를 충족하기 위해 영양분을 소모한다. 뇌의 뉴런에 의해 사용되는 주요 영양분은 단당체인 글루코스이다. 영양분 없이는 뉴런이 활동을 할 수 없다. 우리의 뇌는 골똘히 생각을 함으로써 '뇌를 운동시키려 할' 때라도 더 많은 글루코스를 사용하지는 않는다(Gailliot et al., 2007).

글루코스는 여러 과일과 음식에 존재한다. 그것은 또한 간에서 다른 당분 혹은 탄수화물로부터 만들어질 수 있다. 일단 식사를 하면 상당한 양의 글루코스가 소화 과정을 통해 혈류에 흡수될 것이다. 간은 초과되어 만들어진 글루코스를 다른 형태의 영양물질로 전환한다. 이런 방식으로 식사는 뇌의 뉴런과 체세포가 필요로 하는 영양분을 보충시킨다.

우리의 세포는 영양분을 필요로 하기 때문에, 배고픔은 전적으로 가용한 에너지 자원을 유지하려는 욕구에 의해 통제되는 항상성 동기일 것으로 기대할 수 있다. 실제로 항상성은 배고픔의 통제에서 작동하는 주도적인 원리이다. 가용한 영양분의 결핍은 배고픔을 유발하고, 지나친 영양분은 배고픔을 억제한다. 그러나 항상성이 배고픔의 통제에 결정적일지라도 유인 요인도 동등하게 중요하다. 즉 우리는 먹을 필요가 있는 만큼 먹기를 원한다(Lowe & Butryn, 2007). 사실상 우리는 항상성과 유인의 상호작용을 살펴보고 나서야 비로소 배고픔을 이해한다.

항상성에 따른 추동 감소, 맛, 다른 음식의 유인 자극 사이 상호작용의 중요성은 밀러와 케센(Miller & Kessen, 1952)의 고전적 실험에 의해 분명해졌다. 이들은 우유를 보상으로 얻기 위해 짧은 통로를 달려가도록 쥐를 훈련시켰다. 한 경우에 쥐는 보통 방식으로 우유를 보상으로 받았다—쥐는 입으로 우유를 마셨다. 다른 경우에 쥐는 정확히 동일한 양의 우유를 받았지만 좀 더 직접적인 방식으로 받았다—몇 주일 전에 삽입된 인공적인 개폐구가 달린 관을 통해 우유가 위로 부드럽게 주입되었다. 이 두 조건은 정확히 동일한 칼로리를 제공했다. 두 보상 조건은 동일한 정도로 쥐의 영양 결핍을 줄여 주었다. 그러나 우유를 입으로 마신 쥐가 우유 보상을 위해 달리기를 더 잘 학습했다. 우유가 위에 직접 주입되는 경우는 우유가 입을 통해 넘어갈 때만큼이나 배고픔을 감소시킨다 하더라도 강력한 동기 요인이 아니었다. 쥐는 보상을 맛보고 즐기는 것과 그럼으로써 배고픔을 감소시키는 것을 모두 필요로 했다.

구강 유인과 추동 감소 사이 상호작용의 중요성은 원래의 실험이 실시된 이후에 여러 방식으로 증명되었다(Toates, 2011). 자발적인 맛보기 및 삼키기와 같이 정상적으로 음식을 섭취하는 경로를 우회하여 들어오는 음식은 동물 또는 사람을 강력하게 동기화하지 않는다. 예를 들면 정맥 또는 소화관을 통한 영양물질 주입에 의해서만 음식을 공급받는 사람은 종종 그런 '식사'를 불만스러워한다. 그들은 입에 넣을 수 있는 어떤 음식을 먹으려는—그것을 씹은 후에 다시 뱉어 낸다고 할지라도—욕구를 강하게 느낄 것이다. 칼로리 욕구를 넘어서는 구강 자극에 대한 강한 욕구는 칼로리가 없이 단지 맛만을 제공하는 인공감미료의 광범위한 사용에도 반영된다. 맛 좋은 음식과 음료를 먹는 데 포함되는 감각 경험 형태의 음식 유인은 칼로리에 의한 추동 감소만큼이나 식욕에 중요하다.

학습은 생리적 배고픔 신호와 섭식의 유인 자극 사이 상호작용에서 중요한 부분이다. 음식을 먹는 행위가 음식이 위에 들어가고 나갈 수 있도록 위에 이식된 관에 의해 정상 칼로리 공급과 별개가 되도록 처치한 동물에서 극적인 예를 볼 수 있다. 그 관의 뚜껑이 벗겨지면 무엇을 먹었든 소화되지 않고 흘러 나간다. 이것은 **모의 급식** sham feeding이라고 불리는데, 식사가 칼로리를 제공하지 못한다는 의미에서 모의라는 용어를 사용한다. 모의 급식을 받은 동물은 정상적인 양을 먹고, 먹기를 멈춘다. 왜 그들은 계속 먹지 않고 멈추는가? 그 답은 다음 식사의 음식 섭취를 관찰하면 분명해진다. 동물은 식사가 전보다 칼로리를 덜 제공한다는 것을 학습하면 점차적으로 먹는 양을 증가시킨다(van Vort & Smith, 1987). 관의 뚜껑이 도로 막혀서 정상적으로 소화되면 동물은 이후 몇 번의 식사에서 '지나친' 양을 먹는다. 그러나 점차적으로 음식의 칼로리가 풍부하다는 것을 다시 학습하면 식사량이 정상 수준으로 감소한다. 이런 관찰을 통해 **조건화된 포만** conditioned satiety이란 가설이 출현했다—식사

후 느끼는 포만감은 최소한도 부분적으로는 학습의 산물이다(Booth, 1987).

인간도 조건화된 포만을 느낄 수 있다. 한 실험에서 사람들은 칼로리가 풍부한 특색 있는 음식으로 차려진 식사를 몇 번 하고 나서, 칼로리가 낮은 다른 음식으로 차려진 식사를 몇 번 했다. 나중에 참가자들은 겉보기에는 이전과 차이가 없어 보이지만 칼로리는 동일한 두 가지 음식을 제공받았을 때, 앞서 칼로리가 높았던 음식이 더욱 포만감을 준다고 했다(Booth, 1991). 성찬을 먹는 것을 상상하는 것조차도 나중에 덜 먹게 했다(Morewedge, Huh, & Vosgerau, 2010).

전형적으로 단맛의 소화는 칼로리를 제공함으로써 에너지를 공급한다. 그러나 음식이 사카린과 같은 인공감미료로 만들어진 경우처럼 이런 관계가 무너졌을 때 우리의 신체는 칼로리 섭취를 점차적으로 증가시킴으로써 보상을 하는데, 이 경우에 체중의 증가와 비만을 초래한다—이는 '무설탕'을 찾는 사람들이 원하는 결과가 아니다. 인공감미료를 먹는 사람이 보이는 역설적 효과는 인공감미료의 모의 유인가가 생리적인 항상성 과정을 방해하기 때문에 발생한다고 생각된다(Swithers & Davidson, 2008).

음식 유인과 항상성 추동 사이의 최종 상호작용 형태는 **내부 조절 쾌지각** alliesthesia이라고 불리는 현상인데(Cabanac, 2010), 이는 우리가 배고플 때 음식(특히 단 음식)이 더 맛있다는 것을 말한다. 더욱 일반적으로 내부 조절 쾌지각은 개인적인 불편을 교정해 주는 어떤 외적 자극이 즐거운 것으로 경험된다는 것을 의미한다. 예를 들면 사람들은 식사 후, 혹은 몇 시간 동안 음식을 먹지 않은 후 달콤한 음료의 맛을 평정하도록 요청받았을 때, 조금 전에 음식을 먹은 경우보다 배가 고플 때 동일한 음료에 대해 더 맛있다고 평정했다.

## 생리적 배고픔 단서

당신은 배가 고플 때 위가 때때로 꼬르륵거리는 것을 알 수 있을 것이다. 그 순간에 위의 벽은 근육 수축을 일으키고, 당신이 듣는 소리를 내는, 내용물이 보글보글하는 운동을 만들어 낸다. 위의 수축은 배가 고플 때 가장 빈번하고 위가 비었다고 느낄 가능성이 높다. 위의 수축과 배고픔 사이의 연합을 통해 초기 연구자들은 위에 있는 압력감지기가 위가 비었음을 탐지하여 수축과 심리적인 배고픔의 경험을 일으킨다고 가정하게 되었다. 나중에 심리학자와 생리학자는 우연적으로 동시에 일어난 사건일 뿐이라는 것을 발견했다. 수축으로부터 오는 위의 감각은 배고픔의 진정한 원인이 아니다. 실제로 의학적 이유 때문에 위가 외과적으로 제거되어서 음식이 직접 장으로 넘어가는 사람들도 심한 배고픔을 느낄 수 있다.

위는 배고픔의 변화에 중요한 수용기를 갖고 있지만 이 수용기는 일차적으로 화학적 성질을 띤다. 이는 배고픔의 느낌보다는 포만의 느낌과 더 관계가 있다. 그것은 위의 내용물 중 당분과 또 다른 영양물질에 의해 활성화되고, 신경신호를 뇌로 보낸다.

배고픔의 생리적 신호는 뉴런 및 또 다른 세포에 대한 실제의 칼로리원—신체에서 글루코스와 또 다른 영양물질의 수준—과 더 직접적으로 관계가 있다. 뇌는 자체적으로 가용한 칼로리의 부족을 알아내는 감지기를 갖고 있다. 당신은 뇌의 뉴런이 글루코스를 주요 에너지원으로 사용한다는 것을 기억할 것이다. 뇌의 특정 부위, 특히 뇌간과 시상하부에 있는 뉴런은 글루코스 수준에 민감하다. 그 수준이 너무 낮게 떨어지면 뉴런의 활동성이 방해를 받는다. 이것은 뇌의 나머지 부분에 신호를 보내서 배고픔을 발생시킨다. 그런 배고픔은 실험동물의 경우 먹이를 먹은 직후에도 인공적으로 유발될 수 있다. 뉴런이 글루코스를 연료로 소모하는 것을 방지하는 화학물질을 동물의 뇌에 주입하면 그 동물은 갑자기 먹이를 찾을 것이다. 뇌는 글루코스가 실제로 존재하지만 글루코스가 부족하다고 감지하는데, 뉴런이 글루코스 수준이 낮을 때와 같은 상태로 혼란되었기 때문이다.

### 말초 신호

배고픔은 우리가 포만감을 갖고 있지 않을 때 느끼는 것이다. 칼로리가 높은 음식이 위 또는 장에 있거나 신체의 칼로리 저장 수준이 높을 때 우리는 상대적으로 배가 부르다고 느낀다. 포만감이 감소할 때 배고픔이 따라온다. 그러므로 배고픔의 통제는 포만의 통제와는 반대이다.

많은 신체체계가 식사를 한 후 포만감을 느끼는 데 기여한다. 첫 번째 체계는 먼저 음식을 처리하는 신체의 부위(위와 장)로 구성된다. 위의 물리적 팽창과 음식 내의 화학물질은 위벽에 있는 수용기를 활성화한다. 이 수용기는 다른 많은 신체기관에서 오는 신호를 전달하는 미주신경을 통해 그 신호를 뇌에 전달한다. 두 번째 종류의 포만 정보는 위로부터 음식을 직접 받아들이는 장의 일부인 십이지장에서 온다. 이 신호는 신경을 통해서보다는 화학적으로 뇌에 전달된다. 음식이 십이지장에 도달하면 호르몬(콜레시스토키닌 또는 CCK)이 혈류에 방출된다. CCK는 생리적인 소화를 촉진하지만 심리적인 결과도 초래한다. 그것은 혈류를 통해 순환하다가 뇌에 도달하고 거기에서 특수한 수용기에 의해 탐지된다. 이것이 포만감을 산출하는 것이다. 미세한 양의 CCK가 식사를 시작한 직후에 뇌에 직접 주입된다면 배고픈 동물도 거짓 포만감을 느낄 수 있다(Smith & Gibbs, 1994).

놀랍게도 영양물질의 가용성에 관한 가장 민감한 뇌의 신호는 뇌와 음식, 양자로부터 분리되어 있는 신경수용기, 즉 간에 있는 신경신호로부터 발생한다(Friedman, 1990). 간에 있는 수용기는 음식물의 소화에 따른 혈액 내의 영양물질 변화에 아주 민감하다. 이 신호는 또한 미주신경을 통해 뇌에 전달된다. 배고픈 동물도 간으로 직접 가는 혈류에 소량의 영양물질이 주입된 직후에는 먹기를 멈춘다.

뇌가 자체 수용기보다 간으로부터 오는 신호에 더 의지하는 이유는 무엇인가? 간은 신체가 사용하는 다양한 영양물질을 더 정확하게 측정할 수 있기 때문이다. 뇌는 주로 글루코스를 탐지하지만 복합 탄수화물, 단백질, 지방과 같은 다른 형태의 영양물질은 간에 의해 측정되고, 저장되고, 때로는 다른 영양물질로 전환된다. 다양한 영양물질에 대한 일반적 '화폐 교환' 역할을 하는 간은 신체에 가용한 전체 에너지 저장에 관해 최선의 추정을 할 수 있다.

## 배고픔 신호의 통합

배고픔과 포만의 신호는 섭식 동기를 발현하기 위해 두 단계로 뇌에 의해 처리된다. 첫째로, 뇌 자체에 있는 배고픔 수용기로부터 오는 신호와 위, 간으로부터 전달되는 포만 신호는 전반적인 욕구 수준을 탐지하기 위해 뇌간에서 합쳐진다(Grill & Kaplan, 1990). 이 '통합된 배고픔 평가'는 뇌간에서 맛을 처리하는 감각신경계와 연결된다. 뇌간에 있는 미각 뉴런은 배고픔 및 포만 상태에 있는 동안 반응성을 변화시키는데(Scott & Mark, 1986), 이는 배가 고플 때 음식 맛이 더 좋은 이유 중 하나이다.

배고픔으로 알고 있는 의식적 경험을 하기 위해, 음식을 찾도록 자극하기 위해 뇌간의 배고픔 신호는 전뇌에서 추가적으로 처리되어야만 한다. 이런 처리를 위한 핵심적인 부위는 시상하부이다(그림 10.3 참조). 배고픔은 시상하부의 두 하위 영역—외측 시상하부(각 측면에 있는 부위)와 복내측 시상하부[아래(내측)의 중앙(내측)에 있는 부위]—을 조작함으로써 극적으로 다른 두 가지 방식의 영향을 받는다. 외측 시상하부의 파괴는 최소한도 나머지 뇌가 회복되어 보상을 할 때까지 외견상으로 완전한 배고픔의 상실을 초래한다(Teitelbaum & Epstein, 1962). 이 현상은 **외측 시상하부 증후군** lateral hypothalamic syndrome이라고 불린다. 외측 시상하부에 작은 손상이 있는 동물은 단순히 음식을 무시할 것이다. 그들은 마치 맛이 나빠서 음식을 멀리하는 듯하다(예: 얼굴을 찡그리고 음식을 격하게 내뱉는다). 그들은 인위적으로 먹이를 공급받지 않으면 굶어 죽을 것이다. 거의 정반대의 행동 형태가 **복내측 시상하부 증후군** ventromedial hypothalamic syndrome에서 나타난다. 복내측 시상하부의 손상은 지나친 식욕을 초래한다. 그런 손상을 가진 동물은 게걸스럽게 먹고, 특히 음식이 맛있으면 과량의 음식을 다 먹어버린다. 손상 동물이 정상 체중의 2배를 넘어 비만해질 때까지 체중 증가를 보인다는 것은 그리 놀라운 일이 아니다.

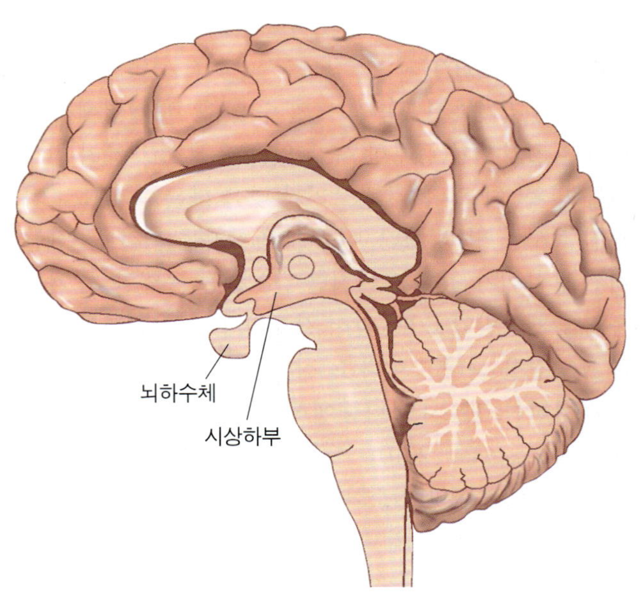


**그림 10.3 시상하부와 뇌하수체.**

이러한 뇌 부위에 대한 다른 조작도 배고픔을 변화시키는 것 같다. 예를 들면 외측 시상하부의 전기 자극은 과식을 초래하는데, 외측 시상하부 손상 효과의 정반대이고 복내측 시상하부의 손상과 동일한 효과이다. 외측

**복내측 시상하부의 손상은 과식과 비만을 초래한다.**

시상하부에 전기 자극을 받은 동물은 자극이 시작되자마자 음식을 찾아 먹기 시작한다. 그리고 자극이 종료되면 먹기를 멈춘다. 반대로 복내측 시상하부의 자극은 배고픈 동물의 정상적인 섭식을 멈추게 한다.

시상하부에 대한 신경화학적 자극은 유사한 방식으로 작용한다. 예를 들어 뉴로펩티드 Y와 같은 화합물 혹은 모르핀과 같은 아편성 약물이 복내측 시상하부에 주입되면 섭식을 자극한다. 이 약물은 일시적으로 배고픔을 자극하거나 음식을 더 맛있게 만드는 것 같다. 암페타민과 같은 다른 약물은 외측 시상하부에 주입될 때 섭식을 멈추게 할 수 있다. 다이어트를 위해 많이 처방되는 약물은 암페타민과 화학적으로 유사하다. 그 약물은 시상하부에 있는 뉴런에 작용함으로써 식욕을 억제하는 것 같다.

1960년경에 배고픔에 대한 외측 시상하부와 복내측 시상하부의 중요성이 발견되었을 때, 심리학자들은 이 부위를 단순히 '배고픔 중추' 또는 '포만 중추'로 보는 경향이 있었다. 그 이후에 배고픔 중추 또는 포만 중추라는 개념은 여러 이유로 인해 지나친 단순화라는 것이 분명해졌다. 하나는 이 부위들이 뇌에서 배고픔 또는 포만을 위한 단 하나의 중추가 아니라는 것이다. 그 부위들은 그런 효과를 나타내기 위해 많은 다른 뇌 체계와 상호작용을 한다. 사실상 어느 정도 동일한 효과가 시상하부 대신 연관된 다른 뇌 체계를 조작함으로써 산출될 수 있다. 예를 들면 외측 시상하부를 조작하는 효과 중 다수가 단순히 시상하부를 통과하는 뇌의 도파민 체계를 조작함으로써 복제될 수 있다. 시상하부의 손상처럼 도파민을 포함하고 있는 축색다발의 손상은 섭식 행동이 사라지게 한다. 사실상 외측 시상하부를 손상한 많은 초기 연구는 도파민 체계와 외측 시상하부의 뉴런을 동시적으로 파괴했다. 반대로 전기 자극과 여러 약물에 의한 섭식의 유도는 부분적으로 뇌의 도파민 체계 활성화에 의존한다. 그래서 1~2개의 중추보다는 더 많은 신경해부학적 및 신경전달물질 체계가 식욕과 포만에 관여한다.

식욕을 다루는 많은 신경체계가 존재함에 따른 한 가지 결과는 단지 한 부위를 파괴함으로써 섭식 행동을 완전히 방해하는 것이 가능하지 않다는 것이다. 외측 시상하부가 손상된 동물의 경우라도 결국은 식욕이 복귀될 것이다. 쥐는 손상 후 몇 주 또는 몇 개월 동안 인위적으로 급식을 받으면 다시 먹기 시작할 것이나, 줄어든 체중을 유지하기에 충분할 정도만 먹을 것이다. 그 쥐는 낮아진 설정점에서 항상성을 유지하는 것처럼 보인다. 실제로 쥐가 손상 전에 체중을 낮추는 절식을 하면 시상하부의 손상에 따라 나타나는 섭식 상실로부터 '보호'를 받을 수 있다. 이것은 시상하부의 손상이 배고픔을 실질적으로 파괴하지 않는다는 것을 보여 준다. 대신에 그것은 통상적으로 배고픔을 통제하는 체중의 항상성 설정점을 높이거나 낮추는 것일 수 있다. 설정점을 변경하는 것은 서모스탯을 재설정하는 것과 같다. 그 체계는 새로 설정된 체중을 달성하려고 시도한다. 복내측 시상하부 손상의 효과도 이런 생각에 적합하다. 복내측 시상하부가 손상된 동물은 체중이 무한정 증가하지는 않는다. 궁극적으로 그들은 새로 정해진 비만 체중 수준에 도달하면 증가를 멈춘다. 그 점에 도달하면 새로운 설정점을 유지하기에 충분할 정도만 먹는다. 그러나 다이어트를 하여 체중을 설정점 이하로 떨어뜨렸더라도 마침내 기회가 주어지면 이전의 체중을 복구하기 위해 다시 과식을 한다. 일단 비만 수준에 다시 도달하면 체중 증가가 멈출 것이다.

## 비만

우리는 배고픔에서 항상성 과정을 강조했으나 섭식 행동은 항상성과 몇 가지 동떨어진 사실을 보인다. 어떤 사람의 체중은 항상성 견해가 제안하는 만큼 일정하지 않다는 것이다. 섭식의 항상성 조절로부터 가장 자주 있는 탈선—최소한도 인간의 경우—은 비만이다. **비만** obese은 적정 체중에서 30% 또는 그 이상 넘어설 경우로 정의된다. 세계적으로 어떤 나라들은 비만 인구의 심각한 증가를 겪고 있다. 현재 미국에서는 비만의 비율이 높아서 유행병으로 인정되고 있는데, 미국 성인의 36%가 이 기준에 도달하고 이 수치는 과거 20년 전에 비해 2배이다. 비록 유럽에서는 성인 비만의 비율이 일반적으로 훨씬 낮을지라도(영국에서는 성인의 24%가 비만으로 분류됨) 비만과 건강 문제 간의 연결은 심각한 사회적 관심을 모은다. 비만의 유병률(prevalence)은 상이한 집단에 따라 변동한다. 신체적 비만은 남녀에게 동등하게 발생하나 여성의 경우 과체중에 대한 심리적 지각이 더 흔하다. 미국에서는 남성의 47%에 비해 여성의 65%가 자신이 과체중이라고 여긴다(Burke et al., 2010).

비만은 건강의 주요 위험 요인이다. 비만은 당뇨병, 고혈압, 심장병의 발병 가능성을 높인다. 그렇게 나쁜 경우가 아니더라도 우리 문화에서 비만은 사회적 오점이 될 수 있는데, 비만인 사람은 쾌락에 탐닉하고 의지력이 부족한 것으로 지각된다(Crandall et al., 2009). 이런 설명은 대체로 불공평할 수 있는데, 왜냐하면 비만은 많은 경우에 과식보다는 유전적 요인에 기인하기 때문이다. 비만과 관련된 문제를 놓고 보면, 매년 수많은 사람이 체중을 감소시키기 위해 다이어트와 약물에 많은 돈을 쓰는 것은 놀라운 일이 아니다.

대부분의 연구자는 비만이 신진대사, 영양, 심리적 · 사회적 요인을 포함하는 복잡한 문제라는 데 동의한다. 비만은 단일 장애가 아니라 뚱뚱함을 주요 증상으로 하는 다양한 장애이다(Rodin, 1981). 우리가 어떻게 비만하게 되는가를 묻는 것은 어떻게 파리에 도착하는가를 묻는 것과 같다—그 방법이 많고, 어떤 것을 선택하는가는 어디에서 오는가에 달려 있다. 어떤 경로를 거쳤든 체중 증가를 초래하는 요인은 크게 두 가지 범주, 즉 (1) 유전적 특질과 (2) 과잉 칼로리 섭취(과식)로 나누어진다. 개략적으로 말해서 어떤 사람은 다른 사람보다 더 많이 먹지 않는다고 할지라도 영양물질을 지방으로 대사하려는 유전적인 성향을 갖고 있기 때문에(신진대사적 이유) 혹은 지나치게 많이 먹기 때문에(심리적 또는 사회적 이유) 비만해질 수 있다. 두 요인은 모두 어떤 경우의 비만에 관여하고, 다른 경우에는 유전 또는 과식 중 하나가 원인이다.

## 유전적 요인

비만이 가족에 계승된다는 것은 오래전부터 알려져 왔다. 부모 중 누구도 비만이 아닌 경우에는 자녀의 10%만 비만이 되고, 부모 중 한 명이 비만이라면 자녀의 약 40%가 비만이 되며, 부모가 모두 비만일 경우 자녀의 약 70%가 비만이 된다(Gurney, 1936). 이런 통계치는 비만의 생물학적 바탕을 시사하지만 다른 해석도 가능하다. 예를 들면 자녀가 단순히 부모의 식습관을 모방했을 수도 있다. 그러나 최근의 발견은 비만의 유전적 기초를 강력히 지지한다.

## 쌍둥이 연구

비만에서 유전의 영향에 대한 증거를 얻는 한 가지 방법은 일란성 쌍둥이를 연구하는 것이다. 일란성 쌍둥이는 동일한 유전자를 갖고 있으며, 유전자는 체중 증가에 역할을 한다고 가정되므로, 일란성 쌍둥이는 체중 증가 패턴이 유사해야만 한다.

한 실험에서 12쌍의 일란성 쌍둥이(모두 남성)는 100일 동안 대학 기숙사에서 지내는 데 동의했다. 실험의 의도는 쌍둥이들의 체중을 증가시키는 것이었다. 그들은 하루에 1,000cal가 추가로 포함된 식사를 했다. 남자에게 1,000cal 추가 식사는 개략적으로 네 끼의 식사를 하는 것과 같다. 또한 그들의 신체 활동이 제한되었다. 그들은 운동이 허용되지 않았고, 대신에 독서하기, 앉아서 게임하기, TV 보기 등을 하는 데 많은 시간을 보냈다. 100일이 될 즈음 그들은 모두 체중 증가를 보였고, 증가된 양은 4~15kg의 범위였다. 그러나 핵심적인 요점은 각 쌍의 증가된 체중이 거의 차이가 없었다는 것이다. 달리 말하면 쌍둥이는 서로 동일한 양의 체중 증가를 보였다. 더구나 일란성 쌍둥이는 동일한 신체 부위에 살이 쪘다. 쌍둥이 중 한 명이 몸통에 살이 찌면 다른 한 명도 그랬고, 한 명이 엉덩이와 넓적다리에 살이 찌면 다른 한 명도 그랬다(Bouchard et al., 1990).

이 결과는 칼로리 섭취와 유전적 특질이 모두 체중의 증가에 영향을 미친다는 것을 분명하게 보여 준다. 이 연구에서 모든 남자가 체중 증가를 보였다는 사실은 칼로리 섭취의 증가가 체중을 증가시킨다는 것을 나타내며, 이는 그리 놀라운 일이 아니다. 증가된 체중의 양이 쌍둥이 간에는 다르지만 쌍둥이 내에서는 다르지 않다는 사실은, 칼로리 섭취가 증가할 때 체중 증가의 양을 유전적 요인이 결정한다는 것을 시사한다.

그 결과는 비만인 사람이 그렇지 않은 사람보다 반드시 더 많이 먹는다고 가정할 수 없는 이유를 분명하게 해 준다. 대략적으로 동일한 양을 먹었음에도 불구하고 (1,000cal 추가) 쌍둥이들 간에는 증가된 체중의 양이 다르다. 이런 차이는 그들의 신체가 추가 칼로리를 대사하는 방식에서 발생하는 것 같다. 어떤 사람의 신체는 칼로리의 대다수를 지방으로 저장하는 경향을 보이고, 또 어떤 사람은 먹은 양과 무관하게 상이한 대사 과정을 통해 동일한 칼로리를 태워 버리는 것 같다(Ravussin et al., 1988).

한 비판은 방금 언급한 연구를 지나치게 중요시하는 것에 대해 반대하는 것 같다. 일란성 쌍둥이는 동일한 유전자를 가졌을 뿐만 아니라 매우 유사한 환경에서 성장한다. 아마도 환경적 요인이 일란성 쌍둥이가 유사한 체중 증가를 보이는 데 관여할 수 있다. 우리는 분리되어 양육된 일란성 쌍둥이를 대상으로 연구하여 그들이 얼마나 유사한 체중 증가를 보이는가를 살펴볼 필요가 있다. 스웨덴에서 이러한 연구가 수행되었다(Stunkard et al., 1990). 연구자는 분리되어 양육된 93쌍의 일란성 쌍둥이, 함께 양육된 153쌍의 일란성 쌍둥이의 체중을 연구했다. 분리되어 양육된 쌍둥이는 놀라울 정도로 유사한 체중을 보였고, 실제로 그들은 함께 양육된 쌍둥이만큼이나 유사했다. 유전자는 분명히 체중과 체중 증가의 주요 결정 요인이다.

## 지방세포

유전자가 체중 증가에서 중요한 역할을 한다는 것을 놓고 볼 때 우리는 그 세부적 역할을 알고자 한다. 특히 유전자의 영향을 받아서 체중의 증가를 중개하는 소화 및 대사 과정은 무엇인가? 한 가지 대답은 체지방이 저장되는 지방세포를 포함한다. 정상 성인 대부분의 신체에는 300억~400억 개의 지방세포가 있으나, 보통 미국 성인의 과체중 정도에 따라 그 수치는 25~35% 이상 변동된다. 추가 변동은 지방세포의 수 때문이라기보다는 그 크기에 기인한다. 우리가 더 많은 칼로리를 섭취하지만 소비하는 데 실패하면 지방세포의 크기가 더 커진다.

한 연구에서는 실험 참가자 중 비만인 사람이 정상적인 사람보다 3배나 더 많은 지방세포를 가졌다는 것을 발견했다(Knittle & Hirsch, 1968). 다른 연구에서는 지방세포를 2배 더 가진 쥐가 통제집단 쥐보다 2배 더 살이 찌는 경향이 있다는 것을 보여 주었다. 그리고 연구자가 어린 쥐의 지방세포의 일부를 잘라 내어 같은 어미에게서 나온 형제에 비해 지방세포 수를 반 정도로 줄였을 때, 그 쥐는 성장해도 형제에 비해 체중이 절반밖에 되지 않았다(Faust, 1984; Hirsch & Batchelor, 1976). 유전자와 지방세포의 수 사이에 관계가 있고 지방세포의 수와 비만 사이에 관계가 있기 때문에 유전자는 비만과 관련이 있다.

## 다이어트와 설정점

사람들이 다이어트 약물을 복용할 때 다양한 사건이 발생할 수 있다. 그 약물은 식욕을 직접적으로 억제하여 배고픔의 느낌을 감소시킨다. 다른 약물은 식욕을 직접 억제하기보다는 설정점—신체가 유지하려고 애쓰는 체중의 설정점—을 낮춘다. 예를 들면 펜플루라민 같은 다이어트 약물이 이런 효과를 보인다고 제안되었는데(Stunkard, 1982), 이 약물은 심장병의 위험으로 인해 사용되지 않는다. 그 효과는 체중이 낮아진 설정점보다 높을 경우에는 직접적인 식욕 억제 효과와 같다. 일단 체중이 낮은 수준으로 내려가면 식욕은 체중을 유지하는 데 필요한 정도로 회복된다. 그 사람이 다이어트 약물 복용을 중단하면 설정점은 원래의 높은 수준으로 복귀하고, 줄었던 체중은 다시 늘어나게 될 것이다. 마지막으로, 니코틴과 같은 약물은 세포의 대사율을 높임으로써 보통 때보다 더 많은 칼로리를 소모하게 하여 체중을 줄이는 것을 도와준다.

설정점 가설이 심리학자 사이에서 인기를 얻게 된 한 가지 이유는 비만인 성인과 성숙한 동물이 다이어트를 중단한 후 원래의 체중으로 되돌아가려는 강한 경향성 때문이다. 방금 기술된 젊은 쥐와는 대조적으로, 성숙한 쥐를 대상으로 지방 흡입을 이용하여 저장된 지방을 외과적으로 제거하는 시술은 영구적인 체중 감소를 초래하지 않는 것처럼 보인다. 성숙한 쥐는 다른 신체 부위에서 지방을 복구한다. 이런 결과는 비만인 성인에게 시행된 지방 흡입의 경우에도 사실인 것 같다(Vogt & Belluscio, 1987).

어떤 연구자는 일단 지방 조직이 성숙한 수준에 도달하면 그 수준을 유지한다고 제안했다. 뇌는 체지방 수준의 변화를 탐지하고 이에 따라 배고픔에 영향을 준다(Weigle, 1994). 예를 들면 생쥐의 경우 '비만 유전자'는 화학적 '포만 신호'를 발생시키는 지방세포의 능력을 통제하는 것으로 생각된다(Zhang et al., 1994). 이 유전자가 결핍된 생쥐는 비만이 된다. 보통 우리는 체지방을 많이 가질수록 더 많은 포만 신호가 혈액으로 방출된다. 인간의 비만이 이런 포만 요인 또는 유전자의 장애와 관련되었는가는 아직 알려지지 않았다. 그러나 지방 저장 수준이 일정하게 유지될 가능성은 일부 비만인 사람이 다이어트를 해서 줄인 체중이 곧 복구되는 이유를 설명해 줄 것이다.

요컨대 유전자가 과다한 체중 증가와 관련될 수 있으려면 다수의 큰 지방세포, 높은 설정점, 낮은 신진대사율을 포함하여 다양한 경로가 있다.

## 과식

지방 조절, 신진대사율과 같은 생리적 요인이 체중의 중요한 결정 요인일지라도 과식이 비만을 초래할 수 있다는 것은 의문의 여지가 없다. 과식에 영향을 미치는 심리적 요인은 의식적 절식의 실패와 정서적 각성을 포함한다.

### 의식적 절식의 실패

어떤 사람은 다이어트를 한 후에도 계속 폭식을 하여 비만 상태를 벗어나지 못한다. 비만인 사람은 다이어트를 2일 만에 멈추고 난 다음 너무 과식을 하여 마침내는 다이어트를 전혀 하지 않았을 때보다 더 많은 칼로리를 섭취할 수도 있다. 다이어트는 의식적 절식이므로 통제의 실패는 칼로리 섭취를 증가시키는 요인이다.

의식적 절식의 역할을 좀 더 자세히 이해하기 위해 연구자는 다이어트, 체중 기록, 음식 먹기에 대한 관심에 관한 질문지를 개발했다(예: 당신은 얼마나 자주 다이어트를 하는가? 당신은 다른 사람 앞에서는 조절하여 먹는가, 혼자 있을 때는 과식을 하는가?). 그 결과 거의 모든 사람이—날씬하든, 보통이든, 과체중이든 간에—두 범주 중 하나, 즉 의식적으로 절식을 하는 사람과 그렇지 않은 사람으로 분류되었다. 게다가 실제 체중과 무관하게, 절식을 하는 사람의 섭식 행동은 절식 없이 먹는 사람보다는 비만인 사람의 행동에 더 가까웠다(Herman & Polivy, 1980; Ruderman, 1986).

실험실 연구는 절식을 그만두었을 때 무슨 일이 발생하는가를 보여 준다. 정상 체중이면서 절식하는 사람과 절식을 하지 않고 먹는 사람에게 두 컵의 밀크셰이크, 한 컵의 밀크셰이크를 마시도록, 혹은 아무것도 마시지 말도록 하고, 그다음에 몇 가지 향을 지닌 아이스크림을 원하는 만큼 먹도록 했다(Herman & Mack, 1975). 절식 없이 먹는 사람은 밀크셰이크를 더 많이 마시도록 요구받을수록 나중에 아이스크림을 덜 먹었다. 그러나 두 컵의 밀크셰이크를 사전에 먹었던 절식하는 사람은 한 컵의 밀크셰이크를 먹었던 사람 또는 아무것도 먹지 않았던 사람보다 아이스크림을 더 많이 먹었다. 따라서 더 많이 먹고 싶은 정상적인 섭식 충동을 무시함으로써 음식을 줄이려고 애쓰는 사람은 정상적인 경우에 음식을 먹으려는 욕망을 중지시키는 포만감을 무시하게 된다. 역설적으로 이는 다이어트를 하려는 의식적 노력이 흔히 실패하는 이유이다.

### 정서적 각성

과체중인 사람은 긴장하거나 걱정을 할 때 흔히 더 많이 먹는다고 보고하며, 실험 결과는 이 보고를 지지한다. 실험 참가자 중 비만인 사람은 불안이 낮은 상황보다 불안이 높은 상황에서 더 많이 먹지만, 정상 체중인 사람은 불안이 낮은 상황에서 더 많이 먹는다(McKenna, 1972). 다른 연구는 어떤 유형의 정서적 각성이 일부 비만인 사람의 음식 섭취를 증가시킨다는 것을 보여 준다. 한 연구에서 과체중인 사람과 정상 체중인 사람은 네 번의 시기에 각각 상이한 내용의 필름을 보았다. 이 필름 중 세 가지는 다양한 정서를 각성시키는데, 각각은 비참하고, 즐겁고, 성적으로 각성을 시킨다. 네 번째 필름은 지루한 여행담이었다. 참가자는 그 필름을 각각 본 후에 다른 종류의 크래커를 맛보고 평가했다. 비만인 참가자는 여행담을 본 후보다는 각성을 시키는 필름을 본 후에 더 많은 크래커를 먹었다. 정상 체중인 사람은 보았던 필름과 무관하게 동일한 양의 크래커를 먹었다(White, 1977).

정서적 스트레스가 섭식을 유발하는 능력은 다른 동물에서도 관찰되었다. 이것은 스트레스가 어떤 조건에서 과식을 초래하는 기본적인 뇌 체계를 활성화할 수 있음을 의미한다(Rowland & Antelman, 1976).

## 다이어트와 체중 통제

비록 유전적 요인이 무리 없이 줄일 수 있는 체중의 양을 제한하더라도 과체중인 사람은 체중 조절 프로그램으로 체중을 줄일 수 있다. 어떤 프로그램이 성공적이기 위해서는 극단적인 다이어트 이외의 다른 어떤 것을 포함해야만 한다.

### 다이어트의 한계

불행하게도 다이어트를 하는 사람들은 대부분 성공하지 못하고, 체중을 줄이는 데 성공한 사람도 다이어트를 멈춘 후에 다시 체중이 증가한다. 이런 상황은 일시적인 음식 박탈(이것이 실제의 다이어트임)에 대한 두 가지 고질적인 반응에 기인한다. 첫 번째 반응은 박탈 그 자체가 나중에 과식을 초래할 수 있다는 것이다. 어떤 실험에서 쥐는 처음에 4일 동안 먹이가 박탈되었고, 그다음에 정상 체중을 회복할 때까지 먹도록 허용되었으며, 마지막에는 원하는 만큼 음식을 먹도록 허용되었다. 이 쥐는 박탈 경험이 없었던 통제집단의 쥐보다 먹이를 더 많이 먹었다. 그래서 사전의 박탈은 과식을 초래하여 줄였던 체중이 회복된 후에도 과식을 초래했다(Coscina & Dixon, 1983).

두 번째 관심거리인 반응은 박탈이 신진대사율을 감소시키고, 신진대사율이 낮을수록 칼로리를 더 적게 소비함으로써 체중이 더 증가한다. 결과적으로 다이어트 중의 칼로리 감소는 부분적으로 신진대사율의 감소에 의해 상쇄됨으로써 다이어트를 하는 사람의 목표 달성을 어렵게 한다. 다이어트에 의해 초래되는 신진대사율의 감소는 많은 사람들이 계속적인 다이어트를 통해서도 체중을 줄이기가 더욱더 어려워지는 이유를 설명해 준다. 신체는 매번의 다이어트에 대해 신진대사율의 감소로 반응한다(Brownell, 1988).

다이어트에 대한 두 가지 반응—과식과 신진대사율의 저하—은 진화적 용어로 이해될 수 있다. 인간사에서 아주 최근까지 사람은 음식이 부족한 환경 때문에 박탈을 경험했다. 음식 부족에 대한 한 가지 적응적 반응은 과식, 그리고 음식을 먹을 때마다 가능한 한 신체에 많이 저장하는 것이다. 자연선택은 박탈 이후에 과식하는 능력을 장려했을 것이고, 그것이 과식 반응을 설명해 준다. 환경의 음식 부족에 대한 두 번째 적응적 반응은 유기체가 제한적인 칼로리를 소비하는 비율을 감소시키는 것으로, 그래서 자연선택은 음식이 박탈되는 동안 신진대사율을 낮추는 능력을 배양했을 것이다. 이것은 관심거리가 되는 두 번째 반응을 설명해 준다. 수천 년 동안 두 가지 반응은 식량이 부족할 때 종의 생존을 도왔을 테지만, 일단 식량 부족이 문제가 되지 않으면—오늘날 대부분의 경제 선진국에서—그 반응은 비만 때문에 다이어트를 하는 사람의 체중 감소 노력을 끊임없이 방해한다(Polivy & Herman, 1985).

## 체중 통제 프로그램

체중을 줄이고 나서 유지하려면 과체중인 사람은 새롭고 지속적인 섭식 습관(일시적인 다이어트와 반대되는)을 형성하고 운동 프로그램을 실천할 필요가 있다. 이런 결론은 다음 연구에 의해 지지된다(Craighead et al., 1981; Wadden et al., 1997).

비만인 사람이 6개월 동안 다음과 같은 세 가지 치료 방법 중 하나를 따랐다. (1) 섭식과 운동 습관을 대상으로 하는 행동수정, (2) 식욕 억제제를 이용한 약물치료, (3) 행동수정과 약물치료의 조합 등이다. 세 치료집단의 참가자는 모두 하루에 1,200cal 미만을 섭취하는 다이어트를 포함하여 운동에 관한 정보와 집중적 영양 상담을 받았다. 행동수정 집단의 참가자는 자신에게 과식을 자극하는 상황 자각하기, 과식과 연합된 조건 변화시키기, 스스로 적절한 섭식 행동에 대해 보상 주기, 적당한 운동 방법 개발하기를 배웠다. 세 치료집단에 덧붙여 두 통제집단이 있었다. 한 집단은 연구에 참가하기를 기다리는 참가자들이었고, 다른 집단은 체중 문제에 대한 전통적인 치료를 위해 의사를 방문한 참가자들이었다.

표 10.1은 위의 연구 결과를 보여 준다. 세 치료집단의 모든 참가자들은 두 통제집단의 피험자들보다 체중을 많이 줄였는데, 행동수정과 약물치료를 겸용한 집단이 체중을 가장 많이 줄였고 행동수정 집단이 가장 적게 줄였다. 그러나 치료를 받은 그해 동안 놀라운 반전이 나타났다. 행동수정만을 받은 집단은 다른 두 치료집단보다 체중의 복귀를 덜 보였는데, 이들은 그해 말까지 평균 20파운드의 체중 감소를 유지했으나, 약물치료만 받은 집단

### 표 10.1 다른 치료에 따른 체중 감소

6개월간의 치료 완료 시와 1년 후의 추수 측정에서 파운드 단위로 측정된 체중 감소. 두 통제집단의 참가자들은 1년 후의 추수 검사가 가능하지 않았다.

| | 치료 후 체중 감소 | 1년 후 체중 감소 |
|---|---|---|
| 치료집단 | | |
| 행동수정 | 24.0 | 19.8 |
| 약물치료 | 31.9 | 13.8 |
| 행동수정과 약물치료의 결합 | 33.7 | 10.1 |
| 통제집단 | | |
| 대기집단 | 2.9(증가) | — |
| 병원의 방문자 | 13.2 | — |

과 겸용 치료 집단은 처음에 줄였던 체중의 거의 2/3를 회복했다.

무엇이 이런 반전을 초래했는가? 자기효능감 또는 자기통제감의 증가가 한 요인일 수 있다. 행동수정 치료만을 받은 참가자는 체중 감소를 자신의 노력 덕분으로 여길 수 있었고, 그로 인해 치료가 종료된 후에도 체중 통제를 계속하려는 결심을 강화했을 것이다. 반면에 식욕억제제를 처방받았던 참가자는 체중 감소를 약물의 탓으로 여겼을 것이며, 자기통제감을 발달시키지 않았을 것이다. 다른 가능한 요인은 약물치료가 참가자의 배고픈 느낌을 감소시켰거나 일시적으로 설정점을 낮추었을 것이고, 결과적으로 약물치료 집단과 겸용 치료 집단의 참가자는 약물 투여가 중단되었을 때 느끼는 배고픔의 증가에 대한 대처를 충분히 준비하지 못했을 것이다.

## 식욕부진증과 폭식증

비만이 가장 공통적인 섭식 문제이지만 그 반대 문제도 신경성 식욕부진과 폭식의 형태로 표면화되었다. 이러한 장애는 모두 체중을 증가시키지 않으려는 병리적 욕망을 포함하고, 특히 여성에게서 많이 나타난다.

**신경성 식욕부진** anorexia nervosa은 개인의 최소 정상 체중에 최소한 15% 미달하는, 극단적이고 스스로 좋아서 하는 체중 감소로 특징지어지는 장애이다. 일부 식욕부진증 환자는 사실상 정상 체중의 50% 미만을 유지한다. 체중의 극단적인 상실과 그로 인해 초래되는 문제에도 불구하고 전형적인 식욕부진증 환자는 자신이 문제가 있다는 것을 부정하고 체중 늘리기를 거부한다. 사실상 식욕부진증 환자는 스스로 너무 살이 쪄 보인다고 생각한다. 식욕부진증 환자로 진단된 여성은 체중 감소와 더불어 월경도 중지된다. 체중 감소는 심신 쇠약, 감염에 대한 취약성, 다른 영양결핍 증후를 포함하는 다수의 위험한 부작용을 초래할 수 있다. 이런 부작용으로 사망할 수도 있다.

식욕부진증은 비교적 드물다. 서구 유럽과 미국에서는 그 유병률이 약 0.3%이다. 그러나 1970년대 이래로 안정되는 것처럼 보일지라고 1950년대에 비해서는 2배 이상이다(Hoek & van Hoeken, 2003). 식욕부진증은 남성보다 여성에게 20배나 더 발병하고, 대다수의 식욕부진증 환자는 10~30대의 젊은 여성이다. 일반적으로 식욕부진증 환자는 전적으로 음식에 집중적인 관심을 갖는데, 자신이 먹은 것은 무엇이든 칼로리의 양을 주의 깊게 계산한다. 때때로 이런 관심은 "물론 나는 아침으로 아침 식사용 시리얼을 조금 먹었다." 또는 "나는 우표도 핥지 않으려고 한다. 사람들은 칼로리에 대해 전혀 알지 못한다."라고 언급할 때처럼 강박증 수준에 도달한다(Bruch, 1973). 음식에 대한 이런 강박증과 체중 증가의 가능성은 때때로 하루에 7시간을 격렬히 운동하는 강박적 운동 중독자로 만든다(Logue, 1991).

**폭식증** bulimia은 폭식(불연속적인 시간 주기로 다량의 음식을 신속히 먹는 것)과 이에 따르는 구토 혹은 설사로 폭식한 음식 내보내기의 순환적 에피소드로 특징지어진다. 폭식은 빈번히 나타나고 극단적일 수 있다. 폭식증을 가진 여성에 대한 조사에서는 대부분의 여성이 최소한 하루에 한 번(보통 저녁 식사 시에) 마음껏 먹고, 평균적인 폭식이 4,800cal(종종 달거나 짠 탄수화물 음식)에 달한다는 것을 발견했다. 그러나 폭식에 따르는, 섭취한 음식을 구토하거나 배설하는 행동 때문에 폭식증인 사람의 체중은 비교적 정상적으로 유지되는데, 이는 섭식장애를 은폐할 수 있게 해 준다. 그러나 이런 행동은 심한 생리적인 대가를 초래할 수 있다. 토하는 것 또는 설사제를 복용하는 것은 신체의 칼륨 균형을 파괴하고, 이는 탈수, 심장부정맥, 비뇨기 감염과 같은 문제를 야기할 수 있다.

식욕부진증처럼 폭식증은 일차적으로 젊은 여성을 괴롭힌다. 그러나 폭식증은 식욕부진증보다 발병 빈도가 높은데, 추정에 의하면 유럽과 미국에서 1.1%는 완전히 폭식증으로 진단되고, 5.4% 이상은 최소한 일부 증상을 나타낸다(Hoek & van Hoeken, 2003).

연구자는 식욕부진증과 폭식증에 대해 사회적 · 생물적 및 성격 또는 가족 요인을 포함하는 다양한 원인을 제안했다. 어떤 사람에게서 섭식장애가 나타나는 데는 아마도 이 몇 가지 요인이 함께 작용할 것이다.

### 사회문화적 원인

많은 심리학자들은 사회 및 문화 요인이 식욕부진증과 폭식증에 주요한 역할을 한다고 제안했다. 특히 그들은 서구 사회가 여성의 날씬함을 강조하는 것을 지적한다. 이런 강조는 과거 40년 동안 주목할 만하게 증가했는데, 섭식장애의 발병도 이 시기 동안 증가했다는 관찰과 일치한다. 이런 추세의 지표는 사람들이 생각하는 '완전한' 여성의 모습의 변화이다. 여기서 제시된 사진은 1950년대에 이상적인 체형을 가진 것으로 널리 생각되었던 제

**제인 맨스필드(좌측)는 1950년대의 완전한 여성상을 대표하는 반면에, 니콜 키드먼(우측)은 오늘날의 완전한 여성상을 대표한다. 그러나 최근에 '건강한 여성'을 지지하는 문화적 반발이 있고(예: 'real woman have curves' 도브 캠페인), 이런 주장은 아주 마른 모델과 할리우드 스타를 병든 혹은 건강하지 못한 경우로 기술한다.**

인 맨스필드와, 그 옆에는 오늘날의 이상적인 체형을 반영하는 여배우 니콜 키드먼이다. 키드먼은 맨스필드보다 특히 엉덩이와 넓적다리가 매우 날씬한데, 이는 대부분의 여성이 심하게 불만을 느끼는 신체 부위이다.

그러나 얼마나 정확하게 '이상적인' 여성 신체에 대한 미디어의 이미지가 스며들고, 높은 섭식장애의 발생률을 설명하는가? 이 과정에 대한 통찰은, 시각적 대중매체에서 그리고 실제적인 대인 접촉에서 여성의 신체를 성적으로 대상화하는 문화에서 자란 것이 근본적으로 어떻게 소녀나 성숙한 여성의 자기 견해와 안녕감을 변화시키는가에 대한 사회문화적 설명인 **대상화 이론** objectification theory에 의해 제공된다(Fredrickson & Roberts, 1997; Fredrickson et al., 2011). 성적 대상화는 어떤 사람이 타인에 의해 신체의 가치를 무엇보다 성적 도구(또는 성교)로 취급받을 때 언제나 발생한다. 성적 대상화는 비인간적 형태의 대인 존중이다. 그것은 표적인 사람의 완전한 인간성을 관찰자의 이득을 위해 비인격적 대상의 지위로 격하시킨다.

성적으로 여성의 신체를 대상화하는 문화적 관습에의 반복 노출로 인한 처음의 심리적 결과는, 이론이 주장하듯이 어린 또는 성숙한 여성이 여성의 신체를 대상화하는 상대 관찰자의 관점을 내면화하는 것을 학습한다는 것이다. 신체적 외모에 대한 선입견은 **자기대상화** self-objectification라고 불린다(개념 설명 참조). 요컨대 자기대상화는 어떤 사람이 특별한 혹은 관찰 가능하지 않은 신체적 속성에 초점을 두는 일인칭의 조망(내가 어떻게 느끼는가?)보다는 관찰 가능한 신체 속성에 초점을 두는 삼인칭의 조망(내가 어떻게 보이는가?)으로 자신의 신체를 생각하고 가치 있게 여기는 것을 의미한다. 자기대상화는 비교적 안정된 특질—일부 소녀나 성숙한 여성이 다른 사람보다 더 자기대상화를 하는 것—로서 그리고 일시적 상태—어떤 상황이 다른 상황보다 더 자기대상화를 향하도록 하는 것—로서 개념화된다(Breines et al., 2008). 자기대상화는 다양한 인종 배경을 가진 여성(Hebl et al., 2004)과 동성애 남성(Martins et al., 2007)에게 영향을 미치는 것으로 나타났다.

대상화 이론은 자기대상화가 일정 범위의 심리적·정서적 반응을 초래한다고 주장한다. 무엇보다 먼저 자기대상화는 신체의 외양을 끊임없이 살피는 것으로 특징지어지는 자의식을 초래한다. 외모에 대한 선입견은 어떤 사람의 의식 흐름을 방해함으로써 그 사람이 다른 활동에 전념할 심적 자원을 제한한다. 그것은 또한 수치감과 불안의 증가 그리고 긍정적 정서와 성적 쾌감의 감소를 포함하는 예측 가능한 정서반응을 일으킨다. 시간이 가면 이런 정서반응이 축적되어 혼합될 수 있으므로, 이는 어떤 건강과 정신건강 문제가 특히 소녀와 성숙한 여성을 괴롭히는 이유를 설명해 준다. 이런 문제 중 주요한 것은 다양한 형태의 섭식장애인데, 식욕부진증과 폭식증 및 일반적으로는 절식(다이어트)을 포함한다. 그러나 그 이론은 여기서 멈추지 않는다. 대상화 이론은 우울과 성기능장애의 성차를 설명해 준다(개념 설명 참조).

이런 세 가지 문제(섭식장애, 우울, 성기능장애)의 위험성은 성별뿐만 아니라 연령에 따라서 일어난다. 흥미롭게도 그 위험성은 관찰 가능한 인생의 발달 과정에서 여성의 신체 변화와 보조를 맞추어 변화한다. 이러한 변화는 초기 소녀기에 출현하고 후기 중년기의 여성은 감소한다. 대상화 이론은 여성이 생식 잠재력을 갖고 있는 시기 동안에 가장 성적 대상화의 표적이 되고, 이런 사실은 인생의 발달 과정에 걸쳐 변화하는 위험성의 형태를 설명한다고 표명했다.

여대생을 대상으로 한 조사 연구는 자기대상화, 자신의 신체에 대한 수치감과 불안, 긍정 정서의 감소, 신체 단서에 대한 둔감성, 섭식장애, 우울한 기분이 모두 서로 연합된다는 것을 보여 주었다(Noll & Fredrickson, 1998; Tiggemann & Williams, 2012). 그러나 그것은 단순히 상관관계이다. 어떻게 자기대상화는 섭식장애의 원인이고, 결과 또는 증세가 아닌가? 일련의 우수한 실험실 실험은 필요한 증거를 제공한다. 이 연구에서 참가자(남자 대학생과 여자 대학생)는 자신이 소비자 의사결정에 관한 연구에 참여한다고 믿었다. 이런 상황하에 그들은 다양한 생산품의 표본을 선택했고, 이 생산품이 자신에게 어떻게 느껴지는가를 평정했다. 어떤 옷을 입어 보고 평가할 때(개인의 '드레싱 룸'에서) 참가자는 털실 스웨터 또는 수영복(모든 사이즈가 가용함)을 입어 보도록 무선적으로 할당되었다. 남성과 여성 모두에서 수영복을 입어 보는 것은 자기대상화의 자의식 상태를 불러일으켰다. 그러나 남성과 여성의 유사성이 이곳에서 사라진다. 나중에 또 다른 연구로 남성과 여성 모두에게 어려운 수학 시험이 제시되었다. 남성은 자신이 무엇을 입고 있는가와 무관하게 수학 시험에서 동등한 수행을 보였다. 반면에 자기대상화가 정신적 자원의 파괴를 초래한다는 주장과 일치되게 여성은 옷을 적게 입고 있을 때 시험을 잘

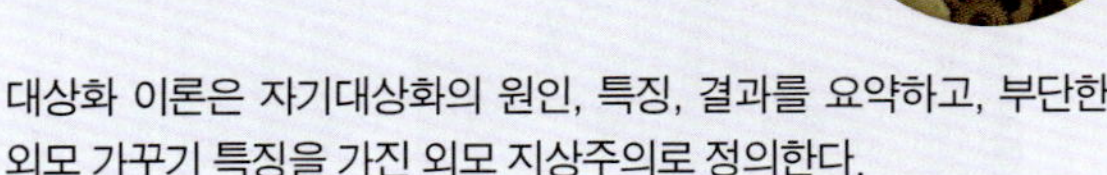

**개념 설명**

**대상화 이론**

대상화 이론은 자기대상화의 원인, 특징, 결과를 요약하고, 부단한 외모 가꾸기 특징을 가진 외모 지상주의로 정의한다.

| 이론 개요 | 이론 요소 |
|---|---|
| 원인 | 성적 대상화의 문화적 실제<br>대중매체의 메시지에서<br>대인 간 만남에서 |
| 특징 | 자기에 대해 내면화한 관찰자 조망<br>부단한 외모 가꾸기<br>파괴된 정신적 자원 |
| 결과 | 심리적 경험<br>수치심 증가<br>불안 증가<br>긍정적 정서 감소<br>신체 단서에 관한 민감성<br>건강과 정신건강의 위험<br>섭식장애<br>우울<br>성기능장애 |

못 보았다. 나중에 또 다른 미각 검사가 있었다. 참가자는 자신의 옷으로 갈아입은 후 캔디바를 맛보고 평가했다. 대부분의 남성은 자신이 무엇을 입고 있었던가와 무관하게 캔디바를 모두 먹었다. 그러나 여성의 먹는 형태는 수영복을 입었던 것에 상당한 영향을 받았다. 개념 설명에서 개관된 이론적 모형이 예언하듯이 수영복을 입은 여성은 자기대상화와 자신의 현재 신체에 대해 수치심을 경험했다. 수치심이라는 정서적 반응은 자신의 신체와 지나치게 날씬한 문화적 이상 사이의 수치스러운 부조화를 교정하는 방법으로서 절식을 예언해 주었다(Fredrickson et al., 1998). 이런 결과는 대상화하는 메시지의 노출이 '내면화해서' 섭식장애를 초래하는 심리 및 정서 과정을 상세히 밝히는 것을 목표로 하는 대상화 이론을 지지하는 인과적 증거를 제공한다.

### 생물학적 원인

성적 대상화의 문화적 메시지에 노출된 모든 사람이 섭식장애를 발달시키는 것은 분명 아니다. 어떤 생물학적 취약성이 섭식장애를 발달시킬 경향성을 증가시킬 것이

다. 어떤 가설은 식욕부진증이 섭식을 조절하는 역할을 하는 시상하부의 기능 이상에 의해 초래된다는 것이다. 식욕부진증을 보이는 사람은 시상하부의 기능 저하, 그리고 시상하부의 정상 기능에 몇 가지 중요한 신경전달물질의 이상을 보인다(Fava et al., 1989). 폭식증에 관해서는 기분 조절과 식욕(Mitchell & deZwann, 1993)에서 혹은 의사결정과 충동 조절에 영향을 미치는 집행 기능(Brand et al., 2007)에서 역할을 하는 신경전달물질인 세로토닌의 결핍이 있을 것이다.

### 가족적 원인

성격과 가족 요인도 식욕부진증과 폭식증에 영향을 미칠 것이다. 섭식장애를 가진 젊은 여성은 '완전함'과 극단적 자기통제를 강조하지만 온화함이나 갈등의 표현이 허용되지 않는 가족에서 발생한다(Bruch, 1973; Minuchin et al., 1978). 일부 젊은 여성은 섭식 습관을 통제함으로써 부모에 대한 통제와 부모로부터 관심의 표현을 얻으려고 추구하고, 마침내 식욕부진증을 발달시킨다. 다른 여성은 정서적인 혼란을 느끼거나 또는 자신의 낮은 자존감을 고통스럽게 느낄 때 폭식을 나타낼 것이다(Polivy & Herman, 1993).

섭식장애를 가진 사람이 건강한 섭식 습관을 회복하고, 직면한 정서적 문제를 처리하는 것을 돕기 위해 고안된 치료는 유용하다는 것이 입증되었다(Agras, 1993; Fairburn & Hay, 1992). 세로토닌 수준을 조절하는 약물도 도움이 될 수 있는데, 특히 폭식증을 가진 사람들에게서 그렇다(Mitchell & deZwann, 1993). 그러나 식욕부진증과 폭식증은 심각한 장애이고, 그런 증후를 가진 사람은 종종 수년간 심각한 문제를 계속 겪는다.

#### 중간 요약

- 인간은 음식 선택을 안내하는 선천적 및 학습된 미각 선호와 혐오를 갖고 있다. 신체가 글루코스와 같은 칼로리를 함유한 영양분을 적게 갖고 있을 때 발생하는 항상성 배고픔 신호는 부분적으로는 개인으로 하여금 음식 유인을 더 매력적이고 유쾌한 것으로 지각하도록 함으로써 식욕을 일으킨다.
- 배고픔은 대체로 항상성 결핍과 포만 신호에 의해 통제된다. 뇌에, 특히 뇌간과 시상하부에 있는 어떤 뉴런은 글루코스의 결핍을 탐지하고 배고픔을 일으킨다. 다른 영양물질의 탐지기는, 특히 간에 있는 탐지기는 에너지 저장의 증가를 탐지하여 포만을 일으킨다. 호르몬인 콜레시스토키닌과 같은 형태의 포만 신호는 배고픔이나 섭식을 멈추는 것을 돕기 위해 장에서 분비된다.
- 뇌의 두 영역, 즉 외측 시상하부와 복내측 시상하부는 배고픔에 결정적이다. 외측 시상하부의 파괴는 절식을 초래하고, 복내측 시상하부의 파괴는 과식을 초래한다.
- 사람들은 주로 (1) 유전적으로 과체중이 될 성향을 갖고 있거나, (2) 심리적인 이유로 과식을 하기 때문에 비만이 된다. 유전자의 영향은 지방세포, 신진대사율, 설정점에 의해 중개된다. 비만인 사람은 다이어트를 중지할 때 과식을 하고, 정서적으로 각성되었을 때 더 많이 먹으며, 정상 체중인 사람보다 외적 배고픔 단서에 더 과민한 반응을 보이는 경향이 있다.
- 비만 치료에서 극단적인 다이어트는 음식 박탈이 추후의 과식을 초래하고 신진대사율을 낮추기 때문에 효과가 그다지 없는 것처럼 보인다. 가장 효과적으로 작용하는 것처럼 보이는 방법은 지속적인 새로운 섭식 습관을 형성하고 운동 프로그램에 참여하는 것이다.
- 신경성 식욕부진증은 극단적이고 스스로 실천하는 체중 감소로 특징지어진다. 폭식증은 폭식과 이에 따르는 구토, 설사로 과잉 섭취된 음식을 제거하는 순환적 에피소드로 특징지어진다. 이런 섭식장애의 가능한 원인은 낮은 자존감과 같은 성격 요인, 날씬함에 대한 문화적 강조와 같은 사회적 요인, 여성의 신체를 대상화하는 유행적인 문화 메시지, 낮은 세로토닌 수준과 같은 생물학적 요인을 포함한다.

#### 비판적 사고를 위한 물음

1. 자신의 신체를 부끄러워하는 느낌 같은 잠재적인 부정적 정서는 과식, 비만, 절식과 다양한 섭식장애를 초래할 수 있다. 왜 그런가? 정상적인 섭식에서 일탈하는 경로를 기술하라. 무엇이 어떤 경로를 따르게 한다고 생각하는가?
2. 이 책에서는 다이어트와 연관된 다수의 문제 또는 절식을 다룬다. 왜 다이어트는 항상 인기가 있는가? 어떤 사회문화적 요인이 영향을 미치는가?

## 성별과 성욕

성적 욕망은 갈증과 배고픔처럼 강력한 동기이다. 그러

나 어떤 중요한 차이가 있다. 성욕은 사회적 동기—전형적으로 다른 사람을 포함—인 반면에 생존 동기는 개인에게만 관심을 둔다. 게다가 성욕은 유기체의 생존을 위해 조절하거나 수정할 필요가 있는 내적 결핍을 포함하지 않는다. 결과적으로 사회적 동기는 항상성 분석을 적용할 필요가 없다.

성욕에 관해서 두 가지 결정적인 구분을 명심해야 한다. 첫째는 우리는 사춘기에 성적으로 성숙하기 시작하지만 성적 정체성의 기초는 자궁에서 형성된다는 사실로부터 기인한다. 그러므로 우리는 성인의 성욕(즉 사춘기에 변화를 시작)과 초기의 성적 발달을 구분한다. 둘째는 성행동과 성적 감정에 있어서 생물학적 결정 요인과 환경적 결정 요인 사이의 구분이다. 많은 측면의 성적 발달과 성인의 성욕에 대한 근본적인 물음은 물음의 대상이 되는 행동 또는 감정이 생물학(특히 호르몬), 환경과 학습(초기의 경험과 문화적 규범), 생물학적 요인과 환경적 요인의 상호작용의 산물에 관한 것이다.

## 초기의 성적 발달

성인으로서 사회적 · 성적 경험을 만족시키기 위해 대부분의 개인은 적절한 **성정체성** gender identity을 발달시킬 필요가 있는데, 이는 남성이 자신을 남성으로, 여성이 자신을 여성으로 생각하게 되는 것이다. 성정체성의 발달은 매우 복잡하고 실제로 출생 전부터 시작된다. 임신이 된 후 초기 몇 달 동안 염색체만이 인간의 태아가 소년 또는 소녀로 발달할 것인가를 나타내 준다. 이 단계까지 남녀는 모두 외양이 동일하고, 마침내 고환 또는 난소로 발달하는 신체조직, 그리고 페니스 또는 클리토리스가 되는 성기의 돌기를 갖는다. 임신 후 2~3개월 사이에 원시적인 성선 혹은 생식선이 태아가 유전적으로 남성이면 고환으로, 유전적으로 여성이면 난소로 발달한다(2장 참조). 일단 고환 또는 난소가 발달하면 내부의 생식 구조와 외성기의 발달을 통제하는 성 호르몬을 생산한다. 성 호르몬은 장래의 성인의 성욕 표현보다는 태아기 발달에 더욱더 중요하다.

성기 발달에 결정적인 호르몬은 안드로겐이다. 태아의 성선이 안드로겐을 충분히 생산하면 남성의 성기를 가질 것이고, 안드로겐이 불충분하면 신생아는 유전적으로는 남성이라 할지라도 여성의 성기를 가질 것이다. 반대로 안드로겐이 인위적으로 주입되면 신생아는 유전적으로 여성이라 할지라도 남성의 성기를 가질 것이다. 달리 말하면 남성 염색체(Y)의 존재 혹은 부재는 단순히 태아가 안드로겐을 분비할 것인가 말 것인가를 결정함으로써 성적 발달에 영향을 준다. 여성 태아로의 해부적인 발달은 여성 호르몬을 요구하지 않고 단지 남성 호르몬이 없을 경우에 일어난다. 요약하면 안드로겐이 개입되지 않으면 자연적으로 여성이 된다.

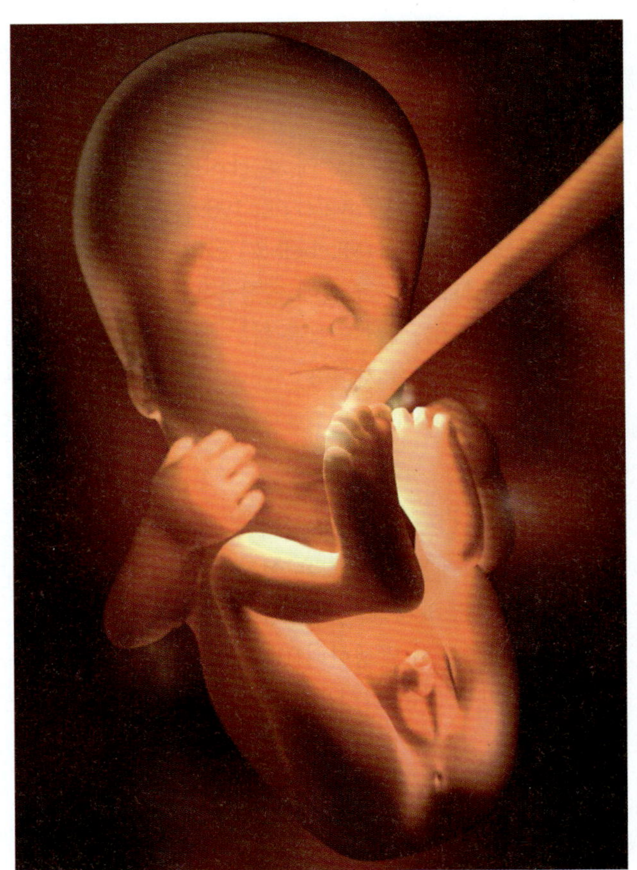

**태아의 성선이 안드로겐(남성 호르몬)을 충분히 생산하면 남성의 성기가 발달한다. 사진은 임신 후 4개월이 된 남성 태아를 보여 준다.**

**남성화** androgenization라고 불리는 안드로겐의 영향은 해부학의 수준을 훨씬 넘어선다. 안드로겐은 성기를 발생시킨 후에 뇌세포에 작용하기 시작한다. 쥐를 대상으로 한 연구는 태아기의 안드로겐이 태아의 시상하부(인간과 동물에서 동기를 조절하는 기관)에 있는 세포의 부피와 세부적 구조를 변화시킨다는 증거를 제공했다(Money, 1987). 이런 안드로겐의 효과는 본질적으로 뇌를 남성화하고, 몇 개월 또는 몇 년 후에 나타나는 높은 수준의 공격성 같은 어떤 남성적 특질과 행동에 관여할 것이다.

일련의 실험에서는 임신한 원숭이에게 안드로겐을 주

사하여 태어난 암컷 새끼를 상세하게 관찰했다. 그 새끼들은 해부적 변화(클리토리스 대신에 페니스)를 보였고, 정상적인 암컷과는 다르게 행동했다. 그들은 더 공격적으로 놀았고, 성적 놀이에서도 수컷의 특성을 보였으며, 동료가 접근할 때 덜 친밀하게 반응했다(Goy, 1968; Phoenix, Goy, & Resko, 1968). 이런 발견은 인간이 아닌 동물에서 일부 성에 전형적인 행동이 부분적으로는 호르몬에 의해 결정된다는 것을 나타낸다.

초기의 호르몬 이상은 반대 결과를 초래할 수 있다. 그것은 나중에 남성의 성적 행동을 '여성화할(feminize)' 수 있다. 놀라운 예는 '모성 스트레스(maternal stress)'이다. 이는 어미가 임신 중에 심한 정서적 스트레스를 경험하면 수컷 쥐의 성행동이 변화하는 것이다(Ward, 1992). 임신한 어미 쥐에서 높은 수준의 스트레스는 수컷 태아의 고환에 의해 생산되는 안드로겐의 양을 감소시키는 호르몬의 변화를 초래한다. 그것은 잇따라 발달하는 뇌에 도달하는 안드로겐의 감소를 초래한다. 그런 태아의 시상하부와 다른 뇌 영역은 상이하게 발달하는 것 같다. 이 수컷 쥐는 성숙하면서 수컷의 성적 행동을 덜 보이고, 다른 수컷이 교미를 시도할 때 암컷의 교미 행동 양식을 보이기도 한다.

뇌 발달 혹은 행동에 대한 유사한 효과가 인간에게도 발생하는지는 알려지지 않았다. 비록 그 실험이 인간의 이성애 지향 대 동성애 지향의 기초에 대한 일부 통찰을 제공한다고 믿지만, 동물실험의 결과와 인간 행동 사이에는 차이가 있다. 예를 들면 모성 스트레스를 받고 태어난 수컷 쥐는 정상적인 수컷 쥐보다 어떤 유형의 성행동을 적게 보이는 경향이 있으나 남성 이성애자와 비교된 남성 동성연애자의 경우에서는 사실이 아니다. 그럼에도 불구하고 이 예는 인간이 아닌 동물에서 성숙 후의 성행동을 위한 초기 호르몬 환경의 중요성을 예증해 주고, 태아기의 호르몬이 인간의 성행동에도 중요할 가능성을 제기한다.

## 호르몬 대 환경

인간의 경우 태아기의 호르몬과 초기 환경의 영향에 대해 알려진 대부분의 지식은, 다양한 이유로 보통 하나의 성별이 경험하는 태아기 호르몬에 노출되었으나, 출생 후 다른 성별의 특징을 나타내는 사회적 역할을 하도록 양육되었던 개인에 대한 연구에 의해 밝혀졌다. 대부분의 경우에 개인에게 할당된 성별과 양육된 사회적 역할은 개인의 유전자와 호르몬보다 더 성정체성에 영향을 준다.

예를 들면, 1950년대와 1960년대에 태어나 수천 명의 여성은 뇌의 발달에 호르몬과 같은 영향을 미치는 디에틸스틸베스트롤(diethylstilbestrol)이라는 유산 방지 약물에 예기치 못하게 노출되었다. 정상적으로는 남성 태아의 고환에서 분비되는 테스토스테론(주요 안드로겐)은 뇌에서 디에틸스틸베스트롤과 유사한 물질로 전환된다. 그러므로 그 약물을 복용한 임신부는 부지불식간에 남성으로 발달하는 뇌가 경험하는 화학적 환경과 유사한 환경에 태아를 노출시켰다. 남성 태아의 경우에는 이것이 별 영향이 없을 것이다. 그들의 뇌는 남성 형태의 화학적 자극에 이미 노출되었다. 그러나 여성 태아는 어머니가 그 약물을 복용할 때 남성의 화학적 자극에 노출되었다. 이들의 딸 대다수에서 태아기의 노출은 탐지 가능한 결과를 초래하지 않았다. 태아기에 디에틸스틸베스트롤에 노출된 대부분의 딸은 다른 소녀처럼 성장해 갔고 정상적인 태아기 경험을 가진 여성과 차이가 없었다. 달리 말하면 사회적 환경이 태아기의 호르몬보다 여성의 성적 및 성별 발달에 더 큰 영향을 미치는 것처럼 보인다.

그러나 이는 태아기 화학적 환경이 절대적으로 영향이 없다고 말하는 것이 아니다. 연구자는 디에틸스틸베스트롤에 노출된 여성을 특징짓는 몇 가지 미묘한 차이를 탐지했다. 예를 들면 그런 여성은 정상적으로 기대되는 것보다 더 높은 비율의 동성애 또는 양성애를 보였다. 성적 지향은 성정체성과 동일한 것이 아니나, 이 경우에는 양자에 대한 미약한 태아기 호르몬의 영향이 반영되었다(성적 지향은 이 절의 뒤에서 상세하게 논의할 것이다). 또한 이들은 유아의 매력에 이끌리는 것과 같은 '모성 관심(maternal interest)'의 몇 가지 측정치에서 낮은 평정을 보였지만, 부모나, 성적 · 사회적 행동과 태도를 나타내는 대부분 다른 측정치에서 차이가 없었다(Ehrhardt et al., 1989). 이런 연구는 태아기의 호르몬 사건이 나중의 성적 · 사회적 발달에 미묘한 영향을 미친다고 할지라도 그 영향은 동물보다 인간에서 미약하다는 것을 시사한다. 인간에게는 사회 및 문화 요인이 우세한 것처럼 보인다(Money, 1980).

그러나 일부 연구는 반대 결론을 내놓았다. 그중 가장 유명한 것은 수년 전에 도미니카공화국의 벽촌에서 나왔다. 그 연구는 안드로겐 둔감성으로 알려진 조건 때문에, 분명히 남성적인 내부 생식기관이지만 클리토리스와 유사한 성기를 포함하여 여성의 외성기를 갖고 태어난, 유전적으로는 남성인 18명을 포함했다. 안드로겐 둔감성의 경우 생식선은 정상적으로는 고환으로 발달하고 테스토스테론과 여러 안드로겐을 분비하기 시작한다. 그러나 안드로겐에 의해 활성화되는 수용기 체계는 정상적인 경우에 호르몬에 의해 남성화되는 어떤 신체조직에서 찾아볼 수 없다. 비록 안드로겐이 분비되어 소년의 혈액 내에 존재할지라도 남성의 성기 형태와 신체적 발달을 이루지는 못한다. 연구 대상이 된 18명의 유아는 모두 소녀로 양육되었는데, 이는 유전자와 태아기의 호르몬 환경에 비추어 이상한 것이었다. 그들이 사춘기에 이르렀을 때 남성 호르몬의 분비는 통상의 신체적 변화를 일으켰고, 클리토리스와 유사한 성기관을 페니스와 유사한 성기관으로 변화시켰다. 여성으로 양육된 그들 중 다수는 빠르게 남성으로 바뀌어 갔다. 그들은 남성의 성정체성에 적응하는 데 거의 어려움을 보이지 않는 것처럼 보인다. 그들은 광부나 나무꾼이 되었고, 일부는 여성 성적 파트너를 찾았다. 이 사례에서는 생물학이 환경을 압도한다(Imperato-McGinley et al., 1979).

그러나 소녀같이 보인 이 도미니카 소년들에 대해 대립되는 의견이 있다. 그들은 보통의 소녀로 양육되지는 않은 것 같다(그들이 모호한 생식기를 갖고 있다는 점에서 이는 놀랍지 않다). 오히려 그들은 반은 소녀로, 반은 소년으로 대우받은 것 같은데, 이로 인해 나중에 남성으로 전환하기가 쉬웠을 수 있다(Money, 1987). 영국의 연구는 안드로겐 둔감성을 보이면서 소녀로 양육되고 성인기에 여성으로 확인된, XY를 가진 22명과 전형적인 XX 여성을 비교했다. 삶의 질, 성별 정체성, 성적 지향, 성전형적 행동, 결혼 상태, 성격 특질을 포함한 삶의 결과 측정치에서는 차이가 없었다. 이 증거는 안드로겐의 중요성을 강조하는데, 두 X 염색체와 난소가 전형적인 여성 발달에 필요하지 않은 것 같다(Hines et al., 2003; Mazur, 2005 참조).

다른 경우에는 태아기의 호르몬과 사회적 양육 사이의 갈등적 결과가 덜 분명하다. 가장 극적인 예에서 일란성 쌍둥이인 소년들은 태아기의 환경이 완전히 정상이었다. 그러나 8개월이 되었을 때 소년 중 하나가 관례적인 할례를 받다가 성기가 완전히 절단되었다. 10개월 후에 부모는 그 아이를 소녀로 바꾸는 외과적 수술을 했다. 고환을 제거하고 예비적 모양의 질을 만들어 주었다. 그 아이는 그때부터 여성 호르몬 주사를 맞고 소녀로 양육되었다. 몇 해 되지 않아 그 아이는 여성의 성정체성을 갖는 것 같았다. 그녀는 쌍둥이 형제보다 여성의 옷, 장난감, 활동을 더 선호했다. 그녀는 여러모로 정상적인 소녀로 보였기 때문에 대부분의 연구자는 이것이 사회적 환경이 승리한 사례로 결론지었다.

그러나 사춘기가 되었을 때 그 아이에 대한 연구는 결과가 더 복잡하다는 것을 밝혔다. 그 아이는 10대가 되었을 때 행복하지 않았고, 원래 성 또는 성전환 수술에 대해 말해 주지 않았지만 자신의 성에 대해 혼란을 겪는 것 같았다. 면접을 할 때 그녀는 여자 그림 그리기를 거부하고 남자만 그렸다. 그녀의 걷는 모습과 자세, 운동의 형태 같은 신체 언어의 측면은 외양상 남성이었다. 사회적으로 그녀는 또래와 관계를 형성하는 데 상당한 어려움을 보였다.

최근의 추후 연구는 그가 마침내 여성의 성정체성을 거부하고 그 이후로 남성으로 성공적으로 살았다는 것을 발견했다(Diamond & Sigmondson, 1997). 결국 사회화를 통해 성정체성을 통제하고 '정상적인 소녀'로 양육하려는 시도는 성공적이지 못했다. 그가 사춘기에 정서적·사회적 적응에서 경험한 어려움의 정확한 근원을 알기는 어렵다. 그것에 대한 설명은 초기 남성으로서의 뇌 발달이 나중에 여성 성정체성에 적응하는 능력에 제약을 가했을 가능성을 포함한다.

우리는 성정체성에 관해 어떤 결론을 내릴 수 있는가? 태아기의 호르몬과 환경이 모두 성정체성의 주요 결정 요인이고 일반적으로 조화롭게 작용을 한다는 것이 분명하다. 어떤 사람에서 호르몬과 환경이 충돌할 때 대부분의 전문가는 환경이 우세할 것으로 믿는다. 그러나 이것은 대립적인 분야이고, 전문가의 의견은 추가 자료가 수집됨에 따라 변할 것이다.

## 성인의 성욕

신체 호르몬 체계의 변화는 사춘기에 일어나는데 보통 11~14세경에 시작한다(그림 10.4 참조). 시상하부는 **성선자극호르몬 방출인자**(gonadotropin-releasing factor)라고 불리는 화학물질을 분비하기 시작하는데, 이것은 시상하부의 바로 아래에 있는 뇌하수체를 자극한다. 뇌하수체는 **성선자극호르몬**(gonadotropins)이라 불리는 성호르몬을 혈류에 분비한다. 이는 신체를 순환하고 난자 혹은 정자세포를 생산하는 성선—여성에서는 난소, 남성에서는 고환—에 도달한다. 성선자극호르몬은 성선을 활성화하여 성호르몬을 혈류에 분비하게 한다.

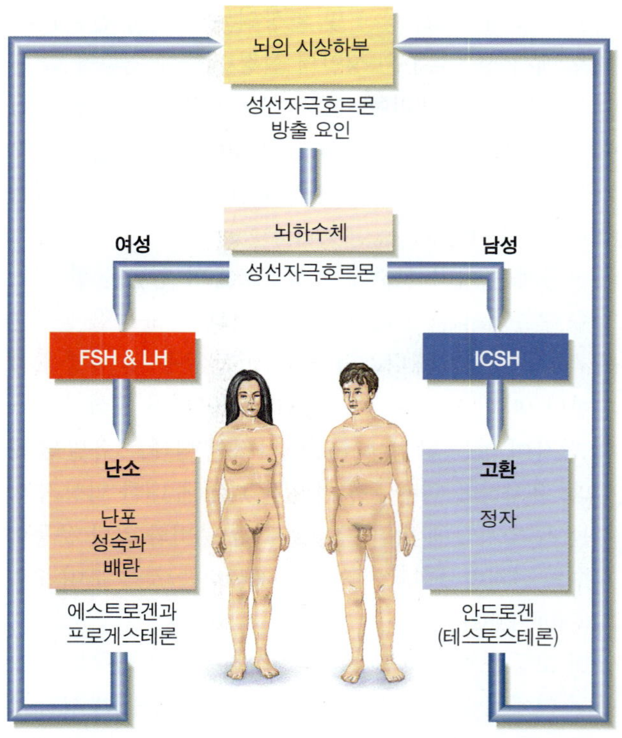


**그림 10.4 성과 관련된 호르몬 체계.** 시상하부는 호르몬을 통해 뇌하수체에 지시를 하고, 그 후 뇌하수체는 성호르몬을 분비하는 성선에 지시를 한다.

여성의 시상하부는 대략적으로 28일마다 상승과 하강을 하는, 한 달을 주기로 하는 성선자극호르몬 방출인자를 내보낸다. 이것은 뇌하수체를 자극하여 두 가지 성선자극호르몬인 난포자극호르몬(follicle-stimulating hormone, FSH)과 황체형성호르몬(luteinizing, LH)을 분비하게 하는데 이것의 분비도 한 달을 주기로 변동한다. 이 호르몬은 난소를 활성화한다. 난포자극호르몬은 난소를 자극하여 수정란이 발달하도록 해 주는 세포의 군집인 난포를 발생시킨다. 일단 난포가 발생하면 여성 호르몬인 에스트로겐을 분비하기 시작한다. 에스트로겐은 혈류에 방출되어 신체의 성적 발달에 영향을 미치고, 많은 동물 종의 뇌에서 성적 동기를 활성화한다. 두 번째 성선자극호르몬인 황체형성호르몬은 난포자극호르몬보다 조금 늦게 뇌하수체로부터 방출된다. 황체형성호르몬은 난포에서 성숙하여 수정 가능한 난자세포가 배출되는 배란을 촉진한다. 난포가 난자를 배출하면 두 번째 여성 호르몬인 프로게스테론을 분비하는데, 이것은 수정된 난자가 착상하게 자궁을 준비하고, 어떤 동물 종은 뇌에서 성적 동기를 활성화한다.

남성에서 시상하부는 월 주기보다는 일정한 형태로 성선자극호르몬 방출인자를 분비한다. 이것은 남성의 뇌하수체가 **간질세포자극호르몬**(interstitial cell stimulating hormone, ICSH)이라는 성선자극호르몬을 혈류에 계속적으로 방출하게 한다. ICSH는 남성의 고환에서 성숙한 정자세포를 생산하게 하고, 안드로겐, 특히 테스토스테론의 분비를 극적으로 증가시킨다. 테스토스테론과 다른 안드로겐은 남성의 신체적 특징의 발달을 자극하고, 대부분의 동물 종에서 성적 욕망을 일으키도록 뇌에 작용한다.

## 성욕과 각성에 대한 호르몬의 효과

많은 종에서 성적 각성은 호르몬 수준의 변동과 밀접한 관계가 있다. 그러나 인간의 경우 호르몬이 별로 역할을 하지 못한다. 성적 각성에 대한 호르몬의 영향을 평가하는 한 가지 방법은 **성선 절제술**(gonadectomy)이라고 불리는 절차에 따라 성선을 제거한 다음의 결과를 연구하는 것이다(남성의 고환 제거는 거세라고 불린다). 쥐, 기니피그와 같은 동물을 대상으로 한 실험에서 거세는 성적 활동을 신속히 감소시키고 결국 완전히 사라지게 했다. 물론 인간을 대상으로 한 통제된 실험은 없었다. 심리학자는 대신에 안드로겐의 이용을 억압하거나 차단하는 합성 호르몬을 사용함으로써 화학적으로 거세를 받아야 하는 고환암과 같은 심각한 질병을 가진 남성을 관찰했다. 이 연구는 일반적으로 그들 중 일부가 성에 대한 흥미를 상실하지만 다른 남성은 정상적인 성생활을 계속적으로 유지해 간다는 것을 보여 준다(Money et al., 1976; Walker, 1978). 안드로겐이 어떤 사례에서만 성적 욕망에 영향을 미치는 것이 분명하다.

남성의 성적 욕망과 각성에 대한 호르몬의 영향을 측정하는 다른 방법은 호르몬의 변동과 성적 흥미 사이의 관계를 찾아보는 것이다. 예를 들면 남성은 테스토스테론 수준이 높을 때 각성된 느낌을 가질 가능성이 더 높은가? 테스토스테론 수준은 성기능—발기하는 능력을 지표로 보면—에 대한 효과가 거의 없으나 성적 환상에서 나타나듯이 욕망을 증가시킨다(Davidson, 1989). 그러나 남성에서 성적 욕망의 주요 결정 요인은 정서적 요인으로 보인다. 남성과 여성 모두의 경우 커플 찾기 성치료(couples seeking sex therapy)에서 밝혀진 낮은 성욕의 가장 공통적인 원인은 부부 갈등이다.

여성의 성적 욕망은 호르몬에 대한 의존이 낮다. 이것

은 영장류가 아닌 종과는 대조적인데, 그들에서 암컷의 성행동은 주로 성호르몬에 의존한다. 다른 동물에서 난소의 제거는 성적 활동을 중지시킨다. 거세된 암컷은 수컷에 대해 수용적이기를 멈추고, 보통 성적 구애에 대해 저항한다. 주요한 예외는 인간 여성이다. 난소의 기능이 정지하는 폐경기 후에도 대부분의 여성들은 성적 욕망의 감소를 경험하지 않는다. 사실 어떤 여성은 폐경기 후에 성에 대한 관심이 증가하는데, 아마도 임신에 대한 걱정을 하지 않기 때문일 수 있다. 여성의 성적 욕망이 혈류에 있는 잔류 성호르몬의 양에 의해 촉진된다는 것을 나타내는 증거가 있다(Sherwin, 1988). 그러나 요구되는 수준이 너무 낮아서 대부분의 여성에서 그 수준이 초과될 수 있으므로, 전반적인 성욕의 변화에서 의미 있는 역할을 하지 않을 것이다.

폐경기 전의 여성에서 호르몬 변동과 성적 각성 사이의 관계에 대한 연구는 유사한 결론을 내렸다. 호르몬의 정상적인 변화는 다른 동물에서는 각성을 통제하나 인간에서는 그렇지 않다. 포유류 암컷에서 호르몬은 주기적으로 변동하는데, 이는 수정 가능성의 변화를 동반한다. 난자가 수정을 위해 준비하는 포유류 성적 주기의 첫 번째 부분 동안 난소는 에스트로겐을 분비하는데, 이것은 수정란 착상을 위해 자궁을 준비하고 성적 흥미를 각성시키는 경향이 있다. 배란이 일어난 후에 프로게스테론과 에스트로겐이 모두 분비된다. 수정 혹은 발정 주기는 대부분의 포유류 종에서 성적 동기의 변동을 동반한다. 대부분의 암컷은 에스트로겐 수준이 최고조에 달하는 배란기 동안에만 수컷의 성적 구애에 대해 수용적이다. 이 시기 동안 암컷은 '발정 중'에 있다고 일컬어진다. 그러나 영장류는 성적 활동성이 수정 주기의 영향을 적게 받는다. 원숭이와 침팬지 암컷은 가장 강한 성적 활동 시기가 배란기이기는 하지만 생식 주기의 모든 단계에 교미를 한다. 인간 여성에서 성욕과 각성은 사회 및 정서 요인의 영향을 크게 받는 것처럼 보인다.

요약하면 성행동에 대한 호르몬의 통제는 다른 동물보다 인간에서 미약하다. 그래도 인간 남성에서 테스토스테론 수준과 성욕의 관계에 의해 증명되듯이 어느 정도 호르몬 통제가 있다.

## 신경통제

어떤 의미에서 일차적 성기관은 뇌이다. 뇌는 성욕이 시작하는 곳이고 성행동이 통제되는 곳이다. 인간 뇌의 성기능은 성적 사고, 심상 및 환상의 통제까지 연장된다. 뇌 안에서 성호르몬은 성인의 신경 기능에 영향을 줄 수 있다. 다음으로 우리는 성호르몬이 인간을 포함한 포유류 종의 어린 시절 그리고 최소한 몇몇 종에서는 성숙 후의 신체적 성장과 뉴런의 연결 형태에 영향을 주는 방식을 논의한다(Breedlove, 1994).

신경계는 여러 수준에서 성호르몬의 영향을 받는다. 척수 수준에서 신경회로는 성교와 관련된 운동을 통제한다. 남성의 경우 페니스의 발기, 골반 운동 및 사정을 포함한다. 이런 모든 행동은 척수가 절단되어 의식적인 신체 감각이 없는 남성에서도 반사적인 형태로 유발될 수 있다. 유사하게 척수 손상이 있는 여성에 대한 임상적 연구는 성기 자극에 대한 반응으로 질 분비와 골반 운동이 척수의 신경반사회로에 의해 통제된다는 것을 보여 주었다(Offir, 1982).

더 고등한 수준의 뇌, 특히 시상하부는 성행동의 복잡한 측면에 중요한 신경계를 포함한다. 예를 들면 성적 추구와 성교는 여러 동물 종의 시상하부 영역에 대한 전기적 자극에 의해 유발될 수 있다. 인간조차도 시상하부 근처 뇌 영역에 대한 자극은 강한 성적 느낌과 욕망을 유발한다고 보고되었다(Heath, 1972). 반대로 시상하부 손상은 인간을 포함한 많은 종에서 성행동이 사라지게 할 수 있다.

## 어린 시절의 경험

환경도 성인의 성욕에 영향을 준다. 초기 경험은 여러 포유류의 성행동의 주요 결정 요인이고 특수한 성적 반응에 영향을 줄 수 있다. 예를 들면 어린 원숭이는 놀이를 할 때 나중에 교미에 필요한 많은 자세를 나타낸다. 또래와 레슬링을 할 때, 어린 수컷 원숭이는 성숙기 성행동의 구성요소인 뒷다리와 엉덩이 잡기, 몸으로 떠밀기 반응을 나타낸다. 어린 암컷 원숭이는 공격적인 어린 수컷으로부터 위협을 받을 때 물러나서 교미 중 수컷의 체중을 지탱하는 발의 위치와 유사한 부동 자세로 서 있다. 이런 성교 전 반응은 출생 후 60일 정도의 어린 시절에 나타나고 성숙함에 따라 더 빈번해지고 세련된다. 그것의 초기 출현은 특수한 자극에 대한 선천적인 반응이고, 그 반응의 경험을 통한 수정과 세련은 학습이 성숙 후 성적 패턴의 발달에 역할을 한다는 사실을 보여 준다.

경험도 성의 대인관계적 측면에 영향을 준다. 분리된 사육 상자에서 다른 원숭이를 볼 수는 있지만 접촉할 수가 없어서 부분적으로 격리되어 사육된 원숭이는 성숙하더라도 교미를 하지 못한다. 수컷 원숭이는 성교의 기계적 동작을 수행할 수 있다. 그들은 정상 원숭이와 대략 동일한 빈도로 자위하여 사정한다. 그러나 성적으로 수용적인 암컷을 접했을 때 교미를 위한 정확한 자세를 취하는 방법을 알지 못하는 것 같다. 그들은 각성이 되기는 하나 암컷 혹은 자신의 신체를 더듬는다. 그들의 문제는 특수한 반응의 결손이 아니다. 이런 원숭이는 사회적 · 정서적인 문제를 갖고 있다. 성적 접촉을 하지 않는 상황에서도 그들은 공포와 도망가기 혹은 극도의 공격성을 나타내면서 다른 원숭이와 관계를 맺지 못한다. 영장류에서 이성애적 행동은 호르몬과 특수한 성적 반응뿐만 아니라 이성 구성원과의 감정적 유대에 의존하는 것이 분명하다. 그 유대는 어미, 또래와의 초기 상호작용의 파생물인데, 이를 통해 어린 원숭이는 신뢰하고, 손상의 두려움 없이 자신의 연약한 부위를 노출하고, 다른 원숭이와의 신체적 접촉을 수용하고 즐기며, 다른 원숭이와 함께 있으려는 동기를 갖도록 학습한다(Harlow, 1971).

비록 이런 발견을 인간의 성적 발달에 일반화하는 데 조심해야 하지만 유아에 대한 임상적 관찰은 어떤 일치점을 시사한다. 유아는 일차적 보호자와의 온화하고 사랑하는 관계를 통해 최초의 신뢰와 애정의 느낌을 발달시킨다(3장 참조). 이런 기본적 신뢰는 또래와의 만족스러운 상호작용을 위한 선결 요건이다. 동성 및 이성 어린 아이와의 애정적인 관계는 성인 간의 성적 관계에 필요한 친밀의 바탕이 된다.

**일본 원숭이(snow monkey)와 같은 영장류에서 정상적인 이성애 행동은 호르몬 및 특수한 성적 반응의 발달에 의존할 뿐만 아니라 이성에 대한 애정적 유대에도 의존한다.**

## 문화적 영향

문화는 성적 욕망의 표현에 영향을 준다. 인간의 성행동은 다른 영장류와 달리 문화에 의해 강한 영향을 받는다. 예를 들면 모든 사회는 성행동에 어떤 제약을 가한다. 근친상간(가족과의 성관계)은 거의 모든 문화에서 금지된다. 다른 측면의 성행동(어린아이 사이의 성적 활동, 동성애, 자위행위, 혼전 성교)은 사회에 따라 허용하는 정도가 다르다. 문자를 쓰지 않는 문화에서 수용 가능한 성적 활동은 광범위하게 변한다. 일부 매우 허용적인 사회는 자기애적인 활동과 남녀 어린아이 사이의 성적 놀이를 장려하고 성인의 성적 활동을 관찰하는 것을 허용한다. 예를 들면 아프리카의 체와족은 아이가 스스로 성적 행위를 연습하는 것을 허용받지 못하면 나중에 후손을 생산하지 못한다고 믿는다. 뉴기니의 삼비아족은 제도화된 양성애를 갖고 있다. 사춘기부터 결혼할 때까지 소년은 다른 남성과 함께 생활하고 동성애를 나눈다(Herdt, 1984).

대조적으로 매우 제한된 사회는 사춘기 이전의 성적 행동을 통제하려 노력하고 아이들이 성에 관해 배우는 것을 막는다. 남아메리카의 쿠나족은 아이가 결혼할 때까지 성에 대해 전적으로 무지해야만 한다고 믿는다. 그들은 아이에게 동물이 출산하는 것을 보는 것조차 허용하지 않는다.

문화적 차이를 연구하는 가장 분명한 방법은 상이한 나라에서 실례를 연구하는 것이라 할지라도, 우리는 한 나라 안에서 발생하는 문화적 변화를 살펴볼 수도 있다. 그런 변화는 1940～1970년대 사이에 미국과 다른 서구 국가에서도 발생했다. 1940～1950년대에 미국과 대부분의 서구 국가는 성적으로 억압적이었다. 전통적으로 사춘기 이전 성욕의 존재는 무시되거나 부정되었다. 부부의 성생활이 유일한 합법적 성욕의 출구로 여겨졌으며, 다른 형태의 성적 표현(동성애, 혼전 및 혼외 성교)은 일반적으로 비난을 받고 종종 법적으로 금지되었다. 물론 이 사회에 속한 많은 사람이 그런 활동을 하지만 종종 수치감을 느낀다.

해가 갈수록 성적 활동은 제약을 덜 받았다. 혼전 성교는 더욱 수용되고 빈번해졌다. 1940년대에 면담을 한, 대학교육을 받은 미국 사람 가운데 여성의 27%와 남

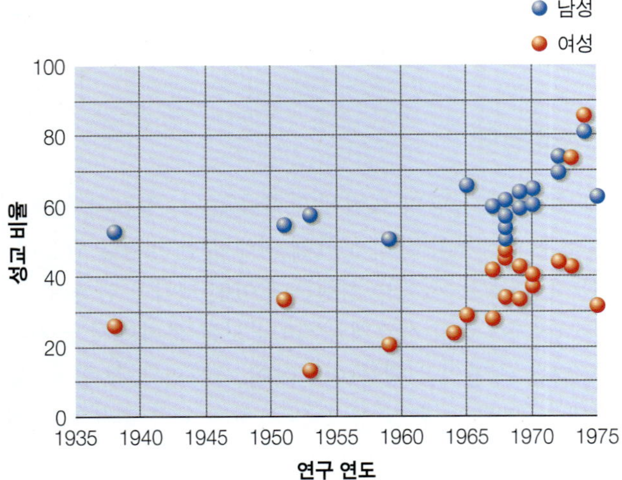


**그림 10.5 보고된 혼전 성교의 발생.** 각각의 자료는 남녀 대학생의 혼전 성교 발생에 관한 연구의 발견을 보여 준다. 1960년대에 급격히 상승하는 경향이 출현했다는 것을 주목하라.

성의 49%가 21세경에 혼전 성교를 했다(Kinsey et al., 1948; Kinsey et al., 1953). 그러나 1970년대에 수행된 미국 대학생에 대한 몇몇 조사는 남성과 여성 모두에서 40~80% 범위의 비율이 보고되었다(Hunt, 1974; Tavris & Sadd, 1977). 과거 수십 년 동안 점차적으로 더 어린 나이에 성경험을 시작하려는 추세가 있었다. 남성과 여성의 약 50%가 16~17세경에 성경험을 했다(Center for Disease Control, 2012). 그림 10.5는 35년 간격으로 수행된 연구에서 혼전 성경험의 발생률에 대한 보고를 보여 준다. 성행동의 변화가 남성보다 여성이 더 크고, 가장 큰 변화는 1960년대 후기에 발생했다는 것을 주목하라. 이 변화는 1970년대의 사회적 장면을 관찰한 사람으로 하여금 '성적 혁명'이 발생했다고 결론짓게 했다.

오늘날 성적 혁명은 성병, 특히 에이즈에 대한 공포에 의해 방해를 받고 있다. 더구나 그 '혁명'은 감정보다는 행동을 포함했다. 1970년대에 미국 대학생 커플에 대한 면담에서 20%만이 우연히 만난 사람과의 성관계가 수용 가능하다고 생각했다(Peplau et al., 1977). 여성의 성행동이 남성과 유사해지고 있다 할지라도 혼전 성관계에 대한 태도는 꾸준히 남성과 달랐다. 혼전 성관계를 가진 여성의 대다수는 정서적으로 연결된 1~2명의 파트너와 관계를 갖는다. 반면에 남성은 다수의 파트너와 성관계를 가질 가능성이 높다(Laumann et al., 1994). 그러나 5년 내에 남성과 여성의 다수는 1명 이상의 성적 파트너를 가질 가능성이 높다(Laumann et al., 1994).

## 성차

이성애자에 대한 연구는 젊은 남성과 여성이 성에 대한 태도가 상이하다는 것을 보여 주었는데, 여성은 남성보다 성을 애정 관계의 일부로 보려는 경향이 더 높다. 이와 관련하여 여성과 남성의 차이가 성적 질투를 초래할 가능성이 가장 높은 사건(감정적 배신 또는 성적 배신)의 성질에서 보고되었다. 자기보고 혹은 심박률과 같은 자율신경계 반응을 측정하면 여성은 감정적 배신의 가능성(파트너가 다른 여성과 낭만적 관계를 형성할 가능성)에 대해 더 강하게 반응하지만, 그 배신이 실제적인 성적 행위를 포함하는가, 그렇지 않은가는 문제가 되지 않는다. 그러나 남성은 파트너의 성적 접촉이 정서적인 몰입을 포함하는가, 그렇지 않은가와는 무관하게 성적 배신의 가능성에 대해 더 강하게 반응한다(Buss et al., 1992).

남성과 여성은 또한 자신의 성적 지향과는 무관하게 상이한 유형의 자극에 대해 반응적이다. 이성애와 동성애의 남녀는 개인 실험실 장면에서 자신의 성기 반응이 정신생리 센서를 통해 계속적으로 기록되는 동안 다양한 성적 필름을 본다. 그 필름은 동성 간의 성교를 하는 남녀, 혼자의 자위행위, 누드 운동, 인간 이성 간의 성교 혹은 동물의 교미를 보여 주었다. 모든 참가자에서 성기의 반응은 누드 운동에 대해 가장 약했고, 성교에 대해 가장 강했다. 그러나 남성의 반응은 주로 행위자의 성별에 의존했는데, 이성애 남성은 여성 행위자에 대해 가장 높은 반응을 보였고 동성애 남성은 남성 행위자에 대해 가장 높은 반응을 보였다. 대조적으로 여성의 반응은 주로 묘사된 성적 활동의 수준에 따랐고, 관련된 행위자의 성별에 좌우되지 않았다(Chivers et al., 2007).

양성 간의 차이는 행동과 동시에 태도에도 적용된다. 혼전 성관계를 갖는 여성은 남성보다 파트너 수가 더 적을 가능성이 높다. 남성과 여성의 성행동 패턴 차이는 성적 지향과 무관하게 지속된다. 예를 들면 여성 동성애자 커플은 이성애자 커플보다 성관계의 빈도가 낮고, 남성 동성애자 커플은 이성애자 커플보다 성관계를 더 자주 갖는다. 그런 차이는 여성 전형적 특성에서부터 남성 전형적 특성에 이르는 연속체를 반영하는 것으로 볼 수 있다(Buss, 1994a).

## 성적 지향

개인의 **성적 지향sexual orientation**은 이성 또는 동성에 대해 성적으로 매력을 느끼는 정도이다. 1940년대 성 연구의 개척자인 알프레드 킨제이(Alfred Kinsey)처럼 대부분의 행동과학자는 성적 지향을 배타적인 이성애로부터 배타적인 동성애의 범위에 이르는 연속체로 개념화했다. 예를 들면 킨제이의 7점 척도에서 이성에게만 이끌리고 독점적으로 성관계를 갖는 사람은 그 척도의 이성애 끝부분에 있고(범주 0), 동성의 사람에게만 이끌리고 독점적으로 성관계를 갖는 사람은 그 연속체의 동성애 끝부분에 있다(범주 6). 범주 2에서 범주 4에 있는 사람은 보통 양성애자로 정의된다.

그러나 성적 지향은 성적 매력 또는 성적 욕망, 성행동, 낭만적 매력 그리고 이성애자, 동성애자, 또는 양성애자로 자신을 동일시하는 것 등 몇 가지 뚜렷한 구성요소를 포함하기 때문에 그것은 상황을 너무 단순화하는 것이다. 어떤 사람이 상이한 구성요소를 가진 척도에서 상이한 지점에 있는 것은 흔한 일이 아니다. 예를 들면 성적으로 동성에게 끌리는 많은 사람이 어떤 동성애 행동을 해 본 적이 없고, 동성애 접촉을 빈번히 갖는 많은 사람이 스스로 동성애자나 양성애자로 여기지 않는 경우가 있다. 더욱 복잡한 문제로 일부 사람은 무성욕asexuality, 즉 성적 매력의 완전한 결핍을 보이는데 이는 영국 인구의 1%로 추산된다(Bogaert, 2004, 2006).

## 상이한 성적 지향의 빈도

미국에서 이루어진 성적 관심에 관한 조사의 국가 단위의 무선표집에서 성인 남성의 10.1%와 성인 여성의 8.6%가 최소한 다음 중 하나를 보고했다. (1) 현재 동성의 사람에 대해 '대체로' 또는 '오로지' 끌린다거나, (2) 동성의 누군가와 성관계를 갖는 것을 '어느 정도' 또는 '매우' 매력적인 것으로 여기거나, (3) 18세부터 동성과 성관계를 가졌다. 이 비율은 왼손잡이의 비율(약 8%)과 유사하다. 자기동일시에 의하면 남성의 2.8%와 여성의 1.4%가 자신을 동성애자(게이나 레즈비언) 또는 양성애자로 동일시한다. 이는 미국에서 자신을 유대인으로 동일시하는 사람의 비율(2~3%)과 유사하다.

그 조사의 연구자가 인정하듯이 이 비율은 과소 추정된 것으로 보이는데, 많은 사람은 비도덕적 혹은 병리적으로 여겨지는 욕망이나 행동을 보고하기를 꺼려 하기 때문이다. 그 문제는 이런 종류의 조사에서 특히 예민한데, 면접이 응답자의 집에서 이루어지고, 면접의 20% 이상에서 아이를 포함한 다른 가족이 같은 방에 있지는 않더라도 집에 있을 수 있다. 실제적인 동성애 행동이 어느 정도 비전형적이라 할지라도 동성애 반응의 잠재성은—적절한 상황을 놓고 보면—오히려 일반적인데 남성에서는 33%, 여성에서는 65%로 추산된다(Santtila et al., 2008).

## 성적 지향의 원인

'무엇이 동성애를 초래하는가?' 하는 물음은 이성애는 설명이 필요치 않다거나 그 원인이 자명하다는 것을 암묵적으로 가정하기 때문에 과학적으로 잘못 이해되고 있다. 그 문제에 대해 전문적으로 고려한 사람도 단지 이성애 행동이 생식을 가능하게 하기 때문에 진화의 '자연적인' 결과임이 틀림없고, 그래서 동성애와 같은 이성애로부터의 일탈이 과학적 수수께끼를 제기한다고 결론짓기가 쉽다. 프로이트는 그런 견해에 찬성하지 않았다—"[이성애도] 해명을 필요로 하는 문제이고, 궁극적으로 화학적 성질을 가진 이끌림에 기초를 둔 자명한 사실이 아니다."(Freud, 1905/1962, pp. 11–12) 이 장에서 이 절의 제목을 '동성애'가 아니라 '성적 지향'이라고 한 것은 프로이트의 입장에 찬성하기 때문이다.

1장에서 소개하고 발달을 다룬 장(3장)에서 논의했으며, 개인차를 다루는 장(12장)에서 논의될 선천·후천 물음이 다시 논점이 된다. 성인의 성적 지향은 어느 정도 생의 초기 경험에 의해 혹은 유전자나 태아기 호르몬과 같은 선천적인 생물학적 영향에 의해 결정된다.

초기 생활 경험에 대한 가장 양호한 자료는 샌프란시스코 만 지역에 살고 있는 약 1,000명의 동성애 남녀와 500명의 이성애 남녀에 대한 집중적 대규모 면접 연구에서 나왔다(Bell et al., 1981a). 그 연구는 남녀의 성인기 성적 지향을 예측해 주는 한 가지—유일한 하나의—주요 요인을 밝혔는데, 이는 아동기의 성별 비동조성(childhood gender nonconformity)이다. 성적 선호에 대한 벨, 와인버그, 해머스타인의 연구에서는 참가자에게 아동기에 어떤 놀이 활동을 즐겼는지 또는 즐기지 않았는지를 질문했는데, 남녀 동성애자는 이성애자보다 자신의 성별에 전형적인 활동을 즐기지 않고 다른 성별에 전형적인 활동을 즐겼다고 보고할 가능성이 유의하게 높았다. 남녀 동성애자는 비교되는 이성애자보다 아동기에 남성적(남성에서) 또는 여성적(여성에서)이지 않았다고 보고할 가능성이 더 높았다. 이런 성별 비동조성과 더불어 동성애 남녀는 이성 친구를 더 많이 가졌다. 이와 같은 연구

찬|반|논|쟁

# 중독자의 뇌는 보상 혹은 항보상 장애를 나타내는가?

## 보상 장애의 사례

*Kent Berridge*, 미시간대학교

중독을 일으키기 위해 뇌에서 무엇이 일어나는가? 쿱(Koob)에 의해 대조적으로 기술되었듯이 금단과 내성이 유명한 기여 요인이지만 다른 요인도 있다. 하나의 중요한 중독 기제는 측핵(피질 바로 아래에서 뇌의 전방부에 자리 잡고 있음)과 신경전달물질인 도파민을 포함하는 뇌 체계에 의해 발생하는 비정상적으로 강한 '원하기'—유인 현저성이라 불리는 특수한 동기의 심리적 구성요소—일 수 있다(Robinson & Berridge, 2003).

### '좋아하기'와 '원하기'의 뇌 기제 차이

어떤 보상을 '원하기'에 관여하는 뇌 기제는 동일한 보상을 '좋아하기'에 관여하는 뇌 기제와 다르다. 이것이 미시간대학교 테리 로빈슨의 연구에서 발견되었을 때 처음에는 하나의 놀라움으로 다가왔다. 우리는 단맛 보상이 주는 쾌락을 '좋아하기'가 신경전달물질 도파민에 의해 중개되는가를 물을 것이다. 그런 질문을 받은 많은 사람의 대답은 일반적으로 '예'인 것처럼 보인다. 그러나 대부분의 연구는 그 보상을 얼마나 '좋아하는가'(쾌락 혹은 쾌락적 영향)를 추리하기 위해 그 보상을 얼마나 많이 '원하는가'(선호하는가, 추구하는가, 노력하는가, 혹은 섭식을 하는가)의 심리학적 측정치를 사용했다. 한 접근은 '좋아하기'를 측정하기 위해 쾌락에 대한 좀 더 자연주의적인 선택적 창—'좋아하는' 단맛의 음식을 맛볼 때 입맛을 다시지만 '싫어하는' 쓴맛에는 입을 딱 벌리고 외면하는 유아의 표정과 유사한 감정적 얼굴 표정—을 사용했다. 우리는 쥐의 뇌에서 도파민을 제거해도, 비록 도파민 상실이 보상에 대한 '원하기'를 분명히 파괴할지라도 즐거운 단맛에 대한 '좋아하기' 반응이 완전히 정상이라는 것을 발견하고 놀랐다. 추후의 뇌 연구에서는 도파민을 증가시키는 것이 '원하기'를 강하게 할지라도 쾌락적 '좋아하기'를 증진하지 않는다는 것을 확인했다(Berridge, 2007). 대신 다른 뇌 기제가 쾌락적 '좋아하기'를 발생시키는 것으로 판명되었다(예: 헤로인류의 신경전달물질을 사용하는 측핵의 쾌락 부위)(Kringelbach & Berridge, 2012). 최근 인간 신경 영상 연구는 뇌의 도파민이 중독성 약물과 맛있는 음식 및 다른 즐거운 보상에 대한 사람의 '좋아하기'보다는 '원하기'를 중개한다는 결론을 지지해 주었다(Volkow et al., 2002; Evans et al., 2005; Leyton, 2010; Hardman et al., 2012).

### 중독에서 도파민 '원하기'

'원하기'와 '좋아하기'의 차이를 확인하는 것은 직접적으로 중독을 초래한다(Robinson & Berridge, 1993, 2008). 중독성 약물(코카인, 암페타민, 헤로인, 알코올, 니코틴 등)은 특히 일부 취약한 사람의 경우 고용량에서 그리고 약물이 폭식 형태로 복용될 때 뇌의 도파민 체계를 민감화할 수 있다. 민감화에 대한 취약성은 개인의 유전자, 호르몬 정서적 스트레스 상태, 어린 시절 생활 경험에 좌우된다.

신경적 민감화는 그 체계의 뉴런이 다소 영구적으로 변했다는 것을 의미한다(예: 뉴런이 자신의 해부학적인 연결 등을 변화시킨다). 가장 중요한 것으로는 민감화된 뇌 체계가 약물에 대한 정상 반응보다 더 큰 반응을 발생시키는 것과 같이 과다 반응을 하는 것이다. 일단 민감화되면 뇌는 더 많은 도파민을 방출하고, 더 높은 '원하기'를 발생시킨다. 결과적으로 민감화된 중독자는 대부분의 사람보다 더 높은 '원하기'를 경험할 것이다. 예를 들면 중독자가 약물을 '원하는' 것만큼이나 보통 사람이 강력하게 음식을 원하기 위해서는 며칠 동안 굶주려야만 한다.

약물에 대한 뇌의 민감화는 뇌의 내성과 거의 반대이다. 둘은 동일한 뇌 혹은 동일한 뉴런에서도 동시적으로 일어날 수 있으나 민감화는 더 오래(아마 수년간) 지속된다(Paulson & Robinson, 1995; Boileau et al., 2007; Vezina & Leyton, 2009). 민감화는 매우 지속적이기 때문에 어떤 사람이 약물을 중단한 후에도 지속되어 장기적인 재발의 위험을 발생시킨다. 이전의 중독자가 수개월 혹은 수년 동안 약물을 중단하고 금단 증후를 더 이상 느끼지 않는 경우에도 때때로 강박적 '원하기'가 나타날 수 있다.

실험은 '원하기'가 도파민 자극 약물이 민감화된 뇌에 존재할 때 더 높은 수준으로 증폭되는 것을 보여 주었다. 증폭은 중독자에게 적절한 양으로 투약을 제한하는 것을 어렵게 만든다. '단 한 번' 투약을 하거나 '단 한 잔' 술을 마시고 멈추려고 할지라도 '단 한 번'이 여러 번 혹은 주말 내내 계속될 것이다. 폭음은 처음 한 잔이 감소시키기보다는 유지시켜서 '원하기'가 최고 수준으로 증폭됨으로써 발생할 수 있다(한 잔이 기분을 좋게 할지라도 중독자를 만족시키기에는 충분하지 않을 것이다).

더구나 소위 음식중독, 도박중독, 혹은 쇼핑중독 등에 걸린 사람은 중독성 약물을 투여하든 그렇지 않든 간에 도파민-측핵 뇌 체계의 과잉 활동 같은 민감화 패턴을 갖고 있는 것으로 나타났다(Davis et al., 2009; O'Sullivan et al., 2011; Hartston, 2012; Linnet et al., 2012; Ray et al., 2012). 그렇다면 민감화 같은 뇌 변화는 다양한 유형의 중독에 걸리는 데 매우 취약한 사람에서 때때로 자발적으로 발생한다.

민감화 기제는 중독자에게 약물이 있을 때, 그들이 실제로 그 약물을 매우 '좋아하든' 그렇지 않든 간에 혹은 금단이 존재하지 않을 때조차도 투약을 강박적으로 원하게 만들 수 있다. 도파민-측핵 민감화에 기인한 증폭된 '원하기'는 유일한 중독의 뇌 기제가 아니다. 그러나 '원하기'가 어떻게 뇌 기제에 의해 발생하는가를 아는 것은 중독을 더 잘 이해하도록 도울 것이다.

찬|반|논|쟁

# 중독자의 뇌는 보상 혹은 항보상 장애를 나타내는가?

## 항보상 문제의 사례

*George F. Koob*, 스크립스연구소(미국 캘리포니아)

나의 주장은 약물중독이 3단계의 주기—탐닉/도취, 금단/부정적 정서, 집착/기대—를 포함한다는 것이다. 이 단계는 시간이 감에 따라 악화되고, 개인이 중독 과정의 초기 단계 충동성으로부터 진행해 감에 따라, 베리지에 의해 언급되지 않은 추가의 동기원이 추가되는데, 강박성에 기여하거나 강박성을 정의하는 부적 강화이다(Koob & Le Moal, 1997). 중독의 부적 강화를 발생시키는 혐오적 정서 상태의 발달은 여기서 중독의 '어두운 면'으로 정의된다. 우리는 약물중독이 베리지가 주장했듯이 일종의 유인 현저성의 민감화를 포함하는 정적 강화의 근원으로부터 강력한 부적 강화를 일으키는 뇌의 스트레스 및 항보상(anti-reward)체계의 민감화를 진행한다고 주장했다. 정적 강화는 어떤 자극의 제시가 어떤 반응의 확률을 증가시키는 것으로 정의되고, 부적 강화는 혐오자극(혹은 중독에서 혐오적 정서 상태)의 제거가 어떤 반응의 확률을 증가시키는 것이다. 이 단계는 서로 영향을 주면서 더 강해지고, 마침내 중독으로 알려진 병리 상태를 초래한다.

나의 논지는 중독이 2개의 근원—정상적으로 천연 보상을 중개하는 뇌 보상체계의 기능 감소(보상의 감소)와 혐오적 정서를 일으키는 항보상체계의 개입(스트레스나 불쾌의 증가)—으로부터 유래되는 동기체계를 중개하는 신경회로 활동의 장기 지속적인 기능장애를 포함한다는 것이다. 항보상은 뇌의 체계가 일반적인 생물학적 체계의 특징인 대립 과정 기제를 사용하여 보상을 제한하는 입장에 있다는 가설을 기초로 하여 쿱과 르모알(Koob & Le Moal, 2008)이 발전시킨 개념이다. 대립 과정은 약물이 일으키는 쾌락에 따라 대립 반응인 불쾌가 따라온다는 심리학의 개념이다. 약물에 반복 노출되면 쾌락이 감소하는 반면에 불쾌는 더 커진다고 가정된다. 우리의 주장은 대립 과정의 신경회로 기반이 존재하고, 그 기제는 선호에 따라 보상체계의 과도한 활동 혹은 과도한 '유인 민감화'에 대한 체계 내와 체계 간의 신경적응 모두를 포함한다는 것이다. 체계 내 신경적응은 보상체계 내의 회로 변화에 의해 보상체계 자체의 기능이 감소하는 것이다. 체계 간 신경적응은 다른 회로, 즉 항보상회로가 보상체계로 개입하는 회로 변화이다(Koob & Bloom, 1988).

체계 내와 체계 간 신경적응은 탐닉/도취 단계에서 시작하고, 금단/부정적 정서 단계에서 분명해지며, 집착/기대(갈망) 단계로 지속된다. 금단/부정적 정서 단계는 장기 과민성, 신체적 고통, 정서적 고통, 불안감, 불쾌감, 천연 보상에 대한 동기의 상실을 포함하는, 인간에서 금단의 동기적 신호의 존재로 정의된다. 동물이 약물 투약을 과다한 정도로 증가시키는 동물 모형에서, 시간적으로 선행하고 약물 투약의 상승과 높은 상관이 있는 약물 보상 역치의 증가(불쾌 같은 반응)가 있다. 이런 급성 금단은 도파민 뉴런 활동에 대한 전기생리적 기록, 도파민 체계와 연결된 세포외 도파민의 신경화학적 측정에 의해 나타난 중뇌변연피질 도파민 체계(유인 현저성 체계)의 활동 감소와 관련이 있다. 금단 혹은 오랜 절제 중에 있는 인간 중독자에 대한 영상 연구는 도파민 D2 수용기(도파민 기능을 나타낸다고 가정된)의 감소, 도파민 방출에 대한 과소 반응성을 보여 준다(Volkow et al., 2003). 저하된 도파민 기능은 시냅스전 방출 감소 혹은 시냅스후 수용기 가소성 감소를 중개하는 체계 내의 신경적응일 것이라 가정된다.

현재의 논지를 위해 더 중요한 점은, 의존성과 동기적 금단이 발달됨에 따라 부신피질자극호르몬 방출인자(CRF), 노르에피네프린 및 다이노르핀과 같은 뇌의 항보상체계가 측핵과 편도체 같은 핵심적인 동기 및 정서 뇌 부위에서 작용을 한다는 것이다. 우리는 과다한 약물 투여로 진행하는 동안에 활성화된다고 알려진 이런 뇌의 항보상 신경전달체계가 체계 간 대립 과정을 구성하고, 이것의 활성화는 약물이 제거되었을 때 동기적으로 나타나는데, 급성 및 장기 금욕으로 인한 불쾌감, 불안, 정서적 고통 및 과민성 증세를 발생시킨다고 가정한다. 그래서 우리는 항보상 회로가 체계 간 신경적응으로 역할을 하고(Koob & Bloom, 1988), 중독으로 발달하는 동안 약물이 제거되었을 때(금단) 두 체계—연장된 편도체(CRF-노르에피네프린)에서 스트레스, 공포 상태의 직접적 활성화와 도파민 기능을 억압함으로써(아마도 측핵에서 다이노르핀의 활성화를 통해) 중뇌변연피질 도파민 체계에서 보상 결손—를 경유하여 혐오성 및 스트레스성 상태를 일으킨다고 가정한다. 집착/기대 단계에서 나머지 항보상 상태가 좀 더 강력하게 약물 추구 행동을 유발하고 재발을 자극하기 위해 약물 점화, 약물 단서 및 급성 스트레스 요인을 일으킨다. 실제로 모든 재발의 60~70%는 부정적 정서의 맥락에서 일어남으로써, 나는 유인적 현저성의 장기 지속적 민감화(Berridge, 2007)가 유일한 설명이 아니고, 어두운 측면도 과민화된다고 주장한다.

그래서 보상 신경전달 기능의 감소와 항보상체계의 활동 조합이 강박적 약물 투약 행동과 중독을 결정해 주고 재발을 초래하는 강력한 부적 강화의 근원을 제공한다. 중독에서 부적 강화를 초래하는 이런 혐오적 정서 상태의 발달은 뇌의 유인 현저성 체계 그리고 일반적 동기에서 '어두운 측면'이다. 나는 뇌의 동기체계가 제한된 자원을 갖고 우리가 보상 균형이라고 부르는 적절한 항상성 균형(행복?)이 쾌락적 칼빈주의 접근(Koob & Le Moal, 1997)을 요구한다고 생각했다. 약물중독은 유인 현저성을 다루는 것의 실패일 뿐만 아니라 너무 지나친 유인 현저성의 항보상적 결과를 다루는 것의 실패이기도 하다.

는 자신의 아동기에 대한 회상에 의존하고, 이는 정당한 타당도에 위협을 주는 기억편향을 일으킨다. 그러나 아동기의 성별 비동조성에 대한 동일한 발견이 덜 편향적인 연구 방법, 예를 들면 아동기의 홈비디오 연구에서도 출현한다(Rieger et al., 2008).

성적 선호 발달에 관한 벨, 와인버그, 해머스타인의 연구에서 발견된 자료 중 두 가지 특징이 주목할 가치가 있다. 첫째로, 그 발견은 남성과 여성에서 매우 유력하고 유사하다. 비교되는 이성애자가 10~15%인 데 비해 남성 동성애자와 여성 동성애자는 63%가 자신의 성별에 전형적인 아동기 활동을 즐기지 않았다. 둘째로, 여성은 남성보다 아동기 동안 자신의 성별에 전형적인 활동을 즐겼을 가능성과 아동기에 이성 친구를 더 많이 가졌을 가능성이 높다. 사실상 이 연구에서 여성 동성애자와 이성애자의 대다수가 '말괄량이'였다—즉 아동기에 소년의 활동을 즐겼다. 남성과 여성 모두에서 성인기의 동성애 지향을 가장 잘 예측해 주는 것처럼 보이는 것은 바로 성 전형적인 활동을 즐기지 않는다는 것이다. 아동기의 성별 비동조성이 성인기의 동성애를 예측해 준다는 전반적인 발견은, 성별 비동조성을 지닌 소년을 청년기까지 추적하여 성적 지향을 평가했던 몇몇 연구(Green, 1987a, 1987b; Zucker, 1990)를 포함하여 다른 연구(Bailey & Zucker, 1995; Rieger et al., 2008)에서도 확인되었다.

성별 비동조성 발견에 덧붙여 샌프란시스코 연구는 동성애 지향의 선행 조건에 대한 통상적인 이론을 부인했기 때문에 중요한 많은 부정적 발견을 초래했다. 예를 들면 다음과 같다.

- 성장기 동안 어떤 사람의 이성 부모에 대한 동일시가 동성애 또는 이성애로 판명되는가에 중요한 영향을 미치지 않는 것처럼 보인다. 이것은 프로이트의 정신분석 이론(13장에서 논의)과 그 사람의 아동기 가족 역동에 기초를 둔 다른 이론을 증명하는 데 실패한 것이다.
- 동성애자 남녀는 비교되는 이성애자에 비해 최초의 성관계 대상으로 동성과 접촉했을 가능성이 더 높지 않았다. 더구나 그들은 아동기와 청소년기 동안에 이성애적 경험의 결핍을 보이지 않았고, 또한 그 경험을 불쾌한 것으로 여기지도 않았다.
- 어떤 사람의 성적 지향은 아직 성적으로 활동적이지는 않은 청소년기 무렵에 결정된다. 동성애자 남녀는 일반적으로 동성애에 대한 매력을 동성의 사람과 '진척된' 성적 활동을 하기 약 3년 전에 경험한다.

마지막 두 가지 발견은 일반적으로 동성애 행동이 아닌 동성애 감정이 성인의 동성애 지향에 결정적인 선행 요인이라는 것을 보여 준다. 그래서 개인이 어떤 동성애자의 '유혹'을 받거나 숭배하는 동성애 교사, 부모, 혹은 성직자의 영향을 받아서 동성애자가 될 수 있다고 주장하는 대중적인 일반인의 해석을 포함하는, 성적 지향에 관한 어떤 단순한 행동학습 이론을 부정한다. 문화 비교 자료는 이런 결론과 일치한다. 예를 들면 앞에서 인용했듯이 뉴기니의 삼비아족 문화에서 모든 소년은 사춘기부터 후기 청소년기까지 배타적으로 동성애적 행동을 한다. 그 후 그들은 모두 결혼을 하고 배타적인 이성애자가 된다(Herdt, 1984).

마지막으로, 우리의 성적 지향이 단순히 선택이 아니라는 것은 모든 연구에서 분명하다. 남녀 동성애자는 이성애자가 이성에 대해 성애적 감정을 갖는 것을 선택하지 않은 것과 마찬가지로 동성에 대한 성애적 감정을 갖는 것을 선택하지 않는다. 행동과학자는 선천 대 후천의 상대적 기여—성적 지향의 주요 결정 요인이 생물학 또는 경험에 근거를 두고 있는가—에 대해 동의하지 않지만, 일반 대중은 성적 지향이 개인의 통제를 넘는 변인에 의해 결정되는가 또는 자유롭게 선택되는가의 물음으로 종종 오해를 한다. 두 가지 물음은 다르다.

선천과 후천이 결합된 접근이 더 흔하게 되었다. 좀 더 일반적인 주장은, 어떤 행동이 단지 생식의 관점에서 장점이 있기 때문에 진화가 그 행동을 종에게 선천적으로 구비하도록(오로지 선천) 하지 않았다는 것이다. 선천과 후천의 결합된 작용에 대한 유사한 사례는 신생(또는 갓 부화된) 동물이 어미에 대해 애착을 형성하도록 해 주는 초기의 신속한 학습인 **각인** imprinting의 개념에서 찾을 수 있다(7장 참조). 많은 종의 새끼는 출생 후 몇 시간 내에 가장 가까운 사회적 대상에 대해 정서적 애착을 학습하도록 '프로그래밍'되어 있다. 그 대상은 어미인 경우가 가장 흔하지만, 처음으로 본 움직이는 대상이 인간 또는 움직이는 인형이라면 각인 과정은 종의 경계를 넘어서 애착을 발생시킬 수 있다. 배우자 선택이 모성 각인에 영향을 받기 때문에 각인은 나중의 성행동에도 중요한 영향을 미치는 것으로 증명되었다. 각인 본능은 유전적(선천)이지만, 환경(후천)이 생식적으로 장점을 갖춘 행동을 충분히 지지하거나 촉진하기만 한다면 애착과 생식 행동이 완전히 유전자에 프로그래밍될 필요가 없다. 새끼 오리가 대개 어미 오리를 만나는 것과 마찬가지로, 인간 사회는 인간이 지구에서 멸종하지 않는 것을 보장하기에 충분할 정도로 남녀가 서로 다르게 여기도록 함으로써 그 문제를 다루었다.

### 중간 요약

- 태내의 호르몬은 성적 발달에 영향을 미친다. 태아의 성선이 안드로겐 호르몬을 충분히 생산하면 태아는 남성형의 생식기와 뇌 발달을 보일 것이다. 안드로겐이 너무 적거나 없다면 태아는 여성형의 생식기와 뇌 발달을 보일 것이다.
- 인간이 아닌 동물에서 태내의 호르몬은 성숙 후 성행동의 강력한 결정 요인으로 보인다. 인간에서 태내의 호르몬은 성인의 성행동을 결정하는 데 있어서 출생 후의 사회적 성 역할보다는 덜 중요한 것처럼 보인다.
- 여성 호르몬(에스트로겐, 프로게스테론)과 남성 호르몬(안드로겐)은 사춘기에 발생하는 신체의 변화와 연관이 있으나, 다른 동물과는 대조적으로 인간의 성적 각성에서는 제한적인 역할만을 한다. 영장류와 인간에서 어린 시절의 부모와 또래에 대한 사회적 경험이 성숙 후의 성욕에 더 큰 영향을 미치고, 인간의 경우에는 문화적 규범도 영향력이 크다.
- 최근의 연구는 생물적, 유전적, 호르몬 혹은 신경적 요인이 어떤 사람이 이성애자가 되는가 또는 동성애자가 되는가를 부분적으로 결정한다는 주장을 지지하지만 그 증거가 결정적이지는 않다. 또한 생물학적 요인이 성적 지향에 직접적으로 영향을 주는가, 혹은 성적 지향의 발달에 간접적으로 영향을 미치는 성별 동조와 같은 다른 특질에 기여하는가는 알려지지 않았다.

### 비판적 사고를 위한 물음

1. 성적 정체성은 성적 지향과 어떻게 다른가?
2. 증거가 사실이 아니라는 것을 보여 줄 때에도 왜 많은 사람들이 인간의 성적 욕망과 활동이 호르몬에 의해 강력하게 영향을 받는다는 것을 믿는다고 생각하는가?

이 장에서는 심리적 · 생물적 원인이 많은 동기의 통제에서 아주 밀접하게 얽혀 있어서 한 흐름의 사건으로 융합되는 것을 보았다. 생물적 원인이 배고픔과 갈증 같은 심리적 동기를 통제할 뿐만 아니라 심리적 과정과 경험도 동기를 통제하고 생리적 반응을 통제하는 데 피드백을 제공할 것이다. 예를 들면 중독성 약물의 반복적 투여는 특정 뇌 체계를 영구적으로 변화시킨다. 더욱 일상적으로 우리가 원하는 특정 음식과 음료는 대체로 학습에 의해 선택의 대상이 되었고, 위를 가득 채운 음식으로 인해 발생하는 포만의 정도도 이전 경험에 의해 영향을 받는다. 우리의 사회적 애착은 대체로 어린 시절 특정인과의 사회적 상호작용의 결과에 의해 결정된다. 많은 동기 과정을 다룰 때, 생물학과 심리학은 분리된 영역이 아니라 오히려 동기 과정을 지도하기 위해 계속적으로 상호작용하는 통제의 두 측면이다.

## 전체 요약

1. 동기 상태는 행동을 활성화하고 방향을 지시한다. 그것은 두 가지 근원, 즉 내적 추동 요인과 외적 유인 요인에서 발생한다.
2. 추동 요인은 항상성을 촉진한다–일정한 내적 상태의 유지. 항상성은 몇 가지 요소를 포함한다–이상적 내적 상태에 대한 목표치 혹은 설정점, 실제 내적 상태를 측정하는 감각 신호, 목표치와 감각 신호 간의 비교, 최종적으로 신체 내적 상태를 목표치와 근접시키려는 어떤 반응.
3. 체온 조절은 항상성의 한 예이다. 조절되는 변인은 혈액의 온도이고, 이것에 대한 감지기는 시상하부를 포함한 신체의 다양한 부위에 존재한다. 적응은 자동적 생리반응(예: 몸 떨기) 또는 수의적 행동반응(예: 스웨터 입기)에 의해 이루어진다.
4. 갈증은 또 다른 항상성 동기이다. 두 가지 조절 변인인 세포내액과 세포외액이 있다. 세포내액의 상실은 탈수에 대해 반응하는 시상하부의 뉴런인 삼투압수용기에 의해 탐지된다. 세포외액의 상실은 혈압의 강하에 대해 반응하는 주요 정맥과 기관에 있는 뉴런인 혈압감지기에 의해 탐지된다. 세포내와 세포외의 신호는 갈증을 유발하기 위해 함께 작용한다.
5. 유인 요인은 음식, 물, 성적 파트너, 약물과 같이 외부 세계에 있

는 목표이다. 유인은 동기화된 행동의 표적이고 일반적으로 보상이 된다. 비록 어떤 유인–배가 고플 때 달콤한 음식–은 선천적으로 강력한 동기 요인일지라도 대부분의 유인은 학습을 통해 확립된다.

6 많은 유형의 선천적 보상은 뇌의 도파민 체계를 활성화할 것이다. 이 뉴런의 활동은 모든 유인 또는 '원하는 것'에 대한 신경적 기초를 이룰 것이다. 약물 혹은 전기 뇌 자극에 의해 이 뉴런을 활성화하는 것은 선천적 · 인위적 유인에 대한 동기를 증가시킨다. 도파민 체계를 활성화하는 약물을 반복적으로 투약함으로써 발생하는 이 체계의 변화는 중독의 강박적 갈망을 초래한다.

7 배고픔은 우리가 영양물질을 선택할 수 있게 하기 위해 진화되었다. 인간은 단맛과 같은 것에 대한 선천적인 미각 선호, 쓴맛과 같은 것에 대한 선천적인 혐오를 갖고 있는데, 이는 우리의 음식 선택을 안내한다. 게다가 우리는 학습된 다양한 선호와 혐오를 발달시킬 수 있다. 신체가 글루코스와 같은, 칼로리를 함유한 영양분이 낮을 때 발생시키는 항상성 배고픔 신호는 부분적으로 음식 유인을 더 매력적이고 즐겁게 지각하도록 함으로써 식욕을 불러일으킨다.

8 배고픔은 대개 항상성 결손과 포만 신호에 의해 통제된다. 특히 뇌간과 시상하부에 있는 어떤 뉴런은 글루코스의 부족을 탐지하고 배고픔을 유발한다. 간에 있는 다른 영양물질 탐지기는 에너지 저장의 증가를 탐지하고 포만감을 일으킨다. 호르몬인 콜레시스토키닌의 형태를 취하는 포만 신호는 배고픔과 섭식을 돕기 위해 장에서 나온다.

9 뇌의 두 영역, 즉 외측 시상하부와 복내측 시상하부는 배고픔에 결정적이다. 외측 시상하부의 파괴는 절식을 초래하고, 복내측 시상하부의 손상은 과식을 초래한다. 처음에 이 영역은 배고픔과 포만중추로 생각되었으나 배고픔은 어떤 손상으로도 사라지지 않는다. 이 결과에 대한 다른 해석은 시상하부의 두 영역이 체중의 항상성 설정점에 상반적인 영향을 미친다는 것이다. 외측 시상하부에 대한 손상은 설정점을 낮추고, 복내측 시상하부에 대한 손상은 설정점을 상승시킨다. 식욕을 변경하는 다이어트 약물은 부분적으로 시상하부 영역의 뉴런에 영향을 미침으로써 작용한다.

10 사람은 다음과 같은 이유로 비만하게 된다. (1) 유전적으로 과체중이 되는 성향을 갖고 있거나, (2) 심리적인 이유로 과식을 한다. 유전자의 영향은 지방세포, 신진대사율 및 설정점에 미치는 효과에 의해 중개된다. 비만한 사람은 다이어트가 무너졌을 때 과식을 하는 경향이 있으며, 정서적으로 각성되었을 때 더 많이 먹고, 정상 체중인 사람보다 외적 배고픔 단서에 대해 더 민감하다. 비만 치료에서 극단적인 다이어트는 이로 인한 박탈이 나중에 과식을 초래하고 신진대사율을 저하하기 때문에 비효과적인 것처럼 보인다. 가장 효과를 보는 것은 새롭고 지속적인 섭식 습관을 갖추고 운동 프로그램을 실천하는 것이다.

11 신경성 식욕부진증은 스스로 부과하는 극도의 체중 상실로 특징지어진다. 폭식증은 마구 먹어 대는 시기와 그 후 구토나 설사로 과식을 청소하는 것으로 특징지어진다. 이런 섭식장애의 원인은 낮은 자기존중감과 같은 성격 요인, 날씬함에 대한 문화적 강조, 여성의 신체를 대상화하는 유행적인 문화적 메시지와 같은 사회적 요인, 낮은 세로토닌 수준과 같은 생물학적 요인을 포함한다.

12 태내 호르몬은 성적 발달에 영향을 미친다. 태아의 성선이 안드로겐 호르몬을 충분히 생산하면 태아는 남성형의 생식기와 뇌 발달을 보일 것이다. 안드로겐이 낮거나 결핍되면 태아는 여성형의 생식기와 뇌 발달을 보일 것이다. 인간이 아닌 동물에서 태내의 호르몬은 성숙 후 성행동의 강력한 결정 요인으로 보인다. 인간에서 태내의 호르몬은 나중의 성행동에서 어떤 역할을 할지라도 덜 중요한 것처럼 보인다. 태아의 호르몬 노출이 전형적으로 한 성의 것이었으나 사회적 역할과 출생 후의 성별이 다른 성(호르몬 불균형, 태내의 약물, 또는 출생 후 사고)인 사례에서 개인의 발달은 출생 후 사회적 성별에 더 밀접하게 대응되는 것처럼 보인다.

13 여성 호르몬(에스트로겐과 프로게스테론)과 남성 호르몬(안드로겐)은 사춘기에 발생하는 신체의 변화와 관련이 있으나, 인간의 성적 각성에는 제한적인 역할을 한다. 대조적으로 다른 동물에서는 성에 대한 실제적인 호르몬 통제가 있다. 어린 시절 부모나 또래와의 사회적 경험은 영장류와 인간에서 성숙 후의 성욕에 많은 영향을 미친다. 인간의 경우 성인의 성욕에 대한 다른 환경적 결정 요인은 문화적 규범을 포함한다. 서구 사회에서 여성과 남성의 성역할에 대해 유연성이 증가했을지라도 남성과 여성은 아직도 성과 관계에 대한 태도가 다를 것이다.

14 최근의 연구는 생물학적, 유전적, 호르몬 혹은 신경적 요인이 이성애자 또는 동성애자를 결정할 것이라는 주장을 지지했으나 그 증거가 결정적이지는 않다. 생물학적 요인이 성적 지향에 직접적인 영향을 미치는지, 아니면 성적 지향의 발달에 간접적으로 영향을 주는 성별 동조성과 같은 다른 특성에 기여하는가는 알려져 있지 않다.

## ✻ 핵심 개념

각인
갈증
감정
금단
남성화
내부 조절 쾌지각
내성
뇌의 도파민 체계
대상화 이론
동기
모의 급식
무성욕
복내측 시상하부 증후군
비만
설정점
성별 정체성
성적 지향
세포내 갈증
세포외 갈증
신경성 식욕부진증
신경적 민감화
외측 시상하부 증후군
원하기
유인동기
유인 이론
유인 현저성
이차 강화물
일차 강화물
자기대상화
조건화된 포만
조건화된 혐오
좋아하기
중독
추동 이론
폭식증
항상성

# 11 정서

**학습 목표**

이 장을 읽고 나면 다음의 것들을 할 수 있어야 한다.

- ▶ 정서의 구성요소를 설명할 수 있다.
- ▶ 정서를 이루는 개인적 의미와 개념적 지식을 탐색할 수 있다.
- ▶ 정서에서 감정과 사고-행위 경향성의 역할을 이해할 수 있다.
- ▶ 신체 변화가 어떻게 정서를 형성하거나 구분하게 하는지를 시험할 수 있다.
- ▶ 얼굴 근육 운동이 정서를 전달하고 형성하는 방식을 인식할 수 있다.
- ▶ 정서 조절 전략을 이해할 수 있다.

- ▶ 성별과 문화 차이가 정서에 영향을 주는 방식을 논의할 수 있다.
- ▶ 긍정심리학에서 긍정 정서의 역할을 이해할 수 있다.
- ▶ 정서 과정의 여섯 가지 구성요소를 열거하고 설명할 수 있다.
- ▶ 인지 평가와 정서의 관계를 설명할 수 있다.
- ▶ 정서가 인간의 사고와 행동에 미치는 영향을 설명할 수 있다.
- ▶ 제임스-랑게 이론과 이를 지지하는 증거나 반대하는 증거를 설명할 수 있다.
- ▶ 상이한 정서 조절 전략이 정서 과정의 구성요소를 어떻게 변경하는가를 이해할 수 있다.
- ▶ 정서 과정이 성별과 문화에 의해 변동하는 이유를 설명할 수 있다.
- ▶ 긍정 정서의 확장 및 구축 이론과 그것이 중요한 이유를 설명할 수 있다.

## 이 장의 개요



1970년대에 테드 번디는 워싱턴대학교에 있는 한 여학생의 아파트에 침입하여 그녀를 때려서 기절시키고 성폭행한 다음 살해했다. 그는 이런 행위를 다시 저질렀고 약 30회 이상을 반복했다. 그의 욕망은 혼절한(혼수상태 또는 사망한) 여성의 육체를 소유하는 것이고, 그는 1989년 사형이 집행되기 전에 경찰의 심문에서 일부 희생자의 시체를 처리하기 전에 몇 시간 또는 며칠 동안 그 상태로 놓아 두었다고 자백했다. 그는 피해자의 사진을 찍기도 했고, 시애틀에 있는 아파트에 두개골을 감추어 두었다. 번디는 "당신은 어떤 것을 제대로 해내기 위해 열심히 할 때 그것을 잊어버리고 싶지 않을 것이다."라고 설명했다.

테드 번디는 인간의 도덕적 규범을 위배한 것에 대해 양심의 가책, 죄책감, 또는 부끄러움을 전혀 느끼지 않았다. 반대로 그는 자신을 자랑스럽게 여겼다. 나중에 살인혐의 재판과 사형선고를 앞두고 그를 검사한 정신과 의사는 추가의 비정상적인 정서를 발견했다. 그는 번디를 쾌활하다고 기술했다. 그는 번디가 '지적으로는' 자신이 피고가 되었다는 것을 이해했으나, "그는 확실히 사형선고를 앞둔 사람처럼 행동하지 않았다. 그는 세상에 걱정거리가 없는 사람처럼 행동했다."라고 진술했다. 변호사의 강한 권고에도 불구하고 번디는 스스로 자신을 변호하는 것을 선택했다. 정신과 의사가 나중에 설명했듯이, "번디는 자신을 도울 필요에 의해 동기화되지 않았다. 그는 쇼의 스타가 될 필요에 의해 동기화되었다. 그는 자신이 주연을 하는 연극의 연출자였다. 변호와 자신의 미래는 그에게 덜 중요했다." 테드 번디는 미래의 결과에 대해 공포를 갖고 있지 않았다.

정서는 증명된 바와 같이 인간 경험과 성공적인 사회적 접촉에서 매우 핵심적이므로, 우리는 정서를 갖고 있지 않은 것처럼 보이는 사람(수치 또는 공포를 보이지 않는 연쇄 살인범)을 인간이 아니라고 여길 것이다. 우리는 그런 사람을 냉혈인간이라 부른다. 이런 명칭은 적합한데, 우리가 배고픔, 성욕과 같은 기본적 동기를 냉혈동물인 파충류와 공유한다 할지라도 온혈동물인 포유류와는 정서를 공유하는 것 같기 때문이다(Panksepp, 1998).

테드 번디와 같은 사람은 사실상 특수한 생물학적·사회인지적 결손을 갖고 있는 것으로 생각된다. 그들은 **반사회성 성격장애**antisocial personality disorder[정신병질자(psychopath) 또는 사회병질자(sociopath)로도 불림]를 갖고 있다고 하는데, 이는 정상적인 정서적 반응의 결손(특히 수치심, 죄책감, 공포)과 타인의 정서를 공감하는 능력의 결손으로 특징지어지는 장애이다(Hare, 1999; Marsh et al., 2011). 그럼에도 불구하고 테드 번디와 같은 사람에게도 정서가 완전히 없는 것은 아니다. "그들은 자기 감정의 범위와 깊이를 제한하는 일종의 정서적 빈곤으로 고통을 받고 있는 것처럼 보인다. 때때로 그들은 냉정하고 정서적이지 않은 것처럼 보이지만, 잠시 지속하는 피상적인 감정의 표현을 보이는 경향이 있다. … 많은 임상가는 정신병질자의 정서(즉시적 욕구에 대한 원시적 반응)가 아주 피상적이어서 '전형적 정서'로 볼 수 없다고 언급했다."(Hare, 1999, p. 52) 이 장에서는 테드 번디에게 부족해 보이는 것(의미가 충만한 전반적인 인간의 정서)을 탐색할 것이다.

정서와 동기(10장 참조)는 밀접한 관련이 있다. 정서는 기본적 동기와 동일한 방식으로 행동을 활성화하고 그 방향을 지시한다. 또한 동기화된 행동을 동반한다. 예를 들면 성은 강력한 동기일 뿐만 아니라 강력한 기쁨의 원천이다. 우리는 동기와 정서의 유사성에도 불구하고 그것을 구별할 필요가 있다. 한 가지 차이는 정서가 외부로부터 유발되는 반면에 동기는 내부로부터 활성화된다는 것이다. 즉 정서는 보통 외적 환경에 의해 각성되고 정서반응은 그 환경을 향한다. 그러나 동기는 종종 내적 환경(예: 항상성의 불균형)에 의해 각성되고 자연적으로 환경에 있는 특정 대상(예: 음식, 물, 배우자)에게로 향한다. 동기와 정서 사이의 또 다른 차이는 동기가 보통 특수한 욕구에 의해 유발되나 정서는 다양한 자극에 의해 유발될 수 있다는 것이다(분노 혹은 행복을 일으킬 수 있는 모든 것에 대해 생각해 보라).

이런 구별은 절대적인 것이 아니다. 음식을 보는 것이 배고픔을 초래할 때처럼 외적 근원이 때때로 동기를 일으킬 수 있다. 그리고 항상성 불균형에 의해 야기되는 불편함(예: 심한 배고픔)은 정서를 각성시킬 수 있다. 그럼에도 불구하고 정서와 동기는 그 근원, 주관적 경험 및 행동에 대한 효과를 분리하여 다루는 것이 유익할 만큼 충분히 다르다.

## 정서의 요소

**정서**emotion는 사람이 자신의 현재 환경을 해석(혹은 평가)하는 방식에서 짧고도 다중 요소를 가진 변화이다. 자신의 현재 환경을 자신에게 나쁜 것으로 평가할 때 부정 정서가 발생하고, 좋은 전망 혹은 행운으로 등록할 때 긍정 정서가 발생한다. 강한 정서에는 최소한 6개의 요소가 있다(Frijda, 1986; Lazarus, 1991b). 전형적으로 정서는 어떤 사람이 현재 환경의 개인적 의미를 평가하는 **인지 평가**cognitive appraisal에서 시작한다(그림 11.1 참조). 이 평가 과정이 정서의 첫 번째 요소로 여겨진다. 우리가 가장 자주 인식하는 요소는 정서의 **주관적 경험**subjective experience이다—정서가 초래하는 감정 상태 또는 느낌의 상태. 세 번째로 밀접하게 관련된 요소는 사고와 행동 경향성(thought and action tendency)—어떤 방식으로 생각하고 행동하려는 충동—을 포함한다. 예를 들면

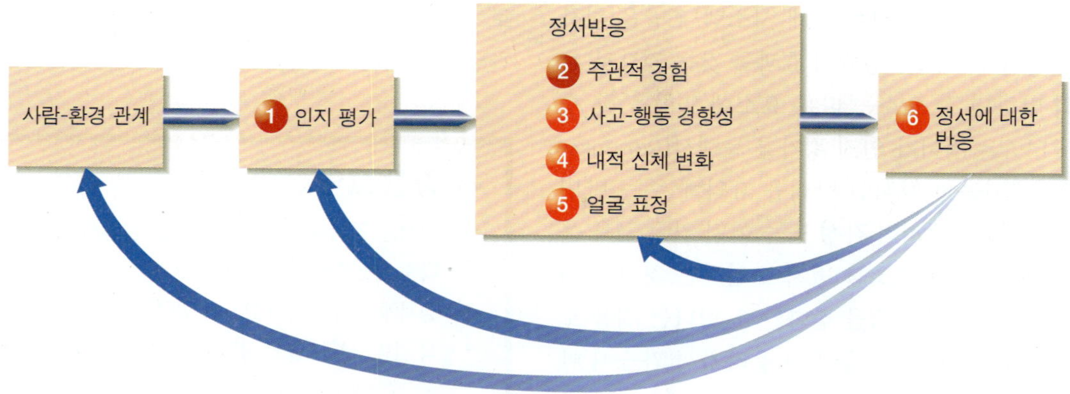


**그림 11.1 정서 과정의 개요도.** 정서의 여섯 가지 구성요소는 어떤 사람–환경의 관계에 의해 기술된다.

어떤 것이 흥미를 자극할 때 당신은 그것을 탐색하고 그것에 대해 더 많은 것을 알려고 노력한다. 어떤 사람이 화나게 했을 때 당신은 신체적 또는 언어적으로 공격하고 싶을 것이다. 네 번째 요소는 내적인 신체 반응, 특히 심장과 또 다른 평활근을 통제하는 말초신경계인 **자율신경계** autonomic nervous system의 반응을 포함한다(2장 참조). 예를 들면 당신이 두려워할 때 가슴에 있는 심장이 두근거리며 뛰기 시작하고 손바닥은 땀에 젖는다. 정서의 다섯 번째 구성요소는 얼굴의 여러 부위를 특정 방식으로 움직이는 근육 활동인 **얼굴 근육 운동** facial muscle movement을 포함한다. 예를 들면 당신이 혐오를 경험할 때, 마치 당신에게 엄습하는 어떤 것의 냄새와 모습을 차단하려는 것처럼 윗입술을 치켜 올리고 눈을 조금 감으면서 눈살을 찌푸릴 것이다. 마지막 구성요소는 사람이 자신의 정서 또는 그것을 유발하는 상황에 대해 어떻게 대처하거나 반응하는가를 의미하는 **정서에 대한 반응** responses to emotion을 포함한다. 이런 다양한 요소를 개념 설명에서 요약했다.

### 개념 설명
## 정서 과정의 여섯 가지 구성요소

| | |
|---|---|
| 인지 평가 | 어떤 사람의 현재 환경에 대한 개인적 의미의 평가 |
| 주관적 경험 | 사적 경험을 채색하는 감정 상태 또는 느낌 |
| 사고-행동 경향성 | 특정 방식으로 생각하거나 행동하려는 충동 |
| 내적 신체 변화 | 생리적 반응, 특히 심박률, 땀 분비선 활동의 변화와 같은 자율신경계를 포함 |
| 얼굴 근육 운동 | 얼굴의 여러 부위(뺨, 입술, 코, 눈썹 등)를 특정 형태로 움직이는 근육 수축 |
| 정서에 대한 반응 | 사람들이 자신의 정서와 그 정서를 일으키는 상황을 조절하거나, 그것에 대해 반응하거나 대처하는 방식 |

여섯 가지 요소 중 어떤 것 하나만으로는 정서가 아니다. 그 요소는 특정 정서를 유발하기 위해 함께 나타난다. 정서를 복합체계로 보는 것은 정서를 밀접하게 관련된 상태인 기분 같은 것과의 구분을 도와준다. 정서는 다양한 면에서 기분과 다르다. 첫째로, 정서는 일반적으로 어떤 분명한 이유를 갖고 있다. 정서는 어떤 것 또는 어느 누구에 관한 것이다(Beedie et al., 2005; Oatley et al., 2006). 당신은 누이에게 화를 냈다. 당신은 그랜드캐니언에 압도당했다. 반면에 **기분** mood은 종종 막연하고 확산된 감정 상태이다. 당신은 어느 날 알 수 없는 이유로 화가 나고, 다음 날에는 명랑해진다. 이것이 두 번째 차이를 일으킨다. 정서는 전형적으로 몇 초 또는 몇 분 정도 짧게 지속되지만 기분은 몇 시간이나 며칠까지 오래 지속된다(Beedie et al., 2005). 세 번째 차이는 앞에서 기술했듯이 정서는 전형적으로 다중 요소체계와 관련되어 있지만, 기분은 주관적 경험의 수준에서만 두드러진다는 것이다(Rosenberg, 1998). 마지막으로, 정서는 종종 공포, 분노, 기쁨, 흥미와 같이 분리된 범주에 맞추어 개념화된다. 반면에 기분은 유쾌함과 각성 수준의 차원에서 변동하는 것으로 개념화된다. 그러나 이 마지막 입장은 아직도 뜨거운 논쟁거리이다. 이 논쟁의 예는 이 장의 끝부분에 있는 찬반 논쟁에 제시했다.

많은 정서 이론가는 정서에 관해 시스템 조망을 취하는데, 어떤 정서의 요소는 상호적 효과를 갖는 것으로 보인다. 달리 말하면 각 요소는 다른 요소에 영향을 줄 수 있다. 그림 11.1은 정서가 인지 평가를 통해서(Reisenzein, 1983) 전개되는 전형적인 방식을 요약해 주는 반면에, 실험실 실험은—생리적 각성 또는 어떤 얼굴 근육 운동 같은—정서의 다른 요소를 먼저 도입하는 것이 전체적인 다중 요소의 정서 과정을 점화할 수 있다는 것을 보여 주었다. 당신이 4층 계단을 뛰어 올라가서 가슴이 마구 뛰는 상태로 기숙사 방에 도착한 경우를 예로 살펴보자. 그런 각성 상태에서 당신은 룸메이트의 모호한 표현(예: "머리 모양이 멋져.")을 모욕과 폭언으로 평가할 가능성이 높다. 현대의 정서 연구에서 결정적인 물음은 각 정서 요소의 세부적 성질과 그것들이 서로 영향을 주는 구체적 기제에 관한 것이다. 예를 들면 한 종류의 물음은 각 요소의 기능에 관한 것이다. 정서는 왜 주관적 경험을 채색하는가? 왜 신체적 변화를 유발하는가? 왜 얼굴에 나타나는가? 다른 종류의 물음은 다양한 요소의 반응이 정서 경험의 강도에 영향을 미치는 방식에 관한 것이다. 당신은 자율신경계의 각성을 더 높게 경험할 때 분노를 더 느끼는가? 실제로 당신은 자율신경계의 각성이 없다 해도 분노를 느낄 수 있는가? 유사하게, 당신의 분노 강도는 어떤 종류의 생각을 하는 것 혹은 얼굴 표정을 짓는 것에 의존하는가? 정서의 강도(intensity)에 관한 물음과는 대조적으로, 어떤 정서 요소가 상이한 정서를 달리 느끼게 하는 것과 관련 있는가에 관한 물음도 있다. 강도에 관한 물음과 분화(differentiation)에 관한 물음의 차이를 평가하기 위해, 자율신경계 각성이 우리의 정서를 증가시키지만 각성의 패턴은 대략적으로 몇몇 정서에서 동일할 가능성을 살펴보자. 이 경우에 자율신경계 각성은 정서를 구분해 줄 수 없다.

이 물음은 이 장에서 인지 평가, 주관적 경험, 사고–행동 경향성, 내적 신체 변화, 관찰 가능한 얼굴 근육 운동을 고려할 때 지침이 될 것이다. 우리는 또한 자신의 정서에 대한 다른 사람의 반응과 자신의 정서 경험을 조절하려는 시도를 살펴볼 것이다. 그다음으로 정서에서 성별과 문화적 차이를 논의할 것이다. 끝부분에서는 긍정 정서를 중심 주제로 하는 비교적 새로운 분야인 긍정심리학을 살펴볼 것이다. 자신의 행복과 건강을 향상할 수 있는 방법을 강조하기 때문에 이 신생 연구 분야는 광범위한 실용적 적절성을 갖고 있다. 이 장 전체에 걸쳐 분노, 공포, 기쁨과 같은 가장 강하고 전형적인 정서에 주로 관심을 둘 것이다. 그래도 우리의 논의에서 나타나는 관념과 원리는 다양한 감정에 적절할 것이다.

### 중간 요약

- 정서는 행위를 하려는 준비성을 발생시키는 복합적이고 다중 요소적인 에피소드이다.
- 정서에는 여섯 가지 요소가 있다–인지 평가, 정서의 주관적 경험, 사고–행동 경향성, 내적 신체 변화, 얼굴 근육 운동, 정서에 대한 반응.
- 정서는 몇 가지 방식에서 기분과 구분된다. 예를 들면 정서는 분명한 원인이 있으며, 특별히 짧고, 다중 요소와 관련된다.

### 비판적 사고를 위한 물음

1. 정서 과정의 여섯 가지 요소를 정리한 그림 11.1을 재고해 보자. 당신은 어떤 경험을 정서라고 부르기 위해 여섯 가지 요소가 모두 존재할 필요가 있다고 생각하는가? 왜 그렇게 생각하는가? 정서에 대한 반응을 여섯 번째 요소로 포함하는 것의 근거는 무엇인가?
2. 당신은 일상적인 경험을 바탕으로 정서와 기분의 차이를 확인할 수 있는가? 정서와 기분은 주관적으로 상이하게 느껴지는가?

## 인지 평가와 정서

그림 11.1에서 첫 번째 상자는 **사람–환경 관계** person-environment relationship이다. 이것은 어떤 사람이 자신이 처해 있다고 알고 있는 객관적인 상황을 의미한다—세상에서 혹은 타인과의 관계에서 그의 환경이다. 예를 들면 그런 환경 중 하나는 모욕을 당하는 것 또는 찬란한 석양을 보는 것이다. 이런 사람–환경 관계는 그 자체만으로는 정서의 요소가 아닌데, 항상 혹은 직접적으로 정서를 일으키지 않기 때문이다. 이런 환경이 어떤 정서를 일으키기 위해서는 그것을 우리의 개인적 목표나 안녕에 적절한 것으로 해석할 필요가 있을 것이다. 이 해석 과정은 인지적 평가이다. 예를 들면 당신은 모욕당하는 것을 명예에 대한 위협으로 해석한다. 그렇다면 당신은 분노를

**그림 11.2 고전적 정서 이론.** 정서의 구성요소 간 상이한 관계를 제안하는 초기의 정서 이론.

경험한다. 다른 예에서는 동일한 모욕을 이상한 사람의 무의미한 고함으로 해석하고, 어떤 정서도 경험하지 않는다. 이와 마찬가지로 만약 당신이 영적인 사람이라면, 석양을 신의 무한한 권능과 예술성으로 해석하여 경외와 감사가 혼합된 감정을 느낄 것이다. 다른 날 저녁에는 갑자기 해가 지는 것에 놀랄 수도 있는데, 왜냐하면 하이킹을 하는 중이고 어두워지기 전에 캠프로 돌아갈 수 없을까 봐 걱정이 되기 때문이다. 현재의 사람-환경 관계가 목표 또는 안녕에 영향을 주는가 혹은 그렇지 않은가를 평가하는 것은 바로 이런 평가 과정을 통해 이루어진다. 만약 그렇다면, 평가 과정은 객관적 환경을 개인적으로 의미 있는 환경으로 해석해 준다. 따라서 개인적 의미는 우리가 경험하는 정서의 유형을 결정할 뿐만 아니라 강도도 결정한다(Lazarus, 1991b).

인지 평가는 대체로 정서를 분화하는 데 관여한다. 실제로 우리는 어떤 정서의 질을 기술할 때 종종 인지 평가를 강조한다. 우리는 "나는 그녀가 불공평하기 때문에 화가 났었다." 또는 "나는 내가 버림을 받았다고 느꼈기 때문에 놀랐다."라고 말한다. 불공평과 버림을 받는 것은 분명히 인지 과정에서 초래되는 추상적인 믿음이다. 이런 관찰은 인지 평가가 종종 정서 경험의 질을 결정하는 데 충분조건이라는 것을 시사한다.

## 평가의 발견

정서 내에서 인지 요소의 중요성은 1960년대 초기의 유명한 연구에서 처음으로 각광을 받았다. 샤흐터와 싱어(Schachter & Singer, 1962)는 사람이 일반적인 자율신경계의 각성 상태로 유도될 수 있다면 그 사람의 정서의 질은 전적으로 그 상황에 대한 평가에 의해 결정될 수 있다고 제안했다(그림 11.2a 참조; 그림 11.2에 포함된 제임스-랑게 이론과 얼굴 피드백 가설은 이 장의 뒤에서 논의할 것이다). 이것은 정서의 **이요인 이론** two-factor theory이라고 불린다. 이 이론에 따르면 두 요인의 결합—설명되지 않은 초기의 각성 상태와 그 각성에 대한 인지적 설명(또는 평가)의 합—이 정서를 유발한다고 생각했다.

샤흐터와 싱어의 연구에서 참가자는 전형적으로 자율신경계의 각성(심장박동과 호흡, 근육의 떨림, 신경과민의 느낌)을 초래하는 에피네프린 주사를 받았다. 그다음으로 실험자는 참가자가 맞은 주사의 효과에 대한 정보를 조작했다. 어떤 참가자는 그 약물의 각성 효과에 관해 정확한 정보를 받았으나, 어떤 참가자는 그 약물의 생리적 효과에 관한 정보를 받지 않았다. 정보를 받은 참가자는 자신이 느낀 감각을 설명할 수 있었지만 정보를 받지 못한 참가자는 그렇지 않았다. 샤흐터와 싱어는 정보를 받지 않은 참가자가 자신의 증상을 주변 상황에 따라 어떻게 해석하는가를 예언했다. 참가자가 다른 사람과 함께 대기실에서 기다리게 했는데, 다른 사람은 실험 참가자같이 보이지만 실은 실험자의 조수였다. 실험자의 조수는 행복한 상황(종이비행기 만들기, 종이 뭉치로 농구하기 등) 혹은 분노한 상황(실험에 대해 불평하기, 질문지 찢기 등)을 만들어 냈다. 행복한 상황일 때, 정보를 받지 못한 참가자는 정보를 받은 참가자에 비해 자신의 느낌을 더 행복하다고 평정했다. 그 자료는 분노한 상황에서 덜 분명했지만, 샤흐터와 싱어는 정보를 받지 못한 참가자들이 정보를 받은 참가자들보다 더 분노했다고 주장했다. 달리 말하면, 자신의 각성에 대해 생리적 설명을 할 수 있는 참가자는 설명을 할 수 없는 참가자보다 상황의 영향을 덜 받는 것처럼 보였다.

샤흐터와 싱어의 실험은 그 후 20년 동안 매우 영향력이 있었으나 과학자들은 그 영향이 정당화될 수 있는가에 대해 논쟁했다(Reisenzein, 1983). 그 연구의 결과는 결정적인 집단 간의 차이가 통계적 유의성에 도달하지 못했고, 통제집단이 가설과 일치되는 방식으로 반응하지는 않았다는 점에서 실험자의 가설을 강력하게 지지하지는 못했던 것 같다. 게다가 자율신경계 각성은 행복한 상황과 분노한 상황에서 동일하지 않았을 것이고, 확실히 중립적이지도 않았을 것이다. 추후 실험에서는 참가자가 상황이 제공하는 것보다 자신의 경험을 더 부정적으로(덜 행복해하거나 또는 더 분노한 것으로) 평가하는 것을 발견했는데, 이것은 에피네프린에 의한 각성이 어느 정도 불쾌한 것으로 경험된다는 것을 시사한다. 또한 나중의 실험에서는 샤흐터와 싱어가 얻은 결과가 반복되지 않았다(Marshall & Zimbardo, 1979; Maslach, 1979; Mezzacappa et al., 1999). 우리는 완전히 중립적인 각성이 특정 정서의 탓으로 잘못 경험될 수 있다는 추가 증거를 필요로 한다.

다른 연구가 그 증거를 제공했다. 참가자는 먼저 격렬한 신체 운동을 했고, 그 후 어떤 과제에 참여하는 동안에 실험자의 조수에 의해 화나는 자극을 받았다. 운동은 중립적인 생리적 각성을 일으켰고, 참가자가 자극을 받을 때까지 그 각성이 지속되었다. 그 각성은 화나게 만드는 자극에 의한 각성과 결합하여 더 강력한 분노 반응을 초래해야만 한다. 실제로 조금 전에 운동을 했던 참가자는 운동을 하지 않았던 참가자보다 화나게 만드는 것에 대해 더 공격적으로 반응했다(Zillmann & Bryant, 1974). 이런 결과가 샤흐터와 싱어의 이요인 이론을 지지하지는 않는다 할지라도 **각성의 오귀인** misattribution of arousal이라 불리는 더 한정적인 효과를 지지했다. 이 효과는—말하자면 4층의 계단을 뛰어 올라가는 것으로부터—잔존하는 생리적 각성이—"머리 모양이 멋져."라는 모호한 언급을 하는 것처럼—수반하는 환경의 탓으로 잘못 귀인될 수 있고, 그 환경에 대한 우리의 정서적 반응을 강화한다는 것을 의미한다. 앞에서 든 예의 경우처럼 잔존하는 각성은 분노를 가열할 수 있다. 이 효과는 많은 연구에서 반복 확인되었다.

샤흐터와 싱어의 유명한 연구는 각성의 오귀인에 대한 나중의 연구와 함께 정서 과정 내에서 인지 평가의 중심적 역할을 마련해 주었기 때문에 중요하다. 비록 그렇다 할지라도 이요인 이론은 정서가 실험실 밖에서 어떻게 전개되는가에 대해서는 거의 설명해 주지 못한다(Reisenzein, 1983). 샤흐터와 싱어의 첫 번째 요인인 **설명되지 않는** 생리적 각성이 실생활에서는 드물게 나타날 것이기 때문이다. 최근에 정말로 두려웠던 때를 잠깐 생각해 보라. 당신은 어디에 있었는가? 무슨 일이 일어났는가? 그 경험을 세세하게 눈앞에 떠올릴 때, 설명되지 않는 각성을 경험했던 순간을 찾도록 애써 보라. 당신이 잠수하여 수영하는 동안 상어를 보았을 때 공포를 경험했다고 가정하자. 아드레날린이 다량으로 분비되는 것을 감지했다고 하더라도 그 각성이 설명되지 않는 것은 아니다. 상어가 바로 그 설명이다. 좀 더 정확하게 말하면 상어가 당신을 위협한다는 평가가 설명이다.

샤흐터와 싱어에서 벗어나 가장 현대적인 평가 이론가는 인지 평가를 생리적 각성의 뒤가 아니라 앞에 놓았다. 그러나 샤흐터와 싱어가 제안했듯이 지각된 각성과 인지 평가는 독립적으로 경험되지 않는다. 오히려 각성은 평가에 귀인된다—'메리가 말한 것에 대해 화가 났기 때문에 내 심장이 두근거리고 있다.' 그래서 각성과 평가는 경험의 강도에 영향을 미친다—그리고 때때로 평가 단독으로도 경험의 질을 결정할 수 있다.

샤흐터와 싱어의 이요인 이론은 더 기본적인 심리학적 구성요소를 결합하는 방안, 즉 이 사례에서 일반적인 생리적 각성과 그 각성에 대한 인지적 설명(혹은 평가), 두 요인의 결합으로부터 정서가 어떻게 발생하는가를 기술하기 때문에 정서에 대한 심리학적 구성주의 접근이라 불린다(Barrett, 2006b, 2009a). 이요인 이론과 어떤 유사성을 갖고 있는 현대의 심리학적 구성주의 접근은 배럿의 개념적 행위 모형(conceptual act model; Barrett, 2012)이다. 개념적 행위 모형은 이요인 모형과 마찬가지로 신체 상태와 인지 과정이 결합하여 정서 상태를 일으킨다는 것이다. 개념적 행위 모형은 이요인 이론과 달리 다양한 조합을 통해 우리의 정신생활을 구성하는 넓은 범위의 경험을 산출하는 세 가지 기본적 구성요소—당신의 피부 밖 세상에서 온 감각, 당신의 신체 내부에서 온 감각, 당신의 이전 경험—를 주장한다. 이 견해를 따르면 정서를 경험하는 동안 신체로부터 오는 내적 감각과 세상으로부터 온 외적 감각은, 당신의 뇌가 자동적으로 노력을 들이지 않고 당신의 이전 경험을 기초로 범주화하기 때문에 의미가 있다. 정서 단어에 의해 전달되는 지식은 이 모형에서 주축이 된다. 실제로 배럿과 동료에 의한 일련의 실험은 참가자에게 '분노' 혹은 '공포' 같은 정서 단어를 세 번 천천히 말하도록 했는데, 그래서 그 단어를 말하는 것이 정서 지식을 활성화하거나 그 단어를 30회 신속하게 말하게 함으로써 의미적 포만이라고 불리는 과정을 통해 그 단어의 의미에 일시적으로 접근할 수 없도록 했다. 일시적으로 자신의 정서 지식에 대한 접근을 상실한 참가자는 개념적 행위 모형과 일치되게 정서를 지각하는 데 어려움을 겪었다(Lindquist, Barrett et al., 2006). 우리는 신체 변화와 정서를 논의할 때 개념적 행위 모형을 다시 다룰 것이다.

## 평가의 주제와 차원

그림 11.1에 제시된 정서의 모형은 다양한 정서의 평가 이론과 일치한다. 모든 평가 이론은 사람의 생리적 각성에 대한 평가가 아니라 상황에 대한 평가가 정서의 주관적 경험, 그것과 연합된 각성, 정서적 반응의 다른 구성요소를 초래한다고 제안한다는 점에서 유사하다. 그래도 다양한 평가 이론은 평가 과정을 개념화하는 방식에서 상이하다. 이 이론은 (1) 종종 근본적 주제를 기초로 하여 평가 차원의 수를 최소화하려는 **최소주의 평가 이론** minimalist appraisal theory, (2) 정서 사이의 차이를 설명하기에 충분하다고 생각되는 평가 차원의 범위를 확인하는 **차원 평가 이론** dimensional appraisal theory이다.

최소주의자 평가 이론에 의하면 특수한 정서를 산출하는 어떤 기본적인 인간교류(transaction)가 있다. 평가 이론가인 리처드 래저러스(Lazarus, 1991b)는 **핵심 관계 주제** core relational theme로 이 기본적 교류를 확인했다. 핵심 관계 주제는 특수한 사람–환경 관계에 대해 특정 형태의 평가를 초래하는 개인적인 의미를 나타낸다. 그것은 평가 과정의 본질을 드러내 준다. 표 11.1에 몇 가지 정서(예: 슬픔)와 그것을 자극하는 핵심 관계 주제(슬픔에 있어서 돌이킬 수 없는 상실)를 열거했다. 이런 근본 주제와 연합된 정서는 모든 인간 문화에서 발견된다. 어떤 환경은 거의 모든 사람에 의해 동일하게 평가된다. 예를 들면 대부분의 사람과 동물의 경우 가까이에서 쉿 하는 소리를 내는 커다란 뱀은 위협적으로 평가된다. 그렇다 할지라도 표 11.1에 열거된 평가 패턴을 유발하는 환경은 문화에 따라 다르고, 뒤에서 다시 다룰 요점이다.

차원 평가 이론은 다양한 평가 차원과 그런 차원의 정서적 결과를 확인하는 데 관심을 갖는다. 한 예가 표 11.2에 제시되어 있다. 한 차원은 기대되는 사건의 바람직함이고, 다른 차원은 그 사건이 발생하는가 또는 그렇지 않은가이다. 이 두 차원을 결합할 때 네 가지 가능한 평가를 얻을 수 있는데, 그것 각각은 구별되는 정서를 일으키는 것 같다. (사실을 단순화하기 위해 네 가지 정서만을 예로 들었다.) 우리는 어떤 바람직한 사건이 발생하면(사랑에 빠질 때) 기쁨을 경험하고, 바람직한 사건이 발생하지 않으면(사랑하는 사람이 자신을 좋아하지 않을 때) 슬픔을 경험하고, 바람직하지 않은 사건이 발생하면(시험을 망쳤을 때) 고통을 경험하고, 바람직하지 않은 사건이 발생하지 않으면(시험을 망치지 않았을 때) 안도감을 경험한다.

앞의 예는 두 가지 차원만을 이용했으나 대부분의 평가에 대한 차원 이론가는 다수의 차원이 포함된다고 가정한다. 예를 들면 스미스와 엘스워스(Smith & Ells-

### 표 11.1 정서와 인지적 원인

열다섯 가지 정서와 그에 연합된 핵심 관계 주제(평가 패턴).

| 정서 | 핵심 관계 주제 |
|---|---|
| 분노(anger) | 나와 나의 것을 모욕하는 공격 |
| 불안(anxiety) | 불확실하고 실존적인 위협에 직면 |
| 공포(fright) | 즉각적, 구체적, 압도적인 신체적 위험에 직면 |
| 죄책감(guilt) | 도덕적 잘못 저지르기 |
| 수치심(shame) | 자아 이상에 따라 살지 못하기 |
| 슬픔(sadness) | 돌이킬 수 없는 상실 경험하기 |
| 선망(envy) | 다른 사람이 갖고 있는 것을 원하기 |
| 질투(jealousy) | 어떤 사람의 애정에 대한 위협이나 상실을 이유로 제삼자를 미워하기 |
| 혐오(disgust) | 소화할 수 없는 대상 또는 생각을 받아들이거나 그것에 너무 근접해 있기 |
| 행복감(happiness) | 목표의 실현을 향해 합당한 진전 |
| 자부심(pride) | 가치 있는 대상이나 성취에 대해 자신 혹은 자신과 동일시되는 어떤 사람이나 집단의 공으로 돌림으로써 자신의 자아정체감을 향상하기 |
| 안도감(relief) | 고통스러운 목표 불합치 조건이 좋은 쪽으로 변화하거나 사라지기 |
| 희망(hope) | 최악을 두려워하지만 더 좋아지는 것을 열망하기 |
| 사랑(love) | 보통 서로 주고받지만 꼭 그렇지만은 않은 애정을 바라거나 갖기 |
| 동정(compassion) | 타인의 고통에 의해 마음이 움직이고 도와주기를 원하기 |

**표 11.2 일차적 평가 차원과 결과**

두 평가 차원의 결합과 관련된 결과(Roseman, 1984).

| | 발생함 | 발생하지 않음 |
|---|---|---|
| 바람직함 | 기쁨 | 슬픔 |
| 바람직하지 않음 | 고통 | 안도감 |

worth, 1985)는 열다섯 가지 상이한 정서(예: 분노, 죄책감, 슬픔을 포함)를 기술하기 위해 최소한 여섯 가지 차원이 필요하다는 것을 발견했다. 이 차원은 (1) 상황의 바람직함(유쾌한 또는 불쾌한), (2) 그 사람이 그 상황에 투입할 것으로 기대하는 노력의 양, (3) 그 상황의 확실성, (4) 그 사람이 그 상황에 쏟기를 원하는 주의의 양, (5) 그 사람이 그 상황에 대해 갖고 있다고 느끼는 통제의 정도, (6) 그 사람이 그 상황에서 비인간적인 힘으로 귀인하는 통제의 정도 등이다. 마지막 두 가지 차원이 작동하는 방식을 살펴보면, 분노는 다른 사람에 의해 초래되는 불쾌한 상황과 연합되고, 죄책감은 우리가 스스로 초래한 불쾌한 상황과 연합되며, 슬픔은 환경에 의해 통제되는 불쾌한 상황과 연합된다. 당신과 친구가 같이 감상하기로 약속한 콘서트에 참석하지 못한 경우, 친구가 부주의해서 표를 잃어버렸다면 당신은 분노를 느낄 것이고, 당신이 표를 잃어버렸다면 죄책감을 느낄 것이며, 연주자의 병 때문에 연주가 취소되었다면 슬픔을 느낄 것이다. 이런 접근법의 장점은 평가 과정을 상세하게 구체화하고, 광범위한 정서 경험을 설명해 준다는 것이다.

정서의 평가 이론에 대한 광범위한 수용에도 불구하고, 이 이론에 대한 초기의 증거는 대부분 자기보고 평가와 자기보고 정서 사이의 상관에 기초를 두고 있다. 그러므로 평가의 인과적 역할이 밝혀지지 않았다(Parkinson & Manstead, 1992). 나중의 실험은 그 부족한 증거를 보충해 주었다. 참가자는 먼저 일련의 중립적 사건(메일 확인하기, 버스 기다리기)을 자신(내적 귀인 조건)에게 또는 어느 누군가(외적 귀인 조건)에 귀인하는 과제를 완성했다. 그들은 '나는 메일을 읽는다', '나는 버스를 기다린다' 같은 20개의 문장 또는 '그는 메일을 읽는다', '그는 버스를 기다린다' 같은 20개의 문장을 작성했다. 다음으로 그들은 모호하고 부적인 상황을 직면했다. 그들은 한 실험자로부터 실험을 완료하기 위해 다음 방으로 가라는 말을 들었다. 그들이 배정된 방의 문을 열면 방 안의 두 번째 실험자가 "나가요! 당신은 문 앞에 붙어 있는 게시물도 읽지 못했나요? 당신이 우리의 실험을 방해했네요. 문 밖에서 기다려요."라고 소리 친다. 사람들은 이런 분노의 폭발에 대해 어떻게 반응하는가? 그들은 죄책감을 느끼는가, 분노를 나타내는가? 죄책감은 당신 자신이 초래한 불쾌한 상황과 관련이 있으나 분노는 다른 사람에 의해 초래된 불쾌한 환경과 관련이 있다는 것을 상기하라. 이 실험 결과는 앞서 내적 귀인을 하도록 점화된 사람은 죄책감을 표현할 가능성이 높고, 외적 귀인을 하도록 점화된 사람은 분노를 표현할 가능성이 높아서 다른 실험자를 비난한다는 것을 보여 주었다(Neumann, 2000). 이런 발견은 인지 평가가 정서의 다른 구성요소를 선행하고 초래한다는 것을 증명한다. 평가의 인지적 역할에 관한 추가적 증거는 뇌 활동의 평가에서 유래된다. 사람이 일종의 그림에 대해 얼마나 유쾌한가 또는 불쾌한가를 평가할 때, 그림에 나타난 사람의 수가 몇 명인지 판단하는 것과 같이 정서와 무관한 차원에서 유사한 그림을 평가할 때보다 정서와 관련된 핵심 영역에서 활발한 뇌 활동이 나타난다(Hajcak et al., 2006).

## 의식적 평가와 무의식적 평가

정서 이론가 사이의 많은 논쟁은 평가 과정이 반드시 의식적이고 숙고한 다음에 일어나야 하는가 또는 그렇지 않은가를 중심으로 한다. 어떤 이론가는 정서가 선행하는 어떤 의식적 사고 없이 발생할 수 있다고 주장했다(Zajonc, 1984). 흔한 공포증에 관한 실험은 (1) 뱀을 두려워하는 참가자, (2) 거미를 두려워하는 참가자, (3) 공포증이 없는 참가자에게 거미나 뱀의 사진을 제시하여 이런 생각을 검증했다(Ohman, 2000). 한 조건에서 사진은 참가자가 의식적으로 인식할 수 있을 정도로 오래 제시되었다. 다른 조건에서는 사진이 30msec 동안 제시된 다음 중립적인 사진에 의해 차폐됨으로써 참가자가 사진의 내용을 자각하지 못하게 하는 것을 의미하는 **역행차폐** backward masking라는 절차가 사용되었다. 공포증이 있는 사람은 의식적으로 거미 또는 뱀을 보았건 아니건 상관없이 사진에 대해 거의 동일한 생리적 반응(땀 분비선의 활동 증가)을 보였다. 다른 실험에서는 공포증이 없는 사람조차도 유사한 역행차폐를 이용하여 공포 혹은 혐오를 유발하는 자극에 대한 노출이 정서 특수적인 주관적 · 인지적 · 행동적 반응을 산출할 수 있다(Rohr et al., 2012). 이런 종류의 연구는 위협의 평가가 무의식적 수준에서 일어날 수 있음으로써 사람이 스스로 알지도 못하는 이유로 정서를 경험하기도 한다는 것을 시사한다.

현재 대부분의 평가 이론은 인지 평가가 의식적 자각 없이 자동적으로 발생할 수 있다는 것을 인정한다. 그래도 평가 과정의 어느 정도가 무의식적으로 발생할 수 있는가에 대해서는 논쟁이 계속되고 있다. 한 제안은 단지 정서가(이 환경이 나에게 좋은가, 나쁜가?)와 긴급성(나는 얼마나 신속하게 반응해야만 하는가?)에 대한 기본적 평가가 자각 없이 된다는 것이다. 대조적으로 행위 주체(누구의 탓인가?)를 평가하는 것과 같은 대부분의 복잡한 평가는 의식적 정보처리로부터 나타난다(Robinson, 1998).

요약컨대 정서 과정 내에서 인지 평가는 다른 형태의 인지와 유사하다. 그것은 부분적으로 의식적 자각이 없는 자동 과정에 의해 초래되고, 부분적으로는 우리가 자각할 수 있는 통제 과정에 의해 초래된다(유사한 이중 과정 조망은 6장과 18장을 참조하라). 만약 당신이 곁눈질로 뱀과 같은 형상의 물체를 보았다면, 자동적이고 무의식적인 평가 과정은 더 통제적이고, 숙고하는 평가 과정이 문제의 대상이 실은 해가 없는 밧줄 토막이라는 것을 결정할 수 있기 전까지는 당신이 놀라 펄쩍 뛰게 한다.

## 뇌의 평가

정서처리에 관여하는 뇌 회로에 관한 연구 또한 평가가 의식적 또는 무의식적으로 발생한다는 견해를 지지한다. 정서회로 내에서 핵심적인 역할을 하는 뇌 구조는 **편도체** amygdala인데, 뇌의 아래쪽에 위치한 작은 아몬드형의 덩어리로서 정서반응을 등록하는 것으로 알려졌다. 한때는 편도체가 모든 입력을 피질로부터 받고, 그래서 그 입력은 항상 의식적 평가를 포함하는 것으로 생각되었다. 그러나 쥐를 대상으로 한 연구는 피질을 경유하지 않는 감각 통로와 편도체 사이의 연결을 찾았고, 이 직접적인 연결이 무의식적 평가의 생물적 기초일 것이라고 밝혔다(LeDoux & Phelps, 2000). 편도체는 비상 상황에 대해 피질보다 앞서 반응할 수 있는데, 이는 우리가 때때로 이유를 알기도 전에 정서를 경험할 수 있다는 것을 시사한다.

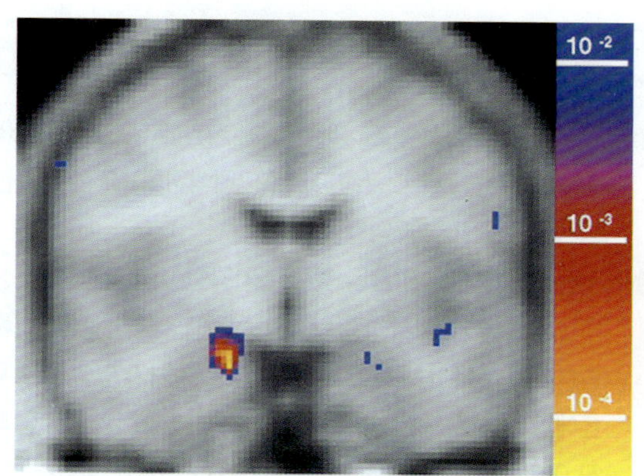


**그림 11.3 무의식적 평가 중 편도체 활성화.** 이 영상은 뇌의 관상면을 보여 준다. 의식적 자각을 방지하기 위한 역행차폐 기법을 사용하여 두려운 얼굴과 행복한 얼굴을 참가자에게 보여 주었다. 사진은 차폐된 행복한 얼굴과 차폐된 두려운 얼굴 간의 활성화 차이를 보여 준다. 강조된 영역은 차폐된 두려운 얼굴에 대한 편도체의 높은 활성화를 나타낸다. 이 발견은 편도체가 정서적으로 적절한 자극에 대한 무의식적 평가에서 역할을 한다는 것을 시사한다.

자동적인 정서에서 편도체의 역할에 관한 초기의 연구는 쥐를 대상으로 했지만, 관여하는 신경로는 인간에서도 유사한 것처럼 보인다. 인간의 뇌 영상 기법(2장 참조)은 정서에서 편도체의 핵심적인 역할을 증명했다(그림 11.3 참조). 앞서 기술된 것과 동일한 역행차폐 기법을 사용했으므로, 공포에 찬 얼굴 표정이 참가자에게 30msec 동안 제시되고 그다음에 동일한 얼굴의 중립적인 표정에 의해 차폐되었다. 참가자가 공포에 찬 얼굴을 의식적으로 자각하지 못한다고 할지라도 뇌 영상 자료는 편도체 내에서 활성화가 있었음을 보여 준다(Whalen et al., 1998). 이 자료는 편도체가 정서를 유발하는 자극을 자동적 · 무의식적 수준에서 점검한다는 것을 시사한다. 흥미롭게도 이 장 초반에 기술한 테드 번디와 같이 반사회적 성격장애를 가진 범죄자는 정서처리 중에 보통의 범죄자 또는 범죄자가 아닌 사람보다 낮은 편도체의 활성화를 보여 주는데(Kiehl et al., 2001), 이는 정서와 관련된 결손의 신경적 증거를 제공해 준다.

편도체 이외의 뇌 영역도 정서와 평가에 영향을 미친다. 예를 들면 인간 정서의 신경 영상 연구에 대한 최근의 메타분석적 개관은 전전두피질과 개념적 행위 모형에 의해 강조되는 개념적 · 언어적 처리와 관련된 다른 영역의 신뢰로운 활성화를 발견했다(Lindquist et al., 2012).

### 중간 요약

- 인지 평가는 정서를 초래하는 어떤 상황에 대한 개인적 의미(또는 사람-환경 관계)에 대한 해석이다. 그런 평가는 정서의 강도와 질에 영향을 준다.
- 고전적인 정서의 이요인 이론은 사람이 미분화된 각성 상태로 유도될 때 정서 경험의 질이 상황에 대한 평가에 의해 영향을 받는다고 예측했다. 이 이론은 인기가 있었지만 자료에 의해 지지를 잘 받지 못했다. 각성의 오귀인으로 알려진 이와 관련된 효과는 더 나은 경험적 지지를 받았다. 그것은 어떤 잔존하는 생리적 각성이 추후의 환경에 잘못 귀인될 수 있고, 그 환경에 대한 정서반응을 강화한다고 진술한다.
- 이요인 이론과 유사성을 갖고 있는 현대의 심리학적 구성주의 이론은 개념적 행위 모형이다. 이 모형은 정서가 더 기본적인 마음의 구성요소 조합에서 유래된다고 주장하는데, 거기서 신체 감각과 외부 감각은 과거 경험에 기초하여 그것을 범주화하는 뇌의 자동적 경향성에 의해 즉각적으로 의미 있게 된다.
- 유명한 최소주의 평가 이론은 분노의 경우에 무례하게 처신하는 것처럼 정서 특유의 핵심 관련 주제의 중요성을 강조한다(표 11.1 참조). 차원 평가 이론은 정서의 인지 평가에서 확실성 혹은 통제의 정도처럼 적절한 차원을 확인하는 데 초점을 둔다.
- 인지 평가는 의식적 자각 없이도 발생할 수 있으며, 뇌 연구는 편도체를 자동적 평가에 관여하는 구조라고 밝혔다.

### 비판적 사고를 위한 물음

1. 사람-환경 관계와 인지 평가 사이에 무슨 관계(즉 그림 11.1의 처음 두 상자)가 있는가? 당신은 한때는 정서를 경험하도록 했던 반면에 다른 때는 그렇지 않았던 구체적인 사람-환경 관계에 대해 생각할 수 있는가?
2. 평가 과정이 의식적 자각 없이도 존재할 수 있다면, 우리는 때때로 정서를 경험하지만 그 이유를 알지 못할 수 있다. 그것은 어찌된 일이며, 그런 종류의 정서는 알려진 원인이 없는 기분과 다른가?

## 주관적 경험과 정서

초기 평가 과정이 의식적 자각 없이 일어난다고 할지라도 정서의 주관적 경험(느낌의 요소)은 정의에 따르면 자각이 된다. 의식적 자각을 막는 역행차폐 기법을 통해 공포를 느끼는 대상(거미 또는 뱀)의 사진을 보고 있는, 공포증을 가진 사람에 대한 연구를 상기해 보자. 그 결과는 사람이 보이지 않는 공포 대상에 대해 신체 반응(땀 분비선 활동 증가)을 경험할 뿐만 아니라, 공포에 대한 주관적 경험과 일치하는 혐오의 느낌, 각성 및 통제의 부족을 보고한다는 것을 보여 주었다. 그래서 평가 과정의 한 가지 산물은 주관적 경험의 변화이다. 불쾌 측면에서 우리는 분노하고, 두려워하고, 슬퍼하고, 혐오하거나, 이런 감정의 혼합을 느낀다. 유쾌 측면에서 우리는 기분이 상승하고 즐거워하거나, 편안하고 만족하거나, 흥미로워하고 열중하거나, 경이 혹은 감사 같은 유쾌한 감정을 느낀다.

주관적 경험이 정서 과정의 구성요소라고 말하는 것은 모든 정서 경험이 이런 구성요소를 동반한다는 것을 의미하지는 않는다. 연구자들은 정서가 어떤 의식적 느낌이 전혀 없이도 발생할 수 있다는 것을 설득력 있게 주장했다(Berridge & Winkielman, 2003). 그럼에도 불구하고 의식적인 주관적 경험이 존재할 때는 중요하다.

이런 내적 감정은 어떤 기능을 하는가? 저명한 견해는 이런 느낌이 현재의 환경에 대한 개인의 적절성에 관한 피드백을 제공한다는 것이다. 우리가 공포 또는 분노와 같은 부적 정서를 느낄 때, 불쾌한 감정은 환경에 있는 어떤 것이 우리를 위협하고, 스스로 보호하기 위해 재빨리 행동할 필요가 있다는 것을 알려 주는 단서로서 구실을 한다. 우리가 기쁨이나 흥미와 같은 정적 정서를 느낄 때, 유쾌한 감정은 안전하고 포만감을 느낀다는 것을 알려 주고, 그래서 자유롭게 놀고 탐색할 수 있다. 더욱 일반적으로 정서에서 느낌의 요소는 행동, 의사결정 및 정보처리를 지도하는 것으로 생각된다(Schwarz & Clore, 2003).

## 감정은 주의와 학습을 수정한다

우리는 현재 감정에 적합하지 않은 사건보다 적합한 사건에 주의를 기울이는 경향이 있다. 결과적으로 우리는 감정에 적합한 또는 일치하는 사건에 대해 더 많은 것을 학습한다. 이런 현상을 증명하려는 실험은 세 단계를 포함했다. 첫 번째 단계에서 참가자는 최면에 의해 행복한 또는 슬픈 상태로 유도된다. 두 번째 단계에서 최면에 걸린 참가자는 두 남자(행복한 인물과 슬픈 인물) 사이의 만남에 관한 짧은 이야기를 읽는다. 그 이야기는 두 남자의 생활에서의 사건과 그들의 정서적 반응을 명료하게 기술한다. 그 이야기를 읽은 후 참가자는 자신이 생각하기에 누가 주인공이고, 누구와 동일시할 것인가에 대한 물음을 받았다. 행복하게 느끼도록 유도되었던 참가자는 행복한 인물과 더 많이 동일시했고, 그 이야기가 자신에 관한 진술을 더 많이 포함하고 있다고 생각했다. 슬픔을 느끼도록 유도되었던 참가자는 슬픈 인물과 더 많이 동일시했고, 그 이야기가 자신에 관한 진술을 더 많이 담고 있다고 생각했다. 이런 결과는 참가자가 자신의 감정과 일치하지 않는 등장인물과 사건보다는 자신의 감정과 일치하는 경우에 더 주의를 쏟는다는 것을 보여 준다(Bower, 1981).

최면 실험의 세 번째 단계는 참가자가 감정과 불일치하는 사건보다는 감정과 일치하는 사건에 대해 더 많은 것을 학습한다는 증거를 제공했다. 참가자는 어떤 이야기를 읽은 다음 하루 뒤 중립적인 상태로 실험실에 되돌아와서 그 이야기를 회상하도록 요청받았다. 참가자는 자신이 동일시했던 등장인물에 대해 더 많이 회상했는데, 이전에 행복했던 참가자의 경우 회상한 사실의 55%가 행복한 인물에 관한 것이었고, 이전에 슬펐던 참가자는 회상한 사실의 80%가 슬픈 인물에 관한 것이었다(Bower, 1981).

이 효과는 이후로 수없이 반복 확인되었다. 예를 들면 우리는 지금 현재의 감정이 주의를 자동적으로 끈다는 것을 아는데, 감정과 일치하는 사건에 대해 더 빠른 반응시간을 나타낸다(Niedenthal, 2008). 우리의 현재 감정과 어떤 새로운 재료 사이의 일치가 정확히 어떻게 그 재료의 학습에 영향을 미치는가? 우리는 새로운 재료를 이미 기억 속에 있는 정보와 관련지을 수 있으면 더 잘 학습한다는 것을 안다. 또한 정서가 개인적인 기억을 인출하는 우리의 능력에 영향을 미친다는 것을 안다(Buchanan, 2007). 학습 중에 느끼는 우리의 감정은 감정과 일치하는 기억의 가용성을 증가시킬 수 있고, 그래서 그 기억은 감정과 알맞은 새로운 재료와 연결짓기가 더 쉽다. 학교에서 낙제한 학생의 이야기를 들었다고 가정하자. 그 이야기를 들을 때 슬픔을 느낀다면, 실패 경험(특히 학업 실패)에 대한 당신의 기억 중 일부가 쉽게 접근될 수 있을 것이고, 이 기억과 누군가가 학교에서 낙제를 했다는 새로운 사실의 유사성이 그것을 더 쉽게 연관짓도록 해 줄 것이다. 반대로 당신이 그 이야기를 들었을 때 행복하게 느꼈다면 가장 접근 가능성이 높은 당신의 기억은 학교의 낙제와는 너무 상이하여 오랜 기억과 새로운 사실 사이의 관계성을 조성할 수 없을 것이다. 그래서 우리의 감정은 어떤 기억이 더 접근 가능한가에 영향을 주고, 이 기억은 그 순간에 우리가 무엇을 학습하기 쉬운가에 영향을 준다(Bower, 1981).

## 감정은 평가와 판단을 수정한다

우리의 감정은 타인에 대한 우리의 평가에 영향을 줄 수 있다. 매일의 경험은 그 점에 관한 수많은 예를 제공한다. 우리가 행복하게 느낄 때, 거울을 보고 자신의 외모를 계속 점검하는 친구의 습관을 개성으로 보아 줄 테지만, 우리가 성을 내고 있을 때는 친구가 얼마나 쓸데없는 짓을 하는가 하고 생각할 것이다. 우리의 감정은 무생물인 대상의 평가에도 영향을 미친다. 한 실험에서는 참가자가 자신의 주요 소유물을 평가했다. 작은 선물을 받은 것에 감사했던 참가자는 중립적인 감정을 느낀 통제집단의 참가자보다 자신의 TV와 자동차를 더욱 긍정적으로 평가했다(Isen et al., 1978). 정서는 또한 어떤 대상을 사기 위해 얼마를 지불할 것인가, 혹은 우리가 그 대상을 이미 갖고 있다면 그것을 얼마에 팔 것인가와 같은 경제적 결정을 변경시킨다(Lerner et al., 2004).

우리의 감정은 다양한 위험의 발생 빈도에 대한 판단에도 영향을 미친다. 최근의 이론가는 정서가 앞서 자신을 발생시켰던 것과 동일한 인지 평가를 반복하려는 경향성을 활성화하므로 그 영향이 나타난다고 주장했다(Lerner & Keltner, 2001; Han et al., 2007). 예를 들면 공포를 느끼는 것은 우리로 하여금 추후의 상황을 불확실하고 통제 불가능한 것으로 평가하게 함으로써 앞으로 위험이 발생할 가능성이 더 높다고 여기게 한다. 대조적으로 분노 혹은 행복을 느끼는 것은 비록 상이한 정서가를 가진 정서에 대한 느낌이지만 우리로 하여금 추후의 환경을 확실하고 통제 가능한 것으로 평가하게 함으로써 앞으로 위험이 발생할 가능성이 낮다고 보게 한다(Johnson & Tversky, 1983; Lerner & Keltner, 2001). 이런 생각을 검증한 한 실험에서 참가자는 먼저 자신을 화나게 했거나 공포를 느끼게 했던 환경을 명료하게 이야기함으로써 분노 또는 공포를 느끼도록 유도되었다. 그다음에 그들은 자신이 기술한 환경이 자신의 통제하에 있는 정도와 그것에 대해 얼마나 확신하거나 불신하는가를 평정했다. 마지막으로, 참가자는 자신이 부유한 사람과 결혼

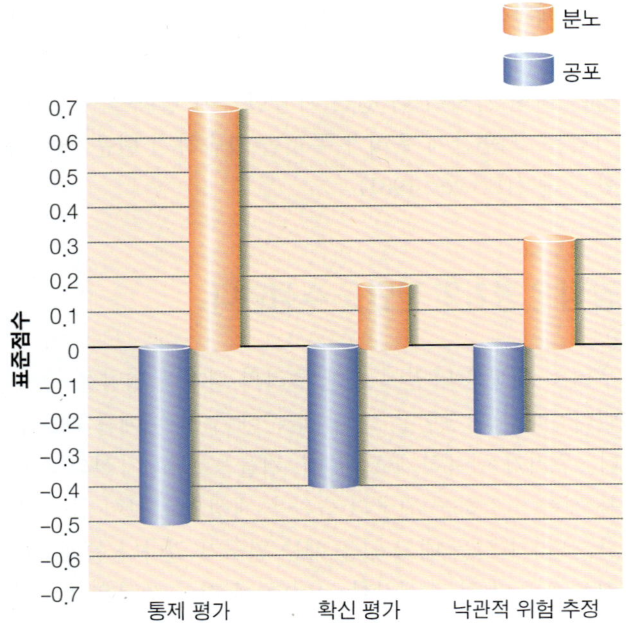


**그림 11.4 공포, 분노 및 위험.** 공포와 분노는 인지 평가와 위험 추정에서 반대 효과를 미친다. 효과의 크기는 평가와 위험 추정을 동일한 척도에 나타내기 위해 표준화된 점수로 나타냈다. 분노한 참가자에 비해 공포를 느끼는 참가자는 자신의 환경을 통제가 낮은 것으로(왼쪽 막대), 덜 확실한 것으로(가운데 막대) 평가했고, 미래의 위험에 대해 더 비관적으로 추정했다(오른쪽 막대). 추후의 분석은 평가가 위험 추정에 대한 정서의 효과를 설명해 준다는 것을 증명한다.

하는 것 혹은 성병에 걸리는 것과 같은 어떤 범위의 정적 및 부적 생활 사건을 경험할 기회를 추정했다. 그 결과를 그림 11.4에 제시했다. 공포와 분노는 인지적 평가와 위험의 추정에 대해 반대 효과를 보여 주었다. 공포를 느낀 사람은 자신의 환경을 불확실하고 통제 불가능한 것으로 평가하고, 이런 평가는 위험에 대해 더욱 비관적인 평가를 한다는 것을 예측해 주었다. 그러나 분노를 느낀 사람은 자신의 환경을 확실하고 통제 가능한 것으로 평가하고, 이런 평가는 위험에 대해 더욱 낙관적인 평가를 한다는 것을 예측해 주었다(Lerner & Keltner, 2001).

우리의 감정은 다른 유형의 판단에도 효과가 있다. 다른 실험에서 참가자는 자신을 즐겁게, 영감을 받게, 또는 특정 감정이 없게 느끼도록 해 주는 음성 클립을 들었다. 그다음에 그들은 다양한 도덕적 딜레마를 평가했다. 즐겁게 느낀 참가자는 중립적으로 느낀 참가자에 비해 상대적으로 도덕적 위반을 더 많이 허용한 반면에 영감을 받는다고 느낀 사람은 덜 허용적이었다. 이런 발견은 또한 평가 경향성 이론을 지지하는데, 즐거움은 경건하지 않다는 평가에 의해 자극되고 참가자로 하여금 도덕적 딜레마를 경건하지 않게 판단하도록 한다. 하지만 영감은 다른 사람을 도덕적으로 숭배하는 평가에서 발생하고, 영감을 느끼는 것은 사람에게 도덕적 딜레마를 경건하게 느끼도록 한다(Strohminger et al., 2011).

두려움을 느끼는 것은 세상을 더욱 위험한 것처럼 보이게 만들고, 그런 지각은 공포의 느낌을 강화할 수 있다. 반면에 영감을 느끼는 것은 영감의 감정을 촉진하는 방식으로 도덕적 양심을 상승시킬 수 있다. 게다가 일찍이 표명했듯이 우리의 감정은 자기에게 선택적으로 주의를 쏟게 하고, 감정과 일치하는 사실과 기억을 학습하게 하는데, 그것은 또한 초기 정서를 강화할 수 있다. 그래서 주관적 경험의 인지적 결과는 정서 상태를 지속하는 데 기여하며, 이는 부정 정서를 감소시키고 긍정 정서를 상승시킬 수 있을 것이다(Garland et al., 2010).

## 사고-행동 경향성

감정이 행동과 정보처리를 인도하는 한 가지 방법은 감정에 동반하는 충동을 통하는 것이다. 이런 충동은 사고-행동 경향성(thought-action tendencies)이라고 불리거나(Fredrickson, 1998) 행동 경향성이라고 불리기도 한다(Frijda, 1986; Lazarus, 1991b). 표 11.3에 몇 가지 정서와 그것이 심어 주는 사고-행동 경향성을 열거했다. 부정 정서의 경우, 사람의 사고-행동 경향성은 한정되고 구체적이다. 예를 들면 우리는 공포를 경험할 때 위험으로부터 도피하려는 구체적 충동을 느낀다. 그러나 긍정 정서의 경우 사람의 사고-행동 경향성이 넓어지고 더 많은 가능성을 열어 준다. 예를 들면 우리는 기쁜 경우 일반적으로 놀고 싶은 충동을 느낀다(Fredrickson & Branigan, 2005). 긍정 정서 중에서 기쁨과 만족 같은 것은 자기를 중심으로 하는 사고-행동 경향성을 일으키는 반면에 감사와 영감 같은 것은 다른 사람에 더 초점을 두게 만든다(Algoe & Haidt, 2009).

사람은 정서에 동반하는 충동에 따라 불변하게 행동하지는 않는 것이 확실하다. 이것이 사고-행동 경향성이지 사고 혹은 행동 그 자체는 아니라는 것을 명심하라. 그것은 단순히 사람의 가능한 행동 과정에 대한 생각을 기술하는 것으로, 이 생각은 부정 정서의 경우 구체적 행동의 충동으로 좁혀지거나 혹은 긍정 정서의 경우 넓은 가

**표 11.3 정서와 관련된 사고-행동 경향성**

열두 가지 정서와 그것이 자극하는 충동

| 정서 | 사고-행동 경향성 |
|---|---|
| 분노(anger) | 공격한다 |
| 공포(fear) | 도피한다 |
| 혐오(disgust) | 쫓아낸다 |
| 죄책감(guilt) | 개심한다 |
| 수치심(shame) | 사라진다 |
| 슬픔(sadness) | 틀어박힌다 |
| 기쁨(joy) | 논다 |
| 흥미(interest) | 탐색한다 |
| 만족(contentment) | 음미하고 통합한다 |
| 자부심(pride) | 큰 것을 꿈꾼다 |
| 감사(gratitude) | 친사회적이 된다 |
| 영감(inspiration) | 더 나은 사람이 된다 |

능성을 포괄하기 위해 확장된다. 충동이 행동으로 표현되는가는 충동 통제, 문화적 규범 및 다른 요인의 복잡한 상호작용에 좌우된다. 그렇다고 할지라도 많은 정서 이론가는 특정 사고와 행동 경향성을 마음에 떠오르게 하는 것이 정서를 진화상 적응적으로 만들어 주는 것이라고 주장한다. 부정 정서에서 구체적 사고-행동 경향성은 우리의 선조가 생사가 달린 상황으로부터 벗어나는 데 가장 효과적으로 작용했던 행동을 나타낸다고 생각된다(Levenson, 1994; Tooby & Cosmides, 1990). 긍정 정서의 경우, 확장된 사고-행동 경향성은 우리의 선조에게 생과 사의 차이를 결정해 주었던 지속성 있는 개인적 자원(건강, 낙관성, 사회적 지지 같은 것)을 구축시키는 것으로 생각된다(Fredrickson, 1998, 2001, 2013). 이 장의 뒷부분에서 긍정 정서를 다룰 때 이 생각을 전개할 것이다.

연구자가 구체적 정서가 구체적 행동 경향성을 일으키는가를 평가하는 한 가지 방법은 연구 참가자에게 공포, 혐오, 성적 매력, 혹은 중립적(예: 가정용 물품)인 정서를 유발하기 위해 선택된 다양한 사진을 보여 주는 것이다. 참가자는 손바닥을 실험 탁자 위에 놓은 채로 이 사진을 보았고, 각 사진이 제시되는 동안 가능한 한 손목과 손가락을 뻗으라는 신호를 받았으며, 그때 손 운동의 힘을 알아보기 위해 팔뚝 근육의 전기적 신호를 기록했다. 연구자는 팔뚝의 근육 활동을 지표로 보면 다른 사진에 비해 공포를 유발하는 사진이 빠른 후퇴 반응을 일으킨다는 것을 발견했다(Coombes et al., 2007).

### 중간 요약

- 정서의 주관적 경험 혹은 감정은 행동, 의사결정 및 판단을 인도한다.
- 주관적 경험은 또한 기억, 학습 및 위험 평가를 조정한다.
- 상이한 정서는 사고-행동 경향성이라고 불리는 어떤 방식으로 생각하고 행동하려는 충동을 담고 있다. 이것이 표 11.3에 요약되어 있다.
- 부정 정서는 사람에게 순간의 사회-행동 목록을 제한하여 생명을 위협하는 상황에서 신속한 행동을 하도록 촉진한다. 그러나 긍정 정서는 순간의 사고-행동 목록을 확장하고, 시간 경과에 따라 생존을 위한 지속적인 자원을 구축시킬 수 있다.

### 비판적 사고를 위한 물음

1. 특정 정서가 지속될 수 있게 해 주는 인지 과정은 무엇인가?
2. 어떤 이론가는 표 11.3에 열거된 사고-행동 경향성이 진화적 과정의 결과라고 주장한다. 왜 그럴 수 있을까?

## 신체적 변화와 정서

우리는 공포나 분노 같은 어떤 정서를 강하게 경험할 때 다수의 신체적 변화—빠른 심장박동, 목과 입이 마름, 땀 분비, 몸 떨기, 위의 무력감—를 자각할 수 있을 것이다(표 11.4 참조). 정서적 각성을 느끼는 동안에 발생하는 많은 생리적 변화는 자율신경계 중 교감신경계의 활성화에 기인한다(2장 참조). **교감신경계** sympathetic nervous system는 위기 반응을 위해 신체를 준비시키고 다음의 변화와 관련이 있다(모두 한꺼번에 일어나지 않을 수 있다).

1. 혈압과 심박률이 증가한다.
2. 호흡이 더욱 가빠진다.
3. 동공이 확대된다.
4. 땀 분비가 증가하는 반면에 침과 점액의 분비는 감소한다.

**표 11.4 전투비행 중 공포 증세**

제2차 세계대전 중 전투비행사의 보고에 바탕을 두었다.

| 전투 임무 중 당신은 …을 느꼈는가? | 때때로 | 종종 | 전체 |
|---|---|---|---|
| 가슴이 뛰고 맥박이 빨라지는 것 | 56% | 30% | 86% |
| 근육이 매우 긴장되는 것 | 53 | 30 | 83 |
| 쉽게 짜증이 나거나 분노하는 것 | 58 | 22 | 80 |
| 목 또는 입이 마르는 것 | 50 | 30 | 80 |
| 신경성 땀 또는 식은땀이 나는 것 | 53 | 26 | 79 |
| 속이 조마조마한 것 | 53 | 23 | 76 |
| 비현실감 | 49 | 20 | 69 |
| 소변이 자주 마려운 것 | 40 | 25 | 65 |
| 몸이 떨리는 것 | 53 | 11 | 64 |
| 혼란스럽거나 당황하는 것 | 50 | 3 | 53 |
| 무력하거나 또는 기절할 것 같은 것 | 37 | 4 | 41 |
| 임무를 마친 직후에 무엇이 일어났는가를 회상할 수 없는 것 | 34 | 5 | 39 |
| 위가 아픈 것 | 33 | 5 | 38 |
| 집중할 수 없는 것 | 32 | 3 | 35 |
| 바지에 소변을 보는 것 | 4 | 1 | 5 |

5. 더 많은 에너지를 공급하기 위해 혈당 수준이 증가한다.
6. 상처를 입은 경우 혈액 응고가 더 빠르다.
7. 혈액이 위와 장으로부터 뇌와 골격근으로 몰린다.
8. 피부에 있는 털이 일어서고 소름이 끼친다.

교감신경계는 유기체에 종종 '투쟁 또는 도피(fight-or-flight)' 반응이라 불리는 에너지 출력을 위해 준비시킨다. 정서가 가라앉으면 **부교감신경계** parasympathetic nervous system—에너지를 보존하는 체계—가 넘겨 맡고, 유기체는 정상 상태 혹은 때때로 '평온과 연결(calm-and-connect)' 반응이라 불리는 것으로 돌아간다.

자율신경계의 활동은 시상하부(10장에서 보았듯이 생물학적 동기에서 중요한 역할)와 이 장의 앞에서 기술되었듯이 평가 과정에 관여하는 편도체를 포함하는 뇌의 어떤 영역의 활동에 의해 초래된다. 이 영역으로부터 오는 신경충동은 자율신경계의 기능을 통제하는 뇌간에 있는 핵에 전달된다. 자율신경계는 그다음으로 여기서 기술된 어떤 신체적 변화를 일으키기 위해 근육과 내장 기관에 직접 작용한다. 그것은 또한 다른 신체적 변화를 일으키기 위해 부신 호르몬을 자극함으로써 간접적으로 작용한다. 지금까지 기술한 종류의 생리적 각성의 증가는 실제적인 신체적 에너지를 요구하는 특정 행동(공격하기 또는 도망가기; 위협 또는 스트레스 상황에서의 투쟁 또는 도피 반응의 역할은 14장에서 추가적으로 논의)을 위한 충동을 출현시키는 부정 정서의 특징이라는 것을 주목하라. 실제로 많은 정서 이론이 포함하고 있는 핵심적 관념은 사고-행동 경향성이 마음과 신체 모두에 스며든다는 것이다. 예를 들면 공포를 느끼고 도피하려는 충동을 느낄 때 신체는 달리기가 가능하도록 적절한 자율신경계의 자원을 가동함으로써 반응을 한다. 이런 관점에 따르면 강력한 부정 정서를 경험하는 동안에 분명하게 나타나는 생리적 변화의 기능은 특정 행동을 위해 신체를 준비시킨다(Levenson, 1994).

어떤 연구자가 주장하듯이 긍정 정서는 연합된 사고-행동 경향성이 넓으면서 구체적이지 않기 때문에 거의 신체적 변화를 일으키지 않는다. 그래서 특정 행동을 지원하기 위해 각성을 증가시키는 대신에, 긍정 정서는 부정 정서에 따라오는 각성의 잔여 효과로부터 사람이 회복하도록 돕는 데 알맞을 수 있다는 것인데, 이런 생각은 **긍정 정서의 복원 효과** undoing effect of positive emotion라고 불린다. 최근의 실험은 이런 생각을 검증했다. 실험 참가자는 먼저 상당한 시간적 압박이 있는 가운데 '왜 당신은 좋은 친구인가'에 관한 연설을 준비해야 했다. 그들은 연설이 비디오테이프로 녹화되고 친구에 의해 평가를 받는다는 지시를 들었다. 이 연설은 불안의 느낌을 일으킴으로써 혈압과 심장박동이 상승했다. 이런 생리적 변화는 참가자가 나중에 연설할 필요가 없다는 말을 들은 후에도 남아 있었다. 이 시점에 참가자는 두 가지 긍정 정서(기쁨 또는 만족) 중 하나, 한 가지 부정 정서(슬픔), 또는 어떤 정서도 일으키지 않는 필름 클립 중 하나를 보게 되었다. 그 결과가 그림 11.5에 제시되어 있다. 2개의 긍정 정서 필름 중 하나에 주의를 돌렸던 참가자는 중립적 혹은 슬픔 필름을 보았던 참가자보다 빠른 심혈관계 활동의 회복을 보였다(Fredrickson et al., 2000). 긍정 정서를 배양하는 것은 부정 정서로 인해 남아 있는 생리적 후유증과 투쟁하기 위한 좋은 방법으로 보인다.

## 정서의 강도

어떤 정서를 경험함으로써 높아진 각성과 그 정서의 주

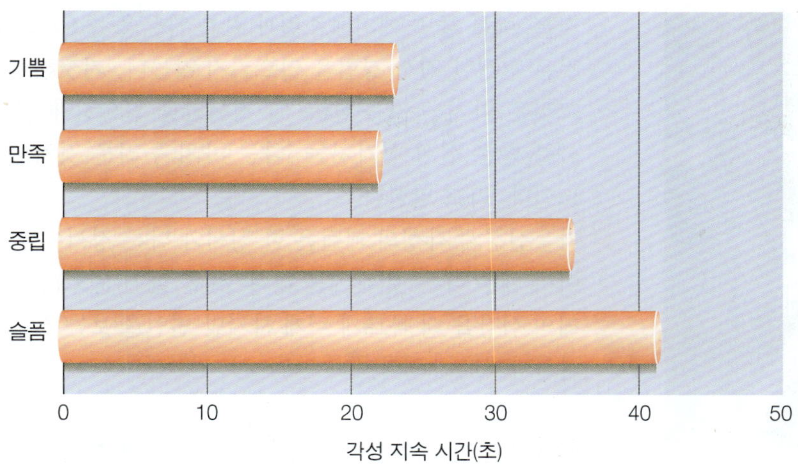


**그림 11.5 긍정 정서의 복원 효과.** 기쁨과 만족은 중립 정서와 슬픔보다 부적 정서 각성의 잔여 효과로부터 신속히 회복시킨다.

관적 경험은 어떤 관계가 있는가? 특히 우리 자신의 각성에 대한 지각—**내장지각** visceral perception이라 불림—이 그 정서 경험의 일부인가? 이 물음에 답하는 한 가지 방법은 척수가 손상된 사람의 정서 생활을 연구하는 것이다. 척수가 절단되거나 손상되면, 손상 지점 아래로부터 오는 감각 정보가 뇌에 전달될 수 없다. 이런 감각 중 일부는 교감신경계로부터 발생하기 때문에 그 손상은 정서 경험에 대한 자율신경계 각성의 참여를 감소시킨다.

한 연구에서는 척수 손상이 있는 재향군인을 손상이 발생한 척수의 위치에 따라 다섯 집단으로 나누었다. 한 집단의 손상은 목 근처(경부 수준)였고, 따라서 교감신경계로부터 뇌에 이르는 피드백을 받지 못했다. 다른 집단의 손상은 척추의 기저부(천골 수준)에 있었는데, 이 경우에는 교감신경계로부터 오는 최소한의 부분적인 피드백이 가능하다. 나머지 세 집단은 이 극단적인 두 경우의 중간 정도에 해당했다. 그래서 다섯 집단은 내장지각의 연속체를 나타낸다. 척수의 손상이 심할수록 뇌에 대한 자율신경계의 피드백이 더 많이 감소한다(Hohmann, 1962).

참가자는 공포, 분노, 비탄, 성적 흥분의 상황에서 자신의 감정을 평가받기 위해 면접을 받았다. 그들은 손상 이전에 정서를 각성시키는 사건과 손상 이후에 상응하는 사건을 회상하도록 요청받았고, 그 후 각 경우에 정서적 경험의 강도를 비교했다. 척수 손상 위치가 높을수록(즉 자율신경계로부터 오는 피드백이 적을수록) 손상에 따른 정서성의 감소가 더 심했다. 동일한 관계가 성적 흥분과 비탄에서도 나타났다. 자율신경계 각성의 감소는 경험되는 정서 강도의 감소를 초래했다.

가장 높은 위치에 척수 손상이 있는 재향군인의 언급은 자신이 각성시키는 상황에 대해 정서적으로 반응할 수 있으나 진정으로 정서적인 느낌을 갖지 않았다는 것을 시사했다. 예를 들면 이렇다. "그것은 일종의 맥 빠진 분노이다. 때때로 나는 어떤 부당한 것을 보면 화가 난 듯이 행동한다. 나는 소리치고 저주하고 야단법석을 떠는데, 왜냐하면 때때로 그렇게 하지 않으면 다른 사람이 나를 이용한다는 것을 알고 있기 때문이다. 그러나 그것은 보통 그렇듯이 열을 받게 하지는 않는다. 그것은 일종의 마음만의 분노이다." 또는 "나는 학교에서 어려운 시험을 치고 있을 때처럼 두렵다고 말하나, 전에 그랬던 것처럼 진정으로 두려움을 느끼지 않고 전연 긴장을 느끼지도 않으며 속이 텅 빈 느낌으로 불편해하지도 않는다."

앞서 기술된 연구는 중요하지만 전적으로 객관적이지는 않다. 정서 상황이 사람에 따라 변동하고 회상에 의해 기술되었다. 손상을 입지 않은 실험 참가자를 대상으로 한 최근의 연구는 실험적 통제를 더 엄격하게 했다. 건강한 사람은 내장지각에 익숙한 사람(예: 자신의 심장박동을 탐지하는 데 능숙한 사람)과 그렇지 못한 사람으로 나누어질 수 있다. 내장지각이 정서 강도에 관여한다면, 심장박동을 잘 탐지하는 사람은 더 강한 주관적 정서 경험을 보고해야만 한다. 양호한 혹은 빈약한 심장박동 탐지자를 비교한 몇몇 연구에서는 양호한 탐지자가 실험실 장면에서 필름과 사진을 보는 것에 대한 반응(Pollatos et al., 2005; Wiens et al., 2000)과 일상적 사건에 대한 반응(Barrett et al., 2004)에서 더 강한 정서 각성을 보고했다. 관련된 연구는 양호한 심장박동 탐지자가 정서 사진에 대해 더 강한 얼굴 표정(Ferguson & Katkin, 1996)과 더 심한 정서 관련 뇌 활동(Pollatos et al., 2005)을 보인다는 것을 발견했다. 이 연구는 척수 손상 환자에 대한 연구와 더불어 내장지각이 정서 강도의 경험에서 역할을 한다는 것을 시사한다(Schachter, 1964).

## 정서의 분화

자율신경계가 정서 경험의 강도에 영향을 미치는 것은

신체적 각성은 분노의 감정을 강화한다.

분명하다. 그러나 그것이 정서를 구분해 주는가? 달리 말하면 흥분에 따른 생리적 활동 패턴, 분노에 따른 생리적 활동 패턴, 공포에 따른 생리적 활동 패턴 등이 있는가? 이 물음은 1890년에 출간된 최초의 심리학 교재의 저자인 윌리엄 제임스까지 거슬러 올라간다. 그는 신체적 변화의 지각이 정서의 주관적 경험이고, 우리는 그중 하나가 없으면 다른 것도 가질 수 없다고 제안했다—"우리는 울기 때문에 미안하고, 때리기 때문에 분노하고, 떨기 때문에 두려워하는 것이지, 미안하거나 분노하거나 두려워하기 때문에 울거나 때리거나 떠는 것이 아니다."(James, 1890/1950, p. 450) 덴마크의 생리학자인 카를 랑게도 동일한 시기에 유사한 결론에 도달했는데, 그래서 그 견해는 **제임스-랑게 이론** James-Lange theory으로 알려지게 되었다. 사실은 이렇다. 자율신경계 각성(그리고 아마도 다른 신체적 변화)의 지각은 정서 경험을 구성하기 때문에 그리고 상이한 정서는 상이하게 느껴지기 때문에, 각 정서에 대해 구분되는 자율신경계 활동 패턴이 있어야만 한다. 그러므로 제임스-랑게 이론은 자율신경계 각성이 정서를 분화시킨다고 주장한다(그림 11.2b 참조).

이 이야기—특히 자율신경계의 각성을 다루는 부분—는 1920년대에 심한 공격을 받았다. 이런 공격은 생리학자인 월터 캐넌(Cannon, 1927)이 주도했는데, 그는 세 가지 주요한 비판을 했다.

1. 내장기관은 비교적 둔감한 구조이고 신경이 잘 분포되어 있지 않기 때문에 내적 변화가 너무 느리게 일어나서 정서적 느낌의 일차적 근원이 될 수 없다.
2. 정서와 연합된 신체적 변화를 인위적으로 유도하는 것은, 예를 들면 에피네프린과 같은 약물을 주사하는 것은 진정한 정서 경험을 일으키지 않는다. 기껏해야 그것은 '마치 …인 듯한(as if)' 정서만을 일으킨다. 주사를 받은 실험 참가자는 "나는 마치 두려운 것처럼 느낀다."라고 말한다.
3. 자율신경계 각성의 패턴은 한 정서와 다른 정서에 있어서 매우 다른 것 같지는 않다. 예를 들면 분노는 우리의 심장을 더 빠르게 뛰게 하지만 연인을 보는 것도 마찬가지로 그렇다.

세 번째 주장은 자율신경계 각성이 정서를 분화시켜 준다는 것을 명백히 부정한다.

심리학자는 자율신경계 각성의 구성요소에 대한 정확한 측정법을 점차적으로 개발함에 따라 캐넌의 세 번째 주장을 반증하려고 노력했다. 1950년대 소수의 실험은 상이한 정서에 대한 독특한 생리적 패턴을 보고했지만(Ax, 1953; Funkenstein, 1955), 1990년대까지 대부분의 연구는 상이한 정서와 연합된 상이한 각성의 패턴이 존재한다는 증거가 없다는 것을 발견했다. 그러나 레벤손 등(Levenson et al., 1990)은 상이한 정서에 대해 나타나는 독특한 자율신경계 패턴의 증거를 제공했다. 미국의 참가자는 특정 안면근육을 수축하라는 지시에 의해 여섯 가지 정서 표현(놀람, 혐오, 슬픔, 분노, 공포, 행복)을 했다. 그들이 10초 동안 정서적 표현을 유지하고 있는 동안 연구자는 그들의 심장박동, 피부 온도 및 다른 자율신경계 각성의 지표를 측정했다. 다수의 측정치가 정서 사이에서 차이를 나타냈다(그림 11.6 참조). 심장박동은 행복, 놀람, 혐오보다는 분노, 공포, 슬픔과 같은 부정 정서에 의해 더 빨랐고, 앞의 세 가지 정서는 공포 혹은 슬픔보다는 분노에서 체온이 더 높다는 사실에 의해 부분적으로는 구별될 수 있었다. 그래서 분노나 연인을 보는 것이 모두 우리의 심장을 더 빠르게 뛰게 할지라도 분노만이 심장을 더 빨리 뛰게 하고, 분노와 공포가 많은 공통점을 갖고 있다고 할지라도 분노는 뜨겁고 공포는 차갑다(사람은 자신의 분노를 '피를 끓게 하는 것으로', 공포를 '뼈를 시리게 하는' 또는 '발을 얼어붙게 만드는' 것으로 표현한다).

다른 연구는 이런 독특한 각성 패턴이 보편적일 수 있다는 것을 제안한다. 레벤손, 에크만과 동료들은 서구 문화와는 매우 다른 문화인 서부 수마트라의 미낭카바우족을 연구했다. 여기서도 실험 참가자는 심박률, 체온 및 다른 각성의 지표가 측정되고 있는 동안에 다양한 정서

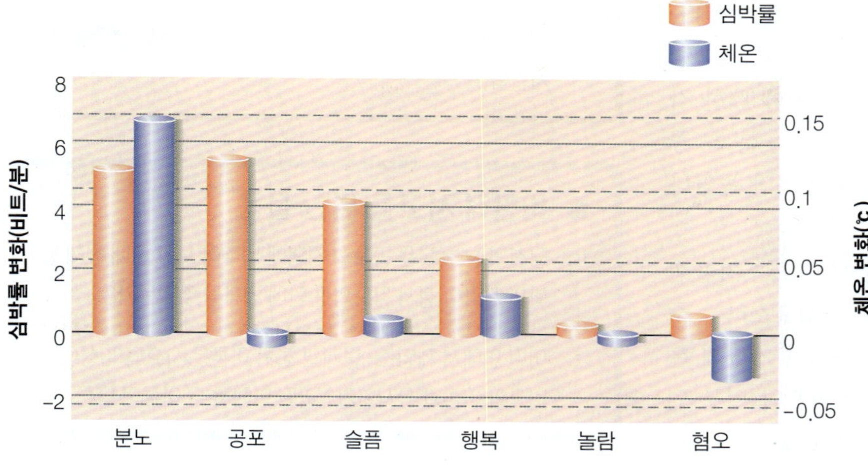


**그림 11.6 상이한 정서에 대한 각성의 차이.** 심박률과 오른손 손가락 온도의 변화. 심박률에서는 분노, 공포, 슬픔과 관련된 변화가 행복, 놀람, 혐오와 관련된 변화보다 유의하게 더 크다. 손가락 온도에서는 분노와 관련된 변화가 다른 모든 정서와 관련된 변화보다 유의하게 달랐다.

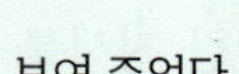

## 첨/단/연/구

### 정서는 면역세포에서 유전자 표현을 변화시킨다

*Barbara L. Fredrickson,* 노스캐롤라이나대학교(채플힐 캠퍼스)

많은 정서, 특히 강한 부정적 정서는 교감신경계(SNS)와 시상하부-뇌하수체-부신(HPA) 축을 활성화한다. 달리 말하면 어떤 정서의 경우 심박률과 혈압이 올라가고 아드레날린과 코르티솔 수준도 급히 증가한다. 내장감각의 변화와는 별도로 이 정서 촉발 신체적 변화는 중요한가? 실제로 그렇다. 그 변화가 반복되면 만성 질병과 바이러스 감염에 대한 높을 취약성을 일으킬 수 있다.

수십 년 동안 상관 증거는 부정 정서와 질병을 연결했으나, 최근까지 정서가 신체 건강에 장기적 영향을 미치는 정확한 생물학적 경로는 수수께끼로 남아 있었다. 돌파구는 인간의 게놈이 새천 년의 전환기에 충분히 해독될 때 나타났다. 지금 심리학자는 정서 관련 형태를 알아내기 위해 22,000개의 유전자를 한꺼번에 검사하는 생물정보학 접근을 취할 수 있다. 이 접근법에 의해 수집된 증거는 지금에는 빈번한 부정 정서—만성적 고독, 목전의 사별, 스트레스, 혹은 빈곤에 의해 발생되는 것—와 관련된 신체 변화가 유전자 표현에서, 특히 면역세포를 지배하는 유전자에서 전면적인 교체를 일으키는 세포 과정을 활성화하는 방식을 시사한다. 특히 반복되는 부정 정서는 염증성 유전자의 수용기를 증가시키고 항바이러스 유전자의 수용기를 감소시킨다. 이런 변화는 당신의 면역체계가, 특히 어떤 부정 정서가 일상적으로 어떤 생화학물질을 방출시킨다면 그 부정 정서에 매우 민감하다는 것을 강력하게 시사한다.

인간 면역세포에서 유전자 표현에 관한 콜의 연구(Cole, 2009)는 유전자가 외로운 사람과 사회적으로 통합된 사람의 백혈구 세포 내에서 어떻게 달리 표현되는가를 열도표를 사용하여 보여 주었다.

부정 정서와 관련이 있다고 알려진 유전자 표현의 변화 형태는 매우 신뢰할 만해서 심리학자에게 정서에 민감한 면역체계가 인간 선조에게 어떤 가치를 갖고 있는가에 대한 이론을 내놓도록 했다. 예를 들면 콜과 동료들은 우리의 신체가 자신의 주요 환경이 미래에도 지속하면 자신이 접할 가능성이 가장 높은 병원체를 예상하는 '진보적인' 면역반응을 갖도록 진화했다고 제한했다. 바이러스는 사회적 접촉에 의해 전파되기 때문에 사회적으로 통합된 사람은 바이러스에 감염될 가능성이 가장 높은 사람이다. 그들의 신체는 바이러스 감염을 예상하고 항바이러스 유전자의 수용기를 증가시킨다. 이것은 외롭지 않은 사람에서 나타나는 형태이다. 하지만 박테리아 감염은 사회적으로 따돌림 받는 사람에서 분명히 더 가능성이 높다. 사회집단으로부터 추방된 인간 선조는 포식동물이나 적대적인 인간에 의해 부상을 당하는 위험의 증가를 직면한다. 그래서 자신이 사회적으로 고립되었다고 지각하는 정도에 따라 그들의 신체는 박테리아 감염을 예상하고 선천적 항박테리아 반응과 관련된 유전자의 수용기를 증가시킨다. 이것이 외로운 사람에서 보이는 형태이다(Cole et al., 2011). 오늘날 외로운 사람은 포식과 폭력 같은 위험을 동일하게 직면하지 않지만, 그래도 인간 면역체계는 우리 선조의 역사를 반영한다. 이 첨단연구가 우리에게 말해 주는 것은 당신이 오늘 느끼는 정서가 다음 계절에 자신의 면역체계의 능력에 영향을 미칠 수 있다는 것이다. 과일과 채소로 이루어진 식단이 장기적 건강에 조금씩 영향을 주는 것처럼 당신의 일상적인 정서도 마찬가지이다.

(공포, 분노, 슬픔, 혐오)에 대한 얼굴 표정을 산출했다. 비록 생리적 변화의 강도가 앞서 미국인들이 보고한 변화의 강도보다 적다고 할지라도 상이한 정서에 대한 각성의 패턴은 동일했다—심박률은 혐오보다는 분노, 공포, 슬픔에서 더 빨라졌고, 체온은 분노에서 가장 높았다 (Levenson et al., 1992).

이 결과는 중요하지만, 제임스-랑게 이론 또는 자율신경계 각성이 정서를 분화시키는 유일한 구성요소라는 주장을 명백하게 지지해 주지는 않는다. 우리가 기술해 온 연구는 정서 사이에 어떤 생리적 차이가 있으나(일부 연구자는 이것에 대해서도 의문을 가질지라도; Cacioppo et al., 2000 참조), 그런 차이는 정서 사이의 질적 차이로 지각되거나 경험되지는 않는다는 것을 입증했다. 비록 자율신경계 각성이 어떤 정서를 분화시키는 것을 돕는다고 할지라도, 그것이 모든 정서를 분화시킬 가능성은 없는 것이다. 예를 들면 만족과 감사 사이의 차이가 자율신경계 반응에서는 발견되지 않을 수 있다. 또한 제임스-랑게 이론에 대한 캐넌의 처음 두 가지 반론은 아직 유효하다—자율신경계 각성은 때때로 너무 느려서 정서적 경험을 분화시킬 수 없고, 각성의 인위적 유도는 진정한 정서를 산출하지 못한다. 이런 이유로 많은 정서 이론가는 아직도 자율신경계 각성 이외의 다른 어떤 것이 정서를 분화시킨다고 믿는다. 앞에서 논의했듯이 그 어떤 다른 것(또는 그것의 일부)은 상황에 대한 개인의 인지 평가라고 여겨질 수 있다. 더 나아가 개념적 행위 모형은 인간의 뇌가 현재의 외적 감각과 내적 감각을 과거 경험을 기초로 신속하게 범주화함으로써 정서가 분화된다는 것을 제안하기 위해 평가 견해와 시지각 견해를 통합한다. 이 장의 뒤에 있는 찬반 논쟁은 이런 논쟁을 훨씬 더 진행시킨다.

### 중간 요약

- 강한 부적 정서는 자율신경계 중 교감신경계의 활성화에 의해 초래된 생리적 각성을 포함한다.
- 긍정 정서는 잔존하는 부정 정서의 각성에 대해 복원 효과를 나타내는 것처럼 보인다.
- 척수가 손상된 사람은 손상으로 인해 자율신경계로부터의 피드백이 제한되므로 정서를 약하게 경험한다고 보고한다. 다른 연구도 내장지각이 정서의 강도에 영향을 미친다고 제안한다.
- 제임스-랑게 이론은 자율신경계 각성이 정서를 분화시킨다고 진술하고, 최근의 증거는 각성의 패턴(예: 심장박동, 체온)이 상이한 정서에 따라 어느 정도 다르다는 것을 시사한다.

### 비판적 사고를 위한 물음

1. 당신의 분노 혹은 공포의 경험에 비추어 보았을 때 신체 변화의 지각이 정서 강도의 판단에 영향을 주었는가?
2. 어떤 면에서 제임스-랑게의 정서 이론은 샤흐터와 싱어의 이요인 이론과 유사한가? 어떤 면에서 두 이론이 다른가?

## 얼굴 근육 운동과 정서

어떤 정서에 동반하는 얼굴 근육 운동은 송신자의 정서를 전달해 주는 기능을 하는데, 종종 그 송신자와 눈 맞춤을 하고 있는 사람에게도 정서를 유발한다(Schrammel et al., 2009). 1872년에 찰스 다윈의 고전적 저서인 『인간과 동물의 정서 표현(The Expression of Emotion in Man and Animals)』이 출간된 이래, 심리학자는 정서의 소통을 그 종에서 생존 가치를 갖는 하나의 중요한 기능으로 간주했다. 놀란 것처럼 보이는 것은 위험이 존재한다는 것을 타인에게 경고하는 것이고, 누군가가 화를 낸다고 지각하는 것은 그가 막 공격적으로 행동할 것이라고 말해 주며, 누군가가 진정한 미소를 짓는 것을 보는 것은 안전하게 느끼게 하여 그에게 끌리게 한다. 다른 연구는 정서의 의사소통 기능과 더불어 얼굴(그리고 신체적) 근육 운동이 평가, 내적 신체 변화와 마찬가지로 정서의 주관적 경험에 기여한다고 제안한다. 얼굴 근육 운동은 때때로 전체 정서 과정에 시동을 걸 수도 있다. 아래에서 기술되는 대부분의 연구는 얼굴에 중점을 두지만, 연구자는 점차적으로 몸짓이 정서를 전달하는 방식을 검증하는 것으로 자신의 연구를 확장했다(Gross et al., 2012; Stienen & de Gelder, 2011).

### 얼굴 근육 운동을 통한 정서의 의사소통

어떤 얼굴 근육 운동은 개인이 양육된 문화와 무관하게 보편적인 의미를 갖는 것처럼 보인다. 예를 들면 분노의 보편적 표현은 붉어진 얼굴, 아래로 처지고 함께 모은 눈썹, 벌어진 콧구멍, 꽉 다문 입, 드러낸 치아를 포함한다. 다섯 나라 출신의 사람(미국, 브라질, 칠레, 아르헨티나, 일본)이 행복, 분노, 슬픔, 혐오, 분노, 놀람을 나타내는 전형적인 얼굴 근육 운동을 보았을 때, 각 얼굴이 전달하는 정서를 확인하는 데 거의 어려움을 보이지 않았다. 서구 문화와 실질적으로 접촉이 없었던 원시 부족(뉴기니의 포레족과 다니족)의 구성원도 서구 문화 사람의 얼굴에서 표현되는 정서를 확인할 수 있었다. 마찬가지로 포레 원주민의 얼굴 근육 운동을 촬영한 비디오테이프를 본 미국 대학생도 때때로 공포와 놀람을 혼동하기는 하지만 관련된 정서를 정확하게 알아보았다(Ekman, 1982). 얼굴 근육이 사람마다 다르지만 보편적으로 재인되는 정서를 산출하는 데 필요한 근육은 사람마다 기본적이고 일정한 것처럼 보이는데(Waller et al., 2008), 이것은 인간의 얼굴이 정서 신호를 전달하도록 진화되었고, 인간의 뇌는 그 신호를 해독하도록 진화되었다는 것을 시사한다(Smith et al., 2005).

어떤 얼굴 근육 운동의 보편성은 그것이 진화사를 가

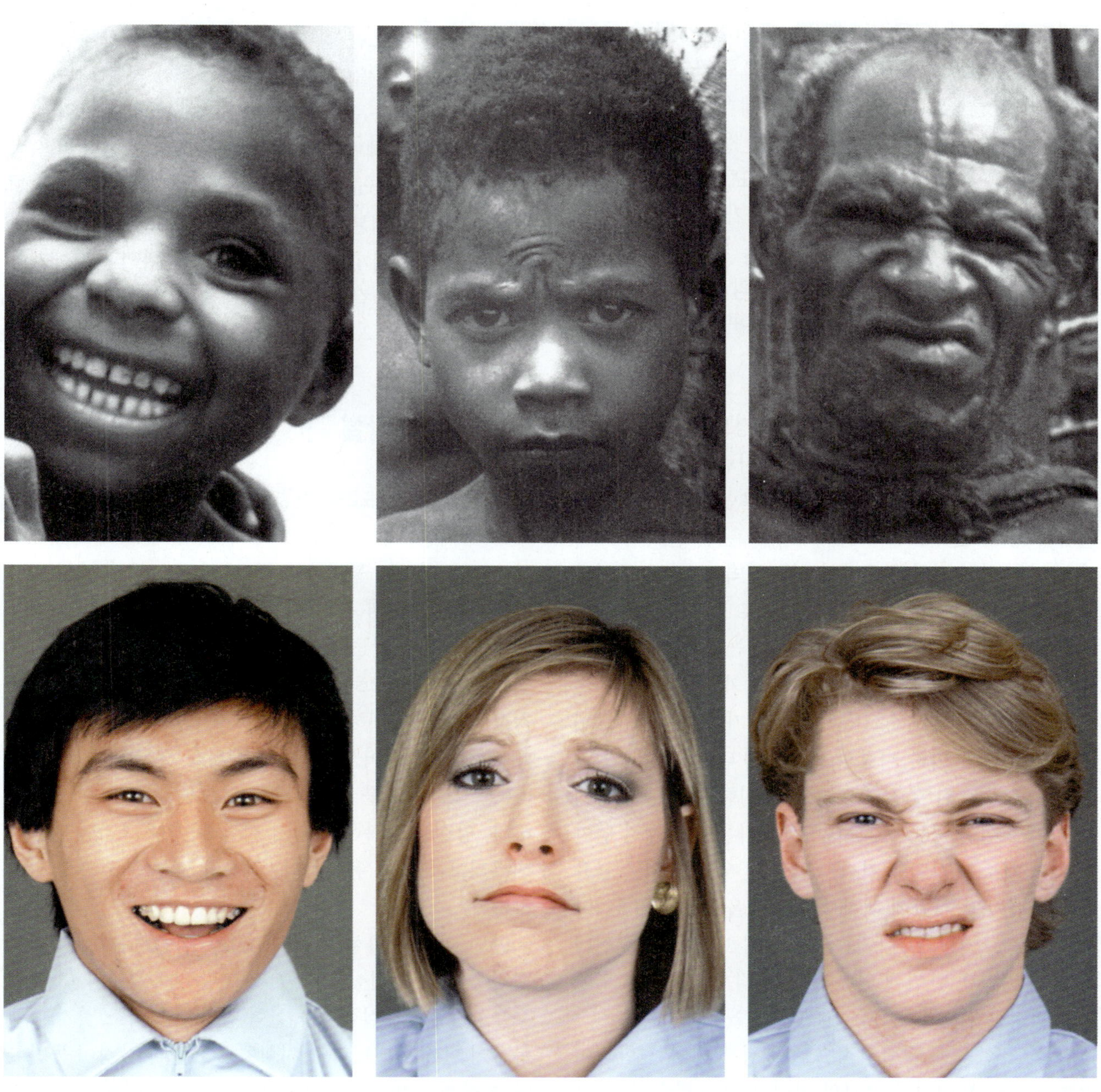

**얼굴 표정은 전달하려는 정서에 대해 보편적이다. 뉴기니 사람과 미국 사람의 사진은 특정 정서가 동일한 얼굴 표정으로 전달된다는 것을 증명해준다. 여기서 보듯이 좌측에서 우측으로 행복, 슬픔, 혐오를 나타낸다.**

진 선천적인 반응이라는 다윈의 주장을 지지한다. 다윈에 따르면 우리가 정서를 표현하는 많은 방법은 원래 생존 가치를 가졌던 유전된 패턴이다. 예를 들면 혐오 혹은 배척의 표현은 유기체가 섭취한 어떤 불쾌한(아마도 독을 품은) 것을 제거하려는 시도에 기반을 둔다. 다윈은 다음과 같이 썼다.

> '혐오'라는 용어는 가장 단순한 의미에서 맛이 거북한 어떤 것을 의미한다. 그러나 혐오는 불편을 초래할 때 눈살을 찌푸리는 것 그리고 종종 거슬리는 대상을 밀어내려는 또는 그것으로부터 자신을 보호하려는 자세를 동반한다. 극단적인 혐오는 토하려는 행동의 준비와 동일한 입 가장자리의 움직임으로 표현된다. 입은 윗입술을 강하게 오므리면서 크게 열린다. 눈꺼풀이 반쯤 감기는 것이나 눈 또는 전신을 돌리는 것은 이와 마찬가지로 가장 심한 경멸의 표현이다. 이런 행위는 경멸을 당하는 사람이 볼 가치가 없다는 것 또는 보기에 거북하다는 것을 선언하는 것처럼 보인다. 침을 뱉는 것은 경멸이나 혐오의 거의 보편적인 신호이고, 그것은 분명히 입에 거슬리는 어떤 것을 내뱉는 것을 나타낸다. (Darwin, 1872)

정서의 얼굴 근육 운동이 중요한 정보를 전달한다는 사실은 한 사람의 얼굴 모양이 다른 사람의 행동을 변하게 할 때 가장 강력하게 증명된다. 그런 증거는 유아와 엄마의 상호작용에 대한 연구에서 나온다. 한 연구에서 막 기어 다니기 시작한 유아가 시각 절벽(visual cliff)이라고 불리는 장치(5장에서 기술된 것으로 그림 5.36에 제시됨) 위에 놓였다. 외견상 벼랑의 깊이는 깊이 지각 연구에서 사용된 것만큼 깊지는 않고 보통 계단 같았는데, 떨어지는 것이 위험한지 그렇지 않은지가 덜 분명해 보이는 정도였다. 유아는 벼랑의 모서리에 다가갔을 때 엄마를 볼 수 있다. 한 조건에서 엄마는 심한 공포를 일으키는 얼굴 표현을 하도록 지시받았다. 다른 조건에서 엄마는 환한 미소를 짓도록 지시를 받았다. 엄마의 얼굴 근육 운동은 유아의 위험에 대한 불확실성을 해소했다. 엄마가 공포를 보인 경우, 아기는 벼랑처럼 보이는 쪽을 건너려 하지 않았던 반면에 엄마가 웃은 경우에는 74%의 아기가 건너갔다(Sorce et al., 1985).

얼굴 근육 운동은 선천적으로 특정 정서와 연합되어 있는 것처럼 보이지만 그것의 어떤 측면은 학습된다. 예를 들면 정서 **표현 규칙**display rule은 문화에 따라 차이가 나고 사람이 어떤 상황에서 표현해야만 하는 정서 유형과 특정 정서에 적절한 행동을 구체화한다. 한 예로 어떤 문화에서 사랑하는 사람을 잃어버린 사람은 슬픔을 느끼고 사랑하는 사람이 되돌아오도록 드러내 놓고 울며 통곡함으로써 슬픔을 표현할 것으로 예상된다. 다른 문화에서는 사별한 사람이 노래하고 춤추고 즐거워하는 것도 예상된다. 유럽의 경우 길거리에서 서로 인사하는 두 남자가 포옹을 하고 키스를 할 테지만 미국에서는 남자의 경우 흔히 그런 애정 표현이 금기이다. 일본과 미국 사람을 대상으로 한 실험실 연구는 표현 규칙의 차이와 함께 표현의 문화적 유사성을 입증했다. 두 문화권의 실험 참가자는 혼자 또는 권위적 인물이 있는 상황에서 혐오를 유발하는 필름을 보았다. 그들이 혼자 있을 때는 거의 동일한 얼굴 근육 운동을 보인다고 할지라도, 권위적 인물과 같이 있을 때 일본인은 종종 미소로 혐오 표현을 감추려고 했다(Ekman, 1972). 전통적인 표현 형태가 보편적으로 보이는 기본적 정서 표현에 첨가되었다. 그 문화의 다른 구성원에게는 인식되나 다른 문화의 사람에게는 오해를 불러일으킬 소지가 많은 일종의 정서 언어이다(Elfenbein et al., 2007).

## 안면 피드백 가설

얼굴 표정이 의사소통 기능과 더불어 우리의 정서 경험에도 기여한다는 생각은 **안면 피드백 가설**facial feedback hypothesis이라고 불린다(Tompkins, 1962). 이 가설은 제임스-랑게 이론과 유사하다. 우리는 자율신경계 각성에 대한 피드백을 받는(혹은 지각하는) 것과 마찬가지로 자신의 얼굴 근육으로부터 피드백을 받고, 이런 피드백은 정서 경험을 초래하거나 강렬하게 한다. 이 가설은 그림 11.2c에 예시되어 있다. 이런 생각을 갖고 놀이를 해 보라. 스스로 미소를 짓고 나서 몇 초 동안 그 미소를 유지하라. 당신은 행복은 느끼기 시작하는가? 그러면 얼굴을 찌푸리고 그것을 유지하라. 긴장감 또는 분노를 느끼게 하는가?

안면 피드백 가설을 실험적으로 검증하는 것은 얼굴 표정을 짓고 당신이 느끼는 것을 말하는 것보다 더 속임수를 내포한다. 실험자는 실험 참가자가 미소 짓기와 행복감이 함께 나타난다는 지식처럼 표정과 감정이 동반한다는 상식을 바탕으로 보고할 가능성을 배제할 필요가 있다. 그런 전략은 참가자로 하여금 의식하지 못하게 하면서 미소를 짓게 만드는 것이다. 한 실험에서 참가자는 펜을 치아나 입술로 물고 있으면서 보고 있는 만화의 재미를 평정했다. 펜을 치아로 물고 있는 것은 얼굴을 미소 짓는 형태로 만들어 주는 반면에 펜을 입술로 물고 있는 것은 미소를 방해한다(한번 해 보라). 안면 피드백 가설과 일치되게 펜을 치아로 물고 있었던 사람은 입술로 물고 있었던 사람보다 만화를 더 흥미롭게 평정했다(Strack et al., 1988). 유사한 연구는 몸짓에도 효과가 있음을 보여 주었다(Flack, 2006).

얼굴 표정과 경험되는 정서 사이의 직접적 연결을 보여 주는 이런 연구와 더불어, 다른 실험은 얼굴 표정이 경험되는 정서에 간접적 영향을 미친다는 것을 보여 주었다. 그런 효과는 특정 정서의 얼굴 표정을 짓도록 하는 것이 심장박동과 체온에 변화를 초래했다는, 앞에서 논의한 실험에서 입증되었다(Levenson et al., 1990). 그러므로 우리는 정서를 발생시킬 수 있는 요인의 목록에 정서의 얼굴 표정을 첨가할 필요가 있다. 그렇다고 할지라도 우리가 얼굴 표정을 지음으로써 어떤 정서를 유발할 수 있음을 아는 것이 그 정서가 표현되는 전형적인 방법임을 의미하지는 않는다. 그림 11.1에서 기술했듯이 일상생활에서 현재 환경에 대한 우리의 평가가 그래도 가장 가능성이 높은 정서의 유발 요인이다. 그러나 안면 피드백 가설에 대한 지식은 곤경에 처했을 때 '쓴웃음을 지으며 참도록' 격려할 것이고, 연구는 그렇게 하는 것이 신속한 생리적 회복과 연관이 있다는 것을 보여 주었다(Kraft & Pressman, 출판 중).

### 중간 요약

- 어떤 유형의 정서를 동반하는 얼굴 근육 운동은 보편적인 의미를 갖고 있다. 상이한 문화의 사람도 특정 사진 속의 사람이 어떤 정서를 표현하는가에 대해 동의를 한다.
- 얼굴 표정의 의사소통 능력은 부모-유아 상호작용에서 분명하다. 공포 혹은 기쁨을 나타내는 엄마의 얼굴 표정이 유아의 행동을 뚜렷하게 바꿀 수 있다고 밝혀졌다.
- 문화는 어떤 정서를 유발하는 요인과 정서가 경험되고 표현되는 방법을 정하는 표현 규칙에서 상이하다.
- 정서와 관련된 얼굴 근육 운동은 의사소통 기능과 더불어 정서의 주관적 경험에도 영향을 미친다(안면 피드백 가설).

### 비판적 사고를 위한 물음

1. 당신이 짓는 미소는 다른 사람에게 어떤 영향을 미치는가? 또한 자신에게 어떤 영향을 미치는가?
2. 안면 피드백 가설, 샤흐터와 싱어의 고전적 연구는 그림 11.1에 예시된 정서의 모형과 어떤 연관을 갖는가?

## 정서에 대한 반응: 정서 조절

**정서 조절** emotion regulation 또는 자신의 정서에 대한 사람의 반응은 정서 과정에서 한 구성요소로 고려될 수 있는데, 왜냐하면 사람은—최소한 아동기 중기에—자신의 정서에 대한 반응 그리고 무엇을 언제 느끼거나 표현하는가에 대해 항상 목표를 갖고 있기 때문이다. 예를 들면 당신은 사랑하는 사람과 함께 있을 때 느낀 기쁨을 음미하고 지속하기를 원할 것이다. 다른 환경에서 당신은 장사꾼에게 불평을 시작하기 전에 분노를 일으키기를 원할 수도 있다. 다른 때에는 긍정적이든 부정적이든 어떤 정서를 최소화하거나 제거하려는 목표를 가질 수 있다. 어떤 개인적 성취, 예컨대 대학 입학에 대해 매우 자랑스럽게 느끼는 것을 상상하라. 그렇게 기분이 고조되어 있는 동안 대학 입학에 실패한 친구를 만났다고 상상하자. 당신은 그 순간에 자신의 자부심에 찬 표정을 최소화하려 하지 않을까? 그래도 사람들의 가장 공통적인 목표는 슬픔이나 분노와 같은 부정 정서를 최소화하려는 것이다. 당신은 자신의 기분을 상승시키려거나, 자신의 부정적인 표정을 다른 사람에게 감추려거나, 두 가지 목적 모두를 위해 이 목표를 추구할 것이다.

정서 및 정서를 조절하려는 사람의 노력은 동반된다. 매우 빈번히 그렇기 때문에 우리는 둘 중 하나만을 가질 수는 없다. 실제로 사회화 과정의 상당한 부분은 아이에게 자신의 정서를 어떻게, 언제 조절하는가를 가르치려고 한다. 부모는 아이에게 직접적으로 예를 들어 어떤 정서가 언제 적절하고 적절하지 않은지를 가르친다. 할머니로부터 실망스러운 선물(마음에 안 드는 스웨터)을 받은 예를 생각해 보자. 당신은 할머니에게 실망을 표시할 수 있는가? 부모님은 당신이 그러지 않기를 바라고, 마침내 당신은 그렇게 하지 않는 것을 학습한다. 왜 그것이 중요한가? 증거에 의하면 아동이 정서 조절에 대한 이런 교훈을 성공적으로 학습하는 것은 일반적으로 그들의

**표 11.5 정서 조절 전략의 분류**

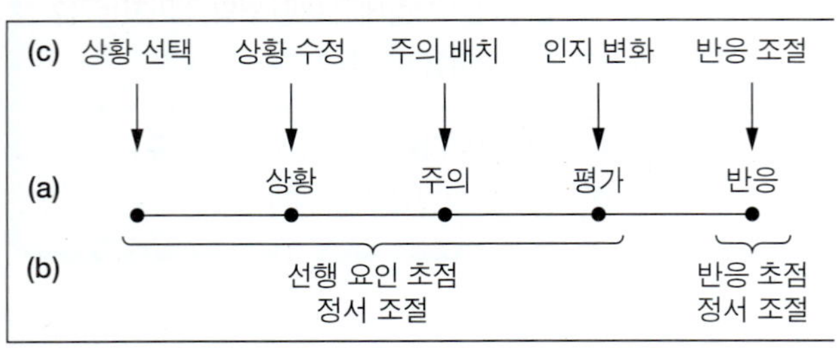


사회적 성공을 예측해 주기 때문이다(Eisenberg et al., 2011). 예를 들면 실험실에서 학령 전 아동에게 실망스러운 선물을 준 실험자는 부정적 정서를 표현하는 것을 통제하는 아동의 능력이 나중에 파괴적 행동 문제를 일으킬 위험성과 부적으로 상관을 갖는다는 것을 알게 되었다(Cole et al., 1994).

사람은 자신의 정서를 여러 상이한 방식으로 조절한다. 자신의 정서를 조절하는 때가 중요하다. 예를 들면 표 11.5는 정서 조절을 위한 상이한 전략을 선행 요인 초점 접근과 반응 초점 접근으로 나누었다. 다른 연구는 사람이 부정 정서를 개선하기 위해 사용하는 상이한 전략을 인지적 혹은 행동적으로 그리고 기분 전환 혹은 관여하는 전략으로 분류했다(Parkinson & Totterdell, 1999). 표 11.5에 이런 상이한 전략을 정리했다. 당신이 같은 방을 쓰는 동료와 다투어서 화가 났다고 가정하자. 당신은 아무것도 생각하지 않거나, 기타를 치거나, 수학 숙제를 하는 것과 같이 재미있거나 힘든 것을 하여 주의를 분산시킴으로써 순전히 정신적인 노력에 의해 분노에서 벗어날 수 있을 것이다. 대안적으로 당신은 관여 전략을 사용하여 자신의 감정을 직면하거나 혹은 그 상황을 직면할 수 있다. 아마도 당신은 그 상황을 생각했던 것보다 더 좋게 평가할 수 있을 것이다. 만약 동료가 그렇게 흥분할 다른 이유가 있다면 당신은 그것을 개인적으로 떠맡을 필요가 없다. 또는 동료와 그 쟁점에 관해 대화를 나눔으로써 배후의 문제를 해결하려고 시도할 수 있다. 이런 전략은 상호 배타적이지 않다. 당신은 우선 가열된 분노를 가라앉히기 위해 주의분산을 사용하고 나중에 냉정을 되찾았을 때 동료와 배후의 문제를 토론할 수 있다. 하지만 항상 사려 깊게 이런 전략을 선택하지는 않는다. 다른 인지와 행동처럼 반복적으로 사용하면 그것은 의식적 자각이 없이는 자동적 반응이 될 수 있다.

정서에 대한 반응—사려 깊은 조절 전략이든 자동적 반응이든 간에—은 정서의 다른 구성요소에 대해 직접적 또는 간접적으로 영향을 줄 수 있다. 이것이 그림 11.1에서 우측의 정서에 대한 반응 상자에서 모든 선행 상자로 가는 피드백 화살표가 있는 이유이다. 이 영향은 또한 정서가 어떤 과정—시간이 흐름에 따라 전개하고 변하는 것—이고, 한 번의 스냅 사진에 의해 포착되는 단순한 상태가 아니라는 것을 강조한다. 예를 들면 자전거를 탄 사람이 자동차와 충돌한 사고를 당신이 목격했다고 상상하자. 당신은 자전거를 탄 사람의 다리가 부자연스러운 위치로 굽어져 있기 때문에 부러졌다는 것을 알아챈다. 여기서 당신이 그 상황을 부상당한 사람이 도움을 필요로 하는 상황으로 재평가할 때 초기의 혐오 정서는 급히 동정으로 바뀔 것이다. 그 상황에서 당신의 정서는 시간에 따라 변하는데 부분적으로는 자신의 정서에 대한 반응 때문이고(나는 고통스러워하는 이 사람에 대해 혐오의 감정을 보일 수 없다), 부분적으로는 환경 자체가 시간에 따라 변하기 때문이다(예: 앰뷸런스가 도착하고 당신은 안도감을 느낀다).

어떤 정서를 조절하기 위해 어떤 전략을 사용하는지가 중요한가? 마음에 들지 않는 스웨터의 예를 다시 생각해 보자. 당신이 그 선물을 고마워한다는 것을 할머니에게 확신시키는 한 가지 방법은 얼굴이 보여 주는 바에 초점을 두는 것이다. 당신은 분노나 슬픔의 얼굴 신호를 능동적으로 억압하고 대신에 미소를 지으며 할머니를 포옹한다. 다른 책략은 당신이 그 상황을 해석하는 방식에 초점을 두는 것인데, 그 상황을 처음 생각했던 것보다 더 낫다고 재평가하는 것이다. 부모님이 종종 그랬듯이 당신은 자기에게 "그건 생각하기에 달린 것이다."라고 말할 것이고, 할머니가 그 스웨터를 선택하고 짜는 데 들인 관심과 노력에 초점을 둔다. 그렇게 하는 것은 자연적으로 미소를 짓고 할머니를 포옹하게 한다. 마음에 들지 않는 스웨터를 다루는 이 두 가지 방식이 할머니로 하여금 똑같이 확신을 준다고 할지라도, 얼굴 근육 운동을 억제하는 전략은 자율신경계 활성화(Gross & Levenson, 1997)와 편도체 활성화(Goldin et al., 2008)를 모두 증가시키는 것으로 나타났다. 대조적으로 재평가는 생리적 대가를 치르게 하지는 않고 편도체 활성화를 감소(Goldin et al., 2008)시키는 것 같은데, 왜냐하면 그것은 정서를 억누르기보다는 변화시키기 때문이다.

최근 연구는 얼굴 표정을 억압하려는 노력이 인지 기능도 손상시킨다는 것을 보여 주었다(Muraven et al.,

1998; Richards & Gross, 2000). 한 연구에서 참가자는 최근 또는 과거에 부상을 당한 남자의 슬라이드를 보게 되었는데, 그것 중 다수는 심각하여 보기에 혐오스러웠다. 슬라이드가 제시되는 동안에 참가자는 각 남자의 이름, 직업 및 사고의 유형에 대해 들었다. 한 조건(억압)에서 참가자는 중립적으로 조용히 있음으로써 자신의 얼굴 근육을 통제하라는 지시를 받았다. 다른 조건(재평가)에서는 '의학 전문가와 같이 초연한 흥미를 갖고' 슬라이드를 보고 나서 '아무것도 느끼지 않는 듯이' 객관적으로 생각하도록 애쓰라는 지시를 들었다. 비교를 위해 세 번째 조건에서는 단순히 주의 깊게 슬라이드를 보라는 지시를 들었다. 그 결과는 억압하라고 지시를 받은 사람이 단순히 본 사람보다 부상자의 배경 정보에 대해 더 빈약한 기억을 갖고 있음을 보여 주었다. 재평가를 한 사람은 기억 결손을 보이지 않았다(Richards & Gross, 2000). 이 발견은 얼굴 근육 운동을 억압하여 침착을 유지하려는 노력은 사람이 사회생활을 하는 능력을 손상할 수 있음을 시사한다. 만약 어떤 사람이 열띤 논쟁에서 자신의 입장을 고수하고 다른 사람은 그러지 못했다면 그들은 누가 무엇을 말했는지에 대해 상이한 기억을 갖고 끝마칠 수 있는데, 이는 때에 따라 관계를 망가뜨릴 수도 있다. 실제로 대학 1학년생을 대상으로 한 종단 연구에서는 자신의 정서를 억압하는 경향이 있는 사람은 낮은 사회적 지지, 타인과의 친밀 부족, 낮은 사회적 만족이라는 사회적 대가를 치렀다(Srivastava et al., 2009).

따라서 재평가는 얼굴 근육 운동을 억압하는 것보다 정서를 조절하는 데 더 나은 전략으로 보인다. 다른 연구는 최소한 단기적으로 주의분산 기법(농구를 하거나 흥미 있는 소설을 읽는 것)이 반추 기법(자신의 슬픔 또는 분노의 원인과 결과에 대해 다시 곰곰이 생각하는 것)보다 더 나은 전략일 수 있다는 것을 보여 주었다. 반추는 부정 정서를 높이는 경향이 있는 반면에 주의분산은 그것을 감소시킨다. 앞에서 기술했듯이 평가와 판단에 대한 정서의 효과 때문에, 배후의 문제를 풀려고 하는 노력은 일단 부정 정서가 약화되면 더 성공적인 경향을 보인다(Hilt et al., 2010). 14장에서 반추와 이것이 우울과 불안에 미치는 영향을 다시 다룰 것이다.

### 중간 요약

- 사람은 항상 정서를 과장하거나 최소화함으로써 정서에 반응하거나 정서를 조절하고, 그렇게 하는 능력은 사회적 성공을 예측해 준다.
- 정서 조절 전략은 인지적 혹은 행동적 그리고 기분 전환 혹은 관여로 분류되었다(표 11.5 참조).
- 정서에 대한 반응은 정서 과정의 다른 구성요소에 영향을 준다. 이것은 그림 11.1이 '정서에 대한 반응'에서부터 모든 선행 상자에 이르는 피드백 화살표가 있는 이유가 된다.
- 사람이 정서를 조절하기 위해 사용하는 책략은 예기치 않은 영향을 미칠 수 있다. 예를 들면 얼굴 근육 운동을 억압하는 것은 자율신경계 각성을 증가시키고 기억을 방해한다.

### 비판적 사고를 위한 물음

1. 당신이 삶에서 어떤 정서를 조절하려고 신중하게 애쓴 예를 찾아서 기술하라. 어떻게 그것을 했는가? 당신의 조절 전략은 정서 과정의 다른 구성요소를 변경시켰는가? 그것은 무엇인가?
2. 연구는 우리가 자신의 정서를 억압하는 어떤 사람과 단순히 상호작용을 한다면 우리 자신의 생리적 각성이 증가한다고 시사한다. 어떻게 이런 일이 발생하는가?

## 정서, 성별 및 문화

이제까지 정서 과정의 논의에서 그 과정이 모든 사람에게 어떻게 유사한가를 강조했다. 그래도 정서적 환경은 종종 개인 간의 차이와 집단 간의 차이를 초래한다. 때때로 그런 차이는 12장과 13장에서 논의되는 성격과 개성을 반영하고, 어떤 때는 그 차이가 성별과 문화에 따라 변동하는 사회화 역사를 반영한다. 우리가 정서 과정에서 성별과 문화의 쟁점으로 관심을 돌릴 때 사회화된 차이와 생물학적 유사성이 모두 정서 과정에서 핵심적인 역할을 한다는 것을 명심해야 한다. 1장에서 논의했듯이 그것은 '선천 혹은 후천'의 문제가 아니라 오히려 '선천과 후천'의 문제이다.

그림 11.1로 돌아가 보면 당신은 정서 과정이 환경과의 교류에 대한 사람의 평가로부터 시작하고, 정서에 대한 반응으로 종결된다는 것을 알게 될 것이다. 성별과 문화에 의해 정서 차이를 개념화하는 한 가지 방법은 이런

차이를 '선두(front-end)' 차이 또는 '후미(back-end)' 차이로 위치를 정하는 것이다. 선두 차이는 평가 과정을 시작으로 하거나 또는 평가 과정을 선행하는 차이를 의미한다. 예를 들면 대상화 이론(10장)의 논의에서 보았듯이, 소녀와 여성은 환경을 접하는 정도에 따라 소년과 남성에 비해 더 자주 어떤 정서(예: 수치심)를, 그리고 어떤 정서적 결과(예: 우울과 섭식장애)를 경험한다. 그러나 후미 차이는 정서에 대한 반응과 연관된 차이를 의미한다. 예를 들면 어떤 문화의 사람은 사회적으로 정서를 덜 표현하여 냉정하게 보이는 반면에 다른 문화의 사람은 매우 표현적이고 심정을 토로한다. 우리는 이런 관점을 사용하여 그 과정의 중앙부—주관적 경험의 정서반응, 사고-행위 경향성, 신체 변화, 그리고 어느 정도까지는 얼굴 표정—를 성별과 문화 차이에 의해 영향을 덜 받는 것으로 특징짓는다. 이것은 분명히 과잉단순화이다. 예를 들면 우리는 정서에 대한 반응이 정서 과정에서 각각 또는 그 밖의 모든 구성요소를 수정하는 데 어떤 역할을 하는가를 논의했다. 그것 나름대로 정서에 대한 반응에서 성별 또는 문화에 의한 어떤 차이는 또한 중간 요소에 차이를 발생시킨다. 그렇다고 할지라도 중간 구성요소에서의 차이는 선두 과정 또는 후미 과정에서의 차이에 비해 이차적일 수 있다.

## 성별 차이

첫째로, 사람(남성이든 여성이든 관계없이)은 정서가 성별에 따라 어떻게 차이가 나는가에 대한 강한 신념을 갖고 있다는 것을 주목하라. 여성은 정서를 더욱 자주 경험하고 표현하는 더 정서적인 성이라는 고정관념이 있다. 예외는 분노와 자부심인데, 이는 남성이 더 자주 경험하고 표현한다고 주장되는 몇 가지 정서 중에 속한다(Plant et al., 2000). 이런 고정관념은 어떻게 현실에서 나타나는가? 여러 연구에 걸친 확고한 증거를 바탕으로 심리학자는 남성과 여성이 정서의 주관적 **경험**보다 정서의 **표현**에서 더 차이가 난다는 것을 알게 되었다(Fischer, 2000). 주관적 경험의 보고에서 성별 차이가 출현할 때 그 차이는 종종 성별 고정관념의 차이로 역추적된다. 예를 들면 한 연구는 성별 고정관념의 승인이 여성에서는 정서를 높은 강도로 보고하는 것과 관련이 있고 남성에서는 정서를 낮은 강도로 보고하는 것과 관련이 있음을 발견했다(Grossman & Woods, 1993). 이것은 성별 고정관념이 자신의 경험을 보고하는 것을 채색시킨다는 것을 시사한다. 남성은 '남성은 정서적이 아니므로 나는 정서적이 아님에 틀림없다'라고 생각할 것이고, 여성은 '여성은 정서적이므로 나는 정서적임에 틀림없다'라고 생각할 것이다. 연구는 고정관념이 대체로 정서 보고가 총체적 수준(당신은 얼마나 자주 슬픔 혹은 우울을 느끼는가?) 또는 회고(당신은 지난주 시험에서 얼마나 불안했는가?)에서 이루어지면 정서 보고를 채색시킴을 보여 주었다. 남성과 여성이 그 순간에 어떻게 느끼는가(당신은 바로 지금 얼마나 불안한가?)를 보고할 때, 보고된 경험의 성별 차이가 사라진다는 것이 입증되었는데, 아마도 그 순간에 자신의 환경과 감정의 특수성에 더 초점을 두고 그 감정이 자신에 관한 성별 신념에 덜 초점을 두기 때문일 것이다(Feldman, Barrett, et al., 1998).

이런 발견은 남성과 여성(그리고 소년과 소녀)이 '성별대로 행동을 하는'—성별에 적절한 방식으로 처신하는—데 정서가 매개체일 수 있다는 점을 시사한다. 여성이 자신의 외모와 다이어트에 주의를 집중함으로써 여성성을 보이는 것과 마찬가지로 슬픔, 공포와 같은 '여성적' 정서를 표현하고 분노와 자부심 같은 '남성적' 정서를 표현하는 것을 회피함으로써 여성성을 보일 것이다. 마찬가지로 남성은 반대의 패턴을 보임으로써 남성성을 나타낸다(소년은 울지 않는다, 남자는 공포를 보이지 않는다). 이런 견해를 지지하기 위해 한 연구는 사람이 남성과 여성의 사진에 대해 얼굴이 어떤 정서를 전달하는가에 따라 성적 매력의 정도를 평가한다는 것을 보여 주었다. 특히 행복의 표현은 여성의 얼굴에서 성적 매력이었으나 남성의 얼굴에서는 성적 매력이 아니었다. 자부심의 경우에는 그 반대이다. 남성은 자부심을 표현하면 성적으로 더 매력이 있다고 평가되지만 여성은 덜 매력적으로 평가된다(Tracy & Beall, 2011).

성별과 권력의 연결을 통해 일부 심리학자는 여성이 남성에 비해 비교적 낮은 권력과 지위를 갖고 있다는 성별 위계가 정서에서 관찰되는 성별 차이와 관련이 있다고 제안했다. 낮은 지위에 있는 여성은 슬픔, 불안, 공포(약하고 무력하게 보이도록 만드는 작용을 하는 정서)와 같은 '무력한' 정서를 표현하고, 높은 지위에 있는 남성은 분노, 자부심, 경멸(통제와 지배를 유지하는 작용을 하는 정서)과 같은 '강력한' 정서를 표현한다(Fischer, 2000). 여기서 다시 구분은 정서 경험이 아니라 정서 표현을 목표로 한다. 성별과 분노에 대한 최근의 개관에서 여성은 남성만큼이나 분노를 경험한다는 것을 발견했다

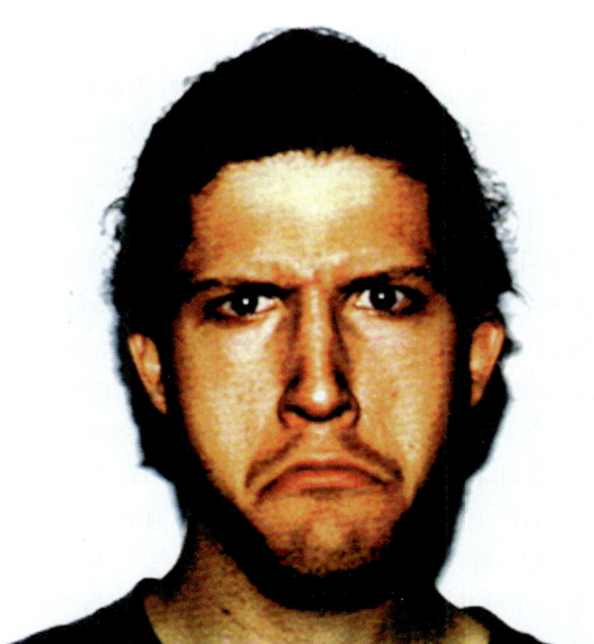
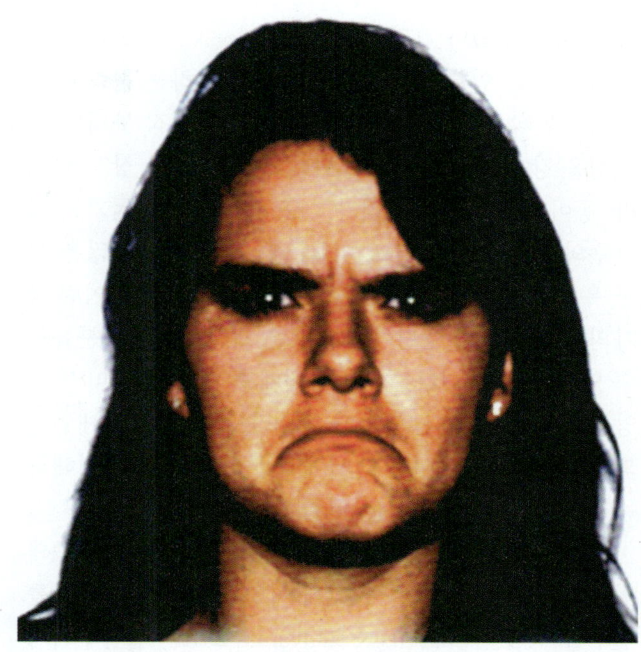

**두 사진은 동일하게 혼합된 상이한 정서 표현을 보여 준다. 눈썹은 분노할 때처럼 낮추어져서 함께 모아지고 입꼬리는 슬플 때처럼 아래로 내려갔다. 연구는 이런 분노 · 슬픔 혼합이 남성의 얼굴에 나타났을 때는 분노로 보는 경향이 높지만, 동일한 혼합 표정이 여성의 얼굴에 나타났을 때는 슬픔으로 보는 경향이 높다는 것을 보여 주었다(Plant et al., 2000). 이런 발견은 성별 고정관념이 얼굴 표정에 대한 지각자의 해석을 조성한다는 것을 시사한다.**

—대인관계의 맥락에서 더욱 그렇다. 그렇다고 할지라도 남성은 여성보다 더 분노하는 것 같은데, 그들은 전형적인 방식(즉 신체적 공격과 언어적 공격)으로 표현하기 때문이다. 하지만 여성은 분노를 눈물로 표현함으로써 떨쳐 버리거나 그것을 슬픔으로 잘못 지칭하기 쉽다(Kring, 2000). 여성은 또한 남성보다 분노를 표현하는 데 불편함을 보고한다. 분노의 표현에서 그런 성별 차이가 남성은 '강력하도록' 그리고 여성은 '무력하도록' 강화해 주는 것일 수 있다. 성별 고정관념도 영향을 미친다. 최근 연구에서 참가자는 분노와 슬픔이 혼합된 모호한 표정을 짓는 어떤 사람에 대해 얼마나 분노하는가 혹은 슬퍼하는가를 판단했다. 그들은 혼합된 표정이 남성의 얼굴에 나타났을 때는 분노하는 것으로 보았으나, 여성의 얼굴에 나타났을 때는 슬픔을 나타내는 것으로 보았다(Plant et al., 2000). 여성은 분노를 표현함으로써 지위와 권력을 얻을 수 있는가? 쉽지 않을 것이다. 분노를 표현하는 것은 성별 고정관념에 대립되기 때문에 전문적 맥락에서 분노를 표현하는 여성은 조절을 상실한 것으로 판단되어 지위를 잃는데, CEO냐 연수생이냐와 무관하게 마녀나 잔소리꾼으로 여겨진다. 이런 여성에 대한 반발은 분노에 대한 외적인 이유가 분명할 때만 사라진다(Brescoll & Uhlmann, 2008).

요약컨대 정서의 성별 차이는 주로 정서 과정의 후미에서—남성과 여성이 정서를 조절하고 표현하는 방식에서—초래될 것이다. 이에 따라 이런 차이는 남성과 여성이 성별 고정관념과 일치하여—부모와 더욱 일반적으로는 문화에 의해서—사회화됨에 따라 발생하는 성별 차이에 기인할 가능성이 가장 높다. 실제로 연구는 부모가 학령 전 자녀에게 정서에 관해 상이하게 이야기하는 것(예: 아들보다는 딸에게 슬픔을 더 강조하는 것)을 보여 주었다(Fivush & Buckner, 2000). 그런 차이는 성인이 된 후의 정서 조절 습관에서 성별 차이가 나타날 가능성을 마련해 준다. 달리 말하면 적절한 정서 조절에 관한 성별 특수적 양육은 소년과 소녀가 남성적 혹은 여성적이 되는, 강력해지거나 혹은 무력해지는 것을 학습하는 한 가지 방식이다.

## 문화 차이

정서의 문화 차이를 연구하는 심리학자는 대체로 집단주

의와 개인주의의 가치가 정서 경험을 어떻게 형성하는가에 초점을 두었다. 1장에서 **집단주의** collectivism는 사람 간의 기본적 연결과 상호 의존성을 강조하는 문화를 말하고, **개인주의** individualism는 개인의 기본적 분리와 독립성을 강조하는 문화를 말한다고 했던 것을 상기해 보라. 동아시아, 라틴아메리카, 아프리카의 많은 국가는 집단주의 문화로 간주되고, 미국, 캐나다, 호주 및 많은 서구 유럽 국가는 개인주의 문화로 간주된다. 물론 이런 국가의 모든 국민이 집단주의자 혹은 개인주의자로 분류될 수 있는 것은 아니다. 성별, 사회계층 및 인종에 따라 다양한 것이 보통이다. 그렇다 할지라도 집단주의-개인주의 차원에 따른 차이는 정서에서 문화적 차이를 이해하는 데 결정적이다(van Hemert et al., 2007).

그런 이유를 이해하기 위해서는 집단주의-개인주의의 변화가 자기에 대한 견해에 어떻게 영향을 주는가를 연구할 수 있다(Markus & Kitayama, 2010). 집단주의자의 맥락에서 자기에 대한 느낌은 관계 속에 내포되는데, 인간관계에서 조화를 이루려는 욕망을 포함하는 많은 개인적 목표는 이것을 반영한다. 그러나 개인주의자 맥락에서 자기에 대한 느낌은 경계를 나누는 것으로, 즉 친밀한 타인과 분리된 것으로 보이는데, 많은 개인적 목표는 독립적이고 독특해지려는 욕망을 반영한다. 일찍이 기술되었던 틀을 계속 적용하면 개인적 목표에서 문화 차이는 정서 과정의 '선두' 차이를 통해 정서의 문화 차이를 발생시킬 수 있다. 즉 상이한 문화의 사람이 개인 목표에서, 특히 인간관계에 관한 목표에서 상이하다면, 그들은 환경이 매우 유사한 경우에도 현재의 환경에 대한 개인적 의미의 평가에서 상이할 것이다. 한 연구는 계획된 일정 혹은 회의에 결석하는 것처럼 공동 계획에서 실수를 한 후의 정서적 반응을 조사했다. 이 연구에서 이탈리아인은 집단주의를 대표하는 것으로 선택되었고, 영어를 사용하는 캐나다인은 개인주의를 대표하는 것을 선택되었다. 집단주의 문화에서 기대되듯이 이탈리아인은 캐나다인보다 관계를 더 가치 있게 여겼다. 그리고 계획이 잘못되었을 때 이탈리아인은 슬픔을 더 많이 경험하는 반면에 캐나다인은 분노를 더 많이 경험했다(Grazzani-Gavazzi & Oatley, 1999). 슬픔은 이런 환경에서 집단주의를 반영하는데 이는 실수가 공동의 상실로 비추어지기 때문이다. 그러나 분노는 개인주의를 반영하는데, 실수는 자기(self)가 개인적으로 다룬 것이란 견해 때문이다. 여기서 관계는 집단주의와 개인주의 문화에 있는 사람에게 중요성이 상이하기 때문에 동일한 환경(즉 어긋난 계획)이 상이한 정서를 유발한다.

**행복은 개인주의 문화에서는 개인적 성취와 밀접한 관련이 있고, 집단주의 문화에서는 좋은 관계와 관련이 있다.**

다른 예로 연구자는 '좋은 감정'을 일으키는 환경이 문화에 따라 변화하는 것을 발견했다. 집단주의 문화인 일본에서 좋은 감정을 느끼는 것은 친하다고 느끼는 것과 같이 대인 몰입을 더 빈번히 동반하는 반면에, 개인주의 문화인 미국에서는 좋은 감정을 느끼는 것이 우월감이나 자부심을 느끼는 것과 같이 대인 이탈을 가장 빈번히 동반한다(Imada & Ellsworth, 2011; Kitayama et al., 2000). 이 증거는 행복의 근원이 그들의 문화가 관계와 사회적 가치에 어떤 가치를 두는가에 의존한다는 것을 시사한다. 아마도 자기 견해와 개인적 목표가 집단주의 또는 개인주의를 반영하기 때문일 것이다.

초기 아동기에 문화적 메시지는 사람이 느끼려고 하는 정서에 영향을 미친다. 예를 들면 미국에서 아동의 이야기책은 흥분된 상태를 강조하는 반면에 대만에서 인기 있는 아동의 책은 평온 상태를 강조한다(Tsai et al., 2007). 그런 문화적 메시지의 지속성은 아동과 성인이 자신의 정서에 대해 갖고 있는 이상에 영향을 미친다. 이중 문화의 아동은 종종 정서에 대해 서로 대립하는 가치를 가진 두 문화를 동일시해야 하는 독특한 입장에 처해 있다. 일기 연구는 이중 문화 사람의 경우 가장 최근에 사용했던 언어가 자신의 정서를 경험하는 방식에 영향을 미친다는 것을 보여 주었다(Perunovic et al., 2007).

이제까지 우리는 정서 과정의 '선두'에서 문화적 차이—즉 정서를 발생시키는 환경의 차이와 개인적 중요성을 평가하는 것의 차이—를 논의했다. 그래도 집단주의와 개인주의는 또한 어떤 정서가 표현될 수 있고 언제 표현되어야 하는가를 규정함으로써 정서 과정의 '후미'에도 영향을 준다. 앞에서 얼굴 표정의 표현 규칙을 논의하면서 이것의 한 예를 보았다. 미국에서 온 사람과 비교하여 일본에서 온 사람은 다른 사람이 존재할 때 흔히 혐오의 경험을 미소로 감춘다. 이와 관련된 다른 연구는 자부심이 집단주의 문화보다 개인주의 문화에서 더 수용될 수 있다는 것을 발견했다(Fischer et al., 1999).

선두의 평가 차이와 후미의 정서에 대한 반응 차이와 더불어 최근의 문화와 정서에 대한 조사 연구는 정서에 대한 기본적 신념은 집단주의 맥락과 개인주의 맥락에서 상이할 수 있음을 시사한다(Mesquita, 2001). 예를 들면 개인주의 문화에서 정서는 개인의 주관적 내면 세계를 반영하는 것으로 여겨지고 특정인에 '소속되는' 것으로(예: 마크는 화가 났다) 생각되었다. 그러나 개인주의 문화에서 정서는 객관적인 현실을 반영하는 것으로 여겨지고 관계에 '소속되는' 것으로(예: 우리는 화가 났다) 생각된다. 그래서 정서가 '성별에 따른 행동을 하거나' 혹은 성별에 적절한 방식으로 처신하는 하나의 매개체일 것이라고 말했던 것과 마찬가지로 정서는 중요한 문화 주제를 강화하고 유지할 수 있다. 정서는 집단주의 문화에서는 사람을 결합하고, 개인주의 문화에서는 개인의 독특성을 정의하는 것 같다.

### 중간 요약

- 정서는 아마도 가장 전형적으로 정서 과정의 선두(사람-환경 관계와 인지적 평가에서)와 후미(정서에 대한 반응)에서 성별과 문화에 따라 변동한다.
- 많은 성별 차이는 슬픔, 공포와 같은 '무력한' 정서를 여성에게 할당하고 분노, 자부심과 같은 '강력한' 정서를 남성에게 할당하는, 정서에 대한 성별 고정관념과 연결될 수 있다.
- 개인주의와 집단주의에서 문화의 차이는 정서의 차이를 발생시키는데, 집단주의가 관계에 더 많은 초점을 두는 것은 평가 과정과 조절 전략에 영향을 준다.

### 비판적 사고를 위한 물음

1. 그림 11.1을 다시 보고 성별과 문화에 의한 '선두' 차이와 '후미' 차이의 다른 점을 설명하라.
2. 성별 또는 문화에 의해 변화하지 않는 정서 과정의 측면이 있을 수 있는가? 왜 그런가?

## 긍정심리학

제2차 세계대전 후 심리학(특히 임상심리학)은 치유에 헌신하는 과학이 되었다. 심리학은 의학으로부터 인간 기능의 질병 모형을 채택했고 병리의 치료를 목표로 했다. 비록 이런 초점이 정신질환에 대한 심리학적 이해와 치료에 획기적인 진보를 가져왔다고 할지라도(15장과 16장 참조), 삶을 가치 있게 만드는 것에 대해서는 할 말이 없었다. **긍정심리학**positive psychology은 새 천 년 전환기에 심리학에서 정실질환에 관한 세련된 과학적 이해와 인간 번영에 관한 동등하게 세련된 과학적 이해의 균형을 맞추기 위해 출현했다(Seligman, 2002, 2011). 인간은 어떤 생물처럼 '틀에 박힌 것처럼' 느끼거나 자신의 충분한 잠재력을 발휘하지 못해 삶이 쇠락하거나, 아니면 가능성을 영글게 하거나 위대한 선에 기여하거나 역경을 잘 딛고 일어서 삶이 번영할 수 있다. 긍정심리학은 초기의 인본주의 심리학과 인간의 완전한 잠재력의 개발에 관한 관심을 공유할지라도 경험적 방법에 주로 의존한다는 점에서 차이가 있다.

긍정심리학은 긍정 정서와 낙관성 같은 긍정적 주관적 경험의 연구부터 용기와 지혜 같은 긍정적 성격 특질의 연구와 긍정적 제도(정중함과 책임 있는 시민 정신을 배양하는 사회 구조)의 연구까지 범위의 수준에서 심리학적 현상을 표적으로 한다(Seligman & Csikszentmihalyi, 2000). 우리는 이 장에서 긍정심리학의 관점을 설명하기 위해 긍정 정서의 과학에 초점을 둘 것이다. 순수한 메시지는, 긍정 정서가 그것이 좋게 느껴질 뿐만 아니라 심리

자기를 '틀에 박혔다'고 기술하는 사람은 (특히 직장에서) 잠재력을 발휘하지 못한다.

적 성장과 번영을 향한 상향 나선 효과를 촉발하기 때문에 배양할 가치가 있다는 것이다.

## 긍정 정서와 장수

긍정 정서는 무엇이 좋은가? 이 질문은 던지는 것이 어리석어 보이지만 한 가지 면에서 그 대답이 분명한데, 즉 긍정 정서는 좋게 느껴진다는 것이다. 이 사실만으로도 긍정 정서를 보상적이고 가치 있는 경험으로 만든다. 충분한 대답이 아닌가?

안타깝게도 수년간 더 이상 할 말이 없었다. 정서에 관한 초기의 과학적 문헌에 대한 개관은 부정 정서(예: 공포, 분노, 혐오, 수치심)에 대해 거의 전적으로 중점을 두었으나 긍정 정서(예: 기쁨, 만족, 흥미, 사랑)에는 미미한 관심을 두었다. 그래서 최근까지 행복의 추구가 가치 있는 목표라는 미국 독립선언문의 가정에 이의를 다는 사람이 없을지라도 긍정 정서를 과학적으로 연구한 사람도 없었다.

이 상황은 과거 15년간 상당히 변했고, 획기적 연구는 긍정 정서가 우리에게 줄 수 있는 막대한 이익을 일깨웠다. 이것은 자신의 삶을 신뿐만 아니라 과학에도 헌신했던 180명의 수녀를 대상으로 한 연구였다. 노화와 알츠하이머병에 대한 대규모 연구의 일부로서 수녀는 과학자에게 자신의 일반적 기록과 의학적 검사 기록을 제공하는 것(그리고 사후에 뇌를 기증하는 것)에 동의했다. 그 문건은 수녀들이 20대 초반 최종 서원을 막 했던 때인 1930~1940년대에 손으로 쓴 자서전을 포함했다. 연구자는 에세이에서 긍정 정서의 예(행복, 흥미, 사랑, 희망)와 부정 정서의 예(슬픔, 공포, 흥미의 부족)를 기록함으로써 정서 내용을 채점했다. 부정 정서의 내용은 사망률과 어떤 상관이 발견되지 않았는데, 아마도 그 에세이에서 비교적 희소했기 때문일 것이다. 그러나 긍정 정서의 내용과 사망률 사이에는 강한 반비례 관계가 발견되었다. 긍정 정서를 가장 많이 표현했던 수녀가 긍정 정서를 최소로 표현했던 수녀보다 10년 이상을 더 살았다(Danner et al., 2001). 이 수명 연장은 금연을 함으로써 얻는 수명 연장보다 상당히 컸다. 당신이 담배를 끊고 긍정 정서를 강조한다면 얼마나 오래 살 것인지 상상해 보라.

수녀를 대상으로 한 이 연구는 별개의 발견이 아니다. 몇몇 다른 연구는 긍정 정서와 건강 장수 사이의 관련을 보여 주었다(Moskowitz et al., 2008; Pressman & Cohen, 2012). 275,000명 이상을 대상으로 집단적으로 검증된 거의 300개의 출간된 연구에 대한 메타분석적 개관은 유사한 결론을 제공하는데, 긍정 정서는 삶의 성공을 보여줌과 동시에 삶의 성공을 가져온다(Lyubomirsky et al., 2005). 이런 결론은 매우 흥미롭지만 긍정 정서가 어떤 장점이 있는가를 알려 주지는 않는다.

**긍정 정서와 사망 간에 부적 관계가 있다는 생각을 지지하는 증거가 있다.**

가능한 경로에 대한 통찰은 긍정 정서의 형태와 기능을 기술하는 긍정 정서의 **확장 및 구축 이론** broaden-and-build theory이라고 불리는 최근의 이론이 제공한다(Fredrickson, 1998, 2013). 이 이론은 즐거운 정서 상태가 우리 선조의 생존을 도왔기 때문에 진화된 심리적 적응이라고 말한다. 그것은 전형적이라기보다는 넓은 배열의 사고와 행위를 순간적으로 포함하는 광범위한 자각으로 특징지어지는 일종의 의식(consciousness)을 창조함으로써 가능한 일이었다. 이 확장된 사고방식은 새로운 지식, 새로운 동료 및 새로운 기술을 발견하는 것을 도왔고, 따라서 우리 선조가 개인적 자원을 구축하는 것을 도움으로써 나중에 삶에서의 다양한 위협에 대해 생존하느냐 굴복하느냐의 차이를 만들어 냈을 것이다. 긍정 정서를 통해 구축된 자원은 또한 추가의 확장 및 구축의 이점을 제공하여 우리 선조가 잇따라 긍정 정서를 경험할 가능성을 증가시켰고, 그래서 생존, 건강 및 번영의 향상된 가능성을 위한 상향 나선 효과를 발생시켰을 것이다(그림 11.7 참조). 확장 및 구축 이론을 지지하는 증거는 아래에서 설명한다.

이 장의 앞에서 언급했듯이 부정 정서의 한 가지 장점은 특정한 방식으로 행동하려는 강한 충동을 점화한

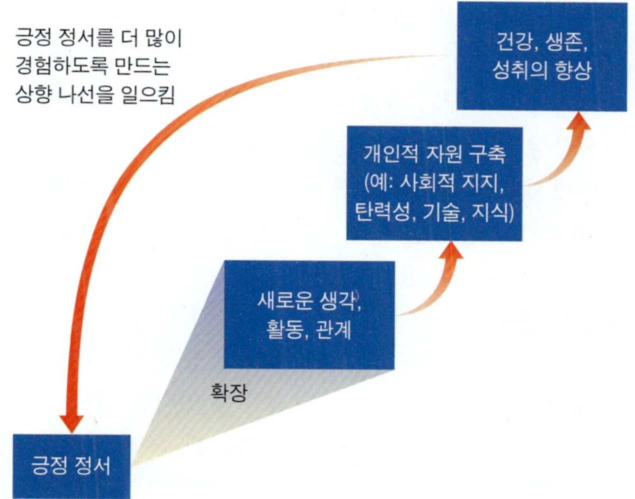


**그림 11.7 확장 및 구축.** 긍정 정서는 사고방식을 확장한다.

다는 것인데, 화가 났을 때는 싸우려는 충동, 두려울 때는 도망을 가려는 충동, 또는 혐오를 느낄 때는 침을 뱉으려는 충동을 일으킨다(Lazarus, 1991b). 달리 말해 부정 정서는 선택된 사고와 행위의 집합에만 마음을 쓰도록 하여 우리의 사고와 행위를 좁게 만든다. 긍정 정서는 보완적 효과를 갖는데, 우리의 사고와 행위의 목록을 넓혀서 사고방식을 확장한다. 기쁨은 놀이를 하려는 충동을, 흥미는 탐색을 하려는 충동을, 만족은 음미하려는 충동을, 사랑은 이런 각 충동의 주기적 반복을 발생시킨다. 여기서 장점은 긍정 정서가 우리의 일반적인 사고나 행위의 방식을 확장하고, 그러는 중에 더욱 창의적이 되도록, 더욱 호기심을 갖도록, 혹은 더욱 타인과의 연결을 갖도록 만든다는 것이다(Fredrickson, 1998; Isen, 2002). 최근의 실험은 부정 정서와 긍정 정서 사이의 이런 기본적인 구별을 지지한다(Fredrickson, 2013 참조). 한 연구에서 참가자는 2개의 긍정 정서(기쁨 또는 만족) 중 하나를 유도하거나, 2개의 부정 정서(공포 또는 분노) 중 하나를 유도하거나, 혹은 어떤 정서도 유발하지 않는(통제조건) 다섯 가지의 필름 클립 중 하나를 보았다. 참가자는 그 상태에 있는 동안 즉시 하고 싶은 모든 것을 열거했다. 어떤 정서도 경험하지 않은 참가자에 비해 공포나 분노를 경험한 참가자는 하고 싶은 것을 더 적게 나열했고, 표 11.3에 열거된 특정한 행동 경향성과 일치하는 것의 이름을 댔다(예: 분노를 느끼는 참가자는 공격적이 되려 했다). 그러나 정서를 경험하지 않는 참가자와 비교하여 기쁨 또는 만족을 경험하는 참가자는 그때 하고 싶은 것을 많이 댔는데, 그것은 확장된 사고-행위 목록과 일치한다(Fredrickson & Branigan, 2005). 안구 추적 기법(Wadlinger & Isaacowitz, 2006)과 얼굴 근전도(Johnson et al., 2010)를 이용한 실험도 긍정 정서가 시지각의 범위를 확장하여 일반적으로 보는 것보다 더 많이 보도록 해 준다는 것을 증명했다. 그리고 이렇게 거시적이 되도록 하는 것은 더 유연하게 생각하는 것과 어려운 문제를 창의적으로 해결하는 것을 돕는다(Rowe et al., 2007).

긍정 정서의 확장 효과에 대한 특히 흥미로운 증거는 명쾌한 뇌 영상 연구에서 나온다(Schmitz et al., 2009). 이 실험설계는 특정 뇌 영역, 즉 선조외 방추형 얼굴 영역(extrastriate fusiform face area, FFA)이 인간의 얼굴에 신뢰롭게 반응하는 반면에 다른 뇌 영역인 부해마 장소 영역(parahippocampal place area, PPA)은 장소 처리에 신뢰롭게 반응한다는, 인지신경과학에서 잘 타당화된 증거에 기초를 둔다. 연구자는 집의 이미지로 둘러싸인 중심 영역에 인간의 얼굴이 있는 여러 복합 영상을 보여 줌으로써 참가자의 관측 시야 넓이를 평가했다. 참가자는 각 복합 이미지에서 얼굴을 둘러싸고 있는 집을 무시하면서 얼굴이 남성인가, 여성인가를 지적했다. 이 과제는 의도적으로 쉬웠고 아무도 실수를 하지 않았다. 그러나 연구자는 이 판단을 하기 전에 긍정, 부정, 중립 상태를 유도하는 사진을 사용했다. 이 정서 상태가 참가자의 관측 시야 범위에 영향을 주는가를 알아보는 생리적 지표는 집의 이미지에 민감해야 하는 뇌 부위인 PPA 내에 있는 혈류량의 변화였다. 결과는 확장 가설과 일관성이 있게 중립 사진에 비해 긍정 사진에 대해 높은 PPA의 활성화를 보여 주었는데, 긍정 정서의 영향하에서는 주변 맥락 정보를 더 많이 취할 수밖에 없다. 특히 이 연구는 중립 사진에 비해 부정 사진에 대해 감소된 PPA의 활성화를 발견했는데, 부정 정서가 사람의 관측 시야를 좁게 만든다는 가설과 일관성이 있다(Schmitz et al., 2009).

다른 연구는 긍정 정서의 확장 효과가 사람의 관측 시야 범위를 넘어서 확장된다는 것을 시사한다. 긍정 정서는 사람의 신뢰 관계(Dunn & Schweitzer, 2005), 조망 수용(Waugh & Fredrickson, 2006), 동정(Nelson, 2009)을 확장하는 것으로 보였다. 게다가 상이한 정서와 관련된 신체 운동의 연구는 긍정 정서가 사람의 자세도 확장한다는 것을 시사한다(Gross et al., 2012).

## 긍정 정서는 개인적 자원을 구축한다

비록 정서는 짧게 지속되지만 당신에게 지속적인 영향을 미칠 수 있다. 긍정 정서는 순간적으로 당신의 사고방식을 확장함으로써 새롭고 창의적인 아이디어의 발견, 행위 및 사회적 유대를 촉진한다. 예를 들면 놀이는 당신의 신체적 · 사회적 자원을 구축시킬 수 있고, 탐색하기는 지식을 획득하도록 할 수 있으며, 음미하기는 삶에서 우선적인 일을 정할 수 있게 해 준다. 이런 결과는 종종 원래의 긍정 정서가 사라진 후에도 오래 지속한다. 이런 방식으로 긍정 정서는 곤란을 겪을 때 이용할 수 있는 신체 자원(건강과 효과적인 신체적 기능), 지적 자원(방법을 찾는 인지도), 심리적 자원(낙관적 관점), 사회적 자원(도움을 얻을 수 있는 사람)을 포함하여 당신의 자원 저장을 증강한다. 예를 들면 대학생의 우정 형성을 추적한 종단 연구는 초기 긍정 정서 경험(특히 감사)이 수개월 후에 좋은 관계를 예측하게 해 준다는 것을 밝혔다(Algoe et al., 2008; Waugh & Fredrickson, 2006). 일상적인 긍정 정서 경험은 탄력성과 마음챙김을 구축시킨다는 것이 관찰되었고, 그것은 잇따라 웰빙을 증가시킨다(Catalino & Fredrickson, 2011; Cohn et al., 2009).

긍정 정서가 개인적 자원을 구축시켜 주는가에 대한 결정적인 검증은 종단적 접근을 할 뿐만 아니라 상이한 집단의 사람들이 다른 정서를 경험하도록 무선할당해야 한다. 최근 현장에 기초한 종단적 실험이 그런 검증을 했다. 성인 직장인은 직장 복지 프로그램의 맥락에서 '스트레스 감소'를 위해 명상 워크숍에 참석하는 기회를 얻었다. 그때 그들은 실험의 일부로서 6주 명상 워크숍에 참여하거나 그 연구가 완료된 후에 프로그램에 참여하도록 무선할당되었다. 다음 9주 동안 두 집단은 자신의 정서 경험에 대한 일상적 보고를 제공했다. 워크숍 전후에 모든 참가자는 자기 삶의 만족, 우울 증세 및 광범위한 개인적 자원에서 자신의 처지를 평가하기 위한 여러 설문에 응답했다.

결과는 우리가 자신의 일상적인 긍정 정서를 향상하기 위한 새로운 정서 습관을 학습할 수 있다는 것을 보여주었다. 통제집단에 비해 명상 기법을 배운 연구 참가자는 9주간의 일상 보고에 걸쳐 긍정 정서의 양이 증가함을 보고했다. 이 참가자는 또한 개인적 자원에서 커다란 이득을 보여 주었고, 그것은 잇따라 삶의 만족 증가와 우울 증세의 감소를 산출했다(Fredrickson et al., 2008). 이와 같은 추가의 실험은 자신의 일상적 긍정 정서 경험을 증가시키는 기법을 학습할 때 심혈관계 건강의 객관적 지표에서 향상을 보여 준다(Kok et al., 2012).

좋은 기분을 느끼는 것은 당신이 알고 있는 것보다 더 많은 것을 해 준다. 확장 및 구축 이론은 긍정 정서가 당신의 전형적인 사고나 행동 방식을 확장해 주고, 나아가 지속적인 개인적 자원을 구축해 주어 당신을 더 노련하고 탄력적인 사람으로 만들어 준다고 말한다. 다음번에 당신이 친구와 웃고 있거나, 흥밋거리를 추구하고 있거나, 공원에서 산책하고 있을 때, 좋은 기분에 들뜨는 것 이상으로 도움을 얻을 것이다. 당신은 장기적인 건강

긍정 정서는 기대 수명을 연장할 것이다.

놀이는 신체적 · 사회적 자원을 구축시킬 수 있다.

과 웰빙을 최적화해 주는 상향 나선 효과를 가속할 것이다(Fredrickson, 2000, 2013). 이런 식으로 일상적인 긍정 정서 경험은 당신이 번영하도록 도울 수 있는 심리적 영양분이다.

우리가 보았듯이 정서는 즐겁든 불쾌하든 간에 복합적이다. 우리가 고려해 온 정서의 각 구성요소(인지 평가, 주관적 경험, 사고-행위 경향성, 신체 변화, 얼굴 근육 운동, 정서에 대한 반응)는 자체가 생물학적이고 심리학적인 다중의 요소를 포함하는 복합적인 사건이다. 사실 이 장에서 기술된 각 정서의 관점은 정서의 생물학적 구성요소(생리적 각성과 보편적 얼굴 근육 운동)와 정서의 심리학적 구성요소(인지 평가)가 정서 경험을 일으키기 위해 상호작용하는 방식을 언급했다. 이 장에서 개관된 연구를 통합하면 대부분의 경우 정서의 생물학적 · 심리학적 구성요소가 시간에 걸쳐 진화하는 역동적 과정에서 서로 호혜적 영향을 미친다는 점을 시사한다. 어떤 상황이 애초에는 약한 정서를 유발할 수 있지만, 어떤 사람이 그 상황을 심각하게 평가할 때 정서가 강해지고 그의 생리적 각성이 증가할 수 있을 것이다. 정서가 과거의 유사한 사건에 대한 기억과 이 사건에 대한 평가에 미치는 영향은 주관적인 정서 경험을 더 강하게 할 수 있다. 그 후 시간이 경과하면 정서의 생물학적 구성요소와 심리학적 구성요소 사이의 피드백 고리는 정서 과정에 영향을 줄 수 있다. 14장에서 스트레스 그리고 15장과 16장에서 정서장애를 논의할 때 정서의 생물학적 구성요소와 심리적 구성요소 사이의 피드백에 관해 다시 논의한다.

### 중간 요약

- 긍정심리학은 인간 번영의 과학이다.
- 긍정 정서를 많이 경험하고 표현하는 사람은 덜 긍정적인 또래보다 더 장수한다.
- 긍정 정서의 확장 및 구축 이론은 즐거운 정서 상태가 사고-행위 목록을 확장하고 그 결과로 개인적 자원을 구축해 줌으로써 인간 선조의 생존을 도와주었던 심리적 적응이라고 가정한다.
- 뇌 영상 실험은 사람의 시각적 자각의 영역이 긍정 정서의 영향을 받아서 확장된다는 것을 확인해 준다.
- 긍정 정서의 일상적 경험은 번영을 촉진하는 개인적 자원을 구축하는 영양소로 기능하는 것으로 보였다.

### 비판적 사고를 위한 물음

1. 정서에 대한 반응(정서를 조절하려는 시도)은 어떻게 인간 번영의 과정에 포함되는가? 당신은 번영을 향해 자신을 조정할 수 있는가? 긍정 정서는 장수를 예측해 준다. 수명을 연장하는 데 긍정 정서가 결정적인 역할을 한다는 것을 어떤 유형의 증거가 시사하는가?

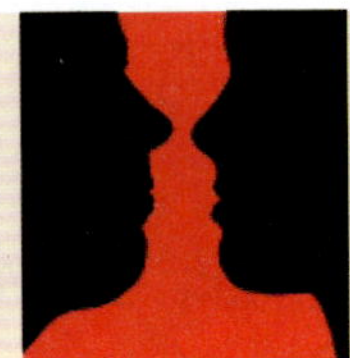

# 찬|반|논|쟁

# 정서의 배후 구조는 무엇인가?

## 정서에 대한 심리학적 구성주의 접근

*Kristen A. Lindquist,* 노스캐롤라이나대학교(채플힐 캠퍼스)
*Hill and Lisa F. Barrett,* 노스이스턴대학교

정서란 무엇인가? 윌리엄 제임스(James, 1884)는 1세기 전에 이 질문을 했고, 연구자들은 아직도 그 답에 관해 논쟁을 하고 있다. 물론 우리는 모두 일상적으로 정서를 경험하고, 그래서 그 대답은 명료하고 매우 쉬워 보이는데, 정서는 우리에게 밀려오는 상태이고, 우리의 신체와 마음을 통제하고, 우리에게 어떤 행동을 하도록 지시한다. 우리는 유아, 아동 및 동물의 행동에서 정서를 관찰하므로 정서가 선천적이고 보편적이며 다른 포유동물과 공유하는 것으로 가정한다. 정서는 유용하므로 우리가 삶의 문제를 대처하는 것을 도와주는 특수한 감정과 행동의 꾸러미로 진화했다고 가정하기 쉽다. 따라서 이런 꾸러미는 일관되고 특수한 얼굴 표정, 신체 표현 및 뇌 활동으로 신체와 뇌에서 증명되어야만 한다.

아직도 증가하고 있는 증거는 상식적인 정서 경험이 정서를 초래하는 배후 과정을 드러내지 않는다고 제안한다. 한 세기의 관찰에도 불구하고 정서는 아직도 일관되고 특수한 패턴의 얼굴 표정(Barrett, 2006c; Cacioppo et al., 2000; Mauss & Robinson, 2009), 신체 표현(Barrett, 2006c; Cacioppo et al., 2000; Mauss & Robinson, 2009), 혹은 뇌 활동(Lindquist et al., 2012; Vytal & Hamann, 2010)으로 밝혀져 왔다. 대신 심리학과 신경과학의 발견은 정서가 더 기본적인 심리학적 '성분'으로부터 발생하는 상태라는 생각으로 수렴하고 있다. 빵, 페이스트리 및 소스 등을 만들기 위해 밀가루, 소금, 물이 다양한 방법으로 조합되듯이 정서에 특수하지 않은 기본적인 심리학적 성분이 결합되어 분노, 공포, 혐오, 슬픔을 산출하고, 동시에 사고, 계획, 기억, 신념, 지각 등을 산출한다. 이런 견해는 **심리학적 구성주의 접근**(psychological constructionist approach)으로 알려졌다. 가장 직관적인 정서의 모형은 아닐지라도 심리학적 구성주의 모형은 심리학만큼이나 오래되었고 제임스(James, 1884), 분트(Wundt, 1897/1998), 샤흐터와 싱어(Schachter & Singer, 1962), 맨들러(Mandler, 1975), 러셀(Russell, 2003), 그리고 가장 최근에는 우리(Barrett, 2006a, 2009b, 2012; Lindquist, 출판 중; Lindquist & Barrett, 2012; Lindquist et al., 2012)에 의해 제안되었다.

증가하는 증거는 인간이 '정서'라고 언급하는 심적 사건이 눈 깜짝할 사이에 이미 존재하는 다양한 심리학적 성분으로부터 구성된다는 것을 보여 준다. 한 성분은 정서가(쾌 혹은 불쾌)와 각성(긴장된 vs 안정된)('핵심 감정'으로 불림)으로 특징지어지는 상태를 발생시키는 심리학적 및 생물학적 기본적 포유류 체계이다(Barrett, 2006a, 2006c; Barrett & Bliss-Moreau, 2009; Russell, 2003). 실제로 현재 정서에 관한 수많은 심리학적 연구에서는 정서가 어떤 방식으로 측정되는가(안면 EMG, 자율신경계 반응, 행동, 경험의 자기보고 혹은 다른 사람의 표현에 대한 지각의 자기보고)와 무관하게 배후의 핵심 감정 성분을 관찰한다(Barrett, 2006a; Mauss & Robinson, 2009). 정서가와 각성은 유기체에서 가능한 감정 반응의 풍경을 특징짓는 속성으로 생각될 수 있다. 이 풍경은 실제로 **감정 순환 구조**(affective circumplex)라고 불리는, 감정에 대한 형식적인 수학적 모형이다(그림 11.8 참조).

감정의 순환 구조와 같은 모형은 종종 모든 정서 상태가 정서가와

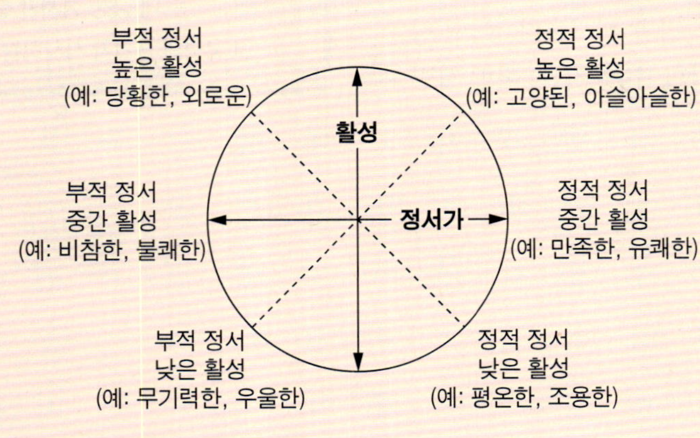


**그림 11.8 감정의 순환 구조.**

각성 차원의 조합에 의해 기술될 수 있다는 가정에 기초를 둠으로써 정서에 대한 '차원적 접근(dimensional approach)'으로 불린다. 그러나 '차원적'이란 명칭은 오해의 소지가 있는데, 왜냐하면 정서에 대한 '차원적' 관점을 갖고 있는 것으로 분류되는 대부분의 이론가도 감정의 차원이 분노, 혐오, 공포 등과 같은 별개의 정서에 대한 경험과 지각을 설명하는 데 충분하다고 믿지 않기 때문이다(Lindquist et al., 출판 중 참조). 대신에 제안은 핵심 감정이 어떤 사람이 개념 지식이라고 불리는 두 번째의 기본적 심리학적 성분을 사용하여 감각 입력의 의미를 만들 때 분노, 혐오, 공포 등의 예로 전환된다는 것이다. 예를 들면 사람이 공포라는 범주에 관한 상황 특수적 지식을 사용하여 불쾌하고 고도로 각성되는 핵심 감정의 느낌으로 의미를 부여할 때 두렵다는 경험을 할 것이다(Lindquist & Barrett, 2008). 유사하게 개념 지식은 누군가의 불쾌한 얼굴 표정(예: 커진 눈)을 공포나 분노의 예로 지각하는 데 중요하다(Gendron et al., 2012; Lindquist et al., 2006). 핵심 감정과 개념 지식(언어와 집행 기능을 포함하는 여러 다른 성분에 따라)은 함께 어떤 맥락에서 '상황적 개념화'로서 정서의 사례를 만든다(Barrett, 2009a; Wilson-Mendenhall et al., 2011).

정서에 대한 심리학적 구성주의 견해는 정서를 상황적 개념화로 이해하는데 정서의 예에서 변동을 예측한다(여섯 혹은 일곱의 기본적인 생물학적 유형으로 가정하는 것이 아니고, 이 유형의 변산을 오차로 취급한다). 이것은 우리가 공포에 대한 지식(그리고 문제가 되는, 모든 정서 범주에 대한 지식)이 이전 경험을 통해 습득된 풍부한 상황 특수적 지식의 기억으로 구성된다고 가정하기 때문이다. 결과적으로 공포에 대해 하나가 아니라 많은 상황적 범주화가 있다(Wilson-Mendenhall et al., 2011). 이 결과는 어떤 사람이 상이한 상황에서 지각적으로 유사한, 상이한 예의 공포를 느낄 수 있다는 것이다. 더구나 상이한 정서 지식을 가진 두 사람이 동일한 맥락에서 상이한 공포 경험(예: 심박률이 올라가고 눈이 커지고 어떤 것을 회피하는 공포, 심박률이 내려가고 미소를 짓고 어떤 것에 접근하는 공포)을 할 것이다. 정서 지식은 발달에 따라 변하고, 그래서 정서 경험과 지각도 변한다. 예를 들면 '분노', '혐오', '공포'라는 단어에 대한 지식이 있기 전에 아동은 모든 얼굴 표정을 단순히 좋은 것(즉 '행복한')과 나쁜 것(즉 '슬픈')으로 지각한다. 그러나 아동은 초기 아동기에 정서 지식을 습득하면 타인의 얼굴에서 분노, 혐오, 공포, 행복, 슬픔을 신뢰롭게 지각한다(Widen & Russell, 2008, 2010).

아마도 심리학적 구성주의 견해에서 가장 독특한 것은 심리학적 성분(예: 핵심 감정, 개념 지식, 언어, 집행 기능)이 정서의 예에서만 특수한 것이 아니고 심리적 삶의 모든 순간을 구성하는 데 참여한다는 점일 것이다. 예를 들면 우리는 핵심 감정이 정상시(예: Anderson et al., 2011; Barrett & Bar, 2009 참조)에 영향을 미쳐서 말 그대로 주변 세상을 이해하는 것을 돕는다고 가정한다. 이런 생각의 지대한 결과는 사람들이 '정서', '인지', '지각'이라고 부르는 심적 사건들이 사람들에게 느껴지는 방식에서 상이한 것이지 인간 뇌가 중시하는 구분은 아닐 것이다(Barrett, 2009a; Barrett & Bar, 2009; Duncan & Barrett, 2007; Pessoa, 2008).

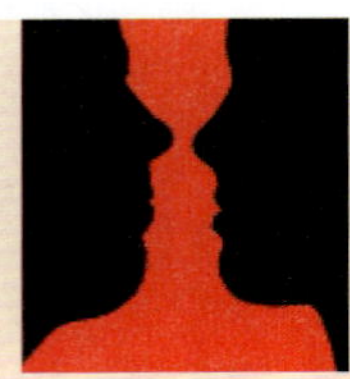

# 찬|반|논|쟁

# 정서의 배후 구조는 무엇인가?

## 개별 정서에 대한 주장

*Robert W. Levenson*, 캘리포니아대학교(버클리 캠퍼스)

인간의 생존과 번영에 상당히 관련성이 높은 소수의 전형적인 도전과 문제는 의심할 여지 없이 정서 진화에서 주요한 역할을 했다. 타인과 유대 맺기, 위협 처리하기, 상실 다루기, 방어하기, 독물 회피하기, 자기와 타인 위로하기 등은 모두 인간 조건의 필수적인 부분이다. 그 문제와 도전의 보편성 및 중요성은 각각에 대한 일반화된 해결—대부분의 경우 개인과 사회집단에 유익한 결과를 산출할 가능성이 가장 높은 해결—을 지지하는 상당한 선택적 압력을 초래했다. 정서가 그 해결인데, 운동 행동의 형태를 조화시키기, 얼굴과 목소리의 표현적 신호, 주의의 변화, 지각 및 정보처리, 그리고 종종 의식적인 개입이 거의 없이 신속하고 효율적으로 활성화될 수 있는 생리적 적응이다. 이런 방식으로 보면 정서는 시간을 초월한 문제에 대해 시간적으로 검증된 해결로 보일 수 있다.

이런 부류의 문제와 도전 그리고 이와 연합된 정서적 해결은 전반적인 인간 경험의 풍경에서 균등하게 분포하지는 않는다. 썩은 음식(혐오), 사랑하는 사람의 상실(슬픔), 소유물을 빼앗기는 것(분노)과 같은 문제를 다루기 위한 정서적 해결은 정도보다는 종류와 형태에서 더 다르다. 이것 때문에 가장 통상적인 정서(분노, 경멸, 혐오, 공포, 행복, 슬픔, 놀람 등)의 순위를 매길 수 있는 하나의 일차원 혹은 이차원 구조를 찾는 것은 실제로 가능하지 않다. 널리 퍼져 있는 '긍정-부정' 차원을 살펴보자. 비록 행복이 그 정서의 무리에서 다른 것보다 더 긍정적이라는 것은 분명할지라도, 그다음의 순위는 곧 문제가 된다. 혐오가 공포보다 더 부정적인가? 공포가 분노보다 더 부정적인가? 그러면 흔히 제안되는 다른 차원인 '접근-회피'를 살펴보자. 비록 혐오가 그 척도에서 회피 쪽의 극단에 배치되기 십상일지라도 다른 정서는 그리 분명하지 않다. 예를 들면 슬픔은 때때로 우리로 하여금 다른 사람에게 다가서게 하고 때때로 다른 사람으로부터 물러나게 한다(그리고 우리에 대한 타인의 행동에 대해서도 유사한 이중 효과를 보인다).

더 거시적인 행동의 수준에서 발견되는 동일한 종류의 차원적 접근법의 문제점이 더 미시적 수준의 개별 정서반응 체계에서도 발견된다. 정서에 따른 얼굴 외양의 변화는 인기 있는 차원 도식에 잘 맞지 않는다(Ekman, 1972). '긍정-부정' 차원에서 눈썹의 변화를 그리려고 해 보자. 아래로 내려가고 주름진 눈썹은 부정 정서(분노)와 관련이 있으나 치켜 올라간 눈썹은 긍정 정서(행복) 표현의 일부가 아니다. 오히려 치켜 올라간 눈썹은 긍정적도 아니고 부정적도 아닌 것으로 논쟁의 여지가 있는 정서인 놀람(내부와 외부가 모두 치켜 올라가면)과 연합되거나 또는 부정적인 것이 확실한 슬픔(안쪽만 치켜 올라가면)과 연합된다. 이 차원에서 입술 운동을 표시하려는 시도는 유사한 문제를 일으킨다. 입꼬리는 긍정 정서(행복)에서는 양측으로 위로 움직이고, 부정 정서(슬픔)에서는 아래로 움직이나, 또한 다른 부정 정서(경멸)에서는 한쪽만 위로 움직이고, 또 다른 부정 정서(공포)에서는 외측으로 크게 벌려진다. 자율신경계 반응은 상응하는 어려움을 나타낸다. 심장박동 증가는 두 가지 부정 정서(분노, 공포)에서 발견되나, 제3의 부정 정서(혐오)에서는 그렇지 않다(Levenson, 1992). 이 두 부정 정서는—심장박동의 변화에서처럼—체온에 의해 구분되는데(분노에서 따뜻해짐 vs 공포에서 차가워짐), 이 차이는 정서의 생리학적 연구와 보통 비유적인 표현에서 발견되었다(Lakoff, 1987).

차원적 견해와 관련된 문제는 나로 하여금 개별 견해가 정서를 조직화하는 가장 절약적 방법이라는 결론을 내리게 했다(Levenson, 2011). 이런 견해에서 정서는 소수의 공통적인 문제와 도전에 대한 일반화된 해결을 나타내는 상이한 형태의 행동, 표현 및 생리학을 갖고 있는 것처럼 보인다(Levenson, 2003a). 그럼에도 불구하고 인간은 분명히 차원적 방식으로 정서에 대해 이야기하고 사고할 수 있음이 분명하다. 우리는 "오늘 기분이 어떠세요?" 하는 보편적인 물음에 대해 '좋다' 혹은 '나쁘다'라고 응답할 때 차원적 구조를 떠올려 반응을 한다. 그러나 이런 고도의 관습적인 사례에서 '나쁘다'라는 반응은 우리가 슬픈가, 미칠 것 같은가, 두려운가(혹은 동등한 '개별적'인 어떤 것)에 관해서는 더 많은 정보를 알아내려는 추가적인 물음을 유도할 가능성이 높다.

무엇이 우리로 하여금 높은 확실성을 갖고 개별적 대 차원적 물음을 해결할 수 있도록 해 주는가? 두 견해를 평가하는 추가의 연구, 즉 확증과 부정을 할 수 있도록 해 주는 잘 설계된 연구가 필요하다. 개별 모형을 평가하기 위한 전통적인 접근은 동등한 조건 아래에서 일단의 개별 정서를 유발했으며, 그것들의 표현적 및 생리적 공변인이 상이한가를 결정하려고 했다(Levenson, 2003a, 2003b; Shiota et al., 2011). 다른 접근법에서는 뇌의 특정 영역이 손상된 환자 집단(Levenson, 2007)을 이용하여 그 손상이 정서에 영향을 미치는가를 알아보았는데, 예를 들면 헌팅턴병 환자는 혐오의 재인과 표현에 문제가 있었으나 다른 정서에는 문제가 없는 반면에, 편도체 손상 환자의 경우에는 공포 재인에 문제를 나타낼 것이다(Gray et al., 1997; Hayes et al., 2007; Sprengelmeyer et al., 1996; Sprengelmeyer et al., 1997). 불연속성은 또한 웃기와 울기의 자발적 에피소드를 나타내지만, 분노 혹은 공포와 같은 다른 정서와 관련된 행동을 나타내지 않는 루게릭병(amyotrophic lateral sclerosis) 환자(보통 운동 뉴런 질환)에서 나타났다(Olney et al., 2011; Wilson, 1924). 많은 연구가 특정 뇌 영역의 자극 또는 차단을 이용하여 그것이 특정 정서를 유발하는가를 알아보았다(George et al., 1996; Mosimann et al., 2000). 예를 들면 급성 뇌간체계나 편도체 자극은 고양이에서 분노 같은 행동(즉 가짜 분노)을 일으키는 것으로 보였다(Reis & Gunne, 1965; Reis et al., 1967). 마지막으로 기능적 영상 연구가 상이한 정서의 표현과 처리가 상이한 뇌 영역의 신경활성화와 관련이 있는가를 알아보기 위해 수행되었다(Whalen et al., 2001). 이런저런 경험적 접근법의 적용은 비록 대립적인 견해를 진정시킬 수는 없다고 하더라도 논쟁을 풍요롭게 해 줄 것이다.

## 전체 요약

1. 정서의 구성요소는 인지 평가, 정서의 주관적 경험, 사고-행동 경향성, 자율신경계 각성, 얼굴 근육 운동, 정서에 대한 반응을 포함한다.

2. 인지 평가는 어떤 상황에 대한 개인적 의미의 해석으로 정서를 초래한다. 그런 평가는 특정 정서의 강도와 질에 영향을 미친다. 사람에게 미분화된 각성 상태가 일어나면 정서적 경험의 질은 그 상황에 대한 평가에 의해 영향을 받는다. 인지 평가는 의식적 자각의 밖에서 발생할 수 있고, 뇌 연구는 편도체가 자동적 평가에 관여한다는 것을 확인해 준다.

3. 개념적 행위 모형은 정서에 대한 (이요인 이론처럼) 심리학적 구성주의 모형이다. 이것은 정서가 감각과 언어를 포함하는 더 기본적인 마음의 성분 조합을 통해 구성된다고 가정한다. 즉 당신의 내적 및 외적 감각은 뇌가 그것들을 과거 경험을 기초로 하여 자동적으로 범주화하는 정도에 따라 정서가 된다.

4. 정서의 주관적 경험 또는 감정은 행동, 의사결정 및 판단을 인도한다. 감정은 또한 기억, 학습 및 위험 평가를 조정한다.

5. 상이한 정서는 어떤 방식으로 사고하고 행동하려는 충동을 담고 있는데, 이것은 사고-행동 경향성이라고 불린다.

6. 강한 부정 정서는 자율신경계 중 교감신경계의 활성화에 의해 초래되는 생리적 각성을 포함한다. 긍정 정서는 잔존하는 부정 정서에 의한 각성을 복원시키는 효과를 갖는다. 자율신경계로부터 피드백이 제한되는 척수 손상이 있는 사람은 약한 정서 경험만을 보고한다. 자율신경계 각성은 또한 정서를 분화시키는 것을 돕는데, 각성의 패턴(예: 심장박동, 체온)이 정서에 따라 다르기 때문이다.

7. 몇 가지 정서에 동반되는 얼굴 근육 운동은 보편적인 의미를 갖는다. 상이한 문화권의 사람이라도 사진 속의 어떤 사람이 무슨 정서를 표현하는가에 대해 일치를 보인다. 문화에 따라 어떤 정서를 유발하는 요인과 그 정서의 적당한 표현 규칙이 상이할 수 있다. 정서의 의사소통 기능과 더불어 정서 표현은 정서의 주관적 경험에 기여한다(안면 피드백 가설).

8. 사람은 거의 항상 정서를 과장하거나 최소화함으로써 자신의 정서에 반응하거나 자신의 정서를 조절하고, 그렇게 하는 능력은 사회적 성공을 예측해 준다. 사람이 정서를 조절하기 위해 사용하는 전략은 예기치 못한 반발을 초래할 수 있다. 예를 들면 얼굴 표정의 억압은 자율신경계와 편도체의 활성화를 증가시키고 기억을 방해한다.

9. 정서는 성별과 문화에 따라 변동한다. 많은 성별 차이는 정서에 관한 성별 고정관념과 연결될 수 있는데, 그것은 슬픔, 공포와 같은 '무력한' 정서를 여성에게 돌리고 분노, 자부심과 같은 '강력한' 정서를 남성에게 돌린다. 개인주의 대 집단주의와 같은 문화적 차이도 정서에 차이를 일으키는데, 인간관계에 더 초점을 두는 집단주의는 평가 과정과 조절 전략 모두에 영향을 미친다.

10. 긍정 정서의 확장 및 구축 이론은 즐거운 정서 상태가 사고-행동 목록을 확장하고, 시간이 가면 그런 확장된 자각이 지속적인 개인적 자원을 구축해 준다. 이 이론은 긍정 정서를 더 많이 경험하고 표현하면 더 오래 사는 경향이 있는 이유를 설명할 수 있다.

## ＊ 핵심 개념

| | | |
|---|---|---|
| 각성의 오귀인 | 안면 피드백 가설 | 주관적 경험 |
| 개인주의 | 얼굴 근육 운동 | 집단주의 |
| 교감신경계 | 역행차폐 | 차원적 평가 이론 |
| 긍정심리학 | 이요인 이론 | 최소주의 평가 이론 |
| 긍정 정서의 복원 효과 | 인지 평가 | 편도체 |
| 기분 | 자율신경계 | 표현 규칙 |
| 내장지각 | 정서 | 핵심 관계 주제 |
| 반사회적 성격장애 | 정서에 대한 반응 | 확장 및 구축 이론 |
| 부교감신경계 | 정서 조절 | |
| 사람-환경 관계 | 제임스-랑게 이론 | |

# 12 지능

**학습 목표**

이 장을 읽고 나면 다음의 것들을 할 수 있어야 한다.

- ▶ 지능 개념의 두 가지 서로 다른 의미를 이해할 수 있다.
- ▶ 스탠퍼드-비네 지능검사, 웩슬러 지능검사와 같은 지적 능력 검사의 개발과 일반적 형태에 대해 이해할 수 있다.
- ▶ 지능에 기여하는 서로 다른 능력을 분리해 내기 위해 스피어먼과 서스턴이 요인분석 방법을 어떻게 사용했는지 기술할 수 있다.
- ▶ 가드너의 다중 지능 이론에 포함된 일곱 가지의 독특한 지능을 포함하여 이 이론을 이해할 수 있다.

- ▶ 앤더슨의 지능과 발달에 대한 이론, '기초 처리 기제', 그리고 지식 습득을 위한 '모듈'의 사용을 이해할 수 있다.
- ▶ 스턴버그의 삼원 이론과 하위 이론, 특히 사고과정을 다루는 요소 이론에 대해 설명할 수 있다.
- ▶ 현대의 지능 이론을 유사성과 차이점의 관점에서 비교할 수 있다.
- ▶ 유전성 추정치가 알려 주는 것과 그렇지 못한 것을 이해할 수 있다. 지능에 대한 유전적 기여 및 이와 관련된 증거를 얻기 위한 쌍둥이 연구 방법에 대해 설명할 수 있다. 유전성에 관한 몇 가지 오해에 대해 논박할 수 있다.

## 이 장의 개요



토미는 1856년 12월, 미국 버지니아 주에서 장로교 목사의 딸인 어머니 재닛 우드로와 미국 남부 장로교회의 리더가 된 목사 조지프 러글스 윌슨의 아들로 태어났다. 토미의 부모는 좋은 교육을 받은 지식인이었고 배움을 중요시했다. 그런데 학창 시절 토미는 읽기에 큰 어려움이 있었다. 특수학교를 다녔는데도 불구하고 그는 10~11세까지 읽지 못했다. 피나는 노력 끝에 그는 프린스턴대학교의 전신인 뉴저지대학에 입학 허가를 받았다. 대학의 학업 과정에서도 토미는 남들보다 탁월하지 못했다.

여기까지만 본다면 당신은 토미가 인생에서 성공할 가능성이 별로 없었을 것이라고 추측할지 모르겠다. 요즘 말로 하면 "그의 성적표가 별로 좋지 않았어."라고 말할지도 모른다. 그러나 토미의 미래에 대한 이런 예측은 잘못된 것으로 드러났다. 토미는 다름아닌 미국의 28대 대통령 토머스 우드로 윌슨이다. 그는 프린스턴대학교를 졸업한 후 버지니아대학교에서 법률가 자격증을 땄고, 존스홉킨스대학교에서 정치학 박사학위를 받았다.

브린모어대학, 웨슬리언대학교, 프린스턴대학교에서 교수로 재직하면서 윌슨은 9권의 저서를 집필하여 존경받는 수필가가 되었다. 1902년에는 프린스턴대학교의 총장이 되었고, 1910년 압도적인 지지로 뉴저지 주지사에 당선되었다. 1912년 그는 미국 대통령 선거에 출마하여 현직 대통령인 윌리엄 하워드 태프트를 이기고 28대 미국 대통령이 되었다. 윌슨은 8년간의 대통령 재직 기간 동안 제1차 세계대전 속에서 미국을 이끌었고, 세계대전의 종식과 유럽의 평화 유지를 위해 노력했다. 1919년 그는 연합동맹을 형성한 노력으로 노벨 평화상을 수상했다.

그의 생애에 나타난 업적에 근거한다면 대부분의 사람들은 토머스 우드로 윌슨이 똑똑한 사람이었을 것이라고 말할 것이다. 그러나 그가 어렸을 때 지능검사 혹은 다른 유형의 적성검사를 받았다면 '똑똑한' 범위에 속하는 지능 점수를 얻지 못했을 수도 있다. 윌슨의 인생 이야기는 지능이 무엇인가라는 중요한 질문을 던진다.

지능의 개념은 심리학 역사에서 가장 많은 논쟁거리 중 하나였고, 그 논쟁은 오늘날에도 계속되고 있다. 똑똑하다거나 총명하다는 것이 무엇인지에 대해서는 사람들에 따라 생각이 다르기 때문에 **지능 intelligence**이 무엇인지 정의하는 것 자체가 힘들고, 또한 앞으로 살펴보겠지만 지능에 대한 이론 역시 다양하다. 일부 이론가들은 지능은 실체가 아니라 단지 지능검사가 측정한 것을 부르는 일종의 명칭에 불과하다고 주장한다. 다른 이론가들은 지능을 보다 광범위한 것으로 간주해야 하며, 과거의 경험으로부터 학습할 수 있는 능력, 추상적으로 사고할 수 있는 능력, 환경을 효율적으로 다루는 능력이 포함된다고 제안한다. 이 장에서는 지능에 관한 다양한 개념화와 이론을 살펴볼 것이다. 그에 앞서 지능의 측정 방법을 먼저 살펴보자.

## 지적 능력의 측정

지적 능력을 측정하기 위해 공통적 검사 도구를 사용한 최초의 기록은 중국에서 찾아볼 수 있다. 오래전에 중국에서는 공직에 지원하는 사람들을 선발하기 위해 유교 철학이나 시에 관한 지식을 측정하기 위해 시험을 실시했다. 이러한 방식은 산업혁명기에 유럽까지 전파되었는데, 이때 많은 사람들은 사무 업무 능력을 검사받아야 했다. 오늘날의 산업화된 사회는 학교와 작업장에서의 검사에 많이 의존한다. 학생들은 그와 같은 검사에 기초하여 서로 다른 교육 집단에 배치될 수 있을 것이다. 적성검사나 능력검사는 몇몇 대학이나 대학원 혹은 전문학교에서 선발 절차의 일부로 사용되고 있다. 뿐만 아니라 일반 기업이나 정부 기관은 검사 점수에 기초하여 지원자의 선발, 배치, 승진 등을 결정한다. 비록 능력을 측정하는 검사가 전 세계적으로 사용되고 개인의 인생에 중요한 영향을 미치기는 하지만, 중요한 점은 이러한 검사가 특정 맥락에서 무엇이 중요한 능력인지에 대한 타당한 이론과 이러한 능력을 어떻게 측정할 것인지에 대한 지식에 기초해야 한다는 것이다. 앞으로 살펴보겠지만, 이 두 가지 요건은 쉽게 갖추어질 수 있는 것이 아니다.

### 초기 지능검사

100여 년 전 영국의 이론가 프랜시스 골턴(Francis Galton)은 사촌 찰스 다윈이 제안한 진화론을 고찰한 후 개인차에 관심을 두게 되었다. 골턴은 어떤 가계는 다른 가계보다 생물학적으로 더 우수하다고 믿었다. 즉 어떤 사람들은 선천적으로 다른 사람들보다 더 강하거나 더 똑똑하다고 생각한 것이다. 그는 지능이 대를 이어 전수되는 특별한 감각과 지각적 기술의 문제라고 추론했다. 모든 정보는 감각을 통해 습득되기 때문에, 개인의 지각체제가 더 민감하고 정확할수록 더 똑똑해진다는 것이다. (지능의 유전성에 대한 믿음 탓에 골턴은 인류의 정신 능력이 우생학이나 선택적 번식을 통해 증진될 수 있다는 제안을 하게 되었다. 그러나 다행스럽게도 그는 우생학 지지자보다는 통계학을 지능 연구에 적용시킨 사람으로 기억되고 있다.)

1884년, 골턴은 런던 박람회에 참석한 9,000명 이상의 방문객들을 대상으로 일련의 검사를 실시했다. 이 검사를 통해 머리 크기, 반응 시간, 시력, 청각 절대역, 시각 형태에 대한 기억과 같은 변인을 측정했다. 그러나 실망스럽게도 그는 머리 크기에서 영국의 저명한 과학자들과 일반인 간에 차이가 없으며, 반응 시간과 같은 측정치도 지능을 재는 다른 측정치들과 관련성이 없다는 것을 발견했다.

현대의 지능검사와 유사한 최초의 검사는 19세기 후반 프랑스 심리학자 알프레드 비네(Alfred Binet)가 고안했다. 1881년 프랑스 정부는 모든 아동에게 의무교육을 받도록 하는 법안을 통과시켰다. 그 이전에 학습 부진아는 대개 학교에 가지 못하고 집에 있어야 했다. 그러나 이제는 교사가 광범위한 개인차에 대처해야만 했다. 정부는 비네에게 지적으로 너무 지체되어 정규교육을 받기 어려운 아동을 가려낼 수 있는 검사를 만들어 달라고 의뢰했다.

비네는 지능을 지각운동 기술보다는 추론과 문제해결 능력을 요구하는 과제를 통해 측정해야 한다고 가정했다. 또 다른 프랑스 심리학자 데오필 시몽(Theophile Simon)과 함께 비네는 1905년에 지능검사를 발간했고, 1908년과 1911년에 이를 개정했다.

비네는 더디거나 둔한 아동은 지적 성장이 지체된 정상아와 같다고 가정했다. 따라서 검사에서 지체 아동은 자신보다 더 어린 정상아와 유사한 수준의 수행을 보일 것이고, 반면 영리한 아동은 자신보다 더 나이 든 아동의 특성을 보이게 될 것이다. 비네는 연령 증가에 따라 변화되는 지능의 여러 측면을 측정할 수 있도록 난이도가 다른 검사 항목으로 검사를 구성했는데, 검사 항목의 난이도는 아동의 연령에 맞추었다. 따라서 검사에서 아동이 정확하게 대답하는 항목의 수가 많아질수록 아동의 정신연령(mental age, MA)이 더 높아진다. 정신연령 개념은 비네의 방법에서 핵심적인 것이었다. 이 방법을 사용하여 아동의 정신연령은 생년월일로 정해지는 신체연령(chronological age, CA)과 비교될 수 있었다.

## 스탠퍼드-비네 지능검사

비네에 의해 최초로 개발된 검사 항목들은 미국 스탠퍼드대학교의 루이스 터먼(Lewis Terman)에 의해 미국 아동에게 맞게 수정되었다. 터먼은 검사 실시 과정을 표준화했고, 다양한 연령 집단에 속하는 수천 명의 아동을 대상으로 검사를 실시하여 연령 수준별 규준을 개발했다. 1916년, 그는 비네 검사의 스탠퍼드 판을 발간했는데, 지금 이것은 **스탠퍼드-비네 지능검사** Stanford-Binet Intelligence Scale로 불린다. 이 검사는 1937, 1960, 1972, 1986년, 그리고 가장 최근에는 2003년에 개정되었다. 오래되었음에도 불구하고 스탠퍼드-비네 검사는 여전히 가장 많이 사용되는 심리검사 중의 하나이다.

터먼은 비네의 정신연령 개념을 존속시켰다. 각 검사 항목은 특정 연령의 대다수 아동들이 풀 수 있는 수준에서 연령에 따라 등급화했다. 아동의 정신연령은 각 연령 수준에서 통과한 항목의 수를 합산하여 얻어졌다. 아울러 터먼은 독일 심리학자 빌리암 슈테른(William Stern)이 제안한 지능의 지표를 채택했다. 이 지표가 **지능지수** intelligence quotient(IQ)인데, 이는 지능을 신체연령에 대한 정신연령의 비율로 표시한 것이다.

$$\text{지능지수(IQ)} = \text{정신연령}/\text{신체연령} \times 100$$

위의 식에서 100이란 수치는 정신연령이 신체연령과 동일할 때 지능지수가 100이 되도록 곱해지는 것이다. 정신연령이 신체연령보다 낮으면 지능지수는 100 이하가 될 것이고, 정신연령이 신체연령보다 높으면 지능지수는 100 이상이 될 것이다.

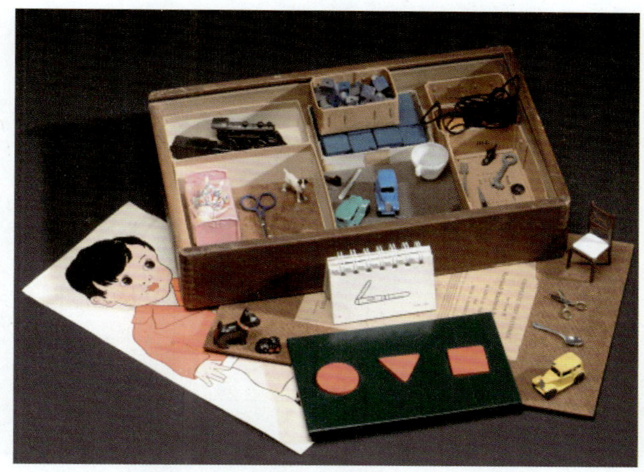

스탠퍼드-비네 지능검사에 쓰인 검사 재료.

스탠퍼드-비네 검사의 최신판에서는 지능지수 점수 대신 표준연령(standard age) 점수를 사용한다. 이것은 백분위 점수로 해석되는 것으로, 표준화된 집단에서 특정 점수보다 위 또는 아래 점수에 포함되는 사람들의 백분율을 알려 준다. IQ 개념이 아직 지능검사에 사용되고 있긴 하지만 이제는 앞의 방정식을 사용하여 계산하지 않는다. 그 대신 검사에서 얻은 원점수를 각 연령에서 평균이 100이 되도록 한 표준점수로 변환하여 사용하고 있다.

IQ 점수는 대부분의 점수가 100 근처에 모이지만 일부 사람들의 점수는 100보다 훨씬 더 높거나 낮은 종 모양의 정상분포 곡선을 그린다. 그림 12.1은 다양한 범위의 IQ 점수를 보이는 전집의 비율을 제시한 것이다.

지능을 다양한 능력의 조합으로 보는 오늘날의 관점과 일치되게, 스탠퍼드-비네 검사의 최신판에서는 지능검사가 4개의 큰 영역, 즉 언어 추리, 추상적/시각적 추리, 양 추리, 단기기억으로 나누어져 있다. 각 영역별로 별도의 점수가 얻어지는데, 표 12.1에는 영역별로 문항의 일부 예가 제시되어 있다.

## 웩슬러 지능검사

1939년, 데이비드 웩슬러(David Wechsler)는 스탠퍼드-비네 검사가 지나치게 언어 능력에 의존하고 성인에게

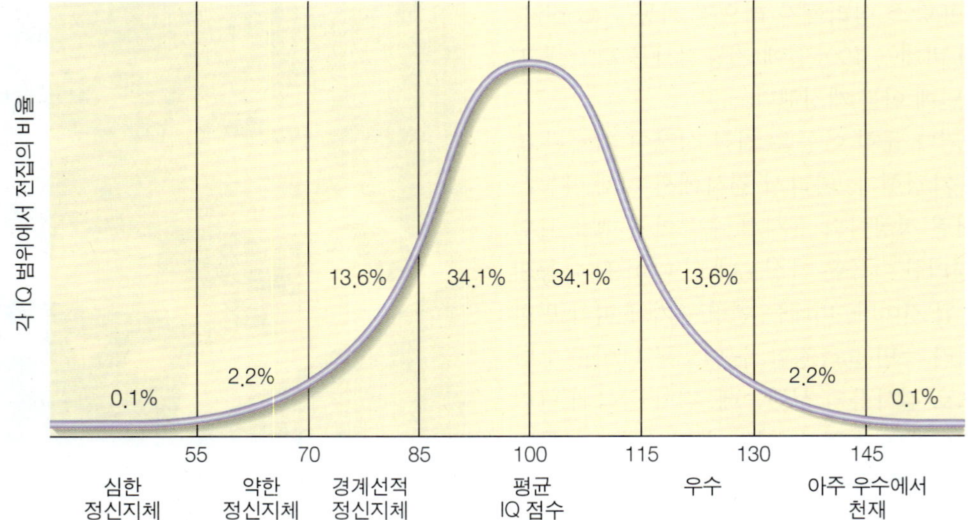


**그림 12.1 IQ 점수의 빈도 분포.** IQ 점수는 정상분포를 이루는데, 높은 극단과 낮은 극단에는 거의 없고, 대부분의 점수가 100 근처에 몰려 있다.

## 표 12.1 스탠퍼드-비네 지능검사에서 인용된 문항

스탠퍼드-비네 지능검사 1986년도 판에 있는 6~8세용 문항의 예

| 검사 | 설명 |
|---|---|
| **언어 추리** | |
| 어휘 | '달러', '봉투'와 같은 단어를 설명하라. |
| 이해 | '음식을 어디에서 구입하는가?', '왜 빗으로 머리를 빗는가?'와 같은 질문에 대답하기 |
| 틀린 점 찾기 | 호수 위에서 자전거를 타는 소녀, 또는 빗으로 머리를 빗는 대머리 아저씨 등의 그림을 보여 주고 틀린 부분 지적하기 |
| 언어 관계 | 비슷한 단어 3개와 이것들과 다른 전혀 단어 하나를 제시하고, 3개의 단어가 왜 비슷한지, 그리고 나머지 하나가 왜 다른지 말하기: 스카프, 넥타이, 머플러, 셔츠 |
| **양 추리** | |
| 양 | 점 2개가 찍힌 주사위와 점 4개가 찍힌 주사위를 합쳐 점 6개가 찍힌 주사위를 선택하는 것과 같은 간단한 산술 과제 수행 |
| 연속 수 | 연속한 2개의 숫자 채우기: 20 16 12 8 __ __ |
| 수식 구성 | 다음을 갖고 수식 만들기: 2 3 5 + = (있을 수 있는 한 가지 정확 반응은 2+3=5) |
| **추상적/시각적 추리** | |
| 형태 분석 | 블록으로 간단한 형태를 그대로 만들기 |
| 베끼기 | 2개의 대각선으로 나누어진 사각형과 같이 보기에 예시된 대로 기하학적 모양 베껴 그리기 |
| **단기기억** | |
| 구슬 기억 | 막대에 여러 가지 모양의 구슬이 쌓여 있는 그림을 본 후, 그림에 제시되었던 구슬의 순서를 기억하여 실제 막대에 구슬 쌓기 |
| 문장 기억 | '잠잘 시간이다', '영숙이는 엄마 생일을 축하하기 위해 그림을 그렸다'와 같은 보기 문장을 듣고 그대로 반복하기 |
| 숫자 기억 | 5-7-8-3과 같은 일련의 숫자를 듣고 그대로 또는 거꾸로 반복하기 |
| 대상 기억 | 시계와 코끼리 같은 대상을 한 번에 하나씩 그림으로 보여 준 다음, 이것들과 그 이외의 대상이 포함된 그림(예: 버스, 광대, 코끼리, 달걀, 시계)을 보고 앞에서 보았던 대상을 제시 순서대로 말하기 |

## 표 12.2 웩슬러 성인용 지능검사를 구성하는 하위 검사

아동용 웩슬러 지능검사는 일부 수정된 부분을 제외하면 성인용 검사와 비슷하다.

| 검사 | 설명 |
|---|---|
| **언어성 검사** | |
| 상식 | '이탈리아의 수도가 어디인가?'와 같은 일반적인 정보를 알고 있는지 질문 |
| 이해 | '왜 편지에다 우표를 붙이는가?'와 같이 실용적 정보와 과거 경험을 평가하는 능력을 검사 |
| 산수 | 산술적 추리를 검증하는 언어 문제 |
| 공통성 | 2개의 대상이나 개념(예: 조리법과 지도)이 어떤 점에서 유사한지 질문; 추상적 사고 측정 |
| 숫자 외우기 | 일련의 숫자를 불러 주고(예: 7-5-6-3-8) 그대로 또는 거꾸로 따라 하게 하는 것; 주의집중과 기계적 반복기억 검증 |
| 어휘 | 단어 지식 평가 |
| 차례 맞추기 | 순서가 뒤섞여 제시된 글자와 숫자를 들은 후 숫자를 작은 것부터 큰 순서로 먼저 말하고, 그다음에는 글자를 알파벳 순서로 말하기; 작업기억 측정 |
| **동작성 검사** | |
| 기호 쓰기 | 숫자와 대응된 다양한 모양을 그대로 빨리 따라 적기; 학습과 쓰기의 속도 측정 |
| 빠진 곳 찾기 | 불완전한 그림에서 빠진 부분을 찾아 명명하기; 시각적 각성, 시각 기억, 지각적 체제화 측정 |
| 토막 짜기 | 제시된 그림대로 토막 짜기; 형태를 지각하고 분석하는 능력 측정 |
| 차례 맞추기 | 일련의 만화식 그림을 보고 이야기가 되도록 바른 순서로 나열하기; 사회적 상황에 대한 이해 측정 |
| 모양 추론 | 여러 가지 모양이 섞여 있는 보기에서 제시된 모양과 유사한 기하학적 모양 선택하기; 지각적 체제화 측정 |
| 모양 맞추기 | 조각난 모양들을 모아 온전한 대상으로 조립하기; 부분-전체 관계를 다루는 능력 측정 |
| 동형 찾기 | 2개의 상징으로 구성된 표적자극을 제시한 후 2개의 상징 중 하나가 탐색자극에 나타나 있는지 결정하기; 처리 속도 측정 |

적합하지 않다고 생각하여 새로운 검사를 개발했다. **웩슬러 성인용 지능검사**Wechsler Adult Intelligence Scale 또는 WAIS(1939, 1955, 1981)는 언어성 검사와 동작성 검사, 두 부분으로 나누어져 있고, 전체 IQ 점수와 각 영역의 개별 점수를 모두 구하게 된다. 표 12.2에 검사 항목에 대해 설명되어 있다. 후에 웩슬러는 웩슬러 아동용 지능검사(Wechsler Intelligence Scale for Children, WISC)를 개발했다(1958, 1974, 1991).

동작성 검사 문항은 블록, 그림, 또는 다른 재료를 조작하거나 배열하게 한다. 웩슬러 검사는 각 하위 검사의 점수도 제공하기 때문에 검사자가 개인의 지적 강점과 약점에 대해 분명하게 알 수 있다. 예를 들어 언어성 점수와 동작성 점수 간의 차이가 크면 읽기장애나 언어장애와 같은 특정한 학습 문제가 있는지 살펴볼 필요가 있다.

스탠퍼드-비네 검사와 웩슬러 검사 점수는 모두 학업 성취에 대한 매우 타당한 예측변인이다. 지능점수는 또한 성인의 수입 수준에 대한 타당한 예측변인도 되는데, 학업 성취가 높은 사람이 좋은 직장을 얻을 가능성이 더 높기 때문이다(Ceci & Williams, 1997).

### 중간 요약

- 최초의 성공적인 지능검사는 정신연령 개념을 제안한 프랑스 심리학자 알프레드 비네에 의해 개발되었다. 영리한 아동의 정신연령은 자신의 신체연령보다 더 높은 반면, 지체 아동의 정신연령은 자신의 신체연령보다 더 낮다. 신체연령에 대한 정신연령의 비율에 100을 곱하여 구하는 지능지수(IQ) 개념은 비네 검사가 스탠퍼드-비네 검사로 개정되면서 도입되었다. 아직 많은 지능검사의 점수가 IQ 점수로 표시되지만 이제는 이 공식에 따라 지능점수를 계산하지 않는다.
- 웩슬러 성인용 검사(WAIS)는 스탠퍼드-비네 검사에서 측정하는 것과 같은 차원을 많이 측정하기는 하지만 언어 능력에 의존하는 정도가 더 낮다.

**비판적 사고를 위한 물음**

1. 어떤 지능검사가 타당한지 확인하려면 그 검사에서 측정한 수행과 반대되는 결과도 필요하다. 지능검사가 무엇을 제대로 예측해야 한다고 생각하는가?
2. 왜 어떤 사람들은 지능을 측정하는 것에 관심이 많다고 생각하는가?

## 현대의 지능 이론: 소수의 지능인가, 다수의 지능인가

일부 심리학자들은 지능을 다양한 방식으로 나타나는 이해와 추론에 대한 일반적 능력으로 본다. 이것은 비네의 가정이었다. 그의 검사에는 많은 종류의 문항이 포함되어 있지만, 비네는 영리한 아동들이 모든 문항에서 지체 아동들보다 더 높은 점수를 받는 경향이 있음을 관찰했다. 따라서 그는 다양한 과제가 그 기저에 깔려 있는 하나의 기본적인 능력을 반영한다고 가정했다. 이와 유사하게, WAIS에 다양한 하위 검사가 포함되었음에도 불구하고 웩슬러 역시 '지능은 목적적으로 행동하고, 합리적으로 생각하며, 환경에 효율적으로 대처하는 개인의 총합적 능력 또는 포괄적 능력'이라고 믿었다(Wechsler, 1958).

그러나 다른 심리학자들은 '일반 지능(general intelligence)'에 의문을 제기한다. 이들은 지능검사가 비교적 서로 독립적인 다양한 정신 능력을 반영하는 것으로 생각한다. 레이먼드 카텔(Raymond Catell)은 일반 지능을 논리적으로 사고하고, 상황에 대한 지식이 없을 때조차도 새로운 상황에서 문제를 해결할 수 있는 능력인 **유동 지능**(fluid intelligence)과, 습득된 지식이나 기술, 경험을 사용하는 능력인 **결정 지능**(crystallized intelligence)으로 구분했다.

지능검사에서 수행의 차이를 가져오는 능력의 종류가 무엇인지에 관해 보다 정확한 정보를 얻는 한 가지 방법은 **요인분석** factor analysis이다. 이 방법은 많은 검사 간의 상관을 얻고, 가장 상관이 높은 것들을 묶어 요인(factor)이라 부르는, 보다 적은 수의 독립적인 차원으로 줄이는 통계적 기법이다. 요인분석은 기본적으로 서로 높은 상관을 가진 두 검사가 동일한 기저 능력을 측정했을 것이라고 가정한다. 요인분석의 목표는 서로 다른 검사 간에 얻은 상관 양상을 설명하는 데 필요한 최소의 요인 또는 최소의 능력의 수를 발견하는 것이다.

요인분석의 창시자는 바로 찰스 스피어먼(Spearman, 1904)이다. 또한 그는 모든 개인이 정도는 다르지만 하나의 일반적 지능 요인(*g*라고 부름)을 갖고 있다고 처음으로 주장한 사람이기도 하다. 개인이 *g* 요인을 얼마나 소유하고 있느냐에 따라 일반적으로 영리하거나 둔하다고 말할 수 있다. 스피어먼에 따르면 *g* 요인은 지능검사에서 수행 차이의 주요 결정인자이다. 그리고 *s*라고 불리는 특수 요인은 특정한 능력이나 검사에 국한된 것이다. 예를 들어 수리 관계나 공간 관계 검사는 각각 독립된 *s*를 측정하는 것이다. 검사에서 나타난 개인의 지능은 그 개인이 지니고 있는 *g*의 양과 다양한 *s* 요인의 양을 합친 것이다. 예를 들어 수리 지능검사에서의 수행은 개인의 일반 지능과 수학 적성, 두 가지 모두에 의해 영향을 받는다.

이후에 루이스 서스턴(Thurstone, 1938)은 일반 지능을 강조한 스피어먼에 반대했고, 그 대신 요인분석을 통해 지능이 여러 개의 일차적 능력으로 나누어질 수 있다고 제안했다. 서스턴은 여러 번에 걸친 검사 실시, 그 결과의 요인분석, 검사 정제 및 재검사 과정을 거쳐 7개 요인을 확인했는데, 이것이 그의 일차 정신 능력 검사를 구성하는 데 사용되었다.

요인분석을 통해 지능의 기본 요소를 발견하고자 했던 서스턴의 바람은 여러 가지 이유로 인해 완전하게 실현되지 못했다. 한 가지 이유는 그가 주장한 일차적 능력이 완전히 독립적인 것은 아니라는 것이다. 실제로 일차적 능력 간에 상관이 높다는 것은 특수 능력의 기저에 일반 지능 요인이 깔려 있다는 개념을 지지해 준다. 또 다른 이유는 요인분석에 의해 확인된 기초 능력의 수가 검사 문항의 성질에 따라 달라진다는 것이다. 다른 검사 문항과 다른 요인분석 방법을 사용한 연구자들은 지적 능력의 범위에 포함될 수 있는 20개에서 150개에 이르는 요인을 확인했다(Ekstrom, French, & Harman, 1979; Ekstrom, French, Harman, & Derman, 1976; Guilford, 1982).

요인의 수와 종류에 대한 일관적이지 못한 결과가 관찰되었다는 점은 요인분석을 통한 접근이 갖는 가치에 대해 의문을 제기한다. 그럼에도 불구하고 요인분석은 인간의 지적 수행을 연구하는 중요한 기법으로 남아 있다(Lubinski, 2000). 요인분석은 13장에서 성격 특질에 대해 논의할 때 다시 언급될 것이다.

## 가드너의 다중 지능 이론

하워드 가드너(Gardner, 2004a)는 지능을 논리적 추론에 필요한 정신 능력으로 간주하는 (자신이 명명한) '고전적 접근'에 대한 직접적인 도전으로 다중 지능 이론을 개발했다. 가드너는 문화에 따라 성인의 역할이 다양한데 그러한 역할은 개인이 어떤 기술과 능력을 갖고 있는지에 따라 상이할 수는 있지만, 그 문화에서 성공적으로 살아가기 위해서는 모든 역할이 똑같이 중요하다는 점에 주목했다. 이러한 관찰을 토대로 가드너는 단지 하나의 기본적 정신 능력(혹은 *g*)이 아닌 조합으로 작동하는 다양한 지능이 있다는 결론을 내리게 되었다. 그는 지능을 '특정 문화나 공동체에서 문제를 해결하거나 중요한 산출물을 만들어 내는 능력'으로 정의한다(1993b, p. 15). 사람들이 물리학자, 농부, 무당, 무용가 등과 같은 다양한 역할을 하도록 만드는 것이 바로 이 다중 지능이다.

가드너는 지능이 인간의 머릿속에 있는 일종의 유용한 '것(thing)'이 아니라, 그것이 있음으로 인해 개인이 특정 내용에 적합하게 사고하도록 해 주는 일종의 '잠재력(potential)'이라고 지적한다(Kornhaber & Gardner, 1991, p. 155). **가드너의 다중 지능 이론** **Gardner's theory of multiple intelligence**에 따르면 서로 독립적인 일곱 가지의 분리된 지능이 있는데, 각 지능은 그 나름의 규칙에 따라 뇌에서 독립된 체계(또는 모듈)로 작동한다. 이 일곱 가지 지능에는 (1) 언어 지능, (2) 음악 지능, (3) 논리 · 수리 지능, (4) 공간 지능, (5) 신체 · 운동 지능, (6) 개인 내 지능, (7) 대인관계 지능이 포함된다. 이에 관한 것이 표 12.3에 보다 자세하게 제시되어 있다.

가드너는 몇 가지 관점, 즉 관련된 인지적 조작, 천재와 기타 특출한 능력을 지닌 예외적인 사람, 뇌 손상 사례, 다양한 문화 현상, 진화론적 발달 과정에서 각 종류의 지능을 분석했다. 예를 들어 어떤 종류의 뇌 손상은 지능의 어느 한 유형을 손상하지만 다른 유형의 지능에는 손상을 주지 않는다. 그는 다양한 문화 속에 있는 성인들의 역량은 다양한 지능이 서로 다르게 조합되어 나타난다는 것에 주목한다. 정상인들은 모든 종류의 지능을 어느 정도 활용할 수 있지만, 개인에 따라 상대적으로 더 강하거나 더 약한 지능들이 조합되는 방식은 독특하다(Gardner, 2004a). 이것은 개인차를 설명하는 데 유용하다.

앞서 보았듯이 일반적인 IQ 검사는 대학 성적은 잘 예측하지만 직업적 성공이나 경력 계발은 그렇게 잘 예측하지 못한다. 대인관계 지능과 같은 능력의 측정은 왜 대학 성적이 우수한 일부 사람들이 이후의 삶에서 실패하는 반면, 성적이 좋지 않았던 학생들이 탁월한 지도자가 되는지를 설명하는 데 도움이 될 수 있다. 따라서 가드너와 동료들은 학교에서 학생들에게 지필검사 이외에 다른 방법으로도 자신의 능력을 보일 수 있는 '공평한 지능 검사'을 실시해야 한다고 주장했다. 그 한 예가 공간 기술을 측정하기 위해 부품 조립 능력을 측정하는 것이다(Gardner, 2004b).

**표 12.3 가드너의 일곱 가지 지능**

| 지능의 유형 | 서술 |
|---|---|
| 1. 언어 지능 | 음운론(말소리), 통사론(문법), 의미론(의미), 화용론(다양한 상황에서의 언어 사용과 함축)을 포함하는 언어 능력 |
| 2. 음악 지능 | 소리의 음고, 리듬, 음색 처리를 담당하는 기제와 함께 소리를 만들고, 의사소통하며, 소리로 구성된 의미를 이해하는 능력 |
| 3. 논리 · 수리 지능 | 행위나 대상 없이 관계성을 사용하고 평가할 수 있는 능력, 즉 추상적으로 사고할 수 있는 능력 |
| 4. 공간 지능 | 시각적 혹은 공간적 정보를 지각하고 수정하며, 원래 자극에 대한 참조가 없을 때도 시각적 이미지를 재생할 수 있는 능력. 삼차원 이미지를 구성하고, 그러한 이미지를 머릿속에서 움직이고 회전시킬 수 있는 능력 포함 |
| 5. 신체 · 운동 지능 | 문제를 해결하거나 산출물을 만들어 내기 위해 신체의 전부 또는 일부를 사용하는 능력; 세밀한 동작과 큰 동작을 통제하고 외부 대상을 조작할 수 있는 능력 |
| 6. 개인 내 지능 | 자신의 감정, 의도, 동기를 구분할 수 있는 능력 |
| 7. 대인관계 지능 | 다른 사람의 감정, 신념, 의도를 인식하고 구분할 수 있는 능력 |

## 앤더슨의 지능 이론과 인지 발달

가드너 이론에 대한 한 가지 비판은 다양한 지능 중 어느 한 가지 지능이 높으면 대부분의 경우 다른 지능도 높다는 것이다. 즉 나머지 것과 전적으로 다른 특수한 지적 능력이란 없다는 것이다(Messick, 1992; Scarr, 1985). 게

**가드너의 다중 지능 이론에 따르면 위의 세 사람은 서로 다른 종류의 지능을 보여 주고 있다—위로부터 논리 · 수리 지능, 음악 지능, 공간 지능.**

다가 심리학자 마이크 앤더슨은 가드너의 다중 지능이 제대로 정의된 것이 아님을 지적하고 있다—다중 지능은 '어떤 경우에는 행동을, 어떤 경우에는 인지 과정을, 그리고 또 어떤 경우에는 대뇌의 구조가 된다.'(Anderson, 1992, p. 67) 이에 따라 앤더슨은 서스턴과 다른 연구자들이 제안한 일반 지능 아이디어에 근거한 또 다른 이론의 개발을 시도했다.

**앤더슨의 지능 이론**Anderson's theory of intelligence은 지능에서의 개인차와 지적 능력에서의 발달적 변화가 서로 다른 기제로 설명된다고 주장한다. 지능의 개인차는 사고를 가능하게 하는 '기본 처리 기제'에서의 차이 때문에 생겨나는데, 사고는 그다음에 지식을 형성한다. 개인은 기본 처리 속도가 다르다. 기본 처리 기제가 더딘 사람은 처리 기제가 보다 빠른 사람보다 지식을 습득하는 데 어려움이 더 많을 것이다. 이것은 속도 처리가 느리면 일반 지능도 낮아진다고 말하는 것과 같다.

그런데 앤더슨은 개인차가 없는 어떤 인지 기제가 있음에 주목한다. 예를 들어 다운증후군을 가진 사람들은 2 더하기 2를 계산할 수 없지만 타인의 생각을 인식할 수 있으며, 타인의 생각에 맞추어 행동할 수도 있다(Anderson, 1992). 이러한 보편적 역량을 제공하는 기제를 '모듈'이라고 한다. 각 모듈은 독립적으로 기능하며 복잡한 계산을 수행한다. 모듈은 기본 처리 과정 기제에 의해 영향을 받지 않고 거의 자동적이다. 앤더슨에 따르면 발달 과정에서 인지 능력이 증가하는 것은 바로 새로운 모듈의 성숙 때문이다. 예를 들어 완전한 문장을 말할 수 있는 능력의 발달은 언어를 담당하는 어떤 모듈이 성숙되었기 때문이라고 설명할 수 있을 것이다.

앤더슨에 따르면 지능은 모듈뿐만 아니라 두 가지 '특수 능력'도 포함하고 있다. 그중 하나는 명제적 사고(언어 수리적 표현)를, 그리고 다른 하나는 시각과 공간 기능을 담당한다. 앤더슨은 이러한 능력과 관련된 과제는 '특수 처리자'에 의해 수행된다고 제안한다. 특정 기능만을 수행하는 모듈과 달리 각각의 특수 처리자는 광범위한 유형의 문제나 지식을 다룬다. 또한 특수 처리자는 모듈과 달리 기본 처리 과정 기제에 의해 영향을 받는다. 고속 처리 기제는 개인이 특수 처리자를 더 효율적으로 사용하게 하여 검사에서 더 높은 점수를 받고 실세계에서 더 많은 것을 달성할 수 있게 해 준다.

따라서 앤더슨의 지능 이론은 지식 획득에 두 가지 경로가 있음을 시사한다. 하나의 경로는 지식을 획득하기 위해 특수 처리자를 통해 작동하는 기본 처리 기제를 사용하는 것이다. 앤더슨의 관점에서 보면 이것은 '사고'를 의미하며, 지능에서의 개인차를 설명한다(그의 관점에서 지능 차이는 지식 차이와 동일한 것이다). 두 번째 경로는 지식을 획득하기 위해 모듈을 사용하는 것이다. 삼차원 공간 지각과 같은 모듈 기반 지식은 그 모듈이 충분히 성숙되었을 경우 자동적으로 나타나는데, 이것은 지능의 발달을 설명한다.

앤더슨의 이론은 아동기에 잦은 경련(convulsion) 증세에 시달리다 자폐 스펙트럼 장애(autism spectrum disorder; 16장 참조) 진단을 받은 MA라고 알려진 21세 청년이 예시가 될 수 있다. 그는 성인임에도 말을 할 수 없었고, 심리 측정 검사에서 아주 낮은 점수를 받았다. 그러나 그는 IQ가 128이고 소수(素數)를 파악하는 특별한 능력을 갖고 있는 것으로 확인되었는데, 수학 분야에서 학위를 받은 수학자보다 더 정확했다(Anderson, 1992). 앤더슨은 MA가 기본 처리 기제는 손상되지 않아 추상적 상징에 대해서는 정상적으로 사고할 수 있으나, 언어 모듈에서 손상을 입어 이로 인해 일상적 지식의 습득과 의사소통이 방해를 받은 것이라고 결론지었다.

## 스턴버그의 삼원 이론

로버트 스턴버그(Sternberg, 2011)도 지능에는 여러 유형이 있다는 것에 동의하지만, **스턴버그의 삼원 이론** Sternberg's triarchic theory에서는 지능이 분석 지능(analytical intelligence), 창의 지능(creative intelligence), 실용 지능(practical intelligence)을 포함하는 세 가지 범주로 구성되어 있다고 주장한다. 분석 지능은 문제를 확인하고 평가하는 능력, 해결에 이르는 과정을 계획하고 검토하는 능력을 포함한다. 분석 지능은 스탠퍼드-비네 검사나 WAIS와 같은 검사에서 측정하고자 하는 지능과 같은 유형이라고 할 수 있다.

창의 지능은 새로운 상황에 대처하거나 문제에 대해 획기적인 해결책을 찾아낼 수 있는 능력을 포함한다. 예를 들어 저녁 만찬을 준비하고 있는데 중요한 식자재가 없어서 그것 없이도 음식을 만들 수 있는 방법을 찾고자 할 때 창의 지능이 사용된다. 창의 지능은 부분적으로는 선천적인 것이기는 하지만 경험도 중요한 역할을 한다. 만일 특정 상황에 대한 경험이 많다면 생각이나 노력을 거의 하지 않고도(즉 자동적으로) 그 상황에서 발생하는 문제를 해결할 수 있을 것이다. 예를 들어 운전 경험이 많은 운전자는 언제 브레이크를 밟을지, 어떻게 핸들을 돌릴지 일일이 생각해서 하는 것이 아니라 단지 자동적으로 그것을 수행할 뿐이다. 창의 지능은 새로운 상황을 접할 때 혹은 다른 사람들이 생각하지 못하는 해결책을 고안할 때 역할을 하게 된다.

실용 지능은 당신이 직면한 상황에 맞게 계획했던 바를 실행하는 능력을 포함한다. 실용 지능이 높은 사람은 흔히 말하는 '요령 있는 사람'이라 할 수 있다. 예를 들어 저녁 식사에 초대한 손님이 늦게 도착한다면 실용 지능을 사용하여 음식을 망치지 않도록 조리 시간을 조정할 수 있을 것이다. 스턴버그에 따르면 개인이 환경에 적응하거나 혹은 그것에 맞추기 위해 처음으로 사용하는 것이 실용 지능이다. 만일 어떤 환경에 적응하기가 불가능하다면 다른 환경을 선택하려 하거나 환경에 조금이라도 더 적응하기 위해 기존의 환경을 바꾸고자 한다. 예를 들어 현재의 결혼 생활에 만족하지 못하는 부부가 있다고 하자. 이 경우 부부는 다른 환경을 선택하거나(예: 이혼이나 별거) 혹은 기존 환경에 변화를 주고자(예: 상담을 통해) 할 수 있다(Sternberg, 2011). 분석 지능, 창의 지능, 실용 지능은 서로 얽혀 있다. 문제해결 과정에서 각각의 지능이 기능하지만 어느 것도 독립적으로 기능하지는 못한다.

### 중간 요약

- 비네와 웩슬러 성인용 검사(WAIS)를 만든 웩슬러는 지능이 추론에 필요한 일반적인 능력이라고 가정했다.
- 이와 유사하게, 스피어먼은 일반적 요인($g$)이 서로 다른 종류의 지능검사 문항에 대한 수행에 기저한다고 제안했다. 요인분석은 지능검사 수행에 기저하는 능력의 유형을 결정하는 방법이다.
- 가드너의 다중 지능 이론은 서로 독립적인 일곱 가지 유형의 지능이 있다고 제안하는데, 각 지능은 나름의 규칙에 따라 대뇌에서 하나의 분리된 시스템(또는 모듈)으로 작동한다. 이 일곱 가지 지능에는 (1) 언어 지능, (2) 음악 지능, (3) 논리 · 수리 지능, (4) 공간 지능, (5) 신체 · 운동 지능, (6) 개인 내 지능, (7) 대인관계 지능이 포함된다.
- 앤더슨의 지능 이론은 사고를 가능하게 하는 '기본 처리 기제'의 차이에 의해 지능의 개인차가 생겨나고, 사고는 다시 지식을 산출한다고 제안한다.
- 스턴버그의 삼원 이론은 분석 지능, 창의 지능, 실용 지능이라는 세 가지 지능 유형을 주장한다.

## 첨/단/연/구

### 지적 장애에 대한 강점 기반 접근

*Israel Berger,* 시드니대학교 시드니의과대학

지능검사는 학교나 군대 등과 장면에서 후보자를 선발하기 위해 도입되었고, 지능의 구성 개념은 오래전부터 성차나 성 정체성을 이론화하기 위해 사용되어 왔다(Hegarty, 2007). 이후 지능검사는 지적장애(예: 학습장애나 발달지체)를 진단하고(예: American Psychiatric Association, 2000 참조) 특수교육이 필요한 아동을 선별하는 데 우선적으로 사용되는 도구가 되었다. 그러나 1989년 초반에 시겔은 지능검사가 장애의 정도와 그렇게 상관이 높지는 않다는 것을 발견했고, 이러한 결과는 이후의 다른 연구(예: Fletcher et al., 1998)에서도 발견되었다. 몇몇 임상적 기준에는 지능검사를 단지 하나의 고려 사항 정도로 취급하고 진단하는 전체론적 접근(holistic approach)이 반영되기 시작했다(예: World Health Organization, 2008).

지적장애인에 대한 관리 측면에서 보면 많은 사회에서는 이 사람들을 시설이나 특수학교로 보내는 관행을 버렸고, 지적장애가 있는 사람이라 할지라도 동료나 사회 전반에 기여하는 바가 있다는 것을 깨닫고 있다. 이것이 바로 강점 기반 접근의 기초이다. 더 나아가 이 접근은 각 개인이 자신의 약점보다는 강점이나 향상 능력에 좀 더 초점을 맞춘다면 더 많은 것을 성취할 수 있다는 생각에 기초하여 더욱 발전하고 있다. 강점 기반 접근은 범죄자 교정(Burnett & Maruna, 2006), 청소년 긍정 발달(Silbereisen & Lerner, 2007), 약물 남용(Brun & Rapp, 2001), 원주민 연구(Kanaiaupuni, 2004) 등을 포함하는 다양한 맥락에 적용되어 왔다.

교육과 사회복지 분야가 지적장애인에 대한 강점 기반 접근의 적용을 선도했다(예: Campbell et al., 2001; Mackelprang & Salsgiver, 2009). 많은 프로그램이 지적장애인의 삶의 질 향상과 사회 안에서의 통합을 높이기 위해 개발되었다(예: Hassink et al., 2010). 몇 개의 프로그램은 재활에 대한 강점 기반 접근과 지적장애인을 위한 강점 기반 접근을 조합하여 범죄를 저지르거나 위험한 행동을 보이는 지적장애인에 특히 초점을 맞추어 개발되었다(Ayland & West, 2006). 이 외에 학습장애를 갖고 있는 소수민족 학생들의 요구를 해결하기 위한 프로그램도 적용되고 있다(Kea et al., 2003). 강점 기반 접근이 더 많은 영역으로 확대되어 적용되고 있기 때문에 앞으로 다양한 영역을 결합하여 적용할 수 있는 새로운 프로그램이 개발되고 이에 대한 이론적 논의도 활발하게 이루어질 것이다.

### 비판적 사고를 위한 물음

1. 자신의 관찰에 근거해 볼 때, 어떤 기술이나 능력이 지능에 가장 중요한 성분이라고 생각하는가?
2. 당신의 문화에서는 어떠한 현실적(실용적) 기술이 지능의 핵심이라고 여겨지는가?

## 유전과 지능

지능에 관한 가장 맹렬한 논쟁 중의 하나는 개인이나 집단의 지능 수준을 결정하는 데 유전의 역할에 관한 것이다. 특정한 정치적 입장이나 사회 정책에 대한 지지 여부에 따라 사람들은 종종 지능이 유전된 것이라는 아이디어에 찬성하거나 반대한다(예: Herrnstein & Murray, 1994). 이러한 논쟁은 지능과 관련된 경험적 문제에 대해 일반 사람들이 오해하고 있음을 반영하는 것이기 때문에, 여기서는 지능을 포함하여 개인차에 영향을 미치는 유전과 환경 요인의 역할을 측정하기 위해 행동과학자들이 사용하는 논리와 방법을 보다 자세히 서술할 것이다.

표 12.4에는 각각 6명으로 구성된 두 집단의 가상적 검사 점수가 나열되어 있다. 마지막 줄에는 두 집단의 평균 점수가 제시되어 있는데 두 집단 모두 평균이 82.0이다. 그러나 집단 A에 속하는 점수들은 집단 B에 속하는 점수들보다 훨씬 더 넓게 퍼져 있음을, 즉 변산성이 더 크다는 것을 알 수 있다. 달리 말하면 학생들 사이의 점수 차이는 집단 B보다 집단 A가 훨씬 더 크다. 부록에 설명되어 있는 것처럼 어느 한 집단에서 점수가 서로 다른 정도는 변량(variance)이라고 불리는 수학적 개념으로 나타낼 수 있다.

이제 집단 A의 점수를 보자. 이들은 왜 점수가 서로 다른가? 왜 어떤 학생은 다른 학생보다 점수가 더 높은가? 관찰된 변량을 무엇으로 설명할 수 있는가? 분명한 한 가지는 일부 학생들은 다른 학생들보다 더 열심히 공부했으리라는 것이다. 이것이 사실인지, 그리고 어느 정도 사

**표 12.4 두 집단 학생들의 가상적 시험 점수**

| 집단 A | | 집단 B | |
|---|---|---|---|
| 앨리스 | 100 | 그레타 | 89 |
| 밥 | 95 | 해럴드 | 88 |
| 캐롤 | 89 | 일렌 | 83 |
| 댄 | 83 | 존 | 80 |
| 에밀리 | 67 | 캐런 | 77 |
| 프레드 | 58 | 레온 | 75 |
| 평균 | 82.0 | 평균 | 82.0 |

실인지를 확인하기 위해 가상적인 실험을 할 수 있다. 모든 학생들에게 정확하게 3시간만 공부하도록 요구하여 공부 시간 변인을 '통제'한다. 만약 공부 시간이 실제로 학생의 점수에 영향을 준다면 이 점수들의 변량은 어떻게 될 것인가?

첫째, 3시간 이상 공부하여 꽤 점수가 높았던 일부 학생들은 점수가 낮아질 것이다. 예를 들어 100점 만점을 받기 위해 6시간을 공부했을 앨리스에게 3시간만 공부하게 했다면 그레타처럼 89점이 될 수 있다. 둘째, 3시간 이하를 공부해서 점수가 낮았던 일부 학생들은 점수가 올라갈 것이다. 대충 공부했던 프레드는 3시간을 공부하면 58점보다 높은 점수를 받을지 모른다. 레온처럼 적어도 75점 정도를 받을 수 있을지 모른다. 달리 말해 집단 A의 공부 시간을 통제한다면 학생들의 점수가 서로 가까워져 집단 B의 점수처럼 될 것이다. 즉 점수들의 변량이 줄어들 것이다. 만약 이런 실험을 해서 집단 A의 변량이 60%로 줄어든 것을 관찰했다면, 이 경우 공부 시간은 이 집단의 원래 점수 변량의 60%를 설명한다고 할 수 있다. 다시 말해 이 가상적 시험 점수에서 집단 A의 학생들이 서로 점수가 다른 주된 이유는 학생들이 공부하는 데 소모한 시간의 양이 다르기 때문인 것이다.

이론적으로 같은 방식을 사용하여 점수들의 변량이 상이한 잠재적 원천을 검증할 수 있다. 아침을 잘 먹는 것이 학생들의 점수에 영향을 준다고 생각한다면 모든 학생들에게 동일한 아침을 먹이고 점수들의 변량이 줄어드는지 관찰할 수 있다. 일반적으로 '차이를 내는' 어떤 변인을 일정하게 만드는 것은 그 점수의 변량을 줄인다. 극단적으로 모든 관련 변인을 일정하게 만들면 변량이 0이 될 것이다—모든 학생들이 동일한 점수를 받는 경우이다.

그러나 어떤 변인을 일정하게 하더라도 그 점수의 평균이 어떻게 될지에 대해서는 말하기 어렵다. 예를 들어 집단 A에 속한 학생들이 평균 2시간만 공부해서 원래 점수를 얻었다면, 3시간씩 공부하도록 요구하는 경우에는 집단의 평균이 올라갈 것이다. 그러나 평균 4시간씩 공부해서 원래 점수를 얻었다면, 모든 학생들의 공부 시간을 3시간으로 제한할 경우 평균 점수가 더 낮아질 것이다.

## 유전성

이제 '유전' 문제를 질문해 보겠다. 일부 학생들이 다른 학생들보다 시험 점수가 좋은 것은 유전적으로 어느 정도 더 유능하기 때문인가? 달리 말하면, 시험 점수 변량의 몇 %가 학생들 간의 유전적 차이 탓으로 설명되는가? 일반적으로 한 전집에서 개인들 간의 유전적 차이에 의해 설명되는 특정 특질에서의 변량의 백분율이 그 특질의 **유전성** heritability이다. 어떤 특질에서의 개인차가 유전적 차이에 의한 것일수록 유전성은 100%에 가까워진다. 예를 들면 키는 유전에 의해 크게 영향을 받는다. 다양한 연구를 망라해 보면 키의 유전성 범위는 약 85~95%이다.

그런데 이제 우리는 실제적인 어려움에 봉착하게 된다. 공부 시간에 대해 연구한 방식으로 시험 점수의 변량이 어느 정도 유전에 의한 것인지를 알아보려면, 유전적 변인을 일정하게 만드는 것, 즉 모든 학생들을 유전적 복제물로 바꿔야 하기 때문에 어느 정도가 유전적 차이에 의해 설명되는지는 실험적으로 결정할 수 없다. 하지만 일란성 쌍둥이는 유전적 복제를 지니고 있다는 점을 이용할 수 있다. (부모의 양육과 같은 다른 변인은 배제되었다고 가정하면) 일란성 쌍둥이가 이란성 쌍둥이보다 어느 특질에서 어느 정도 더 닮았는지 살펴봄으로써 그 특질이 유전적인지 또는 유전성 성분을 지니고 있는지 추론할 수 있다.

많은 쌍둥이 연구를 통해 (지능검사에 의해 측정된) 지능의 유전성은 60~80%로 추정되고 있다(Lubinski, 2000). 쌍둥이 연구 결과를 해석하는 데 한 가지 어려움은 이란성 쌍둥이보다 일란성 쌍둥이가 더 유사하게 대우받을 수 있다는 점인데, 이러한 가능성은 왜 이란성 쌍둥이보다 일란성 쌍둥이의 성격이 더 유사한지에 대한 설명도 제공할 수 있을 것이다. 이것이 미네소타대학교의 연구자들이 서로 다른 곳에서 자란 쌍둥이를 연구하

**쌍둥이에 관한 몇몇 연구는 IQ가 부분적으로 유전에 의한 것임을 시사한다.**

기로 결정한 한 가지 이유이다(Bouchard et al., 1990).

미네소타대학교의 분리 성장 쌍둥이 연구 프로젝트에서는 서로 다른 가정에서 성장한 쌍둥이를 대상으로 이들의 여러 가지 능력과 성격을 측정했다. 이와 함께 이들의 아동기 경험, 공포, 취미, 음악 취향, 사회적 태도, 성적 홍미와 같은 주제에 관해 심층 면접도 실시했다. 이 연구에서는 함께 양육된 쌍둥이만큼은 아니더라도 분리되어 성장한 쌍둥이도 다양한 능력에서 서로 매우 비슷하다는 것이 밝혀졌다(그림 12.2 참조). 이러한 결과는 지능에서 유전이 중요하기는 하지만 환경도 역할을 한다는 결론에 이르게 한다(Bouchard et al., 1990; Lykken, 1982; Tellegen et al., 1988).

유전–환경 문제에 대해 공적인 논쟁이 반복되고 있다는 것은 유전성 개념에 관한 오해가 널리 퍼져 있음을 시사한다. 따라서 다음 사항을 명확히 할 필요가 있다.

- 유전성은 개인에 대한 것이 아니라 전집에 대한 것이다. 어떤 특질의 유전성은 한 전집 안에서 개인들 간의 차이를 지칭하는 것이지, 한 개인 안에서 어떤 특질의 백분율을 지칭하는 것이 아니다. 키의 유전성이 90%라는 말은 키의 90%가 유전에서, 그리고 10%가 환경에서 나온 것이라는 뜻이 아니다. 키의 유전성이

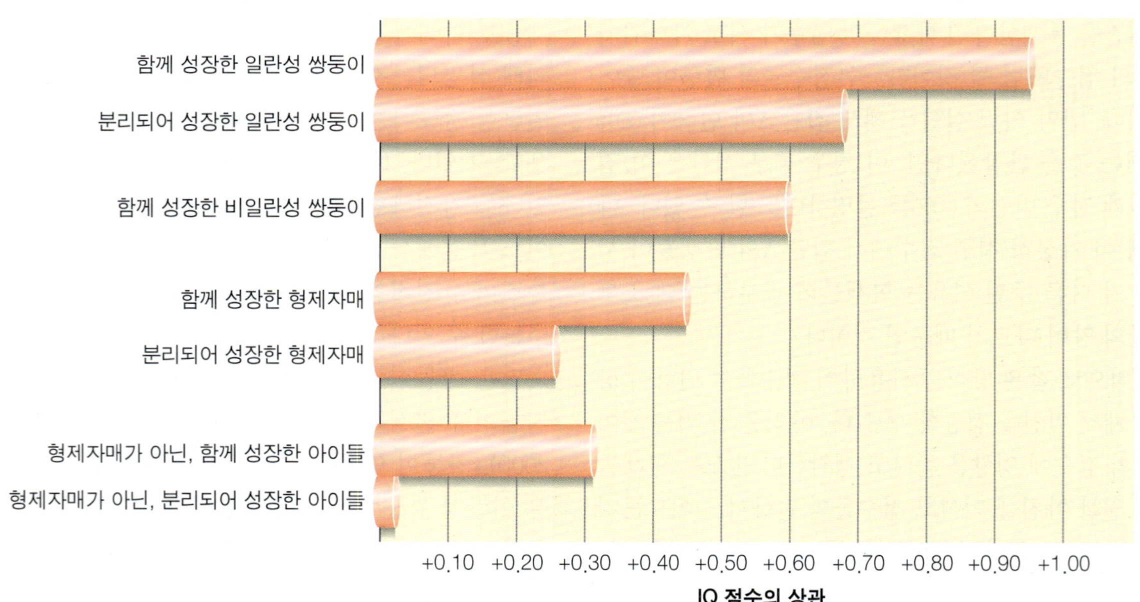


**그림 12.2 쌍둥이 연구로부터 나온 IQ 자료.** 일란성 쌍둥이는 서로 따로 길러진 경우라 하더라도 이란성 쌍둥이나 다른 형제들보다 IQ가 더 비슷하다.

90%라는 것은 특정 집단에서 관찰된 개인 간 키 차이의 90%가 그 개인들이 지닌 유전적 차이 때문이라는 뜻이다.

- 어떤 특질의 유전성은 하나의 고정된 수치가 아니라 특정 시점의 특정 모집단에서 보이는 특질의 속성을 지칭한다. 어느 한 모집단에서 어느 한 특질의 변량에 영향을 미치는 어떤 일이 발생하면 그 특질의 유전성도 바뀌게 된다. 예를 들어 어떤 사회의 모든 사람들에게 갑작스럽게 동일한 교육 기회가 주어지면 이 사회에서의 지적 수행의 변량이 줄어들 것이고, 표준화된 지적 능력 측정치의 점수는 좀 더 비슷해질 것이다(이것은 모든 사람들의 공부 시간을 동일하게 통제한 앞의 가상적 실험에서 나타난 것과 같은 것이다). 그리고 유전성은 개인들 간의 유전적 차이에 의해 생기는 변량의 백분율이기 때문에, 중요한 환경적 요인인 교육으로 인한 변량의 백분율이 줄어든다면 실제로 유전성은 증가할 것이다.
- 유전성은 집단 간 평균 차이가 발생하는 원천에 관해 알려 주는 것이 없다. 가장 논란이 되고 반복되는 논쟁 중의 하나는 서로 다른 인종 집단에서 얻은 지능검사 점수에서의 평균 차이가 그 인종 집단 사이의 유전적 차이 때문인지에 관한 것이다. 이 논쟁에서 지능의 유전성은 종종 유전론을 지지하는 데 사용된다. 그러나 이 주장은 다음의 가상적인 '상상 실험'으로 예시되는 바와 같은 논리적 오류에 바탕을 두고 있다.

> 유전적으로 다양한 옥수수 씨앗을 혼합하여 흰 자루와 검은 자루에 담는다. 각 자루에 담긴 다양한 씨앗의 비율은 똑같게 한다. 그다음 흰 자루의 씨앗을 비옥한 밭 A에 심고, 검은 자루의 씨앗을 황폐한 밭 B에 심는다. 그리고 A 밭과 B 밭을 관찰하면 각 밭에서 자라는 각 옥수수의 키가 아주 다르다. 이 변량은 주로 유전적 요인(씨앗의 차이)에 의한 것일 것이다. 그런데 이와 아울러 A 밭 옥수수의 평균 키가 B 밭 옥수수의 평균 키보다 더 크다는 것을 관찰할 것이다. 이 차이는 전적으로 환경적 요인(땅의 차이)에 의한 것일 것이다. IQ도 마찬가지이다. 각 집단 안에서 발생하는 모든 변량은 유전적 차이에 의한 것이라 하더라도, 다양한 인구 집단 간의 평균 IQ 차이는 전적으로 환경적 차이에 의한 것일 수 있다. (Eysenck & Kamin, 1981, p. 97)

- 유전성은 어떤 특질의 평균 수준에 미치는 환경 변화의 영향에 관해 말해 주지 않는다. 유전성에 관한 또 다른 잘못된 주장은 유전성이 높은 특질은 환경의 변화에 의해 바뀔 수 없다는 것이다. 예를 들어 지적 능력은 유전성이 아주 높기 때문에 빈곤층 아동의 지적 능력을 향상하기 위한 취학 전 아동 개입 프로그램이 무익하다는 주장이 있어 왔다. 한편 1946년과 1982년 사이에 일본의 젊은 성인 남자의 키가 3.3인치 증가했는데 주된 이유는 영양이 개선된 덕택이었다(Angoff, 1988). 그러나 여전히 키는 유전성이 가장 높은 특질 중의 하나이다. 여전히 키 큰 일본 부모의 자녀가 키 작은 부모의 자녀보다 키가 더 크다. 이와 유사하게 IQ 검사 점수는 많은 문화권에서 지난 세기에 걸쳐 상당히 증가했다(Flynn, 1987). 요약하면 유전성은 평균 수준이 아니라 변량에 관한 것이다.

### 중간 요약

- 행동과학자들은 어느 한 특질이나 능력의 측정치상에서 얻은 점수들의 변량을 계산하여 한 집단의 사람들이 서로 다른 정도를 계량화한다. 그 집단에 속한 사람들이 서로 다를수록 변량이 커진다. 그다음 연구자는 그 변량 중 어느 정도가 서로 다른 원인에 의한 것인지를 확인하려 한다. 어느 한 특질에서 개인들 간에 유전적 차이로 설명되는(야기되는) 변량의 비율을 그 특질의 유전성이라 부른다.
- 유전성은 일란성 쌍둥이(모든 유전자가 동일한 사람들)에서 얻은 상관과 이란성 쌍둥이(평균적으로 유전자의 반이 동일한 사람들)에서 얻은 상관을 서로 비교함으로써 추정될 수 있다. 어느 특질에서 일란성 쌍둥이가 이란성 쌍둥이보다 더 유사하면 그 특질은 유전적 성분을 지니고 있다고 할 수 있다. 또한 유전성은 따로 분리되어 다른 환경에서 길러진 일란성 쌍둥이의 상관으로도 추정될 수 있다. 이러한 상관은 모두 유전적 유사성에 기인한 것임이 분명하다.
- 유전성은 개인들 간의 차이를 지칭한다. 유전성은 한 개인에게서 어떤 특질이 어느 정도 유전적 요인에 의한 것인지를 알려 주는 것은 아니다. 유전성은 어떤 특질의 고정된 속성도 아니다. 어떤 집단에서 어떤 특질의 변산성을 바꾸는 것이 발생하면 그 유전성도 변한다. 유전성은 한 집단 안에서 변량을 나타내는 것이지 집단 간 차이의 원천을 나타내는 것이 아니다. 그러나 유전성은 어느 전집 안에서 특정 특질의 평균 수준을 환경적 변화가 얼마나 많이 바꿀 수 있는지를 제시해 준다.

### 비판적 사고를 위한 물음

1. 지능이 주로 유전적 요인에 의한 것이라는 주장의 정치적 · 사회적 정책에 대한 시사점은 무엇인가?
2. 자신의 지능 수준이 유전적 요인 탓이라는 신념은 학업이나 직업에 관한 결정에 어떤 영향을 줄 수 있는가?

## 정서 지능

「뉴욕타임스」의 작가 대니얼 골먼(Daniel Goleman)은 1995년 그의 책에서 **정서 지능** emotional intelligence이란 용어를 유행시켰다. 그는 자신의 정서를 이해하고 통제하는 것이 건강하고 성공적인 삶으로 이끄는 가장 중요한 핵심 중의 하나라고 주장했다. 골먼의 책은 정서적으로 예민한 사람들은 그렇지 못한 사람들을 잘 도와준다는 것을 보여 준 피터 샐로베이, 존 메이어, 레우벤 바온과 같은 심리학자들의 경험적 연구에 기초를 두고 있다.

메이어와 샐로베이(Mayer et al., 2004)는 정서 지능에 네 가지 결정적 요소가 있다고 제안한다. 첫째는 정서에 대한 정확한 지각과 표현이다. 타인의 정서를 읽을 수 있다는 것은 그들이 줄 수 있는 가능한 위협을 예견할 수 있게 한다. 예를 들어 당신이 쉽게 흥분하는 동료와 다투게 되었다고 상상해 보라. 그 동료가 심하게 흥분하고 있다는 것을 정확하게 지각할 수 있으면 당신은 뒤로 물러나 시간을 갖고 다른 날 싸우는 것이 더 낫다는 것을 알 것이다. 만약 동료가 어느 정도 화가 났는지 정확하게 지각하지 못하면 코피 터지는 싸움으로 끝장날 수 있다. 또한 타인의 감정을 정확하게 지각하고 표현하는 것은 그들의 입장을 공감하는 데도 도움이 된다. 그다음에는 당신이 말하고자 하는 요점이 무엇인지 더 설득적으로 주장하거나, 아니면 당신이 그들을 잘 이해하고 있다는 것을 느끼게끔 하는 방식으로 타인에 대한 당신의 반응을 수정할 수 있을 것이다. 이것은 당신이 그들에게 효율적인 협상자 혹은 믿을 만한 친구가 되게 해 줄 것이다.

자신의 감정을 정확하게 지각하고 표현하는 것은 그러한 정서에 적절하게 반응하기 위한 첫걸음이다. 자신이 불안하다는 것을 깨닫지 못한 사람들은 만성적인 각성 상태에 있게 되는데, 이것은 신체적 소모를 일으켜 건강을 해치게 된다(14장 참조). 자신이 슬프다는 것을 깨닫지 못한 사람들은 슬픔의 근원을 바꿀 수 있는 행동을 하지 않을지도 모른다. 자신이 화가 난 줄 모르는 사람들은 통제를 상실하여 갑자기 충동적으로 다른 사람들에게 분노가 폭발할 수도 있다.

정서 지능의 두 번째 요소는 사고와 문제해결을 위해 정서에 접근하고 정서를 생성하는 능력이다. 종종 우리는 어떤 대학을 갈지, 어떤 전공을 선택할지와 같은 중요한 결정을 하려고 할 때 자신에게 "나는 어떻게 느끼는가?"라고 묻는다. 어떤 결정을 해야만 하는 경우, 어떤 문제에 대한 현재의 감정을 알거나 미래의 감정을 예측할 수 있다는 것은 결정을 내리는 데 중요한 정보를 제공한다.

정서 지능의 세 번째 요소는 정서와 정서적 의미를 이해하는 것이다. 우리는 자신이 불안하다고 정확하게 지각할지도 모르지만 왜 불안한지 그 이유를 알지 못하면 불안에 대해 할 수 있는 것이 별로 없게 된다. 종종 우리는 자신의 정서에 대해 잘못된 귀인을 하기도 하는데, 이는 현명하지 못한 단계로 나아가게 만든다. 예를 들어 몇 주일 동안 학교 숙제를 끝마치기 위해 매일 밤늦게까지 공부하고 아침 수업을 듣기 위해 일찍 일어난다고 가정해 보라. 결국에 가서는 우울하고, 지치고, 의욕이 없어지기 시작한다. 당신은 전공을 잘못 택했거나 아니면 대학이 자신에게 맞지 않기 때문에 우울하고 의욕이 없어진다고 결론 내릴지 모른다. 그런데 당신이 우울한 진짜 이유는 수면 부족이다. 수면 부족은 우울증과 비슷한 증상을 유발할 수 있다. 자신의 우울을 수면 부족이 아니라 대학 전공 탓으로 잘못 귀인하면 아주 잘못된 결정을 할 수 있다.

정서 지능의 마지막 요소는 정서 조절, 즉 자신의 정서

정서 지능은 감정이 격해지는 상황에서 중요하다.

를 적절하게 관리하고 조절하는 것이다. 이것은 당신이 느끼고 표현하는 정서를 완전히 통제한다는 것을 의미하지는 않는다. 실제로 자신의 정서를 지나치게 통제하는 것이나 이와 반대로 지나치게 통제하지 않는 것 모두 건강하지 못한 것이다. 가장 분명한 예가 분노이다. 우리는 모두 가끔 분노를 느낀다. 그러나 우리 대부분은 아무 때나 하고 싶은 대로 분노를 드러낼 수 없다는 것도 잘 안다. 분노를 어떻게 표출할 것인지는 타인과의 관계와 자신의 건강에 중요한 영향을 준다. 분노를 완전히 억압하는 사람들은 다른 사람들에게 이용당할 수 있고, 항상 적대적 방식으로 화를 내는 사람들은 친구를 잃을 수 있다. 이와 달리 다른 사람들이 듣고 수용할 수 있는 방식으로 자신이 화난 이유를 표현할 수 있는 사람들은 친구도 잃지 않고 이용당하지 않을 가능성이 높다. 14장에서 개관한 연구에 따르면 자신의 분노를 적절하게 표출하지 않는 사람들은 심혈관계가 만성적으로 과잉 각성되고 과잉 활동하여 심장병에 걸리는 경우가 더 많다.

정서 지능을 학습할 수 있을까? 지금 많은 학교에서는 학교 폭력을 감소시키기 위해 젊은이들에게 자신의 분노를 인식하고 더 잘 다룰 수 있는 방법을 가르치는 프로그램을 운영하고 있는데, 이에 대한 일부 평가는 이런 프로그램이 젊은이들에게 분노 통제를 가르치는 데 효과적일 수 있음을 보여 준다(Bar-On et al., 2007 참조). 고약한 회사 중역 역시 고용인들에게 더 잘 공감하고 더 관대한 마음으로 관리하는 방법을 가르치는 정서 교육을 받는데 이런 프로그램도 성공적인 것 같다(Bar-On et al., 2007). 심리치료에서 초점을 많이 두는 부분은 사람들이 자신의 정서를 더 잘 재인하고, 더 정확하게 명명하며, 더 잘 관리하도록 도와주는 것이다. 많은 연구는 심리치료가 다양한 심리장애를 해소하는 데 효과적임을 보여 준다(16장 참조). 이와 동일한 기법이 때때로 심장병 환자의 건강 증진을 위해 이들이 분노와 스트레스를 더 잘 조절하도록 돕는 데 사용되기도 한다(14장 참조). 정서 지능이 실제로 성공과 안녕에 중요하다는 증거가 점점 많아지고 있는데, 정서적으로 문제를 가지고 태어난 사람들이 정서 측면에서 좀 더 합리적으로 될 수 있다는 것은 다행스러운 일이다.

**중간 요약**

- 정서 지능은 네 가지 요소를 지닌 것으로 생각된다–정확한 정서 지각과 정서 표현, 정서를 느끼고 생성하는 능력, 정서와 정서적 의미의 이해, 적절한 정서 조절.
- 정서 지능이 높을수록 심리적 · 신체적으로 더 건강한 경향이 있다.

**비판적 사고를 위한 물음**

1. 부모가 어떻게 자녀의 정서 지능을 향상할 수 있다고 생각하는가?
2. 정서 지능이 왜 학업 수행이나 직업 수행을 향상할 수 있다고 생각하는가?

## 일반 학습장애

지능의 수준은 하나의 연속선상에서 달라진다. 지적 기술과 생활 기술이 평균보다 훨씬 떨어지는 사람을 일반 학습장애를 겪고 있다고 말한다. 세계보건기구(WHO)는 일반 학습장애의 진단을 위한 기준을 제시했다. **일반 학습장애** general learning disability로 분류되려면 IQ 검사에서 평균 이하의 점수를 얻어야 하며, 또한 일상생활 과제를 수행하는 데 큰 어려움을 보여야 한다. 예를 들어 일반 학습장애가 있는 사람은 의사소통이 많이 지연되고 비정상적이며, 자신을 스스로 건사하기 매우 힘들고, 대인관계 기술이나 사회적 기술에 결함이 있으며, 지역사회 자원을 활용하지 못하고(예: 버스 타기), 자기주도적으로 행동하지 못하고, 학업 기술이나 작업 기술이 현저하게 떨어지고, 여가 활동이 없거나 자신의 건강과 안전을 보살필 능력이 없다.

일반 학습장애는 그 정도에 따라 다양한데, 최소한의 도움으로 스스로 먹을 수 있고 옷을 입을 수 있는 **경도(mild) 일반 학습장애**를 가진 사람은 평균적인 운동 기술을 갖고 있으며, 간단한 용어로 말하고 글쓰기를 배울 수 있다. 이들은 자신의 이웃은 잘 방문할 수 있는데, 도움이 없으면 이웃 지역을 넘어서기 힘들다. 이들은 자신의 특정 결함을 도와주는 특수교육을 받으면 중 · 고등 교육을 이수할 수 있고 스스로 생활할 수 있게 된다. 성인이 되면 가게에서 물건을 살 수 있고 간단한 음식을 요리할 수 있다. 이들은 기술이 거의 필요하지 않거나 약간만 필요한 직업을 가질 수 있다. 이들의 IQ 점수는 50~69 사이이다.

**중등도(moderate) 일반 학습장애**를 가진 사람은 전형적으로 언어 발달이 매우 지체되어 3세까지 4~10개 정도의 단어만 사용한다. 이들은 신체적으로 서툴러서 입고 먹는 데 약간의 어려움이 있다. 이들은 초보적인 학업 기술 이상을 넘어서지 못하지만 특수교육을 통해 간단한 직업 기술을 배울 수 있다. 이들은 성인이 되어도 혼자 여행하거나 쇼핑하기 혹은 요리를 할 수 없을 수도 있다. 이들의 IQ 점수는 35~49 사이이다.

**중도(severe) 일반 학습장애**를 가진 사람은 사용하는 어휘가 매우 제한적이며 2~3개 단어로 구성된 문장으로 말한다. 이들은 운동 발달에 심각한 결함이 있고, 어렸을 때 장난감을 부적절하게 사용할 수 있다(예: 인형 2개를 갖고 놀면서 서로 조화롭게 상호작용시키지 않고 서로 부딪히게 하는 것). 성인이 되면 이들은 숟가락으로 먹을 수 있고, 단추나 지퍼가 복잡하지 않은 옷을 혼자서 입을 수 있다. 이들은 혼자서는 여행할 수 없으며 스스로 쇼핑하거나 요리할 수도 없다. 이들은 기술이 필요 없는 일부 손작업을 배울 수 있지만 많은 것을 배울 수는 없다. 이들의 IQ 점수는 20~34 사이이다.

**최중도(profound) 일반 학습장애**를 가진 아동과 성인은 모든 기능이 심각하게 손상되어 있으며 전적인 보살핌을 필요로 한다. 이들은 스스로 옷을 입을 수 없고, 숟가락은 사용할 수 있으나 칼과 포크는 사용할 수 없다. 이들은 간단한 명령에 반응할 수는 있지만 다른 사람들과 상호작용하기 어렵다. 성인이 되어도 300~400개 정도의 어휘만 사용할 수 있다. 최중도 일반 학습장애를 가진 사람들은 질병이 많고 보통 사람들보다 수명이 짧다. 이들의 IQ 점수는 20 이하이다.

## 일반 학습장애의 원인

여러 가지 생물학적 요인이 일반 학습장애의 원인이 될 수 있는데, 여기에는 염색체 이상, 임신기 장애, 태내에서나 아동 초기의 독소 노출, 세균 감염, 신체적 외상, 신진대사와 영양 문제, 뇌 손상 등이 포함된다. 뿐만 아니라 사회문화적 요인도 일반 학습장애에 영향을 줄 수 있다.

이 장에서 이미 논의한 바와 같이 지적 기술은 적어도 부분적으로는 유전적이다. 일반 학습장애가 있는 사람의 가족은 다양한 수준의 일반 학습장애와 자폐증을 포함한 여러 가지 지적 문제가 있을 가능성이 높다(Camp et al., 1998).

유전적으로 전수되면서 일반 학습장애의 원인이 되는 두 가지 대사장애는 **페닐케톤뇨증**(PKU)과 **테이삭스병**이다. PKU는 열성 유전자에 의해 전달되는데 약 2만 명의 신생아당 1명꼴로 발생한다. PKU가 있는 아동은 아미노산의 일종인 페닐알라닌을 대사하지 못하여 그 결과 페닐알라닌과 그 파생물인 페닐피루브산이 몸에 쌓이고 이로 인해 영구적인 뇌 손상이 야기된다. 다행스럽게 한 가지 효과적인 치료가 있는데, 아주 이른 시기부터 이 치료를 받은 아동은 보통 수준의 지능이 될 수 있다. 치료를 받지 않으면 PKU가 있는 아동의 IQ는 50 이하가 된다.

테이삭스병도 열성 인자에 의해 유전되는데, 주로 유대인에게서 발생한다. 대체로 생후 3~6개월 사이에 신경계가 서서히 파괴되기 시작하여 이로 인해 정신과 신체 기능이 쇠퇴한다. 이런 아동은 대개 6세 이전에 사망하는데 현재로서는 이에 대한 효과적인 치료가 없다.

몇 가지 유형의 염색체 이상이 일반 학습장애를 일으킬 수 있다. 가장 잘 알려진 일반 학습장애의 원인 중 하나가 **다운증후군**인데, 이는 21번째 염색체가 2개가 아니라 3개인 경우이다. 이 때문에 다운증후군은 **21번 염색체 삼체성**(Trisomy 21)이라고도 불린다. 미국의 경우 800명 중 1명이 다운증후군을 갖고 태어난다. 다운증후군을 가진 사람들은 거의 모두 아동기부터 일반 학습장애가 있는데, 그 정도는 경도에서 최중도에 이르기까지 다양하다. 다운증후군을 가진 사람들은 알츠하이머병에서 발견되는 것과 유사하게 뇌의 뉴런에서 이상이 발견된다. 다운증후군 다음으로 남자에게서 흔히 나타나는 일반 학습장애의 또 다른 원인은 **취약 X 증후군**(Fragile X

**다운증후군 아동은 전형적으로 일반 학습장애를 갖고 있다.**

syndrome)이다. 이것은 X 염색체의 끝 부분이 끊어진 경우이다. 이 증후군은 중도에서 최중도 수준의 일반 학습장애, 그리고 언어와 대인간 상호작용에 심각한 결함을 초래한다.

태아의 태내 환경은 지적 발달에 지대한 영향을 미칠 수 있다. 임산부가 풍진(독일 홍역) 바이러스, 포진 바이러스, 또는 매독균에 감염되면 태아는 일반 학습장애를 일으킬 수 있는 신체 손상의 위험을 갖게 된다. 고혈압이나 당뇨와 같은 산모의 만성 질환도 태아의 영양과 대뇌 발달을 방해할 수 있으며, 이에 따라 태아의 지적 역량에 영향을 줄 수 있다. 다행스럽게도 임신 중에 이런 질병을 효과적으로 치료하면 태아에게 미치는 손상을 상당히 줄일 수 있다.

임신 중 산모가 복용한 약물은 태반을 통해 태아의 발달에 영향을 줄 수 있다. 더구나 임신 중 코카인과 같은 불법 약물을 사용하는 임산부는 그렇지 않은 임산부에 비해 사회적 혜택을 제대로 받지 못하거나 담배, 술, 마리화나, 혹은 기타 불법 약물을 더 많이 사용할 가능성이 높다(Tronick et al., 1996). 임신 중 코카인 사용뿐만 아니라 이러한 많은 위험 요인도 아이들의 지적 성장을 심하게 손상할 수 있다.

알코올도 태아의 지적 발달과 신체 발달에 영향을 줄 수 있다. 임신 중에 많은 양의 알코올을 섭취한 엄마의 아이는 일반 학습장애와 **태아 알코올 증후군 fetal alcohol syndrome(FAS)**을 일으킬 위험이 커진다(Fried & Watkinson, 1990). 태아 알코올 증후군을 가진 아동은 평균적으로 IQ 점수가 68점 정도이며, 판단 능력이 서투르고, 주의가 산만하고, 사회적 단서를 지각하는 데 어려움이 있으며, 경험을 통해 학습하기가 어렵다. 이들의 학업 기능은 전 생애 동안 저조하다. 다음은 태아 알코올 증후군을 가진 아벨 도리스에 관한 이야기이다(Dorris, 1989; Lyman, 1997에서 인용).

**임신 중에 엄마가 술을 마시거나 흡연을 하면 그 자녀는 지적장애의 위험에 놓인다.**

아벨 도리스는 3살 때 마이클 도리스에게 입양되었다. 아벨의 엄마는 임신 기간 내내 술을 많이 마셨으며, 아벨이 태어난 후 35세의 나이에 알코올 중독으로 사망했다. 아벨은 7주 정도 일찍 저체중 미숙아로 태어났다. 입양되기 전에 아벨은 학대를 받고 영양실조 상태였다. 3세 때 아벨은 같은 나이의 다른 아이들에 비해 작았으며, 배변 훈련도 제대로 되지 않았고 겨우 20개 정도의 단어만 말할 수 있었다. 아벨의 입양 아버지는 아벨이 좋은 환경에서 정상적으로 성장해 주길 기대했다.

4세가 되어서도 아벨은 여전히 기저귀를 찼고 몸무게는 겨우 12kg 정도에 불과했다(참고로 1세 정도면 일반적으로 12kg 정도의 몸무게가 된다). 아벨은 다른 아이들의 이름을 잘 기억하지 못하고 활동 수준이 비정상적으로 높았다. 혼자 있을 때 아벨은 몸을 앞뒤로 흔들어 댔다. 4세 때는 몇 번의 심한 발작을 보였는데 이로 인해 여러 날 혼수상태에 빠졌다. 도움이 되는 약물 처치가 없는 것 같았다.

초등학교에 입학했을 때 아벨은 수를 세고, 색깔을 말하고, 신발 끈을 매는 데 어려움이 있었다. 교사들의 헌신적인 노력에도 불구하고 초등학교를 졸업할 때까지 아벨은 여전히 덧셈과 뺄셈을 하지 못하고 자신의 거주지를 알지 못했다. 그의 IQ 점수는 60 중반이었다.

20세가 되어 아벨은 직업 훈련 프로그램에 참여하고 관리감독을 받는 집으로 이사했다. 여기서 그는 동물 인형, 종이 인형, 신문의 만화, 가족사진, 지나간 생일 카드를 수집하는 데 몰두했다. 23세 때 아벨은 자동차에 치여 사망했다.

임신 중에는 여성이 알코올을 조금만 마시는 것도 안전하지 않을 수 있다. 여러 연구는 임신 중 가벼운 음주에서부터 중간 정도의 음주조차도 미세한 알코올 관련 출생 결함을 가져올 수 있다는 것을 시사한다(Jacobson

& Jacobson, 2000; Kelly et al., 2000; Olson et al., 1998). 예를 들어 출생 전 알코올에 노출된 아동에 대한 종단적 연구는 이 아동들이 전형적인 태아 알코올 증후군을 보이지는 않지만 6세 때의 성장, 10세 때의 학습과 기억 능력에 부정적 영향을 미친다는 것을 보여 준다(Cornelius et al., 2002).

일반 학습장애가 있는 아동은 사회경제적 수준이 낮은 집단 출신일 가능성이 크다(Brooks-Gunn et al., 1996; Camp et al., 1998). 이것은 그 부모 역시 일반 학습장애를 갖고 있고, 돈을 많이 버는 직업을 얻기 힘들었기 때문일 것이다. 또한 가난이라는 사회적 불리함은 평균보다 더 낮은 수준의 지적 발달을 초래할 수 있다. 가난한 엄마는 산모로서 받아야 할 보살핌을 제대로 받기 힘들었을 것이고, 이로 인해 태아에게 손상을 줄 가능성과 미숙아를 출산할 가능성이 높아진다. 가난하게 사는 아동은 납 성분에 노출될 위험성이 증가하는데, 이는 이들이 사는 오래되고 낡은 건물의 납 성분 페인트 가루가 아동의 몸에 흡수되기 때문이다. 납 흡수는 대뇌 손상을 일으켜 지적 발달을 저해할 수 있다. 가난한 아동은 자신이 자란 지역의 재정이 어려운 학교에 다닐 가능성이 높은데, 특히 가난한 소수 인종 아동이 그렇다. 이 때문에 이들은 자신의 지적 기능을 향상할 수 있는 교육을 제대로 받지 못한다. IQ가 낮은 가난한 아동은 교사로부터 주목도 덜 받고 학습 기회도 더 적은데, 특히 소수 인종 구성원이면 더욱 그렇다(Alexander et al., 1987). 가난한 아동의 부모는 책을 읽어 주고 학업 성취를 격려하며 자녀의 학교에 관심을 쏟기 힘들 것이다. 이런 요인은 아동의 지적 발달에 직접적으로 영향을 주고, 아동의 인지 발달을 저해하는 생물학적 조건의 영향을 더 심화할 수 있다(Camp et al., 1998).

## 일반 학습장애의 치료

이상적으로는 일반 학습장애의 위험이 있는 아동은 태어난 첫날부터 종합적인 개입을 받아야 할 것이다. 개인 맞춤형의 집중적 개입으로 기본적인 기술의 발달을 향상할 수 있다. 약물치료는 공격적이고 자해적인 행동을 줄여 준다. 그리고 사회 프로그램을 통해 아동의 발달에 필요한 최적의 환경을 보장해 줄 수 있다.

행동적 개입은 아동과 성인이 색깔을 정확하게 명명하는 것에서부터 직업 기술을 습득하는 것에 이르기까지 새로운 기술을 학습하는 데 도움을 줄 수 있다. 바람직한 행동 모델로 정상적인 성인을 활용하는 방법도 있으며, 일반 학습장애가 있는 아동이나 성인이 가장 간단한 행동에서 시작하여 조금씩 필요한 기술을 숙달하도록 점진적으로 강화를 줄 수도 있다. 행동치료 전략은 머리 박기와 같은 자해적이고 부적응적인 행동을 감소시키는 데 도움이 될 수 있다.

일반 학습장애를 가진 사람들 사이에서 흔히 있는 발작을 완화하는 데 약물이 사용된다. 약물은 또한 공격적이고 자기파괴적이며 반사회적인 행동을 줄이는 데도 사용될 수 있다. 항우울제는 우울 증상을 완화하고 수면 패턴을 향상하며, 정신적으로 결함이 있는 사람들에게서 나타나는 자해 행동을 경감하는 데 도움이 될 수 있다.

일반 학습장애의 위험이 있는 아동을 위한 포괄적 개입 프로그램은 앞에서 소개한 모든 방안과 함께 몇 가지 방안을 조합하여 하나의 패키지 형태로 운용된다. 이런 프로그램의 한 예는 영아 건강 및 발달 프로그램(Infant Health and Development Program)(Gross et al., 1992)이다. 이 프로그램에 참여한 985명의 아동은 출생 시 몸무게가 2.5kg 이하였고, 임신 37주 이전에 태어났다. 저체중과 조산은 일반 학습장애를 유발하는 위험 요인이기 때문에 저체중이면서 조산으로 태어난 영아들이 이 프로그램에 선발되었던 것이다. 이들 중 무작위로 선발된 2/3에게는 고위험군 영아를 위한 수준 높은 소아과 의료 진료를 실시했고, 나머지 1/3에게는 이와 동일한 소아과 의료 진료와 함께 포괄적인 심리 개입 프로그램을 추가로 실시했다.

포괄적 개입은 세 가지 방식으로 이루어졌다. 첫째, 특수 훈련을 받은 상담가가 생후 첫 3년 동안 아동의 가정을 방문하여 아동의 어머니에게 좋은 양육 방법과 자녀의 인지 발달을 증진하는 책략을 가르쳤다. 예를 들어 상담가는 (자주 짜증 내는 경우를 포함하여) 아이를 진정시키는 책략을 가르쳤다. 상담가는 아이에게 적절한 수준의 자극을 제공하는 법, 스스로 동기화되도록 아이를 격려하는 법, 환경을 탐색하는 법 등을 어머니에게 알려 주었다. 상담가는 어머니가 자신의 환경과 자녀의 환경에 있는 스트레스를 경감할 수 있도록 도와주었다. 둘째, 개입 프로그램을 받는 아이는 매일 특수 전문 교사가 있는 아동 발달 센터에 다녔는데, 이곳에서 특수 전문 교사들은 아동의 지적 결함과 신체적 결함을 극복하도록 돕는 일을 했다. 마지막으로, 부모의 양육 스트레스 대처를 도와주기 위해 부모 지원 단체가 출범했다.

**초기 개입은 저체중 출산 아동이 보이는 지적 능력의 결함을 경감할 수 있다.**

36개월이 되었을 때 포괄적 개입 프로그램에 참여한 아동들은 소아과 의료 진료만 받은 통제집단 아동들에 비해 낮은 범위의 지능 점수를 보이는 비율이 훨씬 낮았다(The Infant Health and Development Program, 1990). 이 프로그램은 출생 시 몸무게가 2.0~2.5kg 사이였던 아동에게 특히 효과적이었다. 즉 신체연령이 36개월에 해당하는 지능검사 점수를 비교한 결과 이들의 지능 점수는 비슷한 체중으로 태어난 통제집단의 아동들에 비해 평균 13점 더 높았다. 출생 시 몸무게가 2kg 이하였던 아동들에게도 이 프로그램이 효과가 있긴 했지만, 그 효과의 정도가 조금 약하여 동일한 지능검사에서 이들의 지능 점수는 통제집단 아동에 비해 평균 6.6점 정도 더 높은 수준이었다. 또한 36개월이 되었을 때, 통제집단에 비해 출생 시 몸무게가 더 무거웠거나 더 가벼웠던 아동들 중에 포괄적 개입 프로그램을 받았던 집단의 아동들은 통제집단의 아동들에 비해 행동 문제와 정서 문제가 더 적었다.

아동의 연령이 60개월, 96개월일 때도 출생 시 몸무게가 더 무거웠던 아동들은 통제집단에 비해 여전히 포괄적 개입 프로그램으로 인한 인지 발달에서의 이점을 보여 주었다(Brooks-Gunn et al., 1995). 그러나 이 연령대에서는 행동 문제와 정서 문제의 경우 포괄적 프로그램 개입 집단과 통제집단 사이의 차이가 사라졌다. 따라서 많은 초기 개입 프로그램이 그랬던 것처럼 이 개입 프로그램의 이점도 단기적인 것으로 보인다. 그러나 이러한 개입이 지속되지 않으면 그 효과는 시간이 지나면서 종종 사라진다.

### 중간 요약

- 일반 학습장애는 70 이하의 IQ 점수와 적응 행동 기능의 결함에 따라 지적 기능이 평균 이하인 경우로 정의된다. 일반 학습장애에는 경도, 중등도, 중도, 최중도의 네 가지 수준이 있다.
- 일반 학습장애는 대사장애(PKU, 테이삭스병), 염색체 이상(다운증후군, 취약 X 염색체, 13번 염색체나 18번 염색체가 3개인 경우), 임신 중 풍진 바이러스, 포진 바이러스, 매독균 등의 감염, 또는 약물(특히 알코올) 복용 등과 같은 여러 가지 생물학적 요인과 관련되어 있다.
- 집중적이고 포괄적인 교육적 개입이 생후 매우 이른 시기에 실시될 경우 일반 학습장애 수준을 감소시키는 데 도움이 된다는 것을 보여 주는 일부 증거가 있다.

### 비판적 사고를 위한 물음

1. 일반 학습장애를 가진 사람을 위한 포괄적인 개입에 소요되는 비용이 그 이익보다 더 클 것이라고 생각하는가, 아니면 더 적을 것이라고 생각하는가? 왜 그렇게 생각하는가?
2. 일반 학습장애를 가진 아동의 부모가 스트레스를 덜 받고 양육을 잘할 수 있도록 하려면 어떤 종류의 개입이 필요한가?

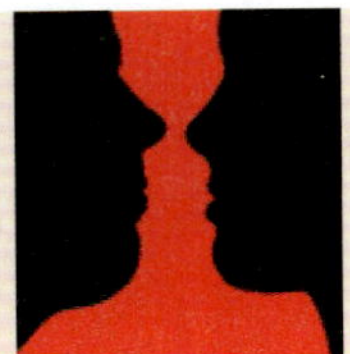

찬|반|논|쟁

# 정서 지능은 얼마나 중요한가?

## 정서 지능의 중요성

*Marc A. Brackett & Peter Salovey,* 예일대학교

샐로베이와 메이어(Salovey & Mayer, 1990)는 일부 사람들은 다른 사람들보다 인지적 활동과 사회적 기능 모두를 높이기 위해 정서 정보를 추론하고 사용하는 능력을 더 많이 갖고 있다고 제안했다. 정서 지능 능력에 대한 이들의 모델은 일반 지능을 단지 획일적인 하나의 '*g*'(예: Gardner, 1993a)로 생각하기보다는, 사회적이고 실용적이며 창의적인 지능을 포함하는 다양한 정신 능력으로 일반 지능 개념을 확장시키는 것으로부터 발전했다.

정서 지능에 대한 모델로는 '4요인 모델'(Mayer & Salovey, 1997)이 널리 사용된다. 네 가지 요인에는 정서 지각, 정서 사용, 정서 이해, 정서 관리 능력이 포함된다. 이러한 네 가지 정서 능력은 위계를 이루고 있는데, 기본적 심리 과정(예: 정서 지각)이 토대를 이루고, 이보다 고등 과정(예: 정서 관리)은 위계상 가장 꼭대기에 있다. 고등 과정은 어느 정도는 하위의 능력에 영향을 받는 것으로 생각된다. 각 요인 안에서는 기초적인 기술에서부터 좀 더 정교화된 기술로의 발달적 진전이 나타난다.

**정서 지각**은 목소리, 몸짓, 음악 및 예술 활동과 같은 자극에서 정서를 알아내는 것뿐만 아니라 자신과 타인의 정서가 어떤 정서인지를 알아내는 능력을 포함한다. **정서 사용**은 추론, 의사결정, 창의성, 의사소통과 같은 특정 인지 활동에 필요한 느낌을 활용하는 능력을 포함한다. **정서 이해**는 정서 어휘를 이해하거나 정서 경험의 선행 사건 및 그 결과를 이해하는 것과 같이 정서를 분석하는 능력을 포함한다. 정서 관리는 자신과 타인의 정서 경험을 완화하거나 고양하거나 혹은 수정하는 능력과 관련되는데, 주어진 상황에서 어떤 정서가 유용한지 결정하는 능력도 여기에 포함된다.

정서 지능의 능력 모델에 따르면 위의 네 가지 요인 각각에 개인차가 있으며, 이런 차이는 수행(예: 능력)검사로 측정할 수 있다. 자기 보고 지표가 사회적 바람직성이나 거짓 응답에 취약하다는 점에서 수행검사가 더 선호된다(Day & Carroll, 2008). 더구나 수행검사는 개인이 자신의 능력, 특히 정서 능력을 판단할 때 흔히 나타나는 부정확성의 문제를 해결해 줄 수도 있다(Brackett et al., 2006).

정서 지능의 네 가지 측면을 측정하는 한 가지 척도는 메이어-샐로베이-카루소 정서 지능 척도이다(MSCEIT, V.2.0; Mayer et al., 2002). MSCEIT는 총 141개 검사 항목을 통해 여덟 가지 과제에 대한 수행을 측정하는데, 네 가지 정서 능력을 각각 측정하기 위해 2개씩의 과제가 사용된다. 청소년을 위한 이와 유사한 검사[MSCEIT-YV(Youth Version); Mayer et al., 출판 중]도 개발되어 타당도 검증이 완료되었다(Rivers et al., 2012). 반응은 개인의 응답과 전문가 혹은 규준집단의 응답을 서로 비교하여 평가된다. 예를 들어 정서를 관리하는 능력은 특정 정서 문제를 기술하는 짧은 시나리오를 사용하여 측정한다. 응답자는 이 시나리오를 읽은 후 정서를 관리하는 데 사용될 수 있는 행위를 '매우 비효과적인'부터 '매우 효과적인'까지 범위의 척도로 점수를 부여하고, 이후 응답자의 이러한 점수가 전문가나 규준집단의 점수와 비교된다. MSCEIT가 정서 지능 평가에 기초한 다른 능력검사 측정치와 높은 상관을 보이는 것에서 알 수 있듯이, MSCEIT는 정서 지능에 대한 측정치로서 타당한 것으로 밝혀졌다(Mayer et al., 2012). MSCEIT 점수는 일반 지능이나 언어 지능과 구분되는 것이기는 하지만 이것들과 상관이 있고(0.3~0.4의 상관), 또한 다른 준거와도 연관된다.

MSCEIT 점수가 높은 사람은 친구 관계가 더 좋으며, 또래들로부터 사회적으로 유능한 사람으로 여겨질 가능성도 높았다. MSCEIT 점수가 높은 연인이나 부부는 서로의 관계에서 더 많은 만족과 행복을 보고한 반면 갈등은 더 적게 보고한다. MSCEIT 점수가 높은 대학생들은 약물과 알코올 섭취가 적고 절도, 도박, 싸움과 같은 일탈 행동이 더 적었다. 또한 MSCEIT 점수가 높을수록 불안과 우울 수준이 낮았다. 작업장에서의 MSCEIT 점수는 회사에서의 지위와 성과급을 포함한 객관적 수행 지표와 정적 상관을 보였고, MSCEIT 점수가 높은 사원들은 직장 상사로부터 효율적으로 스트레스를 관리하고 즐거운 작업 환경을 만드는 데 유능한 사람으로 평가받는 경향이 컸다(Mayer et al., 2008). 최근의 약 50개 연구에 대한 통합 분석도 정서 지능과 효과적 리더십 사이의 정적 관련성을 지지하는 증거를 보여 주었고(Mills, 2009), 개인의 성별이나 성격, 인지적 능력의 영향을 통제한 이후에 살펴본 결과에 따르면 MSCEIT 점수가 높은 사람은 집단에서 리더의 역할을 할 가능성도 더 높았다(Côté et al., 2010). 마지막으로, MSCEIT-YV 점수가 높은 청소년은 교사로부터 전반적 문제행동, 공격성, 불안, 우울, 과잉 활동뿐만 아니라 품행장애나 주의 혹은 인지 능력에서의 어려움을 더 적게 보인다고 평가되었다(Rivers et al., 2012)

지금까지 정서 지능이 집, 학교, 직장에서 매우 중요하게 적용될 수 있음을 살펴보았다(Mayer et al., 2008 참조). 그럼에도 불구하고 정서 지능의 구성 개념과 그 측정에 관해 밝혀야 할 것이 많다. MSCEIT는 정서 지능의 기본 틀 안에서 다루어지고 있는 모든 정서 능력, 특히 얼굴 표정 식별의 처리 속도와 같은 유동 기술(fluid skill)을 직접적으로 평가하지 못한다. 정서 지능에 관한 연구는 이제 겨우 시작 단계에 있다. 다시 말해 정서 지능에 대한 연구 결과는 1990년에 들어서야 발표되기 시작했고, MSCEIT와 같은 수행 척도가 과학적 연구에 사용된 것도 2000년대 초반부터이다. 정서 지능의 타당성에 대한 더 나은 이해는 이 개념을 보다 자세히 연구할 미래 연구자들의 손에 달려 있다.

찬|반|논|쟁

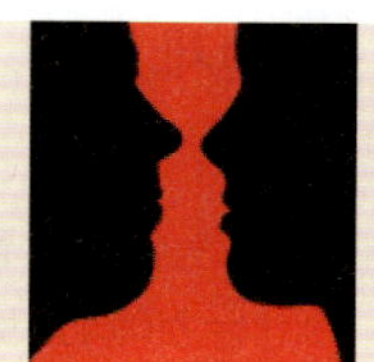

# 정서 지능은 얼마나 중요한가?

## 정서 지능에 대한 비판

*Chockalingam Viswesvaran*, 플로리다국제대학교

정서 지능은 흥미로운 새로운 개념이다. 그러나 과학자들과 연구자들은 중대한 검사 장면에서 열광적으로 사용하기 전에 이 개념을 비판적으로 평가할 필요가 있다. 현재 문헌에 나타나 있는 몇 가지 문제를 생각해 보자.

정서 지능의 정의를 고려해 보자. 이 장의 초반부에서 지능에 관해 매우 다양한 정의가 제안되기는 했지만 지능에는 핵심적 공통 요소(정보처리)가 있다는 것도 배웠을 것이다. 현재 정서 지능(EI)을 정의하는 데에는 논란이 있다. 그러나 정서 지능에 대한 정의가 다양하다는 것이 문제가 되는 것은 아니다. 사실 과학자들은 모든 사회과학적 개념에 대해 상이한 측면을 강조하기 때문에 이에 따라 그러한 개념에 대한 정의도 달라질 수 있다. EI와 관련된 문헌에서의 문제는 적어도 두 가지의 서로 구분되는 EI 모델이 있다는 것이다. 한 모델은 EI를 하나의 특수 지능으로 정의하는 것으로서, 이 모델은 EI의 능력 모델로 불린다(Mayer & Salovey, 1997). 두 번째 모델은 EI에 대한 혼합 모델 또는 특성 모델이라고 불릴 수 있는데, 이 모델에서는 EI를 일종의 성격 특성으로 정의한다(Bar-On, 1997). 여러 연구에서 얻은 이 두 모델의 측정치 사이의 평균 상관은 0.12에 불과하다(Van Rooy et al., 2005). 이 정도의 상관은 낮은 것이다.

일부 연구자들은 EI를 하나의 특수 능력으로 정의해야 한다는 주장을 통해 이 두 측정치 간의 상관이 낮은 문제를 해결하고자 한다. 이들은 (혼합 모델에서처럼) 정서 지능을 여러 변인이 뒤섞여 있는 것으로 개념화하는 다른 정의들을 배제한다. 그러나 혼합 모델에 사용된 측정치 사이의 평균 상관은 0.61인데, 이 수치는 혼합 모델의 여러 측정치를 아우르는 공통적인 핵이 있음을 시사하는 것이다. 이보다 더 중요한 점은 어느 모델이건 이 모델에서 사용한 측정치가 중요한 준거변인을 유의하게 예측한다는 것이다. 반로이와 비스웨스배런(Van Rooy & Viswesvaran, 2004)은 주요 준거변인과 MEIS(EI의 능력 측정치 중 하나)가 0.17의 상관을, 그리고 EQ-I(혼합 모델 측정치)가 0.18의 상관을 보인다고 보고했다.

두 모델 측정치 사이의 평균 상관이 0.12에 불과하다는 것에 대한 다른 설명도 있다. EI 구성 개념의 서로 다른 영역을 평가하는 데 두 가지의 개념화가 가능하다는 것이다. 결국 정서적으로 지적인 사람이 되려면 특정 기술도 있어야 하고 특정 성향도 필요할 가능성이 크다. 따라서 두 모델에서 나온 다중 측정치에 대한 요인분석 연구(이 책의 요인분석에 대한 부분을 참조하기 바란다)를 통해 정서 지능의 서로 다른 개념화에 대해 검증이 필요할 것이다. 지능 연구자들이 지능의 경계를 정하는 데는 수십 년이 걸렸다. EI 연구에서 이러한 명확한 경계를 찾는 데는 아직 갈 길이 먼 것으로 보인다.

검사 점수가 중요한 준거변인과 어떻게 관련되어 있는지(예: 준거 관련 타당도)에 관해 이미 살펴보았다. 일반 지능과 상사 평가, 업무 성과, 혹은 동료 평가 등으로 측정된 직무 수행 사이의 관계를 보여 준 많은 연구가 있다. 일반 지능과 수행이 서로 관련되어 있음은 분명하다. 이렇게 확실한 수준까지 도달하는 데 EI에 관한 연구는 아직 매우 초기 단계에 있다. 해야 할 것이 아직 많이 남았다. 구성 타당도 construct validity의 관점에서 보면 우리는 검사 점수와 주요 준거변인 사이의 상관뿐만 아니라 왜 이러한 관계가 성립되는지 검증하는 것이 중요한지에 대해서도 살펴보았다. 예를 들어 일반 지능이 높을수록 직무 지식을 습득하는 수준이 더 높고, 이것이 다시 수행을 향상한다. 일반 지능에 대해서는 이러한 과정을 연구한 경험적 연구가 많이 있다. 왜 EI가 중요한 준거변인과 관련되는지에 대한 명확한 진술, 그리고 그러한 관련성에 대한 경험적 검증이 필요하다. 앞으로의 EI 연구는 한참 더 진보해야 할 것이다.

이런 단점에도 불구하고 개인의 EI는 중대한 결정 상황(예: 구직)에서 측정해야 하는 중요한 변인이 될 가능성이 매우 높다. EI는 (1) 일반 지능 점수를 선발 결정에 사용할 때 부정적 영향이 발생한다는 점과 (2) EI는 일반 지능을 넘어서는 수행을 설명하는 데 도움이 된다는 점에서 일반 지능에 대한 하나의 대안으로 자리 잡고 있다. 부정적 영향은 한 집단(예: 백인)이 다른 집단(예: 흑인)에 비해 훨씬 높은 비율로 선택될 때와 같은 경우에 나타난다. 그러나 구직 상황과 같은 경우 EI의 집단 차이에 관한 체계적인 평가가 없다. 대부분의 연구는 실제 선발 장면이 아닌 조건에서 대학생들을 표본으로 했기 때문에 여기서 얻은 결과가 실제의 선발 장면에까지 일반화되어 적용될 수 있는지에 대한 확신도 없다. 이와 유사하게 EI가 가진 예측 편향이나 문화적 동등성을 다룬 연구도 거의 없다. 모든 문화권에서 2 더하기 2는 4이지만, 정서를 조절하는 것은 문화에 따라 다르게 나타날 것이다. 요즈음과 같은 국제화 시대에는 EI가 개인을 평가하고 선발하는 데 매우 중요한 특질임을 받아들이기 전에 밝혀져야 할 것이 아직 많다.

EI가 일반 지능(또는 성격 요인)보다 수행의 차이를 훨씬 더 잘 설명한다는 주장을 생각해 보자. 이런 주장을 입증하기 위해서는 일반 지능이나 성격 요인보다 EI가 다양한 준거변인에 걸쳐 수행을 더 잘 설명한다는 EI의 증가 타당도가 확인되어야 한다. 즉 일반 지능과 성격의 5요인이 몇 개의 준거를 예측하는 데 타당하다고 가정했을 때, EI가 이보다는 좀 더 유용하고 차별적인 구성 개념이 되기 위해서는 일반 지능과 성격 요인보다 그러한 준거를 더 잘 예측한다는 것을 보여 줄 필요가 있다. 이런 향상을 증가 타당도(incremental validity)라 부른다. 그러나 마치 새 병에 담긴 오래된 와인이라고 받아들여질 만큼 EI의 증가 타당도를 보고한 연구는 거의 없다.

## 전체 요약

1 지능에 대한 정의는 다양하다. 지능을 단순하게 지능검사가 재는 것이라고 보는 이론가들이 있는가 하면, 경험을 통해 학습할 수 있는 능력, 추상적으로 사고하는 능력, 환경에 효율적으로 대처하는 능력을 포함하는 일반적 능력의 집합체로 보는 연구자들도 있다.

2 현대의 지능검사는 정신연령 개념을 제안한 프랑스 심리학자 알프레드 비네에 의해 개발되었다. 똑똑한 아동의 정신연령은 자신의 신체연령보다 더 앞서고, 지체 아동의 정신연령은 자신의 신체연령보다 더 늦다. 신체연령에 대한 정신연령의 비율인 지능지수(IQ) 개념은 비네 검사가 스탠퍼드-비네 검사로 개정될 때 도입되었다. 많은 지능검사가 아직도 IQ 점수로 표시되고 있지만 이제는 이 공식에 따라 계산되지 않는다.

3 비네와 웩슬러 성인 지능검사(WAIS)를 개발한 웩슬러는 지능이 일반적인 추론 능력이라고 가정한다.

4 이와 유사하게 스피어먼은 다양한 종류의 검사 항목 수행에 깔려 있는 하나의 일반 지능($g$)을 제안했다. 요인분석은 지능검사에서의 수행에 깔려 있는 능력의 종류를 결정하는 방법 중 하나이다.

5 가드너의 다중 지능 이론은 그 나름의 규칙에 따라 대뇌에서 분리된 시스템(또는 모듈)으로 작동하는 독립적이고 서로 다른 일곱 가지 종류의 지능을 제안한다. 일곱 가지 지능은 (1) 언어 지능, (2) 음악 지능, (3) 논리 · 수리 지능, (4) 공간 지능, (5) 신체 · 운동 지능, (6) 개인 내 지능, (7) 대인관계 지능이다.

6 스턴버그의 삼원 이론은 세 가지 종류의 지능, 즉 분석 지능, 창조 지능, 실용 지능이 있다고 주장한다.

7 행동과학자들은 한 집단의 사람들이 특정한 특질이나 능력의 측정치에서 보인 점수의 변량을 계산하여 그 집단 사람들이 서로 얼마나 다른지를 계량화한다. 그 집단에 속한 사람들이 서로 다를수록 변량이 커진다. 그다음 연구자들은 그 변량의 어느 정도가 서로 다른 원인에 의한 것인지를 확인하려 한다. 어느 한 특질에서 개인들 간의 유전적 차이로 설명되는(야기되는) 변량의 비율을 그 특질의 유전성이라 부른다.

8 유전성은 (모든 유전자가 동일한) 일란성 쌍둥이에서 얻은 상관과 (평균적으로 유전자의 반이 동일한) 이란성 쌍둥이에서 얻은 상관의 비교로 추정할 수 있다. 일란성 쌍둥이가 어느 특질에서 이란성 쌍둥이보다 더 유사하면 그 특질은 유전적 성분을 지니고 있다고 할 수 있다. 또한 유전성은 따로 분리되어 다른 환경에서 길러진 일란성 쌍둥이의 상관으로 추정할 수도 있다. 이런 식의 상관은 모두 유전적 유사성으로 생기는 것임이 분명하다.

9 유전성은 개인들 간의 차이를 지칭하는 것이지, 개인의 어떤 특질이 어느 정도의 유전적 요인에 의해 나타나는지를 알려 주는 것은 아니다. 유전성은 어떤 특질이 지닌 고정된 속성도 아니다. 어떤 집단에서 어떤 특질의 변산성을 바꾸는 일이 발생하면 그 유전성도 변한다. 유전성은 한 집단 안에서의 변량을 나타내는 것이지 집단 간 차이의 원천을 나타내는 것이 아니다. 그러나 유전성은 환경적 변화가 어느 집단이 갖고 있는 특질의 평균 수준을 얼마나 많이 바꿀 수 있는지를 알려 준다.

10 정서 지능은 네 가지 요소를 지닌 것으로 생각된다–정서에 대한 정확한 지각과 표현, 정서를 느끼고 생성하는 능력, 정서와 정서적 의미에 대한 이해, 정서 조절. 정서 지능이 높은 사람은 심리적 · 신체적으로 더 건강한 경향이 있다.

11 일반 학습장애는 지적 기능이 평균 이하인 경우로 IQ 점수가 70 이하이고 적응 행동 기능에 결함을 보인다. 대사장애(PKU, 테이삭스병), 염색체 이상(다운증후군, 취약 X 염색체, 13번 염색체나 18번 염색체가 3개인 경우), 임신 중 풍진(독일 홍역) 바이러스, 포진 바이러스나 매독균 감염, 또는 약물(특히 알코올) 복용, 조산 등과 같은 여러 가지 생물학적 요인은 일반 학습장애의 원인이 될 수 있다. 생후 초기부터 실시되는 집중적이고 포괄적인 교육적 개입은 일반 학습장애 수준을 감소시키는 데 도움이 될 수 있다.

## ＊ 핵심 개념

| | | |
|---|---|---|
| 가드너의 다중 지능 이론 | 요인분석 | 지능 |
| 구성 타당도 | 웩슬러 성인용 지능검사 | 지능지수(IQ) |
| 스탠퍼드-비네 지능검사 | 유전성 | 태아 알코올 증후군 |
| 스턴버그의 삼원 이론 | 일반 학습장애 | *g* |
| 앤더슨의 지능 이론 | 정서 지능 | |

# 13 성격

**학습 목표**

이 장을 읽고 나면 다음의 것들을 할 수 있어야 한다.

- ▶ 성격 특질에 관한 연구 결과로 얻어진 성격의 5요인(Big Five)을 알 수 있다.
- ▶ Q-소트, 준거 맞춤법, MMPI 등 성격평가 방법에 익숙해질 수 있다.
- ▶ 프로이트의 성격 구조에 관한 가정, 역동 및 성격 발달 등 정신분석학 이론의 핵심 개념을 이해할 수 있다.
- ▶ 프로이트 입장을 수정한 후속 이론과 로르샤흐, TAT 등 정신분석학적 접근에서 사용하는 평가 방법에 관해 논의할 수 있다.

▶ 인간 성격을 보는 시각과 정신분석학 이론에 대한 비판적 관점에서 정신분석학 접근을 평가할 수 있다.

▶ 행동주의 접근의 기본 가정, 핵심 개념, 성격관, 행동주의 접근의 기여와 비판에 대해 이해할 수 있다.

▶ 밴듀라, 미셸, 켈리의 사회인지적 이론이 포함된 성격에 대한 인지적 접근을 이해할 수 있다. 자기도식 개념을 이해하고 인지적 접근에 대한 평가를 할 수 있다.

▶ 인본주의 접근이 정신분석학적 접근이나 사회학습론적 접근과 어떻게 다른지 이해할 수 있다. 자기개념 등 칼 로저스와 에이브러햄 매슬로 이론의 기본 가정과 인본주의 관점에 대한 평가를 알 수 있다.

▶ 성격에 대한 진화론적 접근, 진화론적 시각에서 남성과 여성의 차이, 인간 행동의 기원에 대한 다양한 비판을 이해할 수 있다.

▶ 성격의 유전학에 대한 쌍둥이 연구와 유전형-환경 상호작용 개념을 이해할 수 있다.

▶ 성격-환경 상호작용의 세 가지 역동 과정(반응적, 유도적, 주도적)을 구분하고 각각에 속하는 예를 알 수 있다. 이 세 가지 상호작용 과정을 쌍둥이 연구에서 나타난 당혹스러운 양상과 연계할 수 있다.

## 이 장의 개요

오스카 스토흐와 잭 유프는 트리니다드에서 태어날 때 일란성 쌍둥이였는데 출생 후 곧장 따로 길러졌다. 어머니는 오스카를 독일로 보냈는데, 거기서 할머니 손에 길러져 천주교 신자이면서 나치 대원이 되었다. 잭은 유대인 아버지와 함께 트리니다드에 남아 유대인으로 길러졌고 유년 시절의 일부를 이스라엘 키부츠에서 보냈다. 이 두 사람은 서로 연락을 한 적도 없었다.

40대 후반이 되어 오스카와 잭은 분리되어 길러진 쌍둥이를 연구하고 있었던 미네소타대학교 연구 팀에 의해 함께 모이게 되었다. 오스카와 잭은 이전에 한 번도 만난 적이 없었지만 놀라울 정도로 비슷했다. 두 사람이 연구에 참석하러 왔을 때, 수염을 기르고 둥근 철사테 안경을 끼고 푸른색 양복을 입고 나타났다. 그들은 습관과 기질이 비슷하고 특이한 취향도 비슷한 면이 있었는데, 둘 다 매운 음식을 좋아하고, 달콤한 술을 좋아하고, 잘 잊어버리고, 화장실을 사용하기 전에 물을 먼저 내리고, 버터가 발린 토스트를 커피에 찍어 먹는 것을 좋아하고, 엘리베이터 안에서 재채기를 하여 사람들을 놀라게 하는 것을 즐겼다.

미네소타 연구에 참여한 다른 쌍둥이들도 유사성을 보였다. 예를 들어 사진에 있는 두 사람은 출생 시 분리되어 31세가 되어서야 처음 만났는데 둘 다 소방관이 되어 있었다. 무엇이 이런 유사성을 만들어 내는가? 소방관을 만드는 유전자나 토스트를 커피에 찍어 먹는 유전자, 또는 엘리베이터 안에서 사람들을 놀라게 하는 유전자가 없다는 것은 분명하다. 이러한 유사성은 선천적으로 타고난, 보다 근본적인 성격 특성을 반영하는데, 이 특성이 특정 행동을 선호하게 만들 수 있다.

**미네소타대학교의 토머스 부차드 박사는 따로 양육된 일란성 쌍둥이 제임스 루이스와 제임스 스프링거에 대해 성격검사를 실시했다. 검사는 이들이 만난 지 약 6주 후에 실시되었다.**

여러 가지 방식에서 모든 사람들은 서로 닮았다. 이 책에서 논의되는 생물학적 과정과 심리적 과정—발달, 의식, 지각, 학습, 기억, 사고, 동기, 정서—은 기본적으로 우리 모두에게 같다. 그러나 서로 다른 방식도 있다. 각 개인을 고유하게 만드는 독특한 능력, 신념, 태도, 동기, 정서, 성격 특질이 있다. 이 장에서는 성격이라는 개념으로 파악되는 사람들 간의 차이에 관한 이론에 초점을 둘 것이다.

지난 100년간 성격심리학을 주도한 네 가지 이론적 접근인 정신분석학적 접근, 행동주의적 접근, 인본주의적 접근, 인지적 접근을 살펴볼 것이다. 또한 진화론적 접근에 관해서도 논할 텐데, 이는 최근 20년간 성격을 이해하기 위해 적용된 접근이다. 이론을 개관하면서 우리는 결코 만족할 만한 대답이 없는 질문을 던지게 된다. 우리의 신념, 정서, 행위가 어느 정도 자유로운가, 어떻게 해서 우리가 통제할 수 없는 원인에 의해 영향을 받는가? 우리는 기본적으로 선한가, 악한가, 아니면 중립적인가? 인간은 변할 수 없는가, 변화 가능한가? 우리의 운명은 능동적으로 통제할 수 있는가, 아니면 수동적인가? 이러한 질문은 경험적으로 해결될 수 있는 것이 아니며, 성격 이론은 이런 질문에 대한 명시적 대답을 얻고자 하지 않는다. 그러나 각 이론적 접근에는 암묵적인 대답—인간 성질에 대한 일련의 고유한 가정—이 포함되어 있다. 역사적으로 보면 이러한 철학적 시각은 논쟁거리를 제기하고 경합하는 이론적 입장에 영향을 준다는 점에서 경험 자료만큼 중요하다.

또한 우리는 3장에서 소개한 주요 주제인 유전과 환경 간의 상호작용으로 돌아갈 것이다. 3장에서는 특히 우리 모두를 똑같게 만드는 요인에 초점을 두고, 발달 과정을 결정하는 데 선천적인 생물학적 요인과 개인의 환경에 있는 사건이 어떻게 상호작용하는지를 논의했다. 예를 들어 선천적으로 결정된 성숙 단계가 환경에 관계없이 모든 아이들을 동일한 순서로 동일한 발달 단계로 나아가게 하는 것을 살펴보았다. 이 장에서는 사람들을 서로 다르게 만드는, 즉 고유성을 만드는 생물학적 요인과 환경적 요인에 초점을 둔다. 이에 앞서 성격이 무엇인지 그리고 성격을 어떻게 측정할 것인지에 관해 논할 것이다.

## 성격의 개념화와 측정

**성격** personality은 개인이 물리적 · 사회적 환경과 상호작용하는 방식을 나타내는 사고, 정서, 행동의 고유하고 특징적인 양상으로 정의될 수 있다. 어떤 개인의 성격을 말해 보라고 하면 우리는 외향적이다, 성실하다 등과 같은 성격 특질을 지칭하는 용어를 사용하기 십상이다. 성격심리학자는 일반인이 성격 특질이라고 생각하는 엄청나게 많은 용어를 성격의 다양성을 망라하면서도 적절하게 다룰 수 있는 세트로 단축하려고 시도한다.

성격을 포괄적으로 서술하면서도 다룰 수 있을 정도의 개수를 지닌 특질로 추출하는 작업은 사전을 찾아보는 작업에서부터 시작한다. 이런 작업에는 언어가 일상생활에서 보이는 개인들 간의 중요한 차이를 잘 그려 낼 것이라는 가정이 깔려 있다. 언어는 그 문화의 누적된 경험을 내포하고, 사전은 그러한 경험을 글로 기록한 것이다. 1930년대 올포트와 오드베르트(Allport & Odbert, 1936)는 영어 사전에서 행동 특성을 지칭하는 약 18,000개의 단어를 찾았는데, 이는 그 사전에 있는 모든 단어의 약 5%에 해당되는 많은 것이었다. 그다음 그들은 가장 전형적인 특질을 나타내는 4,500개로 단축했다.

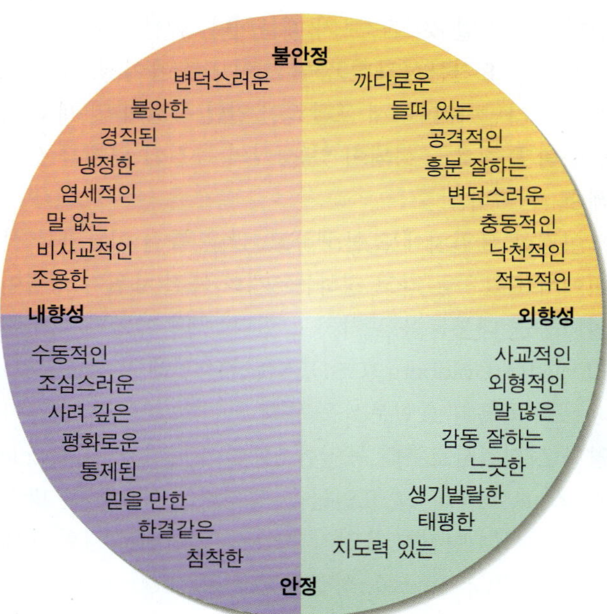


**그림 13.1 아이젱크의 성격 요인.** 이 그림은 아이젱크와 다른 연구자들에 의해 수행된 특질 간의 상관에 대한 요인분석 연구에서 얻어진 두 가지 주요 요인을 보여 준다. 안정–불안정 축은 신경성 성향 요인을 나타내고, 내향성–외향성 축은 외향성 요인을 나타낸다. 이 원 주위에 나열된 형용사는 특질이 이 두 요인과 관련하여 어디에 위치하는지를 알려 준다.

### 성격 특질의 개수

특질 4,500개는 다루기 힘든 개수이다. 그래서 연구자들은 이 특질들을 서로 연결되는 보다 작은 개수의 범주로 묶는 작업을 시도했다. 연구자들은 특질 용어를 사용하여 개인에게 평정하게 하고, 요인분석이라는 통계적 절차를 사용하여 이 특질 용어 평정치 간의 상관을 구했다. 연구자들은 인간 성격을 포착하는 데 필요한 특질의 개수에 관해 다양한 결론을 내리고 있다. 레이먼드 카텔(Cattell, 1943, 1945)은 특질을 16개로 축약했다. 영국의 심리학자 한스 아이젱크(Eysenck, 1953)는 환자들의 특성에 대한 정신과 의사들의 평정치를 사용하여 두 가지 성격 요인을 추출했다. 내향성–외향성과 신경증 성향이 그것이다. **내향성–외향성** introversion–extroversion은 개인의 기본적 오리엔테이션이 자신 안으로 향하는지, 아니면 외부 세계로 향하는지의 정도를 의미한다. 이 척도의 내향성 극단에는 수줍음을 많이 타고, 혼자서 일하기 좋아하는 사람들이 있다. 이들은 자신의 세계로 물러나 있는데, 정서적인 스트레스가 있거나 갈등이 있을 때는 특히 그렇다. 외향성 극단에는 사교적이고, 다른 사람들과 더불어 일할 수 있는 직업을 선호하는 사람들이 있다. 이들은 스트레스가 있으면 친구를 찾는다. **신경증 성향** neuroticism(불안정–안정)은 정서성 차원으로, 신경증적이고 불안정한 극단에는 기분이 잘 변하고, 불안하고, 신경질적이고, 부적응적인 사람들이 있으며, 그 반대 극단에는 침착하고 적응을 잘하는 사람들이 있다. 그림 13.1에는 이러한 두 차원이 조합되어 나타나는 많은 하위 특질이 제시되어 있다.

특질의 최종 개수에 관해 연구자들의 결론이 다른 것은 분석에 사용된 원래의 특질 용어가 다르고, 분석에 사용된 자료의 종류가 다르고(예: 또래 평정 또는 자기보고), 사용된 요인분석법이 다르기 때문이다. 그러나 일부 불일치는 취향의 문제에서 생긴다. 성격을 보다 분화시키고 세부적으로 서술하고 싶은 연구자들은 기준을 낮게 설정하여 보다 많은 개수의 요인을 찾으려고 하는데, 그 이유는 여러 요인이 합쳐지면 중요한 구분이 사라질 것이라는 생각에서이다. 이와 반대로 아이젱크 같은 연구자들은 하위 수준의 요인을 보다 일반적인 요인으로 합치는 것을 선호하는데, 이는 이렇게 하여 얻어진 요인이

보다 안정적일 것으로 보기 때문이다. 예를 들어 카텔의 16요인을 요인분석하면 상위 요인으로 아이젱크의 2요인이 나타난다. 따라서 포괄적인 일반 특질이 몇 개 하위 범주의 특질로 구성되어 있는 식의 특질의 위계를 생각해 볼 수 있다.

이러한 불일치에도 불구하고, 많은 특질 이론가들 사이에서 'Big Five'라고 칭하는 5개의 특질 차원이 성격이 의미하는 대부분을 포착하고 있다는 데 합의가 이루어지고 있다(Goldberg, 1981). 5요인은 원래 올포트-오드베르트 목록의 요인분석을 통해 확인된 것이었지만, 다양한 성격검사로부터 동일한 5요인이 나타났다(McCrae & Costa, 1999). 그 요인들을 명명하고 해석하는 방식에 대해서는 여전히 불일치가 있지만, 대체로 경험에 대한 개방성(Openness), 성실성(Conscientiousness), 외향성(Extroversion), 우호성(Agreeableness), 신경증 성향(Neuroticism)이란 이름이 사용되고 있다. 표 13.1에는 5요인에 속하는 특질 척도의 대표적인 예가 제시되어 있다. 많은 성격심리학자들은 Big Five의 발견과 그 타당화를 현대 성격심리학의 주요 돌파구 중 하나로 간주하기도 한다. Big Five 지지자들은 이 핵심 5요인이 그동안 여러 연구자들이 논의해 왔던 무수히 많은 성격 특성을 보다 좁혀 체제화한 것이라고 주장한다(McCrae & Costa, 2006). 달리 말해 이들은 성격의 모든 측면이 Big Five 아래 속한다고 주장한다.

Big Five의 기본 구조는 여러 문화권에서 반복 확인되며, 다양한 연령의 사람들에게서 일관성 있게 나타나고 있다(Benet-Martinez & John, 1998; McCrae & Costa, 2006; Yang et al., 2002). 5요인 모델에 속한 성격 특질은 유전의 영향을 크게 받는 것으로 보인다(Jang et al., 1998).

### 표 13.1 특질의 5요인

Big Five로 알려진 5요인은 다양한 측정 도구를 사용한 요인분석에서 신뢰롭게 나타나고 있다. 제시된 형용사 쌍은 각 요인을 잘 나타내는 차원의 예이다.

| Big Five 요인 | 대표적인 차원 |
|---|---|
| 개방성 | 인습적인-창의적인, 안전무사한-대담한, 보수적인-자유로운 |
| 성실성 | 부주의한-조심스러운, 믿을 수 없는-믿을 만한, 게으른-성실한 |
| 외향성 | 위축된-사교적인, 조용한-말 많은, 억제된-자발적인 |
| 우호성 | 성마른-성품이 좋은, 무자비한-마음이 따뜻한, 이기적-이타적 |
| 신경증 성향 | 침착한-걱정 많은, 강인한-상처를 잘 입는, 안정한-불안정한 |

외향적인 사람들은 남의 시선을 끄는 것을 두려워하지 않는다.

## 성격검사

일부 성격검사는 개인에게 자신을 성격 특질 차원상에서 평정하도록 요구한다. 반면에 특정 상황에서 어떻게 반응하는지에 대해 일련의 질문을 하는 검사도 있다. 예를 들어 '나는 자주 새로운 음식과 이국적인 음식을 맛본다' 또는 '나는 내가 만나는 사람들 대부분을 정말로 좋아한다'와 같은 문항에 대해 어느 정도 지지하는지를 표시하도록 한다. 성격을 측정하는 질문지—소위 **성격검사**personality inventory—는 각 개인에게 동일한 질문을 하고, 대체로 쉽게 채점할 수 있는 형태로 응답을 얻는다. 성격검사에 있는 각 문항은 특정 성격 특질을 잴 수 있도록 구성되어 있고, 비슷한 하위 문항은 각 하위 척도상에서 하나의 점수를 내기 위해 합산된다. 예를 들어 '나는 자주 새로운 음식과 이국적인 음식을 맛본다'는 Big Five 척도 중 하나인 경험에 대한 개방성에 속하는 문항이고, '나는 내가 만나는 사람들 대부분을 정말로 좋아한다'는 외향성 척도에 속하는 문항이다.

대부분의 성격검사 문항은 원래 각 특질을 개발한 연구자의 이론에 따라 만들어진다. 그다음 동일한 척도상의 다른 문항들과 상관이 있는지 없는지에 따라 최종 검사에 포함되기도 하고 탈락되기도 한다. 종종 예비형 검사에는 엄청나게 많은 문항이 포함되며, 많은 사람들에게 실시된다. 그다음 어느 하위 문항이 서로 상관이 있는지, 그리고 이 하위 문항이 원래 고안된 특질 척도에 실제로 속하는지를 결정하기 위해 그 반응을 분석한다.

## 미네소타 다면 성격검사(MMPI)

준거 맞춤 방법이라고 불리는 아주 색다른 검사 구성 방법이 현재 가장 많이 사용되는 성격검사 중의 하나인 **미네소타 다면 성격검사**Minnesota Multiphasic Personality Inventory(MMPI)를 개발하는 데 사용되었다. MMPI는 태도, 정서반응, 신체적 증상과 심리적 증상, 경험에 관한 550개 이상의 문항으로 구성되어 있다. 검사를 받는 사람은 각 문항을 읽고 '그렇다', '아니다', '잘 모르겠다' 중 하나에 응답하게 되어 있다. 대표적인 문항이 아래에 제시되어 있다.

- 나는 스릴감을 추구하기 위해 위험한 행동을 해 본 적이 없다.
- 나는 백일몽을 거의 꾸지 않는다.
- 내 생각에는 불합리한 것일지라도 부모는 종종 나를 복종하도록 만들었다.
- 때때로 나는 생각이 너무 빨라 말이 생각을 따라가지 못한다.

MMPI 개발자들은 어떤 이론에 기초하여 문항을 구성하지 않고, 위와 같은 수백 개의 문항을 여러 집단에 제시했다. 여기에 사용된 집단은 특정 준거에서 그 규범이 다른 집단이다. 예를 들어 편집증과 정상인을 구분하는 척도를 개발하려면 동일한 질문을 두 집단에 실시하는데, 준거집단은 편집증 환자로 진단을 받고 병원에 입원한 사람들이며, 통제집단은 연령, 성, 사회경제적 지위, 그리고 다른 중요한 변인은 비슷하지만 정신과 문제가 있다고 진단받은 적이 없는 사람들이다. 응답 결과 편집증 집단과 정상 집단을 구분해 내는 질문만이 그 척도에 포함된다. 정상 집단과 편집증 집단을 구분해 줄 것으로 보이는 질문(예: 대부분의 사람들은 출세를 위해 거짓말을 한다고 생각한다)은 경험적 검사에서 변별이 될 수도 있고 아닐 수도 있다. 실제로 편집증 환자들은 이 질문에 대해 정상인들보다 '그렇다'는 반응을 더 적게 보였다. 최종 검사에서 각 문항에 대한 반응은 준거집단이 보여 준 응답과 일치하는 정도에 따라 채점된다.

MMPI는 여러 가지 **타당도 척도**를 포함하고 있는 최초의 주요 검사이다. 타당도 척도는 개인이 검사 문항에 신중하게 그리고 정직하게 대답하는지를 점검하고자 했다. 타당도 척도 중 어느 한 척도라도 점수가 높으면 본 척도의 점수는 조심스럽게 해석하거나 아니면 모두 버려야 한다. 타당도 척도는 도움이 되기는 하지만, 타당하지 않은 점수를 완벽하게 찾아내는 것은 아니다. 표 13.2에는 MMPI에 있는 3개의 타당도 척도와 10개의 내용 척도가 제시되어 있다.

MMPI는 준거집단과 통제집단 간의 차이로부터 도출된 것이기 때문에, 개인이 말한 것이 사실인지 아닌지는 실제로 문제가 되지 않는다. 중요한 것은 개인이 그렇다고 말한다는 사실이다. '어머니는 전혀 나를 사랑하지 않았다'라는 문항에 대해 조현병인 사람이 '그렇다'라고 응답하고, 정상인은 '아니다'라고 응답했다면, 이 응답은 어머니가 실제로 어떻게 행동했느냐에 관계없이 두 집단을 구분해 주는 문항이 된다. 이 점은 특정 대답은 특정 성격 특성을 나타낸다는 검사 구성자의 가정에 근거한 검사와 달리 준거 맞춤 방법에 근거한 검사가 가진 한 가지 장점이다. 단점은 그 검사의 응답과 성격 특성 간의 연계에 대해 이론적 근거가 없다는 것이다.

MMPI에 관한 연구가 1만 편 이상 발표되었고, 적어도 150개의 언어로 번역되었다. MMPI는 전반적으로 이상 집단과 정상 집단을 구분하는 데 가장 유용하게 사용되며, 한 개인이 지닌 심리적 혼란의 전반적 심각성을 평가하는 데 유용하게 사용될 수 있다. 그러나 MMPI는 다양한 정신병리를 보다 섬세하게 구분하지 못한다.

## 표 13.2 MMPI 척도

처음의 3개 척도는 '타당도' 척도인데, 개인이 검사 문항에 대해 주의 깊고 정직하게 대답하는지를 알아보는 것이다. 예를 들어 F(Frequency) 척도는 드물거나 전형적이지 않은 대답을 하는 정도를 측정한다. 이 척도에서 점수가 높은 것은 일반적으로 개인이 부주의하게 응답하거나 응답하는 데 혼란스럽다는 것을 말해 준다(한편 높은 F 점수는 종종 높은 조현병 점수와 동반하는데, 이것은 기괴한 생각의 정도를 잰다). 나머지 '임상' 척도는 원래 정신과 장애 범주에 대한 명칭이었는데, 지금은 해석 시 진단적 범주보다는 성격 속성을 강조한다.

| 척도 명칭 | 약자 | 점수가 높은 것에 관한 해석 |
|---|---|---|
| 부인 척도 | L | 일반적인 약점에 대한 부인 |
| 비전형 척도 | F | 점수의 타당하지 않음 |
| 교정 척도 | K | 방어적, 회피적 |
| 건강염려증 | Hs | 신체적 불편에 대한 호소 |
| 우울증 | D | 불행, 우울 |
| 히스테리 | Hy | 문제를 부정함으로써 스트레스에 대응 |
| 반사회성 | Pd | 사회적 동조 결여, 빈번한 법률 위반 |
| 남성성-여성성 | Mf | 여성적 지향(남성), 남성적 지향(여성) |
| 편집증 | Pa | 의심이 많음 |
| 강박증 | Pt | 걱정이 많음, 불안함 |
| 조현병 | Sc | 사회적 철회, 기괴한 사고 |
| 경조증 | Ma | 충동적, 흥분을 잘함 |
| 사회적 내향성 | Si | 내성적, 수줍음이 많음 |

### Q-소트

개인 특질을 재는 한 가지 특수한 방법으로 **Q-소트** Q-sort(Q는 임의로 선택된 것으로 특별한 의미가 없다)가 있다. 이 방법은 평가자 또는 분류자가 약 100개 정도의 카드를 몇 개의 더미로 분류함으로써 개인의 성격을 서술하는 것이다. 각 카드에는 성격 진술문이 하나씩 적혀 있다(예: '다양한 흥미를 갖고 있다', '자기패배적 생각을 한다'). 평가자는 그 카드들을 9개의 더미로 분류하는데, 왼쪽 더미 1에는 그 개인에게 가장 해당되지 않은 카드들을, 오른쪽 더미 9에는 그 개인을 가장 잘 나타내는 카드들을 놓는다. 다른 카드들은 중간에 있는 더미에 배분되는데, 그 개인의 특성에 해당되는 것이라고 할 수도 없고 아닌 것이라고 할 수도 없는 것이면 중간 더미인 더미 5에 놓이게 된다. 각 Q 문항은 1에서 9까지 범위의 점수를 받는데, 점수가 높을수록 그 문항은 그 개인이 지닌 특성임을 나타낸다(일부 Q-소트는 9개 이하 또는 9개 이상을 사용하지만 그 기법은 동일하다).

얼핏 보기에 이것은 9점 척도를 사용하여 일련의 특질에 대해 평정자들이 개인을 평가하는 것과 다르지 않게 보일 수 있다. 또한 실제로 연구자가 원하면 이런 식으로 사용될 수도 있다. 그러나 중요한 차이점 하나가 있다. 평정 척도를 사용하는 경우, 평가자는 암묵적으로 개인을 다른 사람들과 비교한다(예: '아주 친절한'이란 평가는 그 개인이 다른 사람들과 비교해 볼 때 아주 친절하다는 것이 내포되어 있다). 그러나 Q-소트로 분류할 경우, 평가자는 한 개인 내에서 한 특질을 다른 특질과 비교한다(예: '친절한'이란 항목을 더미 9에 놓는다는 것은 다른 특질과 비교해 볼 때 친절성이 그 개인을 특히 잘 나타내는 것임을 의미한다).

연구자들은 2개 Q-소트 간의 상관을 계산하여 2개 Q-소트를 비교할 수 있는데, 그것으로 두 사람이 전반적 성격 평가에서 어느 정도 비슷한지를 측정할 수 있다. 2개의 Q-소트가 동일한 개인에 대해 서로 다른 시점에서 얻어진 것이라면, 그 상관은 Q-소트의 검사-재검사 신뢰도를 재거나 시간에 걸친 개인의 전반적 성격 양상의 연속성을 재는 것이 된다. 2개의 Q-소트가 한 개인에 대해 두 평정자가 내린 평가라면, 그 상관은 Q-소트의 **평정자 간 신뢰도** interjudge reliability를 재거나 두 평정자가 한 개인을 동일하게 지각하는 정도를 재는 것이 된다(예: 결혼 상담에서 두 배우자가 서로에 대한 지각에서 어느 정도 일치하는지, 아닌지를 재는 데 도움이 될 것이다). 끝으로 2개의 Q-소트 중 하나가 가상적 성격 유형에 관한 것이라면, 개인의 실제 Q-소트와 가상적 소트 간의 상관은 그 개인이 그 성격 유형에서 어느 정도 유사한지를 재는 것이 된다. 예를 들어 임상심리학자에게 '적절하게 적응하는 성격'의 Q-소트를 구성하도록 요청한다. 한 개인에 대한 Q-소트와 임상심리학자의 이 가상적 Q-소트 간의 상관은 하나의 적응 점수로 해석될 수 있다(Block, 1961, 1978).

특질 이론은 하나의 성격 이론이라기보다 개인의 안정된 특성을 측정하는 일반적 지향 방향이자 한 부류의 측정 방법이다. 성격 특질 그 자체는 성격 기능의 역동적 과정에 관해 아무것도 말해 주지 못한다. 따라서 특질심리학자들은 성격심리학의 두 번째 주 과제인 물리적 환경, 사회적 환경과 상호작용하는 개인에게 영향을 주는 많은 과정(생물학, 발달, 학습, 사고, 정서, 동기, 사회적 상호작용 등)을 통합하여 전체로서의 개인을 설명하려는 다른 접근에 의존할 수밖에 없다.

### 중간 요약

- 성격을 평가할 수 있는 포괄적이면서도 적절한 개수의 성격 특질을 얻기 위해 연구자들은 처음에는 영어 사전에 있는 모든 특질 용어를 수집했다(약 18,000개). 그다음 이것들을 보다 작은 개수로 축소했다. 이 특질 용어 중에서 개인을 평정한 값을 요인분석하여 그 척도들 간의 상관을 설명하는 데 필요한 기저 차원의 수를 결정한다.
- 여러 연구자들이 서로 다른 개수의 요인을 얻었지만, 이제 대부분의 연구자들은 최선의 합의점으로 5개의 요인이 있다고 생각한다. 이 5요인은 'Big Five'로 명명되었다–경험에 대한 개방성, 성실성, 외향성, 우호성, 신경증 성향.
- 성격검사는 특정 상황에서 개인이 자신의 반응이나 감정을 보고하는 질문지이다. 하위 문항에 대한 반응을 합산하여 각 척도에 해당되는 점수를 산출하게 된다.
- 대부분의 성격검사 문항은 이론에 근거하여 만들어지지만, 외부 준거와의 상관에 근거하여 문항이 만들어질 수도 있다–검사 구성에서의 준거 맞춤 방법. 가장 잘 알려진 예가 미네소타 다면 성격검사(MMPI)인데, 이것은 개인이 심리적 장애가 있는지 확인하기 위해 고안된 것이다.
- Q-소트는 평정자가 성격 형용사가 적힌 카드를 분류하는 한 방법으로, 9개의 더미로 분류하는 경우 왼쪽 더미 1에는 그 개인에게 가장 해당되지 않는 카드들을, 오른쪽 더미 9에는 그 개인을 가장 잘 나타내는 카드들을 놓는다.

### 비판적 사고를 위한 물음

1. 'Big Five'의 일부 성격 특질에서 여성과 남성 간에 성차가 일관성 있게 나타난다. 어느 특질에서 성차가 있으리라고 기대하는가? 성차의 방향은?

2. 'Big Five' 성격 특질상에서 자신을 평가해 보라. 이 방식으로 자신의 성격이 정확하게 서술될 수 있다고 생각하는가? 이 방식으로 표현되지 않는 자신의 중요한 성격 측면이 있는가? 당신과 친한 친구(또는 가족 일원)가 당신의 성격을 서술한다면 어떤 특성에서 불일치가 있겠는가? 왜 그런가? 당신 생각에 당신의 성격을 기술하는 데 당신보다 그 사람이 더 정확할 수 있다고 여기는 특질이 있는가? 왜 그런가?

## 정신분석학적 접근

**정신분석 이론**psychoanalytic theory의 창시자인 지그문트 프로이트는 성격 이론에서 핵심적 인물이다. 프로이트는 성격을, 서로 상호작용하여 인간 행동을 지배하는 세 가지 주요 시스템인 원초아, 자아, 초자아로 분류했다.

### 원초아

프로이트에 따르면 **원초아**id는 성격의 가장 원초적인 부분으로 자아와 초자아도 여기서 발달한다. 원초아는 신생아에게 있으며 가장 기본적인 생물학적 추동으로 구성되어 있는데, 먹고 마시고 배설하려는 욕구, 고통을 피하고 성적 쾌락을 추구하려는 욕구 등이 여기에 포함된다. 프로이트는 공격성도 기본적인 생물학적 추동의 하나로 보았다. 실제로 그는 전 생애에 걸쳐 성적 추동과 공격적 추동이 성격의 가장 중요한 본능적 결정 요인이라고 생각했다. 원초아는 이러한 충동을 즉각적으로 만족시키려 한다. 어린아이처럼 원초아는 **쾌락 원리**를 따라 작동하는데, 그것은 외적 환경에 관계없이 지속적으로 쾌락을 얻고 고통을 피하려 하는 것이다.

### 자아

아동은 곧 자신의 충동이 언제나 즉각적으로 충족될 수 없다는 것을 알게 된다. 배고픔은 누군가 음식을 제공해야만 사라질 것이다. 화장실에 갈 때까지는 배설이 지연되어야 한다. 성기를 만지거나 다른 사람을 때리고 싶은 충동은 처벌을 받을지도 모른다. 성격의 새로운 한 부분인 자아는 어린 아동이 현실의 요구를 고려하는 것을 배우면서 발달한다. **자아**ego는 **현실 원리**를 따르는데, 그것은 그 상황이 적절할 때까지 충동의 만족이 지연되어야 한다는 것이다. 따라서 자아는 본질적으로 성격의 집행자이다. 즉 자아는 원초아의 어떤 충동이 만족될 것인지, 그리고 어떤 방식으로 만족될 것인지를 결정한다. 자아는 원초아의 요구, 현실, 그리고 초자아의 요구를 중재한다.

### 초자아

성격의 세 번째 부분은 **초자아**superego로, 초자아는 행위가 옳은지 그른지를 판단한다. 보다 일반적으로 말하자면 초자아는 사회의 가치와 도덕에 관한 내면화된 표상

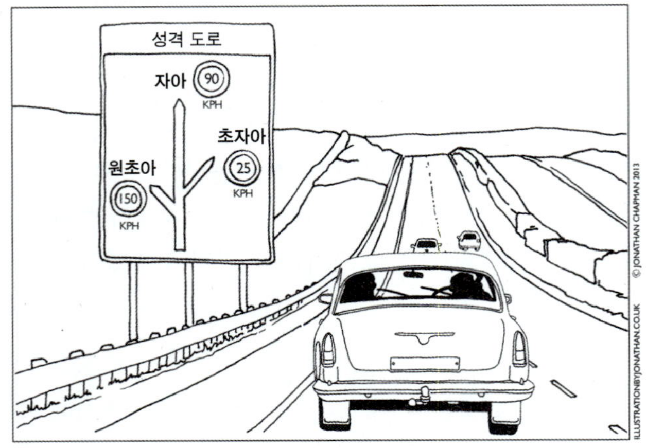


이다. 초자아는 개인의 양심과 도덕적으로 이상적인 사람에 관한 이미지(이상적 자아라 불림)이다.

초자아는 부모가 제공하는 상과 처벌에 대한 반응에서 발달한다. 처음에 부모는 상과 벌을 통해 아동의 행동을 직접적으로 통제한다. 부모의 기준을 초자아에 통합함으로써 아동은 행동을 자신의 통제하에 두게 된다. 아동은 도둑질이 잘못된 것이라고 말해 줄 사람이 더 이상 필요치 않다. 초자아가 말해 주기 때문이다. 초자아의 기준을 위반하거나 그렇게 하려는 충동조차도 불안을 유발하는데, 이 불안은 부모의 사랑을 상실하는 것에 대한 두려움에서 시작된다. 프로이트에 따르면 이러한 불안은 주로 무의식적인 것이지만 죄책감으로 경험될 수 있다. 부모의 기준이 지나치게 엄격하면 개인은 죄책감이 부가되어 모든 공격적 충동과 성적 충동을 억제할 것이다. 반면에 납득할 만한 사회행동에 관한 어떤 기준을 갖지 못한 개인은 행동 제약을 거의 느끼지 못하고 제멋대로 행동하거나 범죄 행동을 할 수도 있다. 그러한 개인을 초자아가 약한 사람이라고 부른다.

성격의 세 가지 요소는 종종 서로 갈등을 일으킨다. 자아는 원초아가 원하는 충동의 즉각적 만족을 지연한다. 초자아는 원초아와 자아 두 요소 모두와 싸우는데, 이는 원초아와 자아의 행동에 도덕적 요소가 부족하기 때문이다. 아주 잘 통합된 성격에서는 자아가 안정적이면서 융통성 있는 통제를 유지하고 현실 원리가 지배한다. 그의 초기 빙산 모델에서 보면, 프로이트는 원초아의 전부, 자아와 초자아의 대부분이 **무의식** unconscious에 있고, 자아와 초자아의 일부분이 **의식적** conscious이거나 **전의식적** preconscious이라고 제안했다.

# 방어기제

## 에너지의 보존

프로이트는 한 개인에게는 **리비도** libido—라틴어로 '욕망'이라는 의미—라고 부르는 일정한 양의 정신적 에너지가 있다고 주장했는데, 이는 성적 추동이 일차적이라는 그의 관점을 반영하고 있다. 만약 금지된 행위나 충동이 억압되면 그 에너지는 위장된 형태로 그 시스템 내의 다른 어느 곳에선가 출구를 찾으려 한다. 원초아의 욕망은 어떤 방식으로든 표현되어야 하는 정신적 에너지를 담고 있으며, 이러한 욕망의 표현을 막는 것은 결코 그 욕망을 없애지 못한다. 예를 들어 공격적 충동은 스포츠카를 몰거나, 체스를 하거나, 아니면 비꼬는 말을 하는 것 등의 위장된 형태로 표현될 수 있다. 꿈과 신경증 증상 역시 직접적으로 표현될 수 없는 정신 에너지의 표현이다.

금지된 무엇인가를 하고 싶은 개인은 불안을 느낀다. 이 불안을 줄이는 한 가지 방법은 사회가 주는 벌을 피하거나 내적 표상인 초자아의 벌을 피할 수 있는 위장된 형태로 충동을 표현하는 것이다. 프로이트와 그의 딸 안나 프로이트는 여러 가지 **방어기제** defense mechanism 또는 불안을 막거나 감소시키는 책략을 언급했는데, 개념 설명에 일부가 제시되어 있다.

우리 모두 때때로 방어기제를 사용한다. 방어기제는 스트레스를 주는 상황을 보다 직접적으로 대처할 수 있을 때까지 대략적으로 우리를 돕는다. 그러나 방어기제가 문제에 대응하는 주도적인 방식이 될 경우에는 역기능적인 것이 된다.

프로이트는 억압을 가장 기본적이고 가장 중요한 방어기제로 간주했다. **억압** repression에서는 너무 위협적이고 고통스러운 충동이나 기억이 의식에서 배제된다. 수치심, 죄책감, 또는 자기비하를 유발하는 기억은 종종 억압된다. 프로이트는 아동기의 어떤 충동에 대한 억압을 보편적인 것으로 생각했다. 나이가 더 들면 자기개념과 불일치하여 불안을 야기할 수 있는 감정과 기억을 억압할 수 있다. 사랑하는 사람에 대한 적대감과 실패 경험은 의식에서 추방될 수 있다.

억압은 **억제** suppression와 다르다. 억제는 의도적인 자기통제 과정으로, 충동과 욕망을 저지하거나(아마 공적으로는 부인하지만 사적으로는 보유하고 있을 것임) 고통스러운 기억을 일시적으로 옆으로 밀어 놓는 것이다. 개인은 억제된 생각은 인식하지만 억압된 충동이나 기억

### ⚜ 개념 설명
## 주요 방어기제

| | |
|---|---|
| 억압 | 아주 위협적이고 고통스러운 충동이나 기억을 의식에서 추방함 |
| 합리화 | 자신의 행동을 합리적으로 보이기 위해 자신의 행동에 대해 논리적이거나 사회적으로 바람직한 동기를 부여하는 것 |
| 반동형성 | 반대되는 동기를 강하게 표현함으로써 자신의 동기를 숨기는 것 |
| 투사 | 자신의 바람직하지 못한 자질을 과장되게 다른 사람에게 부여하는 것 |
| 주지화 | 고통스러운 상황을 추상적이고 지적인 용어로 대처함으로써 그 상황으로부터 멀어지려고 하는 것 |
| 부인 | 불쾌한 현실이 있음을 부정하는 것 |
| 전위 | 만족될 수 없는 동기를 한 형태에서 다른 채널로 돌리는 것 |

은 거의 인식하지 못한다.

프로이트는 억압은 완벽하게 성공하지 못한다고 믿었다. 억압된 충동이 의식에 스며 나오려고 위협하면 개인은 불안해지고(그 이유는 모르지만), 부분적으로 억압된 충동을 의식으로 나오지 못하게 하려는 다른 방어기제를 사용하게 된다.

〈이솝 우화〉에서 여우가 자신이 딸 수 없는 포도를 두고 시기 때문에 따지 않는다고 할 때, 그 여우는 **합리화** rationalization란 방어기제를 보여 주는 것이다. 합리화는 '합리적으로 행동하는 것'을 의미하는 것이 아니다. 합리화는 우리의 행위를 합리적인 것처럼 보이게 하기 위해 논리적인 동기나 사회적으로 바람직한 동기를 부여하는 것이다. 합리화는 두 가지 목적을 갖고 있다. 합리화는 목적에 도달하지 못했을 때 우리의 실망을 없애 주고(나는 그것을 원하지 않았다), 우리 행동에 납득할 만한 동기를 부여해 준다. 우리가 충동적으로 행동하거나 자신조차 인정하고 싶지 않은 동기에 근거하여 행동하면, 우리는 자신의 행동을 보다 근사하게 만들고 싶어 합리화한다.

진짜 이유보다는 그럴듯한 좋은 이유를 찾기 위해 우리는 많은 변명을 하게 된다. 이러한 변명은 일반적으로 그럴듯한데, 단지 전체를 언급하지 않는 것이라 할 수 있다. 예를 들어, '내 방 동료가 나를 깨우지 않았다' 또는 '나는 다른 할 일이 너무 많다'라는 것이 사실일지 모르지만, 이는 그 사람이 그 행동을 하지 않은 진짜 이유가 아닐 수 있다. 정말 관심이 있는 사람이라면 자명종 시계를 맞추거나 시간을 만들어 낸다.

때때로 개인은 자신의 동기와 반대되는 동기를 강하게 표현함으로써 자신의 동기를 숨길 수 있다. 이런 경향을 **반동형성** reaction formation이라 부른다. 원하지 않는 아이라는 것에 대해 죄책감을 느끼는 어머니는 자녀에 대한 자신의 사랑을 확인하고 자신이 좋은 어머니라는 것을 확신하기 위해 아이에게 지나치게 집착하고 과잉보호를 할 수 있다.

우리 모두 자신이 알지 못하는 바람직하지 않은 특성을 갖고 있다. **투사** pojection로 알려진 방어기제는 우리가 가진 바람직하지 않은 자질을 과장하여 다른 사람들에게 부여함으로써 우리의 결함을 인정하지 않도록 막아 준다. 당신이 다른 사람들에게 비판적이고 불친절하다고 가정해 보라. 당신이 이런 성향을 인정한다면 자신을 싫어하게 될 것이다. 당신 주위의 사람들이 냉정하고 불친절하다고 확신한다면, 당신이 그들에게 거칠게 대하는 것은 당신의 나쁜 자질 때문이 아니다. 단지 '그들에게 받을 만한 대접을 하고 있을 뿐이다.' 만약 당신이 모든 학생들이 시험에서 커닝을 한다고 확신할 수 있다면, 쉬운 방법으로 성적을 얻으려는 편법이 그리 나쁘게 보이지 않을 것이다. 투사는 실제로 합리화의 한 형태이지만 흔한 것이기에 별도로 논의한 것이다.

**주지화** intellectualization는 스트레스를 주는 상황을 추상적이고 지적인 용어로 다룸으로써 그 상황으로부터 멀어지려는 시도이다. 이런 류의 방어기제는 생사를 다루는 직업에서 필요한 것일 수 있다. 계속해서 인간의 고통에 직면하는 의사는 모든 환자에게 매번 정서적으로 관여될 여유가 없다. 실제로 어느 정도의 거리를 두는 것은 의사가 유능하게 일하는 데 필수적인 것일지 모른다. 하지만 이런 류의 주지화를 개인이 너무 많이 사용하여 모든 정서적 경험을 차단할 때는 문제가 된다.

외적 현실이 너무 고통스러워 감당하기 어려울 때 개인은 **부인** denial하게 되는데, 이는 원하지 않는 현실이 있다는 것을 인정하기를 거부하는 것이다. 아이가 심각한 병에 걸린 부모는 그 진단과 기대되는 결과에 대해 정보를 충분히 받았음에도 불구하고 그것을 인정하기를 거부할 것이다. 자신이 알고 있는 현실이 주는 고통을 참아낼 수 없기 때문에 부인하는 것이다. 보다 덜 극단적인

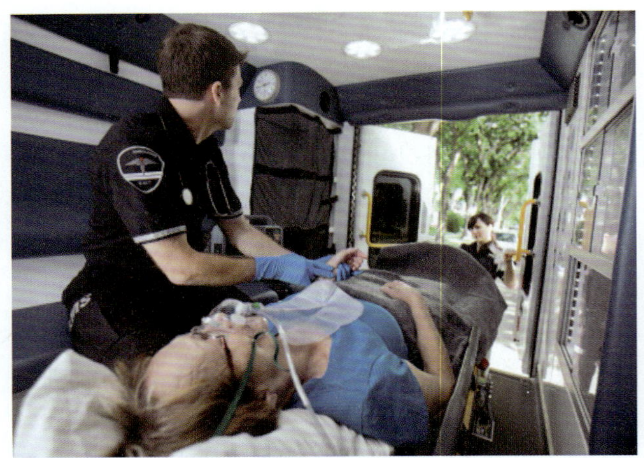

응급실 의사는 스트레스가 많은 직업에 대처하기 위해 여러 가지 방어 기제를 발달시킬 필요가 있을지 모른다.

일부 사람들은 공격적인 스포츠를 함으로써 자신의 공격적 충동을 대체할 수 있다.

예로는 계속 비판을 무시하는 사람, 다른 사람이 자신 때문에 화가 났다는 것을 인식하지 못하는 사람, 배우자가 다른 사람을 사랑하고 있다는 것을 암시하는 모든 단서를 무시하는 사람들에게서 찾아볼 수 있다.

때때로 사실을 부인하는 것은 그것에 직면하는 것보다 나을 수 있다. 극한 위기에 처했을 때 부인은 개인에게 고통스러운 사실에 보다 점진적으로 대처할 수 있는 시간적 여유를 줄 수 있다. 예를 들어 중풍이나 척추 손상 환자가 자기 상태의 심각성을 다 안다면 모든 것을 포기할지 모른다. 만약 희망이 있다면 그들은 계속 노력해 볼 것이다. 전쟁에 참여했거나 포로가 되었던 병사들은 죽음의 가능성에 대한 부인이 자신을 제대로 기능하도록 도와주었다고 보고한다. 그런 상황에서 부인은 분명히 적응적 가치가 있다. 반면에 부인의 부정적 측면은 의료적 도움을 지연한 사람들에게서 찾을 수 있다. 예를 들어 한 여자가 가슴에 있는 종기가 암일 수 있다는 것을 부인하여 생명에 위협이 되기까지 병원에 가는 것을 미룰 수 있다.

**전위** displacement 기제를 통해, 어느 한 형태로 만족될 수 없는 동기는 새로운 통로로 향하게 된다. 전위의 한 예는 욕구 좌절 원천을 향해 표현될 수 없었던 화가 덜 위협적인 대상에게 다시 향하게 되는 사례에서 찾아볼 수 있다. 프로이트는 전위가 공격적 충동과 성적 충동을 다루는 가장 만족스러운 방식이라고 생각했다. 기본적인 욕구는 바뀔 수 없지만 충동이 지향하는 대상은 바꿀 수 있다. 직접 표현될 수 없는 성적 충동은 예술, 시, 음악과 같은 창조적 활동으로 간접적으로 표현될 수 있다. 호전적 충동 또한 접촉이 많은 스포츠를 함으로써 사회적으로 용납되는 표현을 찾을 수 있다.

전위가 좌절된 충동을 실제로 없애는 것 같지는 않지만, 대체된 활동은 기본 욕구가 좌절되었을 때 긴장을 완화하는 데 도움을 준다. 예를 들어 다른 사람을 돌보는 활동이나 친구를 사귀는 활동은 충족되지 않은 성적 욕구와 연합된 긴장을 감소시키는 데 도움이 될 수 있다.

## 성격 발달

프로이트는 생의 첫 5년 동안 개인이 성격에 영향을 주는 몇 개의 발달 단계를 거친다고 생각했다. 아주 넓은 의미의 성 개념을 적용하여 그는 이러한 시기를 **심리성적 단계** psychosexual stages라고 불렀다. 각 단계에서 원초아의 쾌락 추구 충동은 신체의 특정 영역 및 그 영역과 연결된 활동에 초점이 맞추어져 있다. 아동이 이런 충동을 만족시킬 기회가 박탈되든지 아니면 충족에 지나치게 탐닉하면 그 단계에 고착될 수 있다.

프로이트는 생의 첫 1년을 심리성적 발달의 **구강기** oral stage라고 칭했다. 이 기간 동안 영아는 먹고 빠는 것에서 쾌감을 얻고, 손에 잡히는 것은 모두 입에 넣기 시작한다. 구강기에 고착되면 타인과 환경으로부터 받아들이는 것에 관심을 갖는 구강 성격이 형성될 수 있다. 구강 성격을 가진 사람은 흔히 타인을 잘 믿지 않고, 질투심이 많고, 요구가 많으며, 우울에 취약해진다. 프로이트는 두 번째 해를 **항문기** anal stage의 시작으로 칭했는데, 이 기간 동안 아동은 배설물을 보유하고 내보내는 것 모두에서 쾌감을 누린다. 이러한 쾌감은 배변 훈련을 시도하는 부모와 갈등을 일으키게 되는데, 이는 부과된 통제에 대한 아동의 첫 경험이다. 이 단계에 고착된 사람들은 통제, 소유, 청결 문제에 집착할 수 있다.

대략 3~6세에 이르는 **남근기** phallic stage에 아동은 자신의 성기를 만지작거리는 데에서 쾌감을 얻기 시작한다. 이들은 남성과 여성의 차이를 관찰하고 자신의 성적 충동을 이성의 부모에게로 향하기 시작한다. 프로이트에 의하면 5~6세 무렵에 소년의 성적 충동은 어머니에게로 향한다. 이것은 소년으로 하여금 아버지를 연적으로 지각하게 만든다. 프로이트는 이 상황을 고대 그리스 신화에 나오는, 부지불식간에 아버지를 죽이고 어머니와 결혼한 오이디푸스 왕의 이름을 따 **오이디푸스 갈등** Oedipal conflict이라고 칭했다. 또한 프로이트는 소년이 아버지가 자신을 거세함으로써 이러한 성적 충동에 대해 보복할 것을 두려워한다고 생각했다. 프로이트는 이 두려움을 거세 불안이라 명명했고, 이것을 금지된 내적 욕망에 의해 유발된, 보다 나중에 발생하는 불안의 원형으로 간주했다. 정상적인 발달 과정에서 소년은 아버지와 동일시함으로써, 즉 아버지의 태도와 가치를 이상적인 것으로 지각하여 내면화함으로써 이 불안도 해소하고 동시에 어머니를 향한 사랑도 대리적으로 만족시킨다. 소녀에게서도 어머니와 동일시하는 유사한 과정이 있지만 오이디푸스 갈등보다는 더 복잡하다. 남근기의 문제를 해결하지 못한 아동은 힘, 권위, 유혹, 질투에 지나치게 몰입하는 성격을 발달시킬 수 있다.

대략 7~12세까지 남근기가 끝난 후 성적으로 조용한 시기인 **잠복기** latency period가 된다. 성적으로 조용한 이 시기 동안 아동은 자신의 신체에는 관심을 줄이고 환경에 대처하는 기술에 관심을 돌린다. 끝으로 청소년기와 사춘기에 이르면 성인의 성과 기능을 하는 성숙한 단계인 **성기기** genital stage가 된다.

## 프로이트 이론의 수정

프로이트는 전 생애에 걸쳐 자신의 이론을 수정했다. 훌륭한 과학자처럼 그는 초기 이론에 맞지 않는 새로운 관찰이 쌓이면 앞의 입장을 수정하면서 새로운 자료에 대해 개방적 태도를 취했다. 예를 들어 상당히 후기에 그는 불안에 관한 자신의 이론을 완전히 수정했다. 프로이트의 이론은 그의 딸 안나에 의해 더 확장되었는데, 안나는 방어기제를 명료화하고(Anna Freud, 1946, 1967) 정신분석학 이론을 아동 정신치료에 적용하는 데(Anna Freud, 1958) 특히 중요한 역할을 했다.

프로이트는 새로운 자료에는 개방적이었지만 반대 의견에는 개방적이지 않았다. 그는 특히 동료와 추종자들이 그의 리비도 이론과 성격의 기능에서 성적 동기의 중요성에 의문을 제기하는 것에 대해 완강하게 거부했다. 이러한 독단은 똑똑한 많은 협력자들과 프로이트 간에

**정신분석학 이론에 따르면 아동은 동성의 부모와 동일시함으로써 오이디푸스 갈등을 해결한다.**

**지그문트 프로이트와 그의 딸 안나.**

갈등을 촉발했으며, 이들 중 일부는 성이 아닌 다른 동기 과정을 더 강조하는 이론을 개발하는 방향으로 나아가게 되었다. 이런 사람들 중에 카를 융(Carl Jung), 알프레드 아들러(Alfred Adler), 카렌 호나이(Karen Horney), 해리 스택 설리번(Harry Stack Sullivan), 에리히 프롬(Erich Fromm) 등이 있다.

프로이트와 결별한 사람들 중에서 가장 유명한 사람은 카를 융이었다. 원래는 프로이트에게 가장 헌신한 추종자들 중의 한 사람이었던 융은 결국 프로이트 이론의 일부 측면에서 심각한 의견 차이를 보이게 되었고, 융은 **분석심리학**이라 칭한 그 나름의 학파를 구성하게 되었다. 융은 프로이트가 말한 개인 무의식 이외에 모든 인류에게 공통적인 부분인 **집단 무의식** collective unconscious이 있다고 생각했다. 집단 무의식은 조상에게 물려받은 원시적 이미지 또는 원형(archetype)으로 구성되어 있다. 원형 중에는 어머니, 아버지, 태양, 영웅, 신, 죽음이 있다. 이러한 원형이 있음을 입증하는 증거를 수집하기 위해 융은 꿈, 신화, 그리고 다른 문화적 산물을 고찰했는데, 주로 꿈이나 종교적 서적, 고대 신화에서 나타나는 특정 이미지에 주목했다. 융은 무의식이 있다는 점에 대해서는 프로이트와 일치했지만, 프로이트의 이론이 모든 인간의 무의식에 있는 공통적 이미지나 원형을 설명하지는 못한다고 생각했다.

프로이트 이후 정신역동 이론에서 가장 지속적으로 발전한 이론은 **대상관계 이론** object relations theory인데, 이 이론은 전 생애에 걸친 개인의 애착 및 타인들과의 관계를 다룬다. 대상관계 이론은 원초아의 개념이나 행동을 동기화하는 데 있어서 생물학적인 추동의 중요성을 부인하지 않지만, 부모로부터의 심리적 분리 정도, 타인에 대한 애착과 관여 대 자기몰두 정도, 자기존중감과 유능감의 강점에 관심을 갖는다.

에릭 에릭슨의 발달 단계 이론은 수정된 정신분석학 이론의 한 예이다. 에릭슨은 안나 프로이트로부터 정신분석학자 훈련을 받았고, 자신의 관점이 프로이트 이론을 대체하는 것이 아니라 확장한 것으로 인식했다. 에릭슨은 발달 단계를 심리성적 기능에서 보지 않고, 일차적으로 자아 과정을 포함하는 심리사회적 단계로 보았다. 생의 첫해의 주요 특징을 구강 만족이 아니라, 아동의 욕구를 충족하는 대상으로서 환경을 신뢰하느냐(또는 불신하느냐)를 배우는 것에 초점을 두었다. 둘째 해의 중요한 특징으로 배변 훈련과 같은 항문적 관심에 초점을 두지 않고 자율성 학습에 초점을 두었다. 배변 훈련은 단지 아동의 자율성 추구와 부모의 새로운 요구가 대립하는 빈번한 갈등 영역일 뿐이다. 에릭슨의 이론에는 전 생애를 망라하는 보다 많은 단계가 포함되어 있다.

## 투사검사

프로이트의 정신분석학 전통을 따르는 성격심리학자들은 특히 무의식적 욕구, 동기, 갈등을 측정하는 데 관심이 많다. 따라서 이들은 프로이트의 **자유연상법** free association을 닮은 검사를 선호하는데, 자유연상법은 마음에 떠오르는 것을 자유롭게 말하는 것이다. 이런 이유로 이들은 투사검사를 개발했다. **투사검사** projective test는 개인이 하고 싶은 대로 반응하도록 애매모호한 자극을 제시한다. 자극이 모호하고 특정 반응을 요구하지 않으면 개인은 자신의 성격을 자극에 투사할 것이고, 따라서 그 사람에 관한 무엇인가가 드러날 것이라는 가정이다. 투사검사는 정신분석학 이론 이외의 다른 성격 분야에도 유용하다. 가장 널리 사용되는 두 가지 투사검사는 로르샤흐 검사와 주제통각 검사(TAT)이다.

### 로르샤흐 검사

1920년대 스위스 정신과 의사 헤르만 로르샤흐(Hermann Rorschach)에 의해 개발된 **로르샤흐 검사** Rorschach Test는 10개의 카드로 구성되어 있는데, 그림 13.2에서 보는 바와 같이 각 카드에는 꽤 복잡한 잉크 반점이 그려

**아동은 때때로 부모에 대한 혼합된 감정을 다루는 방식을 습득해야만 한다.**

**그림 13.2 로르샤흐 검사.** 피검자는 잉크 반점이 어떻게 보이는지 대답해야 한다. 여러 각도에서 볼 수 있다.

져 있다. 그 잉크 반점의 일부는 컬러이고 일부는 흑백으로 되어 있다. 개인은 한 번에 카드를 하나씩 보고 그 잉크 반점이 나타내는 모든 것을 보고하도록 지시받는다. 10개의 카드에 대한 답을 끝마친 후, 그 개인에게 그 반응들을 명료화하고 어떤 속성이 특별한 인상을 주었는지 지적하게 한다.

개인의 반응은 다양한 방식으로 채점될 수 있다. 세 가지 주요 범주는 위치(그 반응이 잉크 반점의 전체를 나타내는지, 아니면 부분을 나타내는지), 결정 요인(개인이 잉크 반점의 모양에 반응한 것인지, 색깔에 반응한 것인지, 아니면 음영에 반응한 것인지), 내용(그 반응이 무엇을 나타내는지)이다. 대부분의 검사자들은 발생 빈도에 따라 반응을 채점하기도 한다. 예를 들어 많은 사람들이 동일한 잉크 반점에 대해 특정 반응을 보이면 그 반응은 '평범한(또는 흔한)' 반응이 된다.

이러한 범주를 근거로 몇몇 정교한 채점체계가 고안되었지만 대부분 제한적인 예언가를 지니고 있는 것으로 밝혀졌다. 따라서 많은 심리학자들은 검사 상황에 대한 개인의 일반적인 반응 이외에 그 반응 기록에 대한 인상적 평가를 토대로 해석을 한다(예: 방어적, 개방적, 경쟁적, 협동적 등).

## 주제통각 검사

널리 사용되는 또 다른 투사검사인 **주제통각 검사** Thematic Apperception Test(TAT)는 1930년대 하버드대학교의 헨리 머레이(Henry Murray)에 의해 개발되었다. 피검자는 그림 13.3에 있는 것과 유사한, 사람과 장면이 포함된 20개의 모호한 그림을 보고 그 그림에 관해 이야기를 구성하도록 요구받는다. 개인은 자유롭게 자신의 상상력을 동원하여 마음에 떠오르는 어떤 이야기든지 하도록 격려받는다. 이 검사는 개인의 상상에서 반복되는 기본 주제를 밝히려는 것이다(통각은 이전 경험을 토대로 어떤 방식으로 지각하는 준비성이다). 사람들은 자신의 통각에 따라 모호한 그림을 해석하고, 개인이 좋아하는 구성이나 개인의 환상을 반영하는 주제에서 이야기를 정교화한다. 만약 어떤 문제가 개인을 괴롭게 하고 있다면 그런 문제는 많은 이야기 속에 또는 1~2개의 이야기 속에 특출나게 드러날 것이다. 예를 들어 그림 13.3의 그림과 유사한 그림에 대해 21세 남자는 다음과 같은 이야기를 했다.

> 그녀는 누군가를 위해 이 방을 준비했고, 그 방이 제대로 되었는지 최종 점검하려고 방문을 연다. 그녀는 아들이 집에 돌아올 것을 기대하고 있다. 그녀는 아들이 떠날 때와 똑같이 모든 것을 그대로 해 두려고 애쓴다. 그녀는 아주 독재적인 사람으로 보인다. 그녀는 아들의 삶을 주도해 왔고 아들이 돌아오는 즉시 또다시 그렇게 하려고 할 것이다. 이것은 시작일 뿐이며,

**그림 13.3 주제통각 검사.** 이 그림은 주제통각 검사에서 사용되는 그림과 비슷한 것이다. 이 그림은 일반적으로 애매한 요소를 지니고 있기에 개인은 이 그림에다 개인적 경험이나 환상에서 나오는 무엇인가를 '드러낼' 수 있다.

> 그 아들은 어머니의 지나친 태도 때문에 틀림없이 질려 버리고 어머니의 잘 정리된 방식에 빠져들 것이다. 그는 계속 어머니가 자신에게 부여해 준 길을 맥없이 걸어갈 것이다. 이 모든 것은 그녀가 죽을 때까지 아들의 삶에 대한 완전한 지배를 의미한다. (Arnold, 1949, p. 100)

원그림은 한 여자가 서서 방문을 연 채 방 안을 들여다보는 것을 보여 줄 뿐이지만, 그 젊은이는 자신과 어머니의 관계에 관해 언급할 준비가 되어 있기에, 이 그림을 보고 아들을 지배하는 어머니에 관한 이야기를 하게 된 것이다. 나중에 얻어진 사실은 이 이야기가 그 젊은이 자신의 문제를 나타낸다는 임상가의 해석을 지지해 주었다.

TAT에 대한 반응을 분석할 때, 심리학자들은 개인의 욕구, 동기, 또는 대인관계를 다루는 특징적인 방식을 드러낼 수 있는 반복되는 주제를 찾는다.

## 투사검사의 문제점

로르샤흐 검사에서 엑스너 채점체계가 널리 채택된 이후로, 이 체계에 근거한 로르샤흐 결과의 타당도와 신뢰도를 검증하기 위한 수백 개의 연구가 수행되었다(Lilienfield et al., 2000 참조). 로르샤흐 검사를 받은, 심리적으로 건강한 사람들이 종종 병리적으로 잘못 분류되기도 하는데, 특히 미국이나 서유럽의 소수 인종 집단이나 다른 문화권의 사람들이 그렇다. 로르샤흐 검사 결과에 대한 신뢰도는 대체로 빈약한 편인데, 그것은 주로 동일한 반응이 훈련받은 두 검사자에 의해 아주 다르게 평가되기 때문이다. 행동을 예언하거나 집단을 구분하는 점에서 로르샤흐 검사의 위력을 입증하려는 시도는 제한적으로 성공했을 뿐이다.

TAT 검사는 조금 더 나은 편이다(Lilienfield et al., 2000). 구체적인 채점체계가 사용되면(예: 성취 동기나 공격 동기를 측정하는 것) TAT의 채점자 간 신뢰도는 상당히 높다. 또한 TAT 측정치는 일부 구체적인 행동을 예언하는 데 유용한 것으로 입증되었다. 예를 들어 여대생을 대상으로 수행한 2개의 장기적 연구에서, TAT 반응으로 측정된 권력 동기는 타인에게 영향을 주는 직업을 선택하는 것과 같은, 삶에서 중요한 결과를 의미 있게 예언했다(Winter et al., 1998).

그 외 많은 투사검사가 고안되었다. 어떤 것은 사람, 집, 나무 등을 그리게 한다. 또 어떤 것은 '나는 종종 …을 바란다', '내 어머니는 …', '나는 …할 때 떠나고 싶다'처럼 문장을 완성하게 하는 경우도 있다. 실제로 개별적인 방식으로 반응할 수 있는 자극이면 무엇이든 투사검사의 근거가 될 수 있다. 그러나 투사검사 중 많은 검사가 성격을 측정하는 데 유용성을 확립할 만큼 충분히 연구되지 않았다. 그리고 연구된 검사들은 신뢰도나 타당도가 일관성 있게 높은 것으로 나타나지 않았다(Lilienfield et al., 2000).

## 인간 본질에 관한 정신분석학적 시각

이 장의 시작 부분에서 우리는 성격에 대한 각 접근이 인간 본성에 대한 나름의 철학을 갖고 있다는 것을 알았다. 우리의 행위는 어느 정도 자유로운가, 아니면 결정된 것인가? 인간 본성은 선한가, 중성적인가, 아니면 악한가? 고정된 것인가, 아니면 수정 가능한 것인가? 능동적인가, 수동적인가? 심리적으로 건강하다는 것은 무엇인가? 프로이트 이론에 대한 서술은 이런 문제에 관한 그의 입장이 무엇인지를 알려 준다. 프로이트는 종종 코페르니쿠스, 다윈과 비교된다. 코페르니쿠스와 다윈처럼 프로이트는 인간성의 고상함과 존엄성을 손상한 것으로 언급되고 있다. 천문학자 코페르니쿠스는 지구가 우주의 중심이라는 위상에서 지구를 작은 별 주변을 도는 여러 개의 행성 중 하나로 그 위상을 떨어뜨렸다. 다윈 또한 인간을 많은 동물의 종 중 하나로 격하했다. 프로이트는 한 걸음 더 나아가 인간 행동은 자신의 통제 바깥에 있는 힘에 의해 결정된다는 것을 강조함으로써 우리에게서 자유 의지와 심리적 자유를 없앴다. 인간 동기의 무의식적 위상을 강조함으로써 그는 인간에게서 합리성을 없애 버렸다. 그리고 그런 동기의 성적이고 공격적인 성질을 부각함으로써 인간의 존엄성에 최후의 일격을 가했다.

또한 정신분석학 이론은 인간 본성을 기본적으로 악하다고 본다. 사회의 규제와 그것이 내면화된 표상인 초자아가 없다면 인간은 자멸할 것이다. 프로이트는 아주 비관적인 사람이었다. 그는 1938년 나치가 침략했을 때 빈을 탈출할 수밖에 없었고, 제2차 세계대전이 막 시작되던 1939년 가을에 사망했다. 그는 이런 사건을 아무런 감시가 없을 때 나타나는 인간의 공격적 충동의 자연스러운 결과로 보았다.

정신분석 이론에 의하면 우리의 성격은 기본적으로 타

고난 추동과 생의 첫 5년 동안 환경에서 벌어진 사건에 의해 결정된다. 집중적인 정신분석 작업에 의해서만 초기 경험의 부정적 결과를 회복시킬 수 있는데, 아주 제한된 방식으로만 가능하다. 정신분석 이론에서 인간은 상당히 수동적인 존재이다. 자아가 원초아, 초자아와 적극적인 투쟁을 하지만, 자아는 우리의 무의식에서 진행되는 이 드라마에 수동적으로 붙잡혀 있다. 끝으로, 프로이트에게 있어 정신건강은 원초아의 충동을 통제하는, 강인하면서도 융통성 있는 자아로 되어 있다고 할 수 있다. 그가 주목했던 것처럼 정신분석학의 목적은 '원초아가 있는 곳에 자아가 있음'을 확인해 주는 것이었다(1933/1964).

## 정신분석학적 접근의 평가

정신분석 이론은 그 범위가 너무 광대하기 때문에 사실이냐 아니냐를 쉽게 말하기 어렵다. 그러나 그것이 우리 문화에 끼친 영향이나 과학에 끼친 공로에 대해서는 의심의 여지가 없다. 예를 들어 프로이트의 자유연상법은 이전에는 체계적으로 탐색해 본 적이 없는 완전히 새로운 관찰의 길을 열었다. 게다가 우리 행동이 종종 우리의 욕구와 두려움 간의 타협을 반영한다는 인식은 모순적으로 보이는 인간 행동을 이해하는 데 그 어느 이론보다 낫다. 그리고 무의식 과정이 종종 학습 이론이나 정보처리 용어로 재해석되긴 하지만(Funder, 2001), 무의식 과정이 우리 행동에 중요한 역할을 한다는 프로이트의 인식은 거의 보편적으로 받아들여지고 있다.

그럼에도 불구하고 과학적 이론으로서 정신분석학 설명은 지속적으로 비판을 받고 있다. 주요 비판 중의 하나는 정신분석학의 많은 개념이 모호할뿐더러 객관적으로 정의를 내리고 측정하기가 어렵다는 것이다. 또한 정신분석 이론은 아주 다른 행동들 밑에 동일한 동기가 깔려 있을 수 있다고 가정한다. 예를 들어 적대적이고 자녀를 돌보지 않는 아버지의 자식이 자기 자녀에게 적대적으로 대할 수도 있고 오히려 지나치게 보호할 수도 있다. 상반되는 행동이 동일한 동기로부터 생겨난다고 주장한다면 그 동기가 있는지 없는지 확인하기가 힘들고, 경험적으로 확인할 수 있는 예언을 하기도 힘들게 된다.

보다 심각한 비판은 프로이트가 정신분석 절차를 통해 얻은 관찰의 타당성에 관한 것이다. 자주 지적되는 비판은 프로이트의 환자들이 프로이트에게 말한 것이 자신의 과거에 대해 자발적으로 말한 것인지, 그들의 마음에 '심어져' 있던 것인지, 아니면 단순히 추론한 것인지가 명확하지 않다. 예를 들어 프로이트는 자신이 맡았던 많은 환자들이 아동기에 성적 희롱을 당했거나 유혹받은 것을 기억했다고 보고했다. 처음에 프로이트는 그들을 믿었다. 그러나 그 후 프로이트는 이러한 보고가 말 그대로 사실이 아니라 환자 자신의 초기 성적 환상을 반영한 것이라고 확신하게 되었다. 프로이트는 이것을 그의 주요 이론적 통찰의 하나로 간주했다. 그러나 아동기의 성적 유혹이 실제로 있다는 프로이트의 원래 가정이 더 정확했을 것이라고 주장하는 사람도 있는데, 이 주장은 아동의 성적 학대에 대한 관심이 많아진 것을 고려해 볼 때 더 합당하게 보인다(Masson, 1984).

다른 비판은 한 걸음 더 나아가, 프로이트가 유도 질문과 일어나지 않았던 성적 유혹에 대한 기억을 재구성하도록 유도하는 암시로 환자에게 아주 지속적으로 질문을 했을 가능성이 있다—프로이트도 이것을 생각했지만 부인한 가설이다(Powell & Boer, 1994). 어떤 이들은 많은 사례에서 환자가 그런 사건을 보고하지 않았음에도 불구하고 프로이트가 유혹이 있었다고 단순하게 추론했다고 지적했다. 실제로 프로이트는 실제적인 자료 대신 그의 이론적 기대를 사용했다는 지적이 있다(Esterson, 1993; Scharnberg, 1993).

프로이트 이론이 경험적으로 검증되었을 때 그 결과는 혼란스러웠다(Westen et al., 2007). 성인 성격 특성과 아동기의 심리성적 사건을 연결하려는 노력은 대체로 부정적 결과를 얻었다(Sears et al., 1957; Sewell & Mussen, 1952). 관련된 성격 특질이 확인되는 경우, 이는 부모의 유사한 성격 특질과 관련되는 것으로 보인다(Beloff, 1957; Hetherington & Brackbill, 1963). 따라서 배변 훈련과 성인 성격 특질 간에 어떤 관련성이 발견된다 하더라도, 그것은 그 둘 모두 부모가 청결과 질서를 강조하는 것과 연계되어 발생한 것일 수 있다. 이런 사례에서는 단순한 학습 이론적 설명—부모의 강화와 부모의 행동에 대한 아동의 모방—이 정신분석학 가설보다 성인기 특질을 보다 더 경제적으로 설명할 수 있는 가설이 될 것이다.

이 결과는 또한 프로이트의 이론이 아주 제한된 범위의 사람들—주로 신경증으로 고통 받았던 빅토리아 시대 빈에 살았던 중상류층 남성과 여성에 관한 관찰에 근거하고 있다는 것을 상기시켜 준다. 프로이트에게 문화적 편파가 많았던 것은 분명한데, 특히 여성에 대한 이론에서 그렇다. 예를 들어 여성의 심리성적 발달이 주로 '남

프로이트에 따르면 아버지의 보살핌을 받지 못한 사람은 아버지가 되었을 때 자식을 지나치게 사랑하게 된다.

아버지의 보살핌을 받지 못한 사람이 아버지가 되었을 때 자식에게 적대적이고 자식을 돌보지 않을 수도 있다.

근 선망'—소녀가 남근이 없기 때문에 열등하다고 느끼는 것—에 의해 형성된다고 보는 그의 이론은, 성에 대한 프로이트의 편견과 그가 살았던 역사적 시기를 반영하는 것으로, 보편적으로 거의 인정받지 못하고 있다. 빅토리아 시대 어린 소녀의 성격 발달은 남근 선망이 아니라 자신이 오빠보다 독립성이 부족하고, 힘도 없고, 사회적 지위도 낮다고 인식하기 때문에 형성되었을 것이다.

이러한 비판에도 불구하고 프로이트 이론에서 괄목할 만한 특징은 어떻게 해서 그렇게 제한된 관찰을 넘어설 수 있었느냐 하는 것이다. 예를 들어 방어기제와 갈등 반응에 관한 많은 실험 연구는 프로이트의 맥락과는 아주 다른 맥락에서 그 이론을 지지하고 있다(Westen et al., 2007). 성격의 구조 이론(자아, 원초아, 초자아), 심리성적 이론, 에너지 개념은 시간이 지나면서 별로 지지를 받지 못하고 있다. 일부 정신분석학자들조차 이 개념을 버리거나 기꺼이 수정할 준비가 되어 있다(Kline, 1972; Schafer, 1976). 반면에 프로이트의 역동 이론인 불안과 방어기제에 관한 이론은 시간이 흘러도 다양한 연구와 관찰을 통해 잘 입증되고 있다. 정신분석학적 입장을 취하는 심리학자들과 정신과 의사들을 대상으로 한 연구들에서, 성인 성격 형성에서 초기 아동기 경험이 중요하다는 점과 인간의 정신생활에 갈등과 무의식이 핵심이 된다는 점을 포함하여, 프로이트가 처음에 그런 개념을 소개했을 때 논란이 된 많은 아이디어 간에 일치를 보이고 있다(Westen, 1998).

### 중간 요약

- 프로이트의 정신분석 이론은 많은 행동이 무의식적 동기에 의해 야기된다고 주장한다. 성격은 일차적으로 성과 공격성의 생물학적 추동과 생후 첫 5년 동안 발생하는 경험에 의해 결정된다.
- 프로이트의 성격 구조 이론에서는 성격을 원초아, 자아, 초자아로 구성된 것으로 본다. 원초아는 쾌락 원리에 따라 작동하는데, 생물학적 충동의 즉각적 만족을 추구한다. 자아는 현실 원리를 따르고, 사회적으로 용납되는 방식으로

욕구가 달성될 수 있을 때까지 욕구 만족을 지연한다. 초자아(양심)는 개인에게 도덕적 기준을 부여한다. 잘 통합된 성격에서 자아는 견고하면서도 원초아와 초자아를 융통성 있게 통제하고 있으며, 현실 원리가 주도적으로 작동한다.

- 프로이트의 성격역동 이론은 각 개인에게는 일정한 양의 정신 에너지(리비도)가 있다고 가정한다. 금지된 행위나 충동이 억압되면 그 에너지는 꿈이나 신경증 증후와 같은 다른 형태로 출구를 찾을 것이다. 이 이론은 용납될 수 없는 원초아 충동이 불안을 야기하는 것으로 가정하는데, 불안은 방어기제에 의해 완화될 수 있다.
- 프로이트의 성격 발달 이론은 개인이 심리성적 단계를 거쳐야 하고, 어린 아동은 이성 부모의 사랑을 얻기 위해 동성의 부모를 연적으로 보는 오이디푸스 갈등을 해결해야 한다고 제안한다. 시간이 지나면서 프로이트의 불안과 방어기제 이론은 구조 이론과 발달 이론보다 훨씬 더 지지를 얻고 있다.
- 정신분석 이론은 유명한 심리학자 카를 융에 의해 수정되었다. 융은 프로이트가 언급한 개인적 무의식 이외에, 모든 인류의 공통적인 마음에 해당되는 집단적 무의식이 있다고 제안했다.
- 정신분석학적 접근을 취하는 심리학자들도 종종 로르샤흐 검사와 주제통각 검사(TAT) 같은 투사검사를 사용한다. 검사 자극이 모호하기 때문에 개인이 자신의 성격을 그 자극에 투사할 것이라고 가정하는데, 그 결과 무의식적 소망과 동기가 밝혀진다.

### 비판적 사고를 위한 물음

1. 앞의 내용을 명확하게 하기 위해, 지그문트 프로이트가 심리학에 미친 영향의 가치를 열띠게 논의했다. 프로이트가 남긴 것에 대한 당신의 의견은 어떠한가?
2. 당신은 프로이트식 이론에 뿌리를 두고 있는 사람들에 관한 당신 나름의 가정을 말할 수 있는가? 그들이 프로이트 학파인지 아닌지 사전에 알고 있었는가?

## 행동주의적 접근

성격에 대한 정신역동적 접근과는 대조적으로 **행동주의적 접근**behaviorist approach은 행동의 환경적 또는 상황적 결정 요인의 중요성을 강조한다. 이 입장에서 행동은 개인 변인과 환경 변인 간의 끊임없는 상호작용의 결과이다. 환경 조건은 학습을 통해 행동을 조성한다. 이번에는 개인의 행동이 환경을 조성한다. 개인과 환경은 서로 영향을 준다. 행동을 예측하기 위해 우리는 개인의 특성과 상황의 특성이 어떻게 상호작용하는지 알 필요가 있다(Bandura, 2006).

### 사회학습과 조건형성

#### 조작적 조건형성

타인들의 행위 효과—다른 사람들이 제공하는 보상과 처벌—는 개인의 행동에 지대한 영향을 준다. 따라서 행동주의 이론의 가장 기본 원리 중의 하나는 행동과 특정 결과 간의 연합을 학습하는 **조작적 조건형성**operant conditioning이다. 행동주의 이론의 기본 가정은 사람들이 강화가 발생할 법한 방식으로 행동하고, 행동의 개인차는 일차적으로 성장 과정과 개인이 접하는 학습 경험의 차이에서 생겨난다는 것이다.

개인은 직접 경험을 통해 많은 행동 양상을 학습할 수 있지만—즉 특정 방식으로 행동하는 것에 대해 보상을 받거나 처벌을 받는 것—**관찰학습**observational learning을 통해서도 많은 반응을 습득한다. 사람들은 타인의 행동을 관찰하고 그 행동의 결과에 주목함으로써 학습할 수 있다. 우리의 모든 행동이 반응에 대한 직접적인 강화를 통해 습득되어야만 한다면 그것은 더디고 비효율적인 과정이 된다. 학습된 행동의 표현을 통제하는 강화는 직접적인 것일 수도 있고(눈에 보이는 보상, 사회적 인정이나 불인정, 혐오적 조건의 완화), 대리적인 것일 수도 있고(자신의 행동과 비슷한 행동에 대해 누군가가 보상이나 처벌을 받는 것을 관찰하는 것), 또는 자기관리적인 것일 수도 있다(자신의 수행에 대한 자기칭찬이나 자기비난).

대부분의 사회행동이 모든 상황에서 획일적으로 보상받는 것은 아니다. 따라서 개인은 특정 행동이 적절한 맥락과 적절하지 않은 맥락을 구분하는 학습을 하게 된다. 동일한 반응이 여러 다른 상황에서 보상을 받는 정도에 따라 일반화가 일어나는데, 일반화가 되면 다양한 상황에서 동일한 행동이 발생하게 된다. 학교와 놀이터뿐만 아니라 집에서도 신체적 공격성을 강화받은 소년은 공격적 성격이 발달하기 십상이다. 보다 흔한 현상으로 공격 반응은 차별적 강화를 받게 되는데, 개인은 공격성이 적절한 상황과 그렇지 않은 상황을 구분하는 학습을 해야 한다(예: 공격성은 축구장에서는 용납되지만 교실에서는 용납되지 않는다). 이런 이유에서 행동주의자들은 공격성과 같은 특질 용어로 개인을 규정하는 것에 이의를 제기하면서, 그런 용어는 행동에서 상황 간 변이성을 모호하게 만든다고 주장한다.

### 고전적 조건형성

정서를 설명하기 위해 행동주의자들은 특정 상황이 특정 결과와 연합될 때 발생하는 **고전적 조건형성** classical conditioning을 성격을 설명하는 데 덧붙인다. 예를 들어 어떤 아동이 금지된 활동을 하다가 부모에게 처벌을 받으면, 그 처벌은 죄책감이나 불안과 연합되어 생리적 반응을 유발한다. 그 이후로 그 아동이 행하는 금지 행동 자체가 그러한 반응을 유발할 수 있고, 아동은 금지된 행동을 할 때 죄책감을 느끼게 될 것이다. 고전적 조건형성이라는 용어에서 보면 그 행동은 벌이라는 무조건자극과 연합됨으로써 조건화되었다고 볼 수 있다. 불안은 조건화된 반응이다. 프로이트가 초자아라고 명명한 내면화된 불안의 원천을 낳는 것이 행동주의자들에게는 고전적 조건형성이다.

'타임아웃' 기법은 행동주의 원리에 근거한 것이다.

## 인간 본질에 관한 행동주의적 시각

정신분석학적 접근처럼 성격에 대한 행동주의적 접근도 결정론적이다. 그러나 정신분석학과 달리 행동주의적 접근은 행동의 생물학적 결정 요인에 관심을 두지 않고 환경적 결정 요인에 초점을 둔다. 사람들은 선천적으로 선하거나 악한 것이 아니라 환경에 있는 사건과 상황에 의해 쉽게 바뀔 수 있다는 것이다. 미국에서 행동주의 운동을 창시한 왓슨은 영아의 '재능, 기호, 성향, 능력, 적성, 부모의 인종'에 관계없이 영아를 어떤 사람으로든 기를 수 있다고 주장했다. 오늘날 그렇게 극단적인 입장을 취하는 행동주의자는 거의 없다. 그럼에도 불구하고 행동주의자들은 환경을 바꿈으로써 인간 행동을 바꿀 수 있다고 아주 낙관적으로 본다.

행동주의 이론가들의 서술에 따르면 인간의 성격은 상당 부분 수정이 가능하지만 여전히 수동적 성질을 지니며, 주로 우리의 통제를 넘어서는 외적인 힘에 의해 형성되는 것으로 본다. 그러나 이런 입장이 바뀌었다. 사회학습 접근이 전통적인 행동주의 이론을 대체하면서, 환경을 선택하고 수정하는 데 있어서 개인의 능동적 역할에 대한 인식이 높아졌고, 그 결과 개인이 자신의 삶을 형성하는 원인이 된다는 점이 수용되고 있다. 그러나 이 정도의 역할이 인본주의 심리학자들에게는 미흡하다. 인본주의자들은 심리적 건강을 단지 환경에 적절하게 적응하는 것으로 규정하는 것이 충분치 않다고 생각한다.

## 행동주의적 접근의 평가

특정 행동을 일으키는 환경 변인을 밝히는 것에 역점을 두긴 하지만 행동주의 이론은 임상심리학과 성격 이론에 큰 공헌을 했다. 행동주의 이론은 인간 행동을 특정한 환경에 대한 반응으로 보게 했고, 환경 요인이 어떻게 우리의 행동을 통제하고, 행동을 수정하기 위해 환경이 어떻게 바뀔 수 있는지에 초점을 두도록 만들었다. 학습 원리의 체계적 활용은 여러 가지 부적응 행동을 바꾸는 데 효과적이라는 것이 확인되었다.

행동주의 이론가들은 행동에 미치는 상황의 영향을 지나치게 강조한다는 비난을 받고 있다. 그러나 학습 이론가들이 발견한 사실은 다른 성격심리학자들로 하여금 성격이 여러 상황 간에 일관성을 나타낸다는 가정을 재고하도록 만들었다. 그 결과, 사람과 상황 간의 상호작용에 관해 보다 명확하게 이해할 수 있도록 해 주었고, 개인의 개별성에 대해서도 더 잘 인식하도록 해 주었다. 다음에 보게 되는 인지 이론가들은 행동주의 이론가들의 작업을 토대로 하여 성격을 아주 다른 방식으로 보게 한다.

### 중간 요약

- 행동주의 이론에 따르면 행동에서의 개인차는 주로 개인이 성장하는 과정에서 접한 학습 경험의 유형 차이에서 생겨난다.
- 조작적 조건형성을 통해 사람들은 특정 행동과 처벌 또는 보상을 연합하는 것을 배운다. 사람들은 이러한 연합을 관찰학습을 통해서도 배울 수 있다.
- 고전적 조건형성을 통해 사람들은 특정 상황과 불안 같은 특정 결과를 연합하는 것을 배운다.

### 비판적 사고를 위한 물음

1. 친절하거나 불친절한 자신의 성향에 관해 생각해 보라. 당신의 친절성 정도를 결정하는 데 환경이 어느 정도 중요하다고 보는가? 당신의 친절 성향에 영향을 주었을 법한, 삶에서 받았던 강화와 벌은 무엇인가?
2. 행동주의 이론가들은 모든 유형의 인간 행동을 수정 가능하다고 본다. 수정되지 않은 행동 유형이 있다고 생각하는가? 왜 그렇게 생각하는가?

## 인지적 접근

오늘날 대부분의 성격심리학자들은 보다 '인지적'으로 되고 있는데, 실제로 성격심리학에서의 대부분의 실험적 연구는 인지적 기반에서 시작된다. 인지적 접근은 다른 접근에서처럼 인간의 본성에 대한 하나의 '철학'이 아니다. **인지적 접근** cognitive approach은 하나의 경험적 접근이며, 자신과 세상에 관한 정보를 어떻게 처리하는가와 관련된 일련의 주제이다. 인지 이론가들에게서 성격의 개인차는 개인이 정신적으로 정보를 표상하는 방식의 차이에서 생겨난다.

### 사회학습 이론

**사회학습 이론** social-learning theory은 초기 행동주의 이론에 뿌리를 두고 있지만, 처음 도입될 때는 행동주의와는 현저하게 다른 것으로 간주되었다. 사회학습적 조망은 앨버트 밴듀라가 한 다음의 진술에 잘 요약되어 있다. "만약 사람들이 시행착오의 결과로만 학습한다면 생존에 대한 전망은 아주 희박할 것이다. 사람들은 아이에게 수영하는 법을 가르칠 수 없고, 청소년에게 자동차 운전하는 것도 가르치지 않고, 초보 의대생에게 수술하는 것을 가르치지 않고, 성공적인 수술과 실패하는 수술의 결과로부터 수술에서 필수적인 행동이 무엇인지를 발견하도록 만들게 될 것이다."(1986, p. 20) 사회학습 이론가들에 따르면 내적 인지 과정은 행동에 영향을 주는데, 타인의 행동을 관찰하고 행동이 일어나는 환경을 관찰하는 것도 마찬가지이다.

이 분야에서 현대 선두 주자 이론가인 밴듀라는 이런 접근을 더 발전시켜 **사회인지 이론** social-cognitive theory으로 불리는 이론을 개발했다(Bandura, 1986, 2006). 그의 이론은 상호교환적 결정주의를 강조하는데, 상호교환적 결정주의에서는 행동의 외적 결정 요인(예: 보상, 처벌)과 내적 결정 요인(예: 신념, 사고, 기대)이 서로 상호작용하는 시스템의 일부가 되는데, 이 시스템은 행동과 시스템의 다른 부분에 영향을 준다(Bandura, 1986). 밴듀라의 모델에서는 환경이 행동에 영향을 줄 수 있을 뿐만 아니라 행동도 환경에 영향을 줄 수 있다. 실제로 환경과 행동은 서로 주고받는 관계이다. 환경은 행동에 영향을 주는데, 그 행동이 우리가 있는 환경의 종류에 영향을 주고 그다음에는 그 환경이 다시 행동에 영향을 주는 식으로 계속 이어진다.

밴듀라는 사람들이 어떻게 행동할지를 결정하는 데 상징과 예상을 사용하는 것에 주목한다. 사람들은 새로운 문제를 접할 때 가능한 한 여러 결과를 생각하고 각 결과가 일어날 가능성도 고려한다. 이것은 보상과 처벌을 통한 조건형성의 개념과는 아주 다르다. 물론 보상과 처벌

앨버트 밴듀라는 사회인지 이론을 개발했다.

에 대한 개인의 이전 경험도 미래 행동을 결정하는 데 영향을 줄 것이다.

또한 밴듀라는 대부분의 행동이 외적 보상이나 처벌 없이 일어난다는 것을 지적한다. 대부분의 행동은 자기조절이라는 내적 과정에서 생긴다. 그가 표현한 바에 의하면, "평화주의자를 공격자로, 종교가를 무신론자로 바꾸고자 하는 사람은 그 행동을 통제하는 개인적 원천이 무엇인지를 재빨리 파악해야 할 것이다."(1977, pp. 128–129)

통제를 위한 이러한 내적이고 개인적인 원천은 어떻게 발달하는가? 밴듀라와 다른 사회학습 이론가들에 따르면, 우리는 타인의 행동을 관찰하거나 타인의 행동에 관해 읽거나 들음으로써 행동하는 법을 배운다. 우리가 관찰한 행동을 실제로 수행할 필요는 없으며, 그런 행동이 보상을 받는지 처벌을 받는지 주목하고 그 정보를 기억에 저장하면 된다. 새로운 상황이 벌어지면 우리는 모델에 대한 관찰을 근거로 하여 축적해 놓은 기대에 따라 행동할 수 있다.

따라서 밴듀라의 사회인지 이론은 고전적인 행동주의를 넘어선다. 환경이 행동에 어떻게 영향을 주는지에만 관심을 두지 않고 환경, 행동, 개인의 인지 간 상호작용을 살핀다. 보상과 처벌 같은 외적 영향을 고려하는 것 이외에 기대와 같은 내적 요인을 고려한다. 그리고 행동을 단순하게 조건형성으로 설명하지 않고 관찰학습의 역할을 강조한다.

또 다른 유명한 사회학습 이론가인 월터 미셸(Walter Mischel)은 다음과 같은 일련의 인지변인을 도입함으로써 개인차를 사회학습 이론에 통합하려고 시도했다.

1. 능력: 무엇을 할 수 있는가? 능력에는 지적 능력, 사회적이고 신체적인 기술 그리고 다른 특별한 능력이 포함된다.
2. 부호화 전략: 어떻게 보는가? 사람들은 정보에 선택적으로 주목하고, 사건을 부호화하며, 정보를 의미 있는 범주로 묶는 방식에서 차이가 있다. 어떤 사람에게는 위협적으로 지각되는 사건이 다른 사람에게는 도전적인 것으로 보일 수 있다.
3. 기대: 무엇이 발생하는가? 다양한 행동에 따라 발생할 결과에 대한 기대는 개인의 행동 선택을 안내한다. 시험에서 부정행위를 해서 발각된다면 어떤 결과가 일어날 것으로 기대하는가? 친구에게 정말로 그 또는 그녀를 생각하고 있다고 말한다면 관계가 어떻게 되겠는가? 자신의 능력에 대한 기대 역시 행동에 영향을 줄 것이다. 우리는 특정 행동의 결과를 기대할 수 있지만, 자신이 그것을 실행할 수 있는 능력에 대해 확신을 갖지 못하면 그 행동을 하지 않는다.
4. 주관적 가치: 무엇이 가치가 있는가? 비슷한 기대를 갖고 있는 사람들이라도 그 결과에 대해 서로 다른 가치를 부여하기 때문에 다른 행동을 선택할 수 있다. 두 학생은 어떤 행동이 교수를 기쁘게 할지에 대해 기대를 갖고 있다. 그러나 한 학생에게는 이 결과가 중요한 반면에 나머지 한 학생에게는 중요하지 않다.
5. 자기조절 체계와 계획: 그것을 어떻게 달성하는가? 사람들은 자신의 행동을 조절하기 위해 사용하는 기준과 규칙이 다르다(성공이나 실패에 대해 자신이 부여하는 보상이나 처벌을 포함하여). 뿐만 아니라 목표를 달성하기 위해 필요한 현실적인

계획을 세우는 능력도 다르다. (Mischel, 1973, 1993)

이러한 모든 개인 변인(때때로 인지적 사회학습 개인 변인으로 불림)은 어떤 개인이 그 상황에서 무엇을 행할지를 결정하기 위해 특정 상황의 조건과 상호작용한다.

## 켈리의 개인적 구성개념 이론

조지 켈리(George Kelly, 1905~1966)는 인지 과정이 개인의 기능에서 핵심적인 역할을 한다고 처음 제안한 또 다른 성격심리학자이다. 켈리는 성격심리학자들은 전형적으로 자신들이 구성해 놓은 차원상에서 개인을 규정짓는다고 보았다. 켈리는 성격 연구의 목적이 **개인적 구성개념** personal construct—개인이 자신과 자신의 사회적 세상을 해석하는 데 사용하는 차원—을 찾는 것이어야 한다고 제안했다. 이런 차원은 켈리의 개인적 구성개념 이론(1955)에서 분석의 기본 단위가 된다.

보다 일반적으로 말하자면, 켈리는 개인을 직관적 과학자로 보아야 한다고 생각했다. 정식 과학자처럼 이들은 세상을 관찰하고, 그것에 관해 가설을 구성하고 검증하며, 그에 관한 이론을 만들어 간다. 또한 이들은 자신과 세상을 분류하고, 해석하고, 명명하고, 판단한다. 과학자와 마찬가지로 개인은 일상생활을 방해하는 잘 맞지 않는 이론을 마음에 품을 수 있는데, 이것은 자신을 포함하여 사건과 사람에 대해 편파적으로 해석하도록 이끈다.

사건에 관해 예언을 하려고 애쓰는 과학자처럼 사람들은 자신에게 무엇이 일어날지 예측할 수 있도록 세상을 이해하기를 원한다. 켈리는 각 개인은 사건을 해석하고 예측하는 데 고유한 일련의 개인적 구성개념을 사용한다고 주장했다. 이러한 구성개념은 양자택일 형태를 취한다. 새로 만나는 사람은 친절하거나 불친절하거나, 똑똑하거나 우둔하거나, 재미있거나 지루하거나 등이다. 그런데 같은 사람을 만난 두 사람이 그 사람을 평가하는 데 서로 다른 구성개념을 사용할 수 있다. 한 사람에게는 친절하고 똑똑하게 보이는 사람이 다른 사람에게는 불친절하고 우둔한 사람으로 보일 수 있다. 이러한 차이는 행동의 차이를 낳는다. 어떤 사람은 낯선 사람에게 우호적으로 대할 것이고 다른 사람은 그 사람을 피할지도 모른다. 행동에서의 이러한 차이는 성격의 차이를 낳는다.

## 자기도식

또 다른 인지 이론가들은 사람들이 정보를 지각하고 조직화하고 처리하며 이용하는 보다 복잡한 인지 구조에 초점을 둔다. 이런 인지 구조를 **도식** schema이라 부른다. 도식을 사용하여 개인은 자신의 환경에서 무엇이 중요한지를 확인해 주는 하나의 시스템을 개발한다. 또한 도식은 정보를 조직화하고 처리하는 어떤 구조를 제공한다. 예를 들어 대부분의 사람들은 어머니 도식을 갖고 있다. 따라서 어머니에 관해 말해 보라고 하면, 그들에게는 그 정보가 아주 잘 정의된 인지 구조로 체제화되어 있기 때문에 쉽게 말한다. 자신이 만난 적이 없고 들은 적만 있는 어떤 여자에 관해 말하는 것보다는 어머니에 대해 말하는 것이 더 쉽다.

도식은 시간이 지나도 비교적 안정되어 있다. 따라서 안정된 방식으로 정보를 지각하고 활용하게 된다. 도식은 개인에 따라 다른데, 이것이 사람들로 하여금 정보를 다르게 처리하고 다르게 행동하도록 만든다. 따라서 도식은 성격의 개인차를 설명하는 데 사용될 수 있다.

아마도 가장 중요한 도식은 **자기도식** self-schema일 텐데, 자기도식은 '과거 경험으로부터 형성된 것으로, 자기와 관련된 정보처리를 구조화하고 안내하는 자기에 관한 인지적 일반화'이다(Markus, 1977, p. 64). 어린 시절부터 우리는 우리가 누구인지에 대한 인지적 표상을 발달시킨다. 따라서 자기도식은 우리에게 가장 중요한 측면으로 구성되며, 주변의 정보를 처리하고 세상과 상호작용하는 방식에 핵심적인 역할을 한다. 예를 들어 어떤 두 사람이 조깅과 독서를 둘 다 즐기는데, 한 사람은 운동이 자기도식에 중요한 부분일 수 있고, 다른 사람에게는 책을 잘 읽는 것이 자기도식에 더 중요할 수 있다. 첫 번째 사람은 독서보다는 조깅에 시간을 더 많이 보내고, 두 번째 사람은 반대로 독서에 시간을 더 많이 보내기 십상이다.

자기도식의 핵심 내용은 이름, 외모, 중요한 타인과의 관계처럼 개인에게 기본 정보가 된다. 그러나 개인차의 관점에서 보다 중요한 것은 자기도식의 개별적 특성이다(Markus & Sentis, 1982; Markus & Smith, 1981). 예를 들어 운동을 강조하는 것이 자기도식에 포함되어 있는 사람에게는 운동이 '자신이 누구인지'를 규정하는 부분이고, 매일 또는 일주일마다 행해지는 반복되는 일의 일부가 된다. 그러나 조깅을 즐기되 그것을 핵심으로 보지 않는 사람에게는 공원 근처에서 가끔씩 하는 조깅으로도 충분할 것이다. 따라서 자기도식의 차이는 행동의 차이를 낳는다.

자기도식은 정보의 지각과 처리를 주도할 뿐만 아니라 정보를 체제화하고 저장하는 틀을 제공하기도 한다. 앞서 말한 어머니 도식에서처럼, 사람들은 그것에 대해 강력한 도식을 갖고 있을 때 보다 쉽게 기억으로부터 정보를 인출할 수 있을 것으로 기대된다. 이 가설은 대학생들에게 비디오 화면에 40개의 질문을 제시한 한 실험에서 입증되었다(Rogers et al., 1977). 실험 참가자들에게 각 질문에 대해 가능한 한 빨리 '예' 또는 '아니요' 단추를 누르도록 했다. 그중 30개의 질문은 자기도식을 거치지 않고 쉽게 대답할 수 있는 것이었다. 이 30개의 질문은 큰 글자로 쓰인 단어가 다른 단어와 운이 같은지 또는 의미가 같은지 등을 물었다. 또한 나머지 10개의 질문은 참가자들에게 그 단어가 자신을 나타내는 것인지를 판단하도록 요구했는데, 연구자들은 이 경우에 그 정보가 자기도식을 통해 처리되어야만 한다고 제안했다.

나중에 실험 참가자들은 가능한 한 많은 단어를 회상하도록 요구받았다. 실험 결과, 실험 참가자들은 자신에 관한 질문에 대답했을 때 나중에 그 정보를 더 잘 기억한다는 것을 보여 주었다. 연구자들은 실험 참가자들이 자기도식을 통해 이 정보를 처리했다고 결론 내렸다. 자기도식에 있는 정보는 접근하기가 용이하기 때문에, 자기를 지칭하는 단어는 다른 방식으로 처리된 단어보다 기억하기가 더 쉬웠다. 후속 연구에서 실험 참가자들은 제시된 단어가 실험자를 기술하는지 물었을 경우(Kuiper & Rogers, 1979)나 유명인을 기술하는지 물었을 경우(Lord, 1980)에는 자신을 기술하는 단어만큼 쉽게 회상하지 못했다. 요약하면, 자신에 관한 정보가 더 잘 체제화되고 쉽게 접근되는 것은 자기도식을 통해 처리된 정보에 더 잘 접근하도록 만들기 때문으로 보인다(Karylowski, 1990; Klein & Loftus, 1988; Klein et al., 1989).

자기도식은 문화마다 아주 다르기에 일부 이론가들은 성격이 문화의 산물이라고 주장하기도 한다(Cross & Markus, 1999). 예를 들어 북아메리카에서 자기는 자율적이고, 타인과 분리되어 있고, 상황과도 분리되어 있으며, 행위와 신념은 개인이 선택한 것으로 가정한다. 북아메리카 사람들의 자기개념화 속에서 자기는 개인의 바람, 욕망, 흥미, 능력으로 구성되어 있다. 미국인은 외적 영향으로 자기개념을 형성하지 않고, 개인 스스로 자신이 갖고 싶은 자기를 만들어 내는 힘과 책임이 있다. 반면에 일부 아시아 문화권에서 자기는 타인과 분리된 실체가 아니며, 온통 타인과의 관계 및 타인에 대한 의무로

**사람들은 중요한 타인과의 관계 방식에서 자기도식을 보여 준다.**

얽혀 있다. 이런 문화권에서 자기 발달의 핵심 주제는 자기 자신의 바람, 욕망, 흥미, 능력을 찾아내고 표현하는 것이 아니라, 개인이 사회집단과 얼마나 잘 조화를 이루는가, 사회집단의 발전을 위해 자신을 어떻게 구성하는가이다.

## 인간 본질에 관한 인지적 시각

정신분석학적 시각과 행동주의적 시각이 결정론적이라면, 인지적 시각은 인간을 세상과 그 속에 있는 자신의 역할을 능동적으로 구성하는 존재로 본다. 개인의 **행위주체자**agency 개념은 성격과 행동에 대한 인지적 접근의 핵심 개념이다(Bandura, 2006). 행위주체자로서의 인식 또는 자신이 자기 삶의 중요한 상황에 영향을 줄 수 있다는 믿음은 개인으로 하여금 어떤 상황에 접근하고 무엇을 피할 것인지에 영향을 주고, 개인의 동기와 과제 지속에 영향을 주며, 개인의 웰빙에도 영향을 준다. 행위주체자 인식은 개인이 접하는 조건에 의해 촉진될 수도 있고 감소될 수도 있다. 가난한 가정에서 별로 나아질 것이 없다는 말을 들으면서 성장한 아동은 안락한 가정에서 부모로부터 자신의 목표를 이루도록 격려받으면서 성장한 아동에 비해 강력한 개인적 행위주체감을 갖기 어렵다. 사회인지 이론에서 행위주체자는 환경을 극복할 수 있다. 가난한 환경에서 비지지적인 부모 밑에서 자란 아동도 스스로 개인적 행위주체감을 갖고 있다면 자신의 환경을 극복하고 큰 업적을 이룰 수 있다.

어떤 이들에게 인지적 시각은 희망을 주고 용기를 주

지만, 때로 이 시각은 '피해자를 비난하는 것'이 될 수도 있다. 인지적 시각에서 역경을 극복하지 못한 사람은 좋은 태도, 즉 '자신만 믿었더라면 열악한 환경을 극복할 수 있었을 것'이라는 태도가 부족한 사람이라는 것이다. 이 시각이 모든 사람에게 적용되는 것 같지는 않다.

## 인지적 접근의 평가

인지적 접근 역시 단점과 장점이 있다. 이 접근의 한 가지 장점은 경험적 연구에 토대를 두고 있다는 것이다. 앞의 실험이 보여 주는 바와 같이 많은 인지적 구조는 통제된 실험실 실험을 통해 집중적인 연구가 수행되었다. 인지적 접근의 다른 장점은 성격 특성을 설명하는 데 있어서 특질 이론을 넘어선다는 것이다. 단순히 특질을 밝히는 것이 아니라, 인지주의자들은 행동의 개인차를 설명하기 위해 인지 구조를 사용한다.

반면에 인지적 접근에 대해 자주 행해지는 비판은 모호한 개념을 사용한다는 것이다. 개인적 구성개념이 무엇인지 구체적으로 말하기 어렵고, 어떤 도식이 사용된 것인지 확신하기 어려우며, 개인적 구성개념이 도식과 어떻게 다른지 또는 이러한 인지 구조가 기억이나 정보처리의 다른 측면과 어떻게 연결되는지가 전혀 분명치 않다. 더욱이 행동주의자들은 이러한 개념을 사용하는 것이 정말로 필요한 것인지 의문을 제기할지 모른다. 아마도 성격은 인지를 언급하지 않고서도 잘 설명될 수 있을 것이다.

### 중간 요약

- 성격에 대한 인지적 접근은 성격 차이가 개인이 정보를 표상하는 방식의 차이에서 생겨난다는 가정에 근거를 둔다.
- 앨버트 밴듀라는 사회인지 이론을 개발했는데, 그는 내적 인지 과정이 행동에 영향을 주는 환경적 압력과 결합하며, 인지 과정과 환경은 서로 영향을 준다고 주장한다.
- 월터 미셸은 환경에 대한 반응과 행동에 영향을 주는 여러 가지 인지적 개인 변인을 밝혔다.
- 조지 켈리의 개인적 구성개념 이론은 개인이 자신과 자신의 사회적 세계를 해석하는 데 사용하는 개념에 초점을 둔다.
- 많은 연구는 자기도식에 초점을 두고 있는데, 자기도식은 그 개인에게 가장 중요한 행동의 측면으로 구성되어 있다.

실험 결과, 사람들은 그 정보가 자기도식과 관련이 있을 때보다 쉽게 지각하고 잘 기억한다는 것을 보여 주었다.

### 비판적 사고를 위한 물음

1. 일부 이론가들은 자신에 관한 가장 중요한 도식이 종종 무의식적인 – 우리가 그것을 갖고 있다는 것을 깨닫지도 못하고 명백하게 물으면 갖고 있지 않다고 부인할지도 모르는 – 것이라고 주장한다. 개인의 무의식적인 도식을 찾아내는 방법을 생각해 볼 수 있는가?
2. 개인의 자기도식 유형 발달에 크게 이바지하는 가장 중요한 발달 과정이나 사건은 무엇이라고 생각하는가?

## 인본주의적 접근

1950년대와 1960년대에 정신분석학과 행동주의적 접근의 결정론적 시각에 대한 대안을 제안하는 일단의 심리학자들이 등장했다. 이런 입장을 지닌 **인본주의적 접근** humanistic approach은 다음의 네 가지 원칙에 근거하고 있다.

1. 체험하는 개인이 일차적 관심의 대상이다. 인간은 단순한 연구 대상이 아니다. 인간은 세상을 지각하는 자기 나름의 주관적 관점, 자기에 관한 자신의 지각, 자기가치에 대한 느낌을 고려하여 기술되고 이해되어야 한다. 개인이 직면한 핵심 질문은 '나는 누구인가?'이다. 이 질문에 개인이 어떻게 대답하려는지 알기 위해 심리학자는 그 사람과 파트너가 되어야 한다.
2. 인간의 선택, 창의성, 자기실현은 연구해야 할 좋은 주제이다. 사람들은 성이나 공격성 같은 기본적 욕구나 배고픔과 목마름 같은 생리적 욕구에 의해 동기화되는 것이 아니다. 이들은 자신의 잠재력과 능력을 계발하려는 욕구를 느낀다. 성장과 자기실현은 단지 자아 통제나 환경에 대한 적응이 아니라 심리적 건강의 준거가 되어야 한다.
3. 의미 충만함은 연구 문제를 선정할 때 객관성보다 앞서야만 한다. 인본주의 심리학자들은 때때로 덜 강력한 방법이라 할지라도 중요한 인간과 사회 문제를 연구해야 한다고 주장한다. 그리고 심리학자들은 자료

를 수집하고 해석하는 데 객관적이 되려고 노력해야 하지만, 연구 주제의 선택은 가치에 의해 이끌릴 수 있고 또한 이끌려야 한다. 이런 점에서 연구는 가치에서 자유로울 수 없다.

4. 궁극적 가치는 인간의 존엄성에 둔다. 사람들은 기본적으로 선하다. 심리학의 목적은 사람들을 예측하고 통제하는 것이 아니라 이해하는 것이다.

이러한 가치를 공유하는 심리학자들은 다양한 이론적 배경을 지니고 있다. 예를 들어 특질심리학자 고든 올포트 역시 인본주의 심리학자이고, 카를 융, 알프레드 아들러, 에릭 에릭슨과 같은 몇몇 정신분석학자도 프로이트의 견해와는 달리 동기에 대한 인본주의적 입장을 취하고 있다는 것은 이미 지적된 사실이다. 인본주의 운동의 핵심에 있는 이론적 인물은 칼 로저스와 에이브러햄 매슬로이다.

## 칼 로저스

프로이트처럼 칼 로저스(Carl Rogers, 1902~1987)는 임상 장면에서 환자나 내담자와의 경험을 토대로 그의 이론을 정립했다(Rogers, 1951, 1959, 1963, 1970). 로저스는 성장, 성숙, 긍정적 변화로 나아가려는 인간의 내재적인 경향성이 있다는 것에 감동을 받았다. 그는 인간 유기체를 동기화하는 기본 힘이 **실현 경향성** actualizing tendency—유기체의 역량을 충족하거나 실현하는 방향으로 나아가려는 경향성—임을 믿게 되었다. 성장하는 유기체는 그 유전적 한계 내에서 잠재력을 완전히 발휘하려 한다. 한 개인은 어떤 행위가 성장으로 나아가고 어떤 행위는 그렇지 않은지 언제나 명확하게 지각하지 못할 수 있다. 그러나 일단 그 과정이 분명해지면 그 개인은 성장을 선택한다. 로저스는 생물학적인 욕구와 같은 다른 욕구가 있다는 것을 부인하지는 않았지만, 그러한 욕구가 자신을 향상하려는 동기에 부속되는 것으로 보았다.

자기실현화를 우선시한 로저스의 믿음은 그의 비지시적 또는 내담자 중심 치료의 기초가 된다. 이 심리치료법은 모든 개인이 변화하려는 동기와 능력을 갖고 있으며, 개인은 그러한 변화가 일어나야 할 방향을 결정하는 데 가장 훌륭한 전문가라고 가정한다. 치료자의 역할은 내담자가 자신의 문제를 탐색하고 분석하는 동안 합리적인 한 명의 위원으로 활동하는 것이다. 이 접근은 정신분석학 치료와 다른데, 정신분석학 치료에서는 치료자가 환자의 문제를 확인하고 치료 과정을 고안하기 위해 환자의 지난 내력을 분석한다.

**칼 로저스는 개인은 성장하려 하고, 성숙하려 하고, 긍정적 변화를 추구하는 선천적 경향성을 갖고 있다고 믿었다. 그는 이것을 자기실현 경향성이라 칭했다.**

### 자기

로저스의 성격 이론에서 중심 개념은 **자기** self 또는 자기개념이다(로저스는 이 용어를 혼용하여 사용했다). 자기(실제 자기)는 '주체적 나(I)' 또는 '보이는 나(me)'를 규정하는 모든 생각, 지각, 가치로 구성되어 있는데, 여기에는 '현재의 나(what I am)'와 '될 수 있는 나(what I can do)'에 대한 자각이 포함되어 있다. 그리고 이 지각된 나는 세상에 대한 지각과 자신의 행동 둘 다에 영향을 준다. 예를 들어 자신이 강하며 유능하다고 지각하는 여성은 자신이 연약하며 무능력하다고 생각하는 여성과는 아주 다르게 세상을 지각하고 세상에 영향을 가한다. 자기개념이 반드시 현실을 반영하는 것은 아니다. 외부적으로 아주 성공하고 존경받는 사람이 스스로는 실패자라고 생각할 수 있다.

로저스에 따르면 개인은 모든 경험을 자기개념과 관련시켜 평가한다. 사람들은 자기 이미지와 일치하는 방식으로 행동하고 싶어 하고, 일치하지 않는 경험과 감정은 위협적인 것이 되며, 의식에 들어오는 것이 거부될 수도 있다. 이것은 기본적으로 프로이트의 억압 개념인데, 로저스는 이러한 억압이 반드시 필요한 것도 아니고 영구적인 것도 아니라고 생각했다(프로이트는 억압이 불가피하며 개인 경험의 일부 측면은 언제나 무의식에 남아 있다고 말할 것이다).

자기개념과 불일치하기 때문에 개인이 부인하는 경험이 많을수록 자기와 현실 간의 괴리는 더 커지고 부적응 가능성도 더 커진다. 자기개념이 자신의 감정, 경험과 일치하지 않을 경우, 개인은 그 사실로 인해 불안이 야기될 것이기 때문에 사실에 대해 자신을 방어해야만 한다. 그 괴리가 너무 커지면 개인의 방어는 붕괴되고, 그 결과 심한 불안이나 다른 형태의 정서적 혼란이 생겨나게 된다. 반대로 적응이 잘된 개인은 자신의 생각, 경험, 행동과 일치하는 자기개념을 갖고 있으며, 새로운 경험과 아이디어에 동화되면서 변화될 수 있다.

또한 로저스는 각자 자신이 되고 싶어 하는 사람에 관한 개념화인 **이상적 자기**ideal self를 갖고 있다고 제안했다. 이상적 자기가 실제 자기와 비슷할수록 그 개인은 더 충족되고 행복해진다. 이상적 자기와 실제 자기 간의 괴리가 크면 불행하고 불만족스러운 사람이 된다.

따라서 두 가지 유형의 괴리가 발달된다—자기와 실제 경험 간의 괴리, 실제 자기와 이상적 자기 간의 괴리. 로저스는 이러한 불일치가 어떻게 발달하는지에 관한 몇 가지 가설을 제안했다. 로저스는 특히 사람들은 **무조건적 긍정적 존중**unconditional positive regard—부모와 타인들로부터 자신의 감정, 태도, 그리고 행동이 이상적 수준에 미치지 못할지라도 자신이 가치 있는 존재라는 느낌—을 받으면 보다 효율적으로 기능하기 쉽다고 생각했다. 부모의 조건적인 긍정적 존중, 즉 아이가 올바르게 행동하고, 생각하고, 느낄 때만 아동을 가치 있는 존재로 간주한다면 그 아동의 자기개념은 왜곡되기 십상이다. 예를 들어 어린 동생에 대한 경쟁심이나 적대감은 자연스러운 것인데, 부모는 동생을 때리는 것을 용납하지 않고 대체로 벌을 주게 된다. 아동은 어떤 식으로든 이런 감정을 자기개념에 통합해야 한다. 이들은 자신이 나쁜 아이라고 생각하게 되고 창피스럽게 생각할지 모른다. 또한 부모가 자기를 싫어한다고 생각하고 거부당했다고 느낄 수도 있다. 아니면 자신의 감정을 부인하여 동생을 때리고 싶은 것이 아니라고 생각할 수도 있다. 이러한 태도는 모두 진실을 왜곡한다. 위의 대안 중 세 번째 대안은 아동이 수용하기 가장 쉬운 것이긴 하지만, 그렇게 되면 아동은 자신의 실제 감정을 부인하게 되고 그것은 무의식적인 것이 된다. 자신의 감정을 부인하고 타인의 가치를 수용할수록 자신에 관해 더 많은 불편을 느끼게 된다. 로저스는 최선의 접근은 부모가 아이에게 때리는 것이 왜 나쁜 것인지 그 이유를 설명하면서 아이의 감정이 타당하다고 인정하는 것이라고 제안했다.

## 실제 자기-이상적 자기 일치성의 측정

앞서 우리는 평정자 또는 분류자에게 성격 특질이 적힌 일련의 카드(예: 나는 쾌활하다)를 주고 그 카드를 여러 묶음으로 분류함으로써 개인의 성격을 서술하도록 하는 Q-소트라고 불리는 측정 방법에 관해 설명했다. 평정자는 자신과 가장 관련이 없는 것은 왼쪽으로, 관련이 많은 것은 오른쪽으로 분류한다. 다른 진술문들은 중간에 놓이게 되는데, Q-소트에 있는 각 항목은 놓이는 묶음의 위치에 따라 점수를 얻는다. 연구자들은 2개의 Q-소트가 있을 때 여기에 속한 항목 점수들 간의 상관을 계산하여 그 둘을 비교하는데, 그것은 두 Q-소트가 얼마나 유사한지를 측정한다.

로저스는 자기개념을 고찰하는 한 방식으로 Q-소트를 사용한 개척자이다. 그의 Q 세트에는 '나는 나 자신에 대해 만족스럽다', '나는 다른 사람들과 따뜻한 정서적 관계를 맺고 있다', '나는 내 감정을 신뢰하지 않는다'와 같은 진술문이 포함되어 있다. 로저스의 절차에서 개인은 먼저 있는 그대로의 자기(실제 자기)를 분류한다. 그다음 자신이 되고 싶어 하는 자기(이상적 자기)를 분류한다. 이 두 분류 간의 상관은 실제 자기와 이상적 자기 간의 불일치 정도를 나타낸다. 낮거나 부적인 상관은 괴리가 크다는 것을 의미하는데, 이것은 자기존중감이 낮거나 자기가치감이 낮다는 것이 내포되어 있다.

치료 과정에서 이러한 절차를 여러 번 반복함으로써 로저스는 치료의 효율성을 측정할 수 있었다. 한 연구에서 치료를 받으러 온 사람들의 실제 자기와 이상적 자기 간의 상관이 치료 전에는 평균 −.01에서 치료 후에는 +.34로 증가했다. 치료를 받지 않은 통제집단의 상관은 변화가 없었다(Butler & Haigh, 1954). 달리 말하면 그 치료는 개인의 실제 자기와 이상적 자기 간의 괴리 지각을 상당히 감소시켰다. 이런 결과는 두 가지 방식으로 일어날 수 있다. 개인이 이상적 자기에 가깝도록 실제 자기개념을 바꾸었거나, 아니면 이상적 자기를 좀 더 현실적으로 바꾼 것일 수 있다. 치료는 두 가지 변화를 모두 일으킬 수 있다.

보다 최근에 심리학자 토리 히긴스(Higgins & Spiegel, 2004)는 로저스가 언급한 이러한 자기괴리가 정신병리와 관련된다는 것을 보여 주었다. 실제 자기가 이상적 자기 또는 당위적 자기와 괴리가 많다고 생각하는 사람들과 이런 괴리를 극복할 수 없다고 믿는 사람들은 우울과 불안에 취약했다.

## 에이브러햄 매슬로

에이브러햄 매슬로(Abraham Maslow, 1908~1970)의 심리학은 여러 가지 방식에서 칼 로저스와 중복된다. 매슬로도 처음에는 행동주의에 매료되어 영장류의 성과 지배성에 관한 연구를 수행했다. 그런데 첫아이가 태어났을 때 그는 행동주의에서 이미 멀어졌으며, 그 후 그는 아이를 관찰한 사람이면 누구나 행동주의자가 될 수 없다고 말했다. 그는 정신분석학의 영향을 받았지만 결국에는 정신분석학의 동기 이론에 비판적이 되었고 자기 나름의 이론을 개발했다. 구체적으로 그는 **욕구 위계** hierarchy of needs를 제안했는데, 이는 기본적인 생물학적 욕구에서부터 기본 욕구가 충족된 이후에 중요하게 되는 보다 복잡한 심리적 동기로 나아간다는 것이다(그림 13.4 참조). 보다 상위 수준의 욕구가 행위의 중요한 동기원이 되기 전에 보다 낮은 수준의 욕구가 적어도 부분적으로 충족되어야만 한다. 음식이나 안정을 얻기 힘든 경우, 먼저 이러한 욕구를 충족하려는 노력이 개인의 행동을 지배하고, 보다 상위의 욕구는 별로 중요하지 않게 될 것이다. 기본 욕구가 쉽게 충족될 수 있을 때만 개인은 심미적이고 지적인 것에 시간과 에너지를 쏟게 될 것이다. 음식, 주거지, 안전을 확보하기 위해 전력투구를 해야만 하는 사회에서는 예술적인 노력과 과학적인 노력이 활발하지 않다. 최고의 동기인 자기실현은 하위의 다른 욕구가 충족된 후에라야 성취될 수 있다.

매슬로는 자기실현을 한 사람들—자신의 잠재력을 특별히 사용한 남자와 여자—을 연구하기로 했다. 그는 스피노자, 토머스 제퍼슨, 에이브러햄 링컨, 제인 애덤스, 알베르트 아인슈타인, 엘리너 루스벨트와 같은 역사적으로 저명한 인물들의 삶에 대한 연구로부터 시작했다. 이런 식으로 그는 자기실현자들에 대한 조합적인 그림을 그릴 수 있게 되었다. 매슬로는 그 연구를 대학생 집단으로 확장했다. 자신의 자기실현자 정의에 적합한 학생들을 뽑았는데, 그는 이 집단이 대학생 전체 집단 중에서 가장 건강한 1%에 해당된다는 것을 발견했다. 이 학생들은 부적응의 지표가 전혀 없었으며, 자신의 재능과 능력을 효율적으로 사용하고 있었다(Maslow, 1970).

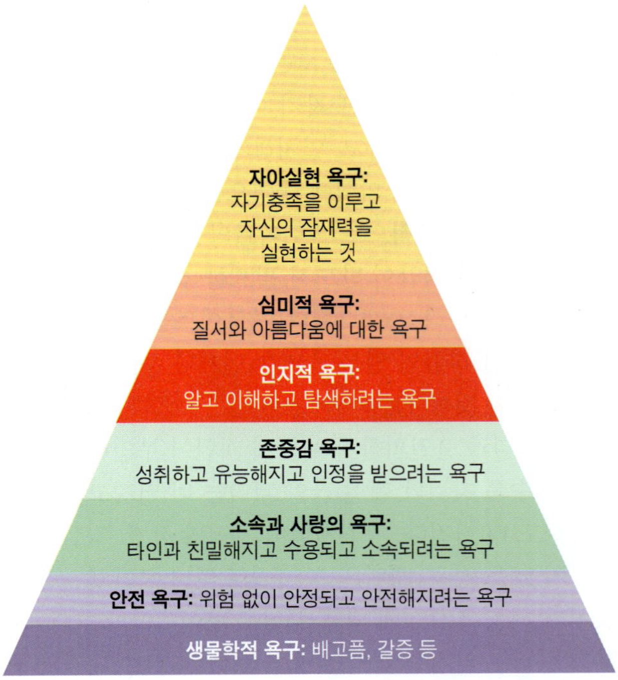

많은 사람들은 매슬로가 **절정 경험** peak experience이라 부르는 자기실현의 일시적 순간을 경험한다. 절정 경험은 행복과 충만감으로 규정되는데, 목표가 성취된, 순간적이고, 얻으려고 애쓰지 않고, 자기중심적이지 않은 상태이다. 절정 경험은 다양한 강도로 창의적 활동, 자연에 대한 감상, 친밀한 관계, 심미적 느낌 또는 신체 활동 등 다양한 맥락에서 일어날 수 있다. 매슬로는 많은 대학생들에게 절정 경험과 비슷한 경험을 기술하도록 요구하여 그 반응을 요약했다. 대학생들은 전체감, 완전함, 생동감, 독특성, 효율성, 자기충족감 그리고 아름다움, 선함, 진실의 가치를 언급했다.

**자아실현 욕구:** 자기충족을 이루고 자신의 잠재력을 실현하는 것

**심미적 욕구:** 질서와 아름다움에 대한 욕구

**인지적 욕구:** 알고 이해하고 탐색하려는 욕구

**존중감 욕구:** 성취하고 유능해지고 인정을 받으려는 욕구

**소속과 사랑의 욕구:** 타인과 친밀해지고 수용되고 소속되려는 욕구

**안전 욕구:** 위험 없이 안정되고 안전해지려는 욕구

**생물학적 욕구:** 배고픔, 갈증 등

그림 13.4 **매슬로의 욕구 위계.** 위계상 상위에 있는 욕구가 동기의 주요 원천이 되기 전에 하위에 있는 욕구가 부분적으로 충족되어야만 한다.

때때로 창의적 아동은 창의적 경험을 절정 경험으로 묘사한다.

## 인간 본질에 관한 인본주의적 시각

인본주의 심리학자들의 인간 성격에 대한 접근에 깔려 있는 원리는 아주 명백하다. 앞서 언급한 인본주의 심리학회가 제안한 네 가지 원리는 인간 성격에 대한 인본주의적 시각과 정신분석학, 행동주의적 시각 간에 상당한 차이가 있음을 보여 준다. 인본주의 심리학은 개인이 자신을 어떻게 보느냐에 관심이 있다는 점에서 인지적 관점과 공통된 점이 있지만, 인지적 관점에 비해 인간의 경험에 관해 훨씬 더 확장된 시각을 갖는다. 확장된 시각은 개인의 마음에 관여하는 특정 사고를 넘어서는 것이다.

대부분의 인본주의 심리학자들은 생물학적 변인과 환경적 변인이 행동에 영향을 줄 수 있다는 것에 논란을 제기하지 않지만, 자신의 운명을 규정하고 만들어 내는 데 자신의 역할을 강조하고, 다른 접근의 특징인 결정론을 경시한다. 그들의 관점에서 개인은 기본적으로 선하고 성장과 자기실현을 추구한다. 또한 개인은 수정 가능하고 능동적이다. 인본주의 심리학자들은 특히 심리적 건강에 대해 아주 높은 기준을 세우고 있다. 단순한 자아통제 또는 환경에의 적응으로는 충분치 않다. 자기실현을 향하여 성장하는 개인만이 심리적으로 건강하다고 말할 수 있다. 달리 말하면 심리적 건강은 최종 상태가 아니라 하나의 과정이다.

이러한 가정은 정치적 함의가 있다. 인본주의 심리학의 조망에서 보면 개인의 잠재력 충족을 저해하는, 개인으로 하여금 자신이 될 수 있는 사람이 되지 못하도록 방해하는 어떤 것이라도 극복되어야 한다. 예를 들어 1950년대에는 여성이 행복하고 전통적인 성 역할에 잘 적응하면, 행동주의가 규정하는 심리적 건강 준거를 충족했다. 그러나 인본주의적 조망에서 보면, 일부 여성들에게는 그 역할이 아무리 고마운 것이라 할지라도 그것은 잠재력의 충분한 발휘를 방해하기 때문에 모든 여성에게 동일한 역할을 부여하는 것은 바람직하지 않다. 여성 해방, 동성애자 해방과 같이 인본주의 심리학적 언어를 반영하는 해방운동은 우연히 나온 것이 아니다.

## 인본주의적 접근의 평가

사건에 대한 개인의 고유한 지각과 해석에 초점을 맞춤으로써 인본주의 접근은 개인적 체험을 다시 성격 연구로 가져왔다. 로저스와 매슬로의 이론은 지금까지 논의했던 어느 이론보다 더 전체로서의 인간, 건강한 인간에 초점을 두고, 인간 성격에 대해 긍정적이고 낙관적인 입장을 취하고 있다. 인본주의 심리학자들은 사람을 연구하는 데 항상 엄격한 방법을 사용하는 것은 아니지만, 중요한 문제를 연구한다는 것을 강조한다. 그들은 연구하기 편리한 방법이 있기 때문에 사소한 것을 연구하는 것은 심리과학의 발전에 그리 도움이 되지 않는다고 지적한다. 인본주의 심리학자들은 자기개념을 측정하는 새로운 방법을 고안했고, 개인을 동등한 파트너로 대접하는 연구를 수행하고 있다.

그럼에도 불구하고 인본주의자들의 주장을 지지하는 증거의 질에 대한 비판이 제기되고 있다. 예를 들어 자기실현자들이 지니고 있는 특성의 어느 정도를 자기실현이라 불리는 심리적 과정에 의한 것으로 볼 수 있는가? 아니면 자기실현은 그저 로저스와 매슬로가 지니고 있던 특별한 가치체계를 반영한 것에 불과하지 않은가? 비판가들은 매슬로의 욕구 위계를 지지하는 증거가 어디에 있는지 묻는다.

인본주의 심리학자들은 또한 비교적 건강한 사람들에 대한 관찰에만 근거하여 이론을 구성했다고 비판받는다. 이들의 이론은 기본 욕구가 충족되고 자유롭게 보다 상위의 욕구로 관심을 쏟을 수 있는, 적응을 잘하는 사람들

**알베르트 아인슈타인과 엘리너 루스벨트는 매슬로가 자기실현자로 규정한 사람에 속한다.**

에게 가장 잘 들어맞는다. 적응을 잘 못하는 사람이나 심리적 문제가 있는 사람들에게 이 이론의 적용 가능성은 분명치 않다.

끝으로, 인본주의 이론가들이 지지하는 가치에 대해 비판을 가하는 사람들도 있다. 많은 관찰자들은 미국인들이 이미 개인주의에 심하게 몰입되어 있고 더 큰 사회 복지에는 별로 관심이 없다고 믿는다. 가치체계의 가장 높은 수준까지 자기충족과 실현을 제안하는 심리학은 '이기성을 시인하는 것'이 될 수도 있다(Wallach & Wallach, 1983). 매슬로는 자기실현자들의 특징 가운데 인류의 복지에 대한 관심을 나열했으며, 매슬로가 말한 엘리너 루스벨트와 알베르트 아인슈타인처럼 일부 자기실현자는 분명히 이러한 특징을 지니고 있지만, 욕구의 위계에는 인류의 복지에 대한 관심이 포함되어 있지 않다.

### 중간 요약

- 인본주의 접근은 개인의 주관적 경험에 관심을 둔다. 인본주의 심리학은 정신분석학과 행동주의적 접근에 대한 하나의 대안으로 형성되었다.
- 칼 로저스는 인간 유기체를 동기화하는 기본 힘이 실현 경향성–자기의 모든 역량을 충분히 발휘하고 실현하는 방향으로 나아가는 경향성–이라고 주장한다. 자기의 욕구가 부인되면 심한 불안이 생길 수 있다. 아동은 돌보는 이들로부터의 무조건적인 긍정적 존중을 통해 자기실현을 계발하게 된다.
- 에이브러햄 매슬로는 욕구에는 기본적인 생물학적 욕구에서부터 기본 욕구가 충족되고 난 후에 중요해지는 보다 복잡한 심리적 동기에 이르기까지 다양한 욕구의 위계가 있다고 제안했다. 한 수준의 욕구는 그다음 수준의 욕구가 행동의 중요한 동기가 되기 전에 적어도 부분적으로 충족되어야만 한다.

### 비판적 사고를 위한 물음

1. 몇몇 연구에서 아시아 문화권의 사람들은 미국인과 같은 개인주의적 관심이 적고 가족과 공동체의 전체 복지에 관해 더 관심이 많다는 것을 보여 준다. 이것이 성격에 대한 인본주의적 조망을 어느 정도 반박한다고 생각하는가?
2. 아이를 무조건적으로 긍정적 존중을 해 주는 것이 언제나 좋은 아이디어라고 생각하는가? 왜 그렇게 생각하는가?

## 진화론적 접근

성격에서 가장 새롭고 논란이 많은 이론 중의 하나는 실제로는 아주 오래된 이론을 적용한 것이다. 다윈(Darwin, 1859)이 제안한 진화론은 100년이 넘도록 생물학에서 중요한 역할을 해 왔다. 다윈은 과감하게 인간 행동의 진화적 뿌리에 관한 몇몇 아이디어를 말했으나, 현대의 진화론적 심리학 분야는 '사회생물학'에 대한 윌슨(Wilson, 1975)의 연구로 시작되었다. 사회생물학의 기본 전제와 **진화론적 심리학**evolutionary psychology은 유기체의 생존과 후손에게 전달할 기회를 증가시키는 행동이 진화적 역사에서 선택될 것이고, 따라서 인간 성격의 측면이 될 것이라고 말한다.

진화론적 심리학을 성격에 적용한 많은 연구가 배우자 선택에 초점을 맞추고 있다는 것은 조금도 놀랄 일이 아니다. 배우자를 선택하는 것은 경쟁—이성 사이에서 남성은 남성끼리, 여성은 여성끼리의 경쟁—을 포함하고 있다. 그런데 남성과 여성은 재생산에서 서로 다른 역할을 하기 때문에 성에 따라 경쟁하는 양상이 달라진다. 여성은 9개월 동안 아이를 뱃속에 품고, 출산한 후에는 양육하고 보살펴야 하기 때문에 한 아이에게 더 많이 투자하고 남성보다 자손을 더 적게 낳는다. 이것은 여성에게 이점이 있는데, 자신이 재생산할 아이 아버지의 유전적 자질이 좋은지 그리고 아이를 보살필 능력과 각오가 있는지를 살피게 된다. 이에 반해 남성에게 적절한 재생산 책략은 가능한 한 자주 재생산하는 것이다. 따라서 남성은 일차적으로 자신이 접근 가능하고 아이를 잘 낳을 여성을 구할 것이다.

데이비드 부스, 더글러스 켄릭과 다른 진화론적 심리학자들은 그들이 가정하는 남성과 여성의 성격 차이가 재생산 전략에서 이러한 차이로 인해 초래된 것인지를 살펴보았다(Buss, 2007; Kenrick, 2006). 이들은 결혼에 관심이 있는 여성은 자신의 젊음과 아름다움이 생산 능력의 표시이기 때문에 이 두 가지를 강조하지만, 어떤 상대와 결혼을 할 것인가에 대해 남성보다 더 선별적일 것이라고 추론했다. 반면에 결혼에 관심이 있는 남성은 자식을 지원할 수 있는 자신의 능력을 강조하면서 누구를 선택하느냐에 대해서는 여성보다 덜 선별적일 것이다. 여러 가지 사실은 이러한 가설을 지지한다. 이성에게 매력적으로 보이기 위해 무엇을 해야 하는지 물었을 때, 여성들은 화장, 보석, 의상, 머리 스타일을 통해 자신의 아름다움을 높이는 것이라고 응답했다. 남성들은 자신의 성취와 잠재력을 자랑하고, 비싼 소유물을 보여 주고, 근육을 보여 주는 것이라고 응답했다(Buss, 2007). 다른 연구에서는 남성이 여성에 비해 하룻밤 섹스에 더 관심이 있고(Buss & Schmitt, 1993), 하룻밤 지내는 기준이 별로 선별적이지 않은 것으로 나타났다(Kenrick et al., 1993).

생산성을 나타내는 한 가지 대용물은 젊음이고, 경제적 자원을 나타내는 대용물은 나이 듦이다. 진화론은 남성이 보다 젊은 여성과의 결혼에 흥미를 보이는 반면에, 여성은 보다 나이 든 남성과의 결혼에 흥미를 보일 것이라고 제안한다. 결혼 선호에서의 이러한 성차는 37개 문화권에서 확인되었다(Buss, 1989). 켄릭과 키프(Kenrick & Keefe, 1992)는 신문에 있는 독신자 광고에서도 이런 선호에 대한 증거를 발견했다. 광고를 보면 남성은 나이가 들수록 보다 젊은 여성을 더 많이 선호한다고 표현했다. 여성은 자신의 나이에 관계없이 나이 든 남성을 선호한다고 말하는 경향이 있었다.

일부 이론가들은 배우자 선택을 훨씬 넘어, 남성은 여성보다 더 개인주의적이고 지배적이며 문제해결 중심적이라고 진화론적 예언을 확장하는데, 이러한 성격 특성이 역사적으로 재생산 능력을 증가시켰고, 따라서 선택된 것으로 보기 때문이다(Gray, 1992; Tannen, 1990). 이에 반해 여성은 보다 포용적이고 공유를 잘하며 공동적인데, 이러한 성격 특성이 자식의 생존 기회를 증가시키기 때문에 선택된 것이다.

보다 논란이 되는 일부 분야에서 진화론적 심리학자들

**진화론적 이론은 나이 든 남자가 종종 자기보다 훨씬 더 젊은 여자를 찾는 이유를 설명해 준다.**

은 배우자 선택 책략에서의 성차로 인해 성적 불성실과 질투의 원천, 두 가지에 성차가 있다고 주장한다. 자주 짝짓기를 하고 싶어 하는 남성의 욕구는 여성보다 성적으로 더 불성실하도록 만드는 반면에, 자기 자식이 아닌 아이에게 자신의 자원을 투자하지 않으려는 남성은 여성 파트너의 성적 불성실에 더 관심을 갖게 된다. 이 점은 여성보다 남성이 배우자를 더 잘 배신하면서, 역으로 배우자나 파트너가 자신을 배신하면 더 많이 질투한다는 것을 시사한다. 여러 연구는 이 가설을 지지하는 것으로 나타났다(Buss, 2007).

여성을 얻기 위해 남성들 간에 경쟁이 격해지면 폭력이 발생할 수 있는데, 실업자와 같이 자원이 별로 없는 남성의 경우에 특히 그렇다. 윌슨과 데일리(Wilson & Daly, 1985; Daly & Wilson, 1990)는 친척이 아닌 사람들 사이에서 벌어지는 살인은 체면과 지위를 놓고 싸우는 젊은 남성들 사이에서 가장 많이 발생한다는 것을 발견했다. 그런데 가족 내의 살인은 남편이 아내를 죽이는 일이 가장 흔하다는 것을 발견했는데, 연구자들은 이 살인이 여성 파트너의 성적 성실성을 통제하려는 남성의 시도를 의미한다고 주장했다.

## 첨/단/연/구

### 뇌 속에 있는 자기 발견하기

*Susan Nolen-Hoeksema,* 예일대학교

여러 성격 이론에 따르면 '자기'는 성격의 핵심 측면이다. 사람들은 자신에 관한 지각을 묘사하고 조직화하는 자기도식과 개인적 구성개념을 갖고 있다. 개인에 따라 자기주체감이나 자기효능감이 강할 수도 있고 약할 수도 있으며, 자기실현이 잘될 수도 있고 부족할 수도 있다.

현대의 신경과학자들은 자기에 관한 정보나 자기참조적 정보처리가 뇌의 특정 부위에 집중되어 있는가에 관심을 가져 왔다. 연구자들은 자기 관련 정보처리와 관련된 뇌의 영역을 알아보는 다양한 과제를 사용하고 있다. 예를 들어 일부 연구자들은 사람들에게 성격 특질 형용사나 문장을 주고 이것이 어느 정도 자신을 서술하는지 평가하도록 하거나(Heatherton et al., 2006), 단순하게 자신의 성격에 관해 자유롭게 생각하게 한 후(D'Argembeau et al., 2005), 이런 과제를 수행하는 동안 일어나는 뇌의 활동과 타인의 성격 특질을 생각하거나 사실적 지식을 판단할 때의 뇌의 활동을 비교했다. 가장 일관성 있게 발견되는 사실은 자기참조적 생각이 전전두엽 중앙 부위의 활동과 관련된다는 것이다(그림 13.5 참조).

자기 관련 사고와 자기조절에서 전전두엽의 역할에 대한 관심은 유명한 피니어스 게이지(Phineas Gage)의 사례로 거슬러 올라간다(Damasio et al., 1994). 게이지는 1800년대 중반에 미국 북부에 살았던 25세의 열차 철로 건축감독이었다. 철로를 놓기 위한 평탄화 작업을 위해 폭파 작업이 필요했는데 게이지는 그 폭파 책임자였다. 1848년 9월 13일, 두께 3cm, 길이 109cm 되는 쇠파이프가 게이지의 얼굴, 두개골, 뇌를 통과한 후 하늘로 날아가는 사고가 발생했다. 게이지는 아주 잠깐 기절했으나 곧 의식이 돌아왔으며 주변 사람들의 부축을 받아 옮겨졌다. 이 사고 후 게이지의 지적 능력은 전혀 손상되지 않은 것으로 나타났다. 그러나 성격에는 엄청난 변화가 나타났다. 사고 전에 게이지는 아주 합리적이고 많은 사람들이 좋아하는 사람이었다. 그런데 이 사고 후 그는 무책임하고 무례하며 저속한 사람이 되었다. 자신의 감정과 사회행동에 대한 조절력이 상실된 것처럼 보였다. 약 150년이 지난 후, 연구자들은 게이지의 두개골에 대해 현대의 신경 이미지법을 사용하고 쇠파이프 관통 사건을 컴퓨터로 재현하여 게이지가 입은 뇌의 주 손상이 전전두엽에 있었음을 보여 주었다(그림 13.6 참조).

전전두엽은 인간의 가장 발달된 사고 과정과 관련된 뇌의 영역이다. 전전두엽은 모든 감각기관으로부터 정보를 받고, 뇌의 다른 부위로부터 정보를 받고, 외부 환경으로부터 정보를 받으며, 이러한 정보를 통합하고 그에 대한 반응을 조절하는 부위이다. 이처럼 이 부위는 뇌의 '핵심 집행자'가 된다. 따라서 자신과 관련된 특성, 이러한 특성으로 유발되는 감정, 자신을 조절하는 능력과 같은 자기 관련 측면을 전전두엽에서 처리한다는 것은 전혀 놀라운 사실이 아니다.

그렇다고 해서 자기가 전전두엽에 있다고 말하는 것은 지나친 단순화이다. 연구자들은 자기 관련 처리에서 세분화된 구분을 발견했는데, 예를 들어 개인의 희망과 포부에 관해 생각하는 것과 개인의 의무를 생각하는 것은 각각 전전두엽의 다른 부위를 활성화하며 뇌의 다른 부위를 활성화한다(Johnson et al., 2006). 더 나아가 개인의 행동과 정서를 조절하는 능력은 뇌의 어느 한 부위가 활성화되기보다는 뇌의 여러 부위 활동의 조합과 연관되어 있다(Ochsner & Gross, 2007). 끝으로, 서로 다른 뇌 부위의 활동이 자기감에 영향을 줄 수 있지만, 사람들을 자신에 관해 다르게 생각하도록 훈련하거나(Ray et al., 2005) 명상을 통해(Kennedy et al., 2001) 그러한 뇌의 활동 양상이 바뀔 수 있다.

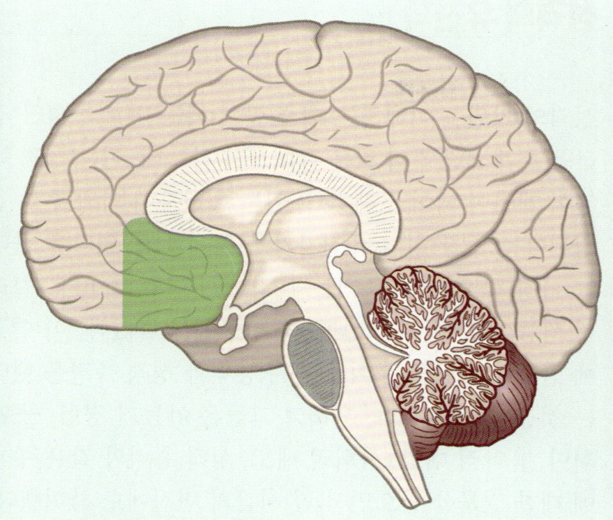

**그림 13.5 전전두엽의 중앙 부위.** 자기참조적 사고는 전전두엽 중앙 부위의 활동과 관련이 있다.

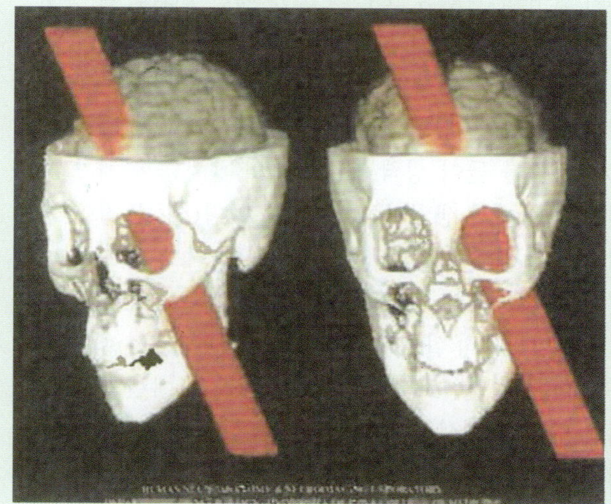

**그림 13.6 피니어스 게이지의 뇌 손상.** 현대의 신경 이미지법은 게이지의 뇌가 손상된 부분을 정확하게 밝히는 데 도움을 주었다.

현대 신경과학은 우리가 자신에 관해 생각할 때 뇌의 어느 부위가 활성화되는지 알 수 있게 해 준다. 그러나 오래된 철학적 질문인 '자기란 무엇인가'에 대한 답은 여전히 해결되지 않은 채 남아 있다.

## 인간 본질에 관한 진화론적 시각

인간의 본성에 관한 진화론적 시각은 꽤 어두워 보인다. 그것은 인간 종이 이런 방식으로 발달하는 것이 적응적이었기 때문에 우리가 이런 방식이라는 것인데, 이는 우리의 성격과 사회행동에 관한 모든 것이 유전 안에 부호화되어 있는 것이 된다. 이는 긍정적 변화에로의 여지가 거의 없는 것으로 보인다.

그러나 진화론적 이론가들은 환경이 변할 때 그 변화에 적응할 수 있는 유기체만이 생존할 것이고 재생산할 것이라는, 진화가 변화에 관한 모든 것이라는 점을 최초로 강조했다. 이 변화는 우리가 생각하는 것보다 훨씬 천천히 일어난다.

## 진화론적 접근의 평가

진화론적 접근이 뜨거운 논란이 되었다는 것은 놀랄 일은 아니다. 이 이론가들의 주장과 발견에는 중요한 사회적 · 정치적 함의가 있다. 일부 비판가들은 진화론적 접근이 단순히 오늘날 세상에서 공평하지 않은 사회적 조건과 편견을 은근히 숨긴 채 정당화를 제공하는 것이라고 주장한다. 여성이 경제적 힘과 정치적 힘에서 남성에게 종속되는 것은 진화적으로 볼 때 인간 종에게 적응력이 있었기 때문이라는 것이다. 남성이 아내를 구타하고 혼외 관계를 가지는 것은, 남성이 그렇게 할 수밖에 없기 때문이라는 것이다. 일부 인종 집단이 사회에서 보다 힘이 있고 부유하면, 그것은 그들의 행동이 진화적 역사를 통해 선택되었기 때문이며, 그래서 그들의 유전자는 우월하다는 것이다.

진화론적 이론가들은 과학 단체로부터도 비난을 받고 있다. 사회생물학의 초기 주장은 아주 사변적인 것이었고, 실제 자료에 근거한 것이 아니다. 일부 비판은 그들의 가설이 틀렸다는 것을 입증하기 어렵고 검증 불가능한 것이었다는 주장이다. 지난 10년 동안 인간 행동에 관한 진화론을 활발하게 검증하려는 경험적 연구가 쏟아져 나왔다. 일부 이론가들은 뇌의 인지적 구조를 형성하는 데 있어서 성격이나 능력에서의 성차 같은 논란이 되는 주제로부터 진화의 역할을 탐색하는 쪽으로 옮아 갔다(Tooby & Cosmides, 2002).

그러나 아직 남아 있는 사실—인간의 성차나 모든 인

간이 공유하는 행동 또는 구조에 대한 진화론적 설명—이 필요한지에 대한 질문이 남아 있다. 진화론적 이론가들이 재생산 책략 탓으로 돌리는 사실의 대부분을 설명할 수 있는 대안을 쉽게 찾을 수 있다(Wood & Eagly, 2007). 예를 들어 성격 특성에서의 성차는 신체 크기와 힘의 차이에서 생겨나는 것일 수 있다(예: 몸집이 크기 때문에 남성은 여성보다 더 지배적이 되고, 여성은 남성에게 매 맞지 않으려고 노력하기 때문에 남성보다 더 친절하다). 대안적 설명에 초점을 맞춘 대부분의 행동 원인은 진화론적 원인보다 더 근접 원인인데, 이런 대안적 근접 원인 설명에서는 수백만 년 동안 무엇이 사실이었는지에 대한 주장을 신뢰하지 않고 비교적 최근의 과거에서 사실인 것만 주장한다. 진화 이론가들이 진화의 역사와 일치한다고 말하는 많은 사실에 대해, 진화론적 설명과 보다 근접 원인에 초점을 맞춘 대안적 설명 간에 어느 것이 옳은지를 확정짓는 실험을 생각해 내기 힘들다.

진화론은 광범위한 행동을 설명하는 힘을 지닌 매력적인 이론이다. 행동주의가 도입된 이후로 심리학은 인간 행동의 대부분을 설명할 수 있는 새로운 설명틀을 갖고 있다. 많은 진화론적 이론가들은 자신들의 가설을 보다 정교하게 만들고 설득력 있는 경험적 검증을 하기 위해 노력하고 있다. 틀림없이 진화론적 심리학은 다가오는 시대의 성격 이론에 중요한 영향을 줄 것이다.

### 중간 요약

- 진화론적 심리학은 인간 행동과 성격을 인간 역사에 걸쳐 생존과 재생산에 유리한 특성의 적응력을 고려하여 설명하려고 한다.
- 진화론은 배우자 선호에서 관찰된 일부 성차와 일치한다.
- 진화론은 사회적 함의와 이 이론에서 도출된 주장에 이의를 제기하는 것이 힘들다는 점, 둘 다에서 논란이 된다.

### 비판적 사고를 위한 물음

1. 당신은 심리학 이론 지지자들에게 정치적 함의에 대한 관심이 어느 정도 있어야 한다고 생각하는가?
2. 당신은 진화론이 앞으로의 몇 세기 동안 인간 행동이 어떻게 변할지 예측할 수 있다고 생각하는가?

## 성격의 유전학

성격의 기원을 이해하는 데 논란이 되는 비교적 최근 접근을 소개하면서 이 장을 끝내고자 하는데, 이는 성격 특질이 개인이 태어날 때 갖고 있는 유전자에 의해 주로 결정된다는 주장이다. 유전자가 성격에 어떤 역할을 한다는 가장 좋은 일부 증거는 12장에서 언급된, 따로 길러진 쌍둥이를 연구한 미네소타 연구에서 나왔다. 이 연구에 참여한 사람들은 여러 가지 능력과 성격 측정을 했다는 것을 떠올려 보라. 그리고 그들은 아동기 경험, 공포, 취미, 음악적 취향, 사회적 태도, 성적 흥미와 같은 주제에 대한 질문을 받으면서 긴 시간의 면접에도 참여했다. 놀랄 만한 많은 유사성이 발견되었다. 가장 극적인 예는 서로 다른 배경에서 자란 쌍둥이 오스카 스토흐와 잭 유프이다. 상당히 다른 배경을 가진 또 다른 쌍둥이로 영국에서 집 짓는 형제가 있다. 그들은 제2차 세계대전 기간에 헤어져 사회경제적 지위가 다른 가정에서 자라났다. 이전에 결코 만난 적이 없는 두 쌍둥이는 손가락에 7개의 반지를 끼고 면접에 나타났다.

이러한 연구는 따로 길러진 쌍둥이들이 함께 길러진 쌍둥이들처럼 여러 가지 성격 특성에서 서로 아주 유사하다는 것을 보여 주는데, 이는 유전적으로 보다 비슷한 일란성 쌍둥이가 이란성 쌍둥이보다 성격 특성에서 서로 더 비슷하다는 것을 더욱 확신 있게 결론 내리게 해 준다(Bouchard, 2004; Tellegen et al., 1988).

대부분의 경우, 미네소타 연구에서 발견된 상관은 다른 쌍둥이 연구에서 나온 결과와 일치한다. 일반적으로 가장 높은 유전성을 보이는 것은 능력과 지능 측정치이고(60~70%), 그다음으로 높은 것이 성격 측정치(약 50%), 그리고 가장 낮은 유전성을 보이는 것은 종교적 신념과 정치적 신념 및 직업적 흥미이다(30~40%). 예를 들어 한 연구에서는 수줍음과 쉽게 당황하는 경향성이 30~50% 사이의 유전성을 갖고 있는 것으로 나타났다(Bouchard et al., 1990; Newman et al., 1998).

## 성격과 환경 간의 상호작용

### 유전형-환경 상관

개인의 성격을 조성하는 데 유전과 환경의 영향은 출생 순간부터 서로 얽혀 있다. 첫째, 특정 유전자의 효과를 끌어내는 데 특정 환경이 필요하다(Gottlieb, 2000). 예를 들어 알코올 중독의 유전 성향을 가진 아동이라도 술을 접하지 않으면 알코올 중독자가 될 리 없다. 둘째, 부모는 자식에게 자신의 유전자와 가정환경을 제공하는데, 이 둘 모두 부모의 유전자에 따라 달라진다. 그 결과, 아동의 선천적 특성(유전형)과 아동이 양육되는 환경 간에는 이미 만들어진 상관이 있다. 예를 들어 일반 지능은 부분적으로 유전적인 것이기 때문에, 지능이 높은 부모는 지능이 높은 자식을 갖기 십상이다. 그러나 지능이 높은 부모는 아동과 상호작용을 통해, 그리고 책, 음악 레슨, 박물관 견학, 기타 지적 경험을 통해 아동에게 지적으로 자극을 주는 환경을 제공할 가능성도 높다. 아동의 유전형과 환경은 이런 방식으로 정적 상관을 이루기 때문에, 이 경우 아동은 이중으로 지적 이점을 받게 되는 것이다. 마찬가지로 지능이 낮은 부모에게서 태어난 아동은 지적 약점이 직접 유전될 뿐만 아니라 그 약점을 악화시키는 가정환경을 만나기 십상이다.

셋째, 일부 부모는 아동의 유전형과 부적 상관을 이루는 환경을 의도적으로 만들 수 있다. 예를 들어 내성적인 부모는 자신과 비슷한 내향성을 가진 아동에게 그 반대로 작용하는 사회적 활동에 참여하도록 격려할 수 있다—'우리 아이는 우리처럼 수줍음 많은 사람으로 자라게 하고 싶지 않기 때문에 사람들과 함께 있도록 노력한다.' 아주 적극적인 아동의 부모는 흥미 있는 조용한 활동을 제공하려고 노력할 수 있다. 그러나 그 상관이 정적이든 부적이든, 핵심은 아동의 유전형과 환경이 아동의 성격을 형성하는 데 단순히 더해지는 독립적인 원천이 아니라는 점이다. 끝으로, 유전형이 환경과 상관이 있다는 것에 더하여 아동의 유전형은 특정 방식으로 아동의 환경을 조성한다(Bouchard, 2004). 특히 환경은 다음과 같은 세 가지 유형의 상호작용을 통해 아동의 성격을 형성한다—반응적 상호작용, 유도적 상호작용, 주도적 상호작용.

## 반응적 상호작용

동일한 환경을 접하더라도 서로 다른 개인은 그 환경을 다르게 해석하고, 경험하고, 반응한다—이것은 **반응적 상호작용** reactive interaction으로 알려진 과정이다. 거친 부모에 대해 불안하고 예민한 아동은 조용하고 탄력성 있는 아동과는 다르게 경험하고 반응할 것이다. 예민한 아동을 눈물 나게 하는 날카로운 음성이 동생에게는 그냥 지나가는 것이 될 수 있다. 외향적인 아동은 주변의 사람

머리가 좋은 부모는 자식에게 똑똑한 유전자를 전달하고 지능을 높이는 환경도 제공한다.

들과 사건에 주목하지만, 내성적인 동생은 그것을 무시할지도 모른다. 똑똑한 아동은 우둔한 아동에 비해 책을 통해 많은 것을 얻을 것이다. 달리 말하면 각 아동의 성격으로 인해 아동은 객관적인 환경으로부터 주관적인 심리적 환경을 추출해 내는데, 성격 발달을 형성하는 것이 바로 이 주관적 환경이다. 모든 아동에게 부모가 정확하게 동일한 환경을 제공하더라도—대체로 그렇지는 않지만—모든 아동에게 심리적으로 동일하지 않을 것이다. 반응적 상호작용은 전 생애에 걸쳐 일어난다. 자신에게 상처를 준 행동을 고의적인 적대감으로 해석한 사람은 동일한 행동에 대해 부주의해서 그런 것이라고 해석한 사람과는 다르게 반응할 것이다.

## 유도적 상호작용

모든 개인의 성격은 타인으로부터 독특한 반응을 이끌어 내는데, 이것을 **유도적 상호작용** evocative interaction이라 칭한다. 안아 줄 때 고함지르고 난리법석을 떠는 영아는 잘 달래지는 영아에 비해 부모로부터의 보살핌을 덜 이끌어 낼 수 있다. 유순한 아동은 공격적인 아동에 비해 부모로부터 덜 통제하는 양육 방식을 이끌어 낼 것이다. 이런 이유로 우리는 부모의 아동 양육 방식과 아동의 성격 간에 얻어진 상관이 원인과 효과 순서를 반영한다는 단순한 가정을 할 수 없다. 오히려 아동의 성격이 부모의 양육 방식을 조성했을 수 있고, 그 양육 방식이 아동의 성격을 조성했을 수 있다. 유도적 상호작용 역시 전 생애에 걸쳐 일어난다. 감사하는 사람들은 감사하는 환경을 이끌어 내고, 적대적인 사람들은 적대적인

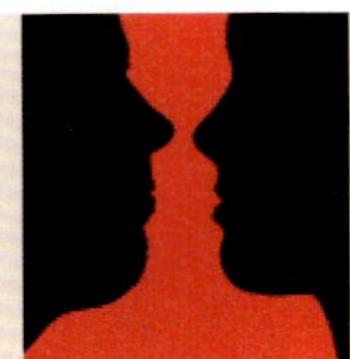

## 찬|반|논|쟁

# 프로이트가 심리학에 미친 영향은 아직도 살아 있는가?

## 프로이트가 심리학에 미친 영향은 아직도 살아 움직인다.

*Joel Weinberger,* 애들피대학교

프로이트는 아직 살아 있는가? 물론 프로이트는 죽었다. 그는 1939년 9월 23일에 죽었다. 그런데 아이삭 뉴턴이나 윌리엄 제임스가 죽었는지 묻는 사람은 아무도 없다. 이 질문이 프로이트가 창립한 심리학의 한 분야인 정신분석학에 관한 질문이라면 그 대답은 분명히 '그렇다'이다. 정신분석학은 프로이트보다 더 오래 살아 있고 오늘날 번창하고 있다. 미국심리학회 산하 정신분석학 분과는 전체 학회에서 두 번째로 큰 분과이다. 이제는 여러 정신분석학파가 존재하는데, 일부는 아마도 프로이트가 인정하지 않을 분파이다. 이것이 그 창시자가 죽은 지 70년 된 학문에서 기대할 수 있는 것이다.

프로이트의 아이디어는 죽었는가? 전혀 그렇지 않다. 그의 아이디어는 일상 용어로 들어왔다. 그리고 문화 속에 들어와 문화를 바꾸어 버렸다. **원초아**, **자아**, **초자아**, **프로이트식 실언** 등의 용어를 생각해 보라. 정신분석학 작가, 역사가, 정신과 의사, 그리고 물론 심리학자가 있다. 내 생각에 가장 실질적인 질문은 프로이트의 아이디어가 여전히 **타당**하냐는 것이다. 그 대답은 타당한 것도 있고 그렇지 않은 것도 있다는 것이다. 엄청나게 많은 것들이 현대 심리학과 관련이 있고 중심에 있기까지 하다. 따라서 남아 있는 일은 그의 아이디어 중 어떤 아이디어가 아직까지 타당한지를 언급하는 것이라고 생각하는데, 여기서 말하려는 것이 바로 그것이다.

프로이트의 일부 핵심적 아이디어와 그 아이디어가 어떻게 오늘날의 심리학을 진전시켰는지 살펴보자. 프로이트는 인간의 모든 동기가 생물학적 원천, 특히 성과 공격성으로 거슬러 올라간다고 말했다. 현재 진화론적 심리학이라 칭하는 심리학의 한 분파가 있다(Buss, 1994a, 1994b). 또한 사회생물학(Wilson, 1975)과 동물행동학(Hinde, 1982)도 있다. 모두가 우리의 행동에서 생물학적 요인을 강조한다. 그리고 모두 자신들의 주장을 지지하는 자료를 갖고 있다. 프로이트가 생각한 이런 측면은 분명 죽지 않는 것이다. 성과 공격성의 중요성에 관해서는 어떤가? 베스트셀러, 히트한 영화, TV 쇼를 보라. 이 모두 어떤 특징이 있는가? 성과 폭력이다. 할리우드와 출판사는 모두 프로이트를 추종하는 사람들처럼 보인다.

프로이트 시대에 아주 논란이 되었던 그의 또 다른 아이디어는 아동이 성적 감정을 갖고 있다는 것이었다. 이제 그 아이디어는 일반적인 지식이 되었다.

정신분석학자들은 오랫동안 심리치료의 효율성을 설명하는 주요 요인 중의 하나가 치료적 관계라고 주장해 왔다. 수년 동안 이것은 받아들여지지 않았는데, 특히 행동주의 학파에서 그렇다(Emmelkamp, 1994). 이제 우리는 치료적 관계가 치료에서의 성공에 결정적인 요인임을 알고 있다(Weinberger, 1996). 생의 초기 관계에 대한 표상을 계속 지니고 있다는 아이디어, 즉 대상관계 이론(정신분석학의 한 학파)에 의해 확장된 아이디어와 애착 이론(정신분석학자인 존 볼비가 만든) 역시 이제는 심리학에서 널리 받아들여지고 있다.

대체로 프로이트의 공으로 돌릴 수 있는 가장 핵심적인 아이디어는 무의식 과정의 중요성이다. 프로이트에 따르면 우리는 종종 우리가 행동하는 이유를 알지 못한다. 오랫동안 주류를 이루는 학술적 심리학은 이 개념을 거부했다. 이제는 드디어 프로이트를 포착한 것 같다. 이제 현대의 사색가들은 무의식 과정이 우리 행동의 핵심이자 대부분의 행동을 설명할 수 있다고 생각한다. 무의식 과정에 관한 논의는 기억(Graf & Masson, 1993), 사회심리학(Bargh, 1997), 인지심리학(Baars, 1988) 등 여러 분야의 연구로 퍼졌다. 실제로 무의식 과정은 심리학에서 하나의 주된 믿음이다. 방어에 관한 아이디어와 같은 보다 구체적인 프로이트의 개념 역시 경험적 지지를 받고 있다(Shedler et al., 1993; Weinberger, 1990). 무의식적 환상에 관한 프로이트의 아이디어도 마찬가지로 지지를 받고 있다(Siegel & Weinberger, 1997). 또한 프로이트의 전이 개념을 살피는 일부 연구가 진행 중이기도 하다(Andersen & Glassman, 1996; Crits-Christoph et al., 1990).

물론 프로이트의 생각에서 독특한 많은 것이 수난을 당하고 틀린 것으로 판명되었다. 그런데 70여 년 전에 죽은 어느 누구의 아이디어가 변하지 않고 그대로 살아남을 수 있는가? 그러나 전반적인 개관을 보면 프로이트의 아이디어는 살아 있을 뿐만 아니라 활발하게 활동하고 있다. 그중 많은 것이 더 검증되어야 할 것이다. 프로이트의 주장 일부가 틀린 것으로 드러났기 때문에 프로이트는 무시되어야 한다는 주장은 아주 어리석은 것이다. 그것은 영아를 욕조 물속에 던지는 것과 마찬가지이다. 그리고 그의 글은 얼마나 재미있는가!

찬|반|논|쟁

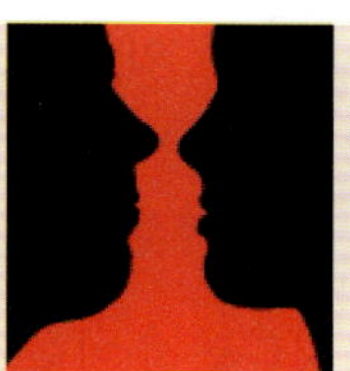

# 프로이트가 심리학에 미친 영향은 아직도 살아 있는가?

## 프로이트는 심리학에 전혀 영향을 주지 못하고 있다.

*John F. Kihlstrom*, 캘리포니아대학교(버클리 캠퍼스)

20세기가 '미국의 세기'였다면, 프로이트는 인간에 대한 이미지를 바꿔 놓았기 때문에 이 세기는 지그문트 프로이트의 세기이기도 했다(Roth, 1998). 코페르니쿠스는 지구가 우주의 중심에 있지 않다는 것을 보여 주었고, 다윈은 인간이 '하급' 동물의 자손임을 보여 주었다. 그런데 프로이트는 인간의 경험, 사고, 행위가 합리적인 의식에 의해 결정되는 것이 아니라 인식과 통제 밖에 있는 불합리한 힘—**정신분석**이라 불리는 집중적인 치료 과정에 의해서만 이해되고 통제될 수 있는 힘—에 의해 결정된다고 주장했다.

또한 프로이트는 우리가 자신과 타인을 이해하는 데 사용하는 용어를 바꾸어 놓았다. 이 책을 펼치기 전에 이미 당신은 원초아, 초자아, 남근 선망과 남근적 상징, 거세 불안, 오이디푸스 콤플렉스에 관해 어느 정도 알고 있었을 것이다. 대중문화에서 심리치료는 정신분석과 동일시되고 있다. 애매한 사건을 해석하는 데 초점을 둔 프로이트의 이론은 탈구축과 같은 문예 비평에 대한 '탈현대적' 접근의 기초를 형성하고 있다. 어느 누구보다도 프로이트가 현대 문화에 미친 영향은 심오하고 지속적이다.

적어도 암묵적으로 프로이트가 문화에 끼친 영향은 그의 이론이 과학적으로 타당하다는 전제하에서이다. 그러나 과학적 관점에서 보면 고전적인 프로이트의 정신분석학은 마음에 관한 이론에서도 치료 방식에서도 죽은 것이다(Macmillan, 1991, 1997). 구강기, 항문기, 남근기, 성기기를 거쳐 발달한다거나 어린 소년이 어머니를 성적으로 갈망하며 아버지를 미워하고 두려워한다는 아이디어처럼 정신분석학 이론의 구체적 명제를 지지해 주는 경험적 증거가 없다. 경험적 증거가 없다는 것은 정신분석학이 체계적 탈감법이나 자기주장 훈련과 같은 다른 형태의 심리치료에 비해 더 효과적이거나 더 효율적인지를 말해 주지 못한다. 정신분석학이 그 효과를 달성하는 기제가 전이와 **감정 정화** catharsis처럼 그 이론에서 구체적으로 예측되는 것인지를 입증하는 증거도 없다.

프로이트는 특정 시대에 살았고 그의 이론이 오늘날에는 적절하지 않더라도 그 당시 유럽 문화에 적용될 경우에는 타당할지 모른다. 그러나 최근의 역사적 분석은 프로이트의 사례 자료에 대한 해석이 그의 무의식적 갈등과 유아 성욕에 관한 이론에 의해 체계적으로 왜곡되었고, 자신이 이용할 수 있는 과학적 증거를 잘못 해석하고 잘못 표상했음을 보여 준다. 프로이트의 이론은 단지 그 시대의 부산물만이 아니었다. 프로이트가 출판할 당시에도 그 자료는 오도되고 부정확한 것이었다.

물론 일부 심리학자들은 정신분석학이 21세기 심리학에도 여전히 영향을 준다고 주장한다(Reppen, 2006). 중요한 한 논문에서, 에모리대학교의 심리학자 드루 웨스턴(Westen, 1998)은 프로이트의 이론이 낡고 시대에 뒤처진 것이지만, 프로이트의 신화는 과학자들이 널리 받아들이는 다음과 같은 많은 이론적 명제 속에서 계속 살고 있다고 주장한다—무의식적 정신과정의 존재, 행동에서의 갈등과 양면성의 중요성, 성인 성격에서의 아동기 기원, 사회행동의 매개자로서 정신적 표상, 심리 발달의 단계. 그러나 이 명제 중 일부는 논란의 여지가 많다. 예를 들어 아동 양육 방식이 성격에 지속적인 영향을 미친다는 증거는 없다(Harris, 2006).

더욱 중요한 것은 이런 주장이 이런 주제들에 관한 프로이트의 관점이 옳았는지에 관해서는 피해 가고 있다는 것이다. 무의식적 동기가 행동에 어떤 역할을 한다고 말하는 것은 우리의 모든 사고와 행동이 억압된 성적 충동과 공격적 충동에 의해 주도된다고 말하는 것과 완전히 다른 것이다. 아이가 이성의 부모에게 성적 충동을 품는다는 것, 그리고 어머니의 사랑을 얻기 위해 어린 소년이 연적으로 간주하는 아버지에게 적대적이 된다는 것, 이것이 프로이트가 믿었던 것인데, 우리는 이 점에서 프로이트가 모든 면에서 틀렸다고 말할 수 있다. 예를 들어 무의식적 마음은 자동화에 관한 실험실 연구에서 드러났고, 암묵적 기억은 정신분석학 이론에서 말하는 무의식적 마음과는 전혀 별개의 것이다(Kihlstrom, 2008).

웨스턴은 또한 정신분석 이론 자체가 프로이트 시대 이후로 발전되었고, 따라서 정신분석학을 프로이트의 억압된 유아기 성적 공격적 충동으로 보는 관점에 그렇게 얽매이는 것은 타당하지 않다고 주장한다. 이것은 사실이다. 영국의 페어베언과 위니콧 같은 많은 신프로이트 학파 사람들, 심지어 프로이트의 딸인 안나 프로이트조차 인간관계에서 무의식적 갈등의 역할은 여전히 중시하는 반면에 성, 공격성, 고전적인 프로이트의 생물학은 덜 중시한다. 그러나 이들 역시 프로이트의 이론이 옳은가라는 주제는 피하고 있다. 더욱이 이러한 '신프로이트 학파'의 이론이 그보다 앞섰던 고전적인 프로이트적 견해보다 더 타당한지는 여전히 해결되지 않은 문제로 남아 있다. 예를 들어 에릭 에릭슨의 심리 발달에 관한 단계 이론이 프로이트의 단계 이론보다 더 타당한지는 전혀 분명하지 않다.

일부 정신분석학자들은 이런 문제점을 인식하고 있으며, 정신분석학이 현대 과학적 심리학과 재연결되어야 한다고 주장하고 있다(Bornstein, 2001, 2005). 이런 노력은 임상심리학이 과학적 토대를 둔 현대적 치료 기준에 부응하는 데 도움을 줄 것임에는 틀림없다. 그러나 이런 노력이 과학적 심리학에 도움이 될지는 그다지 분명치 않다. 프로이트는 20세기 문화에 엄청난 영향을 미치면서 20세기 심리학(특히 성격과 정신치료)과 관련해서는 실질적인 영향을 미치지 못했다.

환경을 이끌어 낸다.

### 주도적 상호작용

자라면서 아동은 부모가 제공하는 환경을 벗어날 수 있고, 자기 자신의 환경을 선택하고 구성하기 시작한다. 그 다음에는 이 환경이 아동의 성격을 조성한다. 이 과정을 **주도적 상호작용**proactive interaction이라 부른다. 사교적인 아동은 그 사교적인 성격이 사교성을 강화하는 환경을 선택하도록 촉진하기 때문에, 집에 혼자 있거나 TV를 보기보다는 친구들과 어울려 영화를 보러 갈 것이다. 그리고 선택할 수 없는 경우에는 자신이 구성할 것이다. 아무도 영화를 보러 가자고 초대하지 않으면 자신이 그 만남을 조직할 것이다. 그 용어가 함의하듯이 주도적 상호작용은 자신의 성격을 발달시키는 데 개인이 능동적인 주체가 되는 과정이다.

성격-환경 상호작용의 이러한 세 가지 유형의 상대적 중요성은 발달 과정에 걸쳐 달라진다(Scarr, 1996; Scarr & McCartney, 1983). 아동의 유전형과 그 환경 간에 이미 조성된 상관은 그 아동이 어리고 거의 전적으로 가정환경에 제한되는 경우 가장 커진다. 아동이 자라 자신의 환경을 선택하고 구성하기 시작하면 원래의 상관이 감소하고 주도적 상호작용이 증가한다. 앞서 보았듯이 반응적 상호작용과 유도적 상호작용은 전 생애에 걸쳐 여전히 중요하다.

### 공유 환경 대 비공유 환경

쌍둥이 연구는 연구자들로 하여금 개인들 간 변량의 정도가 유전적 변량에 의한 것인지를 추정할 수 있도록 해 줄 뿐만 아니라, 환경과 관련된 변량의 어느 정도가 가족이 공유하는 환경(예: 사회경제적 지위) 대 가족이 공유하지 않은 환경(예: 집 밖의 친구)에 의한 것인지를 추정하도록 해 준다. 놀랍게도 일부 연구는 공유되는 환경의 차이가 환경적 변량을 거의 설명해 주지 못함을 시사한다. 유전적 유사성을 배제하고 나면, 동일한 가족에 속하는 두 아동은 전집에서 임의로 뽑은 두 아동만큼 전혀 다르다(Scarr, 1992). 이것은 심리학자들이 전형적으로 연구한 변인(양육 태도, 사회경제적 지위, 부모의 교육 수준 등과 같은)이 실제로는 성격의 개인차에 아무런 기여를 하지 못한다는 것을 내포한다. 어떻게 그럴 수 있는가?

한 가지 가능한 설명으로 환경이 반응의 융통성을 허용하는 한, 반응적 · 유도적 · 주도적 상호작용이 환경 간의 차이를 감소시키도록 작용한다는 것을 들 수 있다. 방임 가정이나 가난한 가정 출신의 머리 좋은 아동은 덜 똑똑한 형제보다 TV 프로그램으로부터 정보를 더 잘 흡수하고(반응적 상호작용), 교사의 주목을 더 잘 끌며(유도적 상호작용), 도서관을 더 자주 가기 십상이다(주도적 상호작용). 이 아동의 유전형은 가정환경이 주는 잠재적인 열악한 효과를 상쇄하도록 작동하여, 덜 똑똑한 형제와는 다르게 발달하게 된다. 그 환경이 심각하게 제한적일 때만 이러한 성격 주도적 과정이 혼선을 빚게 될 것이다(Scarr, 1996; Scarr & McCartney, 1983). 이 설명은 따로 길러진 일란성 쌍둥이들 중 가장 다른 쌍은 둘 중 한 명이 심각하게 제한된 환경에서 길러진 경우였다는 사실에 의해 지지되고 있다.

**아동은 자라면서 부모와 무관하게 자기 자신의 환경을 구성하기 시작한다.**

#### 중간 요약

- 쌍둥이 연구에서 나온 증거는 유전적 요인이 실제로 성격 특질에 영향을 준다는 것을 시사한다.
- 성격을 조성하는 데 유전적 영향과 환경적 영향은 독립적으로 작동하지 않고 출생 직후부터 서로 얽혀 있다. 아동의 성격과 그 가정환경은 모두 부모의 유전자에 따라 달라지기 때문에 아동의 유전형(물려받은 성격 특성)과 환경 간에는 이미 내장된 상관이 있다.
- 성격-환경 상호작용의 세 가지 역동적 과정에는 (1) 반응적 상호작용(동일한 환경을 접한 서로 다른 개인은 그 환경을 다르게 경험하고 해석하고 반응한다는 것), (2) 유도적 상호작용(개인의 성격은 타인들로부터 고유한 반응을 일으킨다는 것), (3) 주도적 상호작용(개인이 자기 나름의

환경을 선택하고 구성한다는 것)이 있다. 아동이 성장하면서 주도적 상호작용의 영향이 점차 중요해진다.

➔ 유전적 유사성을 배제하고 나면, 동일한 가정 출신의 아동들은 전집에서 임의로 뽑은 아동들만큼 서로 다르다. 이것은 심리학자들이 전형적으로 연구한 변인이 실제로는 성격의 개인차에 아무런 영향을 미치지 않는다는 것을 내포한다.

### 비판적 사고를 위한 물음

1. 반응적 상호작용, 유도적 상호작용, 주도적 상호작용이 당신의 성격과 능력 발달에 영향을 주었을 수 있는 방식에는 어떤 것들이 있는가?

2. 자기 형제들 사이의 유사성과 차이를 설명할 수 있는 가장 좋은 설명은 무엇이라 생각하는가?

## 전체 요약

1 여러 연구자들은 성격의 요인 수가 서로 다르다는 결론을 내리고 있지만, 이제 대부분의 연구자들은 5요인이 가장 적절하다고 인정한다. 이 5요인은 'Big Five'라고 칭한다–경험에 대한 개방성, 성실성, 외향성, 우호성, 신경증 성향.

2 대부분의 검사에 있는 문항은 어떤 이론에 근거하여 구성되거나 선택되지만, 어떤 경우에는 외적 준거–검사 구성에서의 준거 맞춤 방법–에 근거하여 문항이 선택될 수도 있다. 가장 잘 알려진 예는 미네소타 다면적 성격검사(MMPI)인데, 이것은 심리적 장애가 있는 사람들을 규정하기 위해 고안된 것이다.

3 Q-소트는 평가자가 성격 형용사가 적힌 카드를 9개의 더미로 분류하여 성격을 측정하는 방법이다. 평가자는 그 개인과 가장 일치하지 않는 카드들을 왼쪽 더미 1에, 그리고 그 개인을 가장 잘 나타내는 카드들을 오른쪽 더미 9에 놓는다.

4 프로이트의 정신분석 이론은 많은 행동이 무의식적 동기에 의해 야기된다고 주장한다. 성격은 일차적으로 생물학적인 성과 공격적 충동, 생의 첫 5년 동안에 일어나는 경험에 의해 결정된다. 프로이트의 성격 구조 이론은 성격을 원초아, 자아, 초자아로 구성된 것으로 본다. 원초아는 생물학적 충동의 즉각적 만족을 추구하는 쾌락 원리에 따라 작동한다. 자아는 현실 원리에 따라 작동하는데, 사회적으로 수용되는 방식으로 달성될 때까지 욕구 만족을 지연한다. 초자아(양심)는 개인에게 도덕적 기준을 부여한다. 통합이 잘된 성격의 경우에는 자아가 원초아와 초자아에 대해 강하지만 융통성 있는 통제를 하는데, 이는 현실 원리가 지배한다.

5 프로이트의 성격 발달 이론에서 개인은 심리성적 단계를 거쳐야 하고, 어린 아동은 이성 부모의 사랑을 얻기 위해 동성의 부모를 연적으로 보는 오이디푸스 갈등을 해결해야만 한다고 제안한다. 시간이 지나면서 프로이트의 불안과 방어기제 이론은 구조 이론과 발달 이론보다는 훨씬 더 지지를 얻고 있다.

6 정신분석 이론은 카를 융과 같은 후대 심리학자들에 의해 수정되었다. 융은 프로이트가 언급한 개인적 무의식 이외에, 모든 인류에게 공통적인 마음에 해당되는 집단적 무의식이 있다고 제안했다.

7 정신분석학적 접근을 취하는 심리학자들은 때때로 로르샤흐 검사와 주제통각 검사(TAT) 같은 투사검사를 사용한다. 검사 자극이 모호하기 때문에 개인이 자신의 성격을 그 자극에 투사할 것이라고 가정하는데, 그 결과 무의식적 소망과 동기가 밝혀진다.

8 행동주의 이론에서 성격차는 학습 경험에서의 다양성 때문에 생기는 것으로 가정한다. 조작적 조건형성을 통해 사람들은 특정 행동과 처벌 또는 보상을 연합하는 것을 배운다. 사람들은 이러한 연합을 관찰학습을 통해서도 배울 수 있다. 고전적 조건형성을 통해 사람들은 불안처럼 특정 상황과 특정 결과를 연합하는 것을 배운다.

9 성격에 대한 인지적 접근은 성격 차이가 개인이 정보를 표상하는 방식의 차이에서 생겨난다는 가정에 근거를 둔다. 앨버트 밴듀라는 사회인지 이론을 개발했는데, 이것은 내적 인지적 과정이 상황적 압력과 결합하여 행동에 영향을 주며, 인지 과정과 환경이 서로 영향을 준다고 주장한다. 월터 미셸은 환경에 대한 반응과 행동에 영향을 주는 여러 가지 인지적 개인 변인을 밝혔다. 조지 켈리의 개인적 구성개념 이론은 개인이 자신과 자신의 사회적 세계를 해석하는 데 사용하는 개념에 초점을 둔다. 많은 연구가 자기도식에 초점을 두는데, 자기도식은 개인에게 가장 중요한 행동의 측면으로 구성되어 있다. 실험 결과는 정보가 자기도식과 관련이 있을 때 사람들이 보다 쉽게 지각하고 더 잘 기억한다는 것을 보여 준다.

10 인본주의적 접근은 개인의 주관적 경험에 관심을 둔다. 인본주의 심리학은 정신분석학과 행동주의적 접근에 대한 하나의 대안으로 형성되었다. 칼 로저스는 인간 유기체를 동기화하는 기본

힘이 실현 경향성 – 자기의 모든 역량을 충분히 발휘하고 실현하는 방향으로 나아가는 경향성 – 이라고 주장한다. 자기의 욕구가 부인되면 심한 불안이 생길 수 있다. 아동은 돌보는 이들로부터의 무조건적인 긍정적 존중을 통해 자기실현을 계발하게 된다. 에이브러햄 매슬로는 기본적인 생물학적 욕구에서부터 기본 욕구가 충족되고 난 후에 중요해지는 보다 복잡한 심리적 동기에 이르기까지 다양한 욕구의 위계가 있다고 제안했다. 한 수준의 욕구는 그다음 수준의 욕구가 행동의 중요한 동기가 되기 전에 적어도 부분적으로 만족되어야만 한다.

11 진화론적 심리학은 인간 행동과 성격을 인간 역사에 걸쳐 생존과 재생산에 유리한 특성의 적응력을 고려하여 설명하려고 한다. 진화론은 배우자 선호에서 관찰된 일부 성차와 일치한다. 한편 진화론은 논란이 되고 있는데, 이 이론에서 도출되는 사회적 함의와 논쟁하기 어렵다는 점, 둘 다에서 그렇다.

12 쌍둥이 연구에서 나온 증거는 유전적 요인이 실제로 성격 특질에 영향을 준다는 것을 시사한다. 성격을 조성하는 데 유전적 영향과 환경적 영향은 독립적으로 작동하지 않고 출생 직후부터 서로 얽혀 있다. 아동의 성격과 그 가정환경은 모두 부모의 유전자에 따른 함수이기 때문에 아동의 유전형(물려받은 성격 특성)과 그 환경 간에는 이미 내장된 상관이 있다.

13 성격-환경 상호작용의 세 가지 역동적 과정에는 (1) 반응적 상호작용(동일한 환경을 접한 서로 다른 개인은 그 환경을 다르게 경험하고 해석하고 반응한다는 것), (2) 유도적 상호작용(개인의 성격은 타인들로부터 고유한 반응을 일으킨다는 것), (3) 주도적 상호작용(개인이 자기 나름의 환경을 선택하고 구성한다는 것)이 있다. 아동이 성장하면서 주도적 상호작용의 영향이 점차 중요해진다.

14 유전적 유사성을 배제하고 나면, 동일한 가정 출신의 아동들은 전집에서 임의로 뽑은 아동들만큼 서로 다르다. 이것은 심리학자들이 전형적으로 연구한 변인(아동 양육 방식과 가정의 사회경제적 지위와 같은)이 실제로는 성격의 개인차에 아무런 영향을 미치지 않는다는 것을 내포한다.

## ✻ 핵심 개념

감정 정화
개인적 구성개념
고전적 조건형성
관찰학습
구강기(구순기)
남근기
내향성-외향성
대상관계 이론
도식
로르샤흐 검사
리비도
무의식
무조건적 긍정적 존중
미네소타 다면적 성격검사
반동형성
반응적 상호작용
방어기제
부인
사회인지 이론
사회학습 이론
성격
성격검사
신경증 성향
실현 경향성
억압
억제
오이디푸스 갈등
욕구 위계
원초아
유도적 상호작용
의식
이상적 자기
인본주의적 접근
인지적 접근
자기
자기도식
자아
자유연상
잠복기
전위
전의식
절정 경험
정신분석 이론
조작적 조건형성
주도적 상호작용
주제통각 검사(TAT)
주지화
진화론적 심리학
집단 무의식
초자아
평정자 간 신뢰도
투사
투사검사
합리화
항문기
행동주의적 접근
행위주체자
Big Five
Q-소트

# 14 스트레스, 건강 및 대처

**학습 목표**

이 장을 읽고 나면 다음의 것들을 할 수 있어야 한다.

- 스트레스와 스트레스원에 대한 일반적 정의를 이해할 수 있다. 스트레스 상황에 대한 다섯 가지 일반적 성격을 설명하고, 어떻게 예측 가능성과 통제 가능성이 스트레스의 정도에 영향을 미치는지 이해할 수 있다.
- 투쟁 또는 도피 반응 그리고 일반적응 증후군에 대해 설명할 수 있다.
- 시상하부의 통제를 받는 두 가지 신경 내분비 시스템의 복합적인 반응을 포함한 투쟁 또는 도피 반응의 생리적 반응, 그리고 외상 후 스트레스 장애의 생리학을 이해할 수 있다.

▶ 만성적 과다 각성 상태가 심혈관 시스템에 정신생리학적 장애를 일으키는 영향, 그리고 이 각성 상태가 신체의 면역 시스템에 미치는 영향을 연구하는 심리신경면역학 분야의 연구를 개관할 수 있다.

▶ 외상 후 스트레스 장애의 좌절, 공격성, 학습된 무기력을 포함해 스트레스 받는 상황에서 일어나는 다양한 심리적 · 정서적 반응에 대해 이해할 수 있다.

▶ 일차 평가와 이차 평가 간 차이를 설명할 수 있다. 낙관주의가 스트레스를 조정하는 데 도움을 준다는 것을 알고, 강인한 사람이란 무엇인지에 대해 설명할 수 있다. 그리고 트라우마와 스트레스에 의미를 찾는 것과 관련 있는 요인 및 스트레스에 영향을 주는 대처 유형에 대해 설명할 수 있다.

▶ A 유형 성격의 특징을 잘 알고, 심장 질환이 A 유형 행동과 직장, 사회 스트레스에 어떻게 영향을 받는지 밝힌 연구에 대해 이해할 수 있다.

▶ 스트레스를 조정하는 두 가지 주요 방법인 행동과 인지적 기법을 요약하고, 다양한 방식과 그 응용에 대해 설명할 수 있다.

## 이 장의 개요



재닛은 지금 미칠 지경이다. 온종일 골칫거리가 꼬리에 꼬리를 물고 이어졌으니 말이다. 아침엔 하나 남은 깨끗한 블라우스에 오렌지주스를 엎질렀고, 출근해 보니 이메일이 32통에 전화 메시지도 15통이나 기다리고 있었다. 오후에는 직장 상사가 내일 아침 9시 간부 회의에서 보고해야 할 재무 보고서를 작성하라고 지시했는데 재닛의 컴퓨터가 말썽을 부려서 부서 재무 자료를 찾아볼 수 없었다. 기진맥진해서 집에 돌아온 재닛은 어머니한테 전화해서 위로를 받아 볼까 했지만 아버지가 흉부 통증으로 병원에 입원하셨다는 얘기만 듣고 말았다. 전화를 끊고 나니 재닛의 마음은 어지럽고 가슴은 두방망이질을 쳤으며 편두통이 밀려오기 시작했다.

재닛이 겪는 것과 같은 종류의 스트레스는 누구나 겪어 보았을 것이다. 사소한 실수 때문에 생기는 스트레스, 잔소리 많은 상사 때문에 겪는 스트레스, 대인관계에서 오는 스트레스 등. 스트레스에 의해 불안과 우울 같은 고통스러운 감정을 겪기도 한다. 때로 스트레스는 가벼운 정도에서 심한 증상까지 신체적인 질병을 야기하기도 한다.

그러나 스트레스 상황에서 사람들의 반응은 매우 다양하다. 어떤 사람들은 스트레스에 직면해서 극심한 심신의 문제로 고통 받기도 하고, 어떤 사람들은 같은 상황에서 별다른 문제를 겪지 않으며, 심지어 어떤 이들은 스트레스 상황을 즐거운 도전으로 받아들이기도 한다. 어떻게 스트레스를 주는 상황이 신체적 · 심리적 건강에 영향을 미치는지, 그리고 어떻게 사람들이 스트레스에 반응하는 것이 다 다른지는 **건강심리학** 혹은 **행동의학** behavioral medicine 분야의 주요 관심사이다. 이 장에서는 스트레스의 개념과 스트레스가 심신에 미치는 영향에 대해 살펴보자. 또한 어떻게 사람마다 스트레스 상황을 다르게 받아들이고 대처하는지에 대해 살펴보고, 이러한 차이가 적응에 어떻게 기여하는지도 생각해 보자.

그러나 먼저 무엇이 스트레스인지 그 정의를 알 필요가 있다. 일반적으로 **스트레스** stress는 개인의 심리적 · 신체적 건강을 해칠 수 있는 상황을 경험하는 것을 말한다. 이러한 상황을 보통 **스트레스원** stressor이라 하며 이에 대한 우리의 반응을 **스트레스 반응** stress response이라 한다.

거의 모든 종류의 사건이, 심지어 그것이 좋은 사건일지라도 스트레스로 경험될 수 있는데, 특히 그것이 삶에 큰 변화나 적응을 요구한다면 더욱 그렇다. 스트레스 연구의 개척자인 홈스와 라헤(Holmes & Rahe, 1967)는 새로이 적응 과정을 거쳐야 하는 삶에서의 변화 과정은 모두 스트레스로 작용할 수 있다고 주장했다. 이들은 삶의 변화가 주는 충격을 정량화하려는 의도에서 표 14.1과 같은 생활사건 척도(Life Events Scale)를 고안했다. 이 척도는 가장 극심한 스트레스를 주는 사건(배우자의 죽음)부터 경미한 정도(경범죄)까지 순위를 매겨 놓았다. 이러한 척도를 도출해 내기까지 연구자들은 수천 건의 면담과 의료 기록을 통해 사람들이 어떤 사건에 스트레스를 느끼는지를 연구했다. 대부분의 사람들에게 결혼은 매우 중요한 사건이므로 결혼을 지수의 중간에 놓고 50점을 부여했다. 그 후 연구진은 다양한 연령대와 환경, 결혼 상태에 있는 400여 명의 남녀에게 다른 사건들과 결혼을 비교하도록 요청했다. 즉 '이 사건이 결혼보다 더 새로운 적응을 필요로 했습니까?' 등의 질문을 던진 것이다. 그리고 각각의 사건에 대해 대담자들이 느끼는 심각성이나 적응에 걸린 시간 등을 고려하여 점수를 부여해 달라고 요청했다. 이 같은 자료를 통해 표 14.1이 탄생했다.

표 14.1에 실린 홈즈와 라헤 척도는 스트레스 연구에 지대한 영향을 미쳤으나 또한 많은 비판을 받기도 한다. 긍정적인 사건 역시 적응을 필요로 하고, 따라서 스트레스를 유발할 수 있지만, 많은 연구자들은 부정적인 사건이 심신 건강에 훨씬 더 큰 영향을 준다고 주장한다. 게

### 표 14.1 생활사건 척도

홈즈와 라헤의 사회적 재적응 순위 척도로도 알려진 이 척도는 삶에서 일어나는 변화를 통해 스트레스의 점수를 매겼다.

| 생활사건 | 점수 |
|---|---|
| 배우자의 죽음 | 100 |
| 이혼 | 73 |
| 별거 | 65 |
| 수감 | 63 |
| 가까운 가족의 죽음 | 63 |
| 자신의 부상, 질병 | 53 |
| 결혼 | 50 |
| 해고 | 47 |
| 부부의 재결합 | 45 |
| 퇴직 | 45 |
| 가족 구성원의 건강 상태 변화 | 44 |
| 임신 | 40 |
| 성적 장애 | 39 |
| 새로운 가족 구성원 | 39 |
| 직업상 재적응 | 39 |
| 경제 여건의 변화 | 38 |
| 가까운 친구의 죽음 | 37 |
| 업무의 변화 | 36 |
| 담보물 상실 | 30 |
| 직업상 책임의 변화 | 29 |
| 자녀의 출가 | 29 |
| 배우자 가족과의 불화 | 29 |
| 자신의 돋보이는 성취 | 28 |
| 부인의 취직 또는 실직 | 26 |
| 입학 또는 졸업 | 26 |
| 생활 여건의 변화 | 25 |
| 개인적 습관의 변화 | 24 |
| 상사와의 불화 | 23 |
| 이사 | 20 |
| 전학 | 20 |
| 여가 생활의 변화 | 19 |
| 종교 활동의 변화 | 19 |
| 사회적 활동의 변화 | 18 |
| 수면 습관의 변화 | 16 |
| 식습관의 변화 | 15 |
| 휴가 | 13 |
| 크리스마스 | 12 |
| 경범죄 | 11 |

임신은 행복한 사건이지만 스트레스를 줄 수 있다.

다가 홈즈와 라헤 척도는 사람이 얼마나 각 사건에 영향을 다르게 받는지 그 큰 개인차를 고려하지 않았다.

어떤 종류의 부정적 사건이 스트레스로 인식되는가? 이는 세 가지 주요 요인을 기준으로 생각할 수 있다. 이 요인은 **통제 가능성**controllability, **예측 가능성**predictability, **기간**duration이다. 사건이 통제 불가능할수록 더 스트레스를 경험한다. 심각한 통제 불가능 사건은 사랑하는 사람의 죽음, 직장에서의 해고, 심각한 질병 등을 포함한다. 경미한 통제 불가능 사건은 당신이 친구에게 나쁜 짓을 했는데 그 친구가 당신의 사과를 받아들여 주지 않는 것, 항공사가 표를 이중 예약해 버린 바람에 그 비행기를 탈 수 없는 것 등이다.

통제 불가능한 사건은 **학습된 무기력**learned helplessness이라는 일련의 현상을 이끌어 낸다(Seligman, 1975). 일련의 고전 실험은 셔틀박스(칸막이로 나눈 두 칸짜리 박스)에 갇힌 개들이 약한 전기 충격이 가해지면 다른 칸으로 뛰어 넘어가서 전기 충격을 피하는 것을 학습할 수 있다는 사실을 알려 준다. 전기 충격이 오기 몇 초 전에 불을 켜서 신호를 하면 개들은 전기 충격을 피하기 위해 다른 칸으로 뛰어 넘어간다. 하지만 이 개들이 이전에 전기 충격을 피할 가능성이 없는 상자에 갇혀서 전기 충격을 견뎌 내야 했다면, 새로운 상황에서 전기 충격을 피하는 학습을 하기가 매우 어렵다. 이 개들은 그저 가만히 앉아서 전기 충격을 참는다. 그저 별로 높지 않은 칸막이를 뛰어넘어 반대편 칸으로 가기만 하면 되는데도 말이다. 어떤 개들은 심지어 실험자가 다른 칸으로 옮겨 주면서 방법을 가르쳐 주어도 결코 학습하지 못한다. 연구진은 이 동물들이 이전의 경험을 통해 전기 충격을 피할 방법이 없다는 것을 학습했으며, 그 결과 새로운 환경에서도 전기 충격을 피하려는 시도조차 포기하는 것이라고 결론을 내렸다. 이 실험동물들은 학습된 무기력을 극복할 수 없었던 것이다(Overmeier & Seligman, 1967).

어떤 사람들 역시 통제 불가능한 상황에 대해 학습된 무기력, 무감정화, 위축, 무활동 등의 반응을 보인다. 그들은 부정적 상황을 극복하기 위한 기회를 잡으려고 하지 않는 것처럼 보인다. 학습된 무기력 이론은 어려운 상황에 처했을 때 왜 어떤 사람들은 포기하는 것처럼 보이는지에 대한 이해를 돕는다. 예를 들어 이 이론은 과거에 나치 수용소에서 수용수들이 왜 더 많이 반항하지 않았는가를 설명하는 데 사용되곤 했다. 수용수들은 자신들이 처한 상황에 대해 어떤 노력을 해 봐도 소용이 없다고 믿게 되었고, 그 결과 탈출하려는 시도조차 하지 않았다.

상황에 대한 예측 가능성, 즉 어떤 일이 일어날 것인지, 일어난다면 언제 일어날 것인지에 대해 얼마나 예측할 수 있는가도 스트레스 정도에 영향을 미친다. 스트레스 상황이 발생할 것을 예측할 수 있다면 비록 통제할 수는 없을지라도 스트레스를 완화할 수 있다. 7장에서 논의한 바와 마찬가지로, 실험 결과들을 보면 인간과 동물 모두 예측할 수 있는 불쾌한 상황을 예측할 수 없는 것보다 선호한다(Abbott et al., 1984). 사람들은 이미 예측된 충격을 기다리다가 받았을 때는 덜 괴로워하고 스트레스를 덜 느꼈지만, 같은 강도의 충격이라도 예측하지 못한 경우에는 더 불쾌하게 느꼈다(Katz & Wykes, 1985). 혐오스러운 사건이 오기 전에 경고 신호를 주는 것은 사람 혹은 동물이 그 사건을 좀 덜 불쾌하게 느낄 수 있도록 대비하게 해 준다.

또한 부정적인 사건이 일어나기 전에 그 사건이 일어날 것이라는 경고나 신호를 안다면 우리는 다음 경고 신호가 오기 전까지 심신을 이완할 수 있다(Seligman & Binik, 1977). 소방관이나 응급실 담당 의사 같은 직업은 예측할 수 없는 일들의 연속이며 극도로 스트레스가 심한 직업으로 널리 알려져 있다. 고문과 같은 극단적으로 부정적인 사건에서조차 얼마나 피해자가 그 고문이 예측 가능하다고 느꼈는지에 따라 영향을 받는 정도가 다를 수 있다. 감금되어 있는 동안 고문의 종류와 시기를 예측할 수 있었던 피해자들이 전혀 예측할 수 없었던 피해자들에 비해 그들이 풀려났을 때 회복되는 속도가 더 빨랐다(Basoglu & Mineka, 1992).

마지막으로 부정적 사건의 지속 시간은 스트레스 정도를 결정짓는 강한 예측 변수로 보이는데, 시간이 더 긴 사건이 상대적으로 짧은 기간의 사건보다 더 스트레스를 주는 것으로 인식된다. 예를 들어 전쟁의 최전선에 여러 번 배치된 군인이 한 번 배치된 군인보다 심리적 · 신체적 스트레스 징후를 더 경험하는 것으로 보인다(Iversen et al., 2008). 강간을 한 번 당한 사람보다 일정 기간 동안 반복적으로 강간을 당한 사람이 정신건강에 더 문제가 나타나는 것처럼 보인다(Merrill et al., 2001; Resick, 1993).

스트레스에 몸과 마음이 어떻게 반응하는지는 사람에 따라 큰 차이가 난다. 그러나 몇 가지 꽤 일반적으로 나타나는, 스트레스에 대한 육체적 · 정서적 반응이 있다. 뒤에서 이에 대해 설명할 것이다.

### 중간 요약

- 스트레스란 개인의 심신상 행복을 위협하는 사건을 경험하는 것이다. 이런 사건을 스트레스원이라 하며, 이에 대한 사람들의 반응을 스트레스 반응이라 한다.
- 통제 가능성, 예측 가능성, 상황의 지속 시간 혹은 만성 정도는 얼마나 그 사건이 스트레스를 주는지에 영향을 미친다.

### 비판적 사고를 위한 물음

1. 당신의 생활에서 스트레스 상황을 생각해 보라. 그런 상황의 어떤 특징이 스트레스를 느끼게 하는가?
2. 당신은 문화에 의한 통제 요구에 얼마나 영향을 받는다고 생각하는가?

## 스트레스에 대한 생리적 반응

얼어붙은 강에 빠졌다고 상상해 보라. 아니면 칼을 들이대며 을러대는 암살자를 만났다고 해도 좋고, 처음으로 고공낙하를 하려고 벌벌 떠는 모습을 연상해도 좋다. 이때 당신의 몸은 같은 방식으로 반응할 것이다(개념 설명 참조). 스트레스원이 무엇이든 우리의 몸은 위기 상황에 대처하기 위해 자동적으로 준비한다. 이것은 **투쟁 또는 도피 반응** fight-or-flight response으로서, 신체가 위협적인 상황에서 반격 또는 도망을 위해 준비하는 것이다. 신체가 필요로 하는 에너지를 즉시 사용해야 하므로 간은 평소보다 훨씬 많은 글루코스를 분비하여 근육에 연료를 공급하며, 호르몬이 분비되어 지방과 단백질을 당으로 분해시킨다. 신체적 반응에 필요한 에너지를 만들기 위해 신진대사가 활발해진다. 심박, 혈압, 호흡수가 상승하고 근육이 긴장한다. 동시에 소화와 같이 당장 필요하지 않은 작용은 둔해진다. 타액과 점막은 말라 들어서 산소가 폐로 갈 길을 넓힌다. 따라서 스트레스의 초기 신호는 입이 타는 것이다. 신체의 자연적 진통제인 엔도르핀이 분비되고 출혈에 대비하여 혈관 표면적이 줄어든다. 지라에서는 산소 운반을 위해 적혈구가 활발하게 분비되고, 골수는 감염을 막기 위해 백혈구를 생성한다.

### 개념 설명

스트레스에 대한 생리적 반응

- 대사율 증가
- 심박 상승
- 동공 확장
- 혈압 상승
- 호흡수 증가
- 근육 수축
- 엔도르핀과 ACTH 분비
- 간에서 당 추가 분비

이러한 생리적 변화의 대부분은 시상하부의 지배를 받는 두 가지 신경내분비계가 활성화되기 때문이다. 하나

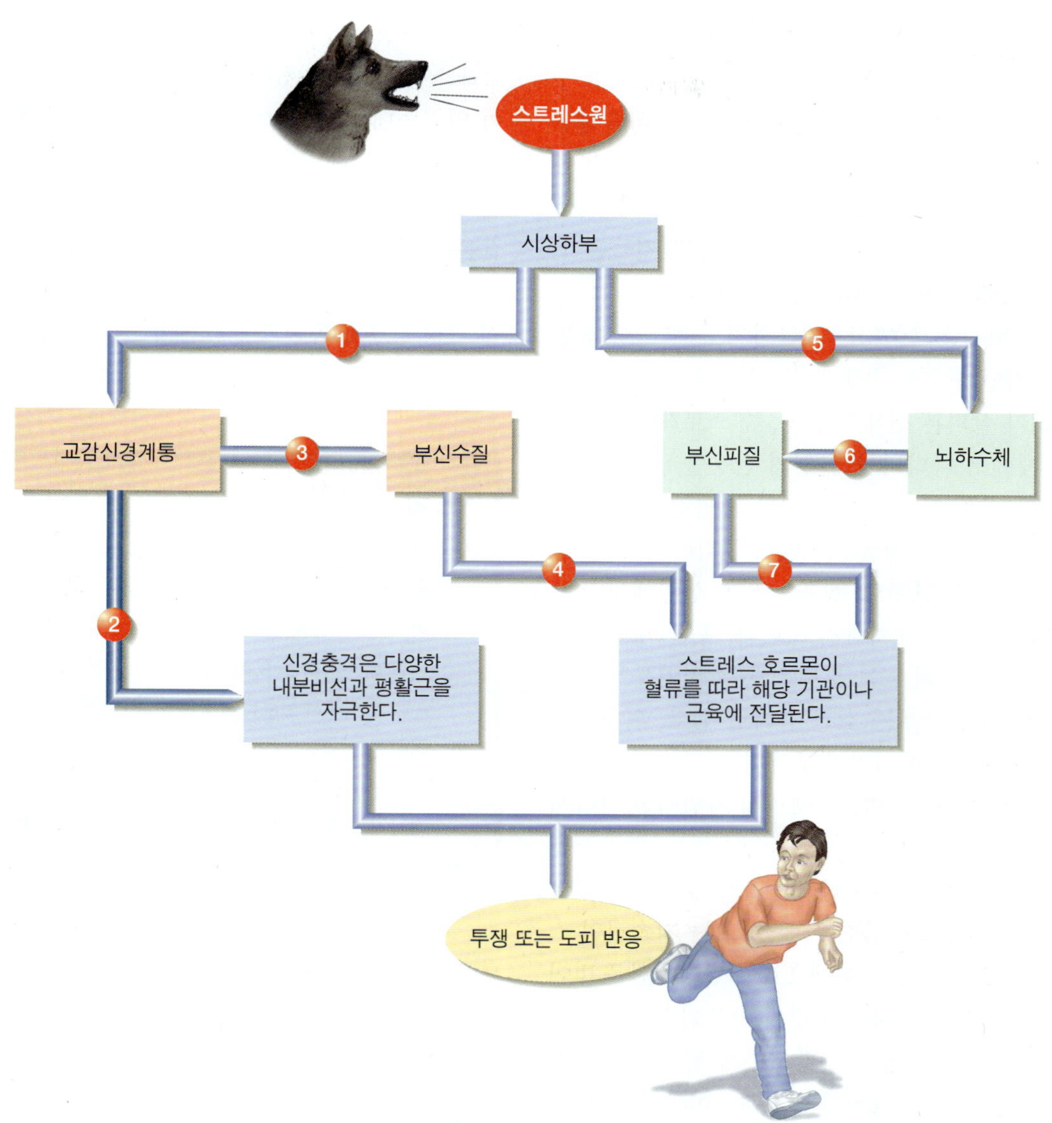


**그림 14.1 투쟁 또는 도피 반응.** 스트레스 상황은 시상하부를 자극한다. 시상하부는 두 가지 신경내분비계를 관장하는데, 그 하나는 교감신경계(주황색으로 표시)이고 또 하나는 부신피질계(초록색으로 표시)이다. 교감신경계는 시상하부가 내리는 신경자극에 반응하여(1) 다양한 기관을 활성화하고 교감신경계 지배하의 근육을 유연하게 한다(2). 예를 들어 심박 증가와 동공 확장 등이 교감신경계의 영향이다. 또한 교감신경계는 부신수질에 자극을 전달하여(3) 에피네프린과 노르에피네프린을 혈액으로 분비하게 한다(4). 부신피질계는 시상하부가 뇌하수체를 자극하는 물질 CRH를 분비하면 활성화된다(5). 뇌하수체는 부신피질자극호르몬(ACTH) 분비를 관장하는데 ACTH는 혈액을 통해 부신피질로 전달된다(6). 부신피질에서는 혈중 글루코스 수준을 조절하는 코르티솔을 포함한 일련의 호르몬 분비를 담당한다(7). ACTH는 다른 내분비계에 신호를 내려 30여 종의 호르몬을 분비하게 한다. 다양한 스트레스 호르몬의 조합과 자율신경계 중 교감신경계 부분의 신경활성을 통해 투쟁 또는 도피 반응이 완성된다.

는 자율신경계의 교감신경부로서, 이는 근육과 장기에 직접 작용하여 심장박동수를 높이고 혈압을 상승시키며 동공을 확장한다. 교감신경계는 또한 부신 내부, 즉 부신수질을 자극하여 에피네프린(아드레날린)과 노르에피네프린을 혈관으로 분비하게 한다. 에피네프린은 근육과 장기에 자율신경계와 같은 작용을 하여 각성 상태를 유지시킨다. 노르에피네프린은 뇌하수체에 작용하지만, 이는 간접적으로 간에서 당분을 더욱 많이 분비하게 만드는 역할을 담당하기도 한다(그림 14.1 참조).

시상하부의 두 번째 역할은 부신피질을 활성화하는 것이다. 시상하부는 뇌하수체에 지령을 내려 부신피질자극호르몬(ACTH)을 분비하게 한다. 부신피질자극호르몬은 신체의 주된 스트레스 호르몬으로 알려져 있다(2장 참조). 부신피질자극호르몬은 부신의 표면(부신피질)을 자극하여 코르티솔을 비롯해 다양한 호르몬을 분비하게 하는데, 이러한 호르몬은 혈중 포도당과 몇 가지 미네랄 수준을 조절한다. 혈액이나 소변 샘플에서 코르티솔양을 측정하여 스트레스 정도를 추정하는 것은 잘 알려진 방법이다. 부신피질자극호르몬은 다른 내분비계에도 작용하여 약 30가지의 호르몬을 분비시키는데, 이것들은 신체가 위급 상황에 적응하는 데 역할을 담당한다.

한스 셀리에(Selye, 1978)는 지금까지도 큰 영향을 발휘하는 혁신적인 연구를 수행했다. 이 연구에서 그는 지금까지 우리가 살펴본 신체적 변화, 즉 스트레스에 반응하여 몸 전체에서 나타나는 일련의 반응을 **일반적응 증후군** general adaptation syndrome이라 명명했다. 일반적응 증후군은 세 가지 단계를 거쳐 진행한다(그림 14.2 참조). 첫 단계는 경고 단계로, 신체는 위기 상황에서 교감신경계를 활성화하여 대처하려고 한다. 두 번째 단계는 저항기로, 신체는 도피 또는 투쟁을 통해 위기를 극복하려고 한다. 마지막 단계는 소진기(피로기)로, 위기에서 도피하거나 투쟁해서 물리치지 못하면 그 과정에서 신체가 스트레스에 대응할 능력, 즉 생리적 자원이 바닥나게 된다.

셀리에는 다양한 신체적 · 심리적 스트레스원이 이 같은 반응을 유발한다고 주장했다. 또한 그는 지속적인 스트레스원 노출과 도피 또는 투쟁으로 스트레스원을 벗어날 수 없게 되어 생리적 자원 고갈이 반복되거나 지속되면 광범위한 신체적 질병으로 발전하게 된다고 주장했다. 그는 이러한 질병을 적응실조성 질환이라 이름했다.

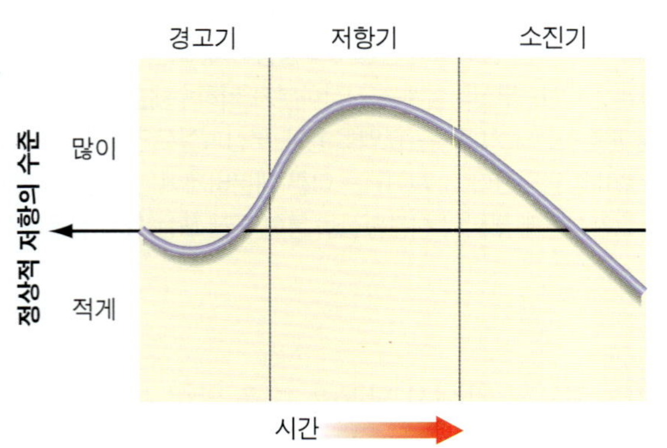


**그림 14.2 일반적응 증후군.** 한스 셀리에에 따르면 신체는 스트레스원에 세 단계로 반응한다. 첫 단계는 경고기로 신체가 위협에 맞서기 위해 준비하는 단계인데, 일시적으로 저항이 줄어들고 반응할 자원은 증가한다. 저항기는 신체가 적극적으로 위협에 맞서는 단계로 저항 수준이 가장 높다. 위협이 계속되면 신체는 소진기로 접어든다.

그는 연구실에서 실험동물들을 여러 형태의 지속적인 스트레스원에 노출시켰다. 개중에는 한랭, 피로 등의 조건이 있었는데, 스트레스원의 성질에 무관하게 결국 특정한 신체적 변화가 일어난다는 사실을 발견했다. 그 신체적 변화란 부신 팽창, 임파절 수축, 위궤양 등이었다. 이 같은 신체적 변화는 생물이 감염이나 기타 질병 유발 조건 등의 스트레스원에 취약하게 만든다. 뒤에서 만성적인 각성 상태가 동물과 인간 모두 쉽게 질병에 걸리게 하는 원인임을 살펴볼 것이다.

### 중간 요약

- 신체는 투쟁 또는 도피 반응으로 스트레스에 대항한다. 교감신경계는 심박수와 혈압을 상승시키고, 동공을 확장하며, 간에서 당을 추가로 분비시킨다. 부신피질체계는 부신피질을 자극하는 호르몬(ACTH)을 분비하는데, 이 호르몬은 혈액에서 코르티솔의 분비를 자극한다.
- 이러한 반응은 일반적응 증후군의 일부이고 스트레스에 대한 반응에서 모든 유기체가 보여 주는 반응이다. 증후는 경고기, 저항기, 소진기의 세 단계로 이루어진다.

## 스트레스와 신체 건강

우리의 몸이 지속적인 스트레스원에 적응하려다 보면 신체 자원이 고갈되고 결과적으로 질병에 취약해진다. 스트레스로 인해 만성적으로 생리적 과다 활성 상태가 계속되면—이를 알로스타 부하(allostatic load)라 한다—몸의 소모가 일어난다(McEwen, 2000). 만성적인 스트레스는 궤양, 고혈압, 심장병 등의 질환을 야기한다. 또한 스트레스는 면역계를 손상하고 유해한 세균이나 바이러스에 대항하는 능력을 떨어뜨린다. 실제로 의사들은 정서적 스트레스가 전체 질병의 반 이상의 원인이 된다고 믿고 있다.

**심리생리학적 장애** psychophysiological disorder란 신체적 · 생리적인 문제 중 정서가 핵심적인 역할을 한다고 생각되는 장애를 의미한다. 매우 흔한 잘못된 관념 중 하나는, 심신장애는 진짜 질병이 아니며 따라서 치료를 받을 필요가 없다는 착각이다. 오히려 심리생리학적 장애의 증상은 생리적인 손상과 관련된 조직 손상 및 통증을 수반한다. 일례로 스트레스성 위, 십이지장 소화성 궤양은 아스피린 장기 복용과 같은 스트레스와는 무관한 원인으로 발생하는 궤양과 구분할 수 없다.

전통적으로 심리생리학은 천식, 궤양, 대장염, 류머티즘 관절염 등을 대상으로 연구했다. 연구자들은 특정 질병과 그 환자들의 성격, 병에 대응하는 태도, 스트레스 유발 사건 등을 관련시켜 연구했다. 예를 들어 대장염 환자들은 분노를 잘 표출하지 못하는 것으로 알려져 있다. 그러나 특정 질병과 성격이 대응하는 관계에 있다고 하는 연구들은 재현되지 못하고 있다(Overmier & Murison, 1998). 따라서 스트레스에 유사한 방식으로 반응하는 사람들이 동일한 질환에 취약하다는 가설은 확인되지 않았다. 한 가지 중요한 예외는 관상성 심장 질환과 A 유형 행동 양식에 관한 연구이다.

## 관상성 심장 질환

만성적인 스트레스원에 의해 과다 각성 상태가 지속되면 관상성 심장 질환을 일으킬 수 있다. **관상성 심장 질환 coronary heart disease(CHD)**이란 심장 근육에 혈액을 공급하는 혈관에 플라크라는 단단한 지방 성분이 축적되어 좁아지거나 막혀서 혈액의 흐름을 방해하고, 그 결과 심장으로 산소와 영양이 원활하게 공급되지 못하여 일어난다. 그 결과 협심증이라 불리는 극심한 통증이 가슴과 팔에 걸쳐 발생한다. 심장에 산소 공급이 완전히 차단되면 심근경색 또는 심장마비가 온다.

관상성 심장 질환은 만성 질병과 사망의 가장 큰 원인이다. 1990년 이후 다른 어떤 원인보다 CHD에 의해 사망한 사람이 가장 많다(WHO, 2007). CHD는 유전적 원인이 가장 큰 것으로 보인다—CHD 가족력이 있는 사람은 질병의 위험이 높아진다. 하지만 CHD로 사망하는 사람들의 80~90%는 고혈압, 콜레스테롤, 당뇨, 흡연, 비만과 같이 라이프스타일에 영향을 받은 주요 위험 요인 1개 이상을 겪고 있는 것으로 나타났다(WHO, 2007). 이 장의 후반에 나오는 첨단 연구에서 볼 수 있듯이, 인터넷과 같은 뉴미디어는 CHD의 위험을 감소시키는 방법으로 행동을 바꾸는 것을 돕는다(금연, 체중 감량, 운동).

사람들이 마주하는 상황 역시 심장 질환의 위험을 증가시키거나 감소시킬 수 있다. 52개국의 3만 명을 대상으로 한 연구에서 심장 질환 위험의 1/3가량이 사람들의 스트레스 환경과 관련이 있다는 것을 보여 주었다(Rosengren et al., 2004). 높은 스트레스 직업을 가진 사람들은 CHD의 위험이 증가하고, 특히 요구가 많지만 통제를 적게 줄 때 그렇다(Hitsanen et al., 2005; Schneiderman et al., 2005). 이러한 직업의 예는 인간 중심보다 기계 중심인, 신속하고 고품질 생산이 기대되는 조립 라인이다. 스웨덴에서 실시한 종단연구는 다수의 남성과 여성의 표본을 통해 심장마비를 일으키는 일차적 예측 요인이 낮은 통제에 높은 요구, 그리고 낮은 보상에 높은 효과를 요구하는 조합임을 제안한다.

동물 실험 결과 사회적 환경의 붕괴가 관상성 심장 질환과 유사한 병리적 현상을 유발한다는 사실을 알게 되었다(Sapolsky, 2007). 이 실험의 일부는 짧은꼬리원숭이를 대상으로 했는데, 이들은 위계질서가 확립되어 사회적인 우열 관계가 분명한 조직으로 생활한다. 이미 확립된 조직에 낯선 원숭이를 등장시키는 것은 스트레스원으로 작용하여 원숭이들은 새로운 위계질서가 확립될 때까지 공격적 행동을 보인다(Sapolsky, 2007).

이 연구에서 어떤 집단은 교란시키지 않고 그들의 지배적 위계질서가 확립된 채로 두었으며, 실험군에는 계속해서 새로운 원숭이를 넣어서 스트레스 받는 상황을 만들었다. 2년 동안 이 같은 과정을 반복한 결과, 실험군의 지배 원숭이는 복종하는 원숭이나 대조군에 비해 훨씬 높은 아테롬성 동맥경화증 발병률을 나타냈다(Sapolsky, 2007).

고혈압은 심장병과 심장마비의 주요 위험 요인이다. 고혈압은 혈액이 과도한 힘으로 혈관을 통과해서 혈관벽에 압박을 주는 상태를 말한다. 만성 고혈압은 동맥의 혈관벽을 딱딱하게 만들고 세포조직을 약화하여 CHD, 심부전, 뇌졸중 등의 발작을 일으키게 한다. 비록 유전이 고혈압에 영향을 미치지만, 단지 10%의 경우만이 유전 혹은 특정한 신체적 원인으로 설명할 수 있다(Klabunde, 2005).

스트레스에 대한 신체적 반응은 혈압의 상승을 이끌며, 따라서 만성적으로 스트레스 받는 상황에서 사는 사람들이 고혈압이 될 가능성이 높다는 것은 놀라운 사실이 아니다(Schneiderman et al., 2005). 예를 들어 낮은 사회경제적 조건 속에 있는 사람들은 매일의 삶에 불충분한 재정적 자원을 가지고 있고, 교육 수준이 낮고, 좋은 직장을 얻기 어려우며, 위험한 이웃들에게 노출되어 있다. 이는 높은 사회경제적 수준인 사람들에 비해 고혈압을 발생시킬 가능성을 높인다(Lehman et al., 2009; Marmot, 2004). 노르웨이의 한 연구는 공장이 문을 닫을 것이라는 소문이 있는 곳에서 일하는 노동자들이 평균에 비해 유의미하게 혈압이 높다는 것을 보여 주었다.

## A 유형 행동 양식

행동 양식 또는 성격 중 가장 큰 관심의 대상이 되는 것이 바로 A 유형 행동 양식type A pattern이다. 여러 해 동안 의사들은 심장마비 환자들이 공통적으로 적개심이 많고 공격적이며 인내심이 없는 일벌레라는 사실에 주목했다. 1950년대에 두 심장 전문의가 관상성 심장 질환 환자들에게 공통적으로 나타나는 일련의 행동을 정리하여 A 유형 행동 양식이라고 정의했다(Friedman & Rosenman, 1974). A 유형 양식은 시간에 쫓기고, 쉽게 적개심을 드러내며, 성취에 대한 경쟁심에 목말라 한다는 세 가지 구성요소를 가진 것으로 알려져 있다.

8년 반 동안 3,000명 이상의 중년을 대상으로 진행한 획기적인 연구가 있다(Rosenman et al., 1976). 이 기간 동안 A 유형인 사람들은 A 유형이 아닌 사람들에 비해 2배나 많이 심장 발작에 시달렸고, 또 각종 관상성 심장 질환에 걸렸다. 이 결과는 이들의 식생활, 연령, 흡연 여부, 그 밖에 심장 질환에 영향을 줄 수 있는 요소를 모두 고려해도 마찬가지로 나타났다(Rosenman et al., 1976). 다른 연구에서도 남녀 모두 A 유형 행동 양식과 심장병의 연관관계가 동일하게 나타났다(Myrtek, 2007 참조). 아울러 A 유형인 사람들은 사후 부검이나 X선 촬영을 통해 볼 때 관상동맥이 훨씬 심하게 막혀 있음을 알 수 있었다.

몇몇 연구에서는 심장 질환의 위험도를 예측하는 데는 A 유형 행동의 전체적인 지수보다도 적개심이 더 중요함을 밝혔다. 이 연구 중 일부는 적개심 측정을 위한 면담이 아니라 성격검사를 이용했다. 예를 들어 118명의 변호사를 대상으로 25년에 걸쳐 연구한 바에 따르면, 법과대학원 재학 시 성격검사에서 높은 적개심 수치를 기록한 사람들은 동창생들에 비해 50세 이전에 죽을 확률이 5배나 높았다(Barefoot et al., 1989). 의사들을 대상으로 한 이와 유사한 추적 조사에서도 의과대학원에서 실시한 성격검사에서 나타난 적개심 수치는 관상성 심장 질환뿐만 아니라 모든 질병에 의한 사망 가능성을 예측하게 했다(Barefoot et al., 1983). 최근 평균 15년 동안의 추적 연구에서는 적개심을 포함한 심리적 요인이 관상동맥 심장 질환 발생을 예측한다는 것을 발견했다(Boyle et al., 2006). 이러한 연구에서는 적개심과 관상동맥 질환의 상관관계가 흡연, 연령, 혈압 등과 독립적으로 나타났다.

A 유형 행동 양식이나 적개심은 어떻게 심장 질환에 영향을 미칠까? 한 가지 그럴 법한 생물학적 기제는 교감신경계가 스트레스에 반응하는 방식에서 출발한다. 스트레스를 유발하는 상황(예: 실패에 대한 공포, 학대, 경쟁적인 업무 등)에 대한 경험을 돌이키게 하면 대부분의 피험자들은 분노를 느끼고, 자극이 되어 불안을 느낀다. 하지만 특히 적개심이 높게 나타나는 사람들은 혈압도 높고 심박수도 빨라지며 스트레스 관련 호르몬의 분비도 높게 나타난다(Raïkkoenen et al., 1999; Suarez et al., 1998). A 유형과 A 유형이 아닌 사람들을 비교한 결과도 유사하다. 적개심이 강한 (A 유형) 사람들은 스트레스 상황에서 과도한 반응을 보인다. 이러한 생리적 변화는 심혈관계에 손상을 가져온다.

적개심이 강한 사람들은 당연히 인간관계에서도 갈등이 심하고, 그 결과 사회적 지지를 적게 받는다(예: Keltikangas-Javinen & Ravaja, 2002). 사회적 지지의 감소는 주관적 · 객관적 건강 지표에 직접적인 영향을 미친다(Uchino et al., 1999 참조). 따라서 적개심은 만성적 각성 상태를 야기하여 직접적으로 심혈관계에 영향을 미치고, 간접적으로는 사회적 지지를 감소시켜 건강에 영향을 미친다.

다행히 A 유형 행동 양식도 충분히 확립된 치료 프로그램을 통해 개선할 수 있으며, 그 결과 A 유형 행동이 감소한 경우 관상성 심장 질환의 위험도 줄어든다. 치료에 대해서는 뒤에서 살펴볼 것이다.

## 면역계

심리신경면역학psychoneuroimmunology은 스트레스나 기타 심리적 요인에 의해 어떻게 신체의 면역계가 영향을 받는가를 연구하는 학문이다. 면역 반응을 위해 특화된 세포인 임파구를 통해 면역계는 질병을 유발하는 미생물로부터 신체를 방어한다. 또한 면역계는 감염성 질환, 알레르기, 암, 자가면역 질환(류머티즘 관절염과 같이 자신의 정상 조직을 면역세포가 공격해서 생기는 질환) 등에도 영향을 준다. 스트레스는 면역계에 다양한 방식으로 영향을 미친다. 단기간의 스트레스는 면역 반응을 강화한다. 그러나 만성 스트레스는 면역 기능을 약화하는데 부분적으로 그 이유는, 만약 스트레스가 장기적으로 지속된다면 투쟁 또는 도피 반응에서 생기는 코르티솔과 같은 생화학적 물질이 면역계를 억제하기 때문이다

그림 14.3 **스트레스와 감기.** 심리적 스트레스는 면역계를 약화하여 감기 등의 질병에 더 취약하게 만드는 것처럼 보인다.

(Segerstrom & Miller, 2004).

만약 당신이 많은 스트레스 상황에 노출되었을 때 감기에 걸린 적이 있다면 그림 14.3의 힘들어 보이는 여성과 같이 스트레스 상황이 면역계에 미치는 영향을 경험한 것이다. 한 연구에서는 400명의 건강한 자원자들을 대상으로 다섯 가지 감기 바이러스 중 한 가지를 넣은 코 세정액과 순수한 소금물 세정액에 노출시켰다(Cohen et al., 1991). 그리고 실험 참가자들은 지난해에 겪은 스트레스 상황과 생활에서 주어지는 요구도 및 그것을 어떻게 성취할 것인가에 대한 생각, 그리고 분노나 우울감 같은 부정적인 감정을 느끼는 빈도 등에 대한 설문에 응답했다. 설문 결과에 따라 이들은 3(가장 낮은 스트레스군)부터 12(가장 높은 스트레스군)까지 스트레스 지수에 따라 그룹으로 나뉘었다. 자원자들은 매일 감기 증상이 나타나는지, 그리고 호흡기 분비물 중 감기 바이러스와 항감기 바이러스 항체가 존재하는지 검사를 받았다.

바이러스에 노출된 자원자들 상당수가 감염의 징후를 보였지만 그중 1/3만이 실제로 감기 증상으로 발전되었다. 바이러스 감염 및 실제 감기 발병 정도는 스트레스 정도와 일치하여 증가했다. 스트레스가 가장 낮은 그룹과 비교해 볼 때, 가장 높은 스트레스 그룹은 감기 바이러스 감염률이 현저히 높았으며 감기 발병 정도는 2배나 되었다.

대부분의 연구는 성적 압박, 사별, 부부간의 불화 등 스트레스 상태에서 면역 기능을 측정하는 형태로 이루어진다(Delahanty et al., 1998; Schneiderman et al., 2005). 일례로 1992년 허리케인 앤드루의 피해자를 대상으로 한 연구에서는 가옥 파손이 심할수록, 생명의 위기를 심하게 느꼈을수록, 상대적으로 안전한 상태에 놓여 있었던 피해자들에 비해 면역계의 기능이 저하되는 것을 관찰할 수 있었다(Ironson et al., 1997). 이와 유사한 연구로 1994년 로스앤젤레스 지역의 노스리지 지진에서도, 지진 때문에 피해를 많이 받은 사람일수록, 피해를 적게 받아 스트레스가 훨씬 적었던 사람들에 비해 면역 기능이 낮아졌다는 연구가 있다(Solomon et al., 1997). 특히 지진이 자신의 삶에 미칠 영향에 대해 걱정을 많이 하는 사람일수록 T림프구의 일종으로 바이러스에 감염된 세포를 찾아 제거하는 자연살해세포(natural killer cell)가 감소했음을 알 수 있었다(Segerstrom et al., 1998).

자연재해만이 면역계에 영향을 주는 것은 아니다. 만성적으로 매일 받는 스트레스도 면역계의 기능을 떨어뜨린다. 치매에 걸린 가족을 돌보아야 하는 사람들은 매일 많은 스트레스원을 경험할 것이다. 사랑하는 사람을 씻기고 옷을 입혀야 하며, 매일 똑같은 질문에 대답해 주어야 하고, 가스레인지를 켜 놓고 잊어버리는 것과 같이 위험한 일을 하는지 신경 써야 한다. 치매에 걸린 부모를 돌보는 이런 스트레스는 면역계 기능의 손상과 연관이 있다(Gouin et al., 2012).

스트레스에 대한 통제 가능성 역시 중요한 요소이다. 앞서 이미 통제 가능성이 스트레스의 정도를 결정하는 요인 중 하나임을 살펴보았다. 일련의 동물 실험을 통해 통제 불가능한 충격은 통제 가능한 충격에 비해 면역계에 훨씬 더 큰 영향을 준다는 사실이 밝혀졌다(Laudenslager et al., 1982). 이 일련의 실험은 쥐에게 전기 충격을 주는 방법을 사용했는데, 한 그룹의 쥐들은 지렛대를 눌러 전기 충격을 멈출 수 있게 하고, 다른 그룹은 같은 순서로 전기 충격을 주었지만 지렛대를 눌러도 소용이 없도록 했다(그림 14.4 참조). 한 연구에서는 이 쥐들의 T세포가 침입자를 만났을 때 얼마나 빨리 증식하는지를 관찰했다(T세포는 암세포 등의 유해한 세포를 죽이는 물질을 분비하는 림프구의 일종이다). 연구진은 전기 충격을 통제할 수 있었던 쥐들의 T세포는 아예 스트레스를 받지 않은 쥐들과 비슷한 속도로 증식한다는 사실을 발견했다. 통제 불가능한 전기 충격을 받은 쥐들은 이와 반대로 T세포의 증식이 미약했다. 따라서 전기 충격, 즉 스트레스는 통제 불가능한 경우에만 쥐의 면역계에 영향을 미쳤다(Laudenslager et al., 1983).

다른 연구에서는 쥐에게 암세포를 이식한 뒤 전기 충격을 주고 쥐가 자연방어 시스템을 통해 암세포를 거부

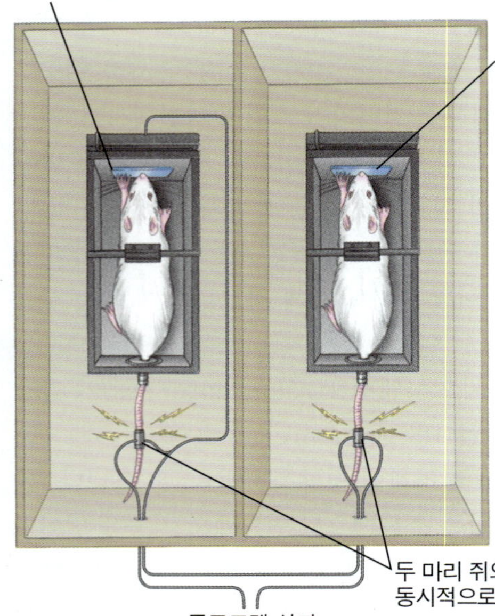


**그림 14.4 멍에를 씌워 통제한 스트레스 실험.** 일련의 전기 충격을 두 마리의 수컷 쥐에게 동시에 준다. 왼쪽 쥐는 지렛대를 누르면 전기 충격을 멈출 수 있지만 오른쪽 쥐의 지렛대는 작동하지 않는다. 하지만 왼쪽 쥐와 오른쪽 쥐는 멍에로 연결되어 있어서 왼쪽 쥐가 충격을 받는 순간 오른쪽 쥐도 충격을 받고 왼쪽 쥐가 지렛대를 누르면 오른쪽 쥐의 충격도 멈춘다.

할 수 있는지, 아니면 거부에 실패해서 암이 자라나는지를 관찰했다. 동일한 양의 전기 충격을 받았음에도 불구하고 통제 불가능한 전기 충격을 준 쥐는 겨우 27%만이 암세포를 거부할 수 있었지만, 통제 가능한 전기 충격을 받은 쥐들은 63%가 암세포를 거부할 수 있었다(Visintainer et al., 1982).

어떤 연구는 스트레스가 에이즈를 일으키는 원인인 인간 면역결핍 바이러스(HIV)의 진행에 영향을 줄 수 있다고 제안한다(Leserman, 2008). 이 연구의 대부분은 에이즈 확산으로 고통 받는 남성 동성애자들로 이루어졌다. 많은 사람들이 파트너 혹은 친한 친구를 에이즈로 잃었고, 그들 중 대부분은 에이즈 진행을 늦춰 주는 항레트로바이러스제 투여가 가능하기 전에 잃었다. 한 연구는 96명의 동성애자를 9년 동안 추적했고, 기존에 친한 친구나 파트너의 죽음을 경험하는 등 심각한 스트레스원을 경험한 사람들의 에이즈 진행이 빠르다는 것을 밝혔다(Leserman et al., 1999, 2000, 2002). 한 범주의 스트레스를 한 단계 경험할 때마다 에이즈 관련 임상적 상황(예: 뉴머시스티스성 폐렴)이 발생할 가능성이 3배 늘어났다. 이 연구의 마지막에 가서는 74%의 높은 스트레스를 겪은 사람들이 40%의 낮은 스트레스를 겪는 사람들에 비해 에이즈가 진행된 사실을 알 수 있었다.

어떤 동성애자는 다른 사람들에게 거부와 차별을 받지 않기 위해 자신의 성적 성향에 대해 감춰야 한다는 압박을 느낄 수 있고, 이는 만성적 스트레스원으로 작용한다. HIV 양성 동성애자들에 대한 한 연구는 자신의 정체성에 대해 숨긴 사람들이 숨기지 않은 사람들에 비해 병의 진행이 더 빠르다는 것을 보여 주었다(Cole et al., 1995). 더 일반화하여 말하자면 HIV 양성 중 사회적 지지가 약하고 외로운 사람들은 바이러스를 통제할 면역계의 힘이 더 약해 보인다.

물론 HIV는 동성애자만의 병이 아니다. 전 세계적으로 3억이 넘는 사람들이 HIV에 감염되어 있다(WHO, 2008). 618명의 HIV 양성 보유의 젊은이들을 다룬 연구에 따르면 부모의 심각한 질병, 가족의 죽음, 집을 잃는 것과 같은 2개 이상의 스트레스 사건을 경험한 사람의 경우 다른 참가자들보다 해가 갈수록 3배 이상 면역계가 약화된 모습을 보였다(Howland et al., 2007).

비록 HIV에 감염되기 한참 전에 스트레스 상황을 겪었을지라도 이것이 병의 진행 위험을 더 증가시키는 것으로 보인다. HIV에 감염된 남성과 여성 성인을 대상으로 진행된 한 연구(Leserman et al., 2007)에 따르면, 어린 시절 성적 · 육체적 폭행 혹은 방치를 당했거나 가족이 살해당한 경험 등 트라우마 내력이 있는 사람들은 트라우마 내력이 없는 사람들에 비해 에이즈와 관련이 있는 기회 감염성 질병이 더 빠르게 진행되는 것으로 나타났다(Mugavero et al., 2007).

## 건강 관련 행동

특정한 건강 관련 행동은 우리 몸이 얼마나 쉽게 질병에 걸릴 수 있는가에 크게 영향을 미친다. 흡연은 심혈관계 질환과 폐기종의 주된 원인 중 하나이다. 고지방 식사는 다양한 암과 심혈관계 질환의 원인이 된다. 적당한 운동을 하지 않으면 심장 질환에 걸리기 쉽고 평균 수명도 짧다. 과도한 알코올 섭취는 간 질환과 심혈관계 질환의 원인이 되며 몇몇 암의 원인이 되는 것으로 추정된다. 또한 성관계 시 콘돔을 착용하지 않으면 HIV에 감염될 확률이 현저하게 높아진다. 과학자들은 산업화된 현대 사회에서 사망에 이르는 질병의 원인이 상당 부분 건강 관련 행동에 영향을 받는다고 본다(Schneiderman et al., 2005).

우리는 스트레스를 받으면 건강하지 못한 행동을 할 가능성이 높아진다. 시험을 앞둔 학생들은 밤을 새워 공부하는데 종종 며칠 밤을 계속 새기도 한다. 식사를 거르고 군것질에 의존하기도 한다. 아내를 잃은 남자들은 요리를 할 줄 몰라서 굶거나 불충분한 식사를 하곤 한다. 아내와 사별한 남자들 중에는 슬픔에 잠겨서 술독에 빠지거나 골초가 되는 이들도 있다. 스트레스를 받으면 매일 하던 운동을 빼먹게 되고 꼼짝도 하기 싫어진다. 그리하여 스트레스는 간접적으로는 건강에 유익한 행동을 덜 하도록 하고 해로운 행동은 더 하게 하여 건강에 악영향을 미친다.

건강하지 못한 행동을 하면 스트레스를 더욱 민감하게 느낄 수도 있다. 규칙적으로 술을 많이 마시면 인지 기능에 문제가 생긴다. 과도한 알코올을 마셔 대는 사람은 그렇지 않은 사람에 비해 명료하고 재빠르게 생각하지 못한다. 또한 과도한 음주는 무기력, 피로, 그리고 경증에서 중간 정도의 우울을 유도하여 스트레스 상황을 극복하기 힘들게 할 뿐만 아니라 일상생활을 영위하기도 힘들게 한다.

흡연 같은 건강 관련 행동은 스트레스에 의해 영향을 받는다.

충분한 수면을 취하지 못하는 사람들 역시 기억, 학습, 논리적 사고, 수학 능력, 복잡한 언어 처리, 결정을 내리는 일 등에 어려움을 겪는다. 이틀간 5시간씩 수면을 취하게 하면 수학 문제 풀이와 창의적 사고 과제에서 현저한 능력 감퇴가 나타난다. 따라서 밤을 새워 시험 준비를 하는 것은 오히려 성적이 나빠지는 길이 될 수도 있다(Wolfson, 2002).

암이나 심혈관계 질환과 같은 중병을 앓는 환자들에게는 스트레스가 삶에 대한 동기를 앗아 가고, 회복과 생존을 위해 필요한 습관을 가지는 것을 방해할 수도 있다(Schneiderman et al., 2005). 예를 들어 의사와 예약을 하고도 병원에 가지 않는다든가, 꼭 복용해야 할 약을 먹지 않는 등의 행동을 생각해 보라. 혹은 당뇨병 환자가 설탕 섭취를 통제하지 못할 수도 있다. CHD가 있는 사람들을 대상으로 한 연구는 트라우마를 주는 스트레스원을 경험한 사람들이 그렇지 않은 사람들에 비해 덜 운동하고 약을 덜 챙겨 먹으며 더 흡연하는 경향이 있다는 것을 발견했다. HIV 감염자를 대상으로 한 연구에서는 스트레스에 시달리는 사람일수록 무방비한 성관계나 정맥 주사로 마약을 투약하는 경향이 있다고 밝혔다(Fishbein et al., 1998).

그와는 반대로 건강한 생활 습관, 즉 저지방 식사, 금주 또는 약간만 술을 마시고 충분한 수면을 취하며 규칙적인 운동을 하는 등의 습관을 가진 사람들은 스트레스 상황에서도 견딜 만하다고 느끼며 자신의 삶을 통제할 수 있다고 생각한다. 따라서 건강한 생활 습관을 갖는 것은 삶의 스트레스를 줄여 줄 뿐만 아니라 여러 가지 심각한 질병의 위험도 줄여 준다.

### 중간 요약

- 심리생리학적 장애란 정서가 핵심적인 원인이 된다고 생각되는 신체적 질병, 장애를 말한다.
- 스트레스는 관상성 심장 질환의 원인이 된다.
- A 유형 행동 양식을 보이는 사람들은 대개 적개심이 강하고 공격적이고 참을성이 없으며 일벌레인 경우가 많다. 남

녀를 대상으로 한 연구 모두에서 A 유형에 해당하는 사람들(특히 적개심이 강한 사람들)은 관상성 심장 질환에 걸릴 확률이 높았다.

- 심리신경면역학은 심리적 요소가 어떻게 면역계에 영향을 미치는가를 연구하는 학문이다. 스트레스는 면역계의 기능을 저하하여 면역 관련 질병의 위험을 높일 수 있다.
- 스트레스 상황에 있는 사람들은 긍정적인 건강 관련 행동을 잘 하지 않으려 하고, 이로 인해 병에 걸릴 수 있다.

### 비판적 사고를 위한 물음

1. 암과 같이 심각한 질병에 걸린 사람들에게 병에 걸렸다는 사실을 주지시키지 않으면서 병이 진행되는 것을 늦추도록 도울 방법을 생각해 보자.
2. 당신의 건강하지 못한 생활 습관은 무엇인가? 그러한 습관에서 벗어나지 못하는 이유는 무엇인가?

## 스트레스와 심리적 건강

스트레스를 주는 상황에서 발생하는 심리적 반응은 (만약 그 사건이 힘들긴 하지만 통제 가능할 때 주는) 유쾌함에서부터 불안, 분노, 위축, 우울까지 다양하다. 만약 스트레스를 주는 상황이 지속된다면 우리의 정서는 대처 능력에 따라 계속 흔들릴 것이다.

천재지변, 강간, 납치와 같이 보통 사람들이 겪는 고통의 범주에서 벗어난 경험을 한 사람들은 종종 심각한 일련의 증상을 겪게 되는데, 이는 **외상 후 스트레스 장애 post-traumatic stress disorder(PTSD)**라고 알려져 있다. PTSD는 DSM-5부터 불안장애에 속한 것이 아니라 단독 영역으로 분류된다. DSM-5에서 바뀐 것에 따라 설명하자면, PTSD는 네 종류의 증상군으로 묶인다. 첫 번째는 반복되는 외상 상황의 재현이다. 이들은 매일 밤 외상 상황에 대한 악몽을 꾸고 잠들기 두려워한다. 깨어 있는 동안에도 정신적으로는 생생히 외상 상황을 재현하여 마치 그 상황에 다시 빠진 것처럼 느낀다. 어떤 퇴역 참전 군인은 제트기가 낮게 날 때마다 폭격을 연상하며 머리를 감싸 안고, 전쟁터로 돌아간 느낌에 빠진다. 어떤 강간 피해자는 당시의 상황이 수없이 떠올라서 다른 남자들도 강간범처럼 보이곤 한다.

두 번째는 회피로 묶이는 증상군이다. 이들은 트라우마를 불러일으킬 수 있는 어떤 상황, 사람, 생각, 느낌도 거부하려고 한다.

세 번째 증상군은 인지와 정서에서의 끊임없는 부정적 변화이다. 이 정서 부분은 DSM-IV에서 설명한 감정이 무감각한 증상, 그리고 지속적인 부정적 정서 상태와 같은 새롭게 재구성된 증상을 포함한다. 어떤 일에 대해서도 마치 정서적 반응이 전혀 없는 것처럼 외부에서 일어나는 일에 완전히 무감각해지는 경험이 PTSD 환자들에게서 나타난다. 그들은 다른 사람들로부터 소원해지는 느낌을 받으며 자신의 미래가 완전히 암울한 것처럼 느낀다.

네 번째 증상군은 만성적인 과다 각성 상태로 DSM-IV에서 설명한 각성 증상 대부분을 포함한다. 여기에는 수면장애, 집중 곤란, 과다 경계뿐만 아니라 짜증을 잘 내고 공격적인 행동을 보이며 무모하고 자기파괴적인 행동을 보이는 것도 포함된다.

다른 증상은 PTSD 진단의 공식 범주에 포함되지 않지만, 트라우마로 고통 받는 사람들 사이에서 일반적으로 나타나는 것이다. 어떤 사람들은 다른 이들이 살아남지 못한 상황에서 자신이 살아 있다는 사실 자체에 극도로 죄책감을 느끼는데, 심지어 자신이 남을 구할 형편이 아니었더라도 마찬가지이다. 이 현상을 **생존 죄책감**이라고 한다. 어떤 사람들은 무관심하고 내향적으로 되거나 극단적으로 화를 내고 공격적인 모습이 번갈아 나타나기도 한다. PTSD로 고통 받는 사람들은 스스로를 무감각하게 만들기 위해 알코올이나 향정신성 약물을 남용할 수 있으며, 많은 경우 PTSD와 함께 우울증을 진단받는다(15장 참조).

PTSD는 외상 후 즉시 발생할 수도 있고 몇 주, 몇 달, 심지어는 몇 해 후에 발생할 수도 있으며, 또한 오래 지속될 가능성이 높다. 최근 가장 큰 자연재해 중 하나는 2004년 12월 26일, 동남아시아 지역을 휩쓴 쓰나미이다. 28만 명 이상이 사망, 27,000명은 실종이나 사망 추정, 120만 명이 난민이 된 것으로 추정된다. 인도 타밀나두 마을에서는 7,983명이 사망, 44,207명이 가옥 피해를 입어 캠프로 옮겼다. 연구자들은 이 지역의 성인 13%가 쓰나미 2개월 후 PTSD를 겪었다고 밝혔다(Kumar et al., 2007). 태국 푸껫 해안 지역 서부의 쓰나미 생존자들을 대상으로 한 연구에서 22%의 사람들이 재해 2주 이후 PTSD 증상을 보였고, 30%는 6개월이 지나고 나서 PTSD 증상을 보였다(Tang, 2007).

전쟁과 자연재해의 생존자들은 종종 PTSD를 경험한다.

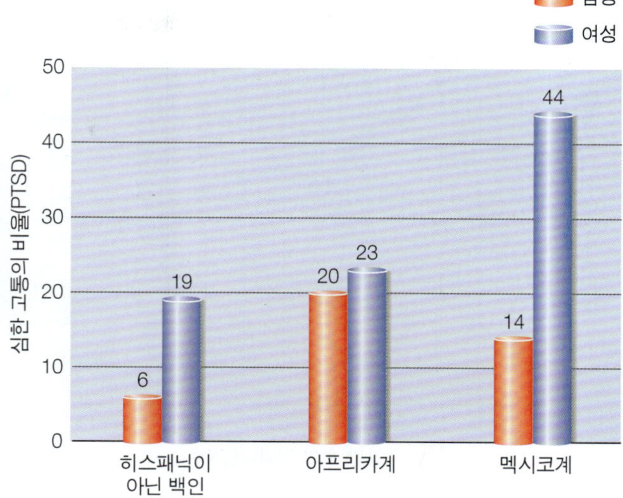


**그림 14.5 PTSD의 문화와 성 차이.** 허리케인에 대한 반응 연구에서 PTSD 비율의 성차는 멕시코계 미국인에서 가장 크며, 뒤이어 히스패닉이 아닌 백인 미국인, 아프리카계 미국인의 순으로 나타났다.

최근에 있었던 다른 자연재해의 생존자들 중 다수에게서 PTSD가 나타났다. 터키의 지진 생존자 연구에서는 진원지에 있었던 사람들 중 23%가 14개월 후 PTSD를 겪었으며, 16%는 PTSD와 우울증을 겪었다(Basoglu et al., 2004). 타이완의 대규모 지진 생존자 연구에서도 비슷한 비율로 PTSD를 겪은 것으로 나타났다(Lai et al., 2004).

문화와 성별은 흥미로운 방식으로 상호작용하며 PTSD에 대한 취약성에 영향을 미치는 것으로 나타났다. 한 연구에서는 1992년 플로리다를 강타한 허리케인 앤드루와, 1997년 멕시코 아카풀코를 덮친 허리케인 폴리나의 생존자 샘플을 무작위로 비교했다(Norris et al., 2001). 이 두 허리케인은 많은 점에서 유사한데, 카테고리 4 허리케인으로 평가되며 많은 재산 피해, 물리적 부상, 사망을 유발했다. PTSD 증상의 비율은 두 나라 모두 높았다. 두 나라 모두에서 여성이 남성보다 많은 증상을 나타냈으나(그림 14.5 참조), PTSD 증상의 차이는 미국 남녀의 차이보다 멕시코 남녀의 차이가 훨씬 컸다. 또한 미국 샘플 내에서 히스패닉이 아닌 백인 여성과 남성 간의 PTSD 증상 차이는 아프리카계 미국인 여성과 남성의 차이보다 유의하게 컸다.

연구자들은 이 세 문화(멕시코계, 히스패닉이 아닌 백인, 아프리카계 미국인)에 걸친 전통적인 성 역할의 힘이 PTSD 증상에 대한 성차의 규모에 영향을 미친다는 것을 시사했다. 미국 문화보다 멕시코 문화에서는 여성에게 수동적, 자기희생, 순응에 대한 사회적 압력이 크고, 남성에게 지배적, 용감함, 강함에 대한 사회적 압력이 크다(Vazquez-Nuttall et al., 1987). 이는 멕시코계 남성에 비해 멕시코계 여성이 트라우마 이후 더 도움을 받지 못한다고 느끼게 했으며, 그들이 필요로 하는 물질적인 도움을 더 적게 얻도록 했다. 미국 문화 내에서는 히스패닉계가 아닌 백인보다 아프리카계 미국인 사이에서 성 역할이 더 평등한 몇 가지 증거가 있다(Davenport & Yurick, 1991). 따라서 아프리카계 미국인 여성은 아프리카계 미국인 남성보다 훨씬 더 많은 PTSD의 고통을 겪지는 않는다.

성폭행이나 신체적 폭력, 테러, 전쟁 등과 같이 사람에 의해 생긴 정신 외상은 천재지변보다 PTSD를 더 일으키기 쉬운데 그 이유는 다음과 같다. 첫째로, 이 같은 외상은 우리가 사람들에게 갖고 있는 기본적인 선함에 대한 믿음을 붕괴시키기 때문에 PTSD에 더 노출되기 쉽다(Janoff-Bulman, 1992). 두 번째로, 사람에 의해 발생한 재난은 공동체 전체보다는 개인에 대한 공격일 경우가 많으므로, 외롭게 외상 상황을 극복해 나가는 과정에서 PTSD를 일으킬 가능성이 더욱 높다.

강간 피해자들을 대상으로 한 연구를 보면, 사건 후 첫 주에는 95%의 피해자가 극심한 PTSD 증상에 시달리며 PTSD로 판정받는다(그림 14.6 참조). 사건 후 3개월이 지난 뒤에도 50%의 피해자가 여전히 PTSD에 시달리며, 4~5년이 지난 후에도 25%의 피해자는 여전히 PTSD로 고통 받는다(Faravelli et al., 2004; Foa & Riggs, 1995; Resnick et al., 1993).

PTSD가 광범위하게 진단 범주에 포함된 것은 베트남전 참전 군인들이 겪은 고통스러운 경험 때문이었다. 이

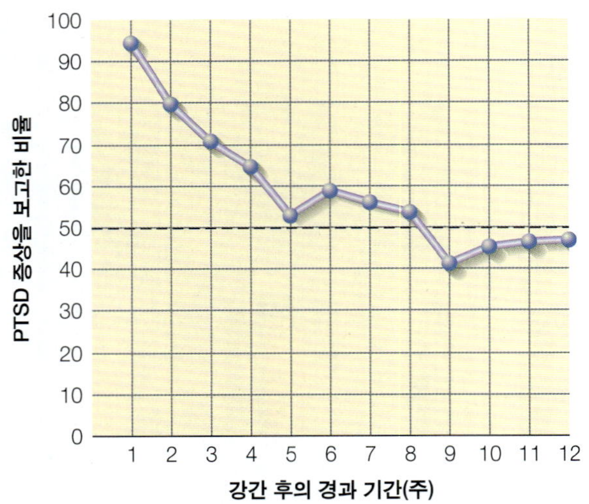


**그림 14.6 강간에 의한 PTSD.** 강간 피해 여성은 거의 전부가 피해를 당한 후 1~2주 이내에는 극도로 심한 PTSD를 보인다. 3개월이 지난 시점에도 PTSD 판정을 받을 만큼 심한 스트레스를 겪는다. 비율은 다소 줄어들지만 여전히 반이나 되는 여성들이 3개월 후에도 PTSD로 시달린다.

는 제1차 세계대전 때는 '탄환 충격'으로 불리고, 제2차 세계대전 때는 '전쟁 신경증'으로 불렸다. 군인들에 대한 연구에 따르면 이라크에 배치된 군인들 중 약 15~19%가, 아프가니스탄에 배치된 군인들 중 약 11%가 PTSD로 진단받을 수 있다고 한다(Erbes et al., 2007; Hoge et al., 2004; 2006).

전쟁과 폭력에 둘러싸인 국가의 사람들은 PTSD의 위험에 더욱 노출된다. 아프간 사람들은 수십 년의 전쟁과 탈레반 정권의 점령을 견뎌 냈으며, 미국의 국제무역센터와 펜타곤을 공격한 이후 그들의 나라는 연합군의 폭격을 받았다. 수천 명의 아프간 사람들이 죽임을 당하거나 부상을 입거나, 혹은 고향을 떠나 난민이 되었다. 수천 명은 충분한 물과 음식이 없는 척박한 환경의 간이 텐트에서 여전히 살고 있다. 아프간 사람들을 대상으로 한 연구에서 거의 42%의 사람들이 PTSD로 진단될 수 있으며, 일정 수준의 불안 증세가 72%의 사람들에게서 나타나고 있다(Cardozo et al., 2004). 아프간 여성은 특히 PTSD로 고통 받을 수 있는데, 이는 탈레반이 가장 기본적인 인권조차 박탈하고 있고, 그들의 남편이나 남성 친지를 죽였으며, 남성 없이 생존하는 것이 불가능해졌기 때문이다. 탈레반 정부하의 카불에서 살고 있는 여성을 조사한 연구에서 84%는 적어도 1명 이상의 가족을 전쟁에서 잃었으며, 69%는 그들 혹은 가족 구성원이 탈레반 군에 억류되거나 학대 받은 적이 있고, 68%는 사회 활동이 제한된 적이 있다는 것을 발견했다(Rasekh et al., 1998). 이 여성들 중 42%는 PTSD로 진단되었으며, 90% 이상은 PTSD 징후를 보였다(Scholte et al., 2004 참조).

1990년대에 구 유고슬라비아에서 수천 명을 고문하고 학살하며 시작된 인종 청소는 몇 백만 명의 구 유고슬라비아인들을 추방했다. 이것은 역사상 유례가 드물 만큼 끔찍한 일로 잔학 행위와 수용소 난민 캠프, 조직적인 강간, 이웃 간의 살상으로 얼룩졌다. 다음에 소개되는 한 여성의 경험담은 지극히 일반적인 것이다.

**사례 연구:** 한 40대 여성은 포위 공격이 시작되고 박격포 폭격으로 온 마을이 쑥대밭이 될 때까지 가족 농장에서 일하고 있었다. 몇 달 전 그들 부부는 아들을 슬로베니아에 사는 친척 집으로 피신시켰다. 폭격 다음 날, 세르비아 민족주의 전선 체트니크가 마을을 점령하고 주민들에게 즉시 집을 떠나라고 명령했다. 수많은 이웃과 친구들이 그녀의 눈앞에서 총살당했다. 부부는 집과 자동차, 은행 계좌를 포기한다는 각서에 강제로 서명을 하고 약탈을 지켜보아야 했다. 약탈자들 중에는 오랜 이웃이요 친구였던 사람들도 있었다. 다음 며칠 동안 그들은 회교도 수용소에 끌려가 가축을 먹이러 끌려다녔다. 하루는 부부가 마당에 서 있는데 체트니크들이 그들을 끌고 갔다. 그녀의 남편은 다른 남자들과 함께 끌려가서 그 후 여섯 달 동안 그녀는 남편이 살았는지 죽었는지조차 알 수 없었다. 한편 그녀는 수송 열차 안에서 먹을 것도 마실 것도 없이 몇날 며칠을 보내야 했다. 그녀의 주위에서는 사람들이 질식해 죽어 갔다. 강제로 끌려가는 그녀의 발밑에는 친구들과 친척들의 시체가 나뒹굴었다. 한 번은 그녀가 속한 그룹이 무장한 체트니크 부대가 일렬로 서 있는 다리를 지나도록 강요당했다. 체트니크들은 무차별로 사람을 쏘며 값나가는 물건은 전부 다리 밑에 쳐놓은 그물로 던지라고 명령했다. 그녀는 몇 주간이나 커다란 텐트에서 지독한 굶주림을 견뎌야 했다. 수많은 여자들과 아이들이 흐느끼는 소리가 그치지 않았다. 그녀 역시 울음을 멈출 수 없게 되자 그녀는 자신의 머릿속에서 무엇인가가 망가졌고 자기가 미쳐 버렸다고 생각하게 되었다. 지금 그녀는 이렇게 말한다. "나는 두 번 다시 행복해지지 못할 거예요." 혼자 있을 때면 모든 것이 그녀를 엄습한다. 하지만 다른 사람들과 함께 있거나 바삐 움직일 때면 잠시나마 그 모든 것을 잊을 수 있다. "내 영혼은 깊은 곳부터 상처를 입었어요. 하지만 간신히 추스

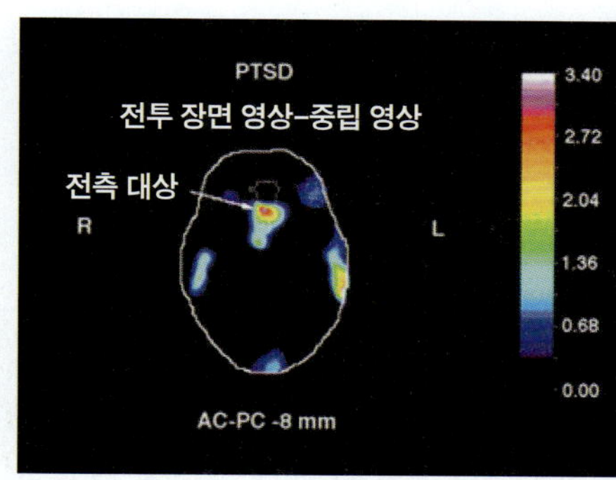


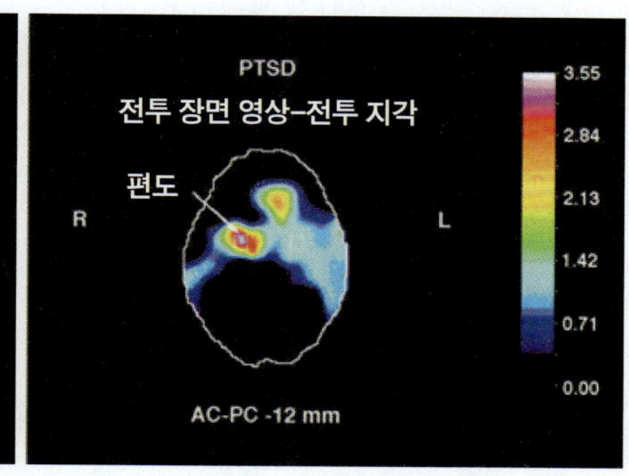


**그림 14.7 PTSD와 대뇌 혈류.** 양전자 방사 단층촬영을 통해 PTSD에 시달리는 참전 군인들에게서 전측 대상회와 편도체의 혈류량이 더욱 많음을 볼 수 있다.

르고 있지요." 그녀는 매일 밤 회교식 예배를 드려야만 악몽에 시달리지 않고 잠을 청할 수 있다. "누워 있으면 보스니아의 집으로 한 발 한 발 돌아가요. 외양간으로, 그들이 훔치고 파괴한 모든 것들, 양탄자, 말, 집의 문짝을 매일 다시 봅니다." (Weine et al., 1995, p. 540)

보스니아 난민을 대상으로 한 연구에서는 미국에 정착한 난민 중 65%가 PTSD에 시달렸으며, 특히 나이 든 난민일수록 더욱 심각했다(Weine et al., 1995; Cardozo et al., 2000). 1년 후 이들을 추적 연구한 결과에서 여전히 44%의 난민이 PTSD로 고통 받고 있는 것으로 나타났다(Weine et al., 1998).

PTSD로 고통 받는 사람들은 스트레스로 인해 생리적 반응이 통제되지 않는 현상을 보인다. PTSD 환자들을 대상으로 양전자 방사 단층촬영(PET) 연구를 수행한 결과, 이들은 대조군에 비해 정서 반응 및 투쟁 또는 도피 반응을 수행하는 뇌의 영역에서 활성 수준에 몇 가지 차이점을 보인다는 것을 알 수 있었다(Balenger et al., 2004, Nutt & Malizia, 2004). 전장의 참상을 돌이키게 하자, PTSD에 시달리는 참전 용사들은 전측 대상회(anterior cingulate gyrus)와 편도체의 혈류량이 증가했다. 이러한 영역은 정서와 기억을 담당하는 곳으로 추정되고 있다. 반면 PTSD가 없는 참전 용사들은 전장의 참상을 돌이키더라도 이 부위에 혈류량이 증가하지 않는다(그림 14.7 참조). 또한 몇몇 연구에서는 PTSD 환자들에게서 해마 손상을 관찰할 수 있었다. 해마는 기억과 관련되는데, 이는 PTSD 환자 일부에서 기억 손상이 나타나는 원인이 될 수 있다.

이같이 뇌생물학적으로 비정상적인 상태가 PTSD의 원인인지 또는 그 결과인지는 명확하지 않다. 해마 손상은 외상을 입었을 때 코르티솔이 극도로 높은 수준으로 분비된 결과일 수도 있다. 그런데 매우 흥미로운 사실 하나는 PTSD 환자의 휴지 상태(외상 상태를 연상하게 하는 자극에 노출되지 않은 상태) 코르티솔 수준이 대조군에 비해 낮은 경향이 있다는 것이다(Yehuda, 2004). 코르티솔은 스트레스 노출 후 교감신경계의 활성을 차단하는 역할을 하는데, PTSD 환자에게서 나타나는 낮은 수준의 코르티솔은 이들이 스트레스에 노출된 후 지속적으로 교감신경계가 활성화될 가능성을 시사한다. 따라서 이들은 외상과 연관된 자극에 더 잘 반응을 나타내고, 그리하여 PTSD를 일으키게 된다. 한 장기 연구는 교통사고 직후 1~2시간 내에 부상자들의 코르티솔 수준을 측정하고, 6개월 후 이들이 PTSD를 보이는지를 조사했다(Yehuda et al., 1998). PTSD를 보인 환자들은 그렇지 않은 사람들에 비해 사고 직후 코르티솔 수준이 눈에 띄게 낮았음을 알 수 있었다. 이러한 자료를 통해 PTSD 환자들은 외상을 겪기 전의 코르티솔 수준이 비정상적으로 낮고 그것이 PTSD를 일으키는 역할을 한다는 가설을 세울 수 있다.

### 중간 요약

- 스트레스에 대한 심리적 반응은 불안, 무관심, 우울, 화, 공격성, 인지적 결함으로 나타날 수 있다.
- 심각한 스트레스 상황을 경험한 사람들에게서 종종 외상 후 스트레스 장애(PTSD)가 나타날 수 있다. PTSD의 세 범주는 트라우마 경험의 반복, 정서적 무관심과 괴리, 만성적인 과잉 각성이다.
- PTSD 피해자들은 스트레스에 대한 생리적 반응이 통제되지 않는다는 증거가 있다.

### 비판적 사고를 위한 물음

1. 정신적 외상을 겪은 사람이 그 상처에서 벗어나도록 가족과 친지가 어떤 도움을 줄 수 있을지 생각해 보라.

2. 어떤 사람들이 외상 상황 후에 특별히 더 잘 PTSD를 일으킨다고 생각하는가? 만약 그렇다면 왜 그들은 외상에 더 취약한지 생각해 보라.

## 평가, 대처 및 건강

스트레스 받는 상황은 분명 신체적 · 심리적 건강을 해칠 가능성을 높인다. 그러나 스트레스에 반응하는 방식은 사람마다 차이가 크다. 꽤 심각한 스트레스 상황일지라도 제법 잘 넘기는 사람이 주변에 있을 것이다. 어떤 사람들은 심각한 스트레스원에 부딪히더라도 빠르게 다시 일어선다. 그들은 심지어 스스로를 스트레스 받는 상황으로 몰아가고 도전을 즐기며 자신의 기술을 발전시키거나 증명하는 기회로 삼는다. 그러나 어떤 이들은 약한 스트레스원에도 무너지며, 몸이 아프거나 심리적으로 고통받는다. 이 사람들 간의 차이는 무엇으로 설명할 수 있을까? 건강심리학자들은 스트레스 상황에 대한 사람들의 평가 및 대처 방식이 그들의 신체적 · 심리적 반응을 결정짓는 주요 요인이라고 여기며 관심을 가져 왔다.

### 평가

만약 교수가 당신을 수업에서 불러냈다고 하자. 이 사건에 대한 당신의 자동적 반응은 스트레스적일 수도 있고 아닐 수도 있다. 이를 **일차 평가**(primary appraisal)라고 한다(Lazarus & Folkman, 1984). 상황(예: 당신의 과제를 발표할지 안 할지)은 그 사건이 스트레스로 평가되는지 아닌지에 따라 결정된다. 그러나 특정 사건이 스트레스를 주는지는 개인차가 존재한다. 일단 그 사건이 스트레스원이라고 판단한다면 당신은 그것을 처리할 수 있는지 아닌지를 결정하는데, 이 사고 과정을 **이차 평가**(secondary appraisal)라고 한다(Lazarus & Folkman, 1984). 다시 한 번 상황은 이차 평가에서 다뤄진다. 만약 교수가 수업 시간에 다루지 않은 주제에 대해 질문을 한다면 당신은 정답을 말하기가 더 어려울 것이다. 그러나 사람들이 스스로 스트레스원을 다룰 수 있는지를 생각하는 방식은 역시 그들의 성격에 따라 차이가 있다.

#### 낙관주의/비관주의

스트레스 상황에 부딪혔을 때 회복력을 유지하는 사람들은 낙관적인 경향이 있다. 그들은 이 경험을 이겨 낼 수 있다고, 미래가 일반적으로 밝다고 믿는다. 반면 비관적인 사람들은 부정적 사건을 자신의 실수로 생각하고 이것이 미래 결과에 광범위하게 영향을 미칠 것으로 보며, 스트레스에 대해 더 취약하고 포기하는 경향이 있다(Carver et al., 2010; Rasmussen et al., 2009).

많은 연구를 통해 비관주의자가 낙관주의자에 비해 관상 우회 수술 후 회복이 더디고 심한 협심증에 시달릴 가능성이 높다는 것을 밝혔다(Rasmussen et al., 2009). 95,000명 이상의 여성을 대상으로 한 8년의 장기 연구는, 초반에는 모두가 건강했으나 비관주의자는 CHD가 발생할 가능성이 더 높고, 심장 관련 질환으로 사망할 가능성이 높으며, 또한 다른 모든 원인으로 인해 사망할 가능성이 높다고 밝혔다(Tindale et al., 2009). 비슷하게, 네덜란드에서 노인을 대상으로 실시한 한 연구에서는 연구 시작 초기에 상대적으로 비관적 성향이 높은 사람들이 10년 안에 더 많이 사망하는 것으로 나타났다(Giltay et al., 2004).

비관주의는 어떻게 건강에 영향을 미칠까? 비관적인 사람들은 사건을 평가하는 데 더 스트레스라고 여기는 경향이 높았다. 결과적으로 스트레스라고 강하게 느끼는 감각은 신체의 지속적인 투쟁 또는 도피 반응으로 인해 앞서 설명한 생리적인 피해를 낳고 이로 인해 건강이 약화되는 것으로 보인다. 여러 연구가 증거를 제시했다. 한 연구는 3일 동안 매일 비관주의자들과 낙관주의자들의 혈압을 쟀는데, 비관주의자들은 낙관주의자들보다 3일 동안 지속적으로 혈압이 높았다(Raïkkonen et al., 1999). CHD가 있는 환자를 대상으로 한 연구는 더 비관적인 사람이 흡연과 불균형적인 식사 등 건강에 나쁜 행동을 더 하는 경향이 있으며, 결과적으로 비만이나 고콜레스테롤과 같은, 미래의 심장 질환을 일으킬 위험 요소를 더 키울 수 있다고 밝혔다(Cohen et al., 2010).

지속적인 생리적 각성 상태는 비관주의와 연결되어 면역계의 기능 저하로 이어진다. 예를 들어 노인을 대상으로 한 연구에서는 비관적인 노인이 낮은 면역 기능을 보인다는 사실을 밝혔다(Kamen-Siegel et al., 1991).

낙관적이고 명랑한 노인은 더 나은 면역체계와 건강한 행동을 보인다.

412명의 HIV 환자를 대상으로 한 연구에서는 기준치 평가에서 비관적인 이들이 18개월 후 낙관적인 이들보다 악화되었다(Milam et al., 2004). 유사하게, HIV 양성의 남성 동성애자를 대상으로 한 연구에서도 부정적인 사건을 자신의 탓으로 돌리는 사람들에게서 18개월 동안 더 심한 면역 기능 감소가 나타났다(Segerstrom et al., 1996). 역시 남성 동성애자를 대상으로 한 다른 연구에서는 HIV 양성, 음성 모두 비관적이고 절망적인 사람일수록 건강한 생활 습관, 즉 적절한 식사와 충분한 수면, 운동 등과는 거리가 먼 생활을 한다는 사실을 알 수 있었다(Taylor et al., 1992). 이는 특히 HIV 양성인 남성에게서 더 심각한 문제가 되는데, 건강한 생활은 에이즈 발병으로 이어질 위험을 줄여 주기 때문이다. 따라서 비관적인 태도는 직접적으로는 면역계의 작용을 저하하여 건강에 위해를 주고 간접적으로는 건강한 행동을 저해하여 역시 건강을 해친다.

## 강인성

다른 일련의 연구는 스트레스에 높은 저항성을 가진 사람들에게 초점을 맞추었다. 이들은 극도로 중대한 스트레스 상황에 놓였을 때도 신체적으로나 정서적으로 별다른 피해를 입지 않는 사람들이다(Kobasa, 1979; Maddi, 2006). 이러한 특성을 **강인성** hardiness이라고 한다. 강인성에는 세 가지 요소, 즉 몰입, 통제, 도전이 있다. 높은 몰입을 나타내는 사람은 사건과 사람들에게 소속되어 있는 것을 중요하게 여기며, 스트레스 상황에 개의치 않는다. 높은 통제를 나타내는 사람은 장해에 직면하더라도 상황에 영향을 미치는 능력에 대한 신념을 유지한다. 높은 도전을 나타내는 사람은 스트레스를 삶의 일부, 배움과 성장의 기회, 지혜를 성장시키는 기회로 여긴다.

기업 임원을 대상으로 한 2년에 걸친 장기 추적 조사에 따르면 일에 대한 참여도, 통제에 대한 인식, 변화에 대한 긍정적인 반응이 높은 임원들이 이 영역에서 낮은 점수를 받은 임원들에 비해 더 지속적으로 건강함을 알 수 있었다(Kobasa et al., 1982). 가장 중요한 요소는 통제가능성에 대한 인식과 목표에 대한 헌신이었다(Cohen & Edwards, 1989). 여성을 대상으로 한 다른 연구(Wiebe & McCallum, 1986)와 HIV 증상을 나타낸 환자를 대상으로 한 연구(Farber et al., 2000)에서도 강인성은 심신의 건강과 직결됨을 알 수 있었다.

## 의미 찾기

이와 연관된 연구에서 연구자들은 다소 놀랍고도 마음이 훈훈해지는 현상을 발견할 수 있었다. 큰 외상에 직면했던 많은 사람들은 그 결과 자신의 삶이 아주 긍정적인 방향으로 바뀌었다고 느낀다. 사별을 겪은 사람, 암 환자, 심근경색증 환자, 골수 이식을 받은 사람, 중풍 환자, 그리고 그들을 간병하는 사람들을 대상으로 한 연구와 HIV 양성으로 밝혀진 사람들 역시 자신의 삶이 더 큰 의미를 지니게 되었고, 스스로가 크게 성장했음을 느낀다고 증언했다(Davis & Nolen-Hoeksema, 출판 중; Helgeson et al., 2006 참조). 일례로 최근에 사랑하는 사람을 잃은 한 여성의 말을 인용하겠다.

> 나는 내 삶에서 일어난 모든 일을 마치 선물인 양 받아들이게 되었어요. 그 이유가 무엇이든, 어떻게 일어났든 말이죠. 꼭 즐거운 선물만 있으란 법은 없지요. 온갖 일들이 다 일어나니까요. 하지만 거기엔 의미가 있어요. 지금껏 힘든 일이 많았지요. 그를 통해 수많은 것을 배우게 되었어요. 다시 돌아가서 그 일들을 또 겪고 싶지는 않지만, 그래도 감사해요. 지금의 나는 그 과정을 통해 생겨난 것이니까요. 기쁜 일도 슬픈 일도 많았지만 그 모두가 삶을 풍성하게 만들지요. (Nolen-Hoeksema & Larson, 1999, p. 143)

사람들은 종종 경험을 통해 인격적으로 성장하고 자신조차 알지 못했던 힘을 발견했다고 한다. 또한 인생에서 진정으로 중요한 일은 무엇인가에 대해 건강한 관점을 갖게 되었고, 이러한 관점을 통해 삶에 중요한 변화를 불

상실에서 의미를 찾는다면 극복에 도움이 될 것이다.

러일으켰다고 한다. 많은 사람들은 가족 및 친구들과의 관계가 깊고 의미 있게 바뀌었다고 보고했다.

외상 속에서도 의미를 찾고 긍정적으로 성장하는 것은 사람들이 심리적으로나 신체적으로 적응하는 데 도움을 준다. 여러 연구를 통해 **외상 상황**traumatic event에서도 의미를 찾고 성장하는 사람들은 우울과 불안 정도가 낮다는 사실이 알려졌다. 예를 들어, 최근에 사별을 겪은 사람들을 대상으로 데이비스와 동료들이 수행한 연구(Davis et al., 1998)에서는 상실에서 어떤 의미를 찾거나 긍정적으로 성장했다고 믿는 사람들은 그렇지 않은 사람들보다 사별 후 18개월이 지났을 때 우울 정도가 낮았고 외상 후 스트레스 장애 증상도 적었다. 어떤 의미를 찾았는가와 어떤 방식으로 성장했는가는 심리적 건강에서 별 문제가 안 된다. 자신의 경험을 통해 어떤 의미든 찾고 성장했으면 충분하다.

몇몇 연구에서는 의미를 찾는 것이 신체적 질병과도 관련이 있다고 밝혔다. 애플렉과 동료들이 수행한 연구에서는 심장 질환에 걸린 남성들 가운데 심장 발작의 결과로 인생철학이나 가치관이 변화하는 등 인격적으로 성장했다고 느끼는 사람들이 이후 발작을 덜 일으키고 8년간 심장 질환에 걸릴 확률도 낮았다(Affleck et al., 1987a). HIV 양성인 남성을 대상으로 한 연구에서 바워와 동료들은 에이즈로 친구나 연인을 잃고 그 속에서 의미를 찾은 사람들은 그렇지 않은 사람들에 비해 보다 건강한 면역체를 갖게 되고(CD4 T조세포의 수를 지표로), 이후 2~3년 내에 에이즈로 사망할 확률이 낮다고 밝혔다(Bower et al., 1998).

어째서 어떤 이들은 외상 상황에서도 의미를 찾고 성장할 수 있는데 다른 이들은 그렇지 못할까? 낙관주의가 중요한 역할을 하는 것으로 보인다. 낙관주의자는 스트레스성 사건 이후 비관주의자보다 긍정적인 변화, 혜택, 성장 등을 보고하는 경향이 있다. 이와 유사하게 강인한 사람들도 스트레스를 통해 얻는 것이 있다고 믿는 것으로 나타났다. 예를 들어 보스니아 평화 유지군으로 파병된 미군 중 배치 과정에서 높은 강인성 점수를 기록한 병사들은 보스니아에서의 경험을 통해 개인적 성장과 같은 긍정적인 점이 생겼다고 보고했다(Britt et al., 2001).

## 대처

스트레스 유발 상황에 직면했을 때 사람들은 다양한 **대처**coping 방법을 시도한다. 대처 전략은 크게 다음과 같이 나뉜다. 하나는 **문제 중심형 대처**problem-focused coping라고 불리는, 스트레스를 주는 상황 혹은 그에 따른 결과의 변화에 집중하는 방법이고, 또 하나는 **정서 중심형 대처**emotion-focused coping라고 불리는, 스트레스를 주는 상황에 따르는 정서를 완화하는 데 초점을 맞추는 방법이다(Lazarus & Folkman, 1984). 스트레스 상황을 해결하려고 할 때 대부분의 사람들은 문제 중심형과 정서 중심형 대처 방법을 모두 사용한다.

### 문제 중심형 대처

문제해결에는 수많은 방법이 있다. 먼저 해야 할 일은 문제가 무엇인지 판단하는 것이다. 그다음에는 여러 해결책을 생각해 보고 각각의 장단점을 분석한다. 최종적으로는 다양한 대안 중 하나를 선택해야 할 것이다. 문제 중심형 대처는 내적인 방향으로도 진행될 수 있다. 주어진 상황이나 환경을 바꾸는 대신 스스로를 변화시키는 것이 그 예이다. 목표를 변경하거나, 다른 곳에서 충족하거나, 내적인 해결책을 배우는 것 등이 그 방법일 것이다. 어떻게 이런 방법을 적용할 것인가는 경험과 자기조절 능력에 근거한다.

졸업에 꼭 필요한 과목에서 낙제할 상황이 되었다고 하자. 교수님을 찾아가 사정하는 학생도 있겠고, 과제를 완성해서 제대로 점수를 받으려고 계획을 세우는 학생도 있을 것이며, 여름 방학 동안 재수강을 해야겠다고 생각하는 학생도 있을 것이다. 이 모든 반응은 문제 중심형 대처에 해당한다.

문제 중심형 대처를 하는 경향이 있는 사람들은 스트레스 상황에 처했을 때나 그 이후에 우울의 정도를 낮게 보이는 것으로 알려져 있다(Aldao et al., 2010; Taylor & Stanton, 2007 참조). 물론 평상시 덜 우울해하는 사람들은 문제 중심형 대처에 더 능할 수도 있다. 하지만 추적 연구에 따르면 문제 중심형 대처를 하는 사람들은 그렇지 않은 사람들보다 우울함을 느끼는 기간이 짧다. 이런 결과는 애초의 우울 정도를 고려하더라도 마찬가지이다. 또한 우울증을 호소하는 사람들을 상대로 문제 중심형 대처 방법을 가르치는 치료를 통해 우울증을 극복하고 스트레스원에 더 잘 대처할 수 있게 할 수 있다(Nezu et al., 1989). 다른 연구에서는 문제 중심형 대처를 더 많이 사용하는 사람들이 심장 수술 이후 더 건강하다는 것을 보여 준다(Scheier et al., 2003).

## 정서 중심형 대처

정서 중심형 대처에 치중하는 사람들은 부정적인 정서가 엄습하여 문제를 해결하지 못하는 상황이 오지 않도록 노력한다. 또한 그들은 문제가 해결 불가능할 때도 정서 중심형 대처 방법을 사용한다(deGroot et al., 1997).

부정적인 감정을 극복하기 위해 우리는 다양한 방법을 동원한다. 어떤 연구자들은 이러한 방법을 행동적 전략과 인지적 전략으로 구분하기도 한다(Skinner et al., 2003). 행동적 전략은 신체 활동, 즉 운동 등에의 몰입, 알코올 및 약물 복용, 화풀이, 친구로부터 정서적 지지를 얻는 등이 포함된다. 인지적 전략에는 종종 상황에 대한 재평가가 수반된다(상사가 나에게 화를 내는 것은 그가 피곤하기 때문이지, 내가 뭔가 잘못해서 그런 것은 아니다). 행동적·인지적 전략 중 일부는 적응 가능한 반면 과도한 음주 같은 방법은 더욱 심한 스트레스를 유발할 따름임을 명백하게 알 수 있을 것이다.

정서적·신체적으로 스트레스원에 대응하는 방법 중 하나는 다른 사람에게 정서적 지지를 구하는 것이다(Hallaraker et al., 2001; Pakenham et al., 2007). 예를 들어 테일러 등(Taylor et al., 2006)은 지지적인 가정에서 자란 청년들이 감정적으로 도발적인 사진에 대해 두뇌의 특정 영역이 덜 반응했으며, 이는 사회적 스트레스에 대한 생리적 반응을 덜 나타냈음을 제안했다.

그러나 외상 후 받은 사회적 지지가 어떠한 성격이었는지도 건강에 큰 영향을 미친다(Taylor, 2007; Warwick et al., 2004). 친지 중에는 스트레스를 덜어 주기는커녕 괴로움만 안겨 주는 사람도 있다. 갈등이 많은 사회적 관계를 주로 영위하는 사람들은 사별 등의 큰 스트레스 상황 후에 건강이 상대적으로 더 나쁘다(Windholz et al., 1985). 갈등 많은 사회적 관계는 면역계의 기능을 저하하여 건강에 영향을 주는 듯하다. 키콜트-글래서 등(Kiecolt-Glaser et al., 1998)이 수행한 연구에 따르면 신혼부부들 중, 결혼 생활의 문제점을 얘기하는 가운데 서로를 미워하고 부정적인 감정을 서로에게 보인 사람들은 차분하고 비적대적인 사람들에 비해 면역 기능의 활성을 나타내는 네 가지 지표에서 큰 저하를 보였다. 또한 혈압 상승 역시 오랜 시간 계속되었다.

반면 자신을 지지하는 사람들과 부정적인 감정, 자신의 인생에서 중요한 문제에 대해 대화하는 것은 건강에 좋은 영향을 준다(예: Panagopoulou et al., 2006). 같이 대화할 수 있는 지지자가 없을 때, 사람들은 일기 혹은 블로그나 SNS에 자신의 걱정거리를 쓰기도 한다. 제임스 페너베이커에 의해 이루어진 일련의 연구(Pennebaker, 2007)에 따르면 자신의 외상에 대해 적는 것은 건강에 좋다. 한 연구에서는 건강한 학부생 50명을 임의로 배정하고, 한 집단에게는 자신의 인생에서 가장 화가 났거나 충격적으로 겪었던 사건에 대해, 다른 집단에게는 사소한 주제에 대해 4일 동안 매일 20분 정도로 작성하게 했다. 그들이 글쓰기를 하기 전, 글쓰기를 하는 마지막 날, 그리고 글쓰기를 하고 나서 6주 뒤에 혈액 샘플을 채취하여 면역력 기능을 측정했다. 또한 글쓰기 과제를 한 후 6주 동안 참여자들이 대학 건강 센터에 얼마나 자주 방문했는지를 확인해서 이 연구를 하기 전에 들른 횟수와 비교했다. 자신의 충격적 경험을 드러내어 작성한 사람들이 통제집단에 비해 더 좋은 면역 기능을 보였으며, 건강 센터에 들른 횟수도 더 적었다(Pennebaker et al., 1988). 반면 사소한 주제에 대해 작성한 집단은 건강 센터에 들른 횟수가 약간 늘어나고 면역 반응도 감소했는데 이에 대한 원인은 정확하지 않다.

자신의 감정을 표현하는 글쓰기는 또한 심장마비를 경험했던 환자들을 도와준다. 윌모트와 다른 연구자들

연구에 따르면 자신의 트라우마나 문제에 대해 적는 것은 건강에 긍정적인 영향을 준다.

(Wilmott et al., 2011)은 최근 심장마비를 겪은 실험 참여자들을 임의로 나누어 한 집단에게는 자신의 마비에 관한 생각이나 느낌에 대해 작성하게 하고, 다른 집단에게는 일상에 대해 중립적으로 기술하게 했다. 다섯 달이 지난 후, 자신의 심장마비에 대해 작성한 사람들은 중립적 사건을 기술하게 한 집단에 비해 심장 질환이 덜 나타났으며, 의료 센터에 덜 가고 더 낮은 혈압을 보였다.

페너베이커(2007)는 글쓰기를 통해 자신에게 일어난 사건 속에서 의미를 찾고 그것을 이해할 수 있게 되어 건강에 유익했으리라는 결론을 내렸다. 의미를 찾는 것과 이해는 사건에 대해 느끼는 부정적인 감정을 완화해 주어 만성적인 부정적 정서에 기인한 생리적 장애를 막아 주기 때문이다.

어떤 사람들은 스트레스 받는 상황에 대해 다른 사람들과 대화하거나 글로 쓰지만, 또 어떤 사람들은 스트레스원이 주는 생각과 느낌을 의식의 밖으로 몰아내려고 하는데, 이 전략은 회피적 대처를 나타낸다. 회피적 대처는 더 큰 고통(Rosenberger et al., 2004), 외과 수술 과정에 따르는 면역 회복(Stephens et al., 2002), 우울증 환자의 낮은 회복 가능성(Cronkite et al., 1998), HIV 양성 환자가 의료 과정을 잘 지키지 않아 후천적 감염이 더 커지는 것(Weaver et al., 2005), 약물 주사를 맞는 HIV 양성 환자의 더욱 위험한 행동(Avants et al., 2001), 에이즈 간

## 첨/단/연/구

### 건강 증진을 위한 뉴미디어의 사용

*Susan Nolen-Hoeksema*, 예일대학교

최근 뉴미디어의 증폭은 사람들의 정서적 · 신체적 건강을 증진하기 위해 고안된 기법을 전달하는 데 많은 혁신을 이끌었다. PDA와 보행용 심장박동 모니터 같은 기술은 실시간으로 사람들의 행동과 생리학에 대한 정보(식습관, 운동, 약물 사용 등)를 수집할 수 있도록 했다. 이 정보는 의사에 의해 환자의 생리학적 요구와 행동 습관에 맞추어진 환자 맞춤형 개입 기법을 고안하는 데 사용될 수 있다.

인터넷은 건강에 막대한 영향력을 미치는 뉴미디어일 것이다. 전 세계 수백만 명의 사람들이 매일 인터넷을 통해 건강 정보를 얻는다. 하지만 이 정보들의 질은 천차만별이다. 의사들은 점점 인터넷에서 잘못된 정보를 알게 된 환자들의 질문과 믿음에 직면하게 된다. 예를 들어 환자는 인터넷에서 실험용 약품에 대해 읽고 의사에게 그 약을 처방해 달라고 요청할 수도 있다. 하지만 그 약은 환자에게 적합하지 않거나, 의사가 처방해 줄 수 있을 만큼 충분히 검증되지 않은 것일 수도 있다.

한편 인터넷은 사람들의 건강을 증진하기 위한 행동 변화의 실제적 개입과 질 높은 건강 정보의 전달 방법으로 매우 유용하게 사용될 수 있다. 더욱이 건강을 위한 인터넷 기반 개입은 지리적이거나 경제적인 이유로 개별적인 행동 변화 프로그램을 사용하지 못하는 사람들에게도 전달될 수 있다. 산업화된 국가에서는 인구의 절반 이상이 인터넷을 사용하고, 인터넷 사용자의 상당수는 건강 정보를 웹에서 얻는다고 한다(Vandelanotte et al., 2007). 이러한 개입의 효과성에 대한 통제된 연구는 건강 증진을 위한 사람들의 행동 변화를 돕는 데 효과가 있다는 희망을 준다.

많은 인터넷 기반 행동 개입은 사람들이 운동량을 늘리고 식이요법을 하도록 하는 데 목적이 있다. 규칙적인 육체적 운동은 심혈관계 질환, 당뇨병, 다양한 암의 위험을 유의하게 낮춘다. 그럼에도 불구하고 대부분의 사람들은 규칙적인 운동을 적극적으로 하지 않는다. 또한 신선한 과일과 채소를 매일 먹는 것은 다양한 주요 질병의 발병을 낮추지만, 전 세계 사람들의 식습관은 고지방, 고당분, 저영양 식품으로 채워지고 있다(Brownell & Horgen, 2004). 그 결과, 특히 선진국에서 비만율이 증가하고 있다. 집중적이면서도 개별적인 프로그램은 사람들로 하여금 운동량을 높이고 식이요법을 하도록 하지만, 이러한 프로그램은 시간과 비용이 많이 들고 많은 사람들이 쉽게 이용할 수도 없다. 인터넷은 많은 사람들에게 저렴한 비용으로 운동과 영양 프로그램을 전달할 수 있는 기회를 제공한다.

그러한 프로그램 중 하나가 종업원의 건강을 증진하고자 한 다국적 기업 GE에 의해 최초로 고안되었다. 종업원들은 심화 운동을 30분 동안 하거나 하루에 만 보를 걸어 신체 운동을 증가시키고, 하루에 5회 과일과 채소를 섭취하며, 눈에 띄게 과체중이면 체중을 감소시키도록 한 '5-10-25' 프로그램에 참여하도록 하는 이메일을 받았다. 이 프로그램에 참여하기로 한 종업원들은 자신의 현재 행동과 신체적 요구에 대한 온라인 평가서를 작성하고, 자신의 프로파일에 근거하여 프로그램 과정을 격려하는 정기적인 이메일과, 건강 상식 및 주요한 행동 변화가 있었던 종업원의 사례 연구를 알려 주는 뉴스레터를 받았다. 그들은 개별적인 조언을 해 주고 질문에 답해 주는 영양과 운동 코치의 전화와 이메일 연락처를 받았다. 종업원들이 서로 운동과 영양에 대해 토론할 수 있는 채팅룸도 개설했다. 체중 감시(Weight Watchers) 프로그램이 온라인에서 가능하도록 만들어졌다. GE는 프로그램에 참여한 종업원 둘을 취재한 '비디오 리얼리티 시리즈'도 만들었다.

약 8개월간 프로그램에 참가한 53개국 2,498명의 평가는 과일과 채소의 구매와 신체적 운동이 현저하게 증가했음을 나타냈다(Pratt et al., 2006). 그들은 또한 프로그램 기간 동안 4~5파운드의 체중을 감량했다.

운동과 식이요법 증진을 위해 고안된 15개의 인터넷 기반 프로그램을 고찰한 결과, 대부분의 프로그램에서 통제집단에 비해 참여자들이 긍정적인 성과를 보였다(Vandelanotte et al., 2007). 그 성과는, 만일 프로그램이 지속되지 않을 경우 비교적 작고 단기적인 경향이 있었다. 하지만 수많은 사람들은 이러한 프로그램의 대중적 영향력이 잠재적으로 매우 크다고 보았다.

**건강 행동을 증진하려는 개입 기법이 인터넷을 통해 더욱더 보급되고 있다.**

인터넷 기반 프로그램은 성인과 10대의 흡연 행동을 감소시켰다(Japunitch et al., 2006; Munoz et al., 2006). 최근 인터넷은 심리치료를 받아 본 적은 없으나 인터넷에 접속한 개발도상국 성인들에게 우울증을 위한 인지행동 심리치료를 제공하기 위해 사용되고 있다(Christensen et al., 2004; Munoz, 사적인 대화). 사람들의 건강 행동에 긍정적인 영향을 미치고자 하는 TV 쇼(노벨라)와 같은 다른 미디어 유형이 전 세계적으로 영향력을 발휘하고 있다(Bandura, 2006). 이는 건강관리 전문가가 뉴미디어의 힘을 이용하는 것을 배우고 있다는 증거일 것이다.

병인들 사이의 신체적 증상이 증가하는 것(Billings et al., 2000)과 같은 수많은 건강 관련 문제와 연결되어 있다. 또한 회피적 대처는 만성 질환 진행 혹은 암(Epping-Jordan et al., 1994), HIV 감염(Laserman et al., 2000), 출혈성 심부전(Murberg et al., 2004), 류머티즘 관절염(Evers et al., 2003)으로 죽는 사람을 예측한다.

명확하게 부정적인 도피적 대처는 반추인데, 이는 얼마나 고통스러운가를 반복해서 생각하고, 스트레스 상황의 결과와 자신의 정서 상태에 대해 끝없이 염려하며, 상황을 바꾸려는 시도나 행동도 없이 불평만 계속하는 것이다. 많은 연구는 스트레스원에 대해 반추하는 사람들이 그렇지 않은 사람들에 비해 더 정서적 · 신체적 병에 걸리는 것처럼 보인다고 설명한다(Nolen-Hoeksema et al., 2008). 예를 들어 사별을 겪은 지 얼마 되지 않은 사람들을 상대로 한 추적 조사에서는 슬픔을 반추하는 사람들이 더 오래 우울에 시달림을 알 수 있었다(Nolen-Hoeksema & Larson, 1999). 또 다른 연구에서는 반추하는 경향이 있던 사람들이 그렇지 않은 사람들에 비해 지진이 난 후 우울증과 PTSD에 더 시달리는 것으로 나타났다(Nolen-Hoeksema & Morrow, 1991). 반대로 스스로의 기분을 증진하고 통제력을 회복하기 위해 즐겁고 건설적인 활동을 하는 사람들은 우울과 불안의 기간이 짧았으며 심각하지 않았다.

또한 반추는 신체적 건강을 훼손한다. 한 실험 연구에 따르면, 실험실에서 스트레스 받는 상황에 대해 반추하도록 유도된 사람들은 유도되지 않은 사람들에 비해 혈압이 더 높았으며 평균 혈압으로 돌아오는 속도도 느렸다(Glynn et al., 2002). 유방암 환자를 대상으로 한 연구를 보면 반추하는 성향이 있는 여성의 경우 유방에 멍울이 생긴 것을 알고 나서 의사에게 연락하기까지 평균 두 달 정도 더 시간이 걸렸으며(Lyubomirsky et al., 2006), 암을 치료하는 동안 육체적인 고통을 더 호소했다(Segerstrom et al., 2003).

### 중간 요약

- 일차 평가는 그 사건으로 스트레스를 받는지 아닌지를 결정짓는 것이다. 이차 평가는 스트레스를 받는다고 판단되는 그 사건이 감당할 만한 것인지를 결정짓는 것이다.
- 긍정적인 사람은 부정적인 사람보다 더 나은 면역 기능을 보이며, 더 건강하게 행동하려는 경향이 있다.
- 강인한 사람들은 스트레스 주는 상황을 도전이라고 보는 경향이 있으며 강한 통제력을 가지고 있다. 이 특성은 스트레스 받는 상황에서 병에 걸리지 않게 보호하는 것으로 보인다.
- 외상 상황에서 의미를 찾아낼 수 있는 사람은 정서적 문제를 덜 겪는 것으로 보인다.
- 대처 방법은 문제 중심형 대처 방법과 정서 중심형 대처 방법으로 나뉜다. 더불어 정서 중심형 대처 방법은 행동적·인지적 방법이 있다.
- 문제해결을 위해 적극적으로 행동하는 사람은 삶에서의 부정적인 사건에 수반되는 우울함과 질병에 시달릴 확률이 낮다.
- 자신을 도와줄 사회적 지지를 찾거나 자신이 겪은 외상에 대해 기록하는 사람은 스트레스에 더 잘 대처할 수 있는 것으로 보인다. 그러나 부정적인 정서 상태를 회피하거나 반추하는 경향이 있는 사람은 부정적인 사건에 처했을 때 사회적 지지를 구하는 사람보다 더 스트레스를 호소하고 육체적 건강도 더 약화된다.

### 비판적 사고를 위한 물음

1. 성장 환경은 스트레스 대처 양식에 어떤 영향을 줄 수 있을까?
2. 스트레스 상황임을 억제하거나 부정하는 사람과 어려운 상황에서 실제로 스트레스를 안 느끼는 사람을 어떻게 구분할 수 있을까?

## 스트레스 관리법

이 절에서는 심신에 미치는 스트레스의 부정적인 영향을 감소시키는 여러 기법에 대해 공부할 것이다. 몇 가지 행동적·인지적 기법을 통해 스트레스를 관리하는 법을 알아보자. 그리고 이러한 기법이 어떻게 A 유형 행동과 관상성 심장 질환의 위험을 줄일 수 있는지도 살펴보자.

### 행동적 기법

행동적 기법 중 스트레스 상황에서 신체적 반응을 조절하는 데 도움을 주는 것으로는 바이오피드백, 이완 훈련, 명상, 유산소 운동 등이 있다.

#### 바이오피드백

**바이오피드백biofeedback** 훈련 과정에서 피험자들은 자신의 신체 상태에 대해 보고를 받고 그 상태를 바꾸려는 노력을 하게 된다. 예를 들어 불안성 두통 통제를 위한 훈련이라면 피험자의 이마에 전극을 붙여서 지극히 미세한 이마 근육의 움직임도 전기적으로 감지한다. 움직임을 감지하면 그것을 증폭하여 피험자가 소리로 듣게 피드백을 준다. 이 소리 또는 신호는 근육이 수축되면 커지고 이완되면 줄어드는데, 이 소리를 조절하는 방법을 터득하면 근육을 이완할 수 있게 되는 것이다(이마 근육이 이완되면 두피와 목의 근육도 함께 이완된다). 바이오피드백 훈련을 4~8주 정도 하고 나면 피험자들은 피드백 기계에 의존하지 않고도 불안 상황이 시작됨을 인지하고 이완할 수 있다. 바이오피드백 훈련에 관한 94개의 연구를 분석한 결과, 이 훈련이 긴장성 두통과 편두통의 치료에 지속적인 효과를 주는 것으로 나타났다(Nestoriuc et al., 2008).

## 이완 훈련

이완 훈련relaxation training이란 근육을 완전히 이완시키고 생각을 한곳에 집중하여 천천히 하게 하는 훈련을 말한다. 자율신경계에 의해 조절되는 생리 현상, 즉 혈압, 심박 등은 과거에는 자율적인 것이라서 자발적인 조절이 불가능하다고 믿었다. 그러나 여러 연구를 통해 스스로 심박과 혈압을 조절할 수 있음이 밝혀졌다. 이 같은 결과를 통해 고혈압 환자를 치료하는 데 이완 훈련을 도입하기에 이르렀다. 한 연구에서는 환자들에게 혈압을 계속 측정하여 그래프로 보여 주는 한편, 여러 근육군을 이완시키는 기법을 가르쳤다. 환자들은 먼저 근육을 긴장시켰다가(주먹을 꽉 쥐거나 배에 힘을 주는 등) 이완시킨 다음 감각의 차이를 인식한다. 발부터 시작해서 발목 근육, 몸통으로 올라와 목과 얼굴에 이르기까지 환자들은 근육 긴장을 푸는 법을 배웠다. 바이오피드백과 이완 훈련의 결합은 몇몇 환자의 경우 혈압을 내리는 데 상당한 효과를 나타냈다(Mukhopadhyay & Turner, 1997; Nestoriuc et al., 2008).

## 운동

스트레스 조절에서 또 하나의 중요한 요소는 신체적 건강이다. 규칙적으로 조깅, 수영, 자전거 등의 유산소 운동을 하는 사람들은 스트레스 상황에서 심박수와 혈압이 뚜렷하게 낮다는 사실이 알려져 있다(Friedman & Martin, 2007). 결과적으로 신체가 건강한 사람들은 스트레스 상황을 겪더라도 병에 걸릴 확률이 낮다. 이런 결과에 기초하여 다양한 스트레스 관리 프로그램은 신체적 건강과 운동을 강조하고 있다.

운동은 단순히 신체 건강에만 좋은 것이 아니다. 운동을 하는 사람들은 스트레스를 주는 상황에서 우울과 같은 심리적 문제를 덜 겪는 것으로 보인다(Lindwall et al., 2011). 많은 연구는 이미 우울증을 보이는 사람들에게 신체 활동을 더 시킨다면 이는 심리치료나 명상만큼이나 증상을 완화하고 예방하는 데 효과적이라고 밝혔다(Mead et al., 2009).

## 인지적 기법

실험실 조건에서는 바이오피드백과 이완 기법을 통해 심신의 반응을 조절할 수 있었던 사람들도 막상 현실에서는 그것이 쉽지 않다. 특히 불안을 유발하는 상황이 계속될 때는 더욱 그렇다. 따라서 스트레스 상황에서 인지적 반응의 전환을 통해 스트레스 관리를 해야 할 필요성이 제기된다. 인지행동 이론cognitive behavior therapy은 심신의 스트레스 증상을 불러일으키는 스트레스 상황의 종류를 파악하고, 그 상황을 극복하는 방법을 바꾸도록 하는 것이다. 예를 들어 불안성 두통에 시달리는 환자가 있다고 하자. 이 환자에게 두통이 찾아올 때마다 그 증상의 정도와 그때의 상황을 기록하게 한다. 다음에는 이러한 스트레스 상황에서의 반응과 그때의 감정, 생각, 사건 전후 및 그 사이의 행동에 대해서도 기록하게 한다. 일정한 기간 동안 이렇게 스스로를 관찰 기록하게 하면 특정한 상황 변수(예: 상사나 동료의 비판), 생각(예: 내가 제대로 하는 게 없지), 그 밖의 정서적, 행동, 생리적 반응(예: 우울, 위축, 두통 등)이 뚜렷이 드러난다.

다음 단계에서는 두통을 예측할 수 있는 상황이나 믿음이 무엇인지 파악한다. 예를 들어 '나는 모든 일을 완벽하게 해야 안심이 되기 때문에 약간의 비난으로도 당황하게 된다', '나는 나 자신을 너무 가혹하게 평가하기 때문에 우울해지고 두통을 느낀다' 등이 그것이다. 마지막 단계는 가장 어려운 단계이기도 한데 스트레스 상황, 각자의 생각, 행동 등에 변화를 시도하는 것이다. 스트레스가 덜한 직업을 찾는 것도 방법일 테고, 실수에 대해 불필요하게 집착하고 분노하지 않도록 노력한다든가 위축되는 대신 적극적으로 행동하는 것도 방법일 것이다.

바이오피드백, 이완 훈련, 운동, 인지적 치료는 모두 스트레스로 인한 심신 반응을 완화하는 데 유용한 것으로 입증되었다. 몇몇 연구에서는 인지적 치료와 행동적 치료 기법을 결합하여 장시간 행한다면 더욱 큰 결과를 기대할 수 있다고 주장한다. 복잡한 요구 상황에서는 단순히 이완하는 것만으로는 스트레스에 대처하기 어렵다. 스트레스 관리 프로그램은 대개 바이오피드백, 이완 훈련, 운동, 인지적 조절 등의 방법을 결합하여 사용하고 있다.

## A 유형 행동 완화

인지적 기법과 행동적 기법의 결합을 통해 A 유형 행동을 완화, 감소시킬 수 있다는 연구가 있다(Friedman et al., 1994). 적어도 한 번 이상 심장 발작을 경험한 1,000명 이상을 대상으로 한 이 연구에서는 참여자를 두 집단

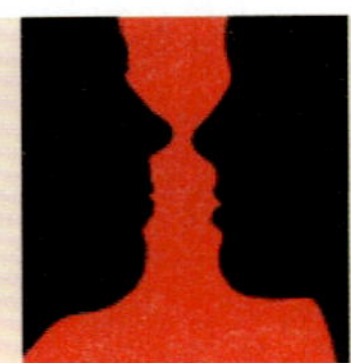

## 찬|반|논|쟁

# 스트레스에 대처하는 방식은 공통적일까, 개별적일까?

## 사람들 사이에 공통적인 대처 방식이 존재한다.

*Roslyn Thomas*, 웹스터대학교(제네바 캠퍼스)

그래서 어느 쪽인가? 당신은 삶에서 원치 않은 스트레스원에 대해 친구들과 같은 방식으로 대처하고 싶은가, 아니면 이 도전에 **개별적으로** 반응하고 싶은가? 스트레스를 받았을 때 우리 모두가 대처할 수 있는 공통의 대처 전략이 있을까, 아니면 개인 맥락에 따라 다 다르게 반응하는가?

우리의 두뇌가 만 년 이상 본질적으로 그렇게 변하지 않았다는 점을 상기하면, 나는 전자의 선택지가 맞는다고 본다. 니콜슨(Nicholson, 1998)은 주장에 진화심리학을 반영하고 있는데, 이는 우리의 두뇌에 스트레스에 대해 일정 방식으로 반응하도록 생물학적으로 내장된 기제가 있다는 것이다. 이 말은 우리가 모두 동일하다는 것이 아니다. 하지만 분명 우리의 행동에 있어 무언가 깊숙이 우선적인 구조가 공통적으로 깔려서 태어난 것으로 보인다. 이 구조를 생각해 보면 왜 때로는 우리가 스트레스에 대해 안 하느니만 못한 대처를 하는지 그 이유를 알 수 있을지도 모른다. 만약 우리의 두뇌가 자동적으로 반응하도록 세팅되어 있다면, 다시 말해 자기도 모르는 사이에 스트레스원을 극복할 수 있도록 되어 있다면 이성적인 분석에 에너지를 쏟지 않아도 될 것이다. 이는 우리에게 행운인데, 예를 들어 죽느냐 사느냐의 상황, 살아남아야 하는 환경에서 인간은 나쁜 소식에 가장 먼저 초점을 맞춰야 할 것이다. 죽느냐 사느냐의 상황에서 우리는 도망가거나, 얼어 버리거나, 혹은 맞서 싸우는 반응이라는 신체 신호를 자동적으로 보인다. 이렇게 생각해 보면 스트레스에 반응하는 두 가지 방식, 즉 '회피 지향'과 '접근 지향'(Weaver et al., 2005)은 위협이 있는 상황에서 다가갈지 혹은 피할지를 결정짓는 원형으로부터 비롯된 인지적 · 정서적 반응이라고 볼 수 있다. 다시 한 번 말하지만, 이 원형은 자동적이며 생존을 위해 의도된 것이다.

발달심리학자 시겔(Siegel, 2012)은 어떻게 이런 상호작용이 우리의 대인관계에 영향을 미치는지를 설명한다. 이는 사건이 뇌와 몸에 빠르게 에너지를 보내기를 원할 때 어떻게 뇌간 안에 있는 뉴런이 움직이는지에 관한 것이다. 변연계, 고위대뇌피질 부분과 함께 뇌간은 자극에 대한 우리의 상태를 판단하며 그 스트레스원에 대한 반응을 조절한다. 강한 경보가 떴을 때 몸은 호르몬을 분비하기 위해 부신피질을 자극하고, 코르티솔을 내보내서 이 위협으로부터 도망가야 할지, 얼어 있어야 할지, 아니면 맞서 싸워야 할지를 결정짓기 위해 움직인다. 코르티솔은 단기간에는 매우 적응적이지만, 우리의 체계에 만성화되어 있으면 스트레스원에 대항하는 대처 전략을 제대로 세우지 못하게 한다.

따라서 우리의 조상은 이 일반적인 생존 반응인 도피, 얼어 있기, 투쟁을 적절하게 사용해 왔다. 이 본능적인 반응은 사실 모든 영장류에게 대동소이하며 우리의 의식적 통제에 의해 일어나는 것이 아니다. 이 반응은 다양한 상황 맥락에 따라 예측 가능한 패턴으로 이루어져 있다. 이 맥락에서 예민해진 변연계를 진정시키고, 과도하게 자극을 받은 시상하부와 편도체로부터 발생한 정서를 재정비하는 방법을 찾는 것이 중요할 것이다. 니콜슨(Nicholson, 1998)에 따르면, 우리가 효율적으로 조절하지 못한다는 점은 왜 기본적인 생존에 대한 진화 메커니즘에 의해 잠을 충분하게 자지 못하고 긴장하게 만드는지에 대한 설명을 제공한다.

내 자신의 연구를 통해 보자면(Thomas, 2008), 도우미들은 응급 상황이나 전쟁과 같은 위기 상황에 노출되었을 때, 정신건강을 위협하고 도전하는 것에 취약해진다. 전쟁터에서 인도주의적 구조를 하는 사람들을 대상으로 연구했는데, 이 표본에 따르면 폭력에 노출되었을 때 그들의 정체성이 발가벗겨지고 부서지는 듯한 기분을 느낀다고 한다. 극도의 자극을 받으면 사람은 정서를 조절하기 위해 고군분투하는데, 이를 위해 사회적 지지나 이성적 생각 등을 통해 변연계가 과민해지는 것을 진정시켜야 한다. 하지만 이런 파괴적인 경험 때문에 사람들은 실존에 대한 질문에 답하기가 어렵다는 것을 깨닫는다. 정신건강 관점에서 보자면 강한 스트레스 상황은 전두엽에서 관장하는 판단과 결정 과정에 접근하는 능력을 방해하기 때문에 위험할 수 있다.

스트레스에 대한 반응으로서 우리의 정서적 레이다를 점멸시키는 타고난 기제가 진화되어 왔다는 사실을 알지만, 우리는 생물학적 기제의 노예가 아니다. 게다가 우리는 다른 진화적 능력을 잘 사용할 수 있는데, 이는 시겔(Siegel, 2010)에 의해 설명된 대인관계 신경생물학 혹은 '마인드사이트(mindsight)'라고 불리는 것이다. 이는 일종의 주의집중인데, 자기 자신과 자신의 마음속 의사소통을 잘 볼 수 있게 도와주는 것이다. 반영적 대화를 통해 사건을 보는 이 중요한 능력은 좌뇌와 우뇌의 기능이 균형을 다시 찾을 수 있도록 도와준다. 논리적 · 이성적 전략이 변연계가 지배하는 상황을 의도적으로 막아줌으로써 우리는 자동화된 정서적 반응을 통제 가능한 범주 내에 둘 수 있는 것이다. 우리는 실제로 어떻게 뇌와 신경회로를 재정비해서 덜 과잉 자극 상황으로 만들지를 배울 수 있다.

요약하자면, 사람들은 스트레스를 줄 수 있는 광경, 소리, 상황에 대해 예측 가능한, 일종의 패턴화된 생물학적 반응을 보인다. 우리는 이 상황에 대해 잘 이해함으로써 거기에 지배받지 않아야 한다.

찬|반|논|쟁

# 스트레스에 대처하는 방식은 공통적일까, 개별적일까?

## 극단적인 상황에서 사람들은 서로 다른 반응을 보인다.

*Erik Mansager,* 웹스터대학교(제네바 캠퍼스)

반대편 주장을 수용해서 보자면, 나는 스트레스가 다가올 때 우리 모두가 약간의 불안을 느낄 수 있다는 데 동의한다. 그것은 좋은 스트레스원인지 아닌지와 상관없이 이루어진다. 우리의 자동화된 신경체계는 그것이 기말고사 전에 긴장하는 것인지, 축하 후에 기뻐하는 것인지를 인식하지 못한다. 이는 우리가 어떤 것이든 극단적인 상황에 마주쳤을 때 과열 상태로 만드는 경향성이다. 토머스(Dr. Thomas)가 지적하듯, 우리의 생물학적 상태는 살아남기 위해, 예를 들어 스스로 먹히지 않기 위해('그대로 얼어붙어서' 눈에 띄지 않거나 공포로부터 '도망감') 혹은 수렵 채집을 하면서 급습하기 위해(분노에 '맞서 싸움') 만들어졌다. 그러나 죽기 아니면 살기 상황에서 필요한 얼어붙기-도피하기-투쟁하기라는 진화적 반응이 우리가 가진 전부는 아니다. 우리는 또한 개인적인 반응을 표현하기 위한 능력이 진화되어 왔다. 이 개인의 개성은 우리가 본능적인 패턴에서 벗어난 반응을 하게 도와준다. 뇌의 발달된 부분을 사용하여 새로운 구조로 접근할 때, 즉 문제해결에 관련한 신피질이 관여함으로써 우리는 자신의 정신, 신체적 건강에 직접적으로 영향을 미친다.

스트레스원에 대한 개별성을 풀어 내기 위해 특성과 비슷한 구조를 생각할 수 있는데, 이 구조는 (1) 우리의 사고와 행동을 편향시키며, (2) 개인마다 차이가 있고, (3) 시간에 따라 일관된 경향성이 있다(McCrae et al., 1986). 이 특성을 성격이라고 부르는데, 즉 우리는 우리의 세계에 대해 반응하는 패턴을 개발시킨다는 것이다. 이는 우리가 마주하는 스트레스원에 대한 주고받기 과정이다. 우리가 경험하는 스트레스원은 어떻게 우리가 삶을 대하는지를 형성한다. 우리의 성격은 어떤 스트레스원을 어떻게 겪는지에 영향을 미치며, 우리가 어떻게 세상을 보고 의미를 부여하는지에도 영향을 미친다.

우리는 스트레스원과 마주할 때 생기는 자신의 자동적 반응을 사고와 재평가를 통해 조절함으로써 건전한 대안을 구하고자 한다. 이는 노력과 생각을 바르게 하기 위한 학습을 필요로 한다. 스트레스원에 대해 생각하는 것을 배우는 것은 한편으로는 몇 가지 진화적인 함정을 가지고 있다. 우리는 수천 년에 걸쳐 신피질을 사용해 왔지만, 언제 멈춰야 하고 언제 사고를 그만해야 하는지 항상 아는 것은 아니다. 만약 생각을 별로 하지 않는 것이 도움이 된다고 할지라도, 우리의 보수적인 자아(Adler & Brett, 2009)는 때로 많이 생각하는 것이 도움이 된다고 여기기도 한다. 그 반대인데 말이다! 사고의 반복, 즉 우리가 마주한 끔찍한 것들이 줄 답이 없는 결과를 강조하게 만드는 생각은 우울증의 전조가 된다. 이 반복은 반추 경향성이라고 불리는, 아무런 완화도 없이 계속 부정적으로 떠도는 방식이다(Watkins et al., 2007).

스트레스를 완화하는 방식은 우리의 인지적 능력만으로는 부족한데, 반추하는 사고는 우리의 스트레스를 증가시키기 때문이다. 테일러와 스탠턴(Taylor & Stanton, 2007)의 연구는 문제 중심형 대처와 같이 더 생산적인 방식을 취하는 것이 스트레스로 인한 우울을 실질적으로 경감해 준다고 설명한다. 문제 중심형 대처의 효과를 설명하는 다른 연구는 아서 네즈와 동료들에 의해 실시되었다(Nezu et al., 2006). 연구자들은 스트레스를 주는 상황에 대해 무엇이 '적응적'인지를 생각하기를 제안한다. 그들은 ADAPT를 제안하는데 이는 **A**(attitude, 태도)—문제해결 능력의 증진, **D**(define, 정의)—문제를 설명하고 현실적인 목표를 설정, **A**(alternatives, 대안)—대안 설정, **P**(predict, 예측)—결과를 고려해서 문제에 대한 계획을 수립, **T**(try, 시도)—계획 시도 및 시행 평가이다.

따라서 오늘날의 연구자들은 일반적인 대처 방식보다는 각각의 스트레스 맥락에서 개인의 반응에 초점을 맞춘다. 우리는 더 이상 스트레스에 대응하는 일반적인 방식을 찾지 않는다. 연구자들은 성격 특성에서의 개인차를 고려한 대처 방법을 찾는다. 개인의 대처 능력은 삶의 경험에 의해 조정된 특성의 영향으로 발달된다(Holmberg et al., 2004). 이 학습이 성공적으로 잘 적용되는지는 창의적인 자기표현 능력 혹은 성격에 달려 있다.

나는 다음과 같이 마무리 짓고 싶다. 비록 사람들이 스트레스 받는 상황, 장면, 소리에서 예측 가능한 패턴화된 생물학적 반응을 보인다 할지라도 여기에는 수많은 다양한 반응의 차이가 있을 수 있다. 스트레스 장면에서 우리의 생물학적 요인이 일으키는 공통적인 부분도 있으나 동시에 우리의 문화적 맥락, 개인적 선택, 즉 성격적 측면은 반복적으로 우리의 심리적 삶에 영향을 미친다. 토머스와 나는 우리가 스트레스에 어떻게 대처하는가라는 질문에 극단적인 양자택일 관점을 취하는 것이 사실과 부합하지 않는다는 점에 동의한다. 스트레스에 대한 공통적 · 개별적 반응을 모두 조심스럽게 살펴봄으로써 우리는 풍성한 대처 양식을 얻을 수 있을 것이다.

으로 나누었다. 하나는 치료 집단으로, 언제나 시간에 쫓기는 느낌을 갖는 A 유형을 완화하기 위해 줄을 서서 기다리는(A 유형이 극도로 견디기 힘들어 하는 상황) 훈련을 하게 했다. 뿐만 아니라 기다리는 중에 이전과는 달리, 평소에 하기 힘들었던 생각을 하게도 하고 사람들을 관찰하거나 낯선 사람에게 말을 걸게 하는 등의 훈련을 시켰다. 또한 다른 사람에게 폭발적으로 감정을 쏟아 내지 않고도 자신을 표현하게 하는 등 특정한 행동(남의 말 끊기, 빨리 말하기, 허겁지겁 식사하기) 양식도 바꾸도록 치료를 했다. 또한 심리치료를 통해, 조급하고 적대적인 행동을 초래했던 이전에 가지고 있던 가치관(예: 성공은 일하는 시간과 비례한다)을 변화시키도록 했다. 마지막으로 가정과 직장에서 스트레스를 덜 받을 길을 모색하게 했다(예: 불필요한 약속을 잡지 않기 등).

이 연구의 핵심은 과연 이들과 대조군, 즉 이 같은 치료를 전혀 받지 않은 사람들 사이에 다음 심장 발작이 일어날 확률이 얼마나 차이가 나는가 하는 것이었다. 4년 반 동안의 연구가 끝날 무렵 치료 집단이 심장 발작을 일으킬 확률은 그렇지 않은 그룹에 비해 반으로 떨어졌다. A 유형 행동을 완화하는 방법을 배운 것이 이들의 건강에 분명한 도움을 준 것이다(Friedman et al., 1994).

이 장에서 기술했던 다른 연구와 마찬가지로 이 연구 역시 마음과 몸이 서로에게 영향을 미친다는 전제하에 있다. 스트레스가 건강에 어떻게 영향을 미치는가에 대한 단순한 모델은 이제 과연 어떻게 생물학적 · 심리학적 · 사회적 요인이 상호작용하여 질병 또는 건강에 영향을 주는가 하는 복잡한 모델에 자리를 넘겨주고 있다.

지금까지 살펴본 바와 같이 신체는 스트레스에 대응하여 독특한 생리적 반응을 나타낸다. 생물학적으로 취약한 사람들, 예컨대 유전적으로 심장병에 걸리기 쉬운 경향이 있는 사람 등에게는 스트레스 때문에 일어나는 이러한 생리적 반응이 건강을 해치는 쪽으로 나타나게 된다. 그러나 각자가 스트레스의 정도를 어떻게 받아들이는가는 상황의 특성과 개인사, 사건을 어떻게 해석하는가, 그리고 대처 방식 등에 따라 결정된다. 따라서 심한 스트레스 상황을 겪은 후 나타나는 심리적 스트레스와 건강을 해치는 정도는 생물학적 · 심리적 취약성 및 그 상황에서 각자가 끌어내는 강인함에 따라 달라진다.

### 중간 요약

- 바이오피드백과 이완 훈련에서는 불안을 인지하고 해소하는 방식을 배움으로써 신체적 반응을 통제하도록 가르친다.
- 운동을 통해 장기적으로 스트레스에 대처할 수 있다.
- 인지적 행동치료는 스트레스에 대한 인지적 · 행동적 반응을 인식하고 그것을 완화하는 데 목적을 둔다.
- A 유형 행동 양식 역시 행동적 · 인지적 기법을 통해 변화될 수 있으며, 그 결과 관상성 심장 질환의 위험을 낮출 수 있다.

### 비판적 사고를 위한 물음

1. 어떤 사람들은 스트레스 중독이라고 한다. 스트레스 중독이란 무엇을 의미하며 또 가능한 것인가?
2. A 유형인 사람에게 도움을 줄 때 가장 큰 난관은 무엇이라고 생각하는가?

## 전체 요약

1. 스트레스란 신체적 · 정신적 안녕을 위협한다고 생각되는 사건을 경험하는 것이다. 이런 사건은 스트레스원이라 하고, 이에 대한 사람의 반응은 스트레스 반응이라 한다. 외상 상황이란 대개 스트레스성으로 인식되며 통제 불가능하고, 또 예측 불가능한 것으로 판단되는 상황을 의미한다. 어떤 연구자들은 삶에서의 큰 변화 역시 내적 갈등과 함께 스트레스의 원인이 된다고 주장한다.
2. 어떤 사람들은 학습된 무기력을 보이는데, 이는 수동성과 무활동, 그리고 자신이 처한 상황을 통제할 기회를 발견할 능력을 상실하는 것이다.
3. 신체는 스트레스 상황에서 투쟁 또는 도피 반응을 나타낸다. 교감신경계는 심박수를 증가시키고 혈압을 높이며, 동공을 확장하고 간에서는 평소보다 많은 당을 분비시킨다. 부신피질에서는 부신피질자극호르몬을 분비하여 혈중 코르티솔 수준을 높인다.

4 이러한 반응은 일반적응 증후군의 일부이다. 일반적응 증후군이란 몸 전체가 스트레스 상황에서 적응하기 위해 나타내는 일련의 반응을 의미한다. 일반적응 증후군에는 세 단계가 있는데 경고기, 저항기, 소진기가 그것이다.

5 스트레스는 직접적으로는 자율신경계 중 교감신경계 또는 부신을 만성적으로 각성 상태에 이르게 하거나, 면역계를 손상하여 건강에 영향을 준다. 또한 스트레스를 받는 사람들은 건강한 생활 습관을 멀리할 가능성이 높아지므로 이 역시 질병에 쉽게 걸리게 되는 요인이다. 심리생리학적 장애란 정서, 감정이 중요한 역할을 하는 신체적 질병을 의미한다.

6 스트레스는 관상성 심장 질환(CHD)을 발생시킬 수 있다. A 유형 행동 양식을 보이는 사람은 적대적이고 공격적이고 참을성이 없으며 대개 일벌레이다. 이러한 행동 양식을 보이는 사람들은 관상성 심장 질환에 걸릴 위험이 높은 것으로 나타났다.

7 심리신경면역학은 심리적인 요인이 어떻게 면역계에 영향을 주는지를 연구하는 학문이다. 스트레스는 면역계를 손상하여 면역 관련 질병에 걸릴 확률을 높이는 것으로 생각된다.

8 어떤 사람들은 심각한 스트레스 사건을 겪은 후 외상 후 스트레스 장애(PTSD)를 보인다. PTSD는 트라우마를 계속 반복 체험하며 정서적으로 단절되고 과잉 각성 상태를 보이는 특징이 있다.

9 사건을 어떻게 평가하는지는 그 사건에 대한 심리적 · 신체적 반응에 영향을 미친다. 비관적인 사람들은 낙관적인 사람들보다 신체적 · 심리적으로 스트레스에 대항을 잘 못하는 경향성이 있다. 강인한 사람들은 스트레스 상황을 도전으로 생각하며 통제 가능성에 대한 확신을 가지고 있다. 이러한 특성은 스트레스에 직면했을 때 질병에 걸릴 확률을 낮춰 준다. 외상 상황에서 의미를 발견할 수 있는 사람은 정서적인 문제를 일으킬 가능성이 낮다.

10 대처 방법에는 문제 중심형과 정서 중심형이 있다. 문제를 해결하기 위해 적극적으로 나서는 사람일수록 우울함에 시달리지 않고 부정적인 사건 후에도 질병에 덜 걸린다. 사회적 지지의 도움을 받거나 자신의 상태를 표현하는 글을 쓰는 것은 스트레스에 더 긍정적으로 대처할 수 있도록 도와준다. 부정적인 정서 상태에 맞서서 끝없이 문제를 반추하거나 회피하는 사람들은, 사회적 지지를 추구하거나 상황을 재해석하는 사람들보다 더 길고 심하게 스트레스를 겪는다.

11 바이오피드백과 이완 훈련은 사람들이 불안을 인식하고, 근육을 깊이 이완하며 집중하는 방식으로 불안을 완화하는 방법을 배움으로써 생리적인 반응을 통제할 수 있도록 가르친다.

12 운동은 장기적으로 스트레스를 극복하는 데 도움을 준다.

13 인지행동치료는 사람들로 하여금 스트레스 반응을 인지하고, 그 인식과 반응 행동을 수정하도록 도와준다.

14 A 유형 행동 역시 인지적 · 행동적 기법을 통해 변화될 수 있고, 그 결과 관상성 심장 질환의 위험을 낮출 수 있다.

## * 핵심 개념

강인함
관상성 심장 질환
귀인 양식
내적 갈등
대처
문제 중심형 대처
바이오피드백
불안
스트레스
스트레스 반응
스트레스원
심리생리학적 장애
심리신경면역학
예측 가능성
외상 상황
외상 후 스트레스 장애
이완 훈련
인지행동치료
일반적응 증후군
정서 중심형 대처
지속 시간
통제 가능성
투쟁 또는 도피 반응
학습된 무기력
행동 의학
A 유형 행동 양식

# 15 정신장애

**학습 목표**

이 장을 읽고 나면 다음의 것들을 할 수 있어야 한다.

- ▶ 정상의 특징과 더불어 이상을 정의하는 데 사용되는 네 가지 기준을 이해할 수 있다.
- ▶ 이상 행동을 범주로 구분하는 것의 장단점을 이해할 수 있다.
- ▶ 이상 행동에 대한 여러 조망, 즉 생물학적, 정신분석적, 행동적, 인지적, 사회문화적 모형을 이해할 수 있다.
- ▶ 불안장애의 네 유형 및 불안장애의 발병에 대한 생물학적, 인지적, 행동적, 정신역동적 조망을 이해할 수 있다. 불안장애의 이해에 기여한 생물학적 요인에 대한 연구를 설명할 수 있다.

- 기분장애의 주요한 두 유형을 이해하고, 우울에 대한 인지행동적, 정신분석적, 대인관계 이론을 비교할 수 있다.
- 조현병의 주요 특징을 이해하고, 각 특징의 예시를 들 수 있다.
- 조현병의 원인에 관한 연구를 살펴보고 유전적, 생화학적, 심리적 요인의 역할에 대해 논의할 수 있다.
- 성격장애를 정의하고, 반사회성 성격과 경계성 성격장애의 주요 특징과 원인을 이해할 수 있다.
- 자폐 스펙트럼 장애를 구성하는 행동 양식과 생물학적 원인을 이해할 수 있다.

## 이 장의 개요



마크 서머스는 걱정이 많은 아이였다. 그가 가진 걱정은 커다란 개나 학교생활과 같이 보통 아이들이 하는 걱정과는 달랐다. 그는 자서전『모든 것은 제자리에(Everything in Its Place)』에 다음과 같이 썼다(Summers, 2000, p. 42).

> 나는 내가 올바른 방식으로 모든 것을 정확하게 하지 않으면 부모님이 돌아가신다고 생각했다. 밤에 안경을 벗을 때 안경을 서랍장 위에 특정한 각도로 놓아두어야 했다. 가끔 불을 켜고 각도가 마음에 들 때까지 일곱 번이나 침대에서 나와 다시 놓곤 했다. 각도가 맞지 않으면 부모님이 돌아가실 것만 같았다. 이러한 느낌이 나를 지배했다.
>
> 방에 들어가거나 나갈 때 정확한 방법으로 벽 몰딩을 잡지 않거나, 옷장에 셔츠를 완벽하게 걸지 않거나, 글 문단을 특정 방식으로 읽지 않거나, 손과 손톱이 완벽하게 깨끗하지 않은 나의 부정확한 행동 때문에 부모님이 돌아가실 것이라고 생각했다.

대다수의 사람들은 걱정을 하며 살아간다. 그러나 마

크 서머스의 걱정은 극단적으로 보인다. 일부 사람들은 걱정이 비정상적으로 극단적이고, 심지어 정신적으로 '장애가 있거나', '병이 있다'고 볼 수도 있다. 이 장에서는 정신장애, 더 광범위하게는 이상 행동의 개념에 대해 탐구하고자 한다. 정상과 이상 사이의 경계가 명확한 경우도 가끔 있지만, 대부분의 경우 정상과 이상의 경계가 모호하다. 우리는 이상 행동의 구체적 유형과 왜 어떤 사람에게는 정신장애가 발생하는 반면 어떤 사람에게는 발생하지 않는지를 설명하는 이론을 상세하게 살펴볼 것이다.

진행하기에 앞서 주의 당부할 점이 있다. 의대생이 매번 새로 배우는 질병이 자신에게도 있다고 자가진단하는 것처럼, 처음으로 정신장애를 공부하는 학생들이 해당 장애를 자가진단하는 일이 흔하다. 우리 중 대부분은 앞으로 서술하게 될 일부 증상을 가지고 있을 수 있으나 염려할 필요는 없다. 그러나 그런 증상으로 오랜 기간 힘들어 했다면 학교의 상담 서비스나 학생 건강 서비스를 찾는 것이 도움이 될 수 있다.

## 이상 행동의 정의

당신은 어떤 사람이 '미친', '정신 나간', '아픈', '이상한', '제구실을 못하는', '이상'으로 불리는 것을 들어 본 적 있을 것이다. **이상 행동** abnormal behavior은 무엇을 의미하는가? 정의에 따르면 '이상'은 '정상에서 멀어진 것'을 뜻한다. 그러나 우리는 어떤 기준으로 '이상'과 '정상' 행동을 구분할 수 있는가? 급속도로 기술이 발전하는 시대에 혈액검사나 뇌 스캔과 같은 몇 가지 객관적 검사로 정신장애를 판정할 수 있지 않겠냐고 생각할 수 있다. 그러나 현재로서 그런 검사는 존재하지 않는다. 대신 우리는 징후와 증상, 그리고 언제 그런 증상이 정신장애를 결정하는지에 대한 주관적 기준에 의존해야 한다. 이상을 정의하기 위해 여러 기준이 제시되었다.

### 문화적 규범으로부터의 일탈

모든 문화권에는 적절한 행동 및 사고방식에 대한 특정한 기준 또는 규범이 있다. 그리고 이러한 규범으로부터 일탈하는 사람들은 '이상'으로 간주될 수 있다. **문화 상대주의 조망** cultural relativist perspective의 지지자들은 정상과 이상에 대한 각 문화권의 정의를 존중해야 한다고 주

**패션은 시대에 따라 변화한다. 이상에 대한 정의 역시 마찬가지이다.**

장한다. 이를 통해 우리는 한 문화권의 기준을 다른 문화권에 강제로 부과하지 않을 수 있다. 그러나 이러한 조망에 반대 입장을 보이는 이들은 그것의 여러 위험성을 지적한다(Szasz, 1971). 히틀러가 홀로코스트를 정당화하기 위해 유대인들에게 '이상'이라는 낙인을 찍었던 것처럼, 역사적으로 사회는 사람들을 조종하거나 침묵시키는 것을 정당화할 목적으로 이상이라는 정의를 남용했다. 심지어 동일한 문화권에서도 시간이 흐르면서 이상의 개념이 급격하게 변화할 수 있다. 50년 전에는 많은 유럽인들이 남자가 귀걸이를 하는 것을 '이상' 행동으로 간주했을 수 있다. 하지만 오늘날에는 대부분의 공동체에서 수용되는 패션 장식이다. 따라서 정상과 이상에 대한 생각은 사회마다 다르고, 동일한 사회 내에서도 시간이 흐르면서 변화한다.

## 비정상

사람들이 누군가의 행동이나 사고가 이상하거나 비정상이라고 말할 때, 이는 사람들이 일반적으로 행동하거나 사고하는 방식과는 다르게 이례적이거나 드물다는 것을 의미한다. 물론 무엇이 비정상인지는 부분적으로 문화적 규범에 따라 판단한다. 그러나 여러 문화권에서 종종 비정상(unusualness) 혹은 드문 행동을 '이상' 행동으로 정의한다. 그러나 이러한 정의에 의하면 극도로 똑똑하거나 극도로 행복한 사람도 '이상'으로 분류될 수 있다. 따라서 이상 행동을 정의할 때 우리는 정상적 혹은 전형적인 것 그 이상을 고려해야 한다.

## 부적응 행동

많은 사회과학자들은 이상을 정의하는 데 문화적 규범으로부터의 일탈이나 비정상이라는 측면보다 행동, 사고, 또는 기분이 개인이나 사회집단의 기능에 어떤 영향을 미치는지가 더욱 중요하다고 믿는다. 이 기준에 의하면 개인이나 사회가 원활하게 기능하는 것을 저해하는 행동, 즉 **부적응** maladaptive 행동이 이상 행동이다. 일부 행동이나 경험은 일상생활에서 개인의 기능을 저해한다(예: 군중에 대한 두려움 때문에 출근길에 버스를 탈 수 없는 남성, 술을 너무 많이 마셔서 직업을 유지할 수 없는 여성). 또 다른 형태의 행동은 사회에 해가 되는 것도 있다(예: 폭력적이고 공격적인 감정을 분출하는 청소년, 국가 지도자를 암살하려는 음모를 꾸미는 편집증적인 사람). 부적응의 기준을 사용한다면 이와 같은 행동은 우려의 대상이 될 것이다.

## 개인적 고통

이상을 정의하는 네 번째 기준은 개인의 주관적 **고통** distress, 즉 불안, 우울, 초조함, 불면, 식욕 상실, 혹은 수많은 통증이나 고통이다. 정신장애로 진단받은 대부분의 사람들은 자신이 매우 비참하다고 느낀다. 개인적 고통이 장애의 유일한 증상인 경우도 있으며, 주변 사람들에게 개인의 이러한 행동은 정상적인 것으로 비춰질 수도 있다.

지금까지 논의한 그 어떤 정의도 이상 행동에 대한 완전히 만족스러운 설명을 제공하지는 않는다. 일반적으로 사회적 일탈, 비정상, 부적응 행동, 개인적 고통, 네 가지 기준 모두 정신건강 문제를 진단하는 데 사용된다.

일부 사람들에게는 가족 구성원의 죽음과 같은 특정 스트레스 사건이 급성 정신건강 문제를 일으킬 수 있다.

## 정신건강 문제의 분류

스트레스 사건으로부터 야기되는 일부 정신건강 문제는 급성이고 일시적으로 지속되나 다른 문제는 만성질환이 되어 평생 지속될 수 있다. 사람들 각각의 행동과 정서 문제는 고유하며, 두 사람이 정확히 동일한 방식으로 행동하거나 동일한 삶의 경험을 공유하는 것은 아니다. 그러나 정신건강 전문가들은 진단과 연구 목적으로 부적응적이고 고통을 야기하는 증상을 장애로 분류하는 체계를 개발해 왔다.

좋은 분류체계는 여러 이점이 있다. 증상의 유사성에 따라 사람들을 분류하고 이들 간의 또 다른 유사성을 찾아봄으로써 그러한 증상의 원인을 밝혀낼 수 있다. 예를 들어 특정 증상을 가진 사람들은 특정한 삶의 경험을 했거나 공통적인 생물학적 특징이 있을 것이다. 진단명은 정신건강 문제가 있는 사람들을 대상으로 일하는 전문가들 사이에 정신건강 문제에 대한 빠르고 정확한 정보 소통을 가능하게 한다. 그러나 만약 진단명에 과도한 비중을 두게 되면 문제가 발생한다. 진단을 내리는 것은 전문가로 하여금 개인의 고유한 특징을 간과하고 분류된 범주에 맞추어 모든 것을 판단하게 할 수 있다. 우리는 또한 부적응 행동에 대한 명명이 그러한 행동의 설명이 아니라는 사실을 잊을 수도 있다. 분류는 증상이 어디서 유래되었는지 혹은 증상을 유지시키는 것이 무엇인지 알려 주지 않는다. 마지막으로 대부분의 사회에서 정신장애의 진단은 진단받은 개인에게 낙인(stigma)이 될 수 있다.

**국제질병분류** International Classification of Diseases(ICD)는 세계보건기구가 출간한 정신장애 분류체계이다. 이는 미국에서 사용되는 분류체계인 **정신질환의 진단 및 통계 편람** Diagnostic and Statistical Manual of Mental Disorders(줄여서 DSM, 2013년에 발간된 DSM-IV-TR을 DSM-5가 대체)

### ⚜ 개념 설명
### 정신장애의 분류

여기 제시된 목록은 현재 ICD 10판에 따른 정신장애의 주요 진단 분류이다. 각 분류는 여러 하위 분류를 포함한다.

| 분류 | 서술 |
|---|---|
| 기질성(organic), 증후성(symptomatic) 정신장애 | 뇌 질환이나 손상에 의한 인지장애, 알츠하이머, 섬망, 기질적 기억상실 |
| 향정신성 약물 사용으로 인한 정신적 · 신체적 장애 | 술, 불법 약물, 처방약을 포함하는 향정신성 약물 남용 및 의존 |
| 조현병, 분열형 장애와 망상 장애 | 사고, 인지 왜곡, 부적절하고 둔화된 감정이 특징인 장애. 일부 단계에서 종종 망상과 환각 발생 |
| 기분(정서)장애 | 정상적 기분의 혼란. 개인은 극도로 우울하거나, 비정상적으로 고양되거나, 또는 고양과 우울 시기가 번갈아 가며 나타날 수 있음 |
| 신경증, 스트레스 관련 신체형 장애 | 과도한 불안, 스트레스에 대한 지속적인 극단적 반응, 정서 문제로 인한 의식과 정체감의 변화, 의학적 원인 없이 발병하는 신체 증상이 특징인 장애 |
| 생리적 교란 및 신체적 요인과 관련된 행동 증후군 | 섭식장애, 수면장애, 성장애, 산후(postpartum)에 나타나는 장애 |
| 성인 성격 및 행동 장애 | 미성숙하고 부적절한 방식으로 스트레스나 문제해결에 대처하는 장기적인 부적응 행동 양식(예: 반사회성 성격장애와 편집성 성격장애) |
| 전반적 학습장애 | 정신 발달이 저하되거나 불완전하여 기술 손상 야기 |
| 심리 발달장애 | 아동기에 발병하며 언어, 시공간, 운동 기술에서 장애나 지연을 야기하는 장애 |
| 일반적으로 아동기나 청소년기에 발병하는 행동적 · 정서적 장애 | 과잉운동장애(지속, 주의 어려움, 과다 활동), 행동장애(반사회적 행동), 정서장애, 애착 어려움, 틱장애, 아동기나 청소년기에 처음으로 발생하는 다양한 문제 |

과 일반적으로 일치한다. ICD에 따라 분류된 정신장애의 주요 범주는 개념 설명에 나와 있다. ICD는 진단을 내리기 위해 반드시 나타나야 하는 증상을 서술하고, 각각의 주제에 속하는 하위 범주의 광범위한 목록을 제공한다.

전통적으로 정신건강 문제는 **신경증**과 **정신증**으로 구분했다. **신경증 neurosis**은 불안, 불행, 부적응 행동 등으로, 입원이 필요할 정도로 심각하지는 않은 경향이 있다. 신경증을 지닌 사람은 비록 최고의 역량을 발휘하지는 못하나 어느 정도 사회생활을 영위해 나갈 수 있다. **정신증 psychosis**은 보다 심각한 정신장애이다. 개인의 행동 및 사고 과정이 지나치게 불안하여, 현실에서 멀어지고 일상생활의 요구를 감당할 수 없으며 입원이 필요한 경우가 많다. 전통적 진단체계는 신경증과 정신증이라는 용어로 광범위하게 분류하여 진단이 상당히 부정확한 면이 있다. ICD와 DSM은 정신장애를 보다 협소한 의미에서 정의했고, 결과적으로 보다 더 정확한 진단과 함께 주어진 사례에 적용되는 정신장애에 대한 임상가들 간의 합의가 가능하도록 했다.

이 장에서는 불안장애, 기분장애, 조현병, 성격장애의 여러 유형에 대해 검토할 것이다.

여러 정신장애의 유병률은 국가마다 다르다. WHO 세계정신건강협회(WHO World Mental Health Consortium, 2004)는 '정신장애의 유병률 및 심각성과 미충족된 치료 요구에 대한 WHO 정신건강 조사(Prevalence, severity, and unmet need for treatment of mental disorders in the World Health Organization World Mental Health Survey)'를 수행했다. 조사 결과는 「미국의학협회 공식 학회지(Journal of the American Medical Association, 291, 2581–2590)」를 통해 출간되었다. 조사 자료는 전 세계 14개국에 있는 6만 명의 인터뷰에서 추출되었다. 자료의 변산성은 고통의 표현, 알코올 및 다른 물질 사용에 대한 문화적 규범에서 비롯된 것으로 보였다. 더욱이 많은 문화권에서 ICD나 DSM-5(표 15.1 참조)에 제시된 어떤 장애와도 일치하지 않는 정신건강 문제가 나타났다. 이 중 일부는 ICD나 DSM-5에 제시된 특정 장애와 동일한 근본적 원인을 지니고 있을 수 있으나 문화권에 따라 증상이 다르게 나타날 수 있다. 다른 일부 장애는 그 문화권에서만 고유하게 나타나는 것일 수 있다. 이러한 문

## 표 15.1 문화 관련 증후군

일부 문화권에는 오직 그 문화권에서만 발견되고 ICD나 DSM-5 범주에 일치하지 않는 증후군이나 정신장애가 있다.

| 증후군 | 증후군이 발견되는 문화 | 증상 |
|---|---|---|
| 아모크(amok) | 말레이시아, 라오스, 필리핀, 파푸아뉴기니, 푸에르토리코, 나바호 | 공격적 행동, 피해 의식, 기억상실, 소진을 동반하는 음울함(brooding). 여성보다 남성에서 더 자주 나타남 |
| 아타크(ataque de nervios) | 라틴아메리카 | 고함지르기, 울기, 전율, 가슴에서 머리까지 뻗쳐오르는 열기. 언어적 · 신체적 공격, 발작, 기절 |
| 유령병(ghost sickness) | 미국계 원주민 | 악몽, 쇠약, 위협을 느낌, 식욕 상실, 기절, 어지러움, 환각, 의식 상실, 숨이 막힐 것 같은 느낌 |
| 코로(Koro) | 말레이시아, 중국, 태국 | 남성 성기 혹은 여성 음부, 유두가 함몰되거나 죽음을 야기하는 갑작스럽고 강렬한 불안 |
| 라타(latah) | 동아시아 | 갑작스러운 공포로 인한 활동 항진, 무아지경. 대개 중년 여성에게서 나타남 |
| 수스토(susto) | 멕시코, 중앙아메리카 | 무서운 사건을 겪은 후 식욕 이상, 수면장애, 슬픔, 동기 상실, 낮은 자기가치감을 경험. 이 장애가 있는 사람들은 자신의 영혼이 육체를 떠났다고 믿음 |
| 다이진 교후쇼 (taijin kyofusho) | 일본 | 자신의 신체가 다른 사람에게 불쾌감을 주거나, 당혹스럽게 하거나, 혹은 다른 이들의 기분을 상하게 할 것이라는 강렬한 두려움 |

화 관련 증후군(culture-bound syndrome)의 존재는 ICD와 DSM-5에 제시된 진단이 모든 문화권의 사람들에게 보편적으로 적용되는 장애의 목록이라기보다, 주류를 이루는 유럽과 미국 문화에서만 발생하는 장애일 가능성을 시사한다. 그리고 이는 특정 문화 규범에 대한 고려 없이 이상 행동을 정의할 수 없다고 주장하는 사람들의 입장을 지지한다.

## 정신건강 문제에 관한 조망

정신건강 문제의 원인을 이해하려는 시도는 대개 이 책에서 논의된 세 가지 광범위한 조망 중 하나에 속한다. 의학적 모형 혹은 질환 모형이라고도 불리는 **생물학적 조망** biological perspective은 정신건강 문제가 뇌의 장애에서 기인한다고 본다. 생물학적 조망을 지지하는 연구자들은 개인의 뇌 기능에 영향을 미쳐 특정 정신건강 문제에 취약하게 만드는 유전적 요인을 찾고자 한다. 어떤 정신장애에 대해 하나의 유전자가 원인이 되지는 않는다. 대신 몇 개의 유전자가 각기 다른 발달 과정에서 상호 결합하여 장애 증상을 야기한다. 생물학적 조망의 지지자들은 또한 뇌 특정 부위 이상 혹은 신경화학체계와 신체 다른 부분에서의 기능 장애를 찾으려 시도하고, 이 역시 유전적 요인의 산물일 수 있다. 생물학적 조망의 지지자들은 정신건강 문제에 대한 약물치료를 옹호한다.

정신건강 문제를 심리적 기능의 문제로 보는 **심리적 조망** psychological perspective도 많이 있다. **행동주의적 조망** behavioral perspective은 두려움이 어떻게 특정 상황과 연합되는지, 부적절한 행동이 어떻게 강화되는지를 탐색한다. **인지적 조망** cognitive perspective은 일부 정신장애 문제가 부적응적 인지 과정에서 야기되었고, 이러한 편향된 인지를 변화시킴으로써 문제가 완화될 수 있다고 본다. 자신에 대한 사고방식, 스트레스 상황을 평가하는 방식, 스트레스 상황에 대처하는 전략은 서로 밀접한 관련이 있다. **정신분석적 조망** psychoanalytic perspective은 대개 초기 아동기에서 비롯된 무의식적 갈등, 억제된 충동과 정서에 의해 발생되는 불안을 다루기 위한 방어기제의 사용을 강조한다.

문화적 조망 혹은 사회적 조망은 정신건강 문제가 뇌나 개인의 마음에 있기보다 개인이 살아가는 사회적 맥락 속에 있다고 본다. 이러한 조망의 지지자들은 개인이 제대로 기능하지 못하게 하는 차별과 가난 같은 물리적 사회 환경이 스트레스로 작용한다고 본다. 그들은 또한 문화가 어떻게 사람들이 가장 걸리기 쉬운 정신건강 문제를 야기하는지와 사람들이 어떻게 자신의 고통을 표출하는지에 관심을 가진다.

이러한 간략한 요약에서 제시된 상기 개념은 특정 정신건강 문제와 관련지어 논의하면서 더욱 명확해질 것이다. **스트레스 취약성 모형** vulnerability-stress model은 이러한 요인을 통합하는 한 가지 방식이 될 수 있다. 스트레스 취약성 모형은 특정 정신건강 문제에 대해 취약하게 만드는 소인과 개인이 접하는 스트레스 환경 조건 간의 상호작용을 고려한다. 생물학적 수준의 취약성은 유전적 요인에서 기인한 것일 수 있다. 정신장애가 있는 사람들의 상당수는 가까운 친족이 동일한 문제를 가지고 있을 수 있다. 이는 문제가 나타날 가능성을 높이는 유전자를 가지고 있기 때문이다. 만성적으로 무망감과 부적절감을 느끼는 것은 우울증에 대한 심리적 수준의 취약 요인이다. 그러나 어떤 사람이 특정 정신건강 문제에 취약하다고 해서 반드시 그런 문제를 겪게 되는 것은 아니다. 취약성이 실제 질병으로 이어지는지는 그 사람이 경험하는 빈곤, 영양실조, 갈등, 혹은 삶의 외상적 사건과 같은 스트레스의 유형에 따라 다르다.

스트레스 취약성 모형의 요지는 취약성과 스트레스 모두 장애의 발병에 중요하다는 것이다. 이는 어떤 사람들은 작은 스트레스에도 심각한 심리적 문제를 겪는 반면, 다른 이들은 크나큰 삶의 고난에도 불구하고 건강한지를 이해하는 데 도움이 된다.

### 중간 요약

- 행동, 사고, 정서를 '이상'으로 명명하는 것은 사회적 규범, 통계적 빈도, 행동의 부적응성, 개인적 고통의 기준에 근거하여 이루어진다.
- ICD와 DSM-5는 정신건강 문제의 분류체계이다. 이러한 분류체계는 정신건강 문제에 대한 효과적인 정보 소통을 돕고 연구의 기반을 제공한다.
- 정신건강 문제의 병인과 치료는 뇌와 다른 생물학적 요인에 초점을 맞추는 접근, 정신분석적 · 행동적 · 인지적 조망처럼 마음에 초점을 둔 접근, 사회문화적 · 환경적 요인에 초점을 둔 접근으로 구분할 수 있다.
- 스트레스 취약성 모형은 특정 건강 문제에 취약하게 만드는 (생물학적 · 심리적) 소인과 개인이 접하는 스트레스가 많은 여러 환경 조건이 상호작용한다고 본다.

### 비판적 사고를 위한 물음

1. 하나의 이론적 조망에 기반하여 정신건강 문제를 연구하는 것은 연구자로 하여금 문제의 원인에 대한 편향적 관점을 가지게 하여 다른 원인을 간과하게 할 위험성이 있다. 그러나 아무런 이론적 조망 없이 정신건강 문제를 연구하는 것, 즉 정신건강 문제의 원인에 대한 가정 없이 장애에 접근하는 것이 가능한가? 그렇게 생각하는 이유는 무엇인가?

2. 정신장애로 진단받은 사람들은 종종 자신의 고통을 명명할 수 있어서 오히려 안심이 된다고 한다. 이것이 사실이라면 왜 그런 것일까?

## 불안장애

화요일 오후, 당신은 중요한 과목의 기말 고사를 치기 위해 강의실로 가고 있다. 당신의 심장은 빠르고 강하게 뛰며 손바닥은 땀으로 젖었다. 당신의 사고는 쏜살같이 흐르고 있다. '내가 충분히 공부했나?', '시험에 나올 만한 내용을 정확히 공부한 게 맞나?', '시험을 잘 못 보면 어떡하지?'

당신은 불안 증상을 경험하고 있으며, 이는 스트레스가 많거나 위협적인 상황에서 정상적인 반응이다. 약간의 불안은 적응적일 수 있다. 만약 시험이 불안하지 않다면, 열심히 공부하려는 동기가 생기기 않을 수 있다. 당신이 마주하는 위협에 비해 과도한 불안을 느끼거나, 위협이 지나간 뒤에도 불안이 계속될 때 이는 건강하지 않은 것으로 여겨질 수 있다. **불안장애** anxiety disorder는 불안이 주요 증상이거나(범불안이나 공황장애) 개인이 어떤 부적응 행동을 제어하려고 노력할 때 겪는 장애(공포증, 강박장애)를 포함한다(외상 후 스트레스 장애는 14장에서 논의했으며, DSM-5에서는 불안장애로 분류되지 않고 독립 항목으로 분류된다는 것을 주목하라). 다음은 불안장애로 고통 받는 사람의 이야기이다.

> 어느 날 헤이즐은 집 근처 길을 걸어가던 중 갑자기 강렬하고 두려운 신체 증상이 밀려오는 것을 느꼈다. 그녀의 몸 전체가 굳어지고, 땀이 나기 시작하고, 심장박동이 빨라지고, 어지러우면서 방향감각을 잃었다. '심장마비가 온 게 틀림없어. 이걸 이겨 내지 못할 거야. 끔찍한 일이 일어나고 있어. 이렇게 죽는구나.' 라고 그녀는 생각했다. 헤이즐은 지나가던 사람이 도와주기 전까지 길 한가운데에서 얼어붙은 채로 서 있었다.

불안에는 네 가지 유형의 증상이 있는데 헤이즐은 각 유형의 증상을 모두 경험했다. 첫째 유형은 생리적 증상 혹은 신체 증상으로, 이는 어려운 시험을 칠 때 경험하는 증상과 유사하다. 헤이즐의 심장이 요동치고, 땀이 나기 시작하고, 근육이 긴장되었다. 이 같은 증상은 14장에서 설명한 투쟁 또는 도피 반응의 일부로 볼 수 있을 것이다. 이는 도전적 상황에 대한 신체의 자연스러운 반응이다. 투쟁 또는 도피 반응으로 인한 생리적 변화는 위협에 맞서거나 위협으로부터 도망갈 수 있도록 신체를 준비시킨다.

둘째로 헤이즐은 불안의 인지 증상을 겪었다. 그녀는 자신이 심장마비를 겪고 있고 죽을 것이라고 확신했다. 셋째로 불안의 행동 증상이 있었다. 그녀는 얼어붙은 것처럼 도움을 받기 전까지 몸을 움직일 수가 없었다. 넷째로 그녀는 불안의 정서 증상인 두려움과 공포감을 느꼈다.

이 모든 증상은 선사 시대의 검치호랑이나 오늘날 강도를 만났을 때처럼 현실적인 위협에 직면했을 경우에는 적응적이다. 그러나 맞서 싸우거나 도망쳐야 할 실제 위협이 없을 때 이러한 증상은 부적응적인 반응이 된다. 헤이즐의 증상은 실제로 위험한 상황에서 비롯된 것이 아니라 '청천벽력'처럼 갑작스럽게 발생했다. 비록 위협을 인지하여 이러한 증상이 나타난 것이라 해도, 증상이 위협의 수준에 비해 과도하거나 위협이 사라진 후에도 지속된다면 이는 적응적이지 않다. 불안장애가 있는 사람들은 대다수 사람들이 위험하지 않다고 여기는 상황도 매우 위협적으로 인지하며, 일어날 가능성이 희박한 상황에 대해서도 걱정한다. 예컨대 사회불안장애(social anxiety disorder)가 있는 사람들은 공공장소에서 수치심을 느끼게 될 가능성을 두려워하여 사회적 상황을 회피한다.

불안장애의 한 유형인 **범불안장애** generalized anxiety disorder를 가진 사람들은 끊임없는 긴장감과 두려움을 경험한다. 그들은 마음 편히 쉬지 못하고 숙면을 취하지 못할 수 있으며, 빈번한 피로, 두통, 어지러움, 요동치는 심장박동을 경험할 수 있다. 그들은 일어날지도 모르는 문제에 대해 계속 걱정하고, 집중이나 의사결정에 어려움을 겪을 수 있다. 범불안장애가 있는 사람이 힘들게 내린 결정은 또 다른 걱정의 원천이 된다(예: 만약 잘못된 결정을 내린 것이면 어떡하지?). 공황장애, 공포증, 강박장애와 같은 다른 불안장애는 범불안장애에 비해 불안의 대상이 보다 구체적이며, 아래에서 자세하게 논의할 것이다.

## 공황장애

헤이즐의 증상은 그녀가 **공황발작** panic attack을 경험했음을 암시한다. 이는 급작스럽게 압도적인 불안이나 공포를 경험함을 의미한다. 공황발작 동안 사람들은 끔찍한 무언가가 일어날 것이라고 확신한다. 이러한 느낌은 대개 심계 항진, 숨 가쁨, 발한, 근육 떨림, 기절, 메스꺼움과 같은 증상을 동반한다. 이러한 증상은 자율신경계의 교감신경계 흥분에 기인하며(2장 참조), 개인이 극도로 두려워할 때 경험하는 것과 동일한 반응이다. 극심한 공황발작을 겪는 동안 사람들은 죽음의 공포를 느낀다.

공황발작은 스트레스를 받을 때 상대적으로 자주 나타나며, 성인의 28%가 이따금 공황발작을 경험한다고 보고한다(Kessler et al., 2006). 대부분의 사람들에게 공황발작은 번거롭지만 삶의 방식을 바꾸지는 않는 별개의 사건이다. 그러나 공황발작이 잦아지고 개인이 이에 대해 걱정하기 시작할 때 **공황장애** panic disorder로 진단 내릴 수 있다. 공황장애는 상대적으로 드물다. 유럽인의 2.1%만이 공황장애를 겪는다(Alonso et al., 2004). 대개 공황장애는 사춘기 후반부터 30대 중반 사이에 나타난다. 공황장애는 치료하지 않으면 만성질환이 되는 경향이 있다.

공황발작으로 보이는 증상은 문화에 따라 다른 형태로 나타날 수 있다. 라틴 문화, 특히 카리브 해 지역 사람들은 이따금 갑작스럽게 불안이 밀려오는 것을 경험하는데 이를 **아타크** ataque de nervios라고 부른다. 아타크는 몸의 떨림, 통제 불능감, 갑작스러운 울음, 소리 지르기, 언어적·신체적 공격, 발작이나 졸도, 자살 시도 등의 증상을 포함한다(Lopez & Guarnaccia, 2000). 급작스럽게 아타크가 발생하면 이는 일상생활의 스트레스나 영적인 이유에서 기인하는 것으로 본다. 1985년 대홍수 이후 푸에르토리코 사람들에 대해 연구한 결과, 홍수 피해자의 16%가 아타크를 경험한 것으로 나타났다(Guarnaccia, Canino, Rubio-Stipec, & Bravo, 1993).

공황장애가 있는 사람들의 약 20%는 광장공포증을 경험한다(Kessler et al., 2006). **광장공포증** agoraphobia이 있는 사람들은 어딘가에 갇히거나 위급할 때 도움을 받을 수 없을 것 같은 장소를 두려워한다. 광장공포증이라는 용어는 '시장에 대한 두려움'을 뜻하는 고대 그리스어에서 유래했다. 광장공포증이 있는 사람들은 쇼핑몰과 같이 분주하고 사람들로 붐비는 장소에 있는 것을 두려워한다. 그들은 또한 버스나 엘리베이터, 지하철과 같이 혼잡하여 도피하기 어려운 장소 혹은 평원이나 황량한 해변과 같이 탁 트인 장소에 혼자 있는 것을 두려워할 수 있다. 이 모든 장소는 공황발작을 겪거나 다른 위급 상황이 발생할 때 도피하거나 도움을 받기 어렵다는 점에서 광장공포증을 겪는 사람들에게 두려움을 유발한다. 또한 그들은 자신이 공황발작을 하는 모습을 사람들이 보게 되어 수치심을 느끼는 것을 두려워한다.

광장공포증이 있는 사람들은 집에서 가까운 일부 '안전한' 장소에만 머물며, 자신의 활동 반경을 상당히 줄인다. 만일 자신이 신뢰하는 가족 구성원이나 친구들이 동행한다면 '안전하지 않은' 장소에 가 볼 수 있다. 하지만 혼자서 '안전하지 않은' 장소에 가려고 시도하면 가기도 전에 엄청난 불안감을 느끼며, 안전하지 않은 장소에 있게 되면 공황발작을 경험할 수 있다. 앞서 언급했던 헤이즐의 사례가 그 예시이다.

헤이즐은 며칠 동안 지속적으로 공황발작을 경험했는데, 때때로 처음 공황발작을 겪었던 거리에서 공황발작을 경험했지만, 이전에 공황발작을 경험하지 않았던 장소에서 공황발작이 일어나는 경우가 늘어났다. 그녀가 공황발작을 일으킬 가능성이 특히 높은 경우는 주위에 사람이 많아 그 사람들 틈에서 공황발작이 일어나면 어떻게 그곳에서 빠져나올 수 있을지 마음이 혼란스러워지는 때인 것으로 보인다. 헤이즐이 공황발작을 경험하지 않은 유일한 장소는 자신의 아파트였다. 그녀는 아파트에서 점점 더 많은 시간을 보내게 되었고, 이전에 공황발작을 경험했던 곳은 어디든 가기를 거부했다. 몇 달 뒤 그녀는 아파서 출근하지 못하겠다고 전화로 자주 통보한 탓에 결국 해고되었다. 헤이즐은 아파트에서 전혀 나갈 수가 없었다. 밖으로 안 나가도 되도록 식료품은 배달을 시켰다. 친구들은 직접 아파트로 찾아올 때만 만났다. 그러나 실직한 탓에 모아 둔 돈이 곧 바닥났고, 헤이즐은 재택근무가 가능한 일을 구하기 시작했다.

공황발작 없이도 광장공포증이 생길 수 있지만, 광장공포증이 있는 사람들은 대부분 사회적 상황에서 공황발작을 겪거나 이와 비슷한 증상을 보인다(Alonso et al., 2004). 광장공포증은 일반적으로 반복적인 공황발작이 시작된 후 1년 이내에 발생한다. 광장공포증 증상이 일상생활에서 기능하는 능력을 심각하게 저해한다는 것은 명백하다. 광장공포증이 있는 사람들은 증상에 대처하기 위해 흔히 알코올이나 약물에 의지하게 된다. 그러나 다행히도 최근 몇 년간 공황장애와 광장공포증의 원인에 대해 많은 것이 밝혀졌다.

## 공황장애와 광장공포증의 이해

공황장애가 있는 사람들은 이 장애에 대한 유전적 취약성 혹은 다른 생물학적 취약성을 가지고 있다. 공황장애는 집안 대대로 내려온다(Foley et al., 2001; van den Heuvel et al., 2000). 그러나 이는 공황장애가 전적으로 유전에 기인한다는 것을 의미하지는 않는다. 가족이 살고 있는 동일한 환경 조건이 공황장애의 발병에 기여했을 수도 있기 때문이다. 그러나 쌍둥이 연구 결과는 공황장애의 유전적 소인에 대한 확고한 증거를 제공한다. 쌍둥이는 동일한 유전적 특징을 공유한다. 만약 장애가 완전히 유전적 소인에 기인하는 것이라면, 쌍둥이 중 한 명이 공황장애를 가지고 있으면 다른 한 명도 공황장애를 겪을 가능성이 매우 높아질 것이다. 반면에 이란성 쌍둥이의 유전적 유사성은 쌍둥이가 아닌 보통 형제의 유전적 유사성과 비슷하기 때문에 이란성 쌍둥이 중 한 명이 공황장애로 고통 받는다고 해서 다른 한 명이 공황장애에 취약하지는 않을 것이다. 쌍둥이 연구는 공황장애의 30~40%에 유전적 요인이 영향을 미친다는 것을 보여준다(Roy-Byrne et al., 2006; Wittchen et al., 2010).

공황발작에 취약한 사람들은 과도한 투쟁 또는 도피 반응을 보인다. 전반적인 공황발작은 그러한 취약성을 지닌 사람이 투쟁 또는 도피 반응에서 일어나는 초반의 생리적 변화를 자극하는 활동을 할 때 잘 발생한다. 예를 들어 공황장애가 있는 사람들에게 의도적으로 과호흡(hyperventilate)을 시키거나 종이 가방에 대고 호흡하게 하거나, 소량의 이산화탄소를 흡입하게 했을 때 이들은 불안이 높아지는 것을 느끼며, 많은 사람들이 전반적인 공황발작을 경험할 수 있다(그림 15.1 참조; Craske & Waters, 2005; Wittchen et al., 2010). 반면에 공황발작 병력이 없는 사람들의 경우, 이러한 활동을 하는 동안 다소 신체적 불편감을 느낄 수는 있으나 전반적인 공황발작을 경험하는 경우가 드물다.

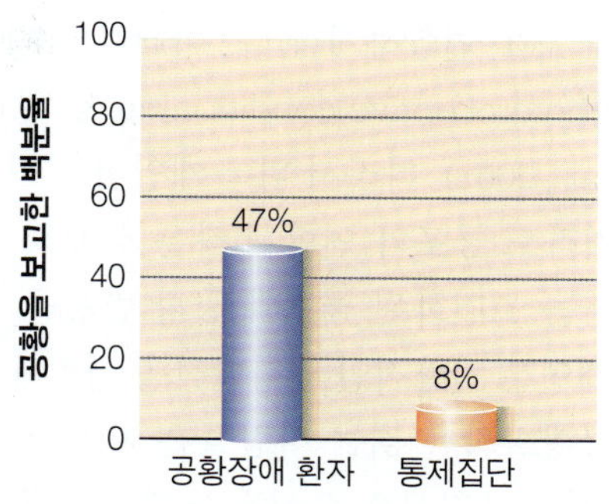


**a)** 과도하게 바람을 쐰 후

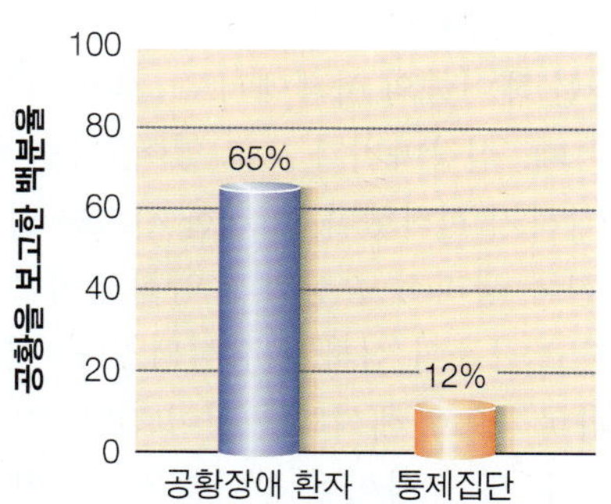


**b)** 이산화탄소를 흡입한 후

**그림 15.1 환자집단과 통제집단의 공황장애.** 공황장애가 있는 사람들은 공황장애가 없는 사람들보다 실험실 상황에서 이루어진 실험에서 과호흡을 하거나, 소량의 이산화탄소를 흡입할 때 공황장애가 더 많이 발생할 가능성이 있다.

과민한 투쟁 또는 도피 반응은 이러한 반응을 조절하는 뇌 영역의 비정상적인 기능에서 비롯된 것일 수 있다. 일부 연구에서는 공황장애가 있는 사람들의 경우 공포 반응을 조절하는 데 중요한 역할을 하는 편도체, 해마, 시상, 뇌간 영역의 신진대사가 감소하는 것으로 나타났다(Roy-Byrne et al., 2006). 공황장애가 있는 사람들은 공포 반응에 중요한 감마아미노산(GABA)과 세로토닌을 포함하는 신경전달물질의 체계에서도 작용을 보여 준다. 이러한 뇌와 신경전달물질의 비정상성은 과활성화와 공포 반응에 대한 통제력을 저하할 수 있다.

그러나 과민한 공포 반응만으로 전반적인 공황장애가 유발되는 것은 아닐 수 있다. 공황발작을 가끔씩 경험하는 일부 사람들의 경우, 공황발작을 겪는 동안 심장박동의 변화와 같이 신체 기능의 작은 변화와 공황발작에 대한 전반적 공포를 연합하게 된다. 이러한 과정은 **내수용기성 조건화**(interoceptive conditioning)로 알려져 있다(Bouton et al., 2001). 따라서 비록 개인이 의식하지 못하는 수준일지라도 공포와 연합된 작은 신체적 변화가 나타난다면 이는 조건화된 공포와 공황 반응을 일으키고, 이에 따라 개인은 전반적인 공황발작을 경험하게 된다.

나아가 공황발작을 겪는 사람들은 자신의 신체 감각에 예민해지며, 부정적으로 신체 느낌을 잘못 해석하고 이에 대한 파국적 사고를 하는 경향이 있다(Clark, 1988; Craske & Waters, 2005).

앞서 서술한 헤이즐의 사례에서도 그녀는 근육이 경직되기 시작할 때, '심장마비가 오고 있어. 나는 곧 죽을 거야.'라고 생각하기 시작했다. 이러한 사고는 불안 증상을 가중했고, 결국 생리적 증상까지 악화되어 심장박동이 더욱 빨라지고 근육이 심하게 경직되었다. 이러한 생리적 변화를 파국적으로 해석하는 것이 전반적인 공황발작으로 이어졌다. 발작 사이에 헤이즐은 과민해져서 신체 감각에 과민해졌다. 그녀의 지속적 경계는 자율신경계의 만성적 활성화를 야기하며, 이로 인해 또 다른 공황발작을 경험할 가능성도 높아졌다.

어떻게 공황장애로부터 광장공포증이 발생하는가? 인지행동 이론에 의하면 공황장애가 있는 사람들은 공황발작을 겪었던 장소를 생생하게 기억한다. 그들은 이러한 장소를 아주 무서워하는데, 이는 다른 비슷한 장소로까지 일반화된다. 이러한 장소를 피하면 불안이 감소하기 때문에 회피 행동이 강화된다. 공황장애가 있는 사람들은 집과 같은 특정 장소에서는 불안을 거의 경험하지 않는다. 이러한 불안의 감소는 상당히 강화되어, 결과적으로 공황장애가 있는 사람들은 '안전한' 장소라고 여기는 곳에만 머물려고 한다. 살코프스키스(Salkovskis, 1991)는 이러한 회피를 **안전행동**(safety behavior)이라 명명했다. 따라서 고전적 조건형성 및 조작적 조건형성을 통해 광장공포증이라고 불리는 행동이 조성된다. 이후에 살펴보겠지만 불안장애의 상당수는 광장공포증에 기인하는 이러한 안전행동의 유형으로 특징지어진다.

공황장애와 광장공포증의 인지행동 이론에 대한 지지 증거는 무엇인가? 몇몇 실험실 연구는 공황발작에서 인지적 요소가 중요한 역할을 하고, 광장공포증 행동이 학습 경험을 통해 조건화된다는 주장을 지지한다(Craske & Waters, 2005). 한 연구는 공황장애가 있는 두 집단에게 소량의 이산화탄소를 흡입시키는 마스크를 착용하게 했다. 두 집단 모두 소량의 이산화탄소를 흡입하는 것이 건강에 위협이 되지 않지만 공황발작을 일으킬 수 있다는 지시를 받았다. 이때 한 집단에게는 마스크에서 나오는 이산화탄소의 양을 통제할 수 없다고 알려 주었다. 다른 집단은 손잡이를 돌려서 이산화탄소의 양을 통제할 수 있다고 알려 주었다. 그러나 사실 두 집단 모두 이산화탄소의 양을 조절할 수 없었으며, 같은 양의 이산화탄소를 흡입했다. 연구 결과, 이산화탄소의 양을 통제할 수 없다고 믿은 집단의 80%가 공황발작을 경험한 반면 이산화탄소의 양을 통제할 수 있다고 믿은 집단에서는 20%만이 공황발작을 경험했다. 이러한 결과는 공황 증상에 대한 통제감이 공황장애에서 중요한 역할을 한다는 것을 명백하게 보여 준다(Sanderson et al., 1989).

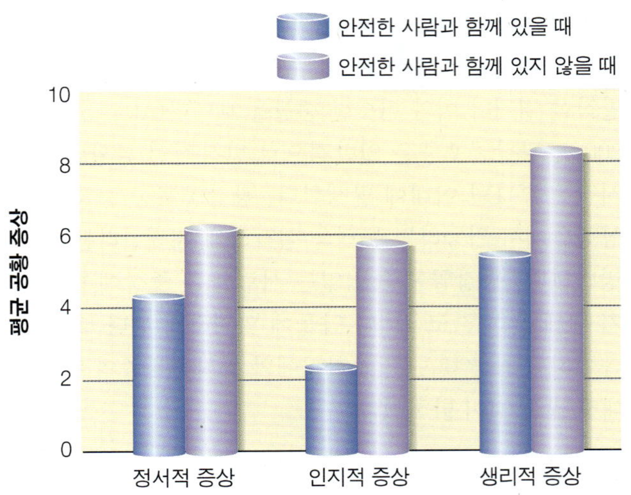


**그림 15.2 공황장애 환자의 공황 증상.** 공황장애 환자들은 안심시켜 주는 사람이 주위에 없을 때 더 심각한 수준의 공황 증상을 보였다.

광장공포증 행동에 초점을 둔 한 연구는 공황장애가 있는 사람들이 이산화탄소를 흡입한 뒤에도 근처에 '안심시켜 주는 사람'이 있을 때 공황발작을 피할 수 있는지 살펴보았다. 안전을 지켜 주는 사람이 있을 때 이산화탄소를 흡입한 공황장애 환자들은 안전을 지켜 주는 사람이 없을 때 이산화탄소를 흡입한 공황장애 환자들보다 공황의 정서적 · 인지적 · 생리적 증상을 덜 경험했다(그림 15.2 참조; Carter et al., 1995). 이러한 결과는 공황 증상이 특정 상황과 연합될 수 있으며, '안전을 지켜 주는 사람' 근처에 있기와 같은 조작적 행동이 공황 증상의 감소로 인해 강화될 수 있음을 보여 준다.

공황장애와 광장공포증의 생물학적 이론과 인지행동 이론은 스트레스 취약성 모형으로 통합될 수 있다(Roy-Byrne et al., 2006; 그림 15.3 참조). 공황장애를 겪는 사

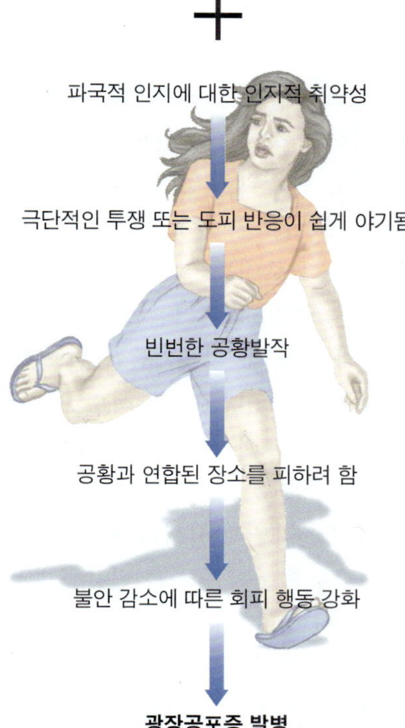


**그림 15.3 공황장애와 광장공포증의 스트레스 취약성 모형.** 과도한 투쟁 또는 도피 반응에 대한 생물학적 취약성과 파국적 인지(catastrophizing cognitions)에 대한 인지적 취약성의 결합이 공황장애와 광장공포증을 유발하는 일련의 과정을 이끌 수 있다.

람들은 과도한 투쟁 또는 도피 반응에 대한 유전적 · 생화학적 취약성을 가지고 있을 수 있다. 이 경우 사소한 촉발 자극만으로도 그들의 신체는 투쟁 또는 도피 반응의 모든 생리적 증상을 경험하게 된다. 그러나 전반적인 공황장애가 발생하기 위해서는 내수용기적 조건화를 통한 신체적 변화에 대한 두려움을 느끼는 것뿐만 아니라, 이러한 증상을 파국화하는 경향과 공황발작에 대한 과도한 걱정이 동반되어야 한다. 내수용기적 조건화와 잘못된 평가는 다시 생리적 반응성을 강화하고, 이는 다시 전반적 투쟁 또는 도피 반응을 겪을 가능성을 높인다. 광장공포증은 사람들이 공황 증상과 연합된 장소를 피하고, 불안을 적게 느끼는 장소에만 있으려 할 때 발생한다. 스트레스 취약성 모형은 공황장애와 광장공포증의 치료에 획기적인 돌파구를 제공했다. 이는 16장에서 논의할 것이다.

## 공포증

**공포증 phobia**은 일반적으로 사람들이 특별히 위험하다고 보지 않는 자극이나 상황에 대한 강렬한 공포를 의미한다. 공포증이 있는 사람은 자신이 다른 사람들이 경험하는 것보다 훨씬 더 큰 공포를 느낀다는 것을 알고 있다. 그러나 여전히 이러한 자극이나 상황을 피하지 않고서는 (불쾌함부터 공황에 이르기까지) 불안에서 벗어날 수 없다.

사람들은 한두 가지의 대상에 대해 상당한 공포를 느낀다. 뱀 공포, 곤충 공포, 고소 공포를 예로 들 수 있다. 그러나 이러한 공포가 일상생활에 큰 지장을 초래하지 않는다면 일반적으로 공포증으로 진단하지 않는다. 폐쇄된 공간이 두려워 엘리베이터를 타지 못하는 여성 또는 군중에 대한 공포가 있어서 극장에 가지 못하거나 혼잡한 인도를 걷지 못하는 남성의 경우는 공포증으로 진단된다.

ICD와 DSM-5는 공포증을 특정 공포증(DSM-5 이전에는 단순공포증), 사회불안장애(social anxiety disorder), 광장공포증의 세 가지 광범위한 범주로 나눈다. 광장공포증에 대해선 이미 다루었다. **특정 공포증 specific phobia**은 특정한 사물, 동물, 또는 장소에 대한 공포를 말한다. 뱀, 세균, 폐쇄된 공간, 어둠에 대한 강렬한 공포를 특정 공포증의 예로 들 수 있다. 특정 공포증은 유럽 인구의 약 8%가 평생 한 번쯤은 진단받을 정도로 상당히 흔하게 나타난다(Alonso et al., 2004). 특정 공포증이 있는 많은 사람들은 다른 측면에서는 건강하다. 심각한 경우 여러 공포증을 동시에 가질 수 있고 생활에 문제를 야기하게 된다.

**사회불안장애 social anxiety disorder**(DSM-5 이전에는 사

**뱀 공포증은 가장 흔한 공포증 중 하나이다.**

회공포증)가 있는 사람들은 사회적 상황에서 극심한 불안정함을 느끼며, 다른 사람 앞에서 창피를 당하는 것에 대한 과장된 공포를 가지고 있다. 이들은 종종 손 떨림, 빨개진 얼굴, 떨리는 목소리와 같은 징표를 통해 다른 사람들이 자신의 불안을 알아차릴까 봐 두려워한다. 이러한 공포는 보통 비현실적이다. 우리는 떠는 것을 두려워하지만 떨지 않을 수 있다. 말을 더듬거리거나 목소리가 떨릴 거라고 걱정하지만 실제로는 상당히 정상적으로 말할 수 있다. 사회불안장애를 가진 사람들은 보편적으로 많은 사람들 앞에서 말하거나 식사하는 것이 불편하다고 호소한다.

사회불안장애가 있는 사람들은 다른 사람이 자신을 평가하는 상황을 피하기 위해 무엇이든 한다. 그들은 다른 사람들을 피하기 위해 혼자 일하거나 따로 떨어져서 일하는 직업을 선택할 수도 있다. 만약 그들이 두려워하던 사회적 상황에 처하면 몸을 떨고, 땀이 나기 시작하고, 당황해하고, 어지럼증을 느끼고, 가슴이 마구 두근거리고, 결국 전반적인 공황발작을 일으키게 된다. 사회불안장애가 있는 사람들은 다른 이들이 자신의 신경과민 증상을 보고 자신에 대해 말도 못하고, 나약하고, 멍청하고, 혹은 '미쳤다'고 판단할 것이라고 확신한다.

사회불안장애는 특정 공포증에 비해 덜 일반적인데, 유럽 인구의 2.4%가 평생 한 번은 사회불안장애로 진단받는다(Alonso et al., 2004). 사회불안장애는 전형적으로 사춘기에 시작되어, 치료하지 않으면 만성장애로 발전하는 경향이 있다(Kessler et al., 1998).

## 공포증의 이해

역사적으로 공포증은 정신분석 이론과 행동주의 이론이 가장 강하게 부딪쳤던 주제이다. 공포증 발병에 대한 프로이트의 이론은 중요하지만 논란이 많다. 프로이트는 사람들이 불안을 자신의 무의식적 동기나 욕구를 상징하는 사물로 대치할 때 공포증이 발생한다고 주장했다. 말에 대해 강한 공포를 가졌던 어린 한스를 대표적인 사례로 들 수 있다. 프로이트는 소년의 공포를 오이디푸스적 공포(Oedipal fear; 13장 참조)라는 측면에서 해석하고 다음과 같이 분석했다. 한스는 어머니와 사랑에 빠졌고, 아버지를 질투하고 미워했다. 그리고 자신이 아버지의 자리를 차지하려 했다(오이디푸스 갈등). 하지만 한스는 아버지가 자신을 거세하여 이에 보복할까 봐 두려워했다. 한스의 의식에서 그 욕구는 용납할 수 없는 것이었고, 이런 갈등으로 인해 거대한 불안이 생겨 이 불안이 아무 관련 없는 사물로 대치되었다(한스가 보았던, 거리에서 쓰러진 채 심하게 채찍질 당하던 거대한 말).

한스의 말 공포증에 대한 프로이트의 해석은 한스가 '실제로' 두려워하는 것이 무엇인지, 유도심문 성격이 다분한 질문에 대한 한스의 대답과 함께 그가 프로이트와 대화를 나눈 후 말 공포증에서 벗어난 것처럼 보였다는 사실에 기반했다. 프로이트는 한스가 자기 공포증의 근원에 대한 통찰을 얻었고, 이러한 통찰이 공포증을 치료했다고 설명했다. 그러나 비평가들은 한스가 사실 말보다는 아버지가 신경 쓰였다고 자발적으로 혹은 직접적으로 언급한 바가 없다고 지적했다. 또한 그들은 한스의 공포증이 어떤 갑작스러운 통찰로 인해 급격히 줄어든 것이 아니라 시간이 지나면서 서서히 줄어들었다고 했다.

프로이트의 공포증 분석을 가장 신랄하게 비판한 이들은 행동주의자였다(Watson & Rayne, 1920). 행동주의자들은 공포증이 무의식적 불안에서 생겨나는 것이 아니라 고전적 조건형성과 조작적 조건형성에 의해 발생한다고 주장했다. 많은 공포증은 외상 경험 이후에 나타난다. 물에 빠져 거의 죽을 뻔한 아이는 물에 대한 공포증이 생기고, 개에 물린 아이는 개에 대한 공포증이 생긴다. 수업 시간에 말하던 중 더듬거리는 바람에 친구들에게 비웃음을 당한 사춘기 청소년의 경우, 대중 앞에서 말하는 것에 대한 공포를 경험한다. 이런 경우 중성자극(물, 개, 대중 연설)이 불안을 일으키는 외상 사건(물에 빠지거나, 개에 물리거나, 당황함)과 연합된다. 고전적 조건형성을 통해 이전에는 중성자극이었던 것이 이제 불안 반응을 유발한다. 더욱이 공포증이 있는 사람은 공포를 유발하는 대상을 회피함으로써 불안이 감소되고, 이러한 공포증 행동은 조작적 조건형성을 통해 유지된다.

일부 공포증은 실제로 두려운 개인의 경험에서 비롯되기도 하지만, 관찰을 통해 대리학습되는 경우도 있다(Muris et al., 1996). 다양한 상황에서 공포를 느끼는 부모의 자녀는 그러한 상황에 처했을 때 부모와 동일한 반응을 보일 수 있다. 실제로 공포증이 대물림된다는 연구 결과가 있다(Kendler et al., 2001). 아동이 부모로부터 공포증을 배우기 때문인지, 아니면 부분적으로는 공포증의 유전적 요인도 있는 것인지 명확하지는 않다. 일차 친족 중에 공포증이 있는 사람의 경우, 그렇지 않은 사람들보다 공포증을 겪을 가능성이 3~4배 더 높다. 또한 쌍둥이 연구는 부분적으로나마 유전적 요인이 영향을 미친다는

**어떤 사람들은 어린 시절 위협적인 개를 본 이후 개 공포증이 생길 수 있다.**

것을 보여 준다(Hettema et al., 2001). 공포증 자체가 유전된다기보다 공포증 조건화에 대한 취약성이 유전되는 것으로 보인다(Hettema et al., 2003).

행동주의 이론은 행동치료로 공포증을 성공적으로 치료하면서 이론의 타당성을 증명했다. 대조적으로 정신분석 이론에 기반을 둔 공포증 치료는 성공을 거두지 못했고, 현재 약물치료는 공포증 증상을 단기적으로 완화하는 경향성을 보인다.

## 강박장애

한 남성은 매일 밤 몇 번씩 침대에서 나와 모든 문이 확실히 잠겼는지 확인한다. 침대로 돌아가면서 한 가지를 놓쳤을지 모른다는 생각에 괴로워한다. 어떤 남성은 세균에 감염되었을지 몰라 특별한 살균제로 매번 몸을 철저하게 문지르고 연달아 서너 번 샤워를 한다. 한 여성은 자신의 아기를 찌를 수 있다는 반복적인 사고 때문에 가위나 칼을 다뤄야 할 때마다 엄청난 공포감을 경험한다. 한 10대 소녀는 학교에 항상 늦는데, 화장대에서 빗 교체하기, 책가방에서 학교 물품 배열하기, 침실 문지방 건너기 등의 행동을 몇 번씩, 주로 앞서 한 행동에 4를 곱한 수만큼 다시 해야 할 것 같은 느낌이 들기 때문이다.

이러한 사람들은 모두 **강박장애** obsessive-compulsive disorder(OCD)를 가지고 있다. 그들의 삶은 반복되는 행동과 사고에 지배받는다. **강박사고** obsession는 불쾌한 사고, 심상, 혹은 불안을 일으키는 충동이 지속적으로 침습하는 것을 의미한다. **강박행동** compulsion은 불안을 감소시키는 특정 행동이나 일련의 의식을 행하고자 하는 충동을 의미한다. 강박사고는 종종 강박행동과 관련된다(예: 잠복해 있는 세균에 대한 사고는 식기를 사용하기 전에 몇 번씩 세척하는 강박행동을 야기한다). 반복되는 요소가 사고(강박사고)인지, 행동(강박행동)인지에 관계없이 강박장애의 주요 특징은 통제력 상실에 대한 주관적 경험이다. 이들은 문제가 되는 생각을 하지 않으려 애쓰고, 행동을 반복하는 것을 멈추려 하지만 그러지 못한다.

가끔 우리 모두는 지속적으로 반복되는 사고(가스를 켜 놓고 나왔나?)와 의식적인 행동(과제를 시작하기 전에 책상 위의 물건을 정확한 순서로 배열하기)을 하려는 충동을 느낀다. 그러나 강박장애가 있는 사람들은 일상생활에 지장을 줄 정도로 강박적 사고와 행동을 하는 데 지나치게 많은 시간을 보낸다. 이들은 자신의 사고가 비이성적이고 불쾌하다는 것을 알고 있지만 그러한 사고를 무시하거나 억누를 수 없다. 그들은 강박행동이 무의미하다는 것을 알지만 강박행동에 저항하려고 할 때 불안을 느낀다. 그러나 일단 강박행동을 하고 나면 해방감을 느낀다.

강박사고는 다양한 주제를 포함하지만 대체로 자기 자신이나 남에게 해를 끼치지 않을까 하는 염려, 전염에 대한 공포, 완료된 업무가 만족스럽게 완수되지 않았다는 의심과 관련이 있다(Leckman et al., 2010). 강박장애를 가진 사람들 일부는 침습적 사고만 가지고 있고 반복적 행동은 하지 않는다. 그러나 강박사고를 가진 대다수는 강박행동을 보인다. 강박행동의 유형은 다양한데 씻기와 확인하기가 가장 일반적인 유형이다(Foa & Steketee, 1989). '강박적으로 씻는 사람들(washers)'은 특정한 사물이나 사고에 노출되어 전염되었다고 생각하고, 세정 의식을 수행하는 데 몇 시간을 보낸다. '강박적으로 확인

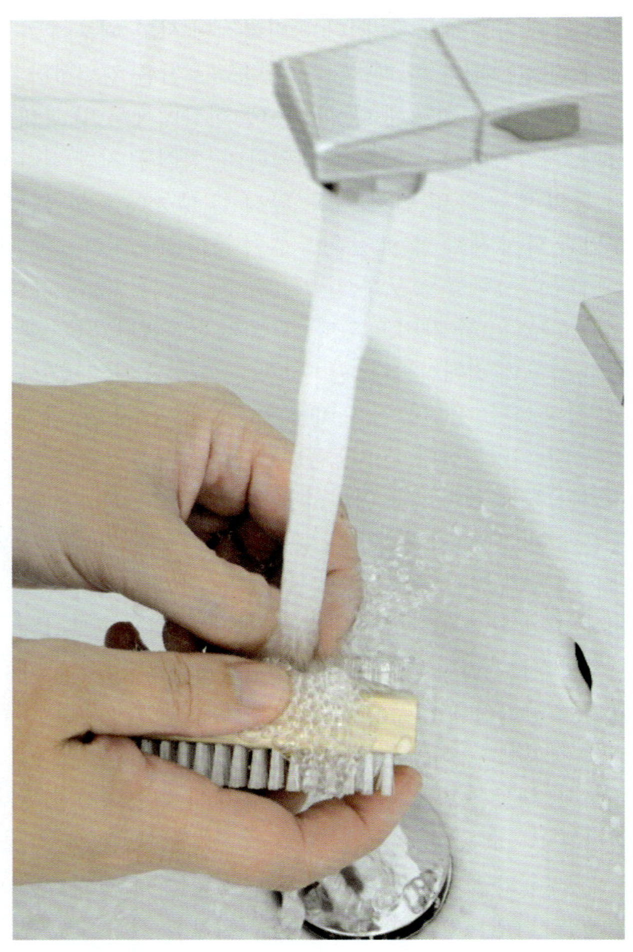

세균에 대한 강박사고는 강박적인 손 씻기로 이어지는 경향이 있다.

하는 사람들(checkers)'은 문, 전등, 오븐, 완료한 일의 정확성 등을 10번, 20번, 또는 100번 확인하거나 반복적인 의식 행동을 계속한다. 그들은 이러한 행동이 미래의 '재해'나 처벌을 방지한다고 믿는다. 강박행동은 개인이 피하고자 하는 해로운 결과를 막기 위한 행동이라는 점에서 안전행동의 또 다른 예이다.

가끔 이런 의식은 불안 유발 강박사고와 직접적으로 관련이 있다. 예를 들어 발생할지도 모를 화재를 피하기 위해 난로가 꺼졌는지 반복적으로 확인할 수 있다. 반면 배우자의 사고를 막기 위해 옷을 벗고 입기를 반복하는 의식은 직접적인 연관이 없다. 이러한 반복적인 행동 이면에는 의심이 있다. 강박장애가 있는 사람은 자신의 감각이나 판단을 믿지 못한다. 문이 닫힌 것이나 먼지가 없는 것을 보았음에도 그들은 자신의 눈을 믿을 수 없다. 강박장애와 공포증은 둘 다 심각한 불안을 포함하고 함께 나타날 수 있다는 점에서 서로 관련이 있는 것처럼 보인다. 그러나 강박장애와 공포증 사이에는 중요한 차이점이 있다. 공포증이 있는 사람은 자신의 공포에 대해 반추하거나 의식적인 강박행동을 하지 않는다. 그리고 두 장애는 서로 다른 자극에 의해 발생한다. 먼지, 세균, 그리고 다른 이들에게 해를 가하는 것은 강박장애의 주된 불안 자극이지만 공포증을 지닌 사람에게는 거의 문제가 되지 않는다.

현재 DSM-5가 강박장애를 단순히 불안장애의 하위 범주로 분류하지 않고 개별 범주로 분류하면서 강박장애에 대한 관심이 증가하고 있다. 수집광(hoarding), 피부뜯기 장애(skin-picking), 털 뽑기 장애(hair-pulling)는 강박장애의 예이다.

강박장애는 어린 나이에 발병하는 경우가 흔하다(Foa & Franklin, 2001). 이를 치료하지 않을 경우 만성이 된다. 강박사고는 매우 고통스럽고, 강박행동에 많은 시간을 소요하며, 부적응적이다(예: 손을 너무 자주 씻어서 손에서 피가 날 수 있다). 따라서 강박장애가 있는 사람들은 심리적으로 상당한 손상을 입은 것으로 여겨진다. 인구의 1~3% 정도가 평생 한 번 정도 강박장애를 겪을 위험이 있다(Angst et al., 2004; Kessler et al., 2005). 강박장애의 유병률은 강박장애 관련 연구가 진행된 미국, 캐나다, 멕시코, 영국, 노르웨이, 홍콩, 인도, 이집트, 일본, 한국 등에서 큰 차이가 없는 것으로 나타났다(Escobar, 1993; Insel, 1984; Kim, 1993).

## 강박장애의 이해

인지행동 이론가들에 따르면 강박장애가 있는 사람들은 엄격하고, 도덕적 사고를 하는 경향이 있어서 침습적 사고를 '꺼버리는 데' 더욱 어려움을 겪는다(Rachman, 1998; Salkovskis, 1999). 그들은 해로운 일이 일어나지 않도록 막아야 한다는 책임감을 느끼는 경향이 있다. 그들은 자신의 부정적이고 침습적인 사고가 허용될 수 없다고 판단할 가능성이 높고, 이 때문에 그러한 사고에 대해 더 불안해하고 죄책감을 느낀다. 이러한 불안 때문에 사고를 떨쳐 버리는 것이 더 힘들어진다. 강박장애가 있는 사람들은 또한 모든 사고를 통제할 수 있어야 한다고 믿으며, 모든 사람이 간혹 부정적인 사고를 한다는 사실을 받아들이지 못한다. 그들은 이러한 사고를 가지는 것이 스스로 미쳐 간다는 것을 의미하거나 실질적인 행동(만약 내가 내 아이에게 해를 끼친다는 생각을 하는 것만으로도 실제로 아이를 해친 것처럼 죄책감을 느낄 것이다)을 한 것이나 마찬가지라고 여기는 경향이 있다. 당연히 이러한 사고는 떨쳐 버리기 어렵기 때문에 그 사람의 불안을 더욱 증가시킨다.

강박행동은 강박적인 사람이 어떤 행동을 함으로써 일시적으로 강박사고와 불안이 가라앉은 것을 경험한 후 발생할 수 있다. 이러한 불안의 감소는 강박행동을 강화하고, 강박행동을 발생시킨다. 강박사고가 발생할 때마다 불안을 감소시키기 위한 행동을 할 수밖에 없다. 강박장애에 대한 인지행동적 설명은 경험적 연구를 통해 상당한 지지를 받고 있다(Julien et al., 2007). 강박장애의 인지행동적 조망을 옹호하는 증거 중 하나는 인지행동적 조망에 기반을 둔 치료가 강박장애 치료에 도움이 된다는 것이다. 이에 대해서는 16장에서 논의할 것이다.

강박장애에는 생물학적 원인도 있을 수 있다. 일부 가족 연구는 장애 유전자가 어떤 사람이 강박장애에 취약한지를 결정한다는 것을 시사한다(Mundo et al., 2006). 일부 가족 연구는 강박장애의 취약성에 장애 유전자가 중요한 역할을 한다고 제안했다. 그러나 강박장애의 생물학적 연구 대부분은 운동 기능, 인지, 감정과 관련 있는 뇌의 중요한 회로에 초점을 맞추었다(Milad & Rauch, 2012). 이러한 회로는 전두피질의 특정 부분으로부터 선조체라고 불리는 기저핵 부분, 그리고 기저핵에서 시상까지 뻗어 있으며 전두피질로 되돌아간다(그림 15.4 참조). 강박장애가 있는 사람들의 경우 강박의 대상이 되는 성행위, 폭력, 청결과 관련된 원초적인 충동을 통제하는 뇌의 영역에서 신경전달물질인 세로토닌의 결핍이 있을 수 있다(Milad & Rauch, 2012). 강박장애 및 이와 관련된 장애를 지닌 사람의 경우 이 회로의 기능 장애는 원초적인 충동(예: 공격적 충동)이나 상동증적 행동을 통제하는 시스템을 무력화할 수도 있다. 강박장애가 있는 사람들은 손을 지속적으로 씻고 싶은 충동을 느끼는데, 손을 씻는 행동이 필요하지 않음에도 불구하고 손이 더럽다는 생각이나 손을 씻는 행위에 대한 생각을 멈출 수가 없다. 생물학적 이론의 지지자들은 강박장애가 있는 사람들의 강박사고 및 행동이 오염, 성행위, 공격성, 반복되는 행동 등 뇌의 신경회로가 처리하는 기능과 관련이 있다고 제안한다(Milad & Rauch, 2012; Rauch, 2003).

강박장애가 없는 사람들과 비교했을 때 강박장애가 있는 사람의 뇌 영상 연구를 보면 원초적 회로와 관련된 뇌 부분의 이상 활동이 나타난다. 또한 강박장애가 있는 사람들은 세로토닌 수준을 조절하는 약물을 복용하면 종종 증상이 완화되기도 한다(Dell'Osso et al., 2006). 마지막으로, 약물에 잘 반응하는 환자들은 잘 반응하지 않는 환자들에 비해 이러한 뇌 영역의 활동 속도가 크게 저하된다(Baxter et al., 1992; Swedo et al., 1992). 흥미롭게도 행동치료에 반응하는 강박장애 환자들도 미상핵과 시상에서 활동 감소가 나타난다(Schwartz et al., 1996).

요약하면, 생물학적 요인과 심리학적 요인이 함께 작용하여 여러 불안장애가 발병할 수 있다. 이러한 장애를 지닌 사람들은 불안에 대한 유전적·신경학적·생화학적 취약성을 지니고 있을 수 있다. 그러나 불안장애가 발병하는 데에는 불안을 감소시키기 위한 파국적 사고 경향이나 부적응적 회피행동이 동반되어야 한다.

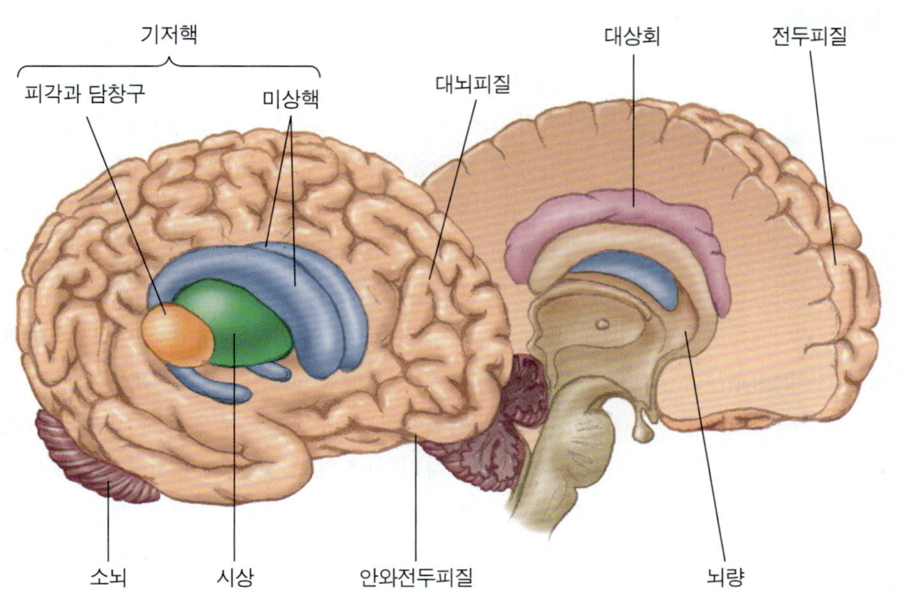


**그림 15.4 인간의 뇌와 강박장애.** 뇌의 삼차원적 모습은 강박장애와 연관 있는 영역인 안와전두피질과 기저핵의 위치를 보여준다. 기저핵의 구조 중에서 미상핵은 안와전두피질에서 생기는 강력한 충동을 여과하며, 따라서 가장 강력한 충동만이 시상에 도달한다.

### 중간 요약

- 불안장애는 범불안장애(지속적인 걱정과 긴장), 공황장애(압도적 두려움의 침습), 공포증(특정 사물이나 상황에 대한 비이성적 두려움), 강박장애(원치 않는 사고의 지속, 충동과 결합된 강박사고, 또는 특정 행동을 수행하는 강박행동)를 포함한다.
- 불안장애의 생물학적 이론은 유전적 취약성이나 생화학적 혹은 신경학적 이상에 기인한다. 대부분의 불안장애는 유전이며, 쌍둥이 연구는 공황장애와 강박장애에 유전적 요인이 영향을 미칠 수 있다는 사실을 강하게 시사한다.
- 공황발작을 겪는 사람들에게서 과도한 투쟁 또는 도피 반응이 나타나는데 이는 변연계의 세로토닌 부족 때문일 수도 있다.
- 강박장애가 있는 사람들은 원초적 충동을 제어하는 뇌 영역의 세로토닌이 부족할 수 있다.
- 인지 이론가들과 행동 이론가들은 불안장애가 있는 사람들이 파국적 인지와 엄격하고 융통성이 없으며 틀에 박힌 사고를 갖는 경향이 있다고 제안한다. 회피행동이나 강박행동과 같은 부적응 행동은 개인이 그러한 행동을 통해 불안이 감소됨을 깨닫는 것과 같이 조작적 조건형성을 통해 나타난다. 공포증은 고전적 조건형성을 통해 발생할 수 있다.
- 정신분석 이론은 불안장애가 공포증, 강박사고 또는 강박행동으로 위장한 무의식적 갈등에서 기인한다고 본다.

### 비판적 사고를 위한 물음

1. 불안장애(강박장애 제외)를 겪을 가능성은 남성보다 여성이 더 높다. 이러한 성차에 대해 가설을 세워 보라.
2. 인간은 총이나 현대 무기가 훨씬 더 위험한데도 뱀이나 거미에 대한 공포증이 생길 확률이 더 높다. 이러한 현상을 진화론적 조망에서 설명해 보라.

## 우울증과 양극성 장애

**기분장애** mood disorder는 기분에서의 장애(disturbance)가 특징이다. 기분장애에는 두 가지 유형이 있다. **우울장애** depressive disorder가 있는 사람들은 슬프고 우울하거나 저조한 나날을 보낸다. **양극성 장애** bipolar disorder가 있는 사람들에게는 우울한 기간과 조증(고양되거나 흥분된 기분)의 기간이 번갈아 나타나는데, 대개 이 양극단의 기분 사이에 정상적인 상태로 돌아오기도 한다. 일반적으로 우울증 병력 없이 조증 삽화만을 경험하는 경우는 거의 없다.

### 우울증

> 아침에 일어나 밤에 잠들 때까지 나는 견딜 수 없을 정도로 비참하고 어떤 즐거움이나 열정도 느끼지 못한다. 모든 생각과 말과 행동, 이 모든 것이 다 힘들다. 한때 활기 넘쳤던 모든 것이 지금은 단조롭기 그지없다. 나는 내 자신이 멍청하고, 지겹고, 부적절하고, 미련하고, 어둡고, 감정이 없고, 피부는 차고, 창백하고, 생기 없는 참새처럼 느껴진다. 나는 아무것도 할 수 없을 것 같다. 내 마음은 처지고 소진되어 사실상 쓸모없는 수준에 다다랐다. 비참하고 복잡하며 애처롭게 혼란스러워하는 어두운 존재인 나는 내 성격의 부적절함과 단점을 장황하게 늘어놓으면서 나를 고문하고 자포자기로 절망감에 빠진 나를 비웃었다. (Jamison, 1995, p. 110)

우리 중 대부분은 슬프거나 무기력하고, 즐거운 활동에서조차 흥미를 느끼지 못하는 시기를 겪는다. 경미한 우울 증상은 삶의 많은 스트레스, 특히 중요한 상실에 대한 정상적인 반응이다. 그러나 증상이 너무 심각하여 정상적 기능을 방해하고 이것이 몇 주 이상 지속될 때 우울증은 장애가 된다. 인구의 13%가 평생 한 번쯤은 재미슨이 기술한 것과 같은 심각한 우울 삽화를 경험할 정도로 우울장애는 상대적으로 흔한 질병이다(Alonso et al., 2004; Merikangas et al., 2011). 우울장애의 유병률은 국가마다 상당히 다르다. 일본, 선전(중국), 불가리아, 루마니아에서 우울증의 평생 유병률은 약 6% 이하인 반면 브라질, 뉴질랜드, 미국에서는 약 20%에 달한다(Merikangas et al., 2011). 대부분의 국가에서 우울장애가 발생할 가능성은 남성보다 여성에게서 더 높다.

우울증은 기분장애의 특징을 가지고 있으나, 기분뿐만 아니라 신체 기능과 행동 및 사고에도 영향을 미치는 심각한 질병이다(그림 15.5 참조). 우울장애 진단에 이러한 모든 증상이 나타나야 하는 것은 아니지만, 심각한 증상이 많을수록 우울장애를 겪는다는 것은 명백하다.

우울증의 정서적 증상은 우리가 일상생활에서 때때로

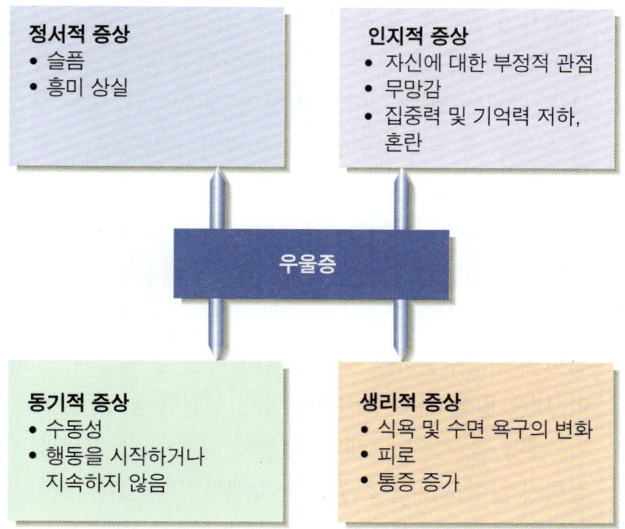


**그림 15.5 우울증의 증상.** 우울증은 정서적 · 인지적 · 동기적 · 신체적 증상을 포함한다.

경험하는 우울한 기분이 아니라 끝이 없는 고통과 절망감을 말한다. 우울증을 겪는 사람들은 즐거움을 느끼는 능력을 잃었다고 보고한다. 개인적으로 매우 기쁜 일에도 이러한 반응을 보이는데 이를 **무쾌감증anhedonia**이라 부른다. 그들은 가족이나 친구들과의 교류, 일, 혹은 취미가 즐겁지 않다고 말한다.

인지적 증상은 주로 무가치감, 죄책감, 절망, 심지어 자살에 대한 생각이 주된 부정적 사고로 이루어져 있다. 평소보다 일에 대한 동기도 저조하다. 우울한 사람은 수동적인 경향을 띠고, 활동을 시작하는 것을 힘들어 한다. 다음의 환자와 치료자 간의 대화는 이러한 우울증 환자의 수동성을 보여 준다. 자살 시도 후 입원한 남자는 라운지에 앉아 꼼짝 않고 하루를 보냈다. 치료자는 그를 어떤 활동에라도 참여시켜 보기로 했다.

치료자: 하루 대부분의 시간을 라운지에서 보내신다고 들었는데, 그런가요?
환자: 네. 조용히 있으면 제 마음이 편안해집니다.
치료자: 여기 앉아 있을 때 기분이 어떤가요?
환자: 늘 끔찍한 기분이에요. 그냥 구멍 어딘가에 빠져 죽었으면 좋겠어요.
치료자: 2~3시간 여기 앉아 계시면 기분이 나아지나요?
환자: 아니요. 똑같아요.
치료자: 그러니까 마음이 편해질 수 있을까 앉아 있지만 우울증이 나아지는 것 같지는 않군요.
환자: 저는 아주 지루해요.
치료자: 활동을 좀 해 보시는 건 어때요? 저는 여러 이유에서 활동을 하는 편이 우울증에 도움이 될 거라고 생각해요.
환자: 여기는 할 게 없어요.
치료자: 제가 활동 목록을 제안하면 그중 몇 가지 활동을 해 볼 의향이 있나요?
환자: 선생님께서 활동을 해 보는 게 도움이 될 거라고 생각하신다면요. 그런데 저는 그게 시간 낭비라고 생각해요. 전 아무런 흥미가 없어요.

(Beck et al., 1979, p. 200)

우울한 사람들은 많은 신체 증상을 경험한다. 식욕이 떨어지고, 잠을 많이 자거나 혹은 적게 잘 수 있다. 또한 매우 피곤해하는 경향이 있으며, 에너지가 바닥날 수 있다. 우울한 사람들의 사고는 외적인 사건보다 자신의 내면에 집중되어 있어 사소한 통증과 고통, 건강에 대해 과민해질 수 있다.

**어떤 사람들은 몇 년 동안 우울증으로 고통 받는다.**

증상의 특징에서 볼 수 있는 것처럼 우울증은 사람을 쇠약하게 만드는 장애이다. 불행하게도 심각한 우울증은 장기간 지속될 수 있다. 심각한 우울증이 있는 사람들에 대한 연구는 1년 중 이들에게 증상이 없었던 기간이 30%에 불과하다고 밝혔다(Kessler et al., 2003). 우울증은 회복한다 하더라도 새로운 삽화의 재발 위험성이 매우 높다. 그러나 희소식도 있다. 약물치료나 심리치료를 통해 우울증의 삽화 기간이 상당히 단축될 수 있고, 새로운 삽화의 발생 또한 예방할 수 있다. 이에 대해서는 16장에서 논의할 것이다.

## 양극성 장애

우울증의 대다수는 조증 삽화를 동반하지 않고 발생한다. 그러나 기분장애가 있는 일부 사람들은 우울증과 조증을 모두 경험하며, 이에 따라 조울증(manic-depression)으로 알려진 양극성 장애로 진단받게 된다. 개인은 우울증과 극단적인 고양 사이를 교대로 겪는다. 어떤 경우에는 우울 삽화와 조증 삽화 사이의 전환 주기가 매우 빠르며, 그 사이 아주 일시적으로 정상 상태로 돌아오기도 한다.

**조증 삽화** manic episode를 경험하는 사람들은 표면적으로는 우울증과 반대로 보이는 방식으로 행동한다. 경미한 조증 삽화 동안 그들은 에너지가 넘치고 열정적이며 자신감으로 가득 차 있다. 그들은 쉴 새 없이 말하고, 잠도 안 자고, 한 가지 활동을 끝내자마자 또 다른 활동에 뛰어들고, 실현 가능성은 전혀 염두에 두지 않은 채 거창한 계획을 세운다. 이와 관련된 재미슨(Jamison, 1995, pp. 36-37)의 글을 보자.

> 내가 처음 발작을 경험한 것은 고등학교 고학년 때였다. 처음에는 모든 일이 쉬워 보였다. 나는 미친 족제비처럼 달리고, 머릿속에 많은 계획이 떠오르고, 열정이 넘치고, 스포츠에 빠져 밤을 새고, 매일 밤 친구들과 놀고, 뭐든지 읽고, 원고를 시와 연극의 구절로 채우고, 원대하면서도 완전히 비현실적인 미래에 대한 계획을 세웠다. 세상을 사는 것이 즐겁고 모든 일이 가능할 것 같았다. 나는 기분이 아주 좋았다. 단순히 좋은 것이 아니라 '정말' 좋았다. 나는 내가 뭐든지 다 할 수 있다고 느꼈다. 어떤 과제도 어렵지 않았다. 나의 마음은 명확하며 집중력이 좋았고, 내가 완전히 이해하지 못했던 수학 문제도 직관적으로 이해했다. 사실 나는 아직도 수학 문제를 이해하지 못한다. 그러나 그 당시에는 모든 것이 이해될 뿐만 아니라 모든 것이 놀라운 우주적 관련성과 들어맞기 시작했다. 자연계 법칙의 황홀함에 감탄해 마지않았고, 친구들을 붙잡고 자연계 법칙이 얼마나 아름다운지에 대해 장황하게 이야기했다. 그러나 그들은 나의 통찰이나 우주의 아름다움에 놀라기보다 내가 너무 열의에 넘쳐 장황하게 횡설수설하는 것을 힘들어 하는 것 같았다. 케이, 너는 말을 너무 빨리 해. 케이, 천천히 좀 말해. 케이, 네가 좀 지친다. 케이, 천천히 말해. 그들이 직접 말하지 않아도 나는 그들의 눈빛에서 "미치겠네. 케이 천천히 좀 말해."라고 하는 것을 알아챌 수 있었다.

이러한 에너지, 자신감, 열정은 상당히 매력적으로 보일 수 있으며, 사실 조증 삽화를 겪는 많은 사람들도 증상이 사라지는 것을 원치 않는다. 그러나 어느 시점에 조증 증상은 종종 충만한 기쁨의 상태에서 적대적인 동요 상태로 넘어간다. 조증 삽화를 겪는 사람들은 자신의 행동을 방해하면 화를 내고 폭력적으로 돌변한다. 이들의 충동(성적 충동 포함)은 행동으로 혹은 언어적으로 즉시 표출된다. 조증이 있는 사람들은 마음의 혼란을 겪고 분별력을 잃을 수 있으며, 거대한 부나 성취 혹은 권력에 대한 망상을 경험할 수 있다. 결국 대부분의 조증 삽화는 우울 삽화로 되돌아가며 일부는 극단적인 우울을 경험하는 경우도 있다.

양극성 장애는 상대적으로 흔하지 않다. 많은 국가에서 인구의 2% 이하 성인들만이 양극성 장애를 경험한다(Alonso et al., 2004; Merikangas et al., 2011). 양극성 장애는 남성과 여성에게서 동일하게 나타나며, 유전 가능성이 높고, 다른 약물에 반응하지 않으며, 치료하지 않으면 거의 항상 재발한다는 점에서 다른 기분장애와 구별된다.

## 기분장애의 이해

불안장애와 마찬가지로, 기분장애는 생물학적 모형과 심리적 모형의 결합을 통해 가장 잘 설명할 수 있다. 우울증, 특히 양극성 장애를 겪는 사람들은 대부분 이 장애에 대한 생물학적 취약성을 가질 수 있다. 그러나 부정적 사고 경향성과 더불어 특정 생활사건의 경험은 장애 발생

가능성을 명백히 증가시킨다.

## 생물학적 조망

기분장애, 특히 양극성 장애는 유전되는 것처럼 보인다. 양극성 장애의 가족력 연구에서 양극성 장애가 있는 사람의 일차 친족(부모, 자녀, 형제자매)은 양극성 장애가 없는 사람의 일차 친족보다 양극성 장애와 우울장애 모두 발병할 확률이 5~10배에 이르는 것으로 나타났다(Farmer et al., 2007). 양극성 장애의 쌍둥이 연구는 양극성 장애에 유전적 요소가 있다는 것을 지속적으로 시사한다. 실제로 양극성 장애가 있는 일란성 쌍둥이는 일반 사람들에 비해 양극성 장애 위험률이 45~75배 정도 높다(Farmer et al., 2007).

아동기에 발병하여 삶의 전반에 걸쳐 재발하는 우울증 역시 유전적 요소가 영향을 미친다는 몇몇 증거가 있다. 가족력 연구에서 우울증 환자의 일차 친족은 다른 이들에 비해 우울증의 비율이 2~4배 높은 것으로 나타났다(Sullivan et al., 2000). 쌍둥이 연구는 우울증에도 유전적 요소가 영향을 미치지만 그 기여도는 양극성 장애에 비해 낮은 수준이라고 제안했다(Levinson, 2009).

기분장애에서 유전적 요인의 구체적 역할은 명확하지 않다. 그러나 생화학적 이상성이 관련이 있는 것으로 보인다. 모노아민 계열의 신경전달물질인 노르에피네프린, 세로토닌, 도파민은 기분장애에서 중요한 역할을 하는 것으로 알려져 있다. 2장의 내용을 상기해 보면, 신경전달물질은 하나의 뉴런에 의해 합성되고 시냅스나 뉴런 사이로 방출된다. 그 후 신경전달물질은 다른 뉴런의 세포막에 있는 수용기에 열쇠처럼 들어맞는다(그림 15.6 참조). 신경전달물질이 수용기에 결합할 때, 이는 다른 뉴런으로 신호를 보내는 뉴런 내 생화학적 과정의 단계를 순차적으로 유발한다. 이러한 신경전달 과정은 어떤 단계에서든 이상이 발생할 수 있다. 시냅스로 방출되는 신경전달물질의 양이 적절하지 않을 수도 있고, 신경전달물질에 대한 수용기의 숫자나 민감성에 이상이 있을 수도 있다. 수용기와 신경전달물질이 결합함으로써 시작된 신호 전달 체계가 제대로 기능하지 않을 수도 있다. 일부 연구는 우울증이나 양극성 장애가 있는 사람들이 특히 시상하부처럼 감정 통제와 관련 있는 뇌 영역의 모노아민 신경전달의 모든 단계에서 이상이 있을 수 있음을 시사한다(Thase, 2009).

기분장애가 있는 사람들의 뇌 구조와 기능에도 변화가 있는 것처럼 보인다. 컴퓨터 단층영상(CT)과 자기공명영상(MRI)을 이용한 뇌 영상 연구는 심각한 단극성 우울과 양극성 장애가 있는 사람의 전전두엽 피질 영역이 퇴화한 것을 발견했다(Thase, 2009). 양전자 방사 단층 촬영법(PET) 결과 이러한 퇴화는 물질대사의 이상과도 연관된다. 그림 15.7은 양극성 장애 환자의 경우 전전두엽 피질의 한 부분인 대상회에서 활동이 감소되는 것을 보여 준다. 뿐만 아니라 인지 기능 및 감정의 조절과 관련된 시상에서도 활동이 감소되었다. 이와 유사하게 우울한 사람들은 일반인보다 전전두엽 피질에서의 기능 차이를 보이며, 이는 스트레스에 대한 반응 조절 및 수면, 식욕, 성욕, 동기, 기억과 연관된 시상, 시상하부, 편도체, 해마에서도 마찬가지였다(그림 15.8 참조; Southwick et al., 2005). 이러한 구조적·기능적 뇌 이상은 기분장애의 전조 및 원인이거나, 뇌에 독성 효과를 미치는 생화학적 과정의 결과일 수 있다. 아직 우리는 이러한 이상성이 무엇을 의미하는지 정확하게 모르지만, 뇌 영상 기법이 빠르게 발전하면서 흥미로운 새 단서를 발견할 수 있을

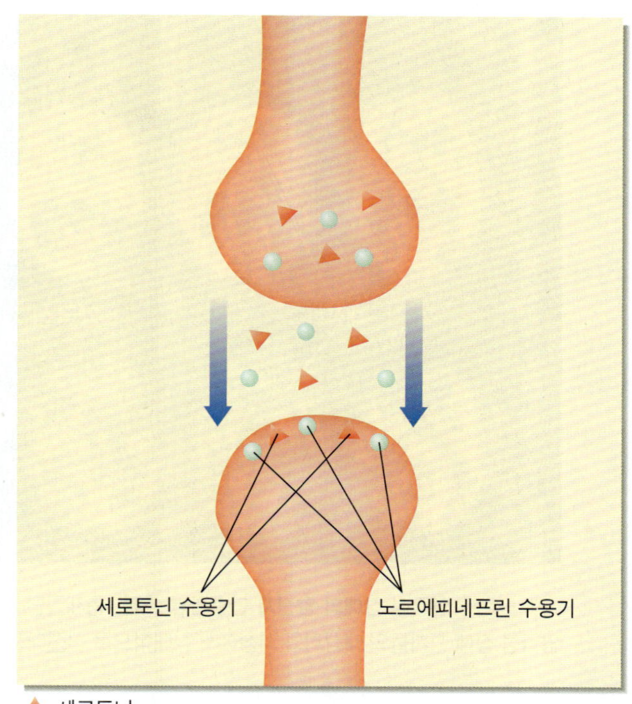


**그림 15.6 우울증에서의 신경전달.** 노르에피네프린과 세로토닌의 뉴런 수용기는 우울한 사람들에게서 효과적으로 작용하지 않을 수 있다. 따라서 하나의 뉴런에서 방출되는 노르에피네프린과 세로토닌은 다른 뉴런의 수용기 자리에 결속될 수 없다.

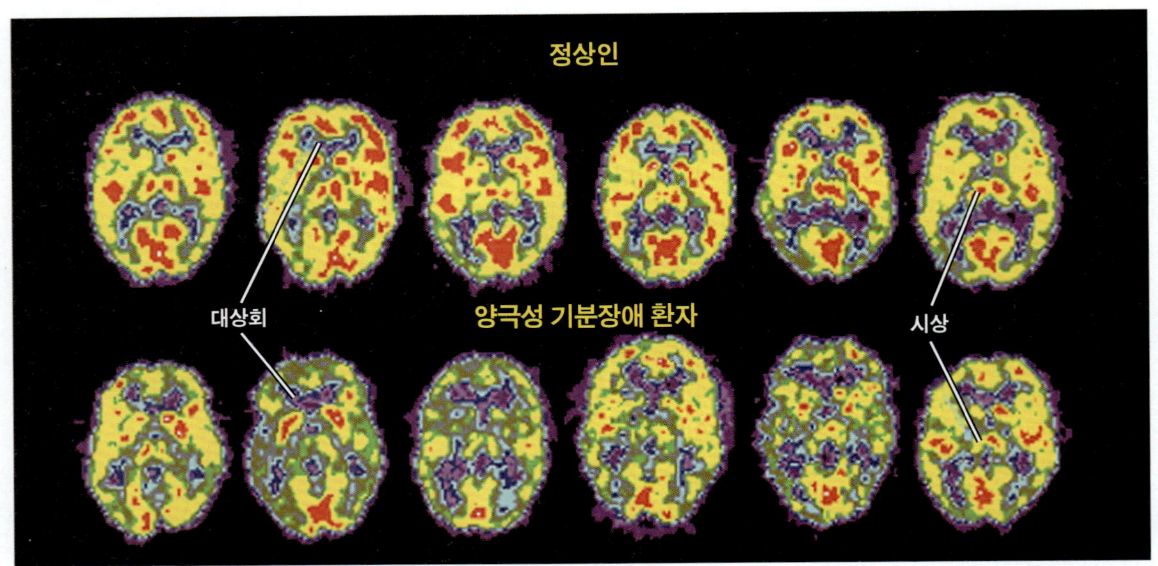


**그림 15.7 양극성 장애의 양전자 단층촬영 스캔.** 통제집단 피험자 6명과 양극성 장애 환자 6명의 양전자 단층촬영(PET) 스캔. 양극성 장애 환자들의 대상회와 시상에서 상대적으로 신진대사 비율이 감소한 것을 주목하라.

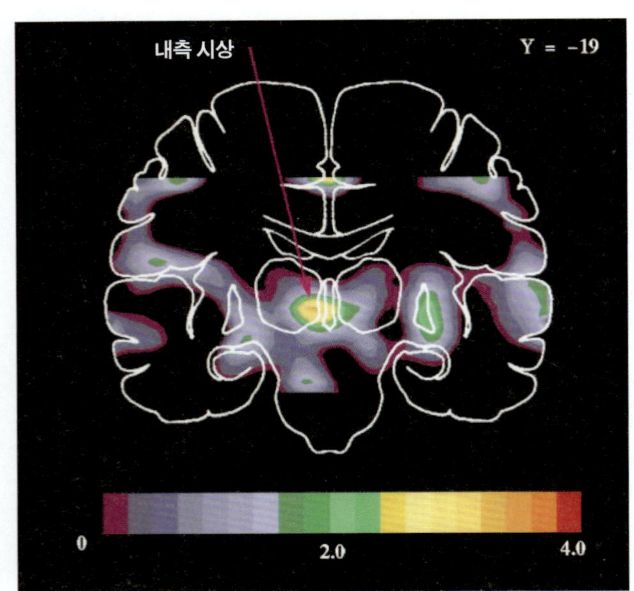


**그림 15.8 우울에서 뇌의 기능.** 이 뇌 영상은 일반인과 비교했을 때 우울증이 있는 사람의 내측 시상에서 신진대사가 증가하는 것을 보여 준다.

것으로 기대한다.

## 인지적 조망

인지적 이론은 주로 우울증에 중점을 둔다. 이 이론에 따르면 사람들은 삶에서 일어나는 사건을 비관적이고 절망적으로 해석하기 때문에 우울해진다(Abramson et al., 2002). 가장 영향력 있는 인지 이론가 중 한 명인 에런 벡(Aaron Beck)은 우울한 사람의 부정적 사고를 세 가지 범주로 나누고 **인지삼제**(cognitive triad)로 정의했다. 이는 자기 자신, 현재 경험, 미래에 대한 부정적 사고를 의미한다(Beck, 1976). 자신에 대한 부정적 사고는 자신이 가치 없고 부적절하다는 개인의 신념을 포함한다. 우울한 사람의 미래에 대한 부정적 관점은 무망감 중의 한 가지 유형이다. 우울한 사람들은 자신의 부적절성과 결함으로 인해 현재의 절망스러운 상황이 나아지지 않을 것이라고 믿는다.

벡은 우울한 사람들의 자신에 대한 부정적 신념(나는 무가치한 존재야, 나는 제대로 하는 게 아무것도 없어)은 부모의 죽음, 동료들로부터의 사회적 거부, 부모나 교사의 비판, 또는 연속적인 비극적 사건과 같은 경험을 통해 아동기 혹은 사춘기 동안 형성된다고 제안했다. 부정적 신념을 학습한 상황과 조금이라도 유사한 다른 새로운 상황에 처하게 될 때 부정적 신념이 활성화되고, 결과적으로 우울증이 발병할 수 있다. 게다가 벡에 의하면 우울증을 겪는 사람은 현실을 올바르게 지각하지 못하고 사고의 체계적 오류를 범하는데, 이는 자신에 대한 부정적 신념에도 영향을 준다. 표 15.2에 이러한 인지적 왜곡의 예시가 제시되어 있다.

학생들의 대학 생활을 추적한 한 연구는 우울증에서

**표 15.2 우울증의 인지적 왜곡**

벡의 이론에 의하면 다음은 우울증이 있는 사람들이 주로 보이는 사고의 주요 오류이다.

| | |
|---|---|
| 과잉일반화 | 한 사건에 근거하여 전체에 대해 일반화된 결론을 내리는 것. 예를 들어 학생은 특정한 날의 수업에서 좋지 않은 성적을 받은 것을 근거로 자신이 서투르고 멍청하다는 결론을 내린다. |
| 선택적 추출 | 상황의 사소한 세부 사항에는 집중하는 반면 더 중요한 특징은 무시하는 것. 예를 들어 상사가 비서의 전반적인 업무 수행을 칭찬한 대화에서 비서는 다소 비판적으로 해석될 수 있는 말만 기억한다. |
| 확대하기와 축소하기 | 수행에 대한 평가에서 불쾌한 작은 사건은 확대하고 유쾌한 큰 사건은 최소화하는 경향. 가령 한 여성이 자동차 사고에서 차가 약간 찌그러진 것을 재앙으로 여긴다(확대하기). 반면에 수업에서 훌륭하게 발표했지만 이를 자랑스럽게 여기지 않는다(축소하기). |
| 개인화 | 세상의 불운한 일에 대한 책임을 부정확하게 추정하는 경향. 예를 들어 야외 뷔페 때 비가 와서 음료 안에 빗물이 들어갔을 때 주최자는 날씨보다 자기 자신을 탓한다. |
| 임의 추론 | 뒷받침할 증거가 거의 없는데도 임의로 결론을 내리는 것. 예를 들어 한 남성은 아내의 슬픈 얼굴을 보고 아내가 자신에게 실망했다고 생각한다. 만약 그가 상황을 제대로 확인했다면, 아내가 괴로워하는 이유가 친구가 병에 걸렸기 때문임을 알 수 있었을 것이다. |

인지적 요소가 중요한 역할을 한다는 것을 증명했다. 연구자들은 신입생들의 부정적 사고 경향성을 평가하고 이들을 몇 년 동안 추적 연구했다. 부정적 인지 양식을 가졌던 학생들은 대학 진학 전에 우울증으로 진단받은 적이 없었음에도 불구하고, 부정적 인지 양식이 없는 학생들과 비교했을 때 우울증 삽화를 경험할 가능성이 거의 7배 이상 높았다(Alloy et al., 2006).

우울증이 있는 사람들은 사고의 내용뿐만 아니라 사고 과정에서도 편향을 보인다. 그들은 반추(rumination)하는 경향이 있는데, 이는 문제해결을 위해 행동은 하지 않으면서 특정한 방식으로 문제와 감정에 반복적으로 주의를 기울이는 것을 의미한다(Nolen-Hoeksema et al., 2008; Watkins, 2008). 이러한 반추 성향은 우울에 취약하지 않은 사람들도 심각한 우울증을 겪게 할 수 있다는 데서 단순히 우울증 증상으로 국한되지 않는다(Nolen-Hoeksema, 2000).

우울한 사람들은 또한 기본적인 주의와 기억 과정에서도 부정적 사고에 대한 편향을 나타낸다(Gotlib & Joormann, 2010). 그들은 우울하지 않은 사람보다 슬픈 표정을 띤 얼굴과 같은 부정적인 자극에 더 오래 주의를 두며, 이러한 자극으로부터 벗어나는 데 어려움을 겪을 가능성이 높다. 단어 목록을 암기하도록 했을 때, 이들은 긍정적 단어보다 부정적 단어를 선택적으로 더 잘 기억할 것이다. 부정적인 정보에 대한 주의 및 기억의 편향은 우울한 사람들이 자기 자신, 세상, 미래에 대해 가지고 있는 부정적 신념과 반추 성향의 원인이 될 수 있다(Gotlib & Joormann, 2010).

### 대인관계 조망

우울증의 대인관계 이론에 의하면 우울한 사람들은 보통 다른 사람들의 의견과 지지에 지나치게 의존한다(Joiner & Timmons, 2009). 우울한 사람들은 타인과의 관계를 불안정하게 느끼고 자아상이 불안정하다. 때문에 이들은 자신이 다른 사람들로부터 수용되고 사랑 받는다는 확신을 끊임없이 추구한다. 그러나 그들은 타인이 주는 확신을 전혀 믿지 않고 계속 불안해하며 매달린다. 시간이 지나면서 가족이나 친구들은 그들의 이러한 행동에 지치고 좌절하거나 적대감을 보일 수 있다. 불안정한 이들은 다른 사람의 짜증을 인지하고 관계에 더 불안을 느끼며, 결과적으로 타인으로부터 자신이 수용되고 있다는 확신을 찾는 데 더 매달리게 된다. 결국 그 사람에 대한 사회적 지지는 모두 철회되고 우울증이 심해진다. 우울한 사람들이 거부에 더 민감하고, 다른 정신장애가 있는 사람들보다 더 과도한 인정 추구 행동을 할 가능성이 높다는 연구가 이러한 이론을 지지한다. 결과적으로 대인관계 문제가 있는 사람은 우울증을 경험할 가능성이 더 높다(Joiner & Timmons, 2009).

또한 우울한 사람들은 대인관계에서 다른 어려움도 많다. 이들은 사회적 기술이 부족하고 대인관계에서 갈등

## 첨/단/연/구

### 자살의 이해

*Susan Nolen-Hoeksema,* 예일대학교

우울증의 가장 비참한 결과는 자살이다. 자살을 시도하거나 자살하는 사람 모두가 우울증에 걸린 것은 아니지만, 자살 생각이나 자살 행동은 우울증 환자들에게서 매우 빈번하게 발생한다. 전 세계적으로 매년 약 100만 명 정도가 자살을 하는데, 이는 40초마다 한 명씩 자살을 하는 셈이다(WHO, 2008).

자살 시도는 여성이 남성에 비해 3배 정도 더 많다. 그러나 실제로 자살 성공 가능성은 여성보다 남성이 더 높다(그림 15.9 참조). 여성의 자살 시도가 높은 이유는 아마도 여성의 높은 우울증 발병률과 관련이 있을 것이다. 남성의 자살 시도 성공률이 높은 것은 자살 방법과 관련이 있다. 여성은 손목 긋기나 수면제 복용과 같이 덜 치명적인 자살 방법을 택하는 반면, 남성은 총기나 일산화탄소 흡입, 목을 매는 것과 같은 더 치명적인 방법을 택할 가능성이 높다(CDC, 2007).

자살률은 국가별로 차이가 나는데, 유럽과 과거의 소련연방 국가들, 오스트레일리아는 자살 비율이 높은 반면, 라틴아메리카와 남아메리카는 낮다(그림 15.10 참조; WHO, 2005). 미국의 자살률은 캐나다와 영국, 두 극단 사이에 있다. 이러한 차이는 자살에 대한 문화적 · 종교적 규범과 연관이 있을 수 있다.

자살한 사람들의 90% 이상이 진단 가능한 정신장애를 앓고 있었으며, 일반적으로 기분장애가 가장 흔하다(Jacobson & Gould, 2009 Fombonne). 덧붙여 약물 남용은 자살에서 중요한 역할을 한다. 알코올 의존증인 사람들의 평생 자살 위험률은 알코올에 의존적이지 않은 사람들보다 7배 높다(Joiner et al., 2005; Nock et al., 2008). 알코올중독이 우울증과 공발할 때 자살의 위험성이 더욱 높아진다. 알코올은 충동적 행동, 심지어 자살 시도와 같은 자기파괴적 행동 억제력을 감소시킨다.

최근 연구는 이미 심리적 문제가 있는 사람들 사이에서 자살이 전염될 수 있음을 시사한다(Jacobson & Gould, 2009). 그 예로, 대만의 연구자들은 M. J. Nee라는 인기 TV 스타의 자살이 미디어에 보도된 직후 우울증이 있는 438명을 인터뷰했다. 그 결과, 이들 중 38.8%는 미디어 보도가 자살 생각을 증가시켰다고 보고했고, 5.5%는 미디어 보고를 본 후 자살을 시도했다고 보고했다(Cheng et al., 2007). 유명 연예인의 자살이 보도되기 한 달 전에 자살을 시도했던 사람의 경우, 최근에 자살을 시도하지 않은 사람보다 자살 소식을 듣고 다시 자살 시도를 할 가능성이 약 12배가 넘는 것으로 나타났다.

사회의 유명 인사가 자살하면 그 사람과 자신을 동일시하는 사람들이 자살을 쉽게 수용한다. 위에서 기술한 대만의 연구 대상자 중 몇몇은 '그는 자살이 부끄러운 일이 아니라는 것을 보여 주었다' 혹은 '그는 내가 품위 있게 따를 수 있는 용감한 순교자였다'고 말했다(Cheng et al., 2007, pp. 72-73). 같은 학교에서

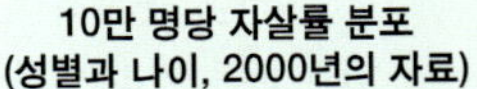


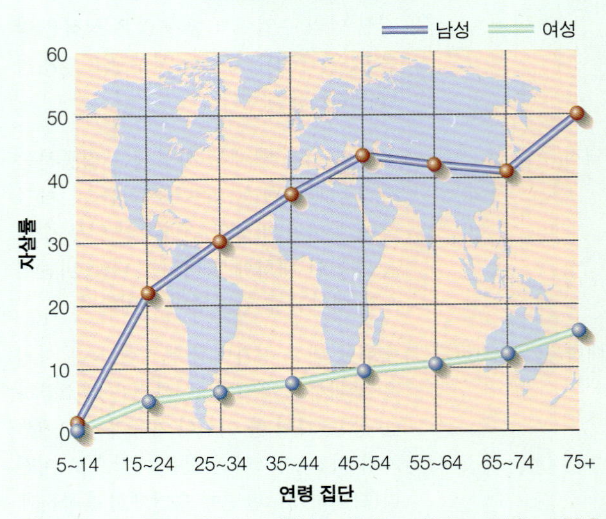


| | 5~14 | 15~24 | 25~34 | 35~44 | 45~54 | 55~64 | 65~74 | 75+ |
|---|---|---|---|---|---|---|---|---|
| **남성** | 1.5 | 22.0 | 30.1 | 37.5 | 43.6 | 42.1 | 41.0 | 50.0 |
| **여성** | 0.4 | 4.9 | 6.3 | 7.7 | 9.6 | 10.6 | 12.1 | 15.6 |

**그림 15.9 성별, 나이, 자살.** 많은 국가에서 남성은 여성보다 자살에 성공할 가능성이 높고, 자살의 비율은 고연령층에서 가장 높다.

자살 시도가 연속적으로 발생한다든가 유명 인사의 자살을 따라 자살하는 것과 같이 두 번 이상의 자살이나 자살 시도가 비무선적으로 어떤 장소나 시간에서 한꺼번에 발생하는 것을 과학자들은 **연쇄 자살**(suicide cluster)이라고 부른다(Joiner, 1999). 연쇄 자살은 청소년들 사이에서 주로 나타나는 것으로 보인다(Jacobson & Gould, 2009).

만약 친구 혹은 가족 구성원이 자살에 대해 생각하는 것으로 의심된다면 어떻게 해야 할까? 이는 대다수의 사람들이 두려워서 생각하고 싶지 않은 상황일 것이다. 또한 우리는 그 사람에게 자살하고 싶은지에 대해 직접 물어보거나, 미처 생각해 보지 않은 자살 가능성을 제안하게 될까 봐 염려할 수 있다. 그러나 연구는 자살 사고나 충동을 가진 사람들과 직접적으로 대화하는 것이 중요하다고 제안한다. 이러한 사람들은 종종 누군가가 자신의 생각을 알아차리고 염려해 주는 데 안도감을 느낀다. 직접적인 대화에 이어 치료를 받도록 격려하는 것이 좋다. 만약 스스로 즉시 해를 가하려는 생각을 가지고 있는 사람이 있다면 병원 응급실로 데려가거나 자살 위기 상담 전화에 연락하여 응급치료를 받을 수 있도록 돕는 것이 중요하다.

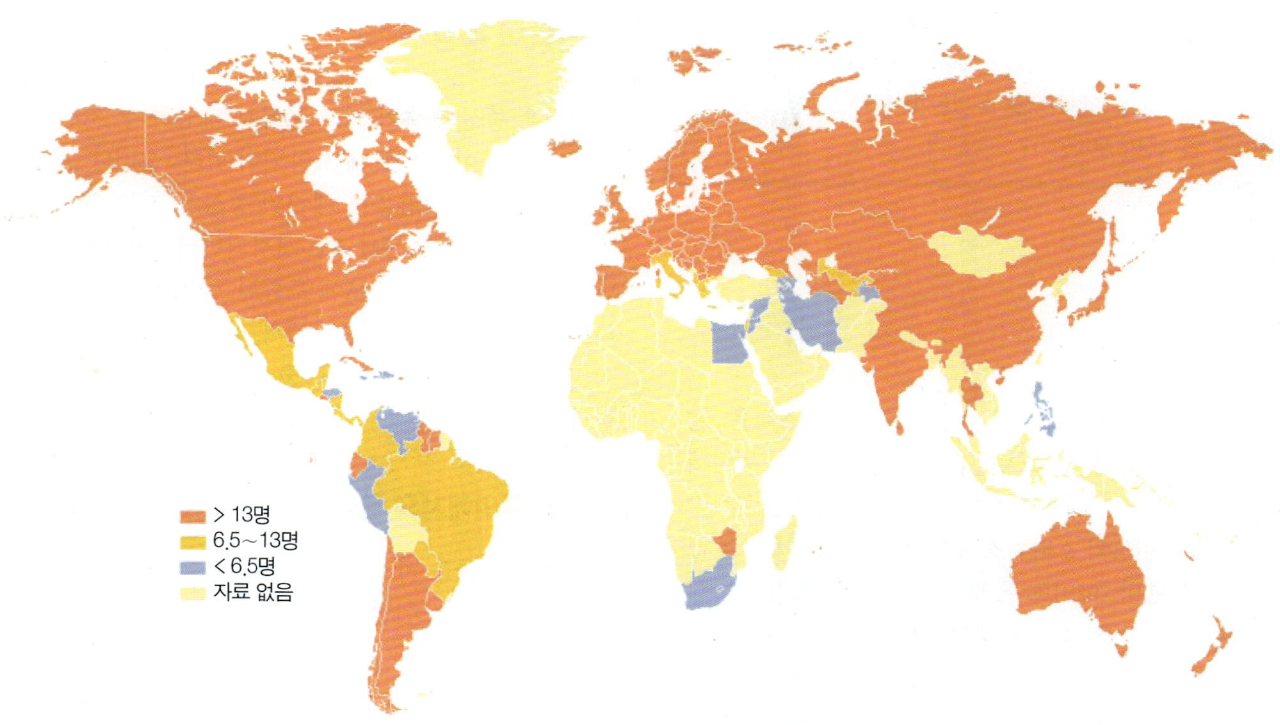


**그림 15.10 자살률 지도.** 자살률은 국가마다 상당히 다르다. 이 지도는 전 세계 여러 지역의 10만 명당 자살률을 보여 준다.

이 많다(Joiner & Timmons, 2009). 놀랍게도 우울한 사람들은 자신의 부정적인 자기관을 확증하려는 듯 타인의 부정적인 피드백을 작정하고 찾아 나서는 것처럼 보인다(Swann & Basson, 2010).

## 양극성 장애에서 심리사회적 요인

양극성 장애에는 강력한 유전적 근원이 있지만 심리사회적 요인 역시 장애의 경과에 중요한 역할을 한다. 생활 스트레스 사건은 양극성 장애의 새로운 삽화를 촉발할 수 있다(Johnson et al., 2009). 특히 가족 구성원들이 비판적이고, 적대적이고, 서로를 매우 감정적으로 대하며, 서로 지지해 주지 못하는 경우, 양극성 장애 증상의 재발 가능성이 높아진다(Hooley, 2007). 이에 따라 심리치료는 유해한 가족 분위기를 개선하고, 양극성 장애가 있는 사람에게 스트레스 감소 및 대처 방안을 교육하여 장애의 재발 가능성을 낮추고자 한다(Lam & Wong, 2005; Miklowitz & Craighead, 2007).

### 중간 요약

- 기분장애는 우울한 기분만을 경험하는 우울장애, 우울증과 조증 모두를 경험하는 양극성 장애(또는 조울증)로 나뉜다.
- 생물학적 이론은 기분장애가 유전적 요인과 신경전달물질인 세로토닌, 노르에피네프린의 조절 문제에서 기인한다고 본다.
- 인지 이론은 우울증이 자기 자신, 세상, 미래에 대한 비관적 관점 및 부적응적 귀인 양식에서 기인한다고 본다.
- 정신분석 이론은 우울증이 외부의 인정에 대해 의존적이고 분노를 내부로 돌리는 경향이 있는 사람에게 부모의 애정을 상실한 경험이 재활성화된 것으로 본다.
- 대인관계 이론은 우울증을 관계에 대한 불안정성과 사회적 상호작용에서의 부적응 패턴의 결과로 본다.

### 비판적 사고를 위한 물음

1. 우울증이 이전 세대(20세기에 들어섰을 때쯤)에 태어난 사람들보다 최근 세대(1950년대 이후)에 훨씬 더 많이 발생한다는 증거가 있다. 이러한 역사적 경향에 대한 가설을 세워 볼 수 있는가?

2. 작곡가 로베르트 슈만, 작가 실비아 플래스와 윌리엄 스타이런, 미국 코미디언 드루 캐리를 포함하여 우울증이나 양

극성 장애를 겪은 유명한 예술가가 많다. 기분장애와 창의성 사이에 관련이 있을 수 있는가? 만약 있다면 그 관련성의 특징은 무엇인가?

## 조현병

관련되는 것들, 앤털로프 마을, 오리건, 존스타운, 찰리 맨슨, 힐사이드 스트랭글러, 조디악 킬러, 워터게이트, 로스앤젤레스에서 킹의 재판 등등. 지난 7년 만에 23명 이상의 스타워즈 과학자들은 특별한 이유 없이 자살했다. 에이즈 은폐, 1987년 남아메리카의 회의에서 1,000명이 넘는 박사들은 곤충이 그것을 전달할 수 있다고 주장했다. 그 사람이 알아차리지 못하게 누군가의 사고를 읽고, 누군가의 마음에서 생각을 교체하기. 실현은 생화학자기적 통제의 현실인데, 그것은 생각 전달, 감정 제어, 개인의 사고, 감각, 감정의 뇌파 주파수 기록이다. (Nolen-Hoeksema, 2011, p. 232에서 인용)

조현병 환자가 게시한 이 '게시문'은 이 장애가 있는 사람들의 여러 특이 증상을 보여 준다. 이들은 다른 사람들이 자신에 대항하여 음모를 꾸미고, 자신의 사고가 통제되며, 사고가 자신의 마음으로 전달된다고 믿는다. **조현병**schizophrenia 환자는 현실과 현실이 아닌 것을 구분하지 못하고, 일상생활에 대응하는 것을 어려워하여 종종 부동의 상태에 빠진다. 조현병은 모든 문화에서 발생하는데 산업화와 동떨어진 문화에서도 발생하며, 최소 200년간 인류를 괴롭혀 왔다. 전체 인구의 약 1%가 조현병으로 고통 받으며, 남성과 여성에게서 비슷한 비율로 발병하는 것으로 보인다(Linscott & van Os, 2010). 조현병은 개인과 가족, 공동체에게 큰 부담을 부과한다. 조현병 환자들은 의학적 치료와 정신의학적 치료를 받아야 하고, 국제 연구에 따르면 한 국가의 의료 예산 중 3% 이상이 조현병 치료에 사용되고 있다(Knapp et al., 2004). 이 장애는 보통 사춘기 후반이나 성인기 초반에 시작하는데, 이는 개인이 직장 생활을 시작하거나 가정을 꾸리기 시작하는 때이다. 불행히도 조현병은 낙인이 가장 심한 장애 중 하나이다. 따라서 조현병 환자와 가족은 감당하기 힘든 수치심을 안고 살아야 하는 경우가 흔하다.

### 조현병의 특징

조현병은 증상의 수가 많고 종류도 다양하다. 조현병의 주요 특징은 아래 제목에 요약되어 있다. 그러나 조현병으로 진단받는 사람들이 제시된 증상을 전부 경험하는 것은 아니다. 최근 DSM-5로 개정되면서, 조현병으로 진단받는 데는 진단 기준 A에 포함된 두 가지 증상이 나타나야 한다. 또한 진단 기준 A에서도 세 가지 주요 양성 증상(망상, 환각, 와해된 언어) 중 적어도 하나를 경험해야 한다.

#### 사고와 주의에서의 장애

조현병 환자들은 사고의 과정과 사고의 내용 모두에서 장애를 겪는다. 조현병이 있는 사람이 쓴 다음 글을 살펴보자.

만약 사물이 농업이나 수준의 회전에 의해 돌고 모든 것에 시간이 정해져 있다면, 나는 사실인 이야기를 들었을 때 이전 서류 또한 조사받는다는 것을 가리키는 것이고, 내 딸 메리 로가 오른쪽 아래 갈라진 귓볼을 가지고 있다는 걱정이 있다. 많은 추상적인 것들이 말하지 않은 채 있는데 파손의 수준에서 우유, 날씨, 상업, 정부, 전자 기기에서 퓨즈는 이행되지 않았고 모두 이전의 모든 국가들은 필연적으로 사실화되지 않았다. (Maher, 1966, p. 395).

단어와 구 자체는 말이 되지만 단어와 구 사이의 관계가 이해되지 않는다. 관련 없는 단어나 구의 병렬, 기이한 단어 연상(때로 **단어 샐러드**word salad라고 불림)은 조현병 환자의 글쓰기나 말의 특징이다. 이러한 특징은 **연상의 이완**loosening of association, 즉 개인의 사고가 하나의 주제에서 다른 주제로 관련 없이 옮겨 다니는 것을 반영한다. 게다가 이러한 일련의 사고는 종종 단어의 의미보다는 발음에 의해 영향을 받는 것처럼 보인다. 다음은 조현병 여성 환자가 자신의 사고에 관한 의사의 질문에 답한 내용이다. 이 예시는 단어의 운을 맞춤으로써 연상을 형성하는 경향성인 유음 연상(clang association)을 보여 준다.

의사: 약물치료는 어떤가요? 여전히 할돌(Haldol, 정신병 치료 약물)을 복용하고 계신

가요?

환자의 사고: 더러운 벽(Foul Wall). (그녀는 머리를 끄덕이지만 대답하지 않는다)

의사: 비타민(vitamin)은 어떤가요?

환자의 사고: 일곱 가지 죄(Seven sins). 이었다(Has-beens). (그녀는 머리를 끄덕인다)

의사: 드셔야 할 약(meds)을 모두 복용하고 계신 것 같지 않군요.

환자의 사고: 연필이 이끈다(Pencil leads).

(North, 1987, p. 261)

조현병의 전형적 특징인 혼란스러운 사고 과정은 주의 집중 및 부적절한 자극을 걸러 내는 전반적인 어려움에서 기인하는 듯하다. 우리 대부분은 선택적으로 주의를 집중할 수 있다. 우리는 방대한 양의 감각 입력 정보 중 과제와 관련된 자극을 선택하고 나머지는 무시할 수 있다. 그러나 조현병 환자는 많은 자극을 동시에 수용하여 이를 이해하는 데 어려움을 겪는다. 조현병 환자가 쓴 다음 글은 이를 잘 보여 준다.

> 나는 집중할 수 없다. 내가 괴로운 것은 주의가 자주 바뀌는 것이다. 나는 다른 대화를 듣게 된다. 전송기가 된 것 같다. 소리는 나를 통해서 나오지만, 내 마음은 모든 것에 대처할 수 없는 것처럼 느껴진다. 어떤 하나의 소리에 집중하기가 어렵다. (McGhie & Chapman, 1961, p. 104)

자신의 주의를 통제할 수 없고 사고에 초점을 맞출 수 없는 느낌이 조현병 환자가 주로 경험하는 것들 중 하나이다.

조현병 환자들은 **망상** delusion에도 시달린다. 이는 대부분의 사람들이 보기에 현실을 잘못 해석하는 것으로 보이는 신념을 의미한다. 가장 흔한 망상은 외부 힘이 자신의 사고나 행동을 통제하려 한다는 신념이다. 이러한 조종망상(delusion of influence)은 누군가의 사고가 전 세계로 방송되어 다른 사람들이 들을 수 있다는 신념, (본인의 사고가 아닌) 이상한 사고가 자신의 마음에 주입되거나, 감정이나 행동이 외부의 어떤 힘에 의해 부과된다는 신념을 포함한다. 특정한 사람이나 집단이 자신을 위협하거나 자신을 대상으로 음모를 꾸민다는 신념(피해망상, delusion of persecution)도 빈번한 반면, 자신이 영향력 있거나 중요한 사람이라고 생각하는 신념(과대망상, delusion of grandeur)은 흔하지 않다.

**조현병적 망상을 가진 영국 환자들을 대상으로 한 연구에서는 환자들이 TV 메시지를 통해 통제당하고 있다는 두려움을 가진 것으로 나타났다.**

**편집** paranoid이라는 용어는 피해에 초점을 맞춘 신념을 지칭할 때 사용된다. 편집증적 망상을 가진 사람은 친구나 가족을 의심할 수 있으며, 독살 당할까 봐 두려워하고, 사람들이 자신을 감시하고 미행하며 자신에 대해 얘기한다고 불평할 수 있다. 드문 경우, 편집증적 유형의 조현병이 있는 사람은 자신에게 해를 가하려 한다고 생각하는 사람들을 공격할 수도 있다. 그러나 조현병을 가진 사람들은 대부분 정신착란으로 인해 자기 자신을 위험에 빠뜨릴 순 있어도 다른 사람들에게 위협이 되진 않는다.

조현병에서 망상의 구체적 내용은 문화와 환경에 따라 다를 수 있다. 예를 들어 영국의 조현병 환자들이 가진 망상은 TV나 라디오, 컴퓨터에 의해 통제된다는 것에 초점을 둔 반면, 파키스탄의 조현병 환자들은 이러한 망상이 드물다. 대신 그들은 흑마술에 의해 통제된다고 믿었다(Suhail & Cochrane, 2002). 망상 내용의 이러한 차이는 아마 두 집단이 살고 있는 환경의 차이뿐만 아니라 문화의 신념체계 차이를 반영한 것일 수 있다.

## 지각에서의 장애

급성 조현병 삽화를 경험하는 사람은 종종 세계가 다르게 보인다고 보고한다. 가령 이들에게는 소음이 더 크게 들리고, 색이 더 강렬하게 느껴진다. 이들의 신체가 이전과 같아 보이지 않을 수도 있다(손이 너무 크거나 작고,

다리가 매우 길고, 눈이 얼굴에서 어긋나 있는 것처럼 보일 수 있다). 몇몇 사람들은 거울에 비친 자신을 알아보지 못하거나, 세 겹으로 겹쳐진 상으로 볼 수 있다. 가장 극적인 지각장애는 **환각** hallucination으로, 이는 관련이 있거나 적절한 외부 자극이 없을 때도 느끼는 감각경험을 의미한다. 환각 중에서는 청각적 환각(무엇을 하라고 말하거나 행동에 대해 지적하는 목소리)이 가장 흔하다. 시각적 환각(이상한 생물이나 천국의 존재를 보는 것)은 다소 덜하다. 다른 감각적 환각(신체에서 나는 나쁜 냄새, 음식에 독이 든 것 같은 맛, 바늘에 찔리는 것 같은 느낌)은 드물게 발생한다. 다음의 예가 보여 주듯이 환각은 종종 두렵고 무서운 경험이다.

> 어느 시점에 동료들의 얼굴을 보면 그들의 얼굴이 일그러져 보이곤 했다. 그들의 이빨은 나를 집어삼킬 준비가 된 송곳니처럼 보였다. 대부분의 시간 동안 나는 집어삼켜질 것 같은 두려움 때문에 다른 누군가를 쳐다볼 수 없었다. 나는 그 병에서 풀려나 평온할 틈이 없었다. 잠을 청하려는 순간에도 악마는 계속 나를 잠들지 못하게 했다. 그래서 나는 때때로 그들을 찾으려고 집을 돌아다녔다. 잠을 자거나 깨어 있을 때도 내 모든 것이 사로잡혀 있었다. 난 내가 악마에게 사로잡혔다고 느꼈다. (Long, 1996)

청각적 환각은 일반적인 생각에서도 나올 수 있다. 우리는 종종 마음속으로 대화를 나눌 수 있다. 예를 들어 스스로의 행동에 대해 지적하거나 다른 사람과 가상의 대화를 할 수 있다. 어떤 때는 자신에게 소리를 내어 얘기할 수도 있다. 조현병이 있는 사람이 듣는 목소리는 자신을 욕하거나 자신이 무엇을 해야 할지 지시하는데, 이는 마음속으로 나누는 대화와 비슷하다. 그러나 청각적 환각을 경험하는 사람은 목소리가 자신으로부터 나왔다는 것이나, 스스로 목소리를 통제할 수 있다고 믿지 않는다. 외적인 것과 내적인 것, 그리고 현실과 가상을 구분하지 못하는 것은 조현병 환자의 경험의 핵심이다.

## 정서 표현에서의 장애

조현병을 겪는 사람들은 보통 비정상적인 정서반응을 보인다. 그들은 종종 자신을 슬프거나 행복하게 만드는 상황에서 움츠러들거나 아예 반응하지 않을 수 있다. 예를 들어 조현병이 있는 남성은 딸이 암에 걸렸다는 소식을 들었을 때 아무런 정서적 반응을 보이지 않을 수 있다. 그러나 정서적 표현에서의 둔감함 이면에 내적 혼란이 숨겨져 있을 수 있으며, 폭발적인 분노가 표출될 수 있다.

조현병이 있는 사람들은 가끔씩 상황에 적절하지 않거나 표현하고자 하는 사고와 잘 맞지 않는 부적절한 감정을 표현한다. 예를 들어 이들은 비극적 사건에 대해 말하면서 미소를 지을 수 있다. 인지적 과정은 우리의 정서에 영향을 주기 때문에, 와해된 사고와 지각이 정서반응의 변화를 동반한다는 사실은 놀랍지 않다. 다음의 글에 이러한 측면이 잘 나타나 있다.

> 나는 한 가지에 대해 얘기하는 데 절반의 시간을 할애하고, 열두 가지 다른 것을 생각하는 데 나머지 시간을 사용한다. 내가 말하고 있는 내용과 아무 관련도 없는 것으로 인해 웃을 때 사람들은 나를 이상하게 볼 것이다. 그러나 그들은 내 안에서 무슨 일이 일어나고 있는지, 내 머릿속에서 얼마나 많은 것들이 돌아다니는지 알지 못할 것이다. 내가 당신에게 꽤 심각한 무언가를 말하는 중에라도 머릿속에 다른 재미있는 일이 동시에 떠올라 웃음이 난다. 내가 한 번에 한 가지 일에 집중할 수 있었다면, 내가 절반은 아주 어리석은 사람으로 보이지 않았을 것이다. (McGhie & Chapman, 1961, p. 104)

## 행동 증상과 현실로부터의 철수

조현병이 있는 사람들은 때때로 기괴한 행동을 보인다. 그들은 얼굴을 찡그리거나 이상한 얼굴 표정을 지으며, 특이한 순서로 손가락, 손, 팔을 움직여 반복되는 몸짓을 취한다. 몇몇은 조증 상태인 것처럼 매우 흥분하여 쉬지 않고 움직일 수도 있다. 반면에 다른 이들은 전혀 반응을 하지 않거나, 특이한 자세를 취한 채 오랜 시간 미동도 하지 않고 가만히 있을 수도 있다. 가령 어떤 사람은 한 다리는 쭉 뻗고 한 팔은 천장을 향해 올린 채 동상처럼 서 있는다. 이런 긴장증적 부동(catatonic immobility) 상태는 장시간 지속될 수 있다. 이렇게 현실로부터 완전히 철수한 것처럼 보이는 사람도 내적인 사고와 환각에는 반응하고 있을지도 모른다.

## 기능 저하

조현병이 있는 사람들은 앞서 기술한 특정 증상 외에 매일 반복되는 평범한 일상 수행 능력의 손상을 경험한다. 만약 장애가 청소년기에 발생하면 학교생활에 대처하는 능력이 저하되고, 사회기술이 부족하며, 친구가 거의 없을 것이다. 조현병을 겪는 성인들은 종종 직업을 갖거나 유지하지 못하다. 개인 위생과 몸단장 상태가 좋지 않으며 다른 이들과 동행하는 것을 피하게 된다. 작가 그레그 보텀스는 조현병으로 인해 동생 마이클이 몰락해 가는 과정을 다음과 같이 기술했다.

> 마이클의 정신적이고 신체적인 쇠약은 놀랄 만큼 빠르게 진행되었다. 그는 성실한 학생이자 놀라운 재능을 가진 운동선수였으나 이 모든 것이 4년 동안 무너져 버렸다. 그는 가라테 유단자로 유연하고 저돌적이며 잘생긴 청년이었으나, 1년 만에 부스스하고 성경책을 끼고 다니며 혼자 북 치고 장구 치는 남자로 전락했다. 그가 스무 살 때 찾아온 쇠약(특히 신체적 쇠약)은 우리가 감당할 수 없을 정도로 빠르게 진행되었다. 학교에서의 저조한 성적은 적성과는 아무런 관련이 없었고, 오히려 관심사의 변화와 관련이 있었다. 사람들이 학교나 직업, 친구와 같은 것들이 중요하다고 말해 주는데도 그는 오로지 한 가지 삶의 목적만을 가지고 있었고, 다른 것을 추구하는 데 전혀 시간을 할애하지 않았다.
>
> 그의 신체는 급격히 약화되었고 위생 상태는 구역질이 날 정도였다. 한때 아주 잘생겼으나 이제는 코를 가로질러 여드름 자국이 생기고 이중 턱에, 머리에는 기름기가 줄줄 흘렀다. 그는 가끔씩 점심시간에 흡연 구역에서 걷잡을 수 없을 정도로 몸을 앞뒤로 흔들었으며, 하루에 담배 3갑을 피기 시작했다. 그리고 긴 앞머리 사이로 다른 마약중독자들을 쳐다보며 예수님은 당신들을 사랑한다고 말했다. … 그는 좀처럼 잠을 자지 않았고 어쩌다 자더라도 1~2시간만 잤다. 가끔 한밤중에 비명을 질렀다. (Bottoms, 2000, pp. 63−64)

조현병은 그 증상의 수가 많고 유형도 다양하다. 다양한 증상을 이해하기란 매우 어려운 일인데, 이는 증상의 일부가 장애의 직접적인 결과인 반면 어떤 증상은 약물 복용에 대한 반응일 수도 있기 때문이다.

## 문화와 조현병의 진행 경과

일반적으로 조현병은 다른 심리장애에 비해 더 만성적이고 사람을 더 쇠약하게 만드는 장애이다. 한 번의 조현병 삽화로 입원한 사람 중 50~80%는 생애 어느 시점에 또 다른 삽화가 나타나 갑작스럽게 재입원한다(Eaton et al., 1992). 그러나 조현병이 있는 모든 사람들의 기능이 점진적으로 악화되는 것은 아니다. 조현병으로 치료받은 사람들 중 20~30%는 발병 후 10~20년 이내에 상당히 회복한다(Wiersma et al., 1998).

문화는 조현병의 진행 경과에 지대한 역할을 하는 것처럼 보인다. 인도, 나이지리아, 콜롬비아와 같은 개발도상국의 조현병 환자들은 영국, 덴마크, 미국과 같은 선진국의 조현병 환자들보다 장애로 인한 장기적 기능 손상 가능성이 더 낮다(그림 15.11 참조; Jablensky, 2000). 그 이유는 무엇일까? 조현병 환자를 대하는 문화적 차이가 중요한 역할을 할지도 모른다. 개발도상국에서는 광범위한 관계망으로 연결된 가족 모두가 공동의 책임을 지고 조현병 환자를 보살필 가능성이 높다(Anders, 2003). 이와 대조적으로 선진국에서는 조현병 환자가 가족과 함께 살거나 직계 가족과 함께 조현병 환자를 돌볼 수 있는 다른 가족이 근처에 거주할 가능성이 낮다. 조현병이 있는 가족을 돌보는 것은 매우 버거운 일이다. 이러한 버거운 짐을 일부 가족만이 짊어진다면 가족 내에 심각한 갈등이 생길 수 있고, 이것이 조현병 환자의 증상을 악화시킬 수 있다.

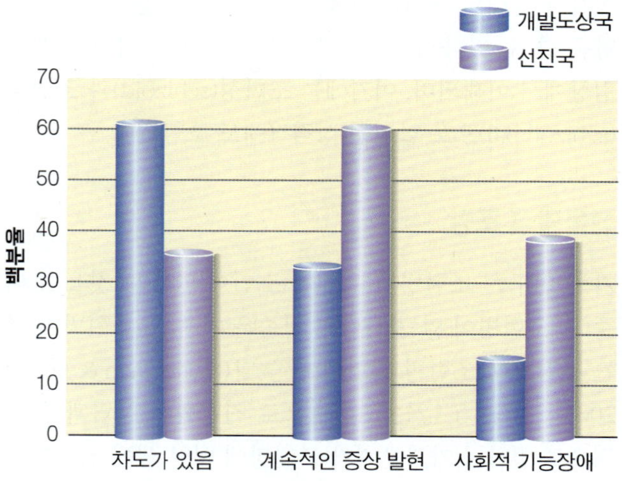


**그림 15.11 조현병 경과에서의 문화적 차이.** 개발도상국 조현병 환자의 경과는 선진국 환자보다 더 양호하다.

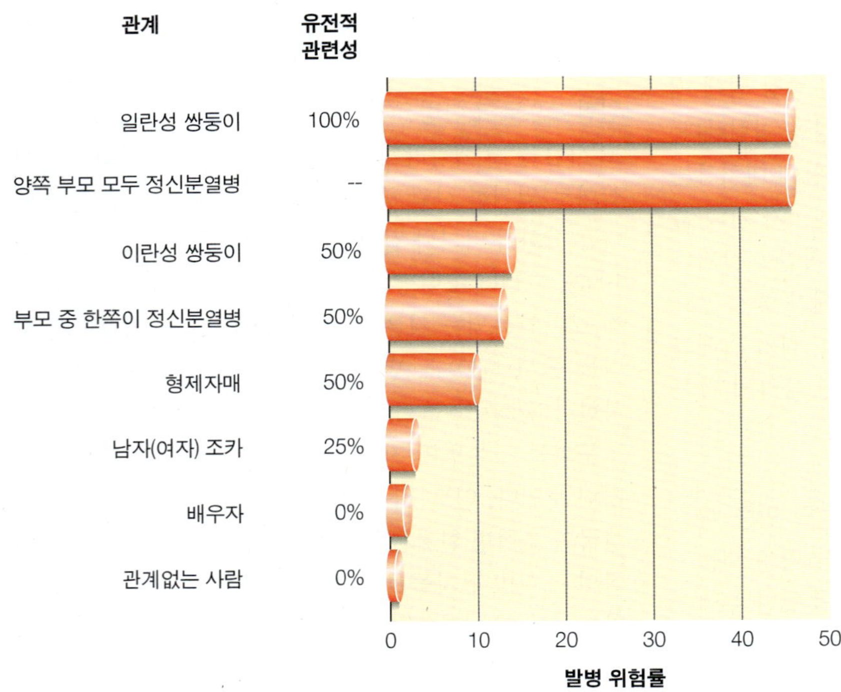


**그림 15.12 유전적 관계와 조현병.** 조현병의 생애 위험률은 조현병이 있는 사람과 환경을 얼마나 공유하는지가 아니라, 조현병이 있는 사람과 유전적으로 얼마나 가까운지와 더 관련이 있다. 부모가 조현병인 경우, 유전적 관련성은 백분율 측면에서 표현될 수 없지만 개인의 '유전가(genetic value)'를 부모의 유전가에 회귀하는 정도를 백분율로 나타낼 때 100%가 된다. 일란성 쌍둥이도 마찬가지로 100%이다.

## 조현병의 이해

조현병에는 강력한 생물학적 근원이 있으나 환경적 스트레스 역시 생물학적으로 조현병에 취약한 사람들이 더 심각한 형태의 장애나 새로운 정신증 삽화를 겪는 데 영향을 줄 수 있다. DSM-5에 따라 조현병은 이제 스펙트럼상에서 이해되며, 여기에는 조현성(schizoid)과 조현형(schizotypal)으로 알려진 성격장애도 포함된다.

### 생물학적 조망

가족 연구는 조현병의 유전적 소인이 있다는 것을 보여 준다. 조현병이 있는 사람의 친족은 친족 중 조현병이 없는 사람보다 조현병 위험이 더 높다(Gottesman & Reilly, 2003). 그림 15.12는 조현병으로 진단받은 사람과 유전적으로 얼마나 가까운지가 조현병에 대한 생애 위험률의 함수가 된다는 것을 보여 준다. 조현병 환자가 일란성 쌍둥이일 경우, 다른 한 명도 조현병일 가능성이 이란성 쌍둥이보다 3배 높다. 아무런 관련이 없는 사람보다는 무려 46배나 더 높다. 그러나 동일한 유전자를 공유함에도 불구하고 조현병 환자의 일란성 쌍둥이에게서 조현병이 실제로 발병하는 경우는 절반이 채 안 된다.

유전적 이상은 조현병이 있는 사람들의 비정상적 뇌 구조 및 기능 이상을 야기할 수 있다. 이들의 전전두피질은 조현병이 없는 사람들보다 작고 해당 영역의 활동성도 낮은 것으로 나타났다(Andreasen, 2001; Barch, 2005; 그림 15.13 참조). 전전두피질은 인간의 뇌에서 가장 큰 부분을 차지하는 영역으로, 전체 피질의 약 30%에 해당한다. 전전두피질은 정서와 인지에 관여하는 변연계와 운동기관의 동작에 관여하는 기저핵뿐만 아니라 다른 모든 피질 영역과 연결되어 있다. 전전두피질은 언어, 정서 표현, 계획 세우기, 새로운 아이디어 만들기, 사회적 상호작용 매개에서 중요한 역할을 한다. 따라서 조현병이 있는 사람처럼 전전두피질이 작거나 비활동적인 경우 인지, 정서 및 사회적 상호작용에 광범위한 결함을 보인다는 것이 논리적으로 타당해 보인다.

또한 조현병이 있는 사람들은 뇌실(ventricles, 액체가

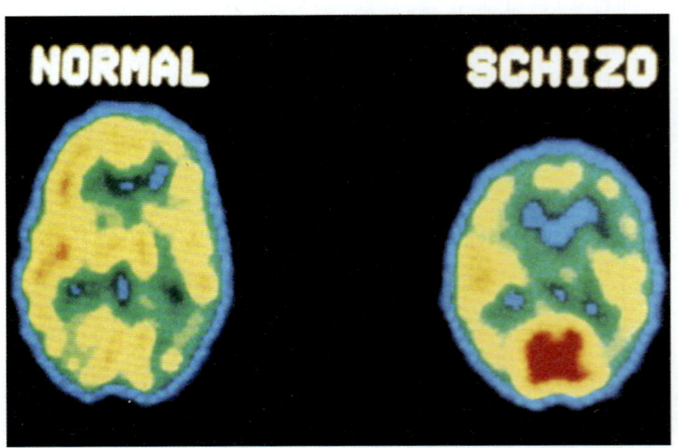


**그림 15.13 정상인의 뇌와 조현병이 있는 사람의 뇌.** 양전자 방사 단층촬영(PET) 사진은 조현병이 있는 사람과 정상인의 전전두엽 피질에서 신진대사의 차이를 보여 준다.

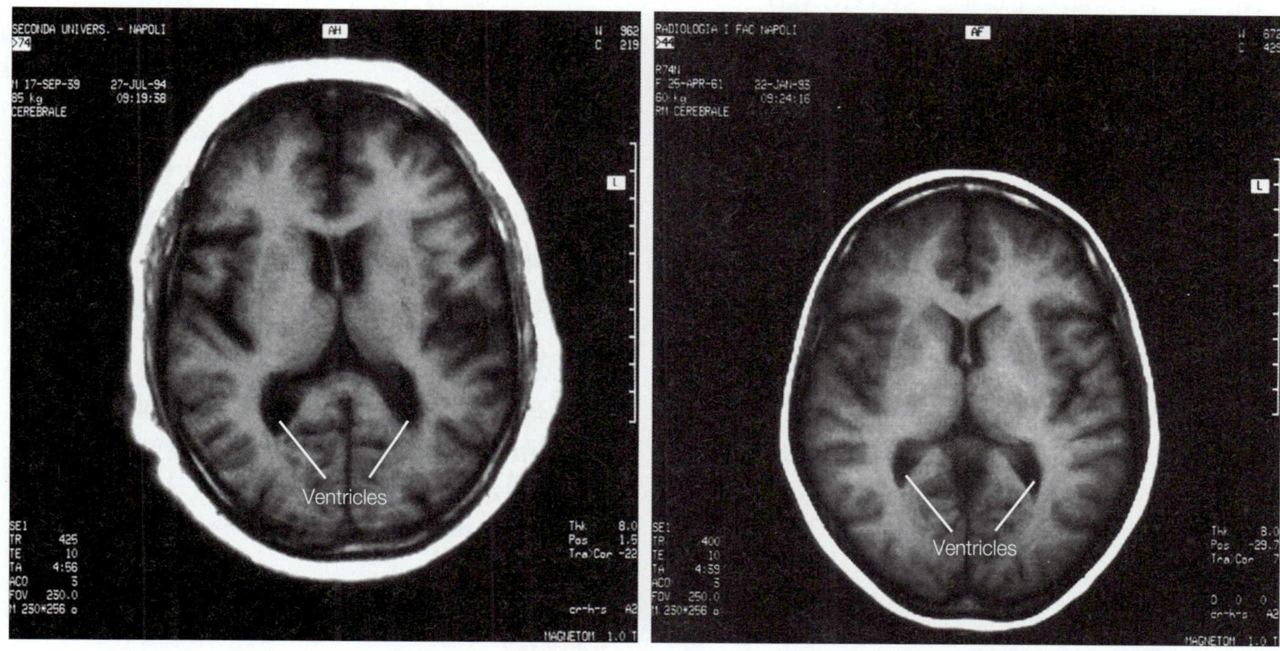


**그림 15.4 조현병에서 뇌의 기능.** 왼쪽에 제시된 조현병이 있는 사람의 MRI와 오른쪽에 제시된 정상인의 뇌를 비교해 보면 조현병이 있는 사람의 뇌실이 확장된 것을 관찰할 수 있다.

가득 차 있는 뇌 공간)이 확장되어 있다(그림 15.14 참조). 뇌실이 확장되었다는 것은 다른 뇌 조직의 위축이나 약화를 시사한다. 이미 악화되어 뇌실의 확장을 초래한 뇌 영역은 조현병을 다양하게 발현시킬 수 있다.

기분장애에 대한 신경화학적 이론은 노르에피네프린과 세로토닌에 초점을 맞추지만, 조현병의 경우 도파민이 주범으로 추측된다(Downar & Kapur, 2008). 먼저 피질하 부위인 중변연계는 인지 및 정서와 관련된 곳인데, 이곳에서 과도한 도파민 활동이 있을 수 있다. 이는 결과적으로 환각, 망상, 와해된 사고를 야기한다. 두 번째로 주의와 동기 및 행동의 구성과 관련된 뇌의 전전두엽 영역에서 비정상적으로 낮은 도파민 활동이 있을 수 있다. 전전두엽 영역에서의 낮은 도파민 활동은 동기의 결여, 스스로를 돌보는 능력의 상실, 부적절한 정서 표현을 야기할 수 있다.

앞서 언급했듯이 뇌의 구조와 신경화학적 기능에서의 이러한 이상은 유전에서 기인한 것일 수 있으나, 태아나 유아기 때 입은 뇌 손상에서 비롯될 수도 있다. 연구에 따르면 조현병이 있는 사람들은 출산 합병증, 출산 시 뇌 손상, 유아기 중추신경계 감염(뇌수막염), 산모의 임신 합병증이나 임신 중 인플루엔자 감염과 같은 병력이 있을 가능성이 높은 것으로 나타났다(Cannon & Keller, 2006). 이러한 요인 각각은 태아나 유아의 중추신경계에 영구적인 손상을 입히거나 조현병 발생 위험을 높일 수 있다.

## 심리사회적 조망

심리적 요인은 정신증의 새로운 삽화를 촉발할 뿐만 아니라, 조현병에 대해 생물학적 취약성을 가진 사람들에게서 장애의 심각성을 결정하는 데 중요한 역할을 하는 것으로 보인다. 최근 연구에서 가장 주목받는 스트레스의 유형은 가족 관련 스트레스이다. 정서 표현을 과도하게 하는 가족 구성원들은 서로의 일에 지나치게 관여하거나, 장애가 있는 가족 구성원을 과보호한다. 동시에 그러한 구성원을 비판하고 적대적으로 대하며 화를 낸다. 조현병이 있는 사람 중 정서 표현이 과도한 가족을 가진 경우, 조현병이 있지만 그런 가족이 없는 사람에 비해 새로운 정신증적 삽화를 겪을 가능성이 3~4배 더 높다(Hooley, 2007). 과도한 정서 표현을 하는 가족과 지내는 것은 조현병이 있는 사람의 대처 능력을 압도하여 새로운 정신증 삽화를 촉발하는 스트레스 요인이 될 수 있다.

정서 표출과 조현병 재발의 관계는 장애의 예후에서 문화 간 차이를 설명하는 데 도움이 될 수 있다. 한 연구에서는 멕시코와 인도 조현병 환자의 가족이 유럽이

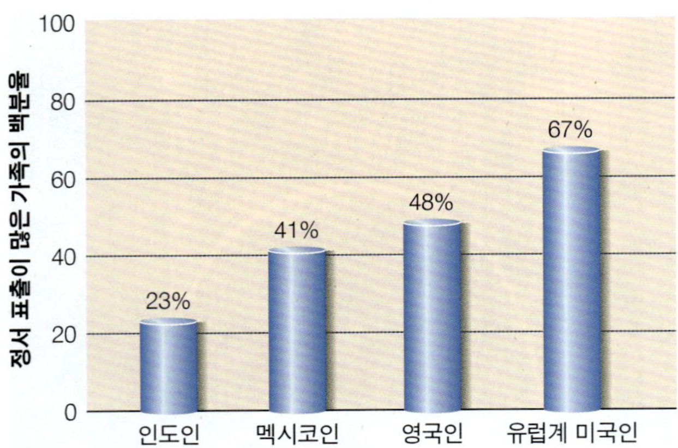


**그림 15.15 조현병 환자 가족의 정서 표출에 있어 문화적 차이.** 개발도상국에서 조현병이 있는 사람들의 가족은 선진국에서 조현병이 있는 사람들의 가족보다 정서 표현 수준이 낮은 것으로 나타났다. 이는 개발도상국이 선진국보다 조현병 재발률이 낮은 것의 한 가지 이유일 수 있다.

나 미국 조현병 환자의 가족보다 정서 표출 측정치가 낮은 것으로 나타났다(그림 15.15 참조; Karno & Jekins, 1993).

정서 표출에 대한 연구를 비판하는 이들은 조현병 환자의 일부 가족에게서 관찰된 적대감과 간섭이 장애의 원인이 아니라고 주장한다. 오히려 이는 장애가 있는 구성원에 의해 나타나는 증상의 결과일 수 있다고 제안했다(Parker et al., 1988). 가족은 환각과 같은 양성 증상을 환자 스스로 통제할 수 없는 것으로 여기고 관대하지만, 동기 결여와 같은 음성 증상에 대해서는 너그럽지 못할 수 있다(Hooley, 2007). 이러한 증상이 있는 사람들은 더 많은 부정적 정서 표출을 이끌어 내어 재발에 취약해질 수 있다. 정서 표출이 실제로 재발에 영향을 준다는 가장 확실한 증거는 정서 표출을 감소시키는 치료가 조현병의 재발률을 감소시키는 경향이 있다는 것일 테다.

### 중간 요약

- 조현병은 와해된 사고 과정과 망상을 포함하는 사고장애로 특징지어진다.
- 다른 증상은 환각과 같은 지각적 장애, 부적절한 정서 표현, 기괴한 동작, 사회적 철수, 기능 손상을 포함한다.
- 조현병은 유전되는 것이 확실하다.
- 조현병 환자들은 도파민 조절에도 문제가 있다.
- 조현병 환자들에게서 전전두피질이 작아지고 활동성이 낮아지며, 심실이 확장되는 두 가지 유형의 두뇌 이상이 지속적으로 나타난다.
- 어려운 환경은 장애를 악화시키고 재발을 야기할 수 있다.

### 비판적 사고를 위한 물음

1. 정서를 많이 표출하는 가족과 사는 것이 조현병의 재발에 영향을 미치는 기제는 무엇인가?
2. 조현병 환자가 여름이나 가을보다 겨울이나 봄에 많이 태어날 가능성이 있다는 증거가 있다. 그 이유에 대한 몇 가지 가설을 세워 볼 수 있는가?

## 성격장애

**성격장애** personality disorder는 장기간 지속되는 부적응적 행동 패턴이다. 13장에서는 성격 특질을 환경을 지각하거나 이와 관계를 맺고, 자신에 대해 사고하는 지속적인 방식으로 설명했다. 그러나 지나치게 융통성이 없고 부적응적인 성격 특성은 개인의 기능에 심각한 손상을 가져오는데 이를 성격장애라고 한다. 성격장애가 있는 사람들은 자기 자신을 심하게 괴롭게 하거나 일상생활 기능이 손상되는 방식으로 자신과 세상을 경험한다. 이러한 경험은 아동기나 청소년기에 시작되어 시간과 여러 상황에 걸쳐 지속되며, 삶의 영역 대부분에 영향을 미치게 된다. 이러한 개인이 경험하는 특정 감정, 사고 및 행동은 성격장애의 유형에 따라 다양하다.

ICD와 DSM은 몇 가지 성격장애를 열거한다. 그러나 장애의 특징은 서로 중복되는 경향이 있어 어떤 사람을 어떤 장애로 분류할 것인지에 대한 의견의 일치를 이루기가 어렵다. 더욱이 어떨 때 어느 개인의 행동이 다른 사람들의 행동과 다르다고 말할 수 있는지, 그리고 어떤 경우에 그 정도가 심각하여 장애라고 진단할 수 있는지를 판단하기 어렵다. 가장 많이 연구되었고 진단 신뢰도가 높은 성격장애는 반사회성 성격장애[ICD에서는 반사회적 인격장애, 비사회적 성격장애(dissocial personality disorder)로 분류되지만 대부분의 경우 반사회성 성격장애라고 불림]이다. 이 절에서는 반사회성 성격장애와 함께 최근 많은 논란이 있는 경계성 성격장애에 대해 논의할 것이다.

## 반사회성 성격장애

**반사회성 성격장애antisocial personality disorder**가 있는 사람들은 책임감과 도덕심, 그리고 타인에 대한 배려가 거의 없다. 그들의 행동은 전적으로 자신의 필요에 의해 결정된다. 다시 말해 그들은 양심이 결여되어 있다. 보통 사람들은 어린 시절에 자신의 행동에 몇 가지 제약이 있으며, 다른 사람을 배려하여 자신의 즐거움을 유예해야 할 때가 있다는 것을 깨닫는다. 반사회성 성격장애가 있는 사람들은 자신이 바라는 것만 생각할 뿐, 다른 사람들이 바라는 것은 고려하지 않는다. 이들은 충동적으로 행동하고, 욕구를 즉각적으로 충족하려 하며, 좌절을 견디지 못한다.

반사회적인 행동은 여러 원인에서 비롯된다. 비행을 저지르는 갱단 가담, 범죄 하위 문화, 주목받고 지위를 얻고자 하는 욕구, 현실과의 접촉 상실, 충동성 조절 불능 등이 이에 포함된다. 대부분의 비행 청소년과 성인 범죄자는 다른 사람(예: 가족이나 비행 집단의 구성원)에 대한 어느 정도의 배려가 있으며, 몇 가지 도덕 행동 강령(절대 친구를 배신하지 않는다)을 고수한다. 반면 반사회성 성격장애가 있는 사람들은 자기 자신을 제외한 다른 사람들에게 거의 감정을 느끼지 않고, 자신의 행동이 초래하는 고통이 얼마나 큰지 개의치 않으며, 후회나 죄책감을 거의 느끼지 못하는 것처럼 보인다. 반사회성 성격장애의 또 다른 특징은 거짓말을 매우 잘하는 것과 다칠 수도 있다는 걱정 없이 자극을 추구하는 것, 그리고 처벌을 받아도 행동을 고치지 못하는 것이다. 반사회성 성격장애가 있는 사람들은 가끔 멋지고 지적이며 다른 사람을 다루는 데 능숙한 사람처럼 보인다. 달리 말해 그들은 능숙한 사기꾼이다. 그들은 겉으론 자신감 있고 성실해 보여 좋은 일자리를 구할 수 있지만 이를 유지하지 못한다. 그들은 차분하지 못하고 충동적인 성향으로 인해 얼마 안 가 탈선을 저지르며 본성을 드러낸다. 즉 빚을 지고, 가족을 부양하지 않으며, 회사 자금을 횡령하거나 범죄를 저지른다. 반사회성 성격장애가 있는 사람들은 붙잡히면 매우 그럴싸한 변명을 하며 회개하는 듯 보여 종종 처벌을 면하고 다시 기회를 얻기도 한다. 그러나 회개는 말뿐이지 실제 그렇게 살지 않는다. 그들이 하는 말은 자신이 실제로 느끼는 것이나 행동하는 것과는 아무 관련이 없다. 남을 속이는 것은 반사회성 성격장애를 정의하는 특성 중 하나이다(Kraus & Reynolds, 2001).

다행히도 반사회성 성격장애의 모든 증상을 가진 경우는 상대적으로 드물다. 남성의 약 3%와 여성의 약 1%가 평생 한 번은 이 장애를 경험하여 여성보다는 남성에게 더 흔한 장애이다(Hare & Neumann, 2008).

## 반사회성 성격장애의 이해

어떤 요인이 반사회적 성격의 발달에 영향을 미칠까? 현재 진행 중인 연구는 생물학적 결정 요인, 부모-아동 간 관계의 질, 반사회적 행동을 촉진하는 사고방식에 초점을 맞춘다.

### 생물학적 요인

유전적 요인은 반사회성 성격 발달에 영향을 미치는 것으로 보인다. 쌍둥이와 입양아 연구에 따르면 반사회적 성격이 유전되며, 초기 아동기에 시작되는 반사회적 성향은 더욱 그러한 것으로 나타났다(Kendler, Jacobson, Myer, & Eaves, 2008).

반사회성 성격장애의 가장 중요한 특징 중 하나는 충동성이다(Rutter, 1997). 많은 동물 대상 연구와 일부 인간 대상 연구는 충동적이고 공격적인 행동이 세로토닌이라는 신경전달물질의 낮은 수준과 연관이 있음을 시사한다(Krakowski, 2003; Mann et al., 2001). 낮은 세로토닌 수준은 반사회성 성격장애의 충동성에 관여하는 것으로 보인다.

반사회적 성격을 가진 사람들은 또한 집중 유지, 추상적 사고, 목표 수립과 실천, 자기감찰과 자기인식, 부적응적 행동 패턴을 적응적 패턴으로 바꾸는 것 등에 결함을 보인다(Henry & Moffitt, 1997). 이러한 기능을 포괄하여 집행 기능(executive function)이라 부르는데, 이는 주로 뇌의 측두엽과 전두엽에서 통제된다. 실제로 일부 연구에서 반사회적 성인(주로 교도소 수감자)과 일반 집단을 비교했을 때, 측두엽과 전두엽의 구조 및 기능에 차이가 있다는 것이 발견되었다(Morgan & Lilienfeld, 2000). 이러한 뇌 이상은 의학적 질병의 결과이거나 유아기 및 아동기의 독성물질 노출에서 기인할 수 있는데, 이 역시 통제집단보다 반사회적 집단에서 흔하게 나타나는 것이다. 또한 뇌 이상은 유전적 이상의 결과일 수도 있다. 원인이 무엇이든 간에 집행 기능의 결함은 낮은 충동 통제와 행동의 결과를 예측하는 데 문제를 유발할 수 있다.

다른 연구에서는 반사회성 성격장애가 있는 사람들이

**낮은 각성 수준은 때때로 폭발물 처리 담당자에게 유용한 특성인 낮은 공포 수준을 지칭한다.**

낮은 각성 수준을 보였는데, 심박률과 피부 전도 반응이 상대적으로 낮았다(Sylvers et al., 2008). 각성 수준이 낮다는 것은 위협적인 상황에서도 두려움을 덜 느낀다는 것을 말해 준다. 두려움이 적은 것이 긍정적인 경우도 있다. 예를 들어 영국의 낙하선 부대원과 폭발물 처리 전문가는 낮은 각성 수준을 보인다(McMillan & Rachman, 1987; O'Connor et al., 1985). 그러나 두려움이 없는 것은 일부 사람들로 하여금 싸움이나 강도와 같이 반사회적이고 폭력적인 행동에 가담하게 한다. 게다가 각성 수준이 낮은 아이의 경우 처벌을 겁내지 않기 때문에, 처벌의 위협 때문에 반사회적 행동을 그만두지는 않을 것이다.

반사회성 성격장애가 있는 사람들은 만성적인 낮은 각성 상태를 불편하게 느끼고, 자극 추구를 통해 이를 완화하려 할 수 있다(Eysenck, 1994). 만약 어떤 사람이 스카이다이빙과 같이 친사회적이거나 중립적인 행동을 통해 자극을 추구한다면 반사회적 행동이 나타나지 않을 것이다. 그러나 몇몇 사람들은 자극을 추구하기 위해 위험하거나 충동적인 행동을 하는데, 이는 반사회적 성격을 발달시킬 가능성을 증가시킨다.

## 사회적 요인

반사회성 성격장애의 유전적 소인을 가진 아이라 할지라도 반사회적 행위를 촉진하는 환경에 노출되지 않는다면 반사회성 성격장애가 발달하지 않을 수 있다(Dishion & Patterson, 1997; Dodge & Pettit, 2003). 반사회성 성격장애가 있는 아이의 부모는 종종 아이에게 무관심하고 아이를 적대적으로 대하는 것으로 보인다. 이런 아이들은 장기간 자주 방임되었다. 부모는 아이의 일상에 관여하지 않으며, 아이가 어디에 있는지 혹은 아이의 친구가 누구인지 전혀 알지 못한다. 이런 부모는 아이와 상호작용할 때 아이에게 적대감을 보이며, 신체적 폭력을 행사하고, 아이를 조롱한다(Dishion & Patterson, 1997). 반사회적 성격을 가진 아이의 모든 부모가 이와 같은 설명에 부합하는 것은 아니지만, 부모의 무관심과 적대감은 아이의 반사회성 성격장애에 대한 취약성을 잘 예측하는 변인이다.

반사회적 성격에 영향을 미치는 생물학적 및 가족 요인은 종종 함께 작용한다. 반사회적인 방식으로 행동하는 아이들은 종종 산모의 약물 복용, 태아기 영양실조, 태아기 때나 출생 후 독성물질에의 노출, 아동 학대, 출산 합병증, 저체중 출생 등으로 인한 신경심리적 문제를 안고 있다(Moffitt, 1993). 이러한 신경심리적 문제를 가

**부모가 체벌을 사용하면 아동이 폭력 성향을 발달시킬 가능성이 높아진다.**

진 아이들은 화를 잘 내고, 충동적이고, 서툴거나 과민하고, 부주의하며, 또래보다 배우는 속도가 더디다. 이러한 특징을 지닌 아이들을 보살피는 것은 힘든 일이기 때문에 결과적으로 학대당하고 관심 받지 못할 위험이 높아진다. 한편 이러한 아이의 부모는 대부분 10대이거나, 자신도 심리적 문제가 있어 가혹하거나 일관되지 않은 양육을 할 수 있다. 따라서 아이가 파괴적이고 반사회적인 행동을 할 유전적 소인과 이러한 행동에 영향을 미치는 부모의 양육 방식이 결합될 수 있다. 536명의 남아를 대상으로 한 연구에서 모핏(Moffitt, 1990)은 신경심리적 결함과 열악한 가정환경을 모두 가진 아이들이 신경심리적 결함도 없고 가정환경도 열악하지 않은 아이들에 비해 공격성 척도 점수가 4배나 높다고 밝혔다.

### 인지적 요인

반사회성 성격장애가 있는 아이들은 사회적 상호작용에 대한 정보를 공격적인 반응을 촉진하는 방향으로 처리하는 경향이 있다(Crick & Dodge, 1994). 그들은 다른 아이들이 자신에게 공격적일 것이라고 가정한다. 그리고 다른 아이들의 행동을 해석할 때 실제로 당면한 구체적인 상황 속 단서를 사용하기보다 자신의 가정에 기반하여 해석한다. 게다가 반사회성 성격장애가 있는 아이들은 자신이 가장 좋아하는 연필을 가져가는 것과 같은 또래의 부정적 행동이 실수가 아니라 고의로 그런 것이라고 생각하는 경향이 있다. 또래 아이들의 도발을 지각하고 어떻게 반응해야 할지 결정할 때, 반사회성 성격장애가 있는 아이들이 생각할 수 있는 반응 선택지의 폭이 좁은 것으로 보이며, 보통 공격적으로 행동한다. 이를 대신할 다른 반응을 고려하도록 압력을 준다면 이 아이들은 비효율적이고 모호한 반응을 하며, 공격하는 것 외의 반응이 소용없고 마음에 들지 않는다고 흔히 여긴다.

사회적 상호작용에 대해 이러한 방식으로 생각하는 아이들은 다른 사람들을 대할 때 공격적으로 행동할 가능성이 있으며, 이에 대해 보복당할 수 있다. 다른 아이들은 이런 아이를 때릴 것이고, 부모와 선생님은 이런 아이를 처벌할 것이며, 다른 사람들에게 더 부정적으로 비춰질 것이다. 이러한 행동은 세상이 자신을 등졌다는 가설을 견고히 하여 아이가 다른 사람들의 행동을 그릇된 방식으로 해석하는 경향이 더 심해질 수 있다. 이런 방식으로 공격적이고 반사회적인 행위를 부추기고 유지시키는 상호작용의 악순환이 형성될 수 있다.

## 경계성 성격장애

**경계성 성격장애 borderline personality disorder**는 기분, 대인관계 및 자기지각의 극단적인 변동이 특징이며, 평생 지속되는 장애이다. 이 장애는 지난 수십 년간 대중 서적과 심리학 분야의 임상 및 연구 저술에서 상당한 관심을 모았다.

경계성 성격장애가 있는 사람들의 기분과 자기개념, 타인과의 관계는 매우 불안정하다. 그들은 사소한 일에도 심각한 우울과 불안을 느끼거나 사소한 자극에도 분노를 자주 표출한다. 자기 자신에 대한 관점은 극도의 자기의심부터 과대한 자기중요성에 이르기까지 매우 극단적이다. 다른 사람과의 관계 역시 불안정하다. 이들은 다른 사람을 이상화하다가도 급작스레 경멸하는 등 변덕스러운 모습을 자주 보인다. 경계성 성격장애가 있는 사람들은 종종 절망적인 공허함을 느낀다. 따라서 초기에는 새로운 사람을 만나거나 치료자에게 매달리며 그들이 자기 안의 크나큰 공허함을 채워 주길 기대한다. 동시에 그들은 다른 사람의 단순한 행동에 대해 자신을 버리거나 거절하는 신호로 잘못 해석하기도 한다. 기분과 자기개념, 대인관계에서의 불안정성은 자해나 자살 시도와 같은, 충동적으로 자신에게 해를 가하는 행동으로 이어지기도 한다. 이때 자해는 종종 분신이나 절단의 형태로 나타난다. 마지막으로 경계성 성격장애가 있는 사람들은 일시적으로 비현실감을 느끼거나 시간 감각을 잃고, 심지어 자신이 누구인지를 잊어버리는 등의 삽화를 겪기도 한다.

다음의 글은 한 임상 전문의가 경계성 성격장애로 진단받은 여성의 사례를 기술한 것이다(Linehan et al., pp. 502–504).

> 처음 만났을 때 신디는 30세의 백인 기혼 여성으로, 아이 없이 중산층 주택가에서 남편과 함께 살고 있었다. 그녀는 대학 교육을 받았고, 의과대학 2년을 성공적으로 마쳤다. 신디는 1년 반 동안 치료받은 정신과 전문의에 의해 의뢰되었다. 그는 신디가 최근 치명적인 자살 시도로 입원한 이후 약물치료 이상은 제공할 생각이 없었다. 의뢰되기 2년 전에 신디는 지속적인 자살 사고로 정신과 치료를 받기 위해 최소한 열 번(한 번에 6개월 정도 지속) 입원했다. 그녀는 적어도 열 번 정도 세제를 마시거나, 깊은 자상을 내거나, 분신하는 등 수많은 자살 시도 전력을 갖고 있었다.

그리고 목의 동맥을 끊는 등 의료적으로 심각하고 치명적인 자살 시도를 세 차례 했다.

27세가 될 때까지 신디는 일과 학업을 잘 해 왔고, 남편이 신디의 과도한 분노에 불평하긴 했지만 두 사람 모두 결혼 생활에 상당히 만족했다. 신디가 의과대학 2학년이 되었을 때 어느 정도 알고 지내던 한 급우가 자살했다. 신디는 자살 소식을 듣자마자 자신도 자살하기로 마음먹었으나, 무엇이 그런 생각을 하게 만들었는지에 대해서는 모르겠다고 했다. 몇 주 뒤 신디는 의과대학을 자퇴했으며, 극심한 우울에 시달리고 자살을 적극적으로 시도했다. 신디는 급우의 자살 소식을 접하기 전에는 심리적인 문제가 거의 없었다고 했지만, 추가 질문을 통해 실은 14세부터 심각한 신경성 식욕부진증과 신경성 폭식증, 알코올 및 처방된 약물 남용 전력이 있다는 것이 밝혀졌다.

치료 과정 동안 자해와 관련된 일관적인 패턴이 명백하게 드러났다. 자해 패턴은 종종 신디의 대인관계, 특히 남편과의 상호작용에서 시작되었다. 신디가 그로부터 위협을 느끼거나 비판 받거나 사랑 받지 못한다고 느끼면 그녀가 느낀 무망감이나 분노, 슬픔의 정도에 따라 자해나 자살 충동이 일어났다. 자해나 자살 시도에 대한 결심은 종종 '당신이 그러면 내가 어떻게 나오는지 한번 지켜 봐'라는 생각과 함께 나타났다. 어떤 때는 무망감과 고통을 영원히 끝내 버리고 싶은 바람이 강했다. 자해나 자살 시도를 마음먹은 후 신디는 즉시 해리 상태에 빠지며, 잠시 후 '자동 조종 상태'에서 자상을 입히거나 분신했다. 그 결과 신디는 종종 구체적인 자신의 행동을 기억하지 못했다. 한 번은 자기 다리에 화상을 입혀 (그러고 나서 의사가 자신에게 좀 더 관심을 가질 수 있도록 화상 입은 다리에 오염물을 집어넣었다) 재건 수술이 필요했다.

경계성 성격장애가 있는 사람들의 경우 물질 남용, 우울증, 범불안장애, 특정 공포증, 광장공포증, 외상 후 스트레스 장애, 공황장애와 같은 다른 장애를 함께 진단받기도 한다(Kraus & Reynolds, 2001). 경계성 성격장애가 있는 사람들을 대상으로 한 종단 연구에서는 약 10%가 자살로 사망하며, 약 75%가 자살을 시도하는 것으로 나타났다(Linehan et al., 2001).

인구의 약 1~4%가 평생 한 번은 경계성 성격장애를 경험한다(Lenzenweger et al., 2007). 경계성 성격장애 진단은 남성보다 여성에게서 더 많다. 경계성 성격장애가 있는 사람들은 결혼 생활이 평탄치 않고, 직장에서 어려움을 겪으며, 보통 사람들보다 더 높은 신체장애 비율을 보인다.

## 경계성 성격장애의 이해

정신분석 이론에 따르면 경계성 성격장애가 있는 사람들은 자기 자신과 타인에 대한 개념 발달이 부진한데, 이는 초기 양육자와의 좋지 못한 관계에서 비롯된다(Kernberg, 1979). 경계성 성격장애가 있는 사람들의 양육자는 아동이 자율적인 자기개념을 발달시키려 시도하는 것을 처벌하고, 자신에게 과도하게 의존하도록 부추긴다. 그 결과, 경계성 성격장애가 있는 사람들은 자신과 다른 사람의 관점을 완전히 구분하는 것을 배우지 못한다. 이는 그들로 하여금 자신에 대한 타인의 의견과 그들로부터 버림받을 가능성에 대해 과민하게 반응하게 만든다. 다른 사람이 자신을 거절한다고 지각할 때, 그들은 스스로를 거부하고 자기처벌이나 자해 행동을 할 수 있다.

정신분석 이론은 또한 경계성 성격장애가 있는 사람들이 자기개념이나 다른 사람에 대한 개념의 긍정적 자질과 부정적 자질을 통합하지 못한다고 주장한다. 이는 그들의 초기 양육자가 자신에게 의존적이며 순종적일 때는 안정감과 보상을 주지만, 그들이 분리되고자 할 때는 적대감을 보이며 거부했기 때문이다. 따라서 경계성 성격장애를 가진 사람들은 자기 자신이나 다른 사람들을 '전적으로 좋은 사람'이나 '전적으로 나쁜 사람'으로 보는 경향이 있으며, 이 두 관점 사이를 오간다. 이러한 과정을 분열(splitting)이라고 한다. 분열은 경계성 성격장애가 있는 사람들의 정서와 대인관계를 불안정하게 만든다. 그들의 정서와 대인관계에 대한 관점이 변덕스러운 것은 '전적으로 좋은' 자신 및 타인에 대한 관점과 '전적으로 나쁜' 자신 및 타인에 대한 관점 사이의 동요를 반영한 것이다.

경계성 성격장애가 있는 사람들을 대상으로 한 연구 결과, 이들은 경계성 성격장애가 없는 사람들에 비해 불안정했던 아동기, 학대, 방임, 그리고 부모가 정신병리 문제를 지니고 있는 경우가 더 많은 것으로 나타났다(Helgeland & Torgersen, 2004). 그러나 이것은 다른 여러 정신병리를 가진 사람들의 아동기에도 나타나며, 경계성 성격장애 발달에 대한 정신분석 이론을 직접적으로 지지하는 것은 아니다.

경계성 성격장애에 대해 영향력 있는 이론가 중 한 명인 마샤 리네한(Linehan et al., 2001)은 경계성 성격장애가 있는 사람들은 정서 조절 능력에 근본적으로 결함이 있다고 주장한다. 상황에 대한 극단적 정서반응은 충동적 행동으로 이어진다. 게다가 리네한은 경계성 성격장애가 있는 사람들은 자신에게 중요한 타인이 자신의 정서 경험을 무시하고 비판한 내력이 있다고 주장한다. 이로 인해 적절한 정서 조절 기술을 배우지 못하고, 사건에 대한 자신의 정서반응을 수용하고 이해하는 것을 힘들어한다. 경계성 성격장애가 있는 사람들은 어려운 상황을 다루는 데 도움을 주는 타인에게 의존한다. 그러나 성숙한 방식으로 다른 사람에게 직접 도움을 요청하는 것을 어려워하며, 교묘하고 우회적인 방식으로 다른 사람의 지지를 얻어 내고자 한다.

### 중간 요약

- 성격장애는 일생 동안 지속되는 부적응 행동의 패턴으로, 스트레스를 다루거나 문제를 해결하는 것을 어렵게 한다.
- 반사회성 성격장애가 있는 사람들은 충동적이며 죄책감을 거의 갖지 않고, 자신이 필요한 것만 생각하며, 법적으로 자주 문제를 겪는다.
- 반사회성 성격장애는 유전적 · 생물학적 근원을 가지고 있을 수 있다. 태만하고 적대적인 양육 또한 이 장애에 영향을 줄 수 있다.
- 경계성 성격장애가 있는 사람들은 기분, 자기개념 및 대인관계에서 불안정함을 보인다.
- 정신분석 이론은 경계성 성격장애가 있는 사람의 양육자는 자녀가 자신에게 매우 의존적이 되기를 바라고, 사랑과 적대감의 극단을 오간다고 주장한다. 다른 이론은 경계성 성격장애가 있는 사람들이 감정을 조절하는 데 극단적인 어려움을 겪는다고 주장한다.

### 비판적 사고를 위한 물음

1. 성격장애는 단순히 정상적인 성격의 극단일 뿐인가, 아니면 정상적인 성격 특성과는 질적으로 별개의 실체인가?
2. 반사회성 성격장애와 경계성 성격장애는 어떤 유사점이 있다고 보는가?

## 자폐 스펙트럼 장애

**자폐 스펙트럼 장애** autism spectrum disorder는 DSM-5가 개정되면서 이전에는 자폐증(autism), 아스퍼거 장애(Asperger's disorder), 소아기 붕괴성 장애(childhood disintegrative disorder), 레트 장애(Rett's disorder), 전반적 발달장애(pervasive developmental disorder)로 구분하던 것을 포괄적으로 재정립한 것이다. 이는 아동기에 처음 발병하며, 사회적 상호작용, 타인과의 의사소통, 일상 행동, 흥미, 활동 등 발달상의 여러 영역에 심각하고 지속적인 손상을 초래한다. 자폐 스펙트럼 장애를 가진 일부 아동은 정상 또는 우수한 수준의 지능과 특기를 갖고 있지만, 많은 아동은 적어도 경미한 수준의 지적장애를 가지고 있다.

### 자폐 스펙트럼 장애의 진단

자폐 스펙트럼 장애는 사회적 상호작용과 의사소통 및 활동에 결함을 보인다. 자폐 스펙트럼 장애가 있는 사람들은 다른 사람과 사회적 관계를 맺지 못하는 것처럼 보인다. 이들은 유아기 때, 대부분의 유아와 달리 양육자의 반응에 웃지 않거나 눈도 잘 마주치지 않는다. 껴안는 것을 좋아하지 않고, 나이가 들면 다른 아이들과 노는 데는 흥미가 없고 혼자 노는 것을 선호한다. 또한 이들은 다른 사람의 감정에 반응하지 않는 것처럼 보인다. 자폐 스펙트럼 장애가 있는 리처드의 사례를 보자(Spitzer et al., 1994, pp. 336-337에서 인용).

> 3세인 리처드는 뭐든지 혼자서 하는 것 같았으며 다른 사람에게 냉담한 것처럼 보였다. 리처드는 아침에 엄마에게 인사도 하지 않고, 아빠가 일을 마치고 집에 돌아왔을 때도 반기지 않았으며, 보모와 있을 때는 많은 시간을 소리만 질렀다. 리처드는 다른 아이들에게 흥미가 없고 남동생을 무시했다. 리처드의 옹알이는 대화체 억양이 없었다. 3세가 되었을 때 그는 간단하고 실제적인 지시만을 이해할 수 있었다. 리처드의 말은 이전에 들었던 몇 개의 단어나 구를 말한 사람과 똑같은 강세와 억양으로 되풀이(echoing)하는 것일 뿐이었다. 리처드는 단순 요구 사항을 지시하기 위해 1~2개의 구만 사용할 수 있었다. 예를 들어 리처드가 "물 마시고 싶니?"라고 하는 것은 자기가 목

이 마르다는 것을 뜻했다. 같이 있는 사람을 당기거나 원하는 물체에 손을 갖다 대는 것 등을 제외하고 의사소통할 때 얼굴 표정이나 몸짓을 사용하지 않았다. 리처드는 밝은 빛과 빙빙 도는 물체를 매우 좋아하여, 웃고 손을 퍼덕거리고 발끝으로 서서 춤을 추며 이를 바라보곤 했다. 리처드는 아기 때부터 좋아했던 음악을 듣는 동안 줄곧 같은 동작을 했다. 리처드는 밤낮으로 매일같이 손에 쥐고 다니는 장난감 자동차에 강한 애착을 보였다. 그러나 그는 한 번도 그 장난감이나 다른 장난감을 가지고 상상 놀이를 한 적이 없었다. 그림이 보이는지에 상관없이 리처드는 직소 퍼즐을 빨리 맞출 수 있었다(다른 한 손에는 장난감 자동차를 쥐고 있어야 하기 때문에 한 손으로만). 2세부터 리처드는 주방 기구를 모아 온 집 안 바닥에 반복적인 패턴으로 배열했다. 이는 때때로 목적 없이 뛰어다니는 것과 더불어 자발적으로 하는 활동의 전부였다.

그의 흥미나 관심을 바꾸거나 확장하고자 할 때 리처드가 강렬한 저항을 보이는 것이 주로 관리해야 할 문제였다. 리처드의 장난감 차를 없애거나, 달걀 거품기나 숟가락을 제자리에 되돌려 놓는 것처럼 퍼즐이나 패턴을 망가뜨렸을 때, 혹은 그림책을 보게 할 때 리처드는 갑작스럽게 성질을 내고는 1시간 이상 비명을 지르고 발길질을 하거나 자기 또는 다른 사람을 물어뜯었다. 이러한 분노발작은 모든 것을 원상태로 되돌리면 뚝 그쳤다. 이 외에 리처드가 좋아하는 음악을 듣거나 오랜 시간 드라이브를 나가는 것이 가끔 효과적이었다.

부모는 리처드가 청각에 문제가 있는 것은 아닌지 의심했지만, 그가 음악을 좋아한다는 것과 정확하게 따라 말하고 옆방에서 초콜릿 포장지를 벗길 때 나는 아주 작은 소리에도 민감한 것으로 보아 리처드의 이상 행동의 원인이 청각은 아니었다. 심리검사 결과 리처드는 물건 조립과 같은 비언어적 기술 측면에서는 3세 정도의 수준이었으나 언어 이해는 18개월 수준에 불과했다.

**자폐 스펙트럼 장애를 가진 아동은 종종 다른 사람과 노는 데 관심을 보이지 않는다.**

리처드의 사례처럼 자폐 스펙트럼 장애는 의사소통과 말하기에 많은 어려움을 보인다. 리처드의 말은 자신의 생각에 대한 반응이라기보다 단지 자신이 들은 것을 따라 하는 것에 불과하다. 이는 **반향어**(echolalia)라고 불리는 현상이다. 리처드는 자신을 의미할 때 '나(I)' 대신 '너(you)'를 사용했다. 그리고 거의 기계처럼 단조로운 억양으로 말했다.

마지막으로 자폐 스펙트럼 장애가 있는 아동은 반복적이고 상동증적(stereotyped) 행동 패턴을 보인다. 이런 아동은 자동차를 사용해서 상징 놀이(예: 인형을 '차를 마시는' 데 사용하기)를 하기보다, 리처드가 장난감 자동차에 사로잡힌 것처럼 장난감이나 물건의 한 부분에 집착한다. 어떤 아동은 인형의 팔을 뜯어 내어 계속 한 손에서 다른 손으로 옮겼다. 자폐 스펙트럼 장애가 있는 사람에게는 일상적인 일도 극단적으로 중요한 것이 된다. 가령 아동의 엄마가 학교 가는 길에 은행에 들르는 것같이 자신의 일상적인 절차 중 일부라도 바꾸면 매우 화를 낼 수 있다. 자폐 스펙트럼 장애가 있는 몇몇 사람들은 자신의 신체 일부를 반복적이고 상동증적인 행동에 사용한다. 예를 들어 손을 쉴 새 없이 퍼덕거리거나 벽에 머리를 계속 박을 수 있다. 가끔 이러한 행동은 스스로에게 자극을 주기 위한 것으로 간주되어 **자기자극 행동**(self-stimulatory behavior)이라고 불리지만 실제로 그런지는 명확하지 않다.

자폐 스펙트럼 장애가 있는 아동은 지능검사에서 저조

한 수행을 보이며, 50~70%는 중증부터 심각한 정도의 지적 손상이 있다(Sigman et al., 2006). 그러나 몇몇 아동은 언어나 다른 사람의 관점을 조망하는 것에만 결함을 보인다. 자폐 스펙트럼 장애 아동 중 극소수에게는 특별한 재능이 있는데, 배우지 않았는데도 악기를 연주하거나 그림을 아주 잘 그릴 수 있으며, 영화 〈레인맨(Rain Man)〉에서 묘사된 것처럼 특출한 기억이나 계산 능력이 있을 수도 있다. 이런 재능을 가진 사람을 가끔 서번트(savant)라고 부른다. 그러나 이러한 경우는 매우 드물다(Bolte & Poustka, 2004).

자폐 스펙트럼 장애로 진단하기 위해서는 반드시 3세 이전에 증상이 나타나야 한다. 장애의 심각성과 경과는 사람에 따라 매우 다르다. 하울린 등(Howlin et al., 2004)과 러터(Rutter, 2004)는 어린 시절 자폐 스펙트럼 장애로 진단된 68명을 추적했다. 성인이 되었을 때 이들 중 1/5은 어느 정도 학업을 완수했고, 5명은 대학에 진학했으며, 2명은 석사학위를 취득했다. 또한 1/3은 취직했으며, 1/4은 친한 친구가 있었다. 그러나 대다수는 부모에게 의존적이었으며 재가 보호가 필요한 상태였다. 연구 대상자의 85%는 전반적 적응 수준이 '저조함' 혹은 '아주 저조함'으로 평가되었다. 그들은 혼자 살거나 직업을 유지할 수 없었고, 의사소통과 사회적인 상호작용에 지속적인 문제가 있었다.

아동의 지능지수와 6세가 되기 전 언어 발달 수준이 자폐 스펙트럼 장애의 예후를 예측하는 가장 좋은 변인이다(Howlin et al., 2004; Nordin & Gillberg, 1998). 지능지수가 50 이상이고 6세 이전에 다른 사람에게 말을 할 수 있는 아동은 지능지수가 50 미만이고 의사소통적 말을 하지 못하는 아동보다 더 나은 예후를 보인다.

자폐 스펙트럼 장애의 유병률은 대략 500명당 1명 정도이며, **전반적 발달장애** pervasive developmental disorder의 유병률은 160명당 1명이다(Fombonne, 2003). 남자 아동이 여자 아동보다 3 : 1 정도로 많다.

자폐 스펙트럼 장애의 증상 심각도는 매우 다양하다. 일부 아동은 사회적 상호작용과 행동 및 흥미에 결함을 보이지만 언어적 측면에서는 유의한 지연이나 결함을 보이지 않는다. DSM-5 이전에는 이러한 상태를 **아스퍼거 증후군** Asperger's syndrome으로 지칭했다. 아스퍼거 증후군이 있는 아동은 생후 3년 동안 환경에 대해 정상적인 호기심을 보이며 정상적인 인지 기술을 습득한다. 지능지수 또한 정상 범위에 해당한다.

아스퍼거 증후군이 있는 아동은 타인과의 관계에서 어려움을 겪으며, 전화번호 외우기부터 불가사의한 사실과 쟁점에 몰입하는 것에 이르기까지 특이한 행동을 하는 경향이 있다. 아스퍼거 증후군이 있는 아동은 격식을 차려 말하기 때문에 때때로 '꼬마 교수 증후군'으로 불리기도 한다.

## 자폐 스펙트럼 장애의 이해

초기 이론가들은 자폐 스펙트럼 장애를 좋지 못한 양육의 결과라고 설명했다(Bettelheim, 1967; Kanner, 1943). 그러나 수십 년에 걸친 연구 결과, 양육 방식은 자폐 스펙트럼 장애의 발달에 거의 혹은 전혀 영향을 주지 않는 것으로 드러났다. 그 대신 생물학적 원인이 중요한 역할을 하는 것으로 보인다.

### 생물학적 요인

분명 유전자는 자폐 스펙트럼 장애의 발달에 영향을 미친다. 자폐 스펙트럼 장애가 있는 아동의 형제자매는 그렇지 않은 아동의 형제자매에 비해 자폐 스펙트럼 장애를 보일 가능성이 50배나 높다(Sigman et al., 2006). 쌍둥이 연구에서 일란성 쌍둥이 중 한 명이 자폐 스펙트럼 장애를 가질 경우 다른 한 명이 자폐 스펙트럼 장애를 가질 확률이 60~80%이다. 반면에 이란성 쌍둥이 중 한 명이 자폐 스펙트럼 장애를 가질 경우 다른 한 명이 자폐 스펙트럼 장애를 가질 확률은 0~10%였다. 게다가 자폐가 있는 일란성 쌍둥이 중 대략 90%가 심각한 인지적 손상을 보이는데, 이는 이란성 쌍둥이의 경우에 10%인 것과 비교된다. 마지막으로 자폐 스펙트럼 장애가 있는 아동은 취약 X 증후군이나 페닐케톤뇨증(PKU)과 같이 인지적 손상과 관련된 다른 유전적 장애를 갖는 비율이 평균보다 높다(Volkmar et al., 2009). 따라서 자폐 스펙트럼 장애는 몇 가지 유형의 인지적 손상에 대한 유전적 위험과 관련이 있다.

자폐 스펙트럼 장애에서 보이는 광범위한 결함은 두뇌의 정상적인 발달 및 조직의 장애가 있음을 시사한다(DiCicco-Bloom et al., 2006). 게다가 자폐 스펙트럼 장애가 있는 아동의 약 30%가 청소년기 즈음에 발작 장애를 겪는데, 이는 심각한 신경학적 기능 이상이 있음을 시사한다(Fombonne, 2003).

뇌 영상 연구를 통해 자폐 스펙트럼 장애가 있는 아동이 얼굴 표정 지각, 다른 사람에 대한 관심 및 공감, 사회

# 찬|반|논|쟁

# 주의력 결핍 과잉행동 장애의 진단은 남발되고 있는가?

## 주의력 결핍 과잉행동 장애의 진단은 남발되고 있다.

*Caryn L. Carlson*, 텍사스대학교(오스틴 캠퍼스)

DSM-5의 주의력 결핍 과잉행동 장애(ADHD)의 진단 기준은 DSM-IV와 유사하게 유지되었다. 최근 ADHD에 대해 증가하는 대중의 관심으로 실제 ADHD 진단 사례가 증가하고 관련 연구가 이루어졌다. 그러나 ADHD에 대한 해답을 찾는 것은 분류체계의 엄밀성과 통합성에 달려 있기 때문에, 진단의 추가 지나치게 먼 곳까지 널뛰기를 하도록 허용해서는 안 된다.

현재 미국의 일부 지역에서 ADHD의 진단이 남발되고 있다고 판단할 만한 근거가 있다. 각성제 처방은 대개 ADHD 치료를 위한 것으로, ADHD 진단율의 지표가 됨과 동시에 시간과 장소에 따른 ADHD 진단의 경향을 보여 준다. 미국의 메틸페니데이트 사용은 이미 세계 기준을 초과했다(International Narcotics Control Board, 1998). 1990~1995년 사이에 거의 2배 이상 증가하는 등 1990년대 초에 사용이 급격히 상승하여(Safer et al., 1996) 현재까지 계속 증가하고 있다. 모든 연령대에서 ADHD가 증가하고 있는데, 특히 10대와 성인 집단에서 급격히 증가했다. 한 지역의 학령기 아동 중 1991~1995년 사이에 각성제를 복용한 고등학생의 비율이 3배나 증가했다(Safer et al., 1996). 이러한 증가에는 이전에는 진단되지 않았던 ADHD 신규 진단 건도 포함될 것이다. 그러나 ADHD의 실제 유병률은 이 정도로 증가하지 않았다. 몇몇 보고서는 아직도 많은 ADHD 아동이 진단되지 않았거나 치료를 받지 못한다고 보고하지만(Wolraich et al., 1998) 현재 평균 비율은 꽤 높다(Safer et al., 1996).

미국 내 지역 간 유병률의 격차가 크다는 점을 고려하면 ADHD의 급격한 증가 중 일부는 과잉 진단을 반영하는 것으로 보인다. 버지니아 주는 1995년 1인당 메틸페니데이트 소비율이 인접한 서부 버지니아보다 2.4배 높았고, 캘리포니아보다는 거의 4배가량 높았다(Spanos, 1996). 더욱 문제가 되는 것은 동일한 주 내에서도 지역 간 편차가 심하다는 것이다. 예를 들어 1991년 뉴욕 주에서 6~12세 남아의 1인당 메틸페니데이트 소비율이 평균 4.1%로 나타났는데, 10개 지역에 따라 그 비율이 다양하게 나타났으며 14%에 이르는 곳도 있었다(Kaufman, 1995).

ADHD 진단이 남발되는 이유는 무엇인가? 우리는 역학 연구를 통해 하나의 원천에 기초하여 ADHD를 진단하는 경우 정확한 유병률(학령기 남아의 약 23%; Wolraich et al., 1998)을 얻기 어렵다는 것을 안다. 그러나 포괄적 진단 기준(7세에 발병했는가, 여러 상황에서 증상이 나타나는가, 손상을 확신할 수 있는가)에 근거하여 진단을 내린다면 유병률이 상당히 낮아진다. 지역에 걸쳐 다양한 진단율이 나타나는 것은 임상 의사들이 일관되지 않은 진단 기준을 적용하고 있음을 시사한다. 일부 임상 의사는 모든 기준을 평가하지 않으며 종종 부모의 보고에만 의존한다. 과소 진단이 이루어지는 곳이 있는 반면 과잉 진단이 이루어지고 있는 곳도 있다.

언제 진단이 남발되기 쉬운가? ADHD의 진단은 실직이나 학업 실패와 같이 부정적 사건을 겪는 사람들 사이에서 유행하는 것 같다. 즉 부정적인 인생 경험을 개인의 책임으로 받아들이기보다 어떤 심리장애의 탓으로 돌리고자 하는 것이다. 이러한 경향은 지루하거나 동기를 느끼지 못하는 재미없는 영역에서도 명백하다. '정말 다행이다! 내가 스웨덴 지도 제작자들의 역사 시간에 주의를 기울이기 힘든 것은 내 잘못이 아니라 ADHD 때문이야.'

오진을 막기 위한 하나의 보호 장치는 현재 진단 기준 중 7세 무렵에 증상이 나타나야 한다는 항목이다. 만약 ADHD가 그렇게 이른 시기에 발병하는 것이 사실이라면 우리는 얼마나 조기에, 그리고 어떤 방법으로 ADHD를 발견할 수 있을까? ADHD를 신뢰롭게 확인할 수 있는 객관적인 평가는 아직 부재하기 때문에 우리는 다른 사람들의 증상 보고에 의존할 수밖에 없다. 시작 연령을 7세로 정한 것은 대략 5세까지는 정상적인 행동 유형이 ADHD의 증상과 유사하기 때문이다. 5세 이후부터는 보통 활동이 감소하고 주의력이 증가하지만 ADHD 아동은 그렇지 않다. 또한 학급 환경과 같이 압박감이 느껴지지 않는 곳에서는 증상이 발생하지 않을 수 있다. 만약 개인이 초기에는 증상을 보이지 않았지만 삶에서 마주하는 여러 상황이나 스트레스로 증상이 이후에 나타난 경우라면 ADHD 진단이 적합하지 않을 것이다. 그러한 문제점이 있음을 반드시 알 필요가 있는가? 물론이다. 이들은 치료받아야 하는가? 물론이다. 조직 관리 전략과 행동 관리 기법을 교육하거나 약물치료를 함으로써 치료가 가능하다. 그러나 삶의 심각한 문제가 모두 장애는 아니며, 그러한 문제를 장애라고 부르는 것은 ADHD의 원인을 찾으려는 노력을 저해할 뿐이다.

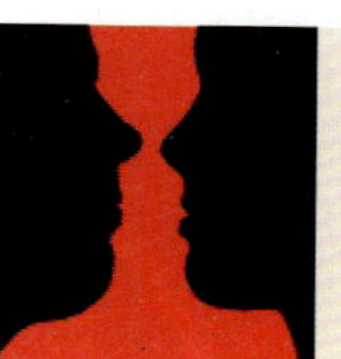

찬|반|논|쟁

# 주의력 결핍 과잉행동 장애의 진단은 남발되고 있는가?

## 주의력 결핍 과잉행동 장애의 진단은 남발되지도, 과다하게 치료되지도 않는다.

*William Pelham,* 뉴욕주립대학교(버펄로 캠퍼스)

ADHD는 가장 널리 진단되는 아동기 정신건강 장애이며, 이에 대한 약물치료의 빈도가 1990년대를 지나면서 기하급수적으로 증가해 왔다는 데서 많은 사람들, 특히 교육자들 사이에서 ADHD 진단이 남발되고 있으며, 그 결과 과잉 치료가 이루어지고 있다는 주장이 유행처럼 번졌다. 그러나 이것은 과민 반응이며, ADHD가 과잉 진단되거나 과잉 치료된다는 명백한 경험적 증거도 없다.

먼저 ADHD가 비교적 최근의 현상이라는 비판을 생각해 보자. 이러한 비판과는 정반대로 ADHD 진단은 과거에도 널리 사용되었다. 그러나 다른 진단의 보조 진단으로 적용되었다. 가령 품행장애 아동에 대해 중요한 초기 연구(Patterson, 1974)에 따르면, 품행장애 남아의 2/3 이상이 과잉운동증(hyperkinesis, ADHD의 초기 진단명)도 가지고 있었다. 따라서 ADHD는 지난 30년간 진단된 것보다 더 자주 진단되는 것으로 보이지만 실은 제대로 진단되는 것이며, 이는 당연한 것이다.

1990년대 초 이후 미국에서 ADHD 진단이 증가한 주요 원인은 1991년 미국 전역의 특수교육 분야에 적용되는 장애인교육법(Individual with Disabilities Education Act, IDEA)에서 ADHD의 지위가 변한 것을 들 수 있다. 즉 ADHD가 장애로 규정받게 된 것이다. 더욱이 미국 교육부는 ADHD를 특수교육이 필요한 상태로 간주하라는 지시문을 모든 주의 교육부 관리에게 보냈다. 그 결과 미국 전역의 교육청은 ADHD의 선별과 진단 절차를 처음으로 수립해야 했다. 따라서 ADHD 진단의 증가는 어떤 음모나 교육에서의 치명적인 결점, 혹은 현재 양육 방식의 폐단이 아니라 미국 교육을 관장하는 연방 규정 변경의 자연스러운 부산물이다.

ADHD 진단율이 북아메리카와 전 세계에 걸쳐 매우 다르게 나타난다는 비판은 또 어떠한가? 지방 교육청과 각 주마다 IDEA의 개정 사항을 준수하는 정도에 차이가 크다는 것이 그에 대한 답이다. 더욱이 유사한 진단 기준이 적용되었을 때 이탈리아, 스페인, 북아프리카, 이스라엘, 아르헨티나, 베트남을 포함하는 다양한 국가에서 나타나는 ADHD 진단율이 북아메리카와 큰 차이를 보이지 않는다.

정신장애의 과잉 진단 여부를 가늠하는 데 가장 중요한 것은 진단된 사람들이 그 진단의 정당성을 입증할 만큼 일상생활을 영위하는 기능에 큰 손상을 입었느냐일 것이다. ADHD는 이 쟁점에서 특별히 주목할 만한 예시인데, 이는 아동의 학급 행동과 학업 수행뿐만 아니라 또래, 부모, 선생님, 형제자매와의 관계가 현저하게 손상되어 고통을 겪기 때문이다. 하나의 예를 살펴보자. 클리닉에 지속적으로 의뢰되는 아동들을 대상으로 한 고전적 연구를 보면 ADHD 아동의 96%가 학급 평균보다 더 높은 비율로 친구들에게 거절당했다(Pelham & Bender, 1982). 학급 또래 지목 척도(classroom peer nomination inventory)상에서 초등학교 또래 급우들로부터 얼마나 많은 부정적인 지목을 받았는가는 아동 정신병리 분야에서 아동기의 심각한 손상과 이에 따른 성인기의 예후에 대한 가장 좋은 지표가 된다. 따라서 부정적 지명을 받은 비율이 이렇게 높다는 것은 ADHD 아동이 또래와의 관계에서 고통을 초래하는 결함이 있음을 분명하게 보여 주는 것이다.

많은 아동을 ADHD로 부적절하게 진단한다는 것에 이어지는 비판은 이 아동들이 부적절한 치료, 특히 약물치료를 받는다는 것이다. 그러나 문헌에 따르면 ADHD 진단 아동 중 소수(또는 ADHD로 인해 정신건강 장애가 생긴 아동)만이 약물치료나 다른 치료를 받고 있으며, 치료받는 아동의 비율이 높아지는 것은 고무적으로 바라봐야 한다. 약물이나 다른 ADHD 치료가 급격히 증가한 것은 명백히 높아진 진단율에서 기인한 것이며, 이 역시 앞서 언급된 IDEA의 개정에 의해 부가적으로 나타난 것이다. 주목할 만한 것은 손상과 치료에 대한 주장의 근거가 되는 연구 중 하나는 오직 교사의 평정에 근거하여 ADHD로 식별된 아동만을 대상으로 했다는 것이다. 그리고 이것은 진단이 남발되고 있다는 비판의 주요 표적이 되었다(Wolraich et al., 1998).

요약하면 ADHD는 아동기의 가장 흔한 정신건강 장애이며, 가장 고질적이고 치료하기 힘들며, 장기 예후가 좋지 않은 장애 중 하나이다. 현재의 진단율은 이 장애의 특성에 대한 과학적 견해와 일치한다. 우리는 오히려 ADHD가 있는 더 많은 아동을 정확하게 선별해낼 필요가 있으며, 근거 기반 치료(evidence-based treatment) 원칙을 바탕으로 그들이 필요로 하는 행동치료와 약물치료를 제공해야 한다.

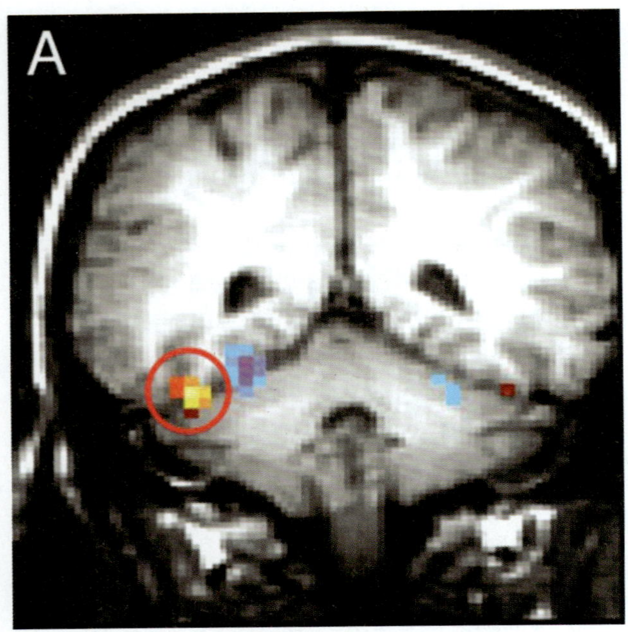


그림 15.16 **기능적 MRI에서 발견된 자폐 스펙트럼 장애의 이상성.** 자폐 스펙트럼 장애의 경우 방추상회의 비정상적 활성화가 발견된다.

적 상황에 대한 사고가 요구되는 과제를 하는 동안 이와 관련된 두뇌 기능을 평가했다. 연구에 따르면 자폐 스펙트럼 장애가 있는 아동은 앞서 언급된 과제를 수행할 때 주로 사용되는 뇌 영역에 기능 이상이 있는 것으로 나타났다. 예를 들어 얼굴 사진이 주어졌을 때 자폐 스펙트럼 장애가 있는 아동은 건강한 아동에 비해 얼굴 지각에 관여하는 뇌 영역인 방추상회(fusiform gyrus)가 덜 활성화되었다(그림 15.16 참조; Schultz, 2005). 얼굴을 지각하고 이해하는 것의 어려움은 자폐 스펙트럼 장애가 있는 아동의 사회적 상호작용 결함에 영향을 줄 수 있다.

자폐 스펙트럼 장애가 있는 아동은 건강한 아동에 비해 마음 이론(theory of mind)과 관련된 과제에서 저조한 수행을 보인다. 마음 이론이란 자신을 포함한 다른 사람들이 정신 상태를 가진다는 것을 이해하고, 이들과 상호작용하고 의사소통하는 데 이러한 이해를 활용하는 능력을 뜻한다(Baron-Cohen & Swettenham, 1997). 마음 이론은 타인의 행동을 이해하고, 설명하고, 예측하고, 조정하는 데 필수적이다. 자폐 스펙트럼 장애가 있는 아동은 마음 이론을 평가하는 과제에서는 종종 실패하나, 그들의 연령에 맞는 다른 인지적 과제는 적절하게 수행한다(Yirmiya et al., 1998). 자폐 스펙트럼 장애가 있는 아동은 마음 이론의 부재로 인해 사회적 환경을 이해하거나 조작하지 못하며, 다른 사람들과 적절히 소통하는 것이 불가능해진다. 또한 그들의 이상한 놀이 행동(특히 상징놀이의 부재)은 눈앞에 보이는 구체적인 사실 말고는 그 어떤 것도 이해하지 못한다. 자폐 스펙트럼 장애가 있는 아동은 타인의 입장을 취해야 하는 과제를 수행할 때 뇌의 내측 전전두엽과 편도체에서 결함을 보인다(Castelli et al., 2002).

### 중간 요약

- 자폐 스펙트럼 장애는 사회적 상호작용, 의사소통, 일상생활 행동, 흥미, 활동과 같은 몇 가지 발달 영역에서 심각하고 지속적인 손상을 보인다. 이전에 아스퍼거 증후군으로 불렸던 장애는 이보다 경미한 것으로, 사회적 상호작용과 흥미에서는 결함을 보이지만 의사소통에서는 결함을 보이지 않는다.
- 대다수의 자폐 아동은 어른이 되어서도 지속적인 보호가 필요하다. 그러나 자폐 스펙트럼 장애의 예후는 큰 차이를 보인다. 50점 이상의 지능지수와 6세 이전까지의 언어 발달은 양호한 예후를 예측하는 중요한 변인이다.
- 자폐 스펙트럼 장애의 생물학적 원인은 유전적 소인과 다양한 신경 발달적 이상이다.

### 비판적 사고를 위한 물음

1. 부모들은 자녀가 '정상적'으로 발달하고 있는지 자주 걱정한다. 당신은 발달장애를 정기적으로 선별하는 것이 좋다고 생각하는가? 그렇게 생각하는 이유는 무엇인가?
2. 전반적 발달장애를 가진 몇몇 아동에게는 조기에 집중적으로 행동적 개입을 제공하는 것이 정상적 기술 발달에 도움이 될 수 있다. 이렇게 일부에서만 치료가 효과가 있는데도 불구하고 이 장애를 가진 모든 아동에게 동일한 개입을 실시하는 것이 적절한가?

## 전체 요약

1. 이상 행동의 진단은 사회적 규범, 비정상, 행동의 부적응성, 개인의 심리적 고통에 기반한다. 양호한 정신건강의 특징으로는 효율적인 현실 지각, 행동 통제, 자존감, 친밀한 관계 형성 능력, 생산성 등을 들 수 있다.

2. ICD와 DSM-5는 정신장애를 특정 행동 증상에 따라 분류한다. 이러한 분류체계는 정신장애 문제에 대한 정보의 효율적 의사소통에 도움이 되고 연구의 기반을 제공한다.

3. 정신장애의 원인과 치료에 대한 이론은 뇌와 다른 생물학적 요인에 초점을 맞춘 접근, 정신분석적 · 행동적 · 인지적 조망과 같이 마음에 초점을 맞춘 접근, 사회문화적 · 환경적 요인에 초점을 맞춘 접근으로 나눌 수 있다. 취약성 스트레스 모형은 개인으로 하여금 특정 장애에 취약하게 만드는 (생물학적 · 심리적) 소인과 개인이 직면하는 스트레스 상황 간의 상호작용을 강조한다.

4. 불안장애에는 범불안(지속적인 불안과 긴장), 공황장애(압도적인 불안의 갑작스러운 발작), 공포증(특정한 물체나 상황에 대한 비합리적 두려움), 강박장애(원치 않는 사고가 계속 떠오르는 것 또는 강박관념과 특정 행동을 계속하려는 충동 또는 강박행동) 가 있다.

5. 불안장애의 생물학적 이론은 불안장애를 유전적 소인이나 생화학적 혹은 신경학적 이상의 결과로 본다. 대부분의 불안장애는 집안 대대로 내려오며, 쌍둥이 연구는 공황장애와 강박장애가 유전적 요소를 갖고 있음을 강력하게 시사한다. 공황장애로 고통 받는 사람들은 과도한 투쟁 또는 도피 반응을 보인다. 강박장애가 있는 사람들은 원초적 충동을 조절하는 뇌 영역에서 신경전달물질이 결핍된 것으로 보인다.

6. 인지 이론가와 행동 이론가는 불안장애가 있는 사람들이 파국적 인지와 융통성 없고 지나치게 엄격한 사고를 하는 경향이 있다고 본다. 부적응 행동(예: 회피 행동)과 충동은 개인이 그 행동을 하면 불안이 감소된다는 것을 알게 되어 그 행동이 강화되는 조작적 조건형성의 결과로 나타난다. 공포증은 고전적 조건형성을 통해 나타날 수 있다.

7. 기분장애는 우울장애(개인이 하나 혹은 그 이상의 우울한 기간을 가짐)와 양극성 장애(우울증과 조증이 교대로 나타남)로 나뉜다. 우울증의 주요 증상으로는 슬픔, 삶에서 만족감의 상실, 부정적 사고, 동기의 결여를 들 수 있다.

8. 생물학적 이론은 기분장애를 유전적 요인과 세로토닌 및 노르에피네프린이라는 신경전달물질 조절의 문제로 본다. 인지적 이론은 우울을 비관적인 관점, 반추, 부정적으로 편향된 인지 과정의 결과로 본다. 대인관계 이론은 우울증을 사회적 기술 및 관계의 결함에서 초래된 것으로 본다. 스트레스, 특히 가족에 대한 스트레스는 양극성 장애가 있는 사람들의 재발에 중요한 영향을 미친다.

9. 조현병은 와해된 사고 과정과 망상을 포함하는 사고장애로 특징지어진다. 다른 증상으로는 환각과 같은 지각적 장애, 부적절한 정서반응, 기이한 행동, 철수, 기능 손상이 있다.

10. 유전적 요인은 조현병의 소인과 강한 관련이 있는 것으로 보인다. 조현병이 있는 사람들은 도파민 조절에 문제가 있다. 뿐만 아니라 두 가지 유형의 뇌 이상을 보이는데, 전전두피질이 더 작고 덜 활동적이며 뇌실이 확장되어 있다. 어려운 환경 자체가 조현병을 유발하는 것은 아니지만, 장애를 악화시키고 재발에 영향을 주는 것으로 보인다.

11. 성격장애는 문제해결 및 스트레스 대처와 관련된, 일생 동안 지속되는 부적응 행동 패턴이다. 반사회성 성격장애가 있는 사람은 충동적이며 죄책감을 거의 느끼지 않고, 자신의 필요만 생각하여 법적인 문제를 자주 일으킨다. 반사회성 성격장애는 유전적 · 생물학적 근원을 가지고 있을 수 있다. 태만하고 적대적인 양육 방식 또한 이 장애에 영향을 줄 수 있다.

12. 경계성 성격장애가 있는 사람들은 기분과 자기개념, 대인관계에서 불안정함을 겪는다. 정신분석 이론은 이 장애를 가진 사람의 양육자는 자녀가 자신에게 과도하게 의존하도록 만들고, 사랑과 적대감의 극단을 오간다고 주장한다. 다른 이론은 경계성 성격장애가 있는 사람들이 극심한 정서 조절의 어려움을 겪는다고 주장한다.

13. 자폐 스펙트럼 장애는 사회적 상호작용, 의사소통, 일상 행동, 흥미, 활동과 같은 몇 가지 발달 영역에서 심각하고 지속적인 손상이 나타난다. 유전적 · 신경 발달적 요인이 이 장애에 관여하는 것으로 보인다.

## ✳ 핵심 개념

강박관념
강박장애
강박행동
경계성 성격장애
공포증
공황발작
광장공포증
국제질병분류(ICD)
귀인 양식
기분장애
단어 샐러드
망상
무쾌감증
문화 상대주의 조망
반사회성 성격장애
범불안장애
부적응
불안장애
비정상
사회불안장애
생물학적 조망
성격장애
신경증
심리적 조망
아스퍼거 증후군(DSM-5 이전)
아타크
양극성 장애
연상 이완
우울장애
인지적 조망
자폐 스펙트럼 장애
전반적 발달장애
정상
정신분석적 조망
정신증
정신질환의 진단 및 통계 편람(DSM-5)
조증 삽화
조현병
취약성 스트레스 모형
특정 공포증
편집
행동적 조망
환각

# 16 정신건강 문제의 치료

**학습 목표**

이 장을 읽고 나면 다음의 것들을 할 수 있어야 한다.

- ▶ 이상행동치료의 역사적 배경과 현재 동향, 특히 탈시설화와 재시설화를 이해할 수 있다.
- ▶ 치료자의 기법과 장애를 호전시키는 것으로 여겨지는 환자 혹은 내담자의 경험을 포함하는 다음의 심리치료 접근을 설명할 수 있다.
  - a. 정신분석과 정신역동치료
  - b. 행동치료
  - c. 인지행동치료
  - d. 인본주의 치료
  - e. 가족치료와 부부치료
- ▶ 생물학적 치료 두 유형의 장단점을 이해할 수 있다.
- ▶ 주요 정신약물과 효과, 그리고 정신장애에의 적용을 설명할 수 있다.
- ▶ 정신건강을 증진하기 위한 제안을 이해할 수 있다.

## 이 장의 개요



스티브 M.은 편집성 조현병(paranoid schizophrenia)을 앓고 있다. 그는 뭔가를 잘못했다고 질책하고 비난하는 목소리를 자주 듣는다. 그는 자신의 머릿속에 이러한 메시지를 수신하는 송신기가 심어져 있다고 확신했다. 약을 복용하면 목소리가 멈추고 편집증적 사고도 점차 사라지기 시작했다. 지난 5년간 스티브는 세 차례 입원했다. 세 번 모두 약물 복용을 중단했는데, 그중 두 번은 자신의 상태가 호전되었다고 생각해서 약물을 중단했고, 나머지 한 번은 모든 것이 귀찮게 느껴졌기 때문이었다. 입원 사이의 기간에 그는 외래 환자를 위한 낮 병동 프로그램에 참여하거나 대학에서 강의를 들으며 시간을 보냈다. 스티브는 여전히 무엇이 현실이고 무엇이 현실이 아닌지를 분간하느라 분투하고 있다. 하지만 치료를 통해 스티브는 자신이 신뢰하는 사람들, 주로 의붓어머니, 형제, 아버지와 함께 현실을 분별할 수 있다는 것을 알게 되었다. 스티브는 약물치료를 담당한 정신과 의사 외에도 일주일에 한 번 클리닉에서 만나는 심리학자와 장기간 관계를 유지해 왔다. 그들은 함께 스티브의 질병과 질병의 낙인 때문에 받는 현실적인 도전에 맞서고 있다. 스티브의 부모 역시 부모 지원 모임을 통해 스티브와 심리학자가 하는 것과 같은 일을 배우고 있다. (Bernheim, 1997, pp. 126–130에서 인용)

스티브와 그의 가족은 스티브의 편집성 조현병을 통제하기 위해 다양한 종류의 치료법을 사용하고 있다. 스티브가 받는 약물치료는 심리장애에 대한 생물학적 치료의 한 가지 형태이다. 뿐만 아니라 스티브는 심리치료사에게 심리치료를 받으면서 자신의 문제를 해결하는 새로운 방법을 배우고 있다. 스티브의 부모는 스티브의 문제를 이해하기 위해 지역사회 기반의 자원을 활용하고 있다.

이 장에서는 이상 행동을 치료하는 방법을 살펴볼 것이다. 가장 자주 사용되는 방법이 개념 설명에 정리되어 있다. 해당 치료는 정신건강 문제의 원인에 대한 특정 이론과 연계되어 있다. 이러한 치료가 제공되는 보건의료 체계는 국가마다 다르겠지만, 여기서는 각 유형 치료법의 공통적 특성에 초점을 맞출 것이다.

## 역사적 배경

역사적으로 정신건강 문제를 보이는 사람의 치료는 그러한 문제를 일으키는 원인에 대한 믿음의 영향을 받았다. 사람들이 보이는 이상 행동은 종종 악마나 악령, 귀신 같은 초자연적인 힘 때문으로 여겨졌다. 이러한 힘은 기도, 주문, 마술 같은 방법을 통해 제거하거나 내쫓았다. 이러한 방법이 효과가 없을 때는 사람의 신체에 악령이 머물지 못하도록 더 극단적인 방법을 행했다. 채찍질, 굶기기, 화형, 다량의 출혈과 같은 방법이 자주 사용되는 '치료'의 형태였다.

이상 행동에 대한 생물학적인 설명이 몇 세기에 걸쳐 제안되었다. 고대 중국인은 사람의 몸이 음과 양의 두 가지 힘을 가지고 있다고 보았다. 만약 두 가지 힘의 균형이 맞지 않으면 정신이상과 같은 병이 나타나게 된다는 것이다. 그리스 의사 히포크라테스(Hippocrates, 기원전 460~377)는 정신건강 문제를 연구하는 데 의학적인 관

## 개념 설명

### 치료 방법

| 치료 유형 | 예시 | 설명 |
|---|---|---|
| 행동치료 | 체계적 둔감화 | 내담자에게 이완 훈련을 시행한 후, 미리 설정된 불안 유발 상황의 위계에 따라 경미한 상황부터 하나씩 상상하면서 이완하도록 지시함 |
| | 실제 노출법 | 환자가 실제 불안 유발 상황에 노출되는 것을 제외하면 체계적 둔감화와 유사 |
| | 자극 홍수법 | 공포증이 있는 사람이 피할 수 없는 상황에서 가장 두려워하는 상황이나 대상에 긴 시간 노출되는 실제 노출법의 한 형태 |
| | 선택적 강화 | 보상과 교환할 수 있는 토큰을 제공하는 절차를 사용해 특정 행동 강화 |
| | 모델링 | 타인을 관찰하고 모방함으로써 행동을 학습하는 절차. 종종 행동시연과 병행됨(예: 자기주장 훈련) |
| 인지행동치료 | | 행동수정 기법뿐만 아니라 역기능적 신념을 변화하도록 설계된 절차를 포함하는 치료법 |
| 정신역동치료 | 전통적 정신분석 | 자유연상, 꿈 분석과 전이를 통해 환자의 현재 문제의 기초가 되는 무의식을 찾아내고, 보다 합리적인 방식으로 해결하려는 시도 |
| | 현대 정신역동치료 (예: 대인관계치료) | 전통적 정신분석보다 더 구조화되고 단기간 시행. 환자가 타인과 상호작용하는 방법 강조 |
| 인본주의 치료 | 내담자 중심 치료 | 공감적이고 온정적이며 진솔한 분위기에서 치료자는 환자가 자신의 문제에 대해 해결책을 찾는 과정을 촉진 |
| 생물학적 치료 | 정신약물치료 | 기분과 행동을 수정하기 위해 약물 사용 |
| | 전기경련치료 | 뇌에 발작을 일으키기 위해 경미한 전류를 흘려보냄 |

점을 도입했다는 점에서 서양 문화권에서 추앙받는다. 히포크라테스는 이상 행동을 체액의 불균형에서 초래된 것으로 보았다. 히포크라테스와 그를 따르는 그리스 · 로마의 의사들은 장비를 이용하여 강제로 묶거나 정화 의식과 같이 다소 바람직하지 못한 치료도 했지만, 동시에 쾌적한 주변 환경과 운동, 적절한 식단, 마사지, 진정 효과가 있는 목욕의 중요성도 강조했다. 비록 정신질환자를 위한 치료 기관은 없었지만, 많은 사람들이 치유의 신을 모시는 신전에서 정성스러운 보살핌을 받았다.

그러나 정신장애에 대한 이런 진보적인 관점은 지속되지 못했다. 중세 시대 때는 정신장애가 악령에 들린 것이라는 원시적인 미신과 신념이 되살아났다. 정신이상자는 사탄과 결탁했고, 홍수나 역병을 일으키거나 다른 사람에게 상해를 입힐 수 있는 초자연적인 힘을 가진 것으로 여겨졌다. 심각한 정신질환자는 잔혹하게 다루어졌다. 정신질환자를 때리고 굶기고 고문하는 것은 악마를 처벌하는 것으로 여겨졌다.

중세 후반에는 도시에 정신질환자를 치료하기 위한 수용소(asylum)를 세웠다. 그러나 이러한 수용소는 감옥일 뿐이었다. 입원 환자들은 사슬에 묶인 채 어둡고 더러운 방에 갇혔고, 사람이라기보다는 짐승으로 취급되었다. 상황은 1792년 필리프 피넬(Philippe Pinel)이 파리의 수용소에 부임하고 나서야 다소 개선되었다. 피넬은 입원 환자들을 묶어 두었던 사슬을 제거하는 실험을 시도했다. '짐승'을 풀어놓는 피넬이 미쳤다고 생각하는 회의론자들에게는 놀라운 일이었지만 실험은 성공적이었다. 사슬에서 풀려나 깨끗하고 햇볕이 잘 드는 방에서 인간적인 대우를 받자, 수년간 가망이 없다고 여겨졌던 많은 정신이상 환자들이 수용소를 떠날 수 있을 정도로 호전되었다.

정신병원은 지난 세기에 걸쳐 괄목할 정도로 향상되었지만 여전히 개선의 여지가 많이 남아 있다. 가장 좋은 정신병원은 편안함을 주면서도 치료를 제공하는 잘 관리된 장소여야 한다. 여기서 치료는 개인 심리치료와 집단 심리치료, 레크리에이션, 이완을 줄 뿐만 아니라 기술을 가르칠 수 있도록 설계된 작업치료, 그리고 퇴원 시 환자

살페트리에르(Salpetriere) 병원 마당의 필리프 피넬.

가 직업을 얻을 수 있도록 준비시켜 주는 교육 과정 등을 포함한다. 최악의 정신병원은 주로 황폐하고 많은 사람들로 붐비는 병실에서 환자들이 지루한 생활을 하며, 약물치료 이상의 치료는 거의 제공하지 않는 보호 기관이다. 대부분의 정신병원은 이러한 양극단 사이 어느 지점에 존재한다.

1960년대 초에 들어서면서 정신건강 문제를 지닌 사람을 정신병원에서 치료하는 것에서 그들이 속한 지역사회에서 치료하는 것으로 방향이 변화되었다. 이러한 지역사회 치료로의 움직임은 병원이 얼마나 좋은가와 상관없이 입원치료 자체의 문제에 대한 인식이 부분적으로 기여했다. 병원은 환자가 가족이나 친구의 사회적 지지를 받지 못하게 하며, 일상적인 삶을 박탈하고 의존적으로 만든다. 또한 많은 비용이 든다.

1950년대에는 우울과 불안을 경감하고 이상 행동을 감소시키는 정신약물(이후에 자세히 논의될 것이다)이 개발되었다. 1960년대에 이러한 약물이 광범위하게 사용 가능해지면서 많은 입원 환자들이 퇴원하여 집으로 돌아가 통원치료를 받을 수 있게 되었다. 1970년대에는 환자들이 외래 진료, 단기 및 부분적 입원(partial hospitalization)과 기타 서비스를 제공하는 지역사회 치료 센터에서 치료받을 것이라는 기대와 함께 유럽 전역의 전문 정신병원들이 문을 닫거나 그 규모가 축소되었다. 부분적 입원을 하는 경우에는 낮 동안 센터에서 치료를 받고 저녁에는 집으로 돌아갈 수 있다. 혹은 낮 동안 일을 하다 센터에서 밤을 보낼 수도 있다. 시설에 수용된 환자의 퇴원과 지역사회 기반의 서비스로의 전환은 **탈시설화** deinstitutionalization 운동으로 알려졌다.

그림 16.1과 그림 16.2가 보여 주듯이 유럽 많은 국가의 정신과 전문병원에서 치료를 받는 환자의 수가 급격히 감소했다. 최근 EU에 편입된 몇몇 국가에서는 약간 감소했다. 예를 들어 스웨덴에는 현재 정신병원이 없고 입원이 필요한 환자는 일반 병원에서 치료받을 수 있다. 반면 슬로바키아와 슬로베니아는 환자의 정신병원 이용에 거의 변화가 없으며, 러시아연방은 조사된 국가 중 가장 많은 정신과 입원 병상 수를 보였다(그림 16.2 참조).

일부 환자들에게는 탈시설화가 성공적이었다. 환자 가족의 도움, 정신약물치료와 더불어 정신건강 센터와 개업 전문의가 제공하는 서비스는 환자가 만족스러운 삶을 재개할 수 있도록 해 주었다. 이는 경제적 수준이 높은 나라에서 특히 그랬다. 예를 들어 영국의 정신병원 두 곳에서 퇴원한 환자 751명을 대상으로 이루어진 한 연구에서는 5년 뒤 90%의 환자들이 지역사회에서 생활했으며, 극히 소수만이 형사상 문제를 일으키거나 노숙자가 되었다(Trieman et al., 1999).

그러나 다른 환자들에게는 탈시설화가 좋지 못한 결과를 가져왔는데, 이는 대개 지역사회 시설이 부적합했기 때문이다. 유럽 국가의 28%는 심각한 정신건강 문제

1882년 뉴욕 정신병원에서 사용된 구금 침대(crib).

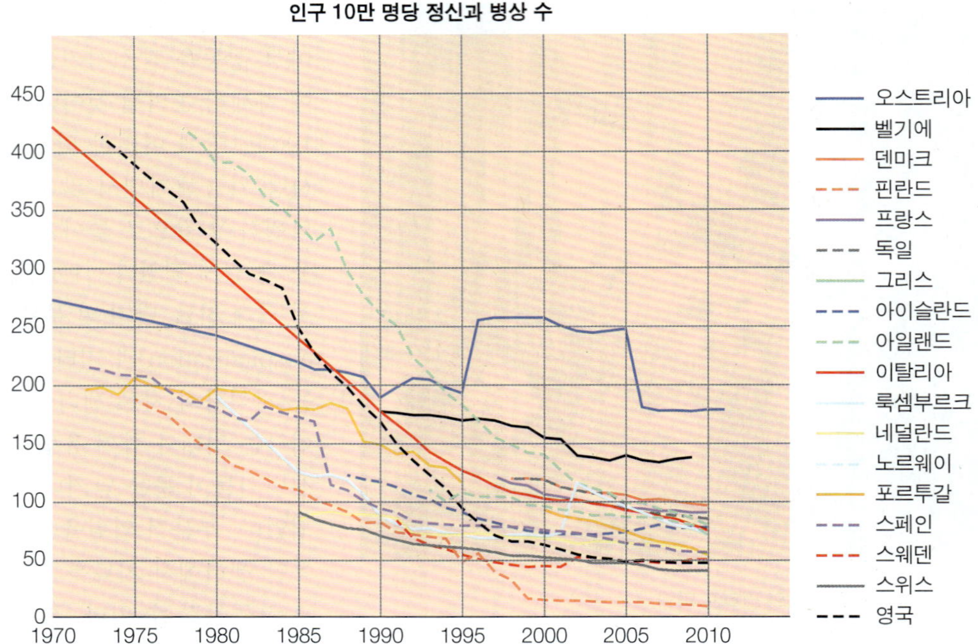


**그림 16.1** **1978~2002년 서유럽의 정신과 병상 수 동향.** 정신과 전문병원에서 치료받는 환자 수의 감소가 많은 유럽 국가에서 나타났다.

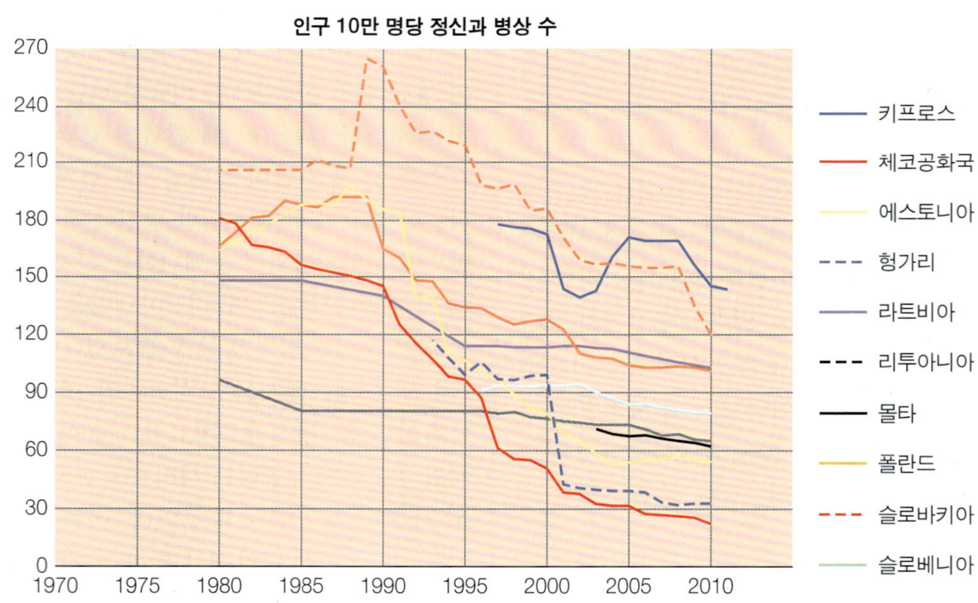


**그림 16.2** **1988~2002년 신생 EU 국가들의 정신과 병상 수 동향.** 신생 EU 국가들의 정신병원 입원이 더 감소했음을 보여 준다.

를 가진 사람들을 위한 지역사회 기반 서비스가 부족하거나 부재한 상황이다(WHO, 2004). 입원치료로 호전되어 도움을 받으면 스스로 살아갈 수 있는 많은 사람들이 통원치료와 약물 복용 모니터링, 친구 구하기, 집 장만, 구직과 같은 적절한 사후 관리를 받지 못하고 있다. 결과적으로 스스로 장애를 극복하고자 하는 성공적이지 못한 시도 사이사이에 시설 출입을 반복하는 '회전문' 현상이 초래된다.

일부 퇴원 환자들은 상태가 심각하여 스스로 지탱할 엄두도 못 내거나 보호자의 도움 없이는 기능할 수 없을 정도가 된다. 그들은 흔히 불결하고 사람이 북적거리는 집에서 살거나 노숙자로 살아간다. 꾀죄죄한 남자가

**그림 16.3 폭행 가능성.** 물질 남용은 폭력 행위의 높은 가능성과 관련이 있다.

길 모퉁이에 서서 혼잣말을 하고 횡설수설 소리친다면 탈시설화의 희생자 중 한 명일 수 있다. 쇼핑백 안에 자신의 소지품을 모두 넣은 채 하루는 사무실 건물의 출입구에서, 다음 날은 지하철역에서 밤을 보내는 여자 역시 또 다른 희생자일 수 있다. 유럽의 몇몇 도시에서는 노숙자의 50%가 심각한 정신건강 문제를 앓고 있다(WHO, 2003).

특히 대도시에서 정신장애를 앓는 노숙자가 눈에 띄게 증가하는 것은 대중의 우려를 불러일으켜 시설 수용(reinstitutionalization)의 필요성에 대한 움직임을 촉발했다. 그러나 이것은 중요한 윤리적 쟁점을 불러일으켰다. 만약 정신장애가 있는 사람들이 사회에 다시 적응하지 못한다면, 그들 자신의 의지와는 상관없이 정신병원에 강제로 입원시켜야만 하는가? 민주주의 사회에서 가장 중요한 권리 중 하나는 자유에 대한 권리이다.

일부 전문가들은 법적 행위가 한 사람이 다른 사람에게 잠재적으로 위협이 될 경우에만 정당화된다고 주장한다. 정신질환자가 정신병이 발작한 상태에서 아무 죄 없는 보행자를 공격하는 것은 실제로 드문 경우이지만 대중에 많이 알려지기 때문에 대중은 공공 안전에 대한 공포를 갖게 된다. 그러나 그런 사건이 일어날 가능성은 매우 낮다. 한 대규모 연구에 따르면 정신건강 문제를 앓는 사람의 5% 이하만이 정신건강 시설에서 퇴원 후 폭력 범죄를 일으키는 것으로 나타났다(Steadman et al., 1998). 심각한 정신건강 문제와 함께 알코올중독과 같은 물질 남용 문제도 있을 경우 그 수치가 22%까지 올라가지만 여전히 소수일 뿐이다. 일반적으로 정신건강 문제를 앓는 사람들이 폭력 범죄를 저지를 가능성에 대한 전문가들의 의견은 정확하지 않은 경우가 종종 있으며, 장기적 관점에서의 예측은 더욱 그렇다(Gardner et al., 1996).

### 중간 요약

- 정신장애의 치료는 이상 행동을 악령에 씌인 것으로 보고 처벌했던 고대의 개념에서 수용소 보호, 현대의 정신병원과 지역사회 정신건강 센터에서의 치료로 발전해 왔다.
- 탈시설화 정책은 정신장애 환자를 입원시켜 치료하는 것이 아니라 지역사회에서 외래 진료 서비스를 받을 수 있도록 하는 것이 목적이었다.
- 탈시설화 움직임은 좋은 의도에도 불구하고 적절한 재정적 지원을 받지 못했고, 오히려 정신장애 환자 노숙자를 증가시켜 시민으로서의 권리와 적절한 보호에 대한 논쟁을 유발했다.

### 비판적 사고를 위한 물음

1. 당신은 심각한 정신건강 문제를 가진 사람들에 대한 사회의 의무가 무엇이라고 생각하는가? 이들의 권리를 보호하기 위해 어떤 법이 제정되어야 하는가?
2. 부모가 자녀의 치료에 동의하지 않는 경우라도 사회는 심각한 정신건강 문제를 가진 아이를 치료받게 할 권리나 의무가 있는가?

## 심리치료 기법

심리치료는 개인이 지니고 있는 문제를 완화하고 사회에서 효과적으로 기능할 수 있도록 돕는 것이 목적인 여러 심리학적 개입을 말한다. 행동치료자 혹은 인지행동치료자와 같은 심리치료자들은 습관적인 사고와 행동 패턴을 변화시키는 데 초점을 둔다. 정신역동치료자와 같은 이들은 개인이 자신의 무의식적 동기와 갈등을 이해하느냐 못 하느냐에 따라 행동수정 여부가 좌우된다고 믿는다. 기법에서의 차이에도 불구하고 대부분의 심리치료 접근은 공통적인 특징이 있다. 그 공통적 특징으로 내담자(환자)와 치료자가 서로 돕는 관계를 들 수 있다. 내담자는 치료자가 자신을 판단하거나 자신의 신뢰를 배신할 것이라는 두려움을 떨쳐 버리고 자유롭게 자신의 고민과 감정, 경험을 의논하도록 격려받는다. 이에 심리치료자는 공감과 이해를 제공하며 신뢰를 형성하고, 환자가 문제를 다루는 데 더욱 효과적인 방법을 개발하도록 돕는다.

## 행동치료

**행동치료** behavior therapy라는 용어는 학습과 조건형성의 원리에 기반한 수많은 치료적 기법을 포함한다(7장 참조). 행동치료자들에 의하면 부적응 행동은 스트레스를 다루기 위한 일환으로 학습된 것이며, 학습에 관한 실험을 통해 개발된 기법을 사용하여 이러한 부적응적 반응을 더 적절한 반응으로 대체할 수 있다.

사람들이 행동을 바꾸기 위해서는 행동에 대한 통찰이 필요한가? 행동치료자들은 통찰을 얻는 것이 가치 있는 목표이지만 그것이 행동의 변화를 보장하지는 않는다고 지적한다. 때때로 우리는 특정 상황에서 스스로가 왜 그런 방식으로 행동하는지 이해는 하지만 행동을 바꾸지는 못한다. 만약 당신이 수업 시간에 발표하는 것을 유난히 두려워한다고 가정해 보자. 당신은 과거의 사건에서 이러한 두려움을 추적해 낼 수 있을 것이다. 예를 들어 당신이 의견을 말할 때마다 아버지가 비판했을 수도 있다. 하지만 당신의 두려움의 원인을 이해했다고 해서 수업 시간에 토론에 참여하기가 쉬워지는 것은 아니다.

행동치료자들은 구체적 상황에서 부적응 행동을 수정하고자 시도한다. 첫 번째 단계는 문제를 명확히 정의하고 이를 세부적으로 나누어 각각에 대한 구체적인 치료 목표를 수립하는 것이다. 만약 내담자가 자신이 부적절하다고 느낀다고 호소한다면 치료자는 그러한 감정을 보다 구체적으로 기술하도록 요구할 것이다. 부적절함과 관련된 감정이 나타나는 구체적 상황의 종류, 그러한 감정과 연합된 행동의 종류를 명확하게 기술하도록 한다. 수정할 필요가 있는 행동이 구체화된다면 치료자와 내담자는 특정 문제에 가장 적절한 치료 방법을 선택하여 치료 프로그램을 진행해 나간다.

**공포증에 대한 행동치료는 그 사람으로 하여금 실제로 공포증을 가지고 있는 대상과 직면하게 한다. 비행 공포증에 대한 강의가 좋은 예이다.**

## 체계적 둔감화와 실제 노출법

**체계적 둔감화** systematic desensitization는 자극에 대한 두려움을 점진적으로 줄여 나가면서 두려운 상황을 회피하는 것과 같은 부적응 행동을 극복하도록 하는 치료 방법이다. 내담자는 먼저 깊이 이완하는 훈련을 받아 공포 반응을 줄여 나가는 데 사용할 수 있다. 이완의 한 가지 기법으로 여러 근육을 순차적으로 긴장시켰다가 이완시키는 것인데, 예를 들어 발에서 시작해서 발목으로 그리고 점차 상체로 이동하여 목과 얼굴에 이르기까지 긴장시켰다가 이완시키는 것이다. 이렇게 함으로써 자신의 근육이 이완된 상태가 어떤 것인지를 알게 되고, 근육의 상태에 따라 다양한 수준의 긴장을 변별해 내는 방법을 배우게 된다.

그다음 단계는 불안을 유발하는 상황의 위계 목록을 작성하는 것이다. 가장 낮은 수준의 불안을 유발하는 상황에서부터 가장 높은 수준의 불안을 유발하는 상황까지 차례대로 순위를 매긴다. 체계적 둔감화에서 내담자로 하여금 이완 후 위계 목록에서 가장 낮은 불안 상황부터 가장 높은 불안 상황까지 차례대로 상상하게 한다. **실제 노출법** in vivo exposure은 체계적 둔감화와 매우 비슷한 방법으로, 내담자가 불안 유발 상황을 실제로 경험하게 한다.

예시를 통해 이 절차를 명확하게 살펴보자. 거미 공포증이 있는 여성을 가정해 보자. 공포증이 너무 심해서 그녀는 자기 집 뒷마당을 걸어 다니는 것도 무서워하고, 휴일에 혼자 우거진 시골길을 걷는 것도 무서워한다. 이 여성의 불안 위계에서 가장 낮은 단계는 책에 있는 거미 사진을 보고도 두려워하는 것일 수 있다. 동물원에서 유리창 건너편에 있는 거미를 보는 것이 아마 위계의 중간 단계 즈음에 해당할 것이다. 위계의 맨 위 단계는 거미를 실제로 만지는 것일 테다. 이 여성이 이완하는 법을 배우고 불안 위계를 작성한 후, 치료자는 불안 위계에 따라 작업을 시작했다. 체계적 둔감화 과정에서 치료자가 불안 유발 상황을 묘사하는 동안 이 여성은 눈을 감고 편안한 의자에 앉아 있는다. 만약 그녀가 근육이 긴장되지 않고도 그 상황을 상상할 수 있으면 치료자는 목록의 다음 단계에 있는 항목으로 넘어간다. 장면을 상상하는 동안 불안을 호소한다면, 이완에 집중한 후 더 이상 불안하지 않을 때까지 동일한 장면을 상상하게 한다. 이러한 절차는 가장 높은 위계의 불안 유발 상황에서도 이완할 수 있을 때까지 여러 회기에 걸쳐 진행된다.

실제 노출 치료에서 이 여성은 치료자의 지도를 받아 불안 위계 목록의 각 상황 중 가장 두려움이 낮은 상황부터 시작하여 실제로 체험을 하는 것이다. 그녀가 실제로 직접 거미를 만지기 전에 치료자가 먼저 거미를 두려워하지 않고 만지는 시범(modeling)을 보여 줄 수 있다. 치료자는 내담자가 보는 앞에서 아무런 불안 없이 자신 있게 거미를 만져 보인다. 궁극적으로 내담자도 이완 기법을 통해 불안을 통제하면서 직접 거미를 만질 수 있게 되며, 거미가 자신의 몸 위를 기어 다니도록 둘 수도 있다. 자극 홍수법(flooding)은 공포증을 가진 사람을 도피가 불가능한 상태에서 가장 큰 공포를 유발하는 대상이나 상황에 상당 시간 노출시키는 치료법이다. 실제 노출 치료는 공포증과 대부분의 다른 불안장애에 매우 효과적인 것으로 증명되었다(Rachman, 2009).

## 선택적 강화

체계적 둔감화와 실제 노출법은 원하지 않는 행동을 감소시키는 데 도움이 된다. **선택적 강화**selective reinforcement는 바람직한 특정 행동을 강화하거나 증가시키기 위해 고안된 방법이다.

학교에 잘 안 가고, 숙제를 안 하고, 학급 활동에 참여하지 않고, 몽상을 하며 대부분의 시간을 보내는 9세 소녀가 있다고 해 보자. 게다가 이 소녀는 사교적이지도 않아서 친구가 거의 없다. 선생님은 학교 숙제 하기, 선생님이 가르쳐 주는 것에 주의 기울이기, 읽기 숙제 하기, 학급 토론에 참여하기와 같은 소녀의 '목표 행동/과제 행동(on-task)'을 강화하고 싶다. 선생님은 소녀가 목표 행동을 할 때마다 포커 칩 같은 토큰을 하나씩 준다. 이 소녀는 자신이 원하는 혜택을 얻는 데 토큰을 지불할 수 있다. 예를 들어 줄의 맨 앞에 설 수 있거나(토큰 3개 필요), 방과 후에 남아서 선생님을 도와 특별 프로젝트를 할 수 있다(토큰 9개 필요).

바람직한 반응의 강화는 바람직하지 않은 반응의 소거를 동반할 수 있다. 예를 들어 엄마의 주의를 끌기 위해 습관적으로 소리를 지르는 소년의 경우, 소리를 지를 때는 무시되지만 엄마에게 다가와 대화조로 말할 때는 엄마의 관심을 받는 방식으로 대화조로 말하는 행동을 강화할 수 있다.

이처럼 바람직한 반응에 대해서는 보상하고 그렇지 않은 반응에 대해서는 보상하지 않는 조작적 조건형성 절차는 야뇨증, 공격성, 발작, 학급에서의 소란 행위, 성적 부진, 사회적 철수와 같은 광범위한 아동기 문제를 치료하는 데 성공적으로 사용되었다. 이와 유사한 절차가 자폐 스펙트럼 장애의 치료에도 적용되었다. 예를 들어 다른 사람의 눈을 바라보는 것과 같은 사회적으로 적절한 행위를 강화하거나 분노발작과 같은 부적절한 행동을 감소시킬 때 사용될 수 있다.

## 모델링

행동을 변화시키는 또 다른 효과적인 방법으로 모델링(modeling)을 들 수 있다. 모델링이란 한 사람이 다른 사람을 관찰하고 모방함으로써 행동을 학습하는 절차를 말한다. 다른 사람을 관찰하는 것은 인간이 학습하는 주된 방법이기 때문에 부적응 행동을 하는 사람들은 적응적 행동을 보이는 사람들을 관찰함으로써 더 나은 전략을 배울 수 있을 것이다. 실제로 혹은 영상으로 모델의 행동을 관찰하는 것은 두려움을 줄이고 새로운 기술을 배우는 데 효과적인 것으로 나타났다. 예를 들어 치료자가 거미를 만지는 것을 관찰하는 것은 거미 공포증이 있는 사람의 두려움을 경감하여 결국에는 그 사람도 거미를 직접 만질 수 있게 된다.

모델링이 불안과 공포를 극복하는 데 효과적인 이유는 다른 사람이 불안 유발 상황에서 아무런 해도 입지 않고 잘 지내는 것을 관찰할 수 있는 기회를 제공하기 때문이다. 모델이 치과에 가거나 병원에서 여러 절차를 받는 모습을 담은 비디오를 보는 것은 그러한 공포가 있는 아동과 성인이 공포를 극복하는 데 효과적인 것으로 나타났다(Thorpe & Olson, 1997).

## 행동시연

치료 회기에서 모델링은 주로 **행동시연**behavioral rehearsal이나 역할극(role playing)과 병행된다. 치료자는 내담자가 좀 더 적응적인 행동을 시연하거나 연습할 수 있도록 돕는다. 아래 대화에서는 치료자가 여성과 대화하는 것에 불안을 지닌 젊은 남성이 불안을 극복하도록 돕는 과정을 보여 준다. 이 젊은 남성은 한 여성에게 전화를 건다고 가정하고 그 여성에게 같이 영화를 보러 가자고 묻는 것으로 끝을 맺었다.

내담자: 음, 뭐 하나 묻고 싶은데, 저랑 같이 영화 보러 가시겠어요? 다른 것을 해도 좋고요.

치료자: 좋습니다. 그렇게 시작하는 거예요. 좀 더 긍정적이고 자신 있게 물어보시겠어요? 예를 들면, '새로 개봉한 영화가 재미있다는데 시간되면 꼭 같이 보러 가고 싶습니다.' 이런 식으로요.

내담자: 그거 좋네요!

치료자: 좋아요, 한번 해 보세요.

내담자: 음, 저한테 영화표 두 장이 있는데, 특별히 다른 일 없으면 같이 가시면 좋을 것 같아요.

치료자: 나아졌어요. 한 번 더 해 봅시다. 이번에는 정말로 그녀와 함께 가고 싶다는 당신의 마음이 전달되도록 해 봅시다.

내담자: 저한테 새로 나온 영화표 두 장이 있어요. 바쁜 일 없으면 저와 함께 가 주시면 정말 기쁠 것 같습니다.

치료자: 좋아요! 몇 번 더 연습해 봅시다. 그럼 전화 걸 준비가 된 겁니다.

이 예시는 행동치료의 한 형태인 자기주장 훈련(assertiveness training)에서 사용한 행동시연의 사례이다. 이 예시에 등장하는 젊은 남성과 같이, 많은 사람들이 자신이 원하는 것을 다른 사람에게 부탁하거나 다른 사람이 자신을 이용하려 할 때 거절하는 것을 어려워한다. 자기주장 반응을 연습함으로써(치료자와 역할극을 통해 먼저 연습한 뒤 실생활에서 수행해 보는 것) 불안을 감소시킬 수 있을 뿐만 아니라 더 효과적인 대처 기술을 발달시킬 수 있다.

### 자기조절

내담자와 치료자가 만나는 시간이 일주일에 한 번 이상인 경우가 드물기 때문에, 치료 시간 이외에도 진전이 이루어질 수 있도록 자신의 행동을 통제하고 조절하는 방법을 배워야 한다. 나아가 이런 방법을 통해 스스로 호전되었다고 느낀다면 이를 유지하기 위해 노력할 것이다. **자기조절**self-regulation은 부적응 행동의 변화를 위해 자신의 행동을 모니터링하는 것 혹은 관찰하는 것을 포함한다. 이때 자기강화 기법이나 이완을 하면서 두려운 상황에 자신을 노출시키는 것과 같은 다양한 기술을 사용할 수 있다. 개인은 어떤 종류의 상황에서 자신이 부적응 행동을 하는지를 세밀하게 기록하고, 그러한 상황과 양립할 수 없는 반응이 무엇인지를 기록한다. 예를 들어 알코올 남용 문제가 있는 사람은 음주를 참기 힘든 상황을 기록한다. 그리고 그런 상황을 통제하거나 음주를 대신할 수 있는 다른 활동을 찾고자 노력할 것이다(이러한 기술의 적용에 대한 찬반 논쟁은 말랫의 글을 참조하라). 일이 끝난 뒤 동료들과 맥주를 한잔하고 싶은 유혹을 떨치기 어려운 사람은 이것을 테니스나 조깅과 같이 긴장을 완화할 수 있는 다른 수단으로 대체할 수 있다. 테니스나 조깅을 하면서 동시에 술을 마실 수는 없을 것이다.

사람들은 특별한 목표를 성취한 것에 대해 스스로 보상하는 방법을 배운다. 보상은 스스로 칭찬하기, 좋아하는 TV 프로그램 시청하기, 친구에게 전화하기, 좋아하는 음식 먹기 같은 것일 수 있다. 또한 사람들은 목표 달성에 실패한 것에 대해 처벌하는 방법도 배우게 된다. 가령 좋아하는 TV 프로그램을 보지 않는 것과 같이 좋아하는 활동을 하지 못하게 하는 것은 처벌이 될 수 있다.

행동치료의 많은 기법은 심각한 정신건강 문제가 있는 사람들의 치료에도 사용되었다. 행동치료는 공황장애, 공포증, 강박장애 등의 불안장애(Rothbaum & Osalov, 2006; Turner, 2006)와 우울증(Dimidjian et al., 2006), 성기능 문제(Gambescia & Weeks, 2007), 아동기 장애(Kazdin & Weisz, 2003) 치료에 효과적인 것으로 밝혀졌다.

## 인지행동치료

지금까지 논의한 행동치료 절차는 행동을 직접적으로 수정하는 데 초점을 두었다. 행동치료는 사람의 사고 및 추론 과정에는 거의 주의를 기울이지 않았다. 초기에 행동치료자들은 엄격한 자극-반응 접근을 선호하면서 인지 과정의 중요성을 평가절하했다. 그러나 사고, 기대, 사건에 대한 해석과 같은 인지적 요인이 행동의 중요한 결정 요인이라는 것이 알려지면서 지금은 인지적 접근이 행동치료와 함께 적용되며 **인지행동치료** cognitive-behavior therapy로 알려지게 되었다(Beck et al., 1979; Beck, 1995).

인지행동치료의 인지적 구성요소는 경험을 보다 효과적으로 생각하고 해석할 수 있도록 가르치는 과정을 통해 불안이나 우울과 같은 정서적 반응을 통제할 수 있도록 돕는다. 예를 들어 우울에 대한 벡의 인지 이론에서 살펴보았듯이(15장 참조) 우울한 사람들은 사건을 부정적이고 자기비판적인 관점에서 평가하는 경향이 있다. 그들은 성공보다는 실패를 예상하며, 자신의 수행을 평가할 때 실패를 확대하고 성공을 축소하는 경향이 있다. 우울증을 치료할 때 인지행동치료자들은 내담자로 하여금 그들의 사고에서 왜곡된 부분을 인식하고 현실에 보다 부합하는 방향으로 변화시킬 수 있도록 돕는다. 다음의 대화에서 치료자는 결혼 생활의 실패로 자살 충동을 느끼는 내담자로 하여금 신중한 유도 질문을 통해 그녀의 신념이 비현실적인 것임을 깨닫게 한다.

치료자: 왜 죽고 싶으신가요?
내담자: 레이먼드 없이는 전 아무것도 아니에요. 그 사람 없이는 행복할 수 없어요. … 하지만 우리 결혼 생활이 깨지는 것을 막을 수가 없어요.
치료자: 당신의 결혼 생활은 어땠었나요?
내담자: 첫 시작부터 비참했어요. 레이먼드는 늘 외도를 했죠. 지난 5년간 거의 그를 보지도 못했어요.
치료자: 당신은 레이먼드 없이는 행복하지 않다고 했죠. 그럼 레이먼드와 함께 있을 때는 행복하신가요?
내담자: 아뇨, 맨날 싸우고 기분만 더 나빠져요.
치료자: 당신은 레이먼드 없이는 아무것도 아니라고 했는데, 레이먼드를 만나기 전에도 당신이 아무것도 아닌 것처럼 느꼈나요?
내담자: 아뇨, 저는 존재감이 있는 사람이었어요.
치료자: 당신이 레이먼드를 알기 전에도 존재감이 있는 사람이었다면, 왜 당신은 존재감을 느끼기 위해 레이먼드가 필요한 거죠?
내담자: (혼란스러워하며) 음….
치료자: 당신이 결혼 생활을 끝내고 자유로워진다면 남자들이 당신에게 관심을 보일까요?
내담자: 아마 그럴 거라 생각해요.
치료자: 레이먼드보다 당신을 더 일관되게 사랑해 줄 사람을 찾는 게 가능할까요?
내담자: 모르겠어요… 아마도 가능하겠죠.
치료자: 그럼 당신이 결혼 생활을 끝낸다면 실질적으로 잃는 것은 무엇이죠?
내담자: 잘 모르겠어요.
치료자: 당신이 결혼 생활을 끝내고 더 잘 지내는 것이 가능할까요?
내담자: 확신하지는 못하겠어요.
치료자: 당신은 진정한 결혼 생활을 하고 있나요?
내담자: 그건 아닌 것 같아요.
치료자: 만약 진정한 결혼 생활을 하고 있지 않다면 결혼이 끝난다고 해서 당신이 정말 잃는 것은 뭐죠?
내담자: (긴 침묵) 아무것도 없는 것 같아요.

(Beck, 1976, pp. 280–291)

치료자가 내담자로 하여금 자신이 처한 상황을 대안적인 방식으로 바라볼 수 있도록 격려하고, 그러한 대안적 관점이 가져올 수 있는 영향을 검증해 보도록 격려할 때 이 치료의 행동 요소가 작용을 하게 된다. 예를 들어 앞서 제시된 대화 속 여성 내담자에게 규칙적으로 자신의 기분을 기록하게 하는데, 이를 통해 어떤 행동을 하느냐에 따라 자신의 우울과 자존감이 변화하는지 양상을 알아볼 수 있다. 만약 그녀가 혼자 있거나 다른 사람과 상호작용을 할 때보다 남편과 상호작용을 한 이후에 기분이 더 나빠진다는 것을 깨닫는다면, 이를 통해 '레이먼드 없이는 행복할 수 없다'는 그녀의 신념에 도전할 수 있을 것이다.

어떤 사람이 광장공포증을 극복하는 데 도움을 줄 수 있는 인지행동 프로그램은 보다 적응적인 사고를 하는 훈련과 함께 조금씩 집에서 먼 곳으로 외출을 하도록 유도하는 실제 노출 치료를 포함한다. 치료자는 내담자에게 자기패배적인 내적 대화("너무 떨려. 집을 떠나자마자 기절할 거야.") 대신에 긍정적인 내적 자기지시(self-instructions; "진정해. 혼자가 아니야. 만약 공황발작이 오더라도 나는 잘 대처할 수 있어.")를 할 수 있도록 가르친다.

인지행동치료자들은 행동의 지속적인 변화를 가져오기 위해 사람의 신념을 바꾸는 것이 중요하다는 데 동의한다. 대부분의 인지행동치료자들은 완전히 언어적인 절차보다 행동적 절차가 사람들의 사고를 변화시키는 데 더 강력한 영향을 미친다고 생각한다. 예를 들면 발표 불안을 극복하기 위해 '나는 내용을 잘 알고 있고, 내 생각을 효과적으로 잘 발표할 수 있어.', '주제가 흥미로운 것이고, 다른 학생들도 내가 발표하는 내용에 흥미가 있을 거야.'와 같이 긍정적으로 생각하는 것이 도움이 될 수 있다. 그러나 먼저 룸메이트 앞에서 발표를 해 보고, 이후 많은 친구들 앞에서 발표를 하는 것이 불안을 줄이는 데 보다 효과적일 것이다. 성공적인 수행은 우리의 숙달감(feeling of mastery)을 증진할 수 있다. 사실 모든 효과적인 치료 절차는 내담자에게 자기효능감이나 숙달감을 주는 것으로 알려졌다. 다른 사람의 대처와 성공을 관찰하는 것, 어려운 상황도 다룰 수 있다고 자신을 언어적으로 설득하는 것, 내적 단서를 통해 자신이 이완되어 있고 통제력이 있다고 판단하는 것은 자기효능감을 높이는 데 기여한다. 그러나 가장 큰 효능감은 실제 수행과 숙달의 경험에서 나온다. 즉 성공이 성공을 부르는 것이다(Bandura, 2006).

인지행동치료는 우울증(Hollon & Dimidjian, 2009), 불안장애(Clark et al., 2006; van Boeijen et al., 2005), 섭식장애(Cooper et al., 2004), 물질 및 알코올 의존(Koumimtsidis, Reynolds et al., 2007), 성기능장애(Leiblum & Rosen, 2000)와 같이 비정신증적(non-psychotic) 장애를 다루는 데 매우 효과적인 것으로 밝혀졌다. 이러한 치료는 문제가 되는 사고, 감정, 행동을 극복하는 데 도움을 줄 뿐만 아니라 치료가 끝난 후 재발을 예방하는 데에도 도움을 준다. 또한 인지행동치료는 정신병 증상을 보이는 사람들이 자신의 증상을 관리하는 방법을 배우는 데 도움을 줄 수 있다(Beck & Rector, 2005).

## 정신역동치료

**정신역동치료** psychodynamic therapy의 핵심 가정은 사람들의 현재 문제가 어린 시절 부모 및 형제자매와의 관계에서 형성된 무의식의 기반에 대한 철저한 이해 없이는 해결될 수 없다는 것이다. 정신역동치료의 목표는 갈등(즉 억압된 감정이나 동기)을 의식의 수준으로 가져와 그 갈등을 보다 합리적이고 현실적인 방식으로 해결하도록 하는 것이다. 정신역동치료는 전통적인 프로이트의 정신분석과 최근에 개발된 치료법을 포함한다(McWilliams & Weinberger, 2003 참조).

정신역동치료자들이 무의식적 갈등을 다루기 위해 사용하는 주요 기법 중 하나로 **자유연상** free association을 들 수 있다. 자유연상은 내담자가 자유롭게 자신의 사고와 감정을 말하는 것으로, 마음속에 떠오르는 무엇이든 수정하거나 검열하지 않고 그대로 말하도록 격려하는 것이다. 그러나 이것은 쉬운 일이 아닌데, 대화를 할 때 우리는 일관된 맥락을 유지하고 관계없는 생각은 제외하려 하기 때문이다. 연습을 하면 자유연상이 쉬워질 수 있다. 그러나 자유롭게 사고하려고 열심히 노력하는 사람들조차도 생각이 막히게 되고, 사건의 상세한 부분을 회상해내지 못하거나 사고를 완결 짓지 못할 수 있다. 프로이트는 차단 또는 저항은 민감한 영역을 무의식적으로 통제하는 데서 초래된 것이라 보고, 바로 이 영역을 정확하게 탐색할 필요가 있다고 믿었다.

전통적인 정신역동치료에 자주 사용되는 또 다른 치료 기법은 **꿈의 분석** dream analysis으로, 이는 개인이 꿈의 내

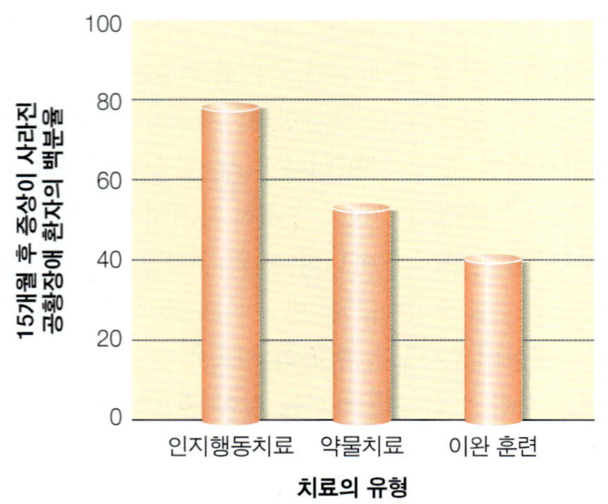


**그림 16.4 15개월 후 증상을 보이지 않는 공황장애 환자 비율.** 인지행동치료를 받은 공황장애 환자들은 약물치료나 이완 훈련만을 받은 사람들보다 15개월 후에도 증상을 보이지 않을 가능성이 더 높다.

"꿈꾸고 나서 아침에 전화해요."

용에 대해 이야기하고 그 내용에 대해 자유연상을 하는 것으로 구성된다. 프로이트는 꿈이 '무의식에 이르는 왕도'라고 믿었다. 꿈속에서 무의식적 소망이나 두려움이 위장된 형태로 나타난다. 프로이트는 꿈을 명백하고 의식적인 외현적 내용과 숨겨져 있고 무의식적인 잠재 내용으로 구분했다. 꿈의 외현적 내용에 대해 이야기하고 자유연상을 함으로써 내담자와 분석가는 꿈의 무의식적 의미를 찾아내려는 것이다.

치료가 진행되는 동안 치료자와 내담자가 상호작용을 하는 과정에서 내담자는 치료자에게 종종 과장되거나 부적절해 보이는 방식으로 반응할 수 있다. 내담자는 치료자가 약속 시간을 재조정하거나 변경하려 할 때 분개할 수도 있고, 어떤 경우에는 과도하게 존경을 표현할 수도 있다. **전이** transference라는 용어는 내담자가 치료자를 자신의 감정이나 사고가 향하는 대상으로 삼는 경향을 가리킨다. 내담자는 자신의 삶에서 중요하거나 혹은 중요했던 다른 사람에 대해 느끼는 태도(사고와 정서)를 분석자를 대상으로 나타낼 수 있다. 치료자는 내담자가 자신에게 어떻게 반응하는지를 지적해 줌으로써 내담자로 하여금 자신이 다른 사람에게 어떻게 반응하는지를 보다 잘 이해할 수 있게 해 준다. 다음의 대화는 분석가가 자유연상법에 이어서 전이를 사용하는 모습을 보여준다.

> 내담자: 전 왜 당신이 지금 이 조치가 제 인생의 현재 시점에서 옳은 것인지 아닌지 말해 주지 않는지 이해할 수가 없어요.
>
> 치료자: 전에도 이런 적이 있었죠. 당신은 어떤 행동을 하기 전에 저의 승인을 받으려 합니다. 당신이 원하는 것에 대해 아내의 승인을 받으려 하는 것이 당신이 부인과 겪는 갈등 중의 하나인 듯하고, 바로 그 갈등이 지금 당신과 저 사이에도 일어나고 있습니다.
>
> 내담자: 그런 것 같아요. 다른 사람들의 승인을 받는 것이 제게는 항상 중요했습니다.
>
> 치료자: 잠시 이 사안에 대해 다루어 볼까요? 다른 사람들로부터 승인을 받는 것과 관련된 생각을 단서로 자유연상을 해 보시겠어요? 억지로 연상하려 하지 말고 자발적으로 떠오르도록 해 보세요.
>
> (Woody & Robertson, 1988, p. 129에서 인용)

전통적인 정신분석은 치료 기간이 길고 강도 높으며 비용이 많이 드는 과정이다. 내담자와 분석가는 한 회기당 50분씩 일주일에 여러 번 만나고 이러한 회기는 적어도 1년 혹은 몇 년 동안 지속된다. 많은 사람들이 전통적 정신분석에서 이루어지는 자기탐색이 가치 있다고 여기지만, 일부 사람들은 이러한 비용을 감당할 능력이 없다. 게다가 급성 우울과 불안, 또는 정신병으로 고통 받는 사람들은 구조화되지 않은 전통적 정신분석의 과정을 감당하지 못하며, 그들의 증상을 보다 즉각적으로 완화해 줄 치료를 필요로 한다.

이러한 필요에 더해 프로이트 시대 이후 정신분석이 변화를 거치며 전통적인 정신역동 이론을 따르면서도 보다 구조화되고 치료 기간이 짧은 새로운 치료법이 개발되었다. 그중 하나가 **대인관계치료** interpersonal therapy (Weissman & Markowitz, 2002)이다. 치료 회기의 빈도는 보통 일주일에 한 번 정도로 줄어들었다. 또한 아동기 경험의 완벽한 재구성을 덜 중시하고, 현재 다른 사람과 상호작용하는 방식에서 발생하는 문제에 더 주의를 기울인다. 자유연상은 중요한 쟁점에 대한 직접적인 논의로 대체되었고, 치료자도 내담자가 스스로 관련 주제를 떠올릴 때까지 기다리기보다는 적절한 때 직접 적절한 주제를 제시한다. 전이는 여전히 치료 과정에서 중요한 부분으로 여겨지지만 치료자는 전이 과정의 강도를 제한하려고 노력한다. 관련 연구에 따르면 대인관계치료는 우울, 불안, 약물중독, 섭식장애 치료에 효과가 있는 것으로 나타났다(Gibbons et al., 2008).

## 인본주의 치료

**인본주의 치료** humanistic therapy는 13장에서 논의된 성격에 대한 인본주의적 접근에 바탕을 두고 있다. 인본주의 치료는 개인이 지니고 있는 성장과 자아실현을 향한 자연적 경향성을 강조한다. 인본주의 치료에 의하면 심리장애는 환경 상황 요인이나 부모, 선생님, 배우자처럼 다른 사람들이 개인의 잠재력이 발휘되는 것을 방해하는 경우 발생하다고 가정한다. 이 경우 사람들은 자신의 진정한 소망을 부인하게 되고 성장 잠재력이 쇠퇴하기 시작한다. 인본주의 치료는 사람들이 현실 자기(real self)와 접촉하고, 외부 상황이나 사건에 의해 통제받기보다 자신의 삶과 행동에 대해 스스로 선택할 수 있도록 돕는다.

정신분석가처럼 인본주의 치료자는 내담자의 기저에 있는 감정과 동기에 대한 자각을 증진하고자 노력한다. 그러나 (정신분석가가 과거의 경험을 중시하는 것과 달리) 현재 여기서(here and now) 경험하고 있는 것을 중시한다. 인본주의 치료자는 정신분석가처럼 내담자의 행동을 해석하거나, 행동치료자처럼 행동을 수정하려고 하지 않는다. 그것은 치료자의 관점을 환자에게 부과하는 것일 수 있기 때문이다. 인본주의 치료자의 목표는 내담자가

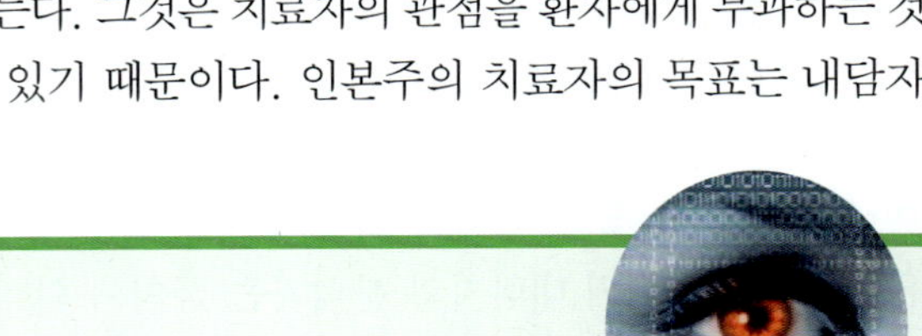

## 첨/단/연/구

### 정신건강 문제에 대한 마음챙김치료

*Meg Barker,* 오픈유니버시티 심리학 부교수

마음챙김(mindfulness)은 최근 몇 년간 가장 빠른 속도로 성장하고 있는 심리치료법으로, 다양한 정신건강 문제에 대해 효과적인 치료법으로 인정받고 있다. 1990년대 이래로 마음챙김에 대한 수많은 연구 문헌이 출간되었으며, 관련 자가 도움 서적(self-help book)이 인기를 얻으면서 일반인들 사이에서도 대중화되었다(예: Williams & Penman, 2011).

마음챙김치료는 불교 철학의 개념과 수행을 서구의 치료 접근과 연결한 것이다. 인지행동치료는 마음챙김을 가장 적극적으로 수용한 접근으로 마음챙김에 기반을 둔 접근이 (첫 번째 동향인 행동치료와 두 번째 동향인 인지적 진화에 이어) 인지행동치료의 제3의 동향을 형성하고 있다. 마음챙김 자체의 이점과 더불어, 마음챙김에 기반한 접근은 상대적으로 짧은 기간 동안(주로 8주 과정) 집단 형태로 교육이 이루어져 정신건강 문제를 치료하는 데 비용 면에서도 효과적이기 때문에 인기가 많다.

마음챙김의 주요 가정은 삶에서 어느 정도의 고통은 불가피하다는 것이다. 우리가 원하는 것을 가지려 하고 원치 않는 것은 피하려는 데서 오는 고통을 회피하려는 시도로 인해 불안, 우울, 중독과 같은 문제로 분투하게 된다는 것이다. 마음챙김이 명상, 천천히 걷기, 우리 몸의 감각과 주변의 소리에 집중하기와 같은 것을 포함하는 것은 이 때문이다. 이러한 것을 수행하는 것은 무언가를 바꾸려고 하는 우리의 습관을 바꾸어 그 자체로 존재하는 것으로 받아들이게 한다(Nhat Hanh, 1991). 혼자서도 쉽게 마음챙김을 시도해 볼 수 있다. 5분간 앉아서 자신이 숨을 들이쉬거나 내쉬는 것을 살펴보라. 집중이 안 되는 것을 깨달을 때마다 다시 숨쉬기에 집중하라. 곧 이것이 얼마나 힘든 일인지 알게 될 것이다.

사람들은 우울할 때, 기분이 저하되어 있다는 사실에 대해 슬퍼하거나, 두려움을 느끼거나, 자기비판적이 되는 반추 과정에 사로잡힌다. 마음챙김 연습은 이러한 고리에 사로잡히지 않도록 도와준다. 슬픈 감정을 과장하지 않으면서도 슬픔을 온전히 느끼고, 경험의 한 부분에만 초점을 맞추는 것이 아니라 전체를 살펴볼 수 있도록 돕는다(Segal et al., 2002). 사람들은 불안을 느낄 때 보통 두려운 것은 무엇이든 회피하려 하고, 이는 역설적으로 불안을 증가시킨다. 어떤 일을 마감 기한까지 미루거나 어려운 대화를 피하는 것이 그 예시이다. 마음챙김은 우리가 두려움을 느끼는 무엇에든지 호기심을 가지고 조심스럽게 접근할 것을 제안한다(Germer, 2005). 예를 들어 직면을 절박하게 피하기보다는 속도를 늦추고 주변의 모든 일을 인지한다. 그리고 어떻게 그 일들에 관여할 수 있을지 더 많은 선택 사항에 대해 개방되어야 한다(이때 자신을 포함하여 관련된 모든 사람에게 공감하는 마음을 가진다).

무선통제 실험(randomized control trials) 연구에 따르면 마음챙김에 기반한 스트레스 관리 프로그램(Mindfullness-Based Stress Reduction, MBSR; Kabat-Zinn, 1996)이나 마음챙김에 기반한 인지치료(Mindfullness-Based Cognitive Therapy, MBCT; Segal et al., 2002), 수용전념치료(Acceptance and Commitment therapy, ACT; Hayes, 2005)와 같이 마음챙김에 기반한 치료적 접근은 불안과 우울(Chiesa & Serretti, 2010 참조) 등 많은 문제에 효과적인 것으로 나타났다. 뇌 영상 연구에서 마음챙김 수행이 시간이 지나면서 두뇌 활동을 변화시킨다는 것을 밝히면서(Hölzel et al., 2011) 마음챙김 효과의 뇌 영상 연구에 대한 관심도 높아졌다. 마음챙김의 주관적 경험에 대한 신경학적 연구와 결과 연구(outcome research)를 병합하는 심리학 연구가 더욱더 필요해졌다(Williams & Kabat-Zinn, 2011).

그러나 서양 문화권의 사람들에게 마음챙김을 알리는 데는 몇 가지 어려움이 있다. 전통적인 불교 이론에서 필수적인 측면이 희석되지 않도록 하면서 동시에 불교도가 아닌 사람들이 이해하기 쉽게 설명하기가 쉽지는 않다. 또한 일부 마음챙김치료자들은 내담자의 내적 세계에 집중하면서 불안과 우울을 일으킬 수 있는 사회문화적 상황을 간과하는 경향이 있다(Cohen, 2010). 자기비판적 사고를 지닌 사람들을 돕는 것과 더불어 그러한 사고가 발생하는 외부 세계를 인지하는 것 또한 중요하다. 예를 들어 물건을 사도록 만들기 위해 자기 자신을 불만족스럽게 느끼도록 조장하는 상업 문화의 영향을 고려할 필요가 있다.

사람들이 두려워하는 상황에 다가가도록 도울 때, 그러한 두려움이 단지 마음에서만 비롯된 것이라고 가정하기보다 빈곤이나 차별과 같은 실제 외부 현실을 인정하는 것이 중요하다. 그러한 요소들이 통합될 수 있다면 마음챙김은 정신건강에 대한 완전한 생물 · 심리 · 사회적(biopsychosocial) 접근이 될 수 있는 큰 잠재력을 지니게 된다(Barker, 2013).

자신의 사고 및 감정을 탐색할 수 있도록 촉진하고, 스스로 해결책을 찾도록 돕는 것이다. 이러한 접근의 본질은 초기 인본주의 접근 중 하나이며, 비지시적 치료로도 불리는 내담자 중심 치료를 살펴보면 더 분명해질 것이다.

**내담자 중심 치료** client-centered therapy는 1940년대에 지금은 고인이 된 칼 로저스가 발전시킨 것으로, 모든 사람은 자기 자신에 대해 가장 잘 알고 있는 최고의 전문가이며, 자신의 문제에 대한 해결책을 스스로 찾을 수 있다는 가정을 토대로 한다. 치료자가 하는 일은 캐묻거나, 해석하거나, 행동 방침을 제안하는 것이 아니라 내담자가 문제에 대한 해결책을 찾는 과정을 촉진하는 것이다. 사실 로저스는 치료자를 촉진자(facilitator)라고 부르는 것을 선호했다. 또한 정서적인 문제는 치료해야 하는 질병의 지표가 아니라고 생각했기 때문에 자신과 함께 작업하는 사람들을 환자가 아닌 내담자라고 불렀다.

치료자는 내담자가 자신의 욕구나 감정에 대해 말한 것을 내담자에게 다시 전달하는 과정을 통해 내담자의 자기통찰을 촉진한다. 로저스는 치료자에게 가장 중요한 자질이 공감과 온정, 진실성이라고 믿었다. 로저스는 이 세 가지 특성을 가진 치료자가 내담자의 성장과 자기탐색을 촉진한다고 믿었다(Rogers, 1970).

그러나 내담자 중심 치료에도 몇 가지 한계가 있다. 정신분석처럼 언어 표현에 능숙하고 자신의 문제를 논의하려는 동기가 충분한 사람들에게만 효과적인 것으로 보인다. 자발적으로 도움을 구하지 않거나 심각하게 혼란스러워하고, 자신의 감정에 대해 논의할 수 없는 사람에게는 보다 지시적인 치료 방법이 필요하다. 그리고 내담자 중심 치료자는 내담자의 자기보고만 가지고 심리치료 효과를 측정하기 때문에 치료 회기 밖에서의 행동은 무시한다. 대인관계에 자신이 없고 제대로 관계를 맺지 못한다고 느끼는 사람들은 보다 구조화된 치료 방법을 사용하여 행동을 수정할 필요가 있다.

## 부부치료와 가족치료

서로의 감정에 대해 소통하고, 개인의 욕구를 충족하고, 다른 사람의 욕구와 요구에 대해 적절히 반응하는 데에서 야기되는 문제는 부부, 가족과 같은 친밀한 관계의 맥락에서 더욱 심각해진다. 부부나 커플이 참여하는 **부부치료** marital therapy나 가족 전체가 참여하는 **가족치료** family therapy는 한 명 이상의 내담자를 포함하도록 확장된 데다 대인관계에 초점을 둔다는 점에서 특수한 형태의 집단치료로 볼 수 있다.

가족치료와 부부치료에는 여러 접근이 있지만, 대부분의 접근은 개인이 자신의 감정을 다룰 수 있고, 상대방의 욕구에 대한 이해와 감수성을 높이며, 그들 간의 갈등을 보다 효과적으로 다루도록 돕는 데 초점을 두고 있다(Mirsalimi et al., 2003; Robin, 2003). 때때로 커플이나 가족 구성원은 보다 만족스러운 관계를 만들고자 자신의 행동을 변화시키는 데 동의하며, 바람직한 변화를 이루거나 이루지 못한 것에 대한 보상과 처벌을 명시하는 행동계약(behavioral contract)을 맺는다.

### 중간 요약

- 행동치료법은 내담자의 행동을 수정하기 위해 체계적 둔감화, 실제 노출법, 적응적 행동의 강화, 모델링, 적절한 행동의 시연, 행동의 자기조절을 위한 기법과 같이 학습 원리를 기반으로 한 방법을 적용한다.
- 인지행동치료는 행동수정 기법을 사용할 뿐만 아니라 부적응적인 신념을 변화시키기 위한 절차를 통합한 것이다. 치료자는 내담자가 사건에 대한 비합리적인 해석을 보다 현실적인 해석으로 대체하도록 돕는다.
- 정신분석은 프로이트에 의해 개발되었으며, 환자가 자신의 문제에 대한 통찰을 얻도록 자유연상, 꿈 분석, 전이와 같은 기법을 사용한다. 현대의 정신역동치료는 전통적 정신분석보다 치료 기간이 짧고, 내담자의 현재 대인관계 문제를 강조한다.
- 인본주의 치료는 치료자의 개입을 최소화하면서 내담자가 진정한 자기 자신에 대해 자각하고 스스로 자신의 문제를 해결하도록 돕는다. 내담자 중심 치료의 창시자 칼 로저스는 치료자가 내담자의 성장과 자기탐색을 촉진하기 위해서는 세 가지 특성, 즉 공감, 온정, 진실성을 지녀야 한다고 했다.
- 가족치료와 부부치료는 구성원들이 서로 더 잘 소통하고 갈등을 해결하는 방법을 배우도록 돕는다.

### 비판적 사고를 위한 물음

1. 심리치료사는 조현병이 있는 사람을 치료하기 위해 이 절에서 기술된 치료법을 어떻게 적용할 수 있는가? 조현병이 있는 사람에게는 어떤 방법이 도움이 되고, 어떤 방법이 도움이 되지 않을 것이라고 생각하는가?

2. 만약 아동이 심각한 정신건강 문제를 갖고 있고, 이는 치료

될 수 있는 것이지만 부모가 치료를 원치 않는 경우, 정부는 부모에게 치료를 받도록 요구할 권리가 있는가? 왜 그렇게 생각하는가?

## 생물학적 치료

이상 행동에 대한 생물학적 접근은 정신건강 문제가 신체 질병처럼 뇌의 생화학적 혹은 생리학적 기능 이상으로 나타난다고 가정한다.

### 정신약물치료

현재까지 가장 널리 이용되는 생물학적 치료는 정서와 행동을 수정하기 위해 약물을 사용하는 것이다(개념 설명 참조). 이러한 약물의 대부분은 뇌의 신경전달물질 기능에 작용하는 것으로 보인다.

조현병의 증상을 경감하는 것으로 밝혀져 가장 먼저 사용되기 시작한 **항정신성 약물** antipsychotic drug은 **페노티아진** phenothiazine 계열에 속하는 약물이다. 5장에서 논의한 바와 같이 조현병의 원인은 도파민의 불균형으로 알려져 있으며, 해당 약물은 도파민 수용기를 차단하는 작용을 한다. 이러한 약물은 환각이나 망상과 같은 증상을 경감하는 데는 효과적이지만 정서적 혼란과 동기 저하에는 그다지 효과적이지 않다. 또한 입 마름, 시야 흐림, 집중 곤란과 같은 심각한 부작용이 있어 많은 환자들이 약물 복용을 중단한다. 가장 심각한 부작용 중의 하나는 **지연성 운동장애** tardive dyskinesia로 알려진 신경학적 장애로 혀와 얼굴, 입, 턱의 비자발적인 움직임을 일으킨다.

**비정형 항정신성 약물** atypical antipsychotic로 불리는 새로운 약물은 많은 부작용 없이 조현병의 증상을 경감하는 것으로 알려졌다(Dossenbach et al., 2004). 이 약물은 세로토닌을 포함한 몇몇 신경전달물질에도 영향은 미치나, 앞서 제시된 약물들이 결합하는 것과는 다른 종류의 도파민 수용기에 작용하는 것으로 보인다.

**항우울제** antidepressant drug는 노르에피네프린과 세로토닌이라는 두 신경전달물질 체계를 조절함으로써 우울한 사람의 기분을 고양하는 데 도움을 준다(15장 참조). 가장 자주 사용되는 항우울제는 세로토닌 재흡수 억제제(selective serotonin reuptake inhibitor, SSRI)로 이는 세로토닌의 재흡수를 차단하여 세로토닌 수준을 증가시킨다. 좀 더 최근에 개발된 세로토닌-노르에피네프린 재흡수 차단제(serotonin-norepinephrine reuptake inhibitor, SNRI)와 같은 약물(예: 벤라팍신)은 세로토닌과 노르에피네프린의 사용 가능성을 증가시킨다. 이러한 약물은 우울을 경감할 뿐만 아니라 강박성 장애와 공황장애 등 불안장애의 치료에도 도움을 주는 것으로 나타났다(Schatzberg, 2000). 이러한 약물의 흔한 부작용은 오르

**개념 설명**

**정신장애의 약물치료**

다음은 몇몇 종류의 정신장애 치료에 사용되는 주요 약물이다.

| 약물 유형 | 목적 | 작용 방식 |
|---|---|---|
| 항정신성 약물 | 정신증의 증상 감소(현실 검증력 상실, 환각, 망상) | 도파민 수용기 차단 |
| 항우울제 | 우울 증상 감소 | 세로토닌과 노르에피네프린의 기능 수준 증가 |
| 리튬 | 양극성 장애(조증과 우울증) 증상 감소 | 세로토닌, 노르에피네프린 및 다른 신경전달물질의 수준 조절 |
| 항경련제 | 양극성 장애 증상 감소 | 이온통로를 변화시키고 신경전달물질인 GABA와 글루타메이트에 영향을 미침 |
| 항불안제 | 불안 증상 감소 | 중추신경계 약화 |
| 각성제 | 주의와 집중력 증가 | 도파민 수준을 증가시켜 효과를 나타낼 가능성이 있음 |

가슴의 억제, 메스꺼움, 설사, 어지러움, 신경과민이다. 더 오래된 종류의 항우울제는 삼환계 항우울제(tricyclic antidepressant)와 **모노아민 산화효소** monoamine oxidase (MAO) 억제제이다. 이러한 약물은 우울과 불안을 치료하는 데 매우 효과적이지만 새롭게 개발된 약물보다 더 많은 부작용이 있다.

양극성 장애가 있는 사람들은 우울을 통제하기 위해 자주 항우울제를 복용하지만, 조증을 통제하기 위해서는 반드시 다른 약물을 복용해야 한다. **리튬** lithium은 많은 신경전달물질 체계를 안정화함으로써 극심한 기분 변화를 줄이고 좀 더 안정적인 정서 상태로 돌아오게 한다(Thase et al., 2002). 불행히도 리튬은 복통, 메스꺼움, 구토, 설사, 떨림, 경련, 시야 흐림, 주의집중의 어려움과 같은 심각한 부작용이 있으며, 신장 기능 장애와 선천적 결손증(birth defects) 및 당뇨의 한 형태를 유발한다.

현재 디발프로엑스 나트륨(divalproex sodium), 카르바마제핀(carbamazepine), 라모트리진(lamotrigine), 가바펜틴(gabapentin), 토피라메이트(topiramate)와 같은 항경련제(anticonvulsant drug)는 양극성 장애를 치료하기 위해 흔히 사용된다. 이러한 약물은 심각하고 급성인 조증 증상을 경감하는 데는 매우 효과적일 수 있지만 장기간의 치료 측면에서는 리튬만큼 효과적이지 않은 것으로 보인다(Ghaemi et al., 2004). 항경련제의 부작용으로 어지러움, 발진, 메스꺼움, 나른함이 있다. 심각한 조증을 겪는 사람들에게는 항정신성 약물도 처방될 수 있다.

불안을 치료하는 데 전통적으로 사용되는 약물은 **벤조디아제핀** benzodiazepine 계열에 속한다. 이러한 약물은 긴장을 낮춰 주지만 나른하게 만들고 중독이 될 수 있다. 알코올이나 바르비투르(barbiturate)와 같이 중추신경계의 활동을 저하한다.

**각성제** stimulant drug는 주의력 결핍 과잉행동 장애(ADHD)가 있는 아동의 주의 문제를 다루기 위해 사용된다. 과잉행동 아동에게 각성제를 주는 것이 이상하게 보일 수 있지만, ADHD 아동의 70~85%는 약물로 인해 산만한 행동이 감소되고 주의가 향상된다(Joshi, 2004). 각성제는 뇌 시냅스에서 도파민 수준을 증가시킴으로써 작용하는 것으로 보인다.

## 전기경련치료

전기충격치료(electroshock therapy)라고도 알려진 **전기경련치료** electroconvulsive therapy(ECT)는 경미한 전류를 뇌로 흘려보내 간질발작(epileptic convulsion)과 유사한 발작을 일으킨다. ECT는 항정신성 약물과 항우울제를 쉽게 사용할 수 있기 전인 대략 1940년부터 1960년까지 널리 사용되던 치료법이었다. 현재는 약물치료에 반응하지 않는 심한 우울증 환자에게 주로 사용한다.

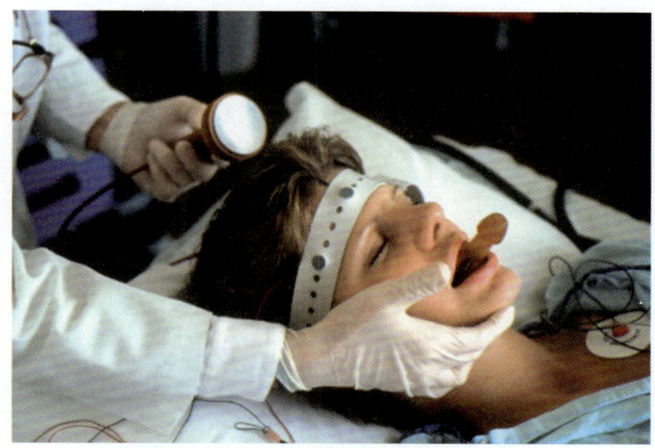

**전기경련치료는 우울증 치료법 중 비교적 효과적이다.**

ECT는 많은 논란의 대상이었으며 ECT의 사용률은 나라마다 매우 다르다(Eranti & McLouglin, 2003). 한때 알코올중독과 조현병을 다루고자 정신병원에서 ECT가 무분별하게 사용되었으나 전혀 효과가 없었다. 더욱 정교화된 절차가 개발되기 전까지 ECT는 환자에게 끔찍한 경험이었고, 종종 영구적인 기억 손실이나 혼란을 초래하기도 했다.

최근 ECT는 훨씬 더 안전해졌다. 환자를 짧은 시간 마취하고 근육이완제도 맞는다. 전류가 아니라 발작 자체가 치료 효과를 내는 것이기 때문에 짧고 매우 약한 전류를 뇌로 흘려보낸다. 근육이완제는 발작성 근육 경련을 방지한다. ECT의 가장 흔한 부작용은 기억 손실이다.

뇌 발작은 엄청난 양의 노르에피네프린과 세로토닌을 분비시킨다. 15장에서 논의했듯이 일부 우울증 사례의 경우 이러한 신경전달물질의 결핍은 중요한 요인이다. 어떤 기제로 작용하든 ECT는 매우 심각한 우울증의 치료에 효과적이고, 약물치료보다 효과가 더 빠르게 나타난다(Sackeim et al., 2007).

## 생물학적 치료와 심리치료의 결합

이 장에서 치료법을 심리치료와 생물학적 치료로 구분하

여 제시했지만 오늘날에는 이 두 가지 치료를 결합하는 방향으로 나아가고 있다. 우울과 불안장애의 경우, 환자의 생화학적 측면과 사회 및 직업 상황에서의 기능에 모두 영향을 미친다. 이때 생물학적 수준과 심리사회적 수준에서 모두 치료를 하는 것이 도움이 될 수 있다. 조현병과 같이 주된 원인이 생물학적인 장애의 경우에도 환자들은 종종 사회적 기술과 직장에서의 역할 수행 능력에 심각한 손상을 입는다. 약물치료와 더불어 조현병의 영향에 대처하기 위한 심리치료를 제공하는 것은 매우 유용할 수 있다.

어떤 장애(특히 우울)를 치료하는 데 광범위한 심리치료와 약물치료 모두 효과적이라는 사실은 개인의 생물·심리·사회적 체계의 한 수준에 개입하는 것이 그 체계의 모든 수준에 영향을 줄 수 있음을 시사한다. 예를 들어 심리적 수준에서의 개입은 환자의 생화학적 측면과 사회적 행동의 변화로 이어질 수 있다. 이 같은 현상이 발생하는 것은 우리의 생화학적 측면, 성격, 사고 과정, 사회적 행동이 서로 매우 복잡하게 얽혀 있어 각기 다른 수준에 긍정적·부정적으로 영향을 미칠 수 있기 때문이다.

### 중간 요약

- 생물학적 치료에는 전기경련치료(ECT)와 약물치료가 있는데 약물치료가 훨씬 더 널리 사용되고 있다.
- 신경전달물질인 도파민 수준을 변화시키는 항정신성 약물은 조현병 치료에 효과적인 것으로 밝혀졌다.
- 항우울제는 신경전달물질인 세로토닌과 노르에피네프린 수준에 영향을 줌으로써 우울증 환자의 기분 고양에 도움이 된다. 리튬과 항경련제는 양극성 장애를 치료하는 데 효과적이다.
- 항불안제는 중추신경계의 활동을 억제하고 심각한 불안을 경감하며 내담자가 인생의 위기에 대처하도록 돕는다.
- 각성제는 아동의 주의력 결핍 과잉행동 장애(ADHD)를 치료하는 데 사용된다.

### 비판적 사고를 위한 물음

1. 현재 향정신성 약물, 특히 세로토닌 재흡수 억제제(SSRI)를 사용하는 많은 사람들은 심각한 기분장애가 아니라 일상 스트레스 때문에 약을 복용한다. 당신은 이러한 약물의 사용이 적절하다고 생각하는가? 왜 그렇게 생각하는가?
2. 당신은 정신건강 문제가 있는 사람들의 증상을 통제하기 위해 강제로 약물을 복용하도록 해야 한다고 생각하는가? 당신의 대답은 그들이 겪는 증상의 유형에 따라 달라지는가?

## 정신건강 증진하기

전문적 도움을 받는 것 외에 우리 스스로가 심리적 안녕을 증진할 수 있는 많은 방법이 있다. 자신의 감정과 행동을 살펴봄으로써 우리는 고통을 겪거나 어려움을 느끼게 만드는 행동과 상황을 알 수 있고, 반대로 유익한 행동과 상황을 판단할 수 있다. 우리 삶에서 일어나는 어떤 일이든 수동적으로 받아들이는 것이 아니라 자신의 동기와 능력을 분석함으로써 삶에서 능동적으로 선택하는 역량을 키울 수 있다. 사람들이 맞닥뜨리는 문제는 각기 다르고, 심리적 건강을 유지하기 위한 보편적인 지침도 없다. 그러나 치료자들의 경험에서 나온 몇 가지 일반적인 지침이 존재한다.

### 자신의 감정을 수용하라

분노, 슬픔, 두려움, 그리고 이상이나 목표에 도달하지 못했다는 느낌은 모두 불쾌한 감정이다. 그래서 우리는 이러한 감정을 부인함으로써 불안을 회피하려 할 수 있다. 때때로 우리는 감정 없이 상황을 직면함으로써 불안을 회피하려 하는데, 이는 파괴적일 수 있는 그릇된 형태의 초연함이나 '냉정함(cool)'의 상태로 이어진다. 우리는 모든 감정을 억압하려 할 수 있는데, 이 때문에 다른 사람과의 관계에서 자연스럽게 느낄 수 있는 정상적인 기쁨과 슬픔도 받아들일 수 없게 될 수 있다.

불쾌한 감정은 많은 상황에서 정상적인 반응이다. 향수병을 느끼는 것 혹은 새로운 무언가를 배우는 것을 두려워하거나 자신을 실망시킨 누군가에게 화가 나는 것이 부끄러울 이유는 전혀 없다. 이러한 감정은 자연스러운 것이고 부인하기보다는 인정하는 편이 더 낫다. (가령 직속 상사에게 소리 지르는 것이 현명한 방법이 아닌 것처럼) 감정을 직접 표현하지 못하는 경우에는 스트레스에 대처할 방법을 찾는 것이 도움이 된다. 오랫동안 산책하기, 테니스공 세게 치기, 혹은 친구와 그 상황에 대해 의논하기는 긴장을 완화하는 데 도움이 될 수 있고, 문제해결책을 제공할 수도 있다.

### 자신의 취약성을 알라

마음을 상하게 하거나 과민반응하게 만드는 상황이 어떤 상황인지 알아내는 것은 스트레스에 대처하는 데 도움이 된다. 아마도 특정한 사람들이 당신을 화나게 할 것이다. 그들을 피하거나 그 사람의 무엇이 당신을 불편하게 만드는지 이해하려고 노력해 볼 수 있다. 그들이 너무 침착하고 자신감이 넘쳐 보여 당신이 불안감을 느끼는 것일 수도 있다. 불편함을 느끼는 이유를 찾으려고 노력하면 그 상황을 새로운 관점에서 바라보는 데 도움이 될 수 있다. 당신은 보고서를 내거나 학급에서 발표해야 할 때 매우 불안해할 수 있다. 당신은 그러한 상황을 피할 수 있지만 대중 연설 강의를 수강함으로써 오히려 자신감을 얻을 수도 있다. 또한 그 상황을 재해석할 수도 있다. '사람들은 내가 입을 열자마자 기다렸다는 듯 나를 비판할 거야.'라고 생각하는 대신, '사람들은 내 말에 관심을 가질 것이고, 조금 실수를 한다 해도 그 때문에 걱정하지는 않을 거야.'라고 스스로에게 말할 수 있다.

많은 사람들은 압박을 받을 때 특히 불안을 느낀다. 세심한 계획과 충분한 시간적 여유를 두면 마지막 순간에 겪을 수 있는 압박감을 피하는 데 도움이 된다. 학교나 약속 장소에 가는 데 필요하다고 생각한 시간보다 의도적으로 더 많은 시간을 잡는다면 하나의 스트레스 원천을 제거할 수 있다.

### 자신의 재능과 흥미를 개발하라

무료해하고 불행한 사람 치고 많은 것에 흥미를 가진 사람을 찾아보기 어렵다. 오늘날의 대학은 모든 연령대의 사람들에게 스포츠, 학술적 관심, 음악, 그림, 연극, 수공예와 같이 많은 영역에서 재능을 탐색할 수 있는 거의 무한정의 기회를 제공한다. 흔히 한 주제에 대해 많이 알수록 그 주제에 대해(그리고 삶에 대해) 더 흥미를 갖게 된다. 더욱이 기술을 개발하면서 느끼는 유능감은 자아존중감을 북돋아 줄 수 있다.

### 다른 사람과 가까워져라

고립감과 외로움은 많은 정서적 건강 문제의 핵심에 있다. 우리는 사회적 존재이며, 다른 사람들이 제공하는 지지, 위안, 안도감을 필요로 한다. 자신의 문제에만 모든 주의를 기울이는 것은 스스로에 대해 건강하지 않은 집착을 초래할 수 있다. 당신의 걱정을 다른 사람들과 나누는 것은 당신의 문제를 좀 더 명확하게 바라보는 데 도움이 된다. 또한 다른 사람의 안녕을 염려하는 것은 당신의 존재 가치를 강화할 수 있다.

**흥미와 취미를 개발하는 것은 심리적 안녕의 한 가지 비결이다.**

### 전문가의 도움을 받아야 할 때를 알라

이러한 제안이 당신의 정서적 안녕을 증진하는 데 도움이 될 수는 있으나 자기이해와 자가 도움만으로는 한계가 있다. 혼자서는 해결하기 힘든 문제들도 있다. 우리의 자기기만 성향으로 인해 문제를 객관적으로 바라보는 것이 어렵고, 가능한 모든 해결책을 생각해 내지 못할 수 있다. 자신이 문제를 통제하기 어렵다고 느낄 때가 바로 전문적인 도움을 받아야 할 때이다. 기꺼이 전문적 도움을 받고자 하는 것은 나약함의 징표가 아니라 정서적 성숙함의 징표이다. 문제에 짓눌릴 때까지 기다리지 말라.

#### 중간 요약

- 감정에 효과적으로 반응하기 위한 첫 번째 단계는 자신의 감정을 받아들이는 것이다.
- 자신의 취약성을 아는 것은 심리적 고통을 유발하는 요인을 피할 수 있게 하고, 취약성을 극복하기 위해 도움을 청할 수 있게 해 준다.
- 자신의 재능을 계발하는 것은 자아존중감과 즐거움을 제공하는 다양한 원천이 된다.

# 찬|반|논|쟁

# 알코올중독자재활협회는 알코올 남용 방지에 효과적인 개입인가?

## 알코올중독자재활협회: 근거 기반 자원

*Keith Humphreys,* 스탠퍼드대학교 Veterans Affairs Palo Alto Health Care System and Department of Psychiatry and Behavioral Sciences

알코올중독자재활협회(Alcoholics Anonymous, AA)는 400만 명 이상의 알코올중독자를 회원으로 두고 있는 세계적인 단체로(Humphreys, 2004), 이들은 정직, 겸손, 온정, 영적 평온함을 추구할 뿐만 아니라 영구적으로 금주할 수 있도록 서로를 돕는 일에 전념하고 있다. 100개국 이상에서 AA 회원들은 AA 원칙(예: 금주 12단계)과 금주를 촉진하는 개인적 '경험, 힘, 희망'을 따르는 자조 집단을 통해 정기적으로 만나고 있다. 미국을 비롯한 많은 국가에서 AA는 알코올 문제가 있는 이들이 모든 전문적 개입을 합친 것을 앞지르며 가장 많이 찾는 도움의 원천이다(Humphreys, 2004; Weisner et al., 1995).

AA는 대부분의 치료 전문가 사이에서 높은 명성을 얻고 있다. 그러나 동시에 일부 임상가와 연구자는 AA가 객관적이고 과학적인 연구에서 도출된 표준화된 전문 치료라기보다는 각 회원의 경험과 영적 조망에 근거한, 표준화되지 않고 철저하게 관리되지 않는 프로그램을 제공한다는 점에서 그 효과에 의문을 제기한다(Humphreys, 2004).

크로스와 동료들(Cross et al., 1990)은 어떤 요인(예: 문제의 심각도, 연령, 성별 등)이 장기간의 금주를 예측하는지 알아보기 위해 치료를 마친 알코올중독 환자 158명을 10년간 추적 조사했다. 조사된 모든 변인 중에서 AA 참여 여부만이 금주 가능성을 증가시켰다. 개입의 효과성에 대해 유추할 수 있는 가장 엄격한 설계인 무선화된 임상실험에서도 다른 비교 조건과 비교해 보았을 때 일반적으로 AA는 동일하거나 더욱 우수한 금주 수준을 보였다(Humphreys, 2006; Timko et al., 2006). 다른 종단 연구에서는 AA 참여가 우울 및 불안의 감소와 사회적 관계망의 향상, 이전보다 행복해진 친밀한 관계와 같은 이득과도 연결된 것으로 나타났다(Humphreys, 2004).

또한 연구자들은 AA 효과의 '매개변인'을 밝혀내고 있다. 매개변인은 AA 참여와 음주 감소를 연결하는 인과관계의 한 요소이다. 잘 설계된 종단 연구를 통해 높은 자기효능감과 절제 욕구, 그리고 술친구를 AA 회원으로 대체하는 것이 음주에 대한 AA 효과의 매개변인으로 나타났다. 이러한 영역에서의 변화는 그 자체로도 유익하지만 금주를 용이하게 달성하는 데 도움이 된다.

AA 참가는 무료이기 때문에 AA는 알코올중독 환자들이 금주하는 데 비용 면에서 가장 효과적인 치료법이다. 201명의 알코올 남용자를 대상으로 한 연구가 이 점을 잘 보여 준다. 이 연구는 초기에 AA에 참석하기로 한 135명의 환자와 전문적인 통원치료를 받는 66명의 환자를 비교했다(Humphreys & Moos, 1996). 환자들이 각 조건에 무선적으로 할당되지 않았음에도 불구하고, 인구통계학적 변인과 알코올 문제, 정신병리의 기저율에서는 유의한 차이가 없었다. 3년간의 추적 연구 결과, AA 참가자들에게서 하루 알코올 섭취량이 평균 75% 감소했고, 알코올 의존 증상(예: 기억이 깜깜함)은 평균 71% 감소한 것으로 나타났다. 전문적인 치료를 받은 환자들도 비슷한 수준으로 호전되었다. 그러나 3년의 연구 기간 동안 알코올 섭취와 관련된 의료 비용은 AA 참가 집단이 전문 치료집단보다 45%나 낮았다. 따라서 AA는 금주를 촉진할 뿐만 아니라 보건의료체계의 상당한 비용 부담을 줄일 수 있는 효과적인 방법이다.

AA 효과의 연구는 방법론적으로 취약했다. 그러나 지난 15년간 AA 참여의 효과에 대한 대부분의 연구가 종단 설계, 통제집단, 그리고 AA 참여와 그 효과 측정을 위한 질 높은 측정도구의 사용을 통해 상당히 증진되었다. 그리고 연구가 더욱 엄격해짐에 따라 AA의 효과를 보여 주는 사례는 약해지기보다 강력해졌으며, 이는 AA가 정말 효과적임을 나타낸다. 임상적 · 과학적 측면에서의 회의론은 최근 상당히 약화되었다. 효과성과 접근 가능성, 최소 경제적 비용을 고려할 때, AA는 명백히 알코올중독 환자의 회복을 돕는, 중요하고 경험적인 연구를 통해 검증된 근거 기반의 자원이다.

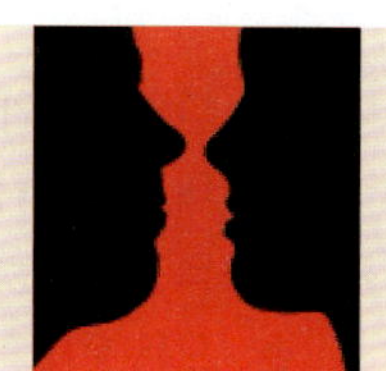

찬|반|논|쟁

# 알코올중독자재활협회는 알코올 남용 방지에 효과적인 개입인가?

## AA가 유일한 방법은 아니다.

*G. Alan Marlatt,* 워싱턴대학교

AA는 알코올중독에서 회복하고 있는 많은 이들에게 가장 잘 알려진 자조 집단이긴 하지만, 많은 사람들이 술을 끊도록 돕는 유일한 방법은 아니며, 일부 문제적 음주자들에게는 AA가 성공적 치료에 장애물이 될 수 있다. 연구에 의하면 AA에 처음 참석한 두 명 중 한 명만이 두 번째나 그다음 모임에 참석한다고 한다.

왜 AA는 일부에게 효과가 있지만 다른 이들에게는 그렇지 않은가? AA가 '영적 회합(spiritual fellowship)'으로 묘사되나 명확하게 특정 종교 집단과 연계되지는 않음에도 불구하고, AA에 처음 참석한 사람들은 자신의 음주를 통제할 수 있는 자제력을 상실했고, 개인적 통제력을 '위대한 힘(higher power)'에 넘겨줄 때만 회복이 가능하다는 것을 인정해야 하는 요구 조건 때문에 AA 참석을 꺼려 하게 된다. 다른 사람들은 알코올중독이 기본적으로 치료될 수 없는 신체적 질병이며, 평생 알코올이 들어간 그 어떤 음료도 마시지 않는 것을 통해 '저지'만 할 수 있다는 AA의 신조에 실망한다. 거의 대부분의 AA 회원을 포함하여 질병 모형의 신봉자들에게 적절한 음주 혹은 통제된 음주란 없다. AA의 신조에 따르면 한 번 알코올중독자는 영원히 알코올중독자이다.

개인이 자신의 습관을 변화하도록 돕는 데 가장 효과적인 것이 AA와 연관된 특정 가르침(이론)인지, 아니면 모임이 제공하는 집단의 지지인지는 아직 밝혀지지 않았다. 최근 연구 결과에 의하면 후자가 AA의 성공에 주로 기여하는 것으로 보이며, 이는 알코올중독에 대한 다른 이론이나 신념을 가진 집단 역시 효과적일 수 있음을 시사한다. 최근 알코올중독자를 위한 새로운 유형의 자조 집단이 생겨났다. 여기에는 (1) 단주 상태를 유지하기 위해 '위대한 힘'을 필요로 하지 않으며, 행동 변화의 합리적 원리에 근거한 합리적 회복(Rational Recovery) 치료, (2) 재발 방지와 사회기술 훈련 같은 인지행동치료 원리에 근거한 자기관리 및 회복 훈련(Self-Management and Recovery Training, SMART), (3) 많은 AA 모임의 남성 위주 성향을 어려워하며, 많은 여성 음주자들이 공유하는 음주 문제를 다루는 데에 도움을 받을 수 있는 '여성을 위한 금주 모임(Women for Sobriety)'dl 포함된다.

AA의 다른 대안은 '적정 관리법(Moderation Management)'을 사용하는 자조 집단이다. AA에 참여하려는 시도가 몇 번이나 실패한 후, 오드리 키슬린(Kishline, 1994)은 음주 절제를 위한 프로그램의 하나인 '적정 관리법'을 개발했다. 이는 최근 많은 자조 집단(직접 만나는 대신 인터넷상에서 만나는 집단도 포함하여)에서 사용되고 있다.

중독 치료 분야에서 '피해 감소(harm-reduction)' 접근의 한 예로 알려진, 음주량을 조절하거나 통제하는 프로그램도 있다. 피해 감소 프로그램(폭음자의 음주량 줄이기, 완전히 금연하지 못하는 흡연자를 위한 니코틴 대체 요법 등)의 목표는 약물중독 문제로 인해 자신과 가족, 지역사회에 발생하는 해로운 결과를 감소시키는 것이다. 회복의 이상적인 목표는 '완전히 끊는 것'이지만, 피해를 감소시키기 위한 이러한 조치는 질병을 예방하고 건강을 증진하는 데 올바른 방향으로의 조치로 간주된다.

피해 감소 프로그램은 고위험 대학생이 더 안전하게 술을 마시도록 가르치는 데 성공적이었다. 알코올 피해 감소 프로그램은 처음 술을 마시는 학생들에게 음주 기술, 음주량과 그에 상응하는 중독 수준을 교육한다. 고위험의 대학 신입생을 대상으로 한 최근 연구에 따르면 피해 감소 프로그램에 참가한 학생들은 참가하지 않은 통제집단의 학생들에 비해 폭음, 기억이 깜깜함, 심각한 숙취, 폭력 행위 등이 유의하게 적었다. 따라서 음주를 시작하는 학생들과 심각한 음주 문제를 겪을 위험이 있는 학생들에게 피해 감소 프로그램은 금주의 실용적 대안이 될 수 있다(*Journal of Consulting and Clinical Psychology*, 1998년 8월 호에 실린 필자의 논문 참조).

AA는 만약 누군가 완전 단주라는 요구 사항을 수용하지 않으면 그 사람은 AA에서 나가야 하고 '끝장을 볼' 때까지, 즉 음주로 인해 극도로 심각한 상태에 이르러 AA로 돌아와 완전 단주하는 방법 외에는 다른 선택이 없다는 것을 깨닫기 전까지는 돌아오지 말라고 통보할 가능성이 높다. 그러나 우리는 심각한 피해를 경험하고 있지만 아직 '끝장을 보지' 않은 문제적 음주자들에게 무엇을 할 수 있을 것인가? 피해 감소 프로그램은 이러한 문제적 음주 집단이 회복 선상에 들어설 수 있도록 도움이 되는 다양한 전략을 제공한다.

- 다른 사람의 도움을 구하는 것은 심리적 고통을 완화하는 데 좋은 전략이다.
- 타인을 돕는 것은 자아존중감을 높일 수 있다.
- 모든 문제를 혼자서 해결할 수 있는 것은 아니다. 도움이 필요할 때는 도움을 구하는 것이 중요하다.

### 비판적 사고를 위한 물음

1. 자가 도움 책이 도움이 되는 경우와 도움이 되지 않는 경우는 무엇인가?
2. 어떤 사람들은 스트레스에 압도당하지 않고 어떤 상황이든 거의 다 처리할 수 있는 것처럼 보인다. 당신은 무엇이 그들로 하여금 뛰어난 탄력성을 갖게 한다고 생각하는가?

## 전체 요약

1. 정신장애의 치료는 이상 행동을 악령에 쓰인 것으로 보고 처벌했던 고대의 개념에서 수용소 보호, 현대의 정신병원 치료로 발전해 왔다. 탈시설화 움직임은 좋은 의도에도 불구하고 정신장애 환자 노숙자를 증가시켜 시민으로서의 권리와 적절한 보호에 대한 논쟁을 유발했다.
2. 심리치료는 심리적 방법으로 정신건강 문제를 치료하는 것이다. 행동치료는 내담자의 행동을 수정하기 위해 학습 이론에 근거한 방법을 적용한다. 이러한 방법에는 체계적 둔감화(이전에 불안을 유발했던 상황에서 이완하는 법을 배움), 적응적 행동의 강화, 적절한 행동의 모델링과 시연, 행동의 자기조절 기법이 있다.
3. 인지행동치료는 행동수정 기법을 사용할 뿐만 아니라 부적응적인 신념을 변화하기 위한 절차를 통합한 것이다. 치료자는 내담자가 사건에 대한 비합리적인 해석을 보다 현실적인 해석으로 대체하도록 돕는다.
4. 프로이트가 개발한 정신분석은 자유연상과 꿈 분석의 방법을 통해 억압된 사고와 감정을 내담자가 의식 수준에서 자각할 수 있도록 한다. 이러한 꿈과 연상의 내용을 해석함으로써 분석가는 환자가 자신의 문제에 대한 통찰을 얻도록 돕는다. 내담자가 자신의 삶에서 중요하게 여기는 사람에 대해 갖는 감정을 분석가에게 표현하는 경향, 즉 전이는 해석의 또 다른 원천을 제공한다.
5. 현대의 정신역동치료는 전통적 정신분석보다 치료 기간이 짧아졌고, 어린 시절의 경험을 완전하게 재구성하려 했던 과거의 경향과 달리 내담자의 현재 대인관계 문제를 더욱 강조한다.
6. 인본주의 치료는 치료자의 개입을 최소화하면서 내담자가 진정한 자기 자신에 대해 자각하고 스스로 자신의 문제를 해결하도록 돕는다. 내담자 중심 치료의 창시자 칼 로저스는 치료자가 내담자의 성장과 자기탐색을 촉진하기 위해서는 세 가지 특성, 즉 공감, 온정, 진실성을 지녀야 한다고 했다.
7. 가족치료와 부부치료는 전문화된 집단치료의 한 형태로, 커플 또는 부모와 자녀가 서로 상호작용하고 그들의 문제를 다루는 데 더 효과적인 방법을 학습하도록 돕는다.
8. 생물학적 치료에는 전기경련치료(ECT)와 약물치료가 있는데 약물치료가 훨씬 더 널리 사용되고 있다. 항정신성 약물은 조현병 치료에 효과적이고, 항우울제는 우울증 환자의 기분을 고양하며, 리튬은 양극성 장애 치료에 효과적인 것으로 증명되었다. 항불안제는 중증 불안을 경감하고 내담자가 삶의 위기에 대처하는 것을 돕는다.

## ※ 핵심 개념

가족치료
각성제
꿈의 분석
내담자 중심 치료
대인관계치료
리튬
모노아민 산화효소
벤조디아제핀
부부치료
비정형 항정신성 약물
선택적 강화
실제 노출법
심리치료
인본주의 치료
인지행동치료
자기조절
자유연상
전기경련치료
전이
정신역동치료
지연성 운동장애
체계적 둔감화
탈시설화
페노티아진
항우울제
항정신성 약물
행동시연
행동치료

# 17 사회적 영향

**학습 목표**

이 장을 읽고 나면 다음의 것들을 할 수 있어야 한다.

- ▶ 타인의 존재가 어떻게 사람들의 행동에 영향을 주는지 이해할 수 있다.
- ▶ 몰개성화와 방관자가 어떻게 사회적 행동에 영향을 주는지 이해할 수 있다.
- ▶ 순종과 복종에 관한 고전적 실험을 소개할 수 있다.
- ▶ 짐바르도의 감옥 실험이 어떻게 상황과 제도적 규범의 힘을 보여 주는지 이해할 수 있다.
- ▶ 기본적 귀인오류를 정의하고 예를 제시할 수 있다.
- ▶ 사회촉진과 사회억제가 일어나는 시기와 이유를 설명할 수 있다.

- ▶ 몰개성화가 어떻게 공격성을 유발하는지 이해할 수 있다.
- ▶ 방관자 다수의 무지와 이것이 문제가 되는 이유를 설명할 수 있다.
- ▶ 정보적 영향과 규범적 영향의 차이에 대해 논의할 수 있다.
- ▶ 권위에 대한 복종을 연구한 밀그램 실험의 중요성을 설명할 수 있다.
- ▶ 사람들이 자신의 과거 행동에 맞춰 태도를 바꾸는 이유를 이해할 수 있다.
- ▶ 집단극화와 그것의 발생 원인에 대해 설명할 수 있다.

## 이 장의 개요



사람들은 때때로 불가사의하거나 불가사의해 보이는 짓을 저지른다. 신문이나 역사책에는 그러한 예가 얼마든지 있다. 1933~1945년까지 나치 독일에서는 수백만 명의 죄 없는 사람들(대부분이 유대인)이 강제수용소에서 지낼 수밖에 없었다. 제2차 세계대전이 종식된 후에야 세계 공동체는 이러한 수용소가 800만 명이 넘는 사람들을 계획적으로 살육한, 고도로 효율적인 살인 '공장'이었음을 깨달았다. 어떻게 이러한 종족 학살이 일어날 수 있었을까? 어떤 종류의 인간이 이러한 살인 공장을 설계하고 운용할 수 있었을까? 나치 체제하에서 자행된 행위는 불가사의한 것으로 보인다.

1978년 11월 18일, 미국 하원의원인 레오 라이언이 (이전에 샌프란시스코에 있었던) 남아메리카의 가이아나에 있는 인민사원의 정착지인 존스타운에 대한 조사를 종결짓기 위해 그곳을 방문했다. 사람들이 그곳에 억류되어 있다는 보고가 미국으로 날아들었기 때문에 라이언은 존스타운에 대한 조사를 하고 있었던 것이다. 라이언 의원은 가이아나를 떠나기 위해 비행기에 탑승하려는 순간, 인민사원 무장 경비원들의 총격을 받고 또 다른 4명과 함께 살해되었다. 그사이에 인민사원의 교주인 짐 존스는 1,000명에 가까운 존스타운의 주민들을 모아 놓고서 딸기 향이 나는 독약을 마시고 자살하라는 명령을 내렸다. 주민들은 그대로 따랐다. 어떻게 이런 일이 일어날 수 있는 것일까? 도대체 어떤 사람들이기에 타인의 명령에 따라 자살을 한단 말인가? 인민사원의 구성원들이 자행한 행위는 불가사의한 것으로 보인다.

2001년 9월 11일, 4대의 미국 비행기가 공중 납치되었다. 그중 2대는 뉴욕 시의 쌍둥이 건물인 세계무역센터 빌딩으로 돌진하여 충돌했고, 1대는 워싱턴 D.C. 외곽의 각 군 사령부가 위치한 펜타곤(미국 국방부 건물)에 돌진하여 충돌했으며, 나머지 1대는 의도했던 표적을 벗어나 펜실베이니아의 모처에 충돌했다. 비행기에 탑승했던 사람들과 펜타곤에 있었던 사람들 수백 명이 사망한 것 외에도, 비행기의 충돌로 세계무역센터가 붕괴될 때 그곳에는 약 3,000명이 있었다. 어떻게 이런 일이 생기는가? 어떤 종류의 인간이 그토록 수많은 죄 없는 사람들의 생명을 앗아 가고, 자신의 목숨도 내버리는가? 이러한 자살 공중 납치범의 행위는 불가사의한 것으로 보인다.

이렇듯 인간에 의해 자행된 불가사의한 참사를 이해하기 위해 우리가 취하는 첫 번째 반응은 종종 사악한(또는 미친) 행위는 사악한(또는 미친) 사람의 짓이라고 못 박는 것이다. '자살 공중 납치범은 사악한 테러범이다.' '짐 존스 추종자는 미친 사람이다.' '나치 당원은 사악한 인종차별주의자이다.' 이러한 종류의 설명이 우리의 궁금증을 어느 정도는 해소해 준다. 이러한 설명은 인간을 '나쁜' 사람('미친' 사람)과 '좋은' 사람('정상적인' 사람)으로 구분 짓는다. 사악한 행위를 사악한 성품에 귀인하는 설명도 분명 일리가 있기는 하다. 예를 들어 오사마 빈 라덴, 짐 존스, 아돌프 히틀러는 사악한 리더로 분류될 만하다. 그렇더라도 사회심리학자들은 행위의 원인을 전부 행위자의 성격에 귀인하는 설명이 잘못된 경우가 많다고 주장해 왔고, 그러한 설명이 너무 자주 틀리기 때문에 사회심리학자들은 그것을 **기본적 귀인오류** fundamental attribution error의 예로 들고 있다. 기본적 귀인오류는 다른 사람들의 행위를 설명할 때 성격이나 성품의 영향은 지나치게 크게 여기면서 상황이나 주변 정황의 영향은 지나치게 작게 여기는 경향성을 지칭하는 말이다. 더욱이 우리는 불가사의한 참사를 이해할 때뿐만 아니라 기숙사 룸메이트나 학과 친구 등 다른 사람들의 일상적인 행위를 이해하려고 할 때도 기본적 귀인오류를 범한다. 예를 들어 새 동료로부터 맞춤법이 틀린 이메일 메시지를 받았다고 생각해 보자. 이런 오류가 비공식적인 메시지에서는 용인되겠지만, 기본적 귀인오류는 당신이 그 사람의 성실성과 지적 능력을 의심하게 만들 수도 있음을 시사한다. 그러나 그녀가 자기 나라 언어도 잘 쓰지 못한다는 사실과 같은 상황적 정보가 추가된다면 그녀에 대한 당신의 부정적 평가는 덜해질 것이다(Vignovic & Thompson, 2010).

세계를 공포에 몰아넣는 사건은 종종 불가사의해 보인다. 어떻게 사람이 자신과 다른 사람들에게 이렇듯 끔찍한 일을 자행할 수 있단 말인가? 사회심리학자들은 성격이나 성품의 특질에만 의거해서 그 해답을 찾는 것은 인간 행동을 이끄는 데 막강한 위력을 지닌 사회 상황의 영향력을 간과하는 것이라고 주장한다.

**사회심리학** social psychology은 사람들의 행동과 정신과정이 실제로 존재하는 타인이나 상상 속에 존재하는 타인에 의해 영향을 받는 방식에 관한 과학적 연구이다. 사회심리학자들은 인간의 행동이 행위자인 개인과 상황의 함수라는 기본적인 관찰로부터 연구를 시작한다. 어떤 상황에 접하는 사람들은 각자의 독특한 개인적 속성을 지니고 있게 마련이다. 그래서 상황이 동일하더라도 사람이 다르면 그 행동도 다르다. 그러나 각 상황은 개인에게 영향을 미치는, 상황 나름의 독특한 힘을 가지고 있다. 그래서 같은 사람이라도 상황이 다르면 행동도 달라진다. 연구가 반복적으로 보여 주는 바는, 상황이 우리의 직관 이상으로 강력한 행동의 결정 요인이라는 것이다. 이렇듯 사회심리학의 첫째로 손꼽을 만한 공헌 중의 하나는 강력한 상황이 어떻게 사람들의 행동과 정신과정을 조성하는가를 이해할 수 있게 해 준 것이다. 그래서 우리는 사회심리학을 다루는 2개의 장을 시작하면서 상황의 위력에 초점을 맞출 것이다.

그렇더라도 사람들은 단지 상황의 객관적인 면에 반응하는 것이 아니라, 그 상황에 대한 자신의 주관적인 해석에 반응하는 것이다. 정서를 다룬 11장에서 배웠듯이, 공격적인 행동을 적개심의 발로라고 해석하는 사람은 똑같은 행동을 정신질환의 산물이라고 해석하는 사람과는 다르게 행동한다. 따라서 18장에서는 사람들의 주관적 해석과 생각하는 양식이 그들의 사고, 감정, 사회행동을 이끄는 위력, 즉 사회인지로 알려져 있는 주제를 검토하려고 한다. 그에 앞서 사회 영향과 상황 그 자체의 위력에 초점을 맞추어 이 장을 시작한다.

## 타인이 존재함의 효과

### 사회촉진 및 사회억제

심리학자 노먼 트리플릿(Norman Triplett)은 1898년 사이클(경륜) 선수들의 속도 기록을 검토하다 많은 선수들이 혼자 달렸을 때의 기록보다 상호 경쟁하면서 달렸을 때의 기록이 더 좋다는 사실을 발견했다. 이러한 관찰을 계기로 그는 사회심리학에서 가장 초기의 실험실 실험 중 하나인 실험을 수행하게 되었다. 그는 아동들에게 정해진 시간 내에 낚싯줄을 가능한 한 빨리 감도록 지시했다. 어떤 경우에는 같은 방에서 두 아동이 각자 자신의 낚싯대를 가지고서 동시에 낚싯줄을 감도록 했다. 또 어떤 경우에는 혼자서 낚싯줄을 감도록 했다. 트리플릿은 많은 아동들이 혼자서 낚싯줄을 감을 때보다 자신과 같은 일을 수행하고 있는 다른 아동들이 있을 때(즉 **공동행위** coaction 상황일 때) 더 빨리 감았다고 보고했다.

트리플릿의 실험 이래 100년 이상 동안 많은 연구가 인간과 동물에게서 공동행위의 촉진적 효과를 입증해 보였다. 예를 들어 일개미가 집단으로 땅을 팔 때는 혼자서 팔 때보다 한 마리당 파낸 모래의 양이 3배나 많았고(Chen, 1937), 많은 동물들이 동종의 다른 동물들이 옆에 있으면 먹이를 더 많이 먹었으며(Platt et al., 1967), 대학생들은 혼자서 곱셈 문제를 풀 때보다 공동행위 상황에서 더 많은 문제를 풀었다(Allport, 1920, 1924).

공동행위에 관한 트리플릿의 실험이 있은 후, 심리학자들은 공동행위자가 아닌 관중으로서의 타인이 존재하는 상황에서도 수행 성과가 촉진된다는 사실을 발견했다. 예를 들어 공동행위자가 있었던 이전 실험의 결과와 마찬가지로, 관중이 있는 것도 대학생들의 곱셈 문제 풀이를 촉진했다(Dashiell, 1930). **사회촉진** social facilitation은 공동행위자와 관중이 수행을 촉진하는 효과를 지칭하는 용어로 사용되고 있다.

그러나 단순한 사회 영향으로 보이는 사회촉진 현상도 사회심리학자들이 처음에 생각했던 것보다 훨씬 복잡한 현상임이 판명되었다. 예를 들어 연구자들은 사람들이 혼자서 풀 때보다 공동행위 상황이나 관중이 있는 상황에서 곱셈 문제를 풀 때 더 많은 오류를 범한다는 사실을 발견했다(Dashiell, 1930). 즉 속도는 증가했지만 정확도는 떨어졌다. 공동행위자와 관중이 가끔 수행을 저하

**1898년 심리학자 노먼 트리플릿은 사이클 선수가 홀로 시계로만 기록을 측정할 때보다는 다른 선수들과 경쟁할 때 더 좋은 기록을 낸다는 사실에 주목했다. 이러한 관찰은 그가 사회촉진이라는 현상을 연구하는 계기가 되었다.**

시키는 효과를 지칭하기 위해 **사회억제** social inhibition이라는 용어가 등장했다.

타인이 공동행위를 하든 관찰만 하든 타인의 존재가 우리의 수행을 촉진할 것인지, 저해할 것인지를 어떻게 예언할 수 있겠는가? 이 물음에 대한 최초의 답은 1960년대 중반에 출현했으며(Zajonc, 1965), 20년이 경과하는 동안 수행된 241개의 연구를 메타분석한 결과 그 답이 확고한 것으로 밝혀졌다(Bond & Titus, 1983). 그 기본적인 발견은 공동행위자와 관중의 존재가 단순하거나 이미 학습이 잘되어 있는 과제에서는 수행의 속도와 정확도를 향상하지만, 복잡하거나 부실하게 학습되어 있는 과제에서는 수행의 속도와 정확도를 저해한다는 사실이다.

그러므로 단순한 과제에서는 사회촉진이 일어나고, 복잡한 과제에서는 사회억제가 일어난다. 이러한 일반화가 유용하기는 하지만 좀 더 설명이 필요하다. 왜 이러한 결과가 나타나는 것일까? 이에 대해 사회심리학자들은 2개의 경쟁적인 설명을 제시했다.

첫 번째 설명은 로버트 자이언스(Zajonc, 1965)가 제시한 것으로, 이 설명은 동기에 관한 추동 이론에 근거하고 있다(10장 참조). 추동 이론의 주장은 유기체의 추동 또는 각성의 수준이 높아지면 우세한 반응이 활력을 받게 된다는 것이다. 동종의 다른 성원이 단지 가까이에 존재하는 것이 유기체의 일반적인 각성 수준 또는 추동 수준을 높이면 우세한 반응은 촉진될 것이다. 단순하거나 학습이 잘된 행동의 경우에는 우세한 반응이 정확한 반응이기 때문에 수행이 촉진된다. 복잡하거나 현재 배우고 있는 행동의 경우에는 우세하거나 발생 확률이 높은 반응이 부정확한 반응일 가능성이 높다. 앞에서 예로 들었던 곱셈 문제를 생각해 보자. 정확한 반응은 단지 하나뿐이고 부정확한 반응이 많을 것이다. 그러므로 이러한 복잡한 과제에서의 정확한 수행은 억제되게 마련이다.

이러한 예언은 수많은 실험에서 확증되었다. 예를 들어 관중이 없을 때보다 있을 때 사람들은 '단순 미로'나 쉬운 단어 목록을 더 빨리 학습하지만, '복합 미로'나 어려운 단어 목록은 더 늦게 학습한다(Cottrell et al., 1967; Hunt & Hillery, 1973). 바퀴벌레를 대상으로 실험한 연구에서는 바퀴벌레들이 빛을 피해 도망가는 경우, 혼자서 도망갈 때에 비해 다른 바퀴벌레가 옆쪽에서 보고 있을 때(또는 같이 도망갈 때) 쉬운 통로(예: 단순 미로)에서는 더 빨리 달려가지만 어려운 통로(예: 복잡한 미로)에서는 더 느리게 달려간다는 사실을 발견했다(Zajonc et al., 1969). 최근의 실험에서 얻은 결론은 사람이 직접 옆에 있지 않더라도 이러한 효과가 일어난다는 것이다. 컴퓨터 화면에 등장해서 인공지능을 통해 관찰하는 실물 같은 가상 인물이 현존하는 경우에도 효과가 있듯이(Park & Catrambone, 2007), 전자장치를 통한 감시도 우세 반응을 촉진하기에 충분하다(Feinberg & Aiello, 2006).

사회촉진과 사회억제에 대한 두 번째 설명은 주의집중 요인과 관련이 있다(Baron, 1986; Huguet et al., 1999). 그 핵심적인 아이디어는, 다른 성원들의 존재가 종종 사람들의 주의를 분산시키는데 이것이 정신적으로 과부하를 초래하고, 그 결과로 주의의 초점이 좁아진다는 것이다. 이러한 관점도 단순 과제와 복합 과제에서의 효과가 다른 것을 설명할 수 있다. 과제가 쉬운 것이어서 소수의 중심 단서에만 초점을 맞추면 될 때는 당연히 사회촉진이 일어날 것이고, 과제가 어려워서 광범위한 단서에 초점을 맞추어야 할 때는 사회억제가 일어나는 것이 당연하다.

어떤 설명이 맞는 것일까? 대부분의 경우에서 이 두 설명은 같은 예언을 하고 있기 때문에 둘 중 어느 것이 맞다고 판가름할 수 없다. 그런데 최근에 이 두 설명은 달리 예언하는 과제 상황을 만들어 이 문제를 해결했다(Huguet et al., 1999). 스트룹 과제(MacLeod, 1991; Stroop, 1935)는 핵심 자극이 단 몇 개뿐인, 복합적이고 학습이 제대로 안 된 과제이다. 이 과제에서 실험 참가자가 하는 일은 단어나 ('+++' 같은) 기호의 잉크 색을 확인하는 것이다. 예를 들어 그림 17.1을 보자. 이러한 과제에서 사람들은 기호의 잉크 색을 확인하는 것은 비교적 신속하게 수행했지만, (노란색 잉크로 쓰인 '빨간색' 같은) 불합치 단어의 잉크 석을 확인하는 수행은 특히 느렸다. **스트룹 간섭** Stroop interference이라고 부르는 이 현상이 생기는 까닭은, 단어 읽기 과제가 읽기에 숙련된 사람들에게는 단어를 무시하고 단어의 잉크 색 이름만 대라는 지시를 따르기가 어려울 정도로 우세한 반응이고 자동적인 반응이기 때문이다. 스트룹 과제는 복잡한 자동 반응이 (잉크 색이 아니라) 단어의 이름을 대는 것이기 때문에, 우세 반응 관점에서는 타인의 존재가 수행을 빗나가게 만들어서 사회억제가 초래될 것이라고 예언한다. 그와 동시에 스트룹 과제는 단 2개의 핵심 자극, 즉 단어와 잉크 색만이 있고, 주의의 초점이 좁아지면 관계없는 정보(단어)에 기우는 주의를 감소시킬 수 있으므로, 우세 반응 관점과는 대조적으로 주의 관점에서는 타인의 존재가 수행을 향상하여 사회촉진이 초래될 것이라고 예

**그림 17.1 스트룹 과제의 문항.** 위쪽 행에 있는 기호의 잉크 색을 크게 말하라. 다음에는 아래쪽 행에 있는 글자의 잉크 색을 크게 말하라. 기호의 색을 말하는 것에 비해 단어의 색을 말하는 시간이 얼마나 더 걸렸는지 알아보라. 이러한 현상을 스트룹 간섭이라고 부른다. 연구는 타인이 존재하는 경우에 사람들이 이 과제의 수행을 더 잘한다는 것을 보여 주는데, 이러한 사실은 주의가 사회촉진을 일으킨다는 설명, 즉 주의 설명을 지지하는 것이다.

**관중이 수행에 미치는 효과는 과제가 쉬운지 어려운지에 따라 달라지고, 개인이 평가받고 있다는 느낌을 얼마나 많이 갖는지에 따라 달라진다.**

언한다.

스트룹 과제를 수행하는 동안에 관중이나 공동행위자가 있거나 없는 상황을 조작한 몇몇 실험에서 얻은 자료는 주의 관점을 명백하게 지지하지만 우세 반응 관점을 지지하지는 않는다. 즉 사람들은 다른 사람들이 있을 때 스트룹 과제를 더 잘했다(Huguet et al., 1999). 또한 이러한 연구와 다른 연구들은 사회촉진 효과의 두 가지 중요한 한계점을 지적하고 있다. 첫째, 다른 사람들의 단순 존재는 사회촉진을 많이 일으키지 않는다. 예를 들어 관중인 타인이 책을 읽고 있거나 눈에 띄지 않는 곳에 있을 때는 사회촉진이 크게 감소했다(Cottrell et al., 1968; Huguet et al., 1999). 둘째, 경쟁 및 공동행위자와의 사회 비교가 결정적으로 중요한 요인인 것 같다. 공동행위자가 실험 참가자 자신보다 수행 성과가 훨씬 낮을 때, 즉 공동행위자가 자신의 경쟁 상대가 되지 못할 때는 사회촉진이 크게 감소되었다(Dashiell, 1930; Huguet et al., 1999).

사회촉진과 사회억제에 관한 연구를 연속적으로 소개하는 것으로 이 장을 시작한 이유는 상황의 위력을 보여 주기 위함이다. 당신은 (농구에서 자유투를 던지는 것 같은) 신체적인 수행이나 (미적분 시험을 치르는 것 같은) 학구적인 수행이 그저 당신의 능력을 반영하는 것이라고 생각해 왔을 것이다. 그러나 여기서 제시한 연구들이 시사하는 바는, 수행 상황에 타인이 있는지 여부와 그 타인이 무엇을 하고 있었는지(당신을 평가하고 있었는지, 당신과 경쟁을 벌이고 있었는지)가 당신의 수행 성과 수준을 결정하는 데 중요하게 작용한다는 것이다. 또한 타인의 존재가 당신의 과제 수행에 도움을 줄지 해를 끼칠지는 그 과제가 당신에게 쉬운 것인지 어려운 것인지에 달려 있다. 프로 농구 선수와 미적분학의 기초를 통달한 학생은 타인이 있는 상황에서 수행을 더 잘할 가능성이 많다. 그 과제를 충분히 학습했기 때문에 그들에게는 그것이 단순 과제인 것이다. 반면 신인 농구 선수와 공부를 게을리한 학생에게는 타인이 있는 상황이 좋은 조건이 아니다.

## 몰개성화

트리플릿이 사회촉진 현상에 관한 실험 연구를 수행하던 때와 거의 같은 시기에 인간 행동을 관찰하던 귀스타브 르봉 역시 공동행위의 효과를 연구하고 있었다. 르봉은 저서 『군중심리(The Crowd)』(LeBon, 1895)에서 '군중은 홀로 있을 때의 개인보다 지적으로 열등하다'고 불평을 토로했다. 린치를 자행하는 폭도들(그리고 그의 관점에서 본 프랑스 혁명 가담자들)의 공격적이고 비도덕적인 행동은 개인의 도덕감과 자기통제를 와해시키면서 질병이 전염되듯 폭도나 군중에게로 전염되어 퍼져 나간다고 믿었다. 그는 그와 같은 와해가 개인이 혼자 있을 때는 저지르지 않을 파괴적인 행동을 군중으로서는 저지르게 만드는 원인이라고 주장했다.

군중 행동에 대한 르봉의 초기 관찰이 불씨가 되어 사회심리학자들이 **몰개성화** deindividuation라고 부르는 개념을 발전시켰다. 이 개념은 1950년대에 처음 소개되었고(Festinger et al., 1952), 그 후 10년마다 재검토 및 수

**사람들은 종종 군중 속에서는 혼자 있을 때와 다르게 행동한다. 일부 연구자들은 사람들이 폭동과 같은 상황 속에 휩쓸려 있을 때는 몰개성화의 경험, 즉 개인 정체감의 상실과 익명의 존재로서 집단 속에 들어 있다는 느낌을 갖는다고 생각한다.**

그림 17.2 **익명성은 공격 행동을 증가시킬 수 있다.** 이는 외집단에 대한 편견이 익명성으로 인해 촉진되어 공격성을 일으킨 1930년대 미국 KKK의 활동이 잘 보여 준다.

정되고 있다[1960년대에는 짐바르도(Zimbardo, 1969), 1970년대에는 디너(Diener, 1977, 1980), 1980년대에는 프렌티스-던과 로저스(Prentice-Dunn & Rogers, 1982, 1989), 1990년대에는 포스트메스와 스피어스(Postmes & Spears, 1998)에 의해]. 비록 이 현상에 대한 설명은 수십 년에 걸쳐 바뀌었지만, 어떤 집단 상황에서는 사람들의 개인 정체감이 최소화되어 대중에게 해명해야 할 의무감이 줄어듦으로써 공격적이거나 비일상적인 행동이 나오게 된다는 것이 몰개성화 개념의 핵심 아이디어이다(60개 연구에 대한 메타분석은 Postmes & Spears, 1998 참조). 1990년대 중반에 있었던 북아일랜드의 폭동을 예로 들면, 신원 확인이 가능한 공격자들에 의한 폭동과 신원을 감추기 위해 위장한 공격자들에 의한 폭동이 있었다. 신원 확인이 가능한 공격자들보다 위장한 공격자들이 현장에서 더 많은 사람들을 공격하고 더 심각한 상해를 입혔다(Silke, 2003). 몰개성화 효과에 대한 초기 설명에서, 대중에게 해명해야 할 의무감의 감소로 충동적이고 규칙에 위배되는 행동에 제동을 걸지 못하기 때문이라고 주장했다(Diener, 1980; Festinger et al., 1952; Zimbardo, 1969).

이는 그림 17.2에서 보듯 외집단에 대한 편견이 익명성으로 인해 촉진되어 공격성을 일으킨 1930년대 미국 KKK(Ku Klux Klan)의 활동이 잘 보여 준다.

몰개성화에 관한 또 하나의 유명한 연구에서는 4명의 여대생으로 구성된 집단으로 하여금 다른 1명의 (학습자 역할을 맡은) 여대생에게 전기 충격을 가하도록 요청했다. 그 집단들의 절반에게는 성원들이 자신을 모른다고 느끼게 함으로써 몰개성화를 시켜 놓았다. 그들에게는 통짜로 된 실험복을 입히고 얼굴을 가리는 후드를 씌웠으며, 연구자는 성원들의 이름을 거명하지 않고 개인이 아닌 집단으로 상대했다. 나머지 절반의 집단들은 개성화를 시켰는데, 입고 온 의상을 그대로 입게 하고 큼지막한 명찰을 달아 주었다. 또한 개성화된 집단의 경우에는 한 사람씩 호명하면서 서로에게 소개시켜 주었다. 실험이 진행되는 동안 학습자가 오류를 범하면 각 실험 참가자 앞의 전기 충격 단추를 누르게 했다. 실험 참가자들에게는 단추를 누르면 (실제로는 그렇지 않지만) 학습자에게 전기 충격이 전달된다고 알려 주었다. 그 결과, 몰개성화된 참가자들이 개성화된 참가자들보다 2배 더 많이 전기 충격을 가했다(Zimbardo, 1969).

또 다른 연구는 핼러윈데이 밤에 몇몇 가정에서 수행되었다. 밖에서 "사탕과자 안 주면 장난칠 거예요!"라고 외치는 아이들에게 아주머니 한 사람이 문 밖에 나와 사탕과자를 1개씩만 가져가라고 일러 주고, 아이들이 사탕과자를 더 많이 집어 갈 기회를 주기 위해 사탕과자가 든 바구니를 놓아 둔 채 재빨리 집 안으로 사라진다. 이때 일부 아이들에게는 이름을 물어 확인했고, 나머지 아이들은 익명성이 유지되도록 했다. 무리 지어 몰려온 아이들이나 익명인 아이들은 혼자서 왔거나 자신의 이름을 대답한 아이들보다 더 많이 사탕과자를 훔쳐 갔다(Diener et al., 1976).

그러나 이러한 실험이 결정적인 것은 아니다. 예를 들

어 첫 번째 연구의 실험에서 실험 참가자들이 착용한 외투와 후드는 그림 17.2에서 볼 수 있는, 미국 역사상 가장 증오하는 집단인 KKK단의 의상과 흡사하다. 이와 마찬가지로 핼러윈데이에 입는 의상은 마귀 할멈, 괴물, 또는 유령을 형상화한 것이 많다. 이러한 것들은 모두 공격성이나 부정적인 의미를 내포하고 있다. 이러한 의상은 익명성을 보장해 주었을 뿐만 아니라 공격성을 부추기는 사회규범을 활성화했을지도 모른다. **사회규범**social norm은 용인되는 행동과 신념의 내현적이거나 외현적인 규칙을 말한다. 익명성보다는 사회규범이 공격적인 행동을 야기한 것이 아닌가를 검증하기 위해 전기 충격 실험을 되풀이해 보았다. 그런데 이번에는 실험 참가자로 하여금 세 가지 종류의 의상, 즉 KKK단 같은 의상, 간호사 복장, 또는 실험 참가자가 입고 온 옷 중에서 어느 하나를 입도록 했다. 자신이 입고 온 옷을 그대로 입고 있었던 집단과 비교해 보았을 때, KKK단 같은 의상을 입은 실험 참가자들은 학습자에게 전기 충격을 더 주는 경향성이 있었다. 그런가 하면 간호사 복장을 했던 실험 참가자들은 자신이 입고 온 옷을 입었던 집단에 비해 전기 충격을 확실히 덜 가했다. 이 연구는 익명성이 보장되면 반드시 공격 행동을 많이 한다는 것은 사실이 아님을 보여 준다(Johnson & Downing, 1979).

상황 특유의 단서(예: 간호사 복장 같은 단서)가 익명의 집단 내에서 행동을 좌우하는 사회규범을 촉발한다는 사실은 몰개성화에 포함되어 있는 정신과정에 관한 수정된 이론을 탄생시켰다. 이러한 이론적 관점에서는 집단의 규모와 익명성 같은, 대중에게 해명해야 할 의무감을 감소시키는 상황은 사람들의 개인적 정체감의 현저함을 감소시킬 뿐만 아니라, 그와 동시에 사람들의 집단 정체감의 현저함을 높이는 것으로 본다. 그래서 몰개성화에 대한 이전의 설명은 집단과 익명성이 규칙 위배 행동을 제지하는 억제력을 와해한다고 주장했던 데 반해, 보다 최근의 설명은 집단 상황이 갖고 있는 이 같은 특징들이 상황 특유의 사회규범을 따르는 동조를 증대한다고 주장한다(Lea et al., 2001; Postmes & Spears, 1998).

몰개성화에 관한 연구도 사람들의 행동을 결정 짓는 상황의 위력을 다시 한 번 시사해 준다. 이다음에라도 익명성이 보장된다고 느끼는 대규모의 집단 상황에 처할 때(대학 캠퍼스에서 흔히 겪을 수 있는 경우), 당신은 자신이 집단의 행동에 휩쓸려 갈을 알아차릴 수 있을 것이다. 집단이 (테러리스트에 의해 희생된 영혼을 위한 촛불 철야 기도 같은) 평화적인 활동을 벌일 때, 당신은 혼자 있을 때보다 더욱더 애국적이고 거룩하게 행동할지 모른다. 즉 집단이 (약탈하거나 남을 괴롭히는 것 같은) 난장판을 만들고 있을 때는 그 상황의 힘이 당신을 잡아당긴다는 사실을 잊지 말라.

## 방관자 효과

앞에서 사람들이 상황의 객관적인 특징에 대해서뿐만 아니라 상황에 대한 자신의 주관적 해석에 대해서도 반응한다는 사실을 밝힌 바 있다. 원초적 형태의 사회 영향인 사회촉진조차도 부분적으로는 우리가 다른 사람들이 무엇을 하고 있다고 해석하는지 또는 무엇을 생각하고 있다고 해석하는지에 따라 달라진다는 것을 이미 보았다. 그런데 이제 보게 되겠지만, 종종 상황을 규정하거나 해석하는 것 그 자체가 바로 사람들이 서로 영향을 주고받는 기제인 경우가 있다.

1964년 새벽 3시경에 키티 제노비스라는 젊은 여성이 뉴욕의 자기 아파트 근처에서 괴한의 습격을 받았다. 그로부터 2주 후 「뉴욕타임스」의 표지 면에 이런 큰 제목이 실렸다. '살인을 목격한 37인, 경찰을 부르지도 않았다: 시민의 무감각에 수사관 충격을 받다' 이어지는 기사의 내용을 보면, 키티 제노비스를 살해한 범인이 그녀를 뒤따라와서 칼로 찌르는 것을 30분 이상이나 목격한 38명의 목격자 중 어느 누구도 경찰을 부르지 않았다는 것이다. 그녀가 죽은 후에야 단 한 사람이 경찰에 신고했다.

이 사건을 접한 미국 시민은 공포로 전율했다. 약 40년이 지나 수행한 조사 연구에서 제노비스 살인 현장을 실제로 목격한 사람의 수가 훨씬 적었음이 밝혀지긴 했지만(Manning et al., 2007), 수수방관한 목격자의 수가 38명이었다는 앞의 보도 기사에서 받은 강한 인상은 사회심리학자들로 하여금 다른 사람들이 있을 때는 개인이 나서서 돕는 행동을 할 개연성이 낮아진다는 사실을 지칭하는 **방관자 효과**bystander effect의 원인에 관한 연구를 촉발했다. 만약 당신이 위급 상황에 처해 도움을 필요로 할 때 목격자가 많으면 그만큼 도움을 받을 가능성이 높다고 생각할 것이다. 단순히 확률을 따져 본다면 사람이 많아야 그 가운데에서 도움을 베풀 사람이 나올 가능성도 커진다. 과연 그럴까? 안타깝게도 그렇지 않다. 방관자 효과에 관한 연구 결과는 그와 정반대이다. 우리가 행동을 취해야 할 때 종종 우리의 행동을 가로막는 요인은 바로 타인의 존재이다. 1980년에 이르러서는 방관자 효과에 관한 50개 이상의 연구가 수행되었는데, 그 연구 대부분은 다른 사람들이 있을 때 도움 행동이 감소한다는 것을 보여 주었다(Latané et al., 1981). 라타네와 달리(Latané & Darley, 1970)는 타인의 존재가 (1) (방관자 모두에 대한) 방관자 모두의 무지 과정을 통해 개인으로 하여금 그 상황을 위급 상황이 아닌 것으로 판단하도록 만듦으로써, (2) 행동해야 할 책임감을 분산시킴으로써 개인이 행동을 취하지 않도록 한다고 제안했다.

## 상황에 대한 정의

위급 상황은 처음에 애매해 보이는 경우가 많다. 비틀거리는 저 사람은 어디가 아픈 것일까, 단지 술에 취한 것일까? 저 여자는 낯선 남자에게 위협을 당하고 있는 것일까, 남편과 다투고 있는 것일까? 창틈으로 새어 나오는 연기는 불이 나서 나오는 연기인가, 단순히 김(증기)에 불과한 것인가? 그와 같은 불확실성을 다루는 데 사람들이 흔히 취하는 방법은 조처를 미루고 아무 일도 아니라는 듯이 행동하면서, 다른 사람들이 어떻게 반응하는지를 신중하게 살펴보는 것이다. 그러니까 당신도 마찬가지 이유로 아무 일도 아니라는 듯이 행동하는 다른 사람들을 보게 될 가능성이 높다. 사람들은 애매한 상황에 처했을 때 아무런 표현도 하지 않는다. 특히 냉정함을 유지하려고 애쓸 때 그렇다. 이 때문에 (방관자 모두에 대한) **방관자 모두의 무지** pluralistic ignorance 상태가 생기게 된다. 즉 집단에 있는 모든 사람이 그 상황을 위급 상황이 아니라고 규정 지음으로써 다른 모든 사람을 오도하는 상태가 되는 것이다. 군중 속에서는 한 사람 한 사람이 다른 모든 사람들로 하여금 도가 지나치게 반응하도록 만들기 때문에, 누구나 군중이 공황 상태에 빠져든 사례에 관한 얘기를 듣게 된다. 위와는 정반대로 군중이 그 성원들로 하여금 아무 행동도 하지 않도록 만드는 경우가 있는데, 아마도 이러한 경우가 (공황 상태에 이르는 경우보다) 더 흔할지 모른다. 이 효과를 검증해 보인 실험이 여럿 있다.

한 실험에서는 남자 대학생들을 인터뷰에 초청했다. 그들이 작은 대기실에 앉아 설문지에 응답하고 있을 때 벽의 틈새로 연기 같은 것이 새어 나왔다. 일부 실험 참가자들은 연기 같은 것이 새어 나올 때 혼자 있었고, 다른 일부 참가자들은 3명이 한 조인 집단으로 있었다. 연구자는 일방 거울을 통해 실험 참가자들을 관찰하면서, 누군가가 어떤 행위를 취하거나 그러한 상황을 보고하려고 대기실을 나오는지 보기 위해 6분간 기다렸다. 혼자서 설문지에 응답하던 참가자들 중 75%가 방에서 나와 불이 났을지 모른다고 보고했다. 이와 대조적으로, 집단으로 있었던 참가자들은 설문지를 작성하기 위해 손으로 연기를 저어야 될 정도로 방 안에 연기가 가득 찼는데도 13%도 채 안 되는 사람들만이 연기가 새어 들어온다고 보고했다. 연기가 새어 들어온다고 보고하지 않은 사람들의 대답은 연기 같은 것이 김(증기)이나 에어컨에서 나오는 수증기나 스모그임에 틀림없을 것이라고 여기면서, 화재 발생이나 위급 상황과는 무관한 사태로 단정했다는 것이었다. 이와 같이 이 실험은 방관자들이 서로가 서로에게 그 상황을 위급 상황이 아니라고 규정 짓게 만들 수 있음을 보여 주었다(Latané & Darley, 1968).

그런데 어쩌면 이 참가자들은 단순히 겁쟁이로 보이는 것을 두려워했을 수도 있다. 이러한 가능성을 확인해 보기 위해 유사한 연구를 계획했다. 이 연구에서는 개인적인 위험이 없는 '위급 상황'을 연출했다. 실험 참가자들은 검사실에서 대기하고 있는 중에 옆 연구실에서 여자 연구자가 걸상에 올라가 서가의 책을 꺼내려다 넘어지면서 바닥으로 떨어지고, "젠장, 아, 내 발… 움직일 수가 없어. 어어… 내 발목… 이걸 걷어 낼 수가 없어."라고 비명을 지르는 소리를 듣게 된다. 여자 연구자는 약 1분 동안 계속해서 신음하고 있었다. 전체 사건의 경과 시간은 약 2분 정도 되었다. 참가자가 혼자서 또는 둘이서 대기하고 있었던 검사실과 여자 연구자의 연구실 사이에는 커튼 하나만이 쳐져 있을 뿐이었다. 연기를 사용한 연구에서 발견한 사실이 이 연구에서도 확인되었다. 혼자서 대기하던 참가자들 중에서는 70%가 여자 연구자를 도와주려 갔으나, 둘이서 대기하고 있던 참가자들 중에서는 40%만이 도와주러 갔다. 나중에 물어봤을 때, 도와주지 않은 사람들은 이번에도 역시 무슨 일이 발생한 것인지 잘 몰랐고 심각한 사태가 아니라는 결론을 내렸다고 대답했다(Latané & Rodin, 1969). 이러한 실험에서 타인의 존재는 방관자 모두의 무지를 만들어 냈다. 즉 위급 상황인지 아닌지를 판단해야 하는 기로에서 한 사람 한 사람이 다른 사람들이 가만히 있는 것을 보고서 위급 상황이 아니라고 결정 내림으로써 상황의 애매함이 해결되었다.

방관자 효과의 예로서 도저히 갈피를 잡기가 어려운, 보다 최근에 발생한 사건도 방관자 모두의 무지에 의해 좌우되었던 것 같다. 1993년 영국의 리버풀 근처 쇼핑몰에서 10세 소년 2명이 제임스 벌저라는 두 살짜리 아기

**많은 통행인들이 보도 위에 남자가 누워 있다는 것을 알았지만, 그를 돕기 위해, 즉 그가 자고 있는지, 아픈지, 술에 취해 있는지, 또는 죽었는지 확인해 보기 위해 걸음을 멈춘 사람은 아무도 없었다. 연구는 다른 방관자가 그곳에 없는 경우에 사람들이 그 남자를 도와줄 가능성이 높다는 사실을 보여 준다.**

를 유괴했다. 소년들은 아장아장 걷는 아기를 구불구불한 길로 끌고 가면서 잔인하게 고문하고 때려서 마침내 죽게 만들었다. 그러한 과정 중에 적어도 38명의 어른이 그 세 아이와 마주쳤다. 그 후에 이 방관자들의 증언에서 드러난 사실은 그 아이들이 형제라고 생각했거나 형제라는 말을 들었다는 것이었다(Levine, 1999). 공격 행동을 '가족 간의 사소한 다툼'으로 해석한 것이 그 상황을 위급하지 않은 상황으로 규정 짓게 한 것 같다. 그런데 특히 이해하기 어려운 점이 있다. 그 아이들이 실제로 형제라 하더라도 공포에 질려 있고 상처를 입은 아기가 어른의 개입이 필요한 상태가 아니란 말인가? 마찬가지로, 애인이나 남편에게 위협을 당하는 여자는 낯선 사람에게 위협을 당하는 여자보다 덜 곤경에 처해 있는 것일까? 범죄 통계에 따르면 그렇지 않다.

## 책임감 분산

방관자 모두의 무지는 개인들로 하여금 어떤 상황을 위급 상황이 아닌 것으로 단정 짓게 할 수 있다. 그러나 방관자 모두의 무지는 위급 상황임이 명백했던 제노비스 살인 사건 같은 사고를 설명해 주지는 못한다. 더욱이 제노비스의 이웃들은 창문에 쳐진 커튼에 가려 서로를 볼 수 없어서 이웃들이 침착한지 공포에 질려 있는지 알 수가 없었다. 이러한 경우는 **책임감 분산** diffusion of responsibility이 결정적인 과정으로 작용했던 것이다. 모든 사람이 자신 말고도 다른 많은 사람들이 있다는 것을 알고 있을 때는 책임을 혼자만이 져야 한다는 부담을 덜게 된다. 모든 사람이 '틀림없이 지금쯤 누군가가 무언가 조치를 취했을 거야.' 또는 '누군가가 나서겠지.'라고 생각할 수 있다.

이 가설을 검증하기 위해 연구자들은 실험 참가자들을 각 방에 따로 있게 한 후, 대학생들이 안고 있는 개인적인 문제에 대한 집단 토론을 하게 될 것이라고 알려 주었다. 당혹감이 드는 것을 피하기 위해 토론은 인터컴 시스템을 통해 벌인다고 하고 각자 발표 시간이 2분이라고 말해 주었다. 마이크는 발표하는 참가자의 방에만 켜지므로 연구자는 들을 수 없게 되어 있음을 알려 주었다. 그러나 실제로는 참가자의 목소리를 제외한 모든 목소리가 미리 녹음된 것이었다. 첫 번째 회기에서 한 사람이 자신은 간질발작의 문제가 있다고 말했다. 두 번째 회기에서는 이 사람이 실제로 발작이 시작된 것처럼 하면서 도와 달라고 간청했다. 연구자들은 참가자들이 위급 상황을 알리기 위해 방을 나서는지, 그리고 방을 나서기까지 얼마나 시간이 걸리는지를 보기 위해 기다리고 있었다. 여기서 (1) 위급 상황임이 애매하지 않고 분명했다는 점, (2) 모든 실험 참가자가 다른 방에 있는 방관자들의 반응을 알 수 없었다는 점, (3) 실험 참가자들은 (연구자는 실험 참가자들 방에서 나는 소리를 들을 수 없기 때문에) 연구자가 실험 참가자 방에서 발생하는 위급 상황을 모른다는 것을 알고 있었다는 점에 주목할 필요가 있다. 일부 실험 참가자들은 토론 집단에 단 둘(즉 자신과 발작을 일으킨 환자)뿐이라고 알고 있었다. 다른 일부 실험 참가자들에게는 토론 집단이 3명으로 구성되어 있다고 알려 주었고, 나머지 실험 참가자들에게는 토론 집단이 6명으로 구성되어 있다고 알려 주었다.

자신만이 그 환자의 발작을 알고 있다고 생각한 참가자들 중 85%가 위급 상황을 보고했고, 3명이 토론한다고 알고 있던 참가자들 중에서는 62%, 그리고 6명이 토론한다고 알고 있던 참가자들 중에서는 31%만이 보고했다(그림 17.3 참조). 그 후의 인터뷰에서 모든 실험 참가자들이 그 상황을 실제의 위급 상황으로 알았음이 확인되었다. 대부분의 참가자들은 고통을 겪고 있는 그 환자를 그대로 둘 것인지, 도우러 달려갈 것인지 심한 갈등을 겪었다. 실제로 발작 사태를 보고한 참가자들보다 보고하지 않은 참가자들이 더 심한 갈등을 겪은 것으로 나타났다. 분명한 점은 이러한 사태에서 개입하지 않은(즉 도움을 주지 않은) 실험 참가자가 무감각하다거나 무관심한 사람이

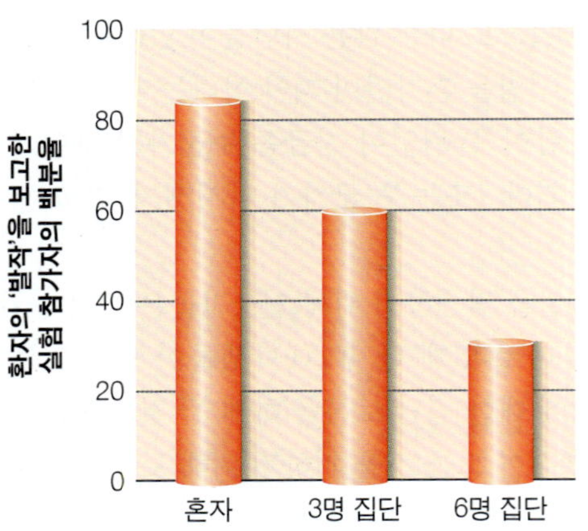


**그림 17.3 책임감 분산.** 토론 집단의 성원 수가 많을수록 환자가 발작을 일으킨 것 같다고 보고한 실험 참가자의 비율이 낮았다.

라고 해석할 수 없다는 것이다. 그보다는 타인의 존재가 개인의 (조치를 취해야 할) 책임감을 분산시킨 것이었다(Darley & Latané, 1968; Latané & Darley, 1968).

다른 사람들의 존재가 책임감을 분산시키는 과정은 정확히 어떤 것인가? 그 해답은 몰개성화와 관계가 있거나, 사람들이 집단의 일부로 자신을 간주하는 경우에 책무를 맡고자 하는 생각이 별로 들지 않기 때문이라는 것과 관계가 있다. 실제로 최근의 실험은 만약 사람들의 이름이나 비디오카메라를 눈에 띄게 만듦으로써 사람들의 의무감을 강조하면, 방관자가 있을 때 실제로 더 남을 돕는다는 사실을 보여 준다(van Brommel et al., 2012). 또 다른 실험은 사람들이 무관한 과제를 수행하기 조금 전에 집단의 한 구성원이라고 상상하도록 한 경우에도 책임 분산을 경험하고 남을 도울 개연성이 떨어진다는 사실을 보여 준다(Garcia et al., 2002). 집단의 일원이라는 상상은 자신이 책임을 지지 않아도 된다는 것과 연관된 생각을 떠올리게 하여, 책임감을 지녀야 할 상황에서 일탈된 (무책임한) 행위를 하게 만든다. 몰개성화와 의무감의 실종은 도시의 인구 규모와 밀도가 낯선 사람에 대한 친절도와 반비례하는 이유를 설명하는 데 도움이 된다(Levine et al., 2008).

만약 방관자 모두의 무지와 책임감 분산이 최소화된다면 사람들은 서로를 도울 것인가? 이를 확인하기 위해 세 심리학자가 뉴욕 시의 지하철을 실험실로 삼아 연구했다(Piliavin et al., 1969). 2명의 남자 연구자와 2명의 여자 연구자가 따로 지하철에 탑승했다. 남자 연구자들은 내내 서 있었고, 여자 연구자들은 자리에 앉아 기록을 했다. 전동차가 움직이기 시작했을 때, 남자 연구자 중 한 사람이 앞쪽으로 비틀거리다가 넘어져서는 도움을 받을 때까지 넘어진 채로 천장을 응시하고 있었다. 아무도 도와주지 않았을 때는 다른 남자 연구자가 그를 일으켜 세워 주었다. 이런 상황을 여러모로 변형해 가면서 연구했는데, 희생자가 (시각장애인처럼 보이도록) 지팡이를 짚고 있는 상황이나 (술에 취한 것처럼 보이도록) 술 냄새를 풍기는 상황을 만들기도 했다. 희생자 역할을 한 사람이 백인인 경우도 있었고 흑인인 경우도 있었다. 지팡이를 짚고 있던 사람이 넘어진 것은 전혀 애매하지 않은 상황이다. 그런 경우는 피해자가 도움이 필요하다는 것이 분명하므로 방관자 모두의 무지가 최소화되었다. 그런 경우는 각 방관자가 자신 이외에 누군가가 도울 것이라는 생각만 계속하고 있을 상황이 아니므로 책임감 분산도 최소화되었다. 따라서 방관자 모두의 무지와 책임감 분산이 남을 돕는 것을 가로막는 주 장애 요인이라고 한다면, 이 상황에서는 사람들이 지팡이를 짚고 있던 피해자를 도와주어야 마땅하다.

실험의 결과는 이러한 낙관적 예상을 충족해 주었다. 지팡이를 짚은 피해자는 모든 시행 중 95%가 넘는 시행에서, 그리고 평균적으로 5초 이내에 자발적인 도움을 받았다. '술 취한' 피해자는 모든 시행 중 반에서만, 그리고 평균적으로 2분 만에 도움을 받았다. 뉴욕 지하철에서 수행한 연구에서 지팡이를 짚은 흑인 피해자와 백인 피해자 모두 흑인 방관자와 백인 방관자 모두로부터 도움을 받았지만, 보다 최근의 연구가 시사하는 바는 방관자가 희생자와 집단 정체성이 같은 경우(예: 둘 다 같은 맨유 축구 팀의 팬인 경우)에 특히 더 잘 돕는다는 것이다(Levine et al., 2005).

## 돕는 모델의 역할

지하철에서 수행한 연구에서 어느 한 사람이 도우려고 나서자마자 많은 사람들이 따라서 도와주려고 나섰다. 이러한 사실이 시사하는 바는, (방관자 모두의 무지에서처럼) 개인들이 어떤 상황을 비위급 상황으로 규정 지을 때 다른 사람들을 모델로 삼듯이, 다른 사람을 도와야 하는 때가 언제인지를 알려 주는 모델로도 삼는다는 것이다. 이러한 설명의 타당성을 검증하기 위해 펑크 난 차를 길가에 세워 둔 여자를 보고는 가던 길을 멈추고 도와주려는 운전자의 수를 세어 보았다. 400~500m 앞에서 차에 문제가 있는 여성이 도움을 받고 있는 것을 목격한 운전자들이 (그렇지 않았던 운전자들보다) 더 많이 차를 멈추고 도와주었다. 마찬가지로 구걸하는 사람에게 다른 사람들이 기부하는 것을 본 경우, (그렇지 않은 경우보다) 더 많은 사람들이 기부한다(Bryan & Test, 1967; Macaulay, 1970). TV에 나오는 역할 모델도 도움 행동을 증진할 수 있다. 이러한 실험은 다른 사람들이 위급 상황에서 우리가 행위를 취하지 않아도 되는 때라는 결정을 내리도록 하는 역할도 하지만, 선량한 사람이 되는 방법과 시기를 시범 보이는 모델의 역할을 한다는 사실을 말해 준다.

### 정보의 역할

당신이 책을 읽고서 위급 상황에서 방관자들이 돕는 것을 막는 요인이 무엇인지를 알았다고 했을 때, 차후 그와 같은 상황에 처하게 되면 개입하여 도울 가능성이 높아지겠는가? 몬태나대학교에서 수행한 실험은 당신이 개입하여 도울 가능성이 높아짐을 시사한다. 학부생들에게 여기서 다룬 내용의 자료에 의거한 강의를 해 주거나 영상물을 보여 주었다. 2주 후에 그 학부생들 한 명 한 명은 (연구자의 실험 도우미인) 다른 한 사람과 같이 걸어가는 도중에 모의 위급 상황에 처하게 되었다. 도움이 필요한 사람은 복도에 큰 대자로 뻗어 있는 사람이었다. 실험 도우미는 그 상황이 위급 상황이 아닌 것처럼 반응하도록 훈련을 받았다. 강의를 들었거나 영상물을 본 학생들은 그렇지 않은 학생들보다 더 많이 도왔다(Beaman et al., 1978). 이러한 연구는 우리에게 희망을 던져 준다. 즉 당신이 지금 배우고 있는 것처럼 단순히 사회심리학적 현상에 대해 배우는 것은, 잘못된 행동을 하게 만드는(즉 위급 상황에서 개입을 막거나 제지하는) 상황의 위력을 약화시킬 수 있다.

#### 중간 요약

- 상황의 힘은 인간의 행동을 이끄는 막강한 위력이 있다. 그러나 이렇듯 막강한 상황의 힘이 우리의 눈에 보이지 않는 경우가 흔하다. 사람들은 종종 다른 사람들의 행동을 그들의 성격이나 성품에 의거한 것으로 잘못 이해한다. 이러한 현상을 기본적 귀인오류라고 부른다.
- 사람들은 공동행위자나 관중이 있을 때 쉬운 과제는 더 잘하고, 어려운 과제는 더 못한다. 이러한 사회촉진 효과와 사회억제 효과는 타인의 존재가 사람들의 주의폭을 좁히기 때문에 생긴다.
- 폭도나 군중이 보여 주는 공격 행동은 몰개성화의 결과일 수 있다. 몰개성화는 개인들이 자신의 정체감을 상실하고 집단 속으로 휩쓸려 들어간 상태이다. 익명성과 집단 규모 둘 다 몰개성화에 영향을 미친다. 몰개성화는 집단과 연계된 상황 특유의 사회규범에 대해 민감하게 한다. 몰개성화는 집단의 규범이 공격적일 때는 공격 행동을 증가시키고, 집단의 규범이 온정적일 때는 공격 행동을 감소시킨다.
- 집단 속에 있는 방관자는 혼자인 방관자보다 위급 상황에 개입하거나 도울 가능성이 적다. 개입을 막는 요인은 방관자 모두의 무지와 책임감 분산이다. 방관자들은 남에게 침착해 보이려고 의도하기 때문에 서로에게 (위급) 상황을 위급 상황이 아닌 것으로 판단하게 할 수 있다. 이로 인해 방관자 모두의 무지가 생기게 된다. 또한 타인(심지어 상상 속의 타인)의 존재는 아무도 조치를 취해야 할 필요성을 느끼지 않도록 책임감을 분산시킨다.

#### 비판적 사고를 위한 물음

1. 타인의 존재는 사람들의 행동을 변경할 뿐만 아니라 사람들의 정신과정이나 사고의 패턴도 변경한다. (1) 사회촉진, (2) 몰개성화, (3) 방관자 효과에 관한 연구에서 도출하여, 각 맥락에서 타인의 존재가 변경하는 세 가지 각기 다른 정신과정을 서술하라.

2. 이 장의 서두에서 서술한 존스타운의 집단 자살 사례를 다시 생각해 보라. 인민사원의 추종자들에 대해 하나 알아 두어야 할 것은, 그들은 짐 존스가 그리는 사회적 평등과 인종 간 조화가 이루어진 이상향에 대한 비전인 '대의'를 위해 헌신한 사람들이라는 사실이다. 그들은 그 '대의'를 위해 가이아나의 정글로 이주해 갔던 것이다. 그들은 이 세상에서 가지고 있는 모든 소유물을 양도한다는 데 서명했고, 자녀에 대한 법적 양육권을 포기하고 배우자와 별거했는데, 이 모두가 그 '대의'를 위한 것이었다. 짐 존스가 그들에게 독약을 마시라고 했을 때, 당신도 추종자들로 이루어진 그 군중 속에 끼어 있다고 상상해 보라. 몰개성화가 어떻게 인민사원 성원들로 하여금 짐 존스의 요구에 응종하도록 만드는 역할을 했을지 설명하라.

## 첨/단/연/구

# 동정심 붕괴

*C. Daryl Cameron,* 아이오와대학교

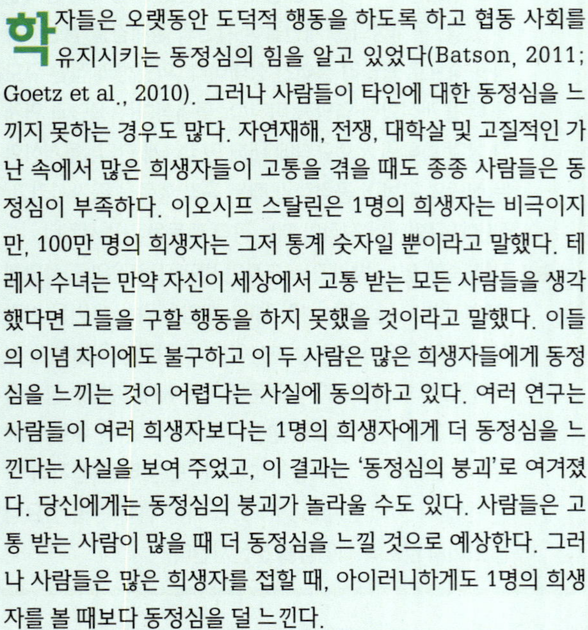

학자들은 오랫동안 도덕적 행동을 하도록 하고 협동 사회를 유지시키는 동정심의 힘을 알고 있었다(Batson, 2011; Goetz et al., 2010). 그러나 사람들이 타인에 대한 동정심을 느끼지 못하는 경우도 많다. 자연재해, 전쟁, 대학살 및 고질적인 가난 속에서 많은 희생자들이 고통을 겪을 때도 종종 사람들은 동정심이 부족하다. 이오시프 스탈린은 1명의 희생자는 비극이지만, 100만 명의 희생자는 그저 통계 숫자일 뿐이라고 말했다. 테레사 수녀는 만약 자신이 세상에서 고통 받는 모든 사람들을 생각했다면 그들을 구할 행동을 하지 못했을 것이라고 말했다. 이들의 이념 차이에도 불구하고 이 두 사람은 많은 희생자들에게 동정심을 느끼는 것이 어렵다는 사실에 동의하고 있다. 여러 연구는 사람들이 여러 희생자보다는 1명의 희생자에게 더 동정심을 느낀다는 사실을 보여 주었고, 이 결과는 '동정심의 붕괴'로 여겨졌다. 당신에게는 동정심의 붕괴가 놀라울 수도 있다. 사람들은 고통 받는 사람이 많을 때 더 동정심을 느낄 것으로 예상한다. 그러나 사람들은 많은 희생자를 접할 때, 아이러니하게도 1명의 희생자를 볼 때보다 동정심을 덜 느낀다.

왜 그런가? 한 설명(Slovic, 2007)에 따르면 사람들은 많은 사람들이 고통 받을 때 많은 동정심을 느낄 수 없다는 것이다. 이 관점에서 보면 사람들은 고통 받는 각기 다른 많은 사람들에게 한꺼번에 주의를 기울이기 어렵기 때문에 강한 정서적 반응이 부족해진다. 키스 페인(Keith Payne)과의 공동 연구에서 나는 동정심 붕괴에 대한 다른 설명을 찾아보았다(Cameron & Payne, 2011). 고통을 겪는 희생자가 많을 때 사람들은 더 동정심을 느낄 것으로 기대한다. 이러한 기대는 그들로 하여금 이 같은 강렬한 정서에 대한 비용을 염려하게 만들지도 모른다. 사람들은 많은 희생자에 대한 동정심에 경제적으로 부담으로 느끼거나 자신의 동정심이 물통의 단 한 방울일지도 모른다고 염려한다. 그렇지 않으면 사람들은 이 같은 강렬한 정서로 인해 자신이 심리적으로 압도되고 탈진되는 것을 염려할 수도 있다. 사람들은 많은 희생자에 대한 동정심에 따른 비용을 생각하기 때문에 전략적으로 동정심을 줄인다. 이 견해에 따르면 동정심의 붕괴는 우리가 얼마나 동정심을 많이 느끼느냐에 대한 근본적인 제약 때문이 아니라 능동적인 정서 조절의 결과라는 것이다.

한 실험에서 우리는 실험 참가자들에게 아프리카의 다르푸르에서 온 1명 혹은 8명의 전쟁 피난 아동에 대한 글을 읽고, 실험 후에 돈을 기부하게 될 것이라는 예상을 하도록 했다. 또한 우리는 정서 조절 기술의 개인차도 측정했다. 이전 연구처럼 사람들은 8명의 희생자보다는 1명의 희생자에게 더 동정심을 느꼈다. 그러나 우리의 정서 조절 설명을 지지하듯 이런 결과 패턴은 자신의 정서 조절 능력이 우수한 사람들에게서만 나타났다. 자신의 정서를 잘 조절하지 못하는 사람들이 동정심의 붕괴를 보여 주지 않았다는 사실은 동정심 붕괴의 발생에서 정서 조절이 필수적임을 시사하는 것이다. 한 후속 연구에서 우리는 그 설명에 대한 인과적 증거를 제시하기 위해 정서 조절을 조작했다. 일부 실험 참가자들에게는 1명 혹은 8명의 다르푸르 아동 피난자에 대한 정보를 보는 동안 자신의 정서를 통제하려 노력하지 말고 자유롭게 정서를 경험하라고 말해 주었다. 다른 실험 참가자들에게는 그 피난자들에 대해 읽는 동안 자신의 정서를 조절하라고 말해 주었다. 자신의 정서를 경험하도록 한 사람들은 동정심 붕괴를 보이지 않았다. 사람들에게 정서를 조절하지 말고 수용하도록 함으로써 동정심 붕괴를 막았다. 한편 자신의 정서를 조절하도록 한 사람들은 동정심 붕괴를 보여 주었고, 이는 정서 조절이 동정심 붕괴의 원인임을 시사하는 것이다.

이 같은 연구는 사람들이 다수의 고통 받는 사람들에 대해 동정심을 느낄 것인지 아닌지를 통제할 수 있음을 보여 준다. 또한 이 연구는 희망적인 결말을 갖고 있다. 만약 동정심 붕괴가 사람들이 자신의 정서를 줄임으로써 발생한 결과라면, 우리는 사람들이 다른 선택을 하도록 설득할 수 있을 것이다. 점차 과학자들은 동정심과 동정 행동을 구축하는 방법을 개발하고 있다. 예를 들어 의식하지 못하는 유사성 단서를 제공하는 것과 같은 단기적 개입은 낯선 사람에 대한 동정심을 증가시킬 수 있다(Valdesolo & DeSteno, 2011). 다른 한편으로 장기적인 동정심 훈련은 사람들이 타인에 대해 동정심을 느끼는 것에 대한 두려움을 줄여 준다(Jazaieri et al., 2012). 이런 훈련 프로그램은 사람들로 하여금 많은 희생자에 대한 동정심으로 압도당하는 두려움을 극복할 수 있게 해 줌으로써 동정심 붕괴에 대해 직접적인 함의를 지니고 있다. 동정심에 대한 과학이 발전함에 따라 우리는 사람들이 동정심이 가장 필요할 때 그것을 느끼게 할 수 있는 방법을 알게 되기 시작할 것이다.

# 응종과 복종

## 다수 집단에의 동조

우리는 어떤 이슈를 두고 집단 내에서 소수 집단의 입장일 때가 있다. 이러한 현상은 우리 대부분이 익숙한 삶의 한 부분이다. 종종 우리는 너무 자기중심적이어서 대중의 지혜를 흡수하지 못하지만(Mannes et al., 2012), 만약 다수 집단이 우리의 경험보다 더 타당한 정보의 원천이라고 결정하면 우리는 마음을 바꾸어 다수 집단의 의견에 동조할 것이다. 그러나 집단의 의견이 틀리고 당신의 의견이 맞는 것임이 명백한 상황에 처해 있다고 상상해 보라. 그러한 경우에 당신은 사회 압력에 굴복하여 동조하겠는가? 당신은 대부분의 사람들과 마찬가지로 동조하리라고 생각하지 않을 것이다. 다른 사람들은 양들이 무리를 따라가듯이 다수 집단을 따라가더라도, 당신은 자신의 신념과 원칙에 따라서 행동할 것이라고 생각하기 십상이다(Pronin & Kugler, 2010). 그러나 당신이 자신의 자율성을 확신하는 그것은 기본적 귀인오류나 상황의 위력에 대한 과소평가의 또 하나의 증거일 가능성이 높다. 사회심리학자인 솔로몬 애쉬가 수행한, 동조에 관한 일련의 고전적인 연구는 이것이 사실임을 보여 주었다(Asch, 1952, 1955, 1958).

애쉬 실험의 표준적인 절차를 보면 한 실험 참가자가 7~9명의 다른 사람들(실제로 이들 모두는 연구자의 실험 도우미임)과 함께 테이블에 자리 잡고 앉는다. 그리고 이 집단의 사람들에게 수직 선분이 하나 그려진 판과 수직 선분이 3개 그려진 판을 보여 주면서(그림 17.4 참조), 3개의 수직 선분 중에서 어느 것이 다른 판의 한 수직 선분과 길이가 같은지 판단하라고 한다. 순서대로 각자의 판단을 말하는데 실험 참가자는 끝에서 두 번째 자리에 앉아 있다. 정답은 명백하다. 그러므로 대부분의 시행에서 사람들은 모두 다 똑같은 대답을 했다. 그런데 미리 정해 놓은 몇몇 시행에서는 모든 실험 도우미들에게 오답을 말하도록 지시해 두었다. 그런 다음 애쉬는 이 실험 절차가 실험 참가자들에게 얼마나 동조를 유발하는지를 관찰했다.

그 결과는 놀랄 만한 것이었다. 정답이 무엇인지 항상 명백했음에도 불구하고 실험 참가자들이 평균적으로 세 번 중 한 번은 집단의 오답에 동조했고, 실험 참가자들 중 약 75%가 적어도 한 번은 동조했다. 더욱이 집단이 크지

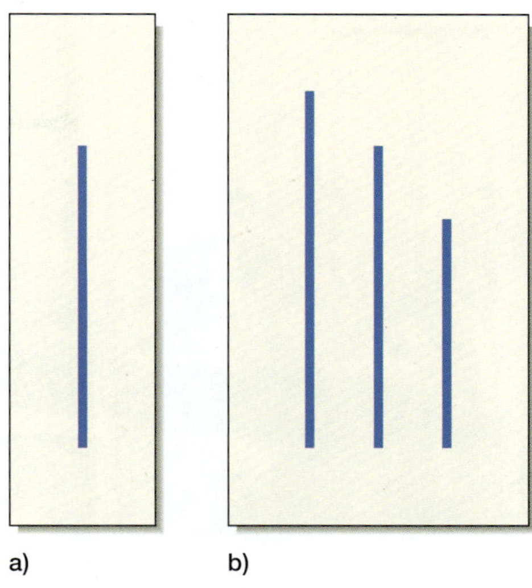


**그림 17.4 애쉬의 연구에 쓰인 대표적 자극.** 실험 참가자들에게 (a) 판을 보고 나서 (b) 판에서 같은 길이의 선분을 지적하도록 했다. 여기에 제시된 판의 선분은 정답이 명백한 것이다.

않아도 그와 같은 동조가 일어났다. 애쉬는 집단의 크기를 2~16명으로 달리해서 관찰했는데, 실험 도우미의 수가 3~4명이면 동조를 유발하는 효과가 그보다 더 큰 집단이 유발하는 효과와 같음을 발견했다(Asch, 1958).

정답이 명백한데도 왜 실험 참가자들은 자신의 독립성을 유지하지 못하고 다수 집단을 좇는가? 단순한 감각 판단을 내릴 수 있는 자신의 능력에 대한 실험 참가자의 확신감은 왜 동조에 대항하는 강력한 힘이 못 되는가? 한 주장에 따르면 정답이 명백하다는 사실이 동조를 일으키는 강력한 힘이라는 것이다(Ross et al., 1976). 실제 생활에서의 의견 불일치는 어떤 경제 정책이 경기 침체를 예방할 것인가 또는 어느 그림이 더 미감을 돋우는가와 같은 어렵고 주관적인 판단이 개입된 문제에서 주로 발생한다. 이러한 경우에는 종종 서로 의견이 불일치할 것이라고 예상한다. 우리는 다른 경우에는 만장일치를 이루던 집단에서 자기 혼자만 소수 집단의 입장이 되는 경우가 마음은 편치 않더라도 얼마든지 가능하다고 생각한다.

애쉬의 실험에서 재연된 상황은 훨씬 더 극단적인 경우이다. 여기서는 실험 참가자가 하나의 단순한 물리적 사실에 대해서 자신을 제외한 다른 모든 사람들이 자신과 생각을 달리한다는, 도저히 합리적으로는 설명할 수 없는, 선례도 없고 기상천외한 사태에 직면하게 된다. 실험 참가자들은 믿기지 않아 눈을 비비고 선분을 더 가까

**다수 집단의 의견에 동조하는 것에 관한 연구에서 (위쪽) 왼쪽에서 여섯 번째 남자를 제외한 모든 집단 성원은 열여덟 번의 시행 중 열두 번의 시행에서 일률적으로 오답을 말하도록 사전 교육을 받은 실험 도우미이다. 그러므로 시각 판단에 관한 실험에 참가한다고 알고 있는 6번 참가자는 자신이 정답을 댔을 때 자신만이 유일하게 다른 의견을 가진 사람임을 알게 된다. (아래 왼쪽) 반복적으로 다수 집단과의 불일치를 보인 실험 참가자는 불안을 느끼고 몸을 앞으로 숙여 판(a판, b판)을 응시하고 있다. (아래 오른쪽) 이 실험 참가자는 '자기가 보는 대로 대답해야 한다'고 말하면서 자신의 의견을 계속 밀고 나갔다.**

이서 보려고 몸을 일으킨다. 그들은 당혹스러움에 움칫하고, 혼자 중얼거리고, 킥킥대기도 하고, 이 불가사의를 해결할 단서를 찾으려고 다른 사람들을 예의 주시하며 살핀다. 실험이 끝난 후 그들은 착시에 대한 억지 가설을 내놓거나, 아마도 가끔 첫 번째 사람이 실수를 하면 그다음 사람들이 동조 압력 때문에 앞사람을 따라 하는 것이라고 주장하기도 한다(Asch, 1952).

주변 정황이 이러할 때 다수 집단과 생각을 달리한다는 것이 무엇을 뜻할지 고려해 보자. 실험 참가자는 집단의 판단을 자신이 이해할 수 없듯이 집단 사람들에게는 자신의 판단이 이해할 수 없는 것으로 보이리라 믿는다. 집단의 성원들은 틀림없이 이단자를 무능하다고 판단할 것이다. 현실 감각을 상실한 사람이라고 판단할 수도 있다. 마찬가지로 실험 참가자가 되풀이해서 이의를 제기하면 그것은 집단의 역량에 대한 도전으로 비칠 것이다. 갑작스럽고 불가사의하게 자신의 지각 능력에 대해 의문이 생긴 때, 자신의 지각이 옳다고 주장하며 집단에 도전하려면 엄청난 용기가 있어야 할 것이다. 그와 같은 도전은 다른 사람들을 모독해서는 안 된다는 강력한 사회규범을 해치는 것이다. 애쉬의 실험에서 '다른 사람들이 나를 어떻게 생각할까?' 그리고 '다른 사람들이 내가 그들을 어떻게 생각한다고 생각할까?' 하는 두려움이 이의 제기를 억제시키고 강한 동조 압력을 만드는 것이다.

애쉬의 동조 실험 상황이 실생활 대부분의 상황과는 다른 상황이라고 했을 때, 애쉬는 왜 정답이 명백한 과제를 사용했던 것일까? 그 이유는 애쉬가 **응종** compliance, 즉 실험 참가자들이 정답에 대한 자신의 생각을 실제로 바꿀 가능성이 배제된, 전적으로 공공연한 동조를 연구하고 싶어 했다는 데 있다. 몇 가지 변형된 애쉬의 실험에서는 더 어렵거나 주관적인 판단을 해야 하는 과제를 사용했다. 이러한 실험 상황은 실생활에서의 동조를 제대로 반영하기는 하지만, 다수 집단에의 순수한 동조 압력을 알아볼 수가 없다. 개인이 소수의 입장에 선 자신의 판단이 맞다고 확신하면서도 다수 집단에 동조하는 것을 보아야만 순전히 다수 집단에의 동조 압력 효과를 평가할 수 있는 것이다(Ross et al., 1976).

동조에 관한 애쉬의 실험과 그 후의 실험에서 찾은 가장 중요한 발견 중의 하나는 집단이 만장일치를 이루지 않았을 때는 동조 압력이 매우 미약해진다는 사실이다. (실험 도우미인) 다수 집단에서 단 1명의 실험 도우미가 일탈하더라도 동조량은 (전체 시행 중에서 동조가 발생한 시행의 백분율이) 32%에서 약 6%로 떨어진다. 실제로 8명 집단에서 1명의 이단자가 있었을 때의 동조는 3명 집단이 만장일치를 이루었을 때의 동조보다 더 적었다(Allen & Levine, 1969; Asch, 1958). 놀라운 사실은 이단자가 정답을 댈 필요조차 없다는 것이다. 이단자의 답이 다수 집단의 답보다 더 부정확한 것이라 하더라도 다수 집단의 영향력이 상실되며, 실험 참가자들은 자기 자신의 정답을 대는 쪽으로 기울었다(Asch, 1955). 또한 이단자가 누구든 관계없었다. 이단자가 자극을 볼 수 없을 정도로 시각적인 장애를 가지고 있는 사람인, 터무니

없는 상황에서도 동조가 감소했다(Allen & Levine, 1971). 인정받지 못하는 처지나 조롱당할 처지에 함께 놓일 다른 한 사람이 존재함이 실험 참가자로 하여금 자신만이 완전한 외톨이라는 느낌을 벗고 이의를 제기할 수 있게 해 준다는 것은 분명한 사실인 듯하다.

우리는 여기서 다시 한 번 행동을 만드는 상황의 위력을 본다. 우리가 만장일치의 다수 집단과 당면하는 상황에서는 동조로 끌어가는 강한 힘이 생겨난다. 이와 대조적으로, 만장일치가 깨지는 것 같은 작은 변화가 우리로 하여금 '우리 자신이 되는 것'을 돕는다. 만장일치의 다수 집단이냐 여부가 상황의 중심 특징이므로 그것에 따라 동조율이 달라지는 것은 이상한 일이 아니다. 그런데 상황의 미묘한 배경 특징은 어떠한가? 즉 당신이 방금 읽은 신문 기사나 방 한 구석에 있는 TV 화면에 보이는 장면 같은 것은 어떠한가? 애쉬의 실험을 변형한 최근의 실험에서 단어와 그림에의 단순 노출이 우리에게 얼마나 동조 압력을 가하는지를 검증함으로써 그와 같은 사소해 보이는 상황 요인의 영향을 살펴보았다. 핵심은 이러한 단어나 그림이 동조를 상기시키느냐, 비동조를 상기시키느냐 하는 것이다. 한 실험에서 일부 실험 참가자들은 **신봉하다**, **응종하다**, **동조하다** 같은 단어를 보았고, 다른 일부 실험 참가자들은 **도전하다**, **직면하다**, **일탈하다** 같은 단어에 노출되었다(Epley & Gilovich, 1999). 또 하나의 실험에서는 연구자가 일부 실험 참가자들에게 '회계사 노먼'의 사진을 보여 줌으로써 동조를 점화시켰고, 다른 일부 실험 참가자들에게는 '펑크 록 가수 노먼'의 사진을 보여 줌으로써 비동조를 점화시켰다(Pendry & Carrick, 2001). 이 두 실험 모두에서 사전에 단순한 동조에 대한 아이디어에 노출되었던 참가자들이 후에 만장일치의 다수 집단을 만났을 때 실제로 더 동조하는 쪽으로 행동했다. 이러한 증거는 우리의 행동이 얼마나 절묘하게 상황 요인에 반응하는지를 보여 준다. 배경에 물러나 있는, 즉 우리의 의식에 자각되지 않는 상황의 특징조차도 위력을 발휘할 수 있으며, 우리를 동조 쪽으로 이끌어 갈 수 있다.

**단순한 이미지가 동조할 생각이나 동조하지 않을 생각을 일으킬 수 있다. 이러한 생각이 일단 활성화되면 사람들의 행동에 영향을 미칠 수 있다. 연구자들은 '펑크 록 가수 노먼'의 사진을 본 사람들보다는 '회계사 노먼'의 사진을 본 사람들 중에서 더 많은 동조가 발생했음을 발견했다.**

물론 우리가 다른 사람들의 행동에 동조하는 이유는 여러 가지이다. 우리는 때때로 애매한 상황에 처해서 어떻게 행동해야 할지 모를 때가 있다. 예를 들어 멋진 레스토랑에 처음 가서 여러 개의 포크 중에서 어느 것을 사용해야 할지 모를 때 당신은 어떻게 행동하는가? 남들이 어떻게 하는지를 살펴보고서 그대로 따라 한다. 이러한 유형의 동조는 **정보적 사회 영향**informational social influence이라고 부른다. 이러한 경우에는 애매한 상황에 대한 다른 사람들의 해석이 우리의 해석보다 더 정확하다고 믿기 때문에 동조한다. 어떤 때는 그저 집단과 보조를 맞추고 집단에 수용되기를 원하는 때도 있다. 아마 당신은 대학에 입학했을 때 이런 식으로 느꼈을 것이다. 이러한 유형의 동조는 **규범적 사회 영향**normative social influence이라고 부른다. 이러한 경우에 우리는 호감을 얻고 수용되기 위해 집단의 사회규범 또는 집단의 전형적인 행동에 동조한다. 우리는 서로 잘 지내는 방향으로 행동한다. 애쉬의 유명한 연구에서는 정답인 선분의 길이가 애매하지 않았기 때문에, 우리는 애쉬 실험의 참가자들을 동조로 이끌어 간 것이 규범적 사회 영향이었음을 안다. 다행히도 연령이 동조에 중요한 역할을 하는 것으로 판명되었다. 정보적 사회 영향은 노년층에서도 여전히 동조를 유도하지만, 즉 우리는 나이가 들어도 다른 사람들의 전문성에 여전히 가치를 부여하지만, 규범적 사회 영향에 불을 지피는 압력, 즉 보조를 맞추고 호감을 얻어야겠다는 압력은 나이가 들수록 줄어든다(Pasupathi, 1999).

집단의 규범이 집단 성원들의 행동에 분명히 나타나서

집단 규범이 어떤 것인지를 쉽게 알 수 있는 때도 있다. 이것이 사실임을 애쉬의 실험에서 또다시 볼 수 있다. 그런데 실생활에서는 집단의 규범을 확인하기가 더 어려울 수 있다. 이러한 경우에는 방관자 모두의 무지가 실제의 사회규범이 아닌 상상의 사회규범에 동조하게 만들 수 있다. 방관자 모두의 무지는 집단 성원들 자신이 다른 성원들이 무슨 생각을 하고 있는지를 안다고 잘못 믿을 때 생겨나는 것임을 상기하라. 방관자 효과의 사례에서 사람들은 다른 사람들이 그 상황을 비위급 상황으로 보고 있다고 잘못 믿는다. 이러한 집단 수준의 현상은 위급 상황에 대한 방관자들의 반응을 넘어선 다른 많은 상황에서도 나타난다. 아마도 당신과 급우들은 대형 강의를 수강하면서 이런 경험을 수없이 했을 것이다. 교수님이 어떤 복잡하고 새로운 자료를 제시하고 설명한 후에 질문이 있느냐고 묻는다. 당신은 질문이 있다고 손을 드는가? 아마도 안 들 것이다. 당신이 이해하지 못한다는 것을 자인할 이유가 어디 있겠는가? 급우들은 손을 드는가? 안 든다. 급우들은 그 학습 자료를 분명하게 이해하고 있는 것처럼 보인다. 이것이 바로 질문할 것이 있어도 속으로만 품게 만드는 이유가 되는 것이다. 당신은 방관자 모두의 무지가 작용한다는 것을 알 수 있겠는가? 당신과 모든 급우들은 일률적인 행동을 보인다. 즉 모두 아무런 질문도 하지 않는 채 조용히 앉아 침묵하고 있다. 그러나 당신의 행동과 똑같은 급우들의 행동을 보면서도 당신 자신의 감정이 급우들의 감정과 다르다고 해석하는 것이 보통이다. 즉 급우들은 이해하고 확신에 차 있는데 자신만 이해하지 못해 혼동된 느낌이 든다는 생각을 한다. 이러한 경우, 방관자 모두의 무지는 학생들로 하여금 소외감을 느끼게 할 수 있다. 만약 옆자리의 급우가 당신 쪽으로 몸을 슬쩍 기울이면서 "나는 교수님이 무슨 말 하시는지 하나도 모르겠어."라고 속삭인다면 당신의 마음이 얼마나 편해질지 상상해 보라. 어쩌면 질문하려고 손을 들 용기까지 생길 것이다.

종종 방관자 모두의 무지는 규범적 사회 영향에서 하나의 역할을 하기도 한다. 한 예는 대학 캠퍼스의 폭음에서 찾아볼 수 있다. 폭음은 취하기 위해 짧은 시간 내에 많은 양의 술을 마시는 것이다. 미국 전역에 걸쳐 대학생의 폭음은 부모와 대학 행정 당국자들의 골칫거리이다. 대학생의 사망 원인 가운데 첫째가 폭음과 관련된 사고이며, 폭음은 성적 하락 및 파괴적 행동과 연관이 있다. 조사에 의하면 90%의 대학생이 폭음 경험이 있고, 25%에 해당하는 대학생들은 폭음과 같은 문제를 갖고 있었다. 우리는 동료들이 대학생의 폭음에 지대한 영향을 미친다는 사실을 잘 알고 있다. 문제는 어떻게 영향을 미치는가 하는 것이다. 동료들이 서로 간에 '일배일배부일배'를 부추기는가? 때로는 그렇다. 또 어떤 때는 방관자 모두의 무지가 작용한다. 90%의 대학생이 폭음을 한다면 모든 대학생이 이 사실을 알고 마음을 놓을 듯하다. 그러나 조사에 의하면 많은 대학생들은 폭음에 대한 불안을 가지고 있다. 아마도 당신은 탈이 난 동료를 간호한 경험이 있을 것이고, 최근에 폭음으로 인한 사망 사고 소식을 들었을 것이고, 당신 자신이 숙취 때문에 성적이 떨어진 적이 있을 것이다. 당신이 모임에서 한두 잔을 마시는 사람이라 하더라도 대학 캠퍼스에서 폭음으로 소비되는 술의 양을 보고는 마음이 편치 않을 것이다.

여기서 또다시 방관자 모두의 무지의 한 유형을 볼 수 있다. 술을 마시는 모든 사람의 행동이 기본적으로는 동일하다. 즉 그들은 술을 마실 때 즐거워 보인다. 그러나 많은 대학생들이 가득 찬 맥주잔을 손에 들고서 폭음에 대해 염려하지 않는 것이 집단 규범이라는 생각을 하면서도, 개인적으로는 폭음에 대한 불안을 갖고 있는 것이다. 이렇게 집단 규범을 오지각하는 것의 결말은 무엇일까? 그 규범에 동조하는 것이다. 즉 시간이 지날수록 폭음이 증가하게 되는 것이다. 프린스턴대학교에서 수행한 일련의 연구는 이러한 문제 있는 결말이 나타남을 증명했다(Prentice & Miller, 1993).

그렇지만 작은 지식이 강력한 도구가 될 수 있다. 때로 그 지식은 사회적 힘에 맞설 수 있고, 그것이 행동에 미치는 영향력을 줄여 줄 수도 있다. 우리는 방관자 효과에서 정보의 역할을 논의할 때 이미 지식의 승리를 알았다. 도움을 방해하는 사회심리학적 요인을 아는 것만으로도 더 많은 도움 행동을 하도록 할 수 있다(Beaman et al., 1978). 대학생의 폭음 속에 있는 방관자 다수의 무지에 관한 연구에서 지식의 힘을 보여 주는 또 하나의 예를 찾아볼 수 있다. 프린스턴대학교에서는 새로운 종류의 음주 교육 프로그램을 개발하고 검증했다. 기숙사 단위로 1학년 학생들을 대상으로 폭음에 관한 토론을 하도록 했는데, 동료 지향적으로 진행되는 토론도 있었고 개인 지향적으로 진행되는 토론도 있었다. 동료 지향적인 토론에는 방관자 모두의 무지를 알려 주는 정보가 포함되었으며, 개인 지향적인 토론에서는 폭음 상황에서의 의사결정에 초점을 맞추었다. 4~6개월 후, 방관자 모두의 무지라는 개념을 배운 학생들은 폭음을 덜 한다고 보고했다. 더욱이 연구에서 나타난 증거가 시사하는 바는, 이러한 사회심리학의 원리에 대한 지식이 집단 규범에 대한 학생들의 지각을 바꾸어 놓지는 않았지만 동조를 유도하는 규범의 위력을 약화시켰다는 것이다(Schroeder & Prentice, 1998). 그러니 다음에라도 모임에 참석하여 태연히 술을 마시는 사람들 속에서 한 잔(또는 또 한 잔)을 할지 말지 결정해야 할 때, (동료들의 진짜 신념이 아닌) 당신이 생각하는 동료들의 신념에 의거하지 말고 당신 자신의 생각에 따라 결정하라. 사회 상황은 동조하도록 몰아가는 강력한 압력을 발휘한다. 그러나 당신은 지식의 힘으로 그 압력을 물리칠 수 있다!

## 소수 집단의 영향

유럽의 수많은 학자들은 북아메리카에서의 사회심리학 연구가 동조 및 다수 집단이 소수 집단에 미치는 영향에 대해서만 몰두한다고 비판을 가해 왔다. 그들이 정확히 지적하듯이 지적 혁신, 사회 변화, 정치 혁명은 종종 명석하고 식견이 높은 소수의 사람들이 다른 사람들의 관점을 전환시키는 데에서 비롯된다(Moscovici, 1976). 왜 소수 집단이 다수 집단에 미치는 영향과 혁신에 대해서는 연구하지 않는가?

이러한 유럽 연구자들은 자신들의 관점을 분명히 하기 위해 의도적으로 애쉬의 동조 상황과 실질적으로 동일한 실험실 상황을 만들어서 실험 연구를 시작했다. 실험 참가자들은 일관되게 오답을 대는 실험 도우미들의 면전에서 일련의 단순한 지각 판단을 하도록 되어 있었다. 이 연구자들은 여러 실험 도우미 가운데 단 1명의 실험 참가자를 두는 대신에, 4명의 실험 참가자 가운데에 일관되게 오답을 대는 실험 도우미 2명을 심어 놓았다. 이 연구자들은 소수 집단이 전체 실험 참가자들의 32%에게 적어도 한 번은 오답을 말하도록 영향을 미칠 수 있음을 발견했다. 그런데 이런 일이 발생하려면 소수 집단이 실험 내내 일관성을 유지해야만 한다. 만약 소수 집단이 판단에 동요를 보이거나 일관되지 않다면 다수 집단에 영향을 미칠 수 없다(Moscovici et al., 1969).

소수 집단의 영향에 관한 이 최초의 실증이 제시된 이래로 90개가 넘는 관련 연구가 유럽과 북아메리카에서 수행되었는데, 몇몇 실험은 단순한 지각적 판단이 아닌 사회 문제와 정치 문제에 대한 토론 상황에서의 동조를 연구한 것이었다(Wood et al., 1994). 소수 집단의 영향(minority influence)에 관해 밝혀진 일반적 사실은 소수

**때로는 소수의 사람들이 권력을 쥐고 있는 다수 집단을 설득하여 그들의 태도를 바꾸는 것을 성사시킴으로써 남아프리카에서 인종 격리 정책의 종식과 같은 사회 변혁을 불러올 수 있다.**

집단이 완고하거나 독단적이거나 거만하게 보이지 않으면서 일관된 입장을 표명한다면 소수 집단도 다수 집단을 자신들의 관점으로 끌어올 수 있다는 것이다. 그와 같은 소수 집단은 더 확신감에 찬 사람들로 지각되고, 경우에 따라서는 다수 집단보다 더 유능한 사람들로 지각된다(Maass & Clark, 1984). 또한 소수 집단이 사회에서 점차 자리 잡고 있는 사회규범과 일치하는 주장을 펴는 입장이라면 더욱 효과적으로 영향을 미친다. 예를 들어 여성 존중 문제를 토론하는 상황을 재연한 두 실험에서 여성 존중 규범과 배치되는 소수 집단의 입장보다는 여성 존중 규범과 일치하는 소수 집단의 입장이 실험 참가자들을 더 크게 움직였다(Paicheler, 1977).

그러나 이러한 연구에서 가장 흥미로운 발견은 연구에 참여했던 다수 집단의 성원들이 애쉬 실험에서 발견된 공개적인 동조가 아닌 내면화, 즉 사적인 태도의 변화를 보였다는 사실이다. 실제로 소수 집단이 때로는 다수 집단의 공개적인 동조를 이끌어 내지 못한 때조차도 다수 집단 성원들의 사적인 태도를 변화시킨다. 이러한 태도의 변화는 대개 어느 정도 시간이 경과한 후에야 나타난다(Wood et al., 1994).

한 연구자는 소수 집단이 다수 집단의 사람들로 하여금 그 문제를 재고하게 유도하기 때문에 다수 집단의 태도를 변화시킬 수 있다고 설명한다. 소수 집단이 자신의 입장을 다수 집단에게 확신시키지 못한 때라도 다수 집단의 성원들로 하여금 폭넓게 의견을 수용할 용의가 생기게 한다. 이와 대조적으로 만장일치의 다수 집단은 다른 사람들에게 자신들의 입장을 숙고하도록 만드는 경우

가 드물다(Nemeth, 1986).

또 하나의 견해는 소수 집단의 영향이 생기게 하는 일부 이유가 다수 집단은 소수 집단에게 영향을 받지 않을 것이라고 생각하기 때문에 예의상 그들의 의견을 들어주자는 데 있다고 본다. 즉 다수 집단의 성원들은 단지 자신들이 개방적인 마음을 가지고 있음을 보이기 위해 소수 집단의 의견을 사려 깊게 고려하는 것일 뿐, 이러한 숙고가 자신들의 견해를 변화시킬 것이라고는 예상하지 못한다. 그렇지만 이율배반적으로 이러한 생각이 사람의 마음을 변화시킨다. 그 이유는 심사숙고가 관련된 모든 신념을 펼쳐 놓게 만들고, 이는 변화를 초래할 가능성을 높이기 때문이다. 이 과정은 심리학자들이 소수 집단의 성원들을 다룰 때의 **암묵적 관용 계약**implicit lenience contract이라는 과정이다. 그 의미는 다수 집단의 성원들이 단지 자신들을 공정한 사람으로 보이기 위해 소수 집단의 성원들에게 할 말을 다 하도록 용인하고, 용인하다 보니 자신들도 모르게 소수 집단의 영향이 들어오도록 문을 열어 놓은 격이 된다는 것이다(Crano & Sayranian, 2009).

소수 집단의 견해를 주의 깊게 고려한다는 것이 설명의 전부는 아니다. 그 이유는 수적으로 소수인 집단이 약한 주장을 펴는 경우에도 소수 집단이 다수 집단 성원들을 설득할 수 있다는 사실을 우리가 알고 있기 때문이다. 보다 최근의 연구는 끈기 있는 소수 집단이 다수 집단의 반대에 맞서서, 나아가 박해에도 불구하고 자신의 본래 견해를 지키도록 용기를 불어넣어 주기 때문에 우리의 태도를 변화시킬 수 있는 것이라고 주장한다(Baron & Bellman, 2007). 추종을 고취하는 것은 그와 같은 용기를 지각하는 데에 있는 것이다.

이러한 결과는 우리에게 다수 집단은 전형적으로 인정과 불인정, 수용과 배척을 할 수 있는 힘을 가지고 있다는 사실을 상기시키며, 공개적인 응종 또는 동조를 일으키는 것이 바로 이러한 사회적 힘인 것이다. 이와 대조적으로 소수 집단은 그와 같은 사회적 힘을 거의 갖지 못한다. 그러나 소수 집단이 용기 있고 신뢰성이 높은 경우에는 진정한 태도 변화를 일으킬 수 있고, 그로 인해 혁신, 사회 변화, 심지어 혁명까지도 가능케 하는 힘이 있다.

## 권위에의 복종

제2차 세계대전 중 나치 독일에 의해 자행된 계획적인 800만 명 이상의 인종 학살, 즉 이보다 더 끔찍한 예를 찾아볼 수 없을 정도로 인간의 잔혹성을 드러내는 일면을 이야기하면서 이 장을 시작했다. 그 참혹한 학살의 주모자인 아돌프 히틀러는 정신병자라고 보아야 마땅할 것 같다. 그러나 히틀러 혼자서는 그 참사를 저지를 수 없었을 것이다. 학살 작전의 임무를 수행했던 사람들, 가마와 가스실을 건조한 사람들, 거기에 사람들을 채워 넣는 일을 한 사람들, 시체의 수를 헤아리는 일을 한 사람들, 그리고 필요한 서류 작성 일을 한 사람들은 어떤 사람들인가? 그들도 모두 정신병자였는가?

수백만 명의 유대인을 학살한 죄목으로 유죄 판결을 받고 사형에 처해진 나치 전범 아돌프 아이히만의 재판을 방청했던 사회철학자 한나 아렌트(Arendt, 1963)에 따르면 아이히만은 정신병자가 아니다. 그녀는 아이히만이 거대한 기계의 작은 톱니바퀴 하나에 불과했으며, 우둔한 사람이고, 보통의 관료였다고 서술했다. 부제가 '사악함의 평범성에 관한 보고서(A Report on the Banality of Evil)'인 아이히만에 관한 저서에서 아렌트는 독일 제3제국의 그 '사악한 사람들' 대부분이 위에서 내린 명령을 따르는, 그저 평범한 사람들이었다고 결론을 내렸다. 이것이 시사하는 바는 우리도 모두 그와 같이 사악한 존재가 될 수 있을지 모른다는 것과 나치 독일이 정상적인 인간 조건에서 우리가 생각하고 싶어 하는 것만큼 그렇게 크게 벗어난 경우도 아니라는 것이다. 아렌트가 말했듯이 '대부분의 점잖은 보통 사람들도 어떤 상황에서는 범죄자가 될 수 있다.' 이것은 받아들이기 쉽지 않은 결론이다. 왜냐하면 사악한 짓은 사악한 자나 저지르는 것이라고 믿는 편이 더 마음 편하기 때문이다.

1968년 베트남에서 자신들은 단지 명령에 따랐을 뿐이라고 주장하는 한 집단의 미군 병사들이 미라이 마을의 주민을 살해한 사건이 발생했을 때 권위에의 복종이라는 문제가 또다시 제기되었다. 일반 대중은 또 한 번, 보통 시민이 자신의 도덕적 양심에 위배되는 경우라도 기꺼이 권위에 복종할 가능성이 있음을 생각해 볼 수밖에 없었다.

아이히만은 단순히 명령에 복종했을 뿐인 평범한 관료였다는 아렌트의 주장은 현대 역사학자들의 심한 비평을 받고 있다(Cesarani, 2004; Lozowick, 2002). 역사학자들은 아이히만이 나치 당원이 될 초기에는 평범한 사람이었을지 모르지만, 그가 나치 운동에 점차 동일시해 감에 따라 유대인들을 강제 수용하고 살해하는 독창적인 새로운 방법을 개발한 것을 인정받아 특전을 입은 '대량 학살

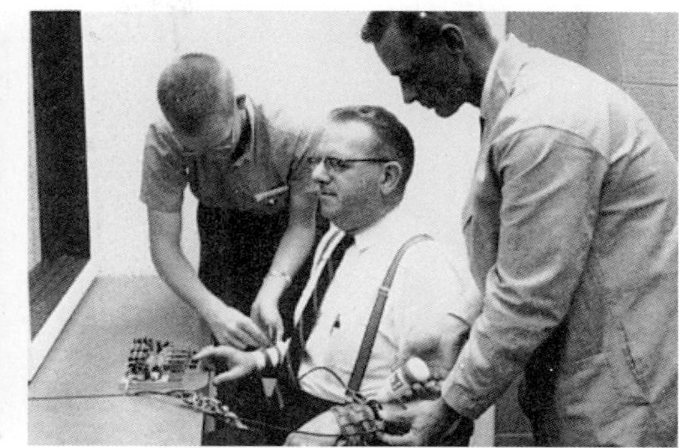
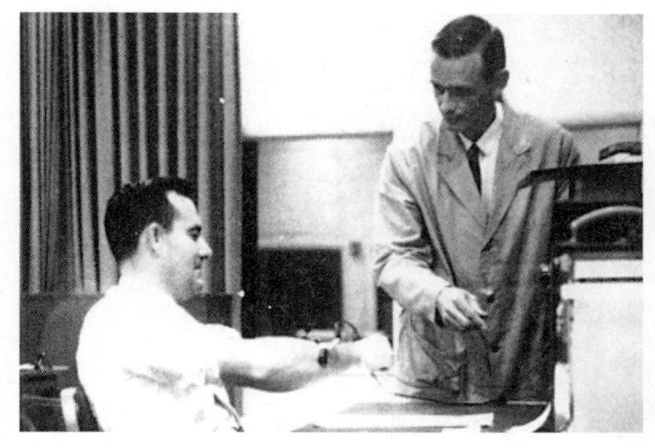

**복종에 관한 밀그램의 실험에 사용된 '전기 충격 발생기'(위 왼쪽). '학생 역할자'가 '전기 의자'에 묶여 있다(위 오른쪽). 실험 참가자가 '가르치는 회기'를 시작하기에 앞서 표본 충격을 받는다(아래 왼쪽). 실험 참가자가 실험을 계속 진행할 수 없다고 거부한다(아래 오른쪽). 대부분의 실험 참가자들이 요청에 의해 맡은 역할로 인해 대단한 심적 혼란을 겪었다. 즉 실험이 완료될 때까지 있을 것인가, 아니면 실험 도중에 안 하겠다고 거부할 것인가 고민했다.**

자'로 변질되었다고 주장한다. 사회심리학 내에서도 이와 맥을 같이하는 주장이 일고 있다. 그 한 가지 주장은 이렇다. 사악한 상황이 사악한 행동을 낳는다는 고전적 주장을, 개인이 집단과 동일시하는 방식과 개인이 강력한 상황을 조성하고 강력한 상황에 의해 조성되는 방식, 이 두 방식 간의 미묘한 상호작용이 있다는 주장으로 수정하고 있다(Reicher et al., 2012). 한편으로는 개인의 정체감, 목표, 욕망, 다른 한편으로는 개인이 처한 끊임없이 변화하는 상황, 이 둘 간의 역동적인 상호작용에 관한 것이 현대 사회심리학 내에서 연구와 논쟁의 주제가 되고 있다.

상황의 힘이 상상도 못 할 행동을 만들어 낸다는 사실을 가장 잘 보여 주는 기념비적 연구를 1960년대에 스탠리 밀그램이 예일대학교에서 수행했다(Milgram, 1963, 1974). 거의 50년이 지난 시점에도 밀그램의 연구는 여전히 상당한 논쟁과 논의의 주제가 되고 있다(Burger, 2009; Packer, 2008; Nicholson, 2011; Reicher et al., 2012). 신문에 '기억에 관한 연구'에 참여하면 시간당 4달러를 준다는 광고를 내서 평범한 남녀 시민을 실험 참가자로 모집했다. 실험 참가자들이 실험실에 도착하면 각 실험 참가자는 (사실은 연구자의 실험 도우미인) 또 한 사람의 실험 참가자를 만난다. 그리고 이 연구에서 둘 중 한 사람은 선생 역할을 하고 다른 한 사람은 학생 역할을 하게 될 것이라고 알려 주었다. (역할을 무선배정하기 위해) 실험 참가자 두 사람은 모자에서 역할이 적힌 종이 쪽지를 집었다. 실제의 실험 참가자는 자신이 선생 역할을 맡게 되었음을 알게 된다. 선생 역할을 맡은 실험 참가자는 단어 쌍이 적힌 목록을 학생 역할을 맡은 다른 실험 참가자(실험 도우미)에게 읽어 주고 나서, 각 쌍의 첫 번째 단어를 읽어 주고 4개의 단어 중에서 정답인(즉 두 번째로 읽어 준) 단어를 골라 답하게 한다. 학생 역할을 맡은 사람이 오류를 범할 때마다 실험 참가자는 그 사람에게 전기 충격을 주는 장치의 레버 스위치를 눌러야 한다.

실험 참가자는 학생 역할자가 의자에 묶이고 전기 충격기의 전극이 손목에 부착되는 것을 목격했다. 그다음 실험 참가자는 옆방으로 안내되어 30개의 레버 스위치가 수평으로 장착된 전기 충격기 앞에 앉았다(위의 사진 참조). 각 스위치에는 15V에서 450V까지 전압 수치가 적혀 있었는데, 15V 스위치 옆에 있는 일군의 스위치 아래에

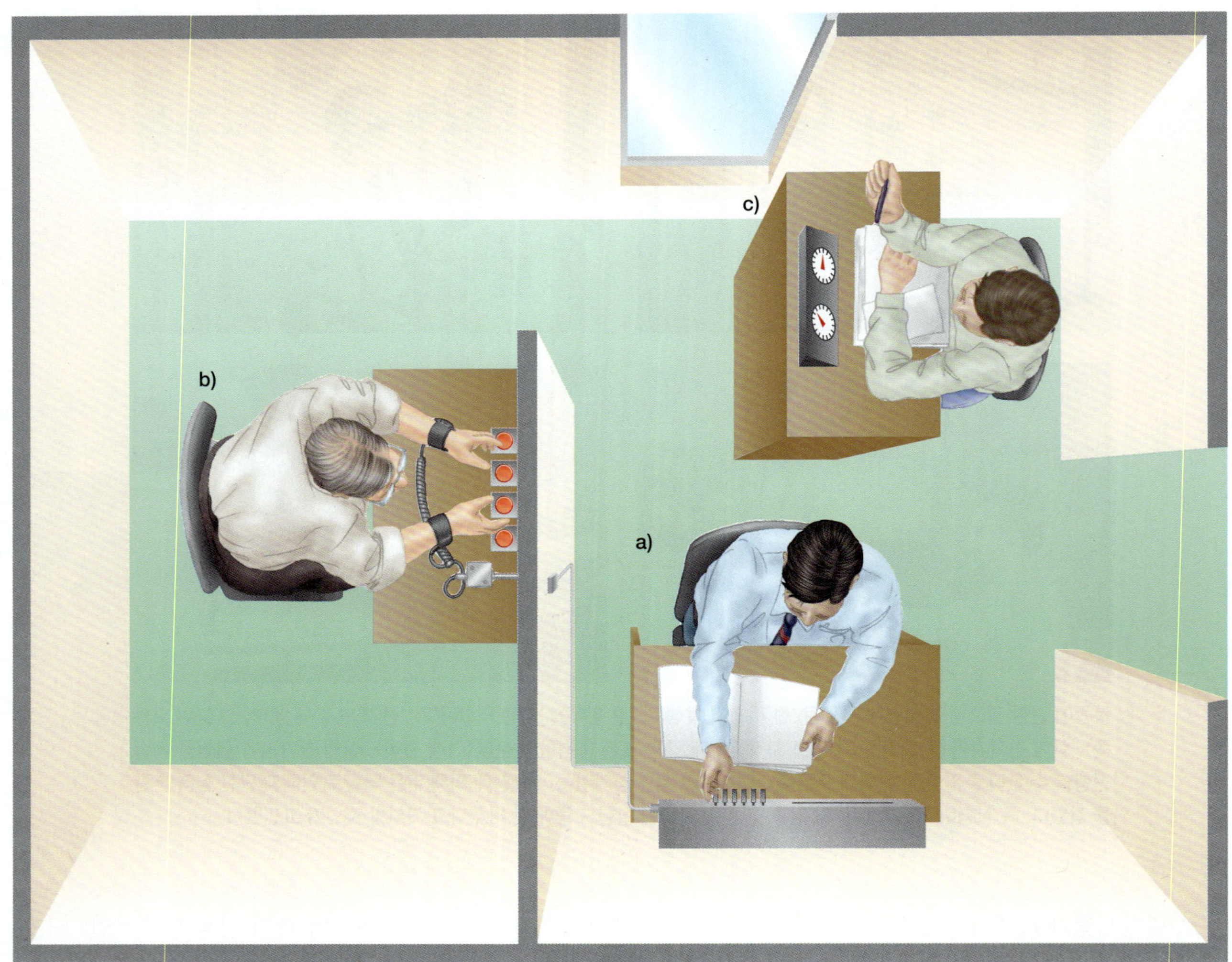


**그림 17.5 복종에 관한 밀그램의 실험.** '학생 역할자' (b)가 오류를 범할 때마다 '선생 역할자' (a)에게 전기 충격의 강도를 높이라고 지시했다. 만약 '선생 역할자'가 이의를 제기하면 연구자 (c)는 실험을 계속해야 한다고 주장한다.

는 '경미한 충격'이라고 적혀 있었고, '위험: 극심한 충격' 이라고 적혀 있는 일군의 스위치를 지나 끝에 있는 일군의 스위치 아래에는 'XXX'라고만 적혀 있었다. 스위치를 누르면 버저 소리가 울리고 불빛이 번쩍번쩍하면서 전압기의 바늘이 오른쪽으로 기울었다. 전기 충격기의 작동 상황을 알려 주기 위해 실험 참가자들에게 45V의 전기 충격을 직접 체험하도록 했다. 실험 절차가 진행되기 시작했을 때, 연구자는 실험 참가자에게 학생 역할자가 오류를 범할 때마다 매번 전기 충격 수준을 한 단계씩 높이라고 지시했다(그림 17.5 참조).

학생 역할자(실험 도우미)는 실제로는 전기 충격을 받지 않았다. 학생 역할자는 자신의 역할에 대해 특별 훈련을 받은 47세의 온순한 남자였다. 그가 자꾸 오류를 범하기 시작하고 전기 충격의 수준이 상승했을 때, 그가 항변하는 소리가 옆방의 벽을 통해 들려왔다. 전기 충격이 더 강해졌을 때 그는 소리를 질러 대고 욕설을 퍼붓기 시작했다. 전기 충격이 300V에 이르렀을 때 그는 벽을 발로 차기 시작했으며, 그다음 ('극심한 충격'이라고 적혀 있는) 수준의 전기 충격을 가했을 때는 더 이상의 대답도 안 하고 아무 소리도 들리지 않았다. 당신도 예상할 수 있듯이, 많은 실험 참가자들은 남에게 고문을 가하는 이러한 절차에 대해 연구자에게 이의를 제기하기 시작했고 중지해 주기를 청원했다. 그러나 연구자는 실험 참가자가 실험을 계속 진행하도록 만드는 데 필요한 만큼의 촉구를 정해진 순서에 따라 침착하게 일러 주었을 뿐이었다. 정해진 순서의 촉구는 "계속해 주시기 바랍니다.", "귀하께서 계속하셔야 실험이 됩니다.", "귀하께서 계속하시는 것이 절대적으로 필요합니다.", "귀하는 선택의 여지가 없습니다. 반드시 계속하셔야 합니다." 등이었다. 권위에의 복종의 양은 실험 참가자가 계속하기를 거부한 시점 전까지 가한 최대 전기 충격치로 측정했다.

대학생들에게 밀그램의 세부적인 실험 절차를 말해 주고, 그들이 선생 역할자라고 했을 때 학생 역할자가 벽을 두드리기 시작한 후에도 전기 충격을 계속 주겠는지 물었다. 밀그램의 실험 절차를 처음으로 알게 된 대학생들 중 약 99%는 전기 충격을 주지 않겠다고 대답했다(Aronson, 1995). 밀그램도 일류 의대 정신과 의사들을 대상으로 조사했다. 그 의사들은 대부분의 실험 참가자들이 충격 수준이 150V를 넘으면 전기 충격 가하기를 거부할 것이고, 300V를 넘으면 전기 충격을 가하는 사람이 약 4% 정도밖에 안 될 것이며, 450V까지 가하는 사람은 1% 미만일 것이라고 예측했다.

밀그램이 발견한 사실은 무엇일까? 실험 참가자의 65%가 전기 충격의 마지막 단계(즉 450V, 'XXX')에 이를 때까지 계속해서 복종했다. 학생 역할자가 벽을 차기 시작하는 전기 충격 수준인 300V 수준 이전에 진행을 멈춘 실험 참가자는 1명도 없었다(그림 17.6 참조).

우리는 왜 밀그램의 연구에서 명백하게 나타난 복종의 정도를 예측하지 못하는 것일까? 그 답은 이 장의 서두에 소개했던 기본적 귀인오류와 다시 결부된다. 우리는 사람들의 행동을 사람들 내면의 특징, 즉 바람과 성격의 반영이라고 가정한다. 우리는 상황이 우리를 좌우하는 위력에 대해 과소평가한다. 또한 간과하기조차 한다. 그렇기 때문에 우리는 대부분의 사람들이 무고한 다른 사람의 신체에 위해를 가하며 괴롭히는 것을 바라지 않을 것이라는 지식에 의거해서 밀그램의 절차를 따져 보고, 복종하는 사람이 거의 없을 것이라는 결론을 내린다. 물론 원해서 복종한 사람은 거의 없었다. 대부분이 상당한 심적 고통을 토로했으며 전기 충격을 줄 것인지 망설였다. 그럼에도 불구하고 사람들은 전기 충격을 계속 주었다. 어쨌든 의도를 표명했다고는 하나 '해를 가하지 않겠다는' 그들의 의도가 행위를 다스리지는 못했다. 우리는 사람들의 의도가 사람들의 행동을 좌우한다고 가정하고 있었기 때문에, 상황에 들어 있는 미묘한 특징이 어떻게 우리를 복종하도록 강력하게 이끌었는지를 이해하지 못했던 것이다.

여기서 작용하는 힘이 상황이라는 것을 우리는 어떻게 아는 것일까? 혹시 그 사람들이 특히 공격적이거나 줏대 없는 사람들이었을 수도 있지 않을까? 혹시 밀그램이 프로이트가 주장했던 사람들의 무의식적 공격 충동이 발산

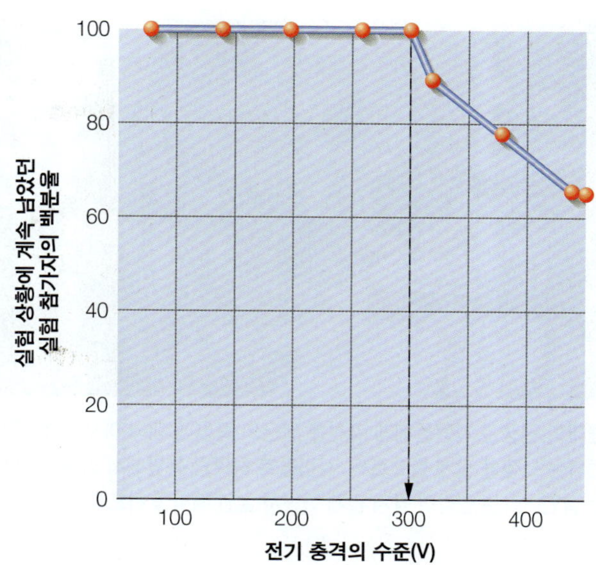


그림 17.6 **권위에의 복종.** 처벌로서의 전기 충격을 기꺼이 가하는 실험 참가자의 비율이 전기 충격의 강도가 300V 수준(위험 수준)에 이를 때까지 떨어지지 않았다.

되도록 만들었던 것은 아닐까?

여기서 작용한 힘이 상황이라는 것을 알 수 있는 이유는, 밀그램이 그의 표준적인 실험 절차를 변형하여 여러 실험을 수행했고, 다른 상황에 실험 참가자들을 무선적으로 배정하여 실험했기 때문이다. 상황이 달라짐에 따라 복종률이 뚜렷하게 달라졌다. 상황이 지닌 네 가지 중요한 특징은 (1) 감시, (2) 완충장치, (3) 역할 모델의 존재, (4) 출현 상황의 본질 등이다.

## 감시

상황 변인의 조작 중 하나는 연구자가 실험 참가자를 감독하는 정도를 달리해 본 것이었다. 연구자가 방을 떠나서 전화로 지시했을 때는 복종률이 65%에서 21%로 떨어졌다(Milgram, 1974). 더욱이 이러한 상황에서도 복종을 계속했던 사람들 중의 몇몇은 주어진 수준보다 더 낮은 수준의 충격을 주는 부정행위를 했다. 이렇듯 연구자의 항시 존재나 감시는 복종을 이끄는 하나의 상황 요인이다.

## 완충장치

상황 변인의 조작 중 또 하나는 선생 역할자와 학생 역할자 간의 물리적 근접 정도를 달리해 본 것이었다. 표준적인 실험 절차에서는 학생이 옆방에 있어서 볼 수가 없고

**현대의 전쟁은 사람들에게 자신은 적군의 죽음에 대해 아무런 책임이 없다는 느낌을 갖게 함으로써, 사람들로 하여금 눈앞에서 실제 저지르는 살인이라는 생각이 들지 않게 하면서 살인 행위를 하도록 만든다.**

단지 벽을 통해서 소리만 들을 수 있었다. 학생 역할자가 실험 참가자와 같은 방에 있었을 때는 복종률이 65%에서 40%로 떨어졌다. 실험 참가자가 학생의 손을 충격판에서 떼지 못하게 누르고 있게 했을 때는 복종률이 30%로 떨어졌다. 이와 대조적으로 심리적 거리를 증가시키고 옆방 학생의 언어적 피드백이 없게 했을 때는 복종률이 100%로 솟구쳤다. 이렇듯 복종으로 이끄는 두 번째 상황 요인은 완충장치이다. 밀그램 실험의 참가자들은 자신이 폭력 행위를 저지르고 있다고 생각했지만, 이러한 사실을 모호하게 만들거나 행위의 즉시성을 희석시키는 완충장치가 몇 가지 있었다. 피해자가 당하는 고통을 실험 참가자가 직접적으로 경험할수록, 즉 개인과 개인의 행위 결과 사이에 완충장치가 적을수록 참가자는 복종을 덜 하게 된다.

가장 흔한 완충장치는 전쟁 같은 상황에서 개인과 폭력의 최종 산물 간의 원격성에서 찾아볼 수 있다. 그렇기 때문에 아이히만은 자신이 유대인 학살에 직접적인 책임이 없다고 주장했던 것이다. 그는 유대인을 죽음에 이르게 한 일을 주선했을 뿐이었다. 밀그램은 이러한 '사슬에 끼어 있는 하나의 고리' 역할을 유추한 실험을 했는데, 또 다른 선생 역할자(실험 도우미)가 학생 역할자에게 전기 충격을 줄 수 있게 하는 스위치만을 실험 참가자들이 누르도록 했다. 이러한 상황에서는 복종률이 치솟았는데, 실험 참가자들 중의 93%가 마지막 단계의 충격 수준에 도달할 때까지 복종했다. 이 상황에서는 실험 참가자들이 직접 전기 충격을 준 사람에게 책임을 전가할 수 있다.

실제로 전기 충격을 보낸 것은 사람이 아닌 기계였기 때문에 전기 충격기 그 자체가 완충장치로서의 역할을 할 수 있다. 만약 실험 참가자들에게 학생 역할자를 주먹으로 치게 했다면 복종률이 얼마나 떨어질지 상상해 보라. 실생활에서 우리는 이런 기술을 갖고 있다. 즉 우리는 그들이 고통을 당하는 모습을 보지 않아도 되게, 멀리 떨어진 곳에 있는 사람들을 원격 조정으로 죽일 수 있는 기술을 가지고 있다. 비록 우리 모두는 한 사람을 돌로 쳐 죽이는 것보다 유도탄을 발사하는 단추 하나를 눌러 수천 명을 죽이는 것이 더 나쁜 일이라는 데 의견의 일치를 보이겠지만 심리적으로는 단추를 누르는 것이 더 용이하다. 그와 같은 것이 완충장치의 효과이다.

## 역할 모델

밀그램의 실험에서 그렇게 높은 수준까지 복종이 일어났던 한 가지 이유는 사회 압력이 외톨이인 개인에게 집중되어 있었다는 것이다. 만약 실험 참가자가 외톨이가 아니라면 복종을 덜 했을까? 우리는 이미 그 가능성을 지지하는 일부 자료를 보았다. 즉 애쉬 실험에서 적어도 다른 한 이단자가 있는 경우에는 실험 참가자들이 집단의 오답에 따라갈 가능성이 줄어들었다.

밀그램의 복종 상황에서도 이와 비슷한 일이 일어났다. 표준적인 절차를 변형한 실험에서 실험 도우미 2명을 더 추가로 참여시켰다. 그들 역시 선생 역할을 할 것이라고 소개했다. 선생 1은 단어 쌍 목록을 읽고, 선생 2는 학생의 답이 맞았는지 틀렸는지를 말하고, 선생 3(실험 참가자)은 전기 충격을 주는 역할을 할 것이라고 알려주었다. 실험 도우미들은 150V까지는 지시에 복종했으나 선생 1이 자기는 여기서 실험을 포기하겠다고 연구자에게 말했다. 연구자가 계속해야 한다고 끝까지 촉구했지만 선생 1은 결국 자기 자리에서 일어나 다른 쪽에 가서 앉았다. 210V의 전기 충격을 주고 나서 선생 2도 역시 실험을 포기했다. 그러자 연구자는 실험 참가자 쪽으로 몸을 돌려 혼자서 계속하도록 지시했다. 이러한 상황에서는 10%의 실험 참가자들만이 끝까지 임무를 수행했다. 변형된 두 번째 실험에서는 선생 2명을 추가한 것이 아니라 연구자가 2명이었다. 전기 충격이 몇 번 주어진 후 두 연구자가 다투기 시작했다. 그중 한 사람은 실험을 중단해야 한다고 말했고, 다른 한 사람은 실험을 계속해야 한다고 말했다. 두 번째 연구자가 계속하라는 지시를 내렸음에도 이러한 상황에서는 단 1명의 참가자도 계속하지 않았다(Milgram, 1974). 결국 불복종하는 역할 모델은 실험 참가자들로 하여금 그들 자신의 양심에 따르도록 해 준다. 그런데 사회 압력에 직면해서도 자신의 자율성을 발휘한 실험 참가자에게 축하를 보내기 전에, 이러한 발견이 지닌 함의를 좀 더 면밀히 고려해 보아야 한다. 이러한 발견이 시사하는 바는 실험 참가자들의 선택이 복종과 자율성 중에서의 선택이 아니라 복종과 동조 중에서의 선택이었다는 것이다. 지시를 내린 연구자에게 복종할 것인지 아니면 복종하지 말아야 한다는 출현 규범에 동조할 것인지 중에서 출현 규범에 동조한 것이다.

복종을 선택하더라도 또는 동조를 선택하더라도 당신은 그것을 영웅적인 선택이라고 생각하지는 않을 것이다. 그러나 이러한 과정은 인간 사회에서 사람들의 사회적 결속을 만들어 내는 과정 중의 일부인 것이다. 한 사회역사학자는 이렇게 말했다. "범죄의 동기가 아닌 도덕적이거나 종교적이거나 정치적인 동기에서의 불복종은 항상 집단적 행위이며, 집단성이 지닌 가치와 구성원들의 상호적인 약속에 의해 정당화된다."(Walzer, 1970, p. 4)

복종에 관한 최근의 실험에서도 역할 모델의 효과가 실제로 나타났다(Wiltermuth, 2012). 먼저 실험 참가자들에게 캠퍼스를 걸어가는 실험자를 몇 걸음 뒤에서 따라오도록 지시했다. 무선배정을 통해 어떤 실험 참가자들에게는 실험자가 오른발로 걸을 때는 그들도 오른발로 걷는 등 실험자와 똑같이 하도록 했다. 다른 실험 참가자들에게는 실험자와 똑같이 걷지 말도록 하거나 어떻게 걸을지에 대해 아무런 지시도 하지 않았다. 이후에 또 다른 연구라고 위장하여, 실험자는 모든 실험 참가자들에게 커피 분쇄기를 변형하여 만든 '박멸기'라는 기계 속으로 들어가는 판 위에 벌레를 가능한 한 많이 갖다 놓도록 지시했다. 앞서 실험자와 똑같이 걷도록 지시받았던 실험 참가자들은 다른 사람들보다 유의하게 더 많은 벌레를 '박멸'했다(실험 참가자들은 몰랐지만, 실제로는 분쇄기 입구에 있는 깔때기의 스토퍼 덕분에 벌레가 분쇄되지 않았다). 이 실험은 행동을 일치시키는 것과 같은 미묘한 무언가가 권위에 대한 복종을 증가시킨다는 사실을 보여 준다. 아마도 이것은 군대의 훈련에서 행진 등의 통일된 행동을 지속하는 이유일 것이다.

## 출현 상황의 본질

지금까지 상황의 위력에 대해 논의하면서 상황을 상당히 거시적으로 묘사해 왔다. 예를 들어 의견에서 만장일치를 이루는 집단이 어떻게 1명의 이단자가 있는 집단보다 더 많은 사회 압력을 발휘하는지를 살펴보았다. 이러한 거시적인 묘사는 어떤 주어진 상황의 의미가 시간이 지남에 따라 드러나고 변화한다는 사실을 흐려 놓을 수 있다. 친절한 의도로 시작한 것이 우리도 모르는 사이에 두려움을 느끼게 하는 무엇인가로 진전될 수 있다. 더 일반적인 상황이 지닌 위력을 이해하지 못하는 것과 마찬가지로 우리는 종종 당장의 출현 상황이 지닌 본질을 이해하지 못한다.

예를 들어 밀그램의 연구에 대해 들은 많은 사람들이 궁금해하는 것은 왜 전기 충격을 가하는 데 처음부터 동의했을까 하는 것이다. 거의 모든 사람이 자기라면 하지 않았을 것이라고 주장한다. 그러나 그것은 사람들이 이야기의 종말, 즉 실험 참가자들이 의식을 잃은 사람에게 그 밑에 'XXX'라고 적힌 강렬한 전기 충격을 가하는 것으로 끝나는, 너무도 잔혹스러운 상황에 초점을 맞추기 때문에 그러한 것이다. 우리는 상황의 출발이 어떠했으며, 더욱 중요한 것으로 상황이 어떻게 진전되었는지에 주목할 필요가 있다.

그것은 아무런 해도 끼치지 않을 상황에서 시작되었다. 실험 참가자들은 광고에 응해 예일대학교에서 수행하는 연구에 참가하는 데 동의한 것이었다. 실험 참가자들은 그렇게 함으로써 연구자에게 협조하고, 연구 책임자의 지시에 따르고, 실험을 마치는 것에 암묵적으로 동의했던 것이다. 이것은 매우 강력한 사회규범이며, 사람들은 그와 같은 동의를 파기하고 자신이 협조하겠다고 속으로 한 말을 어기기 어려워하지만, 우리는 사람들의 그 어려워함을 과소평가하는 경향이 있다. 실험 참가자들은 실험실에 도착해서 자신이 학습에 관한 실험에 참가한다는 것을 실감하고 있었다. 그들은 '이러한 단순한 단어 쌍을 학습하기가 얼마나 어려운 것일까?', '내 생각에는 전기 충격의 위협이 틀림없이 학습 과정을 촉진할 것 같다.'라고 생각했는지도 모른다.

게다가 첫 번째 전기 충격은 아마 느끼지도 못할 정도인 15V에 불과한 것이었다. 그리고 전기 충격의 수준도 한 번에 15V씩만 증가시키는 것이었다. 450V의 전기 충격을 가하는 것이 선한 일이 아님은 너무나도 분명하게 알 수 있다. 그러나 무해한 전기 충격에서 얼마나 유해한지 모를 정도의 전기 충격까지 이어진 변화는 그렇게 분명히 알 수 있는 것이 아니다. 실험 참가자가 일단 첫 번째 전기 충격을 주었으면 그다음부터는 어느 지점에서 멈추어야 할지 알기가 어렵다. 그들이 그만두고 싶어졌을 때는 이미 함정에 걸려든 상태였다. 시간이 지남에 따라 그 상황이 지닌 진정한 특성이 서서히 드러났던 것이다.

사태를 더 어렵게 만드는 것은, 실험 참가자가 실험을 포기하기 위해서는 자신이 처음부터 잘못 생각했음을 인정해야 하는 죄책감과 당혹감에 시달려야 했다는 것이다. 그리고 포기의 시기가 늦어질수록 자신의 오판을 인정하기가 더 어려워진다. 나쁜 행동을 계속하는 것이 자신의 잘못을 인정하는 것보다 더 쉽다.

밀그램의 실험에 참가했던 사람들이 돌이켜 생각해 볼 수 있는 시간적 여유가 없었다는 사실이 아마도 가장 큰 이유였을 것 같다. 그 사람들은 자신이 처한 그 낯선 상황과 자신의 양심을 감찰할 시간이 없었다. 이것은 실험 참가자들로 하여금 그 상황에 대한 ('두려움에 떨게 하는' 상황 같은) 자기 나름대로의 정의를 내릴 수 없게 하는 효과가 있었다. 오히려 실험 참가자들의 마음은 상황에 대해 두 가지 대립하는 정의, 즉 '연구자는 당신이 계속하기를 요구한다'라는 권위자의 정의와 '여기서 벗어나게 해 주시오! 심장의 고통이 심해지기 시작하오!'라는 피해자의 정의로 갈라져 있었다. 이렇게 급속히 돌아가는 상황에서는 대부분의 경우 실험 참가자들의 행동이 상황에 대한 다른 사람들의 정의, 즉 연구자가 내놓는, 복종으로 이끌어 가는 정의를 따르거나, 아니면 실험을 포기한 동료들이 내놓는, 불복종으로 이끌어 가는 정의를 따른다. 흥미롭게도 힘겹게나마 불복종할 수 있었던 사람들 중의 대다수는 학생 역할자가 처음으로 실험을 멈추게 해 달라고 요청한 시점인 150V의 전기 충격을 주어야 하는 시점에 불복종했다(Packer, 2008). 이것이 시사하는 바는 복종과 마찬가지로 불복종도 역시 상황의 촉발 요인과 긴밀하게 연결되어 있다는 것이다. 실험 참가자 자신의 바람과 소망이 토로되기는 했지만 이것이 행동을 이끌어 내지는 못했다. 만약 300V의 전기 충격 후에 15분간의 휴식 시간을 두었다면 복종률이 얼마나 더 많이 감소했을지 상상해 보라.

## 이념적 정당화

복종을 이끌어 내는 모든 상황적 요인 중에서 상층부에 위치하는 요인은 사회 구조적 요인이다(개관은 개념 설명 참조). 밀그램은 권위에 대한 복종의 잠재 가능성이 진화에 의해 인간에게 심어졌을지도 모를 만큼 (적응에) 필요한 공동체적 생활의 필요 요건이라고 제안했다. 사회에서의 분업이 가능하려면 개인들이 때로는 자신의 독립적인 행위보다는 더 큰 사회 조직의 목표를 달성하는 일을 중시하고, 그 일에 기꺼이 나서려고 해야 한다. 이러한 용의성은 '더 큰 청사진을 그릴 수 있는' 다른 사람들의 명령에 따르는 것이 중요하다는 것을 상기시켜 주는 부모, 학교체계, 사업 관계에 의해 개인에게서 자라나게 되는 것이다. 특정한 상황에서의 복종을 이해하기 위해서는 개인이 수용하는 **이념** ideology, 즉 책임자의 권위를 합법화해 주고 책임자의 명령에 따르는 것을 정당화해 주는 신념과 태도의 집합을 이해할 필요가 있다. 오사마 빈 라덴의 명령을 따르면 순교자처럼 영원한 낙원에 갈 수 있다고 믿고서 2001년 9월 11일 비행기를 공중 납치한 이슬람 극단주의자 자살 테러범들은 이념적 정당화의 한 예가 된다. 섬뜩할 만큼 비슷한데, 인민사원의 추종자들도 짐 존스가 불어넣은 환상인 '대의'를 위해 독약을 마시면 천국으로 '건너간다'고 믿었다. 이념은 종교적 극단주의자들의 이해할 수 없는 기괴한 행동을 유도할 뿐만 아니라 군대 조직에서의 일상 활동을 유도하기도 한다. 나치 장교들은 독일의 지상권을 믿고 있었기 때문에 독일의 이름으로 내려진 명령의 합법성도 믿었다. 마찬가지로, 적으로 간주된 베트남 주민을 사살하라는 명령에 따른 미국 군인들은 국가 안보를 위해서는 군사 명령에 절대 복종해야 한다는 전제를 지키기 위해 몸을 바치기로 결심한 사람들이었다. 이념에 따라 다른 인간 존재를 살해하는 행위가 영예인 동시에 의무가 된 것이다.

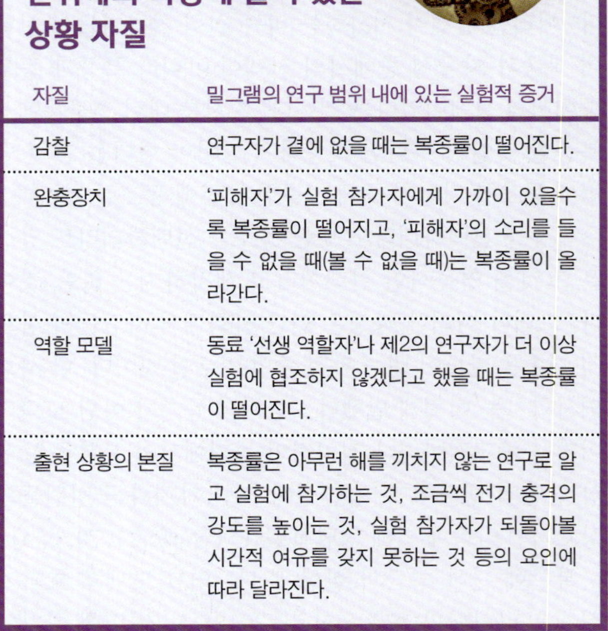

### 개념 설명

**권위에의 복종에 들어 있는 상황 자질**

| 자질 | 밀그램의 연구 범위 내에 있는 실험적 증거 |
|---|---|
| 감찰 | 연구자가 곁에 없을 때는 복종률이 떨어진다. |
| 완충장치 | '피해자'가 실험 참가자에게 가까이 있을수록 복종률이 떨어지고, '피해자'의 소리를 들을 수 없을 때(볼 수 없을 때)는 복종률이 올라간다. |
| 역할 모델 | 동료 '선생 역할자'나 제2의 연구자가 더 이상 실험에 협조하지 않겠다고 했을 때는 복종률이 떨어진다. |
| 출현 상황의 본질 | 복종률은 아무런 해를 끼치지 않는 연구로 알고 실험에 참가하는 것, 조금씩 전기 충격의 강도를 높이는 것, 실험 참가자가 되돌아볼 시간적 여유를 갖지 못하는 것 등의 요인에 따라 달라진다. |

**병사들은 국가 안보를 위해서는 그렇게 해야만 한다고 믿기 때문에 명령대로 수행한다. 이것이 병사들의 복종을 가능케 하는 이념적 정당화인 것이다.**

밀그램의 실험에서는 '과학의 중요성'을 존중해야 한다는 생각이 터무니없는 요구까지도 정당한 것으로 만들어 주었다. 일부 비판가들은 밀그램의 실험에서 발견된 사실이 (실제가 아닌) 인위적인 사실이라고 주장했다. 즉 비판가들은 실험 참가자들로 하여금 자신이 참가하고 있는 실험의 미심쩍은 절차에 대해 아무런 의문도 품지 않고 복종하게 만든 것은 과학적 실험의 권위이고, 실생활에서는 사람들이 그와 같이 복종하는 일이 결코 없을 것이라고 주장했다(Baumrind, 1964). 실제로 밀그램이 초라한 연구실에다 예일대학교와의 관련성을 느끼게 할 만한 것을 모두 치워 버린 상황에서 그 실험을 반복 검증했을 때 복종률이 65%에서 48%로 떨어졌다(Milgram, 1974).

그러나 이 비판은 중요한 사실을 놓치고 있다. 과학의 권위는 복종 현상과 관계없는 인위적 요인이 아니라 밀그램이 증명한 복종 현상의 중요한 일면인 것이다. 즉 나치 치하의 독일에서 국가라고 하는 독일의 합법적 역할, 전시의 살인을 합법화해 주는 국가 안보라고 하는 것의 역할과 똑같은 역할을 과학이 하고 있는 것이다. 실험 참가자들이 자신의 도덕적 자율성과 독립성을 접어 두고 과학의 일을 하고 있다고 천명하는 사람들에게 복종하게 만든 것이 바로 과학적 연구의 중요성에 대한 실험 참가자들의 신념이었던 것이다.

## 윤리적 문제

밀그램의 실험을 비판한 데는 몇 가지 근거가 있다. 첫째, 비판가들은 밀그램의 실험 절차가 실험이 진행되는 동안에 실험 참가자들에게 참기 어려울 만큼 높은 스트레스를 주었다고 주장한다. 이러한 주장을 뒷받침하는 증거로 비판가들은 밀그램 자신이 서술한 것을 인용했다.

> [실험 참가자들이] 땀이 나고, 부들부들 떨고, 말을 더듬고, 입술을 깨물고, 신음을 토하고, 손톱으로 자신의 살을 꼬집는 것이 관찰되었다. 이러한 반응은 실험에 대한 예외적 반응이 아니라 특징적인 반응이었다. … 긴장감의 한 징표는 규칙적으로 터져 나오는 신경질적 웃음이었다. … 너무도 격렬하게 경련을 일으키는 발작을 보고서 실험을 중지할 수밖에 없었던 경우도 있었다. (Milgram, 1963, p. 375)

둘째, 비판가들은 실험 참가자들이 치명적일 수도 있는 전기 충격을 같은 인간에게 기꺼이 가하려 했다는 사실을 앎으로써 받게 될 장기적인 심리적 영향에 대한 우려를 표명한다. 셋째, 비판가들은 실험 참가자들이 실험의 진정한 내용에 대한 설명을 들었을 때 자신이 바보가 되었다는 느낌과 '이용당했다'는 느낌을 가질 가능성이 크며, 그로 인해 구체적으로는 심리학자를 덜 신뢰하게 되고 일반적으로는 권위(자)를 덜 신뢰하게 될 것이라고 주장한다.

이런저런 비판에 대해 밀그램은 실험을 끝낸 후 실험 참가자들에게 주의 깊은 **해명** debriefing을 해 주었다는 사실을 지적했다. 즉 그는 실험 절차를 그렇게 마련한 이유를 설명해 주었으며 실험 참가자들과의 긍정적인 라포를 다시 정립했다. 여기에는 실험 참가자가 전기 충격을 받은 '피해자'와 위로의 담화를 나누는 것이 포함되어 있었다. 실험이 모두 끝난 후 실험 참가자들에게 실험의 목적과 결과에 대한 상세한 보고서를 보내 주었다. 그러고 나서 밀그램은 조사 연구를 했는데, 참가자들 중 84%가 그 연구에 참가해서 기뻤다고 했고, 15%는 중립적인 느낌을 보고했으며, 1%는 실험에 참가한 것이 유감스러웠다고 보고했음이 밝혀졌다. 이러한 비율은 복종한 사람의 비율이나 실험을 거부한 사람의 비율과 거의 같은 수준이었다. 이에 덧붙여 74%는 그 연구에 참가한 결과로서 개인적으로 중요한 그 무언가를 배우게 되었다고 진술했다.

또한 밀그램은 그 연구가 어떠한 유해한 영향을 미쳤는지를 확인하기 위해 정신과 의사를 채용하여 40명의 실험 참가자를 면담하게 했다. 이러한 추적 조사 결과 장기적인 심적 피해나 정신 외상적 반응이 없는 것으로 밝혀졌다(Milgram, 1964).

우리는 1장에서 미국 정부에 의해 연구 수행에 관한 지침이 제정되어 있으며, 미국심리학회가 '최소 위험'과 '동의 구함'이라는 두 가지 주요 원칙을 강조하고 있다는 사실을 명시했다. 밀그램의 실험은 이러한 지침이 발효되기 이전인 1960년대 전반기에 수행되었다. 연구의 중요성과 밀그램이 취한 예방 조처에도 불구하고 오늘날에는 미국의 연방정부가 재원을 지원하는 연구 프로젝트의 승인권을 쥐고 있는 심사위원회의 심사위원 대부분은 이러한 실험을 승인하지 않을 것이다. 그렇지만 밀그램의 유명한 실험을 부분적으로 반복 검증한 최근의 연구에서 실험 참가자들의 권리와 복지를 한층 더 보장해 줌으로써, 오늘날에도 사람들이 밀그램이 발견한 것과 동일한 정도로 권위에 복종하는지 여부를 경험적으로 검증할 수 있었다. 버거(Burger, 2009)는 밀그램의 원년 연구에서 전기 충격의 강도가 150V에 이르는 시점이 결정적인 전환점이라고 추론했다. 학생 역할자들이 실험을 끝내고 내보내 달라는 요청을 하기 시작한 시점과 실험자에게 불복종한 참가자들의 대부분이 불복종하기 시작한 시점이 전기 충격의 강도가 150V에 이르렀을 때임을 상기하라. 달리 표현하자면 150V의 충격을 가한 절대 다수(거의 80%)가 450V까지 계속 복종했던 것이다. 그래서 버거는 밀그램의 고전적 연구의 반복 검증 실험을 전기 충격의 강도가 150V에 이르는 시점에서 종료하기로 했다. 전기 충격의 강도가 150V에 이르는 시점까지의 자료라면 오늘날의 사람들이 보이는 복종에 관한 충분한 정보가 될 것이라고 판단했기 때문이다. 버거가 표집한 실험 참가자들은 원래보다 더 다양한 부류의 사람들이었으며, 남성뿐만 아니라 여성도 포함했음에도 불구하고, 거의 50년 전의 결과와 놀라울 만큼 유사한 결과가 나타났다. 밀그램의 발견과 다른 (정신이 번쩍 들게 하는) 결과가 하나 있었는데, 버거(Burger, 2009)는 동료 역할 모델이 실험자에게 불복종하는 것을 보는 것이 참가자에게 아무런 영향도 주지 않았음을 발견했다.

밀그램의 유명한 실험 결과를 처음으로 알게 된 학생들이 오랫동안 궁금해한 것은 오늘날에도 사람들이 권위에 맹목적으로 복종할 것인가였다. 그 답은 오늘날에도 분명히 그렇다는 것이다. 권위에 복종하게 만드는 상황의 압력은 오늘날에도 예전과 마찬가지로 강력해 보인다(Burger, 2009).

## 일상생활에서의 복종

밀그램의 실험은 인위적 현상이라는 비판(Orne & Holland, 1968)을 받아 왔다. 그렇다면 보다 일상적인 조건하에서 일어나는 권위에 대한 복종의 예를 살펴봄으로써 배울 바가 있을 것이다. 연구자들은 공공 병원과 개인 병원의 간호사들이 병원의 규칙과 의료 관행에 위배되는 명령에 복종할지 안 할지를 연구했다(Hofling et al., 1966). 실험 참가자(간호사)는 만난 적은 없지만 자기가 근무하고 있는 병원의 의사라는 것은 알고 있는 한 의사로부터 걸려 온 전화를 받았다. 이런 일은 간호사의 정규적인 업무이다. "정신과 의사 스미스입니다. 오늘 아침 존스 씨를 진료해 달라는 요청이 있어서 오늘 밤에 존스 씨를 다시 만날 예정입니다. 내가 병동에 도착하는 시간까지는 존스 씨에게 약물을 투여해 주어야 합니다. 미안하지만 약장을 열어 애스트로텐(Astroten)이 있는지 찾아봐 주세요. A-S-T-R-O-T-E-N입니다." 간호사는 약장을 확인하면서 다음과 같은 문구가 적힌 알약 상자를 보았다.

ASTROTEN
5mg 캡슐
정규 복용량: 5mg
하루 최대 복용량: 10mg

간호사가 약을 찾았다고 보고하자 그 의사는 이어서 말했다. "미안하지만 존스 씨에게 애스트로텐 20mg을 주기 바랍니다. 나는 10분 이내에 도착할 겁니다. 처방전의 서명은 도착해서 할게요. 그때쯤이면 약효가 나타나기 시작해야 하니까 지금 약을 복용시키세요." 병원의 정식 의사인 정신과 의사가 간호사 눈에 띄지 않도록 근처에 있다가 간호사가 약물(실제로는 무해한 위약)을 주려고 하거나, 지시를 따를 수 없다고 거부하거나, 다른 의사를 만나려고 시도할 때, 그 간호사에게 진실을 밝히고 실험을 마감했다.

의사의 지시는 몇 가지 규칙을 위반하는 것이었다. 즉 복용량이 분명하게 과도한 양이었다. 전화상으로는 약물치료를 지시할 수 없다. 그 약물은 공인되지 않은 약물이다. 즉 용도가 명시된 병동의 약품 장부에 등재되어 있지 않은 약물이었다. 그리고 그 지시는 낯선 사람에게서 받은 것이었다. 이러한 모든 규칙 위반 사항에도 불구하고 95%에 해당하는 간호사들이 약물을 주려고 했다. 더욱이 전화의 지시가 지나치게 짤막했음에도 간호사들은 거의 지체 없이 이행하려 하거나 어떤 거부도 없었다. 의사에게 금방 도착하겠다는 다짐을 받아 낸 간호사가 몇 사람 있기는 했지만 서면 지시를 주장한 간호사는 1명도 없었다. 실험 후의 면접에서 모든 간호사가 그와 같은 지시는 과거에도 받아 오던 것이고, 만약 간호사가 난색을 표하면 의사가 화를 냈다고 진술했다.

이러한 결과는 우리를 또 한 번 놀라게 한다. 우리뿐만 아니라 전문가들도 놀라게 한다. 이 연구에 참가하지 않은 간호사들에게 이러한 상황을 온전히 서술한 글을 읽게 한 후 자신이 그러한 상황에 처했다면 어떤 반응을 보였겠는지 답하도록 했을 때 83%에 해당하는 간호사들이 약물을 주지 않았을 것이라고 보고했으며, 간호사들 대부분이 대다수의 간호사들 역시 거절했을 것이라고 생각했다. 똑같은 질문을 받은 간호학과 학생 21명 전원은 지시받은 약물을 주지 않았을 것이라고 주장했다.

이러한 사실은 그와 같은 상황의 위력을 인정하기 싫어하는 우리의 경향성을 보여 주는 것뿐만 아니라, 상황이 갖고 있는 거대한 위력을 다시 한 번 보여 준다. 우리는 사람들의 행동이 그들의 성품과 의도를 반영한다고 가정하는 오류를 범하고 있다. 우리는 이러한 기본적 귀인오류를 매번 범한다.

### 중간 요약

- 동조에 관한 애쉬의 고전적 실험에서 만장일치의 다수 집단은 다수 집단의 판단이 틀렸음이 분명한 때조차도 개인으로 하여금 다수 집단의 판단에 동조하도록 강력한 압력을 발휘한다는 사실을 발견했다. 만약 단 한 사람이라도 (다수) 집단과 의견을 달리하는 경우에는 동조가 훨씬 적어졌다.
- 한 집단 내의 소수 집단도 완고하거나, 독단적이거나, 거만하게 보이지 않으면서 이의를 제기하는 자신들의 입장을 일관되게 유지하면 다수 집단을 움직여 자신들의 관점을 받아들이게 할 수 있다. 이것을 소수 집단의 영향이라고 말한다. 소수 집단은 때로 다수 집단 성원들의 공개적인 동조가 아닌, 사적인 태도 변화를 일으키기도 한다. 이런 현상은 다수 집단 성원들이 소수 집단 성원들에게 자기 목소리를 내도록 허락해도 자신들의 영향을 받을 것이라고 예상하지 않는 암묵적 관용 계약을 통해 발생하는 것으로 보인다.
- 권위에의 복종에 관한 밀그램의 고전적 실험은 보통 사람들이 죄 없는 피해자에게 강렬한 전기 충격을 주라는 연구자의 지시에 복종한다는 사실을 증명해 보였다. 복종률을 높이는 데 영향을 미치는 상황 요인은 (1) 연구자의 감시, (2) 행위의 결과를 행위자로부터 멀리 떼어 놓는 완충장치, (3) 역할 모델, (4) 출현 상황의 속성이다. 과학의 중요성 및 리더와 일치된 행동을 해야 한다는 이념도 복종을 유발하는 또 다른 원인이다.

### 비판적 사고를 위한 물음

1. 어떻게 보통 사람들을 모집하여 자살 테러범으로 만드는가에 대한 하나의 설명에 따르면, 보통 사람들이 대의를 위해 순교자가 되는 것에 의문을 갖는 경우 카리스마적 리더가 "전진해야 하오!"라는 지시를 통해 한 집단의 성원들을 단번에 세뇌시킨다는 것이다. 물론 자살 테러범의 사회화는 복잡하고 다면적이겠지만, 이 같은 단순한 전략이 방관자 모두의 무지라는 개념을 어떻게 이용하는지를 기술하라.
2. 우리의 마음을 동요시키는 밀그램 연구의 메시지를 생각해 보자. 즉 적절히 꾸며서 우리의 이념적 신조에도 합당한 상황을 만들어 놓으면 당신 같은 보통 사람들이 도덕적으로 비난받을 짓을 자행하게 할 수 있다는 메시지를 고려해 보자. 실생활 속에서 당신은 어떻게 그와 같은 상황의 힘에 맞서 싸울 것인가? 당신으로 하여금 자신의 양심에 따르도록 만드는 상황은 무엇인가?

## 내면화

동조와 복종에 관한 대부분의 연구는 사람들이 상황의

테두리 안에서 가해지는 사회 영향에 외현적으로 응종하는가, 그렇지 않은가를 알아보는 데 초점을 맞추고 있다. 그러나 일상생활에서 우리에게 영향을 미치려고 시도하는 사람들은 보통 **내면화**internalization를 추구한다. 즉 그들은 우리의 공개적인 행동이 아니라 사적인 태도를 변화시키고, 그들이 그 상황에 있지 않더라도 그들의 영향이 유지될 수 있게 우리를 변화시키려고 하는 것이다. 특히 부모, 교육자, 성직자, 정치가, 광고 전문가의 주요한 목표는 응종에 있는 것이 아니라 내면화에 있다. 이 절에서는 강요보다는 설득에 기반을 둔 사회 영향에 대해 알아보자.

## 자기정당화

우리는 밀그램 실험의 참가자들이 부딪히게 되는 상황적 곤경에 대해 논의하면서 경우에 따라서는 우리의 잘못을 인정하는 것보다 나쁜 행동을 계속하는 것이 더 쉬울 때도 있다는 결론을 내렸다. 왜 그럴까? "마음을 바꾸었습니다. 나는 더 이상 이 일을 하는 것이 옳다고 생각하지 않습니다."라고 분명하게 말하기가 왜 그렇게 어려운 것인가? (적어도 서구 문화에서는) 사람들이 일관성을 잃는 것을 싫어하기 때문이라는 것이 부분적인 대답이 될 수 있다. 일관성을 유지하려는 압력이 너무 강해서 사람들은 종종 신념을 형성하거나 조절함으로써 자신의 과거 행동을 정당화하거나 합리화한다.

사회 영향에 관한 한 고전적 연구는 일관성을 유지하려는 이러한 힘을 검증했다. 이 연구의 의미와 의의를 이해하기 위해, 당신이 담당한 지역 주민들의 집을 찾아가서 자신이 이 지역의 공공안전위원회 직원임을 알려 주고, "당신의 집 앞 잔디밭에 공공 서비스 광고 간판을 설치해도 되겠습니까?" 하고 물었다고 생각해 보라. 자연히 당신은 주민들에게 그 광고 간판이 어떤 모습인지를 보여 주어야 할 텐데, 그들에게 훌륭한 모양의 집이 '운전 조심'이라는 투박한 문구가 새겨진 거대한 간판에 거의 다 가려진 사진 한 장을 보여 주었다. 지역 주민들이 동의하겠는가? 많은 사람들이 동의하지 않았다. 1960년대 초반에 한 연구 팀이 발견한 바에 따르면 고작 17%에 해당하는 주민들만이 이런 요구에 동의했다(Freedman & Fraser, 1966). 소수의 사람들이 안전 운전을 촉구하는 것이 주민의 의무라고 주장할 수도 있지만 그 요청은 너무 큰 것이었다. 이런 이유나 또 다른 이유로 그들의 집 앞 잔디밭을 사용하도록 동의하게 만드는 방법은 없을지도 모른다. 아니면 방법이 있을까?

당신의 동료가 몇 주일 전에 주민들을 방문해서 비교적 사소한 요청, 즉 "현관 창문에 광고지를 붙여 주실 수 있겠습니까?"라는 요청을 했다고 생각해 보라. 그러고 나서 그 동료가 '안전 운전을 하자'라는 문구가 새겨진, 가로세로 7.5cm인 정사각형의 작은 광고지를 그들에게 보여 주었다. 좋은 이유에서 하는 요청이고, 요청이 아주 작은 것이어서 거의 모든 사람들이 동의했다. 비록 실천하는 주민이 상대적으로 적다고 하더라도 그 효과는 강력하고 지속적이다. 그다음 몇 주일 동안 창문을 쳐다볼 때마다 주민들은 공공 안전을 걱정하고 있음을 일깨워 주는 광고지를 마주 대하게 되고, 그만큼 그들은 실천하게 된다. 집에 찾아온 손님이 창문에 붙어 있는 그 광고지에 대해 물어볼 때는 안전 운전이 얼마나 중요한지, 그리고 왜 안전 운전에 관해 무엇인가를 해야만 하는지를 설명하고 있는 자신을 발견하게 된다. 2주가 지난 지금, 당신은 광고 간판에 관한 보다 더 큰 요청을 넌지시 제시한다. 이러한 상황에서는 무슨 일이 일어나겠는가? 1960년대에 수행된 이 연구에서는 76%에 해당하는 주민들이 동의했다(Freedman & Fraser, 1966). 주민들이 "아니요"라고 말하기가 얼마나 어려웠을지 생각해 보라. 결국 그들은 이미 그 지역에 널리 알려진 사람이 되어 있었고, 그들 스스로가 그 문제를 실천할 만큼 충분히 안전 운전을 걱정하는 사람이라고 알려지게 되었으며, 따라서 그것을 실천하는 데 희생이 따르더라도 그렇게 하게 되는 것이다.

이 연구는 **문 안에 발 들여놓기 기법**foot-in-the-door technique이라고 부르는 사회 영향을 예시해 준다. 사람들이 원래는 동의하지 않았던 요청에 동의하도록 하기 위한 한 가지 접근은 그 어떤 사람도 거절할 수 없는 작은 요청으로 시작하는 것이다. 이상적인 작은 요청은 당신이 이미 염두에 두고 있는 더 큰 요청의 전단계이다. 사람들은 일단 이러한 쉬운 요청을 공개적으로 따르고 나면 자신이 누구이고 자신의 입장이 무엇인지를 재검토하게 된다. 그 결과 그들의 사적인 태도가 그들의 공개적 행동과 더욱 강하게 일치될 것이고, 더 큰 요청을 받고서 "아니요"라고 말하기가 더 어려워지는 것이다. 문 안에 발 들여놓기 기법에 관한 최초의 연구가 수행된 나라는 미국이었다. 최근의 연구가 시사하는 바는 개인주의를 가치 있게 여기는 서양 문화권에서 남에게 일관성이 있는 사람으로 보여야 한다는 압력을 특히 강하게 받는다는 것이다(Petrova et al., 2007). 자기정당화 경향성이 모든 문화에 걸쳐 어느 정도의 보편성을 갖느냐 하는 것은 여전히 뜨거운 논쟁거리이다(Heine & Lehman, 1997; Imada & Kitayama, 2010; Kitayama et al., 2004).

## 인지부조화 이론

사람들의 태도에 영향을 미치는 한 가지 방법이 사람들의 행동을 통해 영향을 미치는 것임을 문 안에 발 들여놓기 기법이 예시해 준다. 당신이 다른 사람들이 채택해 주기를 바라는 태도가 있고, 그들이 태도와 일치되는 행동을 하도록 유도할 수 있다면 그들은 자신의 행동을 정당화하기 위해 결국 당신이 바랐던 그 태도를 채택한다. 이러한 일련의 연속적인 연결에 대한 가장 영향력 있는 설명은 레온 페스팅거의 **인지부조화 이론** cognitive dissonance theory이다. 인지부조화 이론에서는 인지일관성을 향한 동기 요인이 있다고 가정한다. 즉 일관되지 않은 2개의 인지 또는 사고는 개인에게 불편감을 일으키고, 이러한 불편감이 개인으로 하여금 2개의 인지가 조화를 이루도록 비일관성을 제거하려는 동기를 작동시킨다. 인지부조화는 일관되지 않은 인지에 의해 생긴 불편감(또는 불편한 상태에 놓임)을 지칭하는 용어이다(Festinger, 1957).

인지부조화 이론은 여러 종류의 비일관성을 다루는 이론이기는 하지만, 특히 태도와 상반되는 행동을 하고 난 후의 결과를 예언하는 데 가장 큰 주목을 받아 왔다. 태도와 행동의 불일치에 대해 붙인 한 가지 명칭이 위선이다. 예를 들어 우리는 스트립바를 자주 가는 원리주의 전도사를 위선자라고 부른다. 이 경우를 두고 (범죄자처럼 나쁜 것에 붙이는 명칭이 아닌) 그저 부정적인 것에 붙이는 위선자라는 명칭을 붙인 것을 보면서, 우리는 우리가 믿는 것과 우리가 행하는 것 사이의 불일치에 의해 유발된 불편감이 어떠한 것인지 알 수 있다. 인지부조화 이론의 핵심적인 생각은 우리가 태도와 행동이 부조화 상태에 있을 때 부조화라는 불쾌한 상태를 벗어나는 가장 손쉬운 경로를 선택하게 된다는 것이다. 즉 우리는 태도를 바꿈으로써 조화 또는 일관성을 이루어 낸다. 이미 저질러진 과거 행동은 바꿀 수 있는 성질의 것이 아니다. 밀그램의 실험에서 전기 충격을 중단하거나 금연하는 것과 같이 이미 발생한 행동을 변화시키는 것이 한층 더 큰 부조화를 일으킬 수 있는데, 그 이유는 그것이 애당초 당신의 판단이 잘못이었다는 생각, 즉 자신에 대한 호의적인 관점과 불일치하는 생각을 불러일으키기 때문이다. 그래서 새롭고 조화로운 인지로 바꾸거나 새로운 인지를 더함으로써 행동이 유지되거나 정당화되게 한다. **합리화** rationalization는 이러한 자기정당화 과정을 일컫는 또 다른 말이다. 밀그램 실험의 경우에 어떤 실험 참가자는 "나는 단지 명령을 따르고 있을 뿐이다. 단어 쌍을 학습하지 않는, 제멋대로 구는 놈과는 다르다."라고 자신에게 말했을 수도 있다. 만약 당신이 담배를 피운다면 "사람들은 흡연이 건강에 나쁘다고들 말한다. 나도 그걸 잘 알고 있다. 하지만 흡연은 내 마음을 아주 차분하게 가라앉혀 주며, 그것은 나에게 매우 중요한 일이다."라고 스스로에게도 말하고 다른 사람들에게도 말함으로써 불일치를 감소시킬 것이다.

인지부조화에 대한 연구 중 가장 초기에 수행되고 가장 유명한 연구의 하나는 유도된 응종의 효과를 다룬 것이었다. 대학생들은 한 번에 한 사람씩 지루하고 반복적인 과제를 수행하는 실험에 참가했다. 실험 참가자들은 구멍이 나 있는 판에 나무못을 반복적으로 끼우라는 요구를 받았다. 이 지루한 과제가 끝났을 때 연구자는 실험 참가자들에게 한 가지 부탁을 했다. 연구자는 실험 참가자에게 이 연구가 사실은 사람들의 기대가 수행에 미치는 영향을 알아보는 실험인데, 실험 참가자들에게 무엇을 기대하라고 말해 주는 역할을 담당한 실험 도우미가 지금 없다고 걱정을 털어놓았다. 이처럼 그럴듯한 상황을 꾸며 놓고, 어떤 실험 참가자들에게는 다음 실험 참가자에게 그 과제가 재미있고 흥미로웠다고 말해 주는 대가로 1달러를 주겠으니 그 역할을 해 달라고 부탁했다. 또 어떤 실험 참가자들에게는 그렇게 해 주는 대가로 20달러를 주겠다고 했다. (이 연구는 1950년대에 수행되었는데 당시의 기준으로 1달러는 식당에서 저녁을 한 번 먹을 수 있는 정도였고, 20달러는 가족의 일주일분 식료품을 구입할 수 있는 액수였다.) 1달러 조건이나 20달러 조건의 실험 참가자 모두가 이 부탁을 들어 주었다. 그 후 실험 참가자들은 그 과제가 얼마나 재미있었느냐는 질문을 받았다. 그림 17.7에 제시되어 있듯이 1달러를 받은 실험 참가자들은 그 과제가 실제로 재미있었다고 진술했다. 하지만 20달러를 받은 실험 참가자들은 다른 실험 참가자에게 아무 말도 하지 않았던 통제집단의 실험 참가자들과 아무런 차이도 없었다(Festinger & Carlsmith, 1959). 연구자의 요청에 응종한 대가로 받는 보상이 작을 때는 실험 참가자들로 하여금 자신이 다음 실험 참가자에게 말한 그대로를 믿게 만들었으나 보상이 클 때는 그

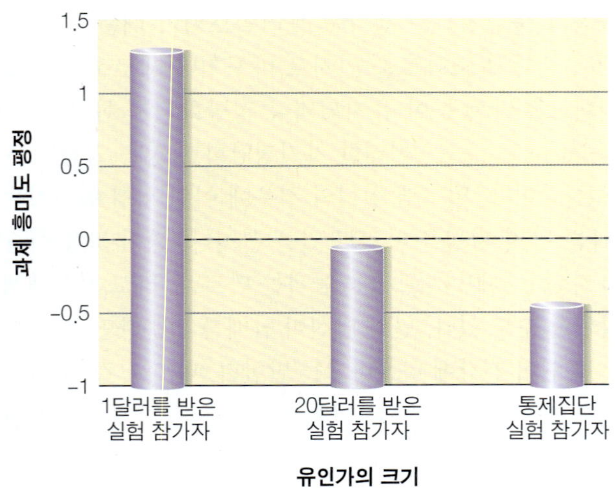


**그림 17.7 유도된 응종에 관한 실험.** 과제가 재미있었다고 말하는 대가로 받는 보상이 적었을 때 실험 참가자로 하여금 그 과제가 실제로 재미있었다고 추론하게 만든다. 큰 보상은 그런 추론을 만들지 못했다.

렇지 못했다. 왜 그런 것일까?

인지부조화 이론에 따르면 20달러라는 보상은 대기 중인 다음 실험 참가자에게 말해 달라는 연구자의 부탁에 응종한 이유가 되기에 매우 분명하고 조화로운 것이다. 따라서 20달러를 받은 사람은 거의 부조화를 경험하지 않는다. 자신이 응종하는 것과 응종의 대가인 큰 금전적 보상 간의 일치가 행동(그 과제가 재미있었다고 다음 사람에게 말하는 것)과 태도(그 과제는 지루한 것이었다) 간의 불일치보다 더 커서 불일치를 압도한 것이다. (이 연구가 1950년대에 수행되었음을 상기하라. 그 당시 20달러는 오늘날 100달러 이상의 가치가 있다고 느껴졌을 것이다.) 그러므로 20달러를 받은 실험 참가자들은 자신의 태도를 바꾸지 않았다. 그러나 1달러를 받은 사람들은 자신이 응종한 것에 대한 분명하고 조화로운 이유를 갖지 못했다. 따라서 그들은 부조화를 경험했고, 부조화는 그들이 실제로 그 과제를 즐겼다고 믿음으로써 감소되었다. 일반적인 결론은 보상의 형태든 처벌의 형태든 최소의 압력으로 행동을 유도할 수 있을 때, 즉 유도된 응종 상황에서 부조화를 유발하는 그 행동이 태도 변화를 일으킨다는 것이다.

아동을 대상으로 한 실험은 최소 처벌의 효과에 관한 이러한 예언을 확증해 주었다. 만약 아주 부드러운 요구에 복종하느라 재미있는 장난감을 가지고 놀 수 없었으면 아동은 그 장난감이 처음에 생각했던 것만큼 그렇게 재미있는 장난감이 아니라고 믿게 된다. 이러한 신념은 자신이 그 장난감을 가지고 놀지 않았다는 자기관찰과 일치하는 신념인 것이다. 그러나 아동이 강한 처벌의 위협 때문에 장난감을 가지고 놀 수 없었던 상황이라면 그 장난감에 대한 선호를 바꾸지 않았다(Aronson & Carlsmith, 1963; Freedman, 1965).

인지부조화 이론의 전통에서 수행된 다른 연구에서는 사람들이 스스로 선택한 결정의 가치를 더욱 크게 평가함으로써 자신의 과거 노력을 정당화하는 방법에 초점을 맞추었다. 이를 예시해 주는 일들이 매년 대학 캠퍼스에서 일어나고 있다. 즉 학생들은 종종 대학의 동아리[예: 남학생 클럽(fraternity), 여학생 클럽(sorority)]에 가입하기 위해 힘든 신고식, 때로는 고통스럽고 위험한 괴롭힘을 경험한다. 인지부조화에 관한 실험에서 이러한 의식을 지속되게 하는 단서를 찾아볼 수 있다. 한 집단에 가입하기 위해 더 많은 노력을 한 사람들은 더 적은 노력으로 가입한 사람들보다 그 집단에 더 큰 가치를 부여하게 된다(Aronson & Mills, 1959). 우리는 스스로 내린 과거 결정을 유사한 방식으로 정당화한다(Brehm, 1956). 어떤 결정을 내리기 전에는 많은 대안이 똑같이 매력적인 것으로 보일 수 있다. 아마도 당신은 여러 대학 중에서 어느 대학에 갈 것인지를 결정해야만 했을 것이다. 틀림없이 각 대학이 나름대로 좋은 특징을 가지고 있었겠지만 당신은 한 대학에 입학할 수밖에 없다. 당신이 결정을 하고 난 후에 인지부조화 이론은 한 가지 대안을 선택하는 단순한 행위가 당신으로 하여금 부조화를 만들어 낼 것이라고 예언하는데, 그 이유는 그 결정이 선택되지 않은 대안의 좋은 특징과 불일치하기 때문이다. 이러한 불쾌한 상태를 감소시키기 위해 이 이론에서는 당신이 선택하지 않은 결정이 지닌 좋은 특징을 평가절하함으로써, 또한 당신이 선택한 결정의 좋은 특징을 과장함으로써 당신의 선택을 정당화할 것이라고 예언한다. 이와 같은 예언은 당신의 경험과 부합하는가?

## 자기지각 이론

인지부조화 이론 연구에서 발견된 사실의 일부에 대한 대안적 설명이 수년에 걸쳐 등장했다. 예를 들어 사회심리학자 다릴 벰은 자신이 자기지각 이론이라고 불렀던, 보다 더 간단한 이론이 어떤 내면적 혼란 상태나 부조화를 언급하지 않고서도 고전적인 부조화 실험의 모든 결과를 설명할 수 있다고 주장했다. **자기지각 이론** self-perception theory에 따르면, 사람들이 그들 자신의 태도, 정서 및 다른 내면 상태를 부분적으로는 자신의 행동 및 그 행동이 일어나는 환경에 대한 관찰을 통해 추론함으로써 알게 된다는 것이다. 내부 단서가 약하거나, 애매하거나, 또는 해석하기 어려운 경우에는 (자신의 내면 상태를 추론하기 위해 외부 단서에 의존하는) 사람들이 타인의 내면 상태를 추론하기 위해 외부 단서에 의존해야만 하는 외부 관찰자와 같다는 것이 자기지각 이론의 주장이다 (Bem, 1972). 자기지각 이론은 '이것이 벌써 2개째 먹는 샌드위치이다. 추측컨대 나는 생각했던 것보다 훨씬 더 배가 고팠나 보다.'라는 일반적인 말에 예시되어 있다. 즉 화자는 자신의 행동을 관찰함으로써 자신의 내면 상태를 추론했다. 마찬가지로 '나는 매일 손톱을 물어뜯는다. 무엇인가가 나를 불안하게 만들고 있음이 틀림없다.'라는 자기관찰의 토대가 된 외부 증거와 어느 한 친구의 "너는 매일 손톱을 물어뜯고 있어. 무엇인가가 너를 불안하게 만들고 있음이 틀림없어."라는 말의 토대가 된 외부 증거는 똑같은 것이다.

이러한 대안적인 이론을 염두에 두고 (판에 나무못 꽂기를 사용한) 고전적인 연구(Festinger & Carlsmith, 1959)를 재고해 보자. 실험 참가자들이 대기 중인 다른 실험 참가자에게 지루한 나무못 꽂기 과제가 실제로 재미있고 흥미로웠다고 말하도록 했음을 상기하라. 이렇게 하는 대가로 20달러를 받은 실험 참가자들은 자신의 태도를 바꾸지 않은 반면에 1달러를 받은 실험 참가자들은 그 과제가 실제로 재미있었다고 믿게 되었다. 자기지각 이론이 제안하는 바는, 마치 어느 관찰자가 다른 사람의 행동의 원인을 이해하려고 노력하듯이, 이 실험에 참가했던 사람들도 그들 자신의 행동(다른 실험 참가자에게 그 과제가 재미있었다고 말하는 것)을 관찰했고, 스스로에게 암묵적으로 '내가 왜 이렇게 했는가?'라고 물었다는 것이다. 더 나아가 자기지각 이론에서는 외부 관찰자가 하는 것과 똑같은 방식, 즉 사람을 참조해서(그가 그 일을 한 것은 그가 실제로 그 과제를 즐기기 때문이라고) 행동을 설명할 것인가, 상황을 참조해서(그가 그 일을 한 것은 돈 때문이라고) 행동을 설명할 것인가, 둘 중 어느 하나를 정함으로써 해답을 구한다고 제안한다. 어떤 사람이 1달러를 받았을 때, 관찰자는 그 행동의 원인을 그 사람에게 돌릴 가능성이 높다. 즉 '그는 단지 1달러 때문에 기꺼이 그렇게 말했을리가 없다. 그러니까 그는 실제로 그 과제를 즐겼음이 틀림없다'는 것이다. 하지만 어떤 사람이 20달러를 받았다면 관찰자는 그 행동의 원인을 상황에 돌릴 가능성이 높다. 즉 '20달러를 받는다면 누구든지 그 일을 할 것이다. 그러니까 나는 그 과제에 대한 그의 말을 토대로 그의 태도를 판단할 수가 없다'는 것이다. 만약 개인이 가설적인 외부 관찰자와 똑같은 추론 과정을 따른다면, 1달러를 받은 실험 참가자들은 자신의 태도를 자신의 행동으로부터 추론할 것이다. 즉 '나는 그 과제가 재미있다고 생각하는 것이 틀림없다. 그 밖에 달리 설명할 방도가 없다'라고 추론한다는 것이다. 하지만 20달러를 받은 실험 참가자들은 자기 행동의 원인을 돈에 귀인하기 때문에 과제에 대해 (대기 중인 다른 실험 참가자에게 어떠한 말도 하지 않았던) 통제집단의 실험 참가자들과 똑같은 태도를 나타낸 것이다.

그런데 중요한 것은 판에 나무못 꽂기를 사용한 연구의 실험 참가자들이 모두 기꺼이, 대가로 1달러를 받은 실험 참가자들조차도 기꺼이 대기 중인 다음 실험 참가자에게 그 과제가 재미있다고 말했다는 것이다. 그러면서도 실험 참가자들 스스로는 그 사실을 알지 못하고 있는 것이다. 그리하여 1달러를 받은 실험 참가자들이 과제가 재미없는 것이라면 재미있었다고 말하지 않았을 것이기 때문에, 그 과제는 재미있는 것이라고 생각해야만 된다고 추론한 경우 그들의 추론은 잘못된 것이었다. 그들은 대가로 1달러를 받기 때문에 대기 중인 다음 실험 참가자에게 그렇게 말했다고 추론했어야 마땅하다. 달리 말하면 그들은 기본적 귀인오류를 범한 것이다. 즉 그들은 사람에 기인한 원인은 과대 추정하고 상황에 기인한 원인은 과소 추정한 것이었다.

그 반대의 경우도 일어날 수 있다. 즉 사람들은 때때로 상황에 기인한 원인을 과대 추정하고 사람에 기인한 원인을 과소 추정하기도 한다. 1장에서 매월 독서 목표를 달성하는 대가로 마음껏 피자를 먹을 수 있는 보상을 받은 아이의 예기치 못한 결과에 대해 논의할 때 이것을 알았다. 독서가 피자를 먹을 수 있게 해 줄 때 아이들은 더 많이 독서를 한다. 그러나 그들은 독서를 즐기는가? 그리고 피자 프로그램이 끝난 후에도 그들은 독서를 계속할 것인가? 자기지각 이론의 원리에 토대를 둔 많은 연구가 시사하는 바는 보상이 내재적 흥미와 동기를 떨어뜨릴 수 있다는 것이다. 이런 일이 발생하는 이유는 사람들이 자신의 행동이 (공짜인 피자 같은) 외부적이고 상황적인 요인에 기인한 것임을 아는 경우에는 (그 활동을 하면 왠지 즐거워지는 것 같은) 어떤 내부적이고 사적인 투입 요인을 절감한다는 데 있다. 따라서 스스로에게 왜 독서하는지를 자문했을 때 아이들은 피자 때문이라고 말할 것이다. 그리고 독서의 대가로 더 이상 피자를 얻을 수 없을 때 그들은 독서를 해야 할 다른 이유를 찾지 못할 것이다. 그들이 독서를 즐거워한다고 하더라도 보상이 더 크게 보일 것이다. 이렇듯 보상이 손상을 주는 효과를, 사람들이 자기 자신의 행동을 설명할 때 상황적 원인은 지나치게 강조하고 행위자의 내부적 원인은 강조하지 않는, **과잉정당화 효과** overjustification effect라고 부른다는 것을 상기하라.

어떤 이론이 승리했는가? 태도를 변화시킴으로써 행동을 정당화하는 우리의 경향성을 가장 잘 설명하는 것은 인지부조화 이론인가, 아니면 자기지각 이론인가? 최근에 수행된 실험은 실제로 두 이론 모두에 이의를 제기하고 있다. 고전적인 자기정당화 패러다임을 사용한 반복 검증 실험에서는 기억상실 상태에 있거나 (다중 과제를 수행하기 때문에 주의와 작업기억이 손상된) 인지적 과부하 상태에 있는 실험 참가자들을 대상으로 했다. 그 결과 실험 참가자들은 새롭게 채택한 태도에 의해 정당화되는 최근의 행동을 기억하지 못할 때도 똑같은 정도의 태도 변화를 보여 주었다(Lieberman et al., 2001). 원숭이를 대상으로 수행한 또 다른 반복 검증 연구에서도 분명한 태도 변화를 발견했다(Egan et al., 2007). 이러한 새로운 발견이 시사하는 바는, 비록 일관성을 선호하는 선천적이거나 보편적인 지식체계를 통해서 그런 것이겠지만, 행동에 의해 유발된 태도 변화가 자동적으로, 즉 의식적인 사고 없이도 일어날 수 있다는 것이다. 따라서 인지부조화 이론과 자기지각 이론은 모두 사람들이 태도를 바꿈으로써 그들의 과거 행동을 합리화한다는 입장을 견지하고 있지만, 그 처리 과정에 각각의 이론이 가정해 온 신중한 인지조화의 추구나 사태 파악의 노력이 실제로는 포함되어 있지 않을 수 있다.

자기정당화에 대한 이러한 다양한 이론적 조망은 잠재적인 사회 영향 기법의 심리적 결과를 서술하고 있다. 우리는 이 장의 곳곳에서 되풀이하여 예시된 사회심리학 내의 한 가지 핵심적인 교훈, 즉 상황의 힘은 강력하다는 사실을 알았다. 사회심리학 내에서 이와 관련된 또 하나의 핵심적인 교훈은 이러한 강력한 상황의 힘이 눈에 보이지 않는 경우가 많다는 것이다. 어떤 형태의 사회 영향이 우리에게 어떤 특정한 방식으로 행동하도록 압력을 가할 때, 우리는 종종 그것을 인식하지 못한다. 그리고 우리의 행위가 이치에 맞는다는 것을 보여야 할 때, 우리는 의식하면서 또는 의식하지 못하면서 우리의 표출된 행동에 부합되도록 내부 태도를 바꾼다. 이러한 관점에서 볼 때 자기정당화에 대한 고전적 실험에서 사회 영향 기법이 작동하는 것으로 볼 수 있다.

## 존스타운 사건에서의 자기정당화

자기정당화 과정이 어떻게 사람들로 하여금 자신의 태도를 바꿈으로써 행위를 합리화하는 방향으로 이끌어 가는지를 알았으니 이 장의 서두에서 언급한 존스타운 사례를 다시 생각해 보자. 일반 대중이 맨 처음 집단 자살에 대해 알게 되었을 당시에는 기본적 귀인오류가 그들을 지배하고 있었다. 즉 일반 대중의 생각에는 짐 존스의 추종자들이 미쳤거나 의지 박약자였음에 틀림없다. 과연 누가 자신의 생명을 다른 사람의 요구에 내맡기겠는가? 뒤에 발표된 뉴스 기사는 다양한 인민사원의 신도들에게로 초점을 맞춤으로써 이러한 관점에 이의를 제기했다. 존스타운에 가난하고, 교육도 받지 못하고, 아마 남에게 잘 속는 사람들도 있었지만, 많은 사람들이 교육 수준이 높은 전문 직업인이었다. 기본적 귀인오류에 내포된 교훈은 우리가 상황의 힘을 과소 추정한다는 것임을 기억하라. 존스타운의 비극에 대한 사회심리학적 분석은 이러한 사실을 염두에 두고 추종자들이 존스타운에 가기까지의 행로와 짐 존스가 사용한 사회 영향 책략을 점검했다(Osherow, 1984).

이상한 일이기는 하지만, 짐 존스가 최후의 자살극을 포함해서 대부분의 사건이 녹음되어 있다고 주장했기 때문에 우리는 존스타운 내의 일상사를 볼 수 있는 창구를 갖게 되었다. 또한 전에 인민사원의 신도였던 사람들의 보고도 이 사건을 설명하는 데 도움을 주고 있다. 이러한 근거로 볼 때 짐 존스가 문 안에 발 들여놓기 기법을 교

짐 존스는 사람들의 자기정당화 경향성을 교묘히 악용했다.

묘하게 이용했음이 분명해졌다. 짐 존스가 처음부터 '당신이 평생 모은 재산과 자녀를 나에게 맡겨라. 그리고 나와 함께 정글로 가자'는 식으로 신도가 되라고 요구한 것이 아니었다. 오히려 그는 처음 신도로 만들려는 사람들에게 작은 요구에 응종하도록 만들었고, 그러고 난 다음에 점차 희생과 헌신의 수준을 높여 나갔다. 짐 존스가 사회 평등과 인종 간 조화의 이상향에 대한 비전, 즉 후에 단순히 '대의(the Cause)'라고 알려진 그 비전을 사람들에게 그려 보였음을 기억하라. 맨 처음에는 신도들에게 그 대의를 위해 단지 시간을 내 달라고 요청했다. 그다음에는 돈을 요구했고, 그다음에는 재산을, 그다음에는 자녀의 법적 후견권을, 또 그다음에는 다른 것을 내놓도록 요구했던 것이다. 추종자들의 선택의 여지는 아주 조금씩 줄어 가다가 결국에는 선택의 여지가 거의 없어졌다. 신도들은 한 걸음 한 걸음 그 대의를 지지하는 방향으로 자신의 과거 행동을 설명하거나 정당화하려는 동기가 커지게 되었다. 그렇게 하는 가장 손쉬운 방법은 그 대의에 한층 더 헌신하는 것이었다.

진 밀스는 가이아나로 이주하기 전에 어떻게든 인민사원에서 벗어나려고 했다. 그녀는 그 집단의 노골적인 비판자가 되었다(그리고 그녀는 그 뒤에 살해당했다). 『신과 함께한 6년(Six Years With God)』(1979)이라는 자신의 책에서 밀스는 자기정당화의 힘에 대해 다음과 같이 썼다.

> 우리는 고통스러운 현실에 직면해야만 했다. 우리가 평생 저축한 돈이 사라졌다. 짐(존스)이 생명보험 증권을 처분하여 교회에 헌납하라고 요구했으므로 그것도 사라졌다. 우리는 가지고 있던 모든 재산을 빼앗겼다. … 우리는 이 나라를 떠난다고 부모님께 말씀드리면서 이것이 부모님과의 결별이라고 생각했다. [교회 사람들에게] 내맡겨 남겨진 자식들조차 우리에게 공공연한 적개심을 나타내 보였다. 짐은 이 모든 것을 그렇게도 짧은 시간 안에 달성했다. 이제 우리에게 남은 것은 짐과 그 대의뿐이었으므로 우리는 짐과 그 대의에 굴종하고 그 둘에 힘쓰기로 결심하기에 이르렀다. (Mills, 1979; Osherow, 1984에서 인용)

이렇듯 짐 존스는 알고 했는지 혹은 모르고 했는지, 눈에는 보이지 않는 사회 영향 기법을 사용하여 추종자들로부터 응종을 이끌어 냈다. 이러한 책략은 사람들의 자기정당화 경향성을 이용해서 짐 존스와 그 대의에 대한 신도들의 믿음을 강화하는 반면에, 신도가 되는 데에서 생기는 부담의 유해성을 느끼지 못하게 만드는 결과를 낳는다.

가이아나에 정착하자 짐 존스는 '최후의 의식' 또는 '혁명적인 자살'에 대한 생각을 불어넣으면서, 신도들에게 요구했던 헌신의 수준을 계속해서 높여 갔다. 그는 '하얀 밤(White Nights)'이라는 행사를 연출했는데 이 행사는 본질적으로 자살 연습이었다. 존스는 신도들에게 포도주를 돌리고 나서 술에는 독을 탔으므로 마시면 모두 곧 죽을 것이라고 선언했다. 추종자들의 신앙심을 검증하기 위해 짐 존스는 그 대의를 위해 죽을 준비가 되어 있는지를 신도들에게 물었다. 그리고 죽는지 죽지 않는지 한번 직접 시험해 보라고 요구하기까지 했다. 저녁이 되면 짐 존스는 "자, 좋은 교훈이었다. 나는 살아 있는 여러분을 보고 있다."라고 선언하곤 했다. 신도였다가 탈출해 나온 한 사람은 이러한 하얀 밤 행사가 자신과 다른 추종자들에게 어떤 영향을 미쳤는지를 자세히 이야기했다.

> [존스는] 우리가 매우 강렬한 내적 성찰을 하기 위해서는 30분이라는 시간이 필요하다고 말했다. 우리는 모두가 자부심과 헌신감을 강하게 느꼈다. … [존스는] 당신이 믿는 바를 위해 죽을 수 있는 것은 하나의 특권이라고 가르쳤다. (Winfrey, 1979; Osherow, 1984에서 인용)

존스타운의 집단 자살 사건에 대한 이러한 짤막한 사회심리학적 분석은 사회 영향이 작동하고 있음을 보여 준다. 이러한 분석은 짐 존스를 따르는 추종자들의 내면화된 이념을 바꾸어 놓는, 상황의 힘이 갖고 있는 위력을 보여 준다.

## 참조집단과의 동일시

우리가 속해 있는 거의 모든 집단에는 그 집단이 옳다고 간주하는 내현적이거나 외현적인 신념, 태도, 행동의 집합이 있다. 이러한 사회규범으로부터 이탈하는 집단 성원은 고립과 사회적 불인정의 위험을 안게 된다. 우리가 속한 집단은 사회적 보상과 처벌을 통해 우리에게서 응종을 받아 낸다. 또한 집단은 동일시identification를 이끌어 낼 수도 있다. 만약 우리가 다른 사람이나 집단을 존경하거나 칭송한다면 그들과 같이 되거나 그들과 동일시하기 위해 그들의 규범을 따르고 그들의 신념, 태도, 행동을 채택할 것이다. 우리가 칭송하는 집단의 누군가가 비일관적인 행동을 하는 것을 보게 되는 경우에 우리는 대리적으로 부조화를 느껴서 우리 자신의 태도를 변화시킨다(Cooper & Hogg, 2007).

**참조집단 reference group**은 우리가 동일시하는 집단이다. 즉 우리는 우리의 의견과 행위를 평가하고 조절하기 위해 그 집단을 참조한다. 또한 참조집단은 우리에게 특정한 신념과 태도뿐만 아니라 우리가 세상을 보는 보편적 관점, 즉 이념이나 사회적 쟁점과 사건에 대한 해석을 제공해 주는 참조틀로서 작용한다. 우리가 궁극적으로 이러한 관점을 채택하고 집단의 이념을 우리 자신의 가치체계 안으로 통합한다면 참조집단은 내면화를 산출해 낼 것이다. 그러므로 동일시 과정이 응종과 내면화를 이어 주는 교량 역할을 할 수 있다.

한 개인이 꼭 참조집단 성원이 되어야만 참조집단 가치의 영향을 받을 수 있는 것은 아니다. 예를 들어 중하층 사람들은 흔히 중산층을 참조집단으로 삼는다. 포부가 큰 어느 운동선수에게는 프로 선수들이 참조집단이 된다.

만약 우리 각자가 동일시하는 참조집단이 단 하나라면 우리 삶은 단순할 것이다. 그러나 우리 대부분은 여러 참조집단과 동일시하는데, 이 때문에 종종 사회 압력 간의 마찰이 빚어진다. 사람들이 가장 오래도록 겪는 경쟁적인 참조집단 간 갈등의 예는 아마도 많은 젊은이들이 가족이라는 참조집단과 대학이나 동료라는 참조집단 사이에서 경험하는 갈등일 것이다. 이러한 갈등에 대한 가장 포괄적인 연구는 시어도어 뉴컴이 수행한 고전적인 베닝턴 연구(Bennington Study)이다. 베닝턴 연구란 미국 버몬트 소재의 (학생들 대부분이) 진보적인 정치 성향을 지닌 베닝턴대학 전체 학생을 대상으로 한 정치적 태도에 관한 연구를 말한다. 이 연구가 수행된 시기(1935~1939년)에 비추어 볼 때, 젊은이들이 가족과 동료 사이에서 겪는 갈등이 오늘날에만 새롭게 등장하는 현상이 아님을 알 수가 있다.

현재 베닝턴대학은 진보적인 학생들을 끌어당기는 경향이 있다. 그러나 1935년에는 대부분의 학생들이 부유한 보수적인 가정 출신이었다. (또한 현재 베닝턴대학은 남녀공학이지만 1935년에는 여자 대학이었다.) 베닝턴 대학 학생들의 부모 중 2/3 이상이 공화당을 지지했다. 1930년대의 베닝턴대학 사람들은 대부분 진보적이었다. 그렇지만 진보적인 사람이 많았기 때문에 여학생들이 베닝턴대학을 선택한 것은 아니었다.

뉴컴의 주요한 발견은 매년 베닝턴대학에서는 학생들이 부모의 태도와 훨씬 더 멀어지고 대학 공동체의 태도와 더 가까워졌다는 것이다. 예를 들어 1936년 대통령 선거 유세에서 부모의 약 66%가 공화당 후보인 알프 랜든을 민주당 후보인 프랭클린 루스벨트보다 더 지지했다. 베닝턴대학 신입생의 62%, 2학년 학생의 43%가 랜든을 지지했지만 3학년과 4학년 학생의 15%만이 그를 지지했다.

여성들 대부분에게서 점차 증가하고 있었던 자유주의가 경쟁적인 두 참조집단에 대한 신중한 선택에 반영되어 나타난 것이다. 두 여학생은 이러한 선택 과정에 대해 다음과 같이 말했다.

> 나는 평생 여자 가정교사와 부모의 보호에 분개해 왔다. 대학에 입학함으로써 나는 그런 것에서 벗어났는데, 어쩌면 내가 교수님들에게 지적으로 인정을 받는 학생이 되고, 보다 진보적인 학생이 되기를 원하는 쪽으로 변했다고 말해야 맞을 것 같다. 그리고 나는 여러분이 보수적이지도 않으며 지적으로 존경할 만하다는 사실을 알게 되었다.
>
> 급진주의자가 된다는 것은 나 스스로 독립적인 사고를 한다는 의미였다. 형용하면 내 가족의 의견에 대해서는 조롱의 몸짓(엄지를 코에 대고 나머지 손가락을 펴서 좌우로 흔드는 동작)을 한다는 것이었다. 또한 그것은 내가 가장 같아지기를 원했던 교수님, 학생들과의 지적인 동일시를 의미하는 것이었다. (Newcomb, 1943, pp. 134, 131)

두 번째 여학생이 우리가 사용했던 것과 같은 뜻의 동일시라는 용어를 사용했음에 주목하라. 또한 그 여학생이 뒤섞여 있는 두 가지의 변화, 즉 사회적 보상과 처벌에 의한 변화(응종), 그리고 그들이 모방하려는 대상인 집단이 갖고 있는 매력에 의한 변화(동일시)를 어떻게 서술했는지에 주목하라.

## 동일시에서 내면화로의 진전

앞에서 언급했듯이 참조집단은 구성원들에게 세계에 대한 새로운 시각을 마련해 주는 참조틀로서의 역할도 한다. 베닝턴 대학 사회, 특히 교수는 학생들에게 그들의 가정환경과는 사뭇 다른 1930년대의 대공황과 제2차 세계대전의 위협에 대한 조망을 제시했고, 바로 이것이 그들을 동일시에서 내면화로 진전해 나가도록 만들었다. 베닝턴대학의 또 다른 두 여학생은 그 과정에 대해 다음과 같이 말했다.

> 나는 진보적 태도가 명성 높은 가치를 갖고 있음을 금새 알게 되었다. … 처음에 나를 진보주의자가 되게 한 것은 진보주의가 지닌 가치의 명성이었다. 그리고 나의 자유주의 이념의 중심을 이루고 있는 문제들이 중요한 것이기에 나는 계속 진보주의자로 남아 있는 것이다. 내가 지금 바라는 것은 문제해결의 효율성을 높이는 것이다.
>
> 명성과 인정은 언제나 나의 모든 것이었다. … 그렇지만 나는 스스로에게 정직하려고 노력하는 데 피땀을 흘려 왔으며, 그 결과 나는 내가 어떤 태도를 갖고자 원했는지를 확실히 알게 되었고, 나 자신의 삶에서 그러한 태도를 지니는 것의 결과가 무엇일지도 알게 되었다. (Newcomb, 1943, pp. 136–137)

우리의 가장 중요한 신념과 태도 대부분이 아마도 최초에는 동일시에 토대를 두고 있을 것이다. 어떤 새로운 참조집단과 동일시하려고 할 때마다 우리는 일련의 새로운 신념과 태도를 '시험해 보는' 과정을 치르게 된다. 우리가 실제로 믿고 있는 바는 날마다 바뀔 것이다. 대학 1학년은 종종 학생들에게 이러한 효과가 발생하는 시기라 하겠는데, 그 이유는 그들이 가족이라는 참조집단으로부터 획득한 대부분의 관점이 그들과 매우 다른 배경 출신의 학생들과 교수들에 의해 도전을 받기 때문이다. 학생들은 종종 확신에 차서 매우 강력하게 새로운 신념을 받아들이려고 시도하는데, 전에 갖고 있던 신념과 태도가 아주 적합하지 않을 경우에는 과거의 신념을 버리고 새로운 신념을 받아들인다. 이것은 자연스러운 성장 과정이다. 새로운 경험에 개방되어 있는 사람들에게는 그러한 과정이 결코 끝나는 것이 아니긴 하지만, 개인이 그 위에다 보다 천천히 보다 덜 급진적으로 쌓아 나갈 영구적인 신념의 핵심이 아직 형성되지 않은 대학 생활 시기에 그러한 과정이 가속화된다. 젊은이들의 진정한 공부는 동일시에서 내면화로 진전하기 위해 검증된 수많은 신념과 태도로부터 이념적 정체성을 발전시키는 것이다.

앞에서 언급했듯이 응종과 비교하여 내면화가 지닌 한 가지 장점은 내면화된 변화가 자가유지(自家維持)의 속성이 있다는 것이다. 영향의 원래 출처가 개인이 유발된 변화를 유지하는지 아닌지를 점검할 필요가 없는 것이다. 그러므로 내면화를 평가하는 기준은 유발된 신념, 태도, 행동의 장기적인 안정성이다. 동일시에 의해 유발된 베닝턴대학 여학생들의 자유주의는 그 여학생들이 '실세계'로 되돌아왔을 때도 유지되었는가? 그 대답은 '그렇다'이다. 25년 후, 그리고 50년 후에 수행된 두 가지 추수 연구에서 그 여성들이 여전히 진보적이라는 사실을 발견했다. 예를 들어 1984년 대통령 선거에서 베닝턴대학의 여성 졸업자 73%가 민주당 후보인 월터 먼데일을 공화당 후보인 로널드 레이건보다 더 지지했는데, 이는 똑같은 연령과 교육 수준인 여성들의 지지율인 26%보다 훨씬 높은 것이었다. 더욱이 베닝턴대학 여성 졸업자의 약 60%는 정치적으로 활동적이었으며, 이들 대부분(66%)이 민주당 소속이었다(Alwin et al., 1991; Newcomb et al., 1967).

우리는 우리가 지지하는 참조집단과의 동일시 욕구에서 결코 벗어날 수 없다. 베닝턴대학 출신 여성들의 정치적 태도가 안정적으로 유지된 이유는 부분적으로, 대학을 졸업하고 난 후에도 그들이 대학 생활 중 획득한 자신의 태도를 지지하는 새로운 참조집단을 선택했다는 데 있다. 보다 보수적인 남성과 결혼한 베닝턴대학 출신 여성들은 그 후의 삶에서 정치적으로 보수적이 될 가능성이 높았다. 뉴컴이 지적했듯이 우리는 우리와 같은 태도를 공유하기 때문에 그 참조집단을 선택하는데, 선택된 참조집단은 다시 우리의 태도를 만들고 유지시켜 주는 역할을 한다. 즉 그 관계가 순환적이다. 동일시와 내면화를 (개념적으로) 구분하는 것은 사회 영향을 이해하는 데 유용하기는 하지만, 이 둘의 구분이 언제나 가능한 것은 아니다.

이중 문화권에 속하며 이중 언어를 사용하는 사람들에게서는 참조집단이 대립되는 양상을 찾아볼 수 있다. 현대 사회심리학자들은 확연히 구분되는 두 가지 문화 가치를 매일같이 참조하며 생활하는 사람들을 연구했다(Hong et al., 2000). 참조할 가치를 가름하는 중심적인 상황 단서가 언어로 판명되었다. 이중 문화권에 속하는 홍콩 사람들에 관한 연구에서 가치 선택지를 광둥어(廣東語)로 서술한 경우에는 이중 문화권에 속하는 홍콩 사람들에게 중용과 화해 같은 중국의 문화규범에 동조하려는 동기를 불러일으키지만, 동일한 가치 선택지를 영어로 서술한 경우에는 단호함과 모험성 같은 (미국의) 문화규범이 더 큰 영향력을 발휘했음이 발견되었다(Briley et al., 2005). 우리는 여기서 또다시 상황이 사회 영향을 미묘하게 촉발할 수 있음을 보게 된다.

### 중간 요약

- 인지부조화 이론에서는 사람들의 행동이 그들의 태도와 상충되는 경우, 그것이 태도를 보다 더 행동과 일치하는 방향으로 변화시키도록 동기화하는 불편한 긴장을 생성한다고 제안한다. 이것이 합리화 과정 또는 자기정당화 과정에 대한 한 가지 설명이다.
- 자기지각 이론은 내면적 혼란 상태가 꼭 일어나야 하는 것은 아니라고 주장함으로써 인지부조화 이론에 도전했다. 내부 단서가 빈약하거나, 애매하거나, 해석할 수 없는 것인 경우에 사람들은 자신의 태도를 단순히 자신의 과거 행동으로부터 추론한다.
- 자기정당화 현상은 상세히 설명되어 있고 인간 이외의 동물에게도 있음이 증명되었는바, 이는 자기정당화 현상이 복잡한 의식적 사고에 의존하지 않음을 시사한다.
- 동일시 과정에서 우리는 규범을 따르고, 우리가 존경하고 칭송하는 집단의 신념, 태도, 행동을 채택한다. 우리는 그와 같은 참조집단에 비추어 우리의 의견과 행위를 평가하고 조절한다. 참조집단은 사회적 보상과 처벌을 실시함으로써, 또는 사회 사상과 쟁점에 대한 기존의 해석, 즉 참조틀을 제공함으로써 우리의 태도와 행동을 조절한다.
- 대부분의 사람들은 하나 이상의 참조집단과 동일시하기 때문에 이러한 참조집단들이 우리의 신념, 태도, 행동에 미치는 압력이 상충될 수 있다. 대학생들은 흔히 가족의 관점에서 벗어나 대학 참조집단의 관점을 채택하는 변화를 겪는다. 새로 채택한 이러한 관점은 보통 그 이후의 삶에서도 유지되는데, 우리는 그 이유를 (1) 새로 채택한 관점이 내재화된다는 것, (2) 졸업 후에도 우리의 관점이 공유된 새로운 참조집단을 선택하는 경향이 있다는 것에서 찾을 수 있다.

### 비판적 사고를 위한 물음

1. 초기 성인기의 통과의례(의식)나 신고의례는 많은 문화에서 공통적으로 볼 수 있는 현상이다. 이러한 의례(의식)에 사람들의 자기정당화 경향성이 어떻게 이용되는지를 설명하라. 자기정당화 과정의 결과는 무엇인가? 이러한 과정을 설명하는 데 있어서 인지부조화 이론과 자기지각 이론은 어떻게 다른가?
2. 당신은 새로운 참조집단에 노출됨으로써 자신의 신념과 태도에서의 어떤 변화를 확인할 수 있는가?

## 집단 상호작용

사회 영향과 상황의 위력에 대한 지금까지의 논의에서 우리는 그러한 영향력이 한 사람 한 사람에게 미치는 효과를 강조해 왔다. 우리가 다룬 문제 중에는 다음과 같은 것들이 있다. 타인이 존재함은 어떻게 한 개인의 수행에 영향을 미치는가, 그리고 왜 영향을 미치는가? 집단의 만장일치가 어떻게 한 개인의 공개적인 행동을 조성하는가, 그리고 그 까닭은 무엇인가? 사회 영향은 어떻게 한 개인의 사적 태도를 변화시키는가, 그리고 그 까닭은 무엇인가? 이 절에서는 초점을 개인에서 집단으로 옮기려고 한다. 집단 과정의 역동과 성과를 이해하기 위해 보다 일반적인 집단 상호작용을 살펴보자.

### 조직규범

집단 상호작용은 종종 조직규범의 지배를 받는다. **조직규범** institutional norm은 용인되는 행동과 신념에 대한 내현적이거나 외현적인 규칙, 즉 사회규범과 같은 것이다. 다만 조직규범은 학교, 교도소, 정부, 또는 상업 조직 같은 동종의 조직이나 기관 전체에만 적용된다는 점에서 사회규범과 다르다. 집단 상호작용 패턴은 이러한 조직 상황 내에서 종종 제도화하게 되는데, 이것은 우리가 특정 역할, 즉 피고용자나 고용자, 정치가나 군 장교와 같은 역할을 맡고 있는 사람들에게 기대하는 행동을 규정한다는 의미이다. 이러한 환경에서 행동은 그 역할을 맡고 있는 사람의 개인적 특징보다는 특정 역할 기대에 더 의존한다. 달리 말하면 조직 상황은 인간 행동에 강력한 영향을 미치는 또 하나의 상황인 것이다.

조직규범의 위력이 얼마나 강력한지를 보여 주는 유명한 연구는 필리프 짐바르도의 주도하에 수행된 스탠퍼드대학교의 감옥(지금은 교도소라 칭함) 실험이다. 짐바르도와 동료들은 죄수와 간수(지금은 교도관이라 칭함)의 역할을 맡은 사람들의 심리적 과정에 관심이 있었다. 그들은 스탠퍼드대학교 심리학과의 지하 실험실에 모의 감옥을 만들고 지역 신문에 일정한 보수를 받는 심리학 실험에 참가할 실험 참가자를 모집하는 광고를 실었다. 그들은 광고를 보고 찾아온 사람들 중에서 '미국과 캐나다 전역에 걸쳐 중산층 가정 출신의 성숙하고, 정서적으로 안정적이고, 정상적이고, 지성적인 백인 남자 대학생' 24명을 선발했다. 선발된 24명 중에서 수감 기록을 지닌 사

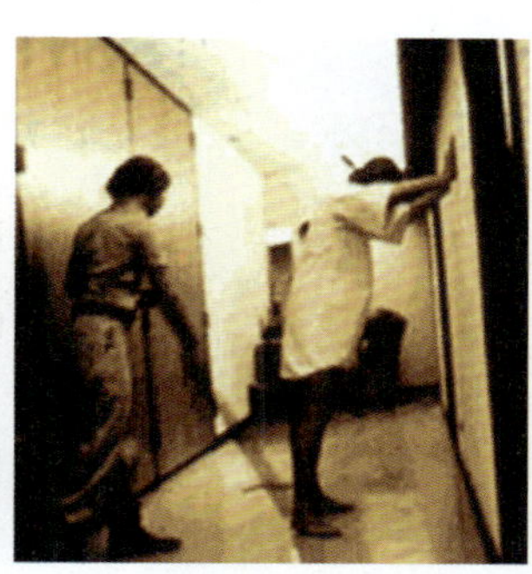
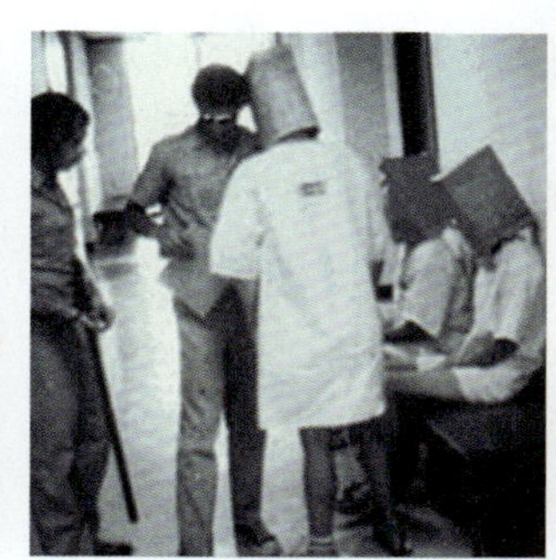
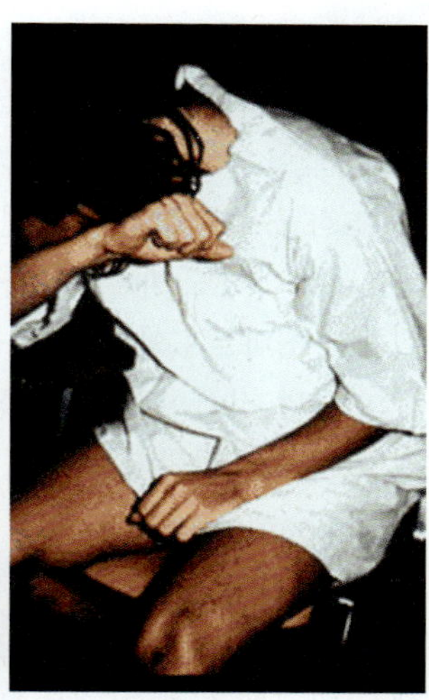

**이 사진은 유명한 '스탠퍼드대학교에서 수행한 감옥 실험'에 참가한 실험 참가자들을 찍은 것이다. 실험 결과가 보여 준 바는 집단에서의 상호작용이 종종 강력한 상황 규범에 의해 조성된다는 것이다. 여기서 우리는 감옥의 규범이 간수들에게는 비인간적이고 난폭한 행동을 만들고, 죄수들에게는 비굴하고 의기소침한 행동을 만든다는 사실을 알게 된다.**

람은 아무도 없었으며, 이들은 모두 유사한 가치관을 가지고 있는 것 같았다. 동전 던지기로 12명은 간수 역할을, 12명은 죄수 역할을 배정받았다.

간수 역할을 배정받은 참가자들은 그들의 책임이 무엇인지에 관한 지시를 받았는데, 그 상황은 잠재적인 위험이 따르는 상황이며 자기 자신을 보호할 필요가 있는 상황으로 인식하게 했다. 죄수 역할을 배정받은 참가자들은 느닷없이 그들의 집에 들이닥친 모의 경찰에게 연행당해 수갑을 차고 눈을 가린 채 모의 감옥으로 이송되었다. 그리고 모의 감옥에서 조사를 받고, 몸을 소독하고, 지문을 찍고, 죄수 번호를 받고, 다른 죄수 둘과 함께 '감방'에 감금당했다.

참가자들은 보수를 받는 대가로 실험 참가에 동의했고, 따라서 참가자들은 모두 약 2주 동안 실험이 진행될 것임을 알고 있었다. 그러나 6일이 지났을 때 연구자들은 실험을 취소해야만 했다. 결과가 너무 두려워서 실험을 더 이상 계속할 수 없었기 때문이었다. 짐바르도는 그 상황을 다음과 같이 설명했다.

> 대부분의 참가자들에게나(연구자들에게나) 더 이상 어디까지가 현실이고 어디부터가 (단순한) 역할인지 그 한계가 분명하지 않게 되었다. 대부분의 참가자들은 진짜 죄수나 간수처럼 되고 말았으며, 역할 수행과 자기를 분명하게 구분할 수 없게 되었다. 그들의 행동, 사고, 감정의 모든 측면에서 실제로 극적인 변화가 있었다. 일주일도 채 안 된 감옥 생활의 경험이 (일시적으로나마) 일생 동안 배운 것들을 지워 버렸으며, 인간의 가치가 정지되었고, 자기개념이 도전받았으며, 인간 본성의 가장 추악하고 가장 비열한 병리적 측면이 표면으로 드러났던 것이다. 죄수인 학생들은 자기가 살기 위해 그리고 간수에 대한 끓어오르는 증오심을 이기지 못해 도주만 생각하는 비굴하고 비인간적인 로봇이 된 반면, 간수인 학생들이 죄수인 학생들을 야비한 동물처럼 다루면서 잔인한 짓을 즐기는 것을 보고 연구자들은 두려움에 빠졌다. (Zimbardo, 1972, p. 243)

연구자들이 생각했던 것보다 훨씬 더 빠르고 훨씬 더 철저하게 '실험이 현실이 되어 버렸다.'

스탠퍼드대학교의 감옥 실험은 상상을 초월하는 상황의 위력을 증명한 것이다. 또한 감옥 같은 상황에서 작동하는 조직규범의 힘을 보여 주는 것이다. 참가자들이 죄수 역할과 간수 역할을 무선적으로 배정받았다는 사실을 명심하라. 참가자들의 성품이나 배경으로는 그들의 행동을 전혀 설명할 수가 없다. 비록 간수 역할과 죄수 역할을 수행하는 사람들이 본질적으로 그들이 원했던 어떤 방식으로 상호작용할 수는 없었다고 하더라도, 집단의 상호작용은 부정적이고 적의적이고 비인간적인 경향이 있었으며, 이는 실제 감옥에서 일어나는 상호작용과 매우 유사한 형태이다. 이러한 발견이 시사하는 바는 상황 그 자체, 즉 감옥이라는 바로 그 상황이 너무나 병리적이어서 정상적인 개인의 행동을 왜곡시키고 바꿀 수 있다는 것이다.

스탠퍼드대학교의 감옥 실험이 수행된 지 40년이 넘었다. 미국의 감옥 정책은 그로부터 교훈을 얻었는가? 감옥 내 조직규범과 절차는 개선되었는가? 불행하게도 그렇지 않다. 적어도 미국에서는 그 절차가 개선되지 않았다. 실제로 짐바르도와 원래 공동 연구자 중의 한 사람은 미국의 사법 정책이 감옥 내 상황의 위력에 관한 자신들의 널리 알려진 실험의 교훈에 눈을 감고 있다고 주장해 왔다(Zimbardo, 2007; Haney & Zimbardo, 1998 참조). 하나의 예로서 짐바르도(Zimbardo, 2007)는 스탠퍼드대학교 감옥 실험과 아부그라이브에 있는 이라크 포로수용소에서 미군에 의해 자행된 죄수들에 대한 잔인하고 비인간적인 취급 간에 소름 끼치도록 닮은 점이 있음을 상세하게 서술했다.

스탠퍼드대학교 감옥 실험은 그 외에 다른 이유로도 여전히 살아 있는 논쟁거리로 남아 있다. '리얼리티 TV'를 지향하는 추세에 따라 2002년에 영국의 BBC방송이 짐바르도의 유명한 연구를 모사한 〈익스페리먼트(The Experiment)〉를 방영했다(Reicher & Haslam, 2006; Zimbardo, 2006 참조). 모사한 연구의 결과는 짐바르도의 1970년대 초 연구에서 얻은 결과와 완전히 달랐다. 실제로 BBC의 감옥 연구에서는 죄수들이 재빨리 간수들을 지배하기에 이르렀으며, 우울증에 걸리고 스트레스를 받고 편집증 환자가 된 것은 죄수들이 아니라 간수들이었다. 어느 시점에 이르러서는 수감자들과 교도관들이 '코뮌(commune)'을 닮은 화목한 집단을 형성하기도 했다. 짐바르도는 BBC 프로젝트가 무책임하고 비과학적임을 지적하면서 BBC 프로젝트를 신랄하게 비판했다(Zimbardo, 2006). 짐바르도는 자신의 최초 연구와 TV 방영용 모사 연구 간의 수많은 차이를 조목조목 지적했는데, 여기에는 영화 제작 관계자들의 끊임없는 공공연한 감시 같은 것이 포함되어 있다. 짐바르도는 감시와 대중에게 해명해야 할 책임감만으로도 죄수에 대한 박해가 제거될 수 있다고 주장한다.

## 집단 의사결정

많은 의사결정이 개인에 의해서가 아니라 집단에 의해서 결정된다. 한 가족의 구성원들은 가족 휴가를 어디로 갈지를 함께 결정한다. 배심원단은 피고의 유죄 여부를 판단한다. 시의회는 재산세를 올리는 안건을 놓고 투표한다. 이와 같은 의사결정은 개인의 의사결정과 비교하여 어떻게 다른가? 집단 의사결정이 더 나은가, 더 못한가? 또는 더 모험적인가, 더 신중한가? 우리가 이 절에서 다루려고 하는 것은 이런 질문이다.

### 집단극화

1950년대에는 집단에 의한 의사결정이 대개 신중하고 보수적이라는 신념이 널리 퍼져 있었다. 예를 들어 위원회에 의한 여러 가지 사업 결정이 점점 더 많아지고 있었기 때문에 앤드루 카네기 같은 기업가의 과감하고 혁신적인 모험 선택은 과거의 일이라는 주장이 있었다(Whyte, 1956). MIT 경영대학원의 학생이었던 제임스 스토너는 이런 가정을 검증해 보기로 결정했다(Stoner, 1961).

스토너의 연구에서는 실험 참가자들에게 여러 가지 가상적인 딜레마 상황을 고려해 보라고 지시했다. 어떤 상황에서 한 전기 기술자는 충분하지는 않지만 적당한 급여를 받고 있는 현재 일자리를 고수할 것인지, 혹은 더 많은 돈을 주는 새로운 회사의 일자리, 즉 성공한다면 동업도 가능하지만 장기적인 안정성을 보장할 수 없는 벤처 기업의 일자리를 택할 것인지를 결정해야만 한다. 또 어떤 상황에서는 심한 심장병을 앓고 있는 한 남자가 병 치료를 위해 지금까지의 생활 방식을 완전히 바꾸는 방법을 취할 것인가, 아니면 병을 완치할 수 있는 수술이긴 하지만 자칫 목숨을 잃을 수도 있는 수술을 받는 쪽을 택할 것인가의 기로에 서 있다. 참가자들에게 그 사람에게 더 모험적인 결정 과정을 시도해 보라는 조언을 하기 전에, 성공 가능성이 어느 정도이면 추천할 만한지를 따져보라고 했다. 예를 들어 새로운 모험이 성공할 가능성이 5/10 혹은 3/10 혹은 1/10일 때 그 전기 기술자에게 추천한다면 점점 더 모험적인 일자리를 택하라고 권하는 것이 된다고 할 수 있다. 이와 같이 숫자로 나타낸 가능성을 이용함으로써 스토너는 서로 다른 의사결정의 모험 정도를 양적으로 비교할 수 있었다.

처음에 참가자들은 단독으로 여러 가지 결정을 했다. 그다음에 그들은 집단으로 모여서 각 딜레마에 대한 결정을 했다. 집단 토의를 하고 난 후에 그들은 다시 그 딜레마에 대해 혼자 단독으로 다시 결정했다. 집단 의사결정을 (집단 의사결정 이전의) 단독 의사결정 평균과 비교해 보았을 때, 스토너는 집단 의사결정이 개인들의 최초 의사결정보다 더 모험적이었음을 발견했다. 더욱이 이러한 변화는 집단 의사결정에 대한 공개적인 동조를 반영하는 것이 아니라 집단 성원들의 진정한 의견 변화를 반영하는 것이었다. 즉 집단 토의를 하고 난 이후에 이루어진 개인 의사결정이 최초의 개인 의사결정보다 의의 있게 더 모험적으로 변했던 것이다.

이러한 발견은 다른 연구자들에 의해서도 반복해서 검증되었는데, 가상적인 모험 상황이 아니라 실제적인 모험을 제시했던 상황에서도 동일한 결과를 발견했다(Bem et al., 1965; Wallach et al., 1962, 1964). 처음에는 이 현상을 **모험이행 효과**라고 불렀다. 그러나 이것은 현상의 특징을 정확하게 반영하지 못하는 것으로 판명되었다. 초기 연구에서조차 집단 의사결정은 한두 가지 가상적인 딜레마 상황에서 신중한 (또는 보수적인) 방향으로 변화하는 경향이 적지만 일관되게 나타났다(Wallach et al., 1962). 지금 이 현상은 **집단극화 효과**group polarization effect라고 불리는데, 그 이유는 훨씬 더 많은 연구가 수행되고 난 후에 보니 집단 의사결정이 언제나 더 모험적인 것은 아니었고 개인 의사결정보다 더 극단적인 결정이었다는 사실이 분명해졌기 때문이다. 만약 집단 성원들이 특정한 딜레마 상황에서 최초에 모험 쪽으로 치우쳐 있다면 그 집단의 의사결정은 더 모험적인 결정이 될 것이다. 만약 집단 성원들이 최초에 신중한 쪽이었다면 그 집단은 한층 더 신중한 결정을 내릴 것이다(Myers & Lamm, 1976).

집단극화 효과에 대한 300개 이상의 연구가 수행되었고, 중요한 관련 변인이 다루어졌다. 예를 들어 한 연구에서는 진짜 강도들이 실제로 여러 집을 미리 둘러보고 난 다음에 각 집이 얼마나 털기 쉬운 집인가에 대한 개인 추정치와 집단 추정치를 내놓았다. 개인 추정치에 비해 집단 추정치가 더 보수적이었다. 즉 집단으로서는 자신들이 둘러본 집들을 성공적으로 털기가 더 어렵다고 평가했다(Cromwell et al., 1991).

**집단극화는 종종 배심원단에서 생기는데, 특히 그들이 만장일치의 결정을 내려야 할 때 그렇다.**

집단극화는 모험이냐 신중이냐를 넘어서는 문제이다. 예를 들어 집단 토의 결과 대통령에 대한 프랑스 학생들의 최초의 정적 태도는 한층 더 정적으로 바뀌었고, 미국인에 대한 최초의 부적 태도는 한층 더 부적으로 바뀌었다(Moscovici & Zavalloni, 1969). 이와 유사하게 배심원단도 더 극단적인 평결을 내린다(Isozaki, 1984). 배심원단에서의 극화는 (피고가 유죄이냐 무죄이냐 같은) 사실 문제와 관련된 판단에 대해서보다는 (유죄가 인정된 피고에게 적정 형량을 정하는 것 같은) 가치 및 의견과 관련된 판단에 대해 발생할 가능성이 더 높다. 그리고 그들에게 만장일치의 결정을 하도록 요구하는 경우에 집단극화를 보일 가능성이 가장 높다(Kaplan & Miller, 1987).

집단극화 효과에 대한 많은 설명이 수년에 걸쳐 제시되었지만, 가장 철저한 검증을 거친 두 가지 설명은 앞에서 우리가 다수 집단에 대한 동조를 논의하면서 고찰했던 정보적 사회 영향과 규범적 사회 영향이라는 개념이다(Isenberg, 1986). 정보적 사회 영향은 사람들이 타인을 정보의 타당한 원천으로 생각할 때 일어난다. 집단 토의 과정에서 집단 성원들은 새로운 정보를 학습하고 의사결정과 관련된 새로운 주장을 듣게 된다. 예를 들어 전기 기술자들이 거의 항상 모험적인 방향으로 결정을 내리는 사안인 새로운 벤처 사업을 벌일지에 대해 토의할 때, 집단 성원들 중에서 '전기 기술자들은 언제나 훌륭히 일을 해내므로 벤처 사업의 성공이 보장될 수 있다'고 주장하는 누군가가 나오는 것은 아주 흔한 일이다. 강도들을 대상으로 한 연구에서 보수적인 방향으로의 이행은 집단 성원 중 1명이 오후 3시쯤이면 아이들이 학교와 가까운 놀이터에서 곧 돌아올 수도 있음을 주지시키고 난 후에 일어났다.

어떤 입장을 지지하는 주장이 더 많이 제기될수록 집단이 그 입장 쪽으로 이동할 가능성은 점점 더 높아진다. 그것이 편향을 일으키기 시작하는 시점인 것이다. 즉 집단의 성원들은 최초에 선호하는 입장을 지지하는 관점만을 제시하고, 이미 공유하고 있는 정보만 가지고 토의할 가능성이 높다(Stasser et al., 1989; Stasser & Titus, 1985). 그러므로 토의는 바로 그 집단의 최초 입장을 지지하는 쪽으로 편향되고, 집단 성원 중의 많은 사람들이 설득되면서 집단이 그 입장 쪽으로 이동하게 되는 것이다. 흥미롭게도 집단극화 효과는 실험이 시작되기 전에 모든 참가자들에게 폭넓은 주장이 담긴 목록을 제공해 준 경우에도 일어나는데, 이것은 정보적 사회 영향에만 토대를 두는 (집단극화 효과에 대한) 설명을 의심케 하는 발견이다(Zuber et al., 1992).

기억하겠지만, 규범적 사회 영향은 사람들이 집단으로부터 호감을 받거나 수용되기를 원할 때 일어난다. 이런 형태의 사회 영향 아래에 있는 사람들은 그들 자신의 관점을 집단의 규범과 비교한다. 토의 과정에서 그들은 다른 성원들이 자신과 유사한 태도를 가지고 있거나 자신의 태도보다 한층 더 극단적인 관점을 가지고 있음을 알게 된다. 만약 그들이 집단(성원들)에게 자신이 호의적으로 보이기를 간절히 바란다면 집단의 입장에 동조하거나 그 집단보다 더 극단적인 입장을 나타내기까지 할 것이다. 한 연구자가 언급했듯이 '올바른 방향과 올바른 정도로 평균과의 차이를 벌리는 것은 … 미덕이 된다.'(Brown, 1974, p. 469)

하지만 규범적 사회 영향은 단순한 동조 압력이 아니다. 집단은 종종 그 성원들을 위한 참조틀, 즉 집단 성원들이 그들의 최초 입장을 재평가하는 맥락이 되어 준다. 집단극화 실험에서 자주 일어나는 하나의 흥미롭고 흔한 현상이 이것을 예시해 준다. 예를 들어 전기 기술자가 직면한 딜레마에 대한 토의를 하는 집단의 한 성원이 확신에 차서 다음과 같이 말함으로써 토의를 시작했다. "내가 느끼기에 이 친구는 정말 여기서 기꺼이 모험을 감행해야 할 거야. 이 친구는 성공할 확률이 5/10일 뿐이라 하더라도 새 사업을 벌여야 할 거야." 다른 성원들은 고개를 갸우뚱했다. "당신 생각에 5/10의 성공 확률이 모험이라는 거야? 만약 이 친구가 할 마음만 있다면 성공 확률이 1/10이라 하더라도 새 사업을 벌여야 한다고. 내 말뜻은 이 친구가 실제로 잃는 것이 무엇이냐는 거지." 모험 감행자로서의 명성을 되찾고자 열망하는 최초의 발언자는 재빨리 자신의 입장을 한층 더 모험적인 방향으로 바꾸었다. '모험성'을 재정의함으로써 집단은 집단 자체의 결정과 집단 성원들의 토의 후 태도 둘 다를 모험 쪽 극단으로 이동했다(Wallach et al., 1962; 저자들의 주석).

이러한 사례가 예시하듯이 정보적 사회 영향과 규범적 사회 영향은 집단 토의에서 동시적으로 발생한다. 그래서 여러 연구는 그 둘을 구분하려고 시도해 왔다. 어떤 연구가 보여 준 결과에 따르면 집단극화 효과는 참가자들이 집단의 다른 성원들의 실제 입장을 알지 못하고서 단순히 집단의 주장을 듣는 경우에 일어난다(Burnstein & Vinokur, 1973, 1977). 이것은 정보적 사회 영향 그 자체가 극화를 일으키는 충분조건임을 증명하는 것이다. 다른 연구가 보여 준 결과에 따르면 집단극화 효과는 사람들이 다른 성원들의 입장은 알지만 그들의 어떤 지지 주장도 듣지 못한 경우에도 일어난다. 이 같은 결과는 규범적 사회 영향 그 자체가 집단극화를 일으키는 충분조건임을 증명하는 것이다(Goethals & Zanna, 1979; Sanders & Baron, 1977). 그러나 대체로 정보적 사회 영향의 효과가 규범적 사회 영향의 효과보다 더 크다(Isenberg, 1986).

## 집단사고

'우리가 어떻게 그토록 멍청할 수 있었단 말인가?' 이 말은 1961년 카스트로 정권을 전복하기 위해 쿠바의 피그스 만 침공을 도모하려다가 실패한 자신의 행정부 관료들에 대한 케네디 대통령의 반응이었다. 그 침공 계획은 여러 수준에서 잘못된 것이었다. 예를 들어 최초의 상륙에 실패하면 침략자는 산 속으로 퇴각하기로 되어 있었다. 하지만 계획을 세운 집단(위원회)의 어느 누구도 지도를 철저하게 연구한 사람이 없었으며, 따라서 어떠한 군대도 상륙 지점과 산을 가로지른 약 130km의 늪지대를 통과할 수 없다는 사실을 깨닫지 못했다. 이미 밝혀졌듯이 이것이 문제가 아니었다. 왜냐하면 침공군이 퇴각 상황에 이르기도 전에 전멸당하게 된 데는 다른 오판이 있었기 때문이다.

그 침공은 대통령과 소규모의 자문위원들이 고안하고 계획한 것이었다. 쿠바 피그스 만 침공 계획의 고문 중 한 사람인 역사가 아서 슐레진저 주니어는 4년 후 기고에서 다음과 같이 스스로를 질책했다.

> 반론을 폈더라도 골치 아픈 존재로 낙인찍힐 뿐 별다른 소용이 없었을 것임을 알기 때문에 나의 죄책감이 완화되기는 하지만, 대통령 자문실에서 있었던 이러한 결정적 토의 과정에서 침묵을 지키고 있었던 나 자신을 질책할 수밖에 없다. 이러한 터무니없는 일에 대해 경적을 울리려 했던 한 사람의 충동이 토의 분위기의 정황에 의해 허사가 되었다고 말하는 것이, 그때 내가 왜 소심하게 몇 가지 질문밖에는 제기하지 못했는지에 대한 설명이다. (Schlesinger, 1965, p. 255)

집단이 재난을 초래할 이와 같은 행위 과정을 밟도록 만든 '토의 분위기의 정황'은 무엇이었던가? 슐레진저의 설명을 읽고 난 후에 사회심리학자인 어빙 재니스는 한 집단의 성원들이 집단 합의에 대한 관심으로 그들 자신의 이견을 억누르도록 만드는 현상을 기술하기 위해 **집단사고** groupthink라는 용어를 도입했다(Janis, 1982). 여러 가지 다른 대외 정책 결정을 분석한 뒤에 재니스는 집단사고의 원인과 결과를 기술하는 폭넓은 이론 하나를 발표했다.

재니스의 이론에 따르면 집단사고는 (1) 의사결정자들로 구성된 집단의 응집력이 높은 경우, (2) 집단이 외부 영향으로부터 고립된 경우, (3) 서로 다른 행위 과정에 관한 찬반 양론을 모두 고려할 수 있게 해 주는 체계적인 절차가 없는 경우, (4) 집단의 리더가 지시적이고 특정 입장을 분명하게 선호하는 경우, (5) 종종 외부 위협과 최근의 실패, 도덕적 딜레마, 그리고 실행 가능한 대안의 부족에 기인하는 스트레스가 높은 경우에 발생한다. 이 이론은 위의 조건들이 집단 합의를 달성하고 유지하려는 강한 욕구, 그리고 이견의 제시 때문에 집단이 동요되는 일이 없도록 하려는 강한 욕구를 촉진한다는 것이다.

재니스는 집단사고의 결과나 징후에는 (1) (자신들의 집단이) 완전무결하고 높은 도덕성을 지니고 있으며 만장일치를 이루고 있다는 착각을 공유함, (2) 이단자에 대한 직접적인 압력, (3) (슐레진저 설명의 주석처럼) 자가검열, (4) 결정의 장점과 약점에 대한 현실적인 검토가 아닌, 결정에 대한 집단적인 합리화, (5) 결정의 효과성이나 도덕성에 도전할 수 있는 정보를 고려하지 못하도록 막음으로써 집단을 보호하고자 하는 일부 성원들, 즉 집단 성원들의 마음을 감시하는 파수꾼임을 자처하는 일부 성원들이 포함된다고 주장했다. 예를 들어 검찰총장(케네디 대통령의 동생인 로버트)은 사적으로 슐레진저에게 '대통령은 이미 마음을 굳혔다. 더 이상 괴롭히지 말라'고 경고했다. 국무장관은 쿠바 침공에 반하는 경고를 했던 정보 전문가들의 정보를 보류했다(Janis, 1982). 재니스는 집단사고의 이러한 징후가 결합되어서 불완전한 정보 탐색과 비상 대책의 결여 같은 의사결정 과정에서의 치명적인 결함을 낳고, 이러한 결함이 형편없는 결정을 내리게 한다고 제안했다.

재니스의 집단사고 이론은 사회심리학 내에서, 사회과학 영역에서, 문화 전반에서 매우 큰 영향력을 발휘해 왔다(Turner & Pratkanis, 1998b). 그러면서도 이 이론은 또한 날카로운 비판을 받았다(예: Fuller & Aldag, 1998). 첫째, 이 이론은 실험실 실험보다는 임의로 선정한 사례에 대한 역사적 분석에 더 근거하고 있다는 것이다. 이에 덧붙여 이 이론을 검증했던 몇 안 되는 실험조차도 일관된 결과를 보이지 않고 제한된 지지 결과만을 산출했다. 한 가지 예로서, 응집력이 높은 집단이 집단사고에 빠질 가능성이 가장 높다는 재니스의 주장은 경험적으로 검증되지 못했다. 응집력이 높은 집단은 실제로 심리적 안전감을 제공하며, 심리적 안전감은 집단 학습과 수행을 증가시키는 것으로 보인다(Nembhard & Edmondson, 2006). 실험적 자료에 의해 지지를 받은 후에 수정한 이론에서는 집단 응집력이 집단의 정적 이미지에 대한 위협과 결합되어 있을 때만 형편없는 결정을 산출한다고 주장했다. 이와 같은 위협에 직면하면 집단 성원들은 주의의 초점을 그들의 정적인 집단 정체성을 보호하고 유지하는 목표에 국한하게 되는데, 주의의 초점이 이러한 목표에 국한되는 데 따른 대가는 효과적인 의사결정의 손실이다(Turner & Pratkanis, 1998a).

또 하나의 수정된 이론에서는 집단이 지닌 사회규범의 특유한 내용에 따라 집단사고가 생기기도 하고 생기지 않기도 한다고 주장한다. 사회규범이란 용납될 수 있는 행동과 신념이 무엇인지를 가리키는 내현적이거나 외현적인 규칙임을 상기하라. 집단의 규범이 합의 유지를 선호하는 것인 경우에는 집단사고의 유해한 효과가 발효됨으로써 결국 형편없는 의사결정에 이르게 된다. 집단의 규범이 비판적 사고를 선호하는 것인 경우에는 집단 결정의 질이 향상된다. 한 실험에서 이 생각을 검증했다(Postmes et al., 2001). 이 실험에서 연구자들은 여러 집단(각 집단이 4명의 대학생으로 구성됨)을 합의 추구 규범을 촉구하는 과제(함께 포스터를 만드는 과제) 또는 비판적 사고 규범을 촉구하는 과제(대중의 인기를 끌지 못하는 정책[안]을 놓고서 토의하는 과제)를 수행하는 조건에 무선적으로 배정함으로써 집단 규범을 조작했다. 그런 다음 모든 집단이 앞의 과제와 관계없는 집단 의사결정 과제에 참가했다. 연구자들은 집단 토의 전과 후에 의사결정의 질을 평가했다. 그림 17.8을 살펴보면 집단 규범이 합의를 선호하는 규범일 때는 집단 토의가 의사결정의 질을 전혀 향상하지 않았지만, 집단 규범이 비판적 사고를 선호하는 규범일 때는 집단 토의가 의사결정의 질을 극적으로 향상했음을 알 수 있다. 주목해야 할 것은 이 개정된 집단사고 이론이 앞에서 서술한 몰개성화의 수정된 이론적 개념을 반영하고 있다는 점이다. 두 경우 모두에서 집단 응집력이나 개인의 익명성 같은 집단의

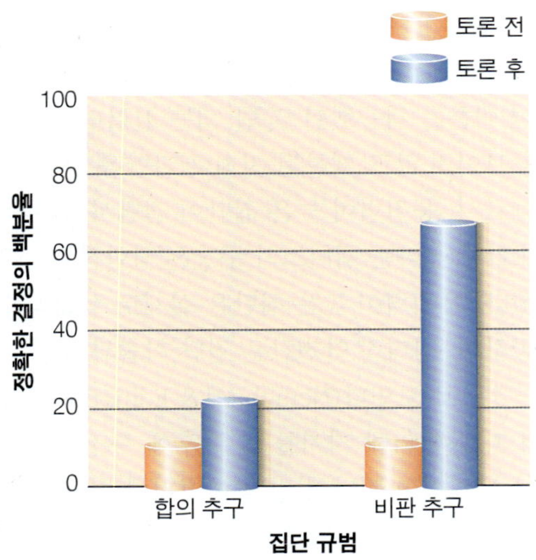


**그림 17.8 집단 규범과 집단 의사결정의 효율성.** 집단 규범은 집단 의사결정의 질에 영향을 미칠 수 있다. 이 실험에서 합의 추구 규범을 가진 집단이 내린 결정은 집단 토의의 이득을 보지 못한 반면에, 비판적 사고 규범을 가진 집단은 집단 토의가 이득을 본 결정을 내렸다.

일반적인 특징보다는 상황 특유의 사회규범이 행동을 더 많이 좌우하고 있다.

집단의 규범에 대한 이 연구는 집단사고의 해로운 영향을 최소화하기 위한 한 가지 방법에 주목했다. 즉 대학 교육의 목적이기도 한, 비판적 사고를 고취하는 규범을 조장하면 더 나은 의사결정을 산출할 수 있을 것이다. 집단의 결정을 향상할 다른 방법으로는 집단 내에 훈련받은 촉진자를 두어 아이디어를 충분히 공유하도록 조장하는 역할을 맡기는 것과, 개인별로 아이디어를 산출하는 회기와 집단으로 아이디어를 산출하는 회기를 번갈아 가며 실시하는 방법이 있다. 또 하나의 좋은 책략은 집단을 이질적인 사람들로 구성하는 것이다. 각양각색의 성원들로 구성된 집단은 동질적인 집단보다 광범위한 아이디어를 생성할 가능성이 더 높다(Paulus, 1998). 또한 집단 내의 다양성은 다른 장점도 가지고 있다. 미국 전역의 대학생들을 대상으로 실시한 조사에 따르면, 대학 학급이 다양한 민족으로 구성되어 있는 경우와 학급 외적으로도 다양한 민족 배경을 지닌 동료들과 사사로이 상호작용을 할 때 유럽계 미국인, 아프리카계 미국인, 아시아계 미국인, 라틴계 미국인 등 모든 민족 배경의 학생들에게서 더 높은 지적 몰입과 지적 능력의 달성이 있었다. 이에 덧붙여 대학의 민족적 다양성은 민주주의 발전에 일익을 담당하는 조망의 수용이라든가, 기타 민주주의를 발전시키는 기술을 촉진한다(Gurin et al., 2004). 그러나 민족적 다양성이 더 나은 개인적 성과와 집단의 성과를 산출한다고 하더라도 차별 철폐 조치를 펴는 정책의 가치에 대해서는 뜨거운 논쟁이 계속되고 있다. 이러한 논쟁에 들어 있는 두 가지 사회심리학적 측면은 이 장의 찬반 논쟁에서 볼 수 있다. 이러한 논문에 담긴 아이디어, 즉 우리가 자기 자신이나 다른 사람의 성공 원인을 추론하는 방식이나, 편견인 고정관념의 자기충족적 본질 등의 아이디어 대부분은 (사회심리학을 소개하는 2개의 장 중 두 번째인) 18장에서 더 자세히 설명할 것이다.

### 중간 요약

- 조직은 조직 내에서 주요 역할을 맡는 성원들의 행동을 강력하게 지배하는 규범을 가지고 있다. 조직의 규범이 어떻게 집단 상호작용을 조성하는지를 보여 주는 예는 스탠퍼드대학교에서 수행한 감옥 실험인데, 이 실험에서는 평범한 젊은이들에게 모의 감옥의 '죄수'와 '간수'의 역할을 배정했다.
- 집단은 의사결정을 할 때 종종 집단극화 현상을 보인다. 즉 집단의 의사결정은 집단 성원들의 최초 입장과 방향은 같되 최초 입장보다 더 극단적인 결정이 된다. 이것은 단순히 공개적인 동조가 아니다. 집단 토의를 거친 후에는 집단 성원들의 사적 태도가 바뀌는 것이 전형적인 현상이다.
- 집단극화 효과는 부분적으로 정보적 사회 영향, 즉 집단 성원들이 새로운 정보를 알고 의사결정과 관계된 신기한 주장을 듣게 됨으로써 받는 영향에 기인한다. 또한 집단극화는 규범적 사회 영향, 즉 집단 성원들이 자신들의 최초 견해를 집단의 규범과 비교하는 데에서 받는 영향 때문에 생기기도 한다. 집단 성원들은 비교하고 나서 자신들의 입장을 다수 집단의 입장에 동조하는 방향으로 조정한다.
- 크게 실패한 외교 정책에 관한 의사결정을 분석하고 제출한 제안서에서는 응집력이 높은 의사결정자 집단은 성원들이 집단의 합의를 위해 자신의 이견을 억누르는 함정, 즉 집단사고의 함정에 빠질 수 있다고 했다. 그 후의 연구는 집단 응집력보다는 집단의 정적인 정체성 및 합의 추구라는 집단 규범에 대한 위협이 더 큰 문제라고 제안했다. 비판적 사고를 옹호하는 규범을 조성하고 집단의 다양성을 증가시킴으로써 집단의 성과를 향상할 수 있다는 증거가 있다.

### 비판적 사고를 위한 물음

1. 스탠퍼드대학교 감옥 실험에서 위력을 보였던 것 같은 조

직의 규범이 그러한 조직에 처음 들어온 성원들에게 어떻게 전달되는가? 신입 성원들로 하여금 조직의 규범에 동조하도록 만드는 과정에서 정보적 사회 영향, 규범적 사회 영향과 방관자 모두의 무지가 하는 역할은 무엇인가?

2. 배심원단의 심의 과정에서 정보적 사회 영향과 규범적 사회 영향이 어떻게 집단극화를 일으킬지에 대해 토의해 보라. 집단사고가 어떻게 작용해서 그와 같은 심의에 영향을 미칠 수 있을까? 이러한 현상 중 일부가 실제로 있었다고 여겨지는 구체적인 심의 사례를 하나 생각해 보라.

## 요점 재정리: 불가사의한 현상에 대한 사회심리학적 견해

이 장을 시작할 때 불가사의해 보이고 우리를 전율케 하는 인간 행동의 몇 가지 예를 최근에 발생한 사건과 역사에서 뽑아 소개했다. 어떻게 공중 납치범들이 납치한 비행기를 몰아 세계적으로 유명한 마천루 빌딩으로 돌진하여 자신과 승객은 물론이고 빌딩에서 근무하는 사람들과 방문객 수천 명의 목숨을 앗아 갈 수 있단 말인가? 어떻게 광신도들이 '대의'라는 것을 위해 독극물을 마실 마음을 먹었을까? 어떻게 군 장교들이 무고한 수백만 명의 죽음을 획책하고 감독하는 일이 생기는 것일까?

이러한 수수께끼 같은 행위를 자행하는 데 가담한 사람들의 성품이나 성격 특성을 살펴봄으로써 그 행위의 원천을 캐는 일부 단서를 포착할 수 있을지 모르지만, 사회심리학의 가장 우선하는 교훈 중 하나는 만약 우리가 이 수준에서 의문 제기를 멈춘다면 기본적 귀인오류라는 과오를 범한다는 사실이다. 우리가 일상적인 행동에서 기상천외한 행동까지 인간의 다양한 형태의 사회행동을 보다 완전하게 이해하려면 상황이 발휘하는 힘 속에 들어 있는 단서도 캐내야만 한다. 또한 사람들이 지닌 정체감, 목표, 욕망과 주마등같이 변화하는 상황 간의 복잡한 상호작용을 살펴볼 필요가 있다.

사회 영향과 강력한 상황이 놀라운 방식으로 그리고 때로는 걱정스러운 방식으로 사람들의 행동을 만들 수 있다는 것은 의문의 여지가 없다. 우리가 보아 왔듯이 사회심리학자들은 상황을 해부하여, 위력을 발휘하고 있는 사회 영향의 구체적인 과정을 찾아낸다. 이 중에는 상황 특유의 사회규범, 방관자 모두의 무지, 정보적 사회 영향과 규범적 사회 영향, 현저한 역할 모델, 내면화된 이념, 집단극화 등이 있다. 이러한 과정(개념)과 또 다른 사회심리학적 개념의 작용에 대해 알고 나면 처음에는 불가사의해 보이던 행동을 설명하는 데 도움이 될 수 있다. 오로지 성격심리학적 관점에서만 본다면 많은 인간 행동은 실제로 불가사의한 것일 수 있다. 그러나 그와 달리 사회심리학은 인간 행동을 이해하는 데 유리한 관점을 제공하고 있다.

사회심리학에 관한 2개의 장 중 18장에서는 사람들이 자신들을 둘러싸고 있는 사회적 세계를 이해하려고 할 때 그들의 내부에서 작용하는 주관적 과정이 어떠한 것인지를 좀 더 자세히 살펴보려고 한다. 18장에서는 사회인지에 속하는 개념과 연구 주제를 소개할 것이다.

### 비판적 사고를 위한 물음

1. 이제 당신이 인간의 행동을 사회심리학적 관점에서 설명할 때 사용된 몇 가지 형태의 사회 영향에 대한 지식을 습득했다고 전제하자. 최근에 벌어진 자살 테러범들의 행동과 같은 극단적 행동을 설명하기 위해 특정 상황에 관한 어떤 종류의 단서를 찾을 수 있는가?

2. 당신이 어느 누군가의 행동의 원인이 무엇인지를 알아내려고 할 때 범했을지도 모를 기본적 귀인오류가 언제 있었는지 자신의 경험에서 그 예를 하나 찾아보라. 성격이나 성품에 기초한 당신의 최초 설명은 무엇이었는가? 상황의 영향을 고려한 설명으로서 어떤 설명이 가능한가?

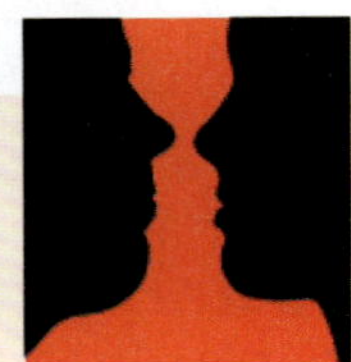

찬|반|논|쟁

# 차별 철폐 조치의 효과는 긍정적인가, 부정적인가?

## 차별 철폐 조치의 부정적인 측면

*Madeline E. Heilman*, 뉴욕대학교

대부분의 사람들은 공로에 따라 상을 주는 것이 마땅하다고 말할 것이다. 공로 때문이 아니라 누구냐에 따라서 또는 어느 집단에 소속되었느냐에 따라서 상을 준다면 무슨 일이 발생할까? 아마도 당신을 포함해서 많은 사람들이 부정적인 반응을 보일 것이다. 이것이 차별 철폐 조치 딜레마의 핵심이다. 여성과 소수 집단에 대한 비차별적 대우를 보장하기 위해 제정된 차별 철폐 조치가 공로를 고려하지 않는 특혜 선발과 우대에 지나지 않는다고 간주되기에 이르렀다(Haynes & Heilman, 2004; Haynes, 출판 중). 물론 이것은 현실을 그대로 묘사하고 있는 것이 아닐지 모른다. 그렇지만 문제가 되고 있는 것은 바로 차별 철폐 조치에 대한 이러한 지각이다. 이러한 지각은 수많은 좋지 못한 결과를 초래한다.

첫째, (영국에서는 때때로 '긍정적 차별'이라고 일컬어지는) 차별 철폐 조치는 예정된 수혜자를 능력 결여자로 보이게 함으로써 그들에게 낙인을 찍는 것이 될 수 있다. 만약 당신이 누군가가 공로에 기초한 것이 아니라 특혜로 선발되었다는 것을 알게 된다면 그 사람의 자질을 '평가절하'할 가능성이 높아진다. 실제로 차별 철폐 조치의 도움이 없었다면 그 사람이 선발되지 못했을 것이라고 생각할 가능성이 높다. 차별 철폐 조치와 능력 결여 추론을 연계시킨 연구가 있다(Garcia et al., 1981; Heilman et al., 1992). 그 연구들은 실험실에서도 수행되었고 현장에서도 수행되었는데, 실험실에서는 실험 참가자들에게 피고용인의 기록을 검토하게 했고, 현장에서는 같은 작업조의 동료 작업자들을 평가하게 했다. 표적 인물인 수혜자가 여성이거나 소수 인종 집단의 성원인 경우에 능력 결여 추론이 발견되었고, 실험 참가자가 남성이냐 여성이냐, 또는 학생이냐 현직 종사자이냐에 따라서도 능력 결여 추론이 발견되었다(Heilman et al., 1997). 이러한 능력 결여의 추론은 차별 철폐 조치가 외현적으로 제시되지 않고 다만 가정되는 경우에도 발견되었다. 즉 여성이나 흑인이 '다양성 우선 원칙'에 의해 선발된 경우에도 능력 결여 추론이 발견되었다(Heilman & Welle, 2006). 실제로 사람들은 여성이나 소수 집단 성원의 선발이 통상적인 경우가 아닐 때 그것이 차별 철폐 조치의 혜택이라고 가정한다. 그 결과, 차별 철폐 조치의 혜택을 받은 적이 없는 사람들이 낙인찍히는 피해를 입고 있다(Heilman & Blader, 2001).

차별 철폐 조치의 두 번째 부정적인 결과는 비수혜자에 관한 것이다. 여성과 소수 집단이 특혜를 받아 선발되었다고 생각될 때, 전통적인 선발 방식이었다면 자신이 직업을 가질 수 있었을 사람들은 실제로는 자신이 더 자격이 많다고 느끼며, 그 결과 자신이 부당하게 탈락했다고 느낀다(Nacoste, 1990). 이것이 차별 철폐 조치에 맞서는 '반대 운동'의 주요 이유로 내세운 주장이다.

차별 철폐 조치에 의해 부당하게 탈락했다고 느끼는 데에서 유감스러운 부산물이 생긴다는 증거가 있다. 한 연구에서 남성 참가자를 곧이어 특혜 선발되는, 즉 성에 기초해서 보다 더 바람직한 역할을 맡게 되는 여성 참가자와 짝을 지었다(Heilman et al., 1996). 그 여성이 더 기술이 많고, 그래서 두 사람 중 그 과제를 맡을 자격이 더 많은 여성이라고 알게 된 남성 참가자들에 비해, 자신이 그 여성보다 더 기술이 뛰어나다고 생각하는 남성 참가자들은 물론이고, 기술이 동등하다고 생각하는 남성 참가자들조차 동기가 더 많이 저하되고, 더 화가 나고, 더 불만스럽다고 보고했다.

차별 철폐 조치의 세 번째 부정적인 결과는 예정 수혜자에게 미칠 가능성이 있는 영향에 관한 것이다. 이율배반적으로, 차별 철폐 조치가 도움을 주고자 의도했던 대상 인물들에게 오히려 해를 입히는 경우가 때로는 생길 수 있다. 사람들이 관계도 없는 준거에 의해 특혜로 선발되었다고 믿게 되는 경우에는 그 사람의 자기개념에 찬물을 끼얹는 효과가 발생할 수도 있다. 실험 참가자들이 바람직한 과제 역할(즉 리더 역할)을 맡는 사람으로서 공로에 의해 선발되거나 성에 기초해서 특혜로 선발되는 상황을 재연해 놓은 일련의 실험실 실험에서 특혜 선발이 부정적인 자존감을 갖게 만들 수 있다는 증거를 찾아냈다. 반복된 연구에서 특혜로 선발된 남성들은 그렇지 않았는데, 특혜로 선발된 여성들은 자신의 실적을 더 부정적으로 평정하고, 자신의 리더십 능력이 더 많이 부족하다고 평정하고, 더 간곡히 리더십 역할을 포기하고자 했으며, 요구하는 일에서도 후퇴하고 도전하는 일에서도 꽁무니를 뺐다(이러한 연구의 개관은 Heilman & Haynes, 2006 참조). 또한 문제해결에 관한 연구(Brown et al., 2000)에서 보여 주듯이 특혜 선발로 인해 생긴 부정적인 자기개념이 과제 수행에 악영향을 미칠 수 있다는 증거가 있다. 끝으로, 의도적으로 차별 철폐 조치의 수혜자가 된 사람들은 다른 사람들이 자신을 능력 결여자로 낙인찍는다는 생각에 큰 부담을 안게 된다. 이것은 승진에 필수적인 과제이기는 하지만 실패 위험이 큰 과제에 무모하게 도전하도록 만들 수 있다(Heilman & Alcott, 2001). 그래서 대학 입학에서의 차별 철폐 조치에 대한 생각이 자기충족적 고정관념에 신경을 쓰는 흑인과 라틴계 신입생들의 수행에 영향을 준다는 것은 놀랄 일이 아니다(van Laar et al., 2008). 이러한 결과가 발생하는 것을 볼 때, 차별 철폐 조치는 현재 이해되고 있는 것처럼 그 원래의 목적을 손상할 수 있다. 차별 철폐 조치와 연관된 낙인은 고정관념적 사고와 편견적 태도를 불식시키기보다는 부추기기 십상이다. 개인에게서 자신의 공로로 무언가를 달성했다는 데에서 얻는 만족감과 자부심을 박탈하면 자기효능감을 떨어뜨리고 자기열등감을 촉발함으로써 해를 끼칠 수 있다. 또한 이것이 다른 사람들의 부정적인 기대를 충족하게 될지 모른다는 불안감을 조성하고, 수행을 저하시킬 수 있다. 그리고 인구학적 요건에 부합되지 않는다는 이유로 부당하게 고용 기회를 잃었다고 느끼는 데에서 오는 욕구 좌절이 작업 현장의 긴장과 집단 간 적개심을 격화시킬 수 있다. 그래서 역설적으로, 차별 철폐 조치가 여성과 소수 집단의 고용 기회를 확장해 주었음에도 불구하고, 그 조치로써 해소하고자 했던 문제를 불러일으키는 조건을 조성할 수도 있다.

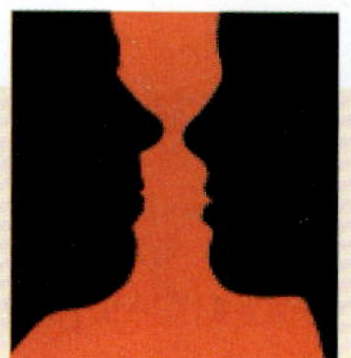

찬|반|논|쟁

# 차별 철폐 조치의 효과는 긍정적인가, 부정적인가?

## 차별 철폐 조치의 긍정적인 측면

*Faye J. Crosby,* 캘리포니아대학교(산타크루스 캠퍼스)

차별 철폐 조치가 어떻게 운용되고 있는지를 아는 미국인은 별로 없다(Crosby et al., 출판 중). 미국심리학회(APA)에 의하면 '조직이 고용이나 교육에서 차별을 없애고 그 대신에 동등 기회가 보장되도록 에너지를 쏟을 때, 차별 철폐 조치가 효력을 발생하는 것이다.' (APA, 1995, p. 5) 차별 철폐 조치는 정의(正義)를 수동적으로 받아들이는 대응 정책 이상의 것으로서, 교정 대책을 집행하기에 앞서 갈등이 분출되기까지 기다리는 조치인 것이다.

미국에서 차별 철폐 조치법은 1965년에 고용 분야에서 본격적으로 시행되기 시작했다. 이 법은 모든 정부 기관, 연방정부와 계약을 체결하는 대부분의 조직에 적용되고 있다. 오늘날 5명의 피고용자 중 1명은 차별 철폐 조치를 따르는 고용주의 조직에서 일하고 있다. 차별 철폐 조치를 따르는 고용주는 가용 인력을 계산하는 정통한 방법을 사용하여 '표적 계층'으로부터 가용 인력의 비율에 따라 유자격자를 채용하는 것을 엄수하기 위해 스스로를 감시하고 있다.

그 체계가 어떻게 운용되고 있는지를 알아보기 위해 당신 학교의 피고용자인 교수에 대해 생각해 보자. 사회과학 교수의 10%가 여성이라고(가용률이 10%라고) 가정하자. 그런데 사회과학 박사학위 소지자 중 여성의 비율은 30%이다(그러므로 가용률은 30%이다). 지적된 문제는 바로잡아야만 한다. 개선 조처는 (경직된 할당제가 아닌) 유연한 목표치의 설정과 현실적인 충원 일정을 확립하는 것이 있다.

미국에서 고용주들은 고용에서의 차별 철폐 조치를 강력하게 지지하고 있다. 2003년 미국 대법원에서 일련의 소송사건에 대한 심의가 진행되는 중에 대기업의 총수들이 차별 철폐 조치를 지지하는 소송사건 적요서(摘要書)를 제출했다(Smith & Crosby, 2008). 기업 총수들이 차별 철폐 조치법을 지지하는 이유는 조직 성원의 다양성이 증가함으로써 기업 이익이 증대했다는 사실에서 비롯된 것이었다.

교육적 맥락에서는 차별 철폐 조치에 대한 논란이 여전히 심하다. 사람들은 묻는다. 왜 성적이 낮은 지원자가 소수 인종 집단의 성원이라는 것 때문에 입학 허가를 받아야 하는가? 차별 철폐 조치는 인종적인 역차별이 아닌가?

인종에 민감한 교육 정책에 대한 그와 같은 비판이 일리 있어 보이기는 하지만, 그러한 비판은 일련의 그릇된 가정에 기초한 것이다. 엄격하게 점수에 의거해서 보상을 주어야 한다고 주장하는 것은 그 점수 자체가 편향되지 않았다고 가정하는 것이다. 실제로 입학 허가의 기준이라는 것이 미묘한 방식으로 다른 집단에 비해 일부 집단에게 부여하는 특전인 경우가 종종 있다.

캘리포니아대학교의 입학 허가 제도를 고려해 보자. 입학 허가 기준 중의 하나는 고급 과정의 교과목에는 추가점을 부여한, 고등학교에서 이수한 교과목의 평점 평균(GPA)이다. 정규 교과목에서 'A'를 받으면 4점을 얻는 반면에 고급 과정의 교과목에서 'A'를 받으면 5점을 얻는다. 심층적으로 분석한 연구가 보여 준 바는, 합리적으로 보이는 이러한 정책이 백인 학생 지원자들에게 부당 이득을 준다는 것이다. 백인 거주 지역의 고등학교는 소수 인종 거주 지역의 고등학교보다 더 많은 고급 과정의 교과목을 제공하고 있다. 그런데 놀랍게도 대학에서의 평점을 예측하는 데 있어서, 고급 과정의 교과목에서 얻은 평점을 포함한 고등학교 평점 평균과 고급 과정에서 얻은 평점을 제외한 고등학교 평점 평균이 차이가 없었다. 누가 캘리포니아대학교에서 성공적인 대학생이 될 것인지를 예측한다는 측면에서 보자면 고급 과정의 교과목에 추가점을 부여할 이유가 전혀 없는 것이다. 고급 과정의 교과목에 추가점을 부여하는 제도는 소수 집단의 학생 지원자들에게 미묘한 방식으로 불이익을 주는 제도라고 지적된 몇몇 관행 중의 하나일 뿐이다(Crosby et al., 2003).

일부 비판가들은 차별 철폐 조치가 유색 인종 학생들에게는 낙인 찍히는 느낌을 갖게 하고, 백인 학생들은 화가 나게 만든다고 주장한다(Steele, 1991). 공로를 통해 승진한 것이 아니라 정당하지 못한 특혜 조치를 통해 승진했다는 말을 듣기 좋아하는 사람은 아무도 없다(Heilman, 1994). 그렇지만 이제 수많은 연구가 밝힌 바는, 수행에 대한 긍정적인 피드백을 받은 경우, 차별 철폐 조치의 직접적인 수혜자들이 낙인찍혔다는 느낌을 갖지 않거나(Iyer, 2008), 자신들의 집단 정체성에 자부심을 갖는다는 것이다. 이와 마찬가지로 연구가 보여 주는 바는, 일반적으로 백인들이 차별 철폐 조치가 없었다면 탈락했을, 배경이 다양한 사람들과 같이 일하거나 공부하는 것을 대단히 좋아한다는 것이다(Crosby, 2004).

일부 비판가들은 차별 철폐 조치가 유색 인종 학생들을 실패자로 만드는 제도라고 주장하지만 실제로는 전혀 그렇지 않다(Crosby et al., 2006). 1951년, 1976년, 1989년에 차별 철폐 조치를 통해 24개의 명문 대학교에 입학 허가를 받은 흑인 학생 수백 명의 장기적인 성과를 살펴본 기념비적 연구가 있다. 흑인 학생들은 백인 학생들과 비슷한 비율로 졸업하고 석사 이상의 학위를 취득했다. 백인 동창생들보다 더 많은 흑인 졸업생들이 시민의 리더가 되어 자신을 키워 준 사회에 혜택을 환원하는 인물이 되었다(Bowen & Bok, 1998). 법학대학원 입학 허가 제도에 관한 논란의 여지가 많은 연구(Sander, 2004)가 보웬과 복의 결론에 도전했지만 이 연구도 검증을 거쳐야 할 측면이 남아 있다(Gills et al., 2007). 또한 연구들은 다양성이 풍부해진 대학 상황 덕분에 백인 학생들이 지적으로 이득을 본다는 사실을 밝혔다(Gurin, 2004).

## 전체 요약

1 사회심리학의 최우선 교훈 중 하나는 상황이 인간 행동을 이끌어 내는 막강한 위력이 지녔다는 사실이다. 이와 관련된 또 하나의 교훈은 이렇듯 막강한 상황의 힘이 종종 눈에 보이지 않는 것이라는 사실과, 우리가 성격이나 성품으로 인간 행동의 인과관계를 찾는 오류를 범하고 있다는 사실이다. 이러한 잘못은 너무 흔한 것이어서 사회심리학자들은 이를 기본적 귀인오류라고 부른다.

2 사람이나 동물이나 동종의 다른 개체가 존재하는 상황에서는 더욱 빠르게 반응한다. 이러한 사회촉진은 다른 개체가 자신의 과제와 동일한 과제를 수행할 때(공동행위자인 경우)도 발생하고 단순히 주시하고 있을 때(관중인 경우)도 발생한다. 타인이 존재함은 사람들의 주의를 협소화하는 것으로 보인다. 타인이 존재함은 단순 반응의 수행은 촉진하지만, 복잡한 반응의 수행에는 방해가 된다. 인간의 경우, 평가에 대한 우려 같은 인지적 요인도 역할을 한다.

3 폭도와 군중에게 때때로 나타나는 고삐 풀린 공격 행동은 몰개성화 상태에서 초래된 결과일 수 있다. 몰개성화란 사람들이 사적인 정체감을 상실하고 집단 속으로 흡수되어 버린 상태이다. 익명성과 집단의 크기는 사람들로 하여금 몰개성화 상태에 빠지게 하는 요인이다. 몰개성화의 결말은 집단과 연계된 상황 특유의 사회규범에 대한 민감성이 높아지는 것이다. 그래서 그 집단의 규범이 공격적인 것인 경우에는 공격 행동이 증가하고, 집단의 규범이 너그러운 것인 경우에는 공격 행동이 감소한다.

4 위급 상황을 바라보는 방관자가 혼자일 때보다 집단일 때 개입하거나 도울 가능성이 더 떨어진다. 개입을 저지하는 두 가지 주요 요인은 상황에 대한 정의와 책임의 분산이다. 남에게 침착한 사람으로 보이려고 태연한 척하다 보니 방관자들은 서로가 그 상황을 위급하지 않은 상황으로 정의하게 만드는 원인 제공자가 되고, 그런 연유로 방관자 모두의 무지 상태가 초래된다. 또한 다른 사람들의 존재는 책임을 분산시키고, 그로 인해 아무도 나설 필요를 느끼지 않게 만든다. 이러한 요인을 최소화하면 방관자가 개입할 가능성이 높아지는데, 특히 누군가 한 사람이라도 나서서 도우면 방관자들이 도울 가능성이 높아진다.

5 동조에 관한 일련의 고전적 연구에서 애쉬는 만장일치의 집단이 개인들로 하여금 집단의 판단이 분명히 틀린 경우에도 집단의 판단에 동조하도록 만드는 강력한 압력을 발휘한다는 사실을 발견했다. 단 한 사람이라도 다수 집단과 의견을 달리하는 경우에는 동조가 훨씬 적어진다.

6 큰 집단 속의 소수 집단이 완고하거나, 독단적이거나, 거만하게 보이지 않으면서 일관된 입장을 견지한다면 다수 집단을 자신들의 입장으로 끌어올 수 있다. 소수 집단은 때때로 공개적인 동조를 얻어 내지 못한 때도 다수 집단 성원들의 사적인 태도 변화를 일으킨다.

7 복종에 관한 일련의 고전적 연구에서 밀그램은 일반인들이 죄 없는 피해자에게 강렬한 전기 충격을 가하라는 연구자의 지시에 복종한다는 사실을 증명해 보였다. 복종률을 높이는 데 기여하는 요인으로는 연구자의 감찰, 행위의 결과로부터 행위자를 멀리 떨어뜨려 놓는 완충장치, 처한 상황의 속성, 사람들로 하여금 자신의 자율성을 포기하고 연구자를 따르게 만드는 과학의 합법적 역할 등이 있다.

8 사람들이 자신의 행동과 일치하는 태도와 신념을 내면화하는 경로 중 하나는 자기정당화 과정이다. 인지부조화 이론이 주장하는 바는, 사람들의 행동과 태도가 불일치하면 행동과 일치하는 방향으로 태도를 변화시키려는 동기를 일으키는 긴장 상태가 발생한다는 것이다. 자기지각 이론은 내면의 혼란 상태가 꼭 발생해야 할 필요는 없다고 주장함으로써 이 이론에 도전했다. 사람들은 내부적 단서가 약하거나, 애매하거나, 해석이 어려운 경우에는 단순히 자신의 행동으로부터 자신의 태도를 추론할 수 있다.

9 동일시 과정에서 우리는 존경하고 칭송하는 집단의 규범을 따르고 집단의 태도와 신념, 행동을 채택한다. 우리는 참조집단을 우리의 의견과 행위를 평가하고 규제하는 데 사용한다. 참조집단은 사회적 보상과 처벌을 통해서나 참조틀로서나 사건과 사회적 쟁점에 대한 기존의 해석을 제공해 줌으로써 우리의 태도와 행동을 조절할 수 있다.

10 대부분의 사람들은 하나 이상의 참조집단과 동일시한다. 그로 인해 우리의 신념, 태도, 행동에 상충되는 압력이 가해지게 마련이다. 대학생들은 가족이라는 참조집단의 입장으로부터 대학이라는 참조집단의 입장으로 옮겨 가는 일이 자주 있다. 이러한 새로운 입장은 보통 그 후의 인생에까지 유지되는데, 그 까닭은 (1) 그 입장을 내면화했고, (2) 졸업 후에는 입장을 같이하는 집단을 새로운 참조집단으로 선택하는 경향이 있기 때문이다.

11 집단은 의사결정을 할 때 종종 집단극화 현상을 보인다. 즉 집단의 (최종) 의사결정은 집단 성원들의 최초 입장의 평균치와 방향은 같되 더 극단적인 결정이 된다. 이러한 변화는 단순히 공개적인 동조가 아니고, 집단 성원들의 사적인 태도도 집단 토의에서의 반응 쪽으로 이동하는 것이 전형적이다. 그 효과는 부분적으로, 집단 성원들이 새로운 정보를 알게 되고 의사결정과 관계된 참신한 주장을 듣게 되는 정보적 사회 영향에 기인하는 것이다. 집단극화는 사람들이 자신의 최초 견해를 집단의 규범과 비교하는 규범적 사회 영향에 의해서도 생긴다. 비교 후에 사람들은 다수 집단의 입장에 동조하여 자신의 입장을 조정하게 된다.

12 크게 실패한 외교 정책에 관한 의사결정을 분석하고 제출한 제안서에서는 응집력이 높은 의사결정자 집단은 성원들이 집단의 합의를 위해 자신들의 이견을 억누르는 함정, 즉 집단사고의 함정에 빠질 수 있다고 했다. 그 후의 연구는 집단 응집력보다는 집단의 정적인 정체성 및 합의 추구라는 집단 규범에 대한 위협이 더 큰 문제라고 제안했다. 비판적 사고를 옹호하는 규범을 조성하고 집단의 다양성을 높임으로써 집단의 성과를 향상할 수 있다는 증거가 있다.

## ✻ 핵심 개념

| | | |
|---|---|---|
| 공동행위 | 사회규범 | 자기지각 이론 |
| 과잉정당화 효과 | 사회심리학 | 정보적 사회 영향 |
| 규범적 사회 영향 | 사회억제 | 조직규범 |
| 기본적 귀인오류 | 사회촉진 | 집단극화 효과 |
| 내면화 | 소수 집단의 영향 | 집단사고 |
| 동일시 | 스트룹 간섭 | 참조집단 |
| 몰개성화 | 암묵적 관용계약 | 책임감 분산 |
| 문 안에 발 들여놓기 기법 | 응종 | 합리화 |
| 방관자 모두의 무지 | 이념 | 해명 |
| 방관자 효과 | 인지부조화 이론 | |

# 18 사회인지

**학습 목표**

이 장을 읽고 나면 다음의 것들을 할 수 있어야 한다.

- ▶ 고정관념이 어떻게 인상 형성에 영향을 주는지 이해할 수 있다.
- ▶ 자기충족예언이 어떻게 사회적 행동을 형성하는지 이해할 수 있다.
- ▶ 기본적 귀인오류의 설명에 사용되는 두 종류의 사고 양식에 대해 설명할 수 있다.
- ▶ 언제 어떻게 설득이 사람들의 태도를 변화시키는지 설명할 수 있다.
- ▶ 태도와 행동의 관계를 이해할 수 있다.
- ▶ 대인 매력을 결정하는 다섯 가지 요인을 제시할 수 있다.

- ▶ 사랑과 짝짓기에 대한 여러 관점을 설명할 수 있다.
- ▶ 사회인지에 미치는 시스템 1과 시스템 2의 영향을 비교하고, 각각의 예를 제시할 수 있다.
- ▶ 고정관념 위협이라는 개념을 설명할 수 있다.
- ▶ 인상 형성에 대한 연속선 모델을 기술하고, 언제 어떻게 사람들이 남들을 구별하는지 설명할 수 있다.
- ▶ 정교화 개연성 모델을 기술하고, 설득의 중심경로와 주변경로의 예를 제시할 수 있다.
- ▶ 태도가 행동을 가장 잘 예측해 주는 조건을 설명할 수 있다.
- ▶ 새 친구를 사귀는 기회를 높여 주는 심리적 원리를 사용할 수 있다.
- ▶ 짝 선택에 관한 진화론적 관점을 이해할 수 있다.

## 이 장의 개요



사람들은 늘 다른 사람들에 대해 생각하고 판단한다. 예를 들어 대학 교정에서 평상시처럼 다른 사람들을 관찰할 때, 당신은 일단의 사람들은 운동선수이고, 다른 일단의 사람들은 동아리 사람들이고, 또 다른 일단의 사람들은 도서관파(또는 공부벌레) 집단이라고 추측한다. 또 한 사람을 보고 초등학교 때 가장 친한 친구임을 기억하고 당신은 미소를 보낸다. 남자이건 여자이건 마찬가지로 많은 사람들이 여성은 천성적으로 남성보다 정서가 풍부하다고 믿고 있다. 더욱 소름 끼치는 사회인지의 예는 최근의 역사에서 볼 수 있다. 오사마 빈 라덴은 2001년 TV 인터뷰에서 모든 미국인은 이슬람교도나 비기독교 신자들의 적이므로 공격의 표적이 되어야 한다고 말했다. 2001년 9월 미국에 대한 테러 공격이 있고 난 후 전 세계 사람들은 혹시 아랍계 이웃도 빈 라덴과 그의 추종자들처럼 반미적이지 않은가 의구심을 가지면서 더욱 의식하게 되었다.

우리가 다른 사람들에 대해 생각하고 판단하는 행동은 단지 시간을 보내기에 좋은 것이 아니다. 다른 사람들에 대한 사고와 판단은 어떤 결과를 초래한다. 예를 들어 당신이 대학 급우들을 어떻게 범주화하느냐에 따라 그들과 상호작용할 것인지, 어떻게 상호작용할 것인지, 또는 친구가 될 것인지 경쟁 상대가 될 것인지가 결정된다. 11장에서 보았듯이, 사람들이 여성이 남성보다 정서가 풍부하다는 고정관념을 지닌 경우 자신의 정서와 타인의 정서에 대한 그 사람의 지각이 영향을 받는다. 빈 라덴과 그의 추종자들이 모든 미국인이 적이라고 일반화했기 때문에 2001년 9월 11일 수천 명의 무고한 시민이 죽음에 이르렀다. 뒤이어 아랍계 이웃에 대한 의심이 일게 되었으며, 일부 경우에는 편견이 더욱 높아졌고 인종 갈등에 따른 증오 범죄가 발생했다.

사회심리학은 실제 혹은 상상적인 타인의 존재에 의해 사람들의 행동과 정신과정이 어떻게 조성되는가에 관심을 두고 있다는 사실을 상기하라. 우리는 17장에서 사회심리학의 주요 교훈 중 하나를 보았다. 즉 타인의 존재, 만장일치의 다수 집단, 권위자로부터의 요청, 사회규범, 집단 상호작용 같은 사회 상황이 사람들의 행동, 사고, 감정에 영향을 미치는 막강한 힘을 가지고 있으며, 그 힘은 종종 우리가 알아차리지 못하는 가운데 영향을 미치는 것이다. 이 장에서는 사회심리학의 또 하나의 핵심적인 교훈을 만나게 될 것이다. 즉 우리가 사람들의 사회행동을 보다 완전히 이해하려면 '그들의 머릿속으로 들어갈' 필요가 있다는 것이다. 사회인지의 연구는 바로 사람들의 머릿속으로 들어가는 그 일을 하는 것이다. **사회인지** social cognition는 사람들의 사회 세계에 대한 사고 양식은 물론이고 사회 경험에 대한 주관적 해석을 검증하는 것이다.

사회행동을 설명해 줄 단서를 찾아가면서 사람들의 머릿속을 들여다봄으로써 사회심리학자들은 두 가지 다른 사고 양식이 있음을 밝혀냈다. 하나는 종종 의식에 자각되지 않는, 자동적이고 비의도적인 양식의 사고이고, 또 하나는 우리가 완전히 자각하는, 더욱 통제되고 의도적인 양식의 사고이다. 두 가지 다른 사고 양식이 있다는 아이디어는 낯설지 않을 것이다. 11장에서 사람들의 정서를 촉발하는 현재 처한 정황에 대한 해석, 즉 사람들의 인지적 평가가 의식 수준과 무의식 수준 모두에서 이루어질 수 있음을 보았다. 평가가 무의식적인 것일 때는 사람들이 그 이유를 알지 못한 채 정서를 느낀다. 그와 동일한 현상이 보다 일반적인 사회인지에서도 일어난다. 사고가 때로는 자동적이며 비의도적으로 일어나고, 때로는 우리의 의식적 통제하에서 일어난다. 이 두 가지 사고 양식은 너무나도 기본적인 것이어서 심리학자들은 이 두 가지 사고 양식을 가리켜 각각 제1체계(시스템 1)와 제2체계(시스템 2)라고 명명하기 시작했다(Stanovich & West, 2001; Kahneman, 2011 참조). **시스템 1** System 1은 사전 기대에 근거한 성급한 판단과 같은 빠르고 자동적인 사고 양식을 의미하는 반면, **시스템 2** System 2는 논리적 유추를 통해 이루어지는 결론과 같은 보다 느리고 심사숙고하는 사고 양식을 의미한다. 어떤 사고 양식이 더 좋거나 더 나쁜 것은 아니다. 실제로 이 장 끝부분의 찬반 논쟁에서는 시스템 1의 가치에 대한 최근의 논쟁을 보여 준다. 두 사고 양식이 각기 다른 뇌 영역으로부터 지지를 받는 것으로 알려졌기 때문에(Goel & Dolan, 2003; Houde et al., 2000), 그리고 자동적인 사고인가, 통제된 사고인가에 따라 마음의 내용이 사회행동과 사회반응에 영향을 미치는 방법과 시기가 결정되기 때문에(Chaiken & Trope, 1999) 사고방식을 이 두 가지 양식으로 구분하는 것은 매우 가치 있다. 인상 형성, 태도, 대인 매력의 과정을 살펴볼 때 이러한 두 가지 사고 양식이 어떻게 작용하는지 보게 될 것이다.

## 인상 형성

당신은 처음 누군가와 마주쳤을 때 그 사람을 어떻게 알게 되는가? 당신은 다른 사람의 인상을 어떻게 형성하는가? 피부색이나 눈으로 확인할 수 있는 피부 나이로 알 수 있는가? 신체의 크기와 체형으로 아는가? 달리 말해 처음 만난 사람에 대한 인상은 그의 인종, 나이, 성에 달려 있는가? 당신의 감춰진 동기가 문제가 되지는 않는가? 즉 단순히 길거리에서 그 사람을 지나치는 상황이었는가, 룸메이트를 찾고 있는 상황이었는가? 아니면 중요한 프로젝트를 두고 협력해야 하는 상황이었는가? 이런 질문은 인상 형성에 관한 논의를 이끈다.

### 고정관념

다른 많은 사람들과 마찬가지로 사회심리학자들도 모든 사람들을 공정하게 대하는 사회 정의를 위해 노력을 아끼지 않는다. 이는 사회인지에 관한 연구 중 상당 부분의 에너지가 고정관념에 관한 연구에 투자되고 있는 이유이기도 하다. 사회심리학자들이 주장하듯이, 우리가 고정관념이 왜, 언제, 어떻게 작동하는지를 이해하게 되면 고정관념의 부정적 영향을 제한하고 사람들을 좀 더 공정하게 대하도록 잘 준비할 수 있을 것이다.

고정관념에 관한 수십 년간의 연구가 알려 주는 것은, 우리가 좋아하든 좋아하지 않든 다른 사람에 대한 첫인상이 선입견에 의해 편향된다는 것이다. 앞장에서 보았듯이 이것은 지각 일반에서도 사실이다. 우리가 어떤 대상이나 사상을 지각할 때는 언제나, 들어오는 정보를 유사한 대상이나 사상에 관해 이전에 가지고 있던 기억과 비교함으로써 그것을 암묵적으로 범주화한다. 앞장에서 기억이란 보통 최초의 자극을 사진처럼 재생하는 것이 아니라 최초의 지각을 단순화하여 재구성한 것임을 알았다. 8장에서 언급한 바와 같이 이러한 표상과 기억 구조를 **도식** schema이라고 부른다. 그리고 도식이란 사람, 대상, 사상, 상황에 대해 조직화된 신념과 지식이다. 들어오는 자료와 가장 일치하는 도식을 기억 속에서 찾아가는 과정을 도식적 처리 또는 하향적 사고라고 부른다. 도식과 **도식적 처리** schematic processing는 엄청나게 방대한 양의 정보를 매우 효율적으로 조직하고 처리할 수 있게 해 준다. 각각의 새로운 대상이나 사상의 아주 세부적인 것들을 기억하고 지각하는 대신에 이미 존재하는 도식 중 하나만을 주목할 수 있어 가장 두드러진 특징만 기억하고 부호화할 수 있다. 예를 들어 도식적 처리는 우리가 음식이나 음료 같은 소비재를 쉽게 분류하여 음식은 접시에 담고 음료는 유리잔에 따를 수 있게 해 준다.

사물이나 사상에서와 마찬가지로 우리는 사람과의 만남에 있어서도 역시 도식과 도식적 처리를 사용한다. 예를 들어 우리는 사람들을 인종, 성, 나이 같은 두드러진 신체적 속성 또는 우리 대 그들(우리 편 대 상대편)같이 자신의 사회 정체감에 따른 관계에 근거해서 집단별로 범주화한다. 도식은 좀 더 좁은 의미로 정의될 수 있다. 즉 어떤 이가 외향적인 성격의 누군가를 만나게 될 것이라는 얘기를 들었을 때 앞으로 있을 만남에 대한 기대로 '외향적인 사람' 도식을 끌어내게 된다. 외향적인 사람 도식은 사교성, 따뜻함, 그리고 소란스럽고 충동적일 것 같은 상호 관련된 특질들의 집합이다. 8장에서 언급했듯이 **고정관념** stereotype은 사람들의 유목이나 하위 유목에 대한 도식이다. 외향적인 사람, 경쟁 관계에 있는 학교에 다니는 어떤 학생, 또는 아프리카계 미국인 등에 대한 고정관념은 특정 특질이나 행동이 다른 어떤 특질이나 행동과 공존한다는 소이론이다. 이 절에서 고정관념에 초점을 두는 이유는 고정관념이 인상 형성에까지 영향을 미치는 일종의 사람에 대한 도식이기 때문이다. 우리가 여러 계층의 사람들에 대한 도식과 아울러 미국 대통령이나 우리의 부모님 같은 특정인에 대한 도식도 지니고 있음을 명심해야 한다. 그리고 13장에서 논의한 것처럼 우리는 기억 속에 저장된 조직화된 자기개념의 집합인 **자기도식** self-schema 또는 우리 자신에 관한 도식을 가지고 있다(Markus, 1977). 예를 들어 또래 상담가를 모집한다는 구인 광고를 보고 당신은 그 일에 지원할지 말지를 결정하기 위해 상담가라는 도식과 자기도식이 부합하는지를 평가할 수 있다.

### 고정관념의 자동 활성화

예를 들어 아프리카계 미국인은 적개심이 많다거나 여성은 수동적이라거나, 노인은 동작이 느리다는 고정관념 속에 있는 연상은 과학습되고 자동화될 수 있다. 6장에서 보았듯이 우리는 반복된 연습을 통해 운전이 습관화, 자동화되어 거기에 의식적으로 주의를 기울일 필요가 거의 없어지게 된다. 사람에 대한 고정관념에 반복 노출되는 경우에도 같은 과정이 나타난다. 즉 고정관념도 의식에 자각되지 않은 채 작용하는, 습관적이고 자동적인 것이 될 수 있다.

점화 기법에 의거해서 고정관념의 자동화를 보여 주는 실험이 있다. 8장에서 상황적 맥락에 의한 도식의 우발적 활성화를 가리켜 **점화** priming라고 불렀던 것을 기억할 것이다. 17장에서는 점화가 기억에 미치는 영향을 넘어 사회행동에도 영향을 줄 수 있음을 알았다. 사람들을 단순히 신봉하다, 응종하다, 동조하다 같은 단어에 노출시키는 것만으로도 그 후에 사람들이 만장일치의 다수집단에 동조할 가능성을 증가시켰다.

점화는 고정관념을 의식에 자각하지 않은 채 자동적으로 활성화할 수 있다. 한 실험에서 대학생들에게 전형적인 대학교수를 상상하여 이 사람의 행동, 라이프스타일 및 외모에 대해 2분 동안 혹은 9분 동안 적도록 했다. 다른 실험 참가자들은 전혀 점화를 시키지 않고 곧바로 다음 과제를 하도록 했다. 무관한 사전 연구라고 알려 준 다음 과제에서 종속 측정치가 수집되었고, 이는 유명한 〈트리비얼 퍼슈트(Trivial Pursuit)〉 게임의 문제에서 뽑은 어려운 일반 상식 시험이었다. 전형적인 교수를 오래 생각한 실험 참가자들이 그 시험에서 더 잘했다. 교수는 똑똑한 사람이라는 생각이 포함된 교수 고정관념을 점화시킨 것이 무의식적 수준에서 학생들의 시험 수행에 영향을 주었다. 두 번째 실험에서는 '축구 훌리건' 고정관념을 2분 혹은 9분 동안 점화시켰다. 멍청하다는 속성을 포함한 전형적인 축구 훌리건을 오래 생각한 학생일수록 일반 상식 성적이 나빴다. 학생들은 특정 고정관념을 점화시키는 과제와 그것의 효과를 알아보는 시험 간의 연관성을 전혀 알지 못했기 때문에 그 효과는 무의식적 수준에서 발생한다고 알려져 있다(Dijksterhuis & van Knippenberg, 1998).

고정관념의 활성화와 고정관념에 따른 행동 간의 연결이 얼마나 확실한지, 단순한 신체적 행위도 고정관념에 따른 사고를 불러일으킬 수 있다. 한 실험에서 대학생들로 하여금 천천히 움직이도록 교묘히 유도한 경우에는 노인에 대한 고정관념이 더 쉽게 적용되었으며, 몸집이 큰 사람의 걸음걸이로 이동하도록 교묘히 유도한 경우에는 과체중인 사람에 대한 고정관념이 더 쉽게 적용되었다. 반면에 평상시의 걸음걸이로 이동하도록 했을 경우에는 노인에 대한 고정관념이나 과체중인 사람에 대한 고정관념 그 어느 것도 나타나지 않았다(Mussweiler, 2006).

고정관념 점화의 한 가지 중요한 출처는 TV, 영화, 광고 게시판 같은 시각 미디어이다. 우리는 11장에서 미디어 폭력에의 노출이 분명 아동의 공격 행동을 증가시킨다는 사실을 알았다. 미디어를 통한 고정관념에의 노출도 마찬가지이다. 이제 당신은 시각 대중매체에 등장하는 사람들이 현실 세계의 사람을 대표하는 인물이 아님을 깨닫게 되었을 것이다. 예를 들어 TV에 나오는 사람들은 당신이 집 근처에서 마주치게 되는 사람보다 더 젊고 더 날씬하며 더 매력적이다. 여성에 대한 묘사는 특히 더 정형화(고정관념화)되어 있다. 여성은 외모로 가치를 인정받는, 단순히 성적 대상으로 묘사되는 경우가 많다. 매체에 비쳐진 여성에 대한 고정관념에의 노출은 해가 없는 듯 보이지만 실제로는 유해하다. 10장에서 그러한 매체가 어떻게 소녀와 여성에게 섭식장애를 유발하는지 살펴보았다. 보다 일반적인 현상으로, TV를 많이 보는 사람들은 여성에 대해 더 심한 성차별적 태도를 가지고 있다(Gerbner et al., 1986). 그러나 그러한 사실은 단지 상관관계에 지나지 않는다. 그러므로 TV가 성차별주의를 야기하는 원인이 아닐지도 모른다. 인과관계를 증명하려면 TV에의 노출을 조작한 실험이 필요하다. 연구자들은 남성으로 구성된 한 집단 속에서 성적 대상으로서의 여성에 대한 고정관념을 점화하기 위해 (미국의 주요 시간대 정규 방송에 나온) TV 광고를 사용했다. 통제집단은 다른 광고, 즉 비성차별주의적인 TV 광고를 보았다. 그러고 나서 남성 실험 참가자들로 하여금 연구 보조원으로 뽑을 여성을 인터뷰하게 했다. 통제집단의 남성 실험 참가자들에 비해, TV 광고를 통해 여성을 고정관념적으로 생각하도록 점화시킨 남성 실험 참가자들은 여성 후보자를 인터뷰할 때 성차별적 질문을 더 많이 했고, 보다 성적인 태도로 그 여성을 대했다(Rudman & Borgida, 1995).

**여러 형태의 광고는 여성에 대한 고정관념을 활성화하고 성차별주의자의 행동을 촉발할 수 있다.**

고정관념은 무의식적 점화를 통해서도 촉진될 수 있다. 11장에서 거미와 뱀 사진에의 식역하의 노출, 즉 (30msec 미만의) 매우 짧은 시간 동안의 노출이, 공포를 느끼는 사람이 공포를 유발하는 그 어떤 것도 보지 못했다고 하는데도 그 사람에게 공포증으로 인한 생리적 각성과 혐오감을 유발할 수 있다는 것을 알았다. 이런 현상은 고정관념에서도 마찬가지이다. 한 실험에서 (아프리카계 미국인이 아닌) 실험 참가자에게 의식 수준에서 자각하기에는 너무나 빠른, 아주 짧은 시간 동안(30msec 미만) 젊은 유럽계 미국인 남성 또는 젊은 아프리카계 미국인 남성의 얼굴 사진을 보여 주었다. 이런 무의식적인 식역하의 점화는 지루한 컴퓨터 과제 속에 은근슬쩍 끼워져 있었다. 그 컴퓨터는 실험 참가자들이 그 과제에 상당한 시간을 보낸 후에야 'F11 오류: 데이터 저장 실패'

**이와 같은 사진을 의식에 자각되지 않게 노출시켜도 충분히 고정관념을 활성화하고 사회행동에 영향을 미치게 할 수 있다.**

라는 에러 메시지가 뜨도록 일부러 준비된 것이었다. 그 다음에 컴퓨터 과제 전체를 전부 다시 해야 할 필요가 있다고 실험 참가자들에게 알려 주었다. 그 얘기를 들은 실험 참가자들의 반응이 몰래카메라에 기록되었다. 아프리카계 미국인의 얼굴로 점화된 사람들이 컴퓨터 에러에 대해 보다 더 적대적으로 반응했다. 여기서는 아프리카계 미국인이 적대적이라는 생각이 포함되어 있는 아프리카계 미국인에 대한 고정관념을 점화한 것이, 점화 사실을 모르고 있는 실험 참가자들에게 자동적으로 적대적 행동을 유발했던 것이다(Bargh et al., 1996). 그런데 사람들이 점화에 의해 영향 받는 그 고정관념에 사적으로 동의할 필요까지는 없다. 즉 인종 차별주의 태도 척도에서 높은 점수를 받은 사람들과 낮은 점수를 받은 사람들에게서 똑같이 고정관념적 행동이 활성화되었던 것이다(Devine, 1989; Fazio et al., 1995 참조).

그래서 어떤 사람을 단순히 만나는 것만으로도 사람들을 인종, 나이, 성 또는 우리 편과 상대편으로 범주화하여 고정관념을 활성화할 수 있다. 그런데 우리가 다른 사람들을 범주화할 때 그들을 평가하기도 할까? 여러 실험은 우리가 그렇게 한다는 사실을 보여 준다. 자동적으로 활성화된 인종 범주화가 감정적 평가를 가져온다는 증거가 아프리카계 미국인과 유럽계 미국인이 아프리카계 미국인과 유럽계 미국인의 얼굴(사진)을 포함한 다른 많은 인종의 얼굴(사진)을 본 일련의 연구에서 나왔다. 아프리카계 미국인에게 유럽계 미국인의 얼굴은 외집단으로 대표되며, 유럽계 미국인에게는 그 반대가 된다. 실험 참가자들이 주어진 형용사(매력적인, 호감이 가는, 성가시게 하는, 공격적인 같은)를 보고 그것이 '좋은' 것인지 '나쁜' 것인지를 가능한 한 빠르고 정확하게 판단해야 하는 단어 평가 과제 속에 은근슬쩍 얼굴(사진)을 끼워 넣었다. 실험 참가자들은 수십 개의 단어에 대해 이러한 판단을 했는데, 그동안 연구자는 실험 참가자들의 반응 시간을 기록했다. 이 연구에서 나타난 결과는 그림 18.1에 나와 있다. 유럽계 미국인 실험 참가자들에게는 아프리카계 미국인의 얼굴을 보는 것이 부정적 단어 선택에 대한 반응을 촉진했고, 아프리카계 미국인의 경우는 그 반대였다. 즉 유럽계 미국인의 얼굴(사진)을 본 것이 아프리카계 미국인의 부정적 단어에 대한 반응을 촉진했다(Fazio et al., 1995). 이러한 결과는 우리가 다른 사람들을 ('우리'의 반대 개념으로서 '그들'인) 외집단으로 범주화할 때, 동시에 자동적으로 부정적 연합이 활성화되고 이것이 부정적 반응을 촉진함을 시사한다.

뇌 영상을 사용한 연구에서도 보강 증거를 얻을 수 있다(2장 참조). 아프리카계 미국인과 유럽계 미국인 실험 참가자들 모두 낯선 아프리카계 미국인과 유럽계 미국인의 얼굴 사진을 몇 번 보았다. 뇌 영상은 모든 얼굴에의 최초 노출이, 무의식 수준에서 감정 유발 자극을 감지하는 것과 관련된 뇌 영역인 편도체를 활성화함을 보여 주었다(11장 참조). 같은 얼굴에 재차 노출되었을 경우, 편도체의 활성화가 내집단 얼굴에 대해서는 줄어든 반면 외집단 얼굴에 대해서는 더 높은 채로 있었다(Hart et al., 2000). 이 자료는 인종 범주에 상관없이 일반적으로 친숙하지 않은 얼굴이 처음에는 위협적으로 지각됨을 보여 준다. 그러나 시간이 지나면 이런 위협 반응은 '우리와 같은' 사람들에 대해서는 줄어들지만, '우리와 다른' 사람들에 대해서는 그 반대가 된다.

## 고정관념과 정보처리

연구는 고정관념이, 이보다 더 일반적인 것으로서의 도식과 마찬가지로 우리의 정보처리를 도와준다는 사실을 확증해 준다. 예를 들어 어떤 사람에 대해 단순히 인상

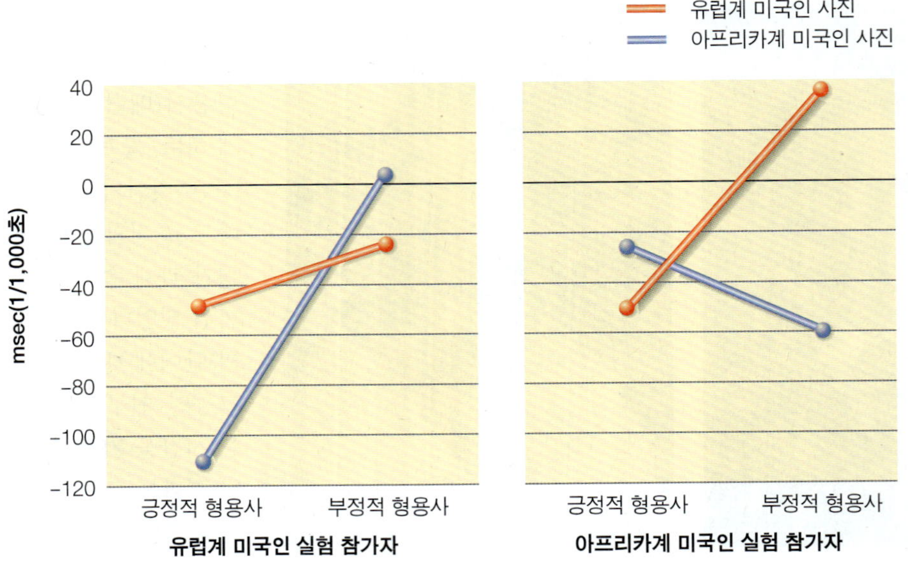


**그림 18.1 고정관념의 자동 활성화.** 이 두 그래프는 '아프리카계 미국인' 사진과 '유럽계 미국인' 사진을 보여 주고 나서 긍정적인 형용사와 부정적인 형용사를 좋고 나쁨에 따라 분류하도록 했을 때, 실험 참가자들이 분류하는 데 걸린 평균 시간을 나타낸 것이다. 유럽계 미국인의 경우, (분류에) 앞서 '아프리카계 미국인'의 사진을 보여 주었을 때 부정적 판단을 더 빠르게 하는 식으로 긍정적인 형용사와 부정적인 형용사에 대한 반응에 차이가 생김을 주목하라. 이와 정반대의 현상이 아프리카계 미국인에게서도 나타났는데, '유럽계 미국인'의 사진을 본 것이 부정적 판단을 촉진했다. 이러한 자료가 가리키는 바는, 다른 사람들을 '외집단' 인종으로 분류하면 그 분류는 자동적으로 부정적인 평가를 수반한다는 것이다.

을 형성하라는 지시를 받았을 때보다 가능한 한 많은 정보를 기억하라는 지시를 받았을 때 사람들은 실제로 정보를 덜 기억한다(Hamilton, 1979). 이것은 인상을 형성하라는 지시가 사람들로 하여금 많은 정보를 조직화하고 더 잘 회상하도록 도와주는 관련 도식이나 고정관념을 찾도록 유도하기 때문이다.

그러니까 고정관념이 없다면 우리는 넘치는 정보에 압도될 것이다. 만약 우리가 여러 유형의 사람들에 대해 기대를 조직하거나 접근할 방법이 없다면 다른 사람들에 대한 인상 형성이 상당히 느릴 것이다. 그러나 고정관념 덕분에 효율성은 높아지지만, 주어진 정보에 대한 지각과 기억, 판단에서의 편향이라는 대가를 치러야 한다. 예를 들어 짐이라는 사람의 행동에 대한 다음의 행동을 보고 그에 대한 인상을 형성해 보라.

> 짐은 몇 가지 학용품을 사려고 집을 나섰다. 그는 친구 두 명과 함께 햇볕이 가득한 거리로 나와 햇볕을 흠뻑 쬐면서 걸었다. 짐은 사람들로 붐비는 문구점에 들어갔다. 짐은 점원과 시선이 마주칠 때까지 기다리면서 아는 사람과 얘기를 나눴다. 그가 나가려는데 마침 그 상점으로 들어오는 학교 친구 한 명을 만나 얘기를 나눴다. 상점을 떠나 학교를 향해 걸어갔다. 가는 길에 그는 전날 밤 소개받았던 여자를 만났다. 그들은 잠깐 얘기를 나눴으며, 짐은 다시 학교로 향했다. 방과 후에 짐은 혼자서 교실을 떠났다. 학교에서 출발하여, 걸어서 가자면 먼 거리인 집을 향해 걷기 시작했다. 거리는 햇볕으로 가득 차 찬란하게 빛나고 있었다. 짐은 그늘로 들어서서 거리를 걸어갔다. 짐은 전날 저녁에 만났던 예쁜 소녀가 그를 향해 걸어오는 것을 보았다. 짐은 길을 건너 사탕 가게로 들어갔다. 그 가게는 학생들로 붐비고 있었으며 짐은 몇몇 아는 얼굴을 보았다. 짐은 점원과 시선이 마주칠 때까지 조용히 기다렸다가 주문을 했다. 음료를 가지고 벽에 붙어 있는 테이블로 가서 앉았다. 짐은 음료를 다 마시고 집으로 갔다. (Luchins, 1957, pp. 34–35)

짐에 대한 당신의 인상은 어떤 것인가? 당신은 짐을 친절하고 외향적인 사람이라고 생각하는가? 아니면 수줍음이 많고 내향적인 사람이라고 생각하는가? 만약 짐을 친절한 사람이라고 생각한다면 당신은 이 기술문을 읽은 사람들 중 78%와 의견이 일치한다. 하지만 이 글을 좀 더 자세히 들여다보라. 사실 이 글은 2개의 아주 다른 묘사로 구성되어 있다. '짐은 다시 학교로 향했다'로 끝나는 문장까지 짐은 몇몇 상황 속에서 꽤 친절한 사람으로 그려져 있다. 그러나 그 이후부터는 거의 동일한 상황에서 짐이 매우 외로운 사람임을 보여 준다. 그 기술문의 처음 반만 본 사람들의 95%는 짐을 친절한 사람으로 평가한 반면, 나머지 반만을 본 사람들 중에서는 3%만이 그렇게 평가했다. 따라서 전체 기술문에서는 짐의 친절함이 전체 인상을 지배한다. 그러나 처음에 나오는 문단의 반이 불친절한 것으로서 이루어진 똑같은 기술문을 읽었을 때는 18%만이 짐을 친절한 사람으로 평가했다. 그의 불친절한 행동이 주 인상을 남긴 것이다. 이 연구는 **초두효과**primacy effect를 예시한다. 즉 일반적으로 우리가 받는 최초의 정보가 전체 인상에 더 큰 영향을 미친다.

초두효과는 가상의 인물이 아닌 실제 인물을 사용한 연구를 포함하여 인상 형성에 관한 여러 종류의 연구에서 반복적으로 발견된 현상이다(Jones, 1990). 예를 들어 일련의 어려운 선다형 문제를 풀려고 하는 어떤 남학생을 본 사람들에게 그 학생의 일반적인 능력을 평가하도록 요청했다(Jones et al., 1968). 그 학생이 항상 30문제 중 15문제를 정확히 풀었더라도, 맞춘 문제가 거의 뒷부분에 있는 것보다는 대부분이 앞부분에 있을 때 더 능력이 있는 것으로 판단되었다. 더욱이 그 학생이 얼마나 많은 문제를 풀었는지를 회상하도록 요청했을 때, 15개의 정답이 앞부분에 몰려 있는 것을 본 실험 참가자들은 평균 21개를 맞춘 것으로 추정했으나 뒷부분에 있는 경우에는 평균 13개를 맞춘 것으로 추정했다.

몇몇 요인이 초두효과에 영향을 미치기는 하지만 초두효과는 주로 도식적 처리나 하향적 사고의 결과로서 나타난다. 맨 처음 어떤 사람에 대한 인상을 형성하려고 시도할 때, 우리는 들어오는 정보와 가장 잘 어울리는 도식이나 고정관념을 기억 속에서 적극적으로 찾는다. 어떤 지점에서 우리는 예비 결정을 한다. 즉 이 사람은 외향적이다 또는 이 사람은 영리하다(또는 그와 같은 몇 가지 판단을 한다). 그다음 이후의 정보를 그 판단에 동화시키고, 그 사람을 대표하지 않는 모순되는 정보는 버린다. 예를 들어 짐의 행동에서 명백한 모순을 양립시키라고 요청했을 때, 실험 참가자들은 짐이 실제로는 친절한 사람이지만 아마도 그날의 끝 무렵에 이르러서는 피곤했을지도 모른다는 말을 하기도 한다(Luchins, 1957). 짐의 최초 행동으로 활성화된, 외향적인 사람에 대한 우리의 고정관념이 짐에 관한 모든 후속 정보에 대한 우리의 지각을 이끈다. 더 일반적으로 말하자면 우리의 후속 지각은 도식이 주도한 것이며, 따라서 새로운 정보에 비교적 영향을 받지 않는다.

**우리가 받아들이는 최초의 정보는 그 후의 정보보다 우리가 형성하는 전반적인 인상에 훨씬 더 큰 영향을 미친다. 이 때문에 사람들은 통상적으로 직장의 입사 면접에 임할 때 정장을 차려입고 간다.**

초두효과에서 도식의 역할을 지지해 주는, 심리적 거리에 대한 **해석수준 이론**construal-level theory은, 예를 들어 당신 자신을 시공간상에서 '지금 여기(here and now)'를 초월하게 만듦으로써, 심리적 거리를 크게 할수록 도식의 특징인 추상적이고 일반화된 사고에 더 이끌리게 된다고 제안한다(Trope & Liberman, 2010). 만약 그렇다면, 당신 자신을 '지금 여기'에 가깝게 해 주는, 심리적 거리를 줄여 주는 조건은 사람들이 도식에 의존하는 것을 줄여 주기 때문에 초두효과가 덜 나타나야 한다. 최근한 실험이 이 예언을 검증했다. 실험 참가자들은 지금부터 다음 주까지 혹은 6개월 후까지 모집하는 직장에 지원한 사람에 관한 글을 읽었다. 그 지원자를 기술한 특질은 동일했지만, 어떤 실험 참가자들은 긍정적 특질(지적이다, 근면하다)이 먼저 나온 글을 읽었고, 어떤 실험 참가자들은 부정적 특질(시기심이 많다, 고집이 세다)이 먼저 나온 글을 읽었다. 해석수준 이론이 예언한 바와 같이 실험 참가자들에게 사원 모집을 다음 주까지 마쳐야 한다고 요청함으로써 심리적 거리를 줄였을 때는 초두효과가 사라졌다. 이 경우는 **최신효과**recency effect가 나타났다. 즉 실험 참가자들은 마지막에 나오는 정보에 더 많은 가중치를 두었다(Eyal et al., 2011). 그래서 첫인상이 중요하다는 말은 대체로 사실이지만, '지금 여기'와 가까운 맥락에서는 마지막 인상이 훨씬 더 중요할 수도 있다(Fredrickson, 2000b 참조).

또한 고정관념은 우리의 **추론**interference에 도움을 준다. 추론은 주어진 정보를 넘어서서 판단하는 것을 의미한다. 1946년 솔로몬 애쉬의 고전적 연구는 이 효과를 입증했다. 이 연구의 의미를 알기 위해 '지적인, 능숙한, 근면한, 차가운, 결단력 있는, 실용적인, 신중한'으로 기술되는 샘이라는 사람에 대한 인상을 마음속에 형성해 보라. 지금 형성한 인상에 근거해서 볼 때 당신은 샘이 관대한 사람이라고 생각하는가? 당신은 그날 하루 차를 빌려 달라고 샘에게 부탁할 수 있겠는가? 만약 그렇지 않다면 당신은 애쉬의 최초 연구 실험 참가자들과 같은 생각을 가지고 있는 것이다. 즉 어떤 사람에 대해 이런 특질이 주어졌을 때 9%만이 그를 관대한 사람이라고 추론했다. 그러나 만약 샘이 '지적인, 능숙한, 근면한, 따뜻한, 결단력 있는, 실용적인, 신중한' 사람으로 기술되었다면 어떨까? 단 한 가지 특질만 다르다. 즉 '차가운'이 '따뜻한'으로 대체되었을 뿐이다. 지금은 샘이 관대한 사람이라고 생각하는가? 아마도 그럴 것이다. 애쉬의 최초 연구 실험 참가자 중 91%가 '차가운' 대신 '따뜻한'이 포함된 특질의 집합에서 그를 관대한 사람으로 추론했다. 비록 샘의 관대함에 대한 아무런 정보도 주어지지 않았지만, 우리는 주어진 정보를 넘어서서 따뜻한 또는 차가운 사람에 관한 우리의 기대나 고정관념을 사용할 수 있고 추론도 할 수 있었다. 가상의 인물이 아니라 실제의 인물로 애쉬의 절차와 같은 절차를 사용한 연구도 있다. 곧 등장할 강사가 '다소 차가운' 사람이라는 얘기를 들은 학생들은 그를 꽤 부정적으로 평가했다. 반면에 같은 식으로 행동하는 동일한 강사를 관찰했음에도 불구하고 그가 '다소 따뜻한' 사람이라는 얘기를 들은 학생들은 그를 꽤 호의적으로 평가했다(Kelley, 1950). 성격 추론에서 '따뜻한' 대 '차가운' 효과의 놀라운 확장에 대해서는 이 절의 뒷부분에 제시된 첨단 연구를 참조하라. 여기서의 최종 결론은 이전의 평판을 바꾸기 어렵다는 것이다.

인종과 성에 관한 고정관념은 다른 사람의 행동에 대한 해석을 하는 데서도 나타난다. 당신이 수학 시험에서 아주 높은 점수를 받은 누군가를 알고 있다고 가정해 보라. 연구에 의하면 사람들은 그 누군가가 남자라면 대부분의 사람들은 그가 똑똑하다고 생각하고, 여자라면 공부한 문제가 적중해 운이 좋았다고 생각한다는 것이다(Deaux, 1984; Swim et al., 2010). 마찬가지로 사람들은 아프리카계 미국인 남성이 누군가를 때렸다는 이야기를 들었을 때는 그를 공격적인 사람으로 결론짓는 경향이 있지만, 유럽계 미국인 남성이 누군가를 때렸다는 얘기를 들었을 때는 그가 왜 그랬는지 의아하게 생각하는 경향이 있다(Hewstone, 1990; Pettigrew, 1979). 이런 예에서 우리는 고정관념과 일치하는 정보는 그 사람의 바탕에 깔려 있는 능력이나 성격 특질로 받아들이는 반면, 일치하지 않는 정보는 그 사람의 특질이 아닌 것으로 간주하고 버린다는 것을 알게 된다.

앞서 기술한 실험에서 유사한 증거가 나타났는데 그 실험에서 한 집단의 남성들은 여성에 관한 고정관념적 이미지를 담고 있는 TV 광고를 봄으로써 점화되었다. (별개의 분리된 실험으로 위장된) 뒤이은 단어 재인 과제에서 점화된 사람을 그렇지 않은 사람과 비교했을 때, (계집애, 백치미녀 같은) 성차별적 단어는 더 빨리 재인하고 (어머니, 누이 같은) 비성차별적 단어는 더 느리게 재인했다(Rudman & Borgida, 1995). 이 남성들을 단순히 매체에 노출시킴으로써 점화하여, 활성화된 성 고정관념이라는 렌즈를 통해 세상을 바라보도록 했던 것이다.

고정관념에 따라 정보처리를 한 결과는 끔찍할 수도 있다. 1999년에 일어났던 일인데, 뉴욕 시 경찰관 4명이 아마도우 디알로의 인상착의가 범죄 용의자와 일치했기 때문에 그에게 꼼짝 말라고 명령했다. 가나에서 이민을 온 디알로가 주머니에 손을 넣자 경찰관 중 한 사람이 "총이야!"라고 외쳤고 나머지 경찰관들이 총을 쏘았다. 총이 발사되고 난 후에야 디알로가 단순히 지갑을 꺼내려고 했다는 것이 밝혀졌다. 디알로의 죽음은 시민을 분노케 하고 인종 편파에 대한 신랄한 비판을 야기했다. 수십 년 전에 있었던 키티 제노비스의 비극적인 죽음처럼 (17장 참조) 디알로의 죽음도 사회심리학자들의 연구에 불을 지폈다. 일련의 정교한 실험실 연구를 통해 순간적인 의사결정이 특히 고정관념에 좌우되기 쉽다는 사실이 확증되었다. 컴퓨터 화면에 빨리 지나가는 물건이 총기인지, (연장같이) 무해한 물건인지를 식별하는 과제에서 실험 참가자들은 물건이 제시되기 전에 흑인 얼굴이 제시된 경우에는 백인 얼굴이 제시된 경우보다 무해한 물건을 총기로 훨씬 더 많이 오인했다. 이러한 순간 판단에서의 무기 편향(weapon bias)은 너무도 확실한 현상이어서, 인종 편파를 피하려고 적극적으로 노력하는 경우에도 발생한다(Payne, 2006).

요약하자면 (하향적 사고, 보다 일반적으로는 도식적 처리 같은) 고정관념은 사람들에 관한 정보를 우리가 어떻게 지각하고 회상하고 해석하는지를 결정한다. 그래서 우리는 다른 사람들에 대한 인상을 형성하는 것처럼, 그들에 관한 가용한 정보를 받아들여 이를 편향되지 않는 방식으로 처리하지 못한다. 그 대신에 우리는 이전에 지닌 고정관념을 통해 들어오는 정보를 거르고, 우리의 지각, 기억, 추론을 능동적으로 구성한다. 설상가상으로 지각과 사고에 미치는 고정관념의 효과는 종종 우리 눈에 보이지 않는 것들이다. 즉 우리는 종종 우리가 구성한 것이 실체이며 편향되지 않은 표상이라고 여긴다. 즉 우리는 우리의 해석을 이끄는 고정관념의 역할을 거의 알아채지 못하고, 단지 '있는 그대로의 그것을 말하는 것'이라고 생각한다. 당신은 이제 막 고정관념이 얼마나 자기방어가 잘되어 있고 얼마나 지속적으로 유지되는 성질을 가지고 있는지 알기 시작했다. 최초의 고정관념이 부정확한 것이라 할지라도 사람들은 세상을 그 고정관념대로 구성하고 바라보기 때문에 그 고정관념이 '진실'이라고 믿게 된다.

### 자기충족적 고정관념

고정관념은 또한 저주와 같은 성질을 갖고 있다. 즉 고정관념을 가지고 있으면 그 고정관념대로 일이 나타날 수 있다. 그렇지만 이것은 꼭 고정관념이 진실이기 때문에 그러한 것은 아니다. 오히려 고정관념은 일단 활성화되면, 고정관념 대상 인물에게서 최초의 고정관념을 확증해 주는 행동이 나오도록 작용하는 일련의 연쇄적인 행동 과정을 작동시킬 수 있기 때문에 그러한 것이다. 이러한 효과를 **자기충족적 예언** self-fulfilling prophecy이라고 부른다(Jussim, 1991; Rosenthal & Jacobson, 1968; Snyder et al., 1977). 이는 고정관념이 우리의 머릿속에만 있는 것이 아니기 때문에 그렇다. 고정관념은 우리의 행동으로 새어 나온다. 이런 상황을 이해하기 위해 당신의 대학과 경쟁 관계에 있는 대학에 다니는 여성들이 속물이라는 평판을 들었다고 가정해 보라. 그 학교의 여학생 대부분이 실제로는 꽤 친절한데, 당신에게 정보를 흘린 사람이 그와 다르게 이야기한 것이다. 미식축구 경기를 보러 가려고 길을 건너는 도중 그 학교의 여학생과 마주치게 된 상황에서 당신은 어떻게 행동하겠는가? 대부분은 그냥 외면해 버릴 것이다. 왜 당신은 상대방에게 웃으면서 안녕이라고 말하지 않는가? 그렇다면 그녀는 어떻게 행동하겠는가? 당신이 그녀에게 냉담한 반응을 보였으니 아마 그녀 역시 같은 반응을 보일 것이다. 그래서 그녀의 차갑고 냉담한 반응을 보게 된 당신은 그녀의 그러한 반응이 곧 그녀가 속물임을 입증하는 증거라고 간주할 것이다. 그렇지만 당신은 그녀의 차갑고 냉담한 반응을 유도한 것이 당신 자신이라는 사실을 알지 못하는 것이다. 그래서 고정관념이 당신이 만났던 여성에게 처음에 잘못 적용되었다 하더라도, 경쟁 관계에 있는 학교에 다니는 여학생에 대해 당신이 가진 고정관념은 당신 자신의 행동을, 그다음에는 상대방의 행동을 조성하게 되고, 이러한 연쇄적 반응의 고리에 의해 당신은 처음에 지녔던 잘못된 고정관념을 확증해 주는 행동을 관찰하게 되는 것이다. 이러한 경로를 통해 생각이 현실로 나타나게 된다.

이러한 과정을 예증하는 고전적 연구에서 연구자들은 유럽계 미국인 채용 면접자가 유럽계 미국인 지원자를 면접할 때보다 아프리카계 미국인 지원자를 면접할 때 덜 우호적인 태도를 보인다는 사실에 가장 먼저 주목했다. 연구자들은 이것이 아프리카계 미국인이 면접에서 더 많이 떨어지게 만드는 원인이 될 것이라는 가설을 세웠다. 이 가설을 검증하기 위해 덜 우호적인 면접 스타일과 더 우호적인 면접 스타일 둘 다를 재연할 수 있도록 면접자들을 훈련시켰다. 그다음 모두 유럽계 미국인 지원자들이 두 가지 면접 스타일 중 한 가지를 사용하는 면접자에게서 면접을 받게 하고 그 모습을 비디오카메라에 담았다. 이 비디오테이프를 본 판단자들은 면접에서의 수행 성과를 평가할 때, 덜 우호적인 방식으로 면접을 받은 지원자들을 더 우호적인 방식으로 면접을 받은 지원자들보다 낮게 평가했다(Word et al., 1974). 이렇게 해서 이 연구는 고정관념을 가진 사람들이 (그들의 편향된 신념을 유지시키는) 고정관념과 일치하는 행동을 실제로 촉발하는 식으로 상호작용할 수 있다는 가설을 확증했다.

자기충족적 예언은 전혀 자각되지 않는 수준에서 발생할 수 있다. 우리는 앞에서 젊은 아프리카계 미국인 남성 얼굴(사진)에 대한 식역하에서의 짧은 노출을 통해 '아프리카계 미국인' 고정관념을 점화시켰을 때, 사람들이 아프리카계 미국인에 대해 더욱 적대적으로 행동할 가능성이 높아짐을 보았다. 이런 적대적 행동은 다른 사람들로부터도 적대감을 끌어내기에 충분한가? 또 하나의 실험을 통해 그 가능성을 검증했다. 서로를 좌절시킬 수도 있는 2인 1조 게임을 하기에 앞서, 2인 중 한 사람만 앞의 연구에서와 같은 과정을 통해 점화시켰다. 처음 연구와 같은 결과가 재현되었는데, 아프리카계 미국인 얼굴로 점화된 사람들은 유럽계 미국인 얼굴로 점화된 사람들보다 더 심한 적대감을 보였다. 이에 덧붙여 자기충족적 예언이 보여 주듯이, (파트너에 대해서는 점화를 시키지 않았는데도) 아프리카계 미국인 얼굴로 점화된 사람들의 파트너는 유럽계 미국인 얼굴로 점화된 사람들의 파트너보다 더 심한 적대감을 보였다. 더욱이 점화된 실험 참가자들은 파트너를 적대적으로 보면서도 자신이 그러한 적대감을 끌어내는 역할을 했다는 사실을 알아차리지 못했다

(Chen & Bargh, 1997). 이러한 자료가 시사하는 바는 단순히 고정관념의 대상 인물이 있다는 것이 (대상 인물이 고정관념과 일치하는 행동을 하게끔 만드는, 즉 자기충족적인) 우리의 고정관념을 활성화할 수 있다는 것이다.

우리가 자신의 집단에 대해 지닌 고정관념도 자기충족적일 수 있다. 이러한 연구 주제에 관한 고전적 연구는 표준화된 지능검사상에서의 인종 차를 설명해 준다. 대학생들이 아프리카계 미국인이 지적으로 열등하다는 생각을 포함한 인종 고정관념으로 점화되었을 때, 어려운 시험에서 아프리카계 미국인이 유럽계 미국인보다 성적이 더 나빴다. 그러나 인종 고정관념이 활성화되지 않았을 때는 아프리카계 미국인의 성적과 유럽계 미국인의 성적이 같았다(Steele & Aronson, 1995). 여성이 수학을 잘 못한다는 고정관념 역시 같은 결과를 가져온다. 즉 고정관념이 활성화되면 어려운 수학 시험에서 여성들의 성적이 나빴다. 그러나 고정관념이 활성화되지 않았을 때는 여성들의 성적과 남성들의 성적이 같았다(Spencer et al., 1999). 이러한 실험은 고정관념의 자기충족적 성질이 자기 자신이 소속된 집단에 대해서도 적용될 수 있음을 예시해 준다. 이러한 현상을 **고정관념 위협** stereotype threat이라고 부른다. 고정관념 위협이란 사람들이 단지 고정관념과 동일시되는 데에서 받는 위협이 개인의 불안 수준을 높일 수 있으며, 불안 수준이 높아지면 사람들의 수행 성과가 떨어지게 되는 현상을 일컫는다(Steele, 1997). 고정관념 위협의 영향은 확실한데, 고정관념의 표적 인물은 자기 집단의 부정적 고정관념이 부당함을 입증하려고 매우 동기화되기 때문에 검사 상황 내에서 부가적인 정신적 부하가 걸린다(Jamieson & Harkins, 2012). 즉 고정관념의 표적이 되는 인물들은 부당하게 스트레스를 겪으며, 그들의 수행을 적극적으로 감찰하고 부정적인 사고와 감정을 억제하려고 애쓰게 되는데, 그러한 과정이 작업기억의 역량을 떨어뜨리고 검사에서의 수행에 방해가 된다(Schmader, 2010). 다행스러운 것은 그 피해를 벗어날 희망이 있다는 것이다. 단지 고정관념 위협에 대해 학습하고 사회적인 고정관념으로부터 자기 자신의 능력 및 검사 수행의 경험을 분리해 놓는 것만으로도 고정관념 위협의 영향을 제거할 수 있다(Schmader, 2010).

## 개인화

고정관념은 단지 누군가의 얼굴을 보기만 해도 자동적으로 활성화될 수 있다. 또한 고정관념은 일단 활성화되면 자신과 다른 사람들로부터 고정관념을 확증하는 행동을 실제로 이끌어 내는 식으로 우리의 사고와 행동에 영향을 줄 수 있다(고정관념이 미치는 다양한 인지적 효과와 행동적 효과를 개관하려면 개념 설명을 참조하라). 고정관념이 자동적으로 영향을 미치는 것이고 그 영향이 그토록 크다면, 우리가 과연 다른 사람들을 정확하게 알 수 있는가? 1960년대에 마틴 루터 킹 주니어는 고정관념으로 인한 치명적 결과로부터 벗어나려는 간절한 마음을 표현한 바 있다. '나는 꿈이 있다'라는 제목의 유명한 연설에서 킹 목사는 아프리카계 미국인 아동이 '언젠가는 피부색이 아닌 성품의 내용으로 판단되는 나라에서 살게' 될 것이라는 희망을 천명했다. 킹 목사는 실제로 사회심리학자들이 **개인화** individuation라고 부르는 과정을 묘사했는데, 개인화란 한 사람 한 사람별로 개인의 사적 자질을 평가하는 것을 의미한다. 다행히도 킹 목사의 꿈은 실현될 수 있다. 즉 우리는 때때로 개인화를 통해 고정관념의 효과를 극복하고 다른 사람들에 대해 보다 정확하고 개별적인 인상을 형성할 수 있다. 그러나 보다 정확한 인상을 형성하기 위해서는 대체로 더 신중하고 통제된 양식의 사고가 필요하다.

**개념 설명**

**고정관념 효과의 요약**

| 인지적 효과 |
|---|
| 1. 자동적 평가<br>2. 입력 정보 지각에서의 편향<br>3. 기억에서의 편향<br>4. 추론과 해석에서의 편향 |
| **행동적 효과** |
| 1. 정서의 자동 표출<br>2. 행동 경향성의 자동 표출<br>3. 자기충족적 예언 |

### 개인화의 촉발자

우리는 언제 어떻게 고정관념을 뛰어넘어 개인화로 옮겨 가는가? **연속선 모델** continuum model이라고 불리는 인상 형성에 관한 한 가지 영향력 있는 모델은 고정관념에서 개인화로 옮겨 가는 전 과정의 연속선을 서술하고 있다(Fiske et al., 1999). 이 모델이 서술하는 흐름도를 그림 18.2에 제시했다. 이 흐름도에서 이전에 논의한 자동적 고정관념은 우리가 어떤 사람을 처음 만났을 때 작동하게 첫 번째 심리적 과정이란 사실을 볼 수 있다(그림 18.2에서는 이것을 '최초의 범주화'라고 언급했다). 첫 대면의 아주 짧은 시간 동안 우리는 성, 인종, 나이의 측면에서 이미 자동적으로 그리고 무의식적으로 그 사람을 범주화한다. 이러한 범주화가 제일 먼저 사용되는 까닭은, 범주화가 (1) 대부분의 사람들에게 적용되고, (2) 관찰 조건이 최적이 못 되는 경우에도 실용적이고 즉각적으로 이용 가능하며(Cloutier et al., 2005), (3) 종종 우리의 상호작용 목표와 관계가 있는 중요한 문화적 의미를 가지고 있기 때문이다. 우리가 단순히 고정관념화하느냐 아니면 고정관념화를 뛰어넘느냐는 우리가 만난 사람이 우리와 어떤 사적인 관계가 있느냐 없느냐에 달려 있다. 예를 들어 처음 만난 사람과 아파트를 함께 사용할 것인지 여부를 결정해야 하는 경우라면 당신은 분명히 인상을 형성하는 데 더 많은 주의를 기울일 것이다.

그림 18.2에서 보듯이 우리가 더욱 신중한 인상 형성 과정으로 옮겨 가자마자 하는 첫 번째 일은 최초의 범주화를 확증하려고 애쓰는 것이다. 룸메이트를 결정하는 경우로 돌아가 보자. 당신이 만난 젊은 남자가 '전형적인 20세 남성인지' 알고 싶을 것이다. 시끌벅적한 파티, 스포츠카, 잦은 데이트에 관심이 있는 남자일까? 아니면

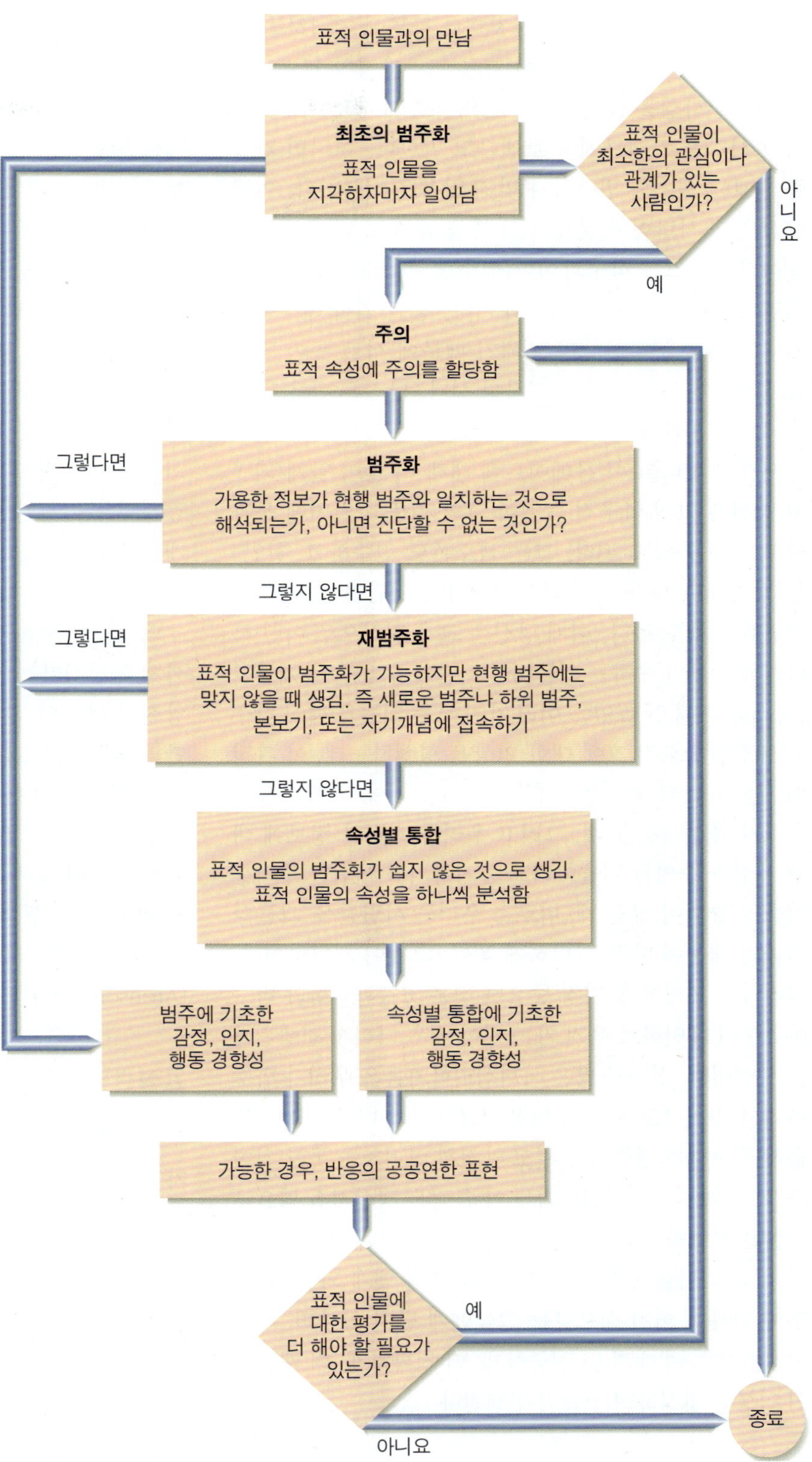


**그림 18.2 인상 형성: 고정관념에서 개인화까지.** 이 흐름도는 인상 형성에 관한 피스크와 뉴버그의 연속선 모델을 나타낸 것이다. 이 흐름도는 주의와 해석의 함수로서 변하는, 고정관념에서 개인화까지 인상 형성 과정의 연속선을 보여 준다. 여기서 가장 개인화하는 단계는 '속성별 통합'이라고 부른다. 주의와 해석의 조합으로써 인상 형성 과정이 이루어지는데, 주의와 해석이 조합되는 방식은 표적 인물에 관한 가용한 정보와 표적 인물을 지각하는 사람의 동기적 목표에 의해 결정된다.

혼자 있기를 더 좋아하고, 진정으로 공부에 전념하는 남자일까? 당신은 그의 가방이 고급 교과과정의 교과서로 넘친다는 사실을 알게 되고, 그 역시도 자기는 대부분의 저녁 시간을 도서관에서 보낸다고 말한다. 이러면 가용한 정보는 최초의 범주화가 맞지 않음을 시사한다. 이제 당신은 그 사람이 속할 범주의 폭을 좁혀 또 다른 범주를 찾는다. 즉 그는 학구파이다(범주에 속하는 남자이다). 이것이 그림 18.2의 '재범주화'이다. 당신 역시 대부분의 저녁 시간을 공부하느라 보내기 때문에 서로 뜻이 맞는 룸메이트가 될 것이라는 짐작이 선다. 당신은 방을 같이 쓰기로 결정한다.

시간이 지나고 이 룸메이트에 대해 더 많이 알게 되면서 당신은 그의 학구적 특질이 그의 성품의 일면에 불과하다는 것을 알게 된다. 그는 색소폰도 연주하고, 철인3종 경기에도 참가하고, 남아메리카를 횡단하는 아주 광범위한 여행도 한다. 이제 당신은 그가 전적으로 어떤 하나의 범주에만 속하는 인물이라고 말할 수 없음을 깨닫고는, 그에 대해 알고 있는 여러 가지 모든 것들을 꿰어 맞추고 통합함으로써 그에 대한 인상을 형성하는데, 이 과정이 그림 18.2의 '속성별 통합'이다. 누군가에 대한 가용한 정보가 풍부해졌을 때, 그리고 우리가 그러한 정보에 대해 세심한 주의를 기울이려고 동기화되고 세심한 주의를 기울일 능력이 있을 때, 비로소 우리는 사람들을 '그들의 성품의 내용에 따라' 판단하게 된다. 그것이 개인화이다. 그러나 주목해야 할 가장 중요한 것은 고정관념화와 범주화로부터 개인화로 옮겨 가는 것이 매우 더디게 진행된다는 사실이다. 실제로 많은 사회심리학자들은 우리가 범주화에서 벗어나고자 굳게 마음먹었다고 하더라도 사람들을 범주화하는 경향성을 결코 완전히 버리지는 못할 것이라고 주장한다. 고정관념화는 아주 적은 정신적 노력으로 수많은 정보를 얻는 것이기 때문이다. 그렇다고는 하더라도, 다른 사람들이 우리와 사적인 관계를 맺게 되면, 즉 이후의 결과가 어떤 식으로든 그들에게 달려 있다면, 우리에게는 그들에 대해 더 신중하게, 더 정확하게, 더 개별적인 인상을 형성하려는 동기가 생긴다.

## 개인화를 촉진하는 구조

고정관념 대상과의 사적인 관계가 중요하다는 사실은 자신의 학교, 사업장, 또는 다른 조직에서 고정관념화를 줄이려는 목표를 가지고 있는 사람들에게 교훈이 된다. 연구는 다른 사회집단 구성원들 간의 구조화된 협동적 접촉이 고정관념화를 줄이고 개인화를 촉진한다는 것을 보여 준다. 한 연구에서 실험 참가자들은 이전에 정신병자로 판명되었던 학생을 만났다. 처음에 실험 참가자들은 새로 만난 이 사람이 다소 우울하고 두려워하며 불안정할 것이라고 기대했는데, 이러한 특질은 정신병자였던 사람에 대한 고정관념에 해당하는 것이다. 그다음에 연구자들은 실험 참가자들로 하여금 무선적으로 할당한 주제에 관한 자료를 새로 만난 사람과 협력하여 연구하도록 하거나, 새로 만난 사람과 단순히 같은 방에서 서로 독립적으로 연구하게 했다. 학습 과제에 대해 협력하지 않았던 사람들과 비교했을 때, 협력했던 사람들은 처음의 고정관념적 인상에서 벗어나 그 새로운 사람을 보다 긍정적으로 평가했다. 이는 아마도 과제의 협력 구조가 개인화할 수 있는 기회를 제공했기 때문일 것이다. 더 중요한 것은 실험 참가자들이 학습 파트너에 대해 갖게 된 호의적인 인상을 정신병자 전력이 있는 사람들 일반에게까지 확장했다는 사실이다(Desforges et al., 1991). 만약 당신이 하나의 집단을 가르치거나 이끌어 가는데 그 집단의 성원들이 고정관념적 인상 때문에 서로 갈라져 있다는 것을 알았을 때, 갈라져 있는 성원들이 협력하게끔 구조화하거나 중요한 정보를 공유케 함으로써 고정관념화의 유해한 효과를 크게 감소시킬 수 있다는 사실을 기억하라. 물론 협력은 또 다른 이점도 있다. 협력은 개인의 성과와 집단의 성과를 더 많이 만들어 낼 수도 있다(Aronson, 2004).

## 고정관념 통제하기

우리는 때때로 다른 사람들을 사적으로 정확하게 알고자 하는 동기가 높고 그렇게 하기에 충분한 시간적 여유도 가지고 있을 때, 고정관념화와 개인화를 양극으로 하는 연속선상에서 개인화의 극 쪽으로 향하는 경우가 있다. 또 어떤 때는 고정관념의 편향 효과로 인해 우리가 편견을 피하려는 동기만큼 그렇게 많이 개인화의 극 쪽으로 가지 못하는 경우도 있다. 사실 (이제는 당신도 알게 되었겠지만) 고정관념이 우리의 판단과 행동을 편향시킬 수 있다는 사실을 단순히 아는 것만으로도, 우리에게는 고정관념적 반응을 뛰어넘어 보다 평등주의적으로 반응하려는 강렬한 바람이 생길 수 있다. 다행히도 실험실 연구는 우리가 고정관념의 영향을 의식적으로 뛰어넘을 수 있다는 사실을 보여 주지만, 이것은 특정한 조건이 충족될 경우에만 해당된다. 그 조건은 (1) 고정관념의 잠재적인 부정적 영향을 인식하는 것, (2) 편견을 줄이고자 동기화되어 있을 것, (3) 통제되고 신중한 사고를 할 수 있는 충분한 주의의 자원이 있을 것 등이다. 일상에서 이런 조건을 어떻게 그리고 얼마나 자주 충족할 수 있는지에 대해 연구자들의 논쟁이 계속되지만(Bargh, 1999; Monteith et al., 2009), 연구가 보여 주는 바는 특정한 사람들은 정신적 노력을 통해 짧은 대면에서조차도 고정관념의 유해한 효과를 극복한다는 것이다(Bodenhausen et al., 1999). 그림 18.1에서 보여 주듯이 편견을 갖지 않으려는 목표를 가지고 있는 사람들은 고정관념의 자동 활성화도 극복할 수 있음이 연구를 통해 밝혀졌다(Devine et al., 2002; Payne, 2006). 이러한 결과는 중요한 것이다. 이는 우리가 자동적으로 활성화되는 사회적 고정관념의 노예가 될 필요가 없음을 알려 준다. 그 대신에 우리는 동기와 통제된 사고를 적절히 조합하여 대접받을 만한 대로 대접하는 식으로, 즉 사람들을 '그들의 성품의 내용'에 근거해서 정당하게 취급하는 예의를 배울 수 있다.

### 자기범주화

그림 18.2에 나와 있듯이, 연속선 모델이 우리가 타인을 고정관념에 따라 보는 것에서부터 개성 있는 개별 인물로 보는 데까지의 스펙트럼을 보여 주는 것과 마찬가지로, 우리가 우리 자신을 어떻게 보는가 하는 스펙트럼도 있다. 사회 정체감 이론 social identity approach에 따르면 우리가 우리 자신을 확인하는 방식에서의 스펙트럼이 있다. 즉 우리 자신을 인간 존재로 보는 것, 사회집단의 한 성원으로 보는 것, 또는 한 개인으로 보는 것 등이다. 우리의 정체감은 상황과 당시의 동기에 따라서 순간순간이 연속선상에서 옮겨 다닌다. 이것이 중요한 점인데, 그 까닭은 가장 두드러진 사회 정체감이 우리의 행동에 영향을 미치기 때문이다(Hornsey, 2008; Tajfel & Turner, 1986; Turner et al., 1987). 몰개성화되면 사람들이 어떻게 행동하는지에 대한 유명한 설명을 제시함으로써 이미 17장에서 이 효과를 다루었다(Postmes & Spears, 1998). 연구자들은 우리가 우리의 사회집단을 고정관념과 흡사한 정신적 전형(典型)으로 표상하고 있다는 사회 정체감 이론의 주장에 입각하여 연구하고 있기 때문에, 자기범주화는 여기서 다시 한 번 그 관련성을 찾아보게 된다. 예를 들어 소속 대학교의 학생, 모국의 시민 등 특정한 집단정체감이 현저해지면 당신이 그 집단에 대해 마음속에 표상하고 있는 전형을 반영하는 행동을 하고 태도를 표출하게 된다. 특정한 사회집단과의 동일시는 종종 자존감을 높이는 원천도 되지만 부정적인 감정을 느끼게 할 수도 있다. 예를 들면 사람들은 자신에게 중요한 집단이 과거에 저지른 도덕적인 결함에 대해 집단적 죄책감을 느낄 수 있다. 제2차 세계대전 이후에 태어났음에도 불구하고 독일 사람들은 유대인 대량 학살에 대한 집단적 죄책감을 느낄 수 있으며, 유럽과 미국 사람들은 아프리카 사람들을 노예로 삼았던 것에 대해 집단적 죄책감을 느낄 수 있다. 그와 같은 '연합에 의한 죄책감'은 자기범주화의 산물이면서, 과거에 부당한 취급을 당했던 외집단 성원들을 보상하는 노력을 하도록 동기화한다(Wohl et al., 2006).

## 귀인

우리가 타인에 대한 인상을 형성하는 또 하나의 과정은 타인의 행동 원인을 이해하는 과정이다. 예를 들어 유명한 운동선수가 TV에서 특정한 상표의 운동화를 격찬한다고 가정해 보자. 그는 왜 그럴까? 그는 정말로 그 운동화를 좋아할까? 또는 돈 때문에 그러는 것일까? 당신은 한 여성이 가족계획 기관에 5달러를 기부하는 것을 보았다. 왜 그랬을까? 그녀는 이타적일까? 그녀는 압력을 받았을까? 그녀는 세금을 감면받을 필요가 있었을까? 그녀는 그 기관이 좋은 일을 한다고 믿는 것일까?

이러한 경우 각각에서 귀인의 문제가 생겨난다. 우리는 어떤 행동을 목격하면 반드시 그 행위를 여러 가능한 원인 중 어떤 것(들)에 귀착시킨다. 귀인 attribution은 우리가 행동의 원인을 직관적으로 추론하는 것을 지칭하는 용어이다. 귀인은 사회심리학에서 오랫동안 중심적인 주제였으며 오늘날에도 여전히 중심적인 주제이다(Heider, 1958; Kammrath et al., 2005; Kelley, 1967; Malle, 2011; Nussbaum et al., 2003).

### 기본적 귀인오류의 재고

앞의 두 가지 예가 예증하는 것처럼, 우리가 직면하는 주요한 귀인 과제 중의 하나는 관찰된 행동이 그 사람의 어떤 것을 반영하는지 또는 그가 처했던 상황의 어떤 것을 반영하는지를 결정해야 하는 것이다. 전자의 선택은 내부귀인 또는 성향귀인 dispositional attribution이라고 부르며, 우리가 행위자의 어떤 것이 행동에 대해 주로 책임이 있다고 추론하는 것을 뜻한다(예: 그 운동선수는 정말로

**이 여성이 재향군인회에 돈을 기부하는 까닭은 재향군인회의 사업을 지지하기 때문인가, 압력을 느껴서인가, 아니면 원래 이타적인 사람이기 때문인가?**

그 상표의 신발을 아주 좋아한다). 여기서 성향은 사람들의 신념, 태도, 성격 특징을 지칭하는 말이다. 후자의 선택은 외부귀인 또는 상황귀인(situational attribution)이라고 부르며, 우리가 어떤 외부적인 원인(예: 돈, 사회규범, 위협)이 행동에 대해 주로 책임이 있다고 추론하는 것을 뜻한다. 단순히 성향귀인과 상황귀인으로 구분하는 것은 지나치게 단순화한 것이라는 비판이 있었지만(Kammrath et al., 2005; Malle, 2011), 이러한 성향 대 상황의 이분법은 사회심리학 내에서 가장 영향력 있는 것 중의 하나이다.

귀인 이론의 창시자인 프리츠 하이더는 개인의 행동이 너무나도 강렬하여 우리는 그 행동을 액면 그대로 그 개인의 표상으로 간주하고, 그 행동을 둘러싸고 있는 상황에는 충분한 비중을 두지 않는다는 사실에 주목했다(Heider, 1958). 연구들은 하이더의 관찰을 입증해 왔다. 우리는 행동을 일으키는 상황적 원인을 과소평가하며, 너무 쉽게 사람의 성향이 원인이라는 결론을 내린다. 공격적으로 행동하는 사람을 목격했다고 하자. 우리는 그 상황이 어떤 누구에게서나 유사한 공격 행동을 유발할 수 있는 상황이라고 결론 내리기보다는, 너무나 쉽게도 그가 공격적인 성향을 가지고 있는 사람이라고 가정한다. 달리 표현하자면 우리는 그 사람(행위자)에게 지나치게 많은 비중을 두고 상황에는 지나치게 적은 비중을 두는, 사람의 행동에 대한 인과도식을 가지고 있다. 17장에서 사회심리학의 최우선 교훈 중 하나를 배웠다. 즉 실제로는 상황이 사람들의 사회행동을 일으키는 위력적인 원인이라는 교훈이 그것이다. 그 교훈에 따라오는 교훈도 배웠다. 즉 우리는 종종 일상생활의 추론에서 상황이 발휘하는 인과적 위력을 간과한다. 그리고 이 교훈이 기본적 귀인오류라는 명칭을 가지고 있음도 기억할 것이다. 공식적으로 서술하자면 **기본적 귀인오류 fundamental attribution error**는 행동에 미치는 상황의 영향을 과소평가하고 개인이 지닌 어떤 특징이 행동을 일으키는 데 책임이 있다고 가정하는 현상이다(Ross, 1977).

이런 편향이 드러난 초기의 고전적 연구에서 실험 참가자들은 쿠바의 지도자인 피델 카스트로를 지지하거나 반대하는 토론자의 연설문을 읽었다. 실험 참가자들에게는 토론 주관자가 각 토론자를 카스트로에 대한 지지 또는 반대 중 어느 한 입장에 서도록 임의로 배정했고, 토론자 본인에게는 지지 또는 반대 중 어떤 입장을 선택할 기회가 주어지지 않았음을 분명하게 말해 주었다. 실험 참가자들은 이런 사실을 알고 있었음에도 불구하고, 카스트로에 대한 토론자의 실제 태도를 추정하라고 요구했을 때 토론자의 태도를 토론에서 그가 주장한 내용과 일치되게 추정했다. 즉 실험 참가자들은 상황의 힘이 그 행동을 설명하기에 아주 충분했음에도 성향귀인을 했다(Jones & Harris, 1967). 이 효과는 꽤 강력한 것이다. 의도적으로 상황을 재미도 없고 열정도 없게 만들었으며 토론자의 몸짓도 볼 수 없는, 단조로운 어조의 연설문을 단지 복사한 것을 읽도록 한 경우에도 이러한 효과가 나타났다(Schneider & Miller, 1975). 심지어 실험 참가자들이 직접 토론자의 입장을 지정해 준 경우에도 여전히 토론자가 실제로 그 입장의 의견을 갖고 있다고 보는 경향이 있었다(Gilbert & Jones, 1986).

퀴즈 게임으로 꾸민 실험에서 실험 참가자와 관찰자 둘 다 어떻게 동일한 상황에서 동일한 귀인오류를 범하는지를 보여 주었다. 남성 쌍 또는 여성 쌍으로 이루어진 실험 참가자들이 일반 상식을 시험하는 질의응답 게임에 참가하기 위해 모집되었다. 2인 1조의 한 사람에게는 질문자 역할이 무선적으로 배정되었으며, 자신이 답을 알고 있는(예: 세계에서 가장 큰 빙하는 무엇입니까?) 어려운 10가지 질문을 만들었다. 나머지 한 사람은 응답자 역할을 맡아 질문에 답했다. 응답자가 질문에 답을 할 수 없었을 때는 질문자가 답을 알려 주었다. 관찰자들은 연구의 재현 장면을 통해 이들을 관찰했다. 게임 후에 실험 참가자와 관찰자 모두에게 '평균 수준의 학생'을 기준으로 질문자와 응답자의 일반 상식 수준이 어느 정도인지를 평정하게 했다. 실험 참가자와 관찰자 모두 질문자와 응답자의 역할이 무선적으로 배정되었음을 알고 있었다

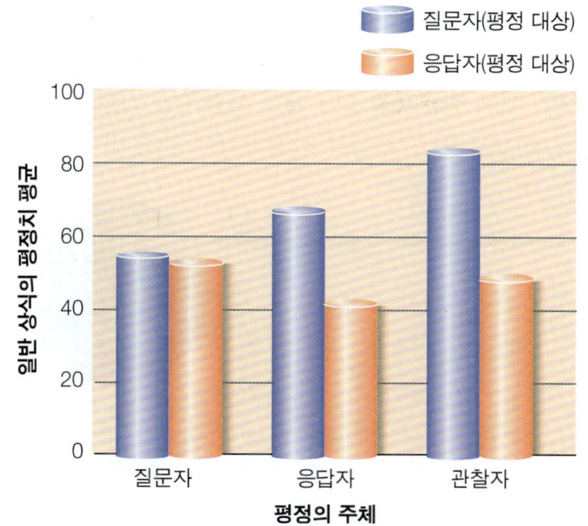


**그림 18.3 기본적 귀인오류.** 퀴즈 게임을 치르고 난 후의 질문자 및 응답자에 대한 평정. 질문자는 큰 상황적 이점을 가지고 있었음에도 불구하고 응답자와 관찰자로부터 능력이 우수하다는 평가를 받았다. 응답자와 관찰자는 성향적 원인에는 지나치게 큰 비중을 두고 상황적 원인에는 지나치게 적은 비중을 두었다.

는 것을 주목하라.

그림 18.3에서 보듯이 질문자들은 자기 자신과 응답자들을 일반 상식 수준에서 평균 정도라고 판단했다. 그러나 응답자들은 질문자들을 평균 수준의 학생에 비해 더 우월하다고, 자기 자신은 더 열등하다고 평정했다. 응답자들은 게임의 결과를 자신의 (그리고 질문자들의) 상식 수준에 귀인했을 뿐, 질문자들이 무엇을 질문할지 결정할 수 있고 질문자들 자신이 답을 모르는 질문은 생략할 수 있는, 즉 질문자들이 누린 큰 상황적 이점은 고려하지 않았다. 질문자들이 응답자들이 답을 할 수 없는 질문을 할 수 있다는 것을 알고 있는 관찰자들도 질문자들의 상식 수준을 보다 높게 평정했다. 즉 응답자와 관찰자 모두 성향에 너무 많은 비중을 두었으며 상황에는 거의 비중을 두지 않았다. 이것이 바로 기본적 귀인오류이다(Ross et al., 1977).

인상 형성의 다른 측면처럼 인과귀인은 두 가지의 다른 사고 양식에 의해 지배되는 것으로 밝혀졌는데, 하나는 보다 자동적이고 비의도적인 것이고, 또 하나는 보다 통제되고 의도적인 것이다. 사고 양식이 기본적 귀인오류의 발생에 영향을 미치는 것으로 판명되었다. 귀인 과정을 단계별로 나누어 보면 왜 그런지를 이해하는 데 도움이 된다. 한 이론의 틀은 인과귀인의 과정을 최소한 두 부분으로 나누는 것이다. 첫째 단계는 성향적 추론의 단계이며(이 행위가 함의하는 것은 무슨 특질인가?), 둘째 단계는 상황을 감안한 수정 단계이다(어떤 상황적 요인이 그 행위를 야기했는가?). 실험은 첫째 단계인 성향적 추론이 둘째 단계인 상황을 감안한 수정 단계보다 더 자동적임을 시사한다(Gilbert & Malone, 1995). 이것은 우리가 기본적 귀인오류를 매우 자주 범하는 까닭이, 기본적 귀인오류가 의식적 자각 밖에서 빈번히 일어나는 과학습된 자동적 과정이라는 데 있음을 시사한다. 의도적이고, 주의 깊은 사고를 하는 데 필요한 인지적 자원을 갖고 있을 때만 우리는 상황적 원인을 고려하여 처음의 자동적인 성향귀인을 수정할 수 있다. 노력을 들인 사고가 기본적 귀인오류를 극복할 수 있다는 사실이 고무적으로 보일지 모르겠으나, 우리가 타인에 대한 인상을 형성할 때 다음 행동 계획하기, 타인의 반응 예상하기, 우리에 대한 타인의 인상 관리하기 같은 많은 일들을 동시에 생각하기 때문에 우리는 흔히 인지적으로 매우 바쁘다는 사실을 인식할 필요가 있다. 이러한 '인지적 바쁨' 때문에 우리는 계속해서 다시 기본적 귀인오류를 범하게 될 것이다(Gilbert & Malone, 1995).

## 문화와 귀인

몇 세기 동안 서양의 철학자들과 심리학자들은 모든 정상 성인의 인지 과정 또는 사고 양식이 동일하다고 생각해 왔다. 실제로도 바로 이 장에서 전달하고자 한 사회인지에 관한 연구와 사고방식 중 많은 것이 위와 같은 가정을 하고 있는 것이다. 즉 지구상의 모든 곳에 있는 사람들의 보편적인 특징으로서의 인지 과정을 서술했던 것이다. 문화가 다르면 사회 관행도 다르다는 것은 분명하지만, 이러한 사실이 범주화와 인과 추리 같은 '기본적인' 인지 과정과는 관계가 없는 것으로 간주되었다.

사회인지의 그러한 측면에 대한 증거를 얻고자 추진된 최초의 연구는 기본적 귀인오류 현상 그 자체를 검토하기 위한 것이었다. 초기의 연구가 보여 준 바는, 오래전부터 미국인은 다른 사람들의 행동을 성향귀인을 통해 설명했던 반면에, 중국인과 인도인은 (미국인이 관찰한 행동과) 유사한 행동을 상황귀인을 통해 설명하는 경향이 더 많았다는 것이다(Miller, 1984; Morris & Peng, 1994; Norenzayan & Nisbett, 2000). 처음에 연구자들은 귀인 과정의 2단계 중 자동적으로 특질 추론이 이루어지는 첫 번째 단계는 보편적인 반면, 상황을 고려한 수정이 이루어지는 두 번째 단계는 보편적이 아닐 것이라고 제안했다. 예를 들어 한국인은 행동에 미치는 상황적 제약에 더 민감하다(Choi et al., 1999). 그러나 최근의 증거는 자동적인 특질 추론도 보편적이 아니어서 유럽계 미국인에게는 그런 경향이 나타나지만 동양계 미국인에게는 그렇지 않음을 시사한다(Na & Kitayama, 2011). 이 영역의 가장 최근 연구는 문화가 사회인지에 미치는 효과를 살펴보기 위해 신경과학 연구에서 사용하는 기법을 사용한다. 그러므로 앞으로 문화 신경과학에 관한 더 많은 연구

## 첨/단/연/구

### 체화된 사회인지

*Barbara L. Fredickson,* 노스캐롤라이나대학교(채플힐 캠퍼스)

최근 사회인지 연구에서 영향력 있는 견해 중 하나는 우리의 마음이 우리 몸의 신체적 경험에 의해 상당히 지배된다는 입장이다. 앞서 논의한 애쉬(Asch, 1946)의 고전적 연구에서 어떻게 '따뜻하다' 대 '차갑다'라는 특질이 그 사람을 믿을 것인지의 여부와 같은 사람의 성향에 관한 추론에도 영향을 주는지를 보여 주었다. 60여 년 후 이 실험을 반복 연구했는데, 실험 참가자들에게 '따뜻하다' 대 '차갑다'라는 단어 대신에 실험자가 우연히 그들에게 뜨거운 커피 혹은 차가운 커피가 담긴 종이컵을 들어 달라고 부탁함으로써 그들이 눈치채지 못하게 신체적으로 따뜻함 혹은 차가움을 느끼도록 만들었다. 이 같은 잠깐 동안의 신체적 경험이 이후 특질 추론에서 애쉬의 원래 연구와 같은 결과를 보여 주었다(Williams & Bargh, 2008). 이후의 연구는 무의식적 수준에서 신체적 따뜻함과 사회적 따뜻함의 개념이 서로 대체될 수 있음을 보여 준다. 즉 신체적으로 차가운 느낌은 사람들을 외롭게 만드는 반면, 신체적으로 따뜻함을 느끼는 것은 사회적 배척의 고통을 줄여 줄 수 있다. 이 결과는 놀랍게도 만성적으로 외로움을 느끼는 것과 뜨거운 목욕을 더 자주 하는 것 간에 연관이 있다는 사실을 설명할 수 있다(Bargh & Shalev, 2012).

예를 들어 누군가가 우리를 보고 미소 짓는 모습을 보는 것과 같이 따뜻함을 나타내는 사회적 징표를 만나면 어떤 일이 생기는가? 특정 얼굴 근육의 움직임이 어떻게 특정 정서 상태를 표현한다고 보편적으로 인식되는지를 논의했던 11장으로 되돌아가 보자. 그러나 일상에서 얼굴에 나타난 정서는 상황마다 본질적으로 다른 의미를 지니고 있기 때문에 미묘하다. 신입생이 강의실을 지나가며 당신에게 짓는 미소의 의미는? 이는 친절한 미소인가? 아니면 추파를 던지는 것인가? 아니면 흡족해하거나, 조롱하거나, 가식적인 웃음인가? 사람들은 여러 가지 이유로 웃으며, 과학자들은 인간이 적어도 50가지의 웃음을 나타낼 수 있다고 추정했다(Niedenthal et al., 2010). 그렇다면 당신은 웃음이 무엇을 의미하는지를 어떻게 알아차릴 수 있는가?

체화된 인지와 관련된 새로운 증거는 정상적인 조건에서 우리는 그것을 본능적으로 알 수 있음을 시사한다. 누군가가 당신에게 미소 짓는 것을 보면 즉각적으로 당신의 얼굴도 그 미소를 따라 하게 된다. 이렇듯 당신의 뇌는 특정 미소와 연관된 신경 상태를 시뮬레이션하기 시작한다. 얼굴 표정의 모방과 신경계 시뮬레이션 간의 조합이 그 웃음의 의미를 직감적으로 알 수 있도록 돕고, 미소 짓는 사람의 의도를 파악하도록 돕는다. 눈 맞춤은 중요한 필수 요건이다. 연구는 상대방의 얼굴을 모방하기 위해 눈 맞춤이 필요하다는 사실을 보여 주는데, 이와 같은 체화된 지혜는 눈 맞춤 없이는 만들어지지 않는다. 눈 맞춤 없이는 모방이 없고, 결국에는 신경 시뮬레이션에 의해 형성되는 직관적 통찰도 없다(Niedenthal et al., 2010).

한 실험에서 진짜 웃음인지 가식적인 웃음인지를 해독하는 데 얼굴의 모방이 역할을 하는지를 검증했다. 무선배정된 절반의 실험 참가자들에게는 펜을 이와 입술 사이에 물리고 미소를 보여 줌으로써 미소를 모방하지 못하도록 했다. 그들에게는 얼굴의 움직임을 최소화해야 더 객관적인 판단을 할 수 있다고 말해 주었다. 실제로 결과는 정반대였다. 표적 대상의 얼굴을 자유롭게 모방했던 실험 참가자들은 모방을 억제시킨 실험 참가자들에 비해 진짜 미소와 가식적인 미소를 더 잘 구별했다(Maringer, Krumhuber, Fischer & Niedenthal, 2011).

그래서 당신이 누군가와 눈을 마주치면, 비유하자면 잠시 동안 그 사람의 신발 속으로 들어가는 것이 아니라 어느 정도 그 사람의 몸과 뇌 속으로 들어간다. 그렇게 함으로써 그들의 동기에 관한 당신의 추론이 훨씬 더 정확해진다. 이런 선상의 연구는 눈 맞춤이 없기 때문에 얼굴 모방이 어려운 글로 된 메시지나 이메일과 같은, 체화되지 않는 형태의 사회적 의사소통이 왜 대인 간 오해를 더 많이 일으키는지를 설명하는 데 도움을 준다.

그렇다면 무엇이 미소인가? 눈 맞춤의 맥락에서 진짜 미소는 단순히 한 사람이 전달하는 긍정적 정서의 신호 그 이상의 것이다. 그것은 미소 짓는 사람을 만나는 다른 사람들도 기분 좋게 끌어들인다. 얼굴과 신경 간의 부합으로 생겨난 공유된 긍정 상태가 순식간에 두 사람을 연결해 주고 상호 이해를 만들며, 그것은 미묘한 전기적 충전과 같이 한동안 두 사람이 긍정적으로 공감하게 해 준다. 이처럼 체화된 사회적 연결의 따뜻한 순간이 타인과의 사회적 유대를 활기차고 건강하게 잘 맺도록 만들 것이다(Fredrickson, 2013b).

를 볼 수 있을 것이다.

서양인보다 동아시아인은 맥락과 상황에 더 많은 주의를 기울이고(Masuda & Nisbett, 2001), 맥락과 상황의 영향을 더 많이 받는다(Ji et al., 2000)는 증거가 계속 쌓이고 있다. 사고 양식에 있어서의 이러저러한 동서양의 차이가 이제는 동아시아인은 전체적 사고를 많이 하고 서양인은 분석적 사고를 많이 한다는 것의 증거로 채택되고 있다(Nisbett et al., 2001). **전체적 사고** holistic thought는 맥락이나 장의 전반에 대해 지향하는 것과 맥락에 귀인하는 것, 범주와 형식 논리를 비교적 적게 사용하는 대신에 모순처럼 보이는 현상을 인식하고 초월하는 식의 변증법적 추리에 의거하는 것으로 정의된다. 이와 대조적으로 **분석적 사고** analytic thought는 맥락으로부터 분리시킨 대상에 대해 지향하는 것, 범주와 형식 논리를 많이 사용하고 모순을 피해 가는 것으로 정의된다.

어떻게 그와 같은 사고 양식에서의 커다란 차이가 출현하게 되었을까? 선도적인 연구자들은 다른 사회 관행이 오래 지속된 데에서 생긴 것이라고 말한다. 우리는 1장에서 집합주의 문화와 개인주의 문화의 구분을 소개했다. 생각나겠지만, 집합주의 문화는 사람들 간의 근본적인 연결성과 상호 의존성을 강조하고 개인주의 문화는 개인들의 근본적인 분리성과 독립성을 강조한다. 11장에서 사람들이 경험하고 표출하는 바로 그 정서가 그들이 자라난 문화의 양육 방식을 반영하는 것임을 보았다.

집합주의 경향성의 기원을 추적해 보면 사회적 조화와 집합적 책무감에 초점을 맞추고 있는 고대 중국으로 거슬러 올라갈 수 있고, 반면에 개인주의 경향성의 기원은 개인적 책무감에 초점을 맞추고 있는 고대 그리스로 거슬러 올라갈 수 있다. 이렇듯 사뭇 다른 인간 책무감에 대한 견해는 사회 관행에서의 동서양 차이를 불러일으켰을 뿐만 아니라 과학, 수학, 철학에서 동서양이 각기 다른 진척을 보이게 했다. 원인의 소재에 대한 지향이 뚜렷이 다른 이 두 고대 문화의 유산을 오늘날 우리가 그 증거를 찾아낸 인지의 문화 차에서 볼 수 있다. 즉 현대 동아시아인은 전체적 사고를 하는 경향이 강하며, 서양인은 분석적 사고를 하는 경향이 강하다(Nisbett et al., 2001). 그렇다면 우리가 두뇌를 사용하는 방법은 보편적인 것이 아니다. 또는 생물학적으로 정해지는 것도 아니다. 오히려 우리의 사고 양식은 가변성이 있으며, 우리보다 1,000년이나 그 이전에 우리 문화에서 살았던 선조에 의해 조성된 것이다.

### 중간 요약

- 도식적 처리 과정을 통해 우리는 입력 정보를 도식이라고 불리는 단순화된 기억 구조를 통해 지각하고 해석한다. 도식은 사람들이 정보를 효율적으로 처리하도록 해 주는 일상생활 속의 대상과 사상에 관한 소이론이다. 고정관념은 사람 집단에 관한 도식이다.
- 반복된 노출을 통해 고정관념이 의식적 자각 밖에서 습관적이며 자동적으로 작동할 수 있다.
- 도식과 고정관념은 현실을 단순화한 것이기 때문에 도식적 처리는 사회적 정보의 처리에서 편향과 오류를 초래한다. 예를 들어 우리가 타인에 대해 인상을 형성할 때 초두효과가 많이 나타난다. 즉 우리가 받는 최초의 정보는 최초의 도식을 유발하므로, 후에 받는 정보보다 인상을 결정하는 데 더 강력하게 작용한다. 또한 도식과 고정관념은 우리의 추론도 좌우한다.
- 고정관념은 일단 활성화되면 자기충족적 예언이라고 불리는 효과, 즉 자신과 타인으로부터 최초의 고정관념을 확증해 주는 행동을 이끌어 내는 연쇄적인 행동 과정을 작동시킬 수 있다. 이러한 연쇄적 행동은 완전히 의식적 자각 밖에서 발생할 수 있다.
- 개인화는 한 사람 한 사람별로 그 사람의 개인적 자질을 평가하여 그 사람에 대한 인상을 형성하는 과정이다. 그림 18.2에 제시된 인상 형성의 연속선 모델은 사람들이 언제 어떻게 타인을 개인화하는지를 자세히 기술하고 있다. 협동적 활동은 개인화를 촉진할 수 있다.
- 고정관념이 자동적으로 활성화된다고 할지라도 바로 그 조건하에서 노력을 들인 사고를 통해 고정관념을 통제할 수 있다.
- 귀인은 타인의 행동을 해석하고 설명하는 과정이다. 한 가지 주요한 귀인 과제는 어떤 사람의 행위를 성향적 원인(사람의 성격 또는 태도)에 귀인할지, 아니면 상황적 원인(사회 영향 또는 다른 외부 상황)에 귀인할지를 결정하는 것이다. 우리는 기본적 귀인오류라고 불리는 편향, 즉 성향적 요인에는 지나치게 많은 비중을 두고, 상황적 요인에는 지나치게 적은 비중을 두는 경향이 있다.
- 문화는 사회인지에 지대한 영향을 준다. 예를 들어 동양인은 맥락에 더 민감한 전체적 사고를 한다. 반대로 서양인은 맥락에서 대상을 분리해 내는 것이 특징인 분석적 사고를 한다. 결과적으로 동양인은 서양인에 비해 기본적 귀인오류를 덜 범한다.

### 비판적 사고를 위한 물음

1. 당신의 시험 성적이 좋지 않다고 가정해 보라. 당신 자신은 그 결과가 열심히 공부하지 않았기 때문이라는 것을 알고 있지만, 교수는 기본적 귀인오류를 범하여 당신이 그렇게 똑똑한 학생이 아니라는 결론을 내리게 된다. 일부 사회심리학자들은 기본적 귀인오류가 시간이 지나면 오류가 아닌 것이 되는 자가 삭제의 성질이 있다고 주장해 왔다. 이러한 낮은 시험 성적의 예를 토대로 자기충족적 예언과 고정관념 위협이라는 개념을 사용해서 이러한 주장의 논리를 설명해 보라.

2. 과거 몇 달 또는 몇 년 동안 당신이 잘 알게 된 어떤 사람에 대해 생각해 보라. 그 사람에 대한 첫인상이 현재의 인상과 일치하는가? 만약 아니라면 고정관념과 범주화가 당신이 받은 최초의 인상에 어떻게 영향을 미쳤는지 알 수 있는가? 그림 18.2에 제시된 연속선 모델을 통해 당신은 그 사람에 대한 개인화가 증가되고 있음을 추적할 수 있는가?

## 태도

사회인지에 관한 지금까지의 논의는 지각 과정, 사고 과정 및 인상 형성 과정에 초점을 맞춘 것이었다. 감정과 의견이 사회인지와 사회행동에 어떻게 영향을 미치는지를 태도의 개념으로 보다 광범위하게 살펴볼 것이다.

**태도** attitude는 좋아하고 싫어하는 것, 즉 사물, 사람, 상황, 또는 추상적인 관념과 사회 정책을 포함한 세상사의 측면에 대한 호의적인 평가와 반응 또는 비호의적인 평가와 반응이다. 우리는 종종 자신의 태도를 의견으로 표현한다—'나는 귤을 아주 좋아한다.' 또는 '나는 자유당을 아주 싫어한다.' 그런데 태도가 감정을 표현하는 것이라고 할지라도 종종 인지, 즉 구체적으로 말하자면 태도 대상에 대한 신념('귤은 비타민을 많이 함유하고 있다' 또는 '자유당은 세금 징수와 소비만을 원할 뿐이다')과 연계되어 있다. 더욱이 태도는 때때로 태도 대상에 대해 취하는 우리의 행위('나는 매일 아침 귤을 먹는다' 또는 '나는 절대 자유당 후보에게는 투표하지 않을 것이다')와도 연계되어 있다.

따라서 사회심리학자들은 보통 태도가 인지 요소, 감정 요소, 행동 요소로 구성되어 있다고 생각한다. 예를 들어 집단에 대한 부정적 태도를 연구할 때도 사회심리학자들은 종종 부정적 고정관념(집단에 대한 부정적 신념과 지각, 즉 인지 요소), 편견(집단에 대한 부정적 감정, 즉 감정 요소), 차별(집단의 성원에 대한 부정적 행동, 즉 행동 요소)을 구별한다. 일부 이론가들은 태도가 인지 요소와 감정 요소만으로 구성되어 있다고 정의하는가 하면, 다른 일부 이론가들은 태도가 감정 요소만으로 구성된 것이라고 정의한다. 그러나 정의를 달리함에도 불구하고 신념, 감정, 행동 간의 상호 관계에 관심이 있는 것은 모두가 같다.

태도에 관한 연구는 수십 년 동안 사회심리학자들을 사로잡아 왔다. 일찍이 1950년대에는 태도가 '사회심리학 전당의 주요한 초석'이라고 불렸다(Allport, 1954). 태도가 그렇게 중요한 것은 정확하게 무엇 때문인가? 두 가지 이유가 가장 중요하다. 첫 번째 이유는 최소한 민주주의 사회에서는 사람들이 자신의 태도에 대해 많이 이야기한다는 사실 때문이다. 사람들은 다른 사람들의 태도에 대해서도 많이 이야기한다. 예를 들어 영화관을 나오면서 친구에게 묻는 첫 번째 질문은 "너, 그 영화 괜찮았니?"이다. 새 연인을 친구들에게 소개하고 나서는 "어떻게 생각하니?"라고 묻는다. 우리는 중대한 선거를 앞두고 평판이 좋은 사람들에게 "누구에게 투표하실 겁니까?"라고 의향을 알아본다. 마케팅과 과학적 여론조사 기관은 이런 의문을 공식적인 여론조사 설문으로 만들어 평가함으로써 할리우드의 흥행 성적부터 대통령 선거의 결과에 이르기까지 모든 것을 예언하고, 선출직 관리에 대한 대중 지지도의 월별 평가부터 초등학교에서 진화론을 가르치는 것에 대한 대중의 태도에 이르기까지 모든 것을 기술한다.

이처럼 태도가 사회심리학에서 중심이 되고 그렇게 많이 언급되고 측정된 두 번째 이유는 태도 개념의 기저에 있는 하나의 핵심적인 가정 때문이다. 즉 사람들의 태도를 알면 그들의 행동을 예언할 수 있다고 가정하기 때문이다. 이 가정은 아주 널리 받아들여졌으며, 경제학 같은 심리학과 인접한 행동과학의 기초가 되고 인간 본성에 대한 다른 합리적 관점의 바탕이 되는 역할을 해 왔다. 이 가정은 세 가지 부분으로 구성되어 있다. 첫째, 인간의 행동은 의도적인 것이며 개인적인 선호의 반영이다. 이것은 경제학 내에서 유용성 이론의 핵심 개념이며, 철학 내에서는 자유의지의 개념인 것이다. 둘째, 태도는 그 사람의 선호를 나타내는 것이다. 셋째, 행동을 예언하기 위해서는 태도를 살펴보는 것만으로 충분하다. 이 논리에 따르면 우리가 사람들의 행동을 변화시키고자 할 때 그들의 태도를 바꾸는 것부터 시작해야 한다는 것이다. 앞으로 보게 되겠지만, 사회심리학자들은 태도가 행동을 예측해 준다는 기본적인 가정에 강한 의구심을 지니고 있었다.

그렇지만 사회심리학자들 사이에서 오랫동안 지속된 연구 주제는 사람들의 태도를 변화시키는 방법을 찾아내려는 것이었다. 당신은 이 연구 주제를 추구하는 한 가지 방법으로서 사회 영향 기법을 통한 태도 변화 연구가 17장에 제시되었음을 기억할 것이다. 특히 자기정당화에 관한 연구는 그 사람들에게 지겨운 과제가 재미있었다고 다른 사람들에게 이야기해 주는 것과 같은 (자신의 태도와는 반대인) 위선적인 행위를 하도록 교묘하게 유도함으로써 때때로 그 사람들의 태도를 바꿀 수 있음을 보여 준다. 베닝턴대학의 학생들에 대한 연구에서 예증된 것처럼 참조집단이 사람들의 태도 변화에 중요한 역할을 할 수도 있다. 여기서 우리는 태도 변화에 대해 보다 직접적으로 접근하려고 한다. 그러한 접근은 정치 연설, 광고, 설교, 그리고 공식적 혹은 비공식적 로비와 같은 설득적 의사소통을 통해 태도 변화를 시도했다.

## 설득적 의사소통

히틀러 치하의 나치 독일이 저지른 일들이 권위에의 복종에 대한 관심을 낳게 했던 것처럼(17장 참조), 전쟁 중에 행해진 선전은 설득적 의사소통에 관한 연구를 촉진했다. 1940년대 말 예일대학교에서 시작된 집중적인 연구에서 연구자들은 설득을 잘하는 전달자, 성공적인 의사소통, 그리고 쉽게 설득당하는 부류 사람들의 특징을 찾아내려고 했다(Hovland et al., 1953). 이러한 주제에 대한 연구가 여러 해 동안 계속되면서 수많은 흥미로운 현상이 발견되었지만 일반 원리는 거의 드러나지 않았다. 그 결과는 점점 복잡해지고 요약하기가 어려워졌으며, 모든 결론이 몇 가지의 '단서 조항'을 붙여야만 성립되는 것으로 보였다. 그러나 1980년대 초부터 관심이 쏠리기 시작한, 우리가 논의한 바 있는 인지 과정의 두 가지 양식, 즉 보다 자동적이며 노력이 필요치 않은 과정과 보다 통제되고 노력이 드는 과정에 대한 관심이 설득적 의사소통을 분석할 수 있는 더욱 통일된 개념틀을 마련해 준 새로운 설득 이론을 출현시켰다(Chen & Chaiken, 1999; Petty & Wegener, 1999).

### 정교화 개연성 모델

**정교화 개연성 모델**elaboration likelihood model은 설득에 관한 이중 과정 이론으로서 매우 뛰어난 이론 중의 하나이다(Petty & Wegener, 1999). 이 모델이 지향하는 바는 주장의 강도와 의사소통 원천의 신뢰성 같은, 설득적 의사소통의 어떤 측면의 역할이 중요할 때와 중요하지 않을 때를 예언하는 것이다. 이 모델의 핵심 개념은 사람들에게 정교화 개연성을 따지는 연속선이 있다는 것이다. 간단히 말해서 우리가 설득적 메시지에 대해 주의를 기울

성직자와 정치인은 청중의 태도와 행동을 변화시킬 설득 메시지를 꾸준히 찾는 대표적인 사람들이다.

이고 사고하고 정교화하려는 동기가 생기고, 그렇게 할 수 있는 능력이 있는 때가 있는가 하면 그렇지 않은 때도 있다는 의미이다. 어떤 주어진 순간에 우리가 이 연속선 상에서 어느 극 쪽에 위치하느냐에 따라 설득을 좌우하는 인지 과정이 결정된다. 따라서 정교화 개연성 모델에 따르면 우리가 그 연속선의 고(높은)정교화 극 쪽에 있다면, 즉 깊이 사고할 용의가 있고 능력이 있다면, 통제되고 노력이 드는 사고가 진행되는 경로인 중심경로를 따라 설득이 이루어진다고 말한다. 반대로 우리가 그 연속선의 저(낮은)정교화 극 쪽에 있다면, 즉 무슨 이유에서든지 깊이 사고할 용의도 없고 능력도 없다면, 자동적이고 노력이 들지 않는 사고가 진행되는 경로인 주변경로를 따라 설득이 이루어진다고 말한다.

### 설득의 중심경로

개인이 설득적 메시지에 대해 심사숙고하며 반응할 때, 즉 메시지를 정교화할 때, 우리는 설득이 **중심경로** central route를 따라 이루어진다고 말한다. 설득의 중심경로는 우리에게 오직 의사소통 메시지의 실질적인 내용을 따져 보려는 동기가 있고 그렇게 할 수 있는 능력과 기회가 주어졌을 때만 취하는 경로이다. 중심경로에서의 사고는 의사소통 그 자체의 내용에 관한 것일 수도 있고, 전달자의 신뢰성 같은 상황적 측면에 관한 것일 수도 있다. 만약 의사소통 메시지가 옹호 입장을 지지해 주는 사고를 불러일으키면 (메시지를 받은) 개인은 옹호 입장 쪽으로 갈 것이다. 만약 의사소통 메시지가 (반대 주장이나 전달자에 대한 비난 같은) 비지지적 사고를 불러일으키면 개인은 옹호 입장을 확신하지 못한 채로 있거나 오히려 옹호 입장에서 더 멀어질 것이다.

많은 연구는 노력이 드는 사고가 설득에 이르는 중심경로의 주된 과정이라는 증거를 내놓고 있다. 한 연구에서 각 실험 참가자는 논란이 되고 있는 문제에 대한 주장이 담긴 의사소통 메시지를 읽고 나서 주장 하나하나에 대해 한 문장으로 된 자신의 의견을 적었다. 일주일 후에 실험 참가자들에게 의사소통 메시지의 주장과 그러한 주장에 대해 자신이 적었던 반응을 회상하도록 했다. 이 기억 검사는 실험 참가자들이 전혀 예상치 못했던 것이었다. 논란이 되고 있는 문제에 대한 실험 참가자들의 의견은 의사소통 메시지를 받기 전에 이미 측정했으며 기억 검사 시에 또다시 측정했다. 결과가 보여 주는 바는, 의사소통 메시지로 유발된 태도 변화의 양이 의사소통 메시지에 대한 실험 참가자들의 지지적 반응의 양, 자신의 지지적 반응을 회상한 양, 이 둘과는 상관이 있었으나 메시지의 주장 자체를 회상한 양과는 상관이 없었다(Love & Greenwald, 1978). 이 실험은 설득에 이르는 중심경로를 지지해 주는 것일 뿐만 아니라, 변화된 태도의 지속성과 변화를 유발했던 주장에 대한 개인의 기억이 종종 무관하다는, 이전에 관찰되어 왔던 수수께끼 같은 현상도 설명해 준다.

그러므로 어떤 의미에서는 설득에 이르는 중심경로가 의사소통 메시지를 읽거나, 듣거나, 또는 단지 메시지를 받을 것이라고 기대하는 동안에 그 개인이 생성해 내는 사고에 의해 만들어지는 자기 스스로의 설득 과정이라고 볼 수도 있다.

### 설득의 주변경로

개인이 (메시지에 담긴 주장의 수 같은) 메시지의 비내용적 단서에 반응하거나 (전달자의 신뢰성이나 주변 환경의 쾌적함 같은) 메시지 전달의 맥락에 반응할 때, 우리는 설득이 **주변경로** peripheral route를 따라 이루어진다고 말한다. 주변경로는 무슨 이유에서든지 개인이 의사소통 메시지의 내용을 주의 깊게 평가하는 인지 작업을 할 수 없거나 하지 않으려 할 때 진행되는 과정이다.

(7장에서 학습했던) 고전적 조건형성은 주변경로를 통해 태도를 변화시키는 가장 소박한 수단 중 하나이다. 광고주는 고전적 조건형성을 꽤 많이 이용한다. 애초에는 중성적이거나 알려지지 않은 제품을 매력적인 사람이나 아름다운 경치 같은 정적 감정을 유발하는 이미지나 아이디어와 반복적으로 짝을 지어 제시한다. 시청자들은 설득에 이르는 주변경로, 즉 고전적 조건형성을 통해 새로운 제품에 대해서도 정적 태도를 갖기에 이른다.

설득에 이르는 또 하나의 주변경로는 (9장에서 논의한) 휴리스틱이나 경험에 비추어 설득 메시지의 타당성을 추론하는 과정이다. 이런 규칙의 예로는 '많은 주장이 포함된 메시지는 소수의 주장이 포함된 메시지보다 더욱 타당할 것이다', '정치가들은 항상 거짓말을 한다', '대학 교수들의 이야기는 확실하게 알고서 하는 말이다' 같은 것이 있다(Eagly & Chaiken, 1984). 설령 실질적인 내용이 신뢰성이 없는 경우라도 메시지를 듣는 사람들이 주어진 정보를 정교화하지 않는 이상 이 주먹구구식 법칙을 따르는 의사소통이 설득적일 수도 있다.

### 중심경로를 통하는가, 주변경로를 통하는가

중심경로 또는 주변경로 중 어느 경로를 통할 것인지를 결정하는 요인이 몇 가지 있다. 그중 하나가 관여이다. 만약 의사소통 메시지가 개인의 사적인 이해관계와 관련된 문제에 관한 것이라면 그 개인은 더 주의를 기울여 주장을 들으려고 할 것이다. 또한 그런 경우에는 개인이 그 문제에 관해 이전부터 정보와 의견을 가지고 있었을 가능성이 높다. 다른 한편으로, 만약 문제가 자신과 관계없는 것이라면 그 개인은 그 문제에 대한 주장을 지지하거나 반박하기 위해 많은 노력을 기울일 가능성이 별로 없다. 그렇게 되면 어떤 현상이 생길까?

정교화 개연성 모델은 많은 연구에서 검증되었다. 다소 복잡한 한 연구에서 실험 참가자인 대학생들은 대학의 정책 변화에 대해 총장에게 조언하는 일을 책임진 위원회의 위원장이 쓴 글을 읽었다. 그 글에는 대학 당국이 모든 학부생들의 졸업 요건으로 종합시험 제도를 만들어야 한다는 제안이 들어 있었다. 그 문제에 대한 학생들의 관여 정도를 조작하기 위해 학생들 중 반에게는 총장이 채택하는 정책 변화가 내년에 실시될 것이라고 말해 주었고(높은 관여), 나머지 반에게는 10년 후에 실시될 것이라고 말해 주었다(낮은 관여). 또한 제시한 글도 여러 형태가 사용되었다. 강한(타당한) 주장을 포함하는 글도 있었고, 약한(타당하지 않은) 주장을 포함하는 글도 있었다. 세 가지의 주장만을 포함하는 글도 있었고, 아홉 가지의 주장을 포함하는 글도 있었다.

높은 관여 조건에서 학생들의 의사소통 후 태도가 그림 18.4a에 나와 있다. 강한 주장은 약한 주장보다 전반적으로 더 호의적인 태도를 유발했다. 그러나 보다 중요한 것은 아홉 가지 강한 주장은 세 가지 강한 주장보다 더 많은 동의를 이끌어 낸 반면에, 아홉 가지 약한 주장은 세 가지 약한 주장보다 더 적은 동의를 이끌어 냈다는 점이다. 이런 유형의 결과를 어떻게 설명할 수 있겠는가?

정교화 개연성 모델은 높은 관여 조건의 학생들이, 글에 있는 주장의 실질적인 내용을 처리하려고 동기화되기 때문에, 그 주제와 관계 있는 인지 반응을 생성할 것이라고 예언한다. 이것이 설득에 이르는 중심경로인데, 강한 주장이 약한 주장보다 지지적인 인지 반응은 더 많이 유도하는 반면 반대 주장은 더 적게 유발한다. 따라서 강한 주장은 그 글에 대한 동의를 더 많이 이끌어 내는데, 높

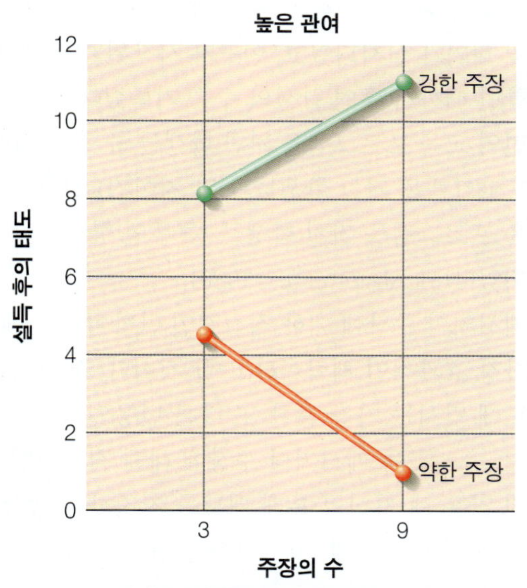


a) **중심경로를 통한 경우 설득 후의 태도.**
개인이 주제에 높게 관여된 경우에는 3개의 강한 주장보다 9개의 강한 주장이 더 많은 동의를 이끌어 냈으나, 9개의 약한 주장은 3개의 약한 주장보다 더 적은 동의를 이끌어 냈다.

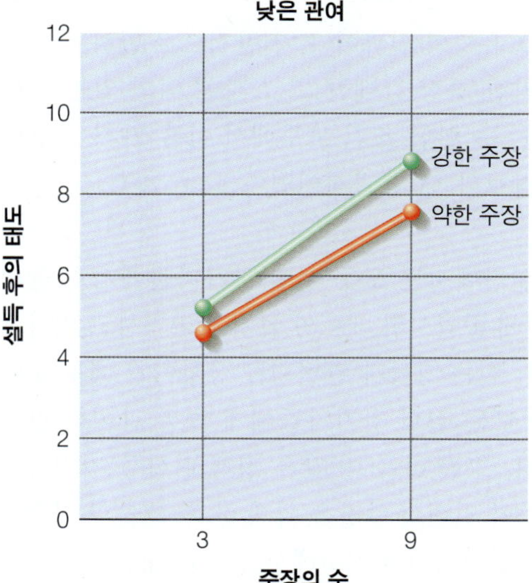


b) **주변경로를 통한 경우 설득 후의 태도.**
개인이 논제에 낮게 관여된 경우에는 주장의 강약에 상관없이 9개의 주장이 3개의 주장보다 더 많은 동의를 이끌어 냈다.

**그림 18.4 정교화 개연성 모델의 검증.** a) 중심경로를 통한 설득 후의 태도. 사람들이 그 주제에 대해 관여가 높을 때, 9개의 강한 주장은 3개의 강한 주장에 비해 더 많은 동의를 이끌어 냈다. 그러나 9개의 약한 주장은 3개의 약한 주장에 비해 동의를 덜 이끌어 냈다. b) 주변경로를 통한 설득 후의 태도. 사람들이 그 주제에 대해 관여가 낮을 때, 주장이 강하건 약하건 상관없이 9개의 주장은 3개의 주장에 비해 더 많은 동의를 이끌어 냈다.

은 관여 조건의 학생들이 실제로 그랬다. 더욱이 개인이 접하는 주장이 강할수록 더욱더 지지적인 인지 반응을 생성할 것이므로 아홉 가지 강한 주장은 세 가지 강한 주장보다 설득력이 더 클 것이다. 이와 대조적으로 개인이 접하는 주장이 약할수록 더욱더 많은 반대 주장을 생성할 것이므로 아홉 가지 약한 주장은 세 가지 약한 주장보다 설득력이 더 작을 것이다. 이러한 예언은 그림 18.4a에 나타나 있는 결과와 일치한다.

그림 18.4b에서 볼 수 있듯이 낮은 관여 조건의 학생들에게서는 다른 유형의 결과가 나타났다. 정교화 개연성 모델은 낮은 관여 조건의 학생들에게 글의 주장을 자세히 따져 보려는 동기가 생기지 않을 것이며, 따져 보는 대신에 휴리스틱에 의거해서 글을 평가하고 그에 대한 자신의 태도를 형성할 것이라고 예언한다. 이것이 설득에 이르는 주변경로인데, 개인이 주변경로를 취하는 상황에서는 그 주장이 강한 것인지 약한 것인지조차도 따지지 않을 것이고, 단순히 '많은 주장이 담긴 메시지가 소수의 주장이 담긴 메시지보다 더 타당할 가능성이 크다' 같은 휴리스틱 규칙을 불러일으킬 것이다. 따라서 강한 주장이 약한 주장보다 더 효과적일 리가 없을 것이고, 주장의 강약과 상관없이 아홉 가지 주장이 세 가지 주장보다 설득력이 더 클 것이다. 이것이 그림 18.4b에 나와 있는 바로 그 유형의 결과이다. 전반적으로 말하자면 강한 주장과 약한 주장 간에는 그 효과에 의의 있는 차이가 없었지만, 두 실험 조건 모두에서 아홉 가지 주장이 세 가지 주장보다 더 효과적이었다(Petty & Cacioppo, 1984).

또 다른 실험에서는 모든 실험 참가자들에게 그들의 대학이 내년에 졸업시험 제도의 설치를 고려하고 있다고 말해 주었다. 이는 그들과 관련되는 상황이기 때문에 이 시나리오는 모든 실험 참가자들에게 높은 관여를 만들어 줄 것이다. 그런 다음 이 같은 정책 변화를 지지하는 강한 혹은 약한 일련의 주장을 읽게 한 후 그들의 의견을 알아보았다. 전형적인 조건하에서 정교화 개연성 모델은 그림 18.4a와 같이 실험 참가자들이 약한 주장보다는 강한 주장에 의해 더 설득될 것으로 예측한다. 그러나 주장을 보기 전에 무선적으로 절반의 실험 참가자들에게는 5분간 인지적 자원을 고갈시키는 과제를 하도록 배정했고, 나머지 절반에게는 매우 단순한 과제를 하도록 했다. 연구자들은 잠시 동안의 인지적 고갈로 인해 관여가 높아야 하는 사람들도 주변경로를 사용하게 되는지를 검증했다. 실제로 인지적 자원이 고갈된 실험 참가자들은 강한 주장과 약한 주장에 의해 동일하게 설득되었다. 주장에 대한 그들의 생각을 조사해 본 결과는 그들이 약한 주장을 반박할 인지적 자원이 없었음을 시사했다(Wheeler et al., 2007). 이 결과는 중요한 경고를 하고 있다. 당신이 피곤하거나 기운이 고갈되었을 때 누군가가 당신에게 나쁜 아이디어를 제시하더라도 그것에 저항하기 훨씬 힘들다는 것이다.

비록 설득에 관한 많은 연구는 실험실에서 행해졌지만, 실험실에서 발견된 사실을 실제에 적용하려는 관심이 항상 있었다. 중학생들로 하여금 흡연을 권하는 동료 학생들의 압력에 대항할 수 있도록 면역을 시키려는 교육 프로그램이 그 한 예이다. 고등학생들이 중학교 1학년 학생들에게 반대 주장을 생성하는 방법을 가르치는 회기를 담당했다. 예를 들어 역할 실연 회기에서 중학생들에게 담배를 피우지 않으면 '애송이'로 불리는 것에 대해 개의치 않도록 가르쳐 주었는데, "내가 너에게 좋게 보이려고 담배를 피운다면 그거야말로 내가 애송이임을 증명하는 거야."라고 말하게 했다. 또한 중학생들에게 흡연하는 여성은 제약을 벗어던진 여성임을 암시하는 광고에 말려들지 않도록 가르쳐 주었는데, "담배에 코가 꿴 여성은 진정으로 제약을 벗어던진 여성이 아니야."라고 말하게 했다. 중학교 1학년과 2학년 동안에 몇 번의 면역 회기가 실시되었고, 연구가 시작된 시점부터 중학교 3학년 때까지 흡연 학생의 수를 기록했다. 그 결과를 보면 면역 교육 프로그램을 거친 학생들 중 흡연 학생이 (면역 프로그램을 거친 학생들과 짝 지어진) 전형적인 흡연 교육 프로그램을 거친 학생들 중 흡연 학생의 절반밖에 안 되었다(McAlister et al., 1980). **반박** counterarguing, 또는 메시지의 주장에 대한 직접적인 반박이 설득에 저항하는 가장 효과적인 책략이라고 할 것이다. 놀랍게도 설득 시도에 맞서는 가장 흔한 또 다른 반응인 **태도 옹호** attitude bolstering, 즉 메시지의 주장에 대해 직접적인 반박을 하지 않은 채 자신의 본래 태도를 지지하는 생각을 생성해 내는 것은 설득에 대한 저항을 위한 효과적인 책략이 아니다(Jacks & Cameron, 2003).

## 태도와 행동

앞서 언급한 것처럼 태도를 연구하는 주요 이유는 태도가 우리로 하여금 그 사람이 어떤 행동을 할 것인지 예측할 수 있게 해 주리라는 기대 때문이다. 정치 후보자는 유권자의 표명된 태도가 실제 투표 행동과 관계 있을 때만 여론조사에 관심을 가질 것이다. 사람들의 태도가 행동을 결정한다는 가정은 서구의 사고 속에 깊이 배어 있으며, 많은 경우에 이 가정은 유효하다.

그러나 이러한 중심 가정은 1960년대 말 통렬한 학문적 비판을 받으면서 그 핵심까지 흔들리게 되었다(Wicker, 1969). 위커는 태도와 행동 간의 관계를 검증한 40개 이상의 연구를 개관했다. 1930년대에 수행된 고전적 연구가 이러한 문제를 예시해 주었다. 한 백인 교수가 젊은 중국인 부부와 함께 미국 전역을 여행했다. 그 당시에는 동양인에 대해 강한 편견이 있었고, 대중 숙박 시설의 인종차별을 금지하는 법률도 없었다. 세 여행자는 200개 이상의 호텔, 모텔, 식당에 들렀는데, 모든 식당과 한 곳을 제외한 모든 호텔, 모텔에서 아무런 문제 없이 접대를 받았다. 그 뒤에 그들이 들렀던 식당과 호텔 모든 곳에 중국인 부부를 손님으로 받을 것인지를 묻는 편지를 보냈다. 128개의 회답 중 92%는 받지 않을 것이라는 응답이었다. 다시 말해 영업주들은 자신의 실제 행동보다 훨씬 더 편견적인 태도를 표명했다(LaPiere, 1934).

**정교화 개연성 모델에 따르면 우리가 광고 등의 설득 메시지를 처리하는 방식은 우리가 사용할 노력에 달려 있다. 설득 메시지의 처리를 위해 정신적 자원을 갖고 있으며 기꺼이 투자할 의사가 있을 때, 우리는 메시지에 관한 통제된 사고를 하는 경향이 있다. 그렇지 않은 경우에는 설득 메시지를 자동적으로 처리하는 경향이 있다.**

라피에르의 연구에 문제가 없는 것은 아니지만, 비평가들은 태도로써 행동을 예언할 수 있는지를 묻기 위해 이 연구와 다른 많은 연구를 이용했다. 사회심리학자들에게 태도 개념을 통째로 포기하고, 대신 행동의 상황적 결정 요인에 초점을 두도록 권고하는 비평가들도 있다. 앞으로 보게 되겠지만, 이 권고의 논리는 기본적 귀인오류와 궤적을 같이한다. 즉 사회심리학자들조차 행동을 결정하는 데 태도와 같은 성향 요인의 인과적 영향은 과대평가하고 상황의 인과적 영향은 과소평가해 왔다.

사람들의 행동은 확실히 그들의 태도보다는 다른 많은 요인에 의해 결정된다. 한 가지 명백한 요인은 상황 속에 들어 있는 제약의 정도이다. 즉 우리는 종종 자신이 느끼거나 믿는 것과 일관되지 않은 행동을 해야만 할 때가 있다. 어린 시절 우리는 싫어하는 채소를 먹어야 했고, 어른이 되어서는 지루한 강의나 모임에 참석하기도 한다. 우리는 17장에서 상황의 위력을 보고 또 보았다. 애쉬의 연구에서 실험 참가자들은 다수가 틀렸다는 것을 알고도 다수 집단에 동조했다. 밀그램의 연구에서 실험 참가자들은 전기 충격을 주는 것이 양심에 걸릴 때도 전기 충격을 주었다. 그리고 바로 전에 기술한 인종차별 연구에서 보았듯이, 편견을 가진 영업주는 접대를 요구하는 중국인 부부와 실제로 맞닥뜨렸을 때 자신의 편견대로 행동하기가 어려웠을 것이다.

또래 친구들의 압력은 이와 유사한 영향력을 발휘할 수 있다. 예를 들어 마리화나에 대한 10대 청소년의 태도와 마리화나의 실제 사용 간에는 중간 정도의 상관이 있었으나, 마리화나를 피우는 친구의 수는 10대 청소년의 마리화나 사용을 더 잘 예언하는 요인이었다(Andrews & Kandel, 1979). 여기서 애쉬의 고전적인 연구와 유사점을 찾을 수 있는가?

태도가 행동을 예언한다는 가정에 대한 이러한 중대한 도전은 태도에 관한 연구를 종식하는 것과는 거리가 먼, 태도가 실제로 행동을 예언하는 구체적인 조건을 밝히려는 새로운 태도 연구를 촉발하는 데 기여했다. 일반적으로 (1) 태도가 강하고 일관될 때, (2) 태도가 예언되는 행동과 구체적으로 관계될 때, (3) 태도가 사람들의 직접적 경험에 근거해서 형성된 것일 때, (4) 개인이 자신의 태도를 자각할 때, 태도가 행동을 가장 잘 예언하는 것으로 나타났다. 이러한 요인 각각에 대해 간략하게 살펴보자.

### 강하고 일관된 태도

강하고 일관된 태도는 약하거나 애매한 태도보다 행동을 더 잘 예측해 준다. 많은 유권자들은 서로 의견이 일치되지 않는 친구들과 동료들의 압력 때문에 양면적 감정을 경험한다. 예를 들어 어떤 유대인 사업가는 일반적으로 개혁적인 정치적 입장을 견지하는 인종 집단에 속하면서도 동시에 특히 경제 문제에 대해서는 흔히 보수적인 정치적 입장을 견지하는 사업 공동체에도 속한다. 투표할 때가 되면 그 사람은 상반되는 압력을 받게 된다.

양면적 감정과 갈등은 개인 내에서도 생길 수 있다. 태도의 감정 요소와 인지 요소가 일관되지 않을 때, 예를 들어 우리가 자신에게 해롭다고 알고 있는 어떤 것을 좋아할 때 흔히 태도로써 행동을 예언하기가 어렵다(Norman, 1975). 일반적으로 태도의 구성요소가 명확하고 일관될 때는 태도가 행동을 더 잘 예언한다(Millar & Tesser, 1989).

### 행동과 구체적으로 관련된 태도

또 다른 연구 결과는 평가 대상인 행동과 구체적으로 관련되어 있는 태도는 평가 대상인 행동과 일반적으로 관련되어 있는 태도보다 그 행동을 더 잘 예언한다는 것이다. 예를 들어 한 연구에서 미국, 영국, 스웨덴에서 학생들에게 핵전쟁에 관한 그들의 일반적인 태도와 핵전쟁, 핵무기, 핵발전소에 관한 구체적인 태도를 모두 물었다. 일반적인 태도보다 구체적인 태도가 (신문에 기고하는 것 또는 탄원서에 서명하는 것 같은) 행동을 더 잘 예언해 주는 요인이었다(Newcomb et al., 1992).

### 직접 경험에 기초한 태도

직접 경험에 기초한 태도는 어떤 문제에 대해 읽거나 듣고 형성한 태도보다 행동을 더 잘 예언한다(Fazio, 1990). 예를 들어 대학교에서 숙소가 부족하여 많은 신입생들은 복잡한 임시 숙소에서 첫 몇 주 동안을 보내야만 했다. 연구자들은 기숙사 문제에 대한 학생들의 태도와 탄원서에 서명하고 탄원서를 배포하거나 그것을 연구하는 위원회에 합류하려는 의지를 측정했다. 임시 숙소에서 실제로 기거해야만 했던 학생들에게서는 기숙사 문제에 대한 태도와 그 문제를 해결하는 조치를 취하려는 의지 간에 높은 상관이 있었다. 그러나 임시 숙소에서의 생활을 직접 경험하지 않았던 학생들에게서는 이런 상관이 없었다(Regan & Fazio, 1977). 이와 마찬가지로, 연구자들은 어떻게 행동할 것인지를 결정한 사람들에게서는 아직 결정을 하지 않고 미루는 사람들보다 태도와 행동 간의 연계가 강하다는 사실을 발견했다. 그리고 직접 경험 역시 실행에 옮기려는 마음이나 계획을 세우려는 마음을 갖추는 정신적 경험이 될 수 있다(Henderson et al., 2008). 예를 들어 실제처럼 생각하게 만드는 이야기에서 방황하는 것과 같은, 직접 경험처럼 느끼게 하는 상황도 태도-행동 연계를 강하게 만들 수 있다(Williams et al., 2011).

### 자각

마지막으로, 자신의 태도를 더 많이 자각하는 사람들이 더욱더 태도와 일관되게 행동하려 한다는 증거가 있다. 이런 결과는 거울이나 비디오카메라 앞에 서는 것과 같이 자신을 더 잘 자각하도록 만들어 놓은 상황에 처한 사람들에게서 나타남은 물론이고(Carver & Scheier, 1981; Hutton & Baumeister, 1992), 일반적으로 성격의 일부인 자신의 사고와 감정에 초점을 많이 두는 사람들에게서도 나타나는 사실이다(Scheier et al., 1978).

#### 중간 요약

- 태도는 좋아하고 싫어하는 것, 즉 사물, 사람, 사상, 관념에 대한 호의적이거나 비호의적인 평가와 반응이다. 태도에는 인지 요소, 감정 요소, 행동 요소가 있다.
- 정교화 개연성 모델은 설득이 신념과 태도 변화를 유발하는 두 가지 경로를 서술하고 있다. 즉 중심경로는 개인이 의사소통 메시지의 실제 내용에 대해 반응하는 것이며, 주변경로는 개인이 (주장의 수 같은) 의사소통 메시지의 내용 외적 단서나 (전달자의 신뢰성이나 주변 환경의 쾌적함 같은) 맥락단서에 반응하는 것이다.
- 개인적으로 자신과 관계가 있는 문제에 관한 의사소통은 메시지의 실제 내용에 반응하는 사고를 생성할 가능성이 더 크다. 개인적으로 관계가 없는 문제일 때나 사람들이 의사소통 메시지의 실제 내용에 반응하지 않으려 하거나 반응할 능력이 없을 때는 단순히 의사소통 메시지가 옳은지를 판단하기 위해 휴리스틱을 사용하거나 자신의 경험에 비추어 판단하는 경향이 있다.
- 태도가 행동을 가장 잘 예언하는 경우는, (1) 태도가 강하고 일관될 때, (2) 태도가 예측 대상인 행동과 구체적으로 관련되어 있을 때, (3) 사람들의 직접적 경험을 통해 형성

된 태도일 때, (4) 개인이 자신의 태도에 대해 자각하고 있을 때이다.

### 비판적 사고를 위한 물음

1. 당신이 선출직에 입후보했다고 가정해 보라. 시청자들이 주의가 산만해질 것 같다고 생각될 때, 어떤 종류의 TV 광고를 구상해야 하겠는가? 만약 시청자들이 깊이 생각하려는 동기가 고조될 것 같다고 생각될 때는 어떤 종류의 TV 광고를 구상해야 하겠는가? 동일한 광고를 통해 이 두 부류의 시청자들 모두에게 호소력을 가질 수 있을까?

2. 많은 젊은이들은 대가를 치르면서 쇼핑에 중독되어 있다. 태도 변화, 태도와 행동 간의 연계에 대해 현재 알고 있는 지식에 기초해서, 가장 최근에 광고된 패션을 쇼핑하느라 모든 시간과 돈을 낭비하고 있는 여동생을 막을 수 있는 방법을 최소한 두 가지 찾아보라.

## 대인 매력

태도에 대한 논의에서 우리는 생각하는 것과 느끼는 것, 즉 인지 속성과 감정 속성을 구분했다. 그러나 호감, 사랑, 성적 욕구 같은 대인 매력 분야만큼 인지와 감정이 복잡하게 얽혀 있는 인간 행동의 영역도 없을 것이다. 이러한 영역에서 수행된 연구는 종종 일반 상식을 확증해 왔지만, 또한 놀랄 만한 사실과 모순되는 경우도 많이 있다. 호감, 즉 우정과 친밀한 인간관계의 초기 단계에 대한 논의부터 시작해 보자.

### 호감과 매력

우리 모두가 아름다운 인기 배우가 될 수는 없지만, 아름다운 인기 배우 두 사람이 부부가 되는 경우 그 두 사람은 우리 같은 보통 사람들에게도 적용되는 대인 매력의 몇 가지 결정 요인, 즉 신체적 매력, 근접성, 친숙성, 유사성 등을 예시해 준다. 그러나 오늘날의 높은 이혼율이 보여 주듯 이러한 요인이 장기적인 관계를 유지시켜 주는 충분조건은 아니다.

#### 신체적 매력

우리 대부분은 사람의 외모가 그 사람을 얼마나 좋아할 것인가를 결정하는 요인이 되는 것이 다소 불공평하다고 생각할 것이다. 외모는 성품이나 성격과 달리 우리가 거의 통제할 수 없는 요인인데, 어떤 사람을 좋아하는 하나의 기준으로서 외모를 사용하는 것은 공정하지 못한 것 같다. 실제로 수십 년에 걸쳐 그리고 여러 문화권에서 수행된 조사가 보여 주는 바는, (타인에 대해 호감을 갖는 데 신체적 매력이 얼마나 중요한가라는 질문을 받은) 사람들이 신체적 매력을 매우 중요한 요인으로 평가하지는 않는다는 것이다(Buss, 1989; Perrin, 1921).

그러나 실제 행동에 대한 연구는 그렇지 않다는 사실을 보여 준다(Brehm, 1992). 심리학자들은 남녀 대학생들을 대상으로 무작위로 댄스 파티의 짝을 맺어 주는 컴퓨터 중매 상황을 설정했다. 중간 휴식 시간에 모든 사람들은 익명으로 설문지를 통해 자신의 데이트 상대를 평가했다. 이에 덧붙여 연구자들은 각 사람의 신체적 매력에 대한 평정치를 별도로 받아 놓은 것은 물론이고 개개인의 성격검사 점수도 받아 놓았다. 그 결과를 보면 각 사람이 파트너로부터 호감을 사는 데 기여한 요인은 오로지 신체적 매력뿐이었다. 지능, 사교술, 또는 성격 중 그 어떤 것도 파트너 상호 간의 호감과 관계가 없었다(Walster et al., 1966). 이 실험은 여러 차례 반복 연구되었고, 연구 결과가 방금 서술한 결과와 유사했다. 더욱이 신체적 매력은 첫 데이트뿐만 아니라 첫 데이트 이후의 데이트에서도(Mathes, 1975), 결혼하는 데도 중요하다는 사실이 밝혀졌다(Margolin & White, 1987).

왜 신체적 매력이 그렇게 중요한 것일까? 다른 사람들이 신체적으로 매력 있는 친구와 함께 있는 나를 볼 때 내 사회적 위치와 자존감이 올라간다는 것이 이유 중 하나이다. 사람들은 남성이든 여성이든 가릴 것 없이 매력 없는 연인이나 친구와 함께 있는 사람보다 매력적인 연인이나 친구와 함께 있는 사람을 더 호의적으로 평가한다(Sigall & Landy, 1973). 그러나 흥미롭게도 이와 정반대인 현상도 있다. 즉 남성이든 여성이든 가릴 것 없이 자신보다 신체적으로 더 매력적인 낯선 사람과 함께 있는 사람은 다른 사람들로부터 오히려 덜 호의적인 평가를 받는다(Kernis & Wheeler, 1981). 사람들은 남과 비교되는 것에서 자유로울 수 없는 것 같다. 이러한 영향은 다른 연구에서도 발견되었다. 예를 들어 아름다운 젊은 여성이 주연한 TV 영화를 본 남성 대학생들은 보다 평범한 여성 사진의 매력도를 더 낮게 평가했다(Kendrick & Gutierres, 1980).

다행히 아름답지 못한 사람에게도 희망은 있다. 무엇보다도 지속적인 관계를 맺을 상대를 선택할 때는 신체적 매력의 중요도가 감소하는 것으로 보인다(Stroebe et al., 1971). 그리고 앞으로 알게 되겠지만, 호감에 영향을 주는 몇 가지 다른 요인이 있다.

## 근접성

1930년대에 필라델피아에서 5,000건의 혼인신고서를 조사한 바에 따르면 부부 중 1/3이 서로 다섯 블록 이내에 살고 있었다(Rubin, 1973). 이 연구가 보여 주는 바는 두 사람이 친구일지 아닐지를 예언할 수 있는 최상의 단일 요인이 근접성 proximity, 또는 그들이 얼마나 가까이 살고 있는가라는 것이다. 아파트촌에서의 우정 형태에 관한 한 연구에서는 거주자들에게 가장 자주 사교적인 접촉을 가졌던 사람 3명의 이름을 물어보았다. 거주자들이 응답한 것을 보면 바로 옆집에 사는 이웃이 41%, 한 집 건너(약 9m)에 사는 이웃이 21%, 그리고 복도의 반대편 끝에 사는 이웃이 10%였다(Festinger et al., 1950). 대학 기숙사에서 수행된 연구도 비슷한 결과를 보여 주었다. 한 학년이 끝나고 난 후, 같은 방을 쓴 학생들이 친구가 된 경우가 같은 층을 쓴 학생들이 친구가 된 경우의 2배였다. 그리고 이 경우는 같은 기숙사에 거주한 학생들이 친구가 된 경우의 2배가 넘었다(Priest & Sawyer, 1967).

물론 이웃 사람들이 서로 미워하고 같은 방을 쓰는 사람들이 서로 미워하는 경우도 있는데, 처음부터 반목이 있는 경우에는 예외적으로 호감을 촉진하는 근접성의 효과가 나타나지 않는다. 이것에 대한 검증에서 실험 참가자는 실험실에서 자신을 친절하게 대하는 여성 실험 도우미 또는 불친절하게 대하는 여성 실험 도우미와 함께 대기하고 있었다. 실험 도우미가 친절한 경우, 실험 도우미가 실험 참가자에게 보다 가까이 앉을수록 실험 참가자는 실험 도우미를 더 좋아했다. 반대로 실험 도우미가 불친절한 경우, 실험 도우미가 실험 참가자에게 가까이 앉을수록 실험 참가자는 실험 도우미를 덜 좋아했다. 근접성은 단순히 최초 반응의 강도를 증가시켰다(Schiffenbauer & Schiavo, 1976). 그러나 처음 만났을 때 생기는 감정은 대부분 중립적인 감정에서 유쾌한 감정에 이르는 범위 내에 드는 감정이기 때문에, 근접성이 유지될 때 나타나는 가장 빈번한 결과는 호감이다.

**이 이웃들은 단지 근접성이 높다는 것만으로도 우정을 형성할 가능성이 높다.**

기적을 믿는 사람들이 어떤 사람을 사랑하게 되었을 때, 우리 각자에게는 이 세상 어딘가에서 찾아 주기만을 기다리고 있는 완벽한 배필이 이미 정해져 있는데, 그 사람을 만난 것이니 기적이라고 믿을지 모른다. 그러나 이것이 기적이라 하더라도, 운명이 일부러 꾸며서 이 배필을 걸어서 갈 수 있을 만큼 가까운 거리에 살게 했을 가능성은 희박함에도 불구하고 가까운 거리에서 살게 된 현실은 그보다 훨씬 더 큰 기적이다.

## 친숙성

근접성이 호감을 일으키는 주요한 이유 중의 하나는 근접성이 친숙성을 증가시킨다는 것이다(Reis et al., 2011). 실제로 친숙성 그 자체가 호감을 증가시킨다는 발견, 즉 단순노출효과 mere exposure effect라 불리는 현상을 지지하는 증거가 많다(Zajonc, 1986). 친숙성이 호감을 키우는 효과는 매우 일반적인 현상이다. 예를 들어 모차르트나 쇤베르크의 음악을 반복적으로 들었던 쥐들은 자주 들었던 작곡가의 곡에 대한 선호가 증가했다. 그리고 사람의 경우 몇 개의 무의미 철자나 한자에 반복적으로 노출되면 자신이 가장 자주 본 무의미 철자나 한자를 더 선호하게 된다. 이 효과는 사람들이 사전에 그 자극에 노출되었던 사실을 자각하지 못하는 경우에도 발생한다(Bornstein, 1992; Bornstein & D'Agostino, 1992; Moreland & Zajonc, 1979; Wilson, 1979). 현재의 논의와 관련성이 더 큰 연구는 실험 참가자에게 얼굴 사진을 노출시킨 후, 사진 속의 사람을 얼마나 좋아할 것 같은 생각이 드는지를 물어본 것이다. 실험 참가자들은 특정한

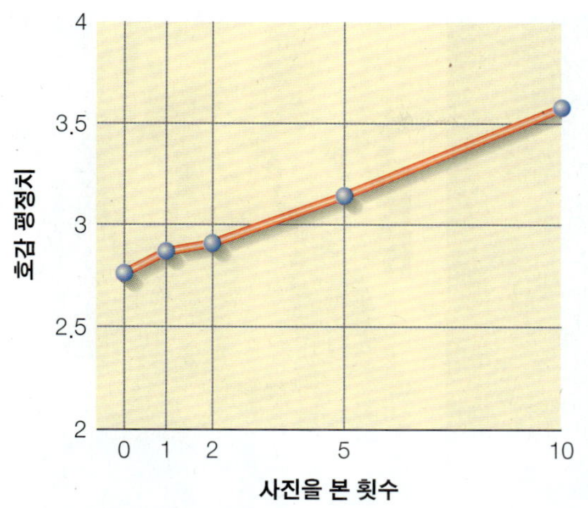


**그림 18.5 친숙성은 호감을 낳는다.** 사람들에게 낯선 사람의 사진을 보여 주고, 사진 속의 사람과 사귀고 싶은 마음이 얼마나 많이 드는지를 평가하도록 했다. 사진 속 인물에게 갖는 호감을 가장 낮게 평정한 사람들은 그 사진을 처음 본 사람들이었고, 가장 높게 평정한 사람들은 그 사진을 많이 본 사람들이었다. 이것은 단순노출효과를 예시해 준다.

얼굴 사진을 자주 보았을수록 그 얼굴 사진을 좋아하고, 그 사진 속의 사람을 더 좋아하게 될 것 같다고 응답했다(Zajonc, 1968; 그림 18.5 참조). 실제 생활에서 개인들을 상호 간에 노출시켰을 때에도 유사한 결과를 얻었다(Moreland & Beach, 1992).

단순노출효과를 재치 있게 증명해 보인 실험에서 연구자는 여자 대학생들의 사진을 찍고 나서 본래의 얼굴상(남이 보는 얼굴 모습)과 거울에 비친 얼굴상(본인이 보는 얼굴 모습) 두 가지로 인화했다. 이렇게 인화된 사진을 여자 대학생 본인, 동성의 친구, 애인에게 보여 주었다. 여자 대학생 중 68%가 거울에 비친 얼굴상의 사진을 선호했고, 32%는 본래의 얼굴상 사진을 선호했다. 그러나 친구와 애인 중 39%가 거울에 비친 여자 대학생의 얼굴상 사진을 선호했고, 61%는 본래의 얼굴상 사진을 선호했다(Mita et al., 1977). 그 이유를 추측할 수 있겠는가?

당신이 숙제로 풀어야 할 것이 분명해졌다. 만약 당신이 아름답지 못하거나, 당신이 동경하는 사람으로부터 동경받지 못한다면 꾸준히 그 사람의 주위를 맴돌라. 근접성과 친숙성은 당신의 가장 강력한 무기이다.

## 유사성

옛말에 상극은 서로 끌어당긴다고 했다. 연인은 서로가 얼마나 다른가를 놓고서 얘기하기를 즐긴다. 즉 '나는 보트 놀이를 좋아하는데 그녀는 등산을 더 좋아한다', '나는 공학이 전공이지만 그녀는 역사학을 전공하고 있다.' 그러나 이 연인들이 간과하고 있는 것이 있는데, 두 사람이 똑같이 옥외 활동을 즐긴다는 사실이다. 그리고 그들은 둘 다 예비 전문가이고 민주당원이다. 그들은 국적이 같고, 종교가 같으며, 동일한 사회계층에 속해 있다. 그리고 그들은 교육 수준이 같으며, 나이차도 세 살 이내이고 IQ의 차이도 5점 이내이다. 간단히 말해 상극은 서로 끌어당긴다는 옛말은 대체로 틀렸다고 할 수 있다.

1870년까지 거슬러 올라가 조사한 연구가 이러한 결론을 뒷받침한다. 미국의 부부는 95% 이상이 같은 인종이고 대부분 종교가 같다. 더욱이 통계 조사에서 남편과 아내가 연령, 종교, 교육 수준, 사회경제적 지위 같은 사회적 특징뿐만 아니라 지능과 같은 심리적 특징과 신장, 눈동자 색깔 같은 신체적 특징도 서로 유사했다(Rubin, 1973). 연애 중인 커플에 관한 연구에서도 성행동과 성역할에 대한 두 사람의 태도가 유사했다는 발견에 추가해서 위와 동일한 패턴이 발견되었다. 더욱이 연구가 시작될 당시 배경이 가장 유사했던 커플이 1년 후에도 연애 중일 가능성이 가장 높았다(Hill et al., 1976). 앞의 논의와 특히 관련이 있는 발견은 커플이 신체적 매력도 일치한다는 것이다(Feingold, 1988).

예를 들어 한 연구에서 실험 참가자인 판단자들이 누가 누구의 짝인지를 모른 채, 99 커플의 사진을 신체적 매력 차원에서 평정했다. 커플의 신체적 매력 평정치에서의 일치도가 무선적으로 짝 지어진 커플의 일치도보다 의의 있게 높았다(Murstein, 1972). 실생활에서 개별 관찰자들이 술집과 극장 로비, 사교 모임에서 커플들의 신체적 매력을 평정한 현장 연구에서도 유사한 결과를 얻었다(Silverman, 1971).

이렇듯 커플이 신체적 매력 차원에서 일치하는 현상이 생기는 이유는, 우리가 파트너가 될 가능성이 있는 사람이 우리와 기꺼이 짝이 되려고 할 확률이 얼마나 되느냐에 맞추어서 그 사람의 매력에 두는 비중을 달리하기 때문인 것으로 보인다. 미안하지만, 매력 없는 사람은 자신보다 더 매력적인 사람들로부터 거절당할 것이라고 예상하기 때문에 매력 없는 파트너를 구하는 것이다. 비디오 데이트 서비스에 관한 연구에서 남성과 여성 모두 자신과 신체적 매력이 일치하는 사람들과 관계를 맺고자 하는 경향이 있음을 발견했다. 가장 매력적인 사람들만이 가장 매력적인 파트너와 데이트를 하고자 했다(Folkes, 1982). 이러한 과정의 전반적인 결과는 신체적 매력의 유

오랫동안 좋은 관계를 유지하는 사람들은 관심사, 성격 특질, 신체적 매력뿐만 아니라 연령, 인종, 교육 수준 같은 특징도 유사한 경향이 있다.

사성이다. 즉 우리 대부분은 자기만큼 신체적으로 매력적인 파트너와 짝을 맺게 된다.

그러나 장기간 지속되는 대인관계에서는 신체적 매력보다는 다른 차원에서의 유사성이 오히려 더 중요할 것이다. 결혼한 부부 135쌍에 대한 종단 연구에서는 성격이 유사한 배우자일수록 그들이 즐기는 친구 방문, 외식, 지역사회 활동, 직업상의 회동 같은 일상생활의 활동 면에서도 더 유사하다는 사실을 발견했다. 이들은 덜 유사한 부부들보다 결혼 생활의 갈등도 적었으며, 더 가깝고, 우호적이고, 결혼 생활의 만족도가 더 높았다(Caspi & Herbener, 1990).

최근의 연구가 보여 주는 바는 뜻하지 않은 사소한 면에서의 유사성도 호감을 갖게 해 준다는 것이다. 예를 들어 문헌 기록을 개관한 바는, 이름의 첫 글자나 끝 글자가 같은 사람들끼리 결혼하는 비율이 상대적으로 더 높다는 것이다. 이와 마찬가지로 실험실 실험에서 발견된 바는, 사람들이 자신의 생일, 예를 들어 6월 15일에 들어있는 숫자인 '6-15'라는 숫자 코드를 임의로 배정받은 다른 사람을 더 좋아한다는 것이다. 이러한 효과는 의식적으로는 전혀 자각되지 않는 수준, 즉 식역하 수준에서 제시한 경우에도 나타난다(Jones et al., 2004). 이러한 놀라운 결과는 **암묵적 자기중심성** implicit egotism의 증거로 해석된다. 우리는 무의식적으로 우리 자신을 떠오르게 만드는 미묘한 자질을 가지고 있는 사람, 장소, 대상에 끌린다.

## 감정전이

16장에서 감정전이, 또는 내담자가 부모나 배우자 같은 어떤 특정한 주요 인물에 대한 자신의 감정과 생각을 치료자에게 전이하는 경향성에 대해 배웠다. 사회인지 조망에서의 최근 연구는 **감정전이** transference 개념을 보다 일반화하여 적용하기 때문에, 과거에 자신에게 중요했던 누군가를 생각나게 하는 새로운 사람을 만나게 되면 언제라도 그러한 회상(재인)이 새로운 사람에 대한 우리의 지각과 호감에도 영향을 준다고 주장한다(Chen & Andersen, 1999). 이러한 접근은 사회인지의 전통을 따르는 것이다. 그 이유는, 이 접근이 과거에 자신에게 중요했던 누군가를 단순히 떠올리는 것이 그 중요한 누군가에 관한 도식 또는 저장된 지식을 자동적으로 활성화한다는 입장이기 때문이다. 도식이 활성화되면 새로 만난 사람에 관한 정보를 활성화된 도식과 일치시키는 쪽으로 처리하게 된다.

감정전이가 대인 호감에 미치는 영향을 실험실 실험을 통해 검증했다. 한 연구에서 실험 참가자들은 두 번의 검사를 받았다. 사전 단계에서 실험 참가자들은 자신에게 중요한 타인 중 2명, 즉 좋아하는 사람과 싫어하는 사람을 회상하여 그들에 대해 몇 가지를 짤막하게 묘사하도록 했다(예: '테리는 성실하다' 또는 '패티는 춤추러 가는 것을 좋아한다'). 2주 이상의 시간이 흐른 뒤 실험 참가자는 다시 한 번 검사를 받았다. 이때 실험 참가자들은 바로

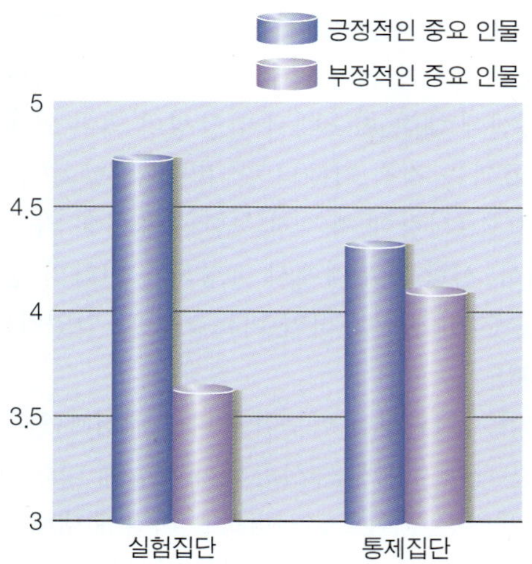


**그림 18.6 호감에서의 감정전이.** 실험 참가자들이 새로 사귈 사람을 얼마나 좋아할 것인지는 실험 참가자들의 중요한 타인과 새로 사귈 사람이 공통적인 특징을 갖고 있느냐 하는 것과, 실험 참가자들이 자신의 중요한 타인에 대해 긍정적 태도를 갖고 있느냐 부정적 태도를 갖고 있느냐에 달려 있다. 새로 사귈 사람이 실험 참가자에게 중요한 의미를 갖는 타인과 닮았을 때(실험집단)의 평정치가 새로 사귈 사람이 다른 누군가에게 중요한 의미를 갖는 타인과 닮았을 때(통제집단)의 평정치보다 더 극단적인 값을 나타낸다는 사실을 주목하라.

옆방에 있는(실제로는 있다고 알려 준) 처음 만나게 될 사람과 곧 상호작용하게 될 것임을 알게 되었다. 이 새로운 사람에 대한 묘사는 사전 검사에서 얻은 몇몇 묘사를 베껴서 실험 참가자의 중요한 타인과 닮은 사람으로 조작된 것이다. 한 실험집단은 새로운 사람이 좋아하는 쪽의 중요한 타인과 닮은 경우였고, 또 다른 실험집단은 새로운 사람이 싫어하는 쪽의 중요한 타인과 닮은 경우였다. 묘사 자체의 유인가를 통제하기 위해 각각의 묘사를 또 다른 실험 참가자 집단들에게 주었다. 통제집단의 실험 참가자들에게 제공된 묘사는 실험 참가자 자신이 아닌 다른 누군가의 중요한 타인과 닮은 것으로 조작된 것이었다. 그 결과가 그림 18.6에 나와 있다. 새로운 사람이 중요한 타인을 닮았을 때, 실험 참가자들은 중요한 타인에 대한 자신의 태도에 따라 좋아하거나 또는 싫어했다. 즉 실험 참가자들은 새로운 사람이 자신의 중요한 타인을 닮았을 때 더 많은 미소를 보냈다. 동일한 절차를 사용한 추가 실험은 감정전이가 호감에 미치는 이러한 효과가 활성화된 도식에 의해 일어나는 것임을 확증했다. 이 장의 시작 부분(및 8장)에서 배웠듯이 도식은 자동적으로 활성화되며(또는 점화되며), 일단 활성화되면 도식은 기억과 추론을 포함해서 정보처리의 다양한 측면에 영향을 미친다. 중요한 타인에 대한 우리의 도식은, 중요한 타인과 어느 모로 닮은 새로운 사람에 의해 그것이 점화되면 사회심리학자들이 예상하는 모든 인지적 효과와 행동적 효과를 발생시킨다(Chen & Andersen, 1999).

여기서 당신이 풀어야 할 숙제는, 만약 당신이 전에 알았던 사람과 다시 관계를 재개하려는 경우가 아니라 새로운 우정이나 대인관계를 맺고자 하는 경우라면, 당신이 아는 어떤 사람과도 닮지 않은 인물과 시작하는 것이 좋다는 것이다. 그리고 누군가가 다가와서 "당신은 누군가를 생각나게 하는 사람이군요."라고 말할 때는 조심해야 한다.

## 사랑하기와 짝짓기

사랑은 강렬하게 좋아하는 것 이상이다. 우리 대부분은 좋아하지만 사랑하지는 않는 사람들이 있다. 그리고 우리 중 몇몇은 특별히 좋아하지 않는 누군가에게 열정적인 매력을 느꼈던 것도 알고 있다. 이러한 일상의 관찰을 확신시켜 주는 연구가 있다. 연애(낭만적 사랑)에 대한 최초 연구자들 중 한 명은 사람들이 호감과 사랑을 반영하는 것이라고 생각하는 수많은 진술문을 수집하여 호감과 사랑 각각을 측정하는 척도를 구성했다(Rubin, 1973). 호감 척도의 문항은 어떤 사람이 얼마나 좋아할 만한지, 존경할 만한지, 칭송할 만한지, 그리고 성숙되고 훌륭한 판단력을 가졌는지의 정도를 측정하려는 것이었다. 사랑 척도의 문항은 세 가지 주요 주제, 즉 애착 정도(나는 _____ 없이 혼자 있는 것은 정말 괴롭다), 타인에 대한 배려(나는 _____ 위해 거의 모든 것을 다 할 것이다), 신뢰 정도(나는 사실상 모든 것에 관해 _____를 믿을 수 있다)를 측정하려는 것이었다. 이 두 척도 간의 상관은 높지 않았다. 즉 남성의 경우에는 (상관계수가) 0.56이었고, 여성의 경우에는 0.36이었다.

### 사랑과 결혼

연애의 개념은 역사가 오래되었지만, 연애가 결혼과 큰 관계가 있다는 생각은 보다 최근에 등장한 것이며 보편적인 생각도 아니다. 서구 이외의 일부 문화권에서는 여전히 결혼이 사랑과는 관계없는 계약에 의한 성사이거나 재정적 이유에서의 성사로 간주되고 있다. 미국에서는 지난 30년을 거치면서 사랑과 결혼의 연계가 실제로 더 강해졌다. 1967년 미국의 대학생에게 '만약 당신이 바라는 모든 자질을 갖춘 사람이 있는데, 당신이 그 사람을 사랑하지 않는 경우에 그 사람과 결혼하겠는가?'라는 질문에 대해 남성의 약 65%가 '아니요'라고 대답했고, 여성의 경우 24%만이 '아니요'라고 대답했다(실제로 4%만이 '예'라고 대답했고 나머지는 미결정이라고 대답했다; Kephart, 1967). 그 당시는 여성운동이 막 시작된 때였고, 오늘날보다는 여성들이 경제적 안정을 결혼의 필요요건으로 간주할 가능성이 더 컸다. 1984년에 재조사했을 때, 85%의 남성과 여성이 사랑 없는 결혼을 거부하겠다고 응답했다(Simpson et al., 1986).

## 사랑과 자기확장

왜 사람들은 사랑에 빠지는 것일까? 왜 사람들은 친밀 관계나 연인 관계를 맺으려 할까? 한 수준에서의 해답은 분명하다. 즉 사랑은 기분 좋은 것이기 때문이다. 그러면 당신은 당연히 왜 사랑은 기분 좋은 것인지를 물을 것이다. 일부 사회심리학자들은 사랑에 빠지는 일차적인 동기가 자기확장의 충동에 있다고 제안했다(Aron et al., 1998). 친밀 관계는 다양한 방식으로 **자기확장** self-expansion을 이루게 해 주거나, 또는 우리의 잠재적 능력과 자원을 증가시켜 준다고 한다. 우리는 타인과 친밀해짐에 따라 그 사람의 친구 모임, 요리 기술, 정치나 종교에 대한 견해, 또는 일반적인 인기 같은 그 사람의 자원, 관점, 정체성에 접근할 기회를 갖게 되어 우리 자신의 목표를 성취하는 데 도움을 받을 수 있다. 즉 사람들의 자기확장 동기는 보다 능력 있는 사람이 되고자 하기 때문만이 아니라 자기확장, 특히 급속한 자기확장은 기분을 돋우어 주기 때문에 생기는 것이다. 이 논리에 따르면 사랑이 급속히 자기확장을 이루어 주기 때문에 사랑에 빠지는 것은 기분 좋은 것이다.

연구자들은 대학교 1학년생으로 이루어진 대규모 집단을 대상으로 가을 학기 내내 사랑에 빠지는 것과 자기확장 간의 연관을 검증했다. 10주 동안 2주마다 이 학생들은 '오늘 현재 당신은 누구인가?'라는 질문에 대해 3분 안에 머리에 떠오르는 자기를 기술하는 단어나 구를 모두 기록했다. 학생들은 또한 앞선 회기 이래로 사랑에 빠진 적이 있는지 없는지를 포함한 수많은 질문에 대해서도 대답했다. 1학년생들은 첫 학기에 사랑에 빠지는 기회가 많았다. 그들의 1/3이 그랬다(Aron, 2002). '사랑에 빠진 행운아' 표집의 규모가 컸기 때문에, 연구자들은 사랑에 빠지기 전의 자신에 대한 기술과 사랑에 빠진 후의 자신에 대한 기술을 비교할 수 있었다. 이러한 비교를 통해 분명한 자기확장의 증거를 찾아냈다. 즉 사랑에 빠진 후의 자신에 대한 기술에서 다양성이 의미 있게 증가했다. 이 효과는 정적 기분의 탓이라고 말할 수 없는 효과인 것이다. (사랑에 빠지지 못한 불운아의 자신에 대한 기술에서, 사랑의 부재에서 예상되는 변화의 정도를 비교해 볼 수 있는 부가적인 비교 기준도 얻었다(Aron et al., 1998).

사랑이 자기확장을 이루어 준다는 개념과 연관된 생각은, 친밀 관계 내에서는 사람들이 자신에 대해 생각하는 방식과 똑같은 방식으로 사랑하는 사람에 대해 생각하는 경향이 있다는 것이다. 즉 친밀한 타인을 자신과 융합하거나, 심지어 자신과 혼동하기도 한다. 한 연구에서 결혼한 부부 실험 참가자들에게 상당히 많은 성격 특질이 들어 있는 목록을 보여 주면서 각각의 성격 특질이 '나'인지, '내가 아닌지'를 가능한 한 빠르고 정확하게 선택하도록 함으로써 우리가 '자기 안에 타인을 포함한다'는 아이디어를 검증했다. 사전 조사에 기초하여 연구자들은 이러한 특질 중 일부는 실험 참가자 자신의 특질이기는 하지만 배우자의 특질은 아닌 것, 그리고 배우자의 특질이기는 하지만 실험 참가자 자신의 특질은 아닌 것을 알고 있었다. 예상한 대로 실험 참가자는 자신과 배우자가 공유하지 않는 특질에 대해 반응하는 경우에 시간이 더 오래 걸리고 오류도 더 많았다(Aron et al., 1991). 예를 들면 당신은 특별히 우아하지는 않지만 배우자는 우아하다면, 우아함이 당신을 나타내는 단어인지 아닌지를 결정하는 데 혼란을 겪게 될 것이다. 당신이 사랑하는 사람이 우아하다는 사실이 당신에게 이롭기는 하지만 당신이 우아하지 않기 때문에 이것을 분류하는 데는 시간이 걸리는 것이다. 그러나 이러한 혼동은 좋은 것이다. 다른 연구에서는 그림 18.7과 같은 단순한 그림 측정 척도상에 나타나는 '자기 안에 타인을 포함하는 경향성'의 정도가 부부로서 유지되는 기간을 예언해 준다는 것을 입증했다(Aron et al., 1992).

## 열정애와 동료애

몇몇 사회과학자들은 사랑의 종류를 구분하는 일에 노력을 기울여 왔다. 가장 폭넓게 수용되는 사랑의 구분은 열정애와 동료애의 구분이다(Hatfield, 1988).

**열정애** passionate love는 '부드럽고 성적인 느낌, 의기양양함과 고통, 불안과 안정, 이타심과 질투심이 감정의

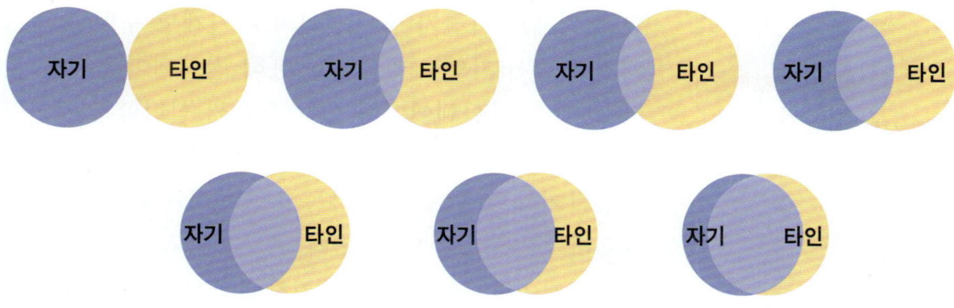


**그림 18.7 자기 안에 포함된 타인.** 사람들에게 그들의 인간관계를 가장 잘 서술해 주는 그림에 동그라미를 치도록 했다. 연구 결과, 사람들이 자기 안에 타인을 포함하는 정도로 인간관계가 얼마나 오래 지속될지를 예언할 수 있음을 발견했다.

혼동 속에 공존하는' 강렬한 정서 상태로 정의할 수 있다(Berscheid & Walster, 1974, p. 177). 열정애의 경험은 생리적 각성과 사랑하는 사람에 의해 야기된 각성이라는 지각이 결합된 것이라고 주장되고 있다(Berscheid & Walster, 1974).

이와 대조적으로 **동료애** companionate love는 '우리가 우리의 삶과 깊이 얽혀 있는 사람들에게 느끼는 애정'으로 정의할 수 있다(Hatfield, 1988, p. 205). 동료애는 격한 감정적 열정보다는 오히려 신뢰, 배려, 상대방의 결점과 특이함을 참고 받아 줌, 그리고 온정과 애정이 어린 감정 상태가 특징이다. 시간이 흐르면서 관계가 계속됨에 따라 상호 의존성이 증가하고, 강렬한 정서의 잠재력이 실제로 증가한다. 오랜 세월 함께한 배우자와 잠시 헤어져 강렬한 외로움과 그리움을 느낄 때, 또는 오랜 세월 함께 살았던 배우자를 잃은 사람이 전형적으로 겪는 정서적 황폐화가 초래될 때, 이러한 현상이 나타나는 것을 볼 수 있다. 그러나 역설적으로, 동료애가 많은 커플은 실제 그들의 삶에서 화목하고 상호 조정을 하기 때문에 강렬한 감정의 실제 빈도가 상당히 낮은 것이 보통이다(Berscheid, 1983).

**노년에 이르면 연애 감정의 열정애 요소는 동료애 요소보다 중요성이 떨어지는 경향이 있다.**

앞서 인용한 조사 연구에서 많은 젊은 남성과 여성은 만약 결혼 생활에서 사랑이 사라진다면 그것이 결혼 생활을 끝내야 하는 충분한 이유가 된다고 말했다. 어쨌든 사랑은 곧 열정애라고 생각하는 사람들은 실망이 클 것이다. 오랜 시간이 흘러도 신혼 때와 같은 강렬한 사랑의 느낌을 지니고 있는 커플도 있지만(O'Leary et al., 2012), 성공적으로 관계를 유지하는 대부분의 커플은 그들의 관계에서 동료애 요소를 강조하고, 이론과 경험 연구 모두는 열정애의 특징인 강렬한 느낌이 오래 지속되지 않는 경우가 많다는 사실을 시사한다(Berscheid, 1983). 16세기 소설가 지랄디(Giraldi)는 이것을 두고 "사랑의 역사는 어떤 면에서 시간에 대항해서 싸우는 드라마이다."라고 말했다.

이 점은 미국에서 오랫동안 부부 관계를 유지한 사람들, 즉 사랑 때문에 결혼한 커플들과 양가의 부모에 의해 정혼하는 일본의 커플들을 비교한 연구를 통해 예시되고 있다. 예상한 대로 미국의 부부들은 일본의 부부들보다 높은 수준의 사랑 표현과 성적 관심을 나타냈다. 그러나 10년 후에는 사랑 표현이 감소한 총량이 두 집단 간에 차이가 없었다. 이 연구에서 보고된 많은 부부들은 사랑 표현이 감소했음에도 불구하고 결혼 생활에 만족했다. 즉 그들의 결혼 생활이 배우자와의 의사소통, 일의 분담에서의 형평 유지, 동등한 의사결정권 등을 특징으로 하는 깊은 동료애로 발전했던 것이다(Blood, 1967).

당신이 유념해야 할 사항은, 사랑하기 시작한 사람들에게는 열정애가 엄청나게 중요할지 모르지만, 오래도록 좋은 관계를 유지시켜 주는 힘은 흥분을 자아내는 면이 적고, 오히려 보다 많은 노력을 기울이는 데에서 생기며, 열정보다는 평등에서 생긴다는 것이다. 곧 알게 되듯이 실제로 열정애와 동료애는 구조적으로 양립할 수 없

**표 18.1 사랑의 삼각형 이론**

사랑의 삼차원을 조합하면 여덟 가지 유형의 사랑 관계가 나온다.

| | 친밀감 | 열정 | 헌신 |
|---|---|---|---|
| 사랑이 아님 | 저 | 저 | 저 |
| 호감 | 고 | 저 | 저 |
| 얼빠진 사랑 | 저 | 고 | 저 |
| 낭만적 사랑 | 고 | 고 | 저 |
| 공허한 사랑 | 저 | 저 | 고 |
| 동료애 | 고 | 저 | 고 |
| 착각인 사랑 | 저 | 고 | 고 |
| 완벽한 사랑 | 고 | 고 | 고 |

는 것일지도 모른다.

## 사랑의 삼각형 이론

다른 연구자들은 사랑을 열정애와 동료애로 이분하는 책략이 지나치게 단순한 분류법이라고 본다. 보다 사랑을 잘 변별하는 분류법 중 하나는 **사랑의 삼각형 이론** triangular theory of love이다. 이 이론은 사랑의 성분을 세 가지로, 즉 친밀감, 열정, 헌신으로 나누었다(Sternberg, 1986). **친밀감** intimacy은 가까움과 감정의 공유를 포함하고 있는 정서 성분이다. 동기 성분인 **열정** passion은 성적 매력과 '사랑에 빠져든' 낭만적인 느낌으로 구성된다. **헌신** commitment은 인지 성분으로서, 관계를 계속 유지하려는 의도의 반영이다. 이 세 성분을 조합하면 표 18.1에서 볼 수 있는 것처럼 여덟 가지 유형의 관계가 나온다. 표에 나타나 있듯이 이 도식에서는 열정애가 두 가지 유형, 즉 얼빠진 사랑과 낭만적 사랑으로 나뉜다. 이 두 유형의 사랑은 모두 고(높은)열정 및 저(낮은)헌신이 특징인데, 친밀감의 정도에서는 달라 얼빠진 사랑은 저(낮은)친밀감인 반면에 낭만적 사랑은 고(높은)친밀감이다. 동료애는 고(높은)친밀감과 고(높은)헌신, 저(낮은)열정으로 특징지어진다.

## 유대 형성과 짝짓기 책략

낭만적 사랑과 성적 매력에 대한 또 하나의 접근은 다윈의 진화론에서 나왔다. 1장에서 서술한 바와 같이 진화심리학은 심리적 기제의 기원을 밝히는 분야이다. 생물학적 기제와 마찬가지로 심리학적 기제도 수백만 년을 거쳐 오면서 자연도태 과정을 통해 진화되어 왔다는 것이 그 핵심 아이디어이다. 그럼으로써 심리학적 기제의 발생 기반을 알게 되고, 인류가 과거에 일부 생존 문제를 해결하거나 종족 보존의 가능성을 높이는 데 그 기제가 유용하게 쓰였음을 알 수 있다.

사회심리학자들 사이에서 진화에 대한 관심이 다시 일어나면서 몇 가지 행동 현상에 대한 (때로는 논쟁을 불러일으키는) 재검토가 이루어지게 되었다. 재검토된 행동 현상 중에는 인간에게 있어서의 짝과의 유대 형성, 성행동에서의 남성과 여성의 차이와 짝짓기 책략이 있다.

진화론적 관점에서 보면 남성과 여성의 짝짓기는 그들의 유전자를 후세대에 전할 자손을 생산하기 위함이 목적이다. 이러한 목적을 달성하려면 사람들은 (1) 반대 성의 가임 성원에게 접근하기 위해 동성의 경쟁자들을 물리쳐야 하는 것, (2) 자손 생산(reproduction)의 가능성이 가장 큰 짝을 선택하는 것, (3) 임신에 이르는 데 필요한 사회행동과 성행동을 수행하는 것, (4) 짝이 도망가지 않도록 방지하거나 짝을 유기하지 않는 것, (5) 자녀가 생존하고 자손을 생산할 수 있도록 지켜 주는 것을 포함하여 몇 가지 해결하지 않으면 안 될 일이 있다(Buss, 1994). 진화심리학자들에 따르면 인간은 자녀가 자손 생산력을 갖는 연령까지 생존을 지켜 주기 위해 배우자와 강렬하고 장기적인 유대를 형성하도록 진화되어 왔다는 것이다. 3장에서 살펴본 바와 같이 유기체의 신경체계가 복잡할수록 성숙에 도달하는 데 걸리는 시간이 그만큼 더 길다. 침팬지는 인간이 겨우 스스로를 챙길 만한 나이에 벌써 침팬지 사회에서 성인 성원으로서의 기능을 한다. 따라서 인류 역사에서는 양쪽 부모가 자녀를 보살피고 도와주는 양육을 위해 자녀 가까이에 붙어 있는 것이 중요해지게 된 것이다. 인간과는 대조적으로 암수 침팬지 모두 난교 성향이 있으며, 수컷 침팬지는 새끼를 돌보는 일에 거의 관여하지 않거나 아예 관여하지 않는다.

진화심리학은 더 나아가 남성과 여성이 자손 생산에서 다른 역할을 하기 때문에 남성과 여성이 사용하는 짝짓기 책략과 전술 역시 다르게 진화되어 왔다고 주장한다. 이론적으로 남성은 수많은 자녀의 아버지가 될 수 있기 때문에, 진화론적으로 남성은 자신의 유전자를 최대한 많이 후대에 남기기 위해 가능한 한 많은 여성을 임신시키는 것이 유리하다. 그러나 여성은 출산마다 많은 시간과 에너지를 투입해야 하기 때문에 제한된 자녀의 어머니가 될 수밖에 없다. 진화론적으로 여성은 자신의 유전자를 후대에 남길 가능성을 최대로 만들기 위해 자녀를 보호하고 기르는 일을 아주 기꺼이 하려 하고 가장 잘할 수 있는 짝을 선택하는 것이 유리하다. 이러한 추론이 시사하는 바는, 남성은 여성보다 성 파트너를 선택하는 데 덜 가리고 난교 성향을 갖게끔 진화되었을 수 있다는 것이다. 실제로 대부분의 사회에서 남성이 여성보다 더 난교 성향이 있다고 반복적으로 보고되었으며, 한 남성이 1명 이상의 여성을 배우자로 맞을 수 있도록 허용하는 사회가 한 여성이 1명 이상의 남성을 배우자로 맞을 수 있도록 허용하는 사회보다 많다(Wilson, 1978).

또한 진화심리학은 남성이 가장 출산 능력이 많은 젊은 여성, 즉 자신의 자녀를 잉태할 가능성이 가장 높은 여성과 짝짓기를 원할 것임에 틀림없다고 예언한다. 여성은 사회적 지위가 높고 물질적 재원이 풍부한 남성, 즉 자녀가 성인에 이르도록 생존하고 때가 되면 자손 생산을 할 수 있도록 보장해 줄 가능성이 큰 남성과 짝짓기를 원할 것임에 틀림없다. 진화심리학자들은 그 결과로 남성은 (출산 능력이 있는 햇수가 많이 남아 있는) 보다 더 젊은 여성을 선호할 것이고, 반면에 여성은 (더 많은 재원을 가지고 있는) 나이 많은 남성을 선호할 것이라고 예언한다. 짝짓기 선호에서 드러나는 이러한 성차는 37개의 문화권을 연구한 결과에서 확인되었다(Buss, 1989).

진화심리학이 도전을 받지 않은 것은 아니다. 사람들에게 설문지를 통해 일반적인 선호를 묻는 대신, 실생활에서 배우자로 삼고 싶은 사람에 대해 평가하도록 했을 때는 진화심리학이 예언하는 성차가 사라진다는 것이다(Eastwick & Finkel, 2008). 일부 비평가들은 많은 문화권 또는 모든 문화권에 걸쳐 어떤 동일한 행동 패턴이 나타나는 것으로 보인다 할지라도, 그 행동 패턴이 유전자에 프로그래밍되어 있는 것이라고 볼 수는 없다고 주장한다. 예를 들어 모든 문화권에 걸쳐 보편적인 것으로 보이는 일부 성차 현상은 단순히 여성이 남성보다 육체적 힘에서 우위에 서지 못하기 때문에, 그리고 기술 사회에 들어서서 최근까지도 여전히 여성은 자녀의 임신과 양육에 성인기의 대부분을 보내기 때문에 생기는 현상일 수도 있다. 이것이 거의 모든 사회에서 성에 바탕을 둔 분업이 생겨나게 한 것이다. 즉 정치 권력과 의사결정은 남성의 손에 쥐어 주고, 여성은 가사 영역에 가두어 놓았던 것이다(Eagly & Wood, 1999). 그와 같은 권력 차이라면 남성이 더 많은 성적 자유를 누리는 현상은 쉽게 생겨날 수 있는 것이다.

이와 다르거나 정반대인 현상도 진화론의 추리로써 예언할 수 있는지 없는지를 질문해 보는 것도 공부하는 데 좋을 것이다. 예를 들어 남성에게 수백 명의 자녀를 생산할 수 있는 능력이 있다는 것이 진화적으로 남성에게 난교 성향을 갖도록 했을 것이라는 주장이 앞서 언급되었다. 그런데 처음 짝 유대 형성을 추구하게 만든 욕구와 동일한 욕구인, 자신의 자녀가 자손 생산 능력을 가질 때까지 확실하게 생존할 수 있도록 보호하려는 욕구는 난교 성향과는 반대 방향인 단혼(일부일처) 선호 쪽으로 남성을 진화시켰을 것이다. 달리 말해 진화론은 남성의 난교 성향이나 정조 개념을 설명하기 위해 제안된 것이라고 할 수 있다.

이러한 비평에도 불구하고 진화론적 사고가 성격심리학과 사회심리학 모두에서 다시 활기를 띠게 되었다는 사실은 분명하다. 아마도 진화의 원리만큼 단일 원리로서 설명력을 가질 수 있는 잠재력이 큰 원리는 행동과학 내에서 찾을 수 없을 것이다. 더욱이 진화심리학의 출현으로 현대 심리학에서 생물학적 증거의 역할이 중요함을 다시 한 번 보게 된다. 현재 사회인지의 과정을 연구하는 사회심리학자들도 사회적 정보를 처리하는 책략이 어떻게 그리고 왜 진화하게 되었는지에 관한 이론을 정립하고 있다(Buss & Kenrick, 1998; Schaller & Park, 2011).

### 중간 요약

- 우리가 특정한 사람에게 매력적으로 보이게 될지 아닐지에 영향을 미치는 요인이 많다. 가장 중요한 요인은 신체적 매력, 근접성, 친숙성, 유사성, 감정전이이다.
- 이론가들은 사람들이 사랑에 빠지게 되는 한 가지 이유가 사랑함으로써 자기를 확장하기 때문이라고 제안한다.
- 사랑의 유형을 분류하려는 몇 가지 시도가 있었다. 열정애는 강렬함과 종종 갈등을 빚는 정서의 혼재가 특징이고, 동료애는 신뢰, 배려, 상대방의 결점과 특이함을 참고 받아줌, 그리고 온정과 애정이 어린 정조가 특징이다. 사랑을 친밀감, 열정, 헌신, 이 세 가지 성분으로 분류하기도 한다.
- 진화심리학은 인류가 배우자와의 장기적인 유대를 형성하도록 진화되어 왔는데, 그 까닭이 역사적으로 그와 같은 짝 유대 형성이 자녀가 자손 생산력을 갖는 연령까지 생존하는 것을 지켜 주었기 때문이라고 제안한다. 진화심리학에서 나온 논쟁이 될 만한 가설은 남성은 난교 성향을 가지며 더 젊은 여성을 선호하도록, 남성과 여성의 짝짓기 책략이 다르게 진화되었다는 가설이다.

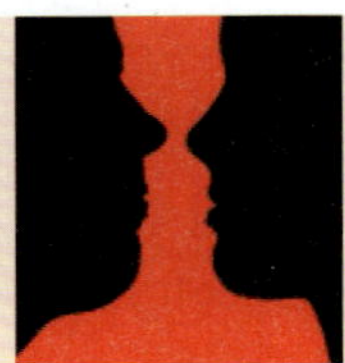

# 찬|반|논|쟁

# 우리는 자동적 사고를 믿어야 하는가?

## 믿어야 한다는 입장

*Ap Dijksterhuis,* 네이메헌 라드바우트대학교

그렇다, 믿어야 한다. 대부분의 경우에 믿어야 한다. 자동처리는 일반적으로 예측이 가능하고, 또한 신뢰할 만하다. 우리의 태도, 정서반응, 그리고 의사결정과 창의성의 기저에 깔려 있는 무의식적 사고과정은 모두 우리가 학습한 것의 객관적인 반영인 것이다. 우리는 누구나 단맛은 좋아하고 쓴맛은 혐오하도록 학습한다. 우리는 풀은 초록색이고, 하늘은 보통 파란색이라고 배운다. 우리는 사회심리학은 재미있는 과목이고, 약초학은 지겨운 과목이라고 배운다. 우리가 무의식적으로 학습하며, 학습한 내용을 재생하고 자유자재로 활용할 수 있는 역량이 무궁무진하다는 것이 때로는 그저 놀라울 따름이다.

어떤 면에서 자동처리 과정은 컴퓨터의 처리 과정과 닮았다. 그렇게 본다면 자동처리는 매우 믿을 만한 것이다. 만약 무슨 정보를 입력했는지를 안다면 당신은 어느 정도는 확신을 갖고서 무엇이 출력될 것인가를 알 수 있다. 만약 '달콤한'과 '음음!'을, 그리고 '쓴'과 '퉤!'를 짝 짓기를 열 번 하면 당신의 무의식은 고도로 유용한 연합을 형성하고, 어린애로서의 당신이 거실에 떨어져 있는 오물을 주워 먹지 않게 해 주는 작용을 한다는 것을 알게 될 것이다. 그런데 그와 같은 연합이 우리의 학습 내력을 충실히 반영해 주는 것이 사실이기는 하지만 때로는 잘못된 사태가 벌어지기도 한다. 즉 무의식이 부적절한 입력을 받게 되는 경우에는 무의식이 부적절한 연합을 형성하게 된다. 만약 백인은 청결한 교외에서 집 앞 뜰의 잔디를 깎고, 흑인은 청결함과는 거리가 먼 뒷골목에서 마약이나 팔고 있는 모습을 비춰주는 TV를 보면서 성장했다면 '흑인'과 '나쁜'을 연합하는 학습을 하게 된다. 이러한 예에서 다시 또 무의식이 컴퓨터처럼 작용한다는 것을 본다. 즉 쓰레기가 입력되면 쓰레기를 출력한다.

말하자면 그와 같은 부적절한 연합이 무의식은 대체로 믿을 만하다는 규칙의 예외에 해당하는 것이다. 직관은 우리의 무의식이 우리에게 제공해 주는 경이로운 도구이다. 때때로 우리는 저런 구두는 꼭 사야 한다거나, 다소 얄팍한 판매인에게서는 차를 사지 말아야 한다는 것을 바로 알아차린다. 직관은 우리가 집을 사거나 대학을 선택하는 것과 같은 매우 중요한 결정을 내려야 할 때 도움을 준다. 그런 경우 직관은 의식적 처리나 통제된 처리가 내리는 결정을 압도한다. 어떤 주택을 구입할 것인지와 같은 중요한 의사결정을 할 때는 장시간 궁리할 수가 있다. 장시간 궁리하고 싶은 마음이 들기는 하겠지만, 그렇게 한다고 해도 십중팔구는 의사결정의 질이 좋아지지는 않는다. 이럴 때 무의식이 필요한 것이다. 그와 같은 중요한 의사결정을 내릴 때는 무의식이 직관을 불러오도록 잠시 시간을 줄 필요가 있다.

아인슈타인은 이렇게 말했다. "지성은 발견에 이르는 노정(路程)과 아무런 관계가 없다. 그것을 직관이라고 부르든 무엇이라고 부르든 간에, 의식에는 비약이 있어서 해답이 솟아 나오는데, 당신은 그 해답이 어떻게 나왔는지를, 왜 나왔는지를 알지 못한다." 진정한 창의성은 무의식의 영역에 속한다. 실제로 과학 연구가 보여 주는 바는 비상한 창의성이 이와 똑같은 과정을 밟는다는 것이다. 첫째, 과학자와 예술가가 독서하고, 사고하고, 대화한다. 이러는 동안에 무의식은 유용한 정보를 공급받는다. 그러고 나서는 한동안 사태의 추이만 따를 뿐이다. 이 기간 중에 무의식이 정보를 샅샅이 처리한다. 그러다가 갑자기 해답이 그 모습을 드러낸다. 무의식이 그 자체의 현란한 위력을 발휘하는 경우가 바로 이와 같은 때이다. 의식적인 사고는 결코 위대한 창의성으로 우리를 이끌어 갈 수 없다. 위대한 창의성으로 이끌어 가는 것은 언제나 무의식이다. 무의식이나 자동처리 과정을 신뢰하지 않는다면 당신은 결코 창의적으로 될 수 없다.

무의식이 바른 정보를 사용하고 있거나 사용해 왔다고 확신하는 한, 당신이 거의 전적으로 자신의 무의식을 믿을 수 있다는 것이 기본적인 사실이다. 그런데 당신의 무의식이 당신을 편견으로 이끌어 가는 경우처럼 무의식이 바른 정보를 사용하지 않는 경우에 당신은 그 폐해를 바로잡고 예방하기 위해 의식적 처리나 통제된 처리를 하고자 할 것이다.

그렇지 않다면 당신은 무의식적 처리 과정을 신뢰해야 하고, 어느 정도는 의식적인 처리 과정을 믿지 말아야 한다. 우리는 중요한 사안은 의식이 다루도록 하고 덜 중요한 것은 무의식에 맡기는 것이 좋다고 생각하기 십상이다. 그러나 그것은 잘못된 생각이다. 복잡한 의사결정이나 창의성과 같은 영역에서는 의식적인 처리 과정이 무용지물이나 마찬가지이다. 무의식은 확실하게 만족스러운 성과를 올리는데, 의식은 그것을 망쳐 놓는 경우가 흔하다.

우리는 자동적 사고(自動的 思考)를 신뢰해야 하는가? 몇몇 예외의 경우를 제외하고는 그렇다. 우리는 통제된 처리 과정을 믿어야 하는가? 때로는 그렇다. 자동적 사고가 당신을 오도하는 경우에 한해서만 통제된 처리 과정을 사용하라.

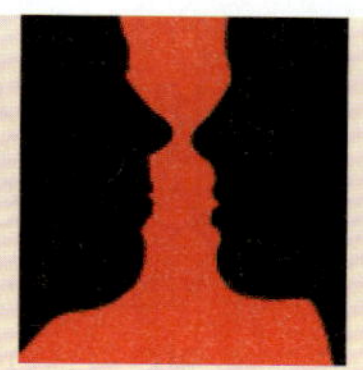

찬|반|논|쟁

# 우리는 자동적 사고를 믿어야 하는가?

## 믿어서는 안 된다는 입장

*B. Keith Payne*, 노스캐롤라이나대학교(채플힐 캠퍼스)

우리는 자동적 사고를 믿어야 하는가? 아니다. 믿어서는 안 된다. 자동적 사고도 그 나름 활약하는 바가 크기는 하다. 정보를 처리하는 속도가 빠르고, 정보를 용이하게 처리한다. 자동적 사고는 우리를 생동감 있게 해 주며, 어떤 종류의 문제를 해결하는 솜씨는 정말 대단하다. 그러나 자동적 사고에 의존하는 경우, 우리는 때때로 자부심을 느낄 수 없게끔 행동하게 된다.

예를 들어 자동적 사고는 고정관념과 편견으로 가득 차 있다. 사람들이 자동적 사고에 의존하는 경우, 흑인은 범죄자이고, 이민자는 게으르며, 대학교수는 흑인과 이민자의 어려운 처지를 염려하는 진보주의라고 생각하기가 쉽다. 물론 의식적으로 그렇게 생각하는 사람들도 일부 있기는 하다. 그렇지만 우리의 자동적 사고는 의식적이고 사려 깊은 반응보다는 고정관념과 편견에 의해 훨씬 더 많이 편향되어 있다(Payne, 2006).

진화론의 입장을 취하는 이론가들이 주장하기를, 자동적 사고체계는 우리의 조상이 당면했던 생존의 문제를 해결하도록 진화했다는 것이다. 그 결과로 자동적 사고는 위협과 오염물질을 탐지한다든지, 짝짓기를 할 기회를 포착한다든지 하는 데 그 효력이 탁월하다. 그러나 유전자를 통해 전달되는 그와 같은 도구적 능력이 현대의 민주 사회를 살아가는 데에는 때때로 문제를 야기한다. 자동적 사고는 분류하거나 분별하기를 정말 좋아한다. 자동적 사고는 우리와 남을 구분하는 경향이 강해서 '외부인'과 '외국인'으로부터 우리 고유의 집단을 재빨리 구분한다. 우리와 남을 분별하는 것이 수렵 생활을 하던 조상에게는 효과적인 기여를 했겠지만, 오늘날에는 평등, 자유, 인권과 같은 다른 가치를 저버리게 하기도 한다.

그런데 편견은 자동적 사고가 부리는 유일한 술책이 아니다. 자동적 사고에 내맡기면 우리는 때때로 잘못된 사안을 염려하게 되며 가장 단순한 판단만을 택하는 오류를 범하게 된다. 우리는 누구나 모든 인간의 생명은 가치 있음을 인정할 것이다. 그래서 곤궁에 처해 고통받는 사람 한 명을 돕는 일보다 두 명을 돕는 일에 더 많은 노력을 기울여야 마땅하다고 할 것이다. 그러나 실제로 사람들에게 굶어 죽어가는 사람들을 도우라고 요청하면, 그들은 굶어 죽어 가는 8명을 돕는 것보다는 1명을 돕는 데 더 많은 돈을 기부한다. 곤궁에 처한 많은 사람들보다 한 사람이 더 많은 동정심을 유발하는 데에는 무언가가 있다(Cameron & Payne, 2011). 이와 같은 정서적 오조율(誤調律)은 동정심의 경우뿐만 아니라 공포의 경우에도 일어난다. 떨어지는 코코야자의 열매(코코넛)에 맞아 죽는 사람이 상어에 물려 죽는 사람보다 더 많은데도 사람들은 상어의 공격이 두려워 해변에서 물러나 코코야자나무 아래에 앉는다(http://www.cdc.gov). 그 결과는 결코 사소하지 않다. 자동적 사고는 간단한 산술로써 자신의 생명을 구할 수 있는 경우에도 어리석은 의사결정을 내리도록 유도한다. 예를 들어 2001년 9월 11일 미국의 세계무역센터와 펜타곤(미 국방부 건물)이 공습을 받은 후, 미국 사람들은 비행기를 타는 데 공포를 느꼈다. 그래서 비행기를 타는 대신 자가 운전을 하여 이동하기로 했다. 사람들의 자동 반응은 비행기 사고로 죽는 사람보다 자동차 사고로 죽는 사람이 65배 정도 많다는 사실을 고려하지 않았다. 그 결과는 어땠을까? 9.11 사고 직후 몇 달 동안 비행기 탑승에서 자가 운전으로 바꾼 결과로 1,500명 이상이 목숨을 잃었다(Gigerenzer, 2006).

자동적 사고는 사람들로 하여금 크게든 작게든 충동적으로 행동하게 만든다. 의식적인 사고는 흡연이 건강에 해롭다고 조용히 상기시켜 주는데도 불구하고, 자동적 사고는 또 한 개비의 담배를 피우라고 사람들에게 손짓한다. 자동적 사고는 연달아 여섯 번을 잃었으면 그다음에는 틀림없이 딸 것이라고 생각하게 만들어 무모하게 도박을 하도록 사람들을 부추긴다. 잘 살펴보면, 말하지 말았어야 했다고 후회하는 그 말을 하게 만든 배후에는 십중팔구 자동적 사고가 있었음을 알 수 있을 것이다.

그렇다면 어떻게 해야 할까? 단순히 자동적으로 사고하지 말아야 한다는 것은 대안이 되지 못한다. 우리가 아는 한 우리의 자동적 사고에는 '꺼짐' 스위치가 없다. 또한 우리는 자동적 사고에 '꺼짐' 스위치가 있기를 바라지도 않는다. 왜냐하면 자동적 사고가 가지고 있는 모든 생존 기술이 매우 유용하다고 판명되었기 때문이다. 그렇다고 해서 우리가 자동적 사고의 명령을 액면 그대로 따라야 한다는 말도 아니다. 냉장고에 너무 오래 두어서 고약한 냄새가 나는 것을 먹어야 할지 말아야 할지 판단하는 경우라면 자신의 자동혐오 반응을 신뢰하는 것이 최선이다. 그러나 금연을 해야 하는지, 이민 온 사람이 입사 자격이 있는지를 판단한다든지, 목숨을 걸고 에베레스트를 등정할 것인지를 결정하는 경우라면, 부탁하건대 몇 분만 생각을 하라. 주의를 기울이고 산술적인 계산도 해 보아야 한다. 자동적으로 사는 것이 쉬울 수 있다. 때로는 너무 쉽다.

### 비판적 사고를 위한 물음

1. 근접성은 친숙성을 높이기 때문에 가장 자주 호감을 일으키는 요인이 된다. 그런데 친숙성 또는 단순노출이 호감을 일으키는 이유는 무엇일까? 가능한 설명을 제시해 보라.
2. 스턴버그의 사랑의 삼각형 이론에 제시된 사랑의 세 가지 성분 중 자기확장과 가장 관련성이 많은 성분은 무엇인가? 왜 그렇게 생각하는가?

## 요점 재정리: 사회인지의 두 가지 양식에 관한 이야기

18장의 주요 교훈은 사회 상황의 힘에 대한 이해(17장의 주요 교훈)에 덧붙여, 인간의 사회행동을 보다 완전하게 이해하기 위해서는 우리가 '인간의 머리 안으로' 들어가서 사람들이 타인에 대해 사고하는 방식을 밝혀낼 필요가 있다는 것이다. 사회인지 분야에서 이 과제를 푸는 연구가 진행되고 있다. 즉 고정관념과 사회도식이 활성화되고 사람들의 사고와 행동에 영향을 미치는 과정을 밝히고 있다. 또한 사람들이 고정관념을 넘어서서 상호 간에 보다 정확하게 상대방을 알아 가는 과정도 밝히고 있다. 그리고 사람들이 설득되어 마음을 바꾸는 과정과 사랑에 빠지는 과정까지도 밝히고 있다.

이렇듯 많은 연구 영역에 걸쳐서 사회심리학자들은 사회인지, 즉 타인에 대한 사고에는 두 가지 양식이 있음을 반복해서 발견했다. 한 가지 양식은 보다 자동적이고 의식적 자각 밖에서 일어나는 과정이며, 다른 양식은 보다 노력을 들이고 심사숙고하는 과정이다. 이러한 인식으로부터 사회심리학 내에 '이중 과정 이론'이 상당수 생겨나게 되었다. 그중 이 장에서 주목을 받았던 이론은 두 가지가 있는데, 인상 형성에 관한 연속선 모델(그림 18.2 참조)과 설득에 관한 정교화 가연성 모델이다. 그러나 이중 과정 관점 내에는 이 두 모델 이외에도 많은 모델이 있다(Chaiken & Trope, 1999 참조). 우리는 우리의 사고에 이러한 두 가지 양식이 있음을 인식함으로써 사회적 결과를 더 잘 이해할 수 있으며 사회적 결과를 변경할 수도 있다. 우리가 기꺼이 노력을 들인 사고를 하려 하고 그렇게 할 수 있는 능력을 가지고 있는 한, 우리는 고정관념의 영향을 피할 수 있고, 설득에 이르는 주변경로를 비껴갈 수 있으며, 감정전이를 최소화할 수 있다. 그러나 어떤 이유에서건 우리가 노력을 들인 사고를 할 수 없을 때는, 즉 대화를 나누기에 바쁘다거나, 면접을 하고 있다거나, 타인이 우리에 대해 형성하는 인상을 관리하려고 애쓴다거나, 단순히 정신적으로 고갈된 경우에는 여러 형태의 자동적 사회인지와 행동을 취하기 쉽다. 노력을 들인 사고 없이도 우리의 사고와 행동이 영향을 받는 몇 가지 방식은 앞의 찬반 논쟁에서 볼 수 있다.

### 비판적 사고를 위한 물음

1. 우리는 누구나 다른 사람들을 고정관념에 비추어 판단하곤 한다. 당신이 고정관념에 비추어 남을 판단하는 때가 언제인지 찾아보라. 그리고 어떤 상황이었는지도 점검해 보라. 자동적 사고를 유발하는 어떤 상황의 힘이 있었는가? 당신이 노력을 들인 사고를 하는 데는 어떤 조건이 필요한가?
2. 누군가가 자기 의견 쪽으로 끌어들이려고 당신을 설득했는데 당신이 거부했던 때를 떠올려 보라. 설득 시도를 고려해 보았을 때, 그 사람은 당신이 자동적 사고를 할 것인지, 심사숙고를 할 것인지 예상했던 것 같은가? 당신은 실제로 자동적 사고를 했는가, 아니면 심사숙고를 했는가?

## 전체 요약

1. 사회인지는 사람들의 사회 세계에 대한 사고 양식은 물론이고 사회 경험에 대한 주관적 해석을 연구하는 것이다. 사회인지에는 크게 다른 두 가지 사고 양식이 있음이 밝혀졌다. 하나는 종종 의식에 자각되지 않는, 자동적이고 비의도적인 양식의 사고이고, 또 하나는 우리가 완전히 자각하는, 보다 통제되고 심사숙고하는 양식의 사고이다.

2. 도식적 처리는 도식이라고 불리는 단순화된 기억 구조를 통해 입력 정보를 지각하고 해석하는 과정을 말한다. 도식은 일상생활에서 만나는 대상과 사상에 관한 소이론이다. 도식은 우리로 하여금 새로운 대상 또는 사상의 독특하거나 가장 현저한 특징만을 부호화하도록 허용함으로써 사회 정보를 효율적으로 처리하게 해 준다. 고정관념은 사람 집단에 대한 도식이다.

3. 고정관념에 반복적으로 노출되면 고정관념이 의식에서 자각되지 않은 채 습관적이며 자동적으로 작용한다.

4. 도식과 고정관념은 현실을 단순화한 것이기 때문에, 도식적 처리는 우리가 사회 정보를 처리하는 데 편향과 오류를 초래한다. 예를 들어 다른 사람들에 대한 인상을 형성하는 데 우리는 초두효과의 영향을 받기 쉽다. 우리가 받는 최초의 정보는 최초의 도식을 불러일으키기 때문에 인상 형성에 있어서 그 후의 정보보다 더 큰 영향력을 갖게 된다. 또한 도식과 고정관념은 우리의 추론도 지배한다.

5. 고정관념은 일단 활성화되면 고정관념 대상 인물에게서 최초의 고정관념을 확증해 주는 행동이 나오도록 작용하는 일련의 연쇄적인 행동 과정을 작동시킬 수 있는데, 이러한 효과를 자기충족적 예언이라고 부른다. 이러한 행동 계열은 의식에 전혀 자각되지 않으면서 발생한다.

6. 자기에 대한 고정관념도 마찬가지로 자기충족적일 수 있다. 고정관념 위협은 단지 고정관념과 동일시함으로써 생기는 위협이 그 사람의 불안 수준을 높이고, 작업기억 용량을 줄이며, 결국은 수행이 떨어지게 되는 것을 말한다.

7. 개인화는 한 사람 한 사람별로 그 개인의 자질을 평가하여 인상을 형성하는 과정을 말한다. 인상 형성에 관한 연속선 모델은 사람들이 다른 사람을 언제 어떻게 개인화하기에 이르는지를 상세히 기술하고 있다. 협동 활동을 하면 개인화를 촉진할 수 있다.

8. 고정관념은 자동적으로 활성화되지만 적당한 조건이 갖추어지면 노력을 들인 사고를 통해 통제할 수 있다.

9. 귀인은 우리가 다른 사람들의 행동을 해석하고 설명하는 과정, 즉 다른 사람들의 행동 원인을 가려내는 과정이다. 주요한 귀인 과제의 하나는 어떤 사람의 행동 원인이 (그 사람의 성격이나 태도 같은) 성향에 있다고 보아야 하는가, 아니면 (사회적 힘이나 그 밖의 외부 정황 같은) 상황에 있다고 보아야 하는가이다. 우리는 성향 요인에는 지나치게 큰 비중을 두고 상황 요인에는 지나치게 적은 비중을 두는 경향이 있다. 이러한 편향을 기본적 귀인오류라고 부른다.

10. 원인의 소재를 (사람의) 내부에 두느냐, 외부에 두느냐에 대한 고대의 관행과 신념이 현대 사고 양식에서의 문화 차를 만들었다고 사람들은 믿는다. 연구가 반복적으로 보여 주는 바는, 동양인은 보다 전체적인 사고를 하는 반면에 서양인은 분석적으로 사고한다는 것이다. 이러한 연구는 기초 인지든 사회인지든 인간 인지의 보편성을 주장하는 입장에 대해 도전하는 것이다.

11. 체화된 사회인지에 관한 연구는 체온이나 눈 맞춤과 같은 우리 몸의 상태가 자동적으로 다른 사람에 대한 추론에 영향을 준다는 사실을 발견했다.

12. 태도는 좋아하고 싫어하는 것, 즉 사물, 사람, 사상, 관념 등에 대한 호의적이거나 비호의적인 평가와 반응이다. 태도는 인지 요소, 감정 요소, 행동 요소로 구성되어 있다.

13. 정교화 개연성 모델은 신념과 태도의 변화를 일으키는 데 있어서 두 가지 경로를 통해 설득이 이루어질 수 있다고 설명한다. 설득의 중심경로는 개인이 설득 메시지의 실질적인 내용에 반응하는 과정이며, 주변경로는 개인이 (메시지에 담긴 주장의 수 같은) 메시지의 내용 외적 단서에 반응하거나 (전달자의 신뢰성이나 주변 환경의 쾌적함 같은) 의사전달의 맥락 단서에 반응하는 과정이다. 개인적으로 관련된 쟁점에 관한 의사소통은 메시지의 실질적인 내용에 반응하는 사고를 생성할 가능성이 크다. 개인적으로 무관한 쟁점이거나 개인들이 의사소통의 실질적인 내용에 반응하려는 동기가 없거나 그렇게 반응할 수 있는 능력이 없을 때는 단순한 휴리스틱으로 의사소통의 내용을 판단한다.

14 태도가 행동을 가장 잘 예언하는 경우는 (1) 태도가 강하고 일관될 때, (2) 태도가 예언되는 행동과 구체적으로 관계될 때, (3) 태도가 사람들의 직접적 경험에 근거해서 형성된 것일 때, (4) 개인이 자신의 태도를 자각할 때이다.

15 우리가 어떤 개인에게 매력을 느끼게 될지에 영향을 미치는 요인은 많다. 그중 가장 중요한 요인은 신체적 매력, 근접성, 친숙성, 유사성, 감정전이이다.

16 학자들은 사람들이 사랑에 빠지게 되는 이유 중 하나가 사랑을 함으로써 자기를 확장하기 때문이라고 제안했다.

17 사랑의 유형을 분류하려는 몇 가지 시도가 있었다. 열정애는 강렬함 및 종종 갈등을 빚는 정서의 혼재가 특징이고, 동료애는 신뢰, 배려, 상대방의 결점과 특이함을 참고 받아 줌, 그리고 온정과 애정이 어린 감정 상태가 특징이다. 장기간 지속되는 관계에서는 시간이 지남에 따라 열정애가 줄어든다고 할지라도 강렬한 정서의 잠재력은 실제적으로 증가한다. 그러나 동료애가 높은 부부는 일상생활에서 서로 조정을 잘 해 나가기 때문에 실제로 강렬한 정서가 표출되는 빈도가 상당히 낮다. 또 다른 사랑의 분류에서는 사랑의 성분을 친밀감, 열정, 헌신으로 나눈다.

18 진화심리학은 인류가 배우자와의 장기적인 유대를 형성하도록 진화되어 왔는데, 그 까닭이 역사적으로 짝과의 유대 형성이 자녀가 자손 생산력을 갖는 연령까지 생존하는 것을 지켜 주었기 때문이라고 제안한다. 진화심리학에서 나온 논쟁이 될 만한 가설은 남성이 난교 성향을 가지며 더 젊은 여성을 선호하도록, 남성과 여성의 짝짓기 책략이 다르게 진화되었다는 가설이다.

## * 핵심 개념

| | | |
|---|---|---|
| 감정전이 | 분석적 사고 | 자기확장 |
| 개인화 | 사랑의 삼각형 이론 | 전체적 사고 |
| 고정관념 | 사회인지 | 점화 |
| 고정관념 위협 | 사회 정체감 접근 | 정교화 개연성 모델 |
| 귀인 | 상황귀인 | 주변경로 |
| 근접성 | 성향귀인 | 중심경로 |
| 기본적 귀인오류 | 암묵적 자기중심성 | 초두효과 |
| 논박 | 연속선 모델 | 추론 |
| 단순노출효과 | 열정 | 친밀감 |
| 도식 | 열정애 | 태도 |
| 도식적 처리 | 자기도식 | 태도 옹호 |
| 동료애 | 자기충족적 예언 | 헌신 |

# 부록 통계법과 측정

**부록의 개요**

**기술 통계**
- 빈도 분포
- 집중경향 측정치
- 변산 측정치

**통계적 추론**
- 전집과 표본
- 정상분포
- 데이터의 척도화
- 평균치는 얼마나 대표적인가
- 차이의 유의도

**상관계수**
- 적률상관
- 상관계수의 해석

심리학자들이 수행하는 대부분의 연구는—실험실에서든 현장에서든—측정을 필요로 한다. 여기에는 유아에게 처음으로 새로운 자극을 제시할 때의 안구 운동 측정, 스트레스를 받고 있는 사람의 전기 피부반응 기록, 전전두엽 제거 수술을 받은 원숭이를 조건형성시키는 데 요구되는 시행 수 기록, 컴퓨터 기반 학습법을 사용한 학생들의 성취검사 점수, 특정 유형의 심리치료를 받고 개선된 환자 수 기록 등이 포함될 수 있다. 이 모든 예에서 **측정을 위한 조작**은 수치를 산출한다. 심리학자의 문제는 이런 수치를 해석하여 보편적 결론에 도달하는 것이다. 이런 과제에 기본이 되는 것이 바로 통계학이다. 통계학은 수치 데이터를 수집하고 그 데이터로부터 추론을 하는 학문이다. 이 부록의 목적은 심리학에서 중요한 역할을 담당하고 있는 통계학적 방법을 개관하는 것이다.

이 부록은 학생들이 통계학에 대해 겪는 문제가 본질적으로 데이터에 대해 명확하게 사고하지 못하기 때문이라는 가정하에 작성되었다. 통계학 입문은 더하기와 빼기 기호를 사용하고 수식의 문자를 숫자로 대치하는 정도의 산수 능력만 있으면 누구나 가능하다.

## 기술 통계

통계는 많은 양의 데이터를 간략하게 기술하는 방법을 제공한다. 어느 대학의 교무처에 보관되어 있는 신입생 5,000명의 입학시험 점수를 분석한다고 가정해 보자. 이들의 점수는 원자료이다. 기록부를 훑어보면 학생들의 점수에 대한 어떤 인상을 가질 수 있지만 모든 점수를 기억하는 것은 불가능할 것이다. 따라서 데이터에 대해 어떤 종류의 요약을 만들게 되는데, 모든 점수의 평균치를 내거나 아니면 최고 점수와 최저 점수를 발견하는 것이다. 통계적 요약은 데이터를 쉽게 기억하고 그 데이터에 대해 생각할 수 있게 해 준다. 그렇게 요약된 사항을 **기술 통계치**(descriptive statistics)라고 한다.

### 빈도 분포

원자료의 항목은 **빈도 분포**(frequency distribution)로 집단화할 때 이해 가능한 것이 된다. 데이터를 묶으려면 우선 데이터를 측정한 척도를 간격으로 나누고, 각 간격에 들어가는 항목의 수를 세어야 한다. 점수들이 묶이는 간격을 **급간**(class interval)이라고 부른다. 데이터를 묶을 급간의 수를 결정하는 것은 어떤 규칙으로 고정되어 있

**표 A1. 원자료**

15명의 대학 입학시험 점수. 검사받은 순서대로 기록한 것이다.

| | | |
|---|---|---|
| 84 | 75 | 91 |
| 61 | 75 | 67 |
| 72 | 87 | 79 |
| 75 | 79 | 83 |
| 77 | 51 | 69 |

**표 A2. 빈도 분포**

표 A1의 점수를 급간으로 정리한 것이다.

| 급간 | 급간의 빈도 |
|---|---|
| 50~59 | 1 |
| 60~69 | 3 |
| 70~79 | 7 |
| 80~89 | 3 |
| 90~99 | 1 |

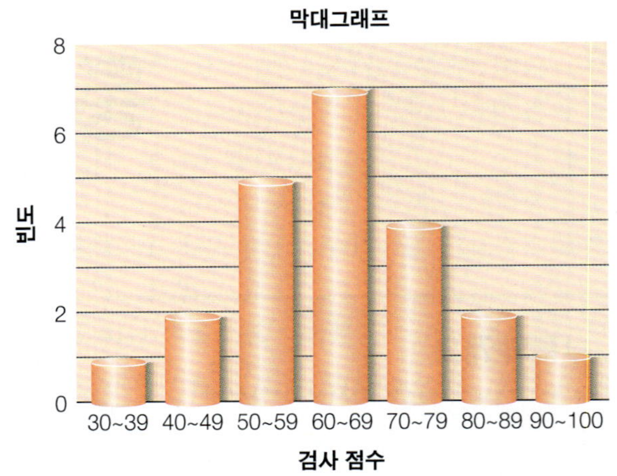


**그림 A1. 빈도 그래프.** 표 A2의 데이터를 그래프로 나타낸 것이다.

는 것이 아니라, 연구자에게 달려 있다.

표 A1은 15명의 대학 입학시험 점수를 나타내는 원자료의 예를 보여 준다. 점수는 학생들이 검사받은 순서대로 기록되었다(첫 번째 학생은 84점, 두 번째 학생은 61점 등). 표 A2는 급간을 10으로 하는 빈도 분포에 배열된 데이터를 보여 준다. 50~59점의 급간에 하나의 점수가 들어가고, 60~69점의 급간에 3개의 점수가 들어가는 식이다. 대부분의 점수는 70~79점의 급간에 들어가며, 50~59점의 급간보다 아래에 또는 90~99점의 급간보다 위에 있는 점수가 없다는 사실에 주목하라.

흔히 빈도 분포는 그래프로 나타낼 때 더 이해하기 쉽다. 가장 널리 사용되는 그래프의 형식은 **빈도 막대그래프**(frequency histogram)이다(그림 A1 참조). 막대그래프는 말 그대로 막대를 그려서 나타내는 것인데, 가로축은 급간을 나타내고 세로축은 빈도를 나타낸다. 막대의 높이는 해당 급간의 빈도를 의미한다.

꺾은선 그래프는 급간 중앙에 그 급간의 빈도를 표시하는 점을 찍고 점들을 직선으로 연결함으로써 만들어진다. 그래프를 완성하기 위해 분포의 양극단에 가외적인 급간을 추가하는데, 이 급간은 빈도가 0이기 때문에 그래프의 양극단이 수평축과 만나게 된다. 꺾은선 그래프는 막대그래프와 동일한 정보를 제공하지만, 막대 대신에 연결된 직선들의 집합으로 표현하는 것이 다르다.

실제 연구에서는 그림 A1에 제시된 항목 수보다 훨씬 많은 데이터를 얻게 되겠지만, 이 부록에서 제시하는 모든 예시에서는 계산을 하거나 그래프를 그리는 단계를 쉽게 확인할 수 있도록 최소한의 데이터만을 사용했다.

## 집중경향 측정치

**집중경향 측정치**(measure of central tendency)는 척도상의 대표적 수치, 즉 데이터에 관한 중요 정보를 요약해 주는 핵심적인 수치이다. 세 가지 측정치, 즉 **평균치**(mean), **중앙치**(median), **최빈치**(mode)가 일반적으로 사용된다.

평균치는 점수들을 합하여 그 점수들의 수로 나눔으로써 얻어지는 친숙한 산술평균이다. 표 A1의 원점수 합은 1,125이고 이것을 15(학생 수)로 나누면 평균치는 75가 된다.

중앙치는 중앙에 위치하는 항목의 점수이며, 점수들을 순서대로 배열한 다음 양극단 어디에서나 중앙까지 세어 나가면 구할 수 있다. 표 A1의 점수들을 크기에 따라 배열했을 때 어느 극단에서든 여덟 번째 점수는 75가 된다. 만일 사례 수가 짝수이면 중앙의 두 점수를 평균하면 된다. 최빈치는 분포에서 가장 빈도가 높은 점수이다. 표 A1에서 가장 빈도가 높은 점수는 75이다. 따라서 이 분포의 최빈치는 75가 된다.

점수들이 중앙의 양측으로 고르게 분포되어 있는(그림 A1과 같이) **정상분포**(normal distribution)에서는 평균치, 중앙치, 최빈치가 모두 동일해진다. **편포되어**(skewed) 있거나 균형이 잡히지 않은 분포에서는 그렇지 않다. 아침 기차의 출발 시간을 분석한다고 해 보자. 기차는 일반적으로 정시에 출발한다. 때때로 연발하기도 하지만 예정 시각보다 먼저 출발하는 법은 없다. 아침 8시에 출발 예정인 기차의 1주일 동안 실제 출발 시간이 다음과 같다고 하자.

| | | |
|---|---|---|
| 월 | 8:00 | 평균치=8:07 |
| 화 | 8:04 | 중앙치=8:02 |
| 수 | 8:02 | 최빈치=8:00 |
| 목 | 8:19 | |
| 금 | 8:22 | |
| 토 | 8:00 | |
| 일 | 8:00 | |

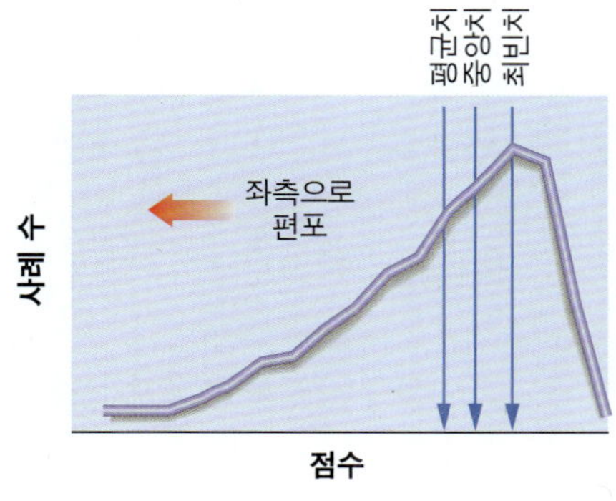


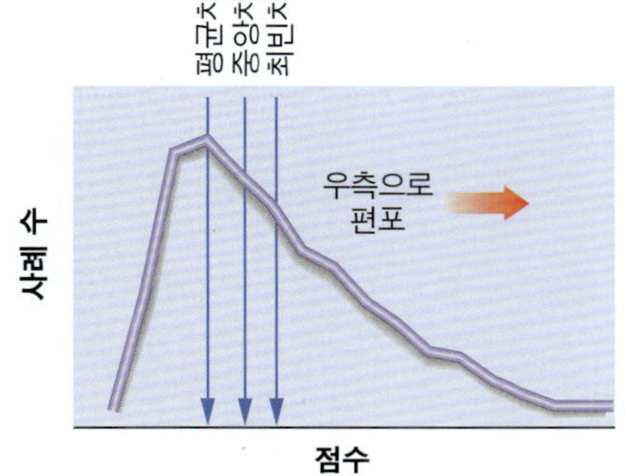


**그림 A2. 편포된 분포 곡선.** 편포는 꼬리가 위치하는 방향을 가지고 명명한다는 사실에 주목하라. 또한 편포된 분포에서는 평균치, 중앙치, 최빈치가 동일하지 않다는 사실에도 주목하라. 일반적으로 중앙치가 최빈치와 평균치 사이에 위치하게 된다.

이 예에서 출발 시간의 분포는 두 차례의 연발로 인해 편포되어 있다. 평균 출발 시간은 늦어났지만 중앙치나 최빈치에는 별 영향을 미치지 않았다.

편포는 중요하다. 왜냐하면 이것을 제대로 이해하지 못했을 때 중앙치와 평균치 사이의 차이가 때때로 오해를 초래하기 때문이다(그림 A2 참조).

만일 회사 경영진과 노조가 직원들의 임금에 대해 협상하고 있다면 임금의 평균치와 중앙치는 반대 방향으로 이동할 가능성이 있다. 회사가 피고용자 대부분의 임금을 올렸지만, 임금 척도에서 상극단에 위치하는 임원들의 임금을 삭감했다고 가정해 보자. 임금의 중앙치는 상승하는 반면 평균치는 내려간다. 임금이 올라가고 있다는 사실을 보여 주려는 측은 중앙치를 선택할 테지만, 임금이 내려가고 있다는 사실을 보여 주려는 측은 평균치를 선택할 것이다.

평균치는 가장 널리 사용되는 집중경향 측정치이지만 최빈치나 중앙치가 보다 의미 있는 측정치인 경우도 있다.

## 변산 측정치

일반적으로 한 분포에 대해서는 집중경향 측정치로부터 얻을 수 있는 정보 이상의 것이 필요하다. 예컨대 점수들이 평균치를 중심으로 빼곡하게 밀집되어 있는지, 아니면 넓게 분산되어 있는지를 알려 주는 측정치가 필요하다. 평균치를 중심으로 점수들이 분산되어 있는 정도를 알려 주는 수치를 **변산 측정치**(measure of variation)라고 부른다.

변산 측정치는 적어도 두 가지 면에서 유용하다. 첫째, 평균치가 얼마나 대표적인 것인지 알려 준다. 만일 변산이 작다면 개별 점수들은 평균치 주변에 밀집해 있다. 변산이 크다면 확신을 가지고 평균치를 대푯값으로 사용할 수 없다. 정확한 크기를 재지 않고 한 집단의 사람들을 위한 옷을 디자인한다고 가정해 보자. 평균적인 크기를 아는 것이 도움은 되겠지만 크기의 변산을 아는 것도 중요하다. 변산 측정치는 크기의 변산성을 측정하는 데 사용할 수 있는 척도를 제공해 준다.

예컨대 그림 A3의 데이터를 보자. 이 데이터는 학생이 40명인 두 반의 입학시험 점수 빈도 분포를 보여 준다. 두 반은 모두 평균치가 75점이지만 변산의 정도에 확실한 차이를 보인다. 1반 학생들의 점수는 평균치를 중심으로 몰려 있는 반면, 2반 학생들의 점수는 넓게 퍼져 있

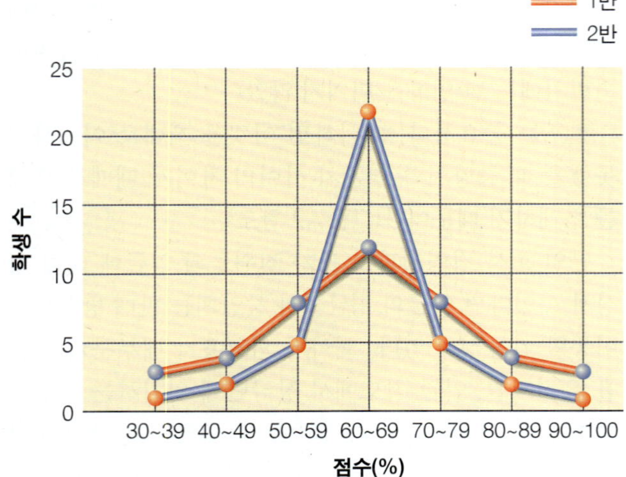


**그림 A3. 변산이 다른 두 분포.** 두 반의 평균치는 동일하지만(75점) 1반의 점수가 2반의 점수보다 평균치에 더 가까이 몰려 있다는 것을 알 수 있다. 두 분포 간에 변산성의 차이는 표준편차를 사용하여 측정할 수 있는데 1반의 표준편차가 2반의 것보다 훨씬 작다.

다. 두 분포가 어떻게 다른지를 정확하게 규정할 수 있는 측정치가 필요하다. 심리학자들이 자주 사용하는 세 가지 변산 측정치는 **범위**(range), **변량**(variance), **표준편차**(standard deviation)이다.

계산을 단순화하기 위해 각 반에서 5명이 대학에 입학하려고 하며 그들의 입학시험 점수는 다음과 같다고 가정하자.

1반 학생들의 점수:
73, 74, 75, 76, 77 (평균=75)

2반 학생들의 점수:
60, 65, 75, 85, 90 (평균=75)

이제 두 반의 변산 측정치를 계산한다. 범위는 최고점과 최저점의 차이이다. 1반 학생들 점수의 범위는 4이며(77~73), 2반 학생들 점수의 범위는 30이다(90~60).

범위는 계산하기 쉽지만 변량과 표준편차가 더 많이 사용된다. 변량과 표준편차가 보다 예민한 변산 측정치인데, 그 이유는 범위처럼 극단적인 점수만 고려하는 것이 아니라 모든 점수를 고려하기 때문이다. 변량은 분포를 이루는 점수들이 그 분포의 평균치로부터 얼마나 멀리 떨어져 있는지를 측정한다. 변량을 계산하려면 우선 평균치에서 각 점수를 빼어, 각 점수가 분포의 평균치로부터 벗어난 편차 $d$를 계산한다(표 A3 참조). 그런 다음 각 편차를 제곱하여 마이너스 값을 없앤다. 마지막으로 편차의 제곱을 모두 더하고 편차의 전체 수로 나눔으로써 변량을 구한다. 그림 A3의 데이터에 적용하면 1반의 변량은 2, 2반의 변량은 130이다. 2반의 변산이 1반보다 엄청나게 크다.

변량의 한 가지 단점은 측정치를 제곱한 단위로 표현된다는 것이다. 따라서 1반의 변량이 2라고 말하는 것은 점수들이 평균치로부터 대체로 2점 정도의 차이를 보인다는 것이 아니다. 2는 평균치와의 차이를 제곱한 값들의 평균치이다. 원래의 측정 단위로 표현된 변산 측정치를 얻기 위해서는(이 경우에는 시험에서의 점수) 변량의 제곱근을 취하면 된다. 이것이 표준편차이다. 표준편차는 그리스 문자 시그마($\sigma$)로 나타내며, 앞으로 소개할 여

## 표 A3. 변량과 표준편차의 계산

1반 점수(평균치=75)

| | $d$ | $d^2$ |
|---|---|---|
| 77 − 75= | 2 | 4 |
| 76 − 75= | 1 | 1 |
| 75 − 75= | 0 | 0 |
| 74 − 75= | −1 | 1 |
| 73 − 75= | −2 | 4 |
| | | 10 |

$d^2$의 합=10
변량=$d^2$의 평균=10/5=2
표준편차($\sigma$)=1.4

2반 점수(평균치=75)

| | $d$ | $d^2$ |
|---|---|---|
| 90 − 75= | 15 | 225 |
| 85 − 75= | 10 | 100 |
| 75 − 75= | 0 | 0 |
| 65 − 75= | −10 | 100 |
| 60 − 75= | −15 | 225 |
| | | 650 |

$d^2$의 합=650
변량=$d^2$의 평균=650/5=130
표준편차($\sigma$)=11.4

러 가지 통계적 계산에 사용된다. 표준편차의 공식은 다음과 같다.

$$\sigma = \sqrt{\frac{d^2\text{의 합}}{N}}$$

표 A3에는 두 반의 표준편차를 쉽게 계산할 수 있도록 점수가 정리되어 있다. 첫 번째 단계에서는 각 점수에서 평균치를 뺀다(두 반에서 평균치는 모두 75이다). 이 계산에서 평균치 이상의 점수는 양의 $d$ 값, 그리고 평균치 이하의 점수는 음의 $d$ 값이 된다. 다음 열에서 각 $d$ 값을 제곱함으로써 마이너스 부호가 사라지게 된다. 편차의 제곱을 합한 다음에 표본의 사례 수 $N$으로 나눈다. 이 예에서는 $N=5$이다. 제곱근을 구하면 표준편차가 된다.*

## 통계적 추론

이제 데이터를 기술하는 방식으로서의 통계에 친숙해졌을 테니 해석 과정, 즉 데이터로부터 추론을 하는 과정으로 넘어갈 차례이다.

### 전집과 표본

우선 **전집**(population)과 그 전집으로부터 뽑은 **표본**(sample)을 구분할 필요가 있다. 미국인구통계국은 전국 모든 국민의 연령, 혼인 여부 등과 같은 인구학적 자료를 얻어서 전체 국민을 기술하고자 시도한다. **전집**이라는 단어는 인구 조사에 적절한데, 그 이유는 미국에 살고 있는 모든 국민을 나타내기 때문이다.

통계에서 '전집'이라는 단어는 사람이나 동물 또는 사물에 국한되는 것이 아니다. 전집은 지난 10년 동안 온도계로 측정된 모든 온도일 수도 있으며, 영어에서 사용하는 모든 단어, 아니면 다른 모든 데이터일 수가 있다. 흔히 우리는 전체 전집에 접근할 수 없기 때문에 **무선적**(random; 또는 비편파적) 방식으로 뽑은 표본을 가지고 전집을 대체하고자 시도하게 된다. 인구통계국이 최근 인구 조사의 한 부분으로 수행해 왔던 것처럼 무선적으로 뽑은 소수의 사람들에게 몇 가지 질문을 던질 수도 있으며, 매 시간 측정하지 않고 특정한 시간에 온도계를 읽어서 평균 기온을 산출할 수도 있고, 무선적으로 선택된 페이지에서 단어 수를 세어서 백과사전에 들어 있는 단어의 수를 추정할 수도 있다. 이러한 예에는 모두 전집으로부터 표본을 선택하는 과정이 수반된다. 만일 이러한 과정이 반복된다면 조금씩 상이한 결과를 얻게 되는데, 그 이유는 표본이 전체 전집을 완전하게 대표하지 못하기 때문이다. 그래서 **표집오차**(errors of sampling)가 발생하고, 그래서 통계적 추론이 필요하게 된다.

전집으로부터 데이터 표본을 수집하여 그 전집에 대한 추론을 할 수 있다. 예컨대 국민이 고령화되는지 아니면 교외로 이주하는 경향이 있는지 등을 알아보기 위해 표본을 조사해 볼 수 있다. 마찬가지로 실험처치가 행동에 어떤 영향을 주는지, 예컨대 자녀 양육 방식이 삶에 어떤 가시적인 영향을 미치는지 알아보기 위해 표본에 대한 실험 결과를 분석할 수 있다. **통계적 추론**(statistical inference)을 하기 위해서는 표본 데이터에 나타난 관계를 평가해야 한다. 이러한 추론은 표집오차로 인해 항상 어느 정도의 불확실성을 가진다. 만일 통계적 검증이 표본에서 얻은 효과의 크기가 (표집오차의 추정치와 비교해 볼 때) 상당히 크다는 것을 보여 준다면, 표본에서 나타난 영향이 전집에도 적용될 수 있다고 확신할 수 있다.

따라서 통계적 추론은 표본으로부터 얻은 정보에 근거하여 전집의 특성에 대한 추론을 하거나 판단하는 문제를 다룬다. 통계적 추론에 대한 입문으로 정상분포에 대해 그리고 표준편차의 해석에 있어서 정상분포의 이용에 대해 살펴보자.

### 정상분포

많은 양의 데이터를 수집하고 표를 작성하고 막대그래프나 꺾은선 그래프를 그릴 때 그 데이터는 **정상분포**(normal distribution)라고 알려진, 대체로 종을 엎어 놓은 것과 같은 대칭적 분포를 나타내는 경우가 많다. 많은 항목이 평균 주변에 몰려 있고(엎어 놓은 종에서 가장

* 이 부록에서는 처음부터 끝까지 시그마($\sigma$)만을 사용할 것이다. 그러나 과학 문헌에서는 표본의 표준편차를 나타낼 때 소문자 $s$를 사용하며, $\sigma$는 전집의 표준편차를 나타내는 데 사용한다. 또한 표본의 표준편차를 계산할 때는 $d^2$의 합을 $N$이 아니라 $N-1$로 나누게 된다. 하지만 비교적 큰 표본에서는 $N-1$로 나누든 $N$으로 나누든 표준편차의 실제 값이 거의 영향을 받지 않는다. 설명을 단순화하기 위해 우리는 표본의 표준편차와 전집의 표준편차를 구분하지 않고 동일한 공식을 사용한다. 이에 대해서는 필립스(Phillips, 1992)를 참조하라.

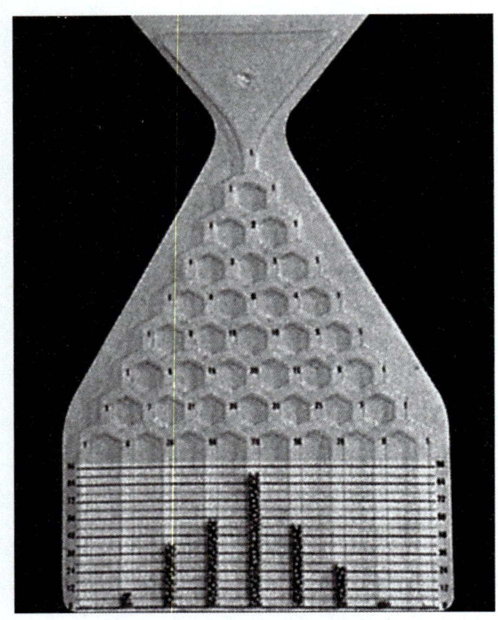

**그림 A4. 우연 분포를 보여 주는 장치.** 이 보드를 거꾸로 들어서 모든 쇠구슬이 상단의 저장소에 들어가게 한다. 그런 다음 다시 판을 180° 회전하여 쇠구슬이 아래의 아홉 칸에 굴러 들어가게 한다. 각 칸에 들어가는 쇠구슬의 정확한 수는 시범을 보일 때마다 달라질 것이다. 그렇지만 평균적으로 쇠구슬이 들어간 높이는 정상분포에 근접하며, 중앙 칸이 가장 높고 좌우로 갈수록 점차적으로 낮아진다.

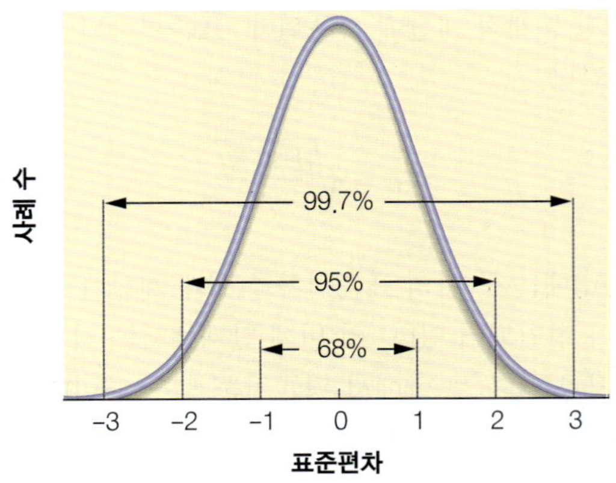


**그림 A5. 정상분포.** 정상분포 곡선은 평균치와 표준편차를 사용하여 구성할 수 있다. $-3\sigma$ 이하의 영역과 $+3\sigma$ 이상의 영역은 무시해도 좋을 정도의 크기이다.

높은 위치), 양극단의 점수로 갈수록 급격하게 빈도가 줄어든다. 이 형태의 곡선이 특별히 관심을 끄는 이유는 독립적으로 발생하는 수많은 우연한 사건들의 분포가 이 곡선을 나타내기 때문이다. 그림 A4에 소개된 장치는 어떻게 우연 사건들의 연속이 정상분포를 초래하는지를 보여 준다. 통로가 갈라지는 지점에서 쇠구슬이 왼쪽으로 떨어질지, 오른쪽으로 떨어질지가 완전히 우연적으로 결정될 때 대칭적 분포가 만들어진다. 많은 쇠구슬이 중앙으로 떨어지지만 때때로 좌우 양극단으로 들어가기도 한다. 이 장치는 우연 사건의 분포가 정상분포에 아주 가깝게 근접한다는 사실을 시각적으로 보여 주는 유용한 방법이다.

정상분포(그림 A5)는 그림 A4의 장치가 만들어 내는 분포의 이상적인 형태를 수학적으로 표현한 것이다. 정상분포는 분포가 정상인 전집에서 각 항목이 평균치로부터 얼마만큼 떨어져 있을 가능성이 있는지를 알려 준다. 그림 A5에 나타난 백분율 수치는 곡선의 두 값 사이에 위치한 영역의 비율(percentage of the area)을 나타낸다. 곡선 아래의 전체 영역은 전집을 나타낸다. 대략 2/3(68%)의 영역이 평균으로부터 ±1 표준편차 사이에 들어가며($\pm 1\sigma$), 95%의 영역이 $\pm 2\sigma$에, 그리고 거의 모든 사례(99.7%)가 $\pm 3\sigma$ 사이에 들어간다. 정상분포 곡선의 영역에 대한 보다 상세한 정보는 표 A4에 나와 있다.

표 A4를 사용하여 그림 A5의 68%와 95%가 어떻게 유도되는지를 추적해 보자. 표 A4의 (3)번 열을 보면 평균치와 $-1\sigma$ 사이에 전체 영역의 0.341이 들어 있고, 평균치와 $+1\sigma$ 사이에도 전체 영역의 0.341이 들어 있다. 이 값

**표 A4. 전체 영역에 대한 비율로서 정상분포의 영역**

| 표준편차 | (1) 해당 값의 왼쪽 영역 | (2) 해당 값의 오른쪽 영역 | (3) 해당 값과 평균치 사이의 영역 |
|---|---|---|---|
| $-3.0\sigma$ | 0.001 | 0.999 | 0.499 |
| $-2.5\sigma$ | 0.006 | 0.994 | 0.494 |
| $-2.0\sigma$ | 0.023 | 0.977 | 0.477 |
| $-1.5\sigma$ | 0.067 | 0.933 | 0.433 |
| $-1.0\sigma$ | 0.159 | 0.841 | 0.341 |
| $-0.5\sigma$ | 0.309 | 0.691 | 0.191 |
| $0.0\sigma$ | 0.500 | 0.500 | 0.000 |
| $+0.5\sigma$ | 0.691 | 0.309 | 0.191 |
| $+1.0\sigma$ | 0.841 | 0.159 | 0.341 |
| $+1.5\sigma$ | 0.933 | 0.067 | 0.433 |
| $+2.0\sigma$ | 0.977 | 0.023 | 0.477 |
| $+2.5\sigma$ | 0.994 | 0.006 | 0.494 |
| $+3.0\sigma$ | 0.999 | 0.001 | 0.499 |

들을 더하면 0.682가 되는데 이것이 그림 A5에서는 68%로 표현되어 있다. 마찬가지로 $-2\sigma$와 $+2\sigma$ 사이의 영역은 2×0.477=0.954이며, 이것이 95%로 표현되어 있다.

이 백분율 수치는 여러 가지 용도가 있다. 하나는 다음 절에서 다룰 표준점수의 해석과 관련되고, 또 하나는 유의도 검증과 관련된다.

## 데이터의 척도화

점수를 해석하려면 그 점수가 다른 점수와 비교하여 높은지 낮은지를 알 필요가 있다. 만일 운전면허 시험을 치는 어떤 사람이 위험 신호에서 브레이크를 밟는데 0.50초가 걸렸다면 그 반응이 빠른 것인지 느린 것인지를 어떻게 판단할 수 있는가? 물리학 시험에서 60점을 받은 학생은 그 과목을 패스할 수 있는가? 이러한 유형의 물음에 답하려면 점수를 비교할 수 있는 척도를 개발해야 한다.

### 순위 데이터

점수들을 최고점에서부터 최저점으로 순위에 따라 배열함으로써 한 가지 유형의 척도를 만들어 낼 수 있다. 개별 점수는 점수 집단에서 어디에 위치하느냐에 따라 해석된다. 예컨대 미국 육군사관학교 졸업생은 자신의 등수를 알고 있다. 400명 동기생 중에서 35등일 수도 있고 125등일 수 있다.

### 표준점수

표준편차는 척도화에서 사용할 수 있는 편리한 단위이다. 왜냐하면 $1\sigma$나 $2\sigma$가 평균치로부터 얼마나 떨어져 있는지를 알려 줄 수 있기 때문이다(표 A4 참조). 표준편차의 배수에 근거한 점수가 **표준점수**(standard score)이다. 심리학 측정에서 사용되는 많은 척도는 표준점수의 원리에 근거한다.

표 A1은 15명의 대학 입학시험 점수를 나타낸 것이다. 더 이상의 정보가 없다면 이 점수들이 모든 대학 지원자 전집을 대표하는 것인지를 알 수가 없다. 그러나 여기서는 전집 평균이 75이고 표준편차는 10이라고 가정하자.

그렇다면 90점을 받은 학생의 표준점수는 얼마인가? 우선 이 점수가 평균으로부터 몇 표준편차만큼 떨어져 있는지 나타낼 수 있어야 한다.

원점수 90점에 대한 표준점수는 다음과 같이 계산한다.

$$\frac{90-75}{10} = \frac{15}{10} = 1.5\sigma$$

두 번째 예로 53점을 받은 학생을 생각해 보자. 원점수 53점에 대한 표준점수는 다음과 같이 계산한다.

$$\frac{53-75}{10} = \frac{-22}{10} = -2.2\sigma$$

이 경우에 마이너스 기호는 학생의 점수가 평균치 아래로 2.2 표준편차만큼 떨어져 있다는 사실을 알려 준다. 따라서 표준점수의 기호(+와 −)는 그 점수가 평균치 이하인지 이상인지를 나타내며, 표준점수의 값은 원점수가 표준편차로 나타내서 평균치로부터 얼마나 떨어져 있는지를 나타낸다.

## 평균치는 얼마나 대표적인가

전집 평균치를 추정하는 데 표본의 평균치는 얼마나 유용할까? 100명의 대학생으로 구성된 무선표본의 키를 측정한다면 표본 평균치는 진정한 전집 평균치(즉 모든 대학생의 평균 키)를 얼마나 잘 예측해 준다고 할 수 있는가? 이 물음은 표본 정보에 근거하여 전집에 대해 **추론**하는 문제에 대해 생각해 보게 한다.

그러한 추론의 정확도는 **표집오차**에 달려 있다. 동일한 전집에서 2개의 무선표본을 택하고 각 표본의 평균치를 계산했다고 가정해 보자. 첫 번째 평균치와 두 번째 평균치 사이에 우연히 발생할 수 있는 차이가 어느 정도일 것이라고 예상할 수 있겠는가? 동일한 전집에서 연속적으로 표집한 무선표본들은 상이한 평균치를 갖게 될 것이며, **표본 평균치들**은 전집의 **진정한 평균치**를 중심으로 분포를 형성하게 된다. 이러한 표본 평균치들을 대상으로 하여 표준편차를 계산할 수 있다. 이 표준편차는 평균치의 표준오차 또는 $\sigma_M$이라고 불리며, 다음의 공식을 이용하여 그 값을 추정할 수 있다.

$$\sigma_M = \frac{\sigma}{\sqrt{N}}$$

여기서 $\sigma$는 표본의 표준편차이고, $N$은 각 표본의 평균치를 계산할 때 사용된 사례의 수이다.

위 공식에 따르면 평균치의 표준오차 크기는 표본의

크기가 증가함에 따라 감소한다. 따라서 큰 표본에서 얻은 평균치가 작은 표본에서 얻은 평균치보다 신뢰롭다(실제 전집의 평균치에 근접할 가능성이 높다). 이것은 상식적으로도 예측할 수 있는 것이다. 평균치의 표준오차는 평균치의 불확실한 정도가 얼마나 되는지를 알려준다. 표본에 더 많은 사례가 있을수록 불확실성이 더 많이 줄어들게 된다.

## 차이의 유의도

많은 심리학 실험에서 데이터는 두 집단의 참가자들로부터 수집된다. 한 집단은 특정한 실험 조건에 노출되며, 다른 집단은 통제집단이 된다. 실험의 물음은 두 집단의 평균적 수행 사이에 차이가 있는지, 그리고 그러한 차이가 관찰된다면 그 차이가 전집에도 적용되는지이다. 기본적으로 두 표본 사이의 차이가 진정한 차이를 반영하는 것인지 아니면 표집오차의 결과일 뿐인지를 묻는 것이다.

한 예로 초등학교 1학년 남학생 표본의 읽기검사 점수를 여학생 표본의 점수와 비교해 보자. 평균 점수로 볼 때는 남학생이 여학생보다 낮은 점수를 받았지만 중복되는 부분이 상당히 크다. 어떤 남학생은 매우 잘하고, 어떤 여학생은 점수가 형편없다. 따라서 **통계적 유의도**(statistical significance) 검증을 하지 않고는 평균에서 얻은 차이를 그대로 받아들일 수 없다. 검증을 한 후에야 표본의 평균치에서 관찰된 차이가 전집에서의 진정한 차이를 반영하는 것인지, 아니면 표집오차에 의한 것인지를 결정할 수 있다. 만일 몇몇 똑똑한 여학생과 우둔한 남학생이 우연히 표집된 것이라면 그 차이는 표집오차에 의한 것일 수 있다.

또 다른 예로 오른손잡이와 왼손잡이의 악력을 비교하는 실험을 구상한다고 가정해 보자. 표 A5의 상단 패널은 그러한 실험의 가상적 데이터를 보여 준다. 5명의 오른손잡이 표본이 5명의 왼손잡이 표본보다 평균 8kg 만큼 더 강하다. 이 데이터로부터 왼손잡이와 오른손잡이에 대해 무엇을 추론할 수 있는가? 오른손잡이가 왼손잡이보다 악력이 더 세다고 주장할 수 있는가? 전혀 그렇지 않다. 왜냐하면 오른손잡이 대부분의 점수는 왼손잡이 대부분의 점수와 크게 다르지 않기 때문이다. 단지 100kg이라는 현저하게 일탈된 점수가 있어서 우리가 불확실한 상황을 다루고 있다는 사실을 알려 줄 뿐이다.

### 표 A5. 차이의 유의도

평균치의 차이를 비교하는 두 가지 예를 제시했다. 평균치의 차이는 두 예에서 동일하다(8kg). 그러나 아래쪽 데이터가 위쪽 데이터보다 더 신뢰로운 평균치의 차이를 보여 준다.

| | 오른손잡이의 악력(kg) | | 왼손잡이의 악력(kg) |
|---|---|---|---|
| | 40 | | 40 |
| | 45 | | 45 |
| | 50 | | 50 |
| | 55 | | 55 |
| | 100 | | 60 |
| 합 | 290 | 합 | 250 |
| 평균 | 58 | 평균 | 50 |

| | 오른손잡이의 악력(kg) | | 왼손잡이의 악력(kg) |
|---|---|---|---|
| | 56 | | 48 |
| | 57 | | 49 |
| | 58 | | 50 |
| | 59 | | 51 |
| | 60 | | 52 |
| 합 | 290 | 합 | 250 |
| 평균 | 58 | 평균 | 50 |

이제 실험 결과가 표 A5의 하단 패널과 같다고 가정해 보자. 여기서도 8kg이라는 평균치 차이가 동일하게 나왔지만 이제는 결과에 더 큰 확신을 가질 수 있다. 왜냐하면 왼손잡이들이 일관성 있게 오른손잡이들보다 낮은 점수를 기록하고 있기 때문이다. 통계학은 평균치 차이의 신뢰도를 고려하기 위한 정밀한 방법을 제공해 주기 때문에, 어떤 차이가 다른 차이보다 더 신뢰롭다는 것을 결정하기 위해 직관에만 의존할 필요가 없다.

앞의 예는 차이의 유의도가 관찰된 차이의 크기뿐만 아니라 비교하는 평균치들의 변산성에도 의존한다는 사실을 시사한다. 평균치의 표준오차로부터 **두 평균치 간 차이의 표준오차** $\sigma D_M$을 계산할 수 있다. 그렇게 되면 임계비(critical ratio)—관찰된 두 평균치의 차이 $D_M$과 두 평균치 간 차이의 표준오차 비율—를 사용하여 관찰된 두 평균치의 차이를 평가할 수 있다.

$$\text{임계비} = \frac{D_M}{\sigma D_M}$$

임계비는 두 평균치 간 차이의 유의도를 평가할 수 있게 해 준다. 대략적으로 두 평균치 간 차이를 유의한 것으로 받아들이려면 임계비가 적어도 2.0 이상은 되어야 한다. 이 책 전체에 걸쳐서 평균치 간 차이가 '통계적으로 유의했다'는 서술이 의미하는 바는 임계비가 적어도 2.0 이상은 되었다는 것이다.

임계비 2.0이 통계적으로 유의한 값으로 선택된 이유는 무엇일까? 그 이유는 2.0 정도의 값 또는 그 이상의 값이 우연히 나타날 가능성은 100번 중 다섯 번에 불과하기 때문이다. 100번 중 다섯 번이란 어디에서 나온 것일까? 임계비는 표준점수로 간주할 수 있는데, 왜냐하면 임계비는 두 평균치 간 차이를 표준점수의 배수로 표현한 것이기 때문이다. 표 A4의 (2)번 열에서 표준편차가 우연히 +2.0 또는 그 이상이 될 가능성이 0.023임을 확인하라. 반대 방향으로 벗어날 가능성도 0.023이기 때문에 전체 확률은 0.046이 된다. 이것은 만일 두 전집의 평균치가 동일하다면 1,000번 중에서 46회 또는 100번 중에서 5회 정도만 2.0 이상의 임계비가 우연히 얻어질 수 있다는 것을 의미한다.

임계비가 적어도 2.0은 되어야 한다는 경험적 판단은 '5%의 유의도 수준'을 정의하는 임의적이지만 편리한 규칙이다. 이 규칙에 따르면 표본 데이터에 근거하여 평균치 사이에 실제로는 차이가 없는데도 불구하고 차이가 있다고 결론을 내리게 되는 오류를 100번 중에서 다섯 번 이내로 범할 수 있다. 5% 수준이 항상 사용되는 것은 아니다. 특정한 실험에서는 어느 정도의 추론 오류를 용인할 것인가에 따라서 보다 높은 수준의 유의도가 적절할 수도 있다.

임계비의 계산은 **두 평균치 간 차이의 표준오차**를 요구하는데 이 값은 다음 공식을 사용하여 계산한다.

$$\sigma D_M = \sqrt{(\sigma M_1)^2 + (\sigma M_2)^2}$$

이 식에서 $\sigma M_1$과 $\sigma M_2$는 비교되는 두 평균치의 표준오차이다.

한 예로 미국에서 초등학교 1학년 남학생과 여학생의 읽기 성취검사 점수를 비교한다고 가정해 보자. 무선표집된 남학생과 여학생에게 검사를 실시했다. 남학생의 평균 점수는 70점이고 표준오차는 0.40이며, 여학생의 평균 점수는 72점이고 표준오차가 0.30이라고 가정하자. 이 표본에 근거하여 남학생과 여학생 전집에서 읽기 성취 사이에 진정한 차이가 있는지를 결정하려고 한다. 표본 데이터는 여학생이 남학생보다 우수한 읽기 점수를 얻었다는 사실을 보여 주지만, 미국에 거주하는 남학생과 여학생을 모두 검사했을 때도 결과가 그럴 것이라고 추론할 수 있겠는가? 임계비는 이러한 결정에 도움을 준다.

$$\begin{aligned}\sigma D_M &= \sqrt{(\sigma M_1)^2 + (\sigma M_2)^2}\\ &= \sqrt{0.16 + 0.09} = \sqrt{0.25}\\ &= 0.5\end{aligned}$$

$$\text{임계비} = \frac{D_M}{\sigma D_M} = \frac{72-70}{0.5} = \frac{2.0}{0.5} = 4.0$$

임계비가 2.0보다 훨씬 크기 때문에, 관찰된 평균치 간의 차이는 5% 수준에서 통계적으로 유의하다고 확신할 수 있다. 따라서 남학생과 여학생 사이에 읽기검사의 성적에서 신뢰로운 차이가 있다고 결론 내릴 수 있다. 임계비의 부호는 어느 점수를 어느 점수에서 빼느냐에 따라서 + 또는 −일 수 있다는 사실에 주목하기 바란다. 임계비를 해석할 때는 (기호는 무시하고) 크기만 고려하면 된다.

## 상관계수

상관관계는 두 측정치의 병렬적 변산을 지칭한다. 한 검사가 대학에서의 성취를 예언하도록 설계되었다고 가정해 보자. 만일 좋은 검사라면 검사에서의 고득점은 대학에서의 높은 성취와 관련되고 저득점은 낮은 성취와 관련될 것이다. **상관계수**(coefficient of correlation)는 어떤 관계의 크기를 보다 정확하게 진술할 수 있는 방법이다.

## 적률상관

상관계수를 결정하는 데 가장 빈번하게 사용되는 방법은 **적률법**(product-moment method)인데, 적률법에 의해 산출된 값은 관습적으로 소문자 $r$로 표현된다. 적률상관계수 $r$은 완벽한 정적 상관($r = +1.00$)에서 완벽한 부적 상관($r = -1.00$) 사이의 값을 가진다. 아무 관계가 없으면 $r = 0.00$이 된다.

적률상관계수를 계산하는 공식은 다음과 같다.

### 표 A6. 적률상관계수의 계산

| 학생 | 입학시험($x$ 점수) | 학점($y$ 점수) | $(dx)$ | $(dy)$ | $(dx)(dy)$ |
|---|---|---|---|---|---|
| 철수 | 71 | 39 | 6 | 9 | +54 |
| 영수 | 67 | 27 | 2 | −3 | −6 |
| 민수 | 65 | 33 | 0 | 3 | 0 |
| 학수 | 63 | 30 | −2 | 0 | 0 |
| 장수 | 59 | 21 | −6 | −9 | +54 |
| 합 | 325 | 150 | 0 | 0 | +102 |
| 평균 | 65 | 30 | | | |

$\sigma_x = 4$

$\sigma_y = 6$

$$r = \frac{\text{Sum}(dx)\,(dy)}{N\sigma_x\sigma_y} = \frac{+102}{5 \times 4 \times 6} = +0.85$$

$$r = \frac{\text{Sum}\,(dx)\,(dy)}{N\sigma_x\sigma_y}$$

여기서 쌍을 이루는 두 측정치의 하나는 $x$ 점수로 표시하고 다른 하나는 $y$ 점수로 표시한다. $dx$와 $dy$는 평균치와 각 점수의 차이를 나타내며, $N$은 쌍을 이룬 측정치의 수, 그리고 $\sigma_x$와 $\sigma_y$는 $x$ 점수와 $y$ 점수의 표준편차이다.

상관계수의 계산은 $(dx)(dy)$—$(dx)$와 $(dy)$를 곱한 값—의 합을 요구한다. 이 합을 $x$ 점수의 표준편차 및 $y$ 점수의 표준편차와 함께 공식에 대입한다.

표 A6에 나와 있는 데이터를 수집했다고 가정하자. 각 참가자로부터 두 가지 점수를—첫 번째 점수는 대학 입학시험 점수이고($x$ 점수라고 표현하자), 두 번째 점수는 대학 1학년 때의 학점이다($y$ 점수)—얻었다.

그림 A6은 이 데이터의 **산포도**(scatter diagram)이다. 각 점은 한 참가자의 $x$ 점수와 $y$ 점수를 나타낸다. 예컨대 오른쪽 위에 있는 점은 철수의 것이다. 이 데이터를 보면 $x$ 점수와 $y$ 점수 사이에 정적 상관이 있다는 사실을 쉽게 이해할 수 있다. 철수는 입학시험에서 가장 높은 점수를 받았으며 1학년 때의 학점도 가장 좋았다. 장수는 두 가지 모두 가장 낮은 점수를 받았다. 다른 학생들의 시험 점수와 학점이 다소 불규칙적이기 때문에 상관이 완벽하지 않다. 즉 $r$은 1.00보다 작다.

어떤 연구자도 이렇게 적은 수의 사례에 대해 상관관계를 알아보는 데 동의하지는 않겠지만 그 방법을 예시하기 위해 상관관계를 계산해 본다. 세부적인 내용은 표 A6에 나와 있다. 표 A3에서 보여 준 절차에 따라서 $x$ 점수의 표준편차를 계산한 다음 $y$ 점수의 표준편차를 계산한다. 그리고 각 참가자의 $(dx)(dy)$를 계산하고 5명의 값을 합한다. 이 결과를 공식에 대입하면 $r = +0.85$를 얻게 된다.

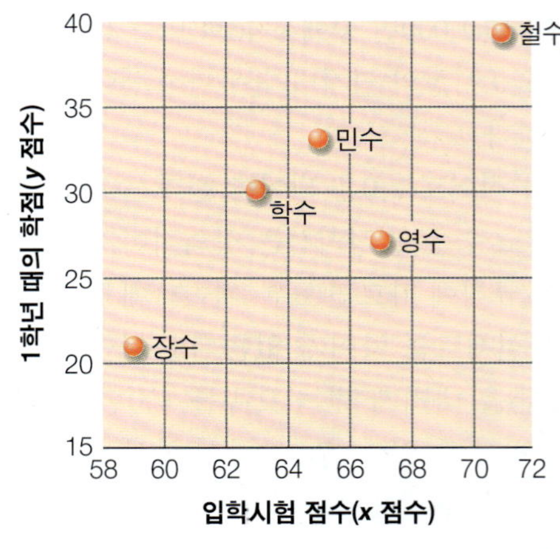


**그림 A6. 산포도.** 각 점은 한 학생의 $x$ 점수와 $y$ 점수를 나타낸다.

## 상관계수의 해석

예언을 하기 위해 상관관계를 사용할 수 있다. 예컨대 대학 입학시험 점수가 대학 신입생의 학점과 상관된다는 사실을 알고 있다면 대학생들의 학점을 예언할 수 있다. 만일 상관관계가 완벽한 것이라면 그 학점을 정확하게 예언할 수 있다. 그렇지만 일반적으로 $r$은 1.00보다 작기 때문에 예언에 오류를 범하게 된다. $r$이 0에 가까울수록 예언 오류의 크기도 커지게 된다.

입학시험 점수를 가지고 신입생 학점을 예언하거나 이와 유사한 예언을 하는 데 따르는 기술적인 문제를 여기서 다룰 수는 없지만, 크기가 다른 상관계수의 의미를 따져 볼 수는 있겠다. $x$와 $y$ 사이에 0의 상관계수가 있다면, $x$를 아는 것이 $y$를 예언하는 데 아무런 도움을 주지 못한다. 만일 체중이 지능과 무관하다면, 지능을 예언하려고 할 때 체중은 아무 소용이 없다. 대조적인 예로 완벽한 상관관계는 100%의 예언력을 의미한다. $x$를 알면 $y$를 완벽하게 예언할 수 있다. 중간 정도의 $r$ 값은 어떨까? 중간 크기의 상관계수가 가지고 있는 의미는 그림 A7의 산포도를 통해 이해할 수 있다.

이전의 논의에서는 상관계수의 부호를 강조하지 않았다. 왜냐하면 그 부호가 관계의 크기와 아무 관련이 없기 때문이다. $r=+0.70$과 $r=-0.70$의 유일한 차이는, 전자의 경우에는 $x$가 증가하면 $y$도 증가하지만 후자의 경우에는 $x$가 증가하면 $y$는 감소한다는 것이다.

상관계수는 심리학에서 가장 널리 사용되는 통계치의 하나이기는 하지만, 가장 광범위하게 오용되는 통계 기법 중의 하나이기도 하다. 상관계수를 사용하는 사람들은 때때로 $r$이 $x$와 $y$ 사이의 인과관계를 함축하지 않는다는 사실을 간과한다. 두 집합의 점수 사이에 상관관계가 있을 때, 둘이 어떤 인과적 요인을 공유하지 않을까 의심해 볼 수는 있지만 하나가 다른 하나를 초래한다고 결론 내릴 수는 없는 것이다.

때때로 상관관계는 역설적으로 보이기도 한다. 예컨대 학습 시간과 대학 학점 사이의 상관관계는 약간 부적인 것으로 밝혀져 있다(대략 −0.10). 만일 인과적 해석

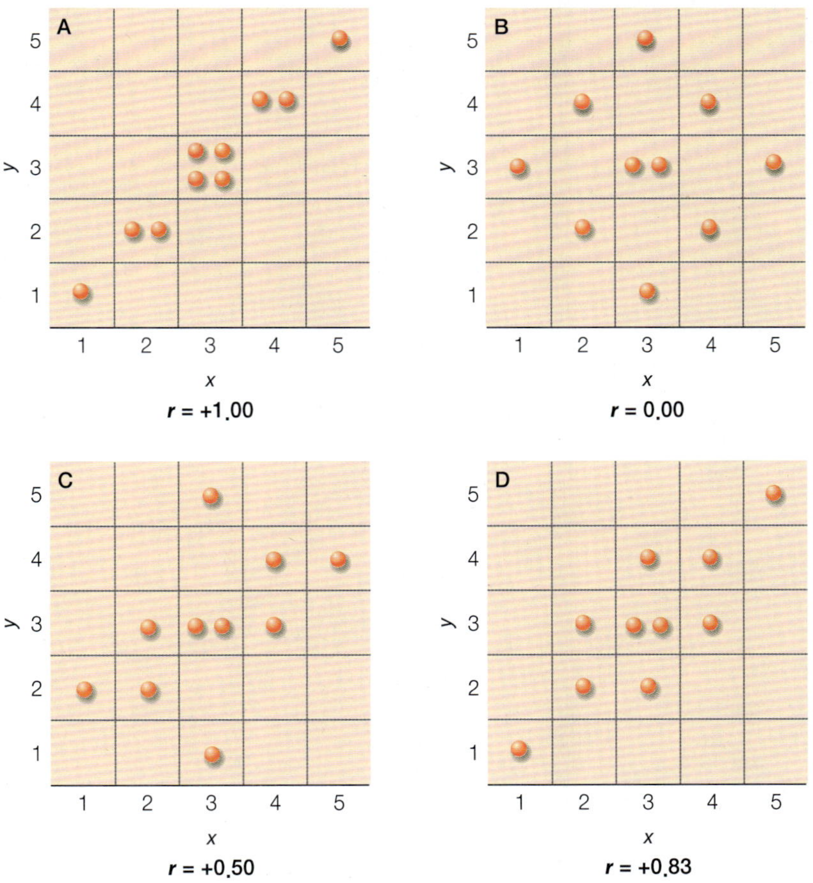


**그림 A7. 다양한 크기의 상관계수를 예시하는 산포도.** 각 점은 한 사람이 두 검사 $x$와 $y$에서 얻은 점수를 나타낸다. A에서 모든 사례는 대각선에 놓여 있으며 상관관계가 완벽하다($r=+1.00$). $x$ 점수를 알면 $y$ 점수도 동일하다는 사실을 알 수 있다. B에서는 상관관계가 0이다. $x$ 점수를 알아도 $y$ 점수가 평균치인지, 그 이상인지, 이하인지 예언할 수가 없다. C와 D에서는 점수들이 대각선에 위치하는 경향이 있어서 $x$에서의 높은 점수는 $y$에서의 높은 점수와 연합되고, $x$에서의 낮은 점수는 $y$에서의 낮은 점수와 연합되지만 그 관계가 완벽하지는 않다.

을 한다면, 학점을 올릴 수 있는 최선의 방법은 공부를 중지하는 것이라고 결론 내릴 수 있다. 부적 상관이 발생한 이유는, 어떤 학생들은 다른 학생들보다 학점을 따는 데 유리했고(아마도 고등학교 시절에 대학에서 공부할 내용을 미리 공부했기 때문에), 그래서 가장 열심히 공부하는 학생들이 가장 좋은 학점을 얻는 데 어려움이 있었기 때문이다.

이 예는 상관계수에 인과적 해석을 시도하는 것에 대해 충분히 경고가 된다. 그러나 두 변인이 상관관계를 가질 때 한 변인이 다른 변인의 원인일 수도 있다. 원인의 탐색은 논리적인 과제이며, 상관관계는 인과관계를 검증하는 실험으로 이어질 수 있다는 점에서 도움이 될 수 있다.

# 용어 해설

이 책에서 사용된 전문적인 용어와 심리학에서 사용될 때 특수한 의미를 지닌 단어를 정의했다. 이 책에서 사용된 의미를 넘어서는 것에 대해서는 언급하지 않았다. 더 세부적인 정의나 다른 의미를 알고자 한다면 심리학 사전을 참고하기 바란다.

**〈ㄱ〉**

**가드너의 다중지능 이론(Gardner's theory of multiple intelligence)** 나름대로의 규칙에 의해 작동하는, 서로 독립적인 일곱 가지의 별개 지능이 있다는 이론. 일곱 가지 지능은 (1) 언어적, (2) 음악적, (3) 논리 · 수학적, (4) 공간적, (5) 신체 · 운동적, (6) 개인 내적, (7) 대인관계적 지능.

**가설(hypothesis)** 검증될 수 있는 진술.

**가용성 발견법(availability heuristic)** 보다 가용적인 지식(예: 인출이 보다 쉽기 때문에)이 실제로 더 나을 것이라는 가정.

**가용 파장(available wavelength)** 표면으로부터 반사되어 눈에 도달하는 광선의 파장.

**가족치료(family therapy)** 개인이 아니라 가족 구성원 전체를 하나의 집단으로 치료하는 심리치료.

**각성(arousal)** 생리적으로는 유기체가 기민한 수준. 심리적으로는 평온과 불안 사이에서 다양한 수준의 반응(상태)을 동반할 수 있는 긴장.

**각성의 오귀인(misattribution of arousal)** 잔여하는 생리적 각성이 추후의 환경에 잘못 귀인되어 그 환경에 대한 우리의 정서적 반응을 강화하는 것.

**각인(imprinting)** 신생아가 어떤 종류의 모델(보통은 부모)에게 애착을 형성하는 초기 학습.

**간격계획(interval schedule)** 어떤 시간 간격이 경과한 후에만 강화가 가능한 것.

**간상체(rod)** 눈에서 무채색 감각 경험만을 중개하는 망막의 요소로서, 특히 주변시와 야간시에 중요함.

**간섭(interference)** 장기기억에서 인출을 방해할 수 있는 요인. 상이한 항목이 동일한 인출단서와 연합되었을 때 발생하며, 그 항목 중에 하나를 인출하려는 시도는 다른 항목의 부주의한 인출에 의해 차단될 수 있음.

**갈증(thirst)** 물에 대한 욕구의 심리적 표현.

**감각(sensation)** 단순한 자극과 연합된 경험.

**감각기억(sensory memory)** 초 또는 더 짧은 순간의 물리적 자극이 지속되는, 매우 짧은 시간 동안의 사진과 같은 기억.

**감각 뉴런(sensory neuron)** 수용기로부터 들어온 충동을 중추신경계로 전달하는 뉴런.

**감각반응(sensory response)** 상승과 하강을 하는 신경활동의 폭.

**감각부호화(sensory coding)** 자극이 감각수용기로부터 뇌에 전달되는 방식.

**감각운동 단계(sensorimotor stage)** 유아가 자신의 행위와 그 행위의 결과 사이의 관계를 발견하느라고 분주한 시기.

**감각 저장소(sensory store)** 환경으로부터 도달한 정보가 최초로 자리 잡는 기억 장소.

**감분극화(depolarized)** 세포막 안의 전위가 세포막 밖보다 더 양전위로 변할 때, 세포가 감분극화된 상태라고 함.

**감정(affect)** 정서와 느낌.

**강도(intensity)** 특정 자극의 강한 정도.

**강박관념(obsession)** 불안을 일으키는 괴로운 사고, 심상, 또는 충동이 지속적으로 침입하는 것.

**강박장애(obsessive-compulsive disorder)** 다음의 세 가지 중 하나를 취하는 불안장애. (1) 불안을 일으키는 괴로운 사고, 심상, 또는 충동의 지속적인 침입(강박사고), (2) 불안을 감소시키려는 어떤 행위 또는 의식을 수행하려는 저항할 수 없는 충동(강박행동), (3) 이 두 가지가 혼합된 것.

**강박행동(compulsion)** 불안을 감소시키는 어떤 행위 또는 의식을 실행하려는 저항할 수 없는 충동.

**강인성(hardiness)** 심한 스트레스 사건을 직면할 때조차 신체적 또는 정서적으로 손상을 입는 데 대한 저항.

**강직성 통증(tonic pain)** 상처를 입은 후에 발생하는 고정적이고 오래 지속하는 종류의 통증. 보통 붓는 것과 조직 손상에 의해 생김.

**강화(reinforcement)** (1) 고전적 조건형성에서 조건자극에 따라 무조건자극이 오는 실험 절차, (2) 조작적 조건형성에서 조작 반응의 발생에 따라 강화자극이 오는 유사한 절차, (3) 이런 배열의 결과로 조건형성의 강도를 증가시키는 과정.

**개념(concept)** 우리가 특정 유목에 연합시키는 속성의 집합.

**개인적 구성개념(personal construct)** 개인이 자신과 자신의 사회적 세계를 해석하기 위해 스스로 사용하는 차원.

**개인주의(individualism)** 개인의 기본적인 분리성과 독립성을 강조하는 문화.

**개인화(individuation)** 사람마다 다르다는 것을 토대로 개인의 자질을 평가하는 것.

**객관화 이론(objectification theory)** 여성의 신체를 성적으로 객관화하는 문화에서 양육되는 것이 기본적으로 어떻게 소녀와 여성의 자기 견해와 안녕감을 변화시키는가에 대한 사회문화적 설명.

**검사(test)** 특정 특질에서 차이가 있는 한 집단의 사람들에게 동일한 상황을 제시하는 것.

**게슈탈트(Gestalt)** '형태'를 의미하는 독일어. 형태심리학자들은 기본적으로 지각에 관심을 갖고 있으며 지각적 경험이 자극에 의해 형성되는 패턴과 경험의 체제화에 의존한다고 믿음.

**격리불안(separation anxiety)** 보호자가 근처에 없을 때의 괴로움.

**결정적 시기(critical period)** 발달이 정상적으로 진행되려면 그동안에 특수한 경험이 발생해야 하는, 어떤 사람의 삶에서 결정적인 시기.

**결합 문제(binding problem)** 색채와 모양 같은 상이한 원시자극에 상응하는 뇌의 상이한 부위들의 활동이 어떤 대상의 일관된 지각으로 결합하는 방법.

**경계성 성격장애(borderline personality disorder)** 개인이 청소년기 또는 아동기부터 만성적으로 불안정한 기분, 타인과의 관계, 자기지각을 나타내는 정신장애.

**고막(eardrum)** 중이에 도달하는 청도의 안쪽에 있는 막.

**고민(distress)** 불안, 우울, 동요의 느낌 혹은 불면, 식욕 상실이나 다양한 두통과 통증 같은 경험.

**고전적 조건형성(classical conditioning)** 이전에 중립적이던 자극이 다른 자극과 반복적으로 짝지어짐으로써 그 자극과 연합되는 학습 과정.

**고정간격계획(fixed interval schedule, FI)** 유기체가 최근에 강화를 받은 이래 일정 시간이 경과한 후 첫 번째 반응이 강화되는 것.

**고정관념(stereotype)** 전체 유목의 사람들의 성격 특질 또는 신체적 속성에 대한 추리의 집합. 사람들의 유목에 대한 스키마(도식).

**고정관념 위협(stereotype threat)** 고정관념과 동일시되는 단순한 위협은 개인의 불안을 높일 수 있는데 그것이 그들의 수행을 저하함.

**고정비율계획(fixed ratio schedule, FR)** 강화 이전에 수행해야만 하는 반응의 수가 일정하게 정해지는 것.

**고지된 동의(informed consent)** 실험 참가자들은 자발적으로 참가해야 하고, 원한다면 처벌 없이 언제라도 물러날 수 있도록 허용되어야 함.

**고착(fixation)** 프로이트의 정신분석 이론에서 심리성적 발달의 초기 단계 중 하나를 통과하는 데 또는 애착의 대상을 변경하는 데 실패함으로써 발생하는 발달 중지(구순기에 고착 또는 엄마에 대한 고착).

**공간 변별력(spatial acuity)** 형태의 차이를 볼 수 있는 능력.

**공격성(aggression)** 다른 사람에게 상해를 입히거나 또는 재산을 파괴하려고 의도하는 행동.

**공동 주의(joint attention)** 타인의 시선을 좇음으로써 대상이나 사건에 대한 경험을 타인과 공유하는 능력.

**공동행위(coaction)** 동일한 과제를 수행하는 사람들 사이의 상호작용.

**공명(resonance)** 특정 빈도의 소리가 수학적으로 대응되는 거리 이상으로 반향하는 정도.

**공상(dreaming)** 기억된 심상과 환상이 일시적으로 외적 현실과 혼동되는, 변경된 의식 상태.

**공포증(phobia)** 대부분의 사람들이 특별히 위험하다고 여기지 않는 자극 또는 상황에 대한 강한 공포.

**공학심리학자(engineering psychologist)** 사람과 기계 사이의 관계에 전문적인 심리학자. 예를 들면 인간의 오류를 최소화하는 기계를 설계하려고 시도함.

**공황발작(panic attack)** 긴급하고 위압적인 염려 또는 공포의 일화.

**공황장애(panic disorder)** 개인이 갑작스럽고 헤쳐 나갈 수 없는 공포의 일화 그리고 심계항진, 가쁜 호흡, 근육경련, 혼미와 같은 공포의 생리적 증후를 동반하는, 죽음이 임박한 느낌을 갖는 불안장애.

**과분극화(hyperpolarized)** 세포가 안정전위일 때보다 더 분극화될 때 과분극화라고 함.

**과잉정당화(overjustification)** 현저한 상황적 단서를 지나치게 강조하고 내재적 흥미와 같은 개인적 원인을 충분히 강조하지 않은 채로 자신의 행동을 설명하는 것.

**과잉확장(overextension)** 새로운 단어를 너무 광범위하게 적용하는 경향성.

**과학적(scientific)** 자료를 수집하는 데 이용되는 연구법은 (1) 비편중되고(다른 가설보다 한 가설을 선호하지 않고), (2) 신뢰로울(자격을 갖춘 다른 사람들이 그 관찰을 반복하여 동일한 결과를 얻을 수 있을) 때 과학적임.

**관상성 심장 질환(coronary heart disease)** 플라크라고 불리는

딱딱한 지방물질의 점차적 축적에 의해 심장근육에 도달하는 혈관이 협소화 또는 폐쇄되는 것. 이에 따라 심장에 대한 산소와 영양물질의 공급이 차단됨.

**관찰학습(observational learning)** 사람들은 타인의 행위와 그 행위의 결과를 관찰함으로써 학습이 가능함.

**광원파장(source wavelength)** 어떤 광원으로부터 오는 파장.

**광자(photon)** 광선 에너지의 가장 작은 단위.

**광장공포증(agoraphobia)** 함정에 빠져서 위기 시에 도움을 받을 수 없다고 여기는 장소에 대한 공포.

**교감신경계(sympathetic nervous system)** 자율신경계의 일부로, 척수의 가슴과 허리 부분에서 출발하는 신경섬유가 척수 양측에서 신경절의 연쇄로 이루어져 있음. 정서 흥분 시에 활성화되고 부교감신경계와 어느 정도 길항적임.

**교세포(glia cell)** 뇌조직의 실재적 부분을 구성하는 지지세포(뉴런이 아님). 최근에는 교세포가 신경전도에서 역할을 한다고 추측함.

**교육심리학자(educational psychologist)** 심리학적 원리를 학교에서 아동과 성인의 교육에 적용하는 데 연구 관심이 있는 심리학자.

**교접 규칙(conjunction rule)** 한 명제 확률은 그 명제와 다른 명제가 결합된 확률보다 작을 수 없다는 상태에 대한 확률 규칙.

**구강기(구순기, oral stage)** 프로이트의 정신분석 이론에서 심리성적 발달의 첫 번째 단계. 엄마의 젖을 빠는 것에서처럼 입술과 입으로부터 쾌감이 발생함.

**구성 기억(constructive memory)** 사건이 끝난 후에 만들어지는 사건에 대한 기억의 부분.

**구성수준 이론(construal level theory)** 심리적 거리와 대상이나 사건에 대한 사람들의 생각의 추상성과 구체성 간의 관계를 기술하는 사회심리학의 한 이론.

**구성적 과정(constructive process)** 지각이 환경으로부터 오는 객관적 자료와 더불어 사전 지식과 추론에 기초를 두는 과정.

**구성적 지각(constructive perception)** 지각된 것이 최초 기억을 위한 기반을 형성함. 원래 지각된 것이 객관적 세상과 체계적으로 상이하다면, 무엇이 발생했는가에 대한 지각자의 최초 기억은 왜곡될 것임.

**구성주의(structuralism)** 심적 구조를 분석.

**구성타당도(construct validity)** 어떤 이론적 개념 또는 구성개념의 배후에 있는 이론의 예언을 증명하는 검사 또는 평가도구의 능력. 결과를 증명하는 것은 그 개념과 평가도구를 동시에 타당화함.

**구심성 신경(afferent nerves)** 신체에서 중추신경계로 신호를 전달하는 신경.

**구체적 조작기(concrete operational stage)** 피아제의 세 번째 인지적 발달 단계(7~11세)로, 이 시기에 아동은 논리적 사고를 할 수 있고, 보존 개념을 갖출 수 있음.

**국제질병분류체계(International Classification of Diseases)** 정신장애를 분류하는 체계.

**궁극 원인(ultimate cause)** 어떤 행동이 왜 발생했는지를 설명하는 행동의 원인.

**귀납 강도(inductive strength)** 전제가 참이라면 결론이 거짓일 가능성이 거의 없다는 것.

**귀납추리(inductive reasoning)** 증명을 위한 추리로 전제가 참이라면 결론이 거짓일 가능성이 없다는 것.

**귀인(attribution)** 우리가 다른 사람의 행동을 설명하려고 시도하는 과정. 귀인 이론은 사람들이 관찰된 행동의 원인을 추론하는 규칙을 다룸.

**귀인 방식(attributional style)** 자신의 삶에서 발생하는 사건에 대해 원인을 찾는 양식.

**규범적 사회 영향(normative social influence)** 우리는 우호를 얻거나 수용되기 위해 집단의 사회적 규범 또는 전형적인 행동에 동조함.

**근접성(proximity)** 두 사람 사이의 신체적 거리. 대인 간 매력의 핵심 예측 변인.

**근접에 의한 집단화(grouping by proximity)** 점들 간의 수직 거리가 짧아지면 열로 보는 것이 가장 그럴듯하는 것.

**근접 원인(proximate cause)** 어떤 행동이 어떻게 발생하는지 설명할 수 있는 행동의 원인.

**금단 증후(withdrawal symptom)** 어떤 사람이 중독성 약물을 갑자기 중단했을 때 발생하는 불쾌한 생리적·심리적 반응. 이것은 낮은 수준의 의존성에서는 구역질, 불안, 가벼운 진전, 수면장애에서부터 높은 수준의 의존성에서는 구토, 환각, 동요, 심한 진전, 또는 발작까지 포함됨.

**급속 매핑(fast mapping)** 단어를 한 번만 제시한 후 단어와 그 단어에 기저하는 개념을 연계하는 절차.

**급속 안구 운동 수면(REM sleep)** 급속 안구 운동이 발생하는 수면 기간.

**긍정심리학(positive psychology)** 정적 경험, 정서 및 성격 특질이 인간의 번영을 촉진하는 방식에 관한 학문.

**기능적 고착(functional fixedness)** 문제의 구성요소로서 그 문제를 해결하기 위해 필요한 것 이외의 어떤 상이한 기능을 떠올리지 못하기 때문에 문제해결에 어려움을 겪는 경우.

**기능적 자기공명 영상법(functional magnetic imaging, fMRI)** 실험 참가자가 어떤 과제를 하고 있는 동안 뇌 활동을 측정하고 기록하는 뇌 영상 기법.

**기능주의(functionalism)** 유기체가 환경에 적응하고 그 환경에서 기능할 수 있도록 하기 위해 마음이 작용하는 방식을 연구.

**기본 수준(basic level)** 개념의 위계에서 어떤 대상을 범주화하는 맨 처음 수준.

**기본적 귀인오류(fundamental attribution error)** 행동에 대한 상황적 영향을 과소평가하고 개인의 어떤 사적 특성이 관련이 있다고 가정하는 경향성.

**기분(mood)** 막연하고 확산된 감정 상태.

**기분장애(mood disorder)** 기분의 혼란으로 특징지어지는 정신장애. 우울증, 조증 및 양극단의 기분을 경험하는 양극성장애 등이 그 예임.

**기억상실증(amnesia)** 부분적인 기억상실.

**기억술 시스템(mnemonic system)** 효율적으로 기억할 수 있는 전략 또는 전략의 집합.

**기억착각(memory illusion)** 실제 일어나지 않은 사건에 대한 기억.

**기억폭(memory span)** 실험 참가자가 정확한 순서로 회상할 수 있는 항목의 최대 수이며 전형적으로 5~9개임.

**기저막(basilar membrane)** 코르티 기관을 지지하는 와우각의 나선 구조 내에 있는 귀의 막. 기저막의 운동은 코르티 기관의 모세포를 자극하고 이것은 청각 자극의 신경 효과를 일으킴.

**기저율 규칙(base-rate rule)** 한 유목의 구성원이 되는 확률은 현존하는 그 유목 구성원이 많을수록 더 크다는 상태에 대한 확률 규칙.

**기질(temperament)** 기분과 관련된 성격 특징.

**길항제(antagonist)** 수용기와 결합하나 수용기를 활성화하지 않는 방식으로 작용하는 약물. 이 약물은 수용기를 '차단'하여 다른 약물이 수용기에 작용할 수 없게 함.

**깊이단서(depth cue)** 논리적으로 또는 수학적으로 어떤 대상의 깊이에 대한 정보를 제공하는 상이한 종류의 시각 정보.

**깊이단서로서 상대적 높이(relative height as a depth cue)** 지각에서 깊이의 단안단서. 동일한 대상 중에서 상이 더 높게 보이는 것이 더 멀리 떨어져 있는 것으로 지각됨.

**깊이단서로서 상대적 운동(relative motion as a depth cue)** 상이한 속도를 가진 두 대상은 깊이단서가 될 수 있음.

**깊이단서로서 상대적 크기(relative size as a depth cue)** 지각에서 깊이의 단안단서. 이미지가 유사한 모양을 가진 대상의 배열을 포함하면, 더 작은 대상이 더 멀리 떨어져 있는 것으로 지각됨.

**깊이단서로서 양안부등(binocular disparity as a depth cue)** 두 눈에 보이는 조망의 차이.

**깊이단서로서 음영과 그림자(shading and shadow as a depth cue)** 음영과 그림자의 형태는 대상의 깊이에 대한 정보를 제공함.

**까다로운 기질(difficult temperament)** 화를 잘 내고, 불규칙한 수면 및 섭식 형태를 보이며, 새로운 상황에 강하게 부정적으로 반응하는 아동을 기술하는 용어.

**꿈의 분석(dream analysis)** 자신의 꿈 내용에 대해 말한 다음에 그 내용에 대해 자유연상하기.

## 〈ㄴ〉

**난원창(oval window)** 내이의 와우각에 있는 막으로 3개의 연결된 뼈(등골, 추골, 침골)를 통해 고막으로부터 진동을 수용함. 난원창의 진동은 와우각 내부의 액체에 유사한 진동을 일으키고, 이것은 청각수용기 역할을 하는 모세포를 활성화함.

**날트렉손(naltrexone)** 헤로인보다 아편 수용기에 더 높은 친화성을 갖고 있어 헤로인의 작용을 차단하는 길항제.

**남근기(phallic stage)** 프로이트의 정신분석 이론에서 심리성적 발달의 세 번째 단계로, 만족이 성기관의 자극과 연합되고 성적 애착이 이성의 부모에 대해 발생하는 단계.

**남성화(androgenization)** 해부학적 구조와 뇌의 발달에 대한 안드로겐의 영향.

**낯선 상황(strange situation)** 성인에 대한 아동의 애착을 측정하는 실험적 상황. 이 상황에서 성인이 방을 떠난 뒤 다시 돌아왔을 때 아동이 보이는 반응을 관찰함.

**낯선 상황(strange situation)** 성인에 대한 아동의 애착을 평가하는 실험 패러다임. 성인(대개 부모)이 방을 떠나고, 이후 돌아왔을 때 성인에 대한 아동의 반응을 관찰함.

**내담자 중심 치료(client-centered therapy)** 칼 로저스에 의해 발전된 심리치료법으로 치료자는 비지시적이고 반영적으로 반응하고 해석이나 충고를 하지 않음. 운영상의 가정은 내담자가 자신의 문제에 대해서는 가장 전문가이며 비판단적이고 수용적인 분위기에서 그것을 점검할 수 있다는 것. (유의어: 비지시적 상담)

**내부 조절적 쾌지각(alliesthesia)** 내적인 문제를 해결해 주는 외적 자극은 유쾌하게 경험된다고 진술하는 동기의 유인과 추동 이론의 상호작용.

**내분비계(endocrine system)** 호르몬이 생성되는 내분비 시스템.

**내성(introspection)** 자기 자신의 지각, 사고, 감정에 대한 관찰과 기록.

**내성(tolerance)** 동일한 도취감을 성취하기 위해 더 많은 양의 약물을 필요로 하는 것.

**내장지각(visceral perception)** 우리 자신의 각성에 대한 지각.

**내재화(internalization)** 개인이 특정 상황에 있지 않더라도 태도 변화가 계속 지속될 수 있도록, 드러난 공적 행동만이 아니라 개인의 사적인 태도까지 바꾸도록 영향을 주는 것.

**내적 동기(intrinsic motivation)** 만족감, 자부심, 유능감과 같은 내적 요인에 의해 유발된 동기.

**내적 일치도(internal consistency)** 검사 신뢰도의 유형. 특히

어떤 검사에서 일단의 문항들 간의 동질성으로, 그것들이 모두 동일한 변인을 측정하는 정도.

**내향성-외향성(introversion-extraversion)** 어떤 사람의 기본적 지향이 자기의 내부로 향하는 또는 외부의 세상으로 향하는 정도를 의미하는 성격 차원으로 카를 융에 의해 처음으로 제시됨. 내향성의 극단은 자신에게로 물러나는 경향을 보이는 수줍은 사람들이고, 외향성의 극단은 타인과 함께 있기를 선호하는 사교적인 사람들임.

**뇌(brain)** 중추신경계의 중요한 부분으로 두개골로 둘러싸여 있음.

**뇌교(pons)** 수면 시간과 각성을 조절하는 데 중요한 뇌 구조(소뇌 위에 있는 부위).

**뇌량(corpus callosum)** 좌반구와 우반구를 연결하는 신경섬유 다발.

**뇌 영상법(brain imaging)** 사건 관련 전위, 양전자 방출 단층 촬영술, 기능 자기공명 영상법과 같은 기법.

**뇌의 도파민 체계(brain dopamine system)** 이 체계의 뉴런은 상부 뇌간에 있고 축색을 측핵을 경유하여 전전두피질로 보냄. 그 이름이 의미하듯이 이 뉴런은 정보를 전달하기 위해 도파민을 신경전달물질로 사용함.

**뉴런(neuron)** 다른 뉴런, 내분비선 및 근육에 신경충동 또는 메시지를 전달하는 전문화된 세포.

**느슨한 연합(loosening of association)** 개인의 관념이 한 주제에서 무관하게 보이는 다른 주제로 옮겨 갈 때 발생함.

## 〈ㄷ〉

**다변인 실험(multivariate experiment)** 몇 가지 독립변인의 동시적인 조작을 포함하는 실험.

**다수의 무지(pluralistic ignorance)** 집단의 모든 사람이 나머지 사람들에게 모호한 상황을 위기 상황이 아닌 것으로 오도하게 하는 현상.

**다중 유전적(polygenic)** 많은 유전자의 조합으로 결정된 특징.

**단기기억(short-term memory)** 의식적인 기억으로, 되뇌기를 하지 않으면 20초 이내에 소멸하는 기억.

**단서(cue)** 실험 참가자에게 좌측 또는 우측에 주의집중을 하도록 지시하는 작은 화살표와 같은 방향 지시 자극.

**단순노출효과(mere exposure effect)** 친숙성 자체만으로도 호감을 증가시킬 수 있는 효과.

**단순세포(simple cell)** 시야에 있는 특정 방향과 위치를 가진 직선 또는 직각 모서리에 반응하는 시각피질 세포.

**단어 샐러드(word salad)** 무관한 단어와 구, 독특한 단어 연상.

**대뇌(cerbrum)** 뇌의 두 대뇌반구.

**대뇌종렬(longitudinal fissure)** 뇌의 좌반구와 우반구를 구분하는 깊은 틈.

**대뇌피질(cerebral cortex)** 인간을 포함하는 고등동물에서 대뇌반구의 표면층으로 보통 회백질로 불림.

**대리적 학습(vicarious learning)** 타인의 행동을 관찰하고 그 행동의 결과를 주목하는 것에 의한 학습.(유의어: 관찰학습)

**대립색채 이론(opponent-color theory)** 대립 쌍의 두 가지 색채에 대해 반대로 반응하는, 두 유형의 색채에 민감한 단위를 가정하는 색채지각 이론. 한 유형의 단위는 적색 또는 녹색에 반응하고, 다른 유형의 단위는 청색 또는 황색에 반응함. 한 단위는 동시에 두 가지 방식으로 반응할 수 없기 때문에 불그스레한 녹색 또는 누르스름한 청색을 경험할 수 없음.

**대마(cannabis)** 마리화나를 얻는 대마 식물.

**대상관계이론(object relation theory)** 발달 과정에서 타인에 대한 애착을 다루는 정신분석 이론의 파생 이론. 고전적인 정신분석 이론보다 자아 기능을 더 강조함.

**대상영속성(object permanence)** 어떤 대상이 눈앞에 없을 때도 계속 존재한다는 인식.

**대상재인(object recognition)** 물리적 속성을 바탕으로 대상이 무엇인지를 알아냄.

**대인관계 치료(interpersonal therapy)** 전통적인 정신분석보다 더 구조화되고 단기적인 경향을 보이는 치료 유형.

**대처(coping)** 사람들이 스트레스를 초래하는 요구를 관리하려고 시도하는 과정.

**대체형 신뢰도(alternative form reliability)** 동일한 검사에 대한 2~4개의 상이한 수정판이 동일한 사람에게 실시될 때의 일관성.

**대표성 발견법(representativeness heuristic)** 각각의 사례가 그 범주를 대표한다는 가정.

**더딘 기질(slow to warm up temperament)** 비교적 비활동적이고, 새로운 상황으로부터 조용히 물러나며, 새로운 환경에 대해 적응하기 위해 순한 유아보다 더 많은 시간을 필요로 하는 유아를 기술하는 용어.

**데시벨 척도(decibel scale)** 크기의 대수 척도. 10dB의 변화는 10배의 음강 변화에 해당하고, 20dB의 변화는 100배의 음강 변화에 해당함.

**도구적 조건형성(instrumental conditioning)** 환경에 작용하거나 영향을 미치기 때문에 학습된 어떤 반응.

**도덕적 판단(moral judgement)** 도덕적 규칙과 사회적 인습에 대한 아동의 이해.

**도약 안구 운동(saccade)** 안구의 응시 사이에 일어나는 빠른 안구 운동.

**도약전도(saltatory conduction)** 신경충동이 하나의 랑비에 마디로부터 다음 마디로 도약할 때 발생함.

**도치 효과(inversion effect)** 자동차나 말과 같은 사물 상하 시각 자극에 비해 안면 상하 시각 자극에 대한 지각이 상대적으로 어려움.

**도피학습(escape learning)** 유기체가 진행 중인 혐오자극을 종료시키는 것을 학습하는 과정(예: 몹시 괴로울 정도로 시끄러운 방을 떠나는 것).

**독립변인(independent variable)** 실험 참가자가 하는 것과 독립적인 변인.

**동공(pupil)** 눈에서 비치는 빛의 강도에 따라 확대와 수축을 하는 홍채(눈의 색깔이 있는 부분)에 있는 원형 구멍.

**동기(motivation)** 행동을 활성화하고 방향성을 제공하는 조건.

**동료애(companionate love)** 열정적 사랑에 대조되는 것으로, 삶에서 밀접하게 연결된 사람들에 대해 느끼는 애정.

**동사구(verb phrase)** 명제를 서술해 주는 문장의 일부.

**동일시(identification)** 다른 사람들 또는 집단을 존경하거나 경탄하기, 그리고 그들로부터 호감을 얻고 일체감을 갖기 위해 그들의 규범에 복종하고 그들의 신념, 태도 및 행동을 채택하는 것.

**동화(assimilation)** 피아제의 인지 발달 이론에서 유아가 새로운 대상 또는 사건을 기존의 도식에 의해 이해하는 과정.

**되뇌기(rehearsal)** 단기기억에서의 정보에 대한 의식적 반복으로, 보통 말하기를 포함함. 그 과정은 정보에 대한 단기 회상과 장기기억으로의 전이를 촉진함.

**두정엽(parietal lobe)** 뇌의 전두엽 바로 뒤 그리고 후두엽 위쪽으로 대뇌피질의 정수리 부분.

**등골(stapes)** 중이에 있는 3개의 작은 뼈 중 하나.

**디브리핑(debriefing)** 연구가 끝난 후 연구자가 실험 참가자에게 연구 절차 또는 가설에 대해 침묵을 지켜야 하는 이유—그들을 속인 이유—에 대해 말해 주는 회의. 연구자는 실험 참가자들의 남아 있는 정서적 반응을 잘 처리하여 그들이 체면의 손상을 겪지 않고 연구의 진전에 대해 이해하고 떠나도록 해야 함.

**따라 말하기(shadowing)** 하나의 청각 메시지를 반복하기.

## 〈ㄹ〉

**랑비에 마디(nodes of Ranvier)** 수초가 중단된 작은 공백.

**로르샤흐 검사(Rorschach test)** 스위스 정신과 의사인 헤르만 로르샤흐에 의해 개발된 투사적 검사. 10개의 카드로 이루어져 있으며 그것들 각각에는 비교적 복잡한 잉크 반점이 그려져 있음.

**리비도(libido)** '정욕'을 의미하는 라틴어로 프로이트의 정신분석 이론에서 원초아의 심적 에너지.

**리튬(lithium)** 조증을 치료하는 데 사용하는 약물.

## 〈ㅁ〉

**마리화나(marijuna)** 인도대마라고도 알려진 건조한 대마초의 잎. 인도대마는 실제로 식물 원료의 추출물이고 마리화나보다 더 강함. 흡입은 감각적 경험을 높여 주고 도취감의 상태를 만듦.

**마음 갖춤새(mental set)** 특정한 방식으로 지식을 조직화하는 성향.

**마음 이론(theory of mind)** 욕망, 지각표상, 신념, 지식, 사고, 의도, 감정과 같은 기본적인 심적 상태에 대한 아동의 이해.

**만발성 운동장애(tardive dyskinesia)** 혀, 얼굴, 입, 또는 턱의 불수의적 운동.

**말초경로(peripheral route)** 개인이 의사소통에서 내용과 관계가 없는 단서 또는 의사소통의 맥락에 반응하는 경우.

**말초신경계(peripheral nervous system)** 뇌와 척수를 다른 신체 부위와 연결하는 신경.

**망막(retina)** 광선에 민감한 눈의 부위이고, 원추체와 간상체를 포함함.

**망상(delusion)** 대부분의 사람들이 현실에 대한 잘못된 해석으로 보고 있는 신념.

**망상체(reticular formation)** 뇌간 내의 잘 정의되지 않은 신경로와 연결체계. 잘 정의된 신경로의 외부에 있으며 각성기제로서 중요함.

**맥거크 효과(McGurk effect)** 청각과 시각 정보 간의 갈등으로 초래된 결과.

**먼셀 색체계(Munsell system)** 색채 표면에 10가지 색상명 중의 하나를, 그리고 채도와 명도를 나타내는 2개의 수를 배정하여 색채 표면을 명시하는 도식.

**메타돈(methadone)** 헤로인 의존성을 가진 사람을 치료하는 데 사용되는 효능제.

**메타머(metamer)** 대응되는 광선의 쌍, 즉 동일하게 보이는 상이한 물리적 성질을 가진 두 광선.

**메타분석(meta-analysis)** 연구자들이 이전에 수행된 연구에 대해 결론을 종합하고 결론을 유도하기 위해 통계적 기법을 사용하는 형태의 문헌 개관.

**멜라토닌(melatonin)** 수면을 유발하는 호르몬.

**명도(brightness)** 색채로 된 표면으로부터 빛이 반사되는 정도.

**명료한 꿈(lucid dream)** 꿈속의 사건이 너무 정상적인 것처럼 보여서(대부분의 꿈이 갖는 기이하고 비논리적인 특성이 없으므로) 꿈을 꾸는 사람이 자신이 깨어 있거나 의식이 있다고 믿는 꿈.

**명사구(noun phrase)** 명사를 중심으로 하고, 배후 명제의 주제를 구체화하는 구.

**명상(meditation)** 어떤 의식과 실천을 수행함으로써 변경된 의식 상태 성취하기.

**명제(proposition)** 사실적 주장을 표현하는 진술.

**명제적 사고(propositional thought)** 명제 또는 주장을 표현하는 것.

**모노아민 산화효소(monoamine oxidase, MAO)** 바이오제닉 아민이라고 불리는 신경전달물질(예: 노르에피네프린, 도파민, 세로토닌)을 분해하는 데 관여하는 효소. 정서의 조절에 중요하다고 여겨지며, 이 효소의 작용을 억제하는 약물(MAO 억제제)은 우울증을 치료하는 데 사용됨.

**모노아민 산화효소 억제제(monoamine oxidase inhibitor, MAOI)** 우울증을 치료하는 데 사용되는 약물. 이런 약물은 신경전달물질인 노르에피네프린, 도파민, 세로토닌을 분해하는 모노아민 산화효소의 작용을 억제함으로써 신경전달물질의 작용을 지속시킴.

**모세포(hair cell)** 청각에서 기저막의 진동에 따라 구부러지고 이에 따라 뇌에 전기적 충동을 보내는, 와우각에 있는 털 모양의 수용기.

**모의 급식(sham feeding)** 외과 수술을 통해 어떤 것을 먹을 때마다 그것이 소화되기보다는 신체 밖으로 배출되도록 하는 것.

**몰개성화(deindividuation)** 사람이 자신의 개인적 정체를 상실하고 어떤 집단에 익명으로 융합되었다는 느낌.

**무선배정(random assignment)** 실험 참가자들을 실험집단과 통제집단에 할당하는 시스템으로, 각각의 참가자는 어떤 집단에 할당될 동등한 기회를 가짐.

**무성(asexuality)** 성적 매력이 전무한 것.

**무의식(unconsciousness)** 우리가 의식하지 못하는 사고, 태도, 충동, 소망, 동기, 정서(1장), 의식으로 접근할 수 없는 어떤 기억, 충동, 욕망을 포함함(6장). 우리의 사고와 행동에 영향을 주는 충동, 소망 및 접근할 수 없는 기억.

**무조건반응(unconditioned response, UCR)** 고전적 조건형성에서 이전에 중립적인 자극에 대해 조건반응을 일으키기 위한 기반으로 사용된 무조건자극에 대해 원래 발생하는 반응.

**무조건자극(unconditioned stimulus, UCS)** 고전적 조건형성에서 이전의 조건형성이 없이도 일반적으로 반사를 통해 자동적으로 어떤 반응을 일으키는 자극.

**무조건적 긍정적 존중(unconditional positive regard)** 사람들의 감정, 태도 및 행동이 이상적인 것에 못 미칠 때도 자신이 부모나 타인에 의해 가치 있게 여겨진다는 느낌.

**무호흡증(apnea)** 수면 중에 때때로 호흡을 멈추는 것.

**문법 형태소(grammatical morpheme)** 우리가 보통 분사와 전치사라고 하는 것들을 포함하는, 단어가 아닌 형태소.

**문 안에 발 들여놓기 기법(foot-in-the-door technique)** 이 기법은 보통 '아니요'를 초래하는 '요청'에 대해 사람들에게 '예'라고 말하게 하기 위해서, 거의 거절을 하지 않을 작은 요청부터 시작하라고 제안함.

**문장 단위(sentence unit)** 문장 또는 구가 될 수 있는 문법 단위.

**문제중심형 대처(problem-focused coping)** 불안을 유발하는 상황을 어떤 방식으로 처리함으로써 불안 또는 스트레스를 감소시키는 것. 그 상황을 도피하기 또는 그것을 변경시키는 방법을 찾는 것 등이 예임.

**문헌 개관(literature review)** 어떤 주제에 대한 기존 연구의 학술적 개관.

**문화상대주의 조망(cultural relativist perspective for acceptable behavior)** (수용 가능한 행동에 대한) 이 조망은 사람들이 모든 문화에서 비정상성에 대한 정의를 존중해야 한다고 주장함.

**문화심리학(cultural psychology)** 개인의 문화가 정신적 표상과 심리적 과정에 영향을 주는 방식에 관심을 갖는 심리학자, 인류학자, 사회학자 및 그 외 사회과학자를 포함하는 학제 간 접근.

**물리적 기술(physical description)** 대상을 완전히 재생하는 데 필요한 모든 정보를 나열하는 것.

**미각수용기(taste receptor)** 혀 위와 입 주위에 무리를 이루고 있는 미각수용기. 미뢰라고도 불림.

**미네소타 다면적 성격검사(Minnesota Multiphasic Personality Inventory)** 태도, 정서적 반응, 신체적 · 심리적 증후, 경험에 관한 550개 이상의 진술문으로 이루어진 지필식 정신과 검사. 수검자는 각각의 진술문에 대해 '그렇다', '아니다' '무응답'으로 반응함.

**민감기(sensitive period)** 특별한 유형의 발달에 적절한 시기.

**민감성(sensitivity)** 감각체계가 자극에 반응하는 경향.

**민감한 반응성(sensitive responsiveness)** 아기가 울 때 신속하게 반응하고 아기를 들어올려 애정적으로 다루는 보호자의 특성. 보호자는 아기의 욕구에 대해 자신의 반응을 맞춤.

**민감화(sensitization)** 유기체가 위협적 또는 혐오적 자극이 따라오는 어떤 자극에 대한 강한 반응을 하도록 학습하는 과정.

## 〈ㅂ〉

**바이오피드백(biofeedback)** 자신의 생리적 상태의 어떤 측면에 대해 정보(피드백)를 받고 그 상태를 변화시키려고 시도하는 것.

**반구(hemisphere)** 뇌량으로 연결된 뇌의 좌측과 우측에 있는 구조.

**반동형성(reaction formation)** 어떤 사람이 인정할 수 없는 동기와 반대되는 것을 강하게 표현함으로써 자신의 동기를 부정하는 방어기제.

**반론 제기(counterarguing)** 설득을 위해 한 메시지 안에서 그 주장을 직접적으로 반박하는 것.

**반사율 특성(reflectance characteristic)** 표면이 다른 파장보다 어떤 파장을 더 반사하는 방식을 결정하는 색종이의 특성.

**반사회적 성격장애(antisocial personality disorder)** 정상적인

정서적 반응—특히 수치심, 죄책감, 공포—의 결손과 타인의 정서에 대한 공감 능력의 결손으로 특징지어지는 장애.

**반응 일반화(response generalization)** 본래의 조건자극과 유사한 자극에 대해 같은 반응을 일으키는 경향.

**반응적 상호작용(reactive interaction)** 상이한 개인이 상이한 방식으로 상황에 대해 해석하고 경험하고 반응하기 때문에 발생하는 개인과 환경의 상호작용.

**발견법(heuristic)** 비교적 쉽게 적용되고 종종 정확한 답을 낼 수 있으나 항상 그렇지는 않은 손쉬운 절차.

**발달 단계(stage of development)** 점진적인 순서로 따라오는 발달 시기로 유기체의 구조 또는 기능에서 질적인 변화를 나타내는 것으로 추정됨(프로이트의 심리성적 발달 단계, 피아제의 인지 발달 단계).

**발달심리학자(developmental psychologist)** 유기체의 성장과 발달의 함수로 발생하는 변화, 특히 어린 시절과 성장 후 행동 사이의 관계를 연구하는 데 관심이 있는 심리학자.

**발작수면(narcolepsy)** 어떤 때라도 잠에 빠질 수 있는, 반복되고 저항할 수 없는 졸음의 엄습.

**밝기 대비 능력(contrast acuity)** 명도의 차이를 구분하는 능력.

**방관자 효과(bystander effect)** 사람들은 다른 사람들이 존재할 때 도움을 제공할 가능성이 낮다는 규칙.

**방어기제(defense mechanism)** 사람들이 무의식적으로 불안을 처리하는 책략.

**배경(ground)** 전경 뒤에 있는 영역. 전경과 배경의 분리는 지각체제화의 가장 기본적인 두 가지 형태임.

**백지(tabula rasa)** 인간이 어떤 선천적인 지식 또는 관념을 갖고 태어나지 않았다는 견해를 의미함. 모든 지식은 학습과 경험을 통해 획득된다는 것으로, 17세기와 18세기의 영국 경험론자(로크, 흄, 버클리, 하틀리)에 의해 제안되었음.

**범주화(categorization)** 대상에 개념을 할당하는 과정.

**베르니케 실어증(Wernicke's aphasia)** 베르니케 영역의 손상은 언어 이해의 결손을 초래함.

**베르니케 영역(Wernicke's aphasia)** 언어의 이해에 관여하는 좌측 대뇌반구의 일부. 이 영역이 손상된 사람은 단어를 이해할 수 없고, 단어를 들을 수 있으나 그것의 의미를 알 수는 없음.

**베버 상수(Weber fraction)** 비율의 상수.

**벤조디아제핀(benzodiazepine)** 불안을 감소시키는 데 효과적인, 유사한 화학구조를 가진 약물군. 그 예로 디아제팜(발륨)과 알프라졸람(자낙스)이 있음.

**변경된 의식 상태(altered state of consciousness)** 평상시 경험하는 심적 기능 패턴으로부터 상이하게 느껴지는 상태로의 변화.

**변동간격계획(variable interval schedule)** 강화가 어떤 시간 간격의 경과에 의존하나 그 간격의 길이는 예측할 수 없게 변동하는 것.

**변동비율계획(variable ratio schedule)** 유기체가 특정 횟수의 반응을 한 후 강화를 받지만 그 수는 예측할 수 없게 변동하는 것.

**변별(discrimination)** 차이에 대한 반응.

**변연계(limbic system)** 시상하부와 밀접하게 상호 연관되고 시상하부와 뇌간에 의해 조절되는 어떤 본능적인 행동에 대해 부가적 통제를 가하는 것처럼 보이는 구조들의 집합.

**변인(variable)** 상이한 값을 가질 수 있는 어떤 것.

**변화맹(change blindness)** 아주 짧은 시간 동안(예: 2초 전) 일어나는 시각 자극의 주요한 변화를 알아차리지 못하는 것.

**변환(transduction)** 물리적 에너지를 뇌로 전달될 수 있는 신경충동으로 바꾸는 것.

**보존개념(conservation)** 물질의 양은 형태가 변할 때조차도 동일하게 남아 있다는 것을 이해하는 것.

**복내측 시상하부 증후군(ventromedial hypothalamic syndrome)** 복내측 시상하부의 손상에 의해 초래되는 극단적인 과식.

**복합세포(complex cell)** 시각장의 어떤 위치에 있더라도 특정 방향을 갖는 광선 띠 또는 직각 모서리에 반응하는 시각피질의 세포.

**부교감신경계(parasympathetic nervous system)** 자율신경계의 일부로, 척수의 두부와 경부에서 시작하는 신경섬유. 이완되거나 또는 조용한 신체 상태일 때 활성화되고, 교감신경계와 어느 정도 길항적임.

**부부치료(marital therapy)** 부부 관계에서 발생하는 문제의 해결을 목표로 하는 심리치료.(유의어: 커플치료)

**부분보고절차(partial-report procedure)** 조지 스펄링에 의해 고안된 것으로, 다양한 배열의 문자들이 관찰자에게 짧은 시간 동안 비추어지는 실험 절차.

**부인(denial)** 수용 불가능한 충동 또는 생각이 지각되지 않거나 혹은 완전히 자각되지 않게 하는 방어기제.

**부적 강화(negative reinforcement)** 혐오자극을 제거함으로써 반응을 강화하는 것.

**부적 상관(negatively correlated)** 한 변인의 값이 증가할 때 다른 변인의 값이 감소하는 것.

**부적응적(maladaptive)** 개인 또는 사회에 부정적인 영향을 미치는 것.

**부적 처벌(negative punishment)** 특정 반응 뒤에 따르는 유쾌한 자극이나 욕구 유발 자극을 없앰으로써 반응의 빈도를 낮추는 것.

**부적 환각(negative hallucination)** 어떤 사람이 정상적으로 지각되는 어떤 것을 지각하지 못하는 최면 상태.

**부주의맹(inattentional blindness)** 주의를 기울이지 않기 때문에 어떤 것을 보지 못하는 것.

**부호화(encoding)** 어떤 사건에 대한 기억 표상을 산출하는 것.

**부호화 단계(encoding stage)** 환경적 정보가 의미 있는 실체로 전환되고 저장될 때 발생함.

**분극화(polarized)** 세포막 안의 전기적 전위가 세포막 밖에 비해 더 음전위가 될 때 분극화 상태라고 함.

**분석적 사고(analytic thought)** 대상을 맥락과 분리하여, 범주와 형식적 논리를 많이 사용하고 위배를 회피하는 것.

**분해(degradation)** 수용하는 뉴런의 세포막에 있는 효소가 신경전달물질을 화학적으로 분해하고 불활성화하기 위해 그 신경전달물질에 반응하는 과정. 재흡수와 더불어 신경전달물질의 작용을 종결시키는 한 방법임.

**불면증(insomnia)** 수면의 양 또는 질에 대한 불만.

**불안(anxiety)** 염려, 긴장 및 걱정의 상태. 어떤 이론가들은 공포와 유사하게 보나, 어떤 이론가들은 불안의 대상(애매한 위험 또는 불길함)이 공포의 대상(무서운 동물)보다 덜 구체적이라고 봄.

**불안장애(anxiety disorder)** 강한 불안이나 불안을 감소시키기 위한 부적응적 행동으로 특징지어지는 정신장애. 범불안장애와 공황장애, 공포증과 강박증 장애를 포함함. 형식적으로 신경증이라고 불리는 대부분의 장애를 포함하는 DSM-IV의 주요 범주임.

**불안정하게 애착된(insecurely attached)** 양가적인 아동을 기술하는 데 사용되는 용어이고, 이런 아동은 재결합 일화 동안에 보호자에 대한 저항을 보임.

**불응기(refractory period)** 신경 전달에서 전위가 발생한 직후 다른 전위가 발생하지 않는 아주 짧은 기간.

**브로카 실어증(Broca's aphasia)** 브로카 영역의 손상에 의해 초래되는 언어장애.

**브로카 영역(Broca's area)** 좌반구의 일부로 말하기를 통제하는 영역. 이 영역이 손상된 사람은 단어를 발음하는 데 어려움을 겪고, 느리면서 힘들게 말하며, 그들의 말은 종종 의미가 있으나 핵심어만 포함함.

**비REM 수면(non-REM sleep 또는 NREM sleep)** 안구운동이 실질적으로 없고, 심박률과 호흡률이 두드러지게 감소하고, 근육이 이완되고, 뇌의 신진대사율이 각성 시보다 25~30% 감소하는 네 가지 수면 단계(REM 수면 제외).

**비만(obese)** 개인의 신체 구조와 키에 적절한 수준보다 30% 또는 그 이상을 상회하는 체중 수준.

**비연합학습(nonassociative learning)** 단일 자극에 대한 학습.

**비율계획(ratio schedule)** 강화가 유기체가 하는 반응의 수에 달려 있는 강화계획.

**비전형적 정신병 치료제(atypical antipsychotic)** 많은 부작용을 초래하지 않고 조현병의 증후를 감소시키는 약물.

**〈ㅅ〉**

**사건 관련 전위(event-related potential, ERP)** 자극에 대한 반응 또는 운동반응 전 특정 반응이 일어날 때, 두피에서 뇌의 전기적 활동을 측정하는 기법(EEG 사용).

**사건 후 기억 구성(post-event memory construction)** 기억을 형성하는 동안 우리는 다른 사람들이 우리에게 암시하는 새로운 정보를 첨가할 수 있음.

**사건 후 정보(post-event information)** 사건이 일어난 이후 얻은 사건에 대한 정보가 기억에 추가될 수 있음.

**사고 및 행동 경향성(thought and action tendency)** 어떤 방식으로 생각하고 행동하려는 충동.

**사람-환경 관계(person-environment relationship)** 어떤 사람이 스스로를 발견하는 객관적 상황.

**사랑의 삼각형 이론(triangular theory of love)** 이 이론은 사랑을 친밀, 열정, 헌신의 세 가지 구성요소로 나눔.

**사례사(case history)** 과학적 이용을 위해 설계된 자서전.

**사춘기(puberty)** 아이가 성적 생식이 가능한 생물학적으로 성숙한 성인으로 전환하는 성적 성숙의 시기.

**사회공포증(social phobia)** 난처해하는 자신에 대한 과장된 공포를 동반하는 사회적 상황에서의 극도의 불안정.

**사회규범(social norm)** 우리가 무엇을 생각해야만 하는가와 어떻게 처신해야만 하는가를 규정하는 암묵적 규칙과 기대.

**사회문화적 접근(sociocultural approach)** 아동이 물리 과학자로서 '참' 지식을 찾으려 할 뿐 아니라, 문화의 신참으로서 그 문화의 시각을 통해 사회적 현실을 검토하는 방법을 학습하여 토착민이 되려고 한다는 발달에 대한 접근.

**사회 신경과학(social neuroscience)** 고정관념, 태도, 대인지각 및 자기지식이 뇌에서 어떻게 실행되는가에 대한 연구.

**사회심리학(social psychology)** 사람들이 자신의 사회적 세계에 대해 생각하고 느끼는 방식과 서로 상호작용하고 영향을 주는 방식을 연구하는 분야.

**사회심리학자(social psychologist)** 사회적 상호작용과 개인들이 서로 영향을 미치는 방식을 연구하는 심리학자.

**사회인지(social cognition)** 사람들의 사회적 세계에 대한 해석, 사회적 세계에 대한 그들의 사고 양식에 대한 연구.

**사회적 고정관념(social streotype)** 어떤 부류의 사람들 전체에게 부과되는 성격 특성 또는 신체적 속성.

**사회적 선희도 효과(social desirability effect)** 설문조사 중에 발생할 수 있는 특정 형태의 편중이며, 어떤 사람들은 자신을 바람직하게 보이도록 노력한다는 것.

**사회적 억제(social inhibition)** 공동 작업자와 청중이 때때로 수행에 미치는 탈선 효과.

**사회적 정체감 접근(social identity approach)** 사람들이 다양한 방식으로—예를 들어 사람으로서, 사회적 집단의 구성원으로서, 개인으로서의 정체감 등—자기에 대한 정체감을 형성할 수 있다는 가정을 바탕으로 한 접근. 가장 현저한 사회적 정체감이 상황 속 개인의 행동에 영향을 미침.

**사회촉진(social facilitation)** 청중과의 공동 작업 또는 청중의 존재 효과.

**사회학습 이론(social-learning theory)** 개인적 및 사회적 행동의 문제에 대한 학습 이론의 응용.(유의어: 사회행동 이론)

**삼단논법(syllogism)** 논리에서 3개의 명제—2개의 전제와 1개의 결론—로 구성된 연역적인 주장.

**삼원색 이론(trichromatic theory)** 세 가지 기본 색 수용기, 즉 적색 수용기, 녹색 수용기와 청색 수용기를 가정하는 색채지각 이론. 이 이론은 색맹을 하나 또는 그 이상의 수용기가 없는 것으로 설명함.(유의어: 영-헬름홀츠 이론)

**삼환계 항우울제(tricyclic antidepressant)** 신경전달물질인 세로토닌과 노르에피네프린의 재흡수를 방지함으로써 이것들의 작용을 지속시켜 우울의 증세를 줄여 주는 부류의 항우울제. 이미프라민(상표명: 토프라닐과 엘라빌)이 보통 처방되는 약물임.

**상관계수(correlation coefficient)** 두 변인의 관계 정도의 추정치.

**상담심리학자(counseling psychologist)** 학생의 학업적 · 사회적 · 직업적 문제와 같이 질병으로 분류되지 않는 개인적인 문제를 다루는 심리학자. 그들은 임상심리학자와 유사한 기술을 갖고 있으나 보통 병원이 아닌 장면에서 작업함.

**상징(symbol)** 대상 자체 이외의 어떤 것을 표상하거나 의미하는 것.

**상향처리(bottom-up process)** 전적으로 정보의 입력에 의해 유도되며 유기체의 사전 지식이나 기대를 포함하지 않는 지각, 학습, 기억, 이해의 과정.

**상황적 귀인(situational attribution)** 어떤 사람의 행위를 내적 태도와 동기가 아닌 상황 또는 환경 요인에 귀인하는 것.

**색다른 요소에 의한 성욕 자극(exotic-becomes-erotic)** 유전과 양육 견해를 통합하는 성적 지향의 결정 요인에 관한 이론.

**색상(hue)** 색채의 명칭에 의해서 가장 잘 기술되는 성질.

**색채대응 실험(color-matching experiment)** 물리적으로 상이한 2개의 광선을 동일한 색채를 가진 것으로 보려는 관찰자의 경향성을 측정하는 실험.

**색채 항등성(color constancy)** 친숙한 대상에 대해서는 자극속성을 변경시키는 조명의 변화에도 불구하고 그것을 동일한 색채로 보려는 경향성.

**생리학(physiology)** 생물 유기체의 기능과 구조에 대한 연구.

**생물심리학자(biological psychologist)** 생물학적 과정과 행동 사이의 관계에 관심을 갖는 심리학자.

**생물학적 조망(biological perspective)** 신체, 특히 뇌와 신경계 내에서 발생하는 전기적 · 화학적 사건에 의해 행동을 설명하려고 시도하는 심리학 접근법.

**생태학적 광학 이론(theory of ecological optics)** 환경으로부터의 정보—또는 더 구체적으로는 우리의 망막 위의 환경에 대한 이차원적 표상—는 정상적인 생활을 하는 데 실제로 필요한 모든 것이라는 이론.

**서술식 개관(narrative review)** 연구자가 이전에 수행된 연구를 기술하고, 가용한 심리학적 증거의 강도를 논의하기 위해 단어를 사용하는 형태의 문헌 개관.

**선천(유전) · 후천(환경) 논쟁(nature-nurture debate)** 행동에 대한 선천적 및 후천적 결과 간의 상대적 중요성을 결정하는 문제.

**선천 견해(nature view)** 인간이 선천적으로 저장된 현실에 대한 지식과 이해를 갖고 세상에 태어났다는 견해.

**선택적 강화(selective reinforcement)** 바람직한 특정 행동을 강하게 하도록 하는 것.

**선택적 교배(selective breeding)** 어떤 특질을 나타내는 동물들을 교배시키고, 그 후손 중에서 그 특질을 나타내는 후손을 선택하여 교배시킴으로써 유전의 영향을 연구하는 방법. 그 특질이 일차적으로 유전에 의해 결정된다면, 여러 세대에 걸친 계속된 선택은 그 특질이 유형으로 고정된 종을 생산할 것임.

**선택적 순응(selective adaptation)** 지각에서 우리가 운동을 볼 때 발생하는, 운동에 대한 민감성의 상실. 순응은 우리가 보고 있는 운동과 유사한 운동에 대해 민감성을 상실하나, 방향 또는 속도에서 아주 다른 운동에 대해서는 민감성을 상실하지 않기 때문에 선택적임. 대뇌피질에 있는 뉴런이 피로해진 결과라고 가정함.

**선택적 주의(selective attention)** 환경의 특정 부분에 주의를 기울이고 나머지는 무시하는 과정.

**선호적 주시법(preferential looking method)** 유아에게 두 자극을 동시에 제시하고 각각의 대상에 대해 응시한 시간의 양을 기록하여 유아의 지각적 선호를 검사하는 방법.

**섬광기억(flashbulb memory)** 정서를 포함하고 있는 중요한 사건을 경험하게 되었던 환경에 대한, 분명하고 비교적 영속적인 기억.

**성격(personality)** 물리적 · 사회적 환경과 상호작용하는 개인의 유형을 정의하는 독특하고 특징적인 사고, 정서 및 행동의 패턴.

**성격검사(personality inventory)** 사람들이 자신에게 적용되는가 또는 적용되지 않는가를 판단하는, 개인적 특징과 행동에 대한 많은 진술 또는 물음으로 구성된 자기평가 검사.

**성격심리학자(personality psychologist)** 사람들을 분류하고 그들 사이의 차이를 연구하는 데 관심의 초점을 두는 심리학자. 성격심리학자는 발달심리학자, 사회심리학자와 어느 정도 중복됨.

**성격의 5요인(Big Five)** 다섯 가지의 특질 차원은 우리가 성격이라고 규정하는 대부분을 포함하는데, 5요인은 경험에 대한 개방성, 성실성, 외향성, 우호성, 신경증 성향임.

**성격의 사회인지 이론(social-cognitive theory to personality)** 상호적 결정론이며 행동의 외적 결정 요인(보상, 처벌)과 내적 결정 요인(신념, 사고, 기대)은 상호 영향을 주는 체계의 부분으로서 행동과 그 체계의 다른 부분에 영향을 미침.

**성격의 인지적 접근(cognitive approach to personality)** 일반적인 경험적 접근, 사람들이 자신과 세상에 대한 정보를 처리하는 방법과 관련된 일단의 주제를 다룸.

**성격의 행동주의적 접근(behaviorist approach to personality)** 행동의 환경적 또는 상황적 결정 요인의 중요성을 강조함.

**성격장애(personality disorder)** 개인의 적응 능력을 심하게 제한하는, 개인에게 스며들어 있는 습관적이고 경직된 행동 또는 특성. 종종 사회는 그 행동을 부적응적으로 보는 반면에 개인은 그렇게 보지 않음.

**성기기(genital stage)** 프로이트의 정신분석 이론에서 사춘기에 시작하여 성숙한 성인의 성에서 완결되는 심리성적 발달의 최종 단계.

**성도식(gender schema)** 어떤 사람의 지각적 및 개념적 세계를 성별 범주(남성-여성, 남성성-여성성)로 조직화하는 심적 구조.

**성숙(maturation)** 비교적 외적 사건과 독립적인, 선천적으로 결정된 성장과 변화의 순서.

**성 연관 특질(sex-linked trait)** 23번 염색체 쌍과 관련하여 유전적으로 결정된 특성이나 장애.

**성유형화(sex typing)** 문화가 자신의 성에 적절하다고 고려하는 행동과 특징의 습득.

**성적 선택(sexual selection)** 더 높은 생식 잠재력을 가진 성에서 생식의 성공을 촉진하는 특질을 산출하는 자연선택의 특별한 경우.

**성적 지향(sexual orientation)** 개인이 이성 또는 동성에 대해 성적으로 이끌리는 정도.

**성정체성(gender identity)** 자신을 확고하게 남성 또는 여성으로 여기는 느낌.

**성향적 귀인(dispositional attribution)** 어떤 사람의 행동을 상황적 요인이 아니라 내적 성향(태도, 특질, 동기)에 귀인하는 것.

**세로토닌 재흡수 억제제(serotonin reuptake inhibitor)** 시냅스에서 신경전달물질인 세로토닌의 수준을 증가시킴으로써 작용하는 항우울 약물.

**세포내 갈증(intracellular thirst)** 삼투압—물이 풍부한 영역에서 희소한 영역으로 옮겨 가는 경향성—에 의해 초래되는, 물에 대한 욕구의 심리적 징후.

**세포외 갈증(extracellular thirst)** 우리가 물을 마시지 않거나 심하게 운동을 하여 신체가 수분을 상실했을 때 물을 필요로 하는 욕구의 심리적 징후.

**소거(extinction)** (1) 고전적 또는 조작적 조건형성이 이루어진 후 강화가 없이 조건자극을 제시하는 절차, (2) 이런 절차로 인한 반응의 감소.

**소뇌(cerebellum)** 뇌간의 뒷부분에 부착된 돌출 구조로 복잡한 운동을 위한 근육의 긴장도와 협응을 조절함.

**소리 크기(loudness)** 자극이 되는 음파의 진폭과 상관이 있는 청각의 강도 차원. 진폭이 크면 더 큰 소리가 발생함.

**소박한 현실주의(naive realism)** 사람들이 자신의 주관적인 현실을 객관적 세상의 충실한 표현으로 여기는 경향성.

**소수 집단의 영향(minority influence)** 소수가 경직되거나 교조적이거나 또는 뽐내지 않고 일관성 있는 입장을 취한다면 다수에게 자신들의 견해에 찬성하도록 영향을 줄 수 있음.

**소음(noise)** 관찰자가 탐지하려고 노력하는 것에 적절하지 않은 환경 자극.

**수단-목표 분석(means-ends analysis)** 목표와 현재 상태의 가장 중요한 차이를 발견하기 위해서 그것들을 비교하는 문제해결 책략. 그다음으로 이런 차이를 제거하는 것이 주요 하위 목표가 됨.

**수도주변 회백질(periaqueductal gray)** 뇌의 일부로 뉴런이 통증수용기로부터 발생하는 통증 신호를 전달하는 세포를 억제하는 다른 뉴런과 연결되어 있음. 이 영역은 모르핀이 신경처리에 영향을 주는 것과 같이 강력한 통증 억제를 일으키는 위치로 보임.

**수면과 각성의 대립 과정 이론(opponent-process model of sleep and wakefulness)** 뇌가 수면을 취하려는 또는 깨어 있으려는 두 가지 대립 과정(항상성 수면추동과 시계 의존 각성 과정)을 갖고 있다고 주장하는 이론.

**수면장애(sleep disorder)** 수면을 잘 못 취하는 것이 주간의 기능을 손상하거나 또는 지나친 수면을 초래하는 경우.

**수상돌기(dendrite)** 세포체와 함께 다른 뉴런으로부터 충동을 받아들이는 뉴런의 전문화된 부분.

**수용기(receptor)** 특정 유형의 자극에 대해 민감한 전문화된 세포이고, 구심성 뉴런으로 구성된 신경과 연결됨. 대체로 눈 또는 귀와 같은 감각기관에 포함되어 있음.

**수초(myelin sheath)** 축색 주위를 둘러싸고 있는 교질 세포.

**순응(accommodation)** (1) 눈의 렌즈가 초점을 변경하는 과정. (2) 피아제의 인지 발달 이론에서 유아가 새로운 대상 또는 사건을 포함하기 위해 기존의 도식을 수정하는 과정.

**순한 기질(easy temperament)** 명랑하고, 수면과 섭식 형태가 규칙적이며, 새로운 환경에 쉽게 적응하는 아동을 기술하는 용어.

**순행성 상호작용(proactive interaction)** 상이한 개인들이 상이한 상황에 들어가서, 그 후에 그 상황을 달리 조성하기를 선택하기 때문에 발생하는 개인과 환경 사이의 상호작용.

**스넬렌 시력(Snellen acuity)** 안경을 쓸 필요가 없는 사람들에 대해 상대적으로 측정된 시력.

**스키마(도식, schema; 복수형은 schemas)** 물리적 · 사회적 세계가 작동하는 방식에 관한 이론(3장), 사람, 대상, 사건 또는 상황의 유목에 대한 심적 표상(8장), 우리가 정보를 지각하고 체제화하고 이용하는 것을 돕는 인지 구조(15장), 사람, 대상, 사건, 상황에 대한 조직화된 신념과 지식.

**스키마(도식적) 처리(schematic processing)** 기억에서 유입되는 정보와 가장 일관성이 있는 스키마(도식)를 찾는 인지 과정.

**스탠퍼드-비네 지능검사(Stanford-Binet intelligence scale)** 나이의 증가와 관련된 지능의 변화를 측정하는 비네 검사의 스탠퍼드 판.

**스턴버그의 삼원 이론(Sternberg's triarchic theory)** 이 이론은 세 가지의 부분 또는 하위 이론을 갖고 있음. 구성적 하위 이론은 사고 과정을 다루고, 경험적 하위 이론은 지능에 대한 경험의 효과를 다루며, 맥락적 하위 이론은 개인의 환경과 문화의 효과를 고려함.

**스트레스(stress)** 개인의 신체적 또는 심리적 안녕을 위험하게 하는 사건을 경험하는 것.

**스트레스 반응(stress response)** 개인이 자신의 안녕을 위협하는 것으로 지각하는 사건에 대한 반응. 위기에 대응하려는 신체 반응뿐만 아니라 불안, 분노와 공격성, 무관심과 우울, 인지적 장애와 같은 심리적 반응을 포함할 수 있음.

**스트레스원(stressor)** 개인이 자신의 신체적 또는 심리적 안녕을 위협하는 것으로 지각하는 사건.

**스트레스 취약성 모형(vulnerability-stress model)** 개인이 어떤 체질적인 취약성(성향)을 갖고 있으며, 스트레스 환경을 경험할 때만 장애를 발달시킨다고 제안하는 신체적 또는 정신장애의 상호작용적 모형. 체질 스트레스 모형과 동일함.

**스트로보 운동(stroboscopic motion)** 활동사진과 같이, 운동에 대응하도록 점진적인 방식으로 불연속적인 자극 패턴의 연속 제시로 인한 운동 착각.

**스트룹 효과(Stroop effect)** 능숙한 독자들에게는 단어 읽기가 우세하고 자동적인 반응이기 때문에, 단어가 쓰인 잉크 색과 다른 색채명일 경우에 그 단어를 무시하고 잉크 색을 명명하기가 어려운 현상.

**습관(habit)** 학습된 자극-반응 연쇄.

**습관화(habituation)** 반복된 자극에 대한 반응 강도의 감소.

**습관화 방법(habituation method)** 영아의 지각을 연구하는데 사용되는 기법. 영아는 새로운 자극을 보면 잠시 후에 지루해함(습관화). 따라서 영아가 사물을 보는 시간을 측정함으로써 제시된 대상을 새로운 것으로 인식하는 데 필요한 정도를 찾아낼 수 있음.

**시각 무시(visual neglect)** 맹인은 아니지만 시야의 한 측면(보통 왼쪽)에 있는 모든 것을 알지 못하는 상태.

**시각 탐색 과제(visual search task)** 관찰자가 섞여 있는 자극 배열에서 어떤 표적 대상이 존재하는가를 결정하도록 요청받는 과제.

**시각피질(visual cortex)** 시각에 관여하는 뇌의 일부.

**시간 의존적 각성 과정(clock-dependent alerting process)** 매일의 특정 시간대에 우리를 각성시키는 뇌의 과정.

**시간적 근접성(temporal contiguity)** 사건 A와 사건 B가 근접한 시간대에 연이어 일어난다면 시간적으로 근접하다고 하는 것.

**시간적 패턴(temporal pattern)** 간격이 있는 전기적 충동의 연속.

**시공간 잡기장(visual-spatial sketchpad)** 시각 또는 공간적 부호로 정보를 매우 짧게 저장하는 작업기억에서 두 가지 별개의 저장소 중 하나.

**시교차(optic chiasm)** 망막 신경세포가 뇌의 반대편으로 교차하는 지점.

**시냅스(synapse)** 한 뉴런의 축색과 다른 뉴런의 수상돌기 또는 세포체 사이의 밀접한 기능적 연결.

**시냅스 가소성(synaptic plasticity)** 학습 및 기억과 관련된 시냅스의 형태와 생리에서의 변화.

**시냅스 공간(synaptic gap)** 종말단추와 수용기 뉴런의 세포체 또는 수상돌기 사이의 작은 공간.

**시력(visual acuity)** 상세한 것을 분석하는 눈의 능력.

**시상(thalamus)** 뇌간의 위와 뇌의 중심핵 내부에 위치하는 두 집단의 신경세포핵. 한 영역은 감각 중계 영역으로 작용하고 다른 영역은 수면과 각성에서 역할을 하는데, 이 부위는 변연계의 일부로 간주됨.

**시상하부(hypothalamus)** 뇌간의 바로 위, 시상의 바로 아래에 위치한, 작지만 매우 중요한 구조. 뇌의 중심핵 일부로 간주되고, 음식 먹기, 물 마시기, 성 및 정서를 포함하는 동기화된 행동을 지배하는 중추를 포함하며, 내분비선 활동을 조절하고 신체 항상성을 유지함.

**시스템 1과 시스템 2(system 1 and system 2)** 두 가지 사고방식. 시스템 1은 선입관에 근거한 순간 판단처럼 아주 빠르고 자동적인 사고방식, 시스템 2는 논리적 추론을 통해 결론을 내리는 것처럼 보다 천천히 진행되는 의도적인 사고방식.

**시야(visual field)** 눈이 응시점을 향해 있을 때 눈에 작용하는 전체 시각 행렬.

**시행(trials)** 예를 들어 자극을 반복적으로 제시하는 것과 같은 실험의 요소.

**시행착오 학습(trial-and-error learning)** 통찰과 반대로 비효율적인 반응을 점진적으로 제거해 나가는 학습.

**신경(nerve)** 수백 또는 수천의 뉴런에 속하는 연장된 축색의 다발.

**신경 가소성(neural plasticity)** 경험에 대한 반응으로 신경계가 변화할 수 있는 능력.

**신경가소성(neuroplasticity)** 경험을 통해 뇌의 구조를 변화시킬 수 있는 경향성을 지칭하는 속성.

**신경계(nervous system)** 신경조직의 전체 체계.

**신경성 식욕부진(anorexia nervosa)** 자기강제적인 체중 감량. 최소한 개인의 정상 체중에서 15% 감량.

**신경 자극(neutral stimulus)** 고전적 조건형성에서 자연스럽게 조건 반응을 끌어내지 않는 자극.

**신경적 민감화(neural sensitization)** 도파민 뉴런이 약물 및 약물과 관련된 자극에 의해 더 높게 활성화되는 것과 같이, 약물중독에 의한 영속적인 뇌의 변화.

**신경전달물질(neurotransmitter)** 시냅스 공간에서 확산되어 다음 뉴런을 자극하는 화학물질.

**신경절(ganglia)** 뇌와 척수 밖에서 발견되는 뉴런의 세포체 집단.

**신경증(neurosis; 복수형은 neuroses)** 개인이 불안과 갈등에 대처할 수 없고, 강박사고, 강박행동, 공포증 또는 불안발작으로 고통을 당하는 증후를 발달시키는 정신장애. 프로이트의 정신분석 이론에서 신경증은 무의식적 갈등으로 발생하는 불안을 방지하려는 방어기제의 사용으로 초래됨. DSM-IV에서는 진단 범주로 사용하지 않음.

**신경증 성향(neuroticism)** 성격에 대한 아이젱크의 요인분석 이론에서 정서적 불안정성-안정성 차원의 명칭. 변덕스럽고 걱정을 하고 부적응적인 사람들은 신경증적 또는 불안정한 극단에 위치하지만, 조용하고 잘 적응하는 사람들은 다른 극단에 위치함.

**신뢰도(reliability)** 재생 가능하고 일관성 있는 결과를 산출하는 것.

**신호(signal)** 관찰자가 실험에서 탐지하려고 노력하는 것.

**신호탐지 이론(signal detection theory)** 소음에서 미약한 신호를 탐지하는 문제에 관심을 갖는 정신물리학적 판단과 관련된 감각 과정과 의사결정 과정에 대한 이론.

**실무율(all-or-none law)** 어떤 뉴런이든 전체가 흥분하거나 전혀 흥분하지 않음으로써 활동전위를 전달한다는 법칙.

**실어증(aphasia)** 뇌 손상에 의해 초래되는 언어 결손.

**실인증(agnosis)** 재인장애에 대한 일반적 용어.

**실제 노출법(in vivo exposure)** 외상 후 스트레스를 치료하기 위해 고안된 행동치료와 인지행동치료의 일종. 외상 경험이나 그것을 상기시키는 것을 피하기보다는 외상 경험을 생각하고 행함으로써 외상 경험을 재현하는 방법.

**실험(experiment)** 연구자가 조건을 주의 깊게 통제하고, 변인들 사이의 인과관계를 발견하기 위해 측정을 하는, 가장 강력한 인과관계 가설의 검증 방법.

**실험집단(experimental group)** 실험에서 연구하려는 효과가 처치되는 실험 참가자 집단.

**실현 경향성(actualizing tendency)** 유기체의 모든 역량을 달성 또는 실현하려는 경향성.

**심리성적 단계(psychosexual stage)** 성격 발달에 영향을 주는 삶의 초기 5년간의 단계(구순기, 항문기, 남근기)에 대한 프로이트의 용어.

**심리신경면역학(psychoneuroimmunology)** 신체의 면역체계가 스트레스와 다른 심리적 변인에 의해 영향을 받는 방식을 연구.

**심리치료(psychotherapy)** 심리학적(신체적 또는 생물학적이 아닌) 수단에 의한 정신장애 치료법.

**심리학(psychology)** 행동과 심리 과정에 대한 과학적 연구.

**심리학적 조망(psychological perspective)** 심리학 내에서 주제에 대한 독특한 접근 또는 고찰하는 방식.

**심상(mental imagery)** 그림과 같은 심적 표상. 직관적인 심상과 동일하지는 않음.

**심상적 사고(imaginal thought)** 우리가 마음속에서 '볼 수 있는' 심상, 특히 시각적 심상.

**심상적 양식(imaginal mode)** 시각적 이미지에 기초한 사고의 형태.

**심적 모형(mental model)** 문제를 해결하는 데 유용한 문제 상황의 구체적 심적 표상.

**심적 회전(mental rotation)** 어떤 대상의 심적 심상이 실제 대상을 회전시키는 것과 유사한 방식으로 마음속에서 회전될 수 있다는 개념.

## 〈ㅇ〉

**아동기 기억상실증(childhood amnesia)** 출생 후 처음 몇 년 동안의 사건을 회상하는 능력이 없는 것.

**아스퍼거 증후군(Asperger's syndrome)** 사회 기술 및 활동 부족이 특징인 전반적 발달장애. 자폐증과 유사하나 언어나 인지 기술의 부족을 보이지 않음.

**아편제(opiate)** 중추신경계를 억제함으로써 신체 감각과 자극에 대해 반응하는 능력을 감소시키는 약물.

**안구 고정(eye fixations)** 안구가 움직이지 않고, 정보를 습득하는 기간.

**안면 피드백 가설(facial feedback hypothesis)** 사람들의 정서에 대한 주관적 경험이 특별한 얼굴 표정을 지음으로써 초래되는 생리적 각성으로부터 오는 피드백에 의해 결정된다는 가설.

**안정막전위(resting membrane potential)** 안정 상태(달리 말하면 다른 뉴런에 반응을 하지 않음)일 때 신경세포막 안팎의 전기적 전위. 세포막의 안쪽은 바깥쪽보다 더 음극을 띰.

**안정 애착된(securely attached)** 보호자(부모)와 다시 만날 때 자신의 보호자와 상호작용을 추구하는 아동을 기술하는 용어.

**안정전위(resting potential)** 뉴런이 안정적일 때의 전기적 전위. 대부분 뉴런의 안정전위는 약 −70mV임.

**암묵기억(implicit memory)** 지각적 및 인지적 기술의 바탕이 되는 기억. 종종 어떤 향상을 초래하는 경험에 대한 의식적 회상이 없이도 지각적 또는 인지적 과제에서 성과를 향상함.

**암묵적 관용 계약(implicit leniency contract)** 공평하게 보이기 위해 다수의 구성원들이 소수의 구성원들에게 말을 하게끔 하나, 그렇게 함으로써 그들은 깨닫지 못한 채 소수의 영향에 개방적이게 됨.

**암묵적 자기중심성(implicit egotism)** 은근히 자신의 한 부분을 상기시키는 자질을 가진 사람, 장소, 대상에 이끌리는 무의식적 경향.

**암순응(dark adaptation)** 실험 참가자가 계속적으로 어둠 속 또는 조명이 감소한 조건에 있을 때 빛에 대한 민감성의 증가.

**암순응 곡선(dark-adaptation curve)** 절대역치는 사람이 어둠 속에 있었던 시간에 따라 낮아짐.

**암페타민(amphetamine)** 불면, 흥분, 불안 및 빠른 심장박동을 초래하는 중추신경 흥분제. 황산 덱세드린(스피드)과 메탐페타민(메트)은 암페타민의 유형임.

**애착(attachment)** 특정 사람들을 가까이 하려 하고, 그들이 존재하면 안정감을 느끼는 유아의 경향성.

**앤더슨의 지능 이론(Anderson's theory of intelligence)** 지능 차이는 사고를 실행하고 이에 따라 지식을 생산하는 '기본적 처리기제'의 차이에 기인한다는 이론으로, 사람들은 기본적 처리를 수행하는 속도에 차이가 있음.

**앳킨슨-시프린 이론(Atkinson-Shiffrin theory of memory)** (기억에서) 상이한 시간 간격에 대응하는 상이한 기억을 구분하기 위한 기초.

**약물 내성(drug tolerance)** 반복적으로 약물을 사용할 때 약물의 효과가 감소하는 것.

**약물 오용(drug misuse)** 약물에 의존성을 보이지는 않는(즉 내성, 금단 증후, 또는 강박적 갈망의 신호를 보이지 않는) 사람이 약물 사용의 심각한 결과에도 불구하고 약물을 계속적으로 복용하는 것.

**약물 의존성(drug dependence)** 내성(동일한 효과를 얻기 위해 약물을 더욱더 많이 복용하려는 욕구), 금단 증후(약물이 중단된 경우 불쾌한 신체적 · 심리적 반응), 강박적 사용(의도한 것보다 더 많은 양의 약물 투여, 약물 투여를 통제할 수 없음, 또는 약물을 얻기 위해 많은 시간 소비 등)으로 특징지어지는 약물 투여 형태.

**양극성 장애(bipolar disorder)** 우울의 시기와 조증의 시기가 번갈아 나타나는 것. (유의어: 조울증)

**양전자 방출 단층촬영(positron emission tomography, PET)** 컴퓨터에 기반을 둔 주사 절차이며, 뇌의 신경활동을 지도화하기 위해 국소의 혈류량 변화를 측정함.

**억압(repression)** 자아는 위협적인 사고 또는 금지된 충동을 의식에서부터 무의식으로 길어냄.

**억제(suppression)** 의식 밖으로 사고나 심상을 억누르려는 능동적 시도.

**억제성 연결(inhibitory connection)** 연결주의 네트워크에서 두 마디 사이의 부적 연계. 한 마디의 증가는 다른 마디의 감소를 초래함.

**억제적(inhibitory)** 양전위로 변한 이온이 시냅스후 신경세포에서 떠나거나 음전위로 변한 이온이 시냅스후 신경세포 안으로 유입될 때 시냅스 전달이 억제적임. 이러한 세포의 과분극화는 활동전위를 더 잘 생성하게 만듦.

**억제적 조건형성(inhibitory conditioning)** 행동반응의 확률 또는 강도를 감소시키는 CS의 능력.

**억제제(depressant)** 중추신경계를 억제하는 약물.

**언어(language)** 단어와 문장 단위에 의해 사고와 말을 연결하는 다수준 체계.

**언어 산출(production of language)** 사고로부터 출발하여 문장으로 번역되어 그 문장을 표현하는 소리로 종료되는 과정.

**언어 이해(comprehension of language)** 소리를 들음으로써 언어 이해하기, 단어 형태의 소리에 의미 첨가하기, 문장을 만들기 위해 단어 결합하기, 그것으로부터 의미 추출하기.

**얼굴 선호(facial preference)** 선천적이고 학습되지 않은 얼굴에 대한 유아의 선호.

**얼굴실인증(prosopagnosia)** 뇌 손상으로 인해 얼굴을 재인하는 능력을 상실하는 것.

**얼굴 표정(facial expression)** 얼굴을 특정 방식으로 움직이는 근육 활동.

**여키스-도슨 법칙(Yerkes-Dodson law)** 복잡한 과제는 낮은 각성 수준에서 최상의 수행을 할 수 있으며, 단순한 과제는 높은 각성 수준에서 최상의 수행을 할 수 있다고 설명하는 법칙.

**역동적 통제 이론(dynamic control theory)** 소수의 시각원소에 민감한 어린 시절에 영구 회로화되는 체계 대신에, 상이한 시점에 상이한 과제를 수행하도록 구성요소가 신속하게 재편되는 수정 가능한 체계를 내세우는 이론.

**역방향 투사(back projection)** 감각 입력이 처리되는 통로를 수정하는 활동.

**역행 작업(working backwards)** 목표로부터 현재 상태를 향해 거꾸로 작업하는 문제해결 책략.

**역행차폐(backward masking)** 심리검사에서 사용하는 방법. 실험 참가자는 30msec 동안 어떤 사진을 보고, 중립적인 사진으로 차폐함으로써 그 사진의 내용을 자각하지 못하게 됨.

**연결주의 모형(connectionist model)** 마디의 네트워크에 마디 간의 흥분적 연결과 억제적 연결을 통합하는 인지 과정(예: 지각)의 모형.

**연속체 모형(continuum model)** 이 모형은 고정관념화에서부터 개인화에 이르는 과정의 완전한 연속체를 기술함.

**연수(medulla)** 척수에서 뇌로 들어가는 부분에서 약간 확대된 부위인 뇌간의 하위 체계. 주요한 신경경로가 교차하므로 우측 대뇌반구는 신체의 좌측을 통제하고, 좌측 대뇌반구는 신체의 우측을 통제하는 지점임.

**연역타당도(deductive validity)** 만약 그 전제가 참이라면 증명의 결론이 거짓이 되는 것은 불가능함.

**연합 실인증(associative agnosia)** 시각적으로 표상된 대상을 재인할 수 없는 특정 환자들이 보이는 증후군.

**연합영역(association areas)** 기억, 사고, 언어를 관장하는 대뇌피질.

**연합주의 심리학(associationist psychologist)** 마음은 감각을 통해 들어오는 관념으로 채워지고 유사성과 대조의 원리를 통해 연합된다는 견해.

**연합학습(associative learning)** 사건들 사이에 존재하는 어떤 유관성(또는 관계)의 학습. 한 사건이 다른 사건과 연합되었다는 것의 학습.

**열정(passion)** 성적 매력과 사랑하고 있다는 낭만적 감정으로 이루어진 사랑의 동기적 구성요소.

**열정애(passionate love)** 우애적 사랑과 대조됨. 부드러운 감정과 성적 감정, 의기양양과 고통, 불안과 안도, 이타심과 질투가 감정의 혼동으로 공존하는 강한 정서 상태.

**염색체(chromosome)** 세포체에 있는 세포핵에서 발견되는 구조.

**엽(lobe)** 다양한 기능을 수행하는 대뇌피질의 넓은 영역.

**예언성(predictability)** 우리가 어떤 사건이 일어날 것인가, 그리고 언제 일어날 것인가를 아는 정도.

**오경보(헛경보, false-alarms)** 소음만 존재할 때도 부정확하게 '예'라고 하는 반응.

**오경보율(헛경보율, false alarm rate)** 실험의 모든 시행에서 오경보의 비율.

**오이디푸스 갈등(Oedipal conflict)** 프로이트의 정신분석 이론에서 심리성적 발달의 남근기 동안 발생하는 갈등으로, 아이가 이성의 부모에게 성적으로 이끌리고 동성의 부모를 경쟁자로 인식하는 것.

**와우각(cochlea)** 청각수용기를 갖고 있는 내이의 일부.

**외상적 사건(traumatic event)** 보통 사람의 경험 범위를 넘어서는 극도로 위험한 상황.

**외상 후 스트레스 장애(post-traumatic stress disorder)** 전투 또는 자연재해와 같이 보통의 인간 경험을 벗어나는 스트레스 사건이 외상의 재경험, 외상과 관련된 자극의 회피, 소외감, 쉽게 놀라는 경향성, 악몽, 반복적인 꿈, 혼란스러운 수면과 같은 증후를 후유증으로 초래하는 불안장애.

**외이(outer ear)** 외이와 청도를 포함하며, 음파가 내이를 향해 집중되도록 하는 것을 목적으로 함.

**외적 동기(extrinsic motivation)** (금전적) 보상과 같은 외적 요인에서 발생한 동기.

**외측렬(lateral fissure)** 뇌의 측두엽과 두정엽, 전두엽을 구분하는 깊은 틈.

**외측 시상하부 증후군(lateral hypothalamus syndrome)** 외측 시상하부의 파괴로 인해 초래되는 배고픔의 거의 완전한 상실.

**외현기억(explicit memory)** 과거의 어떤 것에 대한 의식적 회상을 바탕으로 하는 종류의 기억.

**요인분석(factor analysis)** 검사 개발과 종합 검사의 점수 해석에 사용되는 통계적 방법. 이 방법은 종합 검사를 구성하기 위한 검사 점수 사이의 상호 상관관계를 설명하는 데 요구되는 최소의 결정 요인을 계산하는 것을 가능하게 해 줌.

**욕구 위계(hierarchy of needs)** 매슬로의 욕구와 동기 분류 방식으로, 기본적인 생물학적 욕구에서부터 기본적 욕구가 만족된 후에만 중요하게 되는 더 복잡한 심리적 동기까지에 이르게 된다는 것.

**우울장애(depressive disorder)** 조증 일화의 역사가 없이 한 번 또는 그 이상의 우울 시기를 갖는 것.

**운동 뉴런(motor neuron)** 중추신경계에서 나오는 신호를 근육과 분비선으로 전달하는 뉴런.

**원시특징(primitive feature)** 모양, 색채와 같은 성질.

**원심성 신경(efferent nerves)** 중추신경계에서 신체로 신호를 전달하는 신경.

**원초아(id)** 성격의 가장 원시적인 일부이고 이것으로부터 자아와 초자아가 발달함.

**원추체(cone)** 눈의 중심와에 주로 존재하고 망막 주변에서 드문드문 발견되는 망막의 전문화된 수용기 세포. 원추체는 유채색과 무채색 감각 경험 모두에 관여함.

**원하기(wanting)** 갈망에서처럼 쾌를 기대하는 것.

**원형(prototype)** 그 개념의 예를 가장 잘 기술하는 특성.

**웩슬러 성인용 지능검사(Wechsler Adult Intelligence Scale)** 분리된 점수를 산출하는 언어성 척도와 동작성 척도 및 전체 IQ.

**위상성 통증(phasic pain)** 상처를 입은 즉시 경험되는 예리한 통증. 보통 통증의 강도가 신속하고 짧은 시간 동안 증가한 다음에 감소함.

**위치 파악(localization)** 대상이 어디에 있는지를 결정하는 것.

**유관성(contingency)** 사건 A가 사건 B를 수반하는 것. A가 일어날 때 B가 일어나며, A가 일어나지 않을 때는 B도 일어나지 않음.

**유도적 상호작용(evocative interaction)** 상이한 개인의 행동은 타인으로부터 상이한 반응을 일으키기 때문에 발생하는 개인과 환경의 상호작용.

**유사성 발견법(similarity heuristic)** 사건의 확률을 추정하기 위해서—특수한 사례 또는 원형에 대한—유사성을 사용하는 것.

**유사성에 의한 집단화(grouping by similarity)** 유사한 것들끼리 집단화하기.

**유인가(incentive)** 행동에 대해 기대되는 보상.

**유인동기(incentive motivation)** 어떤 것을 원하기.

**유인 이론(incentive theory)** 행동을 결정하는 데 있어서 부적 및 정적 유인의 중요성을 강조하는 동기 이론. 내적 추동이 활동의 완전한 유발 요인은 아님.

**유인적 현저성(incentive salience)** 예기된 감정과 연결되었던 대상과 사건으로 주의를 사로잡고 탐색 행동을 조정하는 것.

**유전 가능성(heritability)** 전집에 있는 개인들에서 어떤 특질이 유전적 차이에 의해 설명될 수 있는 변량의 비율.

**유전자(gene)** 데옥시리보핵산의 일부.

**음고(pitch)** 소리의 빈도에 기초를 둔 감각.

**음고지각의 장소 이론(place theory of pitch perception)** 음고와 활성화가 발생하는 기저막의 위치를 연합시키는 이론.

**음색(timbre)** 음의 복잡성에 대한 우리의 경험.

**음소(phoneme)** 불연속적인 말의 범주.

**음운고리(phonological loop)** 청각적 반복이 일어나는 작업 기억의 부분.

**음운 규칙(phonological rules)** 어떤 음소 다음에 어떤 음소가 따라야 하는지를 지시하는 언어 규칙.

**음의 시간 이론(temporal theory of sound)** 청각신경을 따라 올라가는 신경충동의 빈도가 어떤 음의 빈도와 대응된다고 가정하는 음고지각 이론.

**음파(sound wave)** 시간의 경과에 따라 주기적으로 변동하는 공기 압력에 의해 정의되는 파동.

**응종(compliance)** 영향력 있는 사람의 요구에 복종하는 것. 반드시 우리의 신념 또는 태도를 변경시킬 필요는 없음.

**의미(meaning)** 단어에 의해 명명되는 개념.

**의식(consciousness)** (a) 우리 자신과 환경을 감시한 결과로 지각표상, 기억 및 사고가 인식에 나타남. (b) 우리 자신과 환경을 통제한 결과 우리는 행동적·인지적 활동을 시작하고 종료할 수 있음.

**이념(ideology)** 일단의 신념과 태도.

**이란성(dizygotic)** 이란성 쌍둥이는 서로 다른 난자로부터 발달하기 때문에 형제자매보다 유전적으로 더 유사하지는 않음.

**이론(theory)** 특정 현상에 대한 상호 관련된 명제들의 집합.

**이상(abnormal)** 정상에서 벗어남.

**이상의 문화적 조망(cultural perspective of abnormality)** 정신장애가 뇌 또는 정서에 자리 잡고 있는 것이 아니라 그 개인이 살고 있는 사회적 맥락이라는 견해.

**이상의 심리학적 조망(psychological perspective of abnormality)** 정신장애를 마음의 기능에서 발생하는 문제로 보는 이론.

**이상적 자기(ideal self)** 될 수 있거나 되고 싶어 하는, 가장 좋은 자기를 표상하는 자기상.

**이온(ion)** 전기적으로 변화된 분자.

**이온통로(ion channel)** 특수한 이온이 세포로 들어오거나 나가는 것을 허용해 주는 전문화된 단백질 분자. 어떤 이온통로는 적절한 신경전달물질에 의해 열리거나 닫히고, 다른 것들은 세포막의 전압 변화에 의해 열리거나 닫힘. 이 과정은 탈분극과 신경충동의 발생을 조절함.

**이온펌프(ion pump)** 이온이 들어오고 나가도록 펌프질함으로써 세포막 내외의 불균등한 이온의 분포를 유지하도록 돕는 단백질 구조.

**이완 훈련(relaxation training)** 근육 긴장을 이완하려는 다양한 기법의 훈련. 그 절차는 제이콥슨의 점진적 이완법에 기초를 두는데, 사람들은 근육의 이완이 정서적 이완을 초래하는 데 효과적이라는 가정을 기초로 하여 한 번에 하나씩 근육을 이완하는 방법을 학습함.

**이요인 이론(two-factor theory)** 정서가 두 요인의 조합—설명되지 않는 각성의 상태와 그 각성에 대한 인지적 설명(또는 평가)의 합—으로 초래된다는 이론.

**이원색시 환자(dichromatism)** 적-록 또는 청-황 체계에 결함이 있는 색맹. 적-록 색맹은 비교적 흔하고 청-황 색맹은 모든 색맹 중 가장 드묾.

**이차적 강화물(secondary reinforcer)** 최소한도, 부분적으로는 다른 사건과의 관계에 관한 학습을 통해 보상의 지위를 획득한 강화물.

**이차 조건형성(second-order conditioning)** 생물적으로 중요하지는 않지만, 생물적으로 중요한 UCS와 일관성 있게 짝지어짐으로써 UCS로서의 힘을 획득하는 조건형성.

**인과성 발견법(causal heuristic)** 어떤 주장의 확률을 추정하기 위해 그것을 주장하는 사건들 사이의 인과적 연결 강도를 이용하는 것.

**인본주의적 접근(humanistic approach)** 1950년대와 1960년대에 시작되어 칼 로저스와 에이브러햄 매슬로로 대표되는 인본주의적 접근은 그 당시 심리학에서 지배적이었던 결정론적 시각에 대안을 제시했음. 이 접근은 개인적 체험, 정체감, 존엄, 자기실현을 중시함.

**인본주의 치료(humanistic therapy)** 개인의 주관적 경험, 자유의지 및 자신의 문제를 해결하는 능력을 강조하는 심리치료적 접근으로 내담자 중심의 치료와 게슈탈트 치료가 예임.

**인습적 도덕 발달 수준(conventional level of moral develop-**

ment) 아동이 다른 사람들의 견해에 의해서 자신의 행위를 평가하는 도덕 발달 수준.

**인지도(cognitive map)** 학습 상황에서 발생하는 다양한 사건에 관한 정보를 보존하고 체제화하는 가설적인 기억 구조. 학습 상황에 대한 심적 지도.

**인지부조화 이론(cognitive dissonance theory)** 이 이론은 인지적 일관성을 향한 추동이 존재한다고 가정하는데, 불일치를 일으키는 두 가지 인지 또는 사고는 불편함을 초래하고, 따라서 사람들로 하여금 불일치를 제거하고 인지를 조화롭게 만들도록 동기화함.

**인지신경과학(cognitive neuroscience)** 심적 활동이 뇌에서 실행되는 방식을 연구하기 위해 인지심리학과 신경과학의 측면을 결합하는 학제 간 접근법.

**인지심리학자(cognitive psychologists)** 지각, 주의, 사고, 문제해결, 판단, 의사결정, 기억, 언어와 같은 사람들의 내적 정신 과정을 이해하기 위해 실험적 접근을 사용하는 심리학자.

**인지적 조망(cognitive perspective)** 지각하기, 기억하기, 추론하기, 의사결정하기, 문제해결하기와 같은 심적 과정에 초점을 두는 심리학의 접근으로 이런 심적 과정에 의해 행동을 설명하려고 노력함.

**인지적 평가(cognitive appraisal)** 개인의 목표나 안녕의 측면에서 어떤 사건 또는 상황에 대한 해석. 어떤 사건의 인지적 평가는 경험되는 정서의 질, 강도와 지각된 위협의 정도에 영향을 줌.

**인지행동치료(cognitive behavior therapy)** 사람들이 신체적 또는 정서적 증후를 초래하는 종류의 스트레스 상황을 확인하여 그런 상황에 대처하는 방식을 변경하는 것을 도우려고 시도하는 치료.

**인출 단계(retrieval stage)** 개인이 이전에 부호화되고 저장된 자신의 기억 정보를 끄집어내려고 시도할 때 발생함.

**일란성(monozygotic)** 일란성 쌍둥이는 같은 난자에서 발달하기 때문에 정확하게 같은 유전자를 공유함.

**일반적응증후군(general adaptation syndrome)** 모든 유기체가 스트레스에 대한 반응에서 나타내는 반응들의 집합.

**일반적 학습장애(general learning disability)** 평균에 도달하지 못하는 인지적 · 실용적 기술의 결함.

**일반지능요인(g)** 일반적 지능 요인.

**일반화(generalization)** (1) 학습에서 어떤 유목의 대상 또는 사건들에 공통적인 특성 및 원리의 탐지. (2) 조건형성에서 조건반응이 어떤 자극에 대해 일단 형성되면 유사한 자극도 그 반응을 유발한다는 원리.

**일반화된 불안장애(generalized anxiety disorder)** 끊임없는 긴장과 공포감.

**일주율(circadian rhythm)** 대략 24시간을 주기로 발생하는 신체의 리듬.

**일차 강화물(primary reinforcer)** 사전 학습과 독립적으로 보상으로 작용할 수 있는 강화물.

**일차시각영역(primary visual area)** 시각 정보처리에 관여하는 피질 영역.

**일차운동영역(primary motor area)** 신체의 의지적 운동을 담당하는 피질 영역.

**일차청각영역(primary auditory area)** 청각 정보처리에 관여하는 피질 영역.

**일차체감각영역(primary somatosensory area)** 감각 경험을 담당하는 피질 영역.

**일화기억(episodic memory)** 개인적 일화에 관한 사실을 저장하는 기억. 사실 또는 일화는 기억자의 측면에서, 종종 특정 시간과 장소의 측면에서 부호화됨.

**임상심리학자(clinical psychologist)** 정서 또는 행동 문제, 정신장애의 진단과 치료 훈련을 받은 Ph.D. 또는 Psy.D. 학위를 가진 심리학자.

## 〈ㅈ〉

**자극 변별(stimulus discrimination)** 본래의 조건자극과 유사하지 않은 자극일수록 같은 반응을 할 가능성이 낮아짐.

**자기(self)** '나'를 특징짓는 모든 관념, 지각 및 가치.

**자기개념(self-concept)** 개인이 자기에 대해 가지고 있는 기본적인 자기감이나 신념.

**자기객관화(self-objectification)** 고유한 또는 관찰되지 않는 신체적 속성(나는 어떻게 느끼는가?)에 초점을 두는 당사자의 조망보다는 관찰 가능한 신체적 속성(나는 어떻게 보이는가?)에 초점을 두는 제삼자의 조망에서 자신의 신체에 대해 생각하고 가치를 두는 경우.

**자기공명 영상법(magnetic resonance imaging, MRI)** 뇌 또는 신체의 단면도를 만들기 위해 강한 자기장과 무선 주파수 펄스를 이용하는 컴퓨터 기반 주사 절차.

**자기 스키마(도식)(self-schema)** 과거 경험으로부터 유도된 자기에 대한 인지적 일반화이며, 자기 관련 정보의 처리를 조직화하고 인도함.

**자기조절(self regulation)** 자기 자신의 행동을 감시하거나 관찰하기.

**자기존중감(self-esteem)** 개인의 자기 가치에 대한 평가.

**자기중심성(egocentrism)** 자기 자신 이외의 조망을 인식하지 못하고 모든 사람이 동일한 방식으로 환경을 지각한다고 믿는 상태.

**자기지각 이론(self-perception theory)** 태도와 신념이 자신의 행동에 대한 관찰에 의해 영향을 받는다는 이론. 때때로 우리는 우리가 어떻게 행동하는가를 관찰함으로써 우리가 어떻게 느끼는가를 판단함.

**자기충족적 예언(self-fulfilling prophecy)** 자기충족적 고정관념의 일종으로 일단 활성화되면 원래의 고정관념을 지지해 주는 행동을 이끌어 내는 연쇄적 행동 과정을 작동시킬 수 있음.

**자기확장(self-expansion)** 우리의 잠재적 능력과 자원을 증가시키는 것.

**자기효능감(self-efficacy)** 개인의 자기효율성에 대한 신념.

**자료 주도 학습(data-driven learning)** 사람이 학습해야 하는 관계에 대한 어떤 사전 신념을 갖고 있지 않은 종류의 연합 학습. 학습은 단지 입력 또는 자료에 의해 이루어짐.

**자물쇠-열쇠 작용(lock-and-key action)** 신경전달물질이 각각의 수용기와 적합할 때(자물쇠에 맞는 열쇠와 같이) 효과를 발휘한다는 시냅스 전달에 대한 모델.

**자발적 회복(spontaneous recovery)** 파블로프에 의해 발견된 고전적 조건형성의 한 현상. 유기체가 조건반응의 소거를 경험한 다음에 새로운 맥락으로 이동하면 조건반응이 다시 나타날 수 있음.

**자아(ego)** 성격의 관리자.

**자유연상(free association)** 환자에게 아무리 사소하거나 난처하게 보이는 것이라도 마음에 떠오르는 모든 것을 말하라고 지시하는 치료법.

**자율성(autonomy)** 보호자로부터 아이의 독립성.

**자율신경계(autonomic nervous system)** 평활근(내장기관과 내분비선) 활동을 조절하는 말초신경계의 일부. 교감신경계와 부교감신경계로 나누어짐.

**자율체계(autonomic system)** 내장기관과 내분비선의 연결.

**자조집단(self-help group)** 전문적인 치료자가 없이 운영되는 집단.

**자폐증(autism)** 초기 아동기에 처음으로 분명히 나타나는 정신장애로, 자폐증 아동은 의사소통, 사회적 상호작용, 유대형성 및 놀이 활동에 심각한 장애를 보이고, 반복적이고 정형화된 행동과 자기훼손 행동을 함.

**작업기억(working memory)** 단지 몇 초 동안 저장되는 기억.

**잠복기(latency period)** 프로이트의 정신분석 이론에 따르면 아동 중기의 시기로 대략 6~12세가 되면 성적 및 공격적 충동이 조용한 상태로 있는 시기.

**잠재학습(latent learning)** 학습이 일어나기는 하지만 그것 자체가 행동의 변화를 나타내지는 않는 것.

**장기기억(long-term memory)** 반영구적인 기억.

**장기 저장소(long-term store)** 우리가 일반적으로 가용한 모든 정보를 유지하는 대형 저장소.

**장기 활동 저하(long-term depression)** 소뇌피질에 있는 시냅스에서 장기 지속적인 시냅스 전달의 감소.

**장기 활동 증폭(long-term potentiation)** 학습의 신경적 기반에 관한 현상. 일단 자극되면 뉴런은 추후에 자극되었을 때 활동을 나타내는 비율의 증가를 보임.

**장소법(method of loci)** 계열적 기억의 보조 도구. 언어 재료가 심적 심상으로 변환된 다음에 집 또는 친숙한 거리를 상상으로 산책하는 것과 같이 시각화된 경로를 따라 연속적인 위치에 놓임.

**재구성 과정(reconstructive process)** 일단 형성된 기억이 추리와 사건 후의 정보를 기초로 하여 체계적으로 변경되는 과정.

**재구조화(restructuring)** 하나의 상황에서 마음의 표상을 재조직화하는 것. 종종 문제를 해결하는 중요한 단계가 되기도 함.

**재인검사(recognition test)** 특정 항목을 전에 본 적이 있는지 또는 없는지를 결정하는 검사.

**재흡수(reuptake)** 신경전달물질이 방출되었던 시냅스전 종말로 다시 흡수되는 과정.

**저장 단계(stroage stage)** 시간이 흐른 다음에도 저장된 정보를 유지하는 것.

**적응적(adaptive)** 적응적인 행동이란 생존 가치가 있는 것을 의미함.

**적중(hit)** 신호가 존재할 때 정확하게 '예'라고 한 반응.

**적중률(hit rate)** 실험의 전체 시행에서 적중의 비율.

**전경(figure)** 배경보다 좀 더 견고한 관심이 되는 대상으로 배경의 앞에 나타남. 전경과 배경 영역은 두 가지 가장 기본적인 형태의 지각 체제화임.

**전기경련치료(electroconvulsive therapy, ECT)** 약한 전류가 뇌에 가해져서 간질발작과 유사한 발작을 일으켜 치료 효과를 보려는 방법.

**전뇌(forebrain)** 뇌의 앞부분에 위치한 구조.

**전두엽(frontal lobe)** 뇌의 중앙열하 앞쪽에 있는 대뇌피질 부위.

**전반적 발달장애(pervasive developmental disorders)** 발달의 여러 영역에서 심각하고 지속적인 손상을 특징으로 하는 장애.

**전위(displacement)** (1) 성욕 또는 공격성과 같이 직접적으로 표현되지 않는 동기가 좀 더 수용 가능한 형태로 출현하는 방어기제, (2) 너무 많은 새로운 항목이 첨가됨으로써 단기기억으로부터 항목을 상실하게 되는 원리.

**전의식(preconscious)** 현재 '우리의 마음에' 있지는 않지만 우리가 의식에 불러올 필요가 있으면 그렇게 할 수 있는 모든 정보.

**전의식 기억(preconscious memory)** 의식으로 불러올 수 있는 기억.

**전이(transference)** 내담자가 치료자를 정서반응의 대상으로 만드는 경향.

**전인습적 도덕 발달 수준(preconventional level of moral devel-**

**opment)** 아동이 행위에 대해 예상되는 처벌을 기초로 하여 옳고 그름을 판단하는 도덕 발달의 수준.

**전전두엽(prefrontal lobe)** 이마 바로 뒤에 있는 뇌의 부위.

**전조작 단계(preoperational stage)** 피아제의 두 번째 인지 발달 단계. 아동은 상징에 의해 생각하나 어떤 규칙 또는 조작을 이해하지는 못함.

**전체보고 수행(whole-report performance)** 관찰자가 문자열을 짧은 시간 동안 본 후 가능한 한 많은 문자를 보고하도록 요청받는 것.

**전체적 사고(holistic thought)** 전체 맥락이나 장(場)을 지향하여 그것에 인과성을 부여하며, 범주와 형식 논리를 거의 사용하지 않는 대신에 변증법적 추론에 많이 의존하는 사고. 변증법적 추론에서는 외현상 모순적인 것들을 인식하고 초월하게 됨.

**절대역치(absolute threshold)** 전혀 자극이 없는 것과 신뢰롭게 변별될 수 있는 어떤 자극의 최소 강도.

**절충적 접근(eclectic approach)** 다중의 심리학적 조망을 사용하여 심리학 내의 주제를 살펴보는 접근.

**점화(priming)** 사전에 적절한 단서의 제시에 의해 기억에 저장된 정보에 대한 접근 가능성 또는 인출 가능성의 증가가 일어나는 것.

**정교화(elaboration)** 개인이 재료를 인출하는 방법을 증가시키기 위해 언어적 재료를 확장하는 기억 과정.

**정교화 가능성 모형(elaboration likelihood model)** 이 모형에 의하면, 어떤 사람이 그 연속체에서 상위에 있으면—깊게 사고하려 하고 그렇게 할 수 있는—그때는 설득이 통제적이고 노력이 드는 사고에 의존하는 중심 경로를 따른다고 하며, 어떤 사람이 그 연속체에서 하위에 있으면—어떤 이유에선가 깊게 사고하려 하지 않고 그렇게 할 수 없는—그때는 설득이 자동적이고 노력이 들지 않는 사고에 의존하는 말초 경로를 따른다고 가정함.

**정보사회적 영향(informational social influence)** 모호한 상황에 대한 타인의 해석이 우리 자신의 것보다 정확하다고 믿기 때문에 동조하는 것.

**정보처리 기술(information-processing skill)** 환경으로부터 정보를 수집하고 분석하는 것을 돕는 기술.

**정보처리 모형(information-processing model)** 일반적으로 어떤 체계를 따르는 정보의 흐름에 관한 가정에 기초를 둔 모형. 보통 컴퓨터 프로그램의 형태로 가장 잘 구현됨. 인지심리학에서 마음이 기능하는 방식에 대한 이론은 종종 정보처리 모형의 형태로 제시됨. 컴퓨터를 기초로 그 모형을 모의 실험함으로써 그 이론의 속성과 함의를 연구할 수 있음.

**정상(normality)** 적절한 현실 지각, 행동에 대한 수의적 통제를 하는 능력, 자기존중감과 수용, 애정 있는 관계를 형성하는 능력 및 생산성.

**정상 경험(peak experience)** 일시적인 자기실현의 순간.

**정서(emotion)** 어떤 감정을 지닌 경험에 대한 반응으로 일어나는 복잡한 조건.

**정서신경과학(affective neuroscience)** 정서 현상이 뇌에서 실행되는 방식에 관한 연구.

**정서에 대한 반응(response to emotion)** 사람들이 자신의 정서 또는 그 정서를 일으킨 상황에 대해 대처하거나 반응하는 방식.

**정서 조절(emotion regulation)** 자신의 정서에 대한 반응.

**정서 중심형 대처(emotion-focused coping)** 정서를 초래하는 상황을 직접적으로 다루지 않으면서 불안 또는 스트레스를 감소시키는 방법. 방어기제는 일종의 정서 중심적 대처임.

**정서지능(emotional intelligence)** 정서를 지각하고, 표현하고, 이해하고, 사용하고, 다루는 능력.

**정신물리학적 절차(psychophysical procedure)** 감각 양상의 역치를 결정하는 데 이용되는 절차.

**정신물리학적 함수(psychophysical function)** 수행은 자극 강도의 함수임.

**정신병(psychosis; 복수형은 psychoses)** 사고와 정서가 손상되어 현실과의 접촉이 심각하게 상실된 정신장애. DSM-IV에서는 진단 범주로 사용하지 않음.

**정신분석 이론(psychoanalytic theory)** 우리가 생각하고 행동하는 것의 대부분이 무의식적 과정에 의해 조종된다는 것을 전제로 함.

**정신분석적 조망(psychoanalytic perspective)** 무의식적 신념, 공포 및 욕망에 의해 어떤 종류의 행동을 설명하려는 심리학의 한 접근.

**정신분석학(psychoanalysis)** (1) 정신장애의 치료를 위해 프로이트가 발전시키고 그의 후계자들이 확장한 방법. (2) 정신분석적 치료법으로부터 발전한 성격 이론. 이 이론은 성격 발달과 동기에서 무의식적 과정의 역할을 강조함.

**정신생리적 장애(psychophysiological disorder)** 정서가 중심적인 역할을 한다고 여겨지는 신체적 장애.

**정신역동치료(psychodynamic therapy)** 어떤 사람의 현재 문제가 어린 시절 부모와 형제간의 관계에 대한 철저한 이해가 없이는 성공적으로 해결될 수 없다는 생각에 기초를 둔 치료 유형.

**정신장애의 진단 및 통계편람 5판(Diagnostic and Statistical Manual of Mental Disorders, 5th edition)** 미국의 정신건강 전문가 대부분이 사용하고 있는 정신장애의 분류.

**정적 강화(positive reinforcement)** 어떤 반응을 정적 자극으로 강화하는 것.

**정적 상관(positively correlated)** 두 변인의 값이 함께 증가하거나 감소하는 것.

**정적 정서의 복원 효과(undoing effect of positive emotion)** 정

적 정서는 부적 정서에 따라오는 잔여 각성으로부터 사람들이 회복하도록 돕는 데 특히 적합할 수 있음.

**정적 처벌(positive punishment)** 반응 이후 불쾌하거나 혐오적인 자극이 뒤따르게 함으로써 반응 빈도를 감소시키는 것.

**정적 환각(positive hallucination)** 최면 상태에서 어떤 사람이 실제로 존재하지 않는 대상을 보거나 소리를 듣는 경우.

**정체감 위기(identity crisis)** 에릭슨의 심리사회적 발달 이론에서 전형적으로 사춘기 동안에 발생하는 자기회의와 자기에 대한 정의에 관해 적극적인 물음('나는 누구인가?', '나는 형편이 어떤가?')을 하는 시기.

**정체감 혼미(identity confusion)** 어떤 사람이 자기에 대한 일관성을 갖지 못하거나 또는 삶의 주요 영역에서 자신의 가치를 평가하기 위한 내적 표준을 갖지 못할 때 발생함.

**제임스-랑게 이론(James-Lange theory)** 이론을 제안한 두 사람의 이름을 붙인 고전적인 정서 이론. 이 이론은 자극이 먼저 신체적 반응을 초래하고 그다음으로 반응의 자각이 정서 경험을 일으킨다고 진술함.

**조건강화물(conditioned reinforcer)** 강화자극과의 사전 연합을 통해 강화할 수 있게 된 자극.(유의어: 조건자극)

**조건반응(conditioned response, CR)** 원래는 반응을 일으키지 않았던 자극에 대해 학습된 또는 획득된 반응(즉 조건자극).

**조건자극(conditioned stimulus, CS)** 무조건자극과 연합됨으로써 조건반응을 일으키게 된 이전의 중립적 자극.

**조건화된 포만(conditioned satiety)** 우리가 식사 후에 느끼는 포만감은 부분적으로는 학습의 산물이라는 생각.

**조건화된 혐오(conditioned aversion)** 부적으로 연합된 기억이 추후에 어떤 것(종종 음식)을 불쾌한 것으로 경험되도록 야기할 때 발생하는 학습.

**조사법(survey method)** 대단위 표본의 사람들에게 질문을 함으로써 정보를 얻는 방법.

**조작(operation)** 논리적인 방식으로 정보를 분리하고, 결합하고, 변형하는 심적 루틴.

**조작적 조건형성(operant conditioning)** 어떤 반응은 환경에 작용하기 때문에 학습된다는 이론.

**조절점(set point)** 체중의 설정점으로 신체가 유지하려고 노력하는 지점.

**조증 일화(manic episode)** 어떤 개인이 원기 왕성하고, 정열적이고, 자신감에 차 있고, 끊임없이 말을 하고, 수면의 필요성을 느끼지 않고, 한 활동에서 다른 활동으로 뛰어들고, 과장된 계획을 세우며, 그것들의 실용성에 대해 거의 주의를 기울이지 않는 일화.

**조직 규범(instutional norm)** 사회적 규범—수용 가능한 행동과 신념에 대한 암묵적 또는 명시적 규칙—처럼 전체 조직 또는 동일한 유형의 조직에 적용하는 것.

**조직심리학자(organizational psychologist)** 특정 직업에 가장 적절한 사람을 선택하거나 또는 협동과 팀워크를 촉진하는 구조를 설계하는 것에 관심을 가지는 심리학자.

**조현병(schizophrenia)** 심각한 성격의 와해, 현실의 왜곡, 일상생활을 영위할 능력이 없음으로 특징지어지는 장애.

**종말단추(terminal buttons)** 축색의 끝부분에 작게 부풀어 오른 곳으로, 신경전달물질이 들어 있음.

**종속변인(dependent variable)** 독립변인의 값에 의존한다고 가정되는 변인.

**좌절-공격성 가설(frustration-aggression hypothesis)** 좌절(개인의 목표 지향적 노력 방해하기)이 공격적 추동을 유발함으로써 공격적 추동이 공격 행동을 유발한다는 가설.

**주관적 경험(subjective experience)** 감정 상태 또는 느낌.

**주관주의적 조망(subjectivist perspective)** 사람들이 능동적으로 구성하는 주관적 현실에 의해 행동과 과정을 이해하려는 입장.

**주의(attention)** 좀 더 세부적인 검사를 위해 다른 정보를 무시하면서 어떤 정보를 선택하는 능력.

**주의를 위한 전방체계(anterior system for attention)** 주의를 위해 어떤 대상의 지각적 특징(공간에서 위치, 모양, 색채)이 언제, 어떻게 선택되어 사용될 것인가를 통제하기 위해 설계됨. 후방체계 참조.

**주의를 위한 후방체계(posterior system for attention)** 주의를 위해 어떤 대상과 연합된 특징을 기초로 하여 다수의 대상 중에서 그 대상을 선택하는 데 관련이 있는 공간상의 위치, 모양, 색채와 같은 지각적 특징을 평가하는 것.

**주제통각 검사(Thematic Apperception Test, TAT)** 수검자에게 20개의 모호한 사람 그림을 보고 나서 각각의 그림에 대해 이야기를 구성하도록 요구하는 검사.

**주지화(intellectualization)** 어떤 사람이 정서적으로 위협적인 상황을 추상적이고 지적인 용어로 처리함으로써 그 상황으로부터 초연하려고 노력하는 방어기제.

**주파수(frequency of tone)** 초당 주기의 수.

**준거타당도(criterion validity)** 예측하려는 행동을 예측하는 어떤 검사와 평가도구의 능력.(유의어: 경험타당도)

**중간 뉴런(interneuron)** 감각 뉴런과 운동 뉴런을 연결하는 뉴런.

**중뇌(midbrain)** 중앙부의 뇌.

**중독(addiction)** 강박적이고 파괴적인 약물 복용 행동 양식.

**중심경로(central route)** 개인이 설득적 의사소통에 대해 지적으로 반응하고 정교화할 때 사용하는 경로.

**중심렬(central fissure)** 뇌의 측두엽과 전두엽을 분리하는 깊은 틈.

**중심와(fovea)** 눈에서 망막의 중심부에 있는 작은 영역으로 원추체가 밀집해 있고, 주간에 상세한 시각과 색채시를 위한 가장 민감한 망막 영역.

**중심핵(cental core)** 뇌의 가장 중심적인 부분으로 기본적인 생명 과정을 조절하는 구조를 포함함.

**중이(middle ear)** 3개의 작은 뼈(등골, 추골, 침골)에 의해 음파를 고막으로부터 내이의 난원창으로 전달하는 귀의 일부.

**중첩(interposition as a depth cue)** 깊이단서로서 한 대상이 다른 대상이 보이는 것을 방해하는 위치에 놓여 있으면 보는 사람은 가리고 있는 대상을 더 가깝게 지각함.

**중추신경계(central nervous system)** 뇌와 척수에 있는 모든 뉴런.

**지각(perception)** 실제 세계의 지식에 대한 하향처리와 감각 과정의 상향처리를 기반으로 세계에 대한 내적 모델을 구성하는 것.

**지각적 간섭(perceptual interference)** 보통 정도로 주의가 벗어난 조건보다 아주 주의가 벗어난 조건에서 대상을 재인하기 위해 관찰자가 대상에 대해 더 많은 초점을 두어야 한다는 사실.

**지각항상성(perceptual constancy)** 동일한 대상이 달리 보임에도 불구하고 지각자가 그 대상을 일정한 것으로 지각하는 것.

**지능(intelligence)** (1) 적절하게 표준화된 지능검사로 측정한 것, (2) 경험으로부터 학습하고 추상적인 용어로 사고하며 환경에 효과적으로 대처하는 능력.

**지능지수(intelligence quotient, IQ)** 생활연령에 대한 정신연령의 비율.

**지수(exponent of a power function)** (파워 함수에서) 각 감각 양상의 함수를 특징짓는 독특한 숫자.

**지식(knowledge)** 발달에 대한 지식 습득 접근에 따르면 사실이 특정 영역에서 조직화되는 방식에 대한 아동의 이해를 의미함.

**지온(geon)** 지각에서 대상이 특징을 포함하는 기하학적 형태(관, 원추형, 블록, 쐐기). 대상의 재인은 대상의 지온이 발견될 수 있는 정도에 따라 달라짐.

**직접 관찰(direct observation)** 연구하려는 현상이 자연적으로 발생할 때 관찰하는 것.

**진폭(amplitude)** (음의) 정점과 골 사이의 압력 차이.

**진화심리학(evolutionary psychology)** 심리적 과정이 자연선택에 의해 진화되어 온 방식을 연구하는 연구 영역. 생존을 돕거나 생식의 기회를 증가시키는 행동은 진화 역사의 과정에서 지속되는 경향이 있음.

**집단극화 효과(group polarization effect)** 집단에 속해 있는 개인들이 토론하기 전 도달하는 의사결정과 동일한 방향이지만 더 극단적인 결론에 도달하는 집단의 경향성.

**집단 무의식(collective unconscious)** 모든 인간에게 공통적이고 우리의 선조로부터 물려받은 원시적 심상 또는 원형으로 구성된 마음의 일부.

**집단사고(groupthink)** 집단의 구성원들이 집단의 의견 일치를 위해 자신의 반대를 억누르게 되는 현상.

**집단주의(collectivism)** 사람들의 기본적인 연결과 상호 의존을 강조하는 문화.

**집단치료(group therapy)** 한 번에 2명 이상의 내담자 또는 환자가 참가하는, 치료적 목적을 지닌 집단 토론 또는 집단 활동.

## 〈ㅊ〉

**차단(blocking)** 고전적 조건형성의 한 현상. 한 조건자극이 무조건자극을 신뢰롭게 예언하는 데에도 다른 조건자극이 추가된다면, 추가된 조건자극과 무조건자극 사이의 관계는 학습되지 않음.

**차원적 평가 이론(dimensional appraisal theory)** 정서 간의 차이를 설명하기에 충분하다고 생각되는 일정 범위의 평가차원을 확인하는 평가 이론.

**차이 감소법(difference reduction method)** 개인이 성취할 목표와 점차 가까운 상태로 도달하게 해 주는 하위 목표를 설정하는 문제해결 책략.

**차이역치(difference threshold)** 자극의 강도 차이를 인식할 수 있는 최솟값.

**착각(illusion)** 잘못되고 왜곡된 지각표상.

**착각결합(illusory conjunction)** 어떤 대상의 두 가지 분리된 속성 간의 부정확한 결합.

**참조집단(reference group)** 우리가 동일시하는 집단. 우리의 견해와 행위를 평가하거나 조절하기 위해 그 집단을 참조함.

**창발적 특징(emergent feature)** 다른 특징들의 결합에 자신의 존재를 의존하고 있는 특징

**채도(saturation)** 색채의 순도.

**책임감 분산(diffusion of responsibility)** 다른 사람들이 존재하기 때문에 행위를 하려는 책임이 감소되어 위기의 상황에서 행동을 취하지 못하는 집단 상황에 있는 사람의 경향성. 방관자가 위기에 개입하는 것을 억제하게 되는 주요 요인.

**처벌(punishment)** 반응이 발생할 때 혐오적 자극을 제시함으로써 반응의 강도를 감소시키는 데 사용되는 절차.

**척수(spinal cord)** 뇌에서부터 척추까지 연결된 신경 다발.

**척수(spinal cord)** 뇌에서 척추에 이르는 신경 다발로, 척추를 둘러싸고 있음.

**청각체계(auditory system)** 귀, 뇌의 일부 및 다양한 연결 신경경로.

**청소년기(adolescene)** 아동기에서 성인기로 이행하는 시기.

**청소년 성장 급등(adolescent growth spurt)** 사춘기의 시작과 함께 동반되는 급속한 신체 성장기.

**청크 만들기(chunking)** 새로운 재료를 더 크고 의미 있는 단위

로 기록하는 것과 그 단위들을 작업기억에 저장하는 것.

**체계적 둔감화(systematic desensitization)** 사람들이 불안을 유발하는 상황의 위계를 깊은 이완 상태에서 상상하는(또는 때때로 현실을 직면하는) 행동치료법. 점차적으로 상황은 그 불안 반응으로부터 해리됨.

**체성체계(somatic system)** 감각수용기, 근육 및 신체의 표면 여러 곳으로 정보를 전달함.

**초경(menarche)** 맨 처음의 월경 시기.

**초두효과(primacy effect)** 우선적으로 받아들인 정보가 우리의 전반적 기억에 더 큰 영향을 미치는 경향성.

**초복합 세포(hypercomplex cell)** 특정 방향과 길이에 대해 반응을 하는 시각피질에 있는 세포.

**초역치 조건(suprathreshold condition)** 자극 강도가 역치 이상인 조건.

**초인지(metacognition)** 사고에 대한 사고.

**초자아(superego)** 행위가 옳은가, 그른가를 판단하는 성격의 요소.

**최면술(hypnosis)** 자발적으로 협조하는 개인은 자신의 행동에 대한 통제를 최면술사에게 넘겨주고, 일부 현실의 왜곡을 수용함.

**최면 후 기억상실(posthypnotic amnesia)** 특정 형태의 최면 후 암시로서 최면에 걸린 사람이 기억하라는 신호가 있을 때까지 최면 중에 일어났던 것을 망각하는 것.

**최면 후 반응(posthypnotic response)** 최면에서 깨어난 실험 참가자가 최면술사에 의해 사전 배열된 신호에 따라 나타내는 반응.

**최소가지차이(just noticeable difference, jnd)** 두 자극이 다른 것으로 식별되는 데 필요한 자극 강도의 최소 차이.

**최소위험(minimal risk)** 연구에서 기대되는 위험이 보통의 일상생활에서 접하는 것보다 크지 않아야 함.

**최소평가 이론(minimalist appraisal theory)** 종종 기본적 주제를 기초로 하여 평가 차원의 수를 최소로 감소시키는 데 기반을 둔 평가 이론.

**최신 효과(recency effect)** 목록에 있는 단어를 순서 없이 회상하도록 요구했을 때 그 목록의 마지막에 있는 단어들이 더 잘 기억되는 현상.

**추골(malleus)** 중이에 위치한 3개의 뼈 중 하나.

**추동 이론(drive theory)** 내적 요인의 역할을 강조하는 동기 이론.

**추론(inference)** (1) 무엇이 반드시 참이라기보다는 참이라고 믿는 것에 기초를 둔 지각적 또는 기억적 과정, (2) 주어진 정보를 넘어서는 판단.

**추상화(abstraction)** 지각하기 위해 최초의 물리적 자료를 변형하는 과정에서의 정보 손실.

**축색(axon)** 다른 뉴런에 충동을 전달하는 뉴런의 일부.

**출처 모니터링(source monitoring)** 기억의 다양한 성분이 원천적으로 어디에서 비롯되었는지 모니터링하는 것.

**측두엽(temporal lobe)** 측두열하 아래에 있는 대뇌피질 부위로 뇌의 양쪽에 각각 있음.

**측정(measurement)** 변인에 수를 할당하는 체계.

**친밀(intimacy)** 가까움과 감정의 공유를 포함하는 사랑의 정서적 요소.

**침골(incus)** 중이에 위치한 3개의 작은 뼈 중 하나.

## 〈ㅋ〉

**카타르시스(catharsis)** 정서를 강력하게 경험함으로써 정서를 순화하기.

**카타르시스 효과(cathartic effect)** 공격성의 대리적 표출로 인한 공격성의 감소.

**컴퓨터 단층촬영(CAT 또는 CT)** 뇌의 활동을 기록하는 X선 기법.

**코카인(cocaine)** 코카 식물에서 추출된 중추신경 흥분제. 에너지를 증진하고 도취감을 초래하며, 과량 투여 시에는 편집증을 일으킴.

**쾌감결핍증(anhedona)** 가장 즐거운 상황에 대한 반응에서도 즐거움을 경험하는 능력을 상실한 것.

## 〈ㅌ〉

**타당도(validity)** 측정하고자 의도한 것을 측정하는 것.

**탈시설화(deinstitutionalization)** 시설에 수용된 정신병 환자를 공동체 기반의 봉사 기관으로 방면하려는 운동.

**탐색 행동(exploratory behavior)** 새로운 것을 발견하고 배우려는 욕구.

**태도(attitude)** 대상, 사람, 상황 또는 세상의 다른 측면에 대한 호의적 또는 비호의적 평가와 반응.

**태도 비호(attitude bolstering)** 타인이 자신을 설득하려 할 때, 개인이 본래 지녔던 태도를 지지하기 위해 발생하는 사고로, 메시지 안에 직접적인 반박을 하지 않음.

**태아 알코올 증후군(fetal alcohol syndrome)** 자궁에서 알코올에 노출됨으로써 초래되는 유아의 정신지체와 얼굴, 입의 기형.

**통계적 유의도(statistical significance)** 현실에 대한 진술로 얻은 통계적 측정치의 신뢰할 수 있는 정도. 예를 들면 전집의 평균이 표본으로부터 결정된 한계 내에 있을 확률임. 그 표현은 통계적 발견의 신뢰도를 의미하지 중요성을 의미하지는 않음.

**통계학(statistics)** 전집으로부터 표집된 자료를 다루는 원리이고, 그 자료로부터 전집에 대한 추리를 이끌어 냄.

**통사(론)(syntax)** 구와 문장에 들어 있는 단어 사이의 관계에 대한 명세.

**통제 가능성(controllability)** 우리가 어떤 사건을 중지시키거나 발생시킬 수 있는 정도.

**통제된 자극 주기(controlled stimulation)** 어떤 유기체의 지각 경험이 추후의 수행에 미치는 효과를 결정하기 위해 체계적으로 변동시키는 조건. 예를 들면 고양이 새끼를 출생 후 몇 개월 동안 수직선만을 볼 수 있는 환경에서 양육하는 것.

**통제집단(control group)** 실험에서 처치를 가하지 않은 집단.

**통증내성(pain tolerance)** 견딜 수 있는 통증 자극의 최고 강도.

**통증역치(pain threshold)** 고통스럽다고 지각하는 자극의 최소 강도.

**통증의 통로제어 이론(gate control theory of pain)** 이 이론에 따르면 통증의 감각 경험은 통증수용기가 활성화될 뿐만 아니라 척수에 있는 신경통로가 이 신호들이 뇌로 계속 전해지도록 해야 함. 압박 자극은 통로를 닫는 경향이 있는데, 이것은 상처 부위를 비비는 것이 통증을 줄일 수 있는 이유이며, 태도, 암시 및 약물이 통로가 닫히도록 작용할 수 있음.

**통찰(insight)** 상황에 대해 이해하고 문제를 해결하도록 이끄는 것으로, 시행착오 학습과 대비됨.

**투사(projection)** 우리 자신의 수용 불가능한 충동을 억압하고, 이런 충동을 소유한 것으로 여겨지는 타인들에 대한 적대적 태도를 표현하는 것.

**투사검사(projective test)** 모호한 자극을 제시하면 수검자는 자신의 소망대로 반응함.

**투쟁 또는 도피 반응(fight-or-flight response)** 유기체로 하여금 위기를 준비시켜 주는 신체적 반응 형태. 동공의 크기, 심박률, 혈압, 호흡, 근육 긴장을 증가시키고, 에피네프린, 노르에피네프린, ACTH 및 다른 호르몬의 분비를 증가시키며, 타액, 점액, 소화액 활동 및 혈관의 크기를 감소시킴.

**특정 공포증(specific phobia)** 실제 위험이 없는 물체, 동물, 상황에서 나타나는 지나친 공포.

**특징통합 이론(feature-integration theory)** 앤 트레이스먼에 의해 처음으로 제안된 대상지각 이해하기의 기초.

**틀 효과(framing effect)** 어떤 식의 틀이 만들어지면서 그로 인해 발생하는 인지적 편파.

## 〈ㅍ〉

**파악폭(span of apprehension)** 즉시적으로 회상할 수 있는 항목의 수.

**파워 함수(power function)** Y = fr로 표현되는 Y와 F의 관계.

**페노티아진(phenothiazine)** 신경전달물질인 도파민이 수용기에 결합하는 것을 차단함으로써 조현병의 증후를 개선하는 정신치료 약물의 집단 명칭. 클로르프로마진(토라진)과 플루페나진(프롤릭신)이 그 예임.

**페로몬(pheromone)** 같은 종의 다른 구성원들이 냄새를 맡을 수 있는 공기 중에 떠도는 화학물질.

**펜타클로라이드페놀(PCP)** 환각물질로 팔리는(일반적으로 '엔젤 더스트', '셔먼스', '슈퍼애시드'라고도 불림) 이 약물은 전문적인 해리성 마취제임.

**편도체(amygdala)** 피질하에 있는 뇌 구조로 정서기억의 응고화에 관여함.

**편집증(paranoid)** 환자가 피해망상을 갖는 것.

**편향(bias)** 특정 반응을 하기 위해 관찰자에 의해 설정된 기준.

**평균(mean)** 산술평균에 대한 전문 용어.

**평정자 간 신뢰도(interjudge reliability)** 어떤 행동을 평가하거나 평정할 때(예: 유치원 아이들의 공격성에 대한 평정에서) 둘 혹은 그 이상의 관찰자 간 일관성.

**폭식증(bulimia)** 되풀이되는 과식(불연속적인 시간대에 다량의 음식을 신속히 먹는 것), 구토 또는 설사제에 의해 과잉 섭취된 음식을 배출하려는 시도가 이어지는 증상.

**표준(standard)** 임의적인 자극 강도 수준이며, 다른 강도는 이것을 기준으로 판단됨.

**표현가소성(phenotypic plasticity)** 경험이 세포 수준에서 유전자의 표현을 바꾸는 경향성을 지칭하는 속성.

**표현 규칙(display rule)** 사람들이 어떤 상황에서 경험해야 하는 정서의 종류와 각각의 정서에 합당한 행동(얼굴 표정을 포함)에 대한 문화 규칙.

**프라이버시 권리(right to privacy)** 연구 중에 습득된 어떤 개인의 정보는 비밀 유지가 되어야만 하고 타인은 그의 동의가 없이 그 정보를 이용할 수 없음.

**프로이트식 실언(Freudian slip)** 정신분석 이론에서 말하는, 사람의 의식적 의도와는 반대되는 말하기 또는 글쓰기에서 단어의 오류 또는 대체로서, 무의식에 억압된 소망 또는 사고를 표현한다고 가정함.

**프사이(psi)** 알려진 과학적 지식에 의해 설명할 수 없는 정보와 에너지의 교환 과정.

## 〈ㅎ〉

**하시시(hashish)** 중동에서 보통 사용되는 대마초.

**하향 과정(top-down process)** 자극 입력보다는 유기체의 사전 지식에 의해 이루어지는 지각, 학습, 기억, 이해의 과정.

**하향 피드백 연결(top-down feedback connection)** 상위 수준에서 하위 수준으로 내려가는 연결.

**학교심리학자(school psychologist)** 학교에 근무하는 전문 심리학자로 검사, 상담, 연구 등을 맡고 있음.

**학습(learning)** 연습의 결과로 발생하는 행동의 비교적 영속적인 변화.

**학습 곡선(learning curve)** 경험에 따른 학습 증가를 보여 주는 곡선.

**학습된 무기력(learned helplessness)** 유기체에게 충격, 열, 또는 추위와 같은 도피 불가능한 외상을 제공함으로써 실험적으로 야기되는 무관심 또는 무기력. 혐오적 상황을 도피하거나 회피할 수 없는 것은 추후의 상황에 일반화되는 무기력의 느낌을 산출함.

**학습된 미각 혐오(learned taste aversion)** 특정 음식이 질병과 연합되는 경험을 통해 그 음식 먹기를 혐오하는 것.

**합리화(rationalization)** 방어기제로서 충동적으로 또는 수용 가능하지 않은 이유로 행한 행위에 대해 그럴듯하고 수용 가능한 이유를 부여함으로써 자기존중감이 유지됨.

**항등성(constancy)** 어떤 대상의 감각적 표출이 급격히 변화할 때조차 모양, 크기, 색채와 같은 그 대상의 배후 물리적 특성에 대한 지각을 유지하는 뇌의 능력.

**항문기(anal stage)** 프로이트 정신분석학의 심리성적 발달 단계에서 구순기 다음으로 오는 두 번째 단계로, 만족과 갈등의 근원은 배설물의 배설 및 보유와 관계가 있다고 가정함.

**항상성(homeostasis)** 건강한 유기체의 특징인 정상적 수준의 기능을 하는 것(2장), 일정한 내적 상태(10장).

**항상적 수면추동(homeostatic sleep drive)** 주간에 안정된 수준의 각성을 유지하기 위해 요구되는 수면의 양을 취하려고 노력하는 생리적 과정.

**항우울제(antidepressant drugs)** 우울증에 걸린 사람의 기분을 상승시키려고 사용되는 약물로, 신경전달물질인 노르에피네프린, 세로토닌의 가용성을 증가시키는 것으로 추정됨. 이 약물의 예로 이미프라민(토프라닐), 이소카복사지드(마플란), 플루옥세틴(프로작)이 있음.

**항정신병 약물(antipsychotic drugs)** 정신병과 기타 정신 상태, 정서 상태를 치료하는 데 사용되는 약물.

**해리(dissociation)** 어떤 조건에서 일부 사고와 행동이 나머지 인식되지 않는 의식과 기능으로부터 분할되거나 분열되는 것.

**해리적 정체성 장애(dissociation identity disorder)** 한 사람에게 교대로 행동을 통제하는 둘 또는 그 이상의 별개 정체성 또는 성격이 존재하는 것. 이전에는 다중성격장애라고 불림.

**해마(hippocampus)** 새로운 기억의 응고화에 관여하는 대뇌피질 아래에 있는 뇌 구조이고, 뇌의 분리된 장소에 저장된 특정 기억의 측면을 서로 연결하는 교차참조 체계의 일부로 보임.

**핵(nuclei; 단수형은 nucleus)** 뇌 또는 척수에 모인 세포체의 집합.

**핵심(core)** 개념의 구성요소를 결정하는 데 더 본질적인 속성을 포함하는 어떤 개념의 부분.

**핵심 관계 주제(core relational theme)** 특수한 사람-환경 관계에 대한 특별한 평가 패턴으로부터 초래되는 개인적 의미.

**햅의 학습 규칙(Habbian learning rule)** 신경세포 간 시냅스에서 같은 반응의 반복은 영구적인 변화를 이끌어 내는데, 특히 신경세포 A의 입력이 반복적으로 신경세포 B의 활동 비율을 높이면 A와 B의 연계가 강해짐.

**행동유전학(behavior genetics)** 행동 특성의 유전성을 연구하기 위해 유전학과 심리학의 방법을 결합한 학문.

**행동의학(behavioral medicine)** 신체 질병을 일으키게 하는 사회적 · 심리적 · 생물적 요인이 결합하는 방식을 연구.(유의어: 건강심리학)

**행동적 되뇌기(behavioral rehearsal)** 역할 연기.

**행동 조망(behavioral perspective)** 단지 관찰 가능한 행동에만 초점을 두고 행동과 환경의 관계에 의해 행동을 설명하려고 노력하는 심리학의 접근법.

**행동조성(shaping)** 실험자가 바라는 방향으로 진행하는 반응의 변화만을 강화하는 것.

**행동주의(behaviorism)** 존 왓슨과 관련이 있는 심리학파. 심리학을 행동의 연구로 정의하고 심리학의 자료를 관찰 가능한 활동에 제한했음. 고전적인 형태는 현대 심리학의 행동적 견해에 비해 더 제한적임.

**행동치료(behavior therapy)** 학습원 리에 기초를 둔 심리치료법. 행동을 수정하기 위하 역조건형성, 강화 및 행동조성과 같은 기법을 사용함.(유의어: 행동수정)

**행위주체자(agency)** 숙달감, 통제, 행위를 할 수 있는 역량.

**향정신성 약물(psychoactive drug)** 행동, 의식, 기분에 영향을 주는 약물.

**헌신(commitment)** 관계를 유지하려는 의도를 반영하는 사랑의 인지적 구성요소.

**헤로인(heroin)** 아편에서 추출된 중독성 높은 중추신경계 억제제.

**헤르츠(hertz, Hz)** 음파의 빈도를 측정하는 데 사용되는 단위로 초당 주기의 수.

**형식적 조작 단계(formal operational stage)** 피아제의 네 번째 인지 발달 단계로 아동이 추상적 규칙을 사용할 수 있음.

**형태소(morpheme)** 의미를 지니는 최소 언어 단위.

**호감(liking)** 우정과 초기 단계의 친밀한 관계.

**호르몬(hormone)** 내분비선으로부터 혈류에 분비되며, 신체의 다른 부분으로 운송되어 자신의 메시지를 인식하는 특수한 세포에 영향을 미치는 화학물질.

**혼란된(disorganized)** 보호자에 대한 애착과 관련하여 모순된 행동을 나타내는 아동을 기술하는 용어.

**화용 규칙(pragmatic rule)** 논리적 규칙보다는 덜 추상적인 연역적 추론에서 사용되는 규칙이지만, 삶의 많은 상이한 영역에 적용될 수 있음. 그 예로 용인 규칙이 있음.

**확장 네트워크(augmented network)** 흥분 연결과 동시에 억제 연결을 포함하는 네트워크.

**확장 및 증강 이론(broaden-and-build theory)** 정적 정서가

우리의 일반적인 사고와 행동의 방식을 확장하고 이에 따라 우리의 영구적인 개인적 자원을 증강시킨다는 이론.

**확증 편향(confirmation bias)** 우리의 기존 신념에 모순되는 증거보다 일치하는 증거에 더 신빙성을 두는 경향.

**환각(hallucination)** 적절한 또는 적당한 외적 자극이 없을 때의 감각 경험.

**환경 모형(model of the environment)** 우리가 의식적으로 지각하고, 결정하고, 행동하는 데 사용하는 우리의 뇌에 있는 세상에 대한 표상.

**환원주의(reductionism)** 심리학적 개념을 생물학적 개념으로 환원하는 것.

**활동전위(action potential)** 수상돌기 영역에서부터 축색의 종말까지 내려가는 전기화학적 충동.

**활성화 모형(activation model)** 기억에서 어떤 항목의 인출이 임계 수준에 도달하는 그 항목의 활성화에 의존한다는 제안.

**회상검사(recall test)** 어떤 사람이 최소의 인출단서를 갖고 기억된 항목을 산출하도록 요청받는 경우.

**회피 학습(avoidance learning)** 유기체가 혐오적인 사건을 그 시작부터 예방하는 것을 학습하는 과정(예: 과거에 고통스러울 정도로 시끄러운 소음과 연합된 특정한 방을 피하는 것).

**효과의 법칙(law of effect)** 강화가 따라오는 어떤 행동은 강해진다는 원리. 무수히 가능한 행동 중 강화를 초래하는 것은 반복되는 반면에 그렇지 않은 것은 소멸됨.

**효능제(agonist)** 수용기와 결합하여 다른 약물이 작용하는 것과 동일한 방식으로 수용기를 활성화하는 약물.

**후각체계(olfactory system)** 콧구멍에 있는 수용기, 뇌의 어떤 영역 및 연결하는 신경경로.

**후각피질(olfactory cortex)** 후각에 관여하는 뇌의 영역. 측두엽의 안쪽에 위치함.

**후구(olfactory bulb)** 후각에 관여하는 뇌의 영역. 콧구멍에 있는 수용기와 후각피질 사이의 중계 구조.

**후뇌(hindbrain)** 뇌의 일부로서 척수에 가까운 후방에 위치한 모든 구조.

**후인습적 도덕 발달 수준(postconventional level of moral development)** 아동이 높은 수준의 윤리적 원칙에 의해 행위를 평가하는 도덕 발달 수준.

**후천 견해(nurture view)** 인간 지식이 세상에 대한 경험과 상호작용을 통해 획득된다는 견해.

**흉기 초점(weapon focus)** 장면에 있는 무기에 주의를 빼앗기는 것.

**흑질(substantia nigra)** 도파민 경로에서 결정적 역할을 하는 중뇌에 있는 구조.

**흥분성 연계(excitatory connection)** 연결주의 네트워크에서 정적인 두 마디 사이의 연결. 한 마디의 증가는 다른 마디의 증가를 가져옴.

**흥분성 조건형성(excitatory conditioning)** 어떤 행동의 확률 또는 강도를 증가시키는 조건자극의 능력.

**흥분역치(excitation threshold)** 전위가 흥분역치를 넘어서면(대부분의 신경세포는 흥분역치가 −55mV) 세포막이 일시적으로 불안정해지며 그 결과로 활동전위가 일어남.

**흥분적(excitatory)** 시냅스후 신경에 양전위로 변한 이온이 들어가면 시냅스 간 전달이 흥분성임. 세포의 감분극화는 활동전위를 발생시킴.

**흥분제(stimulant)** 주의력 결핍 과잉행동 장애를 치료하는 데 사용되는 약물.

**흥분치료제(stimulant drugs)** 주의력 결핍 과잉행동 장애를 치료하는 데 사용되는 약물.

**〈기타〉**

**A 유형 행동 양식(type A pattern)** 관상성 심장 질환의 연구에서 발견된 행동 패턴. A 유형은 시간적으로 긴급한 느낌을 갖고, 이완하기가 어렵고, 조급하고, 지체하거나 무능하게 보이는 사람들에 대해 분노하는 사람임.

**LSD** 매우 낮은 용량에도 환각을 일으키는 강력한 약물. 환각제 참고.

**Q-소트(Q-sort)** 평정자가 일단의 성격 진술문(예: 넓은 흥미를 갖고 있는)을 개인에 대해 최소로 기술적인 것에서부터 가장 기술적인 것의 범위를 가진 무리로 분류함으로써 어떤 개인의 성격을 체계적으로 기술하는 평가 기법.

# 참고 문헌


ABBOTT, B. B., SCHOEN, L. S., & BADIA, P. (1984) Predictable and unpredictable shock: Behavioral measures of aversion and physiological measures of stress. *Psychological Bulletin*, *96*, 45–71.

ABRAMOVITCH, R., CORTER, C., PEPLER, D. J., & STANHOPE, L. (1986) Sibling and peer interaction: A final follow-up and a comparison. *Child Development*, *57*, 217–229.

ABRAMSON, L. Y., METALSKY, G. I., & ALLOY, L. B. (1989) Hopelessness depression: A theory-based subtype of depression. *Psychological Review*, *96*, 358–372.

ACADEMY FOR MEDICAL ROYAL COLLEGES (2008) *A code of practice for the diagnosis and confirmation of death*. London: The authors. Retrieved from http://www.aomrc.org.uk/publications/statements/doc_view/42-a-code-of-practice-for-the-diagnosis-and-confirmation-of-death.html.

ADAMS, J. L. (1974) *Conceptual blockbusting*. Stanford, CA: Stanford Alumni Association.

ADAMS, M., & COLLINS, A. (1979) A schema-theoretic view of reading. In R. O. Freedle (Ed.), *New Directions Discourse Processing*, Vol. 12. Norwood, NJ: Ablex.

ADLEMAN, N. E., MENON, V., BLASEY, C. M., WHITE, C. D., WARSOFSKY, I. S., GLOVER, G. H., & REISS, A. L. (2002) A developmental fMRI study of the Stroop color-word task. *Neuroimage*, *16*, 16–75.

ADLER, A., & BRETT, C. (2009) *Understanding human nature: The psychology of personality*. London: One World Publishers. (Original work published 1927.)

AFFLECK, G., TENNEN, H., CROOG, S., & LEVINE, S. (1987a) Causal attribution, perceived benefits and morbidity after a heart attack: An eight-year study. *Journal of Consulting and Clinical Psychology*, *55*, 29–55.

AFFLECK, G., TENNEN, H., CROOG, S., & LEVINE, S. (1987b) Causal attribution, perceived control, and recovery from a heart attack. *Journal of Social and Clinical Psychology*, *5*, 339–355.

AGRAS, W. S. (1993) Short term psychological treatments for binge eating. In C. G. Fairburn & G. T. Wilson (Eds.), *Binge eating: Nature, assessment, and treatment*. New York: Guilford.

AINSWORTH, M. D. S., BLEHAR, M. C., WALTERS, E., & WALL, S. (1978) *Patterns of attachment: A psychological study of the strange situation*. Hillsdale, NJ: Erlbaum.

ALEXANDER, K. L., ENTWISLE, D. R., & THOMPSON, M. S. (1987) School performance, status relations, and the structure of sentiment: Bringing the teacher back in. *American Sociological Review*, *52*, 665–682.

ALEXANDER-BLOCH, A. F., GOGTAY, N., MEUNIER, D., BIRN, R., CLASEN, L., LALONDE, F., LENROOT, R., GIEDD, J., & BULLMORE, E. T. (2010) Disrupted modularity and local connectivity of brain functional networks in childhood-onset schizophrenia. *Frontiers in Systems Neuroscience*, *4*, 1–16.

ALGOE, S. B., & HAIDT, J. (2009) Witnessing excellence in action: The "other-praising" emotions of elevation, gratitude, and admiration. *Journal of Positive Psychology*, *4*, 105–127.

ALGOE, S. B., HAIDT, J., & GABLE, S. L. (2008) Beyond reciprocity: Gratitude and relationships in everyday life. *Emotion*, *8*, 425–429.

ALLEN, N. J., & BARRES, B. A. (2009) Glia – more than just brain glue. *Nature*, *457*, 675–677.

ALLEN, V. L., & LEVINE, J. M. (1969) Consensus and conformity. *Journal of Experimental Social Psychology*, *5*, 389–399.

ALLEN, V. L., & LEVINE, J. M. (1971) Social support and conformity: The role of independent assessment of reality. *Journal of Experimental Social Psychology*, *7*, 48–58.

ALLISON, T., PUCE, A., & MCCARTHY, G. (2000) Social perception from visual cues: Role of the STS region. *Trends in Cognitive Science*, *4*, 267–278.

ALLOY, L. B., & TABACHNIK, N. (1984) Assessment of covariation by animals and humans: Influence of prior expectations and current situational information. *Psychological Review*, *91*, 112–149.

ALLOY, L. B., ABRAMSON, L. Y., WHITEHOUSE, W. G., HOGAN, M. E., PANZARELLA, C., & ROSE, D. T. (2006) Prospective incidence of first onsets and recurrences of depression in individuals at high and low cognitive risk for depression. *Journal of Abnormal Psychology*, *115*, 145–156.

ALLPORT, F. H. (1920) The influence of the group upon association and thought. *Journal of Experimental Psychology*,*3*, 159–182.

ALLPORT, F. H. (1924) *Social psychology*. Boston: Houghton Mifflin.

ALLPORT, G. H. (1954) *The nature of prejudice*. Reading, MA: Addison-Wesley.

ALLPORT, G. W., & ODBERT, H. S. (1936) Trait-names: A psycholexical study. *Psychological Monographs*, *47* (1, Whole No. 211)

ALONSO, J., ANGERMEYER, M. C., BERNERT, S., BRUFFAERTS, R., BRUGHA, T. S., BRYSON, H., DE GIROLAMO, G., DE

GRAAF, R., DEMYTTENAERE, K., GASQUET, I., HARO, J. M., KATZ, S. J., KESSLER, R. C., KOVESS, V., LEPINE, J. P., ORMEL, J., POLIDORI, G., RUSSO, L. J., & VILAGUT, G. (2004) 12-month comorbidity patterns and associated factors in Europe: Results from the European Study of the Epidemiology of Mental Disorders (ESEMeD) project. *Acta Psychiatrica Scandinavica*, *109*, 28–37.

ALWIN, D. F., COHEN, R. L., & NEWCOMB, T. M. (1991) *Personality and social change: Attitude persistence and changes over the lifespan*. Madison: University of Wisconsin Press.

American Academy of Neurology (1995) Practice parameters for determining brain death in adults. *Neurology*, *45*, 1012–1014.

AMERICAN MEDICAL ASSOCIATION (1981) Guidelines for the determination of death. Report of the medical consultants on the diagnosis of death to the President's Commission for the Study of Ethical Problems in Medicine and Biomedical and Behavioural Research. *Journal of the American Medical Association*, 246(19), 2184–2186.

AMERICAN PSYCHIATRIC ASSOCIATION (1994) *Diagnostic and statistical manual of mental disorders* (4th ed.) Washington, DC: American Psychiatric Association.

AMERICAN PSYCHIATRIC ASSOCIATION (2000) *Diagnostic and Statistical Manual of Mental Disorders* (4th ed., text revision) Washington, DC: American Psychiatric Association Press.

AMERICAN PSYCHOLOGICAL ASSOCIATION (1990) Ethical principles of psychologists. *American Psychologist*, *45*, 390–395.

ANDERS, S. L. (2003) Improving community-based care for the treatment of schizophrenia: Lessons from native Africa. *Psychiatric Rehabilitation Journal*, *27*, 51–58.

ANDERSEN, S. M., & GLASSMAN, N. S. (1996) Responding to significant others when they are not there: Effects on interpersonal inference, motivation, and affect. In R. M. Sorrentino & E. T. Higgins (Eds.), *Handbook of motivation and cognition* (Vol. 3, pp. 262–321). New York: Guilford.

ANDERSON, C. A. (2004) An update on the effects of playing violent video games. *Journal of Adolescence*, *27*, 113–122.

ANDERSON, C. A., & BUSHMAN, B. J. (2001) Effects of violent video games on aggressive behavior, aggressive cognition, aggressive affect, physiological arousal, and prosocial behavior: A meta-analytic review of the scientific literature. *Psychological Science*, *12*, 353–359.

ANDERSON, C. A., CARNAGEY, N. L., & EUBANKS, J. (2003) Exposure to violent media: the effects of songs with violent lyrics on aggressive thoughts and feelings. *Journal of Personality and Social Psychology*, *84*, 960–971.

ANDERSON, C. A., BERKOWITZ, L., DONNERSTEIN, E., HUESMAN, L. R., JOHNSON, J. D., LINZ, D., MALAMUTH, N. M., & WARTELLA, E. (2003) The influence of media violence on youth. *Psychological Science in the Public Interest*, *4*, 81–110.

ANDERSON, E., SIEGEL, E. H., & BARRETT, L. F. (2011) What you feel influences what you see: The role of affective feelings in resolving binocular rivalry. *Journal of Experimental Social Psychology*, *47*, 856–860.

ANDERSON, J. R. (1983) *The architecture of cognition*. Cambridge, MA: Harvard University Press.

ANDERSON, J. R. (1987) Skill acquisition: Compilation of weak-method problem solutions. *Psychological Review*, *94*, 192–210.

ANDERSON, J. R. (1990) *Cognitive psychology and its implications* (3rd ed.) New York: Freeman.

ANDERSON, J. R. (1991) The adaptive nature of human categorization. *Psychological Review*, *98*, 409–429.

ANDERSON, M. (1992) *Intelligence and development: A cognitive theory*. Oxford: Blackwell.

ANDREASEN, N. (2001). Neuroimaging and neurobiology of schizophrenia. In K. Miyoshi, C. M. Shapiro, M. Gaviria, & Y. Morita (Eds.), *Contemporary neuropsychiatry* (pp. 265–271). Tokyo: Springer-Verlag.

ANDREWS, K. H., & KANDEL, D. B. (1979) Attitude and behavior. *American Sociological Review*, *44*, 298–310.

ANGOFF, W. H. (1988) The nature-nurture debate, aptitudes, and group differences. *American Psychologist*, *43*, 713–720.

ANGST, M. D., & CLARK, J. D. (2006) Opioid-induced hyperalgesia. A qualitative systematic review. *Anesthesiology*, *104*, 570–587.

APA (AMERICAN PSYCHOLOGICAL ASSOCIATION) (1995) *Affirmative action: Who benefits?* Washington, D. C.: American Psychological Association.

ARCHER, J. (2004). Sex differences in aggression in real-world settings: A meta-analytic review. *Review of General Psychology*, *8*, 291–322.

ARENDT, H. (1963) *Eichmann in Jerusalem: A report on the banality of evil*. New York: Viking Press.

ARMSTRONG, S. L., GLEITMAN, L. R., & GLEITMAN, H. (1983) What some concepts might not be. *Cognition*, *13*, 263–308.

ARNOLD, M. (1949) A demonstrational analysis of the TAT in a clinical setting. *Journal of Abnormal and Social Psychology*, *44*, 97–111.

ARON, A. (2002, January) Self-expansion as a motivational basis for positive psychology. In M. Green & T. McLaughlin-Volpe (Chairs), *Positive Relationships*, Symposium presented at the first annual pre-conference on Positive Psychology, Savannah, GA: Society for Personality and Social Psychology.

ARON, A., ARON, E. N., & SMOLLAN, D. (1992) Inclusion of other in the self scale and the structure of interpersonal closeness. *Journal of Personality and Social Psychology*, *63*, 596–612.

ARON, A., NORMAN, C. C., & ARON, E. N. (1998) The self-expansion model and motivation. *Representative Research in Social Psychology*, *22*, 1–13.

ARON, A., ARON, E. N., TUDOR, M., & NELSON, G. (1991) Close relationships as including other in the self. *Journal of Personality and Social Psychology*, *60*, 241–253.

ARONSON, E. (1995) *The social animal* (7th ed.). San Francisco: Freeman.

ARONSON, E. (2004) Reducing hostility and building compassion: Lessons from the jigsaw classroom. In A. G. Miller (Ed.), *The Social Psychology of Good and Evil* (pp. 469–488). New York: Guildford Press.

ARONSON, E., & CARLSMITH, J. M. (1963) The effect of the severity of threat on the devaluation of forbidden behavior. *Journal of Abnormal and Social Psychology*, *66*, 584–588.

ARONSON, E., & MILLS, J. (1959) The effect of severity of initiation on liking for a group. *Journal of Abnormal and Social Psychology*, *59*, 177–181.

ARRIGO, J. M., & PEZDEK, K. (1997) Lessons from the study of psychogenic amnesia. *Current Directions in Psychological Science*,

*6*, 148–152.

ARTMAN, L., & CAHAN, S. (1993) Schooling and the development of transitive inference. *Developmental Psychology*, *29*, 753–759.

ASCH, S. E. (1946) Forming impressions of personality. *Journal of Abnormal and Social Psychology*, *41*, 258–290.

ASCH, S. E. (1952) *Social psychology*. Englewood Cliffs, NJ: Prentice-Hall.

ASCH, S. E. (1955) Opinions and social pressures. *Scientific American*, *193*, 31–35.

ASCH, S. E. (1958) Effects of group pressure upon modification and distortion of judgments. In E. E. Maccoby, T. M. Newcomb, & E. L. Hartley (Eds.), *Readings in social psychology* (3rd ed.). New York: Holt, Rinehart & Winston.

ASLIN, R. N., & BANKS, M. S. (1978) Early visual experience in humans: Evidence for a critical period in the development of binocular vision. In S. Schneider, H. Liebowitz, H. Pick, & H. Stevenson (Eds.), *Psychology: From basic research to practice*. New York: Plenum.

ATKINSON, R. C. (1975) Mnemotechnics in second-language learning. *American Psychologist*, *30*, 821–828.

ATKINSON, R. C., & SHIFFRIN, R. M. (1971a) The control of short-term memory. *Scientific American*, *225*, 82–90.

ATKINSON, R. C., & SHIFFRIN, R. M. (1971b) Human memory: A proposed system and its control processes. In K. W. Spence (Ed.), *The psychology of learning and motivation: Advances in research and theory* (pp. 89–195). New York: Academic Press.

AVANTS, S. K., WARBURTON, L. A., & MARGOLIN, A. (2001). How injection drug users coped with testing HIV-seropositive: Implications for subsequent health-related behaviors. *AIDS Education and Prevention*, *13*, 207–18.

AWAYA, S., MIYAKE, Y., IMAYUMI, Y., SHIOSE, Y., KNADA, T., & KOMURO, K. (1973) Amblyopia. *Japanese Journal of Ophthalmology*, *17*, 69–82.

AYLAND, L., & WEST, B. (2006) The Good Way model: A strengths-based approach for working with young people, especially those with intellectual difficulties, who have sexually abusive behaviour. *Journal of Sexual Aggression*, *12*(2), 189–201.

AX, A. (1953) The physiological differentiation between fear and anger in humans. *Psychosomatic Medicine*, *15*, 433–442.

BAARS, B. J. (1988) *A cognitive theory of consciousness*. New York: Cambridge University Press.

BADDELEY, A. (2000) The episodic buffer: a new component of working memory? *Trends in Cognitive Sciences*, *4*, 11, 417–423.

BADDELEY, A. D. (1986) *Working memory*. Oxford: Clarendon.

BADDELEY, A. D. (1990) *Human memory: Theory and practice*. Boston: Allyn and Bacon.

BADDELEY, A. D., & ANDRADE, J. (2000) Working memory and the vividness of imagery. *Journal of Experiment Psychology: General*, *129*, 126–145.

BADDELEY, A. D., & HITCH, G. J. (1974) Working memory. In G. H. Bower (Ed.), *The psychology of learning and motivation* (Vol. 8). New York: Academic Press.

BADDELEY, A. D., THOMPSON, N., & BUCHANAN, M. (1975) Word length and the structure of short-term memory. *Journal of Verbal Learning and Verbal Behavior*, *14*, 575–589.

BAER, D. M., PETERSON, R. F., & SHERMAN, J. A. (1967) The development of imitation by reinforcing behavioral similarity to a model. *Journal of the Experimental Analysis of Behavior*, *10*, 405–416.

BAILEY, A., LE COUTEUR, A., GOTTESMAN, I., BOLTON, P., SIMONOFF, E., YUZDA, E., & RUTTER, M. (1995) Autism as a strongly genetic disorder: Evidence from a British twin study. *Psychological Medicine*, *25*, 63–77.

BAILEY, C. H., & KANDEL, E. R. (2004) Synaptic growth and the persistence of long-term memory: A molecular perspective. In M. S. Gazzaniga (Ed.), *The cognitive neurosciences* (3rd ed., pp. 647–663). Cambridge, MA: MIT Press.

BAILEY, J. M. (in press) What is sexual orientation and do women have one? In D. A. Hope (Ed.) *Contemporary perspectives on gay, lesbian, and bisexual identities*.

BAILEY, J. M., & PILLARD, R. C. (1995) Genetics of human sexual orientation. *Annual Review of Sex Research*, *6*, 126–150.

BAILEY, J. M., & ZUCKER, K. J. (1995) Childhood sex-typed behavior and sexual orientation: A conceptual analysis and quantitative review. *Developmental Psychology*, *31* (1), 43–55.

BAILLARGEON, R. (1987) Object permanence in 3.5- and 4.5-month-old infants. *Developmental Psychology*, *23*, 655–664.

BAILLARGEON, R., & DEVOS, J. (1991) Object permanence in young infants: Further evidence. *Child Development*, *62*, 1227–1246.

BAILLARGEON, R., SPELKE, E. S., & WASSERMAN, S. (1985) Object permanence in five-month-old infants. *Cognition*, *20*, 191–208.

BALLANTYNE, J. C., LAFORGE, K. S. (2007) Opioid dependence and addiction during opioid treatment of chronic pain. *Pain*, *129*, 235–255.

BANDURA, A. (1973) *Aggression: A social learning analysis*. Englewood Cliffs, NJ: Prentice-Hall.

BANDURA, A. (1977) *Social learning theory*. Englewood Cliffs, NJ: Prentice-Hall.

BANDURA, A. (1986) *Social foundations of thought and action: A social cognitive theory*. Englewood Cliffs, NJ: Prentice-Hall.

BANDURA, A. (2001) Social cognitive theory: An agentic perspective. *Annual Review of Psychology*, *52*, 1–26.

BANDURA, A. (2006) Going global with social cognitive theory: From prospect to paydirt. In S. I. Donaldson, D. E. Berger, K. Pezdek (Eds.), *Applied Psychology: New frontiers and rewarding careers* (pp. 53–79). Mahwah, NJ: Lawrence Erlbaum Associates.

BANDURA, A., & WALTERS, R. (1963) *Social learning and personality development*. New York: Holt, Rinehart & Winston.

BANDURA, A., BLANCHARD, E. B., & RITTER, B. (1969) The relative efficacy of desensitization and modeling approaches for inducing behavioral, affective, and attitudinal changes. *Journal of Personality and Social Psychology*, *13*, 173–199.

BANDURA, A., ROSS, D, & ROSS, S. A. (1961) Transmission of aggression through imitation of aggressive models. *Journal of Abnormal and Social Psychology*, *63*, 575–582.

BANDURA, A., ROSS, D., & ROSS, S. A. (1963) Imitation of film-mediated aggressive models. *Journal of Abnormal and Social Psychology*, *66*, 3–11.

BANKS, W. P., & PRINTZMETAL, W. (1976) Configurational effects in visual information processing. *Perception and Psychophysics*, *19*, 361–367.

BARBANO, M. F., & CADOR, M. (2007). Opioids for hedonic experience and dopamine to get ready for it. *Psychopharmacology*,

*191*, 497–506.

BARCH, D. M. (2005) The cognitive neuroscience of schizophrenia.n *Annual Review of Clinical Psychology*, *1*, 321–353.

BAREFOOT, J. C., WILLIAMS, R. B., & DAHLSTROM, W. G. (1983) Hostility, CHD incidence and total mortality: A 25-year follow-up study of 255 physicians. *Psychosomatic Medicine*, *45*, 59–63.

BAREFOOT, J. C., DODGE, K. A., PETERSON, B. L., DAHLSTROM, W. G., WILLIAMS, R. B., Jr. (1989) The Cook-Medley Hostility scale: Item content and ability to predict survival. *Psychosomatic Medicine*, *51*, 46–57.

BARGH, J. (2007) Social psychological approaches to consciousness. In P. D. Zelazo, M. Moscovitch, & E. Thompson (Eds.), *The Cambridge handbook of consciousness* (pp. 555–570). New York: Cambridge University Press.

BARGH, J. A. (1997) The automaticity of everyday life. In R. S. Wyer Jr. (Ed.), *Advances in social cognition* (Vol. 10). Mahway, NJ: Erlbaum.

BARGH, J. A. (1999) The cognitive monster: The case against the controllability of automatic stereotype effects. In S. Chaiken & Y. Trope (Eds.), *Dual-process theories in social psychology* (pp. 361–382) New York: Guilford.

BARGH, J. A., & SHALEV, I. (2012) The substitutability of physical and social warmth in daily life. *Emotion*, *12*, 154–162.

BARGH, J. A., CHEN, M., & BURROWS, L. (1996) Automaticity of social behavior: Direct effects of trait construct and stereotype activation on action. *Journal of Personality and Social Psychology*, *71*, 230–244.

BARKER, M. (2013) *Mindful counselling & psychotherapy: Practising mindfully across approaches and issues.* London: Sage.

BAR-ON, R. (1997) *Bar-On Emotional Quotient Inventory. Technical Manual*. Toronto, Canada: Multi-Health Systems.

BAR-ON, R., MAREE, J. G., & ELIAS, M. J. (Eds.) (2007) *Educating people to be emotionally intelligent*. Westport, CT: Praeger Publishers.

BARON, R., & BELLMAN, S. (2007) No guts, no glory: Courage, harassment and minority influence. *European Journal of Social Psychology*, *37* (1), 101–124.

BARON, R. S. (1986) Distraction-conflict theory: Progress and problems. In L. Berkowitz (Ed.), *Advances in experimental social psychology* (Vol. 19). New York: Academic Press.

BARON, R., & BELLMAN, S. (2007) No guts, no glory: Courage, harassment and minority influence. *European Journal of Social Psychology*, *37* (1), 101–124.

BARON-COHEN, S., & STAUNTON, R. (1994) Do children with autism acquire the phonology of their peers? An examination of group identification through the window of bilingualism. *First Language*, *14*, 241–248.

BARON-COHEN, S., & SWETTENHAM, J. (1997) Theory of mind in autism: Its relationship to executive function and central coherence. In D. J. Cohen & F. R. Volkmar (Eds.), *Handbook of autism and pervasive developmental disorders* (pp. 880–893). Toronto: Wiley.

BARON-COHEN, S., & WHEELWRIGHT, S. (2004) The empathy quotient: an investigation of adults with Asperger syndrome or high functioning autism, and normal sex differences. *Journal of Autism and Developmental Disorders*, *34*, 163–175.

BARON-COHEN, S., BALDWIN, D. A., & CROWSON, M. (1997). Do children with autism use the speaker's direction of gaze strategy to crack the code of language? *Child Development*, *68*(1), 48–57.

BARRERA, M. E., & MAURER, D. (1981a) Recognition of mother's photographed face by the three-month-old infant. *Child Development*, *52*, 714–716.

BARRERA, M. E., & MAURER, D. (1981b) Discrimination of strangers by the three-month-old. *Child Development*, *52*, 558–563.

BARRETT, L. F. (2006a) Solving the emotion paradox: Categorization and the experience of emotion. *Personality and Social Psychology Review*, *10*, 20–46.

BARRETT, L. F. (2006b) Valence as a basic building block of emotional life. *Journal of Research in Personality*, *40*, 35–55.

BARRETT, L. F. (2006c) Are emotions natural kinds? *Perspectives on Psychological Science*, *1*, 28–58.

BARRETT, L. F. (2009a) The future of psychology: Connecting mind to brain. *Perspectives on Psychological Science*, *4*, 326–339.

BARRETT, L. F. (2009b) Variety is the spice of life: A psychological construction approach to understanding variability in emotion. *Cognition and Emotion*, *23*, 1284–1306.

BARRETT, L. F. (2012) Emotions are real. *Emotion*, *12*, 413–429.

BARRETT, L. F., & BAR, M. (2009) See it with feeling: Affective predictions in the human brain. *Philosophical Transactions of the Royal Society of London: Series B. Biological Sciences*, *364*, 1325–1334.

BARRETT, L. F., & BLISS-MOREAU, E. (2009) Affect as a psychological primitive. *Advances in Experimental Social Psychology*, *41*, 167–218.

BARRETT, L. F., LINDQUIST, K., & GENDRON, M. (2007) Language as a context for emotion perception. *Trends in Cognitive Sciences*, *11*, 327–332.

BARRETT, L. F., QUIGLEY, K. S., BLISS-MOREAU, E., & ARONSON, K. R. (2004) Interoceptive sensitivity and self-reports of emotional experience. *Journal of Personality and Social Psychology*, *87*, 684–697.

BARSALOU, L. W. (1985) Ideals, central tendency, and frequency of instantiation as determinants of graded structure in categories. *Journal of Experimental Psychology: Learning, Memory, and Cognition*, *11*, 629–654.

BARTLETT, F. C. (1932) *Remembering: A study in experimental and social psychology*. Cambridge: Cambridge University Press.

BARTOSHUK, L. M. (1979) Bitter taste of saccharin: Related to the genetic ability to taste the bitter substance propylthiourial (PROP). *Science*, *205*, 934–935.

BARTOSHUK, L. M. (1993) Genetic and pathological taste variation: What can we learn from animal models and human disease? *Ciba Foundation Symposium (D7X)*, *179*, 251–262.

BARTSCH, K., & WELLMAN, H. M. (1995) *Children talk about the mind*. New York: Oxford University Press.

BASOGLU, M., & MINEKA, S. (1992) The role of uncontrollable and unpredictable stress in posttraumatic stress responses in torture survivors. In M. Basoglu (Ed.), *Torture and its consequences: Current treatment approaches* (pp. 182–225). New York: Cambridge University Press.

BASOGLU, M., MINEKA, S., PAKER, M., AKER, T., LIVANOU, M., & GOEK, S. (1997) Psychological preparedness for trauma as a protective factor in survivors of torture. *Psychological Medicine*, *27*, 1421–1433.

BASOGLU, M. K., KILIC, C., SALCIOGLU, E., LIVANOU, M.

(2004). Prevalence of posttraumatic stress disorder and comorbid depression in earthquake survivors in Turkey: An epidemiological study. *Journal of Traumatic Stress, 17*, 133–141.

BATSON, C. D. (2011) *Altruism in humans*. New York: Oxford University Press.

BAUM, A., & POSLUSZNY, D. M. (1999) Health psychology: Mapping biobehavioral contributions to health and illness. *Annual Reviews of Psychology*, *50*, 147–163.

BAUMEISTER, R. F. (2000) Gender differences in erotic plasticity: The female sex drive as socially flexible and responsive. *Psychological Bulletin*, *126* (3), 347–374.

BAUMRIND, D. (1964) Some thoughts on ethics of research: After reading Milgram's "Behavioral study of obedience". *American Psychologist*, *19*, 421–423.

BAUMRIND, D. (1980) New directions in socialization research. *American Psychologist*, *35*, 639–652.

BAXTER, L., SCHWARTZ, J., BERGMAN, K., & SZUBA, M. (1992) Caudate glucose metabolic rate changes with both drug and behavior therapy for obsessive-compulsive disorder. *Archives of General Psychiatry*, *49*, 681–689.

BEACH, S. R., & O'LEARY, K. D. (1993) Dysphoria and marital discord: Are dysphoric individuals at risk for marital maladjustment? *Journal of Marital and Family Therapy*, *19*, 355–368.

BEAMAN, A. L., BARNES, P. J., KLENTZ, B., & MCQUIRK, B. (1978) Increasing helping rates through information dissemination: Teaching pays. *Personality and Social Psychology Bulletin*, *4*, 406–411.

BECHARA, A., DAMASIO, A. R., DAMASIO, H., & ANDERSON, S. W. (1994) Insensitivity to future consequences following damage to human prefrontal cortex. *Cognition*, *50*, 7–15.

BECHARA, A., DAMASIO, H., TRANEL, D., & DAMASIO, A. R. (1997) Deciding advantageously before knowing the advantageous strategy. *Science*, *275*(5304), 1293–1295.

BECHARA, A., TRANEL, D., DAMASIO, H., ADOLPHS, R., ROCKLAND, C., & DAMASIO, A. R. (1995) Double dissociation of conditioning and declarative knowledge relative to the amygdala and hippocampus in humans. *Science*, *269*, 1115–1118.

BECK, A. T. (1976) *Cognitive therapy and the emotional disorder*. New York: International Universities Press.

BECK, A. T., RUSH, A. J., SHAW, B. F., & EMERY, G. (1979) *Cognitive therapy of depression*. New York: Guilford.

BECK, J. S. (1995) *Cognitive therapy: Basics and beyond*. New York: Guilford Press.

BEEDIE, C., TERRY, P., & LANE, A. (2005) Distinctions between emotion and mood. *Cognition & Emotion*, *19*, 847–878.

BÉKÉSY, G. VON (1960) *Experiments in hearing* (E. G. Weaver, Trans) New York: McGraw-Hill.

BELL, A. P., WEINBERG, M. S., & HAMMERSMITH, S. K. (1981a) *Sexual preference: Its development in men and women*. Bloomington: Indiana University Press.

BELL, A. P., WEINBERG, M. S., & HAMMERSMITH, S. K. (1981b) *Sexual preference: Its development in men and women. Statistical appendix*. Bloomington: Indiana University Press.

BELL, S. M., & AINSWORTH, M. D. (1972) Infant crying and maternal responsiveness. *Child Development*, *43*, 1171–1190.

BELOFF, H. (1957) The structure and origin of the anal character. *Genetic Psychology Monographs*, *55*, 141–172.

BELSKY, J., & ROVINE, M. J. (1987) Temperament and attachment security in the strange situation: An empirical rapprochement. *Child Development*, *58*, 787–795.

BELSKY, J., FISH, M., & ISABELLA, R. A. (1991) Continuity and discontinuity in infant negative and positive emotionality: Family antecedents and attachment consequences. *Developmental Psychology*, *27*, 421–431.

BEM, D. J. (1972) Self-perception theory. In L. Berkowitz (Ed.), *Advances in experimental social psychology* (Vol. 6). New York: Academic Press.

BEM, D. J. (1995) *Exotic becomes erotic: A developmental theory of sexual orientation*. Unpublished manuscript, Cornell University, Ithaca, New York.

BEM, D. J. (2000) Exotic becomes erotic: Interpreting the biological correlates of sexual orientation. *Archives of Sexual Behavior*, *29*, 531–548.

BEM, D. J., & HONORTON, C. (1994) Does psi exist? Replicable evidence for an anomalous process if information transfer. *Psychological Bulletin*, *115*, 4–18.

BEM, D. J., PALMER, J., & BROUGHTON, R. S. (2001) Updating the ganzfeld database: A victim of its own success? *Journal of Parapsychology*, *65*, 207–218.

BEM, D. J., WALLACH, M. A., & KOGAN, N. (1965) Group decision-making under risk of aversive consequences. *Journal of Personality and Social Psychology*, *1*, 453–460.

BEM, S. L. (1985) Androgyny and gender schema theory: A conceptual and empirical integration. In T. B. Sonderegger (Ed.), *Nebraska symposium on motivation 1984: Psychology and gender* (pp. 179–226). Lincoln: University of Nebraska Press.

BENJAMIN, J., LI, L., PATTERSON, C., GREENBERG, B. D., MURPHY, D. L., & HAMER, D. H. (1996) Population and familial association between the D4 dopamine receptor gene and measures of novelty seeking. *Nature Genetics*, *12*, 81–84.

BENSON, D. F. (1985) Aphasia. In K. M. Heilman & E. Valenstein (Eds.), *Clinical neuropsychology* (2nd ed., pp. 17–47). New York: Oxford University Press.

BERGELSON, E. &, SWINGLEY, D. (2012) At 6–9 Months, human infants know the meanings of many common nouns. *Proceedings of the National Academy of Sciences*, *109*, 3253–3258.

BERGER, T. W. (1984) Long-term potentiation of hippocampal synaptic transmission affects rate of behavioral learning. *Science*, *224*, 627–630.

BERK, L. E. (1997) *Child development* (4th ed.). Needham Heights, MA: Allyn and Bacon.

BERLIN, B., & KAY, P. (1969) *Basic color terms: Their universality and evolution*. Los Angeles: University of California Press.

BERLYNE, D. E. (1966) Curiosity and exploration. *Science*, 153, 25–33.

BERNAT, J. L. (2013) Controversies in defining and determining death in critical care. *Nature Reviews Neurology*, *9*, 164–173.

BERNHEIM, K. F. (1997) *The Lanahan cases and readings in abnormal behavior*. Baltimore: Lanahan.

BERNSTEIN, I. L. (1978) Learned taste aversions in children receiving chemotherapy. *Science*, *200*, 1302–1303.

BERNSTEIN, I. L. (1999) Taste aversion learning: A contemporary perspective. *Nutrition*, *15*, 229–234.

BERRIDGE, K. C. (1999) Pleasure, pain, desire, and dread: Hidden core processes of emotion. In D. Kahneman, E. Diener, & N. Schwarz (Eds.) *Well-being: The foundations of hedonic psychology*

(pp. 525–557). New York: Russell Sage Foundation.
BERRIDGE, K. C. (2003) Pleasures of the brain. *Brain and Cognition*, *52*, 106–128.
BERRIDGE, K. C. (2007) The debate over dopamine's role in reward: the case for incentive salience. *Psychopharmacology*, *191*, 391–431.
BERRIDGE, K. C., & ROBINSON, T. E. (1998) What is the role of dopamine in reward: Hedonic impact, reward learning, or incentive salience? *Brain Research Reviews*, *28*, 309–369.
BERRIDGE, K. C., & VALENSTEIN, E. S. (1991) What psychological process mediates feeding evoked by electrical stimulation of the lateral hypothalamus? *Behavioral Neuroscience*, *105*, 3–14.
BERRIDGE, K., & WINKIELMAN, P. (2003) What is an unconscious emotion? (The case for unconscious "liking"). *Cognition & Emotion*, *17*, 181–211.
BERSCHEID, E. (1983) Emotion. In H. H. Kelley, E. Berscheid, A. Christensen, J. H. Harvey, T. L. Hutson, G. Levinger, E. McClintock, L. A. Peplau, & D. R. Peterson (Eds.), *Close relationships* (pp. 110–168). New York: Freeman.
BERSCHEID, E., & WALSTER, E. H. (1974) A little bit about love. In T. Huston (Ed.), *Foundation of interpersonal attraction*. New York: Academic Press.
BERSON, I. R., & BERSON, M. J. (2005) Challenging online behaviors of youth: Findings from a comparative analysis of young people in the United States and New Zealand. *Social Science Computer Review*, *23*, 29–38.
BETTELHEIM, B. (1967) *The empty fortress: Infantile autism and the birth of the self.* New York: Free Press.
BHATT, R. S., BERTIN, E., HAYDEN, A., & REED, A. (2005) Face processing in infancy: Developmental changes in the use of different kinds of relational information. *Child Development*, *76*, 169–181.
BICKART, K. C., WRIGHT, C., DAUTOFF, R., DICKERSON, B. C., & FELDMAN BARRETT, L. (2011) Amygdala volume and social network size in humans. *Nature Neuroscience*, *14*, 163–164.
BIEDERMAN, I. (1987) Recognition by components: A theory of human image understanding. *Psychological Review*, *94*, 115–1947.
BIEDERMAN, I., & JU, G. (1988) Surface versus edge-based determinants of visual recognition. *Cognitive Psychology*, *20*, 38–64.
BIENIOK, M. (2012) *Das Konzept der idealen Metropole in Theorie und Praxis am Beispiel von Berlin*. Berlin: Peter Lang Verlag.
BILLINGS, D. W., FOLKMAN, S., ACREE, M., & MOSKOWITZ, J. T. (2000) Coping and physical health during caregiving: The roles of positive and negative affect. *Journal of Personality and Social Psychology*, *79*, 131–142
BINET, A., & SIMON, T. (1905) New methods for the diagnosis of the intellectual level of subnormals. *Annals of Psychology*, *11*, 191.
BINNS, K. E., & SALT, T. E. (1997) Post eye-opening maturation of visual receptive field diameters in the superior colliculus of normal- and dark-reared rats. *Brain Research: Developmental Brain Research*, *99*, 263–266.
BISIACH, E., & LUZZATI, C. (1978) Unilateral neglect of representational space. *Cortex*, *14*, 129–133.
BLAKE, R. (1981) Strategies for assessing visual deficits in animals with selective neural deficits. In R. N. Aslin, J. R. Alberts, & M. R. Petersen (Eds.), *Development of perception:* Vol. 2. *The visual system* (pp. 95–110). New York: Academic Press.
BLANCK, G. (1990) Vygotsky: The man and his cause. In L. C. Moll (Ed.), *Vygotsky and education*. New York: Cambridge University Press.
BLAXTON, T. A. (1989) Investigating dissociations among memory measures: Support for a transfer-appropriate processing framework. *Journal of Experimental Psychology: Learning, Memory, & Cognition*, *15*, 657–668.
BLISS, T. V. P., & LØMO, T. (1973) Long-lasting potentiation of synaptic transmission in the dentate area of the anesthetized rabbit following stimulation of the preforant path. *Journal of Physiology*, *232*, 331–356.
BLOCK, J. (1961/1978) *The Q-sort method in personality assessment and psychiatric research*. Palo Alto: Consulting Psychologists Press.
BLOOD, R. O. (1967) *Love match and arranged marriage*. New York: Free Press.
BLOOM, P. (2000) *How children learn the meaning of words*. Cambridge, MA: MIT Press.
BLUM, K., CULL, J. G., BRAVERMAN, E. R., & COMINGS, D. E. (1996) Reward deficiency syndrome. *American Scientist*, *84*, 132–145.
BODENHAUSEN, G. V., MACRAE, C. N., & SHERMAN, J. W. (1999) On the dialectics of discrimination: Dual processes in social stereotyping. In S. Chaiken & Y. Trope (Eds.), *Dual-process theories in social psychology* (pp. 271–290). New York: Guilford.
BOGAERT, A. F. (2004). Asexuality: prevalence and associated factors in a national probability sample. *The Journal of Sex Research*, *41*, 279–288.
BOGAERT, A. F. (2006) Toward a conceptual understanding of asexuality. *Review of General Psychology*, *10*, 241.
BOILEAU, I., DAGHER, A., LEYTON, M., WELFELD, K., BOOIJ, L., DIKSIC, M., *et al.* (2007) Conditioned dopamine release in humans: A positron emission tomography [11c] raclopride study with amphetamine. *Journal of Neuroscience*, *27*(15), 3998–4003.
BOLLES, R. C. (1970) Species-specific defense reactions and avoidance learning. *Psychological Review*, *77*, 32–48.
BOLLES, R. C. (1972) Reinforcement, expectancy, and learning. *Psychological Review*, *79*, 394–409.
BOLTE, S., & POUSTKA, F. (2004) Comparing the intelligence profiles of savant and nonsavant individuals with autistic disorder. *Intelligence*, *32*, 121–131.
BOND, C. F., & TITUS, L. J. (1983) Social facilitation: A meta-analysis of 241 studies. *Psychological Bulletin*, *94*, 265–292.
BOOTH, D. A. (1987) Cognitive experimental psychology of appetite. In R. A. Boakes (Ed.), *Eating habits: Food, physiology, and learned behavior* (pp. 175–209). New York: Wiley.
BOOTH, D. A. (1991) Learned ingestive motivation and the pleasures of the palate. In R. C. Bolles (Ed.), *The hedonics of taste* (pp. 29–58). Hillsdale, NJ: Erlbaum.
BORING, E. G. (1930) A new ambiguous figure. *American Journal of Psychology*, *42*, 444–445.
BORNSTEIN, R. F. (2001) The impending death of psychoanalysis. *Psychoanalytic Psychology*, *18* (1), 3–20.
BORNSTEIN, R. F. (2005) Reconnecting psychoanalysis to mainstream psychology: Challenges and opportunities. *Psychoanalytic Psychology*, *22* (3), 323–340.
BORNSTEIN, R. F., & D'AGOSTINO, P. R. (1992) Stimulus recognition and the mere exposure effect. *Journal of Personality and*

*Social Psychology*, *63*, 545–552.

BORODITSKY, L. (2001) Does language shape thought? English and Mandarin speakers' conceptions of time. *Cognitive Psychology*, *43*, 1–22.

BOS, M. W., DIJKSTERHUIS, A., & VAN BAAREN, R. B. (2008). On the goal-dependency of unconscious thought. *Journal of Experimental Social Psychology*, *44*, 1114–1120.

BOSCO, F. M., BUCCIARELLI, M., & BARA, B. G. (2004) The fundamental context categories in understanding communicative intention. *Journal of Pragmatics*, *36*, 467–488.

BOTTOMS, G. (2000) *Angelhead*. New York: Three Rivers Press.

BOUCHARD, C., TREMBLAY, A., DESPRES, J. P., NADEAU, A., LUPIEN, P. J., THERIAULT, G., DUSSAULT, J., MOORJANI, S., PINAULT, S., & FOURNIER, G. (1990) The response to long-term overeating in identical twins. *New England Journal of Medicine*, *322*, 1477–1482.

BOUCHARD, T. J., JR. (1984) Twins reared apart and together: What they tell us about human diversity. In S. Fox (Ed.), *The chemical and biological bases of individuality*. New York: Plenum.

BOUCHARD, T. J., JR. (1995) *Nature's twice-told tale: Identical twins reared apart—What they tell us about human individuality*. Paper presented at the annual meeting of the Western Psychological Association, Los Angeles.

BOUCHARD, T. J., JR. (2004) Genetic influence on human psychological traits: A survey. *Current Directions in Psychological Science*, *13*, 148–151.

BOUCHARD, T. J., JR., LYKKEN, D. T., MCGUE, M., SEGAL, N. L., & TELLEGEN, A. (1990) Sources of human psychological differences: The Minnesota study of twins reared apart. *Science*, *250*, 223–228.

BOUCHARD, T. J., JR., & MCGUE, M. (2003) Genetic and environmental influences on human psychological differences. *Journal of Neurobiology*, *54*, 445.

BOURNE, L. E. (1966) *Human conceptual behavior*. Boston: Allyn and Bacon.

BOUTON, M. E., MINEKA, S., & BARLOW, D. H. (2001) A modern learning theory perspective on the etiology of panic disorder. *Psychological Review*, *108*, 4–32.

BOWEN, W. G., & BOK, D. (1998) *The shape of the river: Long-term consequences of considering race in college and university admissions*. Princeton, NJ: Princeton University Press.

BOWER, G. H. (1981) Mood and memory. *American Psychologist*, *6*, 129–148.

BOWER, G. H., & CLARK, M. C. (1969) Narrative stories as mediators for serial learning. *Psychonomic Science*, *14*, 181–182.

BOWER, G. H., & SPRINGSTON, F. (1970) Pauses as recoding points in letter series. *Journal of Experimental Psychology*, *83*, 421–430.

BOWER, G. H., BLACK, J. B., & TURNER, T. R. (1979) Scripts in memory for text. *Cognitive Psychology*, *11*, 177–220.

BOWER, G. H., CLARK, M. C., WINZENZ, D., & LESGOLD, A. (1969) Hierarchical retrieval schemes in recall of categorized word lists. *Journal of Verbal Learning and Verbal Behavior*, *8*, 323–343.

BOWER, J. E., KEMENY, M. E., TAYLOR, S. E., & FAHEY, J. L. (1998) Cognitive processing, discovery of meaning, CD 4 decline, and AIDS-related mortality among bereaved HIV-seropositive men. *Journal of Consulting and Clinical Psychology*, *66*, 979–986.

BOWLBY, J. (1973) *Attachment and loss: Separation, anxiety and anger* (Vol. 2). London: Hogarth Press.

BOYDEN, E. S., KATOH, A., & RAYMON, J. L. (2004) Cerebellum-dependent learning: The role of multiple plasticity mechanisms. *Annual Review of Neuroscience*, *27*, 581–609.

BOYLE, S. H., MICHALEK, J. E., & SUAREZ, E. C. (2006). Covariation of psychological attributes and incident coronary heart disease in U.S. Air Force veterans of the Vietnam War. *Psychosomatic Medicine*, *68*, 844–850.

BRACKETT, M. A., RIVERS, S., SHIFFMAN, S., LERNER, N., & SALOVEY, P. (2006) Relating emotional abilities to social functioning: A comparison of performance and self-report measures of emotional intelligence. *Journal of Personality and Social Psychology*, *91*, 780–795.

BRADLEY, S. J., OLIVER, G. D., CHERNICK, A. B., & ZUCKER, K. J. (1998) Ablatio penis at 2 months, sex reassignment at 7 months, and a psychosexual follow-up in young adulthood. *Pediatrics*, *102*, E91–E95.

BRADSHAW, G. L., & ANDERSON, J. R. (1982) Elaborative encoding as an explanation of levels of processing. *Journal of Verbal Learning and Verbal Behavior*, *21*, 165–174.

BRAINERD, C. J., & REYNA, V. F. (2005) *The science of false memory*. Oxford University Press.

BRAND, M., FRANKE-SIEVERT, C., JACOBY, G. E., MARKOWITSCH, H. J., & TUSCHEN-CAFFIER, B. (2007) Neuropsychological correlates of decision making in patients with bulimia nervosa. *Neuropsychology*, *21*, 742–750.

BRANSFORD, J. D., & JOHNSON, M. K. (1973) Considerations of some problems of comprehension. In W. G. Chase (Ed.), *Visual information processing*. New York: Academic Press.

BRAZELTON, T. B. (1978) The remarkable talents of the newborn. *Birth and Family Journal*, *5*, 4–10.

BREEDLOVE, S. M. (1994) Sexual differentiation of the human nervous system. *Annual Review of Psychology*, *45*, 389–418.

BREFCZYNSKI-LEWIS, J. A., LUTZ, A., & DAVIDSON, R. (2004) A neural correlate of attentional expertise in long-time Buddhist practitioners. (Report no. 715.8.). San Diego: Society for Neuroscience.

BREGMAN, A. S. (1990) *Auditory scene analysis*. Cambridge, MA: MIT Press.

BREHM, J. W. (1956) Postdecision changes in the desirability of alternatives. *Journal of Abnormal and Social Psychology*, *52*, 384–389.

BREHM, S. S. (1992) *Intimate relationships* (2nd ed.) New York: McGraw-Hill.

BREINES, J. G., CROCKER, J., & GARCIA, J. A. (2008) Self-objectification and well-being in women's daily lives. *Personality and Social Psychology Bulletin*, *34*, 583–595.

BRELAND, K., & BRELAND, M. (1966) *Animal behavior*. New York: Macmillan.

BREMNER, J. D. (1998) Neuroimaging of posttraumatic stress disorder. *Psychiatric Annals*, *28*, 445–455.

BRESCOLL, V. L., & UHLMANN, E. L. (2008) Can an angry woman get ahead? Status conferral, gender, and expression of emotion in the workplace. *Psychological Science*, *19*, 268–275.

BRIERS, B., PANDELAERE, M., DEWITTE, S., & WARLOP, L. (2006) Hungry for money: the desire for caloric resources increases the desire for financial resources and vice versa. *Psychological*

*Science, 17*, 939–943.

BRILEY, D. A., MORRIS, M. W., & SIMONSON, I. (2005) Cultural chameleons: Biculturals, conformity motives, and decision making. *Journal of Consumer Psychology, 15* (4), 351–362.

BRITT, T. W., ADLER, A. B., & BARTONE, P. T. (2001) Deriving benefits from stressful events: The role of engagement in meaningful work and hardiness. *Journal of Occupational Health Psychology, 6*, 53–63.

BROADBENT, D. E. (1958) *Perception and communication*. London: Pergamon.

BRODERICK, D. (2007) *Outside the gates of science*. New York: Thunder's Mouth Press.

BROOKS-GUNN, J., KLEBANOV, P. K., & DUNCAN, G. J. (1996) Ethnic differences in children's intelligence test scores: Role of economic deprivation, home environment, and maternal characteristics. *Child Development, 67*, 396–408.

BROOKS-GUNN, J., KLEBANOV, P. K., & LIAW, F. (1995) The learning, physical, and emotional environment of the home in the context of poverty: The Infant Health and Development Program. *Children & Youth Services Review, 17*, 251–276.

BROWN, A. E. (1936) Dreams in which the dreamer knows he is asleep. *Journal of Abnormal Psychology, 31*, 59–66.

BROWN, E. L., & DEFFENBACHER, K. (1979) *Perception and the senses*. Oxford: Oxford University Press.

BROWN, J. (1991) Staying fit and staying well: Physical fitness as a moderator of life stress. *Journal of Personality and Social Psychology, 60*, 555–561.

BROWN, J. M., (1958) Some tests of the decay theory of immediate memory. *Quarterly journal of experimental psychology, 10*, 12–21.

BROWN, R. (1974) Further comment on the risky shift. *American Psychologist, 29*, 468–470.

BROWN, R., CAZDEN, C. B., & BELLUGI, U. (1969) The child's grammar from 1 to 3. In J. P. Hill (Ed.), *Minnesota symposium on child psychology* (Vol. 2). Minneapolis: University of Minnesota Press.

BROWN, R. P., CHARNSANGAVEJ, T., KEOUGH, K. A., NEWMAN, M. L., & RENTFROW, P. J. (2000) Putting the 'affirm' into affirmative action: Preferential selection and academic performance. *Journal of Personality and Social Psychology, 79*, 736–747.

BROWN, R. W., & MCNEILL, D. (1966) The "tip-of-the-tongue" phenomenon. *Journal of Verbal Learning and Verbal Behavior, 5*, 325–337.

BROWNELL, K. (1988, January) Yo-yo dieting. *Psychology Today, 22*, 20–23.

BROWNELL, K., & HORGEN, K. B. (2004) *Food fight: The inside story of the food industry, America's obesity crsis, and what we can do about it*. New York: McGraw.

BRUCH, H. (1973) *Eating disorders: Obesity, anorexia nervosa, and the person within*. New York: Basic Books.

BRUN, C., & RAPP, R. C. (2001) Strengths-based case management: Individuals' perspectives on strengths and the case manager relationship. *Social Work, 46*(3), 278–288.

BRUNER, J. S. (1957) Going beyond the information given. In *Contemporary approaches to cognition: A symposium held at the University of Colorado*. Cambridge, MA: Harvard University Press.

BRUNER, J. S. (1997) Will the cognitive revolutions ever stop? In D. M. Johnson & C. E. Erneling (Eds.), *The future of the cognitive revolution*. New York: Oxford University Press.

BRUNER, J. S., & GOODMAN, C. C. (1947) Value and need as organizing factors in perception. *Journal of Abnormal and Social Psychology, 42*, 33–44.

BRUNER, J. S., & POTTER, M. C. (1964) Interference in visual search. *Science, 144*, 424–425.

BRUNER, J. S., GOODNOW, J. J., & AUSTIN, G. A. (1956) *A study of thinking*. New York: Wiley.

BRYAN, J. H., & TEST, M. A. (1967) Models and helping: Naturalistic studies in aiding behavior. *Journal of Personality and Social Psychology, 6*, 400–407.

BRYDON, K. (2003) AMO array multifocal lens versus monofocal correction in cataract surgery. *Journal of Cataract & Refractive Surgery, 26*, 96–100.

BUB, D., BLACKS, S., & HOWELL, J. (1989) Word recognition and orthographic context effects in a letter-by-letter reader. *Brain and Language, 36*, 357–376.

BUCHANAN, C. M., ECCLES, J. S., & BECKER, J. B. (1992) Are adolescents the victims of raging hormones? Evidence for activational effects of hormones on moods and behavior at adolescence. *Psychological Bulletin, 111*, 62–107.

BUCHANAN, T. W. (2007) Retrieval of emotional memories. *Psychological Bulletin, 133*, 761–779.

BUCK, L., & AXEL, R. (1991) A novel multigene family may encode odorant receptors: A molecular basis for odor recognition. *Cell, 65*, 175–187.

BUGGE, J. F. (2009) Brain death and its implications for management of the potential organ donor. *Acta Anaesthesiologica Scandinavica, 53*, 1239–1250.

BUNDY, C., CARROLL, D., WALLACE, L., & NAGLE, R. (1998) Stress management and exercise training in chronic stable angina pectoris. *Psychology & Health, 13*, 147–155.

BURGER, J. M. (2009) Replicating Milgram: Would people still obey today? *American Psychologist, 64*, 1–11.

BURKE, M. A., HEILAND, F. W., & NADLER, C. M. (2010) From "overweight" to "about right": Evidence of a generational shift in body weight norms. *Obesity, 18*(6), 1226–1234.

BURNETT, R., & MARUNA, S. (2006) The kindness of prisoners: Strengths-based resettlement in theory and in action. *Criminology and Criminal Justice, 6*(1), 83–106.

BURNSTEIN, E., & VINOKUR, A. (1973) Testing two classes of theories about group-induced shifts in individual choice. *Journal of Experimental Social Psychology, 9*, 123–137.

BURNSTEIN, E., & VINOKUR, A. (1977) Persuasive arguments and social comparison as determinants of attitude polarization. *Journal of Experimental Social Psychology, 13*, 315–332.

BUSEY, T. A., & Loftus, G. R. (1994) Sensory and cognitive components of visual information acquisition. *Psychological Review, 101*, 446–469.

BUSEY, T. A., TUNNICLIFF, J., LOFTUS, G. R., & LOFTUS, E. F. (2000) Accounts of the confidence-accuracy relation in recognition memory. *Psychonomic Bulletin and Review, 7*, 26–48.

BUSINCK, R. AND KUIKEN, D. (1996). Identifying types of Impactful Dreams: A Replication. *Dreaming, 6*, 97–120

BUSS, D. M. (1989) Sex differences in human mate preferences:

Evolutionary hypotheses testing in 37 cultures. *Behavioral and Brain Sciences*, *12*, 1–49.

BUSS, D. M. (1994a) *The evolution of desire: Strategies of human mating*. New York: Basic Books.

BUSS, D. M. (1994b) Personality evoked: The evolutionary psychology of stability and change. In T. F. Heatherton & J. Weinberger (Eds.), *Can personality change?* Washington, DC: APA Press.

BUSS, D. M. (2007) The evolution of human mating. *Acta Psychologica Sinica*, *39*, 502–512.

BUSS, D. M. (2009) The great struggles of life: Darwin and the emergence of evolutionary psychology. *American Psychologist*, *64*, 140–148.

BUSS, D. M., & KENRICK, D. T. (1998) Evolutionary social psychology. In D. T. Gilbert, S. T. Fiske, & G. Lindzey (Eds.), *Handbook of social psychology*, Vol. 2 (4th ed., pp. 982–1026). Boston: McGraw-Hill.

BUSS, D. M., & SCHMIDT, D. P. (1993) Sexual strategies theory: An evolutionary perspective on human mating. *Psychological Review*, *100*, 204–232.

BUSS, D. M., & SHACKELFORD, T. K. (1997) Human aggression in evolutionary psychological perspective. *Clinical Psychology Reviews*, *17*, 605–619.

BUSS, D. M., LARSEN, R. J., WESTERN, D., & SEMMELROTH, J. (1992) Sex differences in jealousy: Evolution, physiology, and psychology. *Psychological Science*, *3*, 251–255.

BUSSEY, K., & BANDURA, A. (2004) Social cognitive theory of gender development and functioning. In A. H. Eagly, A. E. Beall, & R. J. Sternberg (Eds.), *The psychology of gender* (2nd ed.) (pp. 92–119). New York: Guilford.

BUTLER, J. M., & HAIGH, G. V. (1954) Changes in the relation between self-concepts and ideal concepts consequent upon client centered counseling. In C. R. Rogers & R. F. Dymond (Eds.), *Psychotherapy and personality change: Coordinated studies in the client-centered approach* (pp. 55–76). Chicago: University of Chicago Press.

BUTLER, S. F., BUDMAN, S. H., FERNANDEZ, K., BENOIT, C., & JAMISON, R. N. (2008) Validation of the revised Screener and Opioid Assessment for Patients with Pain (SOAPP-R). *Journal of Pain*, *9*, 360–372.

BUTLER, S. F., BUDMAN, S. H., FERNANDEZ, K. C., HOULE, B., BENOIT, C., KATZ, N., & JAMISON, R. N. (2007) Development and validation of the Current Opioid Misuse Measure. *Pain*, *130*, 144–156.

BUTTERFIELD, E. L., & SIPERSTEIN, G. N. (1972) Influence of contingent auditory stimulation on nonnutritional sucking. In J. Bosma (Ed.), *Oral sensation and perception: The mouth of the infant*. Springfield, IL: Charles B. Thomas.

CABANAC, M. (2010) The dialectics of pleasure. In M. L. Kringelbach & K. C. Berridge (Eds.), *Pleasures in the brain* (pp. 113–124). New York: Oxford University Press.

CACIOPPO, J. T., GARDNER, W. L., & BERNTSON, G. G. (1999) The affect system has parallel and integrative processing components: Form follows function. *Journal of Personality and Social Psychology*, *76*, 839–855.

CACIOPPO, J. T., BERNTSON, G. G., LARSEN, J. T., POEHLMANN, K. M., & ITO, T. A. (2000) The psychophysiology of emotion. In M. Lewis & J. M. Haviland-Jones (Eds.), *Handbook of emotions* (2nd ed., pp. 173–191). New York: Guilford.

CAIN, W. S. (1988) Olfaction. In R. C. Atkinson, R. J. Hernstein, G. Lindzey, & R. D. Luce (Eds.), *Stevens' handbook of experimental psychology* (Vol. 1, pp. 409–459). New York: Wiley.

CAMERON, C. D., & PAYNE, B. K. (2011) Escaping affect: How motivated emotion regulation drives insensitivity to mass suffering. *Journal of Personality and Social Psychology*, *100*, 1–15.

CAMP, B. W., BROMAN, S. H., NICHOLS, P. L., & LEFF, M. (1998) Maternal and neonatal risk factors for mental retardation: Defining the "at-risk" child. *Early Human Development*, *50*, 159–173.

CAMPBELL, P. H., MILBOURNE, S. A., & SILVERMAN, C. (2001) Strengths-based child portfolios: A professional development activity to alter perspectives of children with special needs. *Topics in Early Childhood Special Education*, *21*(3), 152–161.

CAMPOS, J. J., BARRETT, K. C., LAMB, M. E., GOLDSMITH, H. H., & STENBERG, C. (1983) Socioemotional development. In P. Mussen (Ed.), *Handbook of child psychology* (Vol. 1, pp. 1–101). New York: Wiley.

CANNON, T., & KELLER, M. C. (2006) Endophenotypes in the genetic analyses of mental disorders. *Annual Review of Clinical Psychology*, *2*, 267–290.

CANNON, W. B. (1927) The James-Lange theory of emotions: A critical examination and an alternative theory. *American Journal of Psychology*, *39*, 106–124.

CARAMAZZA, A., & ZURIF, E. B. (1976) Dissociation of algorithmic and heuristic processes in language comprehension: Evidence from aphasia. *Brain and Language*, *3*, 572–582.

CARDOZO, B. L., VERGARA, A., AGAIN, F., & COTWAY, C. A. (2000) Mental health, social functioning, and attitudes of Kosovar Albanians following the war in Kosovo. *Journal of the American Medical Association*, *284*, 569–577.

CARMICHAEL, L., HOGAN, H. P., & WALTER, A. A (1932) An experimental study of the effect of language on the reproduction of visually perceived form. *Journal of Experimental Psychology*, *15*, 73–86.

CARNEY, P. R., BERRY, R. B., & GEYER, J. D. (2004) *Clinical sleep disorders*. Philadelphia: Lippincott Williams & Wilkins.

CARPENTER, P. A., JUST, M. A., & SHELL, P. (1990) What one intelligence test measures: A theoretical account of the processing in the Raven Progressive Matrices Test. *Psychological Review*, *97*, 404–431.

CARROLL, J. M., YIK, M. S. M., RUSSELL, J. A., & BARRETT, L. F. (1999) On the psychometric principles of affect. *Review of General Psychology*, *3*, 14–22.

CARROLL, M. E., & OVERMIER, J. B. (2001) *Animal research and human health: Advancing human welfare through behavioral science*. Washington, DC: American Psychological Association.

CARTER, M. M., HOLLON, S. D., CARON, R. S., & SHELTON, R. C. (1995) Effects of a safe person on induced distress following a biological challenge in panic disorder with agoraphobia. *Journal of Abnormal Psychology*, *104*, 156–163.

CARVER, C. S., & SCHEIER, M. F. (1981) *Attention and self-regulation: A control-theory approach to human behavior*. New York: Springer-Verlag.

CARVER, C. S., SMITH, R. G., ANTONI, M. H., PETRONIS, V. M., WEISS, S., & DERHAGOPIAN, R. P. (2005) Optimistic personality and psychosocial well-being during treatment predict psychosocial well-being among long-term survivors of breast cancer. *Health*

*Psychology*, *24*, 508–516.
CARVER, C. S., POZO C,. HARRIS, S. D., NORIEGA, V., SCHEIER, M. F., ROBINSON, D. S., KETCHAM, A. S., MOFFAT, F. L., JR., & CLARK, K. C. (1993) How coping mediates the effect of optimism on distress: A study of women with early stage breast cancer. *Journal of Personality and Social Psychology*, *65*, 375–90.
CASE, R., & OKAMOTO, Y. (1996) The role of central conceptual structures in the development of children's thoughts. *Nomographs of the Society for Research in Child Development*, *61*, 1–265.
CASEY, B. J., TOTTENHAM, N., LISTON, C., & DURSTON, S. (2005) Imaging the developing brain: What have we learned about cognitive development? *Trends in Cognitive Science*, *9*, 104–110.
CASPI, A., & HERBENER, E. S. (1990) Continuity and change: Assortative marriage and the consistency of personality in adulthood. *Journal of Personality and Social Psychology*, *58*, 250–258.
CASPI, A., & MOFFIT, T. E. (1991) Individual differences are accentuated during periods of social change: The sample case of girls at puberty. *Journal of Personality and Social Psychology*, *61*, 157–168.
CASPI, A., HARIRI, A. R., HOLMES, A., UHER, R., & MOFFITT, T. E. (2011) Genetic sensitivity to the environment: The case of the serotonin transporter gene and its implications for studying complex diseases and traits. In K. A. Dodge and M. Rutter (Eds.), *Gene-environment interactions in developmental psychopathology* (p. 1858). New York: Guilford Press.
CASTELLI, F., FRITH, C., HAPPE, F., & FRITH, U. (2002) Autism, Asperger's syndrome and brain mechanisms for the attribution of mental states to animated shapes. *Brain*, *125*, 1839–1849.
CATALINO, L. I., & FREDRICKSON, B. L. (2011) A Tuesday in the life of a flourisher: The role of positive emotional reactivity in optimal mental health. *Emotion*, *11*, 938–950.
CATANI, M., JONES, D. K., & FFYTCHE, D. H. (2005) Perisylvian language networks of the human brain. *Annals of Neurology*, *57*(1), 8–16.
CATTEANO, L., & RIZZOLATTI, G. (2009) The mirror neuron system. *Archives of Neurology*, *66*, 557–560.
CATTELL, R. B. (1943) The description of personality: Basic traits resolved into clusters. *Journal of Abnormal and Social Psychology*, *38*, 476–507.
CATTELL, R. B. (1945) The description of personality: Principles and findings in a factor analysis. *American Journal of Psychology*, *58*, 69–90.
CATTERALL, W. A. (2000) From ionic currents to molecular mechanisms: the structure and function of voltage-gated sodium channels. *Neuron*, *26*, 13–25.
CECI, S. J. (1990) *On intelligence … more or less: A bioecological treatise on intellectual development*. Englewood Cliffs, NJ: Prentice-Hall.
CECI, S. J. (1996) *On intelligence: A bioecological treatise*. Cambridge, MA: Harvard University Press.
CECI, S. J., & BRUCK, M. (1993) The suggestibility of the child witness: A historical review and synthesis. *Psychological Bulletin*, *113*, 403–409.
CECI, S. J., & ROAZZI, A. (1994) The effect of context on cognition: Postcards from Brazil. In R. J. Sternberg & R. K. Wagner (Eds.), *Mind in context: Interactionist perspectives on human intelligence*. Cambridge: Cambridge University Press.
CENTERS FOR DISEASE CONTROL (2012) Youth risk behavior surveillance – United States. *MMWR*, *61* (SS–4).
CERNOCH, J. M., & PORTER, R. H. (1985) Recognition of maternal axillary odors by infants. *Child Development*, *56*, 1593–1598.
CESARANI, D. (2004) *Eichmann: His Life and Crimes*. London: Heinemann.
CHAIKEN, S., & TROPE, Y. (1999) *Dual-process theories in social psychology*. New York: Guilford.
CHANG, G., CHEN, L., & MAO, J. (2007) Opioid tolerance and hyperalgesia. *Medical Clinics of North America*, *81*, 199–211.
CHAPMAN, L. J., & CHAPMAN, J. P. (1969) Illusory correlation as an obstacle to the use of valid psychodiagnostic signs. *Journal of Abnormal Psychology*, *74*, 271–280.
CHASE, W. G., & SIMON, H. A. (1973) The mind's eye in chess. In W. G. Chase (Ed.), *Visual information processing* (pp. 215–281). New York: Academic Press.
CHATER, N., & CHRISTIANSEN, M. H. (2012) *A solution to the logical problem of language evolution: Language as an adaptation to the human brain*. Available at: http://cnl.psych.cornell.edu/pubs/2012-cc-EvoLang-Hbk.pdf (Accessed: January 18, 2013).
CHAUDURI, H. (1965) *Philosophy of meditation*. New York: Philosophical Library.
CHEN, M., & BARGH, J. A. (1997) Nonconscious behavioral confirmation processes: The self-fulfilling consequences of automatic stereotype activation. *Journal of Experimental Social Psychology*, *33*, 541–560.
CHEN, S., & ANDERSEN, S. M. (1999) Relationships from the past in the present: Significant-other representations and transference in interpersonal life. *Advances in Experimental Social Psychology*, *31*, 123–190.
CHEN, S., & CHAIKEN, S. (1999) The heuristic-systematic model in its broader context. In S. Chaiken & Y. Trope (Eds.), *Dual-process theories in social psychology* (pp. 73–96). New York: Guilford.
CHENG, A. T. A., HAWTON, K., CHEN, T. H. H., YEN, A. M. F., CHANG, J.-C., CHONG, M.-Y., LIU, C.-Y., LEE, C., TEN, P.-R., & CHEN, L.-C. (2007) The influence of media reporting of a celebrity suicide on suicidal behavior in patients with a history of depressive disorder. *Journal of Affective Disorders*, *103*, 69–75.
CHEN, S. C. (1937) Social modification of the activity of ants in nest-building. *Physiological Zoology*, *10*, 420–436.
CHENG, P. W., HOLYOAK, K. J., NISBETT, R. E., & OLIVER, L. (1986) Pragmatic versus syntactic approaches to training deductive reasoning. *Cognitive Psychology*, *18*, 293–328.
CHENG, Y., LIN, C. P., LIU, H. L., HSU, Y. Y., LIM, K. E., HUNG, D., & DECETY, J. (2007) Expertise modulates the perception of pain in others. *Current Biology*, *17* (19), 1708–1713.
CHERRY, E. C. (1953) Some experiments on the recognition of speech with one and with two ears. *Journal of the Acoustical Society*, *25*, 975–979.
CHESS, S., & THOMAS, A. (1984) *Origins and evolution of behavior disorders: Infancy to early adult life*. New York: Brunner/Mazel.
CHI, M. (1978) Knowledge structures and memory development. In R. S. Siegler (Ed.), *Children's thinking: What develops?* Hillsdale, NJ: Erlbaum.
CHI, M. T. H., & FELTOVISH, R. (1981) Categorization and

representation of physics problems by experts and novices. *Cognitive Science*, *5*, 121–152.

CHIESA, A., & SERRETTI, A. (2010) A systematic review of neurobiological and clinical features of mindfulness meditation. *Psychological Medicine*, *40*, 1239–1252.

CHIVERS, M. L., SETO, M. C., & BLANCHARD, R. (2007) Gender and sexual orientation differences in sexual response to sexual activities versus gender of actors in sexual films. *Journal of Personality and Social Psychology*, *93*, 1108–1121.

CHIVERS, M. C., RIEGER, G., LATTY, E. A., & BAILEY, J. M. (2004) A sex difference in the specificity of sexual arousal. *Psychological Science*, *15,* 736–744.

COHEN, E. (2010) From the Bhodi tree, to the analyst's couch, then into the MRI scanner: The psychologisation of Buddhism. *Annual Review of Critical Psychology, 8*, 97–119.

CHOI, I., NISBETT, R. E., & NORENZAYAN, A. (1999) Causal attribution across cultures: Variation and universality. *Psychological Bulletin*, *125*, 47–63.

CHOMSKY, N. (1957) *Syntactic structures*. Hague: Mouton.

CHOMSKY, N. (1959) A review of B. F. Skinner's 'Verbal Behavior'. *Language*, *35*, 26–58.

CHOMSKY, N. (1965) *Aspects of the theory of syntax*. Cambridge, MA: MIT Press.

CHOMSKY, N. (1972) *Language and mind* (2nd ed.). New York: Harcourt Brace Jovanovich.

CHOMSKY, N. (1991, March) Quoted in *Discover*.

CHOU, C., CONDRON, L., & BELLAND, J. C. (2005) A review of the research on internet addiction. *Educational Psychology Review*, *17*, 363–388.

CHOU, R., CLARK, E., & HELFAND, M. (2003) Comparative efficacy and safety of long-acting oral opioids for chronic non-cancer pain: A systematic review. *Journal of Pain and Symptom Management*, *26*, 1026–1048.

CHOU, R, FANCIULLO, G. J., & FINE, P. G., American Pain Society – American Academy of Pain Medicine Opioid Guidelines Panel (2009) Clinical guideline for the use of chronic opioid therapy in chronic noncancer pain. *Journal of Pain*, *10*, 113–130.

CHRISTENSEN, H., GRIFFITHS, K. M., & JORM, A. F. (2004) Delivering interventions for depression using the internet: Randomized controlled trial. *British Medical Journal*, *328*, 265.

CHURCHLAND, P. S., & SEJNOWSKI, T. J. (1988) Perspectives on cognitive neuroscience. *Science*, *242*, 741–745.

CLARK, D. M. (1988) A cognitive model of panic attacks. In S. Rachman & J. D. Maser (Eds.), *Panic: Psychological perspectives*. Hillsdale, NJ: Erlbaum.

CLARK, D. M., EHLERS, A., HACKMANN, A., MCMANUS, F., *et al.* (2006) Cognitive therapy versus exposure and applied relaxation in social phobia: A randomised controlled trial. *Journal of Consulting and Clinical Psychology*, *74*, 568–578.

CLARK, D. M., SALKOVSKIS, P. M., HACKMANN, A., MIDDLETON, H., & collaborators. (1994) A comparison of cognitive therapy, applied, relaxation, and imipramine in the treatment of panic disorder. *British Journal of Psychiatry*, *164*, 759–769.

CLARK, E. V. (1983) Meanings and concepts. In P. H. Mussen (Ed.), *Handbook of child psychology* (Vol. 3). New York: Wiley.

CLARKE-STEWART, K. A. (1973) Interactions between mothers and their young children: Characteristics and consequences. *Monographs of the Society for Research in Child Development*, *38* (6 & 7, Serial No. 153).

CLOUTIER, J., MASON, M. F., & MACRAE, C. N. (2005) The perceptual determinants of person construal: Reopening the social-cognitive toolbox. *Journal of Personality and Social Psychology*, *88* (6), 885–894.

COBB, J. P., HOTCHKISS, R. S., KARL, I. E., & BUCHMAN, T. G. (1996) Mechanisms of cell injury and death. *British Journal of Anaesthesia*, *77*, 3–10.

COHEN, N. J., & SQUIRE, L. R. (1980) Preserved learning and retention of pattern analyzing skill in amnesia: Dissociation of knowing how and knowing that. *Science*, *210*, 207–209.

COHEN, S., & EDWARDS, J. R. (1989) Personality characteristics as moderators of the relationship between stress and disorder. In R. J. Neufeld (Ed.), *Advances in the investigation of psychological stress* (pp. 235–283). New York: Wiley.

COHEN, S., TYRRELL, D. A. J., & SMITH, A. P. (1991) Psychological stress and susceptibility to the common cold. *New England Journal of Medicine*, *325*, 606–612.

COHN, M. A., FREDRICKSON, B. L., BROWN, S. L., MIKELS, J. A., & CONWAY, A. M. (2009) Happiness unpacked: Positive emotions increase life satisfaction by building resilience. *Emotion*, *9*, 361–368.

COLAPINTO, J. (2000). *As nature made him: The boy who was raised as a girl.* New York: HarperCollins.

COLBY, A., KOHLBERG, L., GIBBS, J., & LIEBERMAN, M. A. (1983) A longitudinal study of moral judgment. *Monographs of the Society for Research in Child Development*, *48*, 1–2.

COLE, M., & COLE, S. R. (2001) *The development of children*. New York: Worth.

COLE, P. M., ZAHN-WAXLER, C., & SMITH, K. D. (1994) Expressive control during a disappointment: Variations related to preschoolers' behavior problems. *Developmental Psychology*, *30*, 835–846.

COLE, S. W. (2009) Social regulation of human gene expression. *Current Directions in Psychological Science*, *18*, 132–137.

COLE, S. W., HAWKLEY, L. C., AREVALO, J. M. G., & CACIOPPO, J. T. (2011) Transcript origin analysis identifies antigen-presenting cells as primary targets of socially-regulated gene expression in leukocytes. *Proceedings of the National Academy of Science*, *108*, 3080–3085.

COLE, S. W., KEMENY, M. E., TAYLOR, S. E., & VISSCHER, B. R. (1996) Elevated physical health risk among gay men who conceal their homosexual identity. *Health Psychology*, *15*, 243–251.

COLE, S. W., KEMENY, M. E., TAYLOR, S. E., VISSCHER, B. R., & FAHEY, J. L. (1995) Accelerated course of human immunodeficiency virus infection in gay men who conceal their homosexual identity. *Psychosomatic Medicine*, *58*, 219–238.

COLEY, R. L., KUO, F. E., & SULLIVAN, W. C. (1997) Where does community grow? The social context created by nature in urban public housing. *Environment & Behavior*, *29*(4), 468–494.

COLEGROVE, F. W. (1899) Individual memories. *American Journal of Psychology*, *10*, 228–255.

COLLINS, H. (2012) Language as a repository for tacit knowledge. In T. Schilhab, F. Stjernfelt & T. Deacon (Eds.), *The symbolic species evolved* (pp.225–239). Netherlands: Springer.

COLLINS, W. A., MACCOBY, E. E., STEINBERG, L., HETHERINGTON, E. M., & BORNSTEIN, M. H. (2000) Contemporary research on parenting: The case for nature and nurture. *American*

*Psychologist*, *55*, 218–232.

COLTHEART, M. (1980) Iconic memory and visible persistence. *Perception and Psychophysics*, *27*, 183–228.

CONKLIN, H. M., & IACONO, W. G. (2002) Schizophrenia: A neurodevelopmental perspective. *Current directions in Psychological Science*, *11*, 33–37.

CONRAD, R. (1964) Acoustic confusions in immediate memory. *British Journal of Psychology*, *55*, 75–84.

COOKE, A. (in press) Readying the head and steadying the heart: A review of cortical and cardiac studies of preparation for action in sport. *International Review of Sport and Exercise Psychology*, DOI: 10.1080/1750984X.2012.724438.

COOMBES, S. A., CAURAUGH, J. H., & JANELLE, C. M. (2007) Dissociating motivational direction and affective valence: specific emotions alter central motor processes. *Psychological Science*, *18*, 938–942.

COOPER, J., & HOGG, M. A. (2007) Feeling the anguish of others: A theory of vicarious dissonance. *Advances in Experimental Social Psychology*, *39*, 359–403.

COOPER, L. A., & SHEPARD, R. N. (1973) Chronometric studies of the rotation of mental images. In W. G. Chase (Ed.), *Visual information processing*. New York: Academic Press.

COOPER, L. M. (1979) Hypnotic amnesia. In E. Fromm & R. E. Shor (Eds.), *Hypnosis: Developments in research and new perspectives* (Rev. Ed.). New York: Aldine.

COOPER, R. P., ABRAHAM, J., BERMAN, S., & STASKA, M. (1997) The development of infant preference for motherese. *Infant Behavior and Development*, *20*, 477–488.

COOPER, Z., FAIRBURN, C. G., & HAWKER, D. M. (2004) *Cognitive-behavioral treatment of obesity*. New York: Guilford Press.

CORBETTA, M., MIEZIN, F. M., DOBMEYER, S., SCHULMAN, G. L., & PETERSON, S. E. (1990) Attentional modulation of neural processing of shape, color, and velocity in humans. *Science*, *248*, 1556–1559.

CORBETTA, M., MIEZIN, F. M., SHULMAN, G. L., & PETERSEN, S. E. (1991) Selective attention modulates extrastriate visual regions in humans during visual feature discrimination and recognition In D. J. Chadwick & J. Whelan (Eds.), *Ciba Foundation symposium 163: Exploring brain functional anatomy with positron tomography* (pp. 165–180) Chichester: Wiley.

CORBETTA, M., MIEZIN, F. M., SHULMAN, G. L., & PETERSEN, S. E. (1993) A PET study of visuospatial attention. *Journal of Neuroscience*, *13*, 1202–1226.

COREN, S. (1992) The moon illusion: A different view through the legs. *Perceptual and Motor Skills*, *75*, 827–831.

COREN, S., & GIRGUS, J. S. (1980) Principles of perceptual organization and spatial distortion: The gestalt illusions. *Journal of Experimental Psychology: Human Perception and Performance*, *6*, 404–412.

COREN, S., WARD, L. M., & ENNS, J. T. (1999) *Sensation and perception* (5th ed.). Fort Worth: Harcourt Brace.

CORKUM, V., & MOORE, C. (1998) The origins of joint visual attention in infants. *Developmental Psychology*, *34*(1), 28–38.

CORNELIUS, M. D., GOLDSCHMIDT, L., DAY, N. L., & LARKBY, C. (2002) Alcohol, tobacco, and marijuana use among pregnant teenagers: 6-year follow-up of offspring growth effects. *Neurotoxicology & Teratology*, *24*, 703–710.

CORRELL, J., PARK, B., JUDD, C. M., & WITTENBRINK, B. (2002) The police officer's dilemma: Using ethnicity to disambiguate potentially threatening individuals. *Journal of Personality & Social Psychology*, *83*, 1314–1329.

CORTI, R., BINGGELI, C., SUDANO, I., SPIEKER, L., HÄNSELER, E., RUSCHITZKA, F., CHAPLIN, W. F., LÜSCHER, T. F., & NOLL, G. (2002) Coffee acutely increases sympathetic nerve activity and blood pressure independently of caffeine content: Role of habitual versus nonhabitual drinking. *Circulation*, *106*, 2935–2940.

COSCINA, D. V., & DIXON, L. M. (1983) Body weight regulation in anorexia nervosa: Insights from an animal model. In F. L. Darby, P. E. Garfinkel, D. M. Garner, & D. V. Coscina (Eds.), *Anorexia nervosa: Recent developments*. New York: Allan R. Liss.

CÔTÉ, S., LOPES, P. N., SALOVEY, P., & MINERS, C. T. H. (2010) Emotional intelligence and leadership emergence in small groups. *Leadership Quarterly*, *21*, 496–508.

COTTRELL, N. B., RITTLE, R. H., & WACK, D. L. (1967) Presence of an audience and list type (competitional or noncompetitional) as joint determinants of performance in paired-associates learning. *Journal of Personality*, *25*, 425–434.

COTTRELL, N. B., WACK, D. L., SEKERAK, G. J., & RITTLE, R. H. (1968) Social facilitation of dominant responses by the presence of an audience and the mere presence of others. *Journal of Personality and Social Psychology*, *9*, 245–250.

COULL, J. T., FRITH, C. D., FRACKOWIAK, R. S. J., & GRASBY, P. M. (1996) A fronto-parietal network for rapid visual information processing: A PET study of sustained attention and working memory. *Neuropsychologia*, *34*, 1085–1095.

COURAGE, M. L., & ADAMS, R. J. (1990a) Visual acuity assessment from birth to three years using the acuity card procedures: Cross-sectional and longitudinal samples. *Optometry and Vision Science*, *67*, 713–718.

COURAGE, M. L., & ADAMS, R. J. (1990b) The early development of visual acuity in the binocular and monocular peripheral fields. *Infant Behavioral Development*, *13*, 123–128.

CRAIGHEAD, L. W., STUNKARD, A. J., & O'BRIEN, R. M. (1981) Behavior therapy and pharmacotherapy for obesity. *Archives of General Psychiatry*, *38*, 763–768.

CRAIK, F. I. M., & TULVING, E. (1975) Depth of processing and the retention of words in episodic memory. *Journal of Experimental Psychology: General*, *104*, 268–294.

CRANDALL, C. S., MERMAN, A., & HEBL, A. (2009) Anti-fat prejudice. In T. D. Nelson (Ed.), *Handbook of prejudice, stereotyping, and discrimination* (pp. 469–487). New York: Psychology Press.

CRANO, W. D., & SEYRANIAN, V. (2009) How minorities prevail: The context/comparison-leniency contract model. *Journal of Social Issues*, *65*, 335–363.

CRASILNECK, H. B., & HALL, J. A. (1985) *Clinical hypnosis: Principles and applications* (2nd ed.). Orlando, FL: Grune & Stratton.

CRASKE, M. G., & WATERS, A. M. (2005) Panic disorder, phobias, and generalized anxiety disorder. *Annual Review of Clinical Psychology*, *1*, 197–226.

CREUSERE, M. A. (1999) Theories of adults' understanding and use of irony and sarcasm: Applications to and evidence from research with children. *Developmental Review*, *19*, 213–262.

CRICK, F., & MITCHINSON, G. (1983) The function of dream sleep.

*Nature*, *304*, 111–114.

CRICK, N. R., & DODGE, K. A. (1994) A review and reformulation of social information-processing mechanisms in children's social adjustment. *Psychological Bulletin*, *115*, 74–101.

CRITS-CHRISTOPH, P., COOPER, A., & LUBORSKY, L. (1990) The measurement of accuracy of interpretations. In L. Luborsky & P. Crits-Christoph (Eds.), *Understanding transference: The CCRT method* (pp. 173–188). New York: Basic Books.

CROMWELL, P. F., MARKS, A., OLSON, J. N., & AVARY, D. W. (1991) Group effects on decision-making by burglars. *Psychological Reports*, *69*, 579–588.

CRONKITE, R. C., MOOS, R. H., TWOHEY, J., COHEN, C., & SWINDLE, R. (1998) Life circumstances and personal resources as predictors of the ten-year course of depression. *American Journal of Community Psychololgy*, *26*, 255–280.

CROSBY, F. J. (2004) *Affirmative action is dead: Long live affirmative action*. New Haven, Ct: Yale University Press.

CROSBY, F. J., IYER, A., & SINCHAROEN, S. (2006) Understanding affirmative action. *Annual Review of Psychology*, *57*, 586–611.

CROSBY, F. J., IYER, A., CLAYTON, S., & DOWNING, R. (2003) Affirmative action: Psychological data and the policy debates. *American Psychologist*, *58*, 93–115.

CROSBY, F. J., SABATTINI, L., & AIZAWA, M. (in press) Affirmative action and gender equality. In M. K. Ryan & N. R. Branscombe (Eds.), *The Sage handbook of gender and psychology*. London: Sage.

CROSS, G., MORGAN, C., MOONY, A., MARTIN, C., & RAFTER, J. (1990) Alcoholism treatment: A ten-year follow-up study. *Alcoholism Clinical and Experimental Research*, *14*, 169–173.

CROSS, S. E., & MARKUS, H. R. (1999) The cultural constitution of personality. In L. A. Pervin & O. P. John (Eds.), *Handbook of personality: theory and research* (pp. 378–398). New York: Guilford Press.

CURCI, A., LUMINET, O., FINKENAUER, C., & GISLE, L. (2001) Flashbulb memories in social groups: A comparative test-retest study of the memory of French President Mitterrand's death in a French and a Belgian group. *Memory*, *9*, 81–101.

CURTISS, S. (1977) *Genie: A psycholinguistic study of a modern-day "wild child*". New York: Academic Press.

CUTTING, J. E. (1986) *Perception with an eye for motion*. Cambridge, MA: MIT Press.

CYNADER, M., TIMNEY, B. N., & MITCHELL, D. E. (1980) Period of susceptibility of kitten visual cortex to the effects of monocular deprivation extends beyond 6 months of age. *Brain Research*, *191*, 545–550.

DALY, M., & WILSON, M. I. (1990) Killing the competition: Female/female and male/male homicide. *Human Nature*, *1*, 81–107.

DAMASIO, A. R. (1985) Disorders of complex visual processing: Agnosia, achromatopsia, Balint's syndrome, and related difficulties of orientation and construction. In M. M. Mesulam (Ed.), *Principles of behavioral neurology* (pp. 259–288). Philadelphia: F. A. Davis.

DAMASIO, A. R. (1990) Category-related recognition defects as a clue to the neural substrates of knowledge. *Trends in Neurosciences*, *13*, 95–98.

DAMASIO, A. R. (1994) *Descartes' error*. New York: Putnam.

DAMASIO, H., GRABOWSKI, T., FRANK, R., GALABURDA, A. M., & DAMASIO, A. R. (1994) The return of Phineas Gage: Clues about the brain from the skull of a famous patient. *Science*, *264*, 1102–1105.

DANEMAN, M., & CARPENTER, P. A. (1980) Individual differences in working memory and reading. *Journal of Verbal Learning and Verbal Behavior*, *19*, 450–466.

DANNER, D. D., SNOWDON, D. A., & FRIESEN, W. V. (2001) Positive emotions in early life and longevity: Findings from the nun study. *Journal of Personality and Social Psychology*, *80*, 804–813.

D'ARGEMBEAU, A., COMBLAIN, C., & VAN DER LINDEN, M. (2005) Affective valence and the self-reference effect: Influence of retrieval conditions. *British Journal of Psychology*, *96*, 457–466.

DARLEY, J. M., & LATANÉ, B. (1968) Bystander intervention in emergencies: Diffusion of responsibility. *Journal of Personality and Social Psychology*, *8*, 377–383.

DARWIN, C. (1859) *On the origin of species*. London: Murray.

DARWIN, C. (1872) *The expression of emotion in man and animals*. New York: Philosophical Library.

DASGUPTA, N., MCGHEE, D. E., GREENWALD, A. G., & BANAJI, M. R. (2000) Automatic preference for White Americans: Eliminating the familiarity explanation. *Journal of Experimental Social Psychology*, *36*, 316–328.

DASHIELL, J. F. (1930) An experimental analysis of some group effects. *Journal of Abnormal and Social Psychology*, *25*, 190–199.

DAVENPORT, D. S., & YURICH, J. M. (1991) Multicultural gender issues. *Journal of Counseling and Development*, *70*, 64–71.

DAVIDOFF, J., DAVIES, I., & ROBERSON, D. (1999) Color categories of a stone-age tribe. *Nature*, *398*, 203–204.

DAVIDSON, J. (1989) Sexual emotions, hormones, and behavior. *Advances*, *6*, 56–58.

DAVIDSON, R. J. (1992) Anterior cerebral asymmetry and the nature of emotion. *Brain & Cognition*, *20*, 125–151.

DAVIDSON, R. J., PUTNAM, K. M., & LARSON, C. L. (2000) Dysfunction in the neural circuitry of emotion regulation—A possible prelude to violence. *Science*, *289*, 591–594.

DAVIDSON, R. J., KABAT-ZINN, J., SCHUMACHER, J., ROSENKRANZ, M., MULLER, D., SANTORELLI, S. F., URBANOWSKI, F., HARRINGTON, A., BONUS, K., & SHERIDAN, J. F. (2003) Alterations in brain and immune function produced by mindfulness meditation. *Psychosomatic Medicine*, *65*, 564–570.

DAVIS, C. A., LEVITAN, R. D., REID, C., CARTER, J. C., KAPLAN, A. S., PATTE, K. A., *et al*. (2009) Dopamine for "wanting" and opioids for "liking": A comparison of obese adults with and without binge eating. *Obesity*, 17, 1220–1225.

DAVIS, C. G., & NOLEN-HOEKSEMA, S. (in press) Positive responses to loss. In S. Lopez & R. Snyder (Eds.), *Handbook of Positive Psychology*, Vol. 2. New York: Oxford University Press.

DAVIS, M. (1997) Neurobiology of fear responses: The role of the amygdala. *Journal of Neuropsychiatry and Clinical Neurosciences*, *9*, 382–402.

DAY, A. L., & CARROLL, S. A. (2008) Faking emotional intelligence (EI): Comparing response distortion on ability and trait-based EI measures. *Journal of Organizational Behavior*, *29*, 761–784.

DEAUX, K. (1984) From individual differences to social categories: Analysis of a decade's research on gender. *American Psychologist*, *39*, 105–116.

DECASPER, A. J., & FIFER, W. P. (1980) Of human bonding: Newborns prefer their mothers' voices. *Science, 208*, 1174–1176.

DECASPER, A. J., & PRESCOTT, P. A. (1984) Human newborns' perception of male voices: Preference, discrimination and reinforcing value. *Developmental Psychobiology, 17*, 481–491.

DECASPER, A. J., & SPENCE, M. J. (1986) Prenatal maternal speech influences newborns' perception of speech sounds. *Infant Behavior and Development, 9*, 133–150.

DECASPER, A. J., LECANUET, J. P., BUSNEL, M. C., GRANIER-DEFERRE, C., & MAUGEAIS, R. (1994) Fetal reactions to recurrent maternal speech. *Infant Behavior and Development, 17*, 159–164.

DECI, E. L., & RYAN, R. M. (1985) *Intrinsic motivation and self-determination in human behavior*. New York: Plenum.

DECI, E. L., RYAN, R. M., & KOESTNER, R. (1999) A meta-analytic review of experiments examining the effects of extrinsic rewards on intrinsic motivation. *Psychological Bulletin, 125*, 627–668.

DEFFENBACHER, K. (1980) Eyewitness accuracy and confidence: Can we infer anything about their relationship? *Law and Human Behavior, 4*, 243–260.

DE GROOT, A. D. (1965) *Thought and Choice in Chess*. The Hague, The Netherlands: Mouton.

DE GROOT, A. D. (1966) Perception and memory versus thought. In B. Kleinmuntz (Ed.), *Problem-Solving*. New York: Wiley.

DEGROOT, K. I., BOEKE, S., BONKE, B., & PASSCHIER, J. (1997) A revaluation of the adaptiveness of avoidant and vigilant coping with surgery. *Psychology & Health, 12*, 711–717.

DEHAENE, S., IZARD, V., PICA, P., & SPELKE, E. S. (2006) Core knowledge of geometry in an Amazonian indigene group. *Science, 311*, 381–384.

DEHART, G. B., SROUFE, L. A., & COOPER, R. G. (2000) *Child Development: Its Nature and Course*. Boston: McGraw Hill.

DEIKMAN, A. J. (1963) Experimental meditation. *Journal of Nervous and Mental Disease, 136*, 329–373.

DELAHANTY, D. L., DOUGALL, A. L., BROWNING, L. J., HYMAN, K. B., & BAUM, A. (1998). Duration of stressor and natural killer cell activity. *Psychology & Health, 13*, 1121–1134.

DELL'OSSO, B., NESTADT, G., ALLEN, A., & HOLLANDER, E. (2006) Serotonin-norepinephrine reuptake inhibitors in the treatment of obsessive compulsive disorder: A critical review. *Journal of Clinical Psychiatry, 67*, 600–610.

DEMENT, W. C., & WOLPERT, E. (1958) The relation of eye movements, bodily mobility, and external stimuli to dream content. *Journal of Experimental Psychology, 55*, 543–553.

DE MOOR, J. S., DE MOOR, C. A., BASEN-ENGQUIST, K., KUDELKA, A., BEVERS, M. W., & COHEN, L. (2006) Optimism, distress, health-related quality of life, and changes in cancer antigen 125 among patients with ovarian cancer undergoing chemotherapy. *Psychosomatic Medicine, 68*, 555–562.

DENNIS, W., & DENNIS, M. (1940) The effects of cradling practices upon the onset of walking in Hopi children. *Journal of Genetic Psychology, 56*, 77–86.

DESCARTES, R. (1662) *Trait de l'homme*. E. S. Haldane & G. R. T. Ross (Trans.). Cambridge: Cambridge University Press.

DESFORGES, D. M., LORD, C. G., RAMSEY, S. L., MASON, J. A., VAN LEEUWEN, M. D., WEST, S. C., & LEPPER, M. R. (1991) Effects of structured cooperative contact on changing negative attitudes toward stigmatized social groups. *Journal of Personality and Social Psychology, 60*, 531–544.

DEVALOIS, R. L., & DEVALOIS, K. K. (1980) Spatial vision. *Annual Review of Psychology, 31*, 309–341.

DEVALOIS, R. L., & JACOBS, G. H. (1984) Neural mechanisms of color vision. In I. Darian-Smith (Ed.), *Handbook of physiology* (Vol. 3). Bethesda, MD: American Physiological Society.

DEVINE, P. G. (1989) Stereotypes and prejudice: Their automatic and controlled components. *Journal of Personality and Social Psychology, 56*, 5–18.

DEVINE, P. G., PLANT, E. A., AMODIO, D. M., HARMON-JONES, E., & VANCE, S. L. (2002) The regulation of explicit and implicit race bias: The role of motivations to respond without prejudice. *Journal of Personality and Social Psychology, 82*, 835–848.

DE WAAL, F. B. M. (1996) *Good natured: The origins of right and wrong in humans and other animals*. Cambridge, MA: Harvard University Press.

DEWALL, C. N., & BAUMEISTER, R. F. (2006) Alone but feeling no pain: Effects of social exclusion on physical pain tolerance and pain threshold, affective forecasting, and interpersonal empathy. *Journal of Personality and Social Psychology, 91* (1), 1–15.

DIAMOND, L. M. (2008) *Sexual fluidity: Understanding women's love and desire*. Cambridge, MA: Harvard University Press.

DIAMOND, M., & SIGMONDSON, H. K. (1997) Sex reassignment at birth: Long-term review and clinical implications. *Archives of Pediatrics and Adolescent Medicine, 151*, 298–304.

DIAMOND, M. (1982) Sexual identity, monozygotic twins reared in discordant sex roles and a BBC follow-up. *Archives of Sexual Behavior, 11*, 181–186.

DIAMOND, M., & SIGMUNDSON, K. (1997) Sex reassignment at birth: Long-term review and clinical implications. *Archives of Pediatric Medicine, 151*, 298.

DICICCO-BLOOM, E., LORD, C., ZWAIGENBAUM, L., COURCHESNE, E., DAGER, S. R., SCHMITZ, C., SCHULTZ, R. T., CRAWLEY, J., & YOUNG, L. J. (2006) The developmental neurobiology of autism spectrum disorder. *Journal of Neuroscience, 26*, 6897–6906.

DIENER, E. (1977) Deindividuation: Causes and consequences. *Social Behavior and Personality, 5*, 143–155.

DIENER, E. (1980) Deindividuation: The absence of self-awareness and self-regulation in group members. In P. B. Paulus (Ed.), *The psychology of group influence*. Hillsdale, NJ: Erlbaum.

DIENER, E., FRASER, S. C., BEAMAN, A. L., & KELEM, R. T. (1976) Effects of deindividuation variables on stealing among Halloween trick-or-treaters. *Journal of Personality and Social Psychology, 33*, 178–183.

DIJKSTERHUIS, A. (2004). Think different: The merits of unconscious thought in preference development and decision making. *Journal of Personality and Social Psychology, 87* (5), 586–598.

DIJKSTERHUIS, A., & BARGH, J. A. (2002) The perception-behavior expressway: Automatic effects of social perception on social behavior. In M. Zanna (Ed.), *Advances in Experimental Social Psychology, 33*, 1–40.

DIJKSTERHUIS, A., & VAN KNIPPENBERG, A. (1998) The relation between perception and behavior, or how to win a game of Trivial Pursuit. *Journal of Personality and Social Psychology, 74*, 865–877.

DIJKSTERHUIS, A., & VAN OLDEN, Z. (2006) On the benefits of thinking unconsciously: Unconscious thought can increase post-choice satisfaction. *Journal of Experimental Social Psychology*, *42*, 627–631.

DIJKSTERHUIS, A., BOS, M. W., NORDGREN, L. F., & VAN BAAREN, R. B. (2006) On making the right choice: The deliberation-without-attention effect. *Science*, *311*, 1005–1007.

DI LOLLO, V. (1980) Temporal Integration in Visual Memory. *Journal of Experimental Psychology: General*, 109, 75–97.

DI LOLLO, V., KAWAHARA J., ZUVIC, S. M., & VISSER, T. A. W. (2001) The preattentive emperor has no clothes: A dynamic redressing. *Journal of Experimental Psychology: General*, *130*, 479–492.

DI PELLEGRINO, G., FADIGA, L., FOGASSI, L., GALLESE, V., RIZZOLATTI, G. (1992) Understanding motor events: A neurophysiological study. *Experimental Brain Research*, *91*, 176–180.

DIPIETRO, J. A. (2001) Fetal neurobehavioral assessment. In L. T. Singer (Ed.), *Biobehavioral assessment of the infant* (pp. 43–80). New York: Guilford.

DISHION, T. J., & PATTERSON, G. R. (1997) The timing and severity of antisocial behavior: Three hypotheses within an ecological framework. In D. M. Stoff, J. Breiling, & J. D. Maser (Eds.), *Handbook of antisocial personality disorder* (pp. 205–217). New York: Wiley.

DOBB, E. (1989, November–December) The scents around us. *The Sciences*, *29*, 46–53.

DODGE, K. A., & PETTIT, G. S. (2003) A biopsychosocial model of the development of chronic conduct problems in adolescence. *Developmental Psychology*, *39*, 349–371.

DOLLARD, J., DOOB, L. W., MILLER, N. E., MOWRER, O. H., & SEARS, R. R. (1939) *Frustration and aggression*. New Haven, CT: Yale University Press.

DOMJAN, M. (2005) Pavlovian conditioning: A functional perspective. *Annual Review of Psychology*, *56*, 179–206.

DORRIS, M. (1989) *The unbroken cord*. New York: Harper & Row.

DOSSENBACH, M., EROL, A., EL MAHFOUD KESSACI, M., SHAHEEN, M. O., SUNBOL, M. M., BOLAND, J., HODGE, A., O'HALLORAN, R. A., & BITTER, I. (2004) Effectiveness of antipsychotic treatments for schizophrenia: Interim 6-month analysis from a prospective observational study (IC-SOHO) comparing olanzapine, quetiapine, risperidone, and haloperidol. *Journal of Clinical Psychiatry*, *65*, 312–321.

DRAGINSKI, B., GASER, C., BUSCH, V. SCHUIERER, G., BOGDAHN, U., & MAY, A. (2004) Neuroplasticity: Changes in grey matter induced by training. *Nature*, *427*, 1580–1582.

DRONKERS, N. F., REDFERN, B. B., & KNIGHT, R. T. (2000) The neural architecture of language disorders. In: M. S. Gazzaniga (Ed.), *The new cognitive neuroscience* (2nd ed., pp. 949–958). Cambridge, MA: MIT Press.

DUBOIS, D. L., BULL, C. A., SHERMAN, M. D., & ROBERTS, M. (1998) Self-esteem and adjustment in early adolescence: A social-contextual perspective. *Journal of Youth and Adolescence*, *27*, 557–583.

DUCLAUX, R., & KENSHALO, D. R. (1980) Response characteristics of cutaneous warm fibers in the monkey. *Journal of Neurophysiology*, *43*, 1–15.

DUNCAN, J., & HUMPHREYS, G. W. (1989) Visual search and stimulus similarity. *Psychological Review*, *96*, 433–458.

DUNCAN, S., & BARRETT, L. F. (2007) Affect as a form of cognition: A neurobiological analysis. *Cognition and Emotion*, *21*, 1184–1211.

DUNN, J. R., & SCHWEITZER, M. E. (2005) Feeling and believing: The influence of emotion on trust. *Journal of Personality and Social Psychology*, *88*, 736–748.

DUNN, K. M., SAUNDERS, K. W., RUTTER, C. M., BANTA-GREEN, C., MERRILL, J. O., *et al*. (2010) Opioid prescriptions for chronic pain and overdose: A cohort study. *Annals of Internal Medicine*, *152*, 85–92.

EAGLY, A. H., & CHAIKEN, S. (1984) Cognitive theories of persuasion. In L. Berkowitz (Ed.), *Advances in experimental social psychology* (Vol. 17, pp. 267–359). New York: Academic Press.

EAGLY, A. H., & WOOD, W. (1999) The origins of sex differences in human behavior: Evolved dispositions versus social roles. *American Psychologist*, *54*, 408–423.

EASTWICK, P. W., & FINKEL, E. J. (2008) Sex differences in mate preferences revisited: Do people know what they initially desire in a romantic partner? *Journal of Personality and Social Psychology*, *94* (2), 245.

EATON, W. W., MOORTENSENK, P. B., HERRMAN, H., & FREEMAN, H. (1992) Long-term course of hospitalization for schizophrenia: risk for rehospitalization. *Schizophrenia Bulletin*, *18*, 217–228.

EBBINGHAUS, H. (1885) *Uber das gedachthis*. Leipzig: Dunckes and Humbolt.

EDGAR, D. M., & DEMENT, W. C. (1992) Evidence for opponent processes in sleep/wake regulation. *Sleep Research*, *20A*, 2.

EGAN, L. C., SANTOS, L. R., & BLOOM, P. (2007) The origins of cognitive dissonance: Evidence from children and monkeys. *Psychological Science*, *18* (11), 978–983.

EHRHARDT, A. A., MEYER-BAHLBURG, H. F., ROSEN, L. R., FELDMAN, J. F., VERIDIANO, N. P., ELKIN, E. J., & MCEWEN, B. S. (1989) The development of gender-related behavior in females following prenatal exposure to diethylstilbestrol (DES) *Hormones and Behavior*, *23*, 526–541.

EIBL-EIBESFELDT, I. (1970) *Ethology: The biology of behavior* (E. Klinghammer, Trans.). New York: Holt, Rinehart & Winston.

EICH, J. E. (1980) The cue-dependent nature of state-dependent retrieval. *Memory and Cognition*, *8*, 157–173.

EICHENBAUM, H. (2000) A cortical-hippocampal system for declarative memory. *Nature Reviews Neuroscience*, *1*, 41–50.

EIMAS, P. D. (1985) The perception of speech in early infancy. *Scientific American*, *252*, 46–52.

EISENBERG, N., SMITH, C. L., & SPINRAD, T. L. (2011) Effortful control: Relations with emotion regulation, adjustment, and socialization in childhood. In K. D. Vohs & R. F. Baumeister (Eds.), *Handbook of self-regulation: Research, theory, and application* (2nd ed., pp. 263–283). New York: Guilford Press.

EISENBERGER, N. I., LIEBERMAN, M. D., & WILLIAMS, K. D. (2003) Does rejection hurt? An fMRI study of social exclusion. *Science*, *302*, 290–292.

EKMAN, P., LEVENSON, R. W., & FRIESEN, W. V. (1983). Autonomic nervous system activity distinguishes among emotions. *Science, 221,* 1208–1210.

EKMAN, P. (1972) Universals and cultural differences in facial expressions of emotion. In J. Cole (Ed.), *Nebraska symposium on motivation*, *1971* (pp. 207–283). Lincoln: University of Nebraska

Press.

EKMAN, P. (1982) *Emotion in the human face* (2nd ed.). New York: Cambridge University Press.

EKSTROM, R. B., FRENCH, J. W., & HARMAN, H. H. (1979) *Cognitive factors: Their identification and replication. Multivariate behavioral research monographs.* Fort Worth: Society for Multivariate Experimental Psychology.

EKSTROM, R. B., FRENCH, J. W., HARMAN, H. H., & DERMAN, D. (1976) *Manual for kit of factor-referenced cognitive tests, 1976.* Princeton, NJ: Educational Testing Service.

ELFENBEIN, H. A., BEAUPRÉ, M., LÉVESQUE, M., & HESS, U. (2007) Toward a dialect theory: Cultural differences in the expression and recognition of posed facial expressions. *Emotion, 7,* 131–146.

EMMELKAMP, P. M. G. (1994) Behavior therapy with adults. In A. E. Bergin & S. L. Garfield (Eds.), *Handbook of psychotherapy and behavior change* (4th ed., pp. 379–427). New York: Wiley.

ENARD, W., PRZEWORSKI, M., FISHER, S. E., LAI, C. S. L., WIEBE, V., KITANO, T., ... PAABO, S. (2002) Molecular evolution of FOXP2, a gene involved in speech and language. *Nature, 418,* 869–872.

ENNS, J. T., & GIRGUS, J. S. (1985) Perceptual grouping and spatial distortion: A developmental study. *Developmental Psychology, 21,* 241–246.

ENNS, J. T., & PRINZMETAL, W. (1984) The role of redundancy in the object-line effect. *Perception and Psychophysics, 35,* 22–32.

ENNS, J. T., & RESNICK, R. A. (1990) Sensitivity to three-dimensional orientation in visual search. *Psychological Science, 1,* 323–326.

EPLEY, N., & GILOVICH, T. (1999) Just going along: Nonconscious priming and conformity to social pressure. *Journal of Experimental Social Psychology, 35,* 578–589.

EPPING-JORDAN, J. E., COMPA, S. B. E., & HOWELL, D. C. (1994) Predictors of cancer progression in young adult men and women: Avoidance, intrusive thoughts, and psychological symptoms. *Health Psychology, 13,* 539–547.

EPSTEIN, S., & MEIER, P. (1989) Constructive thinking: A broad coping variable with specific components. *Journal of Personality and Social Psychology, 57,* 332–350.

ERANTI, S. V., & MCLOUGHLIN, D. M. (2003) Electroconvulsive therapy – state of the art. *British Journal of Psychiatry, 182,* 8–9.

ERBES, C., WESTERMEYER, J., ENGDAHL, B., & JOHNSEN, E. (2007) Post-traumatic stress disorder and service utilization in a sample of service members from Iraq and Afghanistan. *Military Medicine, 172,* 359–363.

ERDELYI, M. H. (1985) *Psychoanalysis: Freud's cognitive psychology.* New York: Freeman.

ERICSSON, K. A., CHASE, W. G., & FALOON, S. (1980) Acquisition of a memory skill. *Science, 208,* 1181–1182.

ERICSSON, K. A., KRAMPE, R. TH., & TESCH-ROEMER, C. (1993) The role of deliberate practice in the acquisition of expert performance. *Psychological Review, 100,* 363–406.

ERIKSON, E. H. (1963) *Childhood and society* (2nd ed.). NewYork: Norton.

ERIKSON, E. H. (1968) *Identity: Youth and crisis.* New York: Norton.

ESCOBAR, J. I. (1993) Psychiatric epidemiology. In A. C. Gaw (Ed.), *Culture, ethnicity and mental illness* (pp. 43–73). Washington, DC: American Psychiatric Press.

ESTERSON, A. (1993) *Seductive mirage: An exploration of the work of Sigmund Freud.* Chicago: Open Court.

ESTES, W. K. (1972) An associative basis for coding and organization in memory. In A. W. Melton & E. Martin (Eds.), *Coding processes in human memory.* Washington, DC: Winston.

ESTES, W. K. (1994) *Classification and cognition.* New York: Oxford University Press.

EVANS, A. H., LAWRENCE, A. D., POTTS, J., APPEL, S., & LEES, A. J. (2005) Factors influencing susceptibility to compulsive dopaminergic drug use in parkinson disease. *Neurology, 65*(10), 1570–1574.

EVANS, C. (1984) *Landscapes of the night: How and why we dream.* New York: Viking.

EVANS, J. ST. B. T., BARSTON, J. L., & POLLARD, P. (1983) On the conflict between logic and belief in syllogistic reasoning. *Memory & Cognition, 11,* 295–306.

EVERETT, D. L. (2005) Cultural constraints on grammar and cognition in Pirahã: Another look at the design features of human language. *Current Anthropology, 46,* 621–645.

EVERS, A. W. M., KRAAIMAAT, F. W., GEENEN, R., JACOBS, J. W. G., & BIJLSMA, J. W. J. (2003) Stress-vulnerability factors as long-term predictors of disease activity in early rheumatoid arthritis. *Journal of Psychosomatic Research, 55,* 293–302

EYAL, T., HOOVER, G. M., FUJITA, K., & NUSSBAUM, S. (2011) The effect of distance-dependent construals on schema-driven impression formation. *Journal of Experimental Social Psychology, 47,* 278–281.

EYSENCK, H. J. (1953) *The structure of human personality.* New York: Wiley.

EYSENCK, H. J. (1994) The biology of morality. In B. Puka (Ed.), *Defining perspectives in moral development* (pp. 212–229). New York: Garland.

EYSENCK, H. J., & KAMIN, L. (1981) *The intelligence controversy.* New York: Wiley.

FADIGA, L., FOGASSI, L., GALLESE, V., & RIZZOLATTI, G. (2000) Visuomotor neurons: Ambiguity of the discharge or 'motor' perception? *International Journal of Psychophysiology, 35* (2–3), 165–177.

FAIRBURN, C. G., & HAY, P. J. (1992) Treatment of bulimia nervosa. *Annals of Medicine, 24,* 297–302.

FAIRBURN, C. G., NORMAN, P. A., WELCH, S. L., O'CONNOR, M. E., DOLL, H. A., & PEVELER, R. C. (1995) A prospective study of outcome in bulimia nervosa and the long-term effects of three psychological treatments. *Archives of General Psychiatry, 52,* 304–312.

FALBO, T. (2012) Only children: An updated review. *Journal of Individual Psychology, 68,* 3849.

FALBO, T., & POLIT, D. F. (1986) Quantitative research of the only child literature: Research evidence and theory development. *Psychological Bulletin,* 100, 176–189.

FAN, J., MCCANDLISS, B. D., SOMMER, T., RAZ, A., & POSNER, M. I. (2002) Testing the efficiency and independence of attentional networks. *Journal of Cognitive Neuroscience, 14,* 340–347.

FANSELOW, M. S. (1994) Neural organization of the defensive behavior system responsible for fear. *Psychonomic Bulletin & Review, 1,* 429–439.

FARAH, M., HAMMOND, K. M., & LEVINE, D. N. (1988) Visual and spatial mental imagery: Dissociable systems of representation.

*Cognitive Psychology, 20*, 439–462.

FARAH, M. J. (1990) *Visual agnosia: Disorders of object recognition and what they tell us about normal vision*. Cambridge, MA: MIT Press.

FARAH, M. J., & MCCLELLAND, J. L. (1991) A computational model of semantic memory impairment. *Journal of Experimental Psychology: General, 120*, 339–357.

FARAH, M. J., TANAKA, J. W., & DRAIN, H. M. (1995) What causes the face inversion effect? *Journal of Experimental Psychology: Human Perception and Performance, 21*, 628–634.

FARAVELLI, C., GIUGNI, A., SALVATORI, S., & RICCA, V. (2004) Psychopathology after rape. *American Journal of Psychiatry, 161*, 1483–1485.

FARBER, E. W., SCHWARTZ, J. A. J., SCHAPER, P. E., MOONEN, D. J., & MCDANIEL, J. S. (2000) Resilience factors associated with adaptation to HIV disease. *Psychosomatics, 41*, 140–146.

FARMER, A., ELKIN, A., & MCGUFFIN, P. (2007) The genetics of bipolar affective disorder. *Current Opinion in Psychiatry, 20*, 8–12.

FARRONI, T., MENON, E., RIGATO, S. AND JOHNSON, M. H. (2007) The perception of facial expressions in newborns. *European Journal of Developmental Psychology, 4*, 2–13.

FARTHING, G. W. (1992) *The psychology of consciousness*. Englewood Cliffs, NJ: Prentice Hall.

FAUST, I. M. (1984) Role of the fat cell in energy balance physiology. In A. T. Stunkard & E. Stellar (Eds.), *Eating and its disorders*. New York: Raven Press.

FAVA, M., COPELAND, P. M., SCHWEIGER, U., & HERZOG, D. B. (1989) Neurochemical abnormalities of anorexia nervosa and bulimia nervosa. *American Journal of Psychiatry, 146*, 963–971.

FAZIO, R. H. (1990) Multiple processes by which attitudes guide behavior: The MODE model as an integrative framework. In M. P. Zanna (Ed.), *Advances in experimental social psychology* (Vol. 23). San Diego: Academic Press.

FAZIO, R. H., JACKSON, J. R., DUNTON, B. C., & WILLIAMS, C. J. (1995) Variability in automatic activation as an unobtrusive measure of racial attitudes: A bona fide pipeline? *Journal of Personality and Social Psychology, 69*, 1013–1027.

FECHNER, G. T. (1860/1966) *Elements of psychophysics* (H. E. Adler, Trans.). New York: Holt, Rinehart & Winston.

FEINBERG, J. M., & AIELLO, J. R. (2006) Social facilitation: a test of competing theories. *Journal of Applied Social Psychology, 36* (5), 1087–1109.

FEINGOLD, A. (1988) Cognitive gender differences are disappearing. *American Psychologist, 43*, 95–103.

FELDMAN, H., GOLDIN-MEADOW, S., & GLEITMAN, L. R. (1978) Beyond Herodotus: The creation of language by linguistically deprived children. In A. Lock (Ed.), *Action, gesture, and symbol: The emergence of language*. London: Academic Press.

FELDMAN BARRETT, L., ROBIN, L., PIETROMONACO, P. R., & EYSSELL, K. M. (1998) Are women the "more emotional" sex? Evidence from emotional experiences in social context. *Cognition and Emotion, 12*, 555–578.

FERGUSON, E., MATTHEWS, G., & COX, T. (1999) The appraisal of life events (ALE) scale: Reliability and validity. *British Journal of Health Psychology, 4*, 97–116.

FERGUSON, M. L., & KATKIN, E. S. (1996) Visceral perception, anhedonia, and emotion. *Biological Psychology, 42*, 131–145.

FERNALD, A. (1985). Four-month-old infants prefer to listen to motherese. *Infant Behavior & Development, 8*, 181–195.

FERNALD, A. (1993) Approval and disapproval: Infant responsiveness to vocal affect in familiar and unfamiliar languages. *Child Development, 64*, 657–674.

FESTINGER, L. (1957) *A theory of cognitive dissonance*. Stanford: Stanford University Press.

FESTINGER, L., & CARLSMITH, J. M. (1959) Cognitive consequences of forced compliance. *Journal of Abnormal and Social Psychology, 58*, 203–210.

FESTINGER, L., PEPITONE, A., & NEWCOMB, T. M. (1952) Some consequences of deindividuation in a group. *Journal of Abnormal and Social Psychology, 47*, 383–389.

FESTINGER, L., SCHACHTER, S., & BACK, K. (1950) *Social pressures in informal groups: A study of human factors in housing*. New York: Harper & Row.

FIRKOWSKI, A., OSTROWSKI, A., & SOKOLOWSKI, M., STEIN, Z., & SUSSER, M. (1978) Cognitive development in social policy. *Science*, 200, 1357–1362.

FISCHER, A. H. (2000) *Gender and emotion: Social psychological perspectives*. New York: Cambridge University Press.

FISCHER, A. H., MANSTEAD, A. S. R., & MOSQUERA, P. M. R. (1999) The role of honour-related vs. individualistic values in conceptualizing pride, shame, and anger: Spanish and Dutch cultural prototypes. *Cognition and Emotion, 13*, 149–179.

FISCHER, J., & HAMMERSCHMIDT, K. (2012) Ultrasonic vocalizations in mouse models for speech and socio-cognitive disorders: insights into the evolution of vocal communication. *Genes, Brain and Behavior, 10*, 17–27.

FISHBEIN, M., & AJZEN, I. (1975) *Belief, attitude, intention and behavior: An introduction to theory and research*. Reading, MA: Addison Wesley.

FISHBEIN, M., TRIANDIS, H. C., KANFER, F. H., BECKER, M., MIDDLESTADT, S. E., & EICHLER, A. (1998) Factors influencing behavior and behavior change. *Handbook of Health Psychology*. In press.

FISHER, P. J., TURIC, D., WILLIAMS, N. M., MCGUFFIN, P., ASHERSON, P., BALL, D., CRAIG, I., ELEY, T., HILL, L., CHURNEY, K., CHURNEY, M. J., BENBOW, C. P., LUBINSKI, D., PLUMIN, R., OWEN, M. J. (1999) DNA pooling identifies QTLs on chromosome 4 for general cognitive ability in children. *Human Molecular Genetics, 8*, 915–922.

FISHER, S., & GREENBERG, R. (1977) *The scientific credibility of Freud's theories and therapy*. New York: Basic Books.

FISHER, S., & GREENBERG, R. (1996) *Freud scientifically appraised*. New York: Wiley.

FISKE, S. T., LIN, M., & NEUBERG, S. L. (1999) The continuum model: Ten years later. In S. Chaiken & Y. Trope (Eds.), *Dual-process theories in social psychology* (pp. 231–254). New York: Guilford.

FITCH, W. T. (2010) *The evolution of language*. Cambridge: Cambridge University Press.

FITZSIMONS, J. T. (1990) Thirst and sodium appetite. In E. M. Stricker (Ed.), *Neurobiology of food and fluid intake* (pp. 23–44). New York: Plenum.

FIVUSH, R., & BUCKNER, J. P. (2000) Gender, sadness, and depression: The development of emotional focus through gendered discourse. In A. H. Fischer (Ed.), *Gender and emotion: Social psychological perspectives* (pp. 232–253). New York: Cambridge University Press.

FIVUSH, R., & HAMOND, N. R. (1991) Autobiographical memory across the preschool years: Toward reconceptualizing childhood memory. In R. Fivush & N. R. Hamond (Eds.), *Knowing and remembering in young children*. New York: Cambridge University Press.

FLACK, W. (2006) Peripheral feedback effects of facial expressions, bodily postures, and vocal expressions on emotional feelings. *Cognition & Emotion*, *20*, 177–195.

FLAVELL, J. H. (1979) Metacognition and cognitive monitoring: A new area of cognitive-developmental inquiry. *American Psychologist*, *34*, 906–911. doi:10.1037//0003-066X.34.10.906

FLAVELL, J. H. (1999) Cognitive development: Children's knowledge about the mind. *Annual Review of Psychology*, *50*, 21–45.

FLETCHER, J. M., FRANCIS, D. J., SHAYWITZ, S. E., LYON, G. R., FOORMAN, B. R., STUEBING, K. K., & SHAYWITZ, B. A. (1998) Intelligent testing and the discrepancy model for children with learning disabilities. *Learning Disabilities Research & Practice*, *13*(4), 186–203.

FLOR, H., FYDRICH, T., & TURK, D. C. (1992) Efficacy of multidisciplinary pain treatment: A meta-analytic review. *Pain*, *49*, 221–230.

FLORES, H. G., HOFFMAN, W., RUSSELL, C. L., HOLMES, I. K., ROBERTS, M. E., POLAK, M. A., SERGHIOU, P., BLAKENEY, D. R., PATTERSON, W. J., MEYER, I. I. I. (2008) Longer, multiple virtual reality pain distraction treatments of Hispanic and Caucasian children with large severe burns. Paper presented at CyberPsychology and Behavior, June 13, 2008, San Diego, CA.

FLYNN, J. R. (1987) Massive IQ gains in 14 nations: What IQ tests really measure. *Psychological Bulletin*, *101*, 171–191.

FOA, E., & STEKETEE, G. (1989) Obsessive-compulsive disorder. In C. Lindemann (Ed.), *Handbook of phobia therapy*. Northvale, NJ: Jason Aronson.

FOA, E. B., & FRANKLIN, M. E. (2001) Obsessive-compulsive disorder. *Clinical handbook of psychological disorders: a step-by-step treatment manual* (3rd ed., pp. 209–263). New York: Guilford.

FOA, E. D., & RIGGS, D. S. (1995) Posttraumatic stress disorder following assault: Theoretical considerations and empirical findings. *Current Directions in Psychological Science*, *4*, 61–65.

FODOR, J. A. (1975) *The language of thought*. New York: Crowell.

FOLEY, D. L., PICKLES, A., MAES, H. H., SILBERG, J. L., HEWITT, J. K., & EAVES, L. J. (2001) Parental concordance and comorbidity for psychiatric disorder and associate risks for current psychiatric symptoms and disorders in a community sample of juvenile twins. *Journal of Child Psychology and Psychiatry & Allied Disciplines*, *42*, 381–394.

FOLKES, V. S. (1982) Forming relationships and the matching hypothesis. *Personality and Social Psychology Bulletin*, *8*, 631–636.

FOMBONNE, E. (2003) The epidemiology of autism: A review. *Psychological Medicine*, *29*, 769–786.

FORDYCE, W. E. (1976) *Behavioral methods for chronic pain and illness*. St. Louis, MO: C. V. Mosby.

FORDYCE, W. E. (1976) *Behavioral methods for chronic pain and illness*. St. Louis, MO: C. V. Mosby.

FORTUNE, S. A., & HAWTON, K. (2005) Deliberate self-harm in children and adolescents: A research update. *Current Opinions in Psychiatry*, *18*, 401–406.

FOSTER, K. R., & KOKKO, H. (2009) The evolution of superstitious and superstition-like behavior. *Proceedings of the Royal Society, Biological Sciences*, *276*, 31–37.

FRANK, J. D., & FRANK, J. B. (1991) *Persuasion and healing: A comparative study of psychotherapy* (3rd edition). Baltimore: Johns Hopkins University Press.

FRANK, M. C., EVERETT, D. L., FEDORENKO, E., & GIBSON, E. (2008) Number as a cognitive technology: Evidence from Pirahã language and cognition. *Cognition*, *108*, 819–824.

FRANKLIN, A., DRIVONIKOU, G. V., CLIFFORD, A., KAY, P., REGIER, T., & DAVIES, I. R. L. (2008a) Lateralization of categorical perception of color changes with color term acquisition. *Proceedings of the National Academy of Sciences*, *105*, 18221–18225.

FRANKLIN, A., DRIVONIKOU, G. V., BEVIS, L., DAVIES, I. R. L., KAY, P., & REGIER, T. (2008b) Categorical perception of color is lateralized to the right hemisphere in infants, but to the left hemisphere in adults. *Proceedings of the National Academy of Sciences*, *105*, 3221–3225.

FRANTZ, R. L. (1966) Pattern discrimination and selective attention as determinants of perceptual development from birth. In A. H. Kikk & J. F. Rivoire (Eds.), *Development of perception:* Vol. 2, *The visual system* (pp. 143–173). New York: International University Press.

FREDRICKSON, B. L. (1998) What good are positive emotions? *Review of General Psychology*, *2*, 300–319.

FREDRICKSON, B. L. (2000) Cultivating positive emotions to optimize health and well-being. *Prevention and Treatment*. Available on the Internet: http://journals.apa.org/prevention.

FREDRICKSON, B. L. (2000b) Extracting meaning from past affective experiences: The importance of peaks, ends, and specific emotions. *Cognition and Emotion*, *14*, 577–606.

FREDRICKSON, B. L. (2001) The role of positive emotions in positive psychology: The broaden-and-build theory of positive emotions. *American Psychologist*, *56*, 218–226.

FREDRICKSON, B. L. (2002) Positive emotions. In C. R. Snyder & S. J. Lopez (Eds.), *Handbook of positive psychology* (pp. 120–134). New York: Oxford University Press.

FREDRICKSON, B. L. (2013) Positive emotions broaden and build. In E. Ashby Plant & P. G. Devine (Eds.), *Advances on experimental social psychology*, Volume 47 (pp. 1–53).

FREDRICKSON, B. L. (2013b) *Love 2.0: How our supreme emotion affects everything we feel, think, do, and become*. New York: Hudson Street Press.

FREDRICKSON, B. L., & BRANIGAN, C. (2001) Positive emotions. In T. J. Mayne & G. A. Bornano (Eds.), *Emotion: Current issues and future developments* (pp. 123–151). New York: Guilford.

FREDRICKSON, B. L., & BRANIGAN, C. (2005) Positive emotions broaden the scope of attention and thought–action repertoires. *Cognition and Emotion*, *19*, 313–332.

FREDRICKSON, B. L., & COHN, M. A. (in press) Positive emotions. In M. Lewis, J. Haviland-Jones, & L. F. Barrett (Eds.), *Handbook of Emotions, 3rd Edition*. New York: Guilford Press.

FREDRICKSON, B. L., & JOINER, T. (2002) Positive emotions trigger upward spirals toward emotional well-being. *Psychological Science*, *13*, 172–175.

FREDRICKSON, B. L., & LEVENSON, R. W. (1998) Positive emotions speed recovery from the cardiovascular sequelae of negative emotions. *Cognition and Emotion*, *12*, 191–220.

FREDRICKSON, B. L., & ROBERTS, T. (1997) Objectification theory: Toward understanding women's lived experience and mental health risks. *Psychology of Women Quarterly*, *21*, 173–206.

FREDRICKSON, B. L., MANCUSO, R. A., BRANIGAN, C., & TUGADE, M. M. (2000) The undoing effect of positive emotions. *Motivation and Emotion*, *24*, 237–258.

FREDRICKSON, B. L., COHN, M. A., COFFEY, K. A., PEK, J., & FINKEL, S. M. (2008) Open hearts build lives: Positive emotions, induced through loving-kindness meditation, build consequential personal resources. *Journal of Personality and Social Psychology*, *95*, 1045–1062.

FREDRICKSON, B. L., HENDLER, L. M., NILSEN, S., O'BARR, J. F., & ROBERTS, T. (2011) Bringing back the body: A retrospective on the development of objectification theory. *Psychology of Women Quarterly*, *35*, 689–696.

FREDRICKSON, B. L. ROBERTS, T., NOLL, S. M., QUINN, D. M., & TWENGE, J. M. (1998) That swimsuit becomes you: Sex differences in self-objectification, restrained eating and math performance. *Journal of Personality and Social Psychology*, *75*, 269–284.

FREEDMAN, J. L. (1965) Long-term behavioral effects of cognitive dissonance. *Journal of Experimental Social Psychology*, *1*, 145–155.

FREEDMAN, J. L., & FRASER, S. C. (1966) Compliance without pressure: The foot-in-the-door technique. *Journal of Personality and Social Psychology*, *4*, 195–203.

FREUD, A. (1946/1967) *The ego and the mechanisms of defense* (Rev. Ed.). New York: International Universities Press.

FREUD, A. (1958) Adolescence. *The psychoanalytic study of the child*, *13*, 255–278.

FREUD, S. (1885/1974) *Cocaine papers* (edited and introduction by R. Byck; notes by A. Freud). New York: Stonehill.

FREUD, S. (1900/1953) *The interpretation of dreams* (Reprint ed., Vols. 4, 5). London: Hogarth Press.

FREUD, S. (1901/1960) *Psychopathology of everyday life* (Standard ed., Vol. 6). London: Hogarth Press.

FREUD, S. (1905/1962) *Three contributions to theory of sex* (4th ed.; A. A. Brill, Trans.). New York: Nervous and Mental Disease Monograph.

FREUD, S. (1933/1964) *New introductory lectures on psychoanalysis* (J. Strachey, Ed. and Trans.). New York: Norton.

FREUD, S. (1933/1965) Revision of the theory of dreams. In J. Strachey (Ed. and Trans.), *New introductory lectures on psychoanalysis* (Vol. 22, Lect. 29). New York: Norton.

FREY, K. S., & RUBLE, D. N. (1990) Strategies for comparative evaluation: Maintaining a sense of competence across the lifespan. In R. J. Sternberg & J. Kolligian, Jr. (Eds.), *Competence considered* (pp. 167–189). New Haven, CT: Yale University Press

FRIED, P. A., & WATKINSON, B. (1990) 36- and 48-month neurobehavioral follow-up of children prenatally exposed to marijuana, cigarettes, and alcohol. *Journal of Developmental and Behavioral Pediatrics*, *11*, 49–58.

FRIEDERICI, A. D., BRAUER, J., & LOHMANN, G. (2011) Maturation of the language network: From inter- to intrahemispheric connectivities. *PLoS One*, *6*(6), e20726.

FRIEDMAN, H. S., & MARTIN, L. R. A. (2007) Lifespan approach to personality and longevity: The case of conscientiousness. In C. M. Aldwin, C. L. Park, & A. Spiro III (Eds)., *Handbook of health psychology and aging* (pp. 167–185). New York: Guilford Press.

FRIEDMAN, M., & ROSENMAN, R. H. (1974) *Type A behavior*. New York: Knopf.

FRIEDMAN, M., THORESEN, C. E., GILL, J. J., ULMER, D., POWELL, L. H., PRICE, V., BROWN, B., THOMPSON, L., RABIN, D. D., and collaborators. (1994) Alteration of Type A behavior and its effect on cardiac recurrences in post myocardial infarction patients: Summary results of the recurrent coronary prevention project. In A. Steptoe (Ed.), *Psychosocial processes and health: A reader*. Cambridge: Cambridge University Press.

FRIEDMAN, M. I. (1990) Making sense out of calories. In E. M. Stricker (Ed.), *Neurobiology of food and fluid intake* (pp. 513–528). New York: Plenum.

FRIJDA, N. H. (1986) *The emotions*. Cambridge: Cambridge University Press.

FRODI, A., & THOMPSON, R. (1985) Infants' affective responses in the strange situation: Effects of prematurity and of quality of attachment. *Child Development*, *56*, 1280–1290.

FULLER, S. R., & ALDAG, R. J. (1998) Organizational Tonypandy: Lessons from a quarter century of groupthink phenomenon. *Organizational Behavior and Human Decision Processes*, *73*, 163–184.

FUNDER, D. C. (2001) Personality. *Annual Reviews of Psychology*, *52*, 197–221.

FUNK, J. B., BALDACCI, H. B., PASOLD, T., & BAUMGARDNER, J. (2004). Violence exposure in real-life, video games, television, movies, and the internet: is there desensitization? *Journal of Adolescence*, *27*, 23–39.

FUNKENSTEIN, D. (1955) The physiology of fear and anger. *Scientific American*, *192*, 74–80.

FURLAN, A. D., SANDOVAL, J. A., MAILIS-GAGNON, A., & TUNKS, E. (2006) Opioids for chronic noncancer pain: A meta-analysis of effectiveness and side-effects. *Canadian Medical Association Journal*, *174*, 1584–1594.

GAILLIOT, M. T., BAUMEISTER, R. F., DEWALL, N. C., MANER, J. K., PLANT, A. E., TICE, D. M., BREWER, L. E., & SCHMEICHEL, B. J. (2007) Self-control relies on glucose as a limited energy source: Willpower is more than a metaphor. *Journal of Personality and Social Psychology*, *92*, 325–336.

GALEF, B. G. (1996) Social enhancement of food preferences in Norway rats: A brief review. In C. M. Heyes, & B. G. Galef (Eds.), *Social Learning in Animals: The Roots of Culture* (pp. 49–64). San Diego: Academic Press.

GALLANT, J. L., SHUOP, R. E., & MAZER, J. A. (2000) A human extrastriate area functionally homologous to macaque V4. *Neuron*, *27*, 227–235.

GALLUP, G. G., JR. (1998) Can animals empathize? *Scientific American Presents*, *9*, 66–71.

GALVAN, A., HARE, T. A., PARRA, C. E., PENN, J., VOSS, H., GLOVER, G., & CASEY, B. J. (2006) Earlier development of the accumbens relative to orbitofrontal cortex might underlie risk-taking behavior in adolescents. *Journal of Neuroscience*, *26*, 6885–6892.

GAMBESCIA, N., & WEEKS, G. (2007) Sexual dysfunction. In N. Kazantzis & L. L'Abate (Eds.), *Handbook of homework assignments in psychotherapy: Research, practice, and prevention* (pp. 351–368). New York: Springer Science & Business Media.

GANGESTAD, S. W., GARVER-APGAR, C. E., SIMPSON, J. A., & COUSINS, A. J. (2007) Changes in women's mate preferences across the ovulatory cycle. *Journal of Personality and Social Psychology*, *92*, 151–163.

GARB, F., & STUNKARD, A. (1974) Taste aversions in man. *American Journal of Psychiatry*, *131*, 1204–1207.

GARCIA, J., & KOELLING, R. A. (1966) The relation of cue to consequence in avoiding learning. *Psychonomic Science*, *4*, 123–124.

GARCIA, L. T., ERSKINE, N., HAWN, K., & CASMAY, S. R. (1981) The effect of affirmative action on attributions about minority group members. *Journal of Personality*, *49*, 427–437.

GARCIA, S. M., WEAVER, K., MOSKOWITZ, G. B., & DARLEY, J. M. (2002) Crowded minds: The implicit bystander effect. *Journal of Personality and Social Psychology*, *83* (4), 843–53.

GARDNER, B. T., & GARDNER, R. A. (1972) Two-way communication with an infant chimpanzee. In A. M. Schrier & F. Stollnitz (Eds.), *Behavior of nonhuman primates* (Vol. 4). New York: Academic Press.

GARDNER, E. L. (1992) Brain reward mechanisms. In J. H. Lowinson, P. Ruiz, & R. B. Millman (Eds.), *Substance abuse: A comprehensive textbook* (2nd ed.). Baltimore, MD: Williams & Wilkins.

GARDNER, H. (1975) *The shattered mind*. New York: Knopf. GARDNER, H. (1993a) *Frames of mind: The theory of multiple intelligences*. New York: Basic Books.

GARDNER, H. (1993a) *Frames of mind: The theory of multiple intelligences (10th Anniversary Edition)*. New York: Basic Books. (Original work published 1983.)

GARDNER, H. (1993b) *Multiple intelligences: The theory in practice*. New York: Basic Books.

GARDNER, H. (2004a) *The unschooled mind: How children think and how schools should teach*. New York: Basic Books.

GARDNER, H. (2004b) *Frames of mind: The theory of multiple intelligences*. New York: Basic Books.

GARDNER, H., KORNHABER, M. L., & WAKE, W. K. (1996) *Intelligence: Multiple perspectives*. Fort Worth: Harcourt Brace.

GARDNER, M. (1981) *Science: Good, bad, and bogus*. New York: Prometheus.

GARDNER, W., LIDZ, C. W., MULVEY, E. P., & SHAW, E. C. (1996) Clinical versus actuarial predictions of violence in patients with mental illnesses. *Journal of Consulting and Clinical Psychology*, *64*, 602–609.

GARLAND, E. L., FREDRICKSON, B. L., KRING, A. M., JOHNSON, D. P., MEYER, P. S., & PENN, D. L. (2010) Upward spirals of positive emotions counter downward spirals of negativity: Insights from the broaden-and-build theory and affective neuroscience on the treatment of emotion dysfunctions and deficits psychopathology. *Clinical Psychology Review*, *30*, 849–864.

GARRETT, M. F. (1990) Sentence processing. In D. N. Osherson & H. Lasnik (Eds.), *An invitation to cognitive science: Language* (Vol. 1). Cambridge, MA: MIT Press.

GARROD, S. C., & PICKERING, M. J. (1999) *Language processing of words*. Hove: Psychology Press.

GARRY, M., MANNING, C., LOFTUS, E. F., & SHERMAN, S. J. (1996) Imagination inflation. *Psychonomic Bulletin & Review*, *3*, 208–214.

GASER, C., & SCHLAUGH, G. (2003) Brain structures differ between musicians and non-musicians. *Journal of Neuroscience*, *23*, 9240–9245.

GATES, A. I. (1917) Recitation as a factor in memorizing. *Archives of Psychology*, *40*.

GAZZANIGA, M. S. (1985) *The social brain: Discovering the networks of mind*. New York: Basic Books.

GENDRON, M., & BARRETT, L. F. (in press) Reconstructing the past: A century of emotion theorizing in psychology. *Emotion Review*.

GENDRON, M., LINDQUIST, K. A., BARSALOU, L. W., & BARRETT, L. F. (2012) Emotion words shape emotion percepts. *Emotion*, *12*, 314–325.

GEORGE, M. S., *et al.* (1996) Changes in mood and hormone levels after rapid-rate transcranial magnetic stimulation (rTMS) of the prefrontal cortex. *Journal of Neuropsychiatry and Clinical Neurosciences*, *8* (2), 172–180.

GEORGE, M. S., NAHAS, Z., KOZEL, F. A., LI, X., YMANAKA, K., MISHORY, A., & BOHNING, D. E. (2003) Mechanisms and current state of transcranial magnetic stimulation. *CNS Spectrums*, *8*, 511–514.

GERBNER, G., GROSS, L., MORGAN, M., & SIGNORIELLI, N. (1986) Living with television: The dynamics of the cultivation process. In J. Bryant & D. Zillmann (Eds.), *Perspectives on media effects*. Hillsdale, NJ: Erlbaum.

GERMER, C. K. (2005) Anxiety disorders: Befriending fear. In C. K. Germer, R. D. Siegel & P. R. Fulton (Eds.), *Mindfulness and psychotherapy* (pp. 152–172). New York: Guildford Press.

GESCHWIND, N. (1972) Language and the brain. *Scientific American*, *226*, 76–83.

GESCHWIND, N. (1979) Specializations of the human brain. *Scientific American*, *241*, 180–199.

GESELL, A., & THOMPSON, H. (1929) Learning and growth in identical twins: An experimental study by the method of co-twin control. *Genetic Psychology Monographs*, *6*, 1–123.

GHAEMI, S. N., PARDO, T. B., & HSU, D. J. (2004) Strategies for preventing the recurrence of bipolar disorder. *Journal of Clinical Psychiatry*, *65* (Suppl. 10), 16–23.

GIANOULAKIS, C., KRISHNAN, B., & THAVUNDAYIL, J. (1996) Enhanced sensitivity of pituitary endorphin to ethanol in subjects at high risk of alcoholism. *Archives of General Psychiatry*, *53*, 250–257.

GIBSON, E. J., & WALK, R. D. (1960) The "visual cliff". *Scientific American*, *202*, 64–71.

GICK, M. L., & HOLYOAK, K. J. (1983) Schema induction and analogical transfer. *Cognitive Psychology*, *15*, 1–38.

GIGERENZER, G. (1996) The psychology of good judgment: Frequency formats and simple algorithms. *Journal of Medical Decision Making*, *16*, 273–280.

GIGERENZER, G. (2006) Out of the frying pan into the fire: behavioral reactions to terrorist attacks. *Risk Analysis*, *26*, 347–351.

GILBERT, A., REGIER, T., KAY, P., & IVRY, R. (2006) Whorf hypothesis is supported in the right visual field but not the left. *Proceedings of the National Academy of Sciences*, *103*, 489–494.

GILBERT, D. T., & JONES, E. E. (1986) Perceiver-induced constraint: Interpretations of self-generated reality. *Journal of Personality and Social Psychology*, *50*, 269–280.

GILBERT, D. T., & MALONE, P. S. (1995) The correspondence bias. *Psychological Bulletin*, *117*, 21–38.

GILCHRIST, A. L. (1988) Lightness contrast and failures of constancy: A common explanation. *Perception and Psychophysics*, *43*, 415–424.

GILLIGAN, C. (1982) *In a different voice*. Cambridge, MA: Harvard University Press.

GILLS, J., SCHMUKLER, K., AZMITIA, M., & CROSBY, F. J. (2007) Affirmative action and ethnic minority students: Enlarging pipelines to support success. In C. Wainryb, J. G. Smetana, & E. Turiel (Eds.), *Social development, social inequalities, and social justice* (pp. 81–107). New York, New York.: L. E. Erlbaum Associates.

GILOVICH, T. (1983) Biased evaluation and persistence in gambling. *Journal of Personality and Social Psychology*, *44*, 1110–1126.

GILTAY, E. J., GELEIJNSE, J. M., ZITMAN, F. G., BUIJSSE, B., & KROMHOUT, D. (2007) Lifestyle and dietary correlates of dispositional optimism in men: The Zutphen Elderly Study. *Journal of Psychosomatic Research*, *63*, 483–490.

GLASS, D. C., & SINGER, J. E. (1972) *Urban stress: Experiments on noise and social stressors*. New York: Academic Press.

GLASS, G. V., MCGAW, B., & SMITH, M. L. (1981) *Meta-analysis in social research*. Beverly Hills, CA: Sage.

GLASS, R. M. (2001) Electroconvulsive therapy: Time to bring it out of the shadows. *Journal of the American Medical Association*, *285*, 1346–1348.

GLEITMAN, H. (1986) *Psychology* (2nd ed.). New York: Norton.

GLEITMAN, L. R. (1986) Biological predispositions to learn language. In P. Marler & H. S. Terrace (Eds.), *The biology of learning*. New York: Springer-Verlag.

GOETHALS, G. P., & ZANNA, M. P. (1979) The role of social comparison in choice shifts. *Journal of Personality and Social Psychology*, *37*, 1469–1476.

GOETZ, J. L., KELTNER, D., & SIMON-THOMAS, E. (2010) Compassion: An evolutionary analysis and empirical review. *Psychological Bulletin*, *136*, 351–374.

GOLDBERG, L. R. (1981) Language and individual differences: The search for universals in personality lexicons. In L. Wheeler (Ed.), *Review of Personality and Social Psychology* (Vol. 2, pp. 141–165). Beverly Hills, CA: Sage.

GOLDIN, P. R., MCRAE, K., RAMEL, W., & GROSS, J. J. (2008) The neural bases of emotion regulation: Reappraisal and suppression of negative emotion. *Biological Psychiatry*, *63*, 577–586.

GOLDIN-MEADOW, S. (1982) The resilience of recursion: A structure within a conventional model. In E. Wanner & L. R. Gleitman (Eds.), *Language acquisition: The state of the art*. Cambridge: Cambridge University Press.

GOLDMAN-RAKIC, P. S. (1987) Circuitry of primate prefrontal cortex and regulation of behavior by representational memory. In F. Plum (Ed.), *Handbook of physiology: The nervous system*. Bethesda, MD: American Physiology Society.

GOLDSTEIN, E. B. (1989) *Sensation and perception* (3rd ed.). Belmont, CA: Wadsworth.

GOLDSTEIN, M. (1987) Family interaction patterns that antedate the onset of schizophrenia and related disorders: A further analysis of data from a longitudinal prospective study. In K. Hahlweg & M. Goldstein (Eds.), *Understanding major mental disorders: The contribution of family interaction research* (pp. 11–32). New York: Family Process Press.

GOLDSTEIN, M. J., TALOVIC, S. A., NUECHTERLEIN, K. H., & FOGELSON, D. L. (1992) Family interaction versus individual psychopathology: Do they indicate the same processes in the families of schizophrenia? *British Journal of Psychiatry*, *161*, 97–102.

GOLEMAN, D. (1995, May 2) Biologists find the site of working memory. *New York Times*.

GÓMEZ, J.-C. (2008) The evolution of pretence: From intentional availability to intentional non-existence. *Mind and Language*, *23*(5), 586–606.

GOODALL, J. (1978) Chimp killings: Is it the man in them? *Science News*, *113*, 276.

GORDON, P. (2004) Numerical cognition without words: Evidence from Amazonia. *Science*, *306*, 496–499.

GOTTESMAN, I. I., & REILLY, J. L. (2003) Strengthening the evidence for genetic factors in schizophrenia (without abetting genetic discrimination). In M. F. Lenzenweger & J. M. Hooley (Eds.), *Principles of experimental psychopathology: Essays in honor of Brendan A. Maher* (pp. 31–44). Washington, DC: American Psychological Association.

GOTTESMAN, I. I., & SHIELDS, J. (1982) *Schizophrenia, the epigenetic puzzle*. New York: Cambridge University Press.

GOTTLIEB, G. (2000) Environmental and behavioral influences on gene activity. *Current Directions in Psychological Science*, *9*, 93–97.

GOUIN, J., GLASER, R., MALARKEY, W. B., BEVERSDORF, D., & KIECOLT-GLASER, J. (2012). Chronic stress, daily stressors, and circulating inflammatory markers. *Health Psychology, 31*, 264–268.

GOULD, E., BEYLIN, A., TANAPAT, P., REEVES, A., & SHORS, T. J. (1999) Learning enhances adult neurogenesis in the hippocampal formation. *Nature Neuroscience*, *2*, 260–265.

GOURINE, A. V, KASYMOV, V., MARINA, N., TANG, F., FIGUEIREDO, M. F., LANE, S., TESCHEMACHER, A. G., SPYER, K. M., DEISSEROTH, K., & KASPAROV, S. (2010) Astrocytes control breathing through pH-dependent release of ATP. *Science*, *329*, 571–575.

GOY, R. W. (1968) Organizing effect of androgen on the behavior of rhesus monkeys. In R. F. Michael (Ed.), *Endocrinology of human behaviour*. London: Oxford University Press.

GRADY, C. L., HAXBY, J. V., HORWITZ, B., SCHAPIRO, M. B., RAPOPORT, S. I., UNGERLEIDER, L. G., MISHKIN, M., CARSON, R. E., & HERSCOVITCH, P. (1992) Dissociation of object and spatial vision in human extrastriate cortex: Age-related changes in activation of regional cerebral blood flow measured with [15O] water and positron emission tomography. *Journal of Cognitive Neuroscience*, *4*, 23–34.

GRAF, P., & MANDLER, G. (1984) Activation makes words more accessible, but not necessarily more retrievable. *Journal of Verbal Learning and Verbal Behavior*, *23*, 553–568.

GRAF, P., & MASSON, M. E. J. (Eds.) (1993) *Implicit memory: New directions in cognition, development, and neuropsychology*. Hillsdale, NJ: Erlbaum.

GRAHAM, S. A., & FISHER, S. E. (2012) Decoding the genetics of speech and language. *Current Opinion in Neurobiology*, *23*,1–9.

GRANDIN, T. (1995) *Thinking in pictures and other reports from my life with autism*. New York: Vintage Books.

GRANRUD, C. E. (1986) Binocular vision and spatial perception in 4- and 5-month-old infants. *Journal of Experimental Psychology: Human Perception and Performance*, *12*, 36–49.

GRAY, J. (1992) *Men are from Mars, women are from Venus: A practical guide for improving communication and getting what you want in your relationships*. New York: HarperCollins.

GRAY, J. M., YOUNG, A. W., BARKER, W. A., CURTIS, A., & GIBSON, D. (1997) Impaired recognition of disgust in Huntington's disease gene carriers. *Brain, 120*, 2029–2038.

GRAY-LITTLE, B., & HAFDAHL, A. R. (2000) Factors influencing racial comparisons of self-esteem: A quantitative review. *Psychological Bulletin, 126*, 26–54.

GRAZZANI-GAVAZZI, I., & OATLEY, K. (1999) The experience of emotions of interdependence and independence following interpersonal errors in Italy and Anglophone Canada. *Cognition and Emotion, 13*, 49–63.

GREEN, B. L., LINDY, J. D., GRACE, M. C., & LEONARD, A. C. (1992) Chronic post-traumatic stress disorder and diagnostic comorbidity in a disaster sample. *Journal of Nervous and Mental Disease, 180*, 760–766.

GREENE, D., STERNBERG, B., & LEPPER, M. R. (1976) Overjustification in a token economy. *Journal of Personality and Social Psychology, 34*, 1219–1234.

GREEN, D. M., & WIER, C. C. (1984) Auditory perception. In I. Darian-Smith (Ed.), *Handbook of physiology* (Vol. 3). Bethesda, MD: American Physiological Society.

GREEN, J. G., FOX, N. A., & LEWIS, M. (1983) The relationship between neonatal characteristics and three-month mother-infant interaction in high-risk infants. *Child Development, 54*, 1286–1296.

GREEN, R. (1987a) Gender identity in childhood and later sexual orientation: Follow-up of 78 males. In S. Chess & T. Alexander (Eds.) *Annual progress in child psychiatry and child development* (pp. 214–220). Philadelphia, PA: Brunner/Mazel.

GREEN, R. (1987b) *The "sissy boy syndrome" and the development of homosexuality*. New Haven, CT: Yale University Press.

GREENBERG, D. F. (1990) *The construction of homosexuality*. Chicago: University of Chicago Press.

GREENFIELD, P. M., & SAVAGE-RUMBAUGH, S. (1990) Grammatical combination in *Pan Paniscus:* Processes of learning and invention in the evolution and development of language. In S. Parker & K. Gibson (Eds.), *"Language" and intelligence in monkeys and apes: Comparative developmental perspectives*. New York: Cambridge University Press.

GRIFFITHS, M. D. (1993) Fruit machine gambling: The importance of structural characteristics. *Journal of Gambling Studies, 9*, 133–152.

GRIGGS, R. A., & COX, J. R. (1982) The elusive thermatic-materials effect in Watson's selection task. *British Journal of Psychology, 73*, 407–420.

GRILL, H. J., & KAPLAN, J. M. (1990) Caudal brainstem participates in the distributed neural control of feeding. In E. M. Stricker (Eds.), *Neurobiology of food and fluid intake* (pp. 125–149). New York: Plenum Press.

GROSS, E. F. (2004) Adolescent internet use: What we expect, what teens report. *Journal of Applied Developmental Psychology, 25*, 633–649.

GROSS, J. J., & LEVENSON, R. W. (1997) Hiding feelings: The acute effects of inhibiting positive and negative emotions. *Journal of Abnormal Psychology, 106*, 95–103.

GROSS, M. M., CRANE, E., & FREDRICKSON, B. L. (2008) *Methodology for assessing bodily expression of emotion.* Manuscript under review.

GROSS, M. M., CRANE, E. A., & FREDRICKSON, B. L. (2012) Effort-shape and kinematic assessment of bodily expression of emotion during gait. *Human Movement Science, 31*, 202–221.

GROSS, R. T., BROOKS-GUNN, J., & SPIKER, D. (1992) Efficacy of educational interventions for low birth weight infants: The Infant Health and Development Program. In S. L. Friedman & M. D. Sigman (Eds.), *The psychological development of low birth weight children: Advances in applied developmental psychology*. Norwood, NJ: Ablex.

GROSSMAN, M., & WOOD, W. (1993) Sex differences in intensity of emotional experience: A social role interpretation. *Journal of Personality and Social Psychology, 65*, 1010–1022.

GUARNACCIA, P. J., CANINO, G., RUBIO-STIPEC, M., & BRAVO, M. (1993) The prevalence of ataques de nervios in the Puerto Rico Disaster Study: The role of culture in psychiatric epidemiology. *Journal of Nervous and Mental Disease, 181*, 157–165.

GUILFORD, J. P. (1982) Cognitive psychology's ambiguities: Some suggested remedies. *Psychological Review, 89*, 48–49.

GURIN, P. (2004) The educational value of diversity. In P. Gurin, J. S. Lehman, & E. Lewis (Eds.), *Defending diversity: Affirmative action at the University of Michigan* (97–188). Ann Arbor, MI: University of Michigan Press.

GURIN, P., NAGDA, B. A., & LOPEZ, G. E. (2004) The benefits of diversity in education for democratic citizenship. *Journal of Social Issues, 60*, 17–34.

GURNEY, R. (1936) The hereditary factor in obesity. *Archives of Internal Medicine, 57*, 557–561.

HABER, R. N. (1969) Eidetic images. *Scientific American, 220*, 36–55.

HABER, R. N. (1979) Twenty years of haunting edetic imagery: Where's the ghost? *Behavioral and Brain Sciences, 24*, 583–629.

HAITH, M. M. (1998) Who put the cog in infant cognition: Is the rich interpretation too costly? *Infant Behaviour and Development, 21*, 167–180.

HAJCAK, G., MOSER, J. S., & SIMONS, R. F. (2006) Attending to affect: Appraisal strategies modulate the electrocortical response to arousing pictures. *Emotion, 6*, 517–522.

HALL, C. S. (1947) Diagnosing personality by the analysis of dreams. *Journal of Abnormal and Social Psychology, 42*, 68–79.

HALL, C. S. (1953) A cognitive theory of dreams. *Journal of General Psychology, 48*, 169–186.

HALLARAKER, E., AREFJORD, K., HAVIK, O. E., & MAELAND, J. G. (2001) Social support and emotional adjustment during and after a severe life event: A study of wives of myocardial infarction patients. *Psychology & Health, 16*, 343–355.

HAMER, D. H., HU, S., MAGNUSON, V. L., HU, N., & PATTATUCCI, A. M. L. (1993) A linkage between DNA markers on the X chromosome and male sexual orientation. *Science, 261*, 321–327.

HAMILTON, D. L. (1979) A cognitive-attributional analysis of stereotyping. In L. Berkowitz (Ed.), *Advances in experimental social psychology* (Vol. 12). New York: Academic Press.

HAMMERSCHMIDT, K., & FISCHER, J. (2008) Constraints in primate vocal production. In U. Griebel & K. Oller (Eds.), The evolution of communicative creativity: From fixed signals to contextual flexibility (pp. 93–119). Cambridge. MA: The MIT Press.

HAMMERSCHMIDT, K., REISINGER, E., WESTEKÄMPER, K., EHRENREICH, H., STRENZKE, N., & FISCHER, J. (2012) Mice do not require auditory input for the normal development of their ultrasonic vocalizations. *BMC Neuroscience*, *13*, 40.

HAN, S., LERNER, J. S., & KELTNER, D. (2007) Feelings and consumer decision making: The Appraisal-Tendency Framework. *Journal of Consumer Psychology*, *17*, 158–168.

HANEY, C., & ZIMBARDO, P. (1998) The past and the future of U.S. prison policy: Twenty-five years after the Stanford Prison Experiment. *American Psychologist*, *53*, 709–727.

HANNIGAN, S. L., & REINITZ, M. T. (2001) A demonstration and comparison of two types of inference-based memory errors. *Journal of Experimental Psychology: Learning, Memory, and Cognition*, *37*, 931–940.

HARDMAN, C. A., HERBERT, V. M., BRUNSTROM, J. M., MUNAFO, M. R., & ROGERS, P. J. (2012) Dopamine and food reward: Effects of acute tyrosine/phenylalanine depletion on appetite. *Physiology & Behavior*, *105*(5), 1202–1207.

HARE, R. D. (1999) *Without conscience: The disturbing world of the psychopaths among us*. New York: Guilford.

HARLOW, H. F. (1971) *Learning to love*. San Francisco: Albion.

HARLOW, H. F., & HARLOW, M. K. (1969) Effects of various mother-infant relationships on rhesus monkey behaviors. In B. M. Foss (Ed.), *Determinants of infant behavior* (Vol. 4), London: Methuen.

HARRIS, J. R. (1995) Where is the child's environment? A group socialization theory of development. *Psychological Review*, *102*, 458–489.

HARRIS, J. R. (1998) *The nurture assumption*. New York: Free Press.

HARRIS, J. R. (2006) *No two alike: Human nature and human individuality*. New York: Norton.

HARRIS, J. R. (2009) *The nurture assumption* (2nd ed). New York: Free Press.

HARRIS, M. J., & ROSENTHAL, R. (1988) *Interpersonal expectancy effects and human performance research*. Washington, DC: National Academy Press.

HART, A. J., WHALEN, P. J., SHIN, L. M., MCINERNEY, S. C., FISCHER, H., & RAUCH, S. L. (2000) Differential response in the human amygdala to racial outgroup vs. ingroup face stimuli. *Neuroreport*, *11*, 2351–2355.

HARTER, S. (1998) The development of self-representation. In N. Eisenberg (Ed.), *Handbook of child psychology* (5th ed.), Vol. 3: Social, emotional, and personality development (pp. 553–617). New York: Wiley.

HARTSTON, H. (2012) The case for compulsive shopping as an addiction. *Journal of Psychoactive Drugs*, *44*(1), 64–67.

HARVEY, A., WATKINS, E., MANSELL, W., & SHAFRAN, R. (2004) *Cognitive behavioural processes across psychological disorders: A transdiagnostic approach to research and treatment*. Oxford: Oxford University Press.

HASSINK, J., ELINGS, M., ZWEEKHORST, M., VAN DEN NIEUWENHUIZEN, N., & SMIT, A. (2010) Care farms in the Netherlands: Attractive empowerment-oriented and strengths-based practices in the community. *Health & Place*, *16*(3), 423–430.

HATFIELD, E. (1988) Passionate and companionate love. In R. J. Sternberg & M. L. Barnes (Eds.), *The psychology of love* (pp. 191–217). New Haven, CT: Yale University Press.

HATHAWAY, S. R., & MCKINLEY, J. C. (1943) *Manual for the Minnesota Multiphasic Personality Inventory*. New York: Psychological Corporation.

HAUN, D. B. M., RAPOLD, C., CALL, J., JANZEN, G., LEVINSON, S. C. (2006) Cognitive cladistics and cultural override in Hominid spatial cognition. *Proceedings of the National Academy of Sciences*, *103*, 17568–17573.

HAWKINS, R. D., & KANDEL, E. R. (1984) Is there a cell-biological alphabet for simple forms of learning? *Psychological Review*, *91*, 375–391.

HAXBY, J. V., GRADY, C. L., HORWIZ, B., UNGERLEIDER, L. G., MISHKIN, M., CARSON, R. E., HERSCOVITCH, P., SCHAPIRO, M. B., & RAPOPORT, S. I. (1990) Dissociation of object and spatial visual processing pathways in human extrastriate cortex. *Neurobiology*, *88*, 1621–1625.

HAYDON, P. G. (2001) GLIA: listening and talking to the synapse. *Nature Reviews Neuroscience*, *2*, 185–193.

HAYES, C. J., STEVENSON, R. J., & COLTHEART, M. (2007) Disgust and Huntington's disease. *Neuropsychologia*, *45* (6), 1135–1151.

HAYES, S. (2005) *Get out of your mind and into your life: The new acceptance and commitment therapy.* Oakland, CA: New Harbinger Publications, Inc.

HAYNES, M. C. (in press) In the eye of the beholder: Perceptions of the centrality of merit in affirmative action and its psychological implications. *Journal of Organizational Psychology*.

HAYNES, M. C., & HEILMAN, M. E. (2004, August) Perceptions of affirmative action programs: What are they anyway? Paper presented at the Academy of Management meetings, New Orleans, LA.

HAYNES, S. G., & FEINLEIB, M. (1980) Women, work, and coronary heart disease: Prospective findings from the Framingham heart study. *American Journal of Public Health*, *70*, 133–141.

HE, Z. J., & NAKAYAMA, K. (1992) Surfaces versus features in visual search. *Nature*, *359*, 231–233.

HEATHERTON, T. F., WYLAND, C. L., MACRAE, N., DEMOS, K. E., DENNY, B. T. & KELLEY, W. M. (2006). Medial prefrontal activity differentiates self from close others. *SCAN*, *1*, 18–25.

HEATH, R. G. (1972) Pleasure and brain activity in man. Deep and surface electroencephalograms during orgasm. *Journal of Nervous and Mental Disease*, *154*, 3–18.

HEBB, D. O. (1955) Drives and the conceptual nervous system. *Psychological Review*, *62*, 243–253.

HEBB, D. O. (1958) *A textbook of psychology* (1st ed). Philadelphia: Saunders.

HEBB, D. O. (1966) *A textbook of psychology* (2nd ed). Philadelphia: Saunders.

HEBB, D. O. (1982) Understanding psychological man: A state-of-the-science report. *Psychology Today*, *16*, 52–53.

HEBL, M. R., KING, E. B., & LIN, J. (2004) The swimsuit becomes us all: ethnicity, gender, and vulnerability to self-objectification. *Personality and Social Psychology Bulletin*, *30*, 1322.

HECHT, S., SHALER, S., & PIREENE, M. H. (1942) Energy, quanta, and vision. *Journal of General Physiology*, *25*, 819–840.

HEGARTY, P. (2007) From genius inverts to gendered intelligence: Lewis Terman and the power of the norm. *History of Psychology*, *10*(2), 132–155.

HEIDER, F. (1958) *The psychology of interpersonal relations*. New York: Wiley.

HEILMAN, M. E. (1994) Affirmative action: Some unintended consequences for working women. In B. Staw & L. L. Cummings (Eds.), *Research in organizational behavior* (Vol. 16, pp. 125–169). Greenwich, CT: JAI Press.

HEILMAN, M. E., & ALCOTT, V. B. (2001) What I think you think of me: Women's reactions to being viewed as beneficiaries of preferential selection. *Journal of Applied Psychology, 86*, 574–582.

HEILMAN, M. E., & BLADER, S. (2001) Assuming preferential selection when the admissions policy is unknown: The effects of gender rarity. *Journal of Applied Psychology, 86*, 188–193.

HEILMAN, M. E., & HAYNES, M. C. (2006) Affirmative action: Unintended adverse effects. In M. F. Karsten (Ed.), *Gender, race, and ethnicity in the workplace* (Vol. 2, pp. 1–24). Westport, CT: Greenwood Publishing Co.

HEILMAN, M. E., & WELLE, B. (2006) Disdvantaged by diversity: The effects of diversity goals on competence perception. *Journal of Applied Social Psychology, 36*, 1291–1319.

HEILMAN, M. E., BLOCK, C. J., & LUCAS, J. A. (1992) Presumed incompetent? Stigmatization and affirmative action efforts. *Journal of Applied Psychology, 77*, 536–544.

HEILMAN, M. E., BLOCK, C. J., & STATHATOS, P. (1997) The affirmative action stigma of incompetence: Effects of performance information ambiguity. *Academy of Management Journal, 40*, 603–625.

HEILMAN, M. E., MCCULLOUGH, S. F., & GILBERT, D. (1996) The other side of affirmative action. Reactions of non-beneficiaries to sex-based preferential selection. *Journal of Applied Psychology, 81*, 346–357.

HEINE, S. J., & LEHMAN, D. R. (1997) Culture, dissonance, and self-affirmation. *Personality and Social Psychology Bulletin, 23*, 389–400.

HELD, R. (1965) Plasticity in sensory motor systems. *Scientific American, 21*, 84–94.

HELGELAND, M. I., & TORGERSEN, S. (2004) Developmental antecedents of borderline personality disorder. *Comprehensive Psychiatry, 45*, 138–147.

HELGESON, V. S., REYNOLDS, K. A., & TOMICH, P. L. (2006) Meta-analytic review of benefit finding and growth. *Journal of Consulting and Clinical Psychology, 74*, 797–816.

HELLIGE, J. B. (1990) Hemispheric asymmetry. *Annual Review of Psychology, 41*, 55–80.

HELLIGE, J. B. (1993) Unity of thought and action: Varieties of interaction between left and right hemispheres. *Current Directions in Psychological Science, 2*, 21–25.

HEMMI, T. (1969) How we have handled the problem of drug abuse in Japan. In F. Sjoqvist & M. Tottie (Eds.), *Abuse of central stimulants*. New York: Raven Press.

HENDERSON, M. D., DE LIVER, Y., & GOLLWITZER, P. M. (2008) The effects of an implemental mind-set on attitude strength. *Journal of Personality and Social Psychology, 94* (3), 396–411.

HENRIKSSON, L., KARVONEN, J., SALMINEN-VAPARANTA, N., RAILO, H., & VANNI, S. (2012) Retinotopic maps, spatial tuning, and locations of human visual areas in surface coordinates characterized with multifocal and blocked fMRI designs. *PLoS ONE, 7*(5), e36859. doi:10.1371/journal.pone.0036859.

HENRY, B., & MOFFITT, T. E. (1997) Neuropsychological and neuroimaging studies of juvenile delinquency and adult criminal behavior. In D. M. Stoff, J. Breiling, & J. D. Maser (Eds.), *Handbook of antisocial personality disorder* (pp. 280–288). New York: Wiley.

HENSEL, H. (1973) Cutaneous thermoreceptors. In A. Iggo (Ed.), *Handbook of sensory physiology* (Vol. 2). Berlin: Springer-Verlag.

HERDT, G. H. (Ed.) (1984) *Ritualized homosexuality in Melanesia*. Berkeley: University of California Press.

HERING, E. (1878) *Outlines of a theory of the light sense* (L. M. Hurvich & D. Jameson, Trans.). Cambridge, MA: Harvard University Press.

HERMAN, C. P., & MACK, D. (1975) Restrained and unrestrained eating. *Journal of Personality, 43*, 647–660.

HERMAN, C. P., & POLIVY, J. (1980) Retrained eating. In A. J. Stunkard (Ed.), *Obesity*. Philadelphia: Saunders.

HERRNSTEIN, R. J., & MURRAY, C. (1994) *The bell curve: Intelligence and class structure in American life*. New York: Free Press.

HERZ, R. S. (2003) The effects of verbal context on olfactory perception. *Journal of Experimental Psychology: General, 132*, 595–606.

HETHERINGTON, E. M., & BRACKBILL, Y. (1963) Etiology and covariation of obstinacy, orderliness, and parsimony in young children. *Child Development, 34*, 919–943.

HETTEMA, J. M., NEALE, M. C., & KENDLER, K. S. (2001) A review and meta-analysis of the genetic epidemiology of anxiety disorders. *American Journal of Psychiatry, 158*, 1568–1578.

HEWSTONE, M. (1990) The "ultimate attribution error"? A review of the literature on intergroup causal attribution. *European Journal of Social Psychology, 20*, 311–335.

HEYES, C. M., & DAWSON, G. R. (1990) A demonstration of observational learning in rats using a bidirectional control. *Quarterly Journal of Experimental Psychology, 42B*, 59–71.

HIGGINS, E. T., & SPIEGEL, S. (2004) Promotion and prevention strategies for self-regulation: A motivated cognition perspective. In R. F. Baumeister & K. D. Vohs (Eds.), *Handbook of self-regulation: Research, theory, and applications* (pp. 171–187). New York: Guilford Press.

HIGHAM, P. A. (2007) No special K! A signal-detection framework for the strategic regulation of memory accuracy. *Journal of Experimental Psychology: General, 136*, 1–22. doi:10.1037/0096-3445.136.1.1

HIGHAM, P. A. (in press) Regulating accuracy on university tests with the plurality option. *Learning and Instruction*. doi:10.1016/j.learninstruc.2012.08.001

HIGHAM, P. A., & ARNOLD, M. M. (2007) How many questions should I answer? Using bias profiles to estimate optimal bias and maximum score on formula-scored tests. *European Journal of Cognitive Psychology, 19*, 718–742. doi:10.1080/09541440701326121

HILL, C., RUBIN, Z., & PEPLAU, L. A. (1976) Breakups before marriage: The end of 103 affairs. *Journal of Social Issues, 32*, 147–168.

HILT, L. M., MCLAUGHLIN, K. A., & NOLEN-HOEKSEMA, S. (2010) Examination of the response styles theory in a community sample of young adolescents. *Journal of Abnormal Child Psychology, 38*, 545–556.

HINDE, R. (1982) *Ethology: Its nature and relations with other sciences*. New York: Oxford University Press.

HINES, M., AHMED, S. F., & HUGHES, I. A. (2003) Psychological outcomes and gender-related development in complete androgen insensitivity syndrome. *Archives of Sexual Behavior*, *32*, 93–101.

HINTSANEN, M., KIVIMAKI, M., ELOVAINIO, M., PULKKI-RABACK, L., KESKIVAARA, P., JUONALA, M., RAITAKARI, O. T., KELTIKANGAS-JARVINEN, L. (2005). Job strain and early atherosclerosis: The Cardiovascular Risk in Young Finns Study. *Psychosomatic Medicine, 67*, 740–747.

HIRSCH, J., & BATCHELOR, B. R. (1976) Adipose tissue cellularity and human obesity. *Clinical Endocrinology and Metabolism*, *5*, 299–311.

HOEK, H. W., & VAN HOEKEN, D. (2003) Review of the prevalence and incidence of eating disorders. *International Journal of Eating Disorders*, *34*, 383–396.

HOFFMAN, H. G. (2004) Virtual-reality therapy. *Scientific American*, *291* (2) (August), 58–65. And related video: http://www.sciencentral.com/articles/view.php3? language=english&type=&article_id=218392308.

HOFFMAN, H. G, PATTERSON, D. R., & CARROUGHER, G. J. (2000a) Use of virtual reality for adjunctive treatment of adult burn pain during physical therapy: A controlled study. *Clinical Journal of Pain*, *16*, 244–250.

HOFFMAN, H. G., DOCTOR, J. N., PATTERSON, D. R., CARROUGHER, G. J., & FURNESS, T. A. III. (2000b) Use of virtual reality for adjunctive treatment of adolescent burn pain during wound care: A case report. *Pain*, *85*, 305–309.

HOFFMAN, H. G., PATTERSON, D. R., SEIBEL, E., SOLTANI, M., JEWETT-LEAHY, L., & SHARAR, S. R. (2008) Virtual reality pain control during burn wound debridement in the hydrotank. *Clinical Journal of Pain*, *24*, 299–304.

HOFFMAN, H. G., RICHARDS, T. L., CODA, B., BILLS, A. R., BLOUGH, D., RICHARDS, A. L., & SHARAR, S. R. (2004) Modulation of thermal pain-related brain activity with virtual reality: evidence from fMRI. *Neuroreport*, *15*, 1245–1248.

HOFFMAN, H. G,, MEYER, W. J. III, RUSSEL, W. J,, FUCHS, H., COWEN, A,, WIECHMAN, S. A,, & PATTERSON, D. R. A (2012) Randomized, multisite study on virtual reality pain distraction in pediatric burn patients during phhysical therapy. *Supplement to Journal of Burn Care and Research*, *33*, 156.

HOFLING, C. K., BROTZMAN, E., DALRYMPLE, S., GRAVES, N., & PIERCE, C. M. (1966) An experimental study in nurse-physician relationships. *Journal of Nervous and Mental Disease*, *143*, 171–180.

HOHMANN, G. W. (1962) Some effects of spinal cord lesions on experienced emotional feelings. *Psychophysiology*, *3*, 143–156.

HOLMES, D. S. (1974) Investigations of repression: Differential recall of material experimentally or naturally associated with ego threat. *Psychological Bulletin*, *81*, 632–653.

HOLMES, D. S. (1984) Meditation and somatic arousal reduction: A review of the experimental evidence. *American Psychologist*, *39*, 1–10.

HOLMES, T. H., & RAHE, R. H. (1967) The social readjustment rating scale. *Journal of Psychosomatic Research*, *11*, 213–218.

HOLMBERG, S., THELIN, A., & STEIRNSTRÖM, E. L. (2004) Relationship of sense of coherence to other psychocodial indices. *European Journal of Psychological Assessment*, 20, 227–236.

HOLT, E. B. (1931) *Animal drive and the learning process*. New York: Holt.

HÖLZEL, B. K., LAZAR, S. W., GARD, T., SCHUMAN-OLIVIER, Z., VAGO, D. R., & OTT, U. (2011) How does mindfulness meditation work? Proposing mechanisms of action from a conceptual and neural perspective. *Perspectives on Psychological Science*, 6(6), 537–559.

HONG, Y., MORRIS, M. W., CHIU, C., BENET-MARTINEZ, V. (2000) Multicultural minds: A dynamic constructivist approach to culture and cognition. *American Psychologist*, *55*, 709–720.

HONORTON, C. (1985) Meta-analysis of psi ganzfeld research: A response to Hyman. *Journal of Parapsychology*, *49*, 51–91.

HOOD, B. M. (2009) *SuperSense: Why we believe in the unbelievable*. London: Sonstable & Robinson.

HOOLEY, J. M. (2007) Expressed emotion and relapse of psychopathology. *Annual Review of Clinical Psychology*, *3*, 329–352.

HOPKINS, J. R. (1977) Sexual behavior in adolescence. *Journal of Social Issues*, *33*, 67–85.

HORNSEY, M. J. (2008) Social identity theory and self categorization theory: A historical review. *Social and Personality Psychology Compass*, *2*, 204–222.

HOROWITZ, F. D. (1974) Visual attention, auditory stimulation, and language stimulation in young infants. *Monographs of the Society for Research in Child Development*, *31*, Serial No. 158.

HOROWITZ, M. J. (2003) *Treatment of stress response syndromes*. Arlington, VA: American Psychiatric Publishing.

HOVLAND, C., JANIS, I., & KELLEY, H. H. (1953) *Communication and persuasion*. New Haven, CT: Yale University Press.

HOWLAND, L. C., STORM, D. S., CRAWFORD, S. L., MA, Y., GORTMAKER, S. L., & OLESKE, J. M. (2007). Negative life events: Risk to health-related quality of life in children and youth with HIV infection. *JANAC: Journal of the Association of Nurses in AIDS Care, 18*, 3–11.

HOWLIN, P., GOODE, S., HUTTON, J., & RUTTER, M. (2004) Adult outcome for children with autism. *Journal of Child Psychology & Psychiatry*, *45*, 212–229.

HSER, Y. I., ANGLIN, D., & POWERS, K. (1993) A 24-year follow-up of California narcotics addicts. *Archives of General Psychiatry*, *50*, 577–584.

HU, S., PATTATUCCI, A. M., PATTERSON, C., LI, L., FULKER, D. W., CHERNY, S. S., KRUGLYAK, L., HAMER, D. H. (1995) Linkage between sexual orientation and chromosome Xq28 in males but not in females. *Nature Genetics*, *11*, 248–256.

HUBEL, D. H., & WIESEL, T. N. (1968) Receptive fields and functional architecture of monkey striate cortex. *Journal of Physiology*, *195*, 215–243.

HUESMANN, L. R., MOISE-TITUS, J., POLOSKI, C. L., & ERON, L. D. (2003) Longitudinal relations between children's exposure to TV violence and their aggressive and violent behavior in young adulthood 1977–1992. *Developmental Psychology*, *39*, 2201–2221.

HUGUET, P., GALVAING, M. P., MONTEIL, J. M., & DUMAS, F. (1999) Social presence effects in the Stroop task: Further evidence for an attentional view of social facilitation. *Journal of Personality and Social Psychology*, *77*, 1011–1025.

HULL, C. L. (1943) *Principles of behavior*. New York: Appleton-Century-Crofts.

HUMMEL, J. E., & BIEDERMAN, I. (1992) Dynamic binding in a neutral network for shape recognition. *Psychological Review*, *99*, 480–517.

HUMPHREYS, K. (2004) *Circles of Recovery: Self-help organisa-*

*tions for addictions*. Cambridge: Cambridge University Press.

HUMPHREYS, K. (2006) The trials of Alcoholics Anonymous. *Addiction*, *101*, 617–618.

HUMPHREYS, K., & MOOS, R. H. (1996) Reduced substance abuse-related health care cost among voluntary participants in Alcoholics Anonymous. *Psychiatric Services*, *47*, 709–713.

HUMPHREYS, K., MOOS, R. H., & COHEN, C. (1997) Social and community resources and long-term recovery from treated and untreated alcoholism. *J. Studies Alcohol*, *58*, 231–238.

HUNT, M. (1974) *Sexual behavior in the 1970's*. Chicago: Playboy Press.

HUNT, P. J., & HILLERY, J. M. (1973) *Social facilitation at different stages in learning*. Paper presented at the Midwestern Psychological Association Meetings, Cleveland.

HUNTER, I. M. L. (1974) *Memory*. Baltimore: Penguin.

HURVICH, L. M., & JAMESON, D. (1974) Opponent processes as a model of neural organizations. *American Psychologist*, *29*, 88–102.

HUSELID, R. F., & COOPER, M. L. (1992) Gender roles as mediators of sex difference in adolescent alcohol use and abuse. *Journal of Health and Social Behavior*, *33*, 348–362.

HUTTON, D. C., & BAUMEISTER, R. F. (1992) Self-awareness and attitude change: Seeing oneself on the central route to persuasion. *Personality and Social Psychology Bulletin*, *18*, 68–75.

HYMAN, I. E., HUSBAND, T. H., & BILLINGS, F. G. (1995) False memories of childhood experiences. *Applied Cognitive Psychology*, *9*, 181–197.

HYMAN, R. (1985) The ganzfield psi experiment: A critical appraisal. *Journal of Parapsychology*, *49*, 3–49.

HYMAN, R. (1994) Anomaly or Artifact? Comments on Bem and Honorton. *Psychological Bulletin*, *115*, 19–24.

HYMAN, R., & HONORTON, C. (1986) A joint communiqué: The psi ganzfeld controversy. *Journal of Parapsychology*, *50*, 351–364.

IACOBONI, M. (2009) Imitation, empathy, and mirror neurons. *Annual Review of Psychology*, *60*, 653–670.

IMADA, T., & ELLSWORTH, P. C. (2011) Proud Americans and lucky Japanese: Cultural differences in appraisal and corresponding emotion. *Emotion*, *11*, 329–345.

IMADA, T., & KITAYAMA, S. (2010) Social eyes and choice justification: Culture and dissonance revisited. *Social Cognition*, *28*, 589–608.

IMAI, M., & GENTER, D. (1997) A cross-linguistic study of early word meaning: Universal ontology and linguistic influence. *Cognition*, *62*, 169–200.

IMPERATO-MCGINLEY, J., PETERSON, R. E., GAUTIER, T., & STURLA, E. (1979) Androgens and the evolution of male gender identity among male pseudohermaphrodites with 5 alpha reductase deficiency. *New England Journal of Medicine*, *300*, 1233–1237.

INDEFREY, P., & LEVELT, W. J. M. (2004) The spatial and temporal signatures of word production components. *Cognition*, *92*, 101–144.

INGLEDEW, D. K., & MCDONAGH, G. (1998) What coping functions are served when health behaviours are used as coping strategies. *Journal of Health Psychology*, *3*, 195–213.

INGRAM, R. E., HAYES, A., & SCOTT, W. (2000) Empirically supported treatments: A critical analysis. In C. R. Snyder & R. Ingram (Eds.), *Handbook of psychological change* (pp. 40–60). New York: Wiley.

INSEL, T. R. (Ed.) (1984) *New findings in obsessive-compulsive disorder*. Washington, DC: American Psychiatric Press.

INTERNATIONAL NARCOTICS CONTROL BOARD (1998) *Psychotropic substances: Statistics for 1996*. New York: United Nations.

INTRAUB, H, & RICHARDSON, M. (1989) Wide-angle memories of close-up scenes. *Journal of Experimental Psychology: Learning, Memory, and Cognition*, *15*, 179–187.

IRONSON, G., BALBIN, E., STUETZLE, R., FLETCHER, M. A., O'CLEIRIGH, C., LEURENCEAU, J. P., SCHNEIDERMAN, N., & SOLOMAN, G. (2005) Dispositional optimism and the mechanisms by which it predicts slower disease progression in HIV: Proactive behavior, avoidant coping, and depression. *International Journal of Behavioral Medicine*, *12*, 86–97.

IRONSON, G., WYNINGS, C., SCHNEIDERMAN, N., BAUM, A., RODRIGUEZ, M. GREENWOOD, D., BENIGHT, C., ANTONI, M., LAPERRIER, A., HUANG, H. S., KLIMAS, N., & FLETCH-ER, M. A. (1997) Posttraumatic stress symptoms, intrusive thoughts, loss and immune function after Hurricane Andrew. *Psychosomatic Medicine*, *59*, 128–141.

ISABELLA, R. A., & BELSKY, J. (1991) Interactional synchrony and the origins of infant-mother attachment: A replication study. *Child Development*, *62*, 373–384.

ISEN, A. M. (2002) A role for neuropsychology in understanding the facilitating effects of positive affect on social behavior and cognitive processes. In C. R. Snyder & S. J. Lopez (Eds.), *Handbook of positive psychology* (pp. 528–540). Oxford: Oxford University Press.

ISEN, P. M. (1985) The asymmetry of happiness and sadness in effects on memory in normal college students. *Journal of Experimental Psychology: General*, *114*, 388–391.

ISEN, P. M., SHALKER, T. E., CLARK, M., & KARP, L. (1978) Affect, accessibility of material in memory, and behavior: A cognitive loop? *Journal of Personality and Social Psychology*, *36*, 1–12.

ISENBERG, D. J. (1986) Group polarization: A critical review and meta-analysis. *Journal of Personality and Social Psychology*, *50*, 1141–1151.

ISOZAKI, M. (1984) The effect of discussion on polarization of judgments. *Japanese Psychological Research*, *26*, 187–193.

ITO, T. A., & URLAND, G. R. (2003) Race and gender on the brain: Electrocortical measures of attention to the race and gender of multiply categorizable individuals. *Journal of Personality and Social Psychology*, *85*, 616–626.

IVERSEN, A. C., FEAR, N. T., EHLERS, A., HUGHES, J. H., HULL, L., EARNSHAW, M., GREENBERG, N., RONA, R., WESSELY, S., & HOTOPF, M. (2008). Risk factors for post-traumatic stress disorder among UK Armed Forces personnel. *Psychological Medicine*, *38*, 511–522.

IYER, A. (2008) Increasing the representation and status of women in employment: The effectiveness of affirmative action. In M. Barreto, M. Ryan, & M. Schmitt (Eds.), *The glass ceiling in the 21st century: Understanding barriers to gender equality* (pp. 257–276). Washington, DC: American Psychological Association.

JABLENSKY, A. (2000) Epidemiology of schizophrenia: The global burden of disease and disability. *European Archives of Clinical Psychiatry and Neuroscience*, *250*, 274–285.

JACKS, J. Z., & CAMERON, K. A. (2003) Strategies for resisting persuasion. *Basic and Applied Social Psychology*, *25*, 145–161.

JACKSON, L. A., SAMONA, R., MOOMAW, J., RAMSAY, L., MURRAY, C., SMITH, A., & MURRAY, L. (2007) What children do on the internet: Domains visited and their relationship to socio-demographic characteristics and academic performance. *CyberPsychology and Behavior*, *10*, 182–290.

JACKSON, P. L., BRUNET, E., MELTZOFF, A. N., & DECETY, J. (2006) Empathy examined through the neural mechanisms involved in imagining how I feel versus how you feel pain. *Neuropsychologia*, *44* (5), 752–761.

JACOBS, W. J., & NADEL, W. (1985) Stress-induced recovery of fears and phobias. *Psychological Review*, *92*, 512–531.

JACOBSON, C. M., & GOULD, M. (2008) Suicide in adolescence. In S. Nolen-Hoeksema & L. M. Hilt (Eds.), *Handbook of depression in adolescents* (pp. 207–236). NewYork: Routledge.

JACOBSON, S. W., & JACOBSON, J. L. (2000) Teratogenic insult and neurobehavioral function in infancy and childhood. In C. A. Nelson (Ed.), *The Minnesota symposia on child psychology*, Vol. 31: The effects of early adversity on neurobehavioral development (pp. 61–112). Mahwah, NJ: Erlbaum.

JAMES, W. (1884) What is an emotion? *Mind*, 188–205.

JAMES, W. (1890/1950) *Principles of psychology*. New York: Dover.

JAMIESON, J. P., & HARKINS, S. G. (2012) Distinguishing between the effects of stereotype priming and stereotype threat on math performance. *Group Processes & Intergroup Relations*, *15*, 291–304.

JAMISON, K. R. (1995) *An unquiet mind*. New York: Knopf.

JAMISON, R. N., RAYMOND, S. A., SLAWSBY, E. A. NEDELJKOVIC, S. S., & KATZ, N. P. (1998) Opioid therapy for noncancer back pain: A randomized prospective study. *Spine*, *23*, 2591–2600.

JANET, P. (1889) *L'automisme psychologigue*. Paris: Féix Alcan.

JANIS, I. L. (1982) *Groupthink: Psychological studies of policy decisions and fiascoes* (2nd ed.). Boston: Houghton Mifflin.

JANOFF-BULMAN, R. (1992) *Shattered assumptions: Toward a new psychology of trauma*. New York: Maxwell Macmillan International.

JAPUNITCH, S. J., ZEHNER, M. E., SMITH, S. S., JORENBY, D. E., VALDEZ, J. A., FIORE, M. C., BAKER, T. B., & GUSTAFSON, D. H. (2006) Smoking cessation via the Internet: A randomized clinical trial of an Internet intervention as adjuvant treatment in a smoking cessation intervention. *Nicotine and Tobacco Research*, *8*, S59–S67.

JAZAIERI, H., JINPA, G. T., MCGONIGAL, K., ROSENBERG, E. L., FINKELSTEIN, J., SIMON-THOMAS, E., CULLEN, M., DOTY, J. R., GROSS, J. J., & GOLDIN, P. R. (2012, in press). Enhancing compassion: A randomized controlled trial of a compassion cultivation training program. *Journal of Happiness Studies.*

JENNET, B., GLEAVE, J., & WILSON, P. (1981) Brain death in three neurosurgical units. *British Medical Journal*, *282*(6263), 533–539.

JENNINGS, D., AMABILE, T. M., & ROSS, L. (1982) Informal covariation assessment: Data-based vs. theory-based judgments. In A. Tversky, D. Kahneman, & P. Slovic (Eds.), *Judgment under uncertainty: Heuristics and biases*. New York: Cambridge University Press.

JEVINE COLEY, R., KUO, F. E., & SULLIVAN, W. C. (1997) Where does community grow? – The social context created by nature in urban public housing. *Environment & Behavior*, *31*(4), 468–494.

JI, L., PENG, K., & NISBETT, R. E. (2000) Culture, control, and perception of relationship in the environment. *Journal of Personality and Social Psychology*, *78*, 943–955.

JIN, S.-H., & CHUNG, C. K. (2012) Messages from the brain connectivity regarding neural correlates of consciousness. *Experimental Neurobiology*, *21*, 113–122.

JOCKIN, V., MCGUE, M., & LYKKEN, D. T. (1996) Personality and divorce: A genetic analysis. *Journal of Personality and Social Psychology*, *71*, 288–299.

JOHANSSON, G., VON HOFSTEN, C., & JANSON, G. (1980) Event perception. *Annual Review of Psychology*, *31*, 27–63.

JOHNSON, E. J., & TVERSKY, A. (1983) Affect, generalization, and the perception of risk. *Journal of Personality and Social Psychology*, *45*, 20–31.

JOHNSON, J., & NEWPORT, E. (1989) Critical period effects in second-language learning: The influence of maturational state on the acquisition of English as a second language. *Cognitive Psychology*, 21, 60–99.

JOHNSON, J. G., COHEN, P., DOHREND, D. P., LINK, D. G., & BROOK, J. S. (1990) The longitudinal investigation of social causation and social selection processes involved in association between socioeconomic status and psychiatric disorders. *Journal of Abnormal Psychology*, *108*, 490–499.

JOHNSON, K. J., WAUGH, C. E., & FREDRICKSON, B. L. (2010) Smile to see the forest: Facially expressed positive emotions broaden cognition. *Cognition and Emotion*, *24*, 299–321.

JOHNSON, M. H. (1997) *Developmental cognitive neuroscience: An introduction*. Oxford: Blackwell.

JOHNSON, M. H., & MORTON, J. (1991) *Biology and Cognitive Development: The Case of Face-Processing*. Oxford: Blackwell.

JOHNSON, M. K., HASHTROUDI, S., & LINDSAY, D. S. (1993) Source monitoring. *Psychological Bulletin*, *114*, 3–28.

JOHNSON, M. K., RAYE, C. L., MITCHELL, K. J., TOURYAN, S. R., GREENE, E. J., & NOLENHOEKSEMA, S. (2006) Dissociating medial frontal and posterior cingulate activity during self-reflection. *Social Cognitive and Affective Neuroscience*, *1*, 56–64.

JOHNSON, R. D., & DOWNING, L. L. (1979) Deindividuation and valence of cues: Effect on prosocial and antisocial behavior. *Journal of Personality and Social Psychology*, *37*, 1532–1538.

JOHNSON-LAIRD, P. N. (1985) The deductive reasoning ability. In R. J. Sternberg (Ed.), *Human abilities: An information processing approach*. New York: Freeman.

JOHNSON-LAIRD, P. N. (1989) Mental models. In M. I. Posner (Ed.), *Foundations of cognitive science*. Cambridge, MA: MIT Press.

JOHNSON-LAIRD, P. N. (1997) Mental modules on the brain. A review of Steven Pinker's How the Mind Works. *Nature*, *389*, 557–558.

JOINER, T. E. (1999) The clustering and contagion of suicide. *Current Directions in Psychological Science*, *8*, 89–92.

JOINER, T. E., JR. (2002) Depression in its interpersonal context. In I. H. Gotlib & C. L. Hammen (Eds.), *Handbook of depression* (pp. 295–313). New York: Guilford Press.

JOINER, T, E., JR., BROWN, J. S., & WINGATE, L. R. (2005) The psychology and neurobiology of suicidal behavior. *Annual Review of Psychology*, *56*, 287–314.

JONES, E. E. (1990) *Interpersonal perception*. New York: Freeman.

JONES, E. E. (1998) Major developments in five decades of social psychology. In D. T. Gilbert, S. T. Fiske, & L. Gardner (Eds.) *The Handbook of Social Psychology*. Vols. 1 and 2 (4th ed., pp. 3–57). New York: McGraw-Hill.

JONES, E. E., & HARRIS, V. A. (1967) The attribution of attitudes. *Journal of Experimental Social Psychology*, *3*, 1–24.

JONES, E. E., ROCK, L., SHAVER, K. G., GOETHALS, G. R., & WARD, L. M. (1968) Pattern of performance and ability attribution: An unexpected primacy effect. *Journal of Personality and Social Psychology*, *9*, 317–340.

JONES, J. T., PELHAM, B. W., CARVALLO, M., & MIRENBERG, M. C. (2004) How do I love thee? Let me count the Js: Implicit egotism and interpersonal attraction. *Journal of Personality and Social Psychology*, *87* (5), 665–683.

JULIEN, D., O'CONNOR, K. P., & AARDEMA, F. (2007) Intrusive thoughts, obsessions, and appraisals in obsessive-compulsive disorder: A critical review. *Clinical Psychology Review*, *27*, 366–383.

JULIEN, R. M. (1992) *A primer of drug action: A concise, nontechnical guide to the actions, uses, and side effects of psychoactive drugs* (6th ed.) New York: Freeman.

JUSSIM, L. (1991) Social perception and social reality: A reflection-construction model. *Psychological Review*, *98*, 54–73.

JUST, M. A., & CARPENTER, P. A. (1980) A theory of reading: From eye fixations to comprehension. *Psychological Review*, *87*, 329–354.

JUST, M. A., & CARPENTER, P. A. (1992) A capacity theory of comprehension: Individual differences in working memory. *Psychological Review*, *99*, 122.

KABAT-ZINN, J. (1996) *Full catastrophe living: How to cope with stress, pain and illness using mindfulness meditation*. London: Piatkus.

KAGAN, J. (1979) Overview: Perspectives on human infancy. In J. D. Osofsky (Ed.), *Handbook of infant development*. New York: Wiley-Interscience.

KAGAN, J. (1998) *Three seductive ideas*. Cambridge, MA: Harvard University Press.

KAGAN, J., & SNIDMAN, N. (1991) Temperamental factors in human development. *American Psychologist*, *46*, 856–862.

KAGAN, J., KEARSLEY, R. B., & ZELAZO, P. (1978) *Infancy: Its place in human development*. Cambridge, MA: Harvard University Press.

KAGAN, N. (1984) *The nature of the child*. New York: Basic Books.

KAHNEMAN, D. (2003) A perspective on judgment and choice: Mapping bounded rationality. *American Psychologist*, 58, 697–720.

KAHNEMAN, D. (2011) *Thinking, fast and slow*. New York: Farrar, Straus and Giroux.

KAHNEMAN, D., & TVERSKY, A. (1973) On the psychology of prediction. *Psychological Review*, 80, 237–251.

KAHNEMAN, D & AND TVERSKY, A. (1984) Choices, values, and frames. *American Psychologist*, *39*, 341–350.

KAHNEMAN, D., & TVERSKY, A. (1996) On the reality of cognitive illusions. *Psychological Review*, *103*, 582–591.

KALSO, E., EDWARDS, J. E., MOORE, R. A., & MCQUAY, H. J. (2004) Opioids in chronic non-cancer pain: Systematic review of efficacy and Safety. *Pain*, *112*, 372–380.

KAMEN-SIEGEL, L., RODIN, J., SELIGMAN, M. E., & DWYER, J. (1991) Explanatory style and cell-mediated immunity in elderly men and women. *Health Psychology*, *10*, 229–235.

KAMIN, L. J. (1974) *The science and politics of IQ*. Hillsdale, NJ: Erlbaum.

KAMINSKI, J., CALL, J., & FISCHER, J. (2004) Word learning in a domestic dog: Evidence for 'fast mapping'. *Science*, *304*, 1682–1683.

KAMMRATH, L. K., MENDOZA-DENTON, R., & MISCHEL, W. (2005) Incorporating if … then … personality signatures in person perception: Beyond the person–situation dichotomy. *Journal of Personality and Social Psychology*, *88* (4), 605–618.

KANDEL, E. R., SCHWARTZ, J. H., & JESSELL, T. M. (Eds.) (1991) *Principles of neural science* (3rd ed.). New York: Elsevier.

KANDEL, E. R., SCHWARTZ, J. H., & JESSELL, T. M. (2000) *Principles of neuroscience* (4th ed.). New York: McGraw-Hill.

KANNER, L. (1943) Autistic disturbances of affective contact. *Nervous Child*, *21*, 217–250.

KAPLAN, M. R., & MILLER, C. E. (1987) Group decision making and normative versus informational influence: Effects of type of issue and assigned decision rule. *Journal of Personality and Social Psychology*, *53*, 306–313.

KAPLAN, S., & KAPLAN, R. (1982) *Cognition and environment. Functioning in an uncertain world.* New York: Praeger.

KARMANOV, D., & HAMEL, R. (2008) Assessing the restorative potential of contemporary urban environment(s): Beyond the nature versus urban dichotomy. *Landscape and Urban Planning*, *86*, 115–125.

KARNO, M., & JENKINS, J. H. (1993) Cross-cultural issues in the course and treatment of schizophrenia. *Psychiatric Clinics of North America*, *16*, 339–350.

KARYLOWSKI, J. J. (1990) Social reference points and accessibility of trait-related information in self-other similarity judgments. *Journal of Personality and Social Psychology*, *58*, 975–983.

KASSIN, S. M. (1997) The psychology of confession evidence. *American Psychologist*, *52*, 221–233.

KATZ, L. C., & SHATZ, C. J. (1996) Synaptic activity and the construction of cortical circuits. *Science*, *274*, 1133.

KATZ, R., & WYKES, T. (1985) The psychological difference between temporally predictable and unpredictable stressful events: Evidence for information control theories. *Journal of Personality and Social Psychology*, *48*, 781–790.

KAUFMAN, S. B., & STERNBERG, R. J. (2007) Giftedness in the Euro-American Culture. In S. N. Philliipson & M. McCann (Eds.). *Conceptions of giftedness: Sociocultural perspectives*. (pp. 377–412). Mahwah, NJ: Erlbaum.

KAUFMAN, G. (1995, November) *Methylphenidate findings from New York's triplicate prescription data*. Presented at the annual conference of the National Association of State Controlled Substances Authorities.

KAUFMAN, L., & ROCK, I. (1989) The moon illusion thirty years later. In M. Hershenson (Ed.), *The moon illusion* (pp. 193–234). Hillsdale, NJ: Erlbaum.

KAWAKAMI, K., & DOVIDIO, J. F. (2001) The reliability of implicit stereotyping. *Personality and Social Psychology Bulletin*, *27*, 212–225.

KAY, P., & KEMPTON, W. (1984) *What is the Sapir-Whorf hypothesis*? American Anthropologist, *86*, 65–79.

KAZDIN, A. E., & WEISZ, J. R. (2003) *Evidence-based psychotherapies for children and adolescents*. New York: Guilford Press.

KEA, C. D., CAMPBELL-WHATLEY, G. D., & BRATTON, K. (2003) Culturally responsive assessment for African American students with learning and behavioral challenges. *Assessment for Effective Intervention*, *29*(1), 27–38.

KEIL, F. C. (1989) *Concepts, kinds, and cognitive development*. Cambridge, MA: MIT Press.

KEIL, F. C. (in press) *Developmental psychology*. New York: W.W. Norton.

KEIL, F. C., & BATTERMAN, N. A. (1984) Characteristic-to-defining shift in the development of word meaning. *Journal of Verbal Learning and Verbal Behavior*, *23*, 221–236.

KELLEY, H. H. (1950) The warm-cold variable in first impressions of persons. *Journal of Personality*, *18*, 431–439.

KELLEY, H. H. (1967) Attribution theory in social psychology. In D. Levine (Ed.), *Nebraska symposium on motivation* (Vol. 15). Lincoln: University of Nebraska Press.

KELLMAN, P. J. (1984) Perception of three-dimensional form by human infants. *Perception and Psychophysics*, *36*, 353–358.

KELLY, D. J., QUINN, P. C., SLATER, A. M., LEE, K., GIBSON, A., SMITH, M., GE, L., & PASCALIS, O. (2005) Three-month-olds, but not newborns, prefer own-race faces. *Developmental Science*, *8*, F31–F36.

KELLY, D. J., LIU, S., GE L., QUINN, P. C., SLATER, A. M., LEE, K., LIU, Q., & PASCALIS, O. (in press) Cross-race preferences for same-race faces extend beyond the African versus Caucasian contrast in 3-month-old infants. *Infancy*, *11*.

KELLY, G. A. (1955) *The psychology of personal constructs*. New York: Norton.

KELLY, S. J., DAY, N., & STREISSGUTH, A. P. (2000) Effects of prenatal alcohol exposure on social behavior in humans and other species. *Neurotoxicology & Teratology*, *22*, 143–149.

KELTIKANGAS-JARVINEN, L., & RAVAJA, N. (2002) Relationships between hostility and physiological coronary heart disease risk factors in young adults: Moderating influence of perceived social support and sociability. *Psychology & Health*, *17*, 173–190.

KENDLER, K. S., JACOBSON, K., MYER, J. M., & EAVES, L. J. (2008) A genetically informative developmental study of the relationship between conduct disorder and peer deviance in males. *Psychological Medicine*, *38*, 1001–1071.

KENDLER, K. S., MYERS, J., PRESCOTT, C. A., & NEALE, M. C. (2001) The genetic epidemiology of irrational fears and phobias in men. *Archives of General Psychiatry*, *58*, 257–265.

KENNEDY, J. E. (2003) The capricious, actively evasive, unsustainable nature of psi: a summary and hypotheses. *Journal of Parapsychology*, *67*, 53–74.

KENNEDY, S. H., EVANS, K. R., KRUGER, S., MAYBERG, H. S., MEYER, J. H., MCCANN, S., ARIFUZZMAN, A. I, HOULE, S., & VACCARINO, F. J (2001) Changes in regional brain glucose metabolism measured with positron emission tomography after paroxetine treatment of major depression. *American Journal of Psychiatry*, *158*, 899–905.

KENDRICK, D. T., & GUTIERRES, S. E. (1980) Contrast effects and judgments of physical attractiveness: When beauty becomes a social problem. *Journal of Personality and Social Psychology*, *38*, 131–140.

KENRICK, D. T. (2006) Evolutionary psychology: Resistance is futile. *Psychological Inquiry*, *17*, 102–109.

KENRICK, D. T., & KEEFE, R. C. (1992) Age preferences in mates reflect sex differences in human reproductive strategies. *Behavioral and Brain Sciences*, *15*, 75–91.

KENRICK, D. T., GROTH, G. E., TROST, M. R., & SADALLA, E. K. (1993) Integrating evolutionary and social exchange perspectives on relationships: Effects of gender, self-appraisal, and involvement level on mate selection criteria. *Journal of Personality and Social Psychology*, *64*, 951–969.

KENSHALO, D. R., NAFE, J. P., & BROOKS, B. (1961) Variations in thermal sensitivity. *Science*, *134*, 104–105.

KEPHART, W. M. (1967) Some correlates of romantic love. *Journal of Marriage and the Family*, *29*, 470–474.

KERNBERG, P. F. (1979) Psychoanalytic profile of the borderline adolescent. *Adolescent Psychiatry*, *7*, 234–256.

KERNIS, M. H., & WHEELER, L. (1981) Beautiful friends and ugly strangers: Radiation and contrast effects in perception of same-sex pairs. *Journal of Personality and Social Psychology*, *7*, 617–620.

KESSLER, R. C., STEIN, M. B., & BERGLUND, P. (1998) Social phobia subtypes in the National Comorbidity Survey. *American Journal of Psychiatry*, *155*, 613–619.

KESSLER, R. C., BERGLUND, P., DEMLER, O., JIN, R., KORETZ, D., MERIKANGAS, K. R., RUSH, A. J., WALTERS, E. E., & WANG, P. S. (2003) The epidemiology of major depressive disorder: Results from the National Comorbidity Survey Replication (NCS-R). *Journal of the American Medical Association*, *289*, 3095–3105.

KESSLER, R. C., CHIU, W. T., JIN, R., RUSCIO, A. M., SHEAR, K., & WALTERS, E. E. (2006) The epidemiology of panic attacks, panic disorder, and agoraphobia in the National Cormobidity Survey Replication. *Archives of General Psychiatry*, *63*, 415–424.

KIECOLT-GLASER, J. K., KENNEDY, S., MALKOFF, S., FISHER, L., SPEICHER, C. E., & GLASER, R. (1988) Marital discord and immunity in males. *Psychosomatic Medicine*, *50*, 213–229.

KIECOLT-GLASER, J. K., MCGUIRE, L., ROBLES, T. F., & GLASER, R. (2002) Emotions, morbidity, and mortality: New perspectives from psychoneuroimmunology. *Annual Review of Psychology*, *53*, 83–107.

KIEHL, K. A., SMITH, A. M., HARE, R. D., MENDREK, A., FORSTER, B. B., BRINK, J., & LIDDLE, P. F. (2001) Limbic abnormalities in affective processing by criminal psychopaths as revealed by functional magnetic resonance imaging. *Biological Psychiatry*, *50*, 677–684.

KIHLSTROM, J. F. (2007) Consciousness in hypnosis. In P. D. Zelazo, M. Moscovitch, & E. Thompson (Eds.), *The Cambridge handbook of consciousness* (pp. 445–479). New York: Cambridge University Press.

KIHLSTROM, J. F. (2008) The psychological unconscious. In O. John, R. Robins & L. A. Pervin (Eds.), *Handbook of Personality: Theory and Research* (3rd ed., pp. in press). New York: Guilford.

KIM, K. H. S., RELKIN, N. R., LEE, K.-M., & HIRSCH, J. (1997) Distinct cortical areas associated with native and second languages. *Nature*, *388*, 171–174.

KIM, L. I. C. (1993) Psychiatric care of Korean-Americans. In A. C. Gaw (Ed.) *Culture, ethnicity and mental illness* (pp. 347–345). Washington, DC: Government Printing Office.

KING, B.M. (2006) The rise, fall, and resurrection of the ventromedial hypothalamus in the regulation of feeding behavior and body weight. *Physiology & Behavior*, *87*, 221–244.

KINSEY, A. C., POMEROY, W. B., & MARTIN, C. E. (1948) *Sexual behavior in the human male*. Philadelphia: Saunders.

KINSEY, A. C., POMEROY, W. B., MARTIN, C. E., & GEBHARD, P. H. (1953) *Sexual behavior in the human female*. Philadelphia: Saunders.

KIRSCH, I., & LYNN, S. J. (1998) Dissociation theories of hypnosis. *Psychological Bulletin, 123*, 100–115.

KISHLINE, A. (1994) *Moderate drinking*. New York: Three Rivers Press.

KITAYAMA, S., MARKUS, H. R., & KUROKAWA, M. (2000) Culture, emotion, and well-being: Good feelings in Japan and the United States. *Cognition and Emotion, 14*, 93–124.

KITAYAMA, S., MESQUITA, B., & KARASAWA, M. (2006) Cultural affordances and emotional experience: Socially engaging and disengaging emotions in Japan and the United States. *Journal of Personality and Social Psychology, 91*, 890–903.

KITAYAMA, S., SNIBBE, A. C., MARKUS, H. R., SUZUKI, T., & KYOTO, J. (2004) Is there any "free" choice? Self and dissonance in two cultures. *Psychological Science, 15* (8), 527–533.

KLAHR, D. (1982) Nonmonotone assessment of monotone development: An information processing analysis. In S. Strauss (Ed.), *U-shaped behavioral growth*. New York: Academic Press.

KLATZKY, R. L., LEDERMAN, S. J., & METZGER, V. A. (1985) Identifying objects by touch: An expert system. *Perception and Psychophysics, 37*, 299–302.

KLEIN, S. B., & LOFTUS, J. (1988) The nature of self-referent encoding: The contributions of elaborative and organizational processes. *Journal of Personality and Social Psychology, 55*, 5–11.

KLEIN, S. B., LOFTUS, J., & BURTON, H. A. (1989) Two self-reference effects: The importance of distinguishing between self-descriptiveness judgments and autobiographical retrieval in self-referent encoding. *Journal of Personality and Social Psychology, 56*, 853–865.

KLINE, P. (1972) *Fact and fancy in Freudian theory*. London: Methuen.

KLING, K. C., HYDE, J. S., SHOWERS, C. J., & BUSWELL, B. N. (1999) Gender differences in self-esteem: A meta-analysis. *Psychological Bulletin, 125*, 70–500.

KLÜVER, H., & BUCY, P. C. (1937) "Psychic blindness" and other symptoms following temporal lobectomy in rhesus monkeys. *American Journal of Physiology, 119*, 352–353.

KNAPP, M., MANGALORE, R., & SIMON, J. (2004) The global costs of schizophrenia. *Schizophrenia Bulletin, 30*, 279–293.

KNITTLE, J. L., & HIRSCH, J. (1968) Effect of early nutrition on the development of rat epididymal fat pads: Cellularity and metabolism. *Journal of Clinical Investigation, 47*, 2091.

KOBASA, S. C. (1979) Stressful life events, personality, and health: An inquiry into hardiness. *Journal of Personality and Social Psychology, 37*, 1–11.

KOBASA, S. C., MADDI, S. R., & KAHN, S. (1982) Hardiness and health: A prospective study. *Journal of Personality and Social Psychology, 42*, 168–177.

KOENIGS, M., YOUNG, L., ADOLPHS, R., TRANEL, D., CUSHMAN, F., HAUSER, M., DAMASIO, A. (2007) Damage to the prefrontal cortex increases utilitarian moral judgements. *Nature, 446*, 908–911.

KOHLBERG, L. (1996) A cognitive-developmental analysis of children's sex role concepts and attitudes. In E. E. Maccoby (Ed.), *The development of sex differences* (pp. 82–173). Stanford, CA: Stanford University Press.

KOHLBERG, L. (1969) Stage and sequence: The cognitive-developmental approach to socialization. In D. A. Goslin (Ed.), *Handbook of socialization theory and research*. Chicago: Rand McNally.

KOK, B. E., COFFEY, K. A., COHN, M. A., CATALINO, L. I., VACHARKULKSEMSEK, T., ALGOE, S. B., BRANTLEY, M., & FREDRICKSON, B. L. (2012) *Positive emotions drive an upward spiral that links social connections and health*. Manuscript submitted for publication.

KOLATA, G. (2002, May) Runner's high? Endorphins? Fiction, some scientists say. *New York Times*.

KOLODNY, J. A., (1994) Memory processes in classification learning. *Psychological Science, 5*, 164–169.

KOOB, G. F., & BLOOM, F. E. (1988) Cellular and molecular mechanisms of drug dependence. *Science, 242*, 715–723.

KOOB, G. F., & LE MOAL, M. (1997) Drug abuse: Hedonic homeostatic dysregulation. *Science, 278*, 52–58.

KOOB, G. F., LE MOAL, M. (2008) Addiction and the brain antireward system. Annual Review of Psychology, *59*, 29–53.

KORNHABER, M., & GARDNER, H. (1991) Critical thinking across multiple intelligences. In S. Maclure & P. Davies (Eds.), *Learning to think: Thinking to learn*. Oxford: Pergamon.

KOSAMBI, D. D., & KOSAMBI, M. (1967) Living prehistory in India. *Scientific American, 215*, 105.

KOSSLYN, S. M. (1983) *Ghosts in the mind's machine*. New York: Norton.

KOSSLYN, S. M. (1988) Aspects of a cognitive neuroscience of mental imagery: *Science, 240*, 1621–1626.

KOSSLYN, S. M., & KOENIG, O. (1992) *Wet mind: The new cognitive neuroscience*. New York: Free Press.

KOSSLYN, S. M., BALL, T. M., & REISER, B. J. (1978) Visual images preserve metric spatial information: Evidence from studies of image scanning. *J. Exp. Psychol. Hum. Percept. Perform., 4*(1), 47–60.

KOSSLYN, S. M., ALPERT, N. M., THOMPSON, W. L., MALJKOVIC, V., WEISE, S. B., CHABRIS, C. F., HAMILTON, S. E., RAUCH, S. L., & BUONANNO, F. S. (1993) Visual mental imagery activates topographically organized visual cortex. *Journal of Cognitive Neuroscience, 5*, 263–287.

KOUMIMTSIDIS, C., REYNOLDS, M., DRUMMOND, C., DAVIS, P., SELL, L., & TARRIER, N. (2007) *Cognitive-behavioural therapy in the treatment of addiction*. Wiley.

KRAFT, T. L., & PRESSMAN, S. D. (in press) Grin and bear it: The influence of manipulated facial expression on the stress response. *Psychological Science*.

KRAKOWSKI, M. (2003) Violence and serotonin: Influence of impulse control, affect regulation, and social functioning. *Journal of Neuropsychiatry and Clinical Neurosciences, 15*, 294–305.

KRAUS, G., & REYNOLDS, D. J. (2001) The "A-B-C's" of the cluster B's: Identifying, understanding and treating cluster B personality disorders. *Clinical Psychology Review, 21*, 345–373.

KRING, A. (2000) Gender and anger. In A. H. Fischer (Ed.), *Gender and emotion: Social psychological perspectives* (pp. 211–231). New York: Cambridge University Press.

KRINGELBACH, M. L., & BERRIDGE, K. C. (2012) The joyful mind. *Scientific American, 307*(2), 40–45.

KUHL, P. K. (2000) A new view of language acquisition. *Proceedings of the National Academy of Sciences, 97*, 11850–11857.

KUHN, C., SWARTZWELDER, S., & WILSON, W. (1998) *Buzzed: The straight facts about the most used and abused drugs*. New York: Norton.

KUIKEN, D., & SIKORA, S. (1993) The impact of dreams on waking thoughts and feelings. In A. Moffitt, M. Kramer, and Hoffman, R. (Eds.), *The Functions of Dreaming* (pp. 419–476). New York: State University of New York Press.

KUIPER, N. A., & ROGERS, T. B. (1979) Encoding of personal information: Self-other differences. *Journal of Personality and Social Psychology*, *37*, 499–514.

KULICK, D. (1998) *Travesti: Sex, gender, and culture among Brazilian transgendered prostitutes*. Chicago: University of Chicago Press.

KUMAR, M. S., MURHEKAR, M. V., HUTIN, Y., SUBRAMANIAN, T., RAMACHANDRAN, V., & GUPTE, M. D. (2007) Prevalence of posttraumatic stress disorder in a coastal fishing village in Tamil Nadu, India, after the December 2004 tsunami. *American Journal of Public Health*, *97*, 99–101.

KUMAR, V., ABBAS, A. K., FAUSTO, N., & ASTER, J. C. (2009) *Robbins and Cotran Pathologic Basis of Disease* (8th ed.). Philadelphia, PA: Elsevier Health Sciences Division.

KUMMER, H., & GOODALL, J. (1985) Conditions of innovative behaviour in primates. *Philosophical Transactions of the Royal Society of London. Series B*, *308*, 1135.

KUO, F. E. (2001a) Coping with povertry – Impacts of environment and attention in the inner city. *Environment & Behavior*, *33*(1), 5–34.

KUO, F. E., & SULLIVAN, W. C. (2001b) Environment and crime in the inner city – Does vegetation reduce crime? *Environment & Behavior*, *33*(3), 343–367.

KUO, F. E., & SULLIVAN, W. C. (2001c) Aggression and violence in the city – Effects of environment via mental fatigue. *Environment & Behavior*, *33*(4), 543–571.

KUO, F. E., BACAICOA, M., & SULLIVAN, W. C. (1998a) Transforming inner-city landscapes – Trees, sense of safety, and preference, *Environment & Behavior,* Vol. 30 (1), 28–59.

KURTINES, W., & GREIF, E. B. (1974) The development of moral thought: Review and evaluation of Kohlberg's approach. *Psychological Bulletin*, *81*, 453–470.

LA BERGE, D. (1995) *Attentional processing: The brain's art of mindfulness*. Cambridge, MA: Harvard University Press.

LABERGE, S. (2007) Lucid dreaming. In D. Barrett & P. McNamara (Eds.), *The new science of dreaming*, Vol. 2: Content, recall, and personality correlates (pp. 307–328). Westport, CT: Praeger Perspectives.

LADEFOGED, P. (2005) *A Course in Phonetics* (5th ed.). Boston: Thomson/Wadsworth.

LAI, T., CHANG, C. CONNOR, K, M., LEE, L., DAVIDSON, J. R. T. (2004). Full and partial PTSD among earthquake survivors in rural Taiwan. *Journal of Psychiatric Research, 38*, 313–322.

LAKOFF, G. (1987) *Women, fire, and dangerous things*. Chicago: University of Chicago Press.

LAM, D., & WONG, G. (2005) Prodromes, coping strategies, and psychological interventions in bipolar disorders. *Clinical Psychology Review*, *25*, 1028–1042.

LAMM, C., BATSON, C. D., DECETY, J. (2007) The neural substrate of human empathy: Effects of perspective-taking and cognitive appraisal. *Journal of Cognitive Neuroscience*, *19* (1), 42–58.

LAND, E. H. (1986) The retinex theory of color vision. *Scientific American*, *237*, 108–128.

LANGER, E. J. (1975) The illusion of control. *Journal of Personality and Social Psychology*, *32*, 311–328.

LAPIERE, R. (1934) Attitudes versus actions. *Social Forces*, *13*, 230–237.

LARKIN, J. H., MCDERMOTT, J., SIMON, D. P., & SIMON, H. A. (1980) Expert and novice performance in solving physics problems. *Science*, *208*, 1335–1342.

LARSON, R., & RICHARDS, M. H. (1991) Daily companionship in late childhood and early adolescence: Changing developmental contexts. *Child Development*, *62*, 284–300.

LATANÉ, B., & DARLEY, J. M. (1968) Group inhibition of bystander intervention in emergencies. *Journal of Personality and Social Psychology*, *10*, 215–221.

LATANÉ, B., & DARLEY, J. M. (1970) *The unresponsive bystander: Why doesn't he help?* New York: Appleton-Century-Crofts.

LATANÉ, B., NIDA, S. A., & WILSON, D. W. (1981) The effects of group size on helping behavior. In J. P. Rushton & R. M. Sorrentino (Eds.), *Altruism and helping behavior: Social personality, and developmental perspectives*. Hillsdale, NJ: Erlbaum.

LATANÉ, B., & RODIN, J. (1969) A lady in distress: Inhibiting effects of friends and strangers on bystander intervention. *Journal of Experimental and Social Psychology*, *5*, 189–202.

LAUDENSLAGER, M. L., RYAN, S. M., DRUGAN, R. C., HYSON, R. L., & MAIER, S. F. (1983) Coping and immunosuppression: Inescapable but not escapable shock suppresses lymphocyte proliferation. *Science*, *221*, 568–570.

LAUMANN, E. O., GAGNON, J. H. MICHAEL, R. T., & MICHAELS, S. (1994) *The social organization of sexuality: Sexual practices in the United States*. Chicago: University of Chicago Press.

LAWRENCE, N. S., JOLLANT, F., O'DALY, O., ZELAYA, F., & PHILIPS, M. L. (2009) Distinct roles of prefrontal cortical subregions in the Iowa Gambling Task. *Cerebral Cortex*, *19*, 1134–1143.

LAZARUS, R. S. (1991a) Cognition and motivation in emotion. *American Psychologist*, *46*, 352–367.

LAZARUS, R. S. (1991b) *Emotion and adaptation*. New York: Oxford University Press.

LAZARUS, R. S., & FOLKMAN, S. (1984) *Stress, appraisal, and coping*. New York: Springer.

LEA, M., SPEARS, R., & DE GROOT, D. (2001) Knowing me knowing you: Anonymity effects on social identity processes within groups. *Personality and Social Psychology Bulletin*, *27*, 526–537.

LE BON, G. (1895) *The crowd*. London: Ernest Benn.

LEDOUX, J. E., & PHELPS, E. A. (2000) Emotional networks in the brain. In M. Lewis & J. M. Haviland-Jones (Eds.), *Handbook of emotions* (2nd ed., pp. 157–172). New York: Guilford.

LEE, N., MIKESELL, L., JOAQUIN, A. D. L., MATES, A. W., & SCHUMANN, J. H. (2009) *The interactional instinct: The evolution and acquisition of language*. Oxford: Oxford University Press.

LEHMAN, B. J., TAYLOR, S. E., KIEFE, C. I., SEEMAN, T. E. (2009). Relationship of early life stress and psychological functioning to blood pressure in the CARDIA study. *Health Psychology, 28*, 338–346.

LEIPPE, M. R. (1980) Effects of integrative memorial and cognitive processes on the correspondence of eyewitness accuracy and confidence. *Law and Human Behavior*, *4*, 261–274.

LENNEBERG, E. H. (1967) *Biological foundations of language*. New York: Wiley.

LENNON, M. C., & ROSENFIELD, S. (1992) Women and mental health: The interaction of job and family conditions. *Journal of Health and Social Behavior*, *33*, 316–327.

LEO, R. (1996) Miranda's revenge: Police interrogation as a confidence game. *Law and Society Review*, *30*, 259–288.

LEPPER, M. R., & GREEN, D. (1975) Turning play into work: Effects of adult surveillance and extrinsic rewards on children's intrinsic motivation. *Journal of Personality and Social Psychology*, *31*, 479–486.

LERNER, J. S., & KELTNER, D. (2001) Fear, anger, and risk. *Journal of Personality and Social Psychology*, *81*, 146–159.

LERNER, J. S., SMALL, D. A., & LOEWENSTEIN, G. (2004) Heart strings and purse strings: Carryover effects of emotions on economic decisions. *Psychological Science*, *15*, 337–341.

LESERMAN, J., JACKSON, E. D., PETITTO, J. M., GOLDEN, R. N., SILVA, S. G., PERKINS, D. O., CAI, J., FOLDS, J. D., EVANS, D. L. (1999). Progression to AIDS: The effects of stress, depressive symptoms, and social support. Psychosomatic Medicine, 61, 397–406.

LESERMAN, J., PENCE, B. W., WHETTEN, K., MUGAVERO, M. J., THEILMAN, N. M., SWARTZ, M. S., STANGL, D. (2007). Relation of lifetime trauma and depressive symptoms to mortality in HIV. *The American Journal of Psychiatry, 164*, 1707–1713.

LESERMAN, J., PETITTO, J. M., GU, H., GAYNES, B. N., BARROSO, J. GOLDEN, R. N., PERKINS, D. O., FOLDS, J. D., EVANS, D. L. (2002). Progression to AIDS, a clinical AIDS condition and mortality: Psychosocial and physiological predictors. *Psychological Medicine, 32*, 1059–1073.

LESERMAN, J. (2008). Role of depression, stress, and trauma in HIV disease progression. *Psychosomatic Medicine, 70*, 539–545.

LESERMAN, J., PETITTO, J. M., GOLDEN, R. N., GAYNES, B. N., GU, H., *et al.* (2008) Impact of stressful life events, depression, social support, coping, and cortisol on progression to AIDS. *American Journal of Psychiatry*, *157*, 1221–1228.

LEVIN, R., & NIELSEN, T. A. (2007) Disturbed dreaming, posttraumatic stress disorder, and affect distress: A review and neurocognitive model. *Psychological Bulletin*, *133*, 482–528.

LEVINE, M., PROSSER, A., EVANS, D.& REICHER, S. (2005) Identity and emergency intervention: How social group membership and inclusiveness of group boundaries shapes non-helping behavior. *Personality and Social Psychology Bulletin*, *31* (4), 443–453.

LEVINE, R. V., REYSEN, S., & GANZ, E. (2008) The kindness of strangers revisited: A comparison of 24 U.S. cities. *Social Indicators Research*, *85*, 461–481.

LEVENSON, R. W. (1992) Autonomic nervous system differences among emotions. *Psychological Science*, *3*, 23–27.

LEVENSON, R. W. (1994) Human emotions: A functional view. In P. Ekman & R. Davidson (Eds.), *The nature of emotion: Fundamental questions* (pp. 123–126). New York: Oxford University Press.

LEVENSON, R. W. (2003a) Autonomic specificity and emotion. In R. J. Davidson, K. R. Scherer, & H. H. Goldsmith (Eds.), *Handbook of affective sciences* (pp. 212–224). New York: Oxford University Press.

LEVENSON, R. W. (2003b) Blow, sweat, and fears: The auotonomic architecture of emotion. In P. Ekman *et al.* (Eds.), *Emotions inside out: 130 years after Darwin's The Expression of the Emotions in Man and Animals* (pp. 348–366). New York: New York Academy of Sciences.

LEVENSON, R. W. (2007) Emotion elicitation with neurological patients. In J. A. Coan and J. J. B. Allen (Eds.), *The handbook of emotion elicitation and assessment* (pp. 158–168). New York: Oxford University Press.

LEVENSON, R. W. (2011) Basic emotion questions. *Emotion Review*, *3*, 379–386.

LEVENSON, R. W., EKMAN, P., & FRIESEN, W. V. (1990) Voluntary facial action generates emotion-specific nervous system activity. *Psychophysiology*, *27*, 363–384.

LEVENSON, R. W., EKMAN, P., HEIDER, K., & FRIESEN, W. V. (1992) Emotion and autonomic nervous system activity in an Indonesian culture. *Journal of Personality and Social Psychology*, *62*, 927–988.

LEVINE, M. (1999) Rethinking bystander nonintervention. Social categorization and the evidence of witnesses at the James Bulger murder trial. *Human Relations*, *52*, 1133–1155.

LEVINE, M., PROSSER, A., EVANS, D., & REICHER, S. (2005) Identity and emergency intervenion: How social group membership and inclusiveness of group boundaries shape helping behaviour. *Personality and Social Psychology Bulletin*, *31*, 443–453.

LEVINSON, S. C. (2003) *Space in language and cognition: Explorations in cognitive diversity*. Cambridge: Cambridge University Press.

LEVY, J. (1985) Right brain, left brain: Facts and fiction. *Psychology Today*, *19*, 38–44.

LEVY, S. M., & HEIDEN, I., (1991) Depression, distress and immunity: Risk factors for infectious disease. *Stress Medicine*, *7*, 45–51.

LEWIS, M., ALESSANDRI, S. M., & SULLIVAN, M. W. (1992) Differences in shame and pride as a function of children's gender and task difficulty. *Child Development*, *63*, 630–638.

LEYTON, M. (2010) The neurobiology of desire: Dopamine and the regulation of mood and motivational states in humans. In M. L. Kringelbach & K. C. Berridge (Eds.), *Pleasures of the Brain* (pp. 222–243). Oxford: Oxford University Press.

LI, P., ABARBANELLI, L., & PAPAFRAGOU, A. (2005) Spatial reasoning skills in Tenejapan Mayans. *Proceedings from the 27th Annual Meeting of the Cognitive Science Society*. Hillsdale, NJ: Erlbaum.

LI, P., DUNHAM, Y., & CAREY, S. (in press). Of substance: the nature of language effects on entity construal. To appear in *Cognitive Psychology*.

LIBERMAN, A. M., COOPER, F., SHANKWEILER, D., & STUDDERT-KENNEDY, M. (1967) Perception of the speech code. *Psychological Review*, *74*, 431–459.

LIEBERMAN, M. D., OCHSNER, K. N., GILBERT, D. T., & SCHACTER, D. L. (2001) Attitude change in amnesia and under cognitive load. *Psychological Science*, *12*, 135–140.

LEIBLUM, S. R., & ROSEN, R. C. (2000) *Principles and practice of sex therapy*, 3rd ed. New York: Guilford Press.

LILIENFELD, S. O., WOOD, J. W., & GARB, H. N. (2000) The scientific status of projective techniques. *Psychological science in the public interest*, *1*, 27–66.

LINDQUIST, K. A. (in press) Emotions emerge from more basic psychological ingredients: A modern psychological constructionist approach. *Emotion Review*.

LINDQUIST, K. A., & BARRETT, L. F. (2008) Constructing emotion: The experience of fear as a conceptual act. *Psychological Science, 19*, 898–898.

LINDQUIST, K. A., & BARRETT, L. F. (2012) A functional architecture of the human brain: Insights from the science of emotion. *Trends in Cognitive Sciences, 16*, 533–540.

LINDQUIST, K. A., BARRETT, L. F., BLISS-MOREAU, E., & RUSSELL, J. A. (2006) Language and the perception of emotion. *Emotion, 6*, 125–138.

LINDQUIST, K. A., SIEGEL, E. H., QUIGLEY, K., & BARRETT, L. F. (in press) The hundred year emotion war: Are emotions natural kinds or psychological constructions? Comment on Lench, Bench and Flores (2011). *Psychological Bulletin*.

LINDQUIST, K. A., WAGER, T. D., KOBER, H., BLISS-MOREAU, E., BARRETT, L. F. (2012) The brain basis of emotion: A meta-analytic review. *Behavioral and Brain Sciences, 35*, 121–202.

LINEHAN, M. M., COCHRAN, B. N., & KEHRER, C. A. (2001) Dialectical behavior therapy for borderline personality disorder. In D. H. Barlow (Ed.), *Clinical Handbook of Psychological Disorders: A Step-by-step Treatment Manual*. New York: Guilford Press.

LINNET, J., MOURIDSEN, K., PETERSON, E., MØLLER, A., DOUDET, D. J., & GJEDDE, A. (2012) Striatal dopamine release codes uncertainty in pathological gambling. *Psychiatry Research: Neuroimaging*. 204(1), 55–60.

LISZKOWSKI, U., CARPENTER, M., HENNING, A., STRIANO, T., & TOMASELLO, M. (2004) Twelve-month-olds point to share attention and interest. *Developmental Science, 7*, 297–07.

LIU, L., & ANCOLI-ISRAEL, S. (2006) Insomnia in the older adult. *Sleep Medicine Clinics, 1*, 409–421.

LIVINGSTONE, M., & HUBEL, D. (1988) Segregation of form, color, movement, and depth: Anatomy, physiology, and perception. *Science, 240*, 740–750.

LOFTUS, E., & KETCHAM, K. (1994) *The myth of repressed memory*. New York: St. Martin's Press.

LOFTUS, E. F. (2005) Planting misinformation in the human mind: A 30-year investigation of the malleability of memory. *Learning and Memory, 12*, 361–366.

LOFTUS, E. F., & LOFTUS, G. R. (1980) On the permanence of stored information in the human brain. *American Psychologist, 35*, 409–420.

LOFTUS, E. F., & PALMER, J. C. (1974) Reconstruction of automobile destruction. *Journal of Verbal Learning and Verbal Behavior, 13*, 585–589.

LOFTUS, E. F., & PICKRELL, J. E. (1995) The formation of false memories. *Psychiatric Annals, 25*, 720–725.

LOFTUS, E. F., COAN, J. A., & PICKRELL, J. E. (1996) Manufacturing false memories using bits of reality. In L. Reder (Ed.), *Implicit memory and metacognition* (pp. 195–220). Mahwah, NJ: Erlbaum.

LOFTUS, E. F., LOFTUS, G. R., & MESSO, J. (1987) Some facts about "weapon focus". *Law and Human Behavior, 11*, 55–62.

LOFTUS, E. F., SCHOOLER, J. W., & WAGENAAR, W. A. (1985) The fate of memory: Comment on McCloskey and Zaragoza. *Journal of Experimental Psychology: General, 114*, 375–380.

LOFTUS, G. R. (1972) Eye fixations and recognition memory for pictures. *Cognitive Psychology, 3*, 525–551.

LOFTUS, G. R. (1985) Size illusion, distance illusion and terrestrial passage. *Journal of Experimental Psychology: General, 114*, 121–123.

LOFTUS, G. R., & HARLEY, E. M. (2005) Why is it easier to recognize someone close than far away? *Psychonomic Bulletin & Review, 12*, 43–65.

LOFTUS, G. R., & MACKWORTH, N. H. (1978) Cognitive determinants of fixation location during picture viewing. *Journal of Experimental Psychology: Human Perception and Performance, 4*, 565–572.

LOGUE, A. W. (1991) *The psychology of eating and drinking: An introduction* (2nd ed.). New York: Freeman.

LONG, P. W. (1996) *Internet mental health*. http://www.mentalhealth.com/.

LOOMIS, A. L., HARVEY, E. N., & HOBART, G. A. (1937) Cerebral states during sleep as studied by human potentials. *Journal of Experimental Psychology, 21*, 127–144.

LOPEZ, A., ATRAN, S., MEDIN, D. L., COOLEY, J., & SMITH, E. E. (1997) The tree of life: Universals of folk biological taxonomies and inductions. *Cognitive Psychology, 32*, 251–295.

LOPEZ, S. R., & GUARNACCIA, P. J. (2000) Cultural psychopathology: Uncovering the social world of mental illness. *Annual Review of Psychology, 51*, 571–598.

LORD, C. G. (1980) Schemas and images as memory aids: Two modes of processing social information. *Journal of Personality and Social Psychology, 38*, 257–269.

LOVE, R. E., & GREENWALD, A. C. (1978) Cognitive responses to persuasion as mediators of opinion change. *Journal of Social Psychology, 104*, 231–241.

LOWE, M. R., & BUTRYN, M. L. (2007) Hedonic hunger: A new dimension of appetite? *Physiology & Behavior, 91*, 432–439.

LOWE, R., VEDHARA, K., BENNETT, P., BROOKES, E., GALE, L., MUNNOCH, K., SCHREIBER-KOUNINE, C., FOWLER, C., RAYTER, Z., SAMMON, A., & FARNDON, J. (2003) Emotion-related primary and secondary appraisals, adjustment and coping: Associations in women awaiting breast disease diagnosis. *British Journal of Health Psychology, 8*, 377–391.

LOZOWICK, Y. (2002) *Hitler's bureaucrats: The Nazi security police and the banality of evil* (H. Walzman, trans). London: Continuum.

LUBINSKI, D. (2000) Scientific and social significance of assessing individual differences: "Sinking shafts at a few critical points". *Annual Reviews of Psychology, 51*, 405–444.

LUCHINS, A. (1957) Primacy-recency in impression formation. In C. L. Hovland (Ed.), *The order of presentation in persuasion*. New Haven: Yale University Press.

LUNA, K., & MARTÍN-LUENGO, B. (2012) Improving the accuracy of eyewitnesses in the presence of misinformation with the plurality option. *Applied Cognitive Psychology, 26*, 387–693. doi:10.1002/acp.2845

LUNA, K., HIGHAM, P. A., & MARTÍN-LUENGO, B. (2011) The regulation of memory accuracy with multiple answers: The plurality option. *Journal of Experimental Psychology: Applied*, 17, 148–158. doi:10.1037/a0023276

LUSTBADER, D., O'HARA, D., WIJDICKS, E. F. M., TAJIK, W., YING, A., BERG, E., & GOLDSTEIN, M. (2011) Second brain death examination may negatively affect organ donation. *Neurology, 76*(2), 119–124.

LUTZ, A., DUNNE, J. D., & DAVIDSON, R. J. (2007) Meditation and the neuroscience of consciousness: An introduction. In P. D. Zelazo, M. Moscovitch, & E. Thompson (Eds.), *The Cambridge handbook of consciousness* (pp. 499–551). New York: Cambridge University Press.

LYKKEN, D. T. (1982) Research with twins: The concept of emergenesis. *The Society for Psychophysiological Research, 19*, 361–373.

LYKKEN, D. T., MCGUE, M., TELLEGEN, A., & BOUCHARD, T. J., JR. (1992) Emergenesis: Genetic traits that may not run in families. *American Psychologist, 47*, 1565–1577.

LYMAN, R. (1997, April 15) Michael Dorris dies at 52: Wrote of his son's suffering. *New York Times*, p. 24.

LYNN, S. J., KIRSCH, I., BARABASZ, A., CARDENA, E., & PATTERSON, D. (2000) Hypnosis as an empirically supported clinical intervention: The state of the evidence and a look to the future. *International Journal of Clinical and Experimental Hypnosis, 48*, 239–259.

LYUBOMIRSKY, S., & NOLEN-HOEKSEMA, S. (1995) Effects of self-focused rumination on negative thinking and interpersonal problem solving. *Journal of Personality and Social Psychology, 69*, 176–190.

LYUBOMIRSKY, S., KING, L., & DIENER, E. (2005) The benefits of frequent positive affect: Does happiness lead to success? *Psychological Bulletin, 131*, 803–855.

MAANI, C., HOFFMAN, H. G., DESOCIO, P. A., MORROW, M., GALIN, C., MAGULA, J., MAIERS, A., & GAYLORD, K. (2008) Pain control during wound care for combat-related burn injuries using custom articulated arm mounted virtual reality goggles. *Journal of CyberTherapy and Rehabilitation, 1*, 193–198. See also, related video: http://www.sciencentral. com/video/2008/11/11/ virtual-reality-helps-war-heroes-recover-from-burns/.

Maani, C. V., Hoffman, H. G., Morrow, M., Maiers, A., Gaylord, K., McGhee, L. L., & DeSocio, P. A. (2011) Virtual reality pain control during burn wound debridement of combat-related burn injuries using robot-like arm mounted VR goggles. *Journal of Traumatic Stress, 71*, S125–30.

MAAS, J., DILLEN, S., VERHEIJ, R. A., & GROENEWEGEN, P. P. (2009) Social contacts as a possible mechanism behind the relation between green space and health. *Health & Place, 15*, 586–595.

MAAS, J. B. (1998) *Power sleep: The revolutionary program that prepares your mind for peak performance*. New York: HarperCollins.

MAASS, A., & CLARK, R. D., III (1984) Hidden impact of minorities: Fifteen years of minority influence research. *Psychological Bulletin, 95*, 428–450.

MACAULAY, J. (1970) A shill for charity. In J. Macaulay & L. Berkowitz (Eds.), *Altruism and helping behavior* (pp. 43–59). New York: Academic Press.

MACCHI CASSIA, V., TURATI, C., & SIMION, F. (2004) Can a non-specific bias toward top-heavy patterns explain newborns' face preference? *Psychological Science, 15*, 379–383.

MACCOBY, E. (1998) *The two sexes*. Cambridge, MA: Harvard University Press.

MACCOBY, E. E., & JACKLIN, C. N. (1974) *The psychology of sex differences*. Stanford, CA: Stanford University Press.

MACLEAN, P. D. (1973) *A triune concept of the brain and behavior*. Toronto: Toronto University Press.

MACLEOD, C. M. (1991) Half a century of research on the Stroop effect: An integrative review. *Psychological Bulletin, 109*, 163–203.

MACMILLAN, M. (1991/1997) *Freud evaluated: The completed arc*. Cambridge, MA.: MIT Press.

MACWHINNEY, B. (1998) Models of the emergence of language. *Annual Review of Psychology, 49*, 199–227.

MADDEN, D. R. (2002) The structure and function of glutamate receptor ion channels. *Nature Reviews Neuroscience, 3*, 91–101.

MADDI, S. R. (2006) Hardiness: The courage to grow from stresses. *Journal of Positive Psychology, 3*, 160–168.

MAGUIRE, E. A., WOOLLETT, K., & SPIERS, H. J. (2006) London taxi drivers and bus drivers: A structural MRI and neuropsychological analysis. *Hippocampus, 16*, 1091–1101.

MAGUIRE, E. A., GADIAN, D. G., JOHNSRUDE, I. S., GOOD, C. D., ASHBURNER, J., FRACKOWIAK, R. S. J., & FRITH, C. D. (2000) Navigation-related structural change in the hippocampi of taxi drivers. *Proceedings of the National Academy of Sciences, 97*, 4398–4403.

MAGUIRE, E. A., SPIERS, H. J., GOOD, C. D., HARTLEY, T., FRACKOWIAK, R. S. J., & BURGESS, N. (2003) Navigation expertise and the human hippocampus: A structural brain imaging analysis. *Hippocampus, 13*, 208–217.

MAHER, B. A. (1966) *Principles of psychotherapy: An experimental approach*. New York: McGraw-Hill.

MAIER, S. F., & SELIGMAN, M. E. P. (1976) Learned helplessness: Theory and evidence. *Journal of Experimental Psychology: General, 105*, 3–46.

MAHON, B. Z., & CARAMAZZA, A. (2009) Concepts and categories: A cognitive neuropsychological perspective. *Annual Review of Psychology, 60*, 27–51.

MAIN, M., & CASSIDY, J. (1988) Categories of response to reunion with parents at age 6: Predictable from infant attachment classifications and stable over a 1-month period. *Developmental Psychology, 24*, 415–426.

MAIN, M., & SOLOMON, J. (1986) Discovery of an insecure-disorganized/disoriented attachment pattern: Procedures, findings and implications for the classification of behavior. In T. B. Brazelton, & M. Yogman (Eds.), *Affective development in infancy* (pp. 95–124). Norwood, NJ: Ablex.

MAJID, A., & LEVINSON, S. C. (2008) Language does provide support for basic tastes. *Behavioral and Brain Sciences, 31*, 86–87.

MAJID, A., BOWEMAN, M., KITA, S., HAUN, D., & LEVINSON, S. C. (2004) Can language restructure cognition? The case for space. *Trends in Cognitive Sciences, 8*, 108–114.

MACKELPRANG , R. W., & SALSGIVER, R. O. (2009) Disability: A diversity model approach in human service practice (2nd ed.). Chicago: Lycaeum.

MALINOW, R., OTMAKHOV, N., BLUM, K. I., & LISMAN, J. (1994) Visualizing hippocampal synaptic function by optical detection of Ca2 entry through the N-methyl-Daspartate channel. *Proceedings of the National Academy of Sciences of the United States of America, 91*, 8170–8174.

MALLE, B. F. (2011) Time to give up the dogmas of attribution: An alternative theory of behavior explanation. In J. M. Olson & M. Zanna (Eds.), *Advances in experimental social psychology, Volume 44* (pp. 297–352). San Diego, CA: Academic Press.

MALONE, J. C. (2003) Advances in behaviorism: It's not what it used

to be. *Journal of Behavioral Education*, *12*, 85–89.
MALONEY, L. T., & WANDELL, B. A. (1986) Color constancy: A method for recovering surface spectral reflectance. *Journal of the Optical Society of America*, *3*, 29–33.
MALT, B., SLOMAN, S., GENNARI, S., SHI, M., & WANG, Y. (1999) Knowing versus naming: Similarity and the linguistic categorization of artifacts. *Journal of Memory and Language*, *40*, 230–262.
MANDLER, G. (1975) *Mind and emotion*. New York: Wiley.
MANDLER, J. (1983) Representation. In P. H. Mussen (Ed.), *Handbook of child psychology* (Vol. 3). New York: Wiley.
MANN, J. J., BRENT, D. A., & ARANGO, V. (2001) The neurobiology and genetics of suicide and attempted suicide: a focus on the serotonergic system. *Neuropsychopharmacology*, *24*, 467–477.
MANNES, A. E., LARRICK, R. P., & SOLL, J. B. (2012) The social psychology of the wisdom of crowds. In J. I. Krueger (Ed.), *Social judgment and decision making* (pp. 227–242). New York: Psychology Press.
MANNING, R., LEVINE, M., & COLLINS, A. (2007) The Kitty Genovese murder and the social psychology of helping: The parable of the 38 witnesses. *American Psychologist*, *62* (6), 555–562.
MAQUET, P. (2000) Functional neuroimaging of normal human sleep by positron emission tomography. *Journal of Sleep Research*, *9*, 207–231.
MARCIA, J. E. (1966) Development and validation of ego identify status. *Journal of Personality and Social Psychology*, *3*, 551–558.
MARCIA, J. E. (1980) Identity in adolescence. In J. Adelson (Ed.), *Handbook of adolescent psychology*. New York: Wiley.
MARCUS, G. F. (1996) Why do children say "breaked"? *Current Directions in Psychological Science*, *5*, 81–85.
MAREN, S. (2001) Neurobiology of Pavlovian fear conditioning, *Annual Review of Neuroscience*, *24*, 897–931.
MAREN, S. (1999) Neurotoxic basolateral amygdala lesians impair learning and memory but not the performance of conditional fear in rats. *Journal of Neuroscience*, *19*, 8696–8703.
MAREN, S., & FANSELOW, M. S. (1996) The amygdala and fear conditioning: Has the nut been cracked? *Neuron*, *16*, 237–240.
MARGOLIN, L., & WHITE, L. (1987) The continuing role of physical attractiveness in marriage. *Journal of Marriage and the Family*, *49*, 21–27.
MARINGER, M., KRUMHUBER, E. G., FISCHER, A. H., & NIEDENTHAL, P. M. (2011) Beyond smile dynamics: Mimicry and beliefs in judgments of smiles. *Emotion*, *11*, 181–187.
MARKMAN, E. M. (1979) Classes and collections: Conceptual organization and numerical abilities. *Cognitive Psychology*, *11*, 395–411.
MARKMAN, E. M. (1987) How children constrain the possible meanings of words. In U. Neisser (Ed.), *Concepts and conceptual development: Ecological and intellectual factors in categorizations*. New York: Cambridge University Press.
MARKMAN, E. M., WASOW, J. L., & HANSEN, M. B. (2003) Use of the mutual exclusivity assumption by young word learners. *Cognitive Psychology*, *47*, 241–275.
MARKUS, H. (1977) Self-schemata and processing information about the self. *Journal of Personality and Social Psychology*, *35*, 63–78.
MARKUS, H., & SENTIS, K. (1982) The self in social information processing. In J. Suls (Ed.), *Psychological perspectives on the self* (Vol. 1). Hillsdale, NJ: Erlbaum.
MARKUS, H., & SMITH, J. (1981) The influence of self-schema on the perception of others. In N. Cantor & J. F. Kihlstrom (Eds.), *Personality, cognition, and social interaction*. Hillsdale, NJ: Erlbaum.
MARKUS, H. R., & KITAYAMA, S. (2010) Cultures and selves: A cycle of mutual constitution. *Perspectives on Psychological Science*, *5*, 420–430.
MARLATT, G. A., BAER, J. S., KIVLAHAN, D. R., DIMEFF, L. A., LARIMER, M. E., QUIGLEY, L., SOMERS, J. M., & WILLIAMS, E. (1998) Screening and brief intervention for high-risk college student drinkers: Results from a 2-year follow-up assessment. *Journal of Consulting and Clinical Psychology*, *66* (4), 604–615.
MARMOT, M. G. (2004). Tackling health inequalities since the Acheson Inquiry. *Journal of Epidemiological Community Health*, *58*, 262–263.
MARSH, A. A., FINGER, E. C., SCHECHTER, J. C. JURKOWITZ, I. T. N., REID, M. E., & BLAIR, R. J. R. (2011) Adolescents with psychopathic traits report reductions in physiological responses to fear. *Journal of Child Psychology and Psychiatry*, *52*, 834–841.
MARSHALL, D. A., BLUMER, L., & MOULTON, D. G. (1981) Odor detection curves for n-pentanoic acid in dogs and humans. *Chemical Senses*, *6*, 445–453.
MARSHALL, G., & ZIMBARDO, P. G. (1979) Affective consequences of inadequately explained physiological arousal. *Journal of Personality and Social Psychology*, *37*, 970–988.
MARTIN, A., & CARAMAZZA, A. (2003) Neuropsychological and neuroimaging perspectives on conceptual knowledge: An introduction. *Cognitive Neuropsychology*, *20*, 195–212.
MARTIN, A., & CHAO, L. L. (2001) Semantic memory and the brain: Structure and processes. *Current Opinion in Neurobiology*, *11*, 194–201.
MARTIN, N., BOOMSMA, D., & MACHIN, G. (1997) A twin-pronged attack on complex traits. *Nature Genetics*, *17*, 387–392.
MARTINS, Y., TIGGEMANN, M., & KIRKBRIDE, A. (2007) Those speedos become them: The role of self-objectification in gay and heterosexual men's body image. *Personality and Social Psychology Bulletin*, *33*, 634.
MASGORET, A., & GARDNER, R. (2003) Attitudes, motivation, and second-language learning: A meta-analysis of studies conducted by Gardner and associates. *Language Learning*, *53* (1), 123–163.
MASLACH, C. (1979) The emotional consequences of arousal without reason. In Izard, C. E. (Ed.), *Emotion in personality and psychopathology*. New York: Plenum.
MASLOW, A. H. (1970) *Motivation and personality* (2nd ed.). New York: Harper and Row.
MASSACHUSETTS GENERAL HOSPITAL (2011, May 25) *Determination of brain death: Death determination using brain criteria in the adult*. Boston: The Author. Retrieved November 24, 2012 from http://www2.massgeneral.org/stopstroke/protocolbrain-death.aspx.
MASSARO, D., & LOFTUS, G. R. (1996) Sensory storage: Icons and echoes. In E. L. Bjork & R. A. Bjork (Eds.), *Handbook of perception and cognition* (Vol. 10, pp. 68–101). New York: Academic Press.
MASSON, J. M. (1984) *The assault on truth*. New York: Farrar, Straus & Giroux.
MASTERS, W. H., & JOHNSON, V. E. (1966) *Human sexual response*.

New York: Little, Brown and Company.

MASUDA, M., & HOLMES, T. H. (1978) Life events: Perceptions and frequencies. *Psychosomatic Medicine*, *40*, 236–261.

MASUDA, T., & NISBETT, R. E. (2001) Attending holistically versus analytically: Comparing the context sensitivity of Japanese and Americans. *Journal of Personality and Social Psychology*, *81*, 922–934.

MASUDA, T., ELLSWORTH, P. C., MESQUITA, B., LEU, J., TANIDA, S., & VAN DE VEERDONK, E. (2008) Placing the face in context: Cultural differences in the perception of facial emotion. *Journal of Personality and Social Psychology*, *94*, 365–381.

MATAS, L., AREND, R. A., & SROUFE, L. A. (1978) Continuity of adaption in the second year: The relationship between quality of attachment and later competence. *Child Development*, *49*, 547–556.

MATHES, E. W. (1975) The effects of physical attractiveness and anxiety on heterosexual attraction over a series of five encounters. *Journal of Marriage and the Family*, *37*, 769–773.

MATTHEWS, D. F. (1972) Response patterns of single neurons in the tortoise olfactory epithelium and olfactory bulb. *Journal of General Physiology*, *60*, 166–180.

MATTILA, M.-L., KIELINEN, M, JUSSILA, K., LINNA, S.-L., BLOIGU, R., EBELING, H., & MOILANEN, I. (2007) An epidemiological and diagnostic study of Asperger syndrome according to four sets of diagnostic criteria. *Journal of the American Academy of Child and Adolescent Psychiatry*, *46*, 636–646.

MAUSS, I. B., & ROBINSON, M. D. (2009) Measures of emotion: A review. *Cognition & Emotion*, *23*, 209–237.

MAYER, J. D., & SALOVEY, P. (1997a) What is emotional intelligence? In P. Salovey & D. J. Sluyter (Eds.), *Emotional development and emotional intelligence: Educational implications* (pp.4–30). New York: Basic Books.

MAYER, J. D., ROBERTS, R. D., & BARSADE, S. G. (2008a) Human abilities: Emotional intelligence. *Annual Review of Psychology*, *59*, 507–536.

MAYER, J. D., SALOVEY, P., & CARUSO, D. (2002a) *The Mayer-Salovey-Caruso Emotional Intelligence Test (MSCEIT), Version 2.0.* Toronto, Canada: Multi Health Systems.

MAYER, J. D., SALOVEY, P., & CARUSO, D. R. (2012) The validity of the MSCEIT: Additional analyses and evidence. *Emotion Review*, *4*, 403–408.

MAYER, J. D., SALOVEY, P., & CARUSO, D. R. (in press) *Mayer-Salovey-Caruso Emotional Intelligence Test: Youth version (MSCEIT: YV): Item booklet.* Toronto, Ontario, Canada: Multi-Health Systems.

MAX-NEEF, M. (1992) Development and human needs. In P. Ekins & M. Max-Neef (Eds.), *Real-life economics: Understanding wealth creation* (pp. 197–213). London/New York: Routledge.

MAYER, J. D., & SALOVEY, P. (1997b) What is emotional? In P. Savoley & D. Sluyter (Eds.), *Emotional development and emotional intelligence: Implications for educators* (pp. 3–31). New York: Basic Books.

MAYER, J. D., & SALOVEY, P. (1997c) What is emotional intelligence? In P. Salovey & D. J. Sluyter (Eds.), *Emotional development and emotional intelligence: Educational implications* (pp. 4–30). New York: Basic Books.

MAYER, J. D., ROBERTS, R. D., & BARSADE, S. G. (2008a) Human abilities: Emotional intelligence. *Annual Review of Psychology*, *59*, 507–536.

MAYER, J. D., SALOVEY, P., & CARUSO, D. (2002b) *The Mayer-Salovey-Caruso Emotional Intelligence Test (MSCEIT), Version 2.0.* Toronto, Canada: Multi Health Systems.

MAYER, J. D. SALOVEY, P., & CARUSO, D. R. (2004) A further consideration of the issues of emotional intelligence. *Psychological Inquiry*, *15*, 249–255.

MAYER, J. D., SALOVEY, P., & CARUSO, D. (2008c) Emotional intelligence: New ability or eclectic traits? *American Psychologist*, *65*, 503–517.

MAYR, E (1960) The emergence of evolutionary novelties. In S. Tax (Ed.), *Evolution after Darwin: Vol. 1. The evolution of life* (pp. 349–380). Chicago: University of Chicago Press.

MAZUR, T. (2005) Gender dysphoria and gender change in androgen insensitivity or micropenis. *Archives of Sexual Behavior*, *34*, 411–421.

MCALISTER, A., PERRY, C., KILLEN, J., SLINKARD, L. A., & MACCOBY, N. (1980) Pilot study of smoking, alcohol and drug abuse prevention. *American Journal of Public Health*, *70*, 719–721.

MCBURNEY, D. H. (1978) Psychological dimensions and the perceptual analysis of taste. In E. C. Carterette & M. P. Friedman (Eds.), *Handbook of perception* (Vol. 6). New York: Academic Press.

MCCARBER, B. H., & BILLINGTON, R. (2006) Consequences of neuropathic pain: Quality-of-life issues and associated costs. *American Journal of Managed Care*, *12*, S263–268.

MCCARTHY, R. A., & WARRINGTON, E. K. (1990) *Cognitive neuropsychology: A clinical introduction*. New York: Academic Press.

MCCLELLAND, D. C. (1987) *Human motivation*. New York: Cambridge University Press.

MCCLELLAND, J. L., & RUMELHART, D. E. (1981) An interactive model of context effects in letter perception: Pt. 1. An account of basic findings. *Psychological Review*, *88*, 375–407.

MCCLINTOCK, M. K. (1971) Menstrual synchrony and suppression. *Nature*, *229*, 244–245.

MCCRAE, R. R., & COSTA, P. T., JR. (1987) Validation of the five-factor model of personality across instruments and observers. *Journal of Personality and Social Psychology*, *52*, 81–90.

MCCRAE, R. R., & COSTA, P. T., JR. (1999) A five-factor theory of personality. In L. A. Pervin (Ed.), *Handbook of Personality: Theory and Research*. New York: Guilford.

MCCRAE, R. R., & COSTA, P. T., JR. (2006) Cross-cultural perspectives on adult personality trait development. In D. K. Mroczek & T. D. Little (Eds.), *Handbook of personality development* (pp. 129–145). Mahwah, NJ: Lawrence Erlbaum Associates.

MCCRAE, R. R., COSTA, P. T., & BUSCH, C. M. (1986) Evaluating comprehensiveness in personality systems—the California Q-set and the 5-factor model. *Journal of Personality*, *54*, 430–446.

MCELREE, B. DOSHER, B. A. (1989) Serial position and set size in short-term memory. The time course of recognition. *Journal of Experimental Psychology: General*, *118*, 346–373.

MCEWEN, B. S. (2000). Allostasis and allostatic load: Implications for neuropsychopharmacology. *Neuropsychopharmacology*, *22*, 108–124.

MCGHIE, A., & CHAPMAN, J. (1961) Disorders of attention and perception in early schizophrenia. *British Journal of Medical Psychology*, *34*, 103–116.

MCGURK, H., & MACDONALD, J. (1976) Hearing lips and seeing voices. *Nature*, *264*, 746–748.

MCHUGH, P., LIEF, H. I., FREYD, P. P., & FETKEWICZ, J. M. (2004) From refusal to reconciliation. *Journal of Nervous and Mental Disease*, *192*, 525–531.

MCKENNA, R. J. (1972) Some effects of anxiety level and food cues on the eating behavior of obese and normal subjects. *Journal of Personality and Social Psychology*, *22*, 311–319.

MCLELLAN, A. T., & TURNER, B. J. (2010) Chronic noncancer pain management and opioid overdose: Time to change prescribing practices. *Annals of Internal Medicine*, *152*, 123–124.

MCMILLAN, T. M., & RACHMAN, S. J. (1987) Fearlessness and courage: A laboratory study of paratrooper veterans of the Falklands War. *British Journal of Psychology*, *78*, 375–383.

MCNALLY, R. J. (2003) *Remembering Trauma*. Cambridge, MA: Harvard University Press.

MCNEILL, D. (1966) Developmental psycholinguistics. In F. Smith & G. A. Miller (Eds.), *The genesis of language: A psycholinguistic approach*. Cambridge, MA: MIT Press.

MEHLER, J., JUSCZYK, P., LAMBERTZ, G., HALSTED, N., *et al.* (1988) A precursor of language acquisition in young infants. *Cognition*, *29* (2), 143–178.

MEIER, R. P. (1991) Language acquisition by deaf children. *American Scientist*, *79*, 60–76.

MELTZOFF, A. N. (1995). Understanding the intentions of others: re-enactment of intended acts by 18th-month-old children. *Developmental Psychology*, *31*, 838–850.

MELTZOFF, A. N., & DECETY, J. (2003) What imitation tells us about social cognition. *Philosophical Transactions of the Royal Society*, *B*, *358*, 491–500.

MELZACK, R. (1973) *The puzzle of pain*. New York: Basic Books.

MELZACK, R., & WALL, P. D. (1982, 1988) *The challenge of pain*. New York: Basic Books.

MELZACK, R. (1990) The tragedy of needless pain. *Scientific American*, *262*, 27–33.

MERRILL, L. L., THOMSEN, C. J., SINCLAIR, B. B., GOLD, S. R., & MILNER, J. S. (2001). Predicting the impact of child sexual abuse on women: The role of abuse severity, parental support, and coping strategies. *Journal of Consulting and Clinical Psychology*, *69*, 992–1006.

MERVIS, C. B., & PANI, J. R. (1981) Acquisition of basic object categories. *Cognitive Psychology*, *12*, 496–522.

MERVIS, C. B., & ROSCH, E. (1981) Categorization of natural objects. In M. R. Rosenz & L. W. Porter (Eds.), *Annual review of psychology* (Vol. 21). Palo Alto, CA: Annual Reviews.

MESQUITA, B. (2001) Emotions in collectivist and individualist contexts. *Journal of Personality and Social Psychology*, *80*, 68–74.

MESSICK, S. (1992) Multiple intelligences or multilevel intelligence? Selective emphasis on distinctive properties of hierarchy: On Gardner's Frames of Mind and Sternberg's Beyond IQ in the context of theory and research on the structure of human abilities. *Journal of Psychological Inquiry*, *1*, 305–384.

MEZZACAPPA, E. S., KATKIN, E. S., & PALMER, S. N. (1999) Epinephrine, arousal, and emotion: A new look at two-factor theory. *Cognition and Emotion*, *13*, 181–199.

MIKLOWITZ, D. J., & JOHNSON, S. L. (2006) The psychopathology and treatment of bipolar disorder. *Annual Review of Clinical Psychology*, *2*, 199–235.

MIKLOWITZ, D. J., & CRAIGHEAD, W. E. (2007) Psychosocial treatment for bipolar disorder. In P. E. Nathan & J. M. Gorman (Eds.), *A guide to treatments that work* (3rd ed.) (pp. 309–322). Oxford: Oxford University Press.

MILAM, J. E., RICHARDSON, J. L., MARKS, G., KEMPER, C. A., & MCCUTCHAN, A. J. (2004) The roles of dispositional optimism and pessimism in HIV disease progression. *Psychology & Health*, *19*, 167–181.

MILGRAM, S. (1963) Behavioral study of obedience. *Journal of Abnormal and Social Psychology*, *67*, 371–378.

MILGRAM, S. (1964) Issues in the study of obedience: A reply to Baumrind. *American Psychologist*, *19*, 848–852.

MILGRAM, S. (1974) *Obedience to authority: An experimental view*. New York: Harper & Row.

MILLAR, M. G., & TESSER, A. (1989) The effects of affective-cognitive consistency and thought on the attitude–behavior relation. *Journal of Experimental Social Psychology*, *25*, 189–202.

MILLER, E. K., & COHEN, J. D. (2001) An integrative theory of prefrontal cortex function. *Annual Review of Neuroscience*, *24*, 167–202.

MILLER, F. G. (2009) Death and organ donation: Back to the future. *Journal of Medical Ethics*, *35*, 6-6-620.

MILLER, G. A. (1956) The magical number seven plus or minus two: Some limits on our capacity for processing information. *Psychological Review*, *63*, 81–97.

MILLER, G. A., & GILDEA, P. M. (1987) How children learn words. *Scientific American*, *257*, 94–99.

MILLER, J. G. (1984) Culture and the development of everyday social explanation. *Journal of Personality and Social Psychology*, *46*, 961–978.

MILLER, N. E., & DOLLARD, J. (1941) *Social learning and imitation*. New Haven, CT: Yale University Press.

MILLER, N. E., & KESSEN, M. L. (1952) Reward effects of food via stomach fistula compared with those of food via mouth. *Journal of Comparative and Physiological Psychology*, *45*, 555–564.

MILLS, J. (1979) *Six years with God*. New York: A & W Publishers.

MILLS, L. B. (2009) A meta-analysis of the relationship between emotional intelligence and effective leadership. *Journal of Curriculum and Instruction*, *3*, 22–38.

MILNER, B. (1970) Memory and the medial temporal regions of the brain. In K. H. Pribram & D. E. Broadbent (Eds.), *Biology of memory*. New York: Academic Press.

MILNER, B., CORKIN, S., & TEUBER, H. L. (1968) Further analysis of the hippocampal amnesic syndrome: 14-year follow-up study of H. M. *Neuropsychologia*, *6*, 215–234.

MINEKA, S., & COOK, M. (1988) Social learning and the acquisition of snake fear in monkeys. In T. R. Zentall, & B. G. Galef (Eds.), *Social Learning: Psychological and Biological Perspectives* (pp. 3–28). Hillsdale, NJ: Erlbaum.

MINUCHIN, S., ROSMAN, B. L., & BAKER, L. (1978) *Psychosomatic families: Anorexia nervosa in context*. Cambridge, MA: Harvard University Press.

MISCHEL, W. (1973) Toward a cognitive social learning reconceptualization of personality. *Psychological Review*, *80*, 272–283.

MISCHEL, W. (1993) *Introduction to personality* (5th ed.). Fort Worth: Harcourt Brace Jovanovich.

MISHKIN, M., UNGERLEIDER, L. G., & MACKO, K. A. (1983) Object vision and spatial vision: Two cortical pathways. *Trends in Neuroscience*, *6*, 414–417.

MITA, T. H., DERMER, M., & KNIGHT, J. (1977) Reversed facial images and the mere-exposure hypotheses. *Journal of Personality and Social Psychology*, *35*, 597–601.

MITCHELL, C. J., HEYES, C. M., GARDNER, M. R., & DAWSON, G. R. (1999) Limitations of a bidirectional control procedure for the investigation of imitation in rats: Odour cues on the manipulandum. *Quarterly Journal of Experimental Psychology*, *52*, 193–202.

MITCHELL, J. E., & DEZWAAN, M. (1993) Pharmacological treatments of binge eating. In C. E. Fairburn & G. T. Wilson (Eds.), *Binge eating: Nature, assessment, and treatment*. New York: Guilford.

MITCHELL, K. J., & JOHNSON, M. K. (2000) Source monitoring: Attributing mental experiences. In E. Tulving & F. I. M. Craik (Eds.), *The Oxford Handbook of Memory* (pp. 179–195). New York: Oxford University Press.

MITCHELL, K. J., YBARRA, M., & FINKELHOR, D. (2007) The relative importance of online victimization in understanding depression, delinquency, and substance use. *Child Maltreatment*, *12*, 314–324.

MOFFITT, T. E. (1990) Juvenile delinquency and attention deficit disorder: Boys' development trajectories from age 3 to age 15. *Child Development*, *61*, 893–910.

MOFFITT, T. E. (1993) The neuropsychology of conduct disorder. *Development and Psychopathology*, *5*, 135–151.

MONEY, J. (1980) Endocrine influences and psychosexual status spanning the life cycle. In H. M. Van Praag (Ed.), *Handbook of biological psychiatry* (Part 3). New York: Marcel Dekker.

MONEY, J. (1987) Sin, sickness, or status? Homosexual gender identity and psychoneuroendocrinology. *American Psychologist*, *42*, 384–400.

MONEY, J., WEIDEKING, C., WALKER, P. A., & GAIN, D. (1976) Combined antiandrogenic and counseling programs for treatment for 46 XY and 47 XXY sex offenders. In E. Sacher (Ed.), *Hormones, behavior and psychopathology*. New York: Raven Press.

MONSELL, S. (1979) Recency, immediate recognition memory, and reaction time. *Cognitive Psychology*, *10*, 465–501.

MONTEITH, M. J., LYBARGER, J. E., & WOODCOCK, A. (2009) Schooling the cognitive monster: The role of motivation in the regulation and control of prejudice. *Social and Personality Psychology Compass*, *3*, 211–226.

MORAN, A. (2012) *Sport and exercise psychology: A critical introduction* (2nd ed.). London: Routledge.

MORAN, J., & DESIMONE, R. (1985) Selective attention gates visual processing in the extrastriate cortex. *Science*, *229*, 782–784.

MORAN, A., GUILLOT, A., MACINTYRE, T., & COLLET, C. (2012) Re-imagining motor imagery: Building bridges between cognitive neuroscience and sport psychology. *British Journal of Psychology*, *103*, 224–247.

MORAY, N. (1969) *Attention: Selective processes in vision and hearing*. London: Hutchinson.

MORELAND, R. L., & BEACH, S. R. (1992) Exposure effects in the classroom: The development of affinity among students. *Journal of Experimental Social Psychology*, *28*, 255–276.

MORELAND, R. L., & ZAJONC, R. B. (1979) Exposure effects may not depend on stimulus recognition. *Journal of Personality and Social Psychology*, *37*, 1085–1089.

MOREWEDGE, C. K., HUH, Y. E., & VOSGERAU, J. (2010) Thought for food: Imagined consumption reduces actual consumption. *Science*, *303*, 1530–1533.

MORGAN, A. B., & LILIENFELD, S. O. (2000) A meta-analytic review of the relation between antisocial behavior and neuropsychological measures of executive function. *Clinical Psychological Review*, *20*, 113–136.

MORRIS, M. W., & PENG, K. (1994) Culture and cause: American and Chinese attributions for social and physical events. *Journal of Personality and Social Psychology*, *67*, 949–971.

MOSCOVICI, S. (1976) *Social influence and social change*. London: Academic Press.

MOSCOVICI, S., & ZAVALLONI, M. (1969) The group as a polarizer of attitudes. *Journal of Personality and Social Psychology*, *12*, 125–135.

MOSCOVICI, S., LAGE, E., & NAFFRECHOUX, M. (1969) Influence of a consistent minority on the responses of a majority in a color perception task. *Sociometry*, *32*, 365–379.

MOSIMANN, U. P., *et al.* (2000) Mood effects of repetitive transcranial magnetic stimulation of left prefrontal cortex in healthy volunteers. *Psychiatry Research*, *94* (3), 251–256.

MOSKOWITZ, J. T., EPEL, E. S., & ACREE, M. (2008) Positive affect uniquely predicts lower risk of mortality in people with diabetes. *Health Psychology*, *27*, S73–S82.

MOSKOWITZ, G. B., SKURNIK, I., & GALINSKY, A. D. (1999) The history of dual-process notions, and the future of preconscious control. In S. Chaiken & Y. Trope (Eds.) *Dual-process theories in social psychology* (pp. 12–36). New York: Guilford Press.

MOSKOWITZ, H. R., KUMRAICH, V., SHARMA, H., JACOBS, L., & SHARMA, S. D. (1975) Cross-cultural difference in simple taste preference. *Science*, *190*, 1217–1218.

MOVSHON, J. A., & VAN SLUYTERS, R. C. (1981) Visual neural development. *Annual Review of Psychology*, *32*, 477–522.

MOWRER, O. H. (1947) On the dual nature of learning: A reinterpretation of "conditioning" and "problem-solving". *Harvard Educational Review*, *17*, 102–148.

MUGAVERO, M. J., PENCE, B. W., WHETEN, K., LESERMAN, J., SWARTZ, M., STANGL, D., & THIELMAN, N. M. (2007). Predictors of AIDS-related morbidity and mortality in a southern US cohort. *AIDS Patient Care and STDs, 21*, 681–690.

MUKHOPADHYAY, P., & TURNER, R. M. (1997) Biofeedback treatment of essential hypertension. *Social Science International*, *13*, 1–9.

MÜLLER, S., ABERNETHY, B., EID, M., MCBEAN, R., & ROSE, M. (2010) Expertise and the spatio-temporal characteristics of anticipatory information pick-up from complex movement patterns. *Perception*, *39*, 745–760.

MUNDO, E., ZANONI, S., & ALTAMURA, A. C. (2006) Genetic issues in obsessive-compulsive disorder and related disorders. *Psychiatric Annals*, *36*, 495–512.

MUNOZ, R. F., LENERT, L. L., DELUCCHI, K., STODDARD, J., PEREZ, J.E., PENILLA, C., & PEREZ-STABLE, E. J. (2006) Toward evidence-based Internet interventions: A Spanish/English Web site for international smoking cessation trials. *Nicotine & Tobacco Research*, *8*, 77–87

MURAVEN, M., TICE, D. M., & BAUMEISTER, R. F. (1998) Self-control as a limited resource: Regulatory depletion patterns. *Journal of Personality and Social Psychology*, *74*, 774–789.

MURIS, P., STEERNEMAN, P., MERCKELBACH, H., & MEESTERS, C. (1996) Parental modeling and fearfulness in middle childhood. *Behavioral Research and Therapy*, *28*, 263–267.

MURPHY, G. L., & BROWNELL, H. H. (1985) Category differentiation in object recognition: Typicality constraints on the basic category advantage. *Journal of Experimental Psychology*, *11*, *70*.

MURSTEIN, B. I. (1972) Physical attractiveness and marital choice. *Journal of Personality and Social Psychology*, *22*, 8–12.

MUSSWEILER, T. (2006) Doing is for thinking! Stereotype activation by stereotypic movements. *Psychological Science*, *17* (1), 17–21.

MYERS, D. G., & LAMM, H. (1976) The group polarization phenomenon. *Psychological Bulletin*, *83*, 602–627.

MYRTEK, M. (2007) Type A behavior and hostility as independent risk factors for coronary heart disease. In J. Jordan, B. Barden, & A. M. Zeiher (Eds.), *Contributions toward evidence-based psychocardiology: A systematic review of the literature* (pp. 159–183). Washington, DC: American Psychological Association.

NA, J., & KITAYAMA, S. (2011) Spontaneous trait inference is culture-specific: Behavioral and neural evidence. *Psychological Science*, *22*, 1025–1032.

NACOSTE, R. W. (1990) Sources of stigma: Analyzing the psychology of affirmative action. *Law and Policy*, *12*, 175–195

NATHANS, J. (1987) Molecular biology of visual pigments. *Annual Review of Neuroscience*, *10*, 163–164.

NATIONAL INSTITUTE ON DRUG ABUSE. (2002) 2001 *Monitoring the future survey released*. www.nida.nih.gov/MedAQdv/00/HHS12-14.html.

NATIONAL SLEEP FOUNDATION (2009) *Sleep in America Poll*. Washington, DC: National Sleep Foundation.

NEISSER, U. (Ed.) (1982) *Memory observed: Remembering in natural contexts*. New York: Freeman.

NEISSER, U. (1988) Five kinds of self-knowledge. *Philosophical Psychology*, *1*, 35–59.

NEISSER, U., & HARSCH, N. (1993) Phantom flashbulbs: False recollections of hearing the news about *Challenger*. In E. Winograd & U. Neisser (Eds.), *Affect and accuracy in recall: Studies of "flashbulb" memories* (pp. 9–31). Cambridge: Cambridge University Press.

NELSON, D. W. (2009) Feeling good and open-minded: The impact of positive affect on cross cultural empathic responding. *Journal of Positive Psychology*, *4*, 53–63.

NELSON, R. J., & CHIAVEGATTO, S. (2001) Molecular basis of aggression. *Trends in Neurosciences*, *24*, 713–719.

NEMBHARD, I. M., & EDMONDSON, A. C. (2006) Making it safe: The effects of leader inclusiveness and professional status on psychological safety and improvement efforts in health care teams. *Journal of Organizational Behavior*, *27*, 941–966.

NEMETH, C. (1986) Differential contributions of majority and minority influence. *Psychological Review*, *93*, 23–32.

NES, L. S., & SEGERSTROM, S. C. (2006) Dispositional optimism and coping: A meta-analytic review. *Personality and Social Psychology Review*, *10*, 235–251.

NEUMANN, R. (2000) The causal influence of attributions on emotions. A procedural priming approach. *Psychological Science*, *11*, 179–182.

NEWCOMB, M. D., RABOW, J., & HERNANDEZ, A. C. R. (1992) A cross-national study of nuclear attitudes, normative support, and activist behavior: Additive and interactive effects. *Journal of Applied Social Psychology*, *22*, 780–200.

NEWCOMB, T. M. (1943) *Personality and social change*. New York: Dryden Press.

NEWCOMB, T. M., KOENING, K. E., FLACKS, R., & WARWICK, D. P. (1967) *Persistence and change: Bennington College and its students after twenty-five years*. New York: Wiley.

NEWELL, A., & SIMON, H. A. (1972) *Human problem solving*. Englewood Cliffs, NJ: Prentice-Hall.

NEWMAN, D. L., TELLEGEN, A., & BOUCHARD, T. J., Jr. (1998) Individual differences in adult ego development: Sources of influence in twins reared apart. *Journal of Personality and Social Psychology*, *74*, 985–995.

NEWPORT, E. L. (1990) Maturational constraints on language learning. *Cognitive Science*, *14*, 11–28.

NEW SCIENTIST (2002) Relax: you're not that tempting. *New Scientist*, *174*, 25.

NEZU, A. M., NEZU, C. M., & D'ZURILLA, T. J. (2006) *Solving life's problems: A 5-Step guide to enhanced well-being*. New York: Springer.

NEZU, A. M., NEZU, C. M., & PERRI, M. G. (1989) *Problem-solving therapy for depression: Theory, research, and clinical guidelines*. New York: Wiley.

NHAT HANH, T. ([1975] 1991) *The miracle of mindfulness*. London: Rider.

NICHD Early Childcare Research Network (2004) Are child development outcomes related to before-and after-school care arrangements? *Child Development 75*, 280–295.

NICHOLSON, I. (2011) "Torture at Yale": Experimental subjects, laboratory torment, and the "rehabilitation" of Milgram's "Obedience to Authority". *Theory & Psychology*, *21*, 737–761.

NICHOLSON, N. (1998) How hardwired is human behavior? *Harvard Business Review*, July–August, 135–147.

NIEDENTHAL, P. (2008) Emotion concepts. In M. Lewis, J. Haviland-Jones, & L. F. Barrett (Eds.), *Handbook of emotions, 3rd edition* (pp. 587–600). New York: Guilford Press.

NIEDENTHAL, P. M., MERMILLOD, M., MARINGER, M., & HESS, U. (2010) The Simulation of Smiles (SIMS) model: Embodied simulation and the meaning of facial expression. *Behavioral and Brain Sciences*, *33*, 417–480.

NIELSEN, T. A., & STENSTROM, P. (2005) What are the memory sources of dreaming? *Nature*, *437*, 1285–1289.

NISAN, M., & KOHLBERG, L. (1982) Universality and variation in moral judgment: A longitudinal and cross-sectional study in Turkey. *Child Development*, *53*, 865–876.

NISBETT, R. E., PENG, K., CHOI, I., & NORENZAYAN, A. (2001) Culture and systems of thought: Holistic versus analytic cognition. *Psychology Review*, *108*, 291–310.

NISBETT, R. E., KRANTZ, D. H., JEPSON, C., & KUNDA, Z. (1983) The use of statistical heuristics in everyday inductive reasoning. *Psychological Review*, *90*(4), 339–363.

NOBLE, M., TREGEAR, S. J., TREADWELL, J. R., & SCHOELLES, K. (2008) Long-term opioid therapy for chronic non-cancer pain: A systematic review and meta-analysis of efficacy and safety. *Journal of Pain and Symptom Management*, *35*, 214–228.

NOCK, M., K., BORGES, G., BROMET, E. J., ALONSO, J., ANGERMEYER, M., BEAUTRAIS, A., BRUFFAERTS, R., CHIU, W. T., DE GIROLAMO, G., GLUZMAN, S., DE GRAAF, R., GUREJE, O., HARO, J. M., HUANG, Y., KARAM, E., KESSLER, R. C., LEPINE, J. P., LEVINSON,

D., MEDINA-MORA, M. E., ONO, Y., POSADA-VILLA, J., & WILLIAMS, D. (2008) Cross-national prevlance and risk factors for suicidal ideation, plans and attempts. *British Journal of Psychiatry*, *192*, 98–105.

NOLEN-HOEKSEMA, S. (2000) The role of rumination in depressive disorders and mixed anxiety/depressive symptoms. *Journal of Abnormal Psychology*, *109*, 504–511.

NOLEN-HOEKSEMA, S. (2007) *Abnormal Psychology*, 4th ed. New York: McGraw-Hill.

NOLEN-HOEKSEMA, S., & LARSON, J. (1999) *Coping with loss*. Mahwah, NJ: Erlbaum.

NOLEN-HOEKSEMA, S., & MORROW, J. (1991) A prospective study of depression and distress following a natural disaster: The 1989 Loma Prieta earthquake. *Journal of Personality and Social Psychology*, *61*, 105–121.

NOLEN-HOEKSEMA, S., WISCO, B. E., & LYBOMIRSKY, S. (2008) Rethinking rumination. *Perspectives on Psychological Science, 3*, 400–420.

NOLL, S. M., & FREDRICKSON, B. L. (1998) A mediational model linking self-objectification, body shame, and disordered eating. *Psychology of Women Quarterly*, *22*, 623–636.

NORDIN, V., & GILLBERG, C. (1998) The long-term course of autistic disorders: Update on follow-up studies. *Acta Psychiatrica Scandinavica*, *97*, 99–108.

NORENZAYAN, A., & NISBETT, R. E. (2000) Culture and causal cognition. *Current Directions in Psychological Science*, *9*, 132–135.

NORMAN, R. (1975) Affective-cognitive consistency, attitudes, conformity, and behavior. *Journal of Personality and Social Psychology*, *32*, 83–91.

NORRIS, F. H., PERILLA, J. L., IBANEZ, G. E., & MURPHY, A. D. (2001) Sex differences in symptoms of posttraumatic stress: Does culture play a role? *Journal of Traumatic Stress*, *14*, 7–28.

NORTH, C. (1987) *Welcome silence*. New York: Simon and Schuster.

NOSOFSKY, R. M., & JOHANSEN, M. K. (2000) Exemplar-based accounts of "multiple-system" phenomena in perceptual categorization. *Psychonomic Bulletin and Review*, *7*, 375–402.

NOVICK, L. R. (1988) Analogical transfer, problem similarity, and expertise. *Journal of Experimental Psychology: Learning, Memory and Cognition*, *14*, 510–520.

NUSSBAUM, S., TROPE, Y., & LIBERMAN, N. (2003) Creeping dispositionalism: The temporal dynamics of behavior prediction. *Journal of Personality and Social Psychology*, *84*, 485–497.

NUTT, D. J., & MALIZIA, A. L. (2004) Structural and functional brain changes in posttraumatic stress disorder. *Journal of Clinical Psychiatry*, *65* (Suppl. 1), 11–17.

OATLEY, K., KELTNER, D., & JENKINS, J. M. (2006) *Understanding emotions*, 2nd Edition. Cambridge, MA: Wiley-Blackwell.

OCHSNER, K. N., & GROSS, J. J. (2007) The neural architecture of emotion regulation. In J. J. Gross (Ed.), *Handbook of emotion regulation* (pp. 87–109). New York: Guilford Press.

OCHSNER, K. N., & LIEBERMAN, M. D. (2001) The emergence of social cognitive neuroscience. *American Psychologist*, *56*, 717–734.

O'CONNOR, K., HALLAM, R., & RACHMAN, S. (1985) Fearlessness and courage: A replication experiment. *British Journal of Psychology*, *76*, 187–197.

OFSHE, R. (1992) Inadvertent hypnosis during interrogation: False confessions to dissociative state; misidentified multiple personality and the satanic cult hypothesis. *International Journal of Clinical and Experimental Hypnosis*, *40*, 125–156.

OHMAN, A. (2009) Of snakes and faces: An evolutionary perspective on the psychology of fear. *Scandinavian Journal of Psychology*, *50*, p. 543–552.

ÖHMAN, A., & MINEKA, S. (2001) Fears, phobias, and preparedness. Toward an evolved module of fear and fear learning. *Psychological Review*, *108*, 483–522.

OJEMANN, G. (1983) Brain organization for language from the perspective of electrical stimulation mapping. *Behavioral and Brain Sciences*, *6*, 189–230.

OLDS, J. (1956) Pleasure centers in the brain. *Scientific American*, *195*, 105–116.

O'LEARY, K. D., ACEVEDO, B. P., ARON, A. HUDDY, L., MASHEK, D. (2012) Is long-term love more than a rare phenomenon? If so, what are its correlates? *Social Psychological and Personality Science*, *3*, 241–249.

OFFIR, C. (1982) *Human sexuality*. San Diego: Harcourt Brace Jovanovich.

OLSON, H. C., FELDMAN, J. J., STREISSGUTH, A. P., SAMPSON, P. D, BOOSTEIN, F. L. (1998) Neuropsychological deficits in adolescents with fetal alcohol syndrome: Clinical findings. *Alcoholism: Clinical & Experimental Research*, *22*, 1998–2012.

OLNEY, N. T., GOODKIND, M. S., LOMEN-HOERTH, C., WHALEN, P. K., WILLIAMSON, C. A., HOLLEY, D. E., VERSTAEN, A., BROWN, L. M., MILLER, B. L., KORNAK, J., LEVENSON, R. W., & ROSEN, H. J. (2011) Behaviour, physiology and experience of pathological laughing and crying in amyotrophic lateral sclerosis. *Brain*, 134, 3458–3469.

OLSSON, A., & PHELPS, E. A. (2007) Social learning of fear. *Nature Neuroscience*. *10*(9), 1095–1102.

ORNE, M. T., & HOLLAND, C. C. (1968) On the ecological validity of laboratory deceptions. *International Journal of Psychiatry*, *6*, 282–293.

OSHEROW, N. (1984) Making sense of the nonsensical: An analysis of Jonestown. In E. Aronson (Ed.), *Readings about the social animal* (4th ed., pp. 68–86). New York: Freeman.

OSHERSON, D., PERANI, D., CAPPA, S., SCHNUR, T., GRASSI, F., & FAZIO, F. (1998) Distinct brain loci in deductive versus probabilistic reasoning. *Neuropsychologia*, *36*, 369–376.

OSHERSON, D. N., SMITH, E. E., WILKIE, O., LOPEZ, A., & SHAFIR, E. B. (1990) Category based induction. *Psychological Review*, *97*, 185–200.

O'SULLIVAN, S. S., WU, K., POLITIS, M., LAWRENCE, A. D., EVANS, A. H., BOSE, S. K., *et al.* (2011) Cue-induced striatal dopamine release in parkinson's disease-associated impulsive-compulsive behaviours. *Brain*, *134*(Pt 4), 969–978.

OVERMEIER, J. B., & SELIGMAN, M. E. P. (1967) Effects of inescapable shock upon subsequent escape and avoidance responding. *Journal of Comparative and Physiological Psychology*, *63*, 28.

OVERMIER, J. B., & MURISON, R. (1998) Animal models reveal the "psych" in the psychosomatics of peptic ulcers. *Current Directions I*

*Psychological Science*, *6*, 180–184.

PACKER, D. J. (2008) Identifying systematic disobedience in Milgram's obedience experiments: A meta-analytic review. *Perspectives in Psychological Science*, *3*, 301–304.

PAICHELER, G. (1977) Norms and attitude change: Pt. 1. Polarization and styles of behavior. *European Journal of Social Psychology*, *7*, 5–14.

PAKENHAM, K. I., CHIU, J., BURSNALL, S., & CANNON, T. (2007) Relations between social support, appraisal and coping and both positive and negative outcomes in young carers. *Journal of Health Psychology*, *12*, 89–102.

PALLIS, C. A. (1955) Impaired identification of faces and places with agnosia for colors. *Journal of Neurology, Neurosurgery, and Psychiatry*, *18*, 218–224.

PALMER, S. E. (1975) The effect of contextual scenes on the identification of objects. *Memory and Cognition*, *3*, 519–526.

PANAGOPOULOU, E., MAES, S., RIME, B., & MONTGOMERY, A. (2006) Social sharing of emotion in anticipation of cardiac surgery – Effects on preoperative distress. *Journal of Health Psychology*, *11*, 809–820.

PANKSEPP, J. (1998) *Affective neuroscience: The foundations of human and animal emotions*. New York: Oxford University Press.

PAPAFRAGOU, A., HULBERT, J., & TRUESWELL, J. (2008) Does language guide event perception? Evidence from eye movements. *Cognition*, *108*, 155–184.

PAPAFRAGOU, A., MASSEY, C., & GLEITMAN, L. (2002) Shake, rattle, 'n' roll: The representation of motion in thought and language. *Cognition*, *84*, 189–219.

PARÉ, D., COLLINS, D. R., & PELLETIER, J. G. (2002) Amygdala oscillations and the consolidation of emotional memories. *Trends in Cognitive Sciences*, *6*, 306–314.

PARK, S., & CATRAMBONE, R. (2007) Social facilitation effects of virtual humans. *Human Factors*, *49* (6), 1054–1060.

PARKER, G., JOHNSTON, P., & HAYWARD, L. (1988) Parental "expressed emotion" as a predictor of schizophrenic relapse. *Archives of General Psychiatry*, *45*, 806–813.

PARKINSON, B., & MANSTEAD, A. S. R. (1992) Appraisal as the cause of emotion. In M. S. Clark (Ed.), *Review of personality and social psychology* (Vol. 13, pp. 122–149). Newbury Park, CA: Sage.

PARKINSON, B., & TOTTERDELL, P. (1999) Classifying affect-regulation strategies. *Cognition and Emotion*, *13*, 277–303.

PASUPATHI, M. (1999) Age differences in responses to conformity pressure for emotional and nonemotional material. *Psychology and Aging*, *14*, 170–174.

PATALANO, A. L., SMITH, E. E., JONIDES, J., & KOEPPE, R. A. (2002) PET evidence for multiple strategies of categorization. *Cognitive, Affective, and Behavioral Neuroscience*, *1*, 360–370.

PATEL, V. L., & GROEN, G. J. (1986) Knowledge based solution strategies in medical reasoning. *Cognitive Science*, *10*, 91.

PATTERSON, F. G. (1978) The gestures of a gorilla: Language acquisition in another pongid. *Brain and Language*, *5*, 72–97.

PATTERSON, G. (1974) Intervention for boys with conduct problems: Multiple settings, treatment, and criteria. *Journal of Consulting and Clinical Psychology*, *42*, 471–483.

PATTERSON, G. R., LITTMAN, R. A., & BRICKER, W. A. (1967) Assertive behavior in children: A step toward a theory of aggression. *Monographs of the Society for Research in Child Development* (Serial No. 113), 5.

PAULOZZI, L., JONES, C. M., MACK, K. A. (November 1, 2011) Vital signs: Overdoses of prescription opioid pain relievers – United States, 1999–2008. Centers for Disease Control and Prevention. *Morbidity and Mortality Weekly Report*, *60*, 1487–1492.

PAULSON, P. E., & ROBINSON, T. E. (1995) Amphetamine-induced time-dependent sensitization of dopamine neurotransmission in the dorsal and ventral striatum: A microdialysis study in behaving rats. *Synapse*, *19*(1), 56–65.

PAULUS, M. (2011) How infants relate looker and object: Evidence for a perceptual learning account of gaze following in infancy. *Developmental Science*, *14*(6), 1301–1310.

PAULUS, P. B. (1998) Developing consensus about groupthink after all these years. *Organizational Behavior and Human Decision Processes*, *73*, 362–374.

PAVLOV, I. P. (1927) *Conditioned reflexes*. New York: Oxford University Press.

PAYNE, B. K. (2006) Weapon bias: split-second decisions and unintended stereotyping. *Current Directions in Psychological Science*, *15* (6), 287–291.

PECINA, S., CAGNIARD, B., BERRIDGE, K. C., ALDRIDGE, J. W., & ZHUANG, X. (2003) Hyperdopaminergic mutant mice have higher "wanting" but not "liking" for sweet rewards. *Journal of Neuroscience*, *23*, 9395–9402.

PELHAM, W. E., & BENDER, M. E. (1982) Peer relationships in hyperactive children. In K. Gadow & I. Bialer (Eds.), *Advances in learning and behavioral disabilities* (vol. 1, pp. 365–436). Greenwich, CT: JAI Press.

PENDRY, L., & CARRICK, R. (2001) Doing what the mob do: Priming effects on conformity. *European Journal of Social Psychology*, *31*, 83–92.

PENFIELD, W., & JASPER, H. (1954) *Epilepsy and the functional anatomy of the human brain.* Boston: Little, Brown.

PENFIELD, W., & RASMUSSEN, T. (1950) *The cerebral cortex of man*. New York: Macmillan.

PENNEBAKER, J. W. (2007) Current issues and new directions in Psychology and Health: Listening to what people say—the value of narrative and computational linguistics in health psychology. *Psychology & Health*, *22*, 631–635.

PENNEBAKER, J. W., KIECOLT-GLASER, J. K., & GLASER, R. (1988) Disclosure of traumas and immune function: Health implications for psychotherapy. *Journal of Consulting and Clinical Psychology*, *56*, 239–245.

PENROD, S., & CUTLER, B. (1995) Witness confidence and witness accuracy: Assessing their forensic relation. Special Issue: Witness memory and law. *Psychology, Public Policy, & Law*, *1*, 817–845.

PEPLAU, L. A., RUBIN, Z., & HILL, C. T. (1977) Sexual intimacy in dating relationships. *Journal of Social Issues*, *33*, 86–109.

PERRIN, F. A. C. (1921) Physical attractiveness and repulsiveness. *Journal of Experimental Psychology*, *4*, 203–217.

PERUNOVIC, W. Q. E., HELLER, D., & RAFAELI, E. (2007) Within-person changes in the structure of emotion: The role of cultural identification and language. *Psychological Science*, *18*, 607–613.

PESSOA, L. (2008) On the relationship between emotion and cognition. *Nature Reviews Neuroscience*, *9*, 148–158.

PETERSEN, A. C. (1989) Adolescent development. In M. R. Rosenzweig & L. W. Porter (Eds.), *Annual Review of Psychology*

(Vol. 39). Palo Alto, CA: Annual Reviews.

PETERSON, C., SELIGMAN, M. E., & VAILLANT, G. E. (1988) Pessimistic explanatory style is a risk factor for physical illness: A thirty-five-year longitudinal study. *Journal of Personality & Social Psychology*, *55*, 23–27.

PETERSON, L. R., & PETERSON, M. J. (1959) Short-term retention of individual verbal items. *Journal of Experimental Psychology*, *10*, 12–21.

PETROVA, P. K., CIALDINI, R. B., & SILLS, S. J. (2007) Consistency-based compliance across cultures. *Journal of Experimental Social Psychology*, *43* (1), 104–111.

PETTIGREW, T. F. (1979) The ultimate attribution error: Extending Allport's cognitive analysis of prejudice. *Personality and Social Psychology Bulletin*, *5*, 461–476.

PETTY, R. E., & CACIOPPO, J. T. (1984) The effects of involvement on responses to argument quantity and quality: Central and peripheral routes to persuasion. *Journal of Personality and Social Psychology*, *46*, 69–81.

PETTY, R. E., & WEGENER, D. T. (1999) The elaboration likelihood model: Current status and controversies. In S. Chaiken & Y. Trope (Eds.), *Dual-process theories in social psychology* (pp. 41–72). New York: Guilford.

PEZDEK, K., FINGER, K., & HODGE, D. (1997) Planting false childhood memories: The role of event plausibility. *Psychological Science*, *8*, 437–441.

PHAN, M. L., SCHENDEL, K. L., RECANZONE, G. H., & ROBERTSON, L. C. (2000) Auditory and visual spatial localization deficits following bilateral parietal lobe lesions in a patient with Balint's syndrome. *Journal of Cognitive Neuroscience*, *12*, 583–600.

PHILLIPS, J. L., JR. (1992) *How to think about statistics* (rev. ed.). New York: Freeman.

PHINNEY, J. S., & ALIPURIA, L. L. (1990) Ethnic identity in college students form four ethnic groups. *Journal of Adolescence*, *13*, 171–183.

PHOENIX, C. H., GOY, R. H., & RESKO, J. A. (1968) Psychosexual differentiation as a function of androgenic stimulation. In M. Diamond (Ed.), *Reproduction and sexual behavior*. Bloomington: Indiana University Press.

PIAGET, J. (1932/1965) *The moral judgment of the child*. New York: Free Press.

PIAGET, J. (1950a) *The origins of intelligence in children*. New York: International Universities Press.

PIAGET, J. (1950b) *The psychology of intelligence*. New York: International Universities Press.

PIAGET, J., & INHELDER, B. (1956) *The child's conception of space*. London: Routledge & Kegan Paul. (Originally published 1948.)

PIAGET, J., & INHELDER, B. (1969) *The psychology of the child*. New York: Basic Books.

PILIAVIN, I. M., RODIN, J., & PILIAVIN, J. A. (1969) Good Samaritanism: An underground phenomenon: *Journal of Personality and Social Psychology*, *13*, 289–299.

PLASSMANN, H., O'DOHERTY, J., SHIV, B., & RANGEL, A. (2008) Marketing actions can modulate neural representations of experienced pleasantness. *Proceedings of the National Academy of Sciences*, *105*, 1050–1054.

PICKERING, T. G., DEVEREUX, R. B., JAMES, G. D., GERIN, W., LANDSBERGIS, P., SCHNALL, P. L., & SCHWARTZ, J. E. (1996) Environmental influences on blood pressure and the role of job strain. *Journal of Hypertension*, *14* (Suppl.), S179–S185.

PILIAVIN, I. M., RODIN, J., & PILIAVIN, J. A. (1969) Good Samaritanism: An underground phenomenon: *Journal of Personality and Social Psychology*, *13*, 289–299.

PINKER, S. (1991) Rules of language. *Science*, *253*, 530–555.

PINKER, S. (1994). *The language instinct: How the mind creates language*. New York: Harper.

PINKER, S. (1997) *How the mind works*. New York: Norton

PINKER, S., & PRINCE, A. (1988) On language and connectionism: Analysis of a parallel distributed processing model of language acquisition. *Cognition*, *28*, 71–193.

PINNELL, C. M., & COVINO, N. A. (2000) Empirical findings on the use of hypnosis in medicine: A critical review. *International Journal of Clinical and Experimental Hypnosis*, *48*, 170–194.

PLAILLY, J., LUANGRAJ, N., NICKLAUS, S., ISSANCHOU, S., ROYET, J. P., & SOLLMONT-ROSSE, C. (2011) Alliesthesia is greater for odors of fatty foods than of non-fatty foods. *Appetite*, *57*, 615–622.

PLANT, A. E., HYDE, J. S., KELTNER, D., & DEVINE, P. G. (2000) The gender stereotyping of emotions. *Psychology of Women Quarterly*, *24*, 81–92.

PLANT, E. A., & DEVINE, P. G. (2009) The active control of prejudice: Unpacking the intentions guiding control efforts. *Journal of Personality and Social Psychology*, *96*, 640–652.

PLATT, J. J., YAKSH, T., & DARBY, C. L. (1967) Social facilitation of eating behavior in armadillos. *Psychological Reports*, *20*, 1136.

PLOEGER, A. (2008) Is evolutionary psychology a metatheory for psychology? A discussion of four major issues in psychology from an evolutionary developmental perspective. *Psychological Inquiry*, *19*, 1–18.

PLOMIN, R. (1989) Environment and genes: Determinants of behavior. *American Psychologist*, *44*, 105–111.

PLOMIN, R. (1990) *Nature and nurture: An introduction to human behavioral genetics*. Pacific Grove, CA: Brooks/Cole.

PLOMIN, R. (1994) *Genetics and experience*. Thousand Oaks, CA: Sage.

PLOMIN, R., & ASBURY, K. (2005) Nature and nurture: Genetic and environmental influences on behavior. *The ANNALS of the American Academy of Political and Social Science*, *600*, 86.

PLOMIN, R., & KOSSLYN, S. M. (2001) Genes, brain and cognition. *Nature Neuroscience*, *4*, 1153–1154.

PLOMIN, R., DEFRIES, J. C., & KNOPIK, V. S. (2012) Behavioral genetics (6th ed.). New York: Worth.

PLOMIN, R., OWEN, M. J., & MCGUFFIN, P. (1994) The genetic basis of complex human behaviors. *Science*, *264*, 1733–1739.

PLOMIN, R., FULKER, D. W., CORLEY, R., & DEFRIES, J. C. (1997) Nature, nurture, and cognitive development from 1 to 16 years: A parent-offspring adoption study. *Psychological Science*, *8*, 442–447.

PLOUS, S. (1996a) Attitudes toward the use of animals in psychological research and education: Results from a national survey of psychologists. *American Psychologist*, *51*, 1167–1180.

PLOUS, S. (1996b) Attitudes toward the use of animals in psychological research and education: Results from a national survey of psychology majors. *Psychological Science*, *7*, 352–358.

POLIVY, J., & HERMAN, C. P. (1985) Dieting and bingeing: A causal analysis. *American Psychologist*, *40*, 193–201.

POLIVY, J., & HERMAN, C. P. (1993) Etiology of binge eating: Psychological mechanisms. In C. E. Fairburn & G. T. Wilson (Eds.), *Binge eating: Nature, assessment, and treatment*. New York: Guilford.

POLLATOS, O., KIRSCH, W., & SCHANDRY, R. (2005) On the relationship between interoceptive awareness, emotional experience, and brain processes. *Cognitive Brain Research*, *25*, 948–962.

PORTENOY, R. K., & FOLEY, K. M. (1986) Chronic use of opioid analgesics in non-malignant pain: Report of 38 cases. *Pain*, *25*, 171–186.

PORTER, R. H., MAKIN, J. W., DAVIS, L. B., & CHRISTENSEN, K. M. (1992) An assessment of the salient olfactory environment of formula-fed infants. *Physiology and Behavior*, *50*, 907–911.

POSNER, M. I. (1988) Structures and functions of selective attention. In T. Boll & B. K. Bryant (Eds.), *Clinical neuropsychology and brain function: Research, measurement, and practice*. Washington, DC: American Psychological Association.

POSNER, M. I., & DEHAENE, S. (1994) Attentional networks. *Trends in Neuroscience*, *17*, 75–79.

POSNER, M. I., & RAICHLE, M. E. (1994) *Images of mind*. New York: Scientific American Library.

POSTMES, T., & SPEARS, R. (1998) Deindividuation and antinormative behavior: A meta-analysis. *Psychological Bulletin*, *123*, 238–259.

POSTMES, T., SPEARS, R., & CIHANGIR, S. (2001) Quality of decision making and group norms. *Journal of Personality and Social Psychology*, *80*, 918–930.

POWELL, R. A., & BOER, D. P. (1994) Did Freud mislead patients to confabulate memories of abuse? *Psychological Reports*, *74*, 1283–1298.

PRATT, D. S., JANDZIO, M., TOMLINSON, D., KANG, X., & SMITH, E. (2006) The 5-10-25 challenge: An observational study of a web-based wellness intervention for a global workforce. *Disease Management*, *9*, 284–290.

PRENTICE, D. A., & MILLER, D. T. (1993) Pluralistic ignorance and alcohol use on campus: Some consequences of misperceiving the social norm. *Journal of Personality and Social Psychology*, *64*, 243–256.

PRENTICE-DUNN, S., & ROGERS, R. W. (1982) Effect of public and private self-awareness on deindividuation and aggression. *Journal of Personality and Social Psychology*, *43*, 503–513.

PRENTICE-DUNN, S., & ROGERS, R. W. (1989) Deindividuation and the self-regulation of behavior. In P. B. Paulus (Ed.), *The psychology of group influence* (2nd ed., pp. 86–109). Hillsdale, NJ: Erlbaum.

PRESSLEY, M., LEVIN, J. R., & DELANEY, H. D. (1982) The mnemonic keyword method. *Review of Educational Research*, *52*, 61–91.

PRESSMAN, S. D., & COHEN, S. (2012) Positive emotion word use and longevity in famous deceased psychologists. *Health Psychology*, *31*, 297–305.

PRESTON, S. D., & DE WAAL, F. B. M. (2002) Empathy: Its ultimate and proximate bases. *Behavioral Brain Science*, *25*, 1–20.

PRETI, G., CUTLER, W. B., GARCIA, C. R., HUGGINS, G. R., and collaborators. (1986) Human axillary secretions influence women's menstrual cycles: The role of donor extract of females. *Hormones and Behavior*, *20*, 474–482.

PRIEST, R. F., & SAWYER, J. (1967) Proximity and peership: Bases of balance in interpersonal attraction. *American Journal of Sociology*, *72*, 633–649.

PRINZMETAL, W. (1981) Principles of feature integration in visual perception. *Perception and Psychophysics*, *30*, 330–340.

PROJECT MATCH RESEARCH GROUP (1997) Matching alcoholism treatment to client heterogeneity: Project MATCH posttreatment drinking outcomes. *J. Studies Alcohol*, *58*, 7–29.

PRONIN, E., & KUGLER, M. B. (2010) People believe they have more free will than others. *PNAS Proceedings of the National Academy of Sciences of the United States of America*, 107, 22469–22474.

PULVERMÜLLER, F., & FADIGA, L. (2010) Active perception: Sensorymotor circuits as a cortical basis for language. *National Review of Neuroscience*, *11*, 351–360.

PUSWELLA, A., DEVITA, M., & ARNOLD, R. (2004) Declaring brain death: The neurologic criteria. *EPERC Fast Facts and Concepts*, *115*. Retrieved from http://www.eperc.mcw.edu/fastfact/ff_115.htm.

QUINN, D. M., KALLEN, R. W., TWENGE, J. M., & FREDRICKSON, B. L. (2006) The disruptive effect of self-objectification on performance. *Psychology of Women Quarterly*, *30*, 6.

RAAIJMAKERS, J. G., & SHIFFRIN, R. M. (1981) Search of associative memory. *Psychological Review*, *88*, 93–134.

RAAIJMAKERS, J. G., & SHIFFRIN, R. M. (1992) Models for recall and recognition. *Annual Review of Psychology*, *43*, 205–234.

RACHMAN, S. (1998) A cognitive theory of obsessions: Elaborations. *Behaviour Research and Therapy*, *36*, 385–401.

RACHMAN, S. J., & HODGSON, R. J. (1980) *Obsessions and compulsions*. Englewood Cliffs, NJ: Prentice-Hall.

RAIKES, H., PAN, B. A., LUZE, G., TAMIS-LEMONDA, C., BROOKS-GUNN, J., CONSTANTINE, J., TARULLO, L. B., RAIKES, H. A., & RODRIGUEZ, E. T. (2006) Mother–child book-reading in low-income families: Correlates and outcomes during the first three years of life. *Child Development*, *77*, 924–953.

RÄIKKOENEN, K., MATTHEWS, K. A., FLORY, J. D., & OWENS, J. F. (1999) Effects of hostility on ambulatory blood pressure and mood during daily living in healthy adults. *Health Psychology*, *18*, 44–53.

RÄIKKONEN, K., MATTHEWS, K. A., FLORY, J. D., OWENS, J. F., & GUMP, B. B. (1999) Effects of optimism, pessimism, and trait anxiety on ambulatory blood pressure and mood during everyday life. *Journal of Personality and Social Psychology*, *76*, 104–113.

RAMACHANDRAN, V. S., & GREGORY, R. L. (1991) Perceptual filling in of artificially induced scotomas in human vision. *Nature*, *350*, 699–702.

RAMUS, F. (2002) Language discrimination by newborns: teasing apart phonotactic, rhythmic, and intonational cues. *Annual Review of Language Acquisition*, *2*, 851–815.

RAPAPORT, D. (1942) *Emotions and memory*. Baltimore: Williams & Wilkins.

RAPEE, R. M., BROWN, T. A., ANTONY, M. M., & BARLOW, D. H. (1992) Response to hyperventilation and inhalation of 5.5% carbon dioxide-enriched air across the DSM III-R anxiety disorders. *Journal of Abnormal Psychology*, *101*, 538–552.

RASEKH, A., BAUER, H.M., MANOS, M. M., & IACOPINO, V.

(1998) Women's health and human rights in Afghanistan. *Journal of the American Medical Association*, *280*, 449–455.

RATHBUN, C., DI VIRGILIO, L., & WALDFOGEL, S. (1958) A restitutive process in children following radical separation from family and culture. *American Journal of Orthopsychiatry*, *28*, 408–415.

RAUCH, S. L. (2003) Neuroimaging and neurocircuitry models pertaining to the neurosurgical treatment of psychiatric disorders. *Neurosurgery Clinics of North America*, *14*, 213–223.

RAUCH, S. L., WEDIG, M. M., WRIGHT, C. I., MARTIS, B., MCMULLIN, K. G., SHIN, L. M., CANNISTRARO, P.A., & WILHELM, S. (2007) Functional magnetic resonance imaging study of regional brain activation during implicit sequence learning in obsessive-compulsive disorder. *Biological Psychiatry*, *61*, 330–336.

RAVENS, J. C. (1965) *Advanced progressive matrices, sets II and II*. London: H. K. Lewis.

RAVUSSIN, E., and collaborators. (1988) Reduced rate of energy expenditure as a risk factor for body-weight gain. *New England Journal of Medicine*, *318*, 467–472.

RAY, N., MIYASAKI, J. M., ZUROWSKI, M., KO, J. H., CHO, S. S., PELLECCHIA, G., *et al.* (2012) Extrastriatal dopaminergic abnormalities of da homeostasis in parkinson's patients with medication-induced pathological gambling: A [11c] flb-457 and pet study. *Neurobiology of Disease*, *48*(3), 519–525.

RAY, R. D., OCHSNER, K. N., COOPER, J. C., ROBERTSON, E. R., GABRIELI, J. D. E., GROSS, J. J. (2005) Individual differences in trait rumination and the neural systems supporting cognitive reappraisal. *Cognitive, Affective & Behavioral Neuroscience*, *5*, 156–168.

RAYNER, K. (1978) Eye movements, reading and information processing. *Psychological Bulletin*, *6*, 618–660.

REED, C. F. (1984) Terrestrial passage theory of the moon illusion. *Journal of Experimental Psychology: General*, *113*, 489–500.

REED, G. M., KEMENY, M. E., TAYLOR, S. E., WANG, H.-Y. J., & VISSCHER, B. R. (1994) "Realistic acceptance" as a predictor of decreased survival time in gay men with AIDS. *Health Psychology*, *13*, 299–307.

REED, P., SKIERA, F., ADAMS, L., & HEYES, C. M. (1996) Effects of isolation rearing and mirror exposure on social and asocial discrimination performance. *Learning and Motivation*, *27*, 113–129.

REGAN, D., BEVERLEY, K. I., & CYNADER, M. (1979) The visual perception of motion depth. *Scientific American*, *241*, 136–151.

REGAN, D. T., & FAZIO, R. (1977) On the consistency between attitudes and behavior: Look to the method of attitude information. *Journal of Experimental Social Psychology*, *13*, 28–45.

REGIER, T., KAY, P., & KHETARPAL, N. (2007) Color naming reflects optimal partitions of color space. *PNAS*, *104*, 1436–1441.

REICHER, G. M. (1969) Perceptual recognition as a function of the meaningfulness of the material. *Journal of Experimental Psychology*, *81*, 275–280.

REICHER, S. D., & HASLAM, S. A. (2006) Rethinking the social psychology of tyranny: The BBC Prison Study. *British Journal of Social Psychology*, *45*, 1–40.

REICHER, S. D., HASLAM, S. A., & SMITH, J. R. (2012) Working toward the experimenter: Reconceptualizing obedience within the Milgram paradigm as identification-based followship. *Perspectives on Psychological Science*, *7*, 315–324.

REINITZ, M. T., & HANNIGAN, S. L. (2004) False memories for compound words: Role of working memory. *Memory & Cognition*, *32*, 463–473.

REINITZ, M. T., WRIGHT, E., & LOFTUS, G. R. (1989) The effects of semantic priming on visual encoding of pictures. *Journal of Experimental Psychology: General*, *118*, 280–297.

REIS, D. J., & GUNNE, L. M. (1965) Brain catecholamines: Relation to the defense reaction evoked by amygdaloid stimulation in cat. *Science*, *149*, 450–451.

REIS, D. J., MIURA, M., WEINBREN, M., & GUNNE, L. M. (1967) Brain catecholamines: Relation to defense reaction evoked by acute brainstem transection in cat. *Science*, *156*, 1768–1770.

REIS, H. T., MANIACI, M. R., CAPRARIELLO, P. A., EASTWICK, P. W., & FINKEL, E. J. (2011) Familiarity does indeed promote attraction in live interaction. *Journal of Personality and Social Psychology*, *101*, 557–570.

REISENZEIN, R. (1983) The Schachter theory of emotion: Two decades later. *Psychological Bulletin*, *94*, 239–264.

REISS, D. (2005) The interplay between genotypes and family relationships: Reframing concepts of development and prevention. *Current Directions in Psychological Science*, *14*, 139–143.

REMINGTON, B., ROBERTS, P., & GLAUTIER, S. (1997) The effect of drink familiarity on tolerance to alcohol. *Addiction Behavior*, *22*, 45–53.

REPPEN, J. (2006) The relevance of Sigmund Freud for the 21st century. *Psychoanalytic Psychology*, *23*, 215–216.

RESCORLA, R. A. (1967) Pavlovian conditioning and its proper control procedures. *Psychological Review*, *74*, 71–80.

RESCORLA, R. A. (1968) Probability of shock in the presence and absence of CS in fear conditioning. *Journal of Comparative and Physiological Psychology*, *66*, 1–55.

RESCORLA, R. A. (1972) Informational variables in Pavlovian conditioning. In G. H. Bower (Ed.), *Psychology of learning and motivation* (Vol. 6). New York: Academic Press.

RESCORLA, R. A. (1980) Overextension in early language development. *Journal of Child Language*, *7*, 321–335.

RESCORLA, R. A. (1987) A Pavlovian analysis of goal-directed behavior. *American Psychologist*, *42*, 119–129.

RESCORLA, R. A., & SOLOMON, R. L. (1967) Two-process learning theory: Relations between Pavlovian conditioning and instrumental learning. *Psychological Review*, *74*, 151–182.

RESICK, P. A. (1993). The psychological impact of rape. *Journal of Interpersonal Violence, 8*, 223–255.

RESNICK, H. S., KILPATRICK, D. G., DANSKY, B. S., & SAUNDERS, B. E. (1993) Prevalence of civilian trauma and posttraumatic stress disorder in a representative national sample of women. *Journal of Consulting and Clinical Psychology*, *61*, 984–991.

RESNICK, H. S., YEHUDA, R., PITMAN, R. K., & FOY, D. W. (1995) Effect of previous trauma on acute plasma cortisol level following rape. *American Journal of Psychiatry*, *152*, 1675–1677.

REUBENS, A. B., & BENSON, D. F. (1971) Associative visual agnosia. *Archives of Neurology*, *24*, 305–316.

REYNOLDS, D. V. (1969) Surgery in the rat during electrical analgesia induced by focal brain stimulation. *Science*, *164*, 444–445.

RICHARDS, J. M., & GROSS, J. J. (2000) Emotion regulation and memory: The cognitive costs of keeping one's cool. *Journal of Personality and Social Psychology*, *79*, 410–424.

RIEGER, G., LINSENMEIER, J. A. W., GYGAX, L., & BAILEY, J. M. (2008) Sexual orientation and childhood gender nonconformity: Evidence from home videos. *Developmental Psychology*, *44*, 46–58.

RIESEN, A. H. (1947) The development of visual perception in man and chimpanzee. *Science*, *106*, 107–108.

RIPS, L. J. (1983) Cognitive processes in propositional reasoning. *Psychological Review*, *90*, 38–71.

RIPS, L. J. (1994) *The psychology of proof.* Cambridge, MA: MIT Press.

RIVERS, S. E., BRACKETT, M. A., REYES, M. R., MAYER, J. D., CARUSO, D. R., & SALOVEY, P. (2012) Measuring emotional intelligence in early adolescence with the MS-CEIT-YV: Psychometric properties and relationship with academic performance and psychosocial functioning. *Journal of Psychoeducational Assessment*, *30*, 344–366.

RIZZOLATTI, G., FADIGA, L., GALLESE, V., & FOGASSI, L. (1995) Premotor cortex and the recognition of motor actions. *Cognitive Brain Research*, *3*, 131–141.

ROBINSON, M. D. (1998) Running from William James' bear: A review of preattentive mechanisms and their contributions to emotional experience. *Cognition and Emotion*, *12*, 667–696.

ROBINSON, T. E., & BERRIDGE, K. C. (1993) The neural basis of drug craving: An incentive-sensitization theory of addiction. *Brain Research Reviews*, *18*(3), 247–291.

ROBINSON, T. E., & BERRIDGE, K. C. (2003) Addiction. *Annual Reviews in Psychology*, *54*, 25–53.

ROBINSON, T. E., & BERRIDGE, K. C. (2008) The incentive sensitization theory of addiction: Some current issues. *Philos. Trans. R. Soc. Lond. B. Biol. Sci.*, *363*(1507), 3137–3146.

ROCK, I. (1988) On Thompson's inverted-face phenomenon (Research Note). *Perception*, *17*, 815–817.

RODIN, J. (1981) Current status of the internal-external hypothesis of obesity: What went wrong? *American Psychologist*, *36*, 361–372.

ROEDIGER, H. L., III, & MCDERMOTT, K. B. (1995) Creating false memories: Remembering words not presented in lists. *Journal of Experimental Psychology: Learning, Memory, & Cognition*, *21*, 803–814.

ROGAN, M. T., & LEDOUX, J. E. (1996) Emotion: Systems, cells, synaptic plasticity. *Cell*, *85*, 469–475.

ROGERS, C. R. (1951) *Client-centered therapy*. Boston: Houghton Mifflin.

ROGERS, C. R. (1959) A theory of therapy, personality, and interpersonal relationships as developed in the client-centered framework. In S. Koch (Ed.), *Psychology: A study of a science*: Vol. 3. *Formulations of the person and the social context*. New York: McGraw-Hill.

ROGERS, C. R. (1963) The actualizing tendency in relation to motives and to consciousness. In M. Jones (Ed.), *Nebraska symposium on motivation* (pp. 1–24). Lincoln: University of Nebraska Press.

ROGERS, C. R. (1970) *On becoming a person: A therapist's view of psychotherapy*. Boston: Houghton Mifflin.

ROGERS, T. B., KUIPER, N. A., & KIRKER, W. S. (1977) Self-reference and the encoding of personal information. *Journal of Personality and Social Psychology*, *35*, 677–688.

ROGOFF, B. (2000) *Culture and development*. New York: Oxford University Press.

ROHR, M., DEGNER, J., & WENTURA, D. (2012) Masked emotional priming beyond global valence activations. *Cognition and Emotion*, *26*, 224–244.

ROLAND, P. E., & FRIBERG, L. (1985) Localization of cortical areas activated by thinking. *Journal of Neurophysiology*, *53*, 1219–1243.

ROSCH, E. (1974) Linguistic relativity. In A. Silverstein (Ed.), *Human communication: Theoretical perspectives*. New York: Halsted Press.

ROSCH, E. (1978) Principles of categorization. In E. Rosch & B. L. Lloyd (Eds.), *Cognition and categorization*. Hillsdale, NJ: Erlbaum.

ROSE, J. E., BRUGGE, J. F., ANDERSON, D. J., & HIND, J. E. (1967) Phase-locked response to lower frequency tones in single auditory nerve fibers of the squirrel monkey. *Journal of Neurophysiology*, *390*, 769–793.

ROSEBERGER, P. H., ICKOVICS, J. R., EPEL, E. S., D'ENTREMONT, D., & JOKL, P. (2004) Physical recovery in arthroscopic knee surgery: Unique contributions of coping behaviors to clinical outcomes and stress reactivity. *Psychology and Health*, *19*, 307–320.

ROSEMAN, I. J. (1984) Cognitive determinants of emotion: A structural theory. *Review of Personality and Social Psychology*, *5*, 11–36.

ROSENBERGER, P. H., ICKOVICS, J. R., EPEL, E. S., D'ENTREMONT, D., & JOKL, P. (2004) Physical recovery in arthroscopic knee surgery: Unique contributions of coping behaviors to clinical outcomes and stress reactivity. *Psychology and Health*, *19*, 307–320.

ROSENBERG, E. L. (1998) Levels of analysis and the organization of affect. *Review of General Psychology*, *2*, 247–270.

ROSENGREN, A., HAWKEN, S., OUNPUU, S., SLIWA, K., ZUBAID, M., ALMAHMEED, W. A., BLACKETT, K., N., SITTHI-AMORN, C., SATO, H., & YUSUF, S. (2004). Association of psychosocial risk factors with the risk of acute myocardial infarction in 11119 cases and 13648 controls from 52 countries (the INTERHEART study): Case-control study. *The Lancet, 364*, 953–962.

ROSENMAN, R. H., BRAND, R. J., JENKINS, C. D., FRIEDMAN, M., STRAUS, R., & WRUM, M. (1976) Coronary heart disease in the Western Collaborative Group Study: Final follow-up experience of 8½ years. *Journal of the American Medical Association*, *233*, 878–877.

ROSENTHAL, R. (1984) *Meta-analytic procedures for social research.* Beverly Hills, CA: Sage.

ROSENTHAL, R., & JACOBSON, L. (1968) *Pygmalion in the classroom: Teacher expectation and student intellectual development*. New York: Holt, Rinehart, & Winston.

ROSS, B. H. (1984) Remindings and their effects in learning a cognitive skill. *Cognitive Psychology*, *16*, 371–416.

ROSS, L. (1997) The intuitive psychologist and his shortcomings: Distortions in the attribution process. In L. Berkowitz, (Ed.), *Advances in experimental social psychology* (Vol. 10). New York: Academic Press.

ROSS, L., AMABILE, T. M., & STEINMETZ, J. L. (1977) Social roles, social control, and biases in social-perception processes. *Journal of Personality and Social Psychology*, *35*, 485–494.

ROSS, L., BIERBRAUER, G., & HOFFMAN, S. (1976) The role of attribution processes in conformity and dissent. Revisiting the Asch situation. *American Psychologist*, *31*, 148–157.

ROTH, M. (1998) *Freud: Conflict and culture*. New York: Knopf.

ROTHBART, M., & BATES, J. (1998) Temperament. In W. Damon (Series Ed.) and N. Eisenberg (Vol. Ed.), *Handbook of child psychology*: Vol. 3. *Social, emotional and personality development*

(5th ed., pp. 105–176). New York: Wiley.

ROVEE-COLLIER, C. (1999) The development of infant memory. *Current Directions in Psychological Science*, *8*, 80–85.

ROWE, G., HIRSH, J. B., & ANDERSON, A. K. (2007) Positive affect increases the breadth of attentional selection. *Proceedings of the National Academy of Sciences of the United States of America*, *104*, 383–388.

ROWLAND, N. E., & ANTELMAN, S. M. (1976) Stress-induced hyperphagia and obesity in rats: A possible model for understanding human obesity. *Science*, *191*, 310–312.

ROY-BYRNE, P. P., CRASKE, M. G., & STEIN, M. B. (2006) Panic disorder. *Lancet*, *368*, 1023–1032..

ROZIN, P., HAIDT, J., & FINCHER, K. (2009). From oral to moral. *Science*, *323*, 1179–1180.

ROZIN, P, HAIDT, J., & MCCAULEY, C. R. (2000) Disgust. In M. Lewis & J. M. Haviland-Jones (Eds.), *Handbook of emotions*, 2nd ed. (pp. 637–653). New York: Guilford Press.

RUBIN, Z. (1973) *Liking and loving*. New York: Holt, Rinehart & Winston.

RUBLE, D., & FREY, K. S. (1991) Changing patterns of comparative behavior as skills are acquired: A functional model of self-evaluation. In J. Suls & T. A. Wills (Eds.), *Social comparisons: Contemporary theory and research* (pp. 79–113). Hillsdale, NJ: Erlbaum.

RUDERMAN, A. J. (1986). Dietary restraint: A theoretical and empirical review. *Psychological Bulletin, 99*, 247–262.

RUDMAN, L. A., & BORGIDA, E. (1995) The afterglow of construct accessibility: The behavioral consequences of priming men to view women as sexual objects. *Journal of Experimental Social Psychology*, *31*, 493–517.

RUMELHART, D. E., & MCCLELLAND, J. L. (1987) Learning the past tenses of English verbs: Implicit rules or parallel distributed processing? In B. MacWhinney (Ed.), *Mechanisms of language acquisition*. Hillsdale, NJ: Erlbaum.

RUSSELL, J. A. (2003) Core affect and the psychological construction of emotion. *Psychological Review*, *110*, 145–172.

RUSSELL, M. J. (1976) Human olfactory communication. *Nature*, *260*, 520–522.

RUSSELL, M. J., SWITZ, G. M., & THOMPSON, K. (1980) Olfactory influence on the human menstrual cycle. *Pharmacology, Biochemistry and Behavior*, *13*, 737–738.

RUTTER, M. (1997) Antisocial behavior: Developmental psychopathology perspectives. In D. M. Stoff, J. Breiling, & J. D. Maser (Eds.), *Handbook of antisocial personality disorder* (pp. 115–124). New York: Wiley.

RUTTER, M., QUINTON, D., & HILL, J. (1990) Adult outcome of institution-reared children: Males and females compared. In L. Robins (Ed.), *Straight and devious pathways from childhood to adulthood* (pp. 135–157). Cambridge: Cambridge University Press.

RYMER, R. (1992a, April 13) A silent childhood. *New Yorker*, pp. 41–53.

RYMER, R. (1992b, April 20) A silent childhood, pt. II. *New Yorker*, pp. 43–47.

SACHS, J. D. S. (1967) Recognition memory for syntactic and semantic aspects of connected discourse. *Perception and Psychophysics*, *2*, 437–442.

SACKS, O. (1985) *The man who mistook his wife for a hat and other clinical tales*. New York: Harper Perennial.

SAFER, D. J., ZITO, J. M., & FINE, E. M. (1996) Increased methylphenidate usage for attention deficit disorder in the 1990s. *Pediatrics*, *98*, 1084–1088.

SAHIN, N. T., PINKER, S., CASH, S. S., SCHOMER, D, & HALGREN, E. (2009) Sequential processing of lexical, grammatical, and phonological information within Broca's area. *Science*, *326*, 445–449.

SALAPATEK, P. (1975) Pattern perception in early infancy. In L. B. Cohen & P. Salapatek (Eds.), *Infant perception: From sensation to cognition* (Vol. 1). New York: Academic Press.

SALKOVSKIS, P. M. (1991) The importance of behaviour in the maintenance of anxiety and panic: A cognitive account. *Behavioural Psychotherapy. Special issue: The changing face of behavioural psychotherapy*, *19*, 6–19.

SALKOVISKIS, P. M. (1999) Understanding and treating obsessive-compulsive disorder. *Behaviour Research and Therapy*, *37*, S29–S52.

SALOVEY, P., & MAYER, J. D. (1990) Emotional intelligence. *Imagination, Cognition & Personality*, *9*, 185–211.

SAMHSA (SUBSTANCE ABUSE AND MENTAL HEALTH SERVICES ADMINISTRATION) (2002) *National survey on drug use and health*. Retrieved November 1, 2004, from http://www.oas.samhsa.gov/nhsda2k2.htm.

SAMHSA (SUBSTANCE ABUSE AND MENTAL HEALTH SERVICES ADMINISTRATION) (2004) *Overview of Findings from the 2003 National Survey on Drug Use and Health* (Office of Applied Studies, NSDUH Series H-24, DHHS Publication No. SMA 04-3963). Rockville, MD.

SAMHSA (SUBSTANCE ABUSE AND MENTAL HEALTH SERVICES ADMINISTRATION) (2010) *Results from the 2009 National Survey on Drug Use and Health: Volume 1: Summary of national findings*. Rockville, MD: US DHHS, SAMHSA, Office of Applied Studies.

SAMS, M., AULANKO, R., HAMALAINEN, M., HARI, R., LOUNASMAA, O. V., LU, S.T., & SIMOLA, J. (1991) Seeing speech: visual information from lip movements modifies activity in the human auditory cortex. *Neuroscience Letters*, *127*, 141–145.

SAMPSON, R., & GIFFORD, S. M. (2010) Place-making, settlement and well-being: The therapeutic landscapes of recently arrived youth with refugee background. *Health & Place*, *16*, 116–131.

SANDER, R. H. (2004) A systemic analysis of affirmative action in American law schools. *Stanford Law Review*, *57*, 367–483.

SANDERS, G. S., & BARON, R. S. (1977) Is social comparison irrelevant for producing choice shifts? *Journal of Experimental Social Psychology*, *13*, 303–314.

SANDERSON, W. C., RAPEE, R. M., & BARLOW, D. H. (1989) The influence of illusion of control on panic attacks induced via inhalation of 5.5% carbon dioxide-enriched air. *Archives of General Psychology*, *46*, 157–162.

SANOCKI, T. (1993) Time course of object identification: Evidence for a global to local contingency. *Journal of Experimental Psychology: Human Perception & Performance*, *19*, 878–898.

SAPOLSKY, R.M.. (2007) Why zebras don't get ulcers: Stress, metabolism, and liquidating your assets. In A. Monat, R. S. Lazarus, & G. Reevy (Eds.), *The Praeger handbook on stress and coping*, Vol. 1 (pp. 181–197). Westport, CT: Praeger.

SANTTILA, P., SANDNABBA, N. K., HARLAAR, N., VARJONEN, M., ALANKO, K., & VON DER PAHLEN, B. (2008) Potential for

homosexual response is prevalent and genetic. *Biological Psychology, 77*, 102–105.
SATINOFF, E. (2005) Thermoregulation. In I. Q. Whishaw & B. Kolb (Eds.), *The behavior of the laboratory rat: A handbook with tests* (pp. 226–235). New York: Oxford University Press.
SAUNDERS, D. R. (1985) On Hyman's factor analyses. *Journal of Parapsychology, 49*, 86–88.
SAVAGE, S. R., KIRSH, K. L., PASSIK, S. D. (2008) Challenges in using opioids to treat pain in persons with substance use disorders. *Addiction Science and Clinical Practice, 4*, 4–25.
SAYLER, R. D. (1992) Ecology and evolution of brood parasitism in waterfowl. In B. D. J. Batt, A. D. Afton, M. G. Anderson, C. D. Ankney, D. H. Johnson, J. A. Kadlec, & G. L. Krapu (Eds.), *Ecology and management of breeding waterfowl* (pp. 290–320). Minneapolis, MN: University of Minnesota Press.
SCARR, S. (1985) An author's frame of mind: Review of Frames of Mind, by Howard Gardner. *New Ideas in Psychology, 3*, 95–100.
SCARR, S. (1992) Developmental theories for the 1990s: Development and individual differences. *Child Development, 63*, 1–19.
SCARR, S. (1996) How people make their own environments: Implications for parents and policy makers. *Psychology, Public Policy, and Law, 2*, 204–228.
SCARR, S., & MCCARTNEY, K. (1983) How people make their own environments: A theory of genotype-environment effects. *Child Development, 54*, 424–435.
SCARR, S., WEINBERG, R. A., & LEVINE, A. (1986) *Understanding development*. San Diego: Harcourt Brace Jovanovich.
SCHACHTEL, E. G. (1982) On memory and childhood amnesia. In U. Neisser (Ed.), *Memory observed: Remembering in natural contexts*. San Francisco: Freeman.
SCHACHTER, S. (1964) The interaction of cognitive and physiological determinants of emotional state. In L. Berkowitz (Ed.), *Advances in experimental social psychology* (pp. 49–80). New York: Academic Press.
SCHACHTER, S., & SINGER, J. E. (1962) Cognitive, social and physiological determinants of emotional state. *Psychological Review, 69*, 379–399.
SCHACTER, D. L. (1989) Memory. In M. Posner (Ed.), *Foundations of cognitive science*. Cambridge, MA: MIT Press.
SCHACTER, D. L., KASZNIAK, A. K., KIHLSTROM, J. F., & VALDISERRI, M. (1991) The relation between source memory and aging. *Psychology and Aging, 6*, 559–568.
SCHAFER, R. (1976) *A new language for psychoanalysis*. New Haven, CT: Yale University Press.
SCHALLER, M., & PARK, J. H. (2011) The behavioral immune system (and why it matters). *Current Directions in Psychological Science, 20*, 99–103.
SCHANCK, R. L. (1932) A study of a community and its groups and institutions conceived of as behaviors of individuals. *Psychological Monographs, 43*, 1–133.
SCHARNBERG, M. (1993) *The nonauthentic nature of Freud's observations:* Vol. 1. *The seduction theory*. Philadelphia: Coronet.
SCHEIER, M. F., BUSS, A. H., & BUSS, D. M. (1978) Self-consciousness, self-reports of aggressiveness, and aggressions. *Journal of Research in Personality, 12*, 133–140.
SCHEIER, M. F., MATTHEWS, K. A., OWENS, J. F., MAGOVERN, G. J., LEFEBYRE, R. C., ABBOTT, R. A., & CARVER, C. S. (1989) Dispositional optimism and recovery from coronary artery bypass surgery: The beneficial effects on physical and psychological well-being. *Journal of Personality and Social Psychology, 57*, 1024–1040. (Reprinted in P. Salovey & A. J. Rothman (Eds.), *Social psychology of health* (pp. 342–361). New York: Psychology Press, 2003.)
SCHIFFENBAUER, A., & SCHIAVO, R. S. (1976) Physical distance and attraction: An intensification effect. *Journal of Experimental Social Psychology, 12*, 274–282.
SCHINDEL, R., & ARNOLD, D. H. (2010, May 11) Visual sensitivity can scale with illusory size changes. *Current Biology, 20*(9), 841–844.
SCHLEIDT, M., HOLD, B., & ATTILI, G. (1981) A cross-cultural study on the attitude toward personal odors. *Journal of Chemical Ecology, 7*, 19–31.
SCHLESINGER, A. M., JR. (1965) *A thousand days*. Boston: Houghton Mifflin.
SCHMADER, T. (2010) Stereotype threat deconstructed. *Current Directions in Psychological Science, 19*, 14–18.
SCHMITZ, T. W., DE ROSA, E., & ANDERSON, A. K. (2009) Opposing influences of affective valence on visual cortical encoding. *Journal of Neuroscience, 29*, 7199–7207.
SCHMOLCK, H., BUFFALO, E. A., & SQUIRE, L. (2000) Memory distortions develop over time: Recollections of the O. J. Simpson trial verdict after 15 and 32 months. *Psychological Science, 11*, 39–45.
SCHNEIDER, D. J., & MILLER, R. S. (1975) The effects of enthusiasm and quality of arguments on attitude attribution. *Journal of Personality, 43*, 693–708.
SCHNEIDERMAN, N., IRONSON, G., & SIEGEL, S. D. (2005). Stress and health: Psychological, behavioral, and biological determinants. *Annual Review of Clinical Psychology, 1*, 607–628.
SCHOLTE, W. F., OLFF, M., VENTEVOGEL, P., DE VRIES, G.-J., JANSVELD, E., CARDOZO, B. L., & CRAWFORD, C. A. G. (2004) Mental health symptoms following war and repression in eastern Afghanistan. *Journal of the American Medical Association, 292*, 585–593.
SCHOU, I., EKEBERG, O., & RULAND, C. M. (2005) The mediating role of appraisal and coping in the relationship between optimism-pessimism and quality of life. *Psychooncology, 14*, 718–727.
SCHRAMMEL, F., PANNASCH, S., GRAUPNER, S., MOJZISCH, A., & VELICHKOVSKY, B. M. (2009) Virtual friend or threat?: The effects of facial expression and gaze interaction on psychophysiological responses and emotional experience. *Psychophysiology, 46*, 922–931.
SCHREDL, M. (2007) Dream recall: Models and empirical data. In D. Barrett & P. McNamara (Eds.), *The new science of dreaming*, Vol. 2: Content, recall, and personality correlates (pp. 79–114). Westport, CT: Praeger Perspectives.
SCHROEDER, C. M., & PRENTICE, D. A. (1998) Exposing pluralistic ignorance to reduce alcohol use among college students. *Journal of Applied Social Psychology, 28*, 2150–2180.
SCHULTZ, R. T. (2005) Developmental deficits in social perception in autism: The role of the amygdala and fusiform face area. *International Journal of Developmental Neuroscience, 23*, 125–141.
SCHULTZ, W. (2002) Getting formal with dopamine and reward. *Neuron, 36*, 241–263.
SCHUMANN, J. (1978) The acculturation model for second-language acquisition. In R. Gringas (Ed.), *Second language acquisition and*

*foreign language teaching* (pp. 27-50). Washington, DC: Center for Applied Linguistics.

SCHUR, E. M. (1971) *Labeling deviant behavior: Its sociological implications*. New York: Harper & Row.

SCHWARTZ, B. (1989) *Psychology of learning and behavior* (3rd ed.). New York: Norton.

SCHWARTZ, B., SNIDMAN, N., & KAGAN, J. (1996) Early childhood temperament as a determinant of externalizing behavior in adolescence. *Development and Psychopathology*, *8*, 527–537.

SCHWARTZ, J., STOESSEL, P. W., BAXTER, L. R., MARTIN, K. M., & PHELPS, M. C. (1996) Systemic changes in cerebral glucose metabolic rate after successful behavior modification treatment of obsessive compulsive disorder. *Archives of General Psychiatry*, *53*, 109–113.

SCHWARZ, N., & CLORE, G. L. (2003) Mood as information: 20 years later. *Psychological Inquiry*, *14*, 296–303.

SCHWARZKOPF, D. S., SONG, C., & REES, G. (2011) The surface area of human V1 predicts the subjective experience of object size. *Nature Neuroscience*, *14*(1), 28–30.

SCHYNS, P. G., & OLIVA, A. (1994) From blobs to boundary edges: Evidence for time- and spatial-scale-dependent scene recognition. *Psychological Science*, *5*, 195–200.

SCOTT, T. R., & MARK, G. P. (1986) Feeding and taste. *Progress in Neurobiology*, *27*, 293–317.

SEARS, R. R., MACCOBY, E. E., & LEVIN, H. (1957) *Patterns of child rearing*. New York: Harper & Row.

SEGAL, Z. V., WILLIAMS, J, M. G., & TEASDALE, J. D. (2002) *Mindfulness-based cognitive therapy for depression: A new approach to preventing relapse.* New York: Guildford press.

SEGERSTROM, S. C., & MILLER, G. E. (2004). Psychological stress and the human immune system: A meta-analytic study of 30 years of inquiry. *Psychological Bulletin, 130*, 601–630.

SEGERSTROM, S. C. (2007) Optimism and resources: Effects on each other and on health over 10 years. *Journal of Research in Personality*, *41*, 772–786.

SEGERSTROM, S. C., SOLOMON, G. F., KEMENY, M. E., & FAHEY, J. L. (1998) Relationship of worry to immune sequelae of the Northridge earthquake. *Journal of Behavioral Medicine*, *21*, 433–450.

SEGERSTROM, S. C., TAYLOR, S. E., KEMENY, M. E., & FAHEY, J. L. (1998) Optimism is associated with mood, coping, and immune change in response to stress. *Journal of Personality and Social Psychology*, *74*, 1646–1655.

SEGERSTROM, S. C., TAYLOR, S. E., KEMENY, M. E., REED, G. M., & VISSCHER, B. R. (1996) Causal attributions predict rate of immune decline in HIV seropositive gay men. *Health Psychology*, *15*, 485–493.

SEIFERT, C. M., ROBERTSON, S. P., & BLACK, J. B. (1985) Types of inferences generated during reading. *Journal of Memory and Language*, *24*, 405–422.

SEKULER, R. (1975) Visual motion perception. In E. C. Carterette & M. Friedman (Eds.), *Handbook of perception* (Vol. 5, pp. 387–433). New York: Academic Press.

SELIGMAN, M. E. P. (1975) *Helplessness*. San Francisco: Freeman.

SELIGMAN, M. E. P. (2002) Positive psychology, positive prevention, and positive therapy. In C. R. Synder & S. J. Lopez (Eds.) *Handbook of Positive Psychology* (pp. 3–9). New York: Oxford University Press.

SELIGMAN, M. E. P. (2011) *Flourish: A visionary new understanding of happiness and well-being.* New York: Free Press.

SELIGMAN, M. E. P., & BINIK, Y. M. (1977) The safety signal hypothesis. In H. Davis & H. Hurwitz (Eds.), *Pavlovian operant interactions*. Hillsdale, NJ: Erlbaum.

SELIGMAN, M. E. P., & CSIKSZENTMIHALYI, M. (2000) Positive psychology: An introduction. *American Psychologist*, *55*, 5–14.

SELLERS, R. M., SMITH, J. A., SHELTON, J. N., ROWLEY, S. A. J., & CHAVOUS, T. M. (1998) Multidimensional model of racial identity: A reconceptualization of African American racial identity. *Personality and Social Psychology Review*, *2*, 18–39.

SELYE, H. (1978) *The stress of life*. New York: McGraw-Hill.

SERBIN, L. A., POWLISHTA, K. K., & GULKO, J. (1993) The development of sex typing in middle childhood. *Monographs of the Society for Research in Child Development*, *58* (2, Serial No. 232).

SERGENT, J. (1984) Configural processing of faces in the left and the right cerebral hemispheres. *Journal of Experimental Psychology Human Perception and Performance*, *10*, 554–572.

SEWELL, W. H., & MUSSEN, P. H. (1952) The effects of feeding, weaning, and scheduling procedures on childhood adjustment and the formation of oral symptoms. *Child Development*, *23*, 185–191.

SHALLICE, T. (1988) *From neuropsychology to mental structure*. Cambridge: Cambridge University Press.

SHALLICE, T., FLETCHER, F., FRITH, C. D., GRASBY, P., FRACKOWIAK, R. S. J., & DOLAN, R. J. (1994) Brain regions associated with acquisition and retrieval of verbal episodic memory. *Nature*, *368*, 633–635.

SHAPLEY, R., & LENNIE, P. (1985) Spatial frequency analysis in the visual system. *Annual Review of Neurosciences*, *8*, 547–583.

SCHATZBERG, A. F. (2000) New indications for antidepressants. *Journal of Clinical Psychiatry*, *61*, 9–17.

SHAVLEV, A. Y. (1996) Stress versus traumatic stress. From acute homeostatic reactions to chronic psychopathology. In B. A. Van der Kolk, A. C. McFarlane & L. Weisaeth (Eds.), *Traumatic stress. The effects of overwhelming experience on mind, body, and society.* New York and London: Guildford Press.

SHEDLER, J., MAYMAN, M., & MANIS, M. (1993) The illusion of mental health. *American Psychologist*, *48*, 1117–1131.

SHEPARD, R. N., & COOPER, L. A. (1982) *Mental images and their transformations*. Cambridge, MA: MIT Press, Bradford Books.

SHERWIN, B. (1988) A comparative analysis of the role of androgen in human male and female sexual behavior: Behavioral specificity, critical thresholds, and sensitivity. *Psychobiology*, *16*, 416–425.

SHEWMON, D. A. (1998) Chronic "brain death:" Meta-analysis and conceptual consequences. *Neurology*, *51*, 1538–1545.

SHEWMON, D. A. (2004) The "critical organ" for the organism as a whole: Lessons from the lowly spinal cord. *Advances in Experimental Medicine and Biology*, *550*, 23–42.

SHIN, L. M., KOSSLYN, S. M., MCNALLY, R. J., ALPERT, N. M., THOMPSON, W. L., RAUCH, S. L., MACKLIN, M. L., & PITMAN, R. K. (1997) Visual imagery and perception in posttraumatic stress disorder: A positron emission tomographic investigation. *Archives of General Psychiatry*, *54*, 233–241.

SHIOTA, M. N., NEUFELD, S. L., YEUNG, W. H., MOSER, S. E., & PEREA, E. F. (2011) Feeling good: autonomic nervous system responding in five positive emotions. *Emotion*, *11*, 1368–1378.

SIEGEL, D. J. (2010) *Mindsight: The new science of personal transformation*, New York: Random House.

SIEGEL, L. S. (1989) IQ is irrelevant to the definition of learning disabilities. *Journal of Learning Disability*, 22(8), 469–478.

SIEGEL, P., & WEINBERGER, J. (1998) Capturing the "MOMMY AND I ARE ONE" merger fantasy: The oneness motive. In R. F. Bornstein & J. M. Masling (Eds.), *Empirical perspectives on the psychoanalytic unconscious* (pp. 71–98). Washington, DC: APA Press.

SIEGEL, S. (2001) Pavlovian conditioning and drug overdose: when tolerance fails. *Addiction Research and Theory*, *9* (5), 503–513.

SIEGLER, R. S. (1996) *Emerging Minds: The Process of Change in Children's Thinking*. Oxford: Oxford University Press.

SIERRA, M., & BERRIOS, G. (2000) Flashbulb and flashback memories. In G. Berrios & J. R. Hodges (Ed.), *Memory disorders in psychiatric practice* (pp. 369–383). Cambridge: Cambridge University Press.

SIGALL, H., & LANDY, D. (1973) Radiating beauty: The effects of having a physically attractive partner on person perception. *Journal of Personality and Social Psychology*, *31*, 410–414.

SIGMAN, M., SPENCE, S. J., & WANG, A. T. (2006) Autism from developmental and neuropsychological perspectives. *Annual Review of Clinical Psychology*, *2*, 327–355.

SILBEREISEN, R. K., & LERNER, R. M. (2007) Approaches to positive youth development: A view of the issues. In R. K. Silbereisen & R. M. Lerner (Eds.). *Approaches to positive youth development* (pp. 3–30). London: Sage.

SILKE, A. (2003) Deindividuation, anonymity, and violence: Findings from Northern Ireland. *Journal of Social Psychology*, *143* (4), 493–499.

SILVERBERG, S. B., & STEINBERG, L. (1990) Psychological well-being of parents with early adolescent children. *Developmental Psychology*, *26*, 658–666.

SILVERMAN, I. (1971) Physical attractiveness and courtship. *Sexual Behavior*, *1*, 22–25.

SILVERTHORN, D. E. (2012) *Human physiology: An integrated approach* (6th ed.). San Francisco, CA: Pearson Education.

SIMMONS, J. V. (1981) *Project sea hunt: A report on prototype development and tests*. Technical Report 746, Naval Ocean Systems Center, San Diego.

SIMON, H. A., & GILMARTIN, K. (1973) A simulation of memory for chess positions. *Cognitive Psychology*, *5*, 29–46.

SIMONS, D. J., & CHABRIS, C. F. (1999) Gorillas in our midst: sustained inattentional blindness for dynamic events. *Perception*, *28*, 1059–1074.

SIMONS, D. J., & LEVIN, D. T. (1998) Failure to detect changes to people during a real-world interaction. *Psychonomic Bulletin and Review*, *5*, 644–649.

SIMPSON, J. A., CAMPBELL, B., & BERSCHEID, E. (1986) The association between romantic love and marriage: Kephart (1967) twice revisited. *Personality and Social Psychology Bulletin*, *12*, 363–372.

SINGER, J. L., & SINGER, D. G. (1981) *Television, imagination and aggression*. Hillsdale, NJ: Erlbaum.

SINGER, T. (2012) The past, present, and future of social neuroscience: A European perspective. *NeuroImage*, *61*, 437–449.

SINGER, T., SEYMOUR, B., O'DOHERTY, J., KAUBE, H., DOLAN, R., & FRITH, C. (2004) Empathy for pain involves the affective but not sensory components of pain. *Science*, *303*, 1157–1162.

SINGER, T., SEYMOUR, B., O'DOHERTY, J. STEPHAN, K. E., DOLAN, R. J., & FRITH, C. D. (2006) Empathic neural responses are modulated by the perceived fairness of others. *Nature*, *439*, 466–469.

SIQUELAND, E. R., & LIPSITT, J. P. (1966) Conditioned head-turning in human newborns. *Journal of Experimental Child Psychology*, *3*, 356–376.

SKINNER, B. F. (1938) *The behavior of organisms*. New York: Appleton-Century-Crofts.

SKINNER, B. F. (1948) "Superstition" in the pigeon. *Journal of Experimental Psychology*, *38*, 168–172.

SKINNER, B. F. (1971) *Beyond freedom and dignity*. New York: Knopf.

SKINNER, B. F. (1981) Selection by consequences. *Science*, *213*, 501–504.

SKINNER, E. A., EDGE, K., ALTMAN, J., SHERWOOD, H. (2003) Searching for the structure of coping: A review and critique of category systems for classifying ways of coping. *Psychological Bulletin*, *129*, 216–269.

SKYRMS, B. (1986) *Choice and chance: An introduction to inductive logic*. Belmont, CA: Dickenson.

SLOBIN, D. I. (Ed.) (1985) *The cross-linguistic study of language acquisition*. Hillsdale, NJ: Erlbaum.

SLOVIC, P. (2007) "If I look at the mass I will never act": Psychic numbing and genocide. *Judgment and Decision Making*, *2*, 79–95.

SLOVIC, P., FISCHHOFF, B., & LICHTENSTEIN, S. (1982) Fact versus fears: Understanding perceived risk. In D. Kahneman, P. Slovic, & A. Tversky (Eds.), *Judgment under Uncertainty: Heuristics and Biases*. Cambridge: Cambridge University Press.

SMITH, A. (1759) *The theory of moral sentiments*. London: A. Millar.

SMITH, A. E., & CROSBY, F. J. (2008) From Kansas to Michigan: The path from desegregation to diversity. In G. Adams, M. Biernat, N. Branscombe, C. Crandall, & L. S. Wrightsman (Eds.), *Commemorating Brown: The social psychology of racism and discrimination* (pp. 99–113). Washington, DC: APA Books.

SMITH, C. A., & ELLSWORTH, P. C. (1985) Patterns of cognitive appraisal in emotion. *Journal of Personality and Social Psychology*, *48*, 813–848.

SMITH, D., KING, M., & HOEBEL, B. G. (1970) Lateral hypothalamic control of killing: Evidence for a cholinoceptive mechanism. *Science*, *167*, 900–901.

SMITH, E. E. (1995) Concepts and categorization. In E. E. Smith & D. Osherson (Eds.), *Invitation to cognitive science*, Vol. 3, *Thinking* (2nd ed.), Cambridge, MA: MIT Press.

SMITH, G. P., & GIBBS, J. (1994) Satiating effect of cholecystokinin. *Annals of the New York Academy of Sciences*, *713*, 236–241.

SMITH, M. L., GLASS, G. V., & MILLER, T. I. (1980) *The benefits of psychotherapy*. Baltimore: Johns Hopkins University Press.

SMITH, M. L., COTTRELL, G. W., GOSSELIN, F., & SCHYNS, P. G. (2005) Transmitting and decoding facial expressions. *Psychological Science*, *16*, 184–189.

SMITH, V. C., & POKORNY, J. (1975) Spectral sensitivity of the foveal cones between 400 and 500nm. *Vision Research*, *15*, 161.

SNEDEKER, J., GEREN, J., & SHAFTO, C. (2007) Starting over:

International adoption as a natural experiment in language development. *Psychological Science*, *18*, 79–87.

SNOW, C. (1987) Relevance of the notion of a critical period to language acquisition. In M. H. Bornstein (Ed.), *Sensitive periods in development: Interdisciplinary perspectives*. Hillsdale, NJ: Erlbaum.

SNYDER, C. R., ILARDI, S., MICHAEL, S. T., & CHEAVENS, J. (2000) Hope theory: Updating a common process for psychological change. In C. R. Snyder & R. E. Ingram (Eds.), *Handbook of psychological change: Psychotherapy processes and practices for the 21st Century*. New York: Wiley.

SNYDER, M., TANKE, E. D., & BERSCHEID, E. (1977) Social perception and interpersonal behavior: On the self-fulfilling nature of stereotypes. *Journal of Personality and Social Psychology*, *35*, 656–666.

SOLOMON, G. F., SEGERSTROM, S. C., GROHR, P., KEMENY, M., & FAHEY, J., (1997) Shaking up immunity: Psychological and immunologic changes following a natural disaster. *Psychosomatic Medicine*, *59*, 114–127.

SORCE, J. F., EMDE, R. N., CAMPOS, J., & KLINNERT, M. D. (1985) Maternal emotional signaling: Its effect on the visual cliff behavior of 1-year-olds. *Developmental Psychiatry*, *21*, 195–200.

SOUTHWICK, S. M., VYTHILINGAM, M., & CHARNEY, D. S. (2005) The psychobiology of depression and resilience to stress: Implications for prevention and treatment. *Annual Review of Clinical Psychology*, *1*, 255–292.

SOUTHWICK, S. M., YEHUDA, R., & WANG, S. (1998) Neuroendocrine alterations in posttraumatic stress disorder. *Psychiatric Annals*, *28*, 436–442.

SPANOS, B. (1996, December) Quotas, ARCOs, UN report, and statistics. In G. Feussner (Moderator), *Prevalence of ADHD and psychostimulant utilization for treatment*. Symposium conducted at Drug Enforcement Administration meeting on stimulant use in the treatment of ADHD.

SPEARMAN, C. (1904) "General intelligence" objectively determined and measured. *American Journal of Psychology*, *15*, 201–293.

SPELKE, E. S., & KINZLER, K. D. (2007) Core knowledge. *Developmental Science*, *10* (1), 89–96.

SPENCE, C. J., DRIVER, J. (1994) Covert spatial orienting in audition: exogenous and endogenous mechanisms facilitate sound localization. *Journal of Experimental Psychology: Human Perception and Performance*, *20*, 555–574.

SPENCER, H. (1855) *Principles of psychology*. London: Longman, Brown, Green, and Longmans.

SPENCER, S., STEELE, C. M., & QUINN, D. (1999) *Under suspicion of inability: Stereotype threat and women's math performance*. Unpublished manuscript, Stanford University.

SPERLING, G. (1960) The information available in brief visual presentations. *Psychological Monographs*, *74*, 329.

SPERLING, G. (1967) Successive approximations to a model for short term memory. *Acta Psychologica*, *27*, 285–292.

SPERRY, R. W. (1968) Perception in the absence of neocortical commissures. In Association for Research in Nervous and Mental Disease, *Perception and its disorders*. New York: Williams & Wilkins.

SPERRY, R. W. (1970) Perception in the absence of the neocortical commissures. *Research Publications—Association for Research in Nervous and Mental Disease*, *48*, 123–128.

SPIEGEL, D. (1991) Mind matters: Effects of group support on cancer patients. *Journal of NIH Research*, *3*, 61–63.

SPIEGEL, D., BLOOM, J. R., KRAEMER, H. C., & GOTTHEIL, E. (1989) Psychological support for cancer patients. *Lancet*, *2*, 1447.

SPITZER, R. L., GIBBON, M., SKODOL, A. E., WILLIAMS, J. B. W., & FIRST, M. B. (Eds.) (1994) *DSM-IV case book: A learning companion to the Diagnostic and Statistical Manual of Mental Disorders*, fourth edition. Washington, DC: American Psychiatric Association Press.

SPRENGELMEYER, R., *et al.* (1997) Recognition of facial expressions: Selective impairment of specific emotions in Huntington's disease. *Cognitive Neuropsychology*, *14* (6), 839–879.

SPRENGELMEYER, R., YOUNG, A. W., CALDER, A. J., & KARNAT, A. (1996) Loss of disgust: Perception of faces and emotions in Huntington's disease. *Brain*, 119, 1647–1665.

SPRINGER, S. P., & DEUTSCH, G. (1989) *Left brain, right brain* (3rd ed.). San Francisco: Freeman.

SQUIRE, L. R. (1992) Memory and the hippocampus: A synthesis from findings with rats, monkeys, and humans. *Psychological Review*, *99*, 195–231.

SQUIRE, L. R., & FOX, M. M. (1980) Assessment of remote memory: Validation of the television test by repeated testing during a seven-day period. *Behavioral Research Methods and Instrumentation*, *12*, 583–586.

SQUIRE, L. R., & KANDEL, E. R. (2000) *Memory: From mind to molecules*. New York: Scientific American Library.

SQUIRE, L. R., & KNOWLTON, B. J. (1995) Learning about categories in the absence of memory. *Proceedings of the National Academy of Sciences, USA*, *92*, 12470–12474.

SQUIRE, L. R., & WIXTED, J. T. (2011) The cognitive neuroscience of human memory since H.M. *Annual Reviews of Neuroscience*, *34*, 259–288.

SQUIRE, L. R., OJEMANN, J. G., MIEZIN, F. M., PETERSEN, S. E., VIDEEN, T. O., & RAICHLE, M. E. (1992) Activation of the hippocampus in normal humans: A functional anatomical study of memory. *Proceedings of the National Academy of Science*, *89*, 1837–1841.

SQUIRE, L. R., ZOLA-MORGAN, S., CAVE, C. B., HAIST, F., MUSEN, G., & SUZUKI, W. A. (1990) Memory: Organization of brain systems and cognition. In *Symposium on quantitative biology, the brain* (Vol. 55). Cold Spring Harbor, NY: Cold Spring Harbor Laboratory.

SRIVASTAVA, S., TAMIR, M., MCGONIGAL, K. M., JOHN, O. P., & GROSS, J. J. (2009) The social costs of emotional suppression: A prospective study of the transition to college. *Journal of Personality and Social Psychology*, *96*, 883–897.

STAATS, A. W. (1968) *Language, learning, and cognition*. New York: Holt, Rinehart & Winston.

STANOVICH, K. E., & WEST, R. F. (2001) Individual differences in reasoning: implications for the rationality debate? *Behavioral and Brain Sciences*, *23*, 645–665.

STASSER, G., & TITUS, W. (1985) Pooling of unshared information in group decision making: Biased information sampling during discussion. *Journal of Personality and Social Psychology*, *48*, *1467*–1478.

STASSER, G., TAYLOR, L. A., HANNA, C. (1989) Information sampling in structured and unstructured discussions of three- and six-person groups. *Journal of Personality and Social Psychology*,

*57*, 67–78.

STAYTON, D. J. (1973, March) *Infant responses to brief everyday separations: Distress, following, and greeting*. Paper presented at the meeting of the Society for Research in Child Development.

STEADMAN, H. J., MULVEY, E. P., MONAHAN, J., ROBBINS, P. C., APPLEBAUM, P. S., GRISSO, T., ROTH, L., & SILVER, E. (1998) Violence by people discharged from acute psychiatric inpatient facilities and by others in the same neighborhoods. *Archives of General Psychiatry*, *55*, 393–401.

STEBLAY, N. M (1992) A meta-analytic review of the weapon focus effect. *Law and Human Behavior*, *16*, 413–424.

STEEL, J., FERRARI, F. P., & FOGASSI, L. (2012) From action to language: comparative perspectives on primate tool use, gesture and the evolution of human language. *Philosophical Transactions of the Royal Society B*, *367*, 4–9.

STEELE, C. M. (1997) A threat in the air: How stereotypes shape intellectual identify and performance. *American Psychologist*, *52*, 613–629.

STEELE, C. M., & ARONSON, J. (1995) Stereotype threat and the intellectual test performance of African Americans. *Journal of Personality and Social Psychology*, *69*, 797–811.

STEELE, S. (1991) *The content of our character: A new vision of race in America*. New York: Harper Collins.

STEINBERG, L., & MORRIS, A. S. (2001) Adolescent development. *Annual Reviews of Psychology*, *52*, 83–110.

STEINER, J. E. (1979) Human facial expressions in response to taste and smell stimulation. *Advances in Child Development and Behavior*, *13*, 257– 295.

STEINER, J. E., GLASER, D., HAWILO, M. E., & BERRIDGE, K. C. (2001) Comparative expression of hedonic impact: Affective reactions to taste by human infants and other primates. *Neuroscience and Biobehavioral Reviews*, *25*, 53–74.

STEPHENS, M. A. P., DRULEY, J. A., ZAUTRA, A. J. (2002) Older adults' recovery from surgery for osteoarthritis of the knee: Psychosocial resources and constraints as predictors of outcomes. *Health Psychology*, *21*, 377–383.

STERNBERG, R., GRIGORENKO, E., CASTEJON, J. L., PRIETO, M. D., & HAUTAMEKI, J. (2001) Confirmatory factor analysis of the Sternberg Triarchic Abilities Test in three international samples: An empirical test of the triarchic theory of intelligence. *European Journal of Psychological Assessment*, *17*, 1–16.

STERNBERG, R. J. (1985) *Beyond IQ: A triarchic theory of human intelligence*. Cambridge: Cambridge University Press.

STERNBERG, R. J. (1986) *Intelligence applied: Understanding and increasing your intellectual skills*. San Diego: Harcourt Brace Jovanovich.

STERNBERG, R. J. (2000) The concept of intelligence. In *Handbook of intelligence* (pp. 3–16). Cambridge: Cambridge University Press.

STERNBERG, R. J. (2007) Foreward. In S. N. Phillipson & M. McCann (Eds.), *Conceptions of giftedness: Sociocultural perspectives* (pp. xv–xviii). Mahwah, NJ: Erlbaum.

STERNBERG, R. J., & KAUFMAN, J. C. (1998) Human abilities. *Annual Reviews of Psychology*, *49*, 479–502.

STERNBERG, S. (1966) Highspeed scanning in human memory. *Science*, *153*, 652–654.

STERNBERG, S. (1975) Memory scanning: New findings and current controversies. *Quarterly Journal of Experimental Psychology*, *27*, 1–32.

STEWART, W. F., RICCI, J. A., CHEE, E., MORGANSTEIN, D., & LIPTON, R. (2003) Lost productive time and cost due to common pain conditions in the US workforce. *Journal of the American Medical Association*, *290*, 2443–2454.

STIENEN, B. M. C., & DE GELDER, B. (2011) Fear detection and visual awareness in perceiving bodily expressions. *Emotion*, *11*, 1182–1189.

STOERIG, P. (2007) Hunting the ghost: Toward a neuroscience of consciousness. In P. D. Zelazo, M. Moscovitch, & E. Thompson (Eds.), *The Cambridge handbook of consciousness* (pp. 707–730). New York: Cambridge University Press.

STONER, J. A. F. (1961) *A comparison of individual and group decisions involving risk*. Unpublished master's thesis, Massachusetts Institute of Technology.

STOWERS, L., HOLY, T. E., MEISTER, M., DULAC, C., & KOENTEGES, G. (2002) Loss of sex discrimination and male-male aggression in mice deficient for TRP2. *Science*, *295*, 1493–1500.

STRACK, F., MARTIN, L. L., & STEPPER, S. (1988) Inhibiting and facilitating conditions of the human smile: A nonobtrusive test of the facial feedback hypothesis. *Journal of Personality and Social Psychology*, *54*, 768–777.

STREISSGUTH, A. P., BARR, H. M., BOOKSTEIN, F. L., SAMPSON, P. D., & OLSON, H. C. (1999) The long-term neurocognitive consequences of prenatal alcohol exposure: A 14-year study. *Psychological Science*, *10*, 186–190.

STROEBE, W., INSKO, C. A., THOMPSON, V. D., & LAYTON, B. D. (1971) Effects of physical attractiveness, attitude similarity and sex on various aspects of interpersonal attraction. *Journal of Personality and Social Psychology*, *18*, 79–91.

STROHMINGER, N., LEWIS, R. L., & MEYER, D. E. (2011) Divergent effects of different positive emotions on moral judgment. *Cognition*, *119*, 295–300.

STROOP, J. R. (1935) Studies of interference in serial-verbal reaction. *Journal of Experimental Psychology*, *18*, 643–662.

STUNKARD, A. J. (1982) Anorectic agents lower a body weight set point. *Life Sciences*, *30*, 2043–2055.

STUNKARD, A. J., HARRIS, J. R., PEDERSEN, N. L., & MCCLEARN, G. E. (1990) A separated twin study of the body mass index. *New England Journal of Medicine*, *322*, 1483–1487.

SUAREZ, E. C., KUHN, C. M., SCHANBERG, S. M., WILLIAMS, R. B., JR., & ZIMMERMAN, E. A. (1998) Neuroendocrine, cardiovascular, and emotional responses of hostile men: The role of interpersonal challenge. *Psychosomatic Medicine*, *60*, 78–88.

SULLIVAN, H. S. (1953) *The interpersonal theory of psychiatry*. New York: Norton.

SULLIVAN, P. F., NEALE, M. C., & KENDLER, K. S. (2000) Genetic epidemiology of major depression: Review and meta-analysis. *American Journal of Psychiatry*, *157*, 1552–1562.

SUMMERS, M. (2000) *Everything in its place*. New York: Putnam.

SWANN, W. B., JR., & SEYLE, C. (2005) Personality psychology's comeback and its emerging symbiosis with social psychology. *Personality and Social Psychology Bulletin*, *31*, 155.

SWANN, W. B., JR. (1990) To be known or to be adored: The interplay of self-enhancement and self-verification. In E. T. Higgins & R. M. Sorrentino (Eds.), *Handbook of motivation and cognition* (Vol. 2, 408–448). New York: Guilford Press.

SWEDO, S. PIETRINI, P., & LEONARD, H. (1992) Cerebral glucose metabolism in childhood-onset obsessive-compulsive disorder. *Archives of General Psychiatry*, *49*, 690–694.

SWETS, J. A., & BJORK, R. A. (1990) Enhancing human performance: An evaluation of "new age" techniques considered by the U.S. Army. *Psychological Science*, *1*, 85–96.

SWIM, J. K., BECKER, J. C., LEE, E., & PRUITT, E. (2010) Sexism reloaded: Worldwide evidence for its endorsement, expression, and emergence in multiple contexts. In H. Landrine & N. F. Russo (Eds.), *Handbook of diversity in feminist psychology* (pp. 137–171). New York: Springer.

SWINGLY, D. (2012) Cognitive development in language acquisition. *Language Learning and Development*, *8*, 1–3.

SWINNEY, D. A. (1979) Lexical access during sentence comprehension: Consideration of context effects. *Journal of Verbal Learning and Verbal Behavior*, *18*, 645–659.

SWITHERS, S. E., & DAVIDSON, T. L. (2008) A role for sweet taste: calorie predictive relations in energy regulation by rats. *Behavioral Neuroscience*, *122*, 161–173.

SYED, M. (2010) *Bounce: How champions are made*. London: Fourth Estate (a Division of Harper-Collins).

SZASZ, T. S. (1971) The sane slave: An historical note on the use of medical diagnosis as justificatory rhetoric. *American Journal of Psychotherapy*, *25*, 228–239.

TAJFEL, H., & TURNER, J. C. (1986) The social identity theory of intergroup conflect. In S. Worchel & W. G. Austin (Eds.), *Psychology of intergroup relations* (pp. 7–24). Chicago: Nelson-Hall.

TANENHAUS, M. G., LEIMAN, J., & SEIDENBERG, M. (1979) Evidence for multiple stages in the processing of ambiguous words in syntactic contexts. *Journal of Verbal Learning and Verbal Behavior*, *18*, 427–441.

TANG, C. S. (2007). Trajectory of traumantic stress symptoms in the aftermath of extreme natural disaster: A study of adult Thai survivors of the 2004 southeast Asian earthquake and tsunami. *Journal of Nervous and Mental Disease, 195*, 54–59.

TANG, S., & HALL, V. C. (1995) The overjustification effect: A meta-analysis. *Applied Cognitive Psychology*, *9*, 365–404.

TANNEN, D. (1990) *You just don't understand: Women and men in conversation*. New York: Ballantine Books.

TVERSKY, A., & KAHNEMAN, D. (1981) The framing of decisions and the psychology of choice. *Science*, *211*, 453–458.

TVERSKY, A., & KAHNEMAN, D. (1991) Loss aversion in riskless choice: A reference-dependent model. *Quarterly Journal of Economics*, *106*, 1039–1061.

TAVRIS, C., & ARONSON, E. (2007) *Mistakes were made (but not by me)*. New York: Harcourt.

TAVRIS, C., & SADD, S. (1977) *The Redbook report on female sexuality*. New York: Dell.

TAYLOR, A. F., WILEY, A., KUO, F., & SULLIVAN, W. C. (1998) Growing up in the inner city – Green spaces as places to grow. *Environment & Behavior*, *30*(1), 3–27.

TAYLOR, S. (1998) The social being in social psychology. In D. T. Gilbert, S. T. Fiske, & L. Gardner (Eds.) *The Handbook of Social Psychology*. Vols. 1 and 2 (4th ed., pp. 58–95). New York: McGraw-Hill.

TAYLOR, S. (1999) *Health psychology* (4th ed.). Boston: McGraw-Hill.

TAYLOR, S., KEMENY, M., ASPINWALL, L., SCHNEIDER, S., RODRIGUEZ, R., & HERBERT, M. (1992) Optimism, coping, psychological distress, and high-risk sexual behavior among men at risk for acquired immunodeficiency syndrome (AIDS). *Journal of Personality and Social Psychology*, *63*, 460–473.

TAYLOR, S. E. (2007) Social support. In H. S. Friedman and R. C. Silver (Eds.), *Foundations of Health Psychology* (pp. 145–171). New York: Oxford University Press.

TAYLOR, S. E., & STANTON, A. L. (2007) Coping resources, coping processes and mental health. *Annual Review of Clinical Psychology*, *3*, 377–401.

TAYLOR, S. E., EISENBERGER, N. I., SAXBE, D., LEHMAN, B. J., & LIEBERMAN, M. D. (2005) Neural responses to emotional stimuli are associated with childhood family stress. *Biological Psychiatry*, *60*, 296–301.

TEASDALE, J. D., SEGAL, Z. V., WILLIAMS, J. M. G., RIDGEWAY, V. A., SOULSBY, J. M., & LAU, M. A. (2000) Prevention of relapse/recurrence in major depression by mindfulness-based cognitive therapy. *Journal of Consulting and Clinical Psychology*, *68*, 615–523.

TEITELBAUM, P., & EPSTEIN, A. N. (1962) The lateral hypothalamic syndrome: Recovery of feeding and drinking after lateral hypothalamic lesions. *Psychological Review*, *69*, 74–90.

TELLEGEN, A., LYKKEN, D. T., BOUCHARD, T. J., JR., WILCOX, K. J., SEGAL, N. L., & RICH, S. (1988) Personality similarity in twins reared apart and together. *Journal of Personality and Social Psychology*, *54*, 1031–1039.

TELLER, D. Y. (1979) The forced-choice preferential looking procedure: A psychophysical technique for use with human infants. *Infant Behavior and Development*, *2*, 135–153.

TELLER, D. Y., & MOVSHON, J. A. (1986) Visual development. *Vision Research*, *26*, 1483–1506.

TERMAN, L. M., & ODEN, M. H. (1959) *Genetic studies of genius*, Vol. IV: *The gifted group at midlife*. Stanford, CA: Stanford University Press.

THASE, M. E., JINDAL, R., & HOWLAND, R. H. (2002) Biological aspects of depression. In I. H. Gotlib & C. L. Hammen (Eds.), *Handbook of depression* (pp. 192–218). New York: Guilford Press.

THIESSEN, E. D., HILL, E. A., SAFFRAN J. R. (2005) Infant-directed speech facilitates word segmentation. *Infancy*, *7*, 53–71.

THOMAS, A., & CHESS, S. (1977) *Temperament and development*. New York: Brunner/Mazel.

THOMAS, A., & CHESS, S. (1986) The New York longitudinal study: From infancy to early adult life. In R. Plomin & J. Dunn (Eds.), *The study of temperament: Changes, continuities and challenges* (pp. 39–52). Hillsdale, NJ: Erlbaum.

THOMAS, A., CHESS, S., BIRCH, H., HERTZIG, M., & KORN, S. (1963) *Behavioral individuality in early childhood*. New York: New York University Press.

THOMAS, R. (2008) *From stress to sense of coherence: Psychological experiences of aid workers in complex humanitarian emergencies*. Oxford University, 2008. Unpublished DPhil Thesis.

THOMPSON, P. M., CANNON, T. D., NARR, K. L., VAN ERP, T., POUTANEN, V. P., HUTTUNEN, M., LONNQVIST, J., STANDERTSKJOLD-NORDENSTAM, C. G., KAPRIO, J., KHALEDY, M., DAIL, R., ZOUMALAN, C. I., & TOGA, A. W. (2001) Genetic influences on brain structure. *Nature Neuroscience*, *4*, 1253–1258.

THOMPSON, R. A. (1998) Early sociopersonality development. In W. Damon & N. Eisenberg (Eds.), *Handbook of child psychology*, 5th ed., Vol. 3. Social, emotional, and personality development. (pp. 25–104). Hoboken, NJ: John Wiley & Sons, Inc.

THOMPSON, R. A., LAMB, M., & ESTES, D. (1982) Stability of infant-mother attachment and its relationship to changing life circumstances in an unselected middle-class sample. *Child Development*, *53*, 144–148.

THOMPSON, R. F., & KRUPA, D. J. (1994) Organization of memory traces in the mammalilan brain. *Annual Review of Neuroscience*, *17*, 519–549.

THOMPSON, S. C. (1999) Illusions of control: How we overestimate our personal influence. *Current Directions in Psychological Science*, *8*, 187–190.

THOMPSON, S. K. (1975) Gender labels and early sex role development. *Child Development*, *46*, 339–347.

THOMPSON, W. R. (1954) The inheritance and development of intelligence. *Proceedings of the Association for Research on Nervous and Mental Disease*, *33*, 209–231.

THORNDIKE, E. L. (1898) Animal intelligence: An experimental study of the associative processes in animals. *Psychological Monographs*, *2*, 8.

THORPE, G. L., & OLSON, S. L. (1997) *Behavior therapy: Concepts, procedures, and applications* (2nd ed.). Boston: Allyn and Bacon.

THURSTONE, L. L. (1938) *Primary mental abilities*. Psychometric Monographs, No. 1. Chicago: University of Chicago Press.

TIGGEMANN, M., & WILLIAMS, E. (2012) The role of self-objectification in disordered eating, depressed mood, and sexual functioning among women: A comprehensive test of objectification theory. *Psychology of Women Quarterly*, *36*, 66–75.

TIMKO, C., DEBENEDETTI, A., & BILLOW, R. (2006) Intensive referral to 12-Step self-help groups and six-month substance use disorder outcomes. *Addiction*, *101*, 678–688.

TINBERGEN, N. (1951) *The study of instinct*. Oxford: Clarendon.

TOATES, F. (2011) *Biological psychology* (3rd ed.). Upper Saddle River, NJ: Prentice Hall/Pearson Education.

TOLMAN, E. C. (1932) *Purpose behavior in animals and men*. New York: Appleton-Century-Crofts. (Reprinted 1967. New York: Irvington.)

TOLMAN, E. C. (1951) *Collected papers in psychology*. Berkeley: University of California Press.

TOLMAN, E. C., & HONZIK, C. H. (1930) Introduction and removal of reward, and maze performance in rats. *University of California Publications in Psychology*, *4*, 257–275.

TOMASELLO, M. (1999) *The Cultural Origins of Human Cognition*. Boston, MA: Harvard University Press.

TOMASELLO, M. (2003). *Constructing a language: A usage-based theory of language acquisition*. Boston, MA: Harvard University Press.

TOMASELLO, M., CARPENTER, M., & LISZKOWSKI, U. (2007) A new look at infant pointing. *Child development*, *78*, 705–722.

TOMPKINS, S. S. (1962) *Affect, imagery, consciousness:* Vol. 1. *The positive affects*. New York: Springer.

TOOBY, J., & COSMIDES, L. (1990) The past explains the present: Emotional adaptations and the structure of ancestral environments. *Ethology and Sociobiology*, *11*, 375–424.

TOOBY, J., & COSMIDES, L. (2002) Toward mapping of the evolved functional organization of mind and brain. In D. J. Levitin (Ed.), *Foundations of cognitive psychology: Core readings* (pp. 665–681). Cambridge, MA: MIT Press.

TRACY, J. L., & BEALL, A. T. (2011) Happy guys finish last: The impact of emotion expressions on sexual attraction. *Emotion*, *11*, 1379–1387.

TREISMAN, A. (1969) Strategies and models of selective attention. *Psychological Review*, *76*, 282–299.

TREISMAN, A. (1986) Features and objects in visual processing, *Scientific American*, *254*, 114–125.

TREISMAN, A. M. (1986) Features and objects in visual processing. *Scientific American*, *255*, 114B–125.

TREISMAN, A. (1992) Perceiving and re-perceiving objects. *American Psychologist*, *47*, 862–875.

TRIEMAN, N., LEFF, J., & GLOVER, G. (1999) Outcome of long stay psychiatric patients resettled in the community: Prospective cohort study. *British Medical Journal*, *319*, 13–16.

TSAI, J. L., LOUIE, J. Y., CHEN, E. E., & UCHIDA, Y. (2007) Learning what feelings to desire: Socialization of ideal affect through children's storybooks. *Personality and Social Psychology Bulletin*, *33*, 17–30.

TULVING, E. (1974) Cue-dependent forgetting. *American Scientist*, *62*, 74–82.

TULVING, E. (1985) How many memory systems are there? *American Psychologist*, *40*, 385–398.

TULVING, E., KAPUR, S., CRAIK, F. I. M., MOSCOVITCH, M., & HOULE, S. (1994) Hemispheric encoding/retrieval asymmetry in episodic memory: Positron emission tomography findings. *Proceedings of the National Academy of Science of the United States of America*, *91*, 2016–2020.

TURK, D. C., & OKIFUJI, A. (1997) What factors affect physicians' decisions to prescribe opioids for chronic non-cancer pain patients? *Clinical Journal of Pain*, *13*, 330–336.

TURNER, J. C., HOGG, M. A. OAKES, P. J., REICHER, S. D., & WETHERELL, M. S. (1987) *Rediscovering the social group: A self-categorization theory*. Oxford: Basil Blackwell.

TURNER, M. E., & PRATKANIS, A. R. (1998a) A social identity model of groupthink. *Organizational Behavior and Human Decision Processes*, *73*, 210–235.

TURNER, M. E., & PRATKANIS, A. R. (1998b) Twenty-five years of groupthink theory and research: Lessons from the evaluation of a theory. *Organizational Behavior and Human Decision Processes*, *73*, 105–115.

TVERSKY, A., & KAHNEMAN, D. (1973) On the psychology of prediction. *Psychological Review*, *80*, 237–251.

TVERSKY, A., & KAHNEMAN, D. (1983) Extensional versus intuitive reasoning: The conjunction fallacy in probability judgment. *Psychological Review*, *90*, 293–315.

TYLER, H. (1977) The unsinkable Jeane Dixon. *Humanist*, *37*, 6–9.

UCHINO, B. N., CACIOPPO, J. T., & KIECOLT-GLASER, J. K. (1996) The relationship between social support and physiological processes: A review with emphasis on underlying mechanisms and implications for health. *Psychological Bulletin*, *29*, 1159–1168.

UCHINO, B. N., UNO, D., & HOLT-LUNSTAD, J. (1999) Social

support, physiological processes, and health. *Current Directions in Psychological Science*, *8*, 145–148.

VALDESOLO, P., & DESTENO, D. A. (2011) Synchrony and the social tuning of compassion. *Emotion*, *11*, 262–266.

VALENSTEIN, E. S. (1976) The interpretation of behavior evoked by brain stimulation. In A. Wauquier & E. T. Rolls (Eds.) *Brain-stimulation reward* (pp. 557–575). New York: Elsevier.

VAN BOEIJEN, C. A., VAN OPPEN, P., VAN BALKOM, A. J. L. M., VISSER, S., *et al.* (2005) Treatment of anxiety disorders in primary care practice: A randomised controlled trial. *British Journal of General Practice*, *55*, 763–769.

VAN BROMMEL, M., VAN PROOIJEN, J. W., ELFFERS, H., VAN LANGE, P. A. M. (2012) Be aware to care: Public self-awareness leads to a reversal of the bystander effect. *Journal of Experimental Social Psychology*, *48*, 926–930.

VANDELANOTTE, C., SPATHONIS, K. M., EAKIN, E. G., & OWEN, N. (2007) Website-delivered physical activity interventions: A review of the literature. *American Journal of Preventative Medicine*, *33*, 54–64.

VAN DEN HEUVEL, M. P., STAM, J. C., KAHN, R. S., & HULSHOFF POL, H. E. (2009) Efficiency of functional brain networks and intellectual performance. *Journal of Neuroscience*, *29*, 7619–7624.

VAN DEN HEUVEL, O. A., VAN DE WETERING, B. J. M., VELTMAN, D. J., & PAULS, D. L. (2000) Genetic studies of panic disorder: A review. *Journal of Clinical Psychiatry*, *61*, 756–766.

VANDEPUTTE, M., & DE WEERD, A. (2003) Sleep disorders and depressive feelings: A global survey with the Beck Depression Scale. *Sleep Medicine*, *4* (4), 343–345.

VAN HEMERT, D. A., POORTINGA, Y. H., & VAN DE VIJVER, F. J. R. (2007) Emotion and culture: A meta-analysis. *Cognition & Emotion*, *21*, 913–943.

VAN LAARI, C., LEVIN, S, & SINCLAIR, S. (2008) Social identity and personal identity stereotype threat: The case of affirmative action. *Basic and Applied Social Psychology*, *30*, 295–310.

VAN LOON, M. H., DE BRUIN, A. B. H., VAN GOG, T., & VAN MERRIENBOER, J. J. G. (in press). Activation of inaccurate prior knowledge affects primary-school students' metacognitive judgments and calibration. *Learning and Instruction*. doi:10.1016/j.learninstruc.2012.08.005

VAN NORMAN, G. A. (1999) A matter of life and death: What every anesthesiologist should know about the medical, legal, and ethical aspects of declaring brain death. *Anesthesiology*, *91*, 275–287.

VAN PRAAG, H., KEMPERMANN, G., & GAGE, F. H. (1999) Running increases cell proliferation and neurogenesis in the adult mouse dentate gyrus. *Nature Neuroscience*, *2*, 266–270.

VAN ROOY, D. L., VISWESVARAN, C., & PLUTA, P. E. (2005). An evaluation of construct validity: What is this thing called emotional intelligence? *Human Performance*, *18* (4), 445–462.

VAN ROOY, D., & VISWESVARAN, C. (2004) Emotional intelligence: A meta-analytic investigation of predictive validity and nomological net. *Journal of Vocational Behavior*, *65*, 71–95.

VAN VORT, W., & SMITH, G. P. (1987) Sham feeding experience produces a conditioned increase of meal size. *Appetite*, *9*, 21–29.

VARNUM, M. E. E., GROSSMAN, I., KITAYAMA, S., & NISBETT, R. E. (2010) The origin of cultural differences in cognition: The social orientation hypothesis. *Current Directions in Psychological Science*, *19*, 9–13.

VAUGHN, B. E., LEFEVER, G. B., SEIFER, R., & BARGLOW, P. (1989) Attachment behavior, attachment security, and temperament during infancy. *Child Development*, *60*, 728–737.

VAZQUEZ-NUTTALL, E., ROMERO-GARCIA, I., & DELEON, R. (1987) Sex roles and perceptions of femininity and masculinity of Hispanic women: A review of the literature. *Psychology of Women Quarterly*, *11*, 409–425.

VEZINA, P., & LEYTON, M. (2009) Conditioned cues and the expression of stimulant sensitization in animals and humans. *Neuropharmacology*, *56 Suppl. 1*, 160–168.

VIGNOVIC, J. A., & THOMPSON, L. F. (2010) Computer-mediated cross-cultural collaboration: Attributing communication errors to the person versus the situation. *Journal of Applied Psychology*, *95*, 265–276.

VISINTAINER, M. A., VOLPICELLI, J. R., & SELIGMAN, M. E. P. (1982) Tumor rejection in rats after inescapable or escapable shock. *Science*, *216*, 437–439.

VOGT, T., & BELLUSCIO, D. (1987) Controversies in plastic surgery: Suction-assisted lipectomy (SAL) and the HCG (human chorionic gonadotropin) protocol for obesity treatment. *Aesthetic Plastic Surgery*, *11*, 131–156.

VOLKOW, N. D., FOWLER, J. S., & WANG, G. J. (2003) The addicted human brain: Insights from imaging studies. *J. Clin. Invest.*, *111*, 1444–1451.

VOLKOW, N. D., WANG, G. J., FOWLER, J. S., LOGAN, J., JAYNE, M., FRANCESCHI, D., *et al.* (2002) "Nonhedonic" food motivation in humans involves dopamine in the dorsal striatum and methylphenidate amplifies this effect. *Synapse*, *44*(3), 175–180.

VYGOTSKY, L. S. (1986) *Thought and language* (A. Kozulin, Trans.). Cambridge, MA: MIT Press. (Originally published 1934.)

VYTAL, K., & HAMANN, S. (2010) Neuroimaging support for discrete neural correlates of basic emotions: A voxel-based meta-analysis. *Journal of Cognitive Neuroscience*, *22*, 2864–2885.

WADDEN, T. A., BERKOWITZ, R. I., VOGT, R. A., STEEN, S. N., STUNKARD, A. J., & FOSTER, G. D. (1997) Lifestyle modification in the pharmacological treatment of obesity: A pilot investigation of a potential primary care approach. *Obesity Research*, *5*, 218–226.

WADLINGER, H. A., & ISAACOWITZ, D. M. (2006) Positive mood broadens visual attention to positive stimuli. *Motivation and Emotion*, *30*, 89–101.

WAGNER, W. M., & MONNET, M. (1979) Attitudes of college professors toward extrasensory perception. *Zetetic Scholar*, *5*, 7–17.

WALKER, E. (1978) *Explorations in the biology of language*. Montgomery, VT: Bradford.

WALLACH, M. A., & WALLACH, L. (1983) *Psychology's sanction for selfishness*. San Francisco: Freeman.

WALLACH, M. A., KOGAN, N., & BEM, D. J. (1962) Group influence on individual risk taking. *Journal of Abnormal and Social Psychology*, *65*, 75–86.

WALLACH, M. A., KOGAN, N., & BEM, D. J. (1964) Diffusion of responsibility and level of risk taking in groups. *Journal of*

*Abnormal and Social Psychology*, *68*, 263–274.

WALLACH, M. A., & WALLACH, L. (1983) *Psychology's sanction for selfishness*. San Francisco: Freeman.

WALLER, B. M., CRAY, J. J., & BURROWS, A. M. (2008) Selection for universal facial emotion. *Emotion*, *8*, 435–439.

WALLER, S. J., LYONS, J. S., & CONSTANTINIFERRANDO, M. F. (1999) Impact of comorbid affective and alcohol use disorders on suicide ideation and attempts. *Journal of Clinical Psychology*, *55*, 585–595.

WALSTER, E., ARONSON, E., ABRAHAMS, D., & ROTTMAN, L. (1966) Importance of physical attractiveness in dating behavior. *Journal of Personality and Social Psychology*, *4*, 508–516.

WALZER, M. (1970) *Obligations*. Cambridge, MA: Harvard University Press.

WAMPOLD, B. E., MONDIN, G. W., MOODY, M., STICH, F., BENSON, K., & AHN, H. (1997) A meta-analysis of outcome studies comparing bona fide psychotherapies: Empirically, "all must have prizes". *Psychological Bulletin*, *122*, 203–215.

WANG, B., FAN, Y., LU, M., LI, S., SONG, Z. *et al.* (2013) Brain anatomical networks in world class gymnasts: A DTI tractography study. *NeuroImage*, *65* (January 15), 476–487.

WARD, I. L. (1992) Sexual behavior: The products of perinatal hormonal and prepubertal social factors. In A. A. Gerall, H. Motz, & I. L. Ward (Eds.), *Sexual differentiation* (pp. 157–179). New York: Plenum.

WARRINGTON, E. K., & SHALLICE, T. (1969) The selective impairment of auditory verbal short-term memory. *Brain*, *92*, 885–896.

WARRINGTON, E. K., & SHALLICE, T. (1984) Category specific semantic impairments. *Brain*, *107*, 829–853.

WARRINGTON, E. K., & WEISKRANTZ, L. (1978) Further analysis of the prior learning effect in amnesic patients. *Neuropsychologica*, *16*, 169–177.

WARWICK, R., JOSEPH, S., CORDLE, C., & ASHWORTH, P. (2004) Social support for women with chronic pelvic pain: What is helpful from whom? *Psychology & Health*, *19*, 117–134.

WASAN, A., BUTLER, S. F., BUDMAN, S. H., *et al.* (2007) Psychiatric history and psychologic adjustment as risk factors for aberrant drug-related behavior among patients with chronic pain. *Clinical Journal of Pain*, *23*, 173–179.

WASON, P. C. (1968). Reasoning about a rule. Quarterly Journal of Experimental Psychology, 20, 273–281.

WASON, P. C. (1968) On the failure to eliminate hypotheses – A second look. In P. C. Wason & P. N. Johnson-Laird (Eds.), *Thinking and Reasoning*. Harmondsworth: Penguin.

WASON, P. C., & JOHNSON-LAIRD, P. N. (1972) *Psychology of reasoning: Structure and content*. London: Batsford.

WASSERMAN, E. A. (1990) Detecting response-outcome relations: Toward an understanding of the causal texture of the environment. *Psychology of Learning and Motivation*, *26*, 27–82.

WATKINS, E. (2004) Adaptive and maladaptive ruminative self-focus during emotional processing. *Behaviour Research and Therapy*, *42*, 1037–1052.

WATKINS, E., SCOTT, J., WINGROVE, J., *et al.* (2007) Rumination-focused cognitive behaviour therapy for residual depression: A case series. *Behaviour Research and Therapy*, *45*, 2144–2154.

WATSON, D., & TELLEGEN, A. (1985) Toward a consensual structure of mood. *Psychological Bulletin*, *98*, 219–23.

WATSON, D., WIESE, D., VAIDYA, J., & TELLEGEN, A. (1999) The two general activation systems of affect: Structural findings, evolutionary considerations, and psychobiological evidence. *Journal of Personality and Social Psychology*, *76*, 820–838.

WATSON, J. B. (1930) *Behaviorism* (rev. ed.). New York: Norton.

WATSON, J. B., & RAYNER, R. (1920) Conditioned emotional reactions. *Journal of Experimental Psychology*, *3*, 1–14.

WATSON, J. S. (1967) Memory and 'contingency analysis' in infant learning. *Merrill-Palmer Quarterly*, *13*, 55–76.

WAUGH, C. E., & FREDRICKSON, B. L. (2006) Nice to know you: Positive emotions, self–other overlap, and complex understanding in the formation of a new relationship. *Journal of Positive Psychology*, *1*, 93–106.

WEAVER, D. E., LLABRE, M. M., DURAN, R. E., ANTONI, M. H., IRONSON, G., *et al.* (2005) A stress and coping model of medication adherence and viral load in HIV-postive men and women on highly active antiretrovival therapy (HAART). *Health Psychology*, *24*, 385–392.

WEAVER, E. G. (1949) *Theory of hearing*. New York: Wiley.

WEAVER, K. E., LLABRE, M. M., DURAN, R. E., ANTONI, M. H., IRONSON, G., *et al.* (2005) A stress and coping model of medication adherence and viral load in HIV-positive men and women on highly active antiretroviral therapy (HAART). *Health Psychology*, *24*, 385–392.

WEBB, T. L., & SHEERAN, P. (2006) Does changing behavioral intentions engender behavior change? A meta-analysis of the experimental evidence. *Psychological Bulletin*, *132*, 249–268.

WECHSLER, D. (1958) *The measurement and appraisal of adult intelligence*. Baltimore: Williams.

WEIGLE, D. S. (1994) Appetite and the regulation of body composition. *FASEB Journal*, *8*, 302–310.

WEINBERGER, D. (1990) The construct validity of the repressive coping style. In J. L. Singer (Ed.), *Repression and dissociation: Implications for personality theory, psychopathology, and health* (pp. 337–385). Chicago: University of Chicago Press.

WEINBERGER, J. (1996) Common factors aren't so common: The common factors dilemma. *Clinical Psychology: Science and Practice*, *2*, 45–69.

WEINE, S. M., BECKER, D. F., MCGLASHAN, T. H., LAUB, D., LAZROVE, S., VOJVODA, D., & HYMAN, L. (1995) Psychiatric consequences of "ethnic cleansing": Clinical assessments and trauma testimonies of newly resettled Bosnian refugees. *American Journal of Psychiatry*, *152*, 536–542.

WEINE, S. M., VOJVODA, D., BECKER, D. F., MCGLASHAN, T. H., HODZIC, E., LAUB, D., HYMAN, L., SAWYER, M., & LAZROVE, S. (1998) PTSD symptoms in Bosnian refugees 1 year after resettlement in the United States. *American Journal of Psychiatry*, *155*, 562–564.

WEISNER, C., GREENFIELD, T., & ROOM, R. (1995) Trends in the treatment of alcohol problems in the U.S. general population, 1979 through 1990. *American Journal of Public Health*, *85* (1), 55–60.

WEISSMAN, M. M. (1993) Family genetic studies of panic disorder. Conference on panic and anxiety: A decade of progress. *Journal of Psychiatric Research*, *27* (suppl.), 69–78.

WEISSMAN, M. M., & MARKOWITZ, J. C. (2002) Interpersonal psychotherapy for depression. In I. H. Gotlib & C. L.

Hammen (Eds.), *Handbook of depression* (pp. 404–421). Guilford Press.

WEISSTEIN, N. A., & WONG, E. (1986) Figure-ground organization and the spatial and temporal responses of the visual system. In E. C. Schwab & H. C. Nusbaum (Eds.), *Pattern recognition by humans and machines*. Vol. 2. *Visual perception* (pp. 31–64). Orlando, FL: Academic Press.

WELLER, L., & WELLER, A. (1993) Human menstrual synchrony: A critical assessment. *Neuroscience and Behavioral Reviews*, *17*, 427–439.

WELLS, G. L., FERGUSON, T. J., & LINDSAY, R. C. L. (1981) The tractability of eyewitness confidence and its implication for triers of fact. *Journal of Applied Psychology*, *66*, 688–696.

WERNER, E. E., & SMITH, R. S. (1982) *Vulnerable but invincible*. New York: McGraw-Hill.

WERTHEIMER, M. (1912/1932) Experimentelle studien uber das sehen von beuegung. *Zeitschrift Für Psychologie*, *61*, 161–265.

WESTEN, D. (1998) The scientific legacy of Sigmund Freud: Toward a psychodynamically informed psychological science. *Psychological Bulletin*, *124*, 333–371.

WESTEN, D., NOVOTNY, C. M., & THOMPSON-BRENNER, H. (2004) The empirical status of empirically supported psychotherapies: Assumptions, findings, and reporting in controlled clinical trials. *Psychological Bulletin*, *130*, 631–663.

WESTEN, D., WEINBERGER, J., & BRADLEY, R. (2007) Motivation, decision making and consciousness: From psychodynamics to subliminal priming and emotional constraint satisfaction. In P. D. Zelazo, M. Moscovitch, & E. Thompson (Eds.), *The Cambridge handbook of consciousness* (pp. 673–702). New York: Cambridge University Press.

WHALEN, P. J., *et al.* (2001) A functional MRI study of human amygdala responses to facial expressions of fear versus anger. *Emotion*, *1* (1), 70–83.

WHALEN, P. J., & PHELPS, E. A. (2009) *The human amygdala*. New York: Guilford Press.

WHALEN, P. J., RAUCH, S. L., ETCOFF, N. L., MCINERNEY, S. C., LEE, M. B., & JENIKE, M. A. (1998) Masked presentation of emotional facial expressions modulate amygdala activity without explicit knowledge. *Journal of Neuroscience*, *18*, 411–418.

WHEELER, S. C., BRIÑOL, P., & HERMANN, A. D. (2007) Resistance to persuasion as self-regulation: Ego-depletion and its effects on attitude change processes. *Journal of Experimental Social Psychology*, *43*, 150–156.

WHITE, C. (1977) Unpublished Ph.D. dissertation, Catholic University, Washington, DC.

WHITEN, A., & HAM, R. (1992) On the nature and evolution of imitation in the animal kingdom: Reappraisal of a century of research. In P. J. B. Slater, J. S. Rosenblatt, & C. Beer (Eds.), *Advances in the Study of Behavior* (pp. 239–283). New York: Academic Press.

WHITLOCK, J. L., POWERS, J. L., & ECKENRODE, J. (2006) The virtual cutting edge: The internet and adolescent self-injury. *Developmental Psychology*, *42*, 407–417.

WHITTLE, S., YUCEL, M., YAP, M. B. H., & ALLEN, N. B. (2011) Sex differences in the neural correlates of emotion: Evidence from neuroimaging. *Biological Psychology*, *87*, 319–333.

WHO (WORLD HEALTH ORGANIZATION) (2003) Organization of services for mental health (Mental health policy and service guidance package). Geneva, World Health Organization. Downloaded from http://www.who.int/entity/mental_health/resources/en/Organization.pdf on July 1, 2008.

WHO (WORLD HEALTH ORGANIZATION) (2005, January 12–15) Alcohol and mental health. Briefing from the WHO European Ministerial Conference on Mental Health, Helsinki, Finland. Downloaded from http://www.who.int/substance_abuse/facts/psychoactives/en/ on February 18, 2008.

WHO (WORLD HEALTH ORGANIZATION) (2007) Deaths from coronary heart disease. Downloaded from http://www.who.int/cardiovascular_disease/en/cvd_atlas_14_deathHD.pdf on October 31, 2007.

WHO (WORLD HEALTH ORGANIZATION) (2008) *The ICD-10 classification of mental and behavioural disorders: clinical descriptions and diagnostic guidelines*. New York: World Health Organization.

WHO (WORLD HEALTH ORGANIZATION) (2009) Global health risks: Mortality and burden of disease attributable to selected major risks. Downloaded from http://www.who.int/healthinfo/global_burden_disease/GlobalHealthRisks_report_full.pdf on December 15, 2012.

WHORF, B. L. (1956) *Language, thought and reality: Selected writings of Benjamin Lee Whorf*. Edited by J. B. Carroll. Cambridge, MA: MIT Press.

WHYTE, W. H. (1956) *The organization man*. New York: Simon & Schuster.

WICKER, A. W. (1969) Attitudes versus actions: The relationship between verbal and overt behavioral responses to attitude objects. *Journal of Social Issues*, *25*, 41–78.

WICKER, B., KEYSERS, C., PLAILLY, J., ROYET, J. P., GALLESE, V., & RIZZOLATTI, G. (2003) Both of us disgusted in my insula: The common neural basis of seeing and feeling disgust. *Neuron*, *40*, 655–664.

WIDEN, S. C., & RUSSELL, J. A. (2008) Children acquire emotion categories gradually. *Cognitive Development*, *23*, 291–312.

WIDEN, S. C., & RUSSELL, J. A. (2010) Differentiation in preschooler's categories of emotion. *Emotion*, *10*, 651–661.

WIEBE, D. J., & MCCALLUM, D. M. (1986) Health practices and hardiness as mediators in the stress–illness relationship. *Health Psychology*, *5*, 425–438.

WIENS, S., MEZZACAPPA, E. S., & KATKIN, E. S. (2000) Heartbeat detection and the experience of emotions. *Cognition and Emotion*, *14*, 417–427.

WIERSMA, D., NIENHUIS, F. J., SLOOF, C. J., & GIEL, R. (1998) Natural course of schizophrenic disorders: A 15-year followup of a Dutch incidence cohort. *Schizophrenia Bulletin*, *24*, 75–85.

WIJDICKS, E. F. (2003) The neurologist and Harvard criteria for brain death. *Neurology*, *61*, 970–976.

WIJDICKS, E. F. M. (2012) The transatlantic divide over brain death determination and the debate. *Brain*, *135*, 1321–1331.

WILCOXIN, H. C., DRAGOIN, W. B., & KRAL, P. A. (1971) Illness-induced aversions in rat and quail: Relative salience of visual and gustatory cues. *Science*, *171*, 823–828.

WILKES, A. L., & KENNEDY, R. A. (1969) Relationship between pausing and retrieval latency in sentences of varying grammatical form. *Journal of Experimental Psychology*, *79*, 241–245.

WILLIAMS, A. M., & FORD, P. R. (2008) Expertise and expert performance in sport. *International Review of Sport and Exercise*

*Psychology*, *1*, 4–18.

WILLIAMS, D. C. (1959) The elimination of tantrum behavior by extinction procedures. *Journal of Abnormal and Social Psychology*, *59*, 269.

WILLIAMS, G. C. (1996) *Plan and purpose in nature*. London: Weidenfeld & Nicolson.

WILLIAMS, J. H., GREEN, M. C., KOHLER, C., ALLISON, J. J., & HOUSTON, T. K. (2011) Stories to communication risks about tobacco: Development of a brief scale to measure transportation into a video story. *Health Education Journal*, *70*, 184–191.

WILLIAMS, J. M., & DUNLOP, L. C. (1999) Pubertal timing and self-reported delinquency among male adolescents. *Journal of Adolescence*, *22*, 157–171.

WILLIAMS, J. M., & PENMAN, D. (2011) *Mindfulness: A practical guide to finding peace in a frantic world.* London: Piatkus.

WILLIAMS, J. M. G., & KABAT-ZINN, J. (Eds.) (2011) Special issue on mindfulness. *Contemporary Buddhism*, *12*(1), 1–306.

WILLIAMS, L. E., & BARGH, J. A. (2008) Experiencing physical warmth promotes interpersonal warmth. *Science*, *322*, 606–607.

WILLIAMS, M. D., & HOLLAN, J. D. (1981) The process of retrieval from very long-term memory. *Cognitive Science*, *5*, 87–119.

WILLIAMS, R. B. (1995) Somatic consequences of stress. In M. J. Friedman (Ed.), *Neurobiological and clinical consequences of stress: From normal adaptation to post-traumatic stress disorder*. Philadelphia: Lippincott-Raven.

WILLIAMS, R. B. (2003) Psychosocial and biobehavioral factors and their interplay in coronary heart disease. *Annual Review of Clinical Psychology*, *4*, 349–365.

WILLIAMSON, D. A., WALDEN, H. M., WHITE, M. A., YORK-CROWE, E., NEWTON, JR., R. L., ALFONSO, A., GORDON, S., & RYAN, D. (2006) Two-year internet-based randomized controlled trial for weight loss in African American girls. *Obesity*, *14*, 1231–1243.

WILSON, E. O. (1963) *Pheromones*. *Scientific American*, *208*, 100–114.

WILSON, E. O. (1975) *Sociobiology: The new synthesis*. Cambridge, MA: Harvard University Press.

WILSON, E. O. (1978) *On human nature*. Cambridge, MA: Harvard University Press.

WILSON, M. I., & DALY, M. (1985) Competitiveness, risk-taking and violence: The young male syndrome. *Ethology and Sociobiology*, *6*, 59–73.

WILSON, S. A. K. (1924) Some problems in neurology, II: Pathological laughing and crying. *J. Neurol. Psychopathol.*, *4*, 299–333.

WILSON, W. R. (1979) Feeling more than we can know: Exposure effects without learning. *Journal of Personality and Social Psychology*, *37*, 811–821.

WILSON-MENDENHALL, C. D., BARRETT, L. F., SIMMONS, W. K., & BARSALOU, L. W. (2011) Grounding emotion in situated conceptualization. *Neuropsychologia*, *49*, 1105–1127.

WILTERMUTH, S. (2012) Synchrony and destructive obedience. *Social Influence*, *7*, 78–89.

WINDHOLZ, M. J., MARMAR, C. R., & HOROWITZ, M. J. (1985) A review of the research on conjugal bereavement: Impact on health and efficacy of intervention. *Comprehensive Psychiatry*, *26*, 433–447.

WINTER, D. G., STEWART, A. J., JOHN, O. P., KLOHNEN, E. C., & DUNCAN, L. E. (1998) Traits and motives: Toward an integration of two traditions in personality research. *Psychological Review*, *105*, 230–250.

WOHL, M. J. A., BRANSCOMBE, N. R., & KLAR, Y. (2006) Collective guilt: Emotional reactions when one's group has done wrong or been wronged. *European Review of Social Psychology*, *17*, 1–37.

WOLFSON, A. R. (2001) Bridging the gap between research and practice: What will adolescents' sleep–wake patterns look like in the 21st century? In M. A. Carskadon (Ed.), *Adolescent sleep patterns: Biological, social, and psychological influences* (pp. 198–219). New York: Cambridge University Press.

WOLFSON, A. R., & ARMITAGE, R. (2008) Sleep and its relationship to adolescent depression. In S. Nolen-Hoeksema & L. Hilt (Eds.), *Handbook of depression in adolescents* (pp. 279–302). New York: Taylor & Francis.

WOLFSON, A. R., & CARSKADON, M. A. (1998) Sleep schedules and daytime functioning in adolescents. *Child Development*, *69*, 875–887.

WOLRAICH, M., HANNAH, J., BAUMGAERTEL, A., & FEUER, I. (1998) Examination of DSM-IV criteria for attention deficit hyperactivity in a county-wide sample. *Journal of Developmental and Behavioral Pediatrics*, *19*, 162–168,

WOOD, W., & EAGLY, A. H. (2007) Social structural origins of sex differences in human mating. In S. W. Gangestad & J. A. Simpson (Eds.), *The evolution of mind: Fundamental questions and controversies* (pp. 383–390). New York: Gilford Press.

WOOD, W., LUNDGREN, S., OUELLETTE, J. A., BUSCEME, S., & BLACKSTONE, T. (1994) Minority influence: A meta-analytic review of social influence processes. *Psychological Bulletin*, *115*, 323–345.

WOOD, W., WONG, F. Y., & CHACHERE, J. G. (1991) Effects of media violence on viewers' aggression in unconstrained social situations. *Psychological Bulletin*, *109*, 371–383.

WOODRUFF, S. I., CONWAY, T. L., EDWARDS, C. C., ELLIOTT, S. P., & CRITTENDEN, J. (2007) Evaluation of an Internet virtual world chat room for adolescent smoking cessation. *Addictive Behaviors*, *32*, 1769–1786.

WOODY, R. H., & ROBERTSON, M. (1988) *Becoming a clinical psychologist*. Madison, CT: International Universities Press.

WORD, C. O., ZANNA, M. P., & COOPER, J. (1974) The nonverbal mediation of self-fulfilling prophecies in interracial interaction. *Journal of Experimental Social Psychology*, *10*, 109–120.

WORLD HEALTH ORGANIZATION SURVEY CONSORTIIUM (2004) Prevalence, severity, and unmet need for treatment of mental disorders in the World Health Organization World Mental Health Surveys. *Journal of the American Medical Association*, *291*, 2581–2590.

WUNDT, W. (1897/1998). *Outlines of psychology* (C. H. Judd, Trans.). Bristol: Thoemmes Press.

WURTZ, R. H., GOLDBERG, M. E., & ROBINSON, D. L. (1980) Behavioral modulation of visual responses in monkeys. *Progress in Psychobiology and Physiological Psychology*, *9*, 42–83.

WYVELL, C. L., & BERRIDGE, K. C. (2000) Intra-accumbens amphetamine increases the pure incentive salience of sucrose reward: Enhancement of reward 'wanting' without 'liking' or response reinforcement. *Journal of Neuroscience*, *20*, 8122–8130.

YARROW, K., BROWN, P., & KRAKAUER, J. W. (2009) Inside the brain of an elite athlete: The neural processes that support high achievement in sports. *Nature Reviews: Neuroscience*, *10* (August), 585–596.

YEHUDA, R. (2004) Risk and resilience in posttraumatic stress disorder. *Journal of Clinical Psychiatry*, *65* (Suppl. 1), 29–36.

YEHUDA, R., MCFARLANE, A. C., & SHALEY, A. Y. (1998) Predicting the development of posttraumatic stress disorder from the acute response to a traumatic event. *Biological Psychiatry*, *44*, 1305–1313.

YERKES, R. M., & DODSON, J. D. (1908) The relationship of strength of stimulus to rapidity of habit formation. *Journal of Comparative Neurological Psychology*, *18*, 459–482.

YESAVAGE, J. A., LEIER, V. O., DENARI, M., & HOLLISTER, L. E. (1985) Carry-over effect of marijuana intoxication on aircraft pilot performance: A preliminary report. *American Journal of Psychiatry*, *142*, 1325–1330.

YIN, R. K. (1969) Looking at upside-down faces. *Journal of Experimental Psychology*, *81*, 141–145.

YIN, R. K. (1970) Face recognition by brain-injured patients: A dissociable ability? *Neuropsychologia*, *8*, 395–402.

YIRMIYA, N., EREL, O., SHAKED, M., & SOLOMONICA-LEVI, D. (1998). Metaanalysis comparing theory of mind abilities of individuals with autism, individuals with mental retardation, and normally developed individuals. *Psychological Bulletin*, *124*, 283–307.

YOST, W. A., & NIELSON, D. W. (1985) *Fundamentals of hearing* (2nd ed.) New York: Holt, Rinehart & Winston.

YOUNGER, J., ADRIANCE, W., & BERGER, R. J. (1975) Sleep during transcendental meditation. *Perceptual and Motor Skills*, *40*, 953–954.

YU, B., ZHANG, W., JING, Q., PENG, R., ZHANG, G., & SIMON, H. A. (1985) STM capacity for Chinese and English language materials. *Memory and Cognition*, *13*, 202–207.

ZAHN-WAXLER, C., KLIMES-DOUGAN, B., & SLATTERY, M. J. (2000) Internalizing problems of childhood and adolescence: Prospects, pitfalls, and progress in understanding the development of anxiety and depression. *Development and Psychopathology*, *12*, 443–466.

ZAJONC, R. B. (1965) Social facilitation. *Science*, *149*, 269–274.

ZAJONC, R. B. (1968) Attitudinal effects of mere exposure. *Journal of Personality and Social Psychology*, *Monograph Supplement*, *9*, 1–29.

ZAJONC, R. B. (1984) On the primacy of affect. *American Psychologist*, *39*, 117–123.

ZAJONC, R. B., HEINGARTNER, A., & HERMAN, E. M. (1969) Social enhancement and impairment of performance in the cockroach. *Journal of Personality and Social Psychology*, *13*, 83–92.

ZALUTSKY, R. A., & NICOLL, R. A. (1990) Comparison of two forms of longterm potentiation in single hippocampal neurons. Science, *248*, 1619–1624.

ZEKI, S. (1993) *A vision of the brain*. Boston: Blackwell Scientific Publications.

ZHANG, Y., PROENCA, R., MAFFEI, M., BARONE, M., LEOPOLD, L., & FRIEDMAN, J. M. (1994) Positional cloning of the mouse obese gene and its human homologue. *Nature*, *372*, 425–431.

ZILLMANN, D., & BRYANT, J. (1974) Effect of residual excitation on the emotional response to provocation and delayed aggressive behavior. *Journal of Personality and Social Psychology*, *30*, 782–791.

ZIMBARDO, P. G. (1969) The human choice: Individuation, reason and order vs. deindividuation, impulse, and chaos. In W. J. Arnold & D. Levine (Eds.), *Nebraska symposium on motivation* (pp. 237–307). Lincoln: University of Nebraska Press.

ZIMBARDO, P. G. (1972) Pathology of imprisonment. *Society*, *9*, 4–8.

ZIMBARDO, P. G. (2006) On rethinking the psychology of tyranny: The BBC prison study. *British Journal of Social Psychology*, *45*, 47–53.

ZIMBARDO, P. G. (2007) *The Lucifer effect: Understanding how good people turn evil*. New York: Random House.

ZOLA-MORGAN, S., & SQUIRE, L. R. (1985) Medial-temporal lesions in monkeys impair memory on a variety of tasks sensitive to human amnesia. *Behavioral Neuroscience*, *99*, 22–34.

ZOLA-MORGAN, S. M., & SQUIRE, L. R. (1990) The primate hippocampal formation: Evidence for a time-limited role in memory storage. *Science*, *250*, 228–290.

ZOLA-MORGAN, S. M., SQUIRE, L. R., & AMARAL, D. G. (1989) Lesions of the hippocampal formation but not lesions of the fornix or the mamalary nuclei produce long-lasting memory impairments in monkeys. *Journal of Neuroscience*, *9*, 898–913.

ZUBER, J. A., CROTT, H. W., & WERNER, J. (1992) Choice shift and group polarization: An analysis of the status of arguments and social decision schemes. *Journal of Personality and Social Psychology*, *62*, 50–61.

ZUCKER, K. J. (1990) Gender identity disorders in children: Clinical description and natural history. In R. Blanchard (Ed.) *Clinical management of gender identity disorders in children and adults* (pp. 3–23). Washington, DC: American Psychiatric Press.

ZUCKERMAN, M. (1995) Good and bad humors: Biochemical bases of personality and its disorders. *Psychological Science*, *6*, 325–332.

ZURIF, E. B. (1995) Brain regions of relevance to syntactic processing. In: D. N. Osherson, L. R. Gleitman, & M. Liberman (Eds.), *An invitation to cognitive science, second edition: Language* (Vol. 1), pp. 381–397. Cambridge, MA: MIT Press.

# 찾아보기

## [ㄴ]

## [ㄷ]

## [ㄹ]



## [ㅁ]



## [ㅂ]

[ㅅ]

## [ㅇ]

## [ㅈ]

## [ㅊ]

[ㅋ]



[ㅌ]



[ㅍ]

## [ㅎ]

## [기타]

## 역자 소개


**■ 정영숙**
서울대학교 대학원 심리학과(박사)
현, 부산대학교 심리학과 교수
yschong@pusan.ac.kr

**■ 신현정**
미국 인디애나대학교 대학원 심리학과(박사)
현, 부산대학교 심리학과 교수
hjshin@pusan.ac.kr

**■ 정봉교**
서울대학교 대학원 심리학과(박사)
현, 영남대학교 심리학과 교수
bkchung@ynu.ac.kr

**■ 이광오**
Hokkaido University(박사)
현, 영남대학교 심리학과 교수
yiko@yu.ac.kr

**■ 양윤**
미국 캔자스주립대학교 심리학과(박사)
현, 이화여자대학교 심리학과 교수
yyang@ewha.ac.kr

**■ 고재홍**
서울대학교 대학원 심리학과(박사)
현, 경남대학교 심리학과 교수
kopsy@kyungnam.ac.kr

**■ 이재식**
미국 아이오와대학교 심리학과(박사)
현, 부산대학교 심리학과 교수
jslee100@pusan.ac.kr

**■ 심은정**
이탈리아 로마교황청립 살레시안대학교 심리학과(박사)
현, 부산대학교 심리학과 부교수
angelasej@pusan.ac.kr



**앳킨슨과 힐가드의 심리학 원론, 제16판**
**Atkinson & Hilgard's Introduction to Psychology**

발 행 일 | 2021년 7월 20일 초판 2쇄 발행
저 자 | Susan Nolen-Hoeksema · Barbara L. Fredrickson
Geoffrey R. Loftus · Christel Lutz
역 자 | 정영숙 · 신현정 · 정봉교 · 이광오 · 양윤 · 고재홍 · 이재식 · 심은정
발 행 인 | 구본하
발 행 처 | 도서출판 **박학사**
주 소 | 서울시 마포구 월드컵북로5길 33 동아빌딩 2층
전 화 | (02)3142-3764~5
팩 스 | (02)3142-3766
웹사이트 | www.pakhaksa.co.kr
등록번호 | 제10-2230호

**정가 38,000원** ISBN 978-89-98521-59-2